내부감사학

강의 : 이론,
: 법무와 실무

김용범 지음

기업의 목표달성과 업무효율 및 건전발전을 도모하기 위해 경영자, 감독자, 실무자,

감사자 등 내부감시자는 물론 주주, 채권자, 감독당국 등 외부감시자가 꼭 알아야 할

내부감사의 필요성 및 방법론과 활용성을 정교하게 기술하고 체계화한 내부감사의

감사이론, 감사법무 및 감사실무 총서

Governance

Risk
Management

Internal
Control

Internal
Auditing

도서출판
어울림
www.aubook.co.kr

미국의 엔론, 월드컴 등의 있단 회계부정 사건과 우리나라의 대우계열, (구)○○자동차, ○○ 글로벌 등의 회계분식 사건 그리고 최근에 문제가 되고 있는 ○○ 조선해양의 거액 회계분식 사건 등을 통해 우리가 절실히 깨달은 사실은 전문 경영인, 지배주주 등 기업가들의 「도덕적 해이(Moral Hazard)」와 이에 대한 부적절한 통제 및 견제의 부재가 해당 기업의 몰락과 이해관계자에게 막대한 손실을 끼친 것이다.

이러한 「도덕적 해이(Moral Hazard)」 상태인 기업가들에 대한 통제와 견제의 심적인 위치에 있는 중요한 존재 즉 기관이 바로 내부감사다. 따라서 자본시장의 발전을 위한 내부감사의 역할과 중요성은 아무리 강조하여도 지나치지 아니하다. 즉, 주식회사에 있어 내부감사는 주주 등 이해관계자들을 위하여 회사 운영의 적법성 및 건전성을 확보하고 경영의 투명성을 제고하는데 중요한 기능을 수행하기 때문이다.

그럼에도 불구하고 지금까지는 기업의 환경적 요인에다가 감사의 중요성에 대한 인식 부족 등으로 감사가 본연의 역할을 다하지 못한 것이 엄연한 현실이고 이와 관련하여 감사제도의 형해화(形骸化) 내지 무기능화(無機能化)가 우리나라 지배구조의 최대 문제점으로 지적되어 왔다. 이러한 기업 환경의 현실이 하루빨리 개선되고 내부감사 직무의 중요성에 대한 새로운 인식이 사회전체에 널리 확산되었으면 한다.

이러한 사회적인 요청이 절실히 필요한 때에 저자는 첫 출간서적인 「현대 내부감사 -이론과 실재-」에서 누락된 부분과 그간 감독당국에서 다년간 근무하면서 지도하고 경험했던 지식과 대형 코스피 상장회사 및 소형 코스닥 상장회사의 감사로서 경험하고 고민했던 내용 그리고 강단에서 고민한 내용을 한데 모아서 시의 적절하게 새로이 출간하는 「내부감사학 강의-이론, 법무 및 실무-」에 빠짐없이 수록하였다.

내부감사의 이론 및 법무편에서는 기존 「현대 내부감사」가 내부감사의 이론 및 법무 중심으로 기술되어 있는 것을 새로 발간하는 「내부감사학 강의」에서는 최근 감사 관련 문제가 되고 있는 부정관리 부문, 회계제도 부문, 분식회계 부문, 감사 위원회 부문, 형사 및 행정 벌칙 부문, 의결권 제한 부문, 주주대표소송 부문, 주주 총회소집 부문, 불공정거래 부문을 추가하여 내부감사의 실효성을 확보하였다.

그리고 내부감사의 실무편에서는 내부감사의 일반 기준 부문, 내부감사의 기초 부문, 내부감사 업무계획 부문, 내부감사 업무수행 부문, 내부감사 결과보고 부문, 내부감사 사후업무 부문, 법규에 의한 내부감사 부문, 내부감사 품질평가 부문, 내부감사 실무 관련 주요이슈 부문 등 내부감사 실무를 효율적으로 그리고 적정하게 수행하는

데 필요한 부문을 새로 추가함으로써 가히 내부감사학의 총서라 할 수 있다.

본 책자는 감사업무 수행에 필요한 이론, 법무와 실무를 상세하고 일목요연하게 정리함으로써 법률 전문가는 물론 비전문가에게도 쉽게 이해할 수 있도록 하였다. 그리고 제기된 문제점은 어느 한쪽에 치우치지 아니하고 양당사자 입장에서 공평하게 비평하고 해결방안을 제시함으로써 이를 읽는 사람들에게 매우 유익하도록 하였다. 이는 저자의 오랜 감사경험과 연구에서 우러나온 현장감각에 기인한바 크다 하겠다.

아무쪼록 기존 「현대 내부감사」보다 대폭 보강된 「내부감사학 강의」 책자를 통해 회사의 내부감사 종사자인 감사 및 감사위원, 감사보조자 등은 물론 내부감사의 정책당국자 및 감독당국자 그리고 이해관계자인 기업의 경영진, 지배주주, 소수주주, 채권자 등 내부감사 관계자 모두가 현재의 내부감사체제에 대하여 재점검을 함으로써 우리나라의 감사제도와 자본시장 체제가 더 한층 발전하는 계기가 되었으면 한다.

그리고 무엇보다도 최근 사회적으로 감사관련 문제가 되고 있는 대주주, 경영진 등의 배임, 횡령 등 부정관리 문제, 회계분식 문제, 부당배당 문제 그리고 시세 조종/주가 조작, 미공개 정보이용, 부정거래 행위, 시장질서 교란행위, 단기매매차익 거래 와 같은 불공정거래 문제 등 우리 사회의 고질적인 병폐 현상이 더 이상 발붙이지 못하고 자본주의 시장경제가 왜곡되지 않고 한층 더 발전하기를 간절히 바라는 바이다.

2017.   .   .

(전) 기획재정부 장관
(전) 금융감독위원회 위원장 겸 금융감독원장
(현) 윤경제연구소 소장

윤 증 현

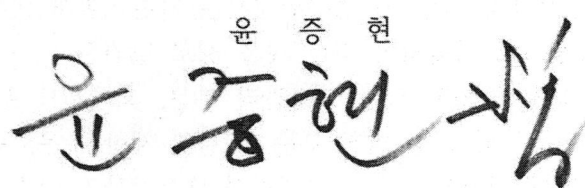

　1997년 우리나라가 뼈아프게 경험한 IMF 외환위기나 2007년 미국을 시작으로 전 세계를 휩쓴 금융위기, 그리고 최근 대규모 분식회계가 문제된 대우조선 사태 등을 통하여 우리가 절실히 깨달은 사실은 전문경영인, 지배주주 등 기업경영을 지배하는 주체들의 상상하기도 힘들 정도의 「道德的 解弛(Moral Hazard)」와 이에 대한 부적절한 통제 또는 견제장치의 부재가 단순히 이해관계자의 손실을 넘어 해당 기업의 몰락을 초래하고, 나아가 시장경제 체제의 붕괴도 가져올 수 있다는 점이다.

　이렇듯 기업경영주체들의 도덕적 해이는 자유민주주의 시장경제질서를 저해하는 큰 해악이므로 우리나라도 이를 효과적으로 예방, 대처하기 위한 다양한 제도적 장치를 도입해왔다. IMF 구제금융의 조건이기도 하였던 기업회계 투명성 제고와 지배구조 선진화 및 Global Standard 와의 정합성 노력들이 그 일환인데, 특히 각종 회계 부정 사건을 겪으면서 회계제도의 선진화를 위하여 최근에 이르기까지 금융당국의 주도하에 외부감사인의 독립성과 전문성을 강화하기 위한 노력들이 두드러진다.

　그러나, 기업경영주체들의 도덕적 해이를 효과적으로 견제하기 위한 기업지배 구조 상 핵심적인 제도적 장치는 바로 내부감사제도이다. 따라서 기업지배구조의 신뢰성 확보를 통한 기업자본조달시장의 발달과 더불어 궁극적으로 자유시장경제의 발전에 있어서 내부감사기능의 역할과 중요성은 아무리 강조하여도 지나치지 아니 하다. 즉, 우리나라에서도 상당정도 확산되고 있는 소유와 경영의 분리에서 비롯된 주식회사의 기업지배구조에 있어서 내부감사기능은 주주 등 다양한 이해관계자들을 위해 기업운영의 적법성과 건전성을 확보하고 경영의 투명성 및 신뢰성을 제고하는데 있어 결정적인 역할을 수행하기 때문이다.

　그럼에도 불구하고, 아직도 우리나라는 뿌리 깊은 잘못된 기업경영 풍토 및 환경적 요인과 더불어 특히 지배주주 등 기업경영주체들의 내부감사의 중요성에 대한 인식부족 등으로 인해 기업 내에 내부감사조직이 제대로 갖춰지지 못하거나 있더라도 본연의 기능을 다하지 못한 것이 엄연한 현실이고, 그 결과 감사제도의 형해화(形骸化)내지 무기능화(無機能化)가 우리나라 기업지배구조의 최대 문제점의 하나로 지적되어 왔다. 마침 기업지배구조의 선진화에 대한 각별한 관심과 정책목표를 가진 새정부가 출범되기도 하였으므로 이같은 비정상적인 기업 현실이 하루빨리 타개되고, 내부감사직능의 중요성에 대한 새로운 인식이 사회 전체에 확산되었으면 한다.

　이같은 사회적 요청과 시대적 배경에 비추어 저자가 감독당국에서 기업을 지도한 경험과 더불어 대형 코스피상장회사 및 소형 코스닥상장회사의 감사 및 감사위원으로서 경험하고 고민했던 내용은 물론, 우리 한국감사협회에서 내부감사인들을 대상으로 강의하고, 발표한 자료들을 집약하여 내부감사제도를 '감사이론 부문', '감사법무 부문' 및 '감사실무 부문'으로 나누어 이론, 법무 및 실무 망라하여 종합적으로 기술한 이

책을 출간하는 것은 정말 시의적절하며, 우리나라 내부감사학의 발전에 크게 기여할 것으로 기대된다.

그 내용을 일별하면; 이론 편에서는 ① 제도개관, ② 제도 개요, ③ 감사 환경, ④ 지배구조, 리스크 관리, 내부통제, 부정관리 등 감사 대상, ⑤ 감사 범위, ⑥ 감사 조직, ⑦ 감사와 회계제도, ⑧ 감사와 아웃소싱, ⑨ 감사 조직의 독립성, 분식회계 근절의 필요성 등 내부 감사 관련 주요 이슈들을 폭넓게 다룸으로써 내부감사의 실효성 확보 방안을, 법무 편에서는 ① 회사법의 개요, ② 감사의 자격, 선임, 임기, 보수 등 감사의 일반적 사항, ③ 감사의 권한, ④ 감사의 의무, ⑤ 감사의 책임, ⑥ 감사위원회, ⑦ 형사 및 행정 벌칙, ⑧ 주주의 의결권 제한제도, 주주대표소송제도, 주주총회 소집제도, 불공정거래제도 등 내부감사 법무 관련 주요 이슈를 폭 넓게 다룸으로써 내부감사의 적정성 확보 방안을, 실무편에서는 ① 실무 개관, ② 기초 업무, ③ 업무 계획, ④ 일상감사, 일반감사, 서면감사, 특별감사, 컨설팅감사, 중요회의 출석 등 내부감사 수행 업무, ⑤ 결과 보고, ⑥ 사후 업무, ⑦ 법규에 의한 내부감사, ⑧ 품질평가, ⑨ 실무 관련 주요 이슈 등의 주제를 통하여 내부감사의 효율성 확보 방안을 각 제시하고 있다.

사실 내부감사제도의 중요성에도 불구하고 이를 체계적으로 정리한 저술이 드물다. 거의 유일한 종합서였던 저자의 이전 출간 저서인 「현대 내부감사」를 더욱 보강한 이 저서는 내부감사의 이론, 법무 및 실무와 더불어 현재 사회적으로 크게 문제시되고 있는 경영진 횡령 등 부정관리, 회계분식, 부당배당, 시세조종/주가조작, 시장질서 교란행위 등 내부감사와 관련된 대부분의 주제들을 포괄하는 가히 내부감사의 총서이자 우리나라 내부감사직역에 제시한 하나의 이정표라고 할 수 있다.

아무쪼록 이 「내부감사학 강의」가 우리나라 기업들의 감사 및 감사위원, 감사인들 등 내부감사직역인들은 물론, 내부감사 정책 및 감독 당국자에서 나아가, 기업경영진, 지배주주, 소수주주, 채권자 등 기업의 이해관계자들에 이르기까지 내부감사업무 관계자 모두에게 유익한 길 잡이자 참고서가 될 뿐만 아니라 우리나라의 내부감사제도를 한층 발전시킬 촉매가 되리라 믿으며, 한국감사협회 회원 모두를 대표하여 저자의 노고를 기린다.

2017. . .

한국감사협회 회장
변호사 권 영 상

머리말

2012년 8월 13일 「현대 내부감사 - 이론과 실제-」를 출간한 후 어언 4년이 지나고 5년이 가까워지고 있습니다. 첫 출간에서 누락된 부분과 그간 감독당국에서 다년간 근무하면서 지도하고 경험했던 지식과 대형 코스피 상장회사 및 소형 코스닥 상장회사의 감사로서 경험하고 고민했던 내용을 한데 모아서 새로이 출간하고자 하는 「내부감사학강의-이론, 법무 및 실무-」에 수록하였습니다.

자본주의의 시장경제의 핵심에는 기업이라는 경제주체가 있으며, 기업의 활동이 공정한 게임의 룰에 따라 정직하고 자유롭게 이루어진다면 자본주의의 경제체제는 번영을 구가할 수 있을 것이다. 반면 기업의 활동이 외부의 인위적 규제로 자유롭지 못하거나 인간의 탐욕과 이에 대한 적정한 통제의 결여로 공정하고 투명하게 이루어지지 않는다면, 자본주의의 시장경제체제는 번영을 보장받을 수 없을 것이다.

Ⅰ. 내부감사의 이론 및 법무편에서는

첫째, 부정관리 부문

주요내용은 ① 부정관리의 일반, ② 부정의 일반 유형과 발생 동기, ③ 부정 발생조건 및 통제의 필요성(부정위험과 내부통제의 관계 등), ④ 부정 징후의 특징과 업종별 유형, ⑤ 부정위험의 평가제도, ⑥ 부정위험의 방지통제, ⑦ 부정적발의 감사기법, ⑧ 부정방지를 위한 구성원의 역할 등이다.

둘째, 회계제도 부문

주요내용은 ① 총설(회사회계의 법원, 회사회계의 계산구조, 회계의 원칙 등), ② 재무제표와 영업보고서(재무제표, 영업보고서, 재무제표 승인절차, 재무제표 관련 책임과 해제 등), ③ 자본금과 준비금(법정준비금, 임의준비금 등) ④ 이익배당(정기 배당, 중간배당, 주식배당 등), ⑤ 재무제표 공시 및 주주의 권리 등이다.

셋째, 분식회계 부문

주요내용은 ① 서설, ② 분식회계의 일반(분식회계의 본질, 유형, 특징, 폐해 등)③ 분식회계의 위법(결산정책과 분식회계의 합법성의 한계, 분식회계의 위법성과 공정·타당한 회계 관행), ④ 분식회계의 사례, ⑤ 분식회계의 책임(민사책임, 형사책임), ⑥ 분식회계의 근절방안(의식구조의 변화, 제도측면의 개선) 등 이다.

넷째, 감사위원회 부문

주요내용은 ① 감사위원회설치(감사위원의 선임 및 해임과 특례의 문제점, 감사위원의 임기 및 보수), ② 감사위원회의 운영(감사위원회 대표제도, 상근감사제도, 감사위원회 결의 방법), ③ 감사위원회의 권한과 의무, ④ 감사위원회의 책임(회사에 대한 책임, 제3자에 대한 책임) 등 이다.

다섯째, 벌칙 부문

주요내용은 ① 총설, ② 일반원칙(형사범과 행정범의 구분, 신분범, 법인에 대한 처벌 등), ③ 「상법」상 형사범(특별배인죄, 부당신용공여죄, 회사재산을 위태롭게 하는 죄, 납입가장죄 등), ④ 「상법」이외의 형사범(사기죄, 회계분식죄, 허위문서 제출죄, 시가조종/주가조작죄 등), ⑤ 행정범 등이다.

여섯째, 의결권제한 부문

주요내용은 ① 개요, ② 의결권 제한 내용(개별주주 및 최대주주에 대한 의결권 제한), ③ 의결권 제한의 입법 취지, ④ 외국의 입법사례, ⑤ 의결권 제한의 부당사례(의결권 제한의 일관성 부족, 외국계펀드의 악용사례, 소수주주의 악용사례), ⑥ 해결방안(지배주주의 충실의무제도 도입, 대주주의 의결권제한제도의 개선) 등 이다.

일곱째, 주주대표소송 부문

주요내용은 ① 주주대표소송의 일반, ② 주주대표소송의 기능, ③ 주주대표소송의 내용, ④ 주주대표소송의 성향(동반자적 성향 및 약탈자적 성향),⑤ 주주대표소송과 감사의 일반 대응, ⑥ 회사의 주주대표소송 남소에 대한 대응, ⑦ 주주대표소송의 남소방지 개선방안(적절대표의 원칙, 경영판단의 원칙, 회사의 보상제도) 등 이다.

여덟째, 주주총회소집 부문

주요내용은 ① 주주총회 소집의 결정, ② 주주초회 소집의 시기, ③ 주주총회 소집의 통지·공고, ④ 주주총회 회의 일시 및 소집의 장소, ⑤ 주주총회의 목적사항, ⑥ 주주총회의 주주제안권, ⑦ 주주총회 소집절차상 하자의 치유, ⑧ 주주총회 소집의 철회·변경, ⑨ 검사인의 선임(서류검사인, 총회검사인) 등 이다.

아홉째, 불공정거래 부문

주요내용은 ① 불공정거래의 일반(불공정거래의 연혁 및 규제의 필요성 등), ② 시세조종/주가조작, ③ 미공개정보 이용,④ 부정거래의 행위, ⑤ 시장질서 교란행위, ⑥ 단기매매차익 거래, ⑦ 공매도 규제, ⑧ 임원 및 주요 주주의 특정증권 등 소유 상황 보고 의무, ⑨ 장내파생상품의 대량 보유 보고의무 등이다.

열번째, 기타 부문

주요내용은 ① 감사제도의 기원, ② 내부감사의 역할과 기능, ③ 내부감사의 복무수칙, ④ 최고위층의 감사마인드 증가, ⑤ 주요국의 감사제도, ⑥ 주요 선진국의 지배구조, ⑦ 개정 내부통제제도의 구성 요소, ⑧ 감사와 경영감시기관과의 관계, ⑨ 판례로 본 감사의 회사 및 제3자에 대한 손해배상책임 등이다.

Ⅱ. 내부감사의 실무편에서는

첫째, 내부감사 일반 기준 부문

주요내용은 ① 내부감사의 일반 기준(내부감사의 헌장, 내부감사의 독립성과 객관성, 숙달과 상당한 전문가적 주의, 내부감사의 구분 및 방법), ② 내부감사 조직 체계(감사, 감사부설기구, 내부통제부서, 외부감사인), ③ 내부감사 조직관리(내부감사조직 형태, 내부감사 자원 관리, 내부감사 정책과 절차 등) 등이다.

둘째, 내부감사 기초 업무 부문

주요내용은 ① 감사정보의 수집(정보의 식별, 정보의 분석 및 평가, 정보의 기록 및 보존), ② 내부감사 수행 중 개인정보의 이용(개인정보의 보호, 개인정보의 종류, 개인정보의 사용 제한 등), ③ 내부감사 업무에 대한 감독(감사수행 절차 및 결과에 대한 검토, 검토과정에서 제기된 의문점의 기록), ④ 내부감사의 성공 요소 등이다.

셋째, 내부감사 업무 계획 부문

주요내용은 ① 내부감사 업무계획의 개요(업무의 목표 등), ② 내부감사 대상 업무에 대한 상시감시 수행(정보의 수집 및 분석 등), ③ 내부감사 계획의 반영을 위한 리스크 평가, ④ 내부감사 세부계획의 수립 및 보고(내부감사 업무계획 수립, 내부 감사 대상의 선정, 감사 자원의 할당, 내부감사계획의 승인 및 보고) 등 이다.

넷째, 내부감사 수행 업무 부문

주요내용은 ① 내부감사 수행 공통 상황(감사반 운영, 감사요원 준수사항, 사고적발 책임 등), ② 일상 감사(사전감사, 사후감사, 사후공람), ③ 일반 감사, ④ 기타 감사(서면감사, 특별감사, 컨설팅감사), ⑤ 중요회의 출석(의견진술 및 중요서류의 열람), ⑥ 입증자료의 확보 및 강평 등이다.

다섯째, 내부감사 결과 보고 부문

주요내용은 ① 내부감사 결과 보고의 개요(내부감사 결과의 보고 방법, 내부 감사 결과 지적 구분), ② 내부감사 결과 처리의 방법(위법·부당행위자가 등기이사인 경우와 비등기 임원 및 직원인 경우), ③내부감사 결과 조치방법(행위자의 판단기준, 감독자의 감면기준, 제재의 양정기준 등), ④ 감사결과 의사소통 등 이다.

여섯째, 내부감사 사후 업무 부문

주요내용은 ① 내부감사 사후관리(내부감사 사후관리 일반, 지적사항 정리 및 보고, 장기 미정리사항 처리, 재심청구사항 처리, 임무해태자에 대한 제재 등), ② 주요 사고 및 사항 처리(사고 보고의 대상, 사고 관련자 징계, 사고금의 정리, 사고자 고발조치, 주요 사항의 보고 및 처리, 사고예방 대책 등) 등이다.

일곱째, 법규에 의한 내부감사 부문

주요내용은 ① 내부감사의 평가·보고 업무(내부통제제도, 내부회계관리제도, 내부감시장치 가동현황의 평가·보고), ② 감사보고서 작성·제출 업무, ③ 주주총회의 감사·보고 업무(주주총회 전의 감사업무, 당일 감사업무, 종료 후의 감사업무), ④ 부정·위험의 감사·조치 업무(이사의 중대 손실발생 위험보고에 대한 감사 및 조치, 외부감사인의 부정 및 위법행위 통보에 대한 감사 및 조치 등) 등이다.

여덟째, 내부감사 품질평가 부문

주요내용은 ① 내부감사 품질평가 일반, ② 품질보증 및 개선 프로그램에 대한 평가(품질 보증 및 개선 프로그램에 대한 내부평가, 내부감사부서의 성과검토를 지원하기 위한 수단, 품질 보증 및 개선 프로그램에 대한 외부평가), ③ 품질관리 프로그램 자가 평가 및 보고 등 이다.

아홉째, 내부감사 실무관련 주요 이슈 부문

주요내용은 ① 질문서/문답서 작성 요령, ② 확인서 작성 요령, 경영진의 금지 행위(이사의 경업 금지, 회사 기회의 유용금지, 주주권 행사 관련 이익 공여 금지), ③경영진의 제한 행위(이사 등의 자기거래 규제 주체, 이사 등의 자기거래 제한 내용, 이사 등의 자기거래의 유효 요건, 이사 등의 자기거래 제한 위반의 효과) 등 이다.

아무쪼록 지난번 「현대 내부감사」에서 부족했던 부분을 이번 「내부감사학 강의」에서는 감사 현장에서 바로 활용이 가능하도록 대폭 보완하였는바, 기업의 내부감사 종사자, 감사 및 감사위원, 감사보조자 등은 물론 내부감사의 정책 당국자 및 감독 당국자 그리고 이해관계자인 기업의 경영진, 지배주주, 소수주주, 채권자 등 내부감사 관계자 모두에게 많은 도움이 될 수 있기를 기대해 본다.

끝으로 항상 인생의 사표로 삼고 있는 윤증현 전 기획재정부 장관님, 항상 멘토 역할을 해주시는 김중회 전 KB 금융지주 사장님에 대하여 이 자리를 빌어 다시 한번 깊은 감사를 드린다. 그리고 학문적으로 일천한 필자가 본 책자를 서술함에 있어서 감사 관련 학자·실무가 여러분의 훌륭한 저서와 연구업적에 힘입은 바 매우 크므로 모든 분들께 진심으로 감사드린다.

아울러 항상 옆에서 격려해주고 지원을 아끼지 아니하는 나의 반쪽인 아내 이금순 여사와 자기계발을 위하여 해외에 연수 중에 엄마의 해외여행을 시켜 준 큰딸 잔디와 큰 사위 명원에게도 고마움을 전한다. 그리고 컴퓨터 다루는데 익숙하지 못한 나에게 책을 완성할 수 있도록 컴퓨터를 가르쳐 주고 항상 도움을 주었던 둘째딸 방울과 아들 관중에게도 감사한다.

또한 도서출판 어울림 관계자의 배려와 적극적인 협조에 대해서도 깊은 감사를 드린다.

김 용 범

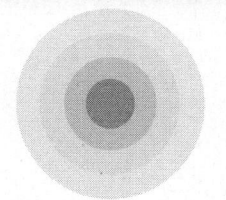

차 례

제3편 감사 실무

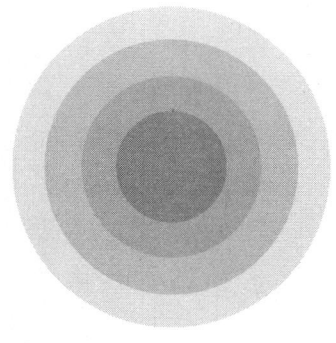

제1편

감사 이론

제1장 　　　감사제도 개관

제1절 　　　감사제도의 연혁

I 　감사제도의 기원

'監査'라는 개념은 그 시대의 정치·경제·사회 등 환경적 요소와 특성을 반영하고 있는 사회적 산물로서 시대와 장소에 따라 그 모습을 달리하고 있다. 그리고 인류 문명이 시작되어 경제활동이 이루어지고 사회제도와 정부조직이 형성된 이래 어떤 형태로든 감사 제도는 항상 존재하여 왔다.

사유재산제도와 정부조직이 형성되면 개인이나 정부가 보유하고 있는 재산을 관리하는 대리인이나 관리들은 자신이 관리하고 있는 재산에 대하여 관리책임을 성실히 수행하였음을 증명할 필요가 있었다. 그렇기 때문에 '감사'의 개념과 관련제도는 아주 오래 전부터 형성되어 정치·경제·사회 등의 환경적 요소의 변화에 발맞추면서 끊임없이 변화하여 왔다.

1. 古代 監査의 痕迹[1]

감사는 기원전 5천년경 고대 바빌로니아에서 그 흔적을 찾아볼 수 있다. 이미 역사적으로 알려지다시피, 인류 최초로 조직화된 정부조직을 형성하여 바빌로니아 문자로 역사적 기록을 남겨 온 바빌로니아인은 티그리스와 유프라테스 양대 강 유역에 비옥한 농지를 개발하고 바빌론과 니네브에 상업도시를 건설하여 농산물을 포함한 각종 상거래에 따른 회계 기록, 즉 거래관련 서류와 장부기장 등의 기록을 행한바 있다.

바빌로니아인들은 모든 상거래에 대해서 계약서를 작성하고 그 내용을 계약당사자와 관련 증인들을 함께 기록하게 된 것은 그들이 만든 성문법인 「함무라비법전(The Code of Hammurabi)」에 의해 이루어진 것으로 알려졌다. 이와 함께 바빌로니아에서

---

1) 한국감사협회, 전문자료집.

는「공적 기록관」을 두어 상업계약을 체결할 때 관련 법규를 준수하는지의 여부를 감시하는 역할도 수행토록 하였다.

또한 중요한 계약은「공적기록관」에 의해 점토판에 계약당사자의 성명과 수입·지출의 내용을 새긴 후에 이를 건조시켜 보관하여 왔으며, 신전이나 왕실에서는 십일조 등 현물로 징수되는 세금에 대해 현물이 창고에 도착하는 즉시「공적기록관」이 입고 품목과 수량을 기록하고 재고는 매각·사용·저장 등으로 분류하여 관리하였다.

그리고 왕실에서는 재고내용에 대해 정기적으로 재고조사를 실시하고 수입 및 지출 상품에 대하여는「책임수탁·이행보고」의 계산서를 작성하여 기록으로 남겨두었는데, 이는 바빌로니아 왕실이 재산에 대해 검증과 감사를 실시했다는 감사와 관련된 가장 오래된 기록과 증거 중의 하나로 알려지고 있다.

중국에서는 기원전 1050년경에 설립된 봉건국가인 주(周) 왕조시대에 이르러 화폐가 사용되고 정부의 재정관리 및 회계책임에 대한 개념이 이미 확립되었던 것으로 파악되고 있다. 특히 주 왕조시대에 형성되었던 내부통제와 예산 그리고 감사의 개념과 제도는 고대사회를 통틀어 가장 발달된 개념과 제도이었던 것으로 평가받고 있다.

주(周)왕조시대의 재정운용은 철저하게 분권과 견제의 원칙이 지켜지고 있었던 것으로 기록되어 있다. 역사적 기록을 살펴보면, 주(周) 왕조의 재정활동과 관련된 주요 관직으로는 대총재(大冢宰)와 태부(太府) 및 사회(司會)가 있었다. 이들 세 관직 중 대총재(大冢宰)는 국가 재정활동을 총괄하되 그 구체적인 예산편성과 감사업무는 사회(司會)에 위임하였다.

또한 태부(太府)는 직접 재정활동을 책임지고 있는바, 정부 예산편성과 집행내역에 대한 업무를 총괄하는 권한을 행사했다. 특히 사회(司會)는 비록 태부의 하부 관직이었으나 독립적인 지위가 보장되어 있었을 뿐만 아니라 재정과 관련된 모든 활동을 감사하고 월차 및 연차 보고서를 작성하여 대총재(大冢宰)에게 보고하였다는 기록이 남아 있다.

특히 관료의 규찰을 담당하는 대관(臺官)제도는 秦·漢代에 제도로서 확립되었고, 唐代에 이르러 정비되었다. 즉 唐代의 어사대(御史臺) 조직에는 어사대부, 중승, 시어사 등을 두어 관리들의 비리를 감찰하였다. 또한 왕에 간언(諫言)하는 간관(諫官)으로서 급간(給諫)제도가 있었으며, 간의대부(諫議大夫)를 두어 왕의 과실을 비판 하였다.

2. 中世 監査의 形成[2]

현대의 감사개념 형성에 커다란 영향을 미친 것은 중세 영국의 "장원(莊園) 회계 감사"라고 할 수 있다. 당시 봉건제도 하에서 토지는 봉건 영주의 경제력 확보에 가장 중요한 요인이었는데, 소위 '장원'이라 부르는 귀족 소유의 토지는 봉건영주의 농장이자 공장으로서 중세 영국의 경제력에 상당한 영향을 미쳤다.

중세 영국은 장원을 소유한 절대적 권한의 봉건 영주가 자신이 직접 관리하기 어려운 관할 농장지역에 관리인을 지명하고 이를 관리인으로 하여금 자신을 대신하여 부여받은 권한 내에서 관리업무를 수행하도록 하는 이른바, '주인 – 대리인(principal – agent)' 관계의 사회였다. 따라서 이 시대의 영국은 봉건 영주로부터 일정한 지역에 대한 관리권한을 위임받은 대리인이 수탁 관리하는 농장에서의 수입과 지출을 기록하고, 이를 위탁자인 영주에게 보고하는 위·수탁 관계가 사회 계층구조로 굳어지게 되는 특징을 보이고 있었다.

그러나 위탁자인 봉건 영주는 자신에게 충성을 맹세한 대리인 이라 하더라도 이를 전적으로 신뢰할 수는 없었다. 따라서 영주는 이들 대리인이 영주자신을 위해 수탁책임(stewardship)을 성실하게 이행하고 있는지 그리고 그들의 수탁책임 결과에 대한 보고를 신뢰할 수 있는지를 조사하여 확인할 필요성을 느끼게 되었다. 또한 영주의 재산에 대한 발생 가능한 도난과 손실을 방지하기 위해서라도 조사 또는 감사활동을 전문적으로 할 수 있는 인력이 필요하게 되었다.

이에 따라 이 시기의 봉건 영주는 대리인이 영주자신을 위해 수탁책임을 성실히 이행하고 있는지 여부와 대리인이 영주에게 보고하는 책임수탁이행보고서의 적정여부의 확인 및 영주의 재산에 대한 발생 가능한 도난과 손실을 방지하기 위해 영주 자신이 지명한 '전문회계인(charted accountant)'을 통해 대리인이 보고하는 사항을 조사(調査) 또는 감사(監査)하게 하였다. 이렇게 중세 영국의 장원제도에서 監査業務를 전문적으로 수행하는 감사(監事)제도 또는 감사인(監査人)제도가 태어나게 되었다.

이 당시의 수탁자는 자신의 위탁자로부터 위임받은 책임 범위 내에 있는 모든 항목의 수입과 지출을 기록하고 이를 요약하여 제출 하였다. 그리고 영주가 지명한 '전문회계인 (감사인)'은 그 내역에 대해 정기적으로 감사업무를 수행하고 감사가 종료되면 '책임수탁 이행보고서(Charge and Discharge Statement)'를 작성하여 영주에게 보고하고, 이를 공청회 등 외부에 공표하였다.

이러한 형식의 '책임수탁이행보고서'는 수입을 '지대수입'과 '기타수입'으로 분류 하고, 수입의 종류에 따라 세분화된 계정과목 형식으로 세분하여 표시하였다. 그리고 각

---

2) 한국감사협회, 전문자료집.

계정과목 별로는 기초재고를 표시한 다음 증가 내역을 'Charge', 감소 내역을 'Discharge'로 구분 하여 기입하였다. 감사인은 이들 계정내역서를 마감한 후 보고서 하단에 오늘날 감사보고 문단에 해당하는 '아래에 서명한 감사인이 청취하였음(Heard by the Auditors Undersigned)'이라고 기재하고 서명함으로써 감사보고서의 형식을 갖추었다.

마지막으로 감사보고서는 영주와 모든 대리인(수탁자)들이 참석하는 정기적인 공청회에서 공표되어 지는 것으로 알려지고 있다. 즉, 감사인은 정기적으로 공청회에 참석하여 영주와 대리인들 앞에서 감사보고서를 낭독함으로써 연차 감사에 대한 종료를 선언하는 것이다. 이러한 공청회에서 공표방식은 감사인이 발견한 수탁자에 의한 기록 누락이나 오류 발생을 모두 참석자에게 알려줌으로써 이후 발생 가능한 부정을 사전에 예방할 수 있는 효과적인 방법이기도 하였다.

한편, 14~15세기 이탈리아를 중심으로 급속하게 발달하기 시작한 Pacioli의 복식부기*의 등장은 감사를 보다 체계적이고 전문적인 영역으로 발전시키는 계기가 되었다. 이탈리아의 베네치아, 폴로렌스 등을 중심으로 복식부기 체제가 확산되면서 장부 조직과 회계 방법의 일대 혁명이 나타났고, 이에 따라 감사에 있어서도 체계적인 기법과 다양한 접근방법이 개발되어 적용되는 동기가 되었다. 복식부기체제는 재무상태와 경영성과를 이용목적에 부합되는 회계보고서의 형태로 효율적이고 효과적으로 작성할 수 있도록 해주는 장점이 있다.

* 복식부기란 기업의 자산과 자본의 증감 및 변화하는 과정과 그 결과를 계정과목을 통하여 대변과 차변으로 구분하여 이중기록·계산이 되도록 하는 부기형식을 말하는 것으로 단식부기(單式簿記)와 상대되는 개념이다. 복식부기는 거래의 이중성 또는 대칭관계를 전제로 하였고, 한 거래를 계정기입법칙(計定記入法則)에 의거하여 대차양변에 동시에 기입함으로써 대차변의 각 합계가 일치되어 대차평균(貸借平均)의 원리가 성립되며, 이 원리에 의하여 복식부기가 자기통제기능 또는 자동검사기능을 수행할 수 있는 것이다.

따라서 복시부기 체제는 경영계획과 그에 따른 의사결정의 질을 높이고 의사결정에 따른 불확실성을 감소시키는 등 경영자의 경제적 의사결정에 직접적인 효익을 제공한다. 이와 같은 효율성을 확보하는데 중요한 것은 신뢰성의 문제이다. 아무리 진보되고 체계화된 시스템에 의해 생산되는 정보라고 하더라도 그 내용의 신뢰성이 결여되어 있다면 그러한 정보를 이용한 의사결정은 치명적인 결과를 가져올 수 있기 때문이다.

이러한 회계정보의 신뢰성 문제는 현대 사회에 들어서면서 매우 중요하게 인식되고 있는 회계의 질적 속성이지만, 14~15세기에 복식부기가 도입된 시대에도 역시 중요하게 인식되었던 문제이다. 그리고 당시 Pacioli의 복식부기 도입은 그 이전보다 복잡해지는 상거래를 일목요연하게 정돈할 수 있었을 뿐만 아니라 감사자로서도 보다 다양하고 과학적인 감사방법의 적용이 가능하게 되었던 것으로 추정되고 있다.

3. 近代 감사제도의 發達

가. 정부부문의 감사제도[3]

18세기 영국에서는 과세와 예산 지출에 대한 모든 권한과 통제는 모두 의회로 넘어가게 되었고, 이를 계기로 영국 의회는 모든 공무원에 대하여 공공자금의 사용과 관련한 회계책임 제도를 법제화하기로 결정하였다. 그 결과 영국 의회는 1785년 공금회계에 대한 감사를 규정한 법률을 제정하여 의회의 재정통제권을 강화하였고, 이후 19세기에 이르기 까지 재정통제권의 범위를 지속적으로 확대하는 노력을 기울여 궁극적으로는 정부에서 작성한 예산이 하원의 승인을 받아 집행하도록 하였다.

영국의회는 1866년 '국고 및 회계감사부설치법(The Exchequer and Audit Departments Acts)'을 제정하여 오늘날 영국 감사원(NAO : National Audit Office)의 모체인 '회계감사원'을 설치하게 되었다. 이 법에서는 또한 회계감사원의 영국 내의 모든 정부기관에 대한 감사권을 행사할 수 있도록 했으며 감사결과는 하원 의회에 보고 하도록 함으로써 의회의 재정통제권을 강화하는 기틀을 마련하게 되었다.

한편 미국은 독립 과정에서 영국의 전제적 과세에 대한 횡포를 경험한 바 있기 때문에 「헌법」 제1조에 '어떠한 화폐도 법률에 의하여 승인된 것이 아니면 지출할 수 없으며, 모든 공공자금의 수입과 지출은 정기적으로 그 회계결과를 보고하고 수지 계산을 공표하여야 한다.' 라고 규정하여 재정의 투명성 유지를 「헌법」에서 선언으로 명시하고 있다.

이시기에 미국 연방정부 각 기관이 작성한 예산서는 재무성의 검토를 거쳐 「하원세입위원회(House Way & Means Committee)」와 「하원세출위원회((House Committee on Appropriation)」에 제출되어 의회의 승인을 거쳐 집행되었다. 제1차 세계대전 이전 까지 미국은 작은 정부를 지향하고 있었기 때문에 정부의 예산 규모는 그리 크지 않은 편이어서 이러한 의회의 예산통제가 현재 같이 커다란 의미를 가지고 있지는 않았다.

그러나 제1차 세계대전 이후 미국 행정부의 기능이 크게 강화되자 정부의 예산낭비와 공공부문의 부패에 대한 국민의 반감이 점점 고조되기 시작하였다. 이에 따라 미국 의회는 국가예산에 대한 재정 통제의 필요성을 심각하게 인식하고 1921년에 「국가예산 및 회계법(Budget and Accounting Act of 1921)」을 제정하게 된다.

이 법에 의거하여 대통령은 매 회계연도 초에 연방정부의 수입 및 지출에 관한 예산을 제출하고 의회는 대통령이 서명하여 제출한 행정부 예산에 대하여 거부권을 행사하거나 예산 수정을 할 수 있는 권한을 가지게 되었다. 또한 대통령 소속하에 독립된 지위를 갖는 「회계감사원(GAO : General Accounting Office)」을 설치하여 국고

---

3) 한국감사협회, 전문자료집.

의 사용 및 세입과 세출을 매 회계연도 마다 감사하고 그 결과를 의회에 보고하도록 하여 국가 회계에 대한 감사제도의 기틀을 마련하였다.

이와 함께 당시 미국 의회가 통과시킨 법안에는 GAO가 정부예산에 대한 회계감사 뿐만 아니라 정부 각 기관이 주도하는 정책 사업과 활동을 평가하고 그 결과를 의회에 건의하는 임무도 포함시킨 바 있다. 그리고 1945년에 「정부재조직법(Reorganization Act of 1945)」을 제정하여 GAO를 하원 소속으로 변경하고, GAO의 독립성을 이전 보다 더 강화 하여 명실상부한 독립기관으로서의 위상을 부여하였다. 지금도 GAO는 국가회계에 대한 「재무감사」와 정부 정책사업에 대한 「성과감사」를 수행하고 있다.

나. 기업 부문의 감사제도[4]

오늘 날의 기업부문 감사제도는 1623년 네덜란드의 동인도회사에서 회사경영에 관여하던 「대주주회(Hauptpartizipanten)」에 그 기원을 두고 있는데, 이것이 후에 이사의 업무집행에 대한 감독 및 승인을 주된 직무로 하는 「관리위원회(Verwaltungsrat)」로 진화 하였고, 이 관리위원회는 다시 영미국가에서는 집행임원의 업무를 감독하는 「이사회(Board of Directors)」로, 독일 등에서는 경영자(이사)를 선임·감독하는 「감사회(Aufsichtsrat)」로 발전 하였다.[5]

즉 감사제도는 크게 회사기관으로서 감사기구는 따로 두지 않고 이사회 하부조직으로 감사기구를 운영하는 영미식의 「일원적 시스템(one-tier board system)」과 업무를 담당 하는 이사로 구성된 이사회와 그 이사를 선임·감독하는 감사회가 각각 독립기관으로 운영 하는 독일식의 「이원적 시스템(two-tier board system)」을 중심으로 발전하여 왔으며, 예외적으로 업무집행기관과 감사기구가 병립·대등적인 관계를 유지하는 우리나라와 일본의 경우와 같은 「병립적 시스템」도 존재하고 있다.

독일의 경우 1861년 「독일보통상법전(ADHGB)」에서 「감사회(Aufsichtsrat)」를 입법화 하면서 감사제도를 도입하였다. 독일의 감사제도는 전 세계에서 가장 강력한 권한을 가지고 있다고 평가되고 있으며, 특히 이원적 구조를 가지고 있다는 점에서 그 특징이 있다. 독일 감사회는 감사회의 구성원인 감사위원이 3인 이상이어야 하고 그 중 3분의 1은 근로자 대표로 구성되며, 이사의 선출권을 가지고 있어 이론적으로 가장 완벽한 형태의 감사제도를 갖추고 있다고 할 수 있다.

이에 비해 미국의 경우 이사회가 회사의 중요한 경영정책이나 업무집행에 관한 기본 사항만 결정하고 업무집행은 이사회가 선임하는 집행임원이 담당하며, 그 집행행

---

4) 김용범, 「현대 내부감사 -이론과 실제-」, 도서출판 어울림, 2012. 31 ~32면.
5) 정동윤, 「(7판)회사법」,법문사, 2001, 473면, 남상구, 「기업가치 제고를 위한 감사(감사위원회)의 역할」,한국상장회사협의회, 2008. 4면, 권종호, 「 감사와 감사위원회제도」, 한국상장회사협의회, 2004. 3면

위는 이사회 또는 이사회로부터 위임받은 감사위원회가 감독하는 체제, 즉 회사 기관으로서 감사기구는 따로 두지 않고 이사회 하부조직으로서 감사위원회 제도를 두고 있다. 미국의 감사위원회는 회사의 회계와 재무상황에 관한 보고절차를 감독 하고 회사의 재무제표를 감사하는 기능을 수행하는 역할을 담당하고 있다.

또한, 병립적 시스템은 우리나라와 일본에서만 볼 수 있는 입법예로 경영을 담당하는 이사와 경영을 감사하는 감사가 공히 주주총회에서 선임된다는 의미에서 감사하는 기관과 감사를 받는 기관이 병립•대등적인 관계를 이루고 있는 감사제도를 말한다. 이러한 병립적 시스템의 경우 감사는 업무집행기관과는 조직 면에서 분리·독립된 기관이므로 객관적이고 독립적인 입장에서 감사가 가능하다는 장점이 있는 반면, 경영진의 업무수행에 대해 감사와 이사회에 의한 감독이 중첩적으로 이루어진다는 문제점이 있다.

다만, 이러한 병립적 시스템을 가지고 있는 우리나라나 일본의 경우 기본적으로 병립구조가 안고 있는 실제 운영상의 문제점을 보완·해결하기 위하여 영미식 감사 위원회 제도와 독일식 감사회 제도를 적극 도입하여 왔다. 이에 따라 일본의 경우 감사 외에도 사외감사가 포함된 3인 이상의 복수감사로 구성된 감사회제도와 영미식의 감사위원회제도를 선택할 수 있도록 하였으며, 우리나라의 경우도 영미식의 감사위원회 제도와 독임제감사제도를 선택할 수 있도록 하였다.[6]

Ⅱ 감사제도의 형태[7]

1. 영미식의 일원적 구조

영미식의 일원적 구조는 이사회가 회사의 중요한 경영정책이나 업무집행에 관한 기본사항만 결정하고 업무집행은 이사회가 선임하는 집행임원이 담당하며, 그 집행 행위는 이사회 또는 이사회로부터 위임을 받은 감사위원회가 감독하는 체제, 즉 회사기관으로서 감사기구는 따로 두지 않고 이사회의 하부조직으로서 감사기구를 운영 하는 체제이다.

영미식의 일원적 구조 하에서는 이사회는 업무집행기관이라기 보다는 업무집행에 대한 감독기관이며, 업무집행은 이사회의 책임과 감독 하에 집행임원이 담당하고, 그리고 감사위원회는 이사회의 하부조직으로서 주로 재무제표 등 회계자료를 작성 하는

---

6) 김학원, 「주식회사 감사제도의 효율성 제고를 위한 개선방안 연구」, 건국대학교 , 2010. 13~14면, 이준섭, 「상법상 감사 및 감사위원회의 내부감사기능의 효율적 정립방안」,상장회사협의회, 2006. 1~2면,
7) 김용범, 「바람직한 내부감사기관 형태」, 감사저널 2014. 3~5월호, 2014. 6~18면

과정에 참여하는 집행임원과 회계감사를 담당하는 외부감사인에 대한 감시·감독을 통해 기업회계의 정확성과 신뢰성을 제고하기 위한 활동을 한다.

아울러서 감사위원회는 내부감사조직과 외부감사인과의 협의 및 정보전달 창구로서의 역할과 법규준수 사항 등 내부통제시스템에 대한 검토 등을 통해 이사회와는 독립성을 유지하면서 한편으로는 이사회의 감독기능을 보완·지원하는 기능을 수행 한다. 특히, 감사위원회의 감사위원은 회사 및 집행임원과의 관계에서 독립성이 강조되며, 그 결과 감사 위원회는 사외이사 중심으로 구성되는 것이 일반적이다.

영미식의 일원적 구조에서는 또한 이사회 내부에 각종 위원회를 두는 것이 통상 인데, 대표적인 것으로 통상업무에 관한 의사결정 등을 하는 「업무집행위원회(executive committee)」, 집행임원 등의 보수를 결정하는 「보수위원회(compensation committee)」, 이사후보추천 등을 하는 「지명위원회(nomination committee)」등 이 있다.

영미식의 일원적 구조의 장·단점은 다음과 같다.[8]

〈 장 점 〉

① 업무집행기관과 감사기구가 일원화됨으로써 양 기관에 밀접한 상호 협력 관계가 구축 되어 필요한 정보의 교류의 용이 및 집중적인 감독이 가능.

② 이사회가 특정분야 전문가들로 사외이사를 구성함에 따라 의사결정 과정과 감독활동 시 전문성 발휘와 기존 경영진의 획일적이고 타성적인 사고로 인한 전략상의 오류나 손실 및 위험의 사전방지가 가능.

③ 회사의 경영전략이나 장기계획의 수립단계에서 협의나 조언의 형태로 사전 감독이 용이.

〈 단 점 〉

① 업무집행에 관한 결정과 그것에 대한 감독이 동일한 기관에서 이루어지므로 감사기구의 독립성과 객관성이 이 약화될 가능성.

② 사외이사들은 회사 경영정보의 접근이 제한적임에 따라 정확하고 합리적인 의사결정 한계성과 위원회 조직의 단점인 권한과 책임 소재가 불분명.

③ 사외이사들은 통상 외부의 법률, 금융, 회계, 감사전문가들로 충원되므로 외부로부터 보이지 않는 역학관계에 의한 특정인의 영향력 행사의 위험.

---

8) 권종호, 전게서, 24~25면, 남상구,「기업가치 제고를 위한 감사(감사위원회)의 역할」, 한국상장회사 협의회, 2008. 23~24면, 김용범, 「현대 내부감사 -이론과 실제-」, 도서출판 어울림, 2012. 33면.

2. 독일식의 이원적 구조

독일식의 이원적 구조는 업무를 담당하는 이사로 구성된 「이사회(Vorstand)」와 그 이사를 선임·감독하는 「감사회(Aufsichtsrat)」가 각각 독립된 기관으로서 이원적으로 운영되는 체제이다.

독일식의 이원적 구조에 있어서는 이사회는 정관 또는 감사회의 결의로 일정한 중요 사항에 관해 결정할 수 있으나, 기본적으로 업무집행에 관한 의사결정기관이 아니며, 업무집행권과 회사대표권은 이사 개개인이 가지고 있음이 원칙이다. 감사회는 3인 이상으로 구성되고 감사에 대한 선임 및 해임 권한은 주주총회에 있으나, 이사의 경우에는 감사회가 선임 및 해임 권한을 가지고 있다.

감사회는 이사의 업무집행에 대한 감독권과 회계감사권을 가지며, 업무감독권은 이사의 직무집행의 적법성뿐만 아니라 합목적성 및 경제성에도 미치는 것으로 해석된다. 이러한 감독권의 실효성을 확보하기 위하여 감사회에는 정관이나 감사회 결의로 특정업무에 관한 이사회결의 시 동의를 요구할 수 있는 동의요구권, 업무집행에 관한 이사회로부터의 보고수령권, 중요업무집행 사항에 관한 의사표명권 등이 인정되고 있다.

이처럼 독일식의 이원적 구조에서의 감사기구는 감사회가 이사에 대한 선임 및 해임의 권한을 갖는다는 점에서 업무집행기관의 상위기관으로서 지위를 가지며, 또한 감사회는 동의권이나 의사표명권 등을 통하여 회사의 정책결정의 단계에서부터 이사의 업무집행에 개입할 수 있다는 점에서는 경영관리기관적 성격도 아울러 갖고 있다.

독일식의 이원적 구조의 장·단점으로는 다음과 같다.[9]

〈 장 점 〉

① 업무집행기관과 감사기구가 제도적으로 분리되어 있기 때문에 각각의 권한과 책임의 소재가 분명.

② 국회가 행정부를 견제 및 감시 하듯이 권력분립이 제도적으로 보장되어 있어 감사기구의 업무집행기관에 대한 독립성 확보가 용이.

③ 감사기구는 외부로부터 또는 업무집행기관으로부터 영향을 받지 않고 적절 하고 객관적인 감독의 수행이 용이.

〈 단 점 〉

① 감사기구와 업무집행기관의 제도적 분리로 인하여 양 기관 간의 협력관계의 긴밀성이라는 측면에서 문제의 소지가 존재.

---

9) 권종호, 전게서, 26~27면, 남상구, 전게서, 25~26면, 김용범, 전게서, 도서출판 어울림, 2012., 34면.

② 감독은 아무래도 사후감독이 중심.

③ 회사의 경영전략이나 장기계획의 책정에 대한 사전 예방적인 감독에는 효율성이 상대적으로 저하.

3. 절충식의 병립적 구조

절충식의 병립적 구조는 이사회를 구성하는 이사와 이사의 직무집행을 감사(監査)하는 감사(監事)가 공히 주주총회에서 선임된다는 의미에서 업무집행기관과 감사기구가 병립·대등적인 관계를 유지하면서, 업무집행에 대하여 이사회에 의한 감독과 감사(監事)에 의한 감사(監査)가 중첩적으로 이루어지는 체제이다.

이 절충식의 병립적 구조는 일본이 채택하고 있으며, 이사가 감사회에서 선임되는 즉, 업무집행기관이 감사기구의 관할 하에 있는 독일식과 차이가 있으며, 독립된 감사기구를 두지 않고 이사회의 하부조직으로서 감사기구를 두는 영미식과도 다르다. 우리나라의 기존의 감사제도 역시 이 절충식의 병립적 구조를 취하고 있는데, 이 구조 하에서는 감사의 선임은 주주총회에서 이루어지며, 감사는 업무집행기관과는 조직 면에서 분리·독립된 기관이므로 객관적이고 독립적인 입장에서 공정한 감사가 가능하다는 장점을 가지고 있다.

그러나 그간 실제에 있어서는 감사선임에 관한 의제 및 의안제안권의 이사회 독점 등으로 인하여 감사(監事)의 선임이 감사(監査)의 대상인 경영자에 의하여 이루어짐으로써 병립적 구조가 갖는 장점 보다는 업무집행기관과 감사기구의 분리로 인해 생기는 단점 (업무집행결과에 대한 사후의 형식적 감사)이나 문제점(자기감사, 감사의 이사회 종속화)만 부각된 면이 적지 않았다.

따라서 일본이나 우리나라에서 지속적으로 단행된 감사제도의 개혁은 기본적으로 절충식의 병립적 구조가 안고 있는 이러한 실제 운영상의 문제점을 보완·해결하기 위한 노력이라 해도 과언이 아니다. [10)]

Ⅲ 감사제도의 변천

1. 의용 「상법」상 감사제도

우리나라 감사제도는 1899년에 제정된 일본 「신상법」을 토대로 하여 발전하여 왔다. 일본 「신상법」은 1912년 「조선민사령」에 의하여 우리나라에 「의용(依用)」되기

---

10) 권종호, 전게서, 27면, 남상구, 전게서, 27면

시작하여 해방 후 미군정시대에는 1945년 11월의 미군정법령에 의하여, 그리고 1948 년 정부수립 이후 1962년 까지는「제헌헌법」제100조의 경과규정에 따라 우리의 「상법」 으로서 역할을 하였다.[11]

그 당시 「의용상법」은 기관으로서 의사결정기관인 주주총회와 업무집행기관인 取締 役(이하 '이사'라 한다) 그리고 감사기관인 監査役(이하 '감사'라 한다)을 두고 있었 다. 이 시기 감사는 주식회사의 필요적 상설기관으로서 업무감사권과 회계감사권을 가지는 회사의 유일한 감사기관이었다. 감사권의 범위는 적법성감사 뿐만 아니라 타 당성감사에도 미치는 것으로 해석되었다.[12]

아울러 「의용상법」상의 감사는 이사 결원의 경우 직무대행권과 같은 회사의 업무를 집행할 수 있는 권한뿐만 아니라 주주총회 소집권, 이사와 회사 간의 거래 승인권, 이 사와 회사 간의 소송에 있어서 회사대표권 등과 같은 회사의 업무집행에 관여할 수 있는 권한을 가지고 있었기 때문에 이 시기 감사는 가장 강력한 권한을 보유한 회사 내 감사기관이었다.

2. 제정 「상법」상 감사제도

1962년 「상법」이 제정되면서 감사제도에 대한 내용도 많은 변화가 있었다. 가장 큰 변화는 종전의 「의용상법」 하에서는 감사에게 업무감사권과 회계감사권을 모두 부여 하였던 것을 변경하여 감사의 권한을 회계감사로 한정하였다.[13]

이러한 변화는 날로 복잡해지는 경영현실을 고려할 때 경영에 직접 참여하지 않는 감사에게 경영진의 업무집행에 대한 합리적 감독을 기대하기 어려우며, 감사의 선임 이 사실상 이사에 의해 추천되고 그 권능 아래에 있는 구조에서 이사에 대한 감독이 현실적으로 어렵다는 점과 이사회제도 하에서 이사회가 대표이사 및 이사를 감독하는 것이 합리적 이라는 점 등을 고려하여 감사의 업무감사권을 삭제한 것이다.[14]

이에 따라 업무감사권을 전제로, 감사에게 부여하였던 주주총회 소집권, 이사회 결 원 시 직무대행권, 이사와 회사 간의 거래 승인권, 회사와 이사 간의 소송 시 회사대 표권, 주주총회 결의의 취소 소송제기권, 증자·감자·합병·설립무효의 소송제기권 등의 권한은 삭제되었다.

---

11) 임중호, 「감사.감사위원회제도의 효율적 운용과 기능 제고 방안」, 상장회사협의회, 2007., 59면, 김학 원, 전게서, 15면
12) 田中誠仁, 「監査役制度 改正の現在の問題點」, 商事法研究 第2卷, 92면, 김학원, 전게서, 15면
13) 임중호, 「주식회사 감사제도의 변천과정」, 한국상사법학회, 2001. 160면 이하 참조, 이준섭, 「상법상 감사 및 감사위원회의 내부감사 기능의 효율적 정립 방안」, 상장회사협의회, 2006., 12면, 김학원, 전게서, 15면
14) 임중호, 전게서, 163면, 이준섭, 전게서, 12면, 김학원, 전게서, 16면

3. 1984년 개정 「상법」

감사제도에 관한 1962년 제정 「상법」의 특징은 감사권한의 축소, 즉 '감사 권한 중 업무감사권의 이사회 위양(委讓)'으로 요약될 수 있으나 , 이사회의 형해화(形骸化), 즉 업무집행기관인 대표이사와 대표이사의 지휘 하에서 업무집행을 담당하는 이른바 업무담당이사로 이사회가 구성됨으로써 업무집행에 대한 이사회의 감독 자체가 '자기감독'으로서 형해화(形骸化)하면서 결과적으로 감사권한의 축소를 위해 감사의 업무감사권을 이사회로 위양(委讓)한 취지는 몰각(沒却)되게 되었다.

이처럼 감사의 권한이 약화되면서 회사들은 자유방임적인 무모한 경영에 의하여 도산하거나 부실화하는 현상이 빈발하였다. 이사회의 형해화(形骸化)는 아직까지도 우리나라의 많은 기업에서 볼 수 있는 현상이지만, 이에 대한 대처로서 1984년 「상법」을 개정하여 다시 감사에게 업무감사권을 부여하게 되었다. 이로써 감사는 「의용상법」시절과 마찬가지로 회계감사권과 함께 업무감사권도 가지게 되었다.[15]

이와 동시에 감사의 권한을 대폭적으로 강화하는 조치도 아울러 취해지게 되는데 , ① 감사 임기의 연장(1년에서 2년으로), ② 이사에 대한 영업보고 요구권, ③ 영업 및 재산 상태에 관한 조사권, ④ 이사회 출석 및 의견 진술권, ⑤ 회사 과련 각종 소의 회사대표권, ⑥ 감사기간의 연장(1주에서 4주로), ⑦ 감사보고서 기재사항의 법정화, ⑧ 감사록 작성의 의무화, ⑨ 이사회 의사록 날인권, ⑩ 이사회 소집통지를 받을 권리 등이 그것이다. 따라서 현행 감사제도의 기본적인 틀(실체)은 이 1984년 개정에 의해 갖추어진 것이다.

4. 1995년 개정「상법」

전술한 바와 같이 「상법」개정시 마다 감사의 직무권한을 강화하기 위한 입법적 노력에도 불구하고 여전히 경영진에 대한 통제기능이 작동하지 않는 현실이 계속되자 감사기능의 활성화에 초점을 맞춰 개정이 이루어진 것이다.

이 개정에서는 ① 감사의 임기연장(2년에서 3년으로), ② 감사 해임 시 주주총회에서 의견 진술권 부여, ③ 감사의 겸임 금지범위의 확대(감사는 자회사의 이사·지배인·기타 사용인의 겸임 금지), ④ 감사에 대한 이사의 보고수령권, ⑤ 감사의 주주총회 소집권, ⑥ 자회사 조사권 등을 신설하였다.[16]

---

15) 권종호, 전게서, 50면, 이준섭, 전게서, 13~14면, 김학원, 전게서, 16~17면, 최기원, 「신회사법」, 박영사, 2009, 720면
16) 권종호, 전게서, 51면, 김학원, 전게서, 17면, 최기원, 전게서, 720면

이러한 조치들은 감사의 독립성 확보 및 권한 강화를 위해 이루어졌다. 먼저 감사 해임 시 의견진술권을 부여한 것은 감사지위의 강화차원에서 이루어진 것이며, 감사의 임기를 연장하고 겸직금지의무를 확대한 것은 감사의 독립성을 확보하기 위한 조치이다. 아울러 이사의 감사에 대한 보고의무를 신설한 것은 감사의 업무감사권을 강화하기 위한 법적 근거를 제공하였다는 점에서 중요한 의미를 가지고 있다.[17]

5. 1999년 개정「상법」

1999년 개정「상법」은 기업경영의 투명성 확보를 위한 기업지배구조 개선의 일환으로 감사위원회제도를 도입하였다. 1997년 외환위기 이후 IBRD 등 국제기구 및 외국 투자가들의 정부에 대한 강력한 요청과 당시 국내의 사회적·정치적 배경 등이 상승작용을 하면서 도입된 것이다.[18]

개정 「상법」은 모든 주식회사는 감사 또는 감사위원회를 선택하여 운영할 수 있도록 하였다. 따라서 기존의 감사와 감사위원회 중 어느 쪽을 선택할 것인지는 회사의 재량이나 감사위원회를 설치할 경우에는 반드시 「정관」에 규정을 두도록 하였으며, 이 경우 감사를 둘 수 없도록 하였다. 이는 전통적인 「상법」상 주식회사의 기관구성과 그 권한분배 질서를 근본적으로 변환시킨 것이었다.

감사위원회는 회사의 조직상으로는 이사회 내 위원회의 하나이므로 그 법적 지위는 이사회의 하부 기관이지만 회사 감사기관의 기능 약화를 방지하기 위하여 감사위원회의 기능은 종전의 감사에 갈음하는 권한을 행사할 수 있도록 하였다. 또한 감사 위원회의 독립성 확보를 위하여 이사나 자회사의 감사와 같이 기본적으로 독립성에 문제가 있는 자는 감사위원의 3분의1을 넘을 수 없도록 제한하였다.[19]

6. 「(舊)증권거래법」상 감사제도

감사제도에 관해서「(舊)증권거래법」에서도 규정을 두고 있다. 「(舊)증권거래법」의 '상장법인 등에 대한 특례 등에 관한 규정' 중 제191조의 11, 제191조의12, 제191조의 17이 그 것이다.

공법적 요소가 강한 「(舊)증권거래법」은 전형적 사법인 「상법」과는 그 성질을 달리하는 법률이지만, 「(舊)증권거래법」 중 상장회사 등 특례에 관한 규정은 「상법」의 특별법적 성격을 갖고 있었기 때문에 「(舊)증권거래법」의 적용을 받는 상장회사는 「(舊)증권 거래법」이 「상법」이상으로 중요한 의미를 갖는다.[20]

---

17) 김학원, 전게서, 17면, 이준섭, 전게서, 14면
18) 김건식, 「상법개정요강안에 대한 발표의견(II)」, 상법개정공청회 자료, 1999. 28면 이하, 최기원, 전게서, 740면, 김학원, 전게서, 19면
19) 김학원, 전게서, 19면, 권종호, 전게서, 52면

(1) 1997년 개정 「(구)증권거래법」(감사제도 관련규정 신설)

1997년 「(구)증권거래법」에 감사제도 관련 규정의 신설은 1997년 외환위기와 밀접한 관련이 있는 입법이다. 외환위기는 재벌기업의 대주주 전횡과 이에 대한 견제의 부재가 일조 한 것으로 인식되면서 상장법인 등의 대주주의 영향력 제한과 감사의 독립성 강화에 초점을 맞추고 있다.[21]

주요 신설 내용으로는 ① 감사 선임 및 해임 시 최대 주주는 특수관계인의 지분을 합산 하여 3% 범위내로 의결권 행사의 제한을 강화, ② 감사선임 의안과 이사선임 의안의 주주총회 별도 상정, ③ 감사보수 의안과 이사보수 의안의 주주총회 별도 상정, ④ 자산 1,000억 원 이상 상장회사에 대해 상근감사 선임의 의무화 및 자격요건의 엄격화 등이다.

(2) 2000년 개정 「(구)증권거래법」

2000년 「(구)증권거래법」상 감사제도 관련 규정의 개정은 감사위원회제도의 도입을 위한 것이다. 1999년 새로 도입된 「상법」상 감사위원회제도와는 그 내용면에서 상당한 차이가 있다.

주요 차이점은 ① 자산 2조원 이상 상장회사에 대해 감사위원회 설치를 의무화, ② 감사위원회는 3분의 2이상을 사외이사로 구성하고, 위원장은 반드시 사외이사로 선임, ③ 사외이사가 아닌 감사위원의 자격 제한은 상근감사의 자격 제한을 준용, ④ 감사위원회를 설치한 경우에는 상근감사를 따로 두지 않아도 되도록 하였다.

(3) 2003년 개정 「(舊)증권거래법」

2003년도 「(구)증권거래법」상 감사제도 관련 규정의 개정은 SK글로벌 분식 회계를 계기로 감사의 전문성과 기업 회계 및 경영의 투명성을 제고하기 위하여 이루어진 것이다.

주요 내용은 ① 감사위원 중 1인 이상은 반드시 회계 또는 재무전문가로 선임 의무화, ② 공시서류의 허위기재 및 중요사항의 누락을 묵인한 공인회계사에 대해 벌칙을 강화하였다.

---

20) 권종호, 전게서, 52면.
21) 권종호, 전게서, 53면

7. 최근 개정 「상법」[22)]

1990년대는 경제위기를 계기로 「상법」 개정 작업이 이루어졌으며, 따라서 이 시기에는 위기적 상황에서 외부적 요구에 의한 측면이 강했다. 이에 비해 최근의 개정 작업은 정상적인 상황에서 보다 체계적이고 신중하게 추진되었다는 점에서 의미를 가지고 있다.

최근의 개정 내용을 살펴보면 그간 문제점으로 제기되었던 사항의 적극적인 수용과 기업 경영의 투명성 및 효율성을 높이기 위한 제도정비를 강화하였으며, 한걸음 더 나아가서 감사기능의 실효성과 독립성을 확보하기 위한 제반 수단을 강구하기 위하여 노력하였다.

(1) 2009년 개정 「상법」

2009년도에는 두 번의 「상법」 개정이 있었다. 1월의 개정은 「자본시장과 금융투자업에 관한 법률」의 제정에 따라 폐지될 예정인 「(구)증권거래법」상 상장법인의 지배구조에 관한 특례규정을 「상법」의 회사 편에 포함시켜 법적용의 계속성을 유지하고 회사법체제의 완결성을 추구하려는 것이며, 5월 개정은 소규모 회사에 대한 규제완화의 관점에서 이루어 졌다.

주요 개정내용을 살펴보면 상장회사에 관한 특례규정은 과거 「(구)증권거래법」에 있는 내용들이 대부분 그대로 「상법」으로 이관되었으나 몇가지 중요한 변화가 있었다. 첫째, 감사위원회 결의에 대해 이사회가 재결의 할 수 없도록 명문규정을 신설하였으며, 둘째, 자산규모가 2조원이상인 상장회사 감사위원회위원(이하 '감사위원'이라 한다)의 선임 및 해임 권한은 주주총회에 있음을 명문화 하였다.

아울러 그간 법적용에 많은 혼란이 있었던 사외이사의 개념 및 범위를 명확히 하였고, 자본금 총액이 10억 원 미만의 소규모 회사에 대해서는 감사를 임의 기관화 하였다.

(2) 2011년 개정 「상법」

2011년 개정은 기업경영의 투명성과 효율성을 높이고 국제기준에 부합하는 회사법 체제로 개편하는 한편 급변하는 경영환경에 기업이 적절히 대응할 수 있는 법적기반을 마련하는 데 많은 노력을 기울였다. 따라서 2011년 개정은 회사법체제의 대대적인 변화가 모색되었다.

주요한 개정 내용들을 살펴보면 ① 유한책임회사제도의 도입, ② 무액면 주식

---

22) 김학원, 전게서, 건국대학교, 2010., 19면~26면, 국회, 상법 개정 법률 의안 , 2009. 1., 2009. 5., 2011. 4., 2014. 2. 2014 4. 의결

제도의 도입, ③ 다양한 종류의 주식 도입, ④ 주식 및 사채의 전자등록제 도입, ⑤ 소수주주의 강제매수제도 도입, ⑥ 회사의 사업기회 유용금지제도 신설, ⑦ 이사의 자기거래 승인대상 확대, ⑧ 이사의 책임감경, ⑨「상법」상 회계 관련규정과 기업회계기준의 조화 등이 있다.

아울러 감사제도 관련 내용은 ① 전문가 조력 받을 권리 신설, ② 이사회 소집청구권 신설, ③ 감사의 책임 감경, ④ 집행임원제도 도입, ⑤ 준법지원인제도 도입 등이 있다.

(3) 2014년 개정 「상법」

2014년도에는 두 번의 「상법」 개정이 있었다. 2월의 개정은 선량한 보험계약자를 보호하기 위하여 보험계약자에 대한 보험약관 설명의무 등 현행 보험제도 운영상의 일부 미비점을 개선·보완하였으며, 4월 개정은 현재까지 유명무실하고 양도세 회피 등에 악용될 우려가 있는 무기명 주식제도 폐지 및 「국제항공운송에 있어서의 일부규칙 통일에 관한 협약」 변경 내용을 반영하는 관점에서 이루어졌다. 주요 계정내용을 살펴보면 ① 보험약관 설명의무 명시, ② 보험대리상 등의 권한에 관한 규정신설, ③ 보험금 청구권 등 소멸시효기간 연장, ④ 가족에 대한 보험자의 보험 대위 금지 규정 신설, ⑤ 보증보험 규정 신설, ⑥ 질병보험 규정의 신설, ⑦ 무기명 주식 제도 폐지, ⑧ 운송인의 무과실책임 한도액 및 책임 한도액 증액 등이다.

참고 ▷▷▷ 최근 제기되고 있는 주요 「상법」 개정 내용

최근 민낯으로 들어난 재벌총수의 황제경영과 경영권을 이용한 사익편취를 억제하기 위한 최소한의 수단으로 제기되고 있는 주요 「상법」 개정 내용은 다음과 같다.

1. **감사위원의 분리 선출** : 상장회사는 주주총회에서 감사위원회 위원이 되는 이사를 다른 이사와 분리 선임, 이사 선임 시부터 대주주의 의결권 제한.
2. **전자투표 의무화** : 일정 주주 수 이상 상장회사는 전자투표 실시 의무화.
3. **다중대표소송제도 도입** : 모회사 발행주식 총수의 100분의 1이상 주식을 가진 주주가 자회사 이사책임을 추궁할 수 있는 다중대표소송 도입.
4. **집중투표제도 의무화** : (일정 자산규모 이상 상장회사) 집중투표청구권의 소수 주주권화, 정관으로 배제 불가하도록 하여 집중투표제도 의무화.
5. **사외이사 독립성 강화** : 우리사주조합 및 소액주주가 사외이사후보추천위원회 (최대주주 및 특수관계인 배제)에 후보 추천(각1인) 및 의무선임.

제2절 ▷▷▷ 감사제도의 본질

I 주식회사와 감사제도

회사는 독립된 사회적 실체로서 이론적으로는 의사와 행위 능력을 가지고 있지만, 현실적으로 자신의 의사를 가지고 행위하는 것이 불가능하다. 이에 따라 그 의사와 행위는 회사 조직상의 일정한 지위에 있는 자에 의해 결정되고 실천된다. 이와 같이 회사의 의사를 결정하고 행위를 실천하는 회사 조직상의 기구를 '기관'이라 한다.[23]

「상법」은 주식회사(물적회사[24])에 한해 기관으로서 감사의 선임을 의무화 하고 감사의 자격이나 직무 및 권한 그리고 감사결과 보고 등을 규정하고 있다. 「상법」이 이처럼 주식회사에 국한하여 감사의 선임을 강제하는 등 규제를 가하고 있는 이유는 「상법」이 관념하고 있는 주식회사는 소유와 경영이 분리되고 사원(주주)은 다수의 소액출자자로 구성되므로 주주가 직접 나서서 경영자의 직무집행을 일상적으로 감독·감시하는 것은 불가능하거나 비현실적이기 때문이다.

그런 점에서 소유와 경영이 일치하거나 사원이 소수인 경우, 예컨대 '합명회사나 합자회사'(인적회사[25]) 의 경우에는 경영자의 직무집행에 대한 제3자적 기관에 의한 감독·감시의 필요성은 그다지 크지 않다. 이 경우에는 사원이 경영자로서 직접 회사경영에 관한 직무를 수행하는 경우가 대부분일 뿐만 아니라 설령 경영자(대표업무 집행사원)에게 경영이 위임된 경우라도 사원이 소수이므로 사원이 직접 경영자의 직무집행을 감독하는 것이 가능하며 오히려 그렇게 하는 것이 비용 면에서 효율적 이기 때문이다.

전통적인 회사법이론에 의하면 물적회사의 경우 감사(이하 '감사위원회' 포함)는 주주를 대신하여 경영자의 직무집행을 감독·검사하는 것이나 그 궁극적인 목적은 회사경영의 적정성을 확보하고 회사재산의 건전성을 유지하는 데 있다. 이는 기본적으로 주주의 이익보호라는 측면에서 중요한 의미를 갖지만, 회사채권자의 이익과도 직결되는 문제이다. 따라서 회사채권자 보호라는 측면에서도 감사의 필요성이 요구된다.

그러나 합명회사나 합자회사와 같은 인적회사의 경우 사원은 회사채권자에 대해 직

---

23) 이철송,「회사법 강의」, 박영사, 2014 , 464면, 김학원, 전게서, 5면, 神田秀樹,「會社法入門」, 岩波新書, 2006, 50면.
24) 물적회사란 사원의 수가 많고 그 개성이 희박하며 회사재산이라는 회사의 물적요소를 강조하는 회사를 말함.
25) 인적회사란 사원의 수가 적고 그 개성이 짙으며 사원이 누군가 하는 회사의 인적요소를 강조하는 회사를 말함.

접 무한책임을 짐으로 채권자 보호라는 측면에서 감사의 필요성은 간접유한책임 사원만으로 구성되는 주식회사나 유한회사(물적 회사)에 비해 상대적으로 적다. 「상법」이 인적회사에 대해 감사와 관련한 규정을 두지 않은 것도 이 때문이다.

다만 유한회사 및 유한책임회사의 경우에는 유한책임사원 만으로 구성되므로 채권자 보호 측면에서는 감사의 필요성이 인정되지만 사원이 소수로 구성되며 폐쇄 회사로서 소유와 경영이 일치하는 경우가 많기 때문에 「상법」은 유한회사에 대해서는 감사의 선임 등을 회사의 자율에 맡기고 있다.

따라서 감사제도가 법·제도적으로 문제가 된다면 그것은 전형적인 물적회사로서 주주의 이익보호와 채권자의 이익보호를 위하여 감사제도가 매우 중요한 위치를 차지하는 '주식회사' 이다.26)

Ⅱ 기관구조와 감사제도27)

1. 기관구조의 의의

앞에서 설명한 바와 같이 회사는 독립된 사회적 실재로서 이론적으로는 그 자체의 의사와 행위를 가지나, 실제의 자연적 의사를 결정하고 자연적 행위를 할 능력이 없으므로 그 의사와 행위는 회사 조직상의 일정한 지위에 있는 자에 의해 결정되고 실천된다. 이와 같이 회사의 의사를 결정하고 행위를 실천하는 회사 조직상의 기구를 '기관'이라 한다.

합명회사와 같은 인적회사는 원칙적으로 각 사원이 업무집행권과 대표권을 가지며, 업무집행자와 대표자를 별도로 둔다 하더라도 사원 중에서 선임되어야 하므로 기관 자격과 사원자격은 일치(자기기관) 한다.

그러나 주식회사에서는 기능별로 다음과 같이 수개의 기관으로 분화되어 있고, 그 중 주주총회 이외의 기관의 구성에는 주주자격을 전제로 하지 않는다는 점이 특색 이다.

가. 주주총회

주주들로 구성되며 이사·감사의 선임, 정관 변경 등 법이 정한 소정의 주요 사항에 관해 회사 내부의 최고의 의사결정을 하는 기관이다.(「상법」제361조).

---

26) 권종호, 전게서, 1~2면, 최준선, 「(제6판) 회사법」, 삼영사, 2011, 513면, 김용범, 전게서, 42면,
27) 이철송, 「회사법강의」(제22판), 박영사, 2014. 464~476면 참조 및 인용.

나. 이사 · 대표이사 · 이사회

주주총회에서 수인의 이사를 선임하고 이들은 이사회를 구성한다. 이사회는 회사의 업무 집행에 관한 의사결정권을 갖는다.(「상법」제393조 제1항). 하지만 이사회는 수인의 이사로 구성되는 회의체기구이므로 현실적인 업무집행행위를 실행하기에는 부적당하다.

그러므로 업무집행에 관한 이사회의 권한은 「의사결정」에 그치고 현실적인 「집행행위」는 이사회(또는 정관의 정함에 따라 주주총회)가 선임한 대표이사가 수행한다. 그리고 대표이사는 대외적으로 회사를 대표하여 조직법적 또는 거래법적 법률관계를 형성 한다.(「상법」제389조 제3항→제209조). 그러나 업무 집행의 결정은 궁극적으로 이사회의 권한이므로 이사회는 대표이사를 「감독」한다.(「상법」제393조 제2항).

다. 감사기관

「상법」은 이사회 및 대표이사의 업무집행을 감사하는 기관으로서 감사와 감사위원회를 제시하고, 회사가 어느 하나를 선택하도록 하고 있다. 감사는 주주총회가 선임하는 「독임제기관」[28]이고(「상법」제409조), 감사위원회는 이사회 내부에 두며, 이사들로서 구성하는 「합의체기관」이다.(「상법」415조의2).

양자 모두 이사회 또는 대표이사를 감사한다는 동일한 권한을 가지고 있지만, 감사는 이사회로부터 독립된 기관으로서 이사회나 대표이사의 입장으로서는 「외부통제 장치」가 된다고 할 수 있고, 감사위원회는 이사회의 감독하에서 기능하는 「자기시정장치」라고 할 수 있다.[29]

2. 기관구성의 논리

주식회사의 기간구조를 인적회사의 그것과 대비할 때 최대의 특징은 출자자(주주)로부터 독립된 지위를 갖는 자(이사)들이 회사의 경영기구를 구성한다는 점이다.(소유와 경영의 분리). 주주총회와 감사의 존재도 인적회사에서 볼 수 없는 것이지만, 이는 이사가 경영을 담당하기 때문에 부수적으로 생겨난 기관에 불과하다.

가. 소유와 경영의 분리
(1) 유한책임과 책임재산의 관리

주식회사에서 소유와 경영의 분리되어야하는 제도적 동기는 주주들이 유한책임을 진다는 점이다. 주주는 회사 채무에 대해 유한책임을 지므로 회사에 현재하는

---

28) 독임제란 하나의 관청이나 기관에 그 권한을 일임하는 조직형태를 말함.
29) 이철송, 전게서, 박영사, 2014, 465면

재산만이 회사 채권자에 대한 담보가 될 뿐이다. 이 사실은 기업경영에 따른 위험을 회사채권자에게 전가시킴을 뜻한다.

그러므로 회사채권자를 보호하기 위해 회사재산을 건전하게 유지해야 한다는 것은 「상법」이 주주의 유한책임을 허용하면서 동시에 부여한 부관적(附款的)* 의미의 명제(命題)**이다. 회사재산의 건전한 유지는 주주들의 이기적인 행동 경향에 영향을 받지 않고 회사경영의 객관성을 유지하고 재산을 독립적으로 관리함으로써 가능하다. 이 점이 주식회사에서 소유와 경영이 분리되어야 할 가장 중요한 이유이다.

* 부관 : 법률행위의 효력 발생 또는 소멸을 제한하기 위하여 부과되는 약관.
**명제 : 어떤 문제에 대한 하나의 논리적 판단내용과 주장을 언어나 기호로 표시한 것.

한편 회사의 경영이 이기적인 출자자의 손을 떠나 객관화됨으로 해서 회사의 채권자는 회사 경영에 대한 「감시비용(monitoring cost)」*을 줄일 수 있고, 그 결과 회사는 주주와 채권자의 신뢰를 얻으므로 자금조달에 따르는 비용을 줄일 수 있다.

* 감시비용 : 주체가 대리인을 감시하는 데에 부담하는 비용을 말하며, 이사 등 대리인 (agency)의 행위가 주주나 채권자 등 주체(principals)의 이익에서 이탈하는 것을 제한 또는 방지하기 위해서 주체가 대리인을 감시하는 데에 들어가는 비용을 말한다.

(2) 경영의 중립성 확보

주식회사는 대중으로부터 자본을 집중시키기 위해 만들어진 기업형태이므로 다수 주주가 존재함을 예상해야 한다. 다수의 주주가 집단적으로 경영에 참여한다는 것은 비효율적이기도 하지만, 주주가 직접 업무의 집행에 임한다면 일상적인 경영이 항상 자본다수결로 결정되어 대주주의 횡포가 우려되고 때로는 의사의 분열로 경영의 정체가 생길 수도 있다.

이는 결국 주주의 감시비용을 높이고 투자수익을 감소시킨다. 그러므로 일단 선임되면 자본다수결의 영향을 받지 않는 제3의 독립적인 경영기구를 두어 업무집행의 객관성을 유지할 필요에서 소유와 경영을 분리하게 된 것이다.(경영의 객관화 · 중립화).

물론 이사는 주주총회의 다수결로 선임되므로 그 선임에는 대주주의 영향력이 미치지만, 일단 선임되면 회사의 수임인으로 자기의 책임 하에 업무를 집행할 법적의무를 부담한다.(「상법」제382조 제2항, 제399조 제1항). 그리고 이사회에서의 의사결정은 인적회사의 업무집행과 같이 두수주의(頭數主義)*에 의해 행한다. 이 두 가지 제도는 주주의 부당한 간섭을 차단함으로써 경영의 합리성을 보장 하는 기능을 한다.

* 두수주의 : 일반적으로 회의체의 의사결정은 머리수가 누가 많으냐에 의해 결정되는 것을 의미한다. 다시 말하면 주주 1명이 1개의 의결권을 갖는 것을 말한다.

(3) 경영의 전문화

주주들이 유한책임을 지므로 경영성과로 인한 주주의 위험부담은 제한적이고 예견가능하다. 그러므로 인적회사에서처럼 주주가 직접 경영에 임해야 할 필연적인 이유는 없고, 주주의 이윤동기를 보다 만족스럽게 충족시켜 줄 경영기구가 있다면 그것이 바람직하다.

소유와 경영의 분리는 「상법」의 직접적인 입법동기와는 무관하지만 전문경영인에게 경영을 위임함으로써 경영의 효율을 기하고 나아가 주주들의 이윤동기를 보다 잘 충족시킬 수 있다는 부수적인 효과도 갖는다.(경영의 전문화·효율화).

> **참고** >>> **대리 비용(agency cost)[30]**
>
> 소유와 경영의 분리는 법·경제학적으로 보면, 주주와 채권자의 이른바 대리 비용(경영이나 재산을 타인에게 맡겼을 때, 그 관리자의 무능·부정적으로 인해 소유자가 부담하는 위험 : agency costs)과 이로 인해 높아지는 자본조달 비용을 해결하는 수단이라 할 수 있다.

주주가 회사를 직접 경영한다면 회사채권자들은 주주에 의한 회사재산의 유출을 걱정해야하고, 따라서 이를 감시하기 위한 비용을 지출해야 한다. 그러므로 회사 채권자는 이 비용을 이자를 높이거나 기타 방법으로 회사에 전가하려 할 것이고 그 결과 회사는 타인 자본을 조달함에 있어 높은 비용을 부담해야 한다.

이 점은 주주 간에도 같다. 경영에 임하는 주주들 간에 의견불일치, 갈등이 생기고, 서로를 감시해야 하고, 회사재산을 늘 점검해야 하며, 이로 인한 경영의 비효율과 비용발생을 감수해야 한다(이른바 협력비용 : coordination costs)을 감수해야 한다.

따라서 주주는 회사로부터 자신이 기대하는 수익과 이 비용을 보상할 만한 배당이 주어지지 않는 한 투자를 하려 하지 않을 것이다. 결과적으로 회사는 자기자본을 조달함에 있어서도 높은 비용을 부담해야 한다.

그러므로 어느 주주에 대해서도 중립적이고 전문적인 제3의 경영인에게 경영을 위임함으로써 이론적으로는 채권자와 주주의 대리 비용을 해소하고 나아가 자본조달 비용을 줄일 수 있는 것이다.

---

30) 이철송, 전게서, 박영사, 2014., 466~468면 참조 및 인용

그림 ▷ 주식회사의 기관구조

1. 감사를 두는 경우

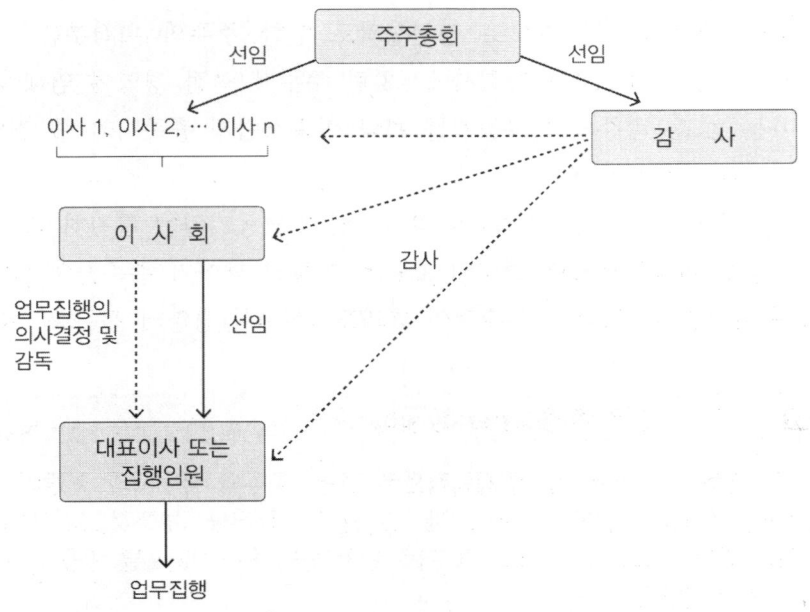

2. 일반 감사위원회를 두는 경우

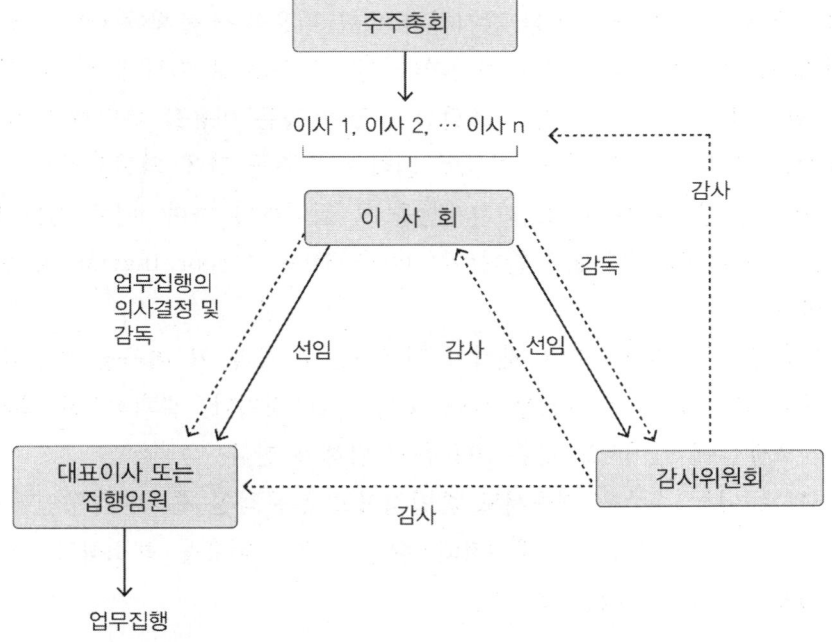

3. 특례 감사위원회를 두는 경우

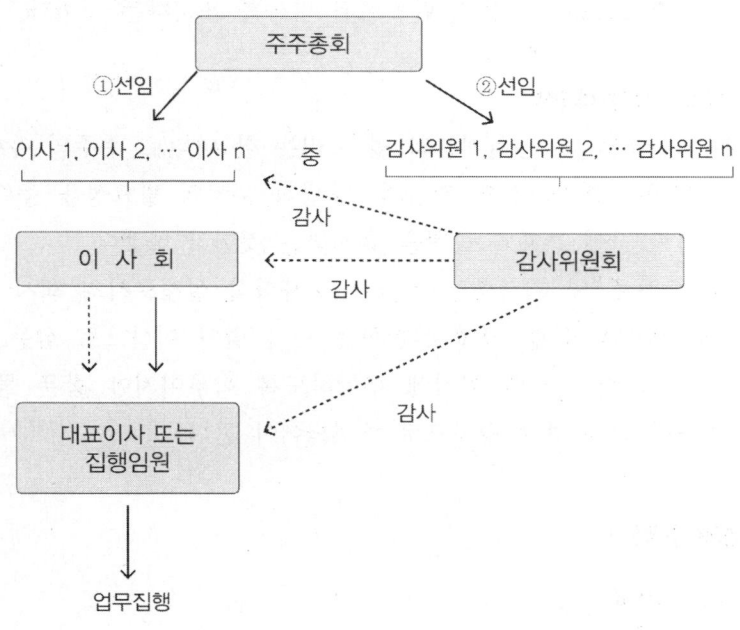

이철송 저 「회사법강의」469p 일부 인용 및 참조

나. 주주의 보호와 경영통제

유한책임제도의 논리적인 귀결로서 그리고 주주간의 감시비용을 줄이기 위한 방법으로서 소유와 경영을 분리하지만, 그 결과 주주의 보호라는 과제가 등장한다. 이사가 경영을 전담함에 따라 주주는 회사경영의 관점에서 국외자가 되는데, 이사가 항상 합리적·합법적 행동만 하라는 보장이 없기 때문이다. 그러므로 주주는 이사를 일상적으로 견제할 전문적인 감시기구를 필요로 하며, 이에 응한 제도적 기구로서 감사 또는 감사위원회를 두는 것이다.

소유와 경영의 분리라고 하지만 이사는 기업의 소유자인 주주의 의사에 그 존재의 근거를 둘 수밖에 없다. 감사 역시 주주의 감시기능을 일부 대신하는 자이므로 주주가 선임해야 한다. 그 밖에도 회사에는 일상적인 경영의 수임자인 이사가 할 수 없는 처분적 업무(예 : 정관변경, 자본감소, 영업양도, 회사해산, 합병 및 결산 승인 등)가 다수 있는데, 이 역시 주주들의 의사결정이 중요하다.

주식회사에서는 주주가 다수 존재하고, 소유주식수에 따라 각 주주의 의사의 영향력이 상이한 관계로 의사형성의 공정을 기하기 위해서는 절차의 형식성·엄격성이 요구된다. 그리고 이사·감사와 같은 기관적 조직에 대응하여 주주도 역시 조직화된 방법으로 단체적 의사를 형성할 필요가 있다. 그리하여 주주는 주주총회라는 기관을 구성하여 다수결의 방법으로 주주들의 단일화된 의사를 표시하는 것이다.

다. 기관운영의 이상(理想)

이상과 같은 기관분화 및 권한배분의 법 논리는 한 마디로 주주의 유한책임을 시발점으로 하여 제기되는 회사재산의 객관적·중립적 운영의 필요성을 충족시키고, 이를 보장하기 위해 기관 간에 견제와 균형을 유지하는 것이라 하겠다.

그리하여 대·소주주 및 회사채권자 그리고 사회적 실재로서의 회사 자체 등 모든 이해 관계자들의 이익을 균형 있게 실현하는 것이 법이 이상으로 삼는 바이다. 회사의 실제 운영이 이러한 논리와 이상에 부합하도록 이루어져야 함은 물론이고, 회사 운영에 관한 법규범 역시 같은 방향으로 해석되어야 한다.

3. 의사결정의 논리

가. 의사결정의 개요

주식회사는 이상과 같이 복수의 기관으로 구성되는데, 어느 기관이든 자신의 권한과 의무를 수행하기 위해 의사결정을 해야 한다. 감사와 대표이사 각자 독임제적* 집행기구 로서 자신의 독단으로 의사결정을 하고 그 공정성은 각자의 법적 책임으로 담보한다. 그러나 주주 총회와 이사회는 복수의 인원으로 구성되어 합의적 방법으로 공동의 의사를 결정해야 한다.

*독임제란 하나의 행정관청에 그 권한을 일임하는 조직제도를 말함.

나. 의사결정의 방법

오늘날의 민주사회에서는 입장을 달리하는 다수인의 의사를 민주적으로 수렴, 단일화하는 방법으로서 다수결원칙을 채택하고 있으며, 이것이 회사의 의사결정에도 적용된다. 다만 주주총회와 이사회는 법상 언제나 특정의 의제를 놓고 찬부를 묻는 방식을 취한다.

그러므로 주주총회와 이사회의 다수결이란 단순다수결이 아니고 원칙적으로 과반수결의의 형식을 취한다. 단 주주총회의 결의 시에 사안에 따라 결정의사의 대표성을 강화 하기 위해 특별결의라는 형식으로 과반수 보다 큰 다수(3분의 2 이상)를 요구하는 경우도 있으며, 이사회도 의안에 따라 같은 요령으로 결의 요건을 강화할 수 있다.

다수결은 주주총회와 이사회에서 그 의미를 전혀 달리한다. 주주총회는 출자자의 의사를 결정하는 기구이므로 다수결을 인식하는 기준은 출자에 따라 부담하는 위험의 크기에 두어야 한다. 그러므로 다수결의 전제로서 의사결정력의 등가성은 주주총회를 구성하는 「사람」이 아니라 「출자액」에 있으며(자본다수결), 이것은 '1주 1의결권의 원칙'으로 규격화되어 있다.(「상법」제369조 제1항).[31]

그러나 이사회에는 자본다수결이 적용되지 않는다. 이사는 출자자와 무관한 자들로서 각자가 회사의 수임인으로서 등가의 법적지위를 가지기 때문이다. 그러므로 이사회에서는 이사 개개인이 하나의 의결권을 가지고 결의에 임한다.(「상법」제391조 제1항).

아울러 감사위원회는 감사와 달리 회의체기관이므로 권한 행사는 위원회의 결의를 통하여 한다. 감사위원회의 소집이나 결의방법 등 감사위원회의 운영은 「상법」제393조의2(이사회 내 위원회)가 정하는 이사회 내 위원회의 운영방법에 따라야 한다. (「상법」 제393조의2 제4항, 제5항).[32]

「상법」상 이사회 관련 규정으로서 위원회에 준용되는 제386조 제1항(퇴임이사의 지위 계속), 제390조(이사회의 소집), 제391조(이사회의 결의방법), 제391조의 3 (이사회의 의사록), 제392조(이사회의 연기 · 속행)의 규정은 감사위원회에도 적용 된다. 따라서 감사 위원회도 이사회와 같이 감사위원 개개인이 하나의 의결권을 가지고 결의를 행사한다.

다. 다수결의 타당성과 예외[33]

주주총회의 다수결제도가 타당성을 갖는 근거는 회사의 이익은 바로 주주 전원의 이익이 되는 까닭에 주주들은 주어진 의안에 대해 회사의 이익이 되는 방향으로 결정을 할 것 이라는 가설이다. 그러나 이런 가설은 주주총회가 단독으로 지배적 영향력을 갖지 못하는 다수의 주주로 구성되고 의안에 따라 다수파가 가변적으로 형성된다는 점을 전제로 한 것이다. 이를 전제로 할 때 결의의 목적인 이익의 동질적인 평준화가 가능하기 때문이다.

그러나 실제는 대부분의 회사에 다수의 주식을 가지고 결의를 지배하는 대주주가 있어 지배력의 항구적 편재현상이 나타나고, 따라서 결의에 의해 성취된 이익의 편향적 귀속이 이루어지는 예도 많다. 이점은 이사들의 결의에서도 발견된다.

이사들은 법적으로는 회사의 수임인으로서 주주로 부터 독립된 지위를 갖는다고 하지만, 이사들은 계속적인 지위의 보전을 위해 지배주주의 신임을 의식하지 않을 수 없어 대주주의 간접적 영향 하에 편파적인 결의를 하는 예도 있다.

이같이 다수결의 보편적 타당성이 깨어지는 일이 있으므로 다수결의 예외로서 소수자인 주주의 의사가 법적인 힘을 지원 받아 보호되는 경우도 있다. 예컨대 결의취소

---

31) 이철송, 전게서, 박영사, 2014, 469면
32) 이철송, 전게서, 박영사, 2014, 840면
33) 이철송, 전게서, 박영사, 2014., 469~470면

나 무효 등의 소송을 제기하거나 이사해임청구의 소를 제기하는 것 등이 대표적인 예이고(「상법」 제376조, 제380조, 제385조제2항), 때로는 소수자인 주주가 집단으로 그 의사를 형성하여 다수결의 효력에 대항할 수도 있다.(종류 주주총회, 「상법」제435조).

그러나 보편적 의사결정방법으로서 다수결이 갖는 한계는 이러한 제도만으로는 극복 되지 않는다. 그러므로 입법과 해석론적 노력에 의해 다수결의 원론적 타당성을 회복하도록 노력하여야 한다.

Ⅲ 기업지배구조와 감사제도

1. 기업지배구조의 일반

가. 기업지배구조의 개념

「기업지배구조 (Corporate Governance)」는 "기업을 지휘하고 통제하는 체계 또는 메커니즘이다."라고 정의하고 있다.[34] 그 이외에도 ① 기업이라는 경제활동의 단위를 둘러싼 여러 이해관계자들 간의 관계를 조정하는 메커니즘, ② 경영자원의 조달과 운용 및 수익의 분배 등에 대한 의사결정 과정과 이에 대한 감시기능의 총칭, ③ 기업 가치의 극대화를 위해 기업의 이해관계자간 「대리인 비용(agency cost)」과 「거래 비용(transaction cost)」을 최소화하는 메커니즘, ④ 기업의 경영을 감시, 규율하는 것 또는 이를 행하는 기구를 뜻하기도 한다.[35]

기업지배구조는 소유구조와는 구별되는 개념이다. 소유구조는 의결권을 갖는 주식의 분포상황을 나타내는 것으로 지배구조의 원천이 되며, 어떤 의미로 이해하건 기업지배구조는 주식의 소유구조에 근거하여 경영권을 행사하고 이를 감시 · 감독하는 제도적 장치와 그 운용체계를 말한다. 따라서 기업지배구조는 기업의 효율성과 경쟁력을 결정하는 가장 중요한 장치이다.[36]

즉, 효과적이고 건전한 기업경영을 가능하게 하도록 경영관리구조를 재편성하고 경영진에 맡겨진 경영권이 적절하게 행사되고 있는가를 감시하여 실질적인 기업 소유자인 주주의 이익을 도모하면서 동시에 주식회사가 그 사회적 책임을 다 할 수 있는가의 문제로 귀착(歸着)된다.

이러한 지배구조 개념은 논자에 따라 다양하게 사용되는 바, 기업실무적인 과정에

---

34) Florence Shu- Acquaye, 「Corporate Governance Issues : United States and the European Union」, 29 Hous. J. Int'l L . 583(1998), 김학원, 전게서, 7면, 최준선, 「효율적인 감사제도 운영을 위한 입법과제」,한국상장회사협의회, 2008. 32~33면, 영국, 「Cadbury보고서」, 1992.
35) Wikimedia Foundation, Inc., 「위키백과」, 2012., 김용범, 전게서, 도서출판 어울림, 2012., 42면.
36) 최완진, 「기업지배구조법 강의」, 한국외국어대학교 출판부, 2011 4면.

서 보면, 기업지배구조는 최고 경영진과 이사회 간의 관계, 주주와 이사회 간의 관계, 회사와 주주 및 임원들 간의 관계, 회사와 자본시장 간의 관계, 회사와 사회 및 국가 간의 관계 등과 같은 제반 측면을 최적의 상태로 정비함으로써 기업 경영의 효율성을 높이고 기업 가치를 제고하여 분쟁을 방지하게 하는 지식과 경험의 체계라고 말할 수 있다.

나. 기업지배구조의 범위

「기업지배구조 (Corporate Governance)」는 "기업을 지휘하고 통제하는 체계 또는 메커니즘이다." 라고 정의하고 있다. 그러나 구체적으로 이것이 무엇을 의미하는가에 대해서는 다양한 논의가 있어 왔으며, 일의적으로 기업지배구조의 정의를 내리기는 매우 어려운 상황이다.

그러나 기업지배구조의 개념 및 그 범위에 대해 가장 합리적으로 설명하고 있는 것은 기업지배구조를 (ⅰ) 광의의 기업지배구조론과 (ⅱ) 협의의 기업지배구조론으로 나누어 설명하는 견해이다.[37]

(1) 광의의 기업지배구조론

먼저 광의의 기업지배구조론 이란 주로 기업경영의 효율성이라는 관점에서 금융·자본·노동·제품 및 회사지배권시장으로 대표되는 기업관련 시장과 이러한 시장에 참여하는 「이해관계자(stakeholder)」의 다양한 이익까지 시야에 넣어 「국제표준(global standard)」 또는 「최선의 기업행동지침(code of best practice)」[38]이라는 기준에 따라 어떻게 기업의 역할과 기능을 기관적형태 등으로 재구축하고 조정하느냐의 문제에 관해 포괄적으로 논의하는 것을 말한다.

(2) 협의의 기업지배구조론

두 번째로 협의의 기업지배구조론은 주로 경영기구에 대한 감시기구를 주된 대상으로 하여 어떻게 경영감시기구를 구축하는 것이 이른바 「경영자지배」로부터 파생하는 문제를 최소화하여 기업경영의 투명성을 제고하고 책임성을 확보할 수 있느냐에 관한 문제를 논의하는 것을 말하며, 이러한 협의의 기업지배구조론이 전통적으로 회사법 분야에서 관심의 대상이 되어온 테마라고 할 수 있다.[39]

---

37) 권종호, 「일본의 기업지배구조 동향과 우리나라 감사제도의 개선」,상장협 제39호, 1999., 45면이하, 김학원, 전게서, 7면

38) 대표적인 예로「미국법률협회(ALI)」가 1992년에 발표한 「Principles of Corporate Governance: Analysis of Recommendation」과 OECD가 1999년 제정하고 2004년에 개정한 「OECD Principles of Corporate Governance를 들수있다. 」

39) 渡辺智子, 「コーポレト. ガバナンスと企業倫理」, 慶應義塾大學出版會, 2006, 19면, 김건식, 「기업지배

최근의 경우 기업지배구조와 관련한 논의는 후자인 협의의 기업지배구조측면에서 이루어지고 있다. 「회사법」상 가장 기본적인 문제의 하나가 경영진을 효과적으로 통제하기 위한 방안을 마련하는 것이며, 기업지배구조에 관한 논의는 바로 이러한 통제시스템을 어떻게 구축해야 빈틈없는 통제가 가능할 것인가 하는 문제가 주로 논의되기 때문이다.[40]

주식회사의 감사는 이러한 기업지배구조의 중핵적(中核的) 역할을 담당하는 자로서 중요한 의미를 가지고 있으며, 감사에 대한 제도개선 문제도 결국은 기업지배구조 개선의 문제로 귀착(歸着)되는 것이다.

다. 기업지배구조의 중요성[41]

(1) 기업지배구조와 효율성

무한경쟁시대에서 기업이 생존하기 위해서는 훌륭한 경영성과를 달성하여야만 한다. 기업의 성과에 영향을 미치는 요소는 생산성, 기술개발, 조직구성, 전략 개발 등 다양하며 이들 요소는 유기적으로 결합되어 있다. 기업지배구조 또한 기업의 효율성과 긴밀한 연관성을 가지면서 기업의 성과에 중요한 영향을 미친다.

경제학계에서는 기업지배구조가 기업의 성과에 미치는 영향에 대한 실증적 연구를 통하여 이를 검증하여 왔고, 이러한 실증적 연구 들은 기업지배구조 등급과 자본비용 간에는 음(−)의 관계에 있다는 결론을 도출하였다.

기업지배구조가 좋은 기업을 매수하고, 기업지배구조가 취약한 기업을 매도하는 투자전략은 초과수익을 발생시킨다는 사실이 입증되었고, 주주권의 보호가 강한 기업의 주식을 매수 하고, 주주권의 보호가 약한 기업의 주식을 매도하는 투자전략은 초과수익을 얻을 수 있는 반면에, 주주권의 보호가 약한 기업은 수익성과 매출의 성장률이 감소하고, 자본비용이 높아지며, 기업인수의 가능성이 상승하는 결과가 나타나게 된다.

(2) 기업지배구조의 경쟁력

기업이 지속적으로 경쟁력을 유지하기 위해서는 기술력과 설비투자의 활성화가 전제되어야 한다. 기업의 원활한 자금조달을 위해서는 자본시장이 활성화되어야만 한다. 은행은 그 특성상 위험 회피적인 이익구조를 가지고 있어 高위험·高수익의 특성을 지닌 기업에 자금을 공급하기에는 적합하지 않기 때문이다.

구조에 관한 최근의 논의에서 무엇을 배울것인가?」,기업지배구조연구제1호, 2001, 8~9면, 김학원, 전게서, 8면
40) 최준선, 전게보고서, 33면, 김학원, 전게서, 8면
41) 최완진, 「기업지배구조법 강의」, 한국외국어대학교출판부, 2011., 5면

그리고 원활한 자금 조달에 필요한 자본시장이 발달하기 위해서는 정보에 있어 상대적 열위에 있는 투자자에 대한 보호가 확립되어야 한다. 투자자가 지배주주나 경영진의 사익추구로부터 보호받을 수 있어야 투자자는 안심하고 주식시장에 참여할 수 있고 건전한 자본시장이 발전할 수 있다. 그러므로 투자자 보호는 자본시장 발전의 핵심이며, 기업지배구조의 개선은 투자자 보호를 위한 기본적인 메커니즘이라고 할 수 있다.

라. 기업지배구조의 종류[42]

주식회사제도는 기업에 자금을 제공하고 그것을 소유하고 있는 주주와 경영의 중요한 의사결정을 내리는 경영자를 분리하여 분업에 의한 전문성과 효율성을 극대화하기 위하여 운영되는 조직이다.

주주와 경영진의 이해관계가 일치하는 경우 앞에서 언급한 대리인비용은 발생하지 않고 분업에 의한 효율성 증진을 통해 최선의 결과를 가져 올 수 있다. 그러나 주주가 경영자에게 경영을 위임하고 경영자와 주주의 이해가 일치되지 않으면 정보의 비대칭이 존재하는 경우 대리인 문제가 발생한다.

기업의 지배구조는 소유와 경영의 분리로 인해 발생하는 대리인 비용을 효과적으로 통제하여 기업의 경영목표를 설정하고 그 경영목표가 이행되도록 규율하는 메커니즘으로 기업의 내부지배구조와 외부지배구조로 나눌 수 있다.

(1) 기업의 내부지배구조

기업의 내부지배구조는 기업내부에 존재하여 경영자를 효과적으로 감시하고 규율하기 위해 이용되는 통제장치를 말하고, 사외이사를 포함한 이사회, 경영진이 보유한 내부지분, 급여체계 등이 해당되며, 외부통제장치로는 기업외부에 존재하는 기관투자자, 외부대주주 등 주식소유자에 의한 감독과 경영자노동시장, 기업경영권시장, 상품시장 등이 존재한다. 이외에도 기업의 재무구조나 배당 또한 대리인비용을 통제하고 기업 가치를 극대화하는 도구로 사용된다.

대리인비용은 기업의 성과에 영향을 미칠 뿐만 아니라, 경제 전체의 생산성을 저하 시킬 가능성이 있으므로 효과적인 대리인 비용의 통제는 매우 중요한 문제이다. 특히 소유와 경영이 집중되어 있고 그에 비해 소유와 통제는 상당히 분리되어 있는 우리나라 기업 집단체제하에서는 소유경영자의 의사결정에 대한 감시와 규율이 실제적으로 이루어지기 어려운 현실이다. 이러한 관점에서 효과적인 대리인비용의 통제를 개별 기업의 문제로만 다루기는 어려운 것이다.

---

42) 최완진, 전게서, 한국외국어대학교출판부, 2011., 6~7면

(2) 기업의 외부지배구조

기업의 외부지배구조는 기업의 내부자가 아닌 외부이해관계자에 의한 통제장치로 자본시장에 의한 규율, 기업경영권시장, 기관투자자에 의한 감시 및 감독, 경영자 노동시장 등이 이에 해당된다. 기업지배구조는 다양한 통제장치가 시스템으로 작용하는 메커니즘이므로 지배구조를 구성하는 통제장치들 간의 상호관계를 이해하는 것이 매우 중요한 문제가 된다.

외환위기 이후 도입된 여러 통제장치와 기업성과 및 기업가치 간의 관계에 대한 선행연구들은 개별통제 장치만을 분석의 대상으로 고려하였지, 지배구조들 간의 상호관계와 전체 시스템이 기업성과에 미치는 영향에 대한 연구는 거의 없었던 것이 현실이다.

개별 지배구조의 기업성과에 대한 영향은 다른 지배구조와 연관되어 나타나 므로 전체 시스템을 고려하지 않고 개별 기업통제장치의 효과를 분석하는 것은 오도된 결과로 나타날 가능성이 매우 높다.

따라서 개별 지배구조의 기업성과를 분석하는데 있어서는 기업의 외부구조와 관련된 요소를 정확히 이해하고, 각 통제장치 들이 직·간접적으로 연결되어 있다는 점에 착안하여 전체 시스템을 고려하여 판단하여야 한다.

2. 기업지배구조의 이론과 유형

가. 기업지배구조의 이론

상술한 바와 같이 기업지배구조의 문제는 경영진에 대한 통제와 관련한 문제이다. 이러한 기업의 지배구조를 설명하기 위한 이론적 접근방법은 크게 「대리인 이론(agency theory)」과 「계약적 지배이론(contractual governance theory)」43)을 들 수 있다. 대리인 이론은 상술한 협의의 기업지배구조 이론에 해당하며, 계약적 지배이론은 광의의 기업지배구조 이론을 설명하는 이론적 근거가 되고 있다.44)

(1) 대리인 이론

대리인 이론은 기업의 소유와 경영이 분리된 상태에서 「주인(principal)」인 주주가 직접 경영을 하지 아니하고 전문경영인인 대리인에게 권한을 위임하여 경영하게 할 수 밖에 없음을 전제로 한다. 그러나 주인과 「대리인(agent)」인 경영자 사이에 정보의 비대칭성으로 인해 경영자가 주인인 주주를 위해 경영을 하는 것

---

43) 이영기, 「한국 기업소유지배구조」, 한국개발연구원, 1996, 11~34면, 김학원, 전게서, 8면, 최준선, 전게보고서, 33면
44) 김건식, 「우리기업지배구조의 전환」(강원법학 제16권), 강원대 비교법학연구소, 2003, 50면, 김학원, 전게서, 9면

이 아니라 경영자 자신을 위해 경영을 하게 되는 「도덕적 해이(moral hazard)」에 빠지게 될 우려가 크다.[45]

'기업지배구조'는 이와 같은 "경영자의 도덕적 해이를 방지하기 위해 주인인 주주가 대리인인 경영자를 효율적이고 효과적으로 감시·감독하기 위한 체계"라고 설명한다.[46] 이와 같은 접근 방법은 미국과 영국을 비롯한 앵글로색슨 국가에서 채택하고 있는 방식으로 시장을 통한 외부적 통제가 경영진에 대한 주요 통제 방식인 주주 중심 기업지배구조 모델이 된다.[47]

(2) 계약적 지배이론

이에 대하여 계약적 지배이론은 대리인 이론의 주장처럼 주주만이 경영위험을 지고 독점적인 이해관계를 가지는 것으로 보는 것은 타당하지 않으며, 현실적으로 주주 외에도 채권자, 경영자, 종업원, 공급자, 지역사회 등 다양한 이해집단도 제한적이나마 실질적으로 해당 기업과 이해관계를 가진다고 보는 것이다. 이들 다양한 이해관계자들이 각 이해집단간의 이익을 극대화하기 위하여 경영진을 감시하고 통제하는 방식이 필요하다고 한다.[48]

따라서 계약적 지배이론에 의할 때 '기업지배구조'란 "다양한 이해관계자들이 각자의 이익을 극대화하며 계약비용을 최소화하기 위해 체결하는 장기적이고 안정적인 계약체계"를 말한다. 이와 같은 접근방식을 취하는 나라는 독일을 비롯한 유럽대륙과 일본 등으로서 이들 국가에서는 채권자이자 주주인 은행에 의한 통제 또는 내부적 통제 방식이 주로 사용되는 이해관계자 중심의 기업지배구조 모델이 된다.[49]

나. 기업지배구조의 유형

어떤 기업지배구조가 바람직한 형태의 지배구조인가를 판단함에 있어 위의 2가지 이론은 각기 다른 방향성을 제시하고 있다. 최근 기업지배구조의 모델은 크게 주주 중심 모델과 이해관계자중심 모델이 주로 논의되어 왔다.

기업지배구조의 문제가 경영자에 대한 통제의 문제라고 할 때, 누구의 이익을 위해 경영자를 통제하는가가 중요한 문제이다. 다시 말해서 기업이 누구를 위해서 경영 되어야 하며, 누구의 관점에서 경영자를 감시·감독하는가가 중요한 문제가 된다.[50]

---

45) 김용범, 전게서, 도서출판 어울림, 2012., 44면.
46) 정재영, 「기업지배구조의 이론적 배경과 중요성」, Corporate Governance Service CG review, 2007.01/02 Vol. 30, 최준선, 전게보고서, 34면, 김학원, 전게서, 9면
47) 정재영, 전게서 참조, 최준선, 전게보고서, 34면.
48) 김용범, 전게서, 도서출판 어울림, 2012., 44면.
49) 정재영, 전게서 참조, 최준선, 전게보고서, 35면, 김학원, 전게서, 9면
50) 김학원, 전게서, 9~10면, 平田光弘,「コーポレート・ガバナンスとCSR」, 中央經濟社, 2006, 17면 이하 참조

(1) 주주중심 기업지배구조 모델

주주중심 기업지배구조 모델은 대리인 이론에 바탕을 둔 것으로, 동 이론에 따르면 기업의 지배구조는 자금을 제공하는 주주들이 자신들의 투자에 대한 수익을 보장받기 위해 경영진의 자원 배분에 대한 의사결정을 감독하고 통제하는 것으로 이해한다. 미국과 영국을 비롯한 앵글로 색슨 국가에서 채택하고 있는 방식으로 시장을 통한 외부적 통제가 경영진에 대한 주요 통제방식이다.[51]

이 모델은 기업을 주주의 재산으로 파악하고 기업경영의 목적 역시 이해관계자의 단체적 이익 보다는 주주가치의 극대화에 두는 것이 특징이다. 이 법제에서는 기업정보가 소수의 내부자에게 집중되는 것 보다는 모든 증권시장 참여자에게 전달되어 주가가 투명하게 결정되는 것이 중요하다. 따라서 소유가 광범위하게 분산되는 구조를 지향하고 경영자에 의한 회사지배가 형성됨에 따라 외부의 주주와 경영자와의 대리인 문제가 중심과제가 된다.[52]

이 모델하에서는 기업의 경영자에 대한 통제가 기업지배구조의 핵심을 이루고, 그 통제도 기업의 외부와 내부의 양면적 지배구조에 의하여 이루어진다. 외부적으로는 자본 시장의 역할에 의존하는 비중이 매우 높다. 적대적 기업인수에 의한 무능한 경영진 퇴출, 소수주주의 적극적 행동주의가 절대적으로 중요시된다.

내부적으로는 업무집행기능과 감독기능을 갖는 단일한 이사회 시스템을 유지하며, 이사회의 감독기능을 강화하기 위해 사외이사가 과반수를 차지하는 것이 보통이다. 사외 이사는 주주와 경영진 간에 발생하는 대리인 문제를 해소하는 역할을 수행할 수 있다고 믿고 있다. 그러나 이 모델 하에서는 감사회 또는 감사라는 제도는 따로 존재하지 않는다.

이 모델 하에서 기업지배구조법제는 ① 경영감독의 핵심 주체인 사외이사의 독립성 훼손, ② 기관투자자의 경영참여에 대한 무관심, ③ 과도한 적대적 기업 인수에 의한 단기실적주의 등이 큰 문제점으로 지적된다.[53]

(2) 이해관계자중심 기업지배구조 모델

한편, 이해관계자중심 기업지배구조 모델은 계약적 지배이론에 바탕을 둔 것으로서 지배구조를 주주, 경영자, 종업원, 채권자, 공급자, 지역사회 등 다양한 이해관계자들이 각 이해집단간의 이익을 극대화하기 위하여 경영진을 감시하고 통제하는 것으로 이해한다. 독일을 비롯한 유럽대륙에서 채택하고 있는 방식으로

---

51) 정재영, 전게서 참조, 김학원, 전게서, 10면, 남상구, 「글로벌경쟁과 기업지배구조」, 상장협연구 제53호, 2006,. 6면

52) 김용범, 전게서, 도서출판 어울림, 2012., 45면.

53) 송종준, 「2010년도 기업지배구조법제의 동향」, 상장회사감사회회보 제121호, 2010., 7면

채권자이자 주주인 은행에 의한 통제 또는 내부적 통제방식이 주로 사용된다.[54]

이 모델이 지향하는 기업지배구조법제는 기업에 공공적 성격을 부여하고 주주, 경영자, 근로자등 이해관계자집단의 이익으로서 기업가치의 극대화를 추구하는 데에 기본 목적이 있다. 독일 등 유럽법제가 대표적이다.

이 모델에서는 주주의 단기적인 이익 극대화 보다는 이해관계자와 기업과의 장기적인 관계로부터 얻을 수 있는 이익을 중시한다. 따라서 소유분산보다는 집중이 이루어지고 안정적인 경영구조를 띠게 된다. 즉, 대주주와 경영진 사이에는 정보가 공유되지만, 외부의 소수주주에게는 정보의 비대칭성이 크다. 기업은 은행등으로부터의 자금조달에 주로 의존하고 단기적인 주가 상승보다는 장기적인 사업이익에 경영 목적을 두게 된다.[55]

지배구조도 이사회와 감사회라는 2원적 시스템으로 구성되어, 이사회는 업무집행을 담당하고, 감사회는 이사회를 감독하는 역할을 수행한다. 주요 채권자이자 지배주주인 은행 등 금융기관들이 상호출자를 통해 기업의 지분을 갖고 있고 이들이 감사회 및 이사회에 참여하여 기업경영에 강한 영향력을 행사하고 있다. 즉, 시장이나 소수주주보다는 은행 및 기업내부자에 의한 경영감시가 중심을 이룬다.

그러나 이 모델하의 기업지배구조법제는 ① 주주권익의 약화, ② 채권자인 금융기관의 과도한 경영간섭, ③ 감사회의 경영감독기능 약화, ④ 기업 간 상호 출자, ⑤ 정보의 불투명성, ⑥ 기업인수시장의 폐쇄성 등이 문제점으로 지적 된다.[56]

(3) 양 모델의 수렴화 현상

최근 들어 주주중심 기업지배구조 모델과 이해관계자 중심 기업지배구조 모델은 점차 수렴하는 현상을 보이고 있다. 미국에서는 이사회의 기능을 세분화하여 업무집행에 대한 의사결정은 경영위원회에 맡기고, 이사회는 사외이사로 구성 되어 업무집행감독기능만을 수행하는 방향으로 변화되어 가는 추세이다.

아울러 주주 지상주의에 대한 반성으로 이사회가 기업의 구성원 모두의 이해관계를 고려할 수 있다는 이론이나 판례가 존중되는 추세이다. 특히 엔론사 등의 대형 회계부정 사건 이후로 2002년 「회계개혁법(Sarbanes—Oxley Act」(이하 'SOX법'이라 한다)이 제정되어 감사위원회를 통한 기업의 회계관리와 준법감시인 제도의 활용 등 내부통제시스템을 강화하였다.

---

54) 정재영, 전게서 참조,, 김학원, 전게서, 10면, 남상구, 전게서, 6면
55) 김용범, 전게서, 도서출판 어울림, 2012., 46면.
56) 송종준, 전게논문, 7~8면

한편, 독일을 중심으로 한 이해관계자 중심 모델 하에서도 주주중심의 모델이 갖는 장점을 수용해 왔다. 독일의 경우 1998년 「기업경영과 투명성에 관한 법률」을 제정하여 기업경영의 투명성을 제고하고 감사회의 경영감시 기능을 강화 하였다. 또한 2002년에는 「투명성과 공시에 관한 법률」을 제정하여 감사회의에 대한 이사회의 정보보고의무를 강화하고, 이사회의 업무집행에 대한 감사회의 동의권을 강화하였다.

아울러 2001년에는 「기업지배구조 모범규준」을 채택하였다. 이 규범은 법적 강제력은 없으나 이를 준수하는 기업의 시장평판에 큰 영향력을 주고 있다. 이 규범은 상장회사의 이사회와 감사회에 모범규준의 준수를 선언케 하고 그 준수 여부를 공표하도록 강제하고 있다. 2007년 개정에서는 이사의 보수 제한, 상장 회사에 대한 감사위원회 설치 의무화, 감사위원회 구성원의 선임을 위한 지명위원회의 설치 의무 등을 추가하였다.

양 모델의 이러한 수렴추세는 국제자본시장에서의 자금조달을 가능케 하고 투자자를 보호하기 위해서는 투자의 위험과 지배구조의 일치가 필요하다는 공통인식 속에서 나타나는 현상이다. OECD의 「회사지배구조원칙」(1999년 제정, 2004년 개정)도 주주 중심 모델을 근간으로 하면서 근로자, 채권자 등 이해 관계자의 역할을 강조하고 있는 것은 이러한 수렴추세를 반영한 것이다.[57]

다. 바람직한 기업지배구조의 형태

최근 들어 자본시장의 글로벌화가 급속히 진전되고 기업의 자금조달 방식도 금융기관을 통한 간접조달 방식보다는 주식시장을 통한 직접조달 방식이 선호됨에 따라 투자자에 대한 권리보호가 더욱 중요하게 되었다. 이로 인하여 기업지배구조의 유형은 점차 하나로 수렴해가고 있으며, 특히 주주중심의 지배구조 모형이 점차 글로벌스탠더드화되어가고 있다. 이에 따라 이해관계자중심 모델을 채택했던 많은 국가들도 점차 주주의 권리 보호 및 시장에 의한 경영통제를 강화하기 위한 제도를 도입하고 있다.

경영통제의 방식은 지배구조에 의한 내부적 통제와 시장기능에 의한 외부적 통제가 있다. 좋은 기업지배구조를 갖추기 위해서는 외부적 통제와 내부적 통제가 잘 조화를 이루어야 한다. 주주중심 기업지배구조 모델을 채택한 국가에서도 이사회의 경영진 감독기능을 강화하는 등 내부적 통제방식을 활용하고 있고, 이해관계자중심 기업지배구조 모델을 채택한 국가에서도 외부적 통제를 강화하기 위하여 시장에 의한 경영진 감독과 주주의 권리보호를 위한 각종 제도를 도입하고 있다.[58]

---

57) 송종준, 전게논문, 8면
58) 김용범, 전게서, 도서출판 어울림, 2012., 48면.

내부적 통제 수단으로는 이사회에 의한 경영진 견제, 경영진 보상체계 등 주로 사전적 견제수단이 많으며 외부적 통제수단은 경영권시장, 주주의 경영감시, 경영자 노동시장, 공시제도, 회계의 투명성과 외부감사의 신뢰성 등이 있다. 특히 최근 관심을 끌고 있는 경영권 시장은 사후적견제수단으로서 외부적 통제에서 매우 중요한 역할을 담당한다.[59]

따라서 주주중심 모델과 이해관계자중심 모델 중 어느 것이 더 바람직하다고 이야기할 수는 없다. 내부적 통제와 외부적 통제 중 어떠한 통제방법이 더 효율적이라고도 하기 어렵다. 이러한 분류는 편의에 의한 분류일 뿐이며, 기업지배구조의 측면에서는 양자 모두를 고려할 필요가 있기 때문이다.

즉, 좋은 기업지배구조를 갖추기 위해서는 내부적 통제 방식과 외부적 통제방식이 적절히 조화를 이루는 것이 가장 중요하다고 할 수 있다.[60] 다시 말해서 주주를 비롯한 이해관계자 모두의 요구를 고려하며, 이를 위해서는 내부적이고 사전적인 통제뿐만 아니라 외부적 측면에서의 통제도 효율적으로 이루어질 필요가 있다.

3. 그간 우리나라 기업지배구조 개선[61]

가. 이사·이사회제도의 개혁

(1) 총설

주식회사는 소유와 경영이 분리된 기업형태로서 기업의 경영은 전문적인 사업수완과 경험을 가진 경영진에게 맡기고, 소유자인 주주는 경영진의 경영활동을 감시하는 구조로 되어 있다.

따라서 기업지배구조의 개선을 논의함에 있어서는 경영진인 이사·이사회의 활성화와 이들에 대한 효율적인 감시·감독 및 주주와 회사에 대한 책임체제의 확립이 가장 중요한 내용을 이룬다.

(2) 이사회 내 위원회제도의 도입

이사의 수가 많고 이사의 해외출장 등이 많은 상황에서 정식 이사회를 매번 개최하는 것은 곤란하므로, 이사회의 운영을 효율화하기 위하여 이사회로부터 일정한 범위를 정하여 위임을 받은 사항에 관하여는 이사의 일부로 구성되는 위원회에서 신속하게 의사결정을 하는 것이 바람직하다.

---

59) 남상구, 전게서, 6~7면
60) 정재영, 전게서 참조, 김학원, 전게서, 10~11면, 최준선, 전게보고서, 35면, 김용범, 전게서, 2012., 48면.
61) 정동윤, 「기업지배구조의 바람직한 개선방향」, 상장협 제42호, 2000., 4~8면 참조 및 인용

그리하여 미국식 제도인 이사회 내 위원회제도를 도입하였다.(「상법」제393조의 2 제1항). 다만 이사회가 형해화(形骸化)되는 것을 막기 위하여 ① 주주총회의 승인을 요하는 사항의 제안, ② 대표이사의 선임 및 해임, ③ 위원회의 설치와 그 위원의 선임 및 해임, ④ 정관에서 정하는 사항 등 중요한 사항은 위원회에 위임할 수 없도록 하였다.(「상법」제393조의2 제2항).

(3) 사외이사제도의 도입

사외이사제도는 기업지배구조의 문제점을 해결하는 만병통치약인 것처럼 주장되고 또한 기대를 모아왔다. 그 이유는 사외이사는 회사와 밀접한 관련이 없기 때문에 지배주주의 영향력을 벗어나서 독립적이고 객관적인 입장에서 회사의 정책결정을 할 수 있을 것이라는 막연한 기대에 근거한 것이다.

그리하여 1998년 증권거래소의 「유가증권상장규정」을 통하여 모든 주권상장법인에 일정수의 사외이사를 두도록 하였고, 2000년 개정 「(구)증권거래법」에서는 상장회사는 원칙적으로 사외이사를 이사 총수의 4분의1 이상이 되도록 하였으며, 예외적으로 대통령이 정하는 상장회사의 사외이사는 3인 이상으로 하되, 이사 총수의 2분의1 이상이 되도록 하여야 한다고 규정하기에 이르렀다.(「(구)증권거래법」제191조의 16, 「상법」제542조의 8 제1항).

나아가 상장회사로서 대통령령이 정하는 법인은 감사위원회를 설치하여야 하고, 위 감사위원회는 총 위원의 3분의 2 이상을 사외이사로 구성하여야 한다고 강제하였다.(「(구)증권거래법」제191조의 17 제1항, 제2항, 제54조의 6 제2항, 「상법」제542조의 11 제1항, 제2항). 상장회사가 아닌 일반회사의 경우에도 정관이 정하는 바에 따라 감사 위원회를 설치한 경우에는 감사위원회의 위원 중 3분의 2 이상은 사외이사로 구성하도록 규정 하였다.(「상법」제415조의2 제2항).

(4) 이사 충실의무의 법률규정화

이사는 법률과 정관의 규정에 따라 회사를 위하여 그 직무를 충실하게 수행하여야 한다고 규정하여 이른바 이사의 충실의무를 규정하고 있다.(「상법」제382조의 3). 이것은 이사의 권한이 확대됨에 따라 회사와 주주에 대한 공정한 처신의무를 밝힌 것이다. [62]

(5) 사실상 이사의 표현책임 명시

공식적으로 이사로 선임되어 등기되지는 아니하였으나, 대주주가 회사의 배후

---

62) 김용범, 전게서, 도서출판 어울림, 2012., 137~138면.

에서 이사회를 통하거나 또는 직접적으로 회사의 정책을 좌지우지하면서도 이사의 신분이 아니라는 이유로 경영에 대하여 아무런 책임을 지지 않는 폐해를 없애기 위하여 「상법」은 아래의 사람에 대하여 그 지시하거나 집행한 업무에 관하여 회사 및 제3자에 대한 책임의 적용에 있어서 이를 이사로 본다고 규정하였다. (「상법」제401조의 2).

① 회사에 대한 자신의 영향력을 이용하여 이사에게 업무집행을 지시한 자.
② 이사의 이름으로 직접 업무를 지시한 자.
③ 이사가 아니면서 명예회장, 회장, 사장, 부사장, 전무, 상무, 이사 기타 업무를 집행 할 권한이 있는 것으로 인정할 만한 명칭을 사용하여 회사의 업무를 집행한 자.

이는 영국의 사실상의 이사 내지 표현이사의 제도를 본 따서 실질상의 이사에게 무거운책임을 지움으로써 대주주의 자의적인 영향력 행사를 방지하기 위한 것이다.

(6) 영상회의 제도의 도입

현재 대기업에는 이사의 수가 많고 해외출장이나 지방출장 등으로 이들이 한 자리에 모여 회의를 개최하는 것이 어려운 경우가 적지 아니하므로, 「상법」은 이사회의 회의는 각 이사가 현실로 한 장소에 집결하여 회의를 개최하지 않고 전자통신 수단을 통하여 비록 지리적으로는 멀리 떨어져 있더라도 서로 얼굴을 보고 목소리를 들을 수 있다면 한 장소에 모여 회의를 여는 것과 다를 바가 없으므로, 이러한 회의방법을 유효한 것으로 규정하였다.

즉 정관에서 달리 정하는 경우를 제외하고 이사회는 이사의 전부 또는 일부가 직접 회의에 출석하지 아니하고 모든 이사가 동영상 및 음성을 동시에 송·수신하는 통신수단에 의하여 결의에 참가하는 것을 허용할 수 있으며, 이 경우 당해 이사는 이사회에 직접 출석한 것으로 본다.(「상법」제391조 제2항).

나. 주주의 권익보호를 위한 제도 개선

(1) 총설

주식회사는 기본적으로 그 주인인 주주의 이익을 극대화하기 위하여 존재한다. 회사가 주주 이외 집단의 이익을 고려한다고 하더라도 그것은 주주의 이익을 근본적으로 침해 하지 않는 범위 내에서만 허용된다.

그런데 주주 중에서 지배주주는 자기를 대표할 수 있는 이사를 선임하고 그를 통하여 회사의 정책을 결정함으로써 자기의 이익을 충분히 보호할 수 있으므로,

그의 권익보호를 위하여 특히 배려할 필요는 없다. 그러므로 기업지배구조에서 주주의 권익보호라면 그것은 자기 스스로 그 이익을 보호할 힘이 없는 소액주주의 이익 보호를 의미하는 것이다.[63]

소액주주를 보호하기 위한 방안으로서는 ① 소액주주로 하여금 그를 대표할 수 있는 이사를 선임할 수 있도록 하는 방법, ② 그들의 이익에 반하는 회사의 중요한 정책 결정을 저지할 수 있도록 소수주주의 권리를 강화하는 방법, ③ 이사회나 지배주주가 지배주주의 이익만을 위한 결정을 하여 소액주주가 그 권익을 침해받을 때에 이를 시정하고 이사와 지배주주의 책임을 물을 수 있는 구제수단을 쉽게 하는 방법 등이 있다.

(2) 소수주주의 권익보호 강화[64]

주주의 권리는 단독주주권과 소수주주권으로 나뉜다. 단독주주권은 단 1주의 주식을 가진 주주도 행사할 수 있는 주주권이므로 소액주주도 이를 마음대로 행사할 수 있고, 따라서 이 경우에는 소액주주라고 하여 특히 불리할 것이 없다. 이에 반하여 소수주주권은 발행주식 총수의 일정한 비율에 해당하는 주식을 가진 주주만이 행사할 수 있는 주주권이므로, 그 비율에 달하는 주식을 가지고 있지 못한 주주는 이를 행사할 수 없어 불리하다.

따라서 소액주주의 권익보호를 강화하려면 소수주주권을 단독주주권(單獨 株主權)으로 바꾸거나 소수주주의 지주비율(持株比率)[65]을 낮추어야만 한다. 그런데 모든 주주권을 단독주주권 으로 하거나 소수주주의 지주비율을 낮추는 것은 자칫 이들 주주권이 남용되기 쉽다는 문제점이 있다.

IMF 사태 이후에 「상법」등의 개정을 통하여 소수주주권의 지주요건과 지주기간은 크게 완화되었다. 즉 종래 발행주식 총수의 100부의 5로 통일되어 있던 소수주주권의 지주요건을 대표소송과 위법행위유지청구권의 경우에는 발행주식 총수의 100분의 1로 인하하고(「상법」제403조, 제402조), 그 밖의 ① 이사·감사 해임 청구권, ② 청산인 해임 청구권, ③ 회계장부 열람권, ④ 주주제안권, ⑤ 임시총회 소집 청구권, ⑥ 검사인 선임 청구권 등의 경우에는 100분의 3으로 인하하였다.(「상법」제385조, 제415조, 제539조 제2항, 제466조, 제363조의2, 제366조 제1항, 제467조 제1항).

「상법」의 상장회사에 대한 특례규정에 의하면, 6개월 전부터 계속하여 주식을

---

63) 김용범, 전게서, 도서출판 어울림, 2012., 139면.
64) 김용범, 전게서, 도서출판 어울림, 2012., 139~140면.
65) 지주비율(持株比率)이란 주식회사의 총발행주식수에 대해 각 주주의 주식소유비율을 말한다.

보유하고 아래 지주비율 요건으로 하여 다양한 소수주주권을 인정하고 있다.

① 발행주식 총수의 1천분의 15 이상에 해당하는 주식을 보유한 자는 임시총회 소집청구권(「상법」제366조) 및 검사인 선임 청구권(「상법」제467조).

② 의결권 없는 주식을 제외한 발행주식 총수의 1천분의 10(대통령으로 정하는 상장회사 의 경우에는 1천분의 5) 이상에 해당하는 주식을 보유한 자는 주주제안권(「상법」제363조의2).

③ 발행주식 총수의 1만분의 50(대통령령으로 정하는 상장회사의 경우에는 1만분의 25) 이상에 해당하는 주식을 보유한 자는 이사·감사 해임 청구권(「상법」제385조, 제415조) 및 청산인 해임 청구권(「상법」제539조).

④ 발행주식 총수의 1만분의 10(대통령령으로 정하는 상장회사의 경우는 1만분의 5)이상에 해당하는 주식을 보유한 자는 회계장부 열람권(「상법」제466조).

⑤ 발행주식 총수의 10만분의 50(대통령령으로 정하는 상장회사의 경우는 10만분의 25) 이상에 해당하는 주식을 보유한 자는 유지청구권(「상법」제402조).

⑥ 발행주식 총수의 1만분의 1 이상에 해당하는 주식을 보유한 자는 대표소송권 (「상법」제403조) 등.

(3) 집중투표제도의 채택

회사가 2인 이상의 이사의 선임을 목적으로 하는 총회의 소집이 있는 때에는 의결권 없는 주식을 제외한 발행주식 총수의 100분의 3 이상에 해당하는 주식을 가진 주주는 정관에서 달리 정하는 경우를 제외하고는 회사에 대하여 집중투표의 방법으로 이사를 선임할 것을 청구할 수 있다.

위 청구가 있는 경우에는 이사의 선임결의에 관하여 각 주주는 1주마다 선임할 이사의 수와 동일한 수의 의결권을 가지며, 그 의결권은 이사 후보자 1인 또는 수인에게 집중하여 투표하는 방법으로 행사할 수 있다.(「상법」제382조의 2). 이 경우에는 투표의 최다수를 얻은 자부터 순차적으로 이사에 선임된다.(「상법」 제382조의2 제4항).

집중투표제는 소액주주로 하여금 자기를 대표할 수 있는 이사를 선임할 수 있게 하는 제도인데, 「상법」은 정관의 규정에 의하여 이를 배제할 수 있도록 하였고(「상법」제382조의2 제1항), 상장회사의 다수는 이 규정에 의하여 정관으로 집중투표제를 배제하고 있는 것이 현 실정이다.

다. 감사위원회제도의 도입

(1) 총설

이사의 업무집행을 효과적으로 감시할 수 있는 감사 제도를 확립하는 것은 기업지배 구조의 개선에 있어서 중심에 자리 잡고 있는 과제의 하나이다. IMF 사태 이후 감사의 실효성을 확보하고 기업의 투명성을 제고하기 위하여 영미식의 감사위원회제도를 도입 하였다. 그리하여 감사를 두는 것을 원칙으로 하되, 「정관」에 규정을 두어 종래의 독임제 감사기구인 감사에 갈음하여 합의제의 감사기구인 감사위원회를 둘 수 있으며, 감사위원회를 두는 경우 감사를 둘 수 없게 하였다. (「상법」제415조의2 제1항).

상장회사의 특례규정에 의하면 사업연도 말 현재 자산총액이 2조 원 이상의 상장회사에 대하여는 감사위원회의 설치를 강제하고 있으며(「상법」제542조의 11 및 제542조의12), 「금융지배구조법」에 의하면 은행, 금융투자업자 및 종합금융 회사, 보험회사, 상호저축은행, 여신전문금융회사, 금융지주회사, 대통령령으로 정하는 금융회사의 경우에는 반드시 감사위원회를 설치하도록 하고 있다.(「금융지배구조법」제2조 제1호, 제16조 제1항 제2호).

(2) 감사위원회 구성의 중립성 강화

감사위원회 위원은 적어도 3분의 2는 사외이사로 선임토록 규정하고 있어 위원 중 사내이사가 3분의1을 넘을 수 없게 함으로써, 감사위원회가 중립적인 입장에서 이사의 업무집행을 감독할 수 있도록 하였다.(「상법」415조의2 제2항).

(3) 감사위원회 운영의 독립성 강화

감사위원회가 결의하여 이사에게 통지한 사항에 대하여 이사회가 다시 결의할 수 없도록 하였으며(「상법」제415조의 2 제6항), 감사위원회 위원을 선임하거나 해임하는 권한을 주주총회로 규정하여(「상법」제542조의 12 제1항) 감사위원회의 독립성을 강화하였다.

4. 기업지배구조 측면에서 본 감사제도[66]

세계적으로 금융위기, 경기침체를 겪으면서 기업은 물론 투자자와 정부기관 등 사회 전반에 걸쳐 투명한 기업지배구조의 중요성이 증대되고 있다. 최근의 미국 발 금융위기 또한 금융기관의 불투명한 지배구조가 하나의 원인이 되기도 하였다. 우리나

---

66) 김용범, 전게서, 도서출판 어울림, 2012., 48~50면.

라의 외환위기 또한 거대기업의 견제와 감시기능의 부재로 인하여 유발된 일이기도 하다. 경영자의 독단적인 결정으로 이루어진 무분별한 과잉투자로 인해 금융위기가 초래된 것이다.

기업지배구조와 기업 가치와의 관계에 대한 국내외 연구결과를 살펴보면, 좋은 기업 지배구조는 기업의 성과를 개선시키고 기업의 가치를 상승시킨다. 그리고 기업지배구조가 좋은 기업일수록 평균적으로 높은 배당수익률을 보이기도 하며, 투자자가 기업지분에 투자를 결정하는데 있어서도 기업의 지배구조 행태에 큰 비중을 두도록 시장이 움직이고 있다는 내용을 접할 수 있다.

기업지배구조의 투명성을 유지·개선하고 공시한다는 것은 임직원, 투자자 등 이해관계자의 권리 보호와 존중을 위한 것일 뿐만 아니라 기업에 대한 신뢰를 확보하는 것이며 궁극적으로 기업의 가치를 제고하여 유형 자산으로 연결시킬 수 있다는 것이다. 세계적인 컨설팅사인 Mckinsey에 의하면 투명성이 1% 향상되면 자산 수익률은 산업 평균 보다 6% 포인트 이상 상승하는 것으로 나타났다고 한다. [67]

바람직한 지배구조의 확립은 적절한 통제를 통해 이루어질 수 있으며, 이러한 통제는 내부적 통제뿐만 아니라 외부적 통제가 적절하게 이루어져야 한다. 특히, 기업내부에서 이루어지는 적절한 내부통제가 중요하며,[68] 그 과정에서 감사의 중요성도 더욱 커지고 있는 상황이다. 원(原) 의미에서 볼 때 주식회사의 경영에 대한 감독은 주주들에 의하여 직접 이루어지는 것이 타당할 것이다.

그러나 기업의 규모가 커지고 소유와 경영의 분리에 따른 출자자인 주주와 경영자 간의 공간적 원격성 및 일반주주들의 기업경영에 대한 無知 등으로 주주들에 의한 직접적인 경영감독은 사실상 불가능 하다. 이처럼 주주가 스스로 기업경영에 대한 감독을 하는 것이 불가능함에 따라 소유와 감독의 분리가 발생하게 되며,[69] 감독기관으로서 감사의 역할이 중요하게 되는 것이다.

오늘날의 기업은 더욱 거대화되고 복잡해짐에 따라 외부에서 기업을 효율적으로 감시·감독하기 어려울 수밖에 없다. 실제로 기업의 대규모 부실행위 적발은 대부분 내부고발 또는 내부감사에 의하여 밝혀지고 있으며, 시장이나 정부등과 같은 외부적 감시를 통해 밝혀지는 경우가 많지 않은 것이 현실이다.

따라서 기업내부에서의 통제가 필요하며 그 역할을 담당할 주체로서 주목 받는 것이 바로 監事이다. 소유와 경영이 분리된 현대기업에 있어서 경영진의 법률위반행위

---

67) 한국감사협회, 「기업지배구조와 감사」, 전문자료 용어집 참조, IBK투자증권, 「기업 소유. 지배구조 무료컨설팅 MOU 체결식」, 설명자료 참조

68) The Committee of Sponsoring Organizations of the Treadway Commission , 「Internal Control-Integrated Framework」, 1992 , 3~13p , 김학원 , 전게서 , 11면

69) 倉澤康一郎 , 「監査役制度强化의 方向」, 月刊 監査役 制312号 , 2007, 5면 , 김학원 , 전게서 , 11면

나 부정 행위를 막기 위해서는 내부적으로 권한을 가지고 경영진을 감시·감독하는 監事에게 중요한 역할을 기대하기 때문이다.[70] 지금까지 기업 지배구조의 개선을 위한 법제도의 개선이 주로 監事의 기능강화를 통해 이루어 졌다는 사실이 이를 잘 입증하고 있다.

그러므로 우리 監事 들은 기업지배구조에 대한 Global Standard 와 Global Trend 를 보다 정확하게 이해하고 정부의 감사기능 강화를 통한 투명성 확보 와 바람직하고 건전한 기업 지배구조 확립을 위한 노력에 적극적으로 동참하여야 하며, 이사회 등 경영진에 대한 감독 및 견제자로서 또는 경영진의 전략적 파트너 그리고 컨설턴트로서 독립성과 객관성을 잃지 않고 소신과 용기를 가지고 감사업무에 적극적으로 임해야 한다.[71]

Ⅳ 이사회와 감사제도

1. 이사회의 기능 변화

기업구조에 관한 전통적 모델에서는 이사회가 회사의 사업을 관리한다. 우리 법과 실무에서도 이처럼 이해하고 있다. 그러나 주주 자본주의의 첨단을 달리는 미국의 경우는 전통적 관점에서 이사회가 경영관리 기능을 갖는다는 설명은 더 이상 맞지 않는다는 인식이 널리 퍼지게 되었다.[72]

오히려 현대 회사 관행에서는 이사회가 아닌 집행임원들이 경영관리기능을 맡고 있기 때문이다. 이사회가 경영을 관리하는 모델은 이제 더 이상 적합하지 않은 모델이 되었고, 이사회의 "경영을 감시하는 모델"로 변화하였다. 경영관리기능은 이사회가 아닌 「CEO (Chief Executive Officer)」등 회사의 고위 집행임원들에 의해 이루어 지고 있다.[73]

전통적으로 이사회의 역할은 경영에 관한 의사결정과 감독에 있다. 종래 이사회는 이 두 가지 기능 중에서 회사의 중요정책을 결정하는 일에 비중을 더 둔 것이 사실이다. 그리고 감독기능이 있었지만, 그와 같은 감독기능은 일부에 불과하거나 매우 소극적이었다. 지금 우리 한국의 이사회가 그 같은 수준이다.

그러나 미국에서는 집행임원제도가 도입되고 이사회 내 감사위원회제도가 도입되면

70) 곽관훈, 「기업규제의 패러다임 전환과 내부통제시스템 」, 한국경제학회(경제법연구 제8권 제1호) , 2009 , 30면 , 김학원 , 전게서 , 12면
71) 한국감사협회, 전게자료, 전문자료 용어집 참조, 김용범, 전게서, 도서출판 어울림, 2012, 48~50면
72) Florence Shu-Acquaye, op, cit., 172 page, 최준선, 전게보고서, 37면,
73) Melvin A. Eisenberg, 「Corporations and Other Organizations Cases and Materials」, 2005., 198p, 최준선, 전게보고서, 38면

서, 이사회의 감독기능이 크게 강화되고 대신 회사의 의사결정기능은 상대적으로 약화되고 있는 것이다. 이사회의 역할은 집행임원들의 권한행사를 감시 및 제한하는 것이고, 이사회는 주주에게 책임을 지는 구조로 꾸준히 변모되어 왔다.

이사회가 감독기능에 치중할 때, 이사회 내의 여러 위원회 중 감사위원회가 이사회의 중심적 지위를 차지 할 수밖에 없으며, 이사회로 하여금 감사기구의 기능을 하도록 함에 있어 주도적이고 핵심적인 역할을 하게 된다. 이사회의 감독기능은 점차 확대되어 갈 것이 분명하다. 그렇게 되기 위해서는 이사의 독립성이 절실하다. 즉, 집행임원과 같은 경영진으로부터 독립적인 인사들로 이사회가 구성될 때 이사회가 감독기능을 충실히 수행할 수 있음은 당연한 것이다.

그러나 ① 집행임원이 이사의 지위를 겸하는 경우, ② 이사회의 다수 구성원에 독립성이 결여된 경우 즉, 집행임원들에 의해 이사회가 장악된 경우, ③ 이사회에 대한 정보 공급이 경영진에 의해 통제되는 경우, ④ 충분한 권한을 위임 받거나 또는 적극적인 활동을 하는 이사회 내 위원회가 존재하지 않는 경우, ⑤ 컨설팅 계약이나 기타 사업상의 관계로 경영진과 연계됨으로써 사외이사들의 독립성이 상실된 경우 등에는 이사회의 감독기능은 위협을 받게 되며, 법이 기대했던 지배구조시스템이 적절히 작동되지 않을 수 있다.[74]

2. 감사위원회제도의 출현

가. 한국

외환위기가 발생하고 IMF의 구제 금융을 받는 과정에서 외환위기의 발생의 원인을 회사지배구조의 투명성 부족 및 대주주의 전횡과 이에 대한 견제의 부재가 일조한 것으로 인식되면서 감사제도에 대한 대안으로 대주주와 경영진의 영향력을 배제하기 위하여 1999년 개정 「상법」으로 감사위원회제도를 도입하였다. 이 과정에서 IBRD 등 국제기구와 외국투자자들의 강력한 요구로 충분한 검토 없이 1인 감사제도의 독립성과 전문성을 보완하기 위해 감사위원회 제도가 도입되었으나 아직도 제도적 기반이 매우 취약하다.[75]

나. 미국

미국에서는 우리나라의 감사와 같이 이사회와 동등한 위상을 가진 독립된 감사기관의 설치가 법제화되어 있지 않다. 회사법상의 제도는 아니나 회사내부에서 회계업무

---

74) 최준선, 전게보고서, 38~39면, 김용범, 전게서, 도서출판 어울림, 2012., 51면.
75) 정순현, 「주식회사의 감사 및 감사위원회제도의 연구」, 성균관대학교, 2008,, 69면, 김용범, 전게서, 51면.

와 경영에 대한 감시업무를 총괄하고 내부통제시스템을 운영할 경우 이를 지휘·감독하는 「내부감사(Internal Auditor)」(통상 사내이사로 선임)를 선임·운영한다.

그리고 회계 관련 장부(재무제표)에 대한 감사에 대해서는 회사내부의 기관이 아닌 회사 외부에서 회계전문가(예컨대 공인회계사)를 「외부감사(External Auditor)」로 선임 하여 감사토록 하고 있다. 그러나 이러한 감사제도로는 효율적인 감사가 어렵다고 보고 이사회 내에 감사위원회를 두어 동 위원회가 경영진과 독립적으로 내부감사 및 외부감사를 통제하도록 하여 회사의 감사의 투명성을 제고하고자 감사위원회제도를 발전시켰다.[76]

미국의 감사위원회는 "회사의 회계와 재무상황에 관한 보고절차를 감독하고 회사의 재무제표를 감사하는 기능을 갖는 위원회"[77]로 정의하고 있다. 그런데 이러한 감사위원회도 실제 엔론사태 등 수많은 회계부정사건에 영향을 받아 제정된 2002년의 「회계개혁법(Sarbanes-Oxley Act)」(이하 'SOX법'이라 한다)에서 강화된 바 있고, 그 이전에는 상장회사를 제외하고는 그 설치가 강제되지는 않았다.[78] 물론 지금도 각 주의 회사법에서 감사위원회를 규정하는 예는 거의 찾아보기 어렵다.[79]

다. 일본

일본의 경우는 2005년에 제정된 「(신)회사법」에서 위원회설치회사에 대해서 주식 회사의 기관구성을 유연화(柔軟化)하여 기업의 자율성을 대폭 강화하고 있는데, 이사회는 경영의 기본방침 등에 관한 업무집행을 결정하고 집행역(이하 "집행임원" 이라 한다) 등의 직무 집행에 대한 감독업무를 하도록 규정하고 있다. 또한 이사회는 그 결의로 회사의 업무집행의 결정을 집행임원에게 위임할 수 있도록 하였다.

공개대회사 기관에는 특별한 변경은 없었지만 비공개중소회사와 비공개대회사에 있어서 감사는 임의기관화 하였으나 감사의 역할이 중시되는 것에는 변함이 없다. 회계감사인을 설치하는 회사는 그 지위의 독립성을 확보하기 위해 감사제도의 설치를 필요로 하고 이사회를 설치하는 회사에서는 소유와 경영의 분리로부터 주주를 대신 하여 경영진을 감시한다.

일본의 「회사법」에서 감사제도와 관련하여 이루어진 개정 중 중요한 것을 살펴보면, ① 회계참여제도의 도입,[80] ② 감사, 감사회, 회계감사인제도에 대한 규제의 유연화,

---

76) 한국상장회사협의회, 「우리나라와 주요국의 감사제도」, 2007, 28면, 김용범, 전게서, 2012., 51면.
77) 김순석, 「미국의 기업개혁법의 주요내용과 우리나라에 대한 시사점」, 상장협 제47호, 117면이하, 김건식, , 「법적 시각에서 본 감사위원회」, 서울대학교 금융법센타, 2005. 35면
78) NYSE가 1978년 7월 1일부터 전원 사외이사로 구성되는 감사위원회를, NASDAQ은 1989년 2월1일부터 다수가 사외이사인 감사위원회 설치를 요구 하였였다. 2002년 회계개혁법은 모든 상장회사에 대하여 전원이 사외이사로 구성되는 감사위원회 설치를 의무화 하고 있다. 정순현, 전게서, 70면
79) 김화진, 「이사회 운영원리와 법률적 책임」, 박영사 , 2005., 84면, 정순현, 전게서, 70면

③ 회계 감사인의 준임원화, ④ 보결감사제도의 도입,[81]⑤ 내부통제시스템의 강화를 들 수 있다. [82]

일본의 위원회설치회사의 경우에는 감사위원회, 지명위원회, 보수위원회 등 3개의 위원회의 설치를 강제하고 있다. 그리고 감사위원회의 경우 감사방법은 내부통제 시스템을 통하여 감사를 하고 있다. 감사위원회는 내부통제시스템이 적절하게 구축·운영되는지의 여부를 감사하고 필요한 경우에는 내부통제부서에 대하여 지시를 하는 것이 그의 직무이다.

이와 같이 감사위원회의 감사는 내부통제시스템을 통한 조직적 감사를 상정하므로 감사위원을 상근으로 하는 것을 요구하지 않았다. 즉, 조직적 감사를 할 수 있는 제도적 기반과 환경이 정비되어 있으므로 상근감사위원을 강제 할 필요는 없다는 이유다. 그럼에도 불구하고 일본에서는 상근감사위원을 두는 회사가 많이 존재하는 것이 현실이다.[83]

3. 집행임원제도의 도입

가. 집행임원제도의 의의

집행임원[84] 은 이사회의 감독하에 회사의 업무집행을 하는 기관을 말한다. 실무계에서는 과거 회사의 정관이나 내규로 미국의 최고집행임원(Chief Executive Officer : CEO)과 같은 의미의 집행임원을 두는 회사가 많이 있었지만, 법률에서는 아무런 근거규정이 없다가 2011년 개정「상법」에서 이를 입법화 하였다. 집행임원제도는 종래 이사회의 업무집행기능과 감독기능을 분리하여 업무집행기능은 집행임원에게 맡기고 이사회는 감독 기능에 충실하기 위한 조치로서 미국의 집행임원제도를 도입한 것이라고 할 수 있다.[85]

---

80) 회계참여는 재무제표 등을 이사(또는 집행임원제도를 채택하고 있는 회사에서는 집행임원)와 공동으로 작성하는 것을 주된 임무로 하는 자로서 ,정관에서 정함이 있으면 둘 수 있는 주식회사의 이른바 임의기관 이다.

81) 일본회사법에서는 이사나 감사 등 임원에 결원이 발생 할 경우를 대비하여 사전에 보결임원을 선임해 둘 수 있도록 하고 있다.

82) 이효경, 「일본의 감사제도에 대한 최근 동향-내부통제제도를 중심으로」, 상장회사 감사회보, 2008.3., 2면, 정순현, 전게서, 71면

83) 江頭憲治郎, 「株式會社法」, 有斐閣, 2006. 507면, 정순현, 전게서, 71면

84) 임원이란 용어는 「상법」에서는 명문의 근거를 두고 있지 않고 ,「독점규제 및 공정거래에 관한 법률」 제2조 제5호에서 "임원"이라 함은 이사, 대표이사, 업무집행을 하는 무한책임사원, 감사나 이에 준하는 자 또는 지배인 등 본점이나 지점의 영업전반을 총괄적으로 처리할 수 있는 상업사용인을 말한다고 규정하고 고, 「금융지배구조법」제2조의 제2호에서는 "임원"이라 함은 이사, 감사, 집행임원(「상법」에 따른 집행 임원을 둔 경우로 한정) 및 업무집행책임자를 말한다고 규정하고 있다

85) 강희갑, 「집행임원제도 도입과 기업환경」, 상사법연구 제25권 제4호, 2007, 20면, 김학원, 전게서, 27면

그간 대규모 상장회사의 경우 정관이나 내규로 집행임원을 두었으나 이를 뒷받침할 법적 근거가 없다는 점에서 많은 문제점들이 지적되었다.[86) 집행임원제도의 도입을 주장 하는 견해는 사외이사의 선임이 의무화되는 회사의 경우 이사회의 기능이 업무집행에 대한 감독기능에 초점을 맞추게 되므로 집행임원을 통한 업무집행이 필요하다고 주장한다.[87]

그러나 1990년대 후반 외환위기 이후 「증권거래법」은 상장회사의 경우 사외이사를 강제하였으며, 특히 자산총액 2조원 이상인 회사는 사외이사를 3인 이상 두도록 하여 이사회의 감독기능을 강화 하였다. 이처럼 이사회의 감독기능을 강화한 경우에는 업무집행기관을 감독기관과 분리하는 것이 필요하지만, 현행법은 여전히 이사회에 업무집행기능을 부여하고 있어 (「상법」제393조 제1항) 많은 부작용이 있다는 지적들이 있었다.[88]

또한 회사의 업무에 관하여 상근하지 않는 사외이사로 하여금 업무집행에 관여 하도록 하여 업무집행의 효율성이 저하될 뿐만 아니라 업무집행에 관여한 이사가 다시 자신에 대한 업무감독기능을 수행한다는 점도 문제가 된다는 것이다.[89]

따라서 집행입원제도를 반대하는 견해는 사외이사 중심의 이사회는 전문성이 결여되어 합리적인 판단을 하기 어렵다는 점[90] 과 집행임원의 책임을 명시하면 집행임원이 책임을 회피하기 위해 신속하고 과감한 의사결정 보다는 위험회피적인 의사결정을 하게 될 가능성이 존재하기 때문에 집행임원제도의 도입이 바람직하지 않다는 주장을 하고 있다.[91]

나. 집행임원제도의 내용

집행임원을 둘지 여부는 회사의 자율에 맡기고 있다. 집행임원제도의 채택을 단순히 이사회의 결의로 할 수 있다는 견해도 있을 수 있으나, 집행임원을 두고자 할 경우 정관에 규정이 있어야 한다고 본다.[92] 집행임원을 둔 회사(이하 '집행임원설치회사'라 한다)는 대표이사를 두지 못한다.(「상법」제408조의2 제1항). 집행임원 설치회사

---

86) 법무부, 「상법일부개정법률안」, 2008, 9면, 김학원, 전게서, 27면
87) 김재범, 「회사지배구조 관련 회사법제의 나아갈 방향-2008년 상법개정안 검토-」, 경영법률, 2008, 9~10면, 김학원, 전게서, 27면
88) 정찬형, 「한국 주식회사에서의 집행임원에 관한 연구」, 고려법학 제43호, 2004, 51면 이하, 김학원, 전게서, 27면
89) 법무부, 전게안, 5면, 김학원, 전게서, 27면
90) 김정호, 「집행임원제에 대한 연구」, 경영법률 제18집 제4권, 2008, 151면 이하, 김학원, 전게서, 27면
91) 최완진, 「상법개정안에 관한 비판적 고찰」, 경영법률 제17집 제2호, 2007, 5면, 전경련, 「국회계류 상법개정안에 대한 검토」, 2007, 6~13면, 김학원, 전게서, 28면
92) 최준선, 전게서, 450면, 일본에서는 위원회설치회사에 대하여 집행임원의 설치를 의무화하고 있으며, 위원회설치회사 채택여부는 정관의 정함에 따르도록 하고 있다.(「일본회사법」제326조 제2항)

와 집행임원의 관계는 「민법」의 위임에 관한 규정을 준용한다.(「상법」제408조의 2 제1항). 이사와 집행임원은 겸직이 가능하다.

집행임원 설치회사의 이사회는 ① 집행임원과 대표집행임원의 선임·해임, ② 집행임원의 업무집행 감독, ③ 집행임원과 집행임원 설치회사의 소송에서 집행임원 설치회사를 대표할 자의 선임, ④ 집행임원에게 업무집행에 관한 의사결정의 위임(다만 「상법」에서 이사회 권한 사항으로 정한 경우는 제외한다), ⑤ 집행임원이 여러 명인 경우 집행임원의 직무 분담 및 지휘·명령 관계, 그 밖에 집행임원의 상호관계에 관한 사항의 결정, ⑥ 정관에 규정이 없거나 주주총회의 승인이 없는 경우 집행임원의 보수 결정 등의 권한을 갖는다.(「상법」제408조의2 제2항).

집행임원 임기는 정관에 다른 규정이 없으면 2년을 초과하지 못하도록 하고 있다.(「상법」제408조의3 제1항). 따라서 회사는 집행임원 선임 시 2년 내에서 임의로 그 임기를 정할 수 있다고 본다.[93] 그리고 집행임원의 임기는 정관에 그 임기 중의 최종 결산기에 관한 정기주주총회가 종결한 후 가장 먼저 소집하는 이사회의 종결 시까지로 정할 수 있다.(「상법」제408조의3 제2항).

집행임원은 회사의 업무집행 및 정관이나 이사회 결의에 의해 위임받은 업무집행에 관해 의사 결정할 수 있는 권한을 갖는다.(「상법」제408조의4). 집행임원이 복수인 경우 이사회 결의로 대표집행임원을 선임해야 하며(「상법」제408조의5 제1항), 대표집행임원에 대해서는 주식회사 대표이사에 관한 규정을 준용한다.(「상법」제408조의5 제2항).

또한 집행임원은 업무집행상황을 3개월에 1회 이상 이사회에 보고해야 할 의무가 있으며(「상법」제408조의6 제1항), 이사회의 요구가 있으면 언제든지 이사회에 출석하여 요구한 사항을 보고하여야 한다.(「상법」제408조의 6 제2항). 그리고 집행임원은 필요한 경우 이사회 소집을 청구할 수 있다.(「상법」제408조의7 제1항).

집행임원의 경우 종전 이사에 준하는 법적책임을 부담하게 되는데, 집행임원이 고의 또는 과실로 법령이나 정관을 위반한 행위를 하거나 그 임무를 게을리 한 경우에는 그 집행임원은 집행임원 설치회사에 손해배상 책임을 부담한다.(「상법」제408조의8 제1항). 또한 집행임원이 고의 또는 중대한 과실로 그 임무를 게을리 한 경우에는 그 집행임원은 제3자에게 손해를 배상할 책임이 있다.(「상법」제408조의8 제2항).

집행임원이 회사 또는 제3자에게 손해배상책임을 부담하는 경우 다른 집행임원, 이사 또는 감사도 그 책임이 있으면 다른 집행임원, 이사 또는 감사와 연대하여 배상해야 할 책임을 부담한다.(「상법」제408조의 8 제3항).

---

93) 최준선, 전게서, 451면

다. 집행임원제도의 영향

(1) 집행임원제도의 도입 배경

집행임원제도 도입의 실질적 취지는 실제 이사와 동일한 업무를 수행하고 있음에도 법적인 근거가 없어 지위가 불분명한 비 등기임원을 입법적으로 규율하고자 하는 것이다.[94] 이에 대해 반대 의견도 존재하고 있지만, 사외이사제도와 감사위원회제도가 도입되어 있는 상황에서 집행임원제도의 도입 필요성이 더 설득력을 얻고 있는 상황이다.[95]

사외이사제도의 도입 이유이자 가장 큰 장점은 독립적이고 객관적인 위치에서 경영진의 업무집행을 평가하고 감독할 수 있다는 것이다. 사내이사의 경우 스스로 업무집행을 하기 때문에 이에 대한 냉정한 평가나 최고 경영자에 대한 엄격한 평가가 이루어지기 어렵다. 사외이사는 경영진으로부터 독립적인 존재이며, 직접 업무를 담당하지 않는 다는 점에서 이러한 문제를 해결할 수 있는 대안으로서 제시되었다고 할 수 있다.[96]

이처럼 사외이사는 효과적인 감독기능을 수행할 수 있는 존재이지만, 반면에 이사회 구성원으로서 업무에 관한 사항을 결정하고 집행하기에는 많은 한계를 가지고 있다. 현행법은 일정규모 이상의 회사에 대해서는 이사회 구성원 중 사외이사가 일정비율 이상 차지할 것을 요구하고 있다.

그런데 이 경우 사외이사도 회사의 주요업무 결정에 참여해야 하나, 외부인 으로서 회사사정을 잘 알지 못할 뿐만 아니라 전문성이 결여되어 있어 효율적인 의사결정을 하지 못하는 문제가 있다.[97] 이러한 문제를 해결해 줄 수 있는 방안이 바로 집행임원제도의 도입이다. 사외이사는 합병이나 정관 변경과 같은 조직적 사항이나 중요한 경영정책에 관한 의사결정 만을 담당하고 업무집행에 관한 것은 집행임원에게 맡기는 것이다.[98]

우리 「상법」은 기업지배구조의 개선을 위하여 많은 노력을 하여 왔고, 사외 이사제도의 도입 및 감사위원회제도의 도입도 이러한 맥락에서 이루어져 왔다. 그러나 앞서 살펴 본 바와 같이 동 제도가 갖는 장점만큼 많은 문제점들이 제기되고 있다.[99]

---

94) 김재범, 전게논문, 19면, 김학원, 전게서, 30면
95) 심재한, 「상법개정안에서의 회사지배구조와 집행임원제도」, 한림법학포럼 제19권, 2008, 137~138면, 김학원, 전게서, 30면
96) 김용범, 전게서, 도서출판 어울림, 2012., 55~56면.
97) 심재한, 전게논문, 144면, 김학원, 전게서, 30면
98) 심재한, 전게논문, 144면, 김학원, 전게서, 30면
99) 김학원, 전게논문, 31면

(2) 집행임원제도와 기업지배구조

집행임원제도가 도입되는 경우 기업지배구조에 어떠한 영향을 미치는가에 대해서는 의견이 대립되고 있다. 먼저 집행임원제도는 본질적으로 독일식에 가까우며 따라서 감사위원회제도를 비롯한 「상법」상 이사회에 대한 입법취지와 맞지 않는다는 견해가 있다.[100] 독일의 경우 감사회가 이사를 선·해임하고 이사회가 업무를 담당하는 구조로서, 집행임원을 도입하는 경우와 유사한 지배구조의 형태라는 것이다.[101]

이 경우 지금까지 기업지배구조의 기본방향과는 정반대의 결과가 나타난다는 점에서 문제를 제기하고 있다. 우리나라의 경우 이사회와 감사제도로 분화되었던 지배구조를 1998년 개정을 계기로 이사회가 업무집행을 하고도 이사회가 감독 하는 일원적 지배구조로 전환하여 왔다. 즉 지금까지 「상법」은 일원적 이사회를 지향하여 왔다고 할 수 있다.[102]

그러나 집행임원제도의 도입은 이원적 이사회시스템을 지향하는 것으로 지금까지의 방향성인 일원적 이사회시스템과는 완전히 다른 형태로의 전환이라는 것이다. 즉, 이러한 집행임원제도는 그 동안 법에서의 기업지배구조 관련 개정이 지향하여 온 방향성인 주주권의 강화와 완전히 상치되는 면이 있다.

왜냐하면 집행임원제도의 도입으로 이사회는 감독권한이 주된 기능이 되는데, 주주들이 직접 선임하는 것은 이사들이므로 주주는 회사의 업무집행에 대한 통제를 이사회를 통해서만 간접적으로 이루어지게 되므로 기존의 제도에 비하여 오히려 통제가 더 어려워질 가능성이 높기 때문이다. 그리고 이런 이원적 이사회제도는 일원적 이사회제도에 비하여 감사 또는 감사위원회의 기능과의 정합성 면에서도 의문이 있다.[103]

이에 반해 집행임원제도가 도입되어도 이사회의 지배구조는 변경되지 않는다고 하는 견해도 있다.[104] 집행임원제도가 도입된다고 하여도 이사회의 업무집행에 관한 의사결정권과 이사에 대한 감독권이 변경되지 않기 때문이라고 한다. 개정법에 따라 집행임원에게 업무집행에 관한 의사결정권을 위임하여도 「상법」상 이사회 권한 사항은 위임할 수 없다.

또한 집행임원을 두는 경우 대표이사를 둘 수 없으나, 대표집행임원을 두어야 하며 대표 집행임원에게는 대표이사에 관한 규정이 준용되므로 명칭이 변경될 뿐

---

100) 전삼현, 「지배구조관련 상법개정의 쟁점과 개선방안」, 기업소송연구, 2005, 416면 이하 참조
101) 심재한, 전게논문, 140면 이하 참조
102) 전경련, 전게자료, 9면
103) 최승재, 「집행임원제도의 도입과 감사(감사위원회)의 기능활성화」, 상장회사감사회회보제121호, 2010, 12면, 김용범, 전게서, 도서출판 어울림, 2012., 57면.
104) 김재범, 전게논문, 20면 이하 참조

현행 대표이사와 동일한 권한을 가지게 된다. 따라서 대표집행임원이 이사자격을 겸임하면서 이사회의장이 될 수 있으므로, 이 경우 집행임원이 도입된다고 하여도 별다른 문제가 없을 것이라는 것이다. 그러나 집행임원제도가 도입되면 기업지배구조는 물론 감사제도 와 관련해서도 여러 가지 변화를 예상할 수 있다.[105]

(3) 집행임원제도와 감사제도

감사는 이사의 직무집행을 감사하는 존재이다.(「상법」제412조 제1항). 직무의 집행을 감사한다고 함은 감사의 범위가 일상적인 업무집행에 국한하지 않고 이사의 직무에 속하는 일체의 사항에 미치는 것을 의미한다고 할 수 있다.[106] 따라서 감사는 이사 개개인의 직무집행 뿐만 아니라 이사회의 권한 사항도 감사대상이 되며, 당연히 회계감사권 및 업무감사권을 갖게 된다.[107]

종래 문제가 되었던 것은 이사회의 감독권과 감사의 감사권의 범위와 관련된 것이다. 집행임원제도를 도입하는 경우 이사회는 집행임원에 대한 감독기능만을 갖게 되며, 이 경우 감사의 기능이 위축될 가능성이 높다. 현재의 경우 이사회가 업무를 집행함과 동시에 업무감독권을 가지고 있기 때문에 自己監査의 위험이 높으며, 이러한 문제를 해결하기 위해 독립적인 존재인 감사의 기능강화에 주력 하여 왔던 측면이 있다.[108]

그러나 집행임원과 이사회로 구분되는 지배구조를 갖는 경우 이사회는 업무 집행기능을 집행임원에게 넘기고 감독기능을 주로 수행하게 되는바, 감사의 기능을 업무감사와 회계 감사로 의 두 가지로 나누면 감사의 기능을 실질적으로 이사회가 수행하는 체제를 갖고 가게 될 것이므로 이사회 소속 위원회인 감사 위원회가 수행하는 감사의 역할이 이사회의 주된 역할이 될 것이다.[109]

따라서 집행임원제도가 도입되면 이사회의 감독역할이 중요한 의미를 가지게 되므로, 감사의 감사범위와 상당 부분이 중복되므로 중복감사를 배제하기 위해서는 감사의 기능이 약화되는 현상이 나타날 수 있다. 집행임원제도의 도입에 따라 감사의 역할과 기능에 대해 재검토가 필요하다고 본다.[110]

---

105) 김학원, 전게서, 32면
106) 이철송, 전게서, 2014, 825면, 김학원, 전게서, 32면, 권종호, 전게서, 59~60면
107) 이철송, 전게서, 2014., 825면, 김학원, 전게서, 32면, 김용범, 전게서, 도서출판 어울림, 2012., 57면.
108) 김용범, 전게서, 도서출판 어울림, 2012., 57~58면.
109) 최승재, 전게논문, 12면, 김용범, 전게서, 도서출판 어울림, 2012., 58면.
110) 김학원, 전게서, 33면, 김용범, 전게서, 도서출판 어울림, 2012., 58면.

4. 외국제도와의 차이점 과 대응 방안[111]

일본과 우리나라의 감사위원회제도 도입의 차이점은 우리나라의 경우 집행임원제도의 도입 및 의무화를 통해 이사회의 감독 기능과 집행기능의 분리를 전제하지 않고 감사위원회를 도입한 반면, 일본의 경우는 위원회설치회사가 감사위원회를 「일괄(package)」로 도입 하고, 의무적으로 집행임원을 두도록 함으로써 집행임원제도를 택하는 위원회 등 설치회사에 대해서 감사위원회를 도입하도록 한 것이다.

즉, 일본의 경우 회사의 지배구조를 회사가 자율적으로 이사회의 감독기능과 업무 집행기능의 분리를 전제로 하는 미국식의 기업지배구조를 택하거나 일본의 전통적인 지배구조를 택할 수 있도록 하고 있다. 이와 같이 일본 「회사법」은 미국의 감사 위원회제도를 충실히 답습하기 위해 많은 노력을 하고 있다.

그리고 일본은 위원회설치회사의 경우 이사회에 감사위원회, 지명위원회와 보수 위원회를 두어 이사들의 독립성을 보장한 연후에, 이사회 아래에 집행임원제도를 두어 이사회의 감독기능 강화와 동시에 이사회의 업무결정 및 경영관리기능을 집행임원에게 이관하는 미국식 이사회제도를 도입함으로써 감사위원회가 집행임원을 감독할 수 있도록 되어있다. 또한 일본 「회사법」은 위원회 설치회사의 경우 내부통제제도의 구축 및 운영에 관한 사항을 의무화하여 감사위원회의 업무감사에 대한 효율성을 제고하고 있다.[112]

이에 비하여 우리나라의 경우 미국식의 감사위원회제도를 도입하면서 감사위원회는 「상법」상 감사를 대체하는 기관으로서의 역할을 기대하고 있으면서도, 집행임원제도의 도입은 의무화하지 아니하고 회사의 자율에 맡기고 있을 뿐만 아니라 내부통제 제도는 법제화되지 않은 상태이다. 따라서 감사위원회의 제도적 기반이 매우 취약한 상태이다. 자연히 감사위원회와 이사회의 기능이 중복됨에 따라 감사위원회의 독립성 및 감사기능의 실효성에 문제가 있다. 우리나라 회사법(상법)은 '무늬만' 감사위원회제도를 도입한 것이다.

집행임원제도는 위에서 설명한바와 같이 중복감사 문제 및 감사기능 약화 등 기존의 감사제도와는 조화를 이루기가 쉽지 않은 제도이다. 우리나라의 경우에도 집행 임원제도의 문제점을 해결하기 위해 일본이 채택하고 있는 방식과 같이 집행임원제도를 감사위원회제도와 함께 「일괄(package)」로 도입하는 방안을 신중히 검토 할 필요가 있다.[113]

---

111) 최준선, 전게보고서, 50~51면 참조 및 인용
112) 江頭憲治郎, 전게서, 509~510면
113) 김용범, 전게서, 도서출판 어울림, 2012., 59면.

I 감사의 의의

본래 감사라는 용어는 중세 영국의 장원제도하에서 영주가 지명한 전문회계인(감사인)은 정기적으로 감사업무를 수행하고 감사가 종료되면 '책임수탁이행보고서'를 작성하여 영주에게 보고 및 공표하였다.

이 보고서의 하단에 감사인은 '아래서 서명한 감사인이 청취하였음(Heard by the Auditors Undersigned)' 이라고 기재 및 서명 하도록 하였다. 따라서 이 시기에 '감사(audit)는 청취하다(to hear)'라는 의미로부터 유래되었다는 설이 있다.[114]

다른 하나는 감사라는 용어는 "기왕에 타인의 업무나 행위를 비판적으로 관찰하여 그 적부·정부·당부를 비판하는 것" 즉,「감찰·심사」의 의미로 라틴어의 「Audire(청취하다)」와 「Revisere(다시보다 : 확인하다)」 또는 「Revidere(다시 살피다)」에서 유래 하였다고도 한다.[115]

감사란 각 시대의 요구와 보는 관점 및 논자에 따라서 다양한 의미로 사용되나, 여기서는 감사의 일반적인 형태에 입각하여 설명하고자 한다.

1. 회계학적 감사의 의의[116]

감사 (監査) 란 "특정 경제 실체의 경제적 행위와 사건에 대한 주장이 미리 설정 되어 있는 기준과 합치하는지를 확인하기 위하여 그 주장에 관한 증거를 객관적인 방법으로 수집하고 평가하여 그 결과를 이해관계자들에게 전달하는 체계적인 과정 이다"라고 정의하고 있다.

2. 법률학적 감사의 의의[117]

감사 (監査)란 "제3자가 일정한 업무나 재산을 타인(수임자) 에게 위탁한자(위임자)의 요청을 받아 그 타인의 행동 내지는 성과를 조사·검토하고, 그리고 그 결과에 관해 의견을 표명하는 일련의 절차이다"라고 정의하고 있다.

---

114) 한국감사협회, 전문자료집.
115) 남영호, 「기업내부의 감사진단 실무」, 세명서관, 2009.1 , 19~21면 , 감사원, 「공공감사 용어집」
116) 미국회계학회(AAA), 「A statement of Basic Auditing Concepts : ASOBAC」, 1973.
117) 권종호, 전게서, 1면

감사는 통상 위임자가 수임자의 직무집행을 일상적으로 혹은 효과적으로 감독할 수 없을 경우에 행해지며, 감사업무를 수행하는 제3자는 수임자의 직무집행을 제3자적 입장에서 비판적으로 조사하고 그 결과를 위임자에게 보고하는 점에 특징이 있다. 이를 주식회사에 비유하여 설명하면 제3자는 감사(監事)이고 위임자는 주주(株主)이며, 수임자는 경영자 (經營者)가 될 것이다.

3. 공공학적 감사의 의의[118]

감사 (監査)란 "법령이나 계약 등에 의거 임명된 감사인이 어떤 조직체의 운영・활동이나 회계 등 부여된 감사범위에서 설정된 판단기준 하에 독립적으로 제반 정보・자료・기록 등을 수집・평가・확인・분석하고, 증거에 의거 입증된 조사결과를 보고・처리하는 체계적인 처리과정 이다 "라고 정의하고 있다.

따라서 상기 여러 가지 감사의 정의를 종합해보면 업무를 담당하는 담당자 자신이 업무관계 서류나 장부기록 및 증명서류를 조사하여서 그 정확성과 타당성을 입증하고 또한 감사절차와 동일한 절차를 실행했다고 해도 그것을 감사라고 볼 수는 없는 것이다. 그것은 다만 업무수행에 불과한 것이다.

업무를 담당하는 담당자 자신의 업무수행 결과에 대하여 「자기 증명은 증명이 아니다」라고 하는 것과 같이 자기행위의 적정성을 스스로 역설하는 것은 다른 사람이 그대로 인정할 수 없는 것이다. 이와 같이 감사의 본질은 독립된 자격을 갖춘 제3자가 감사하여야 한다는 것에 유의해야 한다.[119]

Ⅱ 감사의 종류

1. 감사 주체에 따른 분류

가. 외부감사 (External Audit)

외부감사란 특정회사나 조직에 대해 외부인(예, 정부기관, 감독기관, 공인회계사 등)이 법령 또는 계약에 근거하여 실시하는 감사를 말한다. 외부 감사 결과는 외부 감사를 실시한 당사자(외부감사인)가 이해 관계자들에게 보고한다.

---

118) 감사원, 「공공감사 용어집」
119) 남영호, 전게서, 19~21면, 김용범, 전게서, 도서출판 어울림, 2012., 60면.

나. 내부감사 (Internal Audit)[120]

(1) 협의의 내부감사

이사회 또는 대표이사 등 경영진의 지휘를 받아 회사 내 자체통제 기능을 수행하는 경영조직(예, 준법감시인, 내부회계관리자 등)에 의하여 수행하는 자체 통제 또는 모니터링 활동을 **'협의의 내부감사'** 라고 한다. 그러나 이러한 '협의의 내부감사'라는 용어는 기존의 법정감사기관인 감사 또는 감사위원회가 회사 내부의 감사기능을 수행(**법상의 내부감사**) 한다는 점 때문에 잘못 혼동하여 쓸 수도 있다.

또한 「주식회사의 외부감사에 관한 법률」(이하 '외감법' 이라한다) 상의 **'외부감사'**에 대한 상대적 개념으로 파악될 가능성도 있어 이사회 등 경영진의 **'자기시정기능'** 또는 **'자체통제기능'**과 감사 또는 감사위원회의 **'내부감사기능'**이 혼동하여 사용 될 수 있으므로 바람직한 용어는 아니다.

따라서 '협의의 내부감사'는 경영진 등이 스스로 업무를 통제 하거나 업무를 모니터링 하는 활동, 즉 자체통제활동 이므로 이는 **'내부통제'** 라고 부르는 것이 타당하다고 본다.[121]

(2) 법상의 내부감사

「상법」상의 법정내부감사기관인 감사 또는 감사위원회가 법률상 주어진 권한에 의거하여 이사의 직무집행을 감사하고 회사의 업무와 재산 상태를 조사하는 직무수행 활동을 **'법상의 내부감사'**라 한다.

따라서 법정내부감사기관에 의한 회사의 내부 직무수행 이라는 점에서 회사 기관이 아닌 외부로 부터 회계감사를 담당하는 '외부감사' 와 다르고, 법정 감사기관이 아닌 회사의 경영진 등이 스스로 업무를 통제하거나 모니터링하는 활동인 '내부통제' 와 다르다.[122] 따라서 '외부감사'의 대칭 개념인 **'내부감사'**는 일반적으로 '법상의 내부감사'를 의미한다.

(3) 광의의 내부감사

「상법」상 회사의 기관인 감사나 감사위원회가 주관하여 실시하는 법상의 내부감사 와 경영진 등이 필요에 의해 자체적으로 운영하는 협의의 내부감사 즉 내부통제를 포괄하여 **'광의의 내부감사'**라 한다.

따라서 '광의의 내부감사'는 경영진 등이 스스로 업무를 통제하는 '협의의 내부

---

120) 김용범, 전게서, 도서출판 어울림, 2012., 62면.
121) 이준섭, 「상법상 감사와 감사위원회의 내부감사기능의 효율적 정립방안」, 상장회사협의회, 2006, 123~124면, 김용범, 전게서, 도서출판 어울림, 2012., 62면.
122) 이준섭, 전게서, 121면

감사' 즉 '내부통제'와 회사의 기관인 감사나 감사위원회가 주관하여 실시하는 '법상 내부감사'를 포괄하는 의미 이므로 이는 **'내부감시'** 라고 부르는 것이 타당하다고 본다.[123]

2. 감사 기능에 따른 분류[124]

가. 업무감사

업무감사란 이사의 직무집행이 법령 또는 정관에 위반하거나 현저하게 부당한지를 감사하는 것을 말한다. 다만 이사의 직무는 회사의 경영 전반에 미치는 것이므로 이사의 직무집행의 개념 속에는 통상적인 업무집행 뿐만 아니라 신주발행이나 사채 발행과 같은 조직에 관한 사항, 주주총회나 이사회와 같은 기관에 관한 사항, 재무 제표 작성과 같은 회계와 관련된 사항도 포함 된다.

따라서 업무감사는 이사의 통상적인 업무집행은 물론 이사회의 직무와 관련된 모든 사항이 그 대상이 되며, 회계감사는 업무감사의 일부로 해석되기도 하나 기능상 감사를 분류할 때는 업무감사에서 회계감사는 제외한다.

나. 회계감사

회계감사는 이사가 회계장부에 근거하여 매 결산기에 작성하여 정기총회에 제출 하여야 하는 재무제표와 부속명세서, 영업보고서가 법령이나 정관에 위반하거나 현저하게 부당한 사항이 있는지를 조사하고, 이러한 회계 관련 서류가 일반적으로 공정·타당한 회계 관행에 준거하여 회사의 재산 및 손익상태를 진실하고 적정하게 표시 하고 있는지를 확인·점검 하는 것을 말한다.

3. 감사 목적에 따른 분류

가. 적법성감사

적법성감사란 법령 또는 정관에 적합한지 그 여부를 감사하는 것을 의미하며, 감사자가 미리 정한 계약, 규제 정책, 법적요건을 회사나 조직이 제대로 지키는지 확인하기 위하여 구체적으로 회사 활동을 점검하는 행위를 말한다. 이에는 부정적발감사, 준법감사가 일반적으로 이에 해당된다.

---

123) 「자본시장과 금융투자업에 관한 법률 시행령」 제 168조 제6항 조문 참조
124) 권종호, 전게서, 4~5면, 남상구, 「기업가치 제고를 위한 감사(감사위원회)의 역할」, 한국상장회사협의회, 2008, 28~31면, 김용범, 전게서, 도서출판 어울림, 2012., 63면.

나. 타당성감사

타당성감사란 경제적 합목적성과 효율성 내지는 합목적성을 갖는지를 감사하는 것을 의미하며, 감사자가 구체적으로 경영조직이나 제도 및 경제활동의 타당성 검토, 경제성 및 합목적성 지도, 경영정책이나 자금계획 등에 대한 비판 그리고 경영결함의 지적과 그 제거 또는 개선에 관한 조언과 권고를 행하는 행위를 말한다. 이에는 경영지도감사, 경영진단 감사가 일반적으로 이에 해당된다.

Ⅲ 감사기능의 수행기관

1. 업무감사기능의 수행기관[125]

업무감사는 실태감사로서 경영자인 이사의 직무집행 그 자체를 감사하는 것이므로 그 대상은 회사에 따라 천차만별 일수 밖에 없으며 또한 회계감사의 대상인 회계 관계 서류와 같이 수량화·정형화된 것도 아니다.

업무감사에 관해 감사 또는 감사위원회는 고유 직무로서 일상적으로 수행하지만, 이사회의 경우는 업무집행에 관한 의사결정권과 대표이사의 선임 및 해임 권한 등을 통해 이사 및 대표이사의 직무집행을 감독한다.

2. 회계감사기능의 수행기관[126]

회계감사는 일종의 정보감사로서 복식부기와 '일반적으로 공정하고 타당한 회계 관행' 또는 각종 회계기준에 의거하여 작성된 재무제표 등 회계 관계 자료를 감사기준에 준거하여 감사하는 것이다. 따라서 회계감사의 대상은 수량화되고 정형화된 회계 관계 자료가 중심이며, 그런 점에서 회계감사의 대상은 업무감사와는 달리 어느 정도는 확정적이다.

회계감사는 전통적으로 회사내부에서 선임되는 감사에 의해 수행되어 왔으나, 일정 규모 이상의 대규모회사 또는 상장회사의 경우는 회계전문가인 외부감사인이 내부 감사와는 별도로 회계감사업무를 중첩적으로 수행한다.

이러한 회사의 경우에는 기업회계에 다양한 이해관계자(주주, 채권자, 기관투자자 등)가 관련되어 있을 뿐만 아니라 회계기법이 고도로 복잡·전문화됨으로써 회사 내부의 감사만으로는 기업회계의 적정성과 진실성을 담보할 수 없기 때문이다.

---

125) 권종호, 전게서, 8~10면, 김용범, 전게서, 도서출판 어울림, 2012., 64면.
126) 권종호, 전게서, 10~11면, 김용범, 전게서, 도서출판 어울림, 2012., 65~66면.

3. 공공감사기능의 수행기관127)

공공감사란 국가나 공공기관이 법령이나 정부정책 등을 관련 회사 또는 조직이 당초 법 또는 정부가 정한 목적대로 업무를 제대로 준수내지 수행 하고 있는지를 감사하는 것으로써, 이를 주로 수행하는 대표적인 기관으로는 감사원, 금융감독원 등이 있다.

공공감사는 관련 회사 또는 조직의 업무 및 재산 상황을 파악하는 것이다. 또한 그 회사 또는 조직의 업무활동 및 경영실태를 분석·평가하고 취급한 업무가 관계 법규나 지시 등에 위배되는지 여부를 확인·조사하는 일련의 활동 내지는 체계적인 처리 과정이다.

Ⅳ 경영감시의 수행기관128)

1. 내부 경영감시의 수행기관

내부경영감시의 수행 기관 및 조직으로는 ① 이사의 직무집행을 감시하는 「이사회」, ② 은행 등 금융기관에서 선임이 강제되고 내부통제부문을 감시하는 「준법감시인」, ③ 일정규모 이상의 상장회사에서 준법부문을 감시하는 「준법지원인」과 ④ 내부회계 관리제도에 따라 회계의 적정성을 감시하는 「내부회계 관리자」가 있다.

2. 외부 경영감시의 수행기관

외부경영감시의 수행기관 및 조직으로는 ① 「상법」 상의 전체 주주로 구성되는 「주주총회」, ② 개개의 주주로 구성되는 「단독주주」와 일정비율의 소액주주로 구성 되는 「소수주주」, ③ 일정규모 이상 주식회사의 회계부문 감사를 위해서 그 선임이 의무화 되는 「외부감사인」, ④ 일정한 법정사항을 조사하기 위하여 선임되는 「검사인」등이 있다.

3. 주변 경영감시의 수행기관129)

주변경영감시의 수행기관 및 조직으로는 ① 소관업무 관련 회사 및 조직의 업무 수행의 적정성을 감시하는 「정부 및 감독기관」, ② 회사 및 조직의 소재 지역사회에 끼치는 환경문제 등을 감시하는 「지역사회 및 환경단체」, ③ 회사 및 조직의 채권 회수 가능성을 감시하는 「금융기관 및 채권자」, ④ 회사 및 조직의 건전경영 등을 감시하는 「경영자 시장, M&A 시장 및 자본시장」등이 있다.

---

127) 김용범, 「내부감사의 역할과 행동원칙」, 내부감사저널 2014. 7월호, 37면
128) 김용범, 「바람직한 경영감시기관」, 내부감사저널 제11권 제4호, 2014. 9. 60면
129) 남상구, 「기업가치 제고를 위한 감사의 역할」, 한국상장회사협의회 감사 및 감사위원 특별연수 책자, 2008. 5. 7. ～ 5. 8. 20면

제2장 내부감사의 개요

제1절 내부감사의 의의

I 내부감사(Internal Auditing)의 정의[130]

내부감사의 정의는 여러 가지가 있을 수 있으나 일반적으로 인정되는 「국제내부 감사인협회(IIA)」[131] 이사회가 1999년에 발표한 내부감사의 정의는 다음과 같다.

"**내부감사**란 한 조직의 업무수행의 가치를 증대시키고 개선시키기 위해 설계된 독립적이고 객관적인 검증과 컨설팅 활동이다. 내부감사는 체계적이고 훈련된 접근 방법을 이용 하여 리스크관리, 내부통제 그리고 지배구조 프로세스의 유효성을 평가하고 개선시켜 조직이 그 목표를 달성하는데 도움을 준다."

"Internal auditing is an independent, objective assurance and consulting activity designed to add value and improve an organization's operations. It helps an organization accomplish its objectives by bringing a systematic, disciplined approach to evaluate and improve the effectiveness of risk management, control, and governance processes."

내부감사에 관한 상기 정의의 요점을 세부적으로 정리해 보면 ① 조직의 목표 달성에 기여, ② 리스크관리, 내부통제 및 지배구조 프로세스의 유효성을 평가 및 개선, ③ 업무 수행의 가치를 증대 및 개선시키기 위해 설계된 검증과 컨설팅 활동, ④ 독립성과 객관성, ⑤ 체계적이고 훈련된 접근 방법 이다.

---

130) The Institute of Internal Auditors Research Foundation, 「Internal Auditing : Assurance & Consulting Services」, 2009. 1-2~1-7 p, 김용범, 전게서, 도서출판 어울림, 2012., 73~78면.

131) 「국제내부감사인협회(IIA, The Institute of Internal Auditors)」는 미국 프로리다주 알타몬트 스프링스시에 본부를 두고 있으며, 내부감사에 관하여 국제적으로 공인된 규정 제정 및 증명 발급 기관이다. IIA 본부에는 약 1백명이 넘는 전문가가 근무하고 있으며, 165개 회원국에 내부감사 관련 서비스를 제공하고 있다.

1. 조직의 목표 달성에 기여

조직의 목표는 조직이 달성하기 원하는 바를 구체화한 것으로, 조직의 계속적인 성공은 목표 달성에 달려 있다. 궁극적으로, 조직의 목표는 조직의 미션(mission) 및 비전(vision)에 반영 된다. **미션**은 조직이 현재 달성하기 원하는 바를 의미하고, **비전**은 조직이 미래에 달성하기 원하는 바를 의미한다.

조직 목표를 구분하는 방법에는 여러 가지가 있는데 여기서는 2004년에 「COSO (Committee of Sponsoring Organization of the Treadway Commission)」[132]가 발표한 다음 분류를 인용하고자 한다.

가. 전략 목표

전략 목표는 주주를 대신해서 경영진이 수행하는 가치 창출 활동과 관계된다. **목표**는 조직이 달성하기 원하는 바를 표현할 때 사용되는 용어이고, **전략**은 조직의 목표를 달성 하기 위한 경영진의 계획을 표현할 때 사용되는 용어이다. 예를 들어 '시장 점유율 증대'는 '목표'이고, '경쟁자 인수'는 '시장 점유율 증대'라는 목표를 달성하기 위한 '전략'이다.

나. 운영 목표

운영 목표는 성과 및 이익 목표 와 손실에 대한 안전장치를 포함한 조직 운영의 유효성 및 효율성과 관계된다.

다. 보고 목표

보고 목표는 재무적 및 비재무적 정보의 내부 및 외부 보고의 신뢰성과 관계된다.

라. 준법 목표

준법 목표는 관련 법률 및 규정의 준수와 관계된다.

내부감사인의 관점에서 조직의 목표는 내부감사 목표의 기초가 된다. 조직 목표와 내부감사 목표의 직접적인 연결은 내부감사인으로 하여금 조직이 조직 목표를 달성하는데 도움을 주는 역할을 할 수 있게끔 한다.

---

132) COSO는 1985년 미국에서 효과적인 내부통제 체계를 확립하기 위해 AICPA, AAA, FEI, IIA, IMA 가 공동으로 설립한 단체이다. COSO의 내부통제 프레임워크는 ① 내부통제 환경 ② 목표 설정 ③ 사건 식별 ④ 리스크 사정 ⑤ 리스크 대응 ⑥ 통제 활동 ⑦ 정보와 의사소통 ⑧ 모니터링으로 구성되어 있다. 이런 COSO의 내부통제 개념들을 통합하여 효과적인 업무를 수행할 수 있다.

2. 리스크관리, 내부통제 및 지배구조 프로세스의 유효성을 평가 및 개선

어떤 조직이 효과적인 리스크관리, 내부통제 및 지배구조 프로세스 없이는 조직의 목표 및 지속적인 성공을 절대로 이룰 수 없다. 이들 프로세스는 복잡하며 서로 밀접한 관련성이 있다.

지배구조는 위의 세 가지 프로세스 중 가장 광의의 개념이며 조직의 출발점이다. "지배구조는 조직 목표를 달성하기 위하여 경영진에게 업무집행 권한을 부여하고, 경영진을 지휘하고 감독할 수 있는 이사회가 수행하는 프로세스이다."

리스크관리는 조직의 목표 달성에 영향을 미칠 수 있는 「**불확실성 (리스크 및 기회)**」을 이해하고 다루는 것으로서 경영진에 의해 수행되며, 지배구조와 아주 밀접하게 연관성을 가지고 있다. 「**리스크 (Risk)**」는 조직의 목표를 달성하는데 부정적 영향을 미치는 어떤 사건 (예: 직원의 부정)이 일어날 가능성을 의미하며, 「**기회 (Opportunity)**」는 조직목표를 달성하는데 긍정적 영향을 미치는 어떤 사건 (예: 신제품 생산)이 일어날 가능성을 의미한다.

내부통제는 리스크를 조직이 견딜 수 있는 수준으로 완화시키는 경영진의 활동을 의미하며, 리스크 관리를 포함하는 개념이다.

이 세 가지 프로세스는 조직의 목표 달성에 초점을 맞추고 있다. 이사회는 지배 구조를 지휘할 책임이 있는 반면, 경영진은 리스크 관리 및 내부통제 프로세스를 지휘할 책임이 있다. 한편, 이사회와 경영진은 각자가 지배구조, 리스크 관리 및 내부통제를 효과적으로 수행할 필요가 있다.

그리고 내부감사는 조직의 이러한 프로세스를 평가하고 개선시키는데 훌륭한 역할을 수행 하여야 한다. 하지만, 내부감사기능은 지배구조, 리스크 관리 및 내부통제를 지휘할 책임은 없다.

3. 업무수행 가치를 증대 및 개선시키기 위해 설계된 검증과 컨설팅 활동

「내부감사 (Internal Auditing)」를 「검증 및 컨설팅 활동 (Assurance & Consulting Activity) 」이라고 하는 것은 내부감사인이 업무수행의 가치를 증대시키고 개선시키기 위해 제공할 수 있는 두 가지 유형의 서비스를 명확히 표현하기 위해 사용한다.

검증과 컨설팅 활동은 세 가지 관점에서 차이가 있다. 주된 목적은 무엇인지, 업무수행 범위의 결정 주체가 누구인지, 관련 당사자는 누구인지가 그것이다. 참고로, 피감사인은 검증 활동의 객체가 되는 사람을 의미하며, 고객은 컨설팅 활동의 수요자를 의미한다.

첫째, **검증활동**이란 조직의 리스크 관리, 내부통제 및 지배구조 프로세스에 관한 독립적인 평가를 제공할 목적으로 수행하는 증거의 객관적 조사를 말하며, 예를 들면 재무감사, 수행성과 감사, 규정준수 감사, 시스템보안 감사 그리고 정밀실사 업무 등을 말한다.

검증활동의 주된 목적은 위에서 설명한 바와 같이 문제와 관련된 증거를 찾아내고 그 문제에 대한 결론을 제공하는 것이다. 검증활동의 업무수행 범위 결정은 내부 감사인이 결정 한다. 검증활동과 관련된 당사자는 문제와 직접 관련된 「피 감사인(auditee)」, 문제에 대한 결론을 제공하는 「내부감사인(internal auditor)」, 내부감사인이 제공하는 결론의 「이용자(user)」의 세 파트로 구성된다.

둘째, **컨설팅활동**이란 내부감사인이 경영진처럼 책임을 지지 않으면서 조직의 지배구조, 리스크 관리 그리고 내부통제 프로세스의 가치를 증대시키고 개선할 의도를 갖고 하는 자문 및 관련 서비스 활동을 말하며, 예를 들면 카운슬링, 조언, 촉진 그리고 훈련 등을 말한다.

컨설팅 활동의 주된 목적은 위에서 설명한 바와 같이 「고객(customer)」의 특수한 요구에 부합하는 조언을 제공하는 것이다. 컨설팅 활동의 업무수행 범위는 내부 감사인과 고객의 상호협의 하에 결정된다. 컨설팅 활동의 관련 당사자는 고객과 내부감사인의 두 파트로 구성된다.

4. 독립성과 객관성

「국제내부감사인협회(IIA)」의 「윤리강령」 및 「내부감사 직무수행에 관한 국제 표준」은 모두 내부감사 직무수행에 있어서의 독립성 및 객관성의 중요성을 강조하고 있다. **독립성**은 내부감사기능의 조직 내에서의 「**위상(status)**」을 말하고, **객관성**은 내부감사인 개인의 「**정신적 태도(mental attitude)**」를 말한다.

내부감사기능이 독립성을 갖기 위해서는,「최고감사책임자(CAE)」는 광범위한 업무에 대하여 감사를 수행할 자격 및 능력이 있고, 그 감사 수행 결과에 대하여 「심사숙고(due consideration)」할 수 있는 충분한 권한을 갖고 있어야 한다.

그리고 감사 수행 결과에 대해 적절한 반응을 보일 조직 내의 특정 위치에 보고할 수 있어야 한다. 「국제내부감사인협회(IIA)」는 이상적인 보고체계로 「최고감사책임자(CAE)」가 기능적으로는 이사회 또는 감사위원회에 보고하고 , 행정적으로는 「최고 경영자(CEO)」에게 보고하는 것을 권고하고 있다.

아울러 객관성은 내부감사인이 「공정(impartial)」하고 「공평(unbiased)」한 판단을 내릴 수 있는 것을 의미한다. 객관성을 갖기 위해서 내부감사인은 그들 자신이 일상적인 업무운영에 관여하지 않고, 경영상의 의사결정을 하지 않으며, 그 외에 본인을

실제적으로든 잠재적으로든 「이해충돌(conflicts of interest)」의 상태에 놓이게 해서
는 안 된다.

5. 체계적이고 훈련된 접근방법

조직의 업무수행 가치를 증대시키고 개선시키기 위해서 검증 및 컨설팅 활동은 체
계적이고 훈련된 방법으로 수행되어야 한다.

내부감사업무 수행 과정의 3가지 기본 단계는 「**감사계획(Planning)**」, 「**감사수행(Performing)**」,
「**감사결과 의견교환(Communicating)**」이다.

첫째, **감사계획단계**는 다음과 같은 활동으로 구성된다.

① 피 감사인 혹은 고객 정보 파악

내부감사인은 잘 알지 못하는 피 감사인 혹은 고객에 대해서는 검증 혹은 컨설팅
활동 을 제대로 수행할 수 없다. 내부감사인은 피 감사인 혹은 고객의 사업 목표와
목표 달성을 위협하는 리스크를 잘 파악해야 한다.

② 감사업무수행 목표 설정

내부감사업무의 궁극적인 목표는 조직의 목표달성에 기여하는 것이기 때문에, 내부
감사인은 피 감사인 혹은 고객의 사업 목표를 감사업무수행 목표에 대한 기초로 삼아
야 한다.

③ 감사증거 결정 및 획득 설계

내부감사인은 감사업무수행 목표를 달성하기 위하여 충분하고 적합한 증거를 결정
하고, 이를 획득하기 위한 감사업무수행 과정을 설계하여야 한다.

④ 감사의 성격, 시기, 범위 결정

감사의 성격, 시기, 범위의 결정은 필수 증거를 수집하는데 필요한 내부감사인의 감
사 방법에 영향을 미칠 수 있다.

둘째, **감사수행단계**는 구체적인 감사절차의 적용을 말한다.

감사수행절차들은 예를 들면 질문 작성, 업무 관찰, 문서 검사, 정보 분석 등을 수
행하는 것을 말한다. 감사증거 수집을 위한 두 번째 중요한 측면은 수행된 감사 절차
와 동 절차수행의 결과를 문서화 하는 것이다.

검증활동에서 수집된 증거를 평가하는 것은 증거에 기초한 논리적인 결론 도출을

가능 하게 한다. 또한, 컨설팅활동에서 수집된 증거를 평가하는 것은 증거에 기초한 실질적인 「대안(advice)」을 만드는데 도움을 준다.

셋째, **감사결과의 의견교환**은 모든 검증과 컨설팅 활동에 있어서 핵심적인 요소이다.

감사수행결과에 대한 의견교환은 내용이나 형식에 불문하고, **「정확(accurate)」**하고, **「객관적(objective)」**이고, **「명확(clear)」**하고, **「간결(concise)」**하고, **「건설적(constructive)」**이고, **「완전(complete)」**하고, 그리고 **「시기적절(timely)」**해야 한다.

따라서 내부감사업무를 훌륭하게 수행하기 위해서는 내부감사인은 「감사계획」, 「감사수행」, 「감사 결과 의견교환」의 3가지 기본단계에 대한 철저한 훈련을 통해 연마된 체계적인 접근방법으로 임하여야 한다.

| 참고 | ▶▶▶ 금융감독원의 내부감사 정의[133] |

내부감사란 특정 조직이나 감사 전문가가 실행하는 외부감사와는 달리 조직 내부에 있는 감사담당자가 조직의 목표를 효율적으로 달성하기 위하여 내부통제 조직을 조사. 평가 하고 조직내부의 각 단위의 효율성을 측정하는 한편 회계기록 및 기타 경영에 관한 모든 기록을 점검하여 그 결과를 경영진, 주주 등 이해관계자에게 전달하고 필요시 적절한 조치를 하도록 하는 과정이다.

Ⅱ 내부감사의 개념 혼란

내부감사라는 용어는 「상법」, 「외감법」 등에서 감사 관련 법규가 변천을 거듭하면서 기존 「상법」상 전통적으로 회사의 내부에서 감사를 담당하는 주체인 감사 및 감사위원회 외에 여러 법률에서 다양한 새로운 형태의 유사 감시기구나 유사 감사기능이 생겨나면서 이를 호칭하는 다양한 유사용어들이 실무상 혹은 세간에서 자주 사용되기에 이르렀다.

1. 외국의 내부감사[134]

원래 미국 내부감사인협회의 내부감사에 관한 개념 정의에 따르면 "내부감사란 조직의 서비스 측면에서 조직의 업무를 검사 및 평가하기 위하여 조직 내에 구성된 독

---

133) 금융감독원, 「금융회사의 감사업무를 위한 실무지침서」, 2003. 5면
134) 이준섭, 전게서, 51~54면, 김용범, 전게서, 2012, 79면.

립적인 평가기능이다. 내부감사의 목적은 조직의 구성원들이 각자의 책임을 효과적으로 완수하는 것을 지원해 주는데 있다. 내부감사는 검토대상 업무의 분석, 평가, 건의, 상담 및 정보를 제공함으로써 임무가 마무리된다. 내부감사의 목적은 합리적인 비용으로 효과적인 내부 통제를 제고시키는 것을 포함한다."고 정의하고 있다.

이와 같은 내부감사의 용어와 개념은 다분히 미국적인 것이다. 왜냐하면 이러한 내부감사의 개념은 일원적 구조 하에서 이사회 내의 감사위원회가 이사들의 업무집행을 감독 하는 하나의 체계이기 때문이다. 말하자면 외부감사에 대응하는 개념으로서 회사내부에서 경영진의 지휘를 받아 수행되는 내부통제시스템 전체를 총괄하는 개념이기 때문이다.

즉 미국에서는 내부통제가 바로 내부감사와 같은 의미이거나 혹은 내부감사가 내부통제보다 좀 더 포괄적인 개념 정도다. 따라서 일원적 구조에서는 내부감사의 개념은 외부감사에 대응하는 개념으로 쓰이더라도 무방하다. 그러나 우리의 법체계에서는 이미 법률 에서 고유한 법정감사기관에 의한 감사를 규정하고 있기 때문에 미국에서의 용어 사용 및 개념 범위와는 달라야 한다.

2. 우리의 내부감사[135]

우리나라의 경우 내부감사란 용어는 법률상의 개념은 아니다. 원래 내부감사는 경영진의 지휘를 받거나 혹은 감사의 지휘를 받는 독립적인 내부조직이 내부통제 또는 감사업무를 수행하는 것으로 혼용하여 써왔다.

우리「상법」상 이사회도 스스로 소속 이사들의 업무집행에 대한 감시·감독권을 행사할 수 있는 체제를 갖고 있기 때문에 이들 이사회 또는 대표이사의 지휘를 받는 독립적인 내부통제조직(예: 내부통제팀, 준법감시실, 준법지원실 등)에 의하여 회사 경영 전반에 대한 통제기능을 수행하는 기능도 '내부감사'라는 용어에 포함하여 사용하더라도 무방한 것으로 받아 들여져 왔기 때문이다.

또한 실무에서는 내부감사를 경영진의 지휘를 받아 내부통제기능을 수행하는 업무를 지칭하기도 한다. 이에 따라 "내부감사부서"를 경영조직의 일부로서 대표이사의 지휘아래 사용인의 업무집행이 적절하게 이루어지는지를 감사하는 부서로 정의되기도 한다.[136]

---

135) 이준섭, 전게서, 58면, 김용범, 전게서, 2012, 79면~80면.
136) 권종호, 전게서, 198~199면, 이준섭, 전게서, 58면, 김용범, 전게서, 80면.

Ⅲ 내부감사의 개념 정립[137)]

위의 감사의 종류에서 상세히 언급하였다시피 이사회 또는 대표이사 등 경영진의 지휘를 받아 회사 내 자체통제기능을 수행하는 경영조직(예 : 준법감시인, 내부회계관리자)에 의해 수행하는 자체통제 또는 모니터링 활동을 **'협의의 내부감사'**라 한다.

그러나 이러한 '협의의 내부감사'라는 용어는 기존 법정감사기관인 감사 또는 감사위원회가 회사내부의 감사기능을 수행(**법상의 내부감사**)한다는 점 때문에 잘못 혼동하여 쓸 수도 있고, 또한 「외감법」상의 **'외부감사'**에 대한 상대적 개념으로 파악될 가능성이 있어 이사회 등 경영진의 **'자기시정기능'** 또는 **'자체통제기능'**과 감사 또는 감사위원회의 **'내부감사기능'**이 혼동될 수 있으므로 바람직한 용어는 아니다.

따라서 **'내부감사(內部監査)'**라는 용어는 감사 또는 감사위원회의 지휘를 받는 감사보조기구 또는 감사부설기구에 의하여 감사 또는 감사위원회의 기능과 업무를 보조하거나 실질적으로 집행을 하는 업무를 의미하는 것으로 한정하여 쓰는 것이 바람직하며, 법정감사기관이 아닌 회사의 이사회 및 경영진의 지휘를 받아 회사 내 자체 통제기능 또는 모니터링기능을 수행하는 업무인 **'내부통제(內部統制)'**와는 구별하여 사용하는 것이 옳다고 본다.

제2절 ▶▶ 내부감사의 목적과 종류

Ⅰ 내부감사의 목적

내부감사제도를 운영하는 가장 중요한 목적은 **조직의 사업목표 달성**과 **이해관계자 보호**에 있다. 따라서 내부감사제도의 운영목적은 다음과 같이 정의할 수 있다.[138)]

① 회사의 「회계처리, 업무처리 및 경영정책」의 신뢰성, 적정성 및 유효성을 확인 · 평가한다.

② 조직 내에서 지배구조의 설계 및 운영의 효과를 독립적인 입장에서 관찰하고, 그에 대한 적정성 및 유효성을 확인 · 평가한다.

③ 조직의 위험관리 절차와 위험 식별 및 측정 방법 그리고 위험 대응책에 대한 그 적정성 및 유효성을 확인 · 평가한다.

---

137) 이준섭, 전게서, 58~60면, 김용범, 전게서, 2012., 80면.
138) 김용범, 「내부감사의 역할과 행동원칙」, 내부감사저널 2014. 7월호, 2014., 37~38면.

④ 조직 내에서 첫째 재무 및 일반 업무정보의 신뢰성과 무결성, 둘째 업무운영의 효과성과 효율성, 셋째 자산의 보호, 넷째 법, 규정 그리고 계약의 준수 등에 대한 내부통제와 그 운영의 적정성 및 유효성을 확인 · 평가한다.

⑤ 이러한 평가결과를 경영진 및 주주 등 이해관계자에게 통보하여 필요한 조치를 취하도록 하거나 의사결정에 반영토록 함으로써 조직의 목표를 효율적으로 달성하고 이해 관계자를 보호하는 것이다.

그리고 최근의 내부감사는 이러한 목적 이외에도 경영진에 대해 아래와 같이 조언하고 컨설팅 하는 기능을 수행하는 방향으로 가고 있어 그 중요성이 크게 증대하고 있다.

① 경영진이 새로운 경영정책 또는 절차를 개발하거나 기존의 경영정책이나 절차를 변경하고자 할 때 또는 새로운 상품이나 서비스를 개발할 때 건설적인 조언을 한다.

② 이사회 또는 경영진이 회사의 합병, 영업양수도 등 전략적 경영의사 결정을 하거나 이를 추진하는 과정에서 회사의 자산보전 및 내부통제가 제대로 이루어질 수 있도록 컨설팅 하는 역할을 수행한다.

참고 ▶▶▶ **「국제내부감사인협회(IIA)」의 감사의 목적**[139]

회사 경영의 적정성 확보 및 회사 재산의 건전성 유지에 있다고 설명하면서, 내부감사의 목적을 다음과 같이 기술하고 있다.
① 사업 프로세스 운영의 효과성 및 효율성 확보.
② 정보시스템의 신뢰성 및 정보시스템이 제공하는 의사결정 정보의 우수성 확보.
③ 경영진 혹은 종업원의 부정 등으로 야기되는 손실에 대응하는 안전자산 유지.
④ 조직의 정책, 계약, 법규 및 규정 등의 준수다.

Ⅱ 내부감사의 종류

1. 내부감사 수행 기능에 따른 분류 [140]

가. 재무감사(Financial Audit)

재무감사는 회계기준 및 회계시스템의 적정성을 평가하고 회계정보, 재무 보고서의

---

139) 국제내부감사인협회, 전게서, 2009., 1-10면,, 김용범, 전게서, 도서출판 어울림, 2012., 82면, 김용범, 「내부감사의 역할과 행동원칙」, 내부감사저널 2014. 7월호, 2014., 38면

140) 금융감독원, 전게서, 2003., 8면, 금융감독원, 「상근감사위원 직무규정 모범규준)」제6조 제1항, 한국 상장회사협의회, 「상장회사 표준 감사직무규정」제11조 및 「상장회사 표준 감사위원회 직무규정」제18조

정확성, 신뢰성 및 유용성을 평가하는 일련의 과정을 의미한다.

나. 준법감사(Compliance Audit)

준법감사는 관계법규 및 정관, 사규 등의 준수를 확인하고 이에 대한 상시적 감시를 위해 설치된 회사 내 준법감시체제의 작동여부를 점검하고 개선책을 제시하기 위해 실시하는 일련의 과정을 의미한다.

다. 운영감사(Operational Audit)

운영감사는 조직구조 분석이나 업무분배 방식 등을 평가하기 위해 재무 및 준법감사 부문 이외의 조직 내 업무절차 및 체계를 점검·분석하는 일련의 과정을 의미한다.

라. 경영감사(Management Audit)

경영감사는 위험(Risk) 및 통제(Control)에 대한 경영진의 접근방식·절차 등의 적정성 및 유용성을 평가하여 궁극적으로 회사의 경영목표 달성을 지원하기 위한 일련의 과정을 의미한다.

마. IT감사(Information Technology Audit)

IT감사는 IT부문의 안전성과 건전성을 평가하는 일련의 과정을 의미한다.

2. 내부감사 수행 형태에 따른 분류[141]

가. 일상감사

일상감사는 경영진의 일상 업무집행에 대하여 감사 또는 감사위원회가 정한 일정 범위의 업무와 중요한 서류에 대하여 최종 결재자의 결재 전·후에 그 내용을 검토하고 필요시 의견을 제시하는 방법으로 실시하는 감사를 말한다.

의견을 제시하는 경우에는 같은 건에 대한 시정조치 뿐만 아니라 같은 시안의 재발을 예방할 수 있는 개선 방안을 마련할 것을 권고하여야 한다.

나. 일반감사

일반감사는 본부, 지점, 공장 등 사업장 단위별로 업무전반에 대해 매년 정기적으로 실시하는 감사를 말한다. 특별감사의 대응개념으로 일반감사라고 불러야 옳으나 일상감사와 혼동될 우려와 업무에 대한 전반적인 감사의 의미로 종합감사로 불리기도 한다.

---

141) 김용범, 전게서, 2012., 83면. 금융감독원, 「상근감사위원 직무규정 (안)」제 6조 제2항, 한국상장회사협의회, 「상장회사 표준 감사직무규정」제12조 및 「상장회사 표준 감사위원회 직무규정」제19조

또한 일반감사는 정기적인 감사계획에 의거하여 경영, 운영, 재무, 준법, IT 등 기능별로 감사를 실시하고, 기능별 업무수행 체계와 과정의 유효성을 평가한 후에 문제점을 제거하고 개선방안을 제시하는 종합보고서를 작성, 제출하는 방식으로 실시한다.

다. 특별감사

특별감사는 특정 부분에 대하여 감사가 필요하다고 인정하거나 대표이사 또는 감독기관의 요청이 있는 경우, 특정 사안에 대하여 비정기적으로 실시하는 감사를 말한다.

3. 내부감사 수행 방법에 따른 분류[142]

가. 검증감사(Assurance Services)

검증감사란 조직의 지배구조, 리스크 관리 및 내부통제 프로세스에 관한 독립적인 평가를 제공할 목적으로 수행하는 증거의 객관적 조사를 말하며, 예를 들면 재무감사, 수행성과 감사, 규정준수 감사, 시스템보안 감사 그리고 정밀실사 업무 등을 말한다.

나. 진단감사(Consulting Services)

진단감사란 내부감사인이 경영진처럼 책임을 지지 않으면서 조직의 지배구조, 리스크 관리 그리고 내부통제 프로세스의 가치를 증대시키고 개선할 의도를 갖고 하는 자문 및 관련 서비스 활동을 말하며, 예를 들면 카운슬링, 조언, 촉진 그리고 훈련 등을 말한다.

4. 내부감사 수행 형식에 따른 분류

가. 임점검사

임점감사는 감사요원이 감사대상 부서에 임점하여 일반감사절차에 따라 실시하는 감사를 말한다.

나. 서면감사

서면감사는 감사요원이 현장에 임점하지 아니하고 감사에 필요한 자료를 제출받아 검토·확인하는 방법으로 실시하는 감사를 말한다.

---

142) 국제내부감사인협회(IIA),「Internal Auditing : Assurance & Consulting Services」, 2009, 12-13면, 김용범,「내부감사의 역할과 행동원칙」, 내부감사저널 2014. 7월호, 2014., 36면 ,

제3절 >> 내부감사의 역할과 기능

I 내부감사의 역할143)

회사의 내부감사는 독립적이고 객관적인 검증과 컨설팅 활동을 통하여 회사의 업무 수행 가치를 증대시키고 개선시키기 위해서 아래와 같은 역할을 수행한다.

1. 경영진에 대한 견제 역할

감사는 경영진의 경영활동에 대하여 객관적이고 독립적인 측면에서 검증 및 컨설팅 활동을 함으로서 경영진의 「도덕적 해이(Moral Hazard)」 또는 「부정위험(Fraud Risk)」을 사전에 예방 또는 견제한다.

2. 회사 운영의 적법성 확보

감사는 관계 법규 및 정관, 사규 등의 준수를 확인하고, 이에 대한 상시적 감시를 위해 설치된 회사 내 준법감시체제의 작동여부를 점검, 개선책을 제시함으로써 회사 운영의 적법성을 확보토록 한다.

3. 회사 경영의 투명성 제고

감사는 회계기준 및 회계시스템의 적정성을 확인하고, 회계정보 및 재무 보고서의 정확성, 신뢰성 및 유용성을 평가함으로써 회사경영의 투명성을 제고한다.

4. 회사 자산의 건전성 확보

감사는 회사 보유 자산의 건전성을 평가하고, 불건전자산에 대하여는 채권회수, 자산 매각 등 건전화 조치를 취하거나 대손충당금을 적립케 하여 미래 예상 손실에 대한 손실 흡수력을 확보토록 함으로써 회사 자산의 건전성을 확보토록 한다.

5. 위험 관리의 유효성 확보

회사는 재무 및 운영상의 위험 외에 사회적·윤리적·환경적으로 많은 위험에 노출 되

---

143) 김용범,「내부감사의 역할과 행동 원칙」, 내부감사저널 2014. 7월호, 2014. 38~40면

며 때로는 생존에 영향을 줄 정도의 심각한 위험에 처할 수도 있다. 감사는 회사의 주요 위험이 적정하게 관리되고 내부통제시스템이 효과적으로 운영되도록 조직 내 위기관리 활동들의 유효성에 대하여 객관적으로 평가하여 이사회 또는 경영진에게 보고 또는 통보 한다.

6. 회사 문화의 조정자 역할

글로벌 시대에 하루가 다르게 급변하는 회사 경영환경에 따라 회사의 조직 문화 또한 과거와 달리 새롭게 변하고 있다. 감사는 상부경영자와 하부관리자 사이에서 회사 문화를 상부경영자에게 전달·조정하고, 회사에 적합한 관리기법을 조직 전체에 확산되도록 전파 하는 역할을 한다.

참고 ▶▶▶ **감독기관 측면의 감사의 역할 <금융감독원>**

1. 경영의 적정성 유지

회사의 경영목표 및 세부시책 등을 검토·평가하여 경영진의 경영활동이 적정하게 유지되도록 한다. 감독당국의 경영진에 대한 객관적이고 독립적인 감사활동은 경영진의「도덕적 해이(Moral Hazard)」또는 「부정위험(Fraud Risk)」을 사전에 예방 또는 견제하는 역할을 한다.

2. 자산의 건전성 유지

회사 보유자산의 건전성을 검토·평가하고, 불건전자산에 대하여는 채권회수, 자산매각 등 보유자산의 건전화 조치를 취하거나 대손충당금을 적립케 하여 미래 예상손실에 대한 손실흡수력을 확보토록 지도함으로써 회사 보유 자산의 건전성을 유지토록 한다.

3. 업무의 효율성 달성

회사 임직원들의 업무활동을 검토·평가하여 임직원들의 업무활동이 한층 합리적이고 효율적으로 이루어지도록 촉진하는 역할을 한다. 더 나아가서 다수의 부서나 다수의 회사에 관련되는 업무수행 상황과 유기적 협조여부를 검토·평가하여, 조직 전체의 원활한 업무운영과 효율화를 달성토록 한다.

4. 위험관리의 적정성 확보

회사가 직면하고 있는 각종 리스크를 측정하고, 동 리스크에 상응하여 리스크를 관리·통제하기 위한 시스템을 적정하게 구축하여 운영하고 있는지를 검토·평가하여 회사의 리스크 관리 활동이 적정하게 이루어지도록 역할을 한다.
감독당국의 회사에 대한 리스크 규모 및 리스크 관리수준 등을 감안한 감사계획과 감사 자원을 차별적으로 배분하는 리스크 중심의 감사제도 운영은 회사로 하여금 리스크 관리의 적정성을 적극 확보토록 촉진하는 역할을 한다.

5. 정보의 신뢰성 확보

회사의 회계기준 및 회계시스템의 적정성을 확인하고 회계정보 및 재무보고서의 정확성 과 유용성을 검토·평가함으로써 경영정보의 신뢰성을 확보토록 촉진하는 역할을 한다.
또한 전산정보시스템과 동 시스템의 관리체계에 대한 적정성을 확인하고 전산정보의 정확
성과 유용성을 검토·평가함으로써 전산정보의 신뢰성을 확보토록 촉진 하는 역할을 한다.

6. 법규 및 정책 준수

회사의 모든 활동이 관련 법규나 지침을 준수하고 감독당국의 감독정책에 부합하게 이루어
지고 있는지를 검토·평가함으로써 회사 임직원들로 하여금 관련 법규 및 감독정책을 철저
히 준수토록 촉진하는 역할을 한다.

Ⅱ 내부감사의 기능[144]

기능이라 함은 사전적(辭典的) 의미로 '어떤 활동 분야에서 그 구성부분이 하는 구
실(口實) 또는 작용(作用)'을 의미 한다. 그런 의미에서 내부감사의 기능은 여러 가지
작용을 하고 있으나 그중 중요한 작용은 다음과 같다.

1. 회사의 원활한 목표달성을 촉진

내부감사는 회사의 모든 임직원들이 경영목표를 철저히 이해하고 있고, 목표에 부
합하는 시책을 마련하여 효과적으로 시행하고 있는지 검토·평가하여 회사의 원활한 목
표달성을 촉진한다.

2. 내부통제 시스템의 효율성 촉진

내부감사는 내부통제 시스템의 구축·운영상황을 검토·평가하여, 내부통제시스템이 충
실하고 효율적·효과적으로 작동될 수 있도록 정비하고 촉진하는 작용을 한다.

3. 위험관리 시스템의 적정성 촉진

내부감사는 위험관리 시스템의 구축·운영상황을 검토·평가하여, 시스템을 충실하고
적정하게 작동될 수 있도록 정비하고 촉진하는 작용을 한다.

4. 정보시스템 운영의 안전성 촉진

내부감사는 정보시스템을 검토·평가하여 신뢰성, 안전성, 효율성을 제고 하는 방향
으로 운영될 수 있도록 촉진하는 작용을 한다.

---

144) 김용범,「내부감사의 역할과 행동 원칙」, 내부감사저널 2014. 7월호, 2014. 40면

5. 경영진 경영활동의 합리성 촉진

내부감사는 경영진의 업무활동을 검토·평가하여 경영활동이 한층 합리적으로 이루어지도록 촉진하는 작용을 한다.

6. 조직체 업무운영의 원활화 촉진

내부감사는 다수의 부서가 관련되는 업무수행 상황과 유기적 협조 여부를 검토·평가하여, 조직 전체의 원활한 업무운영과 효율화를 촉진하는 작용을 한다.

제4절 ▶▶ 내부감사의 운영 및 행동

I 내부감사의 운영원칙[145]

본 내부감사 운영원칙은 「바젤은행감독위원회」[146]에서 은행을 대상으로 마련한 것이나 실제 내용면에서 모든 금융회사에 대하여 적용 가능하며, 한 걸음 더 나아가서 일반 회사에서도 적용 가능한 일반 원칙으로 생각된다.

1. 지속성 원칙 (Permanent Function – Continuity)

회사는 영속적인 내부감사 기능을 갖추어야 하며, 고위 경영진은 내부감사기능이 영업 규모 및 영업특성 등에 따라 적정하게 계속 유지될 수 있도록 인적 및 물적 자원을 지원하는 등 필요한 조치를 취하여야 한다.

대형회사의 경우에는 내부감사조직에 전담인력을 두어 내부감사업무를 수행토록 하여야 하며, 소형회사의 경우는 내부감사기능을 외부전문기관에 아웃소싱하거나 핵심 내부통제에 대한 독립적인 검토시스템을 운영함으로써 내부감사를 대체할 수도 있다.

2. 독립성 원칙 (Independent Function)

내부감사기능은 감사대상이 되는 영업활동 기능 및 일상적인 내부통제 과정상의 여러 기능과 독립적으로 운영되어야 한다. 이는 내부감사조직이 조직 내에서 독립적인

---

145) 바젤위원회, 「Internal audit in banks and the supervisor's relationship with auditors」, 2001. 8, 금융감독원, 전게서, 10~14면, 김용범, 전게서, 도서출판 어울림, 2012., 83~88면.
146) 은행감독업무의 국가 간 협력과 국제적 기준을 마련하기 위하여 구성된 국제결제은행 산하 위원회다. 바젤은행감독위원회 또는 바젤위원회라고도 한다.

지위를 보장받아 객관적이고 공정하게 임무를 수행하여야 한다.

내부감사조직은 모든 부서, 설비 및 기능에 대해 독자적인 판단 아래 감사활동을 수행할 수 있어야 하고, 발견사항 및 평가결과를 회사 내에서 자유롭게 보고하고 공개할 수 있어야 한다. 이러한 독립성 보장을 위하여 내부감사조직은 감사위원회 또는 감사의 직접적인 통제 하에서 감사활동을 수행하여야 한다.

내부감사조직의 장은 자신이 원할 경우 내부감사규정에서 정하는 바에 따라 언제든지 직접 이사회, 이사회의장, 감사위원회위원 또는 외부감사인과 협의 또는 보고할 수 있어야 한다. 동 협의나 보고내용에는 경영진의 관련법규에 위배되는 의사결정 등도 포함해야 한다.

내부감사인은 독립성을 유지하기 위해 회사와 이해충돌 관계를 가져서는 안 되며, 내부감사인에 대한 보상계획은 내부감사의 목적과 일치하여야 한다. 한편, 회사는 내부감사 기능이 적절하게 운영되고 있는지를 독립적으로 검토하는 시스템을 구축 해야 하며, 외부 감사인과 같은 독립적인 제3자 또는 감사위원회가 이러한 업무를 수행할 수 있다.

3. 명료성 원칙(Clear Function)-권한과 책임의 문서화 (Audit Charter)

내부감사기능이 조직 내에서 가지는 지위 및 권한과 역할을 명확히 하기 위하여 내부감사규정을 마련·시행하여야 한다. 내부감사규정에는 ① 내부감사기능의 목적 및 범위, ② 내부감사조직의 지위, ③ 내부감사조직의 권한 및 책임, ④ 내부감사조직과 여타 내부통제기능과의 관계, ⑤ 내부감사조직의 장의 책임 등이 포함되어야 한다.

내부감사조직은 내부감사규정을 작성하고 주기적으로 검토하여 수정·보완해야 한다. 아울러 내부 감사규정은 이사회 또는 감사위원회의 승인을 받아야 한다. 내부 감사규정에는 내부감사조직이 감사업무를 수행하는데 필요한 임·직원과의 의사소통, 모든 영업활동 및 의사결정기구의 의사록 등 모든 기록 및 자료에 대한 접근 등의 권한을 명시해야 한다.

또한 내부감사규정에는 내부감사조직이 컨설팅 및 조언기능을 수행하거나 기타 특별한 임무를 수행해야 하는 조건과 상황을 명시하여야 한다. 회사의 모든 임·직원은 내부감사규정을 숙지하여 내부감사기능의 회사 내 지위 및 역할에 대해 명확히 이해하고 감사활동에 적극 협조 하여야 한다.

4. 공정성 원칙 (Impartial Function)

내부감사기능은 편견이나 외부의 간섭 없이 객관적이고 공정하게 수행되어야 한다. 객관성과 공정성은 내부감사조직이 감사업무 수행과 관련하여 이해충돌 관계가 없어야 한다는 것을 의미한다.

이를 위해 내부감사조직 직원의 담당업무를 가능한 정기적으로 교대하고, 타부서에서 내부감사조직으로 전입한 직원은 일정기간 내 (예; 과거 1년 이내) 자신이 수행 했던 업무나 기능에 대해 감사하지 못하도록 하여야 한다.

내부감사조직은 회사의 영업활동이나 내부통제 수단의 선택이나 시행에 관여하지 말아야 한다. 이는 영업 활동 등에 관여할 경우 이러한 활동에 대한 책임을 부담하게 되어 감사와 관련한 판단상의 독립성이 저해될 수 있기 때문이다.

경영진은 중요한 조직구조의 변경, 위험이 큰 신규 사업 투자나 신규업체의 신설, 위험관리시스템, 경영정보시스템 또는 정보기술시스템의 구축 및 수정 등 내부통제기준과 관련한 특정사항에 대하여 내부감사조직에 의견을 요청할 수 있고, 내부감사조직은 이에 응할 수 있다.

그러나 이와 관련한 의사결정의 최종책임은 고위 경영진에 있으며, 내부감사조직의 컨설팅 활동은 내부감사조직의 기본적인 직무와 책임, 그리고 업무수행의 독립성을 침해 하지 않는 범위 내에서 수행되어야 한다.

5. 전문성 원칙 (Professional Competence Function)[147]

전문성이라 함은 내부감사 서비스 수행에 필요한 지식, 기술 그리고 경험을 보유하고 있는 것을 의미한다. 감사업무의 적절한 수행을 위해서는 각 내부감사인 및 내부감사조직이 감사업무에 대한 전문성을 가져야 한다.

내부감사조직이 본연의 업무를 수행하기 위해서는 관련법에서 제한하고 있는 형식적 자격요건 만으로는 곤란하며, 내부감사인은 형식적 자격요건 뿐만 아니라 내부감사 서비스 수행에 필요한 실질적인 자격요건도 갖추어야 한다.

내부감사는 업무감사 뿐만 아니라 회계감사도 수행하여야 하며, 아울러 현대감사는 리스크와 내부통제 중심의 감사인 점, 감사대상 업무의 80~90%가 IT를 통하여 이루어지고 있다는 점과 준법경영 및 경제예측 등이 필수 불가결한 점 그리고 현대의 감사는 감사의 수행방법으로 검증감사 외에 진단감사가 매우 중요시 되는 점과 효과적인 감사를 위해서는 해당 회사업무와 관련된 분야에 대한 경험이나 지식이 반드시 필

---

147) 김용범, 「내부감사의 역할과 행동원칙」, 내부감사저널 2014. 7월호, 2014., 41~42면 , 김용범, 전게서, 도서출판 어울림, 2012, 86~88면.

요한 점이다.

따라서 내부감사인의 실질적인 자격요건으로는 기초 학문지식으로 ① 회계ㆍ재정학, ② 전산ㆍ정보학, ③ 경제ㆍ법률학, ④ 위험ㆍ통제학 과 ⑤ 경영ㆍ감사학, ⑥진단ㆍ산업학 등에 대한 상당한 수준의 지식을 보유하여야 하며, 직무수행능력으로는 최소한 ① 분석력, ② 판단력, ③ 기획력, ④ 지도력(의사소통 능력 및 조직 관리능력 포함)을 갖추고 있어야 한다.

내부감사인은 자습과 지속적인 교육 등을 통해서 전문성을 갖춤과 동시에 회사는 내부감사 인력이 전문성을 유지를 위해 자체교육을 지속적으로 실시하여야 하며, 이들이 감사기법 및 회사업무에 대한 최신 지식을 충분히 습득할 수 있도록 지원하여야 한다.

내부감사조직 전체 차원에서도 회사가 수행하는 모든 업무 분야를 감사할 수 있는 충분한 자질, 지식 및 경험을 가진 직원을 고르게 임명하거나 채용하여야 한다.

참고1 ▶▶ 「국제내부감사인협회(IIA)」의 전문성 기준

「국제내부감사인협회(IIA)」에서 제정한 「내부감사인 적격성 프레임웍(Internal Auditor Competency Framework)」의하면 내부감사업무를 성공적으로 수행하기 위해 최소한의 필요한 지식과 업무기술을 아래와 같이 네 분야로 나누어 기술하고 있다.

1. 대인관계 기술(Interpersonal Skills)
① 영향력, ② 의사소통능력, ③ 관리능력, ④ 지도력, ⑤ 변화 촉매제, ⑥ 갈등관리, ⑦ 협력과 공조, ⑧ 팀 역량 등.

2. 도구와 기법(Tools and Techniques)
① 운영 및 관리에 대한 조사 도구, ② 예측능력, ③ 기획·관리 능력, ④ 사업 프로 세스 분석 능력, ⑤ 균형성과 평가능력, ⑥ 리스크 및 내부통제 평가 기법, ⑦ 지배구조, 리스크 및 내부통제 도구 및 기법, ⑧ 데이터 수집과 분석 도구 및 기법 등.

3. 내부감사 기준, 이론 및 방법
① 내부감사의 정의, ② 윤리강령, ③ 내부감사의 직무수행을 위한 국제기준 등.

4. 지식 분야
① 재무회계와 재정, ② 관리회계, ③ 규제, 법률 그리고 경제, ④ 품질, ⑤ 윤리와 사기, ⑥ 정보기술(IT), ⑦ 지배구조, 리스크 및 내부통제, ⑧ 조직 이론과 행동, ⑨ 산업 지식 등

참고2	▶▶▶ 미국 「통화감독청」(OCC)의 전문성 기준[148]

미국 「통화감독청(The Office of the Comptroller of the Currency)」(이하 "OCC"라 함)에서 발간한 「감사관 핸드북(Comptroller's Handbook)」에 의하면 내부감사인이 감사업무를 효과적으로 수행하기 위해 갖추어야 하는 필수적인 자질로 아래 사항을 열거 하고 있다.

① 적절한 교육수준 및 경력.
② 부여된 임무를 완수할 수 있는 조직관리 능력 및 기법 보유.
③ 구두 또는 서면에 의한 능숙한 의사소통 능력.
④ 회계기준 및 원칙, 감사기준 및 원칙, 감사기법 등에 대한 이해.
⑤ 건전한 업무처리 관행으로부터 벗어난 특정사항의 중요성을 인식하고 평가하는 능력
⑥ 이미 드러났거나 내재되어있는 문제점을 발굴하여 해결방안을 강구하는 능력 등.

Ⅱ 내부감사의 행동원칙[149]

본 내부감사의 행동원칙은 「국제 내부감사인협회(IIA)」에서 제정한 「내부감사인 윤리강령(Code of Ethics)」상의 「행동규범(Rules of Conduct)」으로서 내부감사 서비스를 제공하는 개인 및 기관 모두에게 적용 된다. 따라서 내부감사인은 다음과 같은 행동원칙을 준수하여야 한다.

1. 완전성 원칙 (Integrity Principle : 무결점의 원칙)

내부감사인의 성실한 책임감은 신뢰감을 만들어 주며, 감사와 관련하여 그들의 판단에 대해서 신뢰할 수 있는 기반을 제공하여야 한다. 한마디로 말하면 완전한 사람으로 행동 하여야 한다.

내부감사인은

① 그 업무를 정직, 근면 그리고 책임감 있게 수행하여야 한다.
② 법을 준수하고, 법과 직업인으로 요구되는 것을 찾아서 밝혀야 한다.
③ 고의로 불법행위의 당사자가 돼서는 안 되며, 내부감사업무 종사자로서 또는 조직원으로서 불명예스런 행동을 하여서는 안 된다.
④ 합법적이고 윤리적인 조직의 목표를 잘 이해하고 공헌해야 한다.

---

148) 금융감독원, 전게서, 13~14면
149) 한국감사협회(IIAKorea), 「The Professional Practices Framework(직무수행방안)」, 2007, 13~15면, 김용범, 「내부감사의 역할과 행동원칙」, 내부감사저널 2014. 7월호, 2014., 42~43면 , 김용범, 전게서, 도서출판 어울림, 2012., 88~90면. IIA Research Foundation, 전게서, 2-6~2-8면.

2. 객관성 원칙 (Objectivity Principle : 공정성의 원칙)

내부감사인은 검토되는 활동이나 프로세스에 관한 정보를 수집하고, 평가하고, 보고하는데 있어서 최고수준의 직업인으로서의 객관성을 보여야 한다. 내부감사인은 감사업무와 관련된 상황에 대하여 균형 잡힌 평가를 해야 하며, 판단을 함에 있어 자신 및 다른 사람의 이해에 따라 부적절하게 영향을 받아서는 안 된다.

내부감사인은

① 감사결과를 처리함에 있어 편견이나 외부의 간섭 없이 객관적이고 공정하게 수행 되어야 한다.

② 감사업무와 관련된 사항에 대하여 균형 잡힌 평가를 하여야하며, 이를 판단함에 있어 자신 및 다른 사람의 이해에 따라 부적절하게 영향을 받아서는 안 된다.

③ 공정한 판단을 저해하거나, 저해할 것으로 간주되는 어떠한 활동이나 관계에 참여하지 않아야 한다. 즉, 실제적으로든 잠재적으로든 이해충돌의 상태에 놓이게 해서는 안 된다.

④ 그들이 조사하여 알게 된 모든 사실들을 밝혀야 한다. 만약 밝히지 않는다면 감사 내용의 결과보고를 왜곡시킬 수 있다.

3. 보안성 원칙 (Confidentiality Principle : 기밀성의 원칙)

내부감사인은 그들이 입수한 정보의 가치와 소유권을 존중하고, 법률적 또는 직업인의 의무로서 그렇게 하도록 되어있는 경우가 아니라면 적절한 승인절차 없이는 정보를 노출 시키지 말아야 한다.

내부감사인은

① 그들이 입수한 정보의 가치와 소유권을 존중해야 한다.

② 법률적 또는 직업인의 의무로서 하도록 되어있는 경우가 아니라면 적절한 승인절차 없이 정보를 노출시켜서는 안 된다.

③ 그들의 업무수행 중에 취득한 정보의 사용과 보호에 있어 신중해야 한다.

④ 개인의 이익을 목적으로 정보를 사용해서는 결코 아니 되며, 어떠한 경우든지 법에 반하거나, 합법적이고 윤리적으로 타당한 조직의 목표에 방해가 되는 형태로 정보를 이용해서는 안 된다.

4. 적격성 원칙 (Competency Principle : 전문성의 원칙)

내부감사인은 내부감사 서비스 수행에 필요한 지식, 기술, 그리고 경험을 가져야 한다.

내부감사인은

① 회사 감사업무 수행에 필요한 전문적인 지식과 기술 그리고 경험을 가져야 한다.

② 자신이 보유한 지식과 기술 그리고 경험이 있는 분야에 대해서 감사를 수행함을 원칙으로 한다.

③ 자습 또는 교육 등을 통하여 전문성을 갖춤과 동시에 지속적으로 자신의 업무 숙련도를 높여 감사서비스의 효과와 질적 수준을 향상시켜야 한다.

④ 조직 차원에서도 모든 분야를 감사할 수 있는 충분한 자질, 지식 및 경험을 가진 직원을 고르게 임명하거나 채용하여 감사기능이 효율적으로 운영되도록 하여야 한다.

Ⅲ 내부감사의 복무수칙[150]

내부감사인은 감사업무를 수행함에 있어 명심해야 하는 감사인의 사명과 철저히 지켜야하는 감사 자세 및 감사 예절 그리고 절대 위반해서는 아니 되는 금지사항을 준수하여야 한다. 최고감사책임자나 내부감사인이 준수해야 하는 복무수칙에는 아래사항이 주로 포함되어야 한다.

1. 내부감사인의 사명

① 내부감사인은 투철한 사명감과 성실, 공정한 감사 자세를 확립함으로써 건정한 기업 풍토 조성을 위해 노력하여야 한다.

② 내부감사인은 해당 산업 발전의 역군임을 명심하여 그 직무를 수행함에 있어 타의 모범이 되어야 한다.

③ 내부감사인은 창의, 책임, 봉사의 자세로 부정과 부조리 척결에 앞장 서야 한다.

④ 내부감사인은 인격도야 및 전문지식 습득과 감사기법의 연구개발등 감사 능력 향상을 위해 노력해야 한다.

2. 내부감사인의 자세

① 내부감사인은 기업 및 정부정책의 방향과 목표를 숙지하고 감사의 효율을 높일 수 있도록 적극적인 감사 자세를 확립한다.

② 내부감사인은 감사업무를 수행함에 있어 공과 사를 엄격히 구별하고 일체의 선입관이나 정실을 배제하고 공정하게 직무를 수행한다.

---

150) 김용범, 「내부감사의 역할과 행동원칙」, 내부감사저널 2014. 7월호, 2014., 43~45면., 금융감독원, 「금융기관 검사 및 제재에 관한 규정 시행세칙」, 2014.

③ 내부감사인은 법령, 규정, 기타 복무에 관한 지시사항을 성실히 준수하여야 한다.

④ 내부감사인은 감사성과를 확보할 수 있도록 자료수집, 이해관계인의 의견청취 등 감사 사전준비에 만전을 기하여야 한다.

⑤ 내부감사인은 자의적 판단에 의하지 아니하고 사실과 증거에 의하여 감사업무를 수행 하여야 하며 감사지적사항에 대하여는 충분한 입증자료를 확보하여야 한다.

⑥ 내부감사인은 감사 실시기간 중 회사의 일상 업무에 지장을 초래하지 않도록 하고 감사 상 필요한 자료의 제출요구는 최소한에 그쳐야 한다.

⑦ 내부감사인은 감사결과를 경영정책 수립에 반영할 수 있도록 원인 및 문제점 등을 분석하여 개선방안을 제시하도록 한다.

⑧ 내부감사인은 직무와 관련하여 외부기관, 상급자 등의 부당한 업무지시나 감사결과 발견된 위법·부당행위의 은폐 및 축소 등을 위한 제반 압력에 대하여는 이를 거부하여 야 한다.

3. 내부감사인의 예절

① 내부감사인은 감사업무를 수행함에 있어 권위적이고 고압적인 감사를 삼가고, 피 감사자의 인격을 존중하며 항시 경어를 사용하는 친절, 겸손한 자세로 감사업무를 수행하여야 한다.

② 내부감사인은 용모, 복장 등 몸가짐을 바르게 하여 감사인 으로서 품위를 유지하여야 하며, 일상 업무 및 사생활에 있어서도 타의 모범이 될 수 있도록 성실한 생활태도를 견지하여야 한다.

4. 내부감사인의 금지사항

① 내부감사인은 감사를 빌미삼아 인사 청탁, 계약 강요, 사적인 민원해결 요청 등 직권 을 남용하는 일체의 행위를 하여서는 아니 된다.

② 내부감사인은 직무와 관련하여 직접, 간접을 불문하고 사례·증여 또는 접대를 받아서는 아니 된다.

③ 내부감사인은 직무상 알게 된 기밀을 정당한 사유 없이 누설하거나 다른 목적에 이용해서는 아니 된다.

④ 내부감사인은 감사실시 기간 중 직무와 관련하여 감사인 이외의 자와 불필요한 접촉을 하거나 감사지역을 이탈해서는 아니 되며, 불건전한 오락 등의 행위를 하여서는 아니 된다.

⑤ 내부감사인은 직무 관련성이나 거래조건 등에 비추어 공정성이 의문시 되는 일체의 거래를 하여서는 아니 된다.

⑥ 내부감사인은 변제능력을 벗어난 과다한 차입이나 무분별한 채무보증 행위로 인해회사의 명예를 훼손시켜서는 아니 된다.

Ⅳ 내부감사인의 리더십[151]

1. 기업 가치를 창출하는 리더십

2015년 KPMG의 조사에 따르면 전 세계 경영진들의 60%는 감사위원회가 내부 감사 기능인 기업 가치를 충분히 창출하지 못한다고 답변하고 있다. 즉 내부감사의 주요 고객인 경영진이 원하는 것은 기업 가치를 창출하는 것임을 알 수 있다.

경영진은 내부감사인이 사업과 관련한 리스크의 변화에 대해서 이야기 해주기를 기대한다. 미처 발견하지 못한 리스크와 기회를 분명히 알려주기를 원하며, 조직의 목표 달성에 필요한 효과적이고 효율적인 방법을 정하는데 있어서도 영향을 주기를 원한다.

미래의 환경변화를 예측하여 경영진에게 조언 내지 자문하는 내부감사인은 일반 내부감사인과 여러 측면에서 차이를 가져올 수 있다. 경영진의 의무는 현 상태를 유지하는 것이 아니라, 미래를 예측하여 더 나은 방향으로 조직을 변화시키는 것이다.

이러한 측면에서 기업의 핵심 리스크를 파악하고 있으며, 기업 내 정보에 접근할 수 있는 권한이 있으며, 데이터 수집과 분석에 전문가인 내부감사인은 경영진의 중요한 조언자가 되어야 한다. 그렇게 함으로써 경영진과 내부감사인 간은 서로 시너지 효과를 달성할 수 있다.

2. 내부감사의 10가지 가치 명제[152]

가. 내부감사인의 선도적인 역할

첫째, 항상 의사소통 기술을 통하여 이해관계자의 필요를 미리 고려하라.

둘째, 미래를 예측하는 리스크 관리기법을 개발하라.

셋째, 이사회 및 감사위원회에 지속적으로 다음의 정보를 제공하라.

① 경영목표에 따르는 각종 리스크.

---

151) Lawrence J. Harrington, 「Internal audit leadership-delivering tangible value」관한 2016 SOPAC 발표문, 권영상 「2016 SOPAC 참가보고서」, 내부감사저널 April 2016, 82~83면.

152) 가치명제란 어떤 제도나 사상의 좋고 나쁨을 따져서 제시하는 명제를 말한다. 즉, 인생관, 세계관 등에서 비롯된 가치관에 의한 판단(생각, 견해 등)을 말한다.

② 리스크 통제환경이 향상되고 있는지 악화되고 있는지 여부.

넷째, 있는 그대로 이해관계자에게 이야기할 수 있는 용기를 가져라.

나. 내부감사인에 대한 기대 충족

다섯째, 경영전략에 대한 지원을 통하여 목표달성을 지원하라.

여섯째, 새로이 등장하는 기술(IT 등)로부터 발생하는 리스크를 규명하고, 모니터링 하며, 그리고 대처하라.

일곱째, 데이터 분석기법을 최대한 활용하여 감사성과를 향상시켜라.

여덟째, 감사인의 활동을 정기적으로 감사위원회와 경영진에게 보고하는 등 IIA 표준을 넘어서는 활동을 하라.

다. 내부감사 조직과 구성원에 대한 투자

아홉째, 감사인 자신에 대한 꾸준한 학습과 훈련을 하라.

열　째, 가장 뛰어난 감사인력을 확보하고, 양성하고, 유지하라.

3. 경영자문인으로서의 내부감사인

일반적으로 신뢰받는 경영자문인은 경영상의 문제를 함께 해결하여 경영목표를 달성 하는데 도움을 주는 사람을 의미한다.

내부감사인은 경영전반에 대해서 잘 파악할 수 있고, 전체적인 시각에서 회사를 바라 볼 수 있기 때문에 경영자문인으로써 적격이다.

따라서 내부감사인은 조언자로서의 역할을 통하여 경영진의 의사결정에 도움을 주는 등 회사의 경영에 필요한 적극적인 경영자문인 겸 리더가 되어야 한다.

제3장 내부감사의 환경

제1절 주변 감사 환경의 변화[153]

Ⅰ 기업의 리스크 환경 변화

1. 위험 전파의 신속화

항상 새로운 위험이 발생하고, 그 파급 속도가 빠르다.

사례1 KIKO [154]거래

2008년 6월 현재 국내은행의 대고객 KIKO옵션 계약 잔액은 101억 달러이며 거래업체는 590개사이다. 그중 KIKO 계약 잔액이 수출액을 초과 (Over-hedge)한 기업체는 71개 사로 평균 헤지 비율은 166.7% 수준이었다.

KIKO 거래기업들은 대부분 2007년 하반기 환율이 930원 ~950원 대에서 계약을 체결 하였으나, 2008년 5월부터 환율이 1,000원으로 넘어서면서 2008년 6월 말 현재 (환율 1,046원) KIKO 거래에 가입한 대다수의 중소기업이나 일부 대기업들은 막대한 환 손실로 인해 도산위기에 처해 있었다.

2008년 6월 말 시점을 기준으로 KIKO로 인한 수출기업들의 피해액은 환차익을 감안하지 않았을 때 1조 9,748억 원으로 상당히 큰 규모의 금액이었다. 특히 수출대금을 초과하여 KIKO 계약(Over - hedge)한 기업들이 큰 피해를 입었는데 이는 수출대금보다 훨씬 초 과하여 계약을 함으로써 환율상승으로 인한 수출효과를 넘어서 손실이 발생한 것이다.

수출기업의 경우 상시 환율변동 위험에 직면하고 있으며, 이를 헤지 하는 경우에도 새로운 위험이 발생한다.

---

153) 문재우, 「감사의 역할과 비젼」,한국감사인대회 발표자료, 2008.10, 17면~20면
154) KIKO (Knock - in, Knock - out)는 환율이 제한적으로 변동되는 경우 이익이 발생하나 일정 barrier(예 : 900~960원/달러)를 벗어날 경우 손실이 확대되는 통화 옵션상품 이다. 박연희·박철원· 배수일, 「환헤지 통화옵션 상품의 손실 현황 및 대응방안 : KIKO거래를 중심으로」, 회계저널 제18권 제3호, 2009. 9월호, 400~4002면.

2. 위험 크기의 거대화

한 번의 리스크 관리 실패나 실수는 손실 규모가 크기 때문에 종종 회사의 파산 으로 이어지는 경우가 많다.

사례2 >>> 베어링 사건

영국의 베어링 사는 아시아 선물시장에 진출하려는 목적으로 싱가포르에 자회사인 베어링 선물회사를 설립하였다.

닉 리슨(Nicholas Leeson)은 일본 오사카거래소(OSE)와 싱가포르거래소(SIMEX)간 Nikkei 225 지수선물의 차익거래155)를 시작하였다.

닉 리슨은 차익거래에서 발생된 손실을 은폐하기 위하여 은익계좌를 사용하기 시작하였고, 이후 이를 만회하기 위하여 투기거래156)를 시작하였다.

그 이후 기대와는 달리 주가하락으로 약 6억 파운드의 손실이 발생하여 베어링 사는 1995년 2월 네덜란드의 ING그룹에 단돈 1파운드에 구제합병 되고, 닉 리슨은 6년 6개월의 징역형을 선고받았다.

사례3 >>> SG은행 사건

2008년1월 프랑스 내 은행 자산 규모 2위인 Societe General(SG)은행157)에서 손실규모가 72억 달러에 달하는 세계 최대 규모의 금융사고가 발생하였습니다.

동 사고는 SG은행 직원인 J. Kerviel 이 유럽주가지수 선물 거래 관련 거액 투자 손실을 은폐하기 위해 동료의 계정·암호를 도용하여 가상의 거래 상대방과 헤지 포지션을 취한 것처럼 조작하면서 발생하였다.

SG은행의 사기거래 발생 원인은 감독 부실 및 관리자의 무능, IT보안 부실, Front Office로부터 경고 무시, 부실대응 등 내부통제기능의 미비였다.

SG은행의 금융 사고를 계기로 파생상품의 위험성158)이 세계금융시스템 안정에 큰 영향을 미칠 수 있어 국제금융시장 주요 관심사로 등장하였고, J. Trichet ECB 총재(전 프랑스 중앙은행 총재)는 SG은행의 금융사고와 관련하여 은행규제 강화를 촉구하였으며, 특히 모든 금융기관들이 리스크에 대한 내부통제를 크게 강화하는 것이 절대적으로 필요하다는 것을 깨닫게 되었다.

사기사건 등은 영업을 영위하는데 있어 필연적인 면이 없지 않으나 손실 사건으로부터 기관을 보호하기 위해서는 조직 자체의 시스템을 수시로 점검하고 개선·보완하여야 한다.

---

155) 차익거래란 두 거래소 중 지수가 싼 곳에서 매입하고 동시에 비싼 곳에 매도하여 위험 없이 차익을 얻고자하는 거래전략 이다

156) 여기에서 투기거래는 시장가격의 움직임에 베팅을 거는 거래로, 주가 급등, 급락 시 무한대의 손실이 발생 하는 거래를 실행 하였으며, 손익 구조는 주가가 변동이 없을 때 이익이 발생하고 급등 또는 급락할 경우무한대의 손해가 나는 투기거래였다.

157) 1864년 설립되어 파리에 본사를 두고 있으며 전세계 77개국에서 은행. 투자. 자산관리 분야에서 영업 중이었으며, 자산규모 (2007.6월말 현재)은 4,670억 유로 이고, 종업원 수가 12만명 이다.

3. 잠재적 위험은 예측과 측정 곤란

각종 파생상품[159]에 내재된 위험은 예측과 측정이 어렵다.

사례4 ▶▶▶ 서브프라임 모기지

2007년 미국의 TOP 10에 드는 초대형 모기지론 대부업체가 파산하면서 미국만이 아닌 국제금융시장에 신용경색을 불러오고 연쇄적으로 경제위기를 초래한 사건이다.

< 발생원인 >
① 미국은 IT버블 붕괴와 9.11테러 등에 따라 경기침체가 본격화될 것이란 우려가 나오자, 경기부양을 위해 저금리 정책 사용 (FRB는 2000년 5월 6.5%였던 기준금리를 2003년6월 1.0%까지 인하).
② 초저금리로 주택시장에 돈이 몰리면서 주택가격 상승. 고수익을 노리던 금융회사들이 저신용자들을 상대로 높은 금리의 주택담보대출 (시세의 100%) 시행.
③ 미국 금융회사뿐만 아니라 헤지펀드나 세계 여러 금융회사들이 고수익을 노리고 서브프라임 모기지를 담보로 발행된 채권 등에 막대한 금액을 투자.
④ 저금리로 인해 주택가격 등 물가상승에 대한 우려가 본격화되자 FRB는 2006년 5.25%까지 기준금리를 급격히 인상.
⑤ 2007년 4월 미국 2위의 서브프라임 모기지 회사가 부도처리 되어 미국을 비롯한 세계 각국의 헤지펀드 및 금융회사들이 연쇄적으로 붕괴.

< 사태의 파급효과 >
① 2007년 4월 미국 2위의 서브프라임 모기지 대출회사 뉴센추리 파이낸셜 파산 신청.
② 2007년 8월 미국 10위권의 아메리칸 홈 모기지 인베스트먼트사 파산보호 신청.
③ 세계3위 HSBC는 미국주택시장에 뛰어들었다가 107억 달러 (약 10조 1,000억 원) 손실
④ AIG는 최악의 경우 23억 달러의 손실 가능성.
⑤ 2007년 8월 프랑스 최대은행 BNP파리바은행은 자사의 3개자산유동화증권(ABS)펀드에 대한 자산가치 평가 및 환매 일시중단 - 서브프라임 부실로 인한 신용경색이 주 이유.

< 사태의 영향 >
① 리먼브라더스 사태 유발 (FRB와 미 재무부의 구제금융 불가 통보).
② 미국 연방제도이사회(FRB) 2008년 9월 AIG에 850억 달러의 구제금융 제공.
③ 제2금융권의 거물 아메리칸익스프레스가 자본금 확충코자 수십억 달러의 구제금융 신청

---

158) 파생상품 거래에 따른 금융시장의 리스크 재평가 및 개별은행의 리스크 관리의 중요성이 크게 부각되었다.
159) 파생상품(Financial Derivatives)란 외환, 채권 주식과 같은 기초자산으로부터 파생된 상품을 말한다.

4. 다양한 위험의 모형화 통제 곤란

현실적으로 여러 가지 리스크를 모형화 하여 통제관리 하는 것이 어려울 뿐만 아니라 여러 가지 위험을 관리하는 「전사적 위험관리체제 (Enterprise Risk Management System : ERMS)」[160]를 갖춘 기업이 많지 않다.

「국제내부감사인협회(IIA)」의 감사임원세터와 연구재단(IIARF)은 서로 협력하여 전 세계 166개국을 대상으로 2015년 「글로벌 내부감사 지식공동체(CBOK)」[161]실무자 설문조사를 실시하였는바, 그 내용은 35%가 ERM 프로세스가 비공식적이거나 개발중이며, 11%는 ERM 프로세스를 미 수립한 상태에 있었다.[162]

Ⅱ 이해관계자의 이익보호 요구 증대

1. 최근에 수요자 중심의 고객만족으로 감사의 역할 전환 추세

경영진(CEO)의 기업경영과 함께 감사의 역할도 최근에 주주, 채권자, 감독당국 등 감사 수요자 중심의 고객 만족 중심으로 점차 전환되는 추세이다.

2. 감사의 역할에 대한 다양한 이해관계자의 이익보호 요구 확대

기존 주주중심에서 최근 주주 이외에 이사회, 경영진, 내부직원, 감독당국, 협력 업체, 환경단체, 지역사회 등 다양한 이해관계자의 이익 보호 요구가 증대하고 있다.

Ⅲ 기업의 사회적 책임에 대한 요구 증가

1. 기업목표인 이윤추구와 윤리경영[163]을 동시에 중시하는 시대

종전에는 기업의 유일한 책임은 경제적 이익을 내는 시대였으나 현재는 기업의 윤리 경영과 장기이익이 동시에 추구되는 다양한 시대가 도래 했다.

---

160) 조직의 이사회, 경영진, 그 밖의 사람들에 의해 영향을 받고, 전략설정에 적용되고, 조직의 전 영역에 적용되고, 조직에 영향을 줄 수 있는 잠재적 사건을 파악하기 위해 설계되고, 조직의 리스크 성향(허용한도)에 따라 리스크를 다루기 위해 설계되고, 조직의 목표달성에 합리적 확신을 제공하기 위한 일련의 프로세스이다.

161) 「CBOK(Common Body of Knowledge)」는 세계에서 가장 큰 상시적인 내부감사 전문연구조직이다. CBOK는 전 세계에 잇는 IIA 협회의 지원을 받으며, 내부감사 실무자 및 관련 이해관계인들의 포괄적인 연구를 포함한다.

162) 감사임원센터(AUDIT EXECUTIVE CENTER), 「역동적인 환경에서의 기회포착」(번역본), 2015. July. 10면

163) 윤리경영이란 "기업의 이해관계자들의 권리와 이익을 존중함으로써 그 들로부터 신뢰와 존경을 얻는 경영 활동"이다. 정운오, 「윤리경영이란」, 서울대학교 Advanced Auditor Program, 2010, 12면

| 사례5 | >>> | Johnson & Johnson 사례 |

1992년 J & J의 타이레놀을 복용한 환자들이 갑자기 사망하는 사고가 발생하였으나, 경영진은 「미국 식품의약청(FDA)」과 경찰 조사 결과 발표 전에 시중에 판매되는 모든 타이레놀 제품의 판매 중지 및 기 판매된 제품을 수거했다.

J & J의 타이레놀 판매중지 조치는 당장의 경제적 이익 보다 공중의 안전을 우선하여 소비자의 신뢰를 얻은 윤리경영 실천의 모범사례이다. 타이레놀 사건시 J & J의 윤리 경영사례는 비용보다 신뢰를 선택하여 높은 브랜드 가치를 창출하였다.

2. 윤리경영의 실패는 기업의 지속성장 곤란 및 도산의 지름길

엔론 사는 포춘지가 매년 선정하는 미국에서 가장 존경받는 기업 중에 하나였으나, 경영진의 윤리경영 실패로 인해 대외신뢰도가 추락하여 채무상환 요청을 감당하지 못하고 파산 되었다.

| 사례6 | >>> | 엔론(Enron) 사건 |

엔론사는 포춘지가 매년 선정하는 미국에서 가장 존경 받는 500대 기업에서 수년간 10위권을 유지하는 기업이었으나 경영진의 자금 유용과 분식회계로 인해 대외 신뢰도가 추락하여 수십억 달러에 이르는 채무의 즉시상환 요청을 감당하지 못하고 2001년 12월 2일 파산신청을 하였다.

엔론사건은 불법공모, 특수목적회사를 이용한 사기적 거래, 손실은폐 와 회계부정, 증권사기, 통신사기, 위증, 자기거래 및 내부자 거래 등을 포함하는 화이트칼라 범죄의 백화점 격인 사건이다. 이러한 범죄행위가 엔론그룹의 몰락에 기여하였고, 4,000여명의 종업원 대량해고를 낳았으며, 퇴직금의 고갈 및 610억 달러의 시장손실을 가져왔다.

엔론사건 이후 2002년 「회계개혁법 (Sarbanes - Oxley Act)」(이하 SOX법 이라 한다)의 제정으로 미국의 감사 및 회계제도에 많은 변혁을 가져왔다. 동법은 감사제도와 관련한 법제이며 종래의 「증권거래법」상의 감시제도를 개혁하여 감사위원회의 독립성과 책임 등의 측면에서 더욱 더 감시 장치를 강화하였다.

그 주요 내용은 감사위원회 관련해서는 ① 외부감사인의 선임권, ② 외부감사의 보수 결정 및 업무에 대한 감시의무, ③ 전문가 및 업무보조자 채용·유지권, ④ 경영진과 외부감사인의 부정행위 감독권, ⑤ 감사위원에는 반드시 회계전문가 또는 재무전문가를 포함토록 의무화 등 이며, 내부통제시스템 관련해서는 ① 경영진의 내부통제체제 구축·운영 책임 부과, ② 경영진의 정기보고서에 대한 인증제 도입 및 책임 부과, ③ 외부감사인의 내부 통제제도 평가보고서 작성 제출 의무 부과 등이다.

Ⅳ 최고위층(TOP)의 監査 관련 마인드 증가[164]

기업의 이사회와 감사위원회로부터 최고 경영진과 내부감사인까지 최고위층(TOP)의 마음속에 자리 잡고 있는 주요 이슈들을 살펴보면, 감사 관련 사항이 과반수 이상을 차지하는 등 최고위층(TOP)의 監査 관련 마인드가 증가하고 있다. 그 주요 사항은 다음과 같다.

1. 위기 관리

위기란 어떤 상태의 안정에 부정적으로 영향을 주는 상태의 급격한 변화 또는 어떤 사상의 결정적이고도 중대한 단계를 말한다. 위기는 개인의 육체적·정신적인 면에서부터 한 국가의 정치·사회체제, 나아가서는 국가 간의 관계에서도 발생하며, 각각 다른 상황의 변화를 충격적으로 표현하는 말로 널리 쓰이고 있다. 예를 들면 쿠바 위기·에너지위기·식량위기·부도위기·파산위기 등이다.

이러한 급격한 상태변화를 뜻하는 위기에 대응하기 위하여 최근 위기관리가 주창되고 있으며, 그것은 어떤 상태에서 위기를 감지하였을 경우 위기를 효율적으로 대처 및 관리 하여 그 영향을 최소한으로 막고 재빨리 평상 또는 그것에 가까운 상태로 회복시키려는 일련의 행위를 말한다.

최근 허리케인 샌디가 미국 동북부를 강타하기 전부터, 업무연속성계획은 이사회와 경영진 모두에게 가장 중요한 관심사 중 하나였다. 자연재해에서부터 데이터 누출, 제품 리콜, 공급망 붕괴까지, 조직의 우선순위에 획기적인 변화가 일어나지 않는다면 업무기능 중단을 야기할 가능성이 충분한 가상 시나리오들과 직면할 수 있었다.

이를 효과적으로 대응하기 위해서는 기업은 평상시에 탄탄한 위기대응계획을 수립·관리하는 것이 필요하며, 최고위층은 이를 정기적으로 테스트하고 취약점이 발견될 경우 이를 업데이트하여 관리하는 것이 매우 중요하다.

2. 부정과 윤리의식

윤리와 청렴문화를 유지하는 것은 예전부터 전 세계 기업 및 조직들의 우선순위가 되어오고 있다. 특히, 2011년에 미국증권거래위원회에서 「내부고발자보호법」이 시행된 이후 더욱 그러하다. 최고경영진이 윤리적 차원으로 접근하여 조직원들에게 이를 강력히 설파하면, 부정과 평판 훼손 방지라는 두 가지 측면 모두에서 극적인 효과를

---

164) Tone at the Top, 「2013년 주시해야 할 8가지 우선순위」, 2013. January/February., 번역자 양경남, 감사저널 2013 신년호, 50~53면

얻을 수 있다.

임원들이 "말한 것을 몸소 실천" 함으로써 기업 윤리의 중요성을 강조할 수 있다. 즉, 윤리적 행동을 독려하는 정책을 시행하고, 내부 고발자 핫라인을 가동하며, 조직의 부정위험 관리의 효과성을 모니터링 함으로써 이를 실현할 수 있다.

3. 규제 준수

미국의 「도드 플랭크 법(Dodd-Frank Wall Street Reform and Consumer Protection Act), 「해외부정거래방지법」, 「특허권과 건강보험 개혁법」과 영국의 「뇌물 수수법」 이후, 계속적으로 증가하고 있는 각종 규제와 정부 정책들이 전 세계의 기업들에게 엄청난 영향을 미치고 있다.

특히 의료서비스, 에너지, 금융서비스 분야에서 더욱 심각한 수준이다. 급격히 변화하고 있는 규제환경에 적응하기 위해 일부 기업 및 조직들은 컴플라이언스 관리에 보다 통합적이고 전사적인 접근을 시도하고 있다.

해당되는 모든 권한의 목록을 개발하고, 조직의 규제 노력을 관리하던 기존 프로세스를 모니터하기 위해 내부감사를 고용함으로써 이를 실천하고 있다. 이런 접근은 고위 경영진과 이사회에게 컴플라이언스와 관련이 없는 계획은 결국 수포로 돌아가고 말 것이라는 객관적 검증을 해준다.

4. 소셜미디어

소셜미디어는 트위터(Twitter), 페이스 북(Face book)과 같은 소셜 네트워킹 서비스(social networking service : SNS)에 가입한 이용자들이 서로 정보와 의견을 공유하면서 대인관계망을 넓일 수 있는 플랫폼을 말한다.

전 세계의 기업 및 조직들이 규모, 산업분야, 지리적 위치 등과 상관없이 페이스 북, 트위터, 링크드인과 같은 채널을 통해서 이해관계자들과 즉석에서 소통할 수 있는 장점을 지닌 그 들만의 소셜미디어를 개발하고 강화하고 있다.

유혹적인 그러나 위험한 소셜미디어 기회를 모색하기 위해 기업 및 조직들은 반드시 기업문화와 조직의 전체적인 전략적 목표에 일치하는 명확한 소셜미디어 전략과 정책을 마련해야 한다.

기업 및 조직은 직원들에게 소셜미디어를 적절히 사용하고, 소셜미디어 활동을 모니터하고 혹여 기업 및 조직의 명성을 침해할 수 있는 의견에 신속히 대응할 수 있도록 잘 훈련 시켜야 한다.

5. 인재 관리

기업과 조직들은 여전히 실업률과 전문가들의 이직 요구가 만연한 기업 풍토에도 불구하고, 빈자리에 충분한 재원을 채워 넣는 일에 꾸준히 애를 먹고 있다. 사실, 오늘날과 같은 치열한 경쟁시장에서 충분한 자격을 갖춘 직원을 얻고 그를 붙잡아 두는 것은, 많은 경영자들이 아직도 골치를 앓고 있는 핵심 리스크 중 하나이다.(특히, IT 관련 분야).

기업 및 조직들은 인재들의 실력격차를 줄이고 다음과 같은 선택사항을 고려하면서 전략적으로 사고해야만 한다. 즉 인턴을 고용하거나 일과 삶의 균형이라는 매력적인 혜택을 제공하거나, 효과적으로 새로운 직원을 채용하고, 능력 격차가 무엇인지를 확인하여 직업적인 전문성 제고를 지원하고, 직원들이 다른 사업체와 협력하면서 지식의 교류를 촉진할 수 있도록 장려한다.

6. 신생 기술

IT는 전통적으로 기업 및 조직의 일상 업무를 지원하는 일종의 '후선 지원 업무(back office)'의 도구로서 인식되어 왔으나, 지금의 선도 기업들은 IT가 기업 및 조직의 전체 전략에서 주요한 역할을 하는 것으로 인식하고 있다.

새로운 기술, 예를 들면 데이터분석, 클라우드컴퓨팅, 모바일장치 등과 같은 기술을 가짐으로써 증가되는 효율성과 경쟁적 우위는 위험을 감당할 가치가 충분하다. 데이터 보안과 사생활 침해위협(특히, 의료서비스와 금융서비스 분야에서의) 관련 우려가 여전히 늘고 있지만, 변화하는 IT 리스크 환경에 대한 최고 경영진의 확고한 이해가 매우 중요하다.

마찬가지로 IT가 새로운 기술, 예를 들면 데이터분석, 클라우드컴퓨팅, 모바일 장치 등과 같은 기술을 가짐으로써 기업 및 조직의 전략적 목표를 달성하는데 충분히 협력하고 이를 실현시키기 위해, 고위 경영진과 이사회는 IT를 감독 및 평가하고 모니터링 하는 데 중요한 역할을 담당한다.

7. 전사적 리스크 관리

리스크관리란 것이 단지 기업 및 조직 전체에 걸친 보험리스크 만을 의미하던 시대는 지났다. 오늘날처럼 서로가 연결된 세계에서는 전략적, 운영적, 재무적 리스크들을 전부 다루는 확장된 범위의 전사적 리스크 관리 접근이 요구된다. 또한 인적자원과 기술전문가, 및 조직이 직면할 가능성이 있는 주요 장애물들에 대해 잘 아는 다른 전문가들이 여기에 포함되어야 한다.

조직의 리스크 관리와 내부감사부서는 리스크를 규명하고 지속적인 리스크 모니터링을 수행하기 위해 긴밀히 협력해야 한다. 또한 내부감사는 이사회, 감사위원회, 최고경영진 들에게 조직 전체의 리스크 관리에 대한 검증을 제공하는 노력을 하여야 한다.

8. 세계화 리스크 관리

기업들이 글로벌화 됨에 따라 기업은 스스로 영역을 확장하거나 어떤 특정 활동을 외부 위탁하거나 혹은 거래처를 통하여 점점 글로벌한 경제, 정치 이슈로 다변화 하는데 용이해지고 있다. 기업 및 조직들은 반드시 그들의 거래관계에 대한 리스크 영향에 대해 민감하게 평가해야 한다. 하나의 단일 과정에서 뿐만 아니라 과정이 계속 진행되는 중간 중간에도 효과적으로 사업을 관리해야 한다.

기업과 조직이 성공적인 미래를 향해 차근차근 나아가고 있음을 확신하기 위해서 리더가 해야 할 일들이 산더미라는 것은 의심의 여지가 없다. 기업 및 조직의 사업전략과 경영진의 최대 관심사가 무엇인지를 잘 이해하고 있는 노련한 내부감사인들은 기업 및 조직의 리스크가 제대로 규명되고 적절히 관리되고 있다는 검증을 제공하는 것뿐만 아니라, 이런 분야에서의 전략계획을 수립하는 동안 객관적인 통찰을 제공한다.

경영진은 기업이나 조직이 어떤 상태에서 위기를 감지하였을 경우 위기를 효율적으로 대처 및 관리하여 그 영향을 최소한으로 막고 재빨리 평상 또는 그것에 가까운 상태로 회복시키는 위기대응시스템인 리스크관리체제의 구축과 그 관리·운영이 매우 중요한다.

따라서 감사나 내부감사부서는 경영진이 새로운 시도를 할 때 발생하는 리스크를 줄이고, 진화하는 프로세스에 대한 통제를 강화함으로써, 기업 및 조직의 잠재적인 위험요소를 없애고, 다가올 기회를 잘 활용할 수 있도록 경영진을 적극 지원하여야 한다.

제2절 >> 내부감사의 패러다임 변화[165)]

Ⅰ 글로벌 스탠더드에 맞는 감사제도 및 감사 역할 요구

1. 외국자본의 국내 지분 보유 강화에 따른 감사 마인드와 역할의 국제화

자본시장의 외국인 지분율은 1997년 13.7%에서 2017.1.31. 32.0%(최고 2004년 41.9%)로 크게 확대됨에 따라 우리 감사 마인드와 역할의 글로벌 스탠더드화가 요구된다.

2. 기업의 글로벌화 및 시장개방 가속화에 따른 감사 관련 제도의 국제화

세계 무역의 자유화 및 우리기업의 글로벌화와 시장 개방이 가속화함에 따라 이에 맞춰 우리도 감사 관련 제도 및 법규 등의 글로벌 스탠더드화가 강력하게 요구되고 있다.

Ⅱ 감사인은 전사적인 시각의 통찰력과 전문성 요구

1. 감사는 경영진과 함께 기업 전체를 보는 시각 필요

기업지배구조 운영은 경영진의 「위험관리(Risk Management)」및 「내부통제(Internal Control)」와 감사의 이에 대한 「검증(Assurance)」및 「컨설팅(Consulting))」으로 구성되어 있다. 따라서 감사는 경영진과 함께 기업 전체를 보는 시각이 필요하다.

2. 경영환경 변화에 대한 폭 넓은 이해와 통찰력 보유

기업가치의 증진을 위해서는 감사도 경영진과 마찬가지로 비즈니스 트랜드, 신 경영 기법, 규제 및 기술 등 주변 경영환경 변화 등에 대한 폭 넓은 이해와 통찰력이 요구된다.

3. 비즈니스 수행 역량과 전문 산업지식 보유 및 배양

감사는 경영 사안에 대한 컨설팅, 전략적 의사결정 지원 등을 적기에 적정하게 하기 위해서는 비즈니스 역량 과 해당 기업에 대한 전문 산업지식이 요구된다.

---

165) 문재우, 「 감사의 역할과 비젼」, 한국감사인대회 발표자료, 2008.10, 21~30면, 김용범, 전게서, 도서출판 어울림, 2012., 96~99면.

Ⅲ 전사적인 관점의 「리스크 중심 감사(Risk-Based Audit)」로 전환

1. 경영진의 기업을 둘러싼 다양한 리스크 인식에 대한 검증 및 지원

감사는 경영진이 기업을 둘러싼 다양한 리스크를 인식하고 있는지 여부를 검증하고 필요한 지원을 하여야 한다.

2. 경영진의 전사적 통합리스크 관리체제 구축에 대한 검증 및 개선

감사는 경영진의 전사적 통합리스크 관리체제의 구축 상태에 대하여 적정성을 검증하고 필요한 개선을 한다.

사례7 ▶▶▶ **Dupont 사례**

① 배경 : 화학, 농업 등 사업다각화로 다양한 리스크에 노출
② 문제점 : 사업부 단위별 독립적인 리스크관리시스템 운영으로 문제점 노출
③ 개선안 : 전사적 위험관리에 기초한 통합내부감사시스템 도입
④ 기대효과 : 리스크 관리 및 내부감사의 유효성 제고

Ⅳ 감사는 장기적 기업가치 증진에 기여

1. 업무프로세스 및 자기진단 지원감사로 변화

전통적 거래 중심의 감사에서 업무프로세스 및 경영진의 자기진단에 대한 지원감사로 감사의 역할이 변화하여야 한다.

2. 위험관리 및 컨설팅 중심의 경영감사로 전환

종래 적발·준법 위주의 감사에서 위험관리·컨설팅 중심의 경영감사로 감사의 역할이 변화함에 따라 장기적 기업가치 증진에 기여한다.

Ⅴ 내부감사의 고객에 대한 서비스 강화

1. 감사인의 마인드와 자세의 변화

감사대상자는 조직 목표 달성을 위해 노력하는 파트너이자 고객이다. 따라서 감사

결과의 수용성(예, Cost/Benefit 적용)을 높여야 한다. 감사인은 오픈마인드를 가져야 한다.

2. 감사의 고객 중심으로 사고 전환

적발은 감사의 기초이나 최종 목표는 아니다. 개선안이나 대안협의 등을 통한 고객에 도움을 주는 서비스 제공이 필수 생존 조건이다.

3. 다양한 고객의 이익 보호를 위한 감사 역할

주요 고객인 경영진, 내부직원, 주주, 지역사회, 채권자, 정부 등 다양한 이해 관계자의 이익보호를 위한 감사의 역할이 더욱더 요구되고 있다.

제3절 >> 내부감사업무의 진화[166]

I 내부감사 업무의 변화

내부감사업무는 과거에는 ① 회계감사, ② 준법감사중심의 감사에서 현재에는 ① 회계감사, ② 준법감사 이외에도 ③ 내부통제감사, ④ 업무프로세스감사, ⑤ 경영감사로 확대 되었다.

도표1

과 거	현 재
① 회계감사	① 회계감사
② 준법감사	② 준법감사
	③ 내부통제감사
	④ 업무프로세스감사
	⑤ 경영감사

---

166) 최원락, 「감사인의 과제와 변화관리 사고 」, 한국감사협회 조찬회자료, 2009.5, 4~6면, 김용범, 전게서, 도서출판 어울림, 2012., 99~101면.

Ⅱ 내부감사 방법의 변화

내부감사 방법은 현재 ① 회계감사/준법감사, ② 문제 발견형 감사, ③ 사후적 감사, ④ 과거 중심적 감사, ⑤ 경찰 역할 감사 / 견제적 역할 감사에서, 미래에는 ① 내부통제 / 업무프로세스 / 경영감사 (리스크 감사 포함), ② 문제 해결형 감사, ③ 예방적 감사, ④ 미래 지향적 감사, ⑤ 컨설턴트 역할 감사 / 전략적 파트너 역할 감사로 변화할 것 이다.

도표2

현 재	미 래
① 회계감사 / 준법감사	① 내부통제 감사 / 업무 프로세스 감사 / 경영감사
② 문제 발견형 감사	② 문제 해결형 감사
③ 사후적 감사	③ 예방적 감사
④ 과거 중심적 감사	④ 미래 지향적 감사
⑤ 경찰 역할 감사/	⑤ 컨설턴트 역할 감사/
견제적 역할 감사	전략적 파트너 역할 감사

Ⅲ 내부감사 비중의 변화[167]

내부감사 비중은 현재 ① 회계감사 / 준법감사 29%, ② 내부통제감사 29%, ③ 업무 프로세스 감사 19%, ④ 경영감사 / 리스크 감사 23%에서 , 미래에는 ① 회계 감사 / 준법감사 10%, ② 내부통제 감사 20%, ③ 업무 프로세스 감사 30%, ④ 경영감사 / 리스크 감사 40% 로 변화할 것 이다.

도표3

과 거		현 재	
① 회계감사 / 준법감사	29%	① 회계감사 / 준법감사	10%
② 내부통제감사	29%	② 내부통제감사	20%
③ 업무프로세스감사	19%	③ 업무프로세스감사	30%
④ 경영감사 / 리스크감사	23%	④ 경영감사 /리스크감사	40%

---

167) 현재 비중은 한국상장협회의 "2009년도 감사 및 감사위원회 와 감사실 운영 현황 설문 분석" 자료를 근거로 작성하였으며, 미래자료는 Arthur Andersen의 「감사인의 역할」조사 결과 자료를 인용하였다.

Ⅳ 내부감사인 자격의 변화[168]

내부감사인의 자격은 현재 관련법에서 제한하고 있는 요건 즉 형식적 자격요건만 갖추면 내부감사인이 될 수 있으나, 미래에는 형식적 자격요건 뿐만 아니라 실질적 자격요건도 갖춘 자가 내부감사인이 되어야 한다.

내부감사인의 실질적 자격요건은 기초 학문지식으로서 ① 회계. 재정학, ② 경제·법률학. ③ 전산·정보(IT)학, ④ 위험·통제학 과 ⑤ 경영·감사학, ⑥ 진단·산업학에 대한 상당한 수준의 지식을 보유하여야 하며, 직무 수행능력으로서 최소한 ① 분석력, ② 판단력, ③ 기획력, ④ 지도력(의사소통 능력 및 조직관리 능력 등 포함)등을 갖추고 있어야 한다.

도표4

과 거	현 재
① 형식적 자격	① 형식적 자격
ㅇ관련법상 자격	ㅇ관련법상 자격.
② 실질적 자격	② 실질적 자격
ㅇ 해당사항 없음	〈 기초학문지식 〉 ㅇ회계·재정학 ㅇ전산·정보학 ㅇ경제·법률학 ㅇ위험·통제학 ㅇ경영·감사학 ㅇ진단·산업학 〈 직무수행능력 〉 ㅇ분석력 ㅇ판단력 ㅇ기획력 ㅇ지도력

---

168) 국제내부감사인협회(IIA)의 「내부감사인 전문성 프레임웍」내용과 미국 통화감독청(OCC)의 「감사관 핸드북」내용을 취합하여 내부감사인이 감사업무를 효과적으로 수행하기 위해 필요한 최소한의 자격을 제시했다.

제4절 ▷▷ 주요국의 감사제도

Ⅰ 개요

주식회사의 지배구조에 있어서 감사제도는 우리나라 「상법」의 개정 역사에 있어 가장 중요한 논제 중에 하나였다고 생각한다. 기업경영의 불투명성과 기업지배구조의 후진성이 IMF 경제위기 사태를 초래한 중요한 단초가 되었다는 지적이 있은 지 벌써 20여년이 되었다. 현 시점에서 지난 몇 년에 걸쳐서 이루어졌던 기업경영 투명성과 지배구조 개선작업의 일환이었던 감사제도가 원래의 의도대로 제대로 작동하고 있는 가를 점검해 보는 것은 꼭 필요한 작업이라고 생각한다.

우리나라는 독임제 감사제도와 함께 미국식 감사위원회제도를 도입하였고 일정한 규모의 금융기관의 경우에는 미국식 준법감시인(compliance officer)의 설치가 의무화되기도 하였다. 또한 일정한 규모 이상의 상장회사에 대하여는 준법감시인과 유사한 준법지원인의 설치를 의무화 하였다. 현행 「상법」체계상 기업경영에 대한 내부적 감독 및 감사 기관은 두 가지로 되어있다. 즉 이사의 직무집행에 대한 감독 기관으로서의 이사회와 이사의 직무집행에 대한 감사기관으로서의 감사 및 감사 위원회가 그 것이다.

감사제도에 대한 외국의 입법례로는 ① 우리법제와 달리 감사가 별도로 존재하지 않고, 이사회 내에 감사위원회를 두어 동 위원회가 경영진과 독립적으로 내부감사 및 외부감사를 통제하도록 하는 방식(미국식 감사제도), ② 미국과 달리 주식회사의 경우 업무집행을 이사회가 담당하고, 감독 및 감사는 이사회의 상위 기관인 별개의 독립된 감사회가 담당하는 방식(독일식 감사제도), ③ 업무집행에 대하여 감사에 의한 감사와 이사회에 의한 감독이 중첩적으로 이루어지는 방식(일본식 감사제도) 등이 있다.

Ⅱ 미국의 감사제도

1. 미국 감사제도의 개요[169]

미국의 감사제도는 우리나라의 법제와는 달리 감사제도에 관하여 「회사법」의 규정이 별도로 존재하지 않고, 실무적으로 사내이사 중에서 「내부감사(Internal Auditor)」

---

169) 최완진, 「기업지배구조법 강의」, 한국외국어대학교출판부, 2011. 135~136면, 한국상장회사협의회, 「우리나라와 주요국의 감사제도」, 2007., 28~30면.

가 회계와 경영감시 관련부서를 총괄하며 내부통제시스템을 운영하는 식으로 운영 된 다. 그리고 우리나라 같이 재무제표 기타 감사관련 보고서를 작성하는 업무는 외부감 사 즉, 회사 외부의 회계전문가(예컨대 공인회계사)에게 의뢰하도록 하고 있다.

그러나 이러한 감사제도는 효율적인 감시가 어렵다고 보고 이사회 내에 감사위원회 를 두고 동 위원회가 경영진과 독립적으로 내부감사 및 외부감사를 통제하도록 하여 회사의 감사의 투명성을 제고하고자 감사위원회제도를 발전시켰다. 이러한 제도는 「회사법」에서 발전된 것이 아니라 「증권거래법」에서 1940년대부터 발전시켜 왔으며, NYSE, NASDAQ, AMEX 등의 자율규제기관도 1970년부터 각종 거래소의 운영규칙 등을 통해 발전시켰다.

Enron 사건170) 이후 2002년의 「사베인옥슬리법(Sarbanes-Oxley Act : SOX법)」 의 제정 과 이로 인하여 「증권거래법」 및 일련의 시행규칙 등의 개정 및 NASDAQ 등 의 자율규제기관의 운영규칙의 변경으로 감사 및 회계제도에 많은 변혁을 가져왔다. 동 법은 감사제도와 관련한 법제이며 종래의 「증권거래법」상의 감시제도를 개혁하여 감사위원회의 독립성과 책임성 등의 측면에서 더욱더 감시 장치를 강화하였다.

SEA법 Rule 제10A-3의 규정에 따라 상장(등록)회사는 모두 감사위원회를 설치 하 여야 하며, 「SOX법」의 제정에 따라, 이제는 「증권거래법」 및 「SOX법」의 적용을 받는 회사171)도 모두 감사위원회의 규정을 적용받게 된다.(「SOX법」 제2조). 감사 위원회를 설치하지 아니한 경우는 이사 전원으로 구성되는 이사회가 감사위원회와 동일하게 취 급되어 감사위원회 규정을 적용받게 된다.

결국은 회사의 권한분배에 변화가 온 것이다. 종래에는 회사의 경영권이 경영진에 게 있었다면, 「SOX법」(실질은 「증권거래법」의 감사부분에 대한 개정법의 성격)의 제 정과 이로 인하여 개정된 「증권거래법」 및 일련의 시행규칙 등의 개정과 자율규제기 관의 운영규칙의 변경 등으로 회사의 권한이 회사의 임원진(Executive Officer) 으로 부터 독립이사, 감사위원회 그리고 주주에게로 전환된 것이라고 할 수 있다. 172)

---

170) Enron 사건이란 2001년 발생한 사건으로 에너지회사로서 미국의 최대 지주회사 그룹인 Enron 회사의 분식회계사건을 말하며 이로 인하여 동 회사는 파산하였고 주주의 손실과 종 업원의 실직으로 사회문제화 되었던 사건이다. 경영진 또는 주식의 내부거래로 문제시 되었 던 부실경영의 대표적인 사례이다.

171) 미국의 SEA법은 정부기관, 시(지방자치단체)가 발행한 증권의 거래와 공무원, 자선단체, SROs, Church Plans 등의 경우에는 배제되며(SEA법 제3조(b)~(g), 증권거래소나 SEC에 등록된 증권과 그 회사 및 중개인 등이 적용대상이 된다.(SEA법 제12조 및 관련 Final Rule).

172) Corporate Governance, The View from NASDAQ, by Michael S. Emen, Senior Vice PresidentNASDAQ Listing Qualifications, P.1.

2. 미국 감사제도의 法源173)

가. 「모범회사법」 및 각 주의 「회사법」상 감사위원회제도

1950년의 「모범회사법(ABA)」 제정 이후 1982년의 ALI(미국법률가협회)의 「회사 지배구조에 관한 ALI 원칙」권고안174)이 기업의 지배구조와 관련하여 연방 모델법으로서는 최근의 법제이다. 동 권고안에서는 감사위원회의 설치를 대규모공개회사(설치강제)와 소규모공개회사(설치권고)로 구분하여 설치토록 하고 있다(「원칙」제3A.02조).

따라서 감사위원회제도는 「SEA법」 Rule 제10A-3의 규정과 2002년 「SOX법」의 제정으로 상장(등록)회사 및 「증권거래법」의 적용을 받는 회사는 모두 감사위원회가 설치되었던, 아니 되었던(이 경우는 이사 전원으로 구성된 이사회가 감사위원회를 대체한다) 「SOX법」 및 「SEA법」상의 감사위원회 관련 규정의 적용을 받게 되었다.

그리고 각종의 증권거래소 회원사는 「SOX법」과 「증권거래법(SEA of 1934)」 그리고 「동 시행규칙(Final Rule)」이나 각각의 당해 증권거래소의 「운영규칙」상의 감사위원회의 규정의 적용을 받게 되었다.

현재로는 각 주의 「회사법」에 감사위원회의 설치에 관한 의무규정을 두고 있지 않는 한, 동 제도는 일반회사의 경우에는 설치가 강제되지 않는다. 결국 상장회사 등 「증권 거래법」의 적용받는 회사에 국한하여 설치 및 적용되고 있다.

나. 「증권거래법(SEA)」 및 「SOX법」상 감사위원회제도

「증권거래법(SEA of 1934)」에서는 제10A조항에서 감사에 관한 규정을 두고 이와 관련한 일련의 시행규칙(Final Rule)에서 이를 규정하고 있다. SEC는 감사위원회의 회계 관련 부서의 각종 보고서 작성과정, 내부통제시스템의 운영 및 독립감사에 대한 감사역할을 강조하고 있다.175)

「SOX법」은 우선 동법의 집행기관인 공개회사회계감시위원회(PCAOB : Public Company Accounting Oversight Board)를 신설하고, 동 감시위원회를 통하여 회사의 내부통제시스템의 운영에 대한 기준의 제정과 특히 외부감사를 집중적으로 감시하도록 하고 있다. 동 감시위원회는 「증권거래법」의 집행기관인 「증권거레위원회(SEC : Securities and Exchange Commission)」의 감독하에 업무를 수행토록 하고 있다 (「동 법」제106조).

동 법제는 또한 감사의 독립성(제2장), 회계기준(제1장, 제103조에서 제108조), 감

---

173) 한국상장회사협의회, 「우리나라와 주요국의 감사제도」, 2007., 30~42면.
174) American Law Institute, Principles of Corporate Governance : Analysis and Recommendations, 1994, ALI, Vol.1.
175) SEC File No. S7-02-03, April 9, 2003, Standards Relation to Listed Company Audit committees.

사의 책임(제3장), 재정관계 공시제도(제4장), 각종의 위법 및 사기적 행위에 대한 제재(제8장 및 제11장) 등으로 구성되어 있으며 기업의 감시제도와 관련하여 가장 강력한 규제 장치를 갖고 있다고 할 것이다.

양 법제의 관계를 살펴보면「SOX법」상의 대부분의 조항은「SEA법」제10A조 및 기타 조항에 추가하는 형식을 취하고 있고 일부 규정만「SOX법」의 독립된 조항의 형식을 취하고 있다. 그러나「SOX법」은「SEA법」제10A조항에서 규정한 감사위원회제도를 좀 더 체계적으로 재조정하고 감시제도를 강화하였다.

다. NYSE의「상장운영규칙」과「NASDAQ」의「등록규칙」상 감사제도

뉴욕증권거래소(NYSE)의 상장운영규칙에 따르면 상장회사는「증권거래법 시행규칙」Rule10A-3에서 요구하는 감사위원회를 구성하여야 한다.(303A.06). 그리고 추가적으로 다음의 요건을 갖춰야 한다.(303A.07). 감사위원회는 최소한 3명 이상으로 구성되어야 한다. 그리고 전원이 독립감사위원이어야 한다. 감사위원회는 독자의 감사위원회운영규칙(written Chart)을 제정하여 실행하여야 한다.

그리고 각 상장회사는 감사위원회 산하에 내부감사에 직접 참여할 수 있는 인원 및 제도적 장치(internal audit function)를 마련하여 운영하여야 한다. 이외에도 감사위원회의 위원은 이사에 대한 각종의 규칙의 적용을 받는다. 예컨대, 이사의 독립성에 관한 규정(303A. 01/02), 지배구조 가이드라인(303A.09), 사업수행윤리강령(303A.10) 등이다.

나스닥(NASDAQ : National Association of Securities Dealers Automated Quotation)[176] 의 등록규칙도 뉴욕증권거래소의 그것과 유사하다. 2002년 NYSE와 NASDAQ은 새로운 운용규칙 즉 지배구조에 관한 규칙 등을 만들어 SEC에 제출하였고 SEC는 이를 검토한 후 양 규칙이 가능하면 일치하도록 이를 조정하였다. 특히 감사의 독립성에 관한 규정은 NASDAQ이 제출한 안이 수용되었다.

NASDAQ 등록규칙은 이사회의 과반수를 독립이사로 구성토록 하고, 임원의 보수결정 및 이사회의 임면권 행사시 독립이사의 승인을 받도록 하였다. 물론 구체적인 승인방법은 회사규모에 따라 다르게 정하도록 하고 있다. 또한 예외적으로 비독립 이사 1명을 2년 임기로 보수결정위원회, 임원임명위원회와 감사위원회에 반드시 포함하고 이를 투자자에게 알리도록 하고 있다. 이 예외규정은 SEC 규칙이 아니며 나스닥의 경우에만 적용되는 규칙이다.

---

176) NZSDAQ은 전미증권협회(NASD)가 컴퓨터전산망을 통해 운영하고 있는 미국 장외시장의 시세보도시스템 을 말한다. 1971년 개설된 NASDAQ은 뉴욕증권거래소와 같이 특정장소에서 거래가 이루어지는 증권시장 이 아니라 컴퓨터 통신망을 통해 거래 당사자에게 장외시장의 호가를 자동적으로 제공, 거래가 이루어 지도록 하는 일종의 자동시세통보 시스템이다.

이사의 독립성과 관련하여서는 임원의 가족, 이사의 가족, 이사의 급료 이외에 연 6만불 이상 보수를 받는 이사, 거래가액이 20만불 이상이거나 또는 상대방의 수입의 5%이상인 경우 당해 상대방 법인과 특수한 관계가 있는 이사는 독립된 이사가 아니다. 이는 SEC Rule에 따른 것이며 뉴욕증권거래소의 경우도 이와 유사하나 수치가 약간씩 다르다.

나스탁은 뉴욕증권거래소와 동일하게 감사의 선임기간 3년의 냉각기간제도(three year "cooling off" period : 당해 회사에 고용되어 재직한 후 3년이 경과해야 사외 감사로 채용될 수 있다는 냉각기간 제도)를 채용하고 있다.

감사위원회의 권한은 「SOX법」의 규정을 그 대로 반영하여 독립감사의 임면권, 감사행위의 사전승인제, 각종의 자문을 위한 자금사용결정권, 각종의 대외비 및 고발사건에 대한 내부취급에 관한 절차규정 제정권, 자기거래 관련 조사 및 승인권 등을 갖는다.

감사위원의 자격으로는 회계업무에 대한 기초지식을 갖고 있어야하며, 감사위원 중 최소한 1명은 회계전문가여야 한다.[177] 공시사항의 개시제도와 관련하여서 나스닥은 SEC 규칙(Regulation FD)상의 규정을 그대로 등록회사의 의무로 받아들이고 있다.

3. 미국 감사제도의 특징[178]

미국 기업의 감사제도의 구조는 기업내부에서 회계업무를 수행하고 이 회계업무와 경영에 관한 감시를 위하여 내부통제시스템을 운영하며, 이는 통상 사내이사[이를 통상 "내부감사(Internal Auditor)"라 칭함]가 맡는다.

재무제표 등은 외부감사인인 회계전문가에 의해 수행되며, 감사위원회는 내부감사와 외부감사 양측 모두를 감시한다. 그리고 「SOX법」은 동법의 집행기관인 공개회사감시위원회(PCAOB)로 하여금 외부감사의 회계업무에 대하여 집중적으로 감시(각종의 조사권 행사 가능)하도록 규정하고 있다(「SOX법」 제104(a), 제105조).

가. 내부감사제도의 특징
(1) 감사 관련자의 책임

「SOX법」제정으로 감사 관련자의 책임이 다음과 같이 가중되었다.

---

177) Corporate Governance, The View from Nasdaq, by Michael S. Emen, Senior Vice President NASDAQ Listing Qualifications, P.6.
178) 한국상장회사협의회, 「우리 나라와 주요국의 감사제도」, 2007., 34~38면. 최완진, 「기업지배구조법 강의」, 한국외국어대학교출판부, 2011. 136면.

첫째, SEC는 각종의 감사보고서 등의 작성자(예컨대 수석임원, 회계담당 수석 또는 임원 등)의 실명제와 보고서에 대한 작성자의 직접적인 검토의무를 부과 하고 작성자의 내부 통제시스템의 설치와 운영에 대한 책임을 부과하고 있다 (「SOX법」 제302조).

둘째, 회사의 임원이 회사의 회계장부 작성과정에서 회계전문가에 대하여 사기 적 행위를 강요하거나 허위조작의 지시, 기타 회계업무를 방해하는 행위에 대하 여 SEC 제재조치를 취할 수 있다(「SOX법」 제303조).

셋째, 회계조작에 의해 지급된 상여금이나 각종의 보수는 변상하여야 한다 (「SOX법」 제304조) 등이다.

(2) 내부통제시스템의 운영

「SEA법」[제404조(b)]과 「SOX법」[제302조(a)(4)]에서는 회사의 내부감사로 하 여금 내부통제시스템을 운영하도록 의무화하고 있다. 이와 관련하여 공개회사 회 계감시위원회(PCAOB)는 기준을 제정하여 내부감사의 권한 등 내부통제시스템에 대한 감시방법을 제도화하고 있다. 또한 「SEA법」[제404(b)조]은 회사 경영진으로 하여금 내부통제시스템의 운영에 대한 평가를 하도록 의무화하고 있다.

이를 위해 「SEA법」[제103조 및 제404조(b)]은 「SOX법」상 집행기관인 「공개 회사회계감시위원회(PCAOB)」로 하여금 내부감사가 서명하여 제출한 일련의 회계 자료와 관련 하여 내부통제시스템의 운영과 그 결과인 회계자료의 진실성 등을 판단할 세부적인 기준을 제정하도록 하고 있다. 「SOX법」상의 「공개회사회계감시 위원회(PCAOB)」는 2006년 2월 내부통제시스템 운영에 대한 감사와 관련한 기준 (standards)를 제정하였으며, SEC도 이미 2003년 8월 감사 관련 기준(Final Rule)을 제정하여 실시하고 있다.

나. 감사위원회제도의 특징
(1) 감사위원회의 독립성

「SEA법」상 감사위원회의 독립성에 관한 규정은 「SOX법」의 제정으로 대폭 강 화되었다.

첫째, 외부감사(회계법인 등)는 직접의 감사업무서비스 이외의 비감사업무 서비 스의 수행을 원칙적으로 금지하고 이에 대한 보수의 지급도 금지토록 하였다. [「SOX법」제201조(a), 「SEA법」 제10A(g)][179]

---

179) 회계법인인 Arthur Anderson은 Enron사로부터 감사업무에 대한 보수로 2천 5백만불을 받았고, 비 감사 업무 보수로 2천 7백만불을 받았다.

둘째, 모든 감사업무서비스 및 비감사업무서비스는 감사위원회의 사전승인을 받도록 하였다[「SOX법」 제202조, 「SEA법」 제10A(i)].

셋째, 외부감사(회계법인 등)는 동일 회사의 감사업무를 5년간 계속적으로 수행할 수 없다.(「SOX법」 제203조).

넷째, 외부감사(회계법인 등)의 감사위원회에의 보고를 의무화하였다.(「SOX법」 제204조).

다섯째, 회사의 임직원으로 있던 자(예컨대, 회장, 재무담당 상무, 경리부장 등)가 퇴직하고 외부감사(회계법인 등)의 조직에 취업한지가 감사업무 개시시점에서 1년이 경과하지 아니한 경우 당해 회계법인등은 당 회사의 감사업무를 수임할 수 없다(「SOX법」 제206조).

감사위원회의 독립성과 관련해서는 SEA규칙 10A-2에서 보다 상세하게 규정하고 있다. 각각의 증권거래소의 경우에는 위에서 설명한 바와 같이 감사위원회의 독립성에 대하여 기준을 설정하고 이를 회원사에 실천할 것을 요구하고 있다.

(2) 감사위원회의 권한과 의무

ALI 지배구조 원칙상의 감사위원회의 권한으로는 ① 외부감사의 추천권과 해임 검토권, ② 외부감사의 보수, 독립성 등의 조사권, ③ 내부감사의 임면권, ④ 외부감사와 이사회 간의 연결, ⑤ 외부감사의 감사업무에 대한 조사권, ⑥ 회사의 재무제표 등의 조사권, ⑦ 회사의 내부통제시스템에 대하여 외부감사 및 내부 감사와의 검토권, ⑧ 각종의 회계기준의 선택 및 이의 적정성 검토권 등이다. (원칙 제3A.03).[180]

「SEA법」상 감사위원회의 권한과 의무도 「SOX법」의 제정으로 대폭 보강되었다. 먼저 감사위원회의 권한으로는 ① 모든 감사서비스 및 비감사업무서비스에 대한 감사위원회의 사전 승인권[「SOX법」제202조, 「SEA법」제10A(i)], ② 외부 감사(회계법인 등)로부터 보고받을 권한(「SOX법」제204조) 등이 보강되었다.

그리고 감사위원회의 의무로는 ① 감사위원회는 외부감사인의 선임과 보수 그리고 업무에 대한 감시의무를 지며 회사에 대하여 이에 대한 직접적인 책임을 진다.[「SOX법」 제301(m)(2)], ② 감사위원회 위원은 회사로부터 자문료 등 기타의 보수를 받아서는 안 되며 회사와 특수관계에 있어서는 안 된다.[「SOX법」 제301(m)(3)], ③ 감사위원회는 회사에 감사관련 고발이 접수되었을 경우 이를 접수하고 처리하여야 한다.[「SOX법」 제301(m)(4)], ④ 감사위원회는 업무상 필요한

---

180) American Law Institute, Principles of Corporate Governance : Analysis and Recommendations, 1994, ALI, Vol. 1, p.115.

경우 자문에 응하여야 한다.[「SOX법」 제301(m)(5)] 등이다.

NASDAQ 운영규칙상 감사위원회의 권한은 「SOX법」의 규정을 그대로 반영하여 독립감사의 임면권, 감사행위의 사전승인제, 각종의 자문을 위한 자금사용결정권, 각종의 대외비 및 고발사건의 내부취급에 관한 절차규정 제정권, 자기거래 관련 조사 및 승인권 등을 갖는다.

또한 NYSE 운영규칙상 감사위원회는 독자의 감사위원회운영규칙(written Charter)을 제정하여 실행하여야 한다. 그리고 각 상장회사는 감사위원회 산하에 내부감사에 직접 참여할 수 있는 인원 및 제도적 장치(internal audit function)을 마련하여 운영하여야 한다.

4. 미국 감사제도의 주요 내용[181]

가. 기업의 기관구조 일반

「회사법」상 회사의 의사결정기관으로는 주주총회와 이사회가 있으며 업무집행기관으로는 집행임원제도(Officers : CEO, CFO 등)가 있다. 업무집행기관이 이사회와 분리된 것이 우리나라와 다른 점이다. 우리나라 「상법」은 이사회 구성원인 이사 중에서 업무 집행자 즉 업무집행이사(예 : 대표이사)를 선임토록 하고 있다.

이에 반하여 미국의 법제는 이사가 아닌 이사와 전혀 별개의 기관인 집행임원제도를 두어 동 임원이 회사의 경영업무를 집행토록 한 것이다.(물론 이사회에서 선임 한다). 최근에 도입된 「상법」의 집행임원제도(강제되지 않고 종래의 제도와 둘 중 하나를 선택할 수 있는 임의제도)는 바로 바로 미국의 집행임원제도를 모델로 한 것이다. 이사회의 의사결정기능과 업무집행기능을 분리하고 나아가서 감시기능을 강화하자는 데 그 목적이 있다.

감사기관과 관련해서는 각 주(State)의 「회사법」상으로는 회사 내에 독립된 감사기관의 설치가 법제화 되어 있지 않다. 다만 이사회가 의사결정기관이면서 동시에 실질적인 감사기관의 역할을 한다. 그리고 회사의 회계감시업무를 총괄하거나 회사가 내부통제시스템을 운영할 경우에 그 총괄책임은 내부감사(Internal Auditor : 사내이사 중에서 감사위원회가 임명)가 담당한다. 이가 우리나라 「상법」상의 감사에 해당한다.

또한 회사의 회계 관련 장부 (재무제표 등)에 대한 감사 즉, 회계감사에 대해서는 회사 내부의 감사기관이 아닌 회사의 외부에서 회계전문가(회계법인, 공인회계사 등)를 외부감사로 선임하여 회계감사를 실시토록 한다. 우리나라의 경우 외부감사인(회계

---

181) 한국상장회사협의회, 「우리 나라와 주요국의 감사제도」, 2007., 38~41면. 최완진, 「기업지배구조법 강의」, 한국외국어대학교출판부, 2011. 137~138면.

법인, 공인회계사 등)에 의한 회계감사제도에 해당 한다.

우리나라의 경우를 살펴보면 이사회와 구분되는 감사제도가 있지만 우리나라 이사회도 또한 의사결정기관이면서 동시에 업무집행이사에 대한 감독권한을 가진다. 그러나 미국의 「회사법」은 우리나라와 달리 이사회와 구분되는 독립된 감사기관이 별도로 제도화 되어 있지 않다. 다만 위에서 설명한 바와 같이 회사의 회계업무에 대한 감시를 총괄하거나 내부통제시스템을 운영하는 경우에는 이의 총책임자를 「내부감사(Internal Auditor)」라 하고 이는 사내이사 중 한명이 겸직하고 있다.

미국 「회사법」의 경우 이사회 외에 「회사법」상 독립된 감사기관의 설치와 관련해서는 1982년 제정된 ALI의 [회사 지배구조에 관한 ALI 원칙]에서 각 주에 공개회사의 경우 회사 규모를 구분하여 대규모 공개회사의 경우는 감사위원회의 설치를 강제하고 있고, 소규모 공개회사의 경우는 이의 설치를 권고하고 있을 뿐이다. 감사위원회란 이사회 내부에 한 위원회로서 설치되는 기관이지만 주된 목적이 감사에 있다는 점과 의사결정기관으로서의 이사회와 구분된다는 점에서 독립된 감사기관이라 할 수 있다. 우리나라의「상법」의 경우도 감사와 감사위원회 중 하나를 선택하도록 하고 있다.

감사위원회제도는 「SEA법」 Rule 제10A-3의 규정과 2002년의 「SOX」법의 제정으로 상장회사 및 「증권거래법」의 적용을 받는 회사는 모두 감사위원회가 설치되었던, 아니 되었던(이 경우는 이사 전원으로 구성되는 이사회가 감사위원회를 대신함) 「SOX법」 및 「SEA법」상의 감사위원회 관련 규정의 적용을 받게 되었다. 그리고 각종의 증권거래소 회원사는 「SOX법」 및 「증권거래법」(SEA of 1934)과 「동 시행규칙」(Final Rule)이나 각각의 당해 증권거래소의 운영규칙상의 감사위원회의 규정의 적용을 받게 되었다.

현재로는 각 주의 「회사법」에 감사위원회의 설치에 관한 의무규정을 두지 않는 한 동 제도는 일반회사의 경우에는 설치가 강제되지 않는다. 결국 상장회사 등 「증권 거래법」의 적용을 받는 회사에 국한하여 설치 및 적용되고 있다.

나. 기업의 감사제도 구조

미국 기업의 감사제도의 구조는 다음과 같다.

첫째, 「회사법」상의 제도는 아니나 회사 내부에서 회계업무와 경영에 관한 감시를 총괄하는 자 또는 내부통제시스템을 운영하는 경우에는 이를 총괄하는 책임자를 내부감사(Internal Auditor : 통상사내이사로 선임한다)라 한다.

둘째, 재무제표 등은 외부감사인인 회계전문가에 의해 수행된다.(우리나라의 경우도 「상법」상의 제도는 아니나 특별법에 의해 일정의 회사에 대해서는 「상법」상의 감사 이외에 회계전문가인 외부감사인에 의한 회계감사를 받도록 하고 있다).

셋째, 감사위원회는 상장회사 및 「증권거래법」적용회사는 반드시 설치·운영하여야 하며, 동 위원회는 내부감사와 외부감사 양측 모두를 감시한다. 그리고 「SOX법」은 동법의 집행기관인 공개회사회계감시위원회(PCAOB)로 하여금 외부감사의 회계업무에 대해 집중적으로 감사(각종의 조사권 행사 가능)하도록 규정하고 있다[「SOX법」 제104(a), 제105조].

다. 기업 감사기관의 권한과 책임

내부감사(internal auditor)는 단순한 회계업무 책임자인 경우는 법률상의 기관은 아니다. 그러나 내부통제시스템의 운영의 책임자일 경우에 내부통제시스템의 운영에 관한 법률상의 기관으로서 관련 법제상의 권한과 책임을 진다.[내부통제시스템의 운영이 특별법에 의하여 강제되는 경우의 내부감사(Internal Auditor)는 이를 강제하는 관련 특별법상의 감사기관이 된다].

외부감사는 회사의 재무제표와 관련된 회계감사를 중심으로 관련 법제상의 권한과 책임을 진다. 미국의 경우 감사위원회는 위에서 언급한 바와 같이 내부감사와 외부감사 모두를 감시하며 관련법상의 권한과 책임을 진다.

Ⅲ 독일의 감사제도

1. 독일 감사제도의 개요

1990년대 들어 전 세계적으로 불기 시작한 기업지배구조 개선 작업의 중심에는 감사제도가 있었다. 독일도 1996년 도이취 텔레콤의 수십억 달러 분식 스캔들 이후 사회적으로 감사회제도의 개선이 필요하다는 목소리들이 높았다.

이후 독일은 1998년 "기업경영에 대한 통제와 투명성에 관한 법률"(Gesetz zur Kontrolle und Transparenz im Unternehmensbereich : KonTraG)을 제정하여 감사회의 권한과 의무를 대폭 개선하는 등 독일도 기업지배구조 개선과 관련하여 감사제도를 가장 핵심에 두고 있다.

이런 독일의 감사회(Aufsichtsrat)는 주식회사를 비롯한 유한회사의 필요적 상설 기관으로서 이사의 업무집행 감독을 주요업무로 하고 있다. 그리고 감독업무의 효율성 확보를 위해 감사회에게 이사의 선임 및 해임권을 부여하고 있을 뿐만 아니라 이사와 회사 간의 자기거래나 회사가 이사에 대하여 신용제공을 하는 경우 등에는 감사회가 회사를 대표할 수도 있다.

그 밖에도 독일의 경우 정관으로 감사회의 권한에 관한 특별규정을 둘 수 있도록 한 점이나(「주식법」제111조 제4항 제2문), 감사회의 연도결산승인권 (「주식법」 제172조) 등을 부여하고 있는 점들을 볼 때 독일주식회사의 감사회란 순수한 감독기관이라기 보다는 오히려 경영 전반에 걸쳐 총괄적 기능을 하는 최고의 기관이라고 할 수 있다.

2. 독일 감사제도의 특징[182]

독일에서 감사회(Aufsichtsrat)라는 명칭이 처음 사용된 것은 1861년 「독일보통상법전」(ADHGB) 이었으며, 그 전신은 정관에 근거를 둔 임의기관인 경영위원회(Verwaltungsrat) 였다. 당시 경영위원회는 대주주나 발기인에 의해서 선임된 자로 구성 되었으며, 이사회는 이러한 경영위원회의 하부기구로서 동 위원회의 지시에 따라 회사의 업무를 집행하였다.

그 후 1937년 「주식회사법」을 「상법」전에서 분리하면서 감사회는 이사에 대한 인사권을 갖는 법적 기관으로 거듭나게 되었다. 그리고 1965년 「주식법」 개정 시에도 이러한 감사회의 지위는 그대로 유지되었다.

그러나 1994년 이후 독일 기업들의 부실경영 및 도산사태가 급증하면서 감사회에 대한 근본적인 개혁논의가 활발해졌고, 그 방법론으로 감사회제도 대신에 미국식의 이사회제도를 도입하자는 의견과 현행 감사회 체제를 유지하면서 이를 수정·보완하자는 의견들로 양분된바 있다.

결론적으로 감사회제도의 근본 체제는 유지하면서 이를 보완하는 방법으로 「주식법」을 개정하기로 하고, 1994년 「소규모주식회사법」과 1998년 3월 5일 「기업영역에서의 통제와 투명성에 관한 법률」을 제정하여 감사회제도를 개선하는 입법을 단행한 바 있다. 그러나 이러한 감사제도 개혁에도 불구하고 은행 지배문제나 공동결정제도 등과 관련하여 근본적인 개혁이 이루어지지 못했다는 비판들이 아직도 제기되고 있다.

이러한 독일의 감사제도는 이원적 구조를 구축하고 있으며, 감사기관 구성과 관련하여서는 「공동결정법」이 적용되어 노사 동수가 참여하고 있으며, 그 사상적 기초는 「이해 관계자 자본주의」에 두고 있다는 특징을 갖는다.

우선, 독일 감사제도의 첫 번째 특징으로서 이원적 감사제도를 보면, 미국과는 달리 주식회사 경우 업무집행은 이사회가 하고, 감독은 별개의 독립된 감사회가 담당하는 이원적 감사제도를 운영하고 있다. 이러한 이원적 감사제도는 감독기관이 이사회보다 상위기관임과 동시에 감독기관이라는 점에서 볼 때 외견상으로는 일원적 감사제도 보다 경영투명성을 확보하고, 이사회와 감독기관간의 이익충돌을 회피하는데 효과적 제

---

182) 한국상장회사협의회, 「우리 나라와 주요국의 감사제도」, 2007., 53~455. 최완진, 「기업지배구조법 강의」, 한국외국어대학교출판부, 2011. 142~143면.

134

도로 인식될 수 있다.

그럼에도 불구하고 1990년대 들어 독일의 감사회의 효율성이 낮고, 실제로 독일 기업들의 부실화가 심해지면서, 이를 개선하기 위해 1998년 「주식법」을 개정하여 감사회 내에 미국식의 위원회 제도를 도입한 바가 있다. 그 결과 현재 독일에서는 기업들의 대부분 이 감사회 내에 감사위원회(Bilanzausschuss : Audit Commitee), 인사위원회, 재정위원회, 투자위원회, 결산위원회, 인사위원회 등을 설치하고 있는 실정이다.

따라서 현재는 형식적으로는 이원적 감사제도를 운영하고 있는 것으로 보이지만, 실질적으로는 감사회가 미국의 이사회와 동일한 지위를 갖고 있다고 보여 진다. 이는 독일의 이사회를 집행임원회로 가정하여 본다면, 실질적으로는 미국식의 일원적 감사제도와 유사하다는 사실을 알 수 있다.[183]

독일 감사제도의 두 번째 특징으로는 「경영조직법」 및 「공동결정법」등의 특별법에 따라 감사기관의 구성에 근로자가 참여하도록 강제되고 있다는 점이다. 즉, 독일의 감사회의 구성은 근로자 경영참여를 전제로 하는 특별법에 따라 이루어지며, 그 운영 및 권한 등에 대하여는 회사법인 「주식법」이나 「유한회사법」의 규정이 적용되고 있다.

이러한 공동결정제도는 근로자를 회사의 정책결정과정에 참여시킴으로써 자본과 노동의 상호협력을 제고하여 회사의 목적을 실현하는데 목적을 두고 있다. 그러나 최근 들어 이러한 근로자 경영참여가 자본시장을 위축시키는 결과를 초래할 수도 있어 이에 대한 개선이 필요하다는 의견도 일부 있다.

독일 감사제도의 세 번째 특징은 주주만을 위한 경영감독기관으로서 존재하는 것이 아니라 근로자, 채권자, 공급자, 지역사회, 경영자 등 다양한 이해관계자들의 이익을 극대화하기 위하여 경영진을 감시하고 통제하는 것으로 이해되고 있어, 이해관계자 중심 지배구조 모델이며, 이해관계자 자본주의의 실현의 장이 되고 있다는 점이다.

3. 독일 감사제도의 주요 내용[184]

가. 주식회사의 기관구조

독일 주식회사 기관으로는 주주총회와 감사회, 이사회로 구성되어 있다. 독일의 주식회사는 이사회가 경영을 담당하고 감사회는 이사회를 감독하는 2원적 구조를 가지고 있다. 그리고 주주 및 근로자 대표로 구성되는 감사회가 이사와 경영진을 임·면함으로써 이사회도 실질적으로 주주대표와 근로자 대표로 구성되는 특징을 가지고 있다.

---

183) 한국상장회사협의회, 「우리 나라와 주요국의 감사제도」, 2007., 54면. 최완진, 「기업지배구조법 강의」, 한국외국어대학교출판부, 2011. 142면. 전삼현, 「주요국의 최근 감사제도 변화와 우리나라 감사제도의 개선 과제」, 2006. 12. 6. 좌담회 발표 내용.
184) 한국상장회사협의회, 「우리 나라와 주요국의 감사제도」, 2007., 55~60면. 최완진, 「기업지배구조법 강의」, 한국외국어대학교출판부, 2011. 143~144면.

우선 주주총회의 경우 형식적으로 회사의 최고 의결기관이지만, 실질적으로는 주주총회가 법제도적인 측면이나 사실적인 측면에서 모두 유명무실한 기관으로 전락하였다고 볼 수 있다. 즉, 주주총회의 최소한의 권리인 이사의 선임권과 해임권 마져도 보장되고 있지 않아 사실상 주주총회로서 기능을 상실한지 오래되었다.

또한 1998년 「독일주식법」 개정 이전까지는 회사의 정관으로 대주주의 의결권을 제한하는 규정을 둘 수 있도록 함으로써 1주 1의결권의 원칙도 배제하는 소유권 절대원칙의 극단적 배제현상까지 발생한 바 있다. 물론 1998년 「주식회사법」의 개정을 통하여 상장회사에 한하여 이러한 의결권 제한 가능성을 배제하기는 하였지만, 상장 회사 수가 800여개 정도에 불과한 점을 고려하여 볼 때에 독일에서는 여전히 주식 회사의 영역에 있어서 소유권절대원칙이란 사실상 없다고 보아야할 것이다.

그리고 감사기관인 감사회의 구성과 관련하여 근로자 수에 따라 근로자 대표의 참여여부와 구성비율을 정하고 있으며, 이에 관한 근거법이 「경영조직법」, 「공동결정법」, 「광산업공동결정법」 등으로서 각기 다른 형태를 취하고 있다. 그리고 감사의 자격과 관련하여 근로자 대표 감사인 경우에는 「공동결정법」 등에서 그 자격요건을 명백히 규정하고 있으나 주주대표 감사에 대하여는 그 자격에 대한 명백한 규정이 없다.

다만, 개별규정을 통하여 감사는 행위능력이 있는 자연인에 한하고, 회사 및 자회사의 이사와 지배인 등은 감사가 될 수 없도록 하고 있을 뿐이다.(「주식법」 제100조 제1항, 제105조 제1항). 그리고 주주대표감사의 경우에는 정관에 전문성 등의 구체적인 자격요건을 정할 수 있도록 규정하고 있을 뿐이며(「주식법」 제100조 제4항), 임기는 4년이다 (「주식법」 제102조 제1항).

감사회는 감사를 선임함에 있어 자유로운 판단에 따라서 감사를 선임할 수 있도록 되어 있다. 이는 주식회사의 감사회는 노사동수의 공동결정제도가 실시되는 기관이라는 성격에 비추어 볼 때, 감사를 선임함에 있어 당해 자의 전문성 보다는 주주대표성 또는 근로자 대표성의 여부가 중요하기 때문이라고 여겨진다. 한편 감사는 겸직이 가능한가 하는 점과 관련하여 「주식법」 제100조 제2항 제1호는 동일인이 최고 10개 회사의 감사직을 겸직할 수 있다고 규정하고 있다.

다만 2001년 제정된 「기업지배구조개선모범규준」을 보면 감사의 자격과 관련하여 전임 이사회 구성원은 감사회 구성원 중 2인 이상을 차지할 수 없으며, 감사회 구성원은 자사와 경쟁관계에 있는 기업을 위해서는 일할 수 없도록 하고 있으나 이는 단지 권고사항에 불과하다. 또한 본 규준에서는 경쟁관계가 없는 기업의 감사회의 구성원이 되는 경우에는 그 기업의 수를 종전의 10개사에서 5개사로 축소할 것을 요구하고 있으나 이는 강제력은 없고 단지 권고되고 있을 뿐이다.

그리고 독일 주식회사의 이사회는 경영을 함에 있어 기업이익, 회사의 경영전략원칙, 「콘체른(Konzern」[185])상 경영지침 등에 따라 성실히 직무를 수행하여야 할 책임을 지고 있다.(「주식법」제77조). 또한 이사회는 콘체른을 형성하고 있는 회사들 간의 관계에서도 법에서 정하고 있는 규정에 따라 업무를 집행할 책임을 지며, 콘체른 관계에 있는 자회사 들이 당해 규정을 준수하도록 할 책임을 진다. 따라서 이사회는 주주총회나 감사회의 하위기관으로서 경영상의 권한과 의무를 가진다.

나. 감사의 권한과 책임

(1) 감사회의 권한

독일의 감사회의는 「주식법」상 업무집행 감독권과 이사 선·해임권, 회사 대표권 등을 갖는다.

우선 첫째로 독일 「주식법」은 감사회의가 이사의 업무집행을 감독할 수 있도록 구체적인 권한을 부여하고 있는데, 이에 앞서 논란이 되고 있는 것은 감사회의 감독범위와 관련하여 그 범위가 「주식법」이 정하고 있는 이사의 감사회 보고사항 (「주식법」제90조 제1항)으로 한정되는지, 아니면 일상의 업무집행과 관련 된 사항에 대하여도 감독권을 행사할 수 있는지 여부에 대하여는 논란이 있다.

그러나 이사의 업무보고사항에 한하여 감독권을 행사할 수 있다고 보는 것이 지배적인 견해이다. 그 예로 생산, 판매, 투자, 재정, 고용 등과 관련된 장래의 기업정책의 수립 및 기타 업무집행과 관련 된 중요한 문제와 회사의 현재의 영업상황 등을 들 수 있다. 또한 감사회는 이사의 업무집행의 적법성뿐만 아니라 합목적성, 경제성 여부에 까지도 감독할 수 있는 것으로 보는 것이 통설이다.

그리고 독일의 「주식법」은 구체적인 감사회의 감독권으로 영업보고 요구권 (「주식법」제90조), 회계 장부 및 재산의 조사·열람권(「주식법」제111조 제2항 제1문), 업무 집행에 대한 동의권(「주식법」제111조 제4항 제2문), 재무제표 등의 승인권(「주식법」 제172조), 외부감사인의 선정권(「주식법」제111조 제2항), 주주 총회 소집권(「주식법」 제111조 제3항), 각종의 소제기권(「주식법」제275조, 제246조) 등을 규정하고 있다.

그리고 둘째로, 독일의 감사회는 이사를 선임하고 해임할 수 있는 권한을 갖고 있다.(「주식법」제84조). 이러한 이사 선·해임권은 1937년 독일 「주식법」이 商法典에서 분리되기 이전까지는 주주총회의 권한이었으나, 「주식법」을 제정하면서 감사회에게 이사의 인사권을 부여하여 감독의 기능을 강화하였을 뿐만 아니라 회사의 경영에 지대한 영향력을 행사할 수 있도록 하고 있다.

---

185) 법률적으로 독립하고 있는 몇 개의 기업이 출자 등의 자본적 연휴를 기초로하는 지배·종속 관계에 의해형성되는 기업 결합체이다.

이러한 감사회의 이사 선·해임권은 기관인 전체 감사회에 속하는 것이므로 이 권한을 하부기관인 인사위원회에 위임할 수 없도록 규정하고 있다.(「주식법」 제107조 제3항 제2문). 또한 감사회는 이사의 선임과 재선임 뿐만 아니라 임기의 연장, 이사회 의장의 지명, 이사회 의장의 해임 등을 할 수 있는 권한을 갖고 있다(「주식법」 제107조 제3항).

그 밖에 「광업공동결정법」 제13조 와 「공동결정법」 제33조가 적용되는 주식회사의 경우에는 1명의 노무이사를 두도록 하고 있으며, 노무이사는 다른 이사와 동등한 권리를 갖는다. 이러한 노무이사는 감사회에 의하여 임명되며, 선임 시 근로자 대표 감사의 과반 수 찬성을 반드시 요하도록 되어 있다.

그리고 이들 노무이사가 업무에 대하여는 아무런 규정을 두고 있지 않지만, 이들의 지위가 근로자들의 신뢰관계에 기초를 하여야 한다는 점을 고려하여 볼 때에 그 업무범위는 근로자들의 인사 및 복지에 관련 된 사항을 그 업무로 한다고 해석하고 있다.

셋째로, 독일의 감사회는 이사와 회사 간의 법률관계에 대하여는 예외적으로 감사회가 회사를 대표하도록 규정하고 있다(「주식법」 제112조). 이 경우 감사회의 대표권은 회사와 이사 간의 모든 거래 행위와 소송행위에 미치므로 대표권의 범위는 포괄적이고 무제한적이라고 보는 견해가 지배적이다.

(2) 감사회의 의무 및 책임

「공동결정법」 등 특별법의 적용을 받는 주식회사의 감사회는 동수의 주주대표와 근로자대표로 구성되어 모든 감사는 동등한 권한과 의무를 갖는다. 따라서 모든 감사는 직무 수행과정 중 알게 된 회사와 관련 된 영업상의 비밀을 유지하여야 할 의무를 진다.

그 밖의 감사의 의무와 책임에 관해서는 이사의 책임에 관한 규정(「주식법」 제93조)을 준용하도록 하고 있으므로 (「주식법」 제116조) 감사는 그 직무를 수행함에 있어서 선량한 관리자의 주의의무를 다하여야 한다. 따라서 이러한 의무를 위반한 경우에는 감사는 회사에 대하여 손해배상을 하여야 한다.

그리고 감사에게 손해배상책임이 추궁되지 않는 경우에는 자본의 5% 이상 또는 50만 유로 이상의 자본에 대한 지분을 가지고 있는 주주는 법원에 대하여 감사의 책임을 추궁할 특별대표인을 선임을 청구할 수 있도록 하였다.

이때 법원은 당해 감사가 중대한 과실로 인하여 회사에 손해를 끼쳤다는 명백한 혐의사실이 있는 경우에는 당해 이사와 감사의 책임추궁을 위한 특별대리인을 선임하여야 하며, 법원에 의하여 선임된 특별대리인은 권리실행의 승산이 충분하다고 판단되는 경우에는 이사와 감사에 대한 손해배상 책임을 추궁하여야 한다.(「주식법」제147조 제3항).

그리고 모든 감사는 그들이 주주대표이든 근로자대표이든 불문하고 그 직무를 수행함에 있어서는 기업이익을 우선적으로 고려하여야 하며, 그 밖의 다른 이익을 추구할 수 없도록 하는 충실의무를 부담한다.

Ⅳ 일본의 감사제도

1. 일본 감사제도의 개요

일본의 감사제도는 우리나라 감사제도의 입법모델이기도 하였던 沿革的 이유로 우리 나라 감사제도와 유사한 점이 꾀 많다. 즉 감사는 이사와 함께 주주총회에서 선임되며, 주식회사의 필요적 상설기관이라는 점에서 동일하며, 또한 제도운영면에서 形骸化・無技能化가 항상 문제되고 있고, 기업 관련 법제의 개정 시 마다 감사제도에 관한 개정이 이루어져 왔다는 점에서도 역시 공통점을 가지고 있다.

그러나 내용면에서는 양국에서 법 개정이 거듭되면서 적지 않은 차이를 보이게 되는데, 결정적인 계기가 된 것은 1993년에 이루어진 일본 감사제도의 개정이다. 1993년에 이르러 일본에서는 종래와 달리 감사의 실효성 제고라는 측면에서 "감사의 권한 행사의 容易化"에 초점을 둔 개정이 이루어졌고, 그 결과로서 감사회와 사외 이사제도가 도입되면서 우리나라와는 내용면에서 현저히 차이를 보이게 되었다.

그 후 2002년 「상법」개정을 통해 이른바 '위원회등설치회사제도'가 창설되면서 동 제도를 선택한 회사는 반드시 감사위원회를 두게 함으로써 일본에서도 감사위원회제도가 도입되게 되나, 도입자체가 회사의 선택에 맡겨져 있는 등 그 내용에 있어서는 우리나라와 상당히 다르다.

게다가 2005년 「(신)회사법」이 제정됨으로써 감사제도는 또 한번의 대변혁을 맞이하게 되는데, 「(신)회사법」에서는 감사체제의 구축에 기업의 자율성을 대폭적으로 강화 하고, 새로운 제도로서 '회계참여제도'를 도입하는 등 제도의 다양성이나 내용면에서 종래와는 비교되지도 않을 정도로 많은 변화가 있었다.

2. 일본 감사제도의 특징[186]

가. 비교법적 측면

현행 감사제도에 관해서는 사람마다 여러 가지로 구분하여 분류할 수 있으나, 일반적으로 ① 영미식의 일원적 시스템(one-tier board system)과 ② 독일식의 이원적 시스템(two-tier board system)의 두 유형으로 분류한다.

①의 일원적 시스템은 이사회가 회사업무의 기본방침만 결정하고, 그 집행은 이사회가 선임하는 대표이사 내지는 집행임원이 담당하며, 그 집행행위는 이사회 또는 이사회로부터 위임을 받은 감사위원회가 감독하는 체제, 즉 회사의 기관으로서 감사는 따로 두지 않고 이사회 관할 하에 위원회로서 감사기구인 감사위원회를 운영하는 체제이다.

이에 반해 ②의 이원적 시스템은 업무집행을 담당하는 이사로 구성된 이사회와 그 이사를 선임·감독하는 감사회가 이원적으로 운영되는 체제이며, 이 시스템의 특징은 업무의 집행을 담당하는 기관이 감사기관의 관할 하에 있다는 점이다.

그러나 일본의 전통적인 감사체제는 이상의 어느 시스템에도 속하지 않는, 중간 형태인 이른바 「병립적 시스템」이다. 즉 경영을 담당하는 이사와 경영을 감사하는 감사가 공히 주주총회에서 선임된다는 의미에서 감사는 기관과 감사를 받는 기관이 대등·병립적인 관계를 이루면서 기업경영(업무집행)에 대하여 감사에 의한 감사와 이사회에 의한 감독이 중첩적으로 이루어지는 체제이다.

이러한 구조 하에서도 일본의 경우는 2002년 「상법」개정 전까지는 감사제도의 강화 쪽에 무게의 중심이 있었으나, 개정 이후에는 '위원회등설치회사제도'의 창설과 함께 사외 이사 중심의 감사위원회제도가 도입되면서 이사회의 감독기능의 충실 쪽에도 비중을 두려는 경향이 나타나고 있다.

나. 기업규모에 의한 규제의 차별화

일본의 감사제도에 관한 법규제는 1974년 「주식회사의 감사 등에 관한 상법특례법」(이하 "상법특례법"이라 한다)이 제정된 것을 계기로 기업규모를 기준으로 차별화가 이루어지기 시작하여, 그 후 일련의 「상법」 및 「상법특례법」의 개정을 통하여 감사의 직무 권한의 범위나 회계감사인(우리나라의 "외부감사인"에 해당)의 감사, 감사회 설치에 있어서 기업규모별로 차별화된 법규제가 이루어져 왔다.

2002년 「상법」개정 전까지의 일본감사제도에 관해 우리나라와 비교하여 간략히 설명하면 다음과 같다.

---

186) 한국상장회사협의회, 「우리나라와 주요국의 감사제도」, 2007., 44~46면. 최완진, 「기업지배구조법 강의」, 한국외국어대학교출판부, 2011. 139면.

첫째, 감사의 권한은 우리나라의 경우 회사의 규모에 관계없이 업무감사와 회계 감사 양면에 미치지만, 일본의 경우에는 이른바 소회사(자본금 1억엔 이하 주식회사)의 감사는 회계감사권 만 갖는다.

둘째, 외부감사인에 의한 회계감사가 의무화되는 회사의 규모는 우리나라의 경우 직전 사업연도말의 자산총액이 120억원 또는 부채액이 70억원인 주식회사를 기준으로 그 이상의 회사에 한해 의무화되지만, 일본의 경우는 주식회사 중 기업규모가 가장 큰 대회사(자본금이 5억엔 이상 또는 부채 합계액이 200억엔 이상인 주식회사)에 한하여 외부감사인의 감사가 의무화 된다.

셋째, 사외감사 및 감사회제도에 관해서는 우리나라는 어떠한 규정을 두고 있지 않지만, 일본은 대회사의 경우 3인 이상의 감사로 구성되는 감사회를 조직하고, 그 중 1인은 반드시 사외감사로 하여야 한다.

넷째, 우리나라는 1인 감사체제를 기본으로 일정규모 이상의 회사에 한해 감사를 상근으로 하는 이른바 「단수상근감사」체제 인데 반해, 일본의 경우는 소·중회사[187]에 있어서는 1인 감사체제, 대회사에 있어서는 1993년 「상법특례법」의 제정을 계기로 그 전에는 1인 상근감사가 포함된 「복수상근감사」체제 이었다가 그 후에는 사외감사 및 상근감사가 포함된 3인의 감사로 구성되는 「감사회」체제로 바뀌었다.

그러나 2002년 「상법」개정에서는 대회사나 간주대회사(대회사는 아니지만 정관을 통해 대회사에서 인정되는 지배구조를 선택한 회사)의 경우에는 기존의 감사에 갈음하여 감사위원회제도를 도입할 수 있게 됨으로써 이런 회사에서는 미국식의 감사체제를 구축하는 것이 가능하게 되었다. 다만, 감사위원회를 도입하려면 반드시 집행임원제도와 함께 보수 위원회 및 지명위원회제도를 동시에 도입하여야 한다는 점에서는 미국식과는 차이가 있다.

3. 일본 감사제도의 주요 내용[188]

2005년 제정의 「(신)회사법」은 「상법」제3편의 회사법을 「상법」에서 떼어 냈고, 여기다가 「유한회사법」과 「상법특례법」등을 합쳐서 하나의 단행법으로 한 것이다. 그런 만큼 감사제도에 관해서도 체제 면에서 대변혁이 있을 수밖에 없지만, 내용면에서도 획기적인 변화가 있었다.

「(신)회사법」에서는 감사체제의 구축에 기업의 자율성을 대폭적으로 강화하였다. 즉 감사제도와 관련된 일본의 「(신)회사법」의 주요 내용은 ① 회계참여제도의 신설, ②

---

187) 자본금이 5억엔 미만 1억엔 이상인 회사
188) 한국상장회사협의회, 「우리나라와 주요국의 감사제도」, 2007., 46~51면. 최완진, 「기업지배구조법강의」, 한국외국어대학교출판부, 2011. 139~141면.

감사 등에 대한 규제의 유연화, ③ 회계감사인의 준임원화, ④ 회계감사인의 선임에 대한 감사 기관의 관여, ⑤ 보결감사제도 등을 들 수 있다.

가. 회계참여제도의 신설

「(신)회사법」의 특징 중의 하나로, 기관의 구성에 있어서 기업의 선택과 자유를 상당히 존중하는 측면이 부각되는데, 그중 하나가 바로 「회계참여제도」이다. 회계참여는 재무제표 등을 이사와 공동으로 작성하는 것을 주된 임무로 하는 자로서(「(신)회사법」 제374조 제1항, 제5항), 정관에 정함이 있으면 둘 수 있는 주식회사의 이른바 임의기관 이다. (「(신)회사법」 제326조 제2항).

공인회계사, 감사법인, 세무사, 세무사법인 만이 회계참여가 될 수 있다(「(신)회사법」 제333조). 선임과 해임, 회사와의 관계, 임기, 책임, 등기 등에 있어서는 이사 특히 사외 이사에 준하는 규제가 이루어지고 있고(「동법」 제329조, 제330조, 제334조, 제341조 등), 겸임금지, 선임과 해임 등에 관한 의견진술, 회계참여보고의 작성, 회계에 관한 조사권, 이사회 출석, 주주총회에서 의견 진술, 보수, 비용청구 등은 감사에 준하는 규제를 받는다.

책임 면에서는 사외이사에 준하지만 실질적 기능은 감사(회계감사를 전문으로 하는 감사)에 가깝고, 회계의 적정성을 확보하는데, 그 역할이 기대되고 있다. 회계감사인이 외부감사기관인데 반해 회계참여는 내부감사기관이다.

나. 감사 등에 대한 규제의 유연화

「(신)회사법」에서는 종래 그 설치가 대회사에 한해 강제되고 있던 「감사회」나 「회계감사인」(우리나라의 "외부감사인"에 해당)에 대해서도 정관을 통해 임의로 설치할 수 있는 여지를 대폭적으로 확대하였다. 감사위원회제도의 경우도 마찬가지다. 그러나 대회사의 경우에는 감사회 설치의무를 완화하면서 그 대신에 「회계감사인과 감사」의 선임을 소폭이지만 강제하는 규정을 마련하였다.(「동법」 제326조 제2항, 제327조, 제328조).

중·소의 '주식양도제한회사'의 경우에는 감사를 의무적으로 선임하도록 하는 종래의 규제를 대폭적으로 완화하여 정관자치에 의해 감사를 두지 않고 그 대신에 회계참여를 둘 수 있도록 하였다.(「동 법」 제327조 제2항). 「(신)회사법」은 또한 회사의 규모를 불문하고 감사는 원칙적으로 업무감사권한을 갖는 것으로 하였으며(「동 법」 제381조 내지 386조), 다만 중소의 '주식양도제한회사'의 경우는 정관으로 감사의 감사 범위를 회계감사로 국한할 수 있도록 하였다(「동 법」 제389조).

다. 회계감사인의 준임원화(準任員化)

「(신)회사법」은 회계감사인의 책임에 관해서는 이사나 집행역 등 임원에 준하는 취급을 하고 있다. 회계감사인의 책임을 주주대표소송의 대상으로 하는 한편(「동 법」 제847조). 회사에 대한 책임에 있어서는 사외이사와 같이 취급하고 있다.

즉 회계감사인이 임무를 해태한 경우 그것이 선의·무중과실에 의한 때에는 회사는 ① "주주총회의 특별결의"(법 제425조)나 ② "정관에 기한 이사회 결의"(이사회를 두고 있지 않은 회사에서는 이사의 과반수 동의)(법 제426조) 혹은 ③ "정관에 기한 책임제한 계약"(법 제427조)으로 배상하여야 할 금액으로부터 2년간의 보수(스톡옵션을 받은 경우에는 스톡옵션에 상당하는 금액을 포함)를 공제한 금액을 한도로 책임을 면제할 수 있다.

참고로 ③의 "정관에 기한 책임제한계약"의 대상은 「(신)회사법」개정 전은 사외이사에 한정되어 있었지만 「개정 후에서는 회계감사인, 사외감사, 회계참여까지로 그 책임제한 계약 범위를 확대하였다.

라. 회계감사인의 선임에 대한 감사기관의 관여

「(신)회사법」에서는 외부감사인을 선임할 수 있는 회사의 범위를 확대하고, 이와 함께 외부감사인의 선임·해임·부재임에 대한 동의 및 제안을 할 수 있는 감사기관의 범위도 확대하는 한편, 외부감사인의 보수결정에 대해서도 감사기관이 관여할 수 있도록 하였다.

종래에는 감사회나 감사위원회를 둘 수 있는 회사는 대회사나 간주대회사에 한정되고, 이러한 회사는 반드시 회계감사인을 두도록 하고 있었다.(「상법특례법」제2조). 그 결과 회계감사인은 「감사회 또는 감사위원회」와 세트를 이루고 있었다.

그러나 「(신)회사법」에서는 '회계감사인설치회사'는 감사도 둘 수 있도록 함으로서(법 제327조 제3항) 회계감사인의 선임·해임·부재임 의안에 대한 동의권 및 제안권은 종래 감사회의에만 부여하고 있던 것이(「상법특례법」제3조 제2항, 제3항) 감사 (감사를 2인 이상 두고 있는 경우에는 그 과반수)에게도 부여할 수 있게 되었다 (법 제344조).

물론 '위원회설치회사'에서는 종래와 마찬가지로 감사위원회가 이러한 의안의 내용을 결정한다.(「(신)회사법」 제404조 제2항 제2호). 그리고 「(신)회사법」에서는 회계감사인의 보수결정에도 감사, 감사회, 감사위원회의 동의를 얻도록 하고 있는데(법 제399조), 이는 보수결정과정에서의 대표이사 등의 영향력을 제한함으로써 회계 감사인의 독립성을 확보하기 위한 것이다.

마. 보결감사제도 및 기타 주요 감사제도

「(신)회사법」에서는 이사나 감사 등 임원에 결원이 발생할 경우를 대비하여 사전에 보결임원을 선임해 둘 수 있도록 하였다. 이사나 감사에 결원이 발생하면 회사는 임시주주총회를 개최하여 후임자를 선임하든지, 임시이사나 임시감사의 선임을 법원에 청구하여야 한다.(법 제346조 제2항).

그러나 주주수가 많은 회사의 경우 임시주주총회를 개최한다는 것은 쉬운 일이 아니며, 또한 임시이사나 임시감사의 선임의 경우에도 결원발생시 법원이 회사의 청구에 제때 응할 것인지도 확신할 수 없다. 이러한 우려에 대해 「(신)회사법」은 임원의 결원에 대비하여 사전에 주주총회에서 보결임원을 선임해 둘 수 있도록 하였다. (법 제329조 제2항).

따라서 이 보결임원을 선임해 두면 특정임원이 사임 등으로 결원이 발생할 경우 임시총회의 개최나 법원에 임시임원의 선임을 청구할 필요 없이 사전에 선임해 둔 보결임원이 퇴임한 임원의 후임이 되는 것이다.(「회사법시행규칙」제96조 참조).

그 외에 감사의 임기는 원칙적으로 4년 이지만 공개회사 이외의 회사에서는 이사와 마찬가지로 「정관」으로 10년까지 연장할 수 있다.(「(신)회사법」제366조 제2항). 보결감사의 임기는 「정관」으로 퇴임한 감사의 임기가 만료하는 때까지로 할 수 있다. (법 제336조 제3항, 제4항).

이사의 해임은 특별결의가 아니라 보통결의로 할 수 있지만 감사의 해임은 종래와 마찬가지로 특별결의가 필요하다.(「(신)회사법」 제309조 제2항 제7호). 이사회의 경우 정관의 수권, 3개월에 1회 이상 개최, 감사전원의 동의 등 일정한 조건의 충족을 조건으로 서면결의를 인정하였으나(법 제370조, 제372조 제2항), 감사회나 감사위원회 경우에는 서면결의를 인정하지 않는다.

다만, 종전의 감사회나 감사위원회의 전원일치에 의한 결의가 요구되고 있던 사항 (예 : 회계감사인의 해임, 임원 등의 책임제한 관련 의안에 대한 동의 등)에 대해서는 감사 또는 감사위원 전원의 동의가 있으면 되는 것으로 하였다.(「(신)회사법」 제304조 제4항 및 제5항, 제425조 제3항, 제426조 제2항, 제427조 제3항, 제849조 제2항).

제4장 내부감사의 대상

제1절 내부감사 대상의 개요[189]

　　내부감사의 수행대상은 체계적이고 훈련된 접근방법으로 지배구조, 리스크관리 및 내부통제 프로세스의 적절성 및 효과성과 부과된 책임에 대한 수행성과의 질을 평가하고 개선하는 것을 포괄한다. 조직 내에 존재하는 지배구조, 리스크관리, 내부통제 프로세스의 적절성을 평가하는 목적은 ① 그런 과정들이 의도한 대로 작동되고 있고 조직의 전략과 목표를 완수하게 할 것인지에 대한 합리적인 확신을 제공하고 ② 효율적, 효과적 수행 측면에서 조직업무를 개선시키는 권고사항을 제공하는데 있다.

〈도 표〉

내부감사의 대상

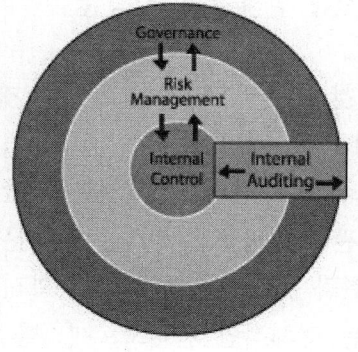

　　이의 적절성은 경영진이 조직의 목표가 효율적 이고 경제적으로 완수될 것이라는 합리적 확신을 제공하는 방식으로 그것들을 계획 하여 설계했을 때 시현된다. **효율적인 수행**은 목표를 정확하게, 시간에 늦지 않고, 경제적으로 완수함을 말한다. **경제적 수행**이라 함은 리스크에 상응하는 최소의 지원을 가지고 조직의 목표를 완수함을 말한다.

---

189) 한국감사협회(IIAKorea), 전 번역서, 204~206면, 김용범, 전게서, 도서출판 어울림, 2012., 103~105면, IIA Research Foundation, 「Internal Auditing」, 3-17면 인용 및 참조

합리적 확신이라 함은 리스크를 줄이고 예상되는 오차를 허용 범위 내로 제한하기 위해 가장 비용/효익적인 방법으로 설계하고 실행단계에서 적용되었을 경우에 확신을 제공할 수 있는 것을 말한다. 그래서 설계절차는 목표와 전략을 설정하는 것으로부터 시작 된다. 이어서 설정된 목표와 전략을 완수하기 위해 함께 적용하는 방식으로 개념 정의, 수행 활동 그리고 사람을 상호 연결하고 관련짓게 하는 절차가 따른다.

이의 효과성은 경영자가 조직의 목표가 완수 될 것이라는 합리적인 확신을 제공하는 방식으로 업무처리를 관리할 때 시현 된다. 목표와 계획된 활동을 완수하는 것 외에, 경영진은 활동과 거래에 대한 권한을 부여하고, 수행결과를 점검하고, 조직의 업무처리가 설계된 대로 작동되는지를 확인 하는 방식으로 관리한다.

넓은 의미로, 경영진은 소유자, 다른 이해관계자, 규제당국 그리고 일반대중에 대하여 조직의 영속성에 대한 책임을 지고, 조직의 활동 과 수행결과에 대한 보고책임을 갖는다. 특히 전체 관리 프로세스의 주된 목표는 다음과 같은 것을 성취하는 것이다.

전체 관리 프로세스의 주된 목표

① 연관성 있고, 신뢰할 만한 재무 및 업무정보.
② 조직의 자원을 효과적이고 효율적으로 사용. ③ 조직의 자산 보호.
④ 법, 규정, 윤리와 사업 규범, 계약 등의 준수.
⑤ 리스크에 대한 노출 확인 및 그것들을 통제하는 효과적인 전략 사용.
⑥ 업무처리나 프로그램을 위해 목표 설정 등.

경영진은 목표가 성취될 것이라는 합리적인 확신을 제공하기에 충분한 행위의 수행을 계획하고 조직하고 지시한다. 경영진은 주기적으로 그 목표를 검토하여 내·외부 상황 변화에 맞게 프로세스를 수정한다. 경영진은 또한 리스크에의 노출을 이해하고 관리하는 효과적인 리스크 관리 전략을 실행하는 조직문화를 개발·유지한다.

내부감사인은 목표가 성취될 것이라는 합리적인 확신이 존재하는지 판단하기 위해 계획하고 조직하고 지시하는 전체적인 관리프로세스를 평가한다. 내부감사인은 미래 지향적 관점에서 내·외부 환경의 실제적·잠재적 변화에 주의해야 한다. 그런 경우에 내부감사인은 수행결과가 악화될지도 모르는 리스크에 관심을 가져야 한다.

이런 내부감사활동의 평가는 총체적으로 전체 관리프로세스의 검증을 위한 정보를 제공해준다. 조직 내의 모든 사업시스템, 업무처리, 업무운영, 업무기능 및 활동은 내부 감사인의 평가대상이다. 내부감사활동의 광범위한 업무범위는 경영진의 활동이 다음과 같다는 사실에 대해 합리적인 확신을 제공해야 한다.

<u>합리적인 경영진의 활동</u>
① 리스크 관리 시스템이 효과적이다.
② 내부통제 시스템이 적절하며, 효과적이고, 효율적이다.
③ 지배구조 프로세스는 가치관의 설정 및 보존, 목표설정, 활동과 수행성과의 점검, 그리고 책임지는 행동을 규정하는데 효과적이다.

제2절 〉〉 지배구조 (Governance)

I 지배구조 역사

기업지배구조라는 개념은 1960년대의 미국에서, 기업의 비윤리적, 비인도적인 행동을 억제한다는 의미의 문맥에서 사용되기 시작하여, 그 후 분식결산 등 투자자의 관점에서 본 기업 스캔들의 방지 등 을 뜻하는 것으로도 사용되었다. 게다가 기업 가치, 주주가치를 증대시키기 위해 어떻게 기업 조직을 구축할 것인가 하는 의미도 첨가되었다.

1980년대부터 1990년대 의 미국에서는 기업매수가 진행된 것과 기관투자가의 발언력이 강화됨에 따라 지배구조에의 관심이 높아 졌고, 1990년대 이후에는 유럽 여러 나라와 일본에서도 다수의 기업 스캔들이 발각됨과 함께 경제적인 정체가 계속되던 중 지배구조가 주목되기 시작하였다. 1980년대 이후 최근 까지 시장과 경제상황의 변화에 따라 최고 경영자의 독단적인 지위에 제한이 가해지고 이사회의 기능이 강화되는 지배구조의 획기적인 변화가 진행되고 있다.

즉, 무한경쟁과 급속한 기술발전으로 대표되는 환경 속에서 경영자의 독단적인 의사 결정의 한계 인식, 소액투자자를 비롯한 투자자 보호와 경영의 투명성 확보 요구, 기관 투자가의 지분확대로 대표되는 소유구조의 변화, 경영자 인력시장이나 공개매수와 같은 시장제도의 변화 등 최근 전개되고 있는 시장여건의 변화는 최고 경영자의 독단적인 의사 결정체제에 한계를 인식하고 더욱 강화된 이사회 등의 견제기능을 요구하는 계기가 되었다.[190]

이하 기업지배구조에 대하여는 제1편 – 제1장 – 제2절 – Ⅲ. '지배구조와 감사 제

---

190) Wikimedia Foundation, Inc., 「위키백과」,2012., 참조, 김용범, 전게서, 도서출판 어울림, 2012., 105면.

도' 항목에서 자세히 설명하였으므로, 이곳에서는 서로 중복되지 않은 범위 내에서 내부감사 대상의 관점에서 지배구조 관련 부문을 설명하고자 한다.

Ⅱ 지배구조의 정의[191]

제2장 제1절 내부감사의 정의 항에서 **"지배구조**는 조직 목표를 달성하기 위하여 경영진에게 업무집행 권한을 부여하고 경영진을 지휘하고 감독할 수 있는 이사회가 수행하는 프로세스이다."라고 언급한 바 있다. 그 이외에도 자주 사용되는 지배구조의 정의는 OECD 파리 포럼에서 도출되었으며, 그 정의의 내용은 다음과 같다.

"기업지배구조[192]는 회사의 경영진, 이사회, 주주, 그리고 다른 이해관계자 사이의 일련의 인간관계를 정립한다. 또한, 기업지배구조는 회사의 목표를 수립하고, 그리고 또한 그런 목표를 달성하고 수행결과를 모니터링 하는 방법을 결정하는 조직구조를 제공 한다"

"Corporate governance involves a set of relationships between a company's management, it's board, it's shareholders, and other stakeholders. Corporate governance also provides the structure through which the objectives of the company are set, and the means of attaining those objectives and monitoring performance are determined"

지배구조에 대한 정의는 다양하지만, 이 다양한 정의들 중에는 공통된 요소가 있다. 「국제내부감사인협회(IIA)」의 「내부감사 직무수행에 관한 국제표준(International Standards for the Professional Practice of Internal Auditing)」 용어집은 지배구조 정의와 관련된 공통요소를 발췌하여 지배구조의 정의를 다음과 같이 소개하고 있다.

"지배구조는 조직의 목표를 달성하기 위해 조직의 활동을 보고하고, 지시하고, 관리 및 감시할 수 있도록 이사회가 설치한 프로세스와 조직 구조의 조합이다."

The Standards describes governance as "The combination of processes and

---

191) 국제내부감사인협회(IIA), 전게서, 3-1~3-5p

192) 기업지배구조란 "corporate governance"라는 말을 번역한 것인데 corporate governance의 본래의 뜻이 정확하게 반영된 역어는 아니다. governance라는 말의 사전적 의미를 보면 통치, 통할, 관리, 지배, 제어, 통치법 등이다. 따라서 corporate governance라는 말은 나라에 따라 여러 가지로 번역되고 있으며, 예컨대, 일본에서는 이를 기업통치(企業統治)라고 번역하고 있다. 우리나라의 기업지배구조 모범규준을 제정할 때에 이것을 무엇으로 번역할 것인가 를 둘러싸고 논의가 있었으나, 이미 기업지배구조란 말이 상당히 보편화 되어 있으므로 이를 그대로 사용하기로 하였던 것이다. 그러나 그 말의 본래의 뜻에 가까운 역어를 찾는다면 "기업 통치(統治)" 내지 "기업 관리(管理)"라고 하는 것이 좋을 것이라고 생각한다. 기업은 어느 누구의 지배대상은 아니기 때문이다. 정동윤, 「기업지배구조의 바람직한 개선방향」, 상장협 제42호, 2000, 3면

structures implemented by the board to inform, direct, manage, and monitor the activities of the organization toward the achievement of its objectives"

지배구조 정의의 요점은 다음과 같다.

① 지배구조는 이사회 및 하부위원회에서 시작된다.

이사회는 전체 조직에 대한 지배구조 감독에 있어 '우산(umbrella)'으로서의 기능을 한다. 이사회는 경영진에게 경영 방향을 제시하고 그런 방향을 달성하기 위해 필요한 조치를 취할 수 있는 권한을 부여하며, 그리고 모든 운영결과를 감독한다.

② 이사회는 주요 이해관계자를 파악하고, 그들의 요구에 초점을 맞춰야 한다.

궁극적으로, 이사회는 이해관계자에 대해「수탁책임(Fiduciary Responsibility)」[193]을 가진다. 수탁책임에는 일반인 즉, 평균인에게 요구되는 정도의 주의인 선량한 관리자의 주의의무가 따른다.

③ 일상적으로 지배구조는 조직의 경영진에 의해 수행된다.

최고 경영자이든 중간 관리자이든 다소 차이는 있지만 지배구조에 있어서 중요한 역할을 가진다. 이러한 역할은 리스크 관리 활동을 통하여 수행된다.

④ 내부 및 외부의 검증활동은 지배구조 활동의 유효성에 관한 확신을 경영진 및 이사회에 제공한다.

Ⅲ 지배구조의 역할과 책무[194]

1. 이사회

감사위원회 같은 여러 하부위원회에서 이와 같은 책무를 수행한다 하더라도 지배구조는 궁극적으로 이사회 책무이다. 이사회의 첫 번째 책무는 조직의 주요 이해 관계자를 구체적으로 확정하는 것이다. 이해관계자는 조직의 활동 및 결과에 직접적 혹

---

193) 경영자의 수탁이란 기업의 주인은 주주이다. 하지만 기업의 주주가 모두 경영에 참여 할 수 없기 때문에 주주총회에서 이사를 선임하게 되는데 여기서 선임된 이사들은 이사회에서 경영자를 선임하여 기업의 경영을 맡기게 됩니다. 이것이 경영자의 수탁책임이다. 바로 주주대신에 회사를 맡아 경영한다는 것이다. 수탁책임에는 일반인 즉, 평균인에게 요구되는 정도의 주의인 선량한 관리자의 주의 의무가 따른다.

194) 국제내부감사인협회(IIA), 전게서, 3-5 ~ 3-14p, 김용범, 전게서, 도서출판 어울림, 2012., 107~113면.

은 간접적으로 영향을 받는 모든 사람들이다. 이해관계자는 다음과 같은 특징을 가지고 있다.

이해관계자의 일반적 특징

① 일부 이해관계자는 조직업무의 운영에 '직접적으로 관여(directly involved)' 한다.

② 다른 이해관계자는 조직 업무의 운영에 직접적으로 관여하진 않더라도, '이해 관계를 갖고(interested)'있다. 이 말은 그들이 조직 업무의 운영 성과나 다른 결과에 영향 을 받는 것을 의미한다.

③ 다른 이해관계자는 조직 업무의 운영 성과에 직접적으로 관여하지 않고 이해관계 도 없지만 그럼에도 불구하고 이러한 이해관계자는 조직 업무의 운영측면에 영향을 미치고 결과적으로도 조직의 성과에 '영향을 미친(influence)'다.

주요 이해관계자는 일반적으로 다음과 같다.

① 종업원 (Employees)

종업원은 조직을 위해 일하고, 조직 업무의 활동에 직접적으로 관여 한다. 종업원은 조직의 생존력과 성과에 밀접한 이해관계를 가진다. 만약 그 조직이 망하거나 시장에서 성과부족으로 규모가 작아지면 종업원은 생계근원을 잃을 수도 있다. 따라서 이사회는 조직이 종업원에게 최선의 이득을 보장하는 방향으로 운영된다는 확신을 주어야 한다.

② 고객 (Customers)

고객은 조직의 성과에 있어 필수요소 이며, 조직의 성과에 직접적인 관계가 있다. 조직이 망하는 것은 고객이 얻을 수 있는 필요한 재화나 서비스의 가짓수를 줄이기 때문에 고객은 조직의 성과에 관심을 가진다. 고객은 조직이 안전하고 믿을 만한 제품을 만들고 만족스런 서비스를 제공하기를 원한다. 조직은 고객에 대해 의무를 가지고 있기 때문에 이사회는 이러한 의무들을 만날 수 있다는 것을 확인시켜줄 책무가 있다.

③ 거래처 (Vendors)

거래처는 조직이 사업을 운영하는데 필요한 재화 및 서비스를 제공하며, 조직의 운영에 직접적으로 관여한다. 고객의 경우처럼 거래처도 자신들의 주요한 고객인 조직의 생존능력에 관심을 갖고 있다. 조직은 거래처로부터 제공받은 재화 및 서비스에 대해 대가를 지불할 의무를 가진다. 따라서 이사회는 조직이 거래처와의 계약관계에 따라 그들의 책무를 준수하고 있는지 감독할 책임이 있다.

④ 주주/투자자 (Shareholders/Investors)

주주 및 투자자는 사업을 운영하는데 직접적으로 관여하지는 않지만 조직의 성과에 지대한 관심을 가지고 있다. 이들은 주식 혹은 경영권을 취득하거나 그 외 다른 방식으로 조직에 투자한다. 주주는 개인, 조합, 혹은 펀드의 형태를 가진다. 주주는 자신들의 이해관계를 가장 잘 대변할 사람을 이사로 선출할 권리를 가진다. 이사회에 영향을 미치기 때문에 주주는 종종 가장 중요하고 힘이 있는 이해관계자로 간주한다.

⑤ 감독기관 (Regulatory Agencies)

감독기관은 조직의 성과에 관심을 가지고 있거나 조직의 성과에 영향을 줄 수 있는 정부기관이다. 감독기관이 공포한 법규는 조직에게 특정한 운영 및 보고에 필요한 사항을 요구하거나 조직의 경영진에 의해 행해지는 의사결정에 영향을 준다. 예를 들면, 「미국증권거래위원회(SEC)」는 미국 내 모든 상장회사에 영향을 미친다. 따라서 이사회는 감독책무를 수행하기 위하여 감독기관의 요구사항을 잘 이해하여야 한다.

⑥ 금융기관 (Financial Institutions)

금융기관은 조직의 자본구조에 영향을 미친다. 자본구조는 전형적으로 부채와 자기자본으로 구성되어 있다. 자기자본 구성은 주주와 관련이 있다. 부채의 이해 관계자는 통상 은행 등 금융기관이다. 금융기관은 이자라는 반대급부를 위해 자금을 기꺼이 제공 하며, 종종 조직에게 약정을 요구한다. 이런 약정은 통상 조직의 전체적인 재무건전성 및 유동성과 관계가 있고, 조직의 채무상환능력에 대해 금융기관으로 하여금 신뢰를 갖게 한다. 그러므로 이사회는 경영진이 모든 재무적 약정을 충실히 이행하는지 감독할 책무가 있다.

이해관계자가 파악되었으면 두 번째 책무로 이사회는 이해관계자들의 기대와 요구를 이해해야 한다. 어떤 기대와 요구는 쉽게 파악되지만, 충분한 이해를 위해서는 연구분석을 필요로 하는 것들도 있다. 이사회는 내부회의를 통해 이러한 요구를 파악할 수 있지만, 이해관계자들과 직접대화를 통해서 파악할 수도 있다. 결과적으로 이사회는 주요 이해관계자들의 기대에 어긋남에 따르는 잠재적인 결과를 예상해야 한다.

다양한 이해관계자들은 서로 다른 기대를 갖고 있으므로, 기대에 부응하지 못 함에 따른 결과 또한 다양하다. 따라서 이사회는 다음 형태의 결과들을 고려할 필요가 있다.

이사회의 고려사항

① **재무(Financial)** : 주당이익, 현금유동성, 신용등급, ROI, 투자수익, 자본 가용성, 세금 노출, 주요 재무 취약점, 그리고 공시 투명성 등.

② **준법(Compliance)** : 소송, 행동강령 위반, 안전과 환경 위반, 금지명령, 정부 수사, 기소, 그리고 구속 등.

③ **운영(Operations)** : 목표달성, 자산의 효율적 사용, 자산의 보호(보험가 입, 자산 손상과 파괴), 사람의 보호(건강과 안전), 정보의 보호(데이터 완결성, 데이터 보안성), 지역사회 보호(환경 배출, 공장폐쇄)등

④ **전략(Strategic)** : 명성, 지속가능성, 종업원 자긍심, 고객 만족 등.

이사회는 이해관계자들의 의견을 종합하여 회사가 감내할 수 있는 범위 내에서 회사의 리스크 「허용수준(Tolerance levels)」을 수립한다. 그 허용수준은 조직의 종합적인 리스크 성향과 관련이 있으며, 경영진이 조직을 운영함에 있어 경계선으로 사용한다.

마지막으로 이사회는 다음사항을 통해 조직의 지배구조 책무를 최대한으로 잘 완수할 수 있다.

① **지배구조위원회 구성**
- 이 위원회는 새로 구성하거나 기존 위원회의 기능을 확대.
- 이 위원회는 독립적인 이사로 구성.
- 그 위원회에 필요한 역할을 부여.

② **이사회 보고에 대한 분명한 요구**
- 이사회는 이사회의 허용수준 범위 내에서 사업 운영 권한을 경영진에게 위임.
- 이사회는 경영진이 보고에 필요한 「최소한의 필수사항 (threshold)」을 제정.
즉, 경영성과는 이사회에 직접 보고하거나 분기에 요약 보고하여 이사회 승인 취득.

③ **지배구조 방향에 대한 주기적 재평가**
- 주요 이해관계자의 기대감은 진화하고 변화. 따라서 이사회는 이런 변화를 감지하여 지배구조의 방향을 재평가.
- 이러한 변화에 따라 이사회 허용수준을 재평가.

요약하면, 이사회는 지배구조에 있어 매우 중요하고 종합적인 역할을 수행한다. 「권한 (authority)」, 「방침(direction)」, 「감독(oversight)」이라는 우산이 없다면, 지배구조는 장기적인 관점에서 충분히 효과적으로 운용될 수 없다.

2. 경영진

경영진은 효과적인 지배구조가 달성되고 있다는 확신을 주도록 일상적인 활동을 수행한다. 이사회가 업무운영 경계와 관련된 허용수준을 결정하면, 경영진에게 그 허용수준에서 경영할 수 있도록 권한을 위임한다. 경영진은 조직의 목표를 달성하기 위해 이사회가 설정한 방향대로 그리고 이사회에서 정한 허용한도 내에서 업무를 운영할 책무가 있다.

지배구조 책무를 수행하기 위해서 경영진은 다음과 같은 책임을 진다.

① 위임받은 지시와 권한의 범위에 대한 충분한 이해
경영진은 이사회의 지배구조 방향, 이사회로부터 위임받은 권한 크기, 리스크 허용수준, 이사회 보고를 위한 요구사항 등을 충분히 이해해야 한다.

② 지배구조 방향을 실행하기 위해 필수적인 조직 내 프로세스와 활동의 결정
경영진은 다음사항을 결정하여야 한다.
- □ 어느 부서가 허용할 수 없는 성과를 초래할 수 있는 특정 리스크를 다룰 것인지.
- □ 누가 이러한 리스크를 관리할 책임이 있는지 (예; 리스크 오너).
- □ 이러한 리스크를 어떻게 다룰 것 인지.

③ 이사회에서 위임된 것 보다 더 낮은 허용수준을 리스크 오너에게 위임.

④ 리스크 오너로부터 이사회에 보고할 필수사항에 대한 충분한 정보를 수집.

경영진은 다음사항을 통해 지배구조 책무를 완수할 수 있다.

① 리스크관리위원회 구성
- □ 리스크관리위원회는 일반적으로 광범위하게 리스크를 감시할 책임이 있는 「최고 리스크책임자(Chief Risk Officer : CRO)」같은 최상위 경영자가 이끈다.
- □ 리스크관리위원회는 모든 주요 리스크가 정의되어 있고, 리스크 관리 활동과 연계되어 있으며, 리스크 오너에게 맡겼다는 것을 규정화할 책임이 있다. 아울러, 주요리스크로부터 발생 할 수 있는 모든 결과를 종합적으로 고려하고 있다는 것을 확신시켜줘야 한다.
- □ 리스크관리위원회는 조직의 현재 리스크 성향을 평가하고, 리스크 오너에게 위임된 허용수준이 리스크 성향과 일치한다는 것을 확신시켜줘야 한다.

② **필수 보고 사항에 대한 명확화**
- □ 리스크 오너는 리스크 관리 활동의 효과성에 대한 커뮤니케이션의 성격(nature), 형식(format), 시기(timing)에 대하여 이해하여야 하며, 이런 커뮤니케이션은 일반적으로 리스크 오너에게 위임된 허용수준과 일치하여야 한다.
- □ 이러한 보고는 정기적으로 리스크 관리위원회 회의를 통해 수행된다.

③ **지배구조 방향에 대한 주기적인 재평가**
- □ 조직은 항상 진화하고 변화하기 때문에 경영진은 리스크 오너에게 위임한 지배구조방향과 허용수준을 재평가하여야 한다.
- □ 또한, 이러한 변화의 결과로 경영진의 허용수준도 재평가 돼야 한다.
- □ 경영진은 지배구조의 재평가를 통해 조직의 리스크관리 프로그램에 대한 전반적인 효과성에 대해서도 재평가할 기회를 가진다.

경영진은 지배구조의 중요 요소인 리스크 관리에 있어서 필수적인 역할을 담당한다.

3. 리스크 오너

리스크 관리 활동이 조직의 리스크 성향 범위 내에서 리스크를 효과적으로 관리 하고 있다는 확신을 주기 위해 일상적인 책임을 지고 있는 사람이 리스크 오너이다. 많은 사람들은 최고경영자 및 다른 경영자들이 궁극적으로 조직 내에서 리스크 오너라고 주장한다.

리스크 오너는 경영진에 대하여 리스크를 파악하고, 측정하고, 관리하고, 모니터링할 책임이 있다. 리스크 오너는 때로는 조직체계에서 하위직급인 경우도 있다. 하지만, 리스크 오너는 조직에서 리스크 관리 활동을 수행하기 위해 일반적으로 경영진과 함께 일을 한다.

리스크 오너의 책무는 다음과 같다.

① **리스크관리 활동이 관련 리스크를 정확히 관리하도록 설계되었는지에 대한 평가**
리스크 관리 활동은 경영진에 의해 특정된 허용수준 범위 내에서 이루어져야 하며, 또한 경영진이 리스크관리 활동에 대한 방향을 제공한다 하더라도, 리스크 오너는 일반적으로 리스크관리 활동을 수행하는데 필요한 특정과업을 결정해야 한다.

② 조직의 리스크 관리 활동 수행능력에 대한 사정(査定 : Assessment)[195]

이러한 사정은 리스크관리 절차의 성숙도, 철차를 수행할 사람의 경쟁력 및 경험, 사용가능한 기술(전산시스템 등)의 충분성, 그리고 의사결정을 지원하는 내·외부정보의 이용가능성 등을 평가하여야 한다.

③ 리스크 관리 활동이 설계된 대로 수행되는지에 대한 파악

사람과 시스템이 의도된 목적과 일치되게 프로세스가 수행되는지 파악하여야 한다.

④ 일상적인 모니터링 활동 수행

기대했던 성과로부터 편차 및 불일치가 나타나는지 여부를 시의 적절하게 발견 하기 위하여 일상적인 모니터링 활동을 수행하여야 한다.

⑤ 필요한 정보를 정확하고, 쉽게, 그리고 적시에 제공

경영진 및 이사회가 필요로 하는 정보를 정확하고 쉽게 이용할 수 있어야 하며, 그리고 경영진에게 적시에 제공된다는 것을 확신시켜야 한다.

리스크 오너는 다음사항을 통해 지배구조 책무를 완수할 수 있다.

① 리스크관리위원회에 서약서 제출

한 개인이 새로운 리스크관리 오너가 되거나 또는 이전에 정식으로 리스크 관리 및 보고를 해보지 않았던 사람이 리스크에 대해 책임을 맡게 되면, 리스크 오너는 리스크 관리위원회에 서약서를 제출하여야 한다. 이 서약서에는 리스크의 내재된 성격 및 원천, 잠재적 충격, 허용수준, 리스크관리 활동 등이 담겨 있다.

② 리스크 관리 활동에 대한 주기적 재 사정

  □ 리스크 관리 활동의 설계는 조직의 리스크 전략과 일맥상통해야 하고 위임된 허용수준 범위 내에서 관리됨을 보장해야 한다.
  □ 리스크 관리 능력은 인사교체율, 시스템 변경, 그리고 동 능력의 성숙도와 유효성에 영향을 줄 수 있는 다른 사건을 고려하여 재 사정 되어야 한다.
  □ 리스크 관리 모니터링 활동은 리스크 오너에게 리스크관리 활동의 유효성에 대한 적시성 있는 정보를 제공해야 한다.
  □ 경영진에 대한 리스크 관리 결과 보고는 그 보고가 경영진의 기대에 부응 하는지 보장하기 위하여 주기적으로 재 사정 하여야 한다.

---

195) 評價(evaluation)와 査定(assessment)은 어떤 면에서 비슷한 뜻으로 혼용되기도 하나, 엄밀하게 구분하면 評價는 주로 어떤 목적을 갖고 아이디어, 작품, 방법, 소재 등에 관하여 가치 판단을 하는 능력이고, 査定은 다양한 측정 결과를 통하여 한 개인이나 대상의 전체적인 모습을 조명하는 전인적 평가이다.

리스크 오너는 리스크 관리의 「최전선(Front Line)」이자, 성공적인 지배구조의 주요 공헌자이다. 리스크관리 활동을 수행하고 모니터링 함에 있어 그들의 역할은 동 활동의 유효성에 대한 보고와 함께 조직이 받아 드릴 수 없는 성과를 피하거나 줄이는 것을 성공 하는데 큰 영향을 미친다.

Ⅳ 지배구조에 대한 검증 활동196)

지배구조의 마지막 구성요소는 「독립적인 검증활동(Independent Assurance Activities)」이며, 그것은 지배구조와 리스크관리 활동의 유효성에 관해 객관적인 재 사정으로 이사회 및 경영진에게 도움을 준다. 이런 독립적인 검증활동은 조직의 내·외부를 불문하고 다양한 부문에서 수행할 수 있다. 그러한 검증을 제공하는 가장 일반적인 내부 그룹은 내부감사 기능이다.

IIA Standard 2110 : 지배구조에서는 지배구조 활동에 있어 내부감사의 역할에 관해 다음과 같이 말하고 있다.

"내부감사 활동은 지배구조 프로세스를 향상시키기 위하여 다음 목적을 달성하였는지 사정하고 적절한 권고를 해야 한다."

지배구조 프로세스 향상을 위한 내부감사활동의 목적
① 조직 내에서 적절한 윤리와 가치 증진.
② 효과적인 조직의 성과 관리 및 책임 보장.
③ 조직의 적절한 부문에 대한 리스크와 내부통제 정보의 공유.
④ 이사회, 경영진, 내·외부 감사인 간의 활동 조정 및 정보 공유.

IIA Standard 2120 : 리스크관리에서는 "내부감사 활동은 리스크관리 프로세스의 효과성에 대해 평가하고 리스크관리 프로세스의 발전에 공헌해야 한다."고 되어 있다. 내부감사 기능은 조직에게 검증 및 컨설팅 서비스를 제공해야 한다.

내부감사기능의 지배구조 책무는 다음과 같다.

내부감사기능의 책무
① 여러 리스크관리 활동이 회사의 리스크 허용 수준을 관리하기 위해 적절하게 설계 되었는지 평가.
② 여러 리스크관리 활동이 설계된 대로 운영되고 있는지 실험 및 평가.

---

196) 국제내부감사인협회, 전게서, 3 -12 ~ 3-14p, 김용범, 전게서, 도서출판어울림, 2012., 113~115면.

③ 리스크 관리 활동의 유효성에 관하여 경영진에 대한 리스크 오너의 주장
이 현재의 리스크 관리 유효성 상태를 정확하게 반영하고 있는지 확정.

④ 리스크관리 활동의 유효성에 관해 이사회에 대한 경영진의 주장이 현재
리스크관리 유효성 상태에 관한 원하는 정보를 이사회에게 제공하고 있는
지 확정.

⑤ 리스크 허용 정보가 이사회가 경영진에게, 경영진이 리스크 오너에게 적
시에 효과적으로 공유되는지 평가.

⑥ 현재 지배구조 프로세스에 포함 안 된 어떤 다른 리스크 부문이 존재 하
는지 사정.

내부감사기능은 다음사항을 통해 지배구조 프로세스의 유효한 부문이 될 수 있다.

① 내부감사기능이 이사회의 지배구조 방향과 기대를 충분히 이해한다는 것을 보장

□ 내부감사기능은 허용수준과 보고 기대치를 포함한 경영진에게 제공된 방향을 이
해하여야 한다.

□ 더 나가서, 내부감사기능이 지배구조 검증에 관련하여 수행하는 역할에 대한 이
사회의 기대치를 이해하는 것이 중요하다.

② 경영진의 리스크관리 프로그램 지원

□ 내부감사기능은 내부감사 활동을 관리하는 것과 비슷한 방식으로 관리하는 리스
크관리 프로그램에 대해 관리구조와 원리를 제공하는데 도움을 줄 수 있다.

□ 내부감사기능은 리스크와 내부통제 주제로 경영진과 종업원에게 교육을 시키는
데 도움을 줄 수 있다.

□ 조직적 그리고 부분적 리스크 사정은 내부감사기능에 의해서 촉진되거나 모니터
링 될 수 있다.

□ 지속적인 감독과 조언을 공식적(예 : 리스크관리위원회 설치)으로 또는 비공식적
(예: 정기적으로 경영진과 토론)으로 제공할 수 있다.

**③ 지배구조 검증활동을 적절히 포함하고 리스크관리 유효성에 대해 경영진 및 이
사회 에 주기적으로 정보공유를 허용하는 내부감사계획 개발**

외부기관의 검증활동은 통상적이지는 않으나 이사회에게는 중요할 수 있다. 독립된
외부감사인이 제공하는 증명의견은 법적 의무사항 또는 계약적 요구에 불과하더라도 ,
그러한 의견은 역시 재무적 보고 리스크를 완화시키기 위해 설계된 활동들의 유효성
에 관한 검증을 이사회 그리고 경영진에게 제공할 수 있다.

비슷하게, 제3자 컨설턴트는 특정된 리스크관리 활동에 관한 검증을 경영진 그리고

이사회에게 제공하기 위해 고용될 수 도 있다. 마지막으로 후원기관의 이익을 위해 법규 준수를 사정하는 법적인 감사인 들은 역시 경영진에게 여러 검증 유형을 제공할 수 있다.

내부 감사인이 수행하는 독립적인 검증활동은 경영진과 이사회가 지배구조와 리스크 관리 활동의 유효성을 모니터링 하는데 도움이 되는 유용한 정보를 제공한다.

Ⅴ 주요 국제기구의 기업지배구조 원칙

1. 「국제내부감사인협회(IIA)」의 지배구조 원칙[197]

세계 각국에는 그 나라마다 각각의 지배구조 원칙이 있으나, 세계적으로 광범위 하게 통용되고 있는 「국제내부감사인협회(IIA)」에서 일반적으로 정의하는 지배구조 원칙은 다음과 같다.

「국제내부감사인협회(IIA)」의 지배구조 원칙

① 적정하게 조직되고 제대로 기능하는 이사회를 보장.
　 그 이사회는 구성원 수가 적정하고, 적절한 이사회 하부위원회 구조를 가지고 있고, 회의 규정을 가지고 있으며, 조직의 일에 관하여 건전하고 독립적인 판단을 가지고 있다. 그리고 주기적으로 구성원을 재선임 한다.
② 이사회 구성원들이 적절한 자격과 경험 보유를 보장.
　 이사회 구성원들은 지배구조 활동에 있어서 그들의 역할을 명확하게 이해하고, 조직 운영의 건전한 지식을 가지고 있고, 그리고 독립적이고 객관적인 사고방식을 견지 한다.
③ 이사회가 독립적인 조사를 수행할 충분한 권한, 자금, 그리고 자원 보유를 보장.
④ 최고 경영진 및 이사회는 조직운영 구조에 대한 숙지 유지.
⑤ 회사 전체 성공과 개개인 공헌도의 측정과 관련하여 조직 전략을 명확하게 수립.
⑥ 전략을 달성하기 위해 회사가 지원하는 조직구조 구성(create).
⑦ 조직의 주요 활동 운영에 대한 감독 방침 수립.
⑧ 조직 전체에 대한 분명한 의무와 책임 라인 설정 및 집행.
⑨ 이사회, 경영진, 내부감사인, 독립적인 외부감사인 간의 효과적인 상호작용 보장.
⑩ 강력한 내부통제 확립, 유지 등 경영진의 안전하고 적절한 감독.

---

197) 국제내부감사인협회, 전게서, 3-15 ~ 3-16p, 김용범, 전게서, 도서출판 어울림, 2012., 115~116면.

⑪ 보상정책과 관행이 조직의 윤리가치, 목표, 전략, 통제환경 등과 일치하도록 명확화.

⑫ 조직 전체를 통한 윤리문화 및 조직가치 강화.

직원들이 보복의 두려움 없이 불만을 제기할 수 있을 뿐만 아니라 잠재적 이해충돌 을 모니터링 및 조사할 수 있어야 한다.

⑬ 내부감사인의 효과적 활용.

내부감사인은 독립성, 자원, 활동 범위의 적절성과 운영의 유효성을 보장해야 한다.

⑭ 리스크관리 방침, 프로세스, 책임의 분명한 정의 및 실행.

⑮ 독립적인 외부감사인의 효과적 활용.

외부감사인은 독립성, 적절한 자원과 활동범위를 보장하여야 한다.

⑯ 이해관계자들에게 주요 정보의 적절한 공시 (정보의 투명성).

⑰ 표준 혹은 베스트 프랙티스와 비교하여 조직의 지배구조 프로세스 공시.

⑱ 특수관계인과의 거래 및 이해관계가 충돌하는 상황에 대한 적절한 감독 보장 등.

2. 「경제협력개발기구(OECD)」의 기업지배구조 원칙[198]

1990년대 이후, 미국뿐만 아니라 영국, 독일, 프랑스 등 유럽 여러 나라, 또한 일본 등에서도 기업지배구조의 문제가 주목되기 시작하였다. 이런 도중에, 「경제협력개발기구(OECD)」는 1996년 각료이사회의 요청에 의해, 지배구조에 관한 경제자문그룹을 설치 하고, 국제적인 지배구조 문제에 개입하게 되었다. 미국·일본·유럽의 6명의 멤버로 구성된 경제자문그룹은 경영실무가에 의한 토론집회 등을 거쳐, OECD에 대한 "지배구조 : 글로벌시장에 있어서 경쟁력 향상과 자본참여"를 주제로 한 보고서를 제출하였다.

이와 같은 절차를 거쳐, OECD는 1998년 4월, 특별프로젝트 팀을 설치하여 '지배구조원칙'을 작성하는 임무를 맡고 1999년 5월 각료이사회에서 이것을 승인하였다. 이 원칙은 회원국을 구속하는 규범은 아니지만 국제적으로 통용될 수 있는 내용들을 담고 있기 때문에 상당한 영향력을 갖고 있으며, 특히 IMF와 세계은행이 OECD 기업지배구조 원칙을 회원국에 대한 정책권고의 준거로 활용하므로 OECD의 기업지배구조원칙은 사실상의 구속성을 가진다.[199]

OECD의 기업지배구조원칙은 기업경영의 효율성 제고 및 건전성 확보를 위해 여하히 지배구조를 구축하는 것이 바람직한가에 관한 모델 내지는 점검항목을 제시하고

---

198) 김용범, 전게서, 도서출판 어울림, 2012., 116~122면.
199) 이성봉·이형근, 「OECD 기업지배구조 원칙의 제정과 한국경제에 대한 시사점」, 대외경제정책연구원 보도자료, 1999., 표지면 참조, 김용범, 전게서, 도서출판 어울림, 2012., 117면.

있고, 특히 기업 이해관계집단의 권한과 책임의 공정 배분과 이에 대한 적정한 감시·견제의 확보를 주된 내용으로 하고 있다. OECD의 기업지배원칙은 주로 대규모의 공개회사를 적용대상으로 하고 있고, 소유와 경영의 분리를 전제로 하고 있으며, 회원국들에 공통적으로 적용할 수 있는 사항들을 모아 놓고 있다는 한계를 가지고 있다.

그렇더라도 OECD의 기업지배원칙은 각국 정부, 민간단체, 국제기구 등의 의견을 수렴하여 바람직한 기업지배구조의 형성을 위하여 필요한 요소들을 정리하였고, 회원국들의 지배구조에 관한 최근의 경향을 반영하고 있으며, 그리고 기업지배구조에 관한 유일한 국제규준인 점에서 우리 기업들의 지배구조구축에 많은 참고가 될 것이다.[200]

가. OECD의 최초 기업지배구조원칙

1995년 5월 OECD 각료이사회의 승인을 얻은 '기업지배구조원칙'으로서 OECD는 각국 정부와 민간 부분이 기준(벤치마킹)으로서 사용할 것을 기대하였다.[201] 이 원칙이 바람직스러운 지배구조의 유일한 모델은 아니나, 바람직한 지배구조에 공통되는 것은 주주의 이익을 최우선으로 한다는 전제에서, OECD는 ① 주주의 권리보호, ② 모든 주주의 공정한 대우, ③ 이해관계자의 권리 인식과 지배구조에의 참가, ④ 정보공개와 투명성의 확보, ⑤ 이사회의 책임이라고 하는 5개 원칙과 이것을 구체화하는 권고내용을 공시[202]하고 있다.

첫째, 주주의 권리보호원칙으로써 세부 내용은 ① 주주의 기본적 권리의 내용, ② 주주의 기업변화와 관련된 의사결정 내용, ③ 주주의 의결권 행사 원활화(대리의결권 인정), ④ 지분율을 초과하는 지배권의 원천에 관한 공시, ⑤ 기업지배권 시장의 투명하고 효율적 운영, ⑥ 의결권 행사의 비용·편익 고려 등 이다.

둘째, 모든 주주의 공정한 대우의 원칙으로써 세부 내용은 ① 동등한 부류의 주주에 대한 동등대우, ② 내부거래 및 남용적인 자기거래의 금지, ③ 이사, 경영진의 사적이해와 기업이해 관련 시 이의 공시 등 이다.

셋째, 이해관계자의 권리 인식과 지배구조에의 참가원칙으로써 세부내용은 ① 이해관계자의 법적 권리 존중, ② 이해관계자의 권리침해에 대한 적절한 보상, ③ 이해 관계자의 참여형태 제고, ④ 이해관계자의 참여 시 정보접근 허용 등 이다.

넷째, 정보공개와 투명성의 확보원칙으로써 세부내용은 ① 공시정보의 구체적 내용, ② 공시정보의 작성과 공시과정에서 국제적 회계 및 감사기준 적용, ③ 독립적 외부

---

200) 최성근, 「이사의 의무와 이사회의 책무에 관한 OECD 기업지배구조원칙과 상법관련규정 비교연구」, 한국증권법학회 증권법연구 제8권 제2호, 2007., 449면, 김용범, 전게서, 2012., 117면.
201) Wikimedia Foundation, Inc., 「위키백과」, 2012. 기업지배구조 용어 참조
202) 이성봉·이형근, 전게자료, 1면, 김용범, 전게서, 도서출판 어울림, 2012., 117면.

감사인에 의한 연차감사의 수행, ④ 정보접근 통로의 적절성 등 이다.

다섯째, 이사회의 책임원칙으로써 세부내용은 ① 이사회 구성원의 충실원칙, ② 이사회 구성원의 공정성(주주에 대한 동등대우), ③ 이사회의 준법성, ④ 이사회의 주요 감독기능, ⑤ 이사회의 경영진에 대한 독립성(사외이사 선임), ⑥ 이사회 구성원의 정보접근 확보 등 이다.

나. OECD의 제1차 수정 기업지배구조원칙[203]

OECD 기업지배구조원칙은 1999년 제정된 이후로 OECD 회원국가 뿐만 아니라 非 OECD국가의 기업지배구조 체계의 기초가 되었으며, 한편으로는 국제적인 기업지배구조의 표준원칙규범으로서 역할을 해왔다. 그러던 중 세계경제 환경의 변화와 더불어 미국의 엔론사건을 위시하여 여러 회계부정사건의 발생 등으로 기업지배구조와 관련한 새로운 문제점들이 다수 노출됨에 따라 기업지배구조의 개선 필요성이 국제적으로 대두되었다.[204]

기존 OECD 기업지배원칙을 더욱 발전시키고 세계 각국에 전파시키기 위하여 2002년 OECD 각료이사회에서는 OECD 회원국가의 기업지배구조 발전 현황을 조사하는 한편 非 회원국을 중심으로 하는 지역단위 라운드테이블을 개최하여 현황 조사결과와 경험들을 공유하고, 이를 바탕으로 기존의 OECD 기업지배원칙을 재검토하기로 결정하였다. 여기에는 세계은행(World Bank), 국제결제은행(BIS), 국제통화기금(IMF) 등이 참여하였고, 바젤 위원회(Basel Committee) 및 국제증권감독기구(IOSCO) 등이 옵서버로 동참하였다.

각료이사회의 결정에 따라 OECD는 기업지배구조원칙의 개정을 위하여 각국의 기업지배구조 전문가와 정책관련기관의 담당자들이 각각 소속국가를 대표하여 참여하는 기업지배구조조정위원회를 2002년에 소집하고, 이후 여러 차례 회의를 개최하여 원칙의 개정과 관련한 사항에 관하여 논의하고 합의점을 찾아가는 작업을 진행하였다. 최종적으로 2004년 1월 OECD의 개정원칙의 초안이 마련되었고, 각국의 유관기관과 전문가의 코멘트를 받아 2004년 5월 OECD 각료이사회에서 개정원칙이 채택되었다.

2004년 OECD 기업지배구조원칙 개정의 주요골자는 주주의 권리보호와 주주권의 기능 확대, 소수주주와 외국인 주주에 대한 평등대우 강화. 근로자의 감시기능 강화, 기업의 투명성 제고 및 이사회의 책임 강화였다. 그리고 2004년 OECD 기업지배구조원칙은 기존의 5개 항목에다 "효과적인 기업지배구조의 기본 틀을 마련하기 위한 기

203) 정재규, 「OECD 기업지배구조원칙의 개정」, BPL 제5호, 2004, 141~145면, 최성근, 「이사의 의무와 이사회의 책무에 관한 OECD 기업지배구조원칙과 상법관련 규정 비교 연구」, 한국증권법학회 증권법연구 제8권 제2호, 2007., 425~434면, 김용범, 전게서, 도서출판 어울림, 2012., 118~122면.
204) 정재규, 전게논문, 141면, 최성근, 전게논문, 430면

초의 확보" 항목이 추가되어 모두 6개의 항목으로 되어있다.[205)]

(1) 효과적인 기업지배구조의 기본 틀을 마련하기 위한 기초의 확보

기업지배구조의 기본 틀은 투명하고, 효율적인 시장을 촉진하며, 법원칙과 일치 하고 , 상이한 감독·규제 및 집행기관 간의 책임 분담을 명확하게 정하여야 한다.

효과적인 기업지배구조의 기본 틀

① 기업지배구조의 기본 틀은 전체 경제의 성과, 시장참여자들을 위한 시장의 완결성과 인센티브 및 투명하고 효율적인 시장의 촉진을 위하여 구축되어야 한다.

② 기업지배구조 관행에 영향을 미치는 법적·규제적 요건은 법원칙과 일치하고 투명하며 실행 가능한 것이어야 한다.

③ 상이한 정부기관 간의 책임 분담을 명확하게 규정하고 공공의 이익추구를 보장하여 야 한다.

④ 감독, 규제 및 집행기관은 전문적이고 객관적인 방식으로 자신들의 책무를 수행하기 위하여 권위와 완결성 및 자원을 가져야 한다. 나아가 이들 정부 기관의 결정은 적기 에 투명하고 충분하게 설명되어야 한다.

(2) 주주의 권리와 소유권의 주요기능

기업지배구조의 기본 틀은 주주들의 권리를 보호하고 주주권의 행사를 용이 하게 하여야 한다.

주주의 권리 보호 및 소유권의 주요 기능

① 주주의 기본적인 권리에는 소유권 등록 보장, 주권의 양도 또는 이전, 회사에 관한중요한 정보의 입수, 주주총회 참석. 의결권 행사, 이사회의 선임·해임, 이익 분배권 등이 포함되어야 한다.

② 주주는 회사의 정관 등 변경, 신주발행의 수권 및 사실상 회사의 양도 등과 같은 회사에 관한 근본적인 사항을 변경하는 결정에 참여하고 정보를 충분 하게 제공받을 권리를 가져야 한다.

③ 주주는 주주총회에 유효하게 참석하고 의결권을 행사할 수 있는 기회를 가져야 하며, 의결절차를 포함하여 주주총회에 관한 규칙에 대하여 정보를 제공받아야 한다.

④ 특정한 주주가 소유주식에 상응하지 아니하는 지배권을 보유하도록 하는 자본구조와 약정은 공시되어야 한다.

---

205) 최성근, 전게논문, 430면, 정재규, 전게논문, 142면

⑤ 기업지배권시장은 효율적이고 투명하게 작동되어야 한다.

⑥ 기관투자자를 포함한 모든 주주의 소유권 행사는 용이하여야 한다.

⑦ 기관투자자를 포함한 주주는 남용되지 아니하는 범위 내에서 기업지배구조 원칙에서 정하고 있는 주주의 기본적인 권리에 관한 사항들에 대하여 상호 협의할 수 있어야한다.

(3) 주주에 대한 평등한 대우

기업지배구조는 소수주주와 외국인 주주를 포함하여 모든 주주의 평등한 대우를 보장하여야 하며, 모든 주주에게 권리침해에 대한 효과적인 구제를 받을 기회를 가져야 한다.

주주에 대한 평등대우 및 이해상충 방지

① 동일한 종류의 주식을 소유한 주주는 모두 평등한 대우를 받아야 한다.

② 내부자 거래와 자기거래의 남용은 금지되어야 한다.

③ 이사와 주요 임원은 회사에 직접 영향을 미치는 거래 또는 사안에 직·간접으로 또는 제3자를 위하여 중대한 이해관계를 가지는 경우에는 이들을 이사회에 보고 하여야 한다.

(4) 기업지배구조에서의 이해관계자의 역할

기업지배구조의 기본 틀은 법률에 의하거나 상호약정을 통하여 확립된 이해 관계자의 권리가 존중되어야 하며, 부와 고용창출 및 재무적으로 건전한 기업의 유지를 위하여 회사와 이해관계자 간의 적극적인 협력을 장려하여야 한다.

기업지배구조에서의 주요 이해관계자 역할

① 법률에 의하거나 상호약정을 통하여 확립된 이해관계자의 권리는 존중되어야 한다.

② 이해관계자의 이익이 법률에 의하여 보호되는 경우, 이해관계자의 권리는 존중 되어야 한다.

③ 근로자의 참여를 통한 성과제고체제가 발전될 수 있도록 하여야 한다.

④ 이해관계자가 기업지배구조 관련 의사결정에 참여하는 경우 신뢰성 있는 관련 정보를 수시 또는 정기적으로 충분히 제공해야 한다.

⑤ 개개의 근로자와 그 대표기구를 포함한 이해관계자는 불법적이거나 비윤리적인 관행에 대한 우려를 이사회에 자유롭게 전달할 수 있어야 하고, 이로 인하여 불이익을 받아서는 안 된다.

⑥ 기업지배구조의 기본 틀은 효율적인 도산제도와 효과적인 채권자의 권리 실행에 의하여 보완되어야 한다.

(5) 공시와 투명성

기업지배구조의 기본 틀은 기업의 재무상태, 영업성과, 소유 및 지배권 등에 관한 모든 중요정보를 적시에 정확하게 공시하는 체제를 갖추어야 한다.

기업의 중요 정보에 대한 적시 공시 및 투명성

① 공시는 최소한의 회사의 재무와 영업의 성과, 주요 주주의 소유권과 의결권, 이사와 주요 임원에 대한 보수 정책과 자격. 선임 절차, 특수관계인과의 거래, 기업지배구조의 체계와 정책 등과 같은 중요한 정보를 포함하여야 한다.

② 정보는 높은 수준의 회계, 재무 및 비재무 공시기준에 따라 작성. 공시되어야 한다.

③ 연차회계감사는 재무제표가 회사의 재무상태와 업무성과를 공정하게 반영하고 있다는 외부의 개관적인 보증이 이사회와 주주에게 제공되도록 하기 위하여 독립적이고 유능하며 자격있는 외부감사인에 의하여 수행되어야 한다.

④ 외부감사인은 주주에게 보고할 의무가 있고 감사업무를 수행함에 있어 회사에 대하여 적정한 직업상의 주의를 기울일 의무가 있다.

⑤ 정보전달경로는 이용자가 평등하게 적기에 적은 비용으로 관련 정보에 접근할 수 있도록 하여야 한다.

⑥ 기업지배구조의 기본 틀은 투자자의 의사결정에 적절하고, 분석 또는 조언의 성실도를 낮출 우려가 없으며 그리고 중대한 이해관계의 충돌이 없는 분석가, 중개인, 평가기관 등에 의한 분석 또는 조언에 관한 규정이 도입되어야 한다.

(6) 이사회의 책임

기업지배구조의 기본 틀은 회사의 전략지침, 이사회의 효과적인 경영감독 및 회사와 주주에 대한 이사회의 책무를 정립하여야 한다.

이사회의 주요 책임

① 이사는 충분한 정보를 가지고 신의칙과 성실의무를 바탕으로 하여 회사와 주주에게 최선의 이익이 되도록 행동하여야 한다.

② 이사회의 결정이 주주집단에 따라 다른 영향을 미치게 되는 경우 이사회는 모든 주주를 공정하게 대우하여야 한다.

③ 이사회는 고도의 윤리기준을 준수하여야 한다. 그리고 이사회는 이해관계자의 이익을 고려하여야 한다.

④ 이사회는 기업전략 및 주요 활동계획 등 수립, 기업지배구조의 감시 및

개선, 주요임원의 선임·보상 및 감시, 회사 및 주주의 이익과 보수의 연계, 공정한 이사의 지명 및 선임 절차의 보장, 경영진·이사와 주주 간의 이해상충 조정, 회계·재무의 보고 및 관리시스템의 신뢰성 보장, 투명한 공시 및 정보 전달과정 보장 등의 기능을 수행한다.

⑤ 이사회는 회사의 업무에 대하여 객관적이고 독립적인 판단을 내릴 수 있어야 한다.

⑥ 이사는 책임을 완수하기 위하여 정확한 관련정보에 적기에 접근할 수 있어야 한다.

다. OECD의 제2차 수정 기업지배구조원칙[206]

OECD 기업지배구조위원회(Corporate Governance Committee, 이하 '위원회'라 한다)는 지배구조 실태 및 법제적 추세를 반영하여 2014년 3월부터 OECD 원칙의 2차 개정안에 대해 논의를 시작하였다.

2014년 3월부터 2015년 3월까지 OECD 회원국 대표를 중심으로 초 4차에 걸쳐 회의를 진행하면서 의견수렴 및 문언조정 과정을 거쳐 2015년 9월 중순 원칙 개정안을 확정 하여 발표하였다. 이번 지배구조원칙 개정안의 가장 큰 특징은 2015년 9월 G20와 공동으로 원칙 개정안을 추인하여 발표하였다.

OECD 기업지배구조 원칙은 전문(About the principle), 본문(Principle), 주석(Annotation)으로 구성되며, 본문에서는 기업지배구조 프레임워크, 주주의 권리, 기관투자자, 이해관계자의 역할, 공시 및 투명성, 이사회의 책임 등 6가지 핵심사항을 규정 하였다. 특히 기관투자자의 역할을 중시하여 기관투자자의 관련된 장을 새로이 신설하였다.

그 외에도 2015년 개정에서는 회사의 주요 공시사항을 확인하면서 특히 비재무정보의 공시에 관하여 강조하고 있는데, 즉, ① 기업의 재무 및 경영성적, 기업 목표, 非재무정보, 이사회 및 경영진의 보수 및 특수관계자와의 거래 등의 중요사항에 대하여 공시할 것과 ② 그 밖의 비재무정보의 공시도 권고 하고 있음이 특색으로 볼 수 있다.

또한 이사회의 역할과 책임에 대해서도 추가적인 가이드를 제공하고 있는데, 이번 개정에서는 위험관리, 세무계획, 내부감사와 관련한 이사회의 역할을 추가하면서 동시에 새로 이사회 구성원에 대한 교육 및 적격성 평가와 추천후보의 검증 책임 그리고 보상, 감사, 위험관리 등에 관한 특별 위원회를 설치할 것을 권고하고 있다.

즉, 이사회의 기본적인 기능은 회사의 경영전략, 주요한 행동계획, 위험관리방침의 책정, 업적목표 등의 설정 등이 되며, 이외에 새로운 역할로서 위험관리와 보수에 관한 감사기능의 강화를 위하여 특별위원회의 설치와 위험관리에 대한 보고체계의 강화 및 세무계획의 감독 등도 권고하고 있는 것이다.[207]

---

206) 윤승영·정재규, 「G20/OECD 기업지배구조원칙 개정의 특징」, ESG Focus 2016-01. 1~12면.
207) 안수현, 「시장규율 강화를 통한 지배구조 개선」, 「기업지배구조 모범규준」 개정을 위한 공청회 및

OECD의 제2차 수정 기업지배구조 원칙(요약)

(1) 실효성 있는 기업지배구조 체계의 구축

(가) '공정한 시장'(fair market)과 '효율적인 감독과 집행'(effective supervision and enforcement)을 강조

(나) 모범규준과 '원칙준수·예외설명' 방식의 도입

기업지배구조 모범규준과 같은 연성법(soft law)의 '원칙준수·예외설명' 방식을 통해 서 기업지배구조 체계의 입법과 규제가 각 기업의 특성에 맞게 유연한 방식으로 집행 될 수 있음을 강조.

ㅇ 특정 회사, 투자자 혹은 이해관계자에게는 합리적으로 적용될 수 있는 방식이 다른 환경이나 상황에 놓여있는 기업, 투자자 및 이해관계자에게는 일반적으로 적용되지 않을 가능성 존재.

(다) 효과적인 지배구조 체계 정립을 위한 수단

특정 국가에서는 효과적인 기업지배구조 체계 정립을 위해서 원적으로 건전한 기업 지배구조의 장점을 기업과 이해관계자들에게 알리는 것이 필요.

(라) 유연한 기업지배구조 체계

기업지배구조 체계는 상장회사의 규모 등과 같은 비례성을 고려.

ㅇ 기업지배구조의 유연성과 관련하여 고려되어야 할 요소는 기업의 지분 및 소유구조, 기업의 등록지, 산업분야, 기업의 성장단계 등.

(마) 지배구조 개선을 위한 법의 집행

공적 규제기관은 부정한 행위를 억제하고 건전한 기업지배구조를 정립하기 위해서 효율적인 집행제도와 제재수단을 마련.

이러한 법의 집행은 공적 규제기관 뿐만 아니라 소송과 같은 사적구제를 통해서도 이루어져야 하며, 공적 집행과 사적 집행의 효율적인 조화는 각 국가의 특수한 상황 에 따라 추진.

(바) 기업지배구조의 공공성

사회적 책임 부분에서 인권과 환경법을 준수해야 한다는 점을 강조.

(사) 집행기관의 역할

동일 기관이 영리활동과 제재권한을 동시에 수행하는 것과 같은 잠재적인 이해상충이 내재되어 있는 구조는 지양되거나 명확한 역할 구분이 필요.

규제 및 감독에 관한 책임이 비정부기관에 위임된 경우, 정부기관은 위임기관이 공정 하고 일관되게 법률에 따라서 맡은 바 책임을 수행할 수 있도록 효과적인 보완 장치 마련.

정책 토론회, 2016. 4. 18. 35면.

(아) 주식시장의 역할

주식시장은 상장기업들의 효과적인 지배구조를 증진시킬 수 있는 요건
들을 마련하고 집행함으로써 지배구조를 강화할 수 있는 중요한 역할
을 담당.

이러한 측면에서 상장규정은 지배구조체계에서 매우 중요한 요소.

흔히 '증권거래소'라 통칭되는 기관의 형태는 매우 다양.

특정한 형태를 불문하고 정책 수립 및 규제기관은 증권거래소 및 기타
거래 기관의 적절한 역할과 기업지배구조 법규의 기준설정, 감독 및
집행을 평가 가능.

(자) 독립적이고 책임 있는 규제·감독·집행기관

규제·감독·집행기관이 각자의 역할과 임무를 독립적이고 책임 있게
수행.

ㅇ 역할을 수행하고 권한을 이용하는 과정에서 충분한 권위와 적절한 자
원, 능력을 확보.

ㅇ 많은 국가에서 공적인 기능을 담당하는 위원회를 구성하여 증시 감독
기구의 독립성 을 확보.

(차) 양자 및 다자간 정보 교류를 통한 국제 공조의 강화

여러 국가에서 상장 혹은 비상장 형태로 사업을 영위하는 국제 기업과
복수 국가의 주식시장에 교차 상장된 기업들이 증가하면서 지배구조
측면에서 국제적인 공조가 더욱 중요.

(2) 주주의 권리 및 공평한 대우와 주요 소유권 기능

(가) 개정 Chapter Ⅲ에 있던 주주의 공평한 대우(The equitable treatment
of shareholders) 부분을 Chapter Ⅱ로 병합

(나) 주주 투표권의 확대

이사 선임·주요 임원의 보수, 주요 이해관계자거래 등에 대해서도 주
주가 직접적으로 의견을 표명할 수 있는 기회가 점차 확대.

전자투표, 전자위임장 및 신뢰할 만한 투·개표 시스템 확보를 권고.

사외이사 후보들의 겸직에 관한 정보를 투명하게 공개.

이사들과 주요 경영진에 대한 보수 및 보수 정책을 명확히 공개.

ㅇ 보수 정책에 대한 주주들의 의향을 전달하는 과정에서 'say-on-pay'
는 매우 중요한 수단.

ㅇ 기존 보수정책을 수정하기 전에는 반드시 주주의 승인 필요.

ㅁ 자기주식이나 자회사가 보유한 지분의 의결권은 제한.

(다) 주주간의 대화 및 협력

규제당국이 주주간의 협력과 협의를 증진시키기 위한 가이드라인을 제
정하는 것이 바람직.

(라) 재무구조

재무구조에 관한 투명한 공개는 주주와 잠재적인 투자자들이 보다 충실한 정보를 바탕으로 투자를 결정할 수 있도록 하는 중요한 요소.

(마) 이해관계자간의 거래

이해관계자간의 거래는 이해상충이 적절히 관리되고 이사와 주주들이 이익을 보호할 수 있는 범위 내에서 승인 및 거래.

이해관계자간 거래에 내재되어 있는 이해상충 우려는 반드시 공개.

ㅇ 소유가 집중된 지배구조를 가진 기업의 경우 이해관계자간 거래의 잠재적인 남용의 위험이 높으나 이를 무조건적으로 금지하는 것은 非 바람직한 대안.

ㅇ 적절한 감시와 공시를 통해서 이해관계자간 거래가 명확하게 공개되는 것이 바람직.

ㅇ 기업의 수익과 비용의 상당 부분이 이해관계자간 거래에서 발생할 경우에는 더욱 상세하고 명확한 공시가 필요.

효율적인 감독 및 공시 시스템은 이해관계자간 거래의 부작용을 현저히 감소.

ㅇ 이를 위해서 이해관계자간 거래의 정의를 보다 명확히 할 필요.

이해관계자간 거래의 승인은 사외이사의 역할이 매우 중요.

ㅇ 때로는 이해관계 있는 주주가 배제된 주주들의 승인이 필요.

(바) 소수주주의 보호 장치

소수 주주들이 지배주주 혹은 경영진의 전횡을 직접적으로 고발할 수 있는 정부기구의 설치를 권고.

소수주주들의 집단소송 등을 지원하기 위한 투명한 정보공개 시스템 마련 필요.

합병이나 기업구조조정에 반대하는 주주들을 위한 투자회수 장치 마련 필요.

(3) 기관투자자, 주식시장, 그리고 유관기관

(가) Chapter Ⅲ은 이번 2015 G20/OECD 지배구조원칙에서 새롭게 편성된 장 기업지배구조에서 더욱 중요해지고 있는 기관투자자들의 역할을 설명.

(나) 기업지배구조 체계는 투자의 전 과정에서 건전한 유인을 제공해야 하고, 주식시장이 보다 바람직한 기업지배구조 형성에 기여할 필요

(다) 지배구조의 규제는 기업이 활동하는 실제 경제흐름을 반영

현실에서 기업의 지배구조 또는 소유구조가 기업의 성과에 대한 실질 주주들의 소득과 는 不比例.

ㅇ 투자구조가 때로는 길고 복잡하며, 회사와 실질 주주들 사이에 다수의 중개자들이 존재.

독립된 의사결정 주체로서 중계기관은 지배구조에 관여할 수 있는 유
인과 능력을 보유.

(라) 기관투자자 들이 다양한 방법으로 지배구조 개입

의결권 행사를 통해 주주행동주의가 전형적인 주주관여형태.

근래 들어 보다 적극적인 주주관여 전략을 사용하고 있으며, 때로는 보
다 적극적인 주주관여가 필요한 투자자들과 고객들에게 권유.

(마) 기관투자자들은 지배구조에 대한 정책 및 의결권행사 가이드라인 공개

주주총회에서 의결권 행사가 가장 직접적인 주주관여 수단.

ㅇ 최근 이사회와의 면담 등 다른 형태의 주주관여도 증가하는 추세.
다수 국가들이 이러한 주주관여를 체계화한 일명 스튜어드쉽 코드('stewardship
code')[208]의 도입을 고려하거나 이를 도입.

적극적인 주주관여를 하고 있는 기관투자자들은 자신의 고객들에게 주
주관여 정책을 투명하게 공개.

(바) 지배구조와 자문기관

주주총회에서 기관투자자들의 의결권 행사에 자문을 하는 의결권 자문
기관이 대표적.

ㅇ 때로는 의결권 자문기관이 지배구조와 관련된 자문서비스를 기업에 제공.

ㅇ 자문서비스를 제공하는 경우에는 이해상충의 우려 상존.
지배구조 자문기관 들 – 애널리스트, 증권브로커, 신용평가기관과 의
결권 자문기관–의 중요성을 감안할 때, 지배구조 시스템은 이러한 자
문기관들의 신뢰성을 증진시킬 능력 보유.

ㅇ 의결권 자문기관은 의결권 권고 내용을 뒷받침할 수 있는 절차와 방법
론에 대해서시장과 고객들에게 투명하게 공개할 필요.

(사) 주식시장의 국제화와 교차상장

최초 등록된 국가 이외의 국가에서 상장된 기업은 동 기업에 적용되는
지배 구조관련법과 규칙을 투명하게 공개.

ㅇ 이러한 경우, 투자자들의 입장에서는 어떠한 국가의 지배구조관련 규
정이 적용되는 지에 대한 혼란 가능성 존재.

---

208) 스튜어드십 코드는 연기금과 자산운용사 등 주요 기관투자자들의 의결권 행사를 적극적으로 유도하
기 위한 자율지침이다. 서양에서 큰 저택이나 집안일을 맡아 보는 집사(스튜어드)처럼 기관들도 고객
재산을 선량하게 관리해야할 의무가 있다는 뜻에서 생겨난 용어이다. 기업들의 배당 확대와 지배구조
개선을 통해 주주 이익을 극대화 하자는 차원에서 영국이 2010년 가장 먼저 도입했다.

ㅇ 특히, 소액주주들에게는 주주총회와 절차 및 장소와 관련하여 매우 중요한 문제.

ㅇ 현재 적용되는 주요 지배구조 규정이 다른 거래소의 상장규정에 해당될 경우, 반드시 차이를 명시.

교차상장의 경우에는 주된 상장규정을 준수하는 절차와 기준이 투명하게 공개되고 기록.

ㅇ 주로 2차 상장의 경우에는 주된 상장거래소의 지배구조관련 상장규정을 따르는 것을 근거로 현지 상장규정 적용을 면제.

ㅇ 교차상장에 적용되는 규칙과 절차 및 적용이 면제되는 2차 상장규정도 명확하게 공개.

주식시장은 공정하고 효율적인 가격예시를 제공하여 효과적인 지배구조 형성을 도모.

ㅇ 효과적인 지배구조란 주주들이 기업의 전망과 실적에 관한 시장정보의 비교를 통해서 기업의 투자를 감독 및 평가할 능력 보유.

ㅇ 주주들이 이러한 방식이 장점이 있다고 믿으면, 주주관여 등을 통해 기업 활동에 보다 적극적으로 개입하거나, 보유주식의 처분 또는 보유자산 내에서 회사 주식을 재평가.

ㅇ 시장 정보의 수준과 접근성은 주주들의 권리행사에 있어 매우 중요.

(4) 이해관계자의 역할

(가) OECD 다국적기업 가이드라인의 역할

이해관계자의 권리에 관련한 규정이 제대로 정립되지 않은 국가에서는 OECD 다국적 기업 가이드라인의 활용을 권고.

(나) 근로자의 참여

국제협약과 각국의 규범을 통해서 이해관계자로서의 정보접근, 자문 그리고 협상에 대한 근로자의 권리를 인정.

(5) 공시와 투명성

(가) 중요한 정보

중요한 정보는 합리적인 투자자가 투자 혹은 의결권을 행사함에 있어서 중요 하다고 고려할 수 있는 정보라 정의.

(나) 비재무적 정보의 공시

기업은 경영과 관련하여 중요한 사회적 이슈 및 인권과 관련한 기업정책을 공시.

다수의 국가에서 대기업의 사업보고서에 이러한 정보를 의무적으로 공시할 것을 요구하고 있으며, 많은 기업들이 비재무적정보를 자발적으로 공시.

투자자들은 회사 자산의 이용에 대한 이사와 경영진의 책임감을 유지할 수 있도록 다른 경로를 통해서 확인하기 힘든 정치적 목적의 기부에 대해서도 공시할 것을 요구 가능.

○ 몇몇 국가에서는 대기업들에게 기부액 또는 정부에 지급한 금액 등을 활동과 국가별 로 구분하여 자세한 내역을 공시하도록 의무화.

(다) 이해관계자거래

이해관계자거래를 판단하기 위한 중요성('materiality') 기준이 정립되지 않은 국가의 기업은 중요 이해관계자거래를 판단하는 기준과 정책을 공시.

국제회계기준에 수용된 이해관계자의 정의가 유용한 참고가 되지만, 기업지배 구조체계는 모든 이해관계자가 적절히 확인되고, 특정 이해관계자가 존재 하는 경우에는 자회사의 중요한 거래는 반드시 공개할 필요.

보다 유용한 정보공시를 위하여, 몇몇 국가에서는 이해관계자거래를 중요도와 상황에 따라서 구분.

○ 정기적인 공시에 반영되는 반복적인 거래를 제외하고는 중요한 거래는 상시적으로공시.

효율적인 공시를 위해서 주로 양적인 기준을 바탕으로 공시하는 것이 바람직 하나, 동일한 이해관계자와의 거래를 나누는 방식을 통해서 공시를 회피하는 것은 곤란.

(라) 이사회 의장과 최고경영자 겸임

기업은 이사회 의장과 최고 경영자의 상이한 역할과 책임에 관하여 공시.

○ 1인이 두 직책을 겸임할 경우에는 그 이유를 설명.

정관 및 이사회 운영규정 등을 공시하여야 하고, 이사회 내 위원회의 운영 규정 및 조직도를 공시하는 것이 바람직.

(마) 외부 감사

몇몇 국가에서는 기업지배구조에 대한 내용을 외부감사가 보고할 것을 요구.

○ 국제회계감독기구 포럼 핵심원칙에 부합하는 외부감사 감독기관 지정은 외부감사 수준을 높이기 위한 중요한 요소.

(바) 정보의 제공

기업은 자체 웹사이트를 통해 시의적절하고 충분한 정보를 제공.

IOSCO[209]의 상장회사의 정기공시 원칙(Principles for Periodic Disclosure by Listed Entities)이 상장기업의 정기공시에 관한 지침.

---

209) 국제증권관리위원회기구(International Organization of Securities Commissions)이다. 증권거래의 규제·감독에 관한 다국간 국제협력문제를 검토하는 기구이다. 모두 8개 분과 위원회로 나뉘어 있으며, 증권거래의 국제화에 수반되는 규제·감독상의 문제, 특히 내부자거래, 증권사 자기자본 규제문제를 다루고 있다.

(6) 이사회의 책임

(가) 보다 높은 윤리기준의 적용

보다 많은 국가들이 이사회가 재무계획 및 세제전략을 감독할 것을 요청.

ㅇ 세금회피 등은 회사와 주주에게 장기적으로 이익이 되지 않고, 법적인 위험과 대외 신인도 하락을 야기할 수 있는 행위.

(나) 상여금 및 보수 환수조항

상여금 및 보수 환수조항을 도입하는 것이 바람직.

ㅇ 환수조항은 경영진이 부조리한 행위를 하였거나 유사한 사항(가령, 재무공시규정에 대한 중대한 미준수를 이유로 재무제표를 다시 작성할 것을 요구)에서 회사가 보수의 지급을 중지하거나 환수할 수 있는 권한이 있음을 의미.

(다) 이사후보추천위원회

이사후보추천위원회는 회사가 원하는 이사후보를 발굴하고 주주들에게 제안 해야 할 책임 부담.

주주에 의해 추천된 후보를 검증해야할 책임도 부담.

(라) 리스크 관리

이사회는 효과적인 리스크감독을 위한 방안을 마련하는데 주도적 역할 담당.

ㅇ 금융회사 뿐만 아니라 복잡하고 큰 규모의 리스크(재무적, 비재무적 리스크를 모두 포함한)를 가지고 있는 기업은 리스크 관리와 관련하여 이사회에 직접 보고하는 시스템이 필요.

기업은 효율적인 내부통제장치를 마련해야 할 의무.

ㅇ 기업 윤리 및 컴플라이언스 프로그램, 법령이나 규칙(OECD 반부패 협약이나 이와 유사한 조약에 의한 뇌물을 수수한 외국 관료를 처벌할 수 있는 법규가 이에 해당)을 준수하도록 하는 장치를 반드시 마련.

ㅇ 컴플라리언스 프로그램에는 세금, 인권, 환경, 사기행위와 자금세탁 등과 관련된 사항도 포함.

ㅇ 컴플라이언스의 범위는 자회사뿐만 아니라 대리인, 자문회사, 하도급 업자 및 조인트 파트너 등에 까지 확대 가능.

(마) 사외이사

경영진과의 이해상충 여지가 있을 경우, 선임 사외이사의 임명이 바람직.

몇몇 국가에서는 사외이사들만으로 구성된 정기적인 회의를 요구.

(바) 이사회 내 위원회

이사회의 역할과 기능을 지원하기 위한 감사위원회, 리스크관리 위원회, 그리고 보상위원회와 같은 이사회 내 위원회를 갖추는 것이 바람직.

감사위원회는 내부통제시스템을 감독.

ㅇ 부가적인 위원회를 설립할 경우, 감사위원회의 과중한 업무부담을 경감.

(사) 이사회는 이사들의 활동을 정기적으로 평가

이사회 활동 및 이사 각자의 역량을 증진시키기 위해서 많은 국가들이 이사 들의 교육이나 자발적인 평가를 시행.

ㅇ 특히 대기업의 경우에는 평가의 객관성을 높이기 위해서 외부기관에 의한 이사회 평가를 시행.

(아) 이사의 자격

이사들은 그 직무를 수행하기 위한 합당한 자격 및 능력을 보유.

ㅇ 이사회 구성원에게 관련 법규, 규칙 그리고 변화하는 업무 환경 및 리스크에 적절히 대응할 수 있도록 하기 위한 내·외부 교육이 필요.

(자) 이사회 다양성

집단사고를 지양하고 이사회 내 다양한 토론이 이루어질 수 있도록, 이사회는 구성원 의 배경과 능력을 적절히 융화시킬 수 있는지를 고려.

각국은 이사회 및 고위 임원진의 성별 다양화를 위한 자발적인 기준, 공시 규정, 구성원 할당, 그리고 주주 제안 등과 같은 여러 방안을 고려.

(차) 근로자 대표의 이사회 참여

근로자 대표의 이사회 참여가 법제화된 국가나 이를 도입한 경우, 이사회의 독립성 및 권한 그리고 정보를 최대화할 수 있는 방향으로 운영.

근로자 대표도 다른 이사회 구성원들과 동일한 의무와 책임이 있으며, 회사의 이익을 위해서 행동할 의무.

근로자 대표제도는 대표의 정보, 교육, 전문지식 및 최고경영자와 경영진으로 부터의 독립성을 활성화할 수 있는 방식으로 운영.

투명하고 적절한 임명절차를 거쳐야 하고, 비밀유지의무가 보장된다는 전제 하에 다른 근로자에게 정기적인 보고 권한과 이해상충을 관리할 수 있는 명확한 절차확보 필요 등.

Ⅵ 주요 선진국의 기업지배구조[210]

기업지배구조에 관한 논의는 사실상 주식회사가 등장하면서부터 시작되었다고 보아도 과언이 아니다. 다수의 사람들로부터 자금을 조달하여 대규모 기업을 설립 함에 따라 소유와 경영의 분리문제가 제기되면서 기업지배구조 문제의 발생은 필연적이었다고 할 수 있다.

주요국들의 기업지배구조는 소유구조와 자본시장의 발달정도에 따라 많은 차이를 보이고 있다. 미국과 영국의 경우 자본시장이 고도로 발달되어 있고 이를 바탕으로 광범위하게 주식의 소유분산이 이루어진 가운데 소유와 경영이 분리된 전문경영인 체제가 형성되어왔다.

한편, 일본, 독일의 경우 자본시장의 발달은 상대적으로 취약하고, 기업간 상호출자와 장기의 안정적 주주들이 많은 가운데, 소유와 경영이 분리된 전문경영인체제를 형성하고 있다. 아래에서는 주요 선진국의 기업지배구조에 대하여 살펴보고자 한다.

1. 미국

20세기 초반까지 미국의 기업소유구조는 다른 나라들과 별다른 차이가 없었다. 거대한 금융기관과 재벌가문이 미국의 거대 성장기업의 지분 중 큰 부분을 차지하고 있었다. 이들은 이것을 기반으로 기업의 경영진을 모니터링하고 선택하고 교체하면서 기업의 방향을 결정하고 있었다.

미국에서 지배구조에 관한 관심은 1912년에 시작된 연방의회의 푸조위원회 조사에서 출발한다. 당시 막강한 금융자본의 산업지배와 그로 인한 폐해가 제기되어 모간(J.P. Morgan) 일가가 의회의 청문회에 출석하기에 이르렀는데, 기업지배구조를 연구하는 전문가들은 모건 부자의 의회 출석이 기업지배구조 연구의 효시라고 꼽고 있다.

푸조위원회 조사는 그간 독점금지법의 선구자적 역할을 한 「셔먼 반독점법(Sherman Antitrust Act)」으로는 기업 활동 및 지주회사 등 새로운 형태의 독점을 방지할 수 없어 차별가격, 배타조건부 거래, 지주회사 조직에 의한 실질적 기업 활동, 임원 겸임을 금지하는 1914년 크레이튼법(Clayton Act)을 제정하기에 이르렀다.

1930년대에 들어서 미국 주요 기업들의 지분은 광범위하게 분산되고, 이들 기업은 전문경영인에 의해 지배되었다. 즉, 20세기 초의 기업은 오너의 수단이었고, 그들 인격의 표현이었다. 2004년 미국의 200대 상장기업 중에서 포드자동차를 제외하고는 오너가족이 대기업을 지배하고 있는 경우는 찾을 수 없다.

---

210) 최완진, 「기업지배구조법 강의」, 한국외국어 대학교 출판부, 2011., 8~15면 참조 및 인용

한편, 2001년 12월 2일 미국에서는 이른바 신경제의 총아로 각광받던 시가총액기준 미국 7대 기업 엔론(Enron)이 우리 돈으로 약 48조 원의 부채를 지고 파산신청을 하게 되어 기업지배구조는 다시 한 번 전 세계적인 관심을 끌게 되었다.

엔론사태는 미국 역사상 최대 규모의 기업파산 사건으로서 소유와 경영이 분리된 미국 대기업들이 안고 있는 경영자통제 문제의 전형을 적나라하게 보여주었고 각종 불법 내부 거래가 낱낱이 밝혀졌다. 3천개가 넘는 조세피난처의 페이퍼 컴퍼니들을 통해 이루어진 복잡한 외부거래들이 그를 상징한다. 수많은 투자자들이 손실을 입었으며 엔론사건과 거의 동시에 발생한 일련의 회계부정, 기업 내부거래 사건들로 인해 미국의 자본주의를 지탱 해 온 시장 시스템은 국민들로부터 전반적인 신뢰를 상실 하게 되었다.

월드컴(worldcom)도 2002년 사상 최대 규모 회계부정 사건에 연루되었는데 이 회사의 CEO는 이사회를 명목상의 기구로 전락시키고 황제적 지위에 올라 회사의 재산을 거의 개인 재산과 같이 운영하고 회계분식으로 그를 은폐하였다. 이 회사의 CEO는 회사로부터 약 4억불의 차입을 하였고, 회사가 그 이자비용을 지불하였으며 이 자금은 그들의 심복들을 위해 임의로 사용되었다. 「회계개혁법(Sarbanes-Oxley Act of 2002)」은 이러한 배경 에서 등장하였다.

미국에서는 각주의 「회사법」에 준거하여 주식회사가 설립되기 때문에 그 경영관리기구도 당연히 州의 「회사법」에 의해 규제되고 있다. 다수의 州會社法은 「미국법률가협회(ABA)」가 작성한 「모범사업회사법」에 의거하여 제정되고 있으므로 미국의 회사 업무 집행체제는 공통된 특징이 있는데, 그것은 이사회가 회사의 업무집행에 관한 일반적인 권한을 가지는 것이다.

그러나 실제의 업무집행 행위는 이사회가 임명한 사장, 부사장, 재무이사 등의 집행임원에게 위임되고 이러한 이사회제도는 각주의 회사법이 규정하는 것이지만 「회사법」상 이사의 권한과 의무에 관하여는 전혀 규정하고 있지 않다. 그것은 통상 회사의 부속정관과 이사회의 결의로 규정되고 있으며 원칙적으로는 사장이 최고 집행임원 으로서 업무집행임원들의 업무집행활동을 총괄한다.

경영관리기구는 이사와 임원이 분리되어 있으며, 이사회와 별개로 독립된 감사제도는 두지 않고 이사회에서 업무집행기능과 감독기능을 통합하여 운영하는 일원적 경영관리구조를 가지고 있다. 최근에는 이사회 기능이 세분화되어 업무집행 등에 대한 의사결정은 집행위원회에 맡기고, 이사회는 업무집행감독기능만을 하는 것으로 변화하고 있다.

미국의 경영기구는 경영자인 CEO를 중심으로 한 경영진과 경영 집행자를 보좌하고 감독하는 외부인 들로 구성된 이사회가 분리되는 체제를 지니고 있다. 이사는

Advisor에 불과하고 당해 사무 전문가도 아니다. 즉, 제3자적 입장에서 경영진이 제시한 사업계획서에 대해 일반적이고 상식적인 질문을 하여 필요한 정보를 입수하고 오류나 모순은 없는지, 절차가 제대로 진행되었는지를 검토하는 것이 그의 임무이다.

2. 독일

미국과 비교하여 독일의 지배구조의 특징은 주주뿐만 아니라 종업원과 채권자 등 여타 이해관계자를 중시하고 있고, 이러한 이해관계자 지배구조의 특징은 공동결정으로 집약되는 노동자의 경영참여를 통해 잘 나타난다. 독일 기업들은 二重理事會[경영이사회(이사회)와 감독 이사회(감사회)] 제도를 시행하고 있다.

이해관계자 중에서도 채권자이자 지배주주인 은행과 보험사 등 금융기관들이 상호출자를 통해 기업의 지분을 갖고 있고, 이들이 이사회에 참여하여 기업경영에 강한 영향력을 행사하고 있다. 때문에 이들의 뜻을 거스르는 적대적 인수합병은 실질적으로 가능하지 않으며, 따라서 장기적 투자자 중심으로 운영되는 것이 특징이다.

이러한 독일식 기업지배구조는 역사적이고 정치적 산물이다. 독일 기업지배구조는 복지국가의 건설을 위해 노·사·정 대타협의 이론적 기반이 되는 조합주의(Corporatism)의 영향을 많이 받았다. 조합주의의 기업지배구조의 특징은 주주보다는 이해관계자를 중시하고, 이해관계자 중에서도 특히 노동조합의 역할을 인정하는 것이다.

이러한 노동자 중심주의는 二重理事會(경영이사회와 감독이사회) 제도에 반영되어 있다. 1976년 도입된 공동 결정(Co-Determination)제에 의하면 2,000명 이상을 고용하는 대규모 기업은 의무적으로 감사회에 노동자대표가 절반을 차지하도록 되어 있다. 그 중에서 두 자리는 반드시 노조 대표자들에게 할당되어야 한다. 또한 대부분 대기업 감사회는 은행(House Banks) 대표자들이 포함되어 있다. 독일 기업이 보유한 장기채무 중 80%는 은행 대출로 이루어져 있다.

독일식 지배구조의 또 다른 특징은 상호주식보유(Cross-Ownership)이다. 독일에서는 차등의결권이나 의결권 상한제와 같은 유럽 내 다른 국가에서 흔히 나타나는 제도는 보이지 않는다. 독일 최대 보험회사인 알리안츠 AG와 독일 최대은행인 도이체 방크는 독일주식회사 지배주주이다. 도이체방크는 27개 상장기업들의 25% 이상의 주식을 보유한 거대 기업집단의 핵심 회사이다. 알리안츠는 25개, 그리고 VIAG AG와 Dresdner Bank, 뮌헨 재보험은 각각 14개 상장기업의 최대 지배주주이다.

이에 따라 도이체방크와 알리안츠 등을 중심으로 하여 독일 상장기업들 간에 일종의 거미줄 같은 상호주식보유현상이 나타나고 있다. 이 현상은 최근 들어 다소 옅어지기는 했지만 여전히 견고하게 유지되고 있다.

독일의 이해관계자 중심의 지배구조는 중립적이고 보편적인 가치로 받아들여지는 기업회계의 투명성과 관련해서도 미국과 확연히 차이를 보여주고 있다. 미국의 경우 주주에 대한 배당은 실현이익뿐만 아니라 납입자본을 재원으로 하는 것이 가능하다. 말하자면 배당에 관한 한 규제가 엄격하지 않은 주주 중심적 특성을 보여주고 있다.

반면, 독일의 경우 「상법」에 의해 채권자 및 종업원을 포함한 이해관계자를 보호하기 위해 보수적인 회계원칙을 채택하고 있다. 가령 납입자본을 배당의 재원으로 사용하는 경우에는 주주배당에 앞서 모든 채권자에 대해 채무가 완전히 변제되었는지 또는 충분한 담보가 선제적으로 제공되었는지의 전제를 충족해야 한다.

또 투자자산은 일반적으로 저평가하여 취득원가를 기준으로 한다. 다만 시가가 취득원가를 하회하는 경우에는 시가로 평가한다. 다시 말해 미실현 양도손실은 반영하지만 미실현 양도이익은 반영하지 않음으로써 "부풀리지 않는다."는 것이다.

1998년 「기업의 통제와 투명성에 관한 법」과 「자본조달 容易化 법」이 제정되었고, 「주식법」은 이사회의 정보제공의무를 규정하고, 감사회제도와 결산감사인제도의 개선, 주주의결권 조항의 개선, 자기주식취득의 완화, 스톡옵션제의 채택 등의 개정이 있었다. 독일 지배구조기준 정부위원회는 2002년 2월 26일 독일 기업지배구조기준을 제정하였는데, 이는 기업투명성을 제고하기 위해 감사의 기능을 강화하려는 것이다.

3. 일본

도쿠가와막부가 지배하던 시기에 미츠이나 스미토모와 같은 상인 가문들이 있기는 하였지만, 일본의 근대적 기업소유 및 지배구조는 산업화가 본격적으로 추진된 메이지유신 이후에 발전하였다. 당시 유신 주도세력은 서구 산업국가 들을 따라 잡기 위해 국영기업들을 설립하고, 서구식제도를 수용하였다.

그 규모가 커지게 되면서 정부는 이 기업들의 대부분을 민영화 하였는데, 미츠이나 스미토모와 같은 전통적인 상인 가문들과 미츠비시와 같은 신흥가문들이 이 기업을 인수하였다. 재벌(財閥)이라는 명칭이 의미하듯이, 이 기업들의 소유구조는 가문이 계열사들을 지배하는 피라미드 형태를 갖고 있었다.

물론 닛산과 같은 소유가 분산된 기업들도 20세기 등장하였다. 1920년대 말 세계를 휩쓴 대공항의 여파로 인해 많은 재벌기업들도 존망의 위기에 놓였다. 이때 미츠이, 스미토모, 미츠비시와 같은 은행을 소유하고 있는 재벌은 생존한 반면, 그렇지 못한 스즈키 가문은 도산하였다. 이 과정에서 은행 자산을 취약한 재벌 계열사들에게 활용하는 데 대한 비판이 고조되었다.

1930년대 군국주의가 득세하면서 군부는 소비에트식 경제정책을 도입하였다. 즉 기업들이 군국주의 목적달성을 위해 이사회에 군부 대표자를 파견하고 생산량을 지시·감독하는 등의 조치를 취하였다. 그 결과 주주의 권리는 완전히 무시되었으며 배당도 금지되었다.

1945년 이후 미국의 군정체제 하에서 일본기업의 지배구조는 미국의 영향을 강하게 받았다. 당시 군정관리 들은 대기업에 대한 통제를 강조하는 뉴딜정책에 많은 영향을 받고 있었기 때문에, 그들은 군국주의 하에서 성장했던 재벌들을 해체시키고 지분을 민간에 매각하였다. 대신 지배주주 가족들은 채권으로 보상받았다. 그 결과 1952년 대부분의 재벌 기업들은 미국, 영국과 마찬가지로 소유가 분산되는 지배구조를 갖게 되었다.

이후 기업들은 적대적 M&A의 위협에 처하게 되었다. 이러한 위협에 대한 기업들의 대응은 지배구조의 개선이 아니라 악화로 귀결되었다. 그 이유는 전문경영인들이 적대적 매수를 노리는 기업 사냥꾼들에 대해 그린 메일(Greenmail)[211] 을 제공했기 때문이다.

궁극적으로 그들은 계열제도(系列制度)를 도입하였다. 이 제도의 핵심은 우호적인 경영진들이 상호협정을 통해 적대적 매수를 막을 수 있을 정도의 블록을 형성하는 것이다. 1950~60년대 이 제도가 확산됨으로써, 군정체제하에 등장했던 영미식 지배구조는 일본에 착근하는데 실패하였다.

따라서 일본의 경우 미국식의 자본시장을 통한 경영감독기능은 오랜 기간 일본경제의 주요 관심사에서 벗어나 있었다. 일본 지배구조의 특징은 사내이사 들의 비중이 압도적으로 높다는데 있다. 이는 사외이사들이 대부분인 미국기업들의 이사회와 확연히 대비 된다. 마크로에 따르면 이러한 구조는 평생 고용과 은행 중심의 자본 시장에 기인한다.

일본 기업의 특징 중의 하나인 평생고용제도는 제2차 세계대전 이후 빈번하게 발생한 과격한 노동쟁의를 줄이기 위한 방법이었다. 정부와 자본가들은 노동쟁의를 하는 노동자들을 해고하는 대신, 남아 있는 노동자들에게 애사심을 고양시키고 생산성을 높이기 위해 고용안정을 보장하였다.

211) 그린 메일(Green mail)이란 경영권을 담보로 보유주식을 시가보다 비싸게 되파는 행위를 말한다. 경영권 이 취약한 대주주에게 보유주식을 높은 가격에 되팔아 프리미엄을 챙기는 투자자를 그린 메일러(Green mailer)라 하고, 이때 보유주식을 팔기위한 목적으로 대주주에게 편지를 보내는데 달러가 초록색이어서 그린 메일이라는 이름이 붙여졌다. 공갈·갈취를 뜻하는 블랙 메일(Black mail)의 메일(mail)과 미국달러지폐의 색깔인 그린(green)의 합성어로 미국 증권시장에서 널리 사용한다.
그린 메일러들은 대부분 기업사냥꾼들이다, 이들은 자산가치가 높거나 첨단기술을 보유하고 있으면서 대지주의 지분이 낮은 기업을 대상으로 활동한다. 상장기업의 주식을 대량으로 매입한 뒤 경영진을 위협하여 적대적 인수·합병을 포기하는 대가로 자신들이 확보한 주식을 시가보다 높은 값에 되사도록 강요한다.

일본정부는 기업지배구조의 개혁과정에서 미국 기관투자자들의 압력에도 불구하고 인위적인 기업지배구조 개혁에 대해 반대해 왔다. 자금조달과 배분의 측면에서 국제화가 필수적인 기업들은 영미형으로, 경쟁력의 원천을 여전히 근로자와 거래기업 간의 이해관계 조정에 기반을 두고 있는 전통 제조 산업에 속한 기업들은 기존의 경영구조를 부분적으로 수정하면서 변화된 환경에 적응하여 왔다.

그러나 최근 몇 년간 잇따라 회사지배구조에 관한 정책들이 발표되고 있는데, 대표적으로 2014년 8월 「회사지배구조 모범규준」 책정에 관한 전문가회의를 거쳐 2015년 3월 5일 「회사지배구조 모범규준」 관련 보고서가 발표되었으며, 이후 이를 반영한 동경증권 거래소의 "회사지배구조 모범규준 – 회사의 지속적인 성장과 중장기적인 기업가치 향상을 위하여"라는 보고서가 발표되었다.

이러한 일련의 움직임을 이끄는 배경은 무엇보다 이러한 시도가 모두 아베정권의 성장전략의 일환이라는 것이다. 즉 일본의 부활 및 그 핵심인 성장전략으로서 회사지배구조 개선이 핵심 분야로 설정된 점이다. 이를 위해 거래소의 「회사지배구조 모범규준」 제정과 2014년 2월 26일 발표된 일본판 스튜어드쉽 코드 및 2014년 6월 20일 감사위원회설치 회사의 신설 등을 포함한 「회사법」 개정 등이 일본 부활 전략으로 추진되고 있다.

「회사지배구조 모범규준」은 모두 5원칙으로 구성되어 있으며, 각 기본원칙 별로 사고방식, 하부원칙(30개 원칙) 그리고 보충원칙(38개 원칙)으로 체계를 구성하고 있다. 기본원칙은 5개 원칙으로 구성되어 있으며, 구체적으로 제1원칙 주주의 권리, 평등성의 확보, 제2원칙 주주이외의 이해관계자와의 적절한 협동, 제3원칙 적절한 정보공시의 투명성 확보, 제4원칙 이사회 등의 책무 그리고 제5원칙 주주와의 대화 등으로 이루어져 있다.[212]

이러한 모범규준은 2015년 6월부터 상장회사에 적용되고 있다. 다만 이 규준에 따르지 않는 경우 그 이유를 설명하여야 하며, 이에 관한 근거 규정이 거래소 상장 규정에 마련되어 있다.

4. 프랑스

유럽 국가 중 프랑스는 시장에 대한 불신과 국가에 대한 의존 심리를 바탕으로 국가 주도형 시장경제의 전통을 이어 왔고, 영국과 미국이 주식시장과 경영권 시장을 통해 경영진을 감시·통제하는 외부통제시스템이 발달한 것과 달리 대주주인 정부에

---

212) 안수현, 「시장규율 강화를 통한 지배구조 개선」, 「기업지배구조 모범규준」 개정을 위한 공청회 및 정책 토론회, 2016. 4. 18. 36면.

의해 경영진을 감시·통제하는 내부통제시스템이 발달하였다.

최근 프랑스에서는 공기업의 민영화와 기관투자자의 영향력 증대 등으로 인하여 정부에 의한 직접적 영향력 행사가 점차 줄어들고 있으며 시장에 의한 감시·통제가 중요한 역할을 담당하고 있다. 근로자는 이사회의 관찰자로 참여한다는 점이 특색이다.

프랑스는 영미제도의 이사회와 독일제도의 이사회의 선택적구조로서 전통적으로 주주간의 주식의 상호 보유에 대한 간섭이 행하여지고 관료 들이 끊임없는 반복적 개입을 하는 것이 특징이다. 회계검사인제도의 개선과 업무감독이사회, 경영감독인, 기업운영위원회, 결합기업운영위원회, 증권거래위원회 등을 통한 회사경영에 대한 감독이 계속이루어지고 있으며 이사와 회계검사인의 책임을 강화하고 있다.

Ⅶ 우리나라의 기업지배구조 모범규준

1. 한국기업지배구조원213)의 기업지배구조 모범규준214)

기업은 새로운 경제적 가치를 창조하는 주체이며, 기업의 경쟁력이 국가의 경쟁력을 결정하는 핵심요체이다. 세계 각국은 자국기업의 경영효율성을 높여 경쟁력을 제고하기위하여 국제적 자본이동을 자유화하고, 국가 간의 교류를 증대하는 등 국제정합성에 입각한 경쟁력 있는 제도와 관행의 도입을 추구하고 있다.

우리 기업도 국제경쟁에서 살아남기 위해 세계적 흐름에 적극적이고 능동적으로 대처해야 한다. 세계화된 자본시장에서 모범적인 기업지배구조는 투자결정에 매우 중요한 요소이다. 우리 기업이 장기자금을 안정적으로 조달하기 위해서는 신뢰할 수 있는 국제적으로 통용될 수 있는 지배구조를 갖추어야 한다.

이러한 시대적 요청에 부응하여 우리 기업이 대내외적으로 신뢰받고 경영의 투명성과 효율성을 높일 수 있는 바람직한 기업지배구조의 방향을 제시하기 위하여 「기업지배구조 모범규준」을 1999년 9월 제정 하여 운용해 오다가, 기업지배구조 환경의 변화와 미국에서 발생한 대규모의 회계부정사건을 계기로 기업의 투명성에 대한 중요성이 새롭게 부각됨에 따라 이를 반영하여 2003년 2월 제1차 개정하였다.

제1차 개정 이후 현재까지 국내외 다양한 법제적 환경 변화와 아직도 우리나라의 기업지배구조 수준은 여전히 열악한 상황이고, 아시아 주요국가 중 우리나라 기업 지

---

213) 사단법인 한국기업지배구조원(Korea Corporate Governance Service, KCGS)는 기업지배구조 및 사회적 책임(Corporate Social Responsibility, CSR)에 대한 평가, 연구, 조사를 수행하는 단체이다.

214) 한국기업지배구조원, 「기업지배구조 모범규준」, 2003. 2. 2~42면. 참조 및 인용, 김용범, 전게서, 도서출판 어울림, 2012., 122~132면. 정재규, 「기업지배구조 모범규준 개정안 주요 내용」, 「기업지배구조 모범규준」 개정을 위한 공청회 및 정책 토론회, 2016. 4. 18. 3~13면.

배구조 수준은 평균이하 이므로 「기업지배구조 모범규준」개정을 통하여 상장기업이 지속적으로 지배구조를 개선할 수 있도록 지배구조 개선 Framework의 마련 필요성이 대두되었다.

참고 ▶▶▶ 국내외 다양한 법제 환경의 변화
① 2011년 지배구조 소관 법인「상법」개정. ○ 전자투표제, 집행임원제 도입 등. ② 2014년 ICGN 글로벌 지배구조 원칙 개정. ③ 2014년 일본「기업지배구조 모범규준」마련. ④ 2015년 G20/OECD 기업지배구조 원칙 개정. ⑤ 2015년 「금융회사 지배구조법」제정 등.

따라서 국내외 법제 변화 및 해외 지배구조의 변화 추이 등을 반영하고, 글로벌 스탠더드를 지향하되 우리의 기업 현실 및 경제 환경에 맞는 지배구조 개선 방향을 모색하고자 제2차 「기업지배구조 모범규준」을 2016. 7. 26. 개정하였다. 제2차 개정안은 지속적인 지배구조 개선의 지향점을 제시하되 구체적 실천방안 마련 차원에서는 단계적이고 실천 가능한 개선지침에 대한 요청에 부응하도록 노력하였다.

「기업지배구조 모범규준」의 주요 개정 방향과 부문별 주요 개정사항[215]은 다음과 같다.

1. 주요 개정 방향
□ 국내 기업 환경 및 자본시장의 변화와 국내외 지배구조 관련 제도 개선 동향 반영.
   ○ 「자본시장법」,「상법」, 「금융회사지배구조법」등의 제·개정사항을 검토.
   ○ 「임원 보수정책의 마련 및 공시」에 대한 원칙 신설.
□ 지배구조 관련 해외 동향의 반영
   ○ 2014년 ICGN 글로벌 지배구조 원칙 개정.
   ○ 2015년 G20/OECD 기업지배구조 원칙 개정 등.
□ 「기관투자자」중항목 신설
   ○ 기존 모범규준의 「정부 및 관련 기관에 대한 권고사항」에 있던 내용을 일부 수정 하여 「Ⅴ. 시장에 의한 경영감시」에 「기관투자자」 중항목 신설.

---

215) 한국지배구조원, 「기업지배구조 모범규준」개정, 보도자료, 2016. 8. 9. 2~3면.

2. 부문별 주요 개정 사항

□ 주주
  ○ 내부거래 및 자기거래에 관한 내부통제장치의 마련 및 거래내역의 공시 권고.
  ○ 주총 안건별 찬반 비율 및 표결결과의 공개 권고.
  ○ 전자투표제에 대한 설명 추가.
    · 기업은 서면 또는 전자투표를 통해 주주가 의결권을 용이하게 행사할 수 있도록 노력 할 것을 권고 등.

□ 이사회
  ○ 신규 원칙 및 주석의 마련
    · 주요 경영진에 대한 보수정책과 보수의 공시.
    · 최고 경영자 승계 정책의 마련 및 공개 권고.
    · 리스크 관리정책의 마련 및 운영 권고.
    · 「상법」에 도입된 집행임원제 반영.
  ○ 이사회 기능에 '기타 지배구조 개선을 위한 정책의 수립' 추가 등.

□ 감사기구
  ○ 감사기구 산하에 감사기구를 보좌하고 실무를 담당하는 내부감사부서의 설치 권고.
  ○ 외부감사 관련 법제적 변화 반영 등.

□ 이해관계자
  ○ 공정거래 관련 사항 추가 : 공정거래 관련 정책의 마련 및 공시.
  ○ 근로자의 삶의질 제고를 위한 기업의 노력 촉구 등.

□ 시장에 의한 경영감시
  ○ 기존 「정부 및 관련기관에 대한 권고사항」에 기관투자자에 대한 내용이 있었으나, 기 관투자자 역할의 중요성이 부각되고 있어 모범규준에 중항목 신설.
  ○ 기관투자자의 투자기업 지배구조개선을 통한 기업가치 제고 노력 촉구측면에서 신설.

< 한국기업지배구조원의 기업지배구조 모범규준 >[216]

Ⅰ 주주

1. 주주의 권리

1. 1 주주는 기업의 소유자로서 기본적인 권리를 가진다.
 · 이익배당 및 잔여재산 분배 참여. · 주주총회의 참석권 및 의결권
 · 충분한 정보를 시의 적절하게 정보를 제공받을 권리 등.

1. 2 기업의 존립 및 주주권에 중대한 변화를 가져오는 사항은 주주총회에서 주주의 권리를 최대한 보장하는 방향으로 결정되어야 한다.
 · 정관의 변경·합병, 영업의 양수도 및 기업의 분할·해산·자본의 감소·주식의 포괄적 교환 및 이전·소유구조 변경을 초래하는 자본의 증가 등.

1. 3 기업은 주주에게 주주총회의 일시, 장소 및 의안 에 관하여 충분한 정보를 충분한 기간 전에 제공하여야 하고, 주주총회의 일시와 장소는 주주가 최대한 참가할 수 있도록 결정 하여야 한다.

1. 4 주주는 이사회에 주주총회의 의안을 제안할 수 있고, 주주총회에서 의안에 대하여 질의하고 설명을 요구할 수 있어야 한다.

1. 5 주주총회의 결의는 투명하고 공정하게 이루어져야 하며, 주주는 자신의 의결권을 직접 또는 간접적인 방법으로 최대한 용이하게 행사할 수 있어야 한다.

2. 주주의 공평한 대우
2. 1 주주는 1주마다 1의결권을 가지며, 주주의 본질적인 권리는 침해되어서는 안 된다. 다만, 특정 주주에 대한 의결권 제한은 법률이 정하는 바에 따라 제한적으로 이루어 져야 한다.

2. 2 주주는 기업으로부터 필요한 정보를 적시에 충분히 그리고 공평하게 제공받을 수 있어야 하며, 기업은 공시의무가 없는 정보를 공개할 경우에도 모든 주주에게 공평하게 제공하여야 한다.

2. 3 주주는 지배주주 등 다른 주주의 부당한 내부거래 및 자기거래로부터 보호되어야 한다.

3. 주주의 책임
3. 1 주주는 자신의 의결권 행사가 기업 경영에 영향을 미칠 수 있음을 인식하고 기업발전을 위하여 적극적으로 의결권을 행사하도록 노력하여야 한다.

3. 2 기업의 경영에 영향력을 행사하는 지배주주는 기업과 모든 주주의 이익을 위해 행동하여야 하며, 이에 반하는 행동으로 기업과 다른 주주에게 손해를 끼친 경우에는 그에 상응하는 책임을 져야 한다.

Ⅱ. 이사회
1. 이사회의 기능
1. 1 이사회는 기업경영에 관한 포괄적인 권한을 가지며, 다음과 같은 기업의 경영의사결정 기능과 경영감독기능을 수행하여야 한다.

<주요기능>
 · 경영목표와 전략의 설정
 · 경영진의 임면 및 경영진에 대한 감독
 · 경영성과의 평가 와 보상수준의 결의
 · 기타 지배구조개선을 위한 정책의 수립 등.

<세부기능>
- 사업계획 및 예산의 결의
- 대규모 차입 및 지급보증의 결의
- 중요자산의 처분 및 양도
- 영업소 설치, 이전 또는 폐지의 결의
- 회계 및 재무보고체계의 감독
- 정보공시의 감독. 기타 기업지배구조의 유효성 평가 및 개선 등.
- 대규모 자본지출의 결의
- 대규모 담보제공 및 대여의 결의
- 기업의 인수·합병 관련 주요 사항의 결의
- 법령 및 윤리규정 준수의 감독
- 위험관리 및 재무통제의 감독

1.2 이사회는 대표이사, 대표집행임원 또는 이사회 내 위원회에 권한을 위임할 수 있다. 다만 법령·정관이나 이사회운영규정에서 정하는 주요한 사항은 제외한다.

1.3 이사회는 경영승계에 관한 정책을 마련하여 운영할 것을 권고 한다. 특히, 비상시 최고 경영자 승계와 관련한 내용을 반드시 포함하여야 한다.

1.4 이사회는 체계적인 리스크 관리를 위하여 리스크관리정책을 마련하여 운영할 것을 권고한다.

2. 이사회의 구성 및 이사 선임

2.1 이사회는 효과적이고 신중한 토의 및 의사결정이 가능한 규모이어야 하며, 이사회 내에 설치된 위원회가 활성화 될 수 있는 충분한 수의 이사로 이사회를 구성되어야 한다.

2.2 이사회에는 경영진과 지배주주로부터 독립적으로 기능을 수행할 수 있는 사외이사를 두어야 하며, 그 수는 최소한 이사회가 실질적으로 독립성을 유지할 수 있는 규모이어야 한다. 특히 대규모 공개기업[217]의 경우에는 전체 이사의 과반수(최소 3인 이상)를 사외이사로 구성하여야 한다.

2.3 기업은 기업가치의 훼손 또는 주주의 권익 침해에 책임이 있는 임원을 선임하지 않을 것을 권고한다.

2.4 이사회는 기업경영에 실질적인 기여를 할 수 있도록 전문성을 지닌 유능한 자로 구성되어야하고, 선임된 이사의 임기는 존중되어야 한다.

2.5 다양한 배경을 지닌 이사들로 이사회를 구성할 것을 권고한다.

2.6 대규모 공개기업의 경우, 이사회를 대표하는 이사회 의장은 경영진을 대표하는 대표이사와 분리하여 선임하거나 그렇지 않을 경우에는 사외이사를 대표하는 선임사외이사를 선임할 것을 권고한다.

2.7 기업은 필요에 따라 집행임원제도를 도입할 수 있다.

2.8 이사후보를 공정하게 추천하기 위하여 이사후보추천위원회를 운영할 것을 권고한다. 동 위원회는 이사후보 추천과정의 공정성과 독립성을 확보할 수 있도록 구성되어야 한다.

2.9 이사의 선임에 있어서는 지배주주가 아닌 주주의 의견도 반영될 수 있어야 한다. 이를 위하여 집중투표제를 채택하도록 권고한다.

2.10 기업은 주주가 이사후보에 대한 충분한 정보와 판단시간을 가지고 의결권을 행사할 수 있도록 하여야 한다.

3. 사외이사

3. 1 사외이사는 해당 기업과 중대한 관계[218]가 없어야 하며, 경영진과 지배주주[219]로부터 독립적인 의사결정을 할 수 있는 자이어야 한다.

3. 2 기업은 사외이사 후보가 해당 기업과 중대한 관계가 없음을 확인하고 공시해야 한다. 사외이사는 취임승낙시 해당기업과 중대한 관계가 없다는 확인서를 기업에 제출하여야 한다

3. 3 사외이사는 충실한 직무수행을 위하여 과도한 겸직을 하여서는 안 된다.

3. 4 기업은 사외이사가 직무수행에 필요한 정보를 충분히 제공하여야 하며, 사외이사는 직무수행에 필요한 정보를 신속하게 제공하도록 요청할 수 있다.

3. 5 사외이사는 직무수행을 위하여 충분한 시간을 투여하여야 하며, 이사회가 개최될 때에는 사전에 관련 자료를 검토한 후 참석하여야 한다.

3. 6 사외이사는 필요한 경우 적절한 절차에 의하여 임•직원이나 외부 전문가 등의 지원을 받을 수 있으며, 기업은 이에 소요되는 비용을 지원하여야 한다.

3. 7 사외이사의 경영 감독·지원기능을 제고하기 위하여 사외이사만이 참여하는 회의를 이사회와는 별도로 개최할 것을 권고한다.

4. 이사회의 운영

4. 1 이사회는 원칙적으로 정기적으로 개최되어야 하며, 최소한 분기별로 1회 이상 개최 하도록 권고한다.

4. 2 원활한 이사회운영을 위하여 이사회의 권한과 책임, 운영절차 등을 구체적으로 규정한 이사회운영규정을 마련하여야 한다.

4. 3 이사회는 매 회의마다 의사록을 상세하게 작성하고 회의 내용을 녹취하여 이를 유지·보존하여야 한다. 특히 중요한 토의내용과 결의사항은 이사별로 기록하여야 한다.

4. 4 개별 이사의 이사회 출석률과 주요 공시대상 안건에 대한 개별 이사의 찬반여부 등의 활동 내역을 공시할 것을 권고한다.

4. 5 필요시 원격통신수단을 활용하여 이사회 구성원이 이사회 회의에 최대한 참여할 수 있도록 하여야 한다.

5. 이사회 내 위원회

5. 1 이사회 내부에 특정 기능과 역할을 수행하는 적정수의 인원으로 구성된 위원회를 설치할 것을 권고한다. 특히 대규모 공개기업의 경우에는 감사위원회, 추천위원회, 보상위원회의 설치를 권고한다.

5. 2 이사회 내 위원회는 과반수를 사외이사로 구성하여야 한다. 단, 감사위원회와 보상 위원회는 전원을 사외이사로 구성할 것을 권고한다.

5. 3 모든 위원회의 조직, 운영 및 권한에 대하여는 명문으로 규정하여야 한다. 이사회로부

터 위임된 사항에 대한 위원회의 결의는 이사회의 결의와 동일한 효력을 가지며, 위원회는 결의된 사항을 이사회에 보고하여야 한다.

6. 이사의 의무

6. 1 이사는 선량한 관리자의 주의의무를 다하여 직무를 수행하여야 한다. 이사는 충분한 정보를 바탕으로 충분한 시간 및 노력을 투입하여 합리적인 의사결정을 하여야 한다.

6. 2 이사는 자기 또는 제3자의 이익을 위하여 그 권한을 행사하여서는 안 되고, 항상 기업과 주주에게 최선의 이익이 되는 결과를 추구하여야 한다.

6. 3 이사는 직무수행과 관련하여 지득한 기업의 비밀을 외부에 누설하거나, 자기 또는 제3자의 이익을 위하여 이용해서는 안 된다.

7. 이사의 책임

7. 1 이사가 법령이나 정관을 위반하거나 그 임무를 소홀히 한 때에는 기업에 대하여 손해배상책임을 진다. 이사에게 악의나 중과실이 있는 때에는 제3자에 대하여도 손해배상책임을 진다.

7. 2 이사가 경영판단을 하는 과정에 있어 합리적으로 신뢰할 수 있는 상당한 자료와 정보를 수집하고 이를 신중하고 충분히 검토한 후, 성실하고 합리적인 판단에 의하여 기업에 최선의 이익이라고 생각되는 방법으로 직무를 수행하였다면, 그러한 이사의 경영판단은 존중되어야 한다.

7. 3 기업은 이사에 대한 책임추궁의 실효성을 확보하고, 유능한 인사를 이사로 유치하기 위하여, 기업의 비용으로 이사를 위한 손해배상책임보험에 가입할 수 있다.

7. 4 이사는 주기적으로 효율적인 역할 수행을 위한 사내외 교육에 임하여야 한다. 특히 신규 선임 이사는 직무 및 지배구조 관련 교육에 참가하여야 한다.

8. 평가 및 보상

8. 1 사외이사의 활동내용은 공정하게 평가되어야 하고, 평가결과는 보수 및 재선임 결정 등에 반영되어야 한다.

8. 2 이사회는 주요 경영진에 대한 보수정책을 주주와 장기적인 이해가 일치하도록 설계하여야 하며, 그 주요사항을 공시할 것을 권고한다. 또한 주요 경영진의 보수는 공시되어야 한다.

8. 3 이사회는 경영진의 경영활동 내용을 공정하게 평가하여 그 평가결과를 보수에 적정하게 반영하여야 한다.

III. 감사기구
1. 내부감사기구
1. 1 대규모 공개기업은 내부감사기구로 이사회 내에 감사위원회를 설치할 것을 권고한다.

1. 2 독립성과 전문성을 유지하기 위하여, 감사위원회를 전원 사외이사로 구성할 것을 권고하고, 위원 중 1인은 감사업무에 관한 전문적인 식견을 가진 자[220])이어야 한다.

1. 3 감사위원회 또는 감사는 감사업무를 충실히 수행하여야 한다.
 · 이사와 경영진의 업무집행에 대한 적법성 감사.
 · 기업의 재무활동의 건전성과 타당성 감사.
 · 재무보고 과정의 적절성과 재무보고의 정확성 검토.
 · 중요한 회계처리기준이나 회계추정 변경의 타당성 검토.
 · 내부통제시스템의 평가. · 내부 감사부서 책임자의 임면에 대한 동의.
 · 내부 감사부서의 역할, 조직, 예산의 적절성 평가.
 · 내부 감사부서의 활동에 대한 평가.
 · 외부감사인의 선임 및 해임에 대한 승인과 주주총회에의 사후보고.
 · 외부감사인의 감사활동에 대한 평가.
 · 외부감사인의 독립성과 비감사활동의 적절성 평가.
 · 내부 및 외부 감사결과 시정사항에 대한 조치 확인.
 · 감사위원회규정 또는 감사규정 명문화 및 그 내용의 공시.
 · 감사위원회 또는 감사의 활동과 독립성에 대한 내용의 주기적 공시.

1. 4 이사회는 감사위원회 또는 감사의 목표, 조직, 권한과 책임 그리고 업무 등에 관한 규정을 명문화하여야 한다. 또한 감사위원회 또는 감사는 동 규정의 타당성을 매년 평가하고 그 내용을 공시하여야 한다.

1. 5 감사위원회는 분기별로 1회 이상 개최하여야 하며, 필요한 경우 경영진, 재무담당임원, 내부감사부서의 장 및 외부감사인이 참석하도록 할 수 있다.

1. 6 감사위원회는 매 회의마다 회의록을 작성하여야 하며, 회의록에는 주요 토의사항과 결의내용을 상세하고 명확하게 기재하여야 한다. 감사위원회 또는 감사는 감사내용을 구체적으로 기록한 감사록을 작성하여야 한다.

1. 7 감사위원회 위원 또는 감사는 감사업무에 필요한 정보에 자유롭게 접근할 수 있어야 하고, 필요한 경우 외부 전문가의 자문을 받을 수 있어야 한다.

1. 8 감사위원회는 감사위원회 자신의 독립성에 대한 평가내용과 주요 활동내용을 주주총회에 보고하여야 하며, 대표이사는 사업보고서를 통해 이를 공시하여야 한다. 감사위원회를 설치하지 않은 기업은 감사의 독립성에 대한 평가내용과 주요 활동내용을 주주총회에 보고하고 대표이사는 사업보고서를 통해 이를 공시하여야 한다.

1. 9 감사위원회 위원은 경영진과 지배주주로부터 독립적이어야 한다. 따라서 감사위원회 위원은 이사로서의 보수만 받을 수 있으며 그 외의 다른 보상은 받을 수 없다.

2. 외부감사인
2. 1 외부감사인은 감사대상기업과 그 경영진 및 지배주주 등으로부터 법적·실질적 독립성을 유지하여야 한다.

2. 2 외부감사인은 주주총회에 참석하여 감사보고서에 관한 주주의 질문이 있는 경우에 설명하여야 한다.

2. 3 외부감사인은 부주의한 회계감사로 인해 감사대상기업 및 기타 정보이용자에게 발생한 손해를 배상할 책임이 있다. 외부감사인은 감사받은 재무제표와 함께 정기적으로 공시 되는 정보 중에서 감사결과와 배치되는 정보가 있는지 확인하여야 한다.

2. 4 외부감사인은 감사 시 감사대상기업의 부정 또는 위법행위의 여부를 확인하기 위하여 노력하여야 한다.

2. 5 외부감사인은 외부감사와 관련된 법률 등 관련 법규에서 요구하는 바에 따라 감사 대상기업의 존속 가능성에 대해 고려하여야 한다.

2. 6 외부감사인은 외부감사 활동 중에 확인한 중요사항을 감사위원회 또는 감사에게 보고하여야 한다.

IV. 이해관계자
1. 이해관계자의 권리보호
1. 1 기업은 다양한 이해관계자의 권리를 침해하지 않도록 노력하여야 한다.

1. 2 기업은 소비자 보호, 환경 보호 등의 사회 책임을 소홀히 하여서는 안 된다.

1. 3 기업은 근로자의 권리를 존중하고, 근로자의 삶의 질을 제고하도록 노력하여야 한다.

1. 4 기업은 공정거래 관련 법률의 준수를 통해 공정한 시장질서의 확립을 촉진하며 국민경제의 균형 있는 발전을 도모하여야 한다.

1. 5 기업은 채권자의 지위에 중대한 영향을 미치는 합병, 감자, 분할합병 등의 사정에 대해서는 채권자보호절차를 준수하여야 한다.

1. 6 이해관계자가 주주의 지위를 겸하는 경우에 이해관계자 및 주주로서의 각각의 권리는 보호되고 행사될 수 있어야 한다.

2. 이해관계자의 경영감시 참여
2. 1 채권자의 경영감시 형태와 수준은 기업의 특성에 따라 관련 당사자 간의 협의에 의해 결정되어야 한다.

2. 2 근로자의 경영참가 형태와 수준은 기업의 건전한 발전을 도모할 수 있도록 결정되어야 한다.

2. 3 기업은 법령이 허용하는 범위 내에서 이해관계자의 권리보호에 필요한 정보를 이해관계자에게 제공하여야 하며, 이해관계자는 관련 정보에 접근할 수 있어야 한다.

V. 시장에 의한 경영감시
1. 공시
1. 1 기업은 법령에 의해 요구되는 공시사항 외에도 주주 및 이해관계자의 의사결정에 중대한 영향을 미치거나 미칠 수 있는 사항은 공시하여야 한다.

1. 2 기업은 사업보고서 또는 전자공시시스템 등을 통해 자신의 기업지배구조와 본 모범 규준과의 차이 및 그 이유, 향후 변경 계획 등을 설명하여야 한다.

1. 3 기업은 정기공시 이외에 중요사항을 결정한 때에는 지체 없이 그 내용을 상세하고 정확하게 공시하여야 한다. 그리고 그 결정이 이사회 결의에 의해 이루어진 경우에는 결의내용 외에 참석이사와 표결결과에 관한 사항도 함께 공시하는 것이 바람직하다.
   - 기업의 재무구조나 영업에 중대한 영향을 미칠 수 있는 사항.
   - 주식의 발행에 관한 사항.
   - 기업의 재산, 영업, 경영환경에 중대한 변화를 초래하는 사항.
   - 채권, 채무관계에 중대한 변동을 초래하는 사항.
   - 중요한 투자 및 출자에 관한 사항.
   - 손익구조에 중대한 변화를 초래하는 사항.
   - 기업의 경영권 및 관리구조의 변경을 초래하는 사항.
   - 배당의 규모와 방법에 관한 사항.
   - 투자판단에 중대한 영향을 미칠 회계처리기준 또는 회계추정변경에 관한 사항.
   - 사내이사 및 사외이사 선임 또는 해임에 관한 사항.
   - 주식매수선택권의 부여 및 취소에 관한 사항.

1. 4 기업은 미래의 경영성과와 재무상황에 대한 예측정보를 적절하게 공시하여야 한다.

1. 5 기업은 공시내용을 이해하기 쉽게 작성하고, 이해관계자가 이용하기 용이하도록 노력하여야 한다.

1. 6 외국인이 상당한 주식을 보유하고 있는 기업은 감사보고서 및 중요한 수시공사 사항을 한글 및 영문으로 작성하여 공시하는 것이 바람직하다.

1. 7 기업은 공시책임자를 지정하여야 하며, 기업의 중요한 정보가 공시책임자에게 신속 하게 전달될 수 있도록 내부 정보전달체계를 갖추어야 한다.

1. 8 기업은 실질적 지배주주 및 그 특수관계인의 주식소유 현황을 구체적으로 공시하여야 한다.

1. 9 상장법인의 대표이사와 재무담당책임자(Chief Financial Officer)는 재무보고의 정확성과 완전성을 인증하여야 한다.

1. 10 기업은 기업윤리규정을 제정하고 이를 공시하여야 한다.

2. 기업경영권 시장

2. 1 기업의 인수, 합병, 분할, 영업의 양수도 등 기업경영권의 변동을 초래하는 행위는 투명하고 공정한 절차에 의해 이루어져야 한다.

2. 2 기업의 경영권 방어행위는 일부 주주 또는 경영진의 경영권을 유지하기 위하여 기업과 주주의 이익을 희생시키는 방법으로 행해져서는 안 된다.

2. 3 기업은 합병, 영업의 양수도 등 중요한 구조변경에 반대하는 주주가 법령이 정하는 바에 따라 그 지분의 실질가치를 반영하는 공정한 가액에 의한 주식매수청구권을 행사할 수 있도록 하여야 한다.

3. 기관투자자

3. 1 기관투자자는 투자기업에 대한 주주권 행사의 내부규정을 제정하여 공포하고, 신의 성실의 원칙에 따라 주주권을 적극적으로 행사하고 그 내역을 공시하여야 한다.

3. 2 기관투자자는 기업과의 거래 등 일체의 행위를 함에 있어 그 지위를 악용하거나 중요한 미공개 정보를 이용하는 내부자거래를 하여서는 안 된다.

3. 3 이해관계가 있는 기업에 대한 기관투자자의 주주권행사와 자산운용에 대하여는 이해관계의 내용과 주주권 행사 내용을 공시하여야 한다.

3. 4 기관투자자는 내부규정에 따라 주주권 행사가 기업가치 제고를 위하여 공정하게 이루어지도록 내부통제체제를 갖추어야 한다.

3. 5 기관투자자의 영향력을 고려할 때, 기관투자자는 자신의 지배구조를 효율화하기 위한 제도적 장치를 마련하여야 한다.

    본 모범규준은 미래지향적 관점에서 우리기업의 투명성과 효율성을 제고함 으로써 기업가치의 극대화를 목적으로 제정되었는바, 기업이 주주 등 이해관계자로부터 신뢰를 얻기 위해서는 투명하고 책임있는 경영을 하여야 한다. 이러한 기업의 투명성과 책임경영의 기반아래 창조적이고 진취적인 기업가 정신이 발휘될 수 있는 경영체제가 확립되어야 한다.

    따라서 본 모범규준이 우리 기업들이 자발적으로 자신의 기업지배구조를 개선하는데 참고가 되고, 나아가 우리 기업들이 바람직한 지배구조를 정착하는데 도움이 될 수 있기를 기대한다. 아울러 본 모범규준은 상장기업을 비롯한 공개 기업을 대상으로 하고 있다. 그러나 비공개기업도 여건이 허락하는 한 본 모범 규준을 준수하는 것이 바람직하다.

---

216) 한국기업지배구조원, 「기업지배구조 모범규준」2016. 7.26. 개정분 인용
217) 대규모 공개기업이란 자산총액이 1조원 이상인 공개기업을 의미한다.
218) 중대한 관계에 있는 자란 해당 기업과 직접적인 계약 및 거래관계에 있는 자를 말한다.
219) 지배주주란 이사·집행임원·감사의 선임과 해임 등 회사의 주요 경영사항에 대하여 사실상 영향력을 행사 하는 주주를 말한다.
220) 감사업무에 전문적인 식견을 가진 자라 함은 감사업무를 수행하는 자가 반드시 전문적인 자격을 갖출 필요는 없으나 회계기준, 재무보고 및 내부통제 구조를 이해하고 이에 관한 판단을 할 정도의 경험과 지식을 구비한 자를 말한다.

2. 「금융회사 지배구조에 관한 법률」의 주요 내용[221]

「금융회사의 지배구조에 관한 법률」은 개별 금융법에 규정되어 있는 금융회사의 지배 구조에 관한 사항을 개선하여 금융회사의 투명성과 책임성을 제고하고 건전한 경영을 유도하여 금융이용자 등 금융회사 이해관계자를 보호하고 금융시장의 안전성을 유지하기 위하여 제정하였다. 따라서 금융회사가 아닌 일반회사에서도 주주와 이해관계자 등의 이익을 보호하기 위하여 그 회사의 이사회 운영 등에 관하여 지켜야할 구체적인 원칙과 절차(이하 "지배구조내부규범"이라 한다) 를 정함에 있어서 많은 참고가 될 것으로 본다.

「금융회사의 지배구조에 관한 법률」 주요 내용

(1) 이사회의 경영진 감시 강화

(가) 이사회의 독립성 강화

　○ 이사회는 사외이사 과반수, 3인 이상으로 구성

(나) 이사의 권한 강화

　① 이사회 심의·의결 사항 명시, 정관 반영 의무화

　　○ 경영 목표 및 평가, 정관 변경. ○ 임직원 보수를 포함한 예산·결산.

　　○ 해산·영업양도·합병 등 조직의 중요한 변경.

　　○ 내부통제기준. ○ 위험관리기준 등.

　② 주요 업무집행 책임자 임면 시 이사회 의결

　　○ 전략기획·재무관리, 위험관리 및 그 밖에 이에 준하는 업무로서 대통령령이정하는 주요업무를 집행하는 업무집행 책임자[222]는 임면 시 이사회 의결.

(다) 이사회 내 위원회

　　○ 이사회 내 위원회로 임원후보추천위원회, 감사위원회, 위험관리위원회, 보수 위원회를 설치.

(2) 사외이사의 독립성 및 전문성 강화

(가) 이사회의 독립성 강화

　① 사외이사 결격요건 강화

　　○ 최대주주 및 그 특수 관계인.

　　○ 주요주주 및 그의 배우자와 직계존속·비속.

　　○ 해당 금융회사 또는 그 계열회사 상근임직원 또는 비상임이사 이거나 최근 3년 이내에 상근 임직원 또는 비상임이사 이었던 사람 등.

---

221) 2015. 6. 국회를 통과한「금융회사의 지배구조에 관한 법률」을 바탕으로 정리한 것임

222) 업무집행책임자란 이사가 아니면서 명예회장·회장·부회장·사장·부사장·행장·부행장·부행장보·전무·상무·이사 등 업무를 집행할 권한이 있는 것으로 인정할 만한 명칭을 사용하여 회사의 업무를 집행하는 자 를 말한다.

② 사외이사 후보추천절차 개선

ㅇ 위원수를 3인 이상으로 확대하고, 위원회의 사외이사 비중을 1/2 이상에서 과반수로 확대.

ㅇ 주주제안권을 행사할 수 있는 소수주주(지분 1만분의 10 이상 보유자)가 추천하는 자를 사외이사 후보에 포함.

ㅇ 사외이사후보추천위원회 위원은 본인을 사외이사 후보로 추천하는 결의에 관하여 의결권 행사 금지 즉 자기투표 금지.

(나) 사외이사의 전문성 강화

ㅇ 사외이사의 적극적 자격요건 규율(금융, 경제, 경영, 법률, 회계 등의 전문 지식이 나 실무경험이 풍부한 사람으로서 대통령령으로 정한 사람)

(다) 사외이사에 대한 정보 제공

ㅇ 금융회사는 사외이사에 대하여 충분한 자료나 정보 제공.

ㅇ 사외이사는 금융회사에 대하여 필요한 자료 및 정보 제공 요청.

(3) 감사위원회 또는 감사의 경영진 감시기능 강화

(가) 감사위원회의 독립성 제고

① 사외이사 아닌 감사위원의 독립성 강화

ㅇ 사외이사 아닌 감사위원(상근감사위원)에게 사외이사 자격 (결격) 요건 준용.[223]

② 감사위원 선임 시 의결권 3%로 제한

ㅇ 모든 감사위원 선임 시 3% 초과 의결권 제한.

ㅇ 최대주주의 경우 특수관계인 지분 포함.

③ 감사위원의 분리선출 방식 도입

ㅇ 감사위원이 되는 사외이사 1인 이상에 대해서는 다른 이사와 분리하여 선출.[224]

④ 감사위원 후보 추천

ㅇ 감사위원 후보는 위원 3인 이상으로 구성된 임원추천위원회에서 추천.

(나) 감사위원회(감사)의 기능 및 책임성 강화

① 감사보좌기구 설치 및 경영정보 제공 의무화

ㅇ 감사위원회(감사) 업무를 지원하는 부서 설치를 의무화.

ㅇ 감사위원회(감사)의 원활한 직무수행을 위한 금융회사의 충분한 자료·정보 제공 의무 및 감사위원(감사)의 자료·정보 제공 요청권.

---

223) 결격사유는 최대주주 및 그 특수관계인, 주요주주 및 그 배우자·직계존비속, 금융회사 및 계열회사의 상임임직원·비상임이사(냉각기간 3년), 금융회사 상임·비상임임원의 배우자 및 직계존비속, 임직원이 비 상임이사로 있는 회사의 상임임직원, 대통령영으로 정하는 중요 거래·협력관계 법인의 상근임직원, 기타 대통령령으로 정하는 직무 충실 곤란자 등

224) 분리선출방식이란 이사 중 감사위원이되는 이사 선임 안건(3% 의결권 제한)과 나머지 이사 선임 안건 (의결권 제한 없음)을 분리하여 선임하는 방식임

ㅇ 회사 비용으로 전문가의 조력을 받을 권리.

② **감사활동보고서의 주기적 제출 의무화**

ㅇ 회사가 감사위원회(감사)의 주기적인 감사활동 보고서를 금융위원회
에 제출 토록 의무화.

(다) **감사의 경영진 감시기능 효율성 강화**

ㅇ 대통령령이 정하는 회사는 상근감사 선임 의무화.

ㅇ 다만, 감사위원회 설치회사는 상근감사 선임 금지.

(4) **업무집행책임자 규율**

ㅇ 이사가 아니면서 사실상 이사와 동등한 지위에 있는 자를 업무집행책
임자로 정의

ㅇ 전략기획·재무관리, 위험관리 등 회사의 주요 업무를 집행하는 주요
업무집행 책임자는 이사회의 의결을 거쳐 임면.

(5) **임원자격제한의 명시적 근거 마련**

ㅇ 임직원 제재조치에 대한 임원자격제한의 명시적 근거를 법률에 마련.

ㅇ 제재 조치일로부터 5년 이내에서 제재 종류별로 대통령령으로 제한.

(6) **지배구조 내부규범 마련 의무화**

(가) **지배구조 내부규범[225]의 제정 의무화**

ㅇ 회사는 이사회의 구성 및 운영, 이사회 내 위원회 설치, 임원의 성과
평가 등에 관하여 지켜야 할 구체적인 원칙과 절차(이하 "지배구조 내
부규범")를 마련.

(나) **지배구조 내부규범의 공시 의무화**

ㅇ 회사는 ① 지배구조내부규범을 제정하거나 변경한 경우 그 내용, ②
회사가 매년 지배구조내부규범에 따라 이사회 등을 운영한 현황을 인
터넷 홈페이지 등에 공시.

(7) **내부통제제도 개선**

(가) **내부통제기준[226]의 마련 의무화**

(나) **준법감시인 지위 향상**

ㅇ 준법감시인을 이사회에서 임면하고 임기(2년)을 보장.

ㅇ 사내이사 또는 업무집행책임자 중에서 선임.

ㅇ 준법감시인의 보수 및 평가기준을 회사의 재무적 경영성과와 별도로
운영.

---

225) 지배구조 내부규범이란 CEO를 포함한 임원선임, 이사회 운영 등 지배구조에 관한 원칙과 절차를 말
한다

226) 내부통제기준이란 금융회사가 법령을 준수하고, 경영을 건전하게 하며, 주주 및 이해관계자 등을 보
호하기위하여 금융회사의 임직원이 직무를 수행할 때 준수하여야 할 기준 및 절차를 말한다.

(8) 위험관리와 보수체계 개선

(가) 위험관리 체계

- ㅇ 회사의 위험관리기준[227] 마련 의무.
- ㅇ 리스크관리를 위한 기준·절차를 마련하고 관련사항을 심의·의결하는 이사회 내 위원회 즉 위험관리위원회 도입.
- ㅇ 준법감시인에 준하는 지위와 자격을 가지는 위험관리책임자 도입.

(나) 보수체계

- ㅇ 금융회사는 보수의 결정 및 지급방식 등을 심의·의결하는 이사회 내 위원회인 보수위원회를 설치(감사위원회가 대체 가능).
- ㅇ 회사는 임직원이 과도한 위험을 부담하지 않도록 보수 체계를 마련 – 보수의 일정비율 이상을 성과와 연동시키되, 동 성과보수를 일정기간 이연하여 지급.

Ⅷ 우리나라의 기업지배구조법제와 향후 과제[228]

1. 서 설

지난 '90년대부터 각국에서는 기업지배구조의 개혁을 위한 법제도적인 경쟁이 지속되어 왔다. 이러한 시도는 기업지배구조가 기업, 나아가 국가의 경쟁력을 좌우할 수 있는 중요한 요소라고 인식하였기 때문이다. 우리나라도 그 예외는 아니다.

일반적으로 「기업지배구조(corporate governance)」란 기업의 운영 및 통제를 위한 법·제도적 메커니즘이라고 정의하지만, 그 본질은 주주의 희생으로 경영자가 자신의 사적 이익을 추구하는 이익 상충 관계로부터 주주에게 정당한 이익이 보장되도록 하는데 있다.

그러나 이러한 목적을 실현할 수 있는 가장 이상적인 지배구조의 틀에 대한 보편 타당한 해답을 찾기는 쉽지 않다. 기업지배구조는 국가마다 고유한 경제 환경이 있고, 기업 조직내부의 특성도 다르며, 시장에서의 경쟁 압력이나 국가의 법과 규제, 사회 환경 등이 다양하기 때문이다.

---

227) 위험관리기준이란 회사가 자산의 운용이나 업무의 수행 그 밖의 각종 거래에서 발생하는 위험을 제때에 인식·평가·감시·통제하는 방법 및 절차를 말한다.

228) 송종준, 「2010년도 기업지배구조법제의 동향」, 상장회사감사회회보 제121호, 2010, 7~10면 참조, 인용, 김용범, 전게서, 도서출판 어울림, 2012., 141~146면.

2. 우리나라 기업지배구조법제의 현주소

가.「상법」의 기본 입장

우리나라 주식회사는 연혁적으로는 대륙법의 영향을 받아 이해관계자 중심 모델이 지향하는 소유지배구조를 취하게 되었다고 본다. 따라서 「상법」상의 지배구조법제도는 소유가 집중되는 지배구조 즉 지배주주에 의한 기업경영과 감시통제시스템이 정착되어 결과적으로 독립적인 감독기관에 의한 경영통제력은 미약할 수밖에 없는 구조적 특성을 가진다고 평가할 수 있다.

그러나 기업규모의 확대에 따른 소유의 분산이 가속화되는 단계에서는 더 이상 전통적인 지배구조 만으로는 주주와 경영자와의 이해상충 문제를 해소하기가 어렵고, 더욱이 국제적인 자본이동이 자유로운 법적 환경에서는 국제적인 보편기준에 따르지 않을 수 없었다.

그리하여 '90년대부터는 「상법」도 경영에 대한 감시·통제를 기반으로 하는 주주 중심 모델의 지배구조법제를 도입하는 추세에 접어들게 된 것이다. 2009년 개정 「상법」은 종전의 「증권거래법」상 사외이사 중심의 이사회, 감사위원회 등의 지배구조법제를 편입하였으며, 2011년 「상법」개정에서도 집행임원제도의 도입 등 업무집행 기관과 감독 기관의 철저한 분리를 꾀하고 있다.

세계적으로 수렴되는 지배구조법제의 핵심은 업무집행기관으로부터 업무감독기능을 분리하여 엄격한 경영통제, 또는 감독시스템을 구축하는 것이라고 할 수 있다. 우리 「상법」상의 지배구조법제도 오늘날에는 이러한 국제적인 수렴화 현상을 수용하는 단계에 있다고 할 수 있다.

나. 최근 지배구조 재편

2009년 개정 「상법」은 경영에 대한 감독강화라는 취지를 실현하기 위하여 종전 「증권거래법」상 상장회사에 적용되는 지배구조법제를 편입하고, 지배구조의 형태를 회사의 규모와 주권의 상장여부에 따라 다양하게 재편하였다.

(1) 소규모회사

자본금이 10억 원 미만인 소규모 주식회사의 경우 업무집행기관이 1인 또는 2인의 이사, 또는 대표이사로 하였으며, 업무감독기관은 주주총회로, 감사기관은 감사 또는 주주 총회로 규정하고 있다. 소규모회사의 경우에는 종전과 같이 대표이사, 이사회, 감사의 제도를 강제하지 않고 자율적으로 지배구조를 구성할 수 있도록 한 것이다.

(2) 중규모회사

최근 사업연도 말 현재의 자산총액이 2조원 미만인 중규모회사의 경우에 업무 집행 기관은 이사회와 대표이사, 업무감독기관은 이사회, 감사기관은 감사 또는 감사위원회로 정하고 있다. 특히 중규모회사가 상장회사인 경우에는 자산총액이 1,000억 원 미만인 벤처기업 등 대통령령이 정하는 경우를 제외하고는 이사 총수의 4분의 1 이상을 사외이사로 선임하여 이사회를 구성하여야 한다.

그리고 자산총액이 1,000억 원 이상인 상장회사는 감사기관으로 상근감사 1명을 두어야 하고, 감사위원회를 설치한 경우에는 상근감사를 두지 않아도 된다. 감사위원회의 위원은 3명 이상으로 구성하되, 사외이사가 위원의 3분의2 이상 이어야 한다.

(3) 대규모회사

최근 사업연도 말 현재의 자산총액이 2조 원 이상인 대규모상장회사의 경우에 업무 집행기관은 이사회와 대표이사, 업무감독기관은 이사회, 감사기관은 감사위원회가 맡는다. 이사회는 사외이사를 3인 이상으로 하고 또한 사외이사가 이사 총수의 과반수가 되도록 하여야하며, 사외이사는 사외이사후보추천위원회를 설치하여 후보를 추천하여야 한다. 이 추천위원회는 사외이사가 총 위원의 2분의1 이상이 되도록 구성하여야 한다.

감사위원회는 이사회 내 위원회의 하나이고, 회계 또는 재무 전문가는 1명 이상이어야 한다. 감사위원회 위원(이하 "감사위원"이라 한다)은 주주총회에서 선임한 이사 중에서 다시 주주총회에서 선임하고 그리고 해임도 주주총회에서 한다. 감사위원은 3명 이상의 이사로 구성하되, 사외이사가 위원의 3분의 2이상이어야 한다.

사외이사가 아닌 감사위원의 선임에는 최대주주와 특수관계인을 포함하여 발행주식 총수의 100분의 3을 초과하여 의결권을 행사할 수 없도록 제한하고 있다. 특히 감사위원회는 이사회 내 위원회이지만 이 위원회의 결의사항에 대하여는 이사회가 변경할 수 없다.

다. 집행임원제도 도입

2011년 개정 「상법」에서는 집행임원제도를 채택할 수 있도록 한 점이 특징이다. 집행임원은 현행 「상법」상 이사회기능 중에서 업무집행기능만을 담당하는 업무집행 기관으로 하고, 이사회는 업무감독기능만을 가지도록 한 제도이다. 집행임원제도는 업무집행기능과 감독기능을 가진 일원적 이사회제도를 개편하여 업무집행은 경영위원회에 부여하고 이사회는 사외이사를 중심으로 업무감독기능만을 담당케 하는 미국의 추세와 대동소이하다.

또한 업무집행기능과 감독기능이 분리는 되었지만 감독기능이 약화된 채 운영되어 온 이원적 이사회제도를 개혁하여 감사회에 이사회의 업무집행감독을 강화하는 최근의 독일 추세와도 유사한 것이다. 또한 일본이 위원회설치회사의 경우 집행임원과 감사위원회제도를 도입하여 업무집행기능과 감독기능을 분리한 것과도 다르지 않다. 요컨대 집행임원제도는 업무집행과 감독기능을 철저히 분리하는 지배구조법제의 국제적인 수렴화 현상을 수용 하는 대표적인 예라고 할 수 있다.

개정 「상법」에서 집행임원은 자본금이 10억 원 이상인 주식회사가 자율적으로 선택할 수 있는 제도이다. 집행임원은 이사회가 선임하고 해임할 수 있는 권한을 가지며, 보수도 결정할 권한을 가진다. 집행임원의 임기는 원칙적으로 2년을 초과할 수 없다. 2인 이상의 집행임원을 둔 회사는 대표집행임원을 선임하여야 하며, 이 경우에는 따로 대표이사를 둘 수 없다.

그리고 (대표)집행임원은 이사회 의장을 겸직할 수 있다. 그 밖에 집행임원은 대표이사와 같이 이사회의 소집청구권을 가지고, 업무집행사항의 이사회 보고의무와 이사회 출석 보고의무를 지며, 회사와 제3자에 대하여 손해배상 책임을 질 수 있다.

요컨대 집행임원을 둔 회사에서는 집행임원은 업무집행기능만을 담당하고, 집행 임원의 업무감독기능은 이사회가 가지게 되고, 집행임원의 업무감사는 이사회 내 위원회인 감사 위원회가 담당하게 되는 것이다. 그런데 집행임원제도는 규정상으로는 자본금이 10억 원 이상인 모든 주식회사가 선택할 수 있지만, 실제로는 자산총액이 2조 원 이상인 대규모 상장회사에 적합하다.

3. 우리나라 지배구조법제의 평가 및 향후 과제

개정 「상법」이 자본금이 10억 원 미만인 소규모회사의 지배구조에 대하여 자율적인 지배구조를 허용한 것은 바람직한 입법태도라고 본다. 소유가 집중된 지배구조에서는 형식상의 대표이사나 이사회의 설치를 강제하는 방법 보다는 이사의 업무집행감독을 주주총회에 맡겨도 실효성을 제고할 수 있기 때문이다.

그러나 자본금이 10억 원을 초과하는 회사의 경우에는 소유와 경영이 분리되는 현상이 나타나고, 상장회사의 경우에는 그 정도가 매우 커지게 되어, 주주와 경영자 사이에 항상 이해상충 문제가 발생하게 된다. 따라서 이 경우에는 경영자의 업무집행에 대한 감독권이 강화되어야 할 필요성이 크다. 개정 「상법」이 사외이사제도를 도입하여, 상장회사의 경우 이사회의 4분의 1 이상을 사외이사로 선임하여야 하고, 업무감사도 전통적인 감사 외에 감사위원회를 추가한 것은 이 같은 업무감독권 강화의 요청에 따른 것이다.

그런데 문제는 사외이사 중심의 업무감사기능 강화를 위한 법제도의 취지가 감사의 실효성을 확보할 수 있을 것인지에 있다. 법규상으로는 사외이사의 독립성을 확보하기 위하여 엄격한 자격요건을 제한하고 있지만, 외국에서도 그렇듯이 그것이 형식에 그치고 진정한 독립성을 확보하지 못하는 경우가 많다.

이 문제에 대한 명백한 해답을 찾는 것은 불가능에 가까울 수도 있고, 이것이 사외이사제도의 한계이기도 하다. 또한 자산규모가 2조 원 이상인 대규모 상장회사가 집행임원제도를 도입하는 경우에도 마찬가지의 문제가 있다. 이론상으로는 사외이사가 중심이 되는 이사회가 집행임원의 업무집행에 대한 감독권을 행사하면 주주와 경영자 간의 이해상충 문제를 충분히 해소할 것처럼 보인다. 그러나 이 역시 사외 이사의 역할 문제로 귀착되어 똑같은 딜레마에 빠질 수도 있을 것이다.

그렇다면 이러한 문제를 실효성 있게 해결할 수 있는 합리적인 방법은 있을까? 우선 특정한 지배구조 형태의 구축 문제에 대한 또 다른 접근방법을 고려할 수 있다. 상장회사의 경우에도 획일적인 지배구조를 강제하는 것 보다는 소유와 경영의 분리 정도에 따라 기업이 자발적으로 선택할 수 있는 다양한 지배구조를 제공하는 것이 바람직하다고 본다. 소규모회사의 지배구조나 대규모회사의 집행임원제를 회사가 임의로 선택할 수 있게 한 것은 이런 점에서 합리적이다.

집행임원제는 소유가 철저히 분리되어 지배주주는 없고, 경영자가 회사를 지배하는 경영자 지배형 회사에 매우 적합한 제도이다. 회사의 규모가 초대형인 국제적기업의 경우에 소유지배구조는 이러한 형태를 띠는 것이 일반적이다. 그러나 이러한 수준에 미치지 못하는 상장회사의 경우에는 「상법」에서는 업무집행과 감독기능을 분리한 이사회, 양 기능을 모두 갖는 이사회 형태를 제공하고 회사가 이를 선택할 수 있도록 하는 것이 필요하다.

아울러 지배구조의 자율적인 선택제도를 시행하는 경우에도 문제는 있다. 실제로 업무집행과 감독기능이 분리 작동되지 않는 경우에는 주주와 경영자와의 이해상충 문제를 해소할 수 없기 때문이다. 이 문제의 해결을 위해서는 다양한 방안이 검토될 수 있겠지만, 우선적으로 법원의 사법정책이 중요한 역할을 수행하여야 한다.

司法政策上으로는 업무를 집행하는 경영자와 이를 감독 또는 감시하는 이사, 감사, 감사위원의 주주와 회사에 대한 손해배상책임을 결정함에 있어서 그 책임의 감면여부를 감독기능의 충실성 또는 진정성 정도와 연관 지어 판단하는 것이 바람직할 것 이다. 외국의 경우에는 내부회계관리, 준법감시 등 내부통제제도의 충실한 이행이 있으면 「경영판단 원칙」229)을 적용하여 경영자와 감독자의 책임 감면을 하는 것이 보편화 되어 있다.

제3절 리스크 관리

Ⅰ 리스크의 역사230)

리스크의 개념은 최근 현상이나 사업경영의 새로운 방법은 아니다. Peter L. Bernstein 은 「Against the God : The Remarkable Story of Risk」 라는 책에서 리스크의 역 사를 심도 있게 기술하고 있다. 다음은 이 책의 주요 내용이다.

도박은 고대 그리스시대나 이집트시대까지 수세기 거슬러 올라가 기록되어 있으며, 심지어 성경에도 기록되어 있다. 운으로 하는 게임은 역사 대대로 존재하여 왔지만, 확률이론은 17세기 중반 르네상스 시대에 이르러서야 나타났다. 그 이후로 확률이론 은 운으로 하는 게임의 결과를 설명하는 수학적 연습에서부터 비즈니스 세계에서 의 사결정의 주요 도구에 이르기까지 점차 발전하였다.

중국과 바빌로니아 무역 상인들은 놀랍게도 B.C. 2~3세기에 벌써 「리스크 전가 (Risk Transfer)」와 「분산 기법(Distribution Practices)」을 보여 준다. 그리스와 로 마인들은 건강 및 생명보험의 형태를 A.D. 600년경에 소개되었다.

17세기 말경, 런던이 무역의 중심으로 부상하자 해상보험의 필요성이 대두되었다. 1680년대 후반, Edward Lloyd는 커피하우스를 열었는데, 여기는 선주, 상인, 선장들 이 인기리 자주 찾는 곳이 되었고, 최신 해상 뉴스의 통로가 되었다. 이곳은 위험으로 부터 배와 화물에 대해 보험을 들고 싶어 하는 사람과 그러한 위험을 기꺼이 인수 하

---

229) 경영판단의 원칙이란 회사의 이사나 임원이 경영적인 판단에 따라 임무를 수행한 경우 비록 그 판단 이 후일 잘못된 것으로 밝혀지고 결과적으로 회사에 손해를 가져오게 되었다고 하더라도 , 그 판단이 어느 정도 성실하고 합리적으로 또 그 권한 내에서 이루어졌다고 할만한 일정한 조건이 충족된 때에 는 법원이 그경영적인 판단의 당부에 대해 사후적으로 개입하여 이사의 성실의무 위반에 대한 책임문 제를 따지지 않는다는 법리이다. 정확히 말하면 경영판단 불간섭의 원칙 또는 경영판단 존중의 원칙 이라 할 수 있다. 최준선, 전게서, 507면, 법원은 경영판단이 적용되기 위해서는 ① 합리적으로 이용 가능한 범위 내에서 필요한 정보를 충분히 수집. 조사하고 검토하는 절차를 거친 다음, ② 이를 근거 로 회사의 최대이익에 부합한다고 합리적으로 신뢰하고 신의 성실에 따라 경영상의 판단을 내렸고, ③ 그 내용이 현저히 불합리하지 않은 것으로서 통상의 이사를 기준으로 할 때 합리적으로 선택할 수 있는 범위 안에 있을 것을 요건으로 한다. 최준선, 전게서, 509~510면, 대법원, 2007. 10. 11. 판결. 2006 다 33333, 다만 위법행위(법령 위반 행위)를 한 경우에는 경영판단의 원칙이 적용되지 않는다. 대법원, 2008. 4. 10. 판결. 2004 다 68519

230) 국제내부감사인협회, 전게서, 4-2~4-3p

고자 하는 사람의 만남의 장소가 되었다. 오늘날, Lloyd's of London은 세계적인 보험회사가 되었다.

보험회사와 마찬가지로, 은행 및 그 밖의 금융기관들도 일 년 내내 그들 업무의 모든 부문에서 리스크를 다루어 왔다. 최초의 은행은 아마도 고대의 종교사원일 것이다. B.C. 18세기 바빌론에서 종교사원의 성직자가 상인들에게 대부를 하였다는 기록이 있다.

그리스와 로마제국은 대출, 예금, 환을 아우르는 은행업무의 발전을 이루었다. 은행들은 그들의 자금 조달비용과 불이행 가능성을 기초로 하여 대출 이자율 결정하는데 리스크의 개념을 사용하였다. 금융기관은 또한 옵션, 스와프, 파생상품 같이 미래의 불확실성을 기반으로 하여 가치를 창출해내는 금융상품을 발달시켜 왔다.

Ⅱ 리스크의 정의 및 특징

1. 리스크의 정의[231]

영어 단어 리스크는 "모험하다 또는 시험 삼아 하다 (to dare) : 불확실한 상황에서의 선택"이란 뜻의 이탈리아어 'risicare'에서 유래 되었다. 여기서 중요한 단어는 불확실성이다. 「코소(COSO)」는 리스크를 다음과 같이 정의하고 있다.

"어떤 사건이 발생해서 목표달성에 부정적인 영향을 줄 가능성 (....the possibility that an event will occur and adversely affect the achievement of an objective.)"

「코소(COSO)」의 리스크의 정의를 이해하기 위한 주요 포인트는 다음과 같다.

① 리스크는 전략 수립 및 목표 설정에서 시작된다.

조직은 특별한 전략과 목표를 달성하기 위하여 사업을 수행하고, 리스크는 그러한 목표를 성공적으로 달성하는데 있어 장애물을 의미한다. 각 조직마다 전략과 목표가 상이하기 때문에 그들이 직면하는 리스크 또한 상이하다.

② 리스크는 한 가지 결과를 의미하지 않는다.

리스크는 일정 범위의 결과를 의미한다. 많은 다양한 결과가 가능하므로, 일정 범위의 개념은 리스크를 이해하고 평가할 때의 불확실성에 의해서 만들어진다.

③ 리스크는 일어나는 나쁜 일들을 방지(리스크 완화)하거나, 일어나는 좋은 일을 보장 (기회 이용 또는 기회 추구) 하는데 실패하는 것과 관련 된다.

---

231) 국제내부감사인협회, 전게서, 4-3~4-4p

대부분의 사람들은 나쁜 결과(완화 또는 제거해야 할 위험)를 방지 하는 데 초점 을 맞춘다. 사실, 많은 리스크가 조직에 위협을 가할 때 , 긍정적인 결과를 달성 하는데 실패는 목표달성에 장애물이 될 수 있으며, 그것이 바로 리스크이다.

④ 리스크는 우리 인생의 모든 부분에 내재 되어 있다.

불확실성이 존재하는 어느 곳이든 한 가지 또는 그 이상의 리스크가 존재한다.

2. 리스크의 특징[232]

과거의 위기와 달리 최근 발생하는 위기의 특징은 「글로벌 동조화(Global Synchronization)」, 「광속 확산(Rapid Spread)」, 「상호연계성(Inter-connectivity)」이다.

가. 글로벌 동조화(Global Synchronization)

글로벌 경영이 보편화되면서 한 국가에서 발생한 리스크가 다른 지역 또는 국가에 있는 기업에 직접적인 영향을 미친다. 또한 글로벌 공급망 확대와 국경과 사업영역을 건너뛰는 기업 인수·합병 등으로 동조화 추세가 심화되고 있다.

그 사례로는 2011년 일본 대지진으로 일본 부품을 공급받던 완성차 자동차회사들이 (예, GM, 포드, Volvo, VW, 도요타, 르노 삼성 등) 일본 부품을 공급받지 못함에 따라 부품 조달에 차질을 빚어 일부 가동 중단 또는 생산 차질을 초래했었다.

나. 광속 확산(Rapid Spread)

인터넷과 통신수단의 발달로 사이버 테러, 소셜 미디어를 통한 기업 부정 이미지의 확산 등 리스크 충격이 광속으로 확산되고 있다. 그리고 위기가 현실화되는 속도와 모멘텀이 함께 작용하여 위기에 따르는 파급효과는 다양한 속도로 전개된다.

Nestle의 사례는 국제환경보호단체가 네슬레의 제품이 오랑우탄의 생존을 위협하고 있다고 소셜미디어를 통해 고발하였고, 고발 동영상이 배포 이후 약 1주일 만에 100만건 이상의 항의성 메시지 및 페이스북 팬페이지의 악성 댓글이 올라왔으며, 빠른 속도로 네슬레 제품의 불매운동으로 확산되었다.

자스민 혁명 사례는 경찰의 단속에 맞서 분신자살을 시도한 청년의 소식이 트위터와 페이스북을 통해 빠른 속도로 확산되자, SNS를 통해 이 소식을 접하고 뜻을 모은 젊은 층이 반정부 시위를 벌이면서 자스민 혁명이 본격적으로 시작되었다.

다. 상호 연계성(Interconnectivity)

산업의 융/복합화 및 기업 간 협력 강화 등으로 기업 생태계 범위가 확대되고 생태

---

232) 유종기, 「리질리언스와 기업리스크」, 2016년 상반기 상장회사감사회 세미나, 2016.4.22., 4~8면.

계 내 이해관계자가 증가하면서, 기업 생태계 내 Risk 및 생태계의 경쟁력 약화가 개별기업의 Risk로 전이되어 기업의 리스크 관리요소 및 복잡성이 증가하고 있다.

Apple과 Foxconn 사례는 Apple의 아이폰과 아이패드 등의 OEM을 담당하는 중국 팍스콘의 열악한 근무환경 및 비인간적 대우가 이슈화 되었다. 그 이후 Apple은 노동착취 논란에 시달렸으며, 그 결과 기업은 부정적 이미지를 얻게 되었다.

Nestle 사례는 중국의 한 공급업체가 식품 첨가 금지 물질인 멜라민을 유제품에 첨가하여 적발되었다. 그 결과 Nestle을 포함한 이를 공급받던 전 세계 분유 및 제과업체가 엄청난 타격을 받았다.

Ⅲ 리스크의 종류와 관리원칙

1. 리스크의 종류[233]

회사가 본질적으로 지니고 있는 리스크의 유형과 그 분류방식은 매우 다양하다. 그리고 영유하는 사업 형태에 따라 리스크의 종류도 다르다. 따라서 여기서는 리스크를 가장 잘 관리하고 있는 은행의 기초적인 리스크 분류 방법에 따라 분류 하고자 한다. 이러한 리스크의 유형과 분류는 여타 회사에서도 크게 다르지 않기 때문이다.

가. 신용리스크

회사의 기본업무인 신용공여에서 야기되는 리스크로서 거래상대방이 「채무불이행(Default)」또는 「신용등급의 악화」 등으로 대출, 유가증권, 파생상품 등의 계약에 명시된 의무를 이행하지 못하게 되어 경제적 손실을 입게 될 위험.

나. 시장리스크

금리, 주가, 환율과 같은 시장리스크 요인의 변동이 회사의 부내 및 부외계정에 영향을 주어 손실이 발생할 수 있는 위험.

① 금리리스크

회사의 자금 조달 및 운용 구조가 복잡하고 다양화 되어 있는 상태에서 이자율의변동으로 인해 非트레이드 계정의 순이자 소득이 하락할 가능성 또는 경제적 가치가 감소할 가능성이 있는 위험.

② 가격변동리스크

금리, 주가 등의 변동으로 인해 주식, 채권 등의 보유유가증권 가격이 변화하여 자산 가치가 감소하는 위험.

---

233) 금융감독원, 전게서, 218~220면

③ 환리스크

환율의 불리한 변동으로 인하여 외화표시 자산 및 부채의 순포지션에서 손실이 발생 하는 위험.

다. 유동성리스크

자금 조달 및 운용상 만기 불일치 또는 예기치 않은 자금의 유출 등으로 대외 지급 능력(예금유동성)이 부족하게 되거나 자금부족으로 인한 대출수요(대출유동성)에 부응하지 못하는 위험.

라. 경영리스크

경영에 대한 판단 오류, 경영전략의 시행착오, 환경변화에 따른 대응실패 등으로 인하여 발생하는 위험.

마. 운영리스크

정보시스템 또는 내부통제시스템의 결함으로 예상치 못한 손실이 발생하는 위험. 이러한 운영리스크는 일반적으로 인적 오류(human error), 사기(fraud), 전산시스템 고장, 부적절한 업무처리 절차와 통제과정 등에 기인.

바. 평판리스크

경영부진, 사고, 사회적 물의 야기 등으로 회사에 대한 고객, 주주 등 외부 여론이 악화됨으로 인해 회사에게 경제적 손실을 발생시키는 위험.

사. 법규리스크

법률, 감독규정 및 윤리적 기준 등을 충족하지 못함으로써 벌금, 과태료 또는 계약의 불리한 파기 등을 초래하게 되는 위험.

2. 리스크 변화의 대응력[234]

지구상에 존재하였던 모든 종의 96%는 이미 멸종되었다. 기업에게도 마찬가지로 영원히 해가지지 않을 것만 같았던 많은 기업들이 리스크변화에 대응하지 못하고 순식간에 몰락해 버리는 경우가 빈번히 발생하고 있다.

---

234) 유종기, 「리질리언스와 기업리스크」, 2016년 상반기 상장회사감사회 세미나, 2016.4.22., 10~13면.

참고	몰락한 기업들의 사례

○SMITH CORONA : 세계 최초 휴대용 타자기 개발. 기존 사업에 안주, 완전 몰락.
○NOKIA : 20년간 휴대폰 업계에서 1위. 브랜드 순위 3년 만에 72단계 하락(2011년).
○KodaK : 약 1세기 동안 필름카메라 업계독점. 디지털 카메라 등장 이후 급격한 몰락.

찰스 다윈은 "살아남은 것은 가장 강한 種도, 가장 영리한 種도 아니고 변화에 가장 잘 적응하는 種"이라고 하였다. 한때 번성했던 것은 현재 시점에서 아무런 의미가 없다. 進化의 眞正한 意味는 變化하는 環境에 맞춰 生存에 成功하는 것이다.

가. 복원력(Resilience)

역경 속에서 스스로 역량을 재창조함으로써 재도약을 이루어내는 능력인「복원력(Resilience)」은 불확실성이 높고 리스크가 일상화된 현대 경영환경에서 기업 생존을 좌우할 정도의 중요한 핵심 경쟁력으로 부상하고 있다.

복원력이란 충격으로부터 회복하는 능력. 즉, 위기 이전의 형태로 보다 빨리 복귀하고 그 기능을 회복하는 능력을 말한다. 복원력은 부정적인 사건이 야기한 역경과 충격을 딛고 기업이 지속적으로 생존할 수 있도록 한다.

방데 글로브 레이스(Vendee Globe Race)의 예를 보면 이 경기는 남극 부근을 통과해 전 세계를 항해하는 경주이다. 이 경주에 참여하는 배들은 돛대가 45도 까지 잠기더라도 원위치로 돌아갈 수 있도록 설계되어 있다.

나. 민첩성(Agility)

21세기 초 경쟁사회에서 사업환경의 변화를 적시에 탐지하고 적절한 시기에 신속하게 대응함으로써 위협을 위기로 전환하는 민첩성이 기업의 생존과 번영을 결정하는 핵심경쟁력으로 부상하고 있다.

민첩성이란 영향을 주는 효과를 회피하거나 줄일 수 있도록 재빨리 위치를 바꾸는 능력을 의미한다. 또한 민첩성은 재난을 회피하고, 기회를 포착하는 적응력을 제공 한다. 따라서 경쟁업체 동향이나 새로운 기술을 예상함으로써 부정적인 영향을 회피할 수 있다.

Kodak은 1980년대 디지털 카메라를 최초로 개발하였으나, 디지털화를 위협으로만 생각, 디지털 시장에 대응할 수 있었던 시기를 놓쳐 몰락하였다. 그러나 FUJIFILM은 기존 필름사업을 포기하고 과감한 구조조정과 신 사업개척 등 다가올 시장변화에 선제적으로 대응하여 생존하였다.

다. 균형감(Perspective)

균형감이란 복원력과 민첩성은 일반적으로 상충관계에 있지만 부정적인 영향을 견뎌 내면서도 기회를 민첩하게 포착할 수 있도록 양자를 적절한 수준에서 균형 있게 선택할 수 있도록 의사결정을 하는 감각을 말한다.

중세시대 기사 갑옷을 보면 전신을 완벽하게 감싸 수비에 최적화됨으로써 복원력은 뛰어나나 육중한 무게로 걷기조차 힘듬으로써 민첩성이 떨어 졌다. 반면에 로마시대 군단병 경량 갑옷 보면 가벼운 무게로 장기간 이동이 가능하여 민첩성은 뛰어나나 손이나 다리 등은 적의 공격에 노출되어 복원력이 떨어졌다.

Esther Colwill의 에베레스트 산 등정 시 의사결정 사례를 보면 에베레스트 산을 등정하려면 얼마나 많은 장비를 가져갈 것인지에 대한 결정을 내려야 하는데, 이때에는 복원력이나 민첩성 어느 한 쪽으로 기울거나 치우치지 아니하고 고른 감각으로 균형감(Perspective) 있게 의사결정을 내려야 한다.

복원력만 생각 하면 필요한 장비를 최대한 가져가 갑작스런 상황 변화에 대응하여야 하나 장비 무게의 문제가 발생하고, 반면에 민첩성만을 생각하면 적은 장비로 신속하게 등반하는 이점이 있으나 상황변화에 대응할 수 없어 생존에 큰 위협을 받게 될 것이다.

3. 리스크관리의 10원칙[235]

재해 등 큰 위험이 발생하면 인간의 몸은 즉각 반응한다. 몸에 선천적으로 저장 된 '방어기재'가 작용하기 때문이다. 여기에다 경험과 훈련을 통해 배우는 후천적으로 만들어진 뛰어난 방어기재가 가세한다.

경찰, 군인, 우주비행사를 훈련시키는 전문가들은 "실제 위협은 준비 수준에 미치지 못 한다"고 입을 모은다. 그 만큼 미리준비하고 대처하는 게 매우 중요하다. 더 많이 준비할수록 비상상황에서 잘 대처할 수 있다는 의식이 강해져서 공포심을 덜 발생 하게 한다.

9·11 테러 당시 미국 뉴욕의 세계무역센터에서 비상계단의 위치를 알았거나 대피 훈련에 단 한번이라도 참여한 사람이 그렇지 않았던 사람 보다 부상을 덜 당했다. 이러한 상황을 기업에 적용할 수 있다.

기업의 '복원력'은 갑작스런 충격에서 벗어나 일상적인 활동으로 돌아갈 수 있는 능력과 속도를 의미한다. 복원력은 기업에 경험, 훈련, 준비 등을 통해 만들어진 '제2의 방어 기재' 라고 할 수 있다.

회복력을 갖고 있는 기업은 예측이 가능한 사건, 사고뿐 아니라 불확실한 상황에서

---

235) 유종기, 「리질리언스와 기업리스크」, 2016년 상반기 상장회사감사회 세미나, 2016.4.22., 15~46면.

도 업무재개와 정상화가 빠르게 이루어진다. 기업의 생존을 위한 10가지의 위기관리 원칙을 주요 사례와 함께 알아보고자 한다.

(1) 가정을 다시 한 번 확인하라.(Check your assumptions at the door)

경영 환경과 현재 비즈니스 모델에 대한 기존 가정을 잘 이해하고 이에 대립되는 반대명제(anti-theses)를 제시함으로써 기업은 앞으로 일어날 주요 변화를 예측하고 이게 기업에 도움이 될지 악영향을 미칠지 파악할 수 있다.

리스크는 잘못된 가정에서 시작된다. 자신의 기업이 추구하는 전략이나 목표가 잘못될 수 있다는 점을 깨닫고 확인해야 한다. 즉, 正(기본명제)으로 근본적인 가정에 대한 의문을 제기 하고 反(반대명제)으로 각각의 가정에 의문을 제기하라.

그러면 合(종합명제)으로 正 과 反의 조화를 이루어 종합결론을 도출해 낼 수 있다. 사우스웨스트항공은 전통적인 항공산업에 대한 반대명제에서 만들어 낸 사업모델 덕분으로 39년간 연속하여 이익을 낼 수 있었다.

사례1 ▶▶ 사우스웨스트항공의 정반합 사례				
구 분	**중 요 고 객**	**인 력**	**프 로 세 스**	**비 고**
〈正〉 기본 명제 항공사 들의 사회적 통념	· 국내선/국제선 기반 · 주류시장 기반 · 지정좌석 · 프리미엄서비스 · 예약변경시 수수료 부과	· 조직적인 계층구조 (지휘와통제) · 공식적 /경직적 분위기 · 급여와 임금	· 연료가격의 非헤지 · 긴 적재시간 · 주요 공항(고비용/높은 혼잡도) · 허브 To 허브 · 다양한티켓발행처	〈合〉 · 기본명제 와 반대명제의 장점을종합 하여최적의 결정및사업 모델 창출
〈反〉 기본 명제 사우스웨스트 非일반적 통념	· 지방도시 기반 · 非주류시장기반 · 非지정좌석 · 저가서비스 · 수수료 무	· 역피라미드 · 비공식적/신나는직장 · 이윤분배를 최초로 도입	· 연료가격을 헤지 · 웹사이트최초개설 · 짧은 적재시간 · 포인트 To 포인트 · 소규모 지방공항 · 티켓 직접발행	

(2) 주의와 경계를 늦추지 마라.(Maintain constant vigilance)

변화 신호에 대한 인지와 조기 발견을 통해 리스크에 대한 사전준비와 신속한 대응을 가능케 하자는 의미로 현 상황과 관점에 반하는 여러 경고와 신호들에 주의를 더 기울이면 효과적으로 새로운 기회를 포착하고, 위기를 대처할 수 있다.

대부분의 큰 사고는 임직원의 경계심 부족과 상황인지 부족으로 인한 실수에서 비롯됨으로 지속적인 주의와 경계를 통해 위기에 대한 인지 및 조기 발견, 사전 준비와 신속한 대응을 가능토록 해야 한다.

Wayne Gretzky 사례를 보면 웨인 그레츠키는 퍽의 움직임을 예상하고 게임의 흐름을 읽는 능력이 탁월하였다. 그는 퍽의 움직임이라는 신호를 감지하고 즉시 해석하여 추후 움직임을 예측하는 능력이 매우 발달하였다. 그 이유는 그의 아버지가 어릴 때부터 게임을 꾸준히 관찰하여 퍽의 움직임을 파악하도록 가르쳤기 때문이라고 한다.

Shell의 사례를 보면 1973년 이전 셸의 기획 입안자는 석유생산국 내 군국주의 확대에 따른 위기의 신호 감지를 주시하였습니다. 셸은 실제 사건 발생 시, 이를 빠르게 인지하여 투자의 우선순위를 조정하였습니다. 그 결과 셸은 1973년 석유 파동을 극복하고 7대 메이저 기업의 끝에서 2번째 기업으로 도약하게 되었습니다.

(3) 속도와 모멘텀 요소를 고려하라.(Factor in velocity and momentum)

"(좋든 나쁘던) 해당 사건이 일어날 가능성은 어느 정도 인가?"라고 묻는 대신 "얼마나 긍정적으로 또는 부정적으로 전개될 수 있으며, 얼마나 빨리 진행될 수 있는가?"라고 질문하는 것이다. 이런 질문들은 리스크 요인들의 크기와는 상관없이, 기업이 위기상황에서 민첩하게 정상으로 복귀할 수 있는 역량을 향상 시키기 위해 무엇을 해야 하는지에 대한 체계를 잡을 수 있게 해준다.

잠재적이거나 전개중인 사건이 리스크인지 단순한 사건인지는 속도와 모멘텀에 의해 결정됨으로 리스크 자체의 속도, 크기, 모멘텀 및 결과와 리스크 발생 이후의 후속 파장을 측정하고 관리하여야 한다.

리스크의 대응방안은 ① 리스크 대응 시점의 적시 포착 → ② 리스크 진행속도에 맞춰 대응속도를 결정 → ③ 모멘텀 요소에 맞춰 대응수위와 정도를 결정 → ④ 리스크 발생 전에 프로세스를 개발 → ⑤ 사전에 지켜야할 규칙을 정의, 대응방안을 반복적으로 훈련 → ⑥ 사전에 정의한 규칙과 수행한 훈련에 따라 대응팀을 가동한다.

사례2 ▶▶ 존스&존스의 타이레놀 사건(성공 사례)
① 리스크 발생 　□ 타이레놀 사망 사건 발생 : 타이레놀 청산가리 투여사건 발생. 　□ 고객 신뢰 추락 : 존스&존스 제품의 안전성에 대한 의문. ② 리스크 대응 　□ 즉각적 조치 : 해당제품 리콜 즉시 판매 중지. 　□ 구조적 대응 : 재발방지를 위해 케이스를 3중 밀봉 처리. ③ 대응 후 영향 　□ 고객 신뢰 회복 : 즉각적이고 과감한 조치로 고객신뢰 회복. 　□ 성공적 영업 재개 : 효과적인 판촉 활동 재개 및 안전장치의 추가.

| 사례3 ▷▷ | Qantas 항공 사례(실패 사례) |

① 리스크 발생
  □ 소속 항공기 긴급 착륙 : 호주 Qantas 항공 소속 비행기가 비행 도중 엔진결함으로 긴급 착륙.
  □ 고객 신뢰 추락 : 고객들 소셜미디어를 통해 긴급 착륙에 대해 의문 제기.
② 리스크 대응
  □ 임시방편적 대응 : 심각한 사항으로 인식하지 않고 의문에 대해 아무 언급도 하지 않은 채 안일하게 대응.
③ 대응 후 영향
  □ 고객 신뢰 추락 : Qantas사에 항의 서한을 보내고 책임자의 해명을 요구. 고객의 안전성과 직결된 만큼 비난 항의 지속 전개.

(4) 핵심 연결망을 관리하라.(Management the key connections)

글로벌 비즈니스가 복잡해지고 기업의 상호 의존도가 높아지면서 한 사건이 다른 사건에 영향을 끼칠 때가 빈번하다. 그래서 각종 위기에 영향을 끼칠 수 있는 주요 요소를 면밀하게 분석하는 노력이 중요한다.

기업에서 위기에 영향을 끼칠 수 있는 주요 요소는 공급자(Supplier), 투입자원(Input), 프로세스(Process), 산출물(Output), 고객(Customer) 등이다. 주요 요소의 영문 머리글자를 딴 SIPOC 분석은 공급자와 투입자원 등을 분석하는 방법이다.

이 방법은 특정 프로세스, 산출물 등이 다른 프로세스, 산출물과 어떻게 연관되는지 파악하고 한 부문에서 발생한 문제가 전체시스템에 어떻게 확산되는지 분석한다. 또 기업은 위기에서 살아남기 위한 기본요소를 미리 정의해야 한다.

구체적으로 생존을 위한 필수요소, 필수요소 없이 생존할 수 있는 기간, 회사가 감내할 수 있는 손실, 피해 수준, 비상상황 대비 수준 등에 대한 내용을 미리 살펴야 한다. 전체를 아우르는 시스템에 대한 해법이 필요하다.

글로벌 사업 환경의 복잡성, 동조화, 상호연관성으로 인해 기업 생존에 영향을 미치는 요소들이 증가하고 있습니다. 결국 공급자, 투입자원 등에서 어떤 문제가 발생했을 때 회사에 어떤 피해나 손실이 발생할 지를 따져서 시나리오를 만들어야 한다.

핵심 연결망 관리에 성공한 Honeywell 사례를 보면 항공우주산업은 복잡하고 상호 연결 되어 있다. 허니웰은 핵심적인 공급업체를 선정하는 절차를 개발하여 활용하고 있어 안정적인 공급망을 바탕으로 세계 3위의 항공전자기기 제조업체로 등극하였다.

반면에 핵심 연결망 관리에 실패한 북미 大停電 사례를 보면 강력하게 동조화된 전력공급 시스템은 사업운영을 편리하게 해주지만 이는 개별지역의 전력공급을 유연하게 처리하지 못하게 하는 단점을 노출하였다. 2003년 8월 소규모 정전을 억제하는 과정에서 전역이 停電되어 버리는 大停電 사태가 발생하였다.

(5) 실패의 원인을 예측하라.(Anticipate causes of failure)

1912년 4월 12일 타이타닉호의 선장 에드워드 스미스는 출항하기 직전 "타이타닉호를 침몰시키는 상황은 그 어떤 것도 상상할 수 없다. 인류 역사상 이렇게 훌륭한 기술이 사용된 적이 없다. 제어장치는 완벽하다. 문제가 발생할 소지가 전무하다"고 말했다.

하지만 타이타닉호는 침몰했고 큰 사상자가 발생하였다. 기업도 마찬 가지다. 실패 또는 잠재적인 실패 가능성을 적극적으로 식별하고, 적시에 의사소통하여 사업실패를 막고 잠재적 실패에 대한 필요한 조치와 대응책을 마련하는 것이 매우 중요하다.

성공사례로는 미군은 특정 부대의 취약점을 적보다 먼저 발견하기 위해 대항군인 레드팀(Red Team)을 활용하였다. 신생부대인 스트라이커 여단을 이라크에 파병하기 전에 여단의 취약점을 미리 파악하고 보완하기 위해 대항군을 활용하여 이라크 전에서 굉장한 성과를 획득하였다.(실전에서의 실수를 방지하기 위해 사전에 실패의 원인을 예측하고 예방한 미군은 리스크 관리에 성공).

반면에 실패한 사례로는 1993년 초 미니밀은 미국의 열연강판 시장에서 성공을 거둔 것 만 믿고 산업연구원, 현대 그룹, 포스코의 연구보고서가 한결 같이 미니밀의 성공가능성에 회의적이었음에도 미니밀의 국내시장 도입을 추진하여 1997년 부도 발생하였다.(현재의 성공을 맹신하고, 새로운 시장에서의 실패가능성을 배제한 한보철강은 리스크 관리에 실패).

(6) 정보원천과 정보를 검증하라.(Verify sources and corroborate information)

리스크 관리가 경영의사 결정을 지원하기 위해 입수 가능한 최고의 지식과 정보를 개발하는 것이라고 한다면, 어떤 상황에서도 최선의 판단을 하기 위해 신뢰할 만한 정보 원천과 입증된 정보를 검증하고 확인하는 것이 매우 중요하다.

그러나 정보에 대한 치명적인 결함은 ① 잘못된 정보의 수집, ② 정보의 원천에 대한 검증 부재, ③ 정보에 대한 보안의식 부재이다. 따라서 경영 의사결정의 지원을 위해 신뢰할 수 있는 리스크 정보의 원천과 정확한 정보를 확보하여야 한다.

정보원천의 신뢰성 평가는 ① 내부원천에서 나온 정보와 리스크가 높은 영역과 관련된 정보는 반드시 검증되어야 한다. ② 리스크통제자가진단[236]을 활용하여 정보원천을 평가한다. ③ 리스크통제자가진단은 모든 기업에서 유용한 역할을 할 수 있지만, 검증이나 실제 증거가 없다면 그 결과를 조심스럽게 해석해야 한다.

정보의 원천을 검증하는 도구들로는 ① 좋은 정보의 원천을 확보하되 객관성을 유지, ② 신뢰성 있는 정보의 원천을 개발, ③ 정보 전달의 의도와 잠재적인 이해 상충을 고려하고 의구심을 유지하여야 한다.

또한 정보를 확인하는 도구들로는 ① 다양한 정보 원천의 확보 및 중요 정보는 단일한 정보 원천에 의존하지 말 것. ② 직접적인 경험이나 신뢰할 만한 경력을 가진 전문가의 의견을 참고할 것, ③ 통계나 수치로 나타난 증거들을 활용하되 단정 짓지 말 것이다.

버나드 매도프의 사상 최대의 금융사기 사건 사례를 보면 죄목은 증권사기, 돈세탁, 위증, 문서조작 등 이며 피해자가 72만 명이고 피해액이 500억 달러이다. 본 사례가 우리에게 주는 시사점은 경영 의사결정을 함에 있어 첫째, 정보의 원천에 대한 다양한 검증과, 둘째 선입견을 배제한 채 재확인 작업이 반드시 필요함을 가르쳐 주고 있다.

즉, 투자자들은 그의 성취와 행적의 신뢰성에 대한 검증 및 확인 없이 나스닥 설립에 기여했고, 전 나스닥 외부이사 이었으며, 저명한 자선사업가인 동시에 비영리단체 활동에 참여 하는 등의 그의 신상정보에만 의존하였을 뿐, 투자자산 보유내역을 공개하지 않거나 의심기사의 잡지 보도 등 이상 징후를 선입견을 갖고 무시했기 때문에 큰 피해를 보았다.

(7) 안전마진을 유지하라.(Maintain a margin of safety)

초대형 글로벌 기업이나 리스크를 매우 효과적으로 운영하는 기업이더라도 잘못된 리스크를 수용하거나 과도한 차입, 부채로 도산할 수 있다. 이는 결국 기업 운영시 실수나 오류에 대한 여유가 거의 없다는 것을 의미하고 적절한 안전마진을 확보하고 유지하는 것에 특별히 주의를 기울여야 한다.

(가) 안전 마진[237]의 예시

① 산악 등반시의 안전 마진 : 등반가의 능력과 산의 높이, 등반 환경 등 고려.
② 투자 관점 : 주식의 내재가치와 시장가격과의 차이.
③ 의학적 관점 : 의약품의 적정 복용량과 치사량과의 차이 등.

---

236) 리스크통제자가진단이란 직원들 스스로 기업리스크와 통제활동에 대한 접근방식의 강점과 약점을 식별하는 방법이다.

237) 안전마진이란 벤자민 그레이엄은 「현명한 투자자」란 책에서 "투자를 예측할 수 없는 상황에서도 투자 원금을 지켜낼 수 있는 최소한의 마진을 말한다"라고 설명하고 있다. 이러한 안전마진을 재해석하면 투자 해서 절대로 손해를 보지 않을 시점이 언제인가 하는 것으로 자동차의 안전거리와 같은 개념이다.

(나) 안전 마진을 유지하는 기법

① 복원력과 민첩성을 고려하여 안전마진을 수립하여야 한다.

② 핵심적인 리스크에도 높은 안전마진이 필요하며, 리스크 보상, 기회비용을 고려하여 안전마진의 수준을 결정하여야 한다.

③ 안전마진을 지속적으로 평가하고 조정하여야 한다.

(다) 안전 마진을 유지를 위한 도구

① 당장 필요한 수준보다 더 많은 여유자원 확보.

② 사업 중단 상태에 직면하지 않도록 유보 역량 확보.

③ 안전 마진 달성의 전통적 수단인 보험 고려.

④ (신용 부도스와프 등) 리스크에 대한 헤지 전략 등.

사례4 ▷▷▷ 일본 완성차업체의 적시생산방식 사례

① 태국 홍수로 생산 중단 피해
  □ 적시생산방식(JIT)[238]의 일본완성차업체들 부품 공급망이 태국에 집약.
  □ 혼다자동차 공장 침수, 도요타는 부품부족으로 생산 중단 및 감산.
  □ 적시생산방식은 안전재고를 보유하지 않음으로써 폐쇄적인 Supply Chain의 단점을 부각.
② 적시생산방식의 취약점
  □ 시스템 내 한부분에서 발생한 문제가 전체시스템에 치명적인 영향.
  □ 여유자원을 적게 가져 갈수록 파괴적 충격에 대한 복원력은 약화 등.
③ 안전마진 수립을 위한 대응방안
  □ 적정재고 수준을 높이고 자동차 종류와 생산지역에 따라 부품설계를 통일, 부품공급처 확대.
  □ 한쪽 공장이 중단되더라도 다른 쪽에서 곧바로 동일제품을 공급할 수 있는 시스템의 구축 등.

---

(8) 시계(視界, 목표기간)를 설정하라(Set your enterprise time horizons)

장기적인 성과보다 단기수익을 선호하는 기업은 궁극적으로 성장과 생존이 불가능 하다. 장기적인 관점에서의 시각이 필요한 영역에서 지속적으로 성공하기 위해 사업 목표기간을 설정해야 한다. 물론 단기적인 생존이 중요하지 않다는 것이 아니라 단기성과와 장기적인 비즈니스 관점과 방향을 함께 바라보아야 지속가능한 기업이 된다는 의미이다.

위기를 대처할 때도 마찬가지다. 경영진들이 눈앞에 보이는 사안에만 매달리어

---

238) 적시생상방식(Just in Time)이란 소요시간을 단축하고 표준생산을 도모하기 위해 필요한 제품을 필요할 때 필요한 양만큼 만들어 공급한다. 그러나 이 방식은 부품조달에 차질이 생기면 생산라인 전체가 서버리는 문제점을 갖고 있다.

임기응변으로 위기를 덮기에 급급한 나머지 무사안일하게 처리하고, 단기적 땜방식 처방으로 일관한다면 근본적인 대안을 찾기 어렵고 결국 위기에 노출되기 마련이다.

가치투자의 귀재인 워런 버핏이 "주식은 장기적으로 보유하는 것이 좋다(Our favorite holding period is forever)"라는 말을 한 적이 있다. 이는 지속 가능한 성장보다 당장의 수익을 추구하는 최근 기업들의 '단기 성과주의'를 꼬집은 말이기도 하다. 단기적인 수익 극대화에 집착하는 기업은 장기적인 생존이 위태로울 수 있다.

사례5 ▶ 단기성과주의 결함 및 리스크 인텔리젠트 기법

① 단기성과주의의 결함
- 단기 실적추정치 달성에 대한 부당한 압력.
- 잘못 설계된 경영진 보상체계.
- 장기 리스크에 대한 안일한 대응.

② 리스크 인텔리젠트 기법
□ 필요한 목표기간 설정
- 장기적이고 전략적인 리스크, 전략 자체의 리스크에 집중.
- 다양한 직급에서 유념해야할 기간 단위를 측정.
- 잠재적인 전략적 중요성을 가지는 이슈들에 대해 전달 및 보고체계 수립.
□ 장기적인 관점에 대한 합의와 동의
- 성공과 실패에 대한 판단기준을 단기와 장기를 함께 고려.
- 가치가 어떻게 창출되고 파괴될 수 있는지를 정의.
- 가치창출 전략, 자산 및 자본의 보전 전략을 기술.
- 재무적 성과 비재무적 성과의 평가 및 보상기준 수립.
- 다양한 유형의 의사결정에 대한 필수기간 범위 설정.
- 단기적 의사결정의 의도하지 않은 잠재적 결과 식별.
- 재무적 성과측정지표 및 비재무적 성과측정지의 정의.
- 활동, 무대응, 실패 및 리스관리의 상대적인 비용 설정 등.

단기적 성과에 초점을 맞춘 시카고컵스의 사례를 보면 베이커 감독은 두 명의 슈퍼 루키 투수를 앞세워 우승을 노렸다. 두 명의 투수는 많은 이닝을 소화하며 시카고 컵스의 지부 1위라는 결과를 기여하였다. 하지만 당시 어린 나이였던 둘은 어깨가 손상되어 2004년 부터 점점 성적이 추락하였다.

반면에 장기적 성과에 초점을 맞춘 월마트의 사례를 보면 월마트는 대량의 쓰레기 및 온실 가스 배출량으로 비난을 받았다. 2005년 쓰레기와 온실가스를 줄여 환경을 위한 선량한 관리자가 될 것을 선언하였다. 목표기간 : 2013년 까지 포장

비용을 5% 감축키로 하였다. 2007년 이후 월마트는 시장점유율이 급등하였다.

(9) 적절한 리스크는 충분히 감수하라(Take enough of the right risks)

기업은 수용할 리스크가 무엇인지 이해하고, 수용한 리스크를 적절하게 보상 받을 수 있을지를 결정하고 리스크가 현재의 역량에서 수용할 수 있는지 여부를 판단해야 한다. 현실적으로 모든 리스크를 제거할 수 없기 때문에 치밀하게 계산된 리스크 수용전략이 필요하다. 현재 안주하지 않고 과거에 성공했던 방식을 답습하지 않아야 한다는 의미이다.

사례6 ▶▶ 리스크 수용가치 평가방법

① 보상 없는 리스크
□ 의미
  ○ 윤리적인 보상이 없는 리스크.
  ○ 평판의 훼손을 받을 수 있는 리스크.
  ○ 운영의 효율성을 떨어뜨리는 리스크.
□ 운용
  ○ 보상은 전혀 없고 부정적 측면만 존재. 수용가치 무.
  ○ 손실이나 손해를 방지하기 위하여 반드시 회피.
  ○ 전문성을 가진 사람이 관리하는 것이 중요.

② 보상 있는 리스크
□ 의미
  ○ 혁신적 신규 프로세스 및 제품 추구 간의 리스크.
  ○ 새로운 시장 개척할 때의 리스크.
  ○ 매출성장은 보상 있는 리스크를 통해서만 가능.
□ 운용
  ○ 리스크 노출 정도와 관리방법.
  ○ 노출된 리스크의 수용 가능성.
  ○ 기업 전략의 성공가능성 측정.
  ○ 허용 가능한 최대 손실 고려.

⇒ 현재의 역량에서 수용 가능성 판단

리스크 감수에 성공한 Pepsi 사례를 보면 1990년대부터 펩시는 코카콜라에 뒤진 만년 2등 기업이었다. 펩시는 향후 시장흐름을 예상하여 주력품목을 탄산음료에서 생수·주스로 전환하였다. 당시 음료시장의 상품군별 점유율을 고려하면 상당한 리스크를 감수 것이었다. 그 결과 2006년 처음으로 펩시는 미국 음료시장에서 1위로 등극하였다.

또한 리스크 감수에 성공한 타이거 우즈의 사례를 보면 1997년 20세의 타이거 우즈는 다른 선수들을 압도하며 15개 대회에 참가하여 4번을 우승하였다. 하지만 그는 자신의 스윙 폼에 문제가 있다고 생각하여 스윙 폼을 근본적으로 바꾸기로 결심하였다. 자칫 하면 스윙 폼이 무너질 수 있어 상당한 리스크가 뒤따랐다. 그 결과 1999년 타이거 우즈 는 무려 15번의 우승을 자지하였다.

따라서 기업의 생존과 번영을 위해선 적절한 리스크의 수용과 관리는 필수적이다. 이를 위해서는 첫째, 리스크와 보상 간의 최적의 균형을 추구하고 둘째, 어떠한 리스크도 수용 하지 않는 것이 가장 큰 리스크며 셋째, 보상을 기대하면서 리스크를 수용할 때, 의도한 결과와 보상을 얻을 수 있도록 관련된 전략과제들을 관리하는 것이다.

(10) 운영의 기본원칙을 반드시 지켜라(Sustain operational discipline)

지속적인 기업의 성공에는 엄격한 원칙과 규율이 필요로 한다. 이런 원칙이 없다면 기존 가정은 확인되지 않을 것이고, 경고신호는 탐지되거나 보고되어도 주의를 기울일 수 없으며, 잠재적인 실패의 원인들에 대한 논의가 다루어지지 않을 것이고, 정보 원천도 검증되지 않을 것이기 때문이다.

경영진이 제시한 리스크관리 계획과 프로그램을 이행할 수 있도록 하기 위해 운영의 기본원칙을 지켜야 한다. 운영의 기본원칙이 없는 기업은 불확실한 환경 하에서 지속적인 생존과 성장을 보장할 수 없다. 사고의 예방은 대부분 당연한 사안을 지키는 것에서 부터출발 한다.

사례7	운영원칙의 결함 및 리스크 인텔리젼트 기법		
운영원칙 결함 종류	**지켜지지 않은 이유**	**리스크인텔리전스 기법**	**기대 효과**
리더쉽의 부족	개별적 관점의 리스크 관리	리스크 관리의 전사차원 확대	복원력 향상
공유된 가치의 부족			
비효율적 소통체계			
수많은 제약에의 노출	복잡성의 증가	복잡성에 대한 체계적 관리	민첩성 향상
불확실성 증가			
대형기업의 복잡성			
지식의 내재화 시스템 부재	비효율적인 지식경영	지식경영 시스템을 활용	지속가능성의 내재화
현실을 반영하지 못한 문서화된 정책과 규정			

로마인들의 신축교량 안전성 확인 작업 사례를 보면 로마인들은 신축교량의 안전성의 확보를 위해 교량 나무 지지대 제거 시 해당 설계 기술자를 교량 아래에 서 있게 하였다. 이는 교량의 부실공사로 인해 추후 발생할 수 있는 사고를 미연

에 방지하기 위한 사전확인 작업 이었다.

또한 미군들의 낙하산 안전성 확인 작업의 사례를 보면 미군에서는 낙하산의 안전성 확인을 위해 낙하산 포장 인원을 무작위로 선정하여 직접 낙하산을 시험 사용하게 하였다. 이는 담당자들로 하여금 주의를 갖게 하기 위함이고, 사후평가를 통해 추후의 리스크를 사전에 방지하기 위함이다.

위기는 더 이상 한시적이거나 특별한 현상이 아니다. 영속성을 추구하는 기업이라면 항상 잊지 말아야 할 시장의 기본요소이다. 위기의 극복능력은 평소 기업의 경쟁력만큼 이나 중요한 요소이다. 외부 시장 변화와 조직 내부에서 발생한 위기를 모두 이겨내고 다시 원래의 기업가치를 회복할 수 있는 역량이 결국 기업의 미래를 좌우한다.

Ⅳ 「전사적 리스크관리(ERM)」의 일반[239]

1. 「전사적 리스크관리(ERM)」의 연혁

위의 리스크의 정의 및 종류에서 알 수 있듯이, 조직은 그들의 전략을 실행하거나 목표를 달성하려고 할 때 수많은 리스크에 직면한다. 이 때문에 조직 전체의 리스크를 보다 효과적으로 이해하고 관리하기 위한 프로세스의 필요성이 증가하였으며, 이런 필요성으로 인하여 「전사적 리스크관리(ERM : Enterprise Risk Management)」가 생겼다.

2004년 9월말 COSO는 내부통제기준을 포괄하면서 기업이 직면한 리스크를 효과적으로 다룰 수 있는 「전사적 리스크 관리-프레임웍(Enterprise Risk Management-Integrated Framework」을 발표하였다. 당 프레임웍은 전략의 수립단계로부터 세부 실행단계에 이르기까지 기업활동의 모든 부분에서 이루어지는 의사결정을 지원토록 설계되었다.

즉, 전사적 리스크관리 통합-프레임웍은 의사결정자가 대내외 환경변화를 고려하여 전략을 수립하고 유한한 자원을 배치하여 전략을 수행해 나가는 과정에서 회사가 직면할 수 있는 리스크를 식별하고 이를 평가하여 리스크 대응계획을 실행함으로써 회사에 큰 영향을 미치는 리스크를 회사의 리스크 선호도 안으로 줄이기 위한 다양한 기법을 제공한다.

따라서 내부통제(내부회계관리제도)를 통해 경영진은 신뢰할 수 있는 재무보고가 이루어지고, 법규이행이 제대로 되고 있다는 것에 대한 합리적인 확신을 얻을 수 있으

---

239) 국제내부감사인협회, 전게서, 4-4~4-6p

며, 전사적 리스크 관리를 통해서는 기업의 목표가 허용된 리스크 하에서 잘 달성되어가고 있다는 것에 대해 합리적인 확신을 가지게 된다.

2. 「전사적 리스크관리(ERM)」의 정의

「코소(COSO)」는 2004년에 「전사적 리스크 관리-통합 프레임웍(Enterprise Risk Management-Integrated Framework)」을 발간하였다.「코소(COSO)」는 회사들이 리스크를 효과적으로 파악하고, 평가하고, 관리하는데 도움을 주는 프레임웍이 필요 하다고 판단 했다. 「코소(COSO)」는 「전사적 리스크 관리(ERM)」를 다음과 같이 정의하고 있다.

"조직의 이사회, 경영진, 그 밖의 사람들에 의해 영향을 받고, 전략설정에 적용 되고, 조직의 전 영역에 적용되고, 조직에 영향을 줄 수 있는 잠재적 사건을 파악하기 위해 설계되고, 조직의 리스크 성향에 따라 리스크를 다루기 위해 설계되고, 조직의 목표달성에 합리적인 확신을 제공하기 위한 일련의 프로세스 이다."

COSO defines ERM as :

"A process, effected by an entity's board of directors, management and other personnel, applied in strategy setting and across the enterprise, designed to identify potential events that may affect the entity, and manage risk to be within its risk appetite, to provide reasonable assurance regarding the achievement of entity objectives"

상기 정의는 다음과 같은 기본 개념을 담고 있다.

전사적 리스크관리의 기본 개념

① 계속 진행되고 조직전체를 통하는 프로세스.
② 조직의 모든 직급사람들(예: 노동자)에 의해 영향.
③ 조직의 전략을 설정 할 때 적용.
④ 조직의 모든 수준 및 단위에서 전 영역에 적용.
⑤ 조직 전체차원의 리스크 포트폴리오 관점에 초점.
⑥ 조직에 영향을 줄 수 있는 잠재적 사건을 파악하기 위해 설계.
⑦ 조직의 리스크 성향 에 따라 리스크를 관리할 수 있게 하는 방법.
⑧ 조직의 경영진 과 이사회에게 합리적인 확신을 제공 등.

3. 「전사적 리스크관리(ERM)」의 목표 유형

조직이 미션과 비전을 세울 때 경영진은 미션을 지원할 다양한 목표도 함께 설정한다. 제1편-제2장-제1절-I-1. '조직의 목표달성에 기여' 항목에서처럼, 「전사적 리스크 관리 프레임워크(ERM Framework)」는 다음 4가지 항목의 조직 목표 달성을 지향한다.

① 전략 목표
조직의 미션을 달성하기 위한 상위 수준의 목표.

② 운영 목표
자원의 효과적이고 효율적인 사용을 촉진하는 광범위한 목표.

③ 보고 목표
대내외 보고의 신뢰성에 대해 초점을 맞춘 목표.

④ 준법 목표
관련 법률 및 규정의 준수에 대한 목표.

상기 네 가지 유형의 목표는 서로 다르지만 똑같이 중요한 「전사적 리스크 관리(ERM)」의 양상에 초점을 맞추고 있다. 이들은 뚜렷이 구분되지만 서로 겹치는 목표는 각기 다른 요구를 표현하고 있으며, 각기 다른 경영진의 책임 아래 있다.

「코소(COSO)」는 목표 달성에 대해 다음과 같이 주장한다. " 보고 목표 및 준법 목표"는 조직의 통제 하에 있기 때문에, 「전사적 리스크관리(ERM)」는 보고 목표 및 준법 목표의 달성에 대한 합리적인 확신을 제공할 수 있다.

하지만, 전략 목표와 운영 목표의 달성은 항상 조직의 통제 하에 있는 것이 아니라 외부 사건과 연관되어 있다. 따라서, 이들 목표 달성을 위해서 "「전사적 리스크 관리(ERM)」는 조직의 동 목표 달성 정도를 인식하고, 적절한 시기에 경영진 및 그들을 감독하는 이사회에게 합리적인 확신을 제공할 수 있어야 한다."

4. 「전사적 리스크관리(ERM)」의 구성 요소[240]

「코소(COSO)」의 「전사적 리스크관리(ERM)」는 8가지의 서로 밀접하게 관련된 요소로 구성 되어있다. 이 8가지 요소는 경영진이 기업을 경영하는 방법으로부터 파생 되고, 경영관리 프로세스와 통합되어 있다. 이 8가지 요소는 다음과 같다.

---

240) 국제내부감사인협회, 전게서, 4-6~4-11p

① 내부 환경(Internal Environment)

경영진은 리스크에 대한 철학을 설정하고 리스크 성향을 결정한다. 내부 환경은 조직 의 분위기를 만들고, 조직 구성원들이 리스크와 내부통제를 관찰하고 해결하는 방법에 대한 기초를 제공한다. 어떤 사업이든지 핵심요소는 사람 즉 신뢰성, 윤리적 가치, 적격성을 포괄하는 개개인의 자질을 갖춘 사람과 그 사람들이 일하는 환경이다.

내부 환경은 원리와 구조를 제공하는 「전사적 리스크관리(ERM)」의 다른 모든 요소의 기본이다. 내부 환경은 전략과 목표를 설정하는 방법, 비즈니스 활동을 구성하는 방법, 리스크를 파악하고, 사정하고, 조치를 취하는 방법에 영향을 미친다. 내부 환경은 또한 내부통제 활동, 정보 및 소통 시스템, 모니터링 활동의 설계 및 작동에 영향을 준다.

내부 환경은 조직의 역사와 문화에 영향을 받는다. 내부 환경은 다음의 항목들이 포함 된 여러 요소들로 구성 된다.

내부 환경에 포함되는 요소

- 리스크 관리 철학 : 조직이 리스크를 고려하는 방법을 특징짓는 일련의 공통된 믿음과 태도.
- 리스크 성향 : 조직이 기꺼이 받아드리고자 하는 리스크의 양.
- 이사회 : 구조, 경험, 독립성, 감독 역할을 제공하는 조직의 최 상위 지배 집단.
- 신뢰성과 윤리가치 : 선호도, 행동기준 그리고 스타일.
- 적격성 보장 : 과업을 수행하는데 필요한 지식과 기술.
- 조직의 구조 : 계획, 실행, 통제, 그리고 모니터링 활동에 대한 프레임워크.
- 권한과 책임의 배분 : 개인 및 팀이 문제를 해결하기 위해 권한을 부여 받은 정도.
- 인적자원 관리 : 채용, 오리엔테이션, 트레이닝, 평가, 카운슬링, 진급, 보상 등.

② 목표 설정(Objective Setting)

목표는 운영, 보고 그리고 준법 목표를 위한 기반에서 수립된 전략적 수준에서 결정 된다. 모든 조직은 내•외부로부터 다양한 리스크에 직면하고, 효과적인 사건 파악, 리스크 사정, 리스크 대응의 전제 조건은 목표 설정 이다.

목표는 조직의 리스크 허용수준을 결정하는 리스크 성향과 밀접한 관련이 있으며, 동 허용수준은 조직의 목표달성과 관련하여 감내할 수 있는 리스크의 크기와 다양성 이다.

③ 사건 파악(Event Identification)

경영진은 조직에 영향을 미칠 잠재적 사건을 파악하고, 이러한 사건이 기회인지, 조직 이 전략을 실행하고 목표를 달성 하는 데 있어 부정적 영향을 미치는 것인지 판단 해 야 한다. 부정적 영향을 미치는 사건을 리스크라고 부르는데 경영진은 리스크를 사정 하고, 이에 대응해야 한다. 그리고 긍정적인 영향을 미치는 사건을 기회라고 부른다.

사건을 파악할 때 경영진은 조직 전체의 리스크 범위 내에서 리스크와 기회가 일어날 수 있는 다양한 내부 및 외부 요소들을 고려해야 한다.

사건 파악 시 고려할 외부적 요소는 다음과 같다.

사건 파악 시 고려해야 할 외부적 요소
- 경제적 사건 : 가격 변동, 자본의 이용 가능성, 낮은 진입 장벽.
- 자연 환경적 사건 : 홍수, 화재, 지진, 날씨변화 등.
- 정치적 사건 : 선거, 새로운 법률 제정.
- 사회적 사건 : 인구통계, 사회관습, 가족구조, 생활방식의 변화.
- 기술적 사건 : 전자 상거래 등 새로운 기술 등.

사건 파악 시 고려 할 내부적 요소는 다음과 같다.

사건 파악 시 고려해야 할 내부적 요소
- 기반 요소: 예방 유지 또는 콜 센타 유지에 자본 배분 증가.
- 인적 요소: 작업장 사고, 부정 행동, 노동계약 종결 등.
- 프로세스 요소 : 프로세스 수정, 프로세스 실행 에러, 아웃소싱 결정 등.
- 기술적 요소 : 안전 위반, 시스템다운 시간 을 다루는 자원의 증가.

④ 리스크 사정(Risk Assessment)

리스크 사정은 잠재적 사건이 조직의 목표달성에 영향을 끼치는 정도를 고려한다. 경영진은 사건을 두 가지 관점—발생 가능성 및 영향—에서 사정하고, 통상 질적 및 양적 방법을 혼합해서 사용한다. 잠재적 사건의 긍정적 또는 부정적 영향은 개별적, 항목별, 혹은 조직 전체적으로 파악되어야 한다. 리스크는 내재(inherent)기준 혹은 잔여(residual)기준에서 평가한다.

'내재리스크'는 '총(gross) 리스크'를 말하고, '잔여리스크'는 '순(net)리스크'를 말한다. 내재리스크는 경영진이 그 발생 가능성 및 영향을 제어하는 어떠한 행동을 하지 아니 했을 경우에 조직에 발생하는 리스크 이다. 이 리스크는 조직의 사업 모델에 내재되어 있으며, 경영진이 그 사업 모델을 운영하고 수행하는 방법에 관해 만드는 결정과 관련 된다.

잔여리스크는 리스크에 대한 대응 후에도 여전히 남아있는 리스크이다. 경영진은 우선 내재리스크에 대해 리스크 사정을 수행한다. 그리고 리스크 대응이 이루어진 후에 경영진은 잔여리스크를 고려한다.

리스크의 발생 가능성 및 영향을 사정하는 방법에는 자체적인 종합 판단 및 전망에서 부터, 타 회사 벤치마킹, 복잡한 확률 모델에 이르기까지, 매우 다양한 방법이 있다. 사정의 방법이 무엇이든지 간에 리스크 사정 시에는 리스크 간의 상관관계를 고려해야 한다. 최악의 상황은 리스크 간에 밀접한 상관관계가 있는 것이다. 리스크를 개별적으로만 사정하는 것은 최악의 시나리오를 간과할 수 있다.

⑤ 리스크 대응 (Risk Response)

리스크를 사정한 후에, 경영진은 어떻게 대응할지 결정해야 한다. 대응 방법은 「리스크 회피(Risk Avoidance)」, 「리스크감축(Risk Reduction)」, 「리스크전가(Risk Sharing)」, 「리스크 수용(Risk Acceptance)」이 있다. 대응 방법을 결정하기 위해서는 비용/효익뿐만 아니라 리스크 발생 가능성 및 영향에 대한 효과를 사정해야 한다.

그리고 요구하는 리스크 허용 수준 범위 내에서 잔여리스크가 발생하는 대응방법을 선택한다. 경영진은 이용 가능한 기회를 파악하고, 리스크 관점에서 조직 전체적으로 할 것인지, 또는 분산적으로 할 것인지 선택하며, 전체 잔여리스크가 리스크 성향 범위 내에서 리스크 대응 방법을 결정한다.

「코소(COSO)」가 정의하는 리스크 대응의 네 가지 항목[241]은 다음과 같다.

리스크 대응의 4가지 항목

- ☐ **회피(Avoidance)** : 리스크를 발생시키는 활동에 대한 원인을 원천적으로 제거. (생산 라인 퇴장, 새로운 시장에 진출 축소 또는 분할 판매)
- ☐ **감축(Reduction)** : 리스크의 발생 가능성 또는 영향을 수용할 수 있는 수준까지 감소시키는 활동(일반적인 통제 활동).
- ☐ **전가(Sharing)** : 리스크의 일정부분을 전가 또는 공유함으로써 리스크의 발생가능성 및 영향을 감소(보험 가입, 헤지 거래 체결, 일부 아웃소싱).
- ☐ **수용(Acceptance)** : 리스크 발생 가능성 및 영향을 끼치는 어떠한 행동도 수용하고 그 이상의 효익을 얻고자 하는 전략(사업 확장, 신사업 진출).

---

241) 김영삼, 「리스크 와 내부통제」, 한국상장회사협의회 감사. 감사위원을 위한 연수 교재, 2010, 68면

리스크 대응의 종합적인 포트폴리오 효과를 고려하는 것이 중요하다. 어떤 리스크 대응은 주어진 리스크에 대한 최선 또는 최고의 비용/효과 대응은 아닐 수 있다. 그러나 그 리스크가 다른 리스크를 관리하는데 도움이 된다면, 조직에 대한 이익이 그 특별한 옵션의 선택을 정당화할 수 있다. 포트폴리오 관점으로 리스크를 바라봄으로, 경영진은 조직의 리스크 성향에 맞게 가장 적절하게 리스크를 관리 할 수 있게 된다.

⑥ 통제 활동(Control Activities)

통제 활동은 경영진이 리스크 대응을 수행하는 구체적인 방법과 절차이다. 통제 활동 은 조직의 모든 직급과 부서에서 수행된다. 통제활동은 가장 일반적으로 리스크 감축 전략과 관련이 있지만, 어떤 통제활동은 다른 리스크 대응 중 하나를 수행할 때 필요할 수 도 있다.

「코소(COSO)」가 제시하는 일반적인 통제활동은 다음과 같다.

일반적인 통제활동

- □ 최상위 수준 검토 : 예산 검토, 최신 예측, 경쟁사 활동 모니터링, 비용 방지 계획 등의 수행과 같이 조직 수준에서 수행하는 통제.
- □ 직접 기능 또는 활동 관리 : 특정 기능 또는 활동을 수행 하거나 상세 수준 통제의 수행을 감독하는 중간관리자에 의해 수행되는 통제.
- □ 정보 프로세스 통제 : 거래의 정확성, 완전성, 승인사항을 체크하도록 설계된 통제, 물리적 및 논리적 보안통제-시스템 수행, 업그레이드, 수정, 재해 복구, 시스템 운영 통제와 같은 인프라 통제.
- □ 물리적 통제 : (ⅰ) 현금, 유가증권, 재고자산, 유형자산등을 실사하고 장부와 대조. (ⅱ) 울타리나 잠금장치 같은 물리적 장벽 및 제한.
- □ 수행 지표 : 예상 또는 목표 수행 기준과의 차이에 대한 분석 및 보완.
- □ 업무 분장 : 에러 혹은 부정의 리스크를 줄이기 위해 서로 양립할 수 없는 두 업무를 다른 사람이 수행. 예를 들어, 신규 거래처를 시스템에 등록 하는 사람은 그 거래처에 대한 지불거래 승인 금지.

⑦ 정보 및 의사소통(Information and Communication)

적절한 정보는 구성원들이 각자의 책무를 수행할 수 있는 형식과 시간의 틀에서 파악 되고, 수집되고, 공유된다. 정보는 리스크를 파악하고, 사정하고, 대응하기에 충분해야 한다. 정보시스템은 내. 외부적으로 발생하는 데이터를 리스크를 관리하기에 유용한 정보로 변환한다. 결국, 정보는 의사결정을 지원하기에 충분해야 한다.

「코소(COSO)」는 정보의 요건을 다음과 같이 설명한다.

<u>정보 요건</u>

- □ 적절하고 상세해야 함.
- □ 시의 적절하고 필요할 때 이용 가능해야 함.
- □ 현재의 것이어야 함. 최근 재무 또는 운영 정보를 반영해야 함.
- □ 정확성과 신뢰성을 갖추어야 함.
- □ 접근 가능해야 함.

효과적인 의사소통은 조직의 상부에서 하부로, 동일직급 상호간, 하부에서 상부로 이루어진다. 모든 구성원은 경영진으로부터 「전사적 리스크 관리(ERM)」책무에 대한 명확한 메시지를 받는다. 그들은 각자의 활동이 다른 사람의 활동에 어떠한 영향을 미치는지에 대한 것뿐만 아니라「전사적 리스크 관리(ERM)」에 있어서 그들 자신의 역할을 이해하고 있다. 그들은 중요한 정보를 상부에 보고하는 수단을 가지고 있어야 한다.

또한 고객, 공급자, 감독기관, 주주 등 외부이해관계자들과도 효과적인 의사소통을 한다. 매뉴얼, 메모, 이메일, 인터넷, 게시판, 비디오 등 다양한 형태의 의사소통 수단이 있다. 메시지가 구두로 전달될 때, 목소리 톤과 몸짓은 메시지 전달에 영향을 줄 수 있다.

⑧ 모니터링(Monitoring)

「전사적 리스크 관리(ERM)」는 모니터링 된다. 모니터링은 하향 통제활동으로서 계속적인 모니터링 활동, 독립적인 평가, 또는 이 둘의 조합으로 수행된다. 독립적인 평가의 성격, 범위, 주기는 잠재적인 리스크 및 모니터링 절차의 효과성에 대한 경영진의 평가에 달려 있다. 모니터링 활동에 의하여 파악된 문제점은 상부로 보고되고, 가장 심각한 문제점은 경영진 및 이사회에 보고된다.

모니터링 활동은 경영진 이외의 사람에 의해서도 수행된다. 주요 활동을 수행할 책임이있는 사람은 그들의 리스크 관리 활동의 효과성을 평가하기 위해 「자기 사정(self-assessment)」을 수행한다. 내부감사인은 종합적인 모니터링 시스템의 핵심 요소이다. 왜냐하면, 경영진은 내부감사 결과를 통해 리스크 관리 활동의 효과성을 사정할 수 있기 때문이다. 독립적인 외부감사인의 감사활동 역시 리스크 관리 활동의 효과성을 사정하는데 영향을 줄 수 있다.

지금껏 살펴본 「전사적 리스크 관리(ERM)」의 8요소는 리스크 관리와 관련된 다음 질문에 대한 해답을 제공한다.

「전사적 리스크관리」의 8요소에 해답을 주는 주요 질문

① 무엇을 성취하고자 하는가? (목표는 무엇인가?).

② 무엇이 우리의 목표달성을 방해하는가? (리스크는 무엇이고, 얼마나 나쁜 영향을미 칠 수 있고, 발생 가능성은 어느 정도인가?).

③ 리스크 발생을 억제하기 위한 선택은 무엇인가? (리스크 관리 전략은 무엇인가?).

④ 리스크 관리 전략을 수행할 능력을 갖추고 있는가? (리스크 관리 전략을 수행할 통제활동이 설계 및 운용되고 있는가?).

⑤ 성취하길 원하는 바가 성취되었는지 어떻게 알 수 있는가? (성공을 입증하기 위한 활동을 모니터링 할 수 있는가?).

상기 5가지 질문은 단지 리스크 관리 활동에만 적용되는 것은 아니라, 인생의 거의 모든 목표 및 의사 결정에 적용될 수 있다. 이 질문들에 답변하는 것은 리스크 관리에 기초한 사고방식을 심어 준다.

5. 성공적인 「전사적 리스크관리(ERM)」 구축을 위한 8가지 고려요소[242]

「전사적 리스크관리(ERM)」를 성공적으로 수행하기 위해 「전사적 리스크관리시스템 (ERMS)」을 구축하는데 고려하여야 할 주요 요소는 아래와 같다.

「전사적 리스크관리 시스템」을 구축하는데 고려할 주요 요소

① 리스크관리 프레임워크를 수립하고, 전사적인 이해와 조직 내부 공감대 확보.

② 「전사적 리스크관리(ERM)」 체제 도입에 대한 경영진의 확고한 의지와 노력.

③ 리스크 속성에 따른 대응 전략의 수립 및 제도 마련.

④ 리스크관리 체제로 전환을 위한 조직 내 권한과 책임 부여.

⑤ 리스크관리 체제 도입 및 운영을 위한 인적, 물적 자원 투입.

⑥ 체제 도입 과정에 있어 전사적인 의사소통의 원활화 도모 및 교육/훈련을 통한 내부 역량 배양.

⑦ 역할 구분 및 권한, 성과평가 등 인사정책에 반영을 통한 리스크관리 문화 정책.

⑧ 리스크관리 프로세스의 지속적 검증 및 개선작업 추진.

---

242) 박소영, 「IT를 활용한 감사 기법 사례와 활용」, 한국상장회사협의회, 2008, 129면

Ⅴ 「전사적 리스크 관리(ERM)」의 역할과 책무 243)

1. 이사회

이사회는 조직의 경영진에게 방향 설정을 해주고, 감독업무를 수행한다. 이사회는 전략 설정, 고차원 목표 설정, 자원 배분, 윤리적인 환경 조성 등의 역할을 수행한다. 「코소(COSO)」는 이사회가 다음 활동을 통해 「전사적 리스크관리(ERM)」에 대한 감독 역할을 수행한다고 강조한다.

「전사적 리스크 관리」에 대한 감독 역할

① 경영진이 조직에서 「전사적 리스크관리(ERM)」를 수립하였는지 파악.
② 조직의 리스크 성향에 대한 파악 및 의견 통일.
③ 조직의 리스크 성향과 관련하여 리스크 포트폴리오 검토.
④ 가장 심각한 리스크를 파악하고, 이에 대해 경영진이 적절하게 대응하고 있는지 파악

이사회는 「전사적 리스크관리(ERM)」의 내부 환경 요소 중 하나이며, 일반적으로 감사위원회, 지명위원회, 경영위원회 같은 하부위원회를 통해서 책무를 수행한다.

2. 경영진

경영진은 「전사적 리스크관리(ERM)」를 포함한 조직의 모든 활동에 대하여 책임이 있다. 이 책무는 조직에서의 지위, 조직의 특성에 따라 다양하다.

최고경영자(CEO)는 「전사적 리스크관리(ERM)」의 효과성 및 성공에 대하여 궁극적인 책임을 진다. 이러한 책무 중 가장 중요한 책무는 긍정적인 내부 환경의 조성이다. 최고 경영자(CEO) 는 분위기를 만들고, 이사회의 구성 및 활동에 영향을 미치고, 중간관리자에게 리더십과 방향성을 제공하고, 조직 전체의 리스크관리 활동을 모니터링한다. 급변하는 환경, 부각되는 리스크, 전략 수행, 예상 행동 등이 리스크 성향과 잠재적인 불일치를 나타낼 때 최고경영자(CEO)는 분위기 재확립에 필요한 조치를 취해야 한다.

각 부문의 중간관리자는 해당 부문만의 특정한 목표에 관련된 리스크를 관리할 책임을 진다. 중간관리자는 조직 전체의 전략을 일상 업무활동으로 전환시키고, 잠재적 리스크 이벤트를 파악하고, 관련 리스크를 사정하고, 리스크를 관리하기 위해 대응한다. 중간관리자는 해당 부문의 책임과 관련된 조직의 「전사적 리스크관리」 요소의 적

---

243) 국제내부감사인협회, 전게서, 4-11~4-16p

용을 지도하고, 「전사적 리스크관리」 요소의 적용은 관련된 리스크 허용 수준과 일치하도록 해야 한다.

중간관리자는 하위관리자들에게 특정 「전사적 리스크관리」 절차에 대한 책임을 배분한다. 그리하여, 하위관리자는 해당 부문의 목표를 달성하기위한 리스크관리 활동을 보다 적극적으로 수행할 수 있다. 그리고 회계, 인사, 준법감시, 법무 등 지원부서도 효과적인 「전사적 리스크관리」 설계 및 운영에 있어 중요한 역할을 수행한다.

3. 리스크 책임자

일부 조직은 「전사적 리스크관리」를 수행하기 위한 중심 조정점으로서의 역할을 수행하는 독립된 중간관리자 지위를 두고 있다. 리스크 책임자 - 일반적으로 「최고 리스크책임자(Chief Risk Officer : CRO)」- 는 보통 지원부서에서 다른 중간관리자와 함께 일한다. 리스크 책임자는 「전사적 리스크관리」에 영향을 미칠 수 있는 자원을 가지고 있다. 그들은 리스크 관리 활동을 모니터링하고, 다른 관리자들이 리스크 정보를 조직 전체에게 전달하는 것을 지원할 책임이 있다.

「코소(COSO)」는 「최고리스크책임자(CRO)」의 책무을 다음과 같이 나열하고 있다.

최고리스크책임자의 책무
① 「전사적 리스크관리」 정책을 수립 : 역할과 책무 정의, 목표설정에 참여 등.
② 「전사적 리스크관리」를 위한 사업 단위별 권한과 책무 설정.
③ 「전사적 리스크관리」 경쟁력 촉진 : 기술적 전문성 개발, 리스크 허용 수준에 맞는 리스크 대응방안 강구, 적절한 통제활동 개발 등.
④ 다른 사업 계획 및 경영 관리 활동과 「전사적 리스크관리(ERM)」의 통합 유도.
⑤ 일반 리스크 관리 용어 제정.
⑥ 최고경영자에게 필요한 행동 방안 보고 등.

4. 재무 임원

재무 및 회계 담당 임원과 그의 참모들은 조직에 영향을 미치는 활동에 책임이 있다. 이들 임원들은 조직 전체의 예산 및 계획을 발전시키고, 운영·준법·보고 관점에서 성과를 추적하고 분석하는데 관여한다. 그들은 사기적인 보고를 예방하고 적발하는데 중요한 역할을 하며, 조직의 내부회계관리제도의 설계·운영 및 모니터링에 영향을 미친다.

5. 내부 감사인

내부감사기능은 「전사적 리스크관리(ERM)」의 효과성을 평가하는데 있어 중요한 역할을 수행한다. 「국제내부감사인협회(IIA)」의 「내부감사 직무수행에 관한 국제표준(International Standards for the Professional Practice of Internal Auditing)」(이하 "Standards" 라 한다)에서 내부감사 기능의 범위는 지배구조, 리스크관리 및 내부통제 시스템을 포함하여야 한다고 명시하고 있다.

이것은 보고의 신뢰성, 운영의 효과성 및 효율성, 준법감시활동에 대한 평가를 포함한다. 이런 책무를 수행하기 위해서, 내부감사 기능은 조직의「전사적 리스크관리(ERM)」의 타당성과 효과성에 대해 조사하고, 평가하고, 보고함으로써 이사회와 경영진을 지원한다.

6. 독립 외부감사인

조직의 독립된 외부감사인은 이사회 및 경영진에게 외부 재무보고 및 다른 목적을 달성하는데 공헌할 수 있는 정통하고, 독립적이고, 객관적인 리스크관리 전망을 제공한다.

그들의 감사 결과는 리스크관리 결점, 분석 정보 그리고 리스크관리 프로그램을 향상 시킬 유용한 정보를 경영진에게 제공할 수 있는 다른 개선 권고사항과 관련 된다.

7. 입법기관 및 감독기관

입법기관 및 감독기관은 조직에게 리스크관리 메카니즘 혹은 내부통제 시스템 수립을 요구하거나(eg, 2002년 미국의 사베인즈 - 옥슬리법), 특정 조직에 대한 검사를 통해(eg, 금융 감독기관 검사) 조직의 「전사적 리스크관리」 접근방식에 영향을 줄 수 있다.

입법기관 및 감독기관은 최소한의 법적요구 사항을 충족시킬 수 있는 리스크 관리/내부통제 시스템 구축을 촉진하는 규정을 제정한다. 또한, 「전사적 리스크관리(ERM)」 적용에 조직에게 유용한 정보와 경영진에게 개선이 필요한 권고사항을 제공하는 법적 감사를 수행한다.

「전사적 리스크 관리(ERM)」가 공식적으로 대부분의 조직에서 업무적으로 수행되고 있는 것은 아니지만, 「전사적 리스크관리(ERM)」의 실행 또는 적어도 그것의 주요 원칙 중 많은 부분을 실행하고 있는 조직이 점차 증가하는 추세이다.
「코소(COSO)」는 잠재적인 「전사적 리스크관리(ERM)」의 「가치 동인(Value Driver)」[244]으로 다음을 들고 있다.

전사적 리스크관리의 가치 동인

① 리스크 성향 및 전략의 일치.
② 리스크 대응 의사결정의 촉진.
③ 운영상의 예기치 않은 사건 및 손실 감축.
④ 조직 전체의 리스크 파악 및 관리.
⑤ 다중 리스크에 대한 통합 대응 방안 제공.
⑥ 기회 포착.
⑦ 효율적인 자본 배분.

Ⅵ 「전사적 리스크 관리(ERM)」에 있어 내부감사 기능의 역할 245)

IIA Standard 2120 : 리스크관리에서는 "내부감사 활동은 리스크관리 프로세스의 효과성을 평가하고, 동 프로세스의 발전에 공헌해야 한다."고 되어 있다. 내부감사인이 가지고 있는 다양한 기술과 경험은 「전사적 리스크관리」에서 중요한 역할을 수행한다.

전체적인 모니터링 프로세스에 있어서 내부감사기능의 역할 뿐만 아니라 대부분의 내부감사 기능의 광범위한 권한을 고려할 때, 어떤 면에서 내부감사 기능의 실패는 「전사적 리스크관리」 계획에 있어서 기대에 못 미치는 결과를 가져올 수 도 있다.

1. 「전사적 리스크 관리(ERM)」조직

「국제내부감사인협회(IIA)」의 「직무수행방안(International Professional Practice Framework)」은 「전사적 리스크관리에 있어서 내부감사의 역할(The Role of Internal Auditing in Enterprise - wide Risk Management)」이라는 제목의 의견서를 포함한다.

이 의견서를 요약하면 다음과 같다.

「전사적 리스크관리(ERM)」에 있어서 내부감사의 핵심 역할은, 주요 리스크는 적절히 관리되고 있고 내부통제 시스템은 효과적으로 운영되고 있다는 것을 보장하기 위해, 「전사적 리스크관리(ERM)」의 효과성에 대한 객관적인 검증을 이사회에 제공하는 것이다. 이 의견서는 내부감사기능이 해야 할 혹은 하지 말아야 할 다양한 역할을 아래와 같이 잘 적시하고 있다.

---

244) 가치동인(value driver)은 지속 가능한 기업가치 창출 요인을 말한다.
245) 국제내부감사인협회, 전게서, 4-16~4-19p

가. 핵심 내부감사의 역할

이 역할은 리스크관리 활동에 대한 검증을 제공함에 있어 내부감사 역할의 다양한 목표 중에서 핵심적인 부분이다.

핵심적인 내부감사의 역할

① 리스크관리 프로세스에 확신을 제공.
② 리스크가 제대로 평가되고 있다는 확신을 제공.
③ 리스크관리 프로세스를 평가.
④ 주요 리스크 보고에 대해 평가.
⑤ 주요 리스크 관리에 대한 검토 등.

나. 보호 장치로서 적절한 내부감사의 역할

이 역할은 조직의 지배구조, 리스크관리, 내부통제 프로세스를 발전시킬 수 있는 컨설팅 서비스를 말한다. 이러한 서비스의 범위는 이사회에게 이용 가능한 자원 및 조직의 리스크 성숙도와 관련이 있다. 일반적으로 아래로 내려 갈수록 독립성과 객관성을 확보하기 위한 보호 장치는 더 커진다. 이러한 활동에는 다음이 있다.

보호 장치로서 적절한 내부감사의 역할

① 리스크 식별 및 평가의 활성화.
② 리스크에 대응하는 방법에 대해 경영진을 지도.
③「전사적 리스크관리(ERM)」활동을 조정.
④ 리스크에 대한 보고를 통합.
⑤「전사적 리스크관리(ERM)」프레임워크를 유지/발전.
⑥「전사적 리스크관리(ERM)」수립을 최적화.
⑦ 이사회 승인을 위한「전사적 리스크관리(ERM)」전략을 개발 등.

다. 내부감사에게 금지된 역할

이 역할은 내부감사인의 독립성 및 객관성을 크게 훼손 할 수 있는 역할로서, 이러한 역할에는 다음이 있다.

내부감사에게 금지된 역할

① 리스크 성향의 설정.
② 리스크관리 프로세스 도입.
③ 리스크 대응에 대한 의사 결정.
④ 경영진 대신한 리스크 대응 수행.
⑤ 리스크 관리에 대한 책임.

「전사적 리스크관리(ERM)」에 있어 내부감사 기능의 역할을 결정 할 때, 「최고 감사책임자(CAE)」는 각 활동이 내부감사 기능의 독립성 또는 객관성을 훼손시키지는 않는지 평가해야 한다. 리스크관리 책임은 항상 경영진에게 있다는 것을 조직이 충분히 이해하는 것이 중요하다.

내부감사 기능의 역할이 아래로 내려 갈수록, 다음의 보호 장치가 마련되어야 한다.

내부감사기능에 대한 기초 보호 장치

① 리스크관리 책임은 경영진에게 있다는 것을 명확히 하여야 한다.
② 내부감사 기능 책무의 성격이 내부감사 헌장에 명시되고, 감사위원회에 의해 승인되어야 한다.
③ 내부감사 기능은 경영진을 대신하여 어떠한 리스크도 관리하지 않는다.
④ 내부감사 기능은 리스크관리 의사 결정 그 자체가 아닌, 경영진의 의사 결정에 대하여 조언, 그리고 지원 역할을 해야 한다.
⑤ 내부감사 기능은 「전사적 리스크관리(ERM)프레임워크」중에서 내부감사 기능이 책임을 담당하고 있는 부문에 대해서는 객관적인 검증활동을 수행 할 수 없다.
⑥ 검증활동 이상의 활동은 컨설팅 활동이어야 하고, 그러한 활동에 관한 수행기준에 따라야 한다.

2. 내부감사 지향 「전사적 리스크관리(ERM)」조직

Practice Advisory 2120-1 : "이사회와 경영진은 조직의 리스크관리와 내부통제 프로세스에 대한 책임을 진다. 그렇지만, 컨설팅 역할을 하는 내부감사인은 리스크 관리 및 내부통제 활동을 식별하고, 평가하고, 수행하는데 있어 조직을 도울 수 있다. 조직이 리스크관리 프로세스를 갖추고 있지 않으면, Practice Advisory 는 다음 Guidance 를 제공한다.

조직이 공식적인 리스크관리 프로세스를 갖추고 있지 않다면, 「최고감사책임자(CAE)」는 공식적으로 조직 내에서 리스크를 이해하고, 평가하고, 모니터링 할 경영진 및 감사위원회와 그들의 책무에 대하여 의견을 나누어야 한다. 아울러, 비공식적이라도 주요 리스크에 있어서 가시성의 적정 수준과 그 주요 리스크를 관리하고 모니터링 하는 방법을 제공하는 조직 내 운영 프로세스의 필요성에 대해서 의견을 나누어야 한다.

「최고감사책임자(CAE)」는 조직의 리스크관리 프로세스에서 내부감사활동에 대한 경영진 및 이사회의 기대사항을 파악해야 한다. 이러한 기대사항은 내부감사헌장에 명시화 되어야 한다. 내부감사의 책무는 조직 전체 리스크관리 프로세스에 있어 모든 그룹과 개인 사이에서 조정 역할을 수행하는 것이다.

궁극적으로, 리스크관리 프로세스에 있어 내부감사의 역할을 결정하는 것은 이사회와 경영진의 역할이다. 내무감사에 대한 이사회와 경영진의 관점은 주로 조직문화, 내부감사 스텝의 능력, 해당 국가의 상황 및 관습에 따라 결정된다. 그러나, 리스크 관리 프로세스에 대한 경영진의 책임과 내부감사 활동의 독립성에 대한 잠재적 위험을 책임지는 것은 전체적인 토의와 이사회의 승인을 필요로 한다.

필요하다면, 내부감사인은 조직을 위해 리스크관리 프로세스의 초기 수립을 돕는데 적극적인 역할을 할 수도 있다. 더욱더 적극적인 역할은 기본적인 프로세스 향상을 위하여 자문방법을 통해 전통적인 검증활동을 보완한다. 이러한 내부감사인의 도움 활동이 내부 감사인의 통상적인 검증 및 컨설팅 활동의 범위를 벗어날 경우, 독립성이 훼손될 수 있다.

이런 경우에, 내부감사인은 「국제내부감사직무수행기준(International Standards for the Professional Practice of Internal Auditing)」(이하 "Standards" 라 한다)의 공시 요구사항을 충실히 이행 하여야 한다.

Ⅶ 내부감사에 대한 「전사적 리스크 관리(ERM)」 영향[246]

IIA Standard 2010 : 계획 편에서는 "최고감사책임자는 내부감사활동의 우선순위를 정할 때 조직의 목표와 함께 「리스크 중심 계획(Risk- Based Plan)」을 수립해야만 한다." 라고 언급하고 있다.

이와 같은 맥락의 Practice Advisory 2010-1 : 리스크 및 익스포져와 검사계획의 연결에서는 매년 감사계획 수립과 관련한 가이던스를 「최고감사책임자(CAE)」에게 다음과 같이 제공한다.

감사계획 수립과 관련한 가이던스

① 내부감사 활동의 감사계획을 수립할 때, 「최고감사책임자(CAE)」들은 첫 번째로 감사환경을 개선하고 업데이트하는 것이 유용하다는 것을 알게 된다. 「최고감사책임자(CAE)」는 이사회와 경영진으로부터 감사환경에 투입될 요소를 얻게 된다.

② 감사환경은 조직 전략계획의 구성요소를 포함할 수 도 있다. 조직 전략 계획 구성 요소를 포함할 경우, 감사환경은 조직 전체의 사업목표를 고려하거나 반영할 수도있다. 전략계획은 리스크 및 목표달성의 난이도에 대한 조직의 태도를 반영한다. 감사환경은 일반적으로 리스크관리 프로 세스

---

246) 국제내부감사인협회, 전게서, 4-19~4-20p

의 결과에 영향을 받는다. 조직의 전략 계획은 조직을 둘러싼 환경을 고려해야 한다. 이런 환경적 요소는 동시에 감사환경 과 관련 리스크의 사정에 영향을 줄 수 있다.

③ 「최고감사책임자(CAE)」는 감사환경, 이사회와 경영진으로부터의 투입 요소, 리스크와 익스포져의 사정, 경영진의 리스크관리 활동의 효과성 사정을 포함한 조직 의 목표달성에 도움을 주는 정보 등에 기반을 둔 내부감사활동계획을 수립해야 한다.

④ 감사환경 및 관련 감사계획은 변화를 반영하여 업데이트되어야 한다.

⑤ 감사 일정은 리스크 및 익스포져의 사정에 기초해야 한다.

다양한 리스크 모델은 「최고감사책임자(CAE)」를 돕기 위해 존재한다. 대부분의 리스크 모델은 리스크 요소를 사용하는데, 리스크 요소에는 영향, 발생 가능성, 중요성, 자산 유동성, 경영진 능력, 내부통제의 질, 내부통제의 엄수, 변화 혹은 정체성의 정도, 최근 감사업무 수행의 시기 및 결과, 복잡성, 노사관계 등 있다.

매년 내부감사 계획 수립에 적용한 상기 내용의 요점은 업무수행 시에도 적용될 수 있다. 예를 들어, 감사업무의 범위와 접근방법은 다음에 영향을 받는다.

감사업무의 범위와 접근방법에 영향을 주는 요소

① 프로세스 수준의 리스크는 전략계획 및 조직 목표와의 관련성.

② 지난해 혹은 최근 프로세스 감사 이후에 일어난 프로세스(예 : 목표, 절차, 인사 관리, 수행방법)의 변화.

③ 관련된 리스크 모델 요소(예 : 재무 영향 및 자산 유동성).

④ 프로세스 수준 리스크의 영향 및 발생 가능성.

요약하면, 조직이 「전사적 리스크관리(ERM)」를 수행하고 있는지 여부를 불문하고, 경영진의 리스크관리에 대한 접근은 내부감사 헌장 및 연간 내부감사계획에 중요한 영향을 미친다.

Ⅷ 우리기업의 「전사적 리스크관리(ERM)」현황 및 도입 필요성[247]

1. 서 설

2007년 미국의 Sub Prime Mortgage의 부실에서 시작된 금융위기로 리먼브라더스가 파산한 이후 세계적 금유시장의 위기상황은 실물경제로 급속하게 확산되었으며, 국내 경제상황 역시 심각한 우려 국면으로 치닫고 있었다.

---

247) 김교태, 「전사적 리스크관리」, 상장회사감사회회보(제109호), 2009, 16~19면.

기업들은 사상 유례를 찾기 어려운 전 세계적 경기침체에 맞서 기업가치 극대화가 아닌 생존 그 자체를 위한 비상계획을 수립해야 하는 절체절명의 상황에 직면해 있었으며 주력제품의 시장가격, 환율, 핵심 원자재가격 등 경영의 모든 요소에 걸친 극도의 불확실성은 대부분의 기업들이 사업 계획조차 수립하지 못하는 현실로 나타나고 있었다.

이처럼 불확실성이 지배하는 상황에서 기업은 앞으로의 방향성을 제시해 줄 수 있는 미래에 대한 통찰력과 혜안을 절실히 필요로 하고 있었으며, 이를 위해 그 어느 때보다 리스크 관리의 중요성과 필요성을 절감했다.

KPMG는 미국상장회사 감사위원회 구성원들을 대상으로 조사를 실시하는데, 2008년 조사에서 감사위원회 활동의 최우선 순위로 "전사적 리스크관리 활동의 조정 및 감독 기능"이 선정되었다. 이는 전통적으로 우선순위 분야였던 "재무제표에 대한 확신" 및 "이와 관련된 내부통제의 유효성에 대한 확신"에서 "전사적 리스크 관리의 유효성에대한 확신"으로 감사/감사위원회의 역할과 기능이 「변화(Transformation)」 되고 있음을 보여주고 있다.

이에 국내기업의 리스크 관리상의 문제점과 전사적 리스크관리의 개념과 도입의 필요성, 전사적 리스크 관리의 절차에 대해서 알아보고 이러한 과정에서 감사의 역할이 무엇인지 살펴보도록 하겠다.

2. 국내기업 리스크 관리의 현주소

최근 국내에서 많은 문제가 된 KIKO(Knock-In, Knock-Out) 사태는 전사적 리스크 관리 체계의 부재를 나타내는 대표적 사례라 할 수 있으며 그 발생원인은 몇 가지로 분석해 볼 수 있다.

첫째, 리스크 식별과 평가체계의 부재이다.

금융공학이 발전하고 이로 인해 파생상품을 통한 헤지(Hedge)가 시작되면서 이전에 없던 "파생상품으로 인한 리스크"가 새롭게 대두 되었지만 대부분의 기업들은 새롭게 발생하는 리스크를 식별하는 방법 및 절차를 가지고 있지 못했으며, KIKO 상품에 내재된 발생 가능한 리스크 및 그로 인해 기업에 영향을 미칠 수 있는 정도에 대한 분석이 이루어지지 않은 채 가입한 경우가 상당수에 달하였다.

둘째, 리스크 관리 정책 및 절차의 부재이다.

금융업을 제외한 기업들의 경우 외환 및 파생상품을 헤지 목적으로만 사용하는 경우가 대부분이지만 이에 대한 기업 내부의 리스크 관리 정책 및 가이드라인이 구체화되지 못했던 것도 KIKO 사태가 확산된 원인 중 하나라고 볼 수 있다. 즉 자금 담당자의 경우 KIKO가 일정 수준의 환율을 벗어나게 되면 투기적 성향이 나타나게 된다는 사실 을 알고 있었을 수 있으나 헤지 성격과 투기적 성격이 혼합된 경우 어느 쪽으로 봐야 할지에 대한 명확한 준거 기준이 없었다는 것이다.

셋째, 리스크에 대한 모니터링 프로세스의 부재이다.

이미 가입된 KIKO의 경우라도 환율의 변동성에 따라 지속적으로 발생 가능한 손실의 정도를 예측하고 모니터링 하는 시스템이 존재 했었더라면 좀 더 빨리, 그리고 좀 더 적은 손실의 범위에서 관리가 가능했을 것이다.

넷째, 마지막으로, 취약한 리스크 관리 지배구조와 기업문화이다.

전사적으로 리스크를 관리하는 전담기능을 가진 상설 조직이나 기구가 존재하지 않거나 활동의 범위가 제한적이며, 리스크에 대한 문화가 성숙하지 못하여 극단적인 환율 의 변화를 가정하는 것은 공론화될 여지조차 없었던 것이 사실이다.

이러한 결과는 리스크 관리에 실패하는 조직에 대한 KPMG의 글로벌 조사결과에서도 확인할 수 있는데, 리스크 관리에 실패한 조직은 능동적인 리스크 관리를 수행 하지 않으며 리스크 관리 프로세스에 대한 이해 측면에서도 기업을 운영하는 경영진과 실무진 간의 상당한 이해차이가 있는 것으로 나타났다.

또한 리스크를 식별할 수 있는 시스템이 비효율적으로 존재하고 있고, 새로 발생될 리스크를 식별할 수 있는 도구조차 제한적이기 때문에 조직의 기능 간, 직급 간 이해 상충의 간격이 해소되지 못하고 있는 것으로 나타났다.

3. 「전사적 리스크 관리(ERM)」도입의 필요성

리스크 관리에 대하여는 다양한 정의가 가능하지만 이 곳에서는 COSO의 정의인 "어떤 사건이 발생해서 목표 달성에 부정적인 영향을 줄 가능성"으로 정의하며, 리스크는 "리스크의 발생원인, 리스크의 사건, 리스크의 사건이 기업에 미치는 영향"의 세 가지요소로 구성되어 있다.

글로벌 리서치 기관인 Corporate Executive Board가 1988년부터 20년간 Fortune 1,000개 기업을 대상으로 시가 총액이 경쟁사 대비 30% 이상 하락한 경우가 발생한 원인에 대해 조사하였는데, 이러한 원인들 중 상위 20%를 정리한 결과를 보면 전사적 리스크 관리를 위해 관심을 기울여야 할 영역을 알 수 있다.

기업 가치에 영향을 준 큰 리스크는 주요 상품의 수요 감소, 인수 합병 후 통합 실패 등을 포함하는 전략적 리스크(비즈니스 리스크와 같은 개념으로 볼 수 있음)가 65%를 차지하고, 재무제표와 연관된 리스크의 비중은 높지 않아 기업의 리스크 관리 대상 영역을 전통적인 재무제표에 대한 리스크에서 전략적 리스크로 확장하는 것이 필요함을 나타내고 있다.

전사적 리스크 관리(ERM)에서는 비즈니스 리스크 및 평판리스크 등을 포함한 모든 종류의 리스크를 고려한다. 각 부분에 묵시적으로 할당되었던 관리대상 리스크 및 관리 활동을 전사적 관점에서 모두 취합하여 펼쳐 놓고 경영진의 일관된 기준에 의해 필터링하고 조정하여 리스크 관리의 체계화를 추구한다.

또한 리스크들의 연관성을 체계적으로 정립하고 통합관리를 통해 비체계적 리스크를 제거하여 포트폴리오 효과를 추구한다. 즉 리스크 간의 인과관계 및 상관관계를 고려하여 기업 전체 측면에서의 영향을 분석한다. 예를 들어 단위부서 차원에서는 중요성이 높지 않은 리스크가 다른 부서의 리스크와 결합되면 매우 중요한 리스크가 될 수 있으며, 반대의 경우도 가능하며 전사적 리스크 관리(ERM)에서는 이러한 효과를 체계적으로 분석한다.

마지막으로 전사적 리스크 관리(ERM)는 정규적이고 지속적인 리스크관리 체계 이다. 조직의 전 구성원의 참여를 통해 변화하는 리스크 및 새롭게 발생하는 중요한 리스크를 식별하고, 선택과 집중을 통해 관리자원을 배분하며 리스크 관리 활동을 모니터링 한다. 그리고 이는 정규적인 프로세스의 형태로 지속적으로 수행 되며, 조직 내 리스크 관리와 관련된 지배구조, 기업 문화, 리더십 및 조직 내 계층 간 커뮤니 케이션을 총괄한다.

4. 「전사적 리스크 관리(ERM)」의 체계

가. 기업 내 다양한 리스크의 정확한 식별

효과적인 리스크 관리를 위한 첫 단추는 리스크 관리 목적에 부합하는 기업 내에 존재하는 다양한 리스크를 빠짐없이 식별하는 것이며 효과적인 리스크 식별을 위해서는 전사적 리스크 관리 목적을 명확하게 정의하고 이에 따른 리스크 관리 정책과 절차를 수립하는 것이 필요하다.

일반적으로 기업이 리스크 관리를 통해 얻고자 하는 목적은 전략의 효과적·효율적 실행, 규제 준수, 이해관계자 관리, 기업의 핵심 프로세스(R&D, 구매, 생산, 물류 등)의 효율성 달성 등 다양하게 구분될 수 있으며, 이러한 다양한 리스크 관리 목적을 충족할 수 있는 종합적인 리스크의 도출 및 식별이 필요하다.

주의해야 할 것은 익숙한 특정 분야의 세부적인 리스크에만 집중하여 중요한 리스크가 희석되거나 누락되지 않도록 리스크를 식별하는 것이다. 예를 들어 지구 온난화로 인한 탄소 배출과 관련된 리스크는 과거에는 중요하지 않았지만 앞으로는 매우 중요한 리스크로 다루어질 수 있다.

리스크 식별의 방법은 프로세스/시스템 분석, 경영진 및 실무자 간의 워크샵, 외부

전문가와의 인터뷰, 과거의 실패사례에 대한 체계적 분석 등 다양한 방법이 있을 수 있으며 리스크 간 속성에 차이가 있을 수 있으므로 다양한 리스크 식별의 방법을 혼용하는 것이 필요하다.

나. 리스크 사정을 통한 자원의 적정 배분

식별된 모든 리스크를 관리한다면 최선이겠으나 주어진 시간, 인력 및 예산 등의 자원은 제한적일 수밖에 없으므로 관리 우선순위를 결정하는 리스크 사정(Risk Assessment)의 과정이 필요하다.

리스크 식별 과정을 통해 도출된 리스크는 발생가능성인 '**빈도(Likelihood)와 영향도(Impact)**'의 측면에서 사정이 이루어지고, 이러한 리스크의 사정결과와 리스크에 대한 경영진의 「**리스크 허용수준(Risk Tolerance)**」의 비교를 통해 관리대상 리스크를 선정 하게 되며, 관리대상 리스크는 사정결과의 속성에 따라 차별화된 리스크 관리 정책을 적용하여야 한다.

예를 들어 상대적으로 발생 가능성은 높지만 영향이 작을 경우는 전산시스템에 의한 상시모니터링으로 리스크를 방지 또는 적시에 발견하는 것에 중점을 두고, 발생 가능성은 낮지만 영향이 큰 리스크(화재, 천재지변 등)의 경우에는 사건의 예방계획 및 발생 시 대응이나 복구계획의 수립을 통해 손실을 최소화하는 것으로 관리를 차별화하는 것이 필요하다.

리스크 사정 시 주의할 점은 전사 통합적인 관점에서 리스크를 사정하여야 한다는 것이다. 하나의 원인이 여러 가지의 리스크에 영향을 주는 경우도 있으며, 리스크 사건 사이에도 서로 인과관계가 존재하므로 이를 고려한 통합적인 관점에서의 사정이 필요하며 「전사적 리스크 관리(ERM)」에서는 특히 리스크 간 상호 연관관계에 따른 「**중첩 효과(Compounding Effect)**」를 고려하는 것이 중요하다.

다. 관리능력 강화를 위한 리스크 대응

리스크 사정결과가 허용 수준 이상인 경우 리스크의 수준을 관리하고 경감하는 방안(Mitigation Plan)이 필요하다. 해당 리스크가 통제 가능한 경우 리스크 관리 방안을 재설계하거나 교육이나 훈련, 성과지표와의 연계, 사후관리 활동의 강화 등의 방법을 통해 기존의 관리활동을 강화함으로써 관리효과를 제고할 수 있다.

그리고 통제 불가능한 리스크의 경우 해당 리스크에 대한 직접적인 관리활동의 수행이 불가능하므로 「**핵심위험지표(KRI : Key Risk Indicator)**」[248]를 통해 해당 리스크의 발생 가능성을 적시에 인지하여 신속히 대처할 수 있도록 하는 것과 각 리스크가 발

---

248) 핵심위험지표란 회사의 리스크 특성을 객관적으로 수치화하고 이를 통해 리스크의 변화량을 모니터링하며 손실사건징후를 조기에 포착 예방하기 위한 지표를 말한다. 손실사건과 리스지표간의 인간관계를 정확하게 설명하지 못하면 핵심리스크지표는 의미가 없게 된다.

생할 경우 몇 가지로 상정하고 이에 대한 시나리오 및 대응이나 「**복구계획**(Disaster Recovery Plan: DRP)」을 수립하여 관리하는 것이 유효하다.

시나리오 및 대응, 복구계획은 이처럼 리스크의 원인이 외부에 있어 내부적인 통제가 불가능한 경우 및 발생 가능성은 매우 낮지만 한 번 발생할 경우 기업의 존폐를 결정할 수 있는 큰 영향을 미치는 리스크(화재, 전산시스템 마비 등)의 경우에 사전에 수립되어 있어야 리스크에 대한 대응력을 강화할 수 있으며, 그 계획에는 평상시 대비, 발생 시 대응, 발생 후 복구에 대한 절차 및 조직 내의 역할 등의 내용이 포함되어야 한다.

사례1 ▶ 필립스 공장의 화재사고에 대한 노키아와 에릭슨의 대응
필립스 공장의 화재로 인해 노키아와 에릭슨에 공급하던 휴대전화 칩의 공급이 전면 중단되었는데, 노키아는 주요 공급업체의 공급 부족사태에 대한 리스크 시나리오를 정의 하고 공급선을 사전에 다변화하는 대응 계획을 수립한 반면, 에릭슨은 리스크에 대한시나리오 및 대응계획이 수립되지 못했다. 그 결과 당시 노키아와 함께 유럽 휴대전화 시장을 양분하던 에릭슨은 지속적인 내리막길을 걷게 되었다.

라. 리스크 발생에 대한 지속적 모니터링

기업 성과에 영향을 주는 리스크의 종류 및 수준은 지속적으로 변화하므로 이에 대한 지속적인 모니터링이 필요하며 또한 각 부서에서 수행되는 리스크 관리 활동의 적정성에 대한 주기적인 모니터링이 필요하다.

「핵심 위험지표(KRI)」를 통해 리스크 사정기간 이후 "변동된 리스크 수준(리스크 사정 기간 사이의 리스크 변화)"및 리스크 수준의 변동 추이를 파악할 수 있으며, 리스크의 발생 가능성에 영향을 주는 내·외부 요소의 변화를 「핵심 위험지표(KRI)」를 통해 측정하고 조기경보 신호를 제공하여 조기경보 시스템을 구축할 수 있다. 또한 「핵심 위험지표(KRI)」를 통해 현재 조직의 리스크 대응 활동 수준의 효과성과 충분성에 대한 모니터링 정보를 획득할 수 있다.

사례2 ▶ 독일의 BASF사의 조기경보시스템
독일의 BASF사는 BASIKS(BASF Information & Communication System) 라는 조기경보시스템을 통해 「핵심위험지표(KRI)」의 변동 내역을 적시에 모니터링하며, 리스크 수준이 높아질 경우 즉시 관리 활동을 수행한다. 또한 우려하던 리스크가 실제로 발생할 경우 사전에 준비된 대응 및 복구 계획에 따라 관련 부서가 손실을 최소화하기 위한 대응 활동을 실시하며, 사후적으로 내부감사팀에 의한 모니터링을 실시하여 리스크 관리 활동의 적시성과 효과성 등을 확인한다고 한다.

사례3 ▶▶ **미국의 GE사의 모니터링 시스템**

미국의 GE 사는 Digital Cockpit 이라는 모니터링 시스템을 통해 전 세계 GE의 주요 비즈니스 활동을 매 15분마다 모니터링 하여 실시간으로 리스크 상황을 관리하고 리스크 사건 발생 시 각 담당자 및 임원에게 E-Mail 등으로 자동 통보하고 있다.

마. 리스크 관리에 대한 감사의 역할

위에서 언급한 리스크 관리를 위한 제도, 프로세스도 중요하지만 성공적 리스크 관리를 위해서는 올바른 리스크 관리 지배구조를 결코 간과해서는 안 된다. 지배구조가 중요한 이유는 리스크가 본질적으로 위기와 기회의 양면적 의미를 내포하고 있으며, 또한 기업의 명운을 좌우하는 주요한 리스크는 상당 부분 명확한 정답이 있는 것이 아니라 경영진의 의사 결정 사항인 경우가 많기 때문이다.

경영진의 독단적인 의사 결정을 제어하고, 성장과 안정의 균형을 조화롭게 유지하게 하는 것은 감사의 책임이자 권한이기 때문에 감사는 전사적 리스크 관리에 있어서 주도적 역할을 수행하여야 한다. 이러한 리스크 관리에 대한 감사의 역할과 책임에 대하여는 「국제내부감사인협회(IIA : The Institute of Internal Auditors)」에서도 명시하고 있으며, COSO에서도 ERM의 운영에 감사위원회 및 내부감사의 책임을 언급하고 있다.

또한 회사 내에 독립적인 리스크 관리 임원(CRO:Chief Risk Officer)없는 대다수의 비금융회사의 경우 CRO의 역할을 감사가 수행하여야 할 것이다. 리스크 관리 임원으로서 감사는 먼저 리스관리의 비젼과 ERM의 방향을 설정하고 방향성 없이 존재하는 리스크 관리를 통합하는 체계를 만들어야 한다.

또한 식별되고 평가된 리스크에 대해 검토하고 관리한도를 설정하고 리스크 관리에 대한 정책을 수립하는 것도 중요하며 각 부서에서 수행되고 있는 리스크 대응 활동의 적정성과 충분성에 대한 주기적인 모니터링을 통해 기업 리스크 관리의 건전성을 제고하여야한다.

아울러 제한된 자본을 리스크를 고려하여 적절히 배분되도록 경영진을 견제하고 필요한 조언을 수행하여 경영진으로 하여금 합리적인 의사결정을 하도록 해야 한다. 그리고 리스크 관리를 위한 조직 내의 커뮤니케이션 및 리스크에 대해 자유롭게 논의할 수 있는 기업문화를 만드는 것 역시 감사가 관심을 갖고 중요하게 관리해야할 사항이라 할 수 있다.

사례4 >>> **Microsoft사의 리스크관리**

Microsoft 사는 리스크관리 그룹을 통해 ERM의 핵심적인 역할을 수행하고 있으며, 리스크 관리그룹은 리스크를 사전에 인지하여 위로는 경영진에게 사전 경보를 하고, 아래로는 부문 관리자들이 리스크 관리를 체계적으로 수행할 수 있도록 지원하고 독려하는 기능을 수행한다.

바. 결 어

몇 년 전부터 국제 신용평가기관에서는 기업의 신용평가 시 ERM을 주요한 평가 요소로 고려할 것이라고 언급하였으며 최근에는 ERM과 관련된 질문을 작성하여 발표하였다. S&P의 경우 기업의 신용평가 시 4가지 영역 즉, ① 전사적 리스크 관리 문화 및 지배구조, ② 리스크 식별 및 관리체계, ③ 재난수준의 위기 발생 시의 대처방안, ④ 전략적 리스크의 관리 방안에 대해 확인할 예정이라고 발표한바 있다.

또한 미국 및 유럽의 경우 공시하는 사업보고서에 회사의 리스크 및 이에 대한 관리 활동을 공시할 것을 요구하고 있으며 국내의 경우에도 리스크 관리 정보에 대한 투자자들의 요구가 지속적으로 증가하고 있는 상황이다. 일부 국내기업의 경우에는 지속가능성 보고서에 리스크 관리 활동에 대해 부분적으로 기술하고 있으나 사업 보고서에 포함되어 공시할 경우 그 범위와 깊이는 현재의 그것보다 더욱 방대하고 깊은 수준이 되어야 할 것이다.

전사적 리스크 관리가 만병통치약이 될 수는 없다. 즉 ERM을 도입한다고 해서 단기간 내에 모든 리스크가 발생하지 않거나 리스크 발생 시 손실이 없어지는 것도 아니며, ERM의 예방적 효과를 금액으로 측정하거나 검증하기도 어렵다.

미래를 정확하게 예측하고 대비하는 것은 인간의 역량을 넘어선 신의 영역이라고 톨스토이는 이야기 했지만, **"큰 사건이 발생하기 전에 평균적으로 29번의 작은 사고가 있었고 이와 관련된 징후가 300건 있었다"**는 **「하인리히 법칙」**[249]을 생각해 보면 보다 체계적인 노력을 통해 리스크를 관리하는 활동은 분명히 큰 의미를 가질 수 있을 것이다.

---

249) 1931년 허버트 윌리엄 하인리히(Herbert William Heinrich)가 펴낸 〈산업재해 예방 : 과학적 접근(Industrial Accident Prevention : A Scientific Approach)〉 이라는 책에서 소개된 법칙이다. 당시 하인리히는 미국의 트래블러스 보험사라는 회사의 엔지니어링 및 손실통제 부서에 근무하고 있었다. 업무 성격상 수많은 사고 통계를 접했던 하인리히는 산업재해 사례분석을 통해 하나의 통계적 법칙을 발견하였다. 그것은 바로 산업재해가 발생하여 중상자가 1명 나오면 그 전에 같은 원인으로 발생한 경상자가 29명, 같은 원인으로 부상을 당할 뻔한 잠재적 부상자가 300명 있었다는 사실이었다. 하인리히 법칙은 1:29:300 법칙이라고도 부른다. 즉 큰 사고는 우연히 또는 어느 순간 갑작스럽게 발생하는 것이 아니라 그 이전에 반드시 경미한 사고들이 반복되는 과정 속에서 발생한다는 것을 실증적으로 밝힌 것으로, 큰 사고가 일어나기 전 일정기간 동안 여러 번의 경고성 징후와 전조들이 있다는 사실을 입증하였다. 다시 말하면 큰 재해는 항상 사소한 것들을 방치할 때 발생한다는 것이다.

제4절	내부통제

I 내부통제제도의 일반

1. 내부통제제도의 정의[250]

오늘날 내부통제의 정의로서 국제적으로 가장 일반적으로 인정되는 것은 「코소 (COSO)」가 1992년 「내부통제-통합프레임웍 (Internal Control-Intergrated Framework)」라는 보고서에서 채택한 것이다

"내부통제라 함은 업무운영의 효과성과 효율성(effectiveness and efficiency of operations), 재무정보의 신뢰성(reliability of financial reporting), 그리고 적용 법률 및 규정의 준수(compliance with applicable laws and regulations)라는 세 가지 범주에서 목표를 달성하는데 대해 합리적 확신(reasonable assurance)을 제공하기 위하여 계획된, 이사회, 경영진, 기타 구성원에 의해 실행되는 일련의 과정을 말한다"

"COSO broadly defines internal control as :

. . . a process, effected by an entity's board of directors, management, and other personnel, designed to provide reasonable assurance regarding the achievement of objectives in the following categories :

Effectiveness and efficiency of operations.

Reliability of financial reporting.

Compliance with applicable laws and regulations."

내부통제의 정의의 요점은 다음과 같다.

① 내부통제는 회사가 추구하는 최종 목표가 아니라 이러한 최종 목표를 달성하기 위한 과정 내지 수단.
② 내부통제는 회사의 경영정책이나 매뉴얼이 아니라 회사 내의 모든 구성원에 의해 수행되는 일련의 통제활동.
③ 내부통제는 특정 목표를 달성하는데 절대적 확신이 아니라 합리적 확신을 주는 것.

---

250) COSO, 「Internal Control-Integrated Framework」, 1992, p13, 국제내부감사인협회(IIA), 전게서, 6~9면, 정창모,, 「금융사고 사례와 대책」, 매일경제신문사. 2006, 109~110면, 김순석, 전게서, 117면

2. 내부통제제도의 목적[251]

가. 업무운영의 효과성 및 효율성(Effectiveness and efficiency of operations)

회사의 자산과 자원을 효율적으로 사용하고 회사의 손실 발생으로부터 보호 하는 등 영업활동과 관련한 효율성을 달성한다. 또한 내부통제는 과도한 비용을 유발하지 않고 회사의 이익을 최우선적으로 고려하면서 모든 구성원들이 효율성을 가지고 회사의 목표달성을 위해 노력하도록 보장하는 과정이다.

나. 재무정보의 신뢰성(Reliability of Financial Reporting)

조직에서 경영의사결정을 위한 시의적절하고, 신뢰성 있고, 합목적적인 각종 보고서를 마련하여 주주, 감독당국, 기타 외부 이해관계자에게 신뢰성 있는 재무제표 및 기타 재무 관련사항을 공시하도록 하기 위한 목적이다.

이와 같이 경영진, 감독당국, 기타 이해관계자등의 정보이용자에게 전달된 정보는 이들이 의사결정에 유용하게 이용될 수 있는 질적 수준을 갖추어야 한다.

다. 적용 법률 및 규정의 준수(Compliance with Applicable Laws and Regulations)

회사의 모든 활동이 관련 법규, 감독기준, 당해 회사의 제반정책 및 절차를 준수 하면서 이루어지도록 하기 위한 목적으로 회사의 영업권과 지명도를 보호할 수 있어야 한다.

3. 내부통제제도의 필요성[252]

회사는 내부통제제도의 운영을 통하여 다음과 같은 사항을 달성하거나 사전에 예방 내지는 최소화 할 수 있으므로, 적절한 내부통제제도의 구축은 반드시 필요하다.

적절한 내부통제제도의 구축 필요성

① 회사는 내부통제제도의 운영을 통해 회사 자산의 보전, 신뢰성 있는 재무 보고 체제의 유지, 법규준수 등을 효과적으로 이루면서 회사의 설립 목표 달성.

② 영업활동 등과 관련한 중요한 오류 및 일탈행위의 가능성을 감소시키고, 오류 등이 실제로 발생하는 경우 이를 시의 적절하게 감지하여 시정 및 개선 조치.

③ 부적절한 내부통제환경이나 정보시스템과 같이 취약하고 비효율적인 내부

---

251) 금융감독원, 전게서, 211~212면, 정창모, 전게서, 11면, ,상장회사협의회, 「내부통제의 통합체계」, 상장2002.1월호. 2002, 38면
252) 금융감독원, 전게서, 212면 일부 인용 및 참조

통제시스템 은 회사의 영업 손실을 야기 시킬 뿐만 아니라 재무의 안전성 위협.

④ 특정 회사의 내부통제제도 운영실패에 따른 경영불안정은 전염효과를 통하여 여타회사의 경영불안정을 발생시키고 때에 따라서는 산업시스템 전반의 실패초래.

⑤ 내부통제기능은 내·외부 감사기능과 함께 회사의 안전하고 건전한 경영을 유도하는 것을 주요 목적으로 하는 감독당국의 감독업무를 보완하는 역할 수행.

⑥ 궁극적으로 회사는 효과적인 내부통제제도의 운영을 통해 제반 리스크를 효과적으로 관리함으로써 회사의 목표를 달성하고, 재무적 안정성과 생존 능력을 유지.

Ⅱ 내부통제제도의 구성 요소[253]

회사가 어떠한 형식으로 내부통제시스템을 구성할 것인가에 대해서는 모범답안이 있는 것은 아니다. 회사의 규모, 영업활동의 다양성 및 리스크 종류나 수준 등에 따라 결정되어지는 것이다.

COSO는 1992년부터 사용해오던 기존 「Internal Control - Integrated Framework, ICIF」(이하 'Framework' 이라 한다)의 적용 및 사용을 용이하게 하고, 그 동안 제반 환경변화[254]를 반영하여 개정된 「내부통제 Framework」을 2013년 5월 14일 발표하였다.

COSO는 개정된 Framework 적용을 위한 과도기를 2014년 12월 15일까지로 지정하고 있으므로, 2014년 12월 15일 이후에 Original Framework은 효력은 상실한다. 따라서 2014년 12월 31 일자 재무보고 내부통제에 대한 보고 시부터 기존 ICIF는 효력을 상실 하게 되고, 개정된 COSO 만이 유효하다.

1992년 최초로 발표된 이후 20여년 만에 ICIF에 대한 개정 작업이 이루어졌지만 내부통제의 근간이 되는 기본개념 자체가 변경되지는 않았습니다. 개정 내용과 상관 없이 변하지 않은 내용은 다음과 같습니다.

---

253) 금융감독원, 전게서, 217~224면, 정창모, 전게서, 123~129면, 국제내부감사인협회, 전게서, 6-10~6-16p, 내부회계관리제도운영위원회, 「COSO Framework 개정내용과 시사점」, 2013. 12. 6~40면, 김용범, 「내부통제제도와 감사기법」, 금융연수원, 2014. 연수교재 인용 및 참조

254) 그간 내부통제의 주요 환경변화로는 ① 지배구조 감독의 강화, ② 시장과 사업운영의 글로벌화, ③ 사업 환경의 변화와 증대된 복잡성, ④ 법률, 규정, 표준의 요구사항과 복잡성, ⑤ 적격성과 책임에 대한 기대, ⑥ 진화하는 기술에 대한 사용 및 의존, ⑦ 부정의 예방 및 적발과 관련된 기대 등임.

<u>Original Framework의 불변경 내용</u>

① 내부통제의 핵심 정의.
② 내부통제의 5가지 구성요소 및 3가지 목적의 범주.
③ 효과적인 내부통제를 위하여 5가지 내부통제 구성요소 각각이 필수요건이라는 사실.
④ 내부통제의 설계, 구축, 실행 및 효과성 평가에 있어서 의사판단의 중요성 등.

　　COSO의 새로 개정된 Framework은 각각의 내부통제 구성요소와 관련된 기본적인 개념을 반영하는 17가지 원칙(Principles)을 명시적으로 제시함으로써 효과적인 내부통제의 설계 및 평가 시 고려해야할 사항을 명확히 하였을 뿐만 아니라 각 원칙별로 Points of Focus를 제시하여 경영진의 내부통제시스템 설계, 구축 및 운영을 지원 하였다.

<u>개정된 Framework의 주요 내용</u>

① 각각의 내부통제 구성요소와 관련된 기본적인 개념을 반영하는 17가지 원칙 (Principles)을 명시적으로 제시함으로써, 효과적인 내부통제의 설계 및 평가 시 고려해야 할 사항을 명확히 하다.
② 17가지 원칙은 목적의 종류 및 실체의 유형(영리기업, 비영리단체, 정부기관 등)에 관계없이 적합하고 관련성이 있다고 가정한다. 따라서 모든 조직에 있어 내부통제 시스템이 효과적이라는 결론을 내리기 위해서는 17가지 모두가 효과적이어야 한다.
③ 17가지 원칙은 기업별로 변경 가능한 사항이 아닌 필수 고려 항목이다.
④ 각 원칙별로 해당 원칙의 중요한 특성을 반영하는 Points of Focus를 제시하여 경영진의 내부통제 시스템 설계, 구축 및 운영을 지원한다.
⑤ 각각의 Points of Focus는 경영진의 판단에 의하여 조정가능하나 합리적인 이유가 존재하여야 하며, 각 원칙을 위한 세부적인 기준으로 제시하고 있다.
⑥ 각 Points of Focus가 적절한지에 대하여 개별적인 평가를 요구하고 있지는 않다.

　　새로 개정된 Framework의 내부통제 구성요소 별 17가지 원칙과 핵심적인 요점의 구체적인 내용은 다음과 같다.

1. 통제환경(Control environment)

통제환경은 회사의 내부통제시스템의 기초를 이루는 경영철학, 지배구조, 기업문화 및 윤리의식, 종업원의 자질 등을 광범위하게 포괄하는 개념으로 이해할 수 있다. 통제환경은 내부통제시스템의 기본적인 기준과 틀을 제공함으로써 내부통제 구성요소들이 적절히 작동될 수 있도록 여건을 조성하는 것이다.

효율적이고 강렬한 통제환경을 조성하기 위해서는 조직의 모든 구성원이 내부통제시스템의 중요성을 인식하고, 제반정책 및 절차를 준수하겠다는 실천의지를 공유하는 것이 중요하다. 적절한 통제문화를 형성하기 위해 이사회 및 경영진은 모든 직원에게 올바른 업무수행 자세와 윤리기준을 장려하고 이를 적극적으로 실천할 수 있는 조직문화의 활성화를 도모하여야 한다.

통제환경과 관련된 주요 원칙과 핵심적인 요점은 다음과 같다.

(1) 도덕성과 윤리적 가치에 대한 원칙 설정

① 최고위층의 의지

이사회 및 회사의 모든 레벨의 경영진은 지침, 조치, 행동을 통하여 내부통제 시스템 의 기능을 지원함에 있어 도덕성과 윤리적 가치의 중요성을 강조한다.

② 행동규범의 제정

도덕성과 윤리적 가치에 대한 이사회와 고위경영진의 기대사항은 조직의 행동규범에 정의되어 있으며, 모든 직원 및 아웃소싱 업체들과 비즈니스 파트너들이 이를 숙지 하고 있다.

③ 행동규범의 준수여부 평가

회사가 기대하는 행동규범을 반영하여 개인과 팀의 성과를 평가하는 프로세스가 마련 되어 있다.

④ 위반사항의 적시 해결

회사가 기대하는 행동규범의 위반사항은 적시에, 일관된 방식으로 해결한다.

(2) 이사회의 감독 책임 수행

① 감독 책임 수립

이사회는 수립된 요구사항 및 기대사항과 관련된 감독책임을 식별하고 수락한다.

② 관련된 전문지식 적용

이사회는 고위 경영진에게 면밀한 질문을 하고 상응하는 조치를 취하기 위해 이사회 구성원들에게 필요한 기술과 전문지식을 정의하고, 유지하고, 주기적으로 평가한다.

③ **독립적 운영**

이사회는 평가 및 의사결정에 있어서 경영진과 독립되고 개관적인 충분한 인원을 보유한다.

④ **내부통제시스템의 감독 역할 수행**

이사회는 경영진의 내부통제 설계, 구축, 운영에 대한 감독책임을 보유한다.

(3) 조직구조, 권한 및 책임의 수립

① **조직의 모든 구조 고려**

경영진과 이사회는 조직의 목표달성을 지원하는데 이용된 복합적인 조직 구조(운영단위, 법적주체, 지역적 분배, 아웃소싱업체 포함)를 고려한다.

② **보고라인 정의**

경영진은 조직의 활동을 관리하기 위하여 권한과 책임의 실행, 정보 교류를 가능하게 하는 각 조직구조의 보고라인을 설계하고 평가한다.

③ **권한과 책임의 정의, 배분 및 제한**

경영진과 이사회는 권한을 위임하고 책임을 정의하며, 조직의 다양한 계층에서 필요한 책임 분담과 직무 분리를 위해 적절한 프로세스와 기술적인 수단을 이용한다.

(4) 적격성에 대한 원칙 설정

① **정책 및 절차 수립**

정책 및 절차는 조직 목표달성에 필요한 적격성의 기대사항을 반영한다.

② **적격성 평가 및 결점 보완**

이사회와 경영진은 회사가 수립한 정책 및 절차와 관련하여 조직 전반과 아웃소싱업체 의 적격성을 평가하고, 부족한 점이 있으면 이를 보완한다.

③ **인력 선발, 육성 및 조직 내 유지**

조직은 목적달성을 지원하기 위하여 유능한 인력 및 아웃소싱업체를 선발하고, 육성 하며, 유지할 수 있도록 필요한 멘토링과 교육을 제공한다.

④ **업무의 승계에 대한 계획과 준비**

고위 경영진과 이사회는 내부통제의 중요한 책임을 부여하기 위하여 필요한 「비상계획 (contingency plane)」을 수립한다.

(5) 내부통제 책임 강화

① **조직 구조, 권한, 책임을 통한 책임성 강화**

경영진 및 이사회는 조직 전반의 내부통제 책임에 대해 의사소통하고 구성

원들이 책임감을 갖게 하는 메커니즘을 수립하고, 필요한 경우에는 수정조
치를 취한다.

② **성과측정, 인센티브, 보상체계 수립**

경영진과 이사회는 업무성과, 기대되는 행동규범, 장단기 목표 달성을 고려
하는 조직 내 모든 직급의 직무수행에 적절히 적응할 수 있는 성과측정, 인
센티브 및 기타 보상에 대한 체계를 수립한다.

③ **관련성을 지속시키기 위한 성과지표, 인센티브, 보상체계 평가**

경영진과 이사회는 인센티브와 보상체계를 조직 목표달성 과정에서 내부 통
제 책임의 이행과 연계시킨다.

④ **과도한 압박 고려**

경영진과 이사회는 목표달성과 관련된 책임 부여, 성과지표 개발, 성과 평
가 과정에서 의 압박을 평가하고 조정한다.

⑤ **성과를 평가하고 보상 또는 징계 수행**

경영진과 이사회는 행동규범 및 적격성에 대한 기대치 등 내부통제 책임의
성과를 평가하고, 그 결과에 따라 적절한 보상 또는 징계를 수행한다.

2. 리스크 사정(Risk Assessment)

리스크 사정은 회사가 직면하고 있거나 직면하게 될 각종 리스크를 인식, 측정, 분
석하는 것을 의미한다. 내부통제시스템이 효과적으로 작동되기 위해서는 회사의 목표
달성에 부정적인 영향을 미칠 수 있는 리스크 요인을 사전에 인식하고 평가하는 것이
중요하다.

통제되지 않은 리스크는 회사의 목적 달성을 방해하고 영업성과를 악화시킬 수 있
기 때문에 경영진은 회사에 내재하고 있는 각종 리스크[신용리스크, 시장리스크 (금
리리스크, 가격변동리스크, 환리스크), 유동성리스크, 경영리스크, 운영리스크, 법규리
스크, 평판리스크 등]를 적절히 인식하고 평가하여야 한다. 각종 리스크 종류에 대하
여는 제1편-제4장-제3절 -Ⅲ. -1. '리스크의 종류' 항목에서 자세히 설명하였 으므
로 이곳에서는 설명을 생략한다.

리스크 사정과정에서 새로운 유형의 리스크나 그 동안 무시되었던 리스크가 발견된
경우에는 이들 리스크를 적절히 통제할 수 있는 방향으로 내부통제시스템을 보완·
수정 하여야 한다.

리스크 사정과 관련된 주요 원칙과 핵심적인 요점은 다음과 같다.

(6) 적절한 목적의 구체화

[운영 목적]

① 경영진의 선택 반영

운영 목적은 구조, 산업의 고려사항, 조직의 성과에 대한 경영진의 선택을 반영 한다.

② 위험에 대한 허용수준 고려

경영진은 운영 목적의 달성과 관련된 변화의 허용 가능한 수준을 고려한다.

③ 운영 및 재무성과 목표 반영

조직은 운영 목적 내에서 요구되는 운영 및 재무성과의 수준을 반영한다.

④ 자원 활용을 위한 기준 형성

경영진은 요구되는 운영 및 재무성과의 수준을 달성하는데 필요한 자원을 할당하는 기준으로써 운영 목적을 활용한다.

[외부 재무보고 목적]

① 적용 가능한 회계기준 준수

재무보고 목표는 회사에 적절하고, 유효한 회계원칙과 일관되어야 한다. 선택된 회계 원칙은 현재의 환경에서 적절한 것이다.

② 중요성 금액 고려

경영진은 재무제표상의 중요성 금액을 고려해야 한다.

③ 회사활동 반영

외부보고는 질적인 특성과 경영진의 주장을 보여주는 근본적인 거래 및 사건을 반영 한다.

[외부 비재무보고 목적]

① 외부에서 수립된 표준 및 Framework 준수

경영진은 법률 및 규정, 공인된 외부기관의 표준 및 Framework과 일치 하는 목적을 수행한다.

② 요구되는 정확도 수준 고려

경영진은 사용자의 요구에 대한 적합성 및 비재무보고와 관련된 외부 조직에 의하여 수립된 기준을 근거로 하여 요구되는 정확도 및 정확성의 수준을 반영한다.

③ 회사 활동 반영

외부보고는 수용 가능한 한계의 범위 내에서 잠재적인 거래와 사건을 반영 한다.

[내부보고 목적]

① 경영진의 선택 반영

내부보고는 경영진의 선택 및 회사를 관리하는데 필요한 정보를 완전하고 정확하게 경영진에게 제공한다.

② 요구되는 정확도의 수준 고려

경영진은 비재무보고 목적의 사용자의 요구에 대한 적합성 및 재무보고 목적의 중요성 관점에서 요구되는 정확도 및 정확성의 수준을 반영한다.

③ 회사 활동 반영

내부보고는 수용 가능한 한계 범위 내에서 잠재적인 거래와 사건들을 반영한다.

[준법 목적]

① 외부 법률 및 규정 반영

법률 및 규정은 회사를 준법 목적과 통합함에 있어 최소한의 행동규범을 수립한다.

② 위험에 대한 허용치 고려

경영진은 준법 목적의 달성과 관련된 변화의 허용 가능한 수준을 고려한다.

(7) 위험 식별 및 분석

① 회사, 자회사, 부서, 운영조직 그리고 기능별 조직 포함

조직은 목적 달성과 관련하여 회사, 자회사, 부서, 운영조직, 그리고 기능별 조직 내의 위험을 식별하고 평가해야 한다.

② 내·외부적인 요인 분석

위험 식별 시 내부적인인 요인과 외부적인 요인을 동시에 고려해야 하며, 이러한 요소 들이 목표달성에 어떻게 미치는가를 고려해야 한다.

③ 적절한 수준의 경영진 참여

조직은 적절한 수준의 경영진이 참여하는 효과적인 위험 평가메커니즘을 구성해야한다.

④ 식별된 위험의 중요도 평가

식별된 위험은 위험의 잠재적인 중요도를 평가하는 절차를 포함한 프로세스를 통하여 분석한다.

⑤ 위험에 대한 대처방안 결정

위험 평가 절차에는 해당 위험을 수용할지, 회피할지, 감축할 것인지 또는 전가할 것 인지 대한 위험관리 방안의 고려가 포함된다.

(8) 부정 위험의 평가

① 다양한 부정의 유형 고려

부정에 대한 평가는 부정 및 잘못된 행동의 발생으로 인한 부정한 재무보고, 자산의 손실 가능성, 부패 등을 고려한다.

② 유인과 압력의 평가

부정 위험 평가 시 유인과 압력을 평가한다.

③ 기회 평가

부정위험의 평가 시 승인되지 않은 자산 취득, 사용, 또는 처분, 회사 보고기록의 변경, 또는 다른 부적합한 행동의 실행 등의 기회를 고려한다.

④ 태도와 합리화에 대한 평가

부정위험 평가 시 경영진과 다른 인원이 어떻게 부적합한 행동에 연관되거나 정당화 할 수 있는지 고려한다.

(9) 중요한 변화사항에 대한 식별 및 평가

① 외부 환경변화의 평가

위험을 식별하는 프로세스는 회사를 운영함에 있어 규제의 변화, 경제적인 변화, 그리고 물리적인 환경의 변화를 고려한다.

② 사업 변화의 평가

회사는 새로운 사업의 잠재적인 영향도, 현재 사업라인 구성의 중요한 변경, 내부통제 시스템 상 사업운영의 인수 및 매각, 급속한 성장, 해외 의존도의 변화, 새로운 기술 등을 고려한다.

③ 리더쉽 교체의 평가

회사는 경영진의 교체와 그들의 내부통제시스템에 대한 태도 및 철학을 고려한다.

3. 통제활동(Control Activities)

통제활동은 회사의 모든 직원이 이사회와 경영진이 제시한 정책 및 절차에 따라 일상 업무를 수행하고 있는지 여부를 확인하는 제반 활동을 의미한다. 이는 리스크 사정과정에서 회사의 목표달성에 부정적인 영향을 미칠 수 있는 리스크를 효율적으로 통제할 수 있도록 유도하는 과정이다.

통제활동과 관련된 주요 원칙과 핵심적인 요점은 다음과 같다.

(10) 통제활동의 선택 및 구축

① 위험 평가와 통합

통제활동은 위험을 해결하고 감소시키는 위험 대응이 실현될 수 있도록 도와준다.

② 조직의 특수 요소 고려

경영진은 조직의 특성뿐만 아니라 조직 환경, 복잡성, 속성 및 업무 범위에 따라 통제 활동을 어떻게 선택하고 구축할 지에 대하여 고려한다.

③ 관련된 비즈니스 프로세스 결정

경영진은 어떤 비즈니스 프로세스에 통제활동이 필요한지 판단한다.

④ 통제활동 유형의 조합 평가

통제활동은 여러 가지 다양한 통제들을 포함하며, 수동통제와 자동통제, 예방 통제와 적발통제 등 위험을 감소시키는 데 필요한 접근방식이 포함될 수 있다.

⑤ 적용할 통제활동 수준 고려

경영진은 조직 내 다양한 수준의 통제활동을 고려한다.

⑥ 업무분장 고려

경영진은 양립할 수 없는 업무를 분리하고, 업무분장이 유용하지 않을 경우 대체적인 통제활동을 선택하고 구축한다.

(11) 정보기술 일반통제의 선택 및 구축

① 비즈니스 프로세스 상 정보기술의 사용과 정보기술 일반통제 간 의존도 판단

경영진은 비즈니스 프로세스, 자동 통제활동 및 정보기술 일반통제 간 의존성과 연관 관계를 이해하고 판단한다.

② 관련된 정보기술 인프라 통제활동의 수립

경영진은 정보기술 처리의 완전성, 정확성 및 이용가능성을 확보하기 위해 설계되고 실행되는 정보기술 인프라 구조에 대한 통제활동을 선택하고 구축한다.

③ 관련된 보안 관리 프로세스 통제활동의 수립

경영진은 업무책임에 비례하여 정보기술접근권한을 인가된 담당자에게 제한하고, 외부위협으로부터 회사의 자산을 보호하기 위한 통제활동을 성택하고 구축한다.

④ 관련된 정보기술 취득, 개발 및 유지 프로세스 통제활동의 수립

경영진은 정보기술의 취득, 개발, 유지와 경영진의 목적달성을 위한 인프라에 대한 통제활동을 선택하고 구축한다.

(12) 정책 및 절차를 통한 통제활동의 설계

① 경영지침의 실행을 지원하기 위한 정책 및 절차 수립

경영진은 기대사항을 수립한 정책과 이를 구체화한 관련된 절차를 통하여 비즈니스 프로세스 및 임직원의 일상 활동에 내재되도록 통제활동을 구축한다.

② 정책과 절차를 실행하기 위한 의무 및 책임 수립

경영진은 관련 위험이 존재하는 사업단위 또는 기능조직의 경영진(또는 지정된 인원)과 함께 통제활동에 대한 의무 및 책임을 수행한다.

③ 적절한 시기에 수행

책임있는 담당자가 정책과 절차에 규정된 적절한 시기에 통제활동을 수행한다.

④ 수정 조치 수행

통제활동의 실행결과 파악된 문제에 대하여 책임 있는 담당자가 조사하고 조치를 취 한다.

⑤ 적격성 있는 담당자가 수행

충분한 권한을 가진 적격성을 갖춘 담당자가 성실하고 지속적인 관심을 가지고 통제 활동을 수행한다.

⑥ 정책과 절차의 재평가

경영진은 주기적으로 통제활동을 검토하여, 지속적인 적정성을 판단하고 필요 시 정책과 절차를 갱신한다.

4. 정보와 의사소통(Information & Communication)

이사회, 경영진 및 직원들이 그들의 책임을 적절하게 수행할 수 있도록 시의 적절한 정보를 수집·제공하는 역할을 하는데, 적절한 정보의 생산 및 의사소통은 내부통제시스템의 원활한 작동을 위해서 필수적이다.

회계시스템은 회사의 모든 거래를 인식, 수집, 분석, 분류, 기록, 보고하는 방법에 관한 것이며, 정보시스템은 이사회 및 경영진이 의사결정에 필요한 영업활동, 재무, 법규준수 등에 관한 정보와 보고서를 생산 관리하는 것이다. 그리고 의사소통시스템은 정보시스템에 의해 생성된 정보를 내부관계자, 주주, 고객, 감독당국 등에 제공 하는 역할을 한다.

내부통제시스템이 효율적으로 작동되기 위해서는 회사의 중요한 활동을 포괄하는 정보시스템 구축이 전제되어야 하며, 이 같은 시스템은 보안 유지와 함께 장애발생에 대비한 비상대책을 갖추고 있어야 한다. 또한 전산정보시스템의 운용 및 정보기술의 사용과 관련한 리스크를 적절히 통제하기 위해서는 다음 2가지의 통제를 모두 포함하여야 한다.

전산정보시스템의 통제방법

① **일반통제(General Control)**

메인프레임, client/server시스템 등과 같은 컴퓨터시스템 자체에 대한 통제로써, 시스템이 지속적으로 적절히 작동되도록 하기 위해 자체 백업 및 복구절차, 소프트웨어 개발 및 구입 정책, 시스템 유지 절차, 물리적/논리적 보안 통제 등을 갖추는 것이 이에 해당 된다.

② **응용통제(Application Control)**

매 거래 및 영업활동의 이행과정을 통제하는 응용소프트웨어 내의 전산화된 절차 및 여타 매뉴얼화된 절차이다.

그리고 회사의 제반정보나 자료가 조직내부의 필요한 곳에 원활하게 전달되기 위해서는 커뮤니케이션 활성화가 중요하다. 정보의 소통경로(하부에서 위로, 상부에서 하부로, 또는 수평적으로 전달하는 체제)를 유지하여 소통장애가 발생되지 않도록 하여야 한다.

정보의 소통방법

① 상향 전달 : 이사회 및 경영진은 회사의 제반 리스크와 영업성과 등을 이해하게 된다.

② 하향 전달 : 이사회 및 경영진이 수립한 회사의 경영목표, 전략, 제반 정책 및 절차 등이 효과적으로 일반 직원에게 전달된다.

③ 수평 전달 : 특정부서가 취득. 보유한 정보가 여타 관련부서에 전달되어 공유 한다.

예컨대 특정부서나 특정인이 수집·생산한 정보가 경영진(또는 특정인)에게만 전달되거나 독점됨으로써 정작 정보가 필요한 영역에 공유되지 않는다면 오히려 문제의 소지를 키우는 결과를 초래할 수 있다는 점에 유의하여야 한다.

정보 및 의사소통과 관련된 주요 원칙과 핵심적인 요점은 다음과 같다.

(13) 연관성 있는 정보의 취득, 생성 및 사용

① **필요한 정보의 식별**

내부통제의 다른 구성요소들과 조직의 목표를 달성하는 데 필요한 정보들을 식별할 수 있는 절차가 마련되어 있다.

② 회사 내·외부의 데이터 원천 파악

정보시스템은 회사 내/외부에서 데이터 원천을 파악한다.

③ 연관성 있는 데이터를 정보를 변환

정보시스템은 관련성 있는 데이터를 처리하여 정보로 변환한다.

④ 처리과정에서 품질의 유지/관리

정보시스템에서 만들어내는 정보는 적시성, 정확성, 완전성, 접근가능성을 갖춘 최신 의 정보이다. 또한 이 정보는 보호되고, 검증 가능하며, 계속해서 유지되는 정보 이다. 내부통제 구성요소의 지원과 관련성을 평가하기 위해 정보를 검토한다.

⑤ 비용과 효익을 고려

의사소통 대상이 되는 정보의 본질, 수량, 정확성은 조직의 목표와 부합하고 목표달성에 도움이 된다.

(14) 내부와의 의사소통 수행

① 내부통제 정보에 대한 의사소통

모든 직원이 내부통제 책임을 이해하고 이행할 수 있도록 필요한 정보를 소통하는프로세스가 존재한다.

② 경영진과 이사회 간의 의사소통

양쪽 모두 조직의 목표를 위해 각자의 역할을 수행하는데 필요한 정보를 얻기 위한 의사소통이 이루어진다.

③ 분리된 의사소통 라인을 제공

일반적인 채널이 적절하지 못한 경우에 대비하여 분리된 의사소통 채널이 존재하며, 이는 내부고발자와 같은 익명 또는 기말에 대한 의사소통이 필요한 경우 안전 보장 장치 역할을 한다.

④ 적절한 의사소통 방법을 선택

타이밍, 대상자, 정보의 속성을 고려하여 선택한다.

(15) 외부와의 의사소통 수행

① 외부 조직과의 의사소통

주주, 파트너, 기업 소유주, 규제기관, 고객, 애널리스트등 조직 외부의 주체와 적절 하고 적시성 있는 정보를 의사소통할 수 있는 프로세스가 마련되어 있다.

② 조직 내부로의 의사소통

개방된 의사소통 채널을 통해 고객, 소비자, 공급자, 외부감사인, 규제기관, 애널리스트 등 회사 외부 주체의 의견을 받을 수 있으며, 경영진과 이사회에게 적절한 정보를 제공한다.

③ 이사회와의 의사소통

외부 조직이 수행한 평가를 통한 관련성 있는 정보는 이사회와 협의한다.

④ 분리된 의사소통 라인의 제공

일반적인 채널이 적절하지 못한 경우에 대비하여 분리된 의사소통 라인이 존재하며, 이는 내부고발자와 같은 익명 또는 기밀에 대한 의사소통이 필요한 경우 안전 보장 장치 역할을 한다.

⑤ 적절한 의사소통 방식을 선택

의사소통방식은 적시성, 대상자, 의사소통 성격, 법률/규제/신탁(fiduciary) 관련 요건 을 고려하여 선택한다.

5. 감시활동(Monitoring)

자기진단 또는 모니터링은 내부통제시스템 운영 실태와 유효성을 평가. 검증하는 프로세스이다. 그 동안 컨설팅이나 평가업무는 주로 외부기관에 의존해 왔다. 그러나 오늘날 회사의 리스크관리와 내부통제 운영에 있어서 구성원은 스스로 자신을 진단하고 문제점을 발견해 나가는 「**전사적 위험관리(ERM)」와 「자기진단(Self-Assessment)」 문화를 강조하고 있는** 추세이다.

회사는 이에 관한 국제적인 Best Practice를 참고하여 자가진단 기능을 강화해 나가야 할 것이다. 내부통제운영에 대한 진단 및 모니터링은 경영진의 주도하에 내부통제조직이 수행하거나 외부의 독립적 기관에 의해서 수행될 수 있다.

바젤위원회 내부통제 운영기준 상의 자기진단 및 모니터링 관련 내용

① 내부통제시스템의 유효성을 지속적으로 모니터링 하여야 하며, 특히 중요 리스크에 대한 모니터링은 해당 부서 및 내부감사 조직에 의해 정기적으로 평가되어야 할 뿐만 아니라 일상적인 활동의 일부가 되어야 한다.

② 모니터링은 일상적인 영업활동의 일부로서 수행되는 상시 모니터링과 내부통제 과정 전반에 대한 개별적인 정기평가로 구분된다.

③ 유능하고 잘 훈련받은 감사조직을 일상 영업활동과는 독립적으로 운영하면서 내부통제 시스템에 대한 효과적이고 포괄적인 감사업무를 수행토록 하여야 하며, 내부감사는 이사회 또는 감사위원회 및 경영진에게 감사 결과, 평가내용 등을 직접 보고하여야한다.

④ 발견된 내부통제제도의 취약점은 상위관리자에게 보고되어 즉각 시정조치
가 취해져야 하며, 내부통제 운영상의 주요 문제점은 이사회 및 경영진에
보고하여야 한다.

이러한 모니터링 활동은 회사시스템 전반을 대상으로 할 수도 있고 이와 병행하여
사업부문별 또는 부서별(영업점)로 수행할 수 있다.

(16) 지속적 그리고/또는 개별적 평가 수행
① **지속적/개별적 평가를 조합하는 것을 고려**
경영진은 지속적/개별적 평가의 균형을 포함한다.
② **변화율을 고려**
경영진은 지속적/개별적 평가를 선택하고 구축할 때, 비즈니스와 비즈니스
프로세스 의 변화율을 고려한다.
③ **기초이해 정도를 확립**
내부통제시스템의 설계와 현재 상태는 지속적/개별적 평가를 위한 기초 이
해 정도를 확립하는데 사용된다.
④ **전문가를 사용**
지속적/개별적 평가를 수행하는 평가자들은 평가대상에 대한 충분한 지식을
가지고 있어야 한다.
⑤ **비즈니스 프로세스와 통합**
지속적 평가는 비즈니스프로세스 내에 만들어지고 변화하는 상황에 따라 조정
된다.
⑥ **범위와 빈도를 조정**
경영진은 위험의 정도에 따라 개별적 평가의 범위와 빈도를 달리한다.
⑦ **객관적으로 평가**
객관적인 피드백을 제공하기 위해 주기적으로 개별적 평가가 수행된다.

(17) 미비점에 대한 평가 및 의사소통
① **결과 평가**
경영진과 이사회는 지속적평가, 개별적 평가의 결과에 대해서 적절히 평가
한다.
② **미비점 의사소통**
내부통제의 미비점은 개선활동을 수행할 책임 있는 당사자와 고위 경영진,
이사회와 적절하게 의사소통한다.

③ 개선활동에 대한 모니터링

경영진은 미비점들이 적시에 치유되는지 확인한다.

이상에서 말한 5가지 내부통제의 구성요소 사이에는 상승작용과 연쇄관계가 있어 전체로서 환경변화에 유연하게 대응하는 하나의 통합된 시스템을 형성하게 된다. 내부통제가 유효하게 기능하는 경우란 통제절차가 사업체의 하부구조에 구축되어 사업체에 없어서는 안 될 것의 일부로 되는 경우이다. 구축된 통제절차는 업무의 질적 향상과 권한의 발휘를 지원하고 비용의 발생을 억제한다. 그리하여 환경변화에 즉시 대응을 가능하게 한다.

위에서 말한 3가지 통제 목적의 범주(이것은 사업체가 달성하려고 노력하는 것으로)와 내부통제의 구성요소는 직접적으로 관계가 있다. 모든 내부통제의 구성요소는 각 통제목적의 범주와 관련성을 가지고 있다. 어떤 하나의 통제 목적(예를 들어 업무의 효율성과 효과성)을 대상으로 하는 경우 업무에 대한 내부통제가 유효하다고 결론을 내리기 위해서는 다섯 가지의 구성요소가 모두 존재하고 또한 그것이 유효하게 기능하고 있지 않으면 안 된다.

Ⅲ 내부통제제도의 조직과 역할

회사의 내부통제는 이사회, 경영진, 감사위원회(감사), 준법감시인 또는 준법 지원인, 중간관리자, 일반 직원에 이르기까지 모든 구성원들에 의해 운영되어야 한다. 특히, 이사회와 경영진은 직원들로 하여금 내부통제의 중요성과 각자의 역할을 이해하고 구성원들이 내부통제 활동에 적극 참여할 수 있도록 건전한 통제문화를 형성 하는데 노력하여야 한다.

1. 내부통제 운영주체 [255)]

회사의 내부통제를 운영하는 주체에 대해서는 근본적인 인식전환이 필요하다. 다수의 회사 임직원들은 내부통제는 감사위원회, 감사, 감사부서, 준법감시인, 준법지원인 등 내부통제 관련부서의 고유 업무라고 이해하고 있는데 이는 매우 그릇된 인식이 아닐 수 없다.

오늘날 회사업무는 업무영역별로 분화되고 있기 때문에 과거처럼 내부통제부서가

---

255) 정창모, 전게서, 111~118면, 금융감독원, 전게서, 213~214면, 국제내부감사인협회(IIA), 전게서,6-16~6-18p, 김용범, 전게서, 도서출판 어울림, 2012, 179~183면

모든 업무를 관장할 수는 없다. 예컨대 각 사업부문은 사업부문대로, 각 부서는 부서대로, 각 팀별로, 각 개인별로 내부통제운영에 관한 필요한 절차가 무엇인지를 깨닫고 이를 실천하는 것이 내부통제 성공여부의 관건이 되고 있음을 유의할 필요가 있다.

가. 이사회

이사회는 회사의 대표기구로서 효율적인 내부통제시스템을 구축하고 적절하게 유지될 수 있도록 총괄적인 책임을 지며 내부통제시스템의 운영에 관한 전반적인 사항을 지휘·통솔하여야 한다.

이사회는 경영진과 내부통제시스템의 유효성을 주기적으로 협의하고 경영진, 내·외부 감사인 및 감독 당국에 의해 행해지는 내부통제 운영에 대한 평가결과를 점검하여야 한다. 또한, 감사인 및 감독당국의 권고사항 또는 관심사항이 경영진에 의해 적절하게 조치되고 있는지를 모니터링하고, 회사의 경영전략과 리스크 한도를 주기적으로 점검하여야 한다.

바젤위원회의 내부통제시스템의 적절한 운영을 위한 이사회의 임무
① 전반적인 사업전략과 주요 정책을 주기적으로 검토·승인.
② 제반 리스크 및 한도를 이해하고 이에 대한 수용가능 한도를 설정, 경영진이 리스크를 인식·측정·통제할 수 있는 시스템을 구축·운영 하도록 감독.
③ 내부통제시스템의 효율적 운영에 필요한 조직구조 승인.
④ 경영진이 내부통제시스템의 유효성을 적절히 모니터링 하도록 감독.

나. 경영진

경영진은 이사회가 승인한 사업전략 및 정책을 집행하면서 회사의 최종 목표를 효율적으로 달성하기 위해 내부통제시스템을 적절하게 구축·운영할 책임이 있다. 그리고 내부 통제의 적정성, 유효성 등에 대한 상시점검을 실시한다.

각 사업부문에서 내부통제와 관련된 제반정책 및 절차가 지켜질 수 있도록 조치 단위별로 통제 이행 의무와 책임을 부여하고, 중간관리자를 비롯한 모든 직원들이 내부통제운용과 관련한 스스로의 책임을 이해하고 그 역할을 적절하게 수행하도록 감독해야 한다.

바젤위원회의 내부통제시스템의 적절한 운영을 위한 경영진의 임무
① 이사회가 승인한 사업전략 및 정책을 집행.
② 회사가 직면하고 있는 제반 리스크 인식·측정·모니터링·통제하기 위한 시스템 개발 및 운영.

③ 의무, 권한 및 보고관계가 명확한 조직구조 유지.
④ 하부 위임된 책임이 효율적으로 수행되는지 여부를 감독.
⑤ 적절한 내부통제정책 수립 운영.
⑥ 내부통제시스템의 적정성, 유효성 등에 대한 점검 및 모니터링.

다. 감사위원회 또는 감사

감사위원회 또는 감사는 경영진이 내부통제시스템을 적절하게 운영하고 있는지 여부를 평가하고 평가결과 및 미비사항을 적기에 이사회에 보고하여야 한다. 이사회 소속의 위원회로서 감사위원회를 두거나 감사를 임명하는 두 가지 형태가 있다.

감사위원회 또는 감사는 독립적인 활동을 통하여 이사회를 거치지 아니하고 회사의 내부통제시스템의 운영에 관한 제반 정보 및 보고서에 대한 세부점검을 실시하고 필요한 조치를 취할 책임이 있다.

감사위원회 또는 감사를 보조하기 위하여 내부감사부서를 두는 방법으로 내부통제 운영 상황을 평가하고 감사하며 회사의 모든 재무정보, 자료 및 기록에 접근할 수 있어야 한다. 또한 감사위원회 또는 감사는 이사회, 경영진, 외부감사인 및 감독당국과의 의사소통 역할을 수행하여야 한다.

라. 준법감시인 또는 준법지원인

준법감시인은 임직원이 법령을 준수하고 경영을 건전하게 하며 주주 및 고객 등을 보호하기 위해 그 회사의 임직원이 직무를 수행할 때 따라야 할 기본적인 절차와 기준을 정한 내부통제기준을 회사의 각 사업부문과 구성원들이 직무를 수행함에 있어 철저히 준수하도록 하고, 내부통제에 대한 기본적인 규범이나 절차, 기준 등을 제시해야 할 책임이 있다.

그 주된 역할로서 내부통제기준 준수 여부를 점검하고 내부통제기준을 위반하는 경우 이를 조사하는 등 내부통제 관련 업무를 총괄하고, 필요하다고 판단되는 겨우 조사결과를 감사위원회 또는 감사에게 보고하고 그 대응책을 마련하여야 한다.

국내에서는 1999년 감사위원회 제도 도입에 이어 2000년부터 대형금융회사를 중심으로 준법감시인을 두도록 제도화하고 있다. 이는 금융회사로 하여금 내부통제 강화 및 법규 준수 의식을 한층 더 높게 요구할 필요성이 있기 때문이다.

또한 준법지원인은 상장회사의 임직원이 법령을 준수하고 회사경영을 적정하게 하기 위하여 임직원이 그 직무를 수행할 때 따라야할 준법통제에 관한 기준 및 절차를 정한 준법통제기준을 회사의 각 사업부문과 구성원들이 직무를 수행함에 있어 철저히 준수하도록 하고 또는 준법통제에 대한 기본적인 규범이나 절차, 기준 등을 제시할 책임이 있다.

그 주된 역할로서 준법지원인은 임직원들의 준법통제기준의 준수여부를 점검하고 그 점검결과를 이사회에 보고하는 업무를 담당한다. 우리나라에서는 2011. 4. 14. 「상법」 개정 시 도입된 제도로서 최근 사업연도 말 기준으로 자산총액이 5천억원 이상인 상장 회사에 준법지원인 1명 이상을 두도록 의무화하였다.

마. 내부회계관리자

회사의 내부통제 주체로서 내부회계관리자는 국내외의 대형회계 스캔들에 따른 회사정보의 투명성 강화 차원에서 도입되었다. 회사의 회계정보의 정확성 및 완전성을 도모하기 위하여 미국 등 선진국의 사례를 참고하여 회계측면에서의 내부통제장치를 보강할 필요가 있었다. 이에 따라 일정규모 이상(직전 사업연도 말의 자산 총액이 1,000억 원 이상)의 외부감사대상 법인에 대해 내부회계관리제도를 구축토록 요구 하게 되었다.

회사의 대표는 내부회계관리제도의 관리 및 운영에 책임을 지며 이를 담당할 상근 이사 1인을 내부회계관리자로 지정하여야 한다. 일반적으로 금융회사의 경우 재무 담당임원(CFO) 이 내부회계관리자로 임명되고 있으며, 내부회계관리자는 매 반기마다 이사회 및 감사 또는 감사위원회에게 회사의 내부회계관리제도의 운영실태를 보고 하여야 한다.

이를 위해 내부회계관리자는 내부회계관리제도에 대한 일상적 업무의 일부로서 상시 모니터링을 수행함과 동시에 내부관리회계제도의 전반적인 유효성에 대한 평가를 정기적으로 실시하여야 한다. 요컨대, 내부회계관리자는 재무보고 및 공시통제 운영실태 등 협소한 의미의 내부통제를 수행하는 것으로 볼 수 있다.

내부회계관리자의 주요업무
① 내부회계관리제도 운용·관리.
② 재무보고 내부통제시스템 구축 및 운영.
③ 재무보고 내부통제 유효성 평가, 보고 및 사후관리.
④ 재무보고 내부통제 교육 및 지도 등.

바. 사업부문(영업점) 감사담당 및 일반직원

회사의 조직은 개인을 시작으로 소그룹, 중대조직, 경영층으로 이어지면서 흔히 부서별 또는 사업부문별로 구분된다. 회사의 구성원과 각 조직은 회사의 기본 정책과 사업지침을 따르고, 각기 소속된 사업부문별 업무수행에 있어서 절차의 정당성을 요구 받고 있다.

그런 점에서 회사의 모든 구성원은 내부통제 운영의 주체임을 인식하여야 한다. 각자의 직무를 수행함에 있어 자신의 역할을 잘 이해하고 관계 법규, 내부통제기준, 윤리강령 등을 충실히 따라야 한다. 개인이야말로 내부통제 운영의 출발점이며, 내부통제 운영의 허점이나 오류, 사기, 도덕적 해이 등은 모두 개인에서 발단이 되고 있으므로 구성원 모두가 조직의 내부통제에 대해 철저히 이해하고 실천하는 것이 바로 내부통제운영의 핵심이다.

2. 내·외부 감사인[256]

가. 내부감사인

내부감사인은 내부감사제도 운영에 있어서 핵심적인 역할을 담당하여 리스크 관리, 내부통제시스템 운영, 지배구조의 효율성을 객관적이고 독립적인 입장에서 검토하고 평가하는 기능을 수행한다. 이를 위해 내부감사인은 회사의 사업전략, 경영목표, 판매상품 및 서비스의 내용, 업무프로세스 전반에 대한 폭넓은 이해를 가져야 하며, 내부감사업무 수행과정에서 발견한 중요사항을 이사회, 감사위원회 또는 감사 및 고위 경영진에게 전달할 수 있는 조직 내 지위를 확보하여야 한다.

한편, 내부감사인은 기본적인 내부통제시스템 운영의 적정성에 대한 평가에 부수하여 내부통제시스템 운영에 대한 조언 및 컨설팅 기능도 수행한다. 즉, 고위 경영진이 각 업무분야에 대한 내부통제시스템을 개발할 때 조언 및 컨설팅을 수행함으로써 경영진이 내부 통제시스템과 관련한 리스크를 적절히 고려하여 올바른 내부통제 시스템을 설계하여 운영할 수 있도록 보조하여야 한다.

또한 경영진이 구축·운영 중인 내부통제시스템이 적정하게 작동하고 있는지를 독립적인 입장에서 분석·평가하고 문제점을 도출해 시정토록 하는 역할을 수행한다.

나. 외부감사인

회사 내부통제 운영의 실질적인 주체는 아니지만 외부감사인도 중요한 역할을 담당하고 있다. 외부감사인은 재무보고에 관한 내부통제 효과성, 거래기록의 정확성 및 신속성, 재무보고 및 감독당국 보고서의 정확성 등에 관한 합리적인 확신을 제공함으로써 이사회와 경영진에게 회사 운영과 관련한 유용한 정보를 제공하고 있다.

외부감사인은 재무보고와 관련된 내부통제의 유효성을 평가하고 그 결과에 따라 외부감사 절차의 성격, 시기 및 범위 등을 결정하므로 회사의 영업활동 및 내부통제 전반에 대한 사항을 명확하게 이해하고 있어야 한다.

한편, 외부감사인은 주로 재무보고를 위한 내부통제시스템의 적정성에 대한 감사를

---

256) 정창모, 전게서, 118~120면, 김용범, 전게서, 도서출판 어울림, 2012., 183~184면

하지만 회사의 요구에 따라 특정부문, 경영정보시스템 등 회사의 영업 및 경영 활동에 대한 적정성을 평가하거나 자문하기도 한다.

그리고 외부감사인은 외부감사과정에서 경영진면담이나 시스템 개선방안 권고 등을 통해 내부통제시스템의 유효성에 대하여 중요한 피드백기능을 수행하고 있다. 이러한 외부감사인의 활동은 내부감사기능을 보완하고, 내부통제시스템의 원활한 작동을 지원하고 있다.

〈 그림 〉 내부통제 운영체제

```
                    ┌─────────────────────────┐
                    │         이사회           │
                    ├─────────────────────────┤
                    │ · 내부통제 운영의 최종 책임 │
                    │ · 지휘 및 통제            │
                    └─────────────────────────┘
          ↓↑                              ↑↓

┌─────────────────────┐         ┌─────────────────────┐
│   감사위원회/감사     │ ←→      │       경영진         │
├─────────────────────┤         ├─────────────────────┤
│ · 경영진의 내부통제 운영의 │         │ 내부통제시스템의 구축   │
│   적정성 평가        │         │ (설계), 유지 및 운영 책임 │
│ · 평가결과 및 미비점의 이사회 │         └─────────────────────┘
│   보고              │         ┌─────────────────────┐
└─────────────────────┘         │  중간관리자, 일반직원   │
┌─────────────────────┐         ├─────────────────────┤
│       검사부         │         │ · 업무부문별 내부통제 절차의 │
└─────────────────────┘         │   마련, 운영          │
                                │ · 내부통제 준수에 의한 업무수행 │
                                └─────────────────────┘
```

Ⅳ 내부통제제도의 주요 수단[257]

1. 내부통제의 일반 유형

① 권한의 적절한 배분과 제한.

② 직무 분리 및 직무 순환.

③ 회사 자산 및 각종 기록에의 접근(이용) 제한.

④ 정기 또는 불시 점검 및 테스트.

2. 내부통제의 세부 주요 수단

(1) 명확한 권한과 책임을 가진 자질 있고 정직한 인력

명확한 책임과 권한의 부여는 개인의 주의를 환기시키고 개인의 업무를 효율적

---

257) 금융감독원, 전게서, 215~216면 , 이창우, 「내부회계관리제도」, 9~10면, 김용범, 전게서, 도서출판 어울림, 2012., 184~185면, 김용범, 「내부통제제도와 감사기법」, 금융연수원, 감사업무연수교재, 2014.

으로 이루어지게 하여 문제점이 노출될 경우 경영진에 의한 적절한 시정조치를 가능토록 한다.

(2) 적절한 직무분리

(가) 영업책임과 기록유지 책임의 분리

각 영업부서가 자신의 영업활동 결과를 기록하고, 결과에 대한 보고서를 작성할 경우 나타날 수 있는 편향된 정보의 생산 가능성을 완화하기 위한 직무분리

(나) 자산 관리와 회계책임의 분리

개인적인 이득을 위해 자산을 처분하고, 회계기록을 조작하는 등의 사기행위를 막기 위한 직무 분리

(다) 거래 승인과 관련자산 관리책임의 분리

거래 승인권자가 자산에 대한 통제권을 가질 경우 발생할 수 있는 사기행위를 방지하기 위한 직무 분리

(라) 회계기능 내 직무분리

한 사람에게 거래 체결부터 총계정 원장의 전기하기까지 모든 권한을 부여함으로써 발생할 수 있는 비의도적인 오류나 부적절한 업무수행을 방지하기 위한 직무분리

(3) 적절한 승인 절차

(가) 일반승인

권한, 절차에 의해 관리자에 대한 한도 등의 포괄적 승인

예) 전결규정에 의한 직급별 전결한도, 부점별 전결한도

(나) 개별승인

예외적인 사항, 일반승인 한도 초과사항 등에 대한 건별 승인

예) 전결규정에 의한 직원 및 해당 팀. 점 전결한도 초과, 전결규정 외의 사항

(4) 적절한 서류 구비와 기록 유지

① 거래내용을 충분히 이해할 수 있도록 함과 동시에 기록은 간단 명료.

② 자료 분실을 방지하고 이용을 용이하게 하기 위해 사전에 문서의 일련번호를 부여.

③ 신뢰성 증진 및 오류 가능성을 감소시키기 위해 신속한 기록을 유지.

(5) 자산과 기록에 대한 물리적 통제

① 화재의 안전장치 및 도난방지 장치

② 재무자료 등 각종 기록 및 문서에 대한 물리적 보호 장치 등

(6) 독립적인 성과 검증

위의 통제수단들이 제대로 작동되고 있는지에 대한 주의 깊고 지속적인 점검이 행해져야 하며, 이를 수행하는 인력은 검증대상이 되는 업무와는 독립적인 위치에 있어야 한다.

검증의 수단에는 직무분리, 이중통제 등과 같이 업무프로세스에 내장된 방법과 독립적인 내부감사 또는 외부감사에 의한 방법이 있다.

Ⅴ 내부통제제도의 유효성 과 한계성[258]

1. 내부통제시스템의 유효성

내부통제는 경영진이 업무성과를 측정하고, 경영 의사결정을 수행하고, 업무프로 세스를 평가하며, 위험을 관리하는데 기여함으로써 회사가 그의 업적과 수익에 대한 목표를 효율적으로 달성하고 위험을 회피 또는 손실을 방지하는데 유용한 것이다.

그리고 내부통제는 신뢰할 수 있는 재무정보를 보증하는데 유용하고 또한 내부통제는 회사가 법규를 준수하여 그의 명성에 손상을 줄 행동이나 기타 중대한 결과를 가져올 행동을 피할 수 있다는 등의 보증을 제공하는데 유용하다.

또한 임직원의 위법부당행위(횡령, 배임 등) 또는 내부정책 및 절차의 고의적인 위반행위 뿐만 아니라 개인적인 부주의, 태만, 판단착오 또는 불분명한 지시에 의해 야기된 문제점들을 신속하게 포착함으로써 회사가 시의적절한 대응조치를 취할 수 있게 해 준다.

요약하여 내부통제는 회사가 지향하는 목적을 달성하는데 유용함과 동시에 이에 도달하는 과정 중에 숨겨진 함정과 예측 못한 불행한 사태를 피할 수 있다.

---

258) 상장회사협의회, 「내부통제의 통합체계」, 상장2002,1월호, 2002, 40~41면, 이창우, 「내부회계관리제도」,2010, 6면, 유인상, 「내부통제의 취약점 해소 방안과 감사기능의 확충」, 상장회사감사회회보 제130호, 2010. 2~3면, 김용범, 전게서, 도서출판 어울림, 2012., 186~188면,

2. 내부통제시스템의 한계성

우리가 내부통제시스템이라고 일컬을 때 시스템은 어떤 의미를 갖고 있는 것일까? 공학도의 말을 빌리면, 시스템은 일종의 확률과 같은 구조라고 설명하고 있다. 이는 어떠한 사실 혹은 사건이 일어날 수 있는 가능성을 전제하여 사건의 발생 자체를 확률적으로 최소화하려는 것이지 사건의 발생 자체를 제로로 만들기는 어렵다는 것이다.

일부이기는 하지만 불행히도 내부통제에 대하여 과대하게 그리고 비현실적으로 기대를 갖는 경우가 있다. 이들은 내부통제에 대하여 절대적인 것을 요구하기도 한다. 이들은 내부통제가 사업의 성공을 보증한다(즉 내부통제는 경영상의 기본적인 여러 목적을 달성 하도록 보증하는 것으로 때로는 적지 않게 회사의 존속을 보증한다)라고 믿고 있기도 한다.

그러나 내부통제는 본질적으로 무능한 경영자를 유능한자로 변화시킬 수는 없다. 또한 정부의 방침이나 계획 또는 경제상황의 변화 등은 경영자가 통제할 수 있는 것이 아니다. 내부통제는 회사의 성공을 보증할 수는 없고 더욱이 회사의 존속을 인증하는 것도 아니다.

"내부통제는 재무보고의 신뢰성과 법규준수를 보증할 수 있다."라는 생각도 또한 정확하다고 할 수 없다. 아무리 적절하게 설계·운영되는 내부통제시스템이라 하더라도 회사의 목적 달성에 대하여 그것이 이사회와 경영자에게 제공하는 것은 합리적인 보증인 것이다. 절대적인 보증은 아니다.

회사의 목적이 어느 정도 달성되고 있는가는 모든 내부통제시스템의 고유한 한계에 의하여 영향을 받는다. 내부통제의 한계 중에는 부주의, 피로 등으로 의사결정상의 판단이 잘못되는 경우가 있고 또한 내부통제가 단순한 오류나 오해로 일시적으로 정확히 기능하지 못하는 경우도 있다는 현실이 내포된다.

더욱이 통제절차는 사람들의 공모에 의하여 부정을 일으키는 경우도 있고 경영자는 내부통제시스템을 무시할 수도 있다. 또한 내부통제의 유효성에 제약을 주는 또 다른 요인으로 내부통제시스템을 설계하고 운용하는데 회사의 자원에는 제약이 있다는 전제하에 이루어 질 수밖에 없다. 통제절차의 효과는 통제실시에 수반되는 비용과 비교평가 되어야 한다.

따라서 내부통제는 회사가 그의 목적을 달성하기 위한 수단은 될 수 있지만 만능약은 아니다.

VI 주요 선진국의 내부통제제도[259)

1. 개 요[260)

가. COSO 보고서

내부통제란 개념의 발생지는 미국이지만 정작 미국에서도 개념을 둘러싸고 장기간 혼란이 있었다. 이후 1970~1980년대 대규모 분식결산과 회사 파산을 경험한 후 1985년 「미국공인회계사협회(AICPA)」를 포함한 5개 단체는「부정한 재무보고에 관한 전국위원회(The National Commission on Fraudulent Financial Reporting)」(위원장 명칭을 따서 "Treadway위원회" 라고 칭함)를 조직, 내부통제에 관한 다양한 개념들과 정의를 검토하여 1992년 COSO를 통해 내부통제에 관한 통일개념을 정립한 "COSO 보고서"를 발표하였다.

COSO보고서에서는 "내부통제란 업무운영의 효과성과 효율성(effectiveness and efficiency of operations), 재무정보의 신뢰성(reliability of financial reporting), 그리고 적용법률 및 규정의 준수(compliance with applicable laws and regulations)라는 세 가지 범주에서 목표를 달성하는데 대해 합리적 확신(reasonable assurance)을 제공하기 위하여 계획되고, 이사회, 경영진, 기타 구성원에 의해 실행되는 일련의 과정"라고 정의하고 있다.

또한 동 보고서에 의하면 내부통제시스템의 구성 프레임으로서 다섯 가지의 기본요소를 제시하고 있다. 즉, 통제환경, 위험사정, 통제활동, 정보와 의사소통, 모니 터링 등5가지 요소로 구성되어 있는데 이러한 구성요소는 내부통제가 지향하는 목적을 성공적으로 도달하기 위한 활동방향을 제시한 것으로 풀이할 수 있으며, 유효한 내부통제가 되기 위해서는 다섯 가지의 구성요소가 모두 존재하고 이들 요소 모두 유효하게 기능하여야 한다고 제시하였다.

이처럼 COSO보고서는 내부통제의 개념을 명확히 정의하고 내부통제시스템의 효율적 운영을 위한 체계를 제시한 점에서 큰 의미가 있다. 특히 종래의 패러다임을 전환하여 기업지배구조와 연동하여 내부통제모델을 제시하고 실무에서 이용할 수 있는 통제모델을 제시한 점에서 실무에서의 의미는 매우 크다.

---

259) 김순석, 전게서, 118~122면, 이준섭, 전게서, 51~57면, 김학원, 전게서, 126~127 및 142~150면 , 권종호, 「미국 및 일본의 내부통제제도 운영 현황과 시사점」, 상장회사 감사회 회보 제98호, 2008, 3면,, 안수현, 「내부통제와 위험관리 : 미국과 일본의 도입과정과 활용실태」, 상장회사감사회회보, 2009, 8~12면, 김용범, 전게서, 도서출판 어울림, 2012., 189~199면

260) 김용범, 전게서, 도서출판 어울림, 2012., 189~190면, 김용범, 「내부통제제도와 감사기법」, 금융연수원, 감사업무 연수교재. 2014.

나. COSO의 새로운 통제모델인 「전사적 리스크 관리(ERM)」

이후 2004년 9월 COSO는 새로운 보고서를 발표하였는데 그 보고서에는 내부통제와 위험관리와의 상관성에 기초한 통합적인 모델이 새로 제시되었다. 「전사적 리스크 관리 통합체제(Enterprise Risk Management-Integrated Framework)」라는 모델이 그것이다. 이 모델은 종전의 내부통제체제를 수정·보완한 것으로 위험관리체제와 내부통제체계를 합친 전사적 위험관리모델을 제시하고 있는 점이 특징이다.

이 보고서와 1992년 보고서와의 차이점으로는 ① 내부통제를 전사적 리스크 관리로 확대 발전, ② 효과적인 리스크 관리를 위해서는 효과적인 내부통제가 필수적임을 제시, ③ 3가지 통제목적에 '전략목표'를 추가하고 이전 '재무보고 목표'를 '보고 목표'로 수정하여 조직목표를 4가지 범주로 재정의. ④ 내부통제의 구성요소로 '목표수립'을 추가하고 리스크 관리를 위해 '리스크 사정'을 '사건의 식별', '리스크 사정', '리스크 대응'으로 세분하여 3개요소를 추가함으로써 8개의 상호 유기적인 구성요소로 확대한 것이다.

다. COSO의 2013년 「개정 내부통제의 통합구조」

COSO는 2013년 5월 기존 Framework의 적용 및 사용을 용이하게 하고, 그 동안의 제반 환경 변화를 반영하여 개정된 내부통제 Framework을 발표하였다.

개정의 주요 방향은 ① Business 및 Operation 환경 변화사항을 고려하여 제반 환경 변화에 따른 내용을 업데이트, ② Operation 및 Reporting 목적의 범위를 확대하여 Framework 적용 분야를 확장, ③ 효과적인 내부통제의 설계 및 운영을 위한 원칙을 제시함으로써 요구사항을 명확히 하였다.

개정 ICIF는 전반적인 구조를 원칙기반접근법을 적용하여 기술하고 있으며, 내부통제 구성요소별로 중요한 항목별로 나열 기술하는 대신 구성 요소별로 달성해야 하는 17가지 원칙(Principles)을 정의하고 있다. 또한 개정 ICIF는 경영진의 내부통제 시스템 설계, 구축 및 운영을 지원하기 위하여 각 원칙별로 해당 원칙의 중요한 특성을 반영하는 Points of Focus를 제시 하였다. Points of Focus는 원칙과 달리 절대적인 기준은 아니며, 경영진의 판단에 따라 조정이 가능 하도록 하였다.

그리고 보충자료를 통하여 재무보고 목적을 달성하기 위하여 내부통제 구성요소별로 정의된 원칙 및 Point of Focus 들이 실무적으로 어떻게 적용될 수 있는지 접근방법 및 예시를 통하여 설명하고 있다. 개정 ICIF는 각 접근방법별로 상세 접근방법을 제공하여 구체적인 guide를 제공하고 있다.

개정 ICIF 주요 내용은 아래와 같다.

개정 ICIF 주요 내용

① 내부통제의 정의.
② 목적의 범주.
③ 내부통제 구성요소(Components) 및 원칙(Principles), Points of Focus.
④ 효과적인 내부통제를 위한 조건.
⑤ 내부통제의 역할과 책임.
⑥ 소규모회사에 대한 고려사항 등.

2. 미국[261]

가. 발전 과정

(1) 초기의 내부통제

1936년 「미국회계사협회(AIA)」가 처음으로 감사절차서에서 "내부통제는 회계기록의 정확성과 자산을 보전하기 위한 수단 또는 방법"라고 정의 및 내부통제 평가를 요구하였다.

1948년 「감사기준」이 설정되었고, 그 실시기준에서는 "감사인은 감사범위를 결정 하기 위한 기초로서 내부통제를 적절하게 조사하고 평가하여야한다"라고 규정하였다.

1949년 「내부통제 특별보고서」에서 "내부통제는 자산을 보전하고 회계자료의 정확성과 신뢰성을 확인하며, 경영능률의 증진과 경영방침 준수의 촉진을 위해 기업이 채택하는 조직, 계획 및 조정을 위한 모든 방법과 수단"으로 규정하였다.

(2) 중기의 내부통제

1973년 Equity funding의 大詐欺 事件을 계기로 의회 및 연방정부는 기업회계 및 외부감사에 적극 개입할 것을 주장하면서 1974년 AICPA에 「감사인의 책임에 관한 위원회」설치하였다.

「감사인 책임에 관한 위원회」는 경영자가 회계통제에 관해 평가하고, 그 평가를 주주에 대한 연차보고서에 게재 의무와 외부 감사인은 경영자의 기술에 대한 동의여부를 명확히 할 것을 제안하였다.

또한 1973년 워터게이트 사건의 조사과정에서 기업의 부패가 명백해 져서 경영자가 규탄 받음과 동시에 감사인에 대한 비판이 증가하였다. 따라서 1977년 「해

---

261) 안수현, 전게연재서, 8~12면 참조 및 인용, 김용범, 전게서, 도서출판 어울림, 2012., 189~193면

외 부정 지불 방지법」을 제정하였다. 동 법은 공개회사의 경영자에 대하여 회계시스템을 중심 으로 하는 내부통제를 구축할 책임을 처음으로 부과하였다.

(3) 근대의 내부통제

1980년부터 1985년 후반에 걸쳐 줄 이은 은행들의 도산과 회계사 상대 소송 등의 위기상황을 타개하기 위해 AICPA에 「부정 재무보고에 관한 전국위원회」를 설치하였다.

「부정재무보고에 관한 전국위원회」는 1987년 부정 재무보고의 방지 및 조기 적발을 위하여 공개회사의 경영자에 대하여는 ① 종합적인 통제환경 확립, ② 내부회계 통제나 내부감사기능 확립, ③ 내부통제의 유효성에 관한 경영자의 의견등을 기재하는 경영자보고서를 주주에 대한 연차보고서에 포함토록 하였다.

그리고 외부 감사인에 대하여 동 위원회는 ① 감사인의 책임을 감사기준에 명확하게 명시, ② 감사인은 회사의 통제환경을 평가, ③ 내부통제시스템을 평가한 결과를 보고할 것을 권고하였다.

아울러 1988년 부정적발에 대한 감사인의 적극적인 책임 부과와 부정 재무 보고에 대한 경영자와 감사인의 양자에게 책임을 부과하는 「감사기준서 SAS NO. 53 과 SAS NO. 55」를 발표하였는데, 이것은 「내부통제의 신뢰성의 평가」로부터 「내부통제 리스크의 평가」로의 대 전환을 의미한다.

또한 저축금융기관의 줄도산과 회계사 소송 등을 타개하기 위하여 자산 1억 5천만 달러 이상 은행과 저축금융기관에 적용되는 「연방예금보험공사개혁법」을 1991년 제정 하여 1993년 1월부터 적용하였다.

「연방예금보험공사개혁법」의 주요 내용

① 재무보고에 필요한 내부통제체제를 구축 및 유지할 것.
② 특정의 안정성과 건전성 부문의 법규준수에 대한 경영자의 책임을 명시하는 성명서.
③ 내부통제의 유효성과 법규의 준수에 관한 경영자의 평가를 경영보고서에 포함할 것.
④ 감사인에게 그 유효성과 준수성에 관하여 평가하고 증명하는 「내부통제감사」 요구.

나. 현재의 내부통제

(1) Sarbanes-Oxley Act

2000년대 들어 엔론, 월드컴 등 미국의 자존심인 유력 주식회사들이 분식결산으로 연쇄파산을 함에 따라 추락한 미국기업의 신뢰성 회복을 위한 제도 정비차원에서 2002년 Sarbanes-Oxley법(이하"SOX법"이라 한다)이 제정되었다.

이 법은 미국회사의 지배구조에 심각한 문제가 있다고 보고 상장기업들에 대해 다음과 같이 「증권거래위원회(SEC)」에 등록서류의 제출 시 내부통제의 유효성에 관한 인증 및 재무보고의 신뢰성을 확보하기 위한 내부통제 보고서를 작성·제출할 것을 의무화하였다.

① 최고경영자·재무책임자 인증제도

SOX법은 최고경영자와 재무책임자에게 두 가지 인증을 요구하고 있다. 우선, 「동법」제906조의 인증으로 ㅁ 법상 요구되는 보고서가 1934년 「증권거래법」에 완전히 일치 된다는 사실과 ㅁ 기재 내용이 재무상태 및 경영성과를 중요성의 관점에서 적정하게 표시하고 있다는 사실을 인증하도록 하고 있다. 허위임을 알면서 인증한 경우 100만 달러 이하의 벌금 내지 10년 이하의 징역이, 고의로 허위 인증한 경우에는 500만 달러 이하의 벌금내지 20년 이하의 징역에 처한다.

두 번째의 인증은 「동법」제302조에 근거한 것으로 사업·분기 보고서 제출기업의 최고경영자와 재무책임자의 경우, 동 보고서 제출 시에 다음 사항을 기재토록 하였다.

사업·분기보고서 제출 시 기재사항

ㅁ 당해 보고서를 검토하였다는 사실.
ㅁ 제출된 보고서 또는 재무제표의 중요한 사실의 표시 누락이 없다는 사실.
ㅁ 재무제표 및 보고서에 포함된 재무정보와 경영성과를 중요성의 관점에서 적정하게 표시하고 있다는 사실.
ㅁ 서명하는 자가 공시통제 및 절차를 확립하고 유지하는 데 책임을 지고 있다는 사실, 중요한 정보가 인증한 자에게 확실히 보고되도록 공시통제 및 절차를 설계하였으며, 보고서 제출일로부터 소급하여 90일 이내에 공시통제 및 절차의 실효성을 평가하였 다는 사실 및 그 평가에 근거한 결론을 보고서에 표시.
ㅁ 감사인과 감사위원회에 내부통제 상의 중대한 결함과 경영진 또는 내부통제에 중요한 역할을 담당하는 종업원이 개입된 모든 사기사건이 보고되었다는 사실.
ㅁ 내부통제 상 중요한 결함이나 약점에 대한 시정 등 평가일 이후 내부통제에 중대한 영향을 줄 수 있는 요인이 있었는지 여부와 있다면 그러한 요인의 유형과 중요도 등.

② 경영진의 재무보고에 관한 내부통제보고서 작성·제출

한편, 「동법」제404조에서는 재무보고에 관한 내부통제에 대한 경영진의 검토 보고서를 사업보고서에 포함하도록 의무화하였다. 이에 따라 내부통제보고서에는 □ 재무보고를 위한 적절한 내부통제구조와 절차를 설계 및 유지하는데 대한 경영진의 책임, □ 최근 회계연도 말 현재 재무보고를 위한 내부통제구조와 절차의 유효성에 대한 사정(assessment)을 기재하여야 한다.

아울러 「동법」제406조와 제407조에 의해 내부통제, 윤리규정, 재무정보 작성과 관련하여 재무전문가의 참여가 있는지 여부를 공시하여야 하며, 재무책임자에게는 SEC가 정한 윤리규정을 준수할 의무가 부과되며, 발행인이 윤리절차를 변경·포기한 경우 이러한 사실을 즉각 공시하도록 하였다. 또한 발행인은 재무책임자의 윤리규정의 존재 여부 및 감사위원회에게 재무전문가를 포함하고 있는지 여부도 공시하여야 한다.

③ 회계법인의 평가·보증 및 보고

「동법」제404조 (b)항에서는 회계법인, 즉 외부감사인이 회사의 경영진에 의해 행해진 내부통제평가를 보증(attestation)·보고 하도록 하는 의무를 부과하였다. 즉, 경영진은 사업보고서에 내부통제보고서를 포함하여야 하며 회계법인은 경영진이 제출한 내부통제보고서를 심사·보고하여야 한다.(「동법」동조 (b)항).

이에 따라 제103조에서는 회계법인의 의무를 규정하고 있는데, 회계법인은 모든 감사보고서에 제404조 (b)항에 의한 발행인의 내부통제 구조와 절차에 대한 감사인의 테스트의 범위를 설명하고 감사보고서(내지 별도 보고서)에 감사인이 테스트에서 발견한 사항, 발행인의 내부통제구조와 절차에 대한 평가, 내부통제의 중대한 취약점 및 테스트 결과 중대한 해태로 판단되는 사항을 포함하여 보고서를 작성하지 않으면 안 된다.

(2) 미국의 「모범회사법(Model Business Corporation Act, MBCA」

「모범회사법」은 공개회사의 이사회에 내부통제제도의 효과성에 대한 감독 책임이 있음을 명문화하였다.(「모범회사법」제8조 제1항).

(3) 미국의 「증권거래위원회(SEC)」의 「경영자 평가 가이드라인」

2007년 6월 SEC는 기업의 부담완화를 위하여 제404조에 의한 '재무보고와 관련한 「경영자평가 가이드라인」을 발표하였다. 그 내용은 평가 시 각 단계별로 경영자가 고려해야할 사항들을 열거하여 기재하도록 하였다.[262)]

「경영자 평가 가이드라인」의 주요 내용

■ 평가 절차 :
① 재무보고 위험과 통제 식별.
② 재무보고목적 내부통제의 유효성 평가의 증거 검토 등.

■ 보고 절차 :
① 문제점의 검토.
② 경영자 및 외부감사인에 의한 재무보고목적 내부통제결과의 의견표명.
③ 중요한 흠결의 개시.
④ 재무보고의 지난연도 수정사항이 경영자의 내부통제보고서에 미치는 영향.
⑤ 재무보고 목적 내부통제의 일부분을 평가하지 않은 경우 등.

(4) 미국의 「공개회사회계감시위원회(PCAOB)」의 「감사기준」

「공개회사회계감시위원회(Public Company Accounting Oversight Board)」(이하 "PCAOB"라 한다)는 재무보고에 관한 내부통제의 경영자에 의한 유효성 평가 시 감사인의 의견표명의 기준이 되는 PCAOB 감사기준 AS2을 개정하여 AS 5[263)를 새로 제정하였다.

감사기준의 주요 내용

① 내부통제 감사를 실시 할 것.
② 소기의 이점을 얻기 위하여 불필요한 절차를 배제 할 것.
③ 회사의 규모와 복잡성에 상응하여 감사의 규모를 조정하는 것에 대해 명시적이고 실제적인 지침을 제공 할 것.
④ 기준을 간소화 할 것 등.

(5) 「미국법률가협회(ALI)」의 「기업지배구조의 원칙」

「미국법률가협회(ALI)」의「기업지배구조의 원칙」에 의하면 모든 대규모 공개 회사는 감사위원회를 설치, 회사의 재무제표 작성하는 과정, 그 내부통제와 외부 감사인의 독립성을 정기적으로 심사토록 하여 이사회 감독기능을 보충 및 보좌 토록 하였다.

---

262) 안수현, 전게연재서, 10면,
263) AS5는 2007년 11월 15일 이후 종료되는 사업연도부터 모든 회사에 적용되며 주요 내용은 다음과 같다. 즉, ① 내부통제의 감사를 실시 할 것, ② 소기의 이점을 얻기 위하여 불필요한 절차를 배제 할 것, ③ 회사의 규모와 복잡성에 상응하여 감사의 규모를 조정하는 것에 대해 명시적이고 실제적인 지침을 제공 할 것, ④ 기준을 간소화할 것 등이 그것이다. PCAOB 홈페이지 참조

나. 활용 실태

「SOX법」에 따라 경영자들은 내부통제시스템을 구축하고 통제활동을 하며, 평가 과정 중에 발견한 중대한 결함들에 대해 적절히 대응·보고하여야 하며, 아울러 이러한 모든 노력들은 문서로서 기록되어야 한다.

이 과정에서 내부통제시스템을 구축하고 그의 유효성을 평가하는 데 있어 사용되는 방법은 여러 가지가 있을 수 있으나 중요한 것은 내부통제시스템의 구축 의무와 그 유효성 평가 의무는 법상 경영자에게 요구되는 책임과 의무라는 것이다.[264]

최근 들어 「SOX법」에 대한 긍정적인 효과들이 연이어 발표되고 있는 점은 특히 주목할 만하다. 더욱이 제404조의 경영자의 내부통제보고서가 다른 법률의 준수 시에 큰 도움이 된다는 평가도 있으며,[265] 많은 국가들이 미국과 유사한 내용으로 입법 한 바 있다.[266] 이는 경영자의 내부통제보고서의 효과가 긍정적임을 반증하고 있다.

한편, 시장의 반응도 우호적인 편인데, 예컨대 분식결산으로 하락했던 주가지수는 동법 제정 후 극적으로 반등하여 회복세를 보였고[267] 회사지배구조[268]와 시장 유동성[269]의 개선 및 재무보고의 신뢰성도 높아졌다는 평가가 있다.[270] 실무에서는 회사 대표자들이 제302조에 의한 인증을 하기 보다는 대표자의 지위를 사임하는 모습도 나타났다.[271]

264) 안수현, 전게연재서, 10면
265) 안수현, 전게연재서, 10면, Robert Prentice, 「Sarbanes-Oxley : The Evidence Regarding the Impact of SOX 404」, 2007, 703p 및 757p
266) 강제규정화한 나라로는 일본, 프랑스, 캐나다 등을 들 수 있으며, comply or explain 방식으로 도입한 국가로는 영국, 오스트레일리아, 홍콩 등을 들 수 있다. 안수현, 전게연재서, 10면
267) 안수현, 전게연재서, 10면, Floyd Norris,「Board Proposes Lighter Auditing of Internal Controls」, N.Y. Times, Dec. 20. 2006, at C1 참조
268) 안수현, 전게연재서, 10면, Thomas Healey & Robert Steel, 「Sarbanes -Oxley Has Let Fresh Air Into Boardooms」, Fin. Times(London), July 20, 2005, at17
269) 안수현, 전게연재서, 10면, Pankaj K. Jain, Jang-Chul Kim, & Zabihollah Rezaee, 「The Effect of The Sarbanes-Oxley Act of 2002」, 2006, 14th Annual Conference on Financial Economics and Accounting
270) 안수현, 전게연재서, 10면, Gus De Franco et atl., 「The Weath Change and Redistribution Effects of Sarbanes-Oxley Internal Control Disclosures 6」, Apr. 2005
271) 안수현, 전게연재서, 10면, Statement of Rep. Michael Oxley, 「Sarbanes-Oxley at Four : Protecting Investors and Strengthening Markets」, Hearing Befor the H. Comm. on Fin. Servs., 109th Cong. 2, 2006

3. 일본272)

가. 발전 과정

(1) 「상법특례법」상의 내부통제기준

일본에서 내부통제제도에 관해 사회적으로 관심을 갖게 된 결정적인 계기는 유명한 大和銀行 사건이다. 동 사건에서 오사카 지방법원은 2000년 9월 선관주의의무 위반을 이유로 이사, 감사 등 총11명에 대해 7억 7천 5백만 달러의 손해 배상책임을 인정하면서 내부통제시스템의 구축은 경영자의 선관주의의무라는 것을 분명히 하였다.273) 이 판결에 이어 2002년도에 선고된 일련의 판결들이 시발점이되었는데, 이들 판결에서는 내부통제가 단순히 회계차원의 문제가 아닌 경영전반의 문제임을 확인하였다.274)

내부통제 관련 판결이 잇따르면서 내부통제제도는 법률로서 강제되게 되는데, 일본에서 최초로 내부통제시스템이 도입된 것은 위원회설치회사가 도입된 2002년「상법」개정을 통해서이다. 위원회설치회사의 경우 감사에 갈음하여 감사위원회를 도입하여야 하는데, 감사위원회의 경우 회사의 업무나 재산상태 등에 대해 직접조사하는 감사와 달리 이사회에서 구축한 내부통제시스템이 제대로 구성되고 운영되는지를 감사하도록 하였다.275) 이에 따라 위원회 설치회사의 경우 이사회의 의무사항 중 하나가 내부통제시스템의 구축이었다.

2002년 「상법특례법」상 '위원회설치회사'가 신설되었으며, "감사위원회의 직무수행을 위하여 필요한 것으로 법무성령이 정한 사항"을 '위원회설치회사' 이사회의 전결사항으로 정하였다.(「상법특례법」제21조의 7).

구체적으로 이사회가 결의해야 할 사항은 다음과 같다(「상법시행규칙」제193조).

<u>이사회가 구체적으로 결의 할 사항</u>

□ 감사위원회의 직무를 보좌해야 할 사용인에 관한 사항.
□ 그 사용인의 집행임원으로부터의 독립성 확보에 관한 사항.
□ 집행임원 및 사용인이 감사위원회에 보고해야 할 사항과 기타 감사위원회
 에 대한 보고에 관한 사항.
□ 손실의 위험관리에 관한 규정 기타 체제에 관한 사항.
□ 집행임원의 직무집행이 법령 및 정관에 적합하고 효율적으로 행하여질 것

---

272) 김학원, 전게서, 142~149면 참조 및 인용, 안수현, 전게연재서, 11~12면, 김순석, 「우리나라 감사제
 도의 운영실태 조사와 비교. 평가」, 한국상장회사협의회, 2009, 121~122면,, 권종호, 전게연재서, 3
 면, 김용범, 전게서, 도서출판 어울림, 2012., 193~199면, 김용범,
273) 권종호, 전게연재서, 3면
274) 안수현, 전게연재서, 11면
275) 김학원, 전게서, 144면, 江頭憲治郎, 「株式會社法」, 有斐閣, 2006, 513면

을 확보하기 위한 체제에 관한 기타의 사항 등.

법문에서는 명시적으로 내부통제라는 용어를 사용하고 있지는 않지만 입법 당시부터 업무집행이 법령 및 정관에 적합하고 또한 효율적으로 행하여지고 있는 것을 감시하는 회사의 내부체제를 내부통제시스템으로 인식하고 있다.[276] 아울러 '위원회설치회사'의 이사는 그 사업의 규모, 특성 등에 따른 내부통제시스템을 구축·운용할 의무를 가지고 있으며, 이러한 의무는 이사로서의 선관주의의무의 일부분을 구성하는 것이 일반적인 견해이다.[277]

(2) 신「회사법」상의 내부통제시스템

2005년 제정된 「회사법」은 일정 규모 이상의 회사에 대하여 내부통제시스템을 의무화하였다. 종전의 경우 '위원회설치회사'에 대해서만 내부통제시스템을 요구하였던 것에 비해 그 범위를 확대한 것이다. 일본에 있어 본래적 의미의 내부 통제시스템으로 의미를 가지고 있는 것은 신「회사법」상 내부통제시스템이라고 할 수 있다.

「회사법」은 대회사에 대해 이사의 직무집행이 법령 및 정관에 적합할 것을 확보하기 위한 체제와 업무의 적정성을 확보하기 위하여 필요한 것으로서 법무성령에서 정하는 체제를 구축할 것을 의무화하였다.(「회사법」제348조 제4항, 제362조 제5항, 제416조 제2항).

법무성령에서는 법규준수체제, 리스크관리체제, 정보보전관리체제 등(「회사법 시행 규칙」제100조) 내부통제에 해당하는 모든 요소에 관하여 규정하고 있다. 「회사법」상 내부통제체제의 구축에는 이사회의 결의가 요구되며, 주식회사의 규모, 사업의 특성에 따라 개별적으로 구축하여야 한다. 이하 내부통제시스템의 구체적인 내용을 살펴보기로 한다.

① 내부통제시스템의 기본구조

「회사법」은 "주식회사의 업무의 적정성을 확보하기 위하여 필요한 체제"의 정비에 관한 사항의 결정을 이사회의 전결사항으로 하고 있다.(「회사법」제362조 제2항 제6호). 따라서 자본금 5억 엔 이상 또는 부채가 200억 엔 이상인 모든 대회사의 경우 이사회에서 내부통제시스템에 대한 결정을 하도록 하고 있다. 「회사법」의 경우도 내부통제시스템이라는 용어를 명확히 사용하고 있지는 않지만 위의 규

---

276) 김학원, 전게서, 144면, 山田降夫, "企業の內部統制 システムの構築とリスクマネシメント", 「最新倒産法. 會社法 をぬぐろ實務上の諸問題」, 민사법연구회, 2005, 782~783
277) 김학원, 전게서, 144면, 江頭憲治郎,, 전게서, 405면

정을 내부통제시스템으로 이해하는 것에 대해 이견은 없다.[278]

회사의 내부통제시스템에 대한 구체적인 내용은 회사의 기본구조에 따라 다르다. 구체적으로 「회사법」은 회사를 ㅁ 이사회 비설치회사, ㅁ 이사회 설치회사, ㅁ 위원회 설치회사로 구분하여 각각의 경우 갖추어야 할 내부통제시스템에 차이를 두고 있다.[279]

② 내부통제시스템의 구체적인 내용

일본의 경우 가장 일반적인 회사의 형태는 이사회와 감사회설치회사라고 하며, 이에 따라 일본에서 구체적인 내부통제시스템의 내용을 이야기할 때에는 이사회 및 감사회설치 회사를 기준으로 이야기하고 있다. 「회사법시행규칙」은 이사회 + 감사회설치회사의 내부통제시스템에 대해 총 10가지의 내용을 정하고 있으며, 구체적인 내용은 아래와 같다.[280]

ㅁ 법규준수체제

첫 번째로 "이사 및 사용인의 직무집행이 법령 및 정관에 적합하도록 하기 위한 체제"를 구축할 것을 요구하고 있는데, 이는 해당 회사에 있어서 예상되는 전형적인 법규위반 행위의 감시 · 예방체제(법규준수매뉴얼의 작성 및 사용인간의 감독체제) 및 법규위반행위가 생기는 경우의 대처방법, 대처기관에 관한 사항 등에 대한 내용이 정해져야 한다.

ㅁ 정보보전관리체제

두 번째로 "이사의 직무집행[281]에 관한 정보의 보존 및 관리에 관한 체제"를 갖추도록 하고 있는데, 이는 이사의 직무집행에 관한 이사회 회의록 등 업무집행에 관한 중요한 서류, 규정류, 중요한 기록 등 정보의 보존 · 보관에 관한 책임부서, 책임자를 정하는 것과 함께, 문서관리규정 등의 규정을 제정하는 것을 정하는 것이라 할 수 있다.

ㅁ 리스크 관리체제

"손실위험의 관리에 관한 규정 등의 체제"란 리스크 관리 체제를 말하며, 이는리스크 관리부서의 설치를 비롯하여 리스크의 분석 · 사정 · 대응 · 모니 터링의 방법 등을 정하는 리스크관리규정을 마련하는 것, 리스크관리

---

278) 김학원, 전게서, 146면, 長谷川俊明, 「新會社法が求ぬろ內部統制とそ開示」, 중앙경제사, 2005, 10면
279) 김학원, 전게서, 146면, 鈴木克昌, 「會社法, 金商法下の內部統制 と 開示」, 상사법무, 2007, 32면
280) 김학원, 전게서, 147면~149면, 鈴木克昌, 전게서, 33~37면
281) "이사의 직무"에는 대표이사업무담당임원으로서의 직무에 더하여 감사기관으로서의 직무도 포함하며, 또한 이사가 사용인을 통해 업무집행을 행하는 경우는 사용인의 행위에 관한 정보의 보전 및 관리에 관한 사항도 포함하는 것으로 이해된다. 相澤哲 外 「株主總會以外の機關」, 상사법무 제1761호, 14면, 김학원, 전게서, 147면,

상황을 감시하는 모니터링 부서의 설치, 리스크가 현실화되는 경우에 대응방안 등을 결정하는 것을 의미한다.

□ **효율적 직무집행체제**

"이사의 직무집행이 효율적으로 행해지도록 하기 위한 체제"에는 중요사항에 대한 경영회의 설치 및 집행임원제도 도입에 의한 권한 위임, 업적목표의 설정, 사업부문제. 컴퍼니제의 도입 등에 대하여 결정하는 것을 포함한다.

□ **그룹내 내부통제**

"해당 주식회사와 함께 그 모회사 및 자회사로 구성된 기업집단에 있어서 업무의 적정성을 확보하기 위한 체제"란 소위 '그룹 내 내부통제'를 의미하는 것으로, 모회사에 있어서는 자회사의 업무의 적정성을 확보하기 위한 의결권 행사의 방침, 자회사와의 협력 체제, 자회사를 총괄하는 부서 설치 등 자회사의 감시체제에 관한 사항 등이며, 자회사에 있어서는 거래 강요 등 모회사에 의한 부당한 압력 등의 예방·대처방법, 모회사의 결산서류 또는 연결 결산서류 분식에 이용될 리스크에 대한 대응 등에 대해서 결정하여야 한다.

□ **감사스텝에 관한 사항**

"감사가 그 직무를 보조할 사용인을 두는 것을 요구하는 경우에 있어서는 해당 사용인에 관한 사항"으로서는 감사가 보조사용인을 구하는 경우에는 보조 사용인을 둘 것인가,[282] 그 보조 사용인은 전속으로 할 것인가 아니면 다른 부서와 겸무하도록 할 것인가 등에 대해서 결정하여야 한다.

□ **감사스텝의 독립성에 관한 사항**

"보조사용인의 이사로부터의 독립성에 관한 사항"에 대해서는, 감사스텝의 채용 및 인사이동에 대해서 감사회의의 동의의 여부, 이사의 감사스텝에 대한 지휘명령권 유무, 감사스텝의 인사평가에 대한 감사의 의견진술, 보조사용인의 징계에 대한 감사회의 관여. 이의 신청권을 인정할 것인가에 대하여 결정해야 한다.

---

282) "감사가 그 직무를 보조할 사용인을 두는 것을 요구하는 경우"라고 한정하는 것은 감사스텝을 설치할 것인가 설치하지 않을 것인가는 일차적으로 감사의 판단에 달려있기 때문이다. 감사가 감사스텝이 불필요하다고 판단하고 있음에도 이사가 감사스텝을 두어야 한다고 판단하는 경우에는 감사의 독립성의 관점에서 볼때 부적절하므로, 감사가 감사스텝을 둘 것을 요구하지 않은 결과 충분한 감사가 이루어지지 않은 경우에 대한 책임은 원칙적으로 감사가 부담한다. 한편, 감사가 감사스텝을 요구하였음에도 이사가 감사스텝을 두지 않아 충분한 감사가 이루어지지 않은 경우에 대한 책임은 원칙적으로 이사가 부담한다. 김학원, 전게서, 149면

이와 같이 충분한 내부통제체제를 구축하였더라도 제대로 기능하지 않으면 이사는 선관주의의무에 위반될 우려가 있다. 따라서 변화하는 회사환경에 따라 내부통제체제를 지속적으로 개선해 나아가야 할 필요성이 제기된다.

(3) 「금융상품거래법」상 내부통제시스템[283]

2006년 발효된 「금융상품거래법」에 따라 상장회사는 2008년 개시하는 사업 연도부터 내부통제의 평가·감사제도가 적용되며, 사업보고서의 적정성 공시에 관한 경영자의 확인 의무 및 사업보고서의 허위기재에 대한 벌칙강화조항이 적용된다. 이에 의해 사업 보고서 기재 내용에 관한 확인서의 제출이 의무화되었다. 종래에도 사업보고서 등의 기재 내용의 적정성에 관한 확인서를 첨부서류로 요구했으나 임의제도로서 실효성이 문제되었다.

따라서 사업보고서제출회사 중 금융상품거래소에 상장된 유가증권의 발행자인 회사, 기타 성령에서 정한 회사는 사업보고서의 기재 내용이 「금융상품거래법」에 기초하여 적정하다는 것을 확인한 취지를 기재한 확인서를 사업보고서와 함께 내각총리대신에게 제출하여야 한다.

한편, 사업보고서의 기재내용의 적정성에 관한 확인서에는 내부통제시스템 기능 여부에 대한 확인도 요구되지만, 이와 별도로 내부통제시스템의 강화를 위하여 특히, 재무계산에 관한 서류 기타 정보의 적정성을 확보하기 위한 체제의 평가제도가 새로 도입되었다.

즉, 사업보고서제출회사 중 금융상품거래소에 상장하고 있는 유가증권의 발행자인 회사 기타 성령에서 정하는 회사의 경우 사업연도별로 그 회사에 속하는 기업집단 및 회사에 관한 재무계산에 관한 서류 기타 정보의 적정성을 확보하기 위하여 필요한 체제의유효성에 관해 평가한 보고서(이른바 '내부통제보고서')를 사업보고서와 함께 내각총리대신에게 제출하여야 한다.(「동법」제24조의 4).

아울러 내부통제보고서는 공인회계사 내지 감사법인의 감사증명을 받아야 하며 이외에 외부 회계사가 충분히 체크할 수 있도록 각각의 업무상의 절차 등을 문서로 남길 것이 의무화되었다. 이후 금융청은 동년 10월 2일 "재무계산에 관한 서류 기타 정보의 적정성 확보를 위한 체제에 관한 내각부령의 취급에 관한 유의사항에 관하여 (내각부령 「가이드 라인」)"을 공표하였다.

---

283) 안수현, 전게연재서, 11~12면 참조 및 인용

(4) 「회사법」과 「금융상품거래법」상의 내부통제제도의 차이점[284]

「회사법」과 「금융상품거래법」상의 내부통제제도는 전혀 별개의 법제도이며, 내용면에서 상당한 차이가 있다.

① 우선 「회사법」상 내부통제제도는 업무의 적정성 확보를 목적으로 하는 반면 「금융 상품거래법」의 경우 재무정보의 적정성을 확보하기 위한 것이다.

② 내부통제의 대상이 되는 업무범위의 경우 「회사법」에서는 회사업무의 전반에 해당 되지만, 「금융상품거래법」에서는 재무보고에 관한 업무에 한한다.

③ 작업 내용과 수준에 관하여 「회사법」에는 특별한 규정이 없지만, 「금융상품 거래법」에서는 실시기준에 의해 작업 내용과 수준이 정해지고 있다.

④ 내부통제제도의 구축의무에 대한 이사의 책임에 관해 「회사법」의 경우 이 의무를 이행하지 않더라도 사고가 발생하지 않는한 책임을 부담하지 않지만, 「금융상품 거래법」의 경우 이 의무를 태만하게 하거나 평가보고서를 제출 하지 아니한 경우 벌칙이 부과된다.

(5) 유관 기관 및 협회의 내부통제시스템[285]

내부통제보고제도의 본격적인 실시를 앞두고 기업회계심의회는 2007년 1월 15일부로 "재무보고에 관련된 내부통제의 평가 및 감사기준" 및 "재무보고에 관련된 내부통제의 평가 및 감사에 관한 실시기준"을 제정하여 2008년 4월 1일부터 개시 되는 사업연도부터 적용 하기로 하였다.

감사협회도 내부통제에 관한 감사의 구체적인 방법에 관해 2007년 4월 5일 "내부 통제시스템에 관한 감사 실시 기준"을 공표하였다. 이 기준은 기존의 감사 기준의 위임을 받아 제정된 형태를 취하고 있는데, 향후 내부통제시스템의 구축. 운영에 관해 감사를 실시하는데 있어서 하나의 지침이 될 전망이다.

나. 도입 실태

일본 감사협회가 2007년 7월에 실시한 '감사 및 감사위원회제도의 운용실태조사 결과보고서'에 의하면 「회사법」 시행 이후 최초 내부통제시스템 구축에 관한 이사회 결의를 한 회사가 약 31.4%이며, 개정 항목으로 가장 많이 차지한 것이 손실위험관리에 관한 규정 기타 체제(60.5%)로 나타났다.

이러한 결과는 내부통제시스템 구축과 위험관리가 일본회사에서는 이사회 결정사항 중 중요한 경영정책사항 중의 하나로 인식하기 시작하였음을 보여주고 있다.

---

284) 김순석, 전게서, 122면 참조 및 인용
285) 김순석, 전게서, 122면, 권종호, 전게연재서, 3면, 정대, 전게연재서, 138면 이하

Ⅶ 우리나라의 내부통제제도[286)

COSO보고서에서는 "내부통제란 ① 업무운영의 효과성 과 효율성, ② 재무정보의 신뢰성, 그리고 ③ 적용법률 및 규정의 준수라는 3가지 범주에서 목표를 달성하는데 대해 합리적인 확신을 제공하기 위하여 기획되고, 이사회, 경영진, 기타 구성원에 의해 실행되는 일련의 과정"이라고 정의하고 있다.

우리나라에서는 내부통제에 관하여 「상법」상 구체적인 명문규정은 없다. 다만 내부통제 목표 중 ②번 항목인 "재무보고의 신뢰성" 부문에 대해서는 「외감법」상 "내부 회계 관리제도"를 도입하고 있으며, ③번 항목인 "적용법률 및 규정의 준수" 부문에 대해서는 금융관련법상 "준법감시인제도"와 「상법」의 상장회사에 대한 특례규정에 의한 "준법 지원인제도"를 도입하여 개별적으로 운영되고 있는 실정 이다. 한마디로 말해서 내부통제제도가 체계 없이 임시방편으로 그때그때 필요에 따라 도입되었다.

1. 「상법」일반 규정 및 판례

우리 「상법」상 내부통제에 관한 일반적인 명문규정은 없다.

다만, 대법원은 2008년 "고도로 분업화되고 전문화된 대규모의 회사에 공동대표 이사 및 업무담당이사들이 내부적인 사무분장에 따라 각자의 전문분야를 전담하여 처리하는 것이 불가피한 경우라 할지라도 그러한 사정만으로 다른 이사들의 업무집행에 관한 감시업무를 면할 수 없고, 그러한 경우 무엇보다 합리적인 정보 및 보고 시스템과 내부통제시스템을 구축하고 그것이 제대로 작동하도록 배려할 의무가 이사회를 구성하는 개개의 이사들에게 주어진다."(대법원 2008.9.11. 2006다68636 판결)"라고 판시 하고 있다.

그리고 대법원은 동 판결에서 "이사가 내부통제시스템을 이용한 회사 운영의 감시·감독을 의도적으로 외면한 경우에는 다른 이사의 위법하거나 부적절한 업무집행을 구체적으로 알지 못하였다는 이유만으로 책임을 면할 수 없다."(대법원 2008.9.11. 2006다68636 판결)"라고 판시하고 있다. 따라서 이사가 내부통제시스템의 구축을 소홀히 한 경우에는 주의의무를 소홀히 한 것으로 볼 수 있다.(대법원 2007.10.11. 2006다33333 판결).

---

286) 김순석, 전게서, 123~129면 참조 및 일부 인용, 이준섭, 전게서, 74면, 김용범, 전게서, 도서출판 어울림,2012., 199~212면, 김용범, 「내부통제제도와 감사기법」, 금융연수원 감사업무 연수교재, 2014.

또한 내부통제제도는 단순한 준법행위 교육이나 감시시스템이 아닌 「전사적 리스크 관리체제」로 정립되어가고 있는데, 이는 경영진 간의 감시·감독활동과 불가분의 관계에 있게 된다. 따라서 회사는 상기 대법원 판례의 준수는 물론 전사적 리스관리 차원에서도 회사의 내부통제시스템의 구축·운영은 불가피한 사항이라 할 수 있다.

그러나, 현재와 같이 「상법」상 명확한 근거 조문도 없이 추상적인 주의의무 개념만을 기초로 하여 내부통제제도의 구축을 촉진하고 경영자의 의식을 제고하며 법원의 적극적인 판결을 유도한다는 것은, 내부통제의 개념상 혼동이 정리되지 못하고 회사들의 자율적인 내부통제 제도의 구축을 기대하기도 어렵다는 점을 감안할 때 현실성이 떨어진다.[287]

이처럼 내부통제제도의 구축·운영이 이사의 의무라는 해석에서 벗어나 이제는 「금융회사 지배구조법」등 금융관련법에서 와 같이 내부통제제도를 「상법」상 명문으로 도입할 필요가 있다고 본다.[288]

2. 「외감법」상 내부회계관리제도[289]

우리나라는 내부통제 목적 중 재무정보의 신뢰성 부문과 관련하여 내부회계관리 제도가 2001년 「기업구조조정촉진법」(이하 「기촉법」이라 한다)에서 도입되었다가, 2003년 11월 「외감법」의 개정을 통해 「외감법」으로 이전 하였다.(「외감법」제2조의2).

내부회계관리제도는 내부통제 중의 일부인 재무정보의 신뢰성을 확보하기 위하여 도입된 제도이다. 그러나 그 대상을 법으로 강제하면서 소규모의 주식회사에까지 대폭적으로 확대(2001년 「기촉법」에서 여신 500억 원 이상 → 2003년 「외감법」에서 자산 1,000억 원 이상)하였다.(「외감법」제2조의2 제1항).

가. 내부회계관리제도의 정의

내부회계관리제도는 "회사의 재무제표가 일반적으로 인정되는 회계처리기준에 따라 작성·공시되었는지의 여부에 대한 합리적 확신을 제공하기 위해 설계·운영되는 내부통제제도의 일부분으로서 회사의 이사회, 경영진 등 모든 조직 구성원들에 의해 지속적으로 실행되는 과정을 의미한다."(「내부회계관리제도 모범규준」문단 8)

---

287) 김순석, 전게서, 123면, 박세화, 「효과적인 내부통제체제 구축을 위한 입법적 과제」, 재산법연구 제23권제2호, 2006, 404~405면
288) 김순석, 전게서, 123면, 정동윤. 도명국. 윤세리. 이정치. 최문희, 「감사기능의 효율화를 위한 현안과 과제」, 상장 제412호, 2009, 35면, 김용범, 전게서, 도서출판 어울림, 2012., 200면.
289) 내부회계관리제도운영위원회, 「내부회계관리제도 모범규준」(이하 '모범규준'이라 함) 및 「내부회계관리제도 모범규준 적용해설서」(이하 '모범규준 적용해설서'라 함), 2012. 12. 20. , 일부 인용 및 참조.

나. 내부회계관리제도의 범위

내부회계관리제도는 내부통제제도의 세 가지 목적 중 재무정보의 신뢰성 확보 목적, 특히 재무제표의 신뢰성 확보를 목적으로 하며, 여기에는 자산 보호[290] 및 부정방지[291] 프로그램이 포함된다. 또한, 운영목적이나 법규준수 목적과 관련된 통제절차가 재무제표의 신뢰성 확보와 관련된 경우 해당 통제절차는 내부회계관리 제도의 범위에 포함된다.(「내부회계관리제도 모범규준」 문단 9).

(1) 자산의 보호

내부회계관리제도는 회사의 자산이 정당하고 합법적인 절차를 거쳐 취득, 사용 및 처분되도록 하기 위한 자산보호와 관련된 통제를 포함한다. 자산의 보호와 관련된 통제라 함은 재무제표에 중요한 영향을 미칠 수 있는 승인되지 않은 회사 자산의 취득, 사용 또는 처분을 예방하고 적시에 적발할 수 있는 체계를 의미 한다(「모범규준」문단 9.1). ·

(2) 부정방지 프로그램

부정방지 프로그램은 재무제표의 신뢰성을 훼손 할 수 있는 부정을 예방하거나 적발 하는 한편, 확인된 부정위험을 감소시킬 수 있도록 고안된 체제 및 통제 로서 이는 회사 내 효과적인 통제문화를 조성함에 있어 필수적인 요소이다(「모범규준」문단 9.2).

따라서 내부회계관리제도는 재무제표에 중요한 영향을 미칠 수 있는 부정의 위험과 관련된 통제가 포함되어야 하며, 적절한 부정방지 프로그램이 존재하지 않는 경우 이는 통제 상 중요한 취약점으로 분류할 수 있다(「모범규준」문단 9.2).

일반적으로 회사의 부정방지 프로그램은 다음과 같은 사항을 포함한다.

일반적인 회사의 부정방지프로그램

① 윤리강령.
② 내부고발제도 및 내부 고발자 보호 프로그램.
③ 채용기준 및 인사규정.
④ 부정 적발 또는 혐의 발견 시 처리 절차.
⑤ 이사회 및 감사(위원회)의 감독.
⑥ 부정 위험평가 및 이를 관리하기 위한 통제활동 등.

---

290) 자산보호 관련된 통제라 함은 재무제표에 중요한 영향을 미칠 수 있는 승인되지 않은 자산의 취득 · 사용 · 처분을 예방하고 이러한 경우가 발생될 경우 이를 적시에 적발할 수 있는 체계를 의미한다.
291) 부정 방지 프로그램은 재무제표의 신뢰성을 훼손할 수 있는 부정을 예방 · 적발하는 한편, 확인된 특정 부정 위험을 감소시킬 수 있도록 고안된 체제 및 통제절차로서 이는 회사 내 효과적인 통제문화를 조성함에 있어서 필수적인 요소이다.

다. 내부회계관리제도의 운영 주체[292)

(1) 이사회

이사회는 경영진이 설계·운영하는 내부회계관리제도 전반에 대한 감독책임을 지며, 경영진에 대한 지도·감독업무를 수행하는 바, 여기에는 다음과 같은 업무가 포함되어야 한다.

이사회의 내부회계관리제도 지도·감독 업무

① 내부회계관리규정 및 중요정책의 승인.
② 내부회계관리제도와 관련된 조직구조의 승인.
③ 회사 내 재무보고 및 자산보호와 관련된 제반 위험에 대한 이해.
④ 재무제표 신뢰성 관련 위험을 평가·통제하기 위해 경영진이 취한 조치에 대한 확인
⑤ 내부회계관리제도의 효과성에 대한 경영진의 모니터링 및 평가활동에 대한 확인 등.

(2) 감사 또는 감사위원회

감사 또는 감사위원회(이하 '감사'라 한다)는 경영진과는 독립적으로 내부회계관리제도에 대한 평가기능을 수행함으로써 내부회계관리제도의 적정한 운영 및 개선을 지원하며, 또한 감사는 경영진과 독립적인 입장에서 내부회계관리제도의 운영실태를 평가하고 그 결과를 이사회에 보고하여 문제점을 시정하게 함으로써 내부회계관리제도가 원활하게 운영 되도록 하는 역할을 수행하는 바, 여기에는 다음과 같은 업무가 포함되어야 한다.

감사의 내부회계관리제도 운영 및 개선 지원업무

① 내부회계관리제도에 대한 전반적 평가결과의 이사회 보고.
② 내부회계과리제도의 개선을 위한 권고안 제시.
③ 내부회계관리제도 상의 미비점이나 취약점 및 개선방안에 대한 이행여부 확인 등.

(3) 경영진

회사의 경영진은 효과적인 내부회계관리제도의 설계 및 운영에 대한 궁극적인 책임을 지고, 내부회계관리제도 운영을 담당할 내부회계관리자를 지정하여야 하며, 그리고 다음 사항을 포함하여 내부회계관리제도가 원활히 작동하는데 필요한 제반조치를 강구 한다.

---

292) 내부회계관리제도운영위원회, 「모범규준」, 2012., 문단 11~14.

경영진의 내부회계관리제도 설계 및 운영 업무

① 이사회가 승인한 내부회계관리규정의 시행.
② 적절한 내부회계관리제도의 설계 및 운영.
③ 내부회계관리제도의 효과성에 대한 평가.
④ 내부회계관리제도에 대한 책임·권한·보고 관계의 명확화 등.

경영진은 내부회계관리제도를 문서화·공식화하여 회사의 각 계층 및 기능별로 내부 회계관리제도 상의 역할과 통제절차를 명확히 이행하고 수행할 수 있도록 한다.

첫째, 회사는 고유한 사업환경을 감안하여 내부회계관리제도에 대한 문서화 수준을 차별화할 수 있으나, 이 경우에도 각 업무프로세스별 통제목표와 통제 절차에 대한 구체적 식별 및 평가절차는 문서화되어야 한다.

둘째, 또한 회사 내 특정 기능 또는 사업단위를 책임지는 임직원은 해당 기능, 사업 단위내의 내부회계관리제도의 설계·운영에 대한 책임이 있으며, 전사적인 내부 회계관리제도를 총괄하는 대표이사와 내부회계관리자를 적절히 지원한다.

라. 내부회계관리제도의 설계 및 운영

내부회계관리제도는 통제환경, 위험사정, 통제활동, 정보 및 의사소통, 모니터링의 5가지 구성요소를 모두 고려하여 설계하고, 이사회, 경영진, 감사 및 중간관리자와 일반직원에 이르기까지 조직 내 모든 구성원에 의하여 운영된다.(「모범규준」문단 10).

(1) 통제 환경

이사회와 경영진은 내부회계관리제도의 중요성을 강조하는 직업윤리 및 청렴도의 기준을 윤리강령 등을 통해 제시하고 솔선수범하는 한편, 회사의 모든 임직원들이 내부회계관리제도에 있어서 자신의 역할을 이해하고 그 절차를 충실히 따르도록 통제문화를 조성한다.

경영진은 구성원에게 윤리가치를 강조함에 있어서 구성원의 부당한 행위를 유발할 수 있는 다음과 같은 정책이나 관행을 피할 수 있도록 한다.

부당한 행위를 유발할 수 있는 정책 및 관행

① 회사 자산의 횡령 또는 재무제표 왜곡표시를 가능케 하는 내부통제의 부재 또는 부적절한 업무 분장.
② 하부조직에서 행해지는 부당행위를 최고 경영진이 인지하지 못하여 적시에 시정조치를 취하지 못할 정도의 과도한 분권화.
③ 부당한 행위를 예방•적발•보고할 수 없을 정도로 취약한 내부감사 기능.

④ 최고 경영진에 대한 객관적 감독을 수행할 수 없을 정도로 비효과적인 이 사회 기능.

⑤ 부당한 행위에 대한 방지책으로서의 역할을 수행하지 못할 정도의 부적절한 징계 또는 징계사실의 은폐행위 등.

경영진은 회사의 윤리강령, 부정방지 프로그램 등에 재무제표 관련 부정행위를 사전에 방지하고 적시에 적발·시정할 수 있는 절차를 포함하는 한편, 모든 임직원들이 직무수행 중 내부회계관리제도 운영상의 문제점이나 윤리강령·정책 의 위반 사례, 위법·부정행위의 발견 시 담당책임자에게 이를 보고할 수 있도록 하는 공식적인 체계를 마련 한다.

(2) 위험 사정

경영진은 재무제표의 신뢰성 확보에 있어 부정적인 영향을 미칠 수 있는 위험을 식별하고 지속적으로 사정하는 공식적인 체계를 구축하여야 한다. 특히 내부회계관리제도와 관련하여 수행하는 경영진의 위험 식별 및 사정은 재무제표 상의 유의한 계정과목 각각에 대한 경영자의 주장을 대상으로 이루어진다.

재무제표의 신뢰성과 관련된 위험은 재무제표에 대한 경영자의 주장과 관련이 있으며 경영진은 재무제표를 적절히 작성 및 공시하였다는 사실을 다음과 같은 형태로 주장한다.

재무제표의 적절한 작성 및 공시 내용

① 실재성 : 자산이나 부채는 보고기간 종료일 등 주어진 특정일자 현재에 존재한다.

② 권리와 의무 : 보고기간 종료일 등 주어진 특정일자 현재 자산이나 부채는 회사에 귀속된다.

③ 발생 사실 : 거래나 사건은 회계기간 동안 회사에 실재로 발생하였다.

④ 완전성 : 재무제표에 기록되지 않은 자산, 부채, 거래나 사건 혹은 공시되지 않은 항목 은 없다.

⑤ 평가 : 자산이나 부채는 적절한 가치로 계상되었다.

⑥ 측정 : 거래나 사건은 적절한 금액으로 기록 되었으며 수익이나 비용은 적절한 기간에 배분되었다.

⑦ 재무제표 표시와 공시 : 재무제표의 구성항목은 일반적으로 인정된 회계처리기준에 따라 공시, 분류 및 기술되어 있다.

재무제표의 신뢰성과 관련된 위험에는 아래의 내용이 포함된다.

재무제표의 신뢰성과 관련된 위험

① 재무제표 상 중요 정보의 누락 및 미 공시.
② 자산, 부채, 손익, 거래의 왜곡된 평가•측정•표시.
③ 현금 또는 재산의 횡령, 이의 은폐를 위한 재무 기록의 변조.
④ 승인 받지 아니한 자산의 취득, 사용 및 처분.
⑤ 허위 매출 및 가공 자산 계상.
⑥ 부실한 회계정보 및 재무보고로 인한 의사결정 오류 등.

경영진은 새로 발생하거나 지금까지 통제되지 않았던 위험을 적절히 식별•관리할 수 있도록 내부회계관리제도를 설계·운영 한다.

(3) 통제 활동

경영진은 효과적인 내부회계관리제도를 구축하기 위해 다음과 같은 사항을 고려하여 각 업무프로세스 수준에서의 통제활동을 명확히 해야 한다.

각 업무프로세스에 대한 통제활동의 명확한 설정

① 통제활동을 통해 얻고자 하는 확신 또는 목표.
② 통제활동의 수행자 및 이에 대한 승인·검토자.
③ 통제활동의 수행과 관련한 기록 또는 보고서.
④ 통제활동을 지원하는 시스템.
⑤ 통제활동의 수행 주기.
⑥ 통제활동의 수행 장소(지역 또는 부서 등).
⑦ 통제활동의 수행 후 오류 또는 예외적인 상황이 발견되었을 경우의 사후
　　관리 절차 등.

통제활동은 회사 일상 업무의 일부가 되어야 하며, 개별 통제 목표에 따라 그 형태 및 세부 운영 수준은 다를 수 있지만 가장 일반적인 형태의 통제활동의 예는 다음과 같다.

가장 일반적인 형태의 통제 활동

① 경영진의 검토 : 최고 경영진은 다양한 업무활동에 대한 정책 및 절차를
　　수립할 뿐만 아니라 회사의 모든 분야에서 이들 정책과 절차가 준수되도
　　록 하고 기존 정책과 절차가 적정한지 주기적으로 평가한다.
② 중간관리자의 검토 : 각 기능별 또는 활동별 중간관리자는 정기적으로 각
　　기능별•활동별 성과보고서를 검토한다.

③ 정보처리 과정의 통제 : 정보의 정확성, 완전성, 적절한 승인 여부를 확인
하기 위해 다양한 통제를 활용한다.

④ 물리적 통제 : 유형자산, 재고자산, 유가증권, 현금 등 회사의 자산을 물
리적으로 보호 하며, 주기적인 실물확인 절차를 통하여 장부상 보고 되는
금액과의 일치여부를 확인 한다.

⑤ 성과지표의 분석 : 경영진은 재무제표의 중요한 왜곡표시를 방지·적발하
기 위해 성과지표상 예기치 못한 결과나 비정상적인 추세를 분석함으로써
재무제표의 왜곡이 발생 할 위험이 있는 분야를 식별하고 필요한 경우 개
선할 수 있다.

⑥ 업무의 분장 : 구성원들이 업무를 수행함에 있어 잠재적인 이해상충이나
실수 또는 부적절한 행위가 발생할 위험을 감소시키고 적시에 발견하기
위해업무는 적절히 분장되어야 하며, 그러한 위험이 높은 업무분야를 파
악 하여 지속적으로 모니터링 한다.

(4) 정보 및 의사소통

(가) 정보

경영진은 재무제표의 신뢰성을 확보하기 위하여 재무정보 뿐만 아니라 재무 제
표에 영향을 미칠 수 있는 비재무정보(운영활동정보, 법규준수활동정보, 외부 환
경정보 등)도 적절하게 수집·유지·관리한다.

경영진은 내부회계관리제도의 효과적 운영과 이와 관련된 효율적 의사결정을
위해 신뢰할 수 있는 회계정보를 제공할 수 있는 정보시스템을 구축한다.

정보시스템으로부터 산출되는 정보가 효과적으로 내부회계관리제도를 지원하기
위해서는 다음과 같은 요건이 필요로 한다.

내부회계관리제도의 효과적인 지원을 위한 필요 요건

① 정보가 관련 의사결정 목적에 적합하여야 한다.(목적적합성).
② 정보가 적시에 사용가능해야 한다(적시성).
③ 정보가 최신의 것이어야 한다(최신성).
④ 정보가 정확해야 한다(정확성).
⑤ 관련 정보에 대한 접근이 용이해야 한다(접근가능성) 등.

(나) 의사 소통

경영진은 회사의 임직원들이 내부회계관리제도상 책임 또는 임무와 관련된 정
책 및 절차를 충분히 이해하고 준수할 수 있도록 하고, 관련된 정보가 해당 임직
원에게 효과적으로 전달될 수 있는 의사소통 경로를 마련한다.

경영진은 하향의 의사소통경로 뿐만 아니라 중요한 정보에 대한 상향의 의사소

통경로도 마련하여야 한다. 특히, 재무제표에 영향을 미치는 관련 법규나 윤리강령의 위반행위 등에 대한 내부 고발자를 보호하고, 아울러 검증되지 않은 주장에 근거한 악의의 내부고발을 방지하기 위한 적절한 장치도 균형있게 마련한다.

경영진과 이사회간의 원활한 의사소통을 위해 경영진은 재무제표에 영향을 미칠 수 있는 중요한 사업의 내용 및 위험, 경영성과 등에 대한 최신의 정보를 이사회에 충분히 제공하며, 이사회는 필요한 정보를 이사회에게 요구하고 제공받은 정보에 대한 검토결과를 경영진에게 제공한다.

그리고 경영진은 내부 의사소통 외에도 외부 이해관계자(외부감사인, 감독당국, 거래처, 고객 등)로부터 회사의 재무제표에 중요한 영향을 미칠 수 있는 정보를 효과적으로 획득할 수 있는 경로와 절차를 마련하고, 이러한 과정을 통해 획득한 중요한 정보를 조직 전체에 전달한다.

(5) 모니터링

경영진은 내부회계관리제도에 대한 일상적인 업무의 일부로서 상시모니터링을 수행 하고 동시에 내부회계관리제도의 전반적인 효과성에 대한 정기적인 자체평가를 실시하여 그 결과를 이사회 및 감사에게 보고하여야 한다. 이에 대한 세부 내용은 다음과 같다.

첫째, 상시모니터링은 구성원에 의한 평가와 경영진에 의한 이상적인 모니터링으로 구분된다. 구성원에 의한 평가에는 해당 통제를 직접 운영하는 자에 의한 평가 등이 있으며, 경영진에 의한 일상적인 모니터링에는 문서결재, 내부 구성원 및 외부 이해관계자와의 의사소통, 정기적인 실사, 구성원의 윤리강령 이행 여부 확인 절차 등이 있다.

둘째, 독립적인 평가는 평가대상이 되는 통제에 대해 독립적인 지위에 있는 자에 의해 정기적으로 실시되는 평가로서 전문성과 독립성을 갖춘 내부감사기능 또는 기타 외부의 전문기관 등에 의해 수행되는 평가 등이 있다.

셋째, 내부회계관리제도의 전반적인 효과성에 대한 평가결과를 보고함에 있어 경영진 은 평가결과 뿐만 아니라 평가절차, 발견된 예외사항, 또는 미비점을 비롯한주요 특이사항 및 이에 대한 조치 내용 등 평가결과를 뒷받침할 수 있는 충분한 근거자료를 마련한다.

감사는 경영진의 자체평가 수행절차와 운영실태 평가결과의 적정성을 감독자의 관점에서 독립적으로 평가하여 이사회에 보고한다. 이에 대한 세부 내용은 다음과 같다.

첫째, 감사는 내부회계관리제도를 독립적으로 평가하거나 회사의 내부감사기능을 활용 하여 평가할 수 있으며, 평가절차 및 그 결과를 문서화하여 충분한 근거 자료를 마련한다.

둘째, 감사는 내부회계관리제도에 대한 평가를 광의의 내부통제에 대한 정기적 인 평가 에 포함하여 실시할 수 있다.

셋째, 감사는 내부회계관리제도 평가시 필요에 따라 경영진의 평가와 관련된 자료를 근거로 평가절차를 수행할 수 있다.

경영진은 자체평가 또는 감사의 평가결과 나타난 통제 상의 미비점이 적시에 시정될 수 있도록 하는 체계를 마련한다. 이에 대한 세부 내용은 다음과 같다.

첫째, 경영진은 자체 평가 결과에 따른 통제상의 미비점과 감사의 권고사항 및 평가결 과에 따른 필요한 조치를 결정한다.

둘째, 경영진은 시정 또는 개선을 요하는 사항에 대해 계획된 기간 내에 필요 한 조치 가 완료될 수 있도록 하며 사후 이행여부를 확인한다.

마. 내부회계관리제도의 평가[293]

(1) 내부회계관리제도의 평가 개요

「외감범」제2조의2 에서는 내부회계관리자가 매 사업연도 마다 이사회 및 감사 에게 당해 회사의 내부회계관리제도의 운영실태를 보고하고, 감사는 매 사업연도 마다 내부회계관리제도의 운영실태를 평가하여 이사회에 보고하도록 규정하고 있 으며, 「모범규준」에서는 경영진은 체계적이고 합리적인 평가절차를 개발하여 내 부회계관리제도를 평가하고 충분한 문서화를 통해 그 근거를 마련(「모범규준」문 단 31)하도록 하고 있다.

(2) 내부회계관리제도의 평가 방법

내부회계관리제도는 재무제표가 일반적으로 인정되는 「회계처리기준」에 따라 작성•공시되었는지 여부에 대한 합리적인 확신을 제공하는 것을 목적으로 하기 때문에 재무제표 상의 모든 계정과목이나 회사의 모든 업무 프로세스를 대상으로 하지 않는다.

따라서 경영진은 중요한 재무제표 왜곡표시가 발생할 가능성이 상대적으로 높 은 계정과목 및 주석정보와, 이와 관련된 업무프로세스나 거래유형에 집중함으로 써 내부회계관리 제도의 평가를 효율적이고 효과적으로 수행할 수 있다.

이러한 하향식 접근방법과 위험중심 접근방법은 경영진이 회사 사업내용, 업무 프로세스 및 회계처리에 대한 축적된 지식과 경험 및 판단을 합리적으로 활용하

---

293) 내부회계관리제도운영위원회, 「내부회계관리제도 모범규준」, 2012., 문단 31 ~61. 참조 및 인용

여 중요한 왜곡표시가 발생할 수 있는 위험이 존재하는 계정과목 및 주석정보를 파악한 후, 관련 업무프로세스 및 사업단위를 결정하고, 업무프로세스 및 사업단위에서 설계 및 운영되는 통제를 식별, 문서화 및 평가하는 방식으로 이루어진다.

또한 내부회계관리제도에 대한 외부감사인의 검토가 경영진의 내부회계관리 제도 운영실태보고를 대상으로 한다는 점을 감안 할 때 회사의 위험평가 결과를 외부감사인과 공유 하는 것이 바람직하다.

(3) 내부회계관리제도의 평가 대상

내부회계관리제도의 평가 대상은 내부회계관리제도의 다섯 가지 구성요소(통제환경, 위험사정, 통제활동, 정보 및 의사 소통, 모니터링)가 모두 내부회계관리제도의 평가 대상에 포함된다. 내부회계관리제도의 구성 요소들은 전사적 수준과 업무프로세스 수준의 내부회계관리제도로 구분할 수 있다.

또한 재무제표의 중요한 왜곡표시를 초래할 수 있는 오류나 부정을 적절히 예방하고 적시에 발견하기 위해서는 내부회계관리제도가 효과적으로 설계되고, 설계된 내부회계관리제도가 효과적으로 운영되어야 하기 때문에 내부회계관리 제도의 평가에는 설계의 효과성 및 운영의 효과성이 모두 포함된다.

(4) 내부회계관리제도의 평가 시기

내부회계관리제도의 평가는 평가기준일 현재 내부회계관리제도가 효과적으로 설계·운영되고 있는지에 대한 합리적인 확신을 얻을 목적으로 한다. 그러나, 재무제표에 기록된 거래는 회계기간 중 지속적으로 발생하기 때문에 충분한 기간에 대하여 평가하며, 일반적 으로 평가기준일과 가까운 시기에 수행한다.

그러나 평가기준일 이전의 가까운 시기에 모든 평가절차를 실시하는 것은 불가능하므로 당해 평가대상기간의 중간에 평가를 실시하고 기중 평가된 중요한 통제 중 평가실시 이후 변경된 부분은 없는지, 기말 현재에도 여전히 효과적인지 등을 확인하여 평가절차를 간소화 할 수도 있다.

「외감법」에서는 내부회계관리자가 매 사업연도 마다 이사회 및 감사에 내부 회계관리제도의 운영실태를 보고하도록 규정하고 있으며, 운영실태를 보고하기 위해서는 내부회계 관리제도의 효과성을 평가하여야 한다. 일반적으로 내부회계관리제도의 평가는 중간평가와 기말평가 과정을 통해 이루어진다.

(5) 내부회계관리제도의 평가자

경영진은 평가대상 통제로부터 '독립된 위치에 있는 자'를 평가자로 지정하여 평가를 수행 한다(「모범규준」문단33). '독립된 위치에 있는 자'란 통제수행자가 소속된 해당 부서의 제3자를 포함한다.

경영진은 내부회계관리제도의 독립적인 평가를 위해 평가 시점마다 별도의 임시조직(Task Force Team 등)을 구성하거나, 일반 현업부서와는 독립적인 상시조직(예를 들어, 내부통제팀, 준법감시팀 등)을 통해 평가할 수 있다.

(6) 내부회계관리제도의 평가 절차

경영진은 체계적이고 합리적인 평가절차를 개발하여 내부회계관리제도를 평가하여야 하며 충분한 문서화를 통해 그 근거를 마련한다.

내부회계관리제도 평가시에 적용되는 일반적인 절차는 다음과 같다.

내부회계관리제도 평가의 일반절차
① 전사적 수준에서의 내부회계관리제도 고려.
② 유의한 계정과목 및 주석정보의 파악.
③ 경영자 주장의 식별.
④ 유의한 업무프로세스 파악 및 평가 대상 사업단위의 결정.
⑤ 내부회계관리제도 설계의 효과성 평가.
⑥ 내부회계관리제도 운영의 효과성 평가 등.

그리고 경영진은 다음사항에 대한 충분한 문서화를 통해 내부회계관리제도의 평가의 근거를 확보한다.

평가근거 확보를 위한 문서화 대상
① 내부회계관리제도 평가범위.
② 내부회계관리제도 설계의 효과성 평가.
③ 내부회계관리제도 운영의 효과성 평가.
④ 내부회계관리제도의 효과성에 대한 최종 결론 등.

(7) 내부회계관리제도의 평가결과 보고
① 내부회계관리자

사업연도 마다 이사회 및 감사에게 해당 회사의 내부회계관리제도의 운영실태를 보고 하여야 한다(「외감법」제2조의2 제4항). 내부관리자의 운영실태평가보고서에는 다음과 같은 내용을 포함한다. (「내부회계관리제도 모범규준」문단60)

내부회계관리자의 운영실태 평가보고서 내용

(a) 제목이 내부회계관리자의 내부회계관리제도 운영실태 평가보고서임을 기술.

(b) 평가기준일에 평가대상기간에 대하여 내부회계관리제도의 설계·운영의 효과성에 대하여 평가하였다는 사실.

(c) 내부회계관리제도의 설계·운영책임은 내부회계관리자를 포함한 회사의 경영진에 있다는 사실.

(d) 내부회계관리제도의 설계·운영의 평가기준으로 내부회계관리제도 모범 규준 또는 다른 기준을 사용하였다는 사실.

(e) 중요성의 관점에서 모범규준에 근거한 자체평가에 따른 종합결론.

(f) 중요한 취약점이 있는 경우 내부회계관리제도의 설계와 운영상의 중요한 취약점에 대한 설명.

(g) 중요한 취약점이 있는 경우 중요한 취약점에 대한 시정조치 계획.

(h) 보고서 일자.

(i) 내부회계관리자의 서명 날인.

(j) 대표이사의 서명 날인.

(k) 별첨 : 상세 평가 내용
□ 전사적 수준 및 업무프로세스 수준의 통제평가 결과.
□ 유의한 미비점.
□ 유의한 미비점에 대한 개선사항.
□ 위반자에 대한 징계사항.
□ 중요한 취약점 및 시정조치 계획에 대한 상세 설명 등.

② 회사의 監事

내부회계관리제도의 운영실태를 평가하여 이사회에 사업연도 마다 보고하고 그 평가 보고서를 해당 회사의 본점에 5년간 비치하여야 한다. 이 경우 내부회계관리제도의 관리·운영에 대하여 시정의견이 있으면 이를 포함하여 보고하여야 한다(「외감법」 제2조의2 제5항). 감사의 평가보고서에는 다음과 같은 내용을 포함한다.

감사의 내부회계관리제도 운영실태 평가보고서 내용

(a) 제목에 감사의 평가보고서임을 기술.

(b) 평가기준일에 평가대상기간에 대하여 내부회계관리제도의 설계·운영의 효과성에 대하여 평가하였다는 사실.

(c) 내부회계관리제도의 설계·운영책임은 내부회계관리자를 포함한 회사의 경영진에 있다는 사실.

(d) 감사는 내부회계관리자가 제출한 내부회계관리제도 운영실태 평가보고서를 참고하여 평가하였다는 사실.

(e) 내부회계관리제도의 설계·운영의 평가기준으로 내부회계관리제도 모범 규준 또는 다른 기준을 사용하였다는 사실.

(f) 중요성의 관점에서 모범규준에 근거한 종합평가결론.

(g) 중요한 취약점이 있는 경우 내부회계관리제도의 설계와 운영상의 중요한 취약점에 대한 설명.

(h) 중요한 취약점이 있는 경우 중요한 취약점에 대한 시정의견 설명.

(i) 보고서 일자.

(j) 감사의 서명 날인.

(k) 별첨 : 상세 평가 내용
  □ 내부회계관리자의 보고 내용 요약(평가 결론, 유의한 미비점, 시정조치 및 향후 계획 등).
  □ 평가결과 추가적으로 발견된 사항.
  □ 권고사항 등.

③ 외부감사인

감사업무를 수행하는 경우 내부회계관리제도 관련 법규의 준수여부 및 내부 회계관리 제도의 운영실태에 관한 보고내용을 검토하여야 한다. 외부감사인은 검토 결과에 대한 종합의견을 감사보고서에 표명하여야 한다(「외감법」제2조의3 제1항, 제2항)

바. 내부회계관리제도상의 문제점

내부회계관리제도가 기존의 외부감사인의 회계감사와 CFO의 인증제도 등과 업무가 중복된다는 비판이 제기되며, 대기업의 경우는 필요에 의하여 내부회계관리제도 보다도 더 포괄적인 내부통제제도를 구축하고 있기 때문에 불필요한 규정이라는 지적도 있다.

아울러 「외감법」상 내부회계관리제도는 그 적용범위가 광범위하고, 또한 법률에 의해 의무적이고, 일률적으로 도입됨에 따라 중소기업의 경우 상당히 부담이 되고 있어 현실적으로 법을 엄격하게 적용하기가 매우 어려운 상황이라 동 제도를 유명 무실하게 만들 우려가 있다.[294]

이에 따라 내부회계관리제도는 회사의 규모나 특성에 따라 다르게 적용할 수 있도록 규정하는 것이 바람직하다고 본다. 그리고 내부회계관리제도의 의무화는 일정한

---

294) 김순석, 「우리나라 감사제도의 운영실태 조사와 비교·평가」, 한국상장회사협의회, 2009., 125면

규모 이상의 회사를 중심으로 규정하는 것이 타당하다고 본다. 참고로 일본의 경우 동 제도 적용 대상을 자본금이 5억 엔 이상 이거나 부채가 200억 엔 이상으로 하고 있다.

3. 「금융지배구조법」상 준법감시인 제도

가. 준법감시인의 의의

준법감시인은 미국의 「컴플라이언스 오피서(Compliance officer)」제도를 모델로 하여 은행, 금융투자업자 등 금융회사에서 그 선임이 의무화된 것으로 , 내부통제기준을 임직원이 준수하고 있는지의 여부를 점검하고 기준을 위반할 겨우 이를 조사하여 그 결과를 감사위원회 또는 감사에게 보고하는 것을 주된 직무로 한다. [295]

준법감시인은 2000년「은행법」등 금융관련법의 개정을 통하여 도입되었고, 2015년 「금융회사의 지배구조에 관한 법률」(이하 '금융지배구조법'이라 함) 제정함으로써 은행 등 금융회사에서 그 선임이 강제되고 있는데, 동법에서는 내부통제기준을 규정하고 이를 준수하도록 강제하고자 준법감시인을 둘 것을 의무화하고 있다.

나. 준법감시인제도의 도입 대상

준법감시인제도는 금융회사의 내부통제기능 강화를 위하여 2000년 「은행법」등 금융관련법의 개정을 통하여 도입해 오다가, 2015년「금융지배구조법」제정으로 준법감시인제도의 시행근거 규정을 「금융지배구조법」에 마련하였다.

「금융지배구조법」의 적용 받는 금융회사는 다음 각 호와 같다.(「금융지배구조법」 제2조 제1항).

「금융지배구조법」의 적용받는 금융회사

① 「은행법」에 따른 인가를 받아 설립된 은행.
② 「자본시장법」에 따른 금융투자업자 및 종합금융회사.
③ 「보험업법」에 따른 보험회사.
④ 「상호저축은행법」에 따른 상호저축은행.
⑤ 「여신전문금융법」에 따른 여신전문금융회사.
⑥ 「금융지주회사법」에 따른 금융지주회사.
⑦ 그 밖에 법률에 따라 금융업무를 하는 회사로서 대통령령으로 정하는 금융회사.

---

295) 손성,「미국회사법제에서의 준법감시인제도에 관한 법리적 고찰 」,상장협 제43호,, 2001, 123면, 권종호, 전게서, 20면 」

다. 내부통제기준

"내부통제기준이라 함은 금융회사는 법령을 준수하고 경영을 건전하게하며 주주 및 이해관계자를 보호하기 위하여 그 금융회사의 임직원이 직무를 수행함에 따라야 할 기본적인 기준과 절차"을 말한다.(「금융지배구조법」제24조 제1항).

이 기준에는 아래의 사항이 포함되어야 한다.(「금융지배구조법시행령」제19조제1항).

내부통제기준 주요 내용

① 업무의 분장 및 조직구조에 관한 사항.
② 임직원이 업무를 수행할 때 준수하여야 하는 절차에 관한 사항.
③ 내부통제 관련 이사회, 임원 및 법 제25조에 따른 준법감시인 등의 역할의 구분에관한 사항.
④ 내부통제에 필요한 전문성을 갖춘 인력과 지원조직의 확보에 관한 사항.
⑤ 내부고발제도의 운영에 관한 사항.
⑥ 경영의사결정에 필요한 내부통제 관련 정보가 효율적으로 전달될 수 있는 체제의 구축에 관한 사항.
⑦ 임직원의 내부통제기준 준수여부를 확인하는 정차·방법과 내부통제기준을 위반한임직원의 처리에 관한 사항.
⑧ 임직원의 금융관계법령 위법행위를 방지하기 위한 절차나 기준에 관한 사항.
⑨ 내부통제기준의 제정이나 변경 절차에 관한 사항.
⑩ 준법감시인의 임면절차에 관한 사항.
⑪ 이해상충의 파악·평가와 관리에 관한 사항.
⑫ 광고의 제작 및 내용에 관하여 지켜야 할 사항.
⑬ 법 제11조 제1항에 따른 임직원 겸직이 제11조 제3항 제4호 각 목의 요건을 충족 하는지에 대한 평가·관리에 관한 사항 등.

라. 준법감시인의 임면

금융회사는 내부통제기준의 준수여부를 점검하고 내부통제기준을 위반하는 경우 이를 조사하는 등 내부통제 관련 업무를 통할하는 사람(이하 '준법감시인'이라 함)을 1명 이상 두어야 한다.(「금융지배구조법」제25조 제1항).

금융회사는 사내이사 또는 업무집행자[296] 중에서 준법감시인을 선임하여야 한다. 다만, 자산 규모, 영위하는 금융업무 등을 고려하여 대통령령이 정하는 금융회사는 사

---

296) 업무집행자란 이사가 아니면서 명예회장·부회장·사장·부사장·행장·부행장·부행장보·전무·상무· 이사 등 업무집행할 권한이 있는 것으로 인정할 만한 명칭을 사용하여 회사의 업무를 집행하는 사람을 말한다.

내이사나 업무집행자가 아닌 직원 중에서 준법감시인을 선임할 수 있다.(「금융지배 구조법」제25조 제2항).

금융회사가 준법감시인을 임면하려는 경우에는 이사회의 의결을 거쳐야 하며, 해임할 경우에는 이사 총수의 3분의 2 이상의 찬성으로 한다. 준법감시인의 임기는 2년 이상으로 한다.(「금융지배구조법」제25조 제3항 및 제4항).

금융회사는 준법감시인을 임면하였을 때에는 대통령령이 정하는 바에 따라 그 사실을 금융위원회에 보고하여야 한다.(「금융지배구조법」제30조 제2항).

마. 준법감시인의 자격

준법감시인은 다음 각 호의 요건을 모두 충족한 자이어야 하며, 준법감시인이 된 사람이 아래 1호의 요건을 충족하지 못하게 된 경우에는 그 직을 잃는다.(「금융 지배구조법」 제26조 제1항 및 제2항).

1. 최근 5년간 이 법 또는 금융관계법령을 위반하여 금융위원회 또는 금융감독원의 원장, 그 밖에 대통령령으로 정하는 기관으로부터 제35조 제1항 각 호 및 제2항 각 호에 규정된 조치 중 문책경고 또는 감봉요구 이상에 해당하는 조치를 받은 사실 이 없을 것.

2. 다음 어느 하나에 해당하는 사람. 다만 다음 각 목(라 목 후단의 경우는 제외)의 어느 하나에 해당하는 사람으로서 라 목 전단에서 규정한 기관에서 퇴임하거나 퇴직한 후 5 년이 지나지 아니한 직원은 제외한다.(「금융지배구조법」 제26조 제1항 제2호).

가. 「금융위원회의 설치 등에 관한 법률」 제38조에 따른 검사대상기관에서 10년 이상 근무한 사람.

나. 금융 관련 분야의 석사이상의 학위소지자로서 연구기관 이나 대학에서 연구원 또는 조교수 이상의 직에 5년 이상 종사한 사람.

다. 변호사 또는 공인회계사의 자격을 가진 자로서 그 자격과 관련된 업무에 5년 이상 종사한 사람.

라. 기획재정부. 금융위원회. 증권선물위원회, 감사원, 금융감독원, 한국은행, 예금보험공사(부실금융기관, 부실우려금융기관, 정리금융기관 포함), 그 밖에 금융위원회가 정하여 고시하는 금융관련 기관에서 7년 이상 근무한 사람.

마. 그 밖에 가목부터 라목까지의 규정에 준하는 자격이 있다고 인정되는 사람으로서 대통령령이 정하는 사람 등.

바. 준법감시인의 직무

우리나라 현행 「금융지배구조법」상 준법감시인의 직무범위는 내부통제의 전반적인 내용을 포괄하고 있는 '내부통제기준'의 준수여부를 점검하는 것으로 규정하고 있다. 준법감시인은 내부통제기준의 준수여부를 점검하고 내부통제기준을 위반하는 경우 이를 조사하여 필요하다고 판단하는 경우 조사 결과를 감사위원회 또는 감사에게 보고할 수 있다.(「금융지배구조법」 제25조 제1항).

이에 따라 전반적인 내부통제시스템의 적정성을 평가하게 되어 있는 감사 또는 감사위원회의 업무와 상당부분 중복되므로 서로간의 적정한 역할 분담이 중요하게 되었다.

사. 준법감시인의 의무

준법감시인은 선량한 관리자의 주의로 그 직무를 수행하여야 하며, 다음 각 호의 업무를 수행하는 직무를 담당해서는 아니 된다.(「금융지배구조법」 제29조).

준법감시인의 금지업무

① 자산운용에 관한 업무.
② 해당 금융회사의 본질적인 업무 및 그 부수업무.
③ 해당 금융회사의 겸영업무.
④ 금융지주회사의 경우에는 자회사 등의 업무.
⑤ 그 밖에 이해가 상충할 우려가 있거나 내부통제 및 위험관리 업무에 전념하기 어려운 경우로서 대통령령으로 정하는 업무.

아. 회사의 협력의무

금융회사는 준법감시인이 그 직무를 독립적으로 수행할 수 있도록 하여야 하며, 그리고 금융회사 및 그 임직원은 준법감시인이 그 직무를 수행할 때 필요한 자료나 정보의 제출을 요구하는 경우 이에 성실히 응해야 한다.

또한 금융회사는 준법감시인이었던 사람에 대해 그 직무수행과 관련한 사유로 부당한 인사상의 불이익을 주어서는 아니 된다.(「금융지배구조법」 제30조 제1호~제4호).

자. 준법감시인제도상의 문제점

우리 금융관련법이 내부통제제도를 도입할 당시 입법과정에서 광의의 개념인 내부통제 개념과 준법감시의 개념이 명확하게 구분되어 다루어지지 아니한 상태에서 내부통제기준이 입법되어 준법감시인이 내부통제업무를 모두 관장하는 일종의 「내부 통제인(Internal Controller)」인 것으로 규정되는 입법상의 오류가 있다는 문제점이 지적되고 있다.[297]

그리고 2015년 「금융지배구조법」을 제정한 연후에도 위험관리 부문만 위험관리 책임자에게 부담시켰을 뿐 여전히 준법감시인은 내부통제부문의 전반적인 부분을 담당하고 있다. 만약 준법감시인제도가 준법감시체제의 도입만을 염두에 둔 것이라면 내부통제부문 전반적인 업무 담당이 아니라 법규준수 부문 만 담당하는 준법감시인 설치와 함께 준법감시 업무의 기준이 입법화되어 있어야 한다는 것이다.

이와 같은 입법 오류는 내부통제 개념에 대한 인식 부족에 기인하고 결과적으로는 준법감시인의 지나친 업무 과중을 초래했을 뿐만 아니라 실효성 있는 준법감시체제를 구성하는데도 많은 혼란을 가져왔다. 다른 한편으로는 기능적 분담이 이루어지지 않아 내부통제체제를 효과적으로 구축하는데 장애요인이 되고 있다.[298] 입법적인 재검토가 필요하다.

4. 「상법」상 준법지원인 제도[299]

2011년 4월 「상법」 개정을 통하여 금융기관의 준법감시인제도와 유사한 준법지원인 제도를 도입하였다.

그 내용은 최근 사업연도 말 기준으로 자산총액이 5천억 원 이상인 상장회사는 준법통제기준을 마련하고, 동 기준의 준수여부를 점검하여 그 결과를 이사회에 보고하는 업무를 주된 직무로 하는 준법지원인을 두도록 하고 있다. 단, 다른 법률에 따라 내부통제기준 및 준법감시인을 두어야하는 상장회사는 제외 한다.(「상법시행령」제39조).

이는 내부통제 목표 중 '적용 법률 및 규정의 준수' 부문의 통제를 위하여 도입·운영되고 있다. 본래 준법감시인으로 정하고자 하였으나, 「감시인」이라는 용어는 어감이 좋지 않아 바꾸었다. 용어순화차원에서 기교를 부린 것에 불과하다.[300]

가. 준법지원인의 의의

일반적으로 회사업무의 계획 및 집행에 있어 법률의 준수여부를 사전에 감시하는 사람을 말하나, 「상법」에서는 준법통제기준의 준수에 관한 업무를 담당하는 사람을 의미 한다 (「상법」제542조의13).

준법지원인은 금융업 관계 법률에서 규정하고 있는 준법감시인과 유사한 개념이므로, 이미 준법감시인을 둔 회사는 준법지원인을 따로 둘 필요는 없다(「상법시행령」제39조).

---

297) 김순석, 전게서, 127면
298) 이재혁, 「주식회사 감사위원회제도의 개선방안에 관한 연구」, 성균관대학교 대학원, 2007, 91면, 김순석, 전게서, 128면, 박세화, 전게서, 403~404면
299) 최준선, 전게서, 541~542면
300) 최준선, 「내부통제의 바람직한 개선방향」, 상장회사감사회회보 제137호, 2011, 3면

나. 준법통제기준

자산 규모 등을 고려하여 대통령령으로 정하는 상장회사(최근 사업연도 말 현재의 자산총액이 5천억 원 이상인 회사)는 법령을 준수하고 회사경영을 적정하게 하기 위하여 임직원이 그 직무를 수행할 때 따라야할 준법통제에 관한 기준 및 절차(이하 '준법통제 기준'이라 한다)을 마련하여야 한다.(「상법」제542조의13 제1항).

준법통제기준이라 함은 법령을 준수하고 회사경영을 적정하게 하기 위하여 임직원이 그 직무를 수행할 때 따라야 할 준법통제에 관한 기준 및 절차를 말한다. 이 기준에는 아래사항이 포함되어야 한다. (「상법시행령」제40조 제1항).

준법통제기준의 주요 내용

① 준법통제기준의 제정 및 변경의 절차에 관한 사항.
② 준법지원인의 임면절차에 관한 사항.
③ 준법지원인의 독립적 직무수행의 보장에 관한 사항.
④ 임직원이 업무수행과정에서 준수해야 할 법규 및 법적 절차에 관한 사항.
⑤ 임직원의 준법통제기준교육에 관한 사항.
⑥ 임직원의 준법통제기준 준수여부를 확인할 수 있는 절차 및 방법에 관한 사항.
⑦ 준법통제기준을 위반하여 업무집행한 임직원의 처리에 관한 사항.
⑧ 준법통제에 필요한 정보가 준법지원인에게 전달될 수 있는 방법에 관한 사항.
⑨ 준법통제기준의 유효성 평가에 관한 사항 등.

다. 준법지원인의 선임과 임기

회사는 준법통제기준의 준수에 관한 업무를 담당하는 사람(준법지원인)을 1인 이상 두어야 한다.(「상법」제542조의13 제2항). 준법지원인은 이사회 결의로 임면한다. (「상법」제542조의13 제4항).

준법지원인의 임기는 3년으로 하고, 상근하여야 한다.(「상법」제542조의13 제6항). 준법지원인에 관하여 다른 법률에 특별한 규정이 있는 경우를 제외하고는 「상법」에서 정하는 바에 따르되, 다른 법률의 규정이 준법지원인의 임기를 3년 보다 단기로 정하고 있는 경우에는 「상법」을 다른 법률에 우선하여 적용한다.(「상법」제542조의13 제11항).

라. 준법지원인의 자격

준법지원인이 될 수 있는 사람은 다음과 같다(「상법」제542조의13 제5항, 「상법 시행령」제41조).

준법지원인의 자격

① 변호사 자격을 가진 사람.

② 「고등교육법」제2조에 따른 학교에서 법률학을 가르치는 조교수 이상의 직에 5년 이상 근무한 사람.

③ 상장회사에서 감사·감사위원·준법감시인 또는 이와 관련된 법무부서에서 근무한 경력이 합산하여 10년 이상인 사람.

④ 법률학 석사학위 이상의 학위를 취득한 사람으로서 상장회사에서 감사·감사 위원·준법감시인 또는 이와 관련된 법무부서에서 근무한 경력을 합산, 5년 이상인 사람 등.

마. 준법지원인의 직무

준법지원인은 준법통제기준의 준수여부를 점검하고 그 결과를 이사회에 보고하여야 한다.(「상법」제542조의13 제3항). 준법지원인제도 또한 금융기관의 준법감시인제도와 같이 기존의 내부감사조직인 감사 또는 감사위원회의 적법성 감사 등과 상당 부분 역할이 중복되고 있는 실정이다.[301]

바. 준법지원인의 의무

준법지원인은 선량한 관리자 주의로 그 직무를 수행하여야 하며(「상법」제542조의13 제7항), 또한 재임 중 뿐만 아니라 퇴임 후에도 직무상 알게 된 회사의 영업상 비밀을 누설하여서는 아니 된다.(「상법」제542조의13 제8항). 그리고 준법지원인은 자신의 업무수행에 영향을 줄 수 있는 영업 관련 업무를 담당해서는 아니 된다.(「상법시행령」제42조).

사. 회사의 협력의무

회사는 준법지원인이 그 직무를 독립적으로 수행할 수 있도록 하여야 하고, 회사의 임직원은 준법지원인이 그 직무를 수행할 때 자료나 정보의 제출을 요구하는 경우 이에 성실히 응하여야 한다.(「상법」제542조의13 제9항).

회사는 준법지원인 이었던 사람에 대하여 그 직무수행과 관련된 사유로 부당한 인사상의 불이익을 주어서는 아니 된다. (「상법」제542조의13 제10항)

아. 준법지원인 설치회사에 대한 혜택

회사가 「상법」제542조의13(준법통제기준 및 준법지원인)에 의한 준법통제제도를 성실히 이행하는 경우 등 회사가 그 위반행위를 방지하기 위하여 해당업무에 관하여 상당한

---

301) 최준선, 전게서, 542면

주의와 감독을 게을리 하지 아니한 경우에는 「상법」제624조의2 (주요주주 등 이해 관계자와의 거래 위반의 죄)의 양벌규정 중 벌금형을 면제 한다.(「상법」제634조의3).

이와 같이 준법통제제도를 설치한 경우 혜택은 있으나 미설치시의 형사적 벌칙조항은 없다. 이 점은 상근감사제도와 같다. 그러나 형사적 벌칙조항이 없지만 강행규정이다. 회사가 준법통제제도를 두지 않으면 법령위반이 되어 이사가 회사 또는 제3자에 대하여 책임을 지게 되거나 해임청구소송의 대상이 되는 등 법적책임이 따른다.[302]

자. 준법지원인 제도의 문제점

준법지원인제도는 기본적으로 기업 내부통제의 일부분이므로 감사 및 감사위원회제도, 내부회계관리제도 등 다른 내부통제제도와의 역할과 기능이 상당 부분 중복 되고 있다. 따라서 준법지원인제도와 다른 내부통제제도와의 역할 정립, 통합적 운영 등의 합리적인 조정 없이 여러 법률에서 제 각각 내부통제와 관련한 규제를 부과할 경우 이로 인한 제도적 폐해는 기업의 부담으로 귀결될 수밖에 없다.[303]

즉 외국에서 준법지원인제도를 내부통제제도에 포함하여 통합적으로 운영하도록 기업에게 자율성을 부여하고 있는 점을 고려하면 상대적으로 우리나라는 내부통제 제도와 관련한 비효율적 중복규제로 인하여 기업의 국제경쟁력을 저하시키는 결과를 초래할 우려가 매우 높은 것이 현실이다.[304]

또한 준법지원인이 임직원의 준법통제기준 위반행위를 조사하여 그 결과를 이사회에 보고한 경우에는 이사회의 시정조치가 있어야 하는데, 이 경우 이사회가 적시에 적절한 조치를 취했는지 여부는 감사기관의 업무감사권 범위에 포함되는 것이다.

즉, 이사의 직무집행의 적법성여부에 있어서는 준법지원인과 감사기관인 감사 위원회나 감사와 상호 연계되어 있으므로 양 자간에 업무협조체제의 구축이 반드시 필요함에도 미비 되어 있어 감사업무 수행에 큰 장애요인이 되고 있다.[305]

따라서 준법지원인은 금융회사의 준법감시인과 같이 준법통제기준의 준수여부에 대한 점검 결과를 필요할 경우 감사위원회 또는 감사에게 보고토록하고, 감사위원회 또는 감사가 준법지원인제도의 적정한 운영을 평가하도록 하는 것이 바람직하다.[306]

---

302) 최준선, 전게서, 542면
303) 한국상장회사협의회. 대한상공회의소. 전국경제인연합회. 중소기업중앙회. 코스탁협호,,「준법통제제도 관련 상법시행령에 대한 의견」, 상장회사감사회회보 2011, 19면
304) 한국상장회사협의회 외 4개 유관기관, 전게건의서, 19면
305) 최준선, 「내부통제의 바람직한 개선방향」, 상장회사감사회회보 제137호, 2011., 4면 , 정준우 외 ,「준법지원인제도와 준법경영의 활성화 방안」, 사단법인 한국법정학회, 2014. 10. 233면.
306) 최준선, 전게연재서, 4면, 정준우 외 , 전게연구보고서, 사단법인 한국법정학회, 2014. 10. 252면.

5. 「자본시장법」상 인증제도307)

「자본시장법」은 대표이사와 그 '제출업무를 담당하는 이사' (이하 '재무최고책임자'라 한다)에게 상장회사가 제출하는 정기보고서나 유가증권신고서 등에 대해 인증업무를 부과 하고 있다.

즉, 「자본시장법」제119조 제5항에 의하면 대표이사와 재무최고책임자는 증권신고서의 기재사항 중 중요사항에 관하여 거짓의 기재 또는 표시가 있거나 중요사항의 기재 또는 표시가 누락되어 있지 아니하다는 사실 등 「동법시행령」제124조로 정하는 사항을 확인·검토하고 이에 각각 서명하여야 한다. 사업보고서에 관해서도 유사하게 규정하고 있으며 (「동법」제159조제7항), 이는 반기·분기보고서(「동법」제160조)와 주요사항보고서(「동법」제161조제1항)에 준용된다.

이러한 확인과 인증의무를 이행하지 않은 경우에는 금융위원회로부터 과징금이 부과되며(「동법」제429조 제1항, 제3항), 인증을 한 경우에도 대표이사와 재무책임자는 본인이 검토·확인·인증한 공시서류에 허위의 기재가 있거나 중요한 사항이 누락된 때에 이로 인해 유가증권 취득자가 손해를 입은 경우에는 그 손해에 대해 배상하여야 한다. (「동법」제125조 제1항, 제162조 제1항).

Ⅷ 효과적인 내부통제제도 구축방안 308)

1. 「상법」상 내부통제제도 도입 검토

미국에서 내부통제시스템에 대해 명시적으로 규정하고 있는 대표적인 법은 「SOX법」이다. 2002년에 제정된 「SOX법」은 경영자들은 내부통제시스템을 구축하고 통제활동을 하며, 평가과정 중에 발견한 중대한 결함 등에 대해 적절히 대응·보고하여야 하며, 이러한 모든 노력들을 문서로 기록하도록 명문으로 규정하였다.

그리고 2005년 개정 「모범회사법 (Model Business Corporation Act : MBCA)」에서 공개회사의 이사회에 내부통제제도의 효과성에 대한 감독책임이 있음을 명문화 하고 있다.(「모범회사법」 제 8조 제1항 제c호 제6목).

일본은 2002년 「상법」개정에서 위원회등설치회사에 한정하여 내부통제제도를 도입하였으나, 2005년「회사법」에서는 위원회설치회사는 물론이고 위원회설치회사가 아닌 모든 대회사309)에까지 확대하여 내부통제제도를 구축하도록 명문으로 규정하고 있다.

---

307) 김순석, 전게서, 129면
308) 김순석, 전게서, 133~138면 참조 및 일부 인용 , 최준선, 전게보고서, 189~196면, , 이준섭, 전게서, 71~86면

또한 위원회설치회사의 경우 집행임원제도를 의무적으로 도입하고 이사회 내에는 지명위원회, 보수위원회, 감사위원회 등 3개의 위원회를 설치하도록 정하고 있다. 이처럼 내부통제제도가 회사지배구조 체제와 더불어 패키지로 도입되도록 하고 있다.

우리나라는 1999년 감사위원회제도를 도입한 이후 감사를 수행하는 데에 제기된 많은 문제점들이 업무의 감독과 집행이 분리되지 않는 지배구조에 기인하고 있다는 점이 인식되고 있다. 2011년 4. 14 「상법」개정에서 집행임원제도가 도입됨에 따라 이러한 지배구조상의 문제를 개선할 수 있는 계기가 마련되었다고 본다.

그러나 지배구조의 개선과 더불어 그 지배구조가 제대로 작동하기 위한 소프트웨어인 내부통제제도가 도입되지 않으면 감사기능이 제대로 발휘될 수 없을 것이다. 또한 내부통제제도의 구축과 운영을 이사의 선관주의의무로 보는 것이 통설[310]과 판례[311]이지만, 이러한 해석을 통한 운영으로는 제도의 실효성을 도모하기가 어렵다고 본다.

이제 우리나라도 감사위원회제도를 채택하는 회사들에 대해서는 집행임원제도를 동시에 도입하도록 권유하고, 이들 회사에 대해서는 「상법」상 내부통제제도를 도입 하는 것이 바람직할 것이다. 「상법」상 내부통제제도를 도입하는 경우 「상법」은 모든 주식회사에 적용되므로 「코소(COSO)」가 정의하는 내부통제 개념 중 어느 범위까지 도입할 것인지에 대한 검토가 필요하다.[312]

현재 우리나라의 내부통제는 '재무정보의 신뢰성 부문'에 대해서는 「외감법」상 내부회계관리제도에서 자산 총액 1,000억 원 이상의 모든 주식회사를 대상으로 하고 있다. 또한 금융관련법에서 도입한 준법감시인제도의 경우 법·규범의 준수뿐만 아니라 위험관리까지 포함하고 있다. 그리고 「상법」상 준법지원인제도에서는 '적용 법률 및 규정의 준수 부문'만을 대상으로 하고, 자산총액 5,000억 원 이상의 상장 회사에 한정하고 있다.

이처럼 내부통제의 개념 요소별로 서로 다른 법률에서 적용대상 회사를 달리하여 정하고 있는 실정이다. 이에 따라 「상법」에서 내부통제제도를 도입하는 경우 보다 일반적이고 표준적인 제도의 도입이 필요하다고 본다. 또한 회사의 규모나 특성이 다양한 점을 고려하여 그 적용범위에 대해서도 신축성 있는 제도를 마련하는 것이 바람직하다.

---

309) 대회사라 함은 최종사업연도 대차대조표상 자본금 5억 엔 이상 또는 부채총액 200억 엔 이상의 회사를 말한다 (일본 「회사법」제2조 제6호)
310) 김순석, 전게서, 133면, 임종호, 「감사위원회 감사의 현상과 과제」, 중앙법학 제10집 제3호, 2008, 160면, 박세화, 「내부통제시스템의 설계와 지배구조에 관한 회사법적 고찰」, 상사법연구 제26권제2호, 2007, 308면, 안수현, 「내부통제의 회사법제 정비를 위한 검토」, 상사판례연구 제20집제2권, 2007, 71면 등
311) 대법원, 2008.9.11., 선고, 2006 다 68636 판결
312) 김순석, 전게서, 134면, 임중호, 전게서, 160면, 최준선, 전게보고서, 192면

우선 자산총액 2조 원 이상인 대규모상장회사에 대하여 내부통제제도를 도입하는 것은 이들 회사의 경우 스스로의 필요에 의하여 이미 자발적으로 내부통제제도를 운용하고 있는 회사가 많으므로 별 무리가 없을 것이다. 한편, 내부통제제도의 적용 대상을 더 확대하여 자산총액 1,000억 원 이상인 '상장회사'(내부회계관리제도 적용 대상 중 비상장회사를 제외)에까지 적용하자는 견해[313]도 제기된다.

그러나 종합적인 내부통제제도를 구축하여 운영하는 데에는 일정한 비용을 수반하기 때문에 자산총액 2조 원 미만이면서 1,000억 원 이상인 상장회사에 대해서는 자발적인 도입을 권유하면서 점차 의무화하는 방향으로 나아가는 것이 바람직하다고 본다.

또한 내부통제제도의 구축과 운영의 책임을 은행 등 금융회사와 같이 이사회에 부여[314]하고, 집행임원이 이사회로부터 위임을 받아 실질적으로 내부통제제도를 운영하도록 하며, 감사 위원회 또는 감사는 이러한 내부통제제도 운영에 대한 감사를 통하여 내부통제제도가 제대로 구축되고 운영되도록 하여야 할 것이다.[315]

그러나 감사위원회제도를 채택하면서도 집행임원제도를 도입하지 않는 회사와 기존 감사제도를 채택한 회사에 있어서는 이사회가 내부통제제도의 구축과 운영에 핵심적인 역할을 할 수 밖에 없을 것이다.[316] 또한 구체적인 내부통제기준은 별도의 모범규준을 작성하여 회사의 규모에 따라 적용범위를 달리하여 탄력적으로 적용 하는 것이 바람직할 것이다.

2. 감사(監査)기능의 활성화를 위한 내부통제제도의 구축

「상법」은 감사위원회제도를 도입하면서 기존의 감사제도를 준용하고 있을 뿐, 감사위원회의 감사방법에 대해서 아무런 규정을 두지 않고 있다. 그 원인은 1999년 감사위원회를 도입할 때 IMF 등의 외압에 의하여 급하게 추진하면서 동 제도가 발달한 미국과 우리나라의 기업지배구조나 기업소유구조상의 차이점을 고려하지 않고 입법하였기 때문이다.

감사위원회를 도입한지 10 여 년이 지난 지금도 동 제도의 운영을 둘러싸고 논란이 많은 것도 그 근본적인 이유는 이러한 지배구조의 차이를 인식하면서 제도를 구축 하지 않은데 기인한다고 본다. 따라서 우리나라의 감사위원회제도가 제대로 작동할 수 있도록 제도적 보완이 이루어져야 한다.

---

313) 한국상장회사협의회, 「우리나라 감사제도의 운영실태 조사와 비교. 평가」, 상장회사감사회회보 제118호, 2009.10, 24면
314) Melvin A. Eisenberg, 「The Board of Director and Internal Control」, 19 Cardozo L. Rev. 1997, 237 및 244~250p 와 「은행법」제 23조 제1항 제5호 김순석, 전게서, 135면
315) 김순석, 전게서, 135면, 안수현, 전게연재서, 67~69면, 김용범, 전게서, 2012., 213면.
316) 김순석, 전게서, 135면, 박세화, 전게서, 307면

2009년 개정 「상법」에 따르면 감사위원회제도를 채택한 모든 회사는 3인 이상의 감사위원으로 감사위원회를 구성하여야 하며 그 중 3분의 2 이상은 사외이사여야 한다. (「상법」제415조의2 제2항). 따라서 우리나라도 궁극적으로는 상장회사의 감사 위원 전원을 독립적인 사외이사로 구성하고 있는 미국식 감사위원회 모델을 추구하는 것으로 보인다.

미국이나 일본의 감사위원회 모델에서는 감사위원이 스스로 감사를 하는 것을 전제로 하지 않고 있다. 감사위원회는 내부통제제도가 구축되고 제대로 작동하는지를 감사하는 것이 주된 기능 중의 하나이다. 감사위원회는 내부감사부서와 외부감사인 등과 연계하여 회사의 내부통제제도가 효과적이고 효율적으로 작동하는지 여부를 평가하게 된다.

즉, 감사위원회는 스스로 감사하는 것이 아니라 내부통제제도를 통하여 감사하도록 하고, 그 감사기능이 제대로 작동하는지를 평가하는 역할을 담당한다. 이처럼 감사 위원회 제도가 제대로 기능을 발휘하기 위해서는 집행임원제도와 더불어 내부통제 제도를 함께 도입하는 것이 필수적이다.[317]

내부통제제도를 도입할 때 감사위원회의 감사기능이 제대로 작동하도록 배려하여야 한다. 내부통제제도는 업무집행 일환이며 그 범위가 회사 전체의 업무집행에 관한 것이므로 직무집행의 효과성과 효율성, 적용법규의 준수 여부, 회계 보고의 신뢰성 등은 감사위원회의 감사대상이다.

감사위원회의 감사기능이 제대로 작동하기 위해서는 이사회가 정하는 「감사위원회 규정」에 감사위원회의 직무집행을 위하여 필요한 사항을 정 할 필요가 있다. 즉, 감사 위원회를 보조하는 감사보조조직에 관한 사항, 정보의 수집에 관한 사항, 외부전문가의 조력요구에 관한 사항 등이다.[318] 감사보조조직의 확충은 미국 트레이드위원회의 권고사항[319] 이며, 미국의 대형상장회사는 대부분 내부감사부서를 두고 있다.[320]

---

317) 김순석, 전게서, 136면, 임중호, 전게서, 161면

318) 김순석, 전게서, 137면, 이재혁, 전게서, 119면, 일본의 경우 감사위원회의 직무의 집행을 위하여 필요한 사항으로서 ① 감사위원회 직무를 보좌하는 이사 및 사용인에 관한 사항, ② 이들의 집행임원으로부터 독립성에 관한 사항, ③ 집행임원 및 사용인이 감사위원회에 보고하기 위한 체제, 기타 감사위원회 보고에 관한 체제, ④ 그 밖에 감사위원회 감사가 실효적으로 이루어 지기 위한 체제 등 이다.(일본 「회사법」제416조 제1항 제1호, 「회사법시행규칙」제112조 제1항)

319) 미국 트레이드위원회, 「Report of National Commission on Fraudulent Reporting」, 1987, 37p, 김순석, 전게서, 137면

320) Melvin A. Eisenberg, 전게서, 252~253p, 김순석, 전게서, 237면, 서진석,「감사. 감사위원회의 기능과위상 제고해야」, 상장회사감사회회보 제139호, 20118면

3. 내부통제제도 관련 법·규정의 통일화

우리나라의 금융 관련법에서 준법감시인 제도를 도입할 때 입법과정에서 내부통제와 그 일부를 구성하는 준법감시의 개념을 명확하게 구분하지 않고 내부통제기준을 입법하였다. 이에 따라 준법감시인이 내부통제업무를 모두 관장하는 일종의 「내부 통제인」으로 기능하도록 규정되는 입법상의 오류가 있다는 문제점에 대해서는 앞에서 지적한 바 있다. 이로 인하여 감사 또는 감사위원회와 준법감시인의 역할 분담에 혼란이 초래되기도 하였다.

이처럼 금융관련법의 준법감시인은 그 고유한 기능인 준법감시 이외에 내부통제 업무도 관장한다. 한편 「외감법」에서는 내부회계관리제도를 도입하여 내부통제의 요소 중 재무보고의 신뢰성 문제를 다루고 있는데 이는 직전 사업연도 자산총액 1,000억원 이상인 모든 주식회사에 대하여 적용된다. 또한 「상법」상 준법지원인제도는 내부통제요소 중 적용법률 및 규정의 준수 문제만 다루고 자산총액 5,000억원 이상인 상장회사에 적용된다.

이처럼 우리나라의 내부통제제도는 체계적으로 도입되지 못하고, 내부통제의 일부가 「상법」및 특별법에서 각각 개별적으로 규정되었다. 이는 감사제도와의 업무 중복이나 업무 연계성 부족에서 오는 실효성 부족으로 그 역할과 기능을 다하지 못하고 있다는 것이 현실적인 인식이다. 효율적인 내부통제제도를 정립하기 위해서는 지금처럼 여기 저기 산재되어 있는 내부통제 관련 제도를 하나로 통합하여 내부통제제도에 관한 법체계를 통일적으로 규율하는 방안을 고려할 필요가 있다고 본다.[321]

즉, 내부통제에 대해 국제적으로 수용되고 있는 「코소(COSO)」의 정의를 도입하여 그 개념을 명확하게 하고, 관련 업무를 분장하는 것이 바람직하다. 전술한 것처럼 내부통제에 관한 규정을 「상법」에 도입하고, 더 구체적인 규제가 필요한 경우에 한 하여 해당 법 또는 특별법에서 규정하는 것이 타당할 것이다.

4. 내부통제제도의 취약점에 대한 해소 방안[322]

내부통제의 취약점의 원인을 분석해 보면 전문인력 부재와 인력개발을 위한 교육투자 부족, IT시스템을 포함한 관련 인프라 지원부족, 경영진의 내부통제의 중요성에 대한 인식부족 및 건전한 내부통제 환경을 조성하기 위한 노력이 부족함에 따라 나타난 현상이 대부분이다. 이러한 내부통제 취약점을 해소하기 위한 방안은 다음과 같다.

첫째, 최고경영자의 내부통제제도에 대한 인식전환이 필요하다.

---

321) 김순석, 전게서, 138면, 최준선, 「회사법제의 개선과 감사의 역할」, 상장회사감사회보 제133호, 7면
322) 유인상, 전게연재서, 3면 참조 및 일부인용

대·내외 기업환경이 급속하게 변화하고 이에 따라 기업이 과거에 비해 다양하고 복잡한 리스크에 노출될 수밖에 없다. 이러한 리스크에 효과적으로 대응할 수 있는 내부통제제도를 구축하고 운영하는 궁극적인 책임자로서 기업의 최고경영자는 신뢰할 수 있는 내부통제제도를 통해 기업의 회계투명성이 증대되고 이것이 궁극적으로 시장의 신뢰를 얻어 기업 가치를 상승시킨다는 인식을 가져야 한다.

이러한 인식을 바탕으로 임직원들이 내부통제제도를 효과적으로 운영할 수 있도록 적극적인 참여를 요구하고 건전한 통제문화를 정착시켜 나가야 한다. 이를 위해 필요한 전문 인력을 양성하고, 충분한 예산을 확보하고, 취약한 내부통제제도를 개선하는 활동을 독려하여 최고경영자의 내부통제제도에 대한 확고한 의지를 대내외적으로 보여야한다.

둘째, 기업은 내부통제 관련 인프라에 대한 투자가 필요하다.

파생상품, 지분법, 이연법인세, 연결회계 등 복잡한 회계기준을 올바르게 처리할 수 있도록 회계전문 인력을 양성하고 IT시스템을 보완하여 회계처리 능력을 배양할 수 있어야 한다. 특히, 국제회계기준의 도입에 따라 회계언어가 변경되었고, 이로 인해 재무제표 작성 시 중요한 회계정책 결정 및 적용에 있어 전문가적인 판단이 상당히 요구되는바 이에 대한 대응을 위해 시간과 비용의 적극적인 투자가 필요하다.

과거 관행적으로 재무제표의 일부를 작성하거나 중요하고 까다로운 회계처리에 대해 외부감사인의 지원을 받는 경우가 있었으나 외부감사인의 독립성이 강조되면서 더이상 외부감사인의 도움을 기대할 수 없게 되었다. 이젠 기업이 결산업무를 자체적으로 수행할 수 있는 역량을 개발해야 하고, 단기적으로 복잡 다양한 회계 관련 지식을 습득하기에 한계가 있을시 외부컨설턴트를 활용하여 결산업무에 대한 지원 받는 것을 고려해야 할 것이다.

셋째, 정부의 정책적인 지원이 필요하다.

기업의 회계투명성을 높이기 위해 효과적인 내부통제제도를 구축/운영해나가는 것이 궁극적으로 기업 가치를 상승시키게 되나 단기적으로는 경제적 부담이 될 수밖에 없다. 이러한 부담을 해소시키고 관련 투자를 권장하기 위해 정책적 측면에서의 지원이 필요하다.

내부통제제도를 구축하고 향후 이를 운영 및 보완하기 위해 투자된 컨설팅 비용, 공인회계사 등 전문 컨설턴트를 확보하기 위해 소요된 인건비등의 비용에 대해 연구 및 인력 개발비 세액공제제도의 도입을 통해 지원하는 것이 그 예가될 수 있다.

넷째, 이사회 및 감사기능의 확충이 필요하다.

이사회 및 감사(이하 '감사위원회'포함)는 기업의 리스크를 대응/관리하기 위한 「최후의 보루(Defense Line)」이다. 이사회 및 감사의 주요한 기능은 대표이사와 업무담당이사에 대한 경영감독기능이다.

특히, 내부통제 상에 중요한 취약점 중 하나가 경영진 및 임원들이 저지르는 부정 및 내부통제의 무시인 만큼 이를 감독하고 예방할 수 있는 방안은 이사회 및 감사의 역할을 확대하고 이들에 대한 조직 외관상 및 실질적인 측면에서 독립성을 확보할 수 있도록 하는 것이 매우 중요하다.

제5절 부정 관리

I 부정관리의 일반

1. 부정 관리의 개요

기업의 경영환경이 더욱 복잡, 다변화되면서 기업이 직면한 위험요소는 매우 다양해 지고 있다. 특히 기업 임직원의 부정, 절도, 보안침입, 산업스파이로 인한 기업 비밀 유출, 자금세탁 등은 이미 심각한 수준에 달하고 있다.

ACFE[323]의 '2014년도 부정사기와 남용에 관한보고서(2014 Report to the Nation on Occupational Fraud & Abuse)' 따르면, 전 세계적으로 부정으로 인해 매년 매출액의 약 5%에 해당하는 금전적 손실이 발생하고 있다고 보고 있다. 이를 2013년 세계 총생산에 적용해 보면 연간 약 4,027조 이상이 내부인의 부정으로 인해 발생 되는 손실로 볼 수 있다.

이와 같은 부정위험에 대비하여 적절치 못한 대응 및 예방이 이루어진다면 직접적으로는 금전적 피해에서부터 임직원의 사기 저하, 기업 이미지 실추에 이르기 까지 기업 경영 전반에 걸쳐 광범위한 손실을 야기 시키게 된다.

오늘날 기업, 특히 대형 상장회사나 다국적 기업은 과거 어느 때 보다도 기업이 직면하고 있는 부정 위험을 파악하고 그 위험을 최소화하기 위한 방법을 적극 강구 해야 할 시점에 왔다고 생각한다.

---

323) ACFE(Association of Certified Fraud Examiner)란 1988년에 설립되었으며, 「공인부정행위 조사관협회」 이다. CFE는 각종 Fraud 와 화이트칼라 관련 범죄를 예방, 적발, 조사하는 공인된 전문가로서, 현재 전 세계적으로 125여 개국에서 약 80,00명이 활동하고 있다. CFE는 주로 회계사, 감사인, 법조인, 공무원, 교수, 범죄관련 전문가들로서 정부기관, 대기업, 법률관련 전문기관(미국의 경우 SEC, CIA, FBI, INS, IRS 등) 및 회계법인 등에서 활동 중이다.

2. 부정(Fraud)의 정의

부정(Fraud)을 사전에서 찾아보면 "행동이나 일이 올바르지 못하거나 정당하지 않은 것"으로 설명하고 있으며, **일반적으로 부정은 '개인적 이득을 얻고자 행하여지는 고의적이고 부정적인 행동'**이라고 정의한다.

감사측면에서 많이 사용하고 있는 미국의 「공인부정행위조사관협회(ACFE)」의 부정에 관한 정의는 "**부정이라 함은 고의적으로 조직의 자원 또는 자산을 유용 또는 오용하여 사적인 이익을 취하기 위하여 자신의 업무를 이용하는 것**"이라고 정의한다.

참고1 ▶▶ 김장래 교수의 부정 정의324)

'부정이라 함은 사적으로 금전이나 기타 이익을 취할 목적으로, 또는 기업이나 조직의 경영성과를 과대·과소 공표하거나 채무의 은폐 및 축소를 목적으로 허위신고, 사실왜곡, 관련서류의 위·변조 및 데이터 조작 등의 부당한 행동이나 일'이라고 정의한다.

참고2 ▶▶ 국제회계기준(ISA)의 부정 정의325)

'부정이라 함은 경영진, 종업원, 거래처의 한사람 또는 그 이상의 사람이 불공정하거나 불법적인 이득을 얻기 위하여 타인을 기만하여 행하는 고의적인 행동'으로 정의한다.

참고3 ▶▶ 국제내부감사협회(IIA)의 부정 정의326)

'부정이라 함은 속임, 감춤 또는 신뢰위반으로 특정되는 어떤 행위. 이런 행위는 폭력이나 물리적 힘에 의한 위협이 있었는지 여부와 관련이 없다. 부정은 금전, 재산 또는 서비스를 취하고자하는 경우, 지급이나 서비스의 손실을 피하기 위한 경우 또는 인적이나 사업상 이득을 얻기 위해 개인이나 조직의해 저질러진다.

참고4 ▶▶ Fraud and Corruption 기준 (AS8001-2003)의 부정 정의327)

'부정이란 내부 직원이나 조직의 외부인에 의해 다른 사람이나 조직에 실제 혹은 잠재적으로 돈이나 다른 자산의 절도를 포함한 재무적 손실을 초래할 수 있는 부도덕한 행위로 그 행위 당시나 혹은 그 이전 이후에 어떻게든 속임수가 사용되었던 것을 의미한다.
이것은 의도적인 위조, 은폐, 일상적인 업무 목적으로 사용되었거나 사용하고자 했던 위조된 문서의 사용과 파기, 정보와 지위의 부적절한 사용을 모두 포함한다.

---

324) 김장래, 「부정위험관리」, 2002-6호, 2005., 1면
325) 권우철, 「부정위험관리 및 진단사례」, 2010. 5. 20. 5면
326) 김성수, 「부정위험관리체계」, 상장회사 감사회 Auditor Journal 2016 April., 6면
327) 김성수, 「부정위험관리체계」, 상장회사 감사회 Auditor Journal 2016 April., 6면

Ⅱ 부정의 일반 유형과 발생 동기

1. 부정의 일반유형[328]

부정의 유형과 각 유형별로 발생되는 사고는 매우 다양하고 광범위하므로 여러 가지 형태로 분류할 수 있는데, ACFE는 부정을 크게 부패(Corruption), 자산횡령(Misappropriation of assets), 허위보고(Fraudulent Statements)의 3가지 유형으로 분류한다.

부정은 기업이 영위하는 업종이나 규모에 관계없이, 기업 경영의 안정을 위협하는 실질적이고 현존하는 위협이며, 일반적으로 상기의 분류에 따라 발생 가능한 세부적인 부정 내용은 다음과 같다.

가. 부패

일반적으로 자신의 지위를 이용하여 개인적인 이득을 얻기 위하여 자신이 속하는 조직에 반하는 행동을 행하는 행위를 의미한다.

(1) 이해상충
① 저가 납품 : 특정업체(특수관계자일 가능성 농후)에 제품을 낮은 가격으로 납품.
② 지분 참여 : A회사 임직원이 B회사의 지분을 소유함으로써 A회사로 하여금 B회사에 특혜를 제공하는 등의 행위.

(2) 뇌물수수
① 뇌물상납 : 회사의 구매담당자가 입찰가를 조작하여 특정거래처가 낙찰 받도록 하고 금품을 수수.
② 리베이트 : 지급한 상품이나 용역의 대가 일부를 다시 그 지급자에게 되돌려 주는 행위
③ 입찰담합 : 여러 업체가 입찰에 참여할 때, 업체간 담합행위를 통해 입찰 건 을 분배 하는 방식으로 경쟁을 제한하여 담합에 추진한 회사들이 이득을 취하는 경우 담합추진사(입찰을 받을 회사)와 담합협조사 (나머지 회사)를 미리 정해 입찰에 참여함으로써 담합추진사가 낙찰 받도록 하는 행위.

---

328) 정금회, 「기업의 부정적발 유형과 예방」, 상장회사감사회회보 제173호, 2014. 5. 14면. 김남재, 「기업부정의 사례와 시사점」, 상장회사감사회회보 제148호, 2012. 4. 14면. 김성수, 「부정위험관리 체계」, 상장회사 감사회 Auditor Journal 2016 April., 7~8면

(3) 거래선폐해

① 금전대차 : 직원이 거래관계가 있는 업체로부터 금전대차 혹은 건물의 임대
차 등의 재정적 편의를 제공하는 행위.

② 경비전가 : 부서회식 또는 접대 시 비용을 협력회사에 부담시키는 행위. 협
력회사에 접대를 암시하거나 요구하는 행위. 협력회사로부터 골프 접대 또
는 향응을 받고 비용을 부담시키는 행위, 부서 단합대회 등 사내행사 시 협
력사로부터 현금·물품 등의 협찬을 받는 행위.

(4) 협력업체특혜

① 입찰정보 및 편의제공 : 구매담당자가 협력업체에게 입찰정보 제공 또는 단
가 결정 시 편의 제공.

② 고가구매 및 자원지원 : 시세보다 고가로 물품을 구입하거나 협력회사의 인
력·장비를 무단 지원하는 행위.

나. 자산횡령

가장 많이 발생하고, 흔한 부정유형으로 회사 자산의 오용이나 유용[329]과 관련된
행위를 말한다.

(1) 현금/예금 절도

① 공금 횡령 : 회사 공금을 횡령하는 행위(은익과 차이 : on-book fund를 훔침).

② 예금돌려막기 : 하루치 예금을 횡령하고 次日 입금되는 예금으로 돌려막기.

③ 송금불능처리 : 송금 중인 예금을 가로챈 후 송금불능 처리.

(2) 현금/예금 은익

① 공금 횡령 : 회사 공금을 횡령하는 행위(절도와 차이 : off-book fund를
훔침).

② 매출 은익 : 매출이 발생하였으나, 해당 내역이 기록되기 전에 판매대금을
챙기고 매출기록을 남기지 않음으로써 현금을 취득하는 행위.

③ 부실 상각 : 고객사가 대금 지급을 완료하였으나, 해당 대금을 수취 후 매
출 채권을 대손 처리하는 행위.

④ 돌려 막기 : 지급된 대금을 수취 후 다른 거래처에서 지급되는 대금으로 해
당 매출 건을 입금 처리하는 행위.

---

329) 사전적 의미로 오용(誤用)이란 잘못 사용함을 의미하고, 유용(流用)이란 남의 것이나 다른 곳에 쓰기
로 되어 있는 것을 다른 데로 돌려씀을 의미한다.

(3) 비현금성 자산유용

① 사적 이용 : 재고자산 및 업무용비품 등을 사적으로 이용하는 행위.

② 자산 절도 : 재고자산 및 업무용비품 등을 빼돌려 절취하는 행위.

③ 자산 폐기 : 자산담당 직원이 회사 자산을 임으로 폐기하여 돈을 횡령하는 행위.

④ 허위 구매 : 구매담당 직원이 회사 자산을 구매하지 않았는데 별도의 구매 승인절차가 없는 것을 이용하여 자산구매형식만을 갖추고 실제 로 구매하지 않고 그 돈을 횡령.

(4) 허위 송장

① 허위 대금지급 : 실제거래가 없었던 vendor 지만 허위송장을 발급하여 대금을 지급.

② 납품단가 위조 : 송장 위조를 통해 납품단가를 조작하여 차액을 취득.

(5) 허위 급여

① 유령 직원 : 존재하지 않는 허위 직원에게 임금지급.

② 임금 및 작업시간 위조 : 임금 및 작업시간을 실제보다 과대 계상.

(6) 허위 비용

① 사적이용경비청구 : 개인적으로 사용한 영수증으로 경비청구.

② 허위 증빙 : 허위 증빙을 통한 업무 경비 과대계상 및 경비 남용.

③ 가공 경비 : Client가 지급한 경비청구 및 복사된 미기재영수증을 통한 거짓 경비청구.

(8) 기타 자산횡령

① 수표 위조 : 미사용 수표의 유용(예 : 수표를 보관금고에 되 돌려놓기 전 스캐닝하고 출력. 즉, 위조하여 현금화).

② 허위 지급기재 : 허위의 리베이트 부여, 거래 취소 또는 환불처리 한 후 대금을 착복.

다. 허위보고

허위보고는 이익을 과대 또는 과소 보고하는 회사 재무 정보의 위조행위를 말한다.

(1) 재무적 허위보고

① 자산/수익의 과대 계상.

② 부채/비용의 과소 계상.

(2) 비재무적 허위보고

ㅇ HR 문서(입사원서 등), 영업보고서(실적보고서 등) 등의 허위 보고.

2. 부정의 발생동기[330]

부정은 취약한 내부통제 등으로 인하여 개인이 부정을 저지르고 적발되지 않을 수 있다는 기회가 있어야 하며, 부정을 저지를 수밖에 없는 상황이거나 부정을 통해 얻을 수 있는 이익이 동기로 작용하며, 자신이 저지른 부정에 대해 스스로 합리화 하는 과정을 거쳐 발생한다.

가. 태도 및 기회

조직의 내부통제가 취약하거나, 부정 및 불법행위 또는 비윤리적 관행이 만연하거나 관대한 조직문화, 자산 보호가 불충분 한 경우 등 부정의 발생을 가능하게 하는 여건이다.

나. 동기 및 압박

동기 및 압박이라 함은 조직 내에서 승진이나 경제적 상태 등 개인적인 목표달성을 위해서나, 경제적 어려움 속에서의 금전적 욕심 때문에, 또는 훔치는 것 자체를 목적으로 하는 습관적인 범죄 등 비윤리적 행위를 야기하게 하는 이유나 계기이다.

다. 자기합리화

자기합리화는 업무 관행이나 조직 문화 등 자신이 부정, 불법, 비윤리적 행위를 저지르는 이유를 스스로 정당화하고 합리화 하는 것을 말한다.

---

330) 김남재, 「기업 부정의 사례와 시사점」, 상장회사감사회회보 제148호, 2012. 4. 18면.과 김장래, 「부정 위험관리」, 2002-6호, 2005., 2면, 김성수, 「부정 발생 경향 및 Trend」, 상장회사 감사회 Auditor Journal 2016 March., 14면 참조 및 인용

참고 ▶▶	부정을 합리화하는 주요 10가지 생각

① 이건 다른 사람 보다 나에게 더 필요한 거야.
② 지금 이걸 빌렸다가 나중에 돌려주겠어.
③ 다른 사람들이 다 이렇게 하고 있는 것 아니야.
④ 우리 회사가 너무 크기 때문에 이게 없어진다고 해도 알아채지 못할 거야.
⑤ 누가 피해를 받은 것도 아닌데.
⑥ 난 이걸 받을 자격이 있어.
⑦ 이렇게 하는 것이 결국 모두를 위한 거야.
⑧ 난 충분히 보상을 받지 못했으니까 부정을 저질러도 괜찮아.
⑨ 이건 내 업무의 일부일 뿐이야.
⑩ 이건 내가 개인적인 이익을 얻은 것은 아니야 등.

그림 ▶▶	부정 발생 동기[331]

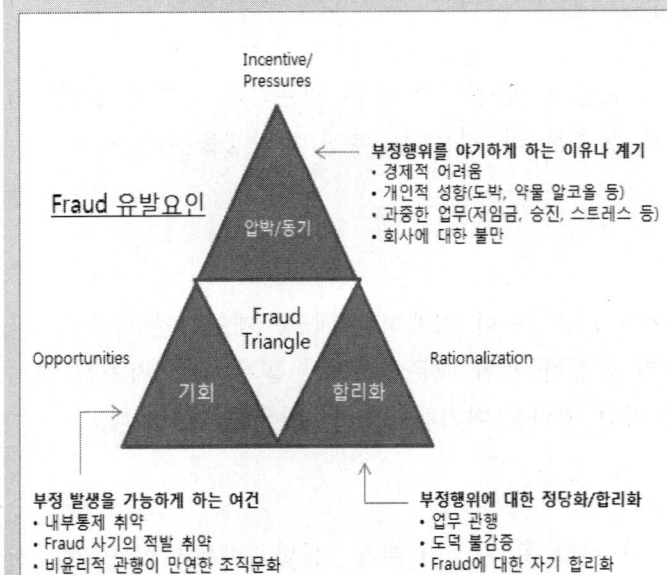

• 동기/압박(Incentive & Pressure) : 경제적 어려움이나 금전적 욕심, 급여나 승진 등에 대한 과도한 스트레스, 회사에 대한 불만 등 부정, 불법행위, 비윤리적 행위를 야기하게 하는 이유나 계기

• 기회(Opportunity) : 조직의 내부통제가 취약하거나, 부정 및 불법행위 또는 비윤리적 관행이 만연하거나 관대한 조직 문화 등으로 인해 부정의 발생을 가능하게 하는 여건

• 자기 합리화(Rationalization) : 업무 관행이나 조직 문화 등 자신이 부정, 불법, 비윤리적 행위를 저지르는 이유를 스스로 정당화하고 합리화 하는 것

---

331) 김성수, 「부정 발생 경향 및 Trend」, 상장회사 감사회 Auditor Journal 2016 March., 14면 참조 및 인용.

Ⅲ 부정의 발생조건 및 통제의 필요성

1. 부정의 발생조건[332]

많은 기업들이 재무적 영향이 큰 부분에 내부감사 역량을 집중하는 경향이 있지만, 아래에서 보는 바와 같이 재무적 중요성이 부정위험 자체를 의미하는 것은 아니며, 오히려 부정은 관리가 부실한 영역, 관심이 적은 부분에서 발생한다.

일반적인 부정 발생 환경

① 고위층의 부정에 대한 관대한 태도.
② 원격지의 업무 환경.
③ 부적절한 업무 분담.
④ 적절한 경영감독의 부재.
⑤ 검증 없는 신뢰(복잡성이 높은 부분에 대한 간과).
⑥ 손실 발생에는 충분한 원인 규명 절차를 수행하지만, 이익 발생 시에는 의심하지 않는 관행 등.

2. 부정 방지 및 통제의 필요성[333]

부정행위는 세계적으로 매년 경제에서 수천억 달러가 유출되는 심각한 문제이다. 기업의 이익을 직접적으로 감소시킬 뿐만 아니라, 브랜드 파워, 기업의 명성, 시장 점유율, 경쟁우위, 혁신, 수익 및 주가 등에 부정적인 영향을 가져올 수 있다.

오늘날 고도로 글로벌화 된 경제하에서는, 위에 언급된 것들 중 한 가지라도 기업이 타격을 입는 경우에는 엄청난 재앙과 같은 결과가 연쇄적으로 일어날 수 있다. 설상가상으로, 부정행위는 경제발전의 중요한 동인의 하나인 경쟁의식에 심각하고 해로운 영향을 미친다. 부정행위는 불공정한 시장을 조성하고, 근본적으로 경쟁력이 떨어지는 행동에 보상을 제공하기 때문에 결국 시장에서 경쟁하고자 하는 의지를 꺾을 수밖에 없다.

부정행위의 특징들, 즉 은밀함, 속임수, 가치의 파괴 등은 현대 시장에서의 필수적 성공요건인 투명성, 정직, 가치창조와 정반대라 해도 과언이 아니므로, 기업들은 시장에서 생존하고 성공하기 위해서라도 부정행위를 방지하고 통제하는 것이 매우 필요하다. 따라서 기업의 부정방지 프로그램과 통제가 필요한 이유는 다음과 같다.

---

332) 김남재, 「기업 부정의 사례와 시사점」, 상장회사감사회회보 제148호, 2012. 4. 18면.
333) Toby J. F. Bishop., Frank E. Hydoski 공저/딜로이트 안진회계법인 역, 「부정 및 부패 대응전략 －성공 기업 위험관리」, FKI 미디어, 2010, 34~35면

(1) 기업의 효익

① 생존 가능성 증대.

② 주주가치 보호.

③ 손실 감소를 통한 수익성 제고.

④ 기업 형사소송 위험 감소.

⑤ 기업 명성 제고.

⑥ 경영진이 본연의 임무에 집중 가능.

⑦ 우수한 인력의 채용과 유지 등.

(2) 개인의 이익

① 개인 형사소송 위험 감소.

② 개인의 명성 제고.

③ 경력개발의 기회.

④ 더욱 매력적인 직장.

⑤ 실직위험 감소 등.

(3) 부정행위로 인한 손실

① 관련자들에 대한 잠재적 형사소송과 명성의 실추.

② 직접적 재무적 손실(예 : 부정행위로 인한 손실, 조사비용, 민사소송비용 등).

③ 간접적인 손실(예 : 고객이탈, 경영진의 에너지 분산, 사업기회의 상실, 브랜드 가치 감소 등).

④ 부정적 여론 형성(예 : 명성, 브랜드 이미지 등).

⑤ 주가 하락.

⑥ 신용평가 등급 하락.

⑦ 우수한 인재 채용과 유지 곤란 등.

3. 부정위험과 내부통제의 관계[334]

기업의 경영목적을 달성함에 있어 저해요소가 될 수 있는 리스크를 식별하고 그 발생 가능성 및 기업에 미치는 영향력의 정도를 고려해서 대응하는 것이 경영자가 수행하는 중요한 업무 중에 하나이다. 기업은 식별된 리스크를 중요성 관점에서 사정하여 경영목적 달성에 합리적인 확신을 얻을 수 있는 수준으로 대응/관리하기 위해 통제환

---

334) 김장래, 「부정위험관리」, 2002-6호, 2005., 2면. 및 유인상, 「내부통제의 취약점 해소 방안과 감사기능 의 확충 」, 상장회사감사회보 제130호, 2010., 2~3면 참조 및 인용

경, 통제활동, 정보와 의사소통, 모니터링 이라는 내부통제 구성요소를 기업의 상황에 맞게 설계하여 운영한다.

그러나 PWC의 'The Global Economic Crime Survey 2014'에 의하면 회사의 불충분한 내부통제가 사고의 원인을 제공했다고 대답한 응답자가 34%이고, 통제를 우회할 수 있는 권한을 부여한 것도 19%로 조사되었다. 이는 회사의 내부통제활동이 적절하게 설계되어 있지 않거나 적절하게 운영되고 있지 않음을 의미한다. 이러한 내부통제의 취약점이 존재하는 환경에서 개인의 재정적 문제 등이 동인이 되어 부정사고로 연계되는 것이다.[335]

따라서 내부통제제도가 취약한 기업의 경우 회계오류 및 부정가능성이 높아지게 되고 결국 기업가치 에도 부정적인 영향을 미칠 수밖에 없다. 국내외 학자 및 연구 기관 등의 연구결과와 회계법인이 실무적으로 수행한 용역을 통해 내부통제제도의 취약점이 발견된 기업의 특성을 분석한 결과를 보면 내부통제의 취약점을 아래와 같이 요약할 수 있다.

(1) 통제 환경
① 부정에 대비한 내부고발제도 등의 부족.
② 회계처리 역량확보를 위한 인력개발 등 회계인프라 구축에 대한 지원의 부족.
③ 중요한 회계정책의 결정이나 회계기준 적용능력의 부족.
④ 파생상품, 지분법, 이연법인세, 연결회계 등 복잡한 회계기준 적용에 있어서 회계 전문 인력의 부족으로 인해 회계처리 능력상의 한계 존재.
⑤ 경영진 및 임직원의 내부통제의 중요성에 대한 인식 부족 또는 무관심 등.

(2) 리스크 사정
① 위험을 식별하고 이를 평가하는 공식적인 리스크관리 프로세스의 부재.
② 리스크의 지속적인 관리체계 부재.
③ 비정상적 이거나 특별한 거래의 처리와 관련된 리스크 평가기능의 취약 등.

(3) 통제 활동
① 양립할 수 없는 업무에 대한 적절한 분장 미비.
② 거래의 검토, 모니터링 및 감독절차의 부재 또는 취약.
③ 경영자 및 특수관계자 와의 자금거래에 대한 통제절차의 미비.
④ 자금 입출금 통제의 미비.

---

335) 김성수, 「부정 발생 경향 및 Trend」, 상장회사 감사회 Auditor Journal 2016 March., 12면

⑤ 외부보관 재고자산에 대한 물리적 보호와 주기적 실사에 대한 통제활동 취약.

⑥ 기업 내 내부통제 자가평가팀의 전문성 및 경험의 부족.

⑦ 부정방지 프로그램의 미흡.

⑧ 공시작성 프로세스 및 관련 통제의 미비.

⑨ 장부 마감 절차 및 관련 통제에 대한 문서화 미비.

⑩ 용역대행업체의 내부통제제도에 대한 검토절차 미비 등.

(4) 정보 및 의사소통

① 장부마감절차에 대한 공식적인 의사소통절차 미비.

② IT시스템 통제의 중요성이 점점 커지는데 비해 IT 관련 투자의 미흡.

③ 중요 회계 기초자료작성 시스템 구축 미비.

④ 재무자료 작성에 사용되는 엑셀스프레드시트 등의 ECU(End User Computing)에 대한 통제 취약 등.

(5) 모니터링

① 회계결산절차와 관련된 모니터링 통제의 취약.

② 이사회와 감사위원회(감사)의 위험과 통제에 대한 이해 부족.

③ 내부감사 및 이사회 기능의 미비 등.

Ⅳ 부정 징후의 특징과 업종별 유형

1. 부정 징후의 특징[336]

부정을 저지르는 임직원의 경우 종종 동료나 상사와 같은 주변 사람들에게 일종의 경고 신호로서 특별한 행동이나 특징을 나타내는 경우가 많은데, 자신의 업무나 행동을 타인에게 가능한 숨기려하거나 매사에 과도하게 민감한 반응을 보인다든지 또한 갑자기 사치스러운 생활을 하는 등의 경향을 보이게 된다.

2014년 ACFE에서 조사한 결과를 보면, 부정이 발견되기 전에 부정행위자가 일반적으로 나타내었던 행위 또는 징후에 관해 설문에 대해 응답자들은 당사자의 경제적 수준에 비해 호화롭고 사치스러운 생활을 하였거나 경제적 어려움에 처해 있었다는 점과 비정상적으로 거래처와의 친분 관계 유지, 좋은 수완 등을 가장 많이 꼽았다.[337]

부정이 발생하는 징후를 개인차원과 조직차원에서 정의할 수 있다. 이러한 징후들은 회사 차원에서 부정위험관리체계를 수립·운영할 때 충분히 고려되어야 한다.

---

336) 김남재, 「기업 부정의 사례와 시사점」, 상장회사감사회회보 제148호, 2012. 4. 19면. 참조 및 인용
337) 김성수, 「부정 발생 경향 및 Trend」, 상장회사 감사회 Auditor Journal 2016 March., 15면

가. 개인차원의 부정 징후

① 분수에 맞지 않는 삶을 살고자하는 욕구.

② 개인의 성취에 대한 지나친 욕망.

③ 높은 개인 부채.

④ 고객과의 친밀한 관계.

⑤ 정당한 보상을 받지 못한다는 인식.

⑥ 권모술수에 능하다는 자만감 또는 사고방식.

⑦ 현 시스템 또는 체제를 이겨보고 싶은 정복감.

⑧ 도박 중독.

⑨ 도덕적 해이(Moral Hazard).

⑩ 가족 또는 동료로부터 느끼는 사회적 압박감.

⑪ 자신의 직무성과에 대한 무지 등.

나. 조직 차원의 부정 징후

① 주요 직원에 대한 지나친 신뢰.

② 거래에 대한 승인절차 미비.

③ 적절한 직무분리 미흡.

④ 정보의 접근권한 불명확.

⑤ 자점 감사 업무 불철저.

⑥ 리스크 관리 시스템 부재.

⑦ 독립적인 통제활동의 부재.

⑧ 개인의 투자 및 소득 등에 대한 정보의 적절한 공개 부족.

⑨ 자산의 보관 및 거래 권한의 미분리.

⑩ 중요치 않은 세부사항에 대한 불필요한 주의 및 관심.

⑪ 자산에 대한 기록과 보관 권한의 미분리.

⑫ 회계부서 인원들 간의 불명확한 업무분장.

⑬ 권한이나 책임에 대한 명확하지 않은 정의 또는 분류.

⑭ 내부감사가 자주 수행되지 않은 부서 또는 조직 등.

다. 횡령자 들의 일반 특징

① 현금이나 기타 자산에 쉽게 접근할 수 있는 업무수행.

② 도박, 알코홀, 약물의 중독.

③ 내부통제 취약점 이용 및 활용.

④ 공범 보다 단독 범행 선호.

⑤ 횡령금액의 무분별 소비 등.

2. 부정의 업종별 유형338)

일반적으로 산업별 전형적인 부정의 유형은 다음과 같다.

가. 제조업

① 사전, 사후 매출할인의 임의 변경 및 적용으로 판매가격 조작.

② 자금횡령을 위한 가장된 전략적 제휴.

③ 가공의 매출로 경영실적 왜곡 및 부외 자산, 채무 누락.

④ 거래선 마스터 파일 정보의 허위 등록 및 부당한 변경.

⑤ 외상매출금 유용 후, 부실 채권화 하여 대손처리.

⑥ 금액의 과대계상 및 이중으로 지급 후 반환금 횡령.

⑦ 자금 시재액의 조작으로 공금 유용.

⑧ 주가조작을 위해 회사의 유휴자금 사용.

⑨ 회사 주요 자산의 사적 이용.

⑩ 판관비 관련 증빙의 이중사용, 허위신고 및 위/변조.

⑪ 위장된 전문용역(세무, 컨설팅, 법무 등)을 통한 공금횡령.

⑫ 주요 사업 기밀사항 유출 및 지적재산권의 절도.

⑬ 불량품, 반품, 폐기품에 대한 부당한 처리.

⑭ 구매 및 검수 조작과 공모 구매 관련 리베이트 수수.

⑮ 공급업체와 공모 경매정보의 사전 유출 및 형식적인 경매.

⑯ 재고자산 및 집기 비품의 절도.

⑰ 전산 데이터의 조작으로 기존 부정 은폐 등.

나. 금융업

① 무자원 전산 입금을 통해 거액의 부당 인출.

② 고객의 장기 휴면계좌로부터 부당 인출.

④ 가족명의를 이용하여 부당대출 후 횡령.

⑤ 공과금 미 입금 처리로 유용.

⑥ 고객정보관리시스템의 임의 접근, 관련 정보 변경.

⑦ 고객 증권계좌를 통한 임의매매.

---

338) 김장래, 「부정위험관리」, 2002-6호, 2005., 3면 참조 및 일부 인용

⑧ 기업투자분석 정보의 사전 유출.

⑨ 허위 혹은 과대 투자정보 게재.

⑩ 금융자산운영에 있어 외부와 공모(투자위험 분석의 왜곡)..

⑪ 고객 보험료의 일시납을 월납으로 변경, 유용.

⑫ 보험계약자 승인 없이 해약 환급금의 이체로 보험금 유용.

⑬ 영수증, 청약서, 보험증서의 위/변조.

⑭ 부당한 재보험 가입으로 리베이트 수수.

⑮ 허위지급보증서 및 위조서류 등에 의한 부당대출.

⑯ 신용정보 및 고객정보의 유출.

⑰ 선물옵션 등 파생상품 손실에 대한 대위변제.

⑱ 전산 해킹 및 전산 정지 등 전산 관련사고 등.

다. 유통업

① 가공의 매출로 성과급 받고, 유통기간 경과 후 반품 처리.

② 현금 매출을 외상매출로 처리 및 보고 후 유용.

③ 현금 매출대금을 어음이나 수표로 변경 입금.

④ 현금 매출을 취소하고 카드 할부 매출로 전환.

⑤ 재고품을 반품처리 하여 현금 수취.(재고실사의 취약점을 이용).

⑥ 공급업체와 공모 제품 등급 임의변경하고 리베이트 수수.

⑦ 반품, 파손품을 파기하지 않고 등급판매 등.

Ⅴ 부정위험의 평가제도[339]

1. 부정위험 평가의 의의

부정위험 평가는 COSO 프레임워크에 기초한 모든 부정방지 프로그램의 핵심이다. 부정위험 평가는 기업 내부 또는 외부에서 부정행위가 발생할 수 있는 방식 들을 고려함으로써 광범위한 위험관리 프로세스의 중요한 부분을 구성하기도 한다.

궁극적으로 '부정위험 평가는 기업에서 일어날 수 있는 부정사건 들의 유형을 정의하고, 그 발생가능성과 영향의 크기를 결정하며, 이러한 위험을 관리하기 위한 통제와 연계하는 활동'으로 정의할 수 있다.

---

339) Toby J. F. Bishop., Frank E. Hydoski 공저/딜로이트 안진회계법인 역, 전게서, FKI 미디어, 2010, 97~120면 참조 및 인용

2. 부정위험 평가의 중요성340)

효과적인 부정위험 평가는 부정 위험관리 프로그램의 기본 토대가 된다. 간단하게 말하자면, 부정위험을 명확하게 파악하지 못한 상태에서 부정위험을 효과적으로 관리하기란 매우 어렵다.

이상적인 위험평가는 관련된 핵심 분야를 다루는 것이며, 기업의 규모와 복잡성, 산업, 경영목표 등 개별 기업의 특성을 고려하여 조정된다. 일률적인 위험평가를 실시하거나 다른 회사의 사례를 그대로 평가한다면 많은 결과들을 신속하게 도출할 수 있겠지만, 해당 기업이 직면한 위험을 심도 있게 분석하기는 어려울 것이다.

진화하는 부정위험과 시간이 지남에 따라 기업이 발생할 수 있는 특정한 취약성을 파악하기 위해 위험평가 결과를 주기적으로 갱신하는 것이 바람직하다. 위험평가를 매년 갱신하는 것이 일반적이지만, 중요한 조직의 변경이나 경제사항의 변동성이 큰 시기에는 보다 짧은 주기로 갱신하는 것이 적절할 수도 있다.

부정위험 평가가 중요한 이유는 상세한 부정위험 평가를 통해 기업이 가장 취약한 부정행위가 어떤 것인지?, 그리고 부정위험이 기업의 내부 또는 외부에서, 어떠한 방식으로 발생하는지를 파악할 수 있다. 아울러 상세하고 적정한 부정위험 평가를 수행하면, 충실한 정보를 바탕으로 안정적이면서도 역동적인 위험관리를 수행할 수 있기 때문이다.

3. 부정위험 평가의 수행341)

부정 위험평가는 기업 내 부정위험을 다루는 데 있어 중요한 단계이며, 그렇기 때문에 경영진에게도 중대한 관심 분야가 된다. 그러나 부정 위험평가 시에 하나의 표준화된 방법이 존재하는 것은 아니기 때문에 몇 가지 접근방법 중 하나를 소개 하니, 실제 적용 가능한 부정 위험평가 계획을 수립하는데 있어 활용하면 유용한 지침이 될 수 있을 것이다.

(1) 제1단계 : 부정 위험요인의 식별 및 평가

부정 위험요인은 그 자체로 반드시 부정행위가 존재한다는 것을 의미하는 것은 아니지만 이러한 요인들은 부정행위가 존재하는 환경에서 나타나는 경우가 많다. 부정 위험요인을 '**부정 위험지표**'라고 부르기도 하며 이들은 일반적으로 동일한 의미로 쓰인다. 따라서 부정 위험요인은 아래의 사건이나 상황을 가리킨다.

---

340) Toby J. F. Bishop., Frank E. Hydoski 공저/딜로이트 안진회계법인 역, 전게서, FKI 미디어, 2010, 98~103면 참조 및 인용
341) Toby J. F. Bishop., Frank E. Hydoski 공저/딜로이트 안진회계법인 역, 전게서, FKI 미디어, 2010, 103~113면 참조 및 인용

부정 위험 요인

① 부정행위를 범하게 하는 유인/압력.
② 부정행위를 범할 수 있는 기회.
③ 그러한 행위를 정당화하는 태도/합리화 등.

부정 위험요인은 인터뷰, 브레인스토밍, 내부 및 외부 조사, 경영진 또는 내부감사팀이 작성한 보고서의 분석 등 다양한 기법 등을 통하여 식별할 수 있다. 이러한 기법 중의 일부는 경영진이 내부통제의 목적으로 이미 활용하고 있을 수도 있다. 경영진이 설문조사를 통해 통제환경을 평가하였다면 그 결과를 부정위험요인의 확인 목적으로도 활용할 수 있다.

위험요인을 식별하는 또 다른 기법으로는 회사의 과거 부정행위이나 제보, 동종 업계에서의 부정사건, 분석적 검토를 통해 파악된 비경상적인 재무적 흐름이나 상관관계, 부정 사건의 발생을 용이하게 하는 IT통제의 결함 등을 검토하는 것이 포함된다.

아울러 다수의 사업단위가 있는 기업에서는 중요한 사업단위나 부문의 측면 뿐만아니라 전사적 차원에서 부정 위험요인을 고려하는 것이 바람직하다. 또한 경영진, 내부 감사, 현업부서, IT, 법무, 인사, 리스크/준법, 보안/안전 등 기업 내 다양한 직무와 직급의 임직원 모두가 부정행위와 부정위험평가 프로세스에 참여하는 것이 이상적이다.

(2) 제2단계 : 발생 가능한 부정 유형과 시나리오 파악

다음은 파악된 부정 위험요인으로 인해 발생할 수 있는 부정의 유형과 시나리오에 대한 지식을 브레인스토밍 등을 통해 체계적으로 수집하는 단계이다. 이 단계에서 경영진, 내부감사, 관련 부서장, IT, 법무, 인사, 리스크관리/준법감시, 보안/안전부서 등 다양한 기능과 직급의 임직원들이 참여하고, 감사가 이를 감독하는 것이 바람직하다.

해당 기업이나 동종 업계에서 과거에 발생했던 부정사건이나 혐의사실을 고려해 볼 수 있고, 이와 관련된 언론 보도 내용이 미래에 일어날 수 있는 부정위험을 파악하는데 도움이 될 수도 있다. 그러나 투자에 대한 수익이 불확실한 것과 마찬가지로 과거의 경험을 통해 미래를 정확하게 예측할 수 있는 것은 아니라는 것을 고려해야 한다.

부정위험의 평가에서 통제위험의 감소효과를 고려하지 않는 것이 바람직하다. 가능한 경우 각각의 부정유형으로 영향을 받을 수 있는 재무제표 계정과목을 파악하는 것이 바람직하다. 왜냐하면 이를 통해 보다 정확하게 부정위험을 기술할 수 있고, 기업 운영상 일어날 수 있는 부정위험과 법규준수를 위한 부정위험을 통합해서 관리하는데 도움이 될 수 있다.

1999년 COSO에서 발간된 「1987년부터 1997년까지 재무제표 분석 사례」에 의하면 미국 증권거래위원회에 등록된 기업에서 약 200건의 재무제표 분식사건이 발생하였으며, 그 중 83%가 CEO 또는 CFO가 연루되었다고 한다. 따라서 발생 가능한 부정위험을 파악할 때 경영진의 의도적인 내부통제 위반위험을 반드시 고려해야 한다.

(3) 제3단계 : 부정위험 분석 및 통제 설계 효과성 평가

세 번째는 제1단계 및 제2단계에서 식별되고 파악된 부정위험의 발생 가능성과 중요성을 분석한다. 그리고 발생 가능한 부정 유형을 완화시키는 통제방법을 파악하고, 통제설계의 효과성을 평가한다.

식별되고 파악된 부정위험의 평가하는 다음의 사항을 고려해야 한다.

<u>식별되고 파악된 부정위험 평가 시 고려할 사항</u>

① **유형(Type)** : 부정위험의 유형(자산횡령, 허위 재무보고 등).
② **발생가능성(Likelihood)** : 부정위험이 발생할 가능성. '높음(High)', '중간(Medium)', '낮음(Low)', 과 같은 간단한 척도나 '매우 낮음(Remote)', '충분이 가능 함(Reasonably Possible)', '매우 높음(Probable)' 등 법상 재무보고, 내부통제 목적의 척도로 활용할 수 있음.
③ **중요도(Significance)** : 부정위험의 중요도. 예를 들어, 기업에 중대한 손실이나 중요 한 재무제표 왜곡표시를 야기할 수 있을 정도로 중요한 사안인가? 발생 가능성과 마찬가지로, 중요도 또한 간단히 '높음', '중간', '낮음' 혹은 '미미한(Inconsequential)', '유의한(More Than Inconsequential)', '중요한(Material)' 등 법목적의 척도를 활용함.
④ **파급성(Pervasiveness)** : 부정위험이 영향을 미치는 대상의 정도.(잠재적인 위험 이 재무제표 전반에 영향을 미치는 것인지, 아니면 특정 경영자 주장, 계정 과목, 또는 거래 유형에만 관련된 사안인지).

매우 다양한 부정위험이 식별되는 경우가 많기 때문에 회사에 가장 큰 위협이 되는 위험을 관리하는데 집중하기 위해서는 우선순위를 결정하는 것이 매우 주요하다. 다양한 부정위험의 우선순위가 결정된 후에는 발생 가능성이 높고, 중요 하며, 회사 전반에 영향을 미치는 위험에 집중 할 수 있다.

(4) 제4단계 : 부정 위험평가 결과 분석 및 잔여위험의 우선순위 결정

부정위험에 대한 충분한 통제를 갖추고 있으면 위험이 완전히 제거되고 걱정 거리가 사라진다고 생각도 할 수 있겠지만 현실에서 위험은 없어지지 않고 항상 존재한다. 다만 이사회의 승인을 받아 경영진이 설정한 회사의 '**허용한도 위험 수준**'으로 감소될 뿐이다.

따라서 위험을 완화시키기 위한 통제를 평가할 때, 이러한 통제가 위험을 어느 수준까지 낮출 수 있는가가 핵심적인 사항이 된다. 위험평가를 통해 많은 위험을 평가하고 많은 위험을 식별하고, 관련된 통제활동을 정리한 후 통제가 위험을 관리하기에 충분하다고 생각되면 다음 단계로 각각의 위험이 감소되는 정도를 평가해야 한다.

그리고 부정위험을 식별하고, 통제가 각각의 부정위험을 완화하는 정도를 평가하고 나면 잔여위험을 평가할 수 있다. 그런 후에 잔여위험을, 이상적으로는 이사회가 설정한 회사의 '**허용한도 위험수준**'과 비교할 수 있다.

경영진은 설정된 기준에 따라 부정위험 분석 결과를 평가하여 잔여위험 평가등급 (RRR, Residual Risk Rating)을 부여하고 관련 통제의 개선을 필요로 하는 부정위험을 파악한 후, 대응조치를 취하기 위해 부정위험 관리의 우선순위를 결정한다.

(5) 제5단계 : 위험 대응조치

마지막으로 경영진은 부정위험 대응을 위한 실행계획을 수립하고, 이를 실행한다. 또한 경영진은 '허용한도 위험수준'을 초과하는 부정위험이 존재한다면 다음과 같은 몇 가지 선택 가능한 대안을 고려하여야 한다.

허용 한도 위험수준 초과 부정위험에 대한 대안

① 그 위험을 야기하는 사업이나 지역에서 철수한다. 때로는 철수가 최악의 위험에 대한 최선의 해결책이 될 수 있다.

② 위험이 발생할 가능성과 잠재적인 충격을 줄이기 위해 업무프로세스를 재설계한다. 대금회수를 집중하는 것이 하나의 예가 될 수 있다. 회사에 따라 가능 할 수도 있고 그렇지 않을 수도 있지만 만약 위험이 있다면 이를 관리하기 위한 가능한 방안을 찾아야 한다.

③ 아웃소싱이나 공급업체, 고객 또는 보험회사와의 계약 변경을 통해 위험을 이전 (transfer)할 수 있는 방안을 고안한다.

④ 부정위험에 특화된 통제를 추가하거나 강화한다.

4. 부정위험 평가의 보고서

부정위험 평가 시에는 다양한 위험요인, 위험, 구체적 부정유형(수법), 잠재적인 부정유형을 고려해야 한다. 이러한 자료를 관리하기 위해 스프레드시트나 데이터 베이스 프로그램을 활용할 수 있다.

우수한 부정위험 평가표는 부정 위험평가의 품질과 조직 전반에 걸친 일관성을 높여 준다. 위험평가를 통합하고 경영진, 이사회, 감사위원회, 감사를 위한 요약자료를 작성하기 위해서는 일관성이 매우 중요하다.

미국의 「공인부정감사인협회(ACFE)」의 「부정 위험관리를 위한 실무 가이드」에서 부정위험 평가 프레임워크를 예시하고 있는데, 이 예시는 조직이나 프로세스가 복잡한 기업에서는 추가적인 고려가 필요할 수도 있겠지만, 처음 시작하는 단계에서는 매우 유용하게 활용 할 수 있다.

부정위험평가 프레임워크(예시)

① 부정위험요인 : 경쟁 심화, 고객수요 감소, 경영진의 높은 성과급 등.
② 부정 위험 : 재무제표 분식 – 매출 과대 계상.
③ 부정 유형 : 허위 고객에 대한 가공 매출.
④ 관련 계정 과목 : 매출, 매출채권.
⑤ 잠재적 당사자 : 영업담당자.
⑥ 발생 가능성 : 충분히 있음.
⑦ 중요성 : 높음.
⑧ 고유 위험 등급 : 높음.
⑨ 통제 활동 : 행동강령, 윤리교육, 내부고발 핫라인, 영업담당 임원의 비경상적 매출의적정성 검토.
⑩ 통제의 효과성 : 효과적.
⑪ 잔여 위험 : 중간.
⑫ 대응 방안 : 분석적 검토를 위한 내부 감사, 잠재적 부정을 발견하기 위한 세부적인 데이터 정합성 분석 등.

5. 부정 위험관리의 전략

가. 부정 위험관리의 프레임워크[342]

부정행위에 맞서기 위한 기법들은 수십 년 전으로 올라가고 참고할 수 있는 지식기반의 저변도 크게 확대되고 있지만 부패에 대한 우려는 최근 들어 더욱 커지고 있다.

---

342) Toby J. F. Bishop., Frank E. Hydoski 공저/딜로이트 안진회계법인 역, 전게서, FKI 미디어, 2010, 83~85면 인용 및 참조

따라서 국제기구와 선진국, 비정부기구 그리고 각 국의 정부가 이에 대처하기 위한 기법과 정책을 적극 개발·시행하고 있다.

부정방지를 위한 정책을 시행하고, 부정대응능력을 배양하기 위해서는 지속적인 예방조치가 필요하다. 여기에는 부정 모니터링과 조사, 영향 축소를 위한 강력한 프로세스뿐만 아니라, 윤리적인 기업문화를 육성하고 기업지배구조, 위험관리, 법규준수 프로세스와 부정방지 프로그램을 실행하고 운영하는 것도 포함된다.

요약하면, 실무적인 부정위험 회피와 감축을 위한 프레임워크는 다음과 같다.

부정위험 회피와 감축을 위한 프레임워크(예시)[343]

부정방지를 위한 지배구조 **Fraud & Corruption Risk Governance**	
·부정위험에 대한 경영진의 감독 책임과 프로세스를 수립 ·부정위험의 허용가능 수준, 위험관리 목표, 성과측정 및 평가 프로세스 수립	
부정과 부패 위험평가 **Fraud & Corruption Risk Assessment**	
·잠재적인 부정과 부패위험의 식별과 평가를 위한 방법론 도입 ·업무담당자와 위험관리 책임자를 지원 ·신규 위험의 정의를 통해 부정사건의 발생을 억제하는 효과	
위험회피와 완화 **Risk Avoidance and Mitigation**	
예방통제 **Preventive Controls**	**적발통제** **Detective Controls**
·개인이 부정행위를 범할 기회요인을 감소시키는 통제 ·경영진이 부정행위에 연루되었을 때에는 그 효과성이 제한적임 ·사전 통제의 시행으로 부정사건의 발생을 억제하는 효과	·부정의 징후를 식별하기 위한 통제 ·다른 부정방지 통제의 효과성을 평가하는 모니터링 방법으로 활용 가능 ·부정행위의 적발 가능성이 높다는 인식을 심어줌으로써 부정사건의 발생을 억제하는 효과
조사와 개선조치 **Investigation and Remediation**	
·이슈를 해결하고 업무프로세스와 통제를 개선 ·조사기법을 사전에 준비하고 핵심조사자원을 정의하여 미래 부정 예방 및 적발의 효과성 제고 ·의심되는 부정행위는 철저히 조사할 것이라는 인식을 통해 부정사건의 발생을 억제하는 효과	

---

343) Toby J. F. Bishop., Frank E. Hydoski 공저/딜로이트 안진회계법인 역, 전게서, FKI 미디어, 2010, 84면 인용 및 참조

강력한 부정 위험관리 프로그램을 시행하면 기업경영에 직접적인 도움이 된다. 여러 경험에 비춰보면 부정 위험관리프로세스를 실행하는 기업들은 다음과 같은 효과와 이익을 얻는 것으로 보고 있다.

부정과 부패 위험관리의 효익

① 부정행위로 인한 재무적인 손실 감소.
② 부정에 대응하는 비용(조사, 법률 비용 등) 감소.
③ 관련 법규의 준수를 지원 : 미국의 「사베인스-옥슬리법(Sarbanes-Oxley Act)」과 이에 상응하는 일본, 캐나다, 한국 등의 제도, 「해외부패방지법」 (Foreign Corrupt Practices Act), 미국 「애국자법」(USA Patriot Act), 「미국 법원의 양형지침」(U. S. sentencing guidelines), OECD의 반부패 조치 등.
④ 우수한 인재의 채용과 유지를 지원하는 윤리적인 기업문화 조성.
⑤ 잠재적인 부정행위와 기타 윤리 관련 이슈에 대한 보고 증가.
⑥ 기업지배구조의 효과성 제고, 지배구조에 대한 평가등급 상승 가능성 등.

나. 부정 위험관리의 5가지 원칙[344]

2008년 7월 「국제내부감사인협회(IIA)」와 미국 「공인회계사회(AICPA)」, 미국 「공인부정감사인협회(ACFE)」는 **부정위험관리를 위한 실무 가이드**」라는 새로운 지침을 발표하였다. 실무 가이드는 기업의 경영진, 이사회, 감사위원회, 내부감사팀과 준법감시 및 위험관리를 담당하는 임직원들이 부정위험 관리 프로세스를 평가하여 개선기회를 포착하고, 성과를 개선하는 데 큰 도움이 될 것이다.

「부정 위험관리를 위한 실무 가이드」(이하 '실무 가이드'라 한다)는 임직원들이 부정위험을 관리하는데 필요한 아래의 다섯 가지의 핵심 원칙을 제시하고 있다.

제1원칙 : 부정 위험관리 프로그램은 조직 내 지배구조의 일부분으로 존재하여야 하며, 부정 위험관리에 대한 이사회와 경영진의 방침을 전달하기 위하여 명문화된 정책을 포함하여야 한다.

제2원칙 : 조직이 감소시켜야 할 잠재적인 부정수법과 사건을 식별하기 위해 주기적으로 부정위험의 노출 정도를 평가한다.

제3원칙 : 잠재적인 중요 부정사건을 회피하고, 기업에 미치는 영향을 줄이기 위하여 부정예방을 위한 기법을 수립한다.

제4원칙 : 부정예방을 위한 기법이 적절히 작동되지 않거나 부정위험이 현실화 되었을 때 부정사건을 발견하기 위한 적발기법을 수립한다.

---

344) Toby J. F. Bishop., Frank E. Hydoski 공저/딜로이트 안진회계법인 역, 전게서, FKI 미디어, 2010, 86~87면 인용 및 참조

제5원칙 : 잠재적인 부정사건에 대한 정보를 적극적으로 수집하기 위한 보고프로세스를 수립하고, 잠재적인 부정사건을 적시에, 적절히 관리하기 위한 통합적인 조사와 개선조치 방법론을 적용한다.

다. 효과적인 부정관리의 전략적 요소[345]

2008년 호주표준협회에서 발간한 기준 8001-2008호 「부정행위와 부패통제」에서는 실무적인 부정행위와 부패통제 전략의 개요를 소개하면서, 효과적인 부정관리 전략의 요소로 아래의 내용을 포함하고 있다.

효과적인 부정관리 전략적 세부 요소

① 이사회와 기업의 적극적인 지원.
② 부정행위 인식 제고를 위한교육.
③ 각각의 기능과 직급의 부정위험 관리에 대한 역할과 책임.
④ 이해관계 상충 공시 프로세스.
⑤ 주기적인 확인절차.
⑥ 부정위험 평가와 통제계획.
⑦ 보고 절차.
⑧ 내부조사, 징계 및 외부 수사에 관한 지침.
⑨ 필요 시 통제와 업무 개선을 위한 조치.
⑩ 부정 위험관리 프로세스의 모니터링, 평가 및 개선 등.

라. 부정 위험관리 프로세스의 일반 개선사항

이 실무가이드에서는 기업의 이사회나 기타 지배구조를 구성하는 조직이 부정위험 관리에 대한 명확한 방향성을 제시할 것을 강조하고 있다. 경영진의 역할에는 윤리적인 행동을 장려하는 정책을 시행하는 것도 포함되며, 이를 통해 부정 위험관리 업무를 수행하는 기업 내 모든 임직원의 역할과 책임을 명확하게 정의할 수 있다.

부정 위험관리에 대한 경영진의 책임은 매우 중요한 수탁의무이며, 이를 수행하기 위해서는 적절한 시간과 자원이 필요하다. 부정관리 프로세스를 운영하고 있는 많은 기업 에서 일반적으로 나타나는 개선사항으로는 다음과 같은 것이 있다.

부정위험 관리 프로세스의 일반 개선사항

① 부정 위험관리에 대한 이사회의 감독기능 강화.
② 고위 임원을 부정 위험관리 책임자로 임명.

---

345) Toby J. F. Bishop., Frank E. Hydoski 공저/딜로이트 안진회계법인 역, 전게서, FKI 미디어, 2010, 132면 인용 및 참조

③ 공식적인 부정방지 통제정책과 전략을 수립.

④ 위험관리의 목표의 수립, 실적 평가 및 주기적인 프로세스 평가.

⑤ 중복업무를 줄이고, 위험관리를 개선하기 위한 기업 내 다양한 기능(내부 감사, 보안 및 안전, 법무, 인사, 회계, 재무 등) 간의 업무 조율과 협조.

⑥ 부정 위험관리와 관련된 이사회, 감사위원회(감사포함), 경영진, 직원의 역할과 책임 의 공식화 등.

마. 부정위험을 줄이기 위한 최전선 방어

부정행위를 완전히 제거하는 것은 불가능하지만, 적절한 예방과 적발조치를 통해 부정행위는 크게 줄일 수 있다. '실무가이드'에서는 부정의 예방이 부정위험을 줄이기 위한 최전선의 방어임을 강조 한다. 기업들은 지속적인 커뮤니케이션과 실행을 통해 부정예방의 노력과 효과를 제고할 수 있다.

'실무 가이드'는 또한 **"부정사건의 발생을 억지할 수 있는 가장 강력한 방법 중의 하나는 효과적인 적발통제가 존재한다는 인식이다"**는 것을 상기시키고 있다. 그간의 경험에 따르면 일반적으로 아래 내용들을 통해 기업에서 효과적으로 부정을 예방하고 적발을 할 수 있다.

<u>기업의 효과적인 부정 예방 및 적발 방법</u>

① 부정행위에 대한 인식제고를 위한 임직원 교육.

② 상담 혹은 핫라인의 효과성을 제고하기 위한 선진사례 벤치마킹.

③ 부정위험의 우선순위 재점검을 통한 관리역량의 집중.

④ 부정의 효과적인 적발과 저지를 위한 정보기술의 폭넓은 활용 등.

사례 ▶▶ 부정 적발 과 개선 사례

① 잠재적인 부정이나 회사자원의 낭비를 발견하기 위해 정보기술을 활용해서 임직원과 구매거래처 간의 동일한 은행계좌번호를 파악한 회사가 있었다.

② 이 회사는 파악된 은행계좌번호를 추가적으로 조사하였고, 그 결과 한 직원이 수백 만 달러에 이르는 구매대금을 자신의 개인구좌로 전용한 것을 발견하였다.

③ 부정사건의 적시 적발을 통해 이 회사는 횡령액을 회수하고 이러한 부정행위를 가능하게 한 접근통제의 취약점을 개선할 수 있었다.

Ⅵ 부정위험의 방지통제[346]

1. 내부통제 유관기구의 상호협조

가. 내부통제기능

내부통제기능은 효율적인 업무운영, 신뢰성 있는 재무보고 체계 유지, 관련 법규의 준수를 이루면서 회사가 건전하고 안정적으로 운영될 수 있도록 조직내부에서 고안되어 조직의 구성원이 지속적으로 실행하는 일련의 과정이다.

나. 내부감사기능

내부감사기능은 내부통제제도의 적절한 운영여부를 회사의 경영진과 독립적인 입장에서 평가하여 그 결과를 이사회 및 경영진에 통보하여 문제점을 시정하게 함으로써 내부 통제제도의 원활한 작동을 보장하는 역할을 수행한다.

다. 외부감사기능

재무보고에 관한 내부통제의 효과성, 거래기록의 정확성 및 신속성, 재무 및 감독당국앞 보고서의 정확성 및 완전성에 관한 합리적인 확신을 제공함으로써, 이사회와 경영진에게 회사 운영과 관련한 유용한 정보를 제공하여야 한다.

라. 당국감사기능

내부통제 및 내·외부감사기능 운영과 관련한 내부정책과 절차의 적정성, 내·외부 감사인에 의해 인식된 내부통제의 취약점에 대해 경영진의 적절한 조치여부를 평가함으로써 전반적인 회사의 안전성과 건전성에 대해 확신을 제공한다.

2. 부정위험 통제환경 조성

(1) 내부감사제도의 적정화

① 내부감사자의 전문성

내부감사업무 수행에 필요한 지식, 기술, 경험 등을 보유하여야 한다.

② 내부감사자의 독립성

내부감사기능은 감사대상이 되는 영업활동 기능 및 일상적인 내부통제 과정상의 여러 기능과 독립적으로 운영되어야 한다.

---

346) 김용범, 「내부통제제도와 감사기법」, 한국금융연수원, 2014., 16~22면

③ 내부 감사의 충실화

내부감사는 사후적발 중심의 검증과 사전진단 중심의 컨설팅을 병행하여야 한다.

④ 내부감사의 품질평가

내부감사 활동의 효율성과 효과성에 대한 점검 및 평가를 하여야 한다.

(2) 내부통제체제의 효율화

① 내부통제조직의 전문성 및 독립성 강화

효율적인 내부통제를 위해서는 조직의 전문성과 독립성을 강화해야 한다.

② IT를 이용한 상시감시 시스템의 강화

부정의 즉시성과 대량성에 대하여 IT를 활용한 상시감시의 강화가 필요하다. 즉, 실시간 모니터링, 대량거래에 대한 추세분석, 추출감사 등 이다.

③ 부정예방을 위한 업무프로세스의 재점검

최근 부정사례를 교훈 삼아 내부통제환경을 개선·보완해야 한다.

④ 리스크관리시스템의 구축·운영 강화

각종 리스크를 인식·측정하여 사전에 리스크를 통제·회피한다.

(3) 내부통제적용의 엄격화

① 내부통제 원칙과 절차의 엄격한 준수

내부통제시스템을 제대로 받쳐주기 위해서는 운영이 충실하게 이루어져야 하므로 정한 원칙과 절차를 엄격히 준수하여야 한다.

② 발생부정에 대한 경영진의 단호한 제재

부정 및 경제 범죄행위에 대하여는 원칙적으로 징계 및 사법당국에 고발조치한다.

③ 영업점 사고예방 대책의 점검 철저

중요증서, 인감, 특이거래 등 자점 감사항목을 철저히 점검한다.

④ 문제소지 임·직원에 대한 감찰 강화

과다채무보유자, 과도한 주식투자자, 도박자 등에 대한 감찰을 강화한다.

(4) 내부통제문화의 활성화

① 내부 고발제도의 내실화

내부고발자에 대한 철저한 신분보장과 위법을 인지한 임직원에게 적정한 신고

의무와 보상 등 인센티브를 부여한다.

② 임직원의 윤리의식 제고

윤리강령 제정 및 교육 등을 통해 경영진과 직원들의 윤리의식을 강화 한다.

③ 장기 실적주의 평가제도

회사는 계속기업의 원칙에 의거 단기실적주의가 아닌 장기실적주의 평가제도를 적극 도입 한다.

④ 내부통제 실무교육 강화

모든 임직원과 실무와 토론 중심의 사고예방 교육을 강화한다.

3. 내부고발제도의 효과적 운영

(1) 내부고발의 정의

내부고발이란 '조직 외부 또는 조직 내부 구성원이 불법, 비윤리적, 공공이익에 반하는 행위 등에 대한 정보를 조직 내부나 외부에 신고 또는 공개하는 행위'를 의미한다.

(2) 내부고발 처리의 투명화

사내 행동강령 및 사규 등에 내부고발에 대한 정의 및 절차를 명시하고 이에 대한 지속적인 교육 및 홍보를 실시한다.

내부고발에 대한 정확한 정의 및 내부고발이 부정으로부터 회사의 이익을 보호하는 용기 있는 행동임을 인식하고, 내부고발 절차를 정형화 하여 내부고발 처리의 투명성을 제고토록 한다.

(3) 내부고발자 보호 강화

내부고발제도가 활성화되기 위해서는 내부고발자의 보호조항을 회사 정책에 명시하고, 부당한 대우의 정의와 부당한 대우를 받았을 때 이를 해결해 주는 제도적 절차를 확립하고, 정기적인 교육을 통해 경영진이 이러한 보호조항을 강력하게 수행할 것을 적극 홍보한다.

(4) 사내익명제보제도 마련

내부고발이 조직 또는 동료를 배신하는 행위라는 부정적인 시각이 존재하고, 내부 고발자의 대부분이 현직 직원들이므로 익명으로 내부고발을 할 수 있는 제도적 장치를 마련해야 한다.

(5) 외부익명제보제도 마련

하청업체 직원과 같은 이해관계자는 사내익명제보제도를 이용하기 어려우므로 이러한 사람을 위하여 외부익명제보제도를 두어 외부고발을 공정하게 처리하는 제도적 장치를 마련해야 한다.

(6) 내부고발에 대한 적절한 보상제도 마련

효과적인 내부고발은 부정사례가 발생하고 최단 시간에 내에 제보되어 부정에 대한 영향을 최소화하는 것이나 위와 같은 제도 및 장치만으로는 실효성이 미흡하므로, 부정에 대한 고급정보를 제보한 고발자에게 적절한 보상(포상금, 인사 우대 등)을 하여 내부고발의 효과를 제고하여야 한다.

Ⅶ 부정 적발의 監査技法[347]

1. 모니터링의 중요성

우리가 알고 있는 대부분의 부정사례는 제보나 부정행위를 저지른 사람의 평소와는 다른 행동을 통해서 대부분 발견되었다.

미국의 「공인부정감사인협회(ACFE)」의 2014년 보고서 「업무상 부정과 권한 남용」에 따르면 연구대상 부정사례의 42.2%는 제보에 의해, 23.7%는 내부통제에 의해, 6.8%는 우연히 발견되었고, 내부감사로 적발된 것은 20.9%에도 미치지 못했다.[348]

이는 회사에서 부정 위험관리 전략이 존재하면 회사 내부 또는 외부의 제보나 적합한 내부통제를 통해 부정행위의 상당부분을 예방 하고 적발이 가능함을 보여주고 있다.

2. 부정 적발의 핵심 포인트

앞에서 논의한 많은 부정방지 방법들에도 불구하고 부정행위는 아직도 발생하고 있다. 우리는 통제가 존재함에도 불구하고 발생하는 부정사건을 사전에 적발하는 핵심 포인트는 다음과 같다.

---

347) Toby J. F. Bishop., Frank E. Hydoski 공저/딜로이트 안진회계법인 역, 전게서, FKI 미디어, 2010, 179~201면.
348) 김성수, 「부정 발생 경향 및 Trend」, 상장회사 감사회 Auditor Journal 2016 March., 12면, Source : 2014 Report to the Nation on Occupational Fraud & Abuse

부정 적발의 핵심 포인트

① 부정행위와 부패를 모니터링 하는 것은 기업 구성원 모두의 책임이라는 을 인식하여야 한다.

② 모니터링과 적발은 내부감사의 수행에서부터 내부고발 핫라인, 특정거래 의 정기적인 검토, 거래의 상시 모니터링 등에 이르기 까지 다양한 형태 가 있다.

③ 기업이 처리,분류,보호해야 하는 데이터가 방대하기 때문에 부정행위를 실시간으로 해결하기 위해서는 어느 때보다도 강력한 기법이 필요하다.

④ 모니터링과 적발기법은 강력한 부정 위험관리 전략의 중요한 요소가 되고 있다.

⑤ 부정행위의 모니터링과 적발을 위해 전산화된 기법의 역할이 커지고 있다.

⑥ 부정행위를 실시간에 가까울 정도로 적시에 적발하고 대응하기 위해 상시 모니터링기술을 사용하는 기업이 늘어나고 있다.

3. 부정 적발의 전술 및 기법

부정을 적발하는 전술 및 기법에는 여러 가지가 있을 수 있으나, 여기서는 동 전술 및 기법에 대한 심층적인 논의나 로드맵을 제시하기 보다는 필요한 주제들에 대해 대략적인 내용과 소개에 중점을 두겠다.

가. 신뢰받는 내부고발 핫라인 운영

경영진은 직원이 핫라인을 이용하고자하는 의향의 정도와, 경영진이 제보된 사건을 적절히 해결하고 제보자가 보복을 당하지 않도록 보호할 것이라는 신뢰의 얻어야 한다.

핫라인이 성공적으로 널리 이용되기 위해서는 정기적인 커뮤니케이션과 교육프로그램을 통한 적극적인 홍보활동이 필요하다. 궁극적인 목표는 모든 직원이 핫라인의 존재와 그 이용방법을 알게 하는데 있다.

제3의 전문기관을 활용함으로써 이용가능한 시간이 확대되고, 이용자들에게 익명성이 더 잘 보장될 것이라는 인식을 심어줄 수 있으며 비용 또한 절감할 수 있다.

나. 부정 적발 전술로서의 위험기반 내부감사

부서의 관리자들이 부서 내의 부정 위험관리에 대해 많은 책임을 부담하기 때문에 현업 부서 내에서 부정 사건들이 발견되는 경우가 증가하고 있기는 하지만, 여전히 내부 감사는 부정행위와 부패를 적발하는 핵심적인 방법이다.

내부감사는 감사위원회와 이사회가 제시하는 방향에 따라 부정행위를 적극적으로 적발하는데 중대한 역할을 수행한다. 이러한 업무는 경영진이 권한을 남용하여 내부통제를 의도적으로 위반하는 등의 핵심위험을 관리하는 것에 집중하는 경향이 있다. 따라서 감사 업무는 이해 상충의 문제 때문에 경영진이 스스로 맡아서는 아니 된다.

감사위원회와 이사회는 경영진이 부정행위를 저지르기 위해 권한을 남용하는 경우가 없기를 바라겠지만, 이를 적발하기 위한 내부감사기능이 매우 중요하다는 것을 깨닫게 될 것이다. 내부감사기능은 경영진이 개입된 부당행위를 적발하여 필요한 개선조치를 취할 수 있게 할 뿐만 아니라 경영진이 그러한 행동을 하지 않도록 억지하는 효과도 있다.

내부감사업무는 업무 프로세스와 프로세스에 대한 내부통제의 잠재적인 결함을 파악 하는 데에도 중대한 역할을 한다. 정보기술을 활용한 감사기법과 상시모니터링은 방대한 양의 거래를 조사하고 비정상적인거래를 파악하는데 매우 효과적이다. 내부감사는 이러한 거래들이 부정행위와 관련된 사안인지를 판단할 수 있다.

부정위험을 다루는 내부감사의 역할은 「국제내부감사인협회(IIA)」의 「직무수행 기준」을 통해 더욱 강화되었으며, 동 기준 2120. A2에서는 "개별 감사업무의 수행 목표를 설정할 때 중대한 오류, 부정, 법령이나 규정의 위반, 기타 위험의 발생 가능성을 고려해야 한다."라고 부정행위의 적발이 내부감사업무의 일부분임을 명시적으로 규정하고 있다.

다. 수작업 모니터링

모니터링이라 함은 어떤 행동이나 반응을 요하는 상황이나 사건을 식별하기 위해서 작업이나 공정에 주의를 기울이는 것이다. 모니터링을 하는 사람의 주 요건은 행동을 필요로 하는 모든 사건을 정확하게 식별하는 것이다. 이런 사건은 여러 가지 표시장치에 의해서 제시되거나, 또는 직접관찰 내지 탐지될 수 있다.

부정행위와 부패 적발에서 정보기술의 활용이 확산되고 있지만, 수작업 모니터링의 역할 또한 여전히 중요하다. 유사한 거래가 방대하게 존재한다면 자동화된 모니터링이 적합하겠지만 상이한 유형의 건수가 적은 거래들, 특히 금액이나 위험이 큰 거래는 수작업에 의한 모니터링을 통해 보다 쉽게 접근할 수 있다.

그 예로 재무제표 분식은 여러방식으로 일어날 수 있으며, 다양한 유형의 거래들이 기업의 회계시스템을 통해 처리된다. 수익인식이나 전표처리와 같은 특정한 유형의 거래에서 잠재적인 분식의 적출은 컴퓨터소프트웨어가 더욱 유용하겠지만, 사업보고서나 재무제표의 오류나 분식을 적발하는 데는 수작업모니터링이 여전히 중요하다.

사례1 ▶▶▶ **구매 부정 적발을 위한 모니터링**

구매 부정은 많은 기업에서 고민하는 위험 중의 하나로 회사 자금을 횡령하는 경우가 이에 해당한다. 단독 범행 또는 제3자와 공모하는 방식으로 이루어지는 구매 관련 부정은, 허위 납품업체를 매입채무시스템에 등록한 후 임직원이나 제3자가 관리하는 은행계좌로 허위의 청구대금을 송금하는 방식으로 이루어지기도 한다.

이러한 유형의 구매 부정은 납품업체의 주소나 은행계좌번호를 임직원의 주소 및 계좌 번호와 비교함으로써 적발할 수 있다. 이러한 방법은 비교적 단순하고 주기적으로 수행될 수 있다. 전산을 통해 납품업체 관련 데이터를 제3자 데이터와 비교하는 방법을 통해서도 다른 유형의 부정 징후를 파악할 수 있다.

사례2 ▶▶▶ **회계 부정 적발을 위한 모니터링**

재무제표 분식 유형으로는 수익인식기준 조작이 큰 부분을 차지한다고 한다. 재무제표의 분식은 결산일에 근접한 시점에 허위의 회계처리를 입력하는 방식으로 이루어질 수 있다. 이러한 허위회계 처리는 근무시간 이후에나 주말에 이루어지는 경우가 많으며 상위 직급의 직원이 개입되는 경우가 많다. 실적이 공표된 후 역 분개를 하는 경우도 있다.

그러한 회계처리를 적발하는 것은 찾아낼 데이터의 조건을 지정하고, 필요한 데이터를 추출하는 것에서 출발한다. 간단한 예로, 결산종료일을 전후해서 일어난 분개, 근무시간 이후나 주말에 입력된 분개, 상위 직급자가 입력한 분개, 차기 회계 기간 중에 역 분개 처리된 분개 등의 다양한 데이터 검색 및 추출 조건을 설정할 수 있다.

라. IT기술을 기반으로 한 적발기술

IT기술을 이용한 데이터 분석은 고도의 정교화된 프로그램을 활용해 방대한 정보 속에서 부정의 징후가 있는 문제를 구별해 낸다. 데이터 분석을 통해 시험모델을 설계하고 변칙적이거나 의심스러운 활동을 모니터링하고 적발하기 위한 시스템을 강화할 수 있다.

그러나 부정행위를 대처하기 위한 데이터마이닝이 효과적이기 위해서는 데이터의 정합성을 먼저 확인하여야 한다. 즉 데이터가 완전한지, 정확한지, 보안문제는 없는지가 데이터마이닝의 전제조건이 된다. 데이터의 입력, 변환, 저장 또는 보고된 데이터는 최상위 수준의 품질과 무결성을 충족해야 한다.

내부감사업무에서 데이터 품질을 확신할 수 있는 역량이 부족하면 기업 전반에 걸친 부정방지 전략 수행 시 타격을 줄 수 있다. 왜냐하면 부정방지 전략은 데이터 마이닝, 데이터 분석, 통제 상시모니터링과 같은 고도로 정교한 정보기술과 진보된 소프트웨어 솔루션에 상당부분 의존하기 때문이다.

내부감사업무는 시스템 데이터가 정확하고, 적시에 제공되며, 안전할 경우에 데이터 감사와 분석, 통계적 표본추출, 회귀분석기법 등 고도로 정교화 된 「정보기술을 이용한 내부감사기법(CAATs : Computer Assisted Audit Technologies 등)」을 활용한다면 내부임직원 들이나 외부 거래처들의 부정행위와 부패위험에 보다 효과적으로 대응할 수 있다.

정보기술을 이용한 감사기법의 효과[349]

1. 효과적인 내부감사의 수행
□ 기존의 기법으로 달성이 불가능한 감사 목적의 달성 가능
ㅇ 대량 데이터 분석, 중요 거래에 대한 전수 분석, 예외적인 거래의 빠짐 없는 추출 및 분석 등.
□ 정보시스템에 대한 이해와 업무에 대한 심층적인 이해를 통한 내부 감사인의 역할강화
ㅇ 데이터 분석은 업무 및 시스템을 정보이용자가 가장 잘 이해할 수 있는 방법.

2. 내부감사의 효율성 향상
□ 업무 수행시간 단축
ㅇ전문 프로그램 사용으로 데이터 분석 시간의 감소.
ㅇScript 기능 등을 활용으로 업무의 재수행시 데이터 분석시간을 90% 이상 절감 가능.
□ 사전 데이터 분석을 통한 감사자원의 효율적 활용
ㅇ사전 데이터 분석으로 Site 방문조사 최소화 및 예외 사항에 대한 집중.

3. Business Assurance 확보
□ 상시모니터링을 통하여 경영활동에 대한 지속적인 Assurance의 확보
ㅇ데이터 분석결과를 기초로 Risk별 중요도에 따라 모니터링 가능.
ㅇ일별, 주별, 월별 등 모니터링 주기에 따른 데이터 분석 설정 또는 사전 예방 기능개발.
□ 중요한 모든 데이터의 빠짐없는 분석으로 감사업무를 통한 확신 증가.

4. 정보시스템 활용도의 극대화
□ 정보시스템에 데이터로 관리되는 모든 자료를 감사에 활용
ㅇ데이터 분석을 통해 시스템의 개선/보완 지원.

5. 데이터의 다양한 활용을 통한 업무개선
□ 감사인의 정보시스템 및 업무에 대한 보다 심층적인 이해가 가능.
□ IT 전문가의 도움 없이 감사인의 스스로 데이터를 주도적으로 분석.

6. 경영환경의 변화에 신속한 대응 가능
□ 데이터 분석을 통해 감사업무를 신속히 수행함으로써 환경변화에 대한 신속한 이해와 대응이 가능.

---

349) 권우철, 「부정위험 진단사례」, 2010. 5. 20. SNU Business school, 43면.

4. 부정의 상시모니터링

가. 부정 상시모니터링의 개요

부정 상시모니터링은 규칙에서 벗어난 거래나 통계 또는 수학적 테스트를 거친 예외 사항이나 범위 밖의 거래를 추출하는데 중점을 두는 모니터링이며, 부정 상시 모니터링의 목표는 부정을 위해 수행된 거래 행위와 연관된 거래를 파악하는 것이다.

부정 상시모니터링은 비정상적인 것을 파악하고, 부정 징후가 있는 거래가 집행 되지 못하도록 하거나 전산 상으로 식별함과 동시에 적절한 관리자가 검토할 수 있도록 함으로써 거의 실시간으로 부정위험을 관리할 수 있는 시스템이다.

나. 부정 상시모니터링의 적용

부정 상시모니터링 시스템은 정해진 규칙이나 알고리즘에 따라 회계시스템의 예외적인 경우를 찾아내서 표시하고, 적절한 담당자에게 통보해서 이를 해결할 수 있도록 설계되었다.

부정 상시모니터링 시스템은 규칙에 기반 할 수도 있고(일반적인 회계 또는 거래 규칙을 반영하여 프로그래밍), 인공지능 기술에 기반 할 수도 있으며, 양자를 혼합한 방식으로 적용될 수도 있다.

부정 상시모니터링은 정보기술에 기반 한 업무 프로세스이기 때문에 실시간으로 회계시스템과 거래를 모니터링하여 부정행위의 징후를 적발하고 적절한 대응조치를 취할 수 있다. 특정한 부정행위를 파악하기 위해 이를 사용하는 것이 이상적이라고 할 수 있다.

다. 부정 상시모니터링의 장점

① 단편적이고 표본추출 기술이 부족한 기존의 모니터링 기술에서 노칠 수 있는 부정행위를 발견할 수 있다.

② 특정한 형태의 역 분개처럼 부정행위의 흔적을 감추기 위한 거래정보를 발견할 수 있다.

③ 의도적으로 시간을 두고 거래를 여러 건으로 분할해서 처리한 것을 찾아 낼 수 있다.

④ 부정이 발생한 후 이를 이겨낼 수 있는 검토절차 사이의 시간차를 단축할 수 있다.

⑤ 부적절한 행동을 감출 수 있는 시간 여지를 줄일 수 있다.

⑥ 전통적인 모니터링 프로세스에서 간과하거나 생략되었던 부정행위의 발생 가능성을 줄일 수 있다.

⑦ 부정행위를 신속하게 적발하여 부수적인 영향을 예방함으로써 부정행위의 충격을 줄 일 수 있다.

⑧ 일상 업무운영과 긴밀한 통합이 가능하다.

⑨ 데이터 추출, 데이터 전달 및 로딩과 관련된 비용을 줄일 수 있다 등.

Ⅷ 부정 방지를 위한 구성원의 역할[350]

성공적인 부정 위험관리는 이사회, 감사(감사위원회 포함), 경영진, 임직원, 내부 감사팀 등 조직 내 모든 구성원 간의 긴밀한 협업과 조정에 크게 좌우된다. 모든 구성원들이 누가, 어떠한 역할을 하는지를 이해하는 것이 필수적이다.

부정 위험관리를 누가 담당하여야 하는 가에 관한 것 또한 중요한 문제 이다. 거의 회사 전체가 어떤 식으로든 참여해야 한다는 것을 인식해야 할 뿐만 아니라, 각자의 역할과 책임을 공식화 또는 문서화 하는 것이 필수적이다.

공식화 또는 문서화에는 부정 위험관리의 전략의 설계와 이행에 대한 경영진의 책임과, 조직 내 각각의 부문에서 부정 위험관리를 지원하기 위한 업무를 반영하여야 한다.

1. 이사회 와 감사

이사회와 감사는 회사 내에서 부정 위험관리의 책임이 있는 다양한 직급과 영역들 간 핵심적인 연결고리의 역할을 담당한다. 특히 감사는 회사의 재무보고 프로세스와 내부통제를 감독하는 것과 더불어, 회사와 외부 감사인을 연결하는 기능도 수행한다.

부정 위험관리와 관련된 이사회와 감사(감사위원회 포함)의 일반적인 역할과 책임은 다음과 같다.

이사 및 감사의 부정 위험관리에 대한 책임과 역할

① 부정 위험관리에 대한 확고한 의지를 천명해야 한다.

② 부정 위험의 구성 요소를 이해한다.

③ 경영진과 관리자들의 부정 위험관리와 감독업무에 적절히 참여시킨다.

④ 경영진이 권한을 남용하여 내부통제를 위반할 가능성에 대해 세부적으로 검토한다.

⑤ 경영진이 수행한 부정 위험평가를 검토하고 승인한다.

350) Toby J. F. Bishop., Frank E. Hydoski 공저/딜로이트 안진회계법인 역 전게서, FKI 미디어, 2010,223~240면 참조 및 인용

⑥ 내부고발 프로그램과 경영진이 시행하는 윤리 및 행동강령을 감독한다.

⑦ 파악된 내부통제의 미비점 또는 취약점에 대해 경영진이 부정방지통제를 효과적으로 수립하고 있는지를 평가한다.

⑧ 부정행위를 포함한 법규 위반행위를 감독기관에 보고 한다 등.

2. 경영진

경영진은 부정 위험을 감소시키고 기업의 자산을 보호하기 위한 정책과 절차를 실행 하고 지원할 궁극적인 책임이 있다. 또한 경영진은 위험을 감소시키기 위한 내부 통제와 프로세스가 지속적으로 업데이트되며 적절하게 기능하고 있는지를 확인할 책임도 있다.

물론 경영진은 회사의 재무제표에 대한 책임도 있다. 증권선물위원회에 등록된 기업의 최고경영진(CEO)와 재무최고책임자(CFO)는 공시되는 재무제표의 적정성을 확인하고 이에 대해 서명함으로써 경영을 담당하는 수탁자로서 뿐만 아니라 개인적인 책임도 부담한다. 따라서 부정 위험관리와 관련된 경영진의 역할과 책임은 일반적 으로 다음과 같다.

부정 위험관리와 관련된 경영진의 역할과 책임

① 정기적으로 부정 위험을 평가한다.

② 부정방지 통제를 수립하고 유지한다.

③ 부정방지 통제의 설계를 적절히 문서화한다.

④ 부정방지 통제의 설계와 운영의 효과성을 평가한다.

⑤ 부정방지 통제의 미비점과 취약점을 평가하고 개선한다.

⑥ 윤리와 부정행위에 대한 임직원 교육을 실시한다.

⑦ 윤리적인 기업문화를 조성하고 모범을 보인다.

⑧ 윤리 및 행동강령을 실행 한다 등.

3. 직원

오늘날의 기업 환경에서는 모든 구성원에게 더 많은 것을 기대하고 있다. 기업의 조직 구조가 단순화되면서 모든 직급에서의 개개인의 책임이 점점 더 중요해지고 있다. 마찬가지로, 조직 내 모든 직원이 부정 위험관리 전략의 중요한 주체가 된다. 따라서 부정 위험관리와 관련된 직원의 일반적인 역할과 책임은 다음과 같다.

부정 위험관리와 관련된 직원의 역할과 책임

① 부정 위험관리에 있어서 자신의 역할을 이해한다.
② 정책과 절차를 읽고 이해한다.
③ 강력한 통제환경을 조성하는 프로세스에 참여한다.
④ 부정 위험을 식별하는 브레인스토밍에 업무담당자가 참여한다.
⑤ 부정 위험징후(fraud red flags)를 인지한다.
⑥ 잠재적인 부정 사건을 보고 한다 등.

4. 내부감사부서

회사에서 일반적으로 내부감사부서는 주로 감사(감사위원회 포함)에게 직접 보고 하는데, 이는 내부감사기능에 과거 어느 때보다 높은 독립성을 부여하기 위한 것이다. 그러나 독립성이 높아짐에 따라 책임도 강화되었다.

내부감사부서는, 특히 회사 정책이나 절차의 중대한 위반사항이나 내부통제에 주요한 문제가 생겼을 때, 감사 또는 감사위원회와 신속하게 연계하여 움직인다. 부정 위험관리에 관련된 내부감사부서의 일반적인 역할과 책임은 다음과 같다.

부정 위험관리에 관련된 내부감사부서의 역할과 책임

① 경영진이 임직원에게 제공하는 윤리, 부정행위에 관련된 교육을 지원한다.
② 부정행위 위험요인과 유형을 평가하는 것을 지원한다.
③ 회사운영과 내부감사 결과에 대한 이해를 바탕으로 부정방지통제를 개발하는 것을 지원한다.
④ 데이터베이스와 응용프로그램에 대한 조사를 포함해서 법규준수 목적의 모니터링을 수행한다.
⑤ 경영진이 의도적으로 내부통제를 위반할 위험을 다루기 위한 부정감사의 수행 등을 통해 감사 또는 감사위원회를 지원한다.
⑥ 부정행위와 부패 위험관리 프로그램에 대한 적극적인 모니터링을 수행 한다 등.

5. 외부감사인

「외감법」제10조에 의하면 외부감사인은 직무를 수행할 때 부정행위 또는 법령이나 정관에 위반되는 중대한 사실을 발견되면 다음과 같은 조치를 취하여야 한다.

외부감사인의 중대사실 발견 시 조치사항

① 외부감사인은 이사의 직무수행에 관하여 부정행위 또는 법령이나 정관에 위반 되는 중대한 사실을 발견하면 감사 또는 감사위원회에 통보하고 주

주총회에 보고하여야 한다.(「외감법」제10조 제1항).
② 외부감사인은 회사가 회계처리 등에 관하여 회계처리기준을 위반한 사실을 발견하면 감사 또는 감사위원회에 통보하여야 한다.(「외감법」제10조 제2항).
③ 감사 또는 감사위원회는 이사의 직무수행에 관하여 부정행위 또는 법령이나 정관에 위반되는 중대한 사실을 발견하면 외부감사인에게 통보하여야 한다. (「외감법」제10조 제3항).

따라서 내부감사인과 외부감사인은 서로 공조를 통하여 이사 또는 회사의 부정행위 또는 불법행위 등에 대한 사전 예방과 그들의 위반에 상응하는 필요한 조치를 취 하도록 의무를 부과하고 있는 것이다.

6. 준법감시인/준법지원인

회사의 임직원들의 법규준수 여부를 감독내지는 점검하는 기관으로는 첫째, 「금융회사지배구조법」과 금융관련법에서 그 선임이 의무화되고 내부통제기준을 임직원이 준수하고 있는지의 여부에 대한 점검과 동 기준을 위반한 경우 이를 조사하는 등 내부통제 관련 업무를 총괄하고, 필요하다고 판단되는 경우 그 결과를 감사 또는 감사위원회에 보고하는 것을 주된 직무로 하는 **준법감시인**이 있다.

내부통제기준은 금융기관의 업무 전반에 걸쳐 업무분장에서부터 직무수행의 절차 및 업무수행에 수반되는 리스크관리, 준법절차 및 준법사항에 대한 감시와 감시결과에 대한 조사에 이르기 까지 전체를 망라하여 규정하고 있다.

이는 임직원이 업무수행을 상시 체크함으로써 업무수행과정에서 있을 수 있는 위법·부정행위를 사전에 방지하여 업무의 건전성과 적정성을 확보하려는 것이며, 이러한 목적으로 회사내부에 마련된 일련의 체계를 '**내부통제체제**'라 한다.

둘째, 「상법」의 상장회사특례규정에서 일정 규모 이상인 상장회사는 준법통제기준을 마련하고, 동 기준의 준수여부를 점검하여 그 결과를 이사회에 보고하는 업무를 주된 직무로 하는 **준법지원인**이 있다.

준법통제기준이라 함은 법령을 준수하고 회사경영을 적정하게 하기 위하여 임직원이 그 직무를 수행할 때 따라야 할 준법통제에 관한 기준과 절차를 말 하며, 준법 지원인은 내부통제부문 중 '적용 법률 및 규정의 준수' 부문을 담당하는 조직이다.

준법지원인은 그 목적이 회사 경영진이 일정 목표를 가지고 운영함에 있어 잠재적 리스크를 찾아내고 이를 방지·감시하며 사고발생시 효율적으로 대응하는 것에 목표를 두고 있다. 따라서 회사의 비위를 탐지하고 방지하며 대응하는 책임을 부담하고 있다.

제5장 내부감사의 범위

제1절 내부감사의 일반적 범위

I 내부감사 범위의 개요

"감사는 이사의 직무집행을 감사한다." 라고 법에서 규정(「상법」제412조 제1항)하고 있어, 내부감사의 대상은 이사의 직무집행이다.

이사의 직무는 회사의 경영 전반에 미치는 것이므로 이사의 직무집행에는 일상적인 업무집행 뿐만 아니라 이사가 이사로서의 지위에 의거하여 행하는 모든 행위를 의미한다.

따라서 내부감사의 범위는 이사 개개인의 직무뿐만 아니라 이사들로 구성된 이사회의 직무에 대하여도 모두 감사의 감사대상인 것이다.

II 이사 직무집행의 범위

1. 이사 직무집행의 업무 범위

감사의 대상은 이사의 직무집행이다 (「상법」제412조 제1항). 이를 좀 더 자세히 설명하면 이사의 직무는 회사의 경영 전반에 미치는 것이므로 이사의 직무집행의 개념 속에는 일상적인 업무집행 뿐만 아니라 신주 발행이나 자본 전입, 사채발행과 같은 조직에 관한 사항, 주주 총회나 이사회의 운영. 결의의 집행과 같은 기관에 관한 사항도 포함 된다.

따라서 이사의 일상적인 업무집행은 물론 이사회에 관한 사항 등 이사의 직무에 관련된 모든 사항이 감사의 대상이다. 「상법」제412조에서 감사는 이사의 「업무집행」이 아니라 「직무집행」을 감사 한다는 것(동조 제1항)도 이사의 일상적인 업무집행 뿐만 아니라 이사가 그 직무로서 행하는 모든 행위가 감사의 대상임을 분명히 하기 위해서이다.[351]

또한, 내부감사의 역할은 이사의 직무집행을 감사하는 것이다. 즉, 감사의 대상이 이사의 직무 집행인데 이는 이사가 이사로서의 지위에 의거하여 행하는 모든 행위를 의미 하며, 업무의 집행에 한정되지 않는다.

「상법」제393조는 이사가 구성원인 이사회의 권한을 규정하고 있는데 그 내용은 ① 업무 내지 업무집행의 결정, ② 업무의 집행, ③ 다른 이사 직무집행 감독의 세 가지로 정리할 수 있다. 따라서 내부감사의 감사는 이들 전부를 대상으로 한다.[352] 아울러, 이사 개개인의 직무집행 뿐만 아니라 이사회의 권한 사항도 당연히 내부감사대상이 된다.[353]

2. 이사 직무집행의 인적 범위

"감사는 이사의 직무집행을 감사한다." 라고 「상법」에서 규정하고 있다고 해서 단순히 이사의 직무집행 만 감사할 수 있는 것은 아니다. 監事의 監査대상인 이사 직무집행의 인적 범위는 이사회, 대표이사, 업무담당이사는 물론이고 이사회 그리고 대표이사 등으로부터 직무권한을 위임받은 집행임원, 지배인, 사용인도 당연히 포함된다.

따라서 감사는 이사회, 대표이사, 업무담당이사 뿐만 아니라 그 들로 부터 직무권한을 위임받은 집행임원, 지배인, 사용인에 대하여 사업의 보고를 요구하거나 업무 및 재산 상태를 조사할 수 있다. 아울러, 이들이 수행하는 직무에 대해서 상시적으로 모니터링 및 감사하여야 함은 말할 필요가 없다.[354]

Ⅲ 회계감사와 업무감사

현행 「상법」에 의하면 업무감사의 개념에는 당연히 회계감사도 포함되나, 업무감사와 회계감사를 구별하여 설명하는 것이 일반적이다. 업무감사란 이사의 직무집행 전반에 관해 법령 또는 정관에 위반하거나 현저하게 부당한지를 감사하는 것을 말한다.(「상법」 제412조 제1항, 제447조의4 제2항 제10호).

이사의 직무는 앞에서 언급한 바와 같이 회사의 경영전반에 미치는 것이므로 이사의 직무집행 개념 속에는 통상적인 업무집행 뿐만 아니라 신주발행 이나 사채발행과

---

351) 권종호, 전게서, 59~60면
352) 오수근, 「IFRS 시행에 따른 감사환경의 변화와 내부감사의 법적책임」,한국상장회사협회, 2010, 9~10면
353) 김학원, 전게서, 32면
354) 권종호, 전게서, 60면, 이범찬. 오욱환, 「주식회사의 감사제도」, 한국상장회사협의회, 1997, 68면, 이준섭, 전게서, 79~80면

같은 조직에 관한 사항, 주주총회 및 이사회의 운영·결의의 집행과 같은 기관에 관한 사항, 재무제표의 작성과 같은 회계와 관련된 사항도 포함된다. 따라서 업무감사는 이사의 통상적인 업무집행은 물론이고 이사의 직무와 관련된 모든 사항이 그 대상이 된다.

이에 대해 회계감사는 이사가 회계장부에 근거하여 매 결산기에 작성하여 정기총회에 제출하여야 하는 회계에 관한 자료(재무제표와 그 부속명세서, 영업보고서의 경우에는 회계에 관한 부분)가 법령이나 정관에 위반하거나 현저하게 부당한 사항이 있는지를 조사 하고, 이러한 회계에 관한 자료가 일반적으로 공정·타당한 회계의 관행에 준거하여 회사의 재산 및 손익상태를 진실하고 적정하게 표시하고 있는지를 확인하는 것을 말한다.

이사의 직무를 대별하면 (ⅰ) 재무제표의 작성 등 「회계에 관한 직무」와 (ⅱ) 일상적인 업무집행이나 주식·채권의 발행과 같은 조직에 관한 직무, 주주총회나 이사회 운영과 같은 기관에 관한 직무 등 「회계 이외에 관한 직무」로 나눌 수 있다. 이사의 직무를 이처럼 회계에 관한 직무와 회계 이외의 직무로 구별할 때 전자를 대상으로 하는 감사를 '**회계감사**', 후자를 대상으로 한 감사를 '**업무감사**'라 한다.

요컨대, 업무감사와 회계감사를 수행하는 시기적인 면에서 구별하면 회계감사는 사후적인 감사만을 내용으로 하게 되는데 반해, 업무감사는 주로 사전적인 감독을 내용으로 하게 된다. 그리고 이사의 직무집행에 대한 사전적 감독은 그 성격상 경영행위적인 성격을 띠게 될 수밖에 없어 이사회의 이사 감독기능과 중복된다. 바로 이점이 이사회의 업무감독기능과 감사의 업무감사기능 간에 권한의 분배가 문제 된다.[355]

그리고 이사의 직무에는 회계에 관한 직무도 포함되므로 엄밀히 말하면 업무감사의 개념 속에는 회계감사도 당연히 포함되지만, 이처럼 구별하는 이유는 연역적으로 감사의 권한을 업무감사와 회계감사로 구분하여 회계감사로 국한하였던 적이 있었기 때문이다.[356] 1962년 「상법」이 제정되면서 감사제도에 대한 내용도 많은 변화가 있었다. 가장 큰 변화는 종전의 「의용상법」[357] 하에서는 감사에게 업무감사와 회계감사 권한을 모두 부여 하였던 것을 변경하여 감사의 권한을 회계감사로 한정하였다.

이처럼 감사의 권한이 약화되면서 대표이사 등 경영진들의 자유방임적인 무모한 경영에 의하여 회사가 도산하거나 부실화하는 현상이 빈발하게 발생하였다. 이와 같은 이사회의 형해화(形骸化) 는 아직까지도 우리나라의 많은 기업에서 볼 수 있는 현상이었기 때문에 이에 대한 대처방법의 일환으로서 1984년 「상법」을 개정하여 다시 감사

---

355) 권종호, 전게서, 4~7면, 남상구, 전게서, 28~31면
356) 권종호, 전게서, 58~59면, 이범찬. 오욱환, 전게서, 55면,
357) 의용(依用)이란 다른 나라의 법령을 그대로 적용하는 것을 말하며, 우리나라는 1912년부터 1962년 「상법」이 제정되기 이전 까지 일본의 신 「상법」을 의용 하였음.

에게 업무감사 권한을 부여하게 되었다.

그 후로 감사는 「의용상법」시절과 마찬가지로 회계감사 권한과 함께 업무감사 권한도 가지게 되었다. [358]

Ⅳ 적법성 감사와 타당성 감사

1. 업무감사 범위 개요

회계감사는 기본적으로 문서화된 회계 관련 자료(재무제표 등)를 대상으로 일정한 회계기준에 준거하여 작성되었는지 그 여부를 조사(이른바 '정보에 대한 감사') 하는 것 이므로 감사대상이나 범위는 비교적 명확하며 한정되어 있다.

이에 반해 업무감사는 이사의 직무집행「행위」를 대상으로 감사(이른바 '행위에 대한 감사')를 하는 것이므로 회계감사에 비해서는 감사의 대상이나 범위는 불분명하며 상대적 으로 매우 넓다. 감사범위를 둘러싸고 학설의 다툼이 있는 이유도 바로 이 때문이다.

업무감사는 어떠한 관점에서 감사를 실시하느냐를 기준으로 적법성감사와 타당성감사로 구분할 수 있는데, 이사의 직무집행에 관해 ① 법령 또는 정관에 적합한지 그 여부를 감사하는 것이 **「적법성감사」**이며, ② 경제적 합목적성과 효율성 내지는 타당성을 갖는지를 감사하는 것이 **「타당성감사」**이다.[359] 업무감사의 범위와 관련하여 감사의 권한은 적법성 감사에 국한되는지 아니면 타당성감사에도 미치는지에 관해 학설은 대립하고 있다.

2. 업무감사 범위에 관한 학설

감사범위에 관해 학설은 크게 다음의 4가지의 입장으로 나누어져 있다.

가. 적법성감사 국한설

감사(監事)의 감사(監査)는 이사회의 업무감독권과의 충돌방지를 위해 이사의 업무집행에 대한 적법성 감사에만 미친다고 보는 설[360]

나. 명시적 규정에 의한 제한적 타당성감사설

원칙적으로 적법성감사에 국한되나 「상법」상 명시적으로 규정(「상법」 제413조, 제447조의4 제2항, 제5호, 제8호)된 현저하게 부당한 업무집행에 한해 제한적으로 타당

---

358) 권종호, 전게서, 50면, 이준섭, 전게서, 13~14면, 김학원, 전게서, 16~17면, 최기원, 전게서, 720면
359) 권종호, 전게서, 60면
360) 김정호, 「상법강의(상)」, 법문사, 2000, 712면, 박상조. 「신회사법」, 형설출판사, 2000, 672면,

성감사를 할 수 있다는 설[361]

다. 부당한 업무에 의한 제한적 타당성감사설

원칙적으로 적법성감사에 국한되나 현저하게 부당한 업무집행에 관해서는 「상법」에 명시적인 규정이 없더라도 타당성감사를 하 수 있다는 설 [362]

라. 타당성감사 포함설

감사(監事)의 감사(監査)는 이사의 업무집행에 대한 적법성감사는 물론 타당성감사에도 미친다고 보는 설 [363]

이 중 그간 다수설은 명시적 규정에 의한 제한적 타당성감사설 이나 이 견해에 의하면, 타당성 감사가 가능한 경우란 「상법」에서 업무집행이 현저하게 부당한지 그 여부에 관해 명시적으로 조사하도록 하고 있는 때인데, 그 경우로는 「상법」에서 다음의 3가지를 정하고 있으므로 결국에는 다음의 3가지 경우로 타당성감사가 국한되게 된다.

즉, ① 「상법」제413조 상의 이사가 주주총회에 제출한 의안 및 서류에 관해 「현저하게 부당한 사항이 있는지 여부」에 관해 조사할 때와 ② 감사보고서의 기재사항에 관한 「상법」제447조의4 제2항 상의 회계방침의 변경이 「타당한지 여부」(제5호) 및 ③ 이익잉여금처분계산서 또는 결손금처리계산서가 회사재산의 상태 기타의 사정에 비추어 「현저하게 부당한지 여부」(제8호)를 조사할 때이다.

「현저하게 부당한」이란 일반적으로 위법이라고 말할 수 없지만 위법성이 강하거나 현저하게 타당성을 결한 경우를 말한다. 그렇다면 적어도 「상법」에서 명시하고 있는 사항에 관해서는 감사는 타당성감사를 하지 않을 수 없을 것이다.

그러나 다수설에 의하면 업무집행이 현저하게 부당하더라도 그것이 위의 세 가지의 경우, 즉 ① 주주총회에 제출된 의안 및 서류, ② 회계방침의 변경, ③ 이익잉여금 처분 계산서 및 결손금처리계산서에 관한 것이 아닌 한 이사의 현저하게 부당한 업무집행에 대해 타당성감사를 할 수 없게 되는데, 이래서는 곤란하다.

그런 점에서 「상법」에서 규정하고 있는 위의 세 가지의 경우에는 예시적인 것으로

---

361) 이철송, 전게서, 703면, 정찬형, 「상법강의(상)」, 박영사, 2010, 933면, 정동윤, 「상법(상)」, 법문사, 2009, 649면, 손주찬, 「상법(상)」, 박영사, 2002, 873면, 오수근, 전게서, 10~11면, 최준선, 「회사법 (제6판)」, 2011, 521면

362) 서헌제, 「사례중심 회사법」, 법문사, 2000, 453면, 채이식, 「상법강의(상)」, 박영사, 1996, 583면, 정희철, 「상법학(상)」, 박영사, 1989, 506면

363) 강위두. 임재호, 「상법강의(상)」, 형설출판사, 2006, 590면, 권기범, 「현대 회사법론」, 삼영사, 2010, 808~809면, 최기원, 「신회사법론」, 박영사, 2009, 727~728면, 권종호, 전게서, 61~63면, 홍복기, 「감사. 감사위원회의 독립성과 직무범위 및 법적책임의 재인식」, 한국상장회사협의회, 2006, 72면, 김학원, 전게서, 166면, 남상구, 전게서, 42면

보아 업무집행이 현저하게 부당한 경우에는 그 대상을 불문하고 타당성감사를 할 수 있다고 보는 「부당한 업무에 의한 제한적 타당성감사설」이 오히려 설득력이 있다.

그러나 「부당한 업무에 의한 제한적 타당성감사설」을 취하게 되면 이사의 직무집행 전반에 관해 타당성을 심사하지 않으면 그것이 현저하게 부당한지 여부를 판단할 수 없게 되므로 결국에는「타당성감사 포함설」과 차이가 없게 된다.[364]

또한, 감사의 업무감사의 범위에 타당성 감사까지 포함하는 여러 근거로는

① 「상법」이 명문의 규정(제413조, 제447조의4 제2항 제5호 및 제8호)으로 타당성 감사를 할 수 있는 경우를 인정하고 있고, 달리 타당성감사를 제한하거나 금지하는 규정을 두고 있지 않다는 점이다.

여기서 눈여겨보아야 할 점은 「상법」제413조의 법문이 "법령이나 정관의 위반이 있는지의 여부"와 달리 굳이 또 "현저하게 부당한 사항이 있는지의 여부"라는 법문을 두고 있느냐는 점이다. 이는 감사의 업무범위와 관련하여 사후감사인 적법성감사에 그치지 않고 사전감사인 타당성감사까지도 허용함으로써 사후감사의 필요성을 줄이는 예방적 기능을 하게 한 것으로 볼 수 있다는 점이다.[365]

② 더 나아가서 감사의 이사회 출석(「상법」제391조의2 제1항)은 감사의 권한이자 동시에 의무이기 때문에 회사의 경영 상태를 충분히 파악할 위치에 있다고 보아야 하므로 반드시 현저하게 부당한 경우뿐만 아니라, 부당한 경우에도 소극적이고 예방적인 의무를 진다고 해석한다 하여 큰 무리가 따르는 것은 아니라고 본다.

과거와 같이 실수한 자와 그 내용을 찾아내는 정찰·적발·지적의 감사에서 시스템 감사를 필요로 하는 현실을 보더라도, 감사의 이사회 출석·의견 진술은 적법성 문제뿐만 아니라 타당성 문제까지 구별하지 않고 부당하거나 위험할 경우에는 의견제시, 조언, 권고 등을 하는 것이 회사의 손실 및 위험을 사전 예방하는데 큰 도움이 된다는 점이다.[366]

③ 미국의 Enron사 및 Worldcom사 등의 분식회계사건으로 세계적인 경영모델로 자임했던 미국식 경영방식에 의문이 제기 되면서 찾아낸 원인 중의 하나가 바로 CEO들이 경영정보나 의사결정 및 집행권을 독점하는 데 따른 적절한 견제 장치가 마련되지 않았다는 점이다.

투자규모가 확대되면서 CEO들의 모험적 경영은 자칫 회사의 파산은 물론 국가 경제에 엄청난 혼란을 초래할 수도 있는 일이기 때문에 감사는 경영자에 대한

---

364) 권종호, 전게서, 61~62면
365) 서완석, 「업무감사의 범위와 감사의 책임」, 상장회사감사회회보 제97호, 2008, 10면
366) 서완석, 전게연재서, 10면, 김상규, 「감사위원회제도에 관한 연구」, 상사법연구 제20권 제4호, 2002, 98면, 권기범, 전게서, 761면

사후평가를 하는 자의 위치에 머물러서는 안 되고 감시자·조언자의 역할을 할 수 있어야 한다는 점에서 타당성감사의 필요성이 더욱 증가하게 되었다. [367]

④ 1995년 「상법」개정에서 이사는 회사에 현저하게 손해를 미칠 염려가 있는 사실을 발견한 때에는 그것이 이사의 위법행위에 기초한 것인가 여부를 묻지 않고 즉시 감사에게 보고(「상법」제412조의2) 토록 하였으며, 이사로부터 보고를 받은 감사는 당해 사실을 조사·확인하게 한 점이다.

감사는 조사·확인하여 진상을 파악하고 회사에 현저하게 손해를 끼칠 우려가 있을 경우에는 사안에 따라 회사의 손해를 사전에 방지하기 위한 예방책을 강구할 것[368]이 기대되고 있으므로 이와 같은 '이사의 보고의무제도의 도입'은 감사에게 타당성감사를 인정하는 것으로 보는 것이 타당하다 고 생각한다. [369]

⑤ 종래 사후 부정적발감사, 준법감사와 사후평가 및 진단 중심의 감사에서 최근에는 경영감시자의 역할과 리스크관리에 대한 합리적 보증인 역할 및 사전· 예방적 컨설팅기능 까지 감사업무가 확대·발전하여 회사의 내부감사기능이 진화하고 있다는 점이다. [370]

그리고 끊임없이 변화하는 경영환경에 대응하여 내부감사기능도 과거의 거래행위에 대한 분석위주의 감사에서 업무프로세스 개선을 통하여 전반적인 사업 역량의 향상에 기여하는 미래지향적인 감사로 업무의 초점이 전환되고 있다. 따라서 타당성감사는 선택의 문제가 아니라 불가피한 사항이라고 생각한다. [371]

⑥ 우리나라와 같은 이원주의를 택한 독일에서도 감사회의에 의한 감사는 그 적법성 뿐만 아니라 합목적성, 경제성 등에 미친다고 하는 것이 판례이며 통설이라는 점을 생각해 볼 때, 감사의 타당성감사 수행여부는 너무 형식론적인 입장에서만 볼 것이 아니라 실질적인 관점에서 파악해야 할 것으로 본다. [372]

또한 감사기관이 이사회와 분리·독립되어 있는 독일의 감사회 보다 영미식의

---

367) 서완석, 전게연재서, 10면
368) 만약 그 사실이 이사의 법령 또는 정관 위반행위에 기인한 경우에는 이사회에 이를 보고하여야 하며 (「상법」제391조의2 제2항), 필요한 때에는 이사회 또는 주주총회의 소집을 청구할 수 있다.(「상법」제412조의3, 제412조의4). 또한 이사의 행위에 의하여 회사에 회복할 수 없는 손해가 발생할 염려가 있는 때에는 당해이사에 대하여 그 행위의 留止 를 청구할 수 있으며(「상법」제402조), 회사를 대표하여 이사에 대하여 소를 제기할 수있다.(「상법」제415조, 제403조).
369) 동취지 내용, 홍복기, 전게서, 72면 참조
370) 최원락, 전게서, 6면, 금융감독원, 전게서, 18~23면, 안수현, 「내부통제제도를 통한 감사업무의 효율화 방안」, 상장회사감사회회보 제112호, 2009, 11면, 박소영, 전게서, 99~101면, Price Waterhouse Coopers,는 향후 5년간 내부감사의 새 국면을 개척할 동력과 경향을 파악하기 위한 조사를 수행하고 그 결과를 「Internal Audit 2012」에 발표 하였다. 그 중 주요한 내용은 " 기업이 위험관리를 강화하는 방향으로 변화함에 따라 내부감사 역시 리스크 중심 내부감사 모델로 진화해야만 한다."고 기술 하고 있다.
371) 이경훈, 「미국 내부감사제도의 최근 동향과 시사점」, 상장회사감사회회보 제142호, 2011, 1면
372) 권기범, 전게서, 761면, 서완석, 전게연재서, 10면

감사 위원회제도가 사전감사의 효율적 측면에서 우월하다는 점을 인정한다면 감사 또는 감사 위원회의 감사권이 타당성에 까지 미친다고 보는 것이 옳다고 생각한다.[373]

⑦ 그리고 1984년의 개정 「상법」이 감사의 업무감사권을 부활시킨 입법 취지도 그렇거니와, 많은 비판에도 불구하고 우리 「상법」이 감사위원회를 도입한 이유가 이사회의 본래적 기능 상실에서 연유한 것으로 볼 때, 권한충돌의 문제를 우려하여 기관분화와 권한의 분배에만 매달리는 형식 논리만을 추구할 수는 없는 일이다.

업무감사권을 타당성 부문에 대하여 인정하지 않다가 사후에 문제가 발생하게 되면 감사 또는 감사위원회가 본래의 감시·감독기능을 제대로 하지 못했다는 책임추궁의 문제로 귀결될 수밖에 없는 점을 고려하여 「상법」413조가 타당성감사를 전제로 감사가 이사회에 참석하여 의견을 진술하도록 한 것으로 볼 수 있기 때문이다.[374]

⑧ 각 상장회사에 적용되는 「상장회사 표준 감사직무규정」제 10조 및 제11조 제1항 제1호, 「상장회사 표준 감사위원회 직무규정」제9조 제1항 및 제18조 제1항 제1호에서 감사 또는 감사위원은 이사에 대하여 직무상 다음의 각 호에 해당하는 경우 의견제시, 조언, 권고의 의견표명을 할 수 있게 한 점이다.

▫ 회사 업무의 적정한 운영 및 합리화 등에 대하여 의견이 있는 경우.

▫ 회사에 현저한 손해 또는 중대한 사고 등이 초래될 염려가 있는 사실을 발견한 경우 등.

그리고 각 금융회사에 적용되는 「감사위원회 규정 모범규준」제3조 제1호 및 「상근감사위원 직무규정 모범규준」제6조 제1항 제4호에 의하면 감사에게 「리스크관리」 및 「내부통제」 그리고 경영전략과 경영성과에 대해 적정성 및 유용성을 평가하는 타당성 감사를 인정하고 있다는 점이다.

또한 각 공공기관에 적용되는 「공공감사에 관한 법률」 제22조 제1항에 의하면 감사기구의 장에게 소속기관에서 주요 업무집행에 앞서 그 업무의 적법성이나 타당성에 대한 일상감사를 인정하고 있다는 점이다.

상기 내용을 종합해보면, 감사의 감사범위는 적법성감사는 물론이고 타당성감사도 할 수 있는 것이 옳다고 본다. 업무감사 범위에 대해 보충적 설명을 하자면

첫째, 업무감사 범위를 적법성 감사중심으로 제한하려는 학설이 그 주된 이유로 들고 있는 것이 이사회의 업무감독권과의 충돌방지, 즉 기관권한 분배의 원칙 이다. 그

---

373) 서완석 전계연재서, 10면
374) 서완석, 전계연재서, 10면

러나 이러한 학설이 설득력을 갖기 위해서는 이사회가 업무감독기관 으로서 제 기능을 다하고 있음이 전제되어야 하는데, 현재 우리기업 현실은 그렇게 볼 수 있는 증거가 많지 않다는 점이다.

둘째, 현행 「상법」규정 중에는 감사의 권한이 타당성감사에 미치지 않는다고 보거나 기관권한 분배의 원칙에 입각하여 감사의 업무감사권과 이사회의 업무 감독권은 엄격히 구별 되어야 하는 것으로 보면 설명할 수 없는 규정이 적지 않다는 점이다. 위에서 세 가지의 경우는 물론이고 1995년 「상법」개정에서 도입된 「상법」제412조의2와 제391조의 2 제1항이 그것이다.

「상법」제412조의 2는 이사에게 회사에 현저하게 손해를 미칠 염려가 있는 사실을 발견한 때에는 즉시 감사에게 이를 보고할 것을 의무화하고 있다. 「회사에게 현저하게 손해를 미칠 염려가 있는 사실」은 업무집행이 위법한 경우뿐만 아니라 타당성이나 경제적 합목적성을 결한 경우에도 발생할 수 있기 때문이다.

그리고 「상법」391조의2 제1항은 감사에 대해 이사회에 출석하여 의견을 진술할 수 있는 권한을 부여하고 있는데, 이 규정에 의하면 감사의 의견 진술은 적법성 문제이든 타당성 문제이든 가능하므로 어떠한 형태로든 감사의 판단이 이사회의 경영판단에 영향을 미치게 되기 때문이다.[375)]

3. 업무감사 범위와 관련한 문제

감사의 직무범위에 관한 논의, 즉 감사의 권한은 적법성감사에 국한되는가, 아니면 타당성감사에 까지 미치는가의 논의가 구체적으로 문제되는 국면은 다음의 경우이다.

① 감사는 조사권한(「상법」제412조 제2항, 제412조의4 제2항)을 이용하여 이사의 직무집행의 타당성에 관한 정보를 수집할 수 있는가?

② 감사는 이사회에서 타당성감사 영역에 속하는 발언을 하는 것이 가능한가?

③ 감사는 경영감사나 타당성감사 결과 적정성 또는 타당성이나 유용성이 결한 경우 이의 개선이나 지도 또는 권고가 가능한가?

④ 감사는 위법행위 유지청구권(「상법」제402조)을 이용하여 위법은 아니지만 타당하지 않은 이사의 행위에 대하여 유지를 청구할 수 있는가?

먼저 ①의 경우 감사의 조사권한을 적법성감사에 국한된다고 보면 감사는 타당성감사 영역에 속하는 정보 수집은 불가능하다. 그러나 이 입장을 취하더라도 회사업무 전반에 대한 조사가 있어야 비로소 감사대상을 정할 수 있으므로 적어도 감사의 조사활동의 경우에는 적법성감사의 영역이냐 타당성감사의 영역이냐에 의해 제한을 받는다고는 볼 수 없다. 따라서 감사는 이사의 직무집행 타당성에 관한 정보 수집은 가능

---

375) 권종호, 전게서, 62~63면

하다고 보아야 할 것이다.

②의 경우도, 감사가 이사회에서 의견을 진술함에 있어 그 발언이 적법성감사 영역인지 타당성감사 영역인지를 의식할 필요는 없을 것이다. 이사회에 상정된 의제나 의안의 합목적성과 효율성 내지 타당성에 관해 감사도 그 토론에 참가하여 의견을 개진할 수 있는 쪽이 감사영역이 아니라고 침묵을 지키는 것보다 결국은 이사의 직무집행의 적정성을 제고하는데 있어서 훨씬 더 유용하기 때문이다.

감사가 조사활동을 통해 확인할 수 있었던 회사의 경영조직상의 문제점 등에 관해 경영자에게 이사회나 그 밖의 비공식 모임을 통해 개선을 권고하고, 이를 통해 회사에 중대한 손실이 발생하는 것을 미연에 방지하는 것은 감사의 본연의 의무라는 점에서도 그렇게 보아야 할 것이다.

③의 경우도 감사가 경영감사나 타당성 감사 결과 적법성을 위배하지는 아니하나 적정성 또는 타당성이나 유용성이 결한 경우에는 감사는 회사의 현저한 손해 또는 중대한 사고 초래를 사전에 예방 또는 방지하기 위해 필요한 조치로서 대표이사 등 경영진에게 이의 개선, 시정이나 지도 또는 권고가 필요하다고 보아야 할 것이다. 그리고 경영진은 감사로부터 이와 같은 조치를 받은 경우에는 특별한 사유가 없는 한 이에 따라야 할 것이다.

왜냐하면 대표이사나 경영진이 감사의 이와 같은 조치를 무시하거나 해태한 경우에는 경영진이 의사결정 과정에서 ① 필요한 자료·정보를 충분히 수집하여 검토하고, ② 이를 근거로 회사의 최대 이익에 부합한다고 합리적으로 신뢰하고 신의 성실에 따라 경영상의 판단을 내렸으며, ③ 그 내용이 현저히 불합리하지 않은 것으로서 통상의 경영진을 기준으로 할 때 합리적으로 선택할 수 있는 범위 안에서 행하였을 때에만 보호받는 **"경영 판단의 원칙"**에 의해 보호 받을 수 없기 때문이다. (최준선, 최완진, 손성, 권재열, 대법원 2007. 10. 11. 판결. 2006다33333.)

다만 ④의 경우 위법행위유지청구권을 행사하기 위해서는 현행 「상법」은 이사가 법령 또는 정관에 위반하는 행위와 그로 인하여 회복할 수 없는 손해발생 염려가 있을 것을 요구(「상법」제402조)하고 있으므로, 법령이나 정관에 위반되지 않는 한 임무해태가 있더라도 유지청구의 원인이 될 수 없는 것과 같이 위법하지 않은 이사의 행위에 대하여는 그 요건 상 유지청구권행사가 불가능한 것으로 보아야 할 것이다.

따라서 감사의 직무범위가 적법성감사에 국한된다고 주장하는 학설에 따르더라도 타당성감사 영역에 해당하는 행위에 관해 적어도 ① , ② 및 ③ 의 범위 내에서는 감사는 타당성 감사를 수행할 수 있으며, 상장회사의 경우나 금융회사 그리고 공공 기관의 경우는 법이나 규정에서 업무감사의 범위에 타당성감사를 인정하고 있으므로 감사의 직무범위를 둘러싼 논의의 실질적 의미는 매우 제한적이라고 할 수 있다. 376)

---

376) 권종호, 전게서, 64~65면 , 김용범,「내부감사 범위와 한계」, 감사저널 제16호, 2013.12. 36~44면

제2절 **내부감감사의 자회사 범위**

Ⅰ 모회사와 자회사 감사 개요

감사는 그 직무수행을 위해 필요한 경우에는 자회사의 영업에 관해 보고를 요구 하거나 업무 및 재산상황에 관해 조사할 수 있다.(「상법」412조의4 제1항, 제2항). 자회사는 법적으로 독립된 회사이나 실질적으로는 모회사의 지배를 받는 것이 일반적이므로 이러한 관계를 이용하여 자회사를 통한 분식결산 등이 이루어질 경우에는 모회사의 업무상황이나 재산상황을 제대로 파악할 수 없다.

Ⅱ 모회사와 자회사 감사 구분

1995년 「상법」개정에서는 이러한 문제점을 해결하는 한편 감사의 실효성을 확보 하기 위하여 모회사의 감사에 대해 ① 자회사에 대한 영업보고 요구권과 ② 자회사에 대한 업무·재산 조사권을 인정하였다.

자회사에 대한 감사권은 2단계 구조로 되어 있다. 즉 제1단계로 감사는 먼저 자회사에 대해 영업보고를 요구하여야 하며(「상법」제412조의4 제1항), 이 때 자회사가 지체 없이 보고를 하지 않거나 보고는 하였지만 그 내용의 진의에 의문이 있을 때에 비로소 제2단계로 조사를 할 수 있다.(동조 제2항) 이는 자회사는 비록 모회사의 지배하에 있더라도 어디까지나 독립의 법인이라는 점을 고려했기 때문이다.

Ⅲ 모회사와 자회사 감사 한계

자회사에 대한 보고요구·조사는 자회사의 감사를 위한 것이 아니고 모회사의 감사를 위한 것이다. 따라서 자회사에 대한 보고요구·조사를 하기 위해서는 감사의 「모회사에 대한 직무수행을 위한 필요성」이 소명되어야 한다.[377] 이는 모회사에서의 내부감사의 직무수행을 위하여 필요한 최소한 범위로 한정된다고 본다.

따라서 모회사 내부감사의 직무수행과 관련이 없는 자회사의 일반적인 사업 상황의 보고를 요구하거나 모회사 내부감사의 직무수행과 관련이 없는 자회사에 대한 조사는

---

377) 권종호, 전게서, 101~102면

할 수 없다고 본다.[378]

이러한 해석은 연결재무제표가 주재무제표가 되는 경우에도 유지된다고 본다. 모회사의 내부감사는 자회사의 재무제표가 반영된 연결재무제표에 대한 감사보고서를 작성하여 제출하여야 하므로 연결재무제표에 반영되는 범위 내에서 자회사의 영업에 관한 보고를 요구하거나 자회사의 업무와 재산 상태를 조사할 수 있다.[379]

한편 자회사에 대한 조사권은 자회사의 내부회계관리제도, 회계정책, 외부감사인의 선임에도 미친다고 보는데 그 이유는 이러한 사항들이 연결재무제표에 직접 영향을 미치기 때문이다.

제3절 > 감사와 경영감시기관과의 관계

Ⅰ 현 황[380]

현행 주식회사제도에서 경영을 감시하는 기관과 조직을 다양하게 두고 있음에도 법정감사기관의 감사직무와 경영감시기관의 감시직무 간에 구체적으로 직무와 업무분담이 어떻게 이루어지고 있으며, 권한과 역할이 어떻게 구별되고 있는지 불분명하다.

현행 「상법」에 의하면 감사는 이사의 직무집행을 감사하는 필요적·상설적 기관이다. 舊 「상법」상 감사는 회계감사기관이었으나, 1984년의 개정 「상법」은 감사의 권한을 강화하여 업무감사권한까지 인정하였으며, 1995년의 이후 여러 번의 「상법」 개정을 통해 감사가 그 직무를 효과적으로 수행할 수 있도록 다양한 권한을 부여하고 있다.

「상법」은 감사기능을 전담할 필요적 상설기관으로 감사를 두어야 한다. 다만, 회사의 선택에 따라 「정관」으로 감사에 갈음하여 감사위원회를 설치할 수 있다 (「상법」 제415조의2 제1항 전단). 그러나 이때 에는 감사를 따로 둘 수 없으므로(「상법」 제415조의2 제1항 후단) 감사위원회 설치회사의 경우에는 감사위원회가 이사회 내 위원회의 지위에서 감사기능을 수행하게 된다.

감사의 기능은 이처럼 「감사」 또는 「감사위원회」 (이하 '감사'라 함)가 수행하지만, 감사의 궁극적인 목적이 회사경영의 적정성을 확보하고 회사 재산의 건전성을 유지하는데 있는 점에 주목하면 넓은 의미에서 감사의 기능(이하 '감시기능' 이라 함)을

---

378) 오수근 전게서, 66~67면
379) 오수근 전게서, 66~67면
380) 김용범, 「바람직한 경영감시기관」, 내부감사저널 제11권제4호, 2014. 9. 60면

수행하는 주체는 감사에만 국한되는 것은 아니다.

현행법상 회사에 대한 감시기능을 수행하는 기관 및 조직으로는 필요적·상설적 감사기관인 감사(監事) 이외에도 경영의 적정성과 회계의 투명성을 보장하기 위하여 경영감시 장치를 겹겹으로 두고 있다. 이런 경영감시장치는 회사의 내부에서 감시하는 내부감시기관 및 조직과 회사의 외부에서 감시하는 외부감시기관 및 조직으로 구분할 수 있다.

내부감시기관 및 조직으로는 ① 이사의 직무집행을 감독하는 「이사회」, ② 은행 등 금융회사에서 선임이 강제되고 내부통제부문을 감시하는 「준법감시인」, ③ 일정규모 이상의 상장회사에서 준법부문을 감시하는 「준법지원인」과 ④ 내부회계 관리제도에 따라 회계의 적정성을 감시하는 「내부회계 관리자」가 있다.

그리고 외부감시기관 및 조직으로는 「상법」상의 주주로 구성되는 ① 주주총회와 ② 단독주주 및 소액주주, ③ 회계부문 감사를 위해 일정 규모 이상의 주식회사에서 그 선임이 의무화 되는 「외부감사인」과 ④ 일정한 법정사항을 조사하기 위하여 선임되는 「검사인」이 있다.

Ⅱ 내부감시 기관 및 조직

1. 이사회

가. 이사회의 직무감독권 현황[381]

현행법은 회사의 경영에 대한 감시기능이 부여되는 기관과 조직을 다양하게 두고 있다. 그 중에 이사의 직무집행을 감사하는 감사의 감사직무와 이사의 직무집행을 감독하는 이사회의 감독직무 간에 어떠한 직무와 업무분담이 구체적으로 이루어지고, 권한과 역할이 어떻게 구별되는지 불분명하다.

물론 법률이 세부적인 사항까지 명시하고 규율하여야 하는 것은 아니다. 그러나 새로운 제도 도입이 가져오는 변화나 실무의 관행이 쌓여감에 따라 이러한 불명확한 채 남아있는 문제들이 업무를 수행하는 과정에서 더욱 파생되어 감사체계 전체를 위협하는 것은 바람직하지 않다.

이중에서 특히 감사의 고유한 직무감사권과 이사회의 직무감독권 간에 업무 및 권한의 범위가 불분명하고 혼동되어 있어 중복 또는 충돌의 문제를 안고 있다. 따라서 이것은 장래에 회사 내부 감사체계의 정립과 관련하여 시급히 정리되어야 할 과제중

---

381) 이준섭, 전게서, 71~72면, 김용범, 「바람직한 경영감시기관」, 내부감사저널 제11권제4호, 2014. 9. 60면

의 하나이다.

감사의 직무 감사권과 이사회의 직무 감독권 간의 업무와 권한의 명확한 구별은 비록 이론적인 논의에 불과한 것처럼 보이지만, 이를 분명히 함으로써 법정 감사기관인 감사의 직무 범위를 명확하게 할 수 있다는 점과 감사가 중복 또는 충돌 없이 독립적이고 당당하게 권한과 역할을 수행하는 조건이 될 수 있다는 점에서 실질적 의미가 있다.

나. 이사회의 직무감독권 문제점[382)]

우리 「상법」은 이사회에게 각 이사들의 직무집행에 대한 감독권한을 부여하고 있다 (「상법」제393조 제2항). 그러나 이와 같은 이사회의 직무감독권은 일반적으로 '이사회를 통하여' 이루어지는 것으로 해석한다.

「상법」도 "이사는 대표이사로 하여금 다른 이사 또는 피용자의 업무에 관하여 이사회에 보고할 것을 요구할 수 있다."(「상법」제393조 제3항)고 함으로써, 이사회를 통한 이사의 직무감독권의 근거를 제공한다.

이를 근거로 이사는 3개월에 1회 이상 업무의 집행사항을 이사회에 보고할 의무를 진다(「상법」제393조 제4항). 이와 같이 현행법이 이사회에게 각 이사들의 직무집행의 감독권을 부여한 것은 다음 몇 가지의 이유에서 문제가 제기될 수 있다.

첫째, 입법사적으로 볼 때 우리가 「의용상법」상 감사의 권한으로써 업무감사권과 회계감사권을 부여하던 것을 제정 「상법」에서 업무감사권을 제외시키면서 이사회의 권한을 대폭 확대 하였다. 그러나 1984년 개정 「상법」이래 지금까지 감사에게 다시 업무 감사권을 부활시켰다.

이와 같이 감사에게 업무감사기능을 다시 부여하게 된 것은 그때까지 이사회에게 직무감독기관으로서의 기능을 부여해본 경험의 결과 이사회에 의한 감독기능이 전혀 발휘되지 못하였다는 반성으로부터 비롯된 것이다.

따라서 1984년 개정 「상법」에서는 형해화(形骸化)된 이사회의 감독기능을 회수하는 것이 바람직하였음에도 불구하고 여전히 남겨둠으로써 기존 감사의 감사기능과 중복, 충돌 문제의 소지만 키워왔다고 할 수 있다.

둘째, 더구나 1999년 개정 「상법」에서 이사회 내 위원회로서 감사에 갈음하는 감사위원회를 도입함으로써 감사위원회가 감사기관으로서의 지위를 갖게 되었고, 감사 위원회의 권한과 직무를 감사의 권한과 직무에 관한 규정을 준용(「상법」제415조의2 제6항) 토록 함으로써 명백하게 이사들에 대한 직무감사권을 갖도록 설계되었다. 그러기 때문에 더 이상 이사회에 의한 직무감독권은 현실적으로 그 의미를 잃었다.

---

382) 이준섭, 전게서, 72~73면, 권종호, 전게서, 49면 이하, 김용범, 전게서, 도서출판 어울림, 2012., 228~230면, 김용범, 「바람직한 경영감시기관」, 내부감사저널 제11권제4호, 2014. 9. 60 ~ 61면.

셋째, 또한 2009년도 개정 「상법」에서 감사위원회는 회사 지배구조 상으로 이사회 내 위원회이지만 일반위원회와는 달리 ① 감사위원회위원의 선임 및 해임은 주주총회의 권한(「상법」제542조의12 제1항)이며, ② 감사위원회는 이사회에서 만든 하부위원회 조직이 아니고 「상법」의 규정에 의하여 설치된 특별한 성격의 위원회(「상법」제415조의2 제1항, 제542조의11 제1항)이다.[383]

더 나아가서 ③ 이사회는 위원회가 결의한 사항에 대하여 다시 결의할 수 있지만 감사위원회가 결의한 사항에 대하여는 다시 결의할 수 없도록 하여 감사위원회를 감사관련 업무에 대한 최고 의사결정기구로 한 점(「상법」제415조의2 제6항)을 고려할 때, 이사의 직무감독권을 감사 또는 감사위원회의 직무감사권과 동일시하는 것은 무리가 있다.

아울러 현실적으로 보더라도 이사회에 의한 이사들의 직무집행감독은 이사회라는 회의체의 회의 또는 의사결정과정에서 이루어지는 것이므로 그 감독의 실효성이 의문시될 뿐만 아니라, 특히 회의체 내에서의 '자기감사'가 실질적인 의미가 있을 것인가에 관하여 꾸준한 문제제기가 있어왔다. 물론 이러한 문제점은 이미 1984년의 「상법」 개정에서 반영되어 감사 또는 감사위원회에게 업무감사권을 다시 부여한 원인이 되기도 하였다.

따라서 이사회의 이사 직무집행감독권에 대한 상기 문제점을 종합적으로 고려해 보면 기존의 감사의 직무감사권과 이사회의 직무감독권을 구별하는 기준으로 학계에서 논의되어 왔던 적법성감사와 타당성감사의 구별기준은 더 이상 타당하지 않다.

다. 양 기관 간 효율적 업무분담 방안[384]

감독과 감사의 사전적(辭典的) 의미를 살펴보면 "監督이란 일이나 사람 따위가 잘못되지 아니하도록 단속하거나 일의 전체를 지휘함"을 의미하며, " 監査는 監督하고 檢査함"을 의미한다. 그리고 "檢査는 사실이나 일의 상태 또는 물질의 구성 성분 따위를 조사하여 옳고 그름과 낫고 못함을 판단하는 일 임"을 의미한다. (자료제공 : 국립국어연구원).

「상법」상 "이사회에 의한 이사직무집행의 감독"의 의미는 감사체계의 정합성 측면에서 고유한 법적감사기관에 의한 감사기능과의 충돌을 피하기 위해 기존의 해석과는 달리 본질적인 辭典的 의미로 축소하여 이해할 필요가 있다. 말하자면 제도보장으로

---

383) 홍복기, 전게연재서, 한국상장회사협의회, 2006., 71면, 김용범, 전게서, 도서출판 어울림, 2012., 229면, 김용범, 「바람직한 경영감시기관」, 내부감사저널 제11권제4호, 2014. 9. 61면.
384) 이준섭, 전게서, 71~81면, 김순석, 전게서, 115~118면, 및 133~141면, 최준선, 전게보고서, 190~192면, 김용범, 전게서, 도서출판 어울림, 2012., 230~231면, 김용범, 「바람직한 경영감시 기관」, 내부감사저널 제11권제4호, 2014. 9. 61~62면.

서의 감사권이 아니라, 회의체 내에서 수행되는 상호견제와 감시·감독 그리고 지휘수단 정도로 해석될 필요가 있는 것이다. [385]

즉, 이사회의 이사의 직무집행에 대한 감독권한은 이사의 직무집행에 대해 적법성이나 타당성을 감사한다기보다는 이사회가 결정하거나 위임한 업무를 각각의 이사들이나 집행임원, 사용인 등이 잘못되지 아니하고 충실히 적정하게 수행하고 있는지에 대한 감시, 감독 및 지휘 활동을 의미하는 것으로 해석함이 바람직한 것으로 생각한다.

결국 이사회의 이사 직무집행감독은 이사회 내에서 의결권 행사와 이사회 또는 대표이사 등 최고경영진의 지휘를 받아 회사 내에서 자체통제 또는 모니터링을 수행하는 내부통제기능을 통하여 수행하는 것으로 해석하는 것이 실무에서 현실적으로 수행되는 이사회의 이사 직무활동 감독기능에 좀 더 상응하는 것이다.

내부통제제도는 회사의 감독시스템의 일환이다. "내부통제란 회사운영의 효과성과 효율성, 재무정보의 신뢰성, 그리고 적용 법률 및 규정의 준수라는 세 가지 범주에서 목표를 달성하는데 대해 「합리적 확신(reasonable assurance)」을 제공하기 위하여 계획된 이사회, 경영진, 기타 구성원에 의해 실행되는 일련의 과정"을 말한다.

한마디로 말하면 내부통제시스템은 임직원의 직무수행에 대해 감독책임이 있는 이사회 및 최고경영진이 그 휘하에 있는 임직원의 직무수행을 효과적으로 감독하기 위한 수단이므로, 이사회의 이사직무집행에 대한 감독은 회의체인 이사회 내에서 의결 및 보고 활동과 내부통제체제의 지휘·감시를 통하여 동 감독업무를 수행하는 것이 타당하고, 효과적이다.

따라서, 이사회는 이러한 내부통제시스템이 적절하고 효율적으로 구축·유지될 수 있도록 할 최종적인 책임을 짐과 동시에 동 시스템의 운영에 관한 전반적인 사항을 지휘 및 통제하며, 감사는 이사회 및 최고경영진이 내부통제시스템을 적절하게 운영하는지를 평가 하고 미비점에 대하여는 개선방안을 제시하는 등 내부감사활동을 수행한다.[386]

아울러, 이사회의 지휘를 받는 내부통제부서에 의한 자체적인 감시· 감독기능으로부터 법적 감사기관에 의한 법적 감사기능을 구별하는 것은 감사책임 및 감사체계 확립이라는 측면에서 중요한 의미가 있으므로 두 기관 간의 직무 및 업무 분담에 관해서 반드시 재검토가 필요한 것으로 생각된다.

---

385) 이준섭, 전게서, 73면, 김용범, 전게서, 도서출판 어울림, 2012., 230면, 김용범, 「바람직한 경영감시기관」, 내부감사저널 제11권제4호, 2014. 9. 61면.
386) 김용범, 전게서, 도서출판 어울림, 2012., 231면, 김용범, 「바람직한 경영감시 기관」, 내부감사저널 제11권제4호, 2014. 9. 61면.

2. 준법감사인

가. 준법감시인제도

미국의 Compliance Officer제도를 모델로 하여 2000년 「은행법」 등 금융관련법의 개정으로 도입되었고, 2015년 「금융회사의 지배구조에 관한 법률」(이하 '금융지배구조법'이라 함)의 제정을 통하여 은행 등 금융회사에서 그 선임이 의무화 되는 자로서, 내부통제기준을 임직원이 준수하고 있는지의 여부에 대한 점검과 동 기준을 위반하는 경우 이를 조사하는 등 내부통제 관련 업무를 총괄하고, 필요한 경우 그 결과를 감사위원회/감사에 보고하는 것을 직무로 한다. (「금융지배구조법」제25조제1항).

나. 내부통제체제에 대한 감시·감독

내부통제기준은 '금융회사는 법령을 준수하고, 경영을 건전하게하며, 주주 및 이해관계자 등을 보호하기 위하여 금융회사의 임직원이 직무를 수행할 때 준수하여야 할 기준 및 절차'를 말한다. (「금융지배구조법」제24조 제1항).

내부통제기준은 이처럼 금융회사의 업무전반에 걸쳐 업무분장에서부터 직무수행의 절차 및 업무수행에 수반되는 준법절차 및 준법상황에 대한 감시와 감시결과에 대한 조치에 이르기까지 전체를 망라하여 규정하고 있다.

이는 임직원의 업무수행을 상시 체크함으로써 업무수행 과정에서 있을 수 있는 위법·부정행위를 사전에 방지하여 업무의 건전성과 적정성을 확보 하려는 것이며, 이러한 목적으로 회사 내부에 마련된 일련의 체계를 '내부통제체제' 혹은 '내부통제 시스템'이라고도 부르기도 한다.

현행 「금융지배구조법」에서는 은행 등 금융회사에 한해 내부통제시스템의 구축을 의무화[387]하고 있으나, 「상법」에서는 일반회사에 대하여 별다른 규정을 두고 있지 않고 있다. 그러나 일반회사의 경우에도 판례에 의하여 내부통제시스템의 구축·운영을 요구하고 있으므로 내부통제시스템의 구축·운영은 매우 중요한 과제라고 할 수 있다.[388]

회사의 업무집행은 법률상은 대표이사가 행하지만, 실제는 임직원에 의해 이루어지는 것이 일반적이기 때문이다. 대표이사는 임직원의 직무수행에 대해 감독책임이 있으나 현실적으로 각 사업부서나 영업소에서 이루어지는 임직원의 구체적인 직무수행에 대해 일일이 감독하는 것은 불가능하다. 바로 이 점에서 내부통제시스템의 구축

---

387) 그 이유는 1997년 IMF금융위기 이후 금융기관에 대한 효율적인 감독체제의 중요성이 부각되었다는 점, 금융기관의 경우에는 고객의 자산을 관리하는 자로서 엄격한 도덕성과 신뢰성이 요구될 뿐만 아니라 영업 이나 임직원의 직무에 관련된 법규가 복잡 다양하며 특히 위법. 부정행위나 경영상의 문제가 있을 경우 그 피해의 범위나 정도가 엄청날 수 있다는 점 등을 고려한 것이다.

388) 대법원 2006다68636 판결.

여부는 이사회의 감시의무 이행여부를 판단함에 있어서 중요한 기준이 되고 있다.

아울러 이사회는 회사의 경영전반에 관한 의사결정기관이며 업무집행에 관한 결정사항을 토대로 실제의 업무집행은 각 이사를 통하여 이루어지게 된다. 또한 이사의 업무집행에 대한 감독은 회의체인 이사회를 통하여 이루어진다. 이를 위하여 이사회는 업무집행을 하는 각 이사로부터 회의체인 이사회에서 업무집행의 상황과 결과를 보고받고 그 직무집행을 감독하게 된다. 또한 회사의 내부통제체계의 지휘·감시를 통하여 감독업무를 수행한다.

그렇다면 이사회는 이러한 내부통제기능에 있어서 구체적으로 어떠한 역할과 직무를 수행하는 것인가? 우선 이사회는 관련법규에 따라 내부통제 시스템의 관리 즉 위험관리와 내부통제에 관한사항을 결정하여야 한다.(「금융지배구조법」제15조 제1항 제5호). 그리고 이러한 내부통제에 관한 의사결정을 기초로 집행이사가 구축·운영하는 내부통제에 관하여 그 유효성, 효율성, 타당성 등을 스스로 점검하고 관리함으로써 이사의 직무집행을 감독 하게 된다.

다. 내부통제체제에 대한 평가 · 감사[389]

그런데, 이 내부통제시스템의 도입과 관련하여 논란이 되고 있는 것이 준법감시인과 감사와의 관계이다. 내부통제시스템은 한마디로 임직원의 직무수행에 대해 감독책임이 있는 이사회 및 경영진이 그 지휘 하에 있는 임직원의 직무수행을 효과적으로 감독하기 위한 수단이며, 준법감시인은 이러한 내부통제시스템의 구축에 관해 그 책임이 있는 이사회 및 대표이사를 지원·보좌하여 내부통제시스템을 운영·관리하는 자이다.

바로 이 점에서 준법감시인은 경영진과 독립하여 제3자적 입장에서 업무집행에 대해 조사·감독 하는 감사와 구별된다. 다만, 준법감시인의 역할과 기능은 이사회 및 대표이사 (이하 '최고경영진'이라 함)가 업무집행기능의 일환으로서 상시 수행하여야 할 임직원에 대한 업무감독기능을 지원·보좌하는 것이므로 광의적으로는 준법감시인 역시 업무집행기능을 수행하는 자 이다.

따라서 준법감시인이 최고경영진을 보좌하여 행하는 직무, 즉 내부통제 시스템의 운영과 관리는 감사의 업무감사 대상이다. 다시 말씀드리면 내부통제시스템의 운영·관리는 최고경영진을 보좌하여 준법감시인이 그 직무로서 수행하지만, 이러한 내부통제시스템이 업무 수행의 적정성을 확보하는데 효율적으로 구축·운영되고 있는지에

---

389) 권종호, 전게서, 22~23면, 이준섭, 전게서, 75~81면, 최준선, 전게보고서, 190~192면, 김순석, 전게서, 126~128면, 김용범, 전게서, 도서출판 어울림, 2012., 237면, 김용범, 「바람직한 경영감시 기관」, 내부 감사저널 제11권제4호, 2014. 9. 61면.

대한 評價 및 監査는 監事의 權限事項인 것이다.390) (「상장회사 표준 감사직무규정」 제23조,「상장회사 표준 감사위원회직무규정」제30조, 금융회사의「상근감사위원직무 규정 모범규준(안)」제19조).

라. 감사와 준법감시인과의 관계391)

현행 금융관련법에서는 준법감시인에 대해 임직원이 내부통제기준을 위반하는 경우 이를 조사하여 필요한 경우 감사/감사위원회에게 보고하도록 하고 있는데(「금융지배 구조법」제25조 제1항), 이는 바로 내부통제시스템이 효율적으로 구축·운영되고 있는 지에 대한 적정성 평가는 **감사의 권한사항**이라는 점을 고려하여 監事가 監査業務를 효과적으로 수행할 수 있도록 준법감시인은 협력하라는 의미로 새겨야 할 것이다.

이는 이사에 대해 감사에게 보고할 의무를 부과하고 있는 것과 같은 이치이다. 요 컨대, 준법감시인은 내부통제시스템의 구축·운영에 대한 책임자로서 최고경영진을 지원·보좌하는 것을 주된 직무로 하는 자 이지만, 감사와의 관계에 있어서도 적극적 으로 협력할 의무를 지고 있는 자라고 할 수 있다.

3. 준법지원인392)

가. 준법지원인제도

2011년 4월 「상법」 개정을 통하여 금융기관의 준법감시인제도와 유사한 준법지원인 제도를 도입하였다. 그 내용은 최근 사업연도 말 기준으로 자산총액이 5천억원 이상 인 상장 회사는 준법통제기준을 마련하고, 동 기준의 준수여부를 점검하여 그 결과를 이사회에 보고하는 준법지원인을 두도록 하고 있다. 단, 다른 법률에 의하여 준법 감 시인을 두어야하는 상장회사는 제외한다.

준법지원인 이라하면 일반적으로 회사업무의 계획 및 집행에 있어서 법률의 준수 여부를 사전에 감시하는 사람을 말하나,「상법」에서는 준법통제기준의 준수에 관한 업 무를 담당하는 사람을 말한다. "준법통제기준이라 함은 법령을 준수하고 회사경영을 적정하게 하기 위하여 임직원이 그 직무를 수행할 때 따라야할 준법통제에 관한 기준 과 절차를 말한다."

---

390) 권종호, 전게보고서, 22면, 김건식·안수현, 「준법감시인 조기정착을 위한 시론」, 증권법연구 제3권 제1호, 2002., 86면, 김용범, 전게서, 도서출판 어울림, 2012., 237면, 김용범, 「바람직한 경영감시 기관」, 내부감사저널 제11권제4호, 2014. 9. 61면.
391) 김용범, 「바람직한 경영감시 기관」, 내부감사저널 제11권제4호, 2014. 9. 62~63면.
392) 성범규, 「준법지원인 도입으로 본 내부통제 체계」, 상장회사 감사회회보 제148호, 2012., 14~16면, 김용범, 전게서, 도서출판 어울림, 2012., 238~240면, 김용범, 「바람직한 경영감시 기관」, 내부감사 저널 제11권제4호, 2014. 9. 63~64면. 참조 및 인용

준법지원인은 준법감시인과 같이 내부통제제도 전체를 담당하는 사람이 아니기 때문에 준법통제기준의 범위를 설정함에 있어, 법령준수사항 이외에 회사 경영의 적정성을 위해 업무의 효율성 제고나 리스크관리 등에 관한 사항까지는 포함되지 않는다고 본다. 즉 내부통제제도의 '적용 법률 및 규정의 준수' 부문을 담당하는 조직으로 봄이 타당하다.

나. 준법감시체제에 대한 감시·감독

준법통제란 회사의 임직원이 담당업무를 수행하는 과정에서 필연적으로 접하게 되는 각종의 규범[393]을 준수하게 함으로써 건전하고 적절한 업무수행이 이루어질 수 있도록 지원하기 위하여 고안된 시스템이다. 즉, 준법통제는 기업 경영상 다양한 위험 중 특히 법률적 위험만을 관리하기 위하여 고안된 것이다.

준법통제는 기업경영상 법률위험을 합리적으로 관리·감독하여 기업의 손실을 사전에 예방하고 운영의 효율성을 극대화하는 것이 무엇보다도 중요하다. 따라서 준법 통제는 일차적으로 회사의 임직원들이 준법경영에 충실하도록 감시·감독하고, 조사하여 그 결과를 이사회에 보고함으로써 위법사항을 보완·시정하도록 하는 것이다.

그러나 준법통제제도는 임·직원의 직무수행상의 법규준수 부문에 관한 것이지만, 소극적으로 임직원의 법규 준수 여부만을 감시·감독 하고 조사하는 것만이 아니라, 교육·연수·상담·지도 등의 각종 과정을 통하여 임직원의 자율적인 법규준수를 보다 적극적으로 유도하는 사전적인 조치에도 그 중점을 두고 있는 제도이다.[394]

준법통제체계의 설계방법과 작동방식 및 운영수준은 회사의 규모·유형·영업·종류·등에 따라 매우 다양하지만, 임직원에 대한 지속적인 준법교육과 점검 그리고 재발방지를 위한 조치 등은 반드시 준법통제체제에 포함되어야 한다. 그리고 각종 위법행위를 방지 하기 위하여 정책을 수립하고 필요조치를 취하는 외부당국에 대하여 준법경영의 확신을 줄 수 있는 장치도 포함되어야 한다.[395]

다. 준법지원인과 경영진과의 관계

임직원의 준법경영을 관리하는 준법지원인이 독립적으로 업무를 수행할 수 있는 환경의 보장은 유효한 준법지원제도를 확립하는데 매우 중요한 전제 조건이다. 따라서 준법 지원인은 이사회의 결의에 의해 임명되지만, 이사회는 물론 대표이사나 다른 이

---

393) 각종 규범에는 관련된 법령과 내부규범(사내규범, 업무메뉴얼 등) 및 사회규범(기업윤리, 사회기업문화 등)이 포함됨. 조창훈/이근택/김종천/민병조, 「영업점 컴플라이언스 오피스(상)」, 한국금융연수원, 2009. 10~11면. 정준우 외, 전게연구보고서, 2014. 58면.
394) 정준우 외, 전게연구보고서, 2014. 58~59면., 김건식/안수현, 전게논문, 11면.
395) 정준우 외, 전게연구보고서, 2014. 59면

사들로부터 어떠한 지시나 감독도 받지 않아야 한다.

즉, 준법지원인은 회사내부에서 그 누구로부터도 구속을 받지 않고 독립적인 상태에서 임직원의 준법경영을 점검하고 권고하며 위반행위를 감시할 수 있어야 한다. 즉, 준법통제기준과 준법지원인체제가 이사회의 경영의 틀 속에 움직이는 것은 맞지만, 회사의 업무 수행 라인과는 독립라인으로 구축되어야 한다.[396]

이를 위해 「상법」은 준법지원인의 임기를 3년으로 보장하고 상근성을 명문화하여 준법지원인의 독립적인 업무수행이 가능하도록 지원하고 있고, 이와 연계하여 준법지원인이 자신의 업무수행에 직·간접적으로 영향을 받을 수 있는 회사의 영업에 관련된 업무를 겸할 수 없도록 제한하고 있다.

준법지원인은 법적으로 독임제 지위가 보장되어 있지만, 이사회의 결의에 의하여 임명되어 임직원의 준법경영 준수여부를 관리하고 그 위반행위를 감시하면서 그 결과를 이사회에 보고해야 한다.(「상법」제542조의 13 제3항). 그리고 준법지원제도의 본질은 경영진의 감시가 아니라 경영진을 지원하는 것이다.[397]

「상법」은 준법지원인으로 하여금 임직원의 준법통제기준의 준수여부를 조사하여 그 결과를 이사회에 보고하도록 규제하고 있는 것도 결국은 이사회의 경영의사결정과 감독권의 실행에 필요한 일종의 보증자료를 제공하기 위함이다. 따라서 준법지원인은 회사의 경영 조직 내에 있어야 하고, 이사회와 밀접한 업무적 연관관계를 구축하고 있어야 하지만, 준법지원인의 독립성은 언제나 확보·유지되어야 한다.[398]

라. 준법지원인과 감사와의 관계

감사와 준법지원인은 모두 적절한 내부통제를 통해 회사업무의 적법성과 효율성 및 신뢰성을 확보한다는 목표에는 큰 차이가 없으나, 우선 양 조직은 그 목적이 회사 경영진이 일정 목표를 가지고 운영함에 있어 잠재적 리스크를 찾아내고 이를 방지·감시하며 사고발생시 효율적으로 대응하는 것에 목표를 두고 있다. 이에 따라 두 조직 공히 경영진으로 부터의 독립성, 객관성 및 순결성이 요구된다.

물론 준법지원인은 경영진의 일부로서 작동하게 되지만, 회사의 비위를 탐지하고 방지하며 대응하는 책임에 비추어 높은 수준의 권위와 독립성이 요구된다고 할 수 있다. 그러나 이러한 공통점에도 불구하고 감사와 준법지원인의 기능은 상호 보완적일 수 있을지언정, 어느 한 부서가 다른 한 부서를 겸직하기는 적절치 않다는 것이다.

---

396) 정준우 외, 전게연구보고서, 2014. 211면, 최승재, 「회사내 내부통제기관의 재구성과 대안적 설계」 (상사판례연구) 제22집 제3권(한국상사판례학회), 2009. 52면,
397) 정준우 외, 전게연구보고서, 2014. 213면
398) 정준우 외, 전게연구보고서, 2014. 228면

회사의 준법지원인은 회사가 추구하는 경영목표를 달성하는데 필요한 적법성, 유효성 및 신뢰성을 달성하기 위해 경영진과 협의 하에 각 영업부서별 '적용 법률 및 규정의 준수' 부문의 리스크 분석, 모니터링, 통제 및 적절한 감시기능을 수행하여야하고, 감사는 이러한 시스템이 제대로 작동되어 회사의 업무가 유효하고 적절하게 운영되고 있는지를 감사·평가·진단하며 필요시 시정방안을 제시하여야 한다.

그러나 「상법」은 준법지원인으로 하여금 직무수행 결과를 이사회에 보고하도록 규정하고 있고, 감사기관과의 관계에 대해서는 아무런 내용도 규정하고 있지 아니 하다. 그런데, 감사기관의 업무감사권은 이사의 직무집행행위가 법령이나 정관에 위반되는지 여부를 감사하는 것으로서 임직원 준법경영을 지원하고 그 위반행위를 감시 하는 준법지원인의 임무와 유사하며 상호 중첩되고 있다.[399]

또한 미국의 경우에는 우리와 같은 상근감사제도가 없으므로 준법지원인을 둘 필요가 있으나, 우리나라의 경우에는 감사기관(감사 또는 감사위원회)의 기능 속에 준법지원인의 기능이 포함된 것으로 보아야 하므로 감사의 기능을 강화하게 되면 별도로 준법지원인을 둘 필요가 없다는 주장도 있다.

참고 ▶ **준법지원인제도의 필요성을 부정하는 견해**

「상법」상 감사나 감사위원회를 필요기관으로 하는 우리나라 회사법 하에서는 감사나 감사위원회의 기능이 이미 업무의 적법성 및 타당성 감사를 포함하고 있으므로 준법지원인제도와 기능이 중복되고, 따라서 감사와 감사위원회와 별도로 준법지원인을 상장회사의 필요적 기관으로 설치하도록 하는 것은 불필요하다는 주장도 제기되고 있다.

현행 준법지원인 제도 하에서는 임직원의 준법통제기준 위반행위를 조사하여 그 결과를 이사회에 보고한 경우에는 이사회의 시정조치가 있어야 하는데, 이 경우 이사회가 적시에 적절한 조치를 취했는지 여부는 감사기관의 업무감사권의 범위에 포함된다. 즉 이사의 직무집행의 적법성여부에 있어서는 준법지원인과 감사기관이 상호 연계되어 있으므로 양자 간의 업무협조체제의 구축이 필요하다.[400]

따라서 「상법」상 준법지원인제도의 모태가 된 「자본시장법」상의 준법감시인제도를 살펴보면 준법감시인은 내부통제기준의 준수여부를 점검하고 내부통제기준을 위반하는 경우 이를 조사하여 감사기관에 보고하도록 하고 있는바, 준법지원인이 임직원의 준법통제기준 위반행위를 조사하여 그 결과를 이사회에 보고할 때에는 동일한 내용을 감사기관에도 아울러 보고하도록 하는 향후 입법적인 보완이 필요하다.[401]

---

399) 정준우 외, 전게연구보고서, 2014. 232~233면.
400) 정준우 외, 전게연구보고서, 2014. 233면
401) 정준우 외, 전게연구보고서, 2014. 233면

4. 내부회계관리자402)

가. 내부회계관리제도

내부회계관리제도는 국내·외 잇따른 회계부정사건으로 인하여 기업이 발표하는 재무정보에 대한 자본시장의 신뢰도가 하락하였으며 이에 대한 해결방안으로 재무 정보의 신뢰성과 투명성을 제고하기 위하여 2004년도 회계제도 선진화 관련 법률의 일환으로 「외감법」의 개정을 통하여 도입된 제도이다.

회사 대표자는 내부회계관리제도의 관리·운영을 책임지며, 이를 담당하는 상근 이사 (담당하는 이사가 없는 경우에는 해당 이사의 업무를 집행하는 자를 말한다) 1명을 '내부 회계관리자'로 지정하여야 한다.(「외감법」제2조의2 제3항).

나. 내부회계관리제도에 대한 관리·운영

회사(상장회사가 아닌 회사로서 직전 사업연도 말의 자산총액이 1천억 원 미만인 회사는 제외한다)는 신뢰할 수 있는 회계정보의 작성과 공시를 위하여 내부회계관리 규정과 이를 관리·운영하는 조직(이하 "내부회계관리제도"라 함)을 갖추어야 한다. (「외감법」제2조 의2 제1항).

회사는 내부회계관리제도에 의하지 않고 회계정보를 작성하거나 내부 회계관리제도에 따라 작성된 회계정보를 위조·변조·훼손 및 파기하여서는 아니 된다.(「외감법」제2조 의2 제2항).

이사회는 경영진이 설계·운영하는 내부회계관리제도 전반에 대한 감독 책임을 지며, 경영진에 대한 지도·감독업무를 수행한다. 그리고 회사의 경영진은 내부회계관리제도 운영을 담당할 내부회계관리자를 지정하여야 하며, 아울러 효과적인 내부회계관리 제도의 설계 및 운영 책임과 내부회계관리제도가 원활히 작동하는 데 필요한 제반 조치를 강구한다.

회사가 내부회계관리규정을 제정하거나 변경하고자 하는 경우에는 이사회의 결의를 거쳐야 하며, 내부회계관리자는 이사회 또는 감사가 직무를 수행하기 위하여 자료의 제출을 요구하는 경우에는 이에 성실히 응하여야 한다. 그리고 상장회사는 그 법인의 내부회계관리제도에 관한 사항을 공시하여야 한다.(「외감법 시행령」제2조의3 제1항, 제2항 및 제3항).

---

402) 최승환, 「내부통제제도(내부회계관리제도 포함)의 평가 절차와 방법」, 상장회사 감사회회보 제114호, 2009., 17면, 김용범, 전게서, 도서출판 어울림, 2012., 240~243면, 김용범, 「바람직한 경영감시 기관」, 내부감사저널 제11권제4호, 2014. 9. 64~65면. 참조 및 인용

다. 내부회계관리제도에 대한 평가·감사

(1) 내부회계관리자의 내부회계관리제도 운영실태 보고

내부회계관리자는 「내부회계관리제도 모범규준」과 「상장대기업을 위한 적용 해설서」 및 「상장 중소기업(비상장 대기업도 준용 가능)을 위한 적용 해설서」에서정하는 바에 따라 충분하고 적합하게 내부회계관리제도의 운영 실태를 자체평가하여 내부 회계관리제도 운영실태 보고서를 작성하여야 한다.

그리고 내부회계관리자는 사업연도 마다 이사회 및 감사에게 「내부회계관리 제도 모범규준」제60호에 명시된 내용이 포함된 해당 회사의 「내부회계관리제도 운영실태 보고서」를 작성하여 보고하여야 한다.(「외감법」제2조의2 제4항).

(2) 감사의 내부회계관리제도 운영에 대한 평가 및 감사

감사는 경영진의 자체평가 수행절차와 운영실태 평가결과의 적정성을 감독자의 관점 에서 독립적으로 평가한다. 그리고 감사는 내부회계관리제도를 독자적으로 평가하거나 회사의 내부감사기능을 활용하여 평가할 수 있으며, 평가절차 및 그 결과를 문서화하여 충분한 근거자료를 마련한다.

또한 감사는 내부회계관리제도에 대한 평가를 광의의 내부통제제도에 대한 정기적인 평가에 포함하여 실시할 수 있으며, 내부회계관리제도 평가 시 필요에 따라 경영진의 자체평가자료를 근거로 평가절차를 수행할 수 있다.

아울러 감사는 사업연도 마다 이사회에게 「내부회계관리제도 모범규준」문단 61에 명시된 내용이 포함된 해당 회사의 내부회계관리제도 운영평가 보고서를 작성하여 보고 하여야 하고, 그 평가 보고서를 해당회사의 본점에 5년간 비치하여야 한다. 그리고 이 경우 내부회계관리제도의 관리·운영에 대하여 시정의견이 있으면 이를 포함하여 보고하여야 한다.(「외감법」제2조의2 제5항)

내부회계관리자는 이러한 내부회계관리제도의 전반에 대해 감독책임을 가지고 있는 이사회와 내부회계관리제도의 설계와 운영에 책임을 지고 있는 대표이사의 내부회계관리 제도의 관리·운영업무를 실무적으로 담당 및 집행하는 자이므로 내부회계관리자가 이사회 및 대표이사를 보좌하여 행하는 직무, 즉 내부회계관리제도의 운영과 관리업무는 당연히 監事의 監査 대상이다.

내부회계관리제도의 도입과 함께 재무보고의 신뢰성 확보를 위해 내부 감사에게 요구하는 기대수준도 증대되었다. 따라서 내부회계관리제도의 운영 효과성을 독립적으로 검증 하는 역할 뿐만 아니라, 회계투명성에 영향을 미칠 수 있는 추가적 위험요소를 식별하고 해당 위험 발생을 방지하도록 내부통제를 개선· 지도하는 역할까지 내부 감사에게 요구하고 있는 추세이다.

라. 경영진과 내부회계관리자 및 감사와의 관계

경영진은 내부회계관리자의 자체평가 또는 감사의 평가결과에 따른 통제 상의 미비점 그리고 감사의 권고사항 및 평가결과에 따른 필요한 조치를 결정하며, 경영진은 시정 또는 개선을 요하는 사항들에 대해 계획된 기간 내에 필요한 조치가 완료될 수 있도록 하고 사후에 이행여부에 대해 확인을 한다.

즉 경영진은 내부회계관리자의 자체평가 또는 감사의 평가결과 나타난 통제 상의 미비점이 적시에 시정될 수 있도록 하는 내부회계관리체계를 마련 하여야 한다.(「내부회계관리제도 모범규준」문단 30 및 30 · 1, 30 · 2).

Ⅲ 외부감시 기관 및 조직

1. 주주총회[403]

가. 주주총회 의의

주주총회는 주주로써 구성되는 필요적 상설기관으로서 법률 또는 정관에 정해진 사항을 결의하는 주식회사의 최고 의사결정기구이다.

나. 주주로서 구성

주주총회는 의결권의 유무에 불구하고 주주 전원으로 구성된다. 주주만이 구성원이 될 수 있으므로 이사나 감사가 주주총회에 출석하더라도 이는 주주총회 구성원이 아니며, 또 주주가 아닌 자가 의장으로서 사회를 할 수는 있겠으나 역시 주주총회의 구성원이 되는 것은 아니다. 이는 정관으로도 달리 정할 수 없다.

다. 최고의사결정기관

주주총회는 우선 이념적으로 「회사의 소유자」들로 구성되는 기관*이라는 점에서 최고성을 부여할 수 있다. 한편 주주총회는 타기관의 구성원을 선임·해임하고, 주주총회의 결의는 타 기관 전부를 구속한다는 점에서 법적으로 회사 내에서 최고성을 인정할 수 있다.

* 회사는 독립적 사회적 실재로서 이론적으로는 그 자체의 의사와 행위를 가지나, 실제의 자연적 의사를 결정하고 자연적 행위를 할 능력이 없으므로 그 의사와 행위는 회사 조직상의 일정한 지위에 있는 자에 의해 결정되고 실천된다. 이와 같이 회사의 의사를 결정하고 행위를 실천하는 회사 조직상의 기구를 기관이라 한다.

---

403) 김용범, 「바람직한 경영감시 기관」, 내부감사저널 제11권제5호, 2014. 11. 54~55면. 이철송, 「회사법 강의(제22판)」, 박영사, 2014., 476~483면 참조 및 인용

주주총회는 주주의 의사를 수렴하여 회사의 의사를 결정한다. 그 의사 결정은 대내적인 것이고 직접 대외적인 법률관계를 형성하는 일은 없다. 의사결정방법은 「결의」라는 형식을 통하여 이루어진다. 따라서 현실적으로 의사를 결정하기 위해서는 주주들의 집회인 주주총회를 요한다.

주식회사는 인적회사와는 달리 업무집행에 관해 타인기관(이사)을 갖는 관계로 주주총회는 주주가 회사의 경영에 관여하는 유일한 통로이다. 물론 주주가 대표소송을 제기하든지, 유지청구권을 행사하든지 하여 소극적인 면에서는 단독으로 관여할 수 있지만 적극적으로 회사경영에 참여하는 것은 주주총회에서 결의권을 행사하는 것뿐이다.

라. 경영감시 관련 주주총회의 권한

최고의사결정기관으로 주주총회의 권한은 「상법」상의 권한, 특별법상의 권한, 정관에 의한 권한 등 다양한 권한이 존재한다. 「상법」은 주주의 이해에 특히 중요한 영향을 미칠 사항들을 추려 주주총회의 권한으로 하고 있다.

따라서 주주총회의 권한은 넓게 보면 모든것이 경영감시와 직간접적으로 관련 없는 것이 없겠지만, 직접적으로 관련이 있는 권한은 ① 이사감사의 선임권 및 해임권, ② 재무제표의 승인권, ③ 이사 및 감사의 보수 결정권 등이다.

마. 주주총회와 감사와의 관계

주식회사는 기관이 분화되어 있으나 기관간의 권한배분에 있어 자연법적인 원칙이 있는 것은 아니다. 현대 회사법의 입법례를 보면 점차 주주총회의 기능을 약화시키고 이사회(또는 이사)의 기능을 강화시키는 추세다.

「상법」도 "주주총회는 본법 또는 정관에 정하는 사항에 한하여 결의할 수 있다"라고 정함으로써 실질적인 「소유와 경영의 분리」를 지향하여 주주 총회의 권한을 대폭 축소하고 이사회의 권한을 강화하였다.

그러나 성질상 출자자의 지위에서 당연히 행사할 수 있는 권한인 ① 이사·감사의 선임권 및 해임권, ② 재무제표의 승인권 과 ③ 이사 등 경영진의 자의적이고 부실한 경영을 막기 위한 감시적 기능인 이사 및 감사의 보수 결정권 등은 오히려 강화되어야 된다고 본다.

2. 단독주주 및 소수주주404)

가. 주주 권리의 의의

주주가 회사에 대하여 갖는 지위, 그것은 하나의 사원권으로서 주주가 회사에 대해 갖는 개개의 권리 원천을 이루고 있는데, 이를 '주주권'이라 한다.

주주는 주주권을 원천으로 회사에 대해 여러 가지 권리를 갖는다. 「상법」이 인정하는 개개의 구체적 권리를 주주의 사원권적 지위를 포괄적으로 나타내는 주주권과 구별하여 「주주의 권리」라고 표현한다.

나. 공익권 및 자익권

주주의 권리는 흔히 다음과 같이 분류한다. 회사의 운영에 참가하는 것을 목적으로 하거나 이와 관련하여 행사하는 권리를 '공익권'이라 하고, 주주가 회사로부터 경제적 이익이나 기타 편익을 받는 것을 목적으로 하는 권리를 '자익권'이라 한다. 바꿔 말해 공익권의 행사 효과는 회사와 주주 전체에 귀속되나, 자익권의 행사 효과는 그 권리를 행사한 주주에만 귀속된다.

이를 좀 더 세부적으로 말씀드리면, 자익권은 출자금에 대한 수익을 위한 권리와 출자금 회수를 위한 권리로 나눌 수 있다. 출자금에 대한 수익을 위한 권리로는 이익배당청구권, 중간배당청구권 및 신주인수권 등이 있다. 그리고 출자금 회수를 위한 권리로는 주권교부청구권, 명의개서청구권, 잔여 재산분배청구권 및 주식매수청구권 등이 있다.

공익권은 경영참여를 위한 권리와 경영감독을 위한 권리로 분류된다. 경영참여를 위한 권리로는 주주총회에서의 의결권(단독주주권)과 주주제안권이 있다. 그리고 경영감독을 위한 권리로는 아래와 같이 단독주주권과 소수주주권으로 분류 된다.

다. 단독주주권 및 소수주주권

주주의 권리는 단1주 만을 가진 주주에게도 인정됨이 원칙이다. 이 원칙이 적용 되는 권리를 '단독주주권'이라 한다. 자익권은 모두 단독주주권이다.

단독주주권으로는 설립무효의 소권, 주식교환무효의 소권, 주식이전무효소권, 총회결의취소의 소권, 총회결의무효·부존재확인의 소권, 신주발행유지 청구권, 합병무효소권, 분할 무효소권 등이 있다.

공익권도 원칙적으로는 단독주주권 이지만, 개중에는 발행주식 총수의 일정 비율에 해당하는 주식을 갖는 주주에 한하여 행사하는 권리도 있다. 이를 '소수주주권'이라

---

404) 김용범, 「바람직한 경영감시 기관」, 내부감사저널 제11권제5호, 2014. 11. 55~56면. 이철송, 전게서, 박영사, 2014., 301~306면 참조 및 인용

한다.

소수주주권으로는 주주제안권, 주주총회소집청구건, 집중투표청구권, 이사·감사 해임청구권, 회계장부열람권, 업무·재산상태 검사청구권, 유지청구권, 대표소송제기권, 해산판결청구권 등이 있다.

라. 소수주주권과 감사와의 관계

소수주주권의 내용을 보면 대부분 「소유와 경영의 분리」의 원칙에 반하여 주주에게 경영간섭을 허용하는 것이다. 이같이 법상 소수주주권이라는 형태로 주주의 경영간섭을 허용한 것은, 한편으로는 다수결의 원칙 하에서의 다수파 주주의 전횡을 막고, 다른 한편 으로는 단독주주권으로 했을 경우 예상되는 개별 주주에 의한 주주권의 남용을 막자는 뜻이 있다.

따라서 소수주주권은 다수파 주주들에 의해 지배되는 이사회 및 경영진의 전횡과 부실경영을 막고, 사실상 다수파 주주들에 의하여 선임되는 감사의 직무유기를 방지하기 위한 소수파 주주들의 유용한 경영통제수단이다. 그러나 남용의 우려도 있으므로·어느 정도 수량의 주식을 소유한 주주에게만 제한적으로 인정하고 있는 것이다.

즉, 소소주주권의 행사는 이사회와 경영진의 업무집행을 침해하는 이례적인 행위이므로 단순한 임무해태만으로는 청구사유가 될 수 없으며, 청구사유는 구체적으로 소명하여야 한다.(대법원 1985. 7. 31. 판결. 85마214). 그러나 이러한 판례에도 불구하고 소수주주권은 이사회 및 경영진의 전횡과 부실 경영 그리고 감사의 직무유기의 경우에 주주들의 보완적인 경영통제기능으로 매우 유용한 수단 이라 할 수 있다.

3. 외부감사인[405]

가. 외부감사인제도의 개황

이사의 직무집행에 대한 감사기관으로 외부감사인도 있다. 감사 또는 감사위원회는 업무감사와 회계감사를 직무로 하고, 외부감사인은 회계감사만을 직무로 한다. 그러므로 감사 또는 감사위원회의 회계감사권과 외부감사인의 회계감사권은 서로의 권한이 충돌될 소지가 많이 있다.

그러나 외부감사인에 의한 회계감사는 통해 회사의 경영자가 제시하는 회계정보에 대해 공정성을 부여하고 자본시장에서 투자자들로 하여금 대차대조표 등 재무제표에 대해 신뢰성을 갖고 투자의사 결정에 이를 이용토록 함으로써 자본시장의 신뢰성과 효율성을 향상시키는 데 있다.

---

405) 김용범, 「바람직한 경영감시 기관」, 내부감사저널 제11권제5호, 2014. 11. 56~58면. 김용범전게서, 도서출판 어울림, 2012., 231~235면 참조 및 인용·

「외감법」에 의하면 직전 사업연도 말 자산총액, 부채 규모 또는 종업원 수 등 대통령령으로 정하는 기준에 해당하는 주식회사는 재무제표를 작성하여 주식회사로부터 독립된 외부의 감사인에 의한 회계감사를 받도록 의무화 되어 있다.(「외감법」제2조, 「동법 시행령」제2조 제1항).

「외감법」이 이처럼 일정 규모이상의 회사 및 주권 상장법인에 대해서 외부감사인에 의한 회계감사를 강제하는 것은 회사로부터 독립된 외부감사인을 통해 회사의 건전한 발전을 도모하고자 하는 데 그 목적이 있다.

또한「자본시장법」에 의해서도 주권상장법인 등 금융위원회 등에 재무에 관한 서류를 제출하여야 하는 회사는 외부감사인에 의한 회계감사를 받도록 되어 있다.(「자본시장법」제159조 제1항 및 제2항, 「동 법시행령」제168조 제6항).

나. 외부감사인의 감사대상

「외감법」제2조에 따라 외부의 감사인에 의한 회계감사를 받아야하는 주식회사는 다음 각 호의 어느 하나에 해당하는 주식회사이다.(「외감법 시행령」제2조 제1항)

① 직전 사업연도 말의 자산총액이 120억원 이상인 주식회사.
② 주권상장법인과 해당 사업연도 또는 다음 사업연도 중에 주권상장법인이 되려는 주식회사.
③ 직전 사업연도 말의 부채총액이 70억원 이상이고 자산총액이 70억원 이상인 주식회사.
④ 직전 사업연도 말의 종업원 수가 300명 이상이고 자산총액이 70억원 이상인 주식회사 등.

다. 외부감사인과의 관계

일정규모 이상의 회사의 경우에는 이처럼 회사내부의 감사에 의한 회계감사와 회사외부의 외부감사인에 의한 회계감사가 중첩적으로 이루어지게 되는데, 이와 관련하여 양자의 관계를 어떻게 볼 것인지가 문제되고 있다.

(1) 외국의 경우 외부감사인과의 관계

외국경우 일정규모 이상의 회사에 대해서는 회사내부의 감사와는 별도로 회계전문가에 의한 회계감사를 의무화하고 있는 것이 일반적인 현상인데, 예컨대 미국의 「외부감사인(External Auditor)」, 일본의 「회계감사인」,독일의 「결산감사인(Abschlussprüfer)」이 그 경우이다.[406]

---

406) 영국의 경우는 회사법에 의해 회사내부기관으로서 회계감사를 전담하는 「감사(Auditor)」를 선임하는

이들은 공인회계사 등 회계전문가로서 일정의 자격요건을 요하며, 기본적으로 회사와의 관계에서는 회사의 기관은 아니며 단지 회사와의 계약에 근거하여 회계감사에 관한 사무를 위탁받아 수행하는 자이다.[407]

회계감사의 경우 외국에서는 외부의 회계전문가가 일차적으로 감사를 행하고, 그 결과를 감사보고서에 담아 회사에 제출하면, 이 때 회사 내부의 감사기관 (감사회, 감사위원회)은 외부감사인의 감사방법이나 감사결과의 상당성에 관해 심사를 하고, 이를 자신이 작성 하는 감사보고서에 기재하여 회사에 제출하는 것이 일반적이다.[408]

이런 측면에서 보면 외부감사인과 내부감사기관과의 관계는 외부감사인이 회계감사에 관해 일차적인 책임을 지고 수행하지만, 내부감사기관은 그 결과를 평가·심사 하는 입장에 있으며, 따라서 외부감사인은 내부감사기관의 감독을 받는 관계라고 할 수 있다.

(2) 우리나라의 경우 외부감사인과의 관계[409]

우리나라의 경우에는 현행법상 외부감사인이 내부감사인의 감독을 받는 관계라고 말할 수 없는 데, 그 결정적인 이유로 다음의 2가지를 지적할 수 있다.

첫째, 감사와 외부감사인이 회사에 대해 각각 감사보고서를 제출하는 시기에 있어서 관련성이 없다는 점이다. 즉 (i)「외감법」에 의하면 외부 감사인은 회사로부터 주주총회일 6주전에 재무제표를 받은 후* (「외감법」제7조,「동법시행령」제6조) 주주총회일「1주일 전」까지 감사보고서를 이사와 감사에게 제출하여야 한다. (「외감법」제8조,「동법시행령」제7조 제1항).

* 연결재무제표작성의무회사가 외부감사인에게 제출하여야 하는 연결재무제표의 경우에는 국제 회계기준적용회사 : 정기총회 4주일전, 국제회계기준미적용회사 : 사업연도 종료 후 90일 이내, 결합재무제표작성의무회사의 경우에는 결합재무제표를 사업연도 종료후 4개월 이내까지 외부감사인 에게 제출.(「외감법시행령」제6조).

것 이 의무화되어 있으나 감사의 자격에 관해서는 회계전문가일 것을 요하는 등 엄격한 제한을 가하고 있다.

407) 물론 외부감사인은 위임사무, 즉 회계감사에 관해 수임인으로서 「민법」의 위임에 관한 일반원칙에 따라 회사를 위해 선량한 관리자의 주의로서 위임사무(회계감사)를 하여야 할 의무, 즉 선관주의의무를 진다.

408) 권종호,「감사제도의 개선과 감사위원회제도의 과제」, 상사법연구 제19권 제3호, 2001, 103면, 권종호,「감사제도에 관한 소고」, 일감법학 제3권,1998. 231면, 권종호,「감사와 감사위원회제도」,2004., 16면, 김용범,「바람직한 경영감시 기관」, 내부감사저널 제11권제5호, 2014. 11. 56면. 김용범 전게서, 도서출판 어울림, 2012., 232면.

409) 권종호, 전게서, 16~18면, 김용범,「바람직한 경영감시 기관」, 내부감사저널 제11권제5호, 2014. 11. 57면. 김용범 전게서, 도서출판 어울림, 2012., 232~234면.

이에 대해 (ⅱ)「상법」에 의하면 감사는 회사로부터 주주총회일「 6주 전」에 재무제표와 그 부속명세서 및 영업보고서를 받은 후 주주총회일「4주 내 즉 2주일 전」까지 감사보고서를 이사에 제출하여야 하며 (「상법」제447조의3, 447조의4), 다만 (ⅲ) 상장 회사의 경우 감사는 주주총회일「1주 전」까지 감사보고서를 이사에 제출하면 된다. (「상법」제542조의12 제6항).

이처럼 현행법은 외부감사인에 대해 감사보고서를 이사와 감사에게 제출하도록 의무화 하고 있는데, 이는 외부감사인의 감사보고서에 대해 외국의 경우처럼 감사가 외부감사인의 감사방법이나 감사결과의 상당성에 관해 심사할 수 있도록 하기 위해서이다. 그러나 현행법상으로는 유감스럽게도 이를 기대할 수 없다.

왜냐하면 ①「외감법」만 적용되는 회사의 경우 감사가 외부감사인 으로 부터 감사 보고서를 받는 시점(주주총회일 1주 전)이 자신의 감사보고서를 이사에게 제출하여야 할 시점 (주주총회일 2주 전) 보다 늦기 때문 이다.

즉 감사가 외부감사인의 감사보고서를 받는 시기는 자신의 감사보고서를 이미 이사 에게 제출하고 난 후이므로 감사로서는 외부감사인의 감사보고서에 관해 감사의 방법이나 결과가 상당하지 않음을 발견하더라도 이를 자신의 감사보고서에 반영할 방법이 없다.

그리고 ② 상장회사의 경우에는 감사가 이사에게 자신의 감사보고서를 제출 하여야 하는 시점(주주총회일 1주 전)과 외부감사인 으로부터 감사보고서를 받는 시점(주주총회일 1주 전)이 같기 때문에 이때에도 또한 감사가 외부 감사인의 감사보고서에 관해 검토할 시간적 여유가 없다.

그런 점에서 현행법은 외부감사인과 감사의 관계에 관해 각각 독립된 별개의 회계감사 주체로 인식하고 있다고 볼 수밖에 없다. 만일 그렇다면 의문인 것은 왜 외부감사인에 대해 감사보고서를 감사에게 제출하도록 의무화하고 있는 가 일 것이다.

둘째는 2003년「외감법」의 개정에 의해 새로이 도입된 내부회계관리제도와 관련한 법률상의 모순 때문이다.

(ⅰ) 개정「외감법」제2조의2 에서는 내부회계관리자는 사업연도마다 이사회 및 감사에게 해당회사의 내부회계관리제도의 운영실태를 보고하도록 하고(동조 제4항), 감사는 내부회계관리제도의 운영실태를 평가하여 이사회에 사업연도마다 보고하도록 하고 있다.

그런데 (ⅱ)「동법」제2조의3에서는 외부감사인에 대해 제2조의2에서 정한 사항의 준수여부에 대해 검토하고 이를 감사보고서에 기재하도록 함으로써, 결과적으로 외부감사인이 감사를 평가하도록 하고 있다. 그러면서도「외감법」제8조에 의해 외부감사인은 감사 보고서를 감사에게 제출하여야 한다.

즉 (iii) 내부회계관리제도에 관한 한 현행법은 ① 「내부회계관리상황에 대한 감사의 평가」 → ② 「감사가 행한 평가에 대한 외부감사인의 평가」 → ③ 「감사를 평가한 결과(감사보고서)를 외부감사인이 감사에게 제출」이라는 상식적으로 이해하기 어려운 내용으로 되어 있다.

다시 말씀드리면 내부회계관리제도에 있어서는 감사와 외부감사인이 상호 감사하는 위치에 있는 것이다. 그러나 ② 의 부분만 보면 외부감사인과 감사의 관계는 외부감사인이 오히려 감사를 감독하는 지위에 있는 것처럼 오해할 수도 있다.

라. 외부감사인의 감사보고서에 관한 감사의 검증[410]

외부감사인 제도는 원래 일정규모 이상의 회사의 경우에는 기업회계에 관해 다양한 이해관계자가 관련되어 있을 뿐만 아니라 회계기법이 고도로 복잡화·전문화됨으로써 회사 내부감사기관의 감사만으로는 회계감사의 적정성과 진실성을 담보할 수 없기 때문에 도입된 제도인 것이다.

즉 회계감사의 한계를 회사 외부의 회계전문가를 통해 극복하기 위한 것이고, 그런 점에서 외부감사인은 물론 독자적으로 감사를 행하지만, 감사와의 관계에서는 감사를 보완·지원하는 것으로 보는 것이 옳다. 또한 이렇게 보는 것이 국제적으로 적합할 뿐만 아니라 우리나라에서 늘 문제되고 있는 '**감사의 낮은 위상**'을 제고하는데도 바람직할 것이다.

특히 외부감사인의 감사결과에 대해 회사내부에서 감사가 재차 검증할 수 있도록 하는 것은 회계감사의 적정성 확보라는 측면에서 매우 중요한 의미가 있으므로 일본의 회계감사인의 감사보고서 제출시기 등을 참고하는 등 감사에 대한 외부감사인의 감사보고서의 제출시점에 관해서는 반드시 재검토가 필요하다고 본다.

참고 ▷▷▷ 일본의 회계감사인의 감사보고서 제출시기

이사는 정기총회일 8주 전에 재무제표 등을 감사회와 회계감사인에게 제출하여야 하며(「상법특례법」제12조 제1항), 회계감사인은 그 서류를 수령한 날로부터 4주간이내에 감사보고서를 감사회와 이사에게 제출하여야 한다(「동법」제13조 제1항).

그리고 감사회는 회계감사인으로 부터 감사보고서를 수령한 날로부터 1주 이내에 감사 보고서를 이사에 제출하도록 되어 있다.(「동법」제14조 제2항).

---

410) 권종호, 전게서, 18~20면, 오수근, 전게서, 12~18면, 정준우, 전게연구서, 229면, 권종호, 전게서, 16~18면, 김용범, 「바람직한 경영감시 기관」, 내부감사저널 제11권제5호, 2014. 11. 57~58면. 김용범 전게서, 도서출판 어울림, 2012., 234~235면.

또한 개정 「외감법」의 내부회계관리제도의 운영실태 평가와 관련하여 외부감사인이 감사를 감독하는 지위에 있는 것으로 보일 수 있다는 점에서 동 평가보고서의 제출시점에 대하여도 재검토가 필요한 것으로 생각된다.

그리고 2003년 증권관련 집단소송제도가 도입되었고 여기서는 회계부정의 경우 대표이사를 포함한 관계자뿐만 아니라 감사에 대해서도 책임을 물을 수 있도록 하고 있으며, 특히 최근의 회계부정과 관련한 소송에서 외부감사인이 회계부정에 대한 책임자로 주된 표적이 되고 있다는 점을 고려하면 외부감사인의 회계감사결과에 대해 회사내부의 감사에 의한 재검증을 통해 회계 감사의 적정성을 제고 하는 것은 매우 중요하다.

이는 2003년 「증권거래법」개정에서 도입된 이후 2009년도 「상법」개정에서 반영된 감사위원 중 회계 또는 재무전문가를 1인 이상 선임하도록 한 것(「상법」제542조의11 제2항 제1호)의 입법취지와도 부합하는 것으로 생각된다.

4. 검사인[411]

가. 검사인의 의의

검사인은 일정한 법정사항을 조사하기 위하여 선임되는 회사의 임시기관이다. 그임무는 선임 목적에 따라 다르지만, 대체로 발기인·이사·청산인의 직무수행의 적부, 계산의 정확여부를 조사하는 것이다.

나. 검사인의 자격과 지위

주주총회에서 선임하는 검사인과 회사와의 관계는 위임이며, 따라서 검사인은 회사에 대해 선량한 관리자의 주의의무를 진다.

법원이 선임하는 경우에는 이와 같은 계약관계가 없고, 그 권한도 법률의 규정에 의해 정해진다. 그러나 법원이 선임하는 검사인도 그 기능은 주주총회에서 선임하는 검사인과 유사하므로 역시 선량한 관리자 주의의무를 진다고 해야 할 것이다.

검사인의 자격에는 제한이 없으나, 당해 회사의 이사·감사·사용인은 검사인이 될 수 없으며, 직무의 성질상 자연인이어야 한다는 것이 통설이다. 그러나 근래 검사인의 업무로 적합한 회계, 법무, 세무 등의 전문직 사무의 시장을 다수의 관련 전문법인이 점유하고 있음을 볼 때 굳이 자연인으로 제한할 필요는 없다고 본다.

---

411) 이철송, 전게서, 박영사, 2014., 845~846면, 김용범, 「바람직한 경영감시 기관」, 내부감사저널 제11권제5호, 2014. 11. 58~59면.

다. 검사인의 선임과 직무

(1) 법원이 선임하는 경우

(가) 회사설립의 경우

○ 변태설립사항이 있을 때 이를 조사하게하기 위하여 이사의 청구에 의해 선임 된다. 이 검사인은 변태설립사항 및 현물출자의 이행 여부를 조사한다.(「상법」 제298조).

(나) 액면미달의 신주발행을 할 때

○ 법원이 최저발행가액을 변경인가 할 경우 회사의 재산상태, 기타 필요한 사 항 을 조사 하게하기 위해 선임할 수 있다.(「상법」제417조 제3항).

(다) 신주발행시 현물출자를 하는 경우

○ 현물출자의 내용을 조사하기 위해 이사의 청구로 선임한다.(「상법」제422조 제1항).

(라) 회사의 업무집행에 관하여 부정행위 또는 법령·정관에 위반한 중대한 사실이 있음 을 의심할 만한 사유가 있을 때

○ 소수주주의 청구에 의해 회사의 업무와 재산 상태를 조사하게하기 위해 선 임 할 수있다.(「상법」제467조 제1항).

(2) 주주총회가 선임하는 경우

○ 소수주주의 청구에 의해 소집된 주주총회에서 회사의 업무와 재산상태를 조 사하게하기 위하여 선임할 수 있다.(「상법」제366조 제3항).

○ 주주총회에서 이사가 제출한 서류와 감사의 보고서를 조사하게 하기 위하여 선임할 수 있다.(「상법」제367조).

○ 청산중의 회사의 주주총회에서 이사가 제출한 서류와 감사의 보고서를 조사 하게하기 위하여 선임할 수 있다.(「상법」제542조 제2항 →제367조).

라. 검사인의 감사와의 관계

검사인과 감사와의 관계는 소수주주권에 의해 선임되는 경우를 제외하고는 일정한 법정사항을 조사하기 위하여 일시적으로 선임되므로 법에서 정한 사항에 대하여 선량 한 관리자의 주의의무를 다하면 될 것이다.

다만 회사의 업무집행에 관하여 부정행위 또는 법령이나 정관을 위반한 중대한 사 실이 있음을 의심할 사유가 있을 때에 발행주식 총수의 100분의 3 이상을 가진 주주 (상장법인은 발행주식의 1,000분의 15)가 회사의 업무 및 재산 상태를 조사하기 위하 여 법원에 검사인의 선임을 청구할 수 있다.

이 경우는 앞에서 기술한 소수주주권의 일종이므로 검사인과 감사와의 관계는 소수주주권과 감사와의 관계를 참고하면 될 것이다.

Ⅳ 맺는 말

전형적인 물적 회사인 주식회사는 출자자인 주주의 이익보호와 채권자등 이해관계자의 이익보호를 위하여 회사가 건전하고 적정하게 운영되고 있는지의 여부를 감독할 경영 감시제도가 매우 중요하다.

「상법」은 주요 경영감시기관으로서 필요·상설기관인 감사제도와 임시적 감시기관인 검사인제도가 있다. 그러나 실제에 있어서는 여러 개의 기관이 중첩적으로 감시기능을 수행한다.

감시의 종류는 대체로 업무감사와 회계감사로 대별하는데, 감사·주주총회·검사인은 업무감사와 회계감사 양자를, 이사회는 업무감사를, 그리고 외부감사인은 회계 감사를 할 수 있다. 또한 소수주주권자도 임시총회의 소집청구·회계장부의 열람 등을 통하여 회계 감사에 참여할 수 있다.

이 밖에 「금융지배구조법」에 의하여 증권회사, 은행, 보험회사 등 금융회사는 법령을 준수하고 자산을 건전하게 운용하며 투자자 등을 보호하기 위하여 당해회사의 임직원이 준수할 절차 및 기준을 마련하고 이를 점검하여 감사 및 감사위원회에 보고하는 준법감시인제도가 있다.

그리고 내부통제 목적 중 재무정보의 신뢰성을 확보하기 위해 내부 회계관리제도의 적정운영 여부를 감시하는 내부회계관리자제도와 법률 및 규정 준수를 확보하기 위해 준법통제기준의 준수 여부를 감시하는 준법지원인제도가 있다.

이와 같이 현행 법상 기업 경영의 적정성과 회계의 투명성을 보장하기 위하여 경영감시 장치를 겹겹이 두고 있으나, 그럼에도 불구하고 현실은 어느 하나 제대로 기능을 발휘 하고 있는지 의문이다.

따라서 위에서 열거한 여러 경영감시기관 및 조직 들은 「상법」상의 감사기관 및 조직인 감사 또는 감사위원회와는 별개의 기관 및 조직으로 중첩 하여 존재할 것이 아니라 상호견제 또는 보완하는 기관 및 조직으로 운영 되는 것이 더욱 효과적이고, 시너지가 배가될 것으로 사료된다. 따라서 향후 경영감시기관 및 조직에 관해서는 재검토가 필요하다.

제1절 내부감사 조직의 개요

　각국의 입법례에 따라서는 필요기관으로서의 감사를 두지 아니하고 이사회 내에 내부감사기구로서의 감사위원회를 두기도 하고(미국), 혹은 복수의 감사로 감사회를 구성하고 이로 하여금 이사를 선임·감독하게 하기도 한다(독일). 우리의 경우 감사업무만을 전담하는 기관으로 감사를 두고 있는데, 이는 우리와 일본에 독특한 제도이다.

　2009년 개정 「상법」에서는 감사를 대신하여 미국식의 감사위원회를 둘 수 있는 근거를 마련하였고, 자본금 총액이 10억원 미만인 소규모 회사인 경우 감사를 두지 않을 수 있도록 하였다. 주식회사의 감사기관으로서 필요적상설기관인 감사 또는 감사위원회 외에도 임시기관인 검사인과 「외감법」에 의한 외부감사인을 두고 있다.[412]

　「상법」은 회사 규모에 관계없이 일률적으로 감사제도를 두도록 하는 경우 소규모 회사에게 불필요한 부담을 주게 된다는 점에서 일정 규모이하의 회사에 대해서 감사제도를 임의 규정화 한 것이다. 이에 따라 현행법상 주식회사에 있어서 감사제도는 크게 네 가지 유형으로 나누게 된다.[413]

감사제도의 유형

① A형 : 자본금 총액이 10억 원 미만인 회사로 감사나 감사위원회를 선택하거나 감사 제도를 두지 않을 수 있는 회사.

② B형 : 감사 또는 감사위원회 중 하나를 반드시 선택해야 하는 회사.

③ C형 : 최근 사업연도 말 현재 자산총액이 1,000억 원 이상 2조 원 미만 상장 회사로서 상근감사 또는 감사위원회를 선택해야하는 회사.

④ D형 : 최근 사업연도 말 현재 자산총액이 2조원 이상인 상장회사로서 감사 위원회를 의무적으로 설치해야 하는 회사.

---

412) 정찬형, 전게서, 915면, 김학원, 전게서, 35면, 김용범, 전게서, 2012., 245면
413) 김학원, 전게서, 35면 일부참조, 김용범, 전게서, 도서출판 어울림, 2012, 245면.

제2절 ▷ 내부감사 조직 형태

Ⅰ 현황

현행법은 감사위원회를 도입하는 과정에서 감사제도 본래의 핵심기능에 대한 이해가 왜곡되었다는 점이다. 즉 현행법상 내부감독체계는 회사로 하여금 대륙법적 전통으로부터 출발하여 이사회로부터 독립된 기관인 감사를 통하여 견제 및 감독기능을 부여하는 체계와 더불어 이사회 내부의 위원회를 통한 견제 및 감독시스템인 미국식의 감사위원회제도를 통한 감독체계를 선택하도록 하고 있다. [414)]

즉 「상법」상으로 회사는 정관이 정하는 바에 따라 감사에 갈음하여 감사위원회를 설치할 수 있는데 그에 따라 감사위원회를 설치한 경우에는 따로 감사를 둘 수 없 도록 하여 양자를 회사정관으로 선택하도록 하고 있다. 한편 '상장회사에 대한 특례 규정'은 사업연도 말 현재 자산총액이 2조 원 이상인 상장회사에 대해서는 반드시 감사위원회의 설치를 의무화하고 있다.

감사위원회는 감사에 갈음하여 설치되는 것이나 기본적으로는 이사회 내 위원회 이다. 따라서 감사위원회의 운영에 관해서는 이 위원회에 관한 규정이 대부분 적용되고 있다. 그런 점에서 이사회 내 위원회제도는 감사위원회제도와 밀접한 관련이 있다. 다만 사업년도 말 현재 자산총액이 2조원 이상인 상장회사에 대하여는 '상장회사에 대한 특례규정'에 의하여 별도 규정하고 있다.

그리고 감사의 근무형태에 관해 「상법」은 상근·비상근으로 구분하고 있지 않으나 '상장회사에 대한 특례규정'으로 일정규모 이상의 회사 중 감사위원회의 설치가 강제되지 않는 회사에 대해서는 상근감사를 두도록 의무화하고 있다.

참고로 2016년 말 기준 한국상장회사협의회가 조사(이하 '상장협조사'라 한다.)한 바에 의하면, 대상 상장회사 736개 회사 중 상근감사를 설치한 회사가 420개사로 57.1%를 차지했으며, 감사위원회 의무 설치법인인 대형상장사 146개사를 제외할 경우 71.2%를 차지하여 대부분의 상장회사가 감사위원회 보다는 상근감사제도를 선호하는 것으로 나타났다.

---

414) 이준섭, 전게서, 37면, 김용범, 전게서, 도서출판 어울림, 2012, 246면. 김용범, 「바람직한 내부감사 기관형태」, 감사저널 2014 3~5월호, 2014., 6면.

Ⅱ 내부감사기관 종류

1. 독임제감사제도[415]

가. 기존일반감사제도[416]

(1) 기존일반감사제도의 개요

감사는 이사의 업무집행과 회계를 감사할 권한을 가진 주식회사의 필요적 상설기관 이다. 주주는 주주총회에서 결산의 승인을 통하여 또는 소수주주권[417]의 행사에 의하여 이사의 행위를 감독할 수 있으나, 이것만으로 충분한 감독이 이루어지지 않으므로 회계 및 업무감사를 위한 상설기관으로서 감사제도 (이하 다른 감사제도와 혼란을 방지하기 위하여 '기존일반감사제도'라 한다)를 두고 있다.[418]

「상법」은 이사와 감사를 모두 주주총회에서 선임함으로서 양 기관을 병렬적 지위에 두고 있다. 또한 감사가 주식회사의 기관으로서 주주총회에서 선임되고 이사회, 대표이사 등 업무집행기구와는 동등한 위상을 가지므로 동 기구와의 관계에서 대등하고 독립적 지위를 가지고 있다.(「상법」제409조 제1항).

(2) 기존일반감사의 선임

기존일반감사를 선임할 때에는 의결권 없는 주식을 제외한 발행주식 총수의 100분의 3을 초과하는 수의 주식을 가진 주주는 그 초과하는 주식에 관하여 의결권을 행사하지 못하게 함으로서 대주주의 지배구조 독점방지와 소수주주의 권익을 보호함으로서 감사의 독립성을 강화하였다.(「상법」제409조 제2항).

(3) 기존일반감사의 직무

「상법」은 "감사는 이사의 직무집행을 감사한다.(「상법」제412조 제1항)로 표현함으로써 감사의 감사범위가 일상적 업무집행에 국한하지 않고 신주발행이나 자본전입, 사채발행과 같은 조직에 관한사항, 주주총회나 이사회 운영·결의의 집행과 같은 기관에 관한 사항, 재무제표의 작성과 같은 회계에 관한 사항 등과 같이 이사의 직무로서 행하는 모든 행위가 감사의 감사대상임을 명백히 하고 있다.

이사의 직무를 대별하면 ① 재무제표의 작성 등 「회계에 관한 직무」와 ② 일상적인 업무집행이나 주식·채권 발행과 같은 조직에 관한 직무 등 「회계 이외에

---

415) 독임제란 하나의 관청이나 기관에 그 권한을 일임하는 조직형태를 말한다.
416) 김용범, 전게서, 도서출판 어울림, 2012., 247~250면, 김용범, 「바람직한 내부감사기관」,감사저널 2014 3~5호, 2014., 7~8면.
417) 소수주주권이란 발행주식 총수의 일정한 비율에 해당하는 주식을 가진 주주만이 행사할 수 있는 주주권을 말한다.
418) 김용범, 전게서, 도서출판 어울림, 2012., 247면, 김용범, 전게연재서, 2014., 7면.

관한 직무」로 나눌 수 있다. 이사의 직무를 회계에 관한 직무와 회계 이외의 직무로 구별 할 때 전자를 대상으로 하는 감사를 '**회계감사**', 후자를 대상으로 하는 감사를 '**업무감사**'라 한다.

따라서 감사는 이사회, 대표이사 등 업무집행기관과의 관계에서 주식회사의 기관구성 및 권한분배의 논리상 업무집행기관의 업무수행을 객관적인 입장에서 감시·감독할 수 있으며, 감사는 **업무감사권과 회계감사권**을 가지는 독립적이고 객관적인 강력한 권한을 가진 주식회사의 **필요적 상설기관**이다.[419]

(4) 기존일반감사제도 채택 대상

기존일반감사제도는 자본금의 총액이 10억 원 이상 회사 중에서 상근감사제도나 감사위원회제도를 채택하지 아니한 회사가 선택한 감사제도이다. (「상법」 제409조, 제415조의 2, 제542조의10, 제542조의 11).

나. 특례상근감사제도[420]

(1) 특례상근감사제도 개요

특례상근감사제도란 「상법」제542조의10에 의거 설치된 **상근감사제도**를 말한다. 기존일반감사제도에서 매일 출근여부에 따라 상근감사 또는 비상근감사로 구분할 때 쓰는 상근감사(특례규정상의 '상근감사'와 구별하기 위하여 '**상임감사**'라는 용어를 사용하는 것이 혼란을 방지할 수 있을 것임)와「상법」제542조의10에 의한 상근감사(이하 '**특례상근감사**'라 한다) 와는 엄격히 구별된다.

특례상근감사제도에 관해서는 「상법」에서 일반규정 과는 달리 '상장회사에 대한 특례규정'(이하 '**특례규정**'이라 한다)으로 구분하여 규정하고 있는데, 동 특례규정에서는 일정규모 이상의 상장회사에 대하여 특례상근감사제도의 설치를 의무화 하고 있으며, 특례상근감사의 자격 및 선·해임 절차 등에 관해서도 일반규정에 비해 상당히 엄격한 내용으로 규정되어 있다.

(2) 특례상근감사제도의 상근성

상근감사란 어떠한 자를 말하는가에 관하여 법률에 아무런 정의가 없어서 해석상 논란이 있다. 상근의 의미를 형식적으로 파악하는 견해에 의하면 상근감사란 회사의 영업 시간 중에는 상시 감사의 직무에 전념할 의무를 부담하는 자를 말한다. 이에 의하면 상근 감사는 그 직무 수행에 지장이 없는 한 다른 회사의 비상

419) 김학원, 전게서, 35~36면, 정순현, 전게서, 68면, 김용범, 전게연재서, 2015. 7~8면.
420) 김용범, 전게서, 도서출판 어울림, 2012., 250~253면, 김용범, 「바람직한 내부감사기관」, 감사저널 20143~5호, 2014., 8~9면.

근 감사를 겸임하는 것은 허용 되지만 다른 회사의 상근감사를 겸임하는 것은 허용되지 아니한다. [421]

그러나 상근의 의미를 실질적으로 파악하는 견해는 상근감사란 계속적이고 일관된 감사업무를 수행함에 있어서 요구되는 정도의 시간을 피 감사회사의 감사업무를 위하여 할애할 수 있는 자를 말한다. 이 견해에 의하면 상근감사는 반드시 매일 회사에 출근하여 감사의 직무수행에 전념할 필요는 없으므로 격일 출근도 가능하고 또 다른 회사의 상근감사도 겸임할 수 있다.

「상법」은 감사를 필요적 상설기간으로 규정하면서도 감사의 상근여부에 대하여는 특별한 제한을 두고 있지 않고 있다. 일반적으로 감사의 근무형태를 기준으로 ① 회사에 상주하여 감사업무를 수행하는 「**상근감사**」와 ② 회사의 요청이나 필요한 경우에 한해 회사에 출근하여 감사업무를 수행하는 「**비상근감사**」로 구분하고 있다.

그런데 회사에 상주하지 않는 비상근감사의 경우에는 회사 내부정보에 대한 접근이 매우 제한되어 있어 감사로서의 기능을 제대로 수행할 수 없다. 한편 회계 감사가 아닌 업무감사에 있어서는 사실상 비상근감사는 논리적으로도 있을 수 없다고 주장하는 견해도 있다.

그 이유로는 「상법」상 감사는 언제든지 이사에 대하여 영업에 관한 보고를 요구하거나 , 회사의 업무와 재산 상태를 조사할 수 있다고 규정(「상법」제412조 제2항)하고 있는 것은 감사의 상근성을 전제로 한 것이고, 따라서 감사는 원칙적으로 상근으로 하되, 비용 문제 등을 고려하여 회사의 규모에 따른 일정한 예외를 두는 것이 바람직하다고 한다. [422]

「상법」에서는 감사 근무형태에 관해 아무런 규정을 두고 있지 아니하나 '특례규정'에서 이처럼 근무형태를 기준으로 한 규정을 둔 이유는 상장회사의 경우에 경영의 적정성 여부가 사회적으로 미치는 영향이 클 뿐만 아니라 감사대상 내용도 복잡하므로 회사에 상주하지 않는 비상근감사의 경우에는 회사 내부정보에 대한 접근이 매우 제한되어 충실한 감사를 할 수 없다는 점을 고려한 것이다. [423]

아울러 「상법」의 특례규정에서 상근감사를 요구하는 취지는 회사의 업무전반에 대한 감사업무의 실효성을 제고하기 위한 것이다. 이러한 동제도의 취지에 비추어 보면 상근감사의 개념을 형식적 기준에 의하여 해석하는 것이 타당할 것이다.

421) 임중호 ,전게서, 124면, 정순현, 전게서, 51면, 최준선, 전게서, 95면, 김용범, 전게서, 2012., 251면.
422) 정준우, 전게연구서, 15면, 김순석, 「상장회사에 있어 지배구조 관련 제도의 입법적 과제」, 상사법연구 제26권 제2호, 111면, 정순현, 전게서, 31면, 김용범, 전게서, 도서출판 어울림, 2012., 251면. 김용범, 전게연재서, 2014., 8면.
423) 권종호, 전게서, 171면, 김용범, 전게서, 도서출판 어울림, 2012., 251면. 김용범, 전게연재서, 2014., 8면.

따라서 상근감사의 경우 그 직무수행에 지장이 없는 한 다른 회사의 비상근 감사는 허용되지만, 다른 회사의 상근감사의 겸직은 당연히 금지되는 것으로 보아야할 것이다.[424]

(3) 특례상근감사의 선임 및 해임

특례상근감사도 기본적으로 감사이므로 특례상근감사의 선임 및 해임도 주주총회에서 선임 및 해임되며, 특례상근감사를 선·해임할 때에는 최대주주, 최대주주의 특수관계인, 그 밖에 대통령령으로 정하는 자가 소유하는 상장회사 의결권 있는 주식의 합계가 그 회사의 의결권 없는 주식을 제외한 발행주식 총수의 100분의 3을 초과하는 경우 그 주주는 그 초과하는 주식에 관하여 의결권을 행사하지 못한다. 다만 정관에서 이보다 낮은 주식 보유비율을 정할 수 있다. (「상법」 542조의12 제3항).

(4) 특례상근감사의 권한 및 직무

특례상근감사의 권한 및 직무 등에 관해서는 일부 강화된 규정을 제외하고는 「상법」의 기존일반감사에 관한 규정이 대부분 특례상근감사에 그대로 적용된다.[425]

(5) 특례상근감사제도 채택 대상

특례상근감사제도는 최근 사업연도 말 자산총액이 1,000억 원 이상 2조 원 미만의 상장회사 중 감사위원회를 두지 않은 회사에 적용되는 제도로서 이런 회사에서는 반드시 1인 이상의 특례상근감사를 두도록 하고 있다. (「상법」 제542조의10 제1항, 「동법시행령」 제15조 제1항).

2. 감사위원회제도

가. 감사위원회제도 개요

감사위원회에 관하여 「상법」은 ① 회사의 정관이 정하는 바에 따라 감사에 갈음 하여 「상법」제393조의2의 규정에 따라 이사회 내 위원회로서 설치하는 감사위원회 (「상법」415조의2. 이하 '**일반감사위원회**'라 한다.) 와 ② 사업연도 말 현재 자산총액이 2조원 이상의 상장회사(이하'대규모상장회사'라 한다)가 의무적으로 설치해야하는 감사위원회(「상법」제542조의11 및 제542조의12. 이하 '**특례감사위원회**'라 한다.)로 구분하

---

424) 임중호, 전게서, 124면, 서울고등법원, 2007. 3. 8. 선고, 2006 나 66885 판결, 최준선, 전게서, 95면,김용범, 전게서, 도서출판 어울림, 2012., 252면. 김용범, 전게연재서, 2014., 8면.
425) 권종호 ,전게서, 173면, 김용범, 전게서, 도서출판 어울림, 2012., 251면. 김용범, 전게연재서, 2014., 8면.

고 있다.[426)]

또한 ③ 「은행법」제23조의2, 「자본시장법」제26조, 「금융지배구조법」제16조 등 금융 관련법에 의하여 은행 및 일정 규모 이상의 금융회사에 대하여 감사위원회(이하 '**금융감사위원회**'라고 한다.)의 설치를 의무화 하고 있다.

나. 일반감사위원회제도[427)]

(1) 일반감사위원회제도 개요

일반감사위원회란 「상법」제415조의2에 의거 설치되는 감사위원회를 말한다. 「상법」제415조의2는 모든 주식회사에 적용되는 일반규정이다. 그래서 이 규정에 의거 설치되는 감사위원회를 '**일반감사위원회**'라 부르기로 한다.

일반감사위원회는 다음과 같이 설명할 수 있다. 즉 회사는 정관이 정한 바에 따라 감사에 갈음하여 「상법」제393조의2의 규정에 의한 위원회로서 감사위원회를 설치할 수 있다. 감사위원회를 설치한 경우에는 감사를 둘 수 없다. (「상법」제415조의2 제1항).

(2) 일반감사위원회의 기능

일반감사위원회는 감사에 갈음하여 설치되는 것으로서 기능면에서는 기존의 감사와 동일한 기능을 수행하지만, 회사조직의 면에서는 감사는 주식회사의 기관인데 반해 감사 위원회는 이사회 내 위원회의 하나에 불과하다. 따라서 「상법」은 감사위원회에 고유한 사항에 관해서는 따로 규정을 두고 있지만, 감사위원회의 운영에 관해서는 이사회 내 위원회에 관한 규정을 대부분 그대로 적용하고 있다.[428)]

위원회제도는 본래 기업의 규모가 크고 이사의 수가 많은 회사에 있어서 이사회가 다수의 이사로 구성됨으로써 회의체로서 제 기능을 발휘하지 못하는 것을 개선하기 위하여 소수의 이사로 구성되는 위원회에 이사회의 권한을 위임할 수 있도록 한 것 즉, 이사회의 「**회의체로서의 기능의 효율화**」를 도모하기 위해 도입한 것이다.[429)]

---

426) 김재호, 「감사위원회제도에 관한 실무적 이해」, 상장 2011. 8월호, 80면, 김용범, 전게서, 도서출판 어울림, 2012., 253면.

427) 김용범, 전게서, 도서출판 어울림, 2012., 254~256면, 김용범, 「바람직한 내부감사기관」, 감사저널 2014 3~5호, 2014., 9면.

428) 권종호, 전게서, 173면, 김용범, 전게서, 도서출판 어울림, 2012., 254면. 김용범, 전게연재서, 2014., 9면.

429) 김용범, 전게서, 도서출판 어울림, 2012., 254면. 김용범, 전게연재서, 2014., 9면.

(3) 일반감사위원회의 설치

일반감사위원회를 설치하기 위해서는 정관에 정함이 있어야 하며(「상법」415조의2 제1항), 따라서 정관에 위원회의 설치에 관한 근거 규정이 없으면 이사회의 결의가 있더라도 위원회를 둘 수 없다. 정관의 규정이 어느 정도 구체적이어야 하는지에 관해서는 명문의 규정이 없으나, 학설은 위원회 기능의 중요성에 비추어 정관의 규정은 단지 위원회를 둘 수 있다는 형식적인 근거 설정에 그쳐서는 아니 되고 위원회의 권한과 구성 방법 및 운영 방법을 명기해야 한다고 한다.[430]

(4) 일반감사위원회의 직무

일반감사위원회도 기본적으로 이사의 직무집행을 감독하는 감사기관이므로 일반감사위원회의 권한과 의무 등 대부분의 기능에 대해서는 「상법」의 기존 일반감사제도에 관한 규정을 대부분 준용하고 있다. (「상법」제415조의2 제7항). 따라서 일반감사위원회의 권한이나 의무 역시 기존일반감사의 권한이나 의무와 큰 차이가 없다.

(5) 일반감사위원의 선임 및 해임

최근 사업연도 말 현재 자산총액이 1천억원 미만인 상장회사나 비상장회사가 채택한 감사위원회제도(일반감사위원회제도)의 경우는 이사회가 감사위원을 선임 및 해임 한다.(「상법」제415조의 2 제2항). 따라서 일반감사위원들은 주주총회에서 다른 이사들과 마찬가지로 이사로 선임된다. 이사로 선임될 시에 사내이사, 사외이사, 그 밖에 상무에 종사 하지 아니하는 이사로 구분하여 선임된다.

그리고 이사로 선임된 후 이사회에서 감사위원으로 선임된다. 따라서 주주총회가 이들을 이사로 선임할 때에 다른 이사들을 선임할 때와 마찬가지로 어떠한 주주도 의결권의 행사에 제한을 받지 아니한다.[431] 아울러 일반감사위원들의 해임 권한도 이사회가 가지고 있다. 다만 해임에 관한 이사회의 결의는 이사회 총수의 3분의 2이상의 결의로 하여야 한다. (「상법」제415조의 2 제3항).

그 이유는 감사위원회는 대규모상장회사의 감사위원회와 기타 회사의 감사 위원회로 나누어 구성방법을 달리하는데(「상법」제542조의 11 및 제542조의 12), 「상법」제542조의 12 제3항은 단순히 "상장회사"라고만 규정하므로 감사의 경우는 자산규모에 관계없이 모든 상장회사에 적용된다.

---

430) 권종호, 전게서, 174면, 이철송, 전게서, 551면, 김용범, 전게서, 도서출판 어울림, 2012., 255면.
431) 김재호, 전게서, 81면, 이철송, 「회사법강의(제19판)」, 박영사, 2011., 713면, 김용범, 전게서, 도서출판 어울림, 2012., 255면. 임재연, 「회사법 Ⅱ 개정2판」, 2014. 557~558면

그러나 상근감사의 대체기관으로서 감사위원회를 규정한 「상법」제542조의10 제1항이 자산총액 1천억원 이상을 기준으로 규정하므로, 감사위원의 경우 1천억원 미만인 상장 회사는 비상장회사의 경우와 동일하게 해석하는 것이 타당하다. 또한 대규모상장회사를 위한 특례규정을 일반상장회사에 적용하여 회사의 부담을 가중시킬 근거는 없다고 본다.

(6) 일반감사위원회제도 채택 대상

기존일반감사제도 채택 대상 회사 중에서 특례상근감사제도 또는 특례감사 위원회제도를 채택하지 아니한 회사로서 정관이 정하는 바에 따라 기존감사제도에 갈음하여 일반감사위원회를 설치할 수 있으며, 이때에는 감사를 따로 둘 수 없다. (「상법」제415조의 제1항)

다. 특례감사위원회제도[432]

(1) 특례감사위원회제도 개요

특례감사위원회란 「상법」제542조의11, 제542조의 12에 의거 설치된 감사위원회를 말한다. 상장회사에 대해서만 적용되는 특례규정이다. 그래서 이 규정에 의해서 설치되는 감사위원회를 '특례감사위원회'라 부르기로 한다.

감사위원회제도에 관해서는 「상법」에서 일반규정과 특례규정으로 각각 구분 하여 규정하고 있는데, 그 내용면에서 상당한 차이가 있다. 즉 감사위원회설치에 관해 일반규정에서는 회사의 자율에 맡기고 있는데 반해, 특례규정에서는 일정 규모 이상의 회사에 대하여 그 설치를 의무화하고 있으며, 감사의 자격 및 선·해임 절차에 관해서도 일반규정에 비해 상당히 엄격한 내용으로 되어 있다.[433]

(2) 특례감사위원회의 설치

「상법」에 의하면, 회사는 정관이 정하는 바에 따라 감사에 갈음하여 일반감사위원회를 설치할 수 있으며, 이때에는 감사를 따로 둘 수 없다.(「상법」제415조의 2 제1항). 즉 일반감사위원회는 정관이 정함이 있을 때에 한해 설치할 수 있으며, 정관에 정함이 없으면 기존일반감사를 두어야 한다.

그런 의미에서 「상법」은 기존일반감사를 원칙으로 하되, 정관에 정함이 있을 경우에 한해 일반감사위원회를 둘 수 있도록 한 것이고, 이때에는 감사기구가 중

432) 김용범, 전게서, 도서출판 어울림, 2012., 256~259면, 김용범, 전게연재서, 감사저널 2014 3~5호, 2014, 9~10면.
433) 권종호, 전게서, 177면, 김용범, 전게서, 도서출판 어울림, 2012., 256면.

복되므로 감사를 따로 둘 수 없도록 한 것이다. 「상법」의 일반규정에서는 이처럼 일반감사위원회의 설치는 정관 자치에 의한 회사의 재량사항이나 특례 규정에서는 그러하지 않다.

즉 최근 사업연도 말 현재 자산총액이 2조 원 이상인 상장회사의 경우에는 특례감사위원회를 반드시 설치하도록 의무화하고 있다.(「상법」제542조의11 제1항, 「동법시행령」제16조 제1항). 따라서 이러한 회사의 경우에는 법률에 의해 그 설치가 강제되므로 정관으로 그 설치를 배제하는 것은 허용되지 않는다. 물론 이경우에도 감사를 특례감사 위원회와 별도로 유지할 수 없다. 다만 상장회사 중 특례감사위원회의 설치가 의무화되지 않는 회사라도 정관으로 특례감사위원회를 둘 수 있음은 말할 필요가 없다.[434]

(3) 특례감사위원회의 직무

특례감사위원회는 기본적으로 이사의 직무집행을 감독하는 감사기관이고, 특례 규정 제도란 특례규정에 명시되지 아니한 사항은 일반규정을 적용하는 제도이므로 특례규정으로 별도 명시하지 아니한 특례감사위원회의 권한과 의무 등의 대부분의 기능에 대해서는 일반감사위원회제도의 규정을 적용하고 있다. 따라서 특례감사위원회의 권한과 의무는 일반 감사위원회의 권한과 의무와 큰 차이가 없다.

(4) 특례감사위원의 선임 및 해임[435]

특례감사위원의 선임 및 해임권자는 최근 사업연도 말 현재 자산총액이 2조원 이상인 상장회사의 경우 감사위원을 선임하거나 해임하는 권한은 주주총회에 있다(「상법」제542조의 12 제1항). 그리고 최근 사업연도 말 현재 자산총액이 1천억원 이상, 2조원 미만인 상장회사가 상근감사 대신 감사위원회를 설치하는 경우에도 주주총회가 감사위원을 선임하고 해임한다.

특례감사위원의 선임방법은 최근 사업연도 말 현재 자산총액이 2조원 이상인 상장 회사는 주주총회에서 이사를 선임 한 후 다시 주주총회에서 선임된 이사 중에서 감사위원을 선임하여야 한다.(「상법」제542조의 12 제2항). 이는 사외이사 아닌 감사위원이든 사외이사인 감사위원이든 마찬가지다.

사외이사가 아닌 특례감사위원(상근감사위원, 사내감사위원)을 선임하거나 해임할 경우 에는 모든 상장회사에 대하여 최대주주. 최대주주의 특수 관계인 그 밖에 대통령으로 정하는 자가 소유하는 상장 회사의 의결권 있는 주식의 합계가 그 회사

---

434) 권종호, 전게서, 178면, 김용범, 전게서, 도서출판 어울림, 2012., 257면.
435) 임재연, 「회사법 Ⅱ 개정2판」, 박영사, 2014., 557~560면 참조 및 인용

의 의결권 없는 주식을 제외한 발행주식 총수의 100분의 3을 초과하는 경우 그 주주는 그 초과하는 주식에 관하여 사외이사 아닌 특례감사위원을 선임하거나 해임하는 경우 의결권을 행사하지 못한다.(**합산 3% 룰**). (「상법」542조의12 제3항).

아울러 사외이사인 특례감사위원(사외감사위원)을 선임하는 경우에는 자산총액이 2조원 이상인 상장회사(이하 '대규모상장회사'라 한다)에 한해 의결권 없는 주식을 제외한 발행주식 총수의 3%를 초과하는 수의 주식을 가진 모든 대주주는 그 초과하는 주식에 관하여 의결권을 행사하지 못 한다 (**단독 3% 룰**)(「상법」 제542조의 12 제4항). 그러나 해임에 관하여는 "사외이사인 특례감사위원"의 경우에는 의결권이 제한되지 않는다.

따라서 "사외이사인 특례감사위원"은 해당 상장회사가 대규모상장회사가 아닌 한, 선임 및 해임 시 의결권이 제한되지 않는다.

(5) 특례감사위원회 채택 대상

우리나라 「상법」은 최근 사업연도 말 현재 자산총액이 2조 원 이상인 상장회사는 특례감사위원회제도를 채택하도록 하고 있다.(「상법」제542조의11 제1항 및 「동법시행령」제제16조 제1항) 또한 자산규모 1,000억 원 이상 2조 원 미만의 상장회사가 특례상근감사 대신에 감사위원회를 둘 경우에는 자산규모 2조 원 이상의 상장회사에 설치가 의무화 되어있는 특례감사위원회제도를 설치하도록 규정하고 있다. (「상법」제542조의19 제1항)

라. 금융감사위원회제도[436]

2000년 1월 「은행법」 및 「증권거래법」(지금은 「자본시장법」에 흡수되었음) 등 금융관련 법률을 개정하여 도입되었고, 「금융지배구조법」에 의하여 은행 및 일정 규모 이상 금융회사에 대하여 감사위원회의 설치를 의무화하였다. 그래서 「금융지배구조법」에 의하여 설치되는 감사위원회를 '**금융감사위원회**'라 부르기로 한다. 다만 설치의무가 없는 금융회사도 정관이 정하는 바에 따라 감사에 갈음 하여 감사위원회를 설치할 수 있다.

(1) 금융감사위원회 설치

(가) 개별금융감사위원회

은행 및 일정 규모 이상의 금융회사는 해당금융회사법과 「금융지배구조법」 및

---

436) 김용범, 전게서, 도서출판 어울림, 2012., 260~265면, 김용범, 전게연재서, 감사저널 2014 3~5호, 2014,10~11면.

「동법시행령」에 따라 「상법」제415조의2 에 의한 금융감사위원회(이하 '개별금융감사위원회' 로 함)를 의무적으로 설치하여야 하며, 개별금융감사위원회 도입 기준은 다음과 같다.

금융회사별 금융감사위원회 도입 기준

〈금융회사명〉	〈도입 기준〉	〈관련 근거(예시)〉
은 행	모든 은행	「금융지배구조법시행령」제6조 제3항
보 험	자산 2조원 이상	"
금융투자업자	자산 2조원 이상자*	"
여신전문업	자산 2조원 이상	"
상호저축은행	자산 3천억원 이상	"

* 자산이 2조원 미만이더라도 「자본시장법」에 따른 집합투자자산, 투자일임자산 및 신탁자산의 전체 합계액이 20조원 이상이 경우는 적용.

(나) 특례금융감사위원회

상장회사로서 최근 사업연도 말 현재의 자산 총액이 2조 원 이상인 금융회사는 「상법」'상장회사에 대한 특례규정' 에 의한 '특례금융감사위원회'를 설치하여야 한다. (「상법」제542조의11 및 제542조의12). 또한 해당 금융업법에 의해서는 감사위원회 설치대상이 아닐지라도 「상법」특례규정에 의한 설치 요건에 해당되는 금융회사는 '특례금융감사위원회'를 설치하여야 한다.

아울러 개별 금융업법과 「상법」의 특례규정 모두의 적용을 받는 금융회사의 경우 어느 법을 따라야 할지 문제가 될 수 있으며, 이 경우 양쪽 모두의 요건을 충족할 수 있도록 해야 할 것이다.[437]

(다) 일반금융감사위원회

설치 의무가 없는 금융회사가 자율적으로 감사위원회를 설치하고자 하는 경우에는 정관에 감사위원회 설치에 관한 근거 규정을 마련하여야 하며, 감사위원회를 설치한 경우 에는 감사를 둘 수 없다(「상법」제415조의2 제1항)

아울러 금융회사가 자율적으로 감사위원회를 설치한 경우 「상법」제 415조의2의 일반규정에 따라 감사위원회(이하 '일반금융감사위원회' 라 한다)를 운영하여야 한다.

일반규정에 의한 금융감사위원회는 「상법」의 일반규정의 적용을 받게 되므로 앞에서 설명한 일반감사위원회와 동일한 내용의 설명이 되므로 이하 추가 설명은

---

437) 금융감독원, 전게서, 83면, 김용범, 전게서, 도서출판 어울림, 2012., 260면. 김용범, 전게기고문, 감사저널 2014 3~5호」,2014., 10~11면.

생략한다.

(2) 금융감사위원회의 구성

「금융지배구조법」에서는 「상법」제415조의2의 규정에 의한 개별금융감사위원회를 설치하여야 하며, 개별금융감사위원회는 회의체로서 원만한 기능을 발휘하기 위하여 최소한 3인 이상의 이사로 구성되어야 한다.(「상법」제415조의2 제2항).

그리고 개별금융감사위원회는 객관성과 독립성을 유지하기 위하여 3분의2는 사외이사 이어야 하며, 개별금융감사위원회의 대표는 사외이사 이어야 한다.

또한 개별금융감사위원회는 전문성과 신뢰성을 확보하기 위하여 금융감사 위원회 위원(이하 '금융감사위원' 이라 한다) 중 1인 이상은 대통령령이 정하는 회계 또는 재무전문가이어야 한다. (「금융지배구조법」제19조 제1항 및 제2항).

그리고 특례금융감사위원회의 구성 요건은 「상법」제542조의11 및 제542조의12 규정에 의해 설치된 특례감사위원회의 구성 요건과 동일하다.

(3) 금융감사위원의 선임 및 해임

금융감사위원의 선임 및 해임에 대해서는 「금융지배구조법」제19조와 「상법」의 관련 규정 따라 일반감사위원회 또는 특례감사위원회의 감사위원의 선임 및 해임 절차에 따르면 된다.

(4) 금융감사위원회의 권한과 운영

금융감사위원회의 권한과 운영에 대하여는 「금융지배구조법과 「상법」의 관련 규정 따라 일반감사위원회 또는 특례 감사위원회의 감사위원회 권한과 운영 방법에 따르면 된다.

(5) 금융감사위원회 채택 대상

앞에서 금융회사별 금융감사위원회 도입 기준 과 법률적 근거를 자세히 설명하였으므로 이곳에서는 금융감사위원회 채택 대상에 대하여 추가적인 설명을 생략한다.

3. 임의선택 감사제도

종래 주식회사의 경우 감사 또는 감사위원회 중 하나를 반드시 설치하도록 하였으나, 2009년 개정「상법」에서는 자본금 총액이 10억원 미만인 소규모 회사의 경우 감사를 두지 않을 수 있도록 하였다.(「상법」제409조 제4항).

회사의 규모에 관계없이 일률적으로 감사제도를 두도록 한 경우 소규모회사에게 불필요한 부담을 주게 된다는 점에서 일정규모 이하의 회사에 대해서 감사제도를 임의 선택제도로 규정화 한 것이다.

따라서 자본금 총액이 10억원 미만의 소규모 회사는 임의로 감사나 감사위원회를 선택하거나 아예 감사를 두지 않을 수 있다.

Ⅲ 각 감사제도의 장·단점[438)

1. 독임제감사제도(이원적 구조)의 장·단점

우선 독임제감사제도의 최대 장점은 이사회로부터 제도적으로 분리되고 독립적인 제3의 기관이 경영진의 업무집행 감사권한과 회계 감사권한을 가진다는 점이다. 이는 마치 국회가 행정부를 견제 및 감시 하듯이 권력분립이 제도적으로 보장된 체제인 것이다.

또한 업무집행기관과 감사기구가 제도적으로 분리되어 있기 때문에 각각의 권한과 책임의 소재가 분명하고, 감사기구는 외부로부터 또는 업무집행기관으로부터 영향을 받지 않고 적절하고 객관적인 감독의 수행이 용이하다.

그러나 이렇게 이상적으로 설계된 기관구조에도 불구하고 각국의 법률상 감사의 선임이나 운영에 있어 그 독립성이나 전문성이 발휘될 수 있는 제도적 조건을 갖추지 못하여 왔다는 문제점이 지적되어 왔다. 특히 대주주나 회사대표에 의하여 추천되어 선임된 감사가 제대로 기능을 발휘하도록 기대하는 것이 어려울 뿐만 아니라, 이사회의 의사결정에 참여하지도 못하고 회사의 경영정보의 접근에 대한 확실한 지휘체제 와 권한을 갖고 있지도 못하면서 실효적인 통제와 감독기능을 발휘할 수는 없는 것이다.

또한 독임제감사제도의 단점은 감사의 기능이 사후적인 감독에 치우침으로서 전략상의 오류를 사전에 방지하는 것이 어렵다는 점이다. 물론 이는 운영상 이사회의 중요한 의사 결정을 감사의 사전승인을 얻도록 함으로써 이러한 단점을 치유할 수 있다.

특히 독일식 감사회의 경우 감사회가 기업의 이해관계자(특히 채권자), 동반자 및 동맹자(노동조합)들을 규합하여 감독기능을 수행함으로써 회계감사, 주요 자본투자 및 전략적 기업 인수나 자산 매각의 승인, 경영이사의 선임 및 배당 등의 승인권을 행사함으로써 실효적 감독기능을 수행하는 예가 그러한 것이다.

독일제 감사제도의 장·단점에 대하여는 제1장 제1절 Ⅱ-1 '영미식의 일원적 구조' 항목을 참고하시기 바랍니다.

---

438) 이준섭, 전게서, 39~41면, 김순석, 전게서, 79~84면, 김용범, 전게서, 어울림, 2012., 265~266면.

2. 감사위원회제도(일원적 구조)의 장·단점

감사위원회 구성원의 대다수를 이사회 구성원인 사외이사로 구성하도록 하여 경영을 위한 의사결정체계에 참여하고 있기 때문에 뚜렷한 장점이 있는 것은 사실이다. 이들 사외이사들은 기존의 경영진의 획일적이고 타성적인 사고에 젖은 의사결정을 시정하고 외부로 부터 객관적이고 다양한 견해를 제시하여 의사결정의 오류를 방지할 수 있는 계기를 제공 하기도 한다.

또한 제도적 조건을 통해 강제되는 경우, 사외이사들이 특정분야의 전문가들로 충원되어 이사회의 의사결정 과정과 그에 대한 감독활동 시 전문성을 발휘할 수 있는 가능성이 독임제감사제도에 비하여 높다는 점도 장점으로 꼽힌다.

그렇지만 사외이사 자체가 회사 외부로부터 들어온 인사인데다 1년에 이사회에 참석할 수 있는 기회조차 변변치 못한 상황에서 회사의 경영정보에 대한 자유로운 접근이 가능한지에 대하여는 여전히 회의적일 수밖에 없다.

감사위원회 구조가 기존 감사제도의 근간으로 하는 이원적 구조에 비하여 비효율적이라는 주장을 하는 견해에서는 일원적 구조 아래에서는 이사회 내 일부는 경영을 맡고, 다른 일부가 이들을 감독하는 형태가 현실적으로 가능하기는 매우 어렵다는 점을 단점으로 들고 있다. [439]

특히 기업과 특별한 이해관계가 없었던 사외이사들로 구성된 감사위원회가 열정을 가지고 경영진을 통제하기를 기대하는 것은 비현실적이라는 것이다. 또한 감사위원의 전문성과 독립성의 관점에서 보더라도 여전히 회의적 시각이 지배적이다. 결국 기능작동의 관점에서 보면 독임제감사체제와 다를 바 없는 것이다.

감사위원회제도의 장·단점에 대하여는 제1장 제1절 Ⅱ-2 '독일식의 일원적 구조' 항목을 참고하시기 바랍니다.

Ⅳ 내부감사제도 간의 상호 보완[440]

1. 감사위원회제도의 문제점에 대한 보완

사외이사 자체가 회사의 외부로부터 들어온 인사인데다 매년 1년에 이사회에 참석할 수 있는 기회조차 변변치 못한 상황에서 회사의 경영정보에 대한 자유로운 접근이 가능한지에 대하여는 여전히 회의적일 수밖에 없다.

---

439) 정광선. 김영호. 문형구, 「한국형 사외이사제도에 관한 연구」, 한국상장회사협의회, 1999, 41면, 이준섭,전게서, 40면, 김용범, 전게서, 어울림, 2012., 266면.
440) 김용범, 전게연재서, 감사저널 2014 3~5호, 2014, 13~15면.

내부감사기관이 경영진을 제대로 견제하기 위해서는 기본적으로 회사 CEO 등경 영진만큼 회사에 대한 경영정보를 확보하고 있어야 하며, 이를 위해서는 회사 경영 정보가 적기에 제공되어야 한다.

내부감사기관이 회사의 전반적인 경영상황을 잘 모르는 상태에서 이사회 또는 감사위원회 안건만 검토해서는 올바른 판단을 내리기 어려우므로 회사가 경영상태에 대해 정기적으로 사외이사 겸 감사위원에게 업무보고나 경영정보 제공을 의무화하는 시스템을 도입할 필요가 있다.

감사위원회 구조가 독임제감사제도의 근간으로 하는 이원적 구조에 비하여 비효율적이라는 주장을 하는 견해에서는 일원적 구조 아래에서는 이사회 내 일부는 경영을 맡고, 다른 일부가 이들을 감독하는 형태가 현실적으로 가능하기는 매우 어렵다는 점을 단점으로 들고 있다.

이러한 점을 보완하기 위하여 감사위원회를 구성하는 감사위원들에 대하여는 상장회사의 특례규정과 같이 감사위원의 선임과 해임에 대하여 주주총회의 권한사항 (「상법」제542조의12 제1항)으로 하였고, 감사위원회의 의결사항에 대하여는 이사회가 재의결을 금지(「상법」 제415조의 2 제6항)토록 함으로써 이사회로부터 감사기구의 독립성을 확보 하고 있다.

특히 기업과 특별한 이해관계가 없었던 사외이사들로 구성된 감사위원회가 열정을 가지고 경영진을 통제하기를 기대하는 것은 비현실적이라는 것이다. 또한 감사위원의 전문성과 독립성의 관점에서 보더라도 여전히 회의적 시각이 지배적이다.

이에 대해서도 사외이사 등 경영자 인력시장이 활성화되어서 경영자의 인적자원 가치가 동 시장을 통하여 적절하게 평가될 수 있다면, 경영자의 특권적 소비나 게으르고자 하는 유인 즉 도덕적 해이 문제는 크게 감소될 수 있다.

환원하면 경영자에 대한 시장규율이 작동하여 경영자가 기업을 통해 이룩한 성과에 따라 진퇴나 보상의 조절이 가능하게 되면, 경영자로 하여금 주주의 부를 극대화하는 최적의 의사결정을 하도록 유도할 수 있다는 것이다.

2. 독임제감사제도의 문제점에 대한 보완

독임제감사제도의 단점은 감사가 이사회의 구성원이 아님에 따라 감사의 기능이 사후적인 감독에 치우침으로서 전략상의 오류나 손실 및 부정위험을 사전에 감지하여 방지하는 것이 어렵다는 점이다.

그러나 이에 대해서 감사의 감사기능을 사후적인 감사에 한정하지 않고, 회사의 지배구조 운영상 이사회의 중요한 의사결정을 이사회 의결 전에 감사의 사전 감사 또는 승인을 얻도록 함으로써 이러한 단점을 치유 또는 보완하고 있다.

또한 독임제 감사제도는 회사의 경영전략이나 장기계획의 책정에 대한 사전 예방적 감독에는 효율성이 상대적으로 저하되거나 감사기구와 업무집행기구의 제도적으로 분리되어 있기 때문에 양 기관 간의 협력관계의 긴밀성이라는 측면에서 문제의 소지가 있습니다.

그러나 이 문제에 대해서도 감사는 이사회에 출석하여 의견을 진술할 수 있도록 하였다.(「상법」 제391조의2 제1항) 이는 감사가 그 직무를 효과적으로 수행하기 위해서는 이사회의 결의사항을 알 필요가 있고, 또한 감사의견을 이사회에 표시할 필요가 있기 때문에 1984년 「상법」 개정에서 도입한 것이다.

이사회의 출석과 의견진술을 감사 권한으로 인정함으로써 감사는 이사회에 출석 하여 감사에 필요한 정보를 용이하게 얻을 수 있으며, 또한 이사회에서 업무집행을 결정하는 단계에서 법령 또는 정관에 위반하거나 현저하게 부당한 결의가 성립되는 것을 사전에 예방할 수 있다.

그리고 「상장회사 표준 감사직무규정」 제24조에 의하면 감사는 경영방침의 결정 경과, 경영 및 업무상황을 파악하기 위하여 이사회, 임원회 및 기타 중요한 회의에 출석하여 의견을 진술할 수 있도록 함으로써, 경영전략 및 장기계획의 책정에 대한 사전 예방적 감독소홀의 문제점을 해결하고 있다.

특히 독일식 감사회의 경우는 감사회가 기업의 이해관계자(특히 채권자), 동반자 및 동맹자(노동조합)들을 규합하여 감독기능을 수행함으로써 회계감사, 주요 자본투자 및 전략적 기업인수 나 자산매각의 승인, 경영이사의 선임 및 배당 등에 대한 승인권을 행사함으로써 실효적 감독기능을 수행하고 있다.

3. 절충식감사제도의 문제점에 대한 보완

절충식감사제도의 문제점으로 지적되었던 업무집행결과에 대한 사후 형식적 감사 문제에 대하여는 독임제감사제도의 문제점 보완 항목에서 설명한 바와 같이 감사가 이사회 및 중요회의에 출석하여 의견을 진술할 수 있도록 함으로써 이를 해결하였다.

그리고 자기감사 또는 이사회 종속 문제에 대하여는 감사위원회제도의 문제점 보완 항목에서 설명한 바와 같이 감사위원들의 선임과 해임에 대하여 이사회가 아닌 주주총회의 권한 사항으로 함은 물론 감사위원회의 결의사항에 대하여는 이사회의 재의결을 금지함으로써 감사기구의 독립성을 확보하였다.

또한 독임제감사제도 나 절충식감사제도에서 항상 제기되고 있는 감사의 전문성 문제에 대하여는 「상법」은 감사와 감사위원에 대해 소극적 자격요건만을 규정하고 있고 적극적 자격요건에 대하여는 대형상장회사에 대해서만 감사위원 중 1명을 회계 또는 재무전문가로 구성하도록 요구하고 있을 뿐 감사와 다른 감사위원에 대하여는 아무런 규정이 없다.(「상법」 제542조의 11 제2항).

이에 대해서 대표이사 등 경영진을 제대로 견제하고 감사관련 주체에 대하여 독립적인 의사결정을 적기에 정확하게 하기 위함은 물론 해당 분야에 대한 전문성이 부족한 낙하산 인사를 방지하기 위해서는 내부감사기관의 전문성 확보가 필수적 이다. 따라서 내부감사기관은 해당 회사업무 또는 감사업무와 관련된 분야에 대한 풍부한 경험 또는 지식을 보유한 자이어야 한다.

이에 대한 방안으로 현행 법규에는 해당회사 업무와 관련된 분야에 대한 자격기준에 대하여 아무런 제한이 없으나 「은행법」 등 금융 관련법에서 와 같이 감사의 적극적 자격요건으로 "해당 회사업무 또는 감사업무와 관련된 분야에 대한 경험 또는 지식 보유자"를 추가하는 「상법」 등 관련법 및 규정 등의 개정이 앞으로 반드시 필요하다.

따라서 일본이나 우리나라에서 지속적으로 단행된 감사제도의 개혁은 기본적으로 병립적 구조가 안고 있는 이러한 실제 운영상의 문제점을 보완·해결하기위한 노력의 산물이라 해도 과언이 아니다.

Ⅴ 감사제도의 선택적 운영 문제[441]

우리나라 「상법」은 1962년 제정된 이래 계속적으로 기존 감사 제도를 운영하여 왔으며, 「상법」을 개정할 때마다 감사의 지위와 권한을 강화해왔다.

그러나 監事에 의한 監査가 실효성을 거두지 못하였음은 여러 사례를 통하여 드러났고, 결정적으로는 1997년 말 외환 위기에서 더욱 명확해졌던 것이다. 이와 같이 기존의 독임제인 감사가 경영감독기관으로서의 그 기능을 다하지 못했다는 판단 하에 대체적인 경영감독기구로서 감사위원회제도가 도입되었다.[442]. 이와 같이 감사위원회의 도입은 불가피한 측면이 있다.

그러나 감사위원회제도는 그 도입 당시부터 많은 비판을 받았다.[443] 소유구조의 왜곡으로 인하여 소유와 경영이 제대로 분리되지 못한 우리나라의 기업현실에서는 그 정착이 쉽지 않으며, 구조적으로 우리의 기업 문화와 맞지 않기 때문이다.[444] 우리

---

441) 김용범, 전게서, 도서출판 어울림, 2012., 266~268면. 김용범, 「감사저널 ,2014 3~5호」,2014., 15~16면.
442) 최준선, 전게보고서, 72면, 이준섭, 전게서, 3면, 이철송, 전게서, 712면
443) 최준선, 전게보고서, 72면
444) 김순석, 「미국 기업개혁법의 주요내용과 우리나라에 대한 시사점」,상장협 제47호, 2003, 136면, 최준선, 전게보고서, 72면

나라 기업의 소유구조는 특정한 대주주에게 집중되어 있음에 비해 미국의 경우에는 기업지배구조 자체가 소유와 경영의 분리를 전제로 하고 있다는 것이 가장 큰 이유이다.[445]

그럼에도 불구하고 감사위원회제도를 도입한 주요 이유는 ① 기업지배구조 개선 작업의 실효성을 확보하고, ② 기업경영의 투명성을 높이며,[446] ③ 감사업무의 효율성과 전문성을 제고하기 위한 것[447] 이다. 이와 같이 「상법」은 회사의 감사기구로서 감사를 두는 것을 원칙으로 하면서, 그를 대체할 수 있는 기구로 이사회 내 위원회 중의 하나인 미국식의 감사위원회를 둘 수 있도록 하였다.(「상법」제415조의 2 제1항).

현재 우리나라에서는 「상법」상 감사제도는 감사와 감사위원회 중에서 자율적으로 선택하도록 하였다. 즉, 「상법」상 회사는 회사의 업무를 감사하기 위하여 감사를 두거나 혹은 정관이 정하는 바에 따라 「상법」제393조의2의 규정에 의한 위원회로서 감사위원회를 설치할 수 있다. 따라서 정관에 감사위원회를 설치한다는 규정이 없으면, 독임제감사 제도를 채택하는 것으로 된다.(「상법」제415조의 2 제1항).

이와 같이 독임제감사제도와 감사위원회제도를 회사의 자율에 맡긴 것은 특정 시스템을 입법적으로 확정하는 것은 바람직하지 아니하고 나아가서 선택적 운영을 통하여 제도간의 경쟁을 유도하여 감사제도의 운용이 개선될 것을 기대하는 것이라고 한다.[448]

그러나 상장회사에 대한 특례에서는 회사규모에 따라서 제도의 선택을 강제하고 있다. 앞에서 살펴 본 바와 같이 독임제감사제도는 이사회와 감사가 양립하는 이원적 체제하에 취할 수 있는 제도이고, 감사위원회는 이사회 중심의 일원적 체제하에 구성된다. 그런데 상장회사에 대한 특례에서 회사의 업종이나 외국 자본시장에서의 자금조달 여부 등을 고려하지 아니하고 회사의 자산규모라는 획일적 기준으로 감사위원회제도를 강제하고 있다.

이에 대하여 기본적으로 어느 특정의 제도를 강제하는 것은 합리적이라고 보지 않는다는 견해가 있다. 아무리 기업지배구조상 우월하다고 해도, 그것은 기업가의 판단에 맡길 문제이며, 회사의 지배구조는 기업의 업종이나 규모 그리고 기업활동의 범위, 비용부담에 대한 고려, 감사업무수행의 실효성여부 등 여러 가지의 고려요소를 참작하여 기업이 여러 가지 선택지 중에서 선택하도록 하는 것이 합리적이라는 것이다.

---

445) 김순석, 「미국 감사위원회제도의 최근 동향 과 시사점」, 상법학의 전망. 2003, 239면, 최준선, 전게 보고서, 72면
446) 권종호, 「감사제도의 개선과 감사위원회제도의 과제」, 상사법연구 제19권3호, 2001, 100면, 최준선, 전게 보고서, 73면
447) 박길준. 홍복기, 「이사 및 이사회제도」, 상장회사협의회, 2000, 178면, 최준선, 전게보고서, 73면
448) 임중호, 「감사. 감사위원회제도의 효율적 운영과 기능 제고방안」,한국상장회사협의회, 2007, 32면, 정순현, 전게서, 92면, 최준선, 전게보고서, 73면

이 견해는 현행 감사제도가 정착되지 못한 원인의 하나는 기업규모를 불문하고 획일적인 감사제도를 강제하는 것도 원인이 된다고 본다. 영세한 규모의 폐쇄적인 회사와 상장 회사 간에는 감사제도의 의미도 다르다는 것이다. 이러한 맥락에서 기업규모와 공개여부 등을 기준으로 하여 감사제도에 대한 규제를 달리할 필요가 있다고 한다.[449]

특히 상장회사에 대한 특례에서 자산총액 2조 원 이상인 상장회사에게 감사위원회 설치를 의무화하고 있다. (「상법」제542조의 2 제1항, 「동법 시행령」제16조 제1항). 그러나 자산은 수시로 변동할 수 있기 때문에 자산을 기준으로 한 지배구조의 강제는 실무상에는 큰 문제가 없을지 모르나, 적어도 이론상으로는 타당성이 없다고 한다.[450]

이와 같은 의미에서 현행대로 자산 총액을 기준으로 하면서 임기 중에 자산에 변동이 생겼을 경우 처리하는 기준을 만들거나 기본적으로 사업연도 말 재무제표를 기준으로 하여 차기 정기주주총회에서 자산총액의 변동내역을 반영하여 기관구성을 원칙으로 하는 방안도 검토해 볼만 하다.[451]

VI 맺는말[452]

과거 엄격한 강행법규로 인식되던 '회사 관련 법' (이하 '회사법'이라 한다)도 근래에는 점차 임의 법규화 되어 가고 있고, 그리고 현대 「회사법」에서는 제도의 선택에 있어서도 회사의 자율성을 매우 중시하고 있다.[453]

따라서 최근 자산 10억 원 미만의 소규모회사의 경우 감사를 임의기관으로 한 것은 타당하다고 보며, 감사위원회제도도 의무도입제도 보다는 회사의 자율 선택에 맡기는 것이 바람직할 것으로 보인다.

그러나 미국, 일본 등 해외의 대형 회계부정 사례를 열거할 필요도 없이 한보, 진로, 대농, 대우, 동아건설, (구)○○자동차, ○○조선해양 등의 연속적인 분식회계 사건 과 최근 저축은행의 부정대출사건 및 ○○그룹사태 등을 살펴보면 그때 마다 회사의 자산가치 하락은 물론 상당수 회사는 결국 몰락하게 되었다.[454]

---

449) 임중호 , 전게서, 106~197면, 최준선, 전게보고서, 74면
450) 정준우, 「감사와 외부감사인의 법적책임」, 한국상장회사협의회, 2005, 23면, 최준선, 전게보고서, 74면
451) 김순석, 전게서, 24면, 최준선, 전게보고서, 74면
452) 김용범, 전게서, 도서출판 어울림, 2012., 268~269면. 김용범, 전게연재서, 2014., 16~17면.
453) 김순석, 전게서, 24면, 최준선, 전게보고서, 74면
454) 이상규 외 「IFRS-회계국경이 사라진다」, 교보문고, 2008, 39~40면, 최준선, 전게보고서, 75면

그리고 2011년 「상법」개정으로 집행임원제도를 도입하였다.(「상법」제408조의2) 비록 집행임원제도는 회사의 임의에 따라 선택이 가능한 사항이기는 하지만, 집행 임원제도의 도입은 그 동안 감사위원회 제도에서 문제가 되어있던 독립성 확보 측면에서 상당부분이 해결되고, 글로벌스탠더드에 맞추어 주주 중심주의 회사법체제로 이동하고 있는 하나의 징표로 볼 수 있다.

이와 같은 입법 추세에 비추어 보건대 주식회사의 감독기관으로서의 이사회와 감사위원회의 중요성이 더욱 커질 것으로 예상된다. 특히 감사위원회가 독립성과 전문성을 가진 감독기관으로서 정착되고, 그에 의한 실효성 있는 감사(監査)가 이루어져야할 필요가 있다. 이와 같은 의미에서 글로벌스탠더드를 추구하는 회사의 경우 감사 위원회제도의 채택은 점차피할 수 없다고 본다.

그러나 내부감사 기관 형태 중에서 영미식 감사위원회제도나 독일식 독임제감사 제도 중 어느 것이 더 바람직하다고 이야기 할 수는 없다. 두 제도는 모두 장점과 단점을 가지고 있기 때문이다. 이러한 분류는 편의에 의한 분류일 뿐이며, 감사정책 측면에서는 양자 모두를 고려할 필요가 있다.

바람직한 내부감사체제를 갖추기 위해서는 독임제감사제도와 감사위원회제도의 장점을 적절히 조화를 이루는 것이 가장 중요하다고 할 수 있다. 다시 말해서 독임제감사제도의 장점인 독립성과 책임성, 그리고 감사위원회제도의 장점인 전문성과 사전 위험방지 기능이 상호보완적으로 작용할 때 효율적인 내부감사체제가 구축될 것으로 본다.[455)]

한 나라의 회사내부 감사체제는 회사의 지배구조와 마찬가지로 그 나라의 역사, 문화, 사회적인 합의에 의하여 형성되는바, 현행 우리 감사제도는 독임제감사와 감사 위원회 중에서 자율적으로 선택하도록 되어 있어(「상법」제425조의 2 제1항), 회사에서는 독임제감사제도와 감사위원회제도의 선택적 운영은 불가피 한 것으로 본다.

따라서 회사는 법에 의해서 강제된 감사제도를 채택하는 것은 불가피 하지만, 그 이외의 경우는 회사의 업종과 규모, 공개 여부 그리고 회사 활동의 범위, 감사 관련 비용 부담, 감사업무 수행의 실효성 여부 등을 고려하여 자기에게 맞는 감사제도를 채택하는 것이 바람직하다고 본다.

참고로 일본의 경우도 감사를 임의기관으로 하는 것을 원칙으로 하면서 일정한 경우 감사위원회제도를 강제하고 있다.

---

455) 김용범, 전계연재서, 2014., 17면.

제3절 ▷▷ 감사 보조 조직

I 현황

우리의 현실을 보면 감사보조조직의 상황이 열악하기 그지없다. 삼정KPMG ACI가 유가증권시장 상장회사 739개사를 대상으로 2016년 말에 실시한 조사내용(이하 '삼정 ACI'라 한다)을 살펴보면 감사보조조직을 설치하고 있는 회사는 581개사 78.6% 정도에 158개사 21.4% 가까운 회사들은 감사보조조직 자체를 두고 있지 않은 상황이다.

감사보조조직을 설치했다 하더라도 감사보조조직이 감사보고서 등의 감사결과를 감사 또는 감사위원회(이하 '감사'라 한다)에 보고한다고 조사된 것은 전체 유가증권 시장상장사 739개사 중 97개사인 13.1%에 불과 하는 등 매우 낮은 편이었다.

이에 반하여 이사회 및 경영진에게 보고한다는 회사는 각각 79개사 10.7% 및 339 개사 45.9%이며, 미 응답한 224개사 30.3%도 상당수 보고라인은 감사나 이사회가 아닌 경영진으로 추정된다. 감사의 역할이 이사의 업무집행을 감독하는 것이라는 점을 고려할 때 이런 상황에서 감사보조조직의 이사 및 경영진에 대한 독립적인 감사가 가능할지 의문이다.

더욱이 감사보조조직의 구성원의 임면에 대하여 감사 또는 감사위원회의 동의 및 협의가 이루어지는 회사는 조사에 응답한 유가증권시장 상장사 581개사 중에서 387개사 66.1%에 불과하며, 동 조직의 구성원에 대한 임면권을 감사가 아닌 대표이사, 대주주 등이 가지고 있는 경우가 전체의 194개사 33.9%에 이르고 있는 상황이다.

이러한 점들을 종합해 볼 때 감사보조기구의 임직원은 감사의 지휘·통제하에 감사만을 전문으로 하는 인력이 아니라, 일반직원들이 하나의 부서로서 거쳐 가는 자리로서 운영되는 경향이 있기 때문에 경영진과 독립적으로 감사업무를 수행하기 어려운 구조라고 판단된다.[456)]

특히 본 설문조사가 유가증권 상장회사를 대상으로 한 것인데, 유가증권 상장회사에서 조차 이와 같은 실정이라면 코스닥 상장회사 및 비상장회사의 경우에는 여건이 어떠할지 충분히 짐작할 수 있다.

---

456) 김학원, 전게서, 93면, 김용범, 전게서, 도서출판 어울림, 2012., 270면. 김용범, 「감사 보조조직 설치의필요성」, 감사저널 2014 신년호, 2014., 13면.

Ⅱ 감사보조 조직의 필요성

그간 우리나라는 외형적으로는 감사 또는 감사위원회의 조직, 자격, 운영 및 권한 등 다방면으로 감사의 독립성 및 전문성을 위해서 제도개선이 있어 왔다. 그러나 이들 제도가 그저 법전 속의 그것으로 그치지 않고 실효적으로 기능하기 위해서는 감사 자체의 제도개선과 더불어 감사업무의 원활한 수행에 필요 불가결한 제도 및 실무 정비가 필요하였다.

그 대표적인 것이 감사의 보조조직 및 인력의 활용이다. 그 이유는 오늘날 회사는 그 규모가 점차 팽창하고 있고, 도처에 지점·영업소·사업장을 두고 여러 개의 자회사를 거느리고 있다. 이러한 회사들에서 소수의 감사 (監事)만으로 감사(監査)를 하는 것은 현실적으로 불가능하다. 우리나라의 감사(監事)는 업무감사와 회계감사 업무를 모두 맡고 있는데, 이들 업무를 제대로 수행하지 못한 경우에는 법적책임을 부담하도록 되어있다.[457]

업무감사에 관한 감사활동을 위해서는 감사를 위한 정보수집이 불가결하다. 「상법」에서는 이사에 대한 영업보고 요구나 회사의 재산상태에 대한 조사권 등 정보 수집을 위한 필요한 권한을 규정하고 있지만, 효과적인 정보 수집을 위해서는 회사의 임직원과 수시로 교섭하거나 감사를 보좌하는 조직의 도움이 필요하다. 다만, 회계감사는 정기적인 결산감사를 위해 이사로 부터 재무제표와 영업보고서를 제출받아 감사를 수행한다.

오늘날 감사의 업무는 수행해야할 업무가 방대할 뿐만 아니라 이들 업무를 수행하는 데에는 상당한 전문지식과 회사정보에 대한 접근이 필요 하다. 아울러 감사가 모든 업무를 일일이 현장에서 수행하는 데에는 한계가 있으므로, 감사 관련된 모든 업무를 직접 담당 하는 것은 비현실적이다. 더구나 감사 보조조직의 도움 없이 감사 스스로 회사의 업무 및 재산상황을 조사하는 등의 감사활동을 수행하는 것은 사실상 불가능하다.[458]

따라서 회사 감사업무의 질적 향상 과 정보의 수집 및 감사업무의 효율성을 제고하기 위해서는 이들 업무를 지원하고 도와주는 인적·물적 시설을 갖춘 감사 보조조직이 절대적으로 필요하다.[459] 감사는 모든 감사업무를 스스로 수행할 것이 아니라, 이

---

457) 김용범, 전게연재서, 감사저널 2014 신년호, 2014., 13면.
458) 김건식,「법적 시각에서 본 감사위원회」, BFL 제13호, 서울대학교, 2005,47면, 최준선, 전게보고서, 78면, 김용범, 전게서, 어울림, 2012., 270면. 김용범, 전게연재서, 감사저널 2014 신년호, 13면.
459) 임중호, 전게서, 132면, 최준선, 전게보고서, 78면, 김용범, 전게서, 어울림, 2012., 270면. 김용범, 전게연재서, 감사저널 2014 신년호, 2014.,13면.

러한 보조조직에 실무를 맡기고 이들에 대한 지시 · 감독 · 평가를 통해 감사업무를 수행하여야 한다.[460]

Ⅲ 감사보조 조직에 관한 법적 문제점

「상법」은 감사의 경우 회사의 비용으로 전문가의 조력을 받을 수 있도록 하였다.(「상법」제412조 및 제415조의 2 제5항). 그러나 회사 내부의 감사인력에 대한 내용은 법으로 정하고 있지 않다. 감사가 필요한 경우 전문가의 조력을 받을 수 있다고 하나, 이는 회사 외부의 전문가, 예를 들어 법률전문가나 회계전문가의 자문을 얻을 수 있다는 것을 의미 한다.

따라서 감사의 스텝으로서 감사업무를 수행하는 자들에 대해서는 「상법」에는 아무런 근거 규정을 두고 있지 않다. 다만 「금융지배구조법」제20조 제2항과 「상장 회사 감사의 표준직무규정」제14조 및 「상장회사 감사위원회의 표준직무규정」제21조 에서 감사의 업무를 보조하고 감사의 지휘 · 명령을 받아 직무를 수행하는 감사 보조조직을 설치하거나 또는 둘 수 있도록 규정하고 있을 뿐이다.[461]

그러나 「금융지배구조법」은 일반회사에 모두 적용되는 것이 아니고 대규모 금융 회사에 만 제한적으로 적용되고, 상기 두 규정은 감사 보조조직을 설치하지 않을 수 있는 명확한 근거도 제시하지 않고 단서 규정으로 막연히 감사 보조조직을 설치하기 어려운 경우에는 내부통제부서 등의 인력을 활용하여 감사활동을 수행할 수 있다고 규정하고 있다.

따라서 앞서 살펴본 현황처럼 상당수 회사는 감사 또는 감사위원회(이하 '감사'라 한다)를 지원 내지 보조하는 조직을 두고 있지 않으며, 감사 보조조직을 두고 있는 회사의 경우에도 회사마다 다양한 형태의 조직을 두고 있다.

감사보조 조직은 감사 와 마찬가지로 경영진으로부터 그 독립성이 보장되어야 한다. 그렇지 않고 경영진의 영향력 하에서 감사의 스텝으로 일한다면 공정하고 객관적으로 감사업무를 수행하기 보다는 오히려 감사를 방해하는 역할을 할 수도 있다. 따라서 감사의 보조조직을 두기 위해서는 반드시 그 법적 근거를 명확히 함과 동시에 그 독립성 확보를 위한 법적 규정을 마련하는 것이 필요한 것이다.[462]

---

460) 김건식, 전게서, 47면, 최준선, 전게보고서, 78면, 김용범, 전게서, 도서출판 어울림, 2012., 270면. 김용범, 전게연재서, 감사저널 2014 신년호, 2014.,13면.
461) 김용범, 전게연재서, 감사저널 2014 신년호, 2014.,14면.
462) 김학원, 전게서, 109면, 김용범, 전게서, 도서출판 어울림, 2012., 271면. 김용범, 전게연재서, 감사 저널 2014 신년호, 2014.,14면.

Ⅳ 감사 보조조직의 일반적인 형태[463]

1. 감사직속의 독자적인 보조조직을 두는 형태

경영진에 의해 운영되는 회사의 내부통제조직과는 별도로 감사만을 위한 보조조직을 회사 내에 두는 형태를 말 한다.

〈 장 점 〉
① 경영진이나 회사의 내부사정에 의해 좌우되지 않고 감사의 의사에 따라 독립적이고 객관적으로 감사를 보조할 수 있다.
② 감사 보조조직을 회사 내에 두기 때문에 회사에 대한 정보의 접근성이 용이하여 감사 업무의 효율성을 기대할 수 있다.

〈 단 점 〉
① 경영진 소속의 내부통제조직과는 별도로 감사 보조조직을 두기 때문에 보조조직의 유지 에 많은 비용이 소요될 수 있다.

2. 경영진 소속의 내부통제부서 활용하는 형태

감사만을 위한 보조조직을 회사 내에 별도로 두지 않고 경영진에 의해 운영되는 내부통제조직을 활용하는 형태를 말한다.

〈 장 점 〉
① 경영진 소속의 내부통제조직을 활용하기 때문에 회사에 대한 정보의 접근성이 용이하여 감사업무의 효율성을 기대할 수 있다.
② 경영진 소속의 내부통제조직을 활용하기 때문에 감사 보조조직의 유지 비용이 적게 소요될 수 있다.

〈 단 점 〉
① 내부통제부서는 경영진 소속이기 때문에 감사업무를 보조함에 있어 경영진으로부터 독립성이나 객관성을 확보하기가 매우 어려울 수 있다.

3. 회사 외부의 감사 전문가를 활용하는 형태

감사만을 위한 보조조직을 회사 내에 별도로 두지 않고 아웃소싱 등을 통해 외부의 감사 전문가를 활용하는 형태를 말 한다.

---

463) 김용범, 전게연재서, 감사저널 2014 신년호, 2014., 14~15면.

〈 장 점 〉

① 경영진이나 회사의 내부사정에 의해 좌우되지 않고 독립적이고 객관적 으로 감사를 보조 할 수 있다.

② 회사 내에 상시적으로 감사 보조조직을 두지 않고 아웃소싱 등을 통해 감사를 보조하기 때문에 유지에 비용이 적게 소요될 수 있다.

〈 단 점 〉

① 감사 보조조직을 외부에 두기 때문에 회사에 대한 정보의 접근성이 취약하여 감사업무 의 효율성을 확보하기가 매우 어려울 수 있다.

Ⅴ 감사보조 조직에 관한 외국 입법례[464]

1. 감사 보조조직에 관한 일본의 입법례

일본경우는 「회사법」과 「동법 시행규칙」을 제정함으로서 내부통제제도를 법제화하고 있고, 특히 일본법제의 경우 내부통제제도는 감사위원회 감사의 실효성 제고 측면에서 매우 중요한 의의를 가지고 있다. 내부통제제도를 구체적이고 효율적으로 달성 하기 위하여 감사의 직무를 보조하는 사용인에 관한 사항을 명문으로 규정하고 있다.

일본은 내부통제제도의 확립 및 감사조직의 설치를 이사회의 권한으로 보고 있다. 즉, 감사회설치회사를 위한 감사 보조조직에 관한 일본 「회사법」의 규정은 제362조 (이사회의 권한 등)에 규정되어 있고, 위원회설치회사를 위한 감사 보조조직에 관한 규정 역시 제416조(위원회설치회사의 이사회의 권한)에 규정되어 있다.

이들 규정에 의하면 이사회는 감사업무 및 주식회사 업무의 적정성을 확보하기 위한 체제를 정비할 권한을 갖는 것으로 규정하고 있고, 그 구체적인 내용은 「회사법 시행령」 (법무성령)으로 정하도록 하였다. 이에 따라 「회사법 시행령」에서는 감사가 그 직무를 보조하는 사용인, 즉 감사요원을 설치하여 줄 것을 이사회에 요구하는 경우 이사회는 이에 관하여 결정을 하여야 한다고 규정하고 있다.

만약 이사회가 그 설치를 거부한 경우 감사가 그 이사회의 결정이 상당하지 아니한 것으로 판단하면 감사보고서에 그 뜻과 이유를 기재하거나 사업보고에 그 결의내용의 개요를 기재하여 최종적으로 주주들의 확인을 받도록 하고 있다. 이러한 방법을 통하여 이사회로 하여금 감사 보조조직 설치에 대한 감사의 요구를 사실상 수용하도록 강제하고 있다.

---

464) 최준선, 전게서, 80~81면, 김용범, 전게서, 도서출판 어울림, 2012., 271~272면. 김용범, 전게연재서, 감사저널 2014 신년호, 2014.,15~16면.

2. 감사 보조조직에 관한 미국의 입법례

본래 미국의 감사제도는 우리나라 법제와는 달리 우리나라와 같은 감사제도가 「회사법」의 규정으로 별도로 없고, 통상 회사운영의 실무에서 감사위원회가 사내이사 중에서 「내부감사(Internal Auditor)」를 지정하여 회계 및 경영감시 관련 업무를 총괄하며, 내부통제시스템을 운영하는 경우에는 이를 지휘·감독 한다.

그리고 우리나라와 같이 재무제표 및 기타 감사관련 보고서를 작성하는 것은 외부감사 즉 회사외부의 회계전문가에 의뢰하도록 하고 있다. 그러나 이러한 감사제도로는 효율적인 감시가 어렵다고 보고 이사회 내에 감사위원회를 두어 동 위원회가 경영진과 독립적으로 내부감사 및 외부감사를 통제하도록 하여 감사투명성을 제고 하고자 감사위원회제도를 발전시켜왔다.

이러한 제도는 「회사법」에서 발전된 것이 아니라 「증권거래법(SEA법)」에서 발전 시켜 왔다. 「SEA법」 Rule 제10-3의 규정에 따라 상장회사는 모두 감사위원회를 설치 여야하며, 「SOX법」*의 제정에 따라 이제는 「SOX법」의 적용을 받는 회사도 모두 감사위원회를 설치하여야 한다.

  * 「SOX법」이란 2000년대 들어 엔론, 월드컴 등 미국의 자존심인 유력 주식회사들이 분식결산으로 연쇄파산을 함에 따라 추락한 미국기업의 신뢰성 회복을 위한 제도 정비차원에서 2002년 제정한 Sarbanes-Oxley Act을 말한다.

이 법은 미국회사의 지배구조에 심각한 문제가 있다고 보고 상장기업에 대해 SEC(증권거래위원회)에 등록서류의 제출 시 내부통제의 유효성에 관한 인증 및 재부보고서의 신뢰성을 확보하기 위한 내부통제보고서를 작성·제출할 것을 의무화했다.

따라서 위법들의 적용을 받는 뉴욕증권거래소(NYSE)의 「상장사운영 규칙」에 의하면 상장회사는 「증권거래법 시행규칙」Rule10A-3에서 요구하는 감사위원회를 구성하여야 하고 감사위원회는 독자의 「감사위원회운영규칙」을 제정하여 실행하여야 한다. 그리고 감사위원회 산하에 내부감사에 직접 참여할 수 있는 인원 및 제도적 장치를 마련·운영 하도록 하고 있다.

Ⅵ 감사 보조조직과 관련된 문제점465)

감사 보조조직과 관련된 문제점은 앞서 「감사보조조직의 필요성」에서 언급한 바와 같이 감사의 감사업무를 지원하고 도와주는 인적·물적 시설을 갖춘 감사보조조직의 설치 의무화가 절대적으로 필요하다.

감사 보조조직의 설치 의무화와 관련하여 감사의 업무수행을 위한 보조조직은 ① 감사직속의 독자적인 보조조직을 두는 방안, ② 경영진소속의 내부통제부서 활용하는

---

465) 김용범, 전게서, 도서출판 어울림, 2012., 272~273면. 김용범, 전게연재서, 감사저널 2014 신년호, 2014.,16~18면.

방안, ③ 회사 외부의 감사전문가를 활용하는 방안이 제시되기도 하였다.[466]

감사 보조조직에 대한 내부설치의 의무화 문제에 앞서 어떤 형태의 감사 보조조직을 채택할 것인가가 우선 검토되어야 한다. 앞에서 설명한 바와 같이 '경영진 소속의 내부 통제부서 활용하는 방안'은 경영진으로부터 독립성이나 객관성을 확보하기가 매우 어렵다.

그리고 '회사 외부의 감사전문가를 활용하는 방안'은 회사에 대한 정보의 접근성이 취약하여 감사업무의 효율성을 확보하기가 매우 어려운 점이 있으며, '감사직속의 독자적인 보조조직을 두는 방안'은 별도의 감사 보조조직을 두기 때문에 보조조직 유지에 많은 비용이 소요되는 단점이 있다.

감사 보조조직에 대한 설치의 의무화 문제는 그 설치를 「금융지배구조법」과 같이 「상법」등의 법률을 통하여 입법적으로 해결하면 가장 간단할 것이다. 그러나 「상법」 상의 모든 주식회사의 경우에 감사 보조조직의 설치를 강제하는 것은 감사도 법정 최저인 1인만을 두고 있는 회사가 많은 실정에 비추어보면 이를 모든 회사 즉 소형 회사까지 강제하는 것이 바람직한지는 의문이다.[467]

감사 및 감사 보조조직의 역할에 대한 충분한 이해가 있는 경영진의 경우에는 감사 보조조직의 설치를 자발적으로 할 것이다. 그러나 이에 대한 이해가 부족하거나 경계하는 경영진, 특히 회사의 투명성이 결여된 회사의 경영진의 경우는 그 설치를 강제하더라도 경영진으로부터 독립성이 있는 감사 보조조직의 설치를 회피하거나 실효성 없는 조직으로 만들 것이다.

Ⅶ 감사 보조조직과 관련된 문제점 해결 방안[468]

감사의 효과적인 권한 행사는 기업의 건전한 발전에 꼭 필요한 만큼 이를 실질적으로 지원할 수 있는 인적조직과 그에 관련된 제도가 「금융지배구조법」과 같이 법적으로 뒷받침되어 있어야 한다. 그러나 이러한 인적조직을 지속적으로 유지하기 위해서는 많은 비용이 들어가는 만큼 모든 회사에 대해서 요구할 수는 없다.

모든 상장회사에 대하여 감사 보조조직의 설치를 의무화할 것인지 여부에 대하여는 좀 더 구체적이고 면밀한 검토를 필요로 하며, 이에 대한 여러방안이 있을 수 있으나,

466) 김건식 외 좌담회 BFL 제13호, 서울대학교, 2005., 29면, 정순현, 전게서, 62면, 김용범, 전게서, 도서 출판 어울림, 2012., 272면. 김용범, 전게연재서, 감사저널 2014 신년호, 2014.,16면.
467) 정순현, 전게서, 63면, 김용범, 전게서, 도서 출판 어울림, 2012., 273면. 김용범, 전게연재서, 감사저널 2014 신년호, 2014.,17면.
468) 김용범, 전게서, 도서 출판 어울림, 2012., 273면. 김용범, 전게연재서, 감사저널 2014 신년호,2014.,18~20면.

감사위원회 설치나 다른 지배구조의 규제요소들과 마찬가지로 규모를 기준으로 감사 보조조직의 의무적인 설치를 조정하는 방안도 하나의 방안이 될 수 있을 것이다.

따라서 상장회사 및 일정 규모 이상의 법인(예시 : 1,000억원 이상)에 대해서는 감사의 업무를 보조할 수 있는 감사직속의 독자적인 보조조직이나 부서의 설치를 「금융지배구조법」과 같이 「상법」으로 의무화하고, 그 이외의 회사에 대하여는 정관으로 선택할 수 있도록 하는 것이 바람직할 것이다.[469] 소규모 회사에 대하여는 감사보조조직을 회사 외부에서 감사 전문가를 아웃소싱 하는 방법도 적극 검토해 볼만하다.

물론 감사의 업무를 보조하는 조직이나 부서를 설치할 때에는 그 구성원에 대한 실질적인 지휘·통제 권한도 아울러 감사에게 부여해야 할 것이다. 감사 보조조직은 이사회나 경영진 등으로부터 독립적이어야 할 뿐만 아니라, 반드시 감사의 지휘·통제 체계 내에 두는 것이 이상적이다.[470]

현행 「금융지배구조법」제20조 제2항 과 「상장회사 표준 감사직무규정」제14조 및 「상장회사 표준감사위원회직무규정」제21조에서 감사 보조조직의 전속에 관한 규정을 두고 있다. 일반회사들은 우선 이와 같이 「금융지배구조법」 또는 준 법규적 성격의 규정을 모델로 해서 회사가 자율적으로 이를 수정해서 이용할 수 있을 것이다.[471]

감사 보조조직의 전속 및 지휘·통제체계 원칙 : 예시

① 감사의 효율적이고 원활한 업무수행을 위해 감사에 전속되는 감사 보조 조직을 둔다.

② 감사 보조조직의 책임자와 직원(이하 '감사요원'이라 한다)은 감사의 업무를 보조하며, 감사의 지휘·명령을 받아 직무를 수행한다.

③ 경영진은 감사 보조조직을 설치 및 운영하는데 필요한 지원과 협조를 하여야 한다.

한편 위에서 일정 규모 이상의 법인 등에 대하여 의무화를 예시는 하였으나, 근본적으로 모든 상장회사에 대하여 감사보조조직의 설치를 의무화 할 것인지 여부에 대하여는 좀 더 구체적이고 면밀한 검토가 필요하다고 본다.

따라서 이에 대한 여러 방안이 있을 수 있으나, 감사위원회 설치나 다른 지배구조의 규제요소들과 마찬가지로 규모를 기준으로 감사보조 조직의 의무적인 설치를 조정하는 방안도 하나의 방안이 될 수 있을 것이다.[472]

---

469) 회사법 개정의견, 월간 상장, 2005. 7. ,38면, 정순현, 전게서, 63면, 김용범, 전게서, 도서 출판 어울림, 2012., 273면. 김용범, 전게연재서, 감사저널 2014 신년호, 2014.,18면.

470) 정준우, 전게서, 89면, 정순현, 전게서, 63면, 이준섭, 전게서, 67~68면, 김용범, 전게서, 도서 출판 어울림,2012., 273면. 김용범, 전게연재서, 감사저널 2014 신년호, 2014.,18면.

471) 정순현, 전게서, 64면, 김용범, 전게서, 도서 출판 어울림, 2012., 273면. 김용범, 전게연재서, 감사저널 2014 신년호, 2014.,18면.

472) 임중호, 전게서, 139면, 이준선, 전게서, 68면, 정순현, 전게서, 64면.

제7장 내부감사와 회사회계

Ⅰ 「회사회계」의 의의473)

"회사회계라 함은 회사가 주체가 되어 일정한 기간(결산기)을 단위로 하여 회사의 재산상태와 손익을 인식·평가하고, 손익 또는 손실을 처리하기 위한 의사결정을 하는 일련의 행위"를 말한다.

① 회사는 대차대조표와 손익계산서를 작성하는데, 전자는 현시점에서의 회사의 재산상태를 인식·평가하기 위한 것이고, 후자는 일정기간(특정 영업연도)의 손익을 인식·평가하기 위한 것이다. 재산상태와 손익의 인식·평가는 그 자체가 중요한 회계정보로써 독자적인 의의를 갖지만, 동시에 손익의 처리를 위한 의사결정의 기초자료 가 된다.

② 대차대조표와 손익계산서는 회사의 재산상태와 손익에 관한 객관적인 기술에 지나지 않고, 이에 의해 인식되는 이익이나 손실을 어떻게 처리할 것이냐는 것은 별도의 의사결정을 요한다. 예컨대 준비금을 적립할 것이냐, 주주에게 배당할 것이냐, 결손을 전보할 것이냐 등을 결정하는 것이다.

③ 어느 회사의 재산상태와 손익은 그 주주, 회사채권자 또는 증권투자자 등도 각자의 목적에 따라 독자적으로 평가·인식할 수 있다. 그러나 대차대조표나 손익 계산서에는 여러 가지 법적 구속과 효과가 따르므로 회사 스스로가 작성한 것만을 대차대조표·손익계산서라고하며, 또 손익의 처리에 관한 의사결정은 회사만이 할 수 있으므로 「회사회계」라 함은 당해 회사만이 한 것만을 말한다.

---

473) 이철송, 「회사법강의 제22판」, 박영사, 2014. 923~925면, 임재연, 「회사법 Ⅰ 개정2판」, 박영사, 2014., 705면.

④ 회사회계는 결산기라는 균등한 기간을 단위로 하여 정기적으로 행한다. 이 같이 정기적으로 회계하는 이유는 주기적으로 회계정보를 제공함으로써 회사 자신과 이해 관계인들이 회계정보를 지속적으로 이용할 수 있고, 자산의 변동 상태를 효율적인방법으로 비교·판단할 수 있으며, 특히 주주들이 적절한 간격으로 투자수익을 실현 할 수 있기 때문이다.

회사회계는 「상법」제3편 제4장 제7절에서 일반적 의미의 회계를 규율대상의 일부로 삼고 있지만, 이 보다 결산을 위한 절차, 감사보고의 내용과 형식, 이익이나 손실의 처리를 위한 의사결정 방법과 이익배당을 주로 다루고, 주주와 채권자를 보호하기 위한 공시 규정 등도 포함하고 있어, **기업회계와 구분하여 '회사회계' 라는 용어를 사용**하고 있다.

Ⅱ 「회사회계」의 기능[474]

회사회계는 회사와 이해관계인들에게 다각적인 의의를 갖는다.

1. 경영진 측면에서 기능

회사의 경영진은 **회계를 통해 과거의 경영성과를 분석·평가**함으로써 이를 토대로 하여 **계속기업(going concern)으로서 목표와 방향을 효과적으로 설정**할 수 있다.

"**계속기업이란 기업은 계속적으로 존재한다는 가정 아래서 사업을 영위하는 기업을** 말한다." 즉, 기업이 원칙적으로 기업의 구성원이나 소유자인 기업가와는 별도로 일시적으로 존재하는 것이 아니라 계속적으로 존재하는 생명을 가진 조직체라고 보는 개념으로, 기업이 갖는 영속적 내지 자주적인 전체로서의 특성을 가리키는 말이다.

2. 투자자 측면에서 기능

회사의 **투자자에게 회사회계는 이익배당을 받을 수 있는 법적절차를 의미**한다. 투자자가 회사에 투자하는 궁극적인 목적은 이익배당을 받는데 있다.

그러나 회사 채권자 등 다른 이해관계인을 보호하기 위해서는 투자자의 이기심을 통제해야 하므로 「상법」에서는 배당가능 이익의 산출, 배당시기와 기준, 배당의 의사결정 방법 등을 엄격히 규율하고 있다.

이 규율은 회사회계라는 절차를 통해 행하여지므로 투자자에게 있어 회사회계는 투

---

474) 이철송, 「회사법강의 제22판」, 박영사, 2014. 925~926면.

자수익을 현실화하는 절차라는 의미를 갖는다. 아울러 **투자자는** 회사회계를 통해 **자신의 투자성과를 분석·평가하고, 그 결과에 따라 투자의 지속 여부를 결정할 수 있**는 계기를 갖는다.

3. 채권자 측면에서 기능

회사의 채권자에게 회사의 재산은 회사 채권자들을 위한 책임재산을 구성하므로 채권자들은 회사의 재산·손익에 대해 비상한 관심을 가질 수밖에 없다.

회사회계는 채권자들의 이러한 관심을 충족시켜주고, **채권자들은 회계를 통해 밝혀진 회사의 재산상태를 기초로 하여 채권의 회수여부, 보존조치의 여부 등을 결정** 하게 된다.

Ⅲ 「회사회계」의 *法源*[475]

회사회계에 관한 각종 법규로 구성된 법 분야를 「회사회계법」이라고 부를 수 있다. 우리 「회사회계법」의 법원으로 가장 중요한 것은 「상법」과 「외감법」에 따라 제정된 「회계처리기준」이다. 그 밖에 「법인세법」과 같은 세법상의 회계규정도 회사회계 실무에 큰 영향을 미치고 있다.

1. 「상법」과 「회사회계규정」

「상법」총칙편 제5장은 상업 장부에 관해서 규정한다(「상법」제29조~제33조). 이 규정은 회사 상인을 포함한 모든 상인에게 적용된다. 또한 「상법」은 제3편 제4장 제7절(회사의 회계)에서 주식회사의 회계에 대해서 따로 규정을 두고 있다.

주식회사의 회계에 대해서는 회사편의 회계규정이 우선 적용되므로 총칙편의 상업 장부 규정은 보충적으로 적용될 뿐 큰 의미를 갖지 않는다.

2. 「외감법」과「기업회계기준」[476]

1980년 말 제정된 「외감법」은 일정 규모 이상의 주식회사에 대해서 외부감사를 강제하는 한편(「외감법」제2조) 금융위원회에 대상회사의 「회계처리기준」(일반기업회계기

---

475) 김건식, 「회사법」, 박영사, 2014., 519~521면.
476) 「상법」상 「회계규정」과 「외감법」상 「회계처리기준」의 혼란을 피하기 위하여 「상법」상의 회계 규정을 「회사회계규정」으로, 「외감법」상 회계처리기준을 「기업회계기준」으로 구분해 사용키로 한다.

준 등)을 마련할 것을 위임하고 있다(「외감법」제13조 제1항).

현재 「외감법」에 따른 외부감사가 강제되는 회사는 자산총액이 120억원이상인 주식회사, 주권상장법인, 부채총액과 자산총액이 70억원이상인 주식회사, 종업원 수가 300명이상이고 자산총액이 70억원이상인 주식회사 이다(「외감법시행령」제2조 제1항).

금융위원회는 「회계처리기준」에 관한 업무를 전문성을 갖춘 민간법인이나 단체에 위탁할 수 있다(「외감법」제13조 제4항). 그리하여 금융위원회는 그 업무를 민간기구로 설립된 '한국회계기준원'에 위탁하였다(「외감법시행령」제7조 제3항 제1호).

3. 「상법」과 「외감법」의 관계

「상법」상 「회계규정」과 「외감법」상 「회계규정」은 기능상 차이가 있다. **「외감법」상 회계처리기준의 목적은 투자자에게 회계정보를 제공하는 것이다**(「한국채택 국제회계기준」재무보고를 위한 개념체계 제1장 일반목적재무보고의 목적 OB2).

그것에 비해 **「상법」상 회계규정은 ① 정보제공 기능과 아울러 ② 채권자 보호를 위하여 회사재산의 과도한 유출을 막는 기능을 수행**한다. ②의 핵심은 바로 배당가능이익을 한정하는 제462조에서 찾아 볼 수 있다. 과거 「상법」상 회계규정은 ②의 관점에서 특히 자산평가와 관련하여 일부 「외감법」상 회계처리기준과는 다른 규정을 포함하고 있었다.

그러나 같은 회사가 정보제공 목적인지 배당억제 목적인지에 따라 각각 다른 회계원칙을 적용하는 것은 불편한 일이다. 과거 「상법」은 「회계규정」을 「외감법」상 「회계처리기준」의 변화에 맞춰 개정해 왔으나 시시각각으로 변하는 회사회계실무에 따라 「상법」을 개정하는 것은 현실적으로 어려움이 있었다.

마침내 **「상법」은 2011년 개정 시에 회계처리에 관한 구체적인 규정을 없애고 '일반적으로 공정·타당한 회계 관행'을 따르도록 함으로써 「상법」상 「회계처리기준」과 「외감법」상 「회계처리기준」의 통일**을 기하고 있다.

4. 「상법」과 「법인세법」의 관계

「상법」상 「회계규정」과 「법인세법」상 「회계규정」과는 목적이 다르다. 「법인 세법」상 「회계규정」은 조세부담의 공평이라는 관점에서 조세회피 억제를 목적으로 하므로 「상법」상 「회계규정」과는 내용에 차이가 있다. 그러나 경영자는 당장 현금유출을 가져오는 조세부담을 줄이는 것을 중시하기 마련이므로 회사실무상으로는 회사회계 처리도 「법인세법」의 영향을 강하게 받고 있다.

「법인세법」은 소득금액을 계산 할 때 '일반적으로 공정·타당하다고 인정되는 「기업회계기준」'을 적용하는 것을 원칙으로 삼고 있다(「법인세법」제43조). 내국법인은 「기업회계기준」을 준용하여 작성한 재무제표를 기초로 세무조정을 거친 후 과세소득을 산정 하도록 하고 있다(「법인세법」제60조 제2항). 그리하여 「법인세법」에는 회계에 관한 규정이 적지 않게 포함되어 있다.

Ⅳ 「상법」상 회계규정 체계[477]

1. 일반적인 관점에서 회계규정의 체계

회계의 내용이 재산·손익을 처리하는 것이므로 자본금의 설정에 관한 「상법」 제451조(자본금)는 회사의 재산상태와 손익을 인식하는데 가장 기초가 되는 규정이다.

회계의 실행을 위해서는 회계방법에 관한 규율도 필요하지만, 「상법」은 기술적인 이유에서 회계방법에 관해서는 「상법」적 규율보다는 일반회계의 원리에 의한 규율을 수용하는 것이 바람직하다고 보고 아래의 관점에서 체계화 하였다.

가. 회사 재산 보존에 초점

「상법」에서는 주로 회계에 필요한 조직법적 절차와 자본충실을 위한 회사재산의 보전에 초점을 두고 있다. 그리하여 회사의 재산·손익의 인식의 기초가 될 서류(재무제표)의 종류를 법정하고 그 작성에서 확정에 이르기까지 여러 기관들을 관여시켜 진실성을 추구하고 있다.

나. 회사 재산 유출의 억제

「상법」에서는 준비금의 적립을 강제하고, 그 사용을 제한하며, 배당의 요건을 규정한 것은 자본충실의 이념에 입각하여 회사재산의 사외유출을 억제함으로써 계속기업으로서의 재산적 기초를 유지하고 채권자를 위한 책임재산을 건실하게 지키기 위함이다.

다. 부수적 목적 달성 추구

회사의 회계규정은 이상 두 가지 관점을 큰 줄거리로 하지만, 실제 회사의 회계에 관한 절에서는 회계를 계기로 여러 가지 부수적인 목적을 추구하고 있다.
① 재무제표의 비치·공시제도를 두어 이해관계인에게 적시에 회계정보 제공.
② 재무제표의 승인을 계기로 임원의 책임문제 확정.
③ 배당에 있어 주주들의 이기적 대립 예방 및 공평배당을 기하기 위해 배당기준 제시.
④ 주주 배당채권의 적시 실현을 위해 배당금 지급 시기 명문화.

---

477) 이철송, 「회사법강의 제22판」, 박영사, 2014. 926~927면. 김건식, 「회사법」, 박영사, 2014.,521~522면.

410

⑤ 이사들의 자의적인 재산운영을 견제하기 위하여 주주들의 회계장부 열람권과 업무·재산상태 검사권을 인정하는 동시에 남용을 방지하기 위해 요건 법정 등.

주식회사는 영리단체이면서 자본단체이므로 회사의 손익계산 관계나 재산처리 방법을 정확하게 할 필요가 있다. 「상법」은 회사채권자, 주주 및 회사를 보호하기 위한 특칙을 두고 있다. **주식회사의 회계에 관한 규정은 강행규정**이다.[478]

2. 법규적인 관점에서 회계규정의 체계

「상법」의 제3편 제4장 제7절(회사의 회계)은 26개의 조문으로 구성되어 있다. 이들은 ① 결산과정, ② 기업 내용의 공시, ③ 재무구조의 변동, ④ 기타 네 가지로 나눌 수 있다. 이들 중 ①과 ②는 회계에 관한 규정이다. 그러나 ③은 대차대조표의 기재에 영향을 준다는 점에서만 회계와 관련을 갖고 ④는 회계와는 반드시 관련이 없다.

가. 결산과정

결산과정에 관한 규정도 다음 세 가지로 나누어 볼 수 있다. ① 회계의 원칙과 매 결산기에 작성할 재무제표와 영업보고서, 그것의 감사와 승인 등에 관한 규정(「상법」제446조의2~제450조), ② 대차대조표 중 자본에 관한 규정(「상법」제451조~459조), ③ 이익 배당에 관한 규정(「상법」제462조~464조의2) 이다.

나. 기업 내용의 공시

기업의 재무상태와 경영성적을 주주와 채권자에 공시하는 것과 관련된 규정도 포함되어 있다. 재무제표 등의 비치·공시(「상법」제448조), 대차대조표의 공고(「상법」제449조 제3항), 주주의 회계장부열람권(「상법」제466조) 등이 그러한 규정이다. 주주의 검사인선임청구권(「상법」제467조)은 반드시 재산상태에 국한된 것은 아니 지만, 기업 내용에 관한 정보를 얻는 수단으로 활용할 수 있다는 견지에서 이 부류에 포함 시킬 수 있다.

다. 재무구조의 변동

「상법」에는 회사회계와는 직접 관계가 없는 재무구조의 변동에 관한 규정도 상당수 존재한다. 준비금의 결손전보(「상법」제460조), 준비금의 자본전입(「상법」제461조), 준비금의 감소(「상법」제461조의2) 등이 이 부류에 속한다. 재무구조가 변동되면 대차대조표의 기재가 변경된다.

---

478) 임재연, 「회사법 I 개정2판」, 박영사, 2014., 705면.

라. 기 타

「상법」에는 회사회계와는 전혀 관계가 없는 규정도 존재한다. 대표적인 예로 ① 주주의 권리행사에 관한 이익공여의 금지규정(「상법」 제467조의2)과 ② 사용인의 우선변제권(「상법」 제468조)이 있다.

①은 특히 일본에서 총회꾼 근절을 위하여 마련된 규정으로 우리나라에서는 그다지 적용례가 많지 않다. ②는 근로자 보호를 위한 노동법적 색채가 강한 조항으로 「상법」에 이런 규정을 두는 것은 체계상 바람직하다고 보기는 어렵다.

Ⅴ 「회사회계」의 계산구조479)

1. 계산구조의 종류

회사회계를 어떠한 시각에서 처리할 것이냐는 원칙론의 설정을 놓고 주로 재산의 현황을 파악하는 데 역점을 두는 재산계산주의(재산법)와 주로 수익력의 측정에 비중을 두는 손익계산주의(손익법)가 있다.

가. 재산계산주의

재산계산주의는 회계기초의 자기자본과 회계 기말의 자기자본과를 비교하여 그 차액을 순 손익으로 하는 손익의 계산방법으로 주로 대차대조표의 수치를 근거로 하여 이루어진다.

※ 순 손익 = 기말 자기자본 - 기초 자기자본

주식회사가 소규모라서 변제불능·재산은익 등의 폐해가 염려되고 회사 채권자가 주로 소액·단기의 채권을 가질 때에는 재산계산주의가 유리하다.

나. 손익계산주의

손익계산주의는 일정기간 내의 수익과 비용을 파악하고 양자를 비교 대응(비용수익대응의 원칙) 시킴으로써 순 손익을 계산하는 방법으로 주로 손익계산서의 수치를 근거로 하여 이루어진다.

※ 순 손익 = 수익 - 비용

주식회사의 규모가 거대해진 현대 사회에서는 무수한 재산을 주기적으로 일정 시기에 평가한다는 것은 실제로 불가능하며, 자본의 조달도 널리 사회자본에 의존하기에 이르러 일반 투자자의 이익보호가 특히 강조되는 시점에서는 재산계산주의를 고수하기가 어렵다.

---

479) 이철송, 「회사법강의 제22판」, 박영사, 2014. 927~928면.

2. 계산구조의 채택

일반적으로 투자자의 관심은 회사재산의 담보가치 보다는 회사의 손익거래의 성과를 나타내는 수익성과 이를 객관적으로 측정할 수 있는 회계정보에 있다. 또한 회사규모의 대형화, 고정자산비율의 증대는 필연적으로 장기신용의 이용을 요하는 바, 장기채권자는 회사재산의 담보가치 못지않게 수익력의 유지 · 향상을 채권자의 안정성의 기준으로 삼는다.

따라서 주식회사의 회계원칙은 이미 재산계산주의(재산법)로부터 회사의 경영성적을 명확히 하고, 그 수익력의 산정을 목적으로 하는 손익계산주의(손익법)으로 옮겨 졌다.480) 「상법」은 이를 반영하여 회계장부에 의해 유도되는 대차대조표와 손익 계산서,그리고 이를 토대로 결정되는 이익잉여금처분계산서(결손 시에는 결손금처리 계산서)를 계산의 도구(재무제표)로 삼는다.

Ⅵ 회계의 원칙481)

「상법」제446조의2는「회계의 원칙」이라는 제하에 **"회사의 회계는 이 법과 대통령482)으로 규정한 것을 제외하고는 일반적으로 공정하고 타당한 회계 관행에 따른다"**라고 규정 하고 있다. 본조는 일반적으로 공정 · 타당한 회계 관행을 회사법상의 규범으로 수용하는 것을 명문으로 규정한 것이다.

'일반적으로 공정 · 타당한 회계 관행'에서 **'일반성'**은 일반 국민이 아니라 **회계 전문가를 기준으로 판단**한다. **'공정성'**은 **기업의 이해관계자 이익을 공정하게 반영하는 것**을 말하고, **'타당성'**은 **거래 현실에 비추어 적합함을 의미**한다. 또한 **'회계 관행'**은 **회계업계에서 반복적 · 계속적으로 행해지는 회계처리를 의미**한다.483)

그러나 **'회계 관행'**은 일반관습과는 달리 반복성과 계속성이 강하게 요구되는 것은 아니다. 회계전문가 사이에서 공정 · 타당하다고 인정되는 회계처리로서 장차 반복 · 계속될 가능성이 높다면 바로 회계 관행으로 인정받을 수 있을 것이다. 또한 법령상 근거에 따라 공적기관이 정한 회계기준은 최초 적용시점부터 회계 관행으로 인정할 수 있을 것이다.484)

---

480) 84년 개정 전 「상법」은 자산 · 부채의 실제 조사 · 평가에 의하여 작성되는 재산목록을 계산의 기초로 삼는 재산계산주의(재산법)였다. 이철송, 전게서, 2014., 928면.

481) 이철송, 전게서, 2014., 928~929면. 임재연, 「회사법 Ⅰ 개정2판」박영사, 2014., 706~709면, 회계기준위원회, 「기업회계기준」(기업회계기준서 제21호 대체), 제3조.

482) 이에는 「외감법」제13조 제1항에 따른 '회계처리기준'과 「공공기관운영에 관한 법률」제2조에 따른 '공기업 · 준정부기관의 회계원칙' 및 그 이외의 회사에게 적용되는 법무부 고시의 '회계기준'이 있다.

483) 김건식, 「회사법」, 박영사, 2014., 524면.

1. 회사회계의 일반원칙

우리나라 「상법」은 회사의 회계원칙으로 '**회사의 회계는 「상법」과 「대통령령」으로 규정한 것을 제외하고는 일반적으로 공정하고 타당한 회계 관행에 따른다.**'라고 규정하고 있다.(「상법」제446조의 2).

여기에서 '대통령령으로 규정한 것'이란

① 「외감법」제2조에 따른 외부감사대상 회사의 경우에는 동법 제13조 제1항에 따른 회계기준.

② 「공공기관운영에 관한 법률」 제2조에 따른 공공기관의 경우에는 동법에 따른 공기업·준정부기관의 회계원칙.

③ 위 ① 또는 ②에 해당하지 않는 회사 등의 경우에는 회사의 종류 및 규모 등을 고려하여 법무부장관이 금융위원회 및 중소기업청장과 협의하여 고시한 회계기준 등을 말한다.(「상법시행령」제15조).

주식회사의 회계원칙에 관한 규정의 입법취지는, 기업의 회계처리기준은 국제적인 회계규범의 변화에 대응하여 꾸준히 발전되어 왔으나, 「상법」의 회계규정은 법규범의 특성상 이를 제대로 반영하지 못하였기 때문에 기업의 회계처리기준과 「상법」의 회계규정 사이에 상당한 차이가 발생하였고, 결국에는 사문화되어 기업의 부담을 가중 시켜 왔다.

이에 2011년 개정 「상법」에서는 주식회사의 회계에 대하여 '일반적으로 공정하고 타당한 회계 관행'에 따르도록 제446조의 2를 신설하는 한편, 구체적인 회계처리에 관한 규정들을 삭제하고, 대차대조표와 손익계산서 이외의 재무제표 종류는 대통령으로 규정 하도록 함으로써 기업회계기준의 변화에 대응할 수 있도록 한 것이다.

이와 같이 주식회사의 회계원칙에 관한 입법례로 미국의 2002년 「개정 모법회사법(RMBCA 2002)」 16.20조(주주를 위한 재무제표) (a) 및 (b)는 재무제표는 일반적으로 공정·타당하다고 인정되는 회계원칙에 따라서 작성되어야 한다고 규정하고 있다.[485] 또한 일본 「회사법」제431조는 '주식회사의 회계는 일반적으로 공정타당하다고 인정되는 기업회계 관행에 따르는 것으로 한다.'라고 규정하고 있다.

---

484) 김건식, 「회사법」, 박영사, 2014., 524~525면. 임재연, 「회사법 Ⅰ 개정2판」박영사, 2014., 706면, 권재열, 「개정 상법 제44조의 2의 의의」, 상사법연구 제30권 제3호, 한국상사법학회, 2011., 327면.
485) 정동윤, 「주석 상법 (총칙·상행위 Ⅰ)」, 한국사법행정학회, 2013., 229~230면

가. 한국채택국제회계기준의 일반원칙[486]

한국채택국제회계기준에 따라 작성된 재무제표는 공정하게 표시된 재무제표로 간주된다.(K-IFRS 제1001호 문단 15). 한국채택국제회계기준을 준수하여 재무제표를 작성한 기업은 그러한 준수사실을 주석으로 공시해야 하며(K-IFRS 제1001호 문단 16), 국제회계기준(IFRS)을 준수하여 작성된 재무제표라고 주석으로 공시할 수 있다.(K-IFRS 제1001호 문단16.1).

재무제표를 작성할 때에는 계속기업을 전제로 하며(K-IFRS 제1001호 문단 25), 발생주의에 의하여야 하고(K-IFRS 제1001호 문단 27), 과목의 중요성에 따라 구분 또는 통합하여 표시 한다.(K-IFRS 제1001호 문단 29).

원칙적으로 자산과 부채, 수익과 비용은 상계를 금하며(K-IFRS 제1001호 문단 32), 보고 빈도는 1년 기준으로 한다.(K-IFRS 제1001호 문단 36). 재무제표에는 전기의 비교 정보를 표시해야 하고(K-IFRS 제1001호 문단 38), 재무제표항목의 표시와 분류는 원칙적으로 매기 동일하여야 한다.(K-IFRS 제1001호 문단 45).

나. 일반기업회계기준의 일반원칙[487]

일반기업회계기준에 따라 재무제표를 작성할 때에는 계속기업을 전제로 한다.(일반기업회계기준 제2장 문단 2.5). 이러한 재무제표의 작성책임은 경영진에게 있다.(일반기업회계기준 제2장 문단2.6).

재무제표는 공정하게 표시되어야 하는데 일반회계기준에 따라 작성된 재무제표는 공정하게 작성된 것으로 간주되며(일반기업회계기준 제2장 문단 2.7), 재무제표가 일반기업회계기준에 따라 작성되었다는 사실을 주석으로 기재하여야 한다.(일반기업 회계기준 제2장 문단 2.8).

재무제표의 항목은 중요도에 따라 구분 또는 통합하여 표시할 수 있고(일반기업 회계 기준 제2장 문단 2.9), 전기의 재무정보와 비교하여 작성해야 하며(일반기업회계기준 제2장 문단 2.12), 재무제표항목의 표시와 분류는 원칙적으로 매기 동일하여야 한다(일반기업회계기준 제2장 문단 2.13).

재무제표는 이해하기 쉽도록 간단하고 명료하게 표시하고(일반기업회계기준 제2장 문단 2.15), ① 기업명, ② 보고기간 종료일 또는 회계기간, ③ 보고통화 및 금액 단위 등을 각 재무제표의 명칭과 함께 기재하여야 한다.(일반기업회계기준 제2장 문단 2.16).

---

486) 이진효, 「상법상 회사의 회계처리기군에 관한 연구」, 고려대학교 대학원, 2014. 12. 107면.
487) 이진효, 「상법상 회사의 회계처리기군에 관한 연구」, 고려대학교 대학원, 2014. 12. 122면.

2. 감사보고서의 일반원칙488)

기업회계기준의 일반원칙은 기업회계의 기본원칙이고, 이 일반적으로 인정되는 공정·타당한 회계 관행을 「상법」은 2011년 개정을 통하여 회계방법으로 수용하고 있으므로 위 기업회계기준의 일반원칙을 회사회계에 적용함에 있어 별다른 근거를 따로 요하지않는다. 다만 「상법」은 감사의 감사보고서를 작성함에 있어 아래의 원칙에 입각할 것을 명문으로 규정하고 있을 뿐이다.

가. 진실성의 원칙

회사의 회계에 의해 작성되는 재무제표는 재산과 손익의 상태를 진실하고 정확하게 반영해야 한다는 원칙이다. 회사회계는 다수의 이해관계인에게 회계정보를 제공하고 그들은 이에 기해 중요한 판단과 의사결정을 하게 된다.

이와 같이 회계의 계산은 회계정보의 정확성, 나아가서는 판단과 의사결정의 적정성으로 연결되어지므로 진실성의 원칙은 회사회계에서 가장 중요한 원칙이라 할 수 있다

진실성의 원칙이라 해서 자연과학적인 의미의 절대적 진실을 요구하는 것은 아니다. 회계의 목적에 비추어 합리적으로 선택한 회계방법에 의해 논리적·수치적 정당성을 갖는 다는 의미에서의 상대적 진실을 뜻하는 것이다.

「상법」 제447조의 4 제2항에서는 감사보고서에 기재할 사항은 다음과 같다.

① 회계정보에 누락 또는 부실 기재된 사실, 그리고 회계장부와 재무제표의 기재가 상위 한 사실.

② 대차대조표와 손익계산서가 법령 및 정관에 의해 회사의 재산 및 손익 상태를 정확 하게 표시하고 있는지 여부.

③ 영업보고서가 법령 및 정관에 따라 회사의 상황을 정확하게 표시하고 있는지 여부.

④ 부속명세서에 누락·부실기재가 있거나 재무제표와 상위한 사실을 열거 등.

이는 회계의 진실성을 감사대상으로 함으로써 결국 이사가 진실성에 입각하여 재무제표를 작성할 것을 요구한 것이다.

나. 명료성의 원칙

이해관계인들이 회사의 재산과 손익의 상황을 올바르게 이해할 수 있도록 기재해야 한다는 원칙이다.

---

488) 이철송, 「회사법강의 제22판」, 박영사, 2014. 2. 928~929면.

구체적으로는 재무제표 등의 회계서류가 일반적인 회계방법의 양식에 따라 기재 사항을 합리적으로 구분하고, 각 항목별로 적절한 명칭을 부여하고 체계적으로 배열한 것과 각 항목의 기재 내용과 수치가 어떠한 회계원리에 의해 기재되었는지를 표시할 것을 요구하는 것이다. 「상법」에 명료성의 원칙을 따로 요구하는 명문 규정은 없으나, 위 진실성의 원칙은 명료성의 원칙을 포함하는 것으로 이해할 수 있다.

다. 계속성의 원칙

계속성의 원칙이란 매 결산기 마다 동일한 원리·원칙에 의해 회계처리를 해야함을 의미한다. 앞서의 진실성의 원칙이란 상대적 진실성을 의미하는 데, 계속기업에서는 상대적 진실이란 회계처리의 계속성이 지켜질 때에 진실성의 의미를 가질 수 있다.

예컨대, 회사가 소유하는 토지를 2013년에는 시가에 의해 10억원으로 기재했다가 2014년에는 취득가에 의해 3억원으로 기재한다면, 근거 없이 7억원의 손실이 발생한다. 그러므로 재무제표의 기간비교가 가능하기 위해서는 계속성의 원칙이 지켜져야 하며, 또 경영자의 자의적인 회계처리를 막기 위해서도 계속성의 원칙이 필요하다.

「상법」제447조의 4 제2항에서 감사보고서의 기재사항의 하나로 「대차대조표 또는 손익계산서의 작성에 관한 '회계방침의 변경'이 타당한지의 여부와 그 이유」를 기재하게 한 것은 회계방침을 바꾸어야 할 타당한 이유가 없는 한 계속성의 원칙이 지켜 져야 함을 밝힌 것이다.

Ⅶ 회계 원칙의 적용 범위[489]

1. 일반적으로 공정·타당한 회계 관행

가. 「상법」상 일반적으로 공정타당한 회계 관행의 범위

2011년 개정「상법」에서 신설된 제287조의 32(회계원칙), 제446조의 2(회계의 원칙) 및 1984년부터 「상법」에 규정되어 있는 제29조 제2항(상업장부의 작성원칙)에서는 「상법」의 회계규정을 보충하는 회계기준으로 '일반적으로 공정하고 타당한 회계관행'을 규정하고 있다.

「상법」제446조의 2에 의하면 주식회사의 회계는 ① 「상법」의 규정, ② 대통령령으로 규정한 것, ③ 일반적으로 공정하고 타당한 회계 관행에 따른다. 또한 위 ②의 내용로 「상법시행령」은 주식회사의 회계와 관련하여 재무제표의 작성기준으로서 기업회계 기준과 공기업·준정부기관의 회계원칙을 규정하고 있다.

---

489) 임재연,「회사법 I 개정2판」박영사, 2014., 706~710면, 김건식,「회사법」, 박영사, 2014., 523~526면.

따라서 주식회사의 경우 일반적으로 공정하고 타당한 회계 관행은 이러한 기업회계기준 등이 적용되지 않는 회계처리에 적용되는 것으로 해석할 수 있다고 본다.[490]

나. 일반적으로 공정하고 타당한 회계 관행의 요건[491]

우리 「상법」상 '일반적으로 공정하고 타당한 회계관행'과 유사한 외국의 예로는 미국의 '일반적으로 받아들여지는 회계원칙(Generally Accepted Accounting Principle : GAAP)', 영국의 '진실하고 공정한 표시(true and fair view)', 독일의 '정규부기의 원칙'(GoB) 등을 들 수 있다.[492] 일본의 경우에도 「회사법」에 '회사의 회계는 일반적으로 공정타당하다고 인정되는 기업계의 관행에 따른다.'고 규정하고 있다.(일본의 「회사법」 제431조 및 제614조).

따라서 우리 「상법」에서 회계처리기준('일반적으로 공정하고 타당한 회계 관행')의 요건으로 제시하고 있는 **일반성·공정성·타당성·관행성** 등은 외국의 경우와 비교하여 큰 차이가 없다고 할 수 있으며, 대체로 다음과 같은 뜻을 지닌다.[493]

(1) 일반성

회계의 일반성을 충족하기 위해서는 회계 이용주체에게 보편적으로 수용되어야 한다. 즉, 일반성은 일반대중을 대상으로 하는 것이 아니라 공인회계사 등과 같이 회계에 관한 전문지식을 갖춘 집단을 대상으로 한다.

(2) 공정성과 타당성

공정성과 타당성에 대하여는 공식적으로 정의된 바는 없지만, **공정성**은 기업의 재정 상태 내지는 경영성적을 명확하게 나타내고자 하는 회계의 목적을 달성할 수 있을 정도로 합리적인 것을 뜻한다고 이해되고 있다.

타당성은 업종·업태·사업 규모 등 기업의 현황과 거래의 성격에 적합하다는 의미로 이해하는 것이 무난하다고 한다. 그러나 이에 대하여는 회계처리의 객관성의 원칙을 표현 하는 용어로써 '편향되지 않고 객관적'이라는 의미로 보는 견해도 있다.[494]

---

490) 이진효, 「상법상 회사의 회계처리기준에 관한 연구고려대학교 대학원, 2014., 27면.
491) 이진효, 전게논문, 고려대학교 대학원, 2014., 28~29면.
492) 이철송, 「상법총칙·상행위(제12판)」, 박영사, 2013., 232면.
493) 권재열, 「개정상법 제446조의2의 의의」, 상사법연구 제30권 제3호, 2011., 321~325면, 이철송, 전게서,박영사, 2013., 232~233면.
494) 이태로·한민수, 「조세법강의(신정9판)」, 박영사, 2013., 60면. 이진효, 전게논문, 고려대학교 대학원, 2014., 27면.

(3) 관행성

회계원칙이 이론적으로 수용되는데 그치지 않고, 상당기간 널리 적용되어 이용자들 간에 규범의식이 형성되었을 때 비로소 회계 관행이 성립한다고 한다.

다. 일반적으로 공정하고 타당한 회계 관행의 의미[495]

2011년 개정「상법」에서 제287조의 32와 제446조의2가 신설되기 이전부터 1984년 개정 「상법」의 제29조 제2항에서 규정하고 있는 '일반적으로 공정·타당한 회계관행' 이 무엇을 의미하는 지에 대하여는, 기업회계기준과의 관계를 중심으로 견해의 대립이 있었다.

예컨대, 제29조 제2항이 신설될 당시에 '일반적으로 공정·타당한 회계관행'은 기업회계기준에 그 중요한 부분이 구체적으로 나타나 있다고 보는 견해가 있었으며[496], 이후 기업회계기준은 '일반적으로 공정·타당한 회계관행'을 판단하는 추정자료에 불과하다는 견해가 있었다.[497]

그러나 전자의 견해와 같이 기업회계기준을 '일반적으로 공정·타당한 회계관행'에 해당되는 것으로 보고, 상업장부(대차대조표)를 작성할 때에는 기업회계기준에 따라야 한다는 것이 현재 까지 통설적 견해이다.[498]

일반적으로 회계기준을 만드는 경우에는 ① 실제 회계실무 가운데 일반적으로 공정하고 타당하다고 평가되는 절차나 방법을 선별하여 이것으로써 회계기준을 정하는 방식과, ② 회계학 연구 결과 중에서 회계기준을 정하는 방식 등 두 가지 방식 중 에서 하나를 취한다.

우리나라의 기업회계기준은 전자의 방식으로 제정되었다고 한다.[499] 이와 같이 우리나라의 기업회계기준은 '일반적으로 공정·타당한 회계관행'을 요약한 것 이므로,[500] 통설적 견해가 타당하다고 생각된다.

라. 일반적으로 공정하고 타당한 회계 관행의 법적성격[501]

'일반적으로 공정·타당한 회계관행'의 주요 내용은 성문화된 기업회계기준의 형태로 존재한다. 이러한 기업회계기준의 제정기구는 「외감법」과 「상법시행령」의 규정에

---

495) 이진효, 전게논문, 고려대학교 대학원, 2014., 29면.
496) 손주찬, 「개정상법 축조해설」, 한국사법행정학회, 1984, 299~300면.
497) 왕순모, 「기업회계법의 구축과 전망」, 경성대출판부, 2004., 77면
498) 소륜·안동섭, 「개정상법해설」, 홍문관, 2010., 95면. 정찬형, 「상법강의(상) 제17판」, 박영사, 2014.,139면, 최준선, 「상법총칙·상행위법(제7판)」, 삼영사, 2011., 176면. 등
499) 이해동·이병언, 「재무제표 구축과 해설」, 일조각, 1959., 24면.
500) 정동윤, 전게서, 한국사법행정학회, 2013., 228면, 이해동·이병언, 전게서, 일조각, 1959., 24면.
501) 이진효, 전게논문, 고려대학교 대학원, 2014., 30면.

의하여 금융위원회와 법무부로 지정되어 있으며, 기업회계기준은 한국채택국제회계기준, 일반 기업회계기준 및 중소기업회계기준으로 성문화 되어있다. 따라서 실질적으로는 관행이나 관습법이라기보다는 성문법(규칙)에 가까운 것으로 볼 수 있다.

그러나 기업회계기준에 기업회계에 관한 모든 것을 담을 수는 없기 때문에 거래·기타 사건 또는 상황에 대하여 구체적으로 적용할 수 있는 기업회계기준이 없는 경우, 경영진의 판단에 따라 회계정책을 개발 및 적용하여 회계정보를 작성하여야 한다.(K-FIRS 제1008호 문단 10, 일반기업회계기준 제5장 문단 5.4). 이와 같이 회계정책을 개발하여 적용하는 경우에 대하여 '일반적으로 공정·타당한 회계관행'이 적용된 것으로 볼 수도 있을 것이다.

2. 일반적으로 공정·타당한 회계 관행 적용 제외

일반적으로 공정하고 타당한 회계 관행은 다음과 같은 회계기준에 해당하지 않은 경우에 적용된다.

① **외부감사 대상회사**(「외감법」 제2조) : 「외감법」 제13조 제1항에 따른 회계처리기준 **(한국채택국제회계기준과 일반기업회계기준)**

② **공공기관**(「공공기관운영에 관한 법률」 제2조) : 동법에 따른 **공기업·준정부기관의 회계원칙**(기획재정부령의 **공기업·준정부기관 회계사무규칙**)

③ 제1호 및 제2호의 회사 **이외의 회사** : 회사의 종류 및 규모 등을 고려하여 법무부 장관이 금융위원회 및 중소기업청장과 협의하여 고시한 회계기준(**중소기업회계기준**)

「상법」은 주식회사를 유형화하여 각 유형에 적용될 회계원칙을 규정하는데, 제①호와 제②호는 실정법에 근거하여 지정된 법규이므로 성문(成文)의 회계규범으로서, 「외감법 시행령」 제14조의 규정과 관계없이 불문적(不文的)으로 존재하는 '일반적으로 공정하고 타당한 회계 관행'에 우선 적용된다. 제③호는 「외감법」상 외부감사의 대상이 아닌 중소기업 등에 관한 규정이다.

3. K-IFRS와 K-GAPP

「외감법」은 금융위원회가 증권선물위원회의 심의를 거쳐, "국제회계기준위원회의 국제회계기준을 채택하여 정한 회계처리기준"(한국채택국제회계기준 : K-IFRS)과 "그 밖에 이법에 따라 정한 회계처리기준"(일반기업회계기준 : K-GAPP)으로 구분 하여 회계처리기준을 정한다(「외감법」 제13조 제1항).

가. K-IFRS502)

(1) K-IFRS의 의의

한국채택국제회계기준은 '한국기업이 준수하여야하는 회계처리기준으로서 국내 법체계상 효력을 갖추기 위해 법적 권위 있는 기관이 공식절차를 거쳐 한국에서 적용되는 회계 기준으로 채택된 국제회계기준'을 의미한다.

IFRS의 전면 도입의 취지를 살릴 수 있도록 그 명칭을 "한국채택국제회계기준" 으로하고, 영문표시 명칭을 'K-IFRS(Korean International Financial Reporting Standards)'로 결정하였다.

따라서 각 기준서에서 당해 K-IFRS를 준수하면 대응하는 IFRS를 준수하는 것 이라고 명시하고 있으며, 기준서 제1001호(재무제표 표시) 문단 한16.1에서는 "K-IFRS를 준수하여 작성한 재무제표는 IFRS를 준수하여 작성된 재무제표임을 주석으로 공시할 수 있다"고 명시하고 있다.

(2) K-IFRS의 구성

2010년 12월 현재 공표된 K-IFRS는 '기업회계기준서' 37개와 '기업회계기준 해석서' 26개 등 총63개로 구성되어 있다. 기업회계기준서는 원칙적으로 목적, 적 용범위, 회계처리방법, 공시, 부록 등으로 구성된다.

부록은 용어의 정의, 적용보충기준 등으로 구성되며 기준서의 일부를 구성하지 는 않지만 기준서를 적용함에 있어 편의를 제공하기 위한 실무지침으로서 결론 도출근거, 적용사례, 실무적용지침 등을 제공한다.

기업회계기준해석서는 기업회계기준서에서 명시적으로 언급되지 않은 새롭게 인식된 재무보고 문제에 대하여 지침을 제공한다. 또한 구체적 지침이 없는 경우, 잘못 적용될 수 있는 내용에 대한 권위있는 지침을 제공한다.

나. K-GAPP503)

(1) K-GAPP의 의의

일반기업회계기준은 "「외감법」의 적용대상기업 중「한국채택국제회계기준(K-IFRS」 에 따라 회계처리하지 아니하는 기업의 회계와 감사인의 감사에 통일성과 객관성 을 부여 하기 위하여 종전의 기업회계기준을 수정·보완하여 제정한 편람식 회계 기준"이다.

일반기업회계기준은 금융위원회가 증권선물위원회의 심의를 거쳐 정하도록 되

---

502) 금융감독원, 「알기쉬운 국제회계기준」, 금융감독원 회계제도실, 2010., 49~50면
503) 금융감독원, 「알기쉬운 국제회계기준」, 금융감독원 회계제도실, 2010., 96면

어 있으나, 「외감법시행령」제7조의 2에 의거 한국회계기준원이 회계기준제정 기관으로 지정되어 회계처리기준에 관한 업무를 위탁 받아 수행하고 있다.

(2) K-GAPP의 구성

일반기업회계기준은 주제별로 별도의 장으로 구성되며, 각 장은 본문(적용보충기준 포함)과 부록(결론도출근거, 실무지침 및 적용 사례)으로 구성되어 있다.

일반기업회계기준은 **총 31장으로 구성**되어 있으며, 2011년 1월 1일 이후 최초로 개시하는 회계연도부터 적용한다.

다. IFRS의 특징[504]

기존의 기업회계기준(K-IFRS 도입 이전의 회계기준)과 새로운 한국채택국제회계기준은 세부적인 내용에서 다른 여러 가지 차이가 있다. 전체적으로 볼 때 큰 차이는 다음과 같이 요약할 수 있다.

첫째, **회계처리원칙**은 기업에 적합한 회계처리 선택이 가능하도록 종래는 구체적인 회계처리방법을 제공하던 「**규정중심(rule-based)의 회계기준**」에서, 기업의 회계처리 선택권을 폭 넓게 허용 하는 「**원칙중심(principle-based)의 회계기준**」으로 변경되었다.

따라서 한국채택국제회계기준은 회계담당자가 기업의 경제적 실질에 기초하여 회계처리 할 수 있도록 회계처리의 기본원칙과 방법론을 제시하는 데 주력한다.

둘째, **공시체계**는 기존에는 **개별재무제표만 공시**하면 되었는데, 한국채택국제회계기준에서는 **연결재무제표의 공시**가 의무화되어 주 재무제표가 되었다.

따라서 지배회사와 종속회사를 하나의 실체로 간주하여 내부거래가 제거된 연결 재무 정보가 공시되므로 회계의 투명성과 재무정보의 질이 높아진다.

셋째, **자산 · 부채의 평가방법**은 기존에는 투자부동산, 유형자산, 금융부채 등 객관적인 평가가 어려운 항목에 대하여는 취득원가 평가를 하였으나, 한국채택국제 회계기준에서는 공정가치 평가방식으로 변경되었다.

따라서 **자본시장의 투자자에게 기업의 재무상태 및 내재가치에 대하여 의미 있는 투자정보를 제공하는데 중점**을 두고 있다. 여기서 **공정가치란 합리적인 판단과 거래의사가 있는 독립된 당사자 간의 거래에서 자산이 교환되거나 부채가 결제될 수 있는 금액**을 말한다.

넷째, 금융회사의 **대손충당금, 상환우선주의 자본처리** 등과 같이 일부항목에 대하여 **특정회계처리를 규제**하였으나, 한국채택국제회계기준에서는 **거래의 실질에 맞는 회계**

---

504) 금융감독원, 「알기쉬운 국제회계기준」, 금융감독원 회계제도실, 2010., 24~25면, 김용범, 전게서, 도서출판 어울림, 2012., 316~317면.

처리 방법을 규정하도록 변경되었다.

다섯째, 한국채택국제회계기준에서는 **대차대조표는 재무상태표**로, **손익계산서**는 기존 손익계산서에서 대차대조표의 기타 포괄손익을 포함하는 **포괄손익계산서**로 변경되고, 대손충당금은 예상되는 손실이 아닌 실제 발생 손실에 근거해 충당금을 적립 하도록 하였다.

4. 적용 대상의 분류505)

현재 「외감법」에 따른 외부감사가 강제되는 회사는 자산 총액이 120억원 이상인 주식회사, 주권상장법인, 부채총액과 자산총액이 70억원 이상인 주식회사, 종업원 수가 300명 이상이고 자산총액이 70억원이상인 주식회사 이다(「외감법시행령」제2조 제1항).

외부감사의 대상인 주식회사 중 **주권상장법인과 비상장금융회사**는 「외감법」제13조 제1항 제1호 및 「외감법시행령」제7조의2 제1항에 의하여 **K-IFRS의 의무적용 대상** 이고, **그 밖의 회사는 일반기업회계기준의 적용대상**이다.

K-IFRS의 의무적용대상이 아닌 주식회사가 자발적으로 K-IFRS를 적용하여 회계 처리하는 것은 가능하고, 실제로 의무적용대상이 아닌 많은 주식회사가 자발적으로 K-IFRS를 적용하고 있다. 나아가 「외감법」적용대상이 아닌 주식회사가 K-IFRS를 적용하여 회계 처리하는 것도 가능하다.

한편, 「**일반기업회계기준」은 제1장 1,3 제3문에서 「외감법」적용대상이 아닌 기업의 회계처리에 준용할 수 있다고 규정하므로, 사실상 모든 기업의 회계기준(회계처리의 기준)**이 된다.

실제로 금융기관은 여신심사를 위하여 기업회계기준에 의하여 작성된 재무제표를 요구하고, 조세법도 회계처리에 관한 기준을 「상법」이 아닌 기업회계기준을 따르도록 하고 있다(「국세기본법」제20조, 「법인세법」제40조).

아울러 외부감사대상이 아닌 주식회사는 「상법시행령」제15조 제3호의 「중소기업 회계기준」이 적용된다.

참고 ▶▶	회사유형에 따른 회계처리 기준506)

- 외감대상 상장회사 및 금융회사 : 한국채택국제회계기준
- 외감대상 기타 회사 : 일반기업회계기준 또는 한국채택국제회계기준
- 외감대상 아닌 회사 : 중소기업회계기준
- 회사 아닌 상인 : 일반적으로 공정·타당한 회계 관행

---

505) 임재연, 「회사법 Ⅰ 개정2판」박영사, 2014., 709~710면.

제2절	재무제표와 영업보고서

Ⅰ 재무제표507)

「상법」상 재무제표란 '대표이사가 주식회사의 결산을 위해 작성하고 주주총회의 승인을 받아 확정하는 회계서류'를 말한다.

즉, 이사가 매 결산기에 주주총회의 승인에 앞서 이사회의 승인을 받기 위하여 작성하는 다음과 같은 서류가 재무제표이다. **재무제표는 대차대조표, 손익계산서, 그 밖의 회사의 재무상태와 경영성과를 표시하는 것으로서 대통령으로 정하는 서류508)와 그 부속 명세서로 구성**된다.(「상법」제447조 제1항).

「상법」의 **대통령령으로 정하는 서류**에는 ① 자본변동표 또는 ② 이익잉여금 처분계산서나 결손금 처리계산서가 있다(「상법시행령」제16조 제1항). 다만 「외감법」제2조에 따른 외부감사 대상 회사의 경우에는 위 ①과 ② 외에, **현금흐름표 및 주석을 포함**한다.

그리고 대통령령으로 정하는 일정 규모 이상인 회사는 매결산기에 주주총회의 승인에 앞서 이사회의 승인을 받기 위하여 **연결재무제표**를 작성하여야 한다. (「상법」 제447조 제2항). **대통령령으로 정하는 회사**는 「외감법」제2조에 따른 외부감사대상이 되는 회사 중 **「외감법」제1조의 2 제2호에 규정된 지배회사**를 말한다.(「상법시행령」제16조 제2항).

아울러 영업보고서도 작성하여 이사회의 승인을 얻어야 하지만(제447조의2 제1항), 이는 재무제표가 아니고 주주총회에 보고할 서류이다.(제449조 제2항).

1. 대차대조표(balance sheet : B/S)

대차대조표란 '일정시점에서 기업의 자산과 부채 및 자본을 일정한 구분·배열·분류에 따라서 기재하여 기업의 재무상태를 명시하는 재무제표'이다.509)

---

506) 김건식, 「회사법」, 박영사, 2014., 526면.
507) 이철송, 「회사법 강의 제22판」, 박영사, 2014., 929~932면, 임재연, 「회사법 Ⅰ 개정2판」, 박영사, 2014., 711~713면, 최준선, 「회사법 제6판」, 삼영사, 2011., 637~638면.
508) 기업회계기준에는 대차대조표와 손익계산서 외에 재무제표로서, 이익잉여금처분계산서(또는 결손금 처리 계산서), 현금흐름표, 자본변동표, 주석을 제시하고 있다. (「기업회계기준서」제21호 "재무제표의 작성과표시 1").
509) 기업회계기준에는 2009년 2월 3일 이후 「대차대조표」라는 용어에 갈음하여 「재무상태표」라 부르는데(「외감법」제1조의2 제1호 가목), 「상법」규정도 재무상태표로 변경할 필요가 있다.

대차대조표는 **회사의 재산을 표시할** 뿐만 아니라 손익계산서와의 유기적인 관련하에서 작성되어 **기간 손익의 계산을 위한 수단도** 되므로, **경영자에게는 과거의 업적을 반성하고 장래의 방침을 결정하는 자료가** 되며, **주주에게는 경영평가의 자료가** 된다.

또 주식이나 사채의 투자자에게는 투자 선택의 판단기준이 되며, 채권자에게는 회사 신용의 조사 및 판단 자료가 되는 것이다. 이와 같은 중요성 때문에 다른 재무제표와는 달리 대차대조표 만은 공고하여야 한다(「상법」제449조 제3항).

2. 손익계산서(profit and/or loss statement : P/L)

손익계산서란 기업의 1영업연도에 있어서의 경영성적과 그 원인을 명백하게 하기 위하여 당해 사업연도에 발생한 수입과 이에 대응하는 비용을 기재하고 그 기간의 순손익을 표시하는 재무제표이다.

대차대조표가 주로 기말 현재의 경영상태를 표시하는 정태적 자료이고, 손익계산서는 사업연도라는 일정기간의 기업성과를 보여주는 동태적 자료라 할 수 있다.

3. 기타 재무제표

「상법」제447조 제1항 제3호는 대차대조표와 손익계산서 외에 회사의 재무상태와 경영성과를 표시하는 것으로서 「상법 시행령」으로 정하는 서류를 재무제표의 하나로 열거하고 있다.

「상법시행령」에서는 **자본 변동표 또는 이익잉여금 처분계산서(또는 결손금처리 계산서)**를 제시하고 있다. 그리고 「외감법」의 적용 대상인 회사의 경우는 **현금흐름표 및 주석도 포함**한다.

즉 기업의 선택에 따라 자본변동표를 재무제표의 하나로 작성하든지, 이익잉여금 처분계산서(또는 결손금 처리계산서)를 재무제표의 하나로 작성할 수 있는 것이다.

4. 연결재무제표

연결재무제표란 지배회사와 종속회사로 이루어지는 경제적 실체(연결실체)의 재무상태, 경영성과, 자본변동 및 현금흐름에 관한 정보를 제공하기 위하여 지배회사가 작성하는 재무제표를 말한다.(「외감법」제1조의2 제2호, 「기업회계기준서」제25호 5).

「외감법」과 「기업회계기준」에서 지배·종속 관계에 있는 회사들에게 연결재무제표의 작성을 요구하는데, 2011년 개정 「상법」에서도 이를 수용하였다.(「상법」제447조 제2항).

지배·종속의 관계는 어느 주식회사가 경제활동에서 효용과 이익을 얻기 위하여 다른회사(비법인 기업도 포함)의 재무정책과 영업정책을 결정할 수 있는 능력을 가진 경우에 인정 된다(「상법시행령」제16조 제2항, 「외감법시행령」1조의3 제1항).

「상법」상으로는 「외감법」의 적용대상 회사로서 지배회사가 연결재무제표를 작성 해야 한다(「상법」제16조 제2항, 「외감법」제2조 및 제1조의 2 제2호). 「외감법」상의 연결재무제표는 연결재무상태표, 연결손익계산서(또는 연결포괄손익계산서) 등으로 구성된다(「외감법」제1조의2 제2호).

5. 재무제표 부속 명세서

대표이사는 재무제표의 부속명세서도 작성하여 이사회의 승인을 얻고(「상법」 제447조), 본·지점에 비치하여야 한다.

부속명세서는 재무제표의 중요항목에 관한 세부사항을 기재한 것으로서 기업회계의 명료성의 원칙, 완전공개의 원칙에 따라 계산 내용을 충분히 공시하는 한편, 재무제표의 비교가능성을 증진시키기 위한 것이다.

Ⅱ 영업보고서[510)

영업보고서는 당해 영업연도 내에 있어서의 영업상태 등 회사의 현황을 나타내는 보고서이다. 손익계산서와 대차대조표는 숫자로 회사의 현황을 표시함에 대해 영업보고서는 그 숫자의 의미 또는 숫자로 표현되지 않는 현황을 설명하는 보고서라 할 수 있다. 그 기재사항은 대통령령으로 정한다.(「상법」제447조의2 제2항).

영업보고서는 대표이사가 작성하여 이사회의 승인을 얻어(「상법」제447조의2 제1항), **주주총회에 보고하여야 한다.**(「상법」제449조 제2항). 따라서 영업보고서는 주주총회의 승인을 요하지 않는다. 영업보고서에 기재할 사항으로서 「대통령령」제17조는 다음 11가지를 열거하고 있다.

영업보고서의 기재사항

① 회사의 목적 및 중요한 사업 내용, 영업소·공장 및 종업원의 상황과 주식·사채의 상황.

② 해당 영업연도의 영업의 경과 및 성과(자금 조달 및 설비투자의 상황을 포함한다).

---

510) 이철송, 「회사법 강의 제22판」, 박영사, 2014., 932~933면, 임재연, 「회사법 Ⅰ 개정2판」, 박영사, 2014., 713~714면.

③ 모회사와의 관계, 자회사의 상황, 그 밖에 중요한 기업결합의 상황.

④ 과거 3년간의 영업성적 및 재산상태의 변동 상황.

⑤ 회사가 대처할 과제.

⑥ 해당 영업연도의 이사·감사의 성명, 회사에서의 지위 및 담당업무 또는 주된 직업과 회사와의 거래 관계.

⑦ 상위 5인 이상의 대주주(주주가 회사인 경우에는 그 회사의 자회사가 보유하는 주식 을 합산한다), 그 보유 주식 수 및 회사와의 거래관계와 해당 주주에 대한 회사의출자상황.

⑧ 회사, 회사와 그 자회사 또는 회사의 자회사가 다른 회사의 발행주식 총수의 10분의 1을 초과하는 주식을 가지고 있는 경우에는 그 주식 수, 그 다른 회사의 명칭과 그 다른 회사가 가지고 있는 회사의 주식 수.

⑨ 중요한 채권자 및 채권액, 해당 채권자가 가지고 있는 회사의 주식 수.

⑩ 결산기 이후에 생긴 중요한 사실.

⑪ 그 밖에 영업에 관한 사항으로서 중요하다고 인정되는 상황 등.

Ⅲ 재무제표의 승인절차

1. 재무제표 등의 작성

이사는 매 결산기에 재무제표와 그 부속명세서 및 영업보고서를 작성하여 이사회의 승인을 얻어야 한다(「상법」제447조, 제447조의2 제1항). 법문에는 이사가 작성·제출한다고 하였으나, 이는 대표이사의 업무집행사항이므로 대표이사가 하여야 한다. (이설 없음).

이사회의 승인은 감사(監事)와 주주총회에 제출하기 위한 재무제표, 영업보고서의 안의 내용을 확정하는 절차이다. 재무제표의 작성과 이사회의 승인의 시한에 관 하여는 명문의 규정이 없으나, **최소한 정기총회 6주간 전에는 감사 또는 감사위원회에 제출하여야** 하므로 그 이전에 작성 및 승인절차를 거쳐야 한다.

2. 내·외부인의 감사(監査)[511]

가. 內部 監事의 監査

이사는 재무제표와 그 부속명세서 및 영업보고서를 정기총회 6주간 전에 감사(또는 감사위원회,이하 같음)에게 제출하여야 한다.(「상법」제447조의3). 그리고 **감사는 재무**

---

511) 이철송, 「회사법 강의 제22판」, 박영사, 2014., 934~936면, 임재연, 「회사법 Ⅰ 개정2판」, 박영사, 2014., 714~716면.

제표 등의 서류를 받은 날로부터 4주 내에 감사보고서를 이사에게 제출하여야 한다. (「상법」제447조의4 제1항).

감사보고서는 다음과 같은 사항을 기재하여야 하는데(「상법」제447조의 4 제2항 제1호~제10호 및 동조 제3항), 이는 동시에 각 해당 사항을 감사해야 함을 의미한다.

감사보고서의 기재사항

(1) 감사방법의 개요(동 제1호)

감사란 시비의 판단을 수반하는 작업이므로 그와 같은 판단을 위해 설정한 기준의대강을 밝히라는 뜻으로 이해된다.

감사보고서에 기재된 감사방법의 개요에 의해 나머지 감사보고 사항 들이 설득력과 신뢰성이 뒷받침 된다고 할 수 있다.

(2) 회계장부에 기재할 사항이 기재되지 않거나 부실 기재된 경우 또는 대차대조표나 손익계산서의 기재 내용과 맞지 아니하는 경우에는 그 뜻(동 제2호)

재무제표는 이른바 유도법[512]에 의해 회계장부에 기초하여 만들어지므로 회계장부의 진실성과 그 내용의 정확한 반영은 재무제표의 진실성을 담보한다.

따라서 우선 회계장부의 진실성 여부, 재무제표로 유도하는 과정의 정확성 여부를 감사대상으로 한 것이다.

(3) 대차대조표 및 손익계산서가 법령과 정관에 따라 회사의 재무상태와 경영성과를 정확하게 표시하고 있는 경우에는 그 뜻(동 제3호)

대차대조표와 손익계산서가 회계장부를 정확히 반영하고 있더라도 그 내용이 회사의 재산·손익을 정확히 반영하고 있느냐는 별개 문제이다.

대차대조표와 손익계산서가 「상법」 기타법령과 일반적으로 공정·타당한 회계원칙에 따라 자산을 조사·평가하고 계산하였는지 여부를 감사하며 정확하게 표시한 경우 에는 본 호에 따라 적법하다는 의견을, 그렇지 않은 경우에는 다음호에 의해 부적법 하다는 의견을 표시해야 한다.

(4) 대차대조표 또는 손익계산서가 법령 또는 정관에 위반하여 회사의 재무상태 와 경영성과를 정확하게 표시하지 아니하는 경우에는 그 뜻과 이유(동 제4호)

전호 참조

---

512) 유도법이란 재무제표의 작성방법 중 하나로 기간 중 거래금액에서 유도된 모든 계정의 기말 잔고 금액을대조·표시한 것이며, 장기적 시야에서 기업 활동의 효율을 정밀하게 측정하기 위하여 이연자산·충당금 등 유도법 특유의 계정과목이 표시되어 있다. 다만 유도법 대차대조표에 기재되어 있는 자산가액은 취득원가로 계상되어 있으므로 당해 자산의 현재 시장가치를 나타내고 있는 것은 아니다.

(5) 대차대조표 또는 손익계산서의 작성에 관한 회계방침의 변경이 타당한지
의 여부와 그 이유(동 제5호)

　재무제표의 상대적 진실성을 확보하고 매 결산기의 타당한 비교를 위
해서는 회계의 계속성이 지켜져야 한다. 그러나 특별한 사정이 있고 합리
적인 이유가 있을 때에는 회계방침의 변경 또한 불가피 할 수 있다.

　그러므로 재무제표가 종전과 다른 회계방침에 의해 작성된 경우 (예컨
대 재고자산평가를 선입선출법에서, 후입선출법으로 바꾸었다던지, 감가
상각법을 정액법에서 정율법으로 바꾸는 것과 같다), 감사는 그 타당성을
조사·판단해야 한다.

(6) 영업보고서가 법령과 정관에 따라 회사의 상황을 적정하게 표시하고 있
는지 의 여부(동 제6호)

　영업보고서는 주주총회의 보고사항에 불과하지만, 재무제표를 가지고
알 수 없는 정보를 다루고 있어 주주·채권자들에게는 매우 중요한 기업
정보를 제공한다.

　그 정보의 정확성을 보장하기 위해 기술한 법정기재사항의 충족 여부
및 그 기재의 정확성을 감사하는 것이다.

(7) 이익잉여금의 처분 또는 결손금의 처리가 법령과 정관에 맞는지의 여부
(동 제7호)

　준비금의 적립, 이익배당, 결손의 전보 또는 이월 같은 손익처리가 법
령·정관의 기준 에 따랐는지 여부를 감사하는 것이다.

(8) 이익잉여금의 처분 또는 결손금의 처리가 회사의 재무상태나 그 밖의 사
정에 비추어 현저하게 부당한 경우는 그 뜻(동 제8호)

　위 제7호에 의해 손익처리의 적법성은 판단될 것이나, 그 내용이 적법
하다 하더라도 회사의 제반사정에 비추어 합리적이냐는 것은 별개의 문
제이다. 예컨대 회사가 보유 하는 현금 등의 유동자산이 극히 적은 상태
에서 장부상 배당가능 이익이 있다 하여 금전을 차입하면서 까지 고율의
배당을 하는 것은 일응 불합리하다.

　적법성이 보장되는 한 손익처리를 어떻게 하느냐는 것은 이사의 경영
판단의 문제이나, 그 재량이 지나칠 때에는 자칫 회사 경영의 궁핍을 초
래할 수 있으므로 현저히 부당할 경우에는 예외적으로 감사의 감사권을
인정한 것이다.

(9) 제447조의 부속명세서에 기재할 사항이 기재되지 않거나 부실 기재된 경
우 또는 회계장부·대차대조표·손익계산서나 영업보고서의 기재내용과
맞지 아니하게 기재된 경우에는 그 뜻(동 제9호)
부속명세서에 대하여도 진실성을 요구하여 감사대상으로 한 것이다.

(10) 이사의 직무수행에 관하여 부정행위 또는 법령이나 정관의 규정에 위반하는 중대한 사실이 있는 경우 그 사실(동 제10호)

　　재무제표에 반영된 것에 국한하지 아니하고 감사의 일반적인 업무감사권을 발동하여 이사의 직무수행의 적법성 여부를 감사하고 부적법한 사실을 보고하게 한 것이다.

(11) 이상의 사항에 더하여 **감사를 하기 위하여 필요한 조사를 할 수 없었을 경우에는 감사보고서에 그 뜻과 이유를 기재**(동조 제3항).

　　감사의 유효한 감사는 이사의 협력이 없이는 불가능하다. 그러므로 이사의 비협조·수감불응 등의 사유가 있어 실효적인 감사가 불가능 한 경우 그 사유를 밝히라는 것이 주된 취지이나, 필요한 조사를 할 수 없었던 이유는 이에 국한하지 아니하고, 사고, 재난, 감사의 질병 등 조사가 불가능 했던 모든 사유를 포함한다.

나. 外部 監査人의 監査

상장회사 기타 **외부감사를 받아야 할 회사**는 재무제표에 관하여 외부감사인의 감사를 받아야 하므로 **주주총회 6주일 전에 외부감사인에게 제출**하여야 한다.(「자본 시장법」 제169조 제1항, 「외감법」 제7조, 「외감법시행령」 제6조).

외부감사인에게 제출할 재무제표에는 「상법」상 재무제표 이외에 연결재무제표도 들어 있다. **연결재무제표의 경우는 ① 한국채택국제회계기준을 적용하는 경우는 정기총회 4주일 전, ② 한국채택국제회계기준을 채택하지 아니하는 회사는 사업연도 종료 후 90일 이내**(「자본시장법」 제159조 제1항에 따른 사업보고서 제출대상법인 중 직전 사업연도 말 현재 자산총액이 2조원 이상인 법인의 경우에는 사업연도 종료 후 70일 이내) **외부감사인에게 제출**하여야 한다.(「외감법」 제7조 제2항, 「외감법시행령」 제6조 제1항 제2호).

외부감사인은 감사보고서를 대통령령이 정하는 기간 내에 회사(감사 또는 감사위원회를 포함한다)·증권선물위원회 및 한국공인회계사회 등에 제출하여야 한다.(「외감법」 제8조, 「외감법시행령」 제7조).

감사보고서 제출 기한

1) 재무제표에 대한 감사보고서의 경우
　① 회사에 대하여는 정기총회 1주일 전
　② 증권선물위원회 및 공인회계사회에 대하여는 정기총회 종료 후 2주일 이내

2) 연결재무제표에 대한 감사보고서의 경우
　① 한국채택국제회계기준을 적용하는 회사 : 재무제표 제출 기한 과 동일

② 한국채택국제회계기준을 적용하지 아니하는 회사 : 사업연도 종료 후 120일 이내
(「자본시장법」 제159조 제1항에 따른 사업보고서 제출대상법인 중 직전 사업연도 말 현재 자산총액이 2조원 이상인 법인의 경우에는 사업연도 종료 후 90일 이내).

감사보고서에서 **감사의견은 적정 · 한정 · 부적정의견 및 의견거절 등으로 표시된다.**
(금융감독원 「회계감사기준」 감사기준서 705 문단 A1).

다. 内部監査와 外部監査의 關係[513]

외감대상회사의 경우에는 「상법」상 감사에 의한 감사(이하 '내부감사'라 한다)와 외부감사인에 의한 감사(이하 '외부감사'라 한다)가 중복적으로 요구된다. 그러나 외감대상회사에서 실질적으로 회계정보의 신뢰도를 담보하는 임무는 아무래도 내부의 감사보다는 회계전문가인 외부감사인이 담당하는 것이 합리적이다.

그 필요는 특히 監事 대신 주로 사외이사로 구성된 감사위원회가 감사업무를 맡는 회사에서 더 크다. 현재 기업실무상 외부감사인의 감사보고서는 주주총회에서 주주에게 자료로 제공되기는 하지만, 실제로 총회장에서 낭독되는 것은 감사 또는 감사위원회가 작성한 감사보고서다.

주주총회에 참석하는 주주의 관점에서 볼 때 자신의 이익보다 직접적으로 대표하는 기관은 외부감사인이 아니라 감사 또는 감사위원회이므로 현재 실무가 일리 없는 것은 아니다. 문제는 감사보고서의 내용이다. 현재 실무상으로는 한국상장회사협의회가 마련한 '상장회사 감사보고서 표준예시'라는 서식(이하 '표준서식"이라 한다)이 널리 이용되고 있다.

표준서식은 외부감사인에 대한 언급이 전혀 없이 마치 감사 또는 감사위원회가 직접 감사활동을 수행한 것 같은 내용으로 작성되어 있다. 그러나 상근감사위원이 있는 경우에도 어느 정도 규모가 있는 회사의 회계감사를 직접 담당하는 것은 비현실적이다. 결국 감사 또는 감사위원회는 외부감사인의 도움을 받는 것이 불가피하다.

따라서 감사보고서는 감사위원회가 주로 내부감사부서와 외부감사인의 감사에 의존하였다는 점을 분명히 할 필요가 있다. 나아가 입법론으로는 외부감사를 받는 회사에 대하여는 재무제표에 대한 감사 또는 감사위원회의 감사를 예외적인 경우에만 인정하는 것이 바람직하다고 본다. 입법론적인 검토가 필요하다.

---

[513] 김건식, 「회사법」, 박영사, 2014., 535~536면.

3. 재무제표의 비치·공시

이사는 정기총회회일의 1주간 전부터 재무제표·영업보고서·감사보고서를 본점에 5년간, 그 등본을 지점에 3년간 비치·공시 하여야 한다(「상법」제448조 제1항, 「외감법 시행령」제7조 제4항).

그러나 **연결재무제표와 그에 대한 감사보고서**는 「외감법시행령」제7조 제1항 제2호에 따른 **제출기간이 지난 날 부터 본점과 지점에 3년간 비치·공시하여야 한다.** (「외감법 시행령」제7조 제4항).

주주와 회사 채권자는 영업시간 내에 언제든지 위 비치서류를 열람할 수 있으며, 회사가 정한 비용을 지급하고 그 서류의 등본이나 초본의 교부를 청구할 수 있다. (「상법」제448조 제2항).

4. 재무제표의 승인[514]

가. 승인 기관

재무제표의 승인은 주주총회가 하는 것이 원칙이나, 소정의 요건을 갖출 경우 이사회가 할 수 있다.

(1) 주주총회의 승인

이사는 **재무제표 및 영업보고서를 작성**하여 監事의 監査(「상법」제447조의3 및 제447조의 4)와 이사회의 승인(「상법」제447조 및 제447조의2)을 받아야 한다.

이사는 위의 절차를 거친 재무제표를 정기총회에 제출하여 그 승인을 요구하여야 하고(「상법」제449조 제1항), **영업보고서를 정기총회에 제출하여 그 내용을 보고하여야 한다**(「상법」 제449조 제2항).

연결재무제표 작성회사의 경우에는 별도재무제표와 연결재무제표 모두 위와 같은 절차를 거쳐 정기총회에서 승인을 받아야 한다(「상법」제447조 제2항 및 제449조 제1항).

이사는 재무제표의 각 서류에 대한 주주총회의 승인을 얻은 때에는 지체 없이 대차대조표를 공고하여야 한다.(「상법」제449조 제3항).

(2) 이사회의 승인

회사는 다음과 같은 요건을 갖춘 경우에는 **정관에서 정하는 바에 따라 주주 총회에 갈음하여 이사회의 결의로 재무제표를 승인**할 수 있다.(「상법」제449조의2 제1항). 수정 결의도 가능하다.

---

514) 이철송, 「회사법 강의 제22판」, 박영사, 2014., 936~941면, 임재연, 「회사법 Ⅰ 개정2판」, 박영사, 2014., 717~721면.

이사회의 승인 요건

① 재무제표의 각 서류가 법령 및 정관에 따라 회사의 재무상태 및 경영성과를 적정하게 표시하고 있다는 외부감사인의 의견이 있을 것.

② 감사(감사위원회 설치회사의 경우에는 감사위원) 전원의 동의가 있을 것.

이사회가 승인한 경우에는 이사는 재무제표의 각 서류의 내용을 주주총회에 보고 하여야 한다.(「상법」제449조의2 제2항).

다만, 「상법」제449조의2 제1항에 따라 재무제표를 이사회가 승인하는 경우에는 이익배당도 이사회 결의로 정한다(「상법」제462조 제2항). 그러나 주식배당의 경우는 이사회결의로 정할 수 없으므로, 별도로 주식배당에 관한 주주총회의 결의가 있어야 한다.(「상법」제462조의2 제1항).

나. 승인 방법

「승인」이라고 하여 **주주총회가 단순히 이사가 제출한 재무제표를 시인 또는 부인하는 권한만을 가진 것이 아니고 수정하여 결의할 수 있다**(통설). 예컨대 취득가로 평가한 재산을 시가로 수정하여 대차대조표를 승인한 것과 같다.

대차대조표·손익계산서 등의 재무제표는 각자 독립성이 있으므로 각별로 승인할 수 있으며, 그 중 일부만 승인할 수도 있다. 그러나 배당 등 잉여금의 처분은 대차 대조표와 손익계산서의 확정을 전제로 하므로 대차대조표와 손익계산서를 승인하지 않은 상태에서 이익배당의 안 만을 결의할 수는 없다.

이상의 설명은 이사회가 재무제표를 승인하는 경우에도 타당하다.

다. 승인 효력

(1) 재무제표의 확정

재무제표의 승인에 따라 **당해 결산기에 관한 회사의 회계가 대내외적으로 확정되고, 이에 따라 이익 또는 손실의 처분이 결정**된다. 따라서 이사는 이에 기하여 준비금을 적립하는 등 승인내용을 실행하게 된다.

그러나 재무제표에 대한 주주총회의 승인결의는 회사의 대내적 업무처리 과정일 뿐, 채권자 등에 대한 대외적 의사표시라고 볼 수 없으므로, 소멸시효 중단 사유는 될 수 없다.[515] 주주 총회가 재무제표를 승인하지 않을 경우 그대로 실행할 수 없음은 물론이다.

---

515) 임재연, 「회사법 Ⅰ 개정2판」, 박영사, 2014., 718면. 참조 및 인용, 대법원 2013. 9. 26. 선고 2013 다 42922 판결

(2) 배당금청구권의 발생

주주총회에서 **재무제표가** 승인되면 주주는 회사에 대하여 구체적 이익배당 청구권을 갖는다.

(3) 이사 및 감사의 책임 해제

정기총회에서 **재무제표에 대한 승인을** 한 후 2년 내에 다른 결의가 없으면 회사는 이사와 감사의 책임을 해제한 것으로 본다(「상법」제450조).

이러한 책임해제는 승인결의의 효과라기보다는 이사와 감사의 책임에 관한 법적 불안을 조기에 종식시키기 위한 입법적인 고려에 따른 것이다. 이에 관하여는 뒤에서 자세히 설명하기로 한다.

라. 대차대조표 공고[516]

회사는 **재무제표에** 대해서 주주총회의 승인이 있으면 지체 없이 대차대조표를 공고하여야 한다(「상법」제449조 제3항). 「상법」에서는 주주총회의 승인한 경우와 개별 대차대조표의 경우만을 규정하고 있으나 이사회가 승인한 경우와 연결재무제표를 작성한 경우에도 동일하게 공고하여야 할 것이다.

대차대조표가 회사의 재산상태는 물론이고 당기순이익도 표시하고 있어 주주 등 이해관계인의 이익보호에 적합하기 때문이다. 즉, 다른 재무제표와 달리 대차대조표만 공고의 대상으로 하는 것은 주식·사채의 투자자에게 투자 판단의 기준이 되고 채권자에게는 회사 신용의 판단자료가 되기 때문이다.

마. 지배주주 권한 남용 관련[517]

지배주주가 배당가능이익이 있음에도 개인적 이익을 위하여 주주총회 결의를 통하여 사내 유보한 경우 그 **결의의 효력**에 대하여 ① 지배주주를 특별 이해관계 있는 주주로 보아 결의 취소 사유가 된다는 설, ② 결의 내용이 불공정하므로 결의 무효 사유로 보는 설, ③ 결의 하자가 아니라고 보는 설이 있다.

배당가능 이익이 외부에 임의적으로 유출되지 않고 사내에 유보되어 있다면, 배당가능이익에 대한 형식상 주주의 비례이익은 계속 유지되고 있고, 우리나라 법제상 지배주주의 소수주주에 대한 영미법상의 신인의무*가 인정되지 아니하므로 주주총회의 결의가 하자가 아니라고 보는 것이 타당하다고 할 것이다.

---

516) 임재연, 「회사법 I 개정2판」, 박영사, 2014., 720면. 김건식, 「회사법」, 박영사, 2014., 538면.
517) 임재연, 「회사법 I 개정2판」, 박영사, 2014., 720~721면.

영미법상의 신인의무(fiduciary duties)[518]

영미법상의 신인의무는 원래 판례법에 의해 생겨난 의무로서 현재는 그 일부 내용이 각 주의 회사법 또는 증권법과 같은 연방법에 수용되어 규율되고 있다. 영미에서 이사는 주주 및 회사의 수탁자와 유사한 지위를 갖는다고 이해하며, 이사의 신인의무는 신탁에 있어서의 수탁자의 의무인 주의의무, 충실의무 등으로부터 유추되기도 한다.

신인의무는 일방(the principal)이 타인(the agent)에게 자기를 대신하여 행위 할 권한을 수여함으로써 발생하는 대리인관계(agency relationship)의 핵심이다. 대리인 관계란 주인(the principal)이 대리인(the agent)으로 하여금 자신의 이익과 관련된 행위를 재량으로 해결해 줄 것을 부탁하는 주인-대리인 관계를 말하며, 궁극적으로 신인의무는 대리인과 주인 간에 특수한 신뢰관계 즉, **신인관계에 의거 부담하는 의무를** 말한다.

회사라는 상황에서, **the principal은 회사의 주주이며, the agent는 경영진**이다. **신인의무는** 크게 두 가지로 나누어지는데, **주의의무(duty of care)의** 영역과 **충실의무(duty of loyalty)의** 영역이다. 최근에 여기에 **신의성실의무(duty of good faith)가** 셋째 요소로 추가 되었다.

그리고 최근 미국의 델라웨어주 법원은 회사의 이사뿐만 아니라 임원도 회사 와 주주에 대하여 신인의무를 부담한다고 판결하였다. 즉, 미국의 판례법상 이사와 고위 임원은 회사 및 주주에 대하여 신인의무를 부담하는데, 다음의 3가지 의무를 포괄하고 있다.

① **주의의무(duty of care)** : requires deliberative decision-making processes based on full and credible information.

② **충실의무(duty of loyalty)** : prohibits self dealing, misappropriation of corporate assets, conflicts of interest, lack of independence or disloyal conduct.

　회사와의 경쟁심리
　회사기회 유용의 금지
　임원의 보수, 주식거래에 따르는 의무
　소수자 주주에 대한 공정의무 등

③ **성실의무(duty of good faith)** : forbids conduct motivated by an actual intent to impede, interfere with or harm the corporation, or violate the law.

---

518) 최준선, 「회사법 제6판」, 삼영사, 2011., 454~456면, 이철송, 「회사법강의 제22판」, 박영사, 2014., 722~724면

Ⅳ 재무제표 관련 책임과 해제

1. 일반 책임의 개요

일반적으로 재무제표 관련 책임으로는 ① 재무제표 작성과 관련된 책임과 ② 감사보고서에 관한 감사의 책임으로 구분한다.

가. 재무제표의 작성과 관련된 책임

이사가 재무제표를 작성함에 있어 고의 또는 과실로 법령 또는 정관에 위반한 행위를 하거나 그 임무를 해태하여 회사에 손해가 발생한 경우에는 그 이사는 회사에 대해 연대 하여 손해를 배상할 책임을 부담한다.(「상법」제399조 제1항).

실제로 많이 문제가 될 수 있는 것은 이사가 재무제표에 허위 또는 부실의 기재를 한 경우이다. 허위기재로 인하여 회사에 손해가 생긴 경우 이사가 손해배상책임을 지는 것은 물론이고 이사회에서 재무제표를 승인한 이사도 과실이 있는 경우에는 책임을 진다(「상법」제399조 제2항, 제3항).

또한 이사가 고의 또는 중대한 과실로 그 임무를 해태하여 제3자에게 손해가 발생한 경우 그 이사는 제3자에 대해 연대하여 손해를 배상할 책임이 있다.(「상법」제401조 제1항). 그리고 이사가 재무제표의 기재할 사항을 기재하지 아니하거나 부실한 기재를 한 때에는 500만원 이하의 과태료에 처한다.(「상법」제635조 제1항 제9호).

나. 감사보고서에 관한 감사의 책임

감사가 감사보고서의 작성과 관련하여 법정기재사항을 허위게재하거나 누락하는 등 그 임무를 해태하여 회사에 손해가 발생한 경우에는 그 감사(감사위원 포함)는 회사에 대해 연대하여 회사에 손해를 배상할 책임이 있다.(「상법」제401조 제1항).

또한 감사가 악의 또는 중대한 과실로 인하여 그 임무를 해태하여 제3자에게 손해가 발생한 경우 그 감사는 제3자에 대해 연대하여 손해를 배상할 책임이 있다.(「상법」 제401조 제2항). 아울러 감사가 감사보고서의 기재할 사항을 기재하지 아니하거나 부실한 기재를 한 때에는 500만원 이하의 과태료에 처한다.(「상법」제635조 제1항 제9호).

그리고 감사가 회사 또는 제3자에 대하여 손해를 배상할 책임이 있는 경우에 이사도 그 책임이 있는 경우에는 그 감사와 이사는 연대하여 제3자에 대해 배상할 책임이 있다.(「상법」제414조 제3항).

2. 책임 해제의 일반

가. 의의

주주총회에서 재무제표를 승인 한 후 2년 내에 다른 결의가 없으면 회사는 이사와 감사의 책임을 해제한 것으로 본다(「상법」제450조). 원칙적으로 회사에 대한 이사나 감사의 책임은 주주전원의 동의가 있어야 면제할 수 있으므로(「상법」제400조 제1항, 제415조). 현실적으로 일단 발생한 책임을 면제시키는 것은 거의 불가능하다.

「상법」은 책임의 엄격성을 완화시킨다는 취지에서 책임이 신속하게 소멸하도록 한 것이다. 책임해제는 재무제표와 관련된 모든 책임을 포괄적으로 해제시킨다는 점에서 개별사항에 대한 책임별로 행해지는 책임면제(「상법」제400조 제1항)와는 차이가 있다.

책임해제는 이사나 감사의 책임의 엄격성을 완화시키기 위한 제도이지만 뒤에 보는 바와 같이 그 범위는 명확하지 않다. 또한 2011년 개정 「상법」에서 이사와 감사 책임의 감면이 허용되고 있으므로(「상법」제400조 제2항, 제415조), 이제 이 제도를 유지할 실익은 크게 감소하였다.[519]

나. 책임해제의 법적 성격[520]

책임해제의 법적 성질은 그것이 재무제표 승인결의의 효과가 아니라 결의시를 기산점으로 하여 2년의 제척기간의 경과에 따른 효과라고 본다(**제척기간설, 통설**).

보통결의에 불과한 재무제표 승인결의의 효과로 책임해제를 인정하는 것은 이사·감사의 책임면제에 주주 전원의 동의를 요하는 것과 모순되기 때문이다.[521]

회사가 직접 또는 대표소송에 의하여 이사에 대한 손해배상청구의 소가 2년 내에 제기된 경우에는, 소송 계속 중 2년이 경과하더라도 「상법」제450조의 책임해제는 적용 되지 않는다. **제척기간***은 재판상 또는 재판 외의 권리행사 기간이며 재판상 청구를 위한 **출소기간****은 아니다.

> * **제척기간**이란 **어떤 권리에 대하여 법률이 예정하는 존속기간**이다. 법정기간의 경과로써 당연히 권리의 소멸을 가져오는 것이다. 즉, 권리의 존속기간인 제척기간이 만료하게 되면 그 권리는 당연히 소멸하는 것이다. 제척기간은 당사자의 권리유무에 기한을 정함으로써 법질서를 조속히 안정시키는데 목적이 있다.
>
> 소멸시효와 비슷하지만 다음의 점이 다르다. ① 제척기간에는 시효와 같은 포기·중단·정지 라는 문제가 있을 수 없다. ② 시효의 이익은 당사자가 원용함으로써 재판에서 고려되는 것 이지만, 제척기간은 당연히 효력을 발생하는 것이기 때문에 법원은 이를 기초로 재판하지 않으면 안 된다.[522]

---

519) 김건식, 전게서, 박영사, 2014., 540면.
520) 임재연, 「회사법 Ⅰ 개정2판」, 박영사, 2014., 719~720면. 이철송, 「회사법강의 제22판」, 2014., 938면, 김건식, 전게서, 박영사, 2014., 540면.
521) 김건식, 전게서, 박영사, 2014., 540면. 정동윤, 「상법(상) 제6판」, 법문사, 2012., 766면, 최기원, 「신회사법론 제14개정판」, 박영사, 2012., 693면
522) 이병태, 「법률용어사전」, 법문북스, 2011.

출소기간이란 소송을 제기하는 법정기간이다. 어떠한 권리를 일정한 기간 행사하지 않으면, 그 권리 자체는 소멸하지 않지만 이에 대하여 제소할 수 없게 하는 기간을 두고 있다.

불변기간으로 되어 있으므로 법원은 직권으로 신장·축소 할 수 없는 것이 원칙이나, 예외적으로 원격지(遠隔地)에 주소·거소를 둔 자를 위하여 부가기간을 정하거나(「민사소송법」제172조), 당사자에게 책임 없는 사유로 인하여 기간을 준수할 수 없 는 경우에 소송행위의 추후보완(追後補完)이 인정되고 있다(「민사소송법」제173조).

출소기간 경과 여부는 법원의 직권조사사항이며, 출소기간 경과 후에 제기한 소는 각하된다. 재심의 출소기간은 재심사유를 안 날로부터 30일 내, 판결확정 후 5년 내이며 (「민사소송법」제456조), 「상법」상 주주총회결의 취소 · 변경의 소는 그 출소기간이 결의일로부터 2월 내 이다(「상법」제381조).[523]

다. 책임해제의 대상인 주체와 상대방[524]

책임해제의 대상인 책임의 주체는 이사와 감사이다. 이사뿐만 아니라 감사도 책임해제 대상이므로 업무집행에 관한 책임(「상법」제399조) 뿐만 아니라 업무감독에 관한 책임(「상법」제412조 제1항)도 해제된다. 책임해제의 혜택은 이사와 감사 전원이 누릴 수 있다. 책임해제는 회사에 대한 책임에 대해서만 적용되고 제3자에 대한 책임에 대해서는 적용되지 않는다.(대법원 2009.11.12. 2007다53785 판결).

3. 책임 해제의 요건[525]

가. 재무제표의 승인 결의

법문에는 '정기총회'의 승인이란 표현이 사용되고 있으나(「상법」제450조), 승인결의는 반드시 정기총회에서만 이루어져야 하는 것은 아니다. 임시총회에서 재무제표를 승인한 경우에도 책임해제의 요건은 충족된다고 본다.

임시총회에서는 재무제표를 승인할 수 없다는 견해도 있지만, 정기총회와 임시총회의 소집절차와 결의방법의 다른 점이 없고, 정기총회의 소집이 지연되어 임시총회의 성격을 띠더라도 재무제표 승인의 효력에는 영향이 없으므로 반드시 정기총회의 승인을 요건으로 하는 것은 아니라고 보아야 한다.[526]

「상법」제449조의2에 의하여 **이사회가 재무제표를 승인한 경우에도 이사·감사의 책임이 해제되는지에 대하여는 다음과 같이 두 가지 설로 나누어진다.**

523) 두산백과.
524) 김건식, 전게서, 박영사, 2014., 540면. 참조 및 인용.
525) 김건식, 전게서, 박영사, 2014., 541~.543면. 참조 및 인용.
526) 김건식, 전게서, 박영사, 2014., 540면. 임재연, 「회사법 Ⅰ 개정2판」, 박영사, 2014., 719면

① **긍정설** : 책임해제는 이사회의 승인결의 효과가 아닐 뿐만 아니라(제척기간설) 이사 자신의 행위가 책임해제를 초래하는 불합리는 후술하는 부정행위의 예외로 인하여 크게 완화될 수 있다. 그리고 이사회 결의는 주주총회의 승인을 갈음하여 행하는 것이고 그 내용과 서류를 주주총회에 보고하도록 되어있기 때문에 책임해제를 긍정하는 것이 타당하다고 주장한다.[527]

② **부정설** : 그러나 이를 긍정하면 이사회가 스스로 책임해제의 결의를 한다는 모순에 빠지게 되고, 또한 「상법」제450조의 "정기총회에서"라는 법문에도 반한다. 따라서 이사회가 「상법」제449조의2에 의거 재무제표를 승인한 경우 에는 이사·감사의 책임이 해제되지 않는다고 보는 부정설이 오히려 더 설득력이 있다고 주장한다.[528]

「상법」제449조의 2 제1항에 의하면 주주총회에 갈음[529]하여 이사회 결의로 재무제표를 승인할 수 있도록 하고 있고, 책임해제의 법적 성질은 재무제표의 승인결의의 효과가 아니라 결의 시점을 기산점으로 하여 2년의 제척기간의경과에 따른 효과로 보는 제척기간설이 통설인 점, 그리고 이사회가 재무제표를 승인 한 경우는 그 내용을 주주총회에 보고하도록 되어 있어 "정기총회에서"라는 법문에 억매여 이를 부정할 필요성은 없다고 본다.[530]

나. 2년의 제척기간 경과

재무제표 승인 결의 후 다른 결의 없이 2년이 경과하면 책임해제의 효과가 발생 한다. 따라서 2년은 제척기간일 뿐만 아니라 강행규정이므로 정관이나 주주총회의 결의로 이를 단축하거나 연장할 수 없다.[531]

다. 다른 결의의 부존재

「상법」은 책임해제의 소극적 요건으로서 재무제표 승인결의 후 2년 내에 '다른 결의'가 없을 것을 요구하고 있다(「상법」제450조). '다른 결의'란 책임해제를 부정하는 결의, 재무제표의 승인을 철회하는 결의, 책임추궁의 소를 제기하라는 결의 등을 가리킨다고 보는 것이 일반적이다. 실제로 주주총회에서 이사와 감사의 책임을 추궁하는 결의가 이루어진 예도 있었다(대법원 2007.9.6. 선고. 2007다40000 판결).

보다 현실적인 것은 2년 사이에 회사나 주주가 이사나 감사의 책임을 묻는 소를 제

---

527) 김건식, 전게서, 박영사, 2014., 541면
528) 임재연, 「회사법 I 개정2판」, 박영사, 2014., 719면. 이철송, 「회사법강의 제22판」, 2014.,941면
529) 갈음이란 사전적 의미로는 다른 것으로 바꾸어 대신함.(국립국어연구원 표준 국어 대사전).
530) 김건식, 전게서, 박영사, 2014., 541면
531) 김건식, 전게서, 박영사, 2014., 541면

기한 경우인데, 이 경우에도 책임해제의 취지가 이사나 감사의 책임에 관한 불안을 조기에 소멸시키는 것이라는 점을 고려하면 이미 제소와 같이 책임추궁이 가시화 된 경우에는 당연히 제척기간의 진행이 저지되는 것으로 보아야 할 것이다.[532]

라. 부정행위의 부존재

이사나 감사의 책임이 해제되려면 이사나 감사의 부정행위가 없어야 한다(「상법」 제450조 단서). 부정행위가 무엇을 의미하는 지는 명확치 않다. **부정행위**에는 **횡령, 배임, 문서위조와 같은 범죄행위는 물론이고 이해관계인들의 신뢰를 깨는 고도의 비윤리적 행위 까지 포함**한다고 볼 것이다.[533]

부정행위에 고의에 의한 불법행위가 포함될 것이지만(부산지법. 2004.4.14. 선고 2002가합16791 판결), **중대한 과실로 인한 가해행위도 포함하는가에 대하여는 포함된다는 설**[534]**과 포함되지 않는 다는 불포함설**[535]**로 나누어지고 있으나, 대법원 판례는 중과실이 부정행위에 포함된다는 판단을 회피하므로 불포함설**을 지지하고 있다.[536]

한편 통설은 재무제표 작성 과정에서 저지른 것뿐만 아니라 재무제표 승인결의를 얻기 위하여 저지른 것(예컨대 외부감사인을 매수하여 적정의견을 받아 내는 것)도 「상법」 제450조 단서에 의한 부정행위에 포함된다고 본다. 왜냐하면 이사·감사가 부정한 수단으로 승인을 얻었다면 그 승인결의에 책임해제의 의사가 있다고 볼 수 없기 때문이다.[537]

다만 부정행위를 직접 행한 것이 아니라 부정행위에 해당함을 알지 못하고 이사회 결의에서 찬성하였거나 부정행위를 막지 못한 경우는 부정행위의 예외가 적용되지 않는다.[538]

마. 재무제표에 기재되었거나 그 기재로부터 알 수 있는 책임 사유

「상법」제450조에 따른 책임해제에 의하여 이사·감사의 책임이 소멸되는 책임사유에 관하여는 견해가 대립되고 있다. 책임 해제의 성격을 재무제표의 승인효과로 보지 아니하고 2년의 제척기간의 효과로 보는 제척기간설에 따르면 책임해제의 범위도 재무제표에 기재되어 있거나 재무제표로 알 수 있는 사유로 한정할 필요는 없다고 주장

---

532) 김건식, 전게서, 박영사, 2014., 541~542면, 대구지방법원, 2000.5.30. 선고 99가합13533 판결
533) 김건식, 전게서, 박영사, 2014., 542면, 이철송, 전게서, 박영사, 2014., 940면
534) 정동윤, 전게서, 법문사, 2012. 766면.
535) 이철송, 전게서, 박영사, 2014., 940면
536) 대법원 2007.12.13., 선고 2007다60080 판결
537) 김건식, 전게서, 박영사, 2014., 542면, 이철송, 전게서, 박영사, 2014., 939면, 정동윤, 전게서, 법문사, 2012. 766면.
538) 김건식, 전게서, 박영사, 2014., 542면

한다. 그들은 통설 및 판례의 책임 해제의 악용문제는 부정행위의 부존재 문제로 해결이 가능하다고 주장한다.

그러나 통설과 판례는 주주총회의 실제기능이 형식화되고 있는 실정이고 재무제표의 기재여부와 관계없이 책임해제를 인정하면 현실적으로 이사나 감사의 책임을 물을 수 있는 경우가 크게 제한될 것이므로 「상법」제450조에 따른 이사·감사의 책임해제는 재무제표 등에 기재되어 있다거나 재무제표 등을 통하여 알 수 있는 사항에 대하여 정기총회에서 승인경우에 한해서만 인정 한다.(통설, 대법원 1969.1.28. 선고 68다305 판결, 대법원 2002.2.26. 선고 2001다76854 판결. 대법원 2007.12.13. 선고 2007다60080 판결).

통설 및 판례에 따르면 재무제표에 기재되어 있거나 재무제표를 통하여 알 수 있는 사항에 관해서만 책임해제의 효과가 발생할 수 있으므로 책임해제를 주장하는 이사·감사는 재무제표의 승인이 있었다는 사실 외에 그 책임 사유가 재무제표에 기재되어 있다거나 재무제표를 통하여 알 수 있었다는 사실도 증명하여야 한다. 따라서 재무제표의 수입·지출금액이 명시되어 있다하더라도 그 원인된 행위에 관한 책임까지 해제되는 것은 아니다.

참고 ▶▶ 최근 이사 및 감사의 책임해제에 관한 판례

최근의 두 개의 판례를 보면 ① 상호신용금고의 대표이사가 충분한 담보를 확보하지 아니하고 동일인 대출한도를 초과하여 대출한 경우(대법원 2002.2.26. 선고 2001다76854 판결), ② 건설회사의 대표이사 및 담당이사가 거액의 당기순손실이 발생하였음에도 거액의 당기순이익이 발생한 것처럼 허위의 재무제표를 작성한 경우 즉, 분식결산을 한 경우 (대법원 2007.12.13. 선고 2007다60080) 재무제표 등에 그 책임사유가 기재되어 있지 않다고 하여 「상법」제450조에 따른 이사 및 감사의 책임해제를 부정하였다.

---

4. 입증 책임[539]

책임해제 요건을 갖춘 사실에 대한 **증명책임은 책임해제를 주장하는 이사나 감사가** 진다. 즉, **통설 및 판례의 입장에서는 이사나 감사는 문제된 책임사유가 재무제표에 기재되었거나 재무제표로부터 알 수 있었으며, 주주총회의 승인결의로부터 2년이 경과하였음을 입증**하여야 한다.

그러나 **다른 결의나 부정행위의 존재에 관한 입증책임은 일반원칙에 따라 회사, 주주, 이해관계자 등 이사나 감사의 책임을 주장하는 쪽에서 입증하여야 한다.**

---

539) 김건식, 전게서, 박영사, 2014., 543면

제3절 ▶ 자본금과 준비금

I 개설

「상법」의 회계규정의 양대 목적 중 하나는 주주에게 지급하는 배당의 한도, 즉 배당가능이익을 제한하는 것이다. 「상법」상 배당가능이익은 대차대조표상의 순자산액에서 자본금과 법정준비금 등을 공제하는 방식으로 산정한다(「상법」제462조 제1항).

순자산액은 대차대조표의 구성요소인 자산, 부채, 자본 중 자산에서 부채를 공제한 금액, 즉 자본에 상응하는 것이다. 순자산액은 자산과 부채를 어떻게 평가하는가에 따라 변동한다. 과거 「상법」은 자산의 평가에 관해서 다수의 규정을 두었으나, 2011년 개정 「상법」에서는 모두 삭제되었다.

따라서 자산과 부채의 처리는 모두 기업회계에 맡겨져 있는 셈이다. 「상법」에서는 대차대조표의 자본의 부에 속하면서 배당가능이익을 산정할 때 공제항목으로 기능 하는 자본금과 준비금에 대해서만 규정을 두고 있다.

자본금은 우리 「회사법」의 기초를 이루는 제도이나 이 곳에서는 자본금을 회계와 관련된 범위 내에서 간단히 살펴보기로 한다.

II 자본과 자본금[540]

1. 기업회계상 자본

기업회계 상 자본은 자산에서 부채를 공제한 금액을 가리킨다[「한국채택국제회계기준」 개념체계 문단 49(3)].[541] 「일반기업회계기준」상 자본은 자본금, 자본잉여금, 자본조정, 기타 포괄손익 누계액, 이익잉여금(또는 결손금)으로 구분되고 있다 (문단 2.30).

과거 「상법」에서 사용되던 자본이란 용어는 2011년 「상법」개정 시 기업회계와의 조화를 위하여 자본금이란 용어로 변경되었다.

2. 「상법」상 자본금

「상법」상 자본금은 원칙적으로 발행주식의 액면총액으로 한다(「상법」제451조 제1

---

540) 김건식, 전게서, 박영사, 2014., 544~545면
541) 일반적으로 자본 대신 자기자본이란 용어가 더 널리 사용되고 있음.

항). 주식의 액면 총액으로 되어 있기 때문에 실제로 납입한 금액과는 관련이 없다. **무액면주식을 발행하는 경우에는 발행가액의 1/2 이상의 금액으로서 이사회가 자본금으로 계상하기로 정한 금액의 총액을 자본금으로 한다**(「상법」제451조 제2항).[542]

자본금은 수권자본금과 구별된다. 「상법」은 '**회사가 발행할 주식의 총수**'를 정관에 기재하도록 하고 있다(「상법」제289조 제항 제3호). 일반적으로 이러한 주식을 '수권주식'이라 하고 수권주식의 액면총액을 '수권자본금'이라 한다. 이사회는 '수권자본금'의 범위 내에서는 주주총회 동의 없이 주식을 발행할 수 있다.

자본금은 배당가능이익 산정 시에 공제할 계산상 수치로 회사 재산을 유보시킴으로서 회사채권자를 보호하는 기능을 수행한다. 자본금은 상업등기와 대차대조표에 의하여 공시될 뿐이고(「상법」제317조 제2항 제2호, 제449조 제3항). 수권자본금과 달리 정관에는 기재하지 않는다. 정관기재사항이 아니기 때문에 신주발행은 수권자본금 범위 내에서는 정관 변경을 거칠 필요가 없다.

3. 자본금 산정의 예외

「상법」의 자본금 산정 원칙은 '이 법에서 달리 규정한 경우'에는 적용하지 않는다. 그러나 「상법」은 자본금이 달리 산정되는 예외를 명시적으로 규정하고 있지 않다. 해석상 다음 두 가지의 경우에는 자본금이 '발행주식의 액면 총액'과 일치하지 않는 예외가 발생한다.

① **자기 주식 소각의 경우이다.** 「상법」상 주식의 소각은 자본금 감소에 관한 규정에 의하는 것이 원칙이지만 예외적으로 자기주식을 소각하는 경우에는 그러하지 아니하다(「상법」제343조 제1항). 자기주식 소각의 경우에는 주식이 소멸되므로 발행 주식 총수가 감소하지만 자본금은 감소하지 않는다.

② **상환주식이 상환되는 경우이다.** 상환주식이 상환되면 발행주식 총수는 감소한다. 그러나 소각 재원은 자본금이 아니라 이익이므로(「상법」제345조 제1항) 자본금은 감소하지 않는다.

---

542) 자본금으로 계상하지 않은 금액은 자본준비금으로 계상한다.

Ⅲ 준비금543)

1. 준비금의 의의

'준비금(reserve)이란 영업연도 말에 회사가 보유하는 순자산액 중 자본금을 초과하는 금액으로서 회사가 주주에게 배당하지 않고 社內에 적립하는 금액'을 의미 한다.

준비금은 「자본금」과 같이 대차대조표의 「부채 및 자본의 부」(대변)에 표시되어 배당가능이익의 산출에 있어 공제항목이 되므로 재산의 사외유출을 억제하는 작용을 한다. 즉 준비금을 정한 때에는 회사의 순 자산이 자본금과 준비금의 합계액을 초과하지 않는 한 배당가능이익은 생겨나지 않으므로(「상법」제462조 제1항 제2호, 제3호), 준비금이 증가하면 그 만큼 회사에 유보되는 순 자산이 증가한다.

이로써 **장래 경기의 침체, 영업실적의 부진 또는 불시의 재난 등에 대비**하고 또한 **사업의 장기적인 계획을 꾀할 수 있는데,** 이는 **기업의 계속을 위한 물적 기초**를 마련하고 **유한책임제 하에서 채권자의 보호**를 위해 요청되는 **자본유지의 원칙을 실천하기 위한 것**이라고 할 수 있다.

2. 준비금의 성질

위에서 본 바와 같이 **준비금은 배당가능이익의 산출을 위한 공제항목이 된다는 점에서 실질적으로 자본금과 흡사한 기능**을 가지고 있으며, **필요에 따라서는 자본금으로 전입기도 하므로**(「상법」제461조) **'보충자본' 또는 '부가자본'**이라고도 부르며, 기업회계에서는 **자본금과 준비금을 합해 '자기자본'**이라 부른다.

자본금과 마찬가지로 계산상의 수액에 지나지 않으므로 ① 준비금에 의하여 회사에 유보되는 자산이 특정되는 것이 아니고, ② 따라서 별도로 예치·보관되는 것이 아니며, ③ 준비금을 폐지하거나 사용할 때(예, 「상법」제460조)에도 그때까지의 공제항목으로서의 준비금의 금액을 감소시키는 계산상의 처리에 그치고 금전의 현실적 사용을 뜻하는 것은 아니다.

3. 준비금의 기능

준비금 적립은 현실적으로 금전을 회사에 보관하는 것이 아니라 대차대조표 자본의 부에 일정 금액을 계상하는 것에 불과하다. 법정준비금은 법에 정한 목적으로 만 사용할 수 있고 배당가능이익을 산출할 때 순자산액에서 공제하는 항목이다.

---

543) 김건식, 전게서, 박영사, 2014., 546~547면, 이철송, 전게서, 박영사, 2014., 941~942면, 임재연, 「회사법 Ⅰ 개정2판」, 박영사, 2014., 721~722면.

그리하여 준비금은 회사 자산이 회사 밖으로 유출되는 것을 억제하는 기능을 한다. 준비금을 감소시키는 경우에도 금전이 현실적으로 지출되는 것이 아니라 감소된 금액만큼 배당가능이익을 증가시키는 것에 불과하다.

준비금은 장래의 사업부진에 대비하고 장기계획을 도모할 수 있고, 회사채권자 보호의 효과도 있다. 다만, 준비금의 채권자보호기능이 점차 약화되고 있으며 적립 한도나 사용방법을 완화할 필요가 있다는 지적에 따라 2011년 개정「상법」은 이익 준비금과 자본준비금 간의 결손 보전의 제한규정을 삭제하고, 준비금 감소 절차를 규정하고, 주식배당의 경우 이익준비금 적립의무의 예외를 규정한다.

4. 준비금의 종류

준비금은「상법」기타 법률의 규정에 따라 적립이 강제되는「법정준비금」과 정관 규정이나 주주총회 결의에 따라 적립되는「임의준비금」으로 구분된다.

「상법」상의 법정준비금으로서는 이익준비금(「상법」제458조)과 자본준비금 (「상법」제459조)이 있으며, 특별법상의 법정준비금으로서는 재산재평가법상 재평가적립금이 있다(「자산재평가법」제28조).

「상법」상 법정준비금은 독자적으로 발전된 제도로서 후술하는 바와 같이 「기업회계기준」상의 개념과 반드시 일치되지는 않는다.

5. 구별할 개념

준비금(또는 적립금)이라는 명칭으로 불리기는 하지만 준비금이 아닌 것으로는 부진정준비금과 비밀준비금이 있다.

가. 부진정준비금[544]

외형적으로 적립금 또는 준비금의 명목으로서 대차대조표상 부채의 부에 기재하는 자산의 가액수정항목이나 실질적으로는 준비금으로서의 성질을 갖지 않은 것이다. 의사준비금(擬似準備金)이라 한다.

이에는 첫째, 평가의 적정을 이루기 위해서 공제항목으로서 감가상각적립금, 체대적립금(滯貸積立金) 등이 있으며, 둘째, 장래 발생할 미확정채무의 담보를 위한 채무항목 으로서 책임준비금, 수선충당금, 납세충담금 등이 있다.[545]

---

544) 김건식, 전게서, 박영사, 2014., 546~547면, 이병태,「법률용어사전」, 법문북스, 2011..
545) 그러나 이처럼 적립금이나 충당금으로 표시하면 이익 유보와 같이 보일 우려가 있기 때문에「기업회계 기준」에서는 이를 자산에서 직접 공제하여 가액을 수정하는 방식으로 표시할 수 있도록 하고 있다(「일반 기업회계기준」문단 2.43. 10. 27).

나. 비밀준비금

비밀준비금은 정식으로 대차대조표상의 준비금으로 계상되는 것은 아니지만 실질적으로 준비금의 성질을 가지는 것을 말한다. 예컨대 적극재산을 실가보다 과소평가 하거나 소극재산을 실가보다 과대평가함으로써 발생하는 실가와 평가액의 차액이 이에 해당한다.

비밀준비금에 관하여는 이를 전혀 인정할 수 없다는 견해[546]와 합리적인 범위 내에서 그 합법성을 인정해야 할 것이라는 견해[547]가 대립하고 있다.

이러한 비밀준비금은 회사의 재산상태를 탄탄히 하는 장점이 없는 것은 아니지만, 그런 관행을 지지할 수는 없다. 왜냐하면 **비밀준비금은 주주나 투자자가 회사의 진정한 재산상태를 파악할 수 없게 만들며, 주주의 이익배당청구권을 침해하고 탈세수단으로 악용**될 수 있기 때문이다.[548]

Ⅳ 법정 준비금[549]

1. 법정준비금 개요[550]

법정준비금은 일반적으로 적립의 금액, 비율, 목적, 용도 등을 법령 또는 정관의 규정이나 주주총회의 결의에 의하여 자유로 변경할 수 없도록 법이 적립을 강요하는 준비금을 말한다.

이러한 법정준비금을 적립하도록 한 것은 주식회사 존립의 절대적 요건인 자본금이 불의의 사고 및 손실로 말미암아 그 유지가 불가능하게 되는 경우에 대비하고자 하는데 목적이 있다.

따라서 원칙적으로 자본의 결손보전에 충당하는 경우 이외에는 이를 함부로 처분하지 못하며 이익준비금으로 자본의 결손보전에 충당하고서도 부족한 경우가 아니면 자본준비금으로 이에 충당하지 못하도록 그 사용을 엄격하게 제한하고 있다.

「상법」에서는 **법정준비금을 손익거래(영업거래)로부터 발생하는 이익을 재원으로 하여 적립하는 이익준비금과 자본거래(대자본주거래)에서 발생한 이익을 재원으로 하여 적립하는 자본준비금으로 구분**된다.[551]

---

546) 정찬형, 「상법강의(상) 제17판」, 박영사, 2014., 1,127면.
547) 정동윤, 「상법(상) 제6판」, 법문사, 2012., 772면, 최기원, 「신회사법론 제14대 정판」, 박영사, 2012., 920면.
548) 김건식, 전게서, 박영사, 2014., 547.
549) 김건식, 전게서, 박영사, 2014., 547~557면, 이철송, 전게서, 박영사, 2014., 942~951면, 임재연, 「회사법 Ⅰ 개정2판」, 박영사, 2014., 722~733면.
550) 영화조세총람. 참조 및 인용

이익준비금은 주로 자본금의 결손을 전보할 목적으로 「상법」이 적립을 요구하는 준비금이다. 회사는 자본금의 2분의 1이 될 때까지 매결산기에 이익배당액의 10분의1 이상의 금액을 이익준비금으로 적립하여야 한다(「상법」제458조 본문).

이익배당액 이란 금전배당액 및 현물배당액을 포함한다.(「상법」제462조의4). **준비금**이란 잉여금의 사외유출을 억제하는 뜻을 가진 것이므로 잉여금 처분의 주를 이루는 배당과 연계하여 적립할 금액을 정한다.[552)]

자본준비금은 매결산기 영업이익 이외의 이익을 재원으로 하여 적립하는 법정 준비금 이다. 그 재원으로 되는 이익이 자본거래에서 생기므로 자본금에 준하는 성질을 갖는다.[553)]

자본거래로부터 발생한 이익은 손익거래상의 이익과는 달리 본질적으로 납입자본의 일부로서 주주에게 배당할 수 있는 이익이 아니므로 당연히 그리고 무제한 적립하여야 한다. [554)]

회사가 적립하여야할 **자본준비금**으로는 **주식발행초과금, 감자차익, 합병차익, 분할차익과 기타 자본잉여금**이 있다.

2. 법정준비금 적립

가. 이익준비금

(1) 의의

이익준비금은 「상법」에 따라 매 결산기 이익배당액의 1/10 이상을 적립하여 축적한 준비금을 말한다(「상법」제458조). 원래 이익잉여금은 모두 주주에게 배당하더라도 채권자의 이익을 해치는 것은 아니다. 「상법」이 **이익준비금의 적립을 강제하는 취지는 자본금 이외에 추가적인 안전판을 두도록 강제함으로써 채권자를 보호하기 위한 것이다.**

(2) 적립액

「상법」상 적립이 강제되는 금액은 '이익배당액'의 10% 이상이다. 이익준비금의 **적립기준은 매 결산기의 당기순이익이나 이익잉여금이 아니라 매 결산기의 이익배당액**이다. 법문의 해석상 이익배당을 하는 경우에는 이익준비금을 적립해야 하고, 이익배당을 하지 않는 경우에는 이익준비금을 적립할 필요가 없다.

---

551) 이철송, 전게서, 박영사, 2014., 942면.
552) 이철송, 전게서, 박영사, 2014., 942~943면.
553) 이철송, 전게서, 박영사, 2014., 943면.
554) 이철송, 전게서, 박영사, 2014., 943면.

그러나 「이익배당액의 10분의 1 이상」을 적립하라는 것은 이익배당을 할 경우 준비금의 최저한도를 정한 뜻이고, 배당을 하지 않을 경우 이익준비금을 적립할 수 없다는 뜻은 아니다. 배당여부에 불구하고 자본금의 2분의 1에 달할 때까지는 이익준비금을 적립할 수 있으며, 배당을 하지 않는다고 하여 이것이 임의준비금이 되는 것은 아니다. [555]

또한 「이익배당액」이란 금전배당액 및 현물배당액을 포함한다.(「상법」제462조의4). 준비금이란 잉여금의 사외유출을 억제하는 뜻을 가진 것이므로 잉여금처분의 주를 이루는 배당과 연계하여 적립할 금액을 정하는 것이다. 따라서 주식배당은 주식을 추가 발행하는 데 그치고 회사재산을 사외에 유출하는 것이 아니므로 주식배당액과 관련해서는 준비금을 적립할 필요가 없다.(「상법」제458조 단서).

이익준비금의 적립률을 이익배당액의 10% 이상으로 한 것은 적립의 최저율을 법정한 것이므로, 정관으로 그 비율을 높인 것은 무방하나 낮추는 것은 무효이다.

(3) 적립한도

이익준비금의 적립한도는 자본금의 2분의 1 이다.(「상법」제458조). 여기서 자본금은 발행주식의 액면총액을 말한다. 따라서 신주발행, 법정준비금의 자본금 전입 등의 사유로 자본금이 증가하거나 감자절차에 따라 자본금이 감소하는 경우에는 적립할 이익준비금의 한도도 변동된다.

준비금을 자본금의 2분의 1이라는 이익준비금의 법정한도를 초과하여 적립할 때 그 초과액은 이익준비금이 아니라 임의준비금의 성격을 갖는다.[556] 반면에 이미 적립된 이익준비금이 자본금 감소로 인하여 법정적립한도를 초과하게 된 경우에는 그 초과액도 이익 준비금으로서의 성격을 유지한다고 볼 것이다.[557]

왜냐하면 법정적립한도가 주주의 이익배당에 관한 권리를 보호하기 위한 제한이라는 점을 고려하면 자본금의 2분의1이라는 이익준비금의 법정한도는 준비금 적립 시에만 적용된다고 보아야 할 것이기 때문이다.[558]

나. 자본준비금

(1) 의 의

「상법」상 자본준비금은 '자본거래에서 발생한 잉여금'을 「상법시행령」이 정하는 바에 따라 적립한 준비금을 말한다.(「상법」제459조 제1항). 여기서 자본거래란

---

555) 이철송, 전게서, 박영사, 2014., 943면, 재정경제부 유권해석, 증권 22325-57, 1986.2.4.
556) 이철송, 전게서, 박영사, 2014., 943면, 김건식, 전게서, 박영사, 2014., 551면,
557) 김건식, 전게서, 박영사, 2014., 551면,
558) 김건식, 전게서, 박영사, 2014., 551면,

증자나 감자 등 주주와의 거래로서 이익잉여금을 제외한 자본항목에 변동을 일으키는 거래를 말한다.559)

「상법시행령」은 「상법시행령」제15조상의 회계기준에 따른 자본잉여금을 자본준비금으로 적립하도록 하고 있다(「상법 시행령」제18조). 과거에는 자본준비금에 포함될 항목을 구체적으로 열거하였으나, 2011년 개정「상법」에서는 기업회계 상의 자본잉여금을 그대로 수용한 것이다.

(2) 기업회계 상의 자본잉여금

앞서 설명한 바와 같이「상법시행령」제15조의 회계기준에는 '한국채택국제회계기준', '일반기업회계기준', 그리고 2013년에 제정된 '중소기업회계기준'의 3 가지가 있다.

「일반기업회계기준」은 자본을 자본금, 자본잉여금, 자본조정, 기타 포괄손익 누계액, 이익잉여금(또는 결손금)으로 구분하고(문단2.29~2.33), 자본잉여금의 정의도 담고 있다 (문단2.30). 그에 의하면 **자본잉여금은 증자나 감자 등 주주와의 거래에서 발생하여 자본을 증가시키는 잉여금으로 주식발행초과금, 자기주식 처분이익, 감자차익 등을 포함한다**(문단 2.30).560)

반면에 「한국채택국제회계기준」은 자본을 납입자본, 이익잉여금, 기타자본구성요소의 세 가지로 구분할 뿐 개별항목에 대해서는 구체적으로 규정하지 않고 있다. 해석 상 「한국채택국제회계기준」상의 기타자본구성요소에는 「일반기업회계기준」상의 자본잉여금, 자본조정, 기타포괄손익누계액이 모두 포함된 것으로 보아야 할 것이다.561)

따라서「한국채택국제회계기준」을 적용하는 회사에서는 특별한 이유가 없는 한 「일반기업회계기준」상 자본잉여금에 해당하는 항목을 자본준비금으로 적립하는 것이 타당할 것이다.

---

559) 자본거래와 대치되는 손익거래는 이익잉여금의 증감변화를 일으키는 거래이다.
560) 자본잉여금은 주식발행초과금과 기타 자본잉여금으로 구분한다.
561) 김건식, 전게서, 박영사, 2014., 548면, 권재열·노혁준·양기진·이재호, 「국제회계기준에 부합하는 상법, 회계제도 정비를 위한 개선연구」, 법무부 연구용역보고서, 2011., 94면

| 참고 >> | 자본준비금의 주요 항목562) |

① 주식발행초과금
주식발행초과금이란 주식의 발행가액이 액면가액을 초과한 금액을 말한다. 그 금액도 주주가 출자한 것이므로 배당 재원으로 사용하지 못하도록 자본잉여금으로 적립하도록 한 것이다.

② 감자차익
감자차익이란 자본금 감소의 경우 그 감소액이 주식의 소각, 주금의 반환에 소요된 금액과 결손보전에 충당된 금액을 초과하는 금액을 말한다. 「일반기업회계기준」상 감차차익은 자본잉여금에 포함된다(문단 2.30). 감자차익은 실질상의 자본금 감소나 명목상 자본금 감소 경우 모두 발생할 수 있다.

③ 합병차익
합병차익이란 회사의 합병 시에 소멸한 회사로부터 승계한 재산의 가액이 그 회사로 부터 승계한 채무액과 그 회사의 주주에게 지급한 금액, 그리고 합병 후 존속하는회사의 자본금 증가액(또는 합병으로 인하여 설립된 회사의 자본금액)을 초과하는금액을 말한다.

④ 분할차익
분할차익은 분할 또는 분할합병으로 인하여 설립된 회사 또는 존속하는 회사에 출자된 재산의 가액이 출자한 회사로부터 승계한 채무액, 출자한 회사의 주주에게 지급한 금액과 설립된 회사의 자본금액 또는 존속하는 회사의 자본금증가액을 초과하는 금액 을 말한다.

⑤ 주식교환차익
주식교환차익은 주식의 포괄적 이전으로 완전모회사가 되는 회사의 자본금 증가의한도액 (「상법」제360조의7 제1항)이 완전모회사의 실제 자본금 증가액을 초과한경우 그 초과액을 말한다.

⑥ 주식이전차익
주식이전차익은 주식의 포괄적 이전으로 완전모회사가 되는 회사의 자본금 한도액(「상법」 제360조의18)이 설립된 완전모회사의 실제 자본금액을 초과한 경우 그 초과액을 말한다.

⑦ 자기주식 처분이익
자기주식 처분이익은 자기주식의 처분금액이 장부금액보다 큰 경우에는 그 차액을 말하며, 자본잉여금에 계상한다(「일반기업회계기준」문단 15.9.).

(3) 적립한도

자본준비금은 매 결산기의 영업이익 이외의 이익을 재원으로 적립하는 법정 준비금 이다. **자본준비금은 적립한도에는 제한이 없고, 전액 적립이 강제**된다.

---

562) 김건식, 전게서, 박영사, 2014., 548~549면,

(4) 승계

「상법」은 합병 또는 분할·분할합병의 경우 소멸 또는 분할회사의 이익준비금이나 그 밖의 법정준비금은 합병·분할·분할합병 후 존속회사 또는 신설회사가 승계할 수 있다고 규정하고 있다(「상법」제459조제2항).

「상법」은 법정준비금에 한하여 승계할 수 있는 것 같이 규정하고 있으나, 실은 기업의 입장에서는 임의준비금을 승계할 실익도 크다. 굳이 법정준비금에 제한할 이유는 없으므로 본 조항에서 말하는 「기타 법정준비금」이란 특별법에 의하여 널리 적립이 강제되는 준비금만을 뜻한다고 볼 것이 아니라, 특별법에 의하여 널리 적립이 허용되는 준비금(예 : 세법상의 각종 충당금)을 뜻한다고 보는 것이 입법취지에 부합된다고 본다.[563]

승계란 다른 사람이나 법인의 권리나 의무를 이어받는 일이다. 따라서 소멸회사의 준비금을 존속회사가 승계할 경우에는 같은 명목으로 승계하여야 하므로 자본준비금은 자본준비금으로, 이익준비금은 이익준비금으로 승계하여야 하며, 다른 법률에 의한 법정준바금(예:재평가적립금)도 역시 같은 성격의 준비금으로 승계해야 한다.[564]

3. 법정준비금 사용

법정준비금 즉, 이익준비금과 자본준비금은 자본금의 결손을 보전하는 것에 충당하거나(「상법」제460조), 자본금으로 전입하는 것 (「상법」제461조) 외에는 이를 처분할 수 없다.

가. 결손 보전
(1) 의의

자본금의 **"결손"**이란 **"결산기 말의 회사의 순자산액이 자본금과 법정준비금 (자본 준비금+이익준비금)의 합계에 미달하는 상태"**를 말한다. 결산기 말을 기준으로 하기 때문에 영업연도 중에 일시적으로 이와 같은 상태가 생기더라도 기말 손익이 미정이므로 결손으로 볼 수 없으며, 또 임의준비금으로 보전이 가능할 경우에는 결손이 아니다.[565]

---

563) 이철송, 전게서, 박영사, 2014., 944면
564) 이철송, 전게서, 박영사, 2014., 944면, 임재연, 「회사법 Ⅰ 개정2판」, 박영사, 2014., 723면.
565) 이철송, 전게서, 박영사, 2014., 944면, 임재연, 「회사법 Ⅰ 개정2판」, 박영사, 2014., 723면.

(2) 처분 순서

이익준비금과 자본준비금은 자본금의 결손보전에 충당하는 경우 외에는 처분하지 못한다(「상법」제460조). **이익준비금과 자본준비금의 처분순서에는 제한 없다.**

종래의 「상법」제460조 제2항은 자본금의 결손 전보에 이익준비금을 자본준비금보다 먼저 사용하도록 규정되어 있었으나, 2011년 개정「상법」은 이 규정을 삭제함으로써 이익준비금과 자본준비금의 충당순서를 폐지하여 회사의 사정에 따라 임의로 충당할 수 있도록 하였다.

이는 이이준비금과 자본준비금은 적립 재원만 다를 뿐 회사채권자를 보호한다는 기능에는 아무런 차이가 없다는 점을 고려한 것이다.

(3) 보전 방법

법정준비금에 의한 결손보전은 구체적으로 대차대조표상 결손금의 부에 기재된 결손금을 감소시키고 그 감소액과 대등한 금액을 대차대조표상의 자본의 부에 기재된 법정준비금의 액에서 감소시키는 방법으로 행한다. 법정준비금 전액 으로도 결손금을 전부 보전할 수 없는 상태를 '자본잠식'이라 한다.[566]

자본금의 결손이 존재하는 경우 반드시 법정준비금으로 그 결손을 보전해야 하는가? 우리 「상법」상 결손보전을 강제하는 규정은 없으므로 그 절차를 밟지 않아도 무방하다. 다만 결손을 보전하기 전에는 이익배당을 할 수 없다. 결손을 보전하기까지는 이월손실과 법정준비금이 병존한다.[567]

나. 자본금 전입
(1) 자본금전입의 의의

준비금의 **자본금전입은 "회사의 계산상 법정준비금계정 금액의 전부 또는 일부를 자본금계정으로 이체하는 것"**[568] 이라고 정의하기도 하고, **"준비금계정의 금액에서 일정액을 차감하고 같은 금액을 자본금계정에 가산하는 것"**[569] 이라고 정의하기도 한다.

법정준비금 중 이익준비금에는 적립한도가 법률로 정해져 있지만(「상법」제458조), 자본준비금에는 적립한도가 없다(「상법」제459조). 그리하여 자본금에 비하여 준비금이 과다하게 적립되는 경우가 있을 수 있다. 그 경우 1주의 주가가 너무 높아져 거래가 위축될 우려가 있으므로 회사는 준비금을 자본금에 전입하여 주식수를 늘리고 주가를 적정수준 으로 낮춤으로써 주식의 유동성을 높일 수 있다.

---

566) 김건식, 전게서, 박영사, 2014., 551면,
567) 김건식, 전게서, 박영사, 2014., 551면, 이철송, 전게서, 박영사, 2014., 945면, 정동윤, 「상법(상) 제6판」, 법문사, 2012., 774면,
568) 임재연, 「회사법 I 개정2판」, 박영사, 2014., 724면, 정찬형, 「상법강의(상) 제17판」, 박영사, 2014., 1,076면.
569) 이철송, 전게서, 박영사, 2014., 945면

그리고 법정준비금을 자본에 전입하면 그 결과 자본금이 증가한다. 따라서 계수의 조작에 불과하지만, 자본금의 증가로 사내유보의 규범적 기준이 상향되므로 순 자산의 사외유출을 억제하는 효과가 있어 장차 회사의 규모 성장과 자본 충실에 도움이 된다.[570] 자본금의 증가는 주식 수나 주식액면가액의 두 가지 중 하나를 증가시킴으로써 달성할 수 있다.

법정준비금은 주로 **채권자 이익을 염두에 둔 제도**이다. 그것이 자본금에 전입되는 경우에는 채권자 이익은 더욱 증진된다. 법정준비금은 자본금의 결손보전에 사용될 수 있고 용이하게 감소할 수 있지만 일단 자본금으로 전입되면 결손이 생긴 경우에도 감자절차를 밟지 않고서는 감소가 불가능하기 때문이다.

(2) 자본금전입의 본질

자본금전입은 경제적 효과 면에서 순 자산의 변동 없이 발행주식 수만 증가 하므로 주식분할과 유사하다. 그러나 주식분할의 경우에는 순 자산뿐만 아니라 자본금도 변동하지 않지만, 액면주식 발행회사에서 준비금을 자본금으로 전입 하는 경우에는 자본금이 증가한다는 점에서 다르다.

또한 준비금의 자본금전입은 주식배당과 여러 면에서 유사하나, 배당가능이익을 재원으로 하는 주식배당과 달리 법정준비금이 신주발행의 재원이 된다는 점에서 다르다.

(3) 자본금을 전입할 수 있는 준비금

(가) 확정준비금

직전 결산기의 대차대조표에 의하여 확정된 준비금에 한하여 자본금으로 전입할 수 있다. 자본금전입은 언제든지 할 수 있지만, 영업연도 중간에 발생한 준비금은 자본금전입의 대상이 아니다.

(나) 법정준비금

자본금에 전입할 수 있는 준비금은 법정준비금, 즉 자본준비금과 이익준비금이다. 「자산재평가법」에 의한 재평가적립금은 자본준비금과 마찬가지로 자본금전입이 허용되고 있다(「자산재평가법」제30조).

(다) 임의준비금

임의준비금도 자본금을 전입할 수 있다는 소수설도 있지만, 정관이나 주주총회 결의에 의하여 특정목적을 위하여 적립한 임의준비금을 이사회 결의로 자본전입

---

570) 이철송, 전게서, 박영사, 2014., 945면

하는 것은 부당하므로 법정준비금에 한하여 자본을 전입할 수 있다는 것이 통설이다.[571]

원래 임의준비금은 주주에게 배당할 이익인데, 이를 자본금에 전입하여 배당할 수 없는 자본금으로 고정화한다면 주주의 이익배당청구권을 해하기 때문이다. 다만, 임의 준비금도 주식배당의 재원으로 사용하거나 이익준비금으로 전환 한 후 자본금으로 전입하는 방법은 가능하다.[572]

(4) 자본금전입의 결정

회사는 이사회 결의에 의하여 준비금의 전부 또는 일부를 자본금에 전입할 수 있다. 그러나 준비금의 자본전입은 주주의 배당가능이익을 감소시키는 요인이 되므로 주주들이 스스로 전입여부의 결정권을 갖고자 할 경우에는 정관으로 주주총회의 결의사항으로 할 수 있다.(「상법」제461조 제1항 단서).

이사회 결의로 자본금전입을 결정하는 경우 전입할 준비금의 종류와 금액, 신주배정일을 포함한 주식발행사항 등을 결정하여야 한다. 따라서 이사회가 자본금전입 자체만 결정하고 구체적인 사항을 대표이사에게 위임하는 것은 위법한 것으로서 이사회결의 무효사유에 해당한다.[573]

(5) 자본금전입의 효과

(가) 액면주식 발행회사

1) 자본전입의 효력발생시기

이사회결의에 의하는 경우에는 이사회가 정하는 신주배정일에, 주주총회결의에 의하는 경우에는 주주총회 결의일에 자본금전입의 효력이 발생(신주발행의 효력)한다.

가) 이사회에서 결의하는 경우

자본금전입에 대한 이사회결의가 있은 때에는 회사는 일정한 날을 정하여 그 날에 주주명부에 기재된 주주가 신주의 주주가 된다는 뜻을 그 날의 2주 전에 공고하여야한다.[574] 그러나 그 날이 주주명부폐쇄기간 중인 때에는 그 기간의 초일의 2주 전에 이를 공고하여야 한다(「상법」 제461조 제3항).

이사회결의에 의하는 경우에는 주식양수인에게 자본금전입을 예고함

---

571) 김건식, 전게서, 박영사, 2014., 553면, 이철송, 전게서, 박영사, 2014., 945면, 임재연, 「회사법 Ⅰ 개정 2판」, 박영사, 2014., 725면

572) 이철송, 전게서, 박영사, 2014., 945~946면, 임재연, 「회사법 Ⅰ 개정 2판」, 박영사, 2014., 725면.

573) 임재연, 「회사법 Ⅰ 개정 2판」, 박영사, 2014., 725면.

574) 임재연, 「회사법 Ⅰ 개정 2판」, 박영사, 2014., 725면., 대법원 1988.6.14. 선고 87다카2599, 2600 판결

으로써 명의개서를 청구할 기회를 주기 위하여 별도로 신주배정일을 정한다. 그렇지 않으면 명의개서를 지체한 주식양수인은 무상주를 배정받지 못하여 불측의 손해를 입게 된다.

이러한 공고 없이 신주를 발행하는 경우 신주배정일 전에는 신주발행 유지청구의 원인이 되고, 신주배정일 후에는 신주발행무효의 소의 원인이 된다.

나) 주주총회에서 결의하는 경우

정관으로 주주총회에서 결정하기로 정한 경우에 주주는 주주총회 결의가 있은 때로 부터 신주의 주주가 된다(「상법」제461조 제4항). 주주총회 결의에 의하는 경우에는 주주총회 소집통지에 의하여 자본금전입이 예고되어 이미 이런 기회가 주어졌으므로 "주주총회 결의 시"를 신주발행의 효력발생시기로 규정한 것이다.[575]

다만, 주주총회에서 의결권을 행사할 수 있는 주주를 확정하기 위한 주주명부폐쇄나 기준일제도와 관련하여 무상주를 배정받을 주주의 확정이 문제된다. 따라서 실무상으로는 주주총회 결의일 전 또는 후의 날로 무상주배정일을 정한다.

무상주배정일을 주주총회 결의일 후로 정한 경우에는 기한부결의가 되고, 주주총회 결의일 전으로 정한 경우에는 주주명부 폐쇄직전의 날을 배정일로 정한다. 이 경우 배정일 현재 주주명부상의 주주가 무상주의 주주가 되고, 다만 그효력은 「상법」제461조 제4항에 따라 주주총회 결의일에 발생한다.[576]

2) 신주 발행

가) 의의

액면주식 발행회사의 자본금전입 결과 회사의 순자산에는 변동이 없지만, 자본금이 증가하고 전입액을 액면금액으로 나눈 수의 신주(발행예정주식총수의 범위 내에서)가 발행된다. 이러한 신주발행을 '무상증자', 발행된 신주를 '무상주'라고 부른다.[577]

「상법」은 "주주에 대하여 그가 가진 주식의 수에 따라 주식을 발행하여야 한다"고 규정하는데(「상법」제461조 제2항), 이는 준비금의 자본금전입에 의하여 증가하는 자본금에 상응하는 신주(무상주)를 발행하여 발행주식의 액면총액과 자본금을 일치시키기 위한 규정이다.

---

575) 임재연, 전게서 I, 박영사, 2014., 726면. 이철송, 전게서, 박영사, 2014., 947면.
576) 임재연, 전게서 I, 박영사, 2014., 726면. 정찬형, 전게서, 박영사, 2014., 1,081면.
577) 임재연, 전게서 I, 박영사, 2014., 726면. 이철송, 전게서, 박영사, 2014., 947면.

나) 발행주식 수와 발행 가액[578]

자본금전입에 의한 신주는 정관의 발행예정주식총수(수권주식총수)의 범위 내에서 발행하여야 한다. 만일 미발행수권주식수 이상으로 신주를 발행 하려면 먼저 정관을 변경 하여 발행예정주식총수를 충분히 늘려야 한다.

액면주식의 경우에는 자본금 증가액을 액면금액으로 나눈 수의 주식을 발행하고, 액면금액이 '발행가액'이다. 액면미달가액으로 발행하는 것은 허용되지 않는다. 액면금액을 초과하여 발행가액을 정하더라도 그 초과액은 다시 자본준비금으로 적립되므로 무의미하다. 따라서 액면주식의 경우에는 이사회가 발행가액을 정할 필요가 없다.

다) 주식발행 절차

자본금전입에 의한 신주는 각 주주에 대하여 그가 가진 주식 수에 비례하여 발행되고(「상법」제461조 제2항), 주주는 별도의 신주인수 절차 없이 신주의 주주가 되므로 제3자가 신주인수권을 가질 여지가 없다. 단주가 생길 경우에는 이를 매각한 금액을 단주의 주주에게 분배하여야 한다(「상법」제461조 제2항).

법문에서는 "주식을 발행하여야 한다"라고 표현하지만(「상법」제461조 제2항),준비금을 자본 전입하는 의사결정과 동시에 또는 기준일에 각 주주에게 신주가 발행되는 효과가 생기고 별도의 주식발행절차가 있는 것은 아니다.[579]

자본전입에 의한 신주는 액면가로 발행하며, 보통주주에게나 우선주주에게나 모두 보통주식으로 발행한다. 원래 우선주란 특정시기에 자본조달을 위해 별도의 발행가와 우선배당율 등 특정의 조건에 따라 발행하는 것인데, 준비금의 자본전입은 내부의 유보자금을 액면가로 환산하여 신주를 무상으로 발행하는 것인 만큼 우선주로 발행할 동기가 없기 때문이다.[580]

라) 단주의 처리

자본금전입의 경우에는 주주에 대하여 그가 가진 주식의 수에 따라 주식을 발행하여야 한다. 이 경우 1주에 미달하는 단주가 생긴 경우 단주를 매각한 금액을 단주의 주주에게 그 주식 수에 따라 분배하여야 한다(「상법」제461조 제2항, 제443조 제1항).

그러나 거래소의 시세 있는 주식은 거래소를 통하여 매각하고, 거래소의 시세 없는 주식은 법원의 허가를 받아 경매 이외의 방법으로 매각

---

578) 임재연, 전게서Ⅰ, 박영사, 2014., 727면
579) 이철송, 전게서, 박영사, 2014., 946면,
580) 이철송, 전게서, 박영사, 2014., 946면,

할 수 있다(「상법」제443조 제1항).

「상법」은 "주식을 발행하여야 한다"고 규정하지만, 준비금을 자본전입하는 의사결정과 동시에 또는 기준일에 각 주주에게 신주가 발행되는 효과가 생기고, 별도의 주식발행 절차는 없다. 자본금전입의 경우에는 우선주의 주주에게도 보통주로 발행하여야 한다.[581]

마) 주권의 발행

회사는 성립 후 또는 신주의 납입 기일 후 지체 없이 주권을 발행하여야 하는데 (「상법」제355조 제1항), 여기서 "지체 없이"는 6개월 이내로 해석 된다.[582]

위 규정은 통상의 신주발행 뿐만 아니라 준비금의 자본금 전입 등 모든 원인으로 발행하는 신주 발행의 경우에도 적용된다.

바) 이익배당

신주배정일에 주주명부에 기재된 주주가 무상신주의 주주가 되지만, 회사는 신주에 대한 이익배당에 관하여, 신주배정일에 속하는 영업연도 말에 전환 된 것으로 본다.

이 경우 신주에 대한 이익이나 이자의 배당에 관하여는 정관이 정하는 바에 따라 그 청구를 한 때가 속하는 영업연도의 직전 영업연도 말에 전환 된 것으로 할 수 있다(「상법」제461조 제6항, 제350조 제3항).

3) 통지 · 공고

자본금전입에 의하여 신주의 주주가 된 때에는 이사 · 집행임원은 지체 없이 신주를 받은 주주와 신주효력발생일의 주주명부에 기재된 질권자에 대하여 그 주주가 받은 주식의 종류와 수를 통지하여야 한다(「상법」제461조 제5항).

4) 물상대위

주식의 소각, 병합, 분할 또는 전환이 있는 때에는 이로 인하여 종전의 주주가 받은 금전이나 주식에 대하여도 종전의 주식을 목적으로 한 질권을 행사할 수 있다(「상법」제399조).

따라서 자본금전입의 본질은 주식의 분할이고, 발행된 신주는 종전 주식의 분할에 의하여 생긴 것이므로, 종전의 주식을 목적으로 한 등록질과 약식질은 물상대위에 의하여 무상신주 및 단주처분대금에 대하여도 효력이 미친다(「상법」제461조 제7항, 제339조).

---

581) 임재연, 전게서 I , 박영사, 2014., 728면. 이철송, 전게서, 박영사, 2014., 946면,
582) 임재연, 전게서 I , 박영사, 2014., 728면

5) 등기

준비금의 자본전입으로 인하여, 자본금이 증가하고 무상주의 발행으로 발행 주식 수도 증가하므로, 이에 따른 변경등기를 하여야 한다(「상법」제317조 제2항 제2호, 제3호, 제183조). 변경등기 신청서에는 준비금의 존재를 증명하는 서면을 첨부하여야 한다(「상등법」제86조).

(나) 무액면주식 발행회사

무액면주식은 일단 발행되어 그 발행가의 전부 또는 일부가 자본을 구성한 후에는 주식의 수는 자본과 무관하다. 그러므로 무액면주식을 발행한 회사에서 준비금을 자본전입하는 것은 신주 발행을 수반하지 않고 행해지는 것이 원칙이다.

즉 준비금을 자본에 전입한다는 이사회 또는 주주총회의 의사결정 만으로 족한 것이다. 그러므로 준비금의 자본 전입에 관한 「상법」제461조의 조문 중에서 무액면주식에 적용될 수 있는 조문은 제1항뿐이다.

그러나 무액면주식을 발행한 회사에서도 준비금의 자본전입을 계기로 신주를 발행할 수 있다. 이 경우에는 「상법」제461조 전부가 적용된다고 보아야 할 것이다. 다만 이사회가 발행가액과 발행주식수를 결정한다.[583]

요컨대 회사의 선택에 따라 신주발행을 수반하면 「상법」제461조 제1항 내지 제7항의 절차에 따라 준비금의 자본전입이 이루어지고, 신주발행 없이 준비금을 자본전입하면 동조 제1항에 따라 이사회 및 주주총회의 결의만으로 실행할 수 있는 것이다.[584]

(다) 「자본시장법」상 공공적 법인의 자본금전입

공공적 법인은 준비금의 전부 또는 일부를 자본에 전입할 때에는 정부에 대하여 발행할 주식의 전부 또는 일부를 대통령령으로 정하는 기준 및 방법에 따라 공공적 법인의 발행주식을 일정 기간 소유하는 주주에게 발행할 수 있다(「자본 시장법」제165조의 14 제2항).

(6) 자본금전입의 위법

준비금의 자본전입이 위법하게 행해지는 경우란 ① 이사회 결의(또는 주주총회의 결의)가 없이 자본전입이 이루어지는 경우, ② 결의가 있더라도 하자 있는 결의에 의한 경우, ③ 준비금이 존재하지 아니하는데 자본전입의 결의를 한 경우, ④ 발행예정주식총수를 초과하여 자본전입 한 경우 등이다.

준비금을 자본 전입하는 의사결정(이사회 또는 주주총회의 결의)이 없이 자본

583) 임재연, 전게서 I 박영사, 2014., 729면. 이철송, 전게서, 박영사, 2014., 947~948면.
584) 이철송, 전게서, 박영사, 2014., 948면.

전입이 이루어졌다면, 단지 회계의 조작에 불과하므로 당연 무효이고 이에 의해 발행된 신주도 무효라고 보아야 한다.

그러나 자본전입에 흠이 있더라도 자본전입의 결의가 있고 이어 신주의 효력이 발생 하면 그 후에는 신주발행무효의 소에 관한 「상법」제429조를 유추 적용하여 소에 의해서만 자본전입의 무효를 주장할 수 있다고 보아야 한다.[585] 따라서 **신주발행의 무효는 주주·이사 또는 감사에 한하여 신주를 발행한 날로부터 6월내에 訴만으로 주장할 수 있다.**[586]

4. 법정준비금 감소

가. 의 의

회사는 적립된 자본준비금 및 이익준비금의 총액이 자본금의 1.5배를 초과하는 경우에 주주총회의 결의에 따라 그 초과한 금액의 범위에서 자본준비금과 이익준비금을 감액할 수 있다.(「상법」제461조의 2).

준비금은 이른바 자기자본을 구성하는 고정된 금액이므로 자본충실에는 기여하지만, 과다하게 적립될 경우 배당가능 이익의 산출을 어렵게 하는 불편이 따른다. 따라서 준비금이 자본과 적절한 비례관계에서 유지되도록 하고 이익처분에 탄력성을 부여하고자 2011년 개정 시에 신설한 제도이다.

앞에서 기술한 바와 같이 준비금을 결손전보를 위해 사용하거나 자본금에 전입할 경우에도 준비금은 감소하므로 준비금의 감소란 넓은 의미로는 결손의 보전을 위한 준비금의 사용과 준비금의 자본전입도 포함한다고 할 수 있다.

그러나 이 두 가지는 준비금을 적립하는 본래의 목적에 사용하는 것임에 대해, 「상법」제461조의2에서 규정하는 **「준비금의 감소」란 준비금으로서의 용도를 포기하고 미처분상태의 잉여금으로 환원하는 것**을 말한다. 이에 의해 배당가능이익이 증액되고 향후 배당가능익의 산출을 위한 공제항목이 감소하는 효과가 생긴다. [587]

나. 요 건

(1) 감소대상 준비금

자본준비금 및 이익준비금의 총액이 자본금의 150%를 초과하는 경우의 자본 준비금 및 이익준비금이 감소대상 준비금이다.

「상법」은 "자본준비금 및 이익준비금을 감액할 수 있다"고만 규정되어 있고 감

---

585) 이철송, 전게서, 박영사, 2014., 948면, 임재연, 전게서Ⅰ, 박영사, 2014., 729면
586) 임재연, 전게서Ⅰ, 박영사, 2014., 729면
587) 이철송, 전게서, 박영사, 2014., 949면

소의 순서에 제한이 없으므로, 자본준비금과 이익준비금 중 어느 것을 먼저 감액하여도 된다.

(2) 결손차감 잔액588)

준비금으로 반드시 결손을 보전하지 않아도 되지만 , 자본준비금 및 이익준비금의 총액이 자본금의 150%를 초과하는지 여부를 판단함에 있어서는, 준비금의 단순총액이 아니라 준비금에서 결손을 차감한 잔액을 기준으로 하여야 한다. 왜냐하면 감소된 준비금은 배당 재원으로 사용될 수 있으므로 결손을 방치한 채 배당이 이루어지는 것을 방지하기 위한 것이다.

이와 관련하여 영업연도 중간에는 결손의 규모를 알 수 없으므로 반드시 직전결산기의 재무상태표(대차대조표)에 의하여 확정된 준비금을 기준으로 하여야 한다. 그리고 준비금 감소분의 일부는 결손을 보전하고 나머지만 미처분잉여금 으로 전환하는 것도 가능하다.

(3) 시기적 제한589)

감소할 수 있는 준비금은 직전결산기의 대차대조표에 의해 확정된 준비금에 한한다. 영업연도 중간에 발생한 준비금은 자본전입의 대상이 아니다. 왜냐하면 영업연도 중간에는 결손이 얼마인지 인식할 수 없으므로 자본준비금이 발생하더라도 감소 가능한 금액을 계산할 수 없기 때문이다.

다. 절 차
(1) 주주총회 결의590)

준비금의 감소는 주주총회의 보통결의에 의한다.(「상법」제461조의2). 반드시 정기총회가 아니라도 무방하다. 자본금의 감소에는 특별결의를 요하면서 준비금의 감소는 보통결의로 족하게 한 것은 자본충실에 주는 영향이란 면에서 자본금의 감소보다 준비금의 감소가 덜하다고 본 것이다.

그 이유는 준비금의 감소에 의하여 회사재산에 실질적인 변동이 있는 것은 아니지만 준비금은 배당가능이익 산정 시 공제항목이므로 준비금 감소에 의하여 배당가능이익이 늘어나는 결과가 되기 때문이다.

주주총회에서는 감소되는 준비금의 종류와 금액을 정하는 외에, 명문의 규정은 없으나, 감소의 효력발생시기를 정해야 한다.591) 준비금감소결의에 소급효를 부여

---

588) 임재연, 전게서 I , 박영사, 2014., 730~731면, 이철송, 전게서, 박영사, 2014., 949면
589) 임재연, 전게서 I , 박영사, 2014., 730면, 이철송, 전게서, 박영사, 2014., 949면
590) 임재연, 전게서 I , 박영사, 2014., 730~731면, 이철송, 전게서, 박영사, 2014., 950면
591) 일본 「회사법」에서는 주주총회의 감소결의에서 효력발생일을 정하라고 규정하고 있다(일본「회사법」

할 수 없으므로 효력발생일은 결의일 이후로 정해야 한다. 효력발생시기를 정하지 아니한 경우 에는 결의 시로부터 감소하는 효과가 생긴다고 보아야 할 것이다.

이익배당을 결의하는 주주총회에서 동시에 준비금감소결의를 하여 감소된 준비금을 배당재원으로 사용할 수 있는가? 이같이 하면 준비금의 감소결의에 소급효를 부여하는 것과 같으므로 불가하다.

(2) 채권자 보호 절차[592]

준비금은 이익배당에 있어 공제항목이 되어 채권자를 위한 책임재산의 확보에 기여하므로 준비금의 감소는 채권자에게는 불리한 자본거래다.

하지만 준비금이 감소하더라도 여전히 자본금의 1.5배에 달하는 준비금이 존재하므로 채권자에게 실질적인 불이익은 거의 없다고 볼 수 있어 「상법」은 채권자 보호절차를 요구하지 않는다.[593]

그 이유는 「상법」은 준비금의 유지한도를 150%로 정하고 있으므로 결국 자본금을 합산하면 자본금의 250%가 확보되는 결과가 되기 때문이다.

라. 준비금 감소의 무효

「상법」은 준비금감소의 무효를 다투는 소송을 별도로 마련하고 있지 않다. 준비금의 감소가 무효일 경우 (예컨대 한도를 넘어 감소하는 것)에는 종전의 준비금이 회복되어야 하며, 준비금 감소 후의 이익배당도 환원되어야 할 것이므로 준비금 감소의 무효는 형성의 訴에 의해 다투어야 할 사안이다. 입법으로 보완될 때까지는 감자무효의 訴에 관한 규정 (「상법」제445조)을 유추 적용하도록 하여야 할 것이다.[594]

그러나 자본금 감소 무효의소는 「민사소송법」(이하 '민소법'이라 한다)상 일반 무효확인의 소에 해당된다고 주장하는 학자도 있다. 그 이유는 감자무효의 訴는 제소권자와 제소기간에 엄격한 제한이 있고, 판결의 대세적 효력이 인정되고 있다. 「민소법」상 일반 확인의 소를 제기할 수 있음에도 굳이 이러한 제한과 효력이 있는 규정을 유추 적용하여야 한다는 해석은 타당성이 의문시 된다고 한다.[595]

마. 준비금의 감소액과 배당재원[596]

준비금의 감소는 법정준비금으로서의 용도를 포기하고 미처분 상태의 잉여금으로 환원하는 것을 말하고, 이에 따라 배당가능이익의 산정을 위한 공제항목이 감소되어

제448조 제2항). 우리나라「상법」이 이점을 간과 한 것은 입법착오이다.

592) 임재연, 전게서 I, 박영사, 2014., 731면, 이철송, 전게서, 박영사, 2014., 950면
593) 일본 「회사법」에서는 준비금의 감소에도 채권자보호절차를 요한다(일본 「회사법」 제449조 제1항).
594) 이철송, 전게서, 박영사, 2014., 951면
595) 임재연, 전게서, 박영사, 2014., 731~732면.
596) 임재연, 전게서, 박영사, 2014., 732~733면.

결과적으로 배당가능이익이 증가하는 효과를 발생한다.

그런데 배당가능이익은 정기주주총회에서 재무제표가 확정되어야지만 산출되는 것이므로, 재무제표의 확정 없이 기중에 감소한 자본준비금을 이익배당 또는 중간배당의 재원으로 사용할 수 있는지가 문제이다.

이에 대하여 **기중에 감소한 자본준비금을 이익배당 또는 중간배당의 재원으로는 아래와 같은 이유에서 사용할 수는 없을 것으로 해석**된다.

　① 현행 「상법」은 이익배당과 중간배당 모두 직전 결산기의 대차대조표상 수치를 기준 으로 배당가능이익을 산정하도록 규정.

　② 중간배당의 배당가능이익도 직전 결산기의 자본금 및 준비금을 차감하고 있을 뿐, 기중에 변동한 자본금 또는 준비금을 반영하도록 하고 있지 않은 점.

　③ 중간배당 시 이사의 차액배상책임은 이사가 배당가능이익 한도(「상법」제462조의3 제3항)를 준수하여 배당하는 경우를 전제로 하고 있는바, 이를 위반하여 중간배당을 하는 경우에는 이사의 차액배상책임[597] 규정(「상법」제341조)이 적용될 여지가 없고, 위법한 중간배당으로 무효가 되는 점.

　④ 명문의 규정이 없는 한 기중에 준비금이 감소되었다고 해서 재무제표의 확정도 없이 「상법」상 배당가능이익이 증가하는 것은 아니라는 점.

Ⅴ 임의 준비금[598]

1. 임의준비금의 의의

「상법」은 법정준비금과는 달리 임의준비금에 관해서는 아무런 규정을 두고 있지 않다. **임의준비금이란 회사가 법·규정에 따른 것이 아니라 자체적인 판단에 따라 이익을 유보하여 적립한 준비금**을 말한다. **적립방법은 정관의 규정이나 주주총회 결의로** 정한다.

이익의 원천이라는 점에서는 이익준비금과 동일하지만 법률의 강제에 의하지 않고 자발적으로 적립되는 것이라는 점에서 이익준비금과 구별된다. 사채계약에 따라 회사가 적립하는 사채상환준비금은 법률이 적립을 강제하는 것이 아니므로 임의준비금에 불과하다.

---

597) 해당 영업연도의 결산기에 대차대조표상의 순자산액이 ① 자본금의 액, ② 그 결산기 까지 적립된 자본준비금과 이익준비금의 합계액, ③ 그 결산기에 적립하여야 할 이익준비금의 액, ④ 대통령령으로 정하는 미실현 이익의 합계액에 미치지 못함에도 불구하고 회사가 자기주식을 취득한 경우 이사는 회사에 대하여 연대하여 그 미치지 못한 금액을 배상하여야 하는 책임을 말한다.
598) 김건식, 전게서, 박영사, 2014., 558면.

따라서 사채상환준비금을 적립하지 않은 경우 채무불이행에 해당할 수 있지만 위법은 아니다.

2. 임의준비금의 종류

임의준비금은 ① 특정목적이 정해진 것과 ② 특정목적이 정해지지 않아 어느 목적에나 사용할 수 있는 것으로 나누어진다.

① 특정목적이 정해진 임의준비금 : 사업확장을 위한 사업확장적립금, 이익배당 평균화를 목적으로 한 배당평균준비금, 사채상환준비금(감채기금)등.
② 특정목적을 정하지 않은 임의준비금 : 별도적립금, 전기이월이익금 등.

3. 임의준비금의 적립

임의준비금의 적립방법이나 **적립액**은 **정관규정이나 주주총회 결의에 의하여 결정**된다. 임의준비금의 적립방법을 정관으로 정한 경우 회사는 이익이 있는 한 적립할 의무가 있다. 따라서 이익이 충분하지 않은 경우에는 정관을 변경하지 않는 한 이익배당을 하지 못할 수도 있다.

이익배당의 최종 결정권을 가진 주주총회도 정관규정을 준수해야 하기 때문이다. 정관에 임의준비금에 관한 규정이 없는 경우에는 주주총회 결의로 적립목적, 적립액 등을 정할 수 있다.

임의준비금은 배당가능이익 산출 시에 공제항목이 아니므로(「상법」제462조 제1항) 회사가 임의준비금을 적립하지 아니하고 이익배당을 하더라도 배당가능이익을 초과한 위법배당이 되는 것은 아니다.

4. 임의준비금의 사용

임의준비금은 그 적립목적으로 정해진 목적에 따라 사용할 수 있다. 특정목적으로 적립된 임의준비금은 일반적으로 영업연도 중 이사회 결의로 사용할 수 있다.

그러나 배당평균적립금과 같이 성질상 연도말 결산을 전제로 하는 것은 결산기말에 이익처분안에 기재되어 주주총회 결의를 거쳐야만 사용할 수 있다. 또한 목적이 정해지지 않은 별도적립금의 경우에도 이사회 결의만으로는 사용할 수 없다고 본다.

제4절 >> 이익배당

I 개설

1. 이익배당의 의의[599]

주주의 이익 극대화를 위해서는 부족한 자금을 조달하거나 잉여재산을 주주에게 반환할 필요가 있다. **회사가 존속 중에 회사재산을 주주에게 반환하는 방법으로는 이익배당, 자기주식취득, 유상감자를 들 수 있다. 주주에 대한 회사재산의 반환은 선순위 권리자인 회사채권자의 이익을 위협할 수 있으므로 「상법」은 채권자 보호를 위해서 엄격한 규제를 가하고 있다.**

그러나 이익배당의 경우에는 채권자이익 못지않게 주주이익도 고려할 필요가 있다. **이익배당이란 "주식회사가 그 영업활동의 결과로서 발생한 이익을 주주에게 분배하는 것"을 의미한다.** 주식회사는 인적회사와 달리 사원의 퇴사제도가 없고 해산하기 전에는 잔여 재산 분배도 할 수 없으므로 이익배당은 주식회사의 본질적 요소라 할 수 있다.

주주의 이익배당청구권은 가장 중요한 자익권이고, 주주권 중 가장 본질적인 고유권 으로써 주주의 동의 없이 이를 박탈하거나 제한할 수 없다. 이익의 분배는 영리법인의 존재목적이기도 하다. 따라서 이익배당에 관한 종류주식이라 하더라도 이익배당청구권이 완전히 배제된 종류주식의 발행은 허용되지 않는다.

이익배당의 재원인 배당가능이익은 재무제표의 확정으로 산출되므로 재무제표 확정을 위한 정기주주총회(또는 이사회)에서 이익배당도 결정한다. 이를 정기배당이라 한다. 그 밖에 회사는 정기총회에서 산출된 배당가능이익을 재원으로 영업연도 중간에 중간배당을 할 수 있다(「상법」제462조의3 제1항).

상장회사의 경우는 「자본시장법」에 의하여 사업연도 개시일부터 3월, 6월 및 9월 말일 당시의 주주를 대상으로 연3회의 분기배당도 할 수 있다(「자본시장법」제165조의123 제1항). **이익배당은 금전배당이 원칙이나 현물배당과 주식배당도 가능하다.**

2. 이익배당의 요건[600]

이익배당은 주주의 본질적인 권리이나, 주주의 이기심에 의해 무리한 배당이 강행되면 회사의 자본충실을 해한다. 특히 주주가 유한책임을 누리는 이상 회사채권자의 권리에 우선해서는 안 되므로 이익배당은 채권자를 위한 책임재산이 확보된 상태에서만 허용해야 할 것이다. 그리하여 「상법」은 자본충실과 채권자 보호를 위해 이익배당

---

599) 임재연, 전게서Ⅰ, 박영사, 2014., 733면, 김건식, 전게서, 박영사, 2014., 560면.
600) 이철송, 전게서, 박영사, 2014., 952~953면

의 요건을 엄격히 정하고 있다.

우선 **이익배당은 이익이 있어야 하며,** 「이익이 없으면 배당 없다」는 명제는 철칙 이다. 우선주라 하더라도 예외가 될 수 없다. 여기서 **이익**이란 「**배당가능이익**」을 말한다. **배당가능이익**이란 **대차대조표상의 순자산액으로부터 다음의 금액을 공제한 것**을 말한다(「상법」제462조 제1항).

① 자본금의 액.
② 그 결산기까지 적립된 법정준비금(자본준비금과 이익준비금)의 합계액.
③ 그 결산기에 적립하여야 할 이익준비금의 액.
④ 대통령령으로 정하는 미실현이익.

위에서 **순자산액이란 자산에서 부채를 공제한 금액**을 말한다. 따라서 순자산액은 자산과 부채의 평가방법에 크게 좌우된다. 기업회계 상 자산평가가 원가 대신 공정가치에 의하는 경우가 증가함에 따라 평가 상으로는 이익이지만 현금화되지 않은 미실현이익이 늘게 되었다.

미실현이익을 근거로 배당을 지급하면 후일 자산가치가 하락하는 경우 채권자의 이익이 침해될 위험이 있다. 이러한 위험을 피하기 위하여 **2011년 개정 「상법」은 특별히 배당가능이익을 산정할 때 미실현이익을 배제하는 규정**을 두었다.[601]

그리고 순자산액은 총자산에서 부채를 공제한 잔액을 뜻하는 바, 이 순자산액을 배당가능이익의 기초로 삼는 것은 채권자를 위한 책임재산이 확보된 후에야 배당이 가능함을 뜻한다. 그리고 다시금 자본금과 준비금을 공제하는 것은 회사가 계속기업으로서 요구되는 재산적기초를 확보한 후 그 잉여재산으로 배당해야 함을 밝힌 것이다.

그러므로 **위의 요건은 회사채권자 보호와 회사의 존속을 위해 반드시 지켜져야 할 기준으로서 이를 위반하여 이익배당을 결의하면 그 결의는 무효이다.**[602]

3. 배당가능이익 산정[603]

이러한 배당가능이익의 산정공식은 다음과 같이 표시할 수 있다. 편의상 순자산을 NA, 자본금을 C, 자본준비금과 이익준비금의 합계액, 즉 법정준비금을 S, 그 결산기에 적립해야 할 이익준비금의 액을 ES, 대통령령으로 정하는 미실현이익을 U, 법인세를 T, 임의준비금을 V, 배당가능이익을 P로 표시한다.

$$P = NA - (C + S + ES + U + T + V)$$

여기서 ES는 이익배당액의 10분의 1 이상이 되어야 한다(「상법」제458조). 배당가능이익이 전부 배당되는 일은 실제로는 거의 없다. 그러나 배당가능이익이 전부 배당

601) 김건식, 전게서, 박영사, 2014., 562~563면.
602) 이철송, 전게서, 박영사, 2014., 953면
603) 김건식, 전게서, 박영사, 2014., 562면, 이철송, 전게서, 박영사, 2014., 957면.

되는 경우 가장 커지므로 P의 한도를 정할 때는 ES를 0.1P로 대체해야 할 것이다.

$$P = NA - (C + S + 0.1P + U + T + V)$$

이 산식을 P를 중심으로 다시 정리하면 다음과 같다.

$$P = 10/11 (NA - C - S - U - T - V)$$

위 산식을 말로 풀어보면 다음과 같다. 즉 **배당가능이익은 순자산액에서 자본금과 법정준비금(자본준비금 +이익준비금), 미실현이익, 법인세, 그리고 임의준비금을 공제한 금액의 11분의 10이다.**

그러나 위의 산식은 일반적인 이익배당의 경우에만 적용되며, 주식배당의 경우에는 변경할 필요가 있다. 주식배당 시에는 이익준비금을 적립할 필요가 없기 때문에(「상법」 제458조), 위 산식에서 ES를 제거해야 한다. 그리하여 주식배당시의 배당가능이익의 산식은 다음과 같이 정리할 수 있다.

$$P = NA - (C + S + U + T + V)$$

참고1 ▶▶ 배당가능이익의 산정과 자본잉여금 이외의 자본항목[604]

「상법」상 배당가능이익은 순자산에서 출발하여 자본금과 준비금 등을 공제하는 방식으로 산정하고 있다. 반면에 기업실무에서 배당가능이익을 산정할 때에는 주로 이익잉여금을 기초로 삼고 있다. 대차대조표 자본의 부가 자본금, 자본잉여금, 이익잉여금으로만 구성되어 있다면 두 가지 방법에는 큰 차이가 없을 것이다.

그러나 현재 기업회계기준상 자본항목은 그렇게 단순하지 않다. 먼저 「한국채택국제 회계기준」에서는 자본항목이 납입자본, 이익잉여금, 기타자본구성요소의 세 가지로 구성되고 있어 「상법」의 산정공식을 그대로 적용하기 어렵다.

다행히 「일반기업회계기준」은 「상법」의 산정공식에 보다 가깝다. 「일반기업회계기준」에서 자본은 다음 다섯 가지로 분류된다. 그것은 ① 자본금, ② 자본잉여금, ③ 자본 조정, ④ 기타포괄손익누계액, ⑤ 이익잉여금 등이다.

따라서 순자산액에서 ① 과 ②를 공제하면, ③ ~ ⑤가 남지만 ④는 성질상 미실현이익에 해당하여[605] 공제할 수 있으므로 결국 문제가 되는 것은 ③ 자본조정이다. 자본조정은 양의 자본조정과 음의 자본조정의 두 가지 유형으로 나눌 수 있다.[606] 전자는 성격상 자본거래에 해당하나 자본금이나 자본잉여금의 어느 하나에 속하는 것으로 확정되지 않은 임시적인 자본항목으로 자본을 증가시킨다는 점에서 '**양의 자본조정**'이라고 한다.

후자는 자본잉여금으로 분류된 항목과 대칭되는 계정으로서 자본을 감소시킨다는 점에서 '**음의 자본조정**'이라고 한다. 「일반기업회계기준」상 전자에는 출자전환채무, 주식 선택권, 미교부주식배당금, 신주청약증거금 등이 있고, 후자에는 주식할인발행차금, 자기주식, 감자차손, 자기주식처분 손실 등이 있다.

위에서 음의 자본조정은 이미 순자산액에 반영되어 있으므로 배당가능이익산정과 관련하여 다시 공제할 필요는 없다. 문제가 되는 것은 양의 자본조정이다. 현행법의 해석론 상으로 이를 공제할 근거가 없다. 따라서 결국 그만큼 배당가능이익이 증가하게 된다. 입법론 상 영업활동에서 비롯되지 않은 양의 자본조정을 배당가능이익에 포함시키는 것은 타당하지 않다는 이유로 그것을 공제항목에 포함시키자는 견해[607]가 있다.

참고2	배당가능이익과 임원상여[608]

결산 주주총회에서 임원상여의 지급을 결의하는 경우가 있다. 이때 임원상여의 지급방법에 따라서 과세가 달라진다. 이익처분의 형태를 취하는 경우에는 회사의 손금에 산입 될 수 없고(「법인세법」제20조 제i호,「법인세법시행령」제43조 제1항), 배당가능이익의 테두리를 넘을 수 없다. 손금처리가 가능하기 위해서는 정관, 주주총회 결의 또는 이사회 결의로 정한 급여지급기준에 의하여 지급하여야 한다(「법인세법시행령」제43조 제2항).

실제로 임원상여는 대부분 이처럼 손금처리가 가능한 방식으로 지급되고 있다. 이 경우 임원상여를 지급하는 것은 회사의 의무라고 볼 수 있으므로 임원상여는 보수로서 회사의 비용으로 보아야 할 것이다. 따라서 배당가능이익의 산정 시에는 이러한 임원상여지급은 미리 공제하여야 할 것이다.

4. 주주의 이익배당청구권[609]

가. 의의 및 종류

영리법인인 주식회사에서 이익배당에 대한 주주의 권리, 즉 이익배당청구권은 주주권의 핵심을 이룬다. 주주의 이익배당청구권은 통상 추상적 이익배당청구권과 구체적 이익 배당청구권으로 구분한다.

추상적 이익배당청구권이란 정기총회에서 이익배당을 승인하는 결의가 확정되기 전에 주주가 이익배당에 대해서 갖는 추상적인 권리이다. 한편 **구체적 이익배당청구권은** 주주 총회나 이사회에 의하여 배당이 결정된 경우(「상법」제462조 제2항)에 주주가 갖게 되는 권리로서 보통 **배당금지급청구권**이라고 불린다.

배당금지급청구권은 회사에 대한 금전채권으로 다른 일반채권과 아무런 차이가 없다. 흔히 주주의 고유권이라고 불리는 주주의 이익배당청구권은 주로 추상적 이익배당청구권을 가리킨다.

나. 이익배당청구권의 권리성[610]

주주는 주주권의 일부로서 이익배당청구권을 갖지만, 주주총회/ 이사회의 배당결의가 있기 전에는 추상적인 것에 지나지 않아 주주에게 확정적인 이익배당청구권이 없다. 따라서 결산기 마다 확정적 금전채권으로서의 배당청구권을 갖는 것은 아니고, 주

---

604) 김건식, 전게서, 박영사, 2014., 563면.
605) 정운오, 「IFRS 중급회계」, 793면
606) 권재열 외 , 전게보고서, 113면 이하 참조, 김건식, 전게서, 박영사, 2014., 563면.
607) 권재열 외 , 전게보고서, 114면.
608) 김건식, 전게서, 박영사, 2014., 564면.
609) 김건식, 전게서, 박영사, 2014., 569~571면.
610) 김건식, 전게서, 박영사, 2014., 570~571면, 이철송, 전게서, 박영사, 2014., 962~963면.

주총회 또는 이사회에서 배당결의를 함으로써 그 결의 내용에 따라 배당청구권이 현실화 된다.

그리고 배당을 할 것인지, 얼마를 할 것인지는 주주총회 또는 이사회에서 다수결에 의해 결정되는 경영정책에 속한 문제로서 어떠한 법적 구속도 받지 아니한다. 그러므로 이익이 있다고 하여 반드시 배당을 결의하여야 하는 것도 아니고, 주주가 배당 결의를 청구할 수 있는 것도 아니다.(서울고법. 1976.6.11. 선고 75나1555 판결).

주주의 **이익배당청구권**은 흔히 **주주의 고유권**이라고 불리지만 그 **권리성은 그다지 확고하지 않다. 회사가 거액의 배당가능이익이 있는 경우에도 주주가 회사에 배당을 강제할 수 있는 권리는 없다.** 이익배당을 유보하는 결정도 경영상 합리적인 이유가 있다면 적법한 것으로 평가한다.

「상법」상 이익배당은 원칙적으로 주주총회에서 결정하지만(「상법」제462조 제2항), 의안을 마련하는 것은 통상 이사회이다. 따라서 이사회가 합리적인 이유를 댈 수 있다면, 연속적으로 무배당 결의를 하는 것도 불가능한 것은 아니다.

회사 경영상 합리적인 이유 없이 지배주주가 무배당결의를 장기간 계속하는 경우에는 심히 불공정하여 다수결 남용이라 할 수 있을 것이다. 그러나 그렇다고 해서 주주가 회사로 하여금 적정한 이익배당을 하도록 법원에 청구할 수 있는가? **현행법에는 무배당의 불공정을 직접 해결할 수 있는 제도가 없다.**

이상 살펴본 바에 의하면 **이익배당청구권**은 **주주가 장차 이익배당을 받을 것을 기대하는 기대권에 불과**하다. 그러나 이익배당청구권을 잔여재산분배청구권과 함께 완전히 박탈하는 것은 주식회사의 영리성에 반하여 허용되지 않는다. 존속기간의 정함이 없는 주식회사에서 이익배당청구권 만을 영구히 배제하는 것도 허용할 수 없다.

따라서 입법론으로는 이익이 충분함에도 불구하고 장기간 배당하지 아니할 경우 주주가 사법적 구제를 통해 배당을 청구할 수 있는 길을 열어 주거나 , 해산을 청구하여 잔여 재산 분배를 통해 투자이익을 회수할 수 있게 해주어야 할 것이다.[611]

다. 이익배당청구권의 양도 등[612]

이익배당청구권은 구체적인 배당금지급청구권과는 달리 주주 지위와 불가분 관계에 있으므로 그것만을 분리하여 양도하는 것은 원칙적으로 인정되지 아니한다. 또한 추상적 이익배당청구권은 압류나 전부명령의 대상이 될 수 없다. 다만 특정연도의 이익배당청구권을 그 확정 전에 양도하는 계약은 유효라고 할 것이다.[613]

---

611) 김건식, 전게서, 박영사, 2014., 570면, 이철송, 전게서, 박영사, 2014., 963면.
612) 김건식, 전게서, 박영사, 2014., 570~571면.
613) 실제로는 이익배당청구권을 일정기간 동안 제3자에게 이전하는 내용의 파생상품거래를 흔히 볼 수 있다.

한편 구체적 이익배당청구권은 회사에 대한 금전채권으로 다른 일반채권과 아무런 차이가 없다. 따라서 주주권으로부터 독립하여 양도·입질할 수 있음은 물론 압류와 전부명령*의 대상이 되고 소멸시효의 적용대상이 될 수 있다. 배당지급청구권이 일단 발생한 후에는 주식이 양도되는 경우에도 양수인에게 자동적으로 이전하지 않는다.

  * 전부명령이란 채무자가 제3채무자에 대하여 가지는 압류한 금전채권을 집행채권과 집행비용청구권의 변제에 갈음하여 압류채권자에게 이전시키는 집행법원의 결정이다.

이러한 전부명령으로 압류채권자는 만족을 얻게 되므로, 그 뒤의 위험부담은 채권자에게 이전된다.

Ⅱ 정기배당

1. 정기배당의 의의

이익의 분배는 영리법인의 존재 목적이다. 그리고 **자본이윤의 향유는 출자자의 궁극적인 목적이므로 주주의 이익배당청구권은 주주의 권리 중에서도 가장 본질적인 고유권**이라 할 수 있다. 따라서 전혀 이익을 분배하지 않음은 물론, 부당히 장기간 이익배당을 중지하는 것도 위법이다.

동일회사에 존재하는 모든 주주는 평등하게 이윤배분에 참가해야 할 것인데, 자본단체인 주식회사에서는 이들의 자본기여도, 즉 소유주식 수에 따라 배당함으로써 비례적 평등을 실현한다.

이익배당의 재원 즉 배당가능이익은 재무제표가 확정되어야 산출되므로 재무제표의 확정을 위한 정기 주주총회 또는 이사회에서 이익배당을 결정한다. 이를 '정기배당'이라 부른다. 정기배당이 이익배당의 원칙적인 모습이다.

2. 정기배당의 요건

가. 실질적 요건[614]

이익배당은 배당가능이익이 있는 경우에만 할 수 있다. 즉, 회사는 대차대조표상의 순자산액으로부터 ① 자본금의 액, ② 그 결산기(직전 결산기)까지 적립된 자본준비금과 이익준비금의 합계액, ③ 그 결산기에 적립해야할 이익준비금의 액, ④ 대통령령이 정하는 미실현이익을 공제한 액을 한도로 하여 이익배당을 할 수 있다(「상법」제462조 제1항). 정확히는 직전 결산기에 관한 주주총회에서 승인한 이익잉여금을 처분하고 남은 잔액이 이익배당 재원이다.

---

614) 임재연, 전게서Ⅰ, 박영사, 2014., 739~740면.

"대통령령이 정하는 미실현이익"이라 함은 「상법」제446조의2의 회계원칙에 따른 자산 및 부채에 대한 평가로 인하여 증가한 대차대조표상의 순자산액으로서, 미실현손실과 상계하지 아니한 금액을 말한다(「상법시행령 제19조 제1항」). 다만, 「자본시장법」상의 파생결합증권(「자본시장법」제4조), 파생상품(「자본시장법」제5조)의 경우에는 각각 미실현이익과 미실현손실을 상계할 수 있다(「상법시행령」제19조 제2항).

2011년 개정 「상법」은 회사의 회계장부에 기재될 자산의 평가방법을 규정하였던 제452조를 삭제함으로써 이를 「기업회계기준」에 위임하고 있다. 이에 따라 K-IFRS에 의한 포괄손익계산서 작성시 미실현이익을 순자산액에서 제거하지 않으면 배당가능이익에 포함되므로 배당가능액 산정시 미실현이익을 공제항목으로 규정하는 것이다.

상장회사의 경우 연결재무제표가 주재무제표이지만, 배당가능이익의 계산은 개별 재무제표 또는 별도재무제표상의 수치를 기준으로 한다.

나. 절차적 요건

(1) 별도 의안

종래에는 재무제표 승인결의에 관한 규정(「상법」제449조 제1항) 외에 이익배당을 위한 주주총회 또는 이사회의 승인결의에 관한 규정(「상법」제449조 제2항)이 별도로 없었고, 이익잉여금처분계산서가 재무제표의 하나였으므로 주주총회가 재무제표를 승인함으로써 이익배당까지 동시에 결정하였다.

그러나 2011년 개정 「상법」은 이익잉여금처분계산서를 재무제표에서 제외하고 재무제표의 승인결의와 이익배당의 결의를 구분하므로 양자는 별도의 의안으로 상정하여 결의 하여야 한다. 물론 이익배당은 재무제표에 근거한 배당가능이익을 기초로 결정하여야 하므로 이익배당결의를 하기 위해서는 반드시 재무제표의 승인이 있어야 한다.[615]

다만 이익잉여금처분계산서를 재무제표의 하나로 선택한 회사의 경우(「상법 시행령」제16조 제1항 제2호)에는 재무제표의 승인만으로 이익배당이 가능하므로 이익배당을별도의 의안으로 다룰 필요가 없다고 본다.[616]

(2) 주주총회 결의 : 원칙

이익배당은 주주총회 결의(보통결의)로 정한다(「상법」제462조 제2항). 배당의 여부, 배당의 크기에 관한 의사결정은 회사의 전반적인 재산 및 영업상태를 파악한 후에 내리는 정책적 결정이므로 원칙적으로 재무제표의 승인권을 가진 주주

---

615) 임재연, 전게서 I, 박영사, 2014., 740면.
616) 이철송, 전게서, 박영사, 2014., 953면.

총회로 하여금 이익배당도 결정하도록 한 것이다.

(3) 이사회 결의 : 소정의 요건 구비

2011년 개정 「상법」은 소정의 요건을 구비할 경우 정관이 정하는 바에 따라 이사회로 하여금 주주총회에 갈음하여 재무제표를 승인할 수 있도록 하였는데 (「상법」제449조의2 제1항), 재무제표와 이익배당의 연계성으로 인해 재무제표를 이사회가 승인한 경우에는 이사회가 이익배당을 결정하도록 하였다(「상법」제462조 제2항).

이사회의 승인 요건

① 재무제표의 각 서류가 법령 및 정관에 따라 회사의 재무상태 및 경영 성과를 적정하게 표시하고 있다는 외부감사인의 의견이 있을 것.
② 감사(감사위원회 설치회사의 경우에는 감사위원) 전원의 동의가 있을 것.

다만, 재무제표를 이사회가 승인할 경우 이익배당도 이사회의 승인으로 정 한다는 규정(「상법」제462조제2항)은 가능하나, 주식배당까지는 적용되지 않으므로 이사회가 결정한 이익배당을 주식배당으로 하고자 할 경우에는 다시 주주 총회의 결의를 요한다(「상법」 제462조의2 제1항).

3. 정기배당의 기준

가. 주식평등/주주평등의 원칙[617]

주주는 유한책임제하에서 출자액(즉, 소유주식 수)에 비례하여 위험을 부담하므로 그에 대한 보상이라 할 수 있는 이익배당 역시 비례적으로 행하여져야 한다. 따라서 **이익의 배당은 각 주주의 소유주식 수에 따라 평등**하게 하여야 한다.(「상법」제464조). 이를 **주식평등의 원칙/주주평등의 원칙**(이하 '주식평등의 원칙'이라 함)이라 한다.

이는 주식회사의 기본논리에 속하는 강행규정으로서 정관이나 주주총회의 결의에 의해서도 달리 정할 수 없다. 다만 예외적으로 우선주·열후주를 발행했을 경우에는 (「상법」제344조 제1항) 정관의 규정에 따라 차등배당을 할 수 있다(「상법」제464조 단서). 이 경우에도 **같은 종류의 주식 간에는 주식평등의 원칙**이 지켜져야 한다.

주식평등의 원칙은 단순히 이익의 배당금 규모를 결정하는 경우만이 아니라 주주와 회사 사이의 관계 전반에 적용되므로 이익배당금액의 결정은 물론이고 지급방법, 지급기일을 정할 때에도 마찬가지로 적용된다.

---

617) 이철송, 전게서, 박영사, 2014., 964면, 김건식, 전게서, 박영사, 2014., 568면.

나. 균등배당의 원칙[618)]

균등배당이란 결산기에 이익을 배당할 때 구주(舊株)에 대하여 영업연도 전체기간의 이익을 각 주주가 가진 주식 수에 따라 균등하게 이익을 배당하는 것을 의미하며, 이익배당의 일반적인 원칙이다.

회사의 영업연도 중간에 신주를 발행한 경우 결산기에 이익배당을 할 때 균등배당할 것인지, 일할배당 할 것인지에 관하여는, 전환주식을 전환한 경우 신(新)주식에 대한 이익배당에 관하여는 정관이 정하는 바에 따라 그 청구를 한 때 또는 제346조 제3항 제2호의 기간이 끝난 때가 속하는 영업연도의 직전 영업연도 말에 전환된 것으로 할 수 있다고 규정하고 있다(「상법」제350조 제3항 후단).

「상법」은 회사의 신주발행(「상법」제461조제6항), 준비금의 자본전입(「상법」제461조 제6항), 주식배당(「상법」제462조의2제4항), 중간배당(「상법」제464조제5항), 전환사채의 전환(「상법」제516조 제2항), 신주인수권사채에 기한 신주인수권행사(「상법」제516조의10) 등으로 발행되는 신주에 대하여 제350조 제3항의 규정을 준용하고 있다.

다만 정관에 이러한 규정을 두지 않을 경우 영업연도 중간에 발행된 신주에 대해서는 ① 舊株와 균등하게 배당하여야 한다는 설 : 균등배당설. ② 신주발행일로부터 영업연도 말까지의 일수를 세어 영업연도 전체의 일수에 대한 비율로 배당하여야 한다는 설 : 일할배당설, ③어느쪽이든 회사가 임의로 선택할수 있다는 설 : 임의배당설이 대립하고 있다.

하지만 실제로는 대부분의 회사가 「상장회사의 표준정관」제10조의4에 따라 회사의 「정관」에 균등배당을 규정하고 있으며, 이에 따라 신주(新株)에 대해서도 구주(舊株)와 동등하게 이익배당을 하고 있다. 따라서 실무적으로는 별 실익이 없는 논쟁이다.

다. 대주주의 차등배당[619)]

상장회사에서는 대주주들이 양보를 얻어 대주주의 배당률을 소액주주의 배당률 보다 낮게 하거나, 소액주주에게 만 배당하고 대주주에게는 무배당하기로 결의하는 수가 있다. 특히 정부가 대주주인 경우 그런 차등배당이 간혹 행해진다.

다만, **주주총회의 결의요건을 갖추었다 하더라도 주주평등의 원칙은 주식회사의 본질적 요소이므로 주주 간의 차등배당은 결의에 의하여 결정할 성질의 것이 아니고, 주주가 스스로 그 배당받을 권리를 포기한 것으로 볼 수 있는 경우에만 허용**된다.[620)]

---

618) 이철송, 전게서, 박영사, 2014., 965면, 김건식, 전게서, 박영사, 2014., 568~569면, 임재연, 전게서 I, 박영사, 2014., 741면,
619) 이철송, 전게서, 박영사, 2014., 965면, 임재연, 전게서 I, 박영사, 2014., 741면, 김건식, 전게서, 박영사, 2014., 568면.
620) 임재연, 전게서 I, 박영사, 2014., 741면, 대법원 1980. 8. 26. 선고 80다1263 판결.

따라서 주주총회에서 차등배당결의를 승인한 경우에도 총회에 불참하거나, 참석 하여 차등배당의안에 반대한 대주주에게는 다수결로써 차등배당을 강요할 수 없다. 그에게는 소액주주와 같은 배당률로 배당하여야 한다. 대주주가 배당결의 후에 자신의 배당금 중 전부 또는 일부를 포기할 수 있음은 물론이다.

대주주가 자연인인 경우는 별문제가 없으나, 회사인 경우에는 대표이사가 배당포기의 의사표시를 할 것인데, 이는 회사의 권리를 부당하게 포기하는 행위이므로 회사 또는 주주들에 대해 임무해태로 인한 손해배상 책임을 져야한다.(「상법」제399조, 제401조). 설령 이사회의 결의로 포기했다 하더라도 다를 바 없으며, 찬성한 이사들은 같은 책임을 진다.

4. 정기배당의 수단

가. 금전배당
이익배당은 금전으로 하는 것이 원칙이다.

나. 현물배당

(1) 현물배당의 의의[621]

2011년 「상법」개정 전에는 명문으로 정해진 주식배당을 제외하고는 「상법」에 명문의 규정은 없었으나, 금전배당 만이 가능하고 기타의 재산으로 하는 현물 배당은 불가능하다고 보는 데에 별 이견이 없었다.[622]

그러나 개정 「상법」은 이익배당을 현물배당으로 할 수 있다는 규정을 신설하고 (「상법」제462조의4), 상환주식의 상환, 합병교부금의 지급도 현물로 할 수 있다는 규정을 두었다(「상법」제345조 제3항, 제523조 제4호).

현물배당은 회사의 결정에 의하여 당초 배당의 목적이 현물로 정해진 것을 말하고, 금전에 의한 배당으로 확정된 후 주주와 회사 간의 합의에 의하여 회사가 주주에게 금전에 갈음하는 현물로 교부하는 것은 「상법」상 현물배당이 아니고 「민법」상 대물변제 (「민법」제466조) 라 할 수 있다.

(2) 현물의 의의와 범위[623]

배당의 대상인 현물에는 제한이 없다. 그러나 현물배당의 경우에도 주주평등의 원칙상 등가(等價)의 현물을 배당하여야 하므로, 특정물이나 모든 주주에 배당 하

---

621) 이철송, 전게서, 박영사, 2014., 954~955면, 임재연, 전게서 I, 박영사, 2014., 742~743면.
622) 손주찬·정동윤, 「주석 상법」(회사 IV), 한국사법행정학회, 2003. 156면.
623) 이철송, 전게서, 박영사, 2014., 955면, 임재연, 전게서 I, 박영사, 2014., 743면.

기에 충분하게 확보된 현물이 아니면 배당재산이 되기 곤란하다.

주주별로 배당액이 다른 만큼 배당으로 사용되는 현물은 가분적(可分的)으로 존재하는 것이어야 하고, 평가가 용이해야 할 것이므로 타회사(예 : 모회사, 자회사, 계열회사)의 주식, 사채 등이 배당 가능한 현물이다. 그러나 회사 스스로가 발행하는 주식은 신주발행 제도나 주식분할제도와 중첩되므로 허용되지 않는다고 해석된다.[624]

그리고 자기주식은 현물배당의 대상에서 제외되어야 한다는 견해도 일부 있지만, ① 현물이란 금전이 아닌 경제적 가치 있는 재산을 의미하고, ② 배당하는 현물의 가치가 주주에게 불만스러운 것이 아니라면 회사로서는 현물재산의 배당을 통해 재산의 매각비용을 줄일 수 있는 등 자기주식의 배당을 인정할 실익이 있고, ③ 재산유형에 아무런 제한이 없는 형태로「상법」제462조의4를 신설하였다는 점에 비추어, 그전부터 보유하던 자기주식도 현물배당의 대상이 된다고 해석하는 것이 타당하고, 학계에서도 통설에 가까운 견해다.[625]

(3) 현물배당의 요건[626]

(가) 정관의 규정

「정관」에 금전 이외의 재산으로 이익배당을 할 수 있음을 정해야 한다(「상법」제462조의4 제1항).

(나) 의사결정기관

「정관」에 근거가 있다 하더라도 특정배당을 현물로 하는 의사결정이 필요하다. 개정「상법」은 이 점에 관해서는 규정을 두고 있지 않으므로 이익배당을 결정 하는 결의에서 현물배당을 정할 수 있다고 해석할 수밖에 없다.

즉, 주주총회가 배당을 결의할 경우에는 주주총회의 결의로(「상법」제462조의2 제2항 본문), 이사회가 배당을 결의할 때에는 이사회 결의로(「상법」제462조의2 제2항 단서) 현물배당도 아울러 정할 수 있다고 보는 것이다.

(4) 예외적 처리

현물배당을 결정한 회사는 다음사항을 정할 수 있다(「상법」제462조의4 제2항). 그런데 이 결정을 누가 할 것이냐가 문제인데, 개정「상법」은 이 점에 관하여 언급하고 있지 않다. 그러나 이 역시 배당을 결정하는 결의에 의해 정해야 한다고

---

624) 이철송, 전게서, 박영사, 2014., 955면.
625) 임재연, 전게서 I, 박영사, 2014., 743면.
626) 이철송, 전게서, 박영사, 2014., 955~956면, 임재연, 전게서 I, 박영사, 2014., 744~745면.

해석해야 한다.

① 주주가 배당되는 재산 대신 금전의 교부를 청구할 수 있도록 한 경우에는 그 금액 및 청구할 수 있는 기간.

② 일정 수 미만의 주식을 보유한 주주에게 재산 대신 금전을 교부하기로 한 경우에는 그 일정 수 및 금액.

「상법」제462조의4 제2항 제2호는 회사가 배당을 정하는 결의에서 "일정 수 미만의 주식을 보유한 주주에게 금전 외의 재산 대신 금전을 지급하기로 한 경우에는 그 일정 수 및 금액"을 정 할 수 있도록 규정함으로써, 대주주와 소액주주 간의 차별적인 현물배당도 예외적으로 가능한 경우를 규정한다.

"일정 수 미만의 주식을 보유한 주주"의 의미에 대하여는 다의적인 해석이 가능한데, "1주" 또는 "단주"가 아닌 "일정 수 미만의 주식"이라는 규정상, 현물 배당 할 자기주식 수를 산정한 결과가 반드시 1주 미만인 경우만을 의미한다고 볼 수는 없다.

회사의 자본금과 잉여금 규모, 이익배당의 규모, 이익배당 중 현물배당이 차지하는 율, 주식의 분산 정도, 현물배당 후 주주 간 지분비율의 변경 정도 등을 종합적으로 고려 여 합리적이고 상당한 범위 내라면 1주를 초과하여 정하는 경우도 허용된다.

5. 정기배당의 방법

가. 정기배당 시기(時期) 및 횟수(回數)[627]

종래에는 매 결산기에 재무제표를 작성하여 정기주주총회에서 이를 승인하면, 재무제표에 포함된 이익잉여금처분계산서도 동시에 승인되므로 그 결과 이익배당은 매 결산기에 1회 하는 것이 원칙이고, 그에 대한 예외가 중간배당 이었다.

그러나 2011년 개정 「상법」은 이익배당을 위한 이익잉여금처분계산서가 재무제표에서 제외되고 주주총회에서 재무제표의 승인과 별도의 의안으로 결의하여야 하는 점에 비추어, 이익배당의 결의와 재무제표의 승인을 반드시 연계할 필요가 없게 되었다.

이에 따라 이익배당은 반드시 매 결산기에 1회 하여야 하는지, 아니면 영업연도 중에도 언제든지 이익배당을 할 수 있는지에 관하여 논란의 여지가 있다. 이익잉여금처분계산서가 재무제표에서 제외 된 점과 준비금 감소제도가 생김으로 인해 영업연도 중에도 언제든지 배당가능 이익을 산정할 수 있다는 점을 고려하면 배당시기와 횟수에 대한 제한이 없는 것으로 해석할 수도 있다.

---

627) 이철송, 전게서, 박영사, 2014., 956~957면, 임재연, 전게서Ⅰ, 박영사, 2014., 742면.

그러나 한 가지 이러한 해석과 충돌하는 점이 있다. 중간배당제도가 남아 있다는 점이다. 중간배당은 연간 1회의 결산과 배당을 전제로 하고 있기 때문이다(「상법」제462조의3). 이 규정이 사문화 되었다고 보지 않는 한, **「상법」상 아직 정기배당은 매 결산기에 1회 원칙이 존재**한다고 보아야 한다. 향후 입법적인 보완이 필요하다.

나. 이익배당금의 지급시기 및 소멸시효[628]

1984년 「상법」개정 전에는 주주의 배당금지급청구권의 이행기에 대해서는 아무런 규정이 없었다. 그리하여 실제로 배당금 지급이 지연되는 예가 적지 않았고, 정관에 배당금 지급기간이 제척기간으로 규정되는 경우도 없지 않았다. 그러나 1984년 「상법」개정 시에 주주들의 이익을 보호하기 위하여 배당금청구권의 이행기와 그 소멸시효 기간을 분명히 하였다.

회사는 이익배당금을 주주총회 또는 이사회 결의를 한 날로부터 1개월 이내에 지급하여야 한다(「상법」제464조의2 제1항). 다만, 주주총회 및 이사회에서 이익배당의 지급 시기를 따로 정한 경우에는 그러하지 아니하다(「상법」제464조의2 제1항 단서). 그 주주총회에서는 배당금지급시기를 단축하는것은 물론이고 연장하는것도 가능하다.

회사가 배당금지급기간 내에 배당금을 지급하지 않은 경우 「민법」제397조에 의한 채무불이행 책임인 지연손해금을 지급하여야 한다. 또한 이사의 고의나 중과실의 임무해태가 인정되는 경우에는 「상법」제401조에 의한 이사에게 제3자에 대한 손해 배상 책임도 물을 수 있다.

배당금지급청구권은 5년간 행사하지 아니하면 소멸시효가 완성 한다(「상법」제464조의2 제2항). 그 기산점은 배당결의 시가 아니라 그로부터 1개월 경과한때 또는 배당결의 시에 따로 정한 기간이 경과한 때이다.

Ⅲ 중간배당

1. 중간배당의 의의[629]

중간배당이란 사업연도 중간에 직전결산기의 미처분이익을 재원으로 하여 실시하는 이익분배를 말한다. 중간배당은 이익배당의 재원마련을 위한 회사의 부담을 평준화하고 증권시장에의 자본유입을 활성화시킨다는 목적을 가진 제도이다.

---

628) 김건식, 전게서, 박영사, 2014., 571면, 이철송, 전게서, 박영사, 2014., 966면, 임재연, 전게서Ⅰ, 박영사, 2014., 742면.
629) 김건식, 전게서, 박영사, 2014., 574~575면, 이철송, 전게서, 박영사, 2014., 957~958면, 임재연, 전게서Ⅰ, 박영사, 2014., 753면.

그러나 중간배당은 당해 사업연도의 손익이 확정되기 전에 회사재산을 사외유출 시키는 것인데다, 이사회 결의만으로 중간배당이 가능하므로 자본충실을 해할 위험이 높다. 그러므로 중간배당은 다음과 같은 엄격한 요건 하에 가능하며, 중간배당에 관하여는 이사에게 무거운 책임을 지우고 있다.

2. 중간배당의 성질630)

중간배당의 본질에 관하여 ① 직전 영업연도에서 이월된 잉여금만 중간배당의 재원이 될 수 있다는 (「상법」제462조의3 제2항) 前期利益後給說(다수설), ② 직전 영업 연도에서 이월된 잉여금 외에 배당기준일까지 발생한 당기의 이익도 중간배당의 재원이라는 當期利益先給說(손주찬) 이 있다.

또한 ③ 이익배당은 영업연도 말의 이익을 주주총회 결의를 받아 주주에게 분배 하는 것인데, 중간배당은 영업연도 도중에 이사회 결의로 이익을 분배하는 것이므로 중간배당의 법적성질은 이익배당이 아니고 營業年度中 金錢分配說(정찬형)이 있다.

그러나 영업연도중 금전분배설은 이익배당의 개념을 지나치게 엄격하게 해석하는 것이고 또한 중간배당을 이익배당의 한 방법으로 규정한 「상법」의 취지에도 어긋난다. 그리고 당기이익선급설은 「상법」제462조의3 제2항의 明文規定에 반하는 해석이다.

따라서 **중간배당의 성질은 직전결산기의 이익을 중간배당의 재원으로 규정한** 「상법」**제462조의3 제2항의 明文規定에 비추어 보면 전기이익후급설이 타당**하다.

3. 중간배당의 요건

가. 실질적 요건

(1) 중간배당가능이익의 존재631)

중간배당을 전기이익의 후급이라는 관점에서 볼 때 **직전 결산기에 관한 정기 총회에서 이익잉여금을 처분하고 남은 잔액을 한도로 중간배당을 할 수 있는 것**이다.

직전 영업연도에서 이월된 잉여금(미처분이익)이 없으면 당해 영업연도 전반기에 이익이 발생하였더라도 중간배당을 할 수 없다. 즉, **직전 결산기의 대차대조표상 이익이 현존**해야 한다.

「상법」제462조의3 제2항은 중간배당이 가능한 금액의 범위를 정하고 있다. 중

---

630) 김건식, 전게서, 박영사, 2014., 575면, 이철송, 전게서, 박영사, 2014., 959면, 임재연, 전게서, 박영사, 2014., 753면.

631) 김건식, 전게서, 박영사, 2014., 576면, 이철송, 전게서, 박영사, 2014., 958~959면, 임재연, 전게서,박영사, 2014., 753~754면.

간배당은 직전 결산기의 대차대조표상의 순자산액에서 다음금액을 공제한 액을 한도로 한다.

① 직전 결산기의 자본금의 액.
② 직전 결산기까지 적립된 자본준비금과 이익준비금의 합계액.
③ 직전 결산기의 정기총회에서 이익으로 배당 또는 지급하기로 정한 금액.
④ 중간배당에 따라 당해 결산기에 적립하여야 할 이익준비금.

2011년 개정「상법」제462조 제1항 제4호에는 배당가능이익의 산출을 위해 순자산 에서 공제할 항목에 「대통령령으로 정하는 미실현이익」이 추가되었는데, 중간배당에는 이점이 반영되지 않았다. **미실현이익의 공제필요성은 중간배당이라고 하여 달라질 수는 없으므로 입법적으로 중간배당에서도 공제항목으로 추가로 새겨야 필요가 있다.**[632]

(2) 당기배당가능이익의 예상[633]

위에서 설명한 바와 같이 중간배당은 직전결산기의 대차대조표를 기준으로 하여 정기총회에서 미처분한 이익을 재원으로 하여 실시하는 것이므로 당해 영업연도의 상황을 반영하지 못한다. 그러다보니 장차 당해 결산기의 손익계산 결과 결손이 발생하면, 배당 요건을 위반하여 이익 없이 배당을 한 결과가 된다.

그러므로 「상법」은 중간배당으로 인한 자본충실의 침해를 염려하여, **회사가 당해 결산기의 대차대조표상 순자산액이 「상법」제462조 제1항 각 호의 금액(배당가능이익 산정 시 공제금액)의 합계액에 미치지 못할 우려가 있는 때(즉, 당기 결산기에 손실이 발생할 우려가 있을 때)에는 중간배당을 할 수 없도록 규정** 하였다 (「상법」제462조의3 제3항).

이와 같이 당기 결산기의 손실이 발생할 "우려"만으로 중간배당이 금지되므로, 당기 결산기의 대차대조표상의 순자산액이 「상법」제462조 제1항 각호의 금액의 합계액에 미치지 못할 가능성이 "확실히" 없어야만 회사는 중간배당이 가능하다.

나. 형식적 요건
(1) 연 1회 결산기를 정한 회사

연 1회 이상 결산기를 정한 회사에 한하여 중간배당을 할 수 있다.(「상법」제

---

632) 김건식, 전게서, 박영사, 2014., 577면, 이철송, 전게서, 박영사, 2014., 959면. 「상장 회사 표준 정관」제45조의 2 제3항 제3호에서는 「상법시행령」에서 정하는 미실현이익은 중간배당에서 공제항목으로 규정하고 있다.
633) 김건식, 전게서, 박영사, 2014., 577면, 이철송, 전게서, 박영사, 2014., 959~960면, 임재연, 전게서Ⅰ,박영사, 2014., 754면.

462조의3 제1항). 따라서 연2회의 결산기를 정한 회사는 중간배당을 할 수 없다. 즉, 6개월을 주기로 한 배당을 가능하게 하는 것이 입법의도이다.

다만 **상장회사에 대하여는 3월말, 6월말, 9월말을 기준일로 하여 배당금을 지급할 수 있는 특례규정이 마련되어 있다.**(「자본시장법」 제165조의12 제1항). 분기배당금을 지급할 경우에는 기준일로부터 45일 내에 배당의 결의를 하도록 규정하고 있다.(동조 제2항).

(2) 중간배당을 정한 정관 규정

중간배당은 정관에 정함이 있을 때에 한하여 할 수 있다(「상법」 제462조의3 제1항).

(3) 중간배당의 기준일 확정

영업연도 중 '일정한 날'을 기준일로 정하여야 한다(「상법」 제462조의3 제1항). 원래 기준일은 회사 선택사항이지만(「상법」 제354조제1항), **중간배당 경우는 강제**되고 있다. 기준일은 년 1회에 한하므로 중간배당을 2회 이상 실시할 수는 없다.

「상법」은 '이사회 결의로 일정한 날을 정하여'(「상법」 제462조의3 제1항)라고 하고 있으므로 「정관」에서 정하는 것은 중간배당이 가능하다는 취지이지만이고 배당기준일은 이사회 결의로 정할 수 있다고 보는 것이 자연스러운 해석이다.

그러나 이에 대해서는 **사안의 중요성에 비추어 기준일은 「정관」으로 특정해야 한다는 견해**도 있다.[634] 왜냐하면 이사회가 임으로 배당시기를 정할 수 있음으로써 얻어지는 이익에 비하여 배당시기가 고정되지 못함으로써 생기는 혼란이나 남용가능성이 더 크다고 판단되기 때문이다.

따라서 실무상으로는 기준일 결정을 이사회에 맡기지 않고 정관에 기준일을 명시하는 것이 바람직하다.[635] 기준일을 미리 정관에 정해두지 않은 경우에는 이사회가 결정하여 그 기준일의 2주간 전에 공고하여야 한다.(「상법」 제462조의3 제5항, 354조의1 제4항).

(4) 중간배당의 이사회 결의[636]

중간배당은 이사회 결의를 요한다. 중간배당 여부는 다른 요건이 충족되는 한 이사회 재량으로 정한다.(「상법」 제462조의 3 제1항). 이사회 결의로 확정되고, 추후 주주총회의 추인을 요하지 않는다.

---

634) 이철송, 전게서, 박영사, 2014., 958면, 김건식, 전게서, 박영사, 2014., 575~576면.
635) 「상장회사 표준정관」 제45조의 2에서는 중간배당의 기준일을 특정하도록 하고 있다.
636) 이철송, 전게서, 박영사, 2014., 958면, 김건식, 전게서, 박영사, 2014., 576면, 임재연, 전게서 I, 박영사, 2014., 754면.

단, 2인 이하의 이사를 둔 소규모회사는 각 이사(정관에서 대표이사를 정한 경우는 대표이사)가 결정한다.(「상법」제383조 제6항, 제462조의 3 제1항).

4. 중간배당의 방법[637)

가. 중간배당청구권자의 확정

중간배당청구권 있는 주주는 중간배당기준일 주주명부에 주주로 기재된 자이다. 중간배당기준일은 이사회 결의로 정한다. 다만 「자본시장법」상 분기배당을 받는 주주는 「정관」으로 정하는 바에 따라 사업연도 중 그 사업연도 개시일 부터 3월, 6월 및 9월 말일 당시의 주주이다.(「자본시장법」제165조의12 제1항).

나. 중간배당의 시기

중간배당은 연 1회 결산기를 정한 회사만이 할 수 있다. 연 2회 이상의 결산기를 정한 회사는 중간배당을 할 필요조차 없을 것이다.

다. 중간배당의 수단

중간배당에 관한 종래의 「상법」제462조의3 제1항은 "…금전으로 이익을" 배당할 수 있다고 규정하므로 현물에 의한 중간배당은 허용하지 않았으나, 2011년 개정 「상법」은 "금전으로"를 삭제함으로써 중간배당의 경우에도 「정관」의 규정에 의한 **금전 또는 현물배당이 가능**하게 되었다.

따라서 법문상으로는 주식배당도 가능하다고 해석할 소지가 있으나, 주식배당은 주주총회의 결의를 요하는 점(「상법」제462조의2 제1항)에 비추어 이사회 결의에 의 하여 결정되는 **중간배당에서는 주식배당은 할 수 없다.**

라. 중간배당금 지급시기와 소멸시효

중간배당의 지급시기와 소멸시효는 정기배당의 지급시기와 소멸시효와 같다. 따라서 회사는 중간배당을 정기총회의 재무제표 승인 또는 이사회의 중간배당 결의일로부터 1월 이내에 지급하여야 한다.

다만, 정기총회 또는 이사회에서 배당금의 지급시기를 따로 정하는 경우에는 그에 따른다(「상법」제462조의2 제1항). **중간배당지급청구권은 5년간 이를 행사하지 아니하면 소멸시효가 완성한다**(「상법」제464조의2 제2항).

---

637) 이철송, 전게서, 박영사, 2014., 958면, 임재연, 전게서 I, 박영사, 2014., 754~755면.

Ⅳ 주식배당

1. 주식배당의 의의638)

주식배당은 배당가능이익의 일부를 자본금에 전입하여 금전 대신 새로이 발행하는 주식으로 하는 이익배당이다.

① 「금전 대신 주식으로」하는 이익배당이다. 따라서 먼저 배당하여야 할 이익이 금전으로 확정되고, 이를 주식으로 환산하여 배당하게 된다. 즉, 기존의 주식 1주당 ○원 이라는 배당금이 결정되고, 그 배당을 주식의 가액으로 환산하여 신주를 발행하게 된다.

② 금전 대신 「새로이」 주식을 발행하여 그 주식으로 이익배당을 한다. 따라서 회사 가 이미 보유하는 자기주식으로 배당하는 것은 현물배당에 해당하고 주식배당은 아니다.

③ 주식배당은 「이익배당」이다. 따라서 주식평등의 원칙에 따라 주주에게 주주 비율에 따라 무상으로 신주를 분배한다. 그러나 배당할 이익이 자본금으로 전입되고 그로 인해 신주가 발행되어 분배되는 것이니, 엄밀히 말하면 「무상」이라고 말하기는 어렵다. 다만 주주가 새로운 대가를 지급하지 아니하고 주식을 취득한 다는 뜻에서 「무상」이라고 표현할 수 있다.

주식배당은 주주에게 금전 등 회사 재산을 이전하는 대신 신주를 발행하기 때문에 회사 재산이 감소하지 않는 다는 점에서 이익배당과 구별된다. 주식배당은 회사재산에는 변동 없이 발행 주식 수가 증가한다는 점에서는 주식분할과 같지만 아울러 자본금도 증가한다는 점에서 주식 수만 증가하는 주식분할과는 차이가 있다.

주식배당은 준비금의 자본금 전입에 의해 신주발행, 즉 무상증자와 유사하다. 무상증자도 회사재산의 변동 없이 자본금이 증가하며 주주가 보유 주식 수에 비례하여 신주를 무상으로 취득한 다는 점에서 주식배당과 동일하다. 그러나 무상증자의 경우에는 전입되는 재원이 법정준비금인데 비해 주식배당의 경우에는 배당가능이익이라는 점에서 차이가 있다.

2. 주식배당의 성질639)

주식배당제도가 생긴 이래 주식배당의 성질을 이익배당의 일종으로 보는 견해와 주식분할로 보는 견해가 대립해 왔다.

---

638) 이철송, 전게서, 박영사, 2014., 966면, 김건식, 전게서, 박영사, 2014., 580~581면.
639) 이철송, 전게서, 박영사, 2014., 968면, 김건식, 전게서, 박영사, 2014., 582면, 임재연, 전게서 Ⅰ, 박영사, 2014., 764면, 최준선, 「회사법 제6판」, 삼영사, 2011., 659면.

① 이익배당설 : 주식배당은 배당가능이익의 존재를 전제로 하고 그 이익이 줄어든다는 점에서 이익배당과 같다고 본다(다수설:이철송,정찬형, 최기원, 손주찬, 최준선,임재연 등). 회사로서는 주식배당에 의해 배당금지급으로 감소될 재산이 주식의 발행가로 환수되므로 이익배당의 실질이 발견되고, 절차면에서도 주주는 이익배당결의에 의해 배당금지급 청구권을 취득하고, 이것이 주식발행으로 치환되므로 역시 이익배당의 실질을 갖는 다는 것이 주된 논거이다.

② 주식분할설 : 주식배당은 그 전후를 통하여 회사의 순자산에 변동 없이 단순히 이익 또는 임의준비금 항목에서 자본금 항목으로 변경되는 것이고, 주식 수만 증가한다는 점에서 주식분할과 같다고 본다(소수설 ; 정동윤, 임홍근, 김건식 등). 이 견해는 주식 배당은 주식의 권면액으로 하며, 회사가 종류주식을 발행한 때에는 각각 그와 같은 종류의 주식으로 할 수 있다는 「상법」제462조의2 제2항의 규정은 주식분할로 볼 때만 설명이 가능하다고 한다.

제도의 목적으로 생각해 볼 때 주식분할은 단순히 주식단위의 세분화를 통해 발행주식 수를 늘리는 데 있으므로, 주식분할설에 의하면 주식 배당에 의하여 회사 자본금이 증가하는 것과 배당가능이익이 감소하는 것을 설명하기가 어렵다는 약점이 있다.

따라서 **주식배당**은 ① **배당가능이익의 존재를 전제로 하며**, ② **주식배당의 결의는 주주총회에서 한다는 점**, ③ **주식배당의 결과 자본금이 증가한다는 점**, ④ **주식배당의 결과로 생기는 단주에 대하여는 금전으로 배당하는 점** 등에서 이익배당설이 타당 하다고 본다. 따라서 회사가 보유하고 있는 자기주식은 주식배당청구권이 없다.

3. 주식배당의 요건[640]

가. 주식배당의 제한

주식배당은 이익배당총액의 2분의 1에 상당하는 금액을 초과하지 못 한다(「상법」제462조의2 제1항 단서). 환금성이 없는 주식이 과도하게 배당되지 않도록 하기 위함이다. 이 한도가 지켜지는 한 매 결산기마다 계속적으로 주식배당을 해도 무방하다.

그러나 **주권상장법인은 이익배당총액에 상당하는 금액, 즉 전액까지 새로 발행하는 주식으로 이익배당**을 할 수 있다. 다만 해당 주식의 시가가 액면액에 미치지 못하면 「상법」제462조의2 제1항 단서에 따라 이익배당총액의 50%에 상당하는 금액을 초과하지 못한다.(「자본시장법」제165조의13 제1항).

주권상장법인(이하 '상장회사'라 함)에 한하여 주식시가가 액면가 이상인 한 이익배

---

640) 이철송, 전게서, 박영사, 2014., 969~970면, 김건식, 전게서, 박영사, 2014., 582~583면, 임재연, 전게서Ⅰ, 박영사, 2014., 764~765면.

당 전액을 주식배당으로 할 수 있는 특례규정을 둔 것은 상장주식은 환가가 용이 하기 때문이다. 「상법」이 주식배당 총액을 제한하는 취지는 주주를 보호하기 위함이므로 비상장주식에서도 총주주가 동의한다면 전액 주식배당을 할 수 있다.

나. 배당가능이익의 존재

주식배당은 이익배당을 주식으로 하는 것이므로 금전배당과 마찬가지로 배당가능이익이 있어야 한다. 다만 주식배당을 하는 부분에 대해서는 이익준비금을 적립할 필요가 없다 (「상법」제458조 단서). 주식배당에 대해서 **이익준비금의 적립을 요구 하지 않는 이유는 주식배당은 회사재산이 사외로 유출되는 것이 아니므로 따로 회사채권자를 위한 배려를 할 필요가 없기 때문이다.**

그러나 주식배당액은 이익배당 총액의 2분의 1을 초과할 수 없고, 그것은 금전배당 및 현물배당의 합계액을 넘을 수 없음을 뜻하므로 **이익준비금의 적립은 주식배당가능 이익을 제한**하는 뜻을 가진다.

다. 미발행수권주식의 존재

주식배당을 하면 그만큼 발행주식 총수가 증가 한다(「상법」제462조의2 제1항). 이 **증가분이 발행예정주식총수**(「상법」제289조 제1항 제3호)**의 범위 내**이어야 한다.

발행예정주식총수 중 미발행부분이 배당주식수에 부족할 때에는 먼저 정관 변경을 하여 발행예정주식총수를 늘려 놓아야 한다.

4. 주식배당의 방법

가. 배당의안의 작성

주식배당도 이익배당이므로 금전배당 또는 현물배당 · 이익준비금과 함께 배당의안에 그 내용을 기재하여 이사회의 승인을 받아야 한다.

나. 주주총회의 결의[641]

주식배당은 **주주총회의 결의**에 의하여 한다(「상법」제462조의2 제1항). 결의 요건에 아무런 정함이 없으므로 **보통결의**로 족하다. 법문을 보면 먼저 재무제표를 승인하고 (「상법」제449조 제1항), 이어서 별도로 주식배당을 결의(「상법」제462조의2 제1항) 하는 것이 정도일 것이다. 실제 편의상 두 가지 결의를 한 번에 하는 것을 막을 필요는 없다. 그 어느 쪽이라도 불만이 있는 주주는 수정동의를 제출할 수 있기 때문이다.

---

641) 이철송, 전게서, 박영사, 2014., 970면, 김건식, 전게서, 박영사, 2014., 584면, 임재연, 전게서Ⅰ, 박영사, 2014., 766~767.

그러나 재무제표를 이사회 결의로 승인할 수 있도록 「정관」이 정하는 경우(「상법」 제449조의2 제1항)에는 이익배당도 이사회결의로 정한다(「상법」 제462조 제2항 단서). 단, 주식배당은 **이사회 결의로 정할 수 없으므로, 이사회가 결정한 이익배당을 주식배당으로 하고자 하는 경우에는 다시 주식배당에 관한 주주총회 결의가 있어야 한다.**

다. 주식평등/주주평등의 원칙

주식배당을 함에 있어서는 주식평등의 원칙/주주 평등의 원칙에 유념하여야 한다. 예컨대 주주 간에 차등을 두어 어떤 주주에게는 금전배당을, 어떤 주주에게는 주식배당을 함은 주식평등의 원칙/주주평등의 원칙에 반하므로 **위법**이다.[642]

주식의 종류에 따라 이와 같은 차별을 하는 것도 **위법**이다.[643] 그러나 종류주식을 발행하는 경우에는 「정관」의 정함에 따라 보통주에는 주식배당을 하더라도 우선주에는 금전배당을 행한다는 식으로 규정하는 것을 막을 필요는 없다는 주장도 있다.[644]

라. 발행가와 단주의 처리[645]

주식배당으로 인해 발행하는 신주의 발행가액에 대해서는 「주식의 **券面額으로 한다**」고 규정(「상법」 제462조의2 제2항)하고 있어, 주주총회에서 발행가를 정할 여지는 없다. 이는 자본충실의 이유에서 액면가 이하의 발행을 허용하지 않는 동시에, 주주의 이익을 위해 액면가 이상의 발행도 허용하지 않겠다는 뜻으로 받아 들여야 한다.

주식배당을 한 결과 거래단위에 미달하는 수의 주 즉, 端株가 생길수가 있다. 단주는 경매하여 그 대금을 주주에게 지급하되, 거래소 시세가 있는 주식은 거래소를 통하여 매각하고 그 대금을 지급하여야 한다(「상법」 제462조의2 제3항, 제443조 제1항).

마. 종류주식에 대한 주식배당

종류주식을 발행한 회사가 주식배당을 하는 경우 종류가 다른 주식 간에 배당주식의 종류를 달리하여야 하는가? 이익배당설을 취한다면 당연히 종류가 다른 주식 간에도 같은 종류의 주식(즉, 보통주)으로 배당하여야 할 것이나, 「상법」은 각기 같은 종류의 주식으로 할 수 있다고 규정하고 있다(「상법」 제462조의2 제2항).

「상법」 제462조의2 제2항의 해석과 관련하여, 회사가 **종류주식을 발행한 때에는 반드시 각각 그와 같은 종류의 주식으로 배당하여야 한다는 견해**[646]도 있고, 각각 그와

---

642) 이철송, 전게서, 박영사, 2014., 970면, 김건식, 전게서, 박영사, 2014., 583면.
643) 이철송, 전게서, 박영사, 2014., 970~971면.
644) 김건식, 전게서, 박영사, 2014., 584면.
645) 이철송, 전게서, 박영사, 2014., 971면, 김건식, 전게서, 박영사, 2014., 584면.
646) 정동윤, 「상법(상) 제6판」, 법문사. 2012. ,788면, 정경영, 「(개정판) 상법강의」, 박영사, 2009., 628면, 정무동, 「(제2전정판) 상법강의(상)」, 박영사, 1996., 586면

같은 종류의 주식으로 배당해도 되고 주주총회의 결의에 의하여 동일한 종류의 주식으로 배당할 수 있다고 해석하는 견해[647]도 있다.

주식배당은 기본적으로 각 주식에 대해 정해진 배당금을 주식으로 환산하여 신주를 발행한다는 思考에 입각해 있으므로 주식으로 환산하는 단계에서 종류별로 차별함은 주식평등의 원칙/주주 평등의 원칙에 반한다. 그러므로 **모든 주식에 대해 보통주로 배당하는 것이 원칙이나, 법상 종류별 차별을 허용하는 바이므로 후자의 견해가 타당**하다고 본다.

따라서 **보통주의 주주에게는 보통주로, 우선주의 주주에게는 우선주로 주식배당을 해도 되고, 모든 주주에게 보통주로 주식배당을 해도 된다.**

바. 자기주식에 대한 주식배당

주식배당의 본질을 이익배당으로 본다면, 회사는 자기주식에 대하여 이익배당 청구권이 없으므로 자기주식에 대하여는 주식배당을 받을 수 없다.

그러나 주식배당의 본질을 주식분할로 보는 견해에서는 **당연히 자기주식에 대하여도 주식배당을 인정하고 있다.**

사. 무액면주식에 대한 주식배당

주식배당은 주식의 권면액(券面額)으로 한다는 「상법」제462조의2 제2항은 배당할 이익을 액면금액으로 나눈 수의 주식을 발행함을 의미한다. 따라서 **액면가액이 없는 무액면주식의 경우에는 주식배당이 불가능**하다. 만약 **주식 수를 늘릴 필요가 있다면 주식분할을 실시하면 될 것이다.**[648]

이 견해에 의하면, 신주발행 가액이 액면가액을 초과하거나 미달하는 것은 허용되지 않으므로 주식배당의 총액은 자본금의 증가액과 정확히 일치하게 된다. 다만 주식의 시가가 액면가액을 상회하는 때에는 주식배당이 금전배당보다 주주에게 유리할 수 있다.

그러나 「상법」제462조의2 제2항의 규정은 액면주식의 경우 주식배당총액을 액면으로 나눈 수의 주식을 발행할 수 있다는 기준을 규정한 것이며, 이 규정을 무액면주식의 주식배당을 불허하는 근거로 볼 수 없으며, 주식배당 자체의 근거는 「상법」 제462조의2 제1항이므로 무액면주식도 주식배당의 대상이 될 수 있다고 주장하는 일부 견해도 있다.[649]

---

647) 이철송, 전게서, 박영사, 2014., 971면, 정찬형, 「(제15판)상법강의(상)」, 박영사, 2012., 1,125면, 임재연, 전게서 I, 박영사, 2014., 765.
648) 이철송, 전게서, 박영사, 2014., 971면, 김건식, 전게서, 박영사, 2014., 584면.
649) 임재연, 전게서 I, 박영사, 2014., 766.

아. 배당통지 및 공고, 등기, 주권의 발행[650]

이사는 주식배당의 결의가 있을 때에는 지체 없이 배당을 받을 주주와 주주명부에 기재된 질권자에게 그 주주가 받을 주식의 종류와 수를 통지하고, 무기명식의 주권을 발행한 경우에는 결의 내용을 공고하여야 한다(「상법」제462조의2 제5항).

주식배당에 의해 발행주식수와 자본금이 증가하게 되므로 주주총회의 결의가 있는 날로부터 본점소재지에는 2주간 내, 지점소재지에서는 3주간 내에 변경등기를 하여야 한다.(「상법」제317조 제4항, 제183조, 제317조 제2항 제2호 및 제3호).

주식배당에 의하여 주주가 취득한 新株에 관해서는 株券을 발행하여야 한다. 그 시기에 대해서는 明文의 규정이 없으나 「상법」제355조 제1항을 유추 적용하여 지체 없이 발행하여야 한다고 보아야 한다.

5. 주식배당의 효과[651]

가. 주식수와 자본금의 증가

주식배당을 하게되면 배당가능이익이 자본화되어 자본금이 증가하게 되고, 신주의 발행으로 인하여 이를 액면 가액으로 나눈 수만큼 발행 주식 수가 증가하게 된다. 그러나 순자산은 불변이다.

주식배당에 의하여 각 주주의 지분은 원칙적으로 변동하지 않지만, 단주의 처리 하는 경우와 종류 주식별로 각각 그와 같은 종류의 주식별로 각각 그와 같은 종류의 주식으로 배당하지 않고 동일한 주식으로 배당하면 주식배당 전후의 지분구조가 달라지게 된다.

나. 신주의 효력발생시기

주식을 배당하는 주주는 당해 결의가 있은 '주주총회가 종결한 때'부터 新株의 주주가 된다.(「상법」제462조의2 제4항). 원래 주식배당의 경우에는 인수·납입의 절차가 필요 하지 않으므로 주주총회 결의 시에 바로 효력이 발생하게 할 수도 있었을 것이다.

그러나 주주총회 도중에 신주발행의 효력이 발생한다면 주주의 보유주식 수의 변동이 생겨 주주총회의 진행 상 불편을 초래할 수도 있다. 따라서 그러한 불편을 피하기 위하여 신주의 효력발생시기를 '주주총회가 종결한 때'로 명시한 것이다.

이 경우 전환신주에 대한 이익배당에 관하여는 정관이 정하는 바에 따라 그 청구를

---

650) 이철송, 전게서, 박영사, 2014., 971~972면, 김건식, 전게서, 박영사, 2014., 585~586면, 임재연, 전게서 I, 박영사, 2014., 768~769면.

651) 이철송, 전게서, 박영사, 2014., 972면, 김건식, 전게서, 박영사, 2014., 584~585면, 임재연, 전게서 I, 박영사, 2014., 767~768면.

한 때가 속하는 영업연도의 직전 영업연도 말에 전환 된 것으로 할 수 있다는 「상법」 제350조 제3항 후단의 규정이 준용된다(「상법」제462조의2 제4항).

다. 질권 및 양도담보권의 효력

등록질권자의 권리는 주식배당에 의하여 주주가 받을 주식에 대하여 미친다.(「상법」 제462조의 2 제6항 전단). 그리고 이 경우 등록질권자는 회사에 대하여 株券의 교부를 청구할 수 있다.(「상법」제462조의2 제6항 후단, 제360조 제3항).

약식질에 관하여는 위와 같은 明文의 규정이 없는데, 이익배당설을 취하는 견해에 의하면 주식배당의 본질은 이익배당이며, 약식질은 이익배당에 효력이 미치지 않는다고 보는 까닭에 , 주식배당에는 약식질의 효력이 미치지 아니한다고 본다.

양도담보의 경우에도 질권과 거의 마찬가지의 설명이 타당하다. 담보주식의 명의가 그대로 설정자의 명의로 되어 있는 경우에는 약식질과 같다. 주주명부의 명의가 담보권자인 경우에는 주식배당에 의한 신주도 담보권자에게 교부된다는 점에서 등록질과 차이가 있다.

Ⅴ 위법배당의 효과

1. 총설

법령·정관에 위반하여 행하여진 이익배당을 위법배당이라 한다. 배당가능이익이 없음에도 불구하고 배당하거나 이를 초과하여 배당한 것은 전형적인 위법배당이나, 그 밖에도 배당절차·기준·시기·방법 등에 하자가 있거나 주식평등의 원칙/주주 평등의 원칙에 위반하는 등 위법의 사유는 다양하다.

가. 위법배당의 분류[652]

(1) 실질적 위법배당과 절차적 위법배당

배당의 실질적요건(배당가능이익, 미발행수권주식, 주식평등의 원칙/주주평등의 원칙 등)에 위반하여, ① 배당가능이익이 없거나 이를 초과하여 행하여진 이익 배당, ② 정관상 미발행수권주식수를 초과한 주식배당, ③ 주식평등의 원칙/주주평등의 원칙에 위반한 배당 등을 실질적 위법배당이라 하고, 배당 관련절차를 위반한 배당을 절차적 위법배당이라 한다.

---

652) 임재연, 전게서 I , 박영사, 2014., 769면

(2) 협의의 위법배당과 광의의 위법배당

배당가능이익이 없거나, 있어도 그 액을 초과하여 이익배당을 함으로써 주식회사의 자본충실을 해하여 회사채권자의 지위를 불안정하게 하는 '**협의의 위법배당**'과, 이에 한 하지 않고 널리 법령,정관에 위반하는 이익배당을 하는 '**광의의 위법배당**'이라 한다.

협의의 위법배당은 자본금충실을 침해하는 것으로써 회사의 이익뿐만 아니고 회사 채권자의 이익도 침해하는 것이다. 따라서 양자는 회사채권자가 직접 주주를 상대로 회사에 대한 반환청구의 가능성 여부에 있어서 차이가 있다. 즉, 회사채권자의 반환청구권이 협의의 위법배당에서는 인정되나, 광의의 위법배당에서는 인정되지 않는 다는 점이다.

나. 위법배당의 효과

「상법」은 위법배당의 경우 해당 자체의 사법상 효력과 반환청구에 대하여 규정 하고, 그 밖에 위법배당에 대하여는 이사·감사의 손해배상책임이 발생하고 형사벌칙이 적용된다. 「상법」상 위법배당에 대한 반환청구권은 배당받은 주주의 선의·악의를 불문하고 행사 할 수 있다는 것이 통설이다

2. 위법 이익배당

가. 의 의

위법한 이익배당(금전배당·현물배당)은 ① 배당가능이익이 없는 배당(협의의 위법배당)과, ② 기타 위법한 배당으로 분류할 수 있고, 이러한 분류에 따라 구체적인 구제방법 또는 해결법리가 다르다.

나. 배당가능이익 없는 배당

「상법」제462조가 정하는 배당가능이익이 없는 상태에서 배당을 하거나, 제462조의3 제2항이 정하는 이익이 없는 상태에서 중간배당을 하는 것은 배당 시 지켜야할 중요한 강행법적 원칙/강행 규정을 위반한 것이므로 무효이다. 따라서 회사는 물론 회사채권자도 주주를 상대로 위법배당금을 회사에 반환할 것을 청구할 수 있다.

대차대조표 상으로 배당가능이익이 없는 데 배당결의를 하는 수도 있겠지만, 자산의 과대평가, 부채의 과소 계상 등을 통해 가공이익을 만들어 배당하는 경우가 많다 (소위 '낙지배당' 이라 함).653) 어느 것이나 배당가능이익이 없이 한 위법한 배당에 해당한다.

---

653) 소위 낙지와 문어는 배가 고프면 자기의 발을 끊어먹는 버릇이 있다. 회사가 이익 없이 배당하는 것은 마치 낙지나 문어의 생태와 같다하여 흔히 「낙지배당」, 「문어배당」, 또는 「제꼬리배당」이라 부른다.

(1) 회사의 반환청구

배당가능이익이 없이 한 이익배당은 배당결의의 효력에 의해 비로소 적법여부가 가려질 수 있는 것이 아니라, 그 자체가 이미 위법한 요소를 않고 있다. 다시 말해 이익이 없이 이익배당금을 지급하는 행위 자체가 자본충실에 어긋나고 強行規定(「상법」제462조 제1항)에 위반되므로 무효이며, 그 위법성은 배당결의와 관계없이 독자적으로 판단되는 것이다. 그러므로 결의무효 확인의 訴의 性質論 과 무관하게 위법배당은 不當利得返還의 法理 (「민법」제741조)에 의해 회사가 직접 반환을 청구할 수 있다고 본다.654)

대법원 판례의 입장을 보더라도 주주총회결의의 효력이 그 회사가 아닌 제3자 간의 소송에 있어 선결문제로 된 경우에는 당사자는 언제든지 당해 소송에서 주주총회 결의가 처음부터 무효 또는 부존재한다고 다투어 주장할 수 있는 것 이고, 반드시 먼저 회사를 상대로 제소하여야만 하는 것은 아니라는 입장이므로(확인소송설)655) 회사는 주주에게 위법배당반환청구를 하기위하여 반드시 결의 무효 확인판결을 선결적으로 받을 필요는 없다.

위법배당금의 반환의무의 부담에 관하여는 다수설은 주주는 선의·악의를 불문하고 반환의무가 있다고 한다.656) 이에 반하여 소수설은 주식거래의 안전과 주주의 보호를 근거로 선의 주주의 반환의무를 부정한다.657) 그러나 주주의 선의와 악의를 구별하기가 어렵고 무상의 수혜행위인 이익배당에 관해서는 회사의 내부자인 주주의 거래 안전을 보호 할 필요 보다는 외부자인 채권자를 위한 자본유지가 더 중요하므로 다수설이 타당하다고 본다.

「민법」은 법률상 원인 없이 타인의 손실에 의하여 받은 이익을 반환하여야 한다고 규정하고 있고(「민법」제741조), 그러므로 원칙적으로 부당이득한 수익자는 받은 이익전부를 반환하여야 한다(전부반환의 원칙). 이 원칙을 그대로 관철하면 선의수익자에게 너무 가혹한 결과를 가져오기 때문에 선의일 경우에는 「민법」 제748조의 부당이득의 반환법리에 따라 이익이 현존하는 범위에서 반환하면 된다는 설658)과 부당 이득이 금전인 경우에만 이익이 현존하는 범위에서 반환하면 된다는 설659)이 있다.

그러나 「민법」제748조는 개인법적 거래당사자들 간에 부당이득에 관한 유책성

---

654) 이철송, 전게서, 박영사, 2014., 974면
655) 대법원 2011. 6. 24. 선고 2009다35033 판결.
656) 이철송, 전게서, 박영사, 2014., 974면, 정동윤, 「상법(상) 제6판」, 법문사, 2012., 784면, 정찬형, 전게서, 박영사, 2014., 1135면, 최기원, 「신회사법론 제14대정판」, 박영사, 2012., 974면
657) 上柳克郎, 龍田節외, 「新版 註釋會社法(1)~(14)」, 有斐閣, 1985~1990., 17면.
658) 이철송, 전게서, 박영사, 2014., 974면, 김건식, 전게서, 박영사, 2014., 573면
659) 대법원 1996. 12. 10. 96다32881 판결

에 따라 相當性있는 이해조정을 위해 둔 특칙이나, 위법배당으로 인한 회사의 손실은 다른 주주 및 채권자의 손해로 파장이 미치는 조직법적인 거래이므로 이 규정의 적용대상이 아니 라고 보며, 또한 배당은 출자자와 회사 간의 자본거래 로서 선의자의 보호법리가 적용될 법률관계가 아니다. 따라서 **위법배당으로 인한 부당이득은 전액 반환**해야 한다고 본다.660)

(2) 회사채권자의 반환청구661)

배당가능이익이 없는 위법배당은 채권자를 위한 責任財産662)을 감소시키므로 회사 채권자도 직접 주주를 상대로 반환금의 반환을 청구할 수 있다(「상법」 제462조 제3항, 제462조의3 제6항). 다만 채권자는 자기에게 반환하라고 청구 하는 것이 아니라 회사에 반환하라고 청구하는 것이다. 배당 당시의 채권자뿐만 아니라 그 이후의 채권자도 반환 청구가 가능하다.

채권자의 반환청구권은 회사의 권리를 代位663)하는 것이 아니라 채권자 보호를 위하여 「상법」이 특히 인정한 權能664)이다. 그러므로 채권자대위의 요건665) (「민법」제404조)의 구비에 관계없이 반환을 청구할 수 있다. 예컨대 변제기에 이르지 않은 채권의 채권자라도 법원의 허가 없이 반환을 청구할 수 있다(「민법」제404조 제2항).

채권자는 회사의 청구유무에 관계없이 반환을 청구할 수 있다. 위법배당이 회사의 辨濟自力에 어떤 영향을 미치느냐에 관계없이 청구할 수 있다. 즉 辨濟自力이 부족해지는 것은 청구 요건이 아니다. 그리고 위법한 배당 전액의 반환을 청구할 수 있으며, 자기의 채권액에 국한하여 청구할 수 있는 것이 아니다.666)

채권자의 반환청구권도 배당결의의 무효확인의 소를 제기함이 없이 행사할 수 있다. 그러므로 어떠한 방법으로든지 청구할 수 있으나, 訴에 의할 때에는 회사의 본점 소재지를 관할하는 지방법원에 제기하여야 한다(「상법」제462조 제4항, 제186조). 회사가 청구할 때와 마찬가지로 위법배당을 받은 주주의 선의·악의를 가리지 않는다.

---

660) 이철송, 전게서, 박영사, 2014., 974면,
661) 이철송, 전게서, 박영사, 2014., 974~975면 참조 및 인용,
662) 특정한 청구에 대한 강제집행에 의하여 채권자에게 만족을 줄 수 있는 재산을 말한다.
663) 代位란 권리의 주체 또는 객체인 지위에 대신한다는 의미의 용어로 「민법」상 여러 가지의 경우에 사용한다. 예를 들면 채권자 대위권, 대위변제, 배상대위, 보험자대위, 물상대위 등이다.
664) 權能이란 권리의 내용을 이루는 개개의 법률상의 힘을 말한다. 예를 들면 소유권은 권리이지만 사용권, 수익원, 처분권은 권능이다.
665) 채권자대위권이란 「민법」상의 채권자가 자기의 채권을 보전하기 위하여 자기의 이름으로 채무자의 권리를 행사할 수 있는 권리를 말한다. 행사요건으로는 ① 피보전채권이 존재할 것, ② 피보전 적격이 있을 것, ③ 채권보전의 필요성이 있을 것, ④ 채무자가 권리행사를 하지 않을 것, ⑤ 채권자의 채권이 이행기에 있을 것 등이다. – 참조 : 위키대백과, 지원림의 민법강의
666) 上柳克郎 외, 「新版 註釋會社法(9)」, 有斐閣, 1985~1990. 18면

다. 절차적/실질적 위법 배당667)

(1) 위법 사유

배당가능이익의 범위 내에서 배당이 이루어졌더라도 **이익배당결의 자체에 하자가 있거나(절차적 위법), 주주평등/주식평등의 원칙에 위반한 내용의 배당결의를 한 경우(실질적 위법)**에는 위법한 배당으로 **무효**가 된다.

(2) 반환청구권자

배당가능이익 범위 내의 배당인 한 기타의 위법의 경우에는 회사의 책임재산 감소로 인한 손해가 없으므로 회사채권자는 위법배당액의 반환을 청구할 수 없다. 다만, 이 경우에도 회사는 위법배당액의 반환을 청구할 수 있다.

(3) 선결 문제

주주총회 결의취소의 訴는 결의무효 확인의 訴와 달리 형성의 訴668)이므로 주주총회의 이익배당결의에 결의취소사유669)가 있는 경우에 회사가 반환청구를 하려면 반드시 먼저 결의취소판결을 받아야 한다.

결의취소의 訴는 주주·이사·감사가 제소할수 있는데, 결의취소판결은 대세적 효력670)이 있으므로 결의취소의 訴의 제소원고가 누구인지를 불문하고 위법배당을 받은 주주는 회사의 반환청구에 대하여 배당결의의 하자를 부인할 수 없다.

(4) 재량기각의 경우

결의 취소의 訴가 제기된 경우에 취소사유가 존재하더라도 결의의 내용, 회사의 현황과 제반 사정을 참작하여 그 취소가 부적당하다고 인정한 때에는 법원은 그 청구를 기각할 수 있다.(「상법」제379조).

그러나 결의취소의 訴가 재량기각 된 경우에는 원고 패소판결에 불구하고 취소사유는 존재하는 것이므로 이 판결에 기하여 회사는 배당결의의 하자를 이유로 반환청구를 할 수 있다. 다만, 결의취소의 訴 에 대한 재량기각 판결에는 대세적

---

667) 임재연, 전게서 I , 박영사, 2014., 771~772면.
668) 형성의 訴란 법률관계의 변동을 목적으로 하는 소송으로서, 형성판결에 따라서 형성요건의 존재를 확정함 과 동시에 새로운 법률관계를 발생케 하거나 기존 법률관계를 변경시키거나 소멸시키는 창설적 효과가 있는 소송을 말한다. 참고 : 이병태, 법률용어사전, 2011. 1. 15. 법문북스.
669) 결의취소의 사유는 "주주총회의 소집절차 또는 결의방법이 법령 또는 정관에 위반하거나 현저하게 불공정한 때 또는 그 결의의 내용이 정관에 위반한 때"이다.(「상법」제376조 제1항).
670) 기판력의 주관적 범위에 관한 민사소송의 일반원칙과는 달리, 결의취소판결은 소송당사자 외의 모든 제3자에게 그 효력이 미친다. 즉 이를 대세적 효력이라 한다.(「상법」제376조 제2항, 제190조). 따라서 소송당사자를 포함한 어느 누구도 결의의 유효를 주장할 수 없다.

효력이 없으므로, 위법배당을 받은 주주는 회사의 반환청구에 대하여 배당결의의 하자를 다툴 수 있다.

3. 위법 중간배당

가. 의 의

위법중간배당이란 ① 직전 결산기에 배당가능이익이 현존하니 않거나, ② 당해 결산기의 대차대조표상의 순자산액이 「상법」제462조 제1항 각 호의 금액(배당가능 이익 산정 시 공제금액)의 합계액에 미치지 못할 우려가 있음에도 불구하고 중간배당을 하는 것을 말한다.

중간배당의 형식적 요건으로는 연 1회의 결산기를 정한 회사는 영업연도 중 1회에 한하여 이사회 결의로 일정한 날을 정하여 그 날의 주주에 대하여 이익배당(중간배당)할 수 있음을 정관으로 정할 수 있다(「상법」제462조의3 제1항). 따라서 중간배당의 경우에는 주주총회의 배당결의와는 달리 절차적 위법문제가 발생할 가능성이 별로 없을 것이다.

나. 회사/채권자의 반환청구권[671]

위법한 중간배당에 대하여도 회사의 반환청구권(「민법」제741조) 및 회사채권자의 반환청구권(「상법」제462조의3 제6항, 제462조 제3항)이 인정된다.

다. 「상법」준용 규정의 문제[672]

회사는 당해 결산기의 대차대조표상의 순자산액이 「상법」제462조 제1항 각 호의 금액(배당가능이익 산정 시 공제금액)의 합계액에 미치지 못할 우려가 있는 때에는 중간배당을 할 수 없다(「상법」제462조의3 제3항).

그런데 「상법」제462조의3 제6항은 이러한 제3항의 규정을 위반하여 중간배당을 한 경우에 대하여 회사채권자의 반환청구권 규정(「상법」제462조 제3항)과 전속 관할 규정(「상법」제462조 제4항)을 준용한다고 규정한다.

반면에 직전 결산기의 대차대조표 상 배당가능이익에 관한 제2항의 규정에 위반하여 중간배당한 경우에는 위법중간배당으로서 회사채권자의 반환청구권이 인정되어야 하는데, 위 준용규정에서는 누락되어 있다.

이는 입법의 불비이고, 제2항의 규정에 위반한 경우에는 회사채권자의 반환청구권은 당연히 인정되는 것으로 해석해야 한다. 다시 말해 배당가능이익 없이 중간배당 한

---

671) 임재연, 전게서Ⅰ, 박영사, 2014., 773면
672) 임재연, 전게서Ⅰ, 박영사, 2014., 773면, 이철송, 전게서, 박영사, 2014., 961면.

경우 (「상법」제462조의3 제2항)에 채권자의 반환청구가 가능하도록 입법적 보완이 필요하다.

라. 초과배당에 대한 차액배상책임[673]

당해 결산기 대차대조표상의 순자산액이 「상법」제462조 제1항 각 호의 금액(배당가능이익 산정 시 공제금액)의 합계액에 미치지 못함에도 불구하고 중간배당을 한 경우 이사는 회사에 대하여 연대하여 그 차액(배당액이 그 차액보다 적을 경우에는 배당액)을 배상할 책임이 있다(「상법」제462조의3 제4항 본문).

그러므로 중간배당은 이사가 당해 결산기에 이익이 발생하거나 최소한 손실이 발생하지 않는 다는 확신 하에 실시할 수 있는 것이다. 그러나 이사에게 이 같은 무과실 책임을 지우는 것은 가혹하므로 과실 책임으로 하되, 우리 「상법」은 이사에게 무과실에 대한 증명책임을 부과시키고 있다.

즉 이사가 당기 결산기에 손실이 발생할 우려가 없다고 판단함에 있어 주의를 게을리 하지 아니하였음을 증명한 때에는 배상책임을 면한다.(「상법」제462조의3 제4항 단서). 중간배당에 대해서는 이사에게 무과실의 증명을 요하므로 이사의 책임에 관한 일반원칙인 추궁하는 자의 증명책임에 대한 예외를 이룬다.

이사회의 중간배당 결의에 찬성한 이사도 연대하여 책임을 지며(「상법」제462조의3 제6항, 제399조 제2항), 이사의 책임을 면제하려면 주주 전원의 동의가 필요하지만(「상법」제462조의3 제6항, 제400조 제1항), 「정관」이 정하는 바에 의하여 이사의 책임을 소정의 액으로 경감[674]할 수 있다.(「상법」제462조의3 제6항, 제400조 제2항).

4. 위법 주식배당[675]

가. 신주발행의 위법

주식배당이 위법한 경우에는 이로 인해 발행된 신주의 효력이 아울러 판단되어야 할 것이므로 신주발행무효의 訴 에 관한 「상법」제429조를 유추 적용하여 訴에 의해서만 주식배당의 무효를 주장할 수 있다고 보아야 한다.(통설). 그러나 주주가 주금을 납입한 바가 없으므로 주금을 환급(「상법」제432조)해 주는 문제는 생기지 아니한다.

대신 이익배당 자체는 유효한데 이를 주식으로 환산·발행하는 절차가 무효인 경우(예: 발행예정총수를 초과하는 발행)에는 주식이 무효로 되는 대신 배당금을 지급해야 할 것이다. 어떠한 경우든 신주의 무효는 소급효가 없는 까닭에(「상법」제431조 제1항)

---

673) 임재연, 전게서 I, 박영사, 2014., 773~774면, 이철송, 전게서, 박영사, 2014., 960면.
674) 최근 1년간의 보수액의 이사는 6배, 사외이사는 3배를 초과는 금액에 대하여 면제할 수 있다.
675) 임재연, 전게서 I, 박영사, 2014.,774~775면, 이철송, 전게서, 박영사, 2014., 976면.

판결 시까지 배당된 신주가 유효함을 전제로 한 모든 행위는 유효하다.

주식배당에 의해서는 회사재산이 현실로 주주에게 이전된 바가 없고, 신주발행무효판결에 의해 주주의 배당신주는 소멸되므로 배당가능이익 없이 주식배당을 했다 하더라도 채권자의 반환청구(「상법」제462조 제3항)는 인정되지 않는다. 따라서 회사 채권자는 신주발행무효의 訴의 제소권자가 아니다.

그러나 **위법한 주식배당은 자본금충실의 원칙에 반하는 것이므로 신주발행무효의 訴의 원인**이 된다고 보아야 한다. 따라서 주주·이사·감사는 신주발행일로부터 6월 이내에 신주발행무효의 訴를 제기할 수 있고(「상법」제429조), 주식배당 있기 전에는 신주발행의 유지를 청구할 수 있다(「상법」제424조).

나. 신주발행무효판결 확정시

주주·이사·감사가 신주발행무효의 소를 제기하여 **신주발행무효판결이 확정되면 신주는 장래에 대하여 그 효력을 상실한다.** 이와 같이 소급효과 제한되므로 그 간의 신주에 대한 이익배당, 의결권 행사, 신주의 양도 등은 유효하다.

통상의 신주발행무효판결확정시 회사는 신주의 주주에 대하여 그 납입한 금액을 반환하여야 하지만(「상법」제432조 제1항), 주식배당의 경우에는 주주가 주금을 납입한 바가 없으므로 주금반환 의무는 없다.

다. 제소기간 경과시

신주발행무효의 訴의 제소기간이 경과하면 신주발행무효사유에도 불구하고 신주발행은 확정적으로 유효하다. 이러한 경우 주식배당에 의하여 신주를 취득한 주주는 그 신주의 대가를 회사에 반환하여야 하고, 주주가 임의로 납입하지 않은 경우「상법」제462조 제2항을 유추 적용하여 회사채권자가 반환청구권을 행사할 수 있다.

5. 이사감사 등의 책임

가. 손해배상 책임

(1) 의 의[676]

위법한 내용의 配當議案을 작성·집행한 이사·집행임원, 이사회에서 위법한 배당의안을 승인한 이사들, 그리고 그 위법한 내용의 배당의안의 監査를 게을리 한 監事/감사위원은 회사에 대하여 연대하여 손해배상 책임을 부담하고, 이들에게 고의 또는 중과실이 있는 경우에는 회사·채권자 및 주주 등 제3자에게도 손해 배상

---

676) 임재연, 전게서Ⅰ, 박영사, 2014., 775면, 이철송, 전게서, 박영사, 2014., 976면.

책임을 부담한다(「상법」 제399조, 제401조, 제408조의8, 제415조의2 제7항).

(2) 손해배상책임의 범위

손해배상 책임범위에 관하여 대법원 2007. 11. 30. 선고 2006다19603 판결은

① 회사의 손해에 대해 "기업회계기준에 의할 경우 회사의 당해사업연도에 당기순손실이 발생하고 배당가능이익이 없는데도, 당기순이익의 발생과 배당가능한 이익이 있는 것 처럼 재무제표가 분식되어 이를 기초로 주주에 대한 이익배당금의 지급과 법인세의 납부가 이루어진 경우에는, 특별한 사정이 없는 한 회사는 그 분식회계로 말미암아 지출하지 않아도 될 주주에 대한 이익배당금과 법인세납부액 상당을 지출하게 되는 손해를 입게 되었다."

② 인과관계에 대해 "「상법」상 재무제표를 승인받기 위해서 이사회 결의 및 주주 총회 결의 등의 절차를 거쳐야 한다는 사정만으로는 재무제표의 분식회계 행위와 회사가 입은 손해 사이에 인과관계가 단절된다고 할 수 없다."

③ 손익상계에 대해 "손해배상액의 산정에 있어 손익상계가 허용되기 위해서는 손해 배상 책임의 원인이 되는 행위로 인하여 피해자가 새로운 이득을 얻었고, 그 이득과 손해 배상 책임의 원인인 행위 사이에 상당인과관계가 있어야 한다."

따라서 "분식회계로 발생한 가공이익이 차후 사업연도에 특별손실로 계상됨 으로써 이월결손금이 발생하고, 그 후 우연히 발생한 채무면제익이 위 결손금의 보전에 충당함 으로써 법인세가 절감된 경우 위 분식회계로 인하여 회사가 상당인과관계 있는 새로운 이득을 얻었다고 할 수 없다."라고 판시하고 있다.

(3) 위법한 주식배당의 경우[677]

배당가능이익이 없음에도 주식배당을 한 경우 이사·감사의 손해배상책임 인정 여부에 대하여, 회사에 현실적인 손해가 발생하지 않는다는 점을 이유로 손해 배상책임을 부정하는 견해도 있다.

그러나 **위법한 주식배당**은 이사의 법령위반에 해당하고 신주발행무효의 訴에 따른 소송비용 등 회사의 손해가 발생할 수도 있으므로 회사에 손해가 없다고 단정할 수도 없다. 따라서 **이사·감사의 손해배상책임을 인정하는 것이** 통설이다.

나. 자본금충실 책임

배당가능이익이 없음에도 주식배당을 한 경우 신주배당이 무효로 되고 자본금 전입

---

677) 임재연Ⅰ, 전게서, 박영사, 2014., 776면.

도 무효로 된 경우에는 당연히 이사·감사의 자본금충실책임이 발생하지 않는다. 다만 신주 발행 등기 이후에는 이사가 자본금충실책임(상법 제428조)도 부담한다는 견해가 있다.[678]

그러나 **주식배당의 경우**에는 주식의 인수가 없으므로 자본금충실의 책임까지 인정하는 것은 무리이며, 신주발행 시에 이사의 인수담보책임은 등기 후에 아직 인수되지 아니한 주식이 있거나 주식인수의 청약이 취소된 때에 발생하는데, 주식배당의 경우에는 이러한 경우가 생긴다고 보기가 어렵기 때문에 **자본금충실책임을 부정하는 것이 타당**하다.[679]

다. 해임 사유

위법배당에 관여한 이사와 감사(감사위원 포함)는 그 직무에 관하여 법령에 위반한 중대한 사실이 있는 것이므로, 「상법」제385조, 제415조에 의한 **발행주식 총수의 100분의 3이상에 해당하는 주식을 가진 주주의 해임의 訴 의 대상**이 된다.[680]

라. 형사 책임[681]

이사·집행임원·감사·감사위원 등이 법령 또는 정관에 위반하여 이익배당(중간배당 포함)을 한 때에는 회사재산을 위태롭게 하는 죄에 해당하여 5년 이하의 징역 또는 1천 500만원 이하의 벌금에 처한다(「상법」제625조 제3호).

이는 회사의 손해발생을 불문하고 적용되며, 만일 이들이 제3자로 하여금 이를 취득 하게 하여 회사에 손해를 가한 때에는 특별배임죄에 해당하여 10년 이하의 징역 또는 3천만원 이하의 벌금에 처한다(「상법」제622조). 특별배임죄의 미수범도 처벌 한다 (「상법」제624조).

678) 上柳克郎 외, 「新版 註釋會社法(1)~(14)」, 有斐閣, 1985~1990. 102면.
679) 정동윤, 「상법(상) 제6판」, 법문사, 2012., 790면, 정찬형, 전게서, 박영사, 2014., 1149면, 최기원, 「신회사법론 제14대정판」, 박영사, 2012., 949면, 임재연, 전게서 I, 박영사, 2014.,776면, 김건식,전게서, 박영사, 2014., 588면
680) 임재연, 전게서 I, 박영사, 2014.,776면
681) 임재연, 전게서 I, 박영사, 2014.,776~777면

| 제5절 | >> | 재무제표 공시 및 주주의 권리 |

I 서설

기업 내용의 공시는 회사를 중심으로 한 이해관계인 모두에게 중대한 뜻을 가진다. 주주로서는 투자의 수익성과 투자회수의 여부를 판단하고 이사의 교체여부를 결정 하는 데에 필요한 정보를 얻는 계기가 된다.

회사채권자로서는 변제가능성을 판단하고 채권회수여부를 위한 의사결정에 있어 결정적인 자료가 된다. 공시를 통해 비로소 주주·채권자의 감시가 가능해지므로 이사의 합리적인 직무수행을 유도하는 수단이 되기도 한다.

특히 상장회사가 발행한 유가증권의 공정한 거래질서를 유지하기 위해서도 기업공시는 필수적이다. 요컨대 **공시란 결국 회사경영의 국외에 존재하는 이해관계자들의 자기방어가 가능하도록, 업무와 재산에 관한 제반 정보를 전달하는 것**이라 할 수 있다.

2011년 개정 「상법」은 경영자의 자율성과 편의성의 영역을 크게 넓혔는데, 이는 주주와 채권자들의 이해에 영향을 미치는 정보의 양이 크게 늘었음을 의미하므로 개정 「상법」하에서 공시의 중요성은 더욱 커졌다고 할 수 있다.

주주와 채권자의 자기방어의 보장이라는 측면만 생각한다면, 회사의 정보는 전부 공시되어야 마땅하나, 완전공시란 기업비밀의 유지를 불가능하게 하고 나아가서는 경쟁의 포기를 뜻하므로 요구하기 어려운 일이다.

그러므로 자연 기업의 공시에는 한계가 있을 수밖에 없으며, 「상법」이 공시 범위에 있어 소수주주·일반주주·회사채권자에 따라 차등을 두는 것은 이런 이유에서 이다.

II 공시제도

1. 정관 등 서류의 열람청구[682]

이사는 회사의 정관, 주주총회의 의사록을 본점과 지점에, 주주명부, 사채원부를 본점에 비치하여야 한다. 이 경우 명의개서대리인을 둔 때에는 사채원부 또는 그 복본을 명의개서대리인의 영업소에 비치할 수 있다(「상법」제396조 제1항).

주주와 회사채권자는 영업시간 내에 언제든지 정관·주주총회의사록·사채원부의 **열람·등사**를 청구할 수 있고(「상법」제396조 제2항), 이러한 열람·등사청구권을 피

---

682) 임재연, 전게서 I, 박영사, 2014., 789면, 이철송, 전게서, 박영사, 2014., 977~978면.

보전권리로 하여 가처분을 신청할 수 있다.

이는 회사의 조직법적 법률관계의 기초적인 사항에 관한 주주와 회사채권자의 정보 접근권을 보장하기 위해 인정하는 제도로 주주·채권자라는 신분으로 족하고 열람 또는 등사의 목적이 정당하다는 증명을 요하지 않는다.

그러나 **주주 또는 회사채권자가 「상법」제399조 제2항에 의하여 주주명부 등의 열람·등사 청구를 한 경우 회사가 그 청구의 목적이 정당하지 아니함을 주장·증명 하는 경우 에는 이를 거부할 수 있다는 것이 일관된 판례의 입장**이다(대법원 2010.7.22. 선고 2008다37193 판결, 대법원 1997.3.19. 자97그7 결정).

본래 **열람청구권은 주주나 채권자의 이익을 직·간접적으로 보호하거나 회사의 기관을 감시하기 위해 인정되는 제도이다. 따라서 주주나 채권자가 이와 무관하게 회사의 영업을 방해하기 위해서나, 혹은 정치적·사회적 목적이나 동기에서 열람청구를 하는 것은 목적이 정당하지 못한 예이다.**

2. 이사회의사록의 열람청구[683]

주주는 영업시간 내에 이사회 의사록의 열람·등사를 청구할 수 있다(「상법」제391조의3 제3항). 회사가 열람·등사청구를 거부하는 경우 주주는 법원의 허가를 얻어 이사회 의사록을 열람·등사할 수 있다(「상법」제391조의3 제4항).

3. 재무제표 등의 공시 및 열람청구[684]

이사는 재무제표 및 그 부속명세서, 영업보고서 그리고 감사보고서를 정기총회일 1주간 전부터 본점에 5년간, 그 등본을 지점에 3년간 비치하여야하며(「상법」제448조 제1항), 상장회사 등 외부감사인의 감사를 받는 회사는 외부감사인의 감사보고서도 비치·공시하여야 한다(「외감법」제14조 제1항).

주주와 회사채권자는 영업시간 내에 언제든지 재무제표 및 그 부속명세서·영업 보고서를 열람할 수 있으며, 회사가 정한 비용을 지급하고 서류의 등본이나 초본의 교부를 청구할 수 있다(「상법」제448조 제2항).

상장회사는 사업연도 경과 후 90일 이내에 사업보고서를 금융위원회와 거래소에 제출하여야 하며, 사업연도가 1년인 회사는 반기보고서와 분기보고서도 각각 그 기간 경과 후 45일 이내에 금융위원회와 거래소에 제출하여야 한다(「자본시장법」제159조, 제160조). 이 서류는 일반에 공시하여야 한다.

---

683) 임재연, 전게서Ⅰ, 박영사, 2014., 789면
684) 이철송, 전게서, 박영사, 2014., 979.

4. 대차대조표의 공고

이사는 재무제표에 대한 주주총회의 승인을 얻은 때에는 지체 없이 대차대조표를 공고하여야 한다(「상법」제449조 제3항). 이때 외부감사를 받는 회사는 감사인의 명칭과 감사의견을 병기하여야 한다.(「외감법」제14조 제2항).

5. 중요사항의 適時 公示

이상의 공시는 정기적인 것이므로 수시로 일어나는 회사의 상황변동을 신속하게 공시하기에는 부족하다. 특히 주식이나 사채의 유통시장에서 매매를 거듭하는 투자자는 항상 최신의 기업정보를 필요로 한다.

그러므로 「자본시장법」은 상장회사에 한해 주가 형성에 영향을 미치는 동법의 제161조 제1항 각호 및 「자본시장법시행령」제172조의 중요사항을 適時에 公示하도록 규정하고 있다. 상장회사가 適時에 공시 하여야 할 주요항목은 다음과 같다.

<u>상장회사의 중요 適時 公示 항목</u>
(1) 발행한 어음 또는 수표가 부도되거나 은행과의 당좌거래가 정지 또는 금지된 때.
(2) 영업활동의 전부 또는 중요한 일부가 정지되거나 그 정지에 관한 이사회 등의 결정 이 있은 때.
(3) 「채무자 회생 및 파산에 관한 법률」에 따른 회생절차 개시의 신청이 있은 때.
(4) 「자본시장법」, 「상법」, 그 밖의 법률에 따른 해산사유가 발생한 때.
(5) 대통령령으로 정하는 아래 사항의 경우에 해당하는 자본 또는 부채의 변동에 관한 이사회 등의 결정이 있은 때.
   ① 자본의 증가 또는 감소
   ② 조건부자본증권의 발행에 따른 부채의 증가
(6) 「상법」제360조의2(주식의 포괄적 교환에 의한 완전모회사의 설립), 제360조의15 (주식의 포괄적 이전에 의한 완전모회사의 설립), 제522조(합병계약서와 그 승인 결의), 제530조의2(회사분할·분할합병)에 규정된 사실이 발생한 때.
(7) 대통령령이 정하는 아래 사항의 경우에 해당하는 중요한 영업 또는 자산을 양수하거 나 양도할 것을 결의한 때.
   ① 양수·양도하려는 영업부문의 자산액이 최근 사업연도 말 현재 자산총액의 100분의10 이상인 양수·양도.
   ② 양수·양도하려는 영업부문의 매출액이 최근 사업연도 말 현재 매출액

의 100분의 10 이상인 양수·양도.

③ 영업의 양수로 인하여 인수할 부채액이 최근 사업연도 말 현재 부채 총액의 100분의10 이상인 양수.

④ 영업전부의 양수.

⑤ 양수·양도하려는 자산액이 최근 사업연도말 현재 자산총액의 100분의 10 이상인 양수·양도. 다만 일상적인 영업활동으로서 상품·제품·원재료를매매하는 행위 등 금융위원회가 정하여 고시하는 자산의 양수·양도는 제외.

(8) 자기주식을 취득(자기주식의 취득을 목적으로 하는 신탁계약의 체결을 포함) 또는처분(자기주식의 취득을 목적으로 하는 신탁계약의 해지를 포함)할 것을 결의 한 때.

(9) 그 경영·재산 등에 관하여 중대한 영향을 미치는 사항으로써 대통령령으로 정하는 아래의 사실이 발생한 때.

① 「기촉법」제4조 제4항 각호 어느 하나에 해당하는 관리절차가 개시 되거나 같은 법 제12조에 따라 공동관리절차가 중단 된 때.

② 증권에 관하여 중대한 영향을 미칠 소송이 제기 된 때.

③ 해외 증권시장에 주권의 상장 또는 상장 폐지가 결정되거나, 상장 또는 상장폐지된 때 및 외국금융투자감독기관 또는 거래소 등으로부터 주권의 상장폐지, 매매거래정지, 그 밖의 조치를 받은 때.

④ 전환사채권, 신주인수권부사채권 또는 교환사채권의 발행에 관한 결정이 있은때

⑤ 다른 법인의 지분증권이나 그 밖의 자산을 양수하는 자에 대하여 미리 정한 가격으로 그 지분증권 등을 양도할 수 있는 권리를 부여하는 계약 또는 이에상당하는 계약체결에 관한 결정이 있은 때.

⑥ 조건부자본증권이 주식으로 전환되는 사유가 발생하거나 그 조건부 자본증권의 상환과 이자지급의무가 감면되는 사유가 발생한 때 등.

6. 공시에 관한 책임[685]

이사·감사(감사위원 포함)가 고의나 중대한 과실로 인하여 그 임무를 해태한 때 즉, 공시의무를 해태 한 경우나 거짓기재 등 부실하게 공시한 경우 이로 인해 손해를 입은 주주·채권자 등 이해관계인에 대하여 연대하여 손해를 배상할 책임이 있다. (「상법」제401조, 제414조, 제425조의2 제7항).

「자본시장법」제159조제1항의 사업보고서·반기보고서·분기보고서·주요사항보고서

---

685) 이철송, 전게서, 박영사, 2014., 979 .

(이하 '사업보고서 등'이라 함) 및 그 첨부보고서(회계감사인의 회계감사보고서는 제외)중 중요사항에 관하여 거짓의 기재 또는 표시가 있거나 중요사항이 기재 또는 표시되지 아니함으로써 사업보고서 제출대상법인이 발행한 증권의 취득자 또는 처분자가 손해를 입은 경우 에는 다음 각 호의 자는 그 손해에 관하여 배상책임을 진다(「자본시장법」제162조).

공시에 관련 손해배상 책임자

① 그 사업보고서등의 제출인과 제출당시의 그 사업보고서 제출대상법인의 이사.

② 「상법」제401조의2 제1항 각 호의 어느 하나에 해당하는 자로서 그 사업보고서 등 의 작성을 지시하거나 집행한 자.

③ 그 사업보고서등의 기재사항 및 그 첨부서류가 진실 또는 정확하다고 증명하여 서명 한 공인회계사·감정인 또는 신용평가를 전문으로 하는 자 등 대통령령이 정하는 자.

④ 그 사업보고서등의 기재사항 및 첨부서류에 자기의 평가·분석·확인 의견이 기재되는 것에 대하여 동의하고 그 기재 내용을 확인 한자.

다만, 배상책임을 질자가 상당한 주의를 하였음에도 불구하고 이를 알 수 없었음을 증명하거나 그 증권의 취득자 또는 처분자가 그 취득 또는 처분할 때에 그 사실을 안 경우에는 배상책임을 지지 아니한다.((「자본시장법」제162조 제1항 단서).

이 밖에 외부감사를 받는 회사와 상장회사의 부실공시로 인한 손해배상에 관해 특칙이 있으며(「외감법」제17조, 「자본시장법」125조 ~ 127조 및 제162조), 상장회사의 공시의무의 불이행에 대하여는 각종 제재가 따른다.(「자본시장법」제444조 제13호 각목).

Ⅲ 재무관련 소수주주권

1. 회계장부의 열람권

(1) 서 설686)

발행주식총수의 3% 이상을 보유하는 주주는 회계의 장부와 서류의 열람이나 등사를 청구할 수 있다.(「상법」제466조 제1항). 등사할 수 있는 권리도 포함 되지만 이 권리는 흔히 회계장부열람권이라 불린다.

「상법」상 주주는 이사해임청구권(「상법」제385조 제2항), 이사의 위법행위 유지청구권(「상법」제402조), 대표소송 제기권(「상법」제403조~제406조)과 같은 이사

---

686) 김건식, 전게서, 박영사, 2014., 590면.

에 대한 견제권을 갖는다.

그러나 주주의 이러한 견제권은 적절한 정보 없이는 실효를 거두기 어렵다. 회사의 회계정보는 회사에 비치된 재무제표를 열람하는 방법(「상법」제448조) 으로도 얻을 수 있지만 재무제표에 포함된 정보는 극히 제한된다.

따라서 「상법」은 재무제표의 기초를 이루는 회계장부와 서류까지 열람할 수 있는 권한을 인정한 것이다. 다만 회계장부열람권의 남용을 막기 위해서 회사에 상당한 이해관계를 가진 소수주주에게만 이를 허용한 것이다.

(2) 열람의 대상

(가) 회계장부와 서류

소수주주의 열람·등사청구의 대상이 되는 회계의 장부 및 서류는 소수주주가 열람·등사를 구하는 이유와 실질적으로 관련이 있는 회계의 장부와 그 근거자료가 되는 회계의 서류를 가리킨다.

상인은 영업상의 재산 및 손익의 상황을 명백히 하기 위하여 회계장부 및 대차대조표를 작성하여야 하는데(「상법」제29조 제1항), 이와 같이 상인이 의무적으로 작성하는 회계장부와 대차대조표를 **상업장부**라 한다.

회계장부란 재무제표와 그 부속명세서의 작성의 기초가 되는 장부로서 회계학상의 일기장·분개장(分介帳)·원장 등을 가리킨다. 회계장부에는 거래와 기타 영업상의 재산에 영향이 있는 사항을 기재하여야 한다.(「상법」제30조 제1항).

「상법」제466조 제1항의 열람의 대상은 '회계의 장부와 서류' 이다. **'회계의 장부와 서류'의 범위에 대해서는 아래와 같이 학설이 대립**하고 있다.

① **협의의 해석설** : 「상법」제29조 제1항의 회계장부 및 이를 작성하는데 기록자료로 사용된 회계서류, 즉 전표, 영수증, 계약서, 납품서 등만이 열람대상이라는 견해[687] 이며, 판례도 같은 입장이다.[688]

② **광의의 해석설** : '회계장부'는 반드시 「상법」상의 회계장부뿐만 아니라 임의로 작성 하는 모든 경리관련 장부를 포함하고 '회계서류'에는 회사의 경리 상황을 나타내는 일체의 서류가 포함된다는 견해이다.[689]

회계장부열람권은 주주의 실효성 있는 경영감독을 위해서 인정되는 권리이므로 **주주의 실질적인 경영감독권을 보장하기 위하여 열람 대상이 될 수 있는 회계 장부와 서류는 가급적 폭넓게 해석하는 것이 타당**하다고 본다.[690]

---

687) 권기범, 「현대회사법론 제5판」, 삼영사, 2014., 1056면
688) 대법원 2001. 10. 26. 선고 99다58051 판결.
689) 김건식, 전게서, 박영사, 2014., 590~591면, 임재연, 전게서 I , 박영사, 2014.,779면

(나) 자회사의 회계장부

열람의 대상이 되는 회계장부 및 서류는 그 작성명의인이 반드시 열람·등사 제공의무를 부담하는 회사로 국한되어야하는 것은 아니다.

열람·등사제공의무를 부담하는 회사의 출자/투자로 성립한 자회사의 회계장부라 할지라도 그것이 모자관계에 있는 모회사에 보관되어 있고, 또한 모회사의 회계 상황을 파악하기 위한 근거자료로서 실질적으로 필요한 경우에는 모회사의 회계서류로서 모회사 소수주주의 열람·등사청구의 대상이 될 수 있다.[691]

(다) 과거의 회계장부

회계장부 열람·등사청구권은 주주가 경영감독권을 발동하여 회사 내의 부정을 조사하기 위한 것이므로 대부분의경우에는 과거의 회계장부가 열람·등사의 대상일 것이다. 과거의 회계장부에 대한 열람·등사를 청구하는 경우에는 그 연도만을 특정하면 될 것이다.

다만, 「상법」제33조 제1항은 보존기간에 대하여 상업장부와 영업에 관한 중요 서류는 10년간으로 규정하고, 전표 또는 이와 유사한 서류는 5년간으로 규정 하므로 그 **보존 기간이 경과한 회계장부는 열람·등사청구권의 대상이 아니라고 보아야 한다.**[692]

(라) 열람·등사 대상의 특정

열람·등사의 대상인 회계장부의 명칭, 종류 등을 주주가 특정하여 청구하여야 하는 것인지, 아니면 주주는 모든 회계장부를 대상으로 열람·등사를 청구할 수 있고, 회사가 부당성, 불필요성을 증명하여 제외 할 수 있는지에 대하여 견해가 대립하고 있다.

위에서 설명한 바와 같이 열람·등사의 대상을 상업 장부에 한정하지 않는 광의의 해석설을 그대로 따르면 그 대상이 지나치게 넓어져서 회사나 이사에게 상당히 부담이 될 수 있으므로 **주주가 열람·등사의 대상인 회계장부의 명칭과 종류를 특정해야 한다고 해석하는 것이 타당**하고 쌍방 간에 균형이 이루어질 것으로 보인다.[693]

---

690) 김건식, 전게서, 박영사, 2014., 590~591면, 임재연, 전게서 I, 박영사, 2014.,779면.
691) 대법원 2001. 10. 26. 선고 99다58051 판결, 임재연, 전게서 I, 박영사, 2014.,780면.
692) 임재연, 전게서 I, 박영사, 2014.,780면.
693) 서울중앙지법, 2011. 11. 24.자 2011카합540 결정., 임재연, 전게서 I, 박영사, 2014.,781면.

(3) 열람의 요건

(가) 열람청구권자와 상대방694)

열람청구권은 남용의 방지를 위하여 발행주식총수의 3% 이상에 해당하는 주식을 가진 소수주주에게만 회계장부의 열람·등사청구권을 인정하고 있다(「상법」 제466조 제1항). 다만, 소수주주권 이외에도 감사의 업무감사권을 피보전권리로 하여 감사의 회계장부 열람·등사청구권을 인정한 판례695)도 있다.

상장회사의 경우에는 6개월 전부터 계속하여 발행주식 총수의 1만분의 10(최근 사업연도 말 자본금이 1천억원 이상인 상장회사의 경우에는 1만분의 5) 이상에 해당하는 주식을 보유한 자만 회계장부의 열람·등사청구권을 인정하고 있다 (「상법」제542조의6 제4항). 따라서 회사에 상당한 이해관계를 가진 주주에게만 열람을 허용하는 것이다.

회계장부 열람·등사 청구의 상대방(가처분시 피신청인)은 그 회계장부를 작성·비치하고 있는 해당회사이다.

(나) 이유를 붙인 서면에 의한 청구696)

주주의 청구는 '이유를 붙인 서면으로' 하여야 한다. 따라서 구두에 의한 청구나 서면에 의하더라도 이유가 붙어 있지 않은 청구는 효력이 없다. 이유는 구체적으로 기재하여야 한다.697) 구체적 기재를 요구하는 이유는 남용을 막고 열람에 제공할 장부와 서류의 범위를 쉽게 판단할 수 있도록 하기 위한 것이다.

따라서 예컨대 '주주의 권리의 확보나 행사에 관한 조사', '주주의 이익보호', '회계 부정의 조사'와 같은 막연한 기재로는 충분치 않다. 대법원은 주주가 7~8년간 주주총회를 개최하지 않고, 이익배당을 실시하지 않으며 회사의 중요자산을 임의처분 하는 등 구체적인 사유를 제시한 경우에는 구체성 요건을 충족한 것 으로 보고 있다.698)

(다) 청구이유와 실질적 관련성699)

주주가 열람할 수 있는 장부나 서류는 주주가 서면청구 시 기재한 '이유'와 관련있는 것에 한정된다. 사소한 문제를 이유로 언제나 회사의 모든 서류를 열람할 수 있다고 해석할 수 없기 때문이다.

판례는 구체적인 열람청구의 대상이 되는 자료는 '소수주주가 열람·등사를 구

---

694) 임재연, 전게서 I, 박영사, 2014., 781~782면.
695) 서울중앙지법, 2007. 11. 21.자 2007카합2727 결정
696) 김건식, 전게서, 박영사, 2014., 591~592면.
697) 대법원 1999. 12. 21. 99다137 판결.
698) 대법원 1999. 12. 21. 99다137 판결.
699) 김건식, 전게서, 박영사, 2014., 592면.

하는 이유와 실질적으로 관련이 있는 회계장부와 그 근거자료가 되는 회계서류'를 의미한다고 보고 있다.[700]

따라서 열람청구권을 행사하는 주주는 이유와 실질적으로 관련성이 있는 서류를 어느 정도 구체적으로 적시할 필요가 있다.

(라) 열람·등사 청구의 정당성[701]

다른 권리와 마찬가지로 소수주주의 열람청구권도 남용할 수 없으므로(「민법」제2조 제2항) 정당한 목적으로만 행사할 수 있다. 다만 그 목적의 정당성은 주주가 증명할 필요는 없고 거꾸로 회사가 청구의 부당성을 증명하여 소수주주의 열람청구를 거부할 수 있다.(「상법」제466조 제2항).

어떠한 경우에 부당성이 인정되는지에 관하여 「상법」은 구체적으로 규정하고 있지 않다. **판례는 「권리행사의 부당여부는 행사의 경위, 목적, 惡意性 有無등 제반 사정을 종합적으로 고려하여 판단해야 하다」**고 일반적 기준을 제시하고 있다. (대법원 2004. 12. 24. 2003마1575 결정).

판례는 구체적인 내용으로 회사 업무 또는 주주 공동의 이익을 해치거나 주주가 회사의 경쟁자로서 열람청구권 행사를 통해서 얻은 정보를 경영에 이용할 우려가 있거나, 회사에 지나치게 불리한 시기를 택하여 행사하는 경우는 정당한 목적이 결한 것으로 보고 있다 (대법원 2004. 12. 24. 2003마1575 결정).

그리고 **열람청구의 정당성여부는 회사의 경영상태에 대한 주주의 알권리와 열람을 허용하는 경우에 우려되는 회사의 불이익(기업비밀의 누출 등) 또는 전체 주주의 주주가치 손상 등을 比較較量하여 판단**하여야 한다.

따라서 단순히 「경영감시의 필요성」과 같이 추상적인 이유만으로는 열람을 허용할 사유가 못되지만, 이사의 부정을 의심할 만한 사유가 있는 경우에는 열람을 청구할 정당한 사유가 된다.(대법원 1999.12.21. 99다137 판결, 서울지법 1998.4.1. 97가합68790 판결).

또한 **열람청구권은 주주의 이익보호를 위하여 인정되는 것이므로 주주의 권리행사가 회사 내지 주주전체의 이익에 반하거나 주주지위와 관계없이 개인적 이익을 위한 것이라면 부당한 청구에 해당 될 것이다.**

---

700) 대법원 2001. 10. 26. 99다58051 판결.
701) 김건식, 전게서, 박영사, 2014., 592면,, 이철송, 전게서, 박영사, 2014., 980면 , 임재연, 전게서 Ⅰ, 박영사, 2014.,783~784면

참고	일본「회사법」상의 열람청구 거부 사유

「상법」과는 달리 일본 「회사법」은 주주의 열람청구를 회사가 거부할 수 있는 사유를 구체적으로 열거하고 있다(일본 「회사법」제433조 제2항). 이들 사유는 우리 법의 해석상으로도 참고가 될 수 있을 것이므로 여기서 소개하고자 한다.

① 당해 청구를 행한 주주(이하 '청구자'라 함)가 그 권리를 확보 또는 행사에 관한 조사 이외의 목적으로 청구한 때.

② 청구자가 당해 주식회사의 업무수행을 방해하고 주주의 공동이익을 해할 목적으로 청구한 때.

③ 청구자가 당해 주식회사의 업무와 실적으로 경쟁관계에 있는 사업을 영위하거나 그에 종사하는 자일 때.

④ 청구자가 회계장부 또는 그에 관한 자료의 열람 또는 등사에 의하여 알아낸 사실로 이익을 얻으면서 제3자에게 알리기 위하여 청구한 때.

⑤ 청구자가 과거 2년 이내에 회계장부 또는 그에 관한 자료의 열람 또는 등사에 의하여 알아낸 사실을 이익을 얻으면서 제3자에게 알린 일이 있는 자인 때.

(4) 열람의 실행

(가) 열람거부와 구제수단[702]

회사가 정당한 사유 없이 주주의 열람청구에 응하지 않은 경우 회사의 이사는 5백만원 이하의 과태료에 처한다(「상법」제635조 제1항 제iv호). 그러나 이러한 과태료만으로는 부당한 열람거부를 막을 수 없으므로 주주는 회사를 피고로 하여 장부나 서류의 열람·등사를 청구하는 訴를 제기할 수 있다.

나아가 열람청구의 訴를 본안으로 하여 장부나 서류의 열람·등사를 구하는 가처분을 신청할 수 있고 실제로 그러한 사례가 없지 않다. 가처분에 의하여 열람·등사를 인정하면 본안소송의 목적이 달성되고(이른바 만족적 가처분) 본안에서 원고패소 시 현상회복이 어려운 것이 사실이다.

그러나 **판례는 사실상의 현상회복은 불가능하지만 손해배상청구를 인정함으로써 법률적인 현상회복은 가능하다는 이유로 가처분을 허용**한다(대법원 1999.12.21. 99다137판결). 가처분에 의한 열람·등사는 열람청구자의 보전의 필요와 가처분이 인정됨으로써 회사가 입을 불이익을 比較衡量하여 전자가 큰 경우에만 인정될 것이다.

판례는 일단 가처분 결정이 내려진 경우 단순히 그것이 상급심에서 취소될 가능성이 있다는 이유로 집행을 정지할 수는 없지만 '그 집행에 의하여 채무자에게 회복할 수 없는 손해를 생기게 할 우려가 있는 때'에는 예외적으로 집행을

---

702) 김건식, 전게서, 박영사, 2014., 593면.

정지할 수 있다고 보고 있다 (대법원 1997. 3. 19. 97그7 결정).

(나) 열람의 기간과 시간[703]

「상법」상 주주의 회계장부 열람·등사의 허용기간을 제한할 수 있다는 명문의 규정이 없어서, 그 허용기간을 제한할 수 있는지에 대하여 논란의 여지가 있다.

판례는 「상법」제396조, 제448조, 제466조 제1항이 정한 회계장부 열람·등사 청구의 요건이 충족되면 법원은 특별한 사정이 없는 한 원고가 구하는 범위 내에서 허용기간의 제한 없이 피고에게 회계장부등의 열람·등사를 명하여야 한다는 입장이다.[704]

따라서 회사가 열람·등사의 허용기간을 제한하려면 열람·등사의 허용기간을 합리적으로 제한할 수 있는 특별한 사정을 주장·증명하여야 한다.

한편 「상법」상 주주명부는 '영업시간 내'에서만 허용되는데(「상법」제396조 제2항), 회계장부에 관하여는 이러한 제한이 없다. 그러나 회계장부에 관하여도 열람·등사 시간에 대하여는 '영업시간 내'라는 제한을 두어야 하고, **판결·결정 주문에 이러한 시간적 제한이 기재되지 않았더라도 영업시간 내의 열람만 허용되는 것으로 해석**하여야 한다.

(다) 열람 또는 등사의 실행[705]

열람 및 등사는 주주권 행사에 필요한 범위 내에서 허용될 것으로 열람·등사의 횟수가 1회에 국한되는 등으로 사전에 제한할 것은 아니다(대법원 1999.12.21. 선고 99다137 판결). 등사는 사진촬영이나 USB와 같은 전자적 장치에 복사하는 방법으로도 할 수 있다.

또한 열람이나 등사는 반드시 주주가 직접해야하는 것은 아니고 변호사, 공인회계사 등의 전문가를 대리인이나 보조자로 사용할 수도 있다. 또한 수인의 주주가 주식보유 요건을 충족한 경우에는 각 주주가 개별적으로 권리를 행사할 수 있다고 볼 것이다. 열람 또는 등사에 필요한 비용은 권리를 행사하는 주주가 부담하여야 한다.

(라) 간접 강제[706]

법원의 판결에도 불구하고 회사가 주주의 회계장부 열람·등사청구를 허용하지 않은 경우 간접강제 절차에 의하여 그 이행을 강제할 수 있다.

간접강제란 주로 부대체적 작위의무[707]와 부작위의무 등에 대한 집행방법 으로

703) 임재연, 전게서 I, 박영사, 2014., 784면.
704) 대법원 2013.11.28. 선고 2013다50367 판결
705) 김건식, 전게서, 박영사, 2014., 594면.
706) 임재연, 전게서 I, 박영사, 2014., 785면.

서, 채무의 성질이 간접강제를 할 수 있는 경우에 집행법원이 채무불이행에 대한 금전적 제재(손해 배상)를 고지함으로써 채무자로 하여금 그 제재를 면하기 위하여 채무를 스스로 이행하도록 하는 집행방법이다.(「민집법」제261조 제1항).

(5) 열람 · 등사의 가처분

(가) 가처분 허용 근거[708]

열람 · 등사 가처분은 그 내용이 권리보전의 범위에 그치지 않고 소송물인 권리 또는 법률관계의 내용이 이행된 것과 같은 종국적 만족을 얻게 하는 것이다. 이에 대해 판례는 다음과 같이 판시하고 있다.

판례는 "주주의 회계장부 열람 · 등사청구권을 피보전권리로 하여 당해 장부 등의 열람 · 등사를 명하는 가처분이 실질적으로 본안소송의 목적을 달성하여 버리는 면이 있다 할 지라도 나중에 본안소송에서 패소가 확정되면 손해배상 청구권이 인정되는 등으로 법률적 으로는 여전히 잠정적인 면을 가지고 있기 때문에 임시적인 조치로서 이러한 회계장부 열람 · 등사청구권을 피보전권리[709]로 하는 가처분이 허용 된다'는 입장이다.[710]

주주명부 열람 · 등사 가처분의 경우와 같이, 회계장부 열람 · 등사 가처분은 회사와 신청인 간의 대인적 분쟁((對人的 紛爭)이고 제3자에게 영향을 미치지 않기 때문에 대세적 효력(對世的 效力)이 인정 되지 않는다.

(나) 열람 · 등사청구권의 내용

1) 허용 방법[711]

법원이 회계장부 열람 · 등사 가처분을 허용함에 있어서는 피신청인인 회사에 대하여 직접 열람 · 등사를 허용하라는 명령을 내리는 방법 외에, 열람 · 등사의 대상 장부 등에 관하여 훼손, 폐기, 은익, 개찬[712]이 행하여질 위험이 있는 때에는 이를 방지하기 위하여 그 장부 등을 집행관에게 이전 보관 시키는 가처분을 허용할 수도 있다.[713]

현실적으로 효율적인 회계장부 열람을 위하여 회계사 등을 동반할 필요가 있고, 이러한 취지를 가처분 결정주문에 다음과 같이 명기한 판례도 있다.

---

707) 부대체적 작위의무란 다른 사람이 할 수 없고 채무자만이 행위를 하여 급부 내용을 실현시킬 수 있는 의무.
708) 임재연, 전게서 I , 박영사, 2014., 785~786면.
709) 피보전권리란 보전처분을 통해 보전해야 할 채권자가 채무자에 대하여 가지는 채권을 말한다.
710) 대법원 1999.12.21. 선고 99다137 판결
711) 임재연, 전게서 I , 박영사, 2014., 786면.
712) 개찬(改竄)이란 글의 뜻을 달리하기 위하여 글의 일부 구절이나 글자를 일부러 고침.
713) 대법원 1999.12.21. 선고 99다137 판결

판례는 "신청인 또는 그 대리인은 열람 및 등사를 함에 있어서 변호사, 공인회계사, 기타 보조원을 동반할 수 있다"라는 주문을 부가한 경우도 있다.[714]

2) 허용 범위[715]

주주의 회계장부 및 서류의 등사·등사청구권이 인정되는 이상 그 **열람·등사 청구권은 가처분 집행의 신속성, 회사의 피해의 최소화 등을 고려하여, 그 권리행사에 필요한 범위 내에서 허용**되어야 할 것이다.[716]

그리고 주주명부의 경우에는 그 개념상 열람·등사대상이 명확하지만, 회계장부 및 서류는 사항별, 시기별로 방대한 분량이 될 수 있으므로 열람·등사청구의 정당성이 인정 되는 한도에서 그 열람·등사의 범위를 정하여야 한다.

따라서 가처분 신청 및 결정시 예컨대 "중국투자 관련" 또는 "중국 현지 법인 관련" 등과 같은 기재는 부적절하고 **해당투자 또는 현지법인의 구체적인 명칭을 특정하여 기재 하여야 열람·등사의 대상인 회계장부 및 서류도 구체적으로 특정**된다.[717]

3) 사본교부 청구[718]

회계장부 열람·등사 가처분은 임시의 지위를 정하기 위한 가처분으로서 「민사집행법」(이하 '민집법'이라 한다) 제305조 제1항은 "법원은 신청 목적을 이루는 데 필요한 처분을 직권으로 정한다." 라고 규정한다.

따라서 주주명부 열람·등사 가처분의 경우와 같이, 회계장부 열람·등사 청구권을 규정한 「상법」제466조의 "등사를 청구할 수 있다"라는 규정은 **신청인이 원하는 경우에는 피신청인에게 회계장부 및 서류를 등사하여 신청인에게 그 사본을 교부하도록 청구하는 것도 포함 하는 것**으로 보아야 한다.

특히 주주명부와 달리 회계장부 및 서류는 대부분 열람대상이 되는 장부 및 서류가 복잡하고 양도 방대한 경우가 많다. 그리고 신청인은 복사기기를 피신청인이 제공하지 않는 경우에는 복사기도 회사 내로 운반해 가서 회계장부 및 서류를 등사하여야 한다. 이때 등사비용은 신청인이 부담하여야 할 것이다.

참고로 재무제표 등의 열람청구권에 관한 「상법」제448조 제1항은 주주와 회사 채권자는 회사가 정한 비용을 지급하고 그 서류의 등본이나 초본의 교부를 청구할 수 있다고 규정 하고 있다.

---

714) 서울중앙지법 2011.5.30. 선고 2011카합1275 결정.
715) 임재연, 전게서 I, 박영사, 2014., 786~787면.
716) 대법원 1999.12.21. 선고 99다137 판결.
717) 대법원 2001.10.26. 선고 99다58051 판결.
718) 임재연, 전게서 I, 박영사, 2014., 787면.

4) 등사의 방법

주주명부의 경우와 같이 회계장부의 경우에도 컴퓨터 파일을 복사하는 방법을 허용할 수 있는지에 대하여 아직 확립된 기준은 없지만, 컴퓨터 파일을 복사하는 방법이 신청목적을 이루는데 필요하다면 역시 「민집법」제305조 제1항을 근거로 주주명부 열람·등사 가처분에서 와같이 이를 허용할 수 있다고 볼 것이다. 제1심 가처분법원이 이러한 방법을 허용한 사례도 적지 않다.[719]

5) 사본의 용도에 대한 제한

회계장부 열람·등사청구의 대상인 회계장부 및 서류는 일반적으로 회사 내부의 자료로서 외부 유출시 회사에 대하여 중대한 피해가 발생할 수도 있다. 따라서 주주명부에 비하여 사본의 용도를 제한할 필요성이 크다고 할 수 있다.[720]

6) 열람·등사의 횟수 및 기간

회계장부 열람·등사의 청구권은 그 권리행사에 필요한 범위 내에서 허용되어야 할 것이지, 열람 및 등사의 횟수가 1회에 국한되는 등으로 사전에 제한할 것은 아니다 라고 본다. (대법원 1999. 12. 21. 선고 99다137 판결, 원심에서 30일간 열람 및 등사기간을 허용하였다).

(다) 간접 강제

A 가 B를 상대로 회계장부 열람·등사 가처분을 신청하여 인용되었음에도 불구하고 B가 열람·등사를 거부하자 A가 간접강제를 신청하였고, 이에 법원은 1일 2억원의 이행 강제금의 부과를 결정하였다.[721] 이와 같이 법원의 가처분 결정에 불구하고 회사가 주주의 회계장부 열람·등사청구를 허용하지 않는 경우 주주는 간접강제절차에 의하여 그 이행을 강제할 수 있다.[722]

2. 검사인 선임청구권

가. 입법 취지

주주는 회계장부 및 서류의 열람에 의하여 이사 등의 부정행위를 파악할 수 있지만, 회계장부에 한정되고 그 확인방법도 이사 등의 업무를 직접 조사할 수 있는 것이 아니라 장부열람이라는 소극적이고 사후적인 방법에 그친다.

따라서 「상법」은 주주가 법원이 선임한 검사인을 통하여 회사 업무와 재산상태를 조사할 수 있도록 하였다.

---

719) 서울중앙지법. 2008.3.27. 선고 2008카합429 결정.
720) 임재연, 전게서 I, 박영사, 2014., 788면.
721) 서울중앙지법, 2004.2.23. 선고 2004카합123 결정.
722) 임재연, 전게서 I, 박영사, 2014., 788면.

나. 검사인의 선임

(1) 선임청구의 의의[723]

소수주주가 업무집행에 대한 감독권을 효과적으로 수행할 수 있으려면 회계 장부열람권(「상법」제466조)만이 아니라 회사의 업무와 재산상태에 대해서도 조사할 필요가 있다.

그러나 이런 조사는 회사에 주는 영향이 크기 때문에 「상법」은 회계장부열람권의 경우와는 달리 주주가 직접 할 수 있도록 하지 않고 법원에 검사인 선임을 청구하여 간접적으로 하도록 하고 있다.(「상법」제467조).

검사인 선임청구는 소수주주가 회계장부와 서류를 열람한 후 회사의 업무집행에 관해 부정행위 또는 법령·정관에 위반한 중대한 사실이 있음을 의심할 만한 사유가 있을 때, 이를 조사하기 위하여 행하는 것이 일반적일 것이다.

(2) 선임청구의 요건

(가) 소수주주권

검사인의 선임청구권은 소수주주권이다. 회사의 업무집행에 관하여 부정행위 또는 법령·정관에 위반한 중대한 사실이 있음을 의심할 사유가 있는 때는 발행주식 총수의 3% 이상에 해당하는 주식을 가진 주주는 회사의 업무와 재산상태를 조사하기 위하여 법원에 검사인의 선임을 청구할 수 있다.(「상법」제467조제1항).

단 상장회사는 6개월전부터 계속하여 상장회사의 발행주식총수의 1000분의 15 이상에 해당하는 주식을 보유한 주주가 선임청구권자이다(「상법」제542조의6제1항).

(나) 부정행위 또는 법령·정관 위반사실의 존재[724]

검사인 청구를 법원에 청구할 수 있는 것은 "회사의 업무집행에 관하여 부정행위 또는 법령이나 정관에 위반한 중대한 사실이 있음을 의심할 사유가 있는 때"에 한한다.(「상법」제467조 제1항). 그러한 사유의 증명책임은 주주에게 있다.

부정행위는 이사가 자기 또는 제3자 이익을 위하여 회사 이익을 해치는 행위를 의미한다.[725] 부정행위를 법령·정관 위반행위와 별도로 규정한 것은 그것이 법령·정관 위반행위 보다 비난 가능성이 더 높기 때문이다.

따라서 법령·정관 위반행위는 「중대성」을 갖추어야 하지만 부정행위는 따로 중대성을 증명할 필요가 없다. 일반적으로 이사·감사 등의 임무해태는 법령·정관 위반행위에 속하는 것으로 본다.

---

723) 김건식, 전게서, 박영사, 2014., 507면.
724) 김건식, 전게서, 박영사, 2014., 508면.
725) 대법원 1985.7.31. 선고 85마214 결정.

(다) 의심할 사유의 증명726)

「상법」제467조 제1항에 의하면 **주주가 증명할 것은 부정행위 등의 존재 자체가 아니라 그 존재를「의심할 사유」의 존재**이다.

이러한 의심을 뒷받침하기 위해서는 **부정행위 등의 사실은 구체적으로 제시**해야 하며, '단순히 결산보고서의 내용이 실지 재산상태와 일치하는지 여부의 의심이 간다는 정도의' 막연한 내용만으로는 청구할 구 없다(대법원 1985.7.31. 선고 85마214 결정).

(3) 검사인의 선임

위 요건을 갖춘 경우 법원은 검사인을 선임한다(「상법」제467조 제1항). 법원이 검사인의 선임에 관한 재판을 할 경우에는 이사와 감사의 의견을 듣게 되어있다(「비송사건 절차법」(이하 '비송법'이라 함) 제76조).

검사인 선임에 관한 상세한 절차는 「비송사건절차법」제72조 이하에 자세히 규정 하고 있다.

그리고 검사인으로 선임될 수 있는 자에 대하여는 특별히 제한은 없지만, **그 직무의 성격상 당해 회사의 이사·감사·집행임원·지배인·상업지배인 등은 검사인이 될 수 없으며, 직무의 성질상 자연인이어야 한다는 것**이 통설727) 및 판례728)이다.

다. 검사인의 업무

검사인은 회사의 업무와 재산상태를 조사하여야 한다. 검사인의 권한에 대하여 명문규정은 없지만 그 직무의 효과적인 수행에 필요한 일체의 권한을 보유한다고 볼 것이다.

검사인은 회사업무와 재산상태를 조사하여 그 조사의 결과를 법원에 서면으로 보고하여야 한다(「상법」제467조 제2항, 「비송」제74조 제1항). 법원은 보고에 의하여 필요하다고 인정한 때에는 대표이사에게 주주총회의 소집을 명할 수 있다.

검사인은 조사보고서를 주주총회에도 제출하여야 한다(「상법」제467조 제3항 후단, 제310조 제2항). 이 경우 **이사와 감사는 지체 없이 검사인의 조사보고서의 정확여부를 조사하여 이를 주주총회에 보고**하여야 한다(「상법」제467조 제4항).

---

726) 김건식, 전게서, 박영사, 2014., 508면.
727) 임재연, 전게서 I, 박영사, 2014., 777면, 이철송, 전게서, 박영사, 2014., 845면.
728) 대법원 1960.8.18. 선고 4293민재항167 결정).

제8장　내부감사의 아웃소싱729)

제1절　내부감사 아웃소싱의 개요

I　내부감사 아웃소싱의 의의

본래 **아웃소싱(outsourcing)**이란 기업업무의 일부 프로세스를 경영 효과 및 효율의 극대화를 위한 방안으로 제3자에게 위탁해 처리하는 것을 의미한다. 즉, 기업 내부의 프로젝트 활동을 기업외부 제3자에게 위탁 처리하는 시스템으로 인소싱(insourcing)730)과 반대 되는 개념이다.

따라서 내부감사업무의 아웃소싱이란 내부감사 조직이 수행해야할 내부감사업무의 일부 또는 전부를 비용절감 또는 경영 효과 및 효율의 극대화를 위한 방안으로 제3자에게 위탁하여 처리하는 것을 말한다.731)

II　일반적인 아웃소싱의 역사732)

1980년대 후반에 미국 기업이 제조업 분야에서 활용하기 시작한 이후 전 세계기업들로 급속히 확산되고 있는데, 이는 기술진보가 가속화되고 경쟁이 심화되면서 기업의 내부 조직(인소싱)을 통한 경제활동 비용보다 아웃소싱을 통한 거래비용이 훨씬 적게 든다는 점에 따른 것이다.

즉, 국내외의 경제 상황의 악화와 이에 따른 경쟁의 격화로 인해 한정된 자원을 가진 기업이 모든 분야에서 최고의 위치를 유지하기 어렵게 되면서 해당 기업이 가장 유력한 분야나 핵심역량에 자원을 집중시키고, 나머지 활동은 외부의 전문기업에 위

---

729) 금융감독원, 전게서, 126~130면
730) 인소싱이란 기업이나 조직의 서비스와 기능을 조직 안에서 총괄적으로 제공, 조달하는 방식이다.
731) 김용범, 전게서, 도서출판 어울림, 2012. 309면.
732) 두산백과, NAVER 지식백과. 참조 및 인용.

탁 처리함으로써 경제효과를 극대화하는 전략을 말한다.

보통 상호 복합적이고 의존적이며, 장기적인 파트너 관계를 형성해 하나의 통합 시스템으로 운영될 뿐만 아니라, 비용절감 보다는 기업의 성장과 경쟁력·핵심역량 강화를 위한 대안으로 운영된 다는 점에서 임시적·단기적·반복적인 컨설팅·외주·하청 등과는 많은 차이가 있다.

결국 세계시장의 급격한 변화와 경쟁력 심화에 따라 기존의 인소싱에 주력하던 기업들도 경영자원을 집중시키고 핵심역량을 강화하기 위한 수단으로 아웃소싱을 채택하고 있고, 이 추세는 갈수록 늘어날 것으로 보인다.

그러나 아웃소싱은 가격증가에 따른 저효율과 발주사 직원의 전직, 직원의 직무 감소로 인한 직원 수 초과, 공급업체와 발주사 간의 마찰, 공급업체의 미숙한 관리와 구성원의 직무 혼동 등의 위험 요소도 가지고 있다.

Ⅲ 내부감사 아웃소싱의 필요성[733)

「내부감사 최고 책임자(CAE)」는 감사직원들이 감사의 전부 또는 일부를 수행함에 있어 필요한 지식·기술 그리고 여타 능력이 결여되어 있을 경우 마땅한 외부의 조언이나 지원을 구해야한다.

내부감사 부서는 회계, 감사, 경제학, 재무, 통계학, 정보기술, 공학, 세무, 법, 환경 문제 그리고 기타 내부감사 책임을 완수하는 데 필요한 기타 영역에 대해 훈련되어 자격을 갖춘 감사직원을 채용하거나 외부서비스 제공자를 이용해야 한다.

그렇다고 내부감사부서의 개별 감사인이 모든 분야에 자격을 갖출 것을 요하지 않는다. 왜냐하면 개별 감사인이 가장 경쟁력을 가진 분야에 핵심역량을 집중하고 나머지 활동은 외부 전문 기업에 위탁 처리하는 것이 경제효과를 극대화하는 것이기 때문이다.

일반적으로 기업에서 아웃소싱을 도입하는 이유는 다음과 같은바, 내부감사 부문 에서도 이를 참고하면 많은 도움이 될 것으로 생각된다.

① **기업비용의 절감**
　ㅇ기업이 주문이 많을 때 인력을 더 선발해야하고 반면에 주문이 줄어들 땐 인력을 줄 여야 기업의 경쟁력이 있기에 아웃소싱을 할 경우 인력을 탄력적으로 운영하여 비용을 절감할 수 있는 장점이 있다.

---

733) 내부감사인협회, 전게번역서, 108면, 김용범, 전게서, 도서출판 어울림, 2012. 309면.

② 핵심사업의 집중

o 기업주가 영업·기획·회계·관리 등 모든 부서를 맡을 수 없으므로 비 핵심적인 부서는 외부 전문가에 맡겨서 기업을 운영하는 것이 더 효율적이다. 따라서 기업은 비핵심부문은 외부전문가에 맡기고 핵심사업에만 집중할 수 있다.

③ 인력활용의 용이성

o 전국에서 인력을 채용하려면 일일이 출장가서 면접을 봐야 하지만 아웃소싱을 이용 한다면 아웃소싱회사가 인력채용부터 모든 것을 관리해 주기 때문에 기업이 직접 나서지 않아도 인력활용이 용이하다.

④ 비용부담의 최소화

o 신입사원을 채용할 때 광고비와 기타 노무비용이 들게 되는데 아웃소싱을 이용하면 최소비용으로 전문 인력을 손쉽게 활용할 수 있는 큰 장점을 가지고 있다.

⑤ 인력의 검증 효과

o 인사의 2차 오류를 최소화시키는 것인데, 잘한 것 같아 채용했으나 잘 못하는 경우 퇴사조치가 쉽지 않지만, 아웃소싱을 활용하면 언제든지 인력교체가 가능하기 때문에 인력운영에 오류를 범할 일이 적습니다.

제2절 ▷▷ 내부감사 아웃소싱의 대상 및 종류

I 내부감사 아웃소싱의 대상[734]

외부 서비스 제공자란 어떤 특정한 분야에 특별한 지식과 기술과 경험을 소유한, 그 조직으로부터 독립된 개인이나 회사를 말한다. 외부서비스 제공자로는 보험계리인, 회계사, 감정평가사, 환경전문가, 변호사, 엔지니어, 지질학자, 보안전문가, 통계 전문가, 정보기술전문가, 공인감사사, 기타 감사조직 등을 말한다.

외부 서비스 제공자는 감사위원회, 감사, 또는 「최고 감사 책임자(CAE)」등에 의해 임무를 맡게 된다. 외부서비스제공자는 다음과 같은 사항 등에 있어서 내부감사부서 또는 내부감사기관에 의해 이용될 수 있다. 즉, 동 사항은 내부감사 부문의 아웃소싱의 대상이 될 수 있는 부문이다.

---

734) 한국감사인협회, 전게번역서, 108~109면, 김용범, 전게서, 도서출판 어울림, 2012. 310면.

주요 아웃소싱 대상 내용

① 정보기술, 통계, 세무, 번역 등과 같은 특화된 기술이나 지식이 요구되는 분야에 대한 감사 활동 또는 감사 작업 일정상의 목표를 달성하기 위한 경우.

② 토지나 건물, 예술품, 값나가는 보석, 투자물 그리고 복잡한 금융상품 등과 같은 자산 의 평가.

③ 광물 자원, 비축 석유 등 어떤 자산의 수량적 또는 실물상태에 대한 판단.

④ 진행 중인 계약에 따라 완성된 또는 완성되어질 공정에 대한 측정.

⑤ 부정 또는 보안 조사.

⑥ 직원의 복지규칙에 따른 종신보험의 보험계리적인 결정 등과 같이 특별한 방법에 의한 금액 산정.

⑦ 법적, 기술적 그리고 제도적 요구에 대한 해석.

⑧ 「내부감사직무수행기준」에 따른 내부감사부서의 품질개선 프로그램의 평가.

⑨ 인수 및 합병(M&A).

⑩ 리스크관리 및 기타 사안에 대한 컨설팅 등.

Ⅱ 내부감사 아웃소싱의 종류[735]

1. 감사업무 일부 아웃소싱

내부감사인력이 특정분야에 대한 감사업무 수행을 위해 필요한 지식이 부족한 경우 이를 보조하기 위해 일부 감사업무에 대해 아웃소싱계약을 체결하고 전문가의 도움을 얻을 수 있다. 이때 외부서비스 제공자는 회사의 내부감사책임자의 통제에 따라 내부감사직원의 업무를 도와주는 역할을 담당한다.

2. 감사업무 전부 아웃소싱

소규모회사의 경우 감사 전담직원을 두지 않고 회사의 모든 내부감사업무를 아웃소싱 등의 방법을 활용할 수 있다. 내부감사업무를 전부 아웃소싱하는 경우 외부 서비스제공자는 회사의 내부감사 관리자와 협의하여 회사의 내부통제체제의 운영 실태를 점검하는 등 업무전반에 대한 내부감사 업무를 실제로 수행하고, 내부감사 업무 수행결과를 감사 또는 감사위원에게 보고 한다.

---

735) 금융감독원, 전게서, 128면

제3절 >> 내부감사 아웃소싱의 장·단점[736)]

내부감사는 이러한 아웃소싱을 통하여 아래와 같은 여러 가지 장점을 활용할 수 있다.

<u>아웃소싱의 주요 장점</u>

① 주력업무에 경영자원을 집중하고 핵심역량을 강화할 수 있다.

② 리스크를 분산할 수 있다.

　아웃소싱을 활용하여 유연한 조직을 구축함으로써 시장, 경쟁 환경, 기술 등의 변화 가 기업에 미치는 영향을 최소화할 수 있다.

③ 조직을 슬림화·유연화 할 수 있다.

④ 시너지효과에 의한 새로운 부가가치를 창출할 수 있다.

　단순한 외부자원의 활용에 그치지 않고 공급측과 활용측의 파트너십이 가져오는 시너지 효과에 의해 새로운 부가가치의 창출과 협력이 가능해 진다.

⑤ 코스트 절감이 가능하다.

⑥ 코스트 외부화에 의한 경기변동에 대응할 수 있다.

　사내에서 부담하고 있는 생산, 판매, 관리 등의 경비를 외부화 함으로써 결과적 으로 고정적인 인건비의 변동비화와 리스크 분산이 가능해져 경기 변동에 강한 기업 체질이 구축 된다.

⑦ 혁신을 가속화시킬 수 있다.

　아웃소싱은 비효율적인 부문의 재구축 등 구조조정과 기존의 비즈니스 프로세스를수정하는 리엔지니어링의 수단이기 때문에 이를 통해 기업혁신과 변신을 가속화 시킬 수 있다.

⑧ 서비스업무의 전문성을 확보할 수 있다.

　특히 정보시스템, 법무, 디자인 등 고도의 전문성을 요구하는 업무는 독자적 수행이 어렵기 때문에 아웃소싱이 더욱 활성화 되고 있다.

⑨ 정보네트워크를 확대할 수 있다.

　외부의 보다 광범위한 기술 및 고객정보를 입수하기 위해서는 기업혼자의 자원만으로는 한계가 있다. 따라서 아웃소싱을 활용하여 외부전문 기관이 보유하고 있는 다양한 정보네트워크와 기업 간 네트워크를 형성 할 수 있게 된다.

---

736) 대일노무법인, 「아웃소싱이란 무엇인가?」에 관한 'Daum 지식' 이용자 문의 답변자료. 김용범, 전게 서, 도서출판 어울림, 2012. 311~312면.

그러나 아웃소싱을 이용하였을 경우 다음과 같은 단점도 내포하고 있다.

아웃소싱의 주요 단점[737]

① 기술력 상실로 연결 될 위험성을 내포하고 있다.

기업의 저원가성을 추구하는 아웃소싱은 기술력 상실로 연결될 위험성을 내포하고 있으며, 또한 핵심 부문을 아웃소싱 할 경우 기술혁신을 선도하는 것이 어려워 질 수 있다.

② 회사운명을 다른 업체에게 맡기는 위험성이 있다.

특정 거래업체와 장기거래에 의존할 경우 회사 운명을 다른 업체에게 내 맡기는 위험성이 도사리고 있으며, 발주업체가 아웃소싱 전략을 바꾸거나 매출이 저조할 경우 공급업체는 어려운 상황에 직면하게 된다.

③ 아웃소싱업체 직원들의 고객사에 대한 충성도가 낮다.

아웃소싱업체의 직원들은 파견/도급 소속이기 때문에 고객사에 대한 충성도가 일반적 으로 낮은 편이므로 핵심적인 업무를 맡길 수 없으며, 충성도를 요구할 정도의 업무 라면 정규직을 채용·활용하는 것이 맞다.

아웃소싱의 목적은 기업의 비핵심적인 업무는 아웃소싱이 담당하고 기업은 핵심적인 본업에만 치중하여 기업경쟁력을 강화시키는 것이므로 핵심적인 업무는 일반적으로 아웃소싱을 이용하는 것이 어렵다. 다만 핵심업무가 단순한 숙달과 고도의 기술이 요구된다면 아웃소싱이 활용할 수 있다.

④ 고용조건 등의 불안으로 조직의 안정화가 어렵다.

조직이 안정화가 되어 있어야 업무의 능률이 상승함에도 불구하고 아웃소싱업체의 직원들은 대부분 임시직원이기 때문에 고용 불안, 복지혜택 감소, 직장 분위기 등에 편승하여 장기 근속자는 줄고 이직사례가 상승하여 조직의 안정화가 어렵다.

제4절 ▶▶ 내부감사 아웃소싱 계약 시 고려사항

외부인이 내부감사서비스를 제공하더라도 감사업무의 전부를 아웃소싱 한 경우에는 이사회는 내부통제시스템 및 내부감사기능의 효과적인 작동에 대한 책임을 져야 한다. 그리고 감사업무의 일부를 아웃소싱 한 경우에는 감사위원회 또는 감사가 내부감사기능의 효과적인 작동에 대하여 책임을 져야 한다.[738]

---

737) 김득갑, 「세계는 지금 아웃소싱 중」, 삼성경제연구소, 2006. 6.
738) 김용범, 전게서, 도서출판 어울림, 2012. 312면.

외부 서비스 제공자에게 감사업무를 맡길 생각이 있을 경우, 최고 감사책임자는 해당 감사업무 수행과 관련하여 외부 서비스제공자의 능력과 독립성, 객관성을 평가해 보아야 한다. 이러한 평가는 외부서비스 제공자를 이사회 또는 감사위원회 등이 선정하고 외부 서비스 제공자의 감사내용을 최고 감사책임자가 의존하고자하는 경우에도 이루어져야 한다.

아웃소싱계약 체결 시 현재 및 앞으로 예상되는 업무상 리스크를 세심하고 주의 깊게 고려해야 하며 내부통제 및 내부감사 기능의 장애가 발생할 경우 예상하지 못하였던 리스크가 증가되어서는 아니 된다. 따라서 일반적으로 회사의 내부감사의 아웃소싱계약 시 고려해야할 사항은 다음과 같다.

1. 서비스 제공자의 능력[739]

아웃소싱계약을 체결하기 전에 「내부감사 최고 책임자(CAE)」는 서비스 제공자가 필요한 지식, 기술 그리고 여타 감사업무 수행 능력을 갖췄는지 확인해야 한다. 그리고 아웃소싱계약업체가 회사에 대한 감사 경험을 가진 능력있는 직원을 충분히 보유하여 계약을 이행할 수 있는지 여부를 확인하여야 한다. 서비스 수행 능력을 판단함에 있어서 「내부감사최고책임자(CAE)」는 다음 사항을 고려해야 한다.

서비스 수행능력 판단 시 고려사항

① 전문 자격, 면허 또는 해당 분야에서 외부서비스 제공자의 능력.
② 관련 전문가 조직의 회원 여부 그리고 해당 조직의 윤리강령 준수.
③ 외부서비스제공자의 명성.
④ 맡게 될 감사임무에 대한 외부서비스 제공자의 경험.
⑤ 감사업무 관련 분야에 있어 외부서비스 제공자가 받은 교육과 훈련정도.
⑥ 조직이 속하는 산업 분야에 대한 외부서비스 제공자의 지식과 경험.
⑦ 아웃소싱업체 선정 시 기술적·전문적 지식 부문 평가 강화.
   ㅇ아웃소싱업체가 계약기간 동안 필요한 서비스와 기술을 제공할 수 있는 능력과 경험이 있는지에 대한 평가.
   ㅇ예상되는 운영환경에 있어서 아웃소싱 업체의 경험 평가.
   ㅇ아웃소싱업무를 제3자에게 재 위탁/공동수행의 경우 이에 대한 평가.
   ㅇ서비스 중단 시에 대응할 수 있는 능력 평가.
   ㅇ중요 아웃소싱 인원에 대한 기술·지식 평가 등.

---

739) 내부감사인협회, 전게번역서, 110면, 김용범, 전게서, 도서출판 어울림, 2012. 312~313면. 금융감독원, 「IT 및 전자금융 부문의 아웃소싱에 대한 감독강화 방안」.

아웃소싱계약은 사람이 제공하는 서비스계약이기 때문에 서비스 제공자의 능력에 확신이 있어야하며, 핵심적인 직원이 교체되는 경우에는 즉시 사전에 통보하도록 하여야 한다.

2. 서비스 제공자의 독립성과 객관성[740]

「내부감사 최고 책임자(CAE)」는 외부서비스 제공자의 독립성과 객관성이 그들의 감사임무 수행 중 지속적으로 유지되도록 외부서비스 제공자와 전체 조직사이 그리고 내부감사부서와의 관계를 평가해야 한다.

그런 평가함에 있어 CAE는 외부서비스 제공자가 감사임무를 수행하고 보고할 때 공정하고 편향되지 않는 그들의 판단과 의견을 가로막을 어떤 재무적, 조직적 또는 개인적 관계가 없는지 확인해야 한다.

즉, 외부서비스 제공자의 독립성과 객관성을 평가함에 있어 내부감사 최고책임자는 (CAE)는 다음 사항을 고려해야 한다.

외부서비스 제공자의 독립성과 객관성 평가 시 고려사항

① 서비스제공자가 조직과 갖게 될 재무(금전)적 이해관계.

② 서비스제공자가 조직 내의 이사회, 최고 경영진, 다른 사람과의 개인적 또는 직무상의 제휴.

③ 서비스제공자가 조직/검토 대상 활동과 과거에 있었을 수도 있는 관계.

④ 서비스제공자가 조직을 위해 현재 진행 중인 여타 서비스의 정도.

⑤ 서비스제공자가 받게 되는 보상이나 여타 인센티브 등.

또한 외부서비스 제공자가 그 조직의 외부 감사인이며 업무의 성격이 확장된 감사서비스일 경우 CAE는 수행된 업무가 외부감사인의 독립성을 저해하지 않는지 확인해야 한다. 확장된 감사서비스란 외부감사인에게 일반적으로 받아들여지는 감사기준의 요구수준을 넘어서는 그런 서비스를 말한다.

만약 조직의 외부감사인이 그 조직의 최고 경영진, 관리자 또는 종업원으로 활동하거나 활동하는 것으로 비쳐질 때 그들의 독립성은 저해된다. 부가적으로 외부감사인은 세무나 컨설팅 등 다른 서비스를 조직에 제공할 수 있다. 그렇지만 독립성은 조직에 제공된 전체 서비스와 관련하여 평가되어야 한다.

---

740) 한국감사인협회, 전게번역서, 110~111면, 김용범, 전게서, 도서출판 어울림, 2012. 313면.

3. 서비스 제공자의 관리 · 감독741)

이사와 경영진 또는 감사와 감사위원은 아웃소싱 된 내부감사기능이 적절히 관리되고 있는지 확인하여야 한다. 규모가 큰 회사의 경우「내부감사 최고 책임자(CAE)」는 서비스 제공자를 적절하게 감독할 수 있는 직원을 내부감사부서에 충분히 배치 하여야 한다.

전담「내부감사 최고책임자(CAE)」가 없는 소규모 회사의 경우 서비스 제공자의 성과를 독립적으로 감독하는 직원을 임명하되, 그 직원은 감사대상이 되는 영업에 책임이 없는 자이어야 한다.

「내부감사 최고책임자(CAE)」는 아웃소싱업체로부터 양질의 내부감사 서비스와 중단 없는 내부감사 서비스를 제공받기 위하여 아웃소싱업체에 대한 주기적이고 상시적 으로 관리·감독을 강화하여야 한다. 주요 관리·감독 사항은 다음과 같다.

아웃소싱업체에 대한 주요 관리·감독 사항

① **회사의 아웃소싱업체에 대한 주기적인 점검 실시의 의무화**
  ○ 아웃소싱업체의 업무운영상태 및 보안상태에 대한 회사의 주기적인 점검 실시.
  ○ 업무운영상태 및 보안상태 점검결과 제기된 문제점에 대하여는 즉시 시정 및 개선과 철저한 책임 추궁.

② **아웃소싱업체의 재무상황 및 운영상태에 대한 상시모니터링 실시**
  ○ 아웃소싱업체의 시스템 개발 및 유지정책이 최소 가이드라인 및 제약 상 필요조건 등 에 부합여부를 상시감시 실시.
  ○ 회사는 아웃소싱업체의 재무상태 변동 상황 및 위탁업무 운영상태에 대하여 시장을 통하여 상시모니터링 실시.

③ **아웃소싱계약서 체결 등을 통하여 아웃소싱업체에 대한 통제 강화**
  ○ 아웃소싱업체의 회사 앞 관리·감독 관련 보고서 제출 의무화.
  ○ 아웃소싱업체가 제3자 외부감사를 수감하였을 경우 회사 앞 감사결과 보고서 제출 의무화.
  ○ 아웃소싱업체가 회사의 사전 동의 없이 제3자에게 재위탁하거나 재위탁 업체를 변경 하는 행위 금지.

④ **회사는 아웃소싱업체의 적격성 기준을 자체적으로 수립·철저 운영**
  ○ 아웃소싱업무의 적정 수행에 필요한 자본금, 기술력, 시설과 인력규모 및 보안대책 등에 대한 자격요건 철저 심사.
  ○ 정기적인 적격성 심사를 통하여 자격요건을 충족하지 못한 아웃소싱 업

---

741) 금융감독원, 전게서, 129면, 김용범, 전게서, 도서출판 어울림, 2012. 314면. 금융감독원, 「IT 및 전자금융 부문의 아웃소싱에 대한 감독강화 방안」.

체에 대하여는 재 아웃소싱 계약 금지 등.

⑤ 회사는 아웃소싱업체의 고객 및 정보보호를 위한 보안대책 철저 점검

　○컴퓨터 기록 또는 통신상 자료의 유출방지와 유출되더라도 그 냉용을 확인할 수 없도록 자료의 암호화 실시.

　○컴퓨터에 기록되어 있거나 또는 통신상에 있는 자료가 변형되지 않도록 「공개키 기반구조(PKI)」사용.

　○자료의 생성, 전송, 처리, 유지 및 저장되는 동안에 물리적 또는 논리적 통제절차를 통해 비인가된 접근, 수정, 파괴 정보의 공개 등을 방지 하도록 물리적 · 논리적 보안 강화.

　○아웃소싱업체와 그 보조자가 계약서상에 사용하도록 인정된 사항 이외의 회사 정보를 임의로 사용하거나 공개 금지.

⑥ 회사는 아웃소싱업체의 내부통제기준 및 내용의 적정성 평가

　○정보의 변조, 유출 또는 시스템 장애 유발 등이 독립적으로 불가능 하도록 인력운영상 가능한 범위 내에서 최대한 직무분리 운영.

　○장애 또는 오류 등에 의한 원장 변경 시 변경대상 및 방법, 변경 권한자 지정, 변경 전후 내용 자동기록 및 보존, 변경 내용의 정당여부에 대한 제3자 확인 등 변경 절차 수립 · 운영.

　○사고 위험도가 높거나 이상거래에 대하여는 책임자 승인 거래로 처리토록 하는 등 전산시스템에 의한 이중 확인이 가능토록 조치.

　○프로그램 등록, 변경, 폐기 방법, 변경 전후 내용의 기록 및 관리 · 등록 · 변경 · 폐기 내용의 정당성에 대한 제3자 검증, 변경 필요시 복사 후 수정, 접근 담당자 한정 등 에 대한 절차의 수립 · 운영.

　○업무 담당자가 일괄작업을 수행할 경우 담당 책임자의 승인절차를 거치도록 하고 작업내용을 거치도록 작업 내용을 기록 · 관리.

　○암호프로그램에 대하여는 담당자 지정, 이중통제, 원시프로그램의 별도 보관 등 프로그램의 유포 및 부당 이용이 방지 될 수 있도록 엄정 관리.

　○정보시스템 및 전선자료에 보관하고 있는 비밀번호를 암호화하여 보관하며 비밀번호 의 조회가 불가능하도록 조치 등.

⑦ 회사의 아웃소싱업체에 대한 보안성 심사 강화

　○아웃소싱업체의 자체 보안대책의 적합성 여부.

　○인터넷 등 외부전산망과 연결 필요성 및 보안대책 적정성 여부.

　○내부전산망과 물리적 차단 및 연결방법의 적정성 여부.

　○「침입차단시스템(Fire Wall)」등 정보보호시스템 설치 운영방법의 적정성 여부.

　○인가 또는 인증된 전산 보안 시스템 운영 여부.

　○해킹 등 외부침입 방지 대책의 적정성 여부 등.

⑧ 아웃소싱업체의 재 위탁 허용 및 관리기준 대폭 강화
  ○ 회사가 아웃소싱업체의 재 위탁을 허용할 경우 재수탁자의 적격성 기준을 자체적으로 수립·철저 운영.
  ○ 회사와 아웃소싱업체, 재 수탁자간의 업무위탁계약서 체결 등을 통하여 회사의 재 수탁자에 대한 관리·감독 강화.
  ○ 회사는 재 수탁자에 대하여 아웃소싱업체 관리기준을 준용하되 재 수탁 업무 종류, 업무범위, 업무량 등을 고려하여 탄력적으로 운영 등.

4. 의사소통과 서비스의 문서화[742)

감사위원 또는 감사와 경영진 또는 이사 간 의사소통은 아웃소싱으로 서비스 제공자를 고용했다고 하여 축소되어서는 안 된다. 그리고「내부감사최고책임자(CAE)」는 외부서비스 제공자와의 긴밀한 의사소통으로 업무범위에 관한 충분한 정보를 가지고 있어야 한다. 이는 그들의 업무범위가 내부감사부서의 목표와 잘 어울리는지 확인하기 위해 필요하다.

아울러「내부감사최고책임자(CAE)」는 아웃소싱 서비스 제공자가 감사서비스를 충분하고 적정하게 제공하지 못할 경우 그 책임을 명확히 하기 위하여 감사업무 서비스에 대한 아웃소싱계약은 다음 사항을 포함하여 감사업무 서비스제공자와 문서화하는 것이 필요하다.

아웃소싱 서비스의 문서화 주요 항목

① 서비스 제공자의 책임, 수행업무의 범위 및 횟수, 용역비.
② 이사와 경영진 또는 감사와 감사위원에 대한 업무보고의 형태, 횟수 등 정보의 제공 및 수령에 대한 책임.
③ 내부감사보고서 및 관련서류의 소유권, 보관 장소 및 보관 기간.
④ 업무 과실 및 소홀 등으로 인한 손실 발생 시 그 처리 방법.
⑤ 서비스 제공자의 경영관련 업무수행 금지.
⑥ 서비스 제공자의 비밀유지 의무.
⑦ 업무량 및 회사의 특별요구에 따른 비용, 개발, 전환, 서비스 복구 등을 포함하는 기본 적인 서비스를 위한 비용 및 계산에 관한 사항.
⑧ 하드웨어와 소프트웨어 구입 및 유지에 따른 비용 및 책임에 관한 사항.
⑨ 비용 증가의 상한선 및 비용구조가 변화하는 상황에 대한 자세한 설명 사항 등.

---

742) 금융감독원, 전게서, 128~130면, 한국감사협회, 전게번역서, 111면, 김용범, 전게서, 도서출판 어울림, 2012. 314~315면. 금융감독원,「IT 및 전자금융 부문의 아웃소싱에 대한 감독강화 방안」.

5. 서비스 수행 결과 평가[743]

외부서비스 제공자가 내부감사업무를 제공한 경우 「내부감사 최고책임자(CAE)」는 그 작업이 「내부감사 직무수행 기준(Standards)」을 준수하여 진행되는지 명확히 확인 하여야 한다. 외부서비스 제공자의 작업을 검토할 때 「내부감사 최고책임자」는 내부 감사업무서비스에 대한 외부서비스 제공자가 수행한 서비스 작업의 적절성을 평가 하여야 한다.

이러한 평가는 도달된 결론 그리고 중대한 예외사항이나 다른 특이한 문제 해결의 합리적인 기초를 제공하기 위해 취득한 정보의 충분성도 포함한다. 또한 서비스 제공 자에 의한 모든 작업은 서류화되어야 하고 내부감사업무 수행결과 취약점 등 모든 문 제점 적출 사항은 즉시 「내부감사 최고책임자(CAE)」에게 보고되어야 하며, 이사와 경 영진 또는 감사와 감사위원 앞 보고 여부는 「내부감사 최고책임자」와 서비스제공자가 협의 결정한다.

「내부감사 최고책임자(CAE)」는 외부서비스 제공자의 업무수행의 질적 수준의 향상 을 위하여 아웃소싱업체의 서비스 및 자원에 대한 품질평가를 강화하여야 한다. 따라 서 「내부감사최고책임자(CAE)」의 아웃소싱업체의 서비스 및 자원에 대한 품질 평가의 주요 항목은 다음과 같다.

아웃소싱업체의 서비스 및 자원에 대한 품질평가의 주요항목[744]

① 아웃소싱업체의 업무수행을 상세히 기록한 보고서의 정기적인 검토.
② 서비스의 문제점에 대한 적절한 방식의 개선, 책임 추궁 및 서비스 수준 향상을 위한 아웃소싱업체의 계획에 대한 평가.
③ 효과적인 변경제어를 위한 시스템 업데이트 절차 및 중요시스템 변경을 위한 인증절차 구축에 대한 평가.
④ 지향하는 사업발전 목표, 기술적 독창성 등을 포함하는 회사의 전략 목표 를 지원 하고, 강화하기 위한 아웃소싱업체의 능력 평가.
⑤ 아웃소싱업체의 상품 및 서비스에 대한 고객 불만 사항 검토.
⑥ 아웃소싱 서비스의 수준관리를 강화하기 위하여 「SLA 제도」* 도입 등.

  * SLA(Service Level Agreement) 란 고객사에게 제공하는 아웃소싱서비스의 수준을 정량적 으로 측정하여, 서비스의 성과를 평가하고 미흡한 부문을 개선하는 서비스수준의 성과관리 방식에 관한 합의서, 즉 품질보증에 대한 협약서를 말한다.

---

743) 한국감사협회, 전게서, 112면, 금융감독원, 전게서, 130면, 김용범, 전게서, 도서출판 어울림, 2012. 315면. 금융감독원, 「IT 및 전자금융 부문의 아웃소싱에 대한 감독강화 방안」.
744) 금융감독원, 「IT 및 전자금융 부문의 아웃소싱에 대한 감독강화 방안」.

6. 비상시의 대책745)

내부감사조직이 외부서비스 제공자의 아웃소싱된 내부감사활동을 효과적으로 통제하지 못할 경우 이로 인한 리스크가 발생하여 건전한 경영을 크게 저해할 수 있고 회사 업무의 본질을 침해할 수 있다.

또한, 아웃소싱업체의 업무 중단, 계약의 파기 등으로 내부감사기능이 공백에 빠질 우려가 있기 때문에 리스크가 높은 분야 등 중요부분에 대해서는 내부감사기능 중단에 대비하여 아래의 비상대비계획(Contingency Plan)746)을 강구하여야 한다.

회사 및 아웃소싱업체의 비상대비계획

① **회사 및 아웃소싱업체의 「비상대비계획(Contingency Plan)」수립.**
   ○ 화재·홍수·해킹 등 재난으로 인한 서비스 중단과 도산·계약파기 등으로 인한 서비스 중단으로 구분하여 형태별 비상대비계획 수립.
   ○ 아웃소싱업체의 업무중단에 대비해서는 회사와 아웃소싱업체로 구분하여 회사별 비상 대비계획 수립.
   ○ 수립된 비상대비계획에 대하여는 주기적으로 모의훈련을 실시 및 문제점 도출 시에는 즉시 비상대비계획 수정·보완.
② **비상시 최소한 업무기능 유지를 위한 백업 및 재해복구 대책 강구.**
   ○ 회사는 재난상황에서도 업무기능을 계속 유지하기 위하여 아웃소싱업체의 백업자료 소산 및 백업설비 확보.
   ○ 회사는 자료 보호대책 외에 전산장비, 데이터, 시스템 및 응용소프트웨어, 다큐멘 테이션 등의 백업계획도 수립.
   ○ 비상시에 대비하여 재해 유형별로 미치는 영향, 백업방법 및 절차, 복구방법 및 절차, 복구시간 등 세부대책 강구.
③ **아웃소싱업체의 재무상태에 대한 회사의 정기적인 평가 실시.**
   ○ 회사는 아웃소싱업체의 재무건전성을 정기적으로 평가하여 도산에 대비하고 주요 경영 활동을 상시 모니터링 실시.
   ○ 회사는 아웃소싱업체의 최신 감사보고서, 재무보고서 및 연간 보고서 등에 대한 적기 분석 및 대응.
   ○ 회사는 아웃소싱업체의 경영진 평판, 시장점유율 및 그 변화 등과 같은 비 재무적 요소에 대하여도 상시모니터링 실시 등.

---

745) 금융감독원, 전게서, 130면, 김용범, 전게서, 도서출판 어울림, 2012. 315면. 금융감독원, 「IT 및 전자 금융 부문의 아웃소싱에 대한 감독강화 방안」.
746) 비상사태나 재난이 발생하였을 경우 기관·사람·자원에 미치는 피해를 최소화 하거나 원천적으로 방지 하기 위하여 기관차원에서 준비하는 정책이나 절차를 말한다.

제1절 　 내부감사 조직의 독립성

Ⅰ 현황

우리나라의 경우 기업지배구조 개선의 관점에서 그간 감사제도를 지속적으로 개선시켜 왔다. 그러나 그러한 노력에도 불구하고 현행 감사제도가 제 기능을 다 하고 있다고 보기는 어려운 것이 현실이다. 감사제도가 본래적 기능을 하지 못하는 이유는 크게 법제도적 측면과 현실의 운용측면으로 구분하여 생각해 볼 수 있다.

일반적으로 법적측면에서 볼 때 감사의 선·해임과 관련한 문제, 상장회사 특례 규정상의 문제, 외부감사인의 선임 및 해임과 관련한 문제 등이 있다. 그러나 감사 제도가 본래적 기능을 못하는 보다 큰 이유는 제도적 측면보다는 오히려 운용측면 에서의 문제점을 지적할 수 있다.

「상법」에서 기대하는 **감사의 모습은 경영진으로부터 독립된 존재로서 경영진에 대한 효율적 감독자로서의 모습**이다. 그러나 현실의 감사의 모습은 결코 그렇지 못하다. 실제의 감사의 모습은 크게 3가지 유형으로 구분 할 수 있다. [747)]

첫 번째는 실망형이다. 현실에서 감사는 승진단계에 있는 하나의 직책인 경우가 많으며, 이에 따라 감사로 선임된 자들은 경영진으로서 역할을 하지 못하게 된다는 점에서 좌절감과 의욕상실을 느끼게 된다. **두 번째는 유유자적형이 있다.** 성공적으로 임원이나 공직생활을 마치고 은퇴를 앞둔 상황에서 감사로 선임되어 적당히 일처리를 하는 유형이라고 할 수 있다.

세 번째는 의기양양형이다. 젊은 나이에 감사로 발탁되어 처음으로 임원대우를 받게 되어 의욕도 많지만, 장래를 생각하여 CEO등 상급임원의 눈치를 보는 유형을 말한다. 물론 모든 감사가 이 세 가지 유형에 포함된다고 할 수는 없지만, 현실에서 보여지는 감사의 특성을 잘 표현하고 있다고 생각한다.

---

747) 권종호, 「법제의 변화와 감사의 대응」, 상장회사감사회 회보 제111호 2009. 9면, 김학원, 전게서, 53면

이러한 상황에서 감사제도에 대한 법적 개선만으로 감사가 본래적 기능을 하도록 하기에는 많은 어려움이 있다. **현실적으로 감사가 제 기능을 할 수 있는 기업 환경을 마련하는 것이 중요**하다.[748)]

Ⅱ 내부감사 조직의 독립성[749)]

사전적 의미로서 **독립성**이라 함은 '**남에게 의지하거나 속박되지 아니하고 홀로서려는 성질이나 성향**' 이라고 설명하고 있다. 따라서 **내부감사조직은 감사범위의 결정, 감사업무의 실행, 감사결과의 보고** 등을 수행함에 있어 어느 누구로부터 어떠한 간섭도 받지 않아야 하며 그리고 그들의 임무를 자유롭고 객관적으로 수행할 수 있을 때 독립적이라 한다.

그간 우리 법은 ① 감사선임 시 대주주 영향력을 차단하기 위한 의결권 제한, ② 감사해임 시 당해 감사의 주주총회에서 의견진술권 부여, ③ 감사임기의 확대(2년에서 3년), ④ 감사의 겸직금지 의무의 확대, ⑤ 주요주주 및 그의 배우자와 직계 존·비속 그리고 최근 회사의 상무에 종사했던 임직원의 감사 선임금지 등 **감사의 독립성 확보를 위해 많은 노력**을 해왔다.

물론 내부감사조직의 **독립성 확보문제**는 단지 제도적 장치에 의해 완벽하게 강제된다고 하여 모두 해결될 수 있는 문제는 아니다. 아무리 제도적으로 이상을 추구하더라도 현실이 제도의 취지를 따라주지 않는다면 아무런 의미가 없게 된다. 따라서 **우리는 제도와 현실의 괴리 폭을 최소화** 하고 더 나아가서 **제도상의 미비점을 개선해 나가는데 최선**을 다하여야 한다.

그리고 **내부감사조직의 독립성**에 대해 더 자세히 설명하면, 내부감사기능은 감사대상이 되는 영업활동 기능 및 일상적인 내부통제 과정상의 여러 기능과 독립적으로 운영되어야 한다. 이는 내부감사조직이 회사조직 내에서 **독립적인 지위를 보장**받아 **객관적이고 공정 하게 임무를 수행**하여야 한다.

내부감사조직은 모든 부서, 설비 및 기능에 대해 독자적인 판단 아래 감사활동을 수행할 수 있어야 하고, 발견사항 및 평가결과를 회사 내에서 자유롭게 보고하고 공개할 수 있어야 한다. 이러한 독립성 보장을 위하여 **내부감사조직은 감사의 직접적인 통제 하에서 감사활동을 수행**하여야 한다.

내부감사조직의 장은 자신이 원할 경우 내부감사규정에서 정하는 바에 따라 언제

---

748) 김학원, 전게서, 54면. 김용범, 「내부감사조직의 독립성」, 감사저널, 2013. 5~7, 35면
749) 김용범, 전게기고문, 감사저널, 2013. 5~7, 35면

든지 직접 이사회 및 이사회의장, 감사위원회 및 감사위원 또는 외부감사인과 **협의 또는 보고할 수 있어야 한다.** 동 협의나 보고 내용에는 경영진의 관련 법규에 위배되는 의사 결정 등도 포함해야 한다.

내부감사인은 독립성을 유지하기 위해 **회사와 이해충돌 관계를 가져서는 안 되며, 내부감사인에 대한 보상계획은 내부감사의 목적과 일치**하여야 한다. 한편, 회사는 내부감사기능이 적절하게 운영되고 있는지를 독립적으로 검토하는 시스템을 구축해야 하며, 외부 감사인과 같은 독립적인 제3자 또는 감사위원회가 이러한 업무를 수행할 수 있다.

Ⅲ 내부감사 조직의 독립성 관련 문제점

1. 감사후보 추천과 관련된 문제점

「상법」은 감사 및 감사위원회위원(이하 일괄하여 '감사'라 한다)의 선임 절차와 후보로 추천받은 자 중에서 감사를 선임하도록 규정을 하고 있을 뿐, 감사후보의 추천 절차에 대해서는 별다른 규정을 두고 있지 않다. 따라서 일단 후보로 추천받은 자 중에서 감사가 선임되기 때문에 어떤 사람이 감사를 추천하는가는 중요한 문제일 수밖에 없다.

감사의 선임과정에서 의결권을 제한하는 등 감사의 독립성 확보를 위한 조치를 취한다고 하여도 감사 후보의 추천에는 어떠한 제한도 업기 때문에 추천된 감사후보들이 모두 독립적이지 못한다고 한다면 아무런 의미가 없기 때문이다.[750]

한국상장회사협의회의 2010.10.8. '상장회사 내부감사 운영실태' 보고서(이하 '상장협보고서'라 함)를 살펴보면 감사후보 추천자는 최대주주 및 특수관계인이 36.4%, 최대주주 및 특수관계인을 제외한 경영진이 추천하는 경우가 16.7%에 이르고 있다.

그러나 이와는 반대로 임원후보추천위원회를 통해 추천되는 경우는 전체의 28.8%에 불과하였다. 즉, 조사대상회사의 71.2%가 監事의 監査대상이 되는 이사 등 경영진이나 지배주주에 의해 추천되고 있는 것이다.

감사후보 실제 추천자

구분	최대주주 및 특수관계인	경영진	임원후보 추천위원회	기타	합계
비율(%)	36.4	16.7	28.8	18.1	100.0

---

750) 김학원, 전게서, 93면. 김용범, 전게서, 2012., 276면. 김용범, 전게기고문, 감사저널, 2013. 5~7, 36면.

감사는 이사의 업무집행을 감독하는 자이며, 따라서 이사 및 이사를 통해 사실상 지배력을 행사하는 지배주주로부터 최대한 독립된 자이어야 한다. 감사 선임 시 100분의 3을 초과하는 수의 주식을 가진 주주로 하여금 그 초과하는 주식에 대해 의결권을 행사하지 못하도록 한 것도 이러한 이유 때문이라고 할 수 있다. (「상법」 제409조 제2항)751) 그러나 현실은 조사 대상 과반 수 이상(53.1%) 회사가 監事의 監査 대상이 되는 이사 등 경영진과 지배주주에 의해 추천되고 있는 것이다.

2. 감사부문 예산과 관련한 문제점

감사업무를 수행하기 위해서는 인력과 함께 충분한 예산이 확보되어야 한다. **예산의 확보는 감사의 독립성 확보를 위한 전제로서 중요한 의미를** 가지고 있다. 감사 관련 예산이 전적으로 이사회 및 경영진에 의해 결정된다면 감사가 독립적인 위치 에서 경영진을 감시 · 감독하는데 한계를 가질 수밖에 없기 때문이다.

그런데 상기 상장협보고서에 따르면 우리나라의 현실은 **감사관련 예산에 대한 편성 및 배분권은 전적으로 회사의 경영진 및 이사회에게 부여(56.9%)** 되어 있다. 절반 이상 회사에서 감사가 감사관련 예산에 대해 아무런 권한을 가지고 있지 않다는 것 이다. 예산에 대한 권한이 확보되지 않은 상황에서 감사의 독립성을 확보하기는 매우 어려운 상태이다.752)

감사관련 예산 편성 및 배분권한

구분	이사회결정	대표이사	감사관련 업무규정	기타	합계
비율(%)	45.5	11.4	32.6	10.5	100.0

3. 감사관련 규정개폐와 관련한 문제점

감사도 회사의 구성원이며 따라서 회사 내의 규정에 따라 움직여야 한다. 즉, 회사 내의 감사와 관련한 규정 들은 감사의 권한과 업무범위를 결정짓는 중요한 요소가 되는 것이다. **감사의 독립성을 확보하기 위해서는 감사관련 규정을 제 · 개정** 하는데 있어 **경영진의 관여를 최소화**하는 것이 필요할 것이다. 경영진이 감사관련 규정의 제정 등의 권한을 가지고 있는 경우에는 이를 통해 감사의 역할을 축소시킬 수 있는 개연성이 있기 때문이다.

---

751) 김학원, 전게서, 94면. 김용범, 전게서, 2012., 276면. 김용범, 전게기고문, 감사저널, 2013. 5~7, 36면.
752) 김학원, 전게서, 95면, 김용범, 전게기고문, 감사저널, 2013. 5~7, 36면.

그런데 우리나라의 현실은 **감사나 감사위원회**(이하 '감사' 라 칭함)가 **감사업무 관련 규정의 제·개정에 최종적인 승인권한**을 가지고 있는 경우가 상기 상장협보고서에 따르면 조사대상 기업 중 17.4%에 불과하다. 대부분의 기업은 CEO가 최종 결재권을 가지고 있는 상황에서 감사 등이 사전 또는 사후적인 심의권만을 가지고 있을 뿐이다.

사전 또는 사후적 심의권은 어느 정도 견제역할을 할 수는 있겠지만 감사가 충분한 독립성을 확보하고 있지 못하는 현실에서 실제로 기능할 수 있을지 의문이다. 더욱이 동 보고서에 의하면 **감사가 아무런 권한을 가지고 있지 않은 회사도 10.6%**에 이르고 있는 점을 고려할 때 감사가 독립적으로 감사업무를 수행하기 매우 어려운 환경을 가지고 있다고 판단된다.[753]

감사관련 규정 개폐 권한

구분	CEO 최종결제전 사전심의권	CEO 결제 후 사후심의권	감사 (감사위원회) 최종승인권	감사의 예산 관련 권한 전무	기 타	합 계
비율(%)	52.3	13.6	17.4	10.6	6.1	100.0

4. 외부감사인과 관련한 문제점

「외감법」에 의한 **외부감사인**은 **회계적 측면에서 감사를 지원**하는 존재이다. 따라서 감사와 마찬가지로 경영진과 독립적 입장에서 회계감사를 해야 하며, 그러한 의미 에서 감사와 동일한 법적 책임을 부여하고 있다. (「외감법」제17조 제1항 및 제2항).

그러나 우리나라의 외부감사인 선임 현황을 보면 외부 감사인 이 과연 독립적 입장에서 감사를 할 수 있을지 의문이 든다. **외부감사인의 독립성과 가장 밀접한 관련**을 가지고 있는 선임 절차와 관련해서 **감사가 선임**하는 경우는 상기 상장협조사에 의하면 **8.3%에 불과**하며, 대부분의 경우 **이사 등 경영진이나 지배주주에 의해 선임**이 **72.7%**나 되고 있는 상황이다.

외부감사인 선임 권한

구분	최대주주 및 특수 관계인	대표이사 등 경영진	감 사	기 타	합 계
비율(%)	15.9	56.8	8.3	19.0	100.0

---

753) 김학원, 전게서, 95면, 김용범, 전게기고문, 감사저널, 2013. 5~7, 36~37면.

또한, **외부감사 보수 등**에 대해서 「외감법」에서는 감사 또는 감사인선임위원회 와 협의하도록 하고 있다. 그러나 상기 상장협조사에 의하면 전체 조사대상회사의 **37.1% 의 회사가 형식적인 협의에 그치거나 사전협의 자체를 하지 않는 것**으로 나타나고 있다. 감사 등과 사전협의를 하지 않는 경우는 대부분 대표이사나 경영진 등이 외부감사 보수 등을 결정하고 있다.

이처럼 **외부감사인**의 경우 **선임은 물론이고 외부감사 보수 등이 외부감사인의 감사 를 받아야 할 위치에 있는 경영진이나 지배주주에 의해 결정**되고 있는 상황이다. 현실적으로 외부감사인은 수감회사로부터 받는 감사의 보수에 의해 유지·운영되므로 결국 외부감사인의 경우에도 자기에 대한 선임 및 보수 결정권을 가지고 있는 경영진 등의 영향력에서 자유롭기 어려운 상황이므로 독립적으로 감사업무를 수행하기는 매우 어려운 현실이다.[754]

5. 감사보조 조직과 관련한 문제점

우리나라 기업들의 감사보조 조직 설치. 운영 현황은 매우 열악하기 그지없다. 상기 상장협조사에 의하면 감사보조 조직을 설치한 회사는 61.4% 정도에 불과하며 **3분의1 에 가까운 회사들은 감사보조 조직 자체를 마련하고 있지 않은 상황**이다. 감사보조 조직을 설치하였다 해도 7.4%는 전담직원을 두지 않고 다른 부서의 직원으로 하여금 겸직토록 하고 있으며, **전담직원을 두고 있다 하여도 5명 이하인 경우가 과반수이상 (56.8%)** 이다.

감사보조 조직 전담 임직원 수

구분	20명이상	6명~19명	5명이하	0명	무응답	합계
비율(%)	11.1	25.9	56.8	7.4	6.2	100.0

또한 감사보조 조직의 **최고책임자**에 대해서도 **67.9%가 부장이하의 직급을 부여**하고 있다. 감사의 역할이 이사의 업무집행을 감독하는 것이라는 점을 고려할 때 경영진에 비해 격차가 너무 낮은 하위직급을 가지고는 감사보조 조직이 이사에 대한 직접적인 감사를 하는 것은 현실적으로 곤란하다.

더욱이 감사가 감사보조 조직 최고 책임자에 대한 임명동의권을 명확한 규정 등에 근거하여 행사하는 회사가 67.9% 불과하며, **감사보조 조직에 대한 지휘통제권을 감사 가 아닌 대표이사를 포함한 경영진 등이 가지고 있는 경우도 전체의 32.1%**에 이르고 있는 상황이다.

---

754) 김학원, 전게서, 96면, 김용범, 전게기고문, 감사저널, 2013. 5~7, 37면.

감사보조조직 지휘통제권

구분	감 사	대표이사를 포함한 경영진	기 타	합 계
비율(%)	67.9	22.2	9.9	100.0

이런 상황을 고려할 때 감사보조 조직의 임직원은 감사만을 전문으로 하는 인력이 아니라, 하나의 부서로서 거쳐 가는 자리로서 운영되는 경향이 있기 때문에 독립적으로 감사업무를 수행하기 매우 어려운 상황이다.[755]

Ⅳ 문제점 해결 방안

1. 감사후보 추천절차의 개선

미국의 경우는 이사후보를 추천하는 지명위원회를 설치하고 동 위원회를 통해 장래 감사 위원이 될 이사후보를 선출하도록 하고 있다. 이처럼 지명위원회를 통해 이사를 선임 하도록 하는 것은 경영진의 영향력을 최대한 배제하기 위한 것이며, 이러한 의미에서 지명위원회는 가능한 한 사외이사로 구성하도록 하고 있다.

일본의 경우는 이사가 주주총회에 감사 선임에 관한 건을 제출하기 전에 현재 존재하는 감사나 감사회에 이에 대한 동의를 받도록 하고 있다. 즉, 감사나 감사회가 이사의 감사선임의안에 대해 사실상 거부권을 행사할 수 있도록 하고 있는 것이다.

이 경우 감사후보의 추천은 이사 등이 하게 되지만 그 과정에서 감사나 감사회가 후보의 적절성을 판단하고 적절하지 않은 후보에 대해서는 의안제출 자체를 막을 수 있는 권한이 부여되었다는 점에서 감사후보 추천부터 독립성 확보를 위한 조치가 이루어지고 있다고 판단된다.

이에 비해 우리나라의 경우 감사선출에 대해서는 엄격하게 제한하면서 감사후보 추천에 대해서는 아무런 규정을 두고 있지 않아 문제이다. 실제 대부분의 감사후보는 대주주나 경영진에 의해 추천되고 있다. 이렇게 추천된 감사후보는 자신을 추천 해준 경영진 등의 이익을 고려할 수밖에 없으며, 결국 제대로 된 감사업무를 수행 하는 것이 불가능하게 된다.

이러한 상황에서 감사선임 시 의결권을 제한하는 것은 아무런 의미가 없다. 따라서 감사후보 추천과 관련해서 **사외이사로 구성된 감사후보추천위원회** 같은 **조직의 설치를 의무화** 하거나 아니면 일본의 경우처럼 **현 감사가 경영진의 전횡을 막을 수 있는 방안을 법상 도입**하는 것이 필요할 것이다.[756]

---

755) 김학원, 전게서, 93면, 김용범, 전게기고문, 감사저널, 2013. 5~7, 37~38면.
756) 김학원, 전게서, 161면, 김용범, 전게기고문, 감사저널, 2013. 5~7, 38면.

2. 감사 규정 및 예산에 관한 권한의 명확화

「상법」은 감사의 독립성 및 실효성을 확보하기 위해 많은 권한을 부여하고 있다. 그러나 이러한 권한을 사용하기 위한 과정에서의 세부적인 사항은 여전히 회사내부의 문제로 남아있다. 대표적인 것이 감사와 관련한 제 규정의 제정 권한 및 예산에 대한 결정 권한이다.

앞서 살펴본 바와 같이 우리나라 기업의 경우 대부분 경영진들이 이에 대해 결정을 하고 있으며, 감사 등이 관여할 여지가 거의 없는 상황이다. 이러한 상황에서 감사가 자신의 권한을 적절하게 사용할 수 있을지 의문이다. 예를 들어 경영진이 의도적으로 감사의 권한을 무력화시키기 위해 규정을 개정하고 예산을 삭감하는 등의 조치를 취하는 경우도 예상할 수 있다.

따라서 감사의 독립성을 확보하기 위해서 무엇보다도 감사의 업무수행 및 예산에 있어 독립성이 확보되어야 한다. 이를 위해서는 **감사와 관련한 제 규정의 제·개정 등 감사업무에 관한 결정권을 전적으로 감사에게 부여**함으로써 감사가 자기책임 하에 자신의 권한을 적절하게 사용할 수 있도록 하여야 한다.

아울러 **감사관련 예산에 관한 결정권도 전적으로 감사에게 부여**하거나, 그것이 여의치 아니하면 예산의 결정시에 **감사의 사전 동의**를 반드시 얻도록 하는 등의 제도적 정비가 필요하다. 그렇게 함으로서 경영진 등에 의한 독단적인 예산편성이 이루어지는 것을 예방할 수가 있다.[757]

3. 외부감사인 선임에 관한 권한의 명확화

감사의 업무수행과 관련해서 중요한 의미를 갖는 것이 외부감사인의 선임이다. 그러나 외부감사인의 선임권과 관련해서 「상법」은 아무런 규정을 두고 있지 않다. 「외감법」에서 외부감사인을 두도록 하는 것은 기업의 복잡한 재무구조를 감사가 완전하게 이해하기 어려우므로, 회계에 대한 전문가인 외부감사인의 조력을 받도록 한 것이다. 따라서 외부감사인은 감사의 파트너로서 협조해야할 존재인 것이다.

미국의 경우 이러한 점을 고려하여 외부감사인의 선임과 보수 등에 대한 결정권이 감사위원회에 두도록 하고 있다. 미국의 ALI는 외부감사인에게 갖는 감사위원회위원의 주된 권한과 기능으로 (ⅰ) 외부감사인으로서의 회계사무소의 지정 또는 해약, (ⅱ) 외부 감사인의 보수와 감사계약 및 독립성에 관한 검토 등을 들고 있다.

하지만 앞에서 살펴본 바와 같이 우리나라 기업의 경우 외부감사인은 대부분 대주주나 경영진에 의해 선임되고 있으며, 감사 보수 및 시간에 관한 내용도 경영진 등이

---

757) 김학원, 전게서, 163면, 김용범, 전게기고문, 감사저널, 2013. 5~7, 39면.

결정하는 경우가 많다. 이러한 상황에서 외부감사인이 자신을 선임하고 보수 등을 결정하는 경영진의 영향을 전혀 받지 않는다고 할 수는 없을 것이다.

감사가 독립적으로 활동하기 위해서는 감사의 조력자인 외부감사인도 독립적이어야 한다. 따라서 **외부감사인의 선임과 보수 등에 관한 결정권을 전적으로 감사에게 부여**하거나, 적어도 이에 대한 결정을 할 때에는 반드시 **감사의 사전 동의 또는 승인을** 얻도록 하는 것이 타당할 것이다.[758]

4. 감사보조 조직에 대한 인사관리의 적정화

감사보조 조직은 법정감사기관의 사무국으로서 **실질적으로 감사업무의 실행주체로서 역할을 수행**한다. 즉 감사든 감사위원이든 회사의 모든 집행과정을 일일이 확인하거나 검증하는 것이 불가능할 뿐만 아니라, 감사위원회가 대다수 사외이사로 구성되어 있기 때문에 정확한 정보에의 접근과 유효한 감독업무의 수행은 그 만큼 제한적일 수밖에 없다.

결국 이들 **법정감사기관의 실효성 있는 감사기능 수행**을 위한 절대적인 조건은 바로 전문성·독립성을 갖춘 감사보조 조직의 존재이다. 그러나 상장협조사에 의하면 감사보조조직의 인력 수가 상장회사 이었음에도 불구하고 5명 이하가 전체의 56.8%를 차지하였고, 그 중에서 감사보조조직 인력이 한명도 없는 회사가 7.4%나 되었다.

우선 **감사보조 조직의 인력을 감사업무 수행에 필요한 적정인원으로 구성토록 하여** 감사업무를 효율적이고 원활하게 수행하기 위한 여건을 마련하고, 감사보조 조직의 **인력은 회사의 자산·조직의 규모, 사업의 영역과 복잡성, 리스크의 특성 등을 고려하여 적정인력**을 정하도록 한다.

참고로 우리나라 금융회사 중 보험회사의 경우 감독당국에서는 전체 임직원 수 대비 감사보조인력 수를 0.7~1.0%가 되도록 지도하고 있으며, 외국 선진금융회사의 경우 내부 감사인력이 총 임직원 수 대비 국내 금융회사 보다 평균 5~6배 이상 월등하게 높은 수준 이다.[759]

또한 **감사보조 조직은 경영자나 이사회 등으로부터 독립적**이어야 할 뿐만 아니라, **반드시 법정감사기관의 지휘체계 내**에 있어야 한다. 현행 「상장회사 표준 감사직무규정」제13조 제1항 및 「상장회사 표준 감사위원회직무규정」제20조 제1항에서도 그 전속에 관한 규정을 두고 있으며, 이를 실제 관철하는 체제가 필요하다.

---

758) 김학원, 전게서, 164면, 김용범, 전게기고문, 감사저널, 2013. 5~7, 39~40면.
759) 금융감독원, 전게서, 120~121면, 외국 선진금융회사의 경우 내부감사인력이 총 임직원 수 대비 국내 금융회사 보다 평균 5배 이상 월등히 높은 수준이다. 김용범, 전게기고문, 감사저널, 2013. 5~7, 40면.

감사보조 조직의 지휘체계 원칙

① 감사보조 조직은 감사의 전속으로 한다.

② 감사보조 조직의 임·직원은 감사의 업무를 보조하며, 감사의 명을 받아 직무를 수행 한다.

③ 감사보조 조직의 인사 및 예산에 관한 사항은 감사가 통할한다.

우리나라의 경우도 외국과 같이 기업 경영이 조금 더 선진화되면 **처음 사원을 선발할 때부터 직군을 달리 하여 감사 직군으로 선발**하고, 철저하게 감사의 지휘와 통제를 받도록 하는 것을 생각해 볼 수 있다. 아니면, 기존의 사원 중에 선발하더라도 그 **인사권을 감사에게 부여하고 임기를 보장하여 경영진으로부터의 독립성을 확보하는 방안을 모색**해 볼 수 있을 것이다.[760]

제2절 내부감사 조직의 전문성

I 현황

기업경영은 다양한 전문지식과 경험을 필요로 하고 있다. 더욱이 기업의 규모가 커지면서 사업내용이 더욱 복잡하고 다양화되어 가는 상황에서 경영환경은 시시각각으로 변화하고 있어 이를 감시·감독하기 위해서는 경영전반에 대한 충분한 이해와 식견, 전문가로서의 자질과 능력이 요구되고 있는 것은 당연한 일이라 할 것이다.

내부감사기관이 경영진을 제대로 견제하지 못하는 것은 경영진과의 유착 등에도 원인이 있지만 전문성이 부족한 데에도 일부 기인하고 있다. 내부감사기관이 전문성이 결여되어 있어 경영에 대한 이해가 부족할 경우 이사회 안건, 경영진의 의사결정 등에 대해 자기만의 판단을 하지 못하고 경영진 등의 의사에 따라가는 경향이 많기 때문이다.[761]

따라서 내부감사기관의 전문성 확보는 정확한 의사결정은 물론 독립적인 의사결정을 위해서 더욱더 필요하다. 또한 회사 및 기관의 업무가 갈수록 복잡해지고 각종 산업이 발전함에 따라 내부감사업무를 적절히 그리고 효율적으로 수행하기 위해서는 내부감사인 또는 내부감사조직이 회사가 수행하는 모든 업무분야를 감사할 수 있는 충

---

760) 김학원, 전게서, 165면, 김용범, 전게기고문, 감사저널, 2013. 5~7, 40~41면.

761) 이병윤. 이시연, 「은행권사외이사제도 개선방안」, 한국금융연구원, 2009, 14~15면, 김용범, 전게서,2012. 283면, 김용범, 「내부감사조직의 전문성」, 감사저널, 2013 신년호, 2013., 13면.

분한 자질과 지식 및 경험을 가지고 있어야 한다.[762]

그러나 현행 「상법」등에는 감사 또는 감사위원회 위원(이하 '감사위원'이라 한다)에 대한 소극적 자격요건(결격사유)에 대하여는 너무 복잡하고 상세하게 규정하고 있으나, 감사 또는 감사위원의 적극적 자격요건에 대해서는 최소한의 규정도 없다. 다만 대형 상장회사에 한해 감사위원 중 1명은 회계 또는 재무전문가를 선임하도록 하고 있을 뿐이다.

Ⅱ 내부감사 조직의 전문성 문제

1. 내부감사기관 사전적 전문성 문제[763]

감사제도가 제대로 기능하기 위해서는 앞에서 설명하였던 바와 같이 감사와 감사위원에게 고도의 전문성이 요구된다. 즉, 감사업무의 적절한 수행을 위해서 감사 또는 감사위원은 사전적으로 전문성을 확보해야 한다.

그러나 「상법」등을 보면 감사 또는 감사위원에 대해 소극적 요건만 규정하고 있고 적극적 자격요건에 대해서는 대형 상장회사에 대해서만 감사위원 중 1명을 회계 또는 재무전문가(이하 '재무전문가'라 한다)로 구성하도록 요구하고 있을 뿐 다른 감사 또는 감사위원에 대하여는 아무런 규정이 없다. 더욱이 해당회사가 수행하는 업무를 효과적으로 감사할 수 있는 충분한 자질, 지식 및 경험에 대해서도 전혀 언급된바가 없다.

우리나라 상장회사의 감사 또는 감사위원의 전문성을 '상장회사감사회 2015년도 회원명부 분석'(이하 '상장회사감사회 분석'이라 한다)을 통해 살펴보면 분석대상 113개 회사 중 재무 비전문가를 선임한 회사가 73개 회사로 64.6%를 차지하였고, 해당회사 업무와 무관한 자를 선임한 회사가 94개 회사로 83.2%를 차지하였다.

특히 업무와 관련 있는 사람도 아니고 재무전문가도 아닌 전문성이 완전히 결여된 사람을 감사로 선임한 회사가 49개 회사로 43.4%나 되었으며, 반면에 재무전문가이며 업무와 관련이 있는 사람으로 전문성을 완전히 구비한 사람을 감사로 선임한 회사는 19개 회사로 16.8%에 불과하여 내부감사기관의 전문성이 매우 취약하였다.

따라서 현행 우리나라의 내부감사기관은 과반수이상이 전문성 결여로 인하여 대표이사 등 경영진을 제대로 견제하지 못하고 경영진의 의사를 추종할 뿐만 아니라 감사 관련 문제에 대하여 독립적인 의사결정도 적기에 정확하게 하지 못 함으로써 감사 업

---

762) 김용범, 전게기고문, 감사저널, 2013.신년호, 13면.
763) 사전적전문성이란 감사가 되기 전 회사업무와 관련된 지식을 얼마나 가지고 있느냐에 관련된 것으로 관련 분야 경력 및 학력 등을 의미함. 김용범, 전게서, 도서출판 어울림. 2012. 284~285면. 김용범, 전게기고문, 감사저널, 2013.신년호, 13면.

무의 효과적이고 적절한 수행에 많은 장애요인으로 작용하고 있다.

또한 대형 상장회사의 감사위원(특례감사위원)을 제외하고도 일반감사위원, 상근 감사, 기존감사도 ① 회계감사(「상법」제412조), ② 감사보고서 작성·제출(「상법」 제447조의4), ③ 내부회계 관리제도의 운영실태 평가(「외감법」제2조의2 제5항)등의 업무를 수행하기 위해서는 대형 상장회사의 감사위원과 똑같이 전문성이 필요함에도 법규불비에 따라 회계전문가의 미확보로 동 업무수행에 많은 어려움을 겪고 있다.

내부감사는 업무감사 뿐만 아니라 회계감사도 수행하여야 하며, 아울러 현대의 監査는 리스크와 내부통제 중심의 監査인 점, 감사대상의 업무의 80~90%는 IT를 통하여 이루어지고 있다는 점과 준법경영 및 경제예측 등이 필수 불가결한 점, 그리고 감사의 수행방법으로 검증감사 외에 진단감사가 매우 중요시 되는 점과 효과적인 감사를 위해서는 해당 회사업무와 관련된 분야에 대한 경험이나 지식을 가지고 있어야 함에도 거의 전무한 실정이다.

2. 내부감사기관 사후적 전문성 문제[764]

가. 내부감사기관 정보수집 문제

監事가 경영진을 제대로 견제하기 위해서는 기본적으로 회사의 경영정보를 충분히 확보하고 있어야 하고, 또한 적기에 정보를 제공받아야 監事의 본연의 기능을 실질적으로 수행할 수 있다.

그러나 '상장협조사'에 의하면 이사회 또는 감사위원회 자료는 개최 1주일 전에 제공하여야 하나 조사대상 132개 회사 중 86개 회사(65.1%)가 이를 지키지 못하고 있었다. 특히 개최 1~2일 전에 제공하는 회사가 32개 회사로 24.2%를 차지하였으며, 회의 개최 당일에 제공하는 회사도 9개회사로 6.8%를 차지하고 있어 감사가 회의 안건을 미리 숙지하는데 큰 어려움을 겪고 있다고 한다.

그리고 감사의 경영정보에 대한 접근 가능성을 살펴보면 조사대상 132개 회사 중 60개 회사 (45.5%)만이 자유롭게 접근할 수 있다고 하였으며, 나머지 절반이상 회사는 다소 제한이 있는 것으로 나타나고 있다. 아울러 접근할 수 있는 시스템을 가지고 있지 않은 회사의 경우도 40개 회사(30.3%)에 이르고 있으며, 이중 3개 회사(2.3%)는 정보 접근 자체가 불가능한 것으로 나타나고 있다.

또한 2009년 7월 한국금융연구원이 시중은행 및 은행지주회사 사외이사를 대상으로 한 조사(이하 '금융연구원조사'라 한다)에 의하면 독자적인 의사결정을 위한 선결

---

764) 사후적 전문성이란 감사가 된 후 회사경영 등에 대한 정보제공 및 교육을 통해 얻어지는 전문성을 의미함, 김용범, 전게서, 어울림. 2012. 285~286면. 김용범, 전게기고문, 감사저널, 2013신년호, 13~14면.

과제로 사외이사(감사위원회위원 포함)에 대한 회사 경영정보 제공 강화를 응답한 사외이사가 조사대상 65명 중 22명으로서 33.8%를 차지하였다.

아울러 회의에서 논의될 안건을 숙지하는데 가장 큰 어려움은 무엇인가에 대한 답변에서는 관련 정보가 적기에 충분히 제공되지 않고 있음이 45.2%를 차지하였고, 해당회사의 경영 관련사항 등에 대한 정보제공이 충분하고 적절한지에 대한 답변은 그러하지 못하다는 답변이 52.8% 차지하여 사외이사들이 회사 경영정보를 적시에 충분히 받을 수 있는 시스템의 도입이 절실히 요구되고 있다. [765]

그리고 이사회의 위임을 받아 처리하는 집행임원의 업무 중에는 ① 회사업무의 적정한 운영 및 합리화 등에 의견이 있을 수 있거나, ② 회사에 현저한 손해 또는 중대한 사고 등이 초래될 수 있는 업무임에도, 이사회 안건이 아니라 하여 감사의 사전감사 대상에서 제외되어 있어 감사의 경영진에 대한 견제기능 및 대형사고의 사전예방에 큰 애로 요인으로 작용하고 있다.

나. 내부감사기관 교육프로그램 문제

감사는 각종 법규의 제·개정과 회계기준의 변화 등 급변하는 경영환경을 올바르고 신속하게 숙지할 수 있는 전문성이 요구되며, 이들 변화에 효율적으로 대처할 수 있는 지속적인 교육이 필요하다. 또한 감사의 전문성 확보를 위한 보수교육 또는 재교육은 감사제도의 효율성 및 독립성 확보를 위해 필수 불가결한 요소이다.

이에 관련하여 대부분의 기업들이 감사 등을 상대로 교육을 실시하고 있으나 그 횟수는 많지 않다. '상장협조사'에 의하면132개 회사 중 61개 회사(49.2%)가 연간 1~2회 정도의 교육을 실시하고 있으며 전혀 교육을 하지 않은 회사도 38개 회사(28.8%)에 이르고 있다. 대부분의 기업에서 감사에 대한 교육이 단순히 형식적인 차원에서 이루어지거나 이루어지지 않는 것을 알 수 있다.

또한 '금융연구원조사'에 의하면 사외이사들에게 해당회사와 관련된 전문지식의 교육이 필요 하다고 생각하는지에 대한 답변에서 83.3%가 필요하다고 답변하고 있으나 이에 대한 체계적인 교육프로그램이 구비되어 있지않다. 따라서 사외이사(감사위원포함)들에 대한 사후적인 전문성 강화가 현실적으로 매우 어려운 실정이다.[766]

---

765) 이병윤. 이시연, 전게서, 18면. 김용범, 전게서, 어울림. 2012. 285면.
766) 김용범, 전게서, 도서출판 어울림. 2012. 286면

3. 내부감사 보조조직 관련 전문성 문제[767]

감사보조 조직은 법적감사기관의 사무국으로서 실질적으로 감사업무의 실행주체로서의 역할을 수행한다. 감사든 감사위원회위원이든 회사의 모든 업무집행 과정을 일일이 확인하거나 검증하는 것이 불가능할 뿐만 아니라, 특히 감사위원회가 대다수 사외이사로 구성되어 있기 때문에 정확한 정보에의 접근과 유효한 감독업무의 수행은 제한적일 수밖에 없다.

결국 이들 법적감사기관의 실효성 있는 감사기능 수행을 위한 절대적인 조건은 바로 전문성·독립성을 갖춘 감사보조 조직의 존재이다. 특히 최근'상장협회조사'에 의하면 감사관련 실무가들이 뽑은 가장 심각하고도 필수적으로 개선될 문제점으로 "감사보조조직의 지원이 취약하다"는 것을 꼽은바 있다.

이를 자세히 설명 하자면 우리나라의 현행 감사제도의 문제점으로는 "감사보조조직의 지원취약"이 14.6%를 차지하여 높은 비율을 차지하였다. 그리고 감사업무 수행 여건이 나쁜 이유에 대해서는 감사조직의 미비 40.0%, 감사인력 부족 36.0%, 감사 인력 전문성 부족12.0%로 나타나 감사 조직과 감사인력의 확보가 시급한 문제점으로 제시되었다.

아울러 감사보조조직이 감사기능을 수행함에 있어 전문성을 요하는 사안에 대해서는 그 직무를 수행할 수 있는 전문 인력이 부족하여 감사가 직무를 수행하는데 한계가 있었다. 또한 감사보조 조직의 순환보직이 일반화되어 있었고 감사보조 조직에 대한 감사의 인사권 행사가 힘들기 때문에 능력 있는 전문 감사인력을 육성하는데 매우 어려움이 많았다.[768]

4. 감사제도 맞는 국가공인전문자격증제도 부재

현재 우리나라에는 전문적으로 기업의 내부감사업무를 담당하는 내부감사 전문가 자격제도는 민간 기관인 한국감사협회가 주관하는 「공인내부감사사(CIA) 제도」와 한국상장 회사 협의회가 주관하는 「기업내부감사사제도」가 있다.

우선 한국감사협회가 주관하는 「공인내부감사사제도」는 미국에 본부를 두고 있는 국제내부감사인협회(IIA)에서 1974년부터 기업내부감사 전문가를 육성하기 위하여 국제 공인자격시험에 합격한 사람에게 자격증을 주고 있으며, 시험과목으로는 ① 내부감사이론, ② 내부감사실무, ③ 경영지식요소(경영일반, 회계, 재무, 원가관리)의 3개 과목으로 구성되어있다.

---

767) 김용범, 전게서, 도서출판 어울림. 2012. 286~287면.
768) 금감원, 전게서, 119면, 김용범, 전게서, 도서출판 어울림. 2012. 287면.

한국상장회사협의회가 주관하는 「기업내무감사사제도」는 기업 감사업무를 효율적으로 수행할 수 있는 내부감사 전문인력을 양성하기 위해 상장회사협의회에서 실시하는 연수를 이수하고 기업내부감사사 자격시험에 합격한 자에 한하여 자격증을 주고 있다.

연수과목으로는 감사이론과 법규로 ① 감사법규 Ⅰ (상법, 자본시장법, 증권관련 집단소송법), ② 감사법규 Ⅱ (「외감법」, 외부감사 및 회계 등에 관한 규정), ③ 내부통제시스템, ④경영진단(재무제표분석, 취약부문 발견기법)로 구성되었다.

감사실무로 ① 감사실무 Ⅰ (감사계획수립, 감사조서작성방법 및 감사체크리스트 작성 및 이용방법), ② 감사실무 Ⅱ (관리지원 부문 감사실무), ③ 감사실무 Ⅲ (재무/회계/세무 부문 감사실무), ④ 감사실무 Ⅳ (생산/구매/자재부문 감사실무), ⑤ 감사실무 Ⅴ (매출 채권/계약관리 부문 감사실무, ⑥ 감사실무 Ⅵ (정보시스템부문 감사실무)로 구성되어 있으며, 시험과목으로는 ① 감사이론과 법규, ② 감사실무의 2과목으로 구성되어 있다.

우리나라의 내부감사 관련 자격증제도는 위에서 기술한바와 같이 국제내부감사인협회의 공인내부감사사(CIA)는 미국 과 우리나라의 감사체제가 상이하고, 내부감사 관련 법규 및 제도부문이 부족하며, 상장회사협의회의 기업내부감사사는 내부감사이론 과 경영지식요소 부문(경영일반, 감사이론, 경제, 회계, 재정, 원가관리 등)이 부족한 것으로 파악되고 있다.

더욱이 위의 국제내부감사협회의 「공인내부감사사」제도나 상장회사협회의 「기업내부감사사」제도 등 두 제도는 위에서 설명한 봐와 같이 내부감사 全 部門을 포괄 하지도 못할 뿐만 아니라 동 제도에 대한 국가의 법적 뒷받침도 없어 자격증에 대한 신뢰성 및 강제성을 부여받지 못하고 있는 것이 현실이다.

Ⅲ 문제점 해결 방안

1. 내부감사기관의 적극적 자격요건 강화 및 확대[769]

가. 내부감사기관의 적극적 자격요건 강화

대표이사 등 경영진을 제대로 견제하고 감사 관련 문제에 대하여 독립적인 의사 결정을 적기에 정확하게 하기 위해서는 내부감사기관의 전문성 확보가 필수적이다. 따라서 내부감사기관은 해당 회사업무와 관련된 분야에 대한 경험 또는 지식을 보유한 자이어야 하고 그 중 1명 이상은 회계 또는 재무전문가이어야 한다.

또한 내부감사는 업무감사 뿐만 아니라 회계감사도 수행하여야 하며, 아울러 현대의 監査는 리스크와 내부통제 중심의 監査인 점, 감사대상의 업무의 80~90%는 IT를

---

769) 김용범, 전게서, 도서출판 어울림. 2012. 287~288면.

통하여 이루어지고 있다는 점과 준법경영 및 경제예측 등이 필수 불가결한 점, 그리고 감사의 수행방법으로 검증감사 외에 진단감사가 매우 중요시 되는 점과 효과적인 감사를 위해서는 해당 회사업무와 관련된 분야에 대한 경험이나 지식이 필수·불가결한 점 등을 고려할 때 内部 監事는 ① 회계·재정학외에 ② 전산· 정보학, ③ 경제·법률학, ④ 위험·통제학, ⑤ 경영·감사학, ⑥ 진단·산업학에 대하여 경험이나 기초지식을 가지고 있어야 한다.

이의 방안으로 「상법」에 내부감사기관의 적극적 자격요건으로 현행 규정에는 해당 회사 업무와 관련된 분야에 대한 자격기준에 대하여 아무런 제한이 없으나 「은행법」등 금융관련법에서와 같이 "해당 회사업무와 관련된 분야에 대한 경험 또는 지식보유자"를 추가하는 「상법」등 관련법의 개정이 필요하다. 다만 법령화하는데 한계가 있을 경우 「정관」 또는 「지배구조내부규범」등에 반영·운용하는 방법도 대안이 될 수 있다.

아울러 ① 회계·재정학 이외에 ② 전산·정보학, ③ 경제·법률학, ④ 위험· 통제학, ⑤ 경영·감사학, ⑥ 진단·산업학에 대한 경험이나 지식 보유에 대하여는 해당자가 있을 경우는 바랄 나위 없지만, 현실적으로 시행하기 어려운 점이 많이 있으므로 반드시 사후 교육 등을 통하여 기초지식을 함양토록 할 필요가 있다.

나. 내부감사기관의 적극적 자격요건 확대

내부감사기관이 본연의 업무를 충실히 수행하기 위해서는 대형회사는 물론 중·소형 회사에서도 정도의 차이는 있지만 내부감사기관의 전문성 확보는 필수적이다. 전문 감사인력 없이 소수 감사인력으로 운영되는 중·소형회사에서 오히려 더욱더 필요하다.

또한 ① 업무감사 및 회계감사, ② 감사보고서 작성· 제출, ③ 내부회계관리제도의 운영실태평가 등의 업무를 대형 상장회사 감사위원 뿐만 아니라 기존감사, 특례상근 감사, 일반감사 위원도 똑같이 수행하고 법적 책임을 져야하므로 현행 대형 상장회사에만 적용되는 "위원 중 1명 이상을 회계 또는 재무전문가"로 하는 내부감사기관의 적극적 자격요건을 일정 규모이상 모든 내부감사기관으로 확대토록 할 필요가 있다.

다만 회사의 규모, 업무의 특성, 환경여건 등을 고려하여 위 전문가 기준을 완화 하거나, 시행하기 어려운 일정규모 이하의 회사에 대하여는 의무규정이 아닌 임의규정으로 운영하되 선임 후 단기간 내에 교육 등을 통하여 관련 지식을 습득토록 해야 한다.

2. 내부감사기관의 사후적 전문성 강화[770]

가. 내부감사기관의 정보수집 강화

내부감사기관이 경영진을 제대로 견제하기 위해서는 기본적으로 CEO만큼 회사의 경영정보를 확보하고 있어야 하며 이를 위해서는 경영정보가 적기에 제공되어야한다.

내부감사기관이 회사의 전반적인 경영상황을 잘 모르는 상태에서 이사회 또는 감사위원회 안건만 검토해서는 올바른 판단을 학기 어려우므로 회사가 경영 상태에 대해 정기적으로 사외이사 겸 감사위원에게 보고하는 시스템을 의무화할 필요가 있다.[771]

① 월 1회 또는 분기 1회 등 정기적으로 사외이사 겸 감사위원들에게 업무보고를 하거나 회사 경영정보 제공을 의무화

② 이사회 또는 감사위원회 안건 관련 회의 자료를 최소한 회의 개최 1주일 전에 사외 이사 겸 감사위원에게 제공

또한 상근하는 내부감사기관에 대해서는 경영방침의 결정 경과, 경영 및 업무상황을 내부감사기관이 적기에 정확하게 파악하기 위하여 아래 사항에 대하여 시스템적으로 체계화할 필요가 있다. [772]

① 내부감사기관은 이사회, 임원회의 및 기타 중요한 회의에 출석 및 의견을 진술할 수 있다

② 내부감사기관은 임원 이상 전결 업무에 대해서는 사전/사후감사를 실시한다. 단 이사회, 이사회 내 위원회, 임원회의 부의안건은 사전 감사를 실시한다.

③ 내부감사기관은 실행 문건이 아닌 검토 또는 공람 문서라도 CEO 결재 문건은 사후 공람토록 한다.

나. 내부감사기관의 교육프로그램 강화

대표이사 등 경영진을 제대로 견제하고 감사 관련 문제에 대하여 독립적인 의사 결정을 적기에 정확하게 하기 위해서는 내부감사기관의 전문성 확보가 필수적이다. 그러나 회사의 불가피한 사정으로 이를 충족하지 못 하였을 경우 ① 회계·재정학 외에 ② 전산·정보학, ③ 경제·법률학, ④ 위험·통제학, ⑤ 경영·감사학, ⑥ 진단·산업학 등에 대해 사후 교육프로그램을 통해 기초지식을 함양토록 한다.

또한 각종 법규의 제·개정과 회계기준의 변화 등 급변하는 경영환경을 올바르고 신속하게 숙지할 수 있는 체계가 요구되고, 이들 변화에 효율적으로 대처할 수 있도록 전문성 확보를 위한 사후 보수 또는 재교육을 하는 주기적 교육시스템을 제공하여야 한다.[773]

---

770) 김용범, 전게서, 도서출판 어울림. 2012. 288~289면.
771) 이병윤. 이시연, 전게서, 63면. 김용범, 전게서, 어울림. 2012. 288면.
772) 「상장회사 표준 감사위원회 직무규정」제31조, 「상장회사 표준 감사 직무규정」제24조, oo은행의「상근 감사위원 직무규정」제6조 및 제9조 와 「일상감사지침」제3조 참조
773) 이병윤. 이시연, 전게서, 67~68면, 김용범, 전게서, 도서출판 어울림. 2012. 289면.

3. 내부감사기관 보조조직의 전문성 강화

내부감사기관이 개별사안에 대하여 직접 감사업무를 수행하기가 곤란하므로, 감사 직무 수행의 효율성과 적시성, 실효성을 제고하기 위하여 내부감사기관 산하에 직속 기구로서 내부감사기관 보조조직을 두고 그 직무를 수행하고 있다.

내부감사기능 수행의 효율성과 실효성의 제고를 위해 먼저 내부감사 기관보조조직에 대해 일정기간 순환보직금지를 통해 전문성을 축척해 나감과 동시에 평가와 대우, 신분보장에 대한 별도의 우대기준을 마련하여 운영해 나가는 것이 필요하다.[774]

내부감사기관 보조조직 인력에 대한 인사 및 대우(예시) [775]

① 내부감사기관 보조조직 인력 중 2명 이상 또는 10% 이상은 전문인력[776]으로 구성되어야 한다.
② 내부감사기관 보조조직인력의 보직과 전보는 감사의 서면요청에 의한다.
③ 내부감사기관 보조조직 인력은 5년 이내 이동을 제한함을 원칙으로 한다.
④ 내부감사기관 보조조직 인력에 대하여는 별도의 인사평가 우대기준을 마련하여 운영 할 수 있다.
⑤ 내부감사기관 보조조직 인력에 대하여는 별도의 예산을 배정하여 감사 수당을 지급할 수 있다.

또한 내부감사기능 수행의 효율성과 실효성을 제고하기 위하여 내부감사 보조조직 인력에 대한 전문 과정 연수 및 자격증 취득 지원, 변호사. 회계사 등 외부 전문가 영입 등의 제도적 장치가 필요하다.[777]

내부감사기관 보조조직 인력의 전문화 강화 지원제도(예시)[778]

① 내부감사기관은 필요할 경우 외부 전문 인력을 감사요원으로 채용할 것을 요청할 수 있다.
② 전문 감사인력의 확보를 위하여 감사인에 대한 전문기관 연수 및 자격증 취득을 지원해야 한다.
③ 감사 관련 협회 등 연수기관은 감사교육프로그램 개발을 통해 전문 감사 인력이 많이 육성될 수 있도록 환경을 조성해 나갈 필요가 있다.

---

774) 금융감독원, 전게서, 119면, 김용범, 전게서, 도서출판 어울림. 2012. 289면.
775) 「상장회사 표준 감사직무규정」제15조, 「상장회사 표준 감사위원회 직무규정」제22조 과 금융감독원, 「상근감사위원직무규정 모범규준(안)」제 9조, 김용범, 전게서, 도서출판 어울림. 2012. 290면.
776) 전문인력이라함은 공인회계사, 기업내부감사사, 공인내부감사사, IT관련 기술사 및 기타 전문 자격증 소지자 등을 말한다. 「상장회사 표준 감사직무규정」제15조, 「상장회사 표준 감사위원회직무규정」제22조, 그리고 금융회사의 「상근감사위원 직무규정 모범규준(안)」제9조 및 제11조.
777) 금융감독원, 전게서, 119~120면, 김용범, 전게서, 도서출판 어울림. 2012. 290면.
778) 「상장회사 표준 감사직무규정」제15조, 「상장회사 표준 감사위원회 직무규정」제22조

4. 「국가공인 내부감사사제도」의 도입

미국의 AICPA가 법규와 제도상의 차이로 한국의 KICPA로 대체할 수 없듯이 국제 내부감사인협회의 공인내부감사사(CIA)를 한국의 「국가공인내부감사사」(KICIA)로 대체할 수는 없을 것이다.

따라서 기업경영에 관한 부정과 비능률 등의 요인을 미리 제거하고, 내부감사기관의 전문성을 강화하기 위해서는 우리의 법규나 제도에 맞는 한국의 「국가공인내부 감사사」(KICIA)제도를 적극 도입하는 방안을 검토할 필요가 있다.

동 제도의 도입은 「상법」을 통하여 전 회사에 도입하는 것이 바람직하나 우선 내부감사의 중요성이 강조되는 상장회사에 「자본시장법」등을 통하여 먼저 도입·운영한 후에 점차 전 회사로 확대하는 것이 바람직 할 것으로 생각 된다.

동 제도의 시험과목은 ① 내부감사이론, ② 내부감사법규, ③ 경영지식요소Ⅰ(회계·재정학, 전산·정보학, 경제·경영학), ④ 경영지식요소Ⅱ(위험·통제학, 경영·감사학, 진단·산업학), ⑤내부감사실무Ⅰ(감사계획 수립, 감사조서작성방법, 관리 자원부문 감사실무, 정보시스템 부문 감사실무), ⑥ 내부감사실무Ⅱ(재무/회계/세무 부문 감사실무, 생산/구매/자재 부문 감사실무, 매출채권/계약관리 부문 감사실무)로 구성하는 것이 바람직 할 것이다.

동 제도에 따른 한국공인내부감사사는 공인회계사가 기업의 재무회계만을 감사하는데 반해 기업 전반에 걸쳐 경영의 투명성과 효율성을 확보하는 일을 한다는 점에서 공인회계사와 차별화가 가능할 것이며, 주로 기업·상장법인 및 공기업의 경영기획실·재무처리 부서·경리부서·감사실 등에서 활동할 수 있을 것이고, 특히 금융기관·컨설팅회사·상장법인의 내부감사 부서에서 많이 활용될 수 있을 것이다.

또한 한국공인내부감사사는 내부감사뿐만 아니라 경제, 경영, 회계, 정보기술, 경영컨설팅 등과 관련 된 기본지식을 갖추게 될 것이며, 기업윤리를 준수하는 내부감사인을 양성하는 자격제도로써 이는 향후 한국공인내부감사사가 기업의 최고경영진(CEO) 으로 발돋음 할 수 있는 초석이 될 것이다.

제3절 >> 내부감사 상근의 필요성

Ⅰ 현황

현재 우리나라는 상근감사를 두지 않고 있는 회사가 많다. 감사위원회를 두고 있는 회사에서도 사외이사들로만 감사위원회를 구성한 회사도 상당수가 있다. '상장협조사'를 살펴보면 감사설치회사 92개 회사 중에 13개 회사(14.2%)가 상근감사를 두지 않고 있다. 이는 우리의 감사환경이 얼마나 열악한가를 잘 보여주는 것이라고 생각 한다.

감사위원회를 둔 회사의 경우에는 먼저 감사위원회위원의 수가 문제된다. 가장 바람직한 모습은 상근 1명, 사외이사 2명 이상 정도일 것이다. 그러나 사외이사만 둔 회사가 40개 회사 중 15개 회사, 37.5%에 이른다. 즉, 감사위원회를 설치하고 있는 회사의 3분의1 이상이 사외이사로만 구성된 감사위원회를 운영하고 있다.

통상 사외이사는 보수가 매우 적고, 분기에 한 번 정도 회의 소집을 함으로서 그들한테 강도 높은 감사직무 수행을 기대할 수 없다. 따라서 사외이사로만 감사위원회를 구성한 것은 저렴한 비용으로 거의 유명무실한 감사기구를 운영하는 것이 아닌지 매우 의심스러운 것이다.[779]

Ⅱ 상근감사의 의의

상근감사란 어떠한 자를 말하는가에 관하여 법률에 아무런 정의가 없어서 해석상 논란이 있다. **상근의 의미를 형식적으로 파악하는 견해**에 의하면 "**상근감사란 회사의 영업시간 중에는 상시 감사의 직무에 전념할 의무를 부담하는 자를 말 한다**". 이에 의하면 상근감사는 그 직무수행에 지장이 없는 한 다른 회사의 비상근감사를 겸임 하는 것은 허용되지만 다른 회사의 상근감사를 겸임하는 것은 허용되지 아니한다.[780]

그러나 **상근의 의미를 실질적으로 파악하는 견해**는 "**상근감사란 계속적이고 일관된 감사업무를 수행함에 있어서 요구되는 정도의 시간을 피 감사회사의 감사업무를 위하여 할애할 수 있는 자**"를 말한다. 이 견해에 의하면 상근감사는 반드시 매일 회사에 출근하여 감사의 직무수행에 전념할 필요는 없으므로 격일 출근도 가능하고 또 다른

---

779) 최준선, 전게보고서, 95면, 김용범, 「내부감사 상근의 필요성」, 감사저널, 2013.09. 34면, 김용범, 전게서, 도서출판 어울림. 2012. 291면.
780) 임중호, 전게서, 51면, 정순현, 전게서, 51면, 최준선, 전게보고서, 95면, 김용범, 「내부감사 상근의 필요성」, 감사저널, 2013.09. 35면, 김용범, 전게서, 도서출판 어울림. 2012. 291면.

회사의 상근감사도 겸임할 수 있다.

「상법」의 특례규정에서 일정규모 상장회사(자산총액이 1천억원 이상 2조원 미만)에 대하여 상근감사를 요구하는 취지는 회사의 업무전반에 대한 감사업무의 실효성을 제고하기 위한 것이다. 이러한 특례상근감사제도의 취지에 비추어 보면 상근감사의 개념을 형식적 기준에 의하여 해석하는 것이 타당할 것이다. 즉, **"상근이란 감사의 근무형태를 기준으로 판단하여, 정기적으로 회사에 출근하여 업무에 종사하는 경우를 말한다"**고 하겠다.[781]

따라서 상근감사는 회사에 상주하며 일상적으로 감사업무를 처리하거나 정기적으로 회사에 출근하여 감사업무를 수행하여야 한다. 이에 비해 비상근감사는 회사에 상주하지 않고 필요한 경우에만 회사에 출근하여 감사업무를 수행할 수 있다.

Ⅲ 외국의 입법 및 운용 사례

1. 미국[782]

미국의 경우는 「회사법」상 회사의 **의사결정기관으로는 주주총회와 이사회**가 있으며 **업무집행기관으로는 집행임원제도**가 있다. **업무집행기관이 이사회와 분리된 것이 우리와 다른 점**이다. 우리나라 「상법」은 이사회 구성원인 이사 중에서 업무집행자 즉 업무집행이사(예: 대표이사 등)를 선임토록 하고 있다. 이에 반하여 미국의 법제는 이사와 전혀 별개의 기관인 집행임원제도를 두어 동 임원이 회사의 경영업무를 집행하도록 한 것이다.

그리고 감사기관과 관련해서는 **미국의「회사법」은 우리나라와 달리 이사회와 구분되는 독립된 감사기관이 별도로 제도화 되어있지 않다.** 따라서 우리나라의 경우는 이사회와 구분되는 감사제도가 있지만, **별도의 감사제도가 없는 미국은 이사회가 의사결정기관이면서 동시에 실질적인 감사수행 기관 역할**을 한다.

그러나 실제 **감사업무 수행**은 회사의 **회계감시업무를 총괄하거나 회사가 내부통제시스템(업무감사와 회계감사)을 운영**할 경우에 그 **총괄책임은 사내이사 중 감사위원회가 선임하는 「내부감사(Internal Auditor)」** (우리나라의 '상근감사위원제도'와 유사)

---

781) 임중호, 전게서, 124면, 최준선, 전게보고서, 95면 우리법원은 상근감사란 통상 회사의 업무시간 중에 상시적으로 감사업무에 전념할 수 있는 감사를 의미하는 것으로 보고 있어 상근의 의미를 형식적 입장에서 해석한다.(서울고등법원 2007. 3. 8. 선고, 2006 나 66885 판결). 김용범, 「내부감사 상근의 필요성」, 감사저널, 2013.09. 35면. 김용범, 전게서, 도서출판 어울림. 2012. 292면.

782) 한국상장회사협의회, 「우리나라와 주요국의 감사제도」, 상장협실무전집 32, 2007, 38~41면. 김용범, 「내부감사 상근의 필요성」, 감사저널, 2013.09. 35~36면. 김용범, 전게서, 도서출판 어울림. 2012. 292~294면.

가 담당하며, **회계 관련 장부에 대한 감사**에 대해서는 회사 외부에서 회계전문가를 외부감사(우리나라의 '외부감사인 제도'에 해당)로 선임하여 감사토록 하고 있다.

다만, **이사회 이외에 독립된 감사기관의 설치**와 관련해서는 1982년 제정된 「ALI (American Law Institute)」의 「회사지배구조에 관한 ALI의 원칙」에서 각 주에 공개회사의 경우 회사의 규모를 구분하여 **대규모의 공개회사의 경우는 감사위원회의 설치를 강제하고 있고**, 소규모의 공개회사의 경우는 이의 설치를 권고하고 있을 뿐이다.

감사위원회란 이사회 내부에 한 위원회로서 설치되는 기관이지만 주된 목적이 감사에 있고, **의사결정기관으로서 이사회와 구분된다**는 점에서 **독립된 감사기관**이라 할 수 있다.

ALI 원칙상의 **감사위원회의 권한**으로는 ① **외부감사의 추천권 및 해임 검토권**, ② 외부감사의 보수 및 독립성 등의 조사권, ③ **내부감사의 임면권**, ④ 외부감사와 이사회 간의 연결 및 내부감사와 이사회 간의 연결고리 역할, ⑤ **외부감사의 감사 업무에 대한조사권**, ⑥ 회사의 재무제표 등의 조사권, ⑦ **회사의 내부통제시스템에 대하여 외부감사 및 내부 감사의 검토권**, ⑧각종 회계기준의 선택 및 이의 적정성의 검토권 등이다.(미국 회사 지배구조에 관한 ALI의 원칙 제3A. 03)[783]

회사에 대한 **미국의 감사제도를 정리**해 보면 첫째, 회사법상 제도는 아니나 **회사 내부에서 회계업무와 경영에 관한 감시를 총괄하는 자** 또는 **내부통제시스템을 운영하는 경우에는 이를 총괄하는 책임자를 「내부감사 (Internal Auditor)」**(감사위원회가 사내이사 중 선임)라 한다.

둘째, 재무제표 등 **회계부문 감사는 외부감사인인 회계전문가에 의해 수행**된다. 우리나라의 경우도 「외감법」에 의해 일정 규모 이상의 회사에 대해서는 「상법」상의 감사 이외에 회계전문가인 외부감사인(예컨대 공인회계사)에 의한 회계감사를 받도록 하고 있다.

셋째, **감사위원회는 상장회사 및 「증권거래법」 적용회사는 반드시 설치하여 운영**하여야 하며 동 위원회는 내부감사와 외부감사 양측 모두를 감시한다.

미국 감사위원회의 기본 구조를 더 자세히 설명하면 **미국의 감사제도는 이사회와 그 하부기구인 위원회에 의하여 운영**되고 있다. 이사회는 중장기적인 사업계획, 투자계획, 자금조달계획 등과 같은 기본적인 경영정책과 중요한 업무집행사항 등에 대한 의사결정기관으로서 역할을 하고 있으며, 일상적인 업무집행은 집행임원이 담당하는 구조를 가지고 있다.

---

783) 한국상장회사협의회, 전게서, 37면, American Law Institute, Principles of Corporate Governance : Analysis and Recommendations , 1994, ALI. 1, P115. 김용범, 「내부감사 상근의 필요성」, 감사저널, 2013.09. 36면. 김용범, 전게서, 도서출판 어울림. 2012. 293면.

이사회 내 위원회인 감사위원회는 재무제표 등 관련서류의 작성과정, 외부감사인의 독립성 그리고 내부통제시스템의 정기적 감사를 통하여 이사회의 기능을 보충하는 역할을 하고 있다.[784] 이사회에는 감사위원회 이외에도 운영위원회, 지명위원회와 보수위원회를 두고 있으며 이들 위원회는 이사회의 감독기능을 보충하고 지원하는 역할을 한다.

위에서 언급한 바와 같이 미국의 경우 감사위원회의 설치를 법률로 강제하고 있지 않으며, 자율규제기관인 증권거래소에서 감사위원회의 설치를 상장 요건화하면서 감사위원회제도가 확립되기 시작하였다.[785] 또한 미국의 「증권거래위원회(SEC)」는 감사위원회의 이용을 강력히 권유하고 있다.

「뉴욕증권거래소(NYSE)」는 상장규정상 상장회사가 독립한 1인 이상의 사외이사 중심으로 구성된 감사위원회를 둘 것을 요구하고 있다. 감사위원회의 인원수에 대해서 「뉴욕증권거래소(NYSE)」는 최소한 3명 이상을 요구하고 있으며, 전원이 회사로부터 독립성이 확보된 독립감사위원일 것을 요구되고 있다.[786]

2. 일본

일본 「회사법」의 지배구조 특징은 일본 「회사법」제326조에 잘 나타나 있다. 일본 「회사법」제4장"기관", 제1절 "주주총회 및 종류주주총회"에 이은 제2절에서는 "주주 총회 이외의 기관의 설치"를 규정하고 그 첫 조문으로서 제326조제1항은 "주식회사는 1인 또는 2인 이상의 이사를 두지 않으면 안 된다."라고 규정하고 있다.

이어 제2항에서는 "주식회사는 정관의 정함에 따라 이사회, 회계참여, 감사역, 회계감사인 또는 위원회를 둘 수 있다."고 규정하고 있다. 이를 종합하면 일본 「회사법」은 필요기관으로 주주총회를 반드시 두도록 하고, 나머지는 모두 회사가 정관에서 채택하도록 개방하고 있다. 그리고 주식회사에서 이사는 반드시 임명하여야 한다. 물론 이사 그 자체로서는 주식회사의 기관이 아니다. 그러나 기관인 이사회는 없어도 좋다.

일본 「회사법」상 회사는 다양한 지배구조를 선택할 수 있게 개방되어 있다. 이상과 같은 개방성이 일본 「회사법」상 지배구조의 대원칙이다. 이를 정리해 보면[787]

① 모든 주식회사는 주주총회가 필요기관이고 1인 이상의 이사를 반드시 두어야 한다.

---

784) 이준섭, 전게서, 40면, 김학원, 전게서, 123면. 김용범, 전게기고문, 감사저널. 2013.09. 36면.
785) 김화진 전게서, 85면, 김학원, 전게서, 123면. 김용범, 전게기고문, 감사저널. 2013.09. 36면.
786) 김화진 전게서, 85면, 김학원, 전게서, 123면. 김용범, 전게기고문, 감사저널. 2013.09. 36면.
787) 이재혁, 「주식회사 감사위원회제도의 개선방안에 관한 연구」, 성균관대학교, 2007, 37면, 최준선, 전게보고서, 48~49면, 김용범, 전게기고문, 감사저널. 2013.09. 37면.

② 공개회사(전부주식양도제한회사 이외의 회사)는 이사회가 필요하다. (법 제327조 제1항 제1호)

③ 이사회를 둔 경우(임의로 설치한 경우 포함)에는 감사(감사회 포함) 또는 지명위원회, 보수위원회, 감사위원회 등 3개위원회와 집행임원이 필요하다.(법 제327조 제2항 본문 및 제328조 제1항). 다만 예외적으로 대회사 이외의 전부양도제한회사에서 회계참여 를 둔 경우에는 그러하지 아니하고 또한 위원회 설치회사 이외의 대회사인 공개회사는 감사회와 회계감사인을 두어야 한다. (법 제328조 제1항).

④ 이사회를 두지 않은 경우에는 감사회 및 위 3개위원회, 집행임원을 두지 않아도 된다. (법 제327조제1항 제2호 및 제3호).

⑤ 대회사는 회계감사인을 두어야 한다. (법 제327조 제5항 및 제328조 제1항, 제2항).

⑥ 회계감사인을 두기 위해서는 감사(감사회 포함) 또는 3개위원회, 집행 임원 (대회사인 공개회사에서는 감사회 또는 3개위원회. 집행임원)이 필요하다.

감사제도와 관련하여 본다면, 일본 「회사법」상 **감사의 설치는 회사의 임의임이 원칙이나, 이사회설치회사[788]와 대회사[789]인 공개회사[790]** 경우에는 **감사(감사위원회 또는 감사회 포함)의 설치가 강제**된다.[791]

일본의 감사제도의 구성과 운영에 대해 자세히 살펴보면, 감사나 **감사위원회는 필요 기관이 아닌 임의기관**이며, **회사는 선택에 따라 감사, 감사회, 감사위원회 및 회계참여*를** 설치할 수 있다. 이하에서 각각의 경우를 구분하여 그 구성과 운영에 대하여 자세히 살펴보기로 한다.

> * 회계참여란 ① 주주총회에서 선임되며, ② 회계에 관하여 전문적 식견을 가진 자(공인 회계사, 세무사)로서, ③ 이사와 공동으로 재무제표의 작성과 동시에, ④ 당해 재무제표를 이사회와 별도로 보존하고, ⑤ 이를 주주 및 회사 채권자에게 공시하는 것을 주된 직무로 하는 주식회사의 임의기관 이다. 일본에서는 2005년 「회사법」의 제정과 함께 세계 유례가 없는 회계참여제도를 도입하였다.

가. 감사·감사회의 설치와 운영

주식회사는 정관이 정하는 바에 따라 감사 또는 감사회를 설치하는 것이 가능 하다.[792] 다만, 위원회 설치회사가 아닌 이사회설치회사에서는 반드시 감사를 두어야

---

788) 위원회설치회사를 제외한 이사회 설치회사는 원칙적으로 감사를 두어야 한다(일본「회사법」제2조제5호, 제327조 제2항). 김용범, 「내부감사 상근의 필요성」, 감사저널, 2013.09. 37면, 김용범, 전게서, 도서출판 어울림. 2012. 295면.

789) 일본「회사법」에서 대회사라 함은 다음의 어느 한 요건에 해당하는 주식회사를 말한다. ① 최종 사업연도 에 관계된 대차대조표에 자본금으로서 계상한 액이 5억엔 이상일 것 , ② 최종 사업연도에 관계된 대차 대조표에 부채의 부에 계상한 액의 합계액이 200억엔 이상일 것(일본「회사법」제2조 제6호).

790) 위원회설치회사를 제외한 대회사인 공개회사는 감사회를 두어야 한다.(일본「회사법」제2조 제6호, 제328조 제1항), 김용범, 전게서, 도서출판 어울림. 2012. 295면.

791) 최준선, 전게보고서, 49면, 江頭憲治郎, 「株式會社法」, 2006, 463면, 김용범, 전게서, 2012. 295면.

한다. (일본 「회사법」제327조 제2항 본문). 이사회설치회사의 경우 업무집행에 대한 결정을 이사회가 행하고 주주총회 권한이 제한된다. 따라서 주주를 대신하여 이사에 대한 감사기관으로서 감사가 필요하게 되는 것이다.

그러나 이사회설치회사에 있어서도 전주식양도제한회사의 경우는 주주가 직접 이사의 업무집행을 밀접하고 계속적으로 감시하는 것이 가능한 경우도 있으므로 감사의 권한을 회계감사에 한정하는 것이나 또는 회계참여를 두는 대신에 감사를 두지 않는 것이 인정 되고 있다.[793]

또한 이사회를 두고 있지 않아도 회계감사인설치회사의 경우에는 감사를 반드시 두어야 한다.(일본「회사법」제327조 제3항). 이는 회계감사인에 의한 회계감사제도를 유효하게 기능하도록 하기 위해서는 감사대상인 이사로부터 회계감사인의 독립성 보장이 중요하다는 점을 고려한 것이다. 따라서 회계감사인설치회사의 경우 전주식양도제한회사로 할지라도 감사의 권한을 회계감사에 한정하는 것은 가능하지 않다.[794]

아울러 감사를 두지 않아도 되는 것은 공개회사가 아닌 중소규모의 회사 중에서 주주총회 이외의 기관으로서 이사만 두는 회사나 정관의 정함에 의해 이사회와 회계참여를 두는 회사에 한정된다.[795]

주식회사는 정관의 정함에 따라 감사 또는 감사회를 설치할 수 있다. (일본「회사법」제326조 제2항). 그러나 대회사인 공개회사는 감사회를 반드시 설치해야 한다.(일본「회사법」328조 제1항). 감사회설치회사의 경우 감사는 3인 이상이어야 하며 그 반수는 사외 감사」이어야 한다.(일본「회사법」제355조 제3항).

사외감사는 과거 그 회사 또는 자회사의 이사, 회계참여 및 회계참여가 법인인 경우 그 직무를 행한 사원, 집행임원, 사용인이 아니었던 자를 말한다.(일본「회사법」제2조 제16호). 사외감사제도는 업무집행 담당자의 영향을 받지 않고 객관적인 의견을 표명할 수 있는 자가 감사 중에 필요하다는 취지에서 1993년 개정 시 도입된 제도이다.[796]

감사회는 감사 전원으로 구성되며 감사보고서의 작성, 상근감사의 선임과 해임, 감사의 방침, 회사의 업무·재산상황에 대한 조사방법 기타 감사의 직무집행에 관한 사

793) 김학원, 전게서, 133면, 江頭憲治郎, 전게서, 468면, 김용범, 「내부감사 상근의 필요성」, 감사저널, 2013.09. 37~38면, 김용범, 전게서, 도서출판 어울림. 2012. 296면.
793) 김학원, 전게서, 134면, 江頭憲治郎, 전게서, 469면, 김용범, 「내부감사 상근의 필요성」, 감사저널, 2013.09. 37~38면, 김용범, 전게서, 도서출판 어울림. 2012. 296면.
794) 김학원, 전게서, 134면, 江頭憲治郎, 전게서, 469면, 김용범, 「내부감사 상근의 필요성」, 감사저널, 2013.09. 38면, 김용범, 전게서, 도서출판 어울림. 2012. 296면.
795) 권종호 외 , 「주요국 회사법」, 전국경제인연합회, 2008, 297면, 김학원, 전게서, 134면, 김용범, 「내부 감사 상근의 필요성」, 감사저널, 2013.09. 38면, 김용범, 전게서, 도서출판 어울림. 2012. 296면.
796) 김학원, 전게서, 134~135면, 山本一範, 「사외감사역의 성찰」, 중앙경제사, 2009, 523면, 김용범, 「내부감사 상근의 필요성」, 감사저널, 2013.09. 38면, 김용범, 전게서, 도서출판 어울림. 2012. 297면.

항의 결정 등에 관한 권한을 갖는다.

한편, 감사는 독임제기관으로서 복수의 감사가 있는 경우에도 각자가 단독으로 권한을 행사하게 된다. 감사회를 두고 있는 경우에도 감사의 독임제는 그대로 유지 되며 따라서 감사회는 의결기관이 아니라 감사 간의 역할 분담을 용이하게 하고 정보의 공유를 가능하게 하는 것에 의해 조직적, 효율적인 감사를 가능하도록 하는 기능을 담당한다.[797]

나. 감사위원회의 설치와 운영

일본 「회사법」은 회사의 규모와 관계없이 모든 주식회사로 하여금 위원회설치회사가 되는 것을 허용하고 있다. (일본「회사법」제326조 제2항). 위원회설치회사는 지명위원회, 감사위원회 및 보수위원회를 두고 있는 주식회사를 말한다. (일본「회사법」제2조 제12호).

위원회설치회사가 되는 경우 3개위원회를 두기 위해서는 필연적으로 이사회를 설치하여야 하며(일본「회사법」제327조 제1항 제3호) 회계감사인의 설치가 강제된다.(일본「회사법」제420조 제1항)」. 아울러 위원회설치회사의 경우 반드시 감사위원회를 두어야 하며 감사를 두는 것은 허용되지 않는다.(일본「회사법」제327조 제4항).

상술한 바와 같이 감사위원회는 위원회설치회사의 필수기관 중의 하나이다. 위원회설치회사가 감사를 두는 것은 허용되지 않는다.(일본「회사법」제327조 제4항). 각 위원회는 이사회 의결로 선정된 3인 이상의 위원으로 구성되며(일본「회사법」제400조 제1항, 제2항), 그 과반수는 사외이사이어야 한다. 또한 위원회 중 감사위원회의 위원은 회사, 자회사의 집행이사, 집행임원, 지배인 기타 사용인 및 회계참여 등의 겸임이 금지된다.(일본「회사법」제400조 제4항).

감사위원회에 의한 감사방법은 감사의 경우와 상당한 차이를 가지고 있다. 감사의 경우 대부분 자신이 회사의 업무나 재산의 조사 등을 행하는 것이 통상이다. 이에 대해 감사위원은 이사회에서 설계한 내부통제부문을 통해 감사를 행한다. 즉, 내부 통제 시스템이 적절하게 구성되고 운용되는지를 감사하고 필요한 경우 내부통제부문에 대해 구체적인 지시를 행하는 것이 감사위원회의 임무이다.[798]

---

797) 김학원, 전게서, 135면, 江頭憲治郎, 전게서, 470면, 김용범, 「내부감사 상근의 필요성」, 감사저널, 2013.09. 38면, 김용범, 전게서, 도서출판 어울림. 2012. 297면.

798) 김학원, 전게서, 140면, 江頭憲治郎, 전게서, 513면, 김용범, 「내부감사 상근의 필요성」, 감사저널,2013.09. 38~39면, 김용범, 전게서, 도서출판 어울림. 2012. 297~298면.

Ⅳ 사외이사의 유용성 논란[799]

사외이사란 미국의 outside director 의 번역어인데, 이는 제도상의 개념이 아니다. 단지 미국회사에는 이사들의 상당수를 지역유지나 변호사, 금융전문가, 회계전문가 등의 전문직으로 충원하면서 이들을 보통 비상근으로 하고 있으므로 상근이사(inside director)와 대칭되는 개념으로 사외이사라 부르고 있을 뿐이다.

우리나라에서는 미국의 사외이사가 효율적인 경영감시기능을 하고 있는 것으로 알고 이를 법상의 제도로 수용한 것이나, 미국에서도 오래 전부터 사외이사의 효용에 관해 논쟁이 있어왔다.

주로 조직관리론 전공자들이 주장하는 「경영자실체론(managerial hegemony theory)」은 사외이사의 무용론을 주장하는데 반해, 주로 재무관리전공자들이 주장하는 「효용적감시론(effective monitor theory)」은 사외이사의 감시기능을 옹호한다.[800]

사외이사의 유용성 여부에 관한 이들의 주장을 간단히 소개한다.[801]

경영자실체론자들이 사외이사무용론의 근거로 제시하는 것은

① 사외이사들을 선출하는 것은 실질적으로 현 경영자(사장 또는 대표이사 등) 이므로 사외이사들이 자신의 선임권을 가진 경영자를 상대로 감사한다는 것은 비현실적 이다.

② 사외이사는 보통 회사의 업무에 관해 전문성이 없는데다가 이사회에서 사장이 제시하는 안건과 그가 예정하는 결론에 부합하는 설명 외에는 정보를 갖지 못하므로 사장이 제시하는 결론에 추종하기 마련이다.

③ 사외이사들은 대개 다른 직업에 종사하고 있고 회사에서는 거마비 정도의 소액의 보수를 받을 뿐이므로 적극적으로 경영자를 감시할 동기가 박약하다는 것이다.

이에 대해 효용적감시론자들의 사외이사 감시기능 옹호론의 논거는

① 사외이사들은 이사라는 직업시장에서의 자기의 상품가치를 높이기 위해 현재 회사에서의 감시기능을 충실히 수행할 동기가 있다.(이를 "reputation capital theory"[802]라 한다).

② 사외이사들에 대한 보상으로서 회사의 주식을 교부한다면, 이들은 자기의 자신

---

799) 이철송, 전게서, 544~545면, 김용범, 「내부감사 상근의 필요성」, 감사저널, 2013.09. 39~40면, 김용범, 전게서, 도서출판 어울림. 2012. 299~301면.

800) Laura Lin, 「The Effectiveness of Outside Directors as a Corporate Governance Mechanism : Theory and Evidence」, Northwestern Univ. Law Review Vol. 90 No. 3, 1996, 902p

801) Laura Lin, 전게서, 912~921p, 이철송, 전게서, 544~545면, 김용범, 「내부감사 상근의 필요성」, 감사 저널, 2013.09. 39면, 김용범, 전게서, 도서출판 어울림. 2012. 298면.

802) E. Fama & M. Jensen, 「Separation of Ownership and Control」, 26 Journal of Law and Economics, 1983, 315p

의 가치를 증식시키려는 개인적인 동기에서 감시기능을 충실히 수행 할 것이다.

③ 사외이사는 보통 회사와 이해관계가 있는 은행이나 기업의 임원들이 겸하고 있으므로 이들은 자기가 속한 기업의 이익을 위해서라도 경영자에 대한 감시 기능을 충실히 수행한다는 것이다.

이 같은 논쟁이 있을 뿐 미국에서 뚜렷이 사외이사의 기능을 긍정적으로 증명하는 것은 없었다. 그간 우리나라에서의 사외이사의 역할을 보아도 매우 부정적이다. [803]

기업 경영에 대한 판단은 허다한 변수 가운데서 현 상황에 가장 최적의 결론을 찾는 작업인 만큼 항상 충분한 정보와 현장의식을 지닌 가운데에서 이루어지지 않으면 안 된다. 가끔 이사회에 출석하는 정도로 경영에 원격적인 입지에 있는 사외이사에게 이러한 능력을 기대하기는 어렵다.

또한 경영판단의 질은 바로 그에 소요되는 비용에 비례한다고 할 수 있는데, 소액의 거마비를 수령하는 사외이사에게 양질의 판단을 기대할 수는 없다. 그러므로 사외이사를 제도화한 근래의 입법은 검증되지 않은 몇 가지 가설을 시험해보는 의미를 가질 뿐이다. [804]

V 감사 또는 감사위원의 상근 필요성

감사 또는 감사위원(이하 "감사"로 총칭한다)은 상근과 비상근을 구분하지 않고 이사 업무집행의 전반에 대하여 감사로서의 직무권한을 행사하여야 하며 감사로서의 책임 또한 동일하다. [805] 그런데 감사가 제대로 감사를 수행하지 못하는 이유가 회사 경영정보에의 접근이 보장되지 않고, 감사의 비상근인 점에 기인하는바 크다. [806]

감사의 비상근일 경우 감사는 회사의 정보에 대한 접근가능성이 떨어지게 된다. 그렇게 되면 회사에 대한 정보의 부족으로 인해 전문성 있는 감사를 수행할 수 없다. 이로 인해 감사는 이사회 등에서 제출하는 자료를 기초로 수행할 수밖에 없게 되는데, 잘 갖추어진 자료에서 부정을 발견하기는 매우 어렵다. 그러므로 회사에 상주하면

---

803) 이철송, 전게서, 545면, 김용범, 「내부감사 상근의 필요성」, 감사저널, 2013.09. 39면, 김용범, 전게서,도서출판 어울림. 2012. 299면.

804) 이철송, 전게서, 545면, 김용범,「내부감사 상근의 필요성」, 감사저널, 2013.09. 40면, 김용범, 전게서, 도서출판 어울림. 2012. 299면.

805) 임중호, 전게서, 124면, 유영일, 「상근감사와 사외감사제도의 도입 의의 와 경영 효율화 방안」, 상장협 제37호, 45면, 정순현, 전게서, 34면, 최준선, 전게보고서, 96면, 김용범,「내부감사 상근의 필요성」, 감사 저널, 2013.09. 40면, 김용범, 전게서, 도서출판 어울림. 2012. 299면.

806) 이준섭, 「상법상 감사 및 감사위원회와 내부감사기능의 효율적 정립 방안」, 상장회사협의회, 2006,48~49면, 최준선, 전게보고서, 96면, 정준우,「감사와 외부감사의 법적 책임」,한국상장회사협의회,2005, 15면, 김용범,「내부감사 상근의 필요성」, 감사저널, 2013.09. 40면, 김용범, 전게서, 도서출판 어울림. 2012. 299면.

서 일상의 감사에 임할 때 제대로 된 감사, 특히 업무감사를 기대할 수 있을 것이다.

특히 우리나라는 아직 감사위원회제도가 제대로 기능할 수 있는 제도적 기반이 미흡한 실정이며, 감사위원회에게 업무감사 권한까지 부여하고 있다. 또한 감사위원회의 경우 사외이사를 위주로 구성되므로 정보의 부족으로 인해 전문성 있는 감사의 수행이 어렵다. 그런 의미에서 일상적으로 감독기능을 수행할 수 있는 상근감사위원 제도를 도입할 필요가 매우 크며 이는 상시적 감시활동을 통한 예방감사 차원에서도 바람직하다고 본다. [807)

다만 상근감사위원은 회사에 상시적으로 출근하게 되어 회사의 일상 업무상황에 대하여 접할 기회가 많고, 경영진과의 접근기회가 많아 독립성과 판단의 객관성이 저하될 수 있다는 우려가 있다. 또한 주요국의 입법례나 지배구조모범규준 등에서는 감사위원회의 구성을 전원 사외이사로 구성하도록 권장하고 있다는 점에서 우리나라에서 상근감사위원 제도를 도입한다는 것은 국제적 추세와는 맞지 않는다는 비판이 제기될 수 있다. [808)

그러나 외국의 사례를 살펴보면 미국의 경우 우리나라의 감사에 해당하는 「내부 감사(Internal Auditor)」를 사내이사 중에서 감사위원회가 선임하며, 선임된 내부감사는 회사내부에서 회계업무와 경영에 관한 감시를 총괄할 뿐만 아니라 내부통제시스템을 운영하는 경우에는 이를 총괄한다. 또한 회계감사는 외부감사인인 회계전문가에 의해 수행된다. 그리고 감사위원회는 내부감사와 외부감사인 양측 모두를 감시한다.

따라서 우리나라도 감사위원회제도를 기존 감사제도를 대체하는 제도에서 이사회를 보조·지원하는 미국형 감사위원회제도로 확실하게 방향전환을 하려고 하면 전제 조건으로 집행임원제도와 내부감사제도 그리고 내부통제제도가 우선 도입되고 그리고 외부감사인의 선임권 및 조사권이 확보되며 아울러 이사회가 집행 및 감독기관에서 감독기관으로 확립되었을 때 미국형 사외이사 중심의 감사위원회제도 운영이 바람직할 것 이다. [809)

그러나 현재 우리나라의 경우는 감사위원회가 기존감사를 대체하는 제도로 「상법」에서 규정(「상법」제425조의2 제1항)하고 있고, 집행임원제도가 임의기관으로 규정 되어 있을 뿐만 아니라 집행임원을 도입하였다 하더라도 사내이사가 대부분 겸임하고 있는 실정이다.

---

807) 임중호, 전게서, 126~127면, 이재혁, 전게서, 107면, 최준선, 전게보고서, 97면, 최완진, 「감사위원회 위원의 자격 적정성 과 업무수행의 효율성에 관한 고찰」, 상장회사감사회회보, 제199호, 2008, 4면, 김용범, 「내부감사 상근의 필요성」, 감사저널, 2013.09. 40~41면, 김용범, 전게서, 도서출판 어울림. 2012. 300면.

808) 기업지배구조개선위원회, 「기업지배구조 모범규준」, 2003, 26~27면.

809) 김용범, 「내부감사 상근의 필요성」, 감사저널, 2013.09. 41면, 김용범, 전게서, 도서출판 어울림. 2012. 300 ~301면.

또한 상근감사위원제도와 유사한 「내부감사(Internal Auditor)제도」와 자체통제 기능인 「내부통제(Internal Control)제도」가 우리는 아직 도입되지도 아니 하고, 그리고 외부감사인에 대하여는 선임권과 조사권도 보유하고 있지도 아니한 상태이므로 감사제도의 효율성을 확보하기 위해서는 감사기관의 상근화가 반드시 필요하다.

아울러 감사의 독립성을 제고한다는 측면에서는 전원 사외이사로 구성된 감사 위원회가 바람직하지만, 감사의 효율성 측면에서는 전원 비상근 감사만 두는 경우와 전원 사외이사로 구성된 감사위원회가 최선의 방식은 아니라고 생각된다. 감사의 효율적 및 효과적 수행을 위해서는 감사 또는 감사위원은 경영진으로부터의 독립성 못지않게 회사의 정보에 대한 접근강화를 통해 양질의 감사가 이루어지도록 하는 것이 더욱 중요하다. [810]

특히 감사위원회의 독립성 문제는 이미 「상법」에서 감사위원은 절대다수(3분의 2 이상)가 사외이사로 구성할 것을 규정(「상법」제415조의2 제2항 및 제542조의11 제2항)하고 있고, 또한 사외이사 자격에 관한 별도의 규정(「상법」제382조 제3항 및 제542조의8 제2항)을 두고 있다는 점을 고려할 때 회사와의 관계상 요구되는 독립성 문제는 현행 법·규정으로도 충분하다고 본다. [811]

덧붙인다면 감사위원회가 다수결 원칙을 통해 결의를 하는 회의체기관인 점에서 상근감사위원을 두었다고 하더라도 사외이사 겸 비상근 감사위원이 3분의2 이상을 차지하기 때문에 감사위원회의 독립성 및 객관성 유지에는 큰 문제가 없을 것으로 본다. [812]

아울러「상법」은 감사를 주식회사의 필요적 상설기관으로 규정한다. 또한 「상법」은 감사는 언제든지 이사에 대하여 영업에 관한 보고를 요구하거나 회사의 업무와 재산 상태를 조사할 수 있다고 규정하고 있다.(「상법」제412조 제2항). 이들 규정은 감사의 상근성을 전제로 한 것이라고 할 수 있다. [813]

---

810) 최준선, 전게보고서, 97면, 김용범,「내부감사 상근의 필요성」, 감사저널, 2013.09. 41면, 김용범, 전게서, 도서출판 어울림, 2012. 301면.
811) 김용범,「내부감사 상근의 필요성」, 감사저널, 2013.09. 41면, 김용범, 전게서, 2012. 301면.
812) 최준선, 전게보고서, 97~98면. 김용범,「내부감사 상근의 필요성」, 감사저널, 2013.09. 41면, 김용범, 전게서, 2012. 301면.
813) 정준우,「감사와 외부감사인의 법적 책임」, 15면, 김순석,「상장회사에 있어 지배구조 관련 제도의 입법적 과제」, 상사법 연구 제26권 제2호, 2008. 111면, 최준선, 전게보고서, 135면, 이철송,「우리 나라 감사관련 법제의 개정방향」, 한국상장회사협의회, 2005, 240면

VI 소결814)

감사의 독립적인 기능수행은 감사 또는 감사위원의 법률상 강화된 책임규정에 상응하는 것이어야 함에도 회사 경영정보에의 접근권이나 전문성 부족으로 인하여 미진하였던 것이고 또한 그 원인은 감사 또는 감사위원의 비상근과 불가분의 관련을 맺고 있다. 그리고 상시적인 감사가 곤란한 사외이사들로 구성된 감사위원회가 회사에 상근하면서 감사업무를 수행하는 상근감사제도나 감사회제도 보다 감사업무를 충실히 수행한다고 단정하기 어렵다.

따라서 회사에 대한 감사기관의 상시 정보 접근으로 부정과 위험을 사전에 감지 및 예방하고 감사기관이 효율적이고 독립적인 감사업무를 수행하기 위해서는 일정규모 이상 (최근 사업연도 말 자산총액 1,000억 원 이상 2조 원 미만) 회사 중 상장회사에 대해서만 요구되는 상근감사의 설치의무를 확대하여 모든 주식회사에 대하여 상근 감사 내지 상근감사를 포함한 복수의 감사로 이루어지는 감사회 그리고 감사위원회가 설치된 회사에 대하여는 상근감사위원(1인 이상)의 설치를 의무화하는 제도개선이 필요하다.

다만 회사의 수용능력 등을 고려하여 일정규모 이하 회사(예 : 최근 사업연도말 자산 총액 1,000억 원 미만)에 대하여는 상근감사 또는 상근감사위원 1인 이상을 두는 제도를 강제하지 않고 자율적으로 구성할 수 있도록 하되, 상근감사 또는 상근감사위원제도의 채택 여부를 공시사항의 하나로 규정토록 하는 방안을 도입 하는 것이 바람직하다고 본다.815)

제4절 > 내부감사 환경의 열악성

I 현황

미국의 엔론, 월드컴 등 대기업의 잇단 회계부정 사건 과 우리나라의 대우계열, (구) ○○자동차, ○○글로벌 및 최근 ○○조선 해양 등의 회계분식 사건 그리고 최근 문제가 되고 있는 저축은행의 부정대출 문제 등을 통해 우리가 절실히 깨달은 사실은

---

814) 이준섭, 전게서, 49면, 최준선, 전게보고서, 98~99면,, 김용범,「내부감사 상근의 필요성」, 감사저 널,2013.09. 42면, 김용범, 전게서, 도서출판 어울림. 2012. 302면.
815) 최준선, 전게보고서, 107면, 김용범, 전게기고문, 감사저널, 2013.9. 42면, 김용범, 전게서, 어울림, 2012.302면.

전문경영인, 지배주주 등 기업가들의 「도덕적 해이(Moral Hazard)」와 이에 대한 부적절한 통제 및 견제의 부재가 자본주의 시장경제의 붕괴는 물론 해당기업의 몰락과 이해관계자의 막대한 손실을 초래하였다.[816]

그 간의 대형 회계부정사건 과 최근에 발생된 금융사건은 기업 내부에서의 감사의 중요성을 더욱 부각시키고 있으며, 급변하는 국내·외적인 경제여건에 보다 능동적이고 진취적이며 다양화된 감사 활동이 요구되고 있다. 이러한 사회적·경제적인 요구에 부응 하기 위해서는 먼저 감사의 역할에 대한 경영진 및 대주주들은 물론이고 국민경제적 차원에서의 인식 전환이 필요하며 그리고 미비한 각종제도가 합리적으로 보완되어야 한다. 그러나 기업 현장에서는 여전히 감사의 역할 및 존재가치에 대한 이해가 매우 부족하다.

Ⅱ 내부감사 환경의 열악성 문제

1. 내부감사에 대한 비생산적 조직이라는 인식 문제

기업 현장에서 지배주주나 경영진들의 상당수가 감사 또는 감사위원에 의한 내부감사를 하나의 형식적 통관절차로 인식하고, 그 운영비용을 아끼고 있으며, 감사나 감사위원은 귀찮은 존재이며, 내부감사 조직은 비생산적인 조직이라고 인식하고 있다. 한걸음 더 나아가서 감사나 감사위원의 법적지위도 경영담당자인 이사에 비해 상대적으로 열악하다.[817]

지금까지는 기업의 환경적 요인에다가 감사의 중요성에 대한 지배주주나 경영진들의 인식 부족 과 내부감사조직에 대한 지원 불충분 등으로 인하여 감사 또는 감사 위원이 본연의 역할을 다해오지 못한 것이 엄연한 현실이고, 이와 관련하여 감사제도의 형해화(形骸化) 내지 무기능화가 우리나라 지배구조의 최대 문제점의 하나로 계속 지적되어 왔다.

2. 낙하산 또는 임직원 순환 배치식 감사의 선임 문제

감사나 감사위원은 업무수행에 적합한 경험을 충분히 쌓은 전문성을 갖춘 인사로 구성하는 것이 요구 된다. 즉 감사나 감사위원은 해당 업무 및 리스크 평가에 대한 충분한 이해와 내부통제, 재무보고 등에 대한 전문적인 지식을 보유할 필요가 있다는

---

816) 김용범, 전게서, 도서출판 어울림. 2012. 303면.
817) 정준우, 「감사·감사위원의 역할 및 위상 제고방안」, 상장회사감사회보 제145호, 2012. 4면, 김용범,전게서, 도서출판 어울림. 2012. 303면.

것이다.

그러나 실제로 감사나 감사위원으로 선임되는 실태를 보면 기업의 오너나 지배주주들의 영향력에 의한 충견기용인사 및 징검다리인사 그리고 정치권, 감독당국 등의 영향력에 의한 낙하산인사가 감사나 감사위원으로 선임되는 경우가 상당부분을 차지하고 있다.[818]

이렇게 선임될 경우 직무에 대한 능력이나 자질·전문성을 갖추지 못한 인사가 선임 되는 경우가 많으며, 그리고 실질적인 선임권자의 요구대로 감사를 수행하게 될 가능성이 매우 크므로 감사기구의 전문성 및 독립성과 효율성을 기대하기는 매우 어렵다고 본다.[819]

3. 감사수행 결과 평가 및 인센티브 제공 부재 문제

현행법은 감사 또는 감사위원에 대해 의무와 책임을 부여하고 있다. 그러나 이러한 책임의 경우 특별한 문제가 발생하여 사법적 판단이 이루어지는 경우에만 제기되는 것이며, 일상적인 업무수행 시 해당업무 수행에 대한 평가와 판단은 이루어 지지 않고 있다.[820]

그리고 감사 또는 감사위원이 임기동안 감사수행 결과가 매우 우수하고 기업에 기여한바가 아무리 크다 하더라도 경영진처럼 재선임 등의 인센티브가 마련되어 있지 아니하여 기업 현장에서는 감사나 감사위원이 재선임 되는 사례는 매우 드문 것으로 파악 된다.[821]

이러한 상황에서 감사 또는 감사위원에게 엄격한 책임을 부과하는 것은 오히려 감사 또는 감사위원의 복지부동을 야기하는 원인이 될 수도 있다. 문제를 일으키지 않기 위해 소극적인 감사를 할 수 있기 때문 이다. 한걸음 더 나아가서 일부 감사 또는 감사위원은 임기 후 다음 자리를 보장받기 위해 지배주주나 최고 경영진에 대한 감시자 또는 견제자의 위치를 버리고 동조자 또는 협력자로 전락하는 현상이 나타나기도 한다.[822]

---

818) 김용범, 전게서, 도서출판 어울림. 2012. 304면.
819) 최완진, 전게논문, 3~4면, 김용범, 전게서, 도서출판 어울림. 2012. 304면.
820) 김학원, 전게서, 166~167면, 김용범, 전게서, 도서출판 어울림. 2012. 304면.
821) 김용범, 전게서, 도서출판 어울림. 2012. 304면.
822) 김용범, 전게서, 도서출판 어울림. 2012. 304 ~305면.

Ⅲ 문제점 해결 방안

1. 지배주주 및 경영진의 내부감사에 대한 인식 전환

한국상장회사협의회 2010. 8. '상장회사 내부감사 운영실태 조사'에 따르면 최고 경영자가 감사의 독립적인 기능과 역할, 그 효용에 대한 충분한 인식 또는 이해 부족(응답자의 16.9%)과 감사보조기구에 대한 지원의 취약(응답자의 14.6%)이 성공적인 감사 업무수행에 가장 큰 장애요인으로 지적되고 있다.

우리나라에서는 아직도 감사제도에 대한 인식이 지배주주나 경영진에게는 귀찮은 존재이며, 조직에는 큰 도움이 되지 않고, 비용만 들어가는 비생산적인 조직이라고 인식하는 경향이 많다. 이와 같이 잘못된 감사관련 제도나 인식을 불식시키기 위해 내부감사인은 이사 및 경영진의 전횡 과 독단에 대하여 견제자 또는 감시자 역할도 하지만 경영자의 부족하고 간과하기 쉬운 부분을 보완하고 사업 역량을 향상시키는 경영협력자와 경영파트너임을 인식하도록 하는데 최선의 노력을 경주하여야 한다.[823]

또한 지배주주 및 최고경영자가 감사제도의 필요성·효용성에 대해 충분히 이해 하고, 감사의 독립적 위상을 인정하고 존중하며 그리고 기업의 투명한 경영 실천을 위한 진정한 동반자로 인식하고, 내부감사 수행에 대한 적극적인 지원을 하며 양자 간에 최대한 상호 협조와 활용을 통한 시너지효과를 가져 오도록 더욱더 큰 이해와 노력을 경주하여야 한다.

그래야만 감사 또는 감사위원도 형식적이고 책임회피적인 업무수행이 아니라 회사의 건전한 발전에 도움이 될 수 있는 적극적·능동적인 감사활동을 수행할 수 있고, 그에 따라 기업의 가치는 안정적으로 상승하며 보다 강력한 국내·외적인 경쟁력을 갖추고 지속적으로 발전할 수 있게 될 것이다.[824]

2. 감사 또는 감사위원 선임의 객관성 및 독립성 확보

기업 현장에서 감사 또는 감사위원(이하 '감사'라 한다)의 객관성과 독립성을 확보하기 위해서 가장 중요한 것은 감사 또는 감사위원을 어떠한 방법으로 어떠한 사람을 선임하느냐에 달려있다.

가. 사외이사 중심의 감사후보추천위원회 설치 의무화

감사의 독립성 확보를 위한 첫걸음은 독립적인 감사후보를 추천하는 것이다. 회사

---

823) 김용범, 전게서, 도서출판 어울림. 2012. 305면.
824) 정준우, 전게논문, 4면, 김용범, 전게서, 도서출판 어울림. 2012. 305면.

와 법적 측면의 관계를 가지고 있지 않다고 하더라도 경영진이나 대주주가 추천한 감사후보가 독립적이기를 기대하기는 어렵다. 독립적이지 못한 후보자를 대상으로 의결권을 제한하는 등의 조치를 아무리 취해도 별다른 의미를 가지기 어렵다는 것은 앞에서도 언급한바 있다.

따라서 감사의 독립성을 확보하기 위한 감사후보 추천절차의 개선내용은 제1편- 제9장-제1절-Ⅳ-1. "감사후보 추천절차의 개선" 항목에서 설명하였으므로 여기서는 생략한다.

나. 감사 또는 감사위원 선임의 적극적 자격요건 강화

기업경영은 다양한 전문적 지식과 경영을 필요로 하고 있다. 더욱이 기업의 규모가 커지면서 사업내용이 더욱 복잡하고 다양화되어 가는 상황에서 경영환경은 시시각각으로 변화하고 있어 이를 감시·감독하기 위해서는 경영전반에 대한 충분한 이해와 식견, 전문가로서의 자질과 능력이 요구되고 있는 것은 당연한 일이라 할 것이다.

우리나라 상장회사의 경우 비재무전문가를 선임한 회사가 64.6%를 차지하였으며, 해당회사의 업무와 무관한자를 감사로 선임한 회사가 83.2%를 차지하고 있어 전문성 결여로 대표이사 등 경영진을 제대로 견제하지 못하고 경영진의 의사에 추종할 뿐만 아니라 감사 관련 문제에 대하여 독립적인 의사결정도 적기에 정확하게 하지 못함 으로써 감사업무의 효과적이고 적절한 수행에 많은 장애요인으로 작용하고 있다.[825]

따라서 감사의 전문성을 확보하기 위한 내부감사기관의 적극적 자격요건 강화 및 확대 내용은 제1편-제9장-제2절-Ⅲ-1. "내부감사기관의 적극적 자격요건 강화 및 확대" 항목 에서 설명하였으므로 여기서는 생략한다.

3. 감사의 낙하산 방지를 위한 「기업의 지배구조에 관한 법률」의 제정

'낙하산 인사'라는 것은 다 아는바와 같이 "해당기관 또는 기업의 직무에 대한 능력, 자질, 전문성이 떨어짐에도 불구하고 권한을 행사할 수 있는 자가 논공행상 (論功行賞 : 공을 평가하여 상을 주거나 표창함)을 할 때라든가 권한을 이용하여 자기가 좋아하는 사람을 해당기관 또는 기업의 장이나 임원 등으로 임명하거나 선임하는 것"을 말한다.

'낙하산 인사'가 문제시 되는 것은 무한경쟁 시대에 기업이 무자격자, 비전문가, 문외한 인사들의 낙하산 창구로 전락하는 것은 기업의 경쟁력을 저하시키는 원인이 되기 때문이다. 또한 사전에 충분한 교육 과 업무수행 능력을 갖추지 않고 어느 날 갑

---

825) 김용범, 전게서, 도서출판 어울림. 2012. 306면.

자기 낙하산을 타고 내려 옴 으로서 평소에 해당 기업의 발전을 위해 묵묵히 일해 온 조직원들의 기대감 상실로 조직의 경쟁력을 향상시키기 보다는 오히려 저하시키는 원인이 되기 때문이다.[826]

따라서 감사의 독립성과 전문성을 확보하고 조직의 경쟁력을 향상시키기 위해 위의 '사외이사 중심의 감사후보추천위원회 설치 의무화' 및 '감사 또는 감사위원 선임의 적극적 자격요건 강화' 내용과 기업의 낙하산인사를 방지하는 내용이 포함된 「금융 회사의 지배구조에 관한 법률」과 유사한 가칭 「기업의 지배구조에 관한 법률」[827]의 제정을 적극 검토해 봄이 타당할 것으로 생각 된다.

4. 감사수행에 대한 평가시스템 구축 및 인센티브 제공

감사의 업무수행에 대한 평가시스템의 구축은 크게 2가지 측면에서 장점을 가질 수 있다. **첫 번째는 감사에 대한 평가를 통해 감사의 실효성을 제고할 수 있다는 점**이다. 감사의 감사 절차 및 방법 등에 대한 평가가 이루어지는 경우 문제점을 발견하고 이를 수정할 수 있는 기회가 될 수 있기 때문이다.

두 번째는 경영진으로부터의 독립성을 확보할 수 있는 수단이 될 수 있다. 현행의 감사제도가 제대로 기능하지 못하는 이유는 감사가 회사내부에서 경영진의 영향력하에 놓일 수밖에 없는 것이 가장 큰 이유이다. 앞서 살펴본바와 같이 대주주나 경영진의 추천에 의해 선임된 감사 들이 자신을 선임해준 경영진에 대해 엄격하게 감사하는 것을 기대 하기 어렵기 때문이다.

그러나 평가제도를 도입하는 경우 감사는 자신이 평가받고 그에 따라 불이익을 받는다는 점 때문에 경영진의 입장만을 고려한 감사를 하기는 어렵다. 또한, 경영진도 제3자가 감사과정을 주시하고 있다고 생각하면 마음 놓고 영향력을 행사하지는 못할 것이다. 감사가 경영진에 대해 진정한 감시자가 되는 것은 감사개인의 의지만 가지고 될 수 있는 것은 아니며, 감사의 의사와 관계없이 제도적으로 독립성이 확보될 수 있는 시스템을 갖추는 것이 필요하다.

그 구체적인 방법이 될 수 있는 것이 감사에 대한 평가가 이루어질 수 있는 시스템을 갖추는 것이다. 감사에 대한 평가시스템을 구축하는데 있어 가장 먼저 고려해야 할 것은 누가 어떠한 방법으로 평가를 하는가의 문제이다. 평가주체는 감사업무와 감사현실에 대해 가장 잘 알고 있는 자율규제기관을 적극적으로 활용하는 방법을 생각

---

826) PD수첩, 「사상최대 낙하산 인사 분석, 놀라운 이유」, 2011. 1. 12. , 경남일보, 「낙하산 인사의 문제점 및 해소 방안」, 2003. 6. 10., 김용범, 전게서, 도서출판 어울림. 2012. 307면.

827) 현재 정부에서는 금융회사에 대해 「금융회사의 지배구조에 관한 법률」을 제정함, 문성진, "'낙하산 방지법' 제정하라」, 서울경제, 2012. 6. 26., 38면, 김용범, 전게서, 도서출판 어울림. 2012. 307면.

해 볼 수 있다. 즉, 감사들로 구성되어 있는 감사협회를 자율규제기관화 하여 협회로 하여금 감사들에 대한 평가를 행하도록 하는 것이다.[828]

구체적으로 감사협회 등에서 감사실시에 관한 기준을 제정하고, 해당 감사가 이 기준에서 정하고 있는 절차에 따라 이루어졌는가를 평가하는 것이다. 이러한 평가 결과는 해당 감사 및 회사에 전달되어 감사제도를 개선하는 자료로 적극 활용될 수 있도록 하고, 주주 등 투자자 및 신용평가기관 등에 공시하여 해당 기업의 투자 시 또는 신용등급평가 시 지배구조수준을 가늠하는 기준으로 삼을 수 있도록 하며, 또한 해당 기업 감사의 재선임 자료로 적극 활용토록 제도화 하는 것을 적극 검토할 필요가 있다.[829]

5. 지배주주 및 경영진의 인재활용에 대한 리더십 제고

중국은 예로부터 '인재학' 분야에 대한 연구가 제법 볼만 했다. 학문의 한 분야로 자리잡았을 뿐만 아니라, 대학에는 관련학과들이 개설되어 있다. 인재학은 궁극적으로 인재를 모셔와 쓰는 '용인(用人)의 단계를 위한 것인데, 용인의 첫째 원칙으로 '의심스러우면 쓰지 말고, 썼으면 의심하지 말라'는 것이 있다. 인재라고 인정하여 모셔와 기용했으면 간섭하거나 의심하지 말고 맡겨두라는 뜻이다.

이 이야기에는 전국시대 환공이 자신을 활로 쏘아 죽이려 했던 관중을 재상으로 기용하면서 천하를 호령하는 패주가 되기 위한 방법을 묻자, 관중은 '사람을 알고, 알았으면 모셔와 쓰되, 소중하게 활용하고, 모든 일을 맡기고 위임' 하라고 말한다. 환공은 관중의 말대로 나라의 큰일을 관중과 포수 등에게 믿고 맡겼고, 제나라는 이 들의 사심 없는 노력에 힘입어 춘추시대 최초의 패자가 될 수 있었다.

최근 중국의 인재학 연구에서는 '인재는 그저 데려다 쓰는 존재가 아니라, 모셔와 따라야 하는 존재다'라는 말까지 나오고 있다. 정작 우리의 현실은 당장 눈앞의 이익을 위해, 한순간의 쓴 소리가 듣기 싫어 인재를 함부로 쓰거나 입을 막는 일이 다 반사로 벌어지고 있다. 이러면 직원은 기운이 빠지고 회사는 강해질 수 없다. 따라서 우리에게는 지배주주 및 경영진의 인재활용에 대한 리더십이 절실히 요구되고 있다.

---

828) 김학원, 전게서, 167면, 김용범, 전게서, 도서출판 어울림. 2012. 308면.
829) 김용범, 전게서, 도서출판 어울림. 2012. 308면.

| 제5절 | 분식회계의 근절의 필요성 |

Ⅰ 서 설

「회계기준」에서 적시하고 있는 일반적인 재무보고의 목적은 "현재 또는 잠재적 투자자, 대여자 및 기타 채권자가 기업에 대한 자원을 제공하는 것에 대한 의사결정을 할 때 유용한 보고기업 재무정보를 제공하는 것이다."고 정의함으로써 정보이용자에게 유용한 정보를 제공하는 것을 목적으로 하고 있다.

경제활동에 관한 정보를 화폐로 측정하여 보고하는 수단이 재무보고이며, 재무보고의 중심적인 수단이 재무제표이고, 이를 통하여 기업에 관한 재무정보를 외부의 정보이용자인 이해관계자들에게 전달하게 된다.

기업의 경영실적과 재무상태를 표시하는 재무제표는 기업의 경영활동을 화폐가치로 환산·요약하고 회계연도 말에 결산과정을 거쳐 공정하고 사실대로 공시되어, 이것을 필요로 하는 의사결정자들에게 목적적합하고 신뢰성 있는 유용한 정보로 제공되어야 한다.

그러나 기업에 따라서는 이러한 재무제표를 실제보다 건실하게 보이도록 사실과 다르게 작성하여 기업의 경영성과를 양호하게 그리고 재무상태를 건전하게 보이도록 이익을 조정하는 행위를 한다. 이는 회계처리를 자의적으로 행함으로서 이해관계자를 오도하여 경제적 의사결정을 합리적으로 수행할 수 없게 하는 회계 관련 범죄행위이다.

분식회계는 기업의 경제적 실체에 관한 정보를 올바르게 제공하지 않음으로서, 분식 회계에 의한 재무적 정보를 믿고 의사결정을 한 투자자나 채권자들에게 커다란 금전적 피해를 주어 국가 경제에 크나 큰 장해요인으로 작용하고 있다.

분식회계는 단순한 사기에 그치지 않고, 시장의 효율적 분배를 왜곡시켜 국민경제에 막대한 부담을 지우는 중대한 반사회적 범죄이다. 분식회계를 방지하기 위해서는 사회적 인식의 변화뿐만 아니라, 경영성과나 재무상태를 마음대로 조작할 수 있다고 생각하는 경영자들의 의식도 변화해야 한다.

분식회계는 그 동안 정도의 차이는 있었지만 대부분의 기업이 관행처럼 저지르는 공공연한 비밀로 행해져 왔으며 그 유형도 다양하다. 그러나 분식회계 사실이 드러난 ○○그룹, ○○자동차, ○○글로벌, ○○조선해양등의 사례에서 나타나듯이 분식회계가 적발되면 기업은 최악의 상황으로 치닫게 된다.

그 파장은 국가와 국민의 부담으로 넘어오게 된다는 점이 더 큰 문제라 할 것 이며 해외투자자들이 한국기업을 신용하지 못하게 하는 가장 큰 원인 중 하나로 작용하고 있음을 알아야 한다. 다시 말해 분식회계는 투명경영을 가로막는 출발점이며, 부정 부패와 직결되어 기업과 사회를 병들게 만드는 독소라는 것을 분명히 알아야한다.830)

Ⅱ 분식회계의 일반

1. 분식회계의 본질

가. 분식회계의 정의

분식(粉飾)이란 사전적 의미로는 "실제보다 좋게 보이려고 사실을 숨기고 거짓으로 꾸미는 것"이고, 분식결산은 "영업상 수지를 계산 할 때에 이익을 실제 이상으로 계상하는 일 또는 사실과 달리 이익을 적게 표시하는 일"831)을 말한다.

일반적으로 회계학사전에서는 분식회계란 '한 회계연도의 영업실적과 연도 말의 재산상태 등의 재무정보를 손익계산서와 대차대조표 등의 재무제표로 전달하면서 재무정보를 왜곡하여 사실과 다르게 표시하는 것"832) 이라고 정의하고 있다.

그 이외에도 분식회계란 '기업의 실적을 위장하기 위해 적극적으로 숫자를 만들어 내는 행위'이다.833) 또, '기업내부자가 일반 회계기준의 범위 안에서 특정기준을 선택·적용·해석하는 것이 가능하기 때문에 기업의 효용이나 기업의 시장가치를 높이기 위해 자의적으로 회계정책을 선택·적용하는 경우 이것이 분식회계'라고 정의하기도 한다.834)

기업이 일반적으로 인정된 회계기준이 허용하는 융통성을 충분히 활용하는 것은 정상적인 것이고 일반적인 행위라고 할 수 있다. 이때 측정조항을 선택하고 해석하는 과정에서 판단에 따라 재무제표의 내용도 어느 정도 차이가 있을 수 있다.

그러나, 회계처리방법의 선택과 해석이 일반적으로 인정된 회계기준이 정한 범위를 벗어나면 기업이 공표한 재무제표는 기업의 실상을 공정히 나타내었다고 할 수 없으며, 곧 분식회계인 것이다. 즉, 회계처리방법의 선택을 통하여 기업의 재무적 어려움을 감추고, 이해관계자를 속이고 실패기업의 실상을 숨기는 재무보고가 분식회계인 것이다.835)

따라서 분식회계(Window Dressing in Accounting)란 일반적인 용례에 따르면 「결산 시에 회계적 기법을 이용하여 고의로 재무제표상의 경영성적 및 재정상태를 실제

---

830) 박광덕, 「분식회계 사례와 대책에 관한 연구」, 2011., 2면.

831) 자료 제공 : 국립국어연구원

832) 김경수 편저, 「회계학 영한·한영사전」, 한국사전연구사, 1995. 박광덕, 「분식회계 사례와 대책에 관한 연구」, 2011., 5면.

833) C. W. Wulford. E. E. Comiskey. 「Financial Warnings」, John Wiley & Sons, Inc., New York,1996., 박광덕, 「분식회계 사례와 대책에 관한 연구」, 2011., 5면.

834) W. Scott, 「Financial Accounting Theory」, Englewood Cliffs, N. J, Prentice-Hall, 1997.,박광덕, 「분식회계 사례와 대책에 관한 연구」, 2011., 5면.

835) 김광윤·김영태, 「분식회계에 대응한 기업윤리와 감사인의 책임」, 세무학연구 제2권 제1호, 한국세무학회, 2003., 박광덕, 전게연구서, 2011., 6면.

보다 부풀려서 또는 줄여서 표시하는 것」을 말할 수 있다.[836]

논자에 따라서는 실제보다 부풀려서 나타내는 것을 「분식(粉飾)」이라 하는 한편, 줄여서 나타내는 것을 「역분식(逆粉飾)」이라고 하여 양자를 구분하기도 하지만 재무 제표를 고의로 왜곡한 것이라는 점에서 역분식도 분식임에는 틀림없다.[837]

다만 경영자의 무의식적 오류, 즉 과실에 의해서 재무제표의 기재가 왜곡된 경우까지를 분식회계의 범주에 넣는 것은 타당하지 않다고 본다.[838]

나. 분식회계의 목적

(1) 경영자금 조달의 필요성[839]

우리나라 기업의 대부분이 거액의 부채를 안고 경영활동을 하고 있다. 이러한 기업들은 자본구성을 개선하기 위하여 차입금을 변제해야하는 한편, 기업 간의 경쟁에서 계속 살아남기 위해서는 설비투자 및 연구개발을 늘려나가야 하기 때문에, 끊임없이 증자를 통해 자기자금을 조달해야 할 필요가 있다.

이를 위해서는 일정 수준이상의 주가를 유지하여야 하며, 나아가서 일정율의 안정적인 배당을 하여야 한다. 이와 같은 안정적인 배당을 유지해야 한다는 강박관념이 결국 경영자로 하여금 분식결산의 구렁텅이에 빠지게 하는 것이다.

또한 대부분의 기업들은 일상 영업활동에 필요한 운전자금이나 차입금 변제 또는 이자지급을 위한 자금 등으로 자금압박을 받는 경우가 많다. 때문에 비교적 단기적 성격의 자금조달을 위해서는 은행 등 금융기관에 의존하는 것이 보통이나, 이와 같은 경우에도 기업이 결손상태에 있다거나, 업적이 부진하다는 것이 외부에 알려지게 되면 자금조달이 거의 불가능하게 된다. 특히 경기불황 때에는 더욱 심각한 문제가 된다.

현대 기업사회에서 풍부한 자금을 조달하는 것은 증자이든 사채발행이든 또는 은행 차입에 의하든 기업의 생사가 걸린 중대한 문제인 만큼, 경영자는 자금조달을 위해 분식 결산도 필요악으로 부득이 하다고 생각하는 경우가 종종 있다. 따라서 분식결산은 위와 같이 자금조달의 필요성에 의해서 이루어지는 경우가 가장 많다고 할 수 있다.

---

836) 왕순모, 「분식결산의 법적 의의 및 책임문제」, 慶星大學校 법학연구소 경성법학 제10호, 2001., 39면.
837) 왕순모, 전게연구논문, 慶星大學校 법학연구소 경성법학 제10호, 2001., 39면.
838) 왕순모, 전게연구논문, 慶星大學校 법학연구소 경성법학 제10호, 2001., 39면.
839) 왕순모, 전게연구논문, 慶星大學校 법학연구소 경성법학 제10호, 2001., 41면.

(2) 사회적인 신용의 유지[840]

기업은 일정수준의 경영성과를 올리게 되면 사회적 신용도가 유지될 수 있지만, 단 한번이라도 업적이 부진하여 결손상태에 빠지게 되면 사회적 신용은 실추되고 기업 활동은 치명적인 제약을 받게 된다.

업적부진이 판매활동 등 사업 활동에 영향을 미치게 되고, 이에 따라 업적이 더욱 부진해지는 악순환을 반복할 우려가 있다. 특히 수주산업에 속하는 기업은 관공서로부터 수주를 확보하기 위하여 업적을 부풀려서 나타내는 경향이 있다.

(3) 기업 가치 및 성과의 증대[841]

투자자는 본래 기업의 수익력을 보고 투자한다. 또 순이익이 꾸준한 흐름을 보이거나 빠르게 증가한다는 것은 현금흐름이 양호하다는 것을 의미한다. 투자자는 현재의 현금흐름이 뛰어나거나 개선될 가능성이 높은 기업을 선호하는 경향이 있다. 따라서 경영진 및 직원은 아래와 같은 효과를 기대하면서 분식회계의 유혹에 빠지기 쉽다.

첫째, 어떤 기업이 높은 수익력을 보고할 경우에 주가가 상승될 것을 기대한다.

둘째, 주가상승은 기업 가치를 증대시키고 자본비용을 줄이는 효과가 있다.

셋째, 경영진이 지분을 보유하고 있거나 스톡옵션을 받은 경우, 주가상승은 개인 적인 부의 증가를 이룰 수 있다.

또한 기업이 경영진과 핵심직원의 기여를 보상하는 방법에는 주로 스톡옵션과 주가 상승 보상제가 사용된다. 이제도는 경영진과 핵심직원은 주식이나 현금으로 기여한 몫에 따라 보상을 받는 것이다.

따라서 기업은 때때로 세전이익을 기준으로 현금이나 주식으로 특별보너스를 지급한다. 이때 보통 장부상 이익을 기준으로 특별보너스를 지급하기 때문에 경영진과 직원들은 더 많은 특별 보너스를 받기 위해 분식회계의 유혹에 빠지기 쉽다.

(4) 경영자의 경영실패 은폐[842]

경영자의 경영능력이 아무리 탁월하다 하더라도 기업을 둘러싼 제반환경은 복잡하게 얽혀있으며, 국내뿐만 아니라 국외로부터 각종 영향을 받기 때문에 기업경영은 항상 중대한 위협에 노출되어 있으며 이로부터 완전히 탈피한다는 것은 거의 불가능한 것이다.

경영자가 경영과정에서 직면하게 되는 리스크는 다양하지만 그 중에서도 가장 중요한 것은 설비투자일 것이다. 일반적으로 경영자는 설비투자를 함에 있어 면

840) 왕순모, 전게연구논문, 慶星大學校 법학연구소 경성법학 제10호, 2001., 41~42면.
841) 박광덕, 「분식회계 사례와 대책에 관한 연구」, 2011., 7~8면.
842) 왕순모, 전게연구논문, 慶星大學校 법학연구소 경성법학 제10호, 2001., 42면.

밀한 계획 하에서 신중하게 결정하겠지만, 그럼에도 불구하고 실패로 끝나는 경우도 적지 않다. 또한 신제품의 개발 또는 신기술의 도입 등도 설비투자와 마찬가지로 중대한 위험을 안고 있는 경영 문제이기 때문에 경영자들은 이를 실시함에 있어 매우 신중히 한다.

이러한 설비투자 등의 중요한 경영문제가 경영자의 기대에 어긋나 실패로 끝나게 되면 이로 인해 거액의 결손이 발생하는 것은 피할 수 없다. 가령 결손이 발생하지 않는다 해도 적어도 그 실패가 당기의 업적에 커다란 영향은 미치게 된다.

분식결산은 이러한 경영자의 실패에서 발생하는 결손을 은폐하기 위해서 이루어지는 경우가 있다. 경영자는 분식결산이 발각되면 「경영판단의 원칙」상 허용되는 범위 내에서 이루어졌다는 등 여러 가지 변명을 들지만 실제로는 경영상의 실패에 따른 책임을 회피하기 위한 경우가 대부분이다.

(5) 세금 회피 및 불법자금 조달[843]

경영진들은 세금의 탈루 또는 세금의 납부지연(차기로 이연)을 위하여 수입금액의 누락, 허위계약서의 작성, 실제거래가 없는데도 불구하고 비용을 지출한 것으로 처리하게 되는 가공경비, 공문서 위장 등의 방법으로 분식회계를 하게 된다.

즉 경영진 및 대주주의 사리사욕, 기업경영상 불가피하게 소요되는 자금조달, 불법적인 로비자금등을 조성하기 위해 상품권을 현금으로 환치, 해외반출자금을 투자손실로 처리, 예술작품을 과다계상매입 등의 방법으로 분식회계를 하게 된다.

다. 분식회계의 규제 이유[844]

분식회계를 법적으로 규제하는 이유는 그 폐해가 워낙 광범위하고 크다는 데에 있다. 오늘날과 같이 복잡·다양한 경제사회에 있어서는 회사를 둘러싸고 주주, 채권자, 경영자, 종업원, 지역사회, 국가 등의 현재의 이해관계자 이외에도 장래의 주주, 채권자 등과 같은 잠재적 이해관계자도 존재하며, 이들의 이해관계가 서로 첨예한 대립 양상을 보이고 있다.

이들 중에서도 회사의 외부자, 최근에 특히 그 보호의 필요성이 강조되고 있는 일반 대중투자자들의 입장에서는 회사의 재산 상태나 수익상황 등 회사의 실체를 단적으로 이해할 수 있는 정보는 회사가 제공하는 재무제표 이외에는 아무것도 없으며, 이들은 이 재무제표를 신뢰하여 회사와 거래하는 것이 상례이다.

따라서 이들이 거래한 회사가 어떤 이유에서든 분식결산을 계속 감행해 나간다면 급기야 도산에 이르게 되고 이들 대중투자자들이 겪어야 할 경제적 폐해는 이루 말로 표현할 수 없을 정도로 광범위하게 확산될 수밖에 없는 것이다.

843) 김영선, 「분식회계는 왜 일어나며 그 결과는 어떻게 되는가?」, 사업경영 Q&A, 2015.
844) 왕순모, 전게연구논문, 慶星大學校 법학연구소 경성법학 제10호, 2001., 40면.

또한 분식회계는 위와 같이 투자자에 대한 사기행위에 그치지 않고, 시장기능을 왜곡 시킬 뿐만 아니라, 국민경제에 막대한 부담을 지우는 반사회적 범죄라 할 수 있으므로, 회계정보의 투명성 제고를 통해 시장기능이 정상화 될 수 있도록 분식회계를 근절하는 방안을 강구할 필요가 있는 것이다.

2. 분식회계의 유형845)

감독당국에서는 분식결산이나 부실감사를 예방하기 위해 시행되고 있는 사후적인 제도로 감사보고서에 대한 「감리제도」를 시행하고 있다. 감사보고서에 대한 「감리 제도」는 증권선물위원회가 정한 기준에 따라 감리대상기업을 선정한 후 해당 기업에 대한 회계법인의 감사조서를 검토하고 그 과정에서 재무제표 분식결산 행위나 부실 감사 행위가 적발되면 관련 당사자들에게 징계조치를 취하는 제도이다.846)

표1-1 ▷▷ **감사보고서 감리결과 지적사항**847) (단위 : 건, %)

유형별 구분	09	10	11	12	13	합계	비율
A. 당기손익, 잉여금, 자기자본 등에 영향을 미치는 사항	41	96	79	61	43	320	60.1
① 매출채권, 매출 과대(소) 계상	6	12	8	7	4	37	7.0
② 재고자산, 매출원가 과대(소) 계상	5	8	5	1	4	23	4.3
③ 기타의 자산 과대 계상	10	18	20	11	5	64	12.0
④ 대손충당금 과소 계상	5	22	13	15	8	63	11.9
⑤ 미지급비용 등 부채과소 계상	2	3	5	3	3	16	3.0
⑥ 유가증권 및 투자유가증권 평가 관련	–	16	16	13	10	55	10.3
⑦ 기타 지적 사항	13	17	12	11	9	62	11.6
B. 자산·부채 과대 계상 등	10	5	3	6	11	35	6.6
① 자산·부채 과대(소) 계상	6	4	3	4	4	21	3.9
② 매출·매입 과대(소) 계상	4	1	0	2	4	11	2.1
③ 영업활동 현금흐름 과대(소) 계상	0	0	0	0	3	3	0.6
C. 주석 미기재	15	13	22	28	27	125	23.5
① 특수관계자 등과의 거래내역 등	3	11	6	7	8	35	6.6
② 지급보증 및 담보제공	8	17	12	16	19	72	13.5
③ 기타지적사항	4	5	4	5	0	18	3.4
D. 계정과목 분류 오류 등	4	4	2	1	5	16	3.0
E. 회계기준 외의 관련 법규 위반사항	8	13	8	4	3	36	6.8
합 계(F = A+B+C+D+E)	78	151	114	100	89	532	100.0

---

845) 박광덕, 「분식회계 사례와 대책에 관한 연구」, 2011., 11~21면.
846) 박광덕, 「분식회계 사례와 대책에 관한 연구」, 2011., 11면.
847) 금융감독원 보도자료, 2013년도 재무제표·감사보고서 감리 결과 분석, 건수는 회사별이 아닌 위반 유형 건별로 구분 한 것.

이러한 감리절차에 따라 금융감독원에서 발표한 2009년부터 2013년 까지 감사 보고서 감리결과 지적사항의 내용을 정리해보면 〈표 1-1 〉과 같다. 감리결과 나타난 기업회계 기준 위반사항은 총 532건으로 그중 가장 많은 것은 당기순이익, 잉여금, 자기자본 등에 영향을 미치는 사항으로 320건이다.

또한 일반적인 관점에서 분식회계의 유형을 살펴보면 계정과목에 따른 분식회계 유형과 회계변경에 의한 분식회계의 분류로 나누어 살펴보면 다음과 같다.

가. 계정과목을 통한 분식회계

(1) 자산의 과대계상

자산의 과대계상이란 매출채권이나 재고자산, 투자자산 등을 과대계상 함으로서 자산을 부풀려 이익을 증대시키는 것을 말한다. 이익이 늘어나면서 대부분 주주의 몫이 과대 포장되어 회사의 재무구조가 건전한 것으로 비추어 진다.

그 예로서는 매출채권의 회수가능성을 고평가하여 충당금 설정을 최소화, 원가가 작은 매출부터 장부에 기록, 투자자산 및 투자주식을 과대 계상, 재고자산을 실제보다 과대 계상, 자산 가치를 실제보다 높게 평가하는 등의 방법으로 자산을 조작한다.

(2) 부채의 과소계상

부채의 과소계상이란 이익을 확대할 목적으로 기업이 갖고 있는 지급의무를 현재가치 보다 낮은 가격으로 나타내는 것을 말한다. 부채가 본래가치로 평가 되었을 때 반드시 손실이나 비용이 뒤따르게 된다.

기업이 영업활동을 하는 과정에서 발생하는 매입채무, 미지급비용, 지급어음 등은 기업의 수익에 직접적인 영향을 줄 수 있기 때문에 기업들은 이들 항목을 매입채무의 과소 계상, 미지급비용의 과소 계상, 지급어음의 과소 계상하는 방법 등으로 부채를 조작한다.

(3) 수익의 과대계상

수익의 과대계상이란 수익을 부풀리는 것을 의미한다. 손익계산서의 매출과 매출 성장률은 기업의 경영성과를 평가하는데 매우 중요한 요소라 할 수 있다. 매출은 기업의 영업활동이 성공적 이었는지를 말해주는 지표이고, 이익의 증감에 영향을 미치며 수익력을 평가하는 기준이 된다. 매출이 부풀려지면 이익이 늘어나고 기업의 수익력이 높아진다.

따라서 기업들은 매출을 조기인식하거나 전혀 거래가 없는 가공매출을 허위 계상, 반품을 매출로 계상, 업체들 간 제품과 서비스를 맞교환 방식으로 매출 과대

계상, 수익을 조기 인식, 매출액 전액을 수익으로 인식, 선수금을 매출로 계상, 외상매출금 회수를 현금 매출로 계상, 차입금의 매출입금으로 계상하는 방법 등으로 수익을 조작한다.

(4) 비용의 과소 계상

비용의 과소계상이란 비용을 축소하는 것을 의미한다. 비용을 줄이거나 차기 이월로 넘기는 수법이 분식회계에서 자주 악용된다. 회수 불가능한 채권에 대해서 대손충당금을 설정하도록 되어 있는데 이를 과소하게 설정한다든지 감가상각 방법을 변경하거나 감가상각 관련 사항 중 추정사항을 변경하는 방법이 주로 이용된다.

주요 사례로는 대출채권에 대한 대손충당금을 과소 계상, 회수가능성이 불확실한 매출채권이나 대여금에 대해서 대손충당금을 과소 계상, 감가상각 방법을 변경 하거나 내용연수 및 잔존가액을 변경, 무형자산 상각 방법을 변경하는 방법 등으로 비용을 조작한다.

(5) 특수 관계자와의 거래 이용

특수관계자 간 거래(대주주 및 관계회사와의 거래, 출자회사의 거래)을 악용 하는 경우가 종종 있다. 관계회사의 담보제공 및 금전거래와 같은 모든 거래를 주석사항으로 기재하도록 되어있지만 이를 누락하여 회계감리에 지적되는 경우가 사례가 많다.

미국의 엔론사의 경우 'LJM1', 'LJM2', '츄코(Chewco)' 등 회사목적이 불투명한 특수목적 회사와의 거래를 통해 손실을 누락하는 방법으로 10억 달러 상당의 이익을 조작하고, 연구활동비의 비용화를 막기 위해 협력사에 투자해 연구개발 하는 방법 등으로 수익이나 비용 등을 조작하였다.

(6) 합병이나 기업분할 이용

합병이나 기업분할로 인한 경제실체의 잦은 변경은 분식회계의 가능성을 높다. 영업권의 과대계상 및 부외 영업권의 일시 상환 방법으로 이익의 과대계상, M&A를 통한 자회사 인수와 이들 회사를 통한 이익의 과대 계상, 부채의 축소 계상 그리고 계열사와 허위 매출 조작을 통하여 매출액을 늘리고 비용을 줄여 이익을 늘리는 방법으로 회계를 조작한다.

(7) 파생상품을 이용한 금융거래

기업의 재무위험을 회피하기 위하여 개발된 파생상품은 거래 위험과 수익이 동시에 큰 전형적인 고수익-고위험 상품의 특징을 가지고 있어 노출된 위험을 회피할 목적으로 보유하기도 하지만 투기목적으로 보유할 수도 있다.

파생상품 및 역외펀드에 투자한 회사들이 시장상황이 예상과 달라 거액의 손실이 발생하자, 파생상품 및 역외펀드거래에 관한 평가손익을 누락하거나 주석사항에 공시하지 않는 방법으로 회계를 조작하거나 감리에 지적되는 사례가 많다.

(8) 역분식(逆粉飾)

역분식은 당기의 이익을 미래로 이연시키는 경우와 미래의 비용을 당기에 처리하는 방법이다. 기업은 원활한 자금차입과 주가 상승 등을 이유로 경영성과를 좋게 보이기 위해 재무제표를 작성한다.

예를 들어 매출수익을 미래로 이연시키기 위해 매출의 일부를 기록하지 않고 남겨두는 경우가 있고, 자유 재량적 비용을 당기에 발생시키는 경우나 미래에 나누어서 상각하여야 할 것을 당기에 일시 상각하는 경우이다.

그러나 이와는 반대로 기업이 세금을 적게 내기 위해서나, 임금인상을 억제하기 위하여 기업의 실적을 적게 내거나 기업의 실적을 적게 계상하는 것이 역분식(逆扮飾)이다. 逆扮飾은 조세포탈과 관련하여 중대한 범죄행위로 인식되고 있다.

(9) 계정과목 분류에 의한 분식(粉飾)

계정과목의 분류에 의한 분식은 계정과목의 분류를 부당하게 분류함으로써 금액의 분식보다 손쉽게 분식의 효과를 높이는 경우를 말한다.

계정과목의 분류에 의한 분식은 동일과목(자산·부채·자본·수익) 내에서의 분류분식이지만, 계정과목 분류의 방법에는 수익적 지출을 자본적 지출로 처리 하는 것과 같이 비용을 자산 처리한다거나 부채를 수익처리하기도 한다.

그러나 당기손익에는 영향이 없다 하더라도 차기 이후에는 손익에 영향을 미치는 경우가 있다. 계정과목의 분류분식의 형태를 보면 아래와 같다.

계정과목 분류분식의 일반적 유형

자산과목의 분류 – 유동성이 높은 계정으로
부채과목의 분류 – 고정성이 높은 계정으로
　　　수익 계정 – 영업이익 계정으로
　　　비용 계정 – 제조원가 계정으로
　　　자본 계정 – 이익잉여금 계정으로

나. 회계변경을 통한 분식회계

(1) 회계변경의 개념

회계변경은 새로운 회계기준의 제정, 경제 환경의 변화 또는 기술 및 기업 환경의 변화 등으로 인하여 기업이 현재 채택하고 있는 회계정책이 적절하지 못하여 다른 회계정책으로 변경하는 것이다.

회계정책은 기업이 재무보고서의 목적으로 선택한 기업회계기준과 그 적용 방법을 말한다. 회계정책의 변경에는 재고자산 평가방법의 변경, 고정자산의 평가방법의 변경 및 유가증권의 취득단가 산정방법의 변경 등이 있다. 일반적 으로 인정되는 회계변경의 주요 사유를 다음과 같다.

회계 변경의 주요 사유

① 재무적 기초를 견고히 하는 관점에 따라 회계처리 한다고 인정되는 경우.
② 기업 환경의 중대한 변화가 있는 경우.
③ 내용 연수 등에 관하여 업종의 대부분의 기업이 채택한 회계추정의 방법으로 변경하 거나 새로운 추정방법이 종전의 방법 보다 더 합리적이라고 인정되는 경우.
④ 기업회계기준이나 관련 법령의 제정, 개정, 새로운 해석 등에 의하여 변경이 불가피 한 경우 등.

그러나 회계변경이 이루어진 경우 당기순이익이 감소하는 경우보다 증가하는 경우가 많은 것을 알 수 있다. 따라서 일반적으로 회계변경의 목적이 상기의 사유에 해당되지 아니하는 경우 분식회계에 있다는 추론이 가능하게 된다. 회계변경의 유형으로는 회계 추정의 변경, 회계원칙의 변경, 그리고 보고실체의 변경이 있다.

(2) 회계 변경과 회계 분식

기업회계의 기준에서는 하나의 거래를 처리함에 있어 대체적 회계처리 방법을 인정하고 있다. 재고자산의 평가방법에는 선입선출법, 후입선출법, 평균법 등이 있다.

만약 기업이 재고자산의 평가방법을 회계기간 마다 동일한 방법으로 하지 않고 매기 변경한다면 그 기업의 이익조작이 가능하고 비교가능성의 저하에 따라 재무제표에 대한 유용성이 감소한다.

따라서 상대적 진실성을 보장하기 위해 계속성 원칙을 규정하고 있다. 이와 같이 분식결산을 하게 되면 선의의 투자자들에게 피해를 주게 된다.

3. 분식회계의 특징[848]

분식회계의 특징은 여러 가지가 있을 수 있으나 분기결산의 사례분석을 통하여 공통적으로 나타나는 특징은 일반적으로 다음과 같은 점들을 지적하고 있다.

첫째, 그 대부분이 실질적인 회사지배자 1인의 지시 하에서 실시된다.

둘째, 당초에는 그 금액이 소액이며 신용유지 등 단순한 목적에 의해서 극히 자연스럽게 또한 당연한 것처럼 시작된다.

셋째, 발안자 이외의 경영자나 외부감사인도 초기단계에서는 이를 발견하지 못하는 것이 일반적이며, 우연히 발견하였더라도 이를 저지하기 위하여 강력한 조치를 취하려 하지 않는다.

넷째, 발견될 때까지 장기간에 걸쳐 실시되며 그 금액도 점점 거액에 이르게 된다. 이러한 단계에서는 이미 외부감사인으로써도 이를 중단시키는 것이 거의 불가능하게 된다.

다섯째, 분식사건은 외부감사인의 지적에 의해서가 아니고 회사의 도산 등 파국 상태에 이르러서야 비로소 외부에 드러나게 된다.

여섯째, 분식결산은 재무제표의 허위표시뿐만 아니라 위법배당, 배임행위 등 매우 엄중한 형사책임을 수반하는 것이 일반적이다.

4. 분식회계의 폐해[849]

분식회계로 인한 폐해는 일단 장부를 조작하면 그 흔적이 계속 남아 있기 때문에 기업의 분식회계는 되풀이 되는 속성을 가지고 있으며, 부실이 커지는 사실을 알면서 장부조작 관행을 뿌리치지 못하는 이유는 분식회계의 일시적인 이익이 비용보다 크기 때문이며, 분식회계를 통해 주가하락을 방지하고 자금조달을 용이하게 하기 위함이다.

분식회계의 방법은 특수 관계자와의 거래를 주식에 기재하지 않은 경우, 재고자산 과대계상, 유형자산 과대계상, 자산과 부채의 조작 등 다양하게 행하여지고 있으며 채권 금융회사의 기관투자가, 소액주주들은 분식된 재무제표에 의해 투자하게 됨으로써 막대한 피해를 보게 된다.

이러한 분식회계의 폐해를 구체적으로 살펴보면 다음과 같다.

첫째, 분식회계는 선의의 주식투자자에게 피해를 준다.

분식회계를 통하여 생산된 그릇된 정보는 선의의 투자자에게 피해를 주게 된다. 분식회계는 소문만 나더라도 기업의 실적 및 재무상태에 대한 불신을 야기 시켜 곧바로

---

848) 왕순모, 전게연구논문, 慶星大學校 법학연구소 경성법학 제10호, 2001., 44면. 참조 및 인용
849) 박광덕, 「분식회계 사례와 대책에 관한 연구」, 2011., 21~23면. 참조 및 인용

주가하락으로 이어진다.

미국의 경우 타이코 인터내셔널이 분식회계 파문 후 주가가 42% 하락하였으며, 국내 코스닥 기업 중 분식회계 적발 기업들의 주가가 평균 17% 하락 한 것으로 나타나 주식 투자자들 에게 심각한 피해를 준 것으로 알려져 있다.

둘째, 분식회계는 투자자의 경영감시를 곤란하게 한다.

법인기업의 경우 소유와 경영의 분리체계로서 소유는 주식투자자들이 하지만 경영은 주주로부터 권한을 위임받은 경영인에 의하여 이루어진다. 이때 주식투자자들은 전문 경영인의 경영을 감시할 필요가 발생하게 된다. 이리하여 기업에서 작성한 재무제표를 통하여 그들은 기업경영전반에 대한 보고를 접하게 된다.

그러나 이러한 재무제표에 분식이 발생한 경우 투자시장에 대한 불투명 문제가 발생 하여 여러 가지 문제가 발생한다. 결국 분식회계를 통해 생산된 그릇된 정보는 투자자들의 적기 경영감시를 곤란하게 만든다.

셋째, 분식회계는 기업 및 이해관계자들에게 폐해를 준다.

채무의 상환능력이나 회사의 수익성, 성장성에 기반 하여 자금을 공급하는 금융 기관 이나 물품 또는 서비스를 제공하는 거래처들은 재무제표에 근거하여 회사의 신용도를 판단하기 마련이다.

그런데 분식회계를 하게 되면 금융기관이나 채권자들이 회사의 신용도를 잘못 판단하게 되고, 그 결과 부실채권을 양산하게 된다. 또한 부진한 경영실적과 약화된 재무상태를 분식회계로 은폐하는 것은 문제를 곪게 만들어 결국 기업을 회생불능의 늪에 빠트리게 되며 그 피해는 기업 및 이해관계자들에게 고스란히 돌아가게 된다.

넷째, 자원배분의 왜곡으로 경제 전체의 신뢰도를 떨어뜨린다.

한정된 자원, 자본을 적정하게 효율적으로 분배하여야만 경제발전에 기여할 수 있다. 이러한 관점에서 기술력이나 경영능력이 없는 기업이 단지 분식회계를 하여 기술력이나 경영능력이 있는 것처럼 가장하여 자원이나 자본을 배정받는 경우에는 필연적으로 자원 배분의 왜곡을 초래하게 된다.

신용평가기관은 재무제표를 믿지 못한다면 신용평가 결과도 믿기 어렵고, 결국에는 국가경제 전체가 신뢰성을 상실하게 된다.

다섯째, 불공평한 과세로 인해 폐해를 발생한다.

조세의 과세대상은 소비행위, 소득 등 여러 가지가 있으나 우리나라에서 중요한 부분을 차지하는 것이 기업의 소득을 과세대상으로 하는 법인세와 소득세이다. 이러한 법인세와 소득세는 물론 모든 세금은 명확한 근거에 의하여 자진하여 신고·납부하는 신고납세 제도를 채택하고 있다.

이때 동일한 소득을 창출한 기업이 한쪽은 분식회계를 하여 이익을 줄인 기업과 다른 한쪽은 분식회계를 하지 아니하여 이익을 그대로 보고한 기업에는 결정과 경정을 하지 아니한 납세금액에서 차이가 나게 된다.

이는 조세의 기본원칙인 공평과세를 저해하고 이러한 공평과세의 저해는 납세자의 납세의식에 영향을 미쳐 조세저항을 불러오게 된다. 즉, 분식회계를 하지 아니한 기업들도 세금 납부를 적게 하기 위하여 분식회계를 유도하고 이를 적발하지 못하는 국가기관에 대하여 신뢰하지 못하게 되는 폐해를 낳게 된다.

따라서 분식회계를 방지하는 것은 위에서 설명한 사회적·경제적 해악을 제거하는 근본대책이 되는바, 기업이 정확하고 투명한 회계정보를 제공하게 하기 위해서는 회계정보를 제공하는 기업의 책임을 강화하고 내부 감사인과 외부 감사인의 독립성과 감사책임을 강화하도록 해야 한다.

또한 회계정보의 정확성과 적시성을 제고하는 제도적 장치를 마련해야 한다. 특히 감독당국은 분식회계의 적발 시 엄정한 법집행과 분식회계에 대한 제재의 강화가 요구된다. 아울러 금융회사는 기업과의 금융거래 시 분식회계가 발견될 경우 거래의 중지 또는 대출금의 회수 등 분식회계 기업에 대하여 강력하게 대응하도록 하여야 한다.

Ⅲ 분식회계의 위법

분식회계에는 회계 상의 부정 및 오류가 있으며, 회계 상의 부정 및 오류에는 크게 종업원에 의한 부정 및 오류와 대표이사 등 경영자에 의한 부정 및 오류로 나눌 수 있다. 우리나라 회계감사기준 적용지침 중 '부정과 오류에 대한 감사인의 책임 (문단 240)'에서는 이 둘을 명확히 구분하고 있다.

오류(error)는 재무제표에 포함된 금액이나 공시사항이 잘못되었다는 것을 경영자와 종업원 또는 제3자가 인지하지 못하여 발생된 비의도적인 왜곡표시를 의미한다. 예컨대 재무제표의 작성기초가 되는 자료 수집과 처리에서의 오류, 사실에 대한 간과 또는 해석의 착오에 의한 회계추정의 오류, 표시 또는 공시와 관련된 회계기준 적용의 오류 그것이다.

이에 반해 **부정(fraud)은 경영자, 내부감시기구, 종업원, 또는 제3자가 불법적 이거나 부당한 이득을 얻기 위하여 의도적으로 재무제표를 사실과 다르게 표시하는 것을** 일컫는다. (문단 1.2)[850] 그러나 현실적으로 회사회계 상의 부정과 오류를 구분하기는 쉽지 않다.

---

850) 윤민원·주기종, 「기업회계기준 위반(분식회계)에 대한 법적 고찰」, 법학연구 제18집(한국법학회), 2005., 715면, 신지원, 「회계부정에 대한 법적 분석」, 이화여자대학교, 2015. 33면.

일반적으로 감사인들이 피감회사의 재무제표를 보고 그것이 오류인지 부정인지를 판단하기 위해서는 몇 가지 요인들을 점검해야 한다. 회사 경영자에 따른 부정요인으로는 다음에서 열거한 내용과 같은바. 이를 진단하여 부정을 예상할 수 있을 것이다.[851]

경영자에 따른 분식회계 진단 항목

첫째, 임원이 자주 바뀌는 기업인가?

둘째, 지나친 인센티브나 성과급제가 있는가?

셋째, 경영진이 주가와 이익에 대해 지나친 관심을 가지고 있는가?

넷째, 애널리스트들이 특정 기업에 대해 비현실적인 이익 전망을 내고 있진 않은가?

다섯째, 세금면탈을 위해 이익을 줄이려는 경향이 있는가?

여섯째, 내부통제시스템이 허술하지 않은가?

일곱째, 비현실적인 영업목표치를 세우고 있진 않은가?

여덟째, 내부감사 인력이 비효율적이진 않은가? 등이다.

1. 회계 상의 부정 및 오류와 분식 여부[852]

가. 종업원에 의한 부정 및 오류

여기에는 종업원이 개인적 목적으로 회사재산을 소비하고 이를 은폐하기 위해 행하는 부정과 단순한 기장 사무의 오류 또는 절차상의 오류가 있다. 이들은 대체로 내부통제에 의해서 예방·적발이 가능한 것이며, 거기서 발생하는 금액이 상대적으로 소액이라는 점이 그 특색이다.

종업원에 의한 회계 상의 부정에 관해서 살펴보면, 종업원이 회계기록상 부정한 기입을 하거나, 그 밖에 부당한 행위를 하는 것은 대체로 자신이 범한 금전이나 물품의 개인적 소비를 은폐하기 위한 것이기 때문에, 자산 특히 현금 및 그 등가물인 유가증권, 그 밖의 환금이 용이한 상품 등의 관리가 내부통제에 의해서 철저하게 이루어진다면 회계기록적인 면에서 종업원의 부정행위가 발생할 가능성은 거의 없다.

종업원에 의한 회계 상의 오류란 종업원이 회계기록을 하는 과정에서 무의식적으로 범한 것이기 때문에 회계 상의 부정과는 달리 금전이나 금품이 부당하게 사외로 유출될 우려도 회계기록상의 부당한 은폐공작이 이루어질 가능성도 거의 없다.

따라서 이러한 회계 상의 오류는 위에서 설명한 바와 같이 구태여 내부통제에 의하

---

851) 최명수, 「뒤집어 보는 경제 회계부정 이야기」, 굿인포메이션, 2003., 146면, 신지원, 「회계부정에 대한 법적 분석」, 이화여자대학교, 2015. 34면.

852) 왕순모, 전게연구논문, 慶星大學校 법학연구소 경성법학 제10호, 2001., 43~44면. 참조 및 인용

지 않더라도 담당종업원들에게 주의를 환기시키는 한편 책임자가 적정한 지시나 감독을 함으로써 용이하게 그 발생을 예방할 수 있으며, 또한 오류가 발생하더라도 사후에 이를 발견하여 적절한 조치를 꾀할 수 있을 것이다.

이와 같은 종업원에 의한 회계 상의 부정 및 오류에 의해 재무제표의 기재가 왜곡될 가능성 여부는 오르지 내부통제의 정비 및 운용 상황에 달려있다고 해도 과언이 아닐것이다. 외부 감사인이 감사에 임하여 기업의 내부통제조직을 조사하는 것은 바로 이와 같은 회계 상의 부정 및 오류가 존재할 가능성과 그것이 재무제표에 미칠 영향의 정도를 확인하기 위한 것이다.

위와 같은 관점에서 볼 때 종업원에 의한 회계 상의 부정과 오류는 그 성질상 법적 규제 대상이 되는 분식결산과는 직접적인 관련이 없는 것이라 보아야 할 것이다.

나. 경영자에 의한 부정 및 오류

종업원에 의한 회계 상의 부정 및 오류에 비하여 대표이사, 경리담당이사 등의 경영자에 의한 회계 상의 부정 및 오류는 각 기업의 회계정책 내지는 결산정책에 따라 「상법」상의 회사회계 규정을 포함한 이른바 「공정・타당한 회계 관행」(「상법」 제29조 제2항 및 제446조의 2)을 위반한 것이며, 대체로 내부통제가 미치지 않는 영역에서 발생한다는 것이 특징이다.

즉 경영자에 의한 회계 상의 부정은 예를 들면 충당금의 불계상 또는 과다(과소) 계상, 이연자산의 과소(과다) 상각, 비용의 과소 계상 또는 자산화, 매상고의 가공 계상 또는 과대(과소) 계상 등과 같이 「공정・타당한 회계 관행」을 위반한 것이다.

이와 같은 부정은 대체로 경영자의 결산 정책상 필요한 당기순이익을 부풀리기 위해서 이루어지는 것이기 때문에 재무제표의 기재를 현저히 왜곡하게 된다. 이것이 바로 법적 규제의 주된 대상이 되는 재무제표의 분식이며 결산정책에 따른 분식결산이다.

그러나 경영자에 의한 회계 상의 오류란 발생할 가능성이 거의 없는 것이며, 가령 발생 한다 손치더라도 그것은 부정에 가까운 것일 것이다.

2. 결산정책과 분식회계의 합법성의 한계[853]

앞에서 살펴본 바와 같이 분식회계는 경영자의 부정・부당한 결산정책에 의해서 이루어지는 것이며, 결코 회계사무상의 절차적인 오류라든지, 종업원에 의한 회계상의 부정으로 인해 발생하는 것은 아니다.

회계이론상 재무제표의 본질에 대해서는 「기록된 사실(recorded facts)」, 「회계관습(accounting conventions)」, 그리고 「개인적 판단(personal judgements)」의 「종합적

---

853) 왕순모, 전게연구논문, 慶星大學校 법학연구소 경성법학 제10호, 2001., 44-46면.

표현(combination)」의 산물이라고들 한다.[854]

따라서 결산정책이라는 관점에서 보면 분식이란 이들 세 요소 중에 적어도 하나 또는 둘 이상에 관해 부정·부당한 조치가 이루어진 것이라 볼 수 있다. 이 점에 대해서 구체적으로 살펴보기로 한다.

첫째, 「기록된 사실(recorded facts)」이란 이른바 일반적으로 공정·타당하다고 인정되는 복식부기의 제 원칙에 따라 기록된 회계 상의 사실을 말하는 것이다. 즉 회계거래라는 객관적 사실이 있는 그대로 총망라하여 반영되어야 한다는 것이다. 따라서 여기에 하등의 정책적인 고려가 개입될 여지가 없는 것이다.

그러나 분식결산이 기업의 결산정책에 따라 이루어지는 경우에는 존재하지도 않은 가공의 거래를 계상한다든지 실제로 존재하는 회계거래를 계상하지 않는 수도 있다. 가공외상매출금과 가공매입금 등의 계상, 부채와 자산의 불계상과 상계 등이 그 대표적인 예이지만 그 밖에 비용의 자산화 또는 불계상 등도 이루어진다.

둘째, 「회계 관습(accounting conventions)」이란 일반적으로 회계 관습 또는 회계 관행이라 번역되고 있으나 이들의 법적의미에서는 반드시 동일한 것이라고는 볼 수 없다. 대체로 이들은 기업이 회계처리 및 표시를 함에 있어서 준수해야 할 기준을 말하는 것이며, 이들을 총망라한 것을 회계원칙 내지는 회계기준이라 표현하기도 한다.

이들이 일반적으로 공정·타당해야 한다는 것은 두말할 여지도 없다. 우리 「상법」 제29조 제2항 및 제446조의2 에서도 회사의 회계는 「상법」과 「상법시행령」으로 규정한 것을 제외하고는 '일반적으로 공정·타당한 회계 관행'에 따르도록 규정하고 있다.

'일반적으로 공정·타당한 회계 관행'이 무엇을 의미하는지 명확한 것은 아니다. 「상법」은 회사회계를 회계관행에 만 맡기지 않고 「상법」과 「상법시행령」에 규정할 수 있는 길을 열어두고 있다. 그리하여 「시행령」은 회계관행의 해석에 관한 다툼을 피하기 위해 다음과 같이 회사유형에 따라 적용할 별도의 회계처리기준을 명시하고 있다.

회사유형에 따른 회계처리기준[855]

회사 유형	회계처리기준
외감대상 상장회사 및 금융회사	한국채택국제회계처리기준
외감대상 기타 회사	일반기업회계기준/한국채택국제회계처리기준
공공기관 공기업·준정부기관	회계사무규칙
외감대상 아닌 회사	중소기업회계기준
회사 아닌 상인	일반적으로 공정·타당한 회계 관행

854) 왕순모, 전게연구논문, 慶星大學校 법학연구소 경성법학 제10호, 2001., 45면. 飯野利夫, 「財務會計論 (3訂版)」, 1993년, 同文館 , 2-13貢.
855) 김건식, 전게서, 박영사, 2014., 526면. 「상법」제446조의2, 「상법시행령」제15조.

다만 이와 같은 회계 기준 및 관행 등에는 선택의 여지를 인정하는 대체 가능한 것이 많으며, 그 구체적인 선택은 기업의 회계정책 내지는 결산정책에 따른 자유로운 판단에 맡겨져 있다. 그러나 여기에는 기업이 일단 선택 적용한 회계처리기준은 정당한 사유가 없는 한 계속 적용해야 한다는 이른바 「계속성의 원칙」을 준수해야 한다는 명제가 전제된다.

일반적으로 결산정책에 따라 손익조작을 꾀하는 경우에는 특별한 사유가 없음에도 불구하고 회계처리기준을 변경하는 일이 많다. 예를 들면 감가상각비의 계산방법을 정율법에서 정액법으로 변경하거나, 퇴직급여충당금이나 수선충당금의 계상기준, 재고자산의 평가기준, 매상고 계상기준 등의 변경이 이에 해당 된다.

이들 변경이 항상 부당하다고 할 수는 없으나 변경하는 데에는 그에 타당한 합리적인 사유가 있어야 하며 그것은 내부감사 내지는 외부감사인 입장에서도 충분히 납득할 수 있어야 한다. 「상법」에서는 공정·타당한 회계 관행의 준수를 전제로 하면서 「회계방침의 변경이 타당한지 여부와 그 이유」를 감사보고서에 기재사항(「상법」제447조의 4 제2항)으로 규정함으로써 간접적으로 계속성의 원칙을 지켜야 함을 밝힌 것이다.

셋째, 「개인적 판단」이란 추정의 개입이 허용되는 영역 내에서 경영자의 자의적인 판단을 말한다. 결산정책에 따른 주요 결정은 이 개인적 판단에 의해 이루어진다. 예를 들어 대손추산액의 결정이 이에 해당한다. 대손추산액의 결정은 경영자의 고유의 권한 즉 「경영판단의 원칙」에 관한 문제로서 그 금액의 당부를 외부감사인등 제3자가 판단하는 것은 곤란하다.

단지 「세법」상의 규정이나 종래 각 기업에 있어 실제로 발생하였던 금액 등 그 당부를 어림잡을 수 있는 척도가 전혀 없는 것은 아니므로 이 들을 종합적으로 파악하면 그 당부의 판단이 전혀 불가능한 것은 아닐 것이다. 이러한 현상은 이연자산, 충당금 및 「세법」상의 준비금 등의 당기 계상액을 결정하는데 있어서도 마찬가지로 나타난다.

또한 재고자산이나 유형고정자산에 관한 평가액의 추정도 역시 경영자 고유의 회계적 판단을 전제로 하는 문제이다. 이들 추정액의 당부에 관한 판단도 역시 곤란한 문제이다. 대체로 분식결산에 있어서는 이러한 개인적 판단의 영역을 넘어서 회계조작이 이루어지는 것이라 보아야 할 것이다. 위와 같이 여러 가지 복잡한 수단이 동원되는 분식결산에 있어서는 위에서 든 세요소가 교묘하게 결합된 방법에 의해 이루어지기 때문에 그것은 또한 교묘한 결산정책의 결과를 반영하는 것이기도 한다.

따라서 이러한 결산정책에는 법령내지 공정·타당한 회계 관행으로 규제할 수 없는 영역, 즉 경영자의 자의적 판단 내지는 추정의 개입이 허용되는 영역이 있으며, 또한 법령 내지는 회계 관행이 허용하는 범위 내에서 이익조작이 가능한 영역이 있다. 이러한 영역이 이른바 합법성이 인정되는 결산정책의 영역이라고 할 수 있으며, 결국 그 영역의 한계는 「공정·타당한 회계 관행」의 법적 지위 및 경영자의 「경영판단의 원칙」에 관한 해석 문제에 귀착된다고 볼 수 있다.

3. 분식회계의 위법성과 「공정·타당한 회계 관행」

가. 분식회계의 위법성 판단 개요[856]

위에서 살펴본 바와 같이 **분식결산의 법적 의의를 「기업의 경영자가 부정·부당한 결산정책에 따라 회계적 기법을 이용하여 고의로 재무제표상의 경영성적 및 재정상태를 실제보다 확대 또는 축소해서 나타내는 것」**이라고 파악하는 경우, 그 위법성을 인정할 수 있는 실정법상의 근거규정에 관해서 살펴보기로 한다.

우선 분식결산은 적어도 회사의 회계의 기본목적을 밝히고 있는 「상법」제29조 및 제446조의2를 위반한 경우를 말하는 것임을 알 수 있다. 「상법」제29조 제1항에 의하면 회계장부 및 대차대조표는 「영업상 재산 및 손익의 상황을 명백히 하기 위하여」이를 작성한다고 하고, 이어서 동조 제2항에서는 상업 장부의 작성원칙에 대하여 「이 법에 규정한 것을 제외하고는 일반적으로 공정·타당한 회계 관행에 의한다.」고 정하고 있다.

그리고 「상법」제446조의2에 의하면 회사의 회계는 「이 법과 대통령령으로 규정한 것을 제외하고는 일반적으로 공정하고 타당한 회계 관행에 따른다.」규정하고 있다. 따라서 이 규정을 문리적으로 해석해 보면, 특정 분식결산이 「상법」 및 「상법시행령」에서 규정하고 있는 회사의 회계 관련 규정 및 기준을 위반하여 이루어진 경우는 바로 위법성이 인정되며, 그에 따른 법률효과가 발생한다고 볼 수 있다.

그러나 「상법」상 명문의 규정이 없는 부분에 대해서는 「일반적으로 공정·타당한 회계 관행」에 의하여 작성되었는가의 여부가 위법성 여부의 판단기준이 된다고 볼 수 있다. 다시 말해서 분식결산의 위법성여부를 밝히기 위해서는 그 전제로 「일반적으로 공정·타당한 회계 관행」이 구체적으로 무엇을 가리키는가를 검토해 보아야 한다.

나. 분식회계의 위법성 판단 기준[857]

분식회계가 적발되면 행정처분 및 민·형사상 책임은 불가피하다. 분식회계가 법적인 제재를 받기 위해서는 법원 및 감독당국이 어떻게 그리고 무엇을 기준으로 판단하고 있는지가 중요한 문제이다. 그래야만 분식회계로 피해를 입은 피해자는 그 기준에 따라서 분식회계행위자를 상대로 소를 제기할 수 있기 때문이다.

---

856) 왕순모, 전게연구논문, 慶星大學校 법학연구소 경성법학 제10호, 2001., 46~47면
857) 신지원, 「회계부정에 대한 법적 분석」, 이화여자대학교, 2015. 53~65면. 일부 참조 및 인용

일반적으로 분식회계에 대한 법적인 책임을 물기 위해서는 '분식회계 행위자가 과실, 중과실 또는 고의적으로 회계처리기준을 위반하여 고의적으로 중요한 사항에 대해 허위표시하거나 누락하여 재무제표를 작성·공시하거나 또는 그러한 허위표시 및 누락이 있는 것을 알면서도 회계감사기준을 위반하여 감사보고서를 작성·공시 하는 것'이라고 하며, 피해자가 위와 같은 회계정보(재무제표 및 감사보고서)를 신뢰하여 손해를 입었을 것'을 요한다.

이것을 정리해보면 분식회계에 대한 법적제재를 가하기 위한 **위법성** 판단기준은 다음과 같이 정리할 수 있다.

첫째, 「회계처리기준」 및 「회계감사기준」을 위반했어야 한다.

둘째, 위반행위가 과실, 중과실 또는 고의적이어야 한다.

셋째, 중요한 사항에 대한 것이어야 한다.

넷째, 회계정보에 대한 허위표시 또는 누락이 존재하여야 한다.

다섯째, 허위표시 또는 누락된 회계정보를 피해자가 신뢰했어야 한다.

여섯째, 그 신뢰로 손해액이 발생하였어야 한다.

(1) 「기업회계기준」 및 「회계감사기준」 위반

분식회계는 기본적으로 '기업회계작성의 목적과 종류 그리고 작성원칙을 규정하고 있는 「상법」제29조 및 제446조의 2를 위반한 것' 이다. 즉 모든 상인은 영업상의 재산 및 손익을 명백히 하기 위하여 회계장부 및 대차대조표를 작성하여야 하며, 이러한 작성을 하는 때에는 「상법」상 명문 규정이 없는 경우를 제외하고는 일반적으로 공정·타당한 회계 관행에 의하여 작성되어야 한다는 의미이다. 이 규정을 위반하였을 경우 분식회계로 본다.

그렇다면 '일반적으로 공정·타당한 회계 관행'이 구체적으로 무엇인가가 문제된다. 대다수의 학자들은 '기업회계기준'이라고 파악하고 있다.[858] 한편 '기업 회계기준'의 법적 지위에 대하여 여러 논란이 있지만 「외감법」은 한국회계기준원에게 그 제정권한을 위임하였기 때문에 법적 구속력을 가진다.[859] 그러므로 위 기준은 법규에 해당하는 것으로 보는 것이 합리적이며 타당하다.[860]

위 논란에 대한 우리의 대법원 또한 같은 입장이다. 판례는 「기업회계기준」과 유사한 「회계감사기준」 및 「회계감사준칙」의 법적 효력에 관하여 '「회계감사기준」 및 「회계감사준칙」은 일반적으로 공정·타당하다고 인정되는 것으로서 감사인의

---

858) 정동윤, 「회사법 제6판」, 법문사, 2000., 585면, 정찬형, 「상법강의(상) 제5판」, 박영사, 2002., 941면.
859) 오수근, 「회계감사의 법적의미」, 한국상사판례학회 –상사판례 연구 제13권-, 2002. 61면.
860) 황남석, 「기업회계기준의 법규성 재고」, 한국상사법학회-상사법연구 제31권-, 2012., 270면, 이진효, 「상법상 회사의 회계처리기준에 관한 연구」, 고려대학교 대학원, 2014., 30면.

주의의무 위반여부를 판단하는데 중요한 기준이 된다.'고 판시한바 있다.[861]

「상법」제446조의2에 의하면 주식회사의 회계는 ① 「상법」의 규정, ② 대통령령으로 규정한 것, ③ 일반적으로 공정하고 타당한 회계 관행에 따른다. 또한 위 ②의 내용으로 「상법시행령」은 주식회사의 회계와 관련하여 재무제표의 작성기준으로 「기업회계 기준」과 「공기업·준정부기관의 회계원칙」을 규정하고 있다.

따라서 주식회사의 경우 일반적으로 공정하고 타당한 회계 관행은 이러한 회계처리 기준 등이 적용되지 않는 회계처리에 적용되는 것으로 해석할 수 있다고 본다.[862]

(2) 과실, 중과실 또는 고의적 회계부정행위

분식회계에 까지 이르게 된 분식회계자의 위반행위가 고의에 의하여 발생하거나 또는 중과실 및 과실에 의하여 발생한 것이어야 한다. 과실, 중과실, 또는 고의는 분식회계행위자의 위법사실 인지 여부, 정상의 주의의무 준수여부 등을 감안하여 구분하고 있다. 분식회계 행위자의 위반행위를 과실, 중과실 및 고의로 구분하는 이유는 그 각각에 따라 행정적 제재와 민·형사적 책임이 달라지게 때문이다.[863]

대법원 판례에 의하면 외부감사인이 '감사보고서에 허위 기재를 한때'라는 의미는 "외부감사인이 감사보고서의 내용에 자신이 감사한 사실에 관한 인식이나 판단의 결과를 표현함에 있어서 자신의 인식 판단이 감사보고서에 기재된 내용과 불일치하는 것임을 알고서도 일부러 내용이 진실 아닌 기재를 한 때"라고 판시하였다.[864]

또한 공인회계사가 '고의로 허위보고를 한다'는 의미는 "행위자인 공인회계사가 회계에 관한 감사·감정·증명·계산 등의 직무를 수행할 때 사실에 관한 인식이나 판단의 결과를 표현함에 있어 자신의 인식판단이 보고서에 기재된 내용과 불일치하다는 것을 알면서 허위의 내용을 기재하는 것"이라고 판시하고 있다.[865]

일반적으로 어떠한 경우가 과실, 중과실 또는 고의 인지의 구별은 대단히 어렵다. 분식회계를 판별할 경우 그 근거는 「외부감사 및 회계 등에 관한 규정 시행세칙」 별표 2의 「감리결과 조치양정기준」에서 찾을 수 있다. 「동 기준」에서는 '**위법행위의 동기 판단**'이라는 제목 하에 고의, 중과실 또는 과실에 해당하는 회사

---

861) 대법원, 2011. 1. 13. 선고 2008다 36930 판결
862) 이진효, 「상법상 회사의 회계처리기준에 관한 연구」, 고려대학교 대학원, 2014., 27면.
863) 이진효, 「상법상 회사의 회계처리기준에 관한 연구」, 고려대학교 대학원, 2014., 58면.
864) 대법원 2007. 8. 23. 선고 2005도4471 판결
865) 대법원 2012. 5. 24. 선고 2010도2797 판결

및 임직원 그리고 외부감사인 및 공인회계사를 구별하여 각각의 위법행위 해당사유를 다음과 같이 열거하고 있다.

(가) '고의'에 해당되는 사유이다.

■ **회사 및 임직원의 해당 사유**

① 실재성이 없는 가공의 자산을 계상하거나 부채를 누락 표시하는 등 회계적 사실이나 기록을 의도적으로 은폐·조작·누락 시킨 경우 또는 회계장부, 전표, 전산자료 또는 중요문서·증빙자료 등을 위·변조하는 등 부정방법을 동원하여 재무제표를 작성한 경우.

② 위법행위가 비자금 조성, 임직원 등(대주주, 이사, 사실상의 임원 및 당해 업무를 실질적으로 총괄하는 직원을 말한다)의 횡령, 배임, 기타 불법자금 세탁 등과 관련되어 있는 경우.

③ 공인회계사가 요구한 자료를 허위로 작성·변조 또는 중요한 사항을 누락하거나 부정 한 방법으로 정상적인 감사를 방해한 경우.

④ 위법행위가 특수관계자(「기업회계기준서」제20호에 정의된 자)와의 비정상적 거래 등과 관련되어 있는 경우.

⑤ 위법행위가 금융기관의 여신제공 또는 채무감면 등에 따른 이행조건 또는 계약조건 등에 직접적이고 중대한 영향을 미치는 경우.

⑥ 위법행위를 정정하면 상장진입요건에 미달되거나, 상장퇴출요건에 해당되는 경우.

⑦ 기타 관련법규의 위법사실 또는 그 가능성을 인식하고 이를 인용한 경우 등.

■ **감사인 및 공인회계사의 해당 사유**

① 회사의 「회계처리기준」위법사실을 묵인하거나 회사와 공모하여 회사로 하여금 「기업회계기준」등 일반적으로 인정된 「회계처리기준」에 반하는 재무제표를 작성케 한 경우.

② 기타 관련법규의 위법사실 또는 그 가능성을 인식하고 이를 인용한 경우 등.

(나) '중과실'에 해당되는 사유이다.

■ **회사 및 임직원의 해당 사유**

① 관련 법령, 감독기관 규정 또는 「기업회계기준」등에서 명백히 규정하고 있는 사항 을 중요하게 위법한 경우.

② 기타 직무상 선량한 관리자로서의 일반적인 주의의무를 현저히 결하여 위법행위를 한 경우 등.

■ **감사인 및 공인회계사의 해당 사유**

① 관련 법령, 감독기관 규정 또는 「회계감사기준」등에서 명백히 규정하고 있는 사항 을 중요하게 위법한 경우.

② 재무제표에 표시된 내용, 금액의 크기 또는 항목의 성격 등만으로도 실제와 다르게 표시되었음을 충분히 의심할 수 있는 사항 또는 중요한 계정과목에 대하여 「회계감사 기준」에서 요구하는 필수적인 감사절차를 준수하지 않은 경우,

③ 기타 전문가로서의주의의무를 현저히 결하여 위법행위를 한 경우 등.

(다) '과실'에 해당되는 사유이다.

■ **회사 및 임직원의 해당 사유**

① 「회계처리기준」에서 구체적으로 정하지 않은 사항에 대하여 일반회계원칙 (재무회계 개념체계 등)에 맞지 않게 처리한 경우.

② 회계추정의 차이 등 판단에 따라 서로 다른 결과가 도출될 수 있는 사항인 경우 (객관적인 자료나 사실에 의하여 계산될 수 있는 사항은 제외).

③ 기타 착오, 단순 오류 등 회사(임직원 포함)가 직무상 선량한 관리자로서의 주의의무 를 해태한 정도가 중대하지 아니한 경우 등.

■ **감사인 및 공인회계사의 해당 사유**

① 양적 및 질적 중요성 등을 고려 시 상대적으로 비중이 낮은 계정과목에 대한 감사업무와 관련 된 경우.

② 통상적으로 적용되는 감사절차는 대부분 취하였으나 회사의 특성을 감사절차에 적절 히 반영하지 않아 적용한 감사절차가 회사의 「회계처리기준」 위법 행위를 발견하기에 적합하지 않은 경우.

③ 회사에 대하여 과실사유 ① 또는 ②를 적용한 사항과 관련되어 있는 경우.

④ 위법행위와 관련하여 일부의 감사절차를 누락하거나 소홀히 하였으나 전문가로서 정당한 주의의무를 해태한 정도가 중대하지 아니한 경우 등.

위의 위법사항을 종합해 보면 '고의'는 위법사실이나 그 가능성을 인지한 상태에서 위법을 저지른 경우이고, '중과실'은 행위자가 지켜야할 주의의무를 현저하게 결여한 상태에서 위법행위를 저지른 경우이고, '과실'은 전문가로서 지켜야할 정상의 주의를 태만하였거나 선량한 관리자의 주의의무를 해태한 경우를 말한다.

현재 대부분의 분식회계 사례는 과실 및 중과실에 의한 것이고 그 비율은 해마다 증가(2011년 71.2% → 2013년 74.5%)하고 있다.[866] 단순 과실 및 중과실이 아닌 고의적 분식회계는 그에 대한 형사책임이 불가피할 것이다.[867]

(3) 중요한 사항

중요성이란 재무제표상 정보의 누락 또는 왜곡표시가 재무제표를 기초로 이루어지는 재무제표 이용자의 경제적 의사결정에 영향을 미치는 정도를 의미한다. 그리고 그 정보에 의하여 재무제표 이용자의 의사결정에 영향을 주어 의사결정이 달라졌다면 그 정보는 중요하다고 판단한다.[868]

현재 「자본시장법」은 "중요사항에 관하여 거짓의 기재 또는 표시가 있거나 중요사항이 기재 또는 표시되지 아니함"이라고 하여 (구)증권거래법 상 '중요성'을 명시하지 않아 중요한 사항이 아니라도 허위기재가 될 수 있는지 여부에 대한 논란을 명시적으로 해결 하였다.[869]

미국의 대법원은 중요성을 "합리적인 주주가 주주의 권리를 행사하는 방법을 결정하는데 특정사항의 누락을 중요하게 생각할 가능성이 상당히 높으면 그러한 누락은 중요하다. 즉, 합리적인 투자가 누락이 공시되었더라면 이용 가능한 정보의 총 배합이 중대하게 변경되었으리라고 판단할 가능성이 높으면 당해 누락은 중요하다"고 판시하였다.[870]

위와 같은 중요성의 의미를 보면 회계정보의 중요성에 대한 판단은 건전한 상식을 보유한 합리적인 회계정보 이용자의 시각에서 해당 정보가 얼마나 그의 의사결정에 영향을 미쳤는가를 근거로 결정해야 한다.[871] 즉, 회계정보 이용자가 허위로 기재되었거나 누락된 재무제표에 기초하여 경제적 의사결정에 영향을 받았다면 이는 중요한 정보인 것이다.

중요성은 일반적으로 해당항목의 성격과 금액의 크기에 의해 결정되기도 하지만 어떠한 경우에는 금액의 크기에는 상관없이 정보의 성격만으로도 중요한 정보가 될 수 있다. 위 미국의 대법원 판례에서도 중요성의 개념을 "당기순이익이나 자기자본에 미치는 영향 등과 같은 정량적 기준으로만 판단할 것이 아니라 기업지배구조의 건전성, 경영자의 주주중시 경영철학 등과 같은 정성적인 기준을 함께 들어 비록 당기순이익이나 자본에 영향을 미치지 않는다 할지라도 중대한 영향을 미칠 수 있다"고 판시하고 있다.[872]

---

866) 금융감독원, 「고의적인 분식회계, 회사와 임직원 모두에게 치명적이다」, 보도자료, 2013. 5. 7.
867) 전삼현, 「국내 분식회계 관련 사례 및 시사점」, 증권집단소송 ISSUE 시리즈, 2005., 11면.
868) 이장우·송현준 외, 「회계감사」, 경문사, 2011., 214면.
869) 김건식/정순섭, 「자본시장법 제3판」, 두성사, 2013. 231면.,
870) 김성기, 「중요성 결정기준에 대한 고찰」, 서울대학교 경영대학연구소 경영논집 제25권 제4호,2001., 4면.
871) 황이석, 「회계수정과 집단소송」, 전국경제인연합회 증권집단소송 ISSUE 시리즈 5, 2005., 4면. 참조 및 재인용.
872) 황이석, 전게논문전국경제인 증권집단소송 ISSUE 시리즈 5, 2005., 4면

정량적 판단기준의 예로 미국의 경우 'the 5% Rule'이라고 하여 주가, 총자산, 총매출액 등의 지표를 두고 10% 이상이 관련된 사항에 관한 정보라면 중요성을 추정하고 5% 미만이 관련되는 사항에 관한 정보는 중요하지 않은 것으로 추정해 왔다. 5%에서 10% 사이는 상황에 따라 판단해야 하는 문제이다.[873]

우리나라의 경우 통상적으로 회사의 자산총액, 매출액, 분식회계금액 등을 감안하여 그 중요성을 결정하게 되는데, 그에 대한 표준화된 계산법이 「외감규정시행세칙」별표 제2호의 「감리결과 조치양정기준」에 나와 있다. 여기에는 '위법행위 및 중요성 판단기준의 구분 등'이라는 제목 하에 위법행위를 네 가지 유형(A~D)으로 구분한 뒤 「동 세칙」에서 두고 있는 중요성 판단계산법을 이용하여 산정한 후 중요도를 구분하도록 하고 있다.

그리고 위법행위를 다음과 같이 4가지 유형화하고, 관련 금액 규모비율의 기준비율 대비 배수의 합산에 따라 중요도를 Ⅰ에서부터 Ⅴ까지 구분하였다.

(가) 위법행위의 구분

① A 유형 : 위법행위가 당기 손익 또는 자기자본에 영향을 미치는 경우.

② B 유형 : 위법행위가 당기손익이나 자기자본에는 영향이 없으나 자산·부채의 과대 ·과소계상, 수익·비용의 과대·과소계상, 수익·비용의 과대·과소계상, 또는 영업활동으로 인한 현금흐름의 과대·과소 계상에 영향을 미치는 경우

③ C 유형 : 위법행위가 특수관계자 거래, 담보로 제공한 자산·질권 설정된 자산 등 자산의 사용 및 처분 제한과 관련되거나 타인에게 제공한 금전채권 관련 된 지급보증·계류 중인 소송사건 등 우발부채와 관련된 주석사항인 경우

④ D 유형 : 위법행위가 계정과목 재분류 등 상기 A 유형 내지 C 유형에서 열거한 항목 이외에서 발생한 경우.

(나) 위법행위 유형별 중요성 판단 기준비율

① A 유형 : 규모비율 1%

② B 유형 : 규모비율 4%

③ C 유형 : 규모비율 5%

④ D 유형 : 규모비율 10%

* 규모비율 : "(다) 유형별 규모비율의 계산 및 적용방법"과 "표1"의 「규모비율 산출표」에 따라 계산한 비율.

---

873) 김화진, 「분식회계 범위설정 관련 법령의 정비」, 전경련 증권집단소송 ISSUE 시리즈 5, 2005., 4면

규모비율의 산출표

① 위반행위 관련 금액 :   억원

② 감리대상 회계연도 말의 자산총계 :   억원

③ 감리대상 회계연도의 매출액* :   억원

④ 회사의 규모금액** :   억원

⑤ "④" 금액에 상응하는 규모조정계수*** :   억원

⑥ 규모비율[①÷{④(② 또는 ③)÷⑤}] :   %

* 금융기관, 서비스업종 등의 경우에는 영업수익을 매출로 보며, 감리대상기간이 분·반기인 경우 원칙적으로 분·반기 매출액을 연으로 환산하여 사용할 수 있다.

** "규모금액"이란 위법행위가 A유형 및 C유형의 경우에는 감리대상이 되는 회계기간 의 기말자산 총계와 매출액을 평균한 금액을, B유형 및 D유형의 경우에는 위반행위로 인해 영향을 받은 자산 총계 또는 매출액 등을 말함. 단 B유형 중 영업활동으로 인한 현금흐름의 과대·과소계상의 경우에는 감리대상이 되는 회계기간의 기말자산 총계와 매출액을 평균으로 한 금액이다.

***규모조정계수는 〈표1〉「규모비율 산출표」상에 〈표1〉 "2. 「규모조정계수」"에 따른다.

(다) 유형별 규모비율의 계산 및 적용 방법

위법행위는 다음의 순서에 따라 그 중요성을 판단한다.

1) 위법행위의 유형이 2가지 이상인 경우에는 위법동기별로 구분한다.

2) 위법동기별로 분류된 위법행위의 유형 중 같은 유형의 위법행위 관련 금액은 합산하여 규모비율의 기준비율(이하 "기준비율") 대비 배수를 계산하고, 서로 다른 유형 의 위법행위 관련금액은 합산하지 아니하고 기준비율 대비 배수를 계산한다.

3) 같은 위법동기로 분류된 각 위법행위의 유형별 기준비율 대비 배수를 단순 합산 하고, 합산된 규모비율의 기준비율 대비 배수에 따라 중요도(이하 "환산전 중요도") 를 판단한다.

4) 위법동기가 2가지 이상인 경우 〈표2〉「위법동기가 다른 위법행위의 기준비율 대비 배수 합산방식」에 따라 각각의 위법동기별로 환산하여 계산한 수치를 합산하여 중요도(이하 "환산 후 중요도")를 판단한다. 이 경우 환산 후 중요도는 환산 전 중요도 보다 1단계 가중할 수 있다.

우리나라는 「회계감사준칙」에서 정량적 요소 및 정성적 요소를 고려하여 중요성을 판단하여야 한다고 규정하고 있다.

■ 정량적 요소

① 예외사항 금액의 절대적인 크기.

② 총매출액, 매출총이익, 당기순이익 및 주당순이익에 미치는 영향.

③ 총자산, 총부채, 순운전자본, 자기자본 및 자본금에 미치는 정도.

④ 해당 계정과목 총액에 대한 정도.

⑤ 해당 대분류 과목 총액에 대한 비율.

⑥ 수익성과 안정성의 추세에 미치는 영향 등.

■ 정성적 요소

① 형식 보다 실질의 존중.

② 예외사항이 재무제표에 전반적으로 미치는 영향.

③ 예외사항과 회사의 정상적인 영업활동과의 관계.

④ 자금흐름에 미치는 영향의 정도.

⑤ 계약조건의 잠재적 위약 가능성, 특수관계자와의 비정상적인 거래, 손익의 조작, 거래 의 적법성 여부, 기타 의도적인 왜곡 표시 등 예외사항의 민감성.

⑥ 자산의 가치평가 혹은 현금회수 가능성, 판단상의 오류 가능성, 계속기업으로서 존재 가능성 등 불확실성 정도.

⑦ 예외사항의 금액이 미래에 미치는 영향의 정도.

⑧ 손익에 영향을 미치는 예외사항은 자산 및 부채에 영향을 미치는 예외사항보다 더 중요한 경우가 많다는 사실 등.

생각건대, 회계정보의 중요성을 판단할 경우 위와 같은 정량적인 기준으로 하여 회계정보 이용자가 경제적 영향을 받은 정보의 중요성을 판단함과 동시에 손익이나 재무건전성에 직접적인 영향을 주지않는 회계정보라 할지라도 주주들이 기업의 경영성과와 기업의 본질가치를 평가하는데 중요한 것이라고 판단된다면 그러한 정성적 회계정보도 중요한 정보라고 이해하여야한다고 생각된다.[874]

(4) 회계정보에 대한 허위표시 및 누락

회계정보에 대한 누락은 처음부터 재무제표 및 감사보고서에 표시하지 않는 것이다. 그러나 허위표시는 무엇을 의미하는지, 즉 어느 정도 까지를 허위기재로 보는지 우리 법상에 언급되어 있지 않아 경미한 착오나 오류도 소송의 대상이 되기도 한다.[875] 이러한 경우 감독당국의 감리제도의 판단에 의존할 수밖에 없다. 우리 대법원은 허위표시의 의미에 대하여 다음과 같이 판시하였다.[876]

"재무제표는 「기업회계기준」에 따라 작성되어야 한다. 「기업회계기준」은 회계처리 및 재무제표를 작성할 때 경제적 사실과 거래의 실질을 반영하여 회사의 재무상태 및 경영성과 등을 공정하게 표시하도록 규정하고 있다.

다만 「기업회계기준」에서 허용하는 합리적이고 객관적인 범위내에서 그 융통성

---

874) 신지원, 전게논문, 이화여자대학교대학원 2015, 65면.
875) 전국경제인연합회, 「증권집단소송법안과 분식회계」, CEO MEMBER, 2013,
876) 대법원, 2012. 10. 11., 선고 2010다86709 판결..

을 활용하는 것은 「기업회계기준」을 위반한다고 할 수 는 없다. 그러나 그 범위를 넘어 자산을 과대평가하여 재무제표에 기재하는 것은 가공의 자산을 계산하는 것이므로 경제적 사실과 다른 허위의 기재에 해당 된다." 라고 판시하였다.

다. 일반적으로 공정·타당한 회계 관행

(1) 도입 취지[877]

과거 「상법」은 회계원칙에 대한 구체적인 규정을 다수 포함하였다. 이들 회계규정은 회계실무의 변화에 따라 수시 개정되었으나 기업회계와의 괴리를 완전히 없앨 수는 없었다. 그리하여 기업회계 실무상 「상법」회계규정이 거의 규범적인 효력을 발휘하지 못하는 현실이 계속되었다.

2011년 개정 「상법」이 회계규정과 기업회계 사이의 괴리를 원천적으로 해결하기 위한 발판으로 새로 도입한 것이 바로 「상법」제446조의 2 이다. 그에 의하면 주식회사의 회계기준으로서 「상법」과 「상법시행령」에 정하는 것을 제외하고는 '일반적으로 공정·타당한 회계 관행'을 따라야 한다.

아울러 2011년 개정 「상법」은 기업회계기준과 불일치가 발생할 우려가 있는 자산의 평가방법, 창업비의 계상, 개업비의 계상, 신주발행비의 계상, 액면미달 발행의 계상, 사채 차액의 계상, 건설배당이자의 계상, 연구개발비의 계상 등에 관한 회계 규정(「상법」제452조 ~ 제457조의 2)은 모두 삭제하였다.

「상법」제29조에 의하면 상인은 회계장부와 대차대조표를 작성해야 하고 이러한 상업 장부의 작성은 「상법」이 정한 것을 제외하고는 '일반적으로 공정·타당한 회계관행'에 따른다고 규정하고, 이 규정은 「상법」상 모든 회계준칙을 가리키는 포괄적인 규정 이다. 따라서 2011년 새로 신설된 「상법」제446조의 2는 「상법」 총칙편 제29조 제2항이 같은 취지의 규정 이므로 본조는 불필요한 규정이다.[878]

주식회사도 상인이고 대차대조표는 재무제표의 핵심서류이므로 '일반적으로 공정·타당한 회계 관행'에 의하여 작성하여야 한다. 따라서 '일반적으로 공정·타당한 회계 관행'은 「상법」 총칙편 제29조 제2항에서 이미 규정하고 있으므로, 제446조의 2를 신설하기 전에도 모든 주식회사에 적용된 것으로 볼 수 있다.

그럼에도 제446조의 2를 신설한 이유는 '일반적으로 공정·타당한 회계 관행'의 규범적인 효력을 확인하는 동시에 시행령으로 그것을 수정하거나 보완할 수 있는 길을 열어주기 위한 것이다. 규정 형식상으로는 시행령에서 '일반적으로 공정·타당한 회계 관행'에 대한 예외를 보완적으로 규정한 것처럼 보이기도 한다.

---

877) 김건식, 전게서, 박영사, 2014., 523~524면.
878) 임재연, 전게서(1), 박영사, 2014. 707면. 이철송, 전게서, 박영사, 2014., 925면.

그러나 시행령은 회사성격에 따라 그러한 회계 관행을 대체하는 포괄적인 회계기준을 제시하고 있다. 따라서 실무상 '일반적으로 공정·타당한 회계관행'에 해당하는 지 여부가 문제되는 경우는 그렇게 많지 않을 것으로 보인다.

(2) 주요 내용

'일반적으로 공정·타당한 회계관행'에서 **'일반성'은 일반 국민이 아니라 회계전문가를 기준으로 판단**한다.[879] **'공정성'은 기업의 이해관계자 이익을 공정하게 반영하는 것**을 말하고, **'타당성'은 거래 현실에 비추어 적합함을 의미**한다.[880] 또한 **'회계관행'은 회계업계에서 반복적, 계속적으로 행해지는 회계처리를 의미**한다.

그러나 회계관행은 일반관습과는 달리 반복성과 계속성이 강하게 요구되는 것은 아니다. 회계전문가 사이에서 공정·타당하다고 인정되는 회계처리로서 장차 반복·계속 될 가능성이 높으면 바로 회계관행으로 인정받을 수 있을 것이다.[881]

또한 「은행감독규정」상 금융감독원장이 정하도록 되어있는 외국환계정의 계리규정 (「은행감독규정」제32조 제2항)과 같이 법령상 근거에 따라 공적기관이 정한 회계기준은 최초 적용시점부터 회계 관행으로 인정할 수 있을 것이다.[882]

(3) 적용 범위

위의 설명에도 불구하고 '일반적으로 공정·타당한 회계 관행'이 무엇을 의미하는지 반드시 명확한 것은 아니다. 「상법」은 이런 불확실성을 피하기 위하여 회사의 회계를 회계 관행에만 맡기지 않고 「상법」과 「상법시행령」에 규정할 수 있는 길을 열어두고 있다(「상법」제442조의 2).

그리하여 「상법시행령」 제15조는 회계 관행의 해석에 관한 다툼을 피하기 위하여 '일반적 으로 공정·타당한 회계 관행'이 적용되기 이전에 우선적으로 적용할 별도의 회계처리기준을 다음과 같이 회사의 유형에 따라 규정하고 있다.

1. 외부감사대상회사(「외감법」제2조) : 「외감법」제13조 제1항에 따른 회계처리기준.
2. 공공기관(「공공기관 운영에 관한 법률」제2조) : 동법에 따른 공기업·준정부기관의 회계원칙.
3. 제1호 및 제2호에 해당하는 회사 외의 회사 등 : 회사의 종류 및 규모 등을

---

879) 권재열, 노혁준, 양기진, 이재호, 「국제회계기준에 부합하는 상법·회계제도 정비를 위한 개선 연구」, 법무부연구용역보고서, 2011., 23면, 김건식, 전게서, 박영사, 2014., 524면.
880) 김건식, 전게서, 박영사, 2014., 524면.
881) 권재열외 3, 전게연구용역보고서, 법무부연구용역보고서, 2011., 26면, 김건식, 전게서, 박영사, 2014., 524면.
882) 김건식, 전게서, 박영사, 2014., 524~525면.

고려하여 법무부장관이 금융위원회 및 중소기업청장과 협의하여 고시한 회계 기준.

위 제1호의 외부감사대상회사에 적용되는 회계처리기준은 한국회계기준원이 제정한 「한국채택국제회계기준」과 「일반기업회계기준」의 두 가지가 있다. (「외감법」 제13조 제1항, 「외감법시행령」 제7조의 2 제1항).

외부감사대상인 주식회사 중 주권상장법인과 비상장금융회사는 「외감법」 제13조 제1항 제1호 및 「외감법시행령」 제7조의 2 제1항에 의하여 「한국채택국제회계기준」의 의무적용대상이고, 그 밖의 회사는 「일반기업회계기준」의 적용대상이다.

또한 「한국채택국제회계기준」의 의무적용대상이 아닌 주식회사가 자발적으로 「한국채택국제회계기준」을 적용하여 회계처리 하는 것은 가능하고, 실제로 의무적용대상이 아닌 많은 주식회사가 자발적으로 「한국채택국제회계기준」을 적용 하고있다. 나아가 「외감법」 적용대상이 아닌 주식회사가 「한국채택국제회계기준」을 적용하는 것도 가능하다.[883]

한편 「일반기업회계기준」은 제1장 1.3 제3문에서 「외감법」 적용대상이 아닌 기업의 회계처리에 준용할 수 있다고 규정하므로, 사실상 모든 기업회계기준(회계처리기준)이 된다. 실제로 금융기관은 여신심사를 위해 기업회계기준에 의하여 작성된 재무제표를 요구하고, 조세법도 회계처리에 관한 기준을 「상법」이 아닌 「일반기업회계기준」을 따르도록 하고있다 (「국세기본법」 제20조, 「법인세법」 제43조).

그리고 외부감사대상이 아닌 제3호의 주식회사는 「상법시행령」 제15조 제3호의 「중소기업 회계기준」이 적용된다. 또한 제2호의 공공기관은 기획재정부령의 「공기업·준정부기관 회계사무규칙」에서 정한 「공기업·준정부기관의 회계원칙」이 적용된다.

「상법」 및 「상법시행령」은 위에서 설명한 바와 같이 주식회사를 유형화하여 각 유형 에 적용될 회계기준을 규정하였는데. 이는 실정법에 근거하여 제정 작업을 거친 법규범 즉, 성문(成文)의 회계규범으로서 「외감법시행령 」 제15조의 규정과 관계없이 불문적(不文的) 으로 존재하는 '일반적으로 공정·타당한 회계 관행'에 우선하여 적용된다.[884]

이처럼 기업회계에 관해서 통일된 기준은 없지만 회사 유형별로 상세한 회계기준을 제정(이하 '각종 회계기준'이라 한다)하였기 때문에 실무상 '일반적으로 공정·타당한 회계관행'을 따로 파악하여 회계 처리해야 할 경우는 그리 많지 않을 것이다.

---

883) 임재연, 전게서(1), 박영사, 2014. 709 ~710면.
884) 임재연, 전게서(1), 박영사, 2014. 708면. 이철송, 전게서, 박영사, 2014., 925면.

라. 각종 회계기준에 대한 위반효과

위에서 설명한 바와 같이 「상법시행령」제15조 상의 각종 회계기준은 실정법 즉, 「상법」 및 「상법시행령」에 근거하여 제정 작업을 거친 법규범 즉, 성문의 회계 규범이며, 또한 「일반적으로 공정·타당한 회계 관행」을 요약 내지 집대성 한 것이라고 일반적으로 상법학자들은 인식하고 있다.

따라서 각종 회계기준을 「상법」에 근거한 성문의 법규범적 지위에 있다고 하거나, 「상법」에 대한 특별법[885] 또는 상관습법의 일종[886]으로 보고 있다. 이 입장에 따르는 한 각종 회계기준의 규정을 위반한 모든 회계처리는 위법행위에 해당하며 원칙적으로 무효가 된다는 결론에 이르게 된다.[887]

이에 따르면 각종 회계기준상의 일반회계처리기준에 반하는 회계처리를 한 경우, 이를 승인하여 재무제표를 확정한 주주총회의 결의는 무효가 되며, 이에 입각한 이익처분도 위법배당 결의가 된다고 풀이한다.[888] 이와 같은 논리를 관철해 나가면 분식결산이 어떠한 목적 내지 정책에 입각하여 이루어졌던 각종 회계기준에 위반한 이상 그 회계처리는 당연히 무효가 된다고 볼 수밖에 없을 것이다.

또한 각종 회계기준의 작성근거를 규정하고 있는 「외감법」제13조 제3항에서는 위와 같은 점을 더욱 명백히 밝히고 있다. 즉, "회사는 제1항 제1호 또는 제2호의 회계처리 기준에 따라 재무제표 또는 연결재무제표를 작성하여야 한다."고 하여, 적어도 「외감법」 적용대상회사에 대해서는 각종 회계기준이 준수되어야 한다는 것과 각종 회계기준을 위반한 분식결산은 무효라는 것을 선언한 것이라고 볼 수 있다.

이를 뒷받침하는 「외감법」상의 규정으로는 회사가 「외감법」제13조의 회계처리 기준을 위반하여 재무제표 또는 연결재무제표를 작성한 경우 증권선물위원회는 금융위원회가 정하는 바에 따라 그 위반사실이 확정된 날로부터 3년 이내의 기간 동안 해당 위반사실을 공시할 수 있다.(「외감법」제16조의 2 제1항).

아울러 「상법」제401조의2 및 제635조 제1항에 규정된 자(업무집행사원, 업무집행자, 업무집행지시자, 이사, 집행임원, 감사, 감사위원, 검사인 등)나 그 밖에 회사의 회계업무를 담당하는 자가 「외감법」제13조에 따른 각종 회계기준을 위반하여 거짓으로 재무제표 또는 연결재무제표를 작성·공시한 경우 7년 이하의 징역 또는 7천만원 이하의 벌금에 처한다는 규정을 두고 있다.(「외감법」제20조 제1항).

---

885) 정동윤, 「회사법(제6판)」, 2000., 법문사, 585면, 593면, 오수근, 「회계에 대한 법적 규율 체계」, 상사법연구 제18권 제3호, 2000., 16면.
886) 정찬형, 「상법강의(상) 제5판」, 2001., 박영사, 941면,
887) 왕순모, 전게연구논문, 慶星大學校 법학연구소 경성법학 제10호, 2001., 47면.
888) 왕순모, 전게연구논문, 慶星大學校 법학연구소 경성법학 제10호, 2001., 48면, 정동윤, 전게서, 2000., 법문사, 597면.

그러나 「외감법」제13조 제3항을 근거로 하여 각종 회계기준의 형식적 위반을 이유로 바로 위법 또는 무효라는 극단적 판단을 해서는 아니 될 것이며, 오히려 그 결과 회사의 재산상태 내지는 손익상태가 적정하게 표시하지 않았을 때(「외감법」제1조, 「상법제29조 제1항 및 제446조의2」), 비로소 무효가 되고, 「상법」상의 부실기재. 「자본시장법」 또는 「외감법」상의 허위표시에 해당된다고 보는 학자도 일부 있다.[889]

Ⅳ 분식회계의 사례

1. ○○그룹의 분식회계 사례[890]

■ 총 분식회계 금액 : 22.9조원(검찰조사결과 : 41.1조원)

■ 계열사별 분식회계 금액

ㅇ (주)○○ :　　　　　14.6조원(검찰조서결과 : 27.0조원)

ㅇ ○○자동차 :　　　　3.2조원(" :　　　　4.6조원)

ㅇ ○○중공업 :　　　　2.1조원(" :　　　　5.0조원)

ㅇ ○○전자 :　　　　　2.0조원(" :　　　　3.7조원)

ㅇ ○○통신 :　　　　　0.6조원(" :　　　　0.8조원)

ㅇ 기타 7개사 :　　　　0.4조원(" :　　　　　-)

합 계 :　　　　　　　22.9조원(" :　　　　41.1조원)

■ 분식회계 내용

ㅇ마이너스 전표를 전산 입력하는 방법으로 매출원가, 외환차손, 지급이자 등의 계정을 과대, 과소 계상.

ㅇ차입금의 고의 누락, 가공채권 계상, 가공 및 보유 재고자산 계상, 연구개발비 등의 과대계상.

ㅇ미회수나 거래처 부도 등으로 회수가 불확실한 매출채권에 대해 대손충당금 미계상 및 재무제표 주석 란 미기재.

ㅇ공사대금채권에 대한 대금감액 합의 후에도 대손상각비 미계상.

ㅇ투자자산처분이익을 영업외수익으로 계정분류 조작 등.

---

889) 김건식, 전게서, 박영사, 2014., 526면, 왕순모, 전게연구논문, 慶星大學校 법학연구소 경성법학 제10호, 2001., 53~54면.
890) 금융감독원 보도 자료 : 2000년 9월 15일

2. ○○글로벌의 분식회계 사례[891)

- 총 분식회계 금액 : 5조 1,178억원
- 유형별 분식회계 금액

(단위 : 억원)

내 역	1999년	2000년	2001년
○가공의 매출채권 계상	1,812	1,932	1,498
○대손충당금 과소계상	483	380	408
○예금 등 과대계상	2,910	3,951	4,440
○재고자산 과소계상	–	120	670
○매입채무 등 누락	5,644	9,586	11,811
○투자유가증권 과대계상	2,331	2,293	2,489
합 계	13,180	18,022	19,976

3. ○○저축은행의 분식회계 사례[892)

- 총 분식회계 금액 : 2조 4,533억원
- 분식 회계의 유형 : 이자수익의 과대계상, 채권의 허위기재, BIS자기자본 비율의조작 등 재무제표를 허위로 작성 공시.

4. ○○조선해양의 분식회계 사례

가. 검찰청 기소자료[893)

- 총 분식회계 금액 : 5조 7,059억원
- 분식 회계의 유형 : 2012 ~2014 회계연도의 해양플랜트 선박산업 등에서 예정원가를 임의로 줄여 매출액을 과대 계상.

나. 금융위·금감원 조치자료[894)

- 총 분식회계 금액 : 9조 9,651억원 (2008. ~ 2016. 3. 기간 중)
- 분식 회계의 유형
  ○매출액·매출원가 및 관련 자산·부채 과대·과소 계산 :　　7조 7,271억원
  ○장기성 매출채권에 대한 대손충당금 과소계상 :　　1조 1,817억원

---

891) 금융감독원 보도자료 : 2003. 8. 20.
892) 신현국, 「회계부정기업의 재무구조와 지배구조 특성에 관한 연구」, 신라대학교 대학원, 2015. 2. 23면.
893) 2016. 12. 12. 검찰청 기소자료.
894) 2017. 2. 24. 금융위·금감원 보도자료.

ㅇ종속기업투자주식 과대계상 등 :   6,190억원

ㅇ이연법인세자산 등 관련 당기순손실 과대계상 등 : 4,373억원

합 계 :   9조 9,651억원

5. 최근 분식회계 사례

■ A사의 매출액 과대계상

ㅇ회사는 투자유치 목적으로 영업실적을 부풀리기 위해 허위 세금계산서를 발행하는 방법 등으로 매출액을 과대계상.

ㅇ매출에 필수적인 관계기관의 인·허가 또는 거래처의 동의가 이루어지지 않아 계약 이행이 사실상 불가능하여 수익인식요건을 충족하지 못함에도 불구하고 매출로 인식 하는 등 매출액을 과대계상.

■ B사의 선급금 등 허위계상

ㅇ전 등기이사 겸 실질사주 등의 횡령사실을 은폐하기 위해 거래처와 허위계약서·세금 계산서를 작성하는 방법으로 선급금 등 자산(선급금, 현금성자산, 대여금, 매출채권, 지분법적용투자주식)을 허위계상.

■ C사의 재고자산 과대계상

ㅇ회사는 보유중인 재고자산의 품목이 상당히 다양하고 수량 확인이 어렵다는 점을 이용 하여 감사인이 재고실사에 입회할 때 감사인에게 구량이 조작된 목록을 제시한 후 재고 실사를 실시하였고, 감사인 입회 하에 실시한 재고실사 이후 재고목록의 수량을 조정 하여 재무제표에 반영하는 등의 방법으로 재고자산을 과대계상.

■ D사의 지급보증사실 주석 미기재

ㅇ회사는 타사의 차입금과 관련하여 차주사를 위하여 금융기관에 지급보증을 제공하였음 에도, 이를 주석에 미기재하거나 과소기재.

■ E사의 특수관계자와의 거래내역 주석 미기재

ㅇ회사는 특수관계자로부터 온라인게임 판권을 구입하면서 관련 매입액 및 채무잔액을 주석으로 미기재.

Ⅴ 분식회계의 책임[895)

1. 민사책임

분식결산에 의한 민사책임은 그로 인해 손해를 입은 자에 대한 손해배상책임이 그 중심이 되어 있다. 일반법인 「민법」의 손해배상책임에 관한 규정은 분식결산의 경우에도 당연히 적용되나, 그 특별법인 「상법」, 「자본시장법」, 「외감법」의 손해배상에 관한 규정이 우선 적용된다. 대체로 보아 이들 특별법에서는 「민법」에 비해 고의·과실의 주관적 요건에 관한 입증책임이 청구자에게 경감되어 있는 경우가 많기 때문에 손해회복이 더욱 용이하다고 할 수 있다.

가. 회사의 책임

분식결산은 원래 회사 자신이 행하는 것이 아니고 대표이사 등이 행하는 것이지만, 회사는 대표이사가 그 업무집행으로 인해 타인에게 가한 손해에 대해서 대표이사와 연대하여 배상책임을 져야 한다.(「상법」제389조제3항, 제210조, 「민법」제35조 제1항).

따라서 분식결산에 의해서 손해를 입은 자는 누구라 하더라도 회사에 대해서 손해배상을 청구할 수 있다. 단 청구자는 대표이사 등의 고의·과실과 분식결산과 손해 간의 상당인과관계를 입증해야 한다.

나. 이사의 책임

이사는 결산기가 도래하면 대차대조표, 손익계산서 등 결산서류를 작성하여 이사회의 승인을 얻은 후 이것을 감사 또는 감사위원회에 제출하여 감사를 받은 후 정기 총회에 제출하여 승인을 받아야 한다. 일반적으로 결산서류 작성에 관한 의무를 부담하는 것은 대표 이사 및 회계 또는 재무 담당이사(이하 '회계담당이사'라 한다)이다.

(1) 회사에 대한 책임

이사는 회사에 대하여 회사와의 위임계약에 입각하여 법령과 정관의 규정에 따라 회사를 위하여 그 직무를 충실하게 수행하여야 한다. (「상법」제382조 제2항, 제382조의3). 따라서 이사가 「상법」상의 회사회계 관련 규정을 위반하여 분식결산을 함으로써 회사가 손해를 입은 경우에는 이사는 회사에 대한 손해배상책임을 진다.(「상법」제399조 제1항).

또한 이사가 분식결산에 의해 가공의 이익 등을 계상함으로써 원래해서는 안 될 이익배당이나 임원 상여 등이 지급된 경우, 이사는 연대하여 회사에 대해 위

---

895) 왕순모, 전게연구논문, 慶星大學校 법학연구소 경성법학 제10호, 2001., 54~59면.

법배당금액 및 위법임원상여금액 변제하여야 한다. 회사에 대하여 책임을 지게 될 이사의 범위는 대표이사, 회계담당이사 뿐만 아니라 이사회에서 분식 결산을 승인하였거나, 의사록에 이의를 제출 하지 않았던 이사도 포함되는 경우가 있다. (「상법」제399조 제2항 및 제3항).

한편, 업무를 담당하지 않은 이사(비상근이사 등) 역시 다른 업무담당이사(대표 이사 포함)들과 같이 감시 의무를 부담하여야 하는지에 대해서는 이사의 감시 의무에 대한 실정법이 존재하지 않기 때문에 판례를 통하여 구체화하고 있다.[896]

이사의 감시의무를 최초로 인정한 판례인 대명모방사건(대법원 1985.6.15. 선고 84 다카1954판결)과 이사의 내부통제시스템구축 및 실행의무를 이사의 감시의무로 보고 손해배상책임을 인정한 대우의 분식회계사건(대법원 2008.9.11. 선고 2006다689636판결)이 이사의 감시의무에 대해 법원이 긍정적인 입장을 취한 것을 보여준다.[897]

단 이사회에 출석하지 않았던 이사에 대해서 책임을 물을 수 있는가 라는 문제가 있다. 정당한 이유 없이 출석하지 않은 이사는 대표이사의 업무집행을 감시할 의무를 해태한 것으로 회사에 대하여 손해배상책임을 진다고 보아야 한다.

(2) 제3자에 대한 책임

(가) 「상법」상 책임

"이사가 악의 또는 중대한 과실로 인하여 그 임무를 해태한 때에는 그 이사는 제3자에 대하여 연대하여 손해를 배상할 책임이 있다"(「상법」제401조). 즉 이사가 분식결산을 시행할 의도를 가지고 재무제표 등에 허위 기재를 함으로써 이로 인하여 채권자, 주주 등 제3자가 손해를 입은 때에는 이사는 연대하여 배상책임을 지게 된다.

(나) 「외감법」상 책임

「외감법」제17조 제4항에 따라 감사인 뿐만 아니라 해당 회사의 이사도 그 책임이 있으면, 감사인과 연대하여 손해배상 책임이 있다. 다만, 손해를 배상할 책임이 있는 자가 고의가 없는 경우에 그 자는 법원이 귀책사유에 따라 정하는 비율에 따라 손해를 배상할 책임이 있다.

(다) 「자본시장법」상 책임

「자본시장법」에서 증권신고서와 투자설명서(제125조) 또는 사업보고서 등(제162

---

896) 김태진, 「이사의 감시의무에 대한 판례의 고찰」, 한국상사법학회 상사법연구 제29권 제1호, 2010., 110~111면.
897) 김태진, 전게논문, 2010., 121~125면.

조)에 중요사항에 관하여 거짓 기재 또는 누락으로 인하여 증권취득자 등이 손해를 입은 경우에는 해당 이사(제1호) 또는 증권신고서, 투자설명서 및 사업보고서 등의 작성을 지시하거나 집행한자(제2호)는 그 손해에 관하여 배상할 책임이 있다.

다만, 배상을 책임을 질자가 상당한 주의를 하였음에도 불구하고 이를 알 수 없었음을 증명하거나 그 증권의 취득자나 처분자가 그 취득 또는 처분을 할 때에 그 사실을 안 경우에는 배상책임을 지지 아니한다.

다. 감사 또는 감사위원의 책임

감사 또는 감사위원은 회사에 대해서, 회사와의 위임계약에 입각하여 선량한 관리자로서 성실히 회계감사를 실시할 의무가 있다.(「상법」제412조, 제415조, 382조 제2항). 그리고 감사 또는 감사위원은 상당한 주의의무를 가지고 회계장부 등을 조사해야 하며, 회계장부 등에 부실한 기재가 있는 경우 감사보고서에 기재하여야 하고 (「상법」제447조의 4 제2항 제2호, 제4호, 제9호, 제10호). 경우에 따라서는 부실기재 사실 등을 주주총회에 보고할 의무가 있다(「상법」제413조).

이를 해태한 경우에는 「상법」제635조 제1항 제9호에 의한 과태료 처분 외에 회사 또는 제3자에 대해서 손해배상 책임을 져야 한다.(「상법」제414조 제1항 및 제2항).

(1) 회사에 대한 책임

감사 또는 감사위원(이하 '감사'라 한다)은 그 임무를 해태하여 분식결산을 알고 있으면서 이를 방치 하거나, 또는 상당한 주의로써 조사를 하였더라면 발견할 수 있었을 것임에도 불구하고 이를 발견하지 못하고 이것을 정당한 것으로 주주총회에 보고함으로써 회사에 손해를 입힌 경우에는 감사는 이사와 연대하여 회사에 대하여 손해배상책임을 진다. (「상법」제414조 제1항).

수인의 감사가 있는 경우에는 연대하여 책임을 지게 되나 고의·과실이 있는 감사만이 그 책임을 지고 당연히 모든 감사가 책임을 지는 것은 아니다. 이사에 대한 대표소송의 규정은 감사의 경우에도 준용된다.(「상법」제415조, 제407조).

(2) 제3자에 대한 책임

(가) 「상법」상 책임

감사는 악의 또는 중대한 과실로 인하여 그 임무를 해태한 때에는 제3자에 대해서도 연대하여 손해를 배상할 책임이 있다.(「상법」제414조 제2항).

여기서 악의·중과실이라는 것은 감사가 자신의 임무를 해태하고 있다는 사실을 알고 있었다든지 또는 조금만 주의를 하였더라면 알 수 있었음에도 불구하고 이를 게을리 한 경우를 의미하는 것이며, 제3자가 손해를 입을 것이라는 것을 예견하였다든지 또는 예견할 수 있었다는 것까지 필요로 하지 않는다.

따라서 제3자는 감사가 분식결산을 발견할 수 있었다든지, 부주의로 이를 발견할 수 없었다는 것을 입증하면 된다.

(나) 「외감법」상 책임

「외감법」제17조 제4항에 따라 감사인 뿐만 아니라 해당 회사의 이사 또는 감사도 그 책임이 있으면, 감사인과 연대하여 손해배상 책임이 있다. 다만, 손해를 배상할 책임이 있는 자가 고의가 없는 경우에 그 자는 법원이 귀책사유에 따라 정하는 비율에 따라 손해를 배상할 책임이 있다.

라. 외부감사인의 책임

감사인에게 민사상책임을 묻기 위해서는 「민법」, 「외감법」, 「자본시장법」등을 그 근거로 들어야 한다. 기본적으로 감사인은 회사와 위임계약을 체결하여 이루어진 관계이므로 일반적으로 회사에 대해서는 선관주의의무를 부담하고 있다. 만약 그 의무를 제대로 수행 하지 못했을 경우에는 「민법」상 채무불이행 또는 불법 행위로 인한 손해배상책임을 지게 된다.

또한 외부감사에 대하여 가장 총괄적으로 규정하고 있는 「외감법」에 의해서도 그의 책임을 물을 수 있으며, 유가증권신고서와 사업설명서에 대한 부실감사의 경우 「자본시장법」의 규정을 들어 책임을 물을 수 있다.

(1) 회사에 대한 책임

(가) 「민법」상 책임

앞서 설명하였듯이 감사인은 회사와의 위임계약에 따라 맺어진 관계이다. 따라서 원칙적으로 「민법」제390조 채무불이행에 기한 손해배상책임을 진다. 단 채무자인 감사인 이 고의나 과실 없이 이행할 수 없게 된 때에는 손해배상을 청구하지 못 한다.

「민법」제681조의 규정에 따라 감사인은 회사에 대하여 선량한 주의로써 그의 직무를 수행하여야 한다. 만약 이 의무를 게을리 하여 회사에 손해가 발생하게 되면 그는 그 손해에 대하여 계약상 책임으로써 손해배상 책임을 지게 된다. 마지막으로 「민법」제750조 불법행위책임에 따라 손해배상책임을 추궁할 수 있다.

(나) 「외감법」상 책임

외부감사인의 회사에 대한 책임에 관해서는 「외감법」에서 규정하고 있다. 즉 외부감사인이 그 임무를 게을리 하여 회사에 대해 손해를 발생하게 한 때에는 그 외부감사인은 회사에 대하여 손해를 배상할 책임이 있다. 이 경우 외부감사인이 감사반인 경우에는 당해 회사에 대한 감사에 참여한 공인회계사가 연대하여 손해를 배상할 책임을 진다.(「외감법」제17조 제1항).

감사인 또는 감사에 참여한 공인회계사가 그 임무를 게을리 하여 손해를 발생하게 한 경우 또는 중요한 사항에 관하여 감사보고서에 기재하지 아니하거나 거짓으로 기재함으로써 이를 믿고 이용한 제3자에게 손해를 발생하게 한 경우 손해배상책임을 면하기 위해서는 그 임무를 게을리 하지 아니하였음을 증명하여야 한다.(「외감법」제17조 제7항).

(2) 제3자에 대한 책임

(가) 「민법」상 책임

먼저 「민법」상으로 감사인의 회사에 대한 책임과 다르게 감사인과 제3자 사이에는 아무런 계약관계가 존재하지 않는다. 따라서 「민법」제750조에 따른 불법 행위책임만 문제될 뿐이다.

따라서 불법행위로 인한 손해배상책임을 지우기 위해서는 ① 회계감사기준 위반, ② 감사인의 귀책사유(과실, 중과실 또는 고의), ③ 중요사항에 대한 위반, ④ 부실기재, ⑤ 거래인과 관계, ⑥ 신뢰인과 관계가 요구된다.

(나) 「외감법」상 책임

외부감사인의 제3자에 대한 책임에 관해서는「자본시장법」과는 별도로 「외감법」에도 규정이 있다. 즉 외부감사인이 중요한 사항에 관하여 감사보고서에 기재 하지 아니하거나 허위의 기재를 함으로써 이를 믿고 이용한 제3자에게 손해를 발생하게 한 경우에는 그 감사인은 제3자에 대하여 손해를 배상할 책임이 있다. (「외감법」제17조 제2항).

다만, 연결재무제표에 대한 감사보고서에 중요한 사항을 기재하지 아니하거나 거짓으로 기재한 책임이 종속회사 또는 관계회사의 감사인에게 있는 경우에는 해당 감사인은 이를 믿고 이용한 제3자에게 손해를 배상할 책임이 있다.(「외감 법」제17조 제2항 후단). 이 경우에도 외부감사인은 그 임무를 게을리 하지 않았음을 입증하지 않으면 책임을 면하지 못 한다. (「외감법」제17조 제7항).

그리고 외부감사인이 회사 또는 제3자에 대하여 손해를 배상할 책임이 있는 경우에, 해당 회사의 이사 또는 감사도 그 책임이 있는 때에는 그 감사인과 해당 회사의 이사/감사는 연대하여 손해를 배상할 책임이 있다. (「외감법」제17조제4항).

그리고 「외감법」에 의한 외부감사인의 책임은 그 청구권자가 해당 사실을 안 날로 부터 1년 이내 또는 감사보고서를 제출한 날로부터 3년 이내에 청구권을 행사하지 아니한 때에는 소멸한다. (「외감법」제17조 제9항).

또한 회계법인은 위와 같은 「외감법」규정에 의한 회사 또는 제3자에 대한 손해를 배상하기 위하여 한국공인회계사회에 손해배상공동기금을 적립하여야 한다. (「외감법」제17조의 2 제1항).

(다) 「자본시장법」상 책임

「자본시장법」상 상장회사 등이 작성·제출해야하는 유가증권신고서 내지는 사업보고서에 포함되는 재무제표가 허위기재 등에 의하여 분식결산이 이루어졌음에도 불구하고 이를 적정한 것으로 감사 증명한 공인회계사 또는 회계법인은 그 회사의 유가증권을 취득한 자에 대하여 분식결산으로 입은 손해를 배상할 책임을 지게 된다.(「자본시장법」제125조 제1항 제3호, 제162조 제1항 제3호 및 제170조 제1항).

이 책임은 과실책임이지만 입증책임이 전환되어 외부감사인 또는 회계법인이 그 책임을 면하기 위해서는 상당한 주의를 하여 감사를 실시하였음에도 불구하고 분식결산이라는 것을 발견할 수 없었다는 것, 즉 허위증명을 한 것에 대하여 고의 또는 과실이 없었다는 것을 입증하거나 유가증권의 취득자가 취득 청약 시에 그 사실을 알고 있었음을 입증하지 않으면 안 된다.(「자본시장법」제125조 제1항, 제162조 제1항 및 제170조 제1항).

(라) 「증권관련 집단소송법」상 책임

「증권관련 집단소송법」은 회계정보 이용자가 기업의 회계부정으로 인한 막대한 경제적 피해를 해소하기 위하여 우리나라 정부가 2005년 1월부터 시행중인 법제도이다. 이 제도는 분식회계 및 허위공시, 부실감사, 불공정행위 등으로 인해 다수에게 피해가 발생한 경우 1인 또는 수인이 대표당사자가 되어 손해배상을 청구할 수 있도록 한다.[898]

「증권관련 집단소송법」제3조 제1항에서는 손해배상청구에 대한 그 적용범위를 「자본시장법」상의 네 가지의 경우로 제한하고 있다.

① 증권신고서나 투자설명서의 부실공시에 대한 손해배상청구(제125조).

② 사업보고서·반기보고서 및 분기보고서의 부실공시에 대한 손해배상청구 (제162조).

③ 미공개 중요정보 이용행위나 시세조종, 부정거래행위에 대한 손해배상청구 (제175조, 제177조, 제179조).

---

898) 박정우/정래용, 「증권집단소송제에 따른 감리제도 개선방안에 관한 연구」, 한국상사법학회 상사법연구 제25권 제3호, 2006., 222면.

④ 회계감사인의 부실감사에 대한 손해배상청구(제170조).

분식회계에 대한 손해배상청구는 제1호와 제2호 또는 제3호가 있다. 이 규정 내용을 근거로 증권신고서 및 투자설명서 또는 사업보고서 등 중요 사항에 대하여 거짓의 기재 또는 표시가 있거나 중요 사항이 기재 또는 표시되지 않음으로 인하여 증권 취득자가 손해를 입은 경우에 한하여 손해배상청구를 할 수 있도록 하고 있다.

부실감사와 관련해서는 제4호(또는 제3호)가 있다. 이 경우 회계감사인에 대하여 손해배상청구를 할 수 있는 경우에 해당되어, 「외감법」제17조 제2항에서 제9항까지의 규정에 대하여 선의의 증권취득자가 사업보고서 등에 첨부된 회계 감사인의 감사보고서를 신뢰하여 손해를 입은 경우 그 회계감사인의 손해배상 책임 준용하고 있다.

다만 배상책임 있는 자는 자신이 상당한 주의를 하였음에도 불구하고 그러한 거짓기재 또는 표시가 있음을 알지 못한 경우에는 이 사실을 증명하여야 하며, 증권취득자가 그 사실을 알았던 경우에는 배상책임이 없다.

2. 형사책임

분식결산에 의한 범죄는 회계조작으로 인해 일반투자가나 회사 채권자를 기만하고, 위법 배당이나 임원 상여 등에 의해서 회사 재산을 감소시키어, 급기야 회사 도산 이란 막다른 사태에 이르게 한다.

이것은 다수의 일반 투자자나 채권자에게 막대한 피해를 끼칠 뿐만 아니라 종업원의 대량 실업, 관련 회사의 연쇄도산을 불러오는 그야말로 공공적 범죄라 아니 할 수 없다. 따라서 「상법」, 「자본시장법」, 「외감법」에서는 분식결산에 관여한 자에 대해서 엄격한 형사 처벌을 가하고 있다.

가. 이사 및 감사의 형사책임
(1) 「상법」상 책임
(가) 특별배임죄

회사의 임원이 가공이익을 계상하여 본래 해서는 안 될 이익배당이나 임원상여 등을 지급함으로써 회사의 재산을 감소시킨 경우, 그 임원이 자신의 이익 또는 제3자(주주포함)의 이익을 취득하게 한 것으로 인정되면, 특별배임죄로써 10년 이하 징역 또는 3천만원 이하의 벌금에 처한다.(「상법」제622조).

이 특별배임죄에 해당하기 위해서는 「그 임무에 위배한 행위로써 재산상의 이익을 취득하거나 제3자로 하여금 이득을 취득하게 하여 회사에 손해의 발생」에 대한 범의가 있어야 한다. 여기서 이익이란 재산상의 이익에 한정되는 것이 아니기 때문에 임원이 자신의 체면이나 사회적 지위를 유지하기 위해서 위법배당 등 회사재산을 출연한 경우에는 자신의 이익을 꾀할 목적이 있었다고 인정된다.

그러나 배임죄의 본질은 이사의 임무위배에 있는 것이기 때문에 위법배당 등이 회사의 신용유지를 위해서 부득이 한 지출이라고 인정되는 경우에는 특별배임죄는 성립하지 않는 다고 보아야 한다.[899] 자세한 내용은 제2편 제7장 제3절 Ⅰ-1. "특별배임죄" 항목을 참조하기 바랍니다.

(나) 위법배당죄

분식결산에 의해서 가공의 이익을 계상하여 「상법」제462조의 규정에 의한 배당가능이익의 한도를 넘어서 위법배당을 한 때에는, 위법배당이라는 것을 알고 배당이익을 승인한 이사나 이것을 정당한 것으로 감사보고를 한 감사는 5년 이하의 징역 또는 1천 5백만원 이하의 벌금에 처한다.(「상법」제625조 제1항 제3호).

이 회사재산을 위태롭게 하는 죄 중 위법배당죄는 특별배임죄와는 달리 그 목적 여부를 묻지 않기 때문에, 단지 위법한 이익배당을 했다는 사실을 알고 있는 것만으로 형사책임을 지게 된다.[900] 자세한 내용은 제2편 제7장 제3절 Ⅰ-3. "회사재산을 위태롭게 하는 죄" 항목을 참조하기 바랍니다.

(다) 부실보고죄

회사의 이사, 감사, 집행임원 등이 「상법」제604조 및 제607조와 같은 조직변경이 있는 경우 회사에 현존하는 순 재산액보다 많은 금액을 자본금의 총액으로 하여 법원 또는 총회에 부실한 보고를 하거나 그 사실을 은폐한 경우에는 같은 법 제606조의 규정에 의하여 부실보고죄로 5년 이하의 징역 또는 1천 500만원 이하의 벌금에 처한다. 자세한 내용은 제2편 제7장 제3절 Ⅰ-5. "부실보고죄" 항목을 참조하기 바랍니다.

(라) 부실문서행사죄

이사, 감사 또는 주식·사채의 모집을 위탁받은 자가 주식·사채를 모집함에 있어서 주식청약서, 사채청약서, 사업계획서, 주식 또는 사채의 모집 등에 관련된 중요한 사실에 관해서 부실한 기재를 하거나 부실한 기재가 있는 것을 알면서도 동 문서를 행사한 때에는 5년 이하의 징역 또는 1천 5백만원 이하의 벌금에 처한다.(「상법」제627조 제1항).

---

899) 왕순모, 전게연구논문, 慶星大學校 법학연구소 경성법학 제10호, 2001., 57면.
900) 왕순모, 전게연구논문, 慶星大學校 법학연구소 경성법학 제10호, 2001., 57~58면.

증자 등에 의한 자금조달의 원활화를 꾀하기 위해 분식결산에 의해서 경영성적을 양호하게 조작한 문서를 배포·행사한 때에는 엄격한 형사책임이 가해지게 된다. 여기서 행사란 것은 공중에 대해 열람될 수 있는 상태를 말한다.[901] 자세한 내용은 제2편 제7장 제3절 Ⅰ-6. "부실문서행사죄" 항목을 참조하기 바랍니다.

(마) 허위문서 작성죄

「상법」상 이사, 감사 또는 감사위원 등이 회계장부, 재무제표, 감사보고서 등에 기재할 사항을 기재하지 않거나 부실한 기재를 한 때에는 500만원 이하의 과태료 처분의 대상이 될 뿐이다.(「상법」제635조 제1항 제9호).

(2) 「자본시장법」상 책임 – 허위문서 제출죄

자세한 내용은 제2편 제7장 제3절 Ⅱ-5. "허위문서 제출죄" 항목을 참조하시기 바랍니다.

(3) 「외감법」상 책임

(가) 회계분식죄

이사, 집행임원, 감사, 감사위원 등 「상법」제401조의 2 및 제635조 제1항에 규정된 자나 그 밖에 회사의 회계업무를 담당하는 자가 「외감법」제13조에 따른 회계처리기준을 위반하여 거짓으로 재무제표 또는 연결재무제표를 작성·공시한 경우 7년이하의 징역 또는 7천만원 이하의 벌금에 처한다.(「외감법」제20조제1항).

(나) 회계분식 이외의 죄

자세한 내용은 제2편 제7장 제3절 Ⅱ-4. "회계분식 이외의 죄" 항목을 참조하시기 바랍니다.

(4) 「형법」상 책임 –사기죄

자세한 내용은 제2편 제7장 제3절 Ⅱ-1. "사기죄" 항목을 참조하시기 바랍니다.

나. 감사인 및 공인회계사의 형사책임

(1) 「자본시장법」상 책임 – 허위 서명·증명죄

자세한 내용은 제2편 제7장 제3절 Ⅱ-5. "허위 서명·증명죄" 항목을 참조 하시기 바랍니다.

---

901) 왕순모, 전게연구논문, 慶星大學校 법학연구소 경성법학 제10호, 2001., 58면, 참고 및 인용

(2) 「외감법」상 책임 - 부실감사죄

우리나라 「기업회계기준」과「회계감사기준 적용지침」에서는 감사의 목적을 명시하고 있는데, 이에 따르면 **'회계감사란 감사의 대상이 되는 재무제표가 일반적으로 인정된 「회계처리기준」에 따라 중요성의 관점에서 적정하게 작성되었는지의 여부에 대하여 감사인이 독립적으로 의견을 표명하는 것'**이라고 한다.[902]

이러한 회계감사가 그 목적을 벗어나게 되면 그것이 바로 부실감사가 된다. 그러나 법적으로 부실감사는 회계정보 이용자들의 정당한 권리를 보장하기 위해 그 권리에 대응 하여 감사인에게 부과되는 법적의무나 현행법상 법적 의무로 전환되어 있는 감사인의 직업윤리적 의무에 위반한 것만을 가리킨다.[903]

감사인 및 공인회계사가 부실감사죄에 해당될 경우 「외감법」제20조 제2항 제2호의 벌칙조항에서는 5년 이하의 징역 또는 3천만원 이하의 벌금에 처하도록 되어 있으며, 「동법」제19조에서는 감사인 등이 그 직무에 관하여 부정한 청탁을 받고 금품이나 이익을 수수·요구 또는 약속한 경우에도 마찬가지로 벌금을 처하도록 되어있다.

여기서 제20조와 제19조의 차이점은 전자가 감사인의 감사보고서에 기재하여야 할 사항을 기재하지 않았거나 허위로 기재를 한 때를 처벌하는 것이고, 후자는 허위기재를 하지 않았더라도 부정한 청탁을 받고 이익을 수수·요구 또는 약속만 하였어도 처벌된다.

(3) 「공인회계사법」상 책임 - 진실의무위반죄

자세한 내용은 제2편 제7장 제3절 Ⅱ-12. "진실의무 위반죄" 항목을 참조하시기 바랍니다.

Ⅵ 분식회계의 근절방안

위에서 본 바와 같이 분식결산 그 자체의 위법성은 현행법제하에서도 용이하게 인정되며, 이에 따른 법률효과라는 측면에서도 나름대로 제재조치가 강구되어 있다고 볼 수 있다. 특히 이사, 감사 및 외부감사인 등 분식결산에 관여한 자의 민·형사 책임에 관해서는 비교법적으로 보아도 이례 없는 엄격한 규정을 두고 이에 대처하고 있다.

그럼에도 불구하고 현행법제는 분식결산을 방지하고 사전 적발하여 그 폐해를 최소화 하는 데에 무력하였으며 그 실태는 가히 상상을 초월할 정도에 이르렀다. 따라서

---

902) 회계감사기준 100(총칙) 문단 3(감사의 목적), 회계감사기준 적용지침 100(총칙) 문단 3.1(감사의 목적)
903) 이상돈, 「부실감사법」, 법문사, 2004., 23면.

분식회계는 기업과 외부감사인의 합작품이라는 말이 공공연히 나돌기도 한다. 이러한 분식회계를 해결하기 위해서는 의식구조의 변화와 제도의 강화가 필요하다고 본다.

1. 의식구조의 변화

분식회계를 근절하기 위해서는 무엇보다도 여기에 대한 온 국민의 관심이 필요 하다. 겉으로 보기에 분식회계의 주체는 기업체, 정부, 회계사 등으로 평범한 우리들과 관계없는 사람들이기에 관심을 가질 수 없었을지도 모른다.

그러나 분식회계를 근절하기 위해서는 사회 전반적으로 법규를 잘 지키는 기업, 정직한 기업, 투명한 기업이 대우를 받을 수 있는 풍토의 조성이 시급하다. 그러나 실제로 많은 경제 주체들은 투명성을 지키려고 하지 않고 있다. 왜 그런 것인가?

법대로 살면 망한다고 흔히들 말한다. 우리는 이 말에서 경제주체들이 불투명성의 오명을 벗지 못하는 까닭을 어느 정도 유추할 수 있다. 우리사회는 어느새 자신의 굳은 신념을 가지고 정직하게 원칙대로 사는 사람들이 손해를 보는 사회가 되어버린 것이다.

그렇기에 많은 사람들이 투명해지기를 거부하게 된다. 결국 불투명성이 불투명성을 낳은 셈이 된다. 그리고 그러한 불투명성의 피해는 바로 그 주변인들에 국한되지 않고, 국제적인 신용도의 하락으로 인하여 우리나라 전체에게로 돌아가게 될 것이다.

최근 문제가 되고 있는 여러 기업들의 분식회계로 인하여 여기에 관계된 사람들이 큰 피해를 입고 있고, 이로 인하여 한국의 기업 전체에 대한 불신도가 점점 커지고 있다. 따라서 우리 경제가 좀 더 효율적으로 돌아가고, 또한 구성원들이 서로가 서로를 믿으면서 살아가기 위해서는 우리사회를 구성하는 사람들의 행동에 대한 비판적인 시각이 필요하다.

그들이 행한 행위에 대하여 정당한 대우를 하고 또한 책임을 묻는 사회분위기를 만들어야 한다. 이러한 사회 분위기를 만들기 위해서는 온 국민의 노력이 무엇보다도 가장 중요하게 작용한다.

한 나라는 소수의 우두머리가 만들어 가는 것은 아니다. 그 사회를 구성하는 모든 국민이 그 나라의 주인이고, 그 나라를 만들어 가는 주체이다. 그리고 그 주체가 주체답게 행동할 때에 나라 또한 제대로 돌아갈 수 있다.

요즘 심각한 문제로 다가오고 있는 분식회계를 해결할 수 있는 가장 큰 방안은 국민들이 지속적으로 관심을 가지고 투명한 사회를 만들기 위해 노력하는 것이다. 즉, 국민전체가 지켜보고 있다면 기업, 정부, 회계사 모두 지금처럼 계속 분식회계를 할 수는 없을 것이다.

2. 제도측면의 개선

가. 회사의 노력

(1) 회사 경영자의 기업윤리 강화

분식결산이 현행법상 위법행위에 해당한다는 경영자의 의식이 결여되어 있다는 문제가 있다. 실제 결산정책상 회계장부 조작을 일삼는 많은 경영자들이나 대주주들은(이하 '경영자들'이라 한다) 기업을 私有物로 착각하고 있으며, 이러한 행위에 대한 범죄의식을 망각 하고 있는 사례를 흔히 볼 수 있다.

분식결산은 회사의 결산정책에 입각하여 경영자의 지시에 따라 이루어지는 것이므로 그 1차적 책임은 당연히 이들 경영자들에게 있다. 따라서 이것은 경영자의 의식구조에 관한 문제로서 부실 기재 내지는 허위 기재 그 자체가 위법행위에 해당 된다는 점과 그 법률효과로서 민·형사상의 무거운 책임을 지게 된다는 점을 재인식 시킬 필요가 있을 것이다.

그러나 아무리 훌륭한 법 체제를 갖추고 또한 그 들에 대한 책임과 벌칙을 강화한다 하더라도 경영자들 스스로가 분식결산이 우리사회에 미치는 악영향과 기업의 사회적 역할을 자각하여 강력한 의지로써 이를 배제하려 하지 않는 다면 결코 이를 근절할 수 없는 것 이다. 경영자들의 철두철미한 倫理觀과 意識轉換이 그 어느 때보다도 절실히 요구된다.[904]

(2) 내부회계통제제도 구축의 강화

분식결산이 기업의 결산정책에 입각하여 계열사 또는 관계회사 등과 공모하거나, 또한 회사의 內部統制組織 내지는 內部管理體制를 이용하여 교묘한 수법으로 이루어지기 때문에 이를 예방하고 적발하는 데에는 機能的 限界가 있다는 점을 지적하지 않을 수 없다.

분식회계를 근절하기 위해서는 회사가 거래발생 단계부터 장부에 기록하고 함부로 수정하지 못하게 하는 내부회계 통제제도의 구축 및 유지가 필수적이다. 많은 기업들은 월말 또는 연말에 장부를 보완하거나 수정하고 있어 분식회계를 통한 재무정보의 歪曲危險이 있다.

이를 근본적으로 방지하기 위해서는 재무정보의 신뢰성 확보를 목적으로 구축·운영 되고 있는 내부회계관리제도를 회사는 통제환경·위험사정·통제활동·정보 및 의사소통·모니터링의 5가지 구성요소를 모두 고려하여 설계하고, 이사회·경영진·감사 및 중간 관리자와 일반직원에 이르기까지 조직 내 모든 구성원

---

904) 왕순모, 전게연구논문, 慶星大學校 법학연구소 경성법학 제10호, 2001., 59~60면.

에 의해 체계적으로 운영되어야 한다.

그리고 회사 감사는 경영진과는 독립적인 입장에서 내부회계관리제도의 운영실태를 평가하고 그 결과를 이사회에 보고하여 문제점을 시정토록 하며, 또한 외부감사인은 내부 회계관리제도의 운영 실태와 관련 법규 준수여부에 대해 독립적이고 제3자적 입장에서 검토하고, 문제점을 감사보고서에 표명하여 동제도의 적정 운영을 확보토록 지원해야 한다.

나. 감사인의 노력

(1) 공인회계사의 기업 윤리 강화

한 기업의 재무제표가 기업회계기준에 따라 제대로 기록되었는지를 판단하기 위해서는 감사인의 역할이 매우 중요하다. 특히 회계법인과 감사받는 회사 간에 유착이 있어서는 안 된다. 그런데 많은 기업들은 회사 경영인과 감사인 간의 개인적인 친분 관계를 토대로 하여 감사인을 선임하고 있다. 대기업의 경우에는 조금 나아져서 회계법인의 신뢰성과 적격성을 고려하여 감사인을 선임하고 있으나 아직까지 미흡한 실정이다.

감사인과 기업간의 개인적인 친분이 있을 때 감사인 선임을 제한하는 정부의 규정이 있기는 하지만, 규제보다 더 중요한 것이 공인회계사들의 직업윤리라고 보인다. 회계사 자신이 윤리에 대한 의식이 없을 경우에는 어떠한 제도라도 결국 소용이 없는 것이기때문이다. 공적인 측면과 사적인 측면에서의 자신의 지위와 역할을 혼동하거나 상실해서는 안 될 것이다.

외부감사인은 결코 회사 경영자의 하수인이 아니며, 외부감사 또한 경영자 개인의 이익을 옹호하기 위하여 실시하는 것이 아니다. 외부감사인은 재무제표의 적부에 관한 의견을 표시하며 이해관계인으로 하여금 적확한 의사결정을 용이 하게 하고 나아가서는 社會的 公器로서의 지도적·비판적 역할을 다하여야 한다.

즉, 외부감사인은 무엇보다도 피감사회사의 결산정책, 회계부문 내부통제조직에 관해 철저한 조사를 실시하여야 하며, 구체적인 회계처리에 관해 부당·위법한 사항이 발견되었을 때는 이를 시정토록 권고·지도하고, 항상 비판적인 자세로 회계기록과 그 증빙자료의 조사에 임함으로써 분식결산에 대한 抑止的 機能을 발휘하여야 한다.[905]

(2) 분기 검토제도의 활성화

현재 우리의 감사 현실은 12월인 결산기에 집중된 감사업무로 인해서 외부 감

---

[905] 왕순모, 전계연구논문, 慶星大學校 법학연구소 경성법학 제10호, 2001., 60면, 참고 및 인용

사인이 충분한 인력과 시간을 갖고 충분히 검토를 못하고 있는 실정이다. 우리나라 외부감사대상법인의 12월 결산 집중률이 90%를 상회(96.7%)[906]하고 있다. 감사인은 법인세 납부기한인 3월말까지 검사를 끝내야 한다.

그러나 자료가 나오는 1월 중순경부터 감사를 시작하기 때문에 불과 2개월만에 감사업무를 종결해야 한다. 자연히 감사인들은 회계정보의 적정성에 대하여 제대로 판단하지 못하여 부실한 감사로 이어지고, 이는 곧 분식회계에 대한 감시가 소홀해짐을 의미하게 되어 기업이 계속 부실을 은폐하려는 악순환에 빠지게 된다.

이러한 문제점을 개선하기 위해서, 사업보고서를 제출하여야 하는 법인은 제출할 때 재무제표에 대한 또 다른 외부감사인의 검토보고서를 첨부하도록 하는 방안을 검토해 보자. 다만, 여기에 들어가는 부담을 고려하여 금융회사 및 회계연도 말 현재 자산규모가 2조원 이상인 상장법인과 협회등록법인에 대해서만 우선적 으로 적용토록 한다.

이와 더불어 상시 감사체제로의 전환을 촉진하기 위해서, 기업들의 중요한 재무관련 사항을 감사인에게 통보하여 감사인이 항상 기업의 중요한 변화를 인지하고 이를 검토 및 감사 업무에 적극활용할 수 있도록 활성화 방안을 강구하여야 한다.

(3) 외부감사인 보수의 적정화

공정거래위원회에서 발표한 자료를 보면 전문가 보수 자율화 조치 이후에 감사인 보수는 감사인 간의 치열한 수임경쟁으로 인하여 일반 물가 및 임금은 대폭 상승하였음에는 감사인 수임료는 오히려 그 이전 보다 대폭 하락한 것(공인회계사 1인당 감사보수 2001년 1억 5천 2백만원에서 최근 7천 8백만원으로 49% 하락)으로 나타났다[907].

선진국에 비해 우리나라 감사인보수수준은 4분의1내지 10분의1에 불과하다.[908] 이러한 낮은 감사인 보수로 인하여 감사인력과 감사시간을 충분히 투입할 수가 없으므로 부실한 감사가 될 가능성이 높다. 예로 해외 현장 감사를 수행하려해도 피감사회사가 과다한 경비부담을 이유로 거부하여 감사를 못하는 경우도 있다.

또한 외부감사인 보수의 적정화는 회계법인 경영의 안정화를 유지하여 회계 법인 간의 과당경쟁을 방지하고 외부감사인의 감사대상회사에 종속화를 예방할 수 있으며, 더 나아 가서 공인회계사들이 자긍심을 가지고 외부감사에 철저를 기할 수 있다.

---

906) 한국경제, 국회 : 기획재정위원회, 2015. 9. 26.
907) 황인태, 「지난 12년간 외부감사보수 전반적으로 떨러져」, 조세일보, 2015. 7. 28.
908) 안진, 「분식회계에 대한 감사대책 및 제도적 보완」, 공인회계사, 2001. 9., 120면.

이러한 문제점을 개선하기 위해서는 한국공인회계사회가 당사자들이 참고·적용할 수 있는 보수규정을 제정하는 것이 필요하다. 그래서 보수 결정의 관행이 합리화되어 감사위험이 큰 경우 감사시간을 더 많이 투입할 수 있게 하는 등 감사의 충실화를 유도해야 한다.

다. 감독당국의 노력

(1) 분식회계 관련자[909]에 대한 제재 강화

고의적으로 분식회계를 하는 경우에는 원칙적으로 대표이사 및 회사를 검찰에 고발 하고, 비록 실수로 회계기준을 위반한 경우라도 임원해임 권고, 과징금 부과, 유가증권 발행 제한, 언론 공표요구 등의 행정상 제재조치를 부과하도록 되어 있다.(「외감법」제16조 제2항 제3호).

특히 회사의 이사 또는 회계 담당자 등이 감사인 또는 그에 소속된 공인회계사에게 거짓자료를 제시하거나 거짓이나 그 밖에 부정한 방법으로 감사인의 정상적인 외부감사를 방해하는 경우에는 외부감사방해죄로 고발할 수 있도록 제도화되어 있다.(「외감법」제20조 제3항 제4호).

또한 외부감사인 및 소속 공인회계사에 대해 위반행위에 적합한 조치가 이루어지도록 업무·직무의 일부정지, 손해배상공동기기금의 추가 적립, 경고·주의 조치 등 조치수준을 다양화할 필요성이 있으며, 외부감사인 및 공인회계사들은 소속 회계법인의 외부감사업무 정책에 크게 좌우되므로 외부감사인 및 공인 회계사에 대한 제재의 실효성 확보를 위해서는 제재 대상에 회계법인 대표이사도 포함하는 것이 필요하다.

최근 최대 규모인 ○○조선해양의 분식회계(9조 9,651억원) 및 사기대출(20조 8,185억원) 범죄에서 알 수 있듯이 이러한 분식회계 및 그에 근거 한 사기대출을 막기 위해서는 분식회계 관련 기업 및 임직원 그리고 외부감사인과 공인회계사 및 회계법인 대표이사에 대한 감독당국의 강력한 단속의지가 매우 중요하다.

따라서 그간 분식회계 및 부실감사에 대해 업무담당자 중심으로 제재하여 왔으나 감독자 처벌 등 근본적인 대책 마련의 필요성이 제기되어 왔다. 이에 감독 당국은 분시회계 및 부실감사의 감독소홀 책임이 있는 회사의 감사(이하 '감사위원' 포함)와 회계법인 중간감독자에 대한 제재방안을 마련하여 강력하게 운영 할 필요가 있다.[910]

---

909) 분식회계 관련자 함은 분식회계 해당 회사의 관련 임직원, 외부감사인 등.

910) 금감원, 「분식회계 및 부실감사에 책임있는 회사 감사(감사위원)와 회계법인 중간감독자에 대한 조치기준 신설」, 보도자료, 2016. 7. 18.

(가) 분식회계 등에 책임이 있는 회사의 감사에 대한 조치

감사(감사위원회)가 형식적인 감사로 감사보고서를 발행하거나, 내부통제제도상 중대한 결함이 있음을 알고서도 이에 대한 적절한 조치를 하지 않아 분식회계 또는 중대한 회계오류가 발생할 경우 감사의 직무수행 소홀 정도 및 위법행위의 중요도에 따라 해임권고 조치를 부과하며, 위법행위를 적극적으로 개입·묵인·방조등 고의적 위반행위를 한 경우에는 해임권고와 더불어 검찰에 고발조치한다.

감사(감사위원회)에 대한 조치는 원칙적으로 이사보다 2단계 감경조치(故意時 除外)하고, 감리결과 감사 및 감사위원의 전문성 및 책임성 등이 미흡하거나 지원조직이 부실한 경우 회사에 개선권고를 병행한다. 다만, 감사가 회사의 위법 행위를 적극적으로 저지하기 위하여 노력한 경우에는 면책한다.

(나) 부실감사에 책임이 있는 회계법인 중간감독자에 대한 조치

회계법인 중간감독자*의 감독소홀**로 인해 중대한 부실감사가 발생한 경우, 위반정도(중요도, 동기)에 따라 직무정치조치를 부과하거나, 일정기간 상장법인 등 감사업무에 참여할 수 없도록 조치***한다.

* 중간감독자란 회계법인의 감사업무 수행 시 실질적인 감사현장 책임자를 말 하며, 소위 디렉터, 매니저, 인차지라는 직책으로 지칭한다.
** 중간감독자의 감독소홀 사항이란
① 중간감독자로서 감사업무 실시 과정에서 중요한 사항에 대하여 지시·감독 업무를 소홀히 한 경우.
② 중간감독자로서 감사업무의 내용 및 결과 등에 대한 검토를 소홀히 한 경우.
③ 기타 이에 준하는 사유가 있는 경우.
***중간감독자이므로 원칙적으로 담당이사 보다 1단계 감경조치 한다. 다만 고의 시에는 제외한다.

아울러, 중간감독자가 감사업무 담당이사(주책임자)의 지시·위임에 따라 위법행위를 지시, 가담 또는 묵인하는 등 고의적인 위반 시에는 등록취소 및 검찰 고발 등의 조치를 하며, 다만 중간감독자가 위법행위를 방지하기 위하여 감독 책임을 소홀히 하지 아니한 것으로 인정되는 경우에는 조치를 면제한다.

(다) 부실감사 회계법인 대표이사에 대한 제재 방안

중대한 부실감사에 대한 감독소홀 책임과 관련하여 회계법인의 대표이사가 감사업무의 품질관리를 소홀히 함으로써 중대한 감사부실이 발생한 경우에 부실 감사 방지의 실효성을 제고하기 위해서는 부실감사 회계법인에 대하여는 등록 취소, 부실감사 회계법인 대표이사에 대하여는 직무정지 건의 조치가 가능하도록 강력한 제재 방안 마련이 필요하다.

(라) 분식회계 관련 制裁者에 대한 취업 제한

○○그룹의 분식결산에 대한 중징계가 있기는 하였지만, 분식회계로 검찰에 고

발까지 당한 기업이 퇴출되지 않거나 분식회계 등 관련 임직원이 해임·면직 조치를 받은 경우에도 타 회사에 버젓이 근무하고 있는 바, 분식회계 관련 임직원에 대한 사법 및 행정제재의 실효성을 확보하기 위해서는 「은행법」 등 금융관련법에서와 같이 분식회계 관련하여 사법 및 행정제재를 받은 경우에는 일정기간 취업을 제한하는 것에 대한 적극 검토가 필요하다.

(2) 외부 감사인의 독립성 제고[911]

분식회계 및 부실감사로 인한 경제적·사회적 손실의 방지와 감사업무의 품질 제고를 위해서는 외부감사인의 독립성 확보이다. 외부감사인에게 있어서 피감사회사는 감사 대상이자 또 한편으로는 고객이므로 감사인의 독립성이 훼손될 가능성이 높다.

따라서 현재 국회에 계류 중인 「외감법」개정 법률안이 조속히 국회를 통과하는 등 아래와 같이 외부감사인의 독립성 제고 방안을 조속히 강구할 필요가 있다.

(가) 외부감사인 선임절차의 독립성 강화

현재 「외감법」상 회사가 외부감사인을 선임하도록 되어 있어 내부감사기구의 공정하고 객관적인 검증절차를 통해 외부감사인을 선임토록 함으로써 감사를 받는 被監企業이 자신을 감사하는 외부감사인을 선임하는 데서 야기되는 이해 상충 문제를 해결하고, 부실 감사를 사전에 예방하기 위하여 외부감사인의 독립성을 강화할 필요가 있다.

따라서 현재에는 회사가 외부감사인을 선임하고 감사 또는 감사위원회의 사후 승인을 받았으나, 앞으로는 감사 또는 감사위원회가 적합하다고 선정한자를 회사가 외부감사인으로 선임하도록 하여 외부감사인의 선임을 내부감사기구가 실질적으로 결정토록 함으로써 외부감사인의 독립성을 강화토록 하여야 한다.

그리고 회계법인 감사에 대한 회사의 영향력을 제한함으로써 해당회사의 분식회계 및 회계법인의 부실감사 방지와 감사에 보다 충실할 수 있는 환경을 조성하기위하여 대형 비상장 주식회사에 대해 상장법인과 같이 연속하는 3회계연도 동안 동일 감사인 선임을 의무화 하여 회사의 부당한 회계법인 교체를 방지한다.

(나) 외부감사업무의 품질관리제도 강화

감사업무의 품질이 보장될 수 있도록 외부감사인의 업무설계 및 운영에 관한 기준인 '품질관리기준'의 준수의무에 대한 법적근거를 마련하고, 품질관리기준[912]

---

911) 금융위원회, 「주식회사의 외부감사에 관한 법률 개정안 입법예고」, 2016.11.10.
912) 주요 내용은 경영진의 운영책임, 윤리적 요구사항, 업무의 수임과 유지, 인적자원, 업무수행, 모니터링 등.

은 한국공인회계사회가 감사품질의 확보 및 유지 등을 위해 필요한 사항 등을 포함하여 대통령령이 정하는 바에 따라 금융위원회의 승인을 받아 정하도록 한다.

따라서 감사보고서의 품질관리 수준을 높여 부실감사를 사전에 예방하고, 품질관리 기준의 준수여부를 주기적으로 평가·점검함으로써 외부감사 품질관리제도의 실효성이 확보될 수 있도록 한다. 즉, 상장법인 및 금융기관을 감사하는 회계법인의 경우 일정수준의 감사보고서 품질관리시스템을 갖추도록 의무화 한다.

품질관리시스템 필수 기준(예시)

① 독립성 관리제도 : 외부감사인과 피감사대상(회사)의 독립성 훼손 방지 장치(재무적 이해, 배우자 등의 고용관계 등을 확인) 구비.
② 사전 심리 제도 : 감사보고서 발행 전까지 주요 이슈 사항 등 회계법인 내부의 품질 관리실 등의 다른 이사가 감사팀의 업무 내용을 점검.
③ 감사시간 투입 관리 : 회사 규모 등에 따라서 충분한 인력과 시간이 감사 업무에 투입 될 수 있도록 관리하는 제도 등.

(다) 외부감사인의 재무제표 작성·지원 금지

현행법상 재무제표의 작성책임은 회사에게 있으나, 재무제표 작성시에 외부 감사인에게 의존하는 오랜 관행이 존재하여 왔으나, 회사의 외부감사인 및 그에 소속된 공인회계사는 해당회사의 재무제표를 대표이사와 회계담당 임원을 대신 하여 작성하거나 재무제표 작성과 관련된 회계처리에 대한 자문에 응하는 등 행위를 하여서는 아니 되며, 해당회사는 외부 감사인 및 그에 소속된 공인회계사에게 이러한 행위를 요구해서는 아니 된다.

왜냐하면, 회사의 외부감사인 및 그에 소속된 공인회계사가 해당 회사에 대한 재무제표를 대표 이사와 회계담당이사를 대신하여 작성 하거나 재무제표 작성과 관련된 회계 처리에 대하여 자문하는 등의 행위는 회사의 책임의식을 약화 시키고, 재무제표를 검증해야할 외부감사인의 독립성을 심각하게 훼손할 우려가 있기 때문에 외부감사인의 해당회사에 대한 재무제표 작성·지원을 금지토록 하여야 한다.

(3) 감사기구의 회계감사 기간 합리화

현행 「외감법」에 의하면 외부감사인은 회사로부터 주주총회일 6주전에 재무 제표를 받은 후 주주총회일 1주일 전까지 감사보고서를 이사와 감사에게 제출 해야 한다. (「외감법」제7조 및 제8조, 「외감법시행령」제제6조 및 제7조).

이에 대해 「상법」에 의하면 감사는 회사로부터 주주총회일 6주전에 재무제표와 그 부속명세서 및 영업보고서를 받은 후 4주내 즉 주주총회일 2주전까지 감사보고서를 이사 에게 제출하여야 하며, 다만 상장회사의 경우 감사는 주주총회일 1주전까지 감사보고서를 이사에게 제출해야 한다.(「상법」제447조의3, 제447조의4, 제542조의12 제6항).

「외감법」만 적용되는 회사의 경우 감사가 외부감사인으로부터 감사보고서를 받는 시점(주주총회일 1주 전)이 자신의 감사보고서을 이사에게 제출하여야 할 시점(주주총회일 2주 전) 보다 늦으며, 상장회사의 경우는 외부감사인으로부터 감사보고서 받는 시점과 감사보고서를 이사에게 제출하는 시점이 동일(주주 총회일 1주 전) 하다.

외부감사제도가 회계감사의 한계를 회사 외부의 회계전문가를 통해 극복하기 위한 것임에도 불구하고, 현실적으로 외부감사인의 감사결과를 내부감사기구가 활용할 수 있는 방법이 전무한 실정이다. 따라서 외부감사인의 감가결과에 대해 회사 내부에서 감사가 참고 내지 재차 검증할 수 있도록 감사보고서의 제출시점에 대해서 재검토가 필요하다.

(4) 감사보고서의 감리업무의 정교화

현행 「외부 감사 및 회계 등에 관한 규정」제48조에 제1항에 의하면 증선위는 다음 각 호 1에 해당 하는 경우 관련 감사보고서(연결감사보고서 및 결합감사 보고서를 포함)에 대한 감리 (이하 "감사보고서 감리")를 실시하도록 되어 있다.

감사보고서의 감리대상회사

1. 금융위의 요청이 있는 요청이 있는 경우.
2. 금융위・증선위의 업무수행과정에서 회계처리기준 또는 법 제5조제1항의 규정에 의한 회계감사기준을 위반한 혐의가 있는 경우.
3. 검찰 등 국가기관이 회계처리기준 또는 회계감사기준 위반혐의를 적시 하여 조사를 의뢰한 경우.
4. 회사관계자・감사관계자・기타 이해관계인 등이 회계처리기준 또는 회계감사기준 위반혐의를 구체적으로 적시하여 관련 증빙자료와 함께 실명 으로 제보한 경우.

또한 「외부 감사 및 회계 등에 관한 규정」제48조에 제3항에 의하면 증선위는 감사인의 공정한 감사를 유도하기 위하여 제1항에 해당되지 않는 경우에도 전산 재무분석 시스템을 활용한 계량적 분석방법이나 무작위 표본추출 등의 방법에 의하여 선정한 회사, 기타 필요하다고 인정하는 회사의 감사보고서를 대상으로 감리를 실시할 수 있다.

현행 증선위의 감사보고서의 감리대상회사 선정기준은 감사인의 공정한 회계 감사를 유도하는데 초점을 맞추고 있으나 분식회계는 경영진이나 대주주에 의해 주도적으로 이루어 지고 있다는 점을 고려할 때 '을'의 위치에 있는 감사인 만을 초점을 맞추는 선정기준은 실효성 측면에서 적정하지 못하다.

「회계부정기업의 재무구조와 지배구조특성에 관한 연구」[913]에 의하면 첫째, 지배 구조 특성 변수에 의한 차이분석 결과 경영자 보상과 최대주주 지분율, 감사 인 교체여부 그리고 부채비율에서 회계부정기업과 통제기업 사이에 유의적인 차이가 나타나고 있다.

둘째, 재무구조에 대한 차이분석 결과 안정성지표에서는 회계부정과 통제기업 사이에서 차입금 의존도와 영업이익대비 이자보상배율의 변수가 유의한 차이를 나타냈고, 수익성지표에서는 매출액영업이익률, 매출액순이익률, 총자산순이이률 그리고 총자산 대비 영업현금흐름비율의 변수에서 유의적인 차이가 나타나고 있다. 마지막으로 활동성지표에 대한 분석결과 유형자산회전율과 총자산회전율에서 회계부정기업과 통제기업의 유의적인 차이가 나타났다.

따라서 감사보고서에 대한 감리의 효율성과 기업의 분식회계를 근본적으로 방지하기 위해서는 감독당국의 감사보고서에 대한 감리대상회사 선정기준을 기업의 재무구조와 지배구조 특성 그리고 기업의 활동성 지표의 분석결과 등을 고려한 보다 정교한 선정기준을 개발하여 운영하는 것이 바람직하다고 본다.

그리고 증권선물위원회는 감리업무를 수행함에 있어서 외부감사인의 감사업무에 대해 품질관리기준의 준수여부에 대한 감리 및 품질관리수준에 대한 평가를 함으로써 감사보고서의 품질관리 수준을 높여 부실감사를 사전에 예방하고, 품질관리기준의 준수여부를 점검함으로써 품질관리제도의 실효성을 확보토록 하여야 한다.

(5) 회계감리의 효율성 및 공정성 제고

회계감리의 효율성과 공정성을 제고하기 위하여 종래 상장기업만 감독당국에서 감리 하였으나, 투자자등 이해관계자가 많은 사업보고서 제출대상 법인도 감독당국에서 직접 감리토록 한다.

한국공인회계사회의 위탁감리 결과에 대한 공정성 문제 등 발생 시 감독당국에서 직접감리하여 취소·수정 요구할 수 있는 위탁감리 수정요구권을 도입하며, 한국공인회계사회 위탁감리위원회의 구성·선임 절차 등을 개선하여 인적 구성의 공정성을 확보한다.

---

913) 신현국, 「회계부정기업의 재무구조와 지배구조 특성에 관한 연구」, 신라대학교 대학원, 2015. 82~84면.

(6) 회사에 대한 과징금제도 강화

분식회계 등에 대해 「자본시장법」에 과징금이 일부 도입되어 있으나, 사업보고서 의무제출 대상이 아니거나 증권을 발행하지 않은 회사의 경우 분식회계에 대해서는 과징금 부과 근거가 없는 등 적용범위의 한정 등으로 분식회계 방지를 위한 입법취지를 달성하는 데는 실효성이 매우 약한 현실이다.

또한 최근 자본시장조사업무규정 개정으로 종래 유사 동종행위에 대해 가장 큰 과징금 1건만 부과(최대 20억원)하던 것을 위반행위별 과징금을 개별 부과하여 합산(Σ 20억원, 분식금액의 10%로 하되 20억원 촉과시 20억원) 토록 개선하였으나 거액 분식회계를 막기에는 매우 미흡한 실정이다.

회사의 투명한 회계처리를 위해서 감독당국에서는 회사·감사인·개인에 대한 과징금제도를 다음과 같이 대폭 개선조치 하였으나, 향후 추이를 봐가면서 「자본시장법」에서의 불공정거래 행위 등에 대하여 도입하고 있는 **징벌적 과징금제도의 도입**을 적극적으로 검토할 필요가 있다.

과징금제도 주요 개선 내용[914]

① 회 사 : 과징금 부과한도 폐지(분식금액의 20%로 하고 상한 폐지).
② 감사인 : 과징금 부과 기준 상향 및 한도 폐지.
　(자본시장법상 감사보수 2배 → 5배, 20억원 한도 → 폐지).
③ 개 인 : 분식회계가 감사의 고의·중과실로 인한 내부통제 부실에 기인한
　경우 감사(감사위원 포함)에 대해서도 과징금 부과.
④ 기 타 : 과징금 부과시효를 현행 5년에서 8년으로 연장하고, 감리가 개시
　된 경우 신효 진행 중지.

(7) 외부감사인 지정제도의 개선

현행 감사인 선임은 감사위원회 또는 감사인 선임위원회의 승인을 얻도록 되어 있지만 실효성이 없으며, 「외감법」개정안에는 외부감사인의 선임·해임 결정권한을 회사에서 감사위원회 혹은 감사로 이관하는 내용이 포함되어있으나 감사 위원회 또는 감사의 독립성이 확보되지 않는 상황에서 외부감사인의 선임권한을 감사위원회 등으로 이관한다고 해서 이해상충의 문제가 해소될지는 의문이다.[915]

2015년 외부감사인 지정비율은 전체 24,951사(상장사 2,009사) 중 422사(상장사 157사)로 1.7%(상장사 7.8%) 매우 미약하고, 전체 지정회사 수(422사)를 감사인 지정사유별로 보더라도 대부분이 사후조치이고 사전 예방할 수 있는 사유인

---

914) 금융위원회·금융감독원, 「회계 투명성 및 신뢰성 제고를 위한 종합대책」, 2017. 4. 18. 보도자료.
915) 김이배, 「감사인 선임제도 개선방안」, 2016.12.13. 8면

재무기준 요건해당(78사), 감사인 미선임(38사), 감사인 부당교체(3사) 등의 사유로 지정된 비율은 28.1% 불과하여 회계부정을 사전 예방하는 데는 한계가 있다.

따라서 최근 감독당국에서는 다음의 요건 중 하나 이상에 해당하는 상장회사에 대하여는 상장회사가 자사의 감사인이 되길 희망하는 회계법인 3개를 제시하면 증선위가 그중 하나를 지정하는 '선택지정제'를 도입할 예정이다.[916]

선택지정제 도입대상 상장사

① 경제적 영향 : 대규모 기업집단(자산총액 5조원 이상) 소속회사, 금융회사.

② 지배 구조 : 소유·경영 미분리, 잦은 최대주주 변경.

③ 재무 상황 : 최근 소액 공모, 최대 주주 등 자금 대여, 자산 양수도 빈발 기업.

④ 기 타 : 투자주의 환기종목(코스닥), 감사전 재무제표 지연제출, 동종 업종 유사규모 회사 대비 감사시간이 현저히 적은 회사, 신규 상장회사.

⑤ 회계투명성 유의업종 : 증선위가 정하는 '회계투명성 유의업종'에 속하는 상장회사(예, 수주산업 등).

그러나 최근 회계분식 규모가 거대화 되고 빈번하게 발생하고 있는 회계부정을 막기 위해서는 위와 같은 방밥으로는 한계가 있다고 보여지는 바, 이를 해결하는 방법으로 여러 가지가 있을 수 있으나, 실효성 있는 방법으로 다음과 같은 두 가지 방안을 고려해 볼 수 있다.[917]

(가) 혼합감사인선임제(9년 자유선임 + 3년 지정)

〈 장 점 〉

1. 자유수임제의 장점과 지정제의 장점을 동시 달성.

2. 감사인의 독립성 제고에 기여.

3. 감사품질의 향상 유도

4. 간접감리의 효과 등.

〈 단 점 〉

1. 계속감사의 단절로 인한 감사효율성 저하.

2. 초도감사 시 감사실패 위험 증대.

3. 사회적 비용 증대

4. 합리적인 지정방안 마련 고란 등.

---

916) 금융위원회·금융감독원, 「회계 투명성 및 신뢰성 제고를 위한 종합대책」, 2017. 4. 18. 보도자료.
917) 김이배, 「감사인 선임제도 개선방안」, 2016.12.13. 9~20면

(나) 감사인 지정 확대(자유수임 원칙, 지정 확대)

〈 장 점 〉

1. 기존 제도의 확대 적용으로 실행이 용이.
2. 지정제 확대로 독립성 제고.
3. 공공성 및 조기경보 기능 강화.
4. 다른 개선안에 비해 지속가능성 등.

〈 단 점 〉

1. 지정제 확대로 시장원칙 훼손.
2. 감사인 교체에 따른 감사 효율성 저하.
3. 지정에 따른 낙인 효과 문제.
4. 감독당국에 예속 가능성 존재 등.

감사인을 지정하는 경우 감사인이 독립적인 위치에서 감사를 수행할 수 있어 감사품질을 향상시킬 수 있으나, 지속적으로 감사인을 지정하면 감사인이 감사기술 향상에 소홀히 하고 유착관계 발생으로 독립성이 저하될 가능성이 있어 일정기간 후 감사인을 변경할 필요성이 대두되고 있다.

감사인 지정제는 감사인의 독립성 확보를 위한 제도 감사인 지정에 따른 낙인효과의 문제, 감사인 지정제 확대로 인한 시장원칙 훼손 등의 문제점이 있다. 따라서 자유수임제의 장점과 지정제의 장점을 동시 달성할 수 있고 감사인의 독립성 제고에 기여할 수 있으며 간접감리의 효과를 이룰 수 있는 혼합감사인제의 도입을 검토할 필요가 있다고 본다.

라. 이해관계자의 노력

(1) 채권자 및 투자자의 노력

채권자 및 투자자들은 해당 기업이 제대로 돌아가는지를 감시 및 감독해야 하는 임무를 맡고 있다. 이들이 자금을 투입한 기업이 분식회계로 인하여 도산 했을 경우에, 정작 큰 피해를 입게 되는 것은 바로 이들 이다. 자신이 투자한 기업의 경영상태에 대하여 관심을 가지고 감시하는 것은 그 기업을 위해서도, 또한 자기 자신을 위해서도 필요한 일이다.

특히 금융회사 등의 경우 기업이 부실하게 되었을 때 공적자금의 투입 등의 사회적인 문제가 야기 될 수도 있다. 따라서 개인투자자의 경우 전문적인 기업 분석가의 도움을 적극 활용하며, 법인의 경우는 스스로 정교한 기업 분석시스템을 개발하거나 직원들의 업무역량을 개발하여 적기 채권회수 및 투자손실에 대비하여야 할 것이다.

(2) 내부고발제도의 활성화

내부고발제도의 활성화에 관한 자세한 내용은 제1편 제4장 제5절 Ⅵ-3. "내부고발의 효과적 운영" 항목을 참조하기 바랍니다.

(3) 감사인지정 요청제도의 활성화

회사의 경영진 또는 감사 및 감사위원회가 회계부정 의혹 발생 시 감독당국에 새로운 감사인을 지정해 줄 것을 요청할 경우에는 감독당국은 일정기간 감리대상을 유예 또는 면제 하는 등의 감리 인센티브를 부여하여 감사인지정 요청제도를 활성화 한다.

(4) 손해배상청구제도의 활성화

우리나라의 대부분의 대기업은, 소유와 경영이 분리되지 않은 채, 말하자면 재벌주주 내지는 그 혈족에 의한 지배구조를 취하고 있기 때문에 「상법」제399조 및 제414조제1항에 의해 회사 스스로가 직접 이사나 감사에 대한 책임을 묻는 소송이 제기될 가능성은 거의 없다고 본다.

이러한 상황에서는 「상법」제401조나 제414조 제2항을 근거로 하여 주주나 회사채권자가 소송을 제기하여 승소한 사례는 거의 전무하다. 그것은 무엇보다도 회계장부, 재무제표 등에 부실한 기재 내지는 허위기재가 있다 하더라도 주주나 회사채권자가 경영자 등의 고의·과실 등을 입증하는 것이 용이하지 않기 때문이라 생각된다.

이러한 문제에 해결하기 위해서는 재무제표 등에 허위기재를 한 이사 등의 회사 및 제3자에 대한 손해배상책임을 추궁함에 있어서는 이사 측이 무과실임을 입증하지 못하면 책임을 면할 수 없도록 하는 입법적인 조치가 필요하다.[918)]

---

918) 일본 「상법」 제266조의3 제2항 및 「자본시장법」제125조 제1항 후단 참조.

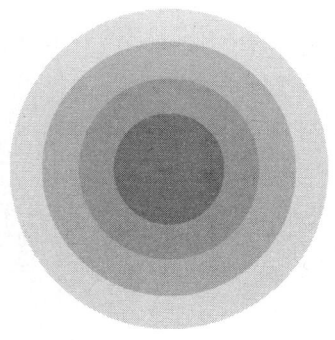

제2편

감사 법무

제1장 　　　　　　　　　　　　회사법의 개요

제1절 　　회사법의 의의

Ⅰ 형식적 의의의 회사법[1]

　형식적 의의의 회사법은 성문법전의 형식 또는 명칭으로 보아 회사법이라고 인식되는 것을 뜻하며, 그 규정의 실질이 회사에 고유한 것인가를 묻지 아니한다. 「상법」중 「제3편 회사」가 곧 우리의 형식적 의의의 회사법 이다.[2]

　형식적 의의의 회사법은 주로 私法的 法規로 구성되어 있고, 실질적 의의의 회사법과 대강에 있어 범주를 같이하나, 그 밖에도 여러 非訟事件的 規程, 訴訟法的 規程, 罰則的 規程을 포함하고 있다.

Ⅱ 실질적 의의의 회사법

　실질적 의의의 회사법이란 회사라고 하는 형태의 공동기업의 조직과 경영을 규율하는 법을 두루 말한다. 다수인이 결합한 기업경영조직이 개개의 구성원으로부터 독립하여 기업거래상의 주체성을 갖게 될 때에는 특별한 법적 규율을 요한다.[3]

　따라서 실질적 의의의 회사법은 각종 법령·관습법·회사의 정관 등에도 존재한다. 또한 실질적 의의 회사법에는 사법적 규율의 실효성을 확보하기 위하여 형사·조세·

---

1) 형식적 의의의 회사법에 관한 정의로는 "상법 제3편"(송옥렬, 716면), "성문법전의 형식 또는 명칭으로 보아 회사법이라고 인식하는 것"(이철송, 6면, 임재연, 3면) "상법이라는 이름으로 제정된 실정 성문법인 상법전"(정찬형, 11면), "회사에 관한 성문법규로서, 규정의 형식에 착안하여 회사라는 명칭을 사용한 법률또는 편·장"(최기원, 5면), "회사기업에 관한 성문법규로서 구체적으로 상법 제3편 회사의 규정"(최준선,7면) 등이 있다.
2) 이철송, 전게서, 박영사, 2014., 7면. 임재연, 전게서, 박영사, 2014., 3면.
3) 이철송, 전게서, 박영사, 2014.,7면. 임재연, 전게서, 박영사, 2014., 3면.

소송·비송 분야에 속하는 다수의 공법적 규정이 포함된다.[4]

이에 따라 실질적 의의의 회사법을 정의함에 있어 공법적 규정도 포괄하여 정의하기도 하고,[5] 사법으로서의 성격을 강조하여 정의하기도 한다.[6] 두 가지 방식의 정의를 비교해보면, 실질적 의의의 회사법 안에 포함된 공법적 규정이 사법적 규정의 실현에 불가결한 역할을 한다는 점은 부인할 수 없다.

그러나 공법과 사법을 구분하는 취지가 법규의 전체적 성격으로 보아 그 중 어느것의 지배를 받느냐를 파악하기 위한 것이고, 또한 회사법의 핵심적 규정은 어디까지나 사법적 규정이다. 따라서 실질적 의의의 회사법은 회사법의 사법으로서의 성격을 강조하여 "회사라는 형태의 공동기업의 조직과 운영에 관한 사법"으로 정의하는 것이 타당하다.[7]

제2절 >> 회사법의 지위와 특성

I 회사법의 지위[8]

회사법은 공동기업에 관한 일반법이고, 이에 대한 특별법으로서 은행법·보험업법 등을 비롯한 각종 경제법규가 있다. 회사는 법인으로서 회사법에 규정이 없는 사항에 대하여는 법인에 관한 민법의 규정이 적용되거나 유추 적용된다.[9] 그러나 합명회사·합자회사는 「상법」상 법인이지만 조합의 성격이 강하므로 내부관계에 대하여는 「민법」의 조합에 관한 규정이 준용된다.(「상법」제195조, 제269조).

---

4) 임재연, 전게서, 박영사, 2014., 3~4면.
5) 공법적 규정도 포괄하여 실질적 의의 회사법을 정의하는 견해를 소개하면, "회사형태의 공동기업의 조직과 경영을 규율하는 법"(이철송, 6면, 임재연, 3면), "회사기업에 관한 법으로서 회사의 설립·조직·운영·소멸에 관한 모든 법규"(최기원, 5면) 등이다.
6) 사법으로서의 성격을 강조하여 실질적 의의의 회사법을 정의하는 견해를 소개하면, "회사의 조직과 경영을 규율하는 사법"(송옥열, 718면), "회사기업에 고유한 私法"(정찬형, 425면), "회사의 조직과 운영에 관한 법 으로서 회사기업에 고유한 사법"(최준선, 7면) 등이다.
7) 임재연, 전게서, 박영사, 2014., 4면.
8) 임재연, 전게서, 박영사, 2014., 4면.
9) 임재연, 전게서, 박영사, 2014., 4면.

Ⅱ 회사법의 특성10)

1. 단체법과 거래법

가. 단체법적 성질

회사법규정의 대부분은 사원과 회사의 권리의무, 회사의 의사결정, 회사의 업무집행 및 대표행위 등과 같이 회사라는 단체의 내부적인 조직을 중심으로 한 규정이다.

따라서 사원평등원칙·다수결원리 등과 같은 획일적·통일적 원리에 의해 법률관계가 형성되는 단체법적 원리가 적용된다.

나. 거래법적 성질

회사법에는 회사와 제3자 간의 거래에 관한 규정, 회사와 회사채권자 간의 법률관계에 관한 규정, 주식의 양도에 관한 규정 등과 같이 거래법적 성질을 가지는 규정도 부분적으로 존재하고, 이러한 규정에 대하여는 사적자치·거래안전의 보호 등과 같은 개인법상의 법리가 지배한다.

다. 혼합형태의 규정

주식양도의 방법으로 주권을 교부하여야 한다는 규정은 거래법적 성질의 규정이지만, 명의개서를 하여야 회사에 대항 할 수 있다는 규정은 단체법적 성질의 규정인 것처럼, 주식양도라는 하나의 법률관계에서도 거래법적 성질의 규정과 단체법적 성질의 규정이 혼재되어 있는 규정도 있다.

2. 영리성과 공공성

회사는 그 구성원인 사원의 경제적 이익을 도모할 것을 목적으로 하는 이익단체이므로 회사법은 이러한 영리성을 기초로 하지만, 한편으로는 공공성에 기초한 규정도 포함한다. 따라서 회사는 단순한 영리추구의 수단을 넘어서 하나의 사회적 존재가 되었다.

이에 따라 기업의 사회적 책임(CSR : Corporate Social Responsibility)에 관한 논의가 활발하게 전개되어 왔다.11)다만, 기업의 사회적 책임은 그 개념이 불명확하고 입법기술상의 문제로 인하여, 일반적으로는 회사법의 해석원리로 받아들여지지 않고, 또한 입법론으로도 소극설과 다수설이 있다.

---

10) 임재연, 전게서, 박영사, 2014., 5~6면.

11) 기업의 사회적 책임론은 회사는 사회에 대하여 공익적 기여를 해야 한다는 이론을 말한다.(송옥렬, 689면, 이철송, 62면 이하)

3. 강행규정과 임의규정

회사법의 강행규정성에 대하여 의문을 제기하는 견해도 있으나,[12] 통설은 회사법이 대부분 법률관계의 획일적 형성을 위한 단체법적 성질의 규정으로 구성되어있으므로 회사법은 강행법규로 본다.[13]

회사법의 단체법적 성질을 설시한 판례도 다수 있는데,[14] 구체적으로는 회사법 자체를 강행법규로 본 판례도 있고,[15] 그 밖에 회사법의 개별규정을 강행법규라고 판시한 판례도 다수 있다.[16]

제3절 ▷▷ 회사법의 법원(法源)

회사법의 法源으로는 회사법(「상법」 제3편)·회사에 관한 특별법령 등 상사제정법과 정관 등의 상사자치법, 상관습법 등이 있다. 다만, 해상법 분야와는 달리 회사법 분야에서는 아직 국제적인 상사조약은 없다.[17]

I 상사제정법

회사제정법에는 기본적인 法源으로 「상법」 제3편 「회사」 및 부속법령인 「상법시행법」과 「상법시행령」 그리고 각종 상사특별법령이 있다.

1. 상법전

회사법의 法源 가운데서 가장 중요한 위치를 차지하는 것은 商法典 내의 「회사편」이다. 「상법」은 1962년 1월 20일에 법률 제1000호로 제정되어, 1963년 1월 1일부터 시행되었으며 수차에 걸쳐 개정되었다.

---

12) 송옥렬, 「상법강의 제4판」, 홍문사, 2014., 719면.
13) 임재연, 전게서, 박영사, 2014., 6면.
14) 대법원 2004.6.17. 선고 2003도7645 판결, 대법원 2007.10.26. 선고 2005두3172 판결.
15) 대법원 2009.11.26. 선고 2009다51820 판결
16) 대법원 2007.6.28. 선고 2006다38161, 38178 판결, 2004.4.27. 선고 2003다29616 판결, 1995.4.11. 선고 94다33903 판결, 1992.2.14. 선고 91다31494 판결, 1977.4.26. 선고 76다1440 판결.
17) 임재연, 전게서, 박영사, 2014., 24면. 최준선, 「회사법 제6판」, 삼영사, 2011., 8면.

2. 특별법령

특별법령에는 매우 많은 것이 있는데, 대체로 세 종류로 나누어 볼 수 있다.

첫째, 법령의 전부가 회사법의 法源을 이루는 것으로 「담보부사채신탁법」, 「외감법」 등이 있다.

둘째, 법령의 일부가 회사법의 法源을 이루는 것으로 「자본시장과 금융투자업에 관한 법률」, 「공공기관의 운영에 관한 법률」, 「은행법」, 「보험업법」, 「상호저축은행법」, 「새마을금고법」, 「여신전문 금융업법」, 「신용정보의 이용 및 보호에 관한 법률」, 「공사채등록법」, 「외국인투자 촉진법」, 「독점규제 및 공정거래에 관한 법률」, 「산업 발전법」, 「무역보험법」이 대표적인 것 들이다.

셋째, 특수회사법으로서 「한국전력공사법」, 「한국가스공사법」, 「한국토지주택공사법」, 「한국석유공사법」, 「대한석탄공사법」, 「한국도로공사법」, 「한국수자원공사법」, 「한국은행법」, 「한국산업은행법」, 「금융기관 부실자산 등의 효율적 처리 및 한국자산관리 공사의 설립에 관한 법률」, 「한국수출입은행법」, 「한국농수산식품유통공사법」, 「중소 기업은행법」, 「신용보증기금법」 등을 들 수 있다.

Ⅱ 상관습법

상관습법은 「상법」 일반의 法源으로서는 중요성을 갖지만, 회사제정법이 단체법 으로서 강행법적 성질을 갖고 있을 뿐만 아니라 自足的으로 규정되어 있는 까닭에 회사법의 法源으로서는 별로 큰 의의를 갖지 못한다. 가장 중요한 예로는 「상법」에서 명문으로 보충적 효력을 규정하고 있는 기업회계 관행을 들 수 있다.(「상법」제29조 제2항, 제446조의2).[18]

상관습법은 상사에 관한 관습법으로서 상사에 관한 제정법(制定法)이 잘 정비되어 있다고 하더라도, 끊임없이 변하고 있는 기업적(企業的) 생활관계에 대한 탄력적 규율의 요구에서 상관습법은 필연적으로 발생하며, 성문화(成文化)의 경향과 진보화(進步化)의 경향을 보인다.

상관습법은 한정적이고 고정적인 제정법의 결함을 극복하여, 합리주의가 지배하는 기술적·진보적 기업관계에 대한 합리적 해결을 가능하게 하고, 새로운 입법을 추구하는 기능을 가지나, 강행법규가 주류를 이루는 회사법에서는 상관습법이 성립할 여지가 적다.[19]

---

18) 이철송, 전게서, 박영사, 2014., 9면.
19) 최준선, 전게서, 삼영사, 2011., 10면.

Ⅲ 상사자치법

「정관」이 가장 대표적인 예이다. 회사의 「정관」은 이를 작성한 당사자뿐만 아니라 장래에 사원지위를 취득하는 자에 대하여도 고루 구속력을 갖는다. 따라서 「정관」은 작성자들 간의 계약이 아니라 회사법의 法源인 自治法規이다.[20]

그리고 「정관」의 수권에 의해 제정된 「주식사무규정」, 「이사회규정」, 「주주 총회의 의사규정」, 그 밖에 업무규정 등도 상사자치법이다. 이 들은 「상법」, 「정관」에 근거를 두고 제정되는 것이지만, 공서양속 등 강행법규에 위반할 수는 없다.[21]

Ⅳ 法源의 적용 순서

"특별법은 일반법에 우선한다"는 일반원칙에 따라 회사의 법률관계에는 회사관계 특별법령, 상법전의 순서로 적용되며, 성문법은 관습법에 우선한다는 원칙에 따라 관습법이 그 다음의 순위에 온다.

다만 정관은 자치법규이므로 강행법규에 위반하지 않는 한 「상법」・특별법령에 우선하여 적용된다. 그리고 「민법」과의 관계에서는 「상법」제1조에 "상사에 관하여 본법에 규정이 없으면 「상관습법」에 의하고, 「상관습법」이 없으면 「민법」의 규정에 의한다"고 규정된 바에 따라 「상관습법」이 「민법」에 우선하여 적용된다.[22]

1. 일반적 순서[23]

회사에 관하여 적용될 각종 法源의 순위는 ①자치법규(각 회사의 정관), ② 회사에 관한 각종 특별법령 또는 조약, ③ 상법전 제3편 회사법 순이다. ④ 회사에 관한 상관습법의 경우, 성문법과의 대등적 효력설을 취하는 입장에서는 상법전과 동순위로 적용되고, 보충적 효력설의 취하는 입장에서는 상법전에 규정이 없는 경우에 한하여 상관습법이 적용된다.(「상법」제1조). ⑤ 상관습법도 없는 경우에는 민법의 일반규정이 적용된다.

그러나 「민법」의 규정은 비영리법인에 관한 규정이고, 「상법」 제3편은 회사에 관한 자족적인 법률이므로 「상관습」이 없는 경우에는 「민법」의 규정의 적용에 앞서 관련 규정을 유추 적용하여 합리적인 해석을 하는 것이 타당하다.

---

20) 이철송, 전게서, 박영사, 2014., 10면.
21) 최준선, 전게서, 삼영사, 2011., 10면.
22) 이철송, 전게서, 박영사, 2014., 10면.
23) 최준선, 전게서, 삼영사, 2011., 11면.

회사법 法源의 적용 순위[24]

자치법규 → 회사에 관한 특별 법령·조약 → 회사법(「상법」 제3편) → 상관
습법 → 민법

2. 상장회사의 특례규정의 적용 순서

가. 특례규정의 적용대상

(1) 상장회사

「상법」 제3편 제4장 제13절의 상장회사에 대한 특례규정은 상장회사에 대하여
적용한다.(「상법」 제542조의2 제1항). 「상법」상 상장회사란 「자본시장법」상 제9조
제13항에 따른 증권시장에 상장된 주권을 발행한 주식회사를 말한다.(「상법」
제542조의 2, 「상법시행령」 제29조 제1항).

「상법」상 상장회사는 「자본시장법」상 주권상장법인에 해당하는데,[25] 「상법」 개
정 과정에서 「상법」에서는 "법인"이 아닌 "회사"라는 용어를 사용하므로 특례 규
정에서도 "주권상장법인"이 아닌 "상장회사"라는 용어를 사용한다.

(2) 제외대상

상장회사에 대한 특례규정은 집합투자를 수행하기 위한 기구로서 「자본시장법」
제6조 제5항에서 정하는 집합투자를 수행하기 위한 기구인 주식회사에는 적용되지
않는다(「상법」 제542조의2 제1항, 「상법시행령」 제29조 제2항). 이는 「자본 시장법」
상 주식회사형태의 집합투자기구인 투자회사를 가리킨다.

**집합투자란 "2인 이상에게 투자권유를 하여 모은 금전이나 그 밖의 재산적가치
가 있는 재산을 취득·처분·그 밖의 방법으로 운용하고 그 결과를 투자자에게
배분하여 귀속시키는 것"**을 말한다(「상법」 제542조의2 제1항 단서).

---

24) 최준선, 전게서, 삼영사, 2011., 11면.
25) 「자본시장법」은 상장회사라는 용어가 아닌 주권상장법인 또는 상장법인이라는 용어를 사용한다. 「자
본시장법」 제9조 제15항은 "상장법인", "비상장법인", "주권상장법인", "주권비상장법인"을 다음과 같
이 정의함.
1. 상장법인 : 증권시장에 상장된 증권(이하 "상장증권")을 발행한 법인
2. 비상장법인 : 상장법인을 제외한 법인.
3. 주권상장법인 : ① 증권시장에 상장된 주권을 발행한 법인
② 주권과 관련된 증권예탁증권이 증권시장에 상장된 경우에는 그 주권을 발행한 법인.
4. 주권비상장법인 : 주권상장법인을 제외한 법원.

나. 특례규정의 우선적용 의미

(1) 특례규정의 우선적용에 대한 일반적 의미

「상법」제542조의 2 제2항은 "이 절은 이 장 다른 절에 우선하여 적용 한다"고 규정한다. "이 장"은 제3편의 주식회사에 관한 "제4장"을 의미하고, "이 절"은 제4장의 상장 회사에 대한 특례인 "제13절"을 의미한다.

따라서 법문을 형식적으로 해석한다면, 상장회사의 특례인 제13절의 규정과 「상법」제3편 제4장의 다른 규정이 충돌하는 경우에는 항상 제13절의 규정만 배타적으로 적용 되고, 일반규정은 특례규정이 없는 경우에만 보충적으로 적용되는 결과가 된다. 그러나 개별적인 특례규정의 성격을 고려하지 않고 모든 특례규정을 이와 같이 일률적으로 적용하는 것은 부당한 해석이라고 생각한다.[26]

(2) 특례규정의 우선적용에 대한 세부적 검토

상장회사에 대한 특례규정은 그 입법취지와 법률관계의 성격에 따라 일반 규정과 관련하여 ① 배타적 규정, ② 중첩적 규정, ③ 선택적 규정 등으로 분류할 수 있다. ①에 해당하는 예로서, 상장회사의 주주총회 소집공고에 관하여는 「상법」제542조의4가 배타적으로 적용된다. 또한 ②에 해당하는 예로서, "주요주주 등 이해관계자와의 거래"에 관하여는 「상법」제529조의 9의 요건과 자기거래에 관한 「상법」제398조의 요건이 "모두" 충족되어야 한다. ③에 해당하는 예로서, 상장회사의 소수주주권 행사는 특례규정인 「상법」제542조의6의 요건 "또는" 일반규정인 「상법」제366조의 요건이 충족되면 된다.

특례규정 중 특히 소수주주권에 관한 규정은 상장회사의 경우 비상장회사에 비하여 지분도의 분산도가 높고 일반적으로 자본금의 규모가 크다는 점을 고려 하여 「상법」상 소수주주권 행사요건인 주식소유비율요건을 크게 완화하면서, 이로 인한 남용을 방지하기 위하여 「상법」에 없는 보유기간 요건을 별도의 요건으로 규정한 것이다.[27] 이와 같이 상장회사의 소수주주를 보호하기 위하여 특례규정을 규정한 것인데, 특례규정의 요건을 갖추지 못하였다는 이유로 오히려 「상법」상 원래의 소수주주권도 행사할 수 없다는 해석은 입법취지나 법문 상에도 타당하지 않다.[28]

「상법」상 상장회사에 대한 특례를 구성하는 개별 규정의 규정형식을 보면 「상법」은 특례를 규정함에 있어서 「상법」의 다른 일반규정과 관련하여 배타적인 규

---

26) 임재연, 전게서, 박영사, 2014., 28면, 대법원 2004.12.10., 선고 2003다41715 판결.
27) 임재연, 전게서, 박영사, 2014., 28면, 대법원 2004.12.10., 선고 2003다41715 판결.
28) 임재연, 전게서, 박영사, 2014., 29면.

정과 선택적인 규정을 구별하여 규정하고 있다. 즉, 선택적인 규정인 소수주주권에 관한 「상법」 제542조의6 각 항은 모두 "6개월 전부터 계속하여 상장회사 발행주식총수의 ---이상에 해당하는 주식을 보유한 자는 ---에 따른 주주의 권리를 행사할 수 있다"라고 규정한다. "---권리를 행사할 수 있다"라는 규정은 「상법」의 일반규정을 배제한다는 취지의 규정 으로 볼 수 없다.

반면에 제13절의 나머지 모든 규정은 "---받아야 한다(제542조의 3 제3항), "--- 공고하여야 한다"(542조의 4 제2항), "---선임하여야 한다"(제542조의 5), "---청구하여야 한다"(542조의7 제1항), "---되도록 하여야 한다"(제542조의 8 제1항), "---설치하여야 한다"(542조의 11 제1항) 등과 같이 규정함으로써 다른규정의 일반규정의 적용을 배제한다는 취지의 규정임을 명백히 하고 있다.[29]

따라서 「상법」제542조의2 제2항은 제13절의 특례규정이 있는 경우에 다른 절의 일반규정의 적용을 완전히 배제한다는 취지가 아니고, 특례규정의 성격에 따라 배타적 적용 또는 선택적 적용의 취지를 주의적으로 규정한 것이고, 소수 주주권과 같은 선택적 적용대상 규정의 경우에는 특례규정의 요건이 구비되지 않은 경우에도 일반규정도 적용된다는 취지로 해석하여야 한다.

또한 「상법」제542조의2 제2항은 "적용하지 아니 한다"라고 명시적으로 규정한 것이 아니라 "우선 적용 한다"라고 규정하므로, 위 규정은 제13절 모든 규정이 배타적으로 적용되어야 한다는 취지의 규정이 아니라고 보아야 한다.[30]

3. 「자본시장법」상 주권상장법인에 대한 특례의 적용 순서

「자본시장법」상 주권상장법인에 대한 특례에 관한 제3편 제3장의2는 외국법인 등과 투자회사는 적용되지 않는다.(「자본시장법」제165조의2 제1항). 다만, 주권상장법인 재무관리기준에 관한 「자본시장법」제165조의16 및 금융위원회의 조치에 관한 제165조의18은 외국법인 등에도 적용된다.

「자본시장법」의 주권상장법인에 대한 특례에 관한 제3편 제3장의2는 주권상장법인에 관하여「상법」제3편에 우선하여 적용한다(「자본시장법」제165조의2 제2항). 지배구조상의 특례인 「상법」상 상장회사에 관한 특례규정과 달리, 「자본시장법」상 주권 상장법인에 대한 특례규정은 재무특례규정이므로 소수주주 보호가 아닌 원활한 자금조달을 위한 것이고, 따라서 위에서 배타적 규정에 해당한다.[31]

---

29) 임재연, 전게서, 박영사, 2014., 29면.
30) 임재연, 전게서, 박영사, 2014., 29면.
31) 임재연, 전게서, 박영사, 2014., 33면.

제2장 ▶▶▶ 감사의 일반적 사항

제1절 ▶▶▶ 총 설

감사는 이사의 직무집행을 감사하는 자로서 주식회사의 필요적 상설기관이다. 따라서 「상법」은 감사의 지위의 중요성을 고려하여 감사의 자격이나 선임·종임 및 보수에 관해 일정한 규제를 가하고 있다.

예를 들면 감사의 자격의 경우에는 이익 상충 방지라는 측면에서 겸임을 엄격히 금지하고 있으며, 선임의 경우에는 대주주의 영향력을 차단하기 위하여 대주주의 의결권을 제한하고 있고, 종임의 경우에는 소수주주에게 해임 청구권을 인정하는 등 감사로서 적격성을 상실한 자에 대해 그 직위를 박탈할 수 있는 기회를 마련하고 있다. 그리고 보수의 결정 방법에 관해 반드시 주주총회에서 결정하도록 하고 있다.

감사의 선임에서부터 종임에 이르기까지 그리고 자격이나 보수에 대해 「상법」이 이처럼 제한을 가하고 있는 이유는 감사로서의 적격성을 갖는 자를 감사로 선임하는 한편, 감사의 독립성을 확보하여 감사의 실효성을 제고하는데 그 목적이 있다.

제2절 ▶▶▶ 감사의 자격과 겸임

I 개 요

기존감사제도의 자격에 관련하여 「상법」은 별다른 제한을 두고 있지 않고, 다만 감사업무의 공정성과 객관성을 확보·유지하기 위해 감사로 하여금 당해 회사 및 자회사의 이사나 지배인 또는 그 밖의 사용인을 겸하지 못하도록 규정하고 있다 (「상법」 제411조). 따라서 자연인은 원칙적으로 겸임 금지규정에 저촉되지 않는 한 감사가 될 수 있다.

그러나 '특례규정'은 최근 사업연도 말 자산총액이 1,000억 원 이상 2조 원 미만 상장회사에 대해서 감사위원회를 설치한 경우가 아닌 한 반드시 1인 이상의 상근감사를 두도록 요구(「상법」제542조의10 제1항 및 「동법 시행령」제15조 제1항)하고 있으며, 그러한 상근감사에 대하여 엄격하게 자격을 제한하고 있다. (「상법」제542조의10 제2항 및 「동법 시행령」제15조2항).

Ⅱ 기존감사의 자격

감사의 자격에 관해 「상법」은 아무런 제한을 두고 있지 않으며, 단지 겸임에 관해서는 일정한 경우 금지하고 있다 (「상법」제411조). 따라서 자연인은 원칙적으로 겸임 금지규정에 저촉되지 않는 한 감사가 될 수 있다.

1. 제한능력자(舊 행위무능력자)와 파산자

제한능력자[미성년자[32], 피한정후견인(舊 한정치산자)[33], 피성년후견인(舊 금치산자)[34]]나 파산선고를 받고 복권되지 않은 자 (파산자)의 경우는 감사의 자격에 대해 논란의 여지가 있으나, 그 중 ① 피성년후견인과 ② 파산선고를 받고 복권되지 않은 자(파산자)의 경우에는 당연히 감사가 될 수 없다고 본다.

왜냐하면 감사의 회사와의 관계에 관해 「상법」은 위임에 관한 규정을 준용(「상법」제415조, 제382조 제2항)하므로 위임의 종료사유에 해당하는 피성년후견인선고나 파산선고를 받은 자(「민법」제690조)는 감사가 될 수 없기 때문이다.

또한 현실적인 이유로서는 피성년후견인의 경우는 행위능력이 제한된 자로서 감사업무를 수행할 능력이 부족하며, 파산자의 경우는 배상능력이 없는 자이므로 감사직의 수행에 따른 배상책임이 문제되었을 때 이를 이행할 능력이 없기 때문이다. 다만 ③ 피한정후견인과 ④ 미성년자의 경우에는 학설상의 다툼이 있으나, 이들 역시 행위능력에 제한이 있는 자로서 스스로 감사업무를 수행하기에는 어려움이 있으며 배상능력에도 문제가 있다고 보아야 할 것이므로 감사지위의 중요성에 비추어 자격을 인정하기 곤란할 것이다.[35]

---

32) 미성년자라함은 만 19세에 이르지 않은 자를 말한다.
33) 피한정후견인이라 함은 질병・장애・노령, 그 밖의 사유로 인한 정신적 제약으로 사무를 처리할 능력이 부족한 사람으로 가정법원으로부터 한정후견개시의 심판을 받은 자를 말한다. 舊 한정치산자를 의미한다.
34) 피성년후견인이라 함은 질병・장애・노령, 그 밖의 사유로 인한 정신적 제약으로 사무를 처리할 능력이 지속적으로 결여된 사람으로, 가정법원으로부터 한정피성년후견개시의 심판을 받은 자를 말한다. 舊금치산자를 의미한다.
35) 권종호, 전게서, 66~67면

2. 법 인

법인의 감사자격에 관해 「상법」은 아무런 제한을 두고 있지 않으므로 법인도 감사 자격이 있는지가 문제되고 있다. 학설은 긍정설과 부정설로 나뉘어져 있다.

① 긍정설[36] : 법인의 경우 우수한 직원을 다수 확보하고 있으므로 감사의 실효성을 제고할 수 있으며, 또한 대외적인 신용 및 자력 면에서도 자연인 보다 훨씬 유리할 수 있다는 점을 그 이유로 들고 있는 설.

② 부정설[37] : 본질적으로 이사나 감사와 같은 임원은 회사와 고도의 인적신뢰관계를 바탕으로 그 직무를 수행하는 것을 전제로 하기 때문에 법인은 감사가 될 수 없다는 설.

일반적으로 법인은 설립중인 회사의 기관인 발기인이 될 수 있는 것으로 보며, 또한 「회사정리법」에 의하면 법인도 관리인이 될 수 있으므로(동법 제95조) 이론적으로는 법인의 감사자격을 부정할 수는 없을 것이다. 그러나 법인이 감사가 된다함은 결국은 법인의 임직원 중에서 누군가가 법인을 대표 하여 감사의 직무를 수행한다는 것인데, 이 경우 문제는 주주총회에서 단지 법인을 감사로 선임하는 것만으로는 누가 실제로 감사업무를 수행하는지를 알 수 없게 된다는 점이다.

따라서 법인을 감사로 선임하는 경우에는 주주총회에서 법인을 대표하여 감사업무를 수행할 자까지 지명하여 결의가 이루어져야 하며, 이 지명자가 감사로서 책임과 의무를 다하도록 할 필요가 있을 것이다.

3. 정관을 통한 자격제한

감사의 자격에 관해 법률상 제한은 없으나, 정관으로 감사의 자격을 제한하는 것은 가능하다고 보는 것이 일반적이다. 다만 감사의 자격제한이 「헌법」이나 법률에 위반하거나[38], 혹은 공서양속이나 주식회사 본질에 반하거나[39], 또한 불합리한 것[40]이어서는 아니 된다. [41]

---

36) 정동윤, 전게서, 476면, 임홍근, 전게서, 555면, 권종호,, 전게서, 67~68면
37) 이범찬. 오욱환, 전게서, 95면, 서돈각, 회사법. 451면
38) 예컨대 연령. 성별을 기준으로 감사자격을 제한하거나, 「상법」의 감사겸임금지규정에 위반하여 감사 자격을 제한하는 것
39) 예컨대 감사는 서울 출신에 한 한다는 식으로 주거지를 기준으로 감사자격을 제한하는 것
40) 예컨대 감사는 키가 1m80cm 이상이어여 한다는 식으로 신체를 기준으로 감사자격을 제한하는 것
41) 권종호, 전게서, 69면

가. 주주를 기준으로 한 자격제한

정관으로 감사의 자격을 주주로 제한하는 것에 관해서는 학설상 다툼이 있다. 이사의 경우에는 이른바 자격주제도라 하여 정관으로 그 자격을 주주로 제한하는 것이 법률상 허용되지만 (「상법」제387조), 감사에 관해서는 이에 관해서 아무런 규정을 두고 있지 않기 때문이다.

학설 중에는 감사의 경우에는 주주로의 자격을 제한할 수 없다고 하는 견해[42]가 있으나, 현행 「상법」이 감사의 자격을 주주로 제한하는 것을 금지하고 있지 않은 이상은 정관으로 감사의 자격을 주주로 제한하는 것은 가능하다고 보아야 할 것이다.[43]

나. 국적을 기준으로 한 자격제한

감사의 자격에 관해 정관으로 국적을 기준으로 제한하는 것(예컨대, 감사는 대한민국 국적을 가진 자에 한한다)이 가능한지에 관해 역시 논란의 여지가 있으나, 우리나라의 경우에는 가능하다고 보는 것에 대해 학설상 다툼이 없다.

이 문제는 「헌법」제11조 상의 평등권과 관련하여 문제의 소지가 있는데, 우리 「헌법」이 외국인의 법적지위에 관해 국제관행에 따른 상호주의를 취하고 있는 이상(「헌법」제6조 제2항)은 외국인에 대한 합리적인 차별은 「헌법」정신에 반한다고 볼 수 없다.[44]

Ⅲ 특례 상근감사의 자격

특례상근감사의 자격 요건에 관해서는 「상법」의 "특례규정"에서 결격 사유에 관해 규정하고 있는데, 다음의 각 호에 해당하는 자는 특례상근감사가 되지못하며, 특례 상근감사가 된 이후에 이에 해당하게 되는 때에는 그 직을 상실한다.(「상법」제542조의 10 제2항)

특례상근감사의 결격 요건

① 미성년자, 피성년후견인(舊 금치산자) 또는 피한정후견인(舊 한정치산자).
② 파산선고를 받고 복권되지 아니한 자.
③ 금고 이상의 형을 선고받고 그 집행이 끝나거나 집행이 면제된 후 2년이 지나지 아니한 자.
④ 대통령으로 별도로 정하는 법률을 위반하여 해임되거나 면직된 후 2년이 지나지 아니한 자.

---

42) 이범찬, 오욱환, 전게서, 96면.
43) 권종호, 전게서, 69면
44) 권종호, 전게서, 70면

⑤ 누구의 명의로 하든지 자기의 계산으로 의결권 없는 주식을 제외한 발행주식총수의 100분의 10 이상의 주식을 소유하거나 이사. 집행임원. 감사의 선임 과 해임 등상장회사의 주요 경영사항에 대하여 사실상의 영향력을 행사하는 주주 (이하"주요주주"라 한다) 및 그의 배우자와 직계존속비속.

⑥ 회사의 상무에 종사하는 이사. 집행임원 및 피용자 또는 최근 2년 이내에 회사의 상무에 종사한 이사·집행임원 및 피용자. 다만, 감사위원회 위원으로 재임 중이거나 재임하였던 이사는 제외.

⑦ 회사의 상무에 종사하는 이사의 배우자 및 직계존비속.

⑧ 계열회사의 상무에 종사하는 이사 및 피용자 또는 최근 2년 이내에 상무에 종사한 이사 및 피용자.

(「상법」제 542조의 8 제2항 제1호부터 제4호까지 및 제6호, 제542조의 10 제2항제2호, 「동법 시행령」제15조 제2항 제1호 및 제2호).

Ⅳ 감사의 겸임 금지

1. 개 요

겸임이란 한 사람에게 둘 또는 그 이상의 지위를 부여하는 것 또는 두가지 이상 직무를 아울러 맡아 보는 것을 의미한다. 감사는 해당회사의 이사 또는 지배인 기타의 사용인의 직무를 겸하지 못할 뿐만 아니라 자회사의 이사, 지배인 기타의 상용인의 직무도 겸하지 못한다. (「상법」411조).

감사의 겸임금지범위를 자회사로까지 확대한 것은 1995년「상법」개정에 의해서며, 감사의 겸임을 제한하는 이유는 회사의 기관으로서 감사의 독립성을 확보하여 감사의 공정성을 도모하기 위해서다.

감사가 회사의 이사를 겸할 경우 이사는 監事의 監査를 받아야 할 자이므로 결국에는 자기가 자기를 감사하는 것이 되고 또 감사가 지배인이나 사용인을 겸할 경우에는 지배인 등은 이사의 지휘감독을 받는 자이므로 결국 감사는 이사의 영향력을 벗어 나기가 어렵다.

그리고 감사가 자회사의 이사나 지배인이 되면 이때 역시 자회사는 모회사의 지배를 받기 때문에 자기를 지배하는 자를 감사하는 결과가 되어 공정한 감사가 불가능하게 된다.[45] 그리하여 「상법」은 감사의 겸임을 엄격히 제한한 것이다.

---

45) 이철송, 전게서, 653면, 권종호 ,전게서, 71면

2. 겸임금지의 대상

가. 겸임의 금지범위

감사의 겸임금지대상은 해당 회사 및 자회사의 이사, 지배인 또는 기타 사용인이다. 그 중 이사, 지배인, 자회사의 개념은 「상법」상 명확하지만, 사용인의 개념에 관해서는 불분명한데, 일반적으로 말하는 '사용인'이란 회사와 고용계약에 의해 직무수행에 관해 회사의 지휘를 받는 자를 뜻한다. 따라서 「상법」상의 상업사용인은 물론이고 업무집행임원이나 공장장, 경리부장 등 상업사용인 이외의 사용인도 포함된다.[46)]

「상법」제411조의 취지가 감사의 독립성 확보에 있는 이상 감사의 독립성을 훼손할 가능성이 있는 겸임은 모두 금지의 대상이 되는 것으로 보는 것이 합리적이며, 따라서 회사와 고용관계가 없더라도 사용인에 준하는 계속적인 관계가 존재하고 실질적으로 회사의 지휘를 받고 있는 경우라면 예컨대 고문변호사도 겸직 금지의 대상이 되며, 상담역, 고문 등 「정관」상의 직책을 겸하는 것도 금지의 대상이 된다고 보아야 할 것이다.[47)]

그러나 변호사인 감사가 회사를 위하여 특정사건에 관해 소송대리인이 되는 경우와 같이 감사가 특정사항에 관해 위임을 받아 업무를 수행하는 경우에는 겸임금지대상이 아니라는 견해[48)]가 있으나, 이 경우라도 공정한 감사를 저해할 가능성이 있으면 겸임금지의 대상이 되는 것으로 보아야 할 것이다.[49)]

나. 겸임의 허용범위

「상법」에서 감사의 겸임금지대상으로 하고 있는 것은 해당회사 및 자회사의 이사, 지배인 기타 상업사용인이므로 이에 해당하지 않는 경우, 예컨대 모회사의 감사가 자회사의 감사를 겸하거나 모회사의 이사, 지배인 기타 사용인이 자회사의 감사를 겸하는 것은 당연히 허용된다.

또한 「독점규제 및 공정거래에 관한 법률」(이하 "공정거래법"이라 한다.)상 겸임 금지대상(임원 또는 종업원에 의한 다른 회사의 임원지위의 겸임)이 되지 않는 한 (「공정 거래법」제7조 제2항 제1호) 감사가 다른 회사의 감사를 겸하는 것도 가능하다.

다만 감사가 지나치게 많은 회사의 감사를 겸하게 되면 감사의 질 저하는 피할 수 없으므로 입법론으로서는 일정 수 이상의 회사에 대해 감사를 겸하는 것을 금지[50)] 하거나 감사는 반드시 상근으로 선임하도록 하는 것도 한 방법일 것이다.[51)]

---

46) 이범찬. 오욱환, 전게서, 98면, 손주찬, 「상법」, 2003, 828면, 권종호, 전게서, 72면
47) 정동윤, 전게서, 477면, 권종호, 전게서, 72면
48) 日最高判, 1986.2.18., 民集 40. 1.32.
49) 최기원, 「신회사법론」, 2001, 668면, 권종호, 전게서, 72면
50) 권종호, 전게서, 73면, 독일의 경우 감사는 10개 이상의 감사를 겸하는 것을 금지하고 있다.(「독일 주식법」제100조 제2항)

3. 겸임금지 위반의 효력

가. 개 요

「상법」제411조에서 금지하고 있는 감사의 겸임은 다음의 네 경우에 발생하게 된다. 즉, ① 이사, 지배인 기타 사용인(예컨대 총무부장 등)이 감사에 선임된 경우, ② 감사가 이사나 지배인 등에 선임되는 경우, ③ 자회사의 이사나 지배인 등이 모회사의 감사로 선임되는 경우, ④ 모회사의 감사가 자회사의 이사, 지배인 등으로 선임 되는 경우가 그것인데, 이때에는 금지하고 있는 겸임에 해당되어 그 선임행위의 법적효력이 문제가 된다.

나. 겸임을 전제로 한 행위

선임행위의 내용이 기존의 지위와 새로운 지위를 병존시키는 것을 전제로한 경우에는 그 선임행위는 무효라고 보는 것이 일반적이다. 즉 ① 및 ③의 경우라면 감사의 선임행위는 무효이고, 따라서 해당 감사가 한 행위는 무효이다.

그러나 ② 및 ④의 경우에는 원래라면 이사나 지배인 등의 선임행위가 무효가 되는 것으로 보아야할 것이나, 현실적으로 감사가 이사나 사용인의 지위를 계속 유지할 경우를 배제할 수 없으므로 감사의 공정성을 담보한다는 측면에서 이때에는 오히려 후술하는 바와 같이 감사가 해당회사나 자회사의 이사나 지배인 등으로 선임되어 취임을 승낙하면 감사를 사임한 것으로 보아야할 것이다. 따라서 이사나 사용인으로 선임된 이후에 해당감사가 한 행위는 무효이다.[52]

다. 겸임을 전제로 하지 않은 행위

이에 반해 선임행위의 내용이 기존의 지위와 새로운 지위를 병존시키는 것이 아니라, 단지 겸임이 금지되는 지위에 새롭게 선임한 것에 지나지 않는 경우는 그 선임행위는 무효가 되는 것이 아니라 기존의 지위를 사임하는 것을 정지조건으로 선임행위가 이루어 진 것으로 보는 것이 통설이다.[53] 따라서 겸임이 금지되는 지위에 선임된 자는 그 지위에 취임하는 것을 승낙하면 그와 동시에 기존의 지위를 사임하는 의사표시를 한 것으로 본다.[54]

즉 앞의 ① 및 ③의 경우라면 이사나 지배인 등이 감사에 취임하는 것을 승낙한 때 이사나 지배인 등을 사임한 것으로 해석된다. 다만 이사나 지배인등이 감사직을 수락했음에도 불구하고 여전히 이사나 지배인으로서 직무를 수행한 때는 감사로서 한 행

51) 권종호, 전게서, 73면, 이철송, 전게서, 654면, 임홍근, 「회사법」, 2001, 555면
52) 권종호, 전게서, 74면
53) 손주찬, 전게서, 828면, 임홍근, 전게서, 554면, 권종호, 전게서, 74면
54) 권종호, 전게서, 74면

위의 효력이 문제가 되는데, 이에 대해 감사의 행위는 무효라고 할 수 없고 단지 감사의 공정성 문제로서 감사의 임무위반의 문제가 발생하는데 지나지 않는다는 견해[55]가 있으나, 이때에는 겸임을 전제로 한 것으로 보아 감사선임행위 자체를 무효로 보는 것이 합리적일 것이다.[56]

이에 대해 ② 및 ④의 경우에는 감사가 이사나 지배인 등을 수락한 이상은 감사를 사임한 것으로 보아야 할 것이고, 따라서 감사가 이사나 지배인 등을 수락하고서도 계속적으로 감사 직무를 수락한 때에는 그 감사행위는 무효이다.

다만, 「상법」제411조의 겸임금지에 위반한 감사가 감사로서 한 행위에 대해서는 이처럼 일률적으로 무효라 하더라도 이사, 지배인 등의 지위에서 한 행위에 대해서는 원칙적으로 유효한 것으로 보아야 할 것이다.[57] 왜냐하면 이사, 지배인 등의 지위에서 한 행위를 일률적으로 무효라고 하면 거래의 안전을 해할 염려가 있기 때문이다.

라. 감사의 결원 시 행위

감사가 이사나 지배인 등에 선임되었으나 그것으로 인하여 감사에 결원이 발생할 경우 그 선임행위의 효력이 문제된다. 이 경우에는 감사는 후임감사가 취임할 때까지 감사로서의 권리와 의무를 갖기 때문에 (「상법」제415조, 제386조 제1항) 해당 감사는 여전히 감사로서 직무를 수행할 수 있다는 견해가 있으나, 이때에는 해당 선임행위는 후임감사의 선임결의를 정지조건으로 한 것으로 보아야 할 것이고, 후임감사의 선임결의가 없는 한 해당 선임행위는 효력이 발생하지 않는다고 보아야 할 것이다.[58]

그리고 감사가 다른 회사의 이사나 사용인을 겸하고 있는 상태에서 다른 회사가 子회사가 된 경우에는 그 감사는 어느 한쪽의 지위를 사임하여야 함은 말할 필요가 없다.

---

55) 일본 상사법무연구회편, 「감사역 ハンドブッグ」, 2000, 161면,
56) 권종호, 전게서, 75면
57) 권종호, 전게서, 75면
58) 일본 상사법무연구회편, 전게서, 161면, 권종호, 전게서, 75면

제3절 >>> **감사의 선임과 수**

Ⅰ 개 요

감사는 원칙적으로 주주총회에서 선임한다. (「상법」제409조 제1항). 다만 회사의 설립 시와 회사 구조·조직의 변경 시에는 선임기관이 일률적이지 않다. 감사 선임 시 「상법」상 별도의 언급이 없으므로 출석한 주주의 의결권의 과반수와 발행주식 총수의 4분의 1 이상의 수로서 결의한다.(「상법」368조 제1항). 감사를 선임한 때에는 그 성명과 주민등록번호를 등기하여야 한다.(「상법」제317조 제2항 제8호).

Ⅱ 감사의 선임기관

감사는 주주총회에서 선임한다. (「상법」제 409조 제1항). 다만, 회사설립 시의 감사는 발기설립의 경우에는 발기인이 그 의결권의 과반수로써 선임(「상법」제296조 제1항) 하고, 모집설립의 경우에는 창립총회에서 출석한 주식 인수인의 의결권의 3분의 2이상이며 인수된 주식총수의 과반수로써 선임한다. (「상법」제312조, 제309조).

그리고 ① 신설합병(「상법」제524조 제6호, 제527조). 단순분할 및 물적분할에 의한 회사의 설립(「상법」제530조의5 제1항 제9호, 제530조의12). 신설분할합병의 경우에는 창립총회에서, ② 주식이전의 경우에는 주식이전 승인을 위한 주주총회에서(「상법」 제360조의16 제1항 제7호), ③ 유한회사가 주식회사로 조직변경을 하는 경우에는 조직변경에 관한 사원총회에서 (「상법」제607조 제5항, 제604조 제3항) 각각 감사를 선임한다.

감사의 선임기관에 관한 이러한 「상법」규정은 기관권한분배의 원칙상 강행규정으로 해석되므로 감사선임을 법률에서 정한 기관 이외에 이사회나 대표이사 혹은 제3자에게 위임하거나 그 승인을 조건으로 하는 것은 허용되지 않는다.[59]

---

59) 권종호, 전게서, 76면

Ⅲ 감사의 선임방법

1. 일반규정에 의한 선임방법

감사의 선임결의는 보통결의로 한다. 즉 출석한 주주의 의결권의 과반수(의결정족수)와 발행주식 총수의 4분의 1이상의 수로써 한다.(「상법」제368조 제1항). 이 경우 발행 주식 총수의 계산에 있어서는 ① 의결권 없는 주식, ② 자기주식, ③ 자회사가 갖고 있는 모회사 주식, ④ 상호보유주식은 산입되지 아니한다.

그러나 감사의 선임에 관해서는 대주주의 영향력을 차단하고 감사의 독립성을 강화하기 위하여 의결권을 제한하는 특별규정을 두고 있다.[60] 즉 의결권 없는 주식을 제외한 발행주식 총수의 100분의3을 초과하는 수의 주식을 가진 주주는 그 초과하는 주식에 대해서 의결권을 행사하지 못 한다. (「상법」제409조 제2항)[61]

이사는 보통결의로 선임하는 탓에 대주주의 영향력이 결정적으로 작용하므로 이를 실효적으로 견제하기 위해서는 감사가 중립성을 지녀야 하고, 그러기 위해서는 감사의 선임 시에 대주주의 영향력을 억제할 필요가 있기 때문이다.[62]

다시 설명하면 대주주는 자기의 지분으로 자신 또는 자신이 신뢰하는 자를 이사로 선임하고 경영진을 임명할 수 있는데, 이들을 감독할 감독기관인 감사마저 대주주가 신뢰 하는 자가 선임될 경우 정상적인 감독이 되지 않아 회사의 투명성 확보가 어려워 질 수가 있어, 이러한 폐단을 막기 위해 「상법」은 대주주의 의결권 행사 한도를 법률로 제한하고 있는 것이다.[63]

그리고 회사는 정관으로 의결권 제한비율을 100분의 3 보다 낮추는 것은 가능하나 (「상법」제409조 제3항), 높이는 것은 허용되지 않는다. 왜냐하면 의결권 제한비율을 높일수록 대주주의 영향력은 증대하기 때문이다.[64] 이 경우 100분의 3의 비율은 1인이 소유한 주식의 수를 기준으로 판단한다.

주주총회결의에 있어서는 결의에 관해 특별한 이해관계가 있는 자는 의결권행사가 금지되나 (「상법」제368조 제4항), 감사후보자가 주주로서 의결권을 행사하는 것은 그 결의에 특별한 이해관계를 갖는 것으로 보지 않으므로 당연히 허용된다.[65]

대법원은 지금까지 "이사나 감사의 선임에 관한 주주총회의 결의는 피선임자를 회사의 기관인 이사나 감사로 한다는 취지의 회사 내부의 결정에 불과한 것이므로, 주주

---

60) 최준선, 전게보고서, 110면, 김학원, 전게서, 37면
61) 그 결과 감사선임결의시의 의결정족수에는 100분의 3을 초과하는 주식은 산입되지 않는다.
62) 이철송, 전게서, 699면, 정준우, 전게서, 23~24면
63) 최준선, 전게서, 110~111면, 정순현, 전게서, 38면, 김학원, 전게서, 37면
64) 권종호, 전게서, 77면, 최준선, 「회사법(제6판)」,삼영사, 2011, 516면
65) 권종호, 전게서, 78면

총회의 선임결의가 있다 하여 바로 피선임자가 이사나 감사의 지위를 취득하게 되는 것은 아니고, 주주총회의 선임결의에 따라 회사의 대표기관이 임용계약을 청약하고 피선임자가 이에 승낙함으로써 비로소 피선임자가 이사나 감사의 지위에 취임 하여 그 직무를 수행할 수 있게 되는 것이므로, 주주총회에서 이사나 감사선임 결의만 있었을 뿐 회사와 임용계약을 체결하지 아니한 자는 아직 이사나 감사로서 지위를 취득할 수 없다"고 줄 곳 판시하여 왔다.[66]

그러나 최근 대법원은 회사의 주주총회에서 갑과 을을 각각 사내이사 및 감사로 선임하는 결의가 이루어졌으나, 회사의 대표이사가 주주총회결의에 하자가 있다는 이유를 들어 이사 및 감사 임용계약의 체결을 거부하자, 갑과 을은 회사의 주주총회 결의에서 사내이사 또는 감사로 선임됨에 따라 별도의 임용계약 없이도 사내이사 및 감사의 지위를 가지게 되었다고 주장하면서, 회사를 상대로 이사 및 감사 지위 확인 등의 소를 제기한 사안에서 "이사 및 감사의 지위는 주주총회의 선임 결의가 있고 선임된 사람의 동의가 있으면 취득 한다" 취지의 판결을 선고[67]하여 기존의 판례를 전면적으로 변경하였습니다.

대법원은 이와 같은 판단의 주요 근거로 ① "이사·감사는 주주총회에서 선임 한다"고 규정하고 있는 「상법」 제382조 제1항, 제409조 제1항의 취지는 주식회사의 특수성을 고려하여 주주가 회사의 경영에 관여하는 유일한 통로인 주주총회에 이사·감사의 선임 권한을 전속적으로 부여하기 위한 데에 있다는 점, ② 이사·감사의 지위가 대표이사와의 사이에 임용계약이 체결되어야만 비로소 인정된다고 보는 것은 이사·감사의 선임을 주주 총회의 전속적 권한으로 규정한 「상법」의 취지에 배치된다는 점이다.

그리고 ③「상법」상 대표이사의 권한에 이사·감사의 선임이 여기에 속하지 아니함은 법문 상 분명한 점(「상법」 제389조 제3항, 제209조 제1항), ④ 「상법」상 이사는 이사회의 구성원으로서 회사의 업무집행에 관한 의사결정에 참여할 권한을 가지고(제393조제1항), 「민법」의 위임에 관한 규정을 준용하며(제382조 제2항), 법령과 정관의 규정에 따라 회사를 위하여 그 직무를 충실하게 수행하여야 할 의무를 부담하는 한편(제382조의 3), 이사의 보수는 정관에 그 액을 정하지 아니한 때에는 주주총회의 결의로 이를 정한 것에 비추어 (「상법」 제388조), 이사의 지위는 단체법적 성질을 가지는 것이라는 점이다.

아울러 ⑤ 주주총회에서 새로운 이사를 선임하는 결의는 주주들이 경영진을 교체하

---

66) 권종호, 전게서, 78면, 김학원, 전게서, 37면, 대법원 1995. 2. 28. 판결 94다 31440, 동 대법원 2005. 11. 8. 결정 2005 마 541
67) 대법원. 2017. 3. 23. 선고. 2016다251215. 전원합의체 판결. 정준우 전게서, 26면, 이철송, 전게서, 547~548면. 김용범, 전게서, 도서출판 어울림, 2012. 339면.

는 의미를 가지는 경우가 있는데 이사 선임결의에도 불구하고 대표이사가 임용계약의 청약을 하지 않는 이상 이사로서의 지위를 취득하지 못한다고 보게 되면 주주로서는 효과적인 구제책이 없게 되는 점, ⑥ 「상법」 제409조 제2항은 감사의 선임에 대해 "발행주식총수의 100분의 3을 초과하는 수의 주식을 가진 주주는 그 초과하는 주식에 관해서는 의결권을 행사하지 못한다"고 규정하고 있는데, 감사선임결의에도 불구하고 대표이사가 임용계약의 청약을 하지 않아 감사로서의 지위를 취득하지 못한다고 하면 「상법」 규정에서 감사의 선임에 관해 대주주의 의결권을 제한한 취지가 몰각되는 문제가 있다고 지적하고 있다.

이번 대법원 판례의 변경은 기존 판례에 대하여 문제점으로 "비록 주주총회에서 감사로 선임된 자라고 하더라도 대표이사의 감사취임에 관한 청약이 없는 한 그 자는 감사로 취임할 수 없다는 결과가 되어, 이는 타당하지 않을 뿐만 아니라 오히려 경영진에 의한 남용 가능성과 그로인한 감사 중립성을 훼손할 우려가 있다.[68]로 지적되어 왔다. 그러므로 "감사의 선임에 관한 주주총회의 결의는 창설적인 효력이 있는 것으로서 그 자체가 청약의 효력이 있는것으로 봐야 한다. 즉, 그 선임결의 후 후보자의 명시적이든 묵시적이든 동의만 있으면 곧바로 감사의 지위를 취득한다고 봐야 한다."[69]는 주장을 뒷받침한 것으로 본다.

따라서 금번 대법원의 판례변경은 이사 및 감사의 선임 및 그 지위는 구체적인 임용계약의 체결이 없어도 주주총회의 선임결의가 있고 선임된 사람의 동의만 있으면 취득을 인정한 것으로서, 「상법」 제382조(이사의 선임, 회사와의 관계 및 사외이사) 제1항, 제409조[(감사) 선임] 제1항의 문언에 충실하게 이사 및 감사 선임의 권한이 주주총회에 있다는 회사 기관 간의 권한 귀속을 분명히 하였고, 경영권 분쟁상황에서 이루어지는 주주총회 선임 결의와 선임된 사람의 동의가 있었음에도 불구하고 이사 및 감사가 취임하지 못하여, 실제 상황이 왜곡되는 사례를 방지하게 되었다고 볼 수 있다.[70]

다만, 감사선임을 위한 주주총회결의에 하자가 있으면 하자의 내용에 따라 주주 등 이해관계자는 결의취소의 소(「상법」제376조), 결의무효 확인의 소 또는 결의부존재 확인의 소(「상법」제380조)를 제기하여 그 효력을 다툴 수 있다.

---

68) 강희갑, 전게서, 145면, 정준우, 「감사와 외부감사인의 법적책임」,한국상장회사협의회, 2005. 25~26면, 김용범, 전게서, 도서출판 어울림, 2012, 339면
69) 정준우 전게서, 26면, 이철송, 전게서, 547~548면, 김용범, 전게서, 도서출판 어울림, 2012. 339면.
70) 임재연·문일봉·김선경, 「이사·감사의 지위는 임용계약체결 없어도 주주총회의 선임결의가 있고 선임된 사람의 동의가 있으면 취득」, 율촌 송무 Legal Update, 2017. 03.

2. 특례규정에 의한 선임방법

가. 상근감사 또는 상근감사위원 선임방법

최대주주, 최대주주의 특수 관계인, 그 밖에 대통령령으로 정하는 자(최대주주 또는 그 특수 관계인의 계산으로 주식을 보유하는 자, 최대주주 또는 그 특수 관계인에게 의결권을 위임한 자)가 소유하는 상장회사의 의결권 있는 주식의 합계가 그 회사의 의결권 없는 주식을 제외한 발행 주식총수의 100분의 3을 초과하는 경우 그 주주는 그 초과하는 주식에 관하여 감사(상근감사) 또는 사외이사가 아닌 감사위원(상근감사위원) 을 선임할 때에는 의결권을 행사하지 못한다. 다만, 정관에서 이보다 낮은 주식 보유비율을 정할 수 있다. (「상법」제542조의12 제3항, 「동법 시행령」제17조 제1항 제1호, 제2호).

이는 감사 또는 감사위원의 선임을 위한 최대주주의 의결권행사제한을 강화한 것이다. 그러나 최대주주 아닌 주주와 그 특수 관계인 등에 대하여도 일정 비율을 초과하여 소유하는 주식에 관하여 감사 또는 감사위원의 선임에 있어서 의결권을 제한하는 내용의 정관 규정이나 주주총회 결의 등은 1주 1의결권의 원칙에 반 하므로 무효이다.[71]

100분의 3을 초과하는 자를 판단함에 있어 주주가 타인으로부터 의결권행사를 위임받은 주식도 그 주주가 가진 주식으로 계산하는가? 「상법」제409조 제2항의 해석상으로는 이를 포함시킬 근거가 없다. 그러나 상장회사의 감사 또는 사내이사인 감사위원의 선임에서 최대주주의 의결권수를 계산할 때에는 명문의 규정으로 위임받은 주식도 포함시키고 있다.(「상법」제542조의12 제3항, 「동법 시행령」제17조 제1항 제2호).

의결권행사를 위임받은 주식은 수임인의 영향력 하에 놓여 진다는 점에 착안한 것이다. 다만, 이 규정은 수임인이 의결권 행사의 내용을 결정할 수 있는 경우 (백지 위임)에 한해 타당하고, 위임인이 표결의 내용을 결정하고 표결만을 위임한 경우에는 수임인의 영향력과 무관하므로 적용할 수 없다는 견해 및 판례가 있다.[72]

나. 사외이사인 감사위원 선임방법

대통령령으로 정하는 상장회사(최근 사업연도 말 현재 자산총액이 2조 원 이상인 상장회사) 의 의결권 없는 주식을 제외한 발행주식 총수의 100분의 3을 초과하는 수의 주식을 가진 주주는 그 초과하는 주식에 관하여 사외이사인 감사위원을 선임할 때에 의결권을 행사하지 못한다. 다만, 정관에서 이보다 낮은 주식 보유비율을 정할 수 있다. (「상법」제542조의12 제4항, 「동법 시행령」제 17조 제2항).

---

71) 최준선, 전게서, 516~517면, 이철송, 전게서, 699면, 대법원 2009. 11. 26. 판결 2009 다 51820
72) 이철송, 전게서, 699면, 서울중앙지법, 2008. 4. 28. 결정 2008 카합 1306

3. 의결권 제한의 위헌성 문제

자세한 내용은 제2편 제8장 제1절 Ⅴ-7. "의결권 제한의 위헌성 문제" 항목을 참조하시기 바랍니다.

4. 의결권 제한의 역차별 문제

자세한 내용은 제2편 제8장 제1절 Ⅴ-8. "의결권 제한의 역차별 문제" 항목을 참조하시기 바랍니다.

Ⅳ 감사의 선임절차

1. 일반규정에 의한 선임절차

주주총회를 소집할 때에는 주주총회일의 2주 전에 각 주주에게 서면으로 통지를 발송하거나 각 주주의 동의를 받아 전자문서로 통지를 발송하여야 한다. 다만, 그 통지가 주주명부상 주주의 주소에 계속 3년간 도달하지 아니한 경우에는 회사는 해당 주주에게 총회의 소집을 통지하지 아니할 수 있다.(「상법」제363조 제1항). 그리고 무기명 주권을 발행한 회사, 자본금 총액이 10억 원 미만인 회사는 이를 달리 정하고 있다.(동조 제3항~제5항).

감사의 선임에 관한 사항을 목적으로 하는 주주총회를 소집 통지하는 경우에는 그 소집통지서에는 감사선임의 뜻을 회의의 목적사항으로 기재하여야 한다.(「상법」제363조제 2항). 그런데 감사의 선임과 해임, 감사활동의 독립성 확보는 주주와 회사채권자 등의 이해관계가 걸려 있는 매우 중대한 문제라고 할 수 있는데도 「상법」의 일반규정에는 주주총회의 회의목적사항이 감사선임에 관한사항인 경우 소집통지서에는 감사의 성명과 같은 일정한 인적사항에 대한 표시여부를 규정하고 있지는 않고 있다.

따라서 감사선임을 위한 주주총회의 소집통지서에 감사의 성명과 같은 일정한 인적사항을 표시해야 하는지 여부에 대하여 견해의 대립이 있다. 이 경우 소집통지에 "감사선임에 관한 건"과 같이 의제만 기재하면 족하고 감사후보자의 성명까지 기재할 필요는 없다고 보는 견해[73] 와 감사의 선임에 있어서는 그 인적사항이 선임의 매우 중요한 판단기준이 되므로 최소한 후보자의 성명이나 약력에 관해서는 기재하여야 한다는 견해가 있다.[74]

---

73) 이범찬, 오욱환, 전게서, 102면 ,
74) 권종호, 전게서, 79면, 정준우, 전게서, 24~25면

생각건대 대주주와 사실상 그의 영향력 하에 있는 이사들이 경영을 전담하고 있는 우리의 기업지배구조상 회사내부에서 이사들을 합리적으로 견제할 수 있는 기관인 감사를 누가 선임되느냐는 매우 중요한 문제이다. 따라서 감사선임을 위한 주주총회의 소집통지서에 최소한 감사후보자의 성명과 약력 같은 간단한 인적사항 등을 기재해야 된다고 본다.[75]

감사와 이사를 동시에 선임할 경우에 상장회사에서는 각각 별도의 안건으로 상정하여 결의할 것을 법에서 요구하고 있다.(「상법」제542조의12 제5항) 이는 비상장회사에도 감사 선임 시와 이사 선임 시의 의결권 계산방법이 다르므로 당연히 별도의 의안으로 상정하여 의결하여야 하는 것으로 보아야 할 것이다. [76]

2. 특례규정에 의한 선임절차

상장회사가 주주총회를 소집하는 경우 대통령령으로 정하는 수 이하의 주식[77]을 소유하는 주주에게는 정관으로 정하는 바에 따라 주주총회일의 2주 전에 주주총회를 소집한다는 뜻과 회의의 목적사항을 둘 이상의 일간신문에 각각 2회 이상 공고하거나 대통령령으로 정하는 바에 따라 전자적 방법[78]으로 공고함으로써 「상법」제363조 제1항의 소집 통지를 갈음할 수 있다.(「상법」제542조의 4 제1항).

상장회사가 감사의 선임에 관한 사항을 목적으로 하는 주주총회를 소집통지 또는 공고하는 경우에는 감사후보자의 성명, 약력, 추천인, 그밖에 대통령령으로 정하는 후보자에 관한 사항[79]을 통지하거나 공고하여야 한다.(「상법」제542조의4 제2항).

상장회사가 주주총회에서 감사를 선임하려는 경우에는 「상법」542조의4 제2항에 따라 통지하거나 공고한 후보자 중에서 선임하도록 하였다.(「상법」제542조의5). 이를 위반하면 과태료 처분을 받는다.(「상법」제635조 제25의2호). 이는 감사의 자격을 사전에 검증하여 적합한 인물을 선임하려는 것이다.

그리고 최근의 하급심 판례는 이사의 선임에 관한 결의를 함에 있어서 이사 후보자의 성명·약력·추천인 등의 후보자에 관한 사항을 사전에 통지·공고하여야 함에도 불구하고, 사전에 이사 후보자를 통지·공고되지 않은 후보를 이사로 선임한 주주총회 결의는 소집절차 및 결의방법이 법령에 위반된 것으로서 취소되어야 한다고 판시한

---

75) 권종호, 전게서, 79면, 정준우, 전게서, 25면
76) 이철송, 전게서, 699면, 권종호, 전게서, 79면
77) 대통령령으로 정하는 수 이하의 주식이란 의결권있는 발행주식 총수의100분의1이하의 주식을 말한다.(「상법 시행령」제10조 제1항)
78) 대통령령으로 정하는 전자적 방법이란 금융감독원 또는 한국거래소가 운용하는 전자공시시스템에 공고하는 방법을 말한다.(「상법시행령」제10조 제2항)
79) 대통령령으로 정하는 후보자에 관한사항이란 1. 후보자와 최대주주와의 관계, 2. 후보자와 해당회사와의 최근 3년간의 거래내역 을 말한다.(「상법시행령」제10조 제3항)

사례[80]가 있다.

또한 유사한 판례로서 「상법」제363조의 규정에 의하면 주주총회를 소집함에 있어서는 회의 목적사항을 기재하여 서면으로 그 통지를 발송하게 되었으므로 주주총회에 있어서는 원칙적으로 주주총회 소집통지서에 회의의 목적 사항으로 한 것 이외에는 결의할 수 없으며, 이에 위배된 결의는 특별한 사정이 없는 한, 앞에 소정의 총회의 소집절차 및 결의 방법이 법령에 위반하는 것으로 보아야 하며, 이와 같은 목적 외 결의는 취소사유가 된다. 설혹 참석한 주주 전원의 동의가 있더라도 허용될 수 없다고 판시한 사례[81]도 있다.

그런데 기존에 통지·공고한 감사후보자가 갑자기 사망하거나 공직취임·경쟁사 취임 등의 이유로 감사후보에서 사퇴한 경우 등과 같이 회사 측에 불가항력적인 사유로 결원이 생긴 경우에 후보의 교체가 허용되지 않는다면 결원이 생긴 부분은 이후 새로운 주주총회를 열어 보완할 수밖에 없을 것이다.

그러나 이는 적어도 새로운 주주총회에서 선임할 때까지는 법에서 요구하는 최저 인원수를 결한 법위반 사태를 그대로 방치하는 결과가 되므로 사망, 사퇴 등과 같이 불가항력적인 사유로 공석이 된 경우에 한하여 감사후보를 다른 사람으로 교체하여 수정된 안건으로 상정하는 것이 가능하다고 주장하는 의견도 있다.[82]

또한 회의 목적사항을 주주들에게 통지하는 것은 회의에 참석할 주주들에게 의결권 행사를 제대로 할 수 있도록 하기 위한 것이고, 또 모든 주주들에게 어떤 사항이 그 총회에서 다루어지는지를 미리 알려주기 위한 것이기 때문에 주주총회에서 회의의 목적사항이 들어있지 아니한 의안이라도 사망, 사퇴 등과 같이 불가항력적인 상황의 경우에는 예외적으로 회의 의안으로 삼아 결의하는 것은 가능하며, 그 결의는 일단 유효하다는 의견도 있다.[83]

그리고 상장회사가 주주총회의 목적사항으로 감사의 선임 또는 감사의 보수결정을 위한 의안을 상정하려는 경우에는 이사의 선임 또는 이사의 보수결정을 위한 의안과는 별도로 상정하여 의결하여야 한다. (「상법」제542조의12 제5항).

---

80) 서울중앙지방법원, 2004. 3. 18. 판결 2003 가합 56996 , 고창현. 박권의, 「상법개정안 중 주주총회 관련 특례규정에 관한 소고」, 서울대학교금융센터 BFL제27호, 2008, 83면
81) 대법원, 1979. 3. 27. 판결, 79 다 19.
82) 서울대학교 금융센터, 「주주총회 운영의 실무와 문제점」, BFL 제6호, 2004, 119면
83) 김교창, 「주주총회의 운영」, 한국상장회사협의회, 2010. 174면

3. 특례감사선임 사전공시 강제의 문제점

가. 사전공시의 강제

이사·감사의 선임은 보통 결의사항 이므로 소집통지에는 「이사의 선임」또는 「감사의 선임」이라는 의제만 기재하면 족하고, 그 후보까지 기재할 필요는 없다. 그러나 상장 회사의 이사 또는 감사를 선임하는 총회를 소집하는 경우에는 소집통지·공고에 이사 또는 감사 후보의 성명 등 소정사항을 기재하여야 한다.(「상법」제542조의4 제2항). 주주총회에서는 이에 의해 통지하거나 공고한 후보자 중에서 선임하여야 한다(「상법」제542조의5).

나. 후보추천위원회

대규모상장회사의 사외이사 선임을 위해서는 「상법」제393조의 2의 위원회로서 사외이사후보추천위원회를 설치하여야 한다.(「상법」제542조의8 제4항). 후보추천위원회가 사외이사 후보를 추천할 때, 주주가 상장회사의 소수주주권에 의한 주주제안절차 (「상법」제542조의6 제2항)에 의해 추천한 사외이사 후보가 있으면 이를 추천대상에 포함시켜야 한다.(「상법」제542조의8 제5항). 주주총회에서는 동 위원회의 추천을 받은 자 중에서 사외이사를 선임해야 한다.(「상법」542조의8 제5항).

다. 특칙의 효력

「상법」제542조의 5의 법문 상으로는 상장회사의 이사 또는 감사는 오직 소집 통지한 이사 또는 감사 후보 중에서만 이사 또는 감사를 선임할 수 있고, 「상법」제542조의8 제5항의 법문 상으로는 대규모 상장회사의 사외이사는 후보추천위원회에서 추천한 자에 한해 선임할 수 있는 것으로 읽힌다. 소집통지는 이사회의 결의로 하므로 결국 이사 또는 감사 선임에 있어 주주총회는 이사회 결정에 구속되고, 나아가 사외이사 선임에 있어서는 후보추천위원회의 결의에 구속된다는 의미이다.[84]

라. 소 결

이는 주주총회의 이사 또는 감사 선임권을 제약하고, 나아가 주주의 의결권을 침해하므로 재산권의 침해이고 기업의 자유를 제한하는 것으로 위헌의 소지가 많다.(「헌법」제23조 제1항, 제15조). 또한 주주는 오로지 소수주주권에 의한 주주제안절차에 의해서만 후보를 추천할 수 있게 되는데, 이는 합리적인 근거 없이 이사와 감사의 추천권을 소수주주권 화하는 所致이므로 평등의 원칙에도 위배될 소지가 있다.(「헌법」제11조).[85] 따라서 「상법」제542조의5 와 제542조의8 제5항은 입법적인 재검토가 필요한 것으로 생각된다.

---

84) 이철송, 전게서, 2014. 633면
85) 이철송, 전게서, 633면

4. 감사의 선임등기

감사 또는 감사위원으로 선임된 자가 취임한 때에는 회사는 그 성명과 주민등록 번호를 등기하여야 한다.(「상법」제317조 제2항 제8호). 동일인이 재 선임된 경우에도 처음 선임된 경우와 마찬가지로 등기하여야 한다.[86]

등기는 본점 소재지에서는 2주간 내에 지점 소재지에서는 3주간 내에 하여야 한다.(「상법」제317조 제4항). 법인등기부에 감사로 등재된 경우에는 특단의 사정이 없는 한 정당한 절차에 의하여 선임된 적법한 감사 또는 감사위원으로 추정된다. [87]

---

[86] 이범찬 . 오욱환, 전게서, 103면
[87] 대법원, 1983. 12. 27, 판결. 83 다카 331 판결

| 참고 | ▶▶▶ | 회사법상의 등기제도[88] |

1. 등기제도의 의의

회사의 조직법적 법률관계의 많은 부분에 대하여 제3자가 중대한 이해를 가진다. 예컨대 어떤 회사의 대표이사가 누구냐는 것은 회사의 거래 상대방으로서는 거래의 실제 상대방을 누구로 할 것이냐는 의미를 가지므로 제3자가 알아야 할 중대한 사안이다. 하지만 회사의 조직법적 법률관계는 회사의 내부에서 형성되므로 제3자가 알기가 용이하지 않다. 그러므로 「상법」은 제3자와의 거래에 영향을 미칠 만한 사항은 대외적인 공시를 위해 등기하도록 한다.

구체적인 등기관리방법으로서 「상법」은 회사 설립 시에 본점 또는 본점과 지점에서 등기할 사항을 규정(「상법 제180조, 제271조, 제317조 제2항, 제549조 제2항」)하고, 그 등기 사항 변경이 생길 경우 소정기간 내에 변경등기(「상법」제183조, 제269조, 제317조 제4항, 제549조 제4항) 를 하도록 하며, 설립당시에 등기하지 않은 새로운 등기할 법률관계가 창설될 때마다 등기하도록 규정 하고 있다.

예컨대 회사의 자본 총액은 설립 시부터 등기하여야 하고 설립 후 증감이 있을 때에는 변경등기(「상법」제317조 제2항 제2호)를 하여야 하지만 회사가 전환사채를 발행할 때에는 새로운 사항으로서 등기하여야 하는 것이다.(「상법」제514조의2).

2. 등기의 효력

회사의 등기사항 중에는 창설적 효력이 있는 등기가 많음을 주의해야 한다. 창설적 효력이라 함은 등기를 해야 비로소 등기된 법률관계가 창설된다는 의미이다. 예컨대 회사는 본점 소재지에서 등기를 함으로써 성립하므로(「상법」제172조) 이는 창설적 효력을 갖는 등기이다.

설립 외에도 합병(「상법」제234조, 제269조, 제530조 제2항, 제603조), 회사분할(「상법」제530조의11 제1항), 조직변경(「상법」제243조 제2항, 제286조 제3항, 제606조, 제607조 제5항), 주식의 포괄적 이전(「상법」제360조의20)은 모두 등기에 의해 효력이 발생한다.

이러한 회사 법률관계의 등기에 창설적 효력[89]을 부여한 이유는 그 기초가 된 법률관계에는 다수인의 이해가 복잡하게 얽혀 있으므로 법률관계의 효력발생시기를 객관적 기준에 의해 획일적으로 규율할 필요가 있기 때문이다.

창설적 효력이 없는 등기사항은 등기여부에 관계없이 행위 시에 효력이 발생한다. 예컨대 이사의 선임, 감사의 선임, 신주의 발행 등은 등기사항이기는 하나 등기를 하지 않더라도 이사 또는 감사가 선임된 효과, 신주가 발행된 효과에는 영향이 없다.

3. 미등기의 효력

회사에 관한 등기에도 「상법」총칙편의 등기에 관한 일반원칙이 적용된다. 따라서 등기할 사항을 등기하지 아니하면 선의의 제3자에게 대항하지 못한다.(「상법」제37조제1항). 예컨대 대표이사가 변경되었음에도 불구하고 변경등기를 하지 않은 때에는 舊대표이사의 대표권을 신뢰하고 거래한 제3자에게 권한 없는 자의 대표행위임을 주장할 수 없는 것이다.

그러나 이 규정은 위의 창설적 효력이 있는 등기사항(예: 회사 설립등기)에는 적용 되지 않는다. 창설적 효력이 있는 등기사항은 상대방의 선의·악의를 불문하고 오로지 등기에 의해 효력이 발생할 뿐이기 때문이다.

---

88) 이철송, 전게서, 98~99면 참조
89) 창설적 효력이란 등기에 의하여 새로운 법률관계가 형성 또는 설정되는 효력이며, 제3자의 선의. 악

V 감사의 직무정지

1. 의의

특정 감사 또는 감사위원(이하 포괄하여 '감사'라 한다)의 지위에 다툼이 있어 장차 당해 감사의 지위가 박탈될 가능성이 있음에도 불구하고 당해 감사로 하여금 직무를 계속 수행하게 한다면 회사의 업무집행이 적정성을 잃을 위험이 있다. 이런 경우 일시적으로 감사의 직무수행 권한을 정지시키는 것이 '직무집행정지가처분'이라는 제도이다.

그리고 이로 인한 경우 직무수행자가 부재하여 회사의 정상적인 운영이 어려워지는 일이 없도록 직무를 대신할 자로 선임되는 자가 직무대행자이다. 「상법」은 이사에 관하여 제407조(직무집행정지, 직무대행자선임)의 규정을 두고 감사 또는 감사위원회에 대하여 이를 준용하고 있다. (「상법」제415조, 제415조의 2 제7항).

2. 감사의 직무집행정지가처분

가. 성질

「민집법」제300조 제2항은 쟁의 있는 권리관계에 대하여 「임시의 지위」를 정하기 위한 가처분제도를 두고 있다. 통설·판례는「상법」제407조의 이사의 직무집행정지 가처분도 보전소송으로서「민집법」상의 통상의 임시의 지위를 정하기 위한 가처분의 하나로 본다.[90] 따라서 이사의 직무집행정지가처분은 「민집법」상의 가처분에서와 같이 보전의 필요성이 있어야 하며, 그 절차는「민집법」상의 가처분의 절차에 의한다.

나. 가처분의 요건
(1) 본안소송의 제기

이사의 직무집행정지가처분을 신청하기 위해서는 이사의 지위를 다투는 본안소송이 제기되어 있어야 한다. 이사의 지위를 다투는 소송이어야 하므로 이사에 대한 손해배상 청구와 같은 채권적 권리를 소송물로 하는 본안소송에 기해서는 직무집행정지가처분을 신청할 수 없다.[91]

「상법」은 그 본안소송으로서 이사선임 결의의 무효의 소(「상법」제380조), 취소의 소(「상법」제376조제1항), 이사 해임의 소(「상법」제385조 제2항)를 열거하고 있다. (「상법」제407조 제1항). 이사 선임결의의 부존재 확인의 소도 당연히 가처분의 본

의에 관계없이 발생함
90) 대법원, 1972. 1. 31., 판결 71다 2351
91) 대전지법 강경지원, 1989. 3. 15., 결정 88카608

안소송으로 보아야 한다.[92] 본안소송의 소송물이 가처분의 피 보존권리와 동일하여야 함은 보전소송의 일반원칙으로서 이사의 직무집행정지가처분에도 적용된다.

(2) 본안 전의 가처분

예외적으로 「급박한 사정이 있는 때」에는 본안소송의 제기 전에도 가처분을 할수 있다.(「상법」제407조 제1항). 「급박한 사정」이란 본안소송 전임에도 가처분을 해야 할 사정을 뜻한다. 즉 이사의 직무수행이 현황에 비추어 본안소송까지 기다릴 여유가 없는 경우이다.

이 경우 판례는 보전의 필요성을 인정하는 데에 신중을 기해야 한다는 이유에서 특별히 급박한 사정이 없는 한 이사해임의 소 등 본안소송을 제기할 수 있을 정도의 절차적 요건을 거친 흔적이 소명되어야 본안전가처분의 필요성을 인정할수 있다고 한다.[93]

급박한 사정이 있어 본안 전에 가처분을 신청하더라도 일반적인 보전소송의 예에 따라 법원은 신청인에게 상당한 기간 내에 본안의 소를 제기할 것을 명하여야 할것이며(「민집법」제301조→제287조 제1항), 이 기간 내에 소제기가 없으면 피신청인의 신청에 의해 가처분을 취소하여야 한다.(「민집법」제301조→제287조 제3항).[94]

(3) 이사의 지위유지

가처분신청의 대상인 이사가 가처분 시까지 그 지위를 유지하여야 한다. 만일 가처분 전에 이사가 사임하거나 기타 사유로 퇴임한다면 피 보전권리가 없게 되므로 가처분신청을 각하하여야 한다.[95] 이사가 사임하면 동일인이 새로운 주주총회에서 이사로 선임되었다 하더라도 본안소송과 관련된 피보전권리가 없으므로 기각해야 한다.[96]

가처분의 대상인 이사는 본안소송으로 그 지위를 다투는 것을 전제로 하므로 「상법」제386조 제1항에 의한 퇴임이사는 가처분신청의 대상이 될 수 없다. 퇴임이사를 직무에서 배제하고자 할 경우에는 「상법」제386조 제2항에 의해 법원에 일시이사의 직무를 행할 자의 선임을 청구하면 족하기 때문이다.[97]

---

92) 대법원, 1989. 5. 23., 판결 88다카9883 , 이철송, 전게서, 690면
93) 이철송, 전게서, 803면, 대법원, 1997. 1. 10. 선고 95마837 판결.
94) 이철송, 전게서, 803면.
95) 이철송, 전게서, 803면
96) 이철송, 전게서, 803면, 대법원. 1982.2.9. 선고. 80다2424 판결.
97) 이철송, 전게서, 804면, 대법원. 2009. 10. 29. 선고, 2009마1311 판결.

(4) 보전의 필요

일반적으로 가처분은 권리보전의 필요가 있어야 한다. 「민집법」상 임시의 지위를 정하는 가처분의 경우 「보전의 필요」란 「특히 계속하는 권리관계에 현저한 손해를 피하거나 급박한 위험을 막기 위하여 또는 그 밖의 필요한 이유」를 말한다. (「민집법」제300조 제2항). 이사의 직무집행정지가처분도 통상의 임시의 지위를 정하는 가처분의 하나로 보므로 역시 보전의 필요가 있어야 한다.[98]

따라서 이사의 직무수행으로 인해 회사에 특히 큰 손해가 초래된다든지(현저한 손해), 직무수행의 내용으로 보아 그대로 방치하면 본안 판결을 받더라도 이를 무익하게 한다든지(급박한 위험), 기타 이에 준하는 사유가 있을 때에 가처분을 할 수 있다.[99]

보전의 필요성을 판단함에 있어, 일반적인 가처분에 있어서와 달리, 가처분 채권자의 손해가 아니라 회사의 손해가 판단의 기준이 됨을 주의해야 한다. 이는 가처분 신청이 주주 등 신청인(가처분 채권자)의 회사에 대한 공익권의 행사이기 때문이라는 것이다. [100]

다. 당사자

본안소송 중에 가처분을 신청할 수 있는 자는 본안소송의 원고임이 법문 상 명백하다.(「상법」제407조 제1항에서 당사자의 신청에 의하여 라고 표현하고 있다). 본안소송 전에는 본안소송의 원고가 될 자가 신청할 수 있다.

피 신청인은 신청인의 주장에 의해 지위가 다투어지는 자(예컨대 해임소송에서 해임 되어야 할 것으로 주장되는 이사)이며, 회사는 피 신청인이 될 수 없다.[101]

라. 절 차

관할은 본안소송의 관할법원에 속하며(「민집법」제303조), 기타 절차는 「민집법」상의 가처분절차에 따른다. 법원은 당사자의 신청에 의하여 가처분을 변경 또는 취소할 수 있다.(「상법」제407조 제2항). 그리고 가처분 또는 가처분의 변경·취소가 있는 때에는 본점과 지점 소재지에서 등기하여야 한다.(「상법」제407조 제3항).

마. 직무집행정지가처분의 효력

직무집행이 정지된 이사는 일체의 직무집행을 할 수 없다. 이에 반한 직무집행은

---

98) 이철송, 전게서, 804면
99) 이철송, 전게서, 804면.
100) 이철송, 전게서, 804면
101) 이철송, 전게서, 805면, 대법원, 1972. 1. 21. 판결 71 다 2351 , 동 1982. 2. 9. 판결 80 다 2424

절대무효이며, 후에 가처분이 취소되더라도 소급하여 유효해질 수 없다.[102] 직무집행정지가처분은 기간을 정한 때에는 그 기간이 만료함으로써 효력을 상실하고, 기간을 정하지 아니한 때에는 본안소송의 판결이 확정됨과 동시에 효력을 상실한다.[103]

직무집행정지가처분이 있더라도 이사 또는 대표이사는 직무집행에서만 제외 될 뿐 이사 또는 대표이사의 지위를 잃는 것은 아니다. 물론 그 이사나 대표이사는 사임할 수 있고, 주주총회는 그를 해임할 수 있다.[104]

3. 감사의 직무대행자

가. 직무대행자의 선임

법원은 이사의 직무집행정지가처분과 함께 직무대행자를 선임할 수 있다.(「상법」 제407조 제1항). 이것도 가처분의 내용으로서 하는 것이다. 그러나 직무대행자는 이사의 직무집행정지로 인한 회사운영의 공백을 메우기 위해 선임하는 것이므로 그러한 필요가 있지 않은 한 반드시 선임하여야 하는 것은 아니다. 한편 직무집행 정지를 하지 않고 직무 대행자만 선임할 수는 없다.

직무대행자의 선임에 관한 재판은 이유를 붙인 결정으로 하는데, 신청을 허가하는 재판에 대하여는 불복할 수 없다.(「비송사건절차법」제81조 제1항, 제2항). 법원은 직무 대행자의 선임에 있어 신청인의 추천에 구속받지 아니한다.[105] 직무대행자의 자격에는 제한이 없으나, 직무집행정지가처분에 의하여 직무집행이 정지된 이사 또는 감사를 재차 직무대행자로 선임할 수는 없다.[106]

나. 직무대행자선임의 효력

일단 직무대행자로 선임하면 이사의 직무집행이 정지됨은 물론, 직무집행이 정지된 이사가 퇴임하고 후임이사가 선임되더라도 가처분이 취소되기까지는 직무대행자의 권한이 존속한다. 이를 소멸시키기 위해서는 가처분이 취소되어야 하며, 그 때까지는 후임자가 권한을 행사할 수 없다. 그러므로 직무집행이 정지된 이사 또는 그 후임자가 한 대외적인 행위는 무효이고 상대방이 선의라도 유효를 주장하지 못한다.[107]

그리고 직무집행의 정지를 당한 이사가 가처분의 취지에 반하여 한 행위는 무효 이

---

102) 이철송, 전게서, 805면, 대법원, 2008. 5. 29. 판결 2008 다 4537
103) 이철송, 전게서, 805면, 대법원, 1989. 5. 23. 판결 88 카 9883, 동 1989. 9. 12. 판결 87 다키 2691
104) 이철송, 전게서, 805면
105) 이철송, 전게서, 806면, 대법원, 1985. 5. 28. 결정 85그 50
106) 이철송, 전게서, 806면, 대법원, 1990. 10. 31. 결정 90그 44
107) 이철송, 전게서, 806면, 대법원, 1992. 5. 12. 판결 92다 5638

고, 그 후 그 가처분이 취소된 경우에도 소급하여 유효가 되지 않는다고 본다. 가처분 결정전에 감사가 사임하거나 임기 만료로 퇴임한 경우에는 가처분신청을 각하하여야 한다.[108]

가처분의 존속기간에 관해 정함이 없는 경우에는 본안소송에서 가처분신청자가 승소하여 판결이 확정된 때에는 그 목적을 달성한 것이 되어 당연히 그 효력을 상실한다.[109]

다. 직무대행자의 권한

직무대행자의 권한에 관한 「상법」제408조는 감사의 경우에는 준용되지 않으므로 (「상법」제415조), 감사직무대행자는 회사의 업무에 속하지 아니한 행위를 하지 못하는 이사직무대행자와는 달리 정상적으로 선임된 감사와 동일한 권한과 의무가 있다고 본다.[110]

Ⅵ 감사의 수

감사의 원수에 대하여 「상법」은 아무런 규정을 두고 있지 않다. 따라서 1명 이상의 감사를 선임하면 된다. 그리고 감사의 근무형태나 자격에 관해서도 특별한 제한이 없으므로 감사를 비상근으로 선임하여도 상관없다. 다만 최근 사업연도 말 자산총액이 1,000억 원 이상 2조 원 미만인 상장회사의 경우에는 반드시 1인 이상의 상근감사를 두어야 한다. (「상법」제542조의 10 제1항). 이는 감사를 비상근으로 두는 기존 관행을 없애고 감사의 충실화를 도모하기 위해 도입된 것이다.

입법론적인 측면에서 보면 감사위원회제도와는 별도로 감사제도에 관해 기업규모를 기준으로 감사 수를 차등화하고, 감사 중 일부에 대해서는 자격을 제한하여 사외감사로 하는 것이 감사의 실효성과 공정성을 확보하는데 바람직할 것이다.

감사의 수를 정관으로 정하는 것은 가능[111]하며, 이 경우 정관에서 정한 인수를 초과하여 감사를 선임한 때에는 결의 내용의 정관위반으로서 그 선임결의는 결의취소의 소의 대상이 된다.(「상법」제376조 제1항). 2인 이상의 감사를 선임한 경우에도 각 감사는 각각 독립하여 감사 직무를 수행하며, 이는 감사 간에 업무분담이 이루어진 경우에도 마찬가지다. 즉 복수의 감사 간에 감사의 효율화를 위하여 내부적으로 업무를

---

108) 정동윤, 전게서, 398면, 권종호, 전게서, 81면
109) 정찬형, 전게서, 805면, 권종호, 전게서, 81면
110) 이범찬. 오욱환, 전게서, 114면, 권종호, 전게서, 81면
111) 권종호, 전게서, 83면, 이범찬. 오욱환, 전게서, 104면

분담하는것은 가능하지만 그것에 의해 각감사의 직무범위가 제한되는것은 아니다.

따라서 감사가 분담업무가 아니라는 이유로 감사로서 직무를 다하지 아니한 때에는 책임을 면할 수 없다. 감사가 복수로 있는 경우에는 감사보고서를 각자 단독으로 작성할 수 도 있고, 감사 전원이 하나의 보고서를 작성하되 다만 의견이 다른 사항에 관해서만 그 뜻을 명기하여도 상관없다.[112] 그리고 감사의 수가 법정기준이나 정관의 최저 인원수에 미달하지 않는 한 임기 중에 사임 등으로 퇴임자가 발생하더라도 임시 주주총회를 개최하여 후임자를 선임할 필요는 없다고 본다. [113]

제4절 〉〉 감사의 임기 및 종임

Ⅰ 감사의 임기

감사의 임기는 "취임 후 3년 내의 최종의 결산기에 관한 정기총회의 종결 시까지"이다.(「상법」제410조). 이는 1995년 「상법」개정에서 감사의 독립성을 확보하여 감사의 실효성을 제고하기 위하여 종래의 2년에서 3년으로 연장한 것이다. 감사의 임기가 "정기 총회의 종결 시"에 만료하도록 한 것은 사업연도 중에 감사가 임기 만료되는 것을 방지함으로써 감사의 충실을 도모하는 한편 신임감사가 선임되자마자 정기총회를 맞이하게 되는 어려움을 해소하기 위해서이다.

임기의 시기(始期)는 감사의 선임 결의 시가 아니라 취임 시이며, 종기(終期)는 「취임 후 3년 내에 도래하는 최종결산기」에 관한 정기총회의 종결 시까지이다. 따라서 감사의 임기는 취임시기에 따라 3년보다 다소 길거나 짧아질 수 있다.[114] 정기총회가 정관에서 정한 기간(통상은 결산기로부터 3개월 이내)내 개최되지 아니한 경우에는 그 시기가 경과함과 동시에 임기가 종료하는 것으로 본다.[115]

그리고 감사의 임기는 감사의 지위안정(독립성)과 감사의 실효성 확보라는 측면에서 중요한 의미가 있으므로 감사의 임기에 관한 규정은 강행규정으로 해석하여야 할 것이고, 따라서 주주총회 또는 정관에 의해서도 이를 가감할 수 없다.[116] 다만 임기 중에 퇴임한 감사를 보궐하여 선임된 보궐감사의 경우에는 그 임기에 관해「상법」은 아

---

112) 권종호, 전게서, 84면, 이범찬. 오욱환, 전게서, 104면
113) 권종호, 전게서, 84면, 이범찬. 오욱환, 전게서, 105면
114) 이철송, 전게서, 824면, 권종호, 전게서, 84면,
115) 손주찬, 전게서, 829면, 권종호, 전게서, 84면
116) 최준선, 전게서, 519면, 권종호, 전게서, 85면

무런 규정을 두고 있지 않으나, 이 경우에는 예외적으로 정관이나 주주총회의 결의를 통해 전임 감사의 잔임 기간으로 임기를 제한하는 것은 가능하다고 보아야 할 것이다.[117]

그러나 이러한 제한이 없는 경우에는 원칙으로 돌아가 보궐감사의 임기는 전임자의 잔임 기간이 아니라, 취임 후 3년 내의 최종의 결산기에 관한 정기총회의 종결 시 까지로 보아야 할 것이다.[118] 외국의 입법례를 살펴보면, 감사 임기는 나라에 따라 차이가 있으나, 지위의 안정이라는 측면에서 3년 이상 장기간으로 하는 것이 일반적인 추세이다. 독일의 경우는 감사회의 감사 임기는 4년(「독일주식법」제102조)이며, 결산검사인은 1년이다.

프랑스의 경우는 임의기관인 감사회의 감사는 주주총회에서 선임은 6년, 정관에 의해 지명은 3년이고, 필요기관인 회계감사인은 6년이다.(프랑스「상사회사법」제134조, 제22조). 영국의 경우는 회계감사인인 감사의 임기는 원칙적으로 각 영업연도에 관한 정기총회 종결 시까지이지만 다른 감사를 선임하거나 기존감사를 개선하지 않는다는 결의가 없는 한 당연히 재임할 수 있다.[119] 그리고 일본의 경우에는 4년이다(일본「상법」제273조 제1항).

Ⅱ 감사의 종임

1. 개요

감사는 임기만료, 사임, 정관소정의 자격상실[120]에 의해 당연히 종임하지만, 그 외에도 ① 위임관계의 종료사유가 발생한 때, ② 해임결의가 이루어진 때, ③ 감사해임의 소가 제기(감사해임청구권의 행사)되고 이에 대한 원고승소판결이 있는 때에 종임한다.

이상은 이사의 종임의 경우와 같으나, 회사해산의 경우는 청산인이 청산중인 회사의 업무집행기관이 되므로 이사의 종임사유이나 감사의 경우에는 종임사유가 아니다. 따라서 감사는 회사의 해산 후에도 청산중인 회사의 기관으로서 계속 직무를 수행한다.

감사가 종임한 경우에는 회사는 종임등기를 하여야하며(「상법」제317조제2항 제8호,

---

117) 권종호, 전게서, 85면, 이범찬. 오욱환, 전게서, 110면
118) 권종호, 전게서, 85면, 일본의 경우는 이러한 해석상의 논란을 제거하기 위하여 1974년 「상법」개정을 통하여 보궐감사의 임기에 관해서는 정관으로 퇴임감사의 잔임기간으로 할 수 있도록 하였다.(「일본상법」제273조 제3항)
119) 권종호, 전게서, 86면, 이범찬. 오욱환 전게서, 108면,
120) 예컨대 정관으로 감사의 자격을 주주로서 한국국적을 갖는 자로 제한하고 있을때, 감사가 한국국적을 포기하거나 주주로서 자격을 상실하면 감사는 종임하게 된다. 권종호, 전게서, 86면

제183조). 다만 등기여부는 선의의 제3자와의 관계에서 대항력(「상법」제37조)[121]이나 공신력(「상법」제39조)[122]의 문제에 지나지 않는다.

2. 종임사유

가. 위임관계의 종료

감사와 회사와의 관계에 대해서는 위임에 관한 규정이 준용된다.(「상법」제450조, 제382조 제2항). 따라서 위임관계의 종료사유(「민법」제690조)가 발생하면, 즉 감사의 ①사망, ② 파산, ③ 피성년후견인(舊 금치산자) 선고가 있으면 감사는 종임 한다.[123]

감사는 회사와 위임관계에 있으므로 이른바 위임의 상호해지 자유원칙에 따라 특별한 이유 없이도 언제든지 사임할 수 있으나(「민법」제689조 제1항), 회사에게 불리한 시기에 사임한 때(예컨대 영업연도가 끝난 후 정기총회를 앞두고 사임한 경우)에는 그 사임이 부득이한 사유에 의한 것이 아닌 한 그로인한 회사의 손해를 배상하여야 한다.(「민법」제689조 제2항)[124]

나. 해임결의

감사는 주주총회에서 해임결의가 있었을 때 종임 한다. 감사의 해임은 이사와 마찬가지로 특별한 사유가 없더라도 주주총회의 특별결의로 언제든지 해임할 수 있다.(「상법」 제415조, 제385조 제1항).[125] 그러나 정당한 이유 없이 임기만료 전에 해임한 때에는 감사는 회사에 대해 해임으로 인한 손해의 배상을 청구할 수 있다.(「상법」제385조제1항).

여기서 "정당한 이유"란 법령이나 정관에 위반한 행위 또는 기타의 부정행위를 하거나 직무능력이 현저하게 결여된 경우 등을 의미하며,[126] 손해는 임기 중에 받을 수 있는 보수액을 의미한다.[127] 감사의 해임은 적법한 행위이므로 이 손해배상은 채무불이행이나 불법행위책임이 아니고 법정책임이다. 따라서 해임으로 인해 감사가 받은 정신적 고통에 대한 위자료는 배상의 범위에 포함되지 않으며, 과실상계의 법리도 적용되지 않는다.[128]

---

121) 등기의 대항력은 등기하지 않으면 제3자에게 대항하지 못하는 효력
122) 등기의 공신력은 어떤 등기를 신뢰하여 거래한 자가 있는 경우 진실한 권리관계에 합치되지 않는 것이더라도 그 자의 신뢰가 보호되는 등기의 효력
123) 이철송, 전게서, 824면, 권종호, 전게서, 87면, 정준우, 전게서, 31면, 대법원, 1962. 11. 29. 판결 62 다 524
124) 권종호, 전게서, 87면, 정준우, 전게서, 31면
125) 최준선, 전게서, 520면, 권종호, 전게서, 87면, 정준우, 전게서, 31면
126) 최준선, 전게서, 393면, 대법원, 2004. 10. 15. 판결 2004 다 25611
127) 최준선, 전게서, 393면, 이철송, 전게서, 640면, 서울고법, 1978. 7. 6. 판결 77 나 2669
128) 이철송, 전게서, 640면, 서울고법, 1990. 7. 6. 판결 89 나 46297

감사는 주주총회에서 해임에 관해 의견을 진술할 수 있다.(「상법」제409조의2). 이 규정은 1995년 「상법」개정에 의해 도입된 것으로서 감사의 지위안정을 도모하여 감사의 독립성을 강화하기 위한 것이다. 특히 감사해임에 관한 의안제안권은 통상적으로 이사회가 갖는 점을 고려하면 이 의견진술권은 해임의 부당성을 주주를 상대로 직접 설명할 수 있는 기회를 감사에게 제공한다는 점에서 중요한 의미가 있다.[129]

주주총회에서 의견을 진술할 수 있는 자는 해당 감사는 물론이고 그의 동료감사도 포함되며, 다만 감사가 타인을 통해 의견을 진술하게 하는 것은 허용되지 않는다.[130] 그리고 진술할 수 있는 대상에는 제한이 없고, 따라서 감사해임 안이 위법·부당한 경우 뿐만 아니라 그러한 사유가 없더라도 의견을 진술할 수 있다.[131] 그런 점에서 위법·부당한 사항에 한해 감사의 의견진술권이 보장되는 "주주총회 제출의안 및 서류에 관한 감사의 의견진술권"(「상법」제413조) 과는 구별된다.

감사의 해임결의의 경우에는 선임결의와는 달리 발행주식 총수의 100분의 3을 초과하는 주식에 대한 의결권제한은 없다. 그러나 상장회사의 경우에는 특례규정에 의하여 최대 주주와 그의 특수관계인, 그 밖에 대통령령으로 정하는 자가 소유하는 상장회사의 의결권 있는 주식의 합계가 그 회사의 의결권 없는 주식을 제외한 발행주식 총수의 100분의3을 초과하는 경우 그 주주는 그 초과하는 주식에 관하여 감사 또는 사외이사가 아닌 감사위원을 선임하거나 해임할 때에는 의결권을 행사하지 못한다. (「상법」제542조의12 제3항).

해임결의의 경우 주주인 감사는 선임결의의 경우와 마찬가지로 결의에 관해 특별한 이해관계를 갖는 자로 보지 않으므로 의결권을 행사할 수 있으며, 해임은 상대방 있는 단독행위이므로 해임의 효력은 감사의 승낙을 요하지 않고 감사에게 해임의 통지가 도달함으로써 발생한다.(「민법」제111조 제1항)[132]

일단 해임의 효력이 발생한 후에는 주주총회의 결의로써 그것을 취소하거나 철회할 수 없다.[133] 해임결의에 의해 해임된 감사는 해임결의취소판결에 의해 소급적으로 감사의 자격을 회복할 수 있는 잠재적인 지위를 갖기 때문에 해임결의 취소의 소를 제기할 수 있다.(「상법」제376조 제1항).

감사의 해임(종임)은 등기사항(「상법」제317조제2항 제8호) 이므로 등기를 하지 않으면 등기의 이른바 소극적 효력[134]에 의하여 선의의 제3자에게 대항하지 못한다.(「상

---

129) 권종호, 전게서, 87면, 정준우, 전게서, 31면
130) 최준선, 전게서, 520면, 이범찬.오욱환, 전게서, 112면, 권종호, 전게서, 87면, 정준우, 전게서, 31면
131) 최준선, 전게서, 520면, 정찬형, 전게서, 894면, 권종호, 전게서, 88면
132) 권종호, 전게서, 184면, 최준선, 전게서, 394면
133) 권종호, 전게서, 88면, 일본 상사법무연구회, 전게서, 184면
134) 소극적 효력이란 등기할 사항에 대하여 그 실체가 성립하고 존재하는 경우라도 등기하지 아니하면 선의의 제3자에게 대항하지 못하는 효력

법」 제37조). 그리고 해임을 위한 주주총회결의에 하자가 있으면 하자의 내용에 따라 주주 등 이해관계자는 결의취소의 소나 결의부존재확인의 소를 제기할 수 있다.

다. 소수주주의 감사해임청구권

감사가 그 직무에 관하여 부정행위 또는 법령이나 정관에 위반한 중대한 사실이 있음에도 불구하고 주주총회에서 그 해임을 부결한 때에는 발행주식 총수의 100분의 3 이상에 해당하는 주식을 소유한 소수주주는 총회의 결의가 있는 날로부터 1월내에 본점 소재지의 지방법원에 그 감사의 해임을 청구할 수 있다.(「상법」제415조, 제385조 제2항. 제3항, 제186조).

상장회사의 경우는 특례규정에 의하여 6월 전부터 계속하여 발행주식 총수의 1만 분의 50(최근 사업연도 말 자본금이 1,000억 원 이상인 법인의 경우에는 1만 분의 25)이상에 해당하는 주식을 소유하거나 주주권행사에 관한 위임장을 취득하거나 또는 2인 이상의 주주의 공동행사 방법으로 주식을 보유한 자는 그 감사의 해임을 법원에 청구할 수 있다.(「상법」제542조의 6 제3항,「동법 시행령」제11조).

이 감사해임의 소는 다수결 원칙을 악용한 대주주의 횡포로부터 소수주주를 보호하기 위한 것이므로 이 소는 법정요건을 충족하고 있는 주주인한 의결권의 유무, 해임결의를 위한 주주총회 출석여부 혹은 결의의 찬성여부에 불문하고 제기할 수 있다.[135] 해임청구의 사유는 부정행위 또는 법령 및 정관에 위반한 행위이어야 하므로 단순한 임무해태만으로는 부족하며, 법령 또는 정관위반은 감사의 재임 중에 있으면 되고 소제기 시에 감사를 사임 하였더라도 상관없다.[136]

감사해임의 소에 있어서 원고는 소수주주라는 것에 대해서는 이론이 없으나, 피고의 경우에는 다툼이 있다. 즉, ① 회사에 대해 해임을 청구하는 소로 보아 피고는 회사만이 된다는 견해, ② 판결에 의하여 감사의 지위의 박탈을 구하는 소로 보아 감사만이 피고가 된다는 견해, ③ 회사와 감사가 공동피고가 된다는 견해가 대립되고 있다.[137]

그러나 감사해임의 소는 회사와 감사 사이에 존재하는 위임관계의 해소를 구하는 것이고, 또 어느 일방에 대한 판결의 효력이 당연히 타방에 미치는 것은 아니라는 점에서 ③ 설이 타당하다고 본다.[138] 그리고 이 소는 형성의 소이고 따라서 원고 승소판결이 확정되면 회사의 해임행위를 요하지 않고 바로 해임의 효력이 발생한다.[139]

---

135) 권종호, 전게서, 90면, 이범찬. 오욱환, 전게서, 114면, 최준선, 전게서, 554면
136) 정동윤, 전게서, 390면, 권종호, 전게서, 91면, 대법원, 1990. 11. 2. 판결. 90 마 745, 대법원, 1993. 4. 9. 판결 92 다 53583
137) 권종호, 전게서, 91면, 정준우, 전게서, 33면, 일본상사법무연구회, 전게서, 185면
138) 권종호, 전게서, 91면, 정준우, 전게서, 33면, 이범찬. 오욱환, 전게서, 114면, 정동윤, 전게서, 390면,

감사해임의 소를 제기한 경우에는 원고(소수주주)는 감사선임결의의 취소나 무효의 소를 제기한 경우와 마찬가지로 감사의 직무정지나 직무집행대행자의 선임을 위한 가처분을 신청할 수 있다.(「상법」제415조, 제407조 제1항).

이때 급박한 사정이 있는 때에는 본안 소송의 제기 전이라도 본안 소송의 제기를 전제로 이러한 가처분을 신청할 수 있고(「상법」제407조 제1항), 법원의 가처분 명령에 대해 피신청인(감사 및 회사)은 법원에 대해 가처분의 취소 또는 변경을 신청할 수 있으며 (「상법」제407조 제2항), 그리고 이러한 가처분이나 가처분의 취소. 변경이 있으면 그것은 등기사항이라는 점은 전술한 감사선임결의의 취소나 무효의 소를 제기한 경우와 같다.140)

Ⅲ 감사해임결의에 관한 문제점

감사의 해임결의와 관련하여 현행 「상법」의 문제점은 대주주의 의결권이 제한되지 않는다는 점 이외에도 주주총회의 특별결의만 있으면 그 정당성 유무에 관계없이 언제라도 감사를 해임할 수 있다.

그런데 이는 ① 주주총회에서의 다수결이란 자본다수결이어서 실질적으로 대주주와 그 우호세력에 의해 그 의사가 결정된다는 점, ② 감사의 해임에 관한 의안제출권을 실질적으로 행사하는 이사회의 구성원들이 사실상 대주주의 영향력 하에 있는 현실을 감안할 때 감사의 독립성과 중립성을 훼손할 위험성이 매우 크다.141)

따라서 감사의 해임에 있어서는 이사의 해임과는 다른 별도의 보호조치 즉 ① 감사의 해임결의에 있어서도 대주주의 의결권 행사를 일정한 한도로 제한하는 방법,142) ② 감사의 경우에는 정당한 사유가 있는 경우에 한해 해임할 수 있도록 하는 방법143) 등이 필요하다고 본다.

---

139) 정찬형, 전게서, 809면, 권종호, 전게서, 91면, 정준우, 전게서, 33면
140) 권종호, 전게서, 91면, , 대법원, 1997. 1. 10. 판결 95 마 837
141) 정준우, 전게서, 32면
142) 정준우, 전게서, 32면
143) 권종호, 전게서, 90면

IV 감사 결원 시 임시조치

감사의 종임으로 인하여 감사의 원수가 정관이나 법률에서 정한 원수를 결하게 되면 지체 없이 주주총회를 소집하여 후임감사를 선임하여야 한다. 이를 게을리 하면 이사는 500만 원의 과태료 처분을 받는다.(「상법」제635조 제1항 제8호).

다만 임기만료 또는 사임으로 인하여 퇴임한 감사의 경우에는 새로 선임된 감사가 취임할 때까지 감사로서 계속 권리의무를 가진다.(「상법」제415조, 제386조 제1항). 따라서 임기만료와 사임으로 인하여 퇴임한 감사는 후임감사의 취임 시까지 실질적 으로 감사로서의 역할과 기능을 그대로 수행하게 되며, 그런 점에서 후임감사가 취임하기 전까지는 퇴임에 의한 변경등기는 할 수 없다.[144]

그 이외의 사유 [예컨대 정관 소정의 사유나 피성년후견인(舊 금치산자) 선고, 해임]로 퇴임한 감사의 경우에는 퇴임과 동시에 감사의 권리와 의무는 소멸한다. 이처럼 퇴임 감사가 감사로서 권리의무를 가지지 못하거나 계속 가지는 것이 적당 하지 않는 등 필요 하다고 인정할 때에는 이해관계인의 청구에 의해 법원(본점을 관할하는 지방법원)은 일시적으로 감사의 직무를 수행할 자(臨時監事, 一時監事, 假監事)를 선임할 수 있다.(「상법」 제386조 제2항).[145]

임시감사를 선임할 수 있는 요건인 「상법」제386조 제2항 소정의 "필요한 때"라 함은 ① 감사 전원이 부존재한 경우, ② 사망으로 이하여 감사의 결원이 있는 경우, ③ 장구한 시일에 걸쳐 주주총회의 개최도 없고 감사의 결원이 있는 경우[146], ④ 종전의 감사가 해임된 경우, ⑤ 감사가 중병으로 사임하거나 장기간 부재중인 경우 등과 같이 퇴임감사로 하여금 감사로서의 권리의무를 가지게 하는 것이 불가능하거나 부적당한 경우다.[147]

따라서 "필요한 때"라 함은 법률 또는 정관에 정한 감사의 원수를 결한 일체의 경우를 말하므로 단지 감사의 임기 만료 또는 사임의 경우에 한정되지 않는다.[148] 그리고 이 임시감사는 감사와 동일한 권한과 의무를 가진다. 임시감사를 선임한 때에는 본점의 소재지에서 그 등기를 하여야 한다.(「상법」제386조 제2항).

---

144) 권종호, 전게서, 92면, 이범찬,. 오욱환, 전게서, 115면
145) 권종호, 전게서, 92면, 최준선, 전게서, 399면, 이철송, 전게서, 644면, 최근 판례는 "임시감사"라는 용어를 쓰고 있다. 대법원, 2001. 12. 6. 결정 2001그 113
146) 최준선, 전게서, 399면, 대법원, 1964. 4. 28. 판결 63 다 518, 동 1998. 9. 3. 97 마 1429
147) 최준선, 전게서, 399~400면, 이철송, 전게서, 644면, 대법원, 2000. 11. 17. 결정 2000 마 5632
148) 최준선, 전게서, 399면, 이철송, 전게서, 644면, 대법원, 1964. 4.28. 판결 63다 518

제5절	감사의 보수

I 보수의 개념

감사의 보수라 함은 봉급·각종 수당·상여금·퇴직금·스톡옵션 등 명칭 여하를 불문하고 감사의 직무수행에 대한 보상으로 지급되는 일체의 대가를 뜻하며, 정기적이든 부정기적이든 불문한다. 또 금전의 급부에 한정하지 않으며, 타인에 대한 이익의 제공이라도 궁극적으로 감사의 이익으로 귀속되는 것이라면 감사의 보수이다.[149]

특히 퇴직 시에 일시금으로 퇴직위로금을 지급하는데, 이 역시 재직 중의 직무수행의 대가이므로 보수이고 , 따라서 정관 또는 주주총회의 결의에 의해서만 지급할 수 있다.[150]

II 보수의 결정방법

감사는 회사와 위임관계(「상법」제415조, 제382조 제2항)에 있으므로 수임인인 감사는 원칙적으로 무상이지만, 판례· 학설은 감사의 선임에 의해 회사와 감사 간에는 명시 또는 묵시적으로 보수지급에 대한 특약을 한 것으로 본다.[151]

감사의 보수는 정관 또는 주주총회의 결의로 정하여야 한다. (「상법」제415조, 제388조). 이 규정은 감사의 지위 안정을 도모하고 감사의 독립성을 확보하기 위한 것으로서 강행규정으로 해석되므로 주주총회의 결의나 정관으로 보수 결정권을 이사회나 대표이사에 위임하거나 제3자의 승인을 요하는 것으로 하는 것은 무효이다. 또한 같은 취지에서 이사의 보수와 감사의 보수를 일괄하여 정하는 것도 무효라고 보아야할 것이다.[152]

상장회사의 경우에는 특례규정에 의하여 감사의 보수 결정의 안은 이사의 보수 결정의 안과는 별도로 상정·의결하여야 한다.(「상법」제542조의12 제5항). 이는 대표이사나 이사회의 영향력을 차단하고 감사의 독립성을 강화하기 위해서이다.

---

149) 이철송, 전게서, 645면, 대법원, 2007. 10. 11. 판결. 2007 다 34746
150) 이철송, 전게서, 645면, 대법원, 1977. 11. 22. 판결. 77 다 1742 , 동 1999. 2. 24. 판결. 97 다 38930
151) 권종호, 전게서, 93면, 최준선, 전게서, 401면, 이철송, 전게서, 646면, 대법원, 1964. 3. 31. 판결. 63 다 715, 동 1965. 8. 31. 판결. 62 다 1156 , 동 1969. 2. 4. 판결. 68 다 2220, 동 1969.5.27. 판결. 69 다 327,
152) 권종호, 전게서, 93면, 이철송, 전게서, 646면, 최준선, 전게서, 401면, 정동윤, 전게서, 393면, 정찬형, 전게서, 545면, 대법원, 1979. 11. 27. 판결. 79 다 1599

따라서 「상법」은 이사에 대해서도 감사와 마찬가지로 주주총회나 정관으로 보수를 결정 하도록 하고 있으며, 그 이유는 회사재산의 보호를 위해서이다. 따라서 이사의 보수의 경우에는 개별적이고 구체적으로 확정할 필요는 없고 단지 보수 총액이나 최고한도만정해도 상관없다는 견해가 일반적이다.

그러나 감사보수의 결정안을 「상법」 제542조의 12 제5항에 따라 이사보수의 결정안과 달리 별도·상정 의결해놓고, 일부 회사들이 실제로는 연봉계약서 등을 이용하여 감사보수의 의결금액은 2억원인데 실제 연봉계약은 1억 5천만원으로 연봉계약을 체결하여 감사보수를 임의 감액하여 편법으로 지급하는 사례가 있다.

감사의 보수에 관한 한 이러한 방법은 위법이다.[153] 이사회나, 경영진 등이 사실상 감사의 보수액을 정한다면 감사의 독립성에 영향을 줄 뿐만 아니라 입법 취지에도 어긋나기 때문이다. 그리고 상장회사는 감사의 보수를 이사의 보수와 별도로 정하도록 규정하고 있는바, 경영진의 영향력의 차단 및 감사의 독립성을 확보하기 위해서 비상장회사에 대하여도 같은 방법으로 정하는 것이 바람직하다. [154]

Ⅲ 상여금. 퇴직위로금

감사의 보수란 그 명칭에 관계없이 직무수행의 대가로서 지급되는 것이므로 사실상 직무수행의 대가인 상여금과 퇴직위로금도 정관이나 주주총회에서 정한 후 지급해야 한다.[155] 다만 상여금이 영업연도 말에 발생한 이익 중에서 처분이 가능한 이익을 재원으로 하여 지급되는 경우에는 그것은 이익처분일 뿐 보수는 아니므로 보수에 관한 「상법」 제338조는 적용되지 않고, 「상법」 제449조에 의한 정기총회의 승인을 거치면 그것으로 족하다.[156]

이러한 맥락에서 판례도 특히 퇴직위로금에 대하여「주식회사의 이사 · 감사 등 임원은 회사로부터 일정한 사무 처리의 위임을 받고 있는 것이므로, 사용자의 지휘 · 감독 아래 일정한 근로를 제공하고 소정의 임금을 받는 고용관계에 있는 것은 아니며, 따라서 일정한 보수를 받는 경우에도 이를 '근로기준법' 소정의 임금이라 할 수 없다.

그리고 회사의 규정에 의하여 이사 등 임원에게 퇴직금을 지급하는 경우에도 그 퇴

---

153) 이철송, 전게서, 833면, 권종호, 전게서, 94면, 정준우, 전게서, 36~37면
154) 이철송, 전게서, 833면
155) 이철송, 전게서, 645면, 권종호, 전게서, 95면, 최준선, 전게서, 402면, 대법원. 1977. 11. 22. 판결. 77 다 1742, 동 1988. 6. 14. 판결. 87 다카 2268. 동 1999. 2. 24. 판결. 97 다 38930. 동 2000. 6. 8. 판결. 2000 마 1439. 동 2003. 9. 26. 판결. 2002 다 64681
156) 정준우, 전게서, 40면, 정동윤, 전게서, 391면, 권종호, 전게서, 94면

직금은 「근로기준법」 소정의 퇴직금이 아니라 재직 중의 직무집행에 대한 대가로 지급되는 보수에 불과하다」고 판시하고 있다.[157]

그런데 퇴직위로금의 지급에 있어서는 원칙적으로 정관이나 주주총회의 결의가 있어야 하지만, 사규인 퇴직위로금 지급규정에 근거하여 지급된 경우라면 그 지급에 있어서 대표 이사나 이사회의 재량의 여지가 없을 뿐만 아니라 감사에게도 특히 불리한 것이 없으므로 비록 정관의 규정이나 주주총회의 결의가 없더라도 유효한 것으로 보아야 한다는 견해가 제기되고 있다.[158]

그러나 이 견해에 찬동할 수 없다. 왜냐하면 이 견해에 의하면 감사의 퇴직위로금 지급에 관한 정관이나 주주총회의 결의가 없더라도 사규에만 있으면 그 지급이 가능하게 되는데, 이는 감사의 보수를 정관이나 주주총회의 결의에 의해서만 지급하도록 한 「상법」 규정의 취지에 반할 뿐만 아니라 경우에 따라서는 악용될 소지도 있기 때문이다.[159]

Ⅳ 주식매수 선택권

1. 주식매수선택권의 의의

「주식매수선택권(stock option)」이란 정관이 정한 바에 따라 주주총회의 특별결의에 의하여 회사의 설립·경영 및 기술혁신 등에 기여하였거나 기여할 수 있는 회사의 이사·집행임원·감사 또는 피용자에게 특별히 유리한 가격으로 신주를 인수하거나 자기주식을 매수할 수 있는 권리를 부여하는 제도이다. [160]

「상법」은 주식매수선택권을 "회사의 설립·경영 및 기술혁신 등에 기여하거나 기여할 수 있는 회사의 이사·집행임원·감사 또는 피용자에게 미리 정한 가액(이하 '주식 매수 선택권의 행사가액'이라 한다)으로 신주를 인수하거나 자기의 주식을 매수할 수 있는 권리"라고 정의하고 있다.(「상법」 제340조의2 제1항).

주식매수선택권제도는 주식을 매수할 수 있는 권리를 임직원의 업적과 연결시키는 일종의 인센티브제도로서, 우수인재의 확보, 생산성 향상, 재무구조의 개선 등의 효과가 있다. 그러나 주식시장이 침체된 경우에는 아무런 소득이 없고, 주식시장이 호황인

---

157) 대법원, 2003. 9. 26. 판결. 2002 다 64681, 동 2004. 12. 10. 판결. 2004 다 25123, 동 1999. 2. 24. 판결. 97 다 38930
158) 권종호, 전게서, 95면
159) 정준우, 전게서, 40면
160) 최준선, 전게서, 283면

경우에는 노력 이상의 보상을 받으며, 업무의 추진이 단기실적에 급급하게 되는 점
등의 단점이 있다.[161]

2. 주식매수선택권의 부여방식

주식매수선택권을 부여하는 방식에는 ① 자기주식교부방식, ② 신주인수권방식, ③
주가차액교부방식의 세 가지만 인정하고 있다. (「상법」제340조의2 제1항). 따라서 이
외의 방법을 창안하거나 이들 방식을 혼합하는 것은 허용되지 않는다.[162]

가. 자기주식교부방식

자기주식교부방식은 회사가 미리 자기주식을 보유하고 있다가 주식매수선택권자가
그 권리를 행사하여 행사가액을 납입하면 자기주식을 교부하는 방식이다.

나. 신주인수권방식

신주인수권방식은 주식매수선택권자가 그 권리를 행사하여 행사가액을 납입하면 그
에게 신주를 발행하여 교부하는 방식이다.

다. 주가차액교부방식

주가차액교부방식은 주식매수선택권자가 그 권리를 행사한 때에 행사가액이 주식의
실질가격보다 낮은 경우에 행사가액과 시가와의 차액을 현금 또는 자기주식으로 교부
하는 방식이다.

3. 주식매수선택권의 행사요건

가. 주식매수선택권의 실질적 행사요건

(1) 주식매수선택권의 부여주체

주식매수선택권의 부여 주체는 모든 주식회사이다.(「상법」제340조의 2 제1항).

(2) 주식매수선택권의 부여대상자

주식매수선택권을 부여할 수 있는 자는 회사의 이사, 집행임원, 감사 또는 피
용자로서 회사의 설립, 경영 및 기술혁신 등에 기여하였거나 기여할 수 있는 자
이어야 한다.(「상법」제340조의2 제1항).

그러나 주식매수선택권을 경영의 성과에 대한 순수한 보수로 파악하고 있는 외

---

161) 최준선, 전게서, 283~284면.
162) 최준선, 전게서, 284~285면

국의 입법례에서는 감사를 부여대상자에서 제외하고 있다. 즉, 감사가 없는 미국은 물론이고 감사제도가 있는 독일과 일본에서도 감사를 피부여자에서 제외하고 있다. 우리나라에서는 감사에게도 주식매수청구권을 부여하고 있으나 이는 제도의 기본취지에 어긋난다고 할 수 있다.[163]

상장회사의 경우에는 특례규정에 의하여 당해 회사의 임·직원뿐만 아니라 대통령령으로 정하는 관계회사의 이사, 집행임원, 감사 또는 피용자에게도 주식매수선택권을 부여할 수 있다.(「상법」제542조의 3 제1항).

(3) 주식매수선택권의 부여한도

회사의 임직원이 유리한 가격으로 매수할 수 있는 신주 또는 양수할 수 있는 자기주식은 회사의 발행주식총수의 100분의 10을 초과할 수 없다.(「상법」제340조의2 제3항). 이는 주식매수청구권의 부여가 남용되는 것을 방지하기 조치이다.

한편 상장회사는 특례규정에 의하여 주식매수선택권부여한도를 완화하여 발행주식 총수의 100분의 20의 범위에서 대통령령이 정하는 한도까지 주식매수선택권을 부여할 수 있도록 하고 있다.(「상법」제542조의3 제2항).

(4) 주식매수선택권의 행사가액

주식매수선택권은 이사·집행임원·감사 또는 피용자가 회사의 자기주식을 미리 정한 가격으로 매수할 수 있는 권리를 말하는데 이때 미리 정한 가액을 '행사가액'이라 한다.

행사가액은 ① 신주인수권부여방식의 경우에는 주식매수선택권의 부여 일을 기준으로 한 주식의 실질가액과 주식의 권면액 중 높은 금액 (「상법」제340조의2 제4항 제1호), ② 자기주식양도방식의 경우에는 주식매수선택권의 부여 일을 기준으로 한 주식의 실질가액(「상법」제340조의2 제4항 제2호)과 ③ 주가차액교부방식의 경우에는 주식매수선택권의 행사가액이 주식의 실질가액보다 낮은 경우에 회사는 그 차액을 금전으로 지급하거나 그 차액에 상당하는 자기주식을 양도 할 수 있다.(「상법」제340조의2 제1항 단서).

나. 주식매수선택권의 형식적 행사요건
(1) 정관상의 규정

주식매수선택권을 부여하려면 정관에 ① 일정한 경우 주식매수선택권을 부여할 수 있다는 뜻, ② 주식매수선택권의 행사로 발행하거나 양도할 주식의 종류와 수,

---

163) 최준선, 전게서, 286면, 최기원, 전게서, 714면

③ 주식매수 청구권을 부여받을 자의 자격요건, ④ 주식매수선택권의 행사기간, ⑤ 일정한 경우 이사회의 결의로 주식매수선택권의 부여를 취소할 수 있다는 뜻을 기재하여야 한다.(「상법」 제340조의3 제1항).

(2) 주주총회의 특별결의

주주총회의 특별결의에 의하여 ① 주식매수선택권을 부여받을 자의 성명, ② 주식매수선택권의 부여방법, ③ 주식매수선택권의 행사가액과 그 조정에 관한 사항, ④주식매수 선택권의 행사기간, ⑤ 주식매수선택권을 부여받을 각자에 대하여 주식매수선택권의 행사로 발행하거나 양도할 주식의 종류와 수를 정하여야 한다.(「상법」 제340조의3 제2항).

다만 상장회사는 특례규정에 의하여 발행주식 총수의 100분의10의 범위에서 대통령령으로 정하는 한도까지는 그 절차를 간소화 하여 이사회의 결의로 주식 매수선택권을 부여할 수 있다.(「상법」 제542조의3 제3항).

(3) 주식매수선택권부여계약의 체결

회사는 주주총회의 결의에 의하여 주식매수선택권을 부여받을 자와 주식매수선택권부여계약을 체결하고 상당한 기간 내에 그에 관한 서면 계약서를 작성 하여야 한다.(「상법」 제340조의3 제3항).

(4) 등기 및 공시

회사가 주식매수선택권을 부여할 것을 정한 때에는 이를 등기하여야 한다. (「상법」 제317조 제2항 제3의3호). 그리고 회사는 주식매수선택권부여계약서를 주식매수선택권의 행사기간이 종료할 때까지 본점에 비치하고 주주로 하여금 영업시간 내에 이를 열람할 수 있도록 하여야 한다.(「상법」 제340조의3 제4항).

상장회사는 주주총회가 주식매수선택권 부여 결의를 한 경우 대통령령이 정하는 바에 따라 금융위원회와 증권거래소에 이를 신고하여야 하며, 금융위원회와 증권거래소는 신고일 부터 주식매수선택권 존속기한까지 이를 비치하고 일반인이 열람할 수 있도록 하여야한다.(「자투법」 제165조의17 제1항).

4. 주식매수선택권의 실질행사

가. 주식매수선택권의 행사방법

주식매수선택권은 형성권이므로 주식매수선택권자의 일방적 의사표시에 의하여 행사 하면 된다.[164) 주식매수선택권의 행사는 주주명부폐쇄기간 중이라도 할 수 있다.

그러나 폐쇄기간 중의 주주총회결의에 관하여는 의결권을 행사할 수 없다. (「상법」제 340조의5, 제350조 제2항).

그리고 주식매수선택권을 행사하여 회사로부터 구주(자기주식)를 양도받는 경우에는 문제가 없다. 그러나 새로 발행하는 주식을 인수하는 경우에는 청구서의 작성, 신주 인수 청약서의 기재사항, 납입은행, 납입금보관자의 변경, 납입금보관자의 증명 등에 관하여 신주인수권부사채권자의 신주인수권 행사에 관한 규정이 준용된다.(「상법」 제 340조의 5,제516조의 9 제1항, 제3항, 제4항).

나. 주식매수선택권의 행사기간

주식매수선택권은 주주총회 결의일로부터 2년 이상 재임 또는 재직하여야 행사할 수 있다.(「상법」제340조의4 제1항) 이는 어느 정도 장기간 근무하면서 회사에 공헌한 자에게 권리를 인정하기 위한 것이다.

따라서 판례는 주식매수선택권을 부여받은 자가 정년, 사망, 회사의 구조조정 등 본 인의 귀책사유가 아닌 사유로 인하여 퇴임 또는 퇴직하였더라도 2년 미만 근무한 비 상장회사임직원은 주식매수선택권을 행사할 수 없고, 정관이나 주주총회의 특별 결의 를 통해서도 「상법」제340조의4 제1항의 요건완화는 허용되지 않는다고 한다.[165]

그러나 이와 같은 해석은 지나친 면이 있다.[166] 상장회사의 경우에는 이와 같은 경 우에는 2년 이상 재임 또는 재직하지 아니하더라도 주식매수선택권을 행사할 수 있 다.(「상법」제542조의 3 제4항, 「동법 시행령」제30조 제5항).

한편, 상장회사의 경우도 위의 대통령령이 정하는 경우를 제외하고는 주식매수 선 택권을 부여하기로 한 주주총회 또는 이사회의 결의일로부터 2년 이상 재임하거나 재 직하여야 주식매수선택권을 행사할 수 있다. (「상법」제542조의3 제4항).

다. 주식매수선택권의 양도금지

주식매수선택권은 본인만이 행사할 수 있으며, 타인에게 양도할 수 없다. 그러나 주 식매수선택권을 부여받은 자가 사망한 경우에는 그 상속인이 이를 행사할 수 있다. (「 상법」제340조의 4 제2항).

---

164) 최준선, 전게서, 289면, 이철송, 전게서, 657면
165) 대법원, 2011. 3. 24. 판결. 2010다 85027
166) 최준선, 전게서, 290면

5. 주식매수선택권의 행사효과

가. 주식매수선택권 부여회사의 의무

주식매수선택권을 행사하면 회사는 주식매수선택권의 부여방식에 따라 자기주식을 양도하거나 신주를 발행하거나 또는 주가차액에 해당하는 현금 또는 자기주식을 교부할 의무를 부담한다.[167]

나. 주주가 되는 시기

주식매수선택권의 행사로 주주가 되는 시기는 ① 신주인수권방식의 경우에는 주식인수대금을 납입한 때 주주가 된다.(「상법」제340조의5, 제516조의10), ② 자기주식교부방식의 경우에 관하여는 「상법」에 규정이 없으므로 주식양도의 일반원칙에 따라 회사에 매수대금을 납입하고 주권을 교부받은 때 주주가 된다(「상법」제336조제1항). ③ 주가차액교부방식의 경우 현금으로 교부한 때는 해당이 없고, 자기주식을 교부 하는 경우에는 주식매수선택권자가 주식매수선택권을 행사한 때 주주가 된다.

신주에 대한 이익배당에 관하여는 정관이 정하는 바에 따라 그 주식매수선택권을 행사한 때가 속하는 영업연도의 직전영업연도 말에 신주를 발행한 것으로 할 수 있다.(「상법」제350조의5, 제350조 제3항).

다. 이익배당

영업연도 중에 주식매수선택권을 행사한 경우 이익배당에 관해서는 정관의 규정에 의해 전년도 말에 주식매수선택권을 행사한 것으로 본다.(「상법」제340조의5, 제350조 제3항). 이는 신주인수권방식에 한해 적용된다.

라. 변경등기

주식매수선택권의 행사로 신주를 발행하는 경우에는 발행주식 수와 자본금이 변동된다. 주식매수선택권을 행사한 날로부터 2주 내에 본점 소재지에서 그 변경등기를 하여야 한다.(「상법」제340조의5, 제351조).

6. 주식매수선택권의 취소

주식매수선택권의 취소는 회사의 자율에 맡긴다. 즉, 회사는 정관에 "일정한 경우 이사회 결의로 주식매수선택권의 부여를 취소할 수 있다."는 뜻을 기재하도록 하고 있으므로, 정관이 정하는 바에 따라 취소할 수 있다.(「상법」제340조의3 제1항 제5호)

상장회사의 경우는 정관이 정하는 바에 따라 이사회의 결의로 취소할 수 있으나, 취소사유가 한정되어 있다. 즉,① 주식매수선택권을 부여받은 임ㆍ직원이 본인의 의

---

167) 최준선, 전게서, 291면

사에 따라 퇴임하거나 퇴직한 경우, ② 주식매수선택권을 부여받은 임·직원이 고의 또는 과실로 법인에 중대한 손해를 끼친 경우, ③ 당해 법인의 파산 또는 해산 등으로 주식매수선택권 행사에 응할 수 없는 경우, ④ 기타 주식매수선택권을 부여받은 자와 체결한 주식매수선택권 부여계약에서 정한 취소사유가 발생한 경우 등이 그것이다.(「상법 시행령」 제9조 제6항).

Ⅴ 보수 등의 공시

감사보수에 관해 주주총회에서 결정할 경우 회사는 주주총회의 소집통지에 회의의 목적사항으로 "감사보수에 관한 건"을 기재하여 주주에게 통지하여야 한다.(「상법」 제363조 제2항).

또 감사의 보수나 퇴직위로금에 관해 주주총회의 결의가 있는 때에는 주주총회의 의사록에 그 결의 내용을, 또 이익처분결의에 의해 상여금을 지급한 때에는 그 금액을 총회 의사록에 기재하고(「상법」 제373조), 이를 본점과 지점에 비치하여야 한다. 그리고 회의록에 대해 영업시간 내 주주나 채권자의 열람 및 등사의 청구가 있으면 회사는 언제든지 이에 응하여야 한다.(「상법」 제396조).

제3장 　감사의 권한

제1절 　총 설168)

「상법」은 감사가 그 직무를 효과적으로 수행할 수 있도록 다양한 권한을 부여하고 있다. 감사의 권한은 권한의 성질에 따라 첫째 기본업무를 위한 감사의 권한, 둘째 사전 예방을 위한 감사의 권한, 셋째 사후시정을 위한 감사의 권한, 넷째 독립성 강화를 위한 감사의 권한 등으로 대별할 수 있다.

먼저 기본업무를 위한 감사의 권한으로는 ① 이사의 직무집행에 대한 감사권, ② 자회사에 대한 감사권, ③ 이사의 중대 손해발생 위험보고에 대한 수령 및 조치권, ④ 외부감사인의 부정 및 위법행위 통보에 대한 수령 및 조치권, ⑤ 회계부정행위 고지자로부터 고지 수령 및 징계조치 감면권, ⑥ 내부회계관리제도의 운영실태 평가권 및 자료 제출요구권 등이 있다.

두 번째 사전예방을 위한 감사의 권한으로는 ① 이사회 출석 및 의견 진술권, ② 이사회의 소집청구권, ③ 주주총회의 소집청구권, ④ 이사의 위법행위 유지청구권, ⑤ 외부감사인 선임 및 해임의 승인권 등이 있다. 그리고 세 번째 사후시정을 위한 감사의 권한 으로는 ① 회사와 이사간의 소에 있어서 회사 대표권, ② 각종 소 제기권 등이 있다.

마지막으로 독립성 강화를 위한 감사의 권한으로는 ① 감사 해임에 관한 의견진술권, ② 이사회의사록에 대한 기명날인 및 서명권, ③ 전문가의 조력권 등이 있다. 그리고 한 걸음 더 나아가서 「상법」은 감사의 지위와 업무집행의 독립성과 중립성을 확보·유지하기 위하여 감사의 선임·해임에 있어서 대주주의 의결권을 일정한도로 제한하고 있다.

「상법」은 이와 같이 감사에 대하여 다양한 권한을 부여하고 있지만, 이러한 권한의 적절한 행사는 감사의 의무이며, 따라서 감사가 적시에 필요한 권한을 행사하지 않으면 그것은 감사의 임무해태이고, 그로 인하여 회사나 제3자에게 손해가 발생한 경우에는 감사는 그 손해에 대해 배상할 책임을 져야 한다.

---

168) 김용범, 「내부감사의 권한과 취약점」, 감사저널, 2016.1. 68~77면.

제2절 >> 이사의 직무집행에 대한 감사권[169)]

I 이사의 직무집행에 대한 감사 대상 및 범위

감사의 감사 대상 및 범위에 대한 자세한 내용은 第1편 - 第5장 - 第1절 - Ⅰ. 내부감사 범위의 개요, Ⅱ. 이사의 직무집행의 범위, Ⅲ. 회계감사와 업무감사, Ⅳ. 적법성감사 및 타당성감사를 참조하시기 바랍니다.

Ⅱ 이사에 대한 영업보고요구권

감사는 언제든지 이사에 대해 영업에 관한 보고를 요구할 수 있다.(「상법」제412조 제2항). 이 보고 요구권은 회사의 영업전반에 미친다. 영업에 관한 보고의 방식에는 제한이 없으며, 서면 또는 구두로 할 수도 있다. 이 보고 요구권에는 근거자료 제공에 대한 요구도 포함된다. 이사는 감사의 보고요구에 대하여 특히 기밀을 요하는 경우가 아니면 사용인을 통해 보고하는 것도 가능하다.

현행법에 의하면 감사는 영업에 관해 수동적으로 보고를 받을 수 있는 경우가 있다. 즉 감사는 이사회에 출석하여 이사로부터 영업에 관해 보고를 들을 수 있으며, 1995년 「상법」개정에 의해 이사는 회사에 현저하게 손해를 미칠 염려가 있는 사실을 발견한 때에는 곧바로 감사에 이를 보고하여야 하고(「상법」제412조의2), 또 「외감법」에 의해 외부감사인은 이사의 부정행위를 발견하면 감사에게 보고하여야 한다(「외감법」제10조 제3항).

감사의 이사에 대한 「상법」제412조 제2항의 영업보고 요구권은 이러한 수동적 · 단편적인 보고 수령권과는 달리 감사가 스스로 세운 감사방침에 따라 적극적으로 정보를 수집할 수 있도록 하기 위한 권리이다.[170)] 보고를 요구함에 있어서 감사는 이사회에 출석하여 이사에 대해 보고를 요구 할 수도 있고, 서면에 의한 보고를 요구할 수도 있다.

현행법에 의하면 감사가 보고를 요구할 수 있는 대상은 이사로 국한되어 있으므로 이사 이외의 사용인에 대해서도 보고를 요구할 수 있는지가 문제가 되는데, 감사 대상에 따라서는 이사 이외의 사용인에 대해서도 보고를 요구할 필요가 있을 수 있으므

---

169) 김용범, 전게기고문, 감사저널, 2016.1. 68~70면. 김용범, 전게서, 어울림, 2012. 372~376면.
170) 권종호, 전게서, 100면, 商事法務硏究會編, 「監査役ハンドブシグ(新訂3版), 商事法務硏究會, 2000, 94면

로 반드시 이사에 국한하여 보고를 요구할 수 있는 것으로 해석할 필요는 없다고 본다.[171]

Ⅲ 회사의 업무 및 재산상태 조사권

감사는 회사의 업무상황 및 재산상황 전반에 관해 언제든지 조사할 수 있다.(「상법」제412조). 보고는 이사의 표현을 매개로 하여 정보를 수집하는 방법인데 반해 조사는 주로 장부나 서류, 재산 등에 관해 감사가 직접 확인하여 정보를 수집하는 방법이다.

조사의 방법에는 특별한 제한이 없다. 따라서 감사는 보조자를 이용하여 조사 하거나 조회 등의 방법을 통해 조사할 수도 있으며, 문제가 있을 듯한 사항에 관해서는 특별히 중점적으로 조사를 행하는 것도 가능하다.

감사의 업무조사권은 회사의 모든 업무에 미치며, 따라서 회사의 영업활동 및 거래관계는 물론이고 재무제표 등 각종의 장부나 서류도 조사 대상이 된다. 「상법」은 업무 및 재산 조사권의 행사 대상을 전술의 영업보고 요구권과 마찬가지로 이사로 국한하고 있으나, 이 조사권 역시 사용인에 대해서도 행사할 수 있는 것으로 보아야 할 것이다.[172]

감사의 조사는 기본적으로 이사를 상대로 이루어질 것이지만, 이사를 통해 만족 스런 결과를 얻지 못한 경우에는 직접 사용인을 상대로 조사를 하여 필요한 정보를 수집할 필요가 있기 때문이다[173] 감사의 업무 및 재산 조사권은 감사직무 수행에 필요한 범위 내에서 행사되어야 하며, 감사의 조사가 감사직무 수행과 관련이 없다고 판단되는 경우 이사는 감사의 조사를 거절할 수 있으며, 그 관련성에 대한 입증책임은 이사에게 있다.

감사는 수비의무를 지고 있으므로 (「상법」제415조, 제382조의4) 회사의 비밀이라는 이유로 이사가 감사의 보고나 조사를 거부하는 것은 위법이다.[174] 이사가 감사의 요구를 거부하거나 조사를 방해한 때에는 500만 원 이하의 과태료의 제재가 있으며 (「상법」635조 제1항 제3호. 제4호), 이 때 감사는 필요한 조사를 할 수 없다는 뜻 및 그 이유를 감사보고서에 기재하여야 한다.(「상법」제447조의 4 제11항).

---

171) 권종호, 전게서, 100면
172) 권종호, 전게서, 100면, 김용범, 전게서, 어울림, 2012., 376면. 김용범, 전게기고문, 감사저널, 2016.1. 70면.
173) 권종호 전게서, 100면, 이범찬. 오욱환, 전게서, 76면. 김용범, 전게서, 어울림, 2012., 376면. 김용범, 전게기고문, 감사저널, 2016.1. 70면.
174) 권종호, 전게서, 101면, 상사법무연구회편, 전게서, 95면. 김용범, 전게서, 어울림, 2012., 376면.

제3절	자회사에 대한 감사권[175)

감사는 그 직무수행을 위해 필요한 경우에는 자회사의 영업에 보고를 요구하거나 업무 및 재산상황에 관해 조사할 수 있다.(「상법」제412조의5 제1항, 제2항). 자회사는 법적으로 독립적인 회사이나 실질적으로는 모회사의 지배를 받는 것이 일반적이므로 이러한 관계를 이용하여 자회사를 통한 분식결산 등이 이루어질 경우에는 모회사의 업무상황이나 재산상황을 제대로 파악할 수가 없다.

1995년 「상법」개정에서는 이러한 문제점을 해결하는 한편 감사의 실효성을 확보하기 위하여 모회사의 감사에 대해 ① 자회사에 대한 영업보고 요구권과 ② 자회사의 업무 및 재산 조사권을 인정하였다.

자회사에 대한 감사권은 2단계의 구조로 되어있다. 즉 제1단계로 감사는 먼저 자회사에 대해 영업보고를 요구하여야 하며(「상법」제412조의5 제1항), 이 때 자회사가 지체 없이 보고하지 않거나 보고는 하였지만 그 내용의 진의에 의문이 있을 때에 비로소 제2단계로 조사를 할 수 있다.(「동조」제2항). 이는 자회사는 비록 모회사의 지배하에 있더라도 어디까지나 독립의 법인이라는 점을 고려했기 때문이다.[176)

모회사의 감사가 자회사에 대해 보고요구 및 조사를 할 수 있는 경우란 「감사를 위해 필요한 때」가 아니라 「그 직무 수행에 필요한 때」이므로 모회사의 업무감사나 회계감사를 위해서는 물론이고 감사의 직무의 하나인 예컨대 이사를 상대로 한 소의 제기나 이사의 위법행위에 대한 유지청구권(「상법」제402조)의 행사를 위한 경우에도 자회사에 대해 보고요구 및 조사를 할 수 있다.[177) 따라서 자회사에 대한 보고요구 및 조사를 하기 위해서는 감사의「모회사에 대한 직무수행을 위한 필요성」이 소명되어야 한다.[178)

Ⅰ 자회사에 대한 영업보고 요구권

모회사의 감사는 그 직무를 수행하기 위하여 필요한 경우에 자회사에 대하여 영업의 보고를 요구할 수 있다.(「상법」제412조의 5 제1항). 이 영업보고 요구권은 전술한 바와 같이 모회사의 감사를 위해서만 행사 할 수 있다.

---

175) 김용범, 전게서, 어울림, 2012., 376~379면. 김용범, 전게기고문, 감사저널, 2016.1. 70면.
176) 권종호, 전게서, 102면, 상사법무연구회편, 전게계서, 96면. 김용범, 전게서, 어울림, 2012., 377면.
177) 권종호, 전게서, 102면. 김용범, 전게서, 어울림, 2012., 377면.
178) 권종호, 전게서, 102면, 이철송, 전게서, 828면, 홍복기, 전게연재서, 74면. 김용범, 전게서, 어울림, 2012., 377면.

따라서 모회사의 감사로서는 모회사의 감사만으로는 충분한 감사를 할 수 없었던 때에 한해, 즉 자회사를 감사하지 아니하고서는 모회사에 대한 감사를 제대로 할 수 없는 경우에 한해 행사할 수 있다. 그런 의미에서 자회사에 대한 포괄적인 사항에 대한 보고의 요구는 허용되지 않는다.[179]

보고요구의 대상은 주로 모회사와의 거래관계가 될 것이나, 감사는 그 직무를 수행함에 있어서 예컨대 이사를 상대로 소송을 제기하거나 이사의 위법행위의 유지를 위해 필요한 경우에는 자회사에 대해 보고를 요구할 수 있으므로 이 때 보고를 요구할 수 있는 대상은 영업에 관한 것에 국한되지 않고 모회사의 손익이나 재산에 영향을 미칠 수 있는 사항에 까지 미칠 수 있다.[180]

이 보고 요구권은 감사가 그 직무를 수행하기 위하여 필요한 때에만 인정되므로 보고를 요구하는 이유와 보고사항을 구체적으로 명시하여 요구하여야 하며, 보고의 요구는 원칙적으로 자회사의 이사에게 하여야 하나, 자회사의 이사에 대한 보고요구만으로 충분한 감사가 불가능 할 경우에는 기타 지배인이나 사용인에 대해서도 보고를 요구 할 수 있는 것으로 보아야 할 것이다.[181]

Ⅱ 자회사에 대한 업무 및 재산상태 조사권

모회사의 감사는 ① 자회사가 보고요구에 지체 없이 보고하지 아니할 때 또는 ② 보고의 내용을 확인할 필요가 있는 때에는 자회사의 업무와 재산 상태를 조사할 수 있다. (「상법」제412조의5 제2항). 즉 자회사에 대한 조사권은 보고요구권의 행사를 전제로 하며 보고요구가 실효를 거두지 못한 경우에 한해 행사할 수 있다.

따라서 모회사의 감사는 영업보고를 요구하지 않고 곧바로 조사권을 행사할 수 없으며, 보고요구에 대해 충실한 보고가 이루어진 경우에는 조사권을 행사할 수 없다. 그러므로 자회사는 보고요구 없이 조사가 이루어지거나 적시에 적절한 보고를 하였음에도 불구하고 조사가 행해지는 때에는 이를 거부할 수 있다.[182]

학설 중에는 모회사 감사의 조사가 자회사의 결산기에 이루어져서 자회사의 결산 사무가 지장을 받게 되는 경우에는 그 조사를 거부할 수 있다는 견해가 있으나, 이에

---

179) 권종호, 전게서, 102~103면, 이철송, 전게서, 828면. 김용범, 전게서, 어울림, 2012., 377면. 김용범,전게기고문, 감사저널, 2016.1. 70면.
180) 권종호, 전게서, 103면, 이철송, 전게서, 828면, 동취지 상사법무연구회편, 전게서, 100면. 김용범, 전게서, 어울림, 2012., 378면. 김용범, 전게기고문, 감사저널, 2016.1. 70면.
181) 권종호, 전게서, 103면. 김용범, 전게서, 어울림, 2012., 378면. 김용범, 전게기고문, 감사저널, 2016.1. 70면.
182) 권종호, 전게서, 103면, 김용범, 전게서, 어울림, 2012., 378면. 김용범, 전게기고문, 감사저널, 2016.1. 70면.

찬성할 수 없다. 자회사를 조사하는 것 없이는 모회사의 감사를 효과적으로 수행할 수 없는 상황인데도 자회사가 정당한 이유 없이 단지 결산기라는 이유로 조사를 거부할 수 있다고 한다면 애초부터 제대로 된 감사는 기대할 수 없기 때문이다.[183]

이 조사권은 영업보고 요구권과 마찬가지로 모회사의 감사가 그 직무를 수행하는 데 필요한 경우에 한해 행사할 수 있으며, 조사권의 범위는 자회사에 대해 보고를 요구한 사항에 국한된다. 자회사는 별도 독립 법인이기 때문에 법적 독립성이 존중 되어야 하므로 이 조사의 요건과 범위는 엄격히 새겨야 한다. [184]

Ⅲ 영업보고요구 및 조사에 대한 자회사의 거부권

자회사는 정당한 이유가 없는 한 모회사 감사의 영업보고요구 또는 조사를 거부 하지 못한다.(「상법」제412조의 5 제3항). 즉, 자회사는 정당한 이유가 있으면 모회사 감사의 보고요구나 조사에 대해 거부권을 행사할 수 있으며, 정당한 이유 없이 한 거부에 대하여는 과태료의 제재가 있다.(「상법」제653조 제1항). 거부권을 인정한 것은 자회사가 독립된 법인인 점을 고려하여 자신의 이익을 보호할 기회를 부여하기 위해서이다.[185]

정당한 이유에 대해서는 ① 보고 요구권의 행사가 감사의 직무수행을 위한 것이 아닌 권한 남용이거나 조사권의 행사가 보고 요구 없이 이루어지는 등 위법인 경우에 국한된다는 견해 [186] 와 ② 위법한 경우뿐만 아니라 정당한 권한 행사일지라도 자회사의 영업비밀의 침해 등 자회사의 독립된 이익이 침해되는 경우에도 자회사는 거부권을 행사할 수 있다는 견해[187]가 대립하고 있다.

자회사의 감사권은 모회사의 감사를 위해 인정된 것이기는 하나 그것도 자회사의 독립된 이익을 침해하면서까지 인정할 수는 없는 것이라는 점에서 ② 설이 타당한 것으로 생각된다. 다만 영업비밀을 이유로 거절하는 것은 허용되지 않는다고 본다.[188] 그 이유는 감사는 그 직무상 알게 된 영업 비밀에 관해서는 비밀유지의무(「상법」제415조, 제382조의4)를 지고 있기 때문이다.

정당한 사유의 존재에 대한 입증 책임은 자회사에 부담하며, 모회사 감사의 보고

---

183) 권종호, 전게서, 104면. 김용범, 전게서, 어울림, 2012., 378면.
184) 권종호, 전게서, 104면, 이철송, 전게서, 828면. 김용범, 전게서, 어울림, 2012., 379면. 김용범,전게기고문, 감사저널, 2016.1. 70면.
185) 권종호, 전게서, 104면. 김용범, 전게서, 어울림, 2012., 379면. 김용범, 전게기고문, 2016.1. 70면.
186) 최기원, 전게서, 673면, 상사법무연구회편, 전게서, 101면. 김용범, 전게서, 어울림, 2012., 379면.
187) 이철송, 전게서, 828면. 김용범, 전게서, 어울림, 2012., 379면.
188) 권종호 전게서, 105면. 김용범, 전게서, 어울림, 2012., 379면.

요구나 조사를 자회사가 거부 한 때에는 모회사 감사는 이로 인하여 필요한 조사를 할 수 없었던 사실과 그 이유를 감사보고서에 기재하여야 한다.(「상법」제447조의 4 제2항 제11호).

제4절 〉〉 이사회 출석 및 의견 진술권 [189)]

감사는 이사회에 출석하여 의견을 진술할 수 있다.(「상법」제391조의2 제1항). 감사가 그 직무를 효과적으로 수행하기 위해서는 이사회의 결의사항을 알 필요가 있고, 또한 감사의견을 이사회에 표시할 필요가 있기 때문에 1984년「상법」개정에서 도입한 것이다.[190)]

이사회 출석과 의견진술을 감사의 권한으로 인정함으로써 감사는 이사회에 출석 하여 감사에 필요한 정보를 용이하게 얻을 수 있으며, 또한 이사회에서 업무집행을 결정하는 단계에서 법령 또는 정관에 위반하거나 현저하게 부당한 결의가 성립되는 것을 사전에 예방할 수 있다.[191)]

감사는 이사회에 출석하여 토의 · 표결과정을 참관하고 의견을 진술할 수 있을 뿐만 아니라 필요한 때에는 이사회에서 설명을 요구할 수 있으나 의결권은 없다. 물론 감사의 이사회 출석 및 의견진술은 법정권한이므로 이사회가 의안이 영업 비밀에 관한 것이라는 이유 등으로 감사의 이사회 출석을 거부하거나 의견진술을 방해하는 것은 위법이다.[192)]

Ⅰ 이사회 출석권

감사는 이사회에 출석할 권한을 갖기 때문에 이사회를 소집하는 경우에는 감사에 대해서도 소집통지를 발송하여야 하며(「상법」제390조 제3항), 소집통지를 생략하고자 하는 경우에는 이사 외에도 감사 전원의 동의가 필요하다.(「상법」제390조 제4항).

감사에게 소집통지를 하지 않고 한 이사회결의의 효력에 대해서는 ① 감사는 이사회소집통지의 수령권이 있으므로 이사회의 의안과 관계없이 감사에 대해 소집통지를 발송하여야 하며, 따라서 소집통지를 하지 않고 한 이사회 결의는 무효라고 보는 견

---

189) 김용범, 전게서, 어울림, 2012., 380~383면. 김용범, 전게기고문, 감사저널, 2016.1. 72면.
190) 권종호, 전게서, 105면, 이철송, 전게서, 828면. 김용범, 전게서, 어울림, 2012., 380면.
191) 권종호, 전게서, 105면, 홍복기, 전게연재서, 75면. 김용범, 전게서, 어울림, 2012., 380면.
192) 권종호, 전게서, 10면. 김용범, 전게서, 어울림, 2012., 380면.

해[193] 와 ② 감사의 이사회 출석은 감사권의 수행을 위한 것이고 이사회의 의견 형성을 위해 필요한 것이 아니므로 감사에게 소집통지를 하지 않았다거나 감사가 소집통지를 받고도 출석하지 않았다 해서 이사회 결의에 하자가 있다고 볼 수는 없다는 견해[194]가 있다.

감사의 이사회출석권은 업무집행을 결정하는 단계에서 법령이나 정관에 위반하거나 현저하게 부당한 결의가 성립되는 것을 이사회에서 사전에 예방하거나 결의에 근거한 업무집행에 대해 유지청구를 할 수 있는 기회를 감사에게 제공 한다는 측면에서 중요한 의미가 있는데, ② 설과 같이 해석하면 감사의 이러한 기회가 제한될 소지가 있으므로 ① 설이 타당한 것으로 생각된다.[195]

다만 감사가 소집통지를 받고도 이사회에 출석하지 않은 경우에는 이는 감사의 직무 해태로서 감사의 책임문제이고 이사회의 결의 효력과는 무관한 것으로 보아야 할 것이다.

「상법」에 의하면 이사회 출석은 감사의 권한인 것은 분명하나, 감사는 이사회에 출석할 의무도 있는가에 대해서는 학설의 다툼이 있다.

① 의무설

감사는 선량한 관리자의 주의로써 이사회에 출석할 권한뿐만 아니라 이사회에 출석할 의무도 있다고 보는 견해[196]

② 비의무설

이사회의 의안이 감사의 직무와 아무런 관련이 없고 감사의 이사회에 대한 보고사항이 없는 경우까지 이사회 출석을 강제할 필요는 없으며, 따라서 이사회에의 불참이 감사의 선관주의의무에 위배된다고 할 수 없고 더욱이 감사의 출석의무는 감사의 지위를 약화시키는 원인이 될 수 있다는 점에서 감사에게 출석의무가 없다는 견해[197]

③ 절충설

감사가 1회이든 수회이든 이사회에 결석한 사실 자체로 임무해태로 볼 수는 없으나 감사가 정당한 사유 없이 이사회에 불출석하여 감사권 행사를 게을리 한 경우에는 임무해태로 보아야 한다는 견해[198]가 있다.

---

193) 최기원, 전게서, 674면, 김용범, 전게서, 어울림, 2012., 380면. 다만 이 견해에 의하면 통지를 받지 않은 감사가 이의 없이 출석한 경우에는 소집절차상의 하자가 치유 된 것으로 본다.
194) 이철송, 전게서, 829면, 대법원, 1992. 4. 14. 판결 90 다카 22698, 부산고법, 2004. 1. 16. 판결 2003 나 12328. 김용범, 전게서, 어울림, 2012., 381면.
195) 권종호, 전게서, 106면. 김용범, 전게서, 어울림, 2012., 381면.
196) 정동윤, 전게서, 480면, 손주찬, 전게서, 832면. 김용범, 전게서, 어울림, 2012., 381면.
197) 최기원, 전게서, 674면, 김용범, 전게서, 어울림, 2012., 381면.
198) 이철송, 전게서, 829면. 김용범, 전게서, 어울림, 2012., 381면.

　　감사의 이사회 출석은 이사와는 달리 감사업무를 위한 것이고 또한 이사회 출석은 감사에 필요한 정보의 수집을 위해서 매우 중요한 의미를 갖는다는 점에서 출석의무까지는 없다고 하더라도 정당한 이유 없이 불출석함으로써 감사가 그 직무를 제대로 수행하지 못한 경우라면 그에 대해 감사는 책임을 지는 것이 합리적이므로 ③ 설이 타당한 것으로 생각된다.[199]

Ⅱ 이사회 의견진술권

　　감사는 이사회에 참석할 수 있을 뿐만 아니라 의견을 진술할 수 있다.(「상법」 제391조의2 제1항). 다만 이 권한에 의해 감사가 이사회의 구성원이 되는 것은 아니며, 따라서 의결권도 없다. 여기서 말하는 「의견을 진술할 수 있다.」는 의미에 관해서는 의안의 채택여부를 위한 토의에 참여하여 찬반의 의사를 표시하는 것이 아니라 감사의견을 표시 하는 것을 뜻한다.

　　즉 이사회일 이전에 평소에 행한 감사결과에 관한 의견 또는 이사회에서 다루고 있는 의안의 적법성 여부에 관해 의견을 표시하는 것으로 해석[200]하는 것이 일반적 이나, 이는 감사의 권한을 적법성감사에 국한된다는 것을 전제로 한 견해이다. 그러나 감사의 권한은 타당성감사에도 미친다는 입장에 서면 의안의 타당성 여부에 관해서도 감사는 당연히 의견을 개진할 수 있다.

　　감사의 의견진술의 범위에 관한 문제는 이사회에 출석한 감사에게 기대되는 역할과도 밀접한 관련이 있는데, 감사의 역할에 관해 이사회에서 다루는 의안에 대해 이사들과 다른 제3자적 시각에서 의견을 개진하는 것도 포함되므로 의안의 적법성 여부뿐만 아니라 타당성 여부에 대해서도 의견을 개진할 수 있다고 본다.[201]

Ⅲ 중요회의 출석 및 의견진술

　　현행「상법」에 의하면 감사의 출석권과 의견진술권은 이사회에서의 권한으로 인정하고 있으나, 기업실무에 있어서는 경영전략이나 중요한 결의사항에 관해 상무회의나 경영전략 회의, 임원회의 등과 같이 일부의 핵심이사 또는 회사업무를 상근으로 하는 업무담당 임원으로 구성되는 회의체에서 결정되는 예가 적지 않다.

---

199) 권종호, 전게서, 107면. 김용범, 전게서, 어울림, 2012., 381면. 김용범, 전게기고문, 감사저널, 2016.1. 72면.
200) 이철송, 전게서, 829면. 김용범, 전게서, 어울림, 2012., 382면.
201) 권종호, 전게서, 108면. 김용범, 전게서, 어울림, 2012., 382면. 김용범, 전게기고문, 2016.1. 72면.

이러한 회의체가 있는 대부분의 회사에서는 이사회가 형식적·요식적으로 개최되어 법상 이사회 결의를 요하는 사항만을 소극적으로 처리하고, 통상의 업무집행이나 중요 경영정책 결정 등은 이 회의체에서 이루어지는 것이 관행이다. 더욱이 결의사항도 이 회의에서 조율·결정하여 이사회에서는 요식적으로 부의하는 것이 일반적이다. 현행「상법」은 이러한 회의체에 대해 감사의 출석권과 의견진술권을 명문 규정화하고 있지 않다.

그러나 이와 같이 회사의 중요한 의사결정에 관여하는 회의체에서의 결의 및 심의 내용은 감사업무상 중요한 감사대상 이므로 감사는 회사의 경영 및 업무상황 등을 파악하기 위하여 필요하다고 판단되는 경우 업무 및 재산조사권을 행사, 이러한 회의체에 출석하여 의견을 진술하거나 회사의 경영 및 업무상황 등을 파악할 수 있다고 본다.[202]

참고로 「상장회사 표준 감사직무규정」제24조 및 「상장회사 표준 감사위원회직무 규정」제31조에 의하면 감사는 경영방침의 결정 경과, 경영 및 업무상황을 파악하기 위하여 이사회, 임원회의 및 기타 중요한 회의에 출석하여 의견을 진술할 수 있도록 되어 있다.

제5절 ▶ 이사의 중대손해발생 위험보고에 대한 수령권 및 조치권[203]

I 보고 개요

이사는 회사에 현저하게 손해를 미칠 염려가 있는 사실을 발견한 때에는 즉시 감사에게 이를 보고하여야 한다.(「상법」제412조의2). 이는 1995년 개정「상법」에서 도입된 것으로서 회사의 일상적인 업무에 대해 충분한 정보를 갖지 못하는 감사에 대해 중요한 정보를 제공하여 회사의 손해를 미연에 방지하기 위해 마련된 것이다.[204]

부연하면 회사의 업무집행권은 이사회가 장악하고 있으므로 감사는 일상의 회사의 현황에 대한 정보를 갖지 못함이 일반적이다. 업무에 대한 정보가 결여된다면 실효적인 감사활동이 불가능해지므로 감사에게 긴급한 상황에 대한 정보를 공급하기 위하여 도입된 제도이다.

---

202) 권종호, 전게서, 108면. 김용범, 전게서, 어울림, 2012., 383면. 김용범, 전게기고문, 감사저널, 2016.1. 72면. 회사법문제연구회편, 「監査役ガイドシク」(新訂2版), 경영법우회, 2003. 35면
203) 김용범, 전게서, 어울림, 2012., 383~385면. 김용범, 전게기고문, 감사저널, 2016.1. 70~71면.
204) 권종호, 전게서, 109면. 김용범, 전게서, 어울림, 2012., 383면.

한편 중대한 사고가 발생하였을 때 흔히 그 사실을 은폐하여 적시의 책임소재 규명이나 책임추궁을 어렵게 하는 사례가 많으므로 감사를 중립적인 감시기구로 보고 감사에게 사고의 발생을 개시하고 적절한 방법으로 수습하도록 유도하는 의미도 있다.[205]

보고수령권의 경우 감사의 요구가 없더라도 회사에 현저한 손해를 미칠 염려가 있는 사실을 발견한 이사는 그 사실을 감사에게 자발적으로 보고할 것을 의무화하고 있다는 점 에서 그 의의가 있으며, 바로 이점에서 감사의 요구에 의해 비로소 이사의 보고의무가 발생하는 영업보고 요구권과는 구별된다.

이 보고 수령권에 대해서 감사의 조사권, 이사회 출석 및 의견진술권 등을 통해 얼마든지 회사에 현저한 손해를 미칠 염려가 있다는 사실을 발견할 수 있을 뿐만 아니라 이 권한이 오히려 감사에게 책임회피의 기회를 제공할 수 있다는 점에서 그 의의를 소극적으로 평가하는 견해가 있다.[206]

그러나 이 보고 수령권은 회사에 중대한 사고가 발생하거나 그 개연성을 발견하였을 때 이를 감사에게 즉시 보고하도록 함으로써 적시에 책임소재를 규명하고 책임 추궁을 용이하게 할 뿐만 아니라 손해를 미연에 방지하는 것을 가능하게 한다는 점[207]에서 감사기능을 적시에 적정하게 수행하는데 중요한 의미가 있다.

Ⅱ 보고 의무자

보통은 대표이사가 보고할 의무를 지지만, 손해발생에 원인적으로 관계된 이사는 물론이고 그 사실을 알게 된 이사도 포함된다. 보고의무자는 감사에게 직접 보고를 하여야 하므로 이사회에서 보고하는 것만으로는 감사에 대해 보고의무를 이행한 것으로 되지 않는다. 다만 감사가 이사회에 출석하고 있는 경우 이사회에 보고하는 것으로 충분할 것이다.[208]

Ⅲ 보고 사항 및 시기

감사에 대한 이사의 보고의무는 이사가 회사에 현저한 손해를 미칠 염려가 있는 사실을 발견한 때 발생한다. 여기서 말하는 「현저한 손해」란 회사의 규모나 사안의 일

---

205) 이철송, 전게서, 829면. 김용범, 전게서, 어울림, 2012., 383면.
206) 최기원, 「신회사법론」, 2001., 675면.
207) 권종호, 전게서, 110면, 이철송, 전게서, 829면. 김용범, 전게서, 어울림, 2012., 384면.
208) 권종호, 전게서, 110면. 김용범, 전게서, 어울림, 2012., 384면. 김용범, 전게기고문, 2016.1. 70~71면.

상성 여부에 의해 판단하여야 할 것이나 일반적으로 해당회사에 있어서 중요한 것으로 인식되는 손해를 의미한다.[209]

따라서 해당 회사로서 중대한 손해라고 판단되는 사항이면 그것이 영업에 관한 손실(예컨대 대규모 영업 손실, 거액의 판매대금채권의 회수불능, 거액의 손해배상 채무의 발생)이든 영업 외의 손실(거액의 어음부도, 심각한 노사분규)이든 불문하고 보고의무의 대상이 된다. 또한 회사재산에 대한 손해와 같이 금전적으로 평가가 가능한 손해뿐만 아니라 회사의 신용실추와 같이 금전적으로 평가할 수 없는 손실도 보고대상으로 본다.

이 경우 손해의 발새이 이사의 위법행위에 의한 것인지 여부는 불문한다. 경미한 손해나 현저하지 않은 손해에 대해서는 보고의무가 발생하지 않는다. 그리고 보고의 대상에는 이미 손해가 발생한 사실 뿐만 아니라 손해가 발생할 개연성이 있는 사실도 포함된다.[210]

이사의 보고는 그러한 사실을 발견한 즉시 해야 한다. 만일 이사가 보고해야 할 사실을 알고도 즉시 보고를 하지 않거나 현저한 손해가 발생한 다음에 보고를 하였 다면 특별한 사정이 없는 한 이사는 보고의무를 해태한 것이 된다. 보고방법에는 특별한 제한이 없으며 따라서 구두 또는 서면으로 보고할 수 있다. 감사가 수인이면 그중 1인에게 보고하거나 감사위원회에 보고하는 경우에는 위원 중의 1인에게 보고하면 된다.[211]

Ⅳ 보고의무 위반의 효과

이사가 보고의무를 해태한 경우 이는 법령위반이므로 이로 인해 회사가 입은 손해에 대해서는 이사는 배상책임을 져야 하며(「상법」제399조), 이사의 해임사유도 된다. (「상법」제385조). 이사의 보고의무 위반사실이 있으면 감사는 그 내용을 감사보고서에 기재 하여야 한다(「상법」제447조의4 제2항 제10호).

---

209) 권종호, 전게서, 110면, 이철송, 전게서, 829면. 김용범, 전게서, 어울림, 2012., 384면. 김용범, 전게기고문, 감사저널, 2016.1. 71면.
210) 권종호, 전게서, 111면, 이철송, 전게서, 829~830면. 김용범, 전게서, 어울림, 2012., 385면. 김용범, 전게기고문, 감사저널, 2016.1. 71면.
211) 권종호, 전게서, 111면. 김용범, 전게서, 어울림, 2012., 385면.

Ⅴ 보고에 대한 감사의 조치

이사로부터 보고 받은 감사는 그 보고를 기초로 사실을 확인하고, 그 사실이 이사의 법령 또는 정관에 위반하는 행위로 인한 때에는 그 사실을 이사회에 보고하여야 하며 (「상법」제391조의2 제2항), 또한 그로 인하여 회사에 회복할 수 없는 손해가 발생할 염려가 있을 때에는 이사에 대해 유지청구권을 행사할 수 있다(「상법」제402조).

또한 감사는 필요한 경우에는 주주총회의 소집을 이사회에 청구할 수도 있다(「상법」제412조의3). 아울러 감사는 사안에 따라 이상의 적절한 조치를 취해야 하며, 적절한 조치를 취하지 않은 때에는 임무 해태가 된다.(「상법」제391조의2, 제414조 제1항)[212]

제6절 >> 주주총회의 소집청구권[213]

Ⅰ 주주총회 소집청구의 개요

감사는 회의의 목적사항과 소집의 이유를 기재한 서면을 이사회에 제출하여 임시총회의 소집을 청구할 수 있다.(「상법」제412조의3 제1항). 이 경우 이사회가 지체 없이 주주총회 소집절차를 밟지 아니하면 감사는 법원의 허가를 얻어 주주총회를 직접 소집할 수 있다(「상법」제412조의3 제2항, 제366조 제2항).

Ⅱ 주주총회 소집청구의 사유

감사가 주주총회의 소집을 청구할 수 있는 사유에 관해서는 아래와 같이 여러 가지 의견이 있다.

① 긴급의견 필요설

감사가 주주총회에서 긴급한 의견을 진술할 사유가 있을 경우에만 주주총회의 소집을 청구할 수 있다는 설.[214]

---

212) 권종호, 전게서, 111면. 이철송, 전게서, 830면. 김용범, 전게서, 어울림, 2012., 385면. 김용범, 전게기고문, 감사저널, 2016.1. 71면.
213) 김용범, 전게서, 어울림, 2012., 386~387면. 김용범, 전게기고문, 감사저널, 2016.1. 73면.
214) 이철송, 전게서, 830면.

② 회사이익 필요설

감사권과 직접적인 관련이 없더라도 회사의 이익을 위해 필요한 때에는 감사는 주주총회의 소집을 청구할 수 있다는 설.[215)]

③ 감사업무 필요설

감사업무와 관련해서 필요한 경우에만 주주총회소집청구권을 행사할 수 있다는 설[216)]이 대립하고 있다.

일반적으로 감사의 주주총회소집청구권은 소수주주의 주주총회소집청구권과는 달리 감사업무의 실효성을 확보하기 위해 인정된 것으로 보는 것이 합리적이라는 점에서 적어도 감사권과 관련성이 없는 경우에도 주주총회소집청구권을 인정하는 ②설을 경우에는 타당성이 결한다고 본다.

②설의 경우에는 대표이사의 행위로 인하여 회사에 치명적인 손해가 발생할 염려가 있는 경우에는 대표이사의 해임을 위하여 감사도 주주총회의 소집을 청구할 수 있다고 하는데, 이렇게 되면 감사가 행사하는 주주총회소집청구권은 감사와는 무관한 것이 되고 소수 주주의 주주총회소집청구권을 대체하는 것과 실질적으로 동일한 것이 된다. 감사에게 이러한 권한까지 인정하는 것은 기관권한분배질서의 원칙에도 부합 하지 않는다고 본다.

따라서 감사의 주주총회소집청구권은 감사업무와 관련해서만 행사되어야 한다고 보는 ③설이 합리적일 것이다.[217)] 다만, ③설의 경우 감사업무와 관련해서 필요한 경우 (예, 감사의 조사나 이사의 보고에 따라 감사가 이사회에 적절한 대책을 촉구 하였는데도 이사회가 이를 받아들이지 않은 경우 등)에만 주주총회를 소집할 수 있다고 하나 주주총회를 소집하더라도 의안에 대한 결의는 주주가 하는 것이므로 감사가 하는 역할이란 사안에 대한 의견 진술뿐이다. 그런 의미에서 ①설과 ③설은 실질적으로 아무런 차이가 없다고 본다.

Ⅲ 주주총회의 직접소집권

감사가 주주총회소집을 이사회에 대해 청구했음에도 불구하고 이사회가 지체 없이 총회의 소집절차를 밟지 않은 경우에는 감사는 법원의 허가를 얻어 직접 총회를 소집할 수 있다.(「상법」제412조의3 제2항, 제366조 제2항).

---

215) 최기원, 전게서, 678면.
216) 정동윤, 전게서, 481면.
217) 권종호, 전게서, 113면. 김용범, 전게서, 어울림, 2012., 386면. 김용범, 전게기고문, 2016.1. 73면.

감사가 총회를 소집한 경우 총회의 의장은 정관에 별도의 규정이 있다하더라도 소집된 총회에서 선임하여야 하며, 당해 총회에서는 법원의 허가를 얻은 의제에 대해서만 결의할 수 있다. 따라서 허가받지 않은 의제에 대해 결의가 이루어진 경우에는 해당 결의는 결의 방법이 법령위반이므로 결의취소의 원인이 된다고 본다.[218] 법원의 허가를 얻어 소집한 경우 주주총회의 비용은 회사가 부담한다.

제7절 ▶▶ 이사회 소집 청구권[219]

I 이사회 소집청구권의 취지

감사가 감사활동의 결과에 관해 각 각 이사들에 대한 감독권을 갖고 있는 이사회에서 적시에 의견을 진술하고, 그 실행 수단을 마련하기 위해 2011년 「상법」 개정에서 새로이 도입된 제도이다.

II 이사회 소집청구권의 활용

감사의 이사회에서 갖는 의견진술권 과 이사의 직무집행에 대한 감사결과에 관해 서둘러 이사회의 감독권 행사를 구하고자 할 경우 실익이 큰 제도이다.

이 제도는 이사의 법령·정관 위반행위에 대한 감사의 이사회 보고의무(「상법」 제391조의 2 제2항)와 관련하여 운영되어야 하므로 법문에서 「필요하면」 이라고 함은 감사가 「상법」 제391조의2에 의해 이사회에 의견을 진술하거나 보고하기 위해 필요한 경우를 의미 한다.

III 이사회 소집청구권의 방법

감사가 필요하면 회의의 목적사항과 소집이유를 서면에 적어 이사회의 소집권자에게 이사회의 소집을 청구할 수 있다. (상법 제412조의 4 제1항). 감사의 이사회 소집 청구에도 불구하고 이사회의 소집권자가 지체 없이 이사회를 소집 하지 아니할 때에는 그 청구한 **감사가 직접 이사회를 소집**할 수 있다. (「상법」 제412조의 4 제2항).

---

218) 권종호, 전게서, 113면. 김용범, 전게서, 어울림, 2012., 387면.
219) 김용범, 전게기고문, 감사저널, 2016.1. 72면.

I 유지청구권의 의의

이사가 법령 또는 정관에 위반하는 행위를 하여 회사에 회복할 수 없는 손해가 생길 염려가 있는 경우에는 감사는 회사를 위하여 이사에 대하여 그 행위를 유지할 것을 청구할 수 있다.(「상법」제402조). 감사의 이러한 권리를 유지청구권이라 한다.

즉, 이사가 법령·정관에 위배되는 행위를 해서 주주나 회사에 손해를 준다고 감사가 판단할 경우 이사가 그러한 행위를 하지 못하도록 사전에 이사에게 요청하는 것을 말한다. 따라서 위법행위 유지청구권은 이사의 위법행위를 사전에 방지하고 위법행위로 인하여 회사의 손해가 확대되는 것을 미연에 차단하기 위해 도입된 것이다.

이사의 위법행위에 대해서는 소수주주도 유지청구를 할 수 있다.(「상법」제402조). 소수주주의 유지청구권은 권리이고 요건이 구비된 경우라도 그 권한을 행사할 의무는 없는데 반해, 감사의 경우는 감사업무를 수행하는 수단으로서 유지청구권이 부여된 것이므로 요건이 구비되면 감사는 반드시 유지청구권을 행사해야할 의무가 있다.[221]

즉 소수주주의 경우에는 유지청구권의 행사여부는 임의이나, 감사의 경우는 「상법」제402조의 요건이 갖추어지면 유지청구를 하여야 하며 유지청구를 하지 아니한 때에는 임무해태로서 배상책임이 문제된다.[222]

또한 유지청구권은 일종의 보존행위라는 점에서 직무집행정지제도와 목적을 같이하나 전자는 소(訴)에 의하지 아니하고도 행사할 수 있으며, 또 후자처럼 이사의 권한을 일반적으로 정지시키는 것이 아니라 개별적 행위를 저지한다는 점에서 차이가 있다.

그리고 유지청구권은 감사가 회사를 위해서 이사를 상대로 한다는 점에서 대표소송과 비슷하나 대표 소송은 이미 발생한 손해의 회복으로 위한 사후적 구제수단인 데 반해, 유지청구는 손해의 사전적 예방수단 이란 점에서 차이가 있다.[223]

---

220) 김용범, 전게서, 어울림, 2012., 387~391면. 김용범, 전게기고문, 감사저널, 2016.1. 73~74면.
221) 권종호 전게서, 114면. 김용범, 전게서, 어울림, 2012., 388면.
222) 권종호, 전게서, 114면. 김용범, 전게서, 어울림, 2012., 388면.
223) 권종호, 전게서, 114면. 김용범, 전게기고문, 감사저널, 2016.1. 73면.

Ⅱ 유지청구의 요건

유지청구의 대상이 되는 행위는 법령 또는 정관에 위반한 행위로서 그 행위의 결과 회사에 회복할 수 없는 손해가 생길 염려가 있는 경우를 말한다.

1. 법령·정관에 위반한 행위

법령 또는 정관 위반행위란 구체적인 법령이나 정관의 규정에 위반한 행위(예컨대, 이사회 결의 없이 신주를 발행하는 경우, 정관상의 회사 목적에 벗어나는 행위) 뿐만 아니라 이사의 선관주의의무나 충실 의무를 정하는 일반규정(「상법」제382조 제2항, 「민법」제681조, 「상법」제382조의3)에 위반한 행위도 포함된다.[224]

법령 또는 정관에 위반한 행위는 그것이 유효이든 무효이든 불문한다. 무효인 행위인 경우에는 그 행위자체를 금지시키는 것은 의미가 없으나 이에 기인한 이행행위를 금지시키는데 의미가 있다. 무효인 행위라도 그것이 일단 이행되면 회사에 회복하기 어려운 손해가 발생할 경우도 있기 때문이다.

유효인 행위인 경우에는 그 행위 자체를 금지시키는데 의미가 있으나 일단 법률행위 자체가 행하여진 다음에는 그 이행행위를 금지할 수 없다. 왜냐하면 회사나 주주의 이익을 위하여 제3자와의 사이에 이미 유효하게 발생한 법률관계를 해할 수 없기 때문이다.[225] 유지청구의 대상이 되는 법령위반행위에는 「상법」에 위반한 행위에 한하지 않고 예컨대 「공정거래법」이나 「형법」등 다른 법령에 위반하는 행위도 포함된다.

2. 회복할 수 없는 손해발생의 염려

이사의 행위를 유지청구하기 위해서는 법령이나 정관에 위반한 행위로 인하여 회사에 회복할 수 없는 손해가 생길 염려가 있어야 한다. 회사에 회복할 수 없는 손해가 생길 염려가 있는 경우란 회사의 규모를 기준으로 사회통념에 따라 판단하여야 하며, 손해는 반드시 금전적인 손해에 국한하지 않고 회사의 신용실추와 같이 금전에 의한 평가가 곤란한 손해도 포함된다.

따라서 위법행위를 한 이사에 배상능력이 있고 회사가 손해를 회복하는 것이 가능하더라도 그것으로 인하여 회사의 신용에 회복할 수 없는 손해가 발생할 경우에는 유지청구권을 행사할 수 있다. 또한 손해의 회복이 법률적으로 불가능한 경우뿐만 아니라 손해의 회복이 가능하더라도 그 회복에 많은 노력과 시간 등이 소요되는 경우에도

---

224) 정동윤, 전게서, 462면, 권종호, 전게서, 114면. 김용범, 전게서, 어울림, 2012., 388면.
225) 정동윤, 전게서, 462면, 권종호, 전게서, 115면, 손주찬, 전게서, 861~862면, 안태식, 전게서, 446면, 채이식, 전게서, 572면, 임홍근, 전게서, 512 면. 김용범, 전게서, 어울림, 2012., 388면.

유지청구권을 행사할 수 있다고 본다. [226)]

　이사의 위법행위에 대해서는 감사는 이사회에 보고할 의무가 있다.(「상법」제391조의2 제2항). 그러나 이사회보고의무와 이 유지청구권간에는 선후관계가 있는 것은 아니므로 감사는 필요에 따라 먼저 이사회에 보고하고 유지청구권을 행사하든지 아니면 그 반대로 유지청구권을 행사한 후 이사회에 보고하든지 상관없다.

Ⅲ 유지청구의 방법과 절차

　위법행위유지청구권은 위법행위가 완결하기 전에 행사되어야 한다. 다만 반복의 염려가 있는 경우에는 장래의 행위를 대상으로 유지청구권을 행사하는 것도 가능하다. 계속적인 위법행위의 저지를 위해서도 유지청구권은 행사할 수 있다.[227)]

　유지청구권의 행사는 반드시 소에 의할 필요는 없으며, 위법행위를 하는 이사에 대하여 위법행위를 중지하도록 설득하는 방법으로 위법행위의 유지를 청구하는 것도 가능하다. 그러나 의사표시 등 재판 외의 청구에도 불구하고 이사가 그 행위를 중지하지 않거나 긴급하여 이사를 설득할 시간적인 여유가 없을 때에는 이사를 피고로 하는 위법행위유지청구의 소를 제기하거나, 이 소를 본안으로 하는 가처분명령을 신청하여 위법행위를 유지시킬 수 있다.(「민사집행법」제300조, 이하 '민집법'이라 한다).

　위법행위유지청구권의 소는 감사가 회사를 위하여 하는 것이므로 그 판결의 효과는 당연히 회사에 미친다.(「민사집행법」제218조). 유지청구의 소의 경우 전속관할이나 소송참가 등에 관해서는 「상법」상 아무런 규정이 없으나 유지청구의 소는 대표소송과 마찬 가지로 회사의 대표기관적 지위에서 제기하는 것이므로 소의 관할·참가·패소책임 등에 관하여 대표소송에 관한 규정을 유추 적용하여야 한다고 본다.[228)]

Ⅳ 유지청구의 효과

　감사의 유지청구가 있다고 하여 이사는 그 이유에 합리성이 없다고 판단하면 그것에 응할 필요는 없다. 이사는 선관주의의무로써 그 행위의 유지여부를 결정하여야 한다. 따라서 감사의 유지청구가 부당함에도 그에 따라 이사가 유지한 경우에는 사안에 따라 그 유지가 오히려 법령 또는 정관에 위반하거나 임무해태에 해당되어 이사의 책

---

226) 권종호, 전게서, 116면, 이철송, 전게서, 789면. 김용범, 전게서, 어울림, 2012., 389면.
227) 권종호, 전게서, 116면, 상사법무연구회편, 전게서, 106면. 김용범, 전게서, 어울림, 2012., 389면.
228) 권종호, 전게서, 116면. 김용범, 전게서, 어울림, 2012., 389면. 김용범, 전게기고문, 감사저널, 2016.1. 74면.

임이 발생할 수도 있다.(「상법」제399조 제1항, 제401조).229)

그 반대로 정당한 유지청구에도 불구하고 이사가 유지하지 않은 경우에도 동일한 문제가 발생할 수 있다. 즉 유지청구를 무시하고 이사가 법령 또는 정관위반에 위반 행위를 강행하였을 경우에는 이로 인해 회사나 제3자에게 발생한 손해에 대해 이사는 책임을 진다. 이 때 이사의 손해배상책임은 유지청구를 무시한 것에 의한 것이 아니라 법령 또는 정관 위반에 의한 것이므로 유지청구권 행사의 효과는 아니다.230)

유지청구를 무시하고 한 이사의 행위의 사법적 효력과 관련해서는 그 행위가 원래 무효인 때에는 유지청구의 무시여부에 관계없이 그 행위는 당연히 무효이므로 유지 청구의 무시는 이사의 행위의 효력에 영향을 미치지 않는다고 보는 데에는 이설이 없으나, 해당 행위가 유효한 경우에는 다음 두 가지 경우로 나눠 그 효력에 차등을 두는 것이 보통이다.

즉 ① 주식 또는 사채의 발행과 같이 단체법적인 행위는 그 효력을 획일적으로 처리하여야 하므로 유지청구권을 무시하여도 그 행위는 유효하며, ② 이와 달리 매매·대차와 같은 개별적인 거래행위의 경우에는 거래의 상대방이 유지청구의 사실을 알고 있는 때에는 회사는 유지청구를 무시한 거래행위의 무효를 주장할 수 있다.231)

그러나 주식 또는 사채발행의 경우에는 이사회 결의 없이 대표이사가 독단적으로 행위를 하여도 거래의 안전을 보호하기 위하여 이를 유효한 것으로 보는 것이 일반적이고, 또한 개별적인 거래행위에 있어서도 대표이사가 위법하게 대표행위를 하더라도 그것은 원칙적으로 유효하고 상대방이 악의인 경우에만 무효를 주장할 수 있다고 하는 것이 통상이므로 유지청구를 무시하고 한 이사의 행위의 사법적 효력에 관해 굳이 유지청구의 유무와 관련 지어 판단할 필요는 없다고 본다.

즉 유지청구를 무시한 이사의 행위가 유효한 행위인 경우에도 유지청구권의 행사는 이를 무시한 이사의 행위의 효력에 별다른 영향을 미치지 않는다. 그런 점에서 유지 청구의 실효성은 거의 없다고 해도 과언이 아니다.232) 다만 유지청구권의 행사가 법률적으로 전혀 무의미한 것은 아니다.

이사의 책임과 관련해서는 정당한 유지청구에 불응하면 이사에게 중과실이 의제 되는 것으로 보며233), 이사로서는 무과실을 이유로 책임을 면하는 것은 불가능하게 되고, 또한 이사의 해임의 소의 경우 이사의 행위 그 자체는 해임의 소의 요건인 「중대

---

229) 이철송, 전게서, 790면, 권종호, 전게서, 117면. 김용범, 전게서, 어울림, 2012., 390면.

230) 이철송, 전게서, 790면, 권종호, 전게서, 117면. 김용범, 전게서, 어울림, 2012., 390면.

231) 강위두. 임재호, 전게서, 576면, 박상조, 전게서, 658면, 손주찬, 전게서, 863면, 이범찬. 최준선, 전게서, 699면. 김용범, 전게서, 어울림, 2012., 390면.

232) 정동윤, 전게서, 464면, 권기범, 전게서, 705면, 권종호, 전게서, 118면, 이철송, 전게서, 791면. 김용범, 전게서, 어울림, 2012., 390면.

233) 이철송, 전게서, 790면. 김용범, 전게서, 어울림, 2012., 391면.

한」법령위반에 해당하지 않더라도 이사가 유지청구를 무시하고 위법행위를 강행했다면 그것으로 해당이사의 행위는 중대한 법령위반에 해당되어 해임의 소의 대상이 될 수도 있을 것이다.[234]

제9절 ▷▷ 감사해임에 관한 의견진술권[235]

Ⅰ 도입 취지

감사는 주주총회에서 감사의 해임에 관하여 의견을 진술할 수 있다.(「상법」제409조의2). 감사의 업무를 원만히 수행하기 위해서는 그 신분이 안정되어야 한다. 감사도 이사와 같이 주주총회의 특별결의에 의해 해임될 수 있는데, 이때 그 결의가 주주에게 보다 접근의 기회가 많은 이사들에 의해 오도될 우려가 있으므로 감사에게 결의의 공정을 촉구할 기회를 준 것이다.[236]

이 권한은 감사의 독립성을 강화하기 위하여 1995년 개정「상법」을 통해 도입된 것으로서 감사에게 주주총회에서 그 해임에 관해 의견을 진술할 수 있는 기회를 제공함으로써 이사회가 정당한 사유 없이 부당하게 감사를 해임하는 것을 막기 위한 것이다.[237]

Ⅱ 의견진술자

감사는 자신의 해임에 관해서는 물론이고 다른 감사의 해임에 관해서도 의견을 진술할 수 있다. 여기서 말하는 의견을 진술할 수 있는 감사란 해임결의 당시 재직 중인 감사를 말한다. 따라서 감사 결원에 의해 새로운 감사가 취임할 때까지 감사로서의 권리·의무가 있는 자, 일시 감사의 직무를 수행하고 있는 자(임시감사), 감사의 직무대행자도 해임결의 당시에 감사로서 재직 중이라면 의견을 진술할 수 있다.[238] 그리고 공정성을 사전에 촉구하는 취지이므로 의견진술은 결의가 있기 전에 허용 되

---

234) 권종호, 전게서, 118면, 상사법무연구회편, 전게서,107면. 김용범, 전게서, 어울림, 2012., 391면.
235) 김용범, 전게서, 어울림, 2012., 391~392면. 김용범, 전게기고문, 감사저널, 2016.1. 75면.
236) 이철송, 전게서, 831면. 김용범, 전게서, 어울림, 2012., 391면. 김용범, 전게기고문, 2016.1. 75면.
237) 권종호, 전게서, 119면. 김용범, 전게서, 어울림, 2012., 391면. 김용범, 전게기고문, 2016.1. 75면.
238) 권종호, 전게서, 119면. 김용범, 전게서, 어울림, 2012., 392면. 김용범, 전게기고문, 2016.1. 75면.

어야 한다.[239)

감사는 해임에 관해 의견을 진술할 수는 있지만 진술할 의무는 없다. 그런 의미에서 이 의견진술권은 권리의 성격이 강한 권한이다. 대표이사가 주주총회에 제출하려고 하는 감사해임의안이 위법한 경우에는 감사는 그 사실을 주주총회에서 진술할 의무가 있는데(「상법」제413조), 이 의무는 여기서 말하는 의견진술권과는 성격을 달리 한다.

Ⅲ 의견진술의 내용

감사의 의견진술에 대한 시기에 대하여는 명문화되어 있는 규정은 없다. 다만 동 제도의 도입 취지가 주주총회 결의의 공정성을 사전에 촉구하는 취지이므로 의견진술 시기는 결의가 있기 전에 허용되어야 한다고 본다.[240)

의견진술의 범위에는 특별한 제한이 없으나 제도의 취지상 해임결의의 공정성을 기할 수 있는 범위 내로 진술범위는 제한되는 것으로 보아야 할 것이며, 따라서 공정성을 담보하기 위해서라면 해임결의의 적법성은 물론 타당성에 관해서도 의견을 진술할 수있다고 본다.[241)

Ⅳ 의견진술의 효과

감사의 의견진술은 주주총회를 구속하는 것은 아니며, 단순히 결의의 공정을 위한 청문적 성격을 가지며 주주의 의결권 행사에 영향을 줄 수 있을 뿐이다. 이 의견진술 권은 감사의 권리이므로 감사가 의견진술을 원하는 경우에는 반드시 그 기회를 부여하여야 하며, 만일 총회의 의장이 정당한 이유 없이 감사에게 의견을 진술할 기회를 주지 않고 감사 해임의 결의를 한 때에는 결의 방법이 법령 위반이므로 결의 취소의 원인이 된다.[242)

---

239) 이철송, 전게서, 831면. 김용범, 전게서, 어울림, 2012., 392면. 김용범, 전게기고문, 2016.1. 75면.
240) 이철송, 전게서, 31면. 김용범, 전게서, 어울림, 2012., 392면. 김용범, 전게기고문, 2016.1. 75면.
241) 권종호, 전게서, 119면, 이철송, 전게서, 831면. 김용범, 전게서, 어울림, 2012., 392면. 김용범, 전게기고문, 2016.1. 75면.
242) 이철송, 전게서, 831면, 권종호, 전게서, 120면. 김용범, 전게서, 어울림, 2012., 392면. 김용범, 전게기고문, 2016.1. 75면.

제10절 ▶▶ 회사와 이사 간의 소에 있어서 회사대표권[243]

I 회사 대표권의 의의

회사가 이사에 대하여 또는 이사가 회사에 대하여 소를 제기하는 경우에 감사는 그 소에 관하여 회사를 대표한다.(「상법」제394조 제1항). 또한 소수주주의 청구에 의하여 회사가 이사의 책임을 추궁하는 소를 제기하는 경우에도 감사가 회사를 대표한다. (「상법」제394조 제1항, 제403조 제1항).

원래 대표이사가 회사를 대표할 일이나 회사와 이사간의 소에 있어서 대표이사가 피고일 경우에는 바로 이해상충이 생기고, 다른 이사가 피고라 하더라도 이사들 간의 이해의 동질성으로 인해 회사의 권리 실현이 어려워 질 수 있으므로 감사라는 지위의 중립성과 객관성을 신뢰하여 소송을 맡긴 것이다.[244]

II 회사 대표권의 종류

1. 회사와 이사 간의 소에 있어서 회사대표권

회사와 이사 간의 소에 있어서는 감사가 회사를 대표한다. 여기서 말하는 「회사와 이사 간의 소」게 이사가 이사의 자격으로 소송당사자가 되는 경우(예컨대 회사가 이사의 책임을 추궁하는 소를 제기한 경우, 혹은 이사의 자격에서 제기한 주주총회 결의취소의 소) 뿐만 아니라 개인자격으로 소송당사자가 되는 경우 (이사가 회사를 상대로 혹은 회사가 이사를 상대로 제기한 대여금반환 청구소송)도 포함된다.[245]

이사가 회사를 상대로 제소한 경우 감사는 회사를 대표하여 소송을 수행하면 되지만, 회사가 이사를 상대로 소송을 제기하는 경우에는 감사는 소송수행 뿐만 아니라 제소여부에 관한 결정도 하여야 한다. 만일 이 경우에도 감사에게는 소송수행권 밖에 없고 제소여부에 관한 결정권은 이사회에 있다고 하면 소 제기 자체가 지연되거나 포기될 수 있으므로 이는 감사에게 소 대표권을 준 취지에 반하기 때문이다.[246]

---

243) 김용범, 전게서, 어울림, 2012., 393~394면. 김용범, 전게기고문, 감사저널. 2016.1. 74면.
244) 이철송, 전게서, 831면, 권종호, 전게서, 120면. 김용범, 전게서, 어울림, 2012., 393면. 김용범, 전게기고문, 감사저널. 2016.1. 74면.
245) 이범찬. 오욱환, 전게서, 89면, 권종호, 전게서, 120면. 김용범, 전게서, 어울림, 2012., 393면. 김용범, 전게기고문, 감사저널. 2016.1. 74면.
246) 이철송, 전게서, 832면, 권종호, 전게서, 121면, 김용범, 전게서, 어울림, 2012., 393면.

2. 소수주주의 청구에 의한 회사 대표소송권

회사와 이사 간의 소에서는 감사에게 회사를 대표할 권한이 있으므로 소수주주가 회사에 대해 이사의 책임을 추궁하는 소송을 제기할 것을 청구하는 경우에도 주주는 대표이사가 아니라 감사에 대해 청구하여야 하고,247) 감사가 소를 제기하여야 한다.

Ⅲ 회사 대표권의 범위

이사가 회사를 상대로 제소한 경우 감사는 회사를 대표하여 소송을 수행하면 되지만, 회사가 이사를 상대로 소송을 제기하는 경우에는 감사는 소송 수행뿐만 아니라 제소여부에 대한 결정도 감사가 단독으로 할 수 있다.

만일 이 경우에도 감사에게는 소송수행권 밖에 없고 제소여부에 대한 결정권은 이사회에 있다고 하면 소 제기 자체가 지연되거나 포기될 수 있으므로 이는 감사에게 소 대표권을 준 취지에 반하기 때문이다.248)

또한 감사가 수인인 경우에는 수인의 감사가 공동으로 회사를 대표할 필요는 없고, 그 중 1인이 회사를 대표하면 되며, 대표자의 선정은 당사자 간의 협의에 의해 결정하여야 할 것이다. 249)

따라서 감사가 회사를 대표하여 이사를 상대로 소송을 제기하는 것은 감사의 권한인 동시에 의무이므로 소를 제기하여야 할 정당한 이유가 있음에도 불구하고 소를 제기하지 않으면 임무해태가 된다.250)

Ⅳ 회사대표권의 효과

회사와 이사 간의 소에 있어서 감사의 소 대표권은 소송수행의 공정성을 담보하기 위한 효력규정으로서, 이에 위반하여 대표이사가 원고나 피고로서 회사를 대표하여 한 소송행위는 무효이다.251) 다만 이사가 회사를 상대로 소를 제기하면서 소장에 회사 또한 감사는 소송행위를 추인할 수 있다.252)

---

247) 이철송, 전게서, 832면, 최기원, 전게서, 662면. 김용범, 전게서, 어울림, 2012., 393면. 김용범, 전게기고문, 감사저널. 2016.1. 74면.

248) 이철송, 전게서, 832면, 권종호, 전게서, 121면. 김용범, 전게서, 어울림, 2012., 393면. 김용범, 전게기고문, 감사저널. 2016.1. 74면.

249) 최기원, 전게서, 678면, 권종호, 전게서, 121면. 이철송, 전게서, 832면, 최기원, 전게서, 662면. 김용범, 전게서, 어울림, 2012., 393면.

250) 이범찬. 오욱환, 전게서, 89면, 권종호, 전게서, 121면.이철송, 전게서, 832면, 최기원, 전게서, 662면. 김용범, 전게서, 어울림, 2012., 394면. 김용범, 전게기고문, 감사저널. 2016.1. 74면.

251) 이철송, 전게서, 832면, 권종호, 전게서, 121면, 대법원, 1990. 5. 11. 판결. 89 다카 15199. 김용범, 전게서, 어울림, 2012., 393면. 김용범, 전게기고문, 감사저널. 2016.1. 74면.

제11절 ▶ 각종의 소 제기권[253]

I 감사의 각종 소제기권의 의의

감사는 각종 소에 관해 원고가 될 수 있다. 「상법」은 사건과 아무런 관계를 갖지 않은 사람이 소송을 제기하는 것을 막기 위해 감사에게 각종 소에 관하여 원고적격을 인정하고 있다.

원고적격이란 구체적 소송에서 원고로서 소송을 제기하고 수행하여 본안판결을 받을 수 있는 정당한 자격, 쉽게 말하면 소송의 원고로 나설 수 있는 자격이라는 의미이다. 소송제기자의 원고적격이 인정되지 않는 경우 그 소송은 부적법하여 각하판결을 받는다.

II 감사의 각종 소제기권의 종류

「상법」이 감사에 대해 원고 적격을 인정하고 있는 경우로는 회사설립무효의 소(「상법」제328조), 주주총회결의취소의 소(「상법」제376조 제1항), 신주발행무효의 소(「상법」제429조), 감자무효의 소(「상법」제445조), 합병무효의 소(「상법」제529조), 주식교환무효의 소(「상법」제360조의 14), 주식이전무효의 소(「상법」제360조의23)가 있다.

III 감사의 각종 소제기권의 내용

감사가 이상의 각종 소를 제기하기 위해서는 소 제기시점에 감사로서 재직하여야 하며, 다만 해임결의취소를 구하는 소의 경우에는 해임당한 감사도 소를 제기할 수 있다. 감사가 소송수행 중 임기만료, 해임, 사임 등으로 그 지위를 상실한 경우에는 다른 감사가 있는 때에는 그 감사가 소송을 수행하며, 다른 감사가 없는 경우에는 새로 선임된 감사가 소송을 수계하는 것으로 보아야 할 것이다.

다만 감사가 사임, 임기만료로 감사직을 상실한 경우에는 후임감사가 선임될 때까지 감사로서 권한과 의무를 가지므로 이때에는 사임하거나 임기 만료된 감사가 후임감사가 선인될 때까지 계속하여 소송을 수행할 수 있다.[254]

---

252) 이철송, 전게서, 833면, 권종호, 전게서, 121면, 정동윤, 전게서, 481면 , 대법원, 1990. 5. 11. 판결, 89 다카 15199. 김용범, 전게서, 어울림, 2012., 393면.

253) 김용범, 전게서, 어울림, 2012., 394면. 김용범, 전게기고문, 감사저널. 2016.1. 74~75면.

Ⅳ 감사의 각종 소제기권의 효과

이러한 소권의 경우도 감사의 직무와 관련하여 인정되는 것으로서 주주가 담보제공 의무를 부담하는 경우에도 감사는 그 의무를 부담하지 않는다.(「상법」제377조 제1항 단서, 제430조, 제446조, 제360조의14 제4항, 제360조의23 제4항).

제12절 >> 감사의 그 밖의 권한

Ⅰ 이사회의사록에 대한 기명날인 또는 서명권

이사회의 의사에 관하여는 의사록을 작성하여야 하는데, 의사록에는 의사의 안건, 경과요령, 그 결과, 반대하는 자와 그 반대이유를 기재하고 출석한 이사 및 감사가 기명날인 또는 서명하여야 한다.(「상법」제391조의3 제1항, 제2항). 이것은 이사회 의사록이 정확성과 진정성을 확보하기 위한 것이다.[255]

Ⅱ 전문가 조력권

일반적으로 감사는 모든 분야에 대한 전문가는 아니므로 감사의 조사권을 효과적으로 행사하기 위해 감사는 회사의 비용으로 변호사, 공인회계사, 변리사 등 외부전문가의 도움을 활용할 수 있다.(「상법」 제412조의 제3항, 제415조의2 제5항).

그러나 감사의 조사권을 효과적으로 활용할 수 있는 회사 내부의 감사인력 즉, 감사의 보조조직에 대하여는 법률적 근거가 현재는 불비 되어 있는 상태이다. 다만 금융기관은 감사나 감사위원회의 효율적이고 원활한 업무수행을 위하여 적정한 인력으로 감사보조조직을 운영하도록 하고 있다.(「금융회사지배구조법」 제20조 제2항).[256]

---

254) 이범찬. 오욱환, 전게서, 90면, 권종호, 전게서, 122면. 김용범, 전게서, 어울림, 2012., 394면. 김용범, 전게기고문, 감사저널. 2016.1. 75면.
255) 최준선, 전게서, 523면. 김용범, 전게서, 어울림, 2012., 395면. 김용범, 전게기고문, 2016.1. 75면.
256) 김용범, 전게기고문, 감사저널. 2016.1. 76면.

Ⅲ 내부회계관리제도의 운영실태 평가권 및 자료제출 요구권

내부회계관리자는 사업연도마다 이사회 및 감사(감사위원회를 포함한다)에게 해당 회사의 내부회계관리제도의 운영 실태를 보고하여야 한다.(「외감법」제2조의2 제4항). 그리고 이사회 또는 감사(감사위원회를 포함한다)가 직무를 수행하기 위하여 자료의 제출을 요구하는 경우에는 이에 성실히 응하여야 한다.(「외감법시행령」제2조의3제2항).

회사의 감사는 내부회계관리제도의 운영실태를 평가하여 이사회에 사업연도 마다 보고하고 그 평가보고서를 해당 회사의 본점에 5년간 비치하여야 한다. 이 경우 내부회계관리제도의 관리·운영에 대하여 시정 의견이 있으면 이를 포함하여 보고하여야 한다.(「외감법」제2조의2 제5항). 자세한 내용은 제2편 제4장 제6절 – Ⅳ. '내부회계관리제도의 평가 및 보고 의무' 항목을 참조하시기 바란다.

Ⅳ 외부감사인 선임 및 해임의 동의 내지 승인권

회사는 외부감사인을 선임할 때에는 감사 또는 전문성과 독립성이 확보된 감사인 선임위원회(감사위원회를 설치한 경우에는 이를 감사인 선임위원회로 본다)의 승인을 받아야 한다. 다만 상장회사는 감사인 선임위원회의 승인을 받아야 한다.(「외감법」제4조 제2항).

그리고 상장회사는 외부감사인이 직무상 의무를 위반하는 등 시행령으로 정하는 사유에 해당하는 경우에는 매 사업연도 종료 후 3개월 이내에 감사인선임위원회의 승인을 받아 외부감사인을 해임할 수 있다.(「외감법」제4조의2 제2항,「외감법시행령」제3조 제5항).

외부감사인 해임 사유
① 감사인이 회사의 기밀을 누설하는 등 직무상 의무를 위반한 경우.
② 감사인이 그 임무를 게을리 하여 회사에 대하여 손해를 발생하게 한 경우.
③ 감사인이 회계감사와 관련하여 부당한 요구를 하거나 압력을 행사한 경우.
④ 외자도입계약 등에서 감사인을 한정하고 있는 경우.
⑤ 법 제15조 제1항의 규정에 의한 감사보고서에 대한 감리결과 또는 「법 시행령」 제8조의 규정에 의한 감리결과 감사인이 금융위가 정하는 사유에 해당하는 경우.

Ⅴ 외부감사인의 부정 및 위법행위 통보에 대한 수령 및 조치권

외부감사인은 그 직무를 수행할 때 이사의 직무수행에 관하여 부정행위 또는 법령이나 정관에 위반되는 중대한 사실을 발견하면 감사 또는 감사위원회에 통보하고 주주총회에 보고하여야 한다.(「외감법」제10조 제1항).

그리고 외부감사인은 회사가 회계처리 등에 관하여 회계처리기준을 위반한 사실을 발견하면 감사 또는 감사위원회에 통보하여야 한다.(「외감법」 제10조 제2항). 감사는 통보된 사안에 따라 적절한 조치를 취해야 하며, 적절한 조치를 취하지 않은 때에는 임무 해태의 책임을 부담한다. (「상법」 제391조의2 , 제414조 제1항).

Ⅵ 회계부정행위 고지자로부터 고지 수령 및 징계조치 감면권

회사의 회계정보와 관련하여 다음 각 호의 어느 하나에 해당하는 사항을 알게 된 자가 그 사실을 대통령령이 정하는 바에 따라 증권선물위원회에 신고하거나 해당 회사의 감사인 또는 감사에게 고지한 경우에는 그 신고자 또는 고지자에 대한 징계나 시정조치 등을 대통령령이 정하는 바에 따라 감면할 수 있다.(「외감법」제15조의3 제1항,「외감법 시행령」제14조 및 제15조).

부정행위 신고 또는 고지 사항

① 내부회계관리제도에 위배된 회계처리, 재무제표의 작성 및 공시를 하는 경우.

② 감사인이 「외감법」 제5조(회계감사기준)에 따른 회계감사기준에 따라 감사를 실시하지 아니하거나 거짓으로 감사보고서를 작성하는 경우.

③ 회사가 「외감법」 제13조(회계처리기준)에 따른 회계처리기준을 위반하여 재무제표를 작성·공시하는 경우.

④ 그 밖에 ①호부터 ③호까지의 규정에 준하는 경우로서 회계정보를 거짓으로 작성하거나 사실을 감추는 경우.

감사는 고지된 사안에 따라 적절한 조치를 취해야 하며, 적절한 조치를 취하지 않은 때에는 임무해태의 책임을 부담한다(「상법」제391조의2, 제414조 제1항).

제4장 　　　감사의 의무

제1절 　 총 설

　감사(감사위원회 포함)의 직무는 이사의 직무집행을 감사하는 것이다.(「상법」제412조 제1항). 즉 이사회나 대표이사 혹은 영업담당이사가 행하는 업무집행을 제3자의 입장에서 監査하는 것이 監事의 직무이다.

　「상법」의 법문이 「업무집행의 감사」라고 하지 아니하고 「직무집행의 감사」라고 한 것은 신주발행과 같은 회사조직에 관한 사항이나 주주총회소집과 같은 회사기관에 관한 사항을 포함하여 이사가 그 직무로서 행하는 모든 행위가 감사의 감사대상임을 표현하기 위한 것이다.257)

　감사의 직무는 이처럼 이사의 업무집행 전반에 대해 감사하는 만큼 「상법」은 효과적인 감사를 위해 전술한 바와 같이 감사에 대해 다양한 권한을 부여하고 있다. 이 감사의 권한은 권한이면서 동시에 감사를 위한 수단으로서 주어진 것이므로 의무의 성격도 아울러 가지고 있다.

　예방적 감사라는 측면에서 중요한 의미가 있는 이른바 이사의 위법행위 유지청구권의 경우를 예로 들면 이는 분명 감사의 권한이지만 이사의 위법행위로 인하여 회사에 회복할 수 없는 손해가 발생할 염려가 있을 경우에는 감사는 이 권한을 반드시 행사하여야 한다는 점에서는 의무이다.

　감사의 권한은 이처럼 대부분이 권한인 동시에 의무이기도 하므로 감사의 의무를 권한과 분리하여 별도로 설명하는 것은 비현실적일 수도 있음은 전술한 대로이지만, 논술의 편의라는 측면에서 감사의 의무로 통상 지적되는 것을 중심으로 설명코자 한다.

---

257) 권종호, 전게서, 124면, 상사법무연구회편, 전게서, 80면. 김용범, 전게서, 어울림, 2012., 399면. 김용범,「내부감사의 의무와 임무해태」, 내부감사저널, 2016.4. 44면.

제2절 ▶▶ 선관주의의무258)

Ⅰ 선관주의의무의 개요259)

선관주의의무(duty of care)란 선량한 관리자의 주의의무를 줄인 용어로 선관의무 또는 주의의무라는 용어로도 사용되고 있다.

역사적으로는 일본 민법, 프랑스 민법을 거슬러 로마법의 "선량한 가장으로서의 주의의무(bonus paterfamilias 또는 diligens paterfamilias)"라는 유사한 용어를 찾을 수 있다. 이 개념은 이미 로마법에서도 추상적 경과실과 동일한 의미로 해석 되었으며, 이 원칙은 대륙법 뿐만 아니라 영미법의 주의의무에도 그대로 반영되었다.

선관주의의무는 객관적 기준에 의하여 같은 지위에 있는 합리적인 사람을 기준으로 판단하므로, 당해 감사 개인의 능력이나 주관적인 사정은 참작되지 않는다. 따라서 감사가 다른 사람보다 낮은 지적 수준이나 업무능력을 가지는 경우에도 이러한 점은 고려하지 않고 통상의 신중한 자를 기준으로 하는 선관주의의무가 요구된다.

참고 ▶▶ 미국의 선관주의의무의 기준

① 미국의 제정법상 선관주의의무는 "유사한 상황에서 통상의 신중한 자(an ordinary prudent person under similar circumstances)와 동일한 지위에 있는 자(a person in a like position)가 행하는 것과 같은 주의의무"를 말한다.〔미국의 「모범회사법(MBCA)」§ 8.30(a)(General Standards for Directors), 미국의 주법으로는 California의 「회사법」(Corporation Code) § 309(a), New York의 「회사법」(Bus. Corp. Law) § 717(a)〕.

② 미국의 판례상 선관주의의무는 "자신이 합리적으로 생각하여 회사에 최선의 이익이라고 생각되고 또한 평균인(ordinarily prudent person)이 같은 상황에서라면 취했을 것과 동일한 방법으로 성실히(in good faith) 사무를 처리할 것을 요구하는 주의의무"를 말한다.〔Selheimer v. Manganese Corp. of America, Sup. Ct. of Penn. 1966. 423 Pa. 563, 224 A. 2d 634; N. Y. Bus. Corp. Law § 717; Calif. Corp. Code § 309(a); MBCA § 8.30(a)〕

따라서 주관적으로 감사 본인이 어떻게 행동해야 할 것인지 믿었는지가 아니라, 유사한 상황에서 다른 합리적인 사람은 어떻게 행위 하였을 것인지가 선관주의의무 판단의 일반적·객관적인 기준이 되는 것이다.

---

258) 김용범, 전게서, 어울림, 2012., 400~401면. 김용범, 「내부감사의 의무와 임무해태」, 내부감사저널, 2016.4. 44~46면.

259) 김용범, 「내부감사의 의무와 임무해태」, 내부감사저널. 2016. 4., 44면.

Ⅱ 선관주의의무의 근거260)

회사와 감사와의 법률관계는 이사와 마찬가지로 위임에 관한「민법」제681조의 규정이 준용된다.(「상법」제415조, 제382조 제2항, 「민법」제680조). 따라서 감사는 그 일반적인 의무로서 회사에 대하여 선량한 관리자의 주의로써 그 직무를 수행할 의무, 즉 선관 주의의무를 진다.(「민법」제681조).261)

이 선관주의의무는 수임인에 대한 고도의 인적 신뢰를 바탕으로 한 것으로서 수임인의 개별적인 능력에 따른 주의의무가 아니라 위임사무의 처리에 일반적으로 요구되는 고도의 주의의무이므로262) 감사는 사용인과는 달리 회사 관리의 주체인 한 기관으로서 이 선관 주의의무에 의해 항상 회사의 이익이 되는 방향으로 그 직무를 수행하여야 할 책임이 있다.

그리하여 감사는 자신의 직무를 수행함에 있어 법령에 위반하지 않도록 주의할 의무(소극적 의무)를 짐은 물론 항상 회사에 최선의 이익이 되는 결과를 추구할 의무(적극적 의무)를 부담한다. 회사는 영리를 목적으로 하는 단체이므로, 회사에 최선의 이익이 된다고 함은 회사의 이윤을 극대화함을 말한다. 따라서 감사의 직무수행은 적법하고 규범적으로 타당해야 할 뿐 아니라, 영리실현을 위해 합목적적이고 효율적이어야 하는 것이다.263)

Ⅲ 선관주의의무의 범위264)

감사의 선관주의의무는 법상 감사의 의무로 규정된 직무의 수행에만 미치는 것이 아니라 감사권의 행사, 소의 제기, 기타 법상 명문화된 권한 행사에도 미친다. 감사의 권한은 보수청구권과 같은 채권적 권리와 달리 모두 회사조직의 운영을 위해서 주어지므로 의무의 성격도 아울러 갖는 양면성을 지니기 때문이다.265)

선관주의의무의 내용과 범위에 대해서 대우그룹 관련 일련의 대법원 판결에 의하면, 구체적인 선관주의의무의 내용과 범위는 "회사의 종류나 규모, 업종, 지배 구조 및 내부통제시스템, 재정상태, 법규상 규제의 정도, 감사 개개인의 능력과 경력, 근무

---

260) 김용범, 「내부감사의 의무와 임무해태」, 내부감사저널, 2016.4. 45면.
261) 최준선, 전게서, 524~525면, 권종호, 전게서, 124~125면, 대법원. 1988. 10. 25. 판결. 87 다카 1370
262) 김준호, 「민법강의」, 2004, 1441면, 권종호, 전게서, 125면
263) 이철송, 전게서, 박영사, 2014., 712면.
264) 김용범, 「내부감사의 의무와 임무해태」, 내부감사저널, 2016.4. 45면.
265) 이철송, 전게서, 박영사, 2014., 712면.

여건 등에 따라서 다를 수 있다"고 판시하고 있다.[266]

그러나 대규모 상장기업에서 일부 임직원의 전횡이 방치되고 있거나 중요한 재무정보에 대한 감사의 접근이 조직적·지속적으로 차단되고 있는 경우 감사의 주의 의무는 경감되는 것이 아니라 오히려 현격히 가중되며,[267] 그리고 비상임감사라는 이유로 선관주의의무 위반에 따른 책임을 면할 수도 없다고 하고 있다.[268]

또한 대법원은 대법원 2008. 9. 11. 2007다31518 판결에서 특히 대규모회사에서는 "무엇보다도 합리적인 정보 및 보고시스템과 내부통제시스템을 구축하고 그것이 제대로 작동하도록 배려할 의무가 이사회를 구성하는 개개의 이사들과 이들의 직무집행을 감사하는 감사에게 주어진다."고 판시하고 있다.

따라서 이 선관주의의무는 감사의 업무감사나 회계감사와 같은 통상적인 감사업무 수행뿐만 아니라 그 이외 감사의 권한 행사의 경우에도 당연히 영향을 미치는 것으로 보는데, 그 이유는 감사의 권한은 권한인 동시에 그 행사가 감사의 직무, 즉 의무이기 때문이다. 따라서 감사의 권한을 적시에 적절하게 행사하지 않으면 그것은 선관주의 의무위반이며, 이 때 감사는 채무불이행으로서 회사가 입은 손해에 대해 배상책임을 진다.[269]

또한 선관주의의무는 상근·비상근을 가리지 않고 보수의 유무에 관계없이 모든 감사에게 주어지는 의무이다. 따라서 「상법」상 감사는 회사의 상무에 종사하는 상근감사 (상근감사위원 포함)와 상무에 종사하지 아니하는 비상근감사(비상근감사위원 포함) 그리고 무보수명예직인 명목상의 감사도 모두 선관주의의무를 진다.

Ⅳ 선관주의 의무와 충실의무의 관계[270]

감사에게는 이사의 비밀유지의무에 관한 규정은 준용되지만(「상법」제415조 → 제382조 제2항), 이사에게 부과하고 있는 충실의무(「상법」제382조의 3), 경업금지 의무(「상법」제397조 제1항), 회사사업기회의 유용금지의무(「상법」제397조의2)가 없고 자기거래도 제한(「상법」제398조)되지 않는다. 다만 충실의무(「상법」 제382조의3)에 대하여는 그 적요에 학설의 다툼이 있다.

이사에게 부과하고 있는 경업금지의 의무, 회사사업 기회의 유용금지의무, 자기거래

---

266) 대법원. 2008. 9. 11. 판결. 2006 다 68636, 김건식, 전게서, 박영사, 2014., 496면.
267) 최준선, 전게서, 525면, 대법원. 2008. 9. 11. 판결. 2006 다 68636
268) 최준선, 전게서, 525면, 대법원. 2007. 12. 13. 판결. 2007 다 60080
269) 권종호, 전게서, 125면
270) 김용범, 「내부감사의 의무와 임무해태」, 내부감사저널, 2016.4. 45~46면.

제한의무를 부과하지 않는 이유는 이사는 회사의 업무집행에 관여하고 그 영업상의 비밀에 관해서도 많이 알고 있기 때문에 회사와 이익상충적인 행위를 할 가능성이 높은데 반해 감사의 경우에는 업무집행기관이 아니므로 그러한 가능성이 낮다고 보았기 때문이다.[271]

이와 관련하여 감사의 기본적인 의무는 이사와는 다른 것 인지가 문제되고 있는데 이 문제는 결국 선관주의의무와 충실의무는 구별되는 의무인가의 문제이다. 이에 대하여 학설은 동질설과 이질설*로 나누어지지만, 판례는 충실의무는 선관주의의무를 구체적으로 부연한 것에 지나지 않거나 선관주의의무와 동질적인 의미로 해석 하는 동질설을 따르고 있다.(대법원 1985. 11. 12. 선고 84다카2490 판결, 대법원 2002. 6. 14. 선고 2001다52407 판결, 대법원 2011. 10. 13. 선고 2009다80521 판결).

참고 ▶▶ **선관의무와 충실의무의 관계**

① **동질설** : 이는 충실의무의 법적 성격을 선관의무의 구체적 표현이라고 보는 학설이다. 이 학설에서는 충실의무의 내용이 선관의무의 그것과 명확하게 구별되지 않고 선관의무 이외에 충실의무를 요구하는 것은 불필요하다고 보거나, 선관의무를 탄력적으로 해석하면 충실 의무와 같은 내용이 되기 때문에 충실의무는 선관의무와 동질적인 의미이거나 선관의무 를 구체화한 표현이라고 본다.(손주찬, 이기원, 정찬형, 김기호 등).
② **이질설** : 이는 선관의무는 이사나 감사가 직무를 수행함에 있어 준수하여야 할 주의의 정도에 관한 정도에 관한 규정이고 충실의무는 이사나 감사가 그 지위를 이용하여 회사의 이익을 고려하지 않고 제3자의 이익만을 추구하여서는 안 된다는 것을 내용으로 하는 의무로 이들은 서로 다르다고 보는 학설이다.(임홍근, 박상조, 정동윤, 권기범 등).

위의 학설 및 판례의 내용을 살펴보면 감사에게 충실의무, 경업금지의무, 회사사업기회의 유용금지의무나 자기거래 제한의무가 법 문상 명시적 규정이 없다고 하여 감사는 무제한적으로 감사직무 및 거래를 수행하여도 좋다는 것을 의미하는 것은 아니다. 충실의무가 선관주의의무의 일부를 구성한다고 이해하는 판례 및 다수설에 의하면 명시적 준용규정은 없지만 감사도 충실의무를 부담한다고 볼 것이다.[272]

따라서 감사는 회사와 이익이 상충하는 형태로 그 직무를 수행하여서는 아니 되고 또한 회사의 이익을 희생하여 사익을 도모해서도 아니 된다. 그리고 감사업무를 수행하면서 알게 된 정보를 이용하여 경업을 하거나 자기 또는 제3자의 이익을 도모하기 위해 회사와 거래를 하거나 회사사업기회를 유용해서도 아니 된다. 그것에 의해 회사가 손해를 입게되면 선관주의의무 위반으로 배상책임의 문제가 발생할 수도 있다.[273]

271) 권종호 전게서, 126면
272) 김건식, 전게서, 박영사, 2014., 496면.
273) 권종호, 전게서, 126면, 상사법무연구회편, 전게서, 245면

제3절 >> 위법행위 이사회 보고의무[274]

I 이사회 보고의무 개요

감사는 이사가 법령 또는 정관에 위반한 행위를 하거나 그 행위를 할 염려가 있다고 인정한 때에는 이사회에 이를 보고하여야 한다(「상법」제391조의2 제2항). 이사회는 업무집행에 관한 결정권과 함께 대표이사와 이사의 업무집행에 대한 감독 권한도 아울러 가지고 있으므로 이사회에 이사의 위법행위 등의 시정을 위한 기회를 제공 하기 위한 것이다.

이 위법행위 이사회 보고의무는 업무감사권에 수반하는 의무라 할 수 있으며, 이사회에 대해 감독권의 발동을 촉구하는 의미를 지닌다. 위법행위를 할 염려가 있을 때에도 사전예방을 위하여 보고하여야 하며, 회사에 손해가 발생했는지 여부에 관계 없이 보고해야 한다는 점이 특색이다.[275]

II 이사회 보고요건 및 범위

이 보고 의무는 이사의 위법행위 등으로 인하여 회사가 입게 되는 손해를 미연에 방지하기 위한 것이라는 점에서 전술의 위법행위유지청구권(「상법」제492조)과 유사한 기능을 한다. 다만 감사가 보고의무를 지는 것은 이사가 법령·정관에 위반하는 행위를 하거나 또는 행위를 할 염려가 있을 때이고, 회사에게 회복할 수 없는 손해가 발생할 염려가 있을 경우에 한하지 않는다는 점에서 위법행위유지청구권 보다는 그 범위가 넓다.[276]

즉, 위법행위유지청구권은 이사의 위법행위로 인하여 회사에 회복할 수 없는 손해가 발생할 염려가 있을 때에만 행사할 수 있는데 반해, 이 보고의무의 경우는 회사에 회복할 수 없는 손해가 발생할 염려가 없어도 단지 이사가 위법행위를 하거나 할 염려가 있으면 감사는 이사회에 대해 보고할 의무를 진다는 점에서 위법행위유지청구권 보다 그 범위가 넓다. 그 이유는 유지청구라는 이른바 대결적인 입장을 취하는 경우와는 달리 이사회에 대해 사전에 자발적인 시정조치를 촉구하는 것에 주된 목적이 있기 때문이다. [277]

---

274) 김용범, 전게서, 어울림, 2012., 401~403면. 김용범, 전게기고문, 내부감사저널, 2016.4. 46면.
275) 이철송, 전게서, 박영서, 2014., 833면~834면.
276) 권종호, 전게서, 129면,

이사가 하여야 할 행위를 하지 않거나(부작위의 경우) 그 염려가 있을 때에도 보고 의무 대상이 되며, 감사가 이사의 위법행위를 알면서 이사회에 보고하지 않는 것은 임무해태가 된다. 이사의 위법행위가 보고를 요할 정도인가에 대한 판단은 감사가 선 관주의로써 하여야 할 것이다. 이사의 위법행위를 방치하면 회사에 중대한 손해가 발 생할 염려가 있는지가 판단기준이 될 것이다.[278]

감사로부터 보고를 받은 이사회는 그 권한을 발동하여 적절한 시정조치를 취하여야 하며, 이사회가 임무를 해태하여 필요한 조치를 취하지 않았을 경우, 이사회가 조치를 취하지 않았기 때문에 회사에 손해가 발생하게 되면 그 손해에 대해 감사의 위법행위 보고를 무시한 이사 전원이 회사에게 손해배상책임을 지게 된다.[279]

Ⅲ 이사회 소집청구권[280]

종전 「상법」은 감사의 보고의무에 대해서만 규정하고 있을 뿐 보고를 위한 이사회 소집청구권에 관해서는 아무런 규정을 두고 있지 않았다. 이와 관련하여 학설은 ① 입법상의 불비이지만 해석론으로서는 감사에게 소집권이나 소집청구권을 인정하는 것 은 곤란하다는 견해 와 ② 보고의무를 법정한 이상 적어도 이사회소집청구권은 당연 히 인정된다고 보는 견해가 대립하고 있었다.

이 보고의무는 이사의 위법행위가 현실화 되는 것을 미연에 방지하기 위한 것이라 는 점에서 보고의 시기가 중요할 수밖에 없으므로 이사회가 소집되기만을 기다려 감 사가 보고하는 것으로는 소기의 목적을 달성할 수 없다는 비판이 있었으나, 2011. 4. 14. 「상법」을 개정하여 입법적으로 해결하였다.

그 내용은 감사는 필요하면 회의의 목적사항과 소집이유를 서면에 적어 이사(소집 권자가 있는 경우에는 소집권자)에게 제출하여 이사회 소집을 청구할 수 있다. 감사가 이사회 소집청구를 하였는데도, 이사가 지체 없이 이사회를 소집하지 아니하면 그 청 구한 감사가 직접 이사회를 소집할 수 있다.(「상법」제412조의4 제1항, 제2항).

---

277) 권종호, 전게서, 129면, 회사법문제연구회편, 전게서, 54면
278) 권종호, 전게서, 129면
279) 권종호, 전게서, 129면, 회사법문제연구회편, 전게서, 54면
280) 김용범, 전게서, 어울림, 2012., 402면. 김용범, 전게기고문, 내부감사저널, 2016.4. 46면.

제4절 ▶ 주주총회 의안 조사 및 보고 의무[281]

Ⅰ 조사 및 보고 의무 개요

감사는 이사가 주주총회에 제출한 의안 및 서류를 조사하여 법령 또는 정관에 위반하거나 현저하게 부당한 사항이 있는지의 여부에 관하여 주주총회에 그 의견을 진술하여야 한다.(「상법」제413조).

감사의 권한으로서 회계감사권만 인정되던 1984년 개정 전에는 이 의무의 대상은 주주총회에 제출할 회계에 관한 서류로 한정되고 있었으나, 1984년 「상법」개정에 의해 업무감사권도 인정됨에 따라 현재와 같이 주주총회에 제출할 모든 의안 및 서류가 이 의무의 대상이 되었다.

이 의무는 모든 주주총회를 대상으로 하며 따라서 정기총회든 임시총회든 불문 한다. 그리고 감사에게 이러한 의무를 지운 취지는 의안 및 서류에 대한 적정성 확보와 주주의 합리적인 판단을 돕고 주주총회에서 위법·부당한 결의가 성립하는 것을 사전에 방지하기 위한 것이다.[282]

이사에 대한 최종적인 견제는 주주총회에서 이루어지므로 감사의 이사에 대한 견제도 궁극적으로는 주주총회의 결의에 힘입을 수밖에 없다. 감사의 보고에 의해 주주총회에서 이사에 대한 경질 등의 결의가 이루어지기도 하는데, 이런 의미에서 감사의 의견진술은 감사기능의 가장 실효적이자 결론적인 부분이라 할 수 있다.

Ⅱ 주주총회 의안 조사 의무

이 의무는 ① 주주총회 제출 의안 및 서류에 대한 「조사의무」와 ② 그 조사결과를 주주총회에 보고하여야 하는 「보고의무」의 2단계로 구성되어 있는데, 감사는 ① 의 의무에 따라 주주총회에 제출되는 모든 의안 및 서류에 관해 조사를 하여야 하나, ② 의 보고 의무의 경우에는 그 조사결과 의안 및 서류에 법령 또는 정관에 위반하거나 현저하게 부당한 사항이 있을 때에만 발생하고, 그렇지 않은 경우에는 보고의무는 발생하지 않는다.[283]

조사의무의 대상은 주주총회에 제출되는 모든 의안 및 서류이다. 따라서 주주총회

---

281) 김용범, 전게서, 어울림, 2012., 403면. 김용범, 전게기고문, 내부감사저널, 2016.4. 47~48면.
282) 권종호, 전게서, 130면, 이범찬. 오욱환, 전게서, 59면
283) 권종호, 전게서, 131면

의 결의사항(예컨대, 정관 변경, 합병, 영업양도, 자본감소, 이사의 선·해임, 주식 배당 등) 은 모두 이 의무의 대상이며, 예컨대 이사의 선임의안의 경우에는 후보자에 결격사유가 없는지, 주식배당의 경우라면 주식에 의한 배당이 이익배당총액의 2분의1에 상당하는 총액을 초과하는지(「상법」제462조의2 제1항) 등에 관해 조사하여야 한다.[284]

Ⅲ 주주총회 의안 보고 의무

조사결과, 주주총회에 대한 보고의무가 발생하는 경우는 법령 또는 정관에 위반하거나 현저하게 부당한 사항이 있는 경우에 한한다. 따라서 적법한 경우에는 보고의무는 발생 하지 않는데, 이는 재무제표나 영업보고서에 관한 감사보고서의 경우 적법한 경우에도 그 취지를 기재하여야 하는 것(「상법」제447조의4 제2항 제3호, 제6호, 제7호)과 비교되는 대목이다.[285]

여기서 말하는 「현저하게 부당한 사항」이란 형식상은 법령·정관의 구체적인 규정에는 위반되지 않지만 그러한 의안. 서류를 주주총회에 제출하는 것이 이사의 선관주의의무에 위반하는 경우를 의미한다.[286] 감사의 의견을 주주총회에 보고하는 방법에는 특별한 제한이 없고 서면에 의하든 구두에 의하든 상관이 없다.

복수의 감사가 있는 경우에도 각 감사는 독립하여 감사의 직무를 수행하여야 하므로 이 조사·보고의무도 각 감사가 개별적으로 이해하여야 함은 말할 필요가 없다. 다만, 보고의무와 관련해서는 감사를 대표하여 1인이 보고 하는 것은 무방하다고 본다. 그러나 사안의 성질상 감사 이외의 자(예컨대 이사나 사용인)가 감사에 대신하여 보고하는 것은 허용되지 않는다.[287]

그러나 실무상으로는 주주총회에 제출한 의안 및 서류에 대한 조사 결과가 법령 또는 정관에 위반하거나 현저하게 부당한 사항이 있는지 여부를 주주들이 알 수가 없으므로, 주주총회에 '주주총회에 제출한 의안 및 서류에 대한 조사 보고'를 '감사 보고서' 외에 별도로 보고하고 있다.

---

284) 김용범, 전게서, 어울림, 2012., 404면. 김용범, 전게기고문, 내부감사저널, 2016.4. 47면.
285) 권종호, 전게서, 131면
286) 권종호, 전게서, 132면, 상사법무연구회편, 전게서, 82면
287) 권종호, 전게서, 132면

Ⅳ 주주총회 출석 및 설명 의무

현행 「상법」에서는 감사의 주주총회 출석의무나 설명의무에 관해 아무런 규정을 두고 있지 않다. 그러나 주주는 주주총회에서 질문권을 당연히 가지는 것으로 해석 되므로 그것과 표리관계에 있는 감사의 설명의무도 당연히 감사에게 있는 것으로 보아야 할 것 이다. 그리고 감사가 주주총회에서 설명의무를 이행하기 위해서는 주주총회에 출석하는 것이 전제가 되어야 할 것이므로 주주총회출석 역시 감사의 의무 라고 보아야 할 것이다.[288]

설령 그렇게 보지 않더라도 감사는 그 직무와 관련하여 회사에 대하여 선관주의 의무를 지므로 이 선관주의의무에 의해서도 감사는 주주총회에 출석하여 주주의 질문에 성실하게 답변할 의무가 있다고 본다. 따라서 정당한 이유 없이 주주총회에 출석하지 않거나 출석하였더라도 불성실하게 설명하는 것은 임무해태가 된다.[289]

다만 감사의 주주총회 불출석과 이로 인하여 주주가 질문을 하지 못한 경우 이것이 결의방법의 하자를 구성하여 결의취소의 소의 대상이 될 수 있는지에 관해서는 검토를 요한다. 의안의 내용이 감사의 설명을 필요로 하는 경우라면 감사의 결석은 결의취소의 사유가 될 수 있지만, 그렇지 않은 경우라면 결의취소의 사유에 해당하지 않는다고 본다.[290]

참고로 일본의 경우에는 이사 및 감사의 설명의무에 관해 명문규정을 두고 있는데 그 내용을 소개하면 다음과 같다. "이사 및 감사는 주주총회에서 주주가 요구한 사항에 관해 설명할 것을 요한다. 단 그 사항이 회의의 목적인 사항에 관한 것이 아닐 때, 설명할 것이 곤란하고 주주의 공동이익을 현저하게 해할 때, 설명을 하기 위해서는 조사가 필요할 때, 기타 정당한 이유가 있을 때에는 그러하지 아니하다."(「일본상법」 제237조의3 제1항).

---

288) 권종호, 전게서, 132면
289) 권종호, 전게서, 133면
290) 권종호, 전게서, 133면, 상사법무연구회편, 전게서, 83면

제5절 ▷ 감사보고서 작성 및 제출 의무[291]

I 감사보고서의 개요

감사는 결산기가 도래하면 감사보고서를 작성하고 이를 이사에게 제출하여야 한다. 즉 감사는 정기총회일의 6주 전에 재무제표와 그 부속 명세서 및 영업보고서를 이사로부터 제출받는다.(「상법」제447조의3).

이사로부터 제출받은 재무제표는 ① 대차대조표, ② 손익계산서, ③ 그 밖에 회사의 재무상태와 경영성과를 표시하는 것으로서 대통령령으로 정하는 서류로 구성되며, 이 재무제표와 그 부속명세서는 영업연도의 경영성과를 집약한 것이다.

감사는 이러한 회계서류가 법의 요건에 맞게 적법 하게 작성된 것인지를 감사하고 그 결과를 기재한 '감사보고서'를 작성, 주주총회일 2주 전(상장회사의 경우는 1주 전)까지 이사에게 제출하여야 한다.(「상법」제447조의4 제1항, 제542조의12 제6항).

II 감사보고서의 기재사항

감사보고서의 기재사항에 관해서는 이하와 같이 총 10개 항목에 걸쳐 법정하고 있는데(「상법」제447조의4 제2항), 그 이유는 감사가 감사하여야 할 사항에 관해 명확히 하는 한편 감사의 형식화를 방지하기 위해서이다. 그런 의미에서 법정기재사항은 감사보고서에 기재하여야 할 사항 중 최소한을 정한 것으로 볼 수 있다.[292]

감사보고서 기재사항

① 감사방법의 개요.

② 회계장부에 기재될 사항이 기재되지 아니하거나 부실 기재된 경우 또는 대차대조표나 손익계산서의 기재내용이 회계장부와 맞지 아니하는 경우에는 그 뜻.

③ 대차대조표 및 손익계산서가 법령과 정관에 따라 회사의 재무 상태와 경영성과를 적정 하게 표시하고 있는 경우에는 그 뜻.

④ 대차대조표 또는 손익계산서가 법령이나 정관을 위반하여 회사의 재무 상태와 경영성과 를 적정하게 표시하지 아니하는 경우에는 그 뜻과 이유.

⑤ 대차대조표 또는 손익계산서의 작성에 관한 회계방침 변경이 타당한지 여

291) 김용범, 전게서, 어울림, 2012., 405~408면. 김용범, 전게기고문, 내부감사저널, 2016.4. 48~49면.
292) 권종호, 전게서, 136면

부와 그 이유.

⑥ 영업보고서가 법령과 정관에 따라 회사의 상황을 적정하게 표시하고 있는지 여부.

⑦ 이익잉여금의 처분 또는 결손금의 처리가 법령 또는 정관에 맞는지 여부.

⑧ 이익잉여금의 처분 또는 결손금의 처리가 회사의 재무 상태나 그 밖의 사정에 비추어 현저하게 부당한 경우에는 그 뜻.

⑨ 「상법」제447조(재무제표의 작성)의 부속명세서에 기재할 사항이 기재되지 아니 하 거나 부실 기재된 경우 또는 회계장부. 대차대조표. 손익계산서나 영업보고서의 기재 내용과 맞지 아니하게 기재된 경우에는 그 뜻.

⑩ 이사의 직무수행에 관하여 부정한 행위 또는 법령이나 정관의 규정을 위반하는 중대한 사실이 있는 경우에는 그 사실.

⑪ 감사가 감사를 하기 위하여 필요한 조사를 할 수 없었던 경우에는 감사보고서에 그 뜻과 이유.(「상법」제447조의4 제3항).

감사보고서에 기재하여야 할 사항에 관한 「상법」제447조의4 제2항 및 제3항은 이처럼 예시규정으로 보아야 할 것이므로 감사는 필요한 경우에 법정기재사항 이외에 관해서도 감사 보고서에 기재할 수 있다. 그리고 법정기재사항 이라도 해당사항이 없으면 감사보고서에 기재할 필요가 없음은 말할 필요가 없다.

그러나 법정기재사항 중 ①호, ③호, ④호, ⑥호 및 ⑦호의 경우에는 그 성질상 반드시 감사보고서에 기재하여야 할 것이지만,[293] 그 이외의 항목은 해당 사실이 존재하는 경우에만 기재하면 족하다.

Ⅲ 감사보고서의 작성 및 제출

이사는 결산기 마다 정기총회일의 6주 전에 재무제표와 그 부속명세서(연결재무 제표 작성 대상인 경우는 연결재무제표) 및 영업보고서를 감사에게 제출하여야 한다.(「상법」 제447조의3).

감사는 이사로부터 서류를 제출 받은 날로부터 4주 내(주주총회일의 2주 전)에 제출받은 「상법」제447조의3 의 서류가 법정 요건(「상법」제447조의4 제2항)에 맞게 적법 하게 작성되었는지를 감사하고, 그 결과를 기재한 '감사보고서'를 작성하여, 이사에게 제출하여야 한다.(「상법」제447조의4 제1항).

상장회사의 감사 또는 감사위원회는 「상법」제447조의4 제1항에도 불구하고 이사에게 감사보고서를 주주총회일의 1주 전까지 제출하여야 한다.(「상법」제542조의 12 제6

---

293) 권종호, 전게서, 137면, 최기원, 전게서, 681면

항). 이와 같이 상장회사에 대해서만 차별적으로 제출기간을 더 준 이유는 이해 관계자 많은 상장회사에 대하여 회계감사의 충실화를 도모하기 위한 것이다.

Ⅳ 감사보고서의 비치·공시

이사에게 제출된 감사보고서는 주주총회일 1주전부터 본점에서는 5년간, 지점에서는 그 사본을 3년간 비치하여야 하며, 주주나 회사채권자는 영업시간 내에는 언제든지 열람할 수 있으며, 회사가 정한 비용을 지급하고 그 등본이나 초본의 교부를 청구할 수 있다. (「상법」제448조 제1항, 제2항).

감사보고서는 주주총회일 1주 전부터 열람이 가능하므로(「상법」제448조) 주주는 이 감사보고서의 평가를 참고로 해서 재무제표 등의 승인여부를 결정하게 된다. 감사 보고서의 평가는 주주의 이사에 대한 신임을 간접적으로 좌우하게 된다고 하는 것도 바로 이런 이유 때문이다.[294]

감사보고서에 기재할 사항을 기재하지 아니하거나 부실한 기재를 한 때에는 500 만원 이하의 과태료 제재가 있다.(「상법」제635조 제1항 제9호).

| 제6절 | 감사의 그 밖의 의무 |

Ⅰ 영업비밀 준수의무[295]

1. 영업비밀 준수의무의 개요

감사는 재임 중 뿐만 아니라 퇴임 후에도 직무상 알게 된 회사의 영업상 비밀[296]을 누설하여서는 아니 된다.(「상법」제415조, 제382조의4). '직무'란 사전적인 의미로 직업상 담당자에게 맡겨진 임무를 말하며, 행정학에서 **직무란 각 직위(Position)에 배당된 업무(일)**을 말한다. 직무에는 그 수행과 관련된 권한과 책임이 따르게 된다.

오늘날과 같은 정보화시대에는 기업비밀[297]은 기업의 경쟁력을 구성하는 가장 중요

---

294) 권종호, 전게서, 136면, 상사법무연구회편, 전게서, 87면

295) 김용범, 전게서, 어울림, 2012., 408~409면. 김용범, 전게기고문, 내부감사저널, 2016.4. 49~50면.

296) 영업비밀이란 공공연히 알려져 있지 아니하고 독립적인 경제적 가치를 가지는 것으로서, 상당한 노력에 의하여 비밀로 유지된 생산방법, 판매방법 그 밖에 영업활동에 유용한 기술상 또는 경영상의 정보를 말한다.(「부정경쟁 방지 및 영업비밀 보호에 관한 법률」 제2조 제2호).

한 경제적자원이라고 할 수 있다. 따라서 기업비밀은 회사가 배타적으로 누리는 권리의 하나이다. 이를 위해서 감사는 직무상 항상 기업비밀에 접근할 수 있고, 때로는 기업비밀을 창출할 수도 있는 위치에 있으므로 직무를 수행하는 가운데 알게 된 사실에 대하여 비밀을 지켜야 할 의무 즉, '수비의무'부담하게 된다.

따라서 감사가 재임 중 뿐만 아니라 퇴임 후에도 그 직무를 수행 하면서 알게 된 회사의 영업비밀에 관해 수비의무를 지는 것은 선관주의의무상 당연한 것이므로 이 의무는 선관주의의무를 구체적으로 규정한 것에 지나지 않는다. 다만 감사가 퇴임한 후에도 회사에 대해 선관주의의무를 진다고는 볼 수 없으므로 그 점에서 퇴임 후에도 영업비밀을 유지 하도록 한 것은 의미가 있다고 본다.

감사의 수비의무에는 감사가 자신이 지득한 회사의 영업 비밀을 공개하지 않아야 하는 의무뿐만 아니라 타인에 의해서도 공개되지 아니하도록 주의를 베풀어야 하는 의무도 포함된다.[298] 기업 비밀에 관한 판단은 감사가 선량한 관리자의 주의로서 하여야 하며, 수비의무는 비밀유지의 필요성이 있는 한 존속한다.[299]

2. 영업비밀 준수의무의 대상

수비의무 대상인 영업비밀은 해당 기업이 배타적으로 관리하면서 경제적 가치를 독점적으로 이용할 수 있는 미 공개된 정보를 의미한다.[300] 따라서 이미 공개된 정보는 수비의무 대상이 아니다. 또한 법상 공시의무가 따르는 사항들, 예컨대 주주총회와 이사회 의사록, 주주명부, 재무제표 같은 것은 기업비밀이 아니다.

다만, 공시의무가 되어 있는 정보(예컨대 감사보고서, 재무제표, 합병계약서 등) 라도 법상 공시의무를 이행해야 하는 시점 까지 또는 공시하기 전까지는 수비의무 대상이며, 회계장부와 같이 소수주주에 대해서만 열람권이 인정되는 등 극히 제한된 경우에만 공개 되는 정보도 수비의무 대상이다.[301]

수비의무는 회사에 존재하는 적법한 권리 · 사실 관계에 대해서만 발생한다. 따라서 회사의 범죄행위나 위법 · 부당행위는 수비의무의 대상이 아니며, 오히려 이를 수비하는 것은 그 자체가 위법이다. 또한 수비의 기대 가능성이 없는 경우, 예컨대 감사가

---

297) 기업비밀이란 표면적인 결고 뿐만 아니라 아이디어 자체를 보호한다. 정보의 공개 및 사용으로 인해 경제적 가치를 획득할 수 있는 있는 다른 사람들에게 정단한 수단에 의해 쉽게 확인 할 수 없기 때문에 일반적으로 알려지지 않았고 비밀로서 유지하기 위한 합리적인 노력의 대상이 되는 것을 의미한다. 위의 영업비밀에서 알 수 있듯이 기업비밀이란 경제성 · 미공지성 · 관리가능성을 그 요건으로 하는 것이 일반적인 해석 및 입법례이다.

298) 이철송, 전게서, 719면, 권종호, 전게서, 127면

299) 최기원, 전게서, 616면, 권종호, 전게서, 127면

300) 이철송, 전게서, 718면, 최준선, 전게서, 458면, 권종호, 전게서, 127면

301) 이철송, 전게서, 719면, 권종호, 전게서, 127면

형사사건에서 자기의 이익을 방어해야 할 경우, 소송에서 기업비밀을 증언해야 할 경우 에는 수비의무를 지지 아니한다.

수비의무는 수비의무가 있는 당사자 간(예컨대 감사 상호간, 감사와 이사 간, 이사 상호간)에는 준수할 필요가 없다. 왜냐하면 이 경우에는 정보를 누설하여도 정보 수령자에게는 수비의무가 있으므로 해당 정보가 공개될 염려가 없을 뿐만 아니라 만일 이 경우 에도 수비의무를 준수하여야 한다고 하면 업무수행에 지장을 초래할 수 있기 때문이다.[302]

3. 영업비밀 준수의무의 확장

일반적으로 감사가 수비의무를 준수하면서 한편으로 그 직무수행 과정에서 알게 된 영업비밀을 사익을 위하여 이용하는 경우도 생각할 수 있는데, 이 역시 감사가 반드시 지켜야 할 의무 중 하나인 선관주의의무상 당연히 금지 된다고 본다.[303]

이사에 대해서는「상법」에서는 '경업금지의무'(「상법」제397조), '회사의 사업기회 및 자산의 유용금지의무'(「상법」제397조의2) 및 '자기거래 금지의무'(「상법」제398조) 등을 통하여 이사가 사익을 위하여 기업 비밀(기업 정보)을 이용하는 것을 금지하고 있다.

그러나 감사에 대하여는 이러한 금지의무가 법상직접 적용되지는 아니한다. 법의 적용을 받지 않는다 하여 감사에게 무제한적으로 직무 및 거래를 수행해도 좋다는 것은 아니며, 선관주의의무상 감사는 회사와 이익이 상충되는 형태로 그 직무를 수행하여서는 아니 되고 또한 회사의 이익을 희생하여 사익을 도모해서도 아니 된다.

그리고 「자본시장법」은 당해 회사의 주식거래 등의 거래와 관련하여 이사, 감사 등 회사내부자가 미공개정보를 이용하는 행위를 엄격하게 규제하고 있다.[304] 즉, 회사 내부자가 공개되지 아니한 기업정보를 이용하여 유가증권을 매매하거나 타인으로 하여금 증권의 매매에 이용하게 한 때에는 형사 벌칙이 적용된다.(「자본시장법」 제174조 및 제443조).

---

302) 권종호, 전게서, 128면
303) 이철송, 전게서, 720면, 최준선, 전게서, 459면, 권종호, 전게서, 128면
304) 최준선, 전게서, 459면

Ⅱ 감사록의 작성의무305)

1. 감사록의 작성의무 개요

감사는 감사에 관하여 감사록을 작성하여야 한다.(「상법」제413조의2 제1항). 감사록에는 감사의 실시요령과 그 결과를 기재하고 감사를 실시한 감사가 기명날인 또는 서명을 하여야 한다.(「상법」제413조의 2 제2항).

이 의무는 1984년 「상법」개정에 의해 도입된 것으로서 감사의 과정 및 결과에 관해 기록으로 남기도록 함으로써 감사의 충실을 도모하는 한편 감사의 책임이 문제되었을 때 해임의 유무를 판단할 근거자료를 확보해 둔다는 부수적인 효과도 염두에 둔 것이다.306)

2. 감사록의 작성 내용 및 방법

감사록 작성방법에 관해 「상법」은 특별한 규정을 두고 있지 않으나, 감사록은 외부 감사인이 작성하는 "감사조서"에 유사한 것으로서 감사가 감사보고서를 도출하기 위하여 적용하였던 감사절차의 내용과 그 과정에서 입수한 정보 및 정보의 분석 결과 등을 문서화한 서류를 말한다.

따라서 감사록은 감사가 수행한 감사에 관한 기록인 동시에 감사보고서를 작성하기 위한 기초자료로서도 활용되므로 감사한 사항 별로 완전성, 질서성, 명료성, 경제성 등의 원칙에 입각하여 합리적으로 작성되어야 한다.307)

감사록에는 반드시 감사의 실시요령과 그 결과를 기재하여야 하는데, 그 주요 기재할 내용으로는 일반적으로 ① 작성연월일, 감사의 성명, ② 감사기간, 감사보조자의 성명, ③ 감사항목, 피 감사부문, ④ 감사절차, 입수한 정보가 있을 경우에는 그 정보 및 정보의 분석 결과, 질문한 경우에는 질문자, ⑤ 감사결과, 특기사항, 문제점, ⑥ 감사결과의 개요 등을 포함하여야 한다.308)

3. 감사록의 작성 시기 및 보전

감사록의 작성 시기는 감사를 실시할 때마다 작성하여야 할 것이며, 감사록을 작성하지 않으면 임무해태가 되고, 감사록을 작성하였더라도 주요 기재할 사항을 기재하지 않았거나 부실하게 작성한 경우에는 500만 원이하의 과태료의 제재 대상이 된다. (「상법」 제635조 제1항 제9호).

---

305) 김용범, 전게서, 어울림, 2012., 409~410면. 김용범, 전게기고문, 내부감사저널, 2016.4. 50면.
306) 濟藤俊, 「監査役 の實務」, 商事法務, 2003, 82면, 권종호, 전게서, 134면
307) 이범찬. 오욱환, 전게서, 64면
308) 이범찬. 오욱한, 전게서, 64면, 권종호, 전게서, 135면

그리고 감사록의 보전기간에 관해서는 10년으로 보는 견해가 있으나, [309] 감사록을 감사보고서의 작성을 위한 기초자료로서도 의미가 있으므로 감사보고서에 준하는 것(본점 5년, 지점 3년)으로 보는 것이 합리적일 것이다.(「상법」제448조 제1항). 다만 감사록의 경우는 그 성격상 주주나 회사채권자의 열람을 허용할 것은 아니라고 본다.[310]

Ⅲ 외부감사인에 대한 부정 및 위법행위 통보의무[311]

1. 외부감사인에 대한 통보의무 개요

감사는 그 직무를 수행함에 있어 이사의 직무수행에 관하여 부정행위 또는 법령이나 정관에 위반한 중요한 사실을 발견한 경우에는 외부감사인에게 이를 통보하여야 한다.(「외감법」제10조 제3항).

2. 외부감사인에 의한 외부감사 대상

외부의 감사인에 의한 회계감사를 받아야하는 주식회사는 다음 각 호의 어느 하나에 해당하는 주식회사로 한다.(「외감법」제2조, 「외감법시행령」제2조 제1항 1~4호).
① 직년 사업연도 말의 자산총액이 120억원 이상인 주식회사.
② 주권상장법인과 해당 사업연도 또는 다음 사업연도 중에 주권상장법인이 되려는 주식회사.
③ 직전 사업연도말의 부채총액이 70억원 이상이고 자산총액이 70억원 이상인 주식회사.
④ 직전 사업연도말의 종업원 수가 300명이상이고 자산총액이 70억원 이상인 주식회사 등.

3. 외부감사인에 대한 통보의무 대상

외부감사인에 대한 감사의 통보의무 대상은 이사의 직무수행에 관하여 부정행위 또는 법령이나 정관에 위반되는 중대한 사실이다.(「외감법」제10조 제3항).
외부감사인 역시 직무를 수행함에 있어 감사에 대한 통보대상은 다음 각 호와 같다.(「외감법」제10조 제1항, 제2항). 그리고 외부감사인은 제①호에 대하여는 주주총회에 보고하여야 한다.

---

309) 이범찬. 오욱환, 전게서, 65면,
310) 권종호, 전게서, 135면
311) 김용범, 전게서, 어울림, 2012., 410~411면. 김용범, 전게기고문, 내부감사저널, 2016.4. 50~51면.

참고 >>>> 외부감사인의 감사에 대한 통보 대상

① 외부감사인은 그 직무를 수행할 때 이사의 직무수행에 관하여 부정행위 또는 법령이나 정관에 위반하는 중대한 사실을 발견하면 감사에 통보하여야 한다.

② 외부감사인은 회사가 회계처리 등에 관하여 회계처리기준을 위반한 사실을 발견 하면 감사에 통보하여야 한다.

Ⅳ 내부회계관리제도의 평가 및 보고 의무312)

1. 내부회계관리제도의 평가 개요

내부회계관리제도란 회사의 재무제표가 일반적으로 인정되는 회계처리기준에 따라 작성·공시되었는지에 대한 합리적인 확신을 제공하기 위해 설계·운영되는 내부통제제도의 일부분으로서 회사의 이사회와 경영진을 포함한 모든 구성원들에 의해 지속적으로 실행하는 과정을 의미한다.

회사의 대표자는 내부회계관리제도의 관리·운영을 책임지며, 이를 담당하는 상근이사(담당하는 이사가 없는 경우에는 해당 이사의 업무를 집행하는 자를 말한다) 1명을 내부회계관리자로 지정하여야 한다. 내부회계관리자는 사업 연도 마다 이사회 및 감사에게 해당회사의 내부회계관리제도의 운영실태를 보고하여야 한다.(「외감법」제2조의2 제3항 및 제4항).

감사는 「외감법」의 규정에 따라 내부관리제도의 운영실태를 평가하여 이사회에 매 사업연도 마다 보고하여야 한다.(「외감법」제2조의2 제5항). 감사의 평가는 내부 회계관리제도의 효과성에 대한 경영진의 평가 결론이 「외감법」 및 「내부회계 관리 제도 모범규준」(이하 '모범규준' 이라 한다)에 따라 적정하게 수행되었는지의 여부에 대해서 독립적인 관점에서 평가하고 결론을 내려야 한다.

2. 내부회계관리제도의 평가 방법

감사는 경영진이 실시한 평가절차와 운영실태 평가결과의 적정성을 감독자의 관점에서 독립적으로 평가하여 한다.(「내부회계관리제도 모범규준」문단 29)

① 감사는 내부회계관리제도를 독자적으로 평가하거나 회사의 내부감사 기능을 활용하여 평가할 수 있으며, 평가절차 및 그 결과를 문서화하여 충분한 근거 자료를 마련한다.

---

312) 김용범, 전게서, 어울림, 2012., 411면. 김용범, 전게기고문, 내부감사저널, 2016.4. 51~52면.

② 감사는 내부회계관리제도에 대한 평가를 광의의 내부통제제도에 대한 정기적인 평가에 포함하여 실시할 수 있다.

③ 감사는 내부회계관리제도 평가 시 필요에 따라 경영진의 평가와 관련된 자료를 근거로 평가절차를 수행할 수 있다.

또한 감사의 평가는 전면적인 감사차원에서 접근하기 보다는 경영진의 운영실태의 보고내용이 「외감법」 및 「모범기준」에 따라서 계획, 문서화, 평가 및 예외사항 평가가 적정하게 수행되었는지의 여부에 대하여 독립적인 관점에서 평가한다.

감사는 내부회계관리제도 설계 및 운영의 효과성을 평가한 결과 중요한 취약점이 발견된 경우 이는 내부회계관리제도가 효과적으로 설계 또는 운영되고 있지 않다는 사실을 나타내므로 내부회계관리제도의 효과성에 대한 종합결론을 내리는데 반영 되어야 한다. 아울러 감사는 평가기준일 현재 존재하는 중요한 취약점뿐만 아니라 유의한 미비점에 대하여도 평가보고서에 별도 기재하여야 한다.

3. 내부회계관리제도의 평가 보고

감사는 사업연도 마다 평가 기준일 현재 내부회계관리제도가 효과적으로 설계 및 운영되고 있는지의 여부를 경영진과 독립적인 입장에서 평가하고, 감사의 내부회계관리제도 평가보고서에 종합 결론을 내려 그 결과를 이사회에 보고하여 문제점을 시정하게 한다.

감사의 내부회계관리제도의 평가보고서에는 다음과 같은 내용이 포함되어야 한다. (「모범규준」문단 61). 이 경우 내부회계관리제도의 관리·운영에 대하여 시정 의견이 있으면 이를 포함하여 보고하여야 한다.(「외감법」제2조의2 제5항).

내부회계관리제도의 평가보고서
① 제목이 감사의 평가 보고서임을 기술.
② 평가기준일에 평가대상기간에 대하여 내부회계관리제도의 설계·운영의 효과성에 대하여 평가하였다는 사실.
③ 내부회계관리제도의 설계·운영 책임은 내부회계관리자를 포함한 회사의 경영진에 있다는 사실.
④ 감사는 내부회계관리자가 제출한 내부회계관리제도 운영실태 평가보고서를 참고하여 평가했다는 사실.
⑤ 내부회계관리제도의 설계·운영의 평가기준으로 「내부회계관리제도 모범규준」 (다른 기준을 사용한 경우 그 기준)을 사용하였다는 사실.
⑥ 중요성의 관점에서 「모범규준」에 근거한 종합평가 결론.

⑦ 중요한 취약점이 있는 경우 내부회계관리제도의 설계와 운영상의 중요한 취약점에 대한 설명.

⑧ 중요한 취약점이 있는 경우 중요한 취약점에 대한 설명.

⑨ 보고서 일자.

⑩ 감사의 서명 날인.

⑪ 별첨 : 상세 평가 내용.

　□ 내부회계관리자의 보고 내용 요약(평가 결론, 유의한 미비점, 시정 조치 및 향후 계획 등).

　□ 평가 결과 추가적으로 발견된 사항.

　□ 권고사항.

감사는 내부회계관리제도의 운영 실태 및 평가 결과를 이사회에 보고하고, 그 평가 보고서를 회사의 본점에 5년간 비치하여야 한다. 이 경우 내부회계관리제도의 관리. 운영에 대하여 시정 의견이 있으면 이를 포함하여 보고하여야 한다.(「외감법」제2조의 2 제5항).

Ⅴ 내부감시장치의 가동현황에 대한 평가의견 제출의무[313]

1. 내부감시장치의 가동현황에 대한 평가 개요

상장회사 등 사업보고서 제출대상 법인은 그 사업보고서를 각 사업연도 경과 후 90일 이내에 금융위원회와 거래소에 아래와 같은 내용의 법인의 내부감시장치(이사회의 이사직무집행의 감독권과 감사(감사위원회가 설치된 경우에는 감사위원회를 말한다)의 권한, 그 밖의 법인의 내부감시장치를 말한다)의 가동현황에 대한 감사의 평가의견서를 첨부하여 제출하여야 한다.(「자본시장법」제159조 제2항,「동법시행령」 제168조 제6항 제3호).

2. 내부감시장치와 외부감시장치의 구분 및 종류

내부감시장장치에 대하여는 법적으로 구체적으로 정해진 바는 없으나, 회사의 경영 감시장치로 외부감시기관과 내부감시기관으로 구분할 수 있다. 외부감시기관으로는 ① 「상법」상 전체 주주로 구성되는 「주주총회」, ② 개별 주주로 구성되는 「단독주주」 및 소액주주로 구성되는 「소수주주」, ③ 일정규모 이상의 주식회사에서 그 선임이 의무화되는 「외부감사인」, ④ 일정한 법정사항을 조사하기 위하여 선임되는 「감사인」이 있다.

---

313) 김용범, 전게서, 어울림, 2012., 411면. 김용범, 전게기고문, 내부감사저널, 2016.4. 52면.

아울러 내부감시기관으로는 ① 이사의 직무집행을 감독하는 「이사회」, ② 이사의 직무집행을 감사하는 「감사」또는 「감사위원회」, ③ 은행 등 금융기관에서 선임이 강제되고 내부통제부문을 감시하는 「준법감시인」 또는 일정규모 이상의 상장회사에 준법부문을 감시하는 「준법지원인」, ④ 내부회계관리제도에 따라 회계의 적정성을 감시하는 「내부회계 관리자」가 있다.

3. 내부감시장치의 가동현황에 대한 평가 보고서 작성

따라서 감사의 내부감시장치의 가동현황에 대한 평가보고서에는 ① 내부감시장치의 개요, ② 내부감시장치의 운영, ③ 내부감시장치의 가동현황에 대한 감사의 의견으로 구분하여 작성한다. 이 경우 내부감시장치의 가동현황에 대한 평가결과, 중요하다고 판단되는 취약점 및 개선사항이 발견되었을 경우에는 동 내용과 이에 대한 시정의견을 포함하여 작성하여야 한다.

내부감시장치의 가동현황에 대한 평가보고서의 작성은 표준양식에 대해 정해진 바 없으므로, 감사는 위의 내부감시기관의 기능 및 구성과 DART(금융감독원전자 공시 시스템) 작성 시 기재 상 주의사항을 참고로 하여 일반투자자가 이해하기 쉽도록 수치나 사례를 제시하면서 서술식으로 작성한다.

참고 ▶▶▶ **내부감시장치의 가동현황에 대한 평가의견서 작성시 주의사항**

Ⅰ. **내부감시장치의 개요**
1. 이사회, 감사, 내부감사부서 등 당해 회사의 내부감시장치를 구성하고 있는 요소와 그 기능.
2. 이사회에 사외이사 포함 여부.
3. 감사의 선임 방법, 감사부서 직원에 대한 감사의 인사 관여 또는 인사 상 신분 보장 여부 등.

Ⅱ. **내부감시장치의 운영**
1. 일상감사, 반기감사, 결산감사 등 내부감시의 운영 실적.
2. 내부감사 결과 지적사항에 대한 보고체계, 조치 및 사후 관리 상태 등.

Ⅲ. **내부감시장치의 가동현황에 대한 감사의 평가의견**
1. 내부감시장치가 효과적으로 가동하고 있는지에 대한 감사의 평가의견.
2. 내부감시장치의 취약점 및 개선사항.
3. 감사를 실시함에 있어서 이사의 거부 또는 회사의 사고, 기타 사유로 필요한 자료를 입수하지 못하여 의견을 표명하기 곤란한 경우에는 그 내용과 이유 등.

제5장 감사의 책임

제1절   총 설314)

감사는 주주총회에서 보통결의로 선임되지만, 회사와 감사와의 관계는 위임관계 (「상법」제415조, 제382조 제2항)이므로「민법」의 위임에 관한 규정(「민법」제680조 이하)이 적용된다. 감사는 회사의 수임인으로서 선관주의의무와 같은 각종 의무를 부담하고 있으며 경영진의 경영활동을 감독하기 위한 각종 권한을 행사하고 있다.315)

따라서 감사는 회사에 대해 선량한 관리자로서 그 직무를 수행하여야 할 의무, 즉 선관주의의무(「민법」제681조)를 지며, 감사가 그 의무를 이행하지 아니하거나 게을리 (해태)한 경우 또는 각종 권한을 행사하지 않거나 게을리(해태)한 경우에는 회사에 대해서 임무 해태에 따른 손해배상책임을 부담한다(「상법」제414조 제1항).

이에 대해 제3자에 대하여는 감사는 직접적인 법률관계가 없기 때문에 의무의 이행이나 권한의 행사함에 있어 악의나 중대한 과실로 인하여 그 임무를 해태함으로써 제3자에게 손해를 입게한 경우(「상법」제414조 제2항), 즉 불법행위로 인하여 제3자가 손해를 입은 경우에 한해 손해배상책임을 진다.316)

이처럼 「민법」의 일반원칙에 의하면 감사가 손해배상책임을 지는 경우란 ① 회사와의 관계에서는 위임계약상의 채무불이행 또는 불법행위가 성립하는 경우이고, ② 제3자와의 관계에서는 불법행위로 인한 경우이지만, 「상법」은 이와는 별도로 동법 제414조에서 감사의 회사에 대한 책임(제1항)과 제3자에 대한 책임(제2항)에 관해 규정하고 있다.

감사의 민사책임에 관해 「민법」의 일반 규정이 다수 존재하고 있음에도 불구하고, 「상법」에서 이처럼 별도로 규정하고 있는 이유는 감사가 회사에 갖는 지위의 중요성

---

314) 김용범, 전게서, 어울림, 2012., 413~414면. 김용범,「내부감사의 민사책임 및 손해배상」, 내부감사저널, 2016. 가을호. 67면.

315) 정준우, 전게서, 68면, 권종호, 전게서, 138면, 김용범, 전게기고문, 내부감사저널, 2016 가을호, 67면.

316) 권종호, 전게서, 138면. 김용범, 전게기고문, 내부감사저널, 2016 가을호, 67면.

을 고려하여 감사의 직무수행에 신중을 기하도록 하는 한편, 감사의 재산적 책임을 통해 회사나 제3자의 손해를 전보하기 위한 것이다.[317]

한편 「상법」은 감사(감사위원회의 감사위원 포함)가 회사법의 각 규정을 위반한 경우에는 감사에 대해 형사적 처벌(「상법」제622조 ~제634조의2) 및 행정적 처분 (「상법」제635조 및 제636조)에 관해서도 규정하고 있는데, 이 역시 감사의 지위의 중요성을 고려하여 직무수행에 신중을 기하도록 하기 위한 것이다.

제2절 | 회사에 대한 책임

I 책임발생 원인[318]

주식회사의 감사는 이사의 직무집행을 감사하고, 이사가 법령 또는 정관에 위반한 행위를 하거나 그 행위를 할 염려가 있다고 인정한 때에는 이사회에 이를 보고하여야 하며, 이사가 법령 또는 정관에 위반한 행위를 하여 이로 인하여 회사에 회복할 수 없는 손해가 생길 염려가 있는 경우에는 그 행위에 대한 유지청구를 하는 등의 의무가 있다.(「상법」412조 제1항, 제391조의2, 제402조).

감사는 「상법」상 위와 같은 의무 또는 기타 법령이나 정관에서 정한 의무를 선량한 관리자의 주의의무를 다하여 이행하여야 하고, 고의·과실로 선량한 관리자의 주의의무를 위반하여 그 임무를 해태한 때에는 그로 인하여 회사가 입은 손해를 배상할 책임이 있다.[319] 그리고 감사가 그 임무를 게을리 한 때에는 그 감사는 회사에 대하여 연대하여 손해를 배상할 책임이 있다.(「상법」414조 제1항).

II 책임의 법적 성질[320]

감사는 주주총회에서 선임되어 회사의 감사를 전담하는 필요 상설기관이며, 회사에 대하여 수임인적 지위에 있다. 따라서 감사가 그 임무를 해태한 때에는 회사에 대해 연대하여 손해를 배상할 책임이 있다.(「상법」제414조제1항).

---

317) 권종호, 전게서, 139면. 김용범, 전게기고문, 내부감사저널, 2016 가을호, 67면.
318) 김용범, 전게기고문, 내부감사저널, 2016 가을호. 67~68면.
319) 대법원. 2007. 11. 16. 선고. 2005다58830판결.
320) 김용범, 전게서, 어울림, 2012., 414~415면. 김용범, 전게기고문, 내부감사저널, 2016 가을호, 68면.

이러한 책임의 법적 성질에 대해서 학설은 ①「상법」상 특수한 책임이라는 견해와 ② 위임계약상의 채무불이행책임이라는 견해가 대립되고 있다.

①「상법」상 특수책임설[321]

감사가 회사에 손해를 가하였을 경우, 우선 「민법」상의 일반원칙에 따라 위임계약의 불이행으로 인한 손해배상책임을 지거나 불법행위로 인한 손해배상책임을 진다. 이와 별도로 「상법」이 감사의 책임(「상법」제414조제1항)을 규정한 것은 감사라는 지위의 특수성을 감안하여 「민법」상의 채무불이행책임이나 불법행위책임과는 다른 특수한 책임을 인정한 것이라는 견해이다.

② 위임계약상의 채무불이행책임설[322]

주식회사의 이사 또는 감사의 회사에 대해 임무해태로 인한 손해배상책임 (「상법」제399조 및 제414조)은 일반불법행위책임이 아니라 위임관계로 인한 채무불이행 책임이라는 견해, 즉 위임계약상의 선관주의의무라는 채무를 불이행 한 것에 대란 책임이라는 견해이다. 통설·판례[323]는 이 견해에 따르고 있다.

생각건대 감사는 회사의 수임인이므로 회사의 이익을 위해 최대한 노력해야 할 선관주의의무를 부담한다. 따라서 만약 감사가 회사에 대해 손해를 입혔다면 당연히 「민법」상의 위임계약 불이행에 따른 배상책임을 부담해야 한다. 그럼에도 불구하고 「상법」이 감사의 책임에 관하여 별도의 규정을 두고 있는 것은 회사에서의 감사의 지위상의 특수성을 고려한 때문이다.

또한 감사의 책임을 주장하는 자가 감사의 임무해태에 대한 입증책임을 지는 점, 복수의 감사인 경우 연대책임을 지는 점은 일반적인 채무불이행책임으로는 설명할 수 없다. 따라서 감사의 회사에 대한 책임은 「상법」상 특수한 책임이라고 보아야 하고, 이는 일반적인 채무불이행책임 보다 더 무거우므로 이 책임이 성립하는 한 별도로 채무불이행책임을 물을 실익은 거의 없다고 본다.[324]

한편 감사의 회사에 대한 책임은 일반불법행위에 의해서도 발생할 수 있는데, 이는 감사라는 지위를 전제로 하지 않고서도 발생될 수 있다. 그리고 이러한 불법행위책임에 있어서는 손해전보방법으로 금전배상 외에 원상회복도 인정된다.(「민법」제764조). 따라서 감사의 임무해태행위가 불법행위를 구성할 때에는 양 책임의 경합을 인정해야 한다.[325]

---

321) 이철송, 전게서, 751면
322) 권종호, 전게서, 139면, 이범찬. 오욱환, 전게서, 120면, 상사법무연구회 전게서,253면
323) 대법원. 1985. 6. 25. 선고. 84다카1954 판결.
324) 정준우, 전게서, 70면. 김용범, 전게기고문, 내부감사저널, 2016 가을호, 68면.

Ⅲ 책임의 성립 요건326)

감사의 회사에 대한 책임이 성립하기 위해서는 감사의 임무해태가 있고 그것에 의해 회사에 손해가 발생하여야 한다. 즉 ① 감사의 임무해태, ② 회사의 손해발생 그리고 ③ ① 과 ② 간에 인과관계가 존재하여야 한다.

1. 임무해태

가. 임무해태의 의미

감사의 회사에 대한 책임은 감사가 임무를 해태한 때에 발생한다.327) 여기서 말하는 「**임무해태**」란 감사가 그 직무를 수행함에 있어서 고의·과실로 선관주의의무를 비롯한 법상 각종의 의무를 위반한 경우는 물론 각종 권한행사를 게을리 한 경우를 말한다.328) 따라서 대표이사나 각 이사가 위법하거나 부당한 업무집행을 추진하는데, 감사가 이를 방임하는 것은 임무해태에 해당된다.329)

감사는 회사의 회계감사와 업무감사를 그 직무로 하는 필요적 상설기관이다. 「상법」은 감사가 이 직무를 효과적으로 수행할 수 있도록 감사에 대하여 이사회에 관한 권한, 보고 및 조사에 관한 권한, 소송에 관한 권한, 주주총회 소집청구권, 전문가의 도움을 구할 권한 등 다양한 권한을 부여하고 있으며, 일반적인 의무로서 선관주의 의무와 특정사항에 대해서는 구체적인 의무로서 법정하고 있다.

따라서 감사에게는 법에 규정된 각종 권한을 적시에 성실하게 행사하여야 할 의무가 있으며, 또한 법에 규정된 각종 의무는 그것을 게을리 하지 않을 책임이 있다. 그리고 감사는 회사에 대해 수임인으로서 선관주의의무를 지고 있으므로 이러한 각종 권한의 행사나 의무를 이행함에 있어서는 회사의 최선의 이익이 되는 방향으로 선량한 관리자의 주의로써 하여야 한다.330)

---

325) 정준우, 전게서, 70면, 권종호, 전게서, 140면. 김용범, 전게기고문, 내부감사저널, 2016가을, 68면.
326) 김용범, 전게서, 어울림, 2012., 415~417면. 김용범, 전게기고문, 내부감사저널, 2016 가을호, 67~74면.
327) 정준우, 전게서, 71면, 참고로 감사의 임무해태에 대한 일본의 판례를 살펴보면 , ① 감사가 직무권한을 분명히 하지 않고 자신의 입장을 대표이사에 맡긴 경우(東京地判 1967.9.30.), ② 허위 대차대조표라는 것을 알면서 또는 부주의로 알지 못하고 그대로 주주총회를 통과·공공하게 한 경우(最裁判 1927.3.5.), ③ 위법한 배당의안에 관하여 감사가 제대로 조사하지 않은 상태에서 적정·타당하다는 감사결과를 표명하여 주주총회에 보고함으로써 위법배당의안이 원안대로 통과된 경우(神戸地姫路支決 1966.4.11.), ④ 이사가 제출한 대차대조표가 허위인 것을 알면서 감사가 정당하다는 감사의견을 낸 경우(東京地判 1964.10.12.) 등이 있다.
328) 이철송, 전게서, 834면, 권종호, 전게서, 140면. 김용범, 전게기고문, 내부감사저널, 2016가을호, 69면.
329) 이철송, 전게서, 834면, 대법원, 2010. 10. 29. 선고 2008다7895 판결. 김용범, 전게기고문, 내부감사 저널, 2016 가을호, 69면.
330) 권종호, 전게서, 140면. 김용범, 전게기고문, 내부감사저널, 2016 가을호, 69면.

「상법」제414조 제1항의 「임무해태」란 이처럼 감사가 그 직무를 수행하는 과정에서 선량한 관리자의 주의로써 하여야 할 권한행사와 의무의 이행을 고의·과실로 게을리 하는 것으로 말하므로, 감사가 고의·과실로 권한 행사를 제대로 하지 않거나 혹은 행사 하였더라도 시기적으로 부적절하든지 불성실한 것이었다면 그것은 임무해태가 된다. 그리고 그것에 의해 회사가 손해를 입으면 감사는 그 손해에 대해 배상책임을 져야 한다.[331]

일반적으로 기업실무에서 감사의 책임을 논할 때 '**부실감사**'라는 표현을 자주 사용하고 있는데, 이는 바로 의무이행이나 권한 행사는 있었지만 그것이 시기적으로 적절하지 못하였거나 또는 불성실한 경우를 의미하는 것이다. 즉 감사가 하여야 할 권한 행사와 의무이행을 고의·과실로 게을리 하는 것을 말하므로, 감사가 업무감사권 및 회계감사권을 적시에 성실히 수행하지 못한 경우이다.

회사 내부감사의 책임이 성립하기 위해서는 임무해태, 즉 감사로서 임무를 게을리 한 것이 고의·과실에 의한 것이어야 하므로 감사의 책임은 이른바 '**과실 책임**'이다[332]. 감사는 회사의 업무집행에 직접 관여하지 않고 이사의 행위를 전제로 감사를 하는 것 이므로 그 성격상 무과실책임이란 있을 수 없다. 일반적으로 과실 에는 중과실뿐만 아니라 경과실도 포함된다고 본다.[333]

참고1 ▶▶ 감사의 선관주의의무 수준

감사의 구체적인 선관주의의무의 내용과 범위는 회사의 종류나 규모, 업종, 지배구조 및 내부통제시스템, 재정상태, 법령상 규제의 정도, 감사 개개인의 능력과 경력, 근무 여건 등에 따라 다를 수 있다.

감사는 그 지위의 특성상 이사가 제공하는 정보에 의존해서 감사업무를 수행 한다. 그러므로 분식결산 등 손해의 원인 된 행위가 다른 임직원들에 의해 조직적으로 교묘하게 이루어진 것이어서 감사가 이를 쉽게 발견할 수 없었던 때에는 분식 결산을 발견하지 못했다는 사정만으로 감사의 임무해태로 보지 않는다.[334]

그렇더라도 감사는 주식회사의 필요적 상설기관으로서 회계감사를 비롯하여 이사의 업무집행 전반을 감사할 권한을 갖는 등 감사로서 적극적으로 감사할 의무가 있으므로 감사할 사항인데 감사를 게을리 하거나, 아예 감사로서 명의만 빌려주고 일체의 감사업무를 放棄(방기)한 경우에는 중대한 과실에 속한다.[335]

---

331) 권종호, 전게서, 141면.
332) 권기범, 전게서, 752면, 권종호, 전게자료, 131면. 김용범, 전게기고문, 내부감사저널, 2016 가을호, 69면.
333) 권종호, 전게서, 141면, 상사법무연구회편. 전게서, 254면, 권종호, 「감사법제 해설」, 한국상장회사협의회, 131면. 김용범, 전게기고문, 내부감사저널, 2016 가을호, 69면.
334) 대법원. 2008. 2.14. 선고. 2006다82601 판결, 대법원. 2003. 10. 9. 선고 2001다66727 판결.
335) 대법원. 1988.10.25. 선고. 87다카1370 판결, 대법원. 2008. 7. 24. 선고. 2008다18376 판결.

| 참고2 | 비상근감사의 책임 |

소규모 회사는 감사가 비상근인 경우가 많다. 「상법」은 비상근감사의 직무와 책임을 감경하고 있지 않을 뿐만 아니라 비상근감사가 상근감사의 유고시에만 감사의 직무를 수행하도록 하고 있다는 상관습도 존재하지 않으므로 비상근감사도 감사로서 선관주의의무 위반에 대한 책임을 부담한다.[336]

현실적으로 상근감사와 비상근감사는 회사의 업무에 관한 熟知度(숙지도)에 있어 현저한 차이를 보인다. 그러나 감사의 손해배상책임의 근거가 되는 것은 「상법」상의 감사의 의무에 관한 규정들인데, 이 규정들은 상근ㆍ비상근을 가리지 않으므로 양자는 책임의 유무나 질에 차이를 보이지 않는다.[337]

따라서 대부분의 중소규모의 비상장회사는 비상근감사를 두고 있는 바, 감사의 지위가 비상근, 무보수의 명예직으로 전문가가 아니고 형식적이었다 하더라도 그러한 사정만으로 책임을 면할 수는 없다.[338] 다만, 양자는 사실상 회사의 업무에 대한 접근성에 차이를 보이므로 이 점이 책임추궁에 고려될 수 있을 것이다.

나. 임무해태에 관한 입증책임

감사의 임무해태에 관한 입증책임에 대해서는 ① 일반원칙에 따라 감사의 책임을 주장하는 자가 입증해야 된다는 견해,[339] ② 감사의 임무해태에 대한 책임은 감사의 업무위반을 전제로 한 것이므로 감사 스스로가 임무해태가 없었음을 입증해야 하지만, 불법행위책임에 있어서는 피해자인 회사가 감사의 고의 또는 과실을 입증해야 된다는 견해[340]가 대립되고 있다.

생각건대 감사의 의무와 권한은 「상법」에 규정되어 있고, 감사의 의무이행이나 권한행사는 업무감사를 포함한 경영감독기능의 수행과정에서 이루어진다. 따라서 감사에게 책임을 추궁하려면 감사가 그 의무의 이행과 권한의 행사를 적시에 성실히 수행하지 못했음을 주장하는 자(회사 또는 소수주주)가 입증해야 할 것이다.[341]

만약 이에 대해 감사 스스로가 임무를 해태하지 않았음을 입증해야 된다고 하면, 이는 남용될 가능성이 매우 크다. 왜냐하면 특정한 주체가 일단 감사에게 책임을 추궁하면 감사는 자신에게 임무해태가 없었음을 입증하지 못하는 한 무조건 책임을 져야 하는 불합리한 문제가 발생하게 된다.

즉, 감사 스스로가 임무를 해태하지 않았음을 입증한다는 것은, 현실적으로 감사의

---

336) 대법원. 2007. 12. 13. 선고. 2007다60080 판결.
337) 대법원. 2004. 3. 25. 선고. 2003다18838 판결. 대법원. 2008. 7. 10. 선고. 2006다39935판결.
338) 대법원. 2008. 7. 10. 선고. 2006다39935 판결.
339) 이철송, 전게서, 754면, 정동윤, 전게서, 448면, 정찬형, 전게서, 869면, 채리식, 전게서, 564면, 대법원. 1996. 12. 23. 판결. 96 다 30465
340) 권종호, 전게서, 142면
341) 정준우, 전게서, 72면. 김용범, 전게기고문, 내부감사저널, 2016 가을호, 70면.

지위상의 불안정성과 의무와 권한상의 광범위성 및 실효적 감사활동을 위한 조직의 부재 등으로 인해서 결코 쉽지 않으며, 이로 인해 오히려 감사의 지위가 더욱 불안정해질 수 있기 때문이다.[342]

2. 손해의 발생

감사의 회사에 대한 책임이 성립하려면 감사의 임무해태로 인해 회사에 손해가 발생되었어야 한다. 주의할 것은 여기서의 손해에는 통상적인 손해뿐만 아니라 특별손해도 포함되고, 금전적인 손해는 물론이고 금전으로 평가할 수 없는 손해(회사의 신용실추)와 같은 비금전적인 손해도 포함된다는 점이다.[343]

그리고 회사의 손해는 ① 회사재산이 감소하는 경우(적극적 손해)에는 물론이고, ② 회사재산의 증가가 저지된 경우(소극적 손해)에도 발생할 수 있다. ①의 예로는 이사, 감사가 회사재산을 횡령한 경우를 들 수 있고,[344] ②의 예로는 회사가 주식을 제3자에게 현저하게 저가로 발행한 경우를 들 수 있다.[345]

따라서 감사의 고의 또는 과실로 인한 회사의 적극적 손해는 물론 소극적 손해에 대해서도 회사에 대하여 책임을 지게 되며, 또한 사실이 공시되고, 이로 인해서 회사의 신용이 크게 실추되었다면 그에 따른 회사의 손해에 대해서도 감사가 그 책임을 져야 할 것이다. 예를 들어 (주)대우조선해양 사건에서 밝혀진 분식회계문제 등이 이에 해당될 것이다.[346]

즉, 분식결산에 관해 감사가 고의·과실로 그 사실을 발견하지 못하고 적정 의견을 냈으나 사후에 분식결산이 밝혀진 경우처럼 회사로서는 금전적인 측면에서는 아무런 손실이 없지만(어떤 의미에서 탈세한 만큼 회사로서는 부당이익이 발생) 대외신인도의 면에서 막대한 손실을 입었다면 이때에 감사는 대외신인도 추락에 따른 회사의 막대한 손해에 대해 회사에 배상책임이 있다.[347]

---

342) 정준우, 전게서, 72면. 김용범, 전게기고문, 내부감사저널, 2016 가을호, 70면.
343) 이범찬. 오욱환, 전게서, 121면, 정준우, 전게서, 72면, 권종호, 전게서, 142면. 김용범, 전게기고문, 70면.
344) 김건식, 전게서, 박영사, 2014., 455면, 김용범, 전게기고문, 70면. 대법원 1993. 1. 26. 91다36093 판결.
345) 김건식, 전게서, 박영사, 2014., 455면, 김용범,전게기고문, 70면. 대법원 2009. 5. 29. 2007도4949 판결.
346) 정준우, 전게서, 72면, 권종호, 전게서, 142~143면. 김용범, 전게기고문, 2016 가을호, 70면.
347) 권종호, 전게자료, 132면. 김용범, 전게기고문, 내부감사저널, 2016 가을호, 71면.

3. 인과관계의 존재

회사는 계속기업이므로 감사의 임무해태를 원인으로 다단계의 손해가 연속될 수 있으나 법률적 책임을 무한히 연장시킬 수 없다. 그러므로 손해배상의 일반원칙에 따라 법령·정관위반 또는 임무해태와 상당인과관계가 있는 손해에 한하여 책임을 진다 할 것이다. (「민법」제393조, 통설).[348]

그러므로 감사의 임무해태가 있더라도 이후 다른 사람의 행위가 관련 되어 손해가 발생하거나 확장되는 경우에는 그 부분에 관해 감사는 책임지지 아니 한다.[349] 그러나 일단 감사의 임무해태로 인해 손해가 발생한 이상, 이후 손해를 관리하는 과정에서 손해액의 변동이 있거나, 손해액이 확정되는 것은 당초의 손해배상책임에 영향이 없다.[350]

감사의 책임의 회사에 대한 손해배상책임을 묻기 위해서는 감사의 임무해태와 회사의 손해 간에 상당인과관계가 존재하여야 한다. 그런데 계속기업인 회사의 특성상 감사의 임무해태에 따른 회사의 손해는 여러 단계를 거쳐 계속적으로 이어질 수 있다. 그렇지만 이 모든 손해에 대한 책임을 감사에게 묻는 다는 것은 오히려 합리적이지 못하다.

상당인과관계는 결국 감사가 임무를 제대로 이행하였더라면 손해의 발생을 저지할 수 있었을 것이라는 「**저지가능성**」을 기준으로 판단할 수밖에 없다. 따라서 감사가 임무해태를 하지 않았더라도 회사의 손해발생을 저지할 수 없었던 경우라면 이때에는 설령 감사의 임무해태가 있었더라도 감사에게는 손해배상책임을 물을 수 없다.[351]

즉, 감사의 회사에 대한 손해배상책임은 손해배상의 일반원칙에 따라 감사의 임무해태와 상당인과관계가 있는 손해에 한하여 책임을 물어야 할 것이다.

참고3 ▶▶ **저지가능성의 판단기준**

① 감사가 만약 조사 의무를 이행하였다면 이사등의 부정사실을 발견할 수 있었겠는가?
② 감사가 조사하여 알아낸 부정사실을 대표이사에게 보고하는 등의 조치를 취하면서 감사 업무를 성실히 수행하였다면 이사 등의 계속되는 부정행위를 막고 회사의 손해를 막을 수 있었겠는가?

---

348) 이철송, 전게서, 박영사, 2014., 764면, 대법원 2007. 7. 26. 선고 2006다33609 판결.
349) 이철송, 전게서, 박영사, 2014., 764면, 대법원 2007. 7. 26. 선고 2006다33609 판결.
350) 이철송, 전게서, 박영사, 2014., 765면, 대법원 2007. 5. 31. 선고 2005다56995 판결, 2007 7. 26. 선고 2006다33609 판결. 김용범, 전게기고문, 내부감사저널, 2016 가을호, 71면.
351) 이범찬. 오욱환, 전게서, 121면, 권종호, 전게서, 143면. 김용범, 전게기고문, 2016 가을호, 71면.

4. 판례로 본 감사의 회사에 대한 손해배상책임352)

감사의 임무해태로 인하여 회사에 손해가 발생되었고, 그러한 감사의 임무해태와 회사의 손해 사이에 상당인과관계가 있으면, 감사는 회사에 대해서 손해배상책임을 진다. 이러한 감사의 회사에 대한 손해배상책임에 관한 중요한 판례를 살펴보면 아래와 같다.

가. 감사의 회사에 대한 책임을 부정한 판례

(1) ○○금고 사건(대법원 2002.11.22. 선고 2002다34871판결)

이 사건에서 대법원은 「 .....감사의 회사에 대한 「상법」제414조 제1항 소정의 손해배상책임이 성립하기 위해서는 감사가 그 직무를 수행함에 있어 고의 또는 과실로 선량한 관리자의 주의의무를 게을리 함으로써 그 임무를 해태하고 그 결과로 회사에 손해가 발생하였으며 그 손해와 임무해태 사이에 상당인과관계가 있어야 할 것이라고 전제한 다음, ○○금고의 감사이던 피고 ○○○이 감사의 직무를 수행함에 있어서 고의 또는 과실이 있었다고 인정하기 부족하고, 설령 과실이 있다고 하더라도 상호신용금고의 대출은 대표이사의 결재로 바로 집행이 이루어지고 감사는 사후결재를 통하여 주로 대출의 적정성여부에 대해서만 이루어지는 점을 감안하면 그 과실과 ○○금고의 손해사이에 상당인과관계가 있다고 단정 하기는 어렵다」고 판단.

(2) ○○금고 사건(대법원 2003.10.9. 선고 2001다66727 판결)

이 사건에서 대법원은 「.....감사이던 피고가 이 사건 각 대출을 함에 있어 담보가 제대로 확보되어 있지 않은 등 채권확보에 문제가 있고 출자자대출인지 여부도 의심스럽다고 생각은 하였으나 .... 출자자등에 대한 대출 또는 동일인에 대한 여신한도 초과대출이 대표이사 등에 의하여 조직적으로 이루어지고 또한 타인의 명의를 빌림으로써 적어도 서류상으로는 그 대출행위가 위법함을 알아 내기 어려운 경우 .... 사후에 그 대출의 적법여부를 감사하는 것에 그치는 감사로서는 불법대출의 의심이 든다는 점만으로는 바로 관계서류의 제출 요구, 관계자의 출석 및 답변 요구, 회사 관계 거래처의 조사자료 징구, 위법부당행위의 시정과 관계직원의 징계요구 및 감독기관에 보고 등의 조치를 취할 것을 기대 하기는 어렵다」고 판단.

---

352) 김용범, 전게기고문, 내부감사저널, 2016 가을호, 71~72면.

(3) ○○종합금융 사건(대법원 2005.1.14. 선고 2004다34349 판결)

이 사건에서 대법원은「원심은 ..... 설사 대출을 받은 회사의 신용상태가 불량하다고 하더라도 대출을 실시함에 있어 자력 있는 연대보증인의 입보, 가치 있는 담보물의 설정 등 합리적인 범위에서 채권보전의 조치를 취했다면, 대출로 인하여 손해가 발생한 경우라도 단순히 경영상 판단을 잘못한 경우로 볼 것이지 임무를 해태한 것으로 보기는 어렵다고 할 것인데...피고들이 다소 신용상태가 불안정한 회사에 대출을 하여 주었다고 하더라도 이는 피고들의 경영판단에 의한 것으로서, 위 회사들의 부도와 담보가치의 하락 등으로 대출금을 모두 회수하지 못하는 손해가 발생하였더라도, 피고들이 ○○종합금융의 이사 또는 감사로서 선량한 관리자의 주의의무를 게을리하여 그 임무를 해태하였다고 볼 수 없다」고 판단.

(4) (주)○○ 사건(대법원 2011.4.14. 선고 2008다14633 판결)

이 사건에서 대법원은「감사로서 결산과 관련한 업무 자체를 수행하기는 하였으나 분식결산이 회사의 다른 임직원들에 의하여 조직적으로 교묘하게 이루어진 것이고 재무제표 등을 법정기한 내에 제출받지 못하여 위와 같이 조직적으로 분식 된 재무제표 등에 허위의 기재가 있다는 사실을 밝혀낼 수 없었던 때에는 감사가 분식결산을 발견하지 못하였다는 사정만으로 과실이 있다고 할 수 없다」고 판단.

나. 감사의 회사에 대한 책임을 긍정한 판례

(1) ○○모직 사건(대법원 1985.6.25. 선고 84다카12954 판결)

이 사건에서 대법원은「.... 피고들 중 감사인 피고 A와 B는 가공위탁업체인 ○○ 모직주식회사 및 ○○모방공업사의 경영에 관여한 자로서 소외 회사가 수탁 가공하여 반출하고도 신고를 은폐한 사실을 능히 알 수 있는 지위에 있어 회계감사권의 발동으로 이를 밝힐 수 있었는데도 위 감독의무를 위반한 사실이 넉넉히 인정되므로, 위 피고들에 대하여 감사로서의 감독의무 위반을 인정 한다」고 판단.

(2) ○○신용협동조합 사건(대법원 2004.4.9. 선고 2003다5252 판결)

이 사건에서 대법원은「.... 피고들이「신용협동조합법」제37조 또는 소외 신협 정관 제49조에 따라 분기마다 1회 이상 조합의 업무집행사항, 재산상태, 장부 및 서류 등을 감사하거나 매년 1회 이상 상당수의 조합원의 예탁금 통장, 기타 증서와 조합의 장부나 기록을 대조·확인 하였더라면 위와 같은 동일인 한도초과 대출 사실은 쉽게 알 수 있었을 것 이므로 피고들이 감사로서의 임무를 해태한 데에는 중대한 과실이 있다할 것이고, 피고들이 위와 같은 불법대출사실을 조합 이사회나 총회 또는 감독기관인 신용협동조합 중앙회에 보고 하였다면 이미 이루어진 불법대출에 대하여는 담보를 제공받는 등으로 조합의 손해를 방지할 수 있고, 향후 대출과 관련해서는 .... 불법·부당대출을 저지할 수 있었을 것이므로 피고들의 감사로서의 임무해태와 소외 신협의 손해사이에 인과관계가 없다고 볼 수도 없다」고 판단.

(3) ○○○신용협동조합 사건(대법원 2005.1.28. 선고 2004다63347 판결)

이 사건에서 대법원은 「... ○○○신협의 감사인 피고 3, 피고 4는 ○○○ 신협의 재산상태에 대한 간략한 감사만이라도 시행하였더라면 피고 △△△ 의 위법행위를 쉽게 알 수 있었을 것인데도 감사 재직 기간 중 한 번도 감사를 실시하지 않음으로써 감사로서의 임무를 해태한 데에 중대한 과실이 있다고 하여, 피고들은 연대하여 원고에게 그로 인하여 ○○○ 신협이 입은 손해를 배상할 책임이 있다」고 판단.

(4) (주)○○ 사건(대법원 2008.9.11. 선고 2006다68636 판결)

이 사건에서 대법원은 「감사는 주식회사의 필요적 상설기관으로서 회계감사를 비롯하여 이사의 업무집행 전반을 감사할 권한을 갖는 등 「상법」 기타 법령이나 정관에서 정한 권한과 의무를 가지고 있는 점을 비추어 볼 때, 대규모 상장기업에서 일부 임직원의 전횡이 방치되고 있거나 중요한 재무정보에 대한 감사의 접근이 조직적·지속적으로 차단되고 있는 상황이라면 재무제표의 작성과정에 의도적· 조직적인 분식시도가 개입되는지 여부에 관하여 감사의 주의의무는 경감되는 것이 아니라 오히려 현격히 가중되어야 한다.」고 판단.

Ⅳ 책임의 확장[353]

1. 감사 간 연대책임

감사는 임무해태로 인해 회사에 발생한 손해에 대해 연대하여 배상할 책임을 진다. (「상법」제414조 제1항). 이는 감사가 복수 존재할 때를 전제로 한 것이다. 복수의 감사를 둔 회사에서 특정한 감사가 그 임무를 해태하여 회사에 대해서 손해배상책임을 질 경우에는 그 다른 감사도 연대하여 책임을 진다.

---

353) 김용범, 전게서, 어울림, 2012., 417~419면. 김용범, 전게기고문, 2016 가을호. 72~74면.

그런데 채무불이행책임의 일반원칙에 의하면 수임자가 수인이 존재하더라도 각 수임자의 책임은 개별적으로 지는 것 즉 분할책임이 원칙이다. 그런 의미에서 이 연대책임에 관한 규정은 채무불이행책임의 일반원칙에 대한 예외라 할 수 있다. 따라서 감사의 임무 해태에 의한 회사에 대한 책임의 법적성질은「상법」에서 인정하는 특수책임인 것이다.[354]

연대책임의 경우 회사에 대한 관계에서 감사 간의 임무해태의 정도는 불문하고 감사 상호 간에 임무해태가 있었던 이상은 해당 감사는 연대책임을 진다. 예를 들어 비상근감사가 상근감사에게 감사를 위임하고 이를 감독하지 않은 경우 그것으로 인하여 회사에 손해가 발생한 때에는 양자는 연대하여 배상책임을 진다.

이에 대해 감사 상호 간의 내부관계에서는 임무해태의 정도에 따라 그 책임을 지며, 특정 감사가 초과하여 책임을 부담하는 경우에는 초과 부분에 대하여 다른 감사에게 구상권을 행사할 수 있다. (「민법」제425조). 다만 임무해태의 정도를 결정 하기 어려운 경우에는 책임을 균등하게 부담한다.[355](「민법」제424조 참조).

2. 이사와 감사 간의 연대책임

감사의 회사에 대한 손해배상책임에 있어서 감사가 회사에 대해 손해배상책임을 지는 경우에 이사도 그 책임이 있는 때에는 그 감사와 이사는 연대하여 손해를 배상할 책임이 있다.[356](「상법」제414조 제3항). 즉, 연대책임이란 수인이 연대하여 각각 그 전 재산으로써 채무자의 채무를 변제할 책임을 지는 것이다.

감사는 이사의 직무집행을 감사하는 자이다(「상법」제412 제1항). 즉 감사는 이사의 직무집행을 전제로 감사하는 것이므로 감사가 책임을 져야하는 국면이라면 대부분 이사의 책임도 문제될 것이다. 「상법」은 이 점을 고려하여 감사와 이사의 책임이 양립하는 경우 양자에 대해 연대책임을 지운 것이다.

감사와 이사가 연대책임을 지는 경우로서는 예를 들면 주주총회의 승인을 얻어 이사가 위법배당을 한 경우를 생각할 수 있을 것이다. 위법배당이 이루어지면 이사는 법령위반으로서 「상법」제399조 제1항에 의해 회사에 대해 배상책임을 진다. 그리고 감사 역시 회사에 대해 배상책임을 지게 된다.

---

354) 정준우, 「감사와 외부감사인의 법적 책임」, 한국상장회사 협의회, 2005.11. 76면. 권종호, 전게자료, 133면, 이철송, 전게서, 751면. 김용범, 전게서, 어울림, 2012., 417면. 김용범, 전게기고문, 내부감사 저널, 2016 가을호. 73면.
355) 이범찬. 오욱환, 전게서, 122면, 권종호, 전게서, 144면, 상사법무연구회편, 전게서, 256면, 홍복기, 전게 연재서, 81면. 이철송, 전게서, 751면. 김용범, 전게서, 어울림, 2012., 418면. 김용범, 전게기고문, 내부 감사저널, 2016 가을호. 73면.
356) 정준우, 전게서, 76면, 권종호, 전게서, 144면. 이철송, 전게서, 751면. 김용범, 전게서, 어울림, 2012., 418면. 김용범, 전게기고문, 내부감사저널, 2016 가을호. 73면.

왜냐하면 감사는 주주총회에 제출하는 의안에 관해 조사하여 위법하거나 현저하게 부당한 사항이 있으면 이를 주주총회에 보고할 의무가 있는데(「상법」제413조), 위법 배당이 이루어졌다는 것은 일반적으로 이 의무를 게을리 하였다는 것을 의미하기 때문이다. 이러한 경우에 「상법」은 감사와 이사가 연대하여 회사에 대해 배상할 것을 정하고 있다.(「상법」제414조 제3항).

이사와 감사가 연대책임을 부담하는 경우 양자의 내부적인 구상관계에 관해 불법행위의 가해자에 대한 감독자의 경우와 같이 감사에게는 책임부담이 없다는 견해와 감사의 직무는 단지 감사에 그치는 것이 아니라 의견진술, 감사결과의 보고 등이 포함되므로 단순히 감독자의 지위와는 다르다는 점에서 감사도 책임부담이 있다고 하는 견해가 대립하고 있는데, 연대책임의 취지가 감사에 대해 엄격한 책임을 물음으로써 직무수행에 신중을 기하도록 한다는 점을 고려하면 후설이 타당하다고 본다.[357]

3. 감사와 외부감사인 간의 연대책임

외부감사인이 회사에 대해서 손해를 배상할 책임이 있는 경우에 당해 회사의 이사 또는 감사(감사위원회가 설치된 경우에는 감사위원회 위원)도 그 책임이 있는 때에는 그 외부감사인과 당해 회사의 이사 및 감사는 연대하여 그 손해를 배상할 책임이 있다. (「외감법」제17조 제4항).

직전 사업연도 말 자산 총액이 120억 원 이상인 주식회사와 상장회사의 경우 등은 「외감법」에 의해 회계전문가인 외부감사인에 의한 회계감사가 의무화되어 있다. (「외감법」제2조, 「동법시행령」제2조제1항). 또한 「자본시장법」에 의해서도 상장회사 등 금융위원회 등에 재무에 관한 서류를 제출하여야 하는 회사는 의무적으로 외부감사인에 의한 회계감사를 받도록 되어 있다.(「자본시장법」제169조, 「동법시행령」제189조).

일정규모이상의 회사의 경우는 회계감사에 관해 감사와 외부감사인이 중첩적으로 감사를 행하게 된다. 이때 외부감사인은 회계감사에 관한 사항을 중심으로 감사보고서를 작성하도록 하면 족할 것이다. 우리나라의 경우에는 이러한 역할 분담을 하고 있지 않다.[358] 따라서 감사는 외부감사인과는 별도로 독자적으로 회계감사를 실시 하여야 하지만, 실제에 있어서는 회계전문가인 외부감사인이 한 회계감사의 결과를 신뢰하는 경우가 많을 것이다.

그 결과 외부감사인의 책임이 문제가 되는 경우라면 대부분의 경우 감사의 책임도 문제될 개연성이 큰데, 「외감법」은 바로 이 점을 고려하여 감사와 외부감사인의 연대

---

357) 권종호, 전게자료, 134면. 김용범, 전게기고문, 내부감사저널, 2016 가을호. 73면.
358) 권종호, 전게서, 146면. 김용범, 전게서, 어울림, 2012., 419면. 김용범, 전게기고문, 2016 가을호. 74면.

책임을 정한 것이다. 물론 외부감사인의 회계감사 역시 감사의 감사와 마찬가지로 이사의 업무집행을 전제로 하는 것이라는 점에서 외부감사인과 감사의 책임이 문제 되면 거의 예외 없이 이사의 책임도 문제될 것이다. 이 경우에는 제3자가 연대하여 배상책임을 진다.[359]

참고로 일본의 경우에는 회계감사에 관해 회계감사인(우리나라의 '외부감사인'에 해당)의 감사가 의무화되는 대회사의 경우 회계감사인의 감사보고서에는 회계감사에 관한 사항을 기재하도록 하고(「상법특례법」 제13조제2항), 그 대신에 감사회의 감사보고서에는 주로 업무감사에 관한 사항을 기재하도록 하고 있다(「동법」 제14조제3항 참조).

그 이유는 회계감사에 관한 사항은 대부분 회계감사인의 감사보고서의 내용과 중첩되기 때문이다. 감사회는 이처럼 업무감사에 관한 사항을 중심으로 감사보고서를 작성하면 되지만 회계감사에 관해서는 회계감사인의 감사내용에 관해 그 상당성을 판단하여 그것을 감사보고서에 기재하여야 한다.(「동법」 제14조 제3항 제1호 참조).

Ⅴ 책임의 추궁[360]

감사가 회사에 대해서 임무해태에 따른 손해배상책임을 질 경우에 그 책임은 당연히 회사가 추궁하는 것이 원칙이다. 그러나 회사가 감사에 대한 책임추궁을 하지 않거나 지연시킬 때에는 주주대표소송을 통해 주주가 직접 감사의 책임을 추궁할 수 있다.(「상법」 제415조, 제403조~제406조).

즉 발행주식 총수의 100분이 1이상에 해당하는 주식을 가진 주주는 회사에 대하여 서면으로 감사의 책임을 추궁하는 소의 제기를 청구할 수 있고 (「상법」제403조 제1항, 제2항), 이 때 회사가 그 청구를 받은 날로부터 30일 이내에 소를 제기하지 아니하는 경우에는 직접 소를 제기할 수 있다.(「상법」제403조 제3항)

「상법」특례규정상의 상장회사의 경우에는 제소 주주의 자격요건에 있어서 일반규정상의 자격요건과 차이가 있다. 즉 6개월 전부터 계속하여 발행주식 총수의 10,000분의 1이상에 해당하는 주식을 ① 소유한 자, ② 주주권 행사에 관한 위임을 받은 자, ③ 2명 이상 주주의 주주권을 공동으로 행사하는 자는 감사를 상대로 대표소송을 제기할 수 있다.(「상법」제542조의6 제6항 및 제8항).

소수주주가 승소한 때에는 당해 주주는 회사에 대하여 소송비용 및 그 밖에 소송으로 인하여 지출한 비용 중 상당한 금액의 지급을 청구할 수 있으며(「상법」제415조,

---

359) 권종호, 전게서, 146면. 김용범, 전게서, 어울림, 2012., 419면. 김용범, 전게기고문, 2016 가을호. 74면.
360) 김용범, 전게서, 어울림, 2012., 420면. 김용범, 전게기고문, 내부감사저널, 2016 가을호. 74~75면.

제405조 제1항), 이때 소송비용을 지불한 회사는 감사에 대해 구상권을 행사할 수 있다.(「상법」제405조제1항) 주주가 패소한 경우에는 회사는 악의인 경우를 제외하고는 해당 주주에 대해 손해배상을 청구할 수 없다.(「상법」제405조 제2항).

감사에 대해 소가 제기된 경우 회사를 대표할 자는 누구인지가 문제되는데, 이에 관해 「상법」은 감사위원이 소의 당사자인 경우에는 감사위원회 또는 이사가 법원에 회사를 대표할 자의 선임을 신청하도록 의무화하고 있다.(「상법」제394조 제2항)

그러나 그 외의 경우 예를 들면 ① 이사와 감사 중 감사의 책임만이 문제된 경우(감사가 1인인 경우에는 해당 감사, 감사가 복수인 경우에는 감사 전부)와 ② 이사와 감사가 모두 책임을 져야 하는 경우에 관해서는 아무런 규정을 두고 있지 않다.

이에 대하여 먼저 ①의 경우에는 대표이사가 회사를 대표하는 것으로 보아야 할 것이나, ②의 경우에는 「상법」 제394조제2항을 유추 적용하여 대표이사가 법원에 회사를 대표할 자를 선임하여 줄 것을 청구하여야 한다고 본다.361)

Ⅵ 책임의 면제 및 감면362)

감사의 책임에 대해서는 일정한 요건을 충족하면 완전히 면제해 주는 제도와 일정액으로 감면해 주는 제도가 있다. 감사에 대한 책임감면제도는 2011년 「상법」 개정에 의해 도입된 것으로서 책임경감을 통해 유능한 인재의 감사직에 대한 유인을 제공하는 한편, 이른바 **'정직한 실수'**에 대해서는 책임을 경감해 줌으로써 감사의 적극적인 직무수행을 지원하기 위한 것이다.363)

1. 책임 면제

감사의 임무해태에 따른 회사에 따른 손해배상책임은 초주주의 동의로 면제할 수 있다(「상법」 제415조, 제400조). 그리고 정기총회에서 재무제표 등의 승인결의를 한 후 2년 내에 다른 결의가 없으면 감사의 부정행위를 제외하고는 회사는 감사의 책임을 해제한 것으로 본다(「상법」 제450조).

다만 주의할 것은 여기서의 주주에는 의결권이 없는 주식을 가진 주주도 포함된다는 점 과 책임면제방식이 총주주의 동의이므로 굳이 주주총회를 개초할 필요 없이 주주들의 개별적인 동의를 얻어도 된다는 점이다.

361) 권종호, 전게서, 150면, 정찬형, 전게서, 899면. 김용범, 전게서, 어울림, 2012., 421~422면. 김용범, 전게 기고문, 감사저널, 2016 가을호. 75면.
362) 김용범, 전게서, 어울림, 2012., 419면. 김용범, 전게기고문, 2016 가을호. 75~76면.
363) 권종호, 「감사법제 해설」, 한국상장회사협의회, 2014., 135면. 김용범, 전게기고문, 2016 가을호. 75면..

가. 적극적 책임면제

감사의 회사에 대한 책임은 총주주의 동의로 면제할 수 있다.(「상법」제415조, 제415조의2 제7항, 제400조). 책임면제의 요건이 총주주의 「동의」이므로 굳이 주주총회를 개최할 필요는 없고 모든 주주로부터 개별적으로 동의를 얻어도 된다. 1인 회사의 경우 그 주주의 동의로 책임을 면제할 수 있음은 물론이다. 동의는 묵시적으로도 가능하다.[364]

묵시적 동의가 있는 것으로 보기 위해서는 주주(전부)가 이사 또는 감사에 의해 야기된 손해에 관한 책임을 이사 또는 감사에게 더 이상 묻지 않기로 하는 의사표시를 하였다고 볼만한 사정이 있어야 한다. 감사의 책임 면제는 총주주의 동의에 의한 의사표시상의 효과이며, 면제의 대상이 되는 책임은 개별적이고 구체적인 손해배상 책임에 한하고 아직 확정되지 않은 책임은 대상이 아니다.[365] 총 주주에는 의결권 없는 주식의 주주도 포함된다.

총 주주에는 의결권 없는 주식의 주주도 포함된다. 다수결의 예외로 총주주의 동의를 요구하는 것은 감사에 대한 손해배상청구권은 모든 주주가 지분적 이익을 갖는 회사의 재산권이므로 성질상 다수결로 포기할 수 있는 이익이 될 수 없기 때문이다.[366] 즉, 본조의 손해배상책임은 감사의 임무해태로 인하여 회사가 입은 손해를 보전하기 위한 것이므로 회사에 대해 지분적 이익을 갖고 있는 모든 주주의 이해에 관계하기 때문이다.[367]

감사의 회사에 대한 책임은 전술한 바와 같이 ① 위임관계상의 채무불이행에 의한 책임과 ② 불법행위에 의한 책임의 두 유형이 있을 수 있는데, 본 조상의 책임면제의 대상은 ①의 책임이고, ②의 책임은 아니다. ②의 불법행위 책임의 경우에는 일반채무면제(「민법」제506조)의 절차를 밟아야 한다.[368]

따라서 양 책임은 성질을 달리하므로 어느 하나의 책임을 묻는 소의 제기는 다른 책임의 시효를 중단하는 효력이 없다. 그리고 감사의 제3자에 대한 책임 역시 그 대상이 아니다. 제3자에 대한 책임의 면제여부는 주주가 결정할 것이 아니라 감사의 임무해태로 인해 손해를 입은 해당 제3자가 판단할 사항이기 때문이다.

---

364) 최준선, 전게서,482면, 이철송, 전게서, 661면, 대법원. 2002. 6. 14. 판결. 2002 다 11441, 동취지 2008. 12. 11. 판결. 2005 다 51471. 김용범, 전게서, 어울림, 2012., 421면. 김용범, 전게기고문, 내부감사저널, 2016 가을호. 75면.

365) 최기원, 전게서, 639면, 권종호, 전게서, 147면. 김용범, 전게서, 어울림, 2012., 421면. 김용범, 전게기고문, 내부감사저널, 2016 가을호. 75면.,

366) 이철송, 전게서, 767면. 김용범, 전게서, 어울림,2012.,421면. 김용범,전게기고문, 2016가을호. 75면.

367) 권종호, 전게서, 147면. 김용범,전게서,어울림,2012.,421면. 김용범,전게기고문, 2016 가을호. 75면.

368) 권종호, 전게서, 147면, 이철송, 전게서, 768면, 대법원. 1989. 1. 31. 판결. 87 누 760. 김용범, 전게서,어울림, 2012., 421면. 김용범, 전게기고문, 내부감사저널, 2016 가을호. 75면.

나. 소극적 책임면제

정기총회에서 재무제표의 승인을 한 후 2년 내에 다른 결의(책임추궁이나 책임보류 등)가 없는 때에는 감사에게 부정행위가 없는 한 회사는 감사의 책임을 해제한 것 으로 간주한다(「상법」제450조). 여기서 '**다른 결의**'란 주주총회 결의는 물론이고, 이사회 결의나 제소행위도 포함하며, '**부정행위**'란 악의의 가해행위 뿐만 아니라, 불법해위, 기타 정당하지 못한 감사의 행위를 포함한다.[369]

해제대상이 되는 감사의 책임범위에 관한 문제이다. 즉, 「상법」이 감사의 책임면제를 위한 요건으로 원칙적으로 총주주의 동의를 요구하면서 예외적으로 책임해제에 관한 규정을 두고 있고, 그러한 책임해제의 전제요건으로 정기총회에서 재무제표의 승인결의를 규정하고 있는 점을 고려할 때 해제의 대상이 되는 감사의 책임 또한 재무제표와 연관된 사항으로 한정하여 해석하는 것이 타당하다고 본다.[370]

이 해제에 의한 책임소멸은 「상법」규정에 의한 법정효과이며, 그 효과는 재무제표 승인 당시에 불확정한 책임이라도 재무제표로부터 알 수 있는 사항에 대해서는 포괄적으로 미친다고 본다. 이 경우 책임의 해제를 주장하는 감사는 그 책임사유가 재무제표에 기재되어 있다는 것을 입증하여야 한다.[371]

다. 불법행위 책임면제

감사의 임무해태가 동시에 불법행위의 성립요건을 충족할 경우에는 감사의 회사에 대한 손해배상책임과 불법행위책임이 경합하게 된다. 감사의 책임면제 규정은 감사의 임무해태에 따른 회사에 대한 손해배상책임을 면제하는 것이므로 감사의 지위를 전제로 하지 않는 불법행위책임까지 면제하는 것은 아니라고 본다. 따라서 감사의 불법행위책임을 면제하려면 일반적인 채무면제 절차(「민법」제506조)를 별도로 받아야 한다.[372]

따라서 양 책임은 성질을 달리하므로 어느 하나의 책임을 묻는 소의 제기는 다른 책임의 시효를 중단하는 효력이 없다. 그리고 감사의 제3자에 대한 책임 역시 그 대상이 아니다. 제3자에 대한 책임의 면제여부는 주주가 결정할 것이 아니라 감사의 임무해태로 인해 손해를 입은 해당 제3자가 판단할 사항이기 때문이다.

회사에 대한 감사의 책임은 채무불이행책임에 관한 일반원칙에 따라 10년의 소멸

---

369) 최준선, 전게서, 483면, 권종호, 전게해설, 2014., 137면, 서울고등법원. 1977.1. 28. 판결. 75 나 2885.김용범, 전게서, 어울림, 2012, 422면. 김용범, 전게기고문, 내부감사저널, 2016 가을호, 67면.
370) 정준우, 「감사와 외부감사인의 법적책임」, 한국상장회사협의회, 2005. 98면.
371) 권종호, 전게해설서, 한국상장회사협의회, 2014., 137면, 대법원 1969.1.28. 선고 68다305 판결. 김용범,전게기고문, 내부감사저널, 2016 가을호, 76면.
372) 권종호, 전게서, 147면, 이철송, 전게서, 768면, 대법원. 1989. 1. 31. 판결. 87 누 760. 김용범, 전게서, 어울림, 2012., 421면. 김용범, 전게기고문, 내부감사저널, 2016 가을호, 75면.

시효의 완성으로 소멸한다. 본조에 근거하여 감사에 대해 손해배상청구의 소를 제기한 경우 그것으로 인해 불법행위에 기한 손해배상청구권에 대한 소멸시효의 중단효력은 없다.[373]

라. 일부감사 책임면제

책임이 있는 감사가 수인 있는 가운데 일부감사에 대해서만 책임을 면제할 수 있다. 이 경우 면제받은 감사(예컨대 A)의 부담부분은 면제받지 못한 다른 이사들 (예컨대 B, C)에게 어떠한 영향을 주는가?

판례는 부진정연대채무에 있어서는 채무면제에 절대적 효력을 인정하지 아니한다. (「민법」 제419조).[374] 그러므로 일부 감사(A)의 책임을 면제하더라도 다른 감사들 (B, C)책임은 감소하지 않는다. 다만 다른 이사들 (B, C)이 전액 배상한 후 자신의 부담부분을 넘어 변제한 부분에 관해서는 면제받은 감사(A)를 상대로 구상을 행사할 수는 있다.

2. 책임 감면

가. 책임감면의 필요성[375]

감사는 주식회사의 경영감독기관으로서 주주총회에서 선임되고, 업무감사권 등 각종 권한을 행사하며 선관주의의무를 비롯한 각종 의무를 부담한다. 그리고 이러한 각종 직무권한을 감사가 적시에 적절하게 행사하지 아니하면 이는 곧 임무해태가 되어 그로 인해 발생한 회사의 손해에 대해서 배상책임을 져야 한다.

그런데 앞서 살펴본 바와 같이 감사는 그 법적 지위가 불완전할 뿐만 아니라 기업실무에서도 일반적으로 평이사보다 그 지위가 낮고, 직무권한의 행사에 있어서도 다양한 법적.실무적인 장애에 직면해 있다. 그럼에도 불구하고 감사에 대해서 여전히 엄격한 법적 책임을 부담시키며, 사실상 책임면제의 가능성까지 차단하고 있는 것은 매우 불공평하다.

특히 「증권관련집단소송법」 (이하 '집단소송법' 이라 함)의 시행과 「상법」 상의 소수주주의 대표소송제도의 활성화로 인해 이사 및 감사(이하 '이사 등' 이라 함)에 대한 책임추궁이 증가될 것으로 예상됨에 따라 이사 등이 배상책임의 과중한 부담을 두려워하여 경영활동에 소극적인 자세를 보이는 경향이 나타났다.

373) 권종호, 전게해설서, 한국상장회사협의회, 2014., 137면, 정찬형, 전게서, 1,008면, 대법원 2012.7.12. 선고 2012다20475 판결, 대법원 2011. 2. 10. 선고 2010다81285 판결.
374) 이철송, 전게서, 2014., 768면. 대법원 2002. 6. 14. 선고 2005다19378 판결.
375) 정준우, 전게연구보고서, 한국상장회사협의회, 2005., 99~100면.

　따라서 고의 또는 중대한 과실로 손해를 발생시킨 경우와 사익추구행위[「상법」제397조(이사의 경업금지의무), 제397조의 2(사업기회 유용금지의무) 및 제398조 (자기거래금지의무)]가 아닌 일반적인 주의의무 위반에 따른 감사의 손해배상책임에 대하여는 일정한 한도로 그 책임을 제한하는 조치 등의 필요성이 지속적으로 제기 되어 왔다.

　물론 일반적인 회사법상의 원칙 및 사회질서에 반하지 않는 범위내에서 회사가 자율적으로 감사의 책임을 일정한도로 제한하는 것도 얼마든지 가능하다.[376] 그러나 단체법 질서의 안정을 위한 보다 확실한 방법은 역시 법에 감사의 책임제한 또는 감면에 관한 명문규정을「상법」에 두는 것이 바람직하다 할 것이다.

나. 책임감면의 입법 배경

　그간 이사 및 감사(이하 '이사 등' 이라 함)에 대한 책임면제제도는 특히 상장회사의 경우 총주주의 동의를 얻는 것이 현실적으로 불가능하고, 이사 등의 배상책임이 거액에 이르게 되면서, 기존 이사 등의 보호제도로서 충분한 기능을 하지 못하였고, 재무제표 승인에 의한 이사 등의 책임해제 역시 책임해제의 범위가 재무제표에 기재되어 있거나 이로부터 알 수 있는 사항에 한정되어 매우 좁다는 점에서 실효성이 없었다.

　이에 따라, 이사 등의 책임을 감면하는 세계적인 추세에 맞추어 유능한 자를 이사 등으로 영입하여 적극적인 영업을 독려하고 궁극적으로는 회사의 이익 증대에 기여하는데 도움을 주기위하여 시행중인「상법」보다 완화된 요건에 의한 책임제한제도를 마련하자는 주장이 지속적으로 제기되어 왔는바, 2011년 개정「상법」은 미국과 일본의 입법례를 본받아 회사가 자율적으로 이사 등의 책임을 경감할 수 있도록 근거규정을 마련하였다.

참고4 ▶▶ 책임감면제도의 외국 입법례[377]

1. 미국 : 다수의 州회사법에서 정관에 이사의 손해배상책임을 제한하는 근거 규정을 두는 것을 허용하고 있다.[378]
2. 일본 : 이사의 책임은 기본적으로는 총주주의 동의로 면제할 수 있음을 원칙 으로 하나 [「(日)회사법」제424조], 지배구조의 유형에 따라 주주총회 의 특별결의 [「(日)회사법」제425조, 제309조 제2항 제8호] 혹은 이사회 결의로 이사의 책임의 일부를 면제할 수 있도록 하며[「(日) 회사법」제426조], 특히 사외이사의 경우 정관에 규정을 두어 책임을 한정하는 계약을 체결하는 것도 허용한다[「(日)회사법」제427조].

---

376) 최문희, 「주식회사 이사의 책임제한에 관한 연구」, 서울대학교 박사학위 논문, 2004., 7면, 정준우, 전게연구보고서, 한국상장회사협의회, 2005., 100면.
377) 이철송, 전게서, 박영사, 2014., 769면.
378) 예, MBCA § 2.02(b)(4). Del. Gen. Corp. Law § 102(b)(7).

다. 책임감면의 법리적 근거

감사의 임무해태에 따른 회사에 대한 손해배상책임의 제한에 관하여 현재 논의되고 있는 법리적 근거에 대하여 살펴보면 다음과 같다.

(1) 저지가능성이론[379]

이 견해는 회사가 감사에 대해서 청구할 수 있는 손해를 감사의 임무해태와 상당 인과관계가 있는 손해로 보고, 저지가능성의 입장에서 감사의 책임제한을 주장하고 있다. 즉 이 견해는 저지가능성을 중심으로 감사의 책임제한을 인정하고 있다.

구체적으로 ① 감사가 만약 조사 의무를 이행하였다면 이사 등의 부정사실을 발견할 수 있었겠는가? ② 감사가 조사하여 알아낸 부정사실을 대표이사에게 보고하는 등의 조치를 취하면서 감사업무를 성실히 수행하였다면 이사 등의 계속되는 부정행위를 막고 회사의 손해를 막을 수 있었겠는가?하는 점으로 나누어 고찰하고 있다.

(2) 과실상계이론[380]

이 견해는 「민법」의 일반원리에 의해 감사의 손해배상책임에 있어 회사에게도 과실이 있는 때에는 과실상계에 의해 감사의 책임을 일정한도로 제한할 수 있다는 것이다. 예를 들어 대표이사를 비롯한 이사들의 감사활동 방해, 지배주주의 감사활동 방해 또는 회사 내부의 감사업무수행에 관련된 여건이 부적합한 때 등이 이에 해당될 것이다.

(3) 사용자책임론[381]

이 견해는 일반적으로 사용자는 피용자의 불법행위 등으로 직접 손해를 입었거나 또는 제3자에 대해서 손해배상책임을 이행한 경우 당해 피용자에 대해서 구상할 수 있지만, 업무를 수행하는 과정에서 발생한 불가피한 손해에 대해서 까지 피용자에게 그 책임을 전가하는 것은 부당하다고 주장하며 감사의 책임제한을 긍정하고 있다.

---

379) 김건식, 「감사의 제3자에 대한 책임」, (민사판례연구 제12집), 민사판례연구회, 222~223면.
380) 채동헌, 「감사의 회사에 대한 손해배상책임의 제한」, 상장(한국상장회사협의회), 2003. 1., 91면.
381) 권용우, 「사용자책임과 구상권의 제한」(법학의 현대적인 제 문제), 1998., 유성재, 「사용자 책임 에 있어서 구상권의 제한」(비교사법 제4권 제1호), 한국비교사법학회, 1997.

(4) 신의칙이론[382]

이 견해는 일반적으로 감사의 법적 지위가 평이사 보다 낮은 점, 대부분 대주주가 대표이사를 겸하고 있는 점, 감사의 제한된 권한 등을 고려할 때 「상법」상의 감사의 책임은 너무 무겁다고 인정하고 있다. 따라서 감사의 회사에 대한 손해배상책임을 인정함에 있어서는 법의 취지와 기업현실 및 감사의 업무 등을 종합적으로 고려 하여 적절한 타협점을 찾아야 한다고 주장하며 그 근거를 사법의 일반원칙인 신의칙에서 구하고 있다.

생각건대 「상법」에 규정된 감사의 책임은 그의 법적지위와 의무 및 권한 등을 종합적으로 고려할 때 분명 너무 과중하다. 따라서 감사의 회사에 대한 손해배상 책임에 대해서도 일정한 제한을 두어야 하는데, 위에서 살펴 본 법리 중 어느 하나만을 근거 하여 감사의 책임제한을 인정하기에는 여러 가지 부족한 점이 많다. 그러므로 감사의 책임제한에 있어서는 이러한 다양한 법리를 종합적으로 활용하는 것이 타당하다고 본다.[383]

라. 책임감면의 범위

개정 「상법」 제400조 제2항은 기존의 총주주의 동의에 의한 책임 면제 이외에도, 회사의 정관에서 정하는 바에 따라 「상법」 제399조(회사에 대한 책임)에 따른 감사의 책임을 감사가 그 행위를 한 날 이전 최근 1년간의 보수액(상여금과 주식 매수선택권의 행사로 인한 이익 등을 포함한다)의 6배(사외이사의 경우는 3배)를 초과하는 금액에 대하여 면제할 수 있다. (「상법」 제400조 제2항, 제415조, 제415조의2 제7항).

그런데 이 책임 경감과 관련하여 해석상 논란의 여지가 있는 것은 사외이사의 경우에는 연간 보수액의 3배까지로 면제할 수 있는 데(「상법」 제400조 제2항), 이 규정을 감사에게도 준용할 수 있는지 이다. 생각건대 사외이사와 사내이사를 구분하여 책임의 정도에 있어서 양자 간의 차이를 고려한 것이라는 점에 주목하면 감사와 감사위원의 경우에도 준용함이 타당할 것이다.[384]

왜냐하면 감사의 경우에는 상근감사와 비상근감사에, 감사위원의 경우에는 사내 이사인 감사위원과 사외이사인 감사위원 간에는 이러한 업무에 대한 숙지도나 정보 접근성에 있어서 차이가 있기 때문이다. 따라서 비상근감사나 사외이사인 감사위원의 경우에는 3배룰이 적용된다고 보아야 한다.[385] 여기서 말하는 보수에는 상여금과 주

382) 서울고등법원 2002. 1. 15. 선고 2001나36612 판결.
383) 정준우, 전게연구보고서, 한국상장회사협의회, 2005., 103면.
384) 권종호, 전게해설서, 한국상장회사협의회, 2014., 138면, 정준우, 전게서, 1,255면. 김용범, 전게 기고문, 내부감사저널, 2016.가을호 . 76 면.,
385) 권종호, 전게해설서, 한국상장회사협의회, 2014., 138면. 김용범, 전게기고문, 내부감사저널, 2016. 가을호. 76면.

식매수선택권의 행사로 인한 이익 등도 포함된다(「상법」제400조 제2항).

그러나 감사가 고의 또는 중과실로 손해를 발생시킨 경우에는 책임을 면제할 수 없다(「상법」제400조 제2항). 따라서 이 경우에는 감사는 회사에 발생한 손해 전액을 배상하여야 한다. 또한 제400조 제2항 단서는 이사가 사익추구금지규정(경업피지의무에 관한 제397조, 회사기회유용금지에 관한 제397조의2 및 자기거래금지에 관한 제398조)을 위반한 경우에도 책임을 면제할 수 없도록 하고 있다.

감사에게는 사익추구금지규정이 적용되지 않기 때문에 이러한 사익추구금지 규정 위반을 직접적인 이유로 하여 감사의 책임면제를 부정할 수는 없을 것이다.[386] 그러나 이러한 규정을 위반하는 경우에는 대부분 고의 또는 중과실로 회사에 손해를 발생 시킨 경우에 해당될 것이므로 현실적으로 감사가 책임을 면제받기란 불가능할 것이다.

감사의 보수란 기본적으로는 「상법」 제388조, 제415조 및 제415조의2 제7항(이하 '제388조'라 함)에 따라 정관 또는 주주총회의 결의에 의해 정해지는 보수를 말하지만,「상법」 은 최근 1년간의 보수액에는 상여금과 주식매수선택권의 행사로 인한 이익 등도 포함한다고 규정하고 있다(「상법」 제400조 제2항).

상여금은 보수의 일종으로서 당연히 「상법」 제388조에 따라 정해지므로 주의적으로 규정한 것이고, 주식매수선택권은 제388조의 보수는 아니지만, 성과급여의 실질을 지니므로 보수에 포함시킨 것이다. 주식매수선택권으로 인한 이익은 손해 원인이 된 행위 이전 최근 1년간에 실제 행사하여 얻은 이익을 가리키고, 未行使중의 평가익은 포함되지 않는다.[387]

마. 책임감면의 적용 제외

(1) 고의 · 중과실

감사의 손해배상책임을 경감하는 것은 기업활동에 수반하는 위험을 회사가 분담하고 감사의 부담을 덜어줌으로써 경영의 위축을 막는다는 논리로 정당화될 수 있다. 그러므로 「상법」 은 감사의 고의 또는 중대한 과실로 손해를 발생시킨 경우에는 이 제도의 적용대상에서 제외한다.(「상법」 제400조 제2항, 제415조, 제415조의2 제7항, 이하 '제400조 제2항 등' 이라 말함).

(2) 사익추구행위

개정「상법」 제400조 제2항 단서는 「제397조, 제397조의2 및 제398조에 해당하는 경우」 에도 적용제외 사유로 삼고있다. 제397조는 이사 및 감사(이하 '이사

386) 권종호, 전게해설서, 한국상장회사협의회, 2014., 138면. 김용범, 전게기고문, 내부감사저널, 2016. 가을호. 76면.
387) 이철송, 전게서, 박영사, 2014., 769~770면.

등'이라 함)의 겸업·겸직에 대하여, 제397조의 2는 이사 등의 회사기회유용에 대하여, 제398조는 이사 등의 자기거래에 대해 각각 이사회의 승인을 얻어야 한다는 규정이다.

「상법」제400조 제2항 단서가 책임경감을 허용하지 않는 「제397조, 제397조의 2 및 제398조에 해당하는 경우」란 제397조, 제397조의 2 및 제398조에 위반하여 경업 또는 자기거래를 한 경우를 가리키는 것이 아니라, 동 조가 규정하는 경업, 기회유용, 자기거래 자체를 가리키는 것으로 해석해야 한다.

즉 승인의 유무에 관계없이 이사등의 경업, 기회유용, 자기거래로 인해 회사가 손해를 입은 경우에는 이사 등의 책임을 경감할 수 없다는 것이다. 경업, 기회유용 그리고 자기거래로 인해 회사가 입은 손해란 바로 이사 등이 얻은 이익을 의미하므로 이사 등에게 이익이 현존하는 터에 배상책임을 경감할 이유가 없기 때문이다.[388]

바. 책임감면의 근거[389]

이사 등의 책임을 경감하기 위해서는 정관에 규정을 두어야 한다. 정관에 책임의 일부를 면제할 수 있다는 뜻과 함께 「상법」제400조 제2항등이 설정한 한도내에서 구체적인 면제의 규모 또는 면책되는 금액을 정해야 한다. 예컨대 「이사 등이 배상해야 할 손해액이 당해 이사 등의 연간 보수액의 6배(또는 "7배", "8배" 등)를 초과할 경우 배상액은 보수액의 6배(또는 "7배", "8배"로 감액할 수 있다」는 것과 같다.

이사 등에 대한 책임의 일부면제는 회사의 권리의 일부를 포기하는 것이므로 이를 엄격히 관리하기 위하여 회사는 추가적인 요건을 설치할 수 있다. 예컨대 책임제한 규정은 「10년 이상 근속한 이사 등에 대해서만 적용 한다」는 것과 같다.

바. 책임감면의 결정[390]

정관에서는 책임면제를 실행할 수 있는 근거 및 범위를 정할 뿐이고, 손해배상을 추궁하는 구체적인 사안이 생겼을 때 누가 면제여부를 결정할 지가 법에 의하여 정해져야 할 것이나, 「상법」제400조 제2항등은 이 점에 관해 침묵하고 있다. 「상법」에 일부면제를 허용하는 규정을 두는 의의는 총주주의 동의보다 완화된 방법의 의사결정으

---

388) 이철송, 전게서, 박영사, 2014., 770면. 이러한 관점에서 보면 「상법」제400조 제2항 단서가 경업, 자기거래의 모든 경우를 포함시킨 것은 불합한 측면이 있다. 경업, 기회유용, 자기거래라 하더라도 이사가 제3자의 계산으로 한 경우에는 이사의 손해가 바로 이사의 이익은 아니기 때문이다. 그래서 일본에서는 이사가 자기계산으로 이익상반거래를 한 경우에 국한하여 경감이 불가능한 것으로 하고 있다.(日會 제428조 제2항).
389) 이철송, 전게서, 박영사, 2014., 770~771면.
390) 이철송, 전게서, 박영사, 2014., 771면.

로 이사 등의 책임을 경감할 수 있도록 하는 데 있음을 감안하면 제도의 핵심을 놓친 입법의 불비이다.

감사의 책임경감에 대한 의사결정방법으로는 이사회결의로 족하다는 설이 있으나,[391] 이해의 동질성으로 인해 결의가 불공정해질 가능성이 있으므로 타당치 않다. 또한 주주총회의 보통결의로 경감할 수 있다는 주장도 있으나[392] 의사결정의 이례성으로 보아 합리적인 해석이 아니다. 책임경감은 회사 권리를 포기하는 결정이므로 중요 의사결정의 일반적절차라 할 수 있는 주주총회의 특별결의에 의해 결의할 수 있다는 것이 합리적인 해석이다.[393]

위의 설명과 같이 감사에 대한 책임감경의 주체에 관해 논란이 있을 수 있으나[394] 「상법」 제400조 제2항 등에 의하면 책임경감은 '정관으로 정하는 바'에 따르도록 하므로 정관에서 주체에 관해 정한 경우에는 그에 따르고, 정함이 없으면 정관변경이 주주총회의 특별결의인 점을 고려하여 주주총회의 특별결의로 감경이 가능하다고 보아야 할 것이다. 이 경우에도 물론 책임감경에 관한 근거는 정관에 정함이 있어야 한다.[395]

사. 책임의 소멸시효[396]

감사의 책임을 법정책임으로 보든 계약책임으로 보든 채권의 일반시효(「민법」 제162조 제1항)가 적용되어 10년의 소멸시효에 걸린다.[397] 소멸시효는 권리를 행사할 수 있는 때로부터 진행하므로(「민법」 제166조 제1항) 감사의 책임의 소멸시효는 회사가 감사에 대해 손해배상청구를 할 수 있는 때로부터 진행한다.

감사에 대한 訴는 원칙적으로 대표이사가 감사에 대하여 손해배상의 이행을 청구할 수 있으므로 회사가 감사에 대해 권리행사를 할 수 있는 때란 일반적으로 대표이사가 감사로 인해 회사에 손해가 발생한 사실을 안 때이다.

---

391) 권기범, 「현대회사법론 제4판」, 삼지원, 2012., 776면, 최준선, 「회사법 제7판」, 삼영사, 2012., 482면.
392) 송옥렬, 「상법강의 제2판」, 홍문사, 2012., 1,032면, 임재연, 박영사, 2012., 446면.
393) 이철송, 전게서, 2014., 771면. 김용범, 전게기고문, 내부감사저널, 2016. 가을호. 76면.
394) 정준우, 전게서, 1,256면.
395) 권종호, 전게해설서, 한국상장회사협의회, 2014., 138면, 이철송, 전게서, 2014., 771면. 김용범, 전게기고문, 내부감사저널, 2016. 가을호. 76면.
396) 이철송, 전게서, 박영사, 2014., 771~772면.
397) 이철송, 전게서, 박영사, 2014., 771면. 대법원 1985. 6. 25. 선고 84다카1954 판결.

3. 책임 면제 및 감면에 따른 문제점

가. 총주주의 동의에 의한 책임면제의 문제점[398]

감사의 책임면제를 위해서는 총주주의 동의를 요하므로 1주의 주주라도 반대하면 책임을 면제할 수 없다. 그런 의미에서 다수의 주주가 존재하는 공개회사의 경우에는 총주주의 동의에 의한 감사의 책임면제란 현실적으로 생각할 수 없다.

이에 반해 가족회사나 소규모 폐쇄회사의 경우에는 1인 주주나 소수의 몇몇 주주가 주식의 대부분을 소유하는 것이 통상이므로 총주주의 동의에 의하더라도 쉽게 책임을 면제할 수 있을 것이다.

특히 폐쇄회사의 경우에는 이사나 감사는 지배주주의 지위를 겸하는 것이 대부분이므로 총주주의 동의에 의한 책임면제란 결과적으로 자신(이사 또는 감사)의 책임을 자신(지배주주)이 면제해주는 것이 된다.

이처럼 총주주의 책임면제는 공개회사의 경우에는 현실적으로 불가능하다는 점에서, 폐쇄회사의 경우에는 책임면제가 너무 용이하고 책임의 이른바 "자기면제"라는 점에서 양쪽 모두 문제가 있다. 따라서 이 문제를 해결하기 위해서는 舊 商法상의 제도가 입법론적으로 참고할 만 하다.

舊법에서는 이사 및 감사의 책임면제를 주주총회의 특별결의로 가능하도록 하되, 면제하는 결의가 이루어졌더라도 소정의 소수주주(3월 이상 발행주식총수의 100분의 10 이상을 가진 주주)는 회사에 당해 이사를 상대로 소를 제기할 것을 청구할 수 있도록 하였다.(舊商 제245조 제1항 제4호 및 제2항). 즉 이사의 책임면제도 다수결에 맡기되, 불공정한 면제를 견제하는 장치를 둔 것이다.[399]

이 제도는 회사재산의 放棄를 허용하는 것이므로 회사채권자에게는 매우 불리한 제도이다. 특히 1인 회사의 경우 남용의 가능성이 매우크다. 그래서 독일의 「주식법」에서는 이사 및 감사에 대한 손해배상채권을 포기하더라도 회사채권자에 대하여는 이사 및 감사의 채무가 소멸하지 않는 것으로 규정하고 있다. 참고할 만한 입법례이다.[400]

나. 유착주주 동의에 의한 책임경감의 문제점[401]

책임경감제도는 유착관계에 있는 대주주 및 이사에 의해 남용될 소지가 매우 크다. 그럼에도 불구하고 우리 「상법」에는 남용의 방지 내지는 통제하는 제도가 불비 되어 있다. 따라서 유착관계에 있는 대주주 및 이사들의 책임경감제도의 남용을 방지 내지

---

398) 권종호, 전게해설서, 한국상장회사협의회, 2014., 136면
399) 이철송, 전게서, 768면. 독일의 같은 제도에서 유래한다.(§ 93 Abs. 4Satz 3 AktG).
400) 이철송, 전게서, 768면. 독일의 같은 제도에서 유래한다.(§ 93 Abs. 4Satz 3 AktG).
401) 이철송, 전게서, 771면,

통제하기 위해서는 향후 입법적인 보완이 필요하다.

일본의 경우는 남용을 예방하기 위하여 이사가 주주총회에 경감을 위한 의안을 상정할 때에 감사 또는 감사위원회의 동의를 얻도록 하며(「일본 회사법」제425조 제3항, 제426조 제2항), 이 의안을 주주에게 공고·통지하여 1월 이상 이의를 제출할 기회를 주도록 한다(「일본 회사법」제426조 제3항). 그리하여 의결권있는 발행주식 총수의 100분의 3 이상의 주주가 이의를 제기하면 책임을 면제할 수 없도록 하였다.(「일본 회사법」제426조 제5항).

제3절	제3자에 대한 책임

Ⅰ 입법 취지[402)

감사는 전술한 바와 같이 회사와의 관계에서는 위임관계에 있으므로 회사에 대해 선관주의의무를 지지만, 제3자에 대해서는 직접적으로 아무런 법률관계가 없기 때문에 일반불법행위책임 이외에는 감사가 제3자에의 손해에 대해 배상책임을 져야할 이유가 없다. 원래 감사는 회사 내부의 경영감독기관이고, 대외적인 거래관계에 있어서는 회사가 직접적인 법률관계를 형성하기 때문에 감사가 제3자와 직접적인 법률 관계를 맺는 일은 거의 없다.

그렇지만 주식회사는 주식이나 사채의 발행 등을 통해 다수인과 집단적인 법률관계를 맺게 되는데, 이 과정에서 만약 감사가 그 직무를 소홀히 수행하여 잘못된 기업내용이 공시된다면 제3자에 대해서도 손해를 입힐 가능성이 크다.[403) 이처럼 감사는 그 지위와 직무수행에 있어서 제3자에게 미치는 영향이 매우 크다.

이처럼 감사가 회사의 기관인 이상 감사의 직무수행과 관련하여 발생한 제3자의 손해에 대해서는 회사가 책임을 지는 것이 원칙이고, 감사의 불법행위가 성립하지 않는 한 제3자에 대해 감사가 책임지는 경우란 있을 수 없음에도 불구하고 「상법」이 감사에 대해 제3자의 손해를 직접 배상하도록 한 것은 감사의 지위와 직무수행에 있어서 제3자에게 미치는 영향이 크므로 감사로 하여금 직무수행에 신중을 기하도록 하는 한편, 감사의 개인재산을 회사의 책임재산으로 확대시킴으로써 제3자의 이익을 두텁게

---

402) 김용범, 전게서, 어울림, 2012. 422~423면. 김용범, 전게기고문, 내부감사저널, 2017.신년호.60면..
403) 정준우, 전게서, 78~79면. 김용범, 전게서, 어울림, 2012.421면. 김용범, 전게기고문, 2017. 신년호.60면.

보호하기 위해서다.404)

일반원칙에 의하면 제3자가 계약 또는 불법행위에 기해 회사에 대해 청구권을 갖는 경우 그 제3자는 원래 회사에 대해 청구하여야 할 것이지만, 회사가 도산하거나 재정적으로 문제가 있어서 배상능력이 없는 경우라면 제3자는 이 규정을 이용함 으로써 감사의 개인 재산에 대해 책임을 물을 수 있게 된다.

재정상태가 취약한 중소기업에서 이 규정은 법인격부인의 법리와 함께 회사채권자 보호의 수단으로서 종종 이용되어 왔는데, 법인격부인의 법리는 회사채권자가 회사로부터 만족을 얻지 못한 채 회사의 배후에 있는 '주주'를 상대로 개인책임을 묻는 것인데 반해, 이 규정은 회사의 기관인 '감사'를 상대로 개인 책임을 묻는 것이라는 점에서 차이가 있다.

그러나 중소기업의 채권자 보호수단으로서 유용하게 이용될 수 있다는 점에서 이 규정과 회사의 법인격이 본래 법이 의도한 목적과는 달리 남용되는 경우에 회사의 특정한 법률관계에 한하여 그 법인격을 부인하고 그 법인의 배후에 있는 실체를 기준으로 하여 법률적인 취급을 하려는 법인격부인의 법리405)와는 유사한 기능을 함은 말할 필요가 없다.406)

Ⅱ 책임의 법적 성질

감사의 제3자에 대한 책임에 관한 규정(「상법」제414조 제2항)은 이사의 제3자 책임에 관한 규정(「상법」제401조) 과 그 내용면에서 동일하다. 따라서 이사의 제3자에 대한 책임에 관한 논의는 기본적으로 감사의 경우에도 그대로 적용될 수 있는데, 이에 의하면 감사의 제3자에 대한 책임의 법적 성질에 관해서는 크게 ① 법정책임설과 ② 불법행위 책임설로 대별되나, 현재의 다수설은 ①의 법정책임설이다.

1. 법정책임설

법정책임설은 감사의 제3자에 대한 책임은 불법행위와는 무관한 법정책임이라고 한다. 즉 감사는 원래 제3자와는 아무런 관계가 없으므로 불법행위책임이 성립하는 경우를 제외하고는 제3자의 손해에 대해 책임지는 일은 없으나, 「상법」은 제3자(회사채권자)의 보호라는 정책적인 이유로 특별히 본조를 두어 감사가 악의·중과실에 의한

---

404) 권종호, 전게서, 152면, 권종호, 전게해설서, 141면, 정준우, 전게서, 79면. 김용범, 전게서, 어울림, 2012., 423면. 김용범, 전게기고문, 내부감사저널, 2017.신년호, 60면,
405) 김용범, 전게서, 어울림, 2012., 423면. 김용범, 전게기고문, 내부감사저널, 2017.신년호, 60면.
406) 김용범, 전게서, 어울림, 2012., 423면. 김용범, 전게기고문, 내부감사저널, 2017.신년호, 60면.

임무해태로 제3자에게 손해를 입힌 때에는 제3자의 손해에 대해 배상하도록 한 것이라고 한다. [407]

즉 이 설은 원래 제3자는 감사에 대해 불법행위책임만 물을 수 있으나 그것으로는 제3자의 보호가 충분하지 못하므로 불법행위책임과는 별도로 본조를 두어 불법행위가 성립하자 않더라도 본조의 요건을 충족하면 제3자는 감사에 대해 책임을 물을 수 있도록 한 것이라는 것이다.

법정책임설은 본조의 책임에 관해 이처럼 불법행위책임과는 그 성질을 달리하는것으로 보기 때문에 본조의 책임과 불법행위 책임이 양립하는 경우 제3자는 불법행위 책임과 본조의 책임 중 본인에게 유리한 쪽을 선택하여 감사에 대해 손해배상을 청구할 수 있다고 본다. [408]

법정책임설은 다시 '**일반법정책임설**' 과 '**특수법정책임설**'로 나누어지는데, 이는 감사가 배상책임을 지는 제3자의 손해가 후술의 이른바 직접손해인가 간접손해인가를 기준으로 분류한 것이다.

(1) 일반법정책임설

일반법정책임설은 감사의 임무해태와 제3자의 손해 간에 인과관계가 존재하는 한 직접손해이든 간접손해이든 불문하고 제3자가 입은 모든 손해에 대해 감사는 배상책임을 진다는 입장이다.

(2) 특수법정책임설

특수법정책임설은 제3자의 직접손해는 일반 불법행위책임으로 해결하고 간접손해에 한해 배상책임을 진다는 입장이다.

이상과 같이 법정책임설에서는 감사가 임무해태를 한 것은 회사와의 관계에서 그것과 상당 인과 관계가 있으면 제3자의 손해에 대해 감사에게 배상책임을 지운 것이 감사의 제3자에 대한 책임에 관한 규정(「상법」제414조 제2항)의 취지라고 보므로 악의·중과실은 회사에 대한 임무해태에 관해서 요구된다고 본다. [409] 감사의 이 책임은 법정책임 이므로 감사의 회사에 대한 책임과 마찬가지로 10년의 소멸시효에 걸린다.

---

407) 이철송, 전게서, 774면, 정찬형, 전게서, 1,014, 권기범, 전게서, 688면, 송옥렬, 전게서, 1,048면, 임홍근, 전게서, 1,258면, 정준우, 전게서, 1,259면, 김정호, 전게서, 521면.김용범, 전게서, 어울림, 2012., 424면. 김용범, 전게기고문, 내부감사저널, 2017. 신년호, 61면.

408) 정준우, 전게서, 79면, 권종호, 전게서, 154면, 권종호, 전게해설서, 142면. 김용범, 전게서, 어울림, 2012., 424면. 김용범, 전게기고문, 내부감사저널, 2017. 신년호, 61면.

409) 권종호, 전게서, 154면, 권종호, 전게해설서, 143면. 김용범, 전게서, 어울림, 2012., 424면. 김용범, 전게 기고문, 내부감사저널, 2017.신년호, 61면.

2. 불법행위책임설

불법해위책임설은 감사의 제3자에 대한 책임은 본질적으로 불법행위책임으로 본다. 이 설은 다시 ① **불법행위특칙설**과 ② **특수불법행위책임설**로 나누어 진다.

(1) 불법행위특칙설

불법행위특칙설은 본 조의 책임은 그 본질에 있어서 일반 불법행위책임과 다름이 없고, 다만 책임요건에서 경과실을 면제한 것에 특색이 있으며, 그 점에서 일반 불법행위의 특칙 이라고 보는 설이다. 이 설은 감사의 책임을 완화하기 위한 것으로 보는데 현재 우리나라에서 이 설을 지지하는 학자는 소수에 불과하다.[410]

이 설에 의하면 감사는 그 직무의 성격상 과실로 제3자에게 손해를 가할 기회가 많은데 이러한 경우에 일반불법행위의 법리에 따라 감사의 책임을 물으면 너무 가혹하기 때문에 감사에게 악의·중과실이 있는 경우에 한해 인정한 것이 본조라고 한다.

(2) 특수불법행위책임설

특수불법행위책임설은 이 책임의 본질은 불법행위책임이나 그 책임 요건에서 경과실은 제외되고 위법성이 배제된 특수한 불법행위책임이라고 한다, 본조의 책임을 불법행위책임으로 보는 견해는 대부분이 이 입장을 취하고 있다. 그런 의미에서 불법행위책임설이라고 하면 특수불법행위책임설을 지칭하는 것으로 이해해도 무방하다.[411]

이 설은 본조의 책임을 기본적으로 불법행위책임으로 보기 때문에 논리적으로는 본조의 요건이 충족되면 불법행위의 요건이 성립하더라도 불법행위책임은 배제 된다고 보고, 악의·중과실에 대해서도 피해자인 제3자에 대한 가해행위에 관해서 요구된다고 보아야할 것이지만, 대부분의 견해는 본조 책임과 불법행위책임과의 경합을 인정하고, 악의·중과실은 회사에 대한 임무에 관해서 요구된다고 본다.

감사가 배상하여야 할 제3자의 손해에 관해서도 제3자가 입은 모든 손해(직접손해든 간접손해든 불문)라고 본다. 다만 소멸시효에 관해서는 일반불법행위책임과 마찬가지로 3년으로 본다.

---

410) 정동윤, 전게서, 451면,
411) 서돈각. 정완용, 전게서, 455면,, 서정갑, 전게서, 551면, 이병태, 전게서, 692면, 이완석, 전게서, 262면

3. 소 결

이상을 종합해 보면 불법행위책임설(특수불법행위책임설)은 본조 책임의 법적성질에 관해 불법행위책임으로 이해하고 책임소멸 시효기간을 3년으로 보는 점을 제외하고는 ① 본조의 책임과 불법행위책임의 경합을 인정하고, ② 악의·중과실은 회사에 대한 임무해태에 관해 필요하며, ③ 감사의 임무해태와 제3자의 손해 간에 인과관계가 존재하는 한 감사는 제3자의 모든 손해(간접손해. 직접손해 불문)에 대해 배상책임이 있다고 보는 점에서는 법정책임설(일반법정책임설)과 차이가 없다.

그런 의미에서 어느 설을 취하던 그 결과에 있어서는 실질적인 차이는 없고 다만 책임의 본질에 관한 설명이 다를 뿐이다.[412] 본조의 입법취지가 감사의 지위의 중요성을 고려하여 감사의 책임을 엄격히 물음으로써 직무수행에 신중을 기하도록 하는 한편 제3자의 이익을 두텁게 보호하기 위한 것이라면 그런 취지에 가장 부합 하는 법정책임설(일반법정책임설)이 가장 타당하다고 본다.[413]

Ⅲ 책임의 성립 요건

1. 주관적 요건 : 악의·중과실

감사의 제3자에 대한 손해배상책임은 전술한 바와 같이 주관적 요건으로 감사가 악의 또는 중과실로 그 임무를 해태하여 제3자에게 손해를 가한 때에 발생한다. 따라서 감사의 제3자에 대한 책임이 성립하려면 우선 감사의 악의 또는 중과실이 있어야 하는데, ① 악의·중과실이 회사에 대한 임무에 관해 필요한지 아니면, ② 제3자에 대한 가해행위(손해)에 관해 필요한지에 관해서는 학설이 대립하고 있다.

그런데 이에 대해서 법정책임설은 당연히 ①의 회사에 대한 임무에 관해 필요하다는 입장인데 반해, 불법행위책임설은 원래라면 ②의 입장을 취해야 할 것이나 동설을 취하는 학자의 대부분은 법정책임설과 같이 ①의 입장을 취하고 있다.

여기서 말하는 '**악의**'란 임무해태를 아는 것이고, '**중대한 과실**'이란 현저한 부주의로 임무해태를 알지 못하는 것이다. 한편 감사의 제3자에 대한 책임의 전제조건이 되는 이러한 감사의 임무 해태상의 악의 또는 중과실은 그 제3자가 입증해야 한다.[414]

---

412) 이철송, 전게서, 775면, 정찬형, 전게서, 1,014면, 권종호, 전게서, 156면, 권종호, 전게해설서, 144면. 김용범, 전게서, 어울림, 2012., 425면. 김용범, 전게기고문, 내부감사저널, 2017.신년호, 62면.
413) 이철송, 전게서, 775면, 권종호, 전게서, 156면, 권종호, 전게해설서, 144면. 김용범, 전게서, 어울림,2012., 426면. 김용범, 전게기고문, 내부감사저널, 2017.신년호, 62면.
414) 권종호, 전게서, 157면, 이철송, 전게서, 776면, 정동윤, 전게서, 452면, 정준우, 전게서, 81면, 김용범, 전게기고문, 내부감사저널, 2017.3. 62면.

2. 객관적 요건 : 임무해태

감사의 책임이 성립하기 위한 객관적 요건으로서는 감사의 임무해태가 있어야 한다. 여기서 말하는 '**임무해태**'란 전술의 감사의 회사에 대한 책임에 있어서 와 마찬가지로 보면 될 것이다. 즉 감사가 직무를 수행함에 있어서 선량한 관리자의 주의로서 하여야 할 권한행사와 의무 이행을 다하지 않은 것을 말한다.[415]

감사가 법령 또는 정관에 위반하는 행위를 하는 것도 포함된다. 이에 대해 판례는 이사의 제3자에 대한 책임에 관한 것이지만 "**악의 또는 중과실로 임무를 해태한 행위**라 함은 이사의 충실의무 또는 선관의무위반행위로서 위법성이 있는 것"을 의미하는 것으로 보고 있다.[416] 물론 감사의 제3자에 대한 책임이 성립하기 위해서는 감사의 악의·중과실에 의한 임무해태와 제3자의 손해 간에는 인과관계가 있어야 한다.

3. 제3자의 손해

감사가 배상책임을 지는 제3자의 손해는 아래의 두 가지 점에서 검토되어야 한다.

가. 제3자의 범위

본조의 책임의 대상인 제3자의 범위에 관해서는 회사 이외의 예컨대 회사채권자, 주주, 신주인수권자 등 모든 이해관계자가 포함된다고 보는 것이 통설이다. 그러나 공법 관계인 국가와 지방자치단체는 포함되지 않는다.[417] 다만 주주가 포함된다고 할때 직접손해와 간접손해가 모두 배상의 대상이 되는가이다. 이에 대해 학설은 주주의 경우에는 간접손해는 ① **제외설**[418] 과 **포함설**[419]이 대립되고 있다. 다수설은 ②의 포함설이다.

직접손해의 경우 예를 들면 주주가 감사의 허위감사보고서를 믿고 주식을 매각함으로써 손해를 입은 경우에는 일반의 제3자가 입은 손해와 다름이 없기 때문에 주주도 여기서 말하는 제3자에 포함됨은 말할 필요가 없다. 그러나 간접손해의 경우, 예를 들면 이사의 위법부당행위를 알면서 감사가 이사회에 보고하거나 유지청구권을 행사하지 않음으로써 회사가 손해를 입고, 그 결과 주주도 주가하락이라는 형태로 손해를 입은 경우에 관해서는 학설의 다툼이 있다.

---

415) 권종호, 전게서, 157면, 권종호, 전게해설서, 145면. 김용범,전게기고문,내부감사저널,2017.3. 62면.
416) 대법원, 1985. 11. 12. 판결. 84 다카 2490. 김용범, 전게기고문, 내부감사저널, 2017.3. 62면.
417) 정찬형, 전게서, 879면, 대법원. 1982. 12. 14. 판결. 82 누 374. 대법원. 1983. 4. 12. 판결.82 누 517.
418) 서돈각. 정완용, 전게서, 468면, 대법원. 1993. 1. 26. 판결. 91 다 36093. 대법원. 2003. 10. 24. 판결. 2003 다 29661
419) 권종호, 전게서, 162면, 정준우, 전게서, 161~162면, 손주찬, 전게서, 810~811면, 이철송, 전게서, 777면, 정찬형, 전게서, 878~879면, 채이식, 전게서, 568면

(1) 제외설

먼저 회사가 입은 손해로 인하여 주주가 간접적으로 손해를 입은 경우에는 회사가 배상을 받음으로써 주주의 손해는 보상되는 것이므로 주주는 이러한 경우 제3자에 포함될 수 없다고 한다.[420] 이 경우에도 주주를 제3자에 포함시킨다면 주주가 회사채권자에 우선하여 변제받는 결과가 되며, 주주의 간접손해는 대표소송을 통해서도 얼마든지 구제될 수 있으므로 제외시켜야 한다고 주장한다. 판례도 이 입장을 취하고 있다.[421]

(2) 포함설

이에 대해 여기서 제3자란 널리 회사 이외의 자를 의미하므로 주주를 제외시킬 이유가 없고, 대표소송은 소수주주권이므로 단독주주는 제기할 수 없으며 제소절차가 복잡하고 담보제공의무가 있는 등 주주손해를 회복하는 방법으로는 분명히 한계가 있다는 점을 이유로 간접손해를 입은 주주도 여기서 말하는 제3자에 포함시켜야 한다고 주장한다. 즉 주주의 간접손해에 관해서도 본조는 적용된다고 한다.[422]

감사의 제3자에 대한 손해배상책임에 관하여 법에서 특별한 제한 없이 제3자란 표현을 쓰고 있으므로 회사 이외의 모든 자가 이에 해당된다고 보는 것이 타당 하고, 주주가 제3자 범위에 포함되는 한 직접손해이든 간접손해이든 그가 입은 손해에 대해서는 감사가 배상책임을 지는 것이 마땅하다.

왜냐하면 감사에게 손해배상책임을 추궁할 수 있는 주체로서의 제3자인 주주의 자격에는 어떠한 제한도 없음에 비해서 대표소송에는 지주비율의 제한과 담보 제공의무가 있으므로 대체수단으로는 적합하지 않다. 비록 주주가 회사채권자에 우선하여 변제받는다는 약점은 있지만 포함설이 타당하다고 본다[423]

한편 최근에 공개회사와 폐쇄회사로 구분한 후, 전자의 경우에는 간접손해를 입은 주주를 제3자에 포함시키지 않고, 후자의 경우에는 제3자에 포함시키는 것이 바람직하다는 견해가 제기되고 있다.[424]

420) 서돈각·정완용, 「상법강의(상)」, 1999., 468면.
421) 대법원 1993.1.26. 선고 91다36093 판결, 2012.12.13. 선고 2010다77743 판결.
422) 이철송, 전게서, 777면, 정찬형, 전게서, 1,015면, 정준우, 전게서, 1,261면, 채이식, 전게서, 568면.
423) 정준우, 전게서, 82면, 권종호, 전게해설서, 149면. 김용범, 전게서, 어울림, 2012., 428면. 김용범, 전게 기고문, 내부감사저널, 2017.3. 63면.,
424) 江頭憲治郎, 전게서, 393면

나. 책임의 범위
(1) 손해의 종류

감사의 행위로 인해 제3자가 입는 손해는 직접손해와 간접손해로 대별할 수 있다. 「**직접손해**」란 감사의 임무해태로 직접 제3자가 입은 손해이다. 예를 들면 감사가 작성한 허위의 감사보고서를 믿고 회사에 물품을 납품한 자가 대금을 회수할 수 없게 되면서 입게 된 손해가 이에 해당된다.[425]

이에 대해 「**간접손해**」란 감사의 행위로 인해 먼저 회사가 손해를 입고 그 결과 제3자가 간접적으로 입은 손해를 말한다. 예를 들면 감사가 이사의 중대한 위법행위를 발견하고도 이를 이사회나 주주총회에 보고(「상법」제391조의2 제2항, 제413조) 하지 않아 그 손해를 미연에 방지하지 못함으로써 회사가 도산하였고, 그 결과 채권을 회수할 수 없게 된 채권자가 입게 된 손해가 그것이다. [426]

(2) 학설의 종류
① 직접책임한정설

'**직접책임한정설**'은 본조의 감사의 책임은 감사의 악의 또는 중과실에 의한 임무해태로 인하여 제3자가 직접 입은 손해에 한한다는 것으로서 제3자의 간접 손해의 경우는 채권자대위권(「민법」제404조)이나 전부명령으로 해결하면 된다고 본다.[427] 판례도 이 입장을 지지하고 있다.[428]

② 간접책임한정설

'**간접책임한정설**'은 본조를 채권자대위권의 특칙으로 봐서 간접손해에 대해서만 본조의 책임을 인정하고, 직접손해는 일반불법행위의 문제로서 해결하면 되는 것으로 보는 입장이다.[429]

③ 양손해포함설

'**양손해포함설**'은 감사가 책임을 지는 제3자의 손해는 직접손해, 간접 손해를 불문하고 제3자가 입은 손해 모두가 그 대상이라고 보는 입장이다.

전술한 바와 같이 감사의 제3자에 대한 책임의 규정(「상법」 제401조)의 취지를 감사의 책임을 엄격히 물어서 제3자의 이익을 두텁게 보호하는 것으로 본다면 동조의 적용범위는 직접손해든 간접손해든 불문하고 제3자가 입은 모든 손해에 미친다는 '양

---

425) 권종호, 전게해설서, 146면. 김용범, 전게 기고문, 내부감사저널, 2017.3 . 63면.,
426) 이철송, 전게서, 776~777면, 권종호, 전게서, 158면, 권종호, 전게해설서, 146면. 김용범, 전게기고문, 내부감사저널, 2017.3 . 63면.,
427) 최준선, 「회사법 제8판」, 2013., 505면. 김용범, 전게 기고문, 내부감사저널, 2017.3 . 64면.,
428) 대법원 1993.1.26. 선고 91다36093 판결, 2012.12.13. 선고 2010다77743 판결.
429) 이범찬. 오욱환, 전게서, 127면.

손해포함설'이 타당한 것이다.[430)]

본조의 책임의 경우에도 손해의 발생이나 확대에 대하여 피의자인 제3자에게 과실이 있는 때에는「민법」제396조를 유추 적용하여 과실상계가 인정된다고 본다. 감사의 손해 배상채무는「민법」의 일반원칙에 따라 이행의 청구를 받은 때부터 지체에 빠지며 (「민법」제387조 제2항) 지연손해금은 년 5푼의 이율로 본다 (「민법」제379조).

4. 인과관계의 존재

감사의 제3자에 대한 책임이 성립하려면 감사의 악의 또는 중과실에 의한 임무해태와 제3자의 손해 사이에 상당인과관계가 존재하여야 한다. 이에 대한 자세한 설명은 이미 앞에서 설명하였으므로 여기서는 생략한다.

감사의 임무해태로 인하여 회사에 손해가 발생되었고, 그러한 감사의 임무해태와 회사의 손해 사이에 상당인과관계가 있으면, 감사는 회사에 대해서 손해배상책임을 진다. 이러한 감사의 회사에 대한 손해배상책임에 관한 중요한 판례를 살펴보면 아래와 같다.

5. 판례로 본 제3자에 대한 감사의 손해배상책임

가. 제3자에 대한 감사의 책임을 부정한 판례

(1) ○○은행 사건(대법원 2008.2.14. 선고 2006다82601 판결)

대법원은 ○○은행 사건에서 「주식회사의 감사가 감사로서 결산과 관련한 업무 자체를 수행하기는 하였으나 재무제표 등이 허위로 기재되었다는 사실을 과실로 알지 못한 경우에는, 문제된 분식결산이 쉽게 발견 가능한 것이어서 조금만 주의를 기울였더라면 허위로 작성된 사실을 알아내 이사가 허위의 재무제표 등을 주주총회에서 승인 받는 것을 저지할 수 있었다는 등 중대한 과실을 추단할 만한 사정이 인정되어야 비로소 제3자에 대한 손해배상책임을 인정할 수 있고, 분식결산이 회사의 다른 임직원들에 의하여 조직적으로 교묘하게 이루어진 것이어서 감사가 쉽게 발견할 수 없었던 때에는 분식결산을 발견하지 못하였다는 사정만으로 중대한 과실이 있다고 할 수 는 없고, 따라서 감사에게 분식결산으로 인하여 제3자가 입은 손해에 대한 배상책임을 인정할 수 없다」고 판단.[431)]

---

430) 이철송, 전게서, 777면, 권기범, 전게서, 781면, 정찬형, 전게서, 1,015면, 장덕조, 전게서, 369면, 정준우, 전게서, 1,261면. 김용범, 전게서, 어울림, 2012., 429면. 김용범, 전게기고문, 내부감사저널, 2017.3 . 64면.
431) 동지판례 : 대법원 2009.7.23. 선고 2008다80326 판결, 대법원 2011.4.14. 선고 2008다14663 판결.

나. 제3자에 대한 감사의 책임을 긍정한 판례

(1) ○○은행 사건(대법원 2008.2.14. 선고 2006다82601 판결)

대법원은 ○○은행 사건에서 「주식회사의 감사가 실질적으로 감사로서의 직무를 수행할 의사가 전혀 없으면서도 자신의 도장을 이사에게 맡기는 방식으로 그 명의만을 빌려줌으로써 회사의 이사로 하여금 어떠한 간섭이나 감독도 받지 않고 재무제표 등에 허위의 사실을 기재한 다음 그와 같이 분식된 재무제표 등을 이용하여 거래상대방인 제3자에게 손해를 입히도록 묵인하거나 방치한 경우, 감사는 악의 또는 중대한 과실로 인하여 임무를 해태한 때에 해당하여 그로 말미암아 제3자가 입은 손해를 배상할 책임이 있다」고 판단.

(2) ○○제지 사건(대법원 1988.10.25. 선고 87다카1370 판결)

대법원은 ○○제지 사건에서 「회사의 감사가 회사의 사정에 비추어 회계감사 등의 필요성이 있음을 충분히 인식하고 있었고 또 경리업무담당자의 부정행위의 수법이 교묘하게 저질러진 것이 아닌 것이어서 어음용지의 수량과 발행매수를 조사하거나 은행의 어음결제량을 확인하는 정도의 조사만이라도 했다면 위 경리업무 담당자의 부정행위를 쉽게 발견할 수 있었을 것인데 아무런 조사도 하지 아니하였다면 이는 감사로서의 중대한 과실로 인하여 그 임무를 해태한 것이 되므로 위 경리업무 담당자의 부정행위로 발행된 어음을 취득함으로써 손해를 입은 어음소지인들에 대하여 감사는 「상법 제414조 제2항, 제3항에 의한 손해 배상책임이 있다」고 판단.

(3) ○○중공업 사건(대법원 2008.9.11.선고 2006다57278 판결, 서울고등법원 2009.4.10. 선고 2008나83822 판결)

대법원은 ○○중공업 사건에서 「감사로 등재되어 있으나 회사로부터 감사로서의 업무수행을 위한 인력 및 예산 등을 전혀 지원받지 못하였고, 회사나 이사 등으로 부터 회사의 주요 업무에 관련된 사항을 사전이나 사후에 통지 또는 보고받은 사실 없으며 이사회에도 참석하지 아니한 사실, 결산승인은 위한 이사회를 개최하지 아니한 채 담당부서에서 결산보고 후 형식적인 요건을 위해 등기이사와 감사들의 인장을 관행상 보관하고 있음을 이용하여 주주총회 6주전 으로 소급하여 이사회 의사록을 작성한 사실, 재무제표는 감사에게 총회일로 부터 6주간 전에 제출하여야 함에도 그 기간이 제대로 지켜지지 아니한 사실, 이러한 경우 감사는 감사로서 결산서류에 관하여 이사회 승인이 없었고, 법정 감사기간도 지켜지지 아니한 사실을 감사보고서에 기재해 넣거나 주주총회에 의견진술 또는 보고를 하여야 할 의무가 있는데도 이러한 조치를 전혀 취하지 아니한 채, 00회계연도 재무제표에 대하여 회계장부 기재, 대차대조표 및 손익 계산서의 표시, 영업보고서, 이익잉여금 처분계산서 등이 법령과 정관에 따라 정확하게 표시되어 있다는 취지의 감사보고서를 작성한 사실에 대해 감사는 악의 또는 중대한 과실로 그 임무를 해태하였는바, 그러 인하여 손해를 입게 되었으므로 「상법」 제414조 제2항에 따라 제3자에게 손해를 배상할 책임이 있다」 고 판단.

Ⅳ 책임의 확장

복수의 감사가 악의 또는 중대한 과실로 인하여 그 임무를 해태한 때에는 그 감사는 연대하여 제3자에 대하여 손해를 배상하여야 하며,(「상법」 제414조 제1항), 이 때 이사에게도 책임이 있는 경우에는 감사는 이사와 연대하여 손해를 배상하여야 한다. (「상법」 제414조 제3항).

그리고 외부감사인이 제3자에 대해 손해를 배상할 책임이 있는 경우에 해당 회사의 이사 또는 감사(감사위원 포함)도 그 책임이 있는 때에는 그 외부감사인과 해당 회사의 이사 및 감사는 연대하여 손해를 배상하여야 한다.(「외감법」 제17조 제4항).

감사간의 연대책임, 감사와 이사 간의 연대책임, 감사와 외부감사인 및 이사와의 연대책임에 관해서는 이미 앞에서 언급하였으므로 여기서는 생략한다.

제4절 맺는말[432)

Ⅰ 감사책임과 전제조건

1. 직무수행상의 장애제거

감사는 주주총회에서 선임되는 경영감독기관이고 회사의 수임인이므로 그 임무를 성실히 이행하지 않고 해태한 때에는 당연히 회사에 대해 연대하여 손해배상책임을 져야 하고, 악의 또는 중대한 과실로 그 임무를 해태한 때에는 제3자에 대해서도 역시 손해배상책임을 져야 한다.

---

432) 김용범, 전게기고문, 내부감사저널, 2017.3 .65~67면.

이러한 감사의 회사 또는 제3자에 대한 손해배상책임이 그 합리성을 인정받으려면 무엇보다도 먼저 적격자가 합리적인 절차를 걸쳐 감사로 선임되고, 그 법적지위를 확실하게 보장받으면서 각종 의무를 이행하고 권한을 행사할 수 있는 제도적 · 실무적 환경이 조성 되어야 한다.

그런데 이에 관련된 「상법」, 「자본시장법」, 「외감법」 상의 각 규정은 많은 문제점을 내포하고 있고, 기업실무에서도 감사의 직무수행에는 현실적인 장해사유가 많아 법이 예정하고 있는 본래 기능을 제대로 수행하지 못하고 있다. 즉 감사의 손해배상책임에 있어서는 그 전제요건이 제대로 충족되지 않아 형평성 문제가 제기되고 있다.

따라서 감사의 손해배상책임의 합리성을 위해서는 무엇보다도 먼저 기업내부에서 감사의 필요성 · 독립성 등에 대한 주주와 경영진의 인식전환과 그에 관련된 제도적 · 실무적인 문제점, 특히 감사의 법적 지위와 의무이행 및 권한행사에 관련된 규정들에 내포되어 있는 각종 문제점을 합리적으로 제거해야 한다.

2. 직무권한행사의 실효성 확보

감사는 회사의 경영감독기능을 담당하는 기관으로써 그 직무수행을 위해서 다양한 권한을 행사할 수 있다. 그렇지만 기업내부에서의 감사의 열악한 지위로 인해 그 권한행사에 있어서 사실상의 장애가 많고, 이로 인해 감사가 적시에 적절한 권한을 행사하는 것 자체가 어려워지고 있다.

그럼에도 불구하고 문제가 발생된 때에는 감사가 그 임무해태에 따른 무거운 책임을 부담해야 한다. 즉, 감사의 권한행사와 그에 관련된 책임사이에는 심한 불균형이 있는 것 이다. 따라서 감사의 책임의 적절성을 확보 · 유지하기 위해서는 먼저 감사의 권한행사상의 실효성을 확보해야 한다.

어느 기업이든 감사가 그 본래의 기능을 효과적으로 수행하고 또한 그 수행과정에서 아무런 현실적인 장애가 없을 때에 비로소 경영진에 대한 효과적인 견제가 가능해지고, 더 나아가 기업경영이 투명해지며 종국적으로는 주주들에게 혜택이 돌아간다. 그리고 하나의 조직이 건전하게 지속적으로 발전하기 위해서는 그 내부에 적당한 견제세력과 긴장관계가 있어야 한다.

그런데 광범위한 업무영역을 감사가 모두 감시 · 감독하는 것은 현실적으로 매우 어렵고, 감사의 권한행사에 있어서도 현실적으로 장애가 많다. 이러한 점을 종합적 으로 고려할 때, 감사의 효과적인 권한행사는 기업의 건전한 발전과 주주보호에 꼭 필요한 만큼 이를 실질적으로 지원할 수 있는 인적조직 즉, 감사보조 조직과 그에 관련된 제도적 뒷받침이 있어야 한다.

Ⅱ 임무해태의 인정범위

감사가 회사 도는 제3자에 대해서 손해배상책임을 지는 이유는 임무해태, 즉 감사가 법이 규정하고 있는 각종 의무의 이행이나 권한의 행사를 하지 아니하거나 게을리 한 때문이다. 그런데 문제는 감사의 손해배상책임의 원인이 되는 임무해태의 범위를 어디까지 인정할 것인가 하는 점이다.

이 문제는 단순히 감사의 책임 관련 규정 내에서만 판단할 것이 아니라, 감사의 직무수행과 관계된 법적·실무적 문제와 연계하여 종합적으로 검토해야 한다. 왜냐 하면 비록 외형적으로는 감사의 임무해태로 보이더라도 그러한 임무해태가 실제적 으로는 감사의 직무수행상의 제도적·실무적인 각종 장애로 인한것이라면, 이를 근거로 감사에게 법상의 엄격한 손해배상책임을 추궁하는 것은 결코 바람직하지 않다.

감사의 손해배상책임의 원인이 되는 임무해태는 그 범위가 매우 넓다. 따라서 감사가 이사의 위법·부당한 행위에 대해서 감독의무를 다하지 못하였다면 당연히 임무해태에 해당한다. 그렇다면 감사는 이사의 행위를 비롯하여 회사의 경영에 관계된 사항을 감독할 때 어느 정도의 주의를 기울여야 하는가? 이는 무엇보다도 감사의 법적 지위를 전제로 하여 판단해야 한다.

따라서 감사의 임무해태 여부는 통상의 사려 깊은 일반적인 감사를 전제로 하되 회사의 업종이나 규모와 같은 개별적인 특성을 감안하여 판단해야하고, 감사의 개인적인 능력·지식·경험 등을 고려하여 판단해서는 아니 된다. 이 점에서도 감사의 선임절차 등에 있어서 감사업무를 제대로 수행할 수 있는 적격자가 선임될 수 있는 제도적 방안모색의 필요성이 제기된다.

한편 감사는 회사의 경영감독기관이므로 그 직무를 수행함에 있어서 기울어야 하는 주의도 보통 일반인의 주의보다는 그 정도가 당연히 높을 수밖에 없다. 또한 감사의 주의의무는 그가 속한 회사의 업종이나 규모 등에 따라 그 정도가 다를 수가 있다. 따라서 감사가 그 임무를 수행함에 있어서 필요한 주의를 다 기울였느냐 여부는 이러한 요소들을 종합적으로 고려하여 판단하여야 한다.

참고 ▶▶▶ **감사의 임무해태 유형**[433]

1. 감사가 직무수행 의사 없이 자신의 인감을 대표이사 등 에게 맡긴 경우.
   (대법원 2008.9.11.선고2006다57278판결, 2008.2.14.선고2006다8260l판결).
2. 회사에 출근해서 회계장부를 감사하지 않고, 매결산기 재무제표에 관해 그 내용 을 조사하지 않은 채 맹목적으로 기명날인 한 경우.
3. 감사가 허위 재무제표인 것을 알면서 혹은 부주의로 그 사실을 모르고 재무 제표의 적정

성을 인정하여 그대로 주주총회를 통과·공고된 경우.

4. 위법배당 의안에 관하여 감사가 조사 의무를 다하지 않고 감사결과 적정·타당 하다는 취지를 주주총회에 보고하여 원안대로 승인 된 경우.

5. 감사가 정당한 사유 없이 계속적으로 이사회에 출석하지 아니하여 경영진의 분식회계 등 위법행위를 간과하여 방치한 경우.

6. 회사의 재무상태가 악화된 상황에서 상당기간 회계 감사를 하지 않거나, 회계 감사를 통해 충분히 회사의 부정행위를 알 수 있었음에도 불구하고 회계감사를 수행하지 않은 경우.

7. 감사가 회사의 내부회계관리제도 운영실태 평가를 하지 않은 경우.

8. 회사의 내부통제장치에 대한 점검을 실시하지 않은 채 감사보고서 또는 내부 감시장치에 대한 의견서를 작성하여 공시한 경우.

9. 외부감사인이 감사(감사위원회)에게 내부통제 취약 또는 특정항목에 의한 이상 징후 경고 등을 보고하였음에도 감사(감사위원회)가 이를 아무런 조치 없이 방치한 경우.

10. 감사로서 결산서류에 관하여 이사회의 승인이 없었고 법정감사기간도 지켜 지지 아니한 사실을 감사보고서에 기재해 넣거나 주주총회에 의견진술 또는 보고를 않은 경우. (대법원 2008. 9. 11. 선고 2006다57278 판결).

11. 이사가 임무를 수행함에 있어서 법령을 위반한 행위를 한때에는 그 행위자체 가 회사에 대하여 채무불이행에 해당되므로 감사는 경영판단의 재량권을 들어 감사의무를 하지 않은 경우.(2007.11.16. 선고 2005다58830 판결).

12. 임직원의 전횡이 방치되고 있거나 중요한 재무정보에 대한 감사의 접근이 조직적·지속적으로 차단되고 있는 상황인데도 재무제표의 작성 과정에 의도적·조직적인 분식 시도가 개입되는지 여부에 관하여 일상적인 주의의무 를 않은 경우.(2008.9.11.선고 2006다68636 판결).

13. 문제된 분식결산이 쉽게 발견 가능한 것이어서 조금만 주의를 기울였다면 허위로 작성된 사실을 알아내 이사가 허위의 재무제표 등을 주주총회 승인 받는 것을 저지 할 수 있을 경우(대법원 2008.2.14. 선고 2006다82601 판결, 2008.7.10. 선고 2006다39935 판결).

14. 부정행위가 교묘하게 저질러진 것이 아니어서 쉽게 발견할 수 있었을 것인데 아무런 조사도 않은 경우(대법원 1988.10.25. 선고 87다카 1370 판결).

Ⅲ 책임의 면제 및 감면

「상법」은 감사의 임무해태에 따른 손해배상책임에 대해서 면제될 수 있는 길을 열어 주면서 그 요건으로 총주주의 동의를 규정하고 있다. 그러나 소규모 가족회사를 제외한 주식회사 특히 주식이 일반대중에 분산되어 있는 상장회사의 경우에는 총주주의 동의를 얻는 것 그 자체가 불가능하다. 이 점에서 이 규정은 사실상 책임면제를

---

433) 금감원, 「분식회계 및 부실감사 책임있는 감사(감사위원)와 회계법인 중간감독자에 대한 조치기준 신설」, 보도자료 , 2016. 7. 18. 및 판례와 외부감사 관련 감사 및 감사위원 운영 모범사례 발췌.

인정하지 않는 것과 다름이 없으므로 아무런 실효성이 없다.

이에 반해 가족회사나 소규모 폐쇄회사의 경우에는 1인 주주나 소수의 몇몇 주주가 주식의 대부분을 소유하는 것이 통상이므로 총주주의 동의에 의하더라도 쉽게 책임을 면제할 수 있을 것이다. 특히 폐쇄회사의 경우에는 이사나 감사는 지배주주의 지위를 겸하는 것이 대부분이므로 총주주의 동의에 의한 책임면제란 결과적으로 자신(이사 또는 감사)의 책임을 자신(지배주주)이 면제해주는 것이 된다.

이처럼 총 주주의 책임면제는 공개회사의 경우에는 현실적으로 불가능하다는 점에서, 폐쇄회사의 경우에는 책임면제가 너무 용이하고 책임의 이른바 "자기면제"라는 점에서 양쪽 모두 문제가 있다. 이와 같이 책임면제 및 감면제도는 유착관계에 있는 대주주 및 이사에 의해 남용될 소지가 매우 크다. 그럼에도 불구하고 우리 「상법」에는 남용의 방지 내지는 통제하는 제도가 불비 되어 있다.

舊「상법」에서는 이사 및 감사의 책임면제를 주주총회의 특별결의로 가능하도록 하되, 면제하는 결의가 이루어졌더라도 소정의 소수주주(3월 이상 발행주식총수의 100분의 10이상을 가진 주주)는 회사에 당해 이사를 상대로 소를 제기할 것을 청구할 수 있도록 하였다.(舊商 제245조 제1항 제4호 및 제2항). 즉 이사 및 감사의 책임 면제도 다수결에 맡기되, 불공정한 면제를 견제하는 장치를 둔 것이다.

따라서 감사의 책임 감면 및 면제 제도의 남용 문제를 해결하기 위해서는 상기의 舊 商法상의 이사 및 감사의 책임감면제도나 의안을 주주에게 공고·통지하여 1월 이상 이의를 제출 할 기회를 준 후에(「일본 회사법」 제426조 제3항), 의결권 있는 발행주식 총수의 100분의 3 이상의 주주가 이의를 제기하면 책임을 면제할 수 없도록 한 일본의 이사 및 감사의 책임감면제도는 입법론적으로 참고할 만 하다.

참고 ▶▶ 일본의 책임경감의 남용 방지제도

일본의 경우는 남용을 예방하기 위하여 이사가 주주총회에 경감을 위한 의안을 상정할 때에 감사 또는 감사위원회의 동의를 얻도록 하며(「일본 회사법」제425조 제3항, 제426조 제2항), 이 의안을 주주에게 공고·통지하여 1월 이상 이의를 제출할 기회를 주도록 한다. (「일본 회사법」제426조 제3항). 그리하여 의결권있는 발행주식 총수의 100분의 3 이상의 주주가 이의를 제기하면 책임을 면제할 수 없도록 하였다.(「일본 회사법」제426조 제5항).

한편 이사 및 감사의 책임 면제 및 감면제도는 회사재산의 방기(放棄)를 허용 하는 것이므로 회사채권자에게는 매우 불리한제도이다. 특히 1인 회사의 경우 남용의 가능성이 매우 크다. 그래서 독일의 「주식법」에서는 이사 및 감사에 대한 손해배상채권을 포기 하더라도 회사채권자에 대하여는 이사 및 감사의 채무가 소멸하지 않는 것으로 규정하고 있다. 참고할 만한 입법례이다.

Ⅳ 책임의 제한과 그 보완책

현행 법제상 감사의 임무해태에 따른 회사에 대한 손해배상책임은 분명 과중하므로 일정한 제한을 가하여야 한다. 그러나 감사의 회사에 대한 책임을 일정한 한도로 제한 한다고 하여 모든 문제가 해결되는 것은 아니다. 감사가 회사에 대해서 책임을 져야하는 부분은 그에 상당하는 실질적인 배상이 이루어져야만 비로소 주주 및 채권자들의 이익을 침해하지 않기 때문이다.

따라서 주주 및 채권자의 이익을 침해하지 않으면서 유능한 인재를 감사직에 유인 하는 한편 감사의 직무수행에 대한 안전장치를 확보하고 이사나 감사들의 부당 하거나 과도한 책임으로부터 구제하는 수단으로서 미국에서 시행하고 있는 감사에게 부과하는 소송비용, 변호사비용, 제3자에 대한 손해배상액, 벌금 등에 대하여 회사가 일정한 조건 아래서 이사와 감사를 위하여 대신 지급해 주는 「**회사보상제도(Indemnification)**」의 도입에 대하여 적극 검토할 필요가 있다.

아울러 주주가 대표소송을 제기하는 궁극적인 목적은 임원의 책임을 추궁함으로써 회사가 입은 손해를 전보 받는 것이다. 그러나 손해배상이 인정되는 경우, 임원이 지급해야하는 손해배상액은 거액이기 때문에 개인적으로 지급은 불가능하다. 이에 주주 대표소송 등에 의한 책임추궁을 두려워하여 임원에의 취임을 꺼려하는 자를 안심시키고, 그 임원으로 하여금 책임추궁의 공포로부터 벗어나 위축되지 않고 대담한 경영을 하도록 하는 것이 회사의 이익과 사회적인 이익을 증대하는 것이다.

따라서 회사의 이사나 감사가 업무상 과실로 인하여 회사나 제3자에게 손해를 준 것으로 인하여 주주, 제3자로부터손해배상청구를 받는 경우에 회사 임원이 개인적으로 부담하여야 하는 손해배상금이나 재송비용 등이 보험금으로 해결하는 「**임원배상책임보험**」 제도를 활용하는 방안이 먼저 마련되어야 한다.

제1절 총 설

　현행 감사위원회제도는 1997년의 IMF 외환위기를 극복하는 과정에서 기존의 감사가 경영감독기관으로서의 그 기능을 다하지 못했다는 판단[434] 하에 대체적인 경영감독기구로 도입된 제도이다. 즉 「상법」은 회사의 감사기구로 감사를 원칙으로 하면서, 그를 대체 할 수 있는 기구로 이사회 내부의 위원회 중의 하나인 감사위원회를 둘 수 있도록 허용 하였다.(「상법」제415조의 2 제1항).

　그리고 상장회사에 대한 특례규정에 의해 일정규모 이상의 상장회사에 대해서 감사위원회의 설치를 의무화(「상법」제542조의11 제1항, 「동법시행령」제16조 제1항)하면서 그 구성원의 3분의2 이상을 사외이사로 구성할 것과 감사위원 중 1인 이상은 반드시 회계 또는 재무전문가일 것(「상법」제542조의11 제2항 제1호)을 요구하고 있다.

　이처럼 「상법」이 미국의 감사위원회제도를 도입한 것은 ① 기업지배구조 개선작업의 실효성을 확보하고,[435] ② 기업경영의 투명성을 고양하며,[436] ③ 감사업무의 효율성과 전문성을 제고[437]하기 위함이었다. 그러나 감사위원회제도는 도입 당시부터 많

---

434) 이철송, 전게서, 837면, 정준우, 전게서, 107면

435) IMF 외환위기 전까지 우리나라 기업의 고질적인 병폐였던 특정기업집단에의 경제력 집중, 기업의 선단식 경영, 대주주의 전횡, 재무구조의 취약성, 내부통제체제 및 외부감사체제의 형식화 등의 문제를 종합적으로 해결하기 위해서는 기업의 지배구조 그 자체를 근본적으로 개선해야 했고, 이를 위해서는 무엇보다도 새로운 내부통제 및 감독기관이 필요했다. 정준우, 전게서, 108면

436) 우리나라에서는 대주주와 그의 특수 관계자가 경영감독기관인 이사회를 장악하여 지휘. 통제하여 왔고, (강희갑, 「한국 주식회사법 상 지배구조의 문제점과 개선방향」, 한국상장회사협의회, 1990, 103~104면), 이러한 소유와 경영의 유기적 일체화에 따른 대주주 및 소수경영진들의 전횡 과 독단 그리고 그에 따른 기업경영의 투명성 결여가 IMF 외환위기의 주범으로 인식되었기 때문이다. 권종호,「감사제도의 개선과 감사 위원회제도의 과제」, 한국상사법학회 상사법연구 제19권 제3호, 2001, 100면), 정준우, 전게서, 108면

437) 이사회가 그 본래기능을 제대로 수행하려면 경영정책의 수립. 집행에 있어서 필요할 때마다 수시로 개최하여야 하는데, 이는 현실적으로 쉬운 일이 아니다. 그런데 이사회 내에 각종 위원회를 설치하여 그러한 사항을 전문성을 갖춘 소수의 이사로 하여금 처리하게 하면 업무처리의 효율성. 객관성. 전문성을 확보할 수 있다.(나승성, 「기업지배구조론」, 자유, 2000, 118면, 홍복기, 「이사회의 위원회에 관한 연구」, 경제법. 상사법논총, 1989, 403면, 정준우, 전게서, 108면)

은 비판을 받았고,[438] 소유구조의 왜곡으로 인해서 소유와 경영이 제대로 분리되지 못한 우리나라의 기업현실로 인해 그 정착에 많은 어려움을 겪고 있다.[439]

우리나라의 기업의 소유구조는 특정한 대주주에게 집중되어 있음에 비해 미국의 경우에는 기업지배구조 자체가 소유의 분산과 소수주주를 보호하는 법제도에 그 근간을 두고 있기 때문이다.[440] 또한 감사위원회는 사외이사를 근간으로 하여 구성되는데 우리나라에서는 사외이사가 미국에서와 같은 경영감시기능을 제대로 수행하지 못하고 있기 때문이다.[441]

이와 같이 감사위원회제도는 비록 여러 가지의 문제점을 내포하고 있지만, 현행법상 감사위원회는 이사회 내부의 자기시정기관으로서 각종 의무를 이행하고 권한을 행사하는데, 만약 감사위원회가 그러한 의무와 권한을 적시에 이행하지 못하거나 행사하지 못하면 엄격한 제재를 부담하는 등 점차 주식회사의 경영감독기구로 그 자리를 잡아가고 있다.[442]

최근 투자의 대규모화로 리스크관리의 중요성이 부각되면서 이사회에서 의사결정 단계에서부터 이른바 예방(사전)감사의 중요성이 강조되고 있고, 또한 외국인 주주의 급증과 함께 회사지배구조의 선진화 및 국제화가 강하게 요구되는 상황에서 국내시장에서 보다 국제시장에서의 경쟁에 사운을 걸고 있는 대형 상장회사의 경우에는 감사기구로서 국제적으로 이미 보편화된 감사위원회의 설치를 의무화 한 것은 나름대로 타당한 것으로 여겨진다.

다만, 회사지배구조란 기업의 규모나 사업의 내용에 따라 다를 수밖에 없다는 점에서 다양성을 그 본질로 하는데, 현행 「상법」의 특례규정처럼 일정규모 이상의 대형 상장회사에 대하여 일률적으로 감사위원회 설치를 강제하는 것이 과연 바람직한지에 관해서는 재고의 여지가 있는 것으로 생각된다.[443]

그러나 감사위원회의 장점은 감사위원회의 구성원인 사외이사들은 원칙적으로 대표이사에 대한 인사권을 갖는다는 점이다.[444] 따라서 감사결과 여하에 따라 이사회가 인사권을 발동할 수도 있으므로 감사보다 효과적인 감사를 할 수도 있다.

---

438) 정준우, 전게서, 108면
439) 김순석, 「미국 기업개혁법의 주요 내용과 우리나라에 대한 시사점」, 한국상장회사협의회, 2003, 136면, 정준우, 전게서, 109면. 김용범, 전게서, 어울림, 2012., 436면.
440) 김순석, 「미국 감사위원회제도의 최근동향과 시사점」, 상법학전망(논문집), 2003, 239면, 정준우, 전게서, 109면, 김용범, 전게서, 어울림, 2012., 436면.
441) 정준우, 전게서, 109면. 김용범, 전게서, 어울림, 2012., 436면.
442) 정준우, 전게서, 109면 김용범, 전게서, 어울림, 2012., 436면.
443) 권종호, 전게서, 169~170면. 김용범, 전게서, 어울림, 2012., 436면.
444) 김건식, 전게서, 박영사, 2014., 502면.

참고	감사위원회에 대한 회의론445)

학계에서는 아직 감사위원회가 과연 기존 감사에 비하여 보다 효과적으로 작동할 수 있는 기관인지에 대해서 회의론이 존재한다. 회의론의 근거는 대체로 아래와 같이 세 가지를 꼽을 수 있다.

① 이른바 자기감사의 문제다. 즉 이사회 구성원으로서 이사회 의사결정에 참여한 감사위원인 이사가 그 의사결정에 대해서 제대로 감사를 하는 것은 자기감사에 해당한다는 것 이다. 그러나 실제 이사회가 결정한 그렇게 많지 않기 때문에 자기감사가 문제될만한 사항은 별로 많지 않다. 오히려 감사위원은 이사로서 이사회에서 문제의 의사결정을 사전 저지할 수도 있다는 점에서는 감사보다 더 효과적인 감독이 가능하다.446)

② 이사회 하부기관에 불과한 감사위원회가 이사의 직무를 제대로 감독할 것을 기대할 수 없다는 주장이다. 감사위원회가 이사회 내 위원회에 속하는 것은 사실이다(「상법」제416의2 제1항). 원칙적으로 위원회 위원은 이사회에서 선임할 뿐 아니라 위원회 결의는 이사회가 번복할 수 있으므로(「상법」제393의2 제4항), 감사 위원회는 이사회의 하부기관으로 볼 수도 있다는 주장이다.

그러나 감사위원회를 일반위원회와 같이 이사회 하부기관으로 보는 것은 옳지 않다. 감사위원회에 관해서는 당초부터 「상법」이 특별히 일련의 규정을 두고 감사와 같은 권한을 부여하고 있을 뿐만 아니라 「상법」은 이사회가 번복할 수 없음을 명시하고 있기 때문이다(「상법」제415조의2 제6항). 또한 상장회사의 경우 감사 위원은 주주총회에서 임면권을 갖고 있기 때문에(제542조의12 제1항) 감사위원회가 하부기관으로 볼 근거는 전혀 없다.

③ 현실론으로서 주로 비상근 사외이사로 구성되는 감사위원회가 제대로 감사업무를 수행할 수 없다는 주장이다. 그러나 감사도 반드시 상근이라는 법은 없다. 또한 감사위원이 반드시 비상근 이어야 하는 것은 아니다. 실제로 일부회사에서는 상근 감사위원을 두고 있다. 만약 감사위원으로서의 업무가 상근을 요할 정도로 많다면 적어도 1명 정도는 상근으로 구성할 수도 있을 것이다.

---

445) 김건식, 전게서, 박영사, 2014., 501~502면.
446) 이러한 논리는 감사에게 대해서도 어느 정도 적용될 수 있다. 의결권은 없지만 감사도 이사회에 참석하여 의사를 표시할 수 있기 때문이다.(「상법」제391조의2 제1항).

제2절 　감사위원회의 설치근거

I 이사회 내 위원회

감사위원회는 감사에 갈음하여 설치되는 것으로서 기능면에서는 기존의 감사와 동일한 기능을 수행하지만, 회사조직의 면에서는 감사는 주식회사의 기관인데 반해 감사위원회는 이사회 내의 위원회의 하나에 불과하다.(「상법」제415조의2 제1항). 따라서 「상법」은 감사위원회의 고유한 사항에 관해서는 따로 규정을 두고 있지만, 감사위원회의 운영에 관해서는 이사회 내 위원회에 관한 규정을 대부분 그대로 적용하고 있다.

이 위원회제도는 1999년 「상법」개정에서 감사위원회와 함께 도입된 것인데, 주지하다시피 미국에서 보편화된 제도로서 원래 사외이사의 전문성을 살리기 위한 것이다. 그러나 우리나라의 경우에는 현행 「상법」규정에 의하면 위원회는 사외든 사내이든 불문하고 2명 이상의 이사로 구성(「상법」제393조의2 제3항)하면 되므로 이렇게 볼 수는 없다.447)

그러나 2009년 「상법」개정을 통해 감사위원회는 동 규정에도 불구하고 3명 이상의 이사로 구성하고 사외이사가 3분의2 이상(「상법」제415조의2 제2항)이어야 되도록 하여 동 제도의 취지를 살리려고 많이 노력하였다.

위원회제도는 원래 기업의 규모가 크고 이사의 수가 많은 회사에 있어서 이사회가 다수의 이사로서 구성됨으로써 회의체로서 제 기능을 발휘하지 못하는 것을 개선하기 위하여 소수의 이사로 구성되는 위원회에 이사회의 권한을 위임할 수 있도록 한 것, 즉 이사회의 「회의체로서 기능의 효율화」를 도모하기 위해 도입한 것이다.448)

감사위원회에 관하여 우리 「상법」은 제415조의 2의 일반규정에 따라 설치하는 '**일반감사위원회**'와 제542조의 11 및 제542조의 12 의 상장회사에 대한 특례규정에 따라 설치하는 '**특례감사위원회**'로 구분하고 있다.449)

II 일반감사위원회

일반감사위원회란 「상법」제415조의2에 의거 설치되는 감사위원회를 말한다. 「상법」제415조의2는 모든 주식회사에 적용되는 일반규정이다. 그래서 이 규정에 의거하여

---

447) 권종호, 전게서, 173면. 김용범, 전게서, 어울림, 2012., 437면.
448) 권종호, 전게서, 174면. 김용범, 전게서, 어울림, 2012., 437면.
449) 김재호, 전게연재서, 80면. 김용범, 전게서, 어울림, 2012., 437면.

설치되는 감사위원회를 "**일반감사위원회**"라 부른다.

「상법」에 의하면, 회사는 정관이 정하는 바에 따라 감사에 갈음하여 일반감사위원회를 설치할 수 있으며, 이때에는 감사를 따로 둘 수 없다.(「상법」제415조의2 제1항) 즉, 일반감사위원회는 정관의 정함이 있을 때에 한해 설치할 수 있으며, 정관에 정함이 없으면 기존감사를 두어야 한다.

그런 의미에서 「상법」은 기존의 감사를 원칙으로 하되, 정관의 정함이 있을 경우에 한해 일반감사위원회를 둘 수 있도록 한 것이고, 이때에는 감사기구가 중복되므로 감사를 따로 둘 수 없도록 한 것이다. 「상법」의 일반규정에서는 이처럼 일반감사 위원회의 설치를 정관자치에 의한 회사의 재량사항으로 하였다.

일반감사위원회에 대하여는 앞에서 자세히 기술(제1편 감사 이론 – 제6장 내부감사 조직 및 보조 조직 – 제2절 내부감사 조직의 형태 – Ⅱ. 내부감사기관 종류 – 3. 감사 위원회 제도 – 나. 일반감사위원회 제도 참조)하였으므로 이곳에서는 생략한다.

Ⅲ 특례감사위원회

특례감사위원회란 「상법」제542조의11 및 제542조의12에 의거 설치된 감사위원회를 말한다. 상장회사에 대해서만 적용되는 특례규정이다. 그래서 이 규정에 의해서 설치되는 감사위원회를 '**특례감사위원회**'라 부른다.

감사위원회제도에 관해서는 「상법」에서 일반규정과 특례규정으로 각각 구분하여 규정하고 있는데, 그 내용면에서 상당한 차이가 있다. 즉 감사위원회 설치에 관해 일반규정에서는 회사의 자율에 맡기고 있는데 반해, 특례규정에서는 일정규모이상 회사에 대하여 그 설치를 의무화하고 있으며, 감사의 자격 및 선·해임 절차에 관해서도 일반규정에 비해 상당히 엄격한 내용으로 되어있다.[450]

즉 최근 사업연도 말 현재 자산총액이 2조 원 이상인 상자회사의 경우에는 특례 감사위원회를 반드시 설치하도록 의무화하고 있다.(「상법」제542조11 제1항, 「동법 시행령」제16조 제1항) 따라서 이러한 회사의 경우에는 법률에 의해 그 설치가 강제 되므로 정관으로 그 설치를 배제하는 것은 허용되지 않는다. 물론 이 경우 에도 감사를 특례감사위원회와 별도로 유지할 수 없다. 다만 상장회사 중 특례감사위원회의 설치가 의무화되지 않는 회사라도 정관으로 특례감사위원회를 둘 수 있음은 말할 필요가 없다.[451]

---

450) 권종호, 전게서, 177면, 김용범, 전게서, 어울림, 2012., 438면.
451) 권종호, 전게서, 178면, 김용범, 전게서, 어울림, 2012., 438면..

특례감사위원회는 일반감사위원회의 자격 요건을 갖추는 것 외에 몇 가지 요건을 더 갖추어야 하고, 일반감사위원회 보다 엄격한 절차를 거쳐 설치되어야 한다. 이는 특례감사위원회의 기능을 제고하고 독립성을 강화하기 위한 요건과 절차들이다.

특례감사위원회에 대하여도 앞에서 자세히 기술(제1편 감사 이론 – 제6장 내부감사 조직 및 보조 조직 – 제2절 내부감사 조직의 형태 – Ⅱ. 내부감사기관 종류 – 3. 감사 위원회 제도 – 다. 특례감사위원회 제도 참조)하였으므로 이곳에서는 생략한다.

Ⅳ 금융감사위원회

금융감사위원회에는 설치 준거 법규에 따라 ① 개별 금융업법 또는 「금융회사 지배구조에 관한 법률」(이하 '금융지배구조법' 이라함)에 의한 금융감사위원회(**개별금융 감사위원회**), ② 특례규정에 의한 금융감사위원회(**특례금융감사위원회**), ③ 일반규정에 의한 금융감사위원회(**일반금융감사위원회**)의 3 가지 종류의 감사위원회가 있다.[452]

개별금융감사위원회는 은행 및 일정 규모 이상의 금융회사는 「금융지배구조법」및 관련 금융업법 등에 따라 「상법」제415조의2에 의한 "개별금융감사위원회"를 의무적으로 설치하여야 하며, 특례금융감사위원회는 상장회사로서 최근 사업연도 말 현재의 자산 총액이 2조원이상인 금융회사는「상법」"상장회사에 관한 특례규정"에 의한 "특례금융감사 위원회"를 설치하여야 한다(「상법」제542조의11 및 제542조의12).

또한 일반금융감사위원회는 개별금융감사위원회 또는 특례금융감사위원회의 설치 의무가 없는 금융회사가 자율적으로 정관에 감사위원회 설치에 관한 근거규정을 마련한 후 "일반금융감사위원회"를 설치할 수 있다.(「상법」제415조의2).

금융회사별 금융감사위원회의 도입 기준과 금융감사위원회의 설치 및 구성, 금융감사위원의 자격 요건과 선임 및 해임, 금융감사위원회의 권한과 운영 그리고 금융감사위원회의 채택 대상에 관하여는 앞에서 자세히 기술(제1편 감사 이론 – 제6장 내부감사 조직 및 보조 조직 – 제2절 내부감사 조직의 형태 – Ⅱ. 내부감사기관 종류 – 3. 감사위원회 제도 – 라. 금융감사위원회 제도 참조) 하였으므로 이곳에서는 생략한다.

---

452) 김용범, 전게서, 어울림, 2012., 439면.

제3절 ▶▶ 감사위원회의 법적지위

Ⅰ 필요적 기관

「상법」상 회사는 회사업무를 감사하기 위한 기관으로서 자유로운 선택에 따라서 감사를 두거나 혹은 정관이 정하는 바에 따라 감사에 갈음하여「상법」제393조의 2 의 규정에 의한 위원회로서 감사위원회를 설치할 수 있다.(「상법」제415조의 2 제1항).즉, 회사의 정관에 감사위원회를 설치한다는 규정이 없는 경우에는 기존 감사제도를 채택한 것으로 된다.[453] 따라서 감사위원회를 설치한 경우에는 감사를 둘 수 없다.(「상법」제415조의2 제1항).

회사의 정관에 따라 설치한 주식회사의 감사위원회는 감사와 마찬가지로 필요적 상설기관이다.[454] 감사위원회가 설치된 경우 이는 주식회사의 감사기관으로서 기능 하며, 주주총회, 이사회 및 대표이사와 함께 필요적 기관을 구성한다.「상법」상 감사 위원회는 회사가 자율적으로 정관의 규정에 따라 둘 수 있는 것과 그 설치가 법률상 강제되는 경우가 있다.

즉,「상법」상 상장회사에 대한 특례규정(이하 "특례규정"이라 함)에 의하면 최근 사업연도말 현재 자산총액이 2조원 이상인 상장회사에 대해서는 감사위원회를 반드시 설치하도록 강제하고 있고(「상법」제542조의11제1항, 「동법시행령」제16조제1항), 「금융지배구조법」과 「은행법」등 금융관련법률에 따른 금융기관에 대해서도 감사위원회의 설치를 의무화하고 있다.(「은행법」제23조의2 및 「금융지배구조법」제16조 등).

Ⅱ 회의체 기관

「상법」상 감사는 주주총회에서 선임되고, 감사의 원수에대해 「상법」상 제한이 없기 때문에 1인 이상이면 되고, 감사가 복수로 선임되어도 무방하다. 다만, 감사가 2인 이상인 경우에도 감사는 단독기관으로서 각자 독립하여 그 업무를 수행할 수 있다. 이에 반하여 감사위원회는 3인 이상의 이사로서 구성하여야 하는 회의체기관(「상법」제415조의2 제2항)인데, 이는 감사위원회의 독립성과 효율성을 기하기 위한 것이다.

「상법」상의 감사위원회는 이사회 안의 소위원회 중의 하나로서, 감사위원은 이사회

---

453) 권종호, 전게서, 177면, 이철송, 전게서, 838면, 김용범, 전게서, 어울림, 2012., 440면.
454) 강희주, 「감사와 감사위원회의 각종 소제기권의 법리적차이」, 상장회사감사회회보(제106호), 2008. 2면. 김용범, 전게서, 어울림, 2012., 440면.

가 이사 중에서 선임한다고 해석된다.[455] (「상법」제393조의2 제2항 제3호) 다만, 「상법」상 특례규정에서는 감사위원은 사내이사인 경우와 사외이사인 경우 모두 주주총회에서 선임하도록 하고 있다.(「상법」제542조의12 제1항).

감사위원회는 총 위원의 3분의2 이상은 사외이사로 구성하여야 한다.(「상법」415조의2 제2항, 제542조의11 제2항) 감사위원의 해임은 일반규정감사위원의 경우 이사회에서 이사 총수의 3분의2 이상의 결의로 할 수 있다.(「상법」제 415조의2 제3항). 그러나 특례규정 감사위원의 경우 주주총회의 결의로만 할 수 있다.(「상법」제542조의12 제1항).

그러나, 감사위원의 지위에서 해임되더라도 감사위원으로서 지위를 잃을 뿐 이사의 지위는 그대로 유지된다. 따라서 이사로서의 지위까지 박탈하려면 다시 주주총회의 해임결의를 하여야 함은 말할 필요가 없다.[456] 이에 반하여 감사는 주주총회에서 특별결의로서만 해임할 수 있다.(「상법」제415조, 제385조, 제434조).

Ⅲ 상설적 기관

「상법」상 감사위원회는 감사와 마찬가지로 이사의 직무집행을 감사(「상법」 제412조 제1항, 제415조의2 제7항)하고, 언제든지 이사 또는 자회사에 대하여 영업에 관한 보고를 요구하거나 회사 등의 재산 상태를 조사할 수 있다.(「상법」제412조 제2항, 제412조의5 제1항 및 제2항 , 제415조의2 제7항).

감사위원회는 회사에 현저한 손해를 미칠 수 있는 사실에 대해 이사로부터 보고를 받고(「상법」제412조의2, 415조의2 제7항), 그 결과를 이사회 및 주주총회에 보고하고 의견을 진술할 수 있다.(「상법」제391조의2 제1항 및 제2항, 제412조의 3 제1항 및제2항, 제412조의4 제2항).

그리고 감사록(「상법」제413조의2 제1항), 감사보고서(「상법」제447조의4 제1항, 제542조의12 제6항)를 작성. 제출하는 등의 선량한 관리자로서의 주의의무를 부담 하고(「상법」제415조, 제382조 제2항, 「민법」제681조), 임시총회의 소집을 청구 (「상법」 제412조의3 제1항 및 제2항) 할 수 있는 등 상설적인 기관으로서의 지위를 가진다.[457]

---

455) 손주찬. 정동윤,「 주석 상법」, 회사(3), 2003, 35면, 권종호, 전게서, 182면, 강희주, 전게연재서, 2면. 김용범, 전게서, 어울림, 2012., 441면.
456) 권종호, 전게서, 184면, 강희주 , 전게연재서, 2면. 김용범, 전게서, 어울림, 2012., 441면.
457) 강희주, 전게연재서, 2면, 김용범, 전게서, 어울림, 2012., 441면.

Ⅳ 업무감사기관

감사위원회도 감사와 마찬가지로 이사의 일체의 직무집행을 감사하는 권한을 가진다.(「상법」제412조 제1항, 제415조의2 제7항) 이러한 업무감사권은 회계감사권을 포함하고, 이사 및 이사회의 권한사항에 대해 감사권한이 미친다. 감사위원회가 직무집행의 감사를 위하여 필요한 경우에는 회사의 비용으로 전문가의 조력을 구할 수 있다.(「상법」제412조 제3항, 제415조의2 제7항).

감사위원회의 감사결과에 대한 의견은 이사회에 대한 보고(「상법」제391조의 2 제1항 및 제2항, 제415조의 2 제7항), 유지청구(「상법」제402조, 제415조의2 제7항). 주주총회에서 의견 진술(「상법」제413조, 제415조의2 제7항), 감사록 작성(「상법」제413조의2, 제415조의2 제7항), 감사보고서의 작성 및 제출(「상법」제447조의4 제1항, 제415조의2 제7항, 제542조의12 제6항) 등 을 통해 표명할 수 있다.

모회사의 감사위원회는 그 직무를 수행하기 위하여 필요한 경우에는 자회사에 대하여 영업의 보고를 요구할 수 있다.(「상법」제412조의5 제1항, 제415조의2 제7항) 자회사가 모회사의 감사위원회의 보고 요구에 지체 없이 응하지 아니할 때 또는 보고의 내용을 확인할 필요가 있는 때에는 자회사의 업무와 재산 상태를 조사할 수 있다.(「상법」제412조 의 5 제2항, 제415조의2 제7항).

제4절 〉〉 감사위원회와 감사의 비교[458]

감사위원회는 감사와 동일한 권한과 지위를 갖지만, 다음과 같은 법적 차이를 보인다.

Ⅰ 법적 위상

감사는 주주총회에서 선임하나, 감사위원은 대규모상장회사를 제외하고는 원칙적으로 이사 중에서 이사회가 선정한다. 선임주체의 면에서 본다면 감사위원이 감사에 비해 법적 위상이 높다고 할 수 없다.

---

458) 이철송, 전게서, 837~838면, 김용범, 전게서, 어울림, 2012., 442~443면.

II 지위의 독립성

감사는 주주총회에서 선임되는 결과 업무집행기구(이사회, 대표이사)와 대등한 지위를 가지므로 최소한 법상으로는 업무집행기구와의 관계에서 독립성을 가지고 있다고 할 수 있다. 이에 대해 감사위원은 대규모 상장회사를 제외하고는 피 감사자인 이사회가 선임 및 해임하고 감독권을 가지므로 이론상 이사회에 대해 완전한 독립성을 가질 수 없다.

III 지위의 중립성

감사는 업무집행기관에 대한 관계에서는 타인기관이므로 업무집행기관의 업무수행을 객관적인 입장에서 감사할수 있으나, 감사위원회는 기본적으로는 이사회의 구성원으로서 이사회의 업무집행 결정에 관여하는 바, 자기가 관여하여 결정한 업무의 집행행위를 감사하므로 감사할 사안에 관한 시각의 객관성에 한계가 있을 수밖에 없다.

감사위원회는 이상에서 보듯, 이론적으로는 감사기능의 실효성의 면에서 현행 감사제도를 능가할 수 없다는 결론을 낼 수밖에 없다. 감사위원회는 미국제도라고 소개되고 있으나, 미국에서도 일반적으로 강제되는 제도가 아니고, 기업이 자율적으로 채택하고 있는 제도이다.

단 상장회사에서는 감사위원회를 둘 것을 의무화하고 있으나, 이는 미국회사의 기관구조상 우리의 감사와 같은 전문적인 감사기구가 없으므로 객관화된 감사기구의 설치가 필요하다면 당연히 감사위원회와 같은 형태의 기구를 강요할 수밖에 없다. 이러한 점을 고려할 때 감사 및 감사위원회 제도의 합리적 정립을 위한 신중한 재검토가 요망된다. [459]

제5절 > 감사위원회의 설치

감사위원회제도에 관해서는 「상법」의 일반규정과 특례규정에서 각각 달리 규정하고 있는데, 그 내용 면에서는 상당한 차이가 있다. 즉 감사위원회의 설치에 관해 일반 규정에서는 회사의 자율에 맡기고 있는데 반해, 특례규정에서는 일정규모 이상의 회사

---

459) 이철송, 전게서, 838면, 김용범, 전게서, 443면 참조

에 대해 그 설치를 의무화하고 있으며, 감사의 자격 및 선·해임 절차에 관해서도 특례규정은 일반규정에 비해 상당히 엄격한 내용으로 되어 있다.

I 감사위원회 설치 개요

「상법」에 의하면 회사는 정관이 정하는 바에 따라 감사에 갈음하여 감사위원회를 설치할 수 있으며, 이때에는 감사를 따로 둘 수 없다.(「상법」제415조의2 제1항) 즉 감사위원회는 정관에 정함이 있을 때에 한해 설치할 수 있으며, 정관에 정함이 없으면 기존의 감사를 두어야 한다. 그런 의미에서「상법」은 기존의 감사를 원칙으로 하되, 정관에 정함이 있을 경우에 한해 감사위원회를 둘 수 있도록 한 것이고, 이때 에는 감사기구가 중복되므로 감사를 따로 둘 수 없도록 한 것이다.

「상법」의 일반규정의 경우에는 이 처럼 감사위원회의 설치는 정관자치에 의한 회사의 재량사항이나 특례규정의 경우에는 그러하지 않다. 즉 사업연도 말 현재의 자산총액이 2조 원 이상인 상장회사의 경우에는 감사위원회를 반드시 설치하도록 의무화하고 있다.(「상법」제542조의11 제1항, 「동법시행령」제16조 제1항).

따라서 이러한 회사의 경우에는 법률에 의해 그 설치가 강제되므로 정관으로 그 설치를 배제하는 것은 허용되지 않는다. 물론 이 경우에도 감사를 감사위원회와 별도로 유지할 수 없다. 다만 상장회사 중 감사위원회의 설치가 의무화되지 않은 회사라도 정관으로 감사위원회를 둘 수 있음은 말 할 필요가 없다.

II 감사위원의 자격 및 원수

감사위원회의 구성원인 감사위원회위원(이하 "감사위원"이라 한다)은 이사 중에서 선임되므로 기본적으로 이사가 아니면 감사위원이 될 수 없다. 다만 감사위원의 구체적인 자격요건에 관해서「상법」에서는 일반규정과 특례규정에서 각각 정하고 있다.

1. 감사위원의 일반적 자격

가. 제한능력자(舊 행위무능력자)와 파산자

본 항과 관련된 내용은 제2편 - 제2장 - 제2절 - Ⅱ-1 "제한능력자(舊 행위 무능력자)와 파산자"항 에서 자세히 설명하였으므로 이곳에서는 생략한다.

나. 법인

본 항과 관련된 내용은 제2편 – 제2장 – 제2절 – Ⅱ-2 "법인"항에서 자세히 설명하였으므로 이곳에서는 생략한다.

다. 정관을 통한 자격 제한

본 항과 관련된 내용은 제2편 – 제2장 – 제2절 – Ⅱ-3 "정관을 통한 자격 제한"항에서 자세히 설명하였으므로 이곳에서는 생략한다.

2. 감사위원의 이사로서의 자격

이사의 자격에 관하여 「상법」에서는 특별한 제한을 두고 있지 않다. 다만 사외이사에 관해서는 별도의 결격사유를 두고, 이에 해당하는 자는 사외이사가 될 수 없도록 하고, 재임 중 이에 해당하게 되면 이사의 직을 상실하는 것으로 규정하고 있다. 「상법」은 사외이사에게 대표이사 및 업무집행이사에 대한 감시기능을 기대하고 있으므로, 주로 지배주주나 경영자로부터 독립성을 확보하기 위한 요건이라 할 수 있다.[460]

가. 일반규정상 감사위원의 자격

「상법」은 감사위원회의 구성원인 감사위원에 대하여 감사에서와 마찬가지로 감사위원의 자격에 대하여 직접적으로 특별한 제한을 두고 있지 않다.(「상법」제415조의2 제2항). 다만, 감사위원회는 3명 이상의 이사로 구성되며, 그중 3분의 2 이상을 사외이사로 구성하도록 규정하고 있다(「상법」제415조의 2 제2항).

또한 감사업무의 중립성과 객관성을 확보하기 위해 도입된 사외이사의 결격요건을 통하여 간접적으로 감사위원의 자격을 제한하고 있다.(「상법」제382조 제3항). 일반규정상 사외이사가 될 수 없는 자는 아래와 같다(「상법」제382조 제3항)

일반규정상 사외이사가 될 수 없는 자
① 회사의 상무에 종사하는 이사·집행임원 및 피용자 또는 최근 2년 이내에 회사의 상무에 종사한 이사·감사·집행임원 및 피용자.
② 최대주주가 자연인의 경우 본인과 그 배우자 및 직계 존속·비속.
③ 최대주주가 법인인 경우 그 법인의 이사·감사·집행임원 및 피용자.
④ 이사·감사·집행임원의 배우자 및 직계 존속. 비속.
⑤ 회사의 모회사 또는 자회사의 이사·감사·집행임원 및 피용자.
⑥ 회사와 거래관계 등 중요한 이해관계에 있는 법인의 이사·감사·집행임원 및 피용자.

---

460) 이철송, 전게서, 542면. 김용범, 전게서, 어울림, 2012., 445면.

⑦ 회사의 이사·집행임원 및 피용자가 이사·집행임원으로 있는 다른 회사의 이사·감사·집행임원 및 피용자.

나. 특례규정상 감사위원의 자격

「상법」은 감사위원회를 의무적으로 두어야 하는 대규모상장회사의 경우에는 감사위원의 3분의 2 이상이 앞에서 설명한 결격사유가 없는 사외이사 이어야 하며, 동시에 위원 중 1명 이상이 회계 또는 재무 전문가이어야 한다. 아울러 특례감사위원회의 대표는 사외이사이어야 한다. 그리고 사외이사가 아닌 감사위원에 관해서는 특례상근 감사와 같은 자격제한이 있다.(「상법」제542조의11 제2항, 제3항).

(1) 사외이사 결격 요건

특례규정상 상장회사 감사위원회의 사외이사에 대하여는 일반규정상 사외이사의 결격 요건 이외에 아래와 같이 추가적인 결격요건을 두고 있다.(「상법」제542조의8 제2항).

특례규정상 사외이사의 추가적인 결격 요건

① 미성년자, 피성년후견인(舊 금치산자) 또는 피한정후견인(舊 한정치산자).
② 파산선고를 받고 복권되지 아니 한 자.
③ 금고 이상의 형을 선고받고 그 집행이 끝나거나 집행이 면제된 후 2년이 지나지 아니한 자.
④ 대통령령으로 별도로 정하는 법률을 위반하여 해임되거나 면직된 후 2년이 지나지 아니 한 자.
⑤ 상장회사의 주주로서 의결권 없는 주식을 제외한 발행주식 총수를 기준으로 본인 및 그와 대통령령으로 정하는 특수한 관계에 있는 자(이하 "특수관계인"이라 한다)가 소유하는 주식의 수가 가장 많은 경우 그 본인(이하 "최대주주"라 한다) 및 그의 특수관계인.
⑥ 누구의 명의로 하든지 자기의 계산으로 의결권 없는 주식을 제외한 발행주식총수의100분의 10 이상의 주식을 소유하거나 이사·집행임원·감사의 선임 및 해임 등 상장회사의 주요 경영사항에 대하여 사실상의 영향력을 행사하는 주주(이하 '주요주주'라 한다) 및 그의 배우자와 직계존속·비속.
⑦ 그 밖에 사외이사로서의 직무를 충실하게 수행하기 곤란하거나 상장회사의 경영에 영향을 미칠 수 있는 자로서 대통령령으로 정하는 자.
① 내지 ④는 이사로서의 최소한의 자질을 확보하기 위한 것이고, ⑤ 내지 ⑦은 일반사외이사의 결격요건과 같이 이사의 독립성을 확보하기 위한 것이다.[461]

(2) 회계 또는 재무전문가 요건

감사위원 중 1인은 '회계 또는 재무전문가'이어야 한다(「상법」제542조의 11 제2항 제1호). 회계 또는 재무전문가란 다음의 요건을 갖춘 자를 말한다. (「상법 시행령」제16조 제2항).

<u>회계 또는 재무전문가 요건</u>

① 공인회계사의 자격을 가진 사람으로서 그 자격과 관련된 업무에 5년 이상 종사한 경력이 있는 사람.

② 회계 또는 재무 분야의 석사학위 이상의 학위를 가진 사람으로서 연구 기관 또는 대학 에서 회계 또는 재무 관련 분야의 연구원 또는 전임강사 이상의 직에 합산하여 5년 이상 근무한 경력이 있는 사람.

③ 상장회사에서 회계 또는 재무 관련 업무에 합산하여 임원으로 5년 이상 또는 임·직원으로 10년 이상 근무한 경력이 있는 사람.

④ 「자본시장법 시행령」제29조 제2항 제4호 각 목의 기관에서 회계 또는 재무 관련업무나 이에 대한 감독 업무에 합산하여 5년 이상 근무한 경력이 있는 자.

(3) 사외이사가 아닌 감사위원 결격 요건

사외이사가 아닌 감사위원에 관해서는 상근감사와 같은 자격제한이 있다. (「상법」제542조의 11 제3항 → 제542조의101 제2항). 따라서 본 항과 관련된 내용은 제2편- 제2장-제2절-Ⅲ. 특례상근감사자격 항에서 자세히 설명하였 으므로 이곳에서는 생략한다.

3. 감사위원의 수

감사위원은 3인 이상의 이사로 구성되어야 한다.(「상법」제415조의2 제2항) 따라서 자본총액이 10억 원 미만인 회사로서 이사가 1인 또는 2인인 회사(「상법」제383조 제1항)의 경우에는 감사위원회란 존재할 수 없다. 이사가 3인인 경우에는 이론적으로 감사위원회 설치가 가능하지만, 그렇게 되면 업무를 집행하는 이사와 이를 감사하는 감사위원이 동일인이 되므로 해석론으로는 인정하지 않는 것이 타당할 것으로 생각한다.[462]

---

461) 이철송, 전게서, 543면. 김용범, 전게서, 어울림, 2012., 447면.
462) 권종호, 전게서, 182면. 김용범, 전게서, 어울림, 2012., 448면.

Ⅲ 감사위원의 선임 및 해임

감사위원의 선임과 해임은 특례감사위원회설치회사와 일반감사위원회설치회사가 방법을 달리하고 있다. 특히 특례감사위원회설치회사의 감사위원 선임과 해임에 있어서 대주주의 의결권을 제한하는 등 대주주 등으로부터 감사위원의 독립성과 중립성을 확보하기위하여 「1주 1 의결권 원칙」에 예외를 인정하고 있다.

1. 일반감사위원회

가. 일반사항

일반감사위원은 이사이므로 먼저 주주총회에서 이사로 선임되어야 하며, 이사 중에서 이사회가 감사위원을 선임한다.(「상법」제415조의2 제1항. 제2항, 제393조의2 제2항제3호) 감사의 경우에는 주주총회에서 선임되는 것과는 대조적이다. 「상법」에 의하면 감사의 선임의 경우 대주주의 의결권 제한이 있으나(「상법」409조 제2항. 제3항), 일반 감사위원의 경우에는 이러한 제한이 없다.

감사는 주주총회에서 선임되지만 일반감사위원회의 감사위원의 경우는 이사회에서 선임되므로 대주주가 의결권을 행사할 기회 그 자체가 없기 때문이다. 이처럼 일반감사위원을 사실상 대주주의 영향력 하에 있는 이사회가 선임하다 보니 그들로 구성되는 일반감사 위원회 자체의 법적 독립성과 중립성이 기존의 감사에 비해서 약화될 수밖에 없는 태생적 한계를 지니게 된다.[463]

또한 감사위원의 해임 역시 이사회결의로 한다.(「상법」제415조의2 제1항. 제2항, 제393조의2 제2항 제3호). 다만 이때에는 이사총수의 3분의2 이상의 결의로 하여야 한다.(제415조의2 제3항). 이는 감사위원의 해임을 어렵게 하여 독립성을 보장하기 위한 것이다. 다만, 감사위원의 해임은 감사위원의 지위를 박탈하여도 이사의 지위에는 영향이 없다.[464]

그리고 일반감사위원의 선임결의의 하자를 이유로 한 소 및 해임에 관해 소가 제기된 경우에는 당사자는 법원에 대해 일반감사위원 직무집행정지 또는 직무대행자 선임을 위한 가처분을 신청할 수 있다.(「상법」제415조의2 제7항, 제407조).

나. 선임기관에 따른 법적 위상

「상법」상 감사는 주주총회에서 선임되기 때문에 업무집행기구인 이사 또는 이사회와 대등한 지위를 가지며 법적으로 독립성을 유지하고 있다. 이에 비해서 일반감사

---

463) 정준우, 전게서, 117면, 김용범, 전게서, 어울림, 2012., 448~449면.
464) 최준선, 전게서, 삼영사, 2011., 531면.

위원은 이사 중에서 이사회가 선임하기 때문에 주주총회에서 선임하는 감사와 비교해 볼 때 그 법적 위상이 떨어질 위험성이 크다.

왜냐하면 감사기관인 일반감사위원회의 구성원이 감사의 주된 대상이 되는 이사회에 의하여 선임되므로 그들이 독립된 입장에서 이사회 및 이사들의 업무집행을 효과적으로 감사한다는 것은 현실적으로 기대하기 어렵기 때문이다. 또한 이는 기존의 감사가 그 직무를 충실히 수행하지 못하였다는 판단 하에 새로이 감사위원회제도를 도입한 「상법」의 취지와도 상반되므로 제도적 보완이 필요하다고 본다.

감사위원회 자체가 감사의 대체적인 경영감독기관으로 도입된 것이므로 그 지위와 직무수행상의 독립성·중립성을 확보·유지하기 위해서는 그 구성원인 감사위원도 감사와 마찬가지로 주주총회에서 선임하도록 하는 것이 바람직하다고 본다.[465]

2. 특례감사위원회

가. 일반사항

본 항과 관련된 내용은 제1편-제6장-제2절-Ⅱ-2-다-(4) 특례감사위원의 선임 및 해임 항에서 자세히 설명하였으므로 이곳에서는 생략한다.

나. 선임 및 해임에 관한 특례[466]

감사 및 감사위원의 선. 해임시의 대주주의 의결권 제한에 관해 「상법」의 일반규정과 특례규정은 각각 별도로 규정하고 있는데, 그 내용면에서 상당한 차이가 있고 복잡하다.

① 기존감사의 경우 「상법」에서는 감사의 선임에 관한 주주총회결의 시 대주주 등 「의결권 없는 주식을 제외한 발행 주식총수의 100분의 3을 초과한 주식을 소유한 자」(대주주)에 대하여는 그 초과분에 관해 의결권 행사를 금지하고 있다. (「상법」제409조 제2항). 이 제한은 감사의 해임 시에는 적용되지 아니하며, 100분의 3을 계산함에 있어서는 주주본인의 소유분을 기준으로 한다.

그러나 특례규정에서는 대주주의 의결권 제한은 특례상근감사의 「선임」뿐만 아니라 「해임」의 경우에도 적용되며, 또한 100분의 3을 계산함에 있어서도 주주본인의 소유뿐만 아니라 그 본인과 특수한 관계에 있는 자 등의 소유분까지 합산하도록 하고 있다.(「상법」제542조의12 제3항).

특례상근감사의 선임과 해임 시에 적용되는 상장회사에 관한 특례규정의 의결

465) 정준우, 전게서, 118~119면. 김용범, 전게서, 어울림, 2012., 449면.
466) 김용범, 전게서, 어울림, 2012., 450~451면, 권종호, 전게서, 한국상장회사협의회, 2004., 185~186면.

776

권 제한규정은 「상법」의 특례규정이므로 상장회사의 특례상근감사를 선임 또는 해임하는 경우에는 일반규정이 아니라 특례규정의 적용을 받게 된다는 점에서 주의할 필요가 있다. 따라서 상장회사가 주주총회의 특별결의에 의해 특례상근감사를 해임하는 경우에도 대주주의 의결권은 제한된다.

② 일반감사위원의 경우 「상법」상 일반규정은 일반감사위원의 선임. 해임의 경우 대주주의 의결권 제한은 적용되지 않는다. 「상법」의 일반규정은 일반감사위원의 선·해임은 주주총회가 아니라 이사회의 권한사항으로 하고 있기 때문이다. 이에 대해 특례규정에서는 특례감사위원의 선·해임은 주주총회의 권한사항이므로 특례감사위원에 관해서도 대주주의 의결을 제한하고 있다.

다만 특례감사위원이 사외이사인 경우에는 「선임」시에 한해 특례의결권 제한규정을 적용(「상법」제542조의 12 제4항, 일반규정 제 409조 제2항 과 동일) 하고 있으나, 사외 이사가 아닌 특례감사위원(이하 "특례상근감사위원"이라 한다)인 경우에는 「선임」뿐만 아니라 「해임」시에도 특례의결권 제한규정이 적용된다. (「상법」제542조의12 제3항).[467)]

③ 「상법」상 일반규정과 달리 「상법」특례규정은 감사 또는 사외이사가 아닌 감사위원회위원의 선임결의에 있어서 최대주주와 그의 특수관계인, 그 밖에 대통령령으로 정하는 자의 보유주식수를 합산한 후 의결권 있는 발행주식 총수의 100분의 3을 초과하는 주식에 대해서 의결권 행사를 제한하고 있다.(「상법」제542조의12 제3항, 「동법시행령」 제17조 제1항 제1호, 제2호).

다만 100분의 3을 계산함에 있어 일반규정(「상법」제409조 제2항)과 사외이사인 감사위원에 적용되는 특례규정(「상법」제542조의 12 제4항)은 주주 1인이 소유한 주식 수를 기준으로 계산하지만, 특례상근감사 또는 사외이사가 아닌 감사위원회위원에 적용되는 특례규정(「상법」제542조의12 제3항)은 최대주주에 대해서는 주주 본인의 소유 지분뿐만 아니라 그 본인과의 특수관계인, 그 밖에 대통령령이 정하는 자 등의 소유지분까지 합산하고 있다는 점이 특색이다.[468)]

다. 특례규정에 의한 감사위원 선임방법[469)]

감사위원회 위원(이하 '감사위원'이라 함)의 선임과 관련하여 현행 특례규정에 의한 의결권 제한으로 인해 실무상으로는 감사위원회 위원이 기본적으로는 이사라는 점에 기하여 주주총회에서 이사로 선임하고 이사회에서 감사위원을 선임하든지, 아니면

---

467) 김용범, 전게서, 450면.
468) 김용범, 전게서, 450~451면.
469) 최준선, 「효율적인 감사제도 운영을 위한 입법과제」, 한국상장회사협의회, 2008. 131~132면.

주주총회에서 일반이사와 감사위원인 이사를 분리하여 선임하는지에 대하여 혼란이 있고 실무상으로는 세 가지 방법을 혼용하고 있다.

첫째는 주주총회에 감사위원회 위원(이하 '감사위원'이라 함)의 선임과 해임 권한이 있다고 보고, 감사위원이 되는 이사를 일반이사들과 분리하여 주주총회에서 선임하며 이사회에 의한 감사위원 선임결의를 거치지 않는 방식.

둘째, 주주총회에서 먼저 이사를 선임하고 동일한 주주총회에서 다시 새로운 결의로 이들 이사 중에서 감사위원이 되는 자를 선임하며, 이사회 선임결의는 거치지 않는 방식.

셋째, 주주총회에서 먼저 이사를 선임하고 동일한 주주총회에서 다시 새로운 결의로 이들 이사 중에서 감사위원으로서 선임될 수 있는 자격을 부여하는 결의를 거친 후에 이사회에서 그 자를 감사위원으로 선임하는 방식.

이 경우 의결권 제한에 대해서는 첫째의 방식의 경우에 감사위원선임결의를 할 때 적용되며, 나머지 방법의 경우에는 먼저 이사를 선임할 때는 의결권제한이 없이 선임하고, 다시 감사위원이 되는 자를 선임하거나 감사위원으로 선임될 자격을 부여할 때 특례규정에 의한 의결권이 제한된다. 실무에서는 둘째의 방식을 주로 취하고 있다고 한다.[470] 실무에서 둘째방식을 주로 취하고 있는 이유는 주로 감사위원회 구성을 대주주등 기존 경영자 측에서 원하는 자로 구성할 수 있기 때문인 것으로 분석된다.

그러나 둘째의 방식은 집중투표제도와 연관시켜 보면 이 방식이 소액주주에게 유리한 방식이다. 즉, 이사로 선임된 자들 중에서 감사위원회를 구성하게 되므로 집중투표를 통해 소액주주 측에서는 더 많은 의결권을 확보할 수 있는 가능성이 커지게 되므로 소액주주들 에게는 유리한 방식이 된다. 따라서 소액주주들을 무서워하는 기업들은 이 방식을 선호하지 않을 가능성이 크다. 그럼에도 불구하고 기업들이 둘째방식을 더 많이 활용하는 이유는 대다수의 기업이 정관에서 집중투표제를 배제하고 있기 때문인 것으로 추정된다.[471]

즉, 대다수의 상장회사는 집중투표제를 배제하고 있기 때문에[472] 둘째방식을 취하게 되면, 일단 이사 선임 시에는 최대주주를 포함한 어느 주주도 의결권 제한을 받지 않고 최대주주나 기존 경영자 측에서 선호하는 이사를 선임할 수 있고, 이들 이사 중에서 감사 위원을 선임할 때에는 의결권이 제한되더라도 이미 선임된 이사 등 중에서만 선정되면 되므로 자신들이 원하는 감사위원회를 구성할 수 있다.

---

470) 김건식, 「법적 시각에서 본 감사위원회」, BFL 제13호, 2005. 9. 39면.

471) 이재혁, 「주식회사 감사위원회제도의 개선방안에 관한 연구」, 성균관대학교 박사학위 논문, 2007. 59면.

472) 상장협, 「2007 정관기재유형 분석」, 주권상장법인 679개사 중 624개사가 정관에서 집중투표제를 배제.

3. 금융감사위원회

가. 일반사항

금융회사의 감사위원회는 「상법」 제415의 2의 규정에 의한 개별금융감사위원회와 「상법」 제542조의 11 및 제542조의 12의 규정에 의해 설치된 특례금융금융감사위원회가 있다. 본 항과 관련된 내용은 제1편-제6장-제2절-Ⅱ-2-라) 금융감사위원회 항에서 자세히 설명하였으므로 이곳에서는 생략한다.

나. 「금융지배구조법」 상 특례[473)]

「금융지배구조법」 제정을 이전에 개별금융업법은 일정한 경우 감사위원회 설치를 의무화하면서도 감사위원 임면 권한에 대하여는 명시적으로 정하고 있지 않았다. 다만 일부 법령에서는 감사위원이 되는 사외이사 선임에 대해 「상법」 제409조 제2항 및 제3항 이 준용된다고 규정하였다. 이에 따라 실무상 특례규정을 적용받지 않는 금융회사의 감사위원 선출방식은 일괄선출 방식과 분리 선출 방식이 혼재하였다.

「금융지배구조법」 제정 과정에서 금융회사의 바람직한 지배구조 정립을 위한 방안의 일환으로 금융회사 감사위원의 독립성 제고하기 위한 방안이 논의되게 되었다. 특히, 금융회사의 경우에는 일반회사에 비하여 주주뿐만 아니라 예금자, 투자자 및 보험계약자 등 이해관계인의 보호 필요성이 더욱 크다는 점에서, 대주주의 영향력을 더욱 제한할 필요가 있다는 점이 대두되었다.

이에 따라 「금융지배구조법」 제정을 위한 정부와 국회의원들의 제출안은 공통적 으로 감사위원 선·해임권이 주주총회에 있음을 명시하고, 최대주주와 특수관계인의 의결권을 합산하여 제한하였으며, 나아가 모두 「상법」 상 대규모 상장회사와 달리 감사위원 분리선출 방식을 명문화 하였다. 특히, 정부의 최초 입법 예고안은 감사 위원이 되는 모든 이사를 분리선출하도록 규정하였다.

이에 대해 규제개혁위원회에서는 지배주주로부터 독립된 감사위원회 구성을 위해서는 분리선출 방식으로 선임하는 감사위원을 확대할 필요가 있으나, 이사회 구성원이 되는 감사위원인 이사의 선임에 대해 주주의 의결권을 제한한 상태에서 분리선출 하도록 하는 것은 회사 경영은 주주 과반수의 의사에 의한다는 주식회사의 기본이념에 배치되고 대주주를 배제한 채 소액주주들로 하여금 이사회를 지배하게 되는 문제가 있다는 의견을 제시하였다.

따라서 최종 통과 된 「금융지배구조법」 은 금융회사의 지배구조에 관한 특별법 (법 제4조)으로서, 일반 상장회사와 달리 「금융지배구조법」 의 적용을 받는 대규모 금융

---

473) 고창현·김지평,「감사위원 선임 관련 법적 문제」, 상장회사 감사회 조찬강연 자료, 2017. 3. 23.

회사의 경우 개별주주와 최대주주 및 특수관계인에 대한 의결권 제한이 해당 감사위원이 사외이사인지, 사내이사인지 불문하고 모두 적용되고, 감사위원이 되는 사외이사 1명 이상을 다른 이사와 분리하여 선임하도록 하였다.(「금융지배구조법」 제19조 제6항 및 제7항).

4. 선임 및 해임에 관한 특례의 문제점
가. 의결권 제한의 선·해임 구별 문제

특례감사위원의 선. 해임에 관한 특례규정의 내용을 재정리하면, ①「사외이사인 감사위원」의 경우에는 선임 시에만 의결권제한규정이 적용되는데 반해, ②「사외이사가 아닌 감사위원」의 경우에는 선임과 해임 시 모두 특례규정의 의결권제한규정이 적용된다. 그런 점에서 사외이사인 감사위원에 대해서는 상대적으로 완화된 규제를 가하고 있는 셈이다.

그 이유는 좋게 해석하면 사외이사인 감사위원인 경우에는 특례규정에 의해 사외이사후보추천위원회의 추천을 받은 자 중에서 선임되므로 독립성은 어느 정도 확보된 것으로 볼 수 있기 때문에 대주주의 의결권을 제한할 필요성은 그다지 크지 않다는 점일 것이다.

그렇다면 해임뿐만 아니라 선임의 경우에도 대주주의 의결권을 제한하지 않는 것이 옳을 것이다. 이러한 점에 비추어 볼 때 특례규정상의 감사위원의 해임에 관계된 대주주의 결권 행사제한은 선임 시만 제한하고 해임 시에는 제한하지 않는 것은 논리적으로 합리성이 결여되어 있다. 따라서 감사위원은 그가 사외이사든 아니든 그 지위와 직무수행상의 독립성·중립성을 위해서 해임에 있어서도 선임과 같이 대주주의 의결권 행사를 제한하는 것이 바람직할 것이다. [474]

나. 의결권 제한의 위헌성 문제

본 항과 관련된 내용은 제2편-제8장-제1절-Ⅴ-7. 의결권 제한 위헌성 문제 항에서 자세히 설명하므로 이곳에서는 생략한다.

다. 의결권 제한의 역차별 문제

본 항과 관련된 내용은 제2편-제8장-제1절-Ⅴ-8. 의결권 제한 역차별 문제 항에서 자세히 설명하므로 이곳에서는 생략한다.

---

474) 권종호, 전게서, 186~187면, 정준우, 전게서, 125면, 김용범, 전게서, 어울림, 2012., 451면.

라. 감사위원 선임방법상 문제

대주주 및 경영진으로부터 감사위원의 독립성을 확보하기 위하여 도입된 대주주에 대한 의결권 제한 규정을 회피하기 위하여 기업들이 '주주총회에서 먼저 이사를 선임하고 동일한 주주총회에서 다시 새로운 결의로 이들 이사 중에서 감사위원이 되는 자를 선임 하는 방식'을 감사위원 선임방식으로 채택하고 있어 위에서 설명한 바와 같이 사실상 대주주에 대한 의결권 제한 규정을 無力化하고 있다.

대규모기업집단 소속 상장회사의 경우 2016년 말 현재 감사 또는 감사위원의 44%가 대주주 등과 이해관계 있는 사람으로 구성되어있는 현실을 볼 때[475], 최근 ○○○·○○○게이트에서 드러난 대주주 등의 정경유착 및 사익편취를 억제하기 위해서는 경영감독의 역할을 주로 하는 이사회의 감사위원회 위원을 선출할 때 대주주 등의 영향력을 제한해 독립적 감사위원회위원을 선출할 수 있도록 일반 이사와 감사위원회 이사의 분리선출 방식을 도입하는 것이 바람직할 것이다.[476]

Ⅳ 감사위원의 임기 및 보수

1. 감사위원의 임기[477]

「상법」은 감사위원의 임기에 관한 명문 규정을 두고 있지 않을 뿐만 아니라 그 준용규정도 두고 있지 않다. 그리하여 감사위원회를 운영함에 있어서는 감사위원의 임기에 관련된 법적 분쟁이 발생될 우려가 있다. 왜냐하면 감사위원은 기본적으로 이사의 지위도 가지고 있어서 그 지위의 변동여부가 감사위원의 임기를 좌우하게 될 뿐만 아니라 그간 여러 차례의「상법」개정을 통해 감사의 임기를 연장(1년→2년→3년)하여 왔기 때문이다.

따라서 감사의 경우처럼 감사위원에 대해서도 임기(3년)에 관한 구체적인 규정을 두되, 감사위원의 이사로서의 지위도 함께 고려하여 감사위원 임기 중 이사의 임기가 종료하면 감사위원의 임기도 당연히 종료되는 것으로 해야 할 것이다. 그러나 이미 앞에서 살펴 본 것처럼 「상법」은 감사위원의 임기에 관한 별도의 규정을 두고 있지 않을 뿐만 아니라 그 준용규정도 두고 있지 않고 있다.

---

475) 이수정, 「사외이사 및 감사의 독립성」, ERRI' 경제개혁연구소, 2017. 3. 2. 28면.
476) 박상인, 「상법 개정 무산 유감」, 경향신문, 2017. 3. 2.
477) 정준우, 전게서, 126~127면, 김용범, 전게서, 452면.

만약 정관에서 감사위원의 임기를 정하고 있으면 그에 의해야 하겠지만, 정관에도 임기규정이 없으면 그 선임자인 이사회가 임기를 정할 수 있다고 해석해야 할 것이다. 그런데 만약 이사회까지도 감사위원의 임기를 정하지 아니하였다면 어떻게 할 것인가? 이 때에는 감사위원으로 선임된 때부터 그 임기가 개시되고, 임기만료 또는 기타의 사유로 이사의 지위가 종료됨과 동시에 감사위원의 임기도 아울러 종료된다고 보아야 한다.[478]

그런데 이사의 직무집행을 감독해야 할 위치에 있는 감사위원의 선임뿐만 아니라 그 임기까지도 이사회가 정할 수 있다는 것은 감사위원의 독립성을 크게 침해할 가능성이 있기 때문에 결코 타당하지 않다. 그리고 감사위원의 임기가 정하여지지 않으면 감사위원의 임기 자체가 자연스럽게 이사의 임기에 의존될 수밖에 없는데, 이 역시 감사위원의 독립성 확보·유지라는 측면에서는 결코 바람직하지 않다.

그리고 공기업·준정부기관이나 일부기업의 경우 감사 임기를 3년으로 고정화하지 않고, 먼저 2년을 하고 연임 1년은 직무수행평가실적의 평가결과로 결정하도록 하고 있는데(「공공기관의 운영에 관한 법률」 제28조 제2항 제3호, 주식회사 ○○「정관」 제○○조), 이는 무능한 감사를 솎아내는데 목적이 있다고 하나, 실제로는 대주주나 경영진에 맹종하지 않는 감사를 제거하는데 악용되고 있어 감사의 독립성 측면에서 반드시 시정되어야 할 사항이다.

따라서 이러한 문제를 효과적으로 해결하기 위해서는 감사위원의 임기에 관한 명문규정을 「상법」에 두는 것이 가장 바람직할 것이다.[479] 그러나 법이 개정되기 이전에는 우선 해당회사 「정관」의 이사 임기조항에 감사위원의 임기(3년)를 명시 하는 것[480]이 바람직하다. 왜냐하면 「상법」이 감사/감사위원의 독립성을 확보하기 위해 수차례 임기를 연장해 온 취지와 감사위원이 이사회에 의해 좌우되지 않고 독립성을 확보할 수 있기 때문이다.

또한 실무적으로 업무담당이사의 임기를 3년으로 운영할 경우에는 큰 문제가 없지만, 2년으로 운영하는 경우 감사의 임기를 3년으로 연장한 입법취지에 맞춘 감사담당이사(감사위원) 임기를 3년으로 운영하는데 여러 가지 문제가 발생할 수 있다. 이러한 경우 이사의 임기를 정관에는 3년 이내로 규정하고, 운영 시에 업무담당이사는 임기를 2년으로 표기하여 선임하고 감사담당이사는 3년으로 표기하여 선임하는 방법을 활용할 수 있을 것이다.

---

478) 손주찬, 전게서, 880~883면, 정찬형, 전게서, 903면, 최준선, 전게서, 531면, 김용범, 전게서, 452면.
479) 정준우, 전게서, 127면, 김용범, 전게서, 452면.
480) ○○은행「정관」제 27조(이사의 임기) 제2항.

2. 감사위원의 보수

감사의 보수는 일반회사의 경우 정관 또는 주주총회의 결의로 정한다(「상법」제415
조, 제388조). 그리고 상장회사의 경우에는 특례규정에 의하여 감사의 보수결정 의안
은 이사의 보수 결정 의안과는 별도로 상정·의결하여야 한다(「상법」제542조의 12 제
5항).이는 대표이사나 이사회의 영향력을 차단하고 감사의 독립성을 강화하기 위해서
이다.

그러나 감사위원회의 감사위원의 보수에 대해서는 「상법」에 아무런 규정을 두고 있
지 않다. 따라서 현재로서는 감사위원이 이사의 지위도 겸하고 있는 점과 연계하여
그 보수도 정관에 정해지거나 아니면 이사로 선임될 때 주주총회에서 총액으로 결정
되고 개별적인 보수액은 이사회에 위임하여 처리할 수 있다고 해석할 수밖에 없다.

그런데 이러한 논리구성은 감사위원의 지위상의 독립성과 그 업무집행상의 객관성
·중립성을 심각하게 훼손할 우려가 있다. 만약 감사위원의 선임뿐만 아니라 그 보수
에 대한 결정권까지 모두 이사회에 집중된다면, 감사위원회의 구성원인 감사위원이
이사 및 이사회의 업무집행사항을 효과적으로 견제 및 감사 한다는 것은 현실적으로
거의 불가능하다.

따라서 감사위원의 보수에 대해서는 상장회사의 감사 보수에 관한 규정(「상법」제
542조의 12 제5항)과 같이 일반적인 임원의 보수결정과는 다른 특별규정을 두던지
아니면 일반회사의 감사 보수에 관한 규정(「상법」제415조)처럼 이사의 보수에 관한
「상법」제388조를 준용하는 규정을 두어야 할 것이다.[481]

제6절 ▶ 감사위원회의 운영

Ⅰ 감사위원회의 대표

「상법」상 감사위원회는 3인 이상의 이사로 구성하여야 하는 회의체 기관이다. (「상
법」제415조의2 제2항) 이는 감사위원회의 독립성과 효율성을 기하기 위한 것이다. 회
의체기관이기 때문에 대표가 필요한데, 감사위원회를 대표할 자는 감사위원회의 결의
로 선정하여야 한다.(「상법」제415조의2 제4항).

감사위원회의 대표의 선임은 필수적이다.「상법」이 이와 같이 감사위원회의 대표 위

---

481) 정준우, 전게서, 128면, 김용범, 전게서, 453면.

원의 선임을 필수적인 것으로 하고 있는 이유는 회의체인 감사위원회의 운영을 원활하게 하고, 그 결의사항을 신속하고 효과적으로 집행할 수 있도록 하기 위한 것이다.[482] 따라서 대표위원이 선정될 경우에는 감사위원회는 감사업무에 관한 의사 결정을 하고, 대표위원은 그 결정을 집행하는 역할을 수행하게 된다.[483]

다만 일반감사위원회 대표위원의 자격에 대해서는 아무런 제한이 없으므로 감사 위원 중 누구도 대표위원이 될 수 있다. 이에 대해 특례감사위원회의 경우에는 그 대표는 반드시 사외이사이어야 한다.(「상법」제542조의11 제2항 제2호) 물론 감사 위원회의 대표위원은 반드시 1인이어야 하는 것은 아니므로 수인의 위원이 공동으로 감사위원회를 대표할 것을 정할 수도 있다.(「상법」제425조의2 제4항).

Ⅱ 상근감사위원 제도

1. 상근감사위원제도의 개요

원칙적으로 회사 내의 감사와 관련된 사항은 감사위원회가 권한을 갖고 수행하나 감사위원회가 상근조직이 아닌 회의체 형태로서 통상 분기에 1회 정도 개최되고 감사 직무 수행에 따른 처리 결과를 즉시 결의 또는 심의하기가 곤란하므로, 감사업무의 효율적인 수행을 위하여 상근감사위원을 두고 감사위원회가 통상적으로 처리해야 할 주요사항을 상근감사 위원에게 위임하여 처리하고 있는 제도이다.[484]

2. 상근감사위원의 업무범위

감사위원회의 상근감사위원은 감사위원회가 정한 감사 정책 및 기준을 집행하는 책임을 지며, 監査活動을 감독하고 감사정책, 감사 프로그램 및 절차를 알리고 이행 사항을 모니터링 하는 역할을 한다. 그리고 상근감사위원은 내부감사를 통해 업무의 효율화, 재무제표의 신뢰도 제고, 업무관련 제반 리스크의 최소화, 회사의 경영합리화에 기여하도록 노력 하여야 한다.[485]

감사위원회는 효율적인 감사업무의 처리를 위하여 상근감사위원에게 다음과 같은 사항을 위임할 수 있으며, 위임된 업무의 수행이 상근감사위원의 직무가 됨에 따라 일반적으로 회사의「감사위원회직무규정」에 상근감사위원의 직무를 명시하지 않고, 별도로 「상근감사위원 직무규정」을 제정하고, 동 규정에 다음과 같이 상근감사위원의 직무를 명시한다.[486]

---

482) 정준우, 전게서, 162면, 김용범, 전게서, 어우림, 2012., 453면.
483) 권종호, 전게서, 187면, 김용범, 전게서, 454면.
484) 금융감독원, 전게서, 94면, 김용범, 전게서, 454면.
485) 김용범, 전게서, 454면.

상근감사위원의 직무(예시)

① 경영진의 일상 업무집행에 대한 사전·사후 감사.

② 감사실시 등 내부감사업무 수행에 관한 전반적인 사항.

③ 감사결과 지적사항에 대한 조치 및 이행 확인.

④ 감사인의 보직, 전보 등 인사 시 사전협의 및 근무 평정.

⑤ 감사위원회규정 및 상근감사위원직무규정을 제외한 감사관련 규정의 제정·개폐.

⑥ 감사위원회가 지시하거나 별도로 결의하여 위임한 사항.

⑦ 기타 감사업무 수행에 관한 사항.

(금융회사「상근감사위원직무규정 모범규준(안)」제3조 제1항 참조 및 인용)

아울러 상기 열거한 사항 이외에도 감사위원회가 필요하다고 판단되는 사항에 대해서는 감사위원회의 지시 또는 결의에 의해 감사위원회의 권한 일부를 상근감사 위원에게 위임하여 처리할 수 있다.

3. 상근감사위원의 업무처리 결과 보고

상근감사위원은 상근감사위원 직무로 정한 사항 및 별도 지시 또는 위임 받은 사항 중 중요사항에 대해서는 監査 및 업무처리 결과를 정기적으로 감사위원회에 보고하여야 한다. 다만 중요 사항이 있을 경우 에는 즉시 감사위원회에 보고하여야 한다. (「상근감사위원 직무규정 모범규준(안)」제18조 참조).

Ⅲ 감사위원회의 소집

감사위원회는 이사회 내 위원회로서 「상법」상 위원회의 소집과 결의에 관한 규정을 준용하고 있다. 감사위원회의 회의는 원칙적으로 각 감사위원이 그 소집을 청구할 수 있으나, 감사위원회의 결의로 소집할 위원을 정한 때에는 그 위원이 감사위원회를 소집할 수 있다.(「상법」제393조의2 제5항, 제390조 제1항).

소집권자로 지정되지 아니한 다른 감사위원은 소집권자인 감사위원에게 감사위원회의 소집을 요구할 수 있다. 소집권자인 감사위원이 정당한 이유 없이 감사위원회의 소집을 거절하는 경우에는 다른 감사위원이 감사위원회를 소집할 수 있다.(「상법」제393조의2 제5항, 제390조 제1항).[487]

---

486) 김용범, 전게서, 어울림, 2012., 455면.
487) 최준선, 「효율적인 감사제도 운영을 위한 입법과제」, 한국상장회사협의회, 2008., 163면, 김용범, 전게서, 455면.

감사위원회를 소집함에는 회의 일을 정하고 그 1주간 전에 각 감사위원에 대하여 통지를 발송하여야 하는데, 이 기간은 정관으로 단축할 수 있다.(「상법」제393조의2 제5항, 제390조제3항). 감사위원회는 감사위원 전원의 동의가 있는 때에는 위에서 말한 통지절차 없이 언제든지 회의를 할 수 있다.(제393조의2 제5항, 제390조 제4항).[488]

Ⅳ 감사위원회의 결의방법

1. 감사위원회 결의 개요

감사위원회 결의는 감사위원 과반수의 출석과 출석한 감사위원의 과반수로 하여야 한다. 그러나 정관으로 그 비율을 이보다 높게 정할 수 있다.(「상법」제393조의2 제5항 → 제391조 제1항).

정관에서 달리 정하는 것을 제외하고 감사위원회는 감사위원의 전부 또는 일부가 직접 회의에 출석하지 아니하고 모든 위원이 동영상 및 음성을 동시에 송·수신하는 통신 수단에 의하여 결의에 참가하는 것을 허용할 수 있다. 이 경우 당해 위원은 감사위원회에 직접 출석한 것으로 본다.(「상법」제393조의2 제5항, 제391조 제2항)[489]

감사위원회의 결의에 관하여 특별한 이해관계가 있는 위원은 의결권을 행사하지 못하며, 이때 특별이해관계인인 감사위원의 수는 감사위원회의 성립을 위한 정족수 (출석정족수)의 계산에 포함되나, 출석한 감사위원의 의결권의 수 (의결정족수)에는 산입하지 않는다.(「상법」제393조의2 제5항, 제391조 제3항, 제368조 제4항, 제371조 제2항)[490]

2. 감사위원회 결의 요건

감사위원회 결의는 감사위원 과반수의 출석과 출석한 감사위원의 과반수로 해야 한다(「상법」제391조 제1항). **감사위원 과반수**란 재임하는 감사위원 전원의 과반수[491]를 말하며, 직무대행자(「상법」제407조 제1항)는 여기서의 감사위원에 포함되나, 직무집행이 정지된 감사위원(「상법」제407조 제1항)은 포함되지 아니한다.[492]

감사위원회의 의결권은 감사위원 1인에 대하여 1개씩 주어진다. 「정관」에 의해서도 이에 대한 예외를 둘 수 없다. 감사위원회에서는 주주총회에서와는 달리 과반수 출석

---

488) 최준선, 전게연구보고서, 한국상장회사협의회, 2008., 163면, 김용범,전게서, 어울림, 2012., 455면.
489) 최준선, 전게연구보고서, 한국상장회사협의회, 2008., 163면, 김용범, 전게서, 456면
490) 최준선, 전게연구보고서, 한국상장회사협의회, 2008., 163면, 김용범, 전게서, 456면
491) 과반수(過半數)란 '절반이 넘는 수'를 뜻하며, '절반'을 포함하는 '반수 이상'보다는 절반을 포함 하지 않는 '반수 초과'의 뜻으로 보는 것이 적절하다. 자료 : 국립국어원.
492) 이철송, 전게서, 박영사, 2014., 669면.

을 요하므로 예컨대 6인의 이사 중 3인이 출석하여 전원 찬성하더라도 성립정족수에 미달 하므로 무효이다.[493]

결의요건은 「정관」으로 그 비율을 높일 수 있다.(「상법」제391조 제1항). 반대로 완화하는 것(예컨대 3분의 1 이상 출석에 과반수 찬성)은 허용될 수 없다.[494] 다만, 사안의 경중에 따라 결의요건을 달리하는 것은 무방하다고 본다.

(1) 결의요건의 강화[495]

결의요건을 강화함에 있어서는 다음 두 가지 점에 주의를 요한다.

첫째, 일상적인 업무집행의 결정을 과반수 보다 강화된 다수의 찬성에 의하게 한다면 회사의 운영이 교착(膠着)을 면치 못할 것이다. 일상적인 감사위원회의 운영은 과반수의 감사 위원에 의해 지속될 수 있어야 한다고 보는 것이 감사 위원회 유지 이념에 부합한다.

그러므로 통상의 업무집행에 관해서는 과반수를 초과하는 결의요건을 강화하더라도 재적감사위원 과반수의 찬성을 초과할 수 없다고 해야 한다. 대표감사위원을 선정하는 결의 자체는 통상의 업무집행이 아니지만, 통상의 업무집행의 전제가 되는 지위이므로 역시 과반수의 찬성을 초과할 수 없다고 보아야 한다.[496]

둘째, 특히 중요한 의안에 대해서는 과반수를 초과하는 결의요건을 정할 수 있다고 보나, 그렇더라도 일부 감사위원에게 거부권을 주는 것과 같은 정도로 강화할 수는 없다. 예컨대 「감사위원 전원의 6분의5의 동의」, 「"전원 출석"에 3분의2 이상 동의」, 혹은 「과반수 출석에 전원동의」를 요구하는 것은 무효라고 본다.[497]

(2) 可否同數의 效力[498]

감사위원회의 표결결과 가부동수인 경우에는 당연히 부결이다. 이는 과반수의 찬성을 요하는 법문의 취지에도 분명하지만 단체의사 결정에 일반적으로 통용되는 條理上 또는 多數決의 一般原則上으로도 부결하는 것이 옳다고 할 것이다.[499]

---

493) 이철송, 전게서, 박영사, 2014., 669면, 대법원. 1995. 4. 11. 선고, 94다33903 판결.
494) 이철송, 전게서, 박영사, 2014., 669면, 대법원. 1995. 4. 11. 선고, 94다33903 판결.
495) 이철송, 전게서, 박영사, 2014., 669~670면.
496) 대표감사위원의 선정요건을 예컨대 재적감사위원의 3분의 2 이상으로 강화한다면 대표감사위원의 선정이 표류되어 회사의 정상적인 업무집행이 불가능해질 수도 있다.
497) 上柳克郎 외, 「新版 註釋會社法(6)」, 有斐閣, 1985~1990. 113면, 이철송, 전게서, 박영사, 2014., 669~670면.
498) 이철송, 전게서, 박영사, 2014., 670면.
499) 이철송, 전게서, 박영사, 2014., 542~543면.

| 참고 | 可否同數의 效力에 대한 起源 |

가부동수인 경우에는 「상법」상의 요건인 과반수에 미달하므로 否決로 보아야 함은 당연하지만 일반적으로 단체 의사결정에서 가부동수인 경우 否決로 보아야할 條理上의 이유가 있다. 「상법」이 과반수의 찬성을 요구하는 것도 다음에서 말하는 條理上의 원칙을 받아들인 것이다.

결의란 예외없이 구성원들이 처한 현재의 상황에서 변화를 가져오는데 대해 구성원들의 의견을 묻는 것이다. 변화를 원한 자와 원하지 않는 자가 동수로 대립한다면 변화로의 의사결정은 불가능 하다. 의사결정이 불가능하다면 현 상태가 유지될 수밖에 없고, 따라서 현재의 상황 그자체가 한 개의 의결권을 가지는 것과 같다.[500]

그러므로 현 상황의 변화를 실현하고자 한다면 최소한 반수보다 많은 지지를 얻어야 하는 것이다.

만약 「정관」에 규정을 두거나 감사위원회결의에 의해 감사위원회의 결의가 가부동수인 경우 특정인(예 : 위원장 등)이 결정권을 행사하도록 할 수 있는가? 감사위원회에서는 주주총회 에서와 같은 의결권의 평등을 강조할 필요가 없다는 이유로 긍정하는 견해[501]가 있으나, 법적 근거 없이 특정인에게 복수의결권을 주거나 결의요건을 완화시키는 결과가 될 뿐 아니라 집단의 의사결정 방법인 다수결의 일반원칙에도 反하므로 부정하는 견해[502]가 옳다고 본다.

판례를 살펴보면 이 점을 정면으로 다룬 판례는 없으나, 「재적 6명의 이사 중 3인이 참석하여 참석이사의 전원의 찬성으로 이 사건 각 연대보증을 의결한다면 위 각 이사회의 결의는 과반수에 미달하는 이사가 출석하여 「상법」상의 의사정족수가 충족되지 아니한 이사회에서 이루어진 것으로 무효라고 할 것이고, 정관에 이사회 결의는 이사 전원의 과반수로 하되 가부동수인 경우에는 이사회 회장이 결정하도록 규정되어 있고, 위 각 이사회결의에 참석한 이사 중에 이사회 회장이 포함되어 있다고 하여도 마찬가지라고 할 것이다.」라고 판시하고 있어, 가부동수

---

500) 이철송, 전게서, 박영사, 2014., 543면, Cary, William L. & Eisenberg, Melvin A., 전게서, 1995. 35면.

501) 서돈각·정완용, 「제4전정 상법강의(상)」, 법문사, 1999., 435면. 서헌제, 「사례중심체계 상법강의(상)」, 법문사, 2007., 820면. 임홍근, 「회사법」, 법문사, 2000., 475면. 정동윤, 「제6판 상법(상)」, 박영사, 2012., 607면.

502) 강위두·임재호, 「제3 전정판 상법강의(상)」, 2009., 800면, 권기범, 「제4판 현대 회사법론」, 2012., 813면, 김정호, 「제2판 회사법」, 2012., 406면, 박상조, 「제3증보판 신회사법론」, 2000., 583면, 손주찬, 「제15보정판 상법(상)」, 2007., 776면, 송옥열,「제2판 상법강의」, 2012., 964면, 이범찬·임충희·이영종·김지환, 「회사법」, 2012., 336면, 이기수·최병규, 「제9판 회사법(상법강의Ⅱ)」, 2011., 367면, 정경영, 「개정판 상법학 강의」, 2009., 511면, 정무동,「제2전정판 상법강의(상)」, 1996., 486면, 정찬형,「제15판 상법강의(상)」, 2012., 916면, 정희철, 「상법학(상)」, 1989., 477면, 채리식,「개정판 상법강의(상)」, 1996., 521면, 최기원, 「제14대정판 신회사법론」, 2012., 610면, 최준선, 「제7판 회사법」, 2012., 411면.

인 경우 부결됨을 전제로 하고 있다.503)

또한 이사회결의가 특정인의 동의(예: 특정의 대주주 또는 대형채권자)를 얻어야 발효할 수 있게 하는 것도 회사의 권한배분의 원칙에 反하므로 무효이다.504)

(3) 결의요건의 요구시점

결의 요건 중 감사위원회의 성립요건(과반수의 출석)은 개회 시 뿐만 아니라 토의·결의의 전 과정을 통하여 유지되어야 한다.505) 예컨대 재적 9인의 감사 위원 중 5인이 출석했다가 1인이 중간에 퇴장 했다면 나머지 인원으로 결의할 수 없다.

한편 결의의 집행행위가 이루어질 시점에서 감사위원회의 인적 구성이 결의 당시의 감사위원들과 달라지거나, 감사위원 총수가 증원되어 결의에 필요한 감사위원 수가 늘어났다고 하더라도 결의의 효력에는 영향이 없다.506)

참고 ▶▶▶ 出席의 意義 및 決議와 關係

「출석」이란 감사위원회의 결의현장에 在席함으로써 採決의 대상이 될 수 있는 상태에 있음을 의미한다. 따라서 찬성 또는 반대의 의사를 표명할 것을 거부한다고 해서 결석한 것으로 간주해서는 안 된다. 기권 등도 採決에 반영하여야 하기 때문이다.507)

---

3. 감사위원회 의결권행사의 독립성

감사위원은 의결권의 행사에 관해서도 회사에 대해 책임을 진다.(「상법」 제415조의 2 제7항 → 「상법」 제414조). 이는 감사위원의 의결권이 자기 책임하에 독립적으로 행사 되어야 함을 의미한다. 그러므로 감사위원 상호간 또는 감사위원과 주주 기타 제3자와의 사이에 감사위원의 의결권을 구속하는 계약은 무효이다.508)

또한 감사위원회는 회사가 기대하는 감사위원 개개인의 능력과 고도의 신뢰관계에 기초해서 구체적인 업무집행을 결정하는 기관이므로 감사위원은 직접 의결권을 행사해야 하고 그 대리행사는 허용되지 않는다.(통설)509)

감사위원의 지위는 一身 專屬的인 것으로서 양도가 불가능할 뿐만 아니라, 만일 대

---

503) 대법원.1995. 4. 11. 선고. 94다33903 판결.
504) 정동윤, 「제6판 상법(상)」, 법문사, 2012., 607면.
505) 이철송, 전게서, 박영사, 2014., 670면, 日最高裁, 1966. 8. 26. 결정.
506) 이철송, 전게서, 박영사, 2014., 671면, 대법원. 2003. 1. 24. 선고. 2000다20670 판결.
507) 이철송, 전게서, 박영사, 2014., 671면, 대법원. 2001. 12. 28. 선고. 2001다49111 판결.
508) 이철송, 전게서, 박영사, 2014., 671면.
509) 이철송, 전게서, 박영사, 2014., 671면, 대법원. 1982. 7. 13. 선고. 80다2441 판결.

리행사를 시킨다면 감사위원이 임의로 복임권*을 행사한 결과가 되기 때문이다. 감사위원 상호간에 의결권 행사를 위임하더라도 같다.[510]

*복임권이란 대리인이 복대리인을 선임할 수 있는 권능을 말한다.

4. 감사위원회 의결권의 제한

감사위원회의 결의에 대하여 특별한 이해관계가 있는 감사위원은 의결권을 행사할 수 없다.(「상법」제391조 제3항 →제368조제4항). 대표감사위원을 선임 또는 해임결의는 회사 지배에 관한 주주의 비례적 이익이 연장·반영되는 문제이므로 그 결의의 대상인 감사위원 또는 대표감사위원 은 특별이해관계 있는 자에 포함되지 않는다.[511]

의결권을 행사할 수 없는 감사위원은 감사위원회의 성립정족수(과반수 출석)에는 포함되나 출석한 감사위원의 의결권의 수(의결정족수)의 계산에는 산입하지 아니한다.(「상법」제391조제3항 → 제371조제2항). 이해관계 있는 감사위원은 이해관계 있는 주주와는 달리 감사위원회 결의에 앞서 이해관계가 있음을 開示해야 한다고 본다.[512]

판례를 살펴보면 "회사의 3명의 감사위원 중 대표감사위원과 특별이해관계가 있는 감사위원 등 2명이 출석하여 의결권을 하였다면 감사위원 3명 중 2명이 출석하여 과반수 출석요건을 구비하였고, 특별이해관계가 있는 감사위원이 행사한 의결권을 제외하더라도 결의에 참여할 수 있는 유일한 출석감사위원인 대표감사위원의 찬성 으로 과반수의 찬성이 있는 것으로 되어 그 결의는 적법하다."고 판시하고 있다.[513]

5. 감사위원회의 의사결정 방식[514]

감사위원회는 회사의 경영에 대한 실무적인 문제를 다루므로 여러 가지로 변환이 가능한 의안을 놓고 상호 의견을 교환함으로써 최적의 결론을 내야하는 집단적 의사결정의 방식을 취해야 한다.(이점에서 단지 의안의 찬성여부만 묻는 주주총회 결의와 본질을 달리 한다). 따라서 감사위원들의 구체적인 회합을 요하며, 서면결의는 인정되지 않는다.(통설).

법원의 판례를 살펴보면 이사회 결의를 서면으로 하였을 때 그 효력이 어떠냐에 관해 직접적인 판단을 내린 판례는 아직 없다. 다만 서면결의라 해서 不存在라고까지 볼 수는 없다고 하면서 이사전원의 동의가 있으면 서면결의가 언제 이든 가능한 듯이

---

510) 이철송, 전게서, 박영사, 2014., 671면
511) 이철송, 전게서, 박영사, 2014., 672면
512) 이철송, 전게서, 박영사, 2014., 672면, 대법원. 1991. 5. 28. 선고. 90다20084 판결.
513) 대법원. 1992.4.14. 선고. 90다카22698 판결.
514) 이철송, 전게서, 박영사, 2014., 672면

판단할 여지를 보여주는 판례가 있으나 그렇다고 유효라거나 무효라는 판단까지는 나아가지 않았다.[515]

그러나 비영리단체의 이사회의 결의방법에 관해서는 (구)「신용협동조합법」에서 서면결의에 의한 이사회 결의가 유효하냐가 쟁점이 된 사건에서 판례는 同法에 이를 다룬 규정이 없고, 정관에는 「상법」 제391조 제1항 본문과 같은 규정을 두고 있었으나, 이는 서면결의를 금하는 규정이라고 볼 수 없다고 하면서 서면결의를 유효하다고 판시하였다.[516]

감사위원회의 결의에 대하여는 감사위원이 책임을 져야 하므로(「상법」제399조제2항), 각자의 찬반의사가 밝혀져야 한다. 따라서 무기명투표는 허용될 수 없다.[517]

회의의 실례를 살펴보면 찬성과 반대 외에, 「기권」이나 「중립」과 같이 자기의 입장 표명을 유보하는 예가 있다. 그러나 감사위원의 의결권 행사방법은 의안에 대해 「적극」(찬성)이냐, 「소극」(비찬성)이냐는 두 가지 뿐이고, 「기권」이나 「중립」은 「적극」이 아니므로 「소극」으로 분류되어야 한다.

6. 원격통신회의

회사의 규모가 커지면서 감사위원의 수가 많아지고, 동 시에 사업장이 지역적으로 분산되어 있어 감사위원들이 일시에 한 장소에서 회합하기 어려운 회사가 늘고 있다. 그리하여 최근에는 화상회의 또는 전화회의를 허용하는 입법례가 늘고 있다. 「상법」도 융통적인 회의방법을 허용하고 있다.

「정관」에 다른 정함이 없는 한, 감사위원회는 감사위원의 전부 또는 일부가 직접 회의에 출석하지 아니하고 모든 감사위원이 「음성을 동시에 송·수신하는 원격통신수단」에 의하여 결의에 참가하는 것을 허용할 수 있다.(「상법」제393조의2 제5항 → 제391조 제2항). 음성을 송·수신해야 하므로 인터넷을 통한 화상회의도 허용되나, 단순한 문자회의 (이른바 chatting)는 허용되지 않는다.[518]

그리고 원격통신 회의에 참가하는 감사위원들이 음성을 「동시에」 송·수신해야 하므로 일부 감사위원의 발언이 송신만 되거나, 중앙에서 감사위원의 발언을 중개해주는 방식은 허용 되지 않는다. 「이사회는 --- 허용할 수 있다」고 함은, 「이사회 회의규칙」 등의 일반 규정으로 화상회의를 일상화 할 수 있음을 포함하여, 개별 이사회에서 특정이사가 화상회의 방식으로 회의에 참석하는 것을 허용하는 결의를 할 수 있음을 뜻한다.[519]

---

515) 대법원. 2006. 11. 10. 선고. 2005다46233 판결.
516) 대법원. 2005. 6. 9. 선고. 2005다2554 판결.
517) 이철송, 전계서, 박영사, 2014., 672면
518) 이철송, 전계서, 박영사, 2014., 674면

7. 감사위원회의 연기 · 속행

가. 개 념

감사위원회의 延期란 감사위원회가 성립한 후 미처 의안을 다루지 못하고 會日을 후일로 다시 정하는 것이고, 續行이란 의안의 심의에 착수하였으나 결의에 이르지 못하고 會日을 다시 정하여 同一議案을 계속 다루는 것을 말한다.

어느 것이나 일단 감사위원회가 성립한 후에 이루어지는 점에서 소집의 철회 · 변경과 다르다. 연기 · 속행에 따라 후일 다시 여는 감사위원회를 연기회 · 계속회라 한다. 가결이든 부결이든 일단 결의가 행해지면 연기 · 속행이란 있을 수 없다. 부결된 안건을 다시 다루고자 할 경우에는 감사위원회의 소집절차를 새로이 밟아야 한다.520)

나. 결 의

감사위원회는 회의의 속행 또는 연기를 결의할 수 있다.(「상법」제393조의2 제5항, 제392조, 제372조 제1항). 감사위원회에서 결의하여야 하며, 대표감사위원이 연기와 속행을 결정할 수 없다.521)

법원은 감사위원회 위원장이 특별한 사유 없이 일방적으로 연회를 선언하고 퇴장하였을 경우, 나머지 감사위원들이 대표감사위원을 다시 선임하여 회의를 진행하고 결의를 하였다면 이는 적법한 결의라고 판단하였다.522)

다. 동일성

연기회 · 계속회는 의안의 동일성이 유지되는 한, 연기 · 속행을 결의한 감사위원회회의의 연장이므로 동일한 감사위원회 회의로 다루어진다. 따라서 연기회와 계속회를 위해서는 통지 · 공고 등 별도의 소집 절차를 요하지 않는다.(「상법」제393조의2 제5항 → 제392조 → 제372조 제2항).523)

그러므로 연기회 · 계속회의 일시와 장소를 연기 · 속행의 결의시 정하지 아니하고 대표감사위원에게 일임한 때에는 출석 감사위원에게만 통지하면 된다.524)그리고 원래 감사위원회에 결석했던 위원이라도 계속회 · 연기회에 출석할 수 있음은 물론이다.

---

519) 이철송, 전게서, 박영사, 2014., 674면
520) 이철송, 전게서, 박영사, 2014., 504면
521) 이철송, 전게서, 박영사, 2014., 504면
522) 수원지법. 2007. 6. 25. 결정. 2007카합200 판결.
523) 이철송, 전게서, 박영사, 2014., 504면, 대법원. 1989. 2. 14. 선고. 87다카3200 판결.
524) 이철송, 전게서, 박영사, 2014., 505면, 南忠彦, 「延會の決議と總會の 同一性」, 河本 · 橋本 , 「會社法 の基礎」, 68면.

8. 감사위원회 결의의 변경 불가

위원회가 위임받은 사항에 관하여 결의한 경우, 위원회에서 결의된 사항은 각 이사에게 통지하여야 한다.(「상법」제393조의2 제4항 전단). 이는 위원회의 결의가 부당할 경우, 이사회를 소집하여 위원회의 결의를 번복할 수 있는 기회를 주기 위함이다.[525]

이 경우 이를 통지 받은 각 이사는 이사회의 소집을 요구할 수 있으며, 이사회는 위원회가 결의한 사항에 대하여 다시 결의할 수 있다.(「상법」제393조의2 제4항 후단). 이사회의 다른 결의가 있으면 위원회의 결의는 효력을 잃는다.[526]

그러나 감사위원회의 결의사항에 관하여 「상법」은 2009년 1월 30일 개정을 통해 다른 위원회와는 달리 이사회가 다시 결의할 수 없도록 함으로써(「상법」제415조의2 제6항) 이사회로부터 감사위원회의 독립성 및 중립성을 강화하였다.[527]

9. 감사위원회 의사록 작성과 열람

감사위원회의 의사에 관하여는 의사록을 작성하여야 한다.(「상법」제393조의2 제5항 →제391조의3 제1항). 감사위원회의 결의는 적법한 결의요건을 충족하는 표결이 있음으로써 효력을 발생하고, 의사록 작성은 감사위원회 결의 요건은 아니다.[528]

그러나 감사위원회의 결의에 의해 바로 실행행위가 이루어지고, 결의 관여자 및 집행행위자들의 책임이 따르는데, 의사록은 결의에 관한 일응의 증거가 되므로(「상법」제399조 제3항), 의사록의 실제상의 의미는 매우 중요하다.[529]

가. 의사록의 작성 요령[530]

의사록에는 의사의 안건, 경과 요령과 그 결과, 반대하는 자와 그 반대 이유를 기재하고 출석한 감사위원이 기명날인 또는 서명하여야 한다.(「상법」제393조의2 제5항 → 제391조의3 제2항).

「**안건**」이란 감사위원회의 결의에 상정한 사항을 말하고, 「**경과요령**」개회, 의안의 상정과 토의 및 표결 그리고 폐회에 이르는 절차의 진행과정을 말하며, 「**결과**」란 결의의 결과 즉 상정한 案의 가결여부를 말한다.

「**반대하는 자**」를 기재하는 이유는, 감사위원회의 결의의 집행행위에 관해 감사위원의 책임을 추궁할 때에는 결의에 찬성한 감사위원도 책임을 묻는데, 반대자의 기재는

---

525) 이철송, 전게서, 박영사, 2014., 680면
526) 이철송, 전게서, 박영사, 2014., 680면
527) 최준선, 전게연구보고서, 164~165면, 김용범, 전게서, 어울림, 2012., 456~457면.
528) 이철송, 전게서, 박영사, 2014., 675면
529) 이철송, 전게서, 박영사, 2014., 675면
530) 이철송, 전게서, 박영사, 2014., 675면

반면적으로 찬성한 자의 추정근거가 되기 때문이다.

아울러 사후의 문책 가능성을 의식하여 안이하게 반대하는 자가 있을 수 있으므로 반대의사의 신뢰성을 확보하기 위하여 반대이유도 기재하게 하였다. 찬성이 아닌 것은 모두 반대이므로 여기서의 「**반대**」란 기권이나 중립의 표명도 포함하는 뜻이다.

나. 의사록의 공시와 제한531)

「상법」은 주주총회 의사록을 회사에 비치·공시할 서류의 하나로 열거하고 주주와 채권자는 영업시간 내에 언제든지 이 서류를 열람·등사를 청구할 수 있음을 규정 하고 있다.(「상법」제396조 제1항 및 제2항).

주식회사에 있어서 주주란 다수성과 공개성 그리고 고도의 유동성을 가지므로 기술적으로 그들의 의사결정의 내용을 비밀로 할 수도 없으려니와, 주주총회의 결의사항은 주주와 채권자의 보호를 위해 적극적으로 공개해야 할 사항들로 법정되어 있으므로 이를 비치·공시하게 함은 당연하다.

그러나 감사위원회의 결의는 회사의 업무집행을 결정하는 의사결정이므로 그 내용 중에는 기업비밀에 속하는 사항도 다수 들어 있어, 이를 주주총회의 의사록과 동일시하여 주주와 채권자에게 항시 공개하게 함은 기업의 경쟁력에 치명적인 장애를 준다.

이 점을 고려하여 「상법」은 감사위원회 회의록의 공시를 제한하는 동시에 회사의 사안에따라 감사위원회 의사록의 열람·등사청구를 거절할 수있는 길을 열어 놓았다.

(1) 공시 범위

감사위원회 의사록은 회사에 비치할 의무가 없다. 다만 주주는 영업시간 내에 감사 위원회 의사록의 열람 또는 등사를 청구할 수 있다.(「상법」제391조의3 제3항). 그러나 채권자는 열람·등사를 청구할 수 없다. 그리고 주주가 열람· 등사를 청구함에 있어서는 이유개시를 요하지 않는다.

(2) 열람 거절

회사는 주주의 감사위원회 의사록의 열람·등사청구에 대하여 이유를 붙여 이를 거절할 수 있다.(「상법」제391조의 3 제3항). 다만, 회사가 열람을 거절하는 이유가 정당한 이유이어야 함은 물론이다. 따라서 회사의 「정당한 이유」란 기업비밀의 유지나 기타 회사의 이익을 위해서 필요함을 뜻한다.

---

531) 이철송, 전게서, 박영사, 2014., 675~676면

(3) 법원 허가

회사가 감사위원회 의사록의 열람·등사를 거절할 경우 주주는 법원의 허가를 얻어 감사위원회 의사록을 열람 또는 등사할 수 있다.(「상법」제391조의3 제4항 후단). 법원은 어떠한 경우에 열람·등사를 허가하여야 하는가?

의사록을 열람·등사하더라도 회사의 이익이 침해되지 않는 경우에는 회사의 열람·등사 거절이 부당함으로 물론 허가해야 할 것이나, 회사의 거절이유가 타당하더라도 주주가 이사의 책임을 추궁하기 위해서 필요하거나(「상법」제309조, 제403조), 기타 주주의 권리행사에 필요한 경우(예 : 이사의 해임 청구)에는 열람·등사를 허가해야 할 것이다.

Ⅴ 감사위원회의 전문가 조력

감사위원회는 그 감독기능을 실질적으로 수행하기 위하여 외부전문가의 도움을 받아야만 하는 경우가 있다. 이때 감사위원회는 회사의 비용으로 전문가의 조력을 구할 수 있다.(「상법」제415조의2 제5항).

제7절 ▷ 감사위원회의 권한과 의무

Ⅰ 감사(監事) 관련 규정 준용

1. 감사에 관한 규정이 준용되는 경우

「상법」은 정관이 정하는 바에 따라 감사에 갈음하여 이사회 내 위원회로서 감사위원회를 설치할 수 있도록 규정하고 있고(「상법」제415조의2 제1항), 아울러 감사의 기능에 관한 규정들을 감사위원회에 준용하고 있다.(「상법」제415조의 2 제6항). 따라서 감사위원회의 권한이나 의무 역시 감사의 그것과 큰 차이가 없다.

「상법」제425조의2 제6항에 의하면, "제296조(발기설립의 경우 임원선임), 제312조(〈창립〉임원의 선임), 제367조(검사인의 선임), 제387조(자격주), 제391조의2 제2항(감사의 이사회에 대한 보고의무), 제394조 제1항(이사와 회사 간의 소에 관한 대표권), 제400조 (회사에 대한 책임 감면), 제402조(유지청구권), 제403조(주주의 대표소송), 제404조(대표 소송과 소송참가, 소송고지), 제405조(제소주주의 권리 의무), 제

406조(대표소송과 재심의 소), 제407조(직무집행정지, 직무대행자 선임), 제412조(감사의 직무와 보고요구, 조사권한),

그리고 제412조의2(이사의 보고의무), 제412조의3(총회의 소집청구), 제412조의4(감사의 이사회 소집청구), 제412조의5(자회사의 조사권), 제413조(조사·보고 의무), 제413조의2(감사록의 작성), 제414조(감사의 책임), 제447조의3(재무제표 등의 제출), 제447조의4(감사보고서), 제450조(이사·감사의 책임 해제), 제527조의4(⟨합병⟩이사·감사의 임기), 제530조의5 제1항 제9호(분할계획서의 기재사항), 제530조의6 제1항 제10호 (분할합병계약서의 기재사항), 제534조(⟨청산⟩대차대조표. 사무보고서·부속명세서의 제출·감사·공시·승인)의 규정은 감사위원회에 관하여 이를 준용한다.

이 경우 "제530조의5 제1항 제9호 및 제530조의 6 제1항 제10호 중 '감사'는 '감사위원회'로 본다."고만 규정하고 있다. 그러나 의미를 명확히 하기 위해서는「상법」제400조, 제402조, 제403조 제1항, 제405조 제1항, 제407조의 "이사"는 "감사위원회 위원"으로 보고, 제296조, 제312조, 제408조의8 제3항, 제413조의2 제2항, 제414조, 제450조, 제527조의4, 제530조의5 제1항 제9호 및 제530조의6 제1항 제10호 중 "감사"는 "감사위원회 위원"으로 본다고 규정하는 것이 바람직하다.[532]

2. 감사에 관한 규정이 준용되지 않는 경우[533]

감사의 권한 및 의무 중에는 준용되지 않은 것도 있다.

감사의 이사회 출석·의견진술권(「상법」391조의2 제1항)과 이사회의사록에 대한 기명날인 또는 서명권(「상법」제391조의3 제2항)이 그것이다. 또한 이사의 영업비밀 유지의무(제382조의 4)는 감사에게는 준용(제415조)되나, 감사위원은 이사로서 당연히 영업비밀 유지의무를 진다고 보아 감사위원에게는 영업비밀유지의무가 준용되고 있지 않다.

그리고 이외에 감사의 권한 중에 준용되지 않는 것으로 해임에 관한 의견 진술권(제409조의2) 과 회사설립무효의 소(제328조), 주주총회결의취소의 소 (제376조 제1항), 신주발행무효의 소(제429조), 감자무효의 소(제445조), 합병무효의 소(제529조), 주식교환 무효의 소(제360조의14), 주식이전무효의 소(제360조의23) 등이 있다.

---

532) 김재연, 전게서 Ⅱ, 박영사, 2014., 554면. 김용범, 전게서, 어울림, 2012., 457~458면.
533) 최준선, 전게연구보고서, 185~186면, 김용범, 전게서, 458면.

Ⅱ 감사위원회의 권한

1. 개 요

감사위원회는 감사에 갈음하여 설치되는 것이므로 감사위원회의 권한에 관해 「상법」은 별도의 규정을 마련하지 않고 감사에 관한 규정을 대부분 준용하고 있다.(「상법」제415조의2 제7항).

먼저 감사에 관한규정을 준용하는 감사위원회의 권한은 ① 이사의 직무집행에 관한 감사권(「상법」제412조), ② 자회사에 대한 감사권(「상법」제412조의5), ③ 이사의 보고에 대한 수령권(「상법」제412조의2), ④ 주주총회의 소집청구권(「상법」제412조의3), ⑤ 위법행위 유지청구권(「상법」제402조), ⑥ 회사와 이사 간의 소에 있어서 회사 대표권(「상법」제394조 제1항), ⑦ 이사회 소집 청구권(「상법」제412조의4 제1항), 전문가 조력권(「상법」제412조 제3항)이 그것이다.

다만 감사의 권한 중에는 준용되지 않는 것도 있는데, ① 감사의 이사회 출석. 의견 진술권(「상법」391조의2 제1항)과 이사회의사록에 대한 기명날인 또는 서명권(「상법」제391조의3 제2항)이 그것이다. 감사위원인 경우에는 이러한 권한을 인정하지 않더라도 이사로서 당연히 이사회에 출석하여 의견을 진술할 수 있고 이사회 의사록에 기명날인 또는 서명할 수 있기 때문이다.[534]

그러나 감사의 권한 중에 준용되지 않는 것으로 ② 해임에 관한 의견 진술권(「상법」제409조의2) 과 회사설립무효의 소(「상법」제328조), 주주총회결의취소의 소 (「상법」제376조 제1항), 신주발행무효의 소(「상법」제429조), 감자무효의 소(「상법」제445조), 합병무효의 소(「상법」제529조), 주식교환무효의 소(「상법」제360조의14), 주식이전무효의 소(「상법」제360조의23) 등 각종 소제기권이 있는데, 이는 명백한 입법상의 불비이다.[535]

2. 이사의 직무집행에 대한 감사권

가. 이사의 직무집행에 대한 감사대상 및 범위

「상법」제412조(감사의 직무와 보고요구, 조사의 권한)는 ① 감사는 이사의 직무집행을 감사한다. ② 감사는 언제든지 이사에 대하여 영업에 관한 보고를 요구하거나 회사의 업무와 재산상태를 조사할 수 있다고 되어있다.

여기서 감사를 감사위원회로 대체하면, 감사위원회의 직무만이 법정되어 있고, 감사

---

534) 최준선, 전게연구보고서, 186면, 권종호, 전게서, 188면, 김용범, 전게서, 어울림, 2012., 459면.
535) 권종호, 전게서, 189면, 김용범, 전게서, 459면.

위원회 위원의 직무는 법정되지 않는 문제가 있으며(제1항), 감사위원회 명의로만 영업에 관한 보고를 요구하거나 업무와 재산상태를 조사할 수 있는 것으로 된다 (제2항). 어떻든 본조 제1항에 따라 감사위원회는 이사의 직무집행을 감사하게 되는데, 이때 **이사의 직무 집행**이란 앞서 감사의 권한 사항에서 자세히 설명한 바와 같이 개개 이사의 직무집행 뿐만 아니라 이사회의 권한사항까지도 포함한다.

이와 관련하여 감사위원회의 업무감사권의 범위에 관하여는 앞에서 설명한 바와 같이 ① 업무감사권은 업무집행의 적법성에만 미친다는 견해, ② 적법성에는 당연히 미치지만 타당성에 관해서는 명문의 규정이 있는 때에만 미친다는 견해, ③ 명문의 규정이 있는 때 및 업무집행이 현저하게 타당성을 결하는 것으로 인정되는 때에만 미친다는 견해, ④ 제한 없이 타당성감사까지 미친다는 견해가 대립되고 있다.

「상법」은 감사위원회를 감사에 대체되는 기구로 설계하고 있으므로 이러한 논란은 감사위원회에 있어서도 동일하다. 즉, 「상법」은 감사위원회의 법적 지위를 기존의 감사에 갈음하는 기구로 설정하고 그 권한도 감사의 권한을 그대로 준용하는 입법 방식을 취하고 있어, 감사위원회의 업무감사권의 범위에 관해서도 감사의 경우와 같이 적법성감사설과 타당성감사설의 대립이 재연되고 있다.[536] 그러나 감사위원회 위원이 이사회 구성원인 이사이므로 타당성감사를 하더라도 모순이 없다.[537]

기존의 감사제도는 19세기에 입법화된 것으로서 감사가 스스로 조사하고 감사 하는 것을 예정하고 있으나, 비교적 최근의 감사위원회제도는 감사위원회가 경영자의 업무집행을 스스로 감사하는 것이 아니라 내부통제시스템을 통하여 감사하는 것을 전제하고 있다.

내부통제시스템은 업무집행의 적법성과 타당성 양자를 감시하기 위한 감시시스템이기 때문에 회사가 내부통제시스템을 구축·운영하는 경우에는 감사위원회의 업무감사의 범위와 관련하여 적법성감사와 타당성감사의 구별은 큰 의미가 없다고 본다.[538]

나. 이사에 대한 영업보고 요구와 업무 및 재산상태 조사권

「상법」제412조 제2항은 감사위원회의 정보수집문제를 다루고 있다. 제2항도 감사위원회에게 준용되므로, 감사위원회의 정보수집과 관련하여 현행 「상법」 제412조 제2항에 의하면 감사위원회는 언제든지 이사에 대하여 영업에 관한 보고를 요구 하거나 회사의 업무와 재산상태의 조사를 할 수 있다.

그러나 감사위원회 위원의 경우는 이사회의 구성원으로서 이사회에 참석하여 업무집행에 관한 필요한 정보를 취득할 수 있으며, 이사로서 의사결정을 함에 있어서는

---

536) 임중호, 「감사, 감사위원회의 업무감사권의 범위」, 중앙법학 제6집 제4호, 2004., 321면.
537) 권종호, 「감사와 감사위원회 제도」, 189면.
538) 임중호, 「감사·감사위원회제도의 효율적 운영과 기능 제고 방안」, 118면.

선량한 관리자의 주의로서 회사의 업무결정에 대한 사항을 검토하여야 하므로, 본인의 책임 하에 가능한 한 필요한 정보를 수집하고 정보의 제공을 요구하여 판단 하여야 한다.

본래 이 책임은 이사회 전체가 부담하여야 할 것인데, 감사위원회 위원은 이사 이므로 논리적으로는 자신에게 정보가 전달되지 아니한 책임을 자기 스스로가 부담 하게 되는 모순이 발생할 수 있다. 이때 감사위원인 이사와 감사위원이 아닌 이사로 책임을 구분할 수 있으나, 이 경우에는 감사위원 아닌 이사의 책임이 감사위원인 이사에 비해 가중되는 문제점이 제기될 수 있다.[539]

다음으로 감사위원회의 보고 요구 및 조사의 권한은 감사의 실효성을 확보하기 위해서 회의체가 집단적으로 이 권한을 행사할 것이 아니라 감사위원회 각 위원이 개별적으로 이를 행사할 수 있어야 한다. 따라서 본조에서 "감사위원회"는 "감사 위원회 위원"으로 수정 되어야 한다고 본다.[540]

3. 이사의 보고에 대한 수령권

「상법」제412조의2(이사의 보고의무)는 "이사는 회사에 현저하게 손해를 미칠 염려가 있는 사실을 발견한 때에는 즉시 감사에게 이를 보고하여야 한다."고 규정한다. 여기서도 감사를 감사위원회로 대체하면, 이사는 회의체인 감사위원회에게만 회사에 현저하게 손해를 미칠 염려가 있는 사실을 발견한 때에는 즉시 이를 보고하여야 하며, 개별 감사위원에게 보고한 경우는 그 효력이 문제 될 수 있게 된다.

실효성 있는 양질의 감사가 이루어지기 위해서는 감사 또는 감사위원회가 감사에 필요한 정보를 적시에 정확하게 입수할 수 있는 합리적인 정보수집체계의 확립이 중요하다.[541] 따라서 본조에서는 감사위원회 감사의 효율성을 제고하기 위하여 회사에 현저한 손해를 미칠 염려가 있는 경우와 같은 긴급한 상황의 경우 이사가 감사 위원회에게 정보를 제공하도록 한 것이다.[542] 이때 감사위원회가 아닌 감사위원에게 보고하도록 하여야 할 것이다.

4. 주주총회의 소집청구권

「상법」제412조의 3(총회의 소집청구)은 "① 감사는 회의의 목적사항과 소집의 이유를 기재한 서면을 이사회에 제출하여 임시총회의 소집을 청구할 수 있다. ② 제366조

---

539) 이재혁, 전게논문, 83면.
540) 최준선, 전게연구보고서, 172면.
541) 권종호, 「감사와 감사위원회제도」, 202면.
542) 이범찬외 6인, 「상법개정안해설」, 법문사, 1995., 140~143면.

제2항의 규정은 감사가 총회를 소집하는 경우에 이를 준용한다."고 규정하고 있다. 여기서 감사를 감사위원회로 대체하면, 감사위원이 아닌 감사위원회 만이 임시총회를 소집할 수 있다는 문제가 있다.

따라서 감사위원회 위원이 감사권 행사와 관련하여 주주총회 소집을 요구하는 경우 반드시 감사위원회를 통과하여야만 하는가는 의문이지만, 회의체 기관의 특성상 그렇게 해석할 수밖에 없다. 그렇게 해석할 경우, 감사위원회가 회의를 열어 총회 소집을 결의하고 대표감사위원이 이사회에 총회 소집을 청구할 수 있게 된다. 이 청구가 있은 후 이사회가 지체 없이 총회의 소집절차를 밟지 않는 경우, 감사위원회는 법원의 허가를 얻어 총회를 소집할 수 있다.(「상법」제415조의2 제6항, 제412조의3 제2항, 제366조 제2항)543).

그런데 이사가 주주총회의 소집을 요구하는 때에는 주주총회 소집을 위한 이사회의 소집요구에 회의 목적사항과 소집의 이유를 기재한 서면을 이사회에 제출할 필요가 없다. 그러나 감사위원회가 주주총회의 소집을 요구하는 경우 감사위원회 위원이 이사의 자격을 갖추고 있음에도 불구하고 회의의 목적사항과 소집 이유를 기재한 서면을 이사회에 제출하여야 하는 불편이 있다. 따라서 감사의 주주총회 소집요구권에 대한 규정을 감사위원회에 대하여 그대로 적용하는 것은 불필요한 규정이므로 삭제되어야 한다고 주장한다.544)

그러나 주주총회의 소집이 필요할 경우 이사는 이사회의 소집은 할 수 있으나 이사회가 주주총회의 소집절차를 밟지 않을 경우 이를 강제할 수 있는 방법이 없는데 반해, 감사 나 감사위원회의 경우는 법원의 허가를 받아 총회를 소집할 수 있다. 따라서 감사의 주주총회의 소집청구권(「상법」제412조의3)에 대한 준용 규정(제415조의 2 제7항)은 분명히 실익이 있으므로 불필요한 규정으로 삭제하여야 한다는 주장은 타당하지 않다고 본다.

5. 이사회의 소집청구권

「상법」은 제412조부터 제414조까지 준용대상으로 규정하고 있으므로 「상법」제412조의 4(감사의 이사회 소집청구)도 당연히 준용대상이다. 이는 감사의 이사회 소집 청구에 관한 규정이다.

감사위원회 위원은 이사로서 당연히 이사회 직접소집권(「상법」제390조 제1항), 소집요구권(제390조 제2항) 등이 있으므로 감사의 이사회소집권을 규정한 제412조의4를

---

543) 최준선, 전계연구보고서, 173면.
544) 최준선, 전계연구보고서, 174면. 김상규, 「감사위원회제도에 관한 연구」, 101면.

굳이 감사위원회에 대하여 준용할 실질적인 필요성은 없다고 본다.[545] 따라서 이는 불필요한 규정으로 삭제되어야 한다.

6. 자회사의 조사권

「상법」제412조의5(자회사 조사권)는 ① 모회사의 감사는 그 직무를 수행하기 위하여 필요한 때에는 자회사에 대하여 영업의 보고를 요구할 수 있다. ② 모회사의 감사는 제1항의 경우에 자회사가 지체 없이 보고를 하지 아니할 때 또는 그 보고의 내용을 확인할 필요가 있을 때에는 자회사의 업무와 재산상태를 조사할 수 있다. ③ 자회사는 정당한 이유가 없는 한 제1항의 규정에 의한 보고 또는 제2항의 규정에 의한 조사를 거부하지 못한다.

여기서 감사를 감사위원회로 대체하면, 감사위원이 아닌 감사위원회만이 자회사를 조사할 수 있다는 것이 된다. 이 규정을 그대로 실무에 적용하면 감사위원회가 자회사를 감사하는 형식을 취하되, 감사위원회의 위임장을 받은 특정 감사위원 만이 자회사를 조사할 수밖에 없게 될 것이다.

본조의 내용을 해석해 보면, 모회사의 감사위원회는 그 직무를 수행하기 위하여 필요한 때에는 자회사에 대하여 영업의 보고를 요구할 수 있고, 자회사가 모회사 감사위원회의 보고요구에 지체 없이 응하지 아니할 때 또는 보고의 내용을 확인할 필요가 있을 때에는 자회사 업무와 재산상태를 조사할 수 있으며, 자회사는 정당한 사유가 없는 한 위의 보고 요구 및 조사를 거부할 수 없다.(「상법」제415조의2 제7항, 제412조의5).

7. 각종 소의 대표권

가. 규정의 내용

「상법」제394조(이사와 회사 간의 소에 관한 대표)은 "① 회사가 이사에 대하여 또는 이사가 회사에 대하여 소를 제기하는 경우에 감사는 그 소에 관하여 회사를 대표한다. 회사가 「상법」제403조 제1항의 청구를 받음에 있어서도 같다. ② 「상법」제415조의2의 규정에 의한 감사위원회의 위원이 소의 당사자인 경우에 감사위원회 또는 이사는 법원에 회사를 대표할 자를 선임하여 줄 것을 신청하여야 한다.

여기서 이사와 회사 간의 소가 제기되는 경우란 회사가 이사에 대하여 소를 제기하는 경우를 말한다. 「상법」제403조가 정한 주주대표소송의 경우, 소수주주가 먼저 감사에게 이사를 상대로 책임 추궁할 소를 제기할 것을 청구하고, 감사는 그 독자적

---

545) 임재연, 전게서Ⅱ, 박영사, 2014., 554면.

인 판단에 따라 주주의 청구를 받아들여 소를 제기할 수 있다.(「상법」제403조 제3항).

이때 감사가 회사를 대표하는가가 문제된다. 감사는 단독의 독립적 기관(독임기관)이므로, 회사의 감사가 복수인 경우에도 회사와 이사 간의 소에서 반드시 공동으로 회사를 대표하여야 하는 것은 아니고, 어느 감사라도 회사를 대표할 수 있다고 본다.

나. 감사위원회에 의한 회사의 대표

본조 제1항에서 "감사"를 "감사위원회"로 대체하면 감사위원이 아닌 회의체인 감사위원회가 회사를 대표한다고 읽게 된다. 따라서 감사위원회가 설치된 회사에서는 주주대표소송의 제기 청구도 감사위원회에 하여야 한다. 만약 이사가 감사위원회가 아닌 대표이사를 상대로 소를 제기한 경우, 부적법한 소가 되나, 보정할 수 있다고 본다.546)

그런데 이사회가 회사를 대표할 수 없는 것처럼, 감사위원회가 회사를 대표할 수 없는 것이다. 따라서 실질적으로 감사위원회의 대표가 회사를 대표하게 된다. 감사 위원회의 대표가 수인인 경우에는 감사위원회가 소 제기 여부 등을 결의할 때 수인의 감사위원회의 대표 중 어느 대표위원이 회사를 대표할 것인지를 정하여야 한다.

다. 소제기에 대한 감사위원회의 결의

감사설치회사는 감사가 단독으로 회사의 소 제기 여부를 결정할 수 있다. 그러나

감사위원회 설치회사는 소제기여부를 감사위원회가 결정하여야 한다. 이를 위하여 감사위원회를 소집하고, 위원 과반수의 출석과 출석위원 과반수의 결의로 소 제기 여부를 결정한다.

감사위원회가 이사를 상대로 소제기를 결의한 후, 그 사실을 각 이사에게 통지하여야 하고, 이를 통지받은 이사는 이사회를 소집하여, 종전에는 감사위원회 결의를 번복할 수 있었다.(「상법」제393조의2 제4항).

이와 같은 사정은 감사위원회의 권한을 침해하는 것으로서 감사위원회를 유명무실하게 만드는 불합리한 점이 있어 2009년 1월 30일 「상법」의 개정을 통해 감사위원회 결의 사항에 대하여는 이사회가 이를 번복할 수 없도록 하였다.(「상법」제415조의2 제6항).

만약 감사위원회가 회사의 이사에 대하여 소제기를 결의하면, 당해 이사가 이사회 소집을 요구할 수 있을 것이나, 당해이사는 이사회에 이해관계가 있는 자로서 의결권이 없는 것으로 보아야 할 것이며, 또한 이사회는 감사위원회 결의사항을 번복할 수 없으므로 당해 이사가 이사회를 소집한다 하더라도 큰 의미는 없다고 본다.

---

546) 대법원 1990. 5. 11. 선고. 89다카15199 판결.

라. 감사위원회의 위원인 이사가 당사자인 경우

「상법」제394조 제2항에서 정한 바, 감사위원회 위원이 소의 당사자인 경우에는 감사위원회 또는 이사는 법원에 회사를 대표할 자를 선임하여 줄 것을 신청하여야 한다(「상법」제415조의2, 제394조 제2항).

기존감사제도를 채택한 회사는 이사가 감사의 지위를 겸할 수는 없으므로 감사가 항상 회사를 대표한다. 그러나 회사가 감사위원회를 채택한 경우에는 감사위원회 위원은 동시에 이사이므로 회사와 감사위원회 위원 사이에 소가 제기될 가능성이 있다. 이와 같은 경우에는 감사위원회 위원인 이사와 회사 간의 소로서 이해상충이 발생할 가능성이 있다.

따라서 이때에는 「상법」제394조 제2항이 정하는 바에 따라 감사위원회 또는 이사가 법인이 회사를 대표할 자를 선임 해 줄 것을 신청할 수 있도록 한 것이다. 만약 감사위원회에서 법원에 신청하기로 결의하는 경우, 당해 감사위원은 특별이해관계인으로서 의결권이 없다고 본다.

8. 위법행위 유지청구권

「상법」제402조(유지청구권)는 "이사가 법령 또는 정관에 위반한 행위를 하여 이로 인하여 회사에 회복할 수 없는 손해가 생길 염려가 있는 경우에는 감사 또는 발행 주식의 총수의 100분의 1 이상에 해당하는 주식을 가진 주주는 회사를 위하여 이사에 대하여 그 행위를 유지할 것을 청구할 수 있다"고 규정하고 있다.

여기서 "감사"를 "감사위원회"로 대체하면 "감사위원회 또는 발행주식 총 수의 100분의 1 이상에 해당하는 주식을 가진 주주는 회사를 위하여 이사에 대하여 그 행위를 유지할 것을 청구할 수 있다"고 읽게 된다.

따라서 감사위원회는 이사가 법령이나 정관을 위반한 행위를 함으로써 회사에 대하여 회복할 수 없는 손해를 미칠 염려가 있는 경우에는, 회사를 위하여 그 이사에 대하여 행위의 유지를 청구할 수 있다.(「상법」제425조의 2 제7항, 제402조).

그러나 회의체로서의 감사위원회에 유지청구권을 인정하게 되면, 감사위원회의 합의체의 성격상 유지청구권의 행사는 감사위원회의 결의에 따라 위원회의 대표가 이를 하게 된다. 이는 이사의 행위로 인하여 회사에 손해를 미칠 염려가 있는 급박한 경우에 인정 되는 사전적 구제수단인 유지청구권의 신속성에 부응하지 못할 수 있다.

따라서 회의체 감사위원회가 아닌 개별 감사위원이더라도 유지청구를 할 수 있도록 하여야 할 것이다.[547]

---

547) 최준선, 전게연구서, 178면

Ⅲ 감사위원회의 의무

1. 개 요

「상법」은 감사의 의무에 관한 규정의 대부분을 감사위원회에 준용하고 있다(「상법」 제415조의2 제7항). 법문에서는 감사의 의무에 관한 규정을 감사위원회에 준용하고 있으나, 의무의 성격에 따라서는 감사위원에 적용되는 것으로 보아야 할 것도 있음은 말할 필요가 없다.

감사위원은 감사업무를 수행하지만 그 신분은 어디까지나 이사이므로 회사와의 관계에서는 일반의무로서 ① 선관주의의무(「민법」제681조)를 진다. 그 외에 「상법」에서 특별히 인정하는 의무로서 ② 이사회에 대한 보고의무(「상법」제391조의2 제2항), ③ 주주총회에 대한 조사 및 보고 의무(「상법」제413조), ④ 감사보고서 작성 및 제출 의무(「상법」 제447조의4), ⑤ 감사록의 작성의무(「상법」제413조의2)가 있고, 「외감법」에서 인정하는 내부회계관리제도의 평가 및 보고의무(「외감법」제2조의2 제5항)가 있다.[548]

따라서 감사위원회는 이러한 제반의무를 성실히 이행해야 하는데, 감사위원회의 의무이행은 그 통일적 처리를 위해서 감사위원회의 결의와 대표위원을 통해 이행되어야 한다. 그렇지만 감사위원회의 결의가 있는 경우에는 그 대표자(「상법」제415조의2 제4항) 및 기타 특정한 위원에게 위임하여 이행할 수 있다고 본다.[549]

다만 이사의 영업비밀준수의무는 감사에게는 준용되나(「상법」제415조, 제382조 의4), 감사위원에게는 준용하고 있지 않다. 그 이유는 감사위원은 이사로서 당연히 이사의 영업비밀준수의무를 지기 때문이다.[550]

2. 선관주의의 의무

감사위원회 위원은 이사이므로, 감사위원회 위원과 회사와의 관계는 위임에 관한 규정을 준용한다.(「상법」제382조 제2항). 따라서 감사위원회 위원은 수임인으로서 회사에 대하여 선량한 관리자의 주의로써 위임사무를 처리하여야 한다. 이는 이사 내지 감사로서의 일반적인 의무와는 큰 차이는 없다.

그런데 회의체인 감사위원회 전체로서 선량한 관리자의 주의의무를 다하여야 하는지, 아니면 감사위원회 위원 각자가 선량한 관리자의 주의의무를 다하여야 하는지의 문제가 있다. 주의의무 위반은 과실이 되고, 과실에 의한 의무 불이행은 손해배상 책임 문제로 이어진다.

---

548) 김용범, 전게서, 어울림, 2012., 460면,
549) 손주찬, 전게서, 880~886면, 정준우, 전게서, 131면, 김용범, 전게서, 460면.
550) 권종호, 전게서, 190면, 김용범, 전게서, 460면.

의무불이행에 대한 책임은 의무불이행한 감사위원 각자의 책임으로 이해하여야 하므로 감사위원회 위원 각자가 선량한 관리자의 주의의무를 부담하는 것으로 해석해야 옳다. 그렇게 해석되는 한, 이와 관련하여 현행「상법」제382조를 특별히 개정하거나 감사위원회 위원의 선량한 관리자의 의무를 별도로 규정할 필요는 없다고 본다.[551]

그런데 감사위원회의 이러한 의무와 책임관계가 그 합리성을 인정받으려면 무엇보다도 감사위원회의 의무이행에 있어서 현실적인 장애가 없어야 하는데, 실제적으로는 감사위원회의 의무이행에 여러 가지의 장애가 있다.

예를 들어 업무감사권에 수반하는 이사회에 대한 보고의무의 경우, 감사위원회가 이 의무를 이행하려면 이사가 법령 또는 정관에 위반한 행위를 하거나 그 행위를 할 염려가 있다고 인정되어야 할 뿐만 아니라 현재 이사가 구체적으로 어떠한 행위를 하고 있는지도 명확히 알아야 하는데, 사외이사를 근간으로 하는 감사위원회의 특성상 이는 결코 쉽지 않은 일이다.

따라서 감사위원회 위원에게 선관주의의무의 위반을 이유로 그 책임을 추궁하기 위해서는 무엇보다도 감사위원이 그 의무를 제대로 이행할 수 있는 합리적 또는 제도적 뒷받침이 있어야 한다고 본다.[552]

3. 이사회출석 · 의견진술의무와 이사회에 대한 보고의무

「상법」제391조의 2(감사의 이사회 출석 · 의견 진술권)는 "① 감사는 이사회에 출석하여 의견을 진술할 수 있다. ② 감사는 이사가 법령 또는 정관에 위반한 행위를 하거나 그 행위를 할 염려가 있다고 인정한 때에는 이사회에 이를 보고하여야 한다."고 되어있다. 「상법」제415조의2 제7항은 제391조의2 제2항만을 감사위원회에 준용 하도록 하고 있다.

먼저 본조 제1항의 경우는 감사위원회에 준용하지 않는데, 감사위원회 위원은 당연히 이사이므로 이사회에 출석하여 의견진술은 그 의무이기 때문에 구태여 준용이 필요 없기 때문이다. 이와 같이 제2항만을 준용하는데, 그 결과 "② 감사위원회는 이사가 법령 또는 정관에 위반한 행위를 하거나 그 행위를 할 염려가 있다고 인정한 때에는 이사회에 이를 보고하여야 한다."고 읽게 된다.

그런데 이 규정은 다음과 같은 문제점을 내포하고 있다. 첫째, 의무규정이 중복된다는 점이다. 이사들은 상호 다른 이사의 업무집행을 감시할 권한과 의무가 있다. 이는 실정법상의 개념은 아니나 선관의무의 하위의무로서 감시의무를 부담한다는 점에 대

---

551) 최준선, 전게연구서, 166면
552) 정준우, 전게연구보고서, 131~132면.

해서는 판례 및 학설에서 다툼이 없다.[553] 그러므로 이사는 다른 이사가 법령 또는 정관에 위반한 행위를 하거나 그 행위를 할 염려가 있다고 인정한 때에는 이사회에 이를 보고하여야 한다.

이사회에 대한 보고의무는 감사위원회의 이사회에 대해 감독권의 발동을 촉구하는 의미[554] 와 위법행위를 할 염려가 있을 때에는 사전예방을 촉구하는 의미를 갖는데, 「상법」 제391조의2 제2항을 감사위원회에 그대로 준용하는 것은 감사위원은 그 자신이 이사회의 구성원이므로 당연히 이사회 내부에서 이 의무를 부담하고 있다. 따라서 이는 의무규정의 중복이라고 밖에 볼 수 없다.[555]

감사의 경우는 이사의 자격이 없는 감사가 이사회에 참석할 권한이 있는지가 불분명 하며, 또 이사회에 참석하여 무슨 일을 하여야 하는지도 규정하지 않으면 곤란하기 때문에 이를 명문으로 규정한 것이지만, 이사인 감사위원의 경우는 이러한 규정이 없더라도 당연히 이사의 자격만으로도 이사들의 비위사실을 이사회에 보고하여야 하는 것이다.

이 점에서 「상법」 제391조의 2 제2항을 감사위원회에 준용하는 것은 부적절하다고 본다. 따라서 이 규정은 재정비되어야 한다고 본다.[556] 이를 주의적 규정으로 둔다고 하면 이사회에 보고하는 주체가 회의체인 감사위원회가 되므로 , 결국은 감사위원회 회의를 거쳐 대표감사위원이 보고를 하여야 한다.

둘째, 이사가 법령이나 정관을 위반한 행위를 할 염려가 있는 때에도 이 의무를 부과하고 있다는 점이다. 이 규정 내용이 실효성을 가지려면 감사위원회가 이사들의 모든 업무집행사항을 주기적으로 점검할 수 있어야 하는데, 사외이사가 주된 구성원이란 특성상 이는 결코 쉽지 않기 때문이다.[557]

물론 최근의 통설과 판례[558]는 사외이사도 이사회 구성원이라는 점과 이사의 일반적인 선관주의의무를 근거로 사외이사에게도 일반적·능동적인 감시의무를 인정하고 있다. 그러나 그러한 감시의무의 정도에 대해서는 적극설 과 소극설 이 대립하고 있다.[559]

판례는 사외이사의 업무에의 접근가능성을 고려하여 절충적인 입장에서 사외이사가 업무담당이사의 부정을 의심할 만한 사유가 있고, 이를 알 수 있었음에도 불구하고 방치한 때에만 감시의무를 부담한다고 판시하고 있다.[560] 이러한 점을 종합해 볼 때

---

553) 이철송, 전게서, 712면, 김건식, 전게서, 398면, 대법원 2004..12.10. 선고 2002다60467, 60474 판결.
554) 최준선, 전게연구보고서, 167면, 정준우, 전게연구보고서, 132면.
555) 최준선, 전게연구보고서, 167면, 정준우, 전게연구보고서, 132면.
556) 최준선, 전게연구보고서, 167면, 정준우, 전게연구보고서, 132면.
557) 정준우, 전게연구보고서, 132면.
558) 대법원 1985.6.25. 선고 84다카1954 판결, 日最裁判, 1973.5.22. 民集 제27권 5호, 655면.
559) 정준우, 전게연구보고서, 133면.

사외이사인 감사위원은 감사위원회를 통한 이사회의 보고의무를 이행하는 과정에서 분명 그 한계에 직면할 수밖에 없다. 따라서 이에 대한 제도적 보완이 필요하다.[561]

4. 주주총회에서의 조사·보고의무

「상법」제413조(조사·보고의 의무)는 "감사는 이사가 주주총회에 제출할 의안 및 서류를 조사하여 법령 또는 정관에 위반하거나 현저하게 부당한 사항이 있는지의 여부에 관하여 주주총회에 그 의견을 진술하여야 한다."고 규정하고 있다. 여기서 감사를 감사위원회로 대체하면, 감사위원이 아닌 감사위원회가 의안과 서류를 조사 하고 주주총회에 의견을 진술하여야 하는 것으로 된다.

이 경우도 역시 감사위원회가 회의를 열어 법령 또는 정관에 위반하거나 현저하게 부당한 사항을 확정하고 이를 대표감사위원이 주주총회에 의견을 진술하여야 한다.

5. 감사록의 작성의무

「상법」제413조의2(감사록의 작성)는 "① 감사는 감사에 관하여 감사록을 작성 하여야 한다. ② 감사록에는 감사의 실시 요령과 그 결과를 기재하고 감사를 실시한 감사가 기명날인 또는 서명하여야 한다."고 규정되어 있다.

여기서 감사를 감사위원회로 대체하면, 감사위원이 아닌 감사위원회가 감사록을 작성하고 감사위원회가 기명날인 또는 서명하여야 한다는 결과가 된다. 해석상 감사를 실시한 감사위원회 위원이 자신이 행한 감사결과에 관하여 감사록을 작성하여야 하며, 감사록에는 감사의 실시 요령과 그 결과를 기재하고, 감사를 실시한 담당 감사위원회 위원이 기명날인 또는 서명하여야 한다고 본다. 이 부분에 대한 수정이 불가피하다고 본다.[562]

6. 재무제표·감사보고서 등의 제출의무

「상법」제447조의3(재무제표 등의 제출)은 "이사는 정기총회 회일의 6주간 전에 제447조 및 제447조의 2의 서류를 감사에게 제출하여야 한다."고 규정되어 있다. 여기서 감사를 감사위원회로 대체하면, 감사위원이 아닌 감사위원회 전체에게 제출 하는 것으로 본다. 본조는 그와 같이 해석하더라도 큰 문제가 없다고 본다.

또한 제447조의 4(감사보고서)는 ① 감사는 제447조의 3의 서류를 받은 날로부터

---

560) 대법원 1985.6.25. 선고, 84다카1954 판결.
561) 정준우, 전계연구보고서, 133면.
562) 정준우, 전계연구보고서, 168면.

4주간 내에 감사보고서를 이사에게 제출하여야 한다. ② 제1항의 감사보고서에는 다음의 사항을 기재하여야 한다.

1. 감사방법의 개요
2. 회계장부에 기재할 사항의 기재가 없거나 부실 기재된 경우 도는 대차대조표나 손익 계산서의 기재가 회계장부의 기재와 합치되지 아니하는 경우에는 그 뜻...(제3호부터 제9호 생략).....
10. 이사의 직무수행에 관하여 부정한 행위 또는 법령이나 정관의 규정에 위반하는 중대 한 사실이 있는 경우에는 그 사실
11. 감사를 하기 위하여 필요한 조사를 할 수 없었던 경우에는 그 뜻과 그 이유 등.

여기서 제1항의 감사를 감사위원회로 대체하면, 감사위원이 아닌 감사위원회 전체 명의 로 감사보고서를 이사회에 재출하여야 한다. 이점은 탓할 수 없다고 본다. 그러나 제2항에서 감사보고서의 기재에 관한 의무는 감사를 실제로 담당한 각 감사 위원의 의무로 규정 하여야 하지 않 까 생각된다.[563]

왜냐하면 감사를 임하는 감사위원에 따라 동일한 사안에 대한 평가도 크게 달라질 수 있기 때문에 모든 감사위원 전체가 합의된 의견으로써만 감사보고서를 작성할 필요가 없기 때문이다. 현행법에 다르면 감사위원회의 회의를 거쳐 합의된 회계 장부의 부실기재 만이 감사보고서에 기재될 수 있으며, 이러한 기재에 대하여 이의가 있는 감사위원은 각주에 이의를 기재할 수밖에 없을 것이다.[564]

그리고 감사위원회는 매 결산기 마다 이사로부터 재무제표와 영업보고서 등을 제출받아서 위 서류를 받은 날로부터 4주간 내에 감사보고서를 이사에게 제출하여야 한다. (「상법」제447조의 4 제1항). 다만 상장회사의 감사 또는 감사위원회는 제447조의 4 제1항에도 불구하고 이사에게 감사보고서를 주주총회일의 1주 전까지 제출할 수 있도록 하고 있다.(「상법」제542조의12 제6항). 이 점과 관련해서는 감사업무 준용 규정에 무리가 없다고 본다.[565]

---

563) 최준선, 전게연구보고서, 169면.
564) 최준선, 전게연구보고서, 169면.
565) 최준선, 전게연구보고서, 169~170면.

I 개 요

감사위원회에는 감사의 책임에 관한 규정(「상법」제414조)이 준용된다.(「상법」제415조의 2 제7항) 법문에 충실하면 감사에 관한 책임은 감사위원이 아니라 감사위원회가 집단적으로 져야 한다.

이와 같이 감사의 책임에 관한 규정을 감사위원회에 준용할 경우 이론상은 먼저 감사위원회가 책임을 지고, 그리고 감사위원회 위원 간에 구상관계가 성립하는 것 으로 보아야 하므로 궁극적으로는 감사위원이 책임을 지지 않을 수 없다. 즉, 감사 위원회의 활동은 감사위원 개개인이 감사업무를 수행하고 이에 대한 책임은 감사위원 개개인이 지는 것 이므로 본조는 감사위원에 대한 책임추궁을 규정한 것으로 보아야 할 것이다.[566]

감사위원의 책임에 관한 「상법」제414조의 규정을 보면 ① 감사위원이 그 임무를 해태한 때에는 그 감사위원은 회사에 대하여 연대하여 손해를 배상할 책임이 있으며(동조 제1항), ② 감사위원이 악의 또는 중대한 과실로 인하여 그 임무를 해태한 때에는 그 감사위원은 제3자에 대하여 연대하여 손해를 배상할 책임이 있다(동조 제2항). 그리고 ③ 감사위원이 회사 또는 제3자에 대하여 손해를 배상할 책임이 있는 경우에 이사도 그 책임이 있는 때에는 그 감사위원과 이사는 연대하여 배상할 책임을 지도록 되어 있다(동조 제3항).

감사위원의 책임의 감면에 관한 「상법」제400조의 규정을 보면 ① 감사위원의 책임은 주주 전원의 동의로 면제할 수 있고(동조 제1항), ② 회사는 정관으로 정하는 바에 따라 감사위원의 책임을 감사위원이 그 행위를 한 날 이전 최근 1년 간의 보수액 (상여금과 주식매수선택권의 행사로 인한 이익 등을 포함한다)의 6배(사외이사의 경우는 3배)를 초과하는 금액에 대하여 면제할 수 있다.

다만 감사위원이 고의 또는 중대한 과실로 손해를 발생시킨 경우와 경업금지 위반(「상법」제397조), 회사의 기회 및 자산의 유용금지 위반(「상법」제397조의2), 감사위원과 회사 간에 거래 위반(「상법」제398조)에 해당하는 경우에는 그러하지 아니 하도록 되어있다(동조 제2항).

그리고 감사위원의 책임의 해제에 관한 「상법」제450조의 규정을 보면 정기총회에서

---

566) 최준선, 전계연구서, 180면, 권종호, 전계서, 190~191면, 김용범, 전계서, 어울림, 2012., 460면.

재무제표의 승인 한 후 2년 내에 다른 결의가 없으면 회사는 감사위원의 책임을 해제한 것으로 본다. 그러나 감사위원의 부정행위에 대하여는 그러하지 아니 하도록 되어 있다.

현행 감사위원의 책임에 관한 「상법」상의 규정에 적지 않은 문제가 있다. 첫째, 감사위원은 이미 이사인 만큼 이사로서의 책임과 감사위원으로서의 책임의 양자 관계가 문제다. 감사위원은 「상법」제414조(회사에 대한 책임) 및 제401조(제3자에 대한 책임)가 적용되어 벌써 이사로서의 책임을 져야 하는데, 여기서 다시 「상법」제414조(감사의 책임)를 준용하고 있어, 현행 「상법」상 감사위원은 이사로서의 책임과 감사 위원으로서 책임을 중첩적으로 부담하여야 한다. 따라서 감사위원은 주식회사의 기관 중에 가장 무거운 책임을 지는 자가 된다.[567]

생각건대 감사위원은 그 직무가 감사업무 일뿐 어디까지나 이사이며, 또한 감사 위원이 수행하는 감사는 그 감사업무의 특성상 이사의 직무집행을 전제로 하고 있으므로, 감사위원의 임무해태는 동시에 이사로서의 임무해태를 의미한다. 따라서 감사 위원의 경우에는 감사가 아니라 이사에 관한 책임규정이 직접 적용된다. 그리고 이것으로 충분하다고 본다.[568]

둘째, 「상법」상 감사위원회는 동 위원회의 결의에 관해서는 이사회의 규정이 적용된다(「상법」제393조의2 제5항, 제390조). 따라서 감사위원회는 3인 이상의 이사로 구성하여야 하는 "회의체"기관이고 회의체로 운영되기 때문에 감사위원회 내에서는 다수결에 의해 감사에 관한 의사결정이 이루어진다. 그런데 현행 규정상 감사의 책임에 관한 규정은 감사위원회를 고려하지 않고 감사의 독임성을 전제로 하기 때문에 이 규정을 감사위원회에 바로 준용할 경우, 감사위원의 책임이 감사위원회의 다수결에 의한 것인 경우에는 어떻게 해석하여야 하는가의 문제가 발생한다.

이에 대하여는 다음과 같은 해석론이 있다. 즉 감사위원회는 회의체기구이므로 감사업무는 감사위원회 결의에 의해 결정되고 감사위원회 대표가 집행하는 형식을 취하게 된다. 그러므로 감사업무에 관한 대표위원의 집행행위가 임무해태에 해당한다면 그 결의에 찬성한 위원도 책임을 묻는 것이 당연한데, 그러기 위해서는 대표위원에 대하여는 「상법」제399조 제1항을 적용하고, 결의에 찬성한 위원에 대하여는 이사회 결의에 관여한 이사의 책임을 묻는 「상법」제399조 제2항 및 제3항을 유추 적용하는 것이 바람직하다고 한다.[569]

---

567) 최준선, 전게연구서, 179면, 권종호, 「감사제도의 개선과 감사위원회제도의 과제」,한국상사법학회 (상사법 연구 제19권 제3호), 2001, 125면. 김용범, 전게서, 어울림, 2012., 461면.

568) 최준선, 전게연구서, 179면, 동취지 권종호, 전게서, 191~192면. 김용범, 전게서, 어울림, 2012., 461면.

569) 권기범, 전게서, 772면, 이철송, 전게서, 715면. 김용범, 전게서, 어울림, 2012., 462면.

그리고「상법」제400조(회사에 대한 책임의 감면)에서도 '감사위원회'의 책임보다는 '감사위원'의 책임으로 보아야 할 것이다. 본조에서 '이사회'의 책임이라 하지 않고 '이사'의 책임으로 명백히 정하고 있는 것과 같이, 감사와 관련된 책임은 책임있는 감사위원에 대하여 개별적으로 책임의 감면여부를 물어야 할 것이다.[570]

또한「상법」450조(이사. 감사의 책임해제)에서도 '감사'를 '감사위원회'로 대체하면, 감사위원이 아닌 감사위원회 전체로서 책임을 해제한다는 것이 된다. 그러나 문제 되는 각 감사위원이 책임지는 것이 타당하므로, 감사위원회 전체의 책임해제를 규정하는 것은 부적절한 것이다.[571]

따라서「상법」제415조의2 제7항에서 감사책임에 관한 제414조의 단순 준용은 이와 같이 여러 면에서 문제가 있으므로 감사위원의 책임에 대하여 동 조항을 보완하는 등 입법적인 재검토가 필요한 것으로 보여 진다.[572]

Ⅱ 회사에 대한 책임

1. 책임의 성립요건

가. 임무의 해태

감사위원의 회사에 대한 책임은 감사위원이 그 임무를 해태한 때에 발생한다. 즉 감사위원이 고의 또는 과실로 선관주의의무를 비롯한 법상의 각종 의무를 위반하거나 각종 권한의 행사를 게을리 한 때에 책임이 인정되는 것이다.

그런데 주의할 것은 감사위원이 고의 또는 과실로 법상의 의무를 이행하지 않거나 권한을 행사하지 않은 경우뿐만 아니라, 의무를 이행하고 권한을 행사하였더라도 그 것이 시기적으로 적당하지 않았거나 또는 불성실 했다면 역시 임무해태가 된다는 점 이다.[573]

일반적으로 기업실무에서 감사위원의 책임을 논할 때 '부실감사'라는 표현을 자주 사용하고 있는데, 이는 바로 의무의 이행이나 권한의 행사는 있었지만 그것이 적절하지 못하였던 경우를 의미하는 것이다. 즉 감사위원이 회계감사를 포함한 업무 감사권을 적시에 성실히 수행하지 못한 경우인 것이다.[574]

그런데 여기서 한 가지 검토해 보아야 할 사항은 감사위원의 회사에 대한 책임의

---

570) 최준선, 전게연구서, 181면. 김용범, 전게서, 어울림, 2012., 462면.
571) 최준선, 전게연구서, 181면. 김용범, 전게서, 어울림, 2012., 462면.
572) 최준선, 전게연구서, 181면, 권종호, 전게서, 192면. 김용범, 전게서, 어울림, 2012., 462면.
573) 정준우, 전게연구보고서, 140면.
574) 정준우, 전게연구보고서, 140면.

원인이 되는 임무해태의 범위이다. 「상법」상 감사위원의 의무와 권한에 관한 규정을 검토해 볼 때 감사위원의 임무해태란 그 범위가 매우 넓다. 따라서 감사위원이 이사의 위법 또는 부당한 행위에 대하여 감독의무를 다하지 못하였다면 당연히 임무해태에 해당된다.

그렇다면 감사위원은 이사의 행위를 비롯한 회사의 경영에 관계된 사항을 감독할 때 어느 정도의 주의를 기울여야 하는가? 이는 감사위원의 법적 지위를 전제로 판단해야 할 것이다. 감사위원회는 회사의 경영감독기관이므로 감사위원이 그 직무를 수행함에 있어 기울어야 하는 주의는 보통 일반인의 주의보다 그 정도가 당연히 높을 수밖에 없다. 또한 감사위원의 주의의무는 그가 속한 회사의 업종이나 규모 등에 따라 그 정도가 다를 수 있다.

따라서 감사위원이 그 임무를 수행함에 있어서 필요한 주의를 다 기울였느냐에 대한 판단은 이러한 요소들을 종합적으로 고려해야 한다. 다만 감사위원이 기울이는 주의의 구체적 범위는 이사와 달리 적법성에 한정된다고 보아야 할 것이다.[575]

한편 이러한 감사위원의 임무해태에 대한 입증책임에 있어서는 ① 일반원칙에 따라 감사위원의 책임을 주장하는 자가 입증해야 된다는 견해[576]와 ② 감사위원의 임무해태에 대한 책임은 감사위원의 임무위반을 전제로 한 것이므로 감사위원 스스로가 의무해태가 없음을 입증해야 하지만, 불법행위책임에 있어서는 피해자인 회사가 감사위원의 고의 또는 과실을 입증해야 된다는 견해[577]가 대립되고 있다.

생각건대, 감사위원의 의무와 권한은 「상법」에 규정되어 있고, 감사위원의 의무이행이나 권한 행사는 업무감사를 포함한 경영감독기능의 수행과정에서 이루어진다. 따라서 감사위원에게 책임을 추궁하려면 감사위원이 그 의무이행과 권한행사를 적시에 성실히 수행하지 못했음을 주장하는 자(회사/소수주주)가 입증해야 할 것이다.[578]

만약 이에 대해 감사위원 스스로가 임무를 해태하지 않았음을 입증해야 된다고 해석 하면, 이는 남용될 가능성이 매우 크다. 왜냐하면 특정한 주체가 일단 감사위원에게 책임을 추궁하면 감사위원은 자신에게 임무해태가 없었음을 입증하지 못하는 한 무조건 책임을 져야하는데, 이는 감사위원의 지위상의 불안정성과 의무와 권한 상의 광범위성 및 실효적 감사활동을 위한 조직의 부재 등으로 인해 결코 쉽지 않으며, 이로 인해 오히려 감사위원의 지위가 더욱 불안정해 질 수 있기 때문이다.[579]

---

575) 정준우, 전게연구보고서, 141면.
576) 이철송, 전게서, 754면, 정동윤, 전게서, 448면, 정찬형, 전게서, 869면, 채리식, 전게서, 564면, 대법원 1966.12.23. 선고. 96다30465 판결.
577) 권종호, 전게서, 142면.
578) 정준우, 전게연구보고서, 141면.
579) 정준우, 전게연구보고서, 142면.

나. 손해의 발생

감사위원의 회사에 대한 책임이 성립되려면 감사위원의 임무해태 행위로 인해 회사에 손해가 발생되어야 한다. 주의할 것은 여기서의 손해에는 통상적인 손해뿐만 아니라 특별손해도 포함되고, 금전적인 손해 외에 회사의 신용실추와 같은 비금전적 손해도 포함된다는 점이다.[580] 그리고 회사의 손해는 감사의 책임에서 설명한 바와 같이 적극적 손해는 물론 소극적 손해도 포함된다고 본다.[581]

따라서 감사위원의 고의 또는 과실로 인해 회사의 적극적손해는 물론 소극적손해에 대해서도 책임을 지게 되며, 또한 잘못된 사실이 공시되고, 이로 인해 회사의 신용이 크게 실추되었다면 그에 따른 회사의 손해에 대해서도 감사위원이 그 책임을 져야 할 것이다. 예를 들어 대우사건에서 밝혀진 분식회계문제 등이 이에 해당될 것이다.[582]

다. 인과관계의 존재

감사위원의 회사에 대한 책임이 성립하려면, 감사위원의 임무해태 행위가 있고, 회사의 손해가 발생되었어야 하며, 양자사이에 인과관계가 있어야 한다. 그런데 계속기업인 회사의 특성상 감사위원의 임무해태 행위에 따른 회사의 손해는 여러 단계를 거쳐 계속적으로 이루어 질 수 있다.

그렇지만 이 모든 손해에 대한 책임을 감사위원에게 묻는다는 것은 오히려 합리적이지 못한다. 따라서 감사위원의 회사에 대한 손해배상 책임은 앞서 감사의 책임에서 설명한 바와 같이 임무해태 행위와 상당인과 관계가 존재해야 하고, 감사위원으로 하여금 손해발생에 대한 저지가능성이 있는 손해에 한하여 물어야 할 것이다.[583]

2. 책임의 확장 및 추궁

감사위원회의 책임은 감사의 책임에 관한 규정을 준용(「상법」제415조의2 제7항 → 제414조 제3항) 하도록 되어있는바, 자세한 설명은 제2편-제5장-제2절-Ⅲ. 책임의 확장 및 Ⅳ. 책임의 추궁 항을 참조하시기 바랍니다.

3. 책임의 면제 및 감면

감사위원의 임무해태에 따른 회사에 대한 손해배상책임은 주주 전원의 동의[584]로

---

580) 이범찬·오욱환, 전게서, 121면, 정준우, 전게연구보고서, 142면,
581) 김건식, 전게서, 2014., 455면, 대법원 2009.5.29. 선고, 2007도4949 판결.
582) 정준우, 전게연구보고서, 142면.
583) 이철송, 전게서, 2014., 764면, 대법원. 2007.7.26. 선고, 2006다33609 판결, 이범찬·
  오욱환, 전게서, 121면,
584) 주주 전원의 동의는 묵시적으로도 가능하다(대법원 2002 . 6. 14. 선고. 2002다11441 판결, 대법원

면제할 수 있다.(「상법」제415조→제400조). 그리고 정기총회에서 재무제표 등의 승인 결의를 한 후 2년 내에 다른 결의가 없으면 감사위원의 부정행위를 제외하고는 회사는 감사 위원의 책임을 해제한 것으로 본다.(「상법」제450조)).

다만 주의할 것은 여기서의 주주에는 의결권 없는 주식을 가진 주주도 포함된다는 점[585] 과 면제방식이 주주 전원의 동의이므로 굳이 주주총회를 개최할 필요 없이 주주들의 개별적인 동의를 얻어도 된다는 점이다.[586] 1인 회사의 경우 그 주주의 동의로 책임을 면제할 수 있음은 물론이다.[587]

다만 이때에 감사위원의 책임이란 이미 발생한 책임을 말하고, 장래의 책임을 사전에 동의로 면제하는 것은 무효이다.[588] 그런데 다수결의 예외로 주주 전원의 동의를 요구하는 것은 감사위원에 대한 손해배상청구권은 이미 발생하여 모든 주주가 持分的 利益을 갖는 회사의 재산권이므로 성질상 다수결을 포기할 수 있는 이익 아니기 때문이다.[589]

이러한 감사위원의 책임면제에 있어서는 다음의 몇 가지 검토해야 할 문제가 있다.

첫째, 책임의 면제방식에 관한 문제이다. 「상법」은 감사위원의 임무해태에 대한 손해 배상책임에 대해서 면제될 수 있는 길을 열어주면서 그 요건을 주주 전원의 동의를 규정 하고 있다. 그러나 주식회사 특히 주식이 대중에 분산되어 있는 상장회사의 경우에는 주주 전원의 동의를 얻는 것 그 자체가 거의 불가능하다. 그렇지만 현실적으로 감사위원의 임무해태에 따른 책임은 손해배상책임이므로 부정행위가 아닌 한 경미한 손해는 주주의 동의 하에 얼마든지 면제해 줄 수 있어야 한다.

왜냐하면 감사위원이 의무이행이나 권한행사를 실효적으로 할 수 있는 보조기구도 없는 상태에서 발생한 경미한 손해에 대해서 까지 사실상 전혀 면제의 가능성 열어주지 않는 것은 너무나 가혹할 뿐만 아니라, 적법성·효율성·합리성까지 판단해야하는 경영담당자인 이사의 책임에 대해서도 그 정도를 완화해야 한다는 주장[590]이 일반화

2008.12.11. 선고. 2005다51471 판결)

585) 감사의 임무해태에 따른 책임추궁은 회사의 손해를 보전하려는 것이므로 의결권의 유무와 관계없이 모든주주의 이해관계가 걸려있기 때문이다. 참고로 일본의 경우에도 의결권 없는 주식을 가진 주주를 포함 하고 있다. (상사법연구회, 전게서, 257면).

586) 권종호, 전게서, 147면, 정준우, 전게서, 144면, 이철송, 전게서,. 767면.

587) 이철송, 전게서, 767면.

588) 이철송, 전게서, 767면.

589) 이철송, 전게서, 767면. 96.25%에 달하는 주주가 이사의 책임을 면제하는 의사표시를 하였으나, 총 주주의 동의는 아니므로 면제의 효과가 없다고 한 예가 있다(대법원. 2004.12.10. 선고. 2002다 60467, 60474. 판결)

590) 김대연, 「이사의 책임제한 및 면제」, 비교사법 제10권 제2호(한국비교사법학회), 2003,, 321~355면. 안성포, 「이사의 면책에 관한 입법론적 고찰(책임면제와 화해를 중심으로)」, 상사법연구 제22권 제2호 (한국상사법학회), 2003.,85~132면. 양동석, 「이사의 책임제한」, 상법학의 전망, 법문사, 2003, 169~186면

되고 있는 요즈음의 추세에 비추어 볼 때 형평성도 없기 때문이다.

따라서 감사위원의 회사에 대한 손해배상책임은 그 면제가능성의 길을 실질적으로 열어주어야 할 것이고, 구체적인 방법으로는 감사의 경우에서와 마찬가지로 일정한 제한 조건을 갖춘 경우 주주총회의 특별결의 등으로 감사위원의 책임면제가 가능하도록 하는 방법을 적극 검토할 필요가 있다고 본다.

둘째, 감사위원의 책임해제를 위한 전제가 되는 '2년 내의 다른 결의'의 범위의 문제이다. 이에 대해서는 주주총회 결의만이 아니라 이사회 결의나 회사의 제소행위 등도 포함된다는 견해가 있다.[591] 그러나 이 견해는 찬동할 수 없다.

왜냐하면, 감사위원의 책임면제에는 원칙적으로 총주주의 동의가 필요한데 비해 이 규정에 의하면 감사위원의 책임이 예외적으로 주주총회 보통결의로 면제되므로, 이러한 예외적인 상황을 다시 뒤집으려면 예외적인 책임해제의 전제가 되었던 정기 총회에서의 재무제표의 승인결의에 버금가는 정도의 '다른 결의'이어야만 그 합리성이 부여될 수 있기 때문이다.

그리고 「상법」이 감사위원의 책임해제의 전제로 정기총회에서 재무제표의 승인결의를 규정하면서 그 단서로 다시 '다른 결의'를 규정하고 있는 점을 감안 할 때 역시 그 결의는 '다른 주주총회의 결의'라고 해석하는 것이 타당하기 때문이다.[592]

셋째, 해제의 대상이 되는 감사위원의 책임범위에 관한 문제이다. 즉 부정행위를 제외한 감사위원의 회사에 대한 모든 책임이 해제의 대상이 되는 것인지 아니면 그 전제인 재무제표에 연관된 책임만이 해제되는 것인지에 관한 문제이다.

생각건대 「상법」이 감사위원의 책임면제를 위한 요건으로 원칙적으로 주주 전원의 동의를 요구하면서 예외적으로 책임해제에 관한 규정을 두고 있고, 그러한 책임해제의 전제요건으로 정기총회에서의 재무제표 승인결의를 규정하고 있으므로 해제의 대상이 되는 감사위원의 책임 또한 재무제표와 연관된 사항으로 한정하여 해석하는 것이 타당하다.[593] 따라서 책임해제를 주장하는 감사위원이 자신의 책임사유가 정기총회에서의 승인결의 당시의 재무제표에 기재되어 있음을 입증해야 할 것이다.[594]

넷째, 감사위원의 불법행위책임에 관한 문제입니다. 감사위원의 임무해태행위가 동시에 불법행위의 요건을 충족할 경우에는 감사위원의 회사에 대한 책임과 불법행위책임이 경합한다. 그런데 주주 전원의 동의로 감사위원 책임을 면제하였다면 감사 위원의 불법행위 책임도 면제되는가 하는 점이다.

생각건대 감사위원의 책임면제 규정은 감사위원의 임무해태에 따른 회사에 대한 손

---

591) 권종호, 전게서, 148면, 정찬형, 전게서, 873면, 서울고법 1977.1.28. 선고. 75나2885 판결.
592) 정준우, 전게연구보고서, 145면.
593) 정준우, 전게연구보고서, 146면.
594) 정준우, 전게연구보고서, 146면. 대법원 1969.1.28. 선고. 68다305 판결.

해배상책임을 면제하는 것이므로 감사위원의 지위를 전제로 하지 않는 불법행위 책임까지 면제하는 것은 아니라고 본다. 따라서 감사위원의 불법행위 책임을 면제 하려면 「민법」상의 일반적인 채무면제절차(「민법」제506조)를 별도로 밟아야 한다.[595]

또한 양 책임은 성질을 달리하므로 어느 하나의 책임을 묻는 訴의 제기는 다른 책임의 시효를 중단하는 효력이 없다.(대법원 2002.6.14. 선고. 2002다11441 판결).

Ⅲ 제3자에 대한 책임

1. 책임의 법적성질

감사위원의 악의 또는 중대한 과실로 그 임무를 해태한 때에는 제3자에 대해서도 손해를 배상할 책임이 있다.(「상법」제414조 제2항). 원래 감사위원회는 회사 내부의 경영감독기관이고, 대외적인 거래관계 등에서는 회사가 직접적인 법률관계를 형성 하기 때문에 감사위원이 제3자와 직접적인 법률관계를 맺는 일은 거의 없다.

그렇지만 주식회사는 주식이나 사채의 발행 등을 통해 다수인과 집단적인 법률관계를 맺게 되는데, 이 과정에서 만약 감사위원이 그 직무를 소홀히 수행하여 잘못된 기업 내용이 공시된다면 제3자에 대해서도 손해를 입힐 가능성이 크다.

이처럼 감사위원은 그 지위와 직무수행에 있어서 제3자에게 미치는 영향이 크므로 감사위원으로 하여금 그 직무수행에 있어서 좀 더 신중을 기하도록 하기 위해서 그리고 때로는 감사위원의 개인재산을 회사의 책임재산에 포함시킴으로써 제3자의 이익을 두텁게 보호하기 위해서 제3자에 대한 책임을 「상법」이 규정하고 있는 것이다.[596]

이러한 감사위원의 제3자에 대한 책임의 법적 성질에 대해서는 크게 법정책임설과 특수불법행위책임설이 대립하고 있다.[597]

① 법정책임설

감사위원의 제3자에 대한 책임은 불법행위와 무관한 법정책임, 즉「상법」이 인정한 별개의 손해배상책임의 발생원인이라고 한다.[598]이설에 의하면 제3자는 감

---

595) 이철송, 전게서, 768면, 정찬형, 전게서, 873면, 정준우, 전계연구보고서, 146면, 대법원 1989. 1. 31. 선고. 87누760 판결, 대법원 1996. 4. 9. 선고. 95다56316 판결.
596) 정준우, 전계연구보고서, 146~147면.
597) 원래 이러한 견해의 대립은 이사의 제3자에 대한 책임에 관한 것인데, 상법 제415조의2에 의해 이사의 책임에 관련된 규정이 감사위원에게도 준용되므로 동일하게 해석할 수 있다고 본다. 정준우, 전계연구 보고서, 147면.
598) 강위두,「전정 회사법」, 형설출판사, 2000., 567면, 권기범,「현대회사법론」, 삼지원, 2001., 688면, 김정호,「제3판 상법강의(상)」, 법문사, 688면, 서헌제,「사례중심체계 회사법」, 법문사, 2000., 424면, 손주찬, 전게서, 852면, 이기수,「제4판 회사법학」, 박영사, 1997., 424면, 정동윤, 전게서, 452면, 정찬형, 전게서, 630면, 채리식, 전게서, 567면.

사위원에게 불법행위 책임을 추궁할 수 있지만, 그것만으로는 제3자의 보호가 충분하지 않으므로 「상법」이 별개의 조문을 둔 후 비록 감사위원의 불법행위 책임이 성립하지 않더라도 그 조문의 요건만 충족하면 제3자가 감사위원에게 책임을 물을 수 있도록 한 것이다.

따라서 이 설은 감사위원의 제3자에 대한 책임과 불법행위책임이의 경합을 인정한다. 그러므로 제3는 감사위원의 고의 또는 과실에 의한 임무해태로 인해 손해를 입었다면 당해 감사위원에 대해 「상법」상 의 책임이든 불법행위 책임이든 자신에게 유리한 것 을 선택하여 손해배상책임을 추궁할 수 있다.[599]

② 특수불법행위책임설

감사위원의 책임은 본질적으로 불법행위책임이지만, 그 요건상 경과실은 제외하고 위법성이 배제되는 특수한 불법행위책임이라고 한다.[600] 그러나 이 설도 감사위원의 제3자에 대한 책임과 불법행위 책임과의 경합은 인정하는데, 그 이유는 만약 불법행위 책임과의 경합을 인정하지 않으면 제3자의 손해가 감사위원의 경과실에 기인한 때에는 감사위원의 책임이 배제되는 불합리한 점이 발생하기 때문이라고 한다.

생각건대 어느 설을 취하더라도 ① 감사위원의 제3자에 대한 책임과 불법행위 책임과 의 경합을 인정하는 점, ② 감사위원의 악의 또는 중과실은 임무해태에 관해 필요하다는 점, ③ 감사위원의 임무해태와 제3자의 손해 사이에 인과관계가 있는 한 제3자의 모든 손해에 대해서 감사위원이 책임을 부담해야 한다는 점은 같다.[601] 다만 차이가 있다면 어느 설이 보다 책임의 본질에 접근하는 것이고, 설명에 있어서 더 논리적이냐 정도뿐이다.[602]

한편 특수불법행위책임설에 의하면 회사에 대한 감사위원의 임무해태가 왜 제3자에 대한 불법행위가 되는 지 설명하기가 어렵다. 또 위법성의 충족 없이 불법해위가 성립한다는 것은 불법행위의 성질상 허용되기 어려운 것이다. 따라서 제3자의 직접적인 법률관계를 형성 하지 않는 감사위원에게 제3자에 대한 책임을 규정하고 있는 「상법」의 입법취지를 고려할 때 법정책임설이 타당하다고 본다.[603]

---

599) 정준우, 전게연구보고서, 148면.
600) 서돈각·정완용, 「제4전정 상법강의(상)」, 법문사, 1999., 455면, 서정갑, 「주석실무 개정상법총람」, 홍문관, 1984., 551면, 이병태, 「전정 상법(상)」, 법원사, 1988., 692면, 이완석, 「신상법(상)」, 법지사, 1984., 262면.
601) 정준우, 전게연구보고서, 148면.
602) 정준우, 전게연구보고서, 148면, 이철송, 전게서, 775면.
603) 정준우, 전게연구보고서, 148면, 이철송, 전게서, 775면.

2. 책임의 성립요건

가. 주관적 요건 : 악의·중과실

감사위원의 **악의 또는 중대한 과실**로 그 임무를 해태한 때에는 제3자에 대해서도 손해배상책임을 부담한다. 따라서 감사위원의 제3자에 대한 책임이 성립하려면 우선 감사위원의 고의 또는 중과실이 있어야 하는데, 문제는 감사위원의 고의 또는 중과실이 어느 부분에 있어야 하는가 하는 점이다.

즉 감사위원의 임무해태에 있어야 하는 가 아니면 제3자에 대한 가해행위가 있어야 하는 가이다. 그런데 이에 대한 법정책임설과 특수불법행위책임설은 모두 전자의 입장을 취하고 있다. 한편 감사위원의 제3자에 대한 책임의 전제조건이 되는 감사 위원의 임무해태상의 고의 또는 중과실은 제3자가 입증해야 한다.[604]

악의·중과실에 대한 보다 자세한 내용은 앞에서 설명한 감사의 책임에 관한 제2편－제5장－제3절－Ⅲ. 책임의 성립요건－1. 악의·중과실 항을 참조하시기 바랍니다.

나. 객관적 요건 : 임무의 해태

감사위원의 제3자에 대한 책임이 성립하려면 먼저 악의·중과실에 기초한 임무해태가 있어야 한다. "**임무해태**란 감사위원이 직무수행과 관련하여 선량한 관리자로서의 주의를 게을리 함으로써 회사에 손해를 가하거나 손해를 방지하지 못한 경우를 뜻 한다."[605] 즉 감사위원이 의무 이행과 권한 행사를 게을리 했어야 하는데, 회사의 재무상태가 심히 악화되었음에도 감사위원이 상당기간 회계감사를 하지 않은 경우 등을 그 예로 들 수 있다.

임무해태에 대한 법원의 판결의 보면 "회사의 감사가 회사의 사정에 비추어 회계감사 등의 필요성이 있음을 충분히 인식하고 있었고, 또 경리업무담당자의 부정행위의 수법이 교묘하게 저질러진 것이 아닌 것이어서 어음용지의 수량과 발행부수를 조사하거나 은행의 어음 결제량을 확인하는 정도의 조사만이라도 했다면 위 경리업무담당자의 부정행위를 쉽게 발견할 수 있었을 것인데도 아무런 조사를 하지 아니하였다면 ———감사는 「상법」 제414조 제2항·제3항에 의한 손해를 배상할 책임이 있다."라고 판시[606]하고 있다.

임무해태에 대한 보다 자세한 내용은 앞에서 설명한 감사의 책임에 관한 제2편－ 제5장－제3절－Ⅲ. 책임의 성립요건－2. 임무해태 항을 참조하시기 바랍니다.

---

604) 권종호, 전게서, 157면, 이철송, 전게서, 776면, 정동윤, 전게서, 452면, 전준우, 전게연구보고서, 149면.
605) 이철송, 전게서, 752면.
606) 대법원 1988. 10. 25. 선고. 87다카1370 판결

다. 제3자의 손해

감사위원의 배상책임을 지는 제3자의 손해는 다음과 같은 두 가지 점에서 검토되어야 한다. 먼저 제3자의 범위인데, 통설은 회사 이외의 자, 즉 회사채권자와 기타 이해관계인 뿐만 아니라 주주나 주식 인수인도 포함된다고 보고 있다. 다만 공법관계인 국가와 지방 자치단체는 포함되지 않는다.[607]

다음은 제3자의 손해범위인데, 제3자의 직접손해에 대해서는 이론이 없으나 간접손해에 대해서는 다음과 같이 제외설[608] 과 포함설[609] 이 대립되고 있다.

① 제외설

주주가 입은 간접손해는 회사가 배상받음으로써 보상되고, 만약 주주를 제3자에 포함시킨다면 주주가 회사채권자에 우선하여 변제를 받는 결과가 되며, 주주의 간접손해는 대표소송을 통해서도 구제될 수 있으므로 주주의 손해에서 제외시켜야 한다고 주장한다.

② 포함설

제3자란 널리 회사 이외의 자를 의미하므로 주주를 제외시킬 이유가 없고, 대표 소송은 제소요건에 일정한 제한이 있고 담보제공의무가 있어 주주의 손해를 회복하는 데는 분명 그 한계가 있으므로 주주의 간접손해도 주주의 손해에 포함시켜야 한다고 주장한다.

생각건대 감사위원의 제3자에 대한 손해배상책임에 관하여 법문이 특별한 제한 없이 제3자란 표현을 쓰고 있으므로 회사 이외의 모든 자가 이에 해당된다고 보는 것이 타당 하고, 주주가 제3자의 범위에 포함되는 한 직접손해이든 간접손해이든 그가 입은 손해에 대해서는 감사위원이 배상책임을 지는 것이 마땅하며, 감사위원에게 손해배상을 추궁할 수 있는 주체로서의 제3자인 주주의 자격에는 어떠한 제한도 없음에 비해 대표소송에는 지주비율의 제한과 담보제공 의무가 있으므로 대체수단으로 적합하지 않다.

따라서 비록 주주가 회사채권자에 우선하여 변제 받는다는 약점은 있지만 포함설이 타당하다고 본다. 한편 최근에 공개회사와 폐쇄회사를 구분한 후, 전자의 경우에는 간접 손해를 입은 주주를 제3자에 포함시키지 않고, 후자의 경우에는 제3자에 포함 시키는 것이 바람직하다는 견해가 제기되고 있다.[610]

---

607) 정찬형, 전게서, 879면, 대법원 1982.12.14. 선고. 82누374 판결. 대법원 1983.4.12. 선고. 82누517 판결

608) 서돈각/정완용, 「제4전정 상법강의(상)」, 법문사, 1999., 468면, 대법원 1993.1.26. 선고. 91다36093 판결. 대법원. 2003.10.24. 선고. 2003다29661 판결.

609) 권종호, 전게서, 162면, 손주찬, 전게서, 810~811면, 이철송, 전게서, 면. 정찬형, 전게서, 878~879면. 채리식, 전게서 568면,

그러나 이는 법이 명시하지 않은 사항을 지나치게 확장하여 해석하는 것으로서 타당 하지 않고, 공개회사와 폐쇄회사에 있어서 주주의 제3자적 지위에 왜 차등을 두어야 하는지 그 이유가 명확하지 않으므로 찬동할 수 없다.[611] 그리고 제3자의 손해에 대한 보다 자세한 내용은 앞에서 설명한 감사의 책임에 관한 제2편-제5장- 제3절-Ⅲ. 책임의 성립요건-3. 제3자의 손해 항을 참조하시기 바랍니다.

라. 인과관계의 존재

감사위원의 제3자에 대한 책임이 성립하려면 감사위원의 악의 또는 중과실에 의한 임무해태와 제3자의 손해사이에 상당인과관계가 있어야 한다. 그리고 인과관계의 존재에 대한 보다 자세한 내용은 앞에서 설명한 감사의 책임에 관한 제2편-제5장- 제3절-Ⅲ. 책임의 성립요건-4. 인과관계의 존재 항을 참조하시기 바랍니다.

3. 책임의 확장

감사위원의 제3자에 대하여 손해배상책임을 지는 경우에 이사도 그 책임이 있는 때에는 감사와 이사가 연대하여 책임을 져야 한다.(「상법」제414조 제3항). 또한 외부 감사인이 제3자에 대하여 손해배상책임을 지고 그에 이사와 감사위원도 책임이 있는 때에는 역시 이사·감사위원·외부감사인이 연대하여 책임을 져야 한다.

그리고 책임의 확장에 대한 보다 자세한 내용은 앞에서 설명한 감사의 책임에 관한 제2편-제5장-제3절-Ⅳ. 책임의 확장 항을 참조하시기 바랍니다.

---

610) 江頭憲治郎, 「(第3版) 株式會社·有限會社法」, 有斐閣, 2004., 393면.
611) 정준우, 전게연구보고서, 151면.

제7장 >>> 벌 칙

제1절 >>> 총 설

  회사를 둘러싼 복잡한 법률관계로 인하여 회사는 각종 재산범죄의 대상 또는 수단이 될 수 있으며, 그 자신이 주체가 될 수 있다. 범죄와 처벌에 관하여는 일반법으로서 「형법」이 있고, 회사와 관련된 범죄의 상당수는 그에 의해 처벌될 수 있을 것이다.

  그러나 「형법」은 원래 자연인의 범죄를 예상하여 제정된 것이므로 법인 중심의 범죄를 망라하기가 어렵고, 또 회사 관계의 범죄는 대부분 이른바 화이트 칼라(white collar)형의 범죄이므로 비난가능성이 높은 반면 매우 기교적이어서 「형법」의 각칙만으로는 규율 하기 어려운 점이 많다.

  이러한 이유에서 「상법」제3편 제7장에서 회사관계의 범죄와 그 처벌에 관한 규정을 두고 있다.

제2절 >>> 일반원칙612)

I 형사범과 행정범의 구분

  「상법」상의 벌칙 규정은 형사범에 관한 것과 행정범에 관한 것으로 대별할 수 있다.

  행정범은 국가의 행정목적상 특히 범죄로 정한 것이며 법규범의 제정을 기다려 위법이 되는데 반하여, 형사범은 우리의 사회생활에 있어서 항상 범죄인 것, 즉 법률의 규정을 기다릴 것 없이 그 행위 자체가 반사회적·반도의적인 범죄이다.

  이를 규범 위반의 측면에서 보면 형사범은 사회의 일반규범에 위반하는 행위이고,

---

612) 이철송, 「회사법강의」, 박영사, 2014., 1191~1192면.

행정범은 국가가 그 정책상 특별히 정한 국가규범에 위반하는 행위라 할 수 있다. 「상법」제622조 내지 제634조의2의 죄는 형사범으로 징역·벌금·몰수의 형벌이 적용 되고, 제635조와 제636조의 죄는 행정범으로서 과태료가 적용된다.

Ⅱ 신분범

「상법」상의 각 범죄는 대부분 구성요건인 행위의 주체에 일정한 신분을 요하는 범죄인 신분범(身分犯)이다. 예외적으로「상법」제628조 제2항, 제630조 제2항, 제631조 제2항, 제634조의2 제2항의 죄만은 신분범이 아니다.

따라서 여기서 말하는 신분이란 범인의 인적관계인 특수한 지위나 상태를 말하는 것이므로, 이들 범죄를 제외하고 각 규정에서 요하는 신분을 갖지 아니한 자에게는 당연히 범죄가 성립할 수 없다.

Ⅲ 형법총칙의 적용

형사범에 관하여는 일반적으로 형법 총칙이 적용된다. 따라서 「상법」제622조 내지 제634조의 2에는 과실범을 벌하는 규정이 없으므로 과실범에 대하여는 벌칙의 적용이 없다.(「형법」제14조 참조).

Ⅳ 법인에 대한 처벌

회사의 대표자나 대리인, 사용인, 그 밖의 종업원이 그 회사의 업무에 관하여「상법」 제624조의의2(주요주주 등 이해관계자와의 거래 위반의 죄)의 위반행위를 하면 그 행위자를 벌하는 외에 그 회사에도 해당 조문의 벌금형을 가한다.

다만, 회사가 「상법」제542조의 13(준법통제기준 및 준법지원인)에 따른 의무를 성실히 이행한 경우 등 회사가 그 위반행위를 방지하기 위하여 해당 업무에 관하여 상당한 주의와 감독을 게을리하지 아니한 경우에는 그러하지 아니하다(「상법」제634조의3).

위의 "회사가 그 위반행위를 방지하기 위하여 해당업무에 관하여 상당한 주의와 감독을 게을리하지 아니한 경우"라는 규정은 마치 회사에게 입증책임이 있는 것처럼 보이지만, 형사사건에서는 항상 검사가 입증책임을 부담하므로 규정형식에 불구하고 검사가 입증해야 한다. 따라서 실제사건에서 양벌규정으로 회사가 처벌받는 경우는 많지 않을 것이다.[613]

V 징역과 벌금의 병과

아래와 같은 범죄에 대한 형벌은 자유형인 징역, 재산형인 벌금과, 부가형인 몰수, 추징 등이 있다. 「상법」제622조부터 제631조까지의 형사범의 경우 징역과 벌금은 병과할 수 있다.(「상법」제632조). 따라서 「상법」제634조의 납입책임 면탈의 죄와 제634조의2의 주주의 권리행사에 관한 이익공여의 죄에 대한 징역과 벌금은 병과의 대상이 아니다.

VI 몰수 및 추징

일정한 범죄, 즉 「상법」 제630조 제1항의 독직죄 또는 제631조 제1항의 권리행사 방해 등에 관한 증수뢰죄의 경우에는 범인이 수수(收受)한 이익은 몰수하고, 범인이 수수한 이익의 전부 또는 일부를 몰수할 수 없을 때에는 그 가액을 추징한다. (「상법」 제633조).

VII 처벌 절차

형사범의 처벌은 형사소송절차에 의하고, 행정범의 처벌은 「비송사건절차법」의 소정의 절차(「비송사건절차법」 제24조 이하)에 의한다.

제3절 〉〉〉 형사범

I 「상법」상 형사범

1. 특별배임죄(「상법」제622조, 제623조)

가. 행위주체

행위의 주체는 (1) 발기인, 업무집행사원, 이사, 집행임원, 감사위원회 위원, 감사 및 「상법」 제386조 제2항·제407조 제1항·제415조·제567조의 직무대행자, 그리고

---

613) 임제연, 전게서 I, 박영사, 2014., 226면.

지배인 기타 회사영업에 관한 어느 종류 또는 특정한 사항의 위임을 받은 사용인, 청산인, 제542조 제2항의 직무 대행자, 제175조의 설립위원(「상법」제622조 제1항, 제2항)과 (2) 사채권자집회의 대표자 또는 그 결의를 집행하는 자로 구분 한다.

대주주는 회사의 경영에 실질적인 영향을 행사해 왔더라도 법상 회사의 사무를 포괄적으로 위임받은 자가 아니므로 본조의 행위주체가 될 수 없다. 「상법」제401조 의2 제1항 제1호가 규정하는 업무집행지시자에 해당하더라도 같다.[614]

나. 위법행위

본조의 배임행위는 사무의 내용, 성질 등 구체적인 상황에 비추어 법률의 규정, 계약의 내용 혹은 신의칙상 당연히 할 것으로 기대되는 행위를 하지 않거나 당연히 하지 않아야 할 것으로 기대되는 행위를 함으로써 본인과 위 (1), (2)의자 사이의 신임관계를 저버리는 행위를 말한다.[615]

구체적으로는, 위 (1)의 자가 임무에 위배한 행위로서 재산상의 이득을 취득하거나 제3자로 하여금 이를 취득하게 하여 회사에 손해를 가하는 것이고(「상법」제622조 제1항), 위 (2)의 자가 같은 행위로 사채권자에게 손해를 가하는 것이다(「상법」제623조). 따라서 본죄가 성립하려면 임무위배, 이익의 취득 및 회사의 손해발생에 대한 범의가 있어야 한다.[616]

본죄에서 「회사에 손해를 가한 때」라 함은 회사에 현실로 손해가 발생한 경우뿐 아니라, 회사 재산가치의 감소라고 볼 수 있는 재산상 손해의 위험이 발생한 경우도 포함 되는 것이며,[617] 일단 회사에 대하여 재산상 손해의 위험을 발생시킨 이상 사후에 피해가 회복되었다 하더라도 특별배임죄의 성립에 영향을 주지 못한다.[618]

다. 처벌내용

(1)의 자에게는 10년 이하의 징역 또는 3천만원 이하의 벌금에 처하고(「상법」 제622조 제1항), (2)의 자에게는 7년 이하의 징역 또는 2천만원 이하의 벌금에 처한다. 미수범도 처벌한다(「상법」제624조).

---

614) 이철송, 전게서, 박영사, 2014., 1,185면, 대법원 2006. 6. 2. 판결 2005도3431.
615) 이철송, 전게서, 박영사, 2014., 1,185면, 대법원 1998. 2.10. 판결 96도2287.
616) 이철송, 전게서, 박영사, 2014., 1,185면, 대법원 1981.1.27. 판결 79도2810.
617) 이철송, 전게서, 박영사, 2014., 1,185면, 대법원 2001.9.28. 판결 2001도3191.
618) 이철송, 전게서, 박영사, 2014., 1,185면, 대법원 1998.2.24. 판결 97도183.

2. 부당신용공여죄(「상법」제624조의2)

가. 행위주체

행위의 주체는 「상법」제624조의2는 제542의9(주요 주주 등 이해관계자와의 거래) 제1항에 위반하여 신용공여를 한 자를 벌한다고 규정하고 그 이상 구체적인 행위주체를 규정하고 있지 않다.

회사의 계산으로 신용공여를 하는 것이므로 사법적으로는 회사 자체, 대표이사가 행위주체가 될 것이므로 이 죄의 주체도 이들로 보아야 할 것이다.[619] 이 행의 실행에 가담한 자가 공범으로 처벌받을 수 있음은 물론이다.

나. 위법행위

위법행위는 상장회사가 「상법」제542조의9 제1항을 위반하여 신용을 공여하는 행위를 말하며, 구체적으로는 다음 각 호의 어느 하나에 해당하는 자를 상대방으로 하거나 그를 위하여 신용공여(금전 등 경제적 가치가 있는 재산에 대여, 채무 이행의 보증, 자금 지원적 성격의 증권 매입, 그 밖의 거래상 신용위험이 따르는 직접적·간접적 거래로서 대통령령이 정하는 거래를 말한다)하는 행위를 말한다.(「상법」 제642조의 2).

주요 주주 등 이해관계자

1. 주요 주주 및 그의 특수관계인.
2. 이사(제401조의2 제1항 각 호의 어느 하나에 해당하는 자를 포함) 및 집행임원.
3. 감사.

다. 처벌내용

5년 이하의 징역 또는 2억원 이하의 벌금에 처한다.

3. 회사재산을 위태롭게 하는 죄(「상법」제625조)

가. 행위주체

행위의 주체는 「상법」제 622조 제1항에 규정된 자,[620] 검사인, 제298조 제3항·제299조의2·제310조 제3항 또는 제313조 제2항의 공증인이나 제299조의2 또는 제310조 제3항 또는 제422조 제1항의 감정인이다.

---

619) 이철송, 전게서, 박영사, 2014., 1,186면.

620) 「상법」제622조 제1항에 규정된 자라함은 "회사의 발기인, 업무집행사원, 이사, 집행임원, 감사위원회 위원, 감사 또는 직무대행자, 지배인 기타 회사 영업에 관한 어느 종류 또는 특정한 사항의 위임을 받은 사용인"이다.

나. 위법행위

다음 중 어느 하나의 행위를 하였을 때 처벌된다.

(1) 출자 부실보고

주식 또는 출자의 인수나 납입, 현물출자의 이행, 「상법」제290조, 제416조 제4호 또는 제544조에 게기한 사항에 관하여 법원·총회 또는 발기인에게 부실한 보고를 하거나 사실을 은폐한 때.

(2) 자기주식 취득

누구의 명의로 하거나 불문하고 회사의 계산으로 부정하게 그 주식 또는 지분을 취득하거나 질권의 목적으로 이를 받은 때.

회사가 자기주식을 취득하게 된 경위가 주주총회에서 주주 아닌 자에게 주식을 양도 하지 않기로 하는 결의가 있었다거나, 다른 주주들이 회사의 자기주식 취득에 동의했다 하더라도 본죄의 성립에는 영향이 없다.[621]

그러나 자기주식취득행위를 처벌하는 가장 중요한 이유는 자사주를 유상 취득하는 것은 실질적으로는 주주에 대한 출자의 환급이라는 결과를 가져와 자본충실의 원칙에 반하고, 회사재산을 위태롭게 하는 데 있다.

따라서 私法상의 위법과 刑法상의 위법은 반드시 일치하는 것은 아니므로 私法상 금지되는 자기주식의 취득의 경우라도 회사재산에 대한 추상적인 위험이 없다고 생각되는 경우, 예컨대, 자기주식취득의 위법상태가 바로 해소되는 것을 예정하고 취득한 때에는 「형법」상으로는 실질적 위법성이 없고, '부정하게' 주식을 취득한 경우에 해당하지 않아 自己株式取得禁止 違反罪로 처벌할 수 없다.[622]

(3) 위법 배당

법령 또는 정관의 규정에 위반하여 이익배당을 한 때.

(4) 영업용도외 재산처분

회사의 영업범위 외에서 투기행위를 하기 위하여 회사재산을 처분한 때.

다. 처벌내용

5년 이하의 징역 또는 1천 500만원 이하의 벌금에 처한다.

---

621) 이철송, 전게서, 박영사, 2014., 1,186면, 대법원 1993.2.23. 판결 92도616.
622) 이철송, 전게서, 박영사, 2014., 1,186면, 대법원 1993.2.23. 판결 92도616.

4. 주식취득제한의 위반죄(「상법」제625조의2)

가. 행위주체

2011년 「상법」개정 전에는 제635조에 열거한 자로 제한하였으나, 동 개정에서는 이러한 제한을 폐지하였으므로 이론적으로는 누구든 이 죄의 행위의 주체가 될 수 있다.

나. 위법행위

다음 중 어느 하나의 행위를 하였을 때 처벌된다.

① 자회사에 의한 모회사 주식취득에 관한 제한 규정(「상법」제342조의2 제1항)을 위반하여 자회사가 모회사의 주식을 취득한 때.

② 주식의 포괄적 교환·주식의 포괄적 이전·회사의 합병 또는 다른 회사의 영업 전부의 양수로 인하여 자회사가 모회사의 주식을 취득한 후 6개월 이내에 모회사 주식을 처분하지 않은 때(「상법」제342조의2 제1항 제1호 및 제2항).

③ 자회사가 권리를 실행함에 있어 그 목적을 달성하기 위해 필요하여 모회사의 주식을 취득한 후 6개월 이내에 이를 처분하지 아니한 때(「상법」제342조의2 제1항 제2호 및 제2항).

다. 처벌내용

2천만원 이하의 벌금에 처한다.

5. 부실보고죄(「상법」제626조)

가. 행위주체

회사의 이사, 집행임원, 감사위원회 위원, 감사 그리고 「상법」제386조[(이사) 결원의 경우] 제2항·제407조[(이사)직무집행정지, 직무대행자 선임] 제1항·제415조 [(감사)준용규정]· 제567조[(이사)준용규정]의 직무대행자이다.

나. 불법행위

「상법」 제604조(주식회사의 유한회사에의 조직 변경) 또는 제607조(유한회사의 주식회사로의 조직 변경)의 경우 제604조 제2항 또는 제607조조 제2항의 순재산액에 관하여 법원 또는 주주총회에 부실한 보고를 하거나 사실을 은폐하는 것이다.

다. 처벌내용

5년 이하의 징역 또는 1천 500만원 이하의 벌금에 처한다.

6. 부실문서행사죄(「상법」제627조)

가. 행위주체

행위주체는 (1) 「상법」제622조(발기인, 이사 기타 임원 등의 특별배임죄) 제1항에 게기한 자[623] 및 외국회사의 대표자, 주식 또는 사채 모집의 위탁을 받은 자와 (2) 주식 또는 사채를 매출하는 자이다.

나. 불법행위

「상법」 제627조의 부실문서행사죄의 입법취지는 주식 또는 사채의 모집에 있어 일반 투자자에게 중요한 투자판단의 자료로 제공하는 사항에 대하여 정확을 기하고, 오류를 방지하여 회사의 주식과 사채 등의 모집에 공정성과 투명성을 보장하기 위한 것이다.[624]

따라서 위 (1)의 자가 주식 또는 사채를 모집함에 있어 중요한 사항에 관하여 부실한 기재가 있는 주식청약서, 사채청약서, 사업계획서, 주식 도는 사채의 모집에 관한 광고, 기타 문서를 행사하는 것과 위 (2)의 자가 매출에 관한 문서로서 중요한 사항에 관하여 부실한 기재가 있는 것을 행사하는 것이다.

다. 처벌내용

5년 이하의 징역이나 1천 500만원 이하의 벌금에 처한다.

7. 납입가장죄(「상법」제628조)

가. 행위주체

행위주체는 (1)「상법」제622조(발기인, 이사 기타 임원 등의 특별배임죄) 제1항에 게기한 자, (2) 이들의 죄가 되는 행위에 응하거나 중개한자이다. 원래 납입가장죄는 「상법」제622조의 지위에 있는 자만이 주체가 될 수 있는 신분범인데, 이에 응하거나 이를 중개한 자도 처벌대상으로 확대한 것이다.[625]

단, 신분이 없는 자도 신분이 있는 자의 범행에 가공한 경우에 공범이 될 수있으나, 그 경우에도 공동가공의 의사와 그 공동 의사에 의한 기능적 행위 지배를 통한 범죄의 실행이라는 주관적·객관적 요건이 충족 되어야 공동정범으로 처벌할 수 있다.[626]

---

623) 「상법」제622조 제1항에 게기한 자라함은 "회사의 발기인, 업무집행사원, 이사, 집행임원, 감사위원회 위원, 감사 또는 직무대행자, 지배인 기타 회사 영업에 관한 어느 종류 또는 특정한 사항의 위임을 받은 사용인"이다.

624) 대법원. 2003.3.25. 선고. 2000도5712 판결.

625) 임재연, 전게서 I, 박영사, 2014., 222면.

626) 임재연, 전게서 I, 박영사, 2014., 222면. 대법원 2011.7.14. 선고 200도3180 판결.

따라서 「상법」제622조(발기인, 이사, 기타 임원 등의 특별배임죄)에서 정한 지위에 있는 자들이 가장납입을 하도록 범의를 유발한 것이 아닌 한, 이미 가장납입하기로 마음먹고 있는 회사의 임원 등에게 그 대금을 대여해 준 것에 불과한 경우에는 납입 가장을 하기 위해 돈을 빌린다는 것을 알고 돈을 빌려주었다는 사정만으로는 납입 가장죄에 대한 공동정범으로서의 죄책을 물을 수 없다.[627]

나. 위법행위

위법행위는 (1)의 자가 납입 또는 현물출자의 이행을 가장하는 것 및 (2)의 자가 이에 응하거나 이를 중개하는 것이다. 납입가장죄는 고의범이므로 당초부터 진실한 주금납입으로 회사의 자금을 확보할 의사가 없어야 성립한다. 그리고 납입가장죄는 회사의 자본충실을 기하려는 법의 취지를 해치는 행위를 단속하려는 것이다.[628]

납입가장죄는 회사 자본충실을 해치는 행위를 단속하는 데 목적이 있는 것이므로, 진실한 주금납입으로 회사의 자금을 확보할 의사없이 형식상 또는 일시적으로 주금을 납입하고 이 돈을 은행에 예치하여 납입의 외형을 갖추고 주금납입증명서를 교부받아 설립등기나 증자등기의 절차를 마친다음 바로 그 납입한 돈을 인출한 경우이다.

납입가장행위는 실질적으로 회사의 자본을 증가시키는 것이 아니고 등기를 위하여 납입을 가장하는 편법에 불과한 것이므로, 그 인출금을 주식납입금 상당에 해당하는 자산을 양수하는 대금으로 사용하는 등 회사를 위하여 사용하였다는 특별한 사정이 없는 한 실질적으로 회사의 자본이 늘어난 것이 아니므로 납입가장죄가 성립한다.[629]

결국 설립등기 후의 인출한 자금의 용도가 주금납입을 위한 차입금의 변제인지, 아니면 사업상의 채무변제를 포함하여 회사의 정상적인 운영자금 등으로 사용되었는가의 여부가 납입가장죄 성립여부의 중요한 판단 기준이 된다.[630] 사법상(私法上)으로는 발기인 또는 대표이사와 회사와의 관계에서 그 금액 상당의 채권채무관계가 발생하겠지만 본죄의 성립에는 영향이 없다.[631]

다. 처벌내용

5년 이하의 징역이나 1천 500만원 이하의 벌금에 처한다.

---

627) 이철송, 전게서, 박영사, 2014., 1,188면, 대법원 2011.7.14. 선고 200도3180 판결.
628) 임재연, 전게서 I, 박영사, 2014., 222면, 이철송, 전게서, 박영사, 2014., 1,188면,
629) 이철송, 전게서, 1,188면, 최준선, 전게서, 824면, 대법원. 2001. 8. 21. 판결. 2000 도 5418 판결
630) 임재연, 전게서 I, 박영사, 2014., 222면, 최준선, 전게서, 824면, 대법원. 1986. 9. 9. 판결. 86 도 2297, 동취지 1982. 4. 13. 판결. 80 도 537, 동취지 1979. 12. 11. 판결. 79 도 1489
631) 이철송, 전게서, 1,188면, 대법원. 1982. 4. 13.판결. 80 도 537, 동취지 1986. 9. 9. 판결. 85 도 2297, 동취지 1993. 8. 24. 판결. 93 도 1200, 동취지 1997. 2. 14. 판결. 96 도 2904

8. 주식초과발행죄(「상법」제629조)

가. 행위주체

발기인, 이사, 집행임원 그리고 「상법」제386조[(이사) 결원의 경우] 제2항·제407조 [(이사)직무집행정지, 직무대행자 선임] 제1항의 직무대행자이다.

나. 불법행위

발행예정주식총수를 초과하여 주식을 발행하는 것이다.

다. 처벌내용

5년 이하의 징역 또는 1천만원 이하의 벌금에 처한다.

9. 독직죄(「상법」제630조)

가. 행위주체

행위주체는 (1) 「상법」제622조(발기인, 이사 기타 임원 등의 특별배임죄)와 제623조 (사채권자 집회의 대표자 등의 특별배임죄)에 규정된 자, 검사인, 제298조(이사·감사의 조사·보고와 검사인의 선임청구) 제3항, 제299조의2(현물출자 등의 증명)·제310조(변태설립의 경우의 조사)제3항 또는 제313조[(회사설립)이사, 감사의 조사·보고] 제2항의 공증인이나 제299조의2 또는 제310조 제3항 또는 제422조(현물출자의 검사) 제1항의 감정인, (2) 이들에게 이익을 약속, 공여 또는 공여의 의사 표시를 한자이다.

나. 불법행위

독직죄는 기업의 관리를 맡은 주식회사의 여러 직무담당자들의 수뢰적 행위를 단속하려는 죄이므로, 부정한 청탁의 대가로서 재산상 이득의 수수 등이 있으면 성립하고, 부정한 청탁으로 인한 행위를 하여 회사에 손해가 발생한 것은 구성요건이 아니다.

독직죄의 불법행위는 (1)의 자가 직무에 관하여 부정한 청탁을 받고 재산상의 이익을 수수, 요구 또는 약속하는 것과 (2)의 자가 (1)의 이익을 약속, 공여 또는 공여의 의사표시를 하는 것이다.

그리고 대법원 1971. 4. 13. 선고. 71도326 판결에 의하면 부정한 청탁에서 "부정한"이란 뚜렷이 법령에 위배한 행위 외에, 회사의 사무처리규칙에 위반 한 것 중 중요한 사항에 위반한 행위도 포함한다고 판시하고 있다.[632]

---

632) 임재연, 전게서 I, 박영사, 2014., 224~225면, 대법원 1971.4.13. 선고 71도326 판결.

다. 처벌내용

5년 이하의 징역 또는 1천 500만원 이하의 벌금에 처한다.

10. 권리행사방해 등에 관한 증수뢰죄(「상법」제631조)

가. 행위주체

행위주체는 (1) 행위별로 주식인수인, 사원, 주주, 사채권자 또는 회사법상의 각종의 소제기권자, 소수주주, 소수사원, 일정액 이상의 사채권자, (2) (1)의 자에게 이익을 약속, 공여 또는 공여의 의사표시를 한 자이다.

나. 위법행위

위법행위는 (1)의 자가 다음 사항에 관하여 부정한 청탁을 받고 재산상의 이익의 수수, 요구 또는 약속하는 것, 및 (2)의 자가 이익을 약속, 공여 또는 공여의 의사 표시를 하는 것이다.

① 창립총회, 사원총회, 주주총회 또는 사채권자 집회에서의 발언 또는 의결권의 행사.

② 회사법상의 소의 제기, 발행주식 총수의 100분의 1 또는 100분의 3 이상에 해당하는 주주, 사채총액의 10분의 1 이상에 해당하는 사채권자 또는 자본금의 100분의 3 이상에 해당하는 출자좌수를 가진 사원의 권리의 행사.

③ 유지청구권 또는 신주발행유지청구권의 행사.

다. 처벌내용

1년 이하의 징역 또는 300만원 이하의 벌금에 처한다.

11. 납입책임면탈의 죄(「상법」제634조)

가. 행위주체

행위의 주체는 주식인수인 또는 (유한회사의) 출자인수인이다.

나. 위법행위

납입책임을 면하기 위하여 타인 또는 가설인 명의로 주식 또는 (유한회사의) 출자를 인수하는 것이다. 따라서 이것은 목적범이다.

다. 처벌내용

1년 이하의 징역 또는 300만원 이하의 벌금에 처한다.

12. 주주의 권리행사에 관한 이익공여의 죄(「상법」제634조의2)

가. 행위주체

행위의 주체는 (1) 주식회사의 이사·집행임원·감사위원회 위원, 감사 또는 「상법」 제386조[(이사)결원의 경우] 제2항, 제407조[(이사)직무집행정지, 직무대행자 선임] 제1항 또는 제415조[(감사)준용규정]의 직무대행자, 지배인, 기타 사용인, (2) 이들로부터 이익을 수수하거나 제3자에게 이를 공여하게 한자이다.

나. 위법행위

위법행위는 (1)의 자가 주주의 권리행사와 관련하여 회사의 계산으로 재산상의 이익을 공여하는 것, 및 (2)의 자가 수수하거나 공여하게 하는 것이다.

다. 처벌내용

1년 이하의 징역 또는 300만원 이하의 벌금에 처한다.

Ⅱ 「상법」이외의 형사범

1. 사기죄(「형법」 제347조 및 「특경법」 제3조)

가. 행위주체

행위의 주체는 (1) 사람을 기망하여 재물의 교부를 받거나 재산상의 이익을 취득한 자, (2) 전항의 방법으로 제3자로 하여금 재물의 교부를 받게 하거나 재산상의 이득을 취득하게 한자이다.

나. 위법행위

위법행위는 (1)의 자가 사람을 기망하여 재물의 교부를 받거나 재산상의 이익을 취득하는 것, 및 (2)의 자가 전항의 방법으로 재물의 교부를 받거나 재산상의 이득을 취득하는 것이다. 즉, 사기죄는 영득죄의 일종이지만 절도죄 및 강도죄가 상대방의 의사에 반하여 재물을 탈취하는 것과는 달리 기망에 의한 상대방의 착오 있는 의사표시에 의하여 재물을 교부 받거나 재산상의 이익을 취득하는 것이다.

따라서 분식회계를 한 재무제표 및 사업보고서를 토대로 금융기관으로부터 대출을 받으면 사기죄가 성립된다. 왜냐하면 분식 결산된 허위의 재무제표 등을 사용하여 누적된 결손사실을 숨기고 변제능력이 없음에도 있는 것으로 기망하여 허위사실을 은폐함으로써 상대방으로 하여금 그것을 誤導케하여 금융기관 등으로부터 금원을 차입하거나 재산상의 이익을 취득하였기 때문이다.

이에 대해 대법원은 대법원 2000.9.8. 선고 2000도1447 판결에서 "당해 회계연도의 결산이 적자인 경우 다음해에 관급공사의 수주나 금융기관으로부터 대출이 어렵게 되는 것을 피하기 위하여 실제로는 손실을 입었음에도 이익이 발생한 것처럼 이른바 분식결산을 작성 한 후 이를 토대로 금융기관으로부터 대출을 받은 행위는 사기죄에 해당된다."고 판시한 바 있다.

그리고 대법원 2007.6.1. 선고 2006도1813 판결에서 "편법을 사용하여 재무제표를 작성하여 금융기관에 제출하면 금융기관으로서는 원래 해당 회계연도에 적용하는 개정 전 회계처리기준에 의해 위 재무제표가 작성되었고 그 결과 당기순이익이 발생한 것으로 잘못 인식할 수 있다하여 이는 해당 회계연도의 회사 재무상황에 대하여 금융기관의 착오를 일으키는 것이어서 기망행위에 해당한다."고 판시하였다.

다. 처벌내용

이러한 경우에는 「형법」 제347조의 적용을 받아 10년 이하의 징역 또는 2천만원 이하의 벌금에 처하게 된다. 만약 그 재산상의 이익이 5억원 이상 이라면 「특경법」이 적용되어 같은 법 제3조에 따라 그 이득액이 5억원 이상 50억원 미만인 때는 3년 이상 유기 징역, 이득액이 50억원 이상일 때에는 무기 또는 5년 이상 징역형으로 처벌받게 된다.

그러나 이런 경우 금융정세나 경영상태의 추이로 보아 객관적으로 변제가능성이 없었 느냐 구분할 필요가 있다. 왜냐하면 분식 처리된 재무제표를 개시하여 허위사실을 표시하였다 하더라도 달리 변제를 예정할 수 있는 방도가 있는 한, 일종의 상술로서 허용된다고 보아야 하기 때문이다.

2. 회계감사 등에 관한 독직죄(「외감법」 제19조)

가. 행위주체

행위주체는 (1) 감사인, 감사인에 소속된 공인회계사, 감사 또는 감사인 선임위원회의 위원(감사위원회가 설치된 경우에는 감사위원회의 위원), (2) (1)의 자에게 이익을 약속·공여 또는 공여의 의사표시를 한 자이다.

나. 위법행위

위법행위는 (1)의 자가 그 직무에 관하여 부정한 청탁을 받고 금품이나 이익을 수수(收受)·요구 또는 약속하는 것, 및 (2)의 자가 이익을 약속, 공여 또는 공여의 의사표시를 하는 것이다.

다. 처벌내용

5년 이하의 징역 또는 5천만원 이하의 벌금에 처한다. 다만 벌금형에 처하는 경우 그 직무와 관련하여 얻은 경제적 이익의 5배에 해당하는 금액이 5천만원을 초과하면 그 직무와 관련하여 얻은 경제적 이익의 5배에 상당하는 금액 이하의 벌금에 처한다. 위에서 규정하는 금품이나 이익은 몰수한다. 그를 몰수 할 수 없으면 그 가액을 추징한다.

3. 회계분식죄(「외감법」 제20조 제1항)

가. 행위주체

행위주체는 이사, 집행임원, 감사, 감사위원 등 「상법」 제401조의 2(업무집행 지시자등의 책임) 및 제635조(과태료를 처할 행위) 제1항에 규정 된 자나 그 밖에 회사의 회계 업무를 담당하는 자이다.

나. 위법행위

위법행위는 「외감법」 제13조(회계처리의 기준)에 따른 회계처리기준을 위반하여 거짓으로 재무제표 또는 연결재무제표를 작성·공시한 경우 즉 분식회계 행위를 한 것이다.

참고 ▶▶ 분식회계의 정의 및 판단 기준

1. 분식회계의 정의

분식(粉飾)이란 사전적 의미로는 "실제보다 좋게 보이려고 사실을 숨기고 거짓으로 꾸미는 것"이고, 분식결산은 "영업상 수지를 계산 할 때에 이익을 실제 이상으로 계상하는 일 또는 사실과 달리 이익을 적게 표시하는 일"을 말한다.

일반적으로 회계학사전에서는 분식회계란 '한 회계연도의 영업실적과 연도 말의 재산상태 등의 재무정보를 손익계산서와 대차대조표 등의 재무제표로 전달하면서 재무정보를 왜곡하여 사실과 다르게 표시하는 것' 이라고 정의하고 있다.

그 이외에도 분식회계란 '기업의 실적을 위장하기 위해 적극적으로 숫자를 만들어 내는 행위' 이다. 또, '기업내부자가 일반 회계기준의 범위 안에서 특정기준을 선택·적용·해석하는 것이 가능하기 때문에 기업의 효용이나 기업의 시장가치를 높이기 위해 자의적으로 회계정책을 선택·적용하는 경우 이것이 분식회계'라고 정의하기도 한다.

기업이 일반적으로 인정된 회계기준이 허용하는 융통성을 충분히 활용하는 것은 정상적인 것이고 일반적인 행위라고 할 수 있다. 이때 측정조항을 선택하고 해석하는 과정에서 판단에 따라 재무제표의 내용도 어느 정도 차이가 있을 수 있다.

그러나, 회계처리방법의 선택과 해석이 일반적으로 인정된 회계기준이 정한 범위를 벗어나면 기업이 공표한 재무제표는 기업의 실상을 공정히 나타내었다고 할 수 없으며, 곧 분식회계인 것이다. 즉, 회계처리방법의 선택을 통하여 기업의 재무적 어려움을 감추고, 이해관계자를 속이고 실패기업의 실상을 숨기는 재무보고가 분식회계인 것이다.

따라서 분식회계(Window Dressing in Accounting)란 일반적인 용례에 따르면 「결산 시에 회계적 기법을 이용하여 고의로 재무제표상의 경영성적 및 재정상태를 실제보다 부풀려서 또는 줄여서 표시하는 것」을 말한다.

2. 분식회계의 위법성 판단 기준

분식회계가 적발되면 행정처분 및 민·형사상 책임은 불가피하다. 분식회계가 법적인 제재를 받기 위해서는 법원 및 감독당국이 어떻게 그리고 무엇을 기준으로 판단하고 있는지가 중요한 문제이다. 그래야만 분식회계로 피해를 입은 피해자는 그 기준에 따라서 분식회계행위자를 상대로 소를 제기할 수 있기 때문이다.

일반적으로 분식회계에 대한 법적인 책임을 물기 위해서는 '분식회계 행위자가 과실, 중과실 또는 고의적으로 회계처리기준을 위반하여 고의적으로 중요한 사항에 대해 허위표시하거나 누락하여 재무제표를 작성·공시하거나 또는 그러한 허위표시 및 누락이 있는 것을 알면서도 회계감사기준을 위반하여 감사보고서를 작성·공시하는 것이라고 하며, 피해자가 위와 같은 회계정보(재무제표 및 감사보고서)를 신뢰하여 손해를 입었을 것'을 요한다.

이것을 중요 요점별로 정리해보면 분식회계에 대한 법적제재를 가하기 위한 위법성 판단기준은 다음과 같이 정리할 수 있다.

① 「회계처리기준」 및 「회계감사기준」을 위반했어야 한다.
② 위반행위가 과실, 중과실 또는 고의적이어야 한다.
③ 중요한 사항에 대한 것이어야 한다.
④ 회계정보에 대한 허위표시 또는 누락이 존재하여야 한다.
⑤ 허위표시 또는 누락된 회계정보를 피해자가 신뢰했어야 한다.
⑥ 그 신뢰로 손해액이 발생하였어야 한다.

다. 처벌 내용

7년 이하의 징역 또는 7천만원 이하의 벌금에 처한다.(「외감법」 제20조 제1항).

4. 회계분식 이외의 죄(「외감법」)

가. 「외감법」 제20조 제2항의 행위

(1) 행위 주체

행위 주체는 이사, 집행임원, 감사, 감사위원 등 「상법」 제401조의 2(업무집행 지시자 등의 책임) 및 제635조(과태료에 처할 행위) 제1항에 규정 된 자, 감사인 또는 그에 소속된 공인회계사나 「외감법」 제9조(비밀엄수) 제4호에 따른 감사업무와 관련 된 자이다.

(2) 위법 행위

위법행위는 다음 각 호의 어느 하나에 해당하는 행위를 하는 것이다.

1. 「상법」 제401조의2(업무지시자 등의 책임) 및 제635조(과태료에 처할 행위) 제1항에 규정된 자나 그 밖에 회사의 회계업무 등 내부회계관리제도의 운영에 관련된 자로서「외감법」 제2조의2(내부회계관리제도의 운영 등) 제2항을 위반 하여 내부회계관리제도에 따라 작성된 회계정보를 위조·변조·훼손 또는 파기 한 경우.

2. 감사인 또는 그에 소속된 공인회계사나 감사업무와 관련된 자로서 「외감법」 제14조의2(감사조서)제3항을 위반하여 감사조서를 위조·변조·훼손 또는 파기 한 경우.

3. 「외감법」 제15조의3(부정행위 신고자의 보호 등) 제2항을 위반하여 신고자 등의 신분 등에 관한 비밀을 누설한 경우

4. 감사보고서에 기재하여야 할 사항을 기재하지 아니하거나 거짓으로 기재를 한 경우.

5. 「외감법」 제10조(부정행위 등의 보고)에 따른 이사의 부정행위 등을 보고하지 아니 한 경우.

6. 「외감법」 제11조(주주총회에의 출석)에 따른 주주총회에 출석하여 거짓으로 진술을 하거나 사실을 감춘 경우.

(3) 처벌 내용

5년 이하의 징역 또는 5천만원 이하의 벌금에 처한다.(「외감법」 제20조 제2항).

나. 「외감법」 제20조 제3항의 행위

(1) 행위 주체

행위 주체는 「상법」 제401조의 2(업무집행지시자 등의 책임) 및 제635조(과태료에 처할 행위) 제1항에 규정 된 자, 그 밖에 회사의 회계업무를 담당하는 자, 감사인 또는 그에 소속된 공인회계사나 「외감법」 제9조(비밀엄수) 제4호에 따른 감사 업무와 관련 된 자이다.

(2) 위법 행위

위법행위는 다음 각 호의 어느 하나에 해당하는 행위를 하는 것이다.

1. 정당한 이유 없이 「외감법」 제4조(감사인의 선임과 해임) 제1항·제5항 또는 제4조의 2(주권상장법인의 감사 선임 등) 제1항에 따른 기간 내에 감사인을 선임하지 아니 한 경우.
2. 「외감법」 제9조(비밀엄수)를 위반하여 비밀을 누설한 경우.
3. 재무제표 또는 연결재무제표를 작성하지 아니한 경우.
4. 감사인 또는 그에 소속된 공인회계사에게 거짓 자료를 제시하거나 거짓이나 그 밖의 부정한 방법으로 감사인의 정상적인 외부감사를 방해한 경우.
5. 정당한 이유 없이 「외감법」 제6조(감사인 등에 대한 조치 등) 및 제6조의2 (위반행위의 공시 등)에 따른 감사인 또는 지배회사의 열람, 등사, 자료제출 요구 또는 조사를 거부·방해·기피하거나 관련 자료를 제출하지 아니한 경우.
6. 「외감법」 제7조(손해배상책임) 및 제8조(주권상장법인 등의 특례) 제2항을 위반하여 재무제표 또는 연결재무제표를 제출하지 아니한 경우.
7. 정당한 이유 없이 「외감법」 제15조의2(자료의 제출요구 등) 제1항에 따른 자료 제출 등의 요구·열람 또는 조사를 거부·방해·기피하거나 거짓 자료를 제출 한 경우.

(3) 처벌 내용

3년 이하의 징역 또는 3천만원 이하의 벌금에 처한다. (「외감법」 제20조 제3항).

다. 「외감법」 제20조 제4항의 행위

(1) 행위 주체

행위 주체는 「상법」 제401조의 2(업무집행지시자 등의 책임) 및 제635조(과태료에 처할 행위) 제1항에 규정 된 자, 그 밖에 회사의 회계업무를 담당하는 자, 감사인 또는 그에 소속된 공인회계사이다.

(2) 위법 행위

위법행위는 다음 각 호의 어느 하나에 해당하는 행위를 하는 것이다.

1. 정당한 이유 없이 「외감법」 제4조의3(증권선물위원회에 의한 감사인 지정 등) 제1항에 따른 증권선물위원회의 요구에 따르지 아니한 경우.
2. 「외감법」 제8조(감사보고서의 제출 등) 제1항에 따른 감사보고서를 제출하지 아니한 경우.
3. 「외감법」 제14조(감사보고서 등의 비치·공시 등) 제2항을 위반하여 감사인의 명칭과 감사의견을 함께 기재하지 아니한 경우.
4. 삭제〈2013.12.30.〉
5. 「외감법」 제4조의3(증권선물위원회에 의한 감사인 지정 등) 제4항을 위반하여 감사인을 선임한 경우.

(3) 처벌 내용

1년 이하의 징역 또는 1천만원 이하의 벌금에 처한다.(「외감법」 제20조 제4항).

5. 허위문서제출죄(「자본시장법」 제444조 제13호)

「자본시장법」의 적용을 받는 상장회사 등이 사업보고서, 반기보고서, 분기보고서나 주요사항보고서의 주요사항에 관하여 거짓의 기재 또는 표시를 하거나 중요사항 기재 또는 표시하지 아니 한자 및 그 중요사항에 관하여 거짓의 기재 또는 표시가 있거나 중요사항의 기재 또는 표시가 누락되어 있는 사실을 알고도 서명한 자에 대하여는 5년 이하의 징역 또는 2억원 이하의 벌금에 처한다.(「자본시장법」 제444조 제13호).

6. 허위 서명·증명죄(「자본시장법」 제444조 제13호)

이사 및 감사에 대한 형사책임과 같이 감사인 및 공인회계사에 대해서도 「자본시장법」 제444조 제13호의 벌칙조항에 따라 책임이 부과된다. 사업보고서, 반기 보고서 또는 분기보고서에 중요사항에 관하여 거짓기재 또는 누락이 있는 경우 그 사실을 알고도 서명하거나 진실 또는 정확하다고 증명하여 그 뜻을 기재한 공인 회계사, 감정인 또는 신용평가를 전문으로 하는 자는 5년 이하 징역 또는 2억원 이하의 벌금에 처한다.

7. 시세조종/주가조작죄(「자본시장법」)

자세한 내용은 제2편 - 제8장 - 제4절 - Ⅱ 시세조종/주가조작죄를 참조하시기 바랍니다.

8. 미공개정보 이용죄(「자본시장법」)

자세한 내용은 제2편 - 제8장 - 제4절 - Ⅲ 미공개정보 이용죄를 참조하시기 바랍니다.

9. 부정거래 행위죄(「자본시장법」)

자세한 내용은 제2편 - 제8장 - 제4절 - Ⅳ 부정거래 행위죄를 참조하시기 바랍니다.

10. 임원 등의 특정증권 등 소유상황 보고 위반죄(「자본시장법」)

자세한 내용은 제2편 - 제8장 - 제4절 - Ⅷ - 1. 임원 등의 특정증권 등 소유 상황보고 위반죄를 참조하시기 바랍니다.

11. 장내파생상품 정보관리 위반죄(「자본시장법」)

자세한 내용은 제2편 - 제8장 - 제4절 - Ⅷ - 2 - 마 - (1). 장내파생상품 정보관리 위반죄를 참조하시기 바랍니다.

12. 진실의무 위반죄(「공인회계사법」 제53조 제2항 1호)

공인회계사는 회계에 관한 감사·감정·증명·계산·정리·입안 또는 법인 설립 등에 관한 회계, 세무대리 등에 관하여 공인회계사가 그의 직무를 수행할 때에는 같은 법 제15조 제3항이 규정하고 있는 것과 같이 고의로 진실을 감추거나 허위보고를 하지 못한다. 만약 그가 이러한 그의 의무를 고의적으로 위반한다면 그는 진실의무위반죄로 3년 이하의 징역 또는 3천만원 이하의 벌금에 처하게 된다.

제4절	행정범

I 개요

「상법」은 제635조와 제636조의 회사법의 각 규정을 위반한 경우에 과태료에 처할 수 있는 행위를 규정하고 있다. 그러나 그 행위에 관하여 형을 과할 때에는 과태료를 처할 수 없다.(「상법」제635조 제1항 단서).

과태료는 대통령령으로 정하는 바에 따라 법무부장관이 부과·징수하는데(「상법」제637조의2 제1항), 이에 불복하는 자는 그 처분의 고지를 받은 날로부터 60일 이내에 법무부장관에게 이의를 제기할 수 있다(「상법」제637조의2 제2항). 이의가 제기된 때에는 법원이 「비송사건절차법」에 따른 과태료 재판을 한다(「상법」제637조의2 제3항).

법무부는 과태료부과에 있어서의 구체적인 타당성을 기하기 위하여 회사의 규모, 위반행위의 기간과 빈도, 이해관계인의 피해 유무에 따라 과태료를 차등 적용하는 기준, 즉 「상법상 과태료 부과 기준 지침」(2010. 10. 7. 법무부예규 제960호)을 제정하여 운용하고 있다.

II 「상법」제635조 제1항의 행위

1. 행위주체

발기인, 설립위원, 업무집행사원, 업무집행자, 이사, 집행임원, 감사, 감사위원회 위원, 외국회사의 대표자, 검사인, 제298조 제3항·제299조의2·제310조 제3항 또는 제313조 제2항의 공증인, 제299조의2·제310조 제3항 또는 제422조 제1항의 감정인, 지배인, 청산인, 명의개서대리인, 사채모집을 위탁받은 회사와 그 사무승계자 또는 제386조 제2항·제407조 제1항·제415조·제542조 제2항 또는 제567조의 직무대행자이다.

2. 불법행위

1. 「상법」제3편에서 정한 등기를 게을리 한때.

회사의 등기는 법령에 따른 규정이 있는 경우를 제외하고는 그 대표자가 신청의무를 부담하므로(「상업등기법」제17조) 회사의 등기를 게을리한 때에는 등기를 해태할 당시 회사의 대표자가 과태료 부과대상자가 되는 것이고, 등기를 게을리

한 상태가 지속되는 중에 대표자의 지위를 상실한 경우에는 대표자의 지위에 있으면서 등기를 게을리한 기간에 대하여만 과태료 책임을 부담한다.[633]

2. 「상법」제3편에서 정한 공고 또는 통지를 게을리 하거나 부정한 공고 또는 통지를 한 경우

3. 「상법」제3편에서 정한 검사 또는 조사를 방해한 경우

4. 「상법」제3편의 규정을 위반하여 정당한 사유 없이 서류의 열람 또는 등사, 등본 또는 초본의 발급을 거부한 경우

5. 관청, 총회, 사채권자집회 또는 발기인에게 부실한 보고를 하거나 사실을 은폐한 경우

6. 주권, 채권 또는 신주인수권에 적을 사항을 적지 아니하거나 부실하게 적은 경우

7. 정당한 사유 없이 주권의 명의개서를 하지 아니한 경우

8. 법률 또는 정관에서 정한 이사 또는 감사의 인원수를 궐한 경우에 그 선임절차를 게을리 한 경우

9. 정관·주주명부 또는 그 복본, 사원명부·사채원부 또는 그 복본, 의사록, 감사록, 재산목록, 대차대조표, 영업보고서, 사무보고서, 손익계산서, 그 밖에 회사의 재무 상태와 경영성과를 표시하는 것으로서 제287조의33 및 제447조 제1항 제3호에 따라 대통령령으로 정하는 서류, 결산보고서, 회계장부, 제447조·제534조·제579조 제1항 또는 제613조 제1항의 부속명세서 또는 감사보고서에 적을 사항을 적지 아니하거나 부실하게 적은 경우

10. 법원이 선임한 청산인에 대한 사무의 인계를 게을리 하거나 거부한 경우

11. 청산의 종결을 늦출 목적으로 제247조 제3항, 제535조 제1항 또는 제613조 제1항 의 기간을 부당하게 장기간으로 정한 경우

12. 제254조 제4항, 제542조 제1항 또는 제613조 제1항을 위반하여 파산선고 청구를 게을리한 경우

13. 제589조 제2항을 위반하여 출자의 인수인을 공모한 경우

14. 제232조, 제247조 제3항, 제439조 제2항, 제527조의5, 제530조 제2항, 제530조의 9 제4항, 제530조의11 제2항, 제597조, 제603조 또는 제608조를 위반하여 회사의 합병·분할·분할합병 또는 조직변경, 회사 재산의 처분, 자본금의 감소를 한 경우.

15. 제260조, 제542조 제1항 또는 제613조 제1항을 위반하여 회사재산을 분배한 경우

16. 제302조 제2항, 제347조, 제420조, 제420조의2, 제474조 제2항 또는 제514조를 위반하여 주식청약서, 신주인수권증서 또는 사채청약서를 작성하지 아니하

---

633) 대법원 2009.4.23. 결정 2009마120

거나 이에 적을 사항을 적지 아니하거나 또는 부실하게 적은 경우

17. 제342조 또는 제560조 제1항을 위반하여 주식 또는 지분의 실효절차, 주식 또는 지분의 질권 처분을 게을리 한 경우

18. 제343조 제1항 또는 제560조 제1항을 위반하여 주식 또는 출자를 소각한 경우

19. 제355조 제1항·제2항 또는 제618조를 위반하여 주권을 발행한 경우

20. 제358조의2 제2항을 위반하여 주주명부에 기재하지 아니한 경우

21. 제363조의2 제1항, 제542조 제2항 또는 제542조의6 제2항을 위반하여 주주가 제안한 사항을 주주총회의 목적사항으로 하지 아니한 경우

22. 제365조 제1항·제2항, 제578조, 제467조 제3항, 제582조 제3항에 따른 법원의 명령을 위반하여 주주총회를 소집하지 아니하거나, 정관으로 정한 곳 외의 장소에서 주주총회를 소집하거나, 제363조, 제364조, 제571조 제2항·제3항을 위반하여 주주 총회를 소집한 경우

23. 제374조 제2항, 제530조 제2항 또는 제530조의11 제2항을 위반하여 주식매수 청구건의 내용과 행사방법을 통지 또는 공고하지 아니하거나 부실한 통지 또는 공고를 한 경우

24. 제287조의34 제1항, 제396조 제1항, 제448조 제1항, 제510조 제2항, 제522조의2 제1항, 제527조의6 제1항, 제530조의7, 제534조 제3항, 제542조 제2항, 제566조제1항, 제579조의3 제603조 또는 제613조를 위반하여 장부 또는 서류를 갖추어 두지 아니한 경우

25. 제412조의5 제3항을 위반하여 정당한 이유 없이 감사 또는 감사위원회의 조사를 거부한 경우

26. 제458조부터 제460조까지 또는 제583조를 위반하여 준비금을 적립하지 아니하거나 이를 사용한 경우

27. 제464조의2 제1항의 기간에 배당금을 지급하지 아니한 경우

28. 제478조 제1항 또는 제618조를 위반하여 채권을 발행한 경우

29. 제536조 또는 제613조 제1항을 위반하여 채무변제를 한 경우

30. 제542조의5를 위반하여 이사 또는 감사를 선임한 경우

31. 제555조를 위반하여 지분에 대한 지시식 또는 무기명식의 증권을 발행한 경우

32. 제619조 제1항에 따른 법원의 명령을 위반한 경우

3. 처벌내용

500만원 이하의 과태료에 처한다.

Ⅲ 「상법」제635조 제2항의 행위

1. 행위주체

행위의 주체는 발기인, 이사 또는 집행임원이다.

2. 불법행위

위의 자가 주권의 인수로 인한 권리를 양도한 경우이다.

3. 처벌내용

500만원 이하의 과태료에 처한다.

Ⅳ 「상법」제635조 제3항의 행위

1. 행위주체

행위주체는 제635조 제1항의 게기한 자와 같다.

2. 불법행위

1. 제542조의8 제1항을 위반하여 사외이사를 선임하지 아니한 경우
2. 제542조의8 제4항을 위반하여 사외이사 후보추천위원회를 설치하지 아니하거나 사외 이사가 총위원의 2분의 1 이상이 되도록 사외이사 후부추천위원회를 구성하지 아니 한 경우
3. 제542조의8 제5항에 따라 사외이사를 선임하지 아니한 경우
4. 제542조의9 제3항을 위반하여 이사회 승인 없이 거래한 경우
5. 제542조의11 제1항을 위반하여 감사위원회를 설치하지 아니한 경우
6. 제542조의11 제2항을 위반하여 제415조의2 제2항 및 제542조의11 제2항 각 호의 감사위원회 구성요건에 적합한 감사위원회를 설치하지 아니한 경우
7. 제542조의11 제4항 제1호 및 제2호를 위반하여 감사위원회가 제415조의2 제2항 및 제542조의11 제2항 각 호의 감사위원회 구성요건에 적합하도록 하지 아니한 경우
8. 제542조의12 제2항을 위반하여 감사위원회 위원의 선임절차를 준수하지 아니한 경우

3. 처벌내용

5천만원 이하의 과태료에 처한다.

V 「상법」제635조 제4항의 행위

1. 행위주체

행위주체는 제635조 제1항의 게기한 자와 같다.

2. 불법행위

1. 제542조의4에 따른 주주총회 소집의 통지·공고를 게을리하거나 부정한 통지 또는 공고를 한 경우
2. 제542조의7 제4항 및 제542조의12 제5항을 위반하여 의안을 별도로 상정하여 의결 하지 아니한 경우

3. 처벌내용

1천만원 이하의 과태료에 처한다.

VI 「상법」제636조의 행위

1. 행위주체

행위주체는 회사의 성립 전에 회사 명의로 영업을 한 자 이다.

2. 불법행위

외국회사가 영업소 설치 등기하기 전에 계속하여 거래를 하지 못한다는 「상법」제616조 제1항의 규정을 위반하여 영업을 한 경우이다.

3. 처벌내용

회사설립의 등록세의 배액에 상당하는 과태료에 처한다.

Ⅶ 「외감법」 제22조의 2 행위

1. 「외감법」 제22조의 2 제1항의 행위

가. 행위주체 및 불법행위

1. 제2조의2(내부회계관리제도의 운영 등)제1항 또는 제3항을 위반하여 내부회계관리제도를 갖추지 아니하거나 내부회계관리자를 지정하지 아니한 자.
2. 제2조의2제4항을 위반하여 내부회계관리제도의 운영실태를 보고하지 아니한 자 또는 같은 조 제5항을 위반하여 운영실태를 평가하여 보고하지 아니하거나 그 평가보고서를 본점에 비치하지 아니한 자.
3. 제2조의3(감사인의 내부회계관리제도에 대한 검토)을 위반하여 내부회계관리제도의 운영실태에 관한 보고내용 등에 대하여 검토하지 아니하거나 감사 보고서에 종합의견을 표명하지 아니한 자
4. 제15조의3(부정행위 신고자 보호 등)제3항을 위반하여 신고자등에게 불이익한 대우를 한 자

나. 처벌내용

3천만원 이하의 과태료를 부과한다.

2. 「외감법」 제22조의 2 제2항의 행위

감사인이 정당한 사유 없이 제15조의 2(자료제출 요구 등) 제1항에 따른 자료제출 등의 요구를 거부 또는 기피하거나 거짓자료를 제출한 경우 2천만원 이하의 과태료를 부과한다.

3. 「외감법」 제22조의 2 제3항의 행위

감사인 또는 그에 소속된 공인회계사가 제11조(주주총회의 출석)에 따른 주주총회의 출석요구에 따르지 아니한 경우 1천만원 이하의 과태료를 부과한다.

4. 「외감법」 제22조의 2 제4항의 행위

회사가 다음 각 호의 어느 하나에 해당하는 행위를 하면 500만원 이하의 과태료를 부과한다.
1. 제4조의 4(감사인 선임 등의 보고)에 따른 보고를 하지 아니한 경우.

2. 제14조(감사보고서의 비치·공시 등) 제1항을 위반하여 감사보고서를 비치·공시하지 아니한 경우.

Ⅷ 「자본시장법」 제172조의 행위

자세한 내용은 제2편 - 제8장 - 제4절 - Ⅵ. 단기매매차익 거래의 죄를 참조하시기 바랍니다.

Ⅸ 「자본시장법」 제429조의2 의 행위

자세한 내용은 제2편 - 제8장 - 제4절 - Ⅴ. 시장질서교란 행위죄를 참조하시기 바랍니다.

Ⅹ 「자본시장법」 제449조 제1항 제39호의 행위

자세한 내용은 제2편 - 제8장 - 제4절 - Ⅶ. 공매도죄를 참조하시기 바랍니다.

Ⅺ 「자본시장법」 제449조 제2항 제8의 3호의 행위

자세한 내용은 제2편 - 제8장 - 제4절 - Ⅷ - 2 - 마 - (2) 장내파생상품 보고 위반죄를 참조하시기 바랍니다.

제8장 >> 내부감사 법무 관련 주요 이슈

제1절 >> 감사와 주주 의결권 제한 제도

Ⅰ 개 요634)

주주가 주식회사에 자본을 출자하는 순간 그 자본은 회사의 자기자본이 되고, 주주는 위험자본의 출자자로서 이익배당이나 잔여재산분배청구권을 가지는 지위에 서게 되며, 퇴사 와 출자의 환급이 인정되지 않기 때문에 투하자본을 회수할 수 있는 유일한 방법은 주식 양도이므로 물적 회사에서 그 개성이 중시되지 않는 주주에게 그 자익권을 지킬 수 있도록 의결권을 부여할 필요가 있다.

따라서 그 의결권은 위험자본의 부담액에 비례하도록 하는 것이 공평하다. 그러 므로 우리 「상법」은 주주의 의결권을 1주 1의결권을 원칙으로 하고 있으며(「상법」 제369조 제1항), 그 구조내에서 의결권은 경제적 소유권에 비례한다고 말할 수 있다. 이는 주주평등 원칙 즉 주식평등원칙이라고 하며, ① 대리인 비용을 통제하는 효과, ② 경영진의 효율적인 선택 가능, ③ 대주주가 경영진을 감시·감독함으로써 지배 구조를 개선하는 역할을 한다.

그런데 우리 「상법」은 감사나 감사위원의 선임 및 해임, 집중투표, 정관변경 등의 경우 소수주주의 보호를 위하여 대주주 등의 의결권을 제한하고 있다. 의결권 제한 제도는 과거 우리나라 기업지배구조의 후진적 문제점 때문에 도입되었지만, 이와 같은 의결권 제한은 국제적 정합성에 맞지 않는 측면이 있고, 지나친 규제가 아니냐 하는 비판이 있다.

따라서 이 글은 「상법」상의 의결권 규제에 초점을 맞추어 그 규제의 정도는 본래의 취지에 비추어 적절한지, 그리고 그 합리화 방안은 무엇인지에 대하여 논하되, 우리나라 「상법」상의 의결권 규제와 관련된 세세한 문제를 이 항목의 지면에 모두 다룰 수는 없는 문제이므로 특히 중요하다고 생각하는 문제만을 간추려 살펴보기로 한다.

---

634) 서완석, 「회사법상 의결권 규제의 합리화 방안」, 기업법연구 제28권 제2호, 2014.6.17. 10~12면

Ⅱ 의결권 제한의 내용

1. 개별주주에 대한 의결권 제한 (개별 3% rule)

가. 일반회사의 감사 선임

어떤 주주라도(최대주주, 일반주주 구분 없음) 의결권 없는 주식을 제외한 발행주식 총수의 100부의 3을 초과하는 수의 주식을 가진 주주는 그 초과하는 주식에 관하여 감사 선임 시 의결권 행사를 하지 못한다. 다만, 정관에서 이보다 낮은 주식 보유비율을 정할 수 있다.(「상법」제409조 제2항).

나. 상장회사의 사외이사인 감사위원 선임

대통령령으로 정하는 상장회사의 의결권 없는 주식을 제외한 발행주식 총수의 100분의 3을 초과하는 수의 주식을 가진 주주는 그 초과하는 주식에 관하여 사외이사인 감사 위원을 선임할 때에 의결권 행사를 하지 못한다. 다만, 정관에서 이보다 낮은 주식 보유 비율을 정할 수 있다.(「상법」 제542조의12 제4항).

2. 최대주주에 대한 의결권 제한(합산 3% rule)

최대주주, 최대주주의 특수관계인, 그 밖에 대통령령으로 정하는 자가 소유하는 상장회사의 의결권 있는 주식의 합계가 그 회사의 의결권 없는 주식을 제외한 발행 주식총수의 100분의3을 초과하는 경우 그 주주는 그 초과하는 주식에 관하여 감사 또는 사외이사가 아닌 감사위원을 선임하거나 해임할 때에는 의결권을 행사하지 못 한다. 다만, 정관에서 이보다 낮은 주식 보유 비율을 정할 수 있다.(「상법」 제542조의12 제3항).

Ⅲ 의결권 제한의 입법 취지[635]

자본단체인 주식회사의 특성상 주주는 자신이 보유하고 있는 지분만큼 경영에 참여하여 그 의결권을 행사할 수 있는데, 이는 「헌법」에 의해 보장되는 주주 개인의 사적인 재산권 행사이므로 일반적으로 강행법규나 사회질서에 반하지 않는 한 원칙적으로 법적인 제한을 가할 수 없다.

3%의 의결권 제한은 「헌법」에서 보장하는 재산권(「헌법」제23조)을 침해하는 면이

---

635) 서울중앙지방법원, 2008. 4. 28. 2008카합1306 결정, 서완석, 전게논문, 기업법연구 제28권 제2호, 2014.6. 36면

있으며,「헌법」상 평등의 원칙(「헌법」제11조 제1항)을 위반하는 것[636]이므로 법률에서 위 원칙에 대한 예외를 인정하는 경우를 제외하고는 주주의 의결권을 제한할 수 없다. 아울러, 법률에 의하여 위 원칙에 대한 예외를 인정하는 경우에도 뚜렷한 목적과 합리적인 기준을 가지고 매우 제한적으로 운영하는 것이 바람직하다.[637]

그런데「상법」에서는 주식회사의 감사 또는 감사위원을 선임할 때 3% 이상의 의결권 있는 지분을 보유하고 있는 주주의 의결권을 3%까지로 제한하고 있다. 그 이유는 주주총회에서 이사를 선임할 때 보통결의로 선임하므로 대주주의 영향력이 결정적 으로 작용하기 때문에 이를 실효적으로 견제하기 위해서는 감사의 중립성이 요구되고 있기 때문이다.

그리고 감사 또는 감사위원 선임 시에 대주주의 영향력을 억제하여 감사 또는 감사위원으로 하여금 대주주의 강력한 영향력 하에 있는 경영진의 업무집행을 견제하는 역할을 적절하게 수행하게 하며[638], 소액주주들의 의견을 최대한 반영함으로써 상장법인에 있어서 경영의 투명성과 공정성을 제고하기 위한 취지로 마련된 것이다.

참고로「상법」상 감사 선임결의에 있어서 대주주의 의결권을 제한하고 있는 것은 기본적으로 정책적인 선택의 결과이며 이론적인 정당성을 가지고 있는 것은 아니다. 회사 제도의 발전 초기 단계에서는 생각지도 못했던 대주주의 회사 경영에 대한 부당한 간섭의 가능성을 예방하고 소수주주에 대한 보호를 강화하기 위하여 입법화를 한 것이다.[639]

Ⅳ 외국의 입법 사례[640]

미국, 일본뿐만 아니라 어느 나라에서도 감사 또는 감사위원 선임 시 의결권을 제한하는 입법례는 없다. Global standard에 맞지 않는 것이다. 미국의 경우 Sarbanes-Oxley Act 나 NYSE, Nasdaq 등의 상장규정에서는 감사위원회가 사외이사로만 구성되도록 하는 등 독립성 요건을 규정하고 있으나, 선임 시 의결권 제한 규정은 없다.

---

636) 김태진, 「감사위원회에 준용되는 상법규정 정비를 위한 제안」, 선진상사법률연구 제62호, 2013. 4., 150면, 김병연, 「현행 상법상 주식회사의 감사선임의 문제점」, 경영법률, 2014.10., 8면
637) 김병연, 전게논문, 2014.10., 8면, 대법원 2009. 11. 26. 선고 2009다51820 판결. 서완석, 「회사법상 의결권 규제의 합리화 방안」, 기업법연구 제28권 제2호, 2014. 39면
638) 이철송, 전게서, 박영사, 2014., 822면, 최준선, 전게서, 삼영사, 2014., 376면, 서완석, 전게논문, 기업법 연구 제28권 제2호, 2014.6. 36면
639) 김병연, 「감사(위원) 선임시 의결권 제한의 타당성 검토」, 상장회사감사회회보 제81호, 2006. 9., 2면, 김병연, 전게논문, 2014.10., 4면
640) 최준선, 「효율적인 감사제도 운영을 위한 입법과제」, 한국상장회사 협의회, 2008., 142면.

미국 NYSE, Nasdaq의 상장규정에서는 모든 상장회사가 이사회 내에 지명위원회(Nominating Committee) 또는 지배구조위원회(Corporate Governance Committee)를 설치하여 동 위원회에서 이사후보를 추천하도록 하고 있다. 일본은 감사제도와 감사회제도(실질적으로 감사위원회제도에 해당)를 운용하고 있으나 이들의 선임에 있어 대주주등의 의결권을 제한하는 규정은 없다.[641]

오히려 독일의 경우 가족회사가 많은데, 가족회사의 가족은 경영에 참가하는 것이 아니라 감독이사회에 참여하고, 경영은 경영이사회에 맡긴다. 예컨대 자동차회사인 BMW의 주식의 50%는 Quandt 가문이 소유하고 있고, 이 가문이 감독이사회 구성원으로 참여하고 있다. 우리나라 같이 3% rule을 적용하면 독일의 경우 가족기업의 소유주인 가족이 자신의 기업을 감독하지 못하는 중대한 문제가 생긴다.

Ⅴ 의결권 제한의 不當事例

1. 의결권 제한의 일관성 부족

우리나라 「상법」이 의결권 행사의 기본원칙인 1주 1의결권 원칙의 예외를 인정하여 감사 선임 시 대주주의 의결권을 3%로 제한해 놓고서, 상장회사의 경우에는 일률적으로 3% rule을 적용하지 않고 사외이사가 아닌 감사위원을 선임·해임하는 경우에만 제한하거나(「상법」제542조의12 제3항), 사외이사인 감사위원의 경우에는 선임하는 경우에만 제한 (「상법」제542조의12 제4항)하는 등 일관성이 없는 규제를 하고 있다.[642]

또한 감사 또는 사외이사 아닌 감사위원의 선임·해임에 관한 의결권 행사의 제한에 있어서 제2대 내지 제3대 대주주 등도 대주주 범주에 들어가고 감사선임 결의에 있어서 대주주의 의결권을 제한하는 목적이 대주주의 부당한 영향력을 배제하기 위한 것이라면서도 이들에 대하여는 의결권 행사를 제한하지 아니하고, 오직 최대주주와 그의 특수 관계인만을 대상으로 하여 의결권행사를 제한하는 것은 불평등 하다는 비판도 있다.[643]

우리 「상법」이 감사위원회가 감사를 대체하는 것을 의도하였다면, 아래와 같이 감사와 감사위원을 달리 취급하고, 선임과 해임을 달리 취급할 이유가 없을 것이며, 또

---

641) 김순석, 「금융산업규제개선 건의」, 한국상장회사협의회 상장, 2007. 6. 48면. 참조 및 인용.
642) 서완석, 「회사법상 의결권 규제의 합리화 방안」, 기업법연구 제28권 제2호, 2014. 39면, 최준선, 「회사법(제9판)」, 삼영사, 2014., 576~577면, 권종호, 「우리나라 감사법제의 특징」, 상장회사감사회 회보 제160호, 2013. 4., 11면.
643) 서완석, 전게연구보고서, 기업법연구 제28권 제2호, 2014. 39면, 이철송, 「회사법 강의(제22판)」, 박영사, 2014., 211면, 권종호, 「감사·감사위원 선임시 의결권 제한 법리의 문제점과 개선 방안」, 상장 회사 감사회 회보 제125호, 2010. 5. 2면.

한 사외이사인 감사위원과 사내이사인 감사위원을 달리 취급할 이유가 없음에도 아래에서 보는바와 같이 현행 「상법」은 일관성 없이 의결권을 제한하고 있다.

가. 감사 선임 및 해임

(1) 비상장회사 감사 : 「상법」제409조 제2항, 제3항[644]

ㅇ 선임 : 개별 3% rule　　ㅇ해임 : 제한 없음

(2) 자산총액 1천억원 미만 상장회사 감사 : 「상법」제409조 제2항[645]

ㅇ 선임 : 개별 3% rule　　ㅇ해임 : 제한 없음

(3) 자산총액 1천억원 이상 2조원 미만 상장회사 상근감사:「상법」제542조의10

ㅇ 선임 : 합산 3% rule　　ㅇ해임 : 제한 없음

나. 감사위원 선임 및 해임

(1) 비상장회사 감사위원 : 「상법」제415조의 2[646]

ㅇ 선임 : 제한 없음　　ㅇ해임 : 제한 없음

(2) 자산총액 1천억원 미만 상장회사 감사위원 : 「상법」제415조의 2 적용[647]

ㅇ 선임 : 제한 없음　　ㅇ해임 : 제한 없음

(3) 자산총액 1천억원 이상 2조원 미만 상장회사 감사위원

(가) 사외이사가 아닌 감사위원 : 「상법」제542조의 12 제3항

ㅇ 선임 : 합산 3% rule　　ㅇ해임 : 합산 3% rule

(나) 사외이사인 감사위원 : 「상법」제542조의 12 제4항[648]

ㅇ 선임 : 개별 3% rule　　ㅇ해임 : 제한 없음

(4) 자산총액 2조원 이상 상장회사 감사위원

(가) 사외이사가 아닌 감사위원 : 「상법」제542조의 12 제3항

ㅇ 선임 : 합산 3% rule　　ㅇ해임 : 합산 3% rule

---

644) 김병연, 「현행 상법상 주식회사의 감사선임의 문제점」, 경영법률, 2014.10., 20면
645) 서완석, 「회사법상 의결권 규제의 합리화 방안」, 기업법연구 제28권 제2호, 2014. 35면, 김병연, 전게 논문, 경영법률. 2014. 6면
646) 김병연, 전게논문, 경영법률, 2014.10., 20면 , 이철송, 「회사법강의(23판)」, 박영사, 2015., 845면.
647) 이철송, 「회사법강의(23판)」, 박영사, 2015., 845면. 김병연, 전게논문, 경영법률, 2014.10., 6면
　상장회사협의회, 「상장회사 표준정관」, 제41조의 2 예시, 2013. 12. 27.
648) 임재연, 「회사법 Ⅱ(개정2판)」, 박영사, 2014., 560면.

    (나) 사외이사인 감사위원 :「상법」제542조의 12 제4항

       o 선임 : 개별 3% rule   o 해임 : 제한 없음

   (5)「금융지배구조법」적용대상 감사위원 :「금융지배구조법」제19조

       o 선임 : 합산 3% rule   o 해임 : 합산 3% rule

2. 3% rule 내용에 있어서의 차이

「상법」상 3% rule에는 모두 대주주가 가진 3% 이상의 의결권을 제한하는 「**개별 3% rule**」과 최대주주를 중심으로 그와 특수 관계인 등이 가진 주식을 합산하여 최대주주의 의결권을 제한하는「**합산 3% rule**」의 두 종류가 있다.

그런데 「합산 3% rule」의 경우는 최대주주만을 겨냥하고 있어서, 최대주주는 다른 제2대주주나 제3대주주 또는 경영권 경쟁이 가능한 다른 주주 등에 비하여 역차별[649]을 당하고 있으며, 또한 이 들과의 형평성에 비추어 정당성을 찾기가 어렵다.[650]

감사의 선임에 있어서 대주주의 의결권을 제한하는 목적이 대주주의 부당한 영향력을 배제하기 위한 것이라고 한다면 이것이 최대주주의 경우에만 국한해서 특수관계인의 지분을 합산하고 다른 주주의 경우에는 단순 1인의 소유주식 수를 기준으로 하는데, 이는 명백한 평등의 원칙(「헌법」제11조 제1항)에 어긋난다.[651]

3. 외국계 펀드에 의한 악용 사례

감사 선임 시 발행주식 총수의 3%를 초과하는 주식에 대하여 의결권을 제한하는 것은 적대적 M&A 등의 경우에 외국계 펀드 등이 적은 량의 주식 등을 매입 한 후, 경영권을 위협하려는 세력들이 연합 하여 선임 및 해임에 의결권을 제한 받는 감사를 특별한 사유 없이 해임시키거나 자기들에게 유리한 감사를 선임하는 등의 방법을 무기로 삼아 회사의 경영을 간섭내지는 방해함으로써 당초 목적과는 달리 역효과가 발생할 가능성도 있다.[652]

실제로도 국내 기업에 대한 경영권을 차지하려는 외국계 펀드가 (구)「증권거래법」이 규정하는 「합산 3% rule」에 걸리는 최대주주에 걸리지 않는 점을 이용하여 소유주

---

649) 김순석, 「상장회사에 있어 지배구조 관련 제도의 입법적 과제」, 111면, 최준선, 「효율적인 감사제도 운영을 위한 입법과제」, 한국상장회사협의회, 2008., 144면.

650) 김건식·최문회, 「증권거래법상 상장법인 특례규정의 문제점과 개선 방안」, BFI 제23호. 2007., 110면, 김병연, 「현행 상법상 주식회사의 감사 선임의 문제점」, 경영법률, 2014.,10면.

651) 이철송, 「회사법 강의 제23판」, 박영사,2015., 830면.

652) 최준선, 전게연구보고서, 한국상장회사협의회, 2008., 144면. 김순석, 「상장회사에 있어 지배구조 관련 제도의 입법적 과제」, 104면.

식을 여러 펀드에 분산함으로써 보유 지분 전부에 대한 의결권을 행사하였던 사례도 있었다.[653] 또한 최근 중견 제약업체인 ○○제약이 미국계 펀드의 적극적인 주주권 행사로 업계의 이목을 집중시켰다. ○○제약의 주주로 있는 미국계 헤지 펀드가 배당 확대와 감사선임을 적극 요구하면서 사측과 미묘한 신경전을 주고받았던 사례도 있었다.

최대주주의 의결권을 특수관계인과 합산하여 3%로 제한하는 것은 2대, 3대, 또는 4대 주주들이 손잡고 최대주주에 맞서 경영권을 장악하거나 외국계 펀드가 기업 경영권을 농락할 가능성이 커진다는 것이 경제계의 우려의 대목이다. 특히 외국계 펀드는 지분 쪼개기를 통해 3% 의결권 제한 규정을 피해갈 수 있다. 이들 외국계 펀드가 규합해 자신들의 뜻에 맞는 이사 또는 감사(감사위원 포함)를 선임할 경우 기업에 대한 경영권 간섭이 명약관화 하다는 주장이다.[654]

과거 소버린, 칼 아이칸 등 외국계 투기자본의 경영권 간섭으로 국내 기업들이 어려움을 경험해 봤지만, '**이는 기업 사냥꾼이 사내이사인 감사위원 또는 감사를 기업의 심장에 심어 놓게 되는 꼴**'이며 '**이는 상장 대기업이 적을 심장에 품고 살아가라는 것과 다르지 않다.**'는 지적이다.[655]

4. 소수주주에 의한 악용 사례

「상법」상 「3% rule」이 원래의 입법의도인 대주주의 전횡을 견제하기 보다는 소수주주의 경제적 목적(주가상승, 배당증가 등)이나 경영권 위협, M&A 등에 이용될 가능성이 매우 높다. 대주주의 지분율이 높을수록 의결권 제한이 더 위력을 발휘하여 평온하던 회사가 소용돌이에 휘말리게 되는 부작용이 나타나고 있다.[656]

근래 일부 상장기업에서는 소수주주들이 연합하여 회사법이 의도한 본래의 목적과는 달리 의결권 제한을 악용하여 회사에 부당한 영향력을 행사하고 있다. 예를 들어 소수주주가 제안한 감사 선임(안)을 통과시키거나 소수주주들이 연합하여 대주주가 상정한 감사 선임(안)을 부결시킨 사례도 있었다.

또한 소수주주들이 감사위원 또는 감사의 선임 및 해임을 요구하면서 이를 미끼 삼아 기업의 배당가능이익 등을 고려하지 않고 과도한 배당을 요구하거나, 주가상승을 유도하기위해 자사주 매입 또는 이익 소각 등을 부당하게 요구하여 건전한 회사의 자본충실을 크게 해치는 사례가 종종 나타나고 있다.

653) 임재연, 「회사법 Ⅱ (개정2판)」, 박영사, 2014., 536면, 최준선, 전게연구보고서, 한국상장회사 협의회, 2008., 144면.
654) 박동주기자, 「감사위원 분리선출 조항이 경영권 위협 도화선」, 연합 뉴스, 2013. 8. 22.
655) 최준선, 인터뷰 내용, 연합뉴스, 2013. 8. 22.
656) 강경국, 「감사선임시의 의결권 제한 관련 사례분석」, 상장회사 감사회보 제90호, 2007. 5., 3면, 최준선,전게연구보고서, 한국상장회사협의회, 2008., 144면.

사례1 ▶▶ A사 소수주주, 감사선임 (안) 상정가처분 신청[657]

A사 주식 74만 2,400주(4.99%)를 소유하고 있는 소수주주인 허모씨가 회사측의 방만한 경영을 감시하기 위해 감사선임 의안을 주주총회에 상정하게 해 달라는 가처분 신청을 2007. 2. 28. 서울중앙지방법원에 냈다.

허모씨는 신청서에서 회장 등 경영진 들은 회사와 주주의 이익을 최우선해야 할 의무를 도외시하고 사익을 추구하는 행위를 하고 있다며, 최소한 이사의 업무집행을 감독할 감사만 이라도 독립적인 인물이 선임되도록 감사선임 안건을 주주제안 하였다.

사례2 ▶▶ B사·C사 대주주 추천 감사 선임 부결 및 소수주주 추천 감사 선임 요구[658]

2007. 2. 1. 증권업계에 따르면 배당정책, 임원 선임 등을 두고 소액주주와 갈등을 빚고 있는 B사(제약업체) 소액주주들은 지난해 주주총회에서 회사가 내세운 감사 선임을 부결시켰고, 또한 C사 (알루미늄 압연업체) 소액 주주들도 차등배당(소액주주-대주주간) 과 소액 주주 추천 감사 선임을 요구해 왔다.

이에 대응하기 위해서 B사와 C사가 감사위원회제도를 도입하려하자, C사 소액주주들은 대행사를 통해 이사회 결의(감사위원회 도입)에 대한 가처분 신청을 법원에 냈고, B사 소액 주주들도 대주주의 뜻에 맞는 감사 선임이 어렵게 되자 편법을 썼다고 주장했다.

사례3 ▶▶ D기업 소수주주의 감사 선임과 고율배당 주주제안[659]

2015. 3. 26. 목조제조 전문 업체로 유가증권시장에 상장되어 있는 D기업지주는 회사 측이 내놓은 '1주당 0.05주'의 주식배당(안)에 맞서 소수주주들이 '1주당 0.3주' 주식배당(안)을 내놓은 상황이었다.

또한 이사·감사 선임에 대한 주주제안을 하였다. 「상법」의 3% 룰에 따라 최대주주와 특수관계인의 의결권이 3%로 제한되기 때문에 소수주주가 추천한 감사가 선임될 가능성이 매우 높았다.

결과적으로 소수주주가 제안한 고율의 주식배당(안)은 대주주의 반대로 부결되었으며, 특수관계인의 의결권이 제한되는 감사선임에 있어서는 회사 측이 제안한 감사 선임의 건은 부결되었고, 소수주주가 제안한 감사선임의 건이 가결되었다.

참고로 회사측은 감사 대신 감사위원회를 도입하는 방향으로 정관을 바꾸는 안을 내놨지만, 감사위원 선임 건은 주주총회 의안 가처분 결정에 따라 상정하지 못하였다.

---

657) 김현애기자, 한국경제 2007. 2. 28.
658) 배성민 기자, 머니투데이, 2007. 2. 28.
659) 용환진, 「주주제안 14개 집중된 26·27일 주주총회」, MK 뉴스, 2015. 3. 26. 참조 및 인용

| 사례4 | E기업 소수주주의 주주대표소송과 과도한 주주제안[660] |

2015. 3. E기업의 소수주주 G씨(3.41%)와 C씨(1.06%)는 연합하여 E기업의 등기이사에 대한 보수의 과다지급과 막대한 손실 시현한 자회사 계속 보유 등을 사유로 등기이사 등에 대해 손해배상을 구하는 대표소송을 제기하였다.

소수주주는 이를 무기를 삼아 주주총회에 ① 현 감사의 해임 및 신규 감사 선임, ② 주당 000원 이익배당 결의, ③ 00억원 한도 자기주식의 취득 및 소각, ④ 주식액면 분할 정관 일부 변경 등의 과도한 주주제안을 제기하였다.

현 감사의 해임 요구는 「상법시행령」제12조에 의거 주주총회의 목적사항이 될 수 없으며, 주당 000원의 배당요구는 그 결산기의 당기순이익을 초과하여 내부유보 금액을 00 억원 자본배당하는 결과를 초래하고, 거기에 더하여 00억원 한도 내에서 자사주를 매입하여 소각할 경우 내부유보는 완전히 소진되고 회사가 보유한 현금 및 자산을 00억원 사용하게 되어 회사의 건전경영을 크게 해칠 우려가 있었다.

5. 최대주주와 특수관계인 간의 갈등국면에서의 의결권 행사 문제[661]

「상법」제542조의 12 제3항의 합산 3% rule은 최대주주와 특수관계인 등이 소유 하는 주식을 합산하여 의결권을 행사하는 것을 전제하는 것이다. 그러나 최근 특수 관계인 사이에서 분쟁이 발생한 사례(예컨대 형제간의 분쟁)가 많고, 이러한 경우에는 서로 반대 방향으로 의결권을 행사한다.

따라서 최대주주와 특수관계인 등이 소유하는 주식을 합산하여 의결권을 행사 한다는 전제가 성립하지 않는다. 이와 같이 최대주주와 특수관계인들이 각각 다른 방향으로 의결권을 행사하고자 할 때에는 상당히 不當한 문제가 발생할 수 있음에도 이에 대한 명확한 해결 방안이 존재하지 않고 있다.

6. 특수관계인의 범위 문제

현행 「상법」상 감사 내지 감사위원의 선임과 관련하여 존재하는 3% 의결권 제한과 관련하여 「상법」에 규정된 최대주주의 특수관계인의 범위(「상법」제542조의8 제2항 제5호 및 「상법시행령」제34조 제4호)가 지나치게 광범위하고 그 명칭 또한 불명확한 개념으로 되었다는 것도 문제점으로 지적될 수 있다.[662]

---

660) 용환진, 「주주제안 14개 집중된 26·27일 주주총회」, MK 뉴스, 2015. 3. 26.
661) 최준선, 전게연구보고서, 한국상장회사협의회, 2008. 11., 149면.
662) 최준선, 전게연구보고서, 한국상장회사협의회, 2008. 11., 149면. 김병연, 전게논문, 경영법률, 2014.10., 17면

즉, 친족의 측면에서만 보면 「민법」제777조상 친족의 범위 보다는 좁지만, 「상법」제542조의8 제2항 제5호 및 「상법시행령」제34조 제4항 상의 특수관계인의 범위는 「자본시장법」제정과 상장회사 특례규정이 「상법」으로 이관되면서 다소 축소되었다고는 하나, 여전히 그 범위가 다음과 같이 광범위하다.[663]

특수관계인의 범위

1. 본인이 개인인 경우에는 다음 각 목의 어느 하나에 해당하는 사람.
가. 배우자(사실상의 혼인관계에 있는 사람을 포함)
나. 6촌 이내의 혈족
다. 4촌 이내의 인척
라. 본인이 단독으로 또는 본인과 가목부터 다목까지의 관계에 있는 사람과 합하여 100분의 30 이상을 출자하거나 그 밖에 이사·감사의 임면 등 법인 또는 단체의 주요 경영사항에 대하여 사실상 영향력을 행사하고 있는 경우에는 해당 법인 또는단체와 그 이사·집행임원·감사.
마. 본인이 단독으로 또는 본인과 가목부터 라목까지의 관계에 있는 자와 합하여100분의 30 이상을 출자하거나 그 밖에 이사·감사의 임면 등 법인 또는 단체의 주요 경영사항에 대하여 사실상 영향력을 행사하고 있는 경우에는 해당 법인 또는단체와 그 이사·집행임원·감사

2. 본인이 법인 또는 단체인 경우에는 다음 각 목의 어느 하나에 해당하는 자.
가. 이사·집행임원·감사.
나. 계열회사 및 그 이사·집행임원·감사.
다. 단독으로 또는 제1호 각 목의 관계에 있는 자와 합하여 본인에게 100분의 30 이상을 출자하거나 그 밖에 이사·집행임원·감사의 임면 등 본인의 주요 경영사항에 대하여 사실상 영향력을 행사하고 있는 개인 및 그와 제1호 각 목의 관계있는 자또는 단체(계열회사는 제외)와 그 이사·집행임원·감사.
라. 본인이 단독으로 또는 본인과 가목부터 다목까지 관계에 있는 자와 합하여 100분 의 30 이상을 출자하거나 그 밖에 이사·집행임원·감사의 임면 등 단체의 주요 경영사항에 대하여 사실상 영향력을 행사하고 있는 경우 해당단체와 그 이사·집행 임원·감사.

그러나 이와 같은 광범위한 규제규정은 국민의 모든 자유와 권리는 국가안전보장·질서유지 또는 공공복리를 위해 필요한 경우에 한하여 법률에 의한 기본권 제한을 규정한 「헌법」제37조의 규정과 경제 질서는 개인과 기업의 경제상의 자유와 창의를 존

---

[663] 전국경제인 연합회, 「상법상 특수관계인 규정의 쟁점과 개선방안」, 2010. 12., 3~4면, 김병연, 전게 논문, 경영법률, 2014.10., 19면

중함을 기본으로 하는 대한민국의 경제 질서를 규정한 「헌법」제119조에 비추어 개인과 기업의 경제활동에 대한 지나친 규제라 하겠다.664)

한편 특수관계인 규정상 용어가 불명확하다는 문제도 있다. 위에서 살펴본 특수 관계인의 범위에서 보면, '사실상 영향력을 행사하고 있는'이라고 하는 매우 불명확한 개념을 사용하고 있다. 특수관계인을 정하는 문제는 최대주주를 결정함에 있어서 매우 중요한 요소이기 때문에 '사실상 영향력'이라고 하는 매우 추상적이고 객관적 으로 확정하기 어려운 개념을 사용하는 것은 법적 안정성을 해치는 것이다.665)

7. 의결권 제한 위헌성 문제

주주의 의결권은 주주의 고유권한이므로 원칙적으로 누구도 그 행사를 제한할 수 없다. 주식회사는 기본적으로 주주들이 소유하고 있는 주식 수에 근거하여 주주총회를 통하여 가진 주식의 수만큼 의결권을 행사하는 것이 원칙이다. 「상법」에서 의결권은 1주1의결권이 원칙(「상법」제369조 제1항)이며, 주주의 고유권한으로서 정관 또는 주주총회의 결의로도 이를 박탈 또는 제한하지 못한다.

그런데 「상법」에서는 감사 또는 감사위원 선임시 대주주의 영향력을 제한하여 감사 또는 감사위원의 독립성을 제고하고자 의결권 제한 규정을 두고 있다.「상법」이 감사 또는 감사위원 선임에 있어서 대주주의 의결권을 일정한 한도로 제한하는 것은 감사 또는 감사 위원의 지위와 업무집행상의 중립성과 독립성을 확보·유지 하여 대주주의 강력한 영향력 하에 선임된 이사들을 효과적으로 견제하기 위함이다.

자본단체인 주식회사의 특성상 주주는 자신이 보유하고 있는 지분만큼 회사 경영에 참여하여 그 의결권을 행사할 수 있는데, 이는 「헌법」에 보장되는 주주 개인의 사적인 재산권 행사이므로 강행법규나 사회질서에 반하지 않는 한 원칙적으로 법적인 제한을 가할 수 없다. 그리하여 감사 및 감사위원 선임 결의에서의 대주주의 의결권 행사 제한에 대해서 위헌의 문제가 제기되고 있다.666)

또한 합산 3% 의결권 제한은 「헌법」에서 보장하는 재산권(「헌법」제23조)을 침해 하는 면이 있으며, 「헌법」상 평등의 원칙(「헌법」제111조 제1항)을 위반하는 것이고, 주주에 대한 차별적 취급을 위해서는 제한에 뚜렷한 목적과 합리적인 기준이 있어야 함에도 불구하고 이에 대한 근거를 찾을 수 없는 자의적기준이라는 비판도 있다.667)

그러나 「헌법」상 개인과 기업의 경제상 자유와 창의는 존중되지만 일정한 경우에는

---

664) 최준선, 전게연구서, 한국상장회사협의회, 2008. 11., 150면,
665) 김병연, 전게논문, 경영법률, 2014.10., 19면
666) 최준선, 전게연구서, 한국상장회사협의회, 2008. 11., 151면, 고창현·박권의, 전게논문, 89~90면
667) 서완석, 「회사법상 의결권 규제의 합리화 방안」, 기업법연구 제28권 제2호, 2014. 39면,

경제에 관한 규제와 조정을 할 수 있고(「헌법」제제119조), 국민의 재산권 행사는 공공복리에 적합해야하며(「헌법」제23조 제2항), 국민의 자유와 권리도 국가안전보장 · 질서 유지 · 공공복리를 위해서는 자유와 권리의 본질적인 내용을 침해하지 않는 범위 내에서 법률로 제한할 수 있다.(「헌법」제37조 제2항).

따라서 「상법」이 감사 선임 결의에 있어서 대주주 개별로 또는 최대주주와 특수 관계인이 소유하는 주식을 합산하여 의결권 행사를 일정한 한도로 제한하는 것은 감사 또는 감사위원으로 하여금 업무집행상의 중립성과 독립성을 확보 · 유지하여 대주주의 강력한 영향력을 효과적으로 견제하기 위한 특수한 임무를 수행하는 감사기관의 선임에 한정된 제한이므로 위헌이 아니라고 본다.[668]

8. 의결권 제한 역차별 문제

「상법상 일반규정」과 달리 「상법상 특례규정」은 감사 또는 사외이사 아닌 감사위원의 선임 결의에 있어서 최대주주와 그 특수관계인, 그밖에 대통령령으로 정하는 자의 보유주식수를 합산한 후 의결권있는 발행주식총수의 100분의 3을 초과하는 주식에 대해서 의결권 행사를 제한하고 있다(「상법」제542조의 12 제3항, 「동법시행령」제17조 제1항).

다만, 100분의 3을 계산함에 있어 「상법상 일반규정」은 주주 1인이 소유한 주식 수를 기준으로 계산하지만, 「상법상 특례규정」에 따라 감사 또는 사외이사가 아닌 감사위원의 선임 결의 시에는 최대주주는 주주 본인의 소유지분 뿐만 아니라 그 본인과의 특수관계인, 그 밖에 대통령령이 정하는 자 등의 소유지분까지 합산하고 있다는 점이 특색이다.

이와 같이 최대주주의 특수관계인의 지분까지 합산하는 이유는 최대주주가 자회사나 계열사 등을 동원하여 감사 또는 사외이사 아닌 감사위원의 선임과 해임에 관하여 영향력 행사하는 것을 차단하기 위한 것이다. 즉, 이는 대주주가 특수관계인에게 실질적인 그의 지분을 분산시킴으로써 「상법」제409조의 제한을 피하게 되는 편법적인 결과발생을 차단하기 위한 것으로서 그 합리성이 있다.[669]

그런데 문제는 이러한 제한이 보편적이지 않고 최대주주 1인에 대해서만 적용된다는 점이다. 즉 최대주주가 아닌 제2대 또는 제3대 대주주들은 감사 또는 사외이사 아닌 감사위원의 선임 결의에 있어서 의결권 행사의 제한을 전혀 받지 않게 되는데, 이

---

668) 최준선, 전게연구보고서, 한국상장회사협의회, 2008. 11., 151면. 정준우, 「감사와 외부감사인의 법적 책임 연구」, 26~27면,
669) 김용범, 전게서, 도서출판 어울림, 2012., 342면, 정준우, 전게서, 27면, 최준선, 전게보고서, 116~117면.

는 대주주간의 불공평한 역차별일 뿐만 아니라 주주평등의 원칙에도 어긋나므로 그 타당성과 합리성에 결함의 문제가 발생한다는 점이다.[670]

이 문제를 자세히 분석해 보면, 관련 규정에 대한 해석을 2가지로 나누어 볼 수 있다.

첫째, 감사 또는 사외이사 아닌 감사위원의 선임과 해임에 관하여 「상법」에서 상장회사를 위한 특례규정을 두었으므로, 상장회사의 경우에는 「상법의 특례규정」이 적용되어 최대주주는 의결권을 합산하여 제한되며, 2대 주주나 3대 주주는 의결권 자체가 제한되지 않는다는 것이다.[671]

둘째, 2대 주주나 3대 주주에게는 「상법의 일반규정」이 적용되어 특수관계인과의 합산을 하지 않고, 단순히 본인이 소유하는 주식을 기준으로 발행주식 총수의 3%를 초과 하는 주식에 대하여 의결권이 제한된다는 것 이다.[672]

일반적인 생각으로 둘째의 견해에 의하면 동일한 회사에 동일한 감사 또는 사외 이사 아닌 감사위원을 선임하면서 법적용에 있어 일부 주주(최대 주주)에 대하여는 「상법의 특례규정」을 적용하고, 일부 주주(2대 주주 이하)에 대하여는 「상법의 일반 규정」을 적용해야 한다는 것이다. 이는 법 적용상 매우 혼란스러운 것이며 입법기술상으로도 적절한 것이라 할 수 없다.

그러나 첫째의 견해에 의하면 최대 주주는 특수관계인 등과 의결권이 합산하여 제한되며, 2대 주주나 3대 주주는 의결권 자체가 제한되지 않는다고 해석하면, 이는 분명히 입법자의 의도가 아니라고 생각된다. 그리고 법률을 적용함에 있어 특례규정에 명시되지 아니한 사항은 당연히 일반규정이 적용되는 것이므로 둘째의 견해가 옳다고 본다.[673] 실무상으로도 제2의 견해에 따르고 있다.

제2의 견해에 의하더라도 역시 문제는 있다. 최대 주주 1인은 특수관계인 등까지 합산한 지분을 기준으로 제한하는데 비하여, 잠재적으로 경영권 경쟁을 할 수 있는 다른 주주들은 감사 또는 사외이사 아닌 감사위원의 선임결의에 관한 의결권 행사에 있어 자신의 명의로 된 지분만을 기준으로 제한하므로 최대 주주 1인과 다른 대주주 간에 심각한 차별대우를 하는 결과가 된다. 이는 「상법」상 1주 1의결권제도인 주식 평등/주주평등의 원칙에도 어긋날 뿐만 아니라 합리성도 없다.[674]

---

670) 김용범, 전게서, 도서출판 어울림, 2012., 342~343면, 정준우, 전게서, 27면, 최준선, 전게보고서, 118면.

671) 김용범, 전게서, 도서출판 어울림, 2012., 343면, 정준우, 전게서, 27~28면, 김병연, 「감사(위원) 선임시 의결권 제한의 타당성 검토」, 상장회사감사회회보, 2006., 2면.

672) 김용범, 전게서, 도서출판 어울림, 2012., 343면, 최준선, 전게보고서, 118면, 김순석, 「상장회사에 있어 지배구조 관련 제도의 입법적 과제」, 2008., 104면.

673) 김용범, 전게서, 어울림, 2012., 343면, 최준선, 전게연구보고서, 한국상장회사협의회,2008., 118면.

674) 김용범, 전게서, 어울림, 2012., 343면, 최준선, 전게연구보고서, 한국상장회사협의회,2008., 118면.

Ⅵ 해결 방안

1. 지배주주의 충실의무 제도 도입

가. 지배주주의 충실의무제도 개요

우리 「상법」에 3% rule이 최초로 규정된 1960년대 시기는 현재의 글로벌화 된 기업 환경과 많이 달랐다. 소유경영자에게 기업지배권이 집중되고, 경영통제장치로서이 사회, 감사, 외부주주, M&A시장 등 내·외부 통제 메카니즘이 효율적으로 기능할 수 있는 제도적 장치가 미흡하였다. 특히 이사회를 견제하는 감사는 지배주주와 독립성이 낮은 1인 체제로 되어 있었다.

그러나 아직도 전근대적인 측면이 남아 있다고는 하지만 우리나라의 경제규모가 세계 12~15위에 해당하는 수준까지 발전하였고, 사외이사제도 및 감사위원회제도의 도입, 외부 감사인 제도의 개선, 집행임원 제도의 도입, 소수주주권의 강화, 대표소송제도의 활성화, 기업 M&A 시장 활성화 등 많은 제도 개선이 이루어지고 있다.

특히 최근 정부는 M&A 시장을 2013년 40조원에서 2017년까지 70조원 대의 규모로 키우겠다는 발표를 한바 있는데, 글로벌 경기회복에 대한 기대감이 높아지고 있고, 국내 기업 경쟁력 제고의 중요성이 점점 커지면서 이제는 M&A를 통해 성장 동력을 확보하려는 움직임도 늘고 있다.

그리고 국내에서의 해외 M&A는 국내기업의 해외진출 보다는 외국기업의 국내기업 인수가 주류를 이루고 있다. 이는 외환위기 이후 정부에서 외국인투자를 장려해온 데다 외국의 투자자들도 한국의 M&A 시장을 매력적인 것으로 인식하였기 때문이다.[675]

그럼에도 불구하고 보유주식의 다소를 기준으로 의결권을 제한하는 것은 국제적 정합성에 맞지 않고, 우회채널의 발달을 초래해 왜곡된 형태의 소유지분구조를 초래할 수 있으며, 국내기업의 역차별이라는 문제를 발생시킬 수 있다.[676]

또한 최근 소수주주 운동의 확산 등으로 주주들의 의결권 행사가 과거보다는 적극적 이며, 거대 외국자본의 증가와 경영권 시장의 확대에 따라 M&A를 목적으로 하는 사모펀드가 증가하고 있다는 점을 감안 할 때, 최대주주와 특수관계인에 대해서만 의결권을 제한하는 것은 경영권 경쟁에 있어서 매우 불공평하고 과도한 제한 일 수 있기 때문이다.[677]

---

675) 서완석, 전게연구서, 기업법연구 제28권 제2호, 2014. 43면, 김석균, 「M&A 시장의 최근 동향과 특징」, 월간 기술과 경영, 한국산업기술진흥회, 2010. 9.
676) 서완석, 전게연구서, 기업법연구 제28권 제2호, 2014. 43면, 이병규·최준선,「주주의결권 제한의 위헌성」, 성균관 법학 제21권 제3호, 2009., 589면.
677) 최준선, 전게연구보고서, 한국상장회사협의회, 2008. 11., 160면.

따라서 우리나라의 회사제도도 경제규모에 걸맞게, 그리고 글로벌화 되고 있는 환경에 걸맞게, 글로벌 기준에 적합해야 하며, 재벌의 소유구조 왜곡으로 인한 소수주주 보호의 문제는 「공정거래법」이나 「지주회사법」을 통해 해결하고 기본법인 「상법」에서는 보편적인 제도를 운영하는 것이 바람직할 것이다.[678]

그렇다면 이제 3% rule은 폐지하고 그에 맞는 대안을 마련할 때가 아닌가 싶다. 이와 더불어 지배주주가 권리를 행사함에 있어 회사와 다른 주주의 이익을 고려하고 지배주주와 소수주주 간의 이해충돌 시에 이를 해결할 수 있는 질서를 확립하기 위해 미국, 독일 등 선진국에서 도입·운영하고 있는 **지배주주의 충실의무 이론**을 「상법」에 도입하는 방안을 적극 검토할 필요가 있다.[679]

나. 지배주주의 충실의무 제도 내용

「상법」에 따르면 주주는 주식인수인으로서 출자의무를 이행한 후에는 어떠한 의무도 지지 않는다. 그러나, 회사의 법률관계가 복잡해짐에 따라 회사 내부에서 주주간의 이익을 둘러싼 분쟁이 발생하게 되자 미국에서는 오래전부터 주주들 사이에도 일정한 신인관계가 성립하는 것으로 보아 지배주주에게 충실의무를 인정해 왔다. 특히 충실의무는 지배주주와 소수주주 간의 이해충돌 시에 이를 해결할 수 있는 질서가 되어 왔다.

미국은 물론이고, 독일에서도 학설과 판례가 인적회사를 넘어서 물적회사에 있어서도 지배주주의 충실의무를 인정하게 되었다. 중국의 경우 「회사법」제20조에서 "회사의 주주는 응당 법률, 행정법규 및 회사정관을 준수하고, 법에 따라 권리를 행사하여야 하며, 주주의 권리를 남용하여 회사 또는 기타 주주의 손해를 초래한 경우 법에 따라 배상책임을 부담 하여야 한다."라고 규정하여 입법적으로 주주의 충실의무를 인정하고 있다.

지배주주의 충실의무란 지배주주에게 부여되는 의무로서 "지배주주는 회사와 다른 주주들의 이익을 위하여 성실히(in good faith), 공정하게(in fairness), 전심전력으로 충성을 다할 의무"라고 정의할 수 있다.[680] 이는 법률에 규정되어 있는 것이 아님에도 독일과 미국에서 모두 판례와 학설로 인정하고 있다.[681]

미국에서는 이사의 충실의무 뿐만 아니라 지배주주의 충실의무가 판례를 통하여 확고하게 자리매김 하였고, 독일에서도 주주에게 충실의무가 인정되고 있으며 이러한

---

678) 서완석, 「회사법상 의결권 규제의 합리화 방안」, 기업법연구 제28권 제2호, 2014. 43면,, 김순석,「규제개혁과 기업경쟁력」, 상장, 2014. 4., 시사칼럼

679) 서완석, 「회사법상 의결권 규제의 합리화 방안」, 기업법연구 제28권 제2호, 2014. 43면,

680) 윤민섭, 「지배주주의 충실의무 도입에 관한 연구」, 성균관대학교, 2011.,161면. 강희갑, 「지배주주의 충실의무」, 상사법연구 제12집, 한국상사법학회, 1993., 113면

681) 윤민섭, 전게연구, 성균관대학교, 2011.,161면

충실의무는 회사의 지배구조에 있어 매우 중요한 특징으로 설명하고 있다.[682] 오히려 독일에서는 주주의 충실의무는 지배주주 뿐만 아니라 모든 주주들에 대하여 인정되는 의무로서 미국법보다 진일보한 것으로 평가된다.[683]

우리의 「상법」은 지배주주에게 충실의무를 인정하고 있지 않으나, 「민법」상 사용자 책임의 확장해석과 신의성실의 원칙을 적용한다면, 지배주주에게 지배권 남용에 따른 책임을 물을 수 있는 가능성이 있다.

그러나 우리의 법체계가 미국처럼 판례를 法源으로서 인정하지 않을 뿐만 아니라 法院이 명문의 규정이 없는 지배주주에게 충실의무를 인정하는 것은 관련된 판례가 집적 되어 있지 않은 법원에게는 상당한 부담으로 작용할 것이다. 따라서 지배주주의 충실의무를 명문화할 필요성이 있는 것이다.[684]

지배주주의 충실의무는 소수주주의 보호법리가 고려되므로 지배주주의 충실의무는 일반적으로 소수주주의 보호를 위한 이론적 근거가 되고 있지만 경우에 따라서는 소수주주도 지배주주가 될 수 있으므로 지배주주는 물론 회사와 다른 주주들의 이익을 위해 필요한 것이라 말 할 수 있다.[685]

즉, 지배주주가 충실의무를 부담하는 것은 단순히 대주주라는 기준에 의하여 부담하는 것은 아니며, 회사 경영에 영향력을 행사하고 있는 경우에 한하여 회사와 소수주주에 대하여 충실의무를 부담하는 것이다. 의무부담의 근거는 주식의 다수 보유 하고 있다는 객관적 사실이 아닌 회사의 경영에 직접적으로 영향을 주는 지위에서 찾아야 한다.[686]

2. 대주주 의결권제한제도 개선

감사 선임 시 의결권 제한은 미국과 일본 등 주요국의 사례를 보아도 그 유례를 찾아 볼 수 없는 우리 「상법」에만 규정하고 있는 독특한 것이다. 일반적으로 대주주에 대한 의결권 제한은 감사의 독립성 확보를 위하여 불가피한 점이 있다고 보지만, 최대주주에 대한 역차별적 의결권 제한은 대주주간의 불공평한 역차별일뿐만 아니라 주주평등의 원칙/주식평등의 원칙에도 어긋나므로 그 타당성과 합리성에 결함의 문제가 발생할 수 있다.

---

[682] 윤민섭, 전게연구, 성균관대학교, 2011., 161면, 마르쿠스 루터 저. 최기원 외 옮김, 「독일법에서의 주주의 충실의무」, 서울대학교법학 제38권 제1호, 1997., 196~203면
[683] 윤민섭, 전게연구, 성균관대학교, 2011., 161~162면, Athur R Pinto & Gustavo Visentini, The Legal Basis of Corporate Governance in Publicly Held Corporations, Kluwer Law, 1998., 65면
[684] 윤민섭, 전게연구, 성균관대학교, 2011., 162면
[685] 윤민섭, 전게연구, 성균관대학교, 2011., 162면
[686] 윤민섭, 전게연구, 성균관대학교, 2011., 162면

따라서 불가피하게 현행 대주주의 의결권 제한제도를 유지할 경우 대주주간의 불공평한 역차별뿐만 아니라 주식/주주평등의 원칙에도 어긋나 그 타당성과 합리성이 문제가 되는 최대 주주와 그 특수관계인을 합산하여 의결권을 제한하는 「합산 3% rule 제도」에 대하여 최대 주주인지를 불문하고 일정한 비율 이상의 주식을 보유한 대주주에 대하여는 동일한 수준의 규제를 가하는 것이 타당하다고 본다.[687]

따라서 상근감사 또는 감사위원의 선임 및 해임에 대하여 대주주의 의결권을 제한하는 「상법」상의 특례규정을 다음과 같이 개정하는 것이 바람직하다고 본다.

대주주 의결권 제한 제도의 개선 방안

1. **상근감사 및 감사위원 선임**

   상근감사 또는 감사위원 선임 시에는 상근감사 또는 사외이사 아닌 감사위원, 사외 이사인 감사위원, 대규모 상장법인 또는 일반상장법인 인지, 최대주주인지 불문하고 일괄적으로 모든 주주에 대하여 현행 「상법」제409조 제2항에서 규정한 바와 같이 개별주주별로 3% 초과분에 대한 의결권을 제한하는 방식으로 감사 및 감사위원 선임방식을 개선.

2. **상근감사 및 감사위원 해임**

   (제1안)

   상근감사 또는 감사위원의 해임 시에도 상근감사 또는 사외이사 아닌 감사위원, 사외 이사인 감사위원, 대규모 상장법인 또는 일반상장법인 인지, 최대주주인지 불문하고 일괄적으로 모든 주주에 대하여 현행 「상법」제409조 제2항에서 규정한 바와 같이 개별주주별로 3% 초과분에 대한 의결권을 제한하는 방식으로 감사 및 감사위원 해임방식을 개선.

   (제2안)

   상근감사 또는 감사위원의 해임 시에는 상근감사 또는 사외이사 아닌 감사위원, 사외 이사인 감사위원, 대규모 상장법인 또는 일반상장법인 인지, 최대주주인지 불문하고 일괄적으로 모든 주주에 대하여 의결권 행사에 제한을 두지 않고 「상법」제385조 및 제415조에 의한 주주총회의 특별결의에 의해 해임하는 일반 감사 해임방식으로 개선.

---

687) 최준선, 전게연구보고서, 한국상장회사협의회, 2008. 11., 160면.

제2절 〉〉 감사와 주주대표소송 제도

Ⅰ 주주대표소송의 일반

1. 주주대표소송의 의의

주주대표소송은 회사가 이사·감사·감사위원(이하 '이사'라 한다)에 대한 책임추궁을 게을리 할 경우 주주가 회사를 위하여 이사의 책임을 추궁하는 소송을 말한다. (「상법」 제403조→제415조, 제515조의2 제7항). 회사는 이사의 위법한 행위로 인하여 손해를 입은 경우에는 이사의 책임을 추궁하는 소를 제기할 수 있으며, 소를 제기할 것인가의 여부는 전적으로 경영자의 善管主義 義務에 의하여 판단하게 된다.

그러나 현실적으로 경영자인 회사, 즉 이사 또는 감사가 이사회 구성원인 다른 이사를 제소하는 것은 우리나라의 정서상으로나 지배구조상 어려운 면이 있어 이를 방치하거나 해태할 우려가 있는 것이 사실이다. 뿐만 아니라 소송이이루어진다고 하더라도 소송에 형식적으로 참가할 우려가 있어 회사가 입은 손실을 제대로 보전할 수가 없게 되고 결론적으로는 회사의 자본을 구성하고 있는 주주전체의 손실이 불가피한 경우가 발생한다.

특히 우리나라와 같이 회사와 이사의 관계가 투명하지 않은 경우에는 이러한 이사의 위법한 행위로 인하여 주주가 손실을 볼 수 있는 경우가 빈번하게 발생할 가능성이 있다. 게다가 일부 대주주가 회사 경영을 좌지우지하는 회사의 경우에는 소수주주의 피해는 훨씬 더 심각하다고 할 것 이다.

따라서 대다수의 일반 소수주주의 손실을 방지하기 위해서는 회사가 이사의 위법한 행위에 대하여 책임을 추궁하지 않을 경우 회사를 대신하여 이사의 책임을 추궁하는 제도적인 보완장치가 필요하며 이를 위해 도입된 제도가 「**주주대표소송제도**」이다.

2. 주주대표소송의 연혁

주주대표소송은 영미의 판례법으로 생성·발전되었으며, 초기에는 원고가 된 주주가 전체주주를 대표하여 信人義務를 違反한 이사에 대한 소송을 제기하는 것으로 파악되었다. 따라서 주주대표소송은 형평법(equity)상의 團體訴訟(class action) 내지 代表訴訟(representative suit)으로 이해되었다.

그러나 그 후 회사를 독립된 법률적 주체로 보는 것이 일반화되고 이사가 아닌 제3자에 대하여 대표소송을 인정하게 되면서, 대표소송은 주주가 회사의 권리에 기하여 회사를 위해 제기된 것으로 이론 구성을 하게 되었고 오늘날에는 代位訴訟(derivative suit)이라는 명칭이 일반적으로 사용되고 있다.

우리나라 「상법」제정 시에는 미국 법을 모범으로 한 1950년의 일본 「상법」 규정을 모델로 하여 주주대표소송을 규정하였는데, 이는 「상법」이 이사회에게 강력한 권한을 부여하는 지배구조의 형태이기 때문에, 회사의 운영에 관하여 주주가 감독 및 감시를 할 수 있는 권한을 가지도록 하여, 궁극적으로 주주의 지위를 강화할 필요성이 있었기 때문이다.

일본 「상법」의 내용을 대부분 수용한 1962년 제정된 우리 「상법」에서는 주주 대위소송이라는 용어 대신에 주주 대표소송이라는 말을 사용하였으며, 이러한 주주대표소송제도는 주주의 손해를 보전하는 기능과 함께 이사의 위법 행위를 예방하거나 감시하는 기능도 함께 가지고 있다고 할 수 있다.

그러나 주주대표소송은 이사에 대한 위법행위유지청구권(「상법」제399조)과 같이 사전에 위법행위를 억제하는 것을 목적으로 하는 제도와는 달리 이사의 책임추궁을 목적으로 사후적으로 제기하는 것이므로, 제도의 직접적인 목적은 손해의 회복에 초점을 두고 있다고 할 수 있다.

3. 주주대표소송의 법적성질

주주대표소송의 법적성질은 실체법적 성질과 절차법적 성질로 나누어 살펴볼 수 있다. 실체법적 성질에서 다루어 볼 내용은 대표소송의 제기권이 자익권인지 공익권인지의 여부 이고 절차법적 성질로서는 대표소송의 성질이 대위소송인지, 대표소송 인지에 대한 학설이 대립하고 있다. 아래에서 이에 대해 살펴보고자 한다.

가. 실체법적 성질

주주는 자익권과 공익권을 가지고 있다. **자익권**이란 주주가 자기의 재산적 이익을 위하여 인정한 모든 개인적 권리를 말하고, **공익권**이란 주주가 자기의 이익뿐만 아니라 회사의 이익을 위하여 행사하는 권리로서 회사에 있어서 그 발생이 예상되는 부조리 현상의 예방과 사후구제를 위하여 인정한 권리를 말한다.[688]

(1) 자익권설

자익권설은 권리로서의 대표소송의 성질에 관하여 기업의 소유와 경영의 분리 현상과 이로 인한 주식의 채권화 현상에 착안한 주식채권설의 입장에서 주장하는

---

688) 최기원, 「상법학신론(상) 제18판」, 박영사, 2009., 651면

견해이다.[689] 자익권이란 주주권 중 주식회사의 투자자인 주주의 재산적 이익을 위하여 인정한 모든 개인적 권리를 말한다.

자익권으로 보는 입장에서 주주는 회사에 대하여 이익배당청구권을 갖는 채권자이므로 자신의 채권을 보전하기 위하여 주주는 이사에 대하여 회사의 손해배상청구권을 「민법」상의 채권자대위권에 기하여 대위행사를 할 수 있는바, 주주대표소송은 그것이 회사법적으로 변형된 것으로 본래 주주 자신의 이익보호를 목적으로 하는 권리하고 본다.

(2) 공익권설

공익권설은 대표소송 제기권이 주주가 자신의 이익뿐만 아니라 회사의 이익을 위하여 행사하는 권리로서, 회사에서 발생할 것으로 예상되는 병폐적 현상의 예방과 사후구제를 위하여 인정되는 권리라고 한다.[690]

따라서 소수주주가 가진 대표소송의 제기권은 회사가 제대로 운영되는가를 감독·시정하기 위하여 주주에게 인정되는 권리이므로 이를 공익권이라고 보는 입장으로 이는 우리나라의 다수의 견해이다.

(3) 소 결

생각건대 주식의 본질은 주주가 회사로부터 직접 경제적인 이익을 얻는 것을 내용으로 하는 재산적인 권리 이외에도 회사활동의 기초를 위해 주주가 회사의 대표기관으로서 회사의 권리를 주장하는 것을 포함하는 것이다.

따라서 소수주주에 의한 대표소송 판결의 결과인 이득은 회사에 귀속되고 그 반사적 효과로서 다른 주주들도 이익배당, 잔여자산 분배 등을 통하여 직접 대표소송을 제기한 것과 같은 효과를 누리게 된다.[691]

즉 주주의 대표소송은 회사가 가지고 있는 권리를 회사를 위하여 행사하는 대위소송성과 全體株主를 대표하여 회사에 대하여 회사의 권리를 강제하는 대표소송성을 동시에 가지고 있으므로 순수한 자익권이라고 보기는 어렵다. 따라서 「상법」상 새로 인정된 주주의 공익권이라고 보는 것이 타당할 것이다.

나. 절차법적 성질

「민사소송법」상 주주대표소송은 소송의 형식상 제3자가 당사자적격을 갖는 제3자의

---

689) 우홍구, 「주주의 대표소송」, 월간고시, 1993. 5., 15면

690) 이철송, 「회사법강의 제22판」, 박영사, 2014., 792면, 최기원, 「신회사법론 제14개정판」, 박영사, 2012., 717면, 최준선, 「회사법 제8판」, 삼영사, 2013., 515면. 참조 및 인용

691) 이태로·이철송, 「회사법강의」, 박영사, 1996., 696면

소송담당의 한 형태로 보는 것에 대하여는 이론이 없다.692) 주주대표소송은 실질적인 측면에서 보면 주주가 회사의 대표기관 지위에서 소송을 수행하는 것으로 볼 수 있고, 또 소송형식상으로는 주주가 타인인 회사의 이익을 위하여 원고로서 소송을 수행하여 판결을 받을 자격과 권능을 법률에 의하여 인정받는 것으로 볼 수 있다.

주주대표소송은 회사의 대표기관이 아닌 주주가 직접 소송의 주체로서 활동하면서 그 판결의 효과는 회사에 귀속되는 특이한 소송형태이다. 그리하여 주주대표소송의 절차법적 성질은 미국·일본 및 우리도 많이 논의되는 문제 중 하나이다. 법적논리에 있어서는 주주대표소송의 성질을 어떻게 보느냐에 따라 소송목적물의 가액, 변호사의 보수청구권, 회사의 소송참가, 請求의 抛棄나 認諾, 그리고 和解 등에 일정한 영향을 미친다.693)

(1) 대위소송설

우리나라의 다수설은 주주대표소송을 대위소송의 일종으로 이해한다.694) 이 견해에 의하면 대위소송설은 주주에게 회사 기관의 대표적 지위를 인정하고 회사의 이익을 위하여 주주 자신이 원고가 되어 정당한 당사자로서 소송수행권을 행사하는 소송이라고 한다.

회사는 법인으로서 그 자체가 권리능력을 가지므로 회사의 권리는 대표기관을 통하여 행사해야 하고, 제3자인 주주는 회사의 권리를 직접 행사 하지 못하는 것이 원칙이다.

여기서 주주대표소송을 대위소송이라고 하는 것은 회사의 이익이 침해되었음에도 불구하고 회사가 그 책임을 추궁하지 않은 경우에 주주가 회사를 대위하여 소를 제기하기 때문에 붙여진 말이다. 즉 원래 회사가 제기해야 할 소를 주주가 회사를 대위하여 소를 제기하는 것을 말한다.695)

(2) 대표소송설

대표소송설은 원고주주가 주주의 대표자로서 원고 자신 또는 자신과 유사한 위치에 있는 다른 주주를 대표하여 소를 제기하는 대표소송 내지 집단소송의 일종이라고 이해한다.696) 여기서 대표소송 내지 집단소송이라 함은 집단의 다수 구성

---

692) 최기원, 「상법학신론(상) 제18판」, 박영사, 2009., 986면
693) 김대연, 「주주대표소송에서 화해」, 한국상사판례학회지 상사판례연구, 1997., 473면. 최인선, 「주주대표소송에 관한 연구」, 인천대학교, 2013. 6~7면
694) 김정호, 「회사법 제2판」, 법문사, 2012., 518면, 최준선, 「회사법 제7판」, 삼영사, 2012., 500면.
695) 최영덕, 「주주대표소송의 화해와 강제집행에 대한 소고」, 충남대학교 법학연구소 법학연구, 2008., 109면
696) 최영덕, 전게논문, 충남대학교 법학연구소 법학연구, 2008., 109면

원 중 1인 또는 그 이상이 집단 전체를 대표하여 제소하거나 제소 당하는 것이기 때문이다.

즉, 원고주주는 자기와 유사한 지위에 있는 다른 주주의 대표자로서 소송을 제기하고 경영진의 위법행위를 실질적으로 감독하는 것이므로 대표소송이라는 것이다. 이 학설에 따르면 원고 주주는 회사로부터 대표권한을 위임받는 것이 아닐 뿐만 아니라 다른 주주로 부터 대표권한을 위임받는 것도 아니다.[697]

(3) 대위소송 · 대표소송 양면설

양면설은 주주대표소송에서는 대표소송적 성격과 대위소송적 성격의 양면성을 가지고 있다는 견해입니다.[698] 주주대표소송은 경영진을 신뢰할 수 없는 상황에서 경영진의 관여를 배제시킨 예외적인 경우에 해당된다. 이 경우에는 주주 전원이 나서야 하겠지만, 이것은 현실적이지 못하다.

그리하여 일부 주주가 모든 주주를 대표해서 이사를 상대로 제소하는 것을 인정한 것이다. 이러한 점에서 주주 대표소송은 대위소송과 아울러 집단소송 내지 대표소송과 같은 성격을 겸유하는 것으로서 경영진의 위법행위에 대한 강력한 견제수단이라고 할 수 있다.[699]

「상법」상 주주에게 직접 대표소송권을 부여한 것은 두 개의 부정행위가 전제되어 있어야 한다. 첫째, 회사에 손해를 생기게 한 이사의 부정행위가 있어야 하고, 둘째는 회사가 이사의 책임을 추궁하지 않는다는 행위가 있어야 한다는 것이다.

그 결과 주주대표소송에는 두 개의 소송원인을 포함하고 있는데 첫째는 주주의 회사에 대한 소는 회사가 소송권한을 행사하지 않는다는 의무위반을 이유로 하고, 둘째는 그 소송원인에 대하여 주주의 주장이 인정되는 경우에만 회사의 이사에 대한 권리를 주주가 행사 한다는 것이다.[700]

(4) 소 결

현행 「상법」은 주주가 회사를 위하여 소를 제기한다고 규정하고 있고(「상법」 제404조), 또한 원고주주가 받은 판결의 효력은 원래의 권리주체인 회사에도 미치므로(「민사소송법」제218조제3항) 형식적으로는 대위소송의 형태를 취하고 있다.

하지만 다른 한편으로는 주주는 자기를 포함한 전체 주주를 대표하여 주주 전체의 이익을 위하여 이사의 위법행위를 감독한다는 면에서 대표소송의 성격을 띤

697) 김인환, 「주주대표소송에 관한 연구」, 경북대학교 대학원, 2007., 28면
698) 김건식, 「주주대표소송의 활성화 관련된 몇 가지 문제점」, 서울대법학, 1996., 169면
699) 김건식, 전게논문 서울대법학, 1996., 169면
700) 김인환, 전게논문, 경북대학교 대학원, 2007., 35면

다. 따라서 주주대표소송은 대위소송과 대표소송의 이중적 성격을 띠고 있으므로 대위·대표소송양면설이 타당하다고 생각된다.[701]

다. 제3자의 소송담당

주주대표소송은 실질적으로 주주가 회사의 대표기관의 지위에서 수행하는 것 이지만 형식상으로는 주주가 회사의 대표자로서 소송하는 것이 아니라 타인인 회사의 이익을 위하여 원고가 되고, 이사를 피고로 하는 소송을 수행하여 판결을 받을 자격과 권능을 법률에 의하여 인정받는 것이기 때문에 이른바, "제3자의 소송담당"의 경우에 속한다.[702]

이는 「상법」제403조 제3항에서 "주주는 회사를 위하여 소를 제기 한다."고 규정한 것은 바로 이러한 사실을 말하는 것이고. 즉, 대표소송은 제3자의 소송담당의 일종이므로 원고주주가 받는 판결의 효력은 본래의 소송적격자인 권리주체로서의 회사에 미친다. (「민사소송법」제218조 제3항). 즉 실체법상의 권리의 주체와 소송의 주체가 분리 된다.[703]

그리고 주주대표소송에서 일종의 반사적 효과로서 다른 대주주는 동일한 소를 제기할 수 없다.[704] 그러나 미국에서는 대표소송의 기판력이 다른 주주까지 확장되지 않게 하여 다른 이해관계인이 제2, 제3의 대표소송을 제기할 수 있도록 하고 있다.

4. 주주대표소송과 구별되는 개념

가. 주주개인소송

주주개인소송이란 주주가 자신에게 부여된 권리에 기초하여 자신의 이익을 위하여 회사나 이사, 혹은 제3자에 대하여 제기하는 소송이다. 예를 들면 이익배당의 지급을 청구하는 소송이나, 회사의 장부 및 기록을 보기 위한 소송과 자신의 신주인수권을 보호하기 위한 소송이 이에 해당한다.

반면에 **주주대표소송**은 회사에 부정행위를 한 이사에 대하여 회사자신이 직접 권리주장을 하지 아니하는 경우에 주주가 자신과 회사, 그리고 자신과 같은 처지에 있는 다른 모든 주주의 이익을 위하여 직접 회사의 권리에 기하여 소송을 제기하는 것 이다.[705]

---

701) 김건식, 전게논문 서울대법학, 1996., 169면, 최인선, 「주주대표소송에 관한 연구」, 인천대학교 대학원, 2013., 9면
702) 최기원, 전게서, 717면, 최준선, 전게서, 515면, 정동윤, 전게서, 466면, 정찬형, 전게서, 1,021면.
703) 이동율, 「채권자 대위소송과 법정소송담당」, 민사소송 제2호, 1992., 174면
704) 김건식, 전게논문 서울대법학, 1996., 169면
705) 임재연, 「미국회사법」, 박영사, 2004., 182면.

주주개인소송과 주주대표소송은 다음과 같은 차이점이 있다.[706]

첫째, 주주개인소송은 회사가 아닌 일부 또는 전체 주주가 피해를 입는 경우에 제기 하기 때문에 주주 스스로의 손해만 입증하면 되지만, 주주대표소송의 경우에는 주주가 이사의 부정행위로 회사에 손해를 입은 경우 소송을 제기하기 때문에 회사의 손해와 이사의 부정행위를 입증해야 한다.

둘째, 주주개인소송은 소송을 통하여 받은 손해배상 비용이 모두 개인주주에게 귀속 되는 반면에, 주주대표소송으로 받은 손해배상 비용은 모두 회사에 귀속된다. 이는 회사의 손해로 인한 소송이기 때문에 회사의 이익이 모든 주주들에게 분배되는 것이다. 소송을 제기한 원고 주주에게는 소송비용이 상환 되지만 그것 역시 승소했을 때만 받을 수 있다.

셋째, 주주개인소송은 특별한 절차상의 규제가 없지만, 주주대표소송의 경우에는 절차상의 규제가 있다. 즉, 당사자적격에 대한 요건부터 담보제공 등 여러 가지의 절차상 제한이 따르게 된다.

마지막으로, 주주개인소송과 주주대표소송의 제일 중요한 차이는 판결의 효력이다. 주주개인소송의 경우에는 판결의 효력이 주주 개인에게 귀속되지만, 주주대표소송의 경우에는 회사에 귀속되고, 원고주주는 자기가 소유한 주식에만 영향을 받는다.

나. 집단소송

집단소송은 많은 사람에게 피해가 발생한 경우 그 중 한사람 또는 여러 사람이 대표 당사자가 되어 피해자집단의 구성원 모두를 위하여 소송수행을 하는 손해배상 청구소송을 말한다. 즉, 다수의 소액투자자들에게 피해가 발생한 경우 한 사람 또는 여러 사람이 대표해 손해배상청구소송을 제기하고 피해자가 별도의 제외신고를 하지 않는 한 판결의 효력이 피해자 전체에게 미치는 「집단구제제도」이다.[707]

집단소송은 영미법에서 발달된 제도로서 우리나라에 2002년 3월부터 도입되었다. 현재 우리나라의 집단소송제도는 미국제도와 다르다. 미국에서는 소비자에게 피해를 준 경우의 사건에 집단소송을 허용하고 있다. 하지만 우리나라는 집단소송이 가능한 사건의 종류를 엄격히 제한하여 증권관련 사건에만 인정하고 있다.

「증권관련 집단소송법」제3조 제1항 각 호의 손해배상청구 사항으로서 ① 구성원이 50명 이상이고, 청구원인이 된 행위 당시를 기준으로 그 구성원이 보유하고 있는 증권의 합계가 피고회사의 발행주식 총수의 1만분의 1 이상 일 것, ② 손해배상청구 로

---

706) 임재연, 「미국회사법」, 박영사, 2004., 183~184면.
707) 김홍엽, 「민사소송법 제3판」, 박영사, 2012., 921면. 김인환, 「주주대표소송에 관한 연구」, 경북 대학교 대학원, 2007., 25면

서 법률상 또는 사실상의 중요한 쟁점이 모든 구성원에게 공통 될 것, ③ 증권관련 집단소송이 총원의 권리실현이나 사실상의 중요한 쟁점이 모든 구성원에게 공통일 것 등의 요건을 갖추어야 소송제기가 가능하다.

집단소송의 특징으로는 다수의 당사자들이 개별적인 소송을 제기하지 않고 한 번의 소송으로 분쟁을 해결할 수 있는 소송제도이고, 소수의 피해자들이 개별적으로 소송을 진행하기 어려움이 많으므로 함께 소송하여 그들을 보호하고 손해배상을 청구함으로써 경제적인 부담을 줄여주는 장점이 있다.[708] 하지만 요건이 너무 까다로워 실제 소송제기가 이루어지는 경우는 많지 않다.[709]

집단소송과 주주대표소송의 차이점은 다음과 같다.

첫째, 집단소송은 회사의 손해와 관계없이 동종의 이익을 갖는 수인 중 일부가 전체를 대표하여 소송을 진행하는데 반하여, 주주대표소송은 회사가 이사에 대한 책임추궁을 게을리 할 경우에 주주가 회사를 위하여 이사의 책임을 추궁하는 소송제도이다.

둘째, 집단소송의 판결효과는 동종의 이해관계에 있는 집단구성원 전체에 구속되는데 반해, 주주대표소송의 판결 효과는 회사에 귀속된다.

다. 채권자대위소송[710]

채권자대위권이란 자력이 없는 채무자가 제3자에게 채권이 있음에도 불구하고 이를 행사하지 않을 경우 채무자의 금전채권자가 채무자를 대신하여 채무자의 권리를 행사하고 제3채무자로부터 채무이행을 받아 이를 채무자의 일반재산에 귀속시키는 권리를 말한다.

주주대표소송과 채권자대위권의 유사한 점은

첫째, 양자 모두 실체법상의 권리로서 본래의 권리자가 권리의 행사를 해태하는 경우에만 예외적으로 인정되는 권리라는 점.

둘째, 권리를 재판상 행사하였을 때는 본래의 권리자에게 이를 고지하여야 하고 (「민법」 제405조 제1항, 「상법」 제404조 제2항), 그 권리를 행사한 효과는 원칙적으로 본래 권리자의 재산에 귀속한다는 점.

셋째, 재판상 행사하여 승소한 경우에는 본래 권리자인 회사와 채무자에게 비용의 상환을 청구할 수 있다는 점 등 법리적인 면에서는 유사한 면이 있다.(「상법」 제405조 제1항, 「민법」 제688조).

---

708) 김홍엽, 전게서, 박영사, 2012., 922~923면
709) 한국경제, 「양면의 칼 −집단소송 −」, 2013. 10. 24. 김인환, 「주주대표소송에 관한 연구」, 경북 대학교 대학원, 2007., 25면, 「증권관련 집단소송법」 제12조 제1항
710) 곽홍규, 「주주대표소송의 개선방안에 관한 연구」, 전북대학교대학원, 2007., 21~22면.

그러나 주주대표소송과 채권자대위권의 근본적인 차이점은

첫째, 주주의 대표소송은 주주의 지위에서 인정되는 권리이고 채권자대위권은 채권자의 지위에서 인정되는 권리로서 주주대표소송에서 주주가 회사를 대신해서 행사할 수 있는 권리는 회사의 재산권 전반에 미치는 것이 아니고 이사와 대표소송에 관한 규정이 준용되는 자에 대한 손해배상청구권에만 미친다. 그러나 채권자대위권은 채무자의 일신전속적인 권리와 압류가 금지되는 권리를 제외한 채무자의 일반재산 전체에 효력이 미친다.

둘째, 주주대표소송에서 원고주주는 채권과 관계없이 주주의 지위에서 인정되는 것으로 이사 등이 책임져야 할 행위가 있는데도 회사가 이에 대하여 책임추궁을 해태할 경우에 회사와 전체주주를 위하여 언제든지 소송을 제기할 수 있는 반면에, 채권자대위권은 소송을 제기하는 채권자는 자기채권만을 보전하기 위하여 그 이행기가 도래하였을 때 비로소 청구가 가능하며, 확실하고 확정된 채권자의 자기채권을 보전할 필요가 있어야 한다.

셋째, 주주대표소송에서 원고주주는 부정행위를 한 이사에게 그 부정행위로 인하여 발생한 회사의 손해 전부에 대하여 책임을 추궁할 수 있지만, 채권자대위권에서 채권자는 채무자의 권리 중 채권자가 자기의 채권만을 보전하기 위하여 필요한 범위 내에서만 행사할 수 있다는 점에서 차이가 있다.

라. 「자본시장법」상 대표소송[711]

주권상장법인의 임원, 직원 또는 주요 주주 등의 내부자가 그 법인 주권 등을 매수한 후 6개월 이내에 매도하거나 그 법인의 특정주권 등을 매도한 후 6개월 이내에 매수하여 이익을 얻게 된다면, 당해 법인은 그 내부자에 대하여 그 이익을 법인에게 제공할 것을 청구할 수 있고, 해당 법인의 주주는 그 법인으로 하여금 위의 청구를 하도록 요구할 수 있으며, 그 법인이 요구를 받은 날로부터 2개월 이내에 그 청구를 하지 않은 경우에는 그 주주는 그 법인을 대위하여 그 청구를 할 수 있다.(「자본 시장법」 제172조 제1항, 제2항).

「자본시장법」상의 대표소송과 주주대표소송의 가장 큰 차이점은

첫째, 전자는 개개의 주주가 모두 행사할 수 있는 단독주주권으로 되어 있지만, 후자는 소수주주들 만이 행사할 수 있는 소수주주권으로 되어있다는 점이다.

둘째, 전자의 피고는 당해 법인의 이사뿐만 아니라 임원, 직원 또는 기타 주요 주주까지 피고의 범위가 확대되어 있지만, 후자의 피고는 당해 회사의 이사이다. 하지만 이사에 준하는 자에 대해서도 주주대표소송이 가능하다.

---

711) 최인선, 「주주대표소송에 관한 연구」, 인천대학교 대학원, 2013., 12면

셋째, 청구인으로서 전자는 피고가 단기매매를 하여 차익이 발생한 사실 만 있으면 당사자의 불법영득의 의사여부에 관계없이 성립하며, 후자는 피고가 고의 또는 과실로 인한 선관주의의무 또는 충실의무를 해태한 사실과 그로 인하여 회사에 손해가 발생했을 때 성립한다는 점에서 차이가 있다.

Ⅲ 주주대표소송의 기능

1. 대표소송의 順기능

가. 기업경영의 건전성 확보

우리 「상법」상 이사의 경영활동을 견제하는 기관으로서 이사회, 감사(이하 "감사위원회" 포함), 또는 주주총회 들이 어느 기관도 자기 역할을 제대로 수행하지 못하는 것이 현실이다. 즉, 회사 내부의 감시구조로는 이사의 위법, 부당한 행위 또는 주주의 이익을 무시하는 행위를 견제하기는 쉽지 않고, 또 지배주주를 제외한 다른 주주의 의견을 기업 경영에 반영하기가 어렵다는 점이 문제이다.

특히 우리나라의 회사는 대규모의 기업집단에 소속되어 있으므로 회사의 경영이 독립적이지 못하고, 지배주주 내지 지배회사의 이익을 위하여 자회사의 이익을 희생하는 경우가 적지 않다.[712] 이러한 점에서 이사의 위법행위를 억제하고, 경영의 투명성을 확보하기 위한 적절한 주주권을 행사할 수 있는 방법이 필요한 시점이다. 이에 대한 해결책으로 주주대표소송은 기업의 부당한 경영으로부터 회사와 주주의 이익을 보호하고, 기업경영의 건전성 확보기능을 담보하고 있다.[713]

주주대표소송에서는 기업경영의 적절성에 대하여 법원이 검토한다. 이는 법원에서 회사와 주주 전체의 이익을 보호할 수 있는 수단으로서 기업경영의 건전성을 확보하지만, 만능의 수단이라고는 할 수 없다. 특히 이사가 지켜야할 주의의무는 현행법상 자세히 나와 있지 않기 때문에 판례를 형성한다. 또한 주주대표소송은 소수주주가 소송을 제기함으로써 많은 주주의 협력을 얻지 않고도 회사나 주주 전체의 이익을 보호할 수 있는 효과와 이사의 부정행위에 대처할 수 있다는 장점이 있다.[714]

---

712) 김인환, 전게논문, 경북대학교 대학원, 2007, 9면, 최인선, 전게논문, 인천대학교대학원, 2013., 17면

713) 김건식, 전게논문, 서울대법학연구소 서울대법학 제37권, 1996., 164면, 최인선, 전게논문, 인천 대학교 대학원, 2013., 17면.

714) 김영희, 「주주대표소송제도 활성화를 위한 개선 방안」, 경제개혁연구소 경제개혁리포트, 2013., 8면.

나. 손해회복기능과 위법행위 억제기능

이사는 선량한 관리자로서의 의무를 수행하는데 일정한 감시가 필요하다. 주주대표소송은 주주가 감시적인 역할을 하는 것으로써 이사가 자신의 행위에 책임을 갖게 되는 것이 주주대표소송의 기능 중 한 부분이다. 또한 이사의 부정행위에 대하여 사후적인 책임을 묻는 제도이다.[715] 주주대표소송은 이외에도 손해회복기능과 위법 행위 억제기능을 갖는다.

「상법」상 이사는 회사와 주주에 대하여 선관주의의무(「상법」제382조 제2항)와 충실의무(「상법」제382조의3)를 부담한다. 이사가 의무를 위반하는 행위를 하여 회사에 손해를 입히거나 사회적 물의를 일으킨 경우에는 소수주주는 주주대표소송을 제기하여 손해배상을 청구할 수 있다. 이로 인하여 회사는 손해배상을 받게 되고 주주들의 이익을 회복하는 것이 주주대표소송제도의 고유의 기능이다.

주주대표소송의 위법행위 억제기능이라는 것은 소송자체가 이사에게 긴장감을 갖고서 경영에 임하게 하여 그것이 기업의 건전화를 가져오게 된다는 것이다. 따라서 기업경영의 건전화는 회사 경영에 대한 신뢰도를 높이고 주주뿐만 아니라 경제 사회 전체의 이익으로 이어지게 된다.

주주대표소송에서의 위법행위 억제기능을 중시하면 해당회사, 주주에게 실질적 이익을 가져다주지 않더라도 이사의 부정행위는 주주대표소송에서 추궁해야 된다는 방향으로 가게 된다. 이는 회사의 이사들에게 불법행위를 하지 못하게 하는 효과뿐만 아니라 회사 경영이 건전해 질 수 있고 이로 인하여 사회 전체적으로 다른 회사의 경영진에게도 위법행위를 억제하여 일방적 예방효과로 연결된다.[716]

다. 대리비용의 절감

경영이 소유로부터 독립되고 기업규모의 지속적 확대는 필연적으로 주식의 광범위한 분산을 가져왔다. 이러한 소유와 경영의 분리는 대규모 기업자금의 조달과 투자위험의 분산을 용이하게 하며 경영의 효율을 높여주므로 오늘날에는 전 세계적인 회사 지배구조의 특성이다. 이로써 경영자 또는 이사는 회사의 이익과 자신의 이익이 충돌하게 된다. 이때 경영자 또는 이사는 주주의 이익보다 자신의 이익을 중시하게 될 확률이 높다. 이는 경영자와 주주의 충돌을 발생시키는 계기가 된다.

이러한 문제는 주주와 경영자의 정보가 원활하게 이루어지지 않을 경우 또는 경영자의 행동을 감시·감독할 수 있는 장치가 적거나 약할수록 발생하기가 쉽다. 이로 인하여 주주들은 경영자와 이사를 감시·감독하기위한 대리인들을 회사에서 선임하게

---

715) 이철송, 「회사법강의 제19판」, 박영사, 2014., 788면
716) 김영희, 전게논문, 경제개혁연구소 경제개혁리포트, 2013., 8면.

되는데 이때 대리비용이 발생하게 된다. 여기서 말하는 대리비용(agency cost)은 소유와 경영의 분리로 인하여 발생할 수 있는 사익추구행위 등 문제발생을 억제하기 위하여 경영자를 감시·감독하는 데 필요한 비용이다.

이런 문제를 해결하기 위하여 주주대표소송제도가 있다. 이는 경영자를 감시·감독할 수 있는 유용한 제도로, 투명한 회계제도, 정보공시제도, 주식매입선택권제도, 기업지배권 시장의 활성화, 이사회의 활성화, 소수주주권의 활성화와 함께 대리인 문제와 평균적인 대리인 비용을 낮추는 기능을 한다.[717]

특히 미국에서처럼 승소보상금제에 의하여 변호사보수를 지급하는 체제하에서는 원고주주가 재판 외의 방법으로 이사의 위법행위를 방지하기 위하여 지출해야 할 비용보다 변호사 비용이 낮을 뿐만 아니라 그 비용도 승소한 경우에만 지출할 것이기 때문에 경영진을 감시할 비용을 모든 주주에게 비례적으로 할당할 필요가 있는 경우에 주주대표소송이 아주 효율적인 해결방안이 된다고 한다.

또한 우리나라의 경우에는 대기업에 있어서 적은 지분으로 회사와 그룹 전체를 지배할 수 있는 구조이고, 이사가 사익추구행위를 하여 회사와 주주의 이익을 침해 하는 경우가 많은데 이를 감시·감독하는 유용한 제도로 주주대표소송이 이용될 수 있다.[718]

라. 기업의 사회적 책임의 확보

우리나라의 경제에서 가장 중요한 역할을 하는 것은 회사다. 예전에는 회사의 이윤추구, 생산 활동에 대한 역할만을 중요시 하였지만, 현재에는 사회복지에도 적극적 으로 참여하고 봉사하는 회사들이 늘어가는 추세이다. 이로 인하여 국민 개개인에 있어서도 회사의 활동은 큰 영향력을 발휘하기 때문에 국민적인 관심사가 되었다.[719]

회사의 발전은 이제 회사만의 문제가 아니라 사회일반에 공적인 책임까지 포함 된 것 이다. 따라서 회사에 대한 견제·감시 기능을 회사의 기관이나 노동조합에게만 기대할 수 없게 되었고, 회사의 위법한 행위와 부당한 행위를 바로잡기 위해서는 주주대표소송제도를 이용하여야 한다.

또한 소수주주들은 회사의 내부적 구성원이면서도 사회의 일원이라는 시민의 관점에서 주주대표소송제도를 활용하는 것은 회사로부터 사회적 책임을 갖게 되는 것 이고, 건전한 국민경제 발전에 도움이 될 것이다.[720]

---

717) 양동석, 「주주대표소송」, 고시연구사, 2001., 70면
718) 김영희, 전게리포트, 경제개혁연구소, 2013., 8면
719) 이상은, 「주주대표소송과 이사의 책임에 관한 연구」, 조선대학교 대학원, 2006., 44면.
720) 양동석/박진호, 「경영판단원칙과 주주대표소송」, 조선대학교 통일문제연구소, 2001., 156면

2. 대표소송의 逆기능

가. 위협 소송의 증가

이사의 행위가 위법하지 않거나, 위법하더라도 회사에 손해가 없는 경우 또는 위법하고 손해도 있지만 소송하는 것이 회사의 이익에 객관적으로 반하기 때문에 주주 대표소송이 실제로 회사의 이익을 해할 수도 있다. 특히 소수주주의 주주대표소송 제기가 쉬워 지면서 회사의 이익을 위한다기 보다는 자기 자신의 이익을 위해 회사를 혼란에 빠뜨리는 위협 소송이 최근 증가하고 있다.[721]

그 예로 소수주주가 주주대표소송을 경영진에 대한 위협 또는 협박 수단으로 삼아, 회사의 배당가능이익을 고려하지 않고 과도한 배당을 요구하거나, 주가상승을 위한 자사주 매입 또는 이익 소각, 투자금액의 회수편의를 위한 주식 분할 등을 부당하게 요구하여 건전한 회사의 자본충실을 크게 해치는 사례도 나타나고 있다.

나. 경영진의 비용부담 가중

주주대표소송으로 인하여 회사의 경영진이 많은 시간과 노력을 기울여야 하는 문제가 있고, 이 때문에 내부자 및 그와 관련 된 경영진은 소송의 장기화로 그로 인한 변호사 비용의 증가, 업무의 지장 등을 초래할 수 있다. 특히 장기간의 소송이 진행된다면 회사, 경영진 및 주주 모두에게 거액의 금전적 손해가 발생할 수 있다.[722]

다. 경영진의 경영활동 위축

주주대표소송이 빈번해지면 경영자는 책임추궁의 공포 때문에 이익이 예상되더라도 위험부담이 큰 사업을 억제하게 되는 경영의 위축현상이 결과적으로 회사와 주주 더 나아가서는 경제사회 전체에 손해를 끼치게 된다. 또한 주주대표소송의 남용은 유능한 인재가 이사의 지위에 오르기를 꺼리게 되는 현상을 초래할 수 있다.[723]

라. 소송참가 변호사만 수혜

주주대표소송은 대부분 원고변호사가 먼저 소송의 대상을 물색한 후 승소조건부 보수약정에 따라 명목상의 주주를 내세워 소송을 한다. 하지만 승소 시 얻은 이익은 회사에 귀속되고 원고는 간접적으로 승소의 이익을 얻게 되므로 원고 당사자 보다 원고변호사가 소송결과에 대한 이해관계가 크다.

---

721) 김인환, 「주주대표소송에 관한 연구」, 경북대학교 대학원, 2007., 12면, 유건, 「주주대표소송에 관한 연구」, 창원대학교 대학원, 2014., 15면.

722) 유건, 「주주대표소송에 관한 연구」, 창원대학교 대학원, 2014., 15면. 최인선, 전게논문, 인천대학교 대학원, 2013., 20면

723) 양동석, 「기업의 지배구조개선을 위한 주주대표소송」, 상사법연구 제19권 제2호, 2000., 423면, 김인환, 「주주대표소송에 관한 연구」, 경북대학교 대학원, 2007., 12면

이로 인하여 원고 및 원고의 변호사 측에서 서로 공모하고, 소액주주의 권익 강화라는 美名아래 실제로는 소송에서 돈을 챙기기 위해 승산 없는 재판을 하면서 경영진을 협박 또는 위협하여 화해를 유도한다. 결과적으로 화해에 의해 원고 측의 변호사만이 이익을 얻는 사례가 발생할 우려가 있다.[724]

Ⅲ 주주대표소송의 내용

1. 주주대표소송의 당사자

가. 원고적격

(1) 소수주주

「상법」상 비상장회사의 경우에는 주주대표소송을 제기할 수 있는 자는 발행 주식 총수의 100분의 1 이상에 해당하는 주식을 가진 주주이다.(「상법」제403조 제1항). 또한 주주대표소송은 회사 구성원인 주주에게 인정한 것으로서 주주총회의 결의와 관련하여 인정한 것이 아니기 때문에 주주에는 의결권이 없는 주식의 소유자도 포함된다.[725]

상장회사의 경우에는 6개월 전부터 계속하여 상장회사 발행주식 총수의 1만분의 1 이상에 해당하는 주식을 보유한 자는 대표소송 제기권을 행사할 수 있다.(「상법」제542조의 6 제6항). 이러한 소수주주요건은 소제기를 할 때부터 변론의 종결에 이르기까지 계속 유지되어야 한다. 물론 1인의 주주가 이러한 요건을 충족하여도 되고, 여러 명의 주주가 공동으로 이 요건을 충족하여도 상관이 없다.[726]

다만 주주대표소송을 제기한 주주의 보유주식이 제소 후 발행주식 총수의 100분의 1 미만으로 감소한 경우에도 제소의 효력에는 영향이 없다.(「상법」제403조 제5항). 그러나 주주대표소송을 제기한 주주가 제소 후 주식을 전혀 보유하지 않게 된 경우에는 당사자 적격이 없어 그러한 주주의 제소는 부적법한 것으로 각하되므로,[727] 최소한 1주는 보유 하여야 한다.[728]

---

724) 김인환, 전게논문, 경북대학교대학원, 2007, 12면, 최인선, 전게논문, 인천대학교대학원, 2013. 20면.
725) 정찬형, 「상법강의 요론 제13판」, 박영사, 2014., 541면.
726) 홍복기외 7인 공저, 「회사법(사례와 이론) 제3판」, 박영사, 2014., 429면
727) 서울고등법원 2011.6.16. 선고 2010나70751 판결
728) 임재연, 「회사법 Ⅱ (개정2판)」, 박영사, 2014, 470면

(2) 실질주주

주주대표소송을 제기할 수 있는 주주는 기명식주주의 경우에는 회사의 주주명부에 명의개서가 되어 있어야 하고(「상법」제337조), 무기명주식의 경우에는 그 주권을 회사에 공탁하여야 한다.(「상법」제358조). 특히 주주명부가 폐쇄되어 있거나 회사가 사실상 명의개서를 거부하여 대항요건을 구비할 수 없는 경우가 문제이다.

① 대항요건불필요설

회사에 대한 대항요건을 구비할 수 없거나, 회사에서 명의개서를 사실상 거부하고 있는 동안에 주주대표소송을 제기할 급박한 사정이 있을 수 있음을 근거로, 「상법」제337조와 제358조의 규정은 주주가 회사에 대한 권리를 행사하기 위한 대항요건이므로, 주주가 이사에 대한 책임을 추궁하는 주주대표소송을 제기함에 있어서는 위와 같은 요건을 구비할 필요가 없다고 한다.[729]

② 대항요건필요설

회사에 대한 대항요건의 구비는 주주대표소송을 제기하기 위한 제소요건은 아니고 본안판결을 얻기 위한 소송요건이라고 해석한다. 주식을 취득한 자가 변론종결 시까지 위와 같은 대항요건을 구비하면 충분 하고, 그 때까지 이를 갖추지 못한 경우에 한하여 당사자 적격의 흠결로서 소를 각하하는 것이 타당하다고 보는 견해이다.[730]

생각건대 회사에 대한 제소청구를 대표소송제기의 요건으로 해석하는 한 대항요건 필요설이 타당하다. 회사에 대한 제소청구는 회사에 대해 일정한 행위를 할 것을 청구하는 것이므로 회사에 대한 대항요건을 갖추어야 한다고 보아야 하기 때문이다.[731]

(3) 유책주주

주주가 이사의 회사에 대한 위법행위에 가담하였으나, 주주총회에서 위법행위로 인한 이사 등의 회사에 대한 책임면제에 동의하는 등 이를 명시적으로 추인한 경우에 그 주주는 유책주주가 되는 바, 이러한 유책주주가 대표소송을 제기할 수 있는가 하는 점에 관하여 학설의 대립이 있다.[732]

---

729) 남광우, 「주주대표소송에 의한 경영자책임 추궁에 관한 연구」, 법조 제506호 1998., 121면
730) 정준우, 「주주대표소송의 원고적격에 관한 쟁점사항 검토」, 기업법연구 제19권 제2호, 2005., 148면.
731) 김상규, 「주주대표소송에 관한 소고-당사자 중심으로-」, 법학논집 제25권 제3호, 한양대학교법학연구소, 2008., 180면.
732) 이태종, 전게논문, 서울대학교 대학원, 1997., 176면.

① 부정설

유책주주는 부정한 행위에 직접 가담하거나 추인, 묵인 등에 의하여 이를 인정하였으므로 「**표시에 의한 금반언의 원칙**」(estoppel by representation)이나 형평법상의 「**깨끗한 손(clean hands)의 원칙**」에 따라 주식에는 전 소유자의 죄책이 수반된다는 이유로 유책주식의 양수인도 역시 대표소송을 제기하지 못한다는 「**유책주식의 원칙**」(dirty stock of tainted share rules)이 적용된다. 따라서 대표소송을 제기할 권한이 없다고 하며, 「민법」상 「**신의성실의 원칙**」을 적용하여 마찬가지로 해석하여야 한다고 한다.[733]

② 긍정설

대표소송에서 주주는 오직 회사의 권리에 기해서 회사를 대신하여 소송을 수행하는 것이기 때문에 회사의 소권 자체가 배제되지 않는 한 비록 유책주주라 할지라도 대표소송을 제기할 수 있다고 한다. 대표소송은 회사와 다른 주주 또는 회사와 이해관계를 가진 채권자 등의 이익을 한꺼번에 획일적으로 보호하기 위한 것이므로 만일 원고주주의 개인적 이익의 하자로 인하여 대표소송제기가 금지된다면 위 목적에 어긋나게 된다는 점을 들고 있다.[734]

생각건대, 주주가 이사의 부정행위에 가담하였거나 책임을 면제한다는 의사 표시 한 후 다시 그 책임을 추궁한다는 것은 「표시에 의한 금반언의 원칙」 및 「유책주식의 원칙」에 따라 논리적으로 모순되므로 부정설이 타당하다고 볼 수 있으며, 이 경우 피고 이사는 대표소송의 제기가 권리남용이나 신의성실의 원칙에 위배된다는 항변을 할 수 있을 것이다.[735]

그러나 유책주식을 양수한 자의 대표소송제기여부에 대하여는, 주식에는 전체 주주의 죄책이 수반된다는 이유로 유책주식의 양도인도 역시 소 제기권이 없다는 견해도 있으나, 이는 주식의 자유유통성에 반하므로 유책주주로부터 선의로 주식을 양수한 주주에게는 대표소송의 제기권을 인정하는 것이 타당하다고 본다.[736]

(4) 제3권리자

(가) 주식의 질권자

「상법」은 기명주식을 질권의 목적으로 한 경우에 회사가 질권 설정자의 청구에 의하여 그 성명과 주소를 주주명부에 부기하고 그 성명을 주권에 기재한 때에는

---

733) 정동윤, 「주주의 대표소송-실무상의 문제점을 중심으로 하여-」, 사법논집 제2집, 법원행정처, 1972., 345면

734) 이태종, 전게논문, 서울대학교대학원, 1997.,180면.

735) 이태종, 전게논문, 서울대학교대학원, 1997.,181면.

736) 민형기, 「주주의 대표소송-회사법의 제문제(하)-」, 재판자료 제38집, 법원행정처, 1987., 187면.

질권자는 회사로부터 이익이나 이자의 배당, 잔여재산의 분배 또는 주식의 소각, 병합, 전환으로 인하여 주주가 받은 금전이나 주식의 지급을 받을 수 있다고 규정한다.(「상법」제340조).

이로 인해 주식의 질권자는 사실상 주주와 동일한 경제적 효과를 얻게 되므로 이사의 책임있는 사유로 인하여 이와 같은 질권자의 권리가 침해된 경우 질권자도 주주와 동일하게 대표소송의 원고가 될 수 있다는 견해가 있다.[737]

그러나 「상법」제 340조에서 주식의 질권자에게 인정하는 권리는 주주의 자익권에 속하는 권리이고, 이는 담보권자인 질권자에게 그 피담보채권의 변제를 확보하여 주기위한 것인바, 질권자는 주주의 공익권에 속하는 권리, 예컨대 의결권 같은 것은 행사할 수 없는 것으로 이해되므로 주주의 대표소송의 제기권을 공익권의 하나로 보는 통설의 입장에서는 질권자에게 대표소송의 제기권을 인정하기 어렵다고 본다.[738]

(나) 회사 및 주주의 채권자

회사의 채권자가 회사를 대위하여 대표소송을 제기하는 것은 「상법」의 해석상 불가능하며, 이 경우 회사의 채권자는 채권자대위권에 기하여 이사의 회사에 대한 책임을 추궁할 수 있다.[739]

주주의 개인적 채권자가 주주대표소송을 채권자 대위권의 규정에 의하여 대위할 수 있는가가 문제된다. 「민법」의 일반이론에 따르면 대위권의 대위행사와 유사하므로 허용된다고 볼 수도 있다.[740]

그러나 주주대표소송 제기권은 단체법상 권리로서 보통의 채권과는 그 성질이 달라 재산적 내용을 가진 것이라도 주주의 자격과 분리하여 양도, 입질*, 압류를 할 수 없으므로 주주가 아닌 채권자가 채권자대위권에 기한 주주대표소송을 제기할 수 없다고 본다.[741]

*입질(入質)이란 동산이나 유가증권 등을 담보로 하여 금전을 빌려주는 행위를 말한다.

(5) 파산회사의 주주

파산절차가 진행 중인 회사가 이사나 감사 등에 대한 손해배상책임을 묻지 않는 때에는 주주는 「상법」상의 요건을 갖추어 제소청구권과 제소권을 행사할 수 있는지 문제된다. 대법원은 파산관재인이 선임된 이상 이사 또는 감사에 대한 책

---

737) 권재열, 「이중대표소송의 법리적 검토」, 기업소송연구회 기업소송연구, 2005., 510면
738) 정준우, 전게논문, 기업법연구 제19권 제2호, 2005.,149면.
739) 정동윤, 전게논문, 사법논집 2집, 1972., 346면,
740) 김동석, 「주주의 대표소송」, 사회과학논집 제9집, 수원대학교 사회과학대학연구소, 1997., 27면.
741) 이태종, 전게논문, 서울대학교대학원, 1997.,183면.

임을 추궁하는 소에 있어서도 이를 제기할 것인지의 여부는 파산관재인의 판단에 위임되어 있다고 해석하여야 할 것이고, 따라서 회사가 "이사 또는 감사에 대한 책임추궁을 게을리 할 것을 예상하여 마련된 주주의 대표소송제도는 파산 절차가 진행 중인 경우에는 그 적용이 없다"고 한다.[742]

또 "주주가 파산관재인에 대하여 이사 또는 감사에 대한 책임을 추궁할 것을 청구하였는데 파산관재인이 이를 거부하였다 하더라도 주주가 「상법」제403조, 제415조에 근거하여 대표소송으로서 이사 또는 감사의 책임을 추궁하는 소를 제기할 수 없다"고 하여 제소권도 부인한다. 더욱이 이러한 理致는 "주주가 회사에 대하여 책임추궁의 소를 제기를 청구하였지만 회사가 소를 제기하지 않고 있는 사이에 회사에 대하여 파산선고가 있는 경우 에도, 그대로 적용된다고 하여 파산절차가 진행되면 비록 그 이전에 제소청구가 이었다고 하더라도 대표소송과 관련하여 주주는 더 이상의 권리를 행사할 수 없게 된다.[743]

「채무자 회생 및 파산에 관한 법률」상, 법원이 선임하고, 법원의 감독을 받는 파산 관재인은 파산재단에 관한 소송에서 당사자가 된다(「상법」제358조, 제359조). 다른 한편 법원은 법인인 채무자에 대하여 파산선고가 있는 경우 필요하다고 인정하는 때에는 파산 관재인의 신청에 의하거나 직원으로 이사 등의 책임에 기한 손해배상청구권의 존부와 그 내용을 조사·확정하는 재판을 할 수 있다(「상법」제352조 제1항).

파산관재인은 선량한 관리자의 주의로써 그 직무를 행하여야 하며(「상법」 제361조 제1항), 이를 게을리 한 때에는 이해관계인에게 손해를 배상하여야 한다(「상법」제361조 제2항)는 점에서 주주의 제소청구권이나 제소권은 제한하여도 무방하다고 본다.[744]

(6) 지배회사의 주주[745]

종속회사 이사에 대한 책임추궁이 이루어지지 않으면 결과적으로 지배회사에 손해가 있다. 그럼에도 불구하고 지배회사의 경영진이 종속회사 이사에 대한 책임추궁을 소홀히 하여 손해가 발생하면 지배회사의 주주가 종속회사를 위하여 종속회사 이사의 책임을 추궁하는 대표소송을 제기할 수 있는지, 이른바 이중 대표소송이나 중복대표소송이 허용되는지가 문제된다.[746]

---

742) 대법원, 2002.7.12. 선고 2001다2617 판결

743) 김상규, 전게논문, 법학논집 제25권 제3호, 한양대학교 법학연구소, 2008., 182~183면.

744) 안성포, 「주주의 대표소송과 원고적격성」, 비교사법 제12권 제1호, 2005., 474면.

745) 유건, 전게논문, 창원대학교 대학원, 2014., 21~24면

746) 김상규, 전게논문, 법학논집 제25권 제3호, 한양대학교 법학연구소, 2008., 181~182면. 손자회사 이사를 상대로하여 대표소송을 제기하는 경우 3중대표소송이라 한다.

이중대표소송이란 지배회사의 소수주주가 종속회사 이사의 책임을 추궁하는 소송을 제기하는 것을 말한다.[747] 미국 판례에서는 "종속회사에 속하는 소의 원인에 대해 손실회복을 구하는 지배회사 주주의 소송"으로 정의하기도 한다.[748] 즉, 두 회사가 지분소유에 의하여 지배·종속관계[749]에 있을 때 종속회사 이사의 위법행위로 인한 종속회사의 손해에 대한 청구권을 지배회사 주주가 갈음하여 행사할 수 있는 소송이다.[750]

이중대표소송제도는 「상법」이 당해 회사의 소수주주에게 인정하는 소송권을 지배 회사의 주주에게 까지 확장하여 인정한다는 의미에서 주주대표소송의 당사자적격을 확장하는 것으로 볼 수 있다.[751] 이와 같은 의미에서 이중대표소송은 "주주인 회사의 주주"가 소를 제기하는 형태가 된다.[752]

지배회사의 주주가 「상법」제403조 규정된 소수주주의 요건을 갖춘 경우에 종속회사에 대한 주주대표소송의 제소권자가 될 수 있는지에 관해 학설이 대립한다.

① 긍정설

대표소송의 입법취지를 근거로 「상법」제403조의 입법취지는 주주의 대표소송 제기권이 회사의 이사에 대한 책임추궁가능성의 현실적인 확보를 위해 파생적으로 인정되는 권리이므로 지배·종속회사 간에도 이러한 파생적 기능만 충족된다면 종속회사에 대해 명백한 이해관계를 갖고 있는 지배회사의 주주에게도 종속회사 이사를 상대로 한 대표소송의 제기를 해석상 제기 할 수 있다는 견해이다.

긍정설에도 여러 가지 견해가 존재하는 데 각각을 살펴보면, 이중대표소송의 제기요건 중 특히 당사자적격과 관련하여 단순대표소송에서의 지주율을 이중대표소송에서도 동일하게 적용해야 한다는 견해, 대표소송의 제기가능성을 실질적으로 보장하는 차원에서 입법론적으로 단순주주권으로 해야 한다는 견해 및 「독점규제 및 공정거래에 관한 법률」등에서와 같은 실질적인 기업결합기준에 비추어 복수의 회사 간에 사실적으로 지배와 종속의 관계가 존재하면 폭넓게 인정하자는 견해가 있다.

---

747) 최준선, 「이중대표소송제도의 입법론에 대한 검토」, 성균관 법학 제18권 제3호, 2006., 433~434면, 최완진, 「이중대표소송제도에 관한 법적 고찰」, 경영법률 제18집 제2호, 2008, 255면.
748) 권재열, 「이중대표소송의 허부에 대한 비교법적 검토-서울고등법원 2003.8.22. 선고 2002나13746판결을 대상으로 하여-」, 비교사법 제11권 제2호, 한국비교사법학회, 2004., 445면.
749) 지배와 종속의 관계란 「상법」 제342조의 2에서 규정한 모회사와 자회사 간의 관계를 포함하는 폭넓은 개념으로 사용하며, 이하에서 지배회사는 모회사를 포함하는 개념으로, 종속회사는 자회사를 포함 하는 개념으로 본다.
750) 이창기, 「이중대표소송제도의 도입방안에 대한 소고」, 기업법연구 제27권 제2호, 2013., 221면.
751) 최준선, 전게논문, 성균관 법학 제18권 제3호, 2006., 434면, 최진이, 「지배회사 주주의 종속회사 이사 등에 대한 이중대표소송 허용에 관한 연구」, 기업법연구 재23권 제3호, 2009., 10면.
752) 최준선, 전게논문, 성균관 법학 제18권 제3호, 2006., 434면.

또한 소수주주의 보호를 근거로 기업집단 전체를 지배하는 지배회사의 지배 주주에 대한 견제세력으로 개별회사의 소수주주 보호와 같이 지배회사의 소수 주주를 보호하고 이를 통해 지주회사를 정점으로 하는 기업 집단 전체의 건전성을 확보하기 위해서는 이중대표소송을 인정해야 한다는 견해도 있다.[753]

② 부정설

부정설은 「상법」제403조를 엄격하게 해석하여 「상법」에 법정되어 있는 주주 대표소송의 제소자격을 해석에 의해 확장하는 것은 그 필요성과 이론상의 타당성이 충분히 있다고 하더라도 이는 법해석의 한계를 벗어나는 것으로 이를 부정한다는 견해이다.[754]

또한 이중대표소송의 허용은 회사의 독립적인 법인격을 전제로 한 현행 「상법」의 구조를 깨뜨리며 지배회사의 이사에 대한 주주대표소송만으로도 종속회사에 대한 감사목적을 충분히 달성할 수 있기 때문에 이중대표소송을 인정할 수 없다는 견해가 있다.[755]

학설은 위에서 본바와 같이 긍정설과 부정설이 대립하고 있으나, 대체로 이중대표소송을 부정하고 있다. 이에 입법론적으로 해결해야 한다는 견해도 있다.[756]

③ 소결

판례를 살펴보면 서울고등법원은 "종속회사 이사의 부정행위로 인한 지배회사의 간접적인 손해액을 평가하기 어렵고, 주식을 여러 회사가 소유할 경우 각 지배회사 마다 소를 제기하는 결과가 초래되며, 이중대표소송을 허용하지 않으면 지배회사와 종속회사의 경영진이 종속회사를 통해 부정행위를 함으로써 책임을 회피하는 수단으로 이용 가능하므로 「상법」에서도 대표소송을 제기할 수 있는 주주의 개념에 '회사인 주주의 주주'를 포함 하여 이중대표소송을 인정한다."라고 판시하여 이중대표소송의 적법성을 인정하였다.[757]

그러나 상고심인 대법원은 "어느 한 회사가 다른 회사의 주식의 전부나 대부분을 소유하여 양자 간에 지배종속관계에 있고 종속회사가 그 이사 등의 부정행위에 의하여 손해를 입었다고 하더라도, 지배회사와 종속회사는 「상법」상 별개의 법인격을 가진 회사이고, 대표소송의 제소자격은 「상법」상 책임추궁을 당하여야 하는 이사가 속한 당해 회사의 주주로 한정되어 있으므로, 종속회사의 주주가 아닌 지배회사의 주주는 「상법」제403조, 제415조에 의하여 종속회사의 이사 등에

753) 김대연, 「지배·종속회사에서의 대표소송」, 상사법연구 제19권 제2호, 2000., 447면.
754) 이철송, 전게서, 박영사, 2014., 796면, 권재열, 전게논문, 비교사법 제11권 제2호, 2004., 443면.
755) 최성근, 「지주회사의 해금과 상법관련 제도에 관한 연구」, 한국법제연구원, 1998., 55 및 66면
756) 김상규, 전게논문, 법학논집 제25권 제3호, 한양대학교 법학연구소, 2008., 182면
757) 서울고등법원 2004.9.23. 선고 2002나13746 판결,

대하여 책임추궁을 하는 이른바 이중대표소송을 제기할 수 없다."라고 하면서 원심판결을 파기하고 소를 각하하였다.[758]

나. 피고적격

(1) 이사

「상법」상 주주대표소송은 이사의 위법행위에 대한 책임을 추궁하는 소송이므로 주주대표소송의 피고는 부정한 행위를 한 이사이다(「상법」제403조). 이사로 재직하였다가 퇴직한 자라도 재임 중에 부담한 책임에 관하여는 퇴임 후라도 그 추궁에 관하여 주주대표소송이 인정된다.[759]

주주대표소송에 의하여 책임을 부담해야 할 이사에는 사외이사도 포함된다. 왜냐하면 사외이사도 이사이며,「상법」상 이사제도는 사외이사와 사내이사제도를 구분하지 아니 하므로 이사의 책임문제에 있어서도 사외이사와 사내이사를 구분하여 책임의 원인이나 기준에 차별이 있을 수 없기 때문이다.[760]

(2) 이사에 준하는 자

주주대표소송은 이사 이외에도 법률의 규정에 의하여 발기인(「상법」제324조), 감사(「상법」재415조), 청산인(「상법」제542조), 불공정한 가액으로 주식을 인수한 자 (「상법」제424조의 2), 회사로부터 이익공여를 받은 자(「상법」제424조의2)의 책임을 추궁하는 소에도 준용되므로 이들도 피고가 된다.

또한 「상법」은 이사가 아니면서 명예회장, 사장, 부사장, 기획조정실장, 전무, 상무 기타 회사의 업무를 집행할 권한이 있는 것으로 인정할 만한 명칭을 사용하여 회사의 업무를 집행한 자는 그 지시하거나 집행한 업무에 관하여 「상법」 제399조, 제401조 및 제403조의 적용에 있어서 이를 이사로 본다는 규정을 신설하여 업무집행지시자 등을 대표소송의 피고로 할 수 있게 하였다.[761]

(3) 회사

주주대표소송은 회사의 권리에 기하여 회사를 위하여 제기되고 소송으로 인한 모든 이익은 회사에 귀속되므로 회사는 실질상 원고와 같은 지위에 있다. 뿐만 아니라 「상법」은 회사를 피고로 하는 것을 요구하지 않고 단순히 소송에 참가할 수 있다고 규정하고 있을 뿐이다(「상법」제404조 제1항).

---

758) 대법원 2004.9.23. 선고 2003다49221 판결.
759) 이철송, 전게서, 박영사, 20014., 797면
760) 이철송, 「이사의 경영책임과 주주의 소송-문제점과 대책을 중심으로-」, 상장 제287호, 1998., 14면
761) 정찬형, 젠게서, 박영사, 2014., 1,023면. 「상법」재401조의2 제1항 제3호

2. 주주대표소송의 제소요건

가. 이사의 책임

「상법」제403조에서는 이사의 책임을 추궁하는 주주대표소송에 관하여 단순히 "이사의 책임"이라고만 규정하고 있으므로, 주주대표소송에 의하여 추궁할 수 있는 책임의 범위에 관하여, 회사와 이사 간의 모든 거래상의 채무이행을 책임의 범위 내에 포함시켜야 하는지의 여부와 그 책임은 이사의 지위에 있는 동안에 발생한 책임에 한정하여 할 것인지의 여부에 대하여 견해의 대립이 있다.

(1) 이사의 책임의 내용적 범위

「상법」제399조의 손해배상책임과 제428조의 자본충실책임이 포함된다는 점에는 견해의 대립이 없지만,[762] 그 밖에 이사가 회사에 대해서 부담하는 채무, 즉 이사가 회사에 대해서 부담하는 차용금채무와 제3자의 채무까지 모두 포함될 것인가 여부에 대해서는 학설의 대립이 있다.[763]

(가) 전면책임설

전면책임설은 주주대표소송은 이사가 회사에 대하여 부담하는 모든 채무, 즉 널리 회사와 이사 간의 거래상의 채무이행의 청구에 대해서까지 주주대표소송을 제기할 수 있다고 보는 견해로서 통설이다.[764] 그 논거는 다음과 같다.

첫째, 주주대표소송이 인정되는 주된 이유는 회사와 이사 간의 특수한 관계로 인하여 제소를 해태할 가능성이 있기 때문이다. 이러한 가능성은 이사가 회사에 부담하는 채무에 대해서도 마찬가지로 존재하므로 이 경우에도 주주대표소송의 대상이 되어야 한다.[765]

둘째, 회사로부터 금전대부를 받은 이사가 변제를 해태한 경우를 생각해 볼 때, 회사를 대표하여 변제능력이 없는 타인에게 금전대부를 한 대표이사와 그 대부에 찬성한 이사들은 미변제액의 변제책임에 대해서 주주대표소송이 인정되는 데 반하여(「상법」제399조제2항) 당해 이사는 소비대차상의 변제책임 만을 부담할 뿐 주주대표소송이 인정되지 않게 된다. 그러나 형평적인 면으로 볼 때 대부를 받은 이사의 변제책임에 대하여는 주주대표 소송이 인정되어야 한다고 본다.[766]

---

762) 정동윤, 전게서, 법문사, 2001., 467면.
763) 강희갑, 「상법상 주주의 대표소송」, 도암 김교창 변호사 회갑기념 논문집 -기업과 법-, 사법행정학회, 1997., 332면.
764) 손주찬, 「상법상 제15보정판」, 박영사, 2004., 821면, 이철송, 전게서, 794면, 정동윤, 전게서, 467면, 정찬형, 전게서, 1021면, 최기원, 전게서, 720면, 최준선, 전게서, 518면.
765) 민형기, 전게논문, 재판재료 제38집, 1987., 181면.
766) 유건, 전게논문, 창원대학교 대학원, 2014., 26면

셋째, 이사가 충실의무를 부담한다고 할 경우에는 계약상의 채무불이행은 충실의무의 위반으로서 이사의 책임이 문제되므로 이 경우 주주대표소송을 배제할 이유가 없다.[767]

넷째, 문리적으로 충실하게 해석하여 볼 때, 「상법」제403조는 단지 "이사의 책임"이라고 규정할 뿐 다른 제한을 두고 있지 않아 이사의 모든 채무에 대하여 주주대표소송이 인정된다고 해석할 수 있다.[768]

(나) 한정책임설

한정책임설은 주주대표소송에 의해 추궁당할 수 있는 이사의 책임은 「상법」제399조의 손해배상책임과 「상법」제428조의 자본충실책임에 한정되고, 회사와 이사 간의 거래상의 채무이행의 청구는 이에 포함되지 않는다는 견해이다.[769] 그 논거는 다음과 같다.

첫째, 「상법」제403조 제3항에 따르면 회사는 제소여부의 결정에 관하여 아무런 재량권이 인정되지 않기때문에 이사의 모든채무에 대하여 주주대표소송을 인정하는 것이 불리하다. 따라서 책임면제가 곤란한 이사의 회사에 대한 손해배상책임(「상법」제399조, 제400조)과 책임면제가 불가능한 자본충실 책임에 한정하여야 한다.

둘째, 주주대표소송의 입법취지를 제소해태가능성에 둔다면 이사가 이사로서 취임 전에 부담한 책임뿐만 아니라 상속 또는 채무인수와 같은 승계취득에 의한 채무에도 주주대표 소송이 인정되어야 한다.

셋째, 이사가 자기를 위하여 회사로부터 금전을 차용하는 경우와 같은 이사의 제3자의 채무는 「상법」제399조의 책임이나 제428조의 책임에 비해서 발생원인의 중요성이 적기 때문에 이사의 이러한 책임을 제외시킨다고 하더라도 특별한 문제는 발생하지 않는다.

넷째, 전면책임설에 따르는 경우에도 주주대표소송의 본래 목적인 주주의 이익 보호라는 긍정적인 측면보다는 회사를 해하려는 의도로 주주대표소송을 남용할 가능성이 많아 질 수 있다.

다섯째, 주주대표소송의 광범위한 적용은 이사의 업무집행권을 부당하게 침해할 수 있으며 이른바 경영판단의 원칙과 충돌할 위험이 있다.

(다) 검토

생각건대 한정책임설은 남소의 폐해를 방지하는 것에 중점을 두고 있다. 그러나 「상법」에서는 남소방지를 목적으로 주주대표소송을 소수주주권으로 규정하고

---

767) 양석완, 「주주의 대표소송에 관한 연구」, 제주대학교 논문집 제33권, 1991., 140~141면.
768) 박영길, 「주주의 대표소송」, 삼성출판사, 1993., 288면.
769) 강위두, 「회사법 제3판」, 형설출판사, 2002., 588면.

있기 때문에 한정책임설에 의할 경우 주주대표소송이 이중으로 제한되게 된다. 즉, 한정책임설은 주주대표소송의 본래 취지를 중시하기보다는 남소방지에만 치우친 것이라고 볼 수 있다.

그러나 주주대표소송은 원래 이사의 행위로 인한 회사의 손실이 동료 임원의 비호 아래 방치되는 것을 막기 위한 제도로서 책임의 종류에 따라 그 필요성이 달라지는 것은 아니며 또한 이사와 회사간의 특수관계에 따른 제소해태의 가능성은 이러한 경우에 존재하기 때문에 이사가 회사에 대하여 부담하는 일체의 채무가 주주대표소송의 대상이 된다고 보는 전면책임설이 타당하다고 본다.[770]

(2) 이사의 책임의 시간적 범위

주주대표소송에 의해 추궁할 수 있는 이사의 책임은 이사의 지위에 있는 동안 발생한 것에 한정할 것인지 여부에 대하여는 아래와 같이 학설이 대립하고 있다.

(가) 전면책임설

이사로서 재임 중에 부담한 채무에 한정하지 아니하고 이사로서 취임하기 전부터 부담한 채무나 상속 도는 채무인수에 의하여 승계한 채무에 대하여도 주주대표 소송이 인정된다고 보는 견해이다.[771]

(나) 한정책임설

발생원인에 있어서 중요한 면제가 곤란하거나 불가능한 책임에 대해서 주주 대표소송이 인정되며, 특히 이사가 재임 중에 부담한 채무에 한해서만 주주대표소송이 인정된다고 보는 견해이다.[772]

(다) 검토

생각건대 주주대표소송이 인정되는 근본이유가 회사와 이사 간의 특수 관계로 인한 제소해태의 가능성에 있으므로 이사가 되기 전에 부담한 채무와 상속 또는 채무인수에 의하여 취득한 채무에 대해서도 취임 후 이사가 권리행사를 게을리할 수 있고, 또한 이사의 지위에 있는 동안 발생한 채무도 이사가 퇴임 후 권리행사를 게을리 할 수 있으므로 전면책임설로 보는 것이 타당하다고 본다.[773]

---

770) 이철송, 전게서, 박영사, 2014., 794면, 유건, 전게논문, 창원대학교 대학원, 2014., 28면
771) 서헌제, 「상법강의 상 제2판」, 법문사, 2007., 888면, 손주찬, 전게서, 822면, 이철송, 전게서, 795면, 정동윤, 전게논문, 340면, 최기원, 전게서, 720면, 최준선, 전게서, 496면.
772) 정희철·정찬형, 「상법강의 상」, 박영사, 1998., 499면.
773) 이철송, 전게서, 박영사, 2014., 795면, 유건, 전게논문, 창원대학교 대학원, 2014., 28면

나. 제소 청구

(1) 일반 원칙

(가) 서면에 의한 제소청구

발행주식총수의 1% 이상에 해당하는 주식을 가진 주주는 회사에 대하여 이사의 책임을 추궁할 소의 제기를 청구할 수 있다.(「상법」제403조 제1항). 제소청구는 그 이유를 기재한 서면으로 하여야 한다(「상법」제403조 제2항).

이 청구는 주주의 권리인 동시에 주주대표소송의 제소요건이기도 하다. 제소청구는 회사로 하여금 사전에 제소의 필요성을 검토할 기회를 주기위한 제도 이다. 이사에 대한 책임 추궁은 원래 회사의 권리이므로 회사가 그 행사를 게을리할 경우에 한하여 주주대표소송이 인정되어야 할 것이기 때문이다.[774]

(나) 제소 청구서 기재사항

1) "이유"의 내용과 범위

「상법」제403조 제2항의 "이유"는 회사가 제소여부를 판단할 수 있도록 구체적인 내용이어야 한다. 소장의 청구원인에 기재될 정도로 구체적일 필요는 없지만, 막연히 이사의 부정행위가 있다는 등과 같이 기재하는 것은 적법한 제소청구로 볼 수 없다.[775]

2) 구체성의 정도

주주가 제소청구서에 피고가 될 이사의 성명, 그 책임원인을 특정하여 기재하는 것이 바람직하지만, 일반주주로서는 회사내부에서 벌어지는 이사의 구체적인 위법행위를 파악하기 곤란하고, 반면에 제소청구의 취지 자체가 구체적인 사정을 잘 알고 있는 회사로 하여금 제소 여부를 결정할 기회를 주기위한 것이다.

따라서 제소청구서에는 이사의 책임을 추궁할 만한 특정사정이 회사내에 발생하였다는 것만 기재하면 (부정행위를 한 이사를 색출하고 제소하는 것은 회사의 의무) 반드시 해당 이사를 특정하지 못하더라도 무방하다고 보아야 한다.[776]

3) 소송고지에 의한 보완

부실한 내용의 제소청구를 하고 대표소송을 제기하였다고 하여 항상 부적법한 소로서 각하 되는 것은 아니다. 「상법」제404조 제2항은 대표소송을 제기한 주주는 소제기 후 지체 없이 회사에 대하여 소송을 고지하도록 규정하고 있다.

소송고지서에는 피고지자가 공격과 방어를 하는 데 부족함이 없도록 청구의 취지와 원인을 기재하여야 하므로, 제소주주가 부실한 내용으로 제소청구를 하였

---

774) 이철송, 전게서, 박영사, 2014., 795면, 유건, 전게논문, 창원대학교 대학원, 2014., 28~29면
775) 임재연, 전게서, 박영사, 2014., 505면.
776) 임재연, 전게서, 박영사, 2014., 505~506면.

더라도 이와 같이 적법한 방식의 소송고지를 한 경우에는 당초의 제소청구 시에 적법한 제소청구가 있는 것으로 볼 수 있다.[777]

(다) 제소청구의 상대방

1) 이사가 피고인 경우

이사와 회사 간의 소송에서는 감사가 회사를 대표하므로 제소청구는 감사에게 한다(「상법」제394조 제1항). 그리고 감사위원회를 설치한 경우에는 감사위원회가 회사를 대표하므로(「상법」제415조의2 제6항), 감사위원회에 제소청구를 하여야 한다.

감사를 두지 않은 소규모 회사(「상법」제409조 제4항)가 이사에 대하여 또는 이사가 그 회사에 대하여 소를 제기하는 경우에는 회사, 이사 또는 이해관계인은 법원에 회사를 대표할 자를 선임하여 줄 것을 신청하여야 한다.(「상법」제409조 제5항).

퇴임한 이사를 상대로 대표소송을 제기하는 경우에는 회사와 퇴임한 이사 사이의 소에 있어서 양자 간에 이해충돌의 문제가 발생할 소지가 없으므로 일반원칙에 따라 대표이사가 회사를 대표하므로 감사가 아닌 대표이사에게 제소를 청구하여야 한다.[778]

2) 감사 및 그 이외 사람이 피고인 경우[779]

감사를 피고로 하는 경우에는 일반원칙에 따라 대표이사가 회사를 대표하므로 대표 이사에게 제소청구를 하여야 한다. 다만 이사와 감사를 모두 피고로 하는 경우에는 감사와 대표이사 쌍방에게 제소청구를 하여야 한다.

그리고 집행임원이 피고인 경우 이사회는 집행임원과 집행임원설치회사와의 소에서 집행임원설치회사를 대표할 자를 선임할 수 있다(「상법」제408조의 2 제3항 제3호).

(라) 대기 기간

회사가 소수주주로부터 제소청구를 받은 날로부터 30일 내에 소를 제기하지 아니한 때에는 제소청구주주는 즉시 회사를 위하여 소를 제기할 수 있다(「상법」제403조 제3항). 다만, 소멸시효 완성이나 이사의 재산도피 등 30일의 기간이 경과함으로써 회사에 회복할 수 없는 손해가 생길 염려가 있는 때에는 예외적으로 30일의 경과를 기다리지 않고 바로 소를 제기할 수 있다(「상법」제403조 제4항).

회복할 수 없는 손해란 소멸시효 완성 또는 재산 도피 등으로 법률상, 사실상

---

777) 임재연, 전게서, 박영사, 2014., 506면.
778) 임재연, 전게서, 박영사, 2014., 506면. 대법원 2002.3.15. 선고 2000다9086 판결.
779) 임재연, 전게서, 박영사, 2014., 506~507면.

이사에 대한 책임추궁이 불가능하거나 무의미하게 될 염려가 있는 경우를 의미한다.[780] 「상법」 규정의 문언 상으로는 제소의 거부가 아닌 제소의 해태(懈怠)가 소제기의 요건이지만, 회사가 제소청구를 명시적으로 거부한 경우에도 대기 기간의 취지상 30일 경과를 기다리지 않고 바로 소를 제기할 수 있다고 해석하여야 한다.[781]

(마) 하자의 치유

회사에 대해 청구를 하지 아니하고 바로 대표소송을 제기한 경우에는 부적법한 소로서 각하된다. 그러나 회사에 대하여 청구를 하였으나 30일의 경과를 기다리지 아니 하고 대표소송을 제기한 때에는 법원은 위와 같은 특별사유 유무를 심리하고, 그 사정이 없더라도 청구일로부터 30일을 경과 한 때에는 소제기 전의 절차에 관한 하자는 치유되기 때문에 "회사에 청구한 날로부터 30일 내에 한하여" 소를 각하할 수 있다. 또한 소송실무상 사실심 변론종결 전에 하자가 치유되면 적법한 소로 보므로 실제의 소송절차에서 각하되는 경우는 거의 없을 것이다.[782]

대부분의 대표소송에서는 이와 같은 사정으로 대기기간을 준수하지 않더라도 하자가 치유된 것으로 처리될 것이다. 따라서 30일 이 경과하도록 회사가 제소의 사를 표명하지 않는다면 대기기간을 준수하지 않은 하자가 치유된 것으로 처리되므로, 대기기간은 실제로는 무의미하고 「상법」상의 제소청구는 사실상 대표소송의 제기를 회사에 사전통지하는 의미만 있다고 할 수 있다.[783]

(2) 예외 사항

주주가 대표소송을 제기 위해서는 먼저 회사에 제소청구를 하고 30일이 경과되어야 하나. 이러한 원칙에 대하여 「상법」은 특별한 사정이 있는 경우에 주주가 회사에 제소 청구를 하지 않고 바로 소를 제기할 수 있는 예외를 두고 있다.

첫째, 회복할 수 없는 손해의 염려가 있는 경우이다. 30일의 경과로 인하여 회사에 회복할 수 없는 손해가 생길 염려가 있는 경우에는 소의 제기를 청구하지 않고 소수주주는 즉시 대표소송을 제기할 수 있다(「상법」 제403조 제4항). 여기에서 **"회사에 회복할 수 없는 손해가 생길 염려가 있는 경우"**라 함은 예컨대, 이사가 재산을 은익하거나 무자력으로 되거나 회사의 채권이 시효로 소감되거나 이사의 회사에 대한 책임이 해제될 염려가 있는 경우 등을 말한다.[784]

---

780) 임재연, 전게서, 박영사, 2014., 507면. 대법원 2010.4.15. 선고 2009다98058 판결
781) 임재연, 전게서, 박영사, 2014., 507면.
782) 임재연, 전게서, 박영사, 2014., 507~508면. 오세빈, 「주주의 대표소송에 관한 몇가지 문제점」, 민사재판의 제 문제 12권, 한국사법행정학회, 2003., 183면
783) 임재연, 전게서, 박영사, 2014., 508면. 대법원 1979.4.10. 선고 79다262 판결.

둘째, 회사에 대한 제소청구가 무의미한 경우이다. 회사가 이사의 책임을 추궁하는 소를 제기하는 것을 기대할 수 없는 사정이 있는 경우에 제소를 청구하는 것은 무의미 할 뿐만 아니라 시간낭비이므로 이런 경우에는 제소청구 없이 즉시 대표소송을 제기할 수 있을 것이다. **회사의 소제기를 기대할 수 없는 경우**란 예컨대, 과반수의 이사가 문제의 위법행위에 관련이 있는 경우나, 감사가 문제의 위법행위에 가담하였거나 동조한 경우, 이사회에서 이미 문제의 행위를 추인한 경우 등을 들 수 있다.[785]

(3) 감사의 제소여부에 대한 재량여부

주주가 회사에 대하여 제소청구를 하는 경우 그 청구에 관하여 회사를 대표 하는 자는 감사이다.(「상법」제394조 제1항). 회사와 이사사이의 소송에 관하여 감사가 회사를 대표하기 때문에 제소청구의 구체적인 상대방도 감사이다. 다만 감사를 피고로 하는 대표소송의 경우 (「상법」제415조)에는 회사법상의 일반원칙에 따라 대표이사가 회사를 대표하므로 대표이사에게 제소청구를 하여야 한다. 문제는 소수주주의 회사에 대한 제소청구가 있는 경우에 회사는 이사의 책임 사유를 인정하면서도 당해 소송은 회사의 최상의 이익에 반한다고 하여 회사가 재량에 의하여 그 제소를 거부할 수 있는가이다.

「상법」제403조 제1항 및 제3항에 의하면 「--회사에 대하여 이사의 책임을 추궁할 소의 제기를 청구할 수 있다」고 하고, 「회사가 전항의 청구를 받은 날로부터 30일 이내에 소를 제기하지 아니한 때에는 --주주는 즉시 회사를 위하여 소를 제기할 수 있다」라고 규정하고 있다. 법형식상으로는 회사는 소의 제기여부에 대한 결정에 재량권이 없기 때문에 회사는 회사의 이익을 고려함이 없이 기계적으로 결정하여야 하나, 대표소송은 직접적으로 회사의 이익을 위하여 제기하는 것이기 때문에 이와 같이 해석하는 것이 타당한가에 대해 견해가 나누어진다.[786]

(가) 부정설

감사는 「상법」의 해석상 제소여부를 결정할 재량이 없다고 한다.[787]그 논거는 감사가 제소청구를 받은 날로부터 30일 내에 소를 제기하지 않으면 주주는 즉시 회사를 위하여 소를 제기할 수 있다고 규정하고 있을 뿐, 주주가 감사의 제소 여부 결정에 구속되는 것은 아니므로 감사가 회사의 이름으로 제소하지 아니하는

---

784) 강위두, 전게서, 형설출판사, 2002., 590면. 권기범, 「현대회사법론」, 삼지원, 2001., 708면, 민형근, 전게논문, 191면.
785) 이철송, 전게서, 박영사, 2014, 795면.
786) 박영길, 전게논문, 296면.
787) 정동윤, 전게서, 469면.

경우에는 그 이유에 상관없이 주주는 즉시 소송을 제기할 수 있으며, 「상법」에는 대표소송이 이사의 책임을 추궁하는 경우에 제한되어 있는데 이를 다시 감사의 재량에 의하여 제한하는 것은 부당하다고 한다.

(나) 긍정설

「상법」상으로도 감사에게 제소여부를 판단할 재량권이 있다고 한다.[788] 그 논거로는 1984년 개정 「상법」에서 감사가 회사와 이사간의 소송에서 회사를 대표(「상법」제394조)하게 한 것은 업무감독기관(「상법」제412조)으로 소송의 공정성 확보를 위한 것이므로, 감사의 재량에 의하여 그 제소를 거부할 수 있는 것은 주주의 대표소송에 제한을 가하는 면이 일부 있다.

그러나 「상법」해석으로도 대표소송이 본래 회사의 이익을 위하여 존재하는 것이므로 대표소송을 제기하는 것이 회사의 신용을 해칠 우려가 있어 오히려 소를 제기하지 않는 것이 회사의 이익을 위하여 보다 유익한 것으로 판단되는 경우에는 감사의 재량권을 인정해야 한다고 한다.

이 견해에 따르면 감사가 여러 가지 사정을 신중히 고려하여 공정하게 검토한 결과 소를 제기하지 않는 것이 좋다고 판단하여 소를 제기하지 아니하기로 결정하면 주주는 감사가 그 재량을 남용하였음을 입증하지 않는 한 그 결정에 따라 대표소송을 제기할 수 없다고 한다.

(다) 검토

생각건대 주주대표소송에 관하여 현행「상법」제403조 제1항 및 제3항에 의하면 「소수주주가 회사에 대하여 이사의 책임을 추궁할 소의 제기를 청구할 수 있다」고 하고, 「회사가 전항의 청구를 받은 날로부터 30일이내에 소를 제기하지 아니한 때에는 소수주주는 회사를 위하여 소를 제기할 수 있다」라고만 규정하고 있다. 소수주주가 회사에 대하여 제소청구를 하는 경우 그 청구에 관하여 회사를 대표하는 자는 감사이다(「상법」 제394조 제1항 후단). 회사와 이사 사이의 소송에 관하여 감사가 회사를 대표하기 때문에(「상법」제394조 제1항 전단), 제소청구의 구체적 상대방도 결국은 감사이다.

문제는 실무적으로 소수주주의 회사에 대한 제소청구가 있는 경우 감사는 재량에 의하여 그 제소를 거부할 수 있는가 이다. 현행 「상법」에는 감사가 제소청구를 받은 날로부터 30일 이내에 소를 제기하지 않으면 소수주주는 즉시 회사를 위하여 소를 제기할 수 있다고 규정하고 있을 뿐 소수주주의 소제기 요청에 대한 감사의 소제기 의무를 규정한 바 없을 뿐만 아니라 감사가 소제기를 하지 않더라

---

788) 민형기, 「주주의 대표소송」, 회사법상의 제문제(하), 재판자료제38집, 법원행정처, 1987.192~193면.

도 주주는 소제기 청구 후 30일이 지나면 직접 소제기를 할 수 있으므로 주주의 소제기권을 제한하는 것이 아니므로 감사의 제소여부에 대한 재량권을 인정하는 데 에는 아무런 문제가 없다고 본다.

다만 이사의 위법사항 및 비위행위 등에 대한 소수주주의 소제기 요청을 받은 감사가 조금만 주의를 기우려도 소수주주가 언급한 위법사항이나 임원의 비위 행위를 확인하고, 회사의 손해 발생을 알 수 있었음에도 선량한 관리자 주의의무를 현저히 해태하여 소제기를 하지 않은 경우라면 추후 감사의 손해발생 책임이 인정될 위험은 있다고 생각된다.

따라서 소수주주의 이사의 위법사항 및 비위행위 등에 대한 소수주주의 소제기 요청이 있는 경우 감사의 실제 소제기 여부는 소수주주가 언급한 이사의 위법 사항 및 비위행위 등에 관한 구체적 내용 등을 감안하여 감사가 선량한 관리자 로서 재량으로 결정할 문제일 뿐 법령에 의하여 소제기가 강제되지는 않는 다고 본다.[789]

참고 ▶▶▶ 소수주주의 소제기요청에 대한 감사의 소제기 거부 사례
① 한보철강주식회사 : 대법원 2002. 3. 15. 선고 2000다9086 판결.
② 대동은행 : 대법원 2002. 7. 12. 선고 2001다2617 판결.
③ 광주신세계 : 대법원 2013. 9. 12. 선고 2011다57869 판결.
④ ○○○○항공 : 2014. 1. 28. 서울남부지방법원. 제1심 및 제2심 패소.
⑤ ○○증권 : 2016. 9. 6. 서울남부지방법원.

3. 주주대표소송의 소송절차

가. 관 할

주주대표소송은 회사 본점 소재지의 지방법원의 관할에 전속한다(「상법」제403조 제7항, 제186조). 전속 관할을 정한 목적은 소수주주가 제기하는 대표소송에서 원고이외의 자, 즉 회사 또는 다른 주주가 공동소송인으로서 참가하는 것(「상법」제404조 제1항)을 용이하게 하기 위함이다.[790]

전속 관할이지만 소는 주주가 대신 대신할 뿐이므로 소의 성질은 형성의 소로 변하는 것이 아니라 회사가 이사에 대해 제기할 수 있는 이행의 소로 본다. 한편 사물관할을 결정하기 위한 소송물 가액의 산정은 원고주주에게 귀속되는 이익이 아니라 회사의 이익을 기준으로 하여야 한다.[791]

---

789) 남기정·김동훈·윤현준, 「주주대표소송」, 2014., 20면.
790) 오성근, 「주주대표소송에 관한 소고-상법과 영국회사법제와의 비교를 중심으로」, 상사법연구 제29권 제2호, 한국상사법학회, 2010., 266면.

나. 담보 제공
(1) 의 의

주주가 주주대표소송을 제기한 경우에 피고이사는 원고주주의 소의 제기가 악의임을 소명하여 상당한 담보의 제공을 법원에 청구할 수 있다(「상법」제403조 제7항, 제176조 제3항 및 제4항).

주주대표소송의 남용 내지 위협소송을 방지하는 목적으로서의 몇 가지 장치 중 하나인 담보제공 신청제도는 제소된 피고에게 인정된 방어방법으로는 유일한 제도라고 할 수 있다. 일단 소가 제기되면 법원이 대표소송에서 그 책임 유무를 판단하는 데는 통상 오랜 시간이 소요되고 그 사이에 제소된 이사는 피고의 처지에서 회사를 경영하기 때문에 확정 판결이 날 때까지 겪는 시간적·경제적· 재산적 부담이 막대하다.

또한 회사의 경영자가 위법행위자로 몰려 회사의 명예가 크게 훼손되는 경우도 발생하게 되는데 이는 피고회사에게 책임있는 경우에는 불가피한 것이지만, 만일 책임이 없는 경우라고 한다면 매우 가혹한 일이다. 이러한 입장에서 피고를 구제할 수 있는 수단이 바로 담보제공 신청제도이다.[792)

(2) 악의의 소명과 방법
(가) 악의의 소명

피고이사가 원고주주에 대하여 담보제공을 신청하기 위해서는 원고 주주의 "악의"의 소명을 하여야 하는데, 그 "악의"의 의미를 어떻게 해석하여야 할 것인지에 관하여 학설이 대립되어 있다.

① 악의설

주주대표소송에 있어서 담보제공의 규정은 회사의 황폐화를 방지할 목적을 가지지만 직접적으로는 피고이사가 원고주주에 대하여 가질 수 있는 손해 배상청구권을 담보로 하는 것이므로 악의란 원고가 대표소송의 피고인 이사를 해하는 것을 알고 있는 것을 가리킨다 거나 혹은 원고가 단순히 주관적 으로 청구의 요건을 흠결하고 있는 것을 아는 것만으로는 부족하다고 한다. 그러나 원고가 피고인 이사를 해할 의사를 가질 필요는 없고 단지 원고가 이사를 해한다는 것을 알고 있으면 충분하다고 해석하고 있다.[793)

---

791) 이철송, 전게서, 박영사, 2014., 797면
792) 이태종, 전게논문, 200면.
793) 정동윤, 전게서, 469면, 강위두, 전게서, 591면, 이철송, 전게서, 799면.

② 해의설

해의설은 가해의도설이라고도 하며, 원고주주가 단순히 피고를 해하는 것을 알고 있다는 것만으로는 부족하고 부당하게 피고를 해할 의사를 가지고 있는 것을 요한다고 해석한다. 주주에 의한 대표소송의 남용은 엄격한 제소요건에 의하여 상당한 정도로 억제할 수 있을 것이므로 피고이사가 담보제공 신청을 하는데 있어서도 엄격하게 원고주주에게 가해 의사가 있는 경우에만 허용한다고 해석하고 있다.[794]

③ 검토

생각건대, 담보제공이라는 제도를 둔 목적은 원고주주의 위협소송과 착취소송을 방지하고, 장래에 발생할 수 있는 손해에 대하여 미리 담보하여 둔다는 의미가 있지만 담보제공의 입법취지에 대하여 일반적으로 남소를 방지 하여 회사를 보호하기 위한 것으로 이해하고 있다.[795]

따라서 원고주주가 피고이사를 해한다는 것을 알고 있으면서도 피고이사를 위협 내지 착취하기 위하여 주주대표소송을 제기하는 소수주주의 남소를 방지하고 회사를 보호하기 위해서는 원고주주가 피고인 이사를 해할 의사를 가질 필요는 없고 단지 원고주주가 피고 이사를 해한다는 것을 알고 있는 것만으로도 충분하다는 악의설이 타당하다고 본다.

(나) 악의의 소명 방법

원고주주의 악의에 의한 제소임을 소명할 때에는 직접 소명이 바람직하나 이는 실무적으로 어려움이 많고, 불가능한 경우도 있으며 간접사실을 나열하는 간접 소명에 의하여 일반적으로 소명이 이루어진다.

① 해의설

원고주주에게 가해의사가 있었음을 소명해야 하는 경우에는 원고와 회사 혹은 피고 이사 사이의 그때까지의 관계나 경위 그리고 원고의 속성이 소명의 중시대상이 된다. 예를 들어 원고주주가 개인적인 불만 등에 의하여 제소한 경우에는 그 불만 원인이 된 사정을 설명하고, 원고가 총회꾼으로 항상 그러한 행위를 하고 있는 경우에는 타 회사에서도 그러한 행위를 한 적이 있었는지, 회사에 금품을 요구하였는지, 기타 회사나 이사 등과 접촉하여 온 경위 등을 설명하면 된다. 원고의 가해의사에 관하여 그 주관적 의사를 직접 소명하는 것은 힘든 경우가 많으므로, 이처럼 간접사실을 나열하는 방법으로 소명이 이루어진다.[796]

---

794) 이태종, 전게논문, 203면.
795) 김영곤, 「주주의 대표소송에 관한 소고」, 한국기업법학회 기업법연구, 2002., 25면.
796) 이태종, 전게논문, 206면.

② 악의설

악의설에 의하면 그 소명이 생각보다 쉽지 않다. 우선 객관적으로 '이사에게 책임이 없었음'을 소명하고, 다음에 '이러한 사실을 원고가 알고 있었음'을 소명하여야 할 것이다. 먼저 '이사에게 책임이 없었음'에 대하여는 주주 대표소송에서 이사의 경영판단의 시비에 관한 질문이 통상인데, 사실관계가 복잡하여 여러가지 상황을 종합적으로 고려해 경영판단을 하는 경우가 많다.

'이사에게 책임이 없었음'을 소명하였다해도 '원고가 이사에게 책임이 없음을 알고 있었음'을 소명해야 하는데 이것은 소송에 이른 경위 등의 간접사실을 소명하는 방법 밖에는 없을 것이다. 특별히 유형화 된 것이 없기 때문에 구체적인 경우에 따라서 소명하여야 한다. 결국 객관적인 사실에 의하여 원고가 이를 알았을 것이라고 인정되면 소명된 것이라고 보아야 한다.[797)

(3) 담보 금액

담보금액의 결정은 원고 주주의 악의의 의미를 어떻게 해석할 것인가와 함께 담보제공제도의 적정한 운용에 있어서 매우 중요한 요소가 된다. 만약 주주가 공탁할 금액이 너무 고액으로 결정되는 경우에는 원고주주가 본안소송에서 다투어 보지도 못하고 대표소송 수행자체를 포기할 가능성이 많다. 이에 반하여 담보금액이 너무 과소한 경우에는 원고 주주에 대한 부담이 적어 대표소송의 남용을 억제하는 역할을 수행하기 어렵게 된다.

따라서 법원이 담보가액을 결정함에 있어서는 주주의 대표소송권이 제한되지 않도록 적정한 금액으로 결정해야 한다. 피고이사의 담보제공 청구가 인정될 경우 어느 정도로 할 것인가는 법원의 재량으로 결정한다. 법원이 원고주주에게 담보제공을 명할 경우에 담보액과 그 산출근거를 어디에 두는가는 동제도의 입법취지가 무엇인가에 따라 달라진다.

담보제공제도의 입법취지가 피고이사의 손해배상청구권을 담보하기 위한 것으로 해석하면 원고주주의 부당소송으로 인하여 피고이사가 받게 될 모든 손해가 피담보채권이된다.[798) 담보액에는 피고가 방어활동을 함에 있어 필요한 비용, 즉 변호사 비용을 포함한 모든 소송비용이 이에 포함된다고 보아야 한다.[799)

이에 대하여 담보제공제도의 입법취지를 대표소송의 남용을 억제하기 위한 것으로 해석하면, 피고의 손해 이외에도 부당소송으로 될 개연성의 정도, 악의의 태

---

797) 차종선, 「주주대표소송제도의 개선방안에 관한 연구」, 전북대학교대학원, 2000., 103면.
798) 대법원 1963.2.28. 선고 63마2 판결, 김인환, 전게논문, 2007., 151면.
799) 김인환, 전게논문, 2007., 151면.

양 및 정도, 악의가 인정된 청구가 그 소송 전체 중에서 차지하는 위치, 책임이 추궁되고 있는 피고의 수 등 그 소제기에 관한 모든 사정을 종합적으로 고려한 후에 법원이 재량으로 그 담보액을 결정한다.[800]

그러나 후자는 단순히 대표소송의 남용방지라는 입법취지에 맞추어 담보액을 너무 고액으로 결정할 가능성이 있으므로 담보액은 이사의 손해배상청구권을 담보하기 위한 기준으로 정하는 것이 바람직하다는 견해도 있으나,[801] 원고주주는 이미 피고이사에게 손해를 발생시키면서 주주대표소송을 제기하였고, 피고 측에서 악의를 소명한 이상 그 담보금액이 많다는 이유만으로 원고가 부담할 위험을 피고 측에 전가할 수는 없다고 본다.

그리고 악의의 소송으로 인정된 원고주주에게 과다한 담보금액을 요구하는 것은 부당한 것이 아니며, 또한 실무에서는 대부분 지급보증위탁계약을 체결한 문서를 담보로 제출하는 방법을 이용하고 있으므로 원고주주는 비교적 저렴한 비용으로써 이 문제를 해결할 수 있어서 실질적으로 큰 부담이 되는 것은 아니라고 한다.[802] 따라서 악의의 대표소송 남용을 억제하기 위해서라도 후자의 견해로 해석하는 것이 타당 하다고 본다.

원고주주가 악의로 인정되어 담보제공명령이 내려지면 소정의 기간 내에 담보제공을 하여야 하며, 그 기간 내에 담보를 제공하지 않으면 본안소송은 각하 된다.(「민소법」 제117조, 제124조). 담보제공명령이 행하여진 경우는 일단 원고의 악의가 소명된 것이 므로 원고주주의 입장에서는 승소의 가능성이 적으므로 담보를 제공하지 않고 그대로 소가 각하되도록 하거나 소를 미리 취하할 수 있다.[803]

다. 소송 고지와 소송 참가

(1) 소송 고지

(가) 의 의

주주대표소송을 제기한 소수주주는 소를 제기한 후 지체 없이 회사에 대하여 소송의 고지를 하여야 한다.(「상법」제404조 제2항). 일반적으로 소송의 고지는 자유이나 주주 대표소송에서는 주주의 법률상 의무이다.

이 소송고지에 의하여 회사는 소수주주가 주주대표소송을 제기하였다는 것을 알게되고 소송에 참가할 수 있는 기회를 보장받게 하여 공정성을 확보할 수 있으며,

---

800) 강대섭, 「대표소송의 제소가격과 담보제공-대표소송 활성화를 위한 제언」, 안암법학 제4집, 1996., 674면. 김인환, 전게논문, 2007., 151면
801) 김인환, 전게논문, 경북대학교대학원, 2007., 151면,
802) 법원행정처, 「전정증보판 법원실무제요 민사(상)」, 1996., 469면, 이태종, 전게논문, 각주635 인용.
803) 김대연, 전게논문, 390면, 이태종, 전게논문, 각주 636 인용.

그 효력은 회사뿐만 아니라 모든 주주에게 미친다고 할 것이다.[804] 소수 주주가 소송고지를 하지 아니한 경우 주주는 회사에 대하여 손해배상책임을 진다.[805]

(나) 소송고지의 시기와 강제성

「민소법」상 소송고지는 소송이 계속된 때, 즉 소장이 피고에게 송달된 때 할 수 있지만(「민소법」제84조), 「상법」제404조 제2항은 대표소송을 제기하는 주주는 소 제기 후 지체 없이 소송고지를 하여야 한다고 규정하고 있다.

따라서 대표소송의 소송고지는 「민소법」상 소송고지에 비하여 빠른 시기에 하여야 하고, 일반소송과 같이 임의적으로 하는 것이 아니라 법률에 의하여 의무적으로 고지를 하여야 한다는 점에서 다르다.[806]

그리고 불고지의 경우 판결의 효력에는 영향이 없다는 견해도 있으나,[807] 회사가 실제 당사자라는 점을 생각한다면 판결의 효력이 회사에 미치지 않는다고 보아야 한다.[808] 판례는 채권자대위소송에서 고지 등에 의해 채무자가 소송계속의 사실을 알게 하지 않는 한 채무자에게 판결의 효력이 미치지 않는다고 한다.[809]

(다) 소송고지의 방법

소송고지는 그 이유와 소송 진행 정도를 적은 서면을 법원에 제출하고, 법원이 이를 피고지자에게 송달한다.(「민소법」제85조). 고지의 이유에는 피고지자가 공격, 방어를 하는데 부족함이 없도록 청구의 취지와 원인을 기재하여야 한다.[810]

(2) 소송 참가
(가) 의 의

소송참가란 타인 간의 소송계속 중에 제3자가 자기의 법률상 지위를 보호하기 위하여 그 소송에 개입함으로써 일방 당사자의 승소를 보조하거나 또는 스스로 당사자가 되어 종래의 당사자에 대하여 자기의 청구를 내세우며 소송 수행을 하는 것을 뜻한다.[811]

주주대표소송에 있어서 일단 소수주주가 회사를 위하여 대표소송을 제기한 경우에는 회사로서는 다시 소송을 제기할 수 없고, 또 그 소송을 제기한 주주 또한 회사 운영에 대한 정보의 부족이나 회사의 경리관계 등의 장부서류 열람의 곤란

---

804) 이철송, 전게서, 박영사, 2014., 797면, 정동윤, 전게서, 법문사, 2001., 469면.
805) 이철송, 전게서, 박영사, 2014., 797면. 임재연, 전게서Ⅱ, 박영사, 511~512면.
806) 임재연, 전게서Ⅱ, 박영사, 511~512면.
807) 방순원, 「민사소송법(상)」, 163면, 송상현, 「민사소송법개론(상)」, 167면.
808) 이시윤, 「신민사소송법」, 647면.
809) 대법원. 1975. 5. 13. 선고. 74다1664 판결.
810) 임재연, 전게서Ⅱ, 박영사, 512면
811) 이시윤, 「신민사소송법 제8판」, 박영사, 2014., 769~770면.

등으로 반드시 적정한 소송 수행을 할 수 있으리라는 기대를 하기 어려울 뿐만 아니라 공모소송의 우려를 배제할 수 없으므로 이러한 폐해를 방지하기 위하여 「상법」은 주주가 대표소송을 제기하는 경우 회사는 원고주주를 위하여 소송에 참가할 수 있도록 규정하였다(제401조 제1항).[812]

또한 회사가 스스로 이사의 책임을 추구하는 소송을 제기한 경우에도 공모소송의 폐해는 존재하므로 명문 규정은 없지만 주주는 이 소송에 참가할 수 있다.[813] 그러나 이에 대하여 부당한 소송의 지연과 법원 부담의 가중, 그리고 재심의 소에 의한 별소의 구제수단이 있음을 이유로 이를 부정하는 견해도 있다.[814]

(나) 회사의 원고 측에의 참가 형태

회사가 주주대표소송에 참가하는 경우 어떠한 형태로 소송에 참가할 것인가에 대하여 학설의 대립이 있다.

① 공동소송적 보조참가설

주주대표소송에서는 소송주체인 주주가 받는 판결의 효력이 권리귀속 주체인 회사에 미치는 관계로, 주주가 대표소송을 제기한 후 회사가 따로 소송을 제기하는 것은 중복제소에 해당하므로 회사는 당사자로서는 참가할 수 없고 공동소송적 보조참가(「민소법」제78조 이하) 만 허용된다고 한다.[815]

② 공동소송적 당사자참가설

공동소송적 당사자참가설은 회사가 참가하면서 주장하는 권리와 원고주주가 주장하는 권리가 동일하다는 점, 주주대표소송의 판결 효력은 원고주주의 승패와 관계없이 회사에 확장되므로 강력한 소송상의 지위를 인정할 필요가 있다는 점 등을 근거로 한다.

따라서 주주대표소송에 참여하는 회사는 소송의 효과가 귀속되는 사실상의 권리주체 이므로 단순히 원고주주와 피고이사 사이의 통모에 의한 소송을 방지하는 데 그치지 않고 청구취지를 확장하는 등의 독자적인 소송수행이 필요하기 때문에 주된 당사자로서의 소송 수행권이 부여되어야하고, 독자적인 당사자적격과 소송수행이 허용되는 공동소송참가 (「민소법」제83조)로 취급해야 한다고 한다.[816]

③ 독립 당사자참가설

한편 회사가 소송에 참가하는 것은 원고주주의 부적절한 소송수행을 돕기 위한

812) 민형기, 「주주의 대표소송-회사법의 제문제-」, 재판자료 제38집, 법원행정처,1987., 195면.
813) 양석완, 「주주의 대표소송에 관한 연구」, 제주대논문집 제33집, 1991., 149면.
814) 양수지, 「주주대표소송에 관한ㅁ 연구」, 연세대학교 대학원, 1997.7., 111면.
815) 오성근, 「주주대표소소에 관한 소고-상법과 영국의 회사법제의 비교를 중심으로-」, 상사법연구 제29권 제2호, 한국상사법학회, 2010.,770면.
816) 김상균, 「공동소송적 보조참가에 관한 고찰」, 법조 제53권 제3호(통권 570호), 법조협회, 2004., 94면, 이철송, 전게서, 박영사, 2014., 798면, 정동윤, 전게서, 법문사, 2001., 469면.

경우도 있지만 원고주주와 피고 이사 간의 담합소송을 방지하기 위한 경우도 있는바, 이처럼 회사와 원고주주의 이해가 대립하여 회사가 원고의 소송수행을 감시·견제하기 위하여 소송참가를 하는 경우에는 공동소송참가가 아닌 독립당사자참가라 해야 한다고 한다.

즉, 독립 당사자참가설은 일방당사자(원고주주)를 승소시키기 위한 것이라기보다는 원고주주, 피고이사, 이사와 회사 간의 이해대립 관계를 소송에 반영하여 분쟁의 실체에 따른 적절한 분쟁해결을 제공한다는 견해이다.[817]

판례는 주주대표소송에 있어 원고주주가 제대로 소송수행을 하지 못하거나 혹은 상대방이 된 이사와 결탁함으로써 회사의 권리 보호에 미흡하여 회사의 이익이 침해될 염려가 있는 경우 그 판결의 효력을 받는 권리귀속의 주체인 회사가 이를 막거나 자신의 권리를 보호하기 위하여 소송수행권한을 가진 정당한 당사자로서 그 소송에 참가할 필요가 있다.

또한 회사가 대표소송의 당사자로서 참가하는 경우 소송경제가 도모될 뿐만 아니라 판결의 모순, 저촉을 유발할 가능성도 없다는 사정과, 「상법」 제404조 제1항에서 특별히 참가에 관한 규정을 두어 주주의 대표소송의 특성을 살려 회사의 권익을 보호하려 한 입법취지를 함께 고려할 때 회사의 대표소송참가는 공동소송적 당사자참가를 의미한다는 입장을 취하고 있다.[818]

(다) 회사의 피고 측에의 참가 여부

주주대표소송은 형식적으로는 주주가 회사의 권리를 대신 행사하는 것이지만 실질적 으로는 회사 경영진의 결정에 대한 주주의 공격이라고 할 수 있다. 따라서 이사에 대한 제소여부를 거부한 회사로서는 한 걸음 더 나아가 피고의 지위에 놓인 이사의 방어행사를 돕고 싶어 할 수도 있다. 회사가 이사를 돕는 방법 중에서 가장 적극적인 것은 피고이사를 위하여 보조참가를 하는 것이다.[819]

따라서 회사가 피고인이사를 위하여 소송에 보조 참가를 할 수 있는가에 대해서는 부정설과 긍정설로 견해의 대립이 있다.

① 부정설

주주대표소송의 소송물은 피고인 이사에 대한 손해배상청구권이고, 회사는 피고가 패소하면 이익을 얻게 되므로, 회사가 스스로 권리가 없다는 전제하에 피고 측에 가담하는 것은 논리 모순이라는 것이다.[820]

---

817) 피정현, 「주주대표소송에서의 회사의 소송참가」, 원광법학 제25권 제1호, 원광대학교 법학연구소, 2009., 241면.
818) 대법원. 2002.3.15. 선고. 2000다9086 판결.
819) 김건식, 「주주대표소송의 활성화와 관련된 몇 가지 문제점-일본의 경험을 참고로 하여-」 법학 제37권 제2호, 서울대학교법학연구소, 1996., 184~188면.

② 긍정설

주주대표소송이 대위소송인 측면보다는 주주전체의 권리를 행사한다는 대표소송적인 측면이 강하기 때문에 회사가 자신의 권리를 행사하는 소송의 기각을 요구하는 것이 모순이 아니고, 보조참가를 통하여 경영진의 위축과 이미지 훼손을 막을 수 있고 회사의 의사결정의 적법성을 판단 받는 면에서 보조참가의 이익이 있고 회사가 소송자료를 제출함으로써 충실한 심리가 이루어 질 수 있다고 한다.[821]

일반적으로 회사가 이사 측에 보조참가를 할 필요를 느끼는 경우는 원고 주주의 주장이 이유가 없는 경우이거나 이사의 책임은 인정되지만 소송으로 인한 회사의 이미지 훼손이나 경영진의 사기저하를 고려할 때 소송이 사회 이익에 반하는 경우를 들 수 있다.

그러나 전자의 경우 원고주주의 주장이 이유가 있는지 여부는 법원의 판결에서 확정 되기 전에는 반드시 명확하지 않음에도 소송의 진행단계에서 회사 측의 보조참가를 인정하는 것은 문제가 있고, 후자의 경우에도 「상법」이 회사 측이 주주대표소송에 대한 중립성유지가 어려울 것으로 판단하여 소송저지권을 인정하지 않으면서 피고 측에 보조참가함으로써 피고를 돕는 것을 인정하는 것은 모순이라도 생각된다.[822]

그리고 회사로 하여금 피고 이사 측에 보조참가를 하도록 하면 피고 측에게 유리한 소송자료, 증거자료만을 법원에 제출할 우려도 없지 않다. 따라서 부정설이 주주대표소송의 성질상 타당하다고 본다.[823]

(라) 다른 주주의 소송 참가 여부

「상법」상 주주대표소송에 참가할 수 있는 자로는 회사만을 규정하고 있기 때문에(「상법」제404조 제1항), 원고주주 이외의 다른 주주의 소송참가에 대하여는 규정하고 있지 않으므로 회사 이외의 다른 주주도 대표소송에 참가할 수 있는지에 대하여 견해의 대립이 있다.

① 부정설

「상법」상 주주의 소송참가에 관한 명문규정이 없으므로 이를 부정하여야 한다는 견해이다.[824] 이 견해에 의하면 많은 주주가 대표소송에 참가하게 되면 부당

---

820) 서헌제, 「상법강의(상) 제2판」, 법문사, 2007., 865면, 권순옥, 「주주대표소송에서의 회사의 절차법상의 지위」, 사회과학연구 제7집, 광주대학교사회과학연구소, 1997., 182면.
821) 이태종, 전게논문, 212면.
822) 김건식, 전게논문, 188면.
823) 이태종, 전게논문, 214~215면.
824) 손주찬, 「상법 (상) 제15판 정판」, 박영사, 2004., 823면, 정찬형, 「상법강의(상) 제17판」, 박영사, 2014., 1024면..

하게 소송을 지연시키거나 법원의 부담을 가중시킬 염려가 있기 때문에 「상법」의 규정에 충실하여 회사만이 소송참가를 할 수 있다고 해석하고 있다.

또한 원고 이외의 다른 주주에게 대표소송에 참가할 수 있는 기회를 주지 않더라도 재심의 소에 의한 구제방법이 주어지므로 별 문제가 되지 않는다는 점 등을 들어 다른 주주의 대표소송에의 참가를 허용하지 않는다고 한다.[825]

② 긍정설

다른 주주의 소송참가도 가능하다고 보는 견해이다.[826] 이 견해에서 회사는 본래 피고 이사들의 책임추궁소송을 회피하여 온 것이므로 당사자 共謀에 의한 소송의 폐해를 배제하지 못하므로 「상법」등에서 명문상의 규정은 없지만 다른 주주에게도 소송참가를 인정 하여야 한다고 한다.[827]

③ 절충설

참가형태에 관하여 원래 대표소송을 제기할 수 있었던 주주는 공동소송 참가를 할 수 있지만, 그러한 자격을 갖추지 아니한 주주는 공동소송적 보조참가만을 할 수 있다고 보는 견해도 있다.[828] 이 견해에 의하면 소송에 참가한 다른 주주들이 대표소송 제기에 필요한 충분한 제소 지분을 보유하거나 또는 원고 주주 보다 많은 지분을 보유하고 있는 경우에는, 해당 주주의 소송참가를 공동소송참가로 보고 원고 주주들이 당사자 적격을 상실한 경우에도 소송을 계속 유지시키는 것이 타당하기 때문이다.[829]

생각건대 「상법」제404조 제1항은 회사의 소송참가만을 규정하고 있기 때문에, 다른 주주의 소송참가는 부정해야 한다는 견해도 있지만, 이는 의문이다. 왜냐하면 대표소송의 판결효력이 원고주주 이외의 사실상 다른 주주들에게도 미치기 때문에 주주가 대표소송을 참가할 이익은 충분히 있고, 먼저 대표소송을 제소한 원고주주들과 피고이사 등의 담합 가능성이 있으며, 대표소송 제기를 준비하였으나 다른 주주에 비교해서 늦어졌다고 해서 불이익을 받을 이유가 없다.

또한 판결이 확정되면 기판력이 생겨 재심의 소를 제외하고는 이사의 회사에 대한 책임을 다시 문제 삼을 수 있는 방법이 없기 때문이다. 오히려 원고주주와 피고 이사들 사이의 공모를 방지하고, 적절한 소송수행을 기하는 데 합목적적이며 소송참가를 통하여 다수의 이해관계인의 이해를 일거에 해결하는 것이 소송경

---

825) 이태종, 전게논문, 215면.
826) 강위두, 「회사법 제3판」, 형설출판사, 2002., 591면, 정동윤, 「회사법 제7판」, 법문사, 2001., 469~470면, 다만 이 경우 주주에게 당사자적격이 없으므로 공동소송적 보조참가에 해당한다고 함.
827) 민형기, 전게논문, 195면, 양석완, 전게논문, 20면.
828) 이태종, 전게논문, 216~217면.
829) 김홍기, 「주주대표소송 판례의 동향과 그 연구」, 법학연구 제48권 제1호, 부산대학교 법학연구소, 2007., 1,097면.

제에도 도움이 될 수 있기 때문에 다른 주주에게도 대표소송에 참가할 수 있는 권한을 주는 것이 타당하다고 생각 한다830)

(마) 재심의 소

(가) 의의

이사의 책임을 추궁하는 소가 제기된 경우에 원고와 피고의 공모에 의하여 소송의 목적인 회사의 권리를 침해할 목적으로 판결을 하게 한 때에는 당해 이사에 대한 종국판결이 있더라도 회사 또는 다른 주주는 확정판결 후 재심사유를 안 날로부터 30일 내에 재심의 소를 제기할 수 있다(「상법」제406조 제1항).

주주대표소송은 타인 간의 소송에 의하여 회사의 권리가 확정되므로 원고주주와 피고 이사 간에 결탁하여 회사의 권리가 침해될 경우(예컨대, 고의로 패소하거나 고의로 소액의 청구를 하여 승소한 경우 등을 말한다)에 이를 구제하기 위한 제도로 공모소송을 방지하기 위함이다.831)

(나) 제소권자

재심의 제소권자는 회사 또는 주주이다(「상법」제406조 제1항). 재심의 소를 제기할 수 있는 주주의 자격에는 제한이 없으므로 소송에 참가한 소수 주주가 아니라도 무방하며, 재심 당시의 주주이면 누구나 할 수 있다. 공모소송 판결 이후 주식을 취득한 자도 할 수 있다. 그러나 피고 이사와 공모 하여 사해소송을 하게 한 원고 또는 그러한 공모를 한 참가인은 공모소송의 폐해를 방지하기 위한 것이므로 재심의 소를 제기할 수 없다.832)

(다) 재심의 사유와 범위

재심의 소는 원고와 피고가 공모하여 회사의 권리를 詐害할 목적으로 판결하게 하였을 경우에 재심의 소가 인정된다. 이는 회사와 피고 이사 또는 원고 주주와 이사 간의 共謀에 의하여 원고가 고의로 패소하였거나 고의로 소액의 청구를 하여 승소한 경우를 말한다. 따라서 단순히 원고가 태만이나 경솔, 기타 불성실로 회사의 권리를 침해 한 경우 또는 원고 주주의 소송 수행능력의 부족으로 패소한 경우에는 재심사유가 되지 못한다.833)

재심의 인정범위에 관하여는 「상법」에는 단순히 "제403조의 소"라고만 하고 있기때문에 이에 관하여는, 소수주주가 스스로 이사의 책임을 추궁하는 소를 제기한 경우에만 한 한다는 견해834) 와 소수주주의 청구에 의하여 회사가 이사의

---

830) 김홍기, 전게논문, 1,097~1,098면, 이태종, 전게논문, 216면.
831) 김재형, 「주주대표소송에 관한 개선방안」, 법학논총 제5권, 조선대학교 법학연구소, 1999., 274면.
832) 민형기, 전게논문, 200면.
833) 민형기, 전게논문, 201면.
834) 이철송, 전게서, 800면, 채이식, 「상법강의(상) 개정판」, 박영사, 1996., 577면.

책임을 추궁하는 경우도 포함한다는 견해[835] 가 대립하고 있다.

생각건대, 「상법」상 재심은 대표소송에 한하여 허용된다. 그러므로 여타의 소송, 예컨대 회사가 직접 이사를 상대로 제기한 소송에서는 비록 詐害的 수단으로 회사의 권리가 침해되더라도 재심을 청구할 수 없다고 본다.[836]

그러나 일본 「회사법」은 이사의 책임을 추궁하는 소에 관해서는 회사가 직접 소송을 제기하였더라도 주주가 재심청구를 하도록 하고 있다.(「일본 회사법」제853조 제1항). 회사가 직접 이사의 책임을 추궁한다고 하더라도 실제 소송수행자에 의한 共謀의 가능성이 있으므로 입법론적으로 「일본 회사법」의 태도가 바람직하다고 본다.[837]

(라) 재심절차

주주대표소송의 판결에 대한 재심의 소는 그 사유와 제소권자에 관해서만 「상법」상의 규정이 있고, 그 밖에는 「민소법」제451조 이하의 일반 재심절차에 따르고 있다. 따라서 제소권자가 재심사유를 안날로부터 30일 이내에 재심의 대상이 되는 판결을 한 회사의 본점 소재지의 법원에 제기하여야 하고 확정판결 후 5년을 경과한 때에는 재심의 소를 제기할 수 없다.(「민소법」제456조 제1항 및 제3항).

재심의 소의 제기는 일반적인 소제기 방식에 의하며(「민소법」제455조), 재심소장의 제출에 의하여 재심사유에 대한 기간준수의 효력이 생기게 된다.(「민소법」제265조). 소의 제기로 인해 확정판결의 효력이 소멸되거나 집행력이 저지되지 않는다.

재심에는 확정판결의 취소와 본안 사건에 대하여 이에 갈음한 판결을 구하려는 복합적인 목적이 있으므로 재심의 심리는 1단계로 재심의 소가 적법한지의 여부와 재심 사유의 존재여부를 거쳐 2단계인 본안에 관한 심리에 들어가며, 이 결과에 따라 종국판결을 선고 하게 된다. 재심의 소에 대한 종국 판결에 대하여는 다시 그 심급에 맞추어 상소가 인정 되므로 상고심 판결에 대한 재심의 소에 내려진 판결에 대하여는 상소의 길이 없다.[838]

(마) 제소권자의 권리와 의무

주주가 재심의 소를 제기하여 승소한 경우에는 회사에 대하여 소송으로 인하여 지출한 비용 중 상당한 금액의 지급을 청구할 수 있고, 이 경우 소송비용을 지급한 회사는 이사 또는 감사에 대하여 구상권이 있다. 주주가 패소한 경우에는 악의가 있는 때에 한하여 회사에 손해배상의 책임이 있다. (「상법」제405조, 제406조 제2항).

---

835) 강위두, 전게서, 593면, 손주찬, 전게서, 824면, 정동윤, 전게서, 471면, 김재형, 전게논문, 274면.
836) 이철송, 전게서, 800면, 임재연, 전게서Ⅱ. 박영사, 2014., 524면.
837) 이철송, 전게서, 800면, 임재연, 전게서Ⅱ. 박영사, 2014., 524면.
838) 정동윤·유병현, 「민사소송법 제3판」, 법문사, 2009., 828~848면.

4. 주주대표소송의 소송종료

가. 법원의 판결에 의한 소송의 종료

(1) 판결의 효력

대표소송에서 원고인 소수주주는 자기의 명의로 타인 인 회사를 위하여 소송을 수행한 것 이므로, 판결이 선고되면 그 판결의 효력은 원고인 소수주주가 승소한 경우이든 패소한 경우이든 당연히 회사에 대하여 미친다.(「민소법」제218조 제3항).

원고주주가 승소한 경우라 함은 대표소송의 1심에서 승소한 것만으로는 부족하고 승소판결이 확정된 경우를 말하고 또 전부 승소한 경우뿐만 아니라 청구금액 중 일부에 대하여 승소한 경우도 포함된다. 그리고 피고 이사가 청구를 認諾함으로서 소송이 종결된 경우를 포함한다고 이해하는 것이 타당하다.[839]

그러나 원고가 승소한 경우라 하여도 고의로 소액의 청구를 하여 승소하거나 피고가 認諾하는 경우는 共謀訴訟으로서 회사의 이익을 제외하는 것이므로 이는 제외되어야 할 것 이다.[840] 그리고 대표소송에서 원고주주는 회사를 위하여 소송을 제기한 것이기 때문에 원고주주가 패소한 경우에도 그 판결의 효력은 당연히 회사에 미친다.

따라서 회사는 동일한 소송원인을 주장하여 이사를 상대로 다시 소송을 제기할 수 없다. 그리하여 회사는 중복하여 부정한 행위를 한 이사에 대하여 다시 소송을 제기할 수 없고 또 판결의 반사적 효과*로서 다른 주주도 다시 동일한 주장을 할 수 없다.[841]

* **판결의 반사적 효력**이란 제3자가 직접 판결의 효력을 받는 것은 아니지만 당사자가 기판력을 받는 결과 당사자와 일정한 관계에 있는 제3자가 이를 승인하지 않을 수 없어 반사적으로 이익 또는 불이익을 받는 효과를 말한다.

(2) 회사와 이사 간의 부제소 합의

대표소송 제기 이전에 회사와 이사가 미리 손해배상책임에 관한 합의를 하고 향후 추가적인 손해배상청구를 하지 않기로 합의한 경우, 즉 부제소 합의는 소극적 소송요건이므로 피고의 항변에 의하여 법원이 반드시 소를 각하하여야 하는지가 문제가 된다.

그러나 이사의 회사에 대한 손해배상책임은 주주 전원의 동의에 의해서만 면제될 수 있으므로(「상법」제400조), 이사가 회사가 입은 손해를 전부 배상한 경우가

---

839) 박영길, 「주주의 대표소송」, 기업환경의 변화와 상사법, 손주찬교수 고희기념논문집, 1993., 310면, 김인환, 전게논문, 경북대학교 대학원, 2007., 62면.
840) 민형기, 전게논문, 199면, 박영길, 전게논문, 310면.
841) 김인환, 전게논문, 경북대학교 대학원, 2007., 62면. 임재연, 전게서Ⅱ. 박영사, 2014., 519면

아닌 한부제소 합의는 부적법한 것으로서 그 효력을 인정할 수 없고, 따라서 소 각하 사유도 되지 않는다고 본다.[842]

(3) 승소 이익의 귀속

「상법」상 대표소송에서는 승소이익은 항상 회사에만 구속된다. 따라서 피고가 회사 주식의 대부분을 소유하는 경우(극단적인 예로, 피고가 80~90%를 소유하는 경우)에는 결국 승소이익이 간접적으로 다시 피고에게 귀속하는 결과가 된다는 문제점이 있다.[843]

나. 당사자 의사에 의한 소송의 종료

주주대표소송의 제기와 절차는 시간과 노력이 필요할 뿐만 아니라 비용도 많이 들기 때문에 소의 취하·화해·인낙·청구의 포기는 비용을 절약시키고 소송을 단축하게 하는 점에서 경제적이다.

그러나 주주가 회사의 이익을 위하여 제기하는 것이므로 주주가 쉽게 소의 취하·화해·인낙·청구의 포기를 하는 것은 곤란하다. 그러나 소송수행 중 부득이하게 소송의 종료가 필요할 때도 있을 수 있다.

따라서 「상법」은 소송을 제기한 주주는 법원의 허가 없이는 소의 취하·화해·인낙·청구의 포기를 할 수 없다고 규정하였다(「상법」제403조 제6항). 이때 허가 여부는 법원의 재량행위이므로 원고주주와 피고이사가 소의 취하·화해·인낙·청구의 포기를 했다는 것을 법원에 증명하여야 한다.

提訴株主의 화해 등을 제한하는 이유는 提訴株主가 소송물에 대한 처분권을 갖지 못하기 때문이기도 하지만, 이러한 소송종결행위를 허용할 경우 提訴株主가 이사 (피고)와 通謀하여 이사에게 책임이 없거나 가벼운 배상책임만을 지우고 소송을 종료할 염려가 있기 때문이다.

이러한 우려는 회사가 직접 이사를 상대로 소송을 수행할 때도 소송수행자인 감사와 이사의 通謀로 인해 마찬가지 결과를 발생시킬 가능성이 있으므로, 2011년 개정 「상법」에서는 회사 자신이 주주의 제소청구에 의해 소송을 제기한 경우에도 화해 등의 제한 대상에 포함시켰다.(「상법」제403조 제6항, 제1항).[844]

---

842) 임재연, 전게서Ⅱ. 박영사, 2014., 519면
843) 임재연, 전게서Ⅱ. 박영사, 2014., 519면
844) 이철송, 전게서, 박영사, 2014., 799면.

5. 주주대표소송의 소송종료 후 처리

가. 승소 주주의 권리

대표소송 또는 재심의 소에서 주주가 승소한 때에는 소송비용 및 「소송으로 지출한 금액 중 상당한 금액」의 지급을 청구할 수 있다.(「상법」제405조 제1항, 제406조 제2항). 이 금액의 범위에 대해서는 해석상 다툼이 있다. 일부 학설은 이 규정이 말하는 비용이란 변호사의 보수를 뜻하는 것으로 해석한다.[845]

그런데 변호사 보수는 대법원규칙「변호사보수의 소송비용 산입에 관한 규칙」이 정하는 범위 안에서 당연히 소송비용으로 취급하므로(「민소법」제109조 제1항), 위와 같이 해석한다면 「상법」제405조 제1항은 무의미 해진다.

대표소송으로 인한 주주의 비용지출은 회사의 이익을 위하여 지출한 것이므로 소송비용·변호사비용에 국한할 것이 아니고 회사가 직접 소송을 제기하였더라면 지출 되었을 모든 유형의 비용을 포함하는 뜻으로 새기는 것이 옳다고 본다.[846] 원래 소송비용은 패소한 당사자인 이사가 부담하게 되므로, 회사가 주주에게 소송비용을 지급하면 피고였던 이사를 상대로 구상권을 갖게 된다. (「상법」제405조 제1항).

나. 패소 주주의 책임

대표소송에서 패소한 주주는 과실이 있다하더라도 원칙적으로 회사에 대하여 손해배상책임을 지지 않는다.(「상법」제405조 제2항). 이 것은 대표소송제도의 이용을 너무 곤란하게 하지 않기 위한 배려이다. 그러나 주주가 악의인 경우에는 회사에 대해 손해배상책임을 진다.(「상법」제405조 제2항).

여기서 **악의**란 회사를 해할 것을 알고 부적당한 소송을 수행한 경우를 말한다. 따라서 처음부터 승소가능성이 없는 소를 제기하는 경우와 고의로 불성실하게 소송을 수행하여 패소에 이르게 된 경우를 모두 포함한다.[847] 만일 대표소송의 제기가 소권의 남용에 해당하고, 이로 인하여 회사나 피고가 손해를 입은 경우 제소주주는 「민법」 제750조의 불법행위에 기한 손해배상책임을 진다. 이러한 불법행위책임의 주관적 요건은 원고의 고의 또는 과실로 족하고 「상법」제405조 제2항의 악의를 요하지는 않는다.[848]

---

845) 강위두·임재호, 「제3전정판 상법강의 (상)」, 형성출판사,2009., 885면, 정찬형, 「제17판 상법강의 (상)」, 박영사, 2014., 1,025면.

846) 이철송, 전게서, 박영사, 2014., 801면, 서헌제, 「사례중심체계상법강의(상)」, 법문사, 2007., 891면, 송옥렬, 「제4판 상법강의, 홍문사, 2014., 1,066면」, 임재연, 전게서Ⅱ. 박영사, 2014., 525면

847) 이철송, 전게서, 박영사, 2014., 801~802면, 임재연, 전게서Ⅱ. 박영사, 2014., 528면

848) 임재연, 전게서Ⅱ. 박영사, 2014., 528면

다. 승소 이사의 권리

미국의 경우 이사가 직무상의 행위에 관해 부당하게 제소된 소를 방어하기 위하여 부담하는 소송비용, 변호사 보수, 제3자에 대한 손해배상액, 벌금 등을 회사가 일정한 조건하에서 지급하는 보상제도가 제정법, 정관 또는 판례에 의하여 인정되고 있다.[849]

그러나 우리「상법」상 대표소송을 제기 당한 이사가 소송비용의 상환을 회사에 대해 청구할 수 있는 근거 규정은 없다. 그런데 이사와 회사 간의 관계는 위임관계이고, 수임인이 위임사무의 처리를 위하여 과실 없이 손해를 받은 경우는 위임인에 대하여 그 배상을 청구할 수 있다.(「민법」제688조 제3항).

대표소송에 관한 이사의 방어비용인 소송비용은 위임사무의 처리를 위하여 받은 손해에 해당하고, 따라서 이사의 책임요건에 해당하지 아니하여 대표소송에서 승소한 이사는 회사업무를 수행 중에 "과실 없이" 손해를 받은 이사에 해당되므로 회사에 대하여 대표소송의 방어비용인 소송비용의 상환을 청구할 수 있다.[850]

물론 이사는 먼저 제소주주에 대하여 소송비용을 청구할 수 있는데 "변호사보수의 소송비용 산입에 관한 규칙"에 의한 소송비용은 실제의 소송비용에 비하여 매우 낮은 수준이므로, 소송비용 확정절차를 거쳐서 상대방으로부터 받은 소송비용과 실제로 부담한 소송비용과의 차액의 배상을 회사에 대하여 청구할 수 있다.[851] 만일 이사가 소송비용 확정절차를 거치지 않고 회사에게 전액의 상환을 청구한 때에는 제소주주로부터 받을 수 있는 소송비용을 공제하여야 할 것이다.

라. 집행권자

대표소송의 주주와 같이 다른 사람을 위하여 원고가 된 사람이 받은 확정판결의집행력은 확정판결의 당사자인 그 원고가 된 사람과 다른 사람 모두에게 미치므로, 대표 소송의 주주는 집행권자가 될 수 있다.[852]

Ⅳ 주주대표소송자의 성향

기업의 주주가 경영자의 경영성과나 경영활동에 만족하지 못하는 경우 취할 수 있는 행동은 첫째는 기업의 경영성과의 개선이나 경영방식의 변화를 기대하며 주식을 보유, 둘째는 보유주식의 매각, 셋째는 경영방식의 변화나 경영진의 교체시도가 있다.

---

849) 박영숙, 「주주대표소송에 관한 연구」, 서울시립대학교 대학원, 2004., 64면
850) 임재연, 전게서Ⅱ. 박영사, 2014., 528면, 박영숙, 전게논문, 서울시립대학교 대학원, 2004., 65면
851) 임재연, 전게서Ⅱ. 박영사, 2014., 528면,
852) 임재연, 전게서Ⅱ. 박영사, 2014., 529면,

　주주행동주의란 주주들이 주주이익의 보호를 위해 적극적으로 기업경영 활동에 개입 하는 활동을 말한다. 기업의 소유주인 주주들이 경영자의 경영활동에 대해 소극적인 자세를 취하기보다는 주주이익의 보호를 위해 적극적으로 행사하는 형태를 주주행동주의라 할 수 있다. 이러한 주주행동주의의 주체로는 소액주주, 기관투자자, 특정이익단체 또는 시민단체 등이 있다.

　경영자에 대한 감시방법에는 기업외부감시와 기업내부감시로 구분할 수 있는데 기업의 외부감시방법으로는 외부투자자들이 무능하거나 비효율적인 경영진을 교체 하려는 방법으로 인수·합병이 있다. 기업의 내부감시방법으로는 주주제안제도, 주주집단소송제도, 기관 투자자들의 의결권 행사, 주주대표소송 제기권, 회계장부열람권, 이사 및 감사의 위법행위에 대한 유지청구권 등이 있다.

　주주행동주의의 주요 형태로는 해당 경영자와 협상을 통해 주주들의 의견을 전달하는 방법(私的 協商方法), 주주총회에서 주주들의 제안을 상정시키는 방법(株主提案制度) 그리고 소송을 통해 보상을 청구하는 방법(代表訴訟制度, 集團訴訟制度) 등이 있다. 주주행동주의자 중에는 경영진에 대한 감시자로서 同伴者的 性向의 주주행동주의자와 주주가치 증진을 가장하여 개인의 私的利益을 추구하는 掠奪者的 性向의 주주행동주의자가 있다.

1. 同伴者的 性向의 소수주주

　일반적으로 동반자적 성향의 주주행동주의자들은 주주와 경영자 간에 발생하는 대리인 문제를 감소시키고 주주이익을 보호함으로써 주주의 이익을 제고시킨 다는 견해이다. 따라서 주주행동주의는 효율적으로 경영자의 감시기능 역할을 수행하고 있다는 것이다. 경영감시자로서의 이 들은 경영진들이 기업의 경영상태를 개선하도록 압력을 행사한다.

　연기금과 같은 기관 투자자들은 지분보유 기업에 대한 영향력이 크기 때문에 연기금과 같은 기관투자자들의 적극적인 경영개입은 기업가치의 제고에 긍정적인 효과를 준다고 한다. 이 들은 포이즌필의 폐지와 같은 특정한 행위를 촉진하고 기업정책을 실현케 함으로써 기업 가치를 증대시킨다.

　주주행동주의는 기업의 경영성과가 단기간에 향상되지 않을지라도 주주이익을 무시한 경영자의 경영방식을 최소한 줄일 수 있으며 적극적인 주주행동주의는 경영자에게 압력수단으로 사용될 수 있다는 것이다. 주주들의 주주제안은 기업의 고위 경영자들이 경영상의 변화를 가져오도록 압력수단으로 작용함으로써 간접적으로 기업정책에 영향을 준다.

주주행동주의는 자신들을 기업의 소유자로 인식하고, 자신들의 이익을 위하여 권리행사를 통해 의사결정에 적극적으로 영향력을 행사하려는 행동을 한다. 일반적으로 同伴者的 性向의 주주행동주의자들은 ① 경영진들의 부정행위 및 권한남용에 대한 대표소송 및 집단소송 제기와 ② 당기순이익에 대한 준비금적립, ③ 부실자산상각 및 충당금적립 제안 등 회사의 건전화 및 기업가치 증진을 위해 노력하는 경향이 있다.

2. 掠奪者的 性向의 소수주주

약탈자적 성향의 주주행동주의자들은 경영자의 자유로운 경영활동을 제약하고 기업의 경영성과를 악화시킨다는 것이다. 대표소송이 빈번해지면 경영자는 책임추궁의 공포 때문에 이익이 예상되더라도 위험부담이 큰 사업은 적극 억제하게 되는 경영의 위축현상 초래로 인하여 결과적으로 회사와 주주 더 나아가서는 사회전체에 손해를 끼치게 된다.853)

일반적으로 주주행동주의자들의 성향은 동반자적 성향의 소수주주와 같이 긍정적인 영향을 주는 주주도 있지만, 약탈자적 성향의 소수주주들은 아래와 같이 부정적인 영향을 주는 주주도 있다.854)

① 특정기업의 경영환경에 대한 경험과 지식이 부족한 소수주주나 기관투자자들이 경영에 개입함으로써 기업의 합리적인 의사결정을 방해한다는 것이다.

② 소액주주나 기관투자자들은 기업의 장기적인 경영성과 보다는 단기적인 경영성과에 집착함으로써 기업의 장기적인 발전을 저해 한다는 것이다.

③ 주주행동주의가 주주이익의 보호 보다는 펀드매니저 또는 소수주주의 개인적인 이익이나 특정 단체의 이익을 더 추구하는 경향이 있다는 것이다.

④ 주주행동주의가 주주이익의 극대화라는 목적 보다는 정치적·사회적 동기에 의해 전개 될 수 있다는 것이다.

아울러 이들의 가장 큰 위험은 주주대표소송의 남용의 위험성이며, 그 사례로는 회사로부터 금전갈취 등 부당한 개인적 이익을 획득할 의도나 회사 및 경영진에 대한 부당한 손해를 끼칠 목적으로 대표소송을 악용하는 경우이다. 또는 회사 및 모든 주주의 전체적인 이익과는 관계없이 주주의 개인적인 주장이나 특정목적을 달성하려는 의도 또는 책임추궁의 근거나 증거가 없음에도 제소하는 경우가 대표소송이 남용되는 전형적인 사례이다.

그리고 약탈적 주주행동주의자들은 주주대표소송 등을 빌미로 삼아 私的利益을 위하여 회사 또는 경영진에 대해 ① 배당가능이익을 초과하는 고액배당 주주제안, ②

---

853) 김인환, 「주주대표소송에 관한 연구」, 경북대학교 대학원, 2007., 12면.
854) 김범석, 「주주행동주의의 허와 실」, 48면 참조.

보유 현금성 자산을 초과 하는 자사주 매입소각 주주제안, ③ 주식분할의 필요성이 없음에도 투자금액 回收 便益만을 위한 주식분할 주주제안, ④ 위법 및 부당행위와 관계없는 임원에 대한 임기 중 해임 주주제안, ⑤ 소수주주가 투자하는 주식에 대한 同調投資 등을 요구하고 있다.

따라서 주주행동주의자들은 당초 기업 경영의 건전성 확보와 회사의 손해회복을 통한 주주 가치 증진을 목적으로 시작하였지만, 약탈적 주주행동주의자들은 기업의 건전성 확보 보다는 펀드매니저 또는 소수주주의 개인적 이익이나 특정단체의 이익을 더 추구하거나 또는 부당한 주주제안 등을 요구함으로써 평온한 기업을 혼란에 빠트리거나 건전한 기업의 자본충실화를 크게 해치는 전형적 먹튀 현상으로 나타나고 있다.

Ⅴ 주주대표소송과 감사의 일반 대응

1. 개 요

소수주주로부터 감사에게 이유를 기재한 서면으로 이사의 책임을 추궁할 소를 제기할 것을 청구해 오면(「상법」제403조 제1항 및 제2항), 감사는 제소청구서에 기재된 이유의 내용이 이사의 책임을 추궁할 만한 사안인지 여부를 監査 등을 활용하여 이 청구를 받은 날로부터 30일 이내에 파악하여야 한다.

감사는 소수주주의 제소청구서에 기재된 이유를 파악한 결과 이사의 책임을 추궁할 만한 사안인 경우에는 소수주주로부터 제소청구를 받은 날로부터 30일 이내에 감사는 직접 이사에 대한 주주대표소송을 제기하여야 하며, 만약에 책임을 추궁할 만한 사안이 아닌 경우는 감사는 소제기를 거부할 수 있다.

2. 임원책임 유무 파악

가. 이사 책임의 범위

이사 책임의 범위는 제2편 제8장 제2절 Ⅲ-2-가-(1) '이사 책임의 내용적 범위' 항목을 참고하시기 바랍니다.

나. 이사 책임의 시기

이사 책임의 시기는 제2편 제8장 제2절 Ⅲ-2-가-(2) '이사 책임의 시간적 범위' 항목 을 참고하시기 바랍니다.

3. 감사가 이사에 대한 주주대표소송 소제기 여부

가. 감사의 이사에 대한 주주대표소송 직접 소제기

감사의 이사에 대한 주주대표소송 직접 소제기는 제2편 제8장 제2절 Ⅲ-2-나-(3) '감사의 제소여부에 대한 재량여부' 항목을 참고하시기 바랍니다.

나. 감사의 이사에 대한 주주대표소송 소제기 거부

감사의 이사에 대한 주주대표소송 직접 소제기는 제2편 제8장 제2절 Ⅲ-2-나-(3) '감사의 제소여부에 대한 재량여부' 항목을 참고하시기 바랍니다.

4. 회사에 의한 주주대표소송 보조 참가

가. 회사의 원고 측에의 참가형태

감사의 주주대표소송 원고 측에의 보조 참가형태는 제2편 제8장 제2절 Ⅲ-3-다-(2)-(나) '회사의 원고 측에의 참가형태' 항목을 참고하시기 바랍니다.

나. 회사의 피고 측에의 참가형태

감사의 주주대표소송 원고 측에의 보조 참가형태는 제2편 제8장 제2절 Ⅲ-3-다-(2)-(다) '회사의 피고 측에의 참가형태' 항목을 참고하시기 바랍니다.

Ⅵ 회사의 주주대표소송 남소에 대한 대응

1. 준법 경영

가. 준법지원인제도 활용

소정의 상장회사(최근 사업연도말의 자산총액이 5천억원 이상인 상장회사)는 법령을 준수하고 회사 경영을 적정하게 하기 위하여 임직원이 그 직무를 수행할 대 따라야 할 준법통제에 관한 기준 및 절차(준법통제기준)을 마련하고 (「상법」제542조의 13 제1항), 이중법통제기준의 준수에 관한 업무를 담당하는 사람(준법지원인) 1명 이상을 두어야 한다. (「상법」제542조의 13 제2항).

준법통제기준 및 준법지원인은 2011년 개정 「상법」에 의해 신설된 제도인데, 제도의 목적에서부터 그 권한에 이르기까지 불명한 점이 많지만, 주어진 규정들의 전체적인 취지로 보아 일응 상장회사의 업무집행에 있어 관련 규범의 준수에 필요한 체제를 구축하는 한편 그 체제의 전문성을 높이기 위한 제도로 이해된다.[855]

---

855) 이철송, 전게서, 2014., 박영사, 847면.

준법지원인제도에 대한 자세한 내용은 제1편 제5장 제3절 Ⅱ-3. '준법지원인' 항목을 참고하시기 바랍니다.

나. 준법감시인제도 활용

준법감시인은 미국의 Compliance Officer 제도를 모태로 2000년 「은행법」등 금융 관련법의 개정으로 도입되었으며, 2015년 「금융지배구조법」의 제정을 통하여 은행 등 금융회사에서 그 선임이 의무화되는 자로서, 내부통제기준을 임직원이 준수하고 있는지 여부에 대한 점검과 동 기준을 위반하는 경우 이를 조사하는 등 내부통제 관련 업무를 총괄하며, 필요하다고 판단되는 경우 그 결과를 감사위원회 또는 감사에게 보고하는 것을 주된 직무로 한다.(「금융지배구조법」제25조 제1항).

내부통제기준은 '금융회사는 법령을 준수하고, 경영을 건전하게 하며, 주주 및 이해 관계자 등을 보호하기 위하여 금융회사의 임직원이 직무를 수행할 때 준수하여야 할 기준 및 절차'를 말한다.(「금융지배구조법」제24조 제1항). 내부통제기준은 이처럼 금융회사의 업무 전반에 걸쳐 업무분장에서부터 업무수행에 수반되는 준법절차 및 준법상황에 대한 감시와 감시결과에 대한 조치에 이르기까지 전체를 망라해 규정하고 있다.

준법감시인제도에 대한 자세한 내용은 제1편 제5장 제3절 Ⅱ-2. '준법감시인' 항목을 참고하시기 바랍니다.

2. 감사의 회사에 대한 주주대표송 소제기 거부

감사의 회사에 대한 주주대표소송 소제기 거부는 제2편 제8장 제2절 Ⅲ-2-나-(3) '감사의 제소여부에 대한 재량여부' 항목을 참고하시기 바랍니다.

3. 이사/감사의 책임 면제 및 감면 제도의 활용

이사/감사의 책임 면제와 감면 제도의 활용은 제1편 제5장 제2절 Ⅴ. '책임의 면제와 감면' 항목을 참고하시기 바랍니다.

4. 담보제공명령제도의 활용

담보제공제공명령제도의 활용은 제2편 제8장 제2절 Ⅲ-3-나. '담보제공' 항목을 참고하시기 바랍니다.

5. 권리남용 소제기에 대한 각하(却下) 및 기각(棄却)제도 활용

소송법상으로 각하(却下)는 당사자의 소송(절차)상의 신청에 대하여 법원에서 부적법(不適法)을 이유로 배척하는 재판을 가리킨다. 본안재판이 아닌 형식재판 또는 소송재판 으로서, 소송요건의 흠결이나 부적법 등을 이유로 본안심리를 거절하는 재판이며, 본안 심리 후 그 청구에 이유가 없다 하여 청구를 배척하는 기각(棄却)과 구별된다.[856]

다시 말씀드리면 각하(却下)는 「민사소송법」상 또는 「행정소송법」상으로는 원고의 소장(訴狀)이나 상소인의 상소장(上訴狀) 및 기타 당사자나 관계인의 소송(절차)상의 신청을 부적법하다 하여 배척 하는 재판을 말하며, 본안청구 또는 상소(上訴)를 이유 없다고 하여 배척하는 기각(棄却)과 구별하여 사용하고 있다.

예컨대, 각하(却下)의 경우 제척(除斥) 또는 기피신청(忌避申請)의 각하(「민사소송법」제45조), 실기(失機)한 공격·방어방법의 각하(제149조 제1항), 변론 없이 하는 소(訴) 또는 항소의 각하(제219조, 제413조), 소장 및 항소장의 각하(제254조, 제399조) 등이 사용되고 있으며, 기각의 경우 이종 신청의 기각(제39조), 항소의 기각(제414조), 청구의 기각(「행정소송법」제28조) 등이 사용된다.

따라서 회사는 소수주주의 주주대표소송 소제기 내용이 회사를 위하여 소를 제기하는 것이 아니고 대표소송의 본질과 무관한 소수주주의 자기 또는 제3자의 이익을 위한다거나, 주장 내용이 사실관계에 부합하지 아니하거나 또는 주장 내용이 부적법하거나 부당한 경우 등은 준비서면 또는 변론 등을 통해 적극적으로 주주권 남용을 주장하여 사건 소(訴)의 각하(却下) 또는 기각(棄却)을 유도한다.[857]

6. 악의의 주주대표소송 소제기 주주에 대한 손해배상 청구

악의의 주주대표소송 소제기 주주에 대한 손해배상청구는 제2편 제8장 제2절 Ⅲ-5-나. '패소주주의 책임' 항목을 참고하시기 바랍니다.

7. 임원배상책임보험제도의 활용

가. 의 의

주주가 대표소송을 제기하는 궁극적인 목적은 임원의 책임을 추궁함으로써 회사가 입은 손해를 전보 받는 것이다. 그러나 손해배상이 인정되는 경우, 임원이 지급해야 하는 손해배상액은 거액이기 때문에 개인적으로 지급하기에는 불가능하다. 소송에서

---

856) 두산백과.
857) 김용상·박철희·고정은, 2015., 21면.

승소하여도 임원에게 지급능력이 없어 전보를 받지 못한다면, 일반적으로 주주들은 소송을 제기하려 하지 않을 것이다.

따라서 대표소송에 의한 책임추궁을 두려워하여 임원에의 취임을 꺼려하는 자를 안심시키고, 그 임원으로 하여금 책임추궁의 공포로부터 벗어나 위축되지 않고 대담한 경영을 하게하는 것이 회사의 이익과 사회적인 이익을 증대하는 것이다. 또한 승소한 주주들에게는 손해배상액의 일부 또는 전부의 지급을 받을 수 있도록 보장해 주는 제도가 필요하다. 이러한 필요에 의해 나타난 손해보험제도가 이른바 '**임원배상책임보험**' 제도이다.

즉, **임원배상책임보험**(Directors and Officers liability insurance : D&O insurance)이란 회사 이사나 임원이 업무집행상의 과실로 인하여 회사나 제3자에게 손해를 준 것으로 인하여 주주, 제3자로부터 손해배상을 청구 받은 경우에 회사 임원이 개인적으로 부담하여야 하는 손해배상금이나 쟁송비용 등이 보험금으로 지급되는 제도[858]를 말하며 이사책임보험, 이사배상책임보험, 임원책임보험 또는 경영자면책보험이라고도 불린다.

임원배상책임보험은 1930년대 말에 보상제도의 불충분한 부분을 보완하고 주주가 제기하는 책임추궁소송으로부터 임원을 보호하기 위한 목적으로 1940년대 전후 영국의 로이즈사(LIoyd)가 발매한 것이 시초이다. 그러나 이 보험이 널리 보급된 것은 60년대 후반 이후 델라웨어주 등 대부분의 주에서 회사가 이 보험에 가입하는 것을 법률적으로 허용했을 뿐만 아니라 보험료도 회사경비로 국세청에 의해 인정받게 된 것에 크게 영향을 받았다.

나. 외국 사례

(1) 미 국

1939년 뉴욕주에서 선고된 McCollom 판결[859]로 이사의 책임과 권리를 어느 정도까지 허용할 것인가에 대하여 논란이 많았다. 뉴욕주는 이사를 보호하기 위하여 1941년 「회사법」을 개정하여 회사로 하여금 이사에게 보상을 할 수 있는 권한을 부여하였다.[860] 이 시기의 보상제도의 특징은 회사보상이 회사의 의무로서가 아니라 재량에 의하여 인정되었다는 점이다.

미국에서 임원배상책임보험이 널리 보급된 시기는 1960년대 후반 경부터이다. 이 시기는 델라웨이주를 비롯한 많은 주에서 회사가 임원을 위하여 보험을 구입

---

858) 김영선, 「전문직업인 배상책임보험」, 상사법연구 제18권 2호, 1999., 221면.

859) New York Dock Co. v. McCollom, 173 Misc. 106, 16 N. Y. S. 2d 844(Sup. Ct. 1939).

860) 1943년 델라웨이주 「회사법」도 이와 유사한 조항을 두고 있다. 김인환, 전게논문, 157면.

하는 것이 법률상 인정되었고, 또한 보험료가 세법에 의해 회사경비로 인정된 것에 기인한다. 즉 미국의 국세청은 1969년부터 회사가 부담하는 임원배상책임보험의 보험료를 필요경비로 인정하여 법인세의 과세대상에서 제외하고 또한 이사 개인이 보험료를 지급하는 경우에도 소득세 대상에서 제외한다고 규정하고 있다.[861]

그리고 종래는 보험회사에 의한 보상이 이사의 제3자에 대한 책임을 보상하는 것이었다. 그 후 뉴욕주 「회사법」은 1986년 개정(N. Y. Busi. Corp. Law § 723(c))으로, 캘리포니아주 「회사법」은 1987년 개정(Cal. Gen. Corp. Law § 317(c)(2))으로, 주주대표소송으로 인한 손해까지 보상하기에 이르렀다.[862]

현재 대부분의 제정법[863]은 회사의 보상제도와 관계없이 회사가 이사를 위하여 임원배상책임보험을 가입하고 유지시킬 권능이 있다고 규정하고 있다. 이처럼 임원배상책임 보험은 이사의 업무수행으로 생긴 손해를 보험회사가 부담하고, 보상제도로는 보호되지 않는 부분을 담보하며 또 더 나아가 이사로서 유능한 인재를 확보하기 위해 존재한다.[864]

(2) 일 본

일본의 보험회사들은 미국에서 이사에 대한 소송이 증가하는 것을 본 후에 1980년을 전후로 임원배상책임에 관한 공동연구를 하였으나 당시의 상황으로는 시기상조로 판단하여 도입하지 않았다. 일본의 보험회사 들은 일본기업의 해외진출이 증가함에 따라 해외에서의 소송에 대처하기 위하여 1990년 6월에 '회사역원배상책임보험'으로 인가를 받아 판매를 개시하였다.

임원배상책임보험이 처음 일본에 등장할 당시에는 회사나 이사는 이에 큰 관심을 가지지 않았다고 한다.[865] 왜냐하면 1993년 일본 「상법」이 개정되기 전까지는 대표소송을 제기하는 경우가 거의 없어 대표소송을 염려하여 임원배상책임보험에 가입할 필요성을 느끼지 못하였기 때문 이다.[866]

그러나 1993년 대표소송에 관한 「상법」이 개정되고 실제로 법원에 제기되는 대표 소송의 사건의 수와 그 청구금액이 엄청나게 증가함에 따라 상황은 확연히 달

---

861) 김인환, 전게논문, 157면.
862) 김인환, 전게논문, 158면.
863) Del. Gen. Corp. Law § 145(g); Cal. Gen.Corp. Law § 317(i); N. Y. Busi. Corp. Law § 726; RMBCA § 8.57; ALI § 7.20(a)(4): 영국도 1989년 「회사법」제137조에서 1985년 「회사법」 제310조 제3항을 개정하여 회사가 D&O보험을 구입하고 유지할 수 있도록 하였다. 김인환, 전게논문, 159면.
864) 김선정, 「D&O보험에 관한 검토」, 상사법연구 제17권 제3호, 1999., 282면, 김영선, 전게논문, 217면, 김인환, 전게논문, 159면.
865) 近藤光男, 「경영판단과 취체역의 책임」, 중앙경제사, 1994., 226면.
866) 新谷 勝, 「주주대표소송과 취체역의 책임」, 중앙경제사, 1994., 205면.

라졌다. 실무에서도 이사가 안전하게 경영활동을 수행할 수 있는 보호장치를 마련할 필요성을 인정하기 시작하였다.[867]

이에 미국에서 이사를 보호하는 유력한 장치로 알려진 임원배상책임보험에 관심을 가지게 되었다.[868] 그러나 일본 보험회사가 판매한 임원배상책임보험의 영문약관은 일본 법제와는 상당한 차이가 있었기 때문에 현실적으로 이에 가입하는 것에는 상당한 어려움이 있었다. 동 약관은 미국「회사법」과 일본「회사법」의 차이로 인하여 생기는 여러 문제점을 해결하지 못한 채 그대로 시행했기 때문에 부적합한 요소가 많이 포함되어 있었다.

일본의 손해보험업계는 「회사법」 및 「보험법」에 적합한 새로운 임원배상책임보험 약관의 개정에 착수하여 1993년 말에 인가를 받아 시행하게 되었다. 이것이 일본어로 작성된 「신약관」이라 한다. 동 약관은 일본실정에 적합하지 않은 앞서 지적한 영문약관의 여러 문제점을 개정한 것이다.[869]

특히 동 약관은 주주대표소송에서 임원이 패소한 경우에 지급하게되는 보험금에 대한 보험료 부분은 보통약관에서 제외하고 특별약관으로 하였다.[870] 즉 주주대표소송으로 인하여 생기는 배상책임에 대한 보험료는 임원이 개인적으로 부담하게 하여 영문약관의 문제점을 어느 정도 해결하였다.[871]

현재 일본의 임원배상책임보험은 기본계약인 '회사역원배상책임보험보통보험약관'과 '주주대표소송담보특약조항', '회사보상담보특약조항', '선행행위특약조항' 등의 특약조항으로 구성되어 있다.

다. 임원배상책임보험 가입의 필요성

미국 등 금융선진국에서는 임원의 책임 확대와 소송 증가로 인해 임원배상책임보험에 가입하지 않은 경우 임원이 직무수행을 거부할 정도이며, 미국의 경우 미국의 경제잡지 FORTUNE에서 선정한 1,000개 기업의 80% 이상이 이미 임원배상책임보험에 가입되어 있다고 한다.

미국, 일본, 싱가포르 등의 금융선진국의 경우 상장기업의 85% ~95%가 임원배상책임보험에 가입 되어 있는 반면, 우리나라의 경우 업계에 따르면 2010년 기준으로 국내기업들의 가입률은 30% 갓 넘는 수준인 것으로 알려졌다.

특히 10대 기업의 가입률은 90%를 넘었지만 중소기업의 경우 가입률이 21%에 불과

---

867) 近籐光男, 전게논문, 227면.
868) 近籐光男, 「취체역책임보험의 보험료의 지불」, 상사법무 1329호, 1993., 40면.
869) 김인환, 전게논문, 161면.
870) 임원배상책임보험의 총 보험료 가운데 보통약관부분은 90%로 하여 회사가 부담하고, 특별약관부분은 10%로 하여 임원개인이 부담하는 것으로 한다. 近籐光男, 전게논문, 230면.
871) 渡部喬一, 「주주대표소송」, 중앙경제사, 1995., 264면.

하고 사회적으로 문제가 되었던 저축은행 등의 경우 10%도 미치지 못하고 있다고 합니다. 다행스러운 것은 임원배상책임보험의 가입의 확대추세가 증가하고 있다는 점이다.[872]

최근 자본시장의 국제화로 인한 외국인 주주의 소송제기 가능성 증가와 소액주주의 보호 강화 및 기업의 책임 경영 강화에 따른 주주대표소송 증가 등의 위험에 대비 하고, 대내외 경제여건의 변화에 임원이 능동적으로 대응하며 자유로운 경영활동을 위하여 아래와 같이 임원 배상책임보험 가입의 필요성이 점차 증대되고 있다.

<u>**임원배상책임보험의 가입 필요성**</u>
① 임원 및 이사들의 경영 및 직무수행에 대한 유일한 안전장치.
② 소액주주의 권리강화로 주주대표소송 등 임원에 대한 소송 증가 위험에 대비.
③ 외국인에 대한 자본시장의 개방 확대로 외국인들의 소송 증가 위험에 대비
④ 증권집단소송제도 도입으로 클레임의 집단화 및 대형화 위험 대비 등.

라. 임원배상책임보험의 내용

(1) 보험의 대상

임원배상책임보험에 의해 보험금이 지급되는 손해는 주주대표소송이나 거래처 등 임원이 제3자로부터 제기된 손해배상 청구를 받음으로 인하여 입은 손해이며, 회사나 다른 피보험자인 임원 등으로부터의 손해배상청구는 임원배상책임보험의 대상에서 제외 된다.

(2) 보험계약의 당사자

보험계약자는 보험증권의 기명법인란에 기재한 회사(기명법인)이며, 일부의 이사가 개별적으로 계약을 하는 것은 불가능하다. 피보험자는 보험계약자인 회사의 모든 임원이다.(「보통보험약관」제3조 (2)). 즉, 「상법」상의 이사 및 감사이다. 특정 임원만이 아니라 당해 회사의 임원 전원을 대상으로 한다.

임원이 사망하거나 파산한 경우에는 그 상속인이나 파산관재인이 자동적으로 피보험자가 된다(「보통보험약관」제3조 (3)). 또한 자회사의 임원도 피보험자로 될 수 있다. 다만, 대상이 될 수있는 자회사는 계약자가 발행주식 총수의 50%를 초과하는 주식을 직접·간접으로 보유한 자회사에 한한다.(「보통보험약관」제3조 (1)).

---

872) 박문각, 「시사상식사전」

(3) 보험계약의 방식과 기간

임원책임배상보험은 임원배상책임보험 보통약관에 주주대표소송 담보특약을 첨부하여 계약한다. 주주대표소송 담보특약조항은 보통보험약관에서 제외되어 있는 임원의 주주대표소송 패소위험을 대상으로 하기 위한 특약조항이다.

그리고 경우에 따라서는 회사보상특약조항이나 보험회사가 인수대상이 되는 사고의 범위를 보통보험약관 보다 더욱더 한정하는 각종 특약조항이 첨부될 수 있다. 임원배상 책임보험의 보험기간은 1년이며, 매년 갱신된다. 예외적으로 1년 미만의 단기계약이나 1년 이상의 장기계약이 있을 수 있다.

(4) 담보 내용

임원배상책임보험 보통보험약관 제1조에서는 "보험회사는 피보험자가 회사의 임원으로서 업무에 관하여 행한 행위에 기하여 보험기간 중에 주주 또는 제3자로부터 손해배상 청구를 받은 경우에 피보험자가 그의 손해에 대하여 보험금을 지급한다."로 규정하고 있다.

첫째, 회사의 임원으로써 업무에 관하여 행한 행위가 대상이 된다. 회사란 보험증권에 기재된 법인을 말하므로(「보통보험약관」제3조 (1)), 기재되지 않은 법인의 임원으로서의 행위는 대상이 되지 않는다. 행위는 작위뿐만 아니라 부작위도 포함된다.

둘째, 보험기간 중에 이루어진 손해배상청구가 대상이 된다. 보험기간의 개시일 보다 전에 행하여진 행위에 기인한 일련의 손해배상 청구는 보험의 대상에서 제외 된다.

셋째, 손해의 범위는 법률상의 손해배상금과 쟁송비용을 피보험자가 부담으로 인하여 발생한 손해이다(「보통보험약관」제3조 (4)). 법률상의 손해배상금은 피보험자의 법률상의 손해배상책임에 기한 배상금을 말한다. 동시에 회사 임원이 법률상의 손해배상 책임을 부담하는 것으로 인해 지급해야 하는 배상금을 말한다.

예를 들어 확정판결에 있어서 지급할 것을 명한 손해배상금, 화해로 인하여 지불한 화해금 등을 말한다. 다만, 가중된 부분 및 피보험자와 타인과의 사이에 손해배상에 관한 특약이 있는 경우에 그 약정에 의해 가중 손해배상금은 포함되지 않는다. 또한 법률상의 벌금, 과태료, 추징금, 위약금의 가중된 부분, 세금 등은 지급대상이 되지 않는다.

쟁송비용은 피보험자에 대한 손해배상청구에 관한 쟁송, 즉 소송, 중재, 조정 또는 화해 등으로 인해 발생하는 비용으로서 타당성이 인정되는 것을 말한다. 예를 들어 소송 비용, 변호사 보수, 화해 비용, 조정 비용 및 이에 부수한 조사 비용 등이다.

쟁송비용에 관하여는 면책조항에 해당하지 않는 한 손해배상청구의 해결에 앞서서 사전에 특칙으로 보험회사의 재량으로 지급할 수 있다. 다만, 피보험자는 이미 지급된 쟁송비용의 금액 또는 일부에 대하여 약관에 의해 보전 받을 수 없는 것으로 된 경우에는 지급된 금액을 한도로 하여 보험회사에 반환하여야 한다.

(5) 전보한도액, 면책금액 및 축소전보비율

임원배상책임보험에서는 전보한도액이라고 하여 보험기간을 통하여 보험회사가 지급할 보험금의 최고한도액이 설정되어 있다. 이 한도액은 보험증권 단위로 적용된다. 또한 이 한도액은 손해배상금만이 아니라 쟁송비용을 포함한 보험금액에 대해서도 적용된다. (「보통보험약관」제9조).

아울러 임원배상책임보험에서는 면책금액이라고 하여 일정한 자기부담액이 설정되어 있다. 면책금액에는 하나의 배상청구에 있어 임원 1명당 면책금액과 하나의 배상청구당 면책금액의 한도가 있다.

그리고 임원배상책임보험에서는 축소전보비율이라고 하여 면책금액을 초과한 손해액에 대한 실제로 보험금으로 지급되는 금액의 비율을 설정한다. 만일 전보비율이 95%로 설정되면 이에따라 95%가 보험금으로 지급되고, 배상금등의 5%에 상당하는 금액은 보험에서 보상되지 않으므로 피보험자인 임원이 부담하게 된다.

(6) 면책 사유

임원배상책임보험 보통보험약관상 다음 열거한 손해배상청구에 기인한 손해는 전보 되지 않는다.

(가) 임원의 위법성으로 인하여 발생한 손해배상 청구

처음부터 위법성이 있는 행위로 인하여 발생한 손해배상청구에 대하여는 보험금이 지급되지 않는다. 이는 공서양속의 관점에서 두게 된 면책 사유이다.

① 피보험자가 사적인 이익 또는 편의의 공여를 위법하게 받은 사실에 기인한 손해배상 청구.

② 피보험자의 범죄행위에 기인한 손해배상청구(예, 법률에 의해 형을 선고 받은 위법한 행위를 말하며, 시효의 완성으로 형이 면제된 행위도 포함).

③ 법령에 위반한 사실을 피보험자가 인식하면서 행한 행위에 기인한 손해배상청구. (인식하고 있었다라고 판단할 수 있는 합리적인 이유가 있는 경우도 포함).

④ 피보험자에게 위법하게 보수 또는 금전 등이 지급된 사실에 기인한 손해배상청구.

⑤ 피보험자가 공표하지 않은 정보를 위법하게 이용하여 주식, 사채 등의 매매 등을 행한 사실에 기인한 손해배상청구(내부자거래 등에 의해 얻은 이익에 기인한 손해배상청구).

⑥ 정부단체, 공무원, 거래처의 회사임원, 종업원 등에 대한 위법한 이익의 공여로 인한 손해배상 청구 등.

(나) 보험의 적용에 관한 면책 사유

보험회사는 아래와 같은 보험을 가입하는 것이 부적당한 사실에 대하여는 보험금이 지급되지 않는다.

① 최초년도 계약의 보험개시일 이전에 행한 행위에 기인한 일련의 손해배상청구. 여기서 말하는 일련의 손해배상청구란 손해배상을 청구한 때와 장소 또는 손해배상 청구자의 수 등에 관계없이 동일행위 또는 그 행위와 관련되어 있는 다른 행위에 기인 한 모든 손해를 말한다.

② 최초년도 계약의 보험기간의 개시일 이전에 회사에 대하여 제기되었던 소송 및 이러한 소송 중에 신청되었던 사실과 동일 또는 관련 있는 사실에 기인한 손해배상청구.

③ 보험계약의 보험기간 개시일에 피보험자에 대한 손해배상청구가 제기될 우려가 있는 상황을 피보험자가 알고 있는 경우, 그 상황의 원인이 되는 행위에 기인한 일련의 손해배상청구. 이 경우 알고 있었다고 판단할 수 있는 합리적인 이유가 있는 경우를 포함한다.

④ 보험계약의 보험기간 개시일 전에 피보험자에 대하여 제기되었던 손해배상청구 중에 신청되었던 행위에 기인한 일련의 손해배상청구 등.

(다) 다른 보험제도와의 균형을 고려한 면책 사유

① 직접·간접적으로 오염물질을 배출, 유출, 누출하거나 이러한 일이 발생할 우려가 있는 상태에 기인한 손해배상의 청구, 또한 오염물질의 검사, 감시, 청소, 제거, 누출 등의 방지, 처리, 무독화 또는 중화의 지시 또는 요청에 기인한 손해배상청구.

② 직접·간접으로 핵물질의 위험성 또는 모든 형태의 방사능 오염에 기인한 손해배상 청구. 여기서 핵물질이란 핵 원료물질, 특수핵물질 또는 그에 부수한 생성물을 의미.

③ 신체장애, 정신적 고통, 재물손괴, 재물의 분실 및 도난, 구두 및 문서에 의한 비방, 중상 및 타인의 사생활을 침해하는 행위 등의 인권침해 등에 기인한 손해배상청구

④ 벌과금 및 징벌적 손해에 대한 배상책임 등.

(라) 기업의 내분으로 볼 수 있는 사항에 관한 면책 사유

① 다른 피보험자, 회사 또는 그 자회사로부터 제기된 손해배상청구 및 피보험자, 회사 또는 그 자회사와 관련하여 회사 또는 자회사가 발행한 유가증권을 소유한 자에 의해 제기된 손해배상청구.

② 0% 이상의 발행주식을 소유한 대주주로부터 제기된 손해배상청구 또는 대주주와 관련 하여 회사가 발행한 유가증권을 소유한자에 의해 제기된 손해배상청구.

대주주는 일반적으로 회사의 정보를 용이하게 알 수 있는 위치이고 그와 같은 대주주 로부터의 손해배상청구는 다른 일반주주나 제3자로부터의 손해배상과는 성질이 다르며 대주주는 회사와 밀접한 관련이 있는 경우가 많으므로, 공모소송이나 내부갈등 을 원인으로 소송을 제기할 우려가 있어 면책을 인정한 것.

(마) 보험료를 둘러싼 「상법」과의 균형으로 인정되는 면책 사유

피보험자에 대한 주주대표소송 등에 의한 손해배상청구가 이루어져 그 결과 피보험자 가 회사에 대하여 법률상의 손해배상책임을 부담하는 경우. 그러나 피보험자가 주주 대표소송특별 담보 가입으로 거의 모든 회사가 주주대표소송 으로 인한 손해를 보상.

마. 임원배상책임보험의 비용부담[873]

임원배상책임보험의 보험료는 피보험자인 임원이 아니라 회사가 지급하고 있다. 현실적으로 임원을 영입하는 회사 쪽에서 보험료까지 해결해 주는 것이 편리할 뿐만 아니라, 현재 실무적으로도 이러한 방식의 책임보험가입이 관행화되어 있다.[874]

이에 대하여 경영진이 부담할 배상책임을 담보하는 임원배상책임보험계약을 체결하면서 부정행위를 한 임원의 회사에 대한 배상책임을 담보하기 위한 보험의 보험료를 회사가 부담하는 것이 합리적인가에 대하여 아래와 같이 견해의 대립이 있다.

(1) 긍정설

회사가 임원배상책임보험의 보험료를 지급하는 것에 대하여 긍정하는 학설은 다음과 같다.

첫째, 회사가 임원배상책임보험의 보험료를 지급하는 것은 법률상 문제가 없을

---

873) 김소연, 「임원배상책임보험에 관한 고찰」, 경희대학교 국제법무대학원, 2001., 57~61면.
874) 최문회, 「임원배상책임보험의 면책사유에 관한 고찰」, 실무연구회논문집, 춘천지방검찰청, 2007., 126면.

뿐만 아니라 임원의 회사에 대한 지급 책임을 확실하게 하는 것으로 회사로서도 유익한 것이므로 이를 적극적으로 인정할 수 있다는 학설이다.[875]

이 견해는 회사로서도 발생한 손해를 보험으로 塡補받을 수 있고, 특히, 임원의 지급능력이 결여되어 회사가 현실적으로 배상금을 지급받지 못하게 되는 경우에 그 지급능력을 확보할 수 있어 회사에 손해가 발생하는 것이 아니라 오히려 이익을 받는 것이며, 결국 회사의 번영과 이익에 부합하여 궁극적으로는 소비자 등 제3자를 보호할 수 있다는 설이다.

둘째, 회사가 임원배상책임보험의 보험료를 부담하게 되면 채권자인 회사가 채무자인 임원을 위하여 임원배상책임의 보험료를 지급하는 것은 이익상반행위가 된다고 주장 하나, 사실상 임원배상책임보험에 의하여 회사의 손실의 전보를 확실하게 해주므로 오히려 회사의 이익과 연결된다고 주장하는 학설이다.

셋째, 임원배상책임보험의 보험료를 지급하는 것은 임원에 대한 책임면제에 해당한다고 주장하나, 보험료의 지급은 임원이 책임이 발생하기 이전부터 일정한 낮은 액을 정기적으로 지급하는 것이므로 보험에 의해 임원의 책임이 전보되는 것과 회사가 책임을 면제해주는 것은 별개의 문제로 보아야 한다고 주장하는 학설이다.

또한 회사가 임원에 대하여 손해배상청구권을 사전에 또는 일반적으로 포기하는 것과 동일한 결과라는 주장에 대해서는 회사가 임원에 대해 책임을 물어 손해를 전보할 수있으며 책임한도액을 넘는 부분 및 공제액을 임원이 부담하므로 청구권의 사전포기라 할 수 없다고 주장하는 학설이다.

넷째, 임원의 입장에서는 손해가 보험에 의하여 전보된다고 하여도 대표소송에 의하여 책임을 추궁당하고 더구나 패소하면 치명적일 뿐만 아니라 더구나 고의나 현저하게 불성실한 행위에 의하여 발생된 손해배상책임은 보험회사에서 약관에 의하여 면책되는 경우가 많기 때문에 보험료를 회사가 부담하는 것이 임원의 위법행위 억제효과를 손상시킨다는 주장은 타당하지 않다고 주장하는 학설이다.

다섯째, 임원배상책임보험의 보험료에 해당하는 부분이 임원의 회사에 대한 보수라면 「상법」및 「정관」에 따라 주주총회의 결의가 필요하지 않느냐는 의문이 생길 수 있으나, 회사가 임원배상책임보험에 가입할 것을 조건으로 유능한 이사나 감사를 영입하는 것은 회사의 경영의 안정에 기여하는 것이므로 그 보험료는 회사의 필요경비이고 임원의 보수는 아니라는 학설이다.[876]

여섯째, 임원의 보수를 주주총회 결의사항으로 하는 취지는 임원의 지위남용을

---

875) 김영선, 전게논문, 239면.
876) 강희주, 「대표소송에 관한 일고」, 인권과 정의 제28호, 대한변호사 협회, 1999., 101면.

막는데 있으므로, 임원배상책임보험의 보험료지급을 임원의 보수에 해당한다고 볼 수 없고, 아울러 「소득세법」상으로 이미 임원배상책임보험의 보험료를 손금으로 계상하는 것을 인정하고 있으므로 이 세법상의 취급이 인정되는 한 보험료의 지급을 보수에 포함시킬 이유가 없다고 주장하는 학설이다.

(2) 부정설

회사가 임원배상책임보험의 보험료를 이사 대신에 지급하는 것에 대해서 부정하는 학설로는 다음과 같은 학설 들이 있다.

첫째, 이사나 감사가 회사에 대하여 손해배상의무를 부담하는 경우에 회사와 이사나 감사는 채권자와 채무자의 관계로서 서로 이해가 상반하기 때문에, 채권자인 회사가 채무자인 이사나 감사를 위하여 임원배상책임보험의 보험료를 지급하는 것은 이익상반행위에 해당한다는 학설이다.[877]

둘째, 회사가 이사나 감사를 대신하여 임원배상책임보험의 보험료를 지급하는 것은 일종의 무상 이익공여로 그 지급의 성질은 회사가 임원에게 보수를 지급하는 것에 해당하므로, 임원의 보수는 정관에 그 액수를 정하지 않은 때에는 주주총회의 결의로 정한다는 「상법」제388조에 의해 주주총회의 승인이 없는 한 허용할 수 없다는 학설이다.[878]

셋째, 보험료를 회사가 지급하는 것은 실질적으로 회사가 임원에 대하여 손해배상 청구권을 사전에 또는 일반적으로 포기하는 것과 동일한 결과가 되어 결국 임원의 책임을 면제 하는 것과 동일한 효과가 있으므로 이를 금지해야 한다는 학설이다.[879]

넷째, 임원자신이 불법행위로 인하여 개인적으로 소가 제기된 경우에 대비하여 가입하는 보험이므로 당연히 보험료도 임원 개인이 부담하여야 함에도, 자신을 보호하기 위한 보험료를 회사가 부담하는 것은 회사에 손해를 주는 행위에 해당되어 임원의 충실의무 위반에 해당된다고 하는 학설이다.[880]

다섯째, 임원이 회사에 대하여 손해배상책임을 부담하는 것은 임원이 법령, 정관을 위반하여 업무집행을 하는 것을 억제하기 위함인데, 임원이 손해배상책임을 지게 되어도 보험료를 회사가 부담하여 보험에 의해 전보하게 된다면, 위법 행위의 억제효과를 손상시켜 이 억제력이 없게 된다는 학설이다.

---

877) 김원기 · 박수영, 「회사이사배상책임보험의 현황과 그 문제점」, 기업법연구 제3집, 한국기업법학회,1998., 9면.
878) 강희주, 전게논문, 101면.
879) 홍복기, 전게논문, 248~261면.
880) 이태종, 전게논문, 266면.

바. 결 어

생각건대 임원의 배상책임보험으로 인하여 이익을 보는 것은 결국 회사가 되기 때문에 아래 사항을 고려해 볼 때 긍정설이 타당하다고 본다.

첫째, 임원배상책임보험은 단순히 임원의 배상책임이행을 담보하여 임원을 경제적 부담으로부터 해방시켜줄 뿐만 아니라 임원의 지급능력으로 보아 회사가 현실적으로 배상을 지급받지 못하게 되는 경우에 그 지급을 확보한다는 의미도 있어 회사에 이익이 되는 제도이다.

둘째, 종전에는 소수주주권행사를 보험금 지급사유로 하는 보험료 부분만을 소득세 부과대상으로 하던 내용을 변경하여, 2000. 1. 1. 부터는 근로소득범위 제외 대상에 주주대표 소송 해당 보험료를 포함한 전액에 대하여 비과세하기로 「소득세법」이 개정되어 법인의 보험료지급에 따른 회계처리는 화재보험 등과 같이 전액 손금처리 할 수 있게 되었다.

셋째, 임원배상책임 보험료를 회사가 직접지급하게 되면 임원의 권리를 회사가 적극적 으로 보호하게 되어 임원은 회사를 경영함에 있어 불안감 없이 직무에 더욱 더 적극적으로 정진할 수 있기 때문에 결국은 회사에게 이롭게 되는 것이다.

넷째, 임원배상책임보험은 임원이라는 지위에 부수하여 체결되는 것으로 그 보험료의 지급은 이에 부수하는 편의제공에 불과하며, 회사와 임원과의 관계는 위임에 관한 규정이 적용되므로 보험료 부담은 「민법」제688조의 위임사무처리비용에 해당된다고 볼 수 있다.

참고로 미국에서는 현재 대부분의 제정법은 회사의 보상제도와 관계없이 회사가 이사를 위하여 임원배상책임보험에 가입하고 유지시킬 권능이 있다고 규정하고 있다. 이사의 경영상의 과실에 의한 손해배상청구를 받은 경우 발생하는 손해배상금이나 소송비용의 위험을 전가시키기 위하여 회사의 정관으로 임원배상책임보험제도의 활용을 규정하고 있다.[881]

따라서 최근 주주대표소송제도의 활성화가 기대되는 우리나라에서도 이사나 감사의 업무집행 의욕이 위축되지 않도록 하고, 회사 자신의 권리도 확보하기 위하여 회사나 임원은 임원배상책임보험제도를 적극적으로 활용하는 것이 유익하다고 본다.

---

881) 김인환, 전게논문, 159면.

VII 주주대표소송의 남소 방지 개선 방안

주주대표소송의 활성화로 인한 소송의 남용을 우려하여 남소의 방지방안에 치중할 경우 주주대표소송은 다시 과거와 같이 활용이 적어지는 문제가 발생할 수 있다. 그러나 소수주주의 권한을 강화하여 이사나 감사의 책임추궁을 통한 기업의 투명성과 건전성을 확보하는 것도 중요하지만, 부당한 제소로부터 피고 임원과 회사를 보호하고, 더 나아가 전체 주주를 보호하기 위하여 남소의 방지방안이 반드시 필요하다.

미국과 일본의 주주대표소송을 살펴보면 소송남용이 가장 큰 문제이다. 소송남용의 예로 위협소송, 협박소송을 들을 수 있다. 회사로부터 금전의 갈취, 개인적인 주의·주장이나 정치적·사회적 의도를 달성하기 위하여 증거가 없는데도 소를 제기하는 경우, 개인의 이익을 얻기 위하여 회사 또는 이사나 감사에 대한 부당한 손해를 끼치려는 목적으로 주주대표소송을 이용하는 것이다.

현행 남소를 방지하기 위한 제도로서는 ① 원고를 100분의 1 이상의 소수주주로 제한 한 점, ② 소송제기 전에 회사에 제소청구 절차를 거치게 한 점, ③ 피고에게 소송비용의 담보제공 신청을 인정 한 점, ④ 원고의 제소 자체가 고의나 과실에 의하여 피고의 권리를 침해한 경우에는 손해배상을 부담하게 한 점, ⑤ 주주대표소송이 남용된 경우에 권리의 남용으로 청구를 기각할 수 있게 한 점 등이 있다.

하지만 아무리 부적절한 소제기라고 하더라도 회사에서는 소제기를 저지할 수 없다. **부적절한 대표소송**이란 이사/감사의 책임추궁이 인정되지만 실질적으로 보아 회사의 손해가 경미하고 이사/감사 행위의 위법성이 낮다면 주주대표소송을 제기하여 얻을 수 있는 이익 보다는 손해가 더 클 것이다. 특히 회사의 명예와 신용이 떨어질 위험이 더 클 것이다.[882]

우리의 현실 속에서의 남용방지는 결국 주주대표소송을 활성화 시키면서 그에 의해 발생할지 모르는 남용사태에 대한 대책을 강구하는 일 것이다. 이는 주주대표소송의 활성화와 남소방지라는 양자의 균형적인 조화를 필요로 한다. 따라서 아래에서는 주주대표소송의 활성화로 인해 발생할 수 있는 주주들의 남소의 방지를 위한 보다 현실성 있고 실효성 있는 남소 방지 방안을 강구해 보고자 한다.

1. 적절대표의 원칙 도입

가. 개 요

미국의 대표소송제도는 단독주주권으로 되어 있다.[883] 제소주주가 보유하는 주식은

---

882) 양동석, 「주주대표소송」, 고시연구사 고시연구, 2001., 79면
883) 이형규, 「기업지배구조개혁의 미해결과제」, 한국상사법학회 상사법연구 제20권 제2호, 2001., 210면.

1주라도 무방하다. 다만 제소주주는 회사나 동일한 입장에 놓여있는 다른 주주들의 이익을 공정하고 적절하게 대표하여야 한다. 주주가 다른 주주의 이익을 대표하지 않거나 자신의 개인적인 이익만을 위한 때에는 대표소송을 제기할 수 없다. 대표소송을 제기한 주주가 공정하고 적절한 대표성을 갖는지 여부에 관하여는 피고가 입증 책임을 부담한다.[884]

이와 달리 한국의 대표소송제도에서는 원고 주주의 자격요건에서 지주비율 이외에는 다른 주주 전부를 공정하고 적절하게 대표할 것을 요구하지 않고 있다. 그 이유는 주주 대표소송 제기권이 소수주주권으로 되어 있기 때문에 그러한 대표성이 간접적으로 담보될 수 있다고 보았기 때문이다.

한편 주주대표소송을 제기하기 위한 원고적격을 100분의 1 이상의 소수주주요건에 의하여 정하는 방법은 지나치게 엄격하고, 소송의 목적이 되는 회사의 이익을 고려할 때 너무 획일적이고 피상적인 취급이라 할 수 있다. 그리고 주주대표소송의 판결의 효력은 회사 및 다른 주주 전원에게 미치는데도 불구하고 원고주주에게 그 대표로서의 적절한 자격을 요구하지 않는 것은 타당하지 않다.[885]

나. 외국의 사례

(1) 미 국

(가) 적절대표의 의의

미국의 「연방민사소송규칙」 제23-1조에서 "주주의 대표소송은 원고주주가 회사 또는 법인격 없는 사단의 권리를 행사함에 있어서 같은 상태에 있는 주주나 구성원의 이익을 공정하고 적절하게(fairy and adequately) 대표하지 않는다고 인정될 때에는 소송을 수행할 수 없다"라고 규정하고 있고, 많은 주의 「회사법」에서도 이를 규정하고 있다.

이를 요구하는 것은 대표소송에서 원고 주주가 적절한 대표성을 가지지 않는 경우에는 회사의 최선의 이익이 위협받을 뿐만 아니라, 적법절차 위배가 되어 그 소송결과를 다른 주주들에게 적용할 수 없게 되는 결과를 초래할 수도 있기 때문이다.

(나) 적절대표의 판단요소

원고주주가 대표소송을 수행함에 있어서 적절한 대표성을 갖추었는가를 판단하기 위하여 판례는 소극적으로는 원고나 그 대리인이 회사 혹은 나머지 주주들과

---

884) 이봉의·이의영·김재구·양덕순, 「지배구조 개편을 위한 주주대표소송제도의 국제비교-한·독·미·일 을 중심으로-」, 한국상사판례학회 상사판례연구 제19권 제1호, 2006., 472면.
885) 김동훈, 「주주대표소송의 이용범위 확대」, 한국외국어대학교 법학연구소 외법논집 제13권, 2002., 472면.

상반되는 이해관계를 가지고 있어 회사를 적절히 대표할 수 없는 사정이 있는지 여부이고, 적극적으로는 원고나 그 대리인이 회사를 위하여 대표소송을 열심히 양심적으로 수행할 능력이 있는지 여부를 요건으로 들고 있다.[886]

이를 판단함에 있어 다음과 같은 점이 문제가 된다.

① 소송제기의 동기가 제소자격에 영향을 미치는가 하는 점이다. 대표소송을 제기할 목적으로 주식을 매수한 주주는 단지 그 이유만으로 제소의 자격을 부인당하지 아니 한다. 즉 원고 주주의 개인적 동기의 당·부당은 일반적으로 문제되지 않는다.

그러나 원고주주가 경쟁회사의 하수인으로서 경쟁회사의 이익만을 위하여 제기하는 대표소송처럼 현저하게 이기적인 동기에서 전체이익에 반하는 소송을 수행하는 경우 에는 그 주주를 전체의 공정한 대표자라 할 수 없으므로 이때에는 원고 주주의 동기를 문제 삼지 않을 수 없다.

② 이사의 불법행위에 대해 참가, 동의, 인용, 추인한 주주 또는 불법행위에 기한 이익 배당이나 기타의 이익을 얻은 주주나 이사의 불법행위를 알고 상당한 기간 내에 제소 하지 않는 제소해태 주주는 그 스스로 대표소송을 제기할 수 없다.

문제는 주주로부터 그 사정을 알면서 취득한 주식양수인의 제소자격이 부정 되는가 이다. 이에 관하여 주식 양수인은 양도인에 갈음하여 양도인과 같은 지위에 서게되므로 제소자격을 부정하는 입장이 있으나, 이는 주식의 유통성에 반하므로 양수시에 주식양도인의 결격사유를 알지 못했던 선의의 주식 양수인에게는 대표소송 제기권을 긍정해야 할 것이다.

③ 원고 주주가 일정 범위의 주주의 이익을 대표하고는 있지만 나머지 주주의 이익은 대표하지 못하는 경우에 적절대표 요건을 충족하는가의 문제이다.

다수파 주주는 대표소송에 의하지 아니하더라도 자신의 의사를 회사 경영에 반영할 수 있으므로 반드시 대표소송을 이용하지 않더라도 무방하지만, 소수파 주주는 대표소송 을 이용할 필요가 있는 점을 고려할 때 원고 주주가 같은 입장에 있는 소수파 주주들을 대표하고 있는 경우라면 그 대표의 적절성을 인정하여도 좋다고 생각한다.[887]

---

886) 양석완, 「주주의 대표소송에 관한 연구」, 제주대논문집 제33집. 1991., 145면.
887) 이태종, 전게논문,1997., 80면.

(2) 일 본

일본의 주주대표소송제도의 적절대표원칙은 「회사법」제847조 제1항 단서 규정에 의하여 주주대표소송이 당해 주주 또는 제3자의 부정한 이익을 도모하거나 당해 주식회사에 손해를 가하는 것을 목적으로 하는 경우에는 제소청구를 할 수 없다고 규정하고 있다. 이에 불구하고 소수주주가 대표소송을 제기한 경우 일본에서는 이 규정에 의하여 담보제공명령 이전에 소를 각하할 수 있다고 해석하고 있다.[888]

다. 맺는말

위에서 살펴 본 바와 같이 미국이나 일본의 경우 원고주주가 대표소송을 제기하기 위해서는 전체 주주의 공정하고 적절한 대표성을 가져야 한다. 이는 대표소송이 집단소송과 같은 소송구조를 가지고 있기 때문에 그 대표의 적절성이 기본적인 요건이 되는 것이다. 이에 반하여 우리나라의 경우에는 원고 주주가 나머지 주주들을 공정 하고 적절하게 대표할 것을 요구하고 있지 않다.

우리나라의 경우와 같이 원고 적격을 100분의 1 이상의 소수주주요건에 의하여 정하는 방법은 소송의 목적이 되는 회사의 이익을 고려할 때 너무 획일적이고 피상적인 취급이라 할 수 있으므로 대표소송이 남용되는 것을 방지하기 위해서는 미국 및 일본에서 이미 도입하고 있는 원고주주의 공정하고 적절한 대표성을 요구 하는 방안 즉, 적절대표 제도를 도입하는 것이 필요하다고 본다.[889]

이러한 원고 주주의 적절대표성의 요건을 채택하게 되면 실제 회사나 다른 주주에게 유익한 대표소송은 그 제기를 막지 않으면서 원고주주 개인의 이익만을 위한 부당한 대표 소송의 제기는 효과적으로 억제할 수 있다. 또한 이론적으로 보더라도 대표소송의 판결의 효력은 다른 주주에 대하여도 효력이 있으므로 원고 주주에게 다른 주주를 적절하게 대표할 것을 그 요건으로 요구하는 것은 타당할 것이다.

원고 주주에게 이러한 대표의 적절성 요건을 요구하게 되면, 일정한 범위의 주주의 이익을 대표하지 못하고 자기의 이익만을 추구할 목적을 가진 약탈적 주주나 총회꾼 같은 악의의 주주에 의한 대표소송의 남용을 방지할 수 있다. 물론 지금도 소권의 남용이론이나 주주권의 남용이론에 의하여 동일한 효과를 기대할 수 있지만, 주주 대표소송에 관하여서는 원고주주의 적절대표의 요건에 의하여 해결하는 것이 보다 근본적이다.

---

888) 임재연, 전게서Ⅱ, 박영사, 2014, 495면
889) 김대연, 전게논문, 327면, 김동훈, 전게논문, 13면, 이태종, 전게논문, 261면.

2. 경영판단의 원칙 도입

가. 의 의

업무집행의 적법성은 행위 시에 판단되지만 효율성은 상당한 시간이 경과한 후에야 판단되는 경우가 많다. 그러나 이 비효율성은 예측 불가능한 변수에 의해 사후적으로 결정되어진 것이므로 이를 임무해태라고 한다면 이사에게 관리 불가능한 책임을 과하는 것과 같다. 이러한 경우 미국에서는 이른바 「경영판단의 원칙」(Business Judgment Rule)이라는 이론으로 이사의 책임의 한계를 설정하고 있다.[890] 이는 19세기 중반부터 미국의 판례법으로 발달한 책임이론인데, 최근에는 「모범사업회사법」에도 조문화 되었다(MBCA § 8.31).

「경영판단의 원칙(Business Judgment Rule)」 이라 함은 「이사들의 권한 내인 경영사항에 관해 이사들이 내린 의사결정이 그 같이 할 합리적인 근거가 있고, 회사의 이익을 위한 것이라는 믿음 하에, 어떤 다른 고려에 의한 영향을 받지 아니한 채 독립적인 판단을 통해 성실히 이루어지고 그 내용이 통상이사로서 선택할 수 있는 범위에 있는 것이라면 법원은 이에 개입하여 그 판단에 따른 거래를 무효로 하거나 그로 인한 회사의 손해에 관해 이사의 책임을 묻지 아니 한다」라는 원칙이다.[891]

이 원칙은 이사의 경영사항에 관한 결정이 일정한 요건을 충족하는 경우에는 법원의 司法審査를 억제하는 역할을 수행한다. 일반적으로 법원의 司法審査가 억제되는 요건으로 제시하는 내용은 다음과 같다. 이러한 요건이 충족되는 경우에는 법원이 당해행위의 무효나 취소를 할 수 없고 또 이사에게 그 결정으로 생긴 손해에 대하여 배상책임을 부과하기 위하여 회사의 내부적인 경영사항에 간섭하거나 법관의 판단으로써 이사의 판단을 대신하여서는 안 된다는 원칙이다.[892]

司法審査를 억제하는 요건

① 이사나 감사가 회사의 업무를 집행함에 있어 회사의 권능 및 자신의 권한의 범위 내에서 합리적인 근거를 가지고 있어야 한다.

② 일정한 경영상의 결정을 함에 있어서 필요한 자료를 충분히 검토한 후에 판단을 하여야 한다.

③ 자신이 회사의 최선의 이익에 합치한다고 성실하게 믿었던 사항 이외에는 아무런 영향도 받지 않고 그 독자적인 재량과 판단에 기초한 결과에 따라 성실하게 행동 하여야 한다.

---

890) 이철송, 전게서, 754면.
891) 이철송, 전게서, 755면, Henn, Harry G./Alexander. John., 「Laws of Corporations」, 3rd ed., West Publishing Co.(Minnesota) (이하 'Heen & Alexander'fk 함) p. 661.
892) Henn & Alexander. p. 661. 이철송, 전게서, 755면.

또한 경영판단을 적용하는 요건으로는 첫째, 당해 직무를 수행함에 있어 사적인 이해관계를 가지지 아니하고 당해 직무를 지시한 자, 기타 타인으로부터 영향을 받지 아니한 때, 둘째 당해 직무수행과 관련된 경영판단을 함에 있어 그 판단대상에 관하여 충분히 정보를 수집·검토하고 이에 근거 한 때, 셋째 당해 직무수행이 법령이나 정관에서 인정하고 있는 권한의 남용, 기타 중대한 사유에 해당하지 아니한 때라고 한다.893)

나. 외국 사례 및 판례 태도

(1) 미국에서의 경영판단의 원칙894)

주주대표소송은 이사의 위법행위나 부당행위로부터 회사의 이익을 보호하기 위한 수단을 주주에게 부여하는 것으로서 어디까지나 회사를 위한 소송이다. 회사는 승소 가능성이 있는 경우라도 여러 가지의 이유에 의하여 소송을 제기하지 않는 것이 회사의 이익에 도움이 된다고 판단을 내릴 수 있다.

미국의 대부분의 州 制定法과 聯邦 民事訴訟規則은 원칙적으로 주주가 대표 소송을 제기하기에 앞서 이사회에 대한 제소청구를 하도록 규정하고 있다. 회사가 주주로부터 대표소송의 제기를 청구 받은 경우에 승소의 가능성, 입증의 난이도, 소송이 회사에 미치는 영향 등을 종합적으로 고려하여 당해 소송을 제기하지 않기로 판단을 할 수 있다.

이사회 또는 독립적인 사외이사 들로 구성된 소송위원회는 대표소송을 유지할 것인가에 대하여 독립적이고 선의로 성실하게 조사를 한 후에 그 소송이 회사에 최선의 이익이 되지 않는다는 판단이 들면 주주의 청구를 거절할 수 있다. 이것은 회사의 업무와 관련된 문제는 먼저 회사가 결정권을 갖고 처리해야 한다는 일반적인 경영판단의 원칙을 대표소송에 적용한 것이다.

따라서 이사회 또는 소송위원회에서 소송을 계속 수행하는 것이 회사에 최선의 이익이 되지 않는다고 결정하면 이에 경영판단의 원칙을 적용하여 주주의 소송을 저지하게 된다.895) 그리하여 대표소송에 있어 경영판단의 원칙은 주주의 대표 소송이 남용된 경우에 이로부터 회사나 피고 이사를 보호하는 유력한 방어수단이 된다.896)

실제로 대표소송에 있어 경영판단의 원칙을 어떻게 적용할 것인가에 대하여 「모범 회사법」은 다음과 같이 규정하고 있다. 「모범 회사법」제7.44조 (a)항은 "법

---

893) 이영봉, 전게논문, 241~215면, 김인환, 전게논문,141면.
894) 김인환, 전게논문, 경북대학교대학원, 2007., 132~133면.
895) Henn/Alexander, op. cit., p. 1074.
896) 김인환, 전게논문, 경북대학교대학원, 2007., 133면.

원은 독립적인 이사회 또는 소송위원회가 합리적인 조사를 한 후에 당해 대표소송을 계속 수행하는 것이 회사에 최선의 이익이 되지 않는다고 성실히 결정한 경우에는 그 대표소송을 종료하여야 한다."고 규정하고 있다.

또한 「미국법률협회(ALI:American Law Institute)897)의「Principles of Corporate Governance」§ 7.10(b)항 에서도 이사, 임원 등을 피고로 하는 대표소송의 경우에 일정한 요건을 충족할 경우에는 소송위원회에 의한 대표소송의 종료를 인정하고 있다.898)

(2) 독일에서의 경영판단의 원칙

독일에서는 경영판단의 원칙을 2005년 제정한 「기업 완전성 및 취소소송 현대화를 위한 법률」(UMAG)에 의하여 이사의 주의의무에 관한 「주식법」제93조 제1항 제1문 뒤에 제2문을 신설하여 "이사가 기업가적 결정을 함에 있어서 적정한 정보에 기하여 회사의 이익을 위하여 행위 한 것이라고 합리적으로 인정될 때에는 주의의무 위반이 아니다"라고 명문으로 규정하고 있다.899)

(3) 경영판단에 대한 판례 태도

대법원 판례는 "이사가 경영판단을 함에 있어 통상의 합리적인 이사로서 그 상황에서 합당한 정보를 가지고 적합한 절차에 따라 회사의 최대한 이익을 위해 신의성실에 따라 한 것 이라면 그 의사결정과정에 현저한 불합리가 없는 한 그 임원의 경영판단은 허용되는 재량의 범위 내의 것으로서 회사에 대한 선량한 관리자의 주의의무 내지 충실의무를 다한 것으로 본다."고 판시하고 있다.900)

또한 대법원은 "이사의 직무수행 상의 채무는 회사에 손해의 결과가 전혀 발생하지 않도록 하여야할 결과채무가 아니라, 회사의 이익을 위하여 선량한 관리자로서의 주의의무를 가지고 필요하고 적절한 조치를 다해야 할 채무이므로, 이사의 책임에 대한 증명책임은 원고가 부담한다는 원칙이다."고 판시하고 있다.901)

전자는 실체법적 원리로서의 경영판단의 원칙을 채택한 것이고, 후자는 소송법적 원리로서의 경영판단의 원칙을 채택한 것이다.902)

---

897) 미국법률협회는 미국법의 불확실성과 복잡함을 해소하고 법의 간소화와 보다 나은 司法의 확보를 목표로1923년에 설립된 기관으로 법전과 법령을 작성, 공표하는 일을 한다.
898) 김인환, 전게논문, 경북대학교대학원, 2007., 134면.
899) 임재연, 전게서, 박영사, 472~473면.
900) 대법원 2006. 7. 6. 선고 2004다8272 판결.
901) 대법원 1996. 12. 23. 선고 96다30465, 30472.
902) 임재연, 전게서, 박영사, 472면.

다. 도입 논의

(1) 경영판단원칙의 역할

주주대표소송과 관련하여 경영판단의 원칙이 어떤 역할을 할 것인가에 관하여는 다양한 논의가 있다. 먼저 경영판단의 원칙은 주주대표소송에 있어서 크게 세 가지 중요한 역할을 수행하고 있다고 주장한다.[903]

① 회사와 이사에게 소수주주의 공격으로부터 자신을 방어할 수 있는 이론적 근거를 제공한다.

② 소수주주로부터 대표소송 제기 이전에 회사에 대하여 책임을 추궁하는 제소 요구가 들어온 경우에 회사로 하여금 그 필요성 유무를 판단할 수 있는 기준을 제공하여 준다.

③ 우리 법상으로는 인정되지 않지만 영미법상의 경우에는 회사로 하여금 특별 소송위원회를 구성하여 소송을 수행케 함으로써 대표소송을 종료시켜야 하는지 여부에 관하여 판단할 수 있는 기준을 제공하여 준다.

(2) 도입에 대한 긍정설

경영판단의 원칙을 도입할 것인가에 관해 도입을 긍정하는 다수의 견해는 명시적으로 경영판단의 원칙을 도입해야 한다고 주장하고 있지는 않지만 대체로 이 법칙의 도입에 긍정적인 입장을 취하고 있다.[904] 그 논거를 살펴보면 다음과 같다.

첫째, 경영판단의 원칙을 판단함에 있어서 이사와 회사의 관계는 위임관계 이므로 이사는 회사에 대하여 선관주의의무를 부담하는데 회사에 손해가 발생할 경우 항상 선관주의 의무 위반으로 이사에게 책임을 묻게 된다면 이는 이사에게 너무 가혹하고, 만일 이사의 책임을 추궁하는 소송이 빈번한 경우 이사의 활동은 위축되고 경영에 대한 지식이 부족한 법원에 이사의 경영상의 판단에 대해 당부를 가리는 결과가 발생하게 된다는 견해이다.[905]

둘째, 이사의 업무집행에 관한 적법성은 행위 시에 판단되지만 그 효율성은 그 후에 판단되는 경우가 많은데 이러한 효율성은 사후적인 것이고 이사가 관리 불가능한 변수에 의하여 결정되는 것이 많으므로 이를 임무해태라고 한다면 이사에게 관리 불가능한 책임을 부담하게 하는 문제가 발생하므로 이사의 책임의 한계를 설정하기 위하여 경영 판단의 원칙의 도입이 요구된다는 견해이다.[906]

셋째, 주식회사 경영의 복잡·전문화로 이사의 경영판단의 적부를 사후에 심사

---

903) 이태종, 전게논문, 263면. 김인환, 전게논문, 138면.
904) 이철송, 전게서, 756면, 정동윤, 전게서, 428면, 최기원, 전게서, 663면.
905) 양동석·박진호, 「경영판단원칙과 주주대표소송」, 통일문제연구제14집, 조선대학교, 2001., 143면.
906) 김대연, 전게논문, 114면.

하여 과실의 유무를 판단하는 것은 부당하므로 이사가 그 권한 범위 내에서 합리적 근거에 의하여 어떠한 판단을 할 경우 그에 대해 간섭을 받지 않고 책임을 지지 않는 경영판단의 원칙이 적용되어야 한다는 견해이다.[907]

넷째, ① 끊임없이 변동하는 경제상황 속에서 이사는 장래를 예측하면서 경영판단을 하여야 하고 이것은 경영정책상의 문제일 뿐 법원에 의하여 해결되어야 할 문제가 아니란 점, ② 기업경영에는 필연적으로 모험이 수반되기 때문에 이사의 판단을 사후에 가서 비난 하는 것은 이사에게 가혹하다고 생각되는 경우가 많다는 점, ③ 이사가 자유로이 수완 과 재능을 발휘할 수 있는 환경을 만들어 줌으로써 기업경영의 적임자를 이사로 확보 할 수 있다는 점, ④ 법관 임용방식이 미국과 달라 경제사정에 정통한 법관이 많다고 보기는 어렵다는 점 등을 근거로 해석에 의하여 받아들일 수 있다는 견해도 있다.[908]

그리고 입법론 또는 해석론으로 미국과 같이 경영판단의 원칙을 적용하여 소제기여부에 대한 재량권을 인정하자는 주장도 있다. 먼저 대표소송은 본래 회사의 이익을 위하여 존재하는 만큼 대표소송을 제기하는 것이 회사의 신용을 심히 해할 우려가 있어 오히려 소송을 제기하지 아니하는 것이 회사의 이익을 위하여보다 유익한 것으로 판단되는 경우에는 회사의 재량권을 인정하여 대표 소송을 거절토록 하는 것이 타당하다는 견해도 있다.[909]

또한 미국법상 "경영판단의 원칙"의 대표소송에의 적용은 아직은 판례상 혼란상태에 있으나 이 원칙을 우리 「상법」에서도 검토하여 볼 가치가 있다고 생각하는 견해도 있고,[910] 문책 받을 이사를 제외한 이사들이 이사회 과반수를 구성하고 이들이 여러 가지 사정을 신중히 고려하여 공정하게 검토한 결과 소를 제기하지 않는 것이 좋다고 판단하여 결정을 내리면 소수주주는 위 결정에 따라야 한다는 견해도 있다.[911]

(3) 도입에 대한 부정설

경영판단의 원칙은 미국적인 색체를 많이 가지고 있기 때문에 이를 도입할 경우에는 이사 및 감사와 지배주주의 경영에 대한 책임성 강화와 지배구조 개선, 소수주주권의 강화라는 문제와 맞물려 있기 때문에 아주 신중히 하여야 한다고 전제한 후 이 원칙의 도입에 부정적인 태도를 취하는 견해이다.[912]

---

907) 김영선, 「이사의 책임보험 연구」, 삼지원, 1996., 72~73면.
908) 박영길, 「주주대표소송」, 기업환경변화와 상사법, 삼성출판사, 1993., 298면.
909) 민형기, 「주주의 대표소송」, 회사법의 제문제(하), 재판자료 제38집, 법원행정처, 1987., 192~193면.
910) 박영길, 전게논문, 298면.
911) 정동윤, 「주주대표소송－실무상의 문제점을 중심으로 하여」, 사법논집 제2집, 법원행정처, 1972., 349면.

그 논거를 살펴보면, 첫째로 현재 한국에서는 경영판단의 원칙을 명문으로 도입하기 보다는 소수주주의 보호를 위해 법원이 판례를 통하여 다양한 형태로 전개되고 있는 상황이므로, 이사의 경영판단의 원칙을 명문화 하고 있지 않은 상황에서 주주대표소송에서 이 원칙을 입법하여 명문으로 도입하는 것은 어려운 문제라고 볼 수 있다는 점이다.[913]

둘째로, 회사의 주인이 주주임에도 불구하고 이사가 경영판단의 원칙에 의하여 책임을 면할 수 있는 범위를 확대시킨다는 것은 출자자인 주주의 권리를 침해할 가능성을 배제할 수 없는 점 때문에 이에 대해서는 우리 기업현실이 좀 더 투명성이 확보된 후에 고려하여야 할 대상이라고 보는 견해이다.

라. 적용 범위

(1) 일반적 적용의 대상

경영판단 법칙의 실체법적 이론은 우리나라에서 이사의 책임의 근거가 되는 수임인의 선관주의의무(「민법」제681조)의 해석론에 의해서도 도출될 수 있다. 「이사들의 권한 내인 사항에 관해 이사들이 내린 의사결정이 그같이 할 합리적인 근거가 있고, 회사의 이익을 위한 것이라는 믿음 하에, 어떤 다른 고려에 의한 영향을 받지 아니한 채 독립적인 판단을 통해 성실히 이루어지고 그 내용이 통상 이사로서 선택할 수 있는 범위에 있는 것이라면」 이는 위임인의 본지에 따라 선량한 관리자의 주의를 충분히 베푼 것으로서 그로 인한 회사의 손실은 불가항력적인 것이라 할 수 있는 것이다.

따라서 이러한 판단을 충족하는 이사의 행위는 무과실의 행위로서 그 자체가 「상법」제399조 제1항이 규정하는 임무해태에 해당하지 않는다고 보아야 하는 것이다. 이를 판례는 「**허용된 재량의 범위**」라고 표현한다.[914] 이와 같이 경영판단의 법칙은 이사의 행위가 주의의무를 위반하였는지를 판단하는 기준이므로 이사의 주의의무가 미치는 행위 모두를 적용대상으로 한다.[915]

또한 "경영난에 빠진 다른 회사에 대한 채권을 평가함에 있어 채무자 회사의 회생 가능성을 믿고 채권의 가치를 긍정적으로 판단하고 그에 기해 이익배당을 하였던 바, 채권의 과대계상을 통해 위법배당을 하였다는 이유로 이사의 책임이 추궁된 사건에서 채무자의 회생가능성의 판단의 당부는 경영자판단의 합리성 관

---

912) 권제열, 「경영판단의 원칙의 도입에 관련된 문제점」, 연세법학연구 제3집, 연세법학연구원, 1995., 213면 이하.
913) 김건식, 「은행이사의 선관주의 의무화와 경영판단원칙」, 민사판례연구제26권, 박영사, 2004. 423면.
914) 대법원 2002. 6. 14. 선고. 2001다52407 판결. 이철송, 전게서, 762면.
915) 이철송, 전게서, 762면.

점에서 보아야 한다."라는 판례[916]에서 와 같이 회계방법의 선택 등 회계적인 의사결정에도 경영판단의 법칙이 적용된다.[917]

(2) 일반적 적용의 한계

① 경영판단의 법칙은 사후적인 판단에 의해 행위 당시의 이사의 행위를 비난할 수 없다는 이론이므로 성질상 임무해태에 국한하여 적용될 수 있는 것이고, 법령에 위반한 행위에 대해서는 적용될 수 없다.[918]

법령위반행위에 대해 경영판단의 법칙이 적용되지 않는다는 것이 법령위반 행위를 한 이사는 항상 손해배상책임을 져야 한다는 것을 의미하지는 않는다. 법령위반행위로 인해 회사에 손해가 발생했다고 하더라도 그에 상응하는 이익이 발생하거나 기대된다면 손해로 인식할 수 없기 때문이다.[919]

② 회사의 이익을 위해 대외적으로 불법행위를 한 경우에도 경영판단의 법칙은 배제 되는가? 사기, 협박과 같은 범죄행위를 통해 타인에게 손해를 가하는 것이 허용될 수 없음은 물론이고, 개별적인 법령위반행위에 해당하는 불법행위는 앞서의 기준에 의해 판단되어야 한다.

그러나 반사회적이거나 반인륜적이 아닌 가해행위로서 금전적 보상으로 면책이 가능한 정도의 불법행위라면 경영판단의 대상이 될 수 있다고 보아야 한다. 예컨대 건설회사의 이사가 주변에 소음을 야기하여 손해배상 청구가 예상되는 공사를 기획하는 경우 예상되는 손해배상액과 공사로 인한 이익을 較量하여 후자가 크므로 공사를 강행한 경우에는 이사의 책임을 물을 사안이 아니라고 본다.[920]

③ 미국의 판례에 의하면 경영판단의 법칙에 따라 책임추궁에서 제외되기 위해서는 이사의 판단자체는 영리회사의 관리자에 부합하는 합리적인 논리에 따라 愼重하고 熟知된 상태에서 이루어 질 것을 요구한다. 우리 법 하에서 이사가 부담하는 「委任의 本旨에 따른 善管注意義務」 역시 문제의 해결에 필요한 정보를 충분히 확보하고 이를 기초로 하여 신중 하고 합리적인 판단을 거쳐 회사에 최대의 이익이 되는 방향으로 의사결정을 해야 함을 뜻하는 것이다.[921]

---

916) 일본 大阪地裁. 2012. 9. 28. 판결

917) 이철송, 전게서, 762면.

918) 대법원 2005. 10. 28. 선고. 2003다60638 판결, 대법원. 2006. 11. 9. 선고. 2004다41651 · 41668 판결.

919) 대법원. 2006. 7. 6. 선고. 2004다8272 판결.

920) 이철송, 전게서, 763면.

921) 이철송, 「제23판 회사법강의」, 박영사, 2015., 764면.

그렇지 않고 단순히 회사의 영업에 이익이 될 것이라는 일반적·추상적인 기대하에 업무를 처리하여 회사에 손해가 발생하였다면 경영판단의 재량범위를 벗어난다. 우리나라의 판례도 아래와 같이 같은 기준으로 경영판단의 한계를 설정하고 있다.

참고 >>> 대법원 2007. 10. 11. 선고. 2006다33333 판결(요약)

대법원은 「회사의 이사가 법령에 위반됨이 없이 관계회사에게 자금을 대여하거나 관계회사의 유상증자에 참여하여 그 발행신주를 인수함에 있어서, 관계회사의 회사 영업에 대한 기여도, 관계회사의 회생에 필요한 적정 지원자금의 액수 및 관계회사의 직원이 회사에 미치는 재정적 부담의 정도, 관계회사를 지원할 경우와 지원하지 아니할 경우 관계회사의 회생 가능성과 그로 인하여 회사에 미칠 것으로 예상되는 이익 및 불이익의 정도 등에 관하여 합리적으로 이용 가능한 범위 내에서 필요한 정보를 충분히 수집·조사하고 검토 하는 절차를 거쳐야 한다.

그 후 이를 근거로 회사의 최대이익에 부합한다고 합리적으로 신뢰하고 신의성실에 따라 경영상의 판단을 내렸고, 그 내용이 현저히 불합리하지 않은 것으로서 통상의 이사의 기준으로 할 때 합리적으로 선택할 수 있는 범위 안에 있는 것이라면, 비록 사후에 회사가 해를 입게 되는 결과가 발생하였더라도 그 이사의 행위는 허용되는 경영판단의 재량범위 내에 있는 것이어서 회사에 대하여 손해배상책임을 부담한다고 할 수 없다.(.......).

그러나 회사의 이사가 이러한 과정을 거쳐 이사회 결의를 통하여 자금지원을 의결한 것이 아니라, 단순히 회사의 경영상의 부담에도 불구하고 관계회사의 부도 등을 방지하는 것이 회사의 신인도를 유지하고 회사의 영업에 이익 될 것이라는 일반적·추상적인 기대 하에 일방적으로 관계회사에 자금을 지원하게 하여 회사에 손해를 입게 한 경우 등에는 --- 허용되는 경영판단의 재량범위 내에 있는 것이라 할 수 없다.」고 판시하고 있다.

(同旨判例 : 대법원 2008. 7. 10. 선고. 2006다39935 판결, 대법원 2011. 10. 13. 선고. 2009다80521 판결).

---

(3) 일반적 적용의 활용

(가) 이사의 일반적인 의사결정에 활용

우리 「상법」상 이사는 회사의 실질적 의사결정기구(「상법」제393조)인 이사회 구성원으로서 선량한 관리자로서의 주의의무(「상법」제382조 제2항, 「민법」제681조)를 지고 있고, 아울러 법령과 정관의 규정에 따라 회사를 위하여 그 직무를 충실하게 수행하여야 할 의무(「상법」제382조의 3)를 진다. 만일 이사가 법령 또는 정관에 위반된 행위를 하거나 그 임무를 해태한 때에는 회사에 대하여 연대하여 손해를 배상할 책임이 있다. (「상법」제399조 제1항).

문제는 구체적인 경우에 있어서 당해 이사 또는 이사회의 결정이 선량한 관리자로서의 주의의무 등을 다한 것인지 여부를 판단하기 어렵다는 데 있고, 정책적으로 본다면 과연 어떤 기준을 가지고 이사의 책임을 지우는 것이 회사와 주주의 이익을 위하여 바람직 한 것인지도 무척 난해한 일이다.

이사의 행위기준이나 판단기준을 정하거나 판단함에 있어서 이사가 법령이나 정관에 명백히 위반되는 행위를 한 경우에는 이사의 책임을 인정하는데 어려움이 없겠지만 그렇지 아니한 경우에는 결국 선량한 관리자, 임무해태 등 불확정 개념을 해석하고 사실관계에 적용하여 이사의 책임유무를 판단할 수밖에 없는데, 그 기준을 높일 경우 이사가 이사회 결의의 시행에 따라 발생하는 결과에 대해 무제한적으로 노출되기 때문에 이를 피하고자 무사안일하게 행동할 가능성이 크고, 반면에 그 기준을 낮출 경우 자의적이고 불합리적인 결의를 하더라도 책임을 묻지 못하는 경우가 생길 수도 있다.

위험에 따른 수익이라는 말처럼 회사가 전혀 위험을 부담하지 않으면서 수익을 올릴 수는 없는 것이므로 이사의 행위기준에 대하여 법령이나 판례를 통하여 일정한 기준을 두는 경우에도 이사들의 적극적인 경영활동을 보장하는 정책적 배려가 필요하며 이런 차원에서 일정한 요건하에 이사들의 책임을 어느정도 완화하고자 하는 취지에서 논의되고 발전되어 온 것이 소위 경영판단의 원칙이다.

(나) 감사의 대표소송 제기결정에 활용

경영판단의 원칙과 관련하여 「상법」상 회사 내지 피고 이사를 보호하기 위하여 주주의 제소단계에서 회사의 판단으로 주주의 제소청구가 정당한가의 여부를 심사할 권한을 인정할 수 있는가의 문제와 관련하여「상법」상 독립기관인 감사나 감사위원회의 판단에 맡기는 방법이 있을 것이다.

이는 감사나 감사위원회의 지위가 주식회사의 필수적인 독립기관이므로 소송의 공정성을 확보하기 위해 주주대표소송의 종료에 관한 판단을 감사나 감사위원회가 맡는 것이 타당하다는 것이다.[922] 그러나 이 또한 감사의 독립성과 전문성의 부족으로 인하여 소송에 대한 공정한 판단을 할 수 있는가에 대해 의문을 제기하는 견해도 있다.[923]

(다) 회사의 대표소송 제기결정에 활용

「상법」은 주주가 대표소송을 제기함에 앞서 회사에 대해 주주대표소송 제기의 이유를 기재한 서면으로 이사의 책임을 추궁할 소의 제기를 청구해야하고(「상법」

---

922) 박영숙, 전게논문, 2004., 82면.
923) 박영길, 전게논문., 297면

제403조 제1항, 제2항), 회사가 이런 청구를 받은 날로부터 30일 이내에 소를 제기하지 아니한 경우 주주는 즉시 소를 제기할 수 있다.(「상법」제403조 제3항).

회사가 이사에 대해 또는 이사가 회사에 대해 소를 제기하는 경우 감사는 그 소에 관하여 회사를 대표하므로(「상법」제394조), 주주대표소송에서 회사가 주주의 청구에 따라 소를 제기할 것인가의 여부에 대해 감사에게 결정권이 있다. 이사에 대한 책임 추궁은 원래 회사의 권한과 의무에 해당하므로 주주가 직접 대표소송을 제기함에 앞서 회사에 제소청구를 하도록 한 것이다.

따라서 앞서 본 것처럼 주주의 제소청구가 회사나 다른 주주에게 이익이 되지 않는다고 판단하더라도 감사는 이러한 청구를 거절할 수 없다고 보는 것이 일반적이다. 이처럼 우리나라의 주주대표소송제도에서는 대표소송의 종료여부에 대한 결정권이 회사에 있지 않으므로 경영판단의 원칙이 적용될 여지가 없는 것이 사실이다.

통상 회사가 소를 제기할 것인지 아닌지를 결정하는 것은 경영판단의 원칙에 따른 회사의 업무결정이다.[924] 이론적으로 회사 이사의 일상적인 사업거래에 관한 결정은 경영 판단의 원칙에 따라 가능한 한 존중되는 바, 회사에서 주주가 제소를 요청하는 소송을 제기하지 않기로 결정한 것도 마찬가지라고 보아야 할 것이다. 하지만 회사의 이사회가 회사에 속하는 어느 특정한 법적권리에 관하여 공정하고 선의인 결정을 할 수 없는 경우에는 주주가 회사를 대신하여 이사를 상대로 대표소송을 제기하는 것이 허용되어야 한다.

참고로 대구지방법원은 "대표이사의 행위가 회사의 경영에 관한 것인 경우에는 대표이사가 법령이나 정관의 규정에 위배되지 아니하는 범위 안에서 회사의 경영에 대한 판단 재량권을 가지고 있고, 또한 회사 경영이란 것이 그 성질상 다소의 모험을 수반하기 마련이므로, 대표이사가 업무를 집행함에 있어 경영자로서 요구되는 합리적인 선택의 범위 안에서 판단하고 이에 따라 업무를 집행하였다면 사후 그 행위로 인해 손해를 입었다고 하더라도 대표이사에게 선량한 관리자로서의 주의의무를 위반하였다고 하여 책임을 물을 수 없다고 할 것이다."

그러나 "대표이사가 경영에 관한 판단을 함에 있어 판단의 자료가 될 정보를 용이하게 수집할 수 있었음에도 불구하고 이용 가능한 정보를 수집하기 위한 노력을 태만히 하거나 이용 가능한 정보를 얻을 때까지 판단을 유보하지 아니한 채 무모하거나 경솔한 판단을 내리는 경우는 경영판단에 관하여 허용된 재량권의 범위를 일탈한 것으로서 선량한 관리자로서의 주의의무에 위반 된다."라고 판시하고 있다. (대구지방법원 2000. 5. 30. 선고. 99가합13533 판결).

---

924) 대구지방법원, 2000.5.30. 선고. 99가합13533 판결.

요컨대, 경영판단의 원칙은 대표소송에 있어서 다음과 같은 역할을 한다. 우선, 회사와 이사에게 소수주주의 공격으로부터 자신을 방어할 수 있는 이론적 근거를 제공하고, 둘째 소수주주로부터 대표소송 제기 이전에 회사에 대하여 이사의 책임을 추궁하는 제소 청구가 들어오는 경우에 회사 즉 감사로 하여금 그 필요성 유무를 판단할 수 있는 기준을 제공하여 준다.

우리 법의 해석으로도 이사의 행위에 대하여 경영판단의 원칙을 도입함으로써 이사의 단순한 주의의무 위반행위에 대해서는 면책시키는 것이 필요하다. 궁극적으로는 회사를 위한 업무집행권을 이사에게 부여하여 그들이 책임에 대한 불안감을 씻고 업무에 전념할 수 있도록 하기 위함이다. 이사의 실체적인 책임판단에 있어 이러한 경영판단의 원칙이 적용되면 많은 경우에 부적절한 대표소송의 남용을 막을 수 있을 것으로 본다.

마. 결 어

이사 및 감사의 주의의무와 관련하여 법원이 이사의 책임을 판단할 때에 경영판단의 원칙을 적용하여 이사의 책임을 부정할 수 있는가 문제이다. 이사와 감사는 회사와 위임 관계에 있으므로 선량한 관리자의 주의로서 회사의 업무를 처리하여야 하는 선관주의의무를 부담한다. 여기서 선량한 관리자의 주의란 동일한 지위에 있는 통상의 사려 깊은 자가 유사한 상황 하에서 행사하는 정도의 주의를 가지고 회사의 업무를 처리하는 것을 말한다.

생각건대 경영판단의 원칙이 단순히 이사 또는 감사의 책임을 경감시키기 위한 방안 으로 수용되어서는 안 될 것이지만, 대표소송을 남용하는 제소 주주로부터 회사와 이사/ 감사에게 자신을 방어할 수 있는 이론적 근거를 제공할 필요가 있다는 점, 경영판단의 원칙의 도입으로 유능한 이사/감사는 책임에 대한 불안감을 씻고 업무에 전념할 수 있다는 점을 생각할 때 이 원칙을 도입하는 것이 바람직하다고 본다.[925]

이 원칙이 적용되기 위한 구체적인 기준에 대해서는 다음과 같은 주장이 있다.

① 그 판단 자체는 영리회사의 관리자에 부합하는 합리적인 논리 위에서 신중하고 숙지된 상태에서 이루어진 것이어야 하고, 그렇지 않고 경솔·무모한 상태에서 이루어졌다면 경영판단의 원칙의 적용 밖이라는 견해.[926]

② 우리도 회사에 손해가 있다고 하여 단순히 경영판단이 잘못되었다는 이유로 이사 및 감사에게 임무해태로 인한 책임을 지울 수는 없고, 다만 그 판단이 잘못된 정보에 의 하는 등 비합리적인 결정에 의하여 이루어졌을 때에는 그 예외라는 견해.[927]

---

925) 정동윤, 전게서, 428면, 이철송, 전게서, 756면, 최기원, 전게서,640면. 김인환, 전게논문, 141면.
926) 이철송, 전게서, 758면.

③ 회사의 경영활동은 경제계의 변동이나 기술의 진보에 따라 그 활동의 결과를 예측하기 어려우므로, 우리나라에서도 이사 및 감사들의 경영상의 판단에 과오가 있었느냐의 여부를 판가름함에 있어 법원은 매우 신중하여야 하고 함부로 선관주의의무의 위반을 인정한 것은 아니라는 견해[928] 등이 있다.

다만 경영판단의 입법화 문제는 이사/감사와 지배주주의 경영에 대한 책임성 강화와 지배구조 개선, 주주권의 강화라는 문제와 맞물려 있기 때문에, 법령 또는 정관에 위반한 경영판단의 경우에는 이사/감사의 중과실이 있다고 간주[929]되므로 경영판단의 원칙 적용 대상에서 제외되어야 하며, 이사/감사의 제3자에 대한 손해배상 책임의 경우와 이사/감사와 회사 간의 이익충돌 우려가 있는 거래에 대해서도 그 적용이 배제되어야 할 것이다.

3. 회사 보상제도의 도입

가. 의 의

미국에서는 이사배상책임보험이 등장하기 이전부터 이사를 부당하거나 과도한 책임으로부터 구제하는 수단으로서 보상제도(indemnification)를 실시하여 왔다. **보상제도**는 이사에게 부과되는 소송비용, 변호사 비용, 제3자에 대한 손해배상액, 벌금 등에 대하여 회사가 일정한 조건 아래서 이사를 위해서 대신 지급해 주는 제도를 말한다.

미국의 보상제도는 원래 Common Law 상의 대리제도에서 비롯된 것이라고 한다.[930] Common Low 에서는 대리관계에 있어서의 본인은 대리인이 대리행위를 하는 과정에서 불법행위나 계약위반에 해당하는 행위를 하였기 때문에 대리인이 제3자에게 지급하여야 할 배상액에 관하여 대리인에게 보상해 줄 의무가 있다고 하는 것이 일반적인 원칙이다. 이러한 원칙에서 비롯된 것이 바로 **보상제도**라고 한다.[931]

그러나 위와 같은 보통법상의 원칙과 보상제도에는 상당한 차이가 있다. 가령 보통법상 대리인과 본인과의 사이의 소송에 관하여는 대리인은 그 소송에서 승소하여도 소송비용 등은 본인으로부터 지급받을 수 없다고 생각되었던 것에 반하여 보상에서는 통상 회사와 이사 간의 소송에서도 보상을 인정하고 있다.

보상제도의 인정여부에 대해서는 초기의 판례는 이사가 소송에서 승소하여 회사가

---

927) 최기원, 전게서, 639면.
928) 정동윤, 전게서, 428면.
929) 김석연, 「경영판단의 원칙 입법화의 전제조건과 입법의 방향」, 기업지배구조연구 제23권, 좋은기업지배구조연구소, 2007., 3~11면.
930) 김인환, 전게논문, 2007., 152면, 김영선, 「전문직업인 배상책임보험」, 상사법연구 제18권 제2호, 1999. 78면.
931) 김인환, 전게논문, 2007., 152면, 近藤光男, 「취체역의 책임과 그의 구제(2)」, 법학협회잡지 99권 제7호, 1982., 1,083면.

941

이익을 얻은 경우에만 인정하기도 하였다.932) 그러나 현재 미국의 대부분의 주에서는 보상에 관한 명문규정을 두고 있고 또 다수의 미국회사에서는 기본 정관 또는 부속 정관에 회사의 이사 등에 대하여 보상을 준다는 뜻을 규정하고 있다.933)

미국의 주회사법에서 보상제도에 관한 규정을 도입한 것은 1941년에 개정된 뉴욕주 「사회사업법」(New York Business Corporation) 이라고 한다.934) 각 주법은 공통적으로 제3자에 의한 소송에 있어서의 보상을 회사와의 소송에 있어서의 보상과 구별하여 규정하고 또 양자의 보상의 범위에 차이를 두고 있다.935) 각 주법은 회사와의 소송에서의 보상을 제3자와의 소송에서의 보상에 비하여 그 범위를 좁게 인정하고 있다고 한다.936)

회사의 보상제도에는 강제보상제도와 임의보상제도가 있다. **강제보상제도**란 이사나 임원이 승소한 경우 소송에 들어간 합리적인 비용을 회사가 보상하는 것을 말하고, 이에 대하여 **임의보상제도**는 이사나 임원이 패소한 경우일지라도 회사에 대하여 책임이 없고 문제된 거래 등에서 부적절한 이익을 얻지 않을 때에는 회사가 임의로 보상을 할 수 있는 것을 말한다.

나. 보상의 요건

미국의 「모범사업회사법」을 비롯한 대부분의 「주회사법」은 임의보상에 대하여 보상의 전제로서 임원이 신의성실에 입각하여 자기의 임무를 수행하고 회사의 최선의 이익을 위하여 노력을 다하였을 것을 요건으로 하고 있다.937)

예컨대 뉴욕주 「사업회사법」에서는 회사와의 소송에 관해서 이사가 회사에 대한 의무를 위반하였다고 판정되는 경우에는 보상을 인정하지 않고, 또 제3자와의 소송에서는 이사가 회사를 위해여 최선이라고 상당하게 믿었던 목적을 위하여 행동하였을 것을 보상의 요건으로 정하고 있다. 또한 델라웨아주 「일반회사법」은 회사와의 소송에서는 이사가 성실하고 회사의 최상의 이익이 되거나 그것에 반하지 않는다고 이사가 상당하게 믿고 한 행위에 한정하고 있다.

그러나 이사가 회사에 대한 의무이행에 있어 과실 또는 비행에 책임이 있다는 판결이 내려진 경우에도 법원이 정당하다고 인정하는 비용에 대하여는 보상할 수 있는 여

---

932) Griesse v. Lang, 37 Ohi. App. 553. 175 N. E. 222(1931).
933) 김인환, 전게논문, 2007., 152면, 近藤光男, 전게논문, 법학협회잡지 99권 7호, 1982., 1,083~1,084면.
934) 김영선, 전게논문, 87면.
935) Knepper, op. cit, p, 593
936) 近藤光男, 전게논문, 법학협회잡지 99권 7호, 1982., 1,097~1,098면.
937) Cal. Gen. Corp. Law § 317(b); N. Y., Busi. Corp. Law § 722; Del. Gen. Corp. Law § 145(a).

지를 남기고 있다. 그리고 제3자와의 소송에서 이사가 성실하게 회사의 최선의 이익으로 되거나 그것에 반하지 않는다고 상당하게 믿는 방법으로 행동한 경우에 한하여 보상을 인정한다.

그리고 뉴욕주「사업회사법」과 델라웨아주「일반회사법」은 이사가 본안 소송 등에서 방어에 성공한 경우에는 일반적으로 보상을 받을 권리를 이사에게 부여하고 있다. 그러나 미국의 일부판례는 「불항쟁의 답변(Plea of nolo contendere)」[938]에 대해서는 배후에 있는 사정을 조사함 없이 「불항쟁의 답변」에 근거하여 이루어진 판결에 관하여 이사회의 책임을 인정한 판결이라고 하여 보상을 부정하고 있다.[939]

다. 보상의 범위

보상의 범위는 회사에 의한 소송과 제3자에 의한 소송에 따라 다르게 정해진다. 회사에 의한 소송의 경우에는 소송비용과 변호사 보수만이 보상되나 제3자에 의한 소송의 경우에는 소송비용과 변호사보수는 물론이고 판결금액이나 화해금액, 벌금 까지도 보상되는 경우가 있다.[940]

델라웨아주 「회사법」제145조 (a)항은 제3자에 의한 소송의 경우에만 적용되고, 동조 (b)항은 회사에 의한 소송과 대표소송의 경우에만 적용된다. 주주대표소송은 회사가 입은 손해를 회사가 아닌 주주가 제기한다는 점만 다를 뿐 회사의 손해를 대상으로 하는 점에서 회사소송과 유사하다. 그리하여 다수의 「州會社法」은 대표소송이 판결 또는 화해에 의해 종결되는 경우 구제이익의 환원이나 공서의 질서에 반한다는 이유로 이사에 대한 보상이 허용되지 않는다.[941]

그러나 1980년대 Smith v. Van Gorkom 사건[942]을 계기로 책임보험위기의 영향으로 보상의 범위가 확대되기 시작하였다. 뉴욕주 「회사법」은 1986년 개정으로 대표소송이 화해에 의해 종결되는 경우에도 지급된 손해배상책임액을 회사가 보상하도록 하였으며,[943] 캘리포니아 「주회사법」도 이를 따라 1987년 개정에서 동일한 규정을 두었다.[944] 더 나아가 인디아나 「회사법」등은 화해뿐만 아니라 판결에 의해 이사가 부담하는 손해 배상액에 대하여 법원의 승인 없이도 배상할 수 있도록 하였다.

다만 대표소송의 판결이나 화해에 의해 종결되는 때에는 일정한 기준을 충족하여야

---

938) 정웅석, 「주요선진국의 수사초기단계에서의 효율적 증거 취득방법 및 도입방안 연구」, 2007년도 대검찰청 용역과제, 2007., 98면. 불항쟁의 답변이란 "나는 기소된 것에 대하여 다투지 않는다"는 뜻으로 유죄답변과 같은 효과가 있다.
939) 김인한, 전게논문, 154면.
940) Del. Gen. Corp. Law § 145(a)
941) 김원기, 「임원배상책임보험에서 보험자 면책의 행위기준」, 보험학회지 54집, 1999., 160면.
942) 488 A. 2d 858(Del. 1985).
943) N. Y. Busi. Corp. Law § 722(c).
944) Cal. Gen. Corp. Law § 317(c)

보상이 이루어진다. 화해의 경우에는 피고인 이사가 '성실하게 회사나 주주에게 최선의 이익이 된다고 합리적으로 신뢰하는 행위를 하여야'[945] 보상이 이루어진다고 한다.

라. 결 어

우리 「상법」에는 회사보상제도에 관한 규정이 없으므로 우리의 경우 법해석에 의해 해결할 수밖에 없다. 회사가 이사에게 보상할 수 있는가에 대하여는 아래와 같이 학설이 대립한다.

① 긍정설

제3자 배상책임에서 책임을 일으킨 이사의 행위가 사회정의에 반하지 않고 신의성실의 원칙 아래서 회사의 이익에 부합되는 행위를 한 경우라면 매우 제한된 범위 내에서 회사 보상을 인정하는 것이 가능하다고 주장한다.[946]

② 부정설

손해배상책임액의 보상에 관해서는 이사의 회사에 대한 책임이나 제3자에 대한 책임이 성립하였는데도 불구하고 회사가 이를 보상하는 것은 이사의 책임을 규정한 법의 취지를 상실시키는 것이므로 회사보상을 인정하는 것은 곤란하다고 주장한다.[947] 다만 방어비용에 관해서는 이사가 소송에서 승소한 한도에서 회사에 대하여 보상을 청구할 수 있다고 한다.

회사 보상제도에 관한 위의 두 가지 학설을 종합하여 생각해 보건대 주주대표소송이 남용되거나 부당하게 제기될 경우 이사가 나중에 불법행위에 기하여 방어비용을 청구할 수 있다 하더라도 많은 시간과 노력을 요하는데 비하여 이사의 방어비용에 대한 현실적인 지급여부는 지나치게 가혹하다.

따라서 「상법」상 이사와 회사는 위임관계에 있으므로 대표소소에서 이사가 승소하여 회사에 대한 의무위반이 없는 것으로 밝혀지면, 「민법」제688조 재3항의 위임사무 처리를 위하여 손해를 입은 것으로 보아, 이사 및 감사 등 경영진의 방어비용에 대하여 적극적으로 회사의 보상을 인정할 수 있어야 한다고 본다.[948]

---

945) Cal. Gen. Corp. Law § 317(c) (e)
946) 엄창희, 「전문직 위험과 배상책임보험(Ⅲ)-임원배상책임보험」, 보험개발원 보험연구소, 1999., 55면.
947) 홍복기, 「이사의 책임에 관한 보상」, 동아법학 창간호, 1985., 513면 이하.
948) 김인환, 전게논문, 경북대학교 대학원, 2007., 155면.

제3절	감사와 주주총회 소집제도

주주들이 임의로 모였다고 해서 주주총회의 성립을 인정한다면 일부주주가 배제될 우려가있고 주주총회의 중복개최로 인한 혼란도 우려된다. 따라서 「상법」은 주주총회를 소집권자가 법에 정한 절차를 거쳐 소집하도록 하고 있다(「상법」제362조 이하).

주주총회는 소집권자가 소집한 경우에만 유효한 결의를 할 수 있다. 소집권자가 아닌 자가 소집한 주주모임에서 결의한 경우에는 주주총회 결의는 존재하지 않는 것으로 본다. 다만 예외적으로 주주 전원이 출석하여 회의를 개최하는 것을 동의하는 경우에는 위와 같은 문제가 없으므로 소집절차가 없이 주주총회가 성립된 것으로 본다.[949]

주주총회의 소집방법은 이사회 보다 엄격하다. 이사회 구성원인 이사는 회사에 위임계약상의 선관주의의무를 부담하므로(「상법」제382조 제2항 → 「민법」제681조) 이사회에 참석할 의무가 있다. 반면에 주주는 회사에 대해서 그러한 의무를 부담하지 않기 때문에 자신의 판단에 따라 불참하는 것이 허용된다. 따라서 「상법」은 주주이익보호를 위하여 주주총회 소집에 관해서 많은 규정을 두고 있다.[950]

Ⅰ 주주총회 소집의 결정

1. 통상의 소집 결정

주주총회는 「상법」이 규정하는 예외적인 경우를 제외하고는 이사회가 그 소집을 결정하고(「상법」제362조), 대표이사가 소집결정을 집행한다. 이사회의 주주총회 소집권에 관한 규정은 강행규정이므로 「상법」에 의하여 소집권이 부여되는 외에는 정관의 규정으로도 이사회의 소집권을 배제할 수 없다.[951]

따라서 「정관」에 의하여 주주총회 소집권을 다른 기관에 위임하는 것이 금지되는 것은 물론이고,「정관」에서 주주총회의 일시·장소를 정하더라도 소집 자체는 이사회가 결정하여야 한다. 이사회의 주주총회 소집권한에는 주주총회의 일시·장소뿐만 아니라 회의목적사항을 정하는 것도 포함하기 때문이다.[952]

주식회사의 기관 간 권한분배상 이사회의 주주총회 소집결정권은 주주총회에 위임

---

949) 김건식, 전게서, 박영사, 2014., 269면, 대법원. 1996. 10. 11. 선고. 96다24309 판결.
950) 김건식, 전게서, 박영사, 2014., 269면
951) 임재연, 「회사법Ⅱ」, 박영사, 2014., 12면, 이철송, 전게서, 2014., 483면.
952) 임재연, 「회사법Ⅱ」, 박영사, 2014., 12면.

될 수 없으므로, 주주총회에서 다음 주주총회의 소집을 결정할 수 없다고 해석된다. 주주총회 소집결정은 이사회가 하지만, 그 집행은 대표이사가 한다. 그리고 이사회가 회의의 목적 사항을 정하고 회의 일시·장소는 대표이사에게 위임하는 것은 무방하다는 것이 일반적인 견해이다.[953]

주주총회의 시기, 장소, 참석 주주의 확정 등 소집에 관련된 사항들은 모두 주주의 의결권행사가 자유롭게 이루어지도록 정해야 하고, 그렇지 못한 내용을 결의할 경우 이사회 결의는 무효이다. 즉, 주주총회 소집을 결정한 이사회 결의의 흠결은 주주총회 결의의 취소 사유가 된다.

따라서 소유와 경영의 분리를 원칙으로 하는 주식회사에서 주주는 주주총회 결의를 통하여 회사의 경영을 담당할 이사의 선임과 해임·합병·분할·영업양도 등 법률과 정관이 정한 회사의 기초 내지는 영업조직에 중대한 변화를 초래하는 사항에 관한 의사결정을 하기 때문에, 이사가 주주의 의결권 행사를 불가능하게 하거나 현저히 곤란하게 하는 것은, 주식회사 제도의 본질적인 기능을 해하는 것으로서 허용되지 아니하고, 그러한 것을 내용으로 하는 이사회 결의는 무효로 보아야 한다.[954]

2. 소수주주의 소집청구

가. 총설

소수주주(발행주식총수의 100분의 3 이상에 해당하는 주식을 가진 주주)는 회의의 목적사항과 소집의 이유를 적은 서면 또는 전자문서를 이사회에 제출하여 임시총회의 소집을 청구할 수 있다.(「상법」 제366조 제1항). 지체 없이 총회소집 절차를 밟지 아니한 때에는 청구한 주주는 법원의 허가를 얻어 총회를 소집할 수 있다.(제366조 제2항). 주주의 정당한 의사형성을 방해하는 이사의 전횡을 견제하고, 특히 지배주주의 지지를 받은 이사의 세력에 군소주주가 대항할 수단을 마련해 주기 위한 제도적 장치이며, 주주의 공익권 중의 하나이다.[955]

주주의 요구로 주주총회가 열리게 하는 방법으로는 미국처럼 의결권 있는 주식의 10% 등 일정비율의 주식을 보유한 주주가 독립하여 주주총회를 열수 있게 하는 방법(미국의 「모범사업회사법」(MBCA) § 7.02(a)(2)), 독일처럼 소집권 자체는 원칙적으로 이사회가 가지나 일정수(자본의 20분의1) 이상을 가진 주주가 이사회 소집을 청구할 수 있고 불응하면 법원의 허가를 얻어 소집할 수 있도록 하는 방법이 있는데(독일의 「주식법」(AktG) § 122), 「상법」은 후자를 따르고 있다. 일본도 같다.(일본의 「회사법」 제297조).[956]

---

953) 임재연, 「회사법Ⅱ」, 박영사, 2014., 12면, 이철송, 전게서, 2014., 483면
954) 대법원 2011. 6. 24. 선고. 2009다35033 판결.
955) 이철송, 전게서, 박영사, 2014., 484면.

나. 소수주주의 요건

주주총회의 소집을 청구할 수 있는 주주는 발행주식총수의 100분의 3 이상을 가진 주주이다.(「상법」제366조 제1항). 상장회사에서는 이 요건이 「1,000분의 15 이상」으로 완화되고, 대신에 이 주식을 6월 전부터 계속 보유할 것을 요구한다.(제542조의6 제1항). 소집청구권을 단독주주권으로 하지 않고 소수주주권으로 한 이유는 총회결의에 영향을 줄 수 없는 영세한 주주가 무익한 소집청구를 거듭하여 생기는 권리남용 내지 비효율을 방지하기 위함이다.[957]

「발행주식총수의 100분의 3」을 계산함에 있어 「발행주식총수」와 「100분의 3」 속에 자기주식과 의결권 없는 주식은 포함되지 않는다.[958] 의결권 없는 주식을 가진 주주는 총회를 소집할 실익이 없다고 보기 때문이다. 이 같이 소수주주의 의결권을 전제로 하는 소수주주권의 경우에는 그 요건으로서「상법」이 규정하는「발행주식총수」는 「의결권 있는 발행주식총수」를 의미하는 것으로 읽어야 한다.(제363조의2 제1항). 상장회사에서의 「발행주식총수의 1,000 분의15」(제542조의6 제1항)의 해석도 마찬가지이다.[959]

비상장회사의 경우에는 소집청구를 하는 시점에서 100분의 3 이상의 주식을 보유하면 족하지만, 상장회사의 경우에는 1,000분의 15 이상을 6개월 전부터 보유하는 자에 한해 소집청구를 할 수 있다.(제542조의6 제1항). 이 두개의 요건은 선택적인 것으로 해석되므로 상장회사의 발행주식 총수의 100분의 3 이상을 가진 주주로서 보유기간이 6월 미만인 자는 「상법」 제366조에 의해 주주총회의 소집을 청구할 수 있다.[960]

다. 소집절차

소수주주는 회의의 목적사항과 소집의 이유를 기재한 서면 또는 전자문서를 이사회에 제출하여 임시총회 소집을 청구할 수 있다.(「상법」제366조 제1항). 회의 목적사항이 주주총회의 권한사항에 속하는 결의사항이어야 함은 물론이다.「소집의 이유」에 관해서는 결의의 필요성을 소명하면 되고, 이사의 부정이나 재무제표의 부당성과 같이 이사나 감사의 책임 추궁에 한정되는 것은 아니다.[961]

소수주주의 청구가 있을 때에는 이사회는 지체 없이 주주총회 소집절차를 밟아야 한다.(「상법」제366조 제2항). 이때에도 이사회의 소집결정을 요한다. 소집 이유의 타

---

956) 이철송, 전게서, 박영사, 2014., 484면.
957) 임재연, 「회사법Ⅱ」, 박영사, 2014., 14면, 이철송, 전게서, 박영사, 2014., 484면.
958) 임재연, 「회사법Ⅱ」, 박영사, 2014., 14면, 이철송, 전게서, 박영사, 2014., 484면.
 반대 ; 권기범, 581면, 송옥렬, 889면, 이기수·최병규, 542면, 최기원, 447면.
959) 이철송, 전게서, 박영사, 2014., 484면.
960) 이철송, 전게서, 박영사, 2014., 485면.
961) 이철송, 전게서, 박영사, 2014., 485면.

당성을 검토해야 하기 때문이다. 소집 이유가 상당하지 못하면 소집절차를 밟을 필요가 없음은 물론이다. 「지체 없이」란 총회 소집을 위해 소요되는 최소한의 기간 내에 소집절차를 밟을 것을 의미하며, 결국 구체적인 사안에서 법원의 판단에 의하여 결정될 것이다.[962]

라. 소수주주의 총회소집

소수주주의 청구가 있음에도 불구하고 이사회가 소집절차를 밟지 않을 때에는 소집을 청구한 주주는 법원의 허가를 얻어 직접 총회를 소집할 수 있다.(「상법」제366조 제2항).

(1) 소집허가

이때 회사는 피신청인이 아니라 사건본인으로 표시된다. 소수주주가 총회소집의 허가를 신청하는 경우에는 회의의 목적사항을 명기하고, 이사가 그 소집을 게을리 한 사실을 서면으로 소명하여야 한다.(「비송법」제80조 제1항, 제2항). 소수주주의 임시주주총회 소집허가신청사건은 비송사건이다. 따라서 본점 소재지의 지방법원 합의부의 관할로 한다.(「비송법」제72조 제1항).[963]

법원은 소집을 청구한 주주의 지주요건 등 소집청구의 요건이 구비되었는지를 심사 하여 허가여부를 결정하여야 한다. 법원은 신청인이 소수주주권 행사의 요건을 갖추지 못한 경우 신청을 각하하고, 회의의 목적사항이 주주총회 결의 사항이 아니거나 주주총회 소집의 필요성이 없는 경우에는 신청을 기각한다.[964]

또한 법원은 소수주주의 임시주주총회의 소집의 이유가 부당하거나 명백한 신의칙 위반 및 권리남용에 해당하는 경우는 소수주주의 임시주주총회의 소집 청구를 불허해야 한다.[965] 즉, 소수주주가 임시주주총회의 소집청구권을 행사함에 이르게 된 구체적·개별적 사정에 비추어, 그것이 임시주주총회 소집청구 제도의 목적이나 기능을 일탈하고, 법적으로 보호받을 만한 가치가 없다고 인정되는 경우, 신청인의 임시주주총회 소집청구권의 행사는 신의칙에 반하거나 권리를 남용하는 것으로서 허용되지 않는다고 본다.[966]

---

962) 임재연, 「회사법Ⅱ」, 박영사, 2014., 16면, 이철송, 전게서Ⅱ, 박영사, 2014., 485면.
963) 임재연, 전게서Ⅱ, 박영사, 2014., 16면.
964) 임재연, 전게서Ⅱ, 박영사, 2014., 18면.
965) 이철송, 전게서, 박영사, 2014., 485면. 임재연, 전게서Ⅱ, 박영사, 2014., 17면
966) 임재연, 전게서Ⅱ, 박영사, 2014., 17면, 서울고등법원. 2005. 5. 13. 선고. 2004라885 결정.

권리남용에 해당되는 사례

① 이사측이 의결권의 과반수를 장악하고 있어 소집청구의 목적인 결의를 이룰 가능성이 없음에도 소집을 청구하는 경우 와 배당가능이익이 없음에도 배당결의를 위한 총회 소집을 청구하는 경우 등 결의의 실익이 없거나 회사에 유해한 경우[967]

② 반복제안, 안건의 통과 가능성, 회사의 피해 등을 고려할 때 통과 가능성이 희박하고, 제안취지에 부합하지 아니하는 안건을 제안하면서 주주총회소집을 청구하는 경우[968]

법원법원이 신청을 각하, 기각한 재판에 대하여는 항고로 불복할 수 있지만, 신청을 인용한 재판(소집허가결정)에 대하여는 누구도 불복할 수 없다.(「비송법」제81조 제2항). 단지 불복할 수 없는 결정이나 명령이 재판에 영향을 미친 헌법위반이 있거나, 재판의 전제가 된 명령, ·규칙·처분의 헌법 또는 법률위반 여부에 대한 판단이 부당한 때에는 「민사소송법」제449조에 의한 특별항고를 할 수 있다.[969]

법원은 임시주주총회 소집허가신청에 대하여는 이유를 붙인 결정으로써 재판을 하여야 한다(「비송법」제81조 제1항). 소집허가 결정의 주문에는 소집허가의 대상인 주주총회의 안건이 구체적으로 기재되어야 하는데, 통상 결정의 별지목록에 기재된다. 소수주주가 소집허가 결정을 받고도 장기간 소집절차를 밟지 않는 경우도 있으므로 법원은 소집기간을 정하여 허가결정을 하기도 한다.[970]

법원은 소집허가 결정이 부당하다고 인정한 때에는 이를 취소·변경할 수 있다. (「비송법」제19조(재판의 취소·변경)). 그러나 소집허가 결정에 따라 소집된 총회에서 이미 결의가 이루어진 후에는 법원이 소집허가 결정을 취소·변경 할 수 없다.[971]

그리고 소수주주가 법원의 소집허가를 얻은 후, 그에 의한 총회의 성원을 저지하거나 무의미하게 만들기 위해 이사회 소집을 결의하는 경우가 있다. 소수주주가 소집허가를 얻은 이상 동일한 안건에 관해서는 소수주주가 소집권자이므로 이사회가 소집한 총회는 권한 없는 자가 소집한 것으로서 부존재하는 총회로 보아야 한다.[972]

---

967) 上柳克郎 외, 「신판 주석회사법 (5)」, 有斐閣, 1985~1990., 116면. 이철송, 전게서, 485면.
968) 서울고법, 2005. 5. 13. 결정. 2004라 885 판결, 임재연, 전게서Ⅱ, 박영사, 2014., 17면.
969) 이철송, 전게서, 박영사, 2014., 486면, 임재연, 전게서Ⅱ, 박영사, 2014., 18면, 대법원 1991.4. 30. 결정. 90마672 판결, 2001.12.21. 결정. 2001그121 판결
970) 임재연, 전게서Ⅱ, 박영사, 2014., 18면, 청주지방법원 충주지원 2011. 6. 20. 선고. 2011비합 판결.
971) 임재연, 전게서Ⅱ, 박영사, 2014., 19면

(2) 소집시기

법원이 소집을 허가할 경우 소집시기를 명기하는 것이 바람직하지만, 법원이 시기를 정하지 않더라도 허가를 얻은 소수주주는 소집의 목적에 비추어 상당한 기간 내에 소집해야 하며, 장기간 소집을 게을리 할 경우에는 소집허가의 효력이 상실한다고 보아야 한다.[973]

(3) 소집주주의 지위

총회를 소집하는 소수주주는 회사의 일시적 기관으로서 주주총회를 소집한다고 보아야 한다. 따라서 소수주주가 주주총회를 소집하는 경우에는 기준일 설정, 소집통지·공고 등 총회 소집을 위한 필요한 모든 조치를 취할 수 있으며, 그 제반 소집절차는 통상의 소집절차와 동일하다.[974]

소수주주의 명의로 소집한다는 점이 통상의 소집절차와 다르고, 소수주주는 회사에 대하여 소집비용을 청구할 수 있다.[975] 그리고 소집된 총회에서의 결의 사항은 법원의 소집허가 결정 주문에 표시된 안건에 한정되고, 만일 소수주주가 임의로 안건을 추가한다면 이는 결의 취소 사유가 된다.[976]

(4) 의장

소수주주의 청구에 의하여 소집되는 주주총회의 의장은 법원이 이해관계자의 청구나 직권으로 선임할 수 있다.(「상법」제366조 제2항). 이는 의장을 선임함에 있어 법원이 정관의 규정에 구속받지 아니함을 의미 한다.[977]

그러나 반드시 법원이 의장을 선임하여야 하는 것은 아니고, 법원이 의장을 선임하지 않은 경우에는 총회에서 의장을 선임할 수 있다. 소수주주의 청구에 따라 회사가 스스로 주주총회를 소집한 경우에는 정관에 규정된 자가 의장이 된다.[978]

마. 검사인의 선임

소수주주의 청구에 의하여 회사가 총회를 소집하거나 또는 법원의 허가를 얻어 소

---

972) 이철송, 전게서, 박영사, 2014., 488면, 上柳克郎 외, 「新版 註釋會社法 (5)」, 有斐閣, 1985~1990., 117면, 수원지법. 2007. 8. 30. 결정. 2007카합392 판결.
973) 이철송, 전게서, 박영사, 2014., 486면, 上柳克郎 외, 「新版 註釋會社法 (5)」, 有斐閣, 1985~1990., 118면.
974) 이철송, 전게서, 박영사, 2014., 486면.
975) 이철송, 전게서, 박영사, 2014., 486면, 손주찬, 전게서, 702면, 정동윤, 전게서, 542면. 임재연, 전게서Ⅱ, 박영사, 2014., 19면.
976) 임재연, 전게서Ⅱ, 박영사, 2014.,19면
977) 이철송, 전게서, 박영사, 2014., 488면
978) 임재연, 전게서Ⅱ, 박영사, 2014., 16면. 이철송, 전게서, 박영사, 2014., 486면

수 주주가 총회를 소집한 경우 그 총회는 회사의 업무와 재산상태를 조사하게 하기 위하여 검사인을 선임할 수 있다.(「상법」제366조 제3항).

이 검사인의 선임결의는 소수주주의 소집청구에 의하여 회사가 임시주주총회를 소집한 경우나 법원의 허가를 얻어 소수주주가 임시주주총회를 소집한 경우를 막론 하고, 「상법」제366조 제3항에 의거 소집통지에 의제로 기재하지 않아도 가능하고, 또 업무와 재산상태의 조사가 법원이 허가한 소집목적에 포함되지 않아도 무방하다고 본다.[979]

3. 감사/감사위원회의 소집청구

감사는 회의 목적사항과 소집의 이유를 기재한 서면을 이사회에 제출하여 임시총회의 소집을 청구할 수 있다(「상법」제412조의 3 제1항). 소집청구가 있은 후 이사회가 지체 없이 총회소집의 절차를 밟지 않는 경우 감사는 법원의 허가를 얻어 총회를 소집할 수 있다.(「상법」제412조의 3 제2항, 제366조 제2항). 「상법」제412조의3은 감사위원회에도 준용된다.(「상법」제415조의 2 제7항).

감사가 소집을 청구할 수 있는 사유에 관해서는 ① 감사가 주주총회에서 긴급한 의견을 진술할 사유가 있을 경우에만 주주총회의 소집을 청구할 수 있다는 설, ② 감사권과 직접 관련이 없더라도 회사의 이익을 위해 필요한 때에는 주주총회 소집을 청구할 수 있다는 설, ③ 감사업무와 관련해서 필요한 경우에만 주주총회 소집청구권을 행사할 있다는 설이 대립하고 있다.[980]

일반적으로 감사의 주주총회소집청구권은 소수주주의 주주총회소집청구권과는 달리 감사업무의 실효성을 확보하기 위해 인정된 것으로 보는 것이 합리적이라는 점에서, 감사의 주주총회소집청구권은 감사업무와 관련해서만 행사되어야 한다고 보는 ③설이 합리적이라고 생각한다.

이에 대한 자세한 설명은 제2편 제3장 제6절 '주주총회 소집청구권' 항목을 참고하시기 바랍니다.

4. 총회의 소집이 강제되는 경우

가. 법원의 소집명령

회사의 업무집행에 관하여 부정행위 또는 법령이나 정관에 위반한 중대한 사실이

---

979) 이철송, 전게서, 박영사, 2014., 486면, 上柳克郎 외, 「신판 주석회사법 (5)」, 有斐閣, 1985~1990., 119면,
980) 김용범, 전게서, 도서출판 어울림, 2012., 386면.

있음을 의심할 사유가 있는 때에는 발행주식총수의 3% 이상에 해당하는 주식을 가진 주주는 회사의 업무와 재산상태를 조사하기 위하여 법원에 검사인의 선임을 청구할 수 있다. (「상법」제467조 제1항). 검사인은 그 조사의 결과를 법원에 보고하여야 한다.(「상법」제467조 제2항).

법원은 보고에 의하여 필요하다고 인정한 때에는 대표이사에게 주주총회소집을 명할 수 있다. 「상법」제310조 제2항의 규정은 이 경우에 준용한다. (「상법」제467조 제3항). 법원의 명을 받은 대표이사는 지체 없이 임시주주총회를 소집하여야 한다. 법원의 명을 받아 대표이사가 임시주주총회를 소집할 경우에는 따로 이사회의 주주 총회 소집결의가 필요하지 아니하다.981)

상장회사의 경우 6개월 전부터 계속하여 발행주식총수의 1,000 분의 15 이상에 해당 하는 주식을 보유한 자, 즉 소수주주는 「상법」제366조(제542조에서 준용하는 경우 포함) 및 제467조에 따른 주주의 권리행사인 검사인 선임 청구권을 행사할 수 있다. (「상법」제542조의6 제1항).

나. 흡수합병

합병을 하는 회사의 일방이 합병 후 존속하는 경우에는 그 이사는 채권자 보호절차의 종료 후, 합병으로 인한 주식의 합병이 있을 때에는 그 효력이 생긴 후, 합병에 적당하지 아니한 주식이 있을 때에는 합병 후, 존족회사에 있어서는 「상법」제443조의 처분(단주의 처리)을 한 후, 소규모합병의 경우는 「상법」제527조의3 제3항 및 제4항 (공고·통지)의 절차 종료 후 지체 없이 주주총회를 소집하고 합병에 관한 사항을 보고하여야 한다. (「상법」제526조 제1항).

다. 청산인

청산인은 취임 후 지체 없이 회사의 재산상태를 조사하여 재산목록과 대차대조표를 작성하고 이를 주주총회에 제출하여 그 승인을 받아야 한다. 청산인은 주주총회의 승인을 얻은 후 지체 없이 재산목록과 대차대조표를 법원에 제출하여야 한다.(「상법」제533조 제1항 및 제2항).

청산사무가 종결한 때에는 청산인은 지체 없이 결산 보고서를 작성하고 이를 주주총회에 제출하여 승인을 얻어야 한다. 주주총회의 승인이 있는 때에는 회사는 청산인에 대하여 그 책임을 해제한 것으로 본다. 그러나 청산인의 부정행위에 대하여는 그러하지 아니하다. (「상법」제540조 제1항 및 제2항).

---

981) 임재연, 전게서Ⅱ, 박영사, 2014, 21면, 김교창, 「제3개정판 주주총회의 운영」, 한국상장회사협의회, 2010., 69면.

5. 소규모회사의 특례

자본금의 총액이 10억원 미만인 회사를 소규모회사라고 하는데(「상법」 제383조 제1항), 소규모회사가 1인 또는 2인인 이사만을 둔 경우에는 주주 전원의 동의가 있으면 소집절차 없이 주주총회를 개최할 수 있다.(「상법」 제363조 제5항).

소규모회사는 서면에 의한 결의로써 주주총회의 결의를 갈음할 수 있다. 결의의 목적사항에 대하여 주주 전원이 서면으로 동의한 때에는 서면에 의한 결의가 있는 것으로 본다. 이 서면에 의한 결의는 주주총회의 결의와 같은 효력이 있다. 서면에 의한 결의에 대하여는 주주총회에 관한 규정을 준용한다.(「상법」 제363조 제5항, 제6항, 제7항).

Ⅱ 주주총회 소집의 시기

정기총회는 매년 1회 일정한 시기에 소집하여야 하고(「상법」 제365조 제1항), 연 2회 이상의 결산기를 정한 회사는 매기에 총회를 소집하여야 한다.(「상법」 제365조제2항). 임시총회는 필요한 경우에 수시로 소집한다.(「상법」 제365조 제3항).

「상법」은 정기주주총회의 소집시기에 관하여 "일정한 시기"라고만 규정하는데,

① 기준일을 결산일인 12월 31일로 정하고, 주주명부를 다음 해 1월 1일부터 정기 주주 총회일 종료일까지 폐쇄한다면, 기준일은 주주 또는 질권자로서 권리를 행사할 날에 앞선 3월내의 날로 정해야 하고(「상법」 제354조 제3항), 주주명부 폐쇄기간은 3월을 초과하지 못하므로(「상법」 제354조 제2항) 결산기 후 3개월 내에 소집.

② 「법인세법」상 사업연도 종료일로부터 3월 이내에 주주총회의 재무제표의 승인 에 의 하여 결산을 확정.

③ 상장회사는 각 사업연도 경과 후 90일 이내에 금융위원회와 거래소에 사업보고서를 제출하여야 하는데, 사업보고서에는 확정된 재무제표에 관한 사항을 기재하여야 하기 때문에, 현실적으로 결산기 후 90일 이내이다.[982]

따라서 대부분의 상장회사는 정관에서 "정기주주총회는 매 사업연도 종료 후 3월 이내에 소집한다."고 규정하고 있다. 참고로 「유가증권시장 상장규정」 제47조 제1항에 의하면 "정기주주총회에서 재무제표 승인의안이 가결되지 아니하여 사업보고서를 법정제출 기한(3월 30일)까지 제출하지 못하면 그 다음날 관리종목으로 지정된다."고 명시하고 있다.

---

982) 임재연, 전게서Ⅱ, 박영사, 2014., 22면.

Ⅲ 주주총회 소집의 통지·공고

주주총회를 소집하기 위해서는 會議日을 정하여 소집을 통지하여야 하고, 무기명주식을 발행한 경우에는 공고하여야 한다.(「상법」제363조 제1항 및 제3항). 통지·공고는 이사회의 소집결정을 집행하는 일이므로 대표이사가 행한다. 소집의 통지·공고는 주주들에게 총회의 의사결정에 참가할 기회를 부여하는 뜻을 지니므로 총회 운영에서 매우 중요한 절차이다.

1. 주주총회 소집 통지 및 공고의 대상

가. 주주명부·실질주주명부상의 주주

주주총회의 소집통지는 주주명부상의 주주에게 하여야 한다. 또한 실질주주명부[983]에의 기재는 주주명부에의 기재와 같은 효력을 가지므로(「자본시장법」제316조 제2항), 회사는 실질주주명부에 기재된 주주에게 소집통지서를 하면 된다.[984] 어떠한 사유로 주식을 취득하였든, 명의개서를 하지 아니한 주식양수인에게는 통지할 필요가 없다.[985]

나. 의결권 없는 주주

의결권 없는 주주에게는 소집통지를 할 필요가 없다.(「상법」제363조 제8항). 의결권 없는 주주로는 ① 의결권의 배제·제한에 관한 종류주식의 주주(제344조의3 제1항), ② 모회사의 주식을 예외적으로 취득한 자회사(제342조의2 제2항), ③ 회사, 모회사 및 자회사가 "다른 회사"의 발행주식총수의 10%를 초과하는 주식을 가지고 있는 경우 그 회사 또는 모회사의 주식을 소유한 "다른 회사"(제369조 제3항)등 이다.[986]

다만, 의결권제한 주식은 특정 의안에 대하여서만 의결권이 없고, 다른 의안에 대하여는 의결권이 있으므로 그 특정의 의안만을 다루는 주주총회가 아닌 한 주주총회 소집통지를 받을 권리가 인정된다.

그리고 의결권 없는 주주도 주식매수청구권을 행사할 수 있고 주주총회 결의일로부터 20일 내에 주식매수청구를 하여야 하므로, 주식매수청구권이 인정되는 사항에 관한 주주총회의 경우에는 의결권 없는 주주에게도 소집통지를 하여야 한다.

다만, 소집통지서에 적은 회의의 목적사항에 「상법」제360조의5, 제360조의22, 제

---

983) 실질주주명부란 발행회사가 주주명부 폐쇄기준일을 정한 경우, 기준일 현재 주주명부상 증권예탁원 명의 주식에 대한 실질소유자를 기록·관리하는 법적 장부를 말한다.
984) 임재연, 전게서Ⅱ, 박영사, 2014., 23면.
985) 이철송, 전게서, 박영사, 2014., 488면, 대법원. 2012. 6. 14. 선고. 2012다20925 판결.
986) 임재연, 전게서Ⅱ, 박영사, 2014., 24면.

374조의2, 제522조의3 및 제530조의11의 규정에 의하여 반대주주의 주식매수 청구권이 인정될 수있는 사항이 포함된 때에는 의결권 없는 주주에게도 소집통지를 하여야 한다.[987)

2. 주주총회 소집 통지 및 공고의 방법

가. 기명식 주주

(1) 서면 통지

회사는 기명식 주주에게 개별적으로 서면에 의해 통지를 발송하여야 한다. 「상법」은 제363조 제1항에서 "통지서를 발송하거나"라고 규정하므로 주주총회의 소집통지는 「민법」상 도달주의[988)의 예외를 규정한 발신주의를 취한다.[989)

주주에 대한 회사의 통지는 주주명부에 기재한 주소 또는 주주가 회사에 통지한 주소로 하면 된다.(「상법」제353조 제1항). 통지는 보통 그 도달한 시기에 도달한 것으로 본다.(「상법」제353조 제2항 → 제304조 제2항).

따라서 주주에 대한 소집통지는 주주명부에 기재한 주소 또는 주주가 회사에 통지한 주소로 발송하면, 통지가 주주에게 실제로 도달되었는지 여부에 관계없이 보통 그 도달할 시기에 도달한 것으로 간주된다.[990)

(2) 전자문서에 의한 통지

주주의 동의가 있을 경우 전자문서에 의한 통지로 갈음할 수 있다. 전자문서에 의한 통지의 경우에도 「상법」은 제363조 제1항에서 "전자문서로 통지를 발송하여야 한다."고 규정하므로 역시 발신주의를 취한다.

전자문서로 통지하려면 각 주주의 동의를 얻어야 한다.(「상법」제363조 제1항). 주주의 동의는 반드시 명시적일 필요는 없고 묵시적이어도 된다. 전자문서에 의한 통지를 받고 아무런 이의를 하지 않는다면 묵시적으로 동의한 것으로 보아야 할 것이다.[991)

전자문서의 개념 및 전자문서의 발신시점에 관하여는 「상법」에 다른 규정이 없으므로 「전자거래기본법」이 적용된다. 「동법」은 전자문서의 송신시점을 수신자 또는 그 대리인이 당해 전자문서를 수신할 수 있는 정보처리시스템에 입력된 때

---

987) 임재연, 전게서 II, 박여사, 2014., 24면.
988) 「민법」상 상대방 있는 의사표시는 그 통지가 상대방에 도달한 때로부터 그 효력이 발생한다.(「민법」 제11조 제1항).
989) 임재연, 전게서 II, 박영사, 2014., 26면.
990) 임재연, 전게서 II, 박영사, 2014., 26면.
991) 임재연, 전게서 II, 박영사, 2014., 28면.

로 규정하므로 (「동법」 제6조 제1항), 이러한 송신시점(입력시점)에 통지가 발송된 것으로 볼 것이다.[992]

(3) 예외

다만, 그 통지가 주주명부상 주주의 주소에 계속 3년간 도달하지 아니한 경우에는 회사는 해당 주주에게 총회의 소집을 통지 하지 아니할 수 있다.(「상법」 제363조 제1항).

(4) 강행규정

「상법」의 주주총회의 소집 통지 및 공고 방법에 관한 규정은 강행규정으로서 다른 방법은 허용되지 아니한다. 예컨대 구두로 알리거나 종업원 주주에 대하여 문서로 회람하거나 안내방송 등에 의해 알리는 것은 허용되지 않는다.[993]

나. 무기명식 주주

무기명식 주주에게는 통지에 갈음하여 소집을 공고한다.(「상법」제363조 제3항). 공고는 정관이 정하는 공고방법(제289조 제1항 제7호 및 제3항)에 따라야 한다. 정관상의 회사공고지가 아닌 일간신문 기타 매체를 이용하여 공고하였다면, 이는 적법 하게 공고한 것으로 볼 수 없다.[994]

다. 상장회사 소액주주

상장회사가 주주총회를 소집하는 경우 의결권이 있는 발행주식총수의 1%(「상법시행령」제31조제1항) 이하의 주식을 소유하는 주주에게는 정관으로 정하는 바에 따라 주주총회의 2주 전에 주주총회를 소집하는 뜻과 회의의 목적사항을 둘 이상의 일간신문에 각각 2회 이상 공고하거나 대통령령이 정하는 바에 따라 전자적 방법으로 공고함으로써 「상법」제366조 제1항의 소집통지를 갈음할 수 있다.(「상법」제542조의4 제1항).

「전자적 방법의 공고」란 금융감독원 또는 한국거래소가 운영하는 전자공시시스템에 공시하는 것을 말한다.(「상법시행령」제31조 제2항). 이 같이 전자공고로 갈음하기 위해서는 반드시 정관에 규정을 두어야 한다. 예컨대, 정관에 근거 없이 전자공고로 소집 통지하는 것은 위법하다고 본다.[995]

---

992) 임재연, 전게서Ⅱ, 박영사, 2014., 27면.
993) 이철송, 전게서, 박영사, 2014., 488면.
994) 이철송, 전게서, 박영사, 2014., 488면.
995) 이철송, 전게서, 박영사, 2014., 488면. 서울고법. 2011. 6. 15.선고. 2010나120489 판결.

라. 외국인 실질주주

외국인 실질주주가 상임대리인을 선임한 경우, 발행회사는 실질주주명부에 기재한 상임대리인의 주소 혹은 국내에 통지할 주소에 주주총회의 소집통지를 하면 적법한 주주 총회의 주주통지를 한 것으로 인정된다.[996)

3. 주주총회 소집 통지 및 공고의 기간

주주총회의 소집통지는 회일 2주간 전에 하여야 하고, 소집공고는 회일의 3주간 전에 하여야 한다.(「상법」제363조 제1항 및 제3항). 이 기간은 정관의 규정으로 늘릴 수 있으나 줄일 수는 없다.(통설).

발신주의를 취하므로 회일 2주간 전에 통지가 발송되면 족하고 주주에게 도달되었는지 여부는 묻지 않는다. 不到達로 인한 불이익은 주주의 부담이다. 그러나 통지 자체 및 기간 준수여부에 관한 증명책임은 회사가 부담한다. 즉 회사가 주주명부상의 주소 또는 주주가 회사에 통지한 주소로 소집통지서를 발송하였음을 증명하여야 한다.[997)

4. 주주총회 소집 통지 및 공고의 내용

일반적인 회사에 있어서 주주총회의 소집 통지 및 공고 내용에는 ① 회의일시, ② 소집지(총회장소), ③ 회의의 목적사항이 포함되어야 한다. 그리고 주식매수청구권이 인정되는 사항에 관한 주주총회의 경우, 소집통지를 하는 때에는 주식매수청구권의 내용 및 행사방법을 명시하여야 한다. (「상법」제374조 제2항).

상장회사의 주주총회의 소집 통지 및 공고에서 다룰 내용에 관해서는 특칙을 두고 있다. 상장회사가 이사·감사의 선임을 목적으로 하는 주주총회를 소집통지 또는 공고하는 경우에는 이사·감사 후보자의 성명, 약력, 추천인, 그 밖에 후보자와 최대주주의 관계 등 대통령령으로 정하는 후보자에 관한 사항을 통지 또는 공고해야 한다. (「상법」제542조의4 제2항, 「상법시행령」제31조 제3항).

또 상장회사는 사외이사의 활동내역과 보수에 관한 사항, 사업개요 등 대통령령으로 정하는 사항도 소집 통지·공고에 담아야 하는데, 통지·공고에 갈음하여 회사의 인터넷 홈페이지에 거재하고 소정의 방법으로 일반인이 열람할 수 있게 하는 것도 무방하다. (「상법」제542조의4 제3항, 「상법시행령」제31조 제4항 및 제5항).

---

996) 임재연, 전게서Ⅱ, 박영사, 2014., 24면, 서울고등법원. 2005. 3. 30. 선고. 2003나86161, 86178 (병합) 판결.

997) 이철송, 전게서, 박영사, 2014., 489면.

5. 주주총회 소집 통지 및 공고의 欠缺

회사가 주주총회 소집을 통지함에 있어 대부분의 주주에 대하여 통지를 하지 않은 경우는 결의부존재사유에 해당하고, 일부주주에 대하여 통지를 하지 아니한 경우는 결의 취소사유에 해당한다.[998]

회사가 총회 소집의 통지나 공고를 게을리 하거나 그 소집통지나 공고에 있어서 그 기간·방법·내용 등에 있어서 적법하지 아니한 하자가 있는 경우, 소집절차가 법령 또는 정관에 위반한 것이 되어 결의 취소 사유가 되고(「상법」제376조 제1항), 이사에게는 벌칙이 적용된다.(「상법」제635조 제1항 제2호).[999]

그러나 주식을 취득한 자가 회사에 대하여 의결권을 주장할 수 있기 위해서는 주주 명부에 주주로서 명의개서를 하여야 하므로, 명의개서를 하지 아니한 주식양수인에 대하여 주주총회소집통지를 하지 않았다고 하여 주주총회 결의에 절차상의 하자가 있다고 할 수 는 없다고 본다. [1000]

6. 주주총회 소집 통지 및 공고의 생략

가. 취지

주주총회 소집통지가 주주명부상의 주주의 주소에 계속 3년간 도달하지 아니한 때에는 회사는 당해 주주에게 총회의 소집을 통지하지 아니할 수 있다.(「상법」제363 제1항). 이는 주주 관리상의 낭비를 제거하고자 장기간(3년간)에 걸쳐 통지가 주주 에게 불도달할 경우 회사의 통지의무를 면제하는 제도이다.(「상법」제363조 제1항 단서).[1001]

그 이유는 회사가 주주에 대하여 주주명부상의 주소로 주주총회의 소집통지를 발송하여도 계속 3년간 도달하지 아니한 때에는 주주가 그 주소에 더 이상 거주하지 않을 개연성이 높으므로 회사로 하여금 더 이상 통지를 할 필요가 없도록 하기 위한 것이다.[1002]

나. 요건

주주총회의소집통지를 받는 것은 주주의 중요한 권리이므로 본조의 요건을 구비하지 못한 채 통지를 생략할 경우에는 주주는 총회결의의 취소를 주장하는 등 심각한 분쟁을 야기할 수 있다.[1003] 따라서 소집통지를 생략하고자 할 경우에는 ① 주주총회

---

998) 임재연, 전게서Ⅱ, 박영사, 2014. 34면.
999) 이철송, 전게서, 박영사, 2014., 490면, 임재연, 전게서Ⅱ, 박영사, 2014. 34면.
1000) 임재연, 전게서Ⅱ, 박영사, 2014. 34면. 대법원. 1996. 12. 23. 선고. 96다32768, 32775, 32782 판결.
1001) 이철송, 전게서, 박영사, 2014., 490면
1002) 임재연, 전게서Ⅱ, 박영사, 2014. 35면.
1003) 이철송, 전게서, 박영사, 2014., 490면.

의 소집통지가, ② 주주 명부상 주주의 주소에, ③ 계속 3년간, ④ 부도달(不到達)하는 것을 요건으로 하여야 한다.[1004]

(1) 주주총회소집통지

주주총회의 소집통지가 부도달하여야 하고, 다른 통지가 부도달하더라도 이를 근거로 주주총회의 소집통지를 생략할 수는 없다.[1005] 따라서 「상법」상 각종의 통지[1006]의 부도달은 소집통지 생략의 요건에 해당하지 않는다.[1007]

(2) 발송 주소

회사가 주주명부상의 주소로 통지를 발송하였으나 부도달 하였어야 한다. 회사가 알고 있는 다른 주소로 통지를 발송한 경우에는 이에 해당하지 아니한다. 예탁결제원에 예탁된 주식의 실질주주에 관해서는 실질주주명부를 주주명부로 보므로(「자본시장법」제316조), 실질주주에게는 실질주주명부상의 주소로 통지 했어야 한다.[1008]

(3) 不到達 기간

3년간 계속 도달하지 않아야 한다. 3년간의 계속적인 부도달을 요건으로 하므로 3년중 1회라도 도달하였다면 본조의 적용대상이 아니다.[1009] 「3년간」이란 최초의 부도달된 통지의 발송일로부터 최후의 부도달 된 통지의 발송일까지의 기간을 뜻한다.[1010]

「상법」에 "최근 3년간"이라고 명시되어 있지는 않지만, 과거에 계속 3년간 통지가 부도달하였더라도 그 후 통지가 도달된 사실이 있는 경우에는 소집통지 생략의 요건에 해당되지 않는다고 해석하여야 한다.[1011]

그 이유는 주주총회의 소집통지의 흠결은 결의취소 사유(정도에 따라서는 결의부존재 사유) 인바, 회사로서는 요건을 최대한 엄격하게 해석하여야 결의의 효력에 관한 분쟁을 피할 수 있을 것이므로, 최근 계속해서 3년간 통지가 도달하지 않은 경우로 해석 하는 것이 바람직하다고 본다.[1012]

1004) 임재연, 전게서Ⅱ, 박영사, 2014. 35면.
1005) 이철송, 전게서, 박영사, 2014., 491면, 임재연, 전게서Ⅱ, 박영사, 2014. 35면.
1006) 주식양도승인 또는 거부통지, 주식상환 통지, 제3자배정신주발행시 주주에 대한 통지, 신주인수 최고의 통지, 준비금의 자본금 전입에 따른 신주배정통지, 주식배당의 통지, 전환사채·신주인수권부사채의 인수권자에 대한 사채인수 최고의 통지 등이 그 예이다.
1007) 이철송, 전게서, 박영사, 2014., 491면, 임재연, 전게서Ⅱ, 박영사, 2014. 35면.
1008) 이철송, 전게서, 박영사, 2014., 491면, 임재연, 전게서Ⅱ, 박영사, 2014. 35면.
1009) 이철송, 전게서, 박영사, 2014., 491면, 임재연, 전게서Ⅱ, 박영사, 2014. 35면.
1010) 이철송, 전게서, 박영사, 2014., 491면.
1011) 이철송, 전게서, 박영사, 2014., 491면, 임재연, 전게서Ⅱ, 박영사, 2014. 35면.

(4) 不到達 의미

주주총회소집 통지의 부도달은 통지가 반송됨을 의미한다. 단지 주주가 통지를 받고 주주총회에 불참한 사실 만으로는 도달하지 않았다고 볼 수 없다. 주주의 주주총회 출석 여부와 무관하게 통지의 부도달이 소집통지의 생략 요건이다.[1013]

소집통지의 생략은 주주의 주주총회 불참이 아니라 소집통지의 부도달을 원인으로 하는 것인데, 주주가 계속 3년간 주주총회에 출석하지 않았다고 하여 통지의 부도달로 볼 수 없고, 반대로 그 기간 중 주주가 주주총회에 출석한 사실이 있다고 하여 통지가 도달한 것으로 볼 수 없다.[1014]

(5) 증명 책임

주주총회 소집통지의 생략에 대한 요건은 회사가 증명할 책임을 부담한다. 특히 3년간 계속해서 부도달한 사실의 증명이 실무상 매우 중요하다. 그러므로 본조에 의해 소집통지를 생략하려면 반송된 소집통지를 최소한 3년간 보관하여야 할 것이다.[1015]

7. 소규모회사 소집 통지 및 공고 방법

「상법」에서는 「소규모회사」라는 용어를 쓰지 않고, 자본금 총액이 10억원 미만인 회사에 대해서는 특례로 주주총회의 소집절차를 간소화하는 동시에 서면결의 및 서면 동의제도를 허용하고 있다.(「상법」제363조 제5항).(이하 '소규모회사'라 한다).

「상법」상 주주총회의 소집 내지는 운영절차는 매우 엄격하여 영세한 회사로서는 준수비용이 상당한 부담이 되는 실정이므로 소규모회사의 주주총회에 관해서는 다음과 같이 크게 간소한 방법으로 운영할 수 있도록 특례를 두고 있다.[1016]

① 일반회사에 비해 소집통지와 주주총회의 간격이 단축되어 있다. 소규모회사가 주주 총회를 소집할 때에는 주주총회일의 10일 전에 통지를 발송하면 족하고, 무기 명식의 주권을 발행한 경우는 주주총회일의 2주전에 공고하면 된다.(「상법」제363 조제4항).

② 주주 전원의 동의가 있을 경우에는 소집절차 없이 주주총회를 개최할 수 있다. (「상법」제363조 제5항). 하지만 종래에도 주주 전원의 출석이 있으면 소집절차의 흠이 치유된다는 판례의 입장이 있었으므로 이 제도가 특별히 소규모회사에 관해 새로운 특례의 의미를 갖는 것은 아니다.

1012) 임재연, 전게서 II, 박영사, 2014. 35면.
1013) 이철송, 전게서, 박영사, 2014., 491면, 임재연, 전게서 II, 박영사, 2014. 35면.
1014) 임재연, 전게서 II, 박영사, 2014. 35~36면.
1015) 이철송, 전게서, 박영사, 2014., 491면, 임재연, 전게서 II, 박영사, 2014. 36면.
1016) 이철송, 전게서, 박영사, 2014., 492면.

Ⅳ 주주총회 회의의 일시 및 소집의 장소

주주총회의 회의 일시·소집장소는 이사회에서 결정하여 주주에 대한 통지 및 공고에 기재하여야 한다. 그리고 주주총회의 회의 일시와 소집장소는 주주들의 참석의 편의를 고려하여 결정하여야 한다.

1. 주주총회 회의의 일시

주주총회 회의 일시에 관해서도 주주의 편의를 고려하여 건전한 상식에 따라 정할 일이다. 예컨대 특별한 사정이 없이 공휴일에 소집하거나 새벽 또는 심야에 소집한다면 역시 소집절차가 현저하게 불공정한 경우(「상법」제376조 제1항)에 해당한다.[1017]

다만, 토요일을 비롯한 공휴일을 회의일로 정하는 것은 제반 사정을 고려하여 판단할 것인데, 단지 소액주주들이 참석이 어려운 시기라는 이유만으로는 결의취소 사유가 되기 곤란할 것이며,[1018] 주주총회의 개회가 지연되는 경우도 정각에 출석한 주주들의 입장에서 변경된 개회시각까지 기다려 참석하는 것이 곤란하지 않을 정도라야 한다.[1019]

2. 주주총회 회의의 장소

가. 소집지

총회는 본점 소재지 또는 이에 인접한 지에 소집하는 것이 원칙이나, 정관에 다른 곳으로 정할 수 있다.(「상법」제364조). 즉, 총회의 소집지는 본점 소재지, 인접지, 정관에서 정한 곳 등 세 곳 중 한 곳으로 정할 수 있다.

본점 소재지는 지번에 의한 특정지가 아니라 정관에 규정된 최소 행정구역을 의미하고,[1020] 인접지도 본점 소재지에 인접한 최소행정구역을 의미한다. 정관에서도 소재지를 정할 수 있도록 한 것은 정부 정책상 본점을 지방으로 이전하는 경우가 많은 반면에 주주는 서울 등 대도시에 거주하는 경우에 요긴하게 적용된다.[1021]

「상법」의 규정상 정관에서 이사회가 총회의 소집지를 결정하도록 하는 것은 허용되지 않는다. 다만, 정관에 규정되지도 않고 본점 소재지나 인접지도 아닌 곳에서 주주총회를 소집하는 경우도 총주주가 동의하면 허용된다고 해석된다.[1022]

1017) 이철송, 전게서, 박영사, 2014., 493면.
1018) 임재연, 전게서Ⅱ, 박영사, 2014. 29면. 서울고등법원. 2005. 3. 30. 선고. 2003나86161, 86178(병합) 판결.
1019) 임재연, 전게서Ⅱ, 박영사, 2014. 29면. 대법원. 2003.7.11. 선고. 200다45584 판결.
1020) 임재연, 전게서Ⅱ, 박영사, 2014. 30면.
1021) 임재연, 전게서Ⅱ, 박영사, 2014. 30면.

따라서 정관에 규정되지도 않고 총주주의 동의도 없이 본점 소재지 및 인접지를 벗어나 원거리에 있는 장소에서 주주총회를 소집한다면 이는 위법에 해당된다고 본다.[1023]

나. 소집장소

소집장소는 구체적으로 주주들이 모여서 회의를 열 장소를 말한다. 소집장소에 관하여 「상법」에 명문의 규정은 없으나, 소재지 내에 위치하여야 한다. 소집장소를 교통상 주주들이 참석하기 어려운 곳으로 소집장소를 정하는 것은 소집절차의 현저한 불공정에 해당하여 결의취소 사유가 된다.[1024]

정관에 규정을 두어 소집지를 외국으로 할 수 있는가? 과거에는 한국법을 준거법으로 하여 설립된 이상 소집지는 한국으로 제한된다는 견해가 지배적 이었다. 그러나 내외 합작기업이 늘고 있는 상황이므로 탄력적으로 해석이 필요하다. 원시정관에 규정을 두거나 총주주의 동의에 의해 소집지를 외국으로 하는 것은 무방하다고 본다.[1025]

주주총회를 개최한 후 사정상 장소를 변경하는 경우에도 출석한 주주들로 하여금 변경된 장소에 모일 수 있도록 상당한 방법으로 알리고 이동에 필요한 조치를 다한 때에 한하여 적법하게 소집장소가 변경되었다고 볼 수 있다.[1026]

3. 맺는말

위의 내용 이외에도 소집통지에 기재된 소집일시 또는 소집장소가 실제 회의일시 또는 장소와 상당한 괴리가 있어 사회통념상 통지된 대로 회의가 있었다고 보기 어려운 경우에는 소집통지에 하자가 있다고 보아야 한다. 판례는 이 경우 소집절차가 현저히 불공정하여 취소사유(「상법」제376조 제1항)가 된다고 보고 있다.[1027]

1022) 임재연, 전게서Ⅱ, 박영사, 2014. 30면.
1023) 이철송, 전게서, 박영사, 2014., 492면.
1024) 임재연, 전게서Ⅱ, 박영사, 2014. 30면.
1025) 임재연, 전게서Ⅱ, 박영사, 2014. 30면. 이철송, 전게서, 박영사, 2014., 493면.
1026) 임재연, 전게서Ⅱ, 박영사, 2014. 30면. 대법원. 2003.7.11. 선고, 2001다45584 판결.
1027) 이철송, 전게서, 박영사, 2014., 493면. 대법원 2003.7.11. 선고. 2001다45584 판결.

Ⅴ 주주총회의 목적 사항

1. 개 요

회의 목적사항(「상법」제363조 제2항 및 제3항)은 주주총회에서 결의할 사항인 의안을 의미한다. 의안의 제목이 "의제"이고, "의제"의 내용이 "의안"이다. 즉, "이사 선임의 건" 또는 "정관 변경의 건" 등은 **의제**이고, 구체적으로 어느 특정 후보를 이사로 선임하고자하는 안 또는 정관의 어느 규정을 어떻게 변경하자는 안이 **"의안"**이다. 따라서 안건으로 상정되어 결의될 사항은 의제가 아니라 의안이다.[1028]

주주총회에서는 주주총회 소집통지서에 기재된 회의의 목적사항에 한하여 결의할 수 있다. 회의 목적사항에 "기타"라고 기재된 부분은 효력이 없는 것이고, 만일 이러한 기재에 기하여 총회가 결의를 하였다면 결의 취소의 대상이 된다.[1029] 그러므로 통지서 및 공고에 주주가 무엇을 결의하게 되는지를 알 수 있을 정도로 회의의 목적을 기재해야 하며, 또 그것으로 충분하다.[1030]

예컨대 「이사 선임의 건」, 「재무제표 승인에 관한 건」 정도로 표시하면 된다. 다만 집중투표를 허용하는 회사의 경우에는 주주에게 집중투표를 청구할 수 있는 기회를 주어야 하므로(「상법」제382조의2 제2항), 선임할 이사의 수를 소집통지에 기재해야 한다.[1031]

2. 의안 요령

정관의 변경이나 자본금 감소, 회사 합병 등 특별결의사항을 다룰 주주총회를 소집할 때에는 「의안의 요령」도 기재하여야 한다.(「상법」제433조 제2항, 제438조 제2항, 제522조 제2항). 「의안의 요령」이란 결의할 사항의 주요 내용이다.[1032]

예컨대 정관변경을 의안으로 한다면 변경할 규정, 변경될 내용 등이 표시되어야 하며, 회사 합병이라면 합병조건 등 합병계약의 주요내용이 표시되어야 한다.[1033] 영업양도 등에 관한 특별결의 요건을 규정한 「상법」제374조에는 명문규정이 없지만 이 경우에도 의안의 요령을 기재하는 것이 타당하고 실무상으로도 일반적으로 기재 한다.[1034]

1028) 임재연, 전게서Ⅱ, 박영사, 2014. 31면.
1029) 임재연, 전게서Ⅱ, 박영사, 2014. 31면.
1030) 이철송, 전게서, 박영사, 2014., 494면.
1031) 이철송, 전게서, 박영사, 2014., 494면. 上柳克郎 외, 「新版 註釋會社法 (5)」, 有斐閣, 1985~1990., 52면,
1032) 이철송, 전게서, 박영사, 2014., 494면.
1033) 임재연, 전게서Ⅱ, 박영사, 2014. 31면. 이철송, 전게서, 박영사, 2014., 494면

3. 기재 방법

주주총회 소집통지서에 기재할 회의의 목적사항은 "이사선임의 건", "재무제표 승인의 건"과 같이 무엇을 결의하게 되는지 주주가 알 수 있는 정도로 의제만 기재하면 된다. 그러나 정관변경(「상법」제433조 제2항), 자본금 감소(「상법」제438조 제2항), 회사합병(「상법」제522조 제2항) 등과 같이 중요한 특별결의사항을 다룰 주주총회를 소집하는 경우에는 "의안의 요령"도 기재하여야 한다.[1035]

상장회사의 경우에는 특별결의사항에 한하지 않고 보통결의사항인 이사·감사의 선임에 관한 사항을 목적으로 하는 주주총회의 소집을 통지·공고하는 경우에도 이사·감사 후보자의 성명, 약력, 추천인, 후보자와 최대 주주와의 관계, 후보자와 해당 회사와의 최근 3년간 거래 내역에 관한 사항(「상법시행령」제31조 제3항)을 통지·공고하여야 한다.[1036]

다만 주주총회의 실무상 소집통지서에 회의의 목적사항을 보고사항과 결의사항으로 구분하여 기재하기도 하고, 결의사항만을 회의의 목적사항으로 보고 보고사항과 회의의 목적사항으로 구별하여 기재하기도 한다.[1037]

보고사항은 이사의 영업보고(「상법」제449조제2항), 감사(또는 감사위원회의 대표)의 감사보고서 등이다. 그리고「외감법」이 적용되는 회사의 경우에는 외부감사인의 감사보고(「외감법」제10조, 제11조)도 요구된다. 보고사항은 결의사항과 달리 그 기재가 누락되어도 주주총회 소집절차상의 하자는 아니다.[1038] 다만, 회사합병의 보고는 보고를 마쳐야 합병등기를 할 수 있으므로 보고사항이지만 반드시 회의목적사항으로 소집통지서에 기재 하여야 한다.[1039]

4. 결의 사항

주주총회에서는 소집통지서에 기재 된 의제의 범위를 벗어나는 의안에 대한 결의를 할 수 없다. 예컨대 "정관 변경의 건"이라는 의제가 주주총회 소집통지에 기재하지 아니한 경우에는 정관변경 의안을 상정하여 의결할 수 없다. 이 점에서 의제는 주주총회를 구속한다고 볼 수 있다. 주주총회 소집통지에 기재된 의안이 아닌 새로운 의안을 상정하고 결의하는 것은 허용되지 않는다.[1040]

1034) 임재연, 전게서Ⅱ, 박영사, 2014. 31~32면
1035) 임재연, 전게서Ⅱ, 박영사, 2014. 32면
1036) 임재연, 전게서Ⅱ, 박영사, 2014. 32면
1037) 임재연, 전게서Ⅱ, 박영사, 2014. 32면
1038) 임재연, 전게서Ⅱ, 박영사, 2014. 32면
1039) 임재연, 전게서Ⅱ, 박영사, 2014. 32면, 김교창, 「주주총회의 운영」, 한국상장회사협의회, 2010., 72면.

그러나 주주총회 소집통지에 기재된 의안이 상정된 후 목적의 동일성을 해하지 않는 한 수정동의는 가능하다고 본다.[1041] 다만, 상장회사의 이사·감사의 선임 의안의 경우에는 「상법」제542조의4 제2항에 따라 통지·공고한 후보자 중에서만 선임하여야 하므로 (「상법」제542조의5), 이러한 수정동의는 불가능하다.[1042]

예컨대 이익배당 결의에서 배당금의 증감은 동일성이 유지되므로 가능하나, 재무제표승인을 위해 소집된 총회에서 이사를 선임한다든지, 정관 변경을 위해 소집된 주주총회에서 자본금 감소의 결의를 한다면 위법한 결의로서 취소사유가 된다. 목적 외의 결의는 설혹 참석한 주주 전원의 동의가 있더라도 허용할 수 없다.[1043]

5. 회의 목적사항의 철회

회의의 목적사항은 주주초회 소집통지 후에도 이사회 결의에 의하여 철회할 수 있다. 회의 목적사항의 철회 일자와 주주총회 일자 사이에 여유가 있으면 철회 사실을 통지하는 것이 바람직하다. 회의의 목적사항은 일부 또는 전부의 철회가 가능 하다.[1044]

그러나 의장이 주주총회 당일 참석주주들에게 철회 사실을 공지해도 다른 결의의 효력에는 영향이 없다. 물론 이사회가 철회를 결정한 의안을 의장이 임의로 상정하는 것이나 이사회가 철회하지 않은 의안을 의장이 임의로 철회하는 것은 모두 허용되지 않는다. 이 경우에는 결의가 이루어지더라도 결의 취소의 대상이다.[1045]

Ⅵ 주주총회의 주주제안권

1. 주주제안제도의 의의

주주제안(shareholder's proposal) 이란 "주주가 일정한 사항을 주주총회의 목적 사항으로 할 것을 제안할 수 있는 권리"를 말한다.(「상법」제363조의2 제1항). 주주 제안은 주주에게 회의의 목적사항을 제안할 기회를 부여함으로써 경영진이나 지배 주주를 견제할 수 있는 장치를 마련하고 주주총회를 활성화하기 위한 제도이다.[1046]

1040) 임재연, 전게서Ⅱ, 박영사, 2014. 32면
1041) 임재연, 전게서Ⅱ, 박영사, 2014. 32면. 이철송, 전게서, 박영사, 2014., 494면, 손주찬, 전게서, 706면, 정동윤, 전게서, 545면.
1042) 임재연, 전게서Ⅱ, 박영사, 2014. 32면.
1043) 이철송, 전게서, 박영사, 2014., 494면
1044) 임재연, 전게서Ⅱ, 박영사, 2014. 32면~33면, 이철송, 전게서, 박영사, 2014., 494면,
1045) 임재연, 전게서Ⅱ, 박영사, 2014. 33면.
1046) 임재연, 전게서Ⅱ, 박영사, 2014. 50면.

일반적으로 주주제안제도는 주주총회에 자신이 직접 의안을 제출하거나 경영진에게 자신의 의사를 반영시킬 의안을 제출하는 방식으로 운영되는데, 주주제안권은 주주총회에서 의결권행사를 통해 의사결정에 참여하는 소극적 권리와 비교해 볼 때 주주가 총회 안건을 직접 제안할 수 있는 보다 적극적인 권리라 할 수 있다.[1047]

주주제안제도는 제안된 안건을 반드시 가결하기 보다는 제안 내용이 소통통지서와 참고서류를 통해 경영자와 다른 주주에게 공시되는 기능을 통해 경영진의 주의를 환기 시키고, 주주·경영진·다른 주주간의 커뮤니케이션을 도모하여 주주총회를 활성화하는 기능을 가지고 있다고 볼 수 있다.[1048]

2. 주주제안제도의 도입 경위[1049]

주주총회소집 시 소집통지에 주주총회 목적사항인 안건을 기재하여야 하고(「상법」제363조 제2항), 이 소집통지에 의하여 소집된 주주총회에서는 기재된 목적사항에 한하여 결의할 수 있게 하였다.

그런데 주주총회의 소집은 이사회가 결정하기 때문에(「상법」제363조 제1항) 주주는 3% 소수주주권인 주주총회소집청구권에 근거하여 법원 허가를 얻어 총회를 소집하는 경우 (「상법」제366조)를 제외하고는 주주총회의안을 상정하거나 제안할 기회를 갖지 못하였다.

이와 같이 제도적으로 대주주나 경영진 외에 소수주주 등이 의안결정 과정에 참여할 수 없게 되어있기 때문에 소수주주는 사실상 주주총회에서 아무런 영향력을 발휘할 수 없어 주주총회에 대한 무관심이 심화되고 회사경영에 대해서도 극도의 소외감을 가지게 된다.

이에 1997년 1월 개정된 「증권거래법」(법률 제5254호)은 주주총회의 활성화를 위해 주권상장법인의 주주제안제도를 신설하였고, 1998년 12월 개정된「상법」도 주주제안제도를 신설해(「상법」재363조의2) 현재는 모든 주식회사에 주주제안제도가 적용된다.

3. 주주제안권자

주주제안권자는 의결권 없는 주식을 제외한 발행주식총수의 100분의 3 이상에 해당하는 주식을 가진 주주이다.(「상법」제363조의2 제1항). 상장회사의 경우에는 6개월 전부터 계속하여 의결권 없는 주식을 제외한 발행주식총수의 1천분의 10(최근 사업

1047) 임재연, 전게서 II, 박영사, 2014. 50면.
1048) 임재연, 전게서 II, 박영사, 2014. 50면.
1049) 임재연, 전게서 II, 박영사, 2014. 50면.

연도 말 자본금이 1천억원 이상인 상장회사의 경우에는 1천분의5) 이상에 해당하는 주식을 보유한 자는 주주제안권을 행사할 수 있다.[1050]

「상법」의 입법 취지나 조문의 형식으로 보아 상장회사의 주주가 「상법」제542조의6 제2항의 보유기간 요건을 충족하지 못하더라도 제363조의2 제1항의 요건(발행주식 총수의 100부의3 이상 주식 보유)을 갖춘 경우에는 비상장회사와 마찬가지로 주주 제안권 행사가 가능한 것으로 보아야 한다.[1051]

주주제안을 하는 소수주주의 주식보유요건은 주주제안 후에도 유지하여야 하지만, 주주총회에서 의결권을 행사할 수 있는 자가 확정되는 시점인 "주주명부 폐쇄기간의 초일 또는 기준일" 후에는 보유주식수가 감소하더라도 효력에는 영향이 없다고 본다. 그리고 주주명부 폐쇄기간의 초일 또는 기준일 이후에 주주제안을 한 경우에 제안 시점에 지주요건이 구비되면 그 후에는 보유주식 수가 감소하더라도 효력에는 영향이 없다고 본다.[1052]

4. 주주제안 상대방

소수주주의 주주제안의 상대방은 이사이다.(「상법」제363조의2 제1항). 소수주주의 주주제안을 받은 이사는 이를 이사회에 보고하여야 한다. 그리고 이사회는 주주제안의 내용이 법령 또는 정관을 위반하는 경우와 그 밖에 대통령령이 정하는 경우를 제외하고는 이를 주주총회의 목적사항으로 하여야 한다.(「상법」제363조의2 제3항).

5. 주주제안 행사

주주제안권자는 이사에게 주주총회일(정기주주총회의 경우 직전 연도의 정기 주주총회 일에 해당하는 그 해의 해당일)의 6주 전에 서면 또는 전자문서로 일정한 사항을 주주총회의 목적사항으로 할 것을 제안 할 수 있다.(「상법」제363조의2 제1항).

그런데 이사회가 결정한 주주총회의 소집은 주주에게 2주 전에 통지하므로 주주가 6주 전에 미리 주주총회의 소집사실을 아는 것은 이례적인 경우일 것이다. 주주제안은 제안일로부터 6주 이후에 열리는 주주총회에서는 반드시 다루어 달라는 의미로 볼 수 있으므로 제안기간 미충족시 회사는 해당 주주총회에서 주주제안을 거부할 수 있지만, 차기의 주주총회에 대한 주주제안으로서는 계속효력이 있다고 보아야 한다.[1053]

1050) 금융투자업자의 경우에는 6개월 전부터 계속하여 의결권 있는 발행주식총수의 1만분의 50(최근 사업연도 말 현재 자본금이 1천억원 이상인 금융투자업자인 경우에는 1만분의 25) 이상에 해당하는 주식을 소유한 자는 주주제안권을 행사할 수 있다(「자본시장법」제29조 제6항).
1051) 임재연, 전게서Ⅱ, 박영사, 2014. 51면. 김건식, 전게서, 2014., 279면.
1052) 임재연, 전게서Ⅱ, 박영사, 2014. 51면
1053) 임재연, 전게서Ⅱ, 박영사, 2014. 52면

다만, 정기총회의 회일은 예측이 가능하므로 주주가 특정 정기총회에서 다룰 안건을 제안할 수 있다. 「상법」도 제안주주의 편의를 위하여 「상법」제363조의2 제1항의 규정에서는 "주주총회일(정기주주총회의 경우 직전 연도의 정기주주총회일에 해당하는 그 해의 해당일)의 6주 전에"라고 규정하고 있다.

회사는 6주 전이라는 요건에 미달하는 기간에 주주제안을 한 경우에는 그 제안을 채택할 의무가 없다. 그러나 위 기간이 주주총회의 소집준비를 위한 기간이고, 현실적으로 주주가 제안을 하면 이를 6주 이후에 열리는 주주총회에서라도 다루어 달라는 의미이므로 회사가 이를 채택할 수 있다.[1054]

임시주주총회는 성질상 개최되는 시점을 미리 알기가 어렵다. 따라서 현실적으로 주주제안권은 정기주주총회에서만 행사가 가능할 것이다.[1055]

6. 주주제안 내용 및 제한

가. 주주제안의 내용

주주제안은 이사회에서 정한 회의 목적사항에 안건을 추가할 것을 요구하는 것 이다. 주주제안은 두 가지 형태가 있을 수 있다. 하나는 총회의 의제(회의의 목적)로 삼을 사항(예컨대 이사를 선임하지는 안, 주식배당을 실시하자는 안 등)을 제안하는 것이고, 다른 하나는 이 같은 목적사항에 관해 의안의 요령, 즉 구체적인 결의안을 제출하는 것이다. 전자를 **「의제제안권」**, 후자를 **「의안제안권」**이라 부른다.[1056]

주주제안권자가 의제제안권을 행사할 때에는 당연히 자신의 의안을 제시하여야 한다. 주주제안권자가 의제만 제안하고 의안을 제안하지 않은 경우에는 결의의 대상이 구체적으로 특정되지 아니하므로 주주총회 의장은 제안된 의제를 의사일정에서 제외할 수 있다. 특히 정관변경, 자본금감소, 회사합병 등과 같은 중요한 특별결의사항을 다룰 주주총회를 소집하는 경우에는 **"의안의 요령"**(이하 "의안"이라 한다)을 기재하여야 하므로, 이러한 사항에 대하여 주주제안을 하는 주주는 반드시 자신의 "의안"을 포함하여 제안하여야 한다.[1057]

문제는 이사회가 제시한 의제에 대해서 의안만을 제안할 수 있는 가이다. 「상법」은 "소수주주는 이사에게 회의의 목적사항으로 할 사항(의제)에 추가하여 자신이 제출하는 의안의 요령(의안)을 통지와 공고에 기재할 것을 청구할 수 있다."(「상법」제363조의2 제2항) 규정하고 있다. 여기서 말하는 의제는 자신이 제안한 의제는 물론이고 회

1054) 임재연, 전게서Ⅱ, 박영사, 2014. 52면
1055) 김건식, 전게서, 2014., 281면.
1056) 이철송, 전게서, 2014., 496면 및 498면, 정찬형, 828면 및 833면, 최준선, 313 및 319면.
1057) 임재연, 전게서Ⅱ, 박영사, 2014. 53면, 김건식, 전게서, 2014., 279면.

사가 채택한 의제에 대해서도 할 수 있다고 본다.[1058]

상장회사는 특별결의사항에 한하지 않고 보통결의사항인 이사·감사의 선임에 관한 사항을 목적으로 하는 주주총회 소집·공고하는 경우에도 후보자의 성명, 약력, 추천인, 후보자와 최대주주와의 관계, 후보자와 해당 회사와의 최근 3년간의 거래 내역에 관한 사항(「상법시행령」제31조 제3항)을 통지·공고하여야 한다.(「상법」 제542조의4 제2항).

상장회사는 위와 같은 방법에 의하여 통지 또는 공고한 후보자 중에서만 이사·감사를 선임할 수 있다. (「상법」제542조의5). 따라서 이사·감사의 선임에 관하여 주주제안 하는 주주는 이러한 사항을 포함하여 의안을 제안하여야 한다.[1059]

나. 주주제안의 제한

(1) 주주제안의 내용적 제한

주주제안을 함에는 동 제안의 필요성이나 합리성에 대한 증명 또는 소명이 필요하지 않다. 예컨대 주주가 사업목적의 변경이나 추가를 위해 정관변경을 제안할 경우 그 필요성에 대한 소명은 불필요한 것이다.[1060]

그러므로 주주의 제안권 행사는 자칫 남용되어 소유와 경영의 분리를 원칙으로 하는 회사법의 권한분배원리를 흐릴 수 있다. 그러므로 「상법」은 주주제안권의 남용을 막기 위하여 남용에 해당하는 주주제안에 대해서는 이사회가 이를 목적사항으로 하지 않을 수 있음을 규정하고 있다.(「상법」제363조의 2 제3항).

그러나 주주제안 제한사유들은 주주제안권의 명백한 남용을 방지하기 위한 예외적 규정으로 마련된 것이므로, 그 남용의 위험이 명백하지 않는 한 소수주주의 주주제안권의 폭넓은 실현을 위하여 엄격하게 해석되어야 한다고 본다.[1061]

이하 「상법시행령」제12조에서 정하는 주주제안 거부사유는 다음과 같다.

① 주주총회에서 의결권의 100분의 10미만의 찬성 밖에 얻지 못하여 부결된 내용과 같은 내용의 의안을 부결된 날로부터 3년 내에 다시 제안하는 경우(제1호).

　주주총회에서 부결된 의안이라면 단기간 내에는 가결될 가망이 없음이 보통이므로 이를 거듭 제안함은 주주제안권의 남용이라고 보고 반복제안을 금지한 것이다.[1062]

1058) 임재연, 전게서Ⅱ, 박영사, 2014. 53면, 김건식, 전게서, 2014., 279면. 권기범, 「현대회사법론 제5판」, 삼영사, 2014., 657면.
1059) 임재연, 전게서Ⅱ, 박영사, 2014. 53면.
1060) 이철송, 전게서, 2014., 496면.
1061) 임재연, 전게서Ⅱ, 박영사, 2014. 55면, 서울북부지방법원, 2007.2.28. 선고. 2007카215 결정.

「같은 내용의 의안(의안의 동일성)」은 「실질적으로 같은 내용의 의안(실질적인 동일성)」을 뜻하므로, 형식적으로 동일하더라도 실질적으로 다른 내용을 갖는 다면 이는 동일 의안이 아니다.[1063] 예컨대 금년에 주식배당의 안을 제출하여 부결된 후 다음해에 또 주식배당을 제안하더라도 주식배당의 배경이 되는 결산 내용이 상이한 만큼 이를 동일한 의안이라고 할 수는 없는 것이다.

② 주주 개인의 고충에 관한 사항인 경우(제2호)

주주개인의 고충이라면 주주총회의 결의사항이 못될 것이므로 불필요한 규정이라는 주장이 있으며,[1064] "개인의 고충"은 좁은 의미에서의 개인적 고충 이외에 개인적 이익, 즉 제안자가 다른 일반주주와 공유하지 않은 개인적 이익도 포함한다는 주장도 있다.[1065]

③ 주주의 권리를 행사하기 위하여 일정비율의 초과하는 주식을 보유해야하는 소수주주권 에 관한 사항인 경우(제3호)

소수주주권에 관한 사항을 주주제안의 대상으로 하지 못하게 한 것은 소수주주권으로 행사할 권리를 주주제안의 형식으로 행사함으로써 소수주주권의 요건을 참탈하는 것을 방지하려는 취지에서 비롯된 것이나, 소수주주권에 속하는 권리는 성질상 총회에서의 제안과 무관하게 행사되어야 하므로 당초 주주제안의 실익이 없다.[1066]

④ 임기 중에 있는 임원의 해임에 관한사항(「상법」제542조의2 제1항에 따른 상장회사 만 해당)에 인 경우(제4호)

해임할 경우 의결권을 제한 받고 있는 감사의 경우는 몰라도 이사의 해임이 주주총회의 특별결의 사항이라는 것(「상법」제385조 제1항) 만으로도 이사는 충분히 보호가 되고 있다고 할 것이기 때문에 이사의 해임을 배제한 것은 정당화하기 어렵다는 주장도 있다.[1067] 또한 상장회사에 국한하여 이러한 특례를 두는 것은 비상장회사의 임원과 비교하여 평등의 원칙(「헌법」제11조 제1항)에 위배된다는 주장도 있다.[1068]

그러나 임기 중의 임원에 대하여는 만약 임원이 법령 및 정관을 위반하거나 임무를 해태한 때에는 주주는 주주의 대표소송권(「상법」제403조), 직무

1062) 이철송, 전게서, 2014., 496면, 일본 「회사법」제305조 제4항.
1063) 임재연, 전게서Ⅱ, 박영사, 2014. 56면, 이철송, 전게서, 2014., 497면
1064) 이철송, 전게서, 2014., 497면
1065) 임재연, 전게서Ⅱ, 박영사, 2014. 56면
1066) 이철송, 전게서, 2014., 497면
1067) 김건식, 전게서, 2014., 280면.
1068) 이철송, 전게서, 2014., 497면.

집행가처분(「상법」제407조), 유지청구권(「상법」제402조) 등으로 얼마든지 임원의 책임을 물을 수 있음에도 불구하고, 소수주주가 본인 또는 제3자의 이익을 위하여 임원에 대한 위협·협박수단으로 임원 해임에 관한 주주제안권을 남용하는 것을 방지할 수 있고 임기 중 해임이라는 불안 에서 벗어나 경영의 안정성을 유지하는 효과는 분명히 있다.

⑤ 회사가 실현할 수 없는 사항 또는 제안 이유가 명백히 거짓이거나 특정인의 명예를 훼손하는 사항인 경우(제5호)

「회사가 실현할 수 없는 사항」이란 법률적으로 실현 불가능한 경우와 사실상 실현 불가능한 경우로 나누어 볼 수 있다. 법률적으로 실현 불가능한 경우란 「상법」제363조의2 제3항에 의해 주주제안권이 허용되지 않는 주주제안을 하여 「법령·정관 을 위반하는 경우」에 속하므로 여기서 말하는 실현 불가능한 사항이란 사실상 실현 불가능한 경우를 예상한 것으로 생각된다.[1069]

가령 회사의 자산규모로 보아 사실상 실현 불가능한 사업 목적을 추가할 것을 제의 하는 것과 같다. 그러나 사실상 실현 불가능에 관해 정형화된 판단방법이 있을 수 없으므로 실현불가능을 이유로 회사가 주주제안을 거부할 경우, 불가능여부 판단을 놓고 회사와 주주 간에 분쟁이 예상된다.[1070]

「제안이유가 명백히 허위인 사항」을 제외함은 허위인 사항에 의한 주주 제안권의 남용을 방지할 수 있고, 그로 인하여 경영진은 허위사항에 의한 경영불안에서 벗어나 경영의 안정성을 유지하는 효과는 분명히 있다.

그러나 앞에서 기술한 바와 같이 주주제안은 합리성이나 필요성에 관한 소명 또는 증명을 요하지 않으므로, 주제제안에 이유를 붙일 것을 전제로 제안이유의 진실성에 터 잡아 주주제안을 제한함은 입법적인 착오로 보여 진다는 의견이 있다.[1071]

주주제안으로 인해 「특정인의 명예가 훼손되는」경우란 주주총회의 결의사항 일반에 대해 상상하기는 어렵고, 이사나 감사의 해임결의(「상법」제385조 제1항, 제415조)를 제안할 경우에 생각해 볼 수 있는 일이다.

해임이유를 설명하는 과정에서 이사나 감사의 부정 또는 부적임을 적시함으로써 이사나 감사의 명예가 훼손될 수 있겠으나(「형법」제307조), 사실을 적시한 경우에는 위법성 조각사유에 해당되어(「형법」제307조) 이를 이유를 주주제안을 막을 수는 없다. 이 규정 역시 불합한 규정이라는 의견이 있다.[1072]

1069) 이철송, 전게서, 2014., 497면.
1070) 이철송, 전게서, 2014., 497면.
1071) 이철송, 전게서, 2014., 498면.
1072) 이철송, 전게서, 2014., 498면.

그러나 해임이유를 설명하면서 이사나 감사의 부정 또는 부적임에 대하여 허위사실을 적시하여 명예훼손 구성요건에 해당되는 경우에는(「형법」제307조 제2항), 위법성조각 사유에 해당되지 아니한바 경영진의 명예도 매우 중요 하므로 본 사유에 대하여 주주제안을 제한할 충분한 필요성이 있다고 본다.

(2) 주주제안의 수량적 제한

소수주주가 특정 주주총회에서 제안할 수 있는 의제나 의안의 수에 대한 제한은 없다.[1073] 그러나 주주제안권도 권리남용의 대상이 될 수 있으므로 과도한 수의 제안을 행하는 경우에는 제안권의 남용으로 거부할 수 있다고 본다.[1074]

7. 주주제안에 대한 회사의 대응

가. 이사회 조치

이사로부터 주주제안에 관한 보고를 받은 이사회는 주주제안의 내용이 법령 또는 정관을 위반한 경우와 그 밖에 대통령으로 정하는 경우를 제외하고는 이를 주주총회의 목적사항으로 하여야 한다.(「상법」제363조의2 제3항).

나. 의안설명 기회 부여

이사회가 주주제안 내용을 주주총회의 목적사항으로 한 경우, 주주제안을 한 자의 청구가 있을 때에는 주주총회에서 당해 의안을 설명할 기회를 주어야 한다.(「상법」 제363조의2 제3항).

다. 출석의무 여부

주주에게 의안을 설명할 기회가 부여되지만 의안을 설명할 의무는 없다. 이 점을 고려하면 의안을 제안한 주주가 주주총회에 출석하지 않더라도 회사는 제안된 안건을 상정하여야 한다.[1075]

라. 주주제안 거부

앞의 '주주제안의 제한 항목'에서 설명한 바와 같이 「상법」은 주주제안의 내용이 법령 또는 정관을 위반한 경우와 「상법시행령」제12조(주주제안의 거부)에서 정하는 사유

1073) 미국에서는 한 번에 하나의 제안만이 가능하고 제안의 길이는 5백 단어에 한한다.(17 C. F. R. § 240.14a-8(c) (d) (2014)).

1074) 김건식, 전게서, 2014., 281면.

1075) 임재연, 전게서Ⅱ, 박영사, 2014. 54면. 미국에서는 주주제안자는 주주총회에 참석하여 제안에 대한 설명을 하여야 한다. 주주가 정당한 사유없이 이를 이행하지 않은 경우 회사는 향후 2년 간 당해 주주제안을 위임장설명서에 포함시키지 않아도 된다.

에 해당하는 경우에는 이러한 주주제안에 대해서는 이사회가 주주총회의 목적 사항으로 하지 않을 수 있음을 규정하고 있다.(「상법」제363의2 제3항).[1076)

위와 같은 거부사유 외에 ① 「상법」상 주주총회의 권한사항이 아닌 사항, ② 제안 내용이 법령을 위반하는 경우, ③ 회사의 사업 내용과 전혀 관련이 없는 경우, ④ 회사가 이미 시행하고 있는 사항에 대하여 제안하는 경우, ⑤ 회사의 중대한 구조 변경을 제안하는 경우 등은 해석상 거부사유에 해당한다.[1077)

정관에 주주제안 거부사유를 규정하는 경우에도 이를 무제한적으로 적용하는 것은 허용되지 않고, 소수주주의 주주제안권을 침해하지 않는 한도에서 적용해야 할 것이다. 따라서 정관에 규정된 거부사유가 광범위 할수록 제한적으로 적용되어야 할 것이다.[1078)

8. 제안주주의 주주제안 철회

회사가 주주제안에 의한 회의의 목적사항으로 주주총회 소집을 통지한 후에 주주제안을 한 주주가 주주총회 전에 또는 주주총회 당일 스스로 제안을 철회하는 것도 허용 된다.[1079) 그리고 회의의 목적사항의 일부 또는 전부의 철회도 가능하다고 본다.[1080)

주주제안에 대하여 의안을 상정하지 않고 주주총회 결의에 의하여 의안을 철회할 수 있는지에 관하여, 철회 안이 가결된다면 표결을 하더라도 어차피 부결될 것이기 때문에 논란의 여지가 있지만 주주제안에 의한 의안은 제안주주가 스스로 철회하지 않는 한 주주 총회 결의에 의하여 의안을 철회할 수 없다고 해석해야 한다.[1081)

이사회가 주주제안 내용을 주주총회 목적사항으로 한 경우, 주주제안을 한자의 청구가 있을 때에는 주주총회에서 설명할 기회를 주어야 하고(「상법」제363조의2 제3항), 특히 주주제안이 이사의 선임에 관한 것이고 그 이사의 선임이 집중투표제의 방법에 의하는 경우에는 주주제안에 의한 의안을 단순투표에 의하여 철회하는 결과가되기 때문이다.[1082)

1076) 이철송, 전게서, 2014., 496면.
1077) 임재연, 전게서 II, 박영사, 2014. 57면
1078) 임재연, 전게서 II, 박영사, 2014. 57면
1079) 임재연, 전게서 II, 박영사, 2014. 57면
1080) 이철송, 전게서, 2014., 494면.
1081) 임재연, 전게서 II, 박영사, 2014. 57면
1082) 임재연, 전게서 II, 박영사, 2014. 57~58면

9. 주주제안 위반 시 효과

가. 의제만 제안한 경우

주주제안의 의제만으로는 주주총회 결의대상이 될 수 없으므로 주주가 단순히 의제만 제안하고 주주총회일의 6주 전에 까지 구체적인 의안을 제출하지 않으면 회사가 주주제안을 거부할 수 있다고 본다.[1083]

따라서 해당 주주총회에서 성립한 다른 결의에는 아무런 하자가 없고, 주주제안 부당거부 문제도 발생하지 않는다. 주주가 의제만 제안한 후 주주총회에서 의안을 제출하는 경우에는 소집통지에 기재하지 않은 의안에 대한 결의로서 결의취소의 대상이 된다.[1084]

나. 의안을 제안한 경우

주주가 구체적인 의안을 제안하였으나 회사가 정당한 사유 없이 이를 거부한 경우에도 주주가 제안한 의안과 대응하는 회사 측의 의안이 가결된바 없으면 역시 해당 주주총회의 다른 결의에는 아무런 하자가 없다.[1085] 다만, 이러한 경우 주주제안을 부당하게 거부한 이사는 제안주주에 대해 손해배상책임과 과태료 제재도 받는다. (「상법」제635조 제21호).

반면에 주주가 구체적인 의안을 제안하였으나 회사가 정당한 사유 없이 이를 거부하고 그에 대응하는 회사 측의 의안을 가결한 경우, 그 결의는 결의방법이 법령을 위반한 것으로서 결의취소의 대상이 된다.(「상법」제376조 제1항).[1086]

결의 취소의 소는 주주·이사·감사가 제기할 수 있고, 단독주주권이므로 의결 없는 주식의 주주를 포함한 모든 주주가 제소권자이며, 주주제안을 하지 않은 주주는 물론 주주제안을 거부한 이사회 결의에 찬성한 이사도 본인의 업무상 과오를 시정할 기회를 박탈할 필요가 없으므로 원고적격이 인정된다. 결의취소의 소가 제기되더라도 위와 같은 손해배상책임과 과태료 제재에는 영향이 없다.[1087]

다. 의안의 요령 기재청구권·의안설명권 침해

회사가 주주제안권자의 의안의 요령 기재청구권을 거부하거나, 주주제안을 한자에게 주주총회에서 해당 의안을 설명할 기회를 부여하지 않는 경우에는, 회사가 정당한 사유 없이 주주의 의안 제안을 거부한 경우와 같이 해석한다. 즉, 의안의 요령 기재

1083) 임재연, 전게서 Ⅱ, 박영사, 2014. 58면, 서울중앙지법. 2007. 3. 26. 선고. 2007카합785 결정.
1084) 임재연, 전게서 Ⅱ, 박영사, 2014. 58면, 서울중앙지법. 2008. 1. 21. 선고. 2007카합3917 결정.
1085) 임재연, 전게서 Ⅱ, 박영사, 2014. 58면
1086) 임재연, 전게서 Ⅱ, 박영사, 2014. 58면
1087) 임재연, 전게서 Ⅱ, 박영사, 2014. 58면

청구권·의안설명권이 침해당한 의안과 대응하는 회사 측의 의안이 가결된 경우에는 그 결의는 결의방법이 법령 위반한 것으로서 결의취소의 소의 대상이 된다.[1088]

10. 의안상정 가처분

가. 의의

회사가 주주제안을 무시하고 주주총회 소집절차를 밟은 경우, 주주제안을 거부당한 주주가 임시주주총회 소집청구권을 하지 아니하고, 주주제안권 자체 실현을 위하여 거부 당한 의안을 주주총회의 목적사항으로 상정시키는 형태의 가처분을 신청하는 것도 허용 된다. 이를 「의안상정 가처분」이라 한다.[1089]

통상 실무상으로는 의안상정 가처분 신청시 「상법」제363조의2 제2항과 같이 의안의 요령을 통지에 기재할 것도 함께 신청한다.[1090] 상장회사가 이사·감사 선임에 관한 사항을 목적으로 하는 주주총회를 소집하는 경우에는 이사·감사 후보자의 성명, 약력, 추천인, 후보자와 최대주주와의 관계, 후보자와 해당회사와의 최근 3년간의 거래내역에 관한 사항(「상법시행령」제31조 제3항)을 통지하여야 한다.(「상법」제542조의4 제2항).

그리고 상장회사가 주주총회에서 이사 또는 감사를 선임하려는 경우에는 「상법」제542조의4 제2항에 따라 통지하거나 공고한 후보자 중에서 선임하여야 한다.(「상법」제542조의5). 상장회사의 경우 소집통지를 받고도 직접 주주총회에 참석하지 않는 주주들이 많다는 현실을 고려하면 주주들에게 통지하지 않은 후보를 이사로 선임하는 것이 바람직하지 아니하므로 「상법」은 이를 허용하지 않는 다는 취지를 명문화 한 것이다.[1091]

따라서 주주총회의 안건이 "이사 선임의 안건"인 경우, 회사가 예정하여 소집통지한 후보가 아닌 제3자는 이사로 선임될 수 없다. 그러므로 주주제안(의안제안)을 하지 못하였거나 거부당한 주주로서는 과거와 달리 주주총회장에서 이사후보를 추천하는 방법이 원천적으로 불가능하므로, 의안상정 가처분을 신청할 필요성이 있다.[1092]

이와는 반대로 당초 후보의 사정상 불가피하게 후보를 교체할 사정이 있어서 회사가 후보교체를 원하더라도 소집통지한 후보가 아닌 제3자는 이사로 선임할 수 없다. 이러한 경우 회사가 다시 소집절차를 밟아서 주주총회를 개최하는 것이 원칙적인 방

1088) 임재연, 전게서Ⅱ, 박영사, 2014. 58면
1089) 임재연, 전게서Ⅱ, 박영사, 2014. 59면
1090) 임재연, 전게서Ⅱ, 박영사, 2014. 59면, 서울북부지방법원. 2007. 2. 28. 선고. 2007카합215결정.
1091) 임재연, 전게서Ⅱ, 박영사, 2014. 59면, 서울중앙지법. 2004.3.18. 선고 2003가합56996 판결.
1092) 임재연, 전게서Ⅱ, 박영사, 2014. 60면

법이다. 그러나 간혹 신속하게 이사를 선임하여야 할 사정이어서 회사 측이 우호적인 주주를 동원 하여 회사를 상대로 의안상정가처분을 신청하도록 하여 소집통지한 후보가 아닌 제3자를 이사로 선임하기도 하기도 하는데, 그 적법성에 대하여는 논란의 여지가 있다.[1093]

나. 당사자

(1) 신청인

의안신청 가처분의 신청인은 주주제안을 거부당한 주주이다. 즉, 의결권 없는 주식을 제외한 발행주식총수의 3% 이상에 해당하는 주식을 가진 주주가 신청인이다.(「상법」제363조의2 제1항).

상장회사의 경우는 6개월 전부터 계속하여 의결권 없는 주식을 제외한 발행주식총수의 1%(최근 사업연도말 자본금이 1천억원 이상인 상장회사의 경우는 0.5%) 이상에 해당하는 주식을 보유한 자가 신청인이 된다.(「상법」제542조의6 제2항).

(2) 피신청인

의안상정 가처분의 본안소송은 회사가 소집한 주주총회의 효력을 다투거나 의안상정을 구하는 소가 되므로 그 피고적격자는 회사이다. 따라서 회사가 의안상정 가처분의 피신청인이 되어야 한다.[1094]

다만, 소수주주는 법원의 허가를 얻어 임시주주총회를 소집하여 임시의장을 통하여 의안을 상정할 수 있지만, 주주제안을 부당하게 거부당한 주주는 본안소송에서 승소 하더라도 주주가 직접주주총회에서 의안을 상정할 수 없다는 점을 고려하면 주주총회에서 직접 의안을 상정하는 대표이사도 피신청인으로 포함할 필요가 있다고 본다.[1095]

의안상정 가처분의 피신청인 적격에 관하여는 아직 판례나 학설이 확립되지 않았으므로, 가처분신청인으로서는 위험부담을 덜기 위하여, 회사와 대표이사 개인을 모두 피신청인으로 하여 가처분을 신청하는 것이 바람직하다고 본다.[1096]

다. 피보전의 권리

의안상정 가처분의 피보전권리는 소수주주의 주주제안권과 이사의 위법행위 유지청구권이다. 피보전권리와 관련하여 소수주주의 주주총회소집청구권과 주주제안권은

1093) 임재연, 전게서Ⅱ, 박영사, 2014. 60면
1094) 임재연, 전게서Ⅱ, 박영사, 2014. 60면, 서울북부지법. 2007.2.28. 선고. 2007카합215 결정.
1095) 임재연, 전게서Ⅱ, 박영사, 2014. 60~61면
1096) 임재연, 전게서Ⅱ, 박영사, 2014. 61면

그 행사요건과 내용 등을 달리하고 있으므로, 임시주주총회의 소집청구권은 소수주주 권리의 일환으로서 주주제안권과 병행하는 별개의 권리라고 보아야 한다.[1097]

따라서 주주제안을 거부당한 주주가 반드시 임시주주총회 소집청구절차를 그 구제 절차로 거쳐야 하는 것은 아니므로, 주주제안을 거부당한 주주가 임시주주총회 소집 청구를 하지 않은 채, 주주제안권 자체의 실현을 위하여 거부당한 의안을 주주총회 목적사항으로 상정 시키는 형태의 가처분 신청은 가능하다고 본다.[1098]

라. 보전의 필요성

임시의 지위를 정하기 위한 가처분의 보전의 필요성은 "특히 계속하는 권리관계에 끼칠 현저한 손해를 피하거나 급박한 위험을 막기 위하여, 또는 그 밖의 필요한 이유 가 있을 경우"에 인정되는 응급적·잠재적 처분이다.[1099]

판례에 따르면 "현저한 손해"는 현저한 재산적 손해뿐만 아니라, 정신적 또는 공익 적인 현저한 손해도 포함하고, 위와 같은 손해는 어느 것이나 현저해야 할 것이고, "그 밖에 필요한 이유"는 현저한 손해나 급박한 위험에 준하는 정도라야 한다.[1100]

그런데 현실적으로 주주제안을 한 주주는 소집통지서를 받고 나서 비로소 주주제안 이 거부된 사실을 알게 될 것인데, 이러한 경우 법원으로부터 의안상정 가처분을 받 아서 소집통지절차를 밟기에는 주주총회일을 변경하기 전에는 시간적 여유가 부족하 여 보전의 필요성이 문제가 될 수 있다.

이와 관련하여 주주총회일을 변경하여서라도 소집통지절차를 밟아야 한다고 볼 수 도 있지만,[1101] 이는 본안청구의 범위를 벗어나는 가처분이므로 보전의 필요성이 인정 되기 곤란할 것이다.[1102]

「민집법」제305조 제1항은 "법원은 신청목적을 이루는데 필요한 처분을 직권으로 상 정한다." 규정하지만, 법원이 무제한적으로 결정할 수 있다는 것이 아니라 본안 승소 판결의 범위를 넘어설 수 없다는 제한(본안청구에 의한 제한)이 적용되므로 이러한 가 처분은 현행법상 허용하기에는 난점이 있다고 본다.[1103]

이와 같은 문제 때문에 의안상정가처분을 신청하면서, 주주총회개최 금지 가처분을 함께 신청하기도 하는데, 이러한 가처분 역시 특별한 경우를 제외하고는 피보전권리

1097) 임재연, 전게서Ⅱ, 박영사, 2014. 61면, 서울북부지법. 2007.2.28. 선고. 2007카합215 결정
1098) 임재연, 전게서Ⅱ, 박영사, 2014. 61면, 서울북부지법. 2007.2.28. 선고. 2007카합215 결정
1099) 임재연, 전게서Ⅱ, 박영사, 2014. 61면.
1100) 임재연, 전게서Ⅱ, 박영사, 2014. 61면.
1101) 서울북부지법. 2007카합215 결정
1102) 임재연, 전게서Ⅱ, 박영사, 2014. 62면.
1103) 임재연, 전게서Ⅱ, 박영사, 2014. 62면. 서울중앙지법. 2011.3.30. 선고. 2011카합746 결정, 대전
　　　지방 법원 논산지원. 2008.3.7. 선고. 2008카합30 결정

와 보전의 필요성이 인정되기 곤란하다는 것이 일반적인 견해이다.[1104]

그러나 재판실무에서 주주제안이 부당하게 거부된 경우 의안상정 가처분을 흔히 허용하고 있다. 어느 재판 예에서 의안상정 가처분을 위해 인정한 보전의 필요성에 대한 고려 및 판단 기준은 다음과 같음을 제시하고 있다.[1105]

① 의안을 상정하더라도 피신청인(회사)에게 별다른 불이익이 없는 반면, 신청인으로서는 주주제안이 거부됨으로써 법률상 보장된 주주제안권 행사가 원천적으로 봉쇄될 위기에 있는 점.

② 임시주주총회 소집청구절차를 취하는 것이 가능하다는 이유로 주주제안권 침해 상태가 해소되는 것은 아니라는 점.

③ 비록 신청인이 이미 이 사건 결의를 하고 그에 따른 소집통지와 공고를 마쳤다 해도 주주총회 14일 전까지 의안을 주주총회의 목적사항으로 상정할 수 있는 점.

④ 의안 상정을 위해 새로운 임시총회를 개최하는 것 보다는 기왕 개최하기로 한 주주 총회의 목적사항에 의안을 추가하는 것이 회사의 비용, 절차의 효율성의 측면에서도 더욱 타당하다는 점이다.

이왕 소집된 총회에서의 의안상정 가처분을 허용한다 하더라도, 새로운 의안을 주주들에게 알리기 위해서는 목적사항을 추가한 새로운 소집통지를 발송하여야 하므로 (「상법」 제363조 제2항), 소집통지기간(「상법」 제363조 제1항)을 준수할 수 있는 경우에 한해 허용해야 할 것이다. 즉, 소집된 총회일의 2주간 이전에 통지가 가능할 것이다.[1106]

Ⅶ 주주총회 소집절차상 하자의 치유

주주총회 소집절차에 하자가 있더라도 주주가 동의하거나 이와 같이 볼 수 있는 사정이 있다면 하자가 치유되는 것으로 보아야 할 것이다. 소집절차의 하자는 크게 이사회의 소집결정에 하자가 있는 경우와 그 이후의 통지절차에 하자가 잇는 경우로 나누어 볼 수 있는데, 하자의 치유 가능성은 별도로 검토해 보아야 한다.

1. 통지절차에 관한 하자의 치유

소집통지절차는 주주 개개인의 주주총회 참석권을 보호하기 위한 것이다. 그러므로

1104) 임재연, 전게서Ⅱ, 박영사, 2014. 62면.
1105) 임재연, 전게서Ⅱ, 박영사, 2014. 62면. 이철송, 전게서, 2014., 500면, 서울북부지법. 2007.2.28. 선고. 2007카합215 결정.
1106) 이철송, 전게서, 2014., 500면.

통지에 하자가 있는 경우, 예컨대 통지기간을 준수하지 아니하였거나 아예 통지를 하지 않은 경우에는 그 하자가 일부 주주에 국한 된 것이라면 당해 주주의 동의로 치유된다고 보아야 한다.[1107]

같은 논리에서 통지의 하자가 주주 전원에 대해 존재하는 경우에도(예, 주주 전원에게 통지기간을 준수하지 않은 경우, 주주전원에게 서면으로 통지하여야 함에도 구두로 통지한 경우), 주주 전원의 동의로 치유된다고 보아야 한다.[1108] 그리고 사전에 주주가 서면통지의 수령권을 포기하고 전화나 구두에 의한 통지방법에 동의한 경우 에는 서면통지를 생략하더라도 하자가 없다고 본다.[1109]

2. 소집결의의 하자의 치유

이사회 소집결의가 없거나 그 결의가 무효인 경우에도 통지의 하자와 같이 주주 전원의 동의로 치유될 수 잇는가? 판례는 이사회의 소집결정에 흠이 있거나 심지어 소집결의가 전혀 없더라도 주주 전원이 출석한 경우 에는 적법한 주주총회로 보며,[1110] 이 논리의 당연한 귀결로, 1인 회사에서는 1인의 주주의 출석으로 모든 하자가 치유된다고 본다.[1111]

가. 1인 회사
(1) 학 설
다수설은 ① 「상법」에 규정된 주주총회의 소집절차와 결의방법은 복수의 주주를 전제로 한 것이므로 1인회사에는 적용을 완화하여야 하고, ② 주주총회의 소집절차는 주주의 이익을 위한 것이므로 이사회 소집결의의 하자도 1인 주주가 출석한 이상 하자는 치유되고, ③ 하자의 치유를 부정하더라도 결국은 1인 주주의 의사대로 결정될 것이라는 점을 근거로 하자의 치유를 폭 넓게 인정하고 있다.[1112]

즉, 소집절차는 주주 각자의 총회 참석권을 보장하기 위한 것이므로, 1인 회사의 경우에는 그 주주가 유일한 주주로서 주주총회에 출석하면 전원출석 총회로서 그 주주의 의사 대로 결의가 될 것임이 명백하므로 따로 총회소집 절차가 필요 없다고 본다.[1113]

1107) 이철송, 전게서, 2014., 500면. 임재연, 전게서 Ⅱ, 2014., 42면.
1108) 이철송, 전게서, 2014., 501면. 임재연, 전게서 Ⅱ, 2014., 42면. 대법원. 1987.5.12. 선고. 86다카 2705 판결.
1109) 이철송, 전게서, 2014., 501면. 北澤正啓 ,「會社法 (新版)」, 靑林書原新社, 2001., 284면.
1110) 이철송, 전게서, 2014., 501면. 대법원. 1993.2.26. 선고. 92다48727 판결.
1111) 이철송, 전게서, 2014., 501면. 임재연, 전게서 Ⅱ, 2014., 42면.
1112) 임재연, 전게서 Ⅱ, 2014., 43면.
1113) 임재연, 전게서 Ⅱ, 2014., 43면.

(2) 판례

(가) 하자 치유 인정 범위

판례는 실제로 총회를 개최한 사실이 없더라도 그 1인 주주에 의하여 의결이 있었던 것으로 주주총회 의사록이 작성되었다면 특별한 사정이 없는 한 그 내용의 주주총회 결의가 있는 것으로 보고 있다.[1114] 나아가 최근에는 주주총회 의사록이 작성되지 아니한 경우라도 증거에 의해 주주총회 결의가 있었던 것으로 확인되면, 주주총회 결의가 있는 것으로 봄 으로써 1인 회사에서 하자의 치유가 가능한 범위를 매우 넓게 보고 있다.[1115]

(나) 협의의 1인회사

판례는 "주식회사에서 총 주식을 한 사람이 소유 하고 있는 1인회사의 경우에는 그 주주가 유일한 주주로서 주주총회에 출석하면 전원총회로서 성립하고 그 주주의 의사대로 결의 될 것이 명백하므로 따로 총회 소집절차가 필요 없다 할 것이고, 실제로 총회를 개최한 사실이 없다하더라도 1인 주주에 의하여 의결이 있었던 것으로 주주총회 의사록이 작성되었다면 특별한 사정이 없는 한 그 내용의 결의가 있었던 것으로 볼 수 있어 형식적인 사유에 의하여 결의가 없었던 것으로 다툴 수 없다"라는 입장이다.[1116]

(다) 광의의 1인회사

1인회사의 법리는 한 사람이 다른 사람의 명의를 빌려 주주로 등재하였으나 총 주식을 실질적으로 그 한사람이 모두 소유한 광의의 1인회사(실질적 1인회사)의 경우에도 마찬가지다.

이러한 실질적 1인회사의 경우에도, 그 주주가 유일한 주주로서 주주총회에 출석하면 전원 총회로서 성립하고 그 주주의 의사대로 결의가 될 것임이 명백 하므로 총회 소집절차가 필요 없다고 본다.[1117]

나. 1인이 주식의 대다수를 소유한 회사

1인이 회사의 주식의 전부가 아닌 주식의 대다수를 소유하는 경우에는 1인회사의 법리가 적용될 수 없고 「상법」상 일반원칙이 적용된다.[1118] 판례 또한 앞에서 설명한

1114) 이철송, 전게서, 2014., 501면. 임재연, 전게서Ⅱ, 2014., 43면. 대법원. 1993.6.11. 선고. 93다8702판결, 1966.9.20. 선고. 66다1187, 1188 판결

1115) 이철송, 전게서, 2014., 501면. 임재연, 전게서Ⅱ, 2014., 43면. 대법원. 2004. 12. 10. 선고. 2004다2513 판결

1116) 대법원. 1993. 6. 11. 선고. 93다8702 판결, 대법원. 1993. 2. 26. 선고 92다48727 판결.

1117) 임재연, 전게서Ⅱ, 2014., 43~44면. 대법원. 2004.12.10. 선고. 2004다25123 판결.

1118) 임재연, 전게서Ⅱ, 2014., 44면. 이철송, 전게서, 2014., 503면.

1인회사의 이론은 주식의 전부를 1인이 소유하는 법적 의미의 1인 에 대하여 적용할 뿐이고, 주식 수의 다소를 막론하고 일부가 소유자를 달리하는 경우에는 소집절차와 결의절차를 생략할 수 없는 것으로 보고 있다.[1119]

따라서 실제의 소집절차와 결의절차를 거치지 아니한 채 주주총회 결의가 있었던 것 처럼 주주총회 의사록을 허위로 작성한 것이라면 설사 1인이 총주식의 대다수 (지배주주가 98% 지분 소유한 사안)를 가지고 있고 그 지배주주에 의하여 의결이 있었던 것으로 주주 총회 의사록이 작성되어 있다하더라도 도저히 그 결의가 존재한다고 볼 수 없을 정도로 중대한 하자가 있은 때에 해당하여 그 주주총회 결의는 부존재하다고 보아야 한다.[1120]

다. 전원출석총회

주주총회가 법령 및 정관상 요구되는 이사회 결의 및 소집절차 없이 이루어 졌다 하더라도, 주주명부상의 주주 전원이 참석하여 총회를 개최하는 데 동의하고 아무런 이의 없이 만장일치로 결의가 이루어 졌다면 그 결의는 특별한 사정이 없는 한 유효 하다는 것이 판례의 확고한 입장이다.[1121] 대리인이 출석한 경우에도 마찬가지다.[1122]

일부 판례는 "아무런 이의 없이 만장일치로 결의가 이루어 졌다면" 이라고 판시하기도 하나, 전원출석총회로서의 유효요건은 주주전원이 참석한 것으로 족하고, 결의가 반드시 만장일치로 이루어질 것까지 요구하는 것은 아니라고 본다.[1123]

주주총회의 소집절차는 주주의 이익을 위한 것이므로 소집절차 생략에 대하여 주주 전원이 동의한다면 굳이 주주 전원의 출석을 요구할 필요는 없을 것이다.[1124] 따라서 주주 전원이 동의하거나 주주 전원이 출석하면 소집절차 생략도 허용된다고 볼 것이다.[1125]

한편, 주주 외에 대리인이 출석한 경우에도 전원출석총회의 법리에 의하여 소집 절차상의 하자가 치유되는지에 관하여는 논란의 여지가 있지만, 대법원은 대리인만이 출석한 경우에도 전원출석회의로서 그 결의의 효력을 하고 있다.[1126]

1119) 이철송, 전게서, 2014., 503면.
1120) 임재연, 전게서 II, 2014., 44면. 대법원. 2007. 2. 22. 선고. 2005다73020 판결.
1121) 임재연, 전게서 II, 2014., 45면. 대법원. 2002. 6.14. 선고. 2002다11441 판결.
1122) 임재연, 전게서 II, 2014., 45면. 대법원. 1993. 2.26. 선고. 92다48727 판결.
1123) 임재연, 전게서 II, 2014., 45면.
1124) 임재연, 전게서 II, 2014., 45면. 일본 「회사법」제300조.
1125) 임재연, 전게서 II, 2014., 45면. 정찬형, 전게서, 832면.
1126) 임재연, 전게서 II, 2014., 45면. 대법원. 2014. 1.23. 선고. 2013다56839 판결.

Ⅷ 주주총회 소집의 철회 · 변경

1. 의의

소집의 철회는 주주총회의 소집통지가 있은 후 회일 전에 총회의 개최를 중지하는 것을 말하고, 소집의 변경은 당초 결정한 회일에 총회를 개최하지 않기로 하고 다른 회일을 정하는 경우(회일의 변경)를 말한다.[1127)

소집의 변경에는 소집 장소의 변경도 포함됨을 의미한다. 다만, 소집의 철회 · 변경의 방법에 관해서 「상법」은 아무런 규정을 두고 있지 않지만, 총회를 소집하는 경우에 준 하여 이사회의 결의를 거쳐 대표이사가 그 뜻을 통지 · 공고하여야 한다.[1128)

2. 허용 여부

이사회가 총회의 소집을 철회 · 변경하더라도, ① 어차피 총회가 개최될 것이므로 주주들이 주주총회에 출석하여 의견을 진술하고 의결권을 행사할 권리에 아무런 영향을 주는 것이 아니고, ② 총회가 아직 개최되지도 않았으므로 총회 결의에도 아무런 영향을 주는 것이 아니므로, 이사회가 주주총회 회일 전에 소집의 철회 및 변경을 할 수 있다는 점에 대하여는 논란의 여지가 없다.[1129)

주주총회소집의 철회 및 변경은 이사회의 고유권한이므로 정당한 사유를 필요로 하지 않는다.[1130) 심지어 경영권분쟁과정에서 특정 주주의 의결권 행사를 허용하지 않기 위하여 총회의 소집을 철회 및 변경하기도 한다.[1131) 주주는 총회가 개최된 경우 의견을 진술하고 의결권을 행사할 권리가 있지만, 총회 개최를 요구하려면 임시주주총회소집을 청구하는 절차를 받는 방법만 있다.(「상법」제366조).[1132)

3. 소집 철회 및 변경의 통지

가. 소집철회의 통지

주주총회를 소집함에는 2주전 통지가 요구되는데(「상법」제363조제1항 및 제3항), 소집을 철회할 경우 종전 통설과 판례는 "소집의 철회 및 변경도 회의일 이전에 소집과 동일한 절차와 방법에 따라야 한다."고 보았다.[1133)

1127) 임재연, 전게서Ⅱ, 2014., 38면.
1128) 이철송, 전게서, 2014., 503면, 上柳克郎 외, 전게서(5), 56면. 대법원. 2009.3.26. 선고. 2007도8195 판결.
1129) 임재연, 전게서Ⅱ, 2014., 38면. 이철송, 전게서, 2014., 503면.
1130) 임재연, 전게서Ⅱ, 2014., 38면.
1131) 임재연, 전게서Ⅱ, 2014., 38면. 동부지법. 2008.2.1. 선고. 2005가합14210 판결.
1132) 임재연, 전게서Ⅱ, 2014., 38~39면.

그러나 총회의 철회·변경은 반드시 당초 소집할 때와 동일한 방식으로 할 필요는 없고, "총회의 개최일 전에 모든 주주들에게 철회·변경이 있었음을 알리는 통지가 도달할 수 있는 방법을 취한 경우에는 철회·변경의 효력이 발생한다."고 보아야 한다.[1134]

소집철회의 통지는 원칙적으로 서면에 의하고, "회일 이전에" 총회 소집철회의 통지를 하면 되고, 반드시 2주 전에 통지하여야 하는 것은 아니다. 그러나 총회의 소집철회는 총회 개최 전에 주주에게 도달할 필요가 있다.[1135]

통지의 기간은 주주가 총회에 참가하는 것을 보장하기 위한 것인데, 소집철회의 경우에는 이러한 필요가 없기 때문이다. 그러나 소집철회의 통지가 회일 이전에 주주에게 도달할 수 없으면 철회할 수 없고, 반드시 총회를 개최하여 철회여부를 결의 하여야 한다.[1136]

나. 소집변경의 통지

주주총회 소집의 변경(회의의 변경)의 경우에는 당초의 회의일 보다 앞의 일자로 변경하는 경우에는 주주의 총회 참석을 보장하기 위하여 반드시 2주 전에 통지하여야 한다. 또한 당초의 회일 이후의 일자로 변경하는 경우 (소집의 연기)에도 당초의 회일에는 참석할 수 있었지만 연기된 회일에는 참석을 위하여 일정을 조정해야하는 주주를 위하여 2주 전에 주주총회 소집변경의 통지를 하여야 한다.[1137]

다. 통지방법

주주총회 소집의 철회·변경을 통지하는 경우 반드시 주주총회의 소집 통지와 같은 방법으로 통지하지 않더라도, 모든 주주들에게 철회·변경이 있었음을 알리는 통지가 도달할 수 있는 방법 즉, 이에 준하는 방법으로 통지하면 된다고 본다.[1138]

대법원은 주주들에게 사전에 소집통지와 같은 서면에 의한 우편통지방법이 아니라 휴대전화 문자메시지를 발송하는 방법으로 주주들에게 통지하고 일간신문에 공고 및 총회 장소에 공고문을 부착하는 방법으로 통지한 것으로는 철회가 유효하게 이루어지지 않았다고 판시함으로써 엄격한 태도를 취한바 있다.[1139]

1133) 임재연, 전게서Ⅱ, 2014. 39면. 김건식, 전게서, 277면. 대법원. 2009.3.26. 선고.2007도8195판결.
1134) 이철송, 전게서, 2014., 503~504면. 대법원. 2011. 6. 24. 선고. 2009다35033 판결.
1135) 임재연, 전게서Ⅱ, 2014., 39면. 김건식, 전게서, 277면.
1136) 임재연, 전게서Ⅱ, 2014., 39면. 김건식, 전게서, 277면.
1137) 임재연, 전게서Ⅱ, 2014., 39면. 이철송, 전게서, 2014., 504면. 윤영신, 「주주총회 소집철회·변경의 법률관계」, 상사판례연구 제23집 제4권, 한국상사판례학회, 2010., 177면.
1138) 임재연, 전게서Ⅱ, 2014., 39면
1139) 대법원. 2009. 3. 26. 선고. 2007도8195 판결.

그러나 총회 장소에 공고문 부착 및 주주들에게 퀵서비스를 이용하여 총회소집이 철회되었다는 내용의 소집철회통지서를 보내는 한편 전보와 휴대전화로도 같은 취지의 통지를 한 사안에 대하여 주주들에게 소집통지와 같은 방법인 서면에 의한 소집철회통지를 한 이상 임시주주총회 소집이 적법하게 철회되었다고 판시하고 있다.[1140]

4. 소집의 철회 및 변경을 무시한 총회결의의 효력

주주총회 소집에 관하여 적법한 소집의 철회·변경에도 불구하고 일부 주주가 당초 예정된 회일에 모여서 결의를 한 경우, 그 결의는 이사회 소집결의도 없고, 대표이사가 소집한 것도 아니므로 결의 부존재에 해당한다.[1141] 대표이사가 이사회 소집의 철회·변경 결의를 거치지 않고 독단적으로 소집을 철회·변경한 경우에는 적법한 소집의 철회·변경이라 할 수 없다.

그러나 그렇다고 하여 이러한 경우에 일부 주주가 당초 예정된 회일에 모여서 한 결의를 유효한 결의로 볼 수는 없다. 왜냐하면 대표이사의 소집의 철회·변경에 관한 통지를 믿고 총회에 참석하지 아니한 주주들의 참석권을 부당하게 침해했기 때문이다. 이와 같이 대표이사의 위법행위(부적법한 소집의 철회·변경)로 주주들이 의결권을 행사하지 못한 경우는 결의취소 사유로 보아야 한다.[1142]

5. 회의 목적사항의 철회 및 변경

소집통지 후에도 이사회 결의를 거쳐 회의의 목적사항의 전부 또는 일부를 철회·변경하는 것도 가능하다고 본다. 회의 목적사항의 철회·변경의 경우, 소집통지와 동일한 방법으로 주주총회 전까지 통지하여야 한다는 것이 일반적인 견해이다.[1143]

이와 관련하여, 회의의 목적사항의 변경을 주주총회 당일 참석한 주주들에게 표시하는 것은 의결권 침해의 소지가 크므로 허용되지 않지만, 회의 목적사항의 철회는 허용여부에 대하여 논란의 여지가 있다.[1144]

왜냐하면 주주총회에 불참한 주주는 이미 해당 주주총회의 의안에 대하여 의결권을 행사하지 않기로 결정한 것이므로, 일부 의안이 철회되어도 주주의 의결권을 침해당하는 것이 아니라고 볼 수 있기 때문이다.

1140) 대법원. 2011. 6. 24. 선고. 2009다35033 판결.
1141) 임재연, 전게서Ⅱ, 2014., 40면
1142) 임재연, 전게서Ⅱ, 2014., 40면
1143) 임재연, 전게서Ⅱ, 2014., 40~41면
1144) 임재연, 전게서Ⅱ, 2014., 41면

Ⅸ 검사인의 선임

주주총회에서는 이사가 제출한 서류와 감사의 감사보고서를 조사하기 위해 검사인을 선임할 수 있고(「상법」제367조 제1항), 총회의 소집절차나 결의방법의 적법성을 조사하기 위하여 검사인을 선임할 수 있다.(「상법」제367조 제2항). 전자를 「서류검사인」, 후자를 「총회검사인」이라고 부른다.[1145]

1. 서류검사인

총회는 이사가 제출한 서류와 감사의 보고서를 조사하기 위하여 검사인을 선임할 수 있다.(「상법」제367조 제1항). 이는 총회가 이사와 감사로부터 제출받은 서류, 보고서 자체의 타당성과 정확성을 검증하거나 판단하는데 있어서 전문가의 조력을 구하는 제도라고 할 수 있다.[1146]

법문에는 「이사가 제출하는 서류와 감사의 보고서」라고 규정되어 있어 이사가 법절차에 따라 제출해야 하는 계산서류나 감사보고서 같은 것만을 지칭하는 듯이 읽히지만, 총회가 전문가적 판단을 구하기 위해 필요한 경우라면 어떤 서류나 보고서라도 다 대상이 된다고 보아야 한다.[1147]

한편 법문이 명문으로 조사대상을 서류, 보고서로 규정한 이상, 검사인은 이에 국한하여 선임할 수 있고, 회사의 업무나 재산 일반에 대한 조사를 위해 선임할 수는 없다고 보아야 한다. 이러한 목적의 검사인 선임은 별도로 엄격한 요건 하에 허용되기 때문이다.(「상법」제467조 제1항).[1148]

2. 총회검사인

가. 의의

회사 또는 발행주식총수의 100분의 1 이상에 해당하는 주식을 가진 주주는 총회의 소집절차나 결의방법의 적법성을 조사하기 위하여 총회 전에 법원에 검사인의 선임을 청구할 수 있다.(「상법」제367조 제2항).

주식회사제도에 있어서 소유와 경영의 분리원칙 하에서 주주총회는 주주가 회사의 운영에 관여하는 유일한 통로라 할 수 있으므로 총회의 공정하고 적법한 운영은 주주의 권리보호를 위한 대전제이다.[1149]

1145) 임재연, 전게서Ⅱ, 2014., 37면, 이철송, 전게서, 2014., 505면.
1146) 이철송, 전게서, 2014., 505면.
1147) 이철송, 전게서, 2014., 506면.
1148) 이철송, 전게서, 2014., 506면. 上柳克郎 외, 외, 전게서(5), 174면.

한편 주주총회는 주주의 권리행사 및 의사실현을 위한 기구이지만, 소집결정을 비롯하여 구체적인 총회의 운영은 이사회와 대표이사가 주관하므로 총회의 공정성과 적법성의 실현여부는 이들에게 달려있다고 할 수 있다.[1150]

나. 제도의 필요성

총회검사인제도는 총회에 임하여 전문적인 식견을 가진 자로 하여금 총회운영의 적법성을 조사하게 함으로써, 첫째 이사에 대해 조사 결과에 따른 조치를 경고함 으로써 위법한 운영을 예방하는 효과를 거두고, 둘째 장차 결의에 관한 다툼을 예상하고 관련 증거를 보전하는 효과를 거두기 위한 목적에 둔 것이다.[1151]

최근에 회사법제가 경영의 효율성 및 경영자의 편익을 제고하는 기능주의적 방향으로 변천함으로 인해 주주총회 기능의 形骸化가 가속되고 있고, 이에 반비례하여 이사회 기능이 강화되고 있음을 감안할 때, 총회검사인제도는 주주총회의 건전한 운영을 위해 바람직한 제도라 할 할 수 있다.[1152]

다. 자격과 지위

주주총회에서 선임하는 검사인과 회사와의 관계는 위임이며, 따라서 검사인은 회사에 대해 선량한 관리자의 주의의무를 진다. 법원이 선임하는 경우에는 이와 같은 계약관계는 없고, 그 권한도 법률의 규정에 의해 정해진다. 그러나 법원이 선임하는 검사인도 그 기능은 주주총회에서 선임하는 검사인과 유사하므로 역시 선량한 관리자의 주의의무를 진다고 해야 할 것이다.[1153]

검사인의 자격에는 제한이 없으나, 당해 회사의 이사·감사·사용인은 검사인이 될 수 없으며, 직무의 성질상 자연인이어야 한다는 것이 통설이다. 그러나 근래 검사인의 업무로 적합한 회계, 법무, 세무 등의 전문직 사무의 시장을 다수의 관련 전문법인이 점유하고 있음을 볼 때 굳이 자연인으로 제한할 필요는 없다고 본다.[1154]

라. 선임청구의 요건

회사 또는 발행주식총수의 100분의 1 이상에 해당하는 주식을 가진 주주는 총회의 소집절차나 결의 방법의 적법성을 조사하기 위하여 총회 전에 법원에 검사인의 선임을 청구할 수 있다.(「상법」제367조 제2항).

1149) 이철송, 전게서, 2014., 506면
1150) 이철송, 전게서, 2014., 506면
1151) 이철송, 전게서, 2014., 506면
1152) 이철송, 전게서, 2014., 506면
1153) 이철송, 전게서, 2014., 845면
1154) 이철송, 전게서, 2014., 845면

(1) 선임청구권자

검사인 선임청구권자는 회사 또는 발행주식총수의 100분의 1 이상에 해당하는 주식을 가진 주주이다. 상장회사 와 비상장회사 모두 같은 요건이 적용된다. 소유 주식 요건은 검사인의 선임청구 시에 갖추어야 함은 물론이나, 검사인을 선임한 후에는 이에 미달하더라도 선임의 효력에 영향이 없다고 보아야 한다.[1155)

왜냐하면, 검사인의 직무는 청구를 한 주주의 개인의 이익을 위한 것이 아니고, 회사와 주주 전체의 이익을 위한 것이므로 일단 적법하게 청구가 이루어진 이상 공익적 절차가 개시된 것이기 때문이다.[1156)

회사도 청구할 수 있다. 회사는 스스로가 총회의 적정한 운영을 위해 노력해야 하는 입장에 있으므로 청구적격에 의문이 있을 수 있지만, 장차 총회의 효력을 놓고 주주와 다툼이 생길 경우를 상정한다면 사실관계에 관한 증명수단을 확보해 놓을 필요가 있으므로 회사도 이 제도를 이용할 실익이 크다고 본다.[1157)

(2) 선임청구시기

총회검사인의 선임은 총회 전에 하여야 한다. 총회검사인의 직무는 총회의 소집과 결의 방법이 적법한지를 실시간적으로 관찰하는 것이므로 사전의 선임이 필요한 것이다. 총회검사인선임의 청구를 총회 전에 하는 것일 뿐 총회검사인의 조사 자체는 총회 중에도 진행되어야 한다.[1158)

마. 조사대상

총회의 소집절차의 적법성 및 결의방법의 적법성이 검사인의 조사대상이다. 미국에서는 표결의 적법성을 관찰하는 것이 검사인의 직무이지만, 우리 법에서는 표결뿐만 아니라 소집절차의 적법성도 포함하므로 미국의 법에서보다 조사범위가 넓다고 할 수 있다.[1159)

법문에서는 「적법성」이라고 표현하지만, 결의의 효력에 관한 다툼의 증거를 확보해 두는 것이 제도의 목적의 일부이고 보면 결의 취소의 사유가 되는 소집절차나 결의 방법이 「현저히 불공정성」도 조사대상이라고 보아야 한다.[1160)

1155) 이철송, 전게서, 2014., 507면, 임재연, 전게서Ⅱ, 2014., 36면,
1156) 이철송, 전게서, 2014., 507면,
1157) 이철송, 전게서, 2014., 507면.
1158) 이철송, 전게서, 2014., 507면, 임재연, 전게서Ⅱ, 2014., 36면,
1159) 이철송, 전게서, 2014., 507면
1160) 이철송, 전게서, 2014., 507~508면, 임재연, 전게서Ⅱ, 2014., 37면,

바. 조사결과의 처리

「상법」은 검사인의 조사결과를 처리하는 절차와 방법에 대하여 아무런 규정을 두고 있지 않다. 따라서 우리 법 하에서의 검사인의 조사결과는 단지 주주총회의 결의에 관한 다툼에서 법원의 자유심증 하에 다른 총회 관련자들의 증언과 등가의 증명력을 갖는데 불과하다고 볼 수 있다.[1161]

미국에서는 검사인의 의견서를 포함한 서면의 보고서가 결의의 다툼에 관한 중요한 증거로 활용되고 있다. 일본의 「회사법」역시 검사인으로 하여금 법원에 서면으로 조사결과를 보고하도록 하며(「일본 회사법」제306조 제5항), 이 보고서를 토대로 법원이 필요한 경우 이사로 하여금 주주들에게 검사인의 보고를 통지하게 하거나, 이사에게 주주총회 소집을 명할 수 있도록 규정하고 있다.(「일본 회사법」제307조).[1162]

입법론 상으로는 우리도 일본의 경우와 같이 총회검사인이 그 조사결과를 서면으로 법원에 보고하도록 하고, 법원은 보고에 의하여 필요하다고 인정한 때에는 이사로 하여금 주주들에게 검사인의 보고를 통지하게 하거나 대표이사에게 주주총회의 소집을 명할 수 있도록 하는 것이 바람직하다고 본다.[1163]

사. 검사인의 종임

검사인의 지위는 임시적이므로 임기란 없고, 보통 직무의 종료로 그 지위가 소멸한다. 그러나 그 전이라도 주주총회에서 선임한 경우에는 주주총회의 결의로, 법원이 선임한 경우에는 법원이 해임할 수 있다.

아. 검사인의 책임

「상법」은 주주총회에서 선임한 검사인이 惡意 또는 重大한 過失로 인하여 그 임무를 해태하였을 경우에는 회사에 대하여 채무불이행책임을 진다. 제3자에 대하여는 직접적인 법률관계를 갖지 아니하므로 채무불이행책임은 발생하지 아니하나, 일반 불법행위의 요건이 충족되면 불법행위의 책임을 진다.[1164]

1161) 이철송, 전게서, 2014., 508면.
1162) 이철송, 전게서, 2014., 508면.
1163) 임재연, 전게서Ⅱ, 2014., 37면.
1164) 이철송, 전게서, 2014., 846면.

| 제4절 | 감사와 불공정거래 규제제도 |

I 불공정거래의 일반

1. 불공정거래의 개관

자본시장의 궁극적인 목표는 정보가 특정인에게 독점되지 않고, 정보가 공개되는 경우에도 시장가격에 즉시 반영되는 한편 정상적 가격기능을 통해 자원이 효율적으로 분배되는 공정하고 효율적인 시장이라 할 수 있다.

그러나 아쉽게도 우리 증권시장은 부도덕한 일부 특정인에 의한 정보독점으로 시장 참여자간 정보의 비대칭이 존재하고 이를 이용함에 따른 가격왜곡으로 인해 거래의 공정성이 훼손됨으로써 시장이 효율화되지 못하고 있는 것이 지금의 현실이다.

이에 우리 시장이 효율적이고 공정한 선진시장으로 다가서기 위해서는 불공정거래 규제, 기업공시 강화 등을 통해 시장을 엄격하게 규율함과 아울러 이러한 규율범위를 일탈한 행위, 즉 법위반행위에 대하여는 엄중한 법집행을 할 필요가 있다.

이러한 규율범위를 일탈할 우려가 있는 행위 가운데 「자본시장법」에서 가장 중점적으로 규율하고 있는 분야가 불공정거래인데, 이는 불공정거래를 방치할 경우 거래의 공정성과 투명성을 훼손하여 자본시장에 대한 불신을 심화시킴으로써 건전한 투자자의 시장이탈을 불러오게 하고 나아가 국민경제에 부정적인 영향을 심대하게 미치기 때문이다.[1165]

2. 불공정거래의 연혁

유럽본토의 나폴레옹 전쟁이 막바지에 다다랐던 1814년 2월 어느 날 영국 항구도시 도버에서 왔다는 군복을 입은 한 병사가 잉글랜드 남부의 윈체스터 거리를 뛰어 다니며 나폴레옹은 죽었고 연합군이 파리를 점령하였다고 외쳐대기 시작했다. 그리고 몇몇 사람도 같은 소문을 전하면서 소문은 사실처럼 도시를 퍼져나갔다.

전쟁에 찌든 영국인들에게 이 보다 더 좋은 뉴스는 없었다. 투자자들의 심리가 안정되면서 주가가 급등하였다. 그러나 얼마가지 않아 소문은 사실이 아니라는 것이 판명되었고 주가는 다시 곤두박질 쳤다. 진상 파악에 나선 영국정부는 소문의 진원지가 드 베렝거 (de Berenger)와 그 일당이라는 사실을 밝혀냈다.

이들은 계획적으로 거짓 소문을 퍼뜨린 뒤 주가가 오르자 주식을 모두 내다 팔아

1165) 금융감독원 인력개발실, 「금융감독실무개론」, 2006., 592면.

막대한 이득을 챙긴 것으로 드러났다. 이것이 역사상 처음으로 주가조작이라는 범죄가 법정에서 단죄 받은 '베렝거 사건'의 전말이다.[1166]

3. 불공정거래의 규제 필요성

이처럼 **증권불공정거래**는 '「자본시장법」에서 요구하는 각종 의무를 이행하지 않고 주식을 거래하거나 거래 상대방을 속여 부당한 이득을 취하는 일체의 증권거래행위'로서 구체적으로는 다음과 같은 행위를 증권불공정거래라 한다.[1167]

불공정거래는 일종의 사기적 증권·선물 범죄로서 위에서 언급한 바와 같이 이를 방치할 경우 자본시장에 대한 불신을 심화시키고 거래의 공정성과 투명성을 훼손하는 한편 건전한 투자자의 시장이탈을 불러오게 하고 나아가 국민경제 전체에 심대하게 부정적인 영향을 미치게 한다.

따라서 불공정거래 행위의 근절은 우리 자본시장이 세계시장과 어깨를 나란히 하는 시장으로 발 돋음 하는데 반드시 극복해야 할 과정으로 보여 지며 보다 철저한 단속 활동을 통하여 모든 투자자가 상호 신뢰할 수 있는 공정한 자본시장의 확립차원에서 그 규제가 절실히 필요하다.[1168]

Ⅱ 시세조종/주가조작

1. 개요

시세조종행위란 증권가격을 시장에서의 수요공급의 원칙이 아니라 매도물량이나 매수물량을 쏟아내는 인위적인 조작에 의하여 조종하는 행위이다.[1169] 통상적으로 시세조종은 행위자가 기 보유하였거나 매집중인 증권의 가격을 인위적으로 상승시킨 후 다른 투자자들 에게 매도하여 차익을 얻으려는 의도가 크다.

예를 들면 특정 종목의 주식거래량이 크게 증가하고 있는 것처럼 보이거나 주식을 정상적인 가격보다 높은 가격으로 사들이는 방법 또는 허위사실을 퍼트리는 등의 방법으로 특정주식의 주가를 조작하여 이를 모르는 선의의 일반투자자들이 자신들이 조작해 놓은 가격에 주식을 매입하면 사전에 낮은 가격으로 사들인 주식을 팔아 이익을 챙기는 주식매매행위이다.[1170]

1166) pmg 지식경제연구소, 「시사상식사전」, 박문각.
1167) 금융감독원, 「불공정거래란?」, 홈페이지.
1168) 금융감독원 인력개발실, 「금융감독실무개론」, 2006., 594면.
1169) 김병연·권재열·양기진, 「자본시장법 제2판」, 박영사, 2015. 399면.
1170) 금융감독원, 「시세조종(주가조작)」, 홈페이지.

그 외에도 신주, 전환사채, 기타 신주인수권부사채 등을 발행함에 있어서 유리하게 발행가격을 설정하고자 하거나, 사채발행을 원활히 하기 위함이거나, 해외채권 발행을 성사시키기 위하여 증권회사 직원과 공모한다거나, M&A를 가장하여 회사 인수 후 소위 '물량털기(End Buy)' 방식으로 차익을 얻고자 한다거나, 담보로 제공한 증권의 가치하락을 막아서 사채업자의 담보권 실행을 방지하고자 하는등의 경우도 있다.[1171]

2. 시세조종의 형태[1172]

주가를 의도적으로 변동시키는 시세조종행위는 주로 다음과 같은 비경제적이거나 비합리적인 주문·매매형태로 이루어진다.

- **위장매매**
  특정주식거래가 성황을 이루고 있는 듯이 잘못 알게 하기 위하여 상대방과 사전에 약속하고 주식을 매매하거나(통정매매), 불필요한 매매수수료까지 부담하면서 자기 계산 계좌에서 주식을 사고파는 행위(가장매매).

- **고가주문**
  주가를 상승시키기 위하여 매수 가능한 가격 보다 높은 가격으로 주문을 내는 행위.

- **저가주문**
  주가를 하락시키기 위하여 매도할 수 있는 가격 보다 낮은 가격으로 주문을 내는 행위.

- **허수주문**
  실제 매수 또는 매도하고자 하는 의사 없이 거래가 성황을 이루고 있는 것처럼 보이기 위해 시세보다 낮은 매수주문 또는 현저히 높은 매도주문을 하는 행위.

- **허위사실 유포**
  사실과 다른 내용을 시장에 퍼뜨려 주가를 상승시키거나 하락시키는 행위.

3. 시세조종의 종류

시세조종행위란 주식 등의 가격을 인위적으로 변동시켜 주식시장의 가격결정과 수급질서를 방해하는 일체의 행위로 시세조종 방법에 따라 「위장거래에 의한 시세조종」, 「현실거래에 의한 시세조종」, 「허위표시에 의한 시세조종」, 「시세고정·안정을 위한시세조종」, 「현선연계 시세조종」으로 나누어집니다.

1171) 김병연·권재열·양기진, 전게서, 박영사, 2015. 399면.
1172) 금융감독원, 「불공정거래－시세조종행위－」, 홈페이지.

가. 위장거래에 의한 시세조종

(1) 위장매매의 개요

「자본시장법」제176조 제1항이 규정하는 **통정매매**와 **가장매매**를 통칭하여 **위장매매**라고 하는데 현실의 매매에 의한 시세조종 과정에서 자주 이용된다. 위장 매매의 규제행위는 매매이므로 매매가 아닌 거래(예컨대 담보권의 설정이나 취득 등)는 규제대상이 아니다.

「자본시장법」은 누구든지 상장증권 또는 장내파생상품의 매매에 관하여 그 매매가 성황을 이루고 있는 듯이 잘못 알게 하거나, 그 밖에 타인에게 그릇된 판단을 하게할 목적으로 다음과 같은 행위를 하는 것을 금지하고 있다.(「자본 시장법」제176조 제1항).

(2) 위장매매의 유형

(가) 통정매매

통정매매란 특정주식의 거래가 성황을 이루고 있는 듯이 잘못 알게 하기 위해 ① 자기가 매도하는 것과 같은 시기에 그와 같은 가격 또는 약정수치로 타인이 그 증권 또는 장내파생상품을 매수할 것을 사전에 그 자와 서로 짠 후 매도하는 행위(「자본시장법」제176조 제1항 제1호)와 ②자기가 매수 하는 것과 같은 시기에 그와 같은 가격 또는 약정수치로 타인이 그 증권 또는 장내파생상품을 매도할 것을 사전에 그 자와 서로 짠 후 매수하는 행위이다.(「자본시장법」제176조 제1항 제2호).

통정은 명시적인 통정뿐만 아니라 묵시적인 통정도 포함한다.[1173] 통정매매는 같은 시기에 같은 가격으로 이루어 질 것을 요한다. '**같은 시기**'에 대하여 매도와 매수주문이 반드시 동시가 아니더라도 쌍방의 주문이 거래시장에서 대응하여 성립할 가능성이 있는 시간이면 충분하다고 본다.[1174]

또한 '**같은 가격**'은 매수·매도 주문가격과 매도·매수 주문가격에 차이가 있어도 서로 간에 통정한 가격 또는 그 유사가격대에 매매거래가 체결된다면 그 요건을 갖춘 것으로 보아야 하며,[1175] 주문수량의 일치(같은 수량)를 요하지 않는다.

(나) 가장매매

가장매매란 외관상 매도인과 매수인 간에 권리의 이전을 목적으로 하는 매매처럼 보이지만, 그 증권 또는 장내파생상품을 매매함에 있어서 그 권리의 이전을 목적으로 하지 아니하는 거짓으로 꾸민 매매를 하는 행위를 말한다.(「자본시장법」

1173) 대법원. 1998. 12. 8. 선고. 98도3051 판결. 김병연외 2, 전게서, 박영사, 2015. 401면
1174) 대법원. 2004. 7. 9. 선고. 2003도5831 판결. 김병연외 2, 전게서, 박영사, 2015., 401면.
1175) 김병연 외2, 전게서, 박영사, 2015., 401면. 김정수, 「자본시장법원론」, 서울파이낸스그룹. 2014., 1,262면.

제176조 제1항 제3호).

가장매매는 증권 또는 장내파생상품의 매매를 함에 있어서 실제로 권리의 이전을 목적으로 하지 아니하므로, 판례에 의하면 동일인 명의의 계좌 간 매매 뿐만 아니라 매도 및 매수 계좌의 명의는 다르더라도 동일인이 실질적으로 소유하는 차명계좌의 경우에도 가장 매매에 해당한다.[1176)

(3) 통정매매·가장매매의 위탁·수탁행위

「자본시장법」은 통정매매·가장매매의 위탁·수탁행위를 금지한다.(「자본시장법」제176조 제1항 제4호). 누구든지 상장증권이나 장내파생상품의 매매에 관하여 그 매매가 성황을 이루고 있는 듯이 잘못 알게 하거나, 그 밖에 타인에게 그릇된 판단을 하게 할 목적으로 매매하거나 위탁·수탁하는 행위를 금지하고 있다. (「자본시장법」제176조).

이와 같이 위탁자가 통정매매나 가장매매로 나아가지 아니하여 위탁이나 수탁에 불과할 뿐 실제로 매매가 성립하지 아니한 경우에도 규제하는 이유는 자본 시장에서는 매매사실이 없더라도 주문사실만으로도 투자자의 판단에 영향을 미칠 수 있기 때문이다.[1177)

(4) 규제 대상[1178)

유가증권시장 또는 코스닥시장에 상장된 증권의 매매거래 뿐만 아니라 선물·옵션 중 장내파생상품의 경우에도 통정매매, 가장매매로서 규제대상이다. 장외시장에서 통정·가장매매의 경우에는 본 항에 의한 시세조종이 성립할 수 없다.

그리고 증권의 상장이 요건일 뿐 발행인이 상장법인 또는 코스닥상장법인일 것은 요구하지 아니하므로 국공채 기타 증권도 상장된 것이면 규제대상이 된다. 즉 거래대상이 상장증권 또는 장내파생상품이므로 거래소시장에서의 거래만 규제 대상으로 보아야 한다.

(5) 거래성황에 대한 오인·오판 목적
(가) 의 의

통정매매나 가장매매가 시세조종으로서 규제대상이 될 정도가 되려면 거래가 대량으로 이루어져 일반 투자자로 하여금 그 매매가 성황을 이루고 있는 듯이 잘못 알게 하거나 기타 타인으로 하여금 그릇된 판단을 하게 하려는 목적이 존재하

1176) 김병연 외2, 전게서, 박영사, 2015., 402면. 대법원. 2001. 11. 27. 선고. 2001도3567 판결.
1177) 김건식/정순섭, 「새로 쓴 자본시장법」, 두성사, 2013. 451면, 김병연 외2, 전게서, 박영사, 2015., 402면.
1178) 김병연 외2, 전게서, 박영사, 2015., 402면. 임재연, 「자본시장법」, 박영사, 2016., 930면.

여야 하고 이로 인하여 투자자의 투자판단에 실질적인 영향을 미칠 정도 이어야 한다.[1179]

舊「증권거래법」과 달리 「자본시장법」은 장내파생상품 거래와 관련된 통정매매나 가장매매와 관련하여 **매매의 성황에 대한 오인이나 오판 유발**'의 목적을 요건으로 규정 한다. 이 경우의 목적의 정도는 다른 목적과 공존하여도 무방하며 그 목적에 대한 인식의 정도는 미필적 인식으로도 족하며 투자자의 오해를 실제로 유발하였는지 여부 또는 타인 에게 손해가 발생하였는지 여부 등은 문제가 되지 않는다.[1180]

즉, 통정매매와 가정에 의한 거래임에도 불구하고, 투자자들에게는 증권시장에서 자연스런 거래가 일어난 것처럼 오인하게 할 의사로서 그 목적의 내용을 인식하게 하면 충분 하고 적극적인 의욕까지는 필요로 하지 않는다.[1181]

여기서 **투자자 또는 타인**이란 특정 투자자가 아닌 일반적인 투자자집단을 대표할 만한 평균적 수준의 합리적인 투자자를 말하고, **그릇된 판단**이란 상장증권 또는 장내파생상품의 매매에 관한 의사결정을 말한다. 허위표시에 의한 시세조종과 달리 통정매매와 가장매매의 경우 매매를 유인할 목적은 필요 하지 않는다.[1182] (「자본시장법」제176조 제1항, 제2항).

(나) 목적에 관한 증명

불법목적의 증명과 관련하여 「자본시장법」제176조의 규정형식상 원고가 행위자의 불법목적을 증명하여야 한다. 그러나 행위자의 내심의 목적을 직접증거에 의하여 증명한다는 것은 거의 불가능하다는 문제점이 있다.

법원은 증명상의 문제점을 보완하기 위하여, 당사자가 목적에 대하여 자백하지 않더라도 그 증권의 성격과 발행된 증권의 총수, 매매거래의 동기와 태양(순차적 가격상승 주문 또는 가장매매, 시장관여율의 정도, 지속적인 종가 관여 등), 그 증권의 가격 및 거래 동향, 전후의 거래상황, 거래의 경제적 합리성 및 공정성 등의 간접사실을 종합적으로 고려하여 판단할 수 있다는 입장이다.[1183]

입법론적으로는 통정·가장매매가 불법목적을 가지지 않고 행해지는 경우는 거의 없을 것이므로 일정한 경우에는 '**그릇된 판단을 하게 하는 목적**'이나 '**매매거래를 유인할 목적**'을 가지는 것으로 보고, 그 행위자에 대하여 이러한 목적이 없

1179) 김병연 외2, 전게서, 박영사, 2015., 403면. 임재연, 「자본시장법」, 박영사, 2016., 931면.
1180) 김병연 외2, 전게서, 박영사, 2015., 403면. 대법원. 2009. 4. 9. 선고. 2009도675 판결, 대법원. 2004. 3. 26. 선고. 2003도7112 판결, 대법원. 2001. 11. 27. 선고. 2001도3567 판결.
1181) 김병연 외2, 전게서, 박영사, 2015., 403면. 임재연, 「자본시장법」, 박영사, 2016., 932면.
1182) 김병연 외2, 전게서, 박영사, 2015., 403면. 임재연, 「자본시장법」, 박영사, 2016., 932면.
1183) 대법원. 2001. 11. 27. 선고. 2001도3567 판결.

었음을 증명할 책임을 부담하도록 하는 것이 합리적이라고 본다.[1184]

즉, 통정 또는 가장매매가 행해졌음이 증명되면 불법목적에 관한 증명책임이 전환되어 피고가 불법목적의 부존재를 증명할 책임이 있다고 보아야 할 것인데, 이는 해석론으로는 한계가 있으므로 법 개정에 의하여 해결하여야 할 것으로 본다.[1185]

나. 현실거래에 의한 시세조종

(1) 현실거래에 의한 시세조종의 의의

현실거래에 의한 시세조종이란 매매를 유인할 목적으로 본인 또는 타인 명의로 된 여러 개의 계좌를 이용하여 또는 타인과 공모하여 주식 등의 매매가 성황을 이루고 있는 듯이 오인하게 하거나 주식 등의 가격을 상승·하락하게 하는 주식 등의 매매 또는 그 주식 등의 매매를 위탁·수탁하는 행위를 말한다.[1186]

누구든지 상장증권 또는 장내파생상품의 매매를 유인할 목적으로 ' 그 증권 또는 장내파생상품의 매매가 성황을 이루고 있는 듯이 잘못 알게 하거나 그 시세(증권시장 또는 파생상품시장에서 형성된 시세, 다자간 매매체결회사가 상장주권의 매매를 중개함에 있어서 형성된 시세, 그 밖에 대통령으로 정하는 시세를 말함)를 변동시키는 매매 또는 그 위탁 이나 수탁을 하는 행위'를 하지 못한다. (「자본시장법」제176조 제2항 제1호).

이는 '현실거래에 의한 시세조종'이라 불리며 소위 작전세력의 시세조종행위를 규제하기 위한 것이다. 상장증권 또는 장내파생상품의 매매가 성황을 이루고 있는 것처럼 잘못 알게 하거나, 그 시세를 변동시키는 매매 또는 그 위탁·수탁행위가 금지된다. 시세란 증권시장 또는 파생상품시장에서 형성된 시세, 전자 증권중개회사가 상장증권의 매매를 중개함에 있어서 형성된 시세를 말한다.[1187]

(2) 현실거래에 의한 시세조종의 형태

현실거래에 의한 시세조종방법은 매우 다양한데 실제의 사건에서 자주 볼 수 있는 예로는, 직전 체결가 대비 고가매수주문, 시세변동을 위한 상대매도호가 대비 고가매수주문, 시세급변을 유도하기 위한 상한가매수주문, 거래성황 또는 타인의 그릇된 판단을 유도하기 위한 운용계좌 상호간 매매주문, 시세급변을 유도하기 위한 상한가매수주문 등이 있다.

1184) 김병연 외2, 전게서, 박영사, 2015., 404면. 임재연, 「자본시장법」, 박영사, 2016., 933면.
1185) 김병연 외2, 전게서, 박영사, 2015., 404면. 임재연, 「자본시장법」, 박영사, 2016., 933면.
1186) 금융감독원, 「불공정거래-시세조종행위-」, 홈페이지.
1187) 김병연 외2, 전게서, 박영사, 2015., 406면.

또한 매일 한정된 물량을 계속적·순차적·계좌별·시간대별로 번갈아 가면서 소량·대량·분할·집중매수하는 방법으로 시초가 고가매수·종가 상승을 위한 고가매수·체증식고가매수·시가고정을 위한 분할 또는 집중매수 등이 있다.[1188]

(3) 현실거래에 의한 시세조종의 요건

(가) 매매거래 유인의 목적

매매거래를 유인할 목적이라 함은 인위적인 조작을 가하여 시세를 변동시킴에도 불구하고 투자자에게는 그 시세가 증권시장에서의 자연적인 수요 공급의 원칙에 의하여 형성된 것으로 오인시켜 상장증권 또는 장내파생상품의 매매거래에 끌어드리려는 목적을 말한다.[1189]

내심적인 유인목적은 직접적으로 증명하기 곤란 하므로, 결국 거래의 동기, 매매의 전후사정, 거래의 경제적 합리성, 금전적인 이해관계 등을 고려하여 직전가격에 비하여 인위적으로 가격을 높이거나 하락시키기 위하여 통상의 거래관행을 벗어난 주문을 하는 것 인지 여부에 따라 인정할 수밖에 없을 것이다.[1190]

이러한 목적은 다른 목적과 공존하여도 무관하며 목적에 대한 인식의 정도가 미필적 인식으로 족하며, 투자자에게 실제로 오해를 유발하였는지 여부나 타인에게 손해가 발생 하였는지 여부 등도 문제가 되지 않는다.[1191]

매매거래유인의 목적은 당사자가 이를 자백하지 않더라도 그 상장증권 또는 장내파생상품의 성격과 발행된 상장증권 또는 장내파생상품의 총수, 매매거래의 동기와 태양(순차적 가격상승주문 또는 가장매매, 시장관여율의 정도, 지속적인 종가관여 등), 그 상장증권 또는 장내파생상품의 가격 및 거래량의 동향, 전후의 거래상황, 거래의 경제적 합리성 및 공정성 등의 간접사실을 종합적으로 고려하여 판단할 수 있다.[1192]

(나) 시세변동거래 행위

'**시세변동거래**'라 함은 유가증권시장에서 수요와 공급의 원칙에 의하여 기형성된 유가증권의 가격을 인위적으로 상승 또는 하락시키는 등의 조작을 가하는 거래를 말하는데, 그 방법으로 직전가격 보다 높은 매수호가나 낮은 매도호가에 의하는 경우가 많지만 반드시 이러한 방법만을 요하지는 않는다.[1193]

1188) 김병연 외2, 전게서, 박영사, 2015., 406~467면. 서울지방법원. 1999. 5. 12. 선고 98단13351 판결.
1189) 대법원. 2001. 6. 26. 선고. 99도2282 판결. 대법원. 2002.6. 14. 선고. 2002도1256 판결. 대법원. 2002. 7. 22. 선고. 2002도1696 판결 등. 임재연, 「자본시장법」, 박영사, 2016., 935면.
1190) 임재연, 「자본시장법」, 박영사, 2016. 935면. 김병연 외2, 전게서, 박영사, 2015., 411면.
1191) 김병연 외2, 전게서, 박영사, 2015., 411면. 대법원. 2009. 4. 0. 선고. 2009도675 판결.
1192) 대법원. 2001. 6. 26. 선고. 99도2282 판결. 대법원. 2002.6. 14. 선고. 2002도1256 판결, 대법원. 2002. 7. 22. 선고. 2002도1696 판결. 대법원. 2002. 7. 26. 선고. 2001도4947 판결.

예컨대, 앞에서 설명한 바와 같이 직전 체결가 대비 고가매수주문, 시세변동을 위한 상대매도호가 대비 고가매수주문, 시세급변을 유도하기 위한 상한가 매수주문, 거래성황 또는 타인의 그릇된 판단을 유도하기 위한 운용계좌 상호간 매매주문, 시세급변을 유도하기 위한 상한가매수주문 등 여러 방법이 사용될 수 있기 때문이다.

결국 당해 매매거래가 시세변동거래에 해당하는지 여부는 매매거래의 동기와 유형·당시의 거래사항 등을 종합적으로 고려해서 판단해야 할 것이다.[1194)

(4) 현실거래에 의한 시세조종의 내용
(가) 매수청약 또는 매수주문

매매하는 행위가 금지대상이며 매매체결은 요건이 아니므로 매매계약의 체결에 이르지 아니한 매수청약 또는 매수주문도 그것이 상장증권 또는 장내 파생상품의 가격을 상승 또는 하락시키는 효과를 가지고 제3자에 의한 상장증권 또는 장내 파생상품의 매매를 유인하는 성질을 가지는 이상 「자본시장법」제176조 제2항 제1호의 매매성황 오인 유발 행위 또는 시세변동행위에 해당된다.[1195)

또한 실제로 매매를 체결할 의사는 없이 단지 타인의 매매거래를 유인하기 위하여 매수 또는 매도 주문량이 많은 것처럼 보이기 위한 '허수매수매도주문'도 현실거래에 의한 시세조종행위의 유형에 속한다.[1196)

(나) 매매성황 오인유발 행위

'**매매거래가 성황을 이루고 있는 듯이 잘못 알게 하는 행위**'는 타인으로 하여금 시장의 수요와 공급에 의하여 매매가 성황을 이룬 듯이 오인하도록 하여 매매 거래를 유인 하는 행위이다. 이때에 거래증권의 특성, 거래의 동기와 거래 당시의 전후사정, 증권 시장의 상황, 거래의 경제적 합리성 등을 종합적으로 고려하여 판단하여야 한다.[1197)

예컨대 그 현실매매의 거래가 있기 이전에 당해 종목의 거래 상황에 비추어 정상적인 수요와 공급에 따른 거래량·가격변동 보다 성황을 이루고 있는 듯이 평균적인 투자자를 오인시킬 수 있는지의 여부를 살펴보아야 한다.[1198)

1193) 금융감독원 인력개발실, 전게서, 2006., 608면.
1194) 금융감독원 인력개발실, 전게서, 2006., 608면.
1195) 김병연 외2, 전게서, 박영사, 2015., 407면.
1196) 김병연 외2, 전게서, 박영사, 2015., 407면. 대법원. 2003. 12. 12. 선고. 2001도606 판결.
1197) 김병연 외2, 전게서, 박영사, 2015., 407면. 안성포, 「시세조종행위와 손해배상책임」, 법학논총 제 29권, 단국대학교 법학연구소, 2005. 254면. 금융감독원 인력개발실, 전게서, 2006., 607면.
1198) 김병연 외2, 전게서, 박영사, 2015., 407면. 송호신, 「시세조종 행위에 대한 자본시장통합법의 규제」, 한양법학 제20권 제3집. 한양법학회, 2009. 433면.

(다) 시세 상승 또는 시세 하락

시세를 변동시키는 매매거래의 행위는 현실거래나 실제거래를 통하여 인위적으로 증권이나 장내파생상품의 시세를 상승 또는 하락하도록 유인하는 행위이다. 유인의 결과로 반드시 시세변동이 일어나야 하는 것은 아니고 시세변동의 가능성만 있어도 성립된다. 또한 이러한 행위에 대한 위탁이나 수탁도 포함되므로 실제로 매매거래가 체결되지 아니하고 위탁단계에 머물러도 시세조종행위가 성립 될 수 있다.[1199]

(라) 손해 발생 또는 이익 발생

매매성황 오인유발행위 또는 시세변동행위에 의한 시세조종행위는 상대방이 손해를 입고 시세조종행위자가 그 이익을 얻을 것을 요건으로 하지는 아니한다. 또한 유인 목적이 있으면 충분하고 유인의 결과 실제로 타인이 유인되어 매매를 하여야 하는 것은 아니다.[1200]

(마) 상장 시초 시세 변동행위

신규 발행 상장증권이 최초 상장되는 경우에 상장시초가 형성과정에서 왜곡된 가격을 형성하기 위한 주문행위가 문제가 되는바, 대법원은 이에 대하여 유통 시장에서 기 형성된 기준 가격이 없다는 이유로 시세 변동행위에 해당되지 않는다고 판시한바 있다.[1201]

그러나 상장시초가 형성과정에서 정상적인 수요공급의 원칙에 의한 가격이 아니라 매매거래를 유인할 목적으로 왜곡된 주문을 하여 비정상적인 시초가를 형성한 경우는 넓은 의미에서의 유통시장에서의 시세조종으로 보는 것이 타당 하다고 본다.[1202]

「자본시장법 시행령」제202조는 시세와 관련하여 상장되는 증권에 대하여 증권시장에서 최초로 형성되는 시세를 명시적으로 포함하고 있으므로, 이에 대해 영향을 미칠 수 있는 매매는 시세조종행위에 해당 할 수 있다.[1203]

1199) 김병연 외2, 전게서, 박영사, 2015., 407면.
1200) 김병연 외2, 전게서, 박영사, 2015., 407면. 송호신, 전게논문, 한양법학 제20권 제3집, 2009., 434면.
1201) 대법원. 1994. 10. 25. 선고. 93도2516 판결.
1202) 김병연 외2, 전게서, 박영사, 2015., 408면
1203) 김병연 외2, 전게서, 박영사, 2015., 409면

다. 허위표시에 의한 시세조종

(1) 허위표시에 의한 시세조종의 의의

허위표시에 의한 시세조종이란 매매를 유인할 목적으로 주식 등의 시세를 자기 또는 다른 사람이 조작하고 있다는 말을 유포하거나, 유가증권의 매매와 관련한 중요한 사실에 대하여 고의로 허위사실을 표시하거나 오해를 유발하게 하는 표시를 하는 것을 말하며, 매매를 유인할 목적으로 하는 행위라는 점에서 현실거래에 의한 시세조종과 동일하나 허위사실의 표시 또는 오해유발 표시의 유무가 현실거래에 의한 시세조종과 구별된다.[1204]

「자본시장법」에서 허위표시에 의한 시세조종행위는 그 증권 또는 장내파생상품의 시세가 자기 또는 타인의 시장조작에 의하여 변동한다는 말을 유포하는 행위(「자본 시장법」제176조 제2항 제2호)와 그 증권 또는 장내파생상품의 매매를 함에 있어 중요한 사실에 관하여 거짓의 표시 또는 오해를 유발시키는 표시를 하는 행위(「자본시장법」 제176조 제2항 제3호)로 구분된다.

(2) 허위표시에 의한 시세조종의 종류

(가) 시세조작유포행위

시세조작유포의 행위는 그 증권 또는 장내파생상품의 시세가 자기 또는 타인의 조작에 의하여 변동한다는 말을 유포하는 행위를 말한다.(「자본시장법」제176조 제2항 제2호). 시세가 변동할 가능성이 있다는 말을 유포하여 다른 사람에게 매매거래를 유인할 목적으로 하는 경우에 시세조작유포행위가 성립한다.[1205]

일반적으로 증권 또는 장내파생상품의 시세를 조종하기 위한 시장조작에 대한 정보를 유포하는 행위가 이에 해당하며, 예컨대 특정증권에 관한 작전이 곧 개시될 것이라는 소문이나 내부정보를 들어 고객에게 특정주식의 매입을 권유하는 행위를 들 수 있다.[1206]

이 경우 시세변동의 유포의 대상자와 매매거래의 유인의 대상자가 일치할 필요는 없다.[1207] 그러나 "그 증권 또는 장내파생상품의 시세가 자기 또는 타인의 시장조작에 의하여 변동한다."는 내용은 일반적인 풍문수준으로는 부족하며 상당히 구체적일 것이 요구 된다.[1208]

1204) 금융감독원 「불공정거래란? - 시세조종 -」, 홈페이지
1205) 김병연 외2, 전게서, 박영사, 2015., 409면. 임재연, 「자본시장법」, 박영사, 2016., 944면.
1206) 송호신, 전게논문, 한양법학 제20권 제3집, 2009., 434면, 김병연 외2, 전게서, 박영사, 2015., 409면
1207) 송호신, 전게논문, 한양법학 제20권 제3집, 2009., 434면. 김병연 외2, 전게서, 박영사, 2015., 409면
1208) 송호신, 전게논문, 한양법학 제20권 제3집, 2009., 435면. 김병연 외2, 전게서, 박영사, 2015., 409면

유포는 반드시 인쇄물·통신·기타 공개적인 매체에 의한 것뿐만 아니라 개별 접촉에 의한 구두전달행위도 포함된다. 그러나 시장조작을 위한 실제적인 매매거래를 수반할 필요는 없으므로 유포 후에 시장조작을 실행하지 않더라도 시세조작유포행위에 의한 매매거래 유인목적행위가 성립한다.[1209]

(나) 허위표시·오해유발표시행위

허위표시 또는 오해유발의 표시를 하여 다른 사람에게 매매거래를 유인할 목적으로 하는 행위는 할 수 없다. 여기서 **"허위표시·오해유발표시행위"**는 그 증권 또는 장내파생상품의 매매를 함에 있어서 중요한 사실에 관하여 거짓의 표시 또는 오해를 유발시키는 표시를 하는 행위를 말한다.(「자본시장법」제176조 제2항 제3호).

시세조작유포행위와는 달리 허위표시·오해유발표시행위는 상장증권이나 장내파생상품의 매매에 수반되어야 한다. 이 경우에도 중요사실의 허위표시의 대상자와 매매거래의 유인의 대상자가 일치할 필요는 없다.[1210]

허위표시나 오해유발표시는 중요한 사실에 관한 것이어야 하는데, **중요한 사실**이란 그 증권 또는 장내파생상품의 매매에 있어서 투자자의 투자판단에 영향을 미칠 만한 사실을 의미한다. 따라서 투자자의 투자판단에 영향을 미치지 못하는 정도의 정보는 허위표시·오해유발표시행위 규제의 대상이 되지 않는다.[1211]

「자본시장법」이 주요사항보고서를 제출하도록 정하고 있는 사유가 대표적인 중요한 정보에 해당될 수 있을 것이다.(「자본시장법」제161조 및 「동법시행령」제171조).[1212] 경우에 따라 당해 기업 고유의 정보만이 아니라 동종업종의 전망 또는 경쟁업체의 동향 등 기업외부의 정보도 포함될 수 있을 것이다.[1213]

라. 시세고정·안정을 위한 시세조종

(1) 시세고정·안정을 위한 시세조종의 의의

시세고정 또는 안정을 위한 시세조종이라 함은「자본시장법 시행령」이 인정하는 일정한 요건·방법과 절차에 반하여 단독 또는 공동으로 유가증권의 시세를 고정시키거나 안정시킬 목적으로 유가증권시장 등에서의 매매거래를 행하는 것을 말한다.[1214]

1209) 김병연 외2, 전게서, 박영사, 2015., 409~410면, 임재연, 「자본시장법」, 박영사, 2016., 945면.

1210) 김병연 외2, 전게서, 박영사, 2015., 410면

1211) 김병연 외2, 전게서, 박영사, 2015., 410면

1212) 주요사항보고서의 보고대상은 ① 발행한 어음 또는 수표가 부도로 되거나 은행과 당좌거래가 정지 또는 금지된 때, ② 영업활동의 전부 또는 중요한 일부가 정지 된 때, ③ 「채무자 회생 및 파산에 관한 법률」에 따른 회생절차의 신청이 있는 때 등이다.

1213) 송호신, 전게논문, 한양법학 제20권 제3집, 2009., 435면. 김병연 외2, 전게서, 박영사, 2015., 410면

1214) 금융감독원인력개발실, 전게서, 2006., 608면.

누구든지 상장증권 또는 장내파생상품의 시세를 고정시키거나 안정시킬 목적으로 그 증권 또는 장내파생상품에 관한 일련의 매매 또는 그 위탁이나 수탁을 하는 행위를 하여서는 아니 된다.(「자본시장법」제176조 제3항 본문).

(2) 시세고정·안정을 위한 시세조종의 예외

다만, 다음의 경우에 해당하는 경우에는 예외적으로 허용된다.(자본시장법」 제176조 제3항 단서).

1. 투자매매업자(모집 또는 매출되는 증권의 발행인 또는 소유자와 인수계약을 체결한 투자매매업자로서 대통령령으로 정하는 자에 한함)가 대통령령이 정하는 방법에 따라 그 증권의 모집 또는 매출의 청약기간의 종료일 전 30일의 범위에서 대통령령으로 정하는 날부터 그 청약종료일까지의 기간 동안 증권의 가격을 안정시킴으로써 증권의 모집 또는 매출을 원활하도록 하기 위한 매매거래(이하 '안정조작'이라 함)를 하는경우.

2. 투자매매업자가 대통령령으로 정하는 방법에 따라 모집 또는 매출한 증권의 수요·공급을 그 증권이 상장된 날로부터 6개월 범위에서 대통령으로 정하는 기간 동안조성하는 매매거래(이하 '시장조성'이라 함).

3. 모집 또는 매출되는 증권발행인의 임원 등 대통령령으로 정하는 자가 투자매매업자 에게 안정조작을 위탁하는 경우.

4. 투자매매업자가 제3호에 따라 안정조작을 수탁하는 경우.

5. 모집 또는 매출되는 증권의 인수인이 투자매매업자에게 시장조성을 위탁하는 경우.

6. 투자매매업자가 제5호에 따라 시장조성을 수탁하는 경우 등.

(3) 시세고정·안정을 위한 시세조종의 내용

시세의 고정·안정을 위한 시세조종은 시세를 적극적으로 변동시키는 행위뿐만 아니라 시세의 고정이나 안정조작도 다수 투자자의 경쟁매매 및 정상적인 수요와 공급에 의한 가격결정을 왜곡시키는 것이므로 시세조종에 해당된다.[1215]

이상과 같이 「자본시장법」은 일정한 기간 상장증권 또는 장내파생상품의 가격의 안정을 기하여 증권의 모집·매출을 원활하게 하는 것(안정조작)과 모집·매출한 증권의 수요·공급을 당해 증권의 상장 후 일정기간 조성하는 것(시장조성)을 원칙적으로 금지 하면서도 동시에 일정한 조건하에 예외적으로 허용하고 있다.

상장증권 또는 장내파생상품의 시세를 고정시키거나 안정시킬 목적은 증권의

1215) 김병연 외2, 전게서, 박영사, 2015., 415면, 임재연, 「자본시장법」, 박영사, 2016., 947면.

현재의 시장가격을 고정시키거나 안정시키는 경우뿐만 아니라, 행위자가 일정한 가격을 형성하고 그 가격을 고정시키거나 안정시키는 경우에도 인정되고, 행위자가 그러한 목적을 가지고 매매거래를 한 것이라면, 그 매매거래가 일정한 기간 계속 반복적으로 이루어져야 하는 것이 아니라 한 번의 매매도「자본시장법」제176조 제3항의 구성요건을 충족한다고 본다.[1216)

(4) 시세고정·안정을 위한 시세조종의 목적 범위

상장증권 또는 장내파생상품의 시세를 고정시키거나 안정시킬 목적은 유가증권의 시세를 일정범위에서 일탈하지 않도록 하는 목적을 의미하는바,[1217) 현재의 시장가격을 고정시키거나 안정시키는 경우뿐만 아니라, 행위자가 일정한 가격을 형성하고 그 가격을 고정시키거나 안정시키는 경우에도 인정된다.[1218)

따라서「자본시장법 시행령」에서 정한 요건과 절차를 위반한 안정조작과 시장조성 만이 금지되는 것이 아니라, 주식의 높은 가격으로 자전거래 시키기 위하여 시장조작에 의하여 높은 가격을 형성하는 매매거래를 하고 그 가격으로 자전거래 하였다면, 그 매매 행위는 상장증권의 시세를 고정시킬 목적으로 한 것이라고 인정할 수 있으므로「자본 시장법」제176조 제3항의 처벌대상이 된다.[1219)

(5) 시장조성 포기와 손해배상

상장증권의 발행인 또는 소유자와 인수계약을 체결한 증권회사로서 증권신고서에 기재된 회사 또는 증권신고서를 제출하지 아니하는 경우에 인수계약의 내용에 안정조작 또는 시장조성을 할 수 있다고 기재된 증권사가 시장조성의무를 위반한 경우에는 손해배상책임을 부담한다.

이 경우 시장조성이 이루어지는 대상이 되는 상장증권은 유가증권시장이나 코스닥시장 등 상장증권의 유통시장에서 거래되는 주식 전체가 된다고 하더라도, 그와 같은 시장조성의 보호대상이 되는 상장증권의 보유자로서 시장조성 포기로 인한 손해배상을 구할 수 있는 자는 해당 상장증권의 발행을 주관한 증권사가 모집 또는 매출한 증권의 발행에 참가하여 이를 인수한 투자자들과 그들로부터 해당 상장증권을 특정하여 직접 인수한 투자자에 한정되며, 공개된 유통시장에서 불특정 주식을 매수한 자는 제외된다.[1220)

1216) 김병연 외2, 전게서, 박영사, 2015., 415면
1217) 금융감독원인력개발실, 전게서, 2006., 608면.
1218) 김병연 외2, 전게서, 박영사, 2015., 416면, 대법원. 2004.10.28. 선고. 2002도3131 판결, 임재연, 「자본시장법」, 박영사, 2016., 948면.
1219) 김병연 외2, 전게서, 박영사, 2015., 416면, 임재연, 「자본시장법」, 박영사, 2016., 948면, 대법원.2004. 10. 28. 선고. 2002도3131 판결.

마. 현선 연계 시세조종

(1) 현선연계시세조종의 의의

현선연계시세조종이란 장내파생상품 및 주식의 매매에서 부당한 이익을 얻거나 제3자에게 부당한 이익을 얻게 할 목적으로 장내파생상품 및 기초자산의 시세를 변동 또는 고정시키는 행위를 말한다.[1221]

(2) 현선연계시세조종의 연혁

「자본시장법」은 장내파생상품과 그 기초자산인 증권 간의 양방향 시세조종 및 증권과 파생결합증권 간의 연계시세조종행위를 규제하고 있다. 2013년 5월 개정 「자본시장법」은 종전의 상장증권이나 장내파생상품에 한정하여 시세조종행위를 규율하던 것을, 해당 증권이나 파생상품의 상장여부를 불문하고 그 기초자산 중 어느 하나가 거래소에 상장 되거나 기타 이에 준하여 거래되는 경우로 넓히고 있다.(「자본시장법」제176조 제4항).

또한 개정 「자본시장법」은 구 「증권거래법」에서 규율되지 아니하던 현물에서 이익을 얻을 목적으로 선물의 시세를 조종하는 현선연계에 의한 시세조종 역시 금지하고 있다. 또한 연계시세조종행위가 금지되는 규제대상을 상장증권과 장내 파생상품에 한정하지 아니 하고 증권 또는 파생상품으로 규정하고 있다.(「자본 시장법」제176조 제4항).[1222]

이에 개정「자본시장법」에 따라 ELS(Equity-Linked Securities ; 주식연계증권)[1223] 등과 같은 비상장증권이나 장외파생상품 등을 이용한 연계시세조종이 규제되고 있으며, 법은 종전과 달리 매매에 한정하지 아니하고 매매, 그 밖의 거래라는 개념으로 '매매'에 관한 개념을 사용함으로서 시세조종행위 유형을 역시 넓히고 있다.[1224]

(3) 현선연계시세조종의 대상

「자본시장법」에 의하면, 누구든지 증권, 파생상품 또는 그 증권·파생상품의 기초 자산 중 어느 하나가 거래소에 상장되거나 그 밖에 이에 준하는 경우로서 「자본시장법 시행령」으로 정하는 경우에는 그 증권 또는 파생상품에 관해 매매,

---

1220) 김병연 외2, 전게서, 박영사, 2015., 416면, 임재연, 「자본시장법」, 박영사, 2016., 952면. 대법원.2004.10.28. 선고. 2002도3131 판결. 대법원. 202.9.24. 선고. 2001다9311, 9328 판결 등.
1221) 금융감독원 「불공정거래란? - 시세조종 -」, 홈페이지
1222) 김병연 외2, 전게서, 박영사, 2015., 422면, 임재연, 「자본시장법」, 박영사, 2016., 955면.
1223) 주식연계증권이라 함은 특정주권의 가격이나 주가지수의 수치에 연계한 증권을 말한다. 즉, 금융파생상품중의 하나로, 개별 주식의 가격이나 주가지수에 연계되어 투자수익이 결정되는 유가증권이다.
1224) 김병연 외2, 전게서, 박영사, 2015., 422면

그 밖의 거래 (이 조에서 '매매 등')와 관련하여 다음의 어느 하나에 해당하는 행위를 하여서는 아니된다.(「자본시장법」제176조 제4항).

1. 파생상품 매매 등에서 부당이익을 얻거나 제3자에게 부당한 이익을 얻게 할 목적으로 그 장내파생상품의 기초자산의 시세를 변동 또는 고정시키는 행위.

2. 파생상품의 기초자산의 매매 등에서 부당한 이익을 얻거나 제3자에게 부당한 이익을 얻게 할 목적으로 그 장내파생상품의 시세를 변동 또는 고정시키는 행위.

3. 증권의 매매 등에서 부당한 이익을 얻거나 제3자에게 부당한 이익을 얻게 할 목적으로 그 증권과 연계된 증권으로서 대통령령으로 정하는 증권 또는 그 증권의 기초자산의 시세를 변동 또는 고정시키는 행위.

4. 증권의 기초자산의 매매 등에서 부당한 이익을 얻거나 제3자에게 부당한 이익을 얻게 할 목적으로 그 증권의 시세를 변동 또는 고정시키는 행위.

5. 파생상품의 매매 등에서 부당한 이익을 얻거나 제3자에게 부당한 이익을 얻게 할 목적 으로 그 파생상품과 기초자산이 동일하거나 유사한 파생상품의 시세를 변동 또는 고정 시키는 행위.

(4) 현선연계시세조종의 유형
(가) 기초자산과 파생상품 간 연계시세조종

증권, 파생상품에 관한 매매 등과 관련하여 ① 파생상품 매매 등에서 부당이익을 얻거나 제3자에게 부당한 이익을 얻게 할 목적으로 그 장내파생상품의 기초자산의 시세를 변동 또는 고정시키는 행위 및 ② 파생상품의 기초자산의 매매 등에서 부당한 이익을 얻거나 제3자에게 부당한 이익을 얻게 할 목적으로 그 장내파생상품의 시세를 변동 또는 고정 시키는 행위는 금지된다.(「자본시장법」 제176조 제4항 제1호 및 제2호).

(나) 증권간 또는 증권·기초자산간 연계시세조종

증권, 파생상품에 관해 매매 등과 관련하여 증권의 매매에서 부당한 이익을 얻거나 제3자에게 부당한 이익을 얻게 할 목적으로 그 증권과 연계된 증권으로서 「자본시장법 시행령」으로 정하는 증권 또는 그 증권의 기초자산의 시세를 변동 또는 고정시키는 행위는 금지된다.(「자본시장법」제176조 제4항 제3호).

또한 2013년 5월 개정 「자본시장법」은 기초자산과 증권간 연계시세조종의 규제 형태를 보강하여, 증권의 기초자산의 매매 등에서 부당한 이익을 얻거나 제3자에게 부당한 이익을 얻게 할 목적으로 그 증권의 시세를 변동 또는 고정시키는 행위를 금지하고 있다. (「자본시장법」제176조 제4항 제4호).

기초자산(현물)을 거래하는 거래소가 개설될 경우도 대비하는 한편, 파생상품과 마찬가지로 기초자산을 갖는 파생결합증권*(「자본시장법」제4조 제7항)의 경우 증권과 기초 자산 간의 연계시세조종행위를 규제할 필요가 있기 때문이다.[1225]

* 파생결합증권(Derivatives - Linked Securities ; DLS)이라 함은 유가증권과 파생금융상품이 결합한 증권으로서, 기초자산의 가치변동에 따라 수익이 결정된다. 기초자산은 주가지수, 이자율, 통화 (환율)뿐 만 아니라 금, 원유, 구리, 철강, 곡물, 부동산 등의 실물자산 들도 기초자산의 대상이 된다. 파생결합증권은 원금파생결합증권보장 정도(100% 원금보장, 비보장 등), 옵션의 종류 및 투자 기간 등에 따라 매우 다양한 구조를 만들 수 있어 시장 상황 혹은 투자자의 투자성향에 따라 탄력적인 상품구성이 가능하다는 특징이 있다.

(다) 파생상품 간 연계시세조종

2013년 5월 개정 「자본시장법」은 파생상품시장 내에서 파생상품들 간의 연계시세 조종행위를 금지하는 규정을 도입하고 있다. 즉, 「자본시장법」상 파생상품의 매매 등에서 부당이익을 얻거나 제3자에게 부당이득을 얻게 할 목적으로 그 파생상품과 기초자산이 동일하거나 유사한 파생상품의 시세를 변동 또는 고정시키는 행위를 금지하고 있다.(「자본시장법」제176조 제4항 제5호).

4. 시세조종행위에 대한 제재

가. 민사상 책임

「자본시장법」제176조(시세조종행위 등의 금지)를 위반한 자는 제177조(시세조종의 배상책임) 제1항 각호의 구분에 따른 손해를 배상할 책임이 있다.(「자본시장법」제177조 제1항).

1. 그 위반행위로 인하여 형성된 가격에 의하여 해당 증권 도는 파생상품에 관한 매매 등을 하거나 그 위탁을 한 자가 그 매매 등 또는 위탁으로 인하여 입은 손해.

2. 제1호의 손해 외에 그 위반행위(제176조 제4항 각 호의 어느 하나에 해당하는 행위 로 한정)로 인하여 가격에 영향을 받은 다른 증권, 파생상품 또는 그 증권·파생상품 의 기초자산에 대한 매매 등을 하거나 그 위탁한 자가 그 매매 등 또는 위탁으로 입은 손해.

3. 제1호 및 제2호의 손해 외에 그 위반행위(제176조 제4항 각 호의 어느 하나에 해당 하는 행위로 한정)로 인하여 특정 시점의 가격 또는 수치에 따라 권리행사 또는 조건 성취여부가 결정되거나 금전 등이 결제되는 증권 또는 파생상품과 관 련하여 그 증권 또는 파생상품을 보유한 자가 그 위반행위로 형성된 가격 또는 수치에 따라 결정 되거나 결제됨으로써 입은 손해.

1225) 김병연 외2, 전게서, 박영사, 2015., 424면

물론 위법한 시세조종행위가 있더라도 시세조종행위에 의하여 실제의 주가에 영향을 주지 않았다면 손해가 발생하였다고 할 수 없으므로 손해배상책임도 없다.[1226] 이에 따라 손해배상을 청구한 자는 시세조종행위의 존재, 시세조종행위로 인해 형성된 가격으로 매매 또는 위탁한 사실, 그리고 손해를 증명하여야 한다.[1227]

이와 관련하여 시세조종행위와 원고의 거래 간의 거래 인과관계(이른바, '신뢰' 요건)는 거래를 하였다는 사실만으로 추정되므로 별도로 증명할 필요가 없다. 왜냐 하면 이미 원고는 피고의 시세조종행위에 의해 형성된 가격에 기초하여 거래를 하였기 때문이다. 그러나 시세조종행위와 원고가 입은 손해 간에 손해인과관계는 증명 하여야 한다.[1228]

「자본시장법」제177조에의한 시세조종에 기한 손해배상청구권은 청구권자가 제176조를 위반한 행위가 있었던 사실을 안 때부터 1년간, 그 행위가 있었던 때부터 3년간 이를 행사하지 아니한 경우에는 시효로 인하여 소멸한다(「자본시장법」제177조 제2항).

나. 형사상 제재

증권 또는 파생상품에 관한 매매등과 관련된 시세조종행위 규제위반이 있는 경우 내부자거래의 경우와 마찬가지로 10년 이하의 징역 또는 그 위반행위로 얻은 이익 또는 회피한 손실액의 2배 이상 5배 이하에 상당하는 벌금에 처한다.(「자본시장법」 제433조제1항 본문 및 제7호).

다만 그 위반행위로 얻은 이익 또는 회피한 손실액의 5배에 해당하는 금액이 5억원 이하인 경우에는 벌금의 상한액을 5억원으로 한다.(「자본시장법」제443조 제1항 단서). 그리고 위의 이익 또는 손실액이 50억원 이상인 경우에는 무기 또는 5년 이상의 징역을, 5억원 이상 50억원 미만인 때에는 3년 이상의 유기징역에 처하도록 되어 있다. (「자본시장법」제443조 제2항). 자세한 금액의 산정방식은 아래와 같다.

(1) 시세차익방식

위반행위로 얻은 이익은 손실액에 반대되는 개념으로서 당해 위반행위로 인하여행위자가 얻은 이윤 즉 그 거래로 인한 총수입에서 그 거래를 위한 총 비용을 공제한 차액을 말한다.

따라서 현실거래로 인한 시세조종행위로 얻은 이익은 그 시세조종행위와 관련

1226) 김병연 외2, 전게서, 박영사, 2015., 425면, 서울고등법원. 2003. 9. 19. 선고 2002나16981 판결.
1227) 김병연 외2, 전게서, 박영사, 2015., 425면
1228) 김병연 외2, 전게서, 박영사, 2015., 425면, 김병연, 「미국 판례법상 시장사기이론과 증권거래법상 손해 배상책임에 있어서 인과관계의 문제」, 비교사법 제11권 제1호, 한국비교사법학회, 2004, 280~287면.

된 유가증권거래의 총 매도금액에서 총 매수금액 외에 그 거래를 위한 매수수료, 매도수수료, 증권거래세(증권거래소의 경우농어촌특별세를 포함) 등의 거래비용도 공제한 나머지 순매매이익을 의미한다.[1229]

(2) 객관적 기준

상장증권의 매매 등 거래와 관련된 행위인지 여부나 허위의 여부 및 부당한 이익 또는 경제적 이익의 취득 도모 여부 등은 그 행위자의 지위, 발행회사의 경영상태와 그 주가의 동향, 그 행위 전후의 제반 사정 등을 종합적으로 고려 하여 객관적인 기준에 의하여 판단하여야 한다.[1230]

(3) 미실현 이익

부당한 이익은 유가증권의 처분으로 인한 행위자의 개인적이고 유형적인 경제적 이익에 한정되지 않고, 기업의 경영권획득, 지배권확보, 회사 내에서의 지위상 승 등 무형적 이익 및 적극적 이득 뿐 아니라 손실을 회피하는 경우와 같은 소극적 이득, 아직 현실화되지 않은 장래의 이득, 즉 미실현 이익도 위반 행위로 얻은 이익의 산정에 포함되어야 한다.[1231]

(4) 양벌의 규정

법인의 대표자나 법인 또는 개인의 대리인, 사용인, 그 밖의 종업원이 그 법인 또는 개인의 업무에 관하여 「자본시장법」제443조부터 제446조까지의 어느 하나에 해당하는 위반행위를 하면 그 행위자를 벌하는 외에 그 법인 또는 개인에게도 해당조문의 벌금형을 과한다.(「자본시장법」제448조).

Ⅲ 미공개정보 이용

1. 미공개정보 이용의 의의

'미공개정보 이용'이란 회사의 주요 주주, 임직원 기타 회사와 일정한 관계가 있는 자가 회사의 업무 등과 관련하여 공개하지 아니한 중요정보를 이용하여 주식 등을 사고팔거나 다른 사람에게 정보를 제공하여 주식 등을 사고파는데 이용하여 이익을 얻 거나 손해를 회피한 경우를 말한다.[1232]

1229) 김병연 외2, 전게서, 박영사, 2015., 426면, 대법원. 2002.6.14. 선고. 2002도1256 판결.
1230) 김병연 외2, 전게서, 박영사, 2015., 428면, 대법원. 2002.7.22. 선고. 2002도1696 판결.
1231) 김병연 외2, 전게서, 박영사, 2015., 428면, 대법원. 2003.11.14. 선고. 2003도686 판결.

「자본시장법」은 일정한 자는 상장법인의 업무 등과 관련된 미공개중요정보를 특정 증권 등의 매매, 그 밖의 거래에 이용하거나 타인에게 이용하게 하여서는 아니 된다고 정하고 있다.(「자본시장법」제174조 제1항).

또한 공개매수자 등의 주식 등에 대한 공개매수의 실시 또는 중지 및 주식 등의 대량 취득・처분의 실시・중지에 관한 미공개정보 역시 중지 및 주식 등의 대량취득・처분의 실시・중지에 관한 미공개정보 역시 그 주식 등과 관련된 특정증권 등의 매매, 그 밖의 거래에 이용하거나 타인에게 이용하게 허여서는 아니 된다.(「자본시장법」제174조 제2항 및 제3항).

2. 미공개정보 이용의 적용대상 증권

미공개중요정보 이용행위 금지의 적용대상은 '특정증권 등'이며, 2013년 5월 개정 「자본시장법」에 따라 상장예정법인 등이 발행한 해당 특정증권 등이 포함된다.(「자본시장법」제174조 제1항 본문).

이러한 특정증권 등에는 ① 주권상장법인이 발행한 증권, ② 해당 주권상장법인이 발행한 증권과 관련된 증권예탁증권, ③ 그 법인 외의 자가 발행한 것으로서 ① 또는 ②의 증권과 교환을 청구할 수 있는 교환사채권, ④ 이상의 증권만을 기초자산으로 하는 금융 투자 상품이 해당한다.(「자본시장법」제174조 제1항 각호).

3. 미공개정보 이용의 금지의무 부담주체

가. 당해 법인

당해 법인은 상장법인을 말하는데 이 경우의 상장법인은 종전의 6개월 이내에 상장하는 법인이 포함되는 외에도 2013년 5월 개정된 「자본시장법」에 따라서 6개월 이내에 상장법인과 합병, 주식의 포괄적 교환, 기타 시행령으로 정하는 기업결합방법에 따라 상장되는 효과가 있는 비상장법인과 같은 상장예정법인도 포함된다.(「자본시장법」제174조 제1항 본문).

「자본시장법」은 당해법인의 모회사나 자회사 등 계열사도 포함하고 있다. 계열사*는 「독점규제 및 공정거래에 관한 법률」제2조 제2호 및 제9조 제1항 제1호, 「동법시행령」제8조에 따른 2 이상의 회사가 동일한 기업집단에 속하는 경우를 말한다. 한편 기업집단은 「독점규제 및 공정거래에 관한 법률」시행령이 정하는 기준에 의하여 사실상 그 사업 내용을 지배하는 회사의 집단을 의미한다.[1233]

1232) 금융감독원 「불공정거래란? - 미공개정보이용 -」, 홈페이지
1233) 김병연 외2, 전게서, 박영사, 2015., 373면,

*계열사란 「독점규제 및 공정거래에 관한 법률」 시행령에 따르면 당해 회사의 발행주식총수의 100분의 30 이상을 소유하는 경우로서 최다출자자인 회사이거나, 동일인이 다른 주요 주주와의 계약 또는 합의에 의하여 대표이사를 임명하거나, 임원의 100분의 50 이상을 선임하거나 선임할 수 있는 회사에 해당하는 등 동일인이 회사의 경영에 대하여 지배적인 영향력을 행사하고 있다고 인정되는 회사에 해당하는 등(동일인이 지배하는 회사와 당해 회사 간에 임원의 겸임이 있는 경우), 사회통념상 경제적 동일체로 인정되는 회사에 해당하는 경우 계열사로 분류되므로(「독점규제 및 공정 거래에 관한 법률 시행령」제3조) 계열사로 인정되는 범위는 매우 넓다.

나. 임직원·대리인[1234]

회사내부자라 함은 당해법인(그 계열사 포함) 및 그 임직원·대리인·주요주주를 말한다. 즉, 내부자는 직무와 관련하여 얻은 미공개정보를 이용한 거래를 하지 않을 충실 의무를 부담하는 지위에 있는 자이므로 임원을 비롯한 고위직원은 당연히 내부자로 되고, 하위직원들도 고용되어 있는 기회에 정보를 얻게 되면 내부자로 되어 적용대상이 된다.

임원은 이사·감사·기타 이와 유사한 직책에 있는 자를 말하며, 고문·상담역 등 그 명칭에 관계없이 사실상의 직책과 기능이 임원에 해당하면 내부자에 해당한다. 직원은 고용계약관계를 불문하고 법인의 지휘·명령 하에 있으면 이에 해당하므로, 임시직·아르바이트사원·파견근로자 등은 모두 이에 해당한다. 대리인에는 당해 법인의 업무에 대한 대리권을 부여받은 변호사·회계사 등이 포함된다.

다. 주요주주

주요주주란 누구의 명의로 하든지 자기의 계산으로 발행주식총수의 10% 이상을 보유한 자를 말하고, 주요주주가 아니더라도 임원의 임면 등 당해 법인의 주요 경영사항에 대하여 사실상 영향력을 행사하는 사실상 지배주주(「자본시장법」제9조 제1항 제2호, 「동법시행령」제9조)도 이에 포함된다. 주요주주에는 그 대리인·사용인 기타 종업원(주요 주주가 법인인 경우에는 그 임원·직원 및 대리인) 등도 포함된다.[1235]

현행 규정상으로는 甲회사의 주요주주가 乙회사 일 경우 그 다른 乙회사의 임직원과 대리인만 내부자에 해당하고 乙회사의 주요주주는 위 甲회사의 내부자에 포함되지 않는다. 그러나 乙회사의 대주주가 乙회사를 통하여 甲 회사의 주요 경영사항에 대하여 사실상 영향력을 행사할 수 있음에도 乙회사의 대주주는 甲회사의 주주가 아닌 한 甲회사의 내부자가 될 수 없어 甲회사의 미공개정보를 이용하더라도 규제대상이 아니게 되어 불합리하다.[1236]

주요주주가 권리를 행사하는 과정에서 알게 된 미공개정보를 이용하는 경우 에는

1234) 김병연 외2, 전게서, 박영사, 2015., 374면, 금융감독원, 「금융감독용어사전」, 2011.
1235) 김병연 외2, 전게서, 박영사, 2015., 375면, 임재연, 「자본시장법」, 박영사, 2016., 874면.
1236) 김병연 외2, 전게서, 박영사, 2015., 375면, 임재연, 「자본시장법」, 박영사, 2016., 878면.

회사내부자로서 내부자거래 금지 대상이 되나, 권리를 행사하는 과정과 관계없이 회사내부자를 통하여 알게 된 경우에는 회사내부자가 아닌 정보수령자로서의 책임을 지게 된다.[1237]

라. 준내부자[1238]

원래 내부자는 아니지만 해당 법인과 일정한 관계에 있는 경우 준내부자로서 규제대상이 된다.(「자본시장법」제174조 제1항 제3호 및 제4호).

당해 법인에 대하여 법령에 의한 허가·인가·지도·감독 그 밖에 권한을 가지는 자로서 그 권한을 행사하는 과정에서 미공개중요정보를 알게 된 자와 당해 법인과 계약을 체결하고 있거나 체결을 교섭하고 있는 자로서 그 계약을 체결·교섭 또는 이행하는 과정에서 미공개중요정보를 알게 된자는 **준내부자**로서 책임의 주체가 된다.

당해 법인과 계약을 체결하고 있는 자에는 감사계약에 의한 외부감사인·유가증권 모집이나 매출을 위하여 인수계약을 체결한 증권회사·명의개서대행회사·거래 은행·변호사 또는 회계사·컨설팅회사 등이 포함된다. 또한 회사와 계약체결을 위한 교섭을 하는 단계 에서 이미 상대방은 회사의 미공개정보를 접하게 되는 경우가 많으므로, 「자본시장법」은 이러한 경우도 준내부자로 규정하고 있다.

마. 내부자 또는 준내부자의 임직원 및 대리인

주요주주 또는 준내부자의 대리인·사용인 기타 종업원(주요주주 또는 준내부자가 법인인 때에는 그 법인의 임원·직원·대리인)도 미공개정보 이용행위가 금지된다. (「자본시장법」제174조 제1항 제5호). 정식 고용계약이 체결되지 않은 경우에도 사실상의 통제·감독하에 있으면 종업원으로 인정된다.[1239] 따라서 비록 직접 해당 업무를 담당하지 않더라도 정보에 용이하게 접근할 수 있으면 규제대상이 된다.[1240]

바. 내부자 또는 준내부자의 지위 연장

이상의 내부자 또는 준내부자의 지위에 해당하는 자 뿐만 아니라, 이에 해당하지 아니하게 된 날로부터 1년이 경과하지 아니한 자도 규제대상이 된다.(「자본시장법」 제174조 제1항 제6호). 물론 이때에도 이용한 미공개정보는 이상의 지위에 있는 동안에 직무와 관련하여 지득한 것이어야 하고, 퇴임 후 지득한 경우에는 정보수령자에 해당한다.[1241]

1237) 김병연 외2, 전게서, 박영사, 2015., 375면, 임재연, 「자본시장법」, 박영사, 2016., 875면.
1238) 김병연 외2, 전게서, 박영사, 2015., 375면, 임재연, 「자본시장법」, 박영사, 2016., 875~876면.
1239) 임재연, 「자본시장법」, 박영사, 2016., 878면, 대법원. 1993. 5. 14. 선고. 93도344 판결.
1240) 김병연 외2, 전게서, 박영사, 2015., 376면,

사. 정보수령자

(1) 의 의

정보수령자는 내부자로부터 중요한 미공개정보를 전달받은 자로서 우리의 「자본시장법」제174조 제1항 제6호에서도 "···해당하는 자로부터 미공개중요정보를 받은 자"는 미공개정보를 이용한 유가증권거래를 할 수 없다고 명시하고 있다.

(2) 규제의 범위[1242]

「자본시장법」제174조 제1항은 내부자 외에 1차 정보수령자도 "타인에게 이용하게 하여서는 아니 된다."고 규정하는데, 전전 유통하는 모든 단계의 정보를 전부 규제대상으로 하는 것은 비현실적이고, 정보라는 것은 그 성격상 그 전달과정에서 상당히 변질되기 마련이어서 전달과정이 많아지고 시간이 경과할수록 단순한 풍문수준의 넓은 의미의 정보가 되기 마련이므로 적절한 범위로 규제대상을 제한할 필요가 있다.

따라서 1차 정보수령자로부터 미공개정보를 다시 전달받은 2차 정보수령자가 증권 매매 기타의 거래와 관련하여 전달받은 당해 정보를 직접 이용하는 경우에만 1차 정보 수령자가 처벌대상이 되고(이 경우에도 2차 정보수령자는 처벌대상이 아니다), 2차 정보 수령자가 그 정보를 직접 이용하지 않고 다시 다른 사람에게 전달하여 이용하게 하는 경우에는 1차 정보수령자도 처벌대상이 아니다.

이와 같이 해석하면 내부자나 정보수령자로부터 미공개정보를 받은 사람이 직접미공개정보를 이용한 증권거래를 하지 않고 다른 사람을 통하여 자기의 계산으로 증권거래를 하는 경우에는 그 내부관계가 밝혀지기 전에는 규제대상에서 벗어난다는 문제가 있지만, 「자본시장법」제174조 제1항 위반자는 형사책임을 지게 되므로 죄형법정주의의 원칙상 그 적용범위는 제한적으로 해석해야 한다.

이와 관련하여, 구체적인 정보의 제공이 없이 특정주식에 대한 거래만을 추천하는 경우도 정보의 비대칭을 이용한 불공정거래 규제의 취지상 규제의 필요성은 있지만, 현행 규정의 해석상 정보제공 없는 단순한 거래의 추천까지 규제대상 으로 볼 수는 없다고 본다.

(3) 공범의 성립 여부

「자본시장법」은 "정보를 ··이용하거나 이용하게 하여서는 아니 된다."고 규정

1241) 김병연 외2, 전게서, 박영사, 2015., 376면, 임재연, 「자본시장법」, 박영사, 2016., 878면.
1242) 김병연 외2, 전게서, 박영사, 2015., 377~378면, 임재연, 「자본시장법」, 박영사, 2016., 880~882면.

하는데(「자본시장법」제174조 제1항), 여기서 '이용하게 한 자"는 「형법」상의 교사범을 규정한 것이 아니라(만일 교사범을 규정한 것이라면 특별히 이를 규정할 필요 없이 「형법」의 일반이론에 의하여 당연히 교사범으로 처벌받을 것이다.), 이용하게 한 행위를 독자적인 범죄구성요건으로 규정한 것으로 보아야 한다. 따라서 이용하게 한자는 「형법」상의 교사범이 아니라 정범에 해당한다.[1243]

또한 「자본시장법」제174조 제1항 위반죄가 성립하는데 필수불가결인 2차 정보수령자의 미공개정보 이용행위를 처벌하는 규정이 없는 이상, 그 입법취지에 비추어 2차 정보수령자가 1차 정보수령자로부터 미공개정보를 전달받아 이용한 행위가 일반적인 「형법」총칙상의 공모, 교사, 방조에 해당된다고 하더라도 2차 정보수령자를 1차 정보 수령자의 공범으로서 처벌할 수는 없다.[1244]

따라서 「형법」상 공범이론의 적용은 불가능하지만, 민사책임에 있어서 중간의 정보수령자들은 공동불법행위자로서 연대해 손해배상책임을 지게될 것이다.[1245]

(4) 범죄의 성립 시기[1246]

「자본시장법」상 1차 정보수령자가 2차 정보수령자에게 정보를 제공하는 행위가 '이용하게 한 행위'로서 독자적인 범죄구성요건에 해당한다면 이용하게 한 행위에 나아감으로써 실행의 착수가 있으며 **범죄의 성립 시기는 2차 정보수령자가 당해 정보를 이용하는 행위를 한 때**이다.

따라서 1차 정보수령자는 정보를 제공하였어도 2차 정보수령자가 실제로 당해 정보를 이용하여야 처벌대상이 된다. 2차 정보수령자가 정보를 제공받고 나아가 정보이용을 승낙하고도 실행행위(실제 정보이용행위)를 하지 않은 경우, 1차 정보수령자는 미수범이 되나 「자본시장법」상 미수범을 처벌하는 규정이 없기 때문이다.

4. 미공개정보 수령자의 범위

가. 미공개정보 수령자의 규제[1247]

미공개 내부정보의 이용행위의 주체를 내부자로 한정한다면 내부자가 그 금지를 회피하여 탈법적으로 미공개 내부정보를 이용한 증권의 매매 기타 거래를 하는 것을 막을 수 없으므로 내부자로부터 미공개 내부정보를 전달받아 이를 이용하여 거래를 하는 것을 금지할 필요가 있다.

1243) 김병연 외2, 전게서, 박영사, 2015., 378면.
1244) 대법원, 2002. 1. 25. 선고. 2000도90 판결.
1245) 김병연 외2, 전게서, 박영사, 2015., 378면.
1246) 김병연 외2, 전게서, 박영사, 2015., 379면.
1247) 김병연 외2, 전게서, 박영사, 2015., 379면.

앞에서 언급한 바와 같이 「자본시장법」이 전전 유통하는 모든 단계의 미공개정보를 전부 규제대상으로 하는 것은 비현실적이며 정보 전달과정에서 상당히 변질되기 마련이다. 본래 미공개 내부정보는 정보의 성격상 전달과정에서 일반적으로 상당히 변질되어 단순한 소문수준의 정보가 되기 마련이므로 미공개 내부정보의 이용에 대한 규제대상을 적절한 범위 내로 제한할 필요가 있다.

나. 미공개정보 수령자의 범위

「자본시장법」은 미공개 내부정보의 이용에 관련하여 정보수령자도 내부자 등에 준하여 규제한다. 「자본시장법」은 1차 정보수령자의 범위를 내부자, 준내부자 또는 내부자나 준내부자가 아니게 된 날로부터 1년 미경과자로부터 미공개중요정보를 받은 자로 제한하고 있다. 즉 원칙적으로 처벌대상인 정보수령자를 1차 정보수령자로 제한하고 있다.[1248] 자세한 내용은 위에서 살펴본 '규제의 범위' 및 '공범의 성립여부' 항목을 참고바랍니다.

다. 수령 미공개정보의 구체성

내부자의 경우를 고려할 때 정보수령자가 취득하는 미공개중요정보는 보다 구체적이어야 한다. 정보의 구체성이 없는 경우 정보수령자는 그 정보를 이용하여 거래 하려고 하는 동기가 적어지기 때문이다.

5. 미공개 중요정보

가. 미공개 중요정보의 의의

미공개 중요정보라 함은 투자자의 투자판단에 중대한 영향을 미칠 수 있는 정보로서 법정된 방법에 따라 불특정다수인이 알 수 있도록 공개되기 전의 것을 말한다. (「자본 시장법」제174조 제1항).

「자본시장법 시행령」제201조에 의하면 정보가 공개된 것으로 보는 방법 및 시기를 규정하는데, 이는 내부자의 입장에서 보면 증권거래를 할 수 있는 대기기간이라 할 수 있다. 이와 같은 대기기간이 인정되는 것은 일반투자자가 보도에 접하여 투자여부를 결정할 시간적 여유가 필요한 반면, 내부자들은 이미 정보를 입수하고 투자여부를 결정할 충분한 시간적 여유가 있기 때문이다.

정보가 공개된 것으로 보는 방법 및 시기(「자본시장법 시행령」제201조)
1. 법령에 따라 금융위원회 또는 거래소에 신고되거나 보고된 서류에 기재

1248) 김병연 외2, 전게서, 박영사, 2015., 380면,

되어 있는 정보 : 그 내용이 기재되어 있는 서류가 금융위원회 또는 거래소가 정하는 바에 따라 비치 된 날로부터 1일.

2. 금융위원회 또는 거래소가 설치·운영하는 전자전달매체를 통하여 그 내용이 공개된 정보 : 공개된 때부터 3시간.

3. 「신문 등의 진흥에 관한 법률」에 따른 일반일간신문 또는 경제분야의 특수일간신문 중 전국을 보급지역으로 하는 둘 이상의 신문에 그 내용이 게재된 정보 : 게재된 다음 날 0시부터 6시간. 다만, 해당 법률에 따른 전자간행물의 형태로 게재된 경우에는 게재된 때부터 6시간.

4. 「방송법」에 따른 방송 중 전국에서 시청할 수 있는 지상파 방송을 통하여 그 내용이 방송된 정보 : 방송된 때부터 6시간.

5. 「뉴스통신진흥에 관한 법률」에 따른 연합뉴스사를 통하여 그 내용이 제공된 정보 : 제공된 때부터 6시간.

미공개중요정보성은 해당 법인(해당 법인으로부터 공개 권한을 위임 받은 자 포함) 또는 그 법인의 자회사(또는 그 자회사로부터 공개권한을 위임 받은 자 포함)가 미공개중요정보를 「자본시장법 시행령」제201조에서 정하는 방법으로 정보를 공개하고, 시행령 동조에서 정한 기간이나 시간이 지날 때 까지 유지된다.[1249](「자본시장법」 제174조 제1항).

따라서 어떤 정보가 당해 법인의 의사에 의하여 「자본시장법 시행령」이 정하는 바에 따라 공개되기 까지는 그 정보는 여전히 「자본시장법」제174조 제1항의 미공개정보 이용 행위금지의 대상이 되는 정보에 속하며,[1250] 또한 회사가 공시하기 전에 언론에 미리 추측 보도 되는 등 다른 방법에 의하여 정보가 공개되었더라도 미공개정보성은 잃지 않는다.[1251]

나. 미공개 중요정보의 중요성

(1) 공시사항과의 관련성

「자본시장법」제174조 제1항은 일정한 자가 법인의 특정증권 등 거래와 관련하여 일반인에게 공개되지 아니한 중요한 정보를 이용하거나 다른 사람으로 하여금 이용하게 하는 것을 금지하고 있고, 미공개중요정보에 대해 투자자의 투자판단에 중대한 영향을 미칠 수 있는 정보로서 대통령령이 정하는 방법에 따라 불특정 다수인이 알 수 있도록 공개되기 전의 것을 말하는 것이라고 규정하고 있다.

「(舊) 증권거래법」'제186조 제1항 각 호의 1에 해당하는 사실 등에 관한 정보

1249) 김병연 외2, 전게서, 박영사, 2015., 383면,
1250) 대법원. 2000. 11. 24. 선고. 2000도2827 판결.
1251) 대법원. 1995. 6. 29. 선고. 95도467 판결. 임재연, 「자본시장법」, 박영사, 2016., 889~890면.

중'이란 표현을 사용하여 공시의무사항 만이 미공개중요정보가 될 수 있는 것처럼 규정하였으나, 「자본시장법」은 「(구) 증권거래법」에 있던 '제186조 제1항 각호의 1에 해당하는 사실'이라는 문구를 삭제하고 포괄적으로 규정하고 있다.(「자본시장법」 제174조 제1항).

그리고 상장법인의 주요사항보고서 제출의무에 관한 「자본시장법」 제161조 제1항과 내부자거래의 금지에 관한 「자본시장법」 제174조는 각기 규정하는 대상이 서로 다르며, 법규정상의 내용적으로 보나 입법 연역적으로 보나 미공개중요정보는 수시공시의무사항에 제한되지 않는다고 본다.[1252]

따라서 어떤 정보가 주식이 증권시장에서 상장되기 전에 이미 발생한 사실에 관한 것이어서 그 전까지는 제 규정에 따른 신고의무가 없었던 경우이거나, 또는 어떤 정보가 법인 내부의 범죄나 비리에 관련된 것이어서 위 규정에 의한 신고의무의 이행을 기대하기 어려운 경우라고 하더라도 그 정보가 일반투자자들의 투자판단에 중대한 영향을 미칠 수 있는 것 이기만 하면 그 정보가 일반인에게 공개되기 전의 내부자거래는 역시 「자본시장법」 제174조 제1항에 의하여 금지되는 것으로 보아야 할 것이다.[1253]

(2) 정보의 중요성 판단 기준

정보는 여러 단계를 거치는 과정에서 구체화되기 마련인데, **중요한 정보**란 반드시 객관적으로 명확한 것만 이용이 금지되는 미공개정보에 해당하는 것이 아니라 합리적인 투자자라면 그 사실의 중대성과 사실이 발생할 개연성을 함께 고려하여 유가증권의 거래에 관한 의사를 결정함에 있어서 중요한 가치를 지니는 정보를 가리킨다.[1254]

실제의 기업활동에 있어서 아무런 단계를 거치지 않고 단번에 생성되는 정보는 드물고 대부분의 정보는 완성에 이르기까지 여러 단계를 거치게 된다. 예를 들어, 합병의 경우에는 대상회사의 물색과 조사, 합병을 위한 예비협상 등 많은 단계를 거쳐서 비로소 이사회가 합병결의를 하게 되는데, 이와 같이 합병이 확실하게 된 경우에 비로소 중요한 정보가 생성된 것으로 보게 되면 미공개정보이용에 대한 규제의 실효성이 없게 된다.

따라서 공시의무가 부과되는 사항에 관한 이사회결의가 있거나 최종부도가 발생한 시점 이전이라도, 합리적인 투자자가 증권의 거래에 관하여 의사결정을 함

1252) 김병연 외2, 전게서, 박영사, 2015., 384면, 임재연, 「자본시장법」, 박영사, 2016., 892면.
1253) 김병연 외2, 전게서, 박영사, 2015., 384면, 대법원. 1994. 4. 26. 선고. 93도695 판결, 대법원. 1995. 6. 29. 선고. 95도467 판결. 임재연, 「자본시장법」, 박영사, 2016., 892면.
1254) 김병연 외2, 전게서, 박영사, 2015., 385면, 임재연, 「자본시장법」, 박영사, 2016., 893면.

에 있어서 중요한 정보로 간주할 정도의 정보[1255]라면 그 시점에서 이미 중요한 정보가 생성된 것으로 보아야 하고, 그 정보가 반드시 명확하고 확정된 것일 필요는 없다.[1256]

(3) 중요한 정보의 사례

투자판단에 중대한 영향을 미칠 수 있는 사실이란 당해 정보가 공개되었다면, 투자자가 당해 유가증권을 매수·매도하였거나 또는 그결정을 보류하였을 상당한 가능성이 있는 정도로 중요한 사실을 의미한다. 이 경우 투자자란 당해 시점에서 투자자 집단을 대표할 만한 표준적인 투자자를 말하므로 투자자의 주관적인 특성을 무시하고 합리적인 투자자를 가정하여 객관적으로 만 판단하여야 한다.[1257]

중요한 정보에는 **호재성 정보와 악재성 정보가 모두 포함**된다. 대체적으로 호재성 정보에 해당하는 사항으로 판례에서 다뤄진 것은 주로 제3자 배정 유상 증자정보, 무상증자정보, 타법인 인수정보, 인수합병 성사정보, 우회상장정보, 자기주식취득정보, 해외전환사채 발행계획 정보, 미국특허취득정보, 대체에너지 전용 실시권 양수합의에 관한 정보, 추정 결산실적 정보 등이다.[1258]

반면 판례에서 악재성 정보로 다루어진 경우로는 재무구조 악화 및 이에 따른 대규모 유상증자 정보, 무보증 전환사채 발행정보, 계열회사의 수익성 악화 정보, 회사의 자금난 악화 정보, 자금사정 악화에 따른 화의개시 신청정보, 감자정보, 경영진의 긴급체포 정보, 회사자금 횡령정보, 회계법인의 감사의견 거절 정보, 부도정보, 부실금융기관 지정정보 등이 있다.[1259]

미공개중요정보는 상장법인(6개월 이내에 상장하는 법인 포함)의 업무 등과 관련된 것이어야 한다.(「자본시장법」제174조 제1항). 이는 업무와 직접 관련되는 정보는 물론 간접적으로 관련되는 정보도 포함한다는 의미로 해석하여야 하나, 지나치게 넓게 업무 외에 다른 사정과 관련된 정보도 포함된다고 해석하는 것은 부당하다고 본다.[1260]

따라서 엄부관련성이 없는 경우, 예컨대 특정증권 등에 대한 주가흐름의 분석

1255) 예를 들면 합병에 관한 최종합의가 이루어지거나, 최고경영진이 실무진에게 공개매수 추진을 지시하거나, 또는 발행어음의 부도처리가 확실시 되는 때를 들 수 있다. 임재연,「자본시장법」, 박영사, 2016. 894면.

1256) 김병연 외2, 전게서, 박영사, 2015., 385~386면, 대법원. 1994. 4. 26. 선고 93도695 판결, 대법원. 1995. 6. 29. 선고 95도467 판결, 대법원. 2000. 11. 24. 선고 2000도2827 판결.

1257) 김병연 외2, 전게서, 박영사, 2015., 387면, 대법원. 1995. 6. 29. 선고 95도467 판결, 대법원. 1995. 6. 30. 선고 94도2792 판결.

1258) 금융감독원, 「자본시장 불공정거래 판례 분석」, 자본시장본부., 2009.,

1259) 금융감독원, 「자본시장 불공정거래 판례 분석」, 자본시장본부., 2009.,

1260) 김병연 외2, 전게서, 박영사, 2015., 388면, 임재연, 「자본시장법」, 박영사, 2016., 899면.

이나 증시관계자의 예측 등의 정보는 시장정보로서 내부정보가 될 수 없다. 그러나 해당 법인이 자체 작성한 영업전망이나 예상실적 등은 법인의 경영과 재산 등에 관한 내부정보에 해당될 수 있다고 본다.[1261]

다. 공개매수의 실시 및 중지에 관한 정보

공개매수의 실시 또는 중지에 관한 공개되지 않은 정보는 시장정보로서 대상회사의 업무 등과 관련하여 발생한 정보는 아니지만 예외적으로 「자본시장법」이 규제하는 미공개 정보에 해당한다.[1262]

「자본시장법」제174조 제2항 각호의 어느 하나에 해당하는 자가 주식 등에 대한 공개매수의 실시 또는 중지에 관한 미공개정보를 그 주식 등과 관련 된 특정증권 등의 매매, 그 밖의 거래에 이용하거나 타인에게 이용하게 하는 행위를 규제한다.(「자본시장법」제174조 제2항 본문).

다만 공개매수를 하려는 공개매수예정자가 공개매수 이후에도 상당한 기간 동안 주식 등을 보유하는 등 주식 등에 대한 공개매수의 실시 또는 중지에 관한 미공개 정보를 그 주식 등과 관련된 특정증권 등의 매매, 그 밖의 거래에 이용할 의사가 없다고 인정되는 경우에는 공개매수에 관한 '미공개정보 이용행위 금지' 법인 「자본 시장법」의 규제대상이 아니다. (「자본시장법」제174조 제2항 단서).[1263]

「자본시장법」상 미공개된 공개매수 관련 정보를 이용하지 않을 의무가 부과되는 자는 아래와 같다.(「자본시장법」제174조 제2항 각호).

미공개 공개매수정보의 이용금지의무가 부과되는 자

1. 공개매수예정자(그 계열사를 포함) 및 공개매수예정자의 임직원·대리인으로서 그 직무와 관련하여 공개매수의 실시 또는 중지에 관한 미공개정보를 알게 된 자.
2. 공개매수예정자의 주요주주로서 그 권리를 행사하는 과정에서 공개매수의 실시 또는 중지에 관한 미공개정보를 알게 된 자.
3. 공개매수예정자에 대하여 법령에 따른 허가·인가·지도·감독, 그 밖의 권한을 가지 는 자로서 그 권한을 행사하는 과정에서 공개매수의 실시 또는 중지에 관한 미공개 정보를 알게 된 자.
4. 공개매수예정자와 계약을 체결하고 체결을 교섭하고 있는 자로서 그 계약을 체결·교섭 또는 이행하는 과정에서 공개매수의 실시 또는 중지에 관한 미공개정보를 알게 된 자.

1261) 김병연 외2, 전게서, 박영사, 2015., 388면, 임재연, 「자본시장법」, 박영사, 2016., 900면.
1262) 김병연 외2, 전게서, 박영사, 2015., 388면.
1263) 김병연 외2, 전게서, 박영사, 2015., 389면. 임재연, 「자본시장법」, 박영사, 2016., 905면.

5. 제2호부터 제4호 까지 어느 하나에 해당하는 자의 대리인 (이에 해당하는 자가 법인의 경우에는 그 임직원 및 대리인을 포함 한다) · 사용인, 그 밖의 종업원(제2호부터 제4호까지 어느 하나에 해당하는 자가 법인인 경우에는 그 임직원 및 대리인)으로서 그 직무와 관련하여 공개매수의 실시 또는 중지에 관한 미공개정보를 알게 된 자.

6. 공개매수예정자 또는 제1호부터 제5호까지의 어느 하나에 해당하는 자 (제1호부터제5호까지의 어느 하나의 자에 해당하지 아니하게 된 날부터 1년이 경과하지 아니한 자를 포함한다)로부터 공개매수의 실시 또는 중지에 관한 미공개정보를 받은 자.

라. 주식 등의 대량 취득 · 처분

「(구) 증권거래법」과 달리 「자본시장법」은 주식 등의 대량취득 · 처분행위에 관한 미공개정보를 이용하는 행위를 규율하고 있다.(「자본시장법」제174조 제3항).

「자본시장법」제174조 제3항 각 호의 어느 하나에 해당하는 자(제1호부터 제5호까지의 어느 하나의 자에 해당하지 아니하게 된 날로부터 1년이 경과하지 아니한 자 포함)는 주식 등의 대량취득 · 처분(경영권에 영향을 줄 가능성이 있는 대량취득 · 처분으로 대통령령이 정하는 취득 · 처분을 말함)의 실시 또는 중지에 관한 미공개정보를 그 주식 등과 관련된 특정증권 등의 매매, 그 밖의 거래에 이용하거나 타인에게 이용 하게 하여서는 아니 된다.

다만, 대량취득 · 처분을 하려는 자가 「자본시장법」제149조에 따라 금융위원회와 거래소를 통한 주식 등의 대량보유 등의 보고서 공시 이후에도 상당기간 동안 주식 등을 보유하는 등 주식 등에 대한 대량취득 · 처분의 실시 또는 중지에 관한 미공개 정보를 그 주식 등과 관련 된 특정증권 등의 매매, 그 밖의 거래에 이용할 의사가 없다고 인정되는 경우에는 법 제174조 제3항의 규제대상이 아니다.[1264](「자본시장법」제174조 제3항 단서)

미공개정보를 거래에 이용할 의사가 없다고 인정되는 경우

1. 대량취득 · 처분을 하려는 자(그 계열사 포함. 이하 이 호 및 제2호에서 같음) 및대량추득 · 처분을 하려는 자의 임직원 · 대리인으로서 그 직무와 관련하여 대량취득 · 처분의 실시 또는 중지에 관한 미공개정보를 알게 된 자.

2. 대량취득 · 처분을 하려는 자의 주요주주로서 그 권리를 행사하는 과정에서 대량취득 · 처분실시 도는 중지에 관한 미공개정보를 알게 된 자.

3. 대량취득 · 처분을 하려는 자에 대하여 법령에 따른 허가 · 인가 · 지도 ·

1264) 김병연 외2, 전게서, 박영사, 2015., 390면.

감독, 그 밖의 권한을 가지는 자로서 그 권한을 행사하는 과정에서 대량 취득·처분의 실시 또는 중지 에 관한 미공개정보를 알게 된 자.
4. 대량취득·처분을 하려는 자와 계약을 체결하고 있거나 체결을 교섭하고 있는 자로서 그 계약을 체결·교섭 또는 이행하는 과정에서 대량취득·처분의 실시 또는 중지에 관한 미공개정보를 알게 된 자.
5. 제2호부터 제4호까지의 어느 하나에 해당하는 자의 대리인(이에 해당하는 자가 법인의 경우에는 그 임직원 및 대리인 포함)·사용인, 그 밖의 종업원(제2호부터 제4호까지의 어느 하나에 해당하는 자가 법인의 경우에는 그 임직원 및 대리인)으로서 그 직무와 관련하여 대량취득·처분의 실시 또는 중지에 관한 미공개정보를 알게 된 자.
6. 대량취득·처분을 하려는 자 또는 제1호부터 제5호까지의 어느 하나에 해당하는 자 (제1호부터 제5호까지의 어느 하나의 자에 해당하지 아니하게 된 날로부터 1년이경과하지 아니한 자 포함)로부터 대량취득·처분의 실시 도는 중지에 관한 미공개정보 를 알게 된 자.

「자본시장법」이 규율하는 주식 등의 대량취득·처분이란 경영권에 영향을 줄 가능성이 있는 대량취득·처분으로서 다음 요건을 모두 충족하는 경우를 말한다. (「자본시장법」제174조 제3항 및 「동법시행령」제201조 제4항).

경영권에 영향을 줄 가능성 있는 대량 취득·처분 행위
1. 취득의 경우 보유목적이 발행인의 경영권에 영향을 주기위한 것일 것.
2. 금융위원회가 정하여 고시하는 비율(10%) 이상의 대량취득·처분 일 것.
3. 그 취득·처분이 주식 등의 대량보유보고대상(법147조 제1항)에 해당 할 것.

6. 내부정보의 이용 유형

가. 정보를 이용한 거래행위
「자본시장법」은 특정증권 등의 매매, 그 밖의 거래에 이용하거나 타인에게 이용 하게 하는 행위를 금지하고 있다. 매매, 그 밖의 거래는 유상거래를 의미하며 주식의 대차거래, 담보설정 등과 같이 소유권의 이전이 없는 거래에도 규제대상이 된다.[1265]
정보를 '이용'하여야 하므로 정보를 단지 '보유'한 상태에서 매매, 그 밖의 거래를 한 것만으로는 미공개중요정보를 이용하는 행위로 볼 수 없으며 일반적으로 내부자 거래 행위 들은 그 정보를 이용하여 거래한 것으로 인식되어야 한다.[1266]
그러나 정보의 보유자가 행하는 모든 거래를 금지하는 것이 아니라 정보와 관계없

1265) 김병연 외2, 전게서, 박영사, 2015., 393면, 임재연, 「자본시장법」, 박영사, 2016., 908면..
1266) 김병연 외2, 전게서, 박영사, 2015., 393면, 임재연, 「자본시장법」, 박영사, 2014., 908면..

이 다른 동기에 의하여 거래를 하는 것, 즉 정보를 이용하지 않은 거래는 허용 된다. 예컨대 주식의 대량보유자가 일시대량매각에 의한 시장가격 폭락에 의한 손해를 피하기 위해 매일 일정한 수량의 주식을 시장에서 처분하던 중 악재정보에 해당하는 미공개중요정보를 지득한 경우 보유주식을 대량투매하였다면 이는 미공개중요정보의 이용행위에 해당할 것이다.

그러나 종전과 같은 매매형태로 주식을 소량씩 처분하는 행위는 미공개중요정보 이용행위에 해당하지 않을 것이다. 이 경우 정보를 보유하였으나 이를 이용하지 않은 것을 증명함으로써 미공개중요정보 이용에 관한 책임으로부터 벗어 날 수 있을 것이다.1267)

미국의 경우 내부자거래규제의 범위가 지속적으로 확대되고 있다는 점은 주의 깊게 살펴볼 필요가 있다. 예컨대, 입증책임의 부담을 내부거래자에게 지운 다거나(Rule 10b5-1) 가족 등도 이른바 「신의성실의 원칙(duty of trust and confidence)」을 근거로 처벌대상으로 포섭하는(Rule 10b5-2) 등 그 규제범위를 확대하였다는 점은 시사점이 있다. 우리도 그 규제 범위를 탄력적으로 확대하는 것을 적극적으로 검토할 필요성이 있다. 1268)

나. 타인으로 하여금 이용하게 하는 행위

내부자가 정보를 제공하는 행위와 정보수령자의 정보이용행위 간에 인과관계가 존재 하여야 '**타인으로 하여금 이용하게 하는 행위**'에 해당할 수 있다. 따라서 정보 제공시점에 정보수령자가 이미 다른 경로로 해당 정보를 입수하여 거래를 결심하였다면 이 경우에는 인과관계가 존재하지 않으므로 내부자가 미공개중요정보를 타인에게 이용하게 하는 행위를 한 것으로 볼 수 없을 것이다.1269)

반면 정보수령자가 정보를 이용하여 거래할 수 있다는 점을 인식하면서 정보를 제공 한 경우 정보수령자가 실제로 정보를 이용하지 않은 경우에도 미공개중요정보 이용행위 규제 위반에 해당된다고 볼 수 있겠으나, 정보수령자가 정보를 이용한 거래를 하지 않은 경우에는 알려준 행위만으로는 거래당사자들 간의 정보비대칭을 이용한 거래가 없으므로 처벌할 수 없다.1270)

따라서 실제로 정보수령자가 증권거래를 실현하지 않은 경우에는 결국 '미공개중요정보를 이용하게' 한 것으로 볼 수 없으므로 「자본시장법」제174조 위반행위로 처벌할 수 없다. 결국, 정보 제공자가 '타인으로 하여금 이용하게 한 행위'는 정보수령자가

1267) 김병연 외2, 전게서, 박영사, 2015., 393면.
1268) 김병연 외2, 전게서, 박영사, 2015., 393면.
1269) 김병연 외2, 전게서, 박영사, 2015., 394면. 임재연, 「자본시장법」, 박영사, 2016., 916면.
1270) 김병연 외2, 전게서, 박영사, 2015., 394면. 임재연, 「자본시장법」, 박영사, 2016., 917면..
　김건식/정순섭. 「새로쓴 자본시장법」, 두성사, 2013., 417면.

그 정보를 이용하는 시점에 미공개중요정보 이용금지 위반이 성립된다고 볼 것이다.[1271]

7. 미공개중요정보 이용위반에 대한 제재

가. 민사상 책임

미공개정보 이용행위를 금지하는 규정을 위반할 경우, 해당 특정증권의 매매, 그 밖의 거래를 한 자가 그 매매 기타 거래와 관련하여 입은 손해를 배상할 책임을 진다.(「자본 시장법」제175조 제1항).

이 경우 미공개정보 이용금지 위반에 따른 손해배상청구권은 청구권자가 위반행위가 있었던 사실을 안날로부터 1년간 또는 그 행위가 있었던 날로부터 3년간 이를 행사하지 않은 경우에는 시효로 인하여 소멸한다.(「자본시장법」제175조 제2항).

나. 형사상 제재

(1) 법정형

미공개중요정보이용에 관한 「자본시장법」제174조 제1항 내지 제3항의 규정에 위반한 자는 10년 이하의 징역 또는 그 위반행위로 얻은 이익 또는 회피한 손실액의 2배 이상 5배 이하에 상당하는 벌금에 처한다. 다만, 그 위반행위로 얻은 이익 또는 회피한 손실액이 없거나 산정하기 곤란한 경우 또는 그 위반행위로 얻은 이익 또는 회피한 손실액의 5배에 해당하는 금액이 5억원 이하인 경우에는 벌금액 상한액을 5억원으로 한다.(법 제443조 제1항). 이 경우 징역과 벌금은 병과할 수 있다.(법 제447조 제1항).

아울러 위반행위로 얻은 이익 또는 회피한 손실액이 50억원 이상인 때에는 무기 또는 5년 이상의 징역, 5억원 이상 50억원 미만인 때에는 3년 이상의 유기징역으로 가중처벌 한다.(「자본시장법」제443조 제2항). 그리고 앞의 징역에 처하는 경우 10년 이하의 자격정지를 병과 할 수 있다.(「자본시장법」제443조 제3항).

(2) 양벌 규정

법인의 대표자, 법인 또는 개인의 대리인·사용인 기타 종업원이 그 법인 또는 개인의 업무에 관하여 미공개중요정보 이용금지에 관한 「자본시장법」제174조의 위반행위를 한 때에는 행위자를 벌하는 외에 그 법인 또는 개인에 대하여도 각 해당 조의 벌금형을 과한다.(「자본시장법」제448조 본문).

1271) 김병연 외2, 전게서, 박영사, 2015., 395면, 김건식/정순섭. 「새로쓴 자본시장법」, 두성사, 2013., 417면.

다만, 법인 또는 개인이 그 위반행위를 방지하기 위하여 해당업무에 관하여 상당한 주의와 감독을 게을리 하지 아니한 경우에는 그러하지 아니하다.(「자본 시장법」제448조 단서).

Ⅳ 부정거래행위

1. 부정거래행위의 의의

부정거래행위란 금융투자상품의 매매, 그 밖의 거래와 관련하여 부정한 수단, 계획 또는 기교를 사용하는 행위를 하거나 중요사항에 관하여 거짓의 기재 또는 표시를 하는 등의 방법으로 금전, 그 밖의 재산상의 이익을 얻고자 하는 행위 또는 금융투자상품의 매매, 그 밖의 거래를 할 목적이나 그 시세의 변동을 도모할 목적으로 풍문의 유포, 위계의 사용, 폭행 또는 협박을 하는 행위를 지칭한다.(「자본시장법」제178조).[1272]

부정거래행위는 '금융투자상품'의 거래와 관련되는 바, 상장증권 및 장내파생상품을 비롯한 모든 금융투자상품이 이에 해당하고 금융투자상품의 매매 기타 거래소도 유가증권 시장·코스닥시장에 한정하지 않고 장외거래·대면거래의 거래의 경우도 「자본시장법」상 규제의 대상이라고 본다.[1273]

'매매 그 밖의 거래와 관련하여'의 문구와 관련하여 행위자가 매매 그 밖의 거래를 하였을 것이 필요한지가 문제되나, 매매거래행위를 할 것을 규정한 「자본시장법」 제176조 제1항 각호, 제2항 제1호의 규정과 달리 실제로 거래하였을 것을 요하지 않는다고 할 것이다. 다만 실제의 매매거래행위가 있으면 제3호의 유인할 목적이라는 요건의 증명이 용이할 것이다. '그 밖의 거래'에는 담보계약·교환계약 등이 해당 된다.[1274]

2. 부정거래행위의 규제취지

부정거래행위에 관한 「자본시장법」제178조는 포괄적 사기금지 규정의 일종으로, 「자본시장법」이 이를 금지하는 것은 금융투자상품거래에 관한 사기적 부정거래가 다수인에게 영향을 미치고 증권시장 전체를 불건전하게 할 수 있기 때문이다.[1275]

1272) 김병연 외2, 전게서, 박영사, 2015., 431면, 금융감독원, 「불공정거래란? - 부정거래행위 -」, 홈페이지, 금융감독원, 「금융감독용어사전」, 2011. 2. 임재연, 「자본시장법」, 박영사, 2016., 978면.
1273) 김병연 외2, 전게서, 박영사, 2015., 432면, 서울지방법원. 2000. 2. 11. 선고. 99고단13171 판결, 임재연, 「자본시장법」, 박영사, 2016., 978면.
1274) 김병연 외2, 전게서, 박영사, 2015., 432면, 임재연, 「자본시장법」, 박영사, 2016., 979면.
1275) 김병연 외2, 전게서, 박영사, 2015., 432면. 금융감독원인력개발실, 전게서, 2006., 609면.

사기적 부정거래행위는 다수인에게 영향을 미치고 증권시장 전체를 불완전하게 할 수 있으므로, 증권거래에 참가하는 개개의 투자자는 물론 증권시장에 대한 신뢰를 보호할 필요가 있으므로 금지된다.[1276)

그러나 '부정한 수단, 계획 또는 기교를 사용하는 행위'를 규율하는 「자본시장법」 제178조 제1항 제1호는 매우 추상적이어서 포괄적 사기금지규정으로서의 기능은 증대될지 모르나 구체적인 행위유형의 예상이 어렵다는 문제점이 있다.

부정거래행위는 누구든지 하여서는 아니 되며 그 대상은 증권을 포함한 금융투자상품으로 상장·비상장 여부를 묻지 아니하며, 금융투자상품의 매매는 물론 증권의 경우에는 모집·사모·매출을 포함하여 규제한다.[1277)

「자본시장법」은 보다 완전하게 포괄적인 사기거래행위를 금지할 필요에서 증권의 경우 발행시장 역시 적용범위에 포함 시켰고, 「자본시장법」 제176조의 다른 시세조종행위와 구별하여 별개의 조문인 「자본시장법」 제178조에 규정하였다.

「자본시장법」은 일정한 증권의 경우 부정거래행위에 관한 법 제178조와 그 배상 책임에 관한 법 제179조의 적용과 관련하여 이를 증권으로 보고 있으므로(법 제4조 제1항 단서 및 각호), ① 투자계약증권, ② 지분증권, 수익증권 또는 증권예탁증권 중 해당 증권의 유통 가능성, 이 법 또는 금융관련 법령에서의 규제여부 등을 종합적으로 고려하여 시행령이 정하는 증권의 경우에는 부정거래행위의 규제에 관한 법 제178조가 적용된다.[1278)

3. 포괄적 규정의 필요성

「(舊)증권거래법」이 사기적 부정거래행위를 금지하였던 것은 증권거래에 관한 사기적 부정거래가 다수인에게 영향을 미치고 증권시장 전체를 불건전하게 할 수 있기 때문에 증권거래에 참가하는 개개의 투자자의 이익을 보호함과 함께 투자자 일반의 증권시장에 대한 신뢰를 보호하여 증권시장이 국민경제 발전에 기여할 수 있도록 함에 그 목적이 있다.

그런데 「(舊)증권거래법」제188조의4 제항은 "부당한 이익을 얻기 위하여"(제1호), "금전 기타 재산상의 이익을 얻고자 하는"이라고 규정함으로써 간접적인 표현이나마 목적성을 제시하였고, 또한 행위 유형을 너무 구체적으로 규정함으로써 다양한 유형의 증권사기 행위를 규제하는 포괄적 사기금지규정으로서의 기능이 반감되어 있었다.[1279)

1276) 김병연 외2, 전게서, 박영사, 2015., 432면. 대법원. 2003. 11. 14. 선고. 2003도686 판결.
1277) 김병연 외2, 전게서, 박영사, 2015., 432면.
1278) 김병연 외2, 전게서, 박영사, 2015., 433면.

따라서 「자본시장법」은 포괄적 사기금지규정의 필요성을 반영하여, 증권의 경우 모집·사모·매출을 포함한다고 규정함으로써 발행시장을 명시적으로 적용범위에 포함시키고, SEA § 10(b) 및 SEC Rule 10b-5 와 같은 '포괄적 사기금지 조항'과 유사한 규정을 제176조의 다른 시세조종행위와 구별하여 제178조 제1항 제1호에 규정하였다.

그 이유는 최근 다양하게 급변하는 증권범죄의 특성과 다양한 유형의 증권사기행위를 규제하기 위해서는 죄형법정주의의 명확성의 원칙만으로는 한계가 있어 포괄적 사기금지 규정은 불가피하고, 미국, 일본 등의 대부분 선진국가 에서 불공정거래에 대한 포괄적 금지규정을 두는 이유이기도 한다.[1280]

4. 규정 상호 간의 관계

"부정한 수단, 계획 또는 기교를 사용하는 행위"를 금지하는 「자본시장법」제178조 제1항 제1호에 대하여, ① 그 자체가 부정거래행위 중 "부정한 수단 등을 사용하는 행위"를 규제하기 위한 독립적인 규정으로 볼 수도 있고, ② 그 자체가 독립적인 규정이 아니라, 「자본시장법」상 불공정거래의 규제에 관한 제174조(미공개중요정보 이용행위), 제176조(시세조종행위), 제178조 제1항 제2호 및 제2항으로 규제할 수 없는 행위에 적용되는 보충적 규정으로 볼 수도 있다.[1281]

① 과 같이 해석하면 제178조 제1항 제1호의 규정과 나머지 규정의 적용에 있어서 우선순위가 있는 것은 아니므로, 다른 세 가지 유형의 부정거래행위에 관한 규정을 반드시 먼저 적용하여야 하는 것은 아니고 제1항 제1호를 바로 적용할 수도 있다. 반면 ② 와 같이 해석하면 「자본시장법」상 불공정거래에 관한 제174조(미공개중요 정보 이용행위), 제176조(시세조종행위), 제178조 제1항 제2호 및 제2항의 적용여부를 먼저 살펴본 후 비로소 제178조 제1항 제1호를 적용하여야 할 것이다.[1282]

그러나 어느 경우에도 법정형이 동일하고(법 제443조), 「(舊)증권거래법」상 판례는 「(舊)증권거래법」제188조의4의 각 항이 규정하는 시세조종에 해당하는 수개의 시세조종행위는 포괄일죄가 성립한다고 판시하였으므로[1283]실제로는 차이가 없다. 다만 「자본시장법」제178조 제1항 제1호의 중요한 의미는 일반적, 포괄적인 규정으로서 불공정거래에 관한 여타 규정의 적용이 곤란한 경우에도 적용될 수 있다는 점이다.[1284]

1279) 임재연, 「자본시장법」, 박영사, 2016., 968면.
1280) 임재연, 「자본시장법」, 박영사, 2016., 969~971면.
1281) 임재연, 「자본시장법」, 박영사, 2016., 969면.
1282) 서울고등법원. 2011. 6. 9. 선고 2010노3160 판결.
1283) 대법원. 2005. 11. 10. 선고. 2004도1164 판결. 최근 유사 판결로는 대법원. 2011. 10. 27. 선고. 2011도8109 판결.
1284) 임재연, 「자본시장법」, 박영사, 2016., 970면.

5. 죄형법정주의 명확성원칙

죄형법정주의의 명확성의 원칙이란 법률이 처벌하고자 하는 행위가 무엇이며 그에 대한 형벌이 어떠한 것인지를 예견할 수 있고, 그에 따라 자신의 행위를 결정할 수 있도록 구성요건을 명확하게 규정할 것을 의미한다.[1285]

「자본시장법」제178조 제1항 제1호는 법정형이 최고 무기징역인 범죄의 구성요건이면서도 "부정한"이라는 추상적인 용어를 사용하기 때문에, 죄형법정주의 명확성원칙 위반여부가 문제된다. 이에 대해 두 가지 견해가 있다.

① 충분설

「자본시장법」제178조 제1항 제1호가 "자본시장의 신뢰성과 효율성 확보"와 "투자자 보호"라는 규제목적에 따라 도입된 것이므로 어느 정도 시장참여자 들이 예측가능한 정도로 구체성과 명확성을 갖추고 있다고 보는 견해이다.[1286]

② 보완설

법원의 역할에 의한 명확성 구현은 한계가 있고 시행 초기에 어느 정도의 논란과 혼란 이 초래될 가능성이 있으므로, 금융감독당국이 시장상황을 반영한 구체적인 guide line을 제시하고 수시로 본완하는 것이 중요하다는 것을 강조하면서, 이러한 guid line이 있으면 "통상의 해석방법에 의하여 건전한 상식과 통상적인 법감정을 가진 사람이라면 해당 처벌법규의 보호법익과 금지된 행위 및 처벌의 종류와 정도"를 알수 있을것이고, 그렇다면 위헌소지가 상당부분 해소될것이다"는 견해이다.[1287]

헌법재판소는 " 처벌규정의 구성요건이 명확하여야 한다고 하더라도 입법권자가 모든 구성요건을 단순한 의미의 서술적인 개념에 의하여 규정하여야 한다는 것은 아니고, 다소 광범위하여 법관의 보충적인 해석을 필요로 하는 개념을 사용하였다고 하더라도 통상의 해석방법에 의하여 건전한 상식과 통상적인 법 감정을 가진 사람이라면 해당 처벌법규의 보호법익과 금지된 행위 및 처벌의 종류와 정도를 알 수 있도록 규정하였다면 헌법이 요구하는 처벌법규의 명확성의 원칙에 배치되는 것은 아니다."라고 판시하였다.[1288]

또한 헌법재판소는 명확성의 원칙에 대한 구성요건의 기준에 대하여 "명확성의 원

1285) 헌법재판소. 2002. 4. 25.자 1001헌가27 결정, 헌법재판소. 2006. 11. 30. 자. 2006헌바53 결정.
1286) 김건식·정순섭. 「자본시장법(제3판)」, 두성사, 2013., 474면.
1287) 서의활, 「사기적 부정거래에서 위계의 적용문제」, 증권연구 제8권 제1호, 한국증권법학회, 2007, 79면.
1288) 헌법재판소, 2006. 11. 30. 자 2006헌바53 결정.

칙을 강조한 나머지 만일 모든 구성요건을 단순한 서술적 개념으로만 규정할 것을 요구한다면 처벌법규의 구성요건이 지나치게 구체적이고 정형적이 되어 부단히 변화하는 다양한 생활관계를 제대로 규율할 수 없기 때문에, 법규범이 불확정개념을 사용하는 경우라도 법률해석을 통하여 법원의 자의적인 적용을 배제하는 합리적이고 개관적인 기준을 얻는 것이 가능한 경우는 명확성의 원칙에 반하지 아니한다.”라는 입장이다.[1289]

헌법재판소의 이러한 입장에 의하면 「자본시장법」제178조 제1항 제1호를 위헌이라고 보기는 어렵다. 그러나 헌법재판소가 명확성의 원칙에 반하지 않는다는 근거로 설시한, “통상의 해석방법에 의하여 건전한 상식과 통상적인 법감정을 가진 사람이 해당 처벌법규의 보호법익과 금지된 행위 및 처벌의 종류와 정도를 알 수 있도록 규정하였다면”이라는 판시 와 “법규범이 불확정개념을 사용하는 경우라도 법률해석을 통하여 법원의 자의적인 적용을 배제하는 합리적이고 객관적인 기준을 얻는 것이 가능한 경우”라는 판시에 비추어, 「자본 시장법」제178조 제1항 제1호는 매우 엄격한 기준에 의하여 해석해야 할 것이다.[1290]

6. 부정거래행위의 유형

가. 금융투자상품의 매매, 그 밖의 거래

(1) 적용 규정

「자본시장법」제178조 제1항이 금지하는 행위는 “금융투자상품의 매매(증권의 경우 모집·사모·매출 포함), 그 밖의 거래와 관련된 다음과 같은 행위”이다.

1. 부정한 수단, 계획 또는 기교를 사용하는 행위.
2. 중요사항에 관하여 거짓의 기재 또는 표시를 하거나 타인에게 오해를 유발시키지 아니하기 위하여 필요한 중요사항의 기재 또는 표시가 누락된 문서, 그 밖의 기재또는 표시를 사용하여 금전, 그 밖의 재산상의 이익을 얻고자하는 행위.
3. 금융투자상품의 매매, 그 밖의 거래를 유인할 목적으로 거짓의 시세를 이용하는 행위.

「자본시장법」제178조 제2항이 금지하는 행위는 “금융투자상품의 매매, 그 밖의 거래를 할 목적이나 그 시세의 변동을 도모할 목적으로 풍문의 유포, 위계의 사용, 폭행 또는 협박”이다.

1289) 헌법재판소, 2007. 10. 25. 자 2006헌바50 결정
1290) 임재연, 「자본시장법」, 박영사, 2016., 971~972면.

(2) 적용 대상

(가) 적용대상 상품

시세조종에 관한 「자본시장법」제176조는 "상장증권 또는 장내파생상품"이라고 규정하는 반면, 제178조는 "금융투자상품"이라고만 규정하므로 상장여부를 불문하고 모든 금융투자상품이 이에 해당한다.[1291]

투자계약증권과 대통령령으로 정하는 증권은 내부자거래와 시세조종 관련 규정을 적용하는 경우에는 증권으로 보지 않고, 부정거래행위 관련 규정(제178조, 제179조)을 적용하는 경우에만 증권으로 본다.

(나) 적용대상 거래

거래 장소도 장내거래에 한하지 않고 장외에서의 대면거래의 경우도 규제대상 이다.[1292] 그러나 이 규정이 주로 대상으로 삼는 것은 당연히 유통시장에서의 거래 이다.[1293] "그 밖의 거래"는 담보설정계약·합병계약·교환계약 등을 포함한다.[1294]

금융투자상품의 매매, 그 밖의 거래와 관련한 행위인지 여부나 허위의 여부 및 부당한 이득 또는 경제적 이익의 취득 도모 여부 등은 그 행위자의 지위, 발행회사의 경영상태와 그 주가의 동향, 그 행위 전후의 제반 사정 등을 종합적으로 고려하여 개관적인 기준에 의하여 판단하여야 한다.[1295]

특정 시점의 기초자산 가격 또는 그와 관련된 수치에 따라 권리행사 또는 조건성취의 여부가 결정되거나 금전 등이 결제되는 구조로 되어 있는 금융투자상품 (ELS)의 경우 사회통념상 부정하다고 인정되는 수단이나 기교 등을 사용하여 그 금융투자상품에서 정한 권리행사나 조건성취에 영향을 주는 행위를 하였다면, 이는 그 금융투자상품의 거래와 관련하여 부정행위를 한 것으로서 「자본시장법」 제178조 제1항 제1호를 위반한 행위이다.[1296]

(3) 거래 요건

「자본시장법」제178조는 "누구든지 … 매매, 그 밖의 거래와 관련하여 … 행위를 하여서는 아니 된다."고 규정하는데, "매매, 그 밖의 거래"의 주체를 한정하지 않은 규정 형식으로 보아 행위자의 매매거래뿐 아니라 제3자의 매매거래와 관련해서도 제178조 제1항 각 호의 행위를 한 경우에는 제178조 위반행위에 해당한

1291) 임재연, 「자본시장법」, 박영사, 2016., 978면.
1292) 대법원. 2006. 4. 14. 선고. 2003도6759 판결.
1293) 김건식·정순섭, 전게서, 두성사, 2013., 473면.
1294) 대법원. 2011. 3. 10. 선고. 2008도6335 판결.
1295) 대법원. 2003. 11. 14. 선고. 2003도686 판결, 임재연, 「자본시장법」, 박영사, 2016., 980면.
1296) 대법원. 2015. 4. 9. 선고. 2013마1052 결정, 임재연, 「자본시장법」, 박영사, 2016., 980~981면.

다. 나아가 "매매, 그 밖의 거래와 관련하여"라는 문구상 위반행위자가 실제로 매매거래를 할 것이 요구되지 않는다.[1297]

(4) 주관적 요건

「자본시장법」제178조 적용에 있어서 제176조의 시세조종행위와 같은 소정의 목적은 요구되지 않지만「자본시장법」상 과실범에 대한 형사처벌 규정이 없으므로 모든 개관적 구성요건에 대한 고의가 있어야 함은 당연하다.[1298]

나. 부정한 수단, 계획 또는 기교 사용에 의한 부정거래행위
(1) 의 의

누구든지 금융투자상품의 매매(증권의 경우 모집·사모·매출 포함), 그 밖의 거래와 관련하여 부정한 수단, 계획 또는 기교를 사용하는 행위를 하지 못한다. (「자본시장법」제178조 제1항 제1호).

'**부정한 수단, 계획 또는 기교를 사용하는 행위**'(「자본시장법」제178조 제1항 제1호)에 대해서는「자본시장법」상 별도의 개념 정의를 두고 있지 않다. 본 호는 시세조종에 해당하지 않으나 부당한 방법이나 수단을 이용한 경우를 포괄적으로 규제하고 있는 것으로 이해되어야 할 것이다.[1299]

또한「자본시장법」은 부정한 수단, 계획 또는 기교를 '부당 이득'을 얻기 위하여 사용할 것을 요건으로 하지 아니한다. 따라서 「(구) 증권거래법」제188조의 4 제4항은 부당이득을 규정하고 있었던 것과 구별된다.[1300]

「자본시장법」제178조 제1항 제1호의 "수단, 계획 또는 기교"는 SEC의 Rule 10b-5의 "device, scheme, or artifice"를 그 대로 번역한 것인데, 미국에서도 "device", "scheme", "artifice" 등의 의미를 명확히 구별하여 적용하지 않는 경향이므로「자본시장법」의 적용에 있어서도 이를 각각 명확히 구별하여 적용할 필요는 없을 것이다.[1301]

(2) 기망성과 부정성

「자본시장법」은 「(일본)금융상품거래법」과 같이 SEC의 Rule 10b-5의 "사기를 위하여"라는 요건 대신 **부정성**을 요건으로 규정한다.「자본시장법」제178조 제1항

1297) 임재연, 「자본시장법」, 박영사, 2016., 981면.
1298) 임재연, 「자본시장법」, 박영사, 2016., 981면.
1299) 김병연 외2, 전게서, 박영사, 2015., 435~436면.
1300) 김병연 외2, 전게서, 박영사, 2015., 437면.
1301) 임재연, 「자본시장법」, 박영사, 2016., 982면.

제1호의 해석에 관하여도 기망행위를 요한다는 하급심 판례도 있지만,[1302] 대법원은 '부정한 **수단, 계획 또는 기교**'란 사회통념상 부정하다고 인정되는 일체의 부정한 수단, 계획 또는 기교를 말한다고 판시함으로써 일본의 最高裁判所와 같이 欺罔을 요하지 않는 입장이다.[1303]

「자본시장법」제178조 제1항 제1호의 입법당시, 미국 SEC의 Rule 10b-5의 "사기를 위하여"라는 요건 대신 일본의 「금융상품거래법」제157조의 "부정성"을 요건으로 규정한 점과, 「자본시장법」제178조 제1항 제2호, 제3호 및 제2항은 기망적 요소를 구성요건으로 하는 "거짓의 기재 또는 표시를 한 문서를 이용하는 행위", "거짓의 시세를 이용하는행위", "풍문의 유포, 위계사용행위" 등을 규정 하고 있는데 반하여, 제178조 제1항 제1호는 기망적 요소를 구성요건으로 하지 아니한 점에 비추어 대법원판례는 타당하다고 본다.[1304]

(3) 해석 원칙

"**부정한 수단, 계획 또는 기교**"란 사회통념상 부정하다고 인정되는 일체의 수단, 계획 또는 기교를 말한다. 나아가 어떠한 행위를 부정하다고 할지는 그 행위가 법령 등에서 금지된 것인지, 다른 투자자들로 하여금 잘못된 판단을 하게 함으로써 공정한 경쟁을 해치고 선의의 투자자에게 손해를 전가하여 자본시장의 공정성·신뢰성·효율성을 해칠 위험이 있는지를 「자본시장법」의 목적·취지에 비추어 종합적으로 고려하여 판단해야 한다.[1305]

그리고 「자본시장법」제178조 제1항 제1호의 규정 중, "수단, 계획, 기교" 자체는 규범적 판단의 대상이 아니고, "부정한"이란 용어가 유일한 규범적 차원에서의 판단대상이므로, 제1호에서 정한 "수단, 계획, 기교"를 사용하는 행위는, 적어도 제178조 제1항 제2호, 제3호 및 제2항에서 보다 구체화되고 동일한 법정형이 적용되는 부정거래행위에 준하는 정도의 불법성을 지닌 것이어야 한다고 해석 해야 한다.[1306]

「자본시장법」제178조 제1항 제1호를 해석함에 있어서는 자본시장에서의 금융혁신과 공정한 경쟁을 촉진하고 투자자를 보호하며 금융투자업자를 건전하게 육성함으로써 자본 시장의 공정성·신뢰성 및 효율성을 높여 국민경제 발전에 이바지 한다는 자본시장법의 목적에 유념하면서, 같은 항 제2호, 제3호 및 같은 조

1302) 서울중앙지법, 2010. 10. 14. 선고. 2010고합458 판결.
1303) 대법원. 2011. 10. 27. 선고. 2011도8109 판결.
1304) 임재연, 「자본시장법」, 박영사, 2016., 983면, 김건식·정순섭, 전게서, 두성사, 2013., 653면.
1305) 임재연, 「자본시장법」, 박영사, 2016., 984면, 대법원. 2014.1.16. 선고. 2013도4064 판결.
1306) 서울중앙지법. 2011.11.28. 선고. 2011고합600 판결.

제2항을 통하여 보다 구체화된 부정거래행위의 내용, 그 밖에 당해 행위의 불법성 정도가 다른 규정을 통하여 처벌하더라도 「자본시장법」의 목적 달성에 지장을 초래하지 않는지 등을 종합적으로 고려하여 죄형법정주의와 최대한 조화를 이룰 수 있도록 신중을 기하여야 함을 강조한 판례[1307]도 있다.

(4) 적용 사례

「자본시장법」제178조 제1항 제1호에 해당하는 사안으로서, 투자수익보장약정을 체결한 후 차명으로 유상증자에 참여한 경우,[1308] 차명으로 D사를 인수하여 유상증자한 후 합병한 경우,[1309] 기자의 지위를 이용하여 경제전문지 기사를 이용한 경우,[1310] 특정시점의 기초자산 가격 또는 그와 관련된 수치에 따라 권리행사나 조건성취의 여부가 결정되거나 금전 등이 결제되는 구조로 되어있는 금융투자 상품(예 : ELS 등)의 권리행사나 조건성취에 영향을 주는 행위를 하는 경우[1311] 등이 있다.

(5) 보호법익과 위험범

「자본시장법」상 부정거래행위 금지규정을 위반한 범죄는 주식의 소유자 등 개개인의 재산적 법익은 직접적인 보호법익이 아니고 주식 등 거래의 공정성 및 유통의 원활성 확보 라는 사회적 법익이 보호법익이고,[1312] 구성요건이 보호하고 있는 보호법익에 대한 침해의 위험성만 있으면 성립하는 위험범이다.[1313]

반면에 「자본시장법」상 부정거래행위와 유사한 행위를 대상으로 하는 「형법」상 사기죄는 "사람을 기망하여 재물의 교부를 받거나 재산상의 이득을 취하거나, 제3자로 하여금 재물의 교부를 받게 하거나 재산상의 이익을 취득"하게 하는 범죄이다. 보호법익이 보호받는 정도에 있어서, 「형법」상 사기죄는 구성요건의 내용이 보호법익(재산권)의 침해가 있을 것을 요구하므로 침해범이다.[1314]

그러나 부정한 수단을 사용하는 경우 「자본시장법」제179조에 기한 손해배상 청구를 하기 위해서는 물론 손해라는 결과가 발생하여야 한다.

1307) 서울고법. 2011.6.9. 선고 2010노3160 판결 및 대법원 2011.10.27. 선고. 2011도8109 판결로 확정.
1308) 대법원. 2011.10.27. 선고. 2011도8109 판결.
1309) 서울고법. 2011.6.9. 선고 2010노3160 판결.
1310) 서울중앙지법. 2012.6.25. 선고. 2012고단2326 판결.
1311) 대법원. 2015.4.9. 선고. 2013마1052 결정.
1312) 대법원. 2011.10.27. 선고. 2011도8109 판결.
1313) 임재연, 「자본시장법」, 박영사, 2016., 986면.
1314) 임재연, 「자본시장법」, 박영사, 2016., 986면.

(6) 주관적 요건

「자본시장법」제178조의 규정상 시세조종행위에서와 같은 목적은 요구되지 않지만 행위자가 부정한 수단, 계획 또는 기교를 사용한다는 인식은 하여야 한다.

다. 허위 또는 부실표시 사용에 의한 부정거래행위

(1) 의 의[1315]

「자본시장법」제178조 제1항 제2호는 "중요사항에 관하여 거짓의 기재 또는 표시를 하거나 타인에게 오해를 유발시키지 아니하기 위하여 필요한 중요사항의 기재 또는 표시가 누락된 문서, 그 밖의 기재 또는 표시를 사용하여 금전, 그 밖의 재산상의 이익을 얻고자 하는 행위"를 부정거래행위로서 금지한다.

"문서, 그 밖의 기재 또는 표시를 사용하여"라는 규정상 대량보유 보고의무 또는 소유상황 보고를 아예 하지 않는 경우는 이에 해당하지 않는다.[1316] 「자본시장법」제178조 제1항 제1호의 행위와는 달리 제2호 행위는 과실에 의한 행위도 금지한다. 다만 「자본시장법」에 과실범 처벌규정이 없는 이상 행위자는 형사 책임은 지지 않고 민사 손해배상 책임만 진다.

「자본시장법」제178조 제1항 제2호는 시세조종에 관한 제176조 제2항 제3호의 "그 증권 또는 장내 파생상품의 매매를 함에 있어서 중요한 사실에 관하여 거짓의 표시 또는 오해를 유발시키는 표시를 하는 행위"와 유사하지만, "상장증권 또는 장내 파생상품의 매매를 유인할 목적으로"하는 행위만 금지되므로, 규제 대상 금융투자상품, 거래장소, 목적성 면에서 차이가 있다.

따라서 「자본시장법」제176조 제2항 제3호에 의한 규제의 공백을 보완하는 기능을 한다. ① 거짓의 기재 또는 표시와, ② 오해유발을 피하기 위하여 필요한 중요사항의 기재 또는 표시의 누락을 일반적으로 부실표시(허위표시 + 누락)라고 통칭한다.

(2) 중요사항

(가) 중요사항의 의의

"중요사항"은 해당 상장증권 또는 장내 파생상품의 매매에 있어서 중요한 사실을 의미하므로, 해당 기업 고유의 정보만이 아니라 동종업종의 전망 또는 경쟁업체의 동향 등 기업외적 정보도 포함한다.[1317]

여기서 **중요사항**이란 미공개정보 이용행위 금지조항에서 정한 '일반인에게 공

1315) 임재연, 「자본시장법」, 박영사, 2016., 987면,
1316) 대법원. 2010.12.9. 선고. 2009도6411 판결, 대법원. 2011.7.28. 선고. 2008도5399 판결
1317) 임재연, 「자본시장법」, 박영사, 2016., 987면,

개되지 아니한 중요정보'와 궤를 같이하는 것으로서, 당해 법인의 재산·경영에 관하여 중대한 영향을 미치거나 유가증권의 공정거래와 투자자보호를 위하여 필요한 사항으로서 투자자의 판단에 영향을 미칠 수 있는 사항을 의미한다.[1318]

(나) 중요성의 판단기준[1319]

중요성의 판단기준은 미공개정보의 중요성에 관하여 「자본시장법」제174조 제1항이 "투자자의 투자판단에 중대한 영향을 미칠 수 있는 정보"라고 규정하는 것과 동일하게 보아야 할 것이다.

중요성에 대한 기준은 투자자의 주관적인 특성은 전혀 무시하고 「합리적인 투자자(reasonable investor)」를 가정하여 객관적으로만 판단한다. **합리적인 투자자**란 반드시 증권에 문외한인 일반투자자만을 가리키는 것이 아니라 전문 투자자도 합리적인 투자자의 범주에 포함된다고 보아야 한다.

> **참고** ▶▶▶ **미국 「증권법」상 중요성의 판단기준[1320]**
>
> ① 해당 정보가 사실로 확정될 개연성(probability)과 그 정보가 공개될 경우 주가에 영향을 미칠 중대성(magnitude)이 인정되면 중요한 정보로 보아야 한다는 개연성 – 중대성 기준(probability-magnitude test).
> ② 합리적인 투자자가 누락된 사실의 공개가 제공된 정보의 전체맥락을 현저하게 변경 하는 것으로 볼 고도의 가능성이 있어야 한다는 고도의 가능성 기준(substantiallylikelihood test).

(다) 중요성의 인정 사례

최대주주 또는 주요주주에 관하여 대량보유보고서에 기재된 허위사실들은 회사의 경영에 관하여 중대한 영향을 미치거나 기업 환경에 중대한 변경을 초래할 수 있는 사실로서 일반 투자자의 투자판단에 영향을 미칠 수 있는 사실에 해당 한다.[1321]

5% 이상의 주식을 대량보유한 자가 '경영참여'를 목적으로 주식을 취득하였다는 사실은 일반투자자의 입장에서 볼 때 경영권을 유지하려는 자와 새로이 경영권을 확보하려는 자 사이에 지분경쟁이 생길 것으로 생각하여 투자의 합리적인 의사결정에 영향을 미칠 소지가 다분한 점에 비추어 대량보유(변동)보고서에 기재하는 '보유목저 또는 변동사유'는 중요한 사실에 해당한다.[1322]

1318) 대법원. 2009.7.9. 선고. 2009도1374 판결. 서울고법. 2013.7.4. 선고. 2012노4066 판결.
1319) 임재연, 「자본시장법」, 박영사, 2016., 988면,
1320) 임재연, 「자본시장법」, 박영사, 2016., 988면, 임재연, 「미국증권법」, 박영사, 2009., 332면 이하.
1321) 대법원. 2003.11.14. 선고. 2003도686 판결. 임재연, 「자본시장법」, 박영사, 2016., 988면

경영참여로 취득목적을 공시한 사람들이 취득자금이 본인 자금인지 차입 자금 인지여부는 그 공시의 진정성, 추가주식취득의 가능성, 경영권 분쟁의 발생이나 M&A의 성공가능성과 그 후의 투자 적정성 등을 판단하는 기본적이고 중요한 자료이므로 취득자금의 내용도 중요사항이다.[1323] 또한 대량보유보고서의 차명 주식 보유 및 매도 여부는 투자자의 투자 판단에 영향을 미칠 수 있는 중요사항이다.[1324]

(3) 부실표시

금지되는 행위는 "거짓의 기재 또는 표시"와 "오해를 유발시키지 아니하기 위하여 필요한 중요사항의 기재 또는 표시가 누락"이다. "오해를 유발시키지 아니하기 위하여 필요한 중요사항의 기재 또는 표시가 누락"은 "거짓의 기재 또는 표시"보다는 넓은 개념이다.

(가) 부실표시와 문서이용 여부

「(舊)증권거래법」제188조의4 제4항 제2호는 "문서를 이용하여"라는 요건을 규정 하였다. 따라서 「(舊)증권거래법」하의 판례는 "문서의 이용"이라는 요건이 충족되지 않은 경우 사기적 부정거래행위의 성립을 부인하였다.[1325]

이와 달리, 「자본시장법」은 제178조 제1항 제2호는 "...문서, 그 밖의 기재 또는 표시를 사용하여"라고 규정하므로, 반드시 문서를 이용하는 방법 뿐 아니라 강연회, TV, 라디오를 통하여 거짓의 표시를 한 경우도 포함한다.[1326]

(나) 목적과 인과관계

"중요사항에 관하여 거짓의 기재 또는 표시를 하거나 타인에게 오해를 유발시키지 아니하기 위하여 필요한 중요사항의 기재 또는 표시가 누락된 문서, 그 밖의 기재 또는 표시를 하여 금전, 그 밖의 재산상의 이익을 얻고자 하는 행위"라는 목적범 형식으로 규정되어 있다.

따라서 그 문언의 해석상 일단 위와 같은 기재 또는 표시를 사용한 이상 그로써 바로 위 규정 위반죄가 성립하는 것이고, 그 사용행위로 인하여 실제 '타인에게 오해를 유발' 하거나 '금전 기타 재산상의 이익을 얻을 것'을 요하지 않으므로, 위와 같은 기재 또는 표시를 사용한 행위와 타인의 오해 사이의 인과관계 여

1322) 서울중앙지법. 2005.7.8. 선고. 2005고합108 판결., 부산지법. 2005.1.25. 선고.2004고단686 판결.
1323) 대법원. 2006.2.9. 선고. 2005도8652 판결. 임재연, 「자본시장법」, 박영사, 2016., 988면
1324) 서울고법. 2011. 6.9. 선고. 2010노3160 판결. 대법원. 2011.10.27. 선고. 2011도8109 판결로 확정.
1325) 대법원. 2010.12.9. 선고. 2009도6411 판결. 대법원. 2009.7.9. 선고. 2009도1374 판결.
1326) 임재연, 「자본시장법」, 박영사, 2016., 989면

부는 위 규정 위반의 성립에 아무런 영향을 미치지 않는다.[1327]

(다) 부실표시 판단기준

회사가 공시를 통하여 거짓의 표시를 하였는지 여부가 문제되는 경우, 공시 내용 자체가 허위인지 여부에 의하여 판단하여야 할 것이지 실제로 공시내용을 실현할 의사와 능력이 있었는지 여부에 의하여 판단할 것은 아니다.[1328]

따라서, 주주총회의 결의를 거쳐 회사의 사업목적을 추가하는 정관변경을 한 다음 그 사실을 공시하거나 기사화 한 것은 비록 실현 가능성이 없는 내용이라 하더라도 허위사실을 유포하거나 허위의 표시를 한 것으로 볼 수는 없다.[1329]

그리고 수익보장약정 하에 제3자배정 유상증자에 참여한 경우 유상증자 참여자 체는 허위가 아니므로 「자본시장법」제178조 제1항 제2호의 "중요사항에 관하여 거짓의 기재"로 볼 수 없다는 판례도 있다.[1330]

(라) 부실표시 인정 사례

「자본시장법」제178조 제2항의 규정과 유사한 「(구)증권거래법」제188조의4 제4항 제1호의 '허위사실유포"와 제2호의 "부실표시"가 인정된 사례는 아래와 같은 판례가 있다.

① 증권신고서의 재무제표 관련 사항.[1331]

② 증자자금 사용목적을 허위로 기재하는 경우.[1332]

③ 주식대량보유상황보고 시 경영판단목적이라고 기재함으로써 적대적 M&A 를 가장하여 주가를 상승시킨 경우.[1333]

④ 재벌그룹 관계자 또는 유명연예인이 경영권을 인수한 것처럼 가장하는 경우.[1334] ⑤ 임원·주요 주주 소유주식보고서에 차명주식처분 내역을 기재하지 않은 경우.[1335] ⑥ 차명으로 취득한 주식을 대량보유상황보고서에 기재하지 않은 경우.[1336]

⑦ 취득자금의 조성내역을 허위로 기재하는 경우.[1337]

1327) 대법원. 2006.4.14. 판결. 2003도6759 판결. 대법원. 2011.7.28. 선고. 2008도5399 판결.
1328) 임재연, 「자본시장법」, 박영사, 2016., 990면
1329) 대법원. 2003.11.14. 선고. 2003도686 판결.
1330) 서울고법. 2011.6.9. 선고. 2010노3160 판결. 대법원. 2011.10.27. 선고. 2011도8109 판결로 확정.
1331) 서울중앙지법. 2005.4.28. 선고. 2005고합65 판결. 서울고법. 2006.11.30. 선고. 2005노946,2557 판결로 유지.
1332) 서울중앙지법. 2011.9.22. 선고. 2011고합268 판결.
1333) 서울고법. 2008.10.15. 선고. 2008노1447 판결. 대법원. 2008.1.15. 선고. 2008도9866 판결로 확정.
1334) 서울고법. 2009.2.5. 선고. 2008노210 판결.
1335) 서울고법. 2009.1.23. 선고. 2008노2564 판결.
1336) 서울고법. 2008.6.4. 선고. 2008노145 판결.
1337) 대법원. 2006.2.9. 선고. 2005도8652 판결.

⑧ 허위 수출계약을 공시하는 경우.[1338]

⑨ 허위의 해외투자유치 발표.[1339]

⑩ 최대주주와의 거래를 타법인 출자로 공시한 경우.[1340]

⑪ 기자들에게 허위의 보도 자료를 배포한 경우.[1341]

⑫ 주식공모를 앞두고 발행가격을 높이거나 원활한 발행을 위한 허위사실의 유포[1342]등.

　그러나 주식대량보유상황보고의무 자체를 이행하지 않은 경우에는 「(舊)증권 거래법」제188조의4 제4항 제2호 위반이 아니라는 판례[1343]와 소규모 차명주식의 누락은 부실 표시에 해당하지 않는다는 판례도 있다.[1344]

(4) 금전, 그 밖의 재산상의 이익

　「자본시장법」제178조 제1항 제2호가 "금전 기타 재산상의 이익을 얻고자"라는 전제하에 그에 정한 행위를 제한하고 있는 것은 고의 이외에 **超過主觀的 構成要件要素*** 로서 "금전, 그 밖의 재산상의 이익을 얻고자하는 목적"을 범죄성립요건으로 하는 목적범을 규정한 것이다.

* **초과주관적 구성요건요소**란 구성요건적 고의 이외에 추가적으로 요구되는 주관적 구성요건 요소 이다. 이는 행위자가 실현시키는 불법 (즉, 구성요건에 해당하는 위법한 행위) 가운데 결과 불법 보다 행위불법을 더욱 강조하려고 할 때 입법자가 사용하는 표지이다.

　일반적으로 초과주관적 구성요건요소는 객관적 구성요건요소의 총체를 넘어서는 범위에서 요구 되는 것이므로 이 요소가 객관적으로 실현됨을 요하지는 않지만, 이것의 실현에 대한 인식과 의욕은 구성요건적 고의와 마찬가지로 요구된다.

　이 경우 초과주관적 구성요건에 대한 인식과 의욕은 구성요건적 고의에서 미필적 고의가 인정되는것처럼 미필적인 인식과 의욕으로 족하다.

　따라서 이러한 목적으로 "타인에게 오해를 유발시키지 아니하기 위하여 필요한 중요 사항의 기재 또는 표시가 누락된 문서, 그 밖의 기재 또는 표시를 사용"한 이상 실제로 "금전 기타 재산상의 이익을 얻을 것"을 요하지 않는다.[1345]

　"재산상의 이익"은 적극적 이익은 물론 손실을 회피하는 소극적 이익도 포함하는데, "재산상의 이익"에 기업의 경영권 획득이나 지배권 확보 등도 포함하는지에 관해, 대법원은 "유가증권의 처분으로 인한 행위자의 개인적이고 유형적인 경제

1338) 서울고법. 2007.5.10. 선고. 2007노322 판결.
1339) 대법원. 2002.7.22. 선고. 2002도1696 판결.
1340) 서울고법. 2005.10.21. 선고. 2005노684 판결.
1341) 서울고법. 2009.1.22. 선고. 2008노2315 판결., 대법원. 2011.10.27. 선고. 2009도1370 판결로 확정.
1342) 서울고법. 2004.4.2. 선고. 2003노3374 판결.
1343) 대법원. 2011.7.28. 선고. 2008도5399 판결.
1344) 서울고법. 2011.6.9. 선고. 2010노3160 판결.
1345) 대법원. 2006.4.14. 선고. 2003도6759 판결.

적 이익에 한정되지 않고, 기업의 경영권 획득, 지배권 확보, 회사 내의 지위 상승 등 무형적 이익 및 적극적 이득뿐 아니라 손실을 회피하는 경우와 같은 소극적 이득, 아직 현실화되지 않은 이득도 모두 포함하는 포괄적 개념으로 해석하는 것이 상당"하다고 넓은 의미로 판시하고 있다.[1346]

「자본시장법」은 「(구)증권거래법」과 달리 "재산상"이라는 수식어를 추가하였으나 "기업의 경영권 획득, 지배권 확보, 회사 내에서의 지위 상승"도 간접적으로는 재산상의 이익에 해당한다고 볼 수 있다는 것이 통설적인 견해이다. 제178조 제1항 제2호가 명문 으로 규정하지 않지만, 행위자 외에 제3자로 하여금 재산상의 이익을 얻게 하고자 하는 행위도 금지대상으로 보아야 한다.[1347]

다만, 부실표시 된 주식수가 소규모일 경우에는 대법원은 "합병 전후의 최대주주 및 주요주주의 주식변동현황"을 합병신고서에 기재하면서 차명주식 중 일부를 누락한 사안에서 누락된 주식수가 소규모라는 이유로 "금전 또는 재산상의 이익을 얻으려는 목적이 있다고 추정할 수 없다"라고 판시하였다.[1348]

라. 거짓의 시세 이용에 의한 부정거래행위

「자본시장법」제176조 제2항 제3호는 "금융투자상품의 매매, 그 밖에 거래를 유인할 목적으로 거짓의 시세를 이용하는 행위"를 「자본시장법」상 금지되는 부정거래행위의 유형으로 규정하고 있다.

이 경우에는 매매유인 목적이 필요하다는 점에서 시세조종에 관한 「자본시장법」 제176조 제2항의 규정과 유사하나 「자본시장법」 제176조 제2항은 상장증권 또는 장내파생상품이 적용대상인 반면에 「자본시장법」제178조 제1항은 문면 상 모든 금융투자상품을 적용대상으로 하고 있어서 적용범위가 보다 넓다.[1349]

마. 풍문의 유포, 위계의 사용에 의한 부정거래행위

(1) 의 의

「자본시장법」제178조 제2항은 "누구든지 금융투자상품의 매매, 그 밖의 거래를 할 목적이나 그 시세의 변동을 도모할 목적으로 풍문의 유포, 위계의 사용, 폭행 또는 협박을 하지 못한다."고 규정하고 있다.

「(舊)증권거래법」은 "부당한 이익을 얻기 위하여 고의로 허위의 시세 또는 허위

1346) 대법원. 2009.7.9. 선고. 2009도1374 판결. 대법원. 2002.7.22. 선고. 2002.7.22. 선고. 2002도1696 판결.
1347) 임재연, 「자본시장법」, 박영사, 2016., 993면
1348) 대법원. 2011.6.30. 선ㄴ고. 2010도10968 판결.
1349) 김병연 외2, 전게서, 박영사, 2015., 438면. 임재연, 「자본시장법」, 박영사, 2016., 993면.

의 사실 기타 풍설을 유포하거나 위계를 쓰는 행위"를 금지하였는데, 「자본시장법」은 "부당한 이익을 얻기 위하여 고의로"라는 문구를 삭제하였다.

「(舊)증권거래법」상으로도 위 삭제된 문구는 실제로는 별 의미가 없었다. "허위의 시세 또는 허위의 사실 기타 풍설을 유포하거나 위계를 쓰는 행위"가 있으면 "부당한 이득을 위하여 고의로"라는 요건이 당연히 인정될 것이기 때문이다.[1350)

(2) 풍문의 유포
(가) 풍문의 개념

「(舊)증권거래법」은 "허위의 사실 기타 풍설을 유포하는 행위"를 금지하는 대상으로 규정하였으므로, 규정 형식상 "풍설"도 "일체의 거짓 소문"으로 해석하였다.

「자본시장법」은 단순히 "풍문의 유포"만을 금지대상으로 규정하는데, **"풍문"**이란, "시장에 알려짐으로써 주식 등의 시세의 변동을 일으킬 수 있을 정도의 사실로서, 합리적인 근거는 없는 것"이다.[1351) 허위 내용을 요건으로 하지 않으므로 행위자가 진실이라고 믿었더라도 금지대상이 된다. 다만 실제로 문제는 풍문은 대부분 허위 내용의 풍문일 것이다.

(나) 유포의 개념

풍문의 "유포"에 대하여는 방법이나 수단에 대한 제한이 없으므로 인터넷, 휴대폰 문자, 이메일 등 모든 방법이 포함된다. 일반적으로 "유포"는 불특정다수인에게 전파하는 행위를 말하지만 특정인에게 전파하는 것도 포함하는 개념이다.[1352)

「(舊)증권거래법」하의 판례로서, 허위의 기업홍보자료를 작성하여 기업설명회 자리에서 애널리스트들에게 배포한 행위도 허위사실 유포에 해당한다는 판례[1353)와 허위사실을 기재한 보도 자료를 기자들에게 배포한 이상 실제로 보도되지 않거나 축소 보도된 경우에도 허위사실 유포에 해당한다는 판례가 있다.[1354)

(3) 위계사용행위

일반적으로 「형법」상 僞計란 "他人의 不知 또는 錯誤를 이용하는 일체의 행위"를 말하고 欺罔뿐 아니라 誘惑의 경우도 포함하는데, 대법원은 "위계란 거래상대방이나 불특정 투자자를 기망하여 일정한 행위를 유인할 목적의 수단, 계획, 기교 등을 말하는 것이고, 기망이라 함은 개관적 사실과 다른 내용의 허위사실을 내세

1350) 임재연, 「자본시장법」, 박영사, 2016., 994면
1351) 서울고법. 2013.3.22. 선고. 2012노3764 판결.
1352) 서울고법. 2009.1.22. 선고. 2008노2315 판결. 임재연, 「자본시장법」, 박영사, 2016., 994면
1353) 서울고법. 2011.9.22. 선고. 2011노2691 판결.
1354) 서울고법. 2009.1.22.선고. 2008노2315판결. 대법원. 2011.10.27. 선고. 2009도1370 판결로 확정.

우는 등의 방법으로 타인을 속이는 것을 의미한다."라고 판시하고 있다.[1355)

「(구)증권거래법」이 규정하던 "고의로"라는 문구가 삭제되었다는 점을 근거로 "과실에 의한 僞計"도 규제대상이라는 설명[1356)도 있지만, 법 문상 금융투자상품의 매매, 그 밖의 거래를 할 목적이나 그 시세의 변동을 도모할 목적을 전제로 하므로 과실에 의한 僞計는 규제대상이 아니라고 보아야 한다.[1357)

「형법」제13조는 "죄의 성립요소인 사실을 인지하지 못한 행위는 벌하지 아니한다. 단 법률에 특별한 규정이 잇는 경우에는 예외로 한다."고 규정하고 있어, 형사책임에 있어서는 고의가 당연히 요건이므로 특별히 규정할 필요가 없으며, 민사책임에 있어서도 "僞計"의 개념상 過失에 의한 僞計는 실제로는 인정하기 어려울 것이다.[1358)

「(舊)증권거래법」하에서는 "僞計"의 개념을 가급적 넓게 해석하여야 규제의 공백이 줄어든다고 보았으나, 「자본시장법」제178조 제1항 제1호에서 부정거래 행위의 일종으로 '부정한 수단, 계획 또는 기교를 사용하는 행위'라는 포괄적 사기금지규정을 도입하였으므로 "僞計"의 중요성은 「(구)증권거래법」에 비하여 상당히 줄어들었다고 할 수 있다.[1359)

(4) 풍문 유포, 위계 사용에 의한 부정거래행위 인정 사례

대법원은 개관적으로 보아 감자 등을 할 법적 또는 경제적 여건을 갖추고 있지 아니 하거나 또는 임직원이 감자 등을 진지하고 성실하게 검토·추진하려는 의사를 갖고 있지 않은데도, 감자 등의 계획을 공표하면투자자들이 그 실현가능성이 높은 것으로 판단하여 주식 거래에 나설 것이고 이로 인하여 주가의 변동이 초래될 것이라고 인식하면서도 그에 따른 이득을 취할 목적으로 검토계획의 공표에 나아간 경우에는 이러한 행위는 투자자들의 오인·착각을 이용하여 부당한 이익을 취하려는 기망적인 수단, 계획 내지 기교로서 "위계를 쓰는 행위"에 해당한다고 판시하고 있다.[1360)

그 외에도 판례는 부정거래행위사례로 최대주주 등과의 거래를 타법인 출자로 공시 한 경우, 증권시고서의 허위기재, 허위의 주식공모안내 공고, 대량보유목적의 허위기재, 해외신주인수권부사채(BW) 발행의 허위공시, 각종계약에 관한 허위공시, 각종 연구계획 및 사업실적 허위사실유포, 차명주식처분내역을 임원·주요

1355) 대법원. 2011.7.14. 선고. 2011도3180 판결. 대법원. 2010.12.9. 선고. 2009도6411 판결.
1356) 증권법학회, 「자본시장법 주석서 Ⅰ」, 박영사, 2015. 960면.
1357) 임재연, 「자본시장법」, 박영사, 2016., 995면
1358) 임재연, 「자본시장법」, 박영사, 2016., 995면
1359) 임재연, 「자본시장법」, 박영사, 2016., 995면, 김병연 외2인, 전게서, 박영사, 2015. 440면.
1360) 대법원. 2011.3.10. 선고. 2008도6335 판결.

주주 소유주식 보고서에 미기재 또는 차명으로 취득한 주식을 대량 보유상황보고
서에 미기재, 유명연예인이 경영권을 인수한 것처럼 허위사실을 유포, 적대적
M&A를 가장하여 주가를 인위적으로 상승시킨 사례 등을 인정하고 있다.[1361]

바. 폭력 또는 협박행위에 의한 부정거래행위

「자본시장법」은 누구든지 금융투자상품의 매매, 그 밖의 거래를 할 목적이나 그 시
세의 변동을 도모할 목적으로 폭행 또는 협박에 의한 부정거래행위를 할 수 없도록
금지하고 있다(「자본시장법」제178조 제2항).

「자본시장법」규정으로서는 다소 이례적인 규정 이지만 「자본시장법」제178조의 적용
범위에 공백이 없도록 하기 위한 규정이다.[1362] 협박은 공포심을 일으키기에 충분한
정도의 해악을 고지하는 것 이어야 한다.[1363]

7. 부정거래행위에 대한 제재

가. 민사상 책임

부정거래행위 등의 금지를 위반한 자는 그 위반행위로 인하여 금융투자상품의 매
매, 그 밖의 거래를 한 자가 그 매매, 그 밖의 거래와 관련하여 입은 손해를 배상할
책임을 진다.(「자본 시장법」제179조 제1항).

이러한 손해배상청구권은 청구권자가 위반행위가 있었던 사실을 안날로부터 1년간
또는 그 행위가 있었던 날로부터 3년간 이를 행사하지 않은 경우에는 시효로 인하여
소멸 한다.(「자본시장법」제179조 제2항).

나. 형사상 제재

(1) 법정형

부정거래행위 등의 금지에 관한 「자본시장법」제178조 제1항 내지 제2항의 규정
에 위반한 자는 10년 이하의 징역 또는 그 위반행위로 얻은 이익 또는 회피한 손
실액의 2배 이상 5배 이하에 상당하는 벌금에 처한다.

다만, 그 위반행위로 얻은 이익 또는 회피한 손실액이 없거나 산정하기 곤란한
경우 또는 그 위반행위로 얻은 이익 또는 회피한 손실액의 5배에 해당하는 금액
이 5억원 이하인 경우에는 벌금액 상한액을 5억원으로 한다. (법 제443조 제1
항). 이 경우 징역과 벌금은 병과 할 수 있다.(법 제447조 제1항).

1361) 김병연 외2, 전게서, 박영사, 2015., 440면.
1362) 임재연, 「자본시장법」, 박영사, 2016., 999면
1363) 서울중앙지법. 2012.11.29. 선고. 2012고합142 판결.

아울러 위반행위로 얻은 이익 또는 회피한 손실액이 50억원 이상인 때에는 무기 또는 5년 이상의 징역, 5억원 이상 50억원 미만인 때에는 3년 이상의 유기징역으로 가중처벌 한다.(「자본시장법」제443조 제2항). 그리고 앞의 징역에 처하는 경우 10년 이하의 자격정지를 병과 할 수 있다.(「자본시장법」제443조 제3항).

(2) 양벌 규정

법인의 대표자, 법인 또는 개인의 대리인·사용인 기타 종업원이 그 법인 또는 개인의 업무에 관하여 부정행위 등의 금지에 관한 「자본시장법」제178조의 제1항 및 제2항에 해당하는 위반행위를 한 때에는 행위자를 벌하는 외에 그 법인 또는 개인에 대하여도 각 해당 조문의 벌금형을 과한다.(자본시장법」제448조 본문).

다만, 법인 또는 개인이 그 위반행위를 방지하기 위하여 해당업무에 관하여 상당한 주의와 감독을 게을리 하지 아니한 경우에는 그러하지 아니하다.(「자본 시장법」제448조 단서).

Ⅴ 시장질서 교란행위

1. 시장질서 교란행위의 의의

시장질서 교란행위란 ① 「자본시장법」제178조 의2 제1항 제1호에 해당하는 자가 제2호에 해당하는 정보를 증권시장에 상장된 증권이나 장내파생상품 또는 이를 기초자산 으로 하는 파생상품의 매매, 그 밖의 거래에 이용하거나 타인에게 이용하게 하는 행위 또는 ② 누구든지 상장증권 또는 파생상품에 관한 매매 등과 관련하여 「자본시장법」 제178조 의2 제2항 각호의 어느 하나에 해당하는 행위를 말한다.

그 동안 감독당국에서 불공정거래행위를 근절하기 위하여 많은 노력을 해왔지만, 새로운 금융상품의 등장과 금융관련 IT 기술의 급속한 발달로 건전한 시장 질서를 해치는 행위의 유형과 수법이 복잡·다양해지고 있어, 기존 「자본시장법」상 '불공정 거래행위' 유형만으로는 충분히 대응하기 어려운 점이 있었습니다.[1364]

이러한 문제점을 해결하기 위하여, 기존의 형사체제 대상이었던 불공정거래행위에 포함되지는 않지만 자본시장의 건전성과 질서를 저해하는 행위들을 '시장질서교란 행위'로 별도로 정의하고, 이에 대하여 증권선물위원회가 금전적 제재인 과징금을 부과할 수 있도록 「자본시장법」을 개정하였다.[1365]

1364) 금융위원회, 「안전한 자본시장 이용법」, 2015. 5. 8. 83면.
1365) 금융위원회, 「안전한 자본시장 이용법」, 2015. 5. 8. 83면.

2014. 12. 개정된 「(개정) 자본시장법」이 2015. 7. 1.부터 시행됨에 따라 , 이를 계기로 자본시장의 질서를 교란하는 다양한 행위에 대한 규제공백이 해소되고, 자본시장의 건전성과 신뢰가 회복됨으로써 투자자가 안심하고 투자할 수 있는 환경이 조성될 것으로 기대하고 있다.[1366]

2. 시장질서 교란행위의 도입배경[1367]

앞에서 살펴본 것처럼, 기존에는 불공정거래행위를 ① 미공개중요정보이용 행위, ② 시세조종 행위, ③ 부정거래 행위의 세 가지로 나누어 법에 요건을 정해 놓고 형사범죄로 처벌하여 왔습니다.[1368]

그런데 이러한 기존의 불공정거래행위 규제 체계는 다음과 같이 몇 가지 가볍지 않은 문제점을 가지고 있어서 불공정거래행위 규제의 효과가 다소 미흡하다는 평가를 받고 있었다.[1369]

첫째, 범죄로서의 내부자거래와 시세조종은 헌법과 형법의 대원칙인 죄형법정주의 원칙에 지배되어 구성요건의 엄격한 입증이 필요하고, 범죄 입증은 수사당국이 전적으로 부담하여야 하며, 입증의 기준 또한 합리적인 의심배제 기준에 따라 누구나 납득할 만큼 충분한 증거로서 입증해야 한다는 것이다. 이에 따라 많은 사건들이 입증의 부담과 증거불충분으로 아예 수사대상도 되지 않거나 무혐의로 처리되고, 재판에 회부되는 경우에도 무죄로 판결되는 경우가 많았다.

그러나 적어도 전문성을 가진 금융당국의 장기간의 조사과정을 거친 사건들, 즉 한국 거래소의 심리와 금융감독원의 조사 및 증권선물위원회의 심사결과 검찰에 고발·통보 되는 사건들은 검찰이나 법원의 형사적 시각에 관계없이 시장의 투명성과 건전성을 훼손하는 시장질서 교란 또는 저해행위라고 보는 것이 타당할 것이다.

둘째, 조사절차의 문제인데 대부분의 불공정거래 사건은 「한국거래소 심리 - 금융감독원 조사 - 금융위원회(증권선물위원회)의 제재결정 - 검찰 수사 - 법원 판결」의 단계를 거친다. 그런데 이 기간이 짧게는 1년, 길게는 몇 년이 걸리는 경우도 있어서 실효성 있는 제재가 되기 어려운 것이었다.

1366) 금융위원회, 「안전한 자본시장 이용법」, 2015. 5. 8. 83면.
1367) 금융위원회, 「안전한 자본시장 이용법」, 2015. 5. 8. 39~40면.
1368) 이와 같이 형사범죄의 경우 미리 법률에 '어떠한 행위가 범죄에 해당하고 그에 따른 형벌은 무엇인지' 명확하게 정해놓아야 하는데, 이를 '죄형법정주의 원칙'이라고 합니다. 즉 아무리 사회적으로 비난받을 만한 행위를 하더라도 법에 미리 범죄를 정해 놓지 않았다면 처벌할 수 없다는 「형법」의 기본정신이다.
1369) 성의활, 「시장질서교란행위 규제도입의 함의와 전망」, 상장회사감사회 Auditor Journal 제182권, 2015. 2., 3면.

이 문제점은 2013년 「패스트트랙 제도」가 도입되어 많이 해소되었다고 평가되지만, 여전히 검찰과 법원까지 가야한다는 점에서 신속한 적발 및 불공정 행위에 상응하는 제재라는 이상에는 미흡한 면이 있었다.

셋째, 제재수단의 문제인데, 처벌의 신속성과 전문성이라는 면에서는 금융당국 단계에서 적절한 제재가 이루어지면 좋을 것이지만, 금융당국에서 과징금 부과와 같은 제재수단이 없어서 검찰에 고발 내지 통보만 하는 형편이다.

이렇게 되면 앞에서 언급한 바와 같이 죄형법정주의 원칙하에서 많은 사건들이 무혐의 나 무죄로 판정되고, 설령 범죄혐의가 인정되더라도 그 징벌수준이 낮아서 징계를 통한 일반예방 효과를 거두지 못하고 있는 상황이다.

넷째, 포괄적 半詐欺 조항인 부정거래 규제 또한 작지 않은 문제점을 안고 있었 으니, 바로 죄형법정주의 위배 논란이다. 부정거래 규제는 도입당시부터 죄형법정주의 원칙에 부합하지 않는다는 비판이 있었고, 이에 따라 현재까지 금융당국과 검찰, 법원 모두 그 운용에 신중한 입장이다.

대법원 판결로 확정된 부정거래 판결들은 검은머리 외국인이나 사채시장 전주들이 상장회사나 시세조종 주동자들로부터 대가를 받고 주식을 매수한 사건들에 제한적으로 부정거래 규제를 적용하고 있다. 금융당국이나 검찰 또한 가급적 보다 구체적인 시세 조종 조항을 먼저 적용하고 마땅하게 적용할 법조가 없을 경우에 부득이하게 적용하고 있는 것이 현실이다.

나아가 현대사회에서는 나날이 새로운 금융상품이 출현하고 금융·IT 기술 역시 복잡하고 그리고 빠르게 발전하고 있어, 이에 따라 불공정거래 행위 기법도 점점 더 지능적이 되어가고 있는데, 기존의 낡은 법체계로 이러한 새로운 범죄 행위에 대처하기에는 역부족 하다는 의견이 많았습니다.

다른 나라와 비교하더라도, 지금까지 우리나라의 불공거래행위의 규제는 형사처벌 위주로 이루어져 있어 처벌의 범위가 좁고, 대처가 효율적이지 못하다는 비판이 있었습니다. 외국의 경우 불공정거래행위에 대하여 형사처벌 외에도 과징금을 부과하는 등 다양한 방식으로 불공정거래행위에 대응하고 있습니다.

미국과 일본의 경우 불공정거래행위가 사안이 중대하면 형사처벌을, 사안이 가벼우면 과징금으로 처리하고 있으며, 영국 등 유럽 국가들은 형사범죄와 별도로 시장교란행위를 규정하고 과징금을 부과하고 있습니다.

위와 같은 문제점과 해외사례들을 고려하여, 새로운 법에서는 크게 두 가지 측면에서 제도를 바꾸었습니다.

① '시장질서 교란행위'라는 새로운 형태의 불공정거래규제를 만들었습니다. 즉 예전의 '미공개중요정보 이용'이나 '시세조종행위'의 요건을 갖추지 못하였지만, 비

숫한 방식으로 시장질서를 어지럽히는 행위들을 '시장질서 교란행위'로 법에 새롭게 정하였습니다.

② 이러한 '시장질서 교란행위'에 대하여는 형사처벌을 하는 것이 아니라, 그 잘못된 행위를 통하여 얻은 이익을 빼앗는 '과징금[1370]'을 부과하기로 하였습니다.

따라서 2015. 7. 1.부터 새롭게 바뀐 개정「자본시장법」은 이러한 제반 문제점들을 해소하여 보다 효과적인 불공정거래 규제 체계를 정립 하고자 하는 조치이다. 시장질서교란행위를 금지함으로써 형사적으로는 범죄를 성립하기 어려운 경우라도 시장질서를 교란한 부당성을 제재함으로써 투자자들을 한층 더 보호하고 자본시장의 건전한 질서를 유지하고자 하는 것이다.

그리고 사법적으로는 부당한 이득을 환수하거나 제재하기 어려운 행위에 대해서 행위의 부당성 정도에 따라 과징금을 부과함으로써 행위에 상응한 제재를 하는 한편, 부당한 이익을 신속하게 환수할 수 있게 된다. 무엇보다도 이러한 규제의 수행주체가 사법당국이 아니라 전문성이 높은 금융당국이 됨으로써 신속하고 보다 맞춤형의 제재가 가능해짐으로써 자본시장에서의 각종 불법·부당행위들에 대한 효과적인 규제가 가능할 것으로 본다.

3. 정보이용형 시장질서 교란행위

가. 도입 배경[1371]

기존의 미공개중요정보 이용행위는 회사(상장법인)의 '내부자'가 '상장법인의 업무와 관련한' 미공개중요정보를 '직무와 관련하여 취득'하여 이를 이용하거나 이용하게 하는 행위 여야 했습니다. 이러한 범죄구성요건을 충족하는 것은 생각보다 까다롭다. 따라서 위요건 중 하나라도 갖추지못하는 경우에는 그 행위를 처벌할 수 없었습니다.

먼저 '내부자'의 신분은 상장법인 및 그 임직원·주요주주 등 '회사 내부자', 회사와 법령상·계약상 관계가 있는 '준내부자', 회사내부자 또는 준내부자로부터 직접 정보를 받은 '1차 정보수령자'로 매우 제한적으로 규정되어 있었기 때문에, 이에 포함되지 않은 2차 이후 정보수령자는 취득한 미공개중요정보를 부당하게 이용하여 주식거래를 하더라도 제재할 수 없었습니다.

또한 '정보'의 개념도 상장회사의 업무와 관련한 정보에 한정되어 있었기 때문에,

1370) 과징금이란 법을 어긴 경우에 그 행위를 통하여 얻은 이익(돈)을 빼앗는 제재수단이다. 형사벌과 달리 재판과정을 거치지 않아도 부과할 수 있기 때문에, 잘못된 행위에 빠르게 대처할 수 있다는 장점이 있습니다.
1371) 금융위원회, 「안전한 자본시장 이용법」, 2015. 5. 8. 41면.

회사 외부에서 생성되었으나 주가에 큰 영향을 미칠 수 있는 미공개정보를 이용하더라도 처벌할 수 없었습니다. 그러므로 본인이 생성한 시장정보를 이용한다던가, 기관투자자의 주문정보나 애널리스트의 조사분석보고서의 정보, 언론 기사 등 '시장정보'를 활용하거나, 정책결정에 관여한 자가 그 정보를 활용하여 주식을 거래하더라도 법적 책임을 묻기 어려웠습니다.

나아가 회사 업무관련 정보라 할지라도, 이를 '직무와 관련하여 취득'하여야 했습니다. 즉 해당 법인의 임직원이 회사의 업무와 관련하여 알게 되었다거나, 계약상대방이 계약을 진행하다가 정보를 얻은 경우 등 직무와 관련하여 취득한 경우에만 한정되었기 때문에, 직무관련성이 없이 정보를 입수한 경우는 불공정거래행위로서 규제하기 곤란한 점이 있었습니다.

따라서 해킹이나 절도 등의 방법으로 부당하게 정보를 취득하여 주식거래를 하였더라도 이를 「형법」등에 따라 처벌하는 외에 불공정거래행위로서 제재를 부과하기 어려운 한계가 있었습니다.

나. 규제대상 증권

정보이용형 시장질서 교란행위의 규제대상 증권[1372]으로는 다음과 같은 증권이 있다.

정보이용형 시장질서 교란행위의 규제대상 증권

1. 「자본시장법」제178조의2 제1항의 증권
   ① 상장증권(6개월 이내 상장예정법인 등이 발행하는 증권 포함), 장내 파생상품.
   ② 이들을 기초자산으로 하는 파생상품.
2. 「자본시장법」제174조의 특정증권[1373]등
   ① 그 법인(6개월 이내 상장예정법인 등 포함)이 발행한 증권.
   ② 제①호의 증권과 관련된 증권예탁증권.
   ③ 그 법인외의 자가 발행한 것으로서 제①호 또는 제②호의 증권과 교환할 수 있는 교환사채권.
   ④ 제①호부터 제③호까지의 증권만을 기초자산으로 하는 금융투자상품.
3. 제173조의2 장내파생상품
   ・장내파생상품만 규제대상.

1372) 김정수, 「미공개정보이용 관련 시장질서 교란행위」, 「자본시장법」세미나교재. 2015.5.28. 23면.
1373) 「자본시장법」제172조(내부자의 단기매매차익) 제1항의 대상증권을 말함.

1. 상장법인이 발행한 증권(공통).
2. 증권예탁증권은 상장된 DR만 규제대상(정보이용형 교란행위).
3. 교환사채권은 규제대상에서 제외(정보이용형 교란행위).
4. 장내파생상품은 물론, 장외파생상품까지 규제대상(정보이용형 교란행위).

다. 규제대상 행위

정보이용형 시장질서 교란행위의 규제대상 행위[1374]으로는 다음과 같은 행위가 있다.

정보이용형 시장질서 교란행위의 규제대상 행위

1. 매매, 그 밖의 거래("매매 등").
   「자본시장법」제174조와 동일한 표현.(예, 대차거래, 질권, 양도담보 등).
2. 이용하거나 타인에게 이용하게 하는 행위.
   「자본시장법」제174조와 동일한 표현.
3. 투자자보호 및 건전한 시장질서를 해할 우려가 없는 행위는 규제대상 행위에서 제외.
   가. 대통령령으로 정하는 행위(「자본시장법시행령」제207조의2).
   ① 법 제178조의2 제1항 가목에 해당하는 자가 미공개중요정보 또는 미공개정보를 알 게 되기 전에 다음의 어느 하나에 해당하는 행위를 함으로써 그에 따른 권리행사나 의무를 이행하기 위하여 지정 금융 투자상품의 매매, 그 밖의 거래를 하는 경우.
   ⓐ 지정 금융투자상품에 관한 계약을 체결한 행위.
   ⓑ 투자매매업자 또는 투자중개업자에게 지정 금융투자상품의 매매 등에 관한 청약 또는 주문을 제출하는 행위.
   ⓒ 제ⓐ호 또는 제ⓑ호에 준하는 행위로서 금융위원회가 정하여 고시하는 행위.
   ② 법 제178조의2 제1항 제1호 나목부터 라목까지의 규정에 해당하는 자가 법 제178 조의2 제1항 제2호에 해당하는 정보를 생산하거나 그러한 정보를 알게 되기 전에제①호 각목에 해당하는 행위를 함으로써 그에 따른 권리를 행사하거나 의무를 이행 하기 위하여 지정 금융 투자상품의 매매 등을 하는 경우.
   ③ 법령 또는 정부의 시정명령·중지명령 등에 따라 불가피하게 지정 금 투자상품의 매매 등을 하는 경우.
   ④ 그 밖에 투자자 보호 및 건전한 거래질서를 저해할 우려가 없는 경우

1374) 김정수, 「미공개정보이용 관련 시장질서 교란행위」, 「자본시장법」세미나교재. 2015.5.28. 23면.

　　　　로서 금융 위원회가 정하여 고시하는 경우 등.
　　나. 법령으로 정해진 행위
　「자본시장법」제 173조의 제2항, 제174조, 제178조에 해당하는 경우는 적용 제외.
　　다. 금융위가 정하여 고시한 행위
　　① 증권예탁증권의 예탁계약 해지 시 증권을 취득하는 경우.
　　② 정보를 지득하거나 전득하기 전에 우리사주조합을 통해 주식을 청약 · 취득.
　　③ 주식의 포괄적 교한 또는 이전에 따라 주식을 취득하는 경우.
　　④ 주식배당에 의해 주식을 취득하는 경우.
　　⑤ 회사합병시 소멸하는 회사의 주주가 존속회사의 신주를 배정받는 경우.
　　⑥ 회사 분할시 분할되는 회사의 주주가 신설회사의 주식을 배정받는 경우.
　　⑦ 거래소에 차익거래임을 표시하여 제출한 매수 · 매도호가의 경우.
　　⑧ 그 밖에 투자자보호 및 건전한 시장질서를 해할 우려가 없는 경우 로서 증선위가 의결로서 인정하는 경우 등.

> **참고　　　▶▶▶　　타 조항과의 비교**
>
> 1. 「자본시장법」제173조의2 제2항(장내파생상품 시세관련 정보)
> ① 정보의 중요성 요건 및 미공개성 요건의 불요.
> ② 단순한 "누설" 행위도 규제.
> ③ 규제대상자의 범위
> ⓐ 해당 정보에 영향을 미칠 수 있는 정책을 입안 · 수립 또는 집행하는 자.
> ⓑ 해당 정보를 생성 · 관리하는 자.
> ⓒ 장내파생상품의 기초자산의 중개 · 유통 또는 검사업무와 관련된 자 등.
> 2. 법 제174조(미공개중요정보 이용금지)와 제178조(부정거래 금지)
> 「자본시장법」제174조/제178조가 적용되는 경우는 제178조의2 적용 배제.
> 3. 금융투자업자의 영업행위 규칙
> ① 법 제54조 : 직무관련 정보의 이용 금지.
> ② 법 제71조 제1호 : 선행매매.
> ③ 법 제71조 제2호 : 조사 분석 자료의 공표 전 이용.

　"**정보의 매매, 그 밖의 거래에 이용**" 한다는 것은 정보를 전달받은 사람이 그 정보를 이익취득이나 손실회피를 위한 거래에 사용하는 것을 말합니다. 즉, 정보를 단순히 가지고 있는 것을 금지하고 있는 것이 아니라, 그 정보를 알면서 지정된 금융투자 상품 거래를 한 경우, 거래를 하게 된 다른 이유가 있어도 해당 정보가 그 거래를 한 이유 중 하나라면 정보를 이용한 행위에 해당된다고 본다.[1375)]

또한 "타인에게 이용하게 하는 행위"란 정보를 전달하면서 이를 적극적으로 매매 기타 거래에 이용하도록 직접 권유하는 경우는 물론이고, 정보수령자가 그 정보를 이용하여 거래를 할 수 있을 것이라고 생각하면서 정보를 제공하는 경우도 포함된다고 본다.[1376]

라. 규제대상자[1377]

(1) 「자본시장법」제174조 제1항 제1호 가목 해당자

정보이용형 시장질서 교란행위의 규제대상자로서 첫 번째는 「자본시장법」 제174조 각항 각호의 어느 하나에 해당하는 자로부터 나온 미공개중요정보 또는 미공개정보인 정을 알면서 이를 받거나 전득한 자이다.(「자본시장법」제174조 제1항 제1호 가목).

기존의 「자본시장법」에서는 회사 내부자(임직원, 주요주주 등)·준내부자 (인허가권 자, 계약체결자 등) 및 그로부터 정보를 직접 전달받은 제1차 정보 수령자만이 처벌의 대상이었습니다.

그러나 이번 법 개정을 통하여, 기존의 형사처벌 대상인 회사 내부자 등으로부터 나온 미공개중요정보 또는 미공개정보인 정을 알면서 이를 받거나 전득하여 주식거래에 이용하거나 다른 사람으로 하여금 이용하게 한 자를 규제대상으로 하였습니다.

즉 구법 체계에서는 회사 내부자로부터 미공개중요정보를 직접 제공받은 1차 정보 수령자까지만 처벌이 가능하였지만, 이제는 1차 정보수령자로부터 정보를 받은 2차 수령자나 이를 다시 전달받은 제3차 수령자, 그 이후 여러 단계를 거쳐 간접적으로 정보를 전달 받은 다차 수령자일지라도 미공개중요정보 또는 미공개정보라는 정을 알면서 이를 받거나 전득하여 주식 거래에 이용한 이상 규제대상에 포함된다.

예를 들어 회사 내부자로부터 신제품 개발정보를 직접 입수한 언론사 기자가 자신의 친구에게 그 정보를 제공하여 해당 회사의 주식을 매수하도록 한 경우, 기존 법에 따르면 회사내부자 및 1차 정보수령자인 기자는 미공개정보이용행위로 처벌되나 2차 정보수령자는 처벌할 수 없었다.

그러나 개정된 「자본시장법」에서는 그 친구가 해당 정보가 내부자 등으로부터 나온 미공개중요정보라는 정을 알면서 이를 전달받아 주식거래에 이용한 이상

1375) 금융위원회, 「안전한 자본시장 이용법」, 2015. 5. 8. 89면.
1376) 금융위원회, 「안전한 자본시장 이용법」, 2015. 5. 8. 89면.
1377) 금융위원회, 「안전한 자본시장 이용법」, 2015. 5. 8. 42~48면.

'시장질서 교란 행위'를 한 자로서 과징금을 부과 받을 수 있다.

나아가 위 정보를 3차, 4차 수령자 이후까지 전달한 경우에도 여전히 해당정보가 내부자 등으로부터 나온 미공개중요정보라는 정을 알고 취득하여 이용하거나 다른 사람에게 전달하여 이용하게 한 자도 규제대상이므로, 과거 회사 내부자로부터 정보를 받는 과정에서 아무것도 모르는 하수인을 중간에 끼어 넣고 정보를 수령 하는 등으로 법망을 피할 우려가 있었던 행위들까지 제재를 할 수 있게 되었다.

또한 최근 인터넷 게시판, 메신저, SNS, 스마트폰 등을 통하여 정보전달 경로가 다양화되고 있는데, 이러한 매체를 통하여 취득한 정보의 경우에도 미공개 중요정보라는 정을 알면서 이를 전달받은 이상 동 정보를 이용하여 주식거래를 하거나 다른 사람으로하여금 이용하게 한다면 '시장질서 교란행위'에 해당할 수 있음에 유의하여야 한다.

다만 이처럼 다차(多次) 수령자의 경우까지 그 규제대상이 넓어진 만큼, 선의의 피해자가 발생하지 않도록 정보취득 경로와 정황 등을 철저히 조사함으로써 미공개중요정보인 정을 알지 못하고 취득하였거나 또는 자신의 투자판단으로 투자한 점이 확인되는 경우는 규제 대상에서 제외하도록 하여야 할 것이다.

(2) 「자본시장법」 제174조 제1항 제1호 나목 해당자

정보이용형 시장질서 교란행위의 규제대상자로서 두 번째는 자신의 직무와 관련하여 「자본시장법」 제174조 제1항 제2호에 해당하는 정보(① 그 정보가 지정 금융투자상품의 매매 등 여부 또는 매매 등의 조건에 중대한 영향을 줄 가능성이 있을 것, ② 그 정보가 투자자들이 알지 못하는 사실에 관한 정보로서 불특정 다수인이 알 수 있도록 공개되기 전 일 것)를 생산하거나 알게 된 자이다.(「자본시장법」 제174조 제1항 제1호 나목).

기존의 회사 내부정보 중심의 미공개정보이용행위에서 회사 외부정보를 이용하는 행위까지 시장질서 교란행위 규제의 범위가 넓어짐에 따라, 이러한 정보(시장정보, 정책정보 등)를 자신의 직무와 관련하여 생산하거나 알게 된 자가 그 정보를 지정 금융투자상품의 매매 등에 이용하거나 타인에게 이용하게 하는 행위를 하는 경우 규제대상이 된다.

따라서 만일 정부정책을 결정하는 공직자들이 정책 입안·결정 등의 과정에서 얻은 정보를 이용하여 특정정책이 발표되기 직전에 대량으로 주식거래를 하거나, 대형기관투자자의 펀드매니저가 운용관련 전략정보를 본인 또는 제3자의 투자목적으로 사용하는 경우, 기존 법체계하에서는 상장법인 내부정보를 이용하는 행위에 해당하지 않으므로 이를 처벌할 수 없었지만, 이제는 이러한 행위는 시장질서 교란행위로서 과징금 부과대상이 된다.

또한 소위 **선행매매(front running) 또는 스캘핑(scalping)**이라 불리는 행위, 예컨대 시장에서 특정회사 주식에 대하여 대량매수주문이 있는 경우에 그 매도주문을 받은 증권 회사가 그 주문을 이행하기 전에 자기계정의 보유주식을 먼저 매도하는 행위(front running), 증권시장에서 영향력 있는 증권분석 전문가가 자신의 의견을 공표하기 전에 미리증권을 매수하고 공표 후 다시 매도함으로써 차익을 얻는 행위(scalping) 역시 직무와 관련하여 생성하거나 알게 된 정보를 이용한 경우로써 제재대상이 될 수 있다.

참고 ▶▶▶ **자신의 직무 관련 규제대상 (예시)[1378]**

1. 식당종업원이 고객 서빙 중 중요정보를 알게 된 경우.
2. 애널리스트가 특정회사를 방문하러 갔는데, 회사 복도를 지나는 중에 당사 직원들의 대화 중 중요한 정보를 듣게 된 경우.
3. 애널리스트가 특정회사를 방문하러 갔는데, 마침 해당회사에 화재 발생, 해당 주식을 매도하라고 주요 고객에게 연락한 경우.
4. 정신과 의사가 환자와의 상담 중에 취득한 미공개중요정보를 거래에 이용한 경우 등.

---

(3) 「자본시장법」 제174조 제1항 제1호 다목 해당자

정보이용형 시장질서 교란행위의 규제대상자로서 세 번째는 해킹, 절취, 기망, 협박, 그 밖의 부정한 방법으로 정보를 알게 된 자 이다.(「자본시장법」제174조 제1항 제1호 다목). 과거에는 미공개중요정보를 '직무와 관련하여' 취득하여 이용한 경우만 처벌되었지만, 이제는 해킹·절취·기망·협박, 그 밖의 부정한 방법으로 정보를 알게 된 경우에도 규제대상이 된다.

그러므로 만일 어떤 회사가 계약 상대방과 주고받은 메일을 제3자가 해킹하여 지득한 미공개중요정보를 본인 또는 다른 사람의 주식거래에 활용한 경우, 종전에는 해킹한 사람을 회사 내부자나 1차 정보수령자로 볼 수 없어 미공개중요정보 이용행위로 처벌하기 어려웠으나, 개정법은 위와 같이 해킹을 통하여 정보를 얻어 이용한 행위도 시장질서 교란행위로 보아 과징금을부과할 수 있게 되었다.

마찬가지로 ① 회사내부에서 구두를 수선하는 자가 사무실을 방문하였을 때, 우연히 책상 위에 있는 비밀문서를 훔치거나, 본 정보, ② 퇴직한 직원이 회사 출입카드를 반납하지 않고, 무단출입하여 취득한 그 동안 개발 중이던 신약개발이 완료되어 곧 판매가 허가될 것이라는 정보 등 부정한 방법으로 입수한 정보와 회

1378) 김정수, 「미공개정보이용 관련 시장질서 교란행위」, 「자본시장법」세미나교재. 2015.5.28. 27면.

사 임직원 등을 기망하거나 협박하여 취득한 정보도 이를 매매 등에 이용할 경우 시장질서 교란행위로 제재가 가능하다.[1379)]

해킹·절취·기망·협박은 '부정한 방법'의 한 예시이며, 그 외에도 일반적으로 해당 정보에 접근할 권한이 없는 자가 정상적이지 않은 방법을 사용하여 정보를 취득하는 등 사회통념상 부정한 방법으로 정보를 알게 된 모든 경우가 규제대상에 포함된다. 그러나 부정한 방법이 개입되지 않은, 순전히 우연한 사정으로 제3자가 그러한 정보를 알게 되는 경우에는 규제범위에서 제외된다.

(4) 「자본시장법」 제174조 제1항 제1호 라목 해당자

정보이용형 시장질서 교란행위의 규제대상자로서 네 번째는 나목 또는 다목의 어느 하나에 해당하는 자로부터 나온 정보인 정을 알면서 이를 받거나 전득한 자이다.(「자본 시장법」 제174조 제1항 제1호 라목).

기존의 형사처벌 대상인 미공개중요정보인 정을 알고 정보를 받거나 전득한 자까지 규제범위를 확대한 것처럼, 직무와 관련하여 정보를 생산하거나 알게 된 자 또는 해킹·절취·기망·협박등 부정한 방법으로 정보를 알게 된자로부터 나온 정보인 정을 알면서 이를 받거나 전득해 이용한 경우도 과징금 부과대상이 된다.

그러므로 본인이 직접 직무와 관련하여 생성하거나 부정하게 취득한 정보가 아닐지라도, 그러한 사정을 알면서 이를 받은 자나 그 이후 여러 단계를 거쳐 간접적으로 정보를 전달받은 다차 수령자가 그 정보를 이용하거나 타인에게 이용하게 하였다면 규제대상에 포함될 수 있습니다.

1379) 김정수, 「미공개정보이용 관련 시장질서 교란행위」, 「자본시장법」세미나교재. 2015.5.28. 29면.

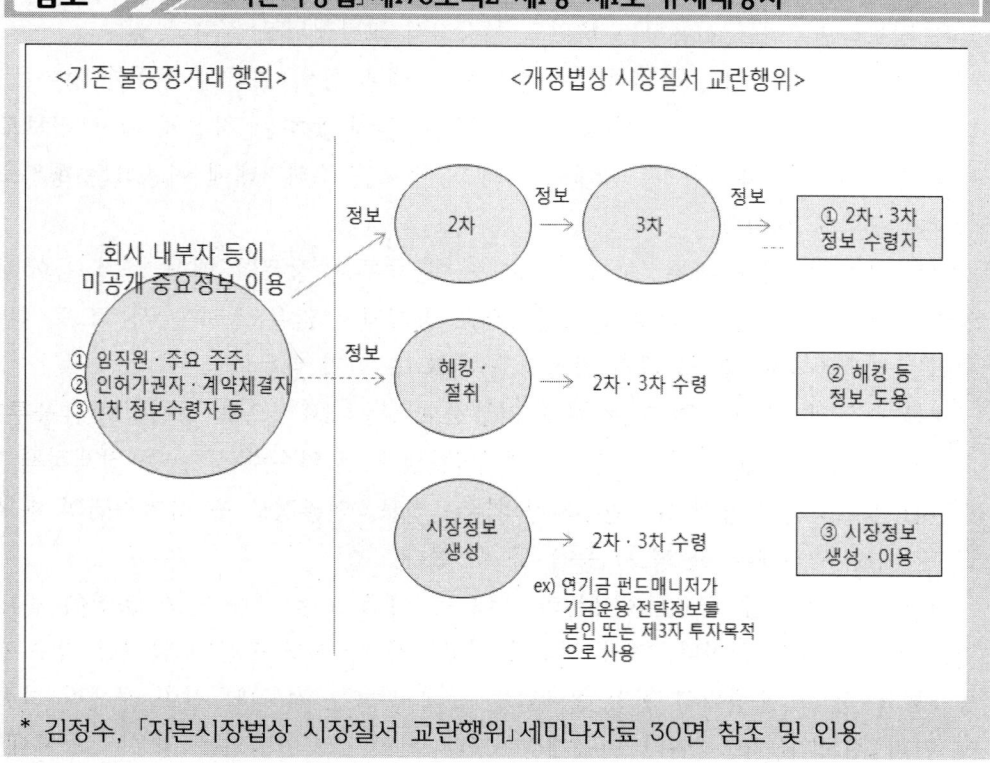

<기존 불공정거래 행위>   <개정법상 시장질서 교란행위>

회사 내부자 등이
미공개 중요정보 이용

① 임직원·주요 주주
② 인허가권자·계약체결자
③ 1차 정보수령자 등

정보 → 2차 → 정보 → 3차 → 정보 → ① 2차·3차 정보 수령자

정보 → 해킹·절취 → 2차·3차 수령 → ② 해킹 등 정보 도용

시장정보 생성 → 2차·3차 수령 → ③ 시장정보 생성·이용

ex) 연기금 펀드매니저가 기금운용 전략정보를 본인 또는 제3자 투자목적으로 사용

* 김정수, 「자본시장법상 시장질서 교란행위」세미나자료 30면 참조 및 인용

마. 규제대상 정보

정보이용형 시장질서 교란행위의 규제대상 정보[1380]로는 다음과 같은 정보가 있다.

정보이용형 시장질서 교란행위의 규제대상 정보

1. 그 정보가 지정 금융투자상품의 매매 등 여부 또는 매매 등의 조건에 중대한 영향을 줄 가능성이 있을 것.
2. 그 정보가 투자자들이 알지 못하는 사실에 관한 정보로서 불특정 다수인이 알 수 있도록 공개되기 전일 것.

기존 「자본시장법」은 주로 상장법인의 업무 등과 관련된 미공개중요정보(투자자의 투자판단에 중대한 영향을 미칠 수 있는 정보로서 대통령령이 정하는 방법에 따라 불특정 다수인이 알 수 있도록 공개되기 전의 것)의 이용행위를 처벌하여 왔습니다. 상장법인의 업무 등과 관련되었다는 것은 '회사(상장법인)의 업무 및 재무사항에 관한 정보로서 회사 내부에서 생성된 정보'를 의미하였습니다.

그러나 개정 「자본시장법」은 회사 내부정보 뿐 아니라 회사 외부정보라 할지라도,

1380) 김정수, 「미공개정보이용 관련 시장질서 교란행위」, 「자본시장법」세미나교재. 2015.5.28. 31~32면.

금융투자상품의 매매 등에 중대한 영향을 줄 수 있는 정보로서 일반인에게 공개되지 않은 정보라면, 이를 이용하는 행위도 시장질서 교란행위로 정하고 있다.

즉 '지정 금융투자상품의 매매 등 여부 또는 매매 등의 조건에 중대한 영향을 줄 가능성이 있는 정보'로서 '그 정보가 투자자들이 알지 못하는 사실에 관한 정보로서 불특정 다수인이 알 수 있도록 공개되기 전'의 정보를 주식거래에 이용하는 행위도 규제 대상에 포함하고 있다.

이는 반드시 회사 내부정보가 아니라도, 금융투자 상품의 매매 조건 등에 중요한 영향을 미칠 수 있는 정보로서 일반적으로 공개되지 않은 정보를 사적으로 이용하는 행위는 마찬가지로 증권거래의 공정성을 해할 수 있기 때문이다.

새롭게 규제대상에 포함되는 회사 외부정보로는 대표적으로 정책정보(금융투자상품의 가격에 영향을 줄 수 있는 금리정책, 외환정책, 무역수지 상황 등 경제정책 방향과 관련된 정보) 및 시장정보(기관투자자의 주문정보, 언론정보 등 유가증권의 수요와 공급 및 시장 사정에 관한 정보) 등을 들 수 있다.

반면 외부정보 중 금융투자상품의 매매 등 여부 또는 매매 등의 조건에 중대한 영향을 줄 가능성이 없거나, 해당 정보가 일반투자자에게도 충분히 알려진 경우(기존 미공개중요 정보이용행위의 법정 공개방법 등에 준하는 정도)와 같이 구체적 사실 관계에 따라 정보의 중요성이나 미공개성이 결여되었다고 판단되는 경우는 규제대상에서 제외된다.[1381]

바. 결 론

정보이용형 시장질서 교란행위를 방지하기 위해서는 다음과 같은 「준법프로그램 (Compliance Program)」의 구축 필요성이 증대되고 있다.

준법프로그램의 주요 내용[1382]

1. 정보관리 규정의 마련
   ① 미공개중요정보에 대한 접근 제한, 누출 방지를 위한 내용.
   ② 특히, 주가에 영향을 줄 수 있는 정보에 대한 엄격한 관리 등
2. 금융투자업자의 내부통제시스템 구축
   정보교류차단 장치의 구축(「자본시장법」제45조) 및 실질적 작동 확인.
3. 내부자거래의 예방을 위한 직접적인 정책 및 절차 마련
   ① 내부자거래 예방 규정의 마련.
   ② 임직원에 대한 내부자거래 금지 교육.

1381) 금융위원회, 「안전한 자본시장 이용법」, 2015. 5. 8. 45면.
1382) 김정수, 「미공개정보이용 관련 시장질서 교란행위」, 「자본시장법」세미나교재. 2015.5.28. 33면.

③ 임직원의 증권거래에 대한 적절한 통제방안 마련.

④ 모니터링 시스템(절차)의 마련·점검.

⑤ 실제 임직원에 의한 내부거래가 발생하였을 경우 대응방안 프로그램 마련 등.

4. 시세관여형 시장질서 교란행위

가. 시세관여형 시장질서 교란행위의 개관

(1) 시장관여형 시장질서 교란행위의 도입 배경[1383]

기존 「자본시장법」은 주가에 인위적 영향을 미침으로써 투자자들을 기망하는 시세 조종행위를 규제하면서, 그 행위가 '매매를 유인하거나 타인이 거래상황을 오인토록 하는 등의 목적'을 가지고 있는 경우만을 불공정거래행위로 보아 형사처벌을 하였습니다.

그런데, 이런 '목적성'은 행위를 한 사람의 내심의 의사이기 때문에 그것을 입증하기가 쉽지 않았고, 그러다보니 실제 조사·수사과정에서 시세조종의 목적이 충분히 입증되지 않는 경우 시장 질서를 크게 훼손하는 행위임에도 불구하고 이를 제재하지 못하는 한계가 있었습니다.

예를 들어 초단타매매를 실행하여 시세에 중대하게 부당한 영향을 미쳤음에도 매매 유인의 목적이 입증되지 않았다거나, 투자자를 오인케 할 목적은 없었으나 손익이전 또는 조세회피 등 다른 목적에서 통정·가장매매를 하였는데 이것이 시장건전성을 크게 저해하는 경우에도 최근까지는 불공정거래행위로 제재할 수 없었습니다.

나아가 오늘날 인터넷과 같은 파급력있는 매체나 각종 프로그램을 통한 새로운 주문 방법 등 신종기법과 매체를 통하여 훨씬 간편하고 다양한 방법으로 시세를 조종할 수 있는 환경이 도래하면서, 시장의 자유롭고 공정한 질서를 교란하는 행위에 보다 유연하게 대처할 필요성이 더욱 커졌습니다.

이에 따라 개정「자본시장법」에서는 목적성 여부에 관계없이, 외형적·객관적으로 보아 시장의 건전한 거래질서를 훼손하는 것으로 판단되는 시세조종형 부당행위 들을 '시장질서 교란행위'로 보아 과징금을 부과할 수 있게 하였습니다.

(2) 시장관여형 시장질서 교란행위의 규정

시장관여형 시장질서 교란행위는 누구든지 상장증권 또는 장내 파생상품에 관한 매매 등과 관련하여 다음 각 호의 어느 하나에 해당 하는 행위를 의미하며, 「

1383) 금융위원회, 「안전한 자본시장 이용법」, 2015. 5. 8. 49면.

자본시장법」 제178조의 제2항에 의거 이를 금지하고 있다. 다만, 그 행위가 법 제176조 또는 제178조에 해당하는 경우에는 제외한다.

1. 거래의 가능성이 희박한 호가를 대량으로 제출하거나 호가를 제출한 후 해당 호가를 반복적으로 정정·취소하여 시세에 부당한 영향을 주거나 줄 우려가 있는 행위.

2. 권리의 이전을 목적으로 하지 아니함에도 불구하고 거짓으로 꾸민 매매를 하여 시세에 부당한 영향을 주거나 줄 우려가 있는 행위.

3. 손익이전 또는 조세회피 목적으로 자기가 매매하는 것과 같은 시기에 그와 같은 가격 또는 약정수치로 타인이 그 상장증권 또는 장내파생상품을 매수할 것을 사전에 그자와 서로 짠 후 매매하여 시세에 부당한 영향을 줄 우려가 있는 행위.

4. 풍문을 유포하거나 거짓으로 계책을 꾸미는 등으로 상장증권 또는 장내파생 상품의수요·공급 상황이나 그 가격에 대하여 타인에게 잘못된 판단이나 오해를 유발하거나 상장증권 또는 장내파생상품의 가격을 왜곡할 우려가 있는 행위.

나. 시세관여형 시장질서 교란행위의 요건[1384]

시세관여형 시장질서 교란행위의 요건을 요약하면 다음과 같다.(「자본시장법」 제178조의2 제2항).

<u>시세관여형 시장질서 교란행위의 요건</u>

1. 주체 : 누구든지
2. 대상 : 상장증권 및 장내파생상품

3 행위(객관적 요건)	4. 목적(주관적 요건)
① 허수성 호가 제출	① 불필요
② 가장매매	② 불필요
③ 통정매매	③ 손익 이전·조세 회피 목적
④ 풍문 유포, 위계 사용	④ 불필요

1384) 최동렬, 「시세조종 관련 시장질서 교란행위」, 「자본시장법」세미나교재. 2015.5.28. 41면.

| 참고1 | 시세조종(법 제176조)의 요건 |

1. 주체 : 누구든지
2. 대상 : 상장증권 및 장내파생상품
3. 행위(객관적 요건)
  ① 위장매매
  ② 매매유인목적행위
  ③ 시세고정·안정행위
  ④ 연계시세조종
4. 목적(주관적 요건)
  ① 오인 목적
  ② 유인 목적
  ③ 고정 목적
  ④ 부당이득 목적

| 참고2 | 부정거래행위(법 제178조)의 요건 |

1. 주체 : 누구든지
2. 대상 : 금융투자상품
3. 행위(객관적 요건)
  ① 부정한 수단·계획·기교
  ② 부실표시 사용 행위
  ③ 거짓 시세 이용
  ④ 풍문 유포, 위계 사용, 폭행, 협박.
4. 목적(주관적 요건)
  ① 불필요
  ② 재산상 이득 목적
  ③ 거래 유인 목적
  ④ 거래·시세 변동 목적

다. 시세관여형 시장질서 교란행위의 목적성[1385]

기존 「자본시장법」의 시세조종행위(법 제176조)에 해당하기 위해서는 일반적으로 통정·가장매매·허수매수주문 등의 시세를 변동시키는 유형의 행위 외에 "시세조종의 목적"[1386]이 있어야 한다.

이러한 목적이 있었는지 여부는 당사자가 자백하지 않더라도 거래한 상장증권 등의 성격과 발행된 상장증권 등의 총수, 매매의 동기와 양태(순차적 가격상승주문 또는 가장 매매, 시장관여율의 정도, 지속적인 종가 관여 등), 그 상장증권 등의 가격 및 거래량의 동향, 전후의 거래상황, 거래의 경제적 합리성 및 공정성 등의 간접사실을 종합적으로 고려하여 판단하여야 한다.[1387]

그러나 이러한 목적성을 입증하기란 실제로는 매우 어려워서, 과거사례를 보면 소량의 단주거래로 시장가격이 급격한 경우,[1388] 적극적으로 물량확보를 위하여 직전가

1385) 금융위원회, 「안전한 자본시장 이용법」, 2015. 5. 8. 91~92면.
1386) 매매가 성황을 이루고 있는 듯이 잘못 알게 하거나, 그 밖에 타인에게 그릇된 판단을 하게 할 목적(법 제176조 제1항), 매매를 유인 할 목적(법 제176조 제2항), 시세를 고정시키거나 안정시킬 목적(법 제176조 제3항).
1387) 대법원. 2009.4.9. 선고. 2009도675 판결, 대법원. 2010.6.24. 선고. 2007도9051 판결, 대법원. 2013.7.11. 선고. 2011도15056 판결 등 다수.
1388) 수원지법. 2013.1.13. 선고. 2012고합699 판결.

또는 상대호가 대비 다소 고가의 매수주문을 한 경우,[1389] 적대적 M&A를 위하여 시장에서 주식을 매수하는 과정에서 굳이 시세를 올릴 이유나 필요가 없는 상황에서 행위자의 매수로 인한 실제의 주가 변동이 미미한 경우[1390] 등의 사안에서는 시세 조종의 목적이 없었다고 판단 하여 무죄를 선고한 적도 있었습니다.

그러나, 2015.7.1.부터 시행되는 '시세관여형 시장질서 교란행위'(「자본시장법」 제178조의2 제2항)의 경우에는 시세에 영향을 주거나 타인에게 오해를 유발하는 등의 목적성이 없거나 입증되지 않은 경우에도, 규제할 수 있도록 하였다.

예를 들어, 상장증권 등의 매매등과 관련하여, ① 거래 성립 가능성이 희박한 호가를 과다하게 제출하거나 이를 반복적으로 정정·취소하는 행위(허수성 주문), ② 권리의 이전을 목적으로 하지 아니하는 거짓으로 꾸민 매매행위(가장성 주문), ③ 손익 이전이나 조세 회피 목적으로 매매 시기, 가격 등을 다른 자와 서로 짜고 하는 거래 행위(통정성 주문), ④ 풍문의 유포 등을 사용하는 행위에 과징금을 부과할 수 있다[1391].

라. 시세관여형 시장질서 교란행위의 적용 범위

(1) 「자본시장법」 제178조의 2 제2항4조 제1항 제1호 해당 행위[1392]

시장관여형 시장질서 교란행위의 규제대상 행위로는 첫 번째는 거래의 가능성이 희박한 호가를 대량으로 제출하거나 호가를 제출한 후 해당 호가를 반복적 으로 정정·취소하여 시세에 부당한 영향을 주거나 줄 우려가 있는 행위 이다. (「자본시장법」 제178조의2 제2항 제1호).(일명, 허수성 호가 제출).

기존에는 주가 등을 조작하여 투자자를 거래에 끌어들이려는 매매유인의 목적이 없거나 입증되지 않은 때에는, 허수호가 제출 등으로 시세를 변동시키는 행위일지라도 시세조종으로 처벌되지 않았습니다.

그러나 개정 「자본시장법」은 과다한 허수호가 제출 또는 반복적인 호가 정정·취소행위로 시세 등에 부당한 영향을 미치거나 미칠 우려가 있는 행위도 시장 질서 교란행위 로서 과징금을 부과하도록 하였습니다.

이때 시세 등에 부당한 영향을 미치는지 여부는 거래량, 호가의 빈도·규모, 시장상황 및 기타 사정을 종합적으로 고려하여 정상적인 수요·공급 원칙에 따른 가격 결정을 저해하거나 할 우려가 있는지를 살펴 판단하여야 한다.

1389) 서울고법. 2005.10.19. 선고. 2005노1123 판결.
1390) 서울고법. 2005.10.26. 선고. 2005노1530 판결.
1391) 구체적으로 ①~③의 행위로 시세에 부당한 영향을 주거나 줄 우려가 있는 경우, ④의 행위로 수요·공급사항에 대한 오해를 유발하거나 가격을 왜곡할 우려가 있는 경우를 말한다.
1392) 금융위원회, 「안전한 자본시장 이용법」, 2015. 5. 8. 50~51면.

따라서 앞으로는 매매 유인의 목적을 불문하고 적정가에 비하여 상당한 괴리를 보이는 호가로서 체결가능성이 희박한 고가 매도호가 및 저가 매수 호가를 대량으로 제출하거나 반복적으로 정정·취소하는 행위, 데이트레이딩을 이용하여 단기간에 반복적으로 직전가 대비 높은 주문을 낸 뒤 매도 후 주문을 취소하는 행위, 과실로 인한 시스템에러 발생으로 과다한 허수호가가 이루어지진 경우등도 시세등에 부당한 영향을 미치거나 미칠우려가 있는경우에 규제대상이 될수 있다.

(2) 「자본시장법」제178조의 2 제2항4조 제1항 제2호 해당 행위[1393]

시장관여형 시장질서 교란행위의 규제대상 행위로는 두 번째는 권리의 이전을 목적으로 하지 아니하는 거짓으로 꾸민 매매를 하여 시세에 부당한 영향을 주거나 줄 우려가 있는 행위이다.((「자본시장법」제178조의2제2항제2호).(일명, 가장매매).

기존 「자본시장법」은 '타인으로 하여금 그 거래가 성황을 이루고 있는 듯이 잘못 알게 하거나, 기타 타인으로 하여금 그릇된 판단을 하게 할 목적'이 있는 가장매매(형식적 으로는 매매거래의 외형을 갖추고 있으나, 실질적으로는 권리의 이전을 목적으로 하지 않는 매매)만을 처벌하여 왔습니다.

그러므로 타인을 오인케 할 목적은 없었으나 시세에 부당하게 영향을 주는 가장매매도 과징금 부과대상이 되며, 나아가 첨단 금융거래기법인 알고리즘 거래(사전에 입력한 특정 요건을 만족하면 자동으로 매매가 체결되는 거래 형태)나 고빈도거래(컴퓨터 프로그램을 활용하여 실시간으로 데이터를 처리하여 수십만건의 거래를 일순간에 처리하는 거래형태) 등을 활용한 가장매매로 시세에 부당한 영향을 주는 경우에도 시장질서 교란행위에 해당할 수 있습니다.

예를 들어, 여러 트레이더와 알고리즘 프로그램에 의한 다량의 호가 제출 과정에서 취소하지 못한 미체결 호가 등이 신규제출 호가와 교차 체결되어 발생하였으나 일정한 한도를 벗어나 시세에 부당한 영향을 미쳤다면 동 조항에 따라 규제될 수 있습니다.

(3) 「자본시장법」제178조의 2 제2항4조 제1항 제3호 해당 행위[1394]

시장관여형 시장질서 교란행위의 규제대상 행위로는 세 번째는 손익이전 또는 조세 회피 목적으로 자기가 매매하는 것과 같은 시기에 그와 같은 가격 또는 약정수치로 타인이 그 증권 또는 장내 파생상품을 매수할 것을 사전에 그 자와 서로 짠 후 매매하여 시세에 부당한 영향을 주거나 영향을 줄 우려가 있는 행위이

1393) 금융위원회, 「안전한 자본시장 이용법」, 2015. 5. 8. 51~52면.
1394) 금융위원회, 「안전한 자본시장 이용법」, 2015. 5. 8. 52~53면.

다.(「자본시장법」제178조의2 제2항 제3호).(일명, 통정매매).

기존 「자본시장법」은 '타인으로 하여금 그 거래가 성황을 이루고 있는 듯이 잘 못 알게 하거나, 기타 타인으로 하여금 그릇된 판단을 하게 할 목적'의 통정매매 (자기가 매매하는 것과 같은 시기에 그와 같은 가격 또는 약정수치로 타인이 그 증권 등을 매매할 것을 사전에 짠 후 매매하는 행위)를 금지하였습니다.

그러나 개정 「자본시장법」은 위와 같은 타인을 오인케 할 목적 등이 없더라도, '손익 이전 또는 조세 회피 목적'으로 시장참여자 간에 통정매매를 하여 그 매매 행위로 시세에 부당한 영향을 주거나 영향을 줄 우려가 있는 경우에는 시장질서 교란행위로 규제하도록 하였습니다.

사례1 >>> 손익이전 목적 시장질서 교란행위[1395]

1. 증권사 직원이 고객의 위탁계좌를 관리하던 중 손실이 과다하게 발생하자 그 특정 계좌의 손실을 보전하기 위하여 해당 계좌에서 주식을 시가보다 높은 가격으로 매도 주문을 내고 다른 고객의 계좌에서 이를 매수하는 통정매매를 반복적으로 하여 계좌 간 손익을 이전시킨 경우.
2. 계열회사의 주식을 고가에 매수함으로써 회사의 이익을 계열회사로 이전시킨 경우.

사례2 >>> 조세회피 목적 시장질서 교란행위[1396]

1. 거래가 상대적으로 뜸하여 적정가격을 알기 어려운 금융투자상품을 매도자와 매수 자 간에 터무니없이 높거나 낮은 가격에 서로 짜고 반복적으로 거래함으로써 조세 부담 없이 대량의 자금을 이전한 경우.
2. 「소득세법」상 대주주가 양도소득세 감면을 위하여 차명으로 거래하거나 통정하여 거래한 경우.

(4) 「자본시장법」제178조의 2 제2항4조 제1항 제4호 해당 행위[1397]

시장관여형 시장질서 교란행위의 규제대상 행위로 네 번째는 풍문의 유포, 위계 사용 등으로 사장증권 또는 장내파생상품의 수요·공급 상황이나 그 가격에 대하여 타인에게 잘못된 판단이나 오해를 유발하거나 그 가격을 왜곡할 우려가 있는 행위 이다.(「자본시장법」제178조의2 제2항 제4호).(일명, 풍문 유포 및 위계 사용).

1395) 금융위원회, 「안전한 자본시장 이용법」, 2015. 5. 8. 53면, 김정수, 최동렬, 「시세조종 관련 시장질 서 교란행위」, 「자본시장법」세미나교재. 2015.5.28. 52면.
1396) 금융위원회, 「안전한 자본시장 이용법」, 2015. 5. 8. 53면, 최동렬, 「시세조종 관련 시장질서 교란 행위」, 「자본시장법」세미나교재. 2015.5.28. 52면.
1397) 금융위원회, 「안전한 자본시장 이용법」, 2015. 5. 8. 53~54면.

기존 「자본시장법」은 시세조종행위로 '매매 유인 목적의 시세조작 사실 유포행위 및 중요한 사실에 관하여 거짓 또는 오해를 유발하는 표시행위'를 하거나, 부정거래로 '매매·시세변동 목적의 풍문 유포, 위계의 사용, 폭행 또는 협박'을 하는 경우에 제한적으로 처벌하여 왔습니다.

그러나 개정 「자본시장법」은 그 목적을 불문하고 '풍문의 유포, 위계 사용 등으로 상장증권 또는 장내파생상품의 수요·공급 상황이나 그 가격에 대하여 타인에게 잘못된 판단이나 오해를 유발하거나 그 가격을 왜곡할 우려가 있는 행위'를 시장질서 교란행위로 보아 그 범위를 포괄적으로 규정하였습니다.

따라서 매매유인이나 시세변동의 목적이 없더라도 풍문(일반적으로 정확하지 않은 사실이 마치 사실인 양 퍼뜨리는 것)을 유포하거나 위계(거래 상대방이나 일반투자자를 오인, 착각하게 하는 수단이나 계략)을 사용하여 증권의 수급상황 이나 가격에 대하여투자자가 오인하게 하거나 가격을 왜곡할 우려가 있다면 규제대상이 됩니다.

예를 들어 매매유인 등의 목적이 없이 증권 포털게시판이나 인터넷 메신저 등에서 거짓 소문을 퍼뜨린 경우에도, 기존에는 목적성이 없는 행위이므로 처벌 받지 않았지만, 앞으로는 그 행위가 투자자를 오인하게 하거나 가격을 왜곡할 우려가 있다면 과징금의 부과대상이다.

5. 시장질서 교란행위에 대한 제재1398)

현행 「자본시장법」은 '시장질서 교란행위의 금지 규정'(법 제178조의 2)을 위반한 자에 대하여는 5억원 이하의 과징금을 부과할 수 있다. 다만, 그 행위와 관련된 거래로 얻은 이익(미실현 이익을 포함한다) 또는 이로 인하여 회피한 손실액에 1.5배에 해당하는 금액이 5억원을 초과하는 경우에는 그 이익 또는 회피한 손실액의 1.5배에 상당하는 금액 이하의 과징금을 부과할 수 있다.(「자본시장법」 제429조의 2).

예를 들어 시장질서 교란행위와 관련된 주식거래로 2억원의 이익을 얻었다면, 5억원 이하의 과징금을 부과할 수 있습니다. 그런데 만일 해당 행위로 총 4억원의 이익을 얻었다면, 그 1.5배인 6억원이 5억원을 초과하므로, 이 경우 6억원 이하의 과징금을 부고할 수 있습니다.

이처럼 과징금 부과금액은 부당이득 규모에 따라 그 상한액이 없이 이익 또는 회피한 손실액의 1.5배의 금액 이하로 부과하도록 하여, 행위의 중대성에 상응하는 제재와 부당 이득의 효율적인 환수가 가능하도록 하였습니다.

1398) 금융위원회, 「안전한 자본시장 이용법」, 2015. 5. 8. 54~55면.

6. 시장질서 교란행위 연관 의문사항

가. 기존 불공정거래행위와의 중복제재 여부[1399]

개정 「자본시장법」은 시장질서교란행위 조항에서 형사 범죄로서 불공정거래행위 유형은 제외한다고 정하고 있습니다. 따라서 기존의 불공정거래행위는 여전히 형사 범죄로 처벌받고, 이에 포섭되지 않지만 시장의 건전성을 해치는 행위에 대하여는 과징금을 부과하게 됩니다.

다시 말씀드리면 형사제재와 과징금 처분이 중복될 우려는 없습니다. 해당행위가 미공개중요정보 이용, 시세조종행위, 부정거래행위 등 기존 불공정거래행위에 해당 하는 경우에는 과징금을 부과하지 않고 기존 규제를 적용하여 형사제재하게 됩니다.

또한 조사 과정에서 과징금 부과대상이라고 판단한 경우라도, 증권선물위원회의 심의 과정에서 오히려 기존 불공정거래행위 위반 혐의를 인정할 수 있다고 판단되면 과징금을 부과하지 않고 해당 내용을 사법당국에 통보하게 된다.

나. 위반행위와 관련된 거래로 얻은 이익의 의미[1400]

시장질서 교란행위 위반행위와 관련된 거래로 얻은 이익은 매매차익과 같은 실현이득뿐 아니라 현실화 되지 않은 미실현 이득 등도 모두 포함하는 포괄적 개념[1401]입니다. 또한 이득이 아니라 회피한 손실도 부당이득에 준하여 과징금 산정의 기준이 됩니다.

예를 들어 시장질서 교란행위에서 금지되는 정보를 이용하여 정보 공개 전에 미리 매수한 주식을 정보공개 후에도 매도하지 않고 상당기간 보유한 경우 부당이득금액 (미실현이익)은 정보공개 후 특정시점의 주가와 매수단가와의 차이로 계산하게 됩니다.

또한 악재성 정보를 이용하여 보유주식을 매도한 경우 정보공개 후 특정시점의 주가와 매도단가와의 차이로 회피손실금액을 계산합니다. 즉, 여기서 부당이득은 단순한 매매차익을 의미하는 것이 아니라, 미실현 이익이나 회피손실 까지를 모두 포함하는 개념이다.

* 관련법규 : 「자본시장법」제429조의 2.

다. 과징금 한도[1402]

시장질서 교란행위에 대한 과징금의 상한(한도)은 없습니다.

증권선물위원회는 부당이득금액(미실현이익, 회피손실 포함)의 1.5배에 해당하는 금

1399) 금융위원회, 「안전한 자본시장 이용법」, 2015. 5. 8. 95면.
1400) 금융위원회, 「안전한 자본시장 이용법」, 2015. 5. 8. 96면.
1401) 대법원. 2002.7.22. 선고. 2002도1696 판결.
1402) 금융위원회, 「안전한 자본시장 이용법」, 2015. 5. 8. 97면.

액이 5억원 이하일 경우에는 5억원을 한도로 과징금을 부과한다. 다만 부당이득금액의 1.5배가 5억원을 초과하는 경우에는 부당이득금액의 1.5배까지 과징금을 부과할 수 있다.

예를 들어 미공개시장정보를 이용하여 4억원의 부당이득금액이 발생하였다면 6억원 (4억원X1.5)까지 과징금을 부과할 수 있고, 10억원의 부당이득금액이 발생하였다면 15억원까지 과징금을 부과할 수 있다.

＊ 관련법규 : 「자본시장법」제429조의 2.

라. 과실에 의한 시장질서 교란행위[1403]

현행 「자본시장법」은 시장질서 교란행위의 경우 기존 불공정거래 규제에서 요구하는 고의 또는 목적 등이 없거나 명백하게 입증되지 않더라도, 그 행위 결과 시세에 부당한 영향을 미치거나 줄 우려가 있다고 인정된다면 행정벌인 과징금이 부과될 수 있습니다.

이는 시장의 건전한 질서에 막대한 해를 끼쳤음에도 그 행위가 고의가 명백히 입증되지 않았다거나 과실에서 비롯되었다는 이유로 제재를 하지 않는다면 건전한 시장질서 유지와 투자자 보호를 위한 시장질서 교란행위 규제제도가 유명무실화 될 우려가 있기 때문이다.

따라서, 단순 실수에 따른 것이나 위법성 인식이 낮은 경우 등이라 하더라도 시장질서 교란행위에 해당될 수 있어 주의가 필요하다.

＊ 관련법규 : 「자본시장법」제429조의 2.

마. 기관 간 공조[1404]

개정 「자본시장법」시장질서 교란행위를 형사범죄로서의 불공정거래와 구분하여 별도 요건을 두고 제재도 과징금만 부과할 수 있도록 하는 등 형별과 별도의 행정 처분으로 하였지만, 이 두 규제체계가 그렇게 명확히 구분되기는 쉽지 않을 것이다.

특히, 형사범죄로서의 내부자거래와 미공개정보 이용 교란행위가 구성 요건 상 엄격히 구분되는 것과 달리, 시세조종성 교란행위의 경우는 목적성만 없는 시세조종행위이기 때문에 외형상 구분이 어려워서, 사법당국의 형사적 절차에 따라 처리되어야 할 행위조차 금융당국의 행정처분으로 종료되어 면죄부를 줄 우려가 있다는 비판도 있다.

이런 관점에서 개정 「자본시장법」은 금융당국과 사법당국의 기관 간 공조를 요구하고 있다. 「자본시장법」 제178조의 3은 증권선물위원회가 시세조종교란행위에 대하여

1403) 금융위원회, 「안전한 자본시장 이용법」, 2015. 5. 8. 98면.
1404) 성의활, 전계논문, 상장회사감사회 Auditor Journal 제182권, 2015. 2., 7면.

과징금을 부과할 경우, 형사범죄로서의 시세조종행위에 해당할 여지가 있다고 인정하는 경우에는 검찰총장에게 통보하도록 하고 있다.

또한 검찰총장이 시세조종성 시장질서교란행위 금지규정을 위반한 자를 소추하기 위해 금융당국에 관련 정보를 요구하는 경우에는 이를 제공할 수 있도록 하였다.

7. 시장질서교란행위에 대한 결론[1405]

건전하고 신뢰할 수 있는 자본시장은 국가경쟁력의 핵심요소 중 하나이다. 건전성과 신뢰성은 자본시장에서의 불공정거래를 사전에 효율적으로 방지하고 위법·부당 행위에 대해서는 신속한 적발과 효과적인 처벌 및 부당이득의 환수로서 확보할 수 있다.

우리나라는 전반적으로 불공정거래 규제가 약하다는 평이고, 특히 내부거래에 있어서는 미국, 유럽, 일본, 호주 등 주요국 중에서 규제범위가 가장 협소한 편이다. 최근 자본 시장 불공정거래 규제 정책은 우리의 취약한 규제체계를 선진화하여 국가경쟁력을 강화하자는 것인데, 시장질서 교란행위에 과징금을 부과함으로써 방점을 찍을 수 있을 것이다.

개정 「자본시장법」은 2015. 7. 1.부터 시행되고 있다. 상장회사는 말할 것도 없고 자본시장에 관련된 정보를 생산, 가공, 취득, 전파하는 수많은 기관들이 규제 대상에 새롭게 편입되었다. 따라서 우리나라 자본시장에 새로운 규제에 대한 경제적·사회적으로 상당한 충격이 불가피할 것으로 생각된다.

그렇지만, 우리 자본시장의 건전성과 투명성, 그리고 공정성을 확보하여 투자자를 보호하는 한편 우리 자본시장의 경쟁력을 제고해야할 목표 또한 뚜렷하다. 불공정 거래 규제의 새 시대를 맞이하여 관계기관 모두 다시 한 번 내부통제를 점검·보완 하고, 임직원 교육과 준법·윤리경영에 만전을 기해야 할 것이다.

Ⅵ 단기매매차익 거래

1. 내부자거래 규제 개관

가. 의 의

내부자거래(insider trading)란 소위 정보의 비대칭을 이용하는 행위로, 회사 내부자가 자신의 지위와 관련하여 지득한 미공개의 중요한 회사정보를 이용하여 회사증권을 거래하는 행위를 말한다.[1406]

1405) 성의활, 전게논문, 상장회사감사회 Auditor Journal 제182권, 2015. 2., 7면.
1406) 김병연 외 2인, 「자본시장법」, 박영사, 2015., 349면.

「자본시장법」은 주권상장법인의 주요주주, 임직원 기타 회사와 일정한 관계에 있는 자가 회사의 업무 등에 관한 미공개중요정보를 특정증권 등의 매매에 이용하거나 타인으로 하여금 이용하게 하는 행위를 규제한다.

나. 규제의 이론적 근거[1407]

내부자거래 규제의 이론적 근거는 크게 '정보소유이론', '신인의무이론', '정보유용이론' 등으로 나누어 볼 수 있다.

① 정보소유이론(Possession Theory ; Abstain or Disclose Rule)[1408]

정보소유이론은 다른 투자자가 가지지 못한 미공개회사정보를 보유한 것만으로 내부 정보공시의무를 위반했다고 보며, 정보에 접근할 수 있는 '관계'와 정보접근의 '불평등성'의 존재가 필요하다. 따라서 내부자뿐만 아니라 내부정보를 소유한 자에게도 내부자거래 규제범위가 확대된다.

② 신인의무이론(信忍義務理論 ; Fiduciary Duty Theory)[1409]

신인의무이론은 회사와 정보이용자 간에 믿음과 신뢰의 관계의 존재가 필요하다고 보며, 따라서 외부자의 정보이용을 처벌하기 곤란하며 자연스럽게 정보소유이론에 비하여 규제대상이 축소되게 된다.

③ 정보유용이론(Misappropriation Theory)[1410]

정보유용이론은 미공개 내부정보원 자체에 대한 신인의무가 존재한다고 보므로, 공개매수와 관련된 사건에서 형사책임 부과에 유용하다.

2. 단기매매차익 반환제도의 개요[1411]

단기매매차익 반환제도는 주권상장법인의 임·직원(재무·회계·기획·연구개발·공시 등에 종사하는 직원으로 한정)과 주요주주가 특정증권 등을 매수한 후 6개월 이내에 매도하거나, 매도한 후 6개월 이내에 매수하여 이익이 발생한 경우 해당회사가 동 차익에 대해 반환청구를 할 수 있도록 한 제도이다.(「자본시장법」제172조 제1항).

이 제도의 취지는 주권상장법인의 임·직원 또는 주요주주가 일반인에게 공개되지 않은 미공개정보를 이용하여 발행회사 주식 등을 거래함으로써 부당이익을 취득할 가

1407) 김병연 외 2인, 「자본시장법」, 박영사, 2015., 351면.
1408) In the Matter of Cady, Roberts &Co., 40 SEC 907(1961) 과 SEC v. Texas Gulf Sulphur Co., 401 F.2d 833(2d Cir. 1968)
1409) Chiarella v. U. S., 445 U. S. 222(1980); Dirks v. SEC, 463 U. S. 646(1983).
1410) United States v. O'Hagan, 521 U. S. 642 (1997).
1411) 금융감독원, 「금융감독용어사전」, 2011. 2.

능성을 사전에 예방하기 위한 것이다.

특정증권 등에는 해당법인이 발행한 주권, 신주인수권증서, 전환사채권, 신주인수권부사채권, 이익참가부사채권, 교환사채권 등이 포함되며, 미공개 내부정보의 이용여부를 불문하고 6개월 이내의 매매로 발생한 이익은 반환 대상이 된다.

이에 대하여 법원은 **단기매매차익 반환제도**에 대하여 주권상장법인의 내부자가 6개월 이내의 단기간에 그 법인의 주식 등을 사고파는 경우 미공개 내부정보를 이용하였을 개연성이 크다는 점에서 "거래 자체는 허용하되 그 대신 내부자가 실제로 미공개 내부정보를 이용하였는지 여부나 내부자에게 내부정보를 이용하여 이득을 취하려는 의사가 있었는지 여부를 묻지 않고 내부자로 하여금 그 거래로 얻은 이익을 법인에 반환하도록 하는 엄격한 책임을 인정함으로써 내부자가 미공개정보를 이용하여 법인의 주식 등을 거래하는 행위를 간접적으로 규제"하려는 제도라고 보고 있다.[1412]

3. 단기매매차익 반환제도의 내용

가. 의 의

단기매매차익이란 주권상장법인의 임·직원 또는 주요주주가 그 법인의 특정증권 등을 매수한 뒤 6개월 이내에 매도하거나, 매도한 후 6개월 이내에 매수하여 얻은 이익을 말한다.[1413] 미공개 내부정보의 이용 여부를 불문하고 6개월 이내의 매매로 발생한 이익이 반환대상이 된다.

나. 적용대상증권[1414]

단기매매차익 반환규정의 적용대상 유가증권은 '특정증권 등'으로 '임원·주요주주 특정증권 등 소유상황보고'의 보고대상이 되는 특정증권과 동일하다.(「자본시장법」제172조 제1항).

단기매매차익 반환규정의 적용대상 증권도 도입 초기에는 공매도금지의 경우와 동일하게 주식에 한정되어 있었으나, 후에 공매도금지 대상의 확대에 맞추어 확대되다가, 「자본시장법」 제정으로 내부자거래 금지대상증권으로 그 범위가 매우 확대되었다.

다음은 단기매매차익 반환규정의 적용대상이 되는 특정증권의 범위이다.(「자본 시장법」 제172조 제1항 각호).

1412) 대법원.2007.11.30. 선고. 2007다24459 판결.
1413) 김병연 외 2인, 「자본시장법」, 박영사, 2015., 352면
1414) 김병연 외 2인, 「자본시장법」, 박영사, 2015., 352~353면

단기매매차익 반환규정 적용대상 특정증권의 범위

1. 그 법인이 발행한 증권.
2. 그 법인이 발행한 증권과 관련된 증권예탁증권.
3. 그 법인 이외의 자가 발행한 것으로서 이상의 증권과 교환을 청구할 수 있는 교환사채권.
4. 이상의 증권만을 기초자산으로 하는 금융투자상품.

위의 제4호에 의하여 그 법인이 발행한 주식 등을 기초자산으로 하는 선물, 옵션 등 파생상품도 적용대상에 포함된다. 다만 그 법인이 발행한 증권과 관련하여 「자본시장법 시행령」은 재무증권(전환사채권, 신주인수권부사채권, 이익참가부사채권, 교환사채권 제외), 수익증권, 일정한 파생결합증권[1415]은 제외하고 있다.(「자본시장법 시행령」제196조).

다. 차익반환의무자[1416]

단기매매차익 반환의무자는 내부자거래 금지대상자와 같이 주권상장법인의 임원(업무집행지시자 등을 포함)·직원(직무상 미공개중요정보를 알 수 있는 자로 한정) 또는 주요 주주 이다.(「자본시장법」제172조).

(1) 임원과 직원

임원과 직원은 내부자거래 금지대상 임원과 직원을 의미한다. 임원 경우 사외이사는 당연히 포함되고, 「상법」상의 업무집행지시자등(「상법」제401조의2 제1항)과 집행임원도 포함된다. 이에는 자연인은 물론 법인의 지배회사도 포함된다.[1417]

직원 중에는 직무와 지위에 따라 내부정보와 무관한 자가 있을 수 있으므로, 「(舊) 증권거래법」과 다르게 직원을 일률적으로 적용대상으로 하지 않고 있다. 「(舊)증권거래법」과 달리 「자본시장법」은 단기매매차익반환의무자의 범위를 기존의 모든 직원에서 미공개정보의 접근 가능성이 높은 직원으로 한정하였다.

이와 관련하여 「자본시장법 시행령」은 직원 중 주요사항보고서에 포함되는 사항(「자본시장법」제161조 제1항)의 수립·변경·추진·공시 그 밖에 이에 관련된 업무에 종사하고 있는 직원(「동법 시행령」제194조 제1호), 그 법인의 재무·회계

1415) 파생결합증권이란 유가증권과 파생금융상품이 결합한 형태의 증권으로 기초자산의 가치변동에 따라 수익 이 결정된다. 기초자산은 주가지수, 이자율, 통화(환율)뿐 아니라 금, 원유, 구리, 철강, 곡물, 부동산 등의 실물자산들도 기초자산의 대상이 된다. 따라서 주가, 환율, 금리 등 기초자산의 움직임에 따라 일정수익을 지급한다.
1416) 김병연 외 2인, 「자본시장법」, 박영사, 2015., 353~355면
1417) 대법원. 2006.8.25. 선고. 2004다26119 판결. 임재연, 「자본시장법」, 박영사, 2016., 809면

·기획·연구 개발에 관련된 업무에 종사하고 있는 직원(「동법 시행령」제194조 제2호)만을 단기매매 차익 반환의무자로 한다.(「동법 시행령」제194조).[1418]

주요주주의 경우에는 매수와 매도 양 시점에 모두 주요주주의 지위에 있어야 하나, 임원·직원의 경우 매도나 매수 어느 한 시점에 임·직원인 자는 단기매매 차익 반환대상 이므로 퇴사 후에도 차익 반환의무가 발생할 수 있다.[1419] 그러나 임직원이 퇴임한 후 주식을 매수하였다가 매도한 경우에는 이익반환의무가 발생 하지 않는다.[1420]

(2) 주요주주

주요주주는 누구의 명의로 하든지 자기의 계산으로 의결권 있는 발행주식 총수 또는 출자총액의 10% 이상의 주식 또는 출자증권을 소유한 자와 10% 이상을 소 유하고 있지 아니한 주주라 하더라도 임원의 임면 등의 방법으로 법인의 중요한 경영사항에 대하여 사실상 영향력을 행사하고 있는 주주*도 포함 한다. (「자본 시장법」제9조 제1항 제2호).

사실상의 지배주주(「법시행령」제9조)*

1. 단독으로 또는 다른 주주와의 합의·계약 등에 따라 대표이사 또는 이사 의 과반수를 선임한 주주.
2. 경영전략·조직변경 등 주요 의사결정이나 업무집행에 지배적인 영향력 을 행사한다고 인정되는 자로서 금융위원회가 정하여 고시하는 주주 (의 결권 있는 발행주식총수의 1% 이상을 소유한 주주).

그러나 주요주주는 임직원의 경우와 달리 매도·매수한 시기 중 어느 한 시기 에 주요 주주가 아닌 경우에는 단기매매차익 반환의무를 부담하지 않는다.(「자본 시장법」제172조 제6항). 따라서 증권의 매매로 인하여 10%를 초과하게 되거나 미달하게 되었을 때에는 반환의무를 부담하는 실질적 소유자로 보지 않는다.[1421]

(3) 투자매매업자

내부자의 단기매매차익 반환의무는 투자매매업자가 인수계약을 체결한 날부터 3개월 이내에 매수 또는 매도하여 그 날부터 6개월 이내에 매도 또는 매수하는

1418) 미국의 경우는 종류별 증권의 10% 이상의 실질주주, 이사 및 임원 등이 적용대사이고, 우리나라와 달리 직원은 그 대상이 아니다. 일본에서도 직원은 반환의무자가 아니다.
1419) 김병연 외 2인, 「자본시장법」, 박영사, 2015., 354면, 임재연, 「자본시장법」,박영사, 2014.,826면.
1420) 김병연 외 2인, 「자본시장법」, 박영사, 2015., 354면
1421) 임재연, 「자본시장법」,박영사, 2014., 823면.

경우(주식매수 선택권의 행사에 따라 주식을 취득한 경우에는 제외)에 준용한다. (「자본시장법」제172조 제7항 및 「동법 시행령」제199조).

투자매매업자가 안정조작이나 시장조성을 위하여 매수·매도 또는 매도·매수하는 경우는 제외되나, 해당 안정조작이나 시장조성 기간 내에 매수 또는 매도하여 그 날부터6개월 이내에 매도 또는 매수하는 경우(「자본시장법」제198조 제3호의 경우는 제외한다)에는 단기매매차익 반환의무가 준용 된다.(「자본시장법」제172조 제7항 및 「동법 시행령」제199조).

라. 적용대상 거래[1422]

(1) 적용대상인 거래

매매 또는 교환이 규제대상인 거래에 해당한다. 제3자 배정에 의한 신주발행(유상 증자)의 경우 의문이 있으나, 하급심 판결[1423]은 「상법」이나 (舊) 증권 거래법」이정하는 다양한 방식에 의한 유상취득이나 처분행위도 단기매매차익 반환에 관한 「(舊)증권거래법」제188조 제2항의 매도와 매수에 해당하는 것으로 해석한바 있다.

(2) 적용대상이 아닌 거래

내부자의 단기매매차익 반환규제는 주요주주가 매도·매수한 시기 중 어느 한 시기에 있어서 주요주주가 아닌 경우이거나 또는 임직원 또는 주요주주로서 행한 매도 또는 매수의 성격, 그 밖의 사정 등을 고려하여 상속이나 증여에 의한 무상취득, 주식배당, 주식분할이나 주식병합 같은 「자본시장법 시행령」이 정하는 비자발적 거래에는 적용하지 아니한다.(「자본시장법」제172조 제6항 및 「동법 시행령」제198조).

「자본시장법시행령」이 정하는 이러한 예외사유는 한정적으로 열거된 것이므로, 「동법 시행령」에서 정하지 않은 경우에는 반환책임의 예외사유로 인정되지 않으며, 헌법재판소도 예외사유를 「자본시장법 시행령」에 한정적으로 규정한 점에 대하여 합헌이라고 선언하였다.

단기매매차익 반환규제의 적용제외 거래

1. 법령에 따라 불가피하게 매수하거나 매도하는 경우.
2. 정부의 허가·인가·승인 등이나 문서에 의한 지도·권고에 따라 매수하거나 매도하는 경우.

1422) 김병연 외 2인, 「자본시장법」, 박영사, 2015., 355~357면
1423) 서울고등법원. 2001.5.18. 선고. 2000나22272 판결.

　3. 안정조작이나 시장조성을 위하여 매수·매도 또는 매도·매수하는 경우.

　4. 모집·사모·매출하는 특정증권 등의 인수에 따라 취득하거나 인수한 특정증권 등을 처분하는 경우.

　5. 주식매수선택권의 행사에 따라 주식을 취득하는 경우.

　6. 이미 소유하고 있는 지분증권, 신주인수권이 표시된 것, 전환사채권 또는 신주 인수권부사채권의 권리행사에 따라 주식을 취득하는 경우.

　7. 법 제172조 제1항 제2호에 따라 증권예탁증권의 예탁계약해지에 따라 법 제172조 제1항 제1호에 따른 증권을 취득하는 경우.

　8. 법 제172조 제1항 제1호에 따른 증권 중 제196조 제1호 라목에 따른 교환사채권또는 법 제172조 제1항 제3호에 따른 교환사채권의 권리행사에 따라 증권을 취득하는 경우.

　9. 모집·매출하는 특정증권 등의 청약에 따라 취득하는 경우.

　10. 「근로복지기본법」제38조에 따라 우리사주 조합원에게 우선 배정된 주식의 청약에 따라 취득하는 경우.

　11. 주식매수청구권의 행사에 따라 주식을 처분하는 경우.

　12. 공개매수에 응모함에 따라 주식 등을 처분하는 경우.

　13. 그 밖에 미공개주요정보를 이용할 염려가 없는 경우로서 증권선물위원회가 인정하는 경우.

　　그러나 단기매매차익 반환제도의 입법목적, 「자본시장법시행령」제198조에 정해진 예외사유의 성격 그리고 「헌법」제23조가 정하는 재산권 보장의 취지를 고려하면,「동법」시행령 제198조의 6에서 정한 예외사유에 해당하지 않더라도 객관적으로 볼 때, 애당초 내부정보의 이용가능성이 객관적으로 전혀 없는 유형의 거래에 대하여는 「동법」 제172조가 적용되지 않는다고 해석하여야 한다.[1424)]

마. 반환절차

　증권선물위원회는 단기매매차익의 발생사실을 알게 된 경우 해당 법인에 이를 통보하여야 하며, 이 경우 그 법인은 통보받은 내용을 인터넷 홈페이지 등을 이용하여 공시할 의무를 부담한다.(「자본시장법」제172조 제3항).

　해당 법인이 단기매매차익에 관한 반환청구권을 가지나, 해당 법인의 주주(주권 외의 지분증권 또는 증권예탁증권을 소유한 자를 포함한다)도 단기매매차익을 얻은 자에게 단기매매차익의 반환청구를 하도록 해당 법인에게 요구할 수 있다.(「자본시장법」제172조 제1항 및 제2항 전문).

1424) 대법원. 2004.5.28. 선고. 2003다60396 판결.

해당 법인이 요구받은 날로부터 2개월 이내에 그 청구를 하지 않은 경우에는 그 주주는 그 법인을 대위(代位)[1425]하여 그 청구를 할 수 있다.(「자본시장법」제172조 제2항 후문). 단기매매차익은 그 이득을 취득한 날부터 2년 이내에 행사하지 아니한 경우에는 소멸한다.(「자본시장법」제172조 제5항).

4. 매매차익 산정기준[1426]

가. 단기매매차익의 산정

「자본시장법」은 「선입선출법」에 의하여 매수한 순서와 매도한 순서를 맞추어 순서대로 매도가격에서 매수가격을 공제하여 차액을 산정하도록 하고 있다.(「자본시장법시행령」제195조 제1항~제4항).

참고1 ▶▶▶ 단기매매차익 산정례[1427]

단기매매차익 = (매도단가 – 매수단가) × 매매일치수량* – (매매거래수수료 + 증권거래세액 ÷ 농어촌특별세액)
*매매일치수량 : 매매수량과 매도수량 중 적은 수량.
 과거 6개월 이내에 2회 이상 매수・매도한 경우, 가장 먼저 매수(매도)한 수량과 가장 먼저 매도(매수)한 구량을 대응하여 위의 방법으로 계산한 금액을 이익으로 산정하고, 그 다음의 매수・매도수량에 대해서는 대응할 수량이 없어질 때까지 같은 방법을 적용하여 차익을 산정한다.(선입선출법).[1428]

이 경우 대응된 매수분이나 매도분 중 매매일치 수량을 초과하는 수량(잔량)은 해당 매수 또는 매도와 별개의 매수 또는 매도로 보아 대응시킨다.[1429] 차액산정결과 그 금액이 '0' 이하인 경우에는 이익이 없는 것으로 간주하며, 반환대상 단기매매차익을 매수 후 6개월 이내 매도하여 얻은 이익만으로 오해하는 사례가 있으나, 매도 후 6개월 이내 매수하여 얻은 이익도 반환대상이다.

1425) 대위(代位)란 제3자가 다른 사람의 법률적 지위를 대신하여 그가 가진 권리를 얻거나 행사하는 일. 채권자가 채무자의 권리를 대신 행사하는 일 따위이다.
1426) 김병연 외 2인, 「자본시장법」, 박영사, 2015., 357~360면
1427) 금융감독원, 「기업공시실무안내」, 2013. 304면.
1428) 금융감독원, 「기업공시실무안내」, 2013. 305면.
1429) 금융감독원, 「기업공시실무안내」, 2013. 305면.

나. 동종증권 간 단기매매차익의 산정방법

> **참고2** ▶▶ **동종증권 간 단기매매차익 산정례 : 선입선출법의 적용**[1430]
>
> **1. 사례**
>
> | 1월 | 9월 | 10월 | 12월 |
> |---|---|---|---|
> | 장내 매수 | 장내 매도 | 장내 매수 | 장내 매도 |
> | 200주 | 100주 | 200주 | 50주 |
> | (@500원) | (@700원) | (@600원) | (@800원) |
>
> ※1월 매수는 6개월 이내에 발생한 매매가 아니므로 제외하고, 9월, 10월, 12월의 매매를 순차적으로 대응시켜 단기매매차익을 산정한다.
>
> **2. 산정방법**
> ① 9월 매도 및 10월 매수 : (700원 - 600원) = 10,000원
>   (10월 매수 중 9월 매도와 대응하고 남은 100주는 별개 매수로 봄)
> ② 10월 매수 및 12월 매도 : (800원 - 600원) × 50주 = 10,000원
> ③ 단기매매차익 = ① + ② = 20,000원
>
> 동종증권 간에는 6개월 이내에 다수의 거래가 있는 경우 가장 먼저 매수(매도)한 수량과 가장 먼저 매도(매수)한 수량을 대응하여 순차적으로 적용하되, 6개월이 경과한 매매는 단기매매차익 선정대상에서 제외된다.

다. 종류 또는 종목이 다른 경우의 단기매매차익 산정방법

> **참고3** ▶▶ **이종종목의 단기매매차익 산정사례**
>
> **1. 사례**
>
> A는 2010.10.1.자로 보통주 100주를 매수하였다(매수단가 100원, 당시 우선주 종가 80원), 이후 2011.2.10.자로 우선주 50주를 매도하였다.(매도단가 90원, 당시 보통주 종가 120원), 이 경우 A의 단기매매차익은?
>
> **2. 산정방법**
> ① 보통주를 매수한 후 6개월 이내에 우선주를 매도한 날의 보통주 종가 120원을 우선주 의 매도단가로 간주하여 산정한다.
> ② 단기매매차익 = (환산매도단가 120원 - 매수단가 100원) × 50주 = 1,000원[1431]
>
> 매수 및 매도된 특정증권 등의 종류가 같으나 종목이 다를 경우, 가격환산방법은 ① 매수 후 매도의 경우, 매도한 날의 특정증권 등의 최종 가격을 매도 특정증권 등의 매도가격 으로 간주하며, ② 매도 후 매수의 경우, 매수한 날의 매도 특정증권 등의 최종가격을 매수특정증권 등의 매수가격으로 간주한다.[1432]

1430) 금융감독원, 「기업공시실무안내」, 2013. 305면.
1431) 금융감독원, 「기업공시실무안내」, 2013. 305면. 수수료가 있는 경우 해당 수수료는 차익에서 차감.
1432) 금융감독원, 「기업공시실무안내」, 2013. 305면.

라. 경영프리미엄과의 관계

경영권 프리미엄의 양도를 수반하는 주식양도의 경우, 판례[1433]는 지배주식의 매수 후 6개월 이내에 매도 시 그 가격 결정에 반영된 소위 경영권 프리미엄이 「(舊)증권거래법」(현재 「자본시장법」)상의 단기매매차익으로서 반환할 이익에 포함된다고 본다.

구체적으로 지배주식의 양도와 함께 경영권이 이전하는 경우 지배주식의 양도에 따르는 부수적인 효과에 불과하고 그 양도대금은 지배주식 전체에 대하여 지급되는 것으로서 주식 그 자체의 대가라고 본다.

Ⅶ 공매도 규제

1. 공매도의 의의

일반적으로 **공매도(short sale)**란 매도당시 소유하지 않은 증권을 매도하거나 향후 증권을 차입하여 그 증권으로 결제하고자 하는 매도를 말한다.[1434] 다시 말씀드리면 말 그대로 '없는 걸 판다'란 뜻으로 주식이나 채권을 가지고 있지 않은 상태에서 매도 주문을 내는 것을 말 한다.[1435] 이렇게 없는 주식이나 채권을 판 후 결제일이 돌아오는 3일 안에 주식이나 채권을 구해 매입자에게 돌려주면 된다.

그러나 「자본시장법」에서는 '**공매도**란 해당 청약 또는 주문으로 인하여 「자본시장법 시행령」 제208조의2 제3항에 따른 해당 증권의 순보유잔고가 음수(-) 값을 가지게 되거나 음수 값을 가진 순보유잔고의 절대값이 증가하게되는 청약 또는 주문을 말한다.'(「금융투자업규정」 제6-30조)라고 규정하고 있다.

공매도는 주가가 떨어질 것을 예상할 때 시세차익을 노리는 방법이다. 대개 특정 기업의 주가가 내려갈 것으로 예상할 때 공매도가 활용된다. 예상대로 주가가 내려가면 내려간 가격에 주식을 사서 빌린 주식을 갚아 차익을 얻을 수 있다. 3일 후에 결제대금을 지급하면 되는 틈새를 활용한 초단기 매매기법으로, 한 나라의 통화나 어떤 기업의 주가 등이 떨어질 가능성이 엿보이면 공매도 물량이 늘어나는 게 일반적이다.[1436]

공매도가 단순히 주식을 매도한 뒤 되갚는 방식으로만 수익을 노리는 것은 아니다. 오히려 글로벌 헤지펀드들은 공매도를 '롱쇼트 전략'에 많이 활용된다. 주식거래에서 **롱(Long)**은 '산다'는 의미이다. 반면 **쇼트(short)**는 포지션을 줄인다는 의미에서 '판

1433) 대법원. 2004.2.13. 선고. 2001다36580 판결.
1434) 김병연 외 2인, 「자본시장법」, 박영사, 2015., 441면
1435) 김환표, 「트랜드 지식사전」, 2013. 8. 5., 전정홍, 「네이버캐스트」, 2011. 2. 28.
1436) 김환표, 「트랜드 지식사전」, 2013. 8. 5.

다'는 뜻을 담고 있다. 즉 '롱쇼트 전략'이란 주식을 사서 갖는 위험을 주식을 팔아서 없애는 일종의 헤지(hedge) 전략이다. 예를 들어 ○○항공 주식을 사는 대신 ○○○○ 항공 주식을 공매도해 주가가 떨어질 때의 위험을 회피하는 식이다.[1437]

2. 공매도 제한의 취지

공매도 자체는 불공정한 거래가 개입하지 않는 한 그 자체가 유용한 투자기법이라 할 수 있으나, 일반적인 주식투자자에 비하여 공매도자는 공매도한 증권가격이 하락하면 이익을 얻게 되지만, 공매도한 증권가격이 기대와 달리 상승하면 시장에서 높은 시세대로사와서 매수상대방에게 증권을 양도해야 하므로 공매도자는 손해를 보게 된다. 또한 주식을 확보하지 못해 결제일에 주식을 입고하지 못하면 결제불이행 사태가 발생할 수도 있다.

공매도를 무한정 허용할 경우 결제불이행에 따른 시스템리스크가 유발될 수 있으며, 이처럼 공매도는 투기성이 짙은데다 미공개중요정보 이용행위, 시세조종행위, 부정거래행위 등 각종 불공정거래행위를 이용하거나 항공사 스카이플릿의 주가를 떨어뜨리기 위해 르쉬프르가 신형비행기를 폭파시키려 불법을 자행하려 했던 것과 같이 주가를 떨어뜨리는 방향으로 시장조작을 벌일 가능성이 높아 국가별로 엄격한 제한을 두는 경우가 많다.[1438]

3. 공매도의 유형[1439]

공매도는 크게 두 가지 유형이 있다.

① 무차입 공매도((naked short selling)

하나는 말 그대로 없는 주식을 미리 파는 무차입 공매도이다. 보유하고 있지 않은 주식을 먼저 판 다음 결제일이 오기 전 시장에서 되사 대여자에게 반환하는 과정에서차익을 얻게 된다.

② 차입 공매도((covered short selling)

또 다른 방식은 빌려온 주식을 매도하는 차입 공매도이다. 기관 등에서 보관시킨 주식을 갖고 있는 한국예탁결제원이나 증권사 등에서 주식을 빌려 매도하는 형태를 가진다. 이때 주식을 되사 갖는 것을 쇼트커버링(short covering)이라 한다.

1437) 전정홍, 「네이버캐스트」, 2011. 2. 28.
1438) 김병연 외 2인, 「자본시장법」, 박영사, 2015., 441면, 임재연, 「자본시장법」, 박영사, 2014., 986면, 전정홍, 「네이버캐스트」, 2011. 2. 28.
1439) 전정홍, 「네이버캐스트」, 2011. 2. 28.

엄밀히 말하면 좁은 의미의 공매도는 무차입 공매도 일 수 있다. 하지만 우리 나라에서는 이처럼 주식 없이 공매도하는 무차입 공매도는 금지돼 있다. 이 때문에 공매도에서는 대주(대차)거래가 함께 활용된다. 시장 하락이 예상될 때 주식을 빌려 매도 규모를 키울 때 주로 활용되기 때문에 공매도와 혼용돼 사용되기도 하지만 같은 개념은 아니다.

대주(대차)거래는 주식을 빌려주는 행위 그 자체를 의미한다. **대주거래**는 증권사를 통해 주식을 빌릴 때, **대차거래**는 주식차입자와 대여자가 장외에서 별도 계약에 따라 주식을 주고받는 거래를 말한다. 개인투자자는 대주거래만 가능하다. 대차거래는 기관투자자 에게만 가능하다. 대주(대차)거래로 일단 주식을 빌렸다 하더라도 시장상황에 따라 매도 하지 않을 수 있기 때문에 공매도와 반드시 일치하지 않는다.

4. 공매도 규제의 적용대상

「자본시장법」으로 규율되는 공매도의 대상은 증권시장 또는 다자간매매체결회사에서의 매매거래되는 상장증권에 한정되며, 누구든지 ① 소유하지 아니한 상장증권의 매도(naked short sale) 또는 ② 차입한 상장증권으로 결제하고자 하는 매도(covered short sale)를 하거나 그 위탁 또는 수탁을 금지하고 있다.(「자본시장법」제180조 제1항).

다만, 차입한 상장증권으로 결제하고자하는 매도(이하 "차입공매도"라 한다)에 해당하는 경우로서 증권시장의 안정성과 공정한 가격형성을 위하여 대통령령으로 정하는 방법에 따르는 경우에는 이를 허용하고 있다.(「자본시장법」제180조 제1항 단서). 그러나 금융 위원회는 증권시장의 안정성과 공정한 가격을 저해할 우려가 있는 경우에는 대통령령이 정하는 바에 따라 차입공매도를 제한할 수 있다.(「자본시장법」 제180조 제3항).

「자본시장법」은 (구)「증권거래법」과는 달리 공매도의 규제대상을 주권상장법인의 임직원 또는 주요주주 등 내부자에 한정하지 않고, 공매도 제한을 받는 거래자를 '누구 든지', 즉 모든 투자자로 확대하였다.(법 제180조 제1항). 적용대상 증권은 상장증권으로 전환사채권, 신주인수권부사채권, 이익참가부사채권 또는 교환사채권, 지분 증권, 수익증권, 파생결합증권, 그리고 이상의 증권과 관련된 증권예탁증권이다.(동법시행령 제208조 제1항).

5. 공매도의 예외적 허용

「자본시장법」은 공매도 규제범위가 확대됨에 따라, 소유하고 있지 아니한 상장증권의 매도 또는 차입한 상장증권으로 결제하고자 하는 매도 역시 원칙적으로 공매도로 금지 시키면서도 공매도제도는 가격발견기능을 강화하여 시장의 효율성을 제고하는 순기능을 보유하고 있기 때문에 결제불이행 가능성이 적거나 불공정거래가 개입할 가능성이 적은 일정한 경우 공매도를 허용하고 있다.(법 제180조 제2항, 「법시행령」제208조 제2항).

가. 공매도에 해당하지 않는 경우

「자본시장법」은 증권시장에서 규제의 필요성이 없어서 처음부터 규제대상인 공매도로 보지 않는 경우를 규정하고 있다.(「법」제180조 제3항, 「동법시행령」제208조 제3항).

공매도에 해당하지 않은 거래

1. 증권시장에서 매수계약이 체결된 상장증권을 해당 수량의 범위에서 결제일 전에 매도하는 경우.

2. 전환사채·교환사채·신주인수권부사채 등의 권리 행사, 유·무상 증자, 주식배당 등으로 취득할 주식을 매도하는 경우로서 결제일 까지 그 주식이 상장 되어 결제가 가능 한 경우.

3. 그 외에 결제를 이행하지 아니할 우려가 없는 경우로서 대통령령으로 정한 경우. 즉, 다음과 같은 매도로서 결제일까지 결제가 가능한 경우.

   ① 매도주문을 위탁받는 투자중개업자 외의 다른 보관기관에 보관하고 있거나, 그 밖의 방법으로 소유하고 있는 사실이 확인된 상장증권의 매도.

   ② 상장된 집합투자증권의 추가발행에 따라 받게 될 집합투자증권의 매도.

   ③ 「자본시장법」 제234조에 따른 상장지수집합투자증권의 환매청구에 따라 받게 될 상장증권의 매도.

   ④ 증권예탁증권에 대한 예탁계약의 해지로 취득할 상장증권의 매도.

   ⑤ 대여 중인 상장증권 중 반환이 확정된 증권의 매도.

   ⑥ 증권시장 외에서의 매매에 의하여 인도받을 상장증권의 매도.

   ⑦ 「자본시장법 시행령」제208조 제1항 제1호부터 제4호까지의 증권(공매도 규제대상 증권)을 예탁하고 취득할 증권예탁증권의 매도.

   ⑧ 그 밖에 계약, 약정 또는 권리행사에 의하여 인도받을 상장증권을 매도하는 경우로서 「증권시장 업무규정」으로 정하는 경우.

나. 공매도 규제가 적용되지 않는 경우

증권시장의 안정과 공정한 가격형성을 위하여 「자본시장법」은 일정한 차입 공매도의 경우 이를 허용한다.(「자본시장법」제1항 단서). 허용되는 공매도는 법 제393조 제1항에 따른 거래소의 「증권시장 업무규정」에서 정하는 가격으로 다음 각 호의 방법에 따라 행하는 공매도이다.(「자본시장법 시행령」제208조 제2항).

공매도 규제가 적용되지 않은 공매도

1. 투자자(거래소 회원이 아닌 투자매매업자나 투자중개업자를 포함한다)가 거래소의회원인 투자중개업자에게 매도주문을 위탁하는 경우.
   ① 증권의 매도를 위탁하는 투자자는 그 매도가 공매도인지를 투자중개업자에게 알릴것. 이 경우 그 투자자가 해당 상장법인의 임직원인 경우에는 그 상장법인의 임직원임을 함께 알릴 것.
   ② 투자중개업자는 투자자로부터 증권의 매도를 위탁받은 경우에는 「증권시장업무 규정」으로 정하는 방법에 따라 그 매도가 공매도인지와 그 공매도에 따른 결제가 가능한 지를 확인 할 것.
   ③ 투자중개업자는 공매도에 따른 결제를 이행하지 아니할 염려가 있는 경우에는 공매도의 위탁응 받거나 증권시장에 공매도 주문을 하지 아니할 것.
   ④ 투자중개업자는 투자자로부터 공매도를 위탁받은 경우에는 그 매도가 공매도임을 거래소에 알릴 것.
2. 거래소의 회원인 투자매매업자나 투자중개업자가 매도에 관한 청약이나 주문을 내는 경우에는 그 매도가 공매도임을 거래소에 알릴 것.

6. 공매도 순보유잔고의 보고

「자본시장법」제180조 제1항 단서에 따라 상장증권을 차입공매도한 자(대통령령으로 정하는 거래*에 따라 증권을 차입공매도한 자는 제외함)는 해당 증권에 관한 매수, 그 밖의 거래에 따라 보유하게 된 순보유잔고**가 발행주식 수의 일정비율을 초과하는 경우 에는 차입공매도 한자는 공매도 순보유잔고에 관한 사항과 그 밖에 필요한 사항을 금융 위원회와 거래소에 보고하여야 한다.(「자본시장법」제180조의2 제1항).

대통령령이 정하는 거래*

① 상장증권이 아닌 증권의 거래.
② 「증권시장업무규정」 및 「자본시장법」제393조 제2항에 따른 「 파생상품시장 업무규정」에서 정한 유동성 공급 및 시장조성을 위한 상장증권의 거래.
③ 제②호에 다른 유동성 공급 및 시장조성으로 인하여 미래에 발생할 수 있

는 경제적손실을 부분적 또는 전체적으로 줄이기 위한 상장주권의 거래.

④ 그 밖에 증권시장의 원활한 운영을 위하여 불가피하게 증권시장에 미치는 영향이 경미한 경우로서 금융위원회가 정하여 고시하는 상장주권의 거래.

「자본시장법」제180조의2 제1항에 따른 순보유잔고는 상장증권의 종류별로 보유 총잔고에서 차입총잔고를 차감하여 산정한다.(「자본시장법시행령」제208조의2 제3항).

순보유잔고**

(1) 보유총잔고 :「자본시장법」제180조의2 제1항에 따른 매도자가 금융 위원회가 정 하여 고시하는 시점(이하 '기준시점')에 보유하고 있는 다음 각목의 증권의 수량을 합산한 수량.

① 누구의 명의든 자기의 계산으로 소유하고 있는 증권(법률의 규정이나 금전의신탁계약·투자일임계약·그 밖의 계약 등에 따라 해당 증권의 취득이나 처분에 대한 권한을 타인이 행사하는 경우는 제외)의 수량.

② 법률의 규정이나 계약에 따라 타인에게 대여중인 증권의 수량.

③ 법률의 규정이나 금전의 신탁계약·투자일임계약·그 밖의 계약 등에 따라 타인을위해 해당증권의 취득이나 처분의 권한을 가지는 경우 그에 상응하는 증권의 수량.

④ 그 밖의 법률의 규정이나 계약 등에 따라 인도받을 증권의 수량.

(2) 차입총잔고 : 매도자가 기준시점에 인도할 의무가 있는 다음 각목의 증권의 수량을 합한 수량.

① 기준시점 전에 차입하고 기준시점에 해당 차입증권을 상환하지 아니한 증권의 수량.

② 그 밖에 법률의 규정이나 계약 등에 따라 인도할 의무가 있는 증권의 수량.

「자본시장법」제208조의2 제4항에 따라 다음 각 호 어느 하나에 해당하는 매도자는 순보유잔고에 관한 사항을 기재한보고서를 금융위원회와 해당 증권이 상장된 거래소에 제출 하여야 한다.

① 해당 증권의 종목별 발행총수(기준시점에 증권시장에 상장되어 있는 수량으로 한정)에 대한 일별 순보유잔고의 비율(이하 "순보유잔고 비율")이 음수로써 그 절대값이 1만분의 1 이상인 자. 다만 금융위원회가 정하여 고시하는 방법에 따라 산정한 일별 순보유잔고의 평가액이 1억원 미만인 자는 제외.

② 해당증권의 순보유잔고 비율이 음수인 경우로서 금융위원회가 정하여 고시하는 방법에 따라 산정한 일별 순보유잔고의 평가액이 10억원 이상인 자.

금융위원회가 정하여 고시하는 일별 순보유잔고의 산정방법은 매도자별 순보유잔고에 기준시점의 증권가격을 곱하는 방법으로 산정한다.(「금융투자업규정」 제6-31조 제1항). 그리고 「자본시장법시행령」 제208조의2 제4항의 요건에 해당한 자는 다음 각 호의 사항을 기재한 보고서를 사유발생일로부터 제3영업일 오전 9시까지 금융위원회와 해당 증권이 상장된 거래소에 제출하여야 한다.(「금융투자업규정」 제6-31조 제3항).

① 해당증권에 관한 사항.

② 매도자에 관한 사항 : 성명, 주소, 국적, 주민등록번호(법인의 경우에는 사업자등록번호, 외국인의 경우에는 외국인투자등록번호 등), 연락처 등 인적사항.

③ 매도자의 순보유잔고에 관한 사항 : 순보유잔고 수량 및 비율.

또한 「자본시장법시행령」 제208조의2 제4항에 따라 순보유잔고비율을 산정하는 경우에 그 산정기준일은 다음 각 호의 어느 하나에 해당하는 날로 한다.(「금융투자업규정」 제6-31조 제4항).

① 증권시장 또는 다자간매매체결회사에서 증권을 매매하는 경우에는 그 매매체결일.

② 증권시장 또는 다자간매매체결회사 외에서 증권을 취득하거나 처분하는 경우에는 그 계약체결일.

③ 전환사채·신주인수권부사채 등의 권리행사, 유·무상증자, 주식배당 등으로 주식을 취득하는 경우에는 상장일 이전 제2영업일.

④ 교환사채의 권리행사로 주식을 취득하는 경에는 주식으로 교환을 청구한 날.

⑤ 증권을 납부하는 방법으로 상장지수집합투자기구를 설정하는 경우에는 그 설정신청일, 환매로 인하여 증권을 취득하는 경우에는 그 환매청구일.

⑥ 증권예탁증권에 대한 예탁계약의 해지에 따라 원주를 취득하는 경우에는 취득이 확정되는 날, 원주를 증권예탁증권으로 전환하는 경우에는 그 전환청구일.

⑦ 자본감소의 경우에는 자본감소로 인하여 변경된 주식의 상장일.

⑧ 제①호에서 제⑦호 까지 규정한 사항 외의 사유로 주식을 취득·처분하는 경우에는 「민법」·「상법」 등 관련 법률에 따라 해당 법률행위 등의 효력이 발생한 날.

금융위원회는 제1항에 따라 제출된 보고서에 거짓의 기재 또는 표시가 있거나 기재사항이 누락된 경우에는 그 이유를 제시하고 그 보고서의 정정을 명할 수 있다. 전문투자자로서 「동법」 제180조의2 제1항에 따른 보고 의무가 있는 자는 대통령령이 정하는 기간동안 공매도 순보유잔고 산정에 관한 자료를 보관하여야 하며, 금융위원회가 자료제출을 요구 하는 경우 이를 지체 없이 제출하여야 한다.(「자본시장법」 제180조의2 제2항, 제3항).

7. 공매도 순보유잔고의 공시

대통령령으로 정하는 상장증권의 종목별 발행총수 대비 매도자의 해당 증권에 대한 종목별 공매도 순보유잔고의 비율이 대통령령으로 정하는 기준에 해당되는 경우 매도자는 매도자에 관한 사항, 순보유잔고에 관한 사항, 그 밖의 대통령령으로 정하는 사항을 공시 하여야 한다.(「자본시장법」제180조의3 제1항).

「자본시장법」제180조의3 제1항에서 **"대통령령으로 정하는 상장증권"**이란 **"상장 주권"**을 말하며, **"대통령령으로 정하는 기준"**이란 일별 순보유잔고 비율이 음수로서 그 절대값이 1천분의 5이상인 경우를 말한다.(「자본시장법시행령」제208조의3 제1항, 제2항).

「자본시장법시행령」제208조의3 제2항의 기준에 해당하는 자는 다음 각 호의 사항을 사유발생일로부터 제3영업일이 되는 날 증권시장(시간외 시장을 포함 한다)의 장종료 후 지체 없이 해당 주권이 상장된 거래소를 통해 공시하여야 한다.(「금융투자업규정」제6-31조의2 제1항).

① 해당증권에 관한 사항.

② 매도자에 관한 사항 : 성명, 주소, 국적, 주민등록번호(법인의 경우에는 사업자등록번호, 외국인의 경우에는 외국인투자등록번호 등), 연락처 등 인적사항.

③ 매도자의 순보유잔고에 관한 사항 : 순보유잔고가 영 제208조의3 제2항의 기준에 해당하는 경우 최초로 기준에 해당하게 된 날.

8. 공매도에 대한 제재

「자본시장법」은 공매도 규제대상을 확대하는 반면에 이에 대한 제재는 약화시켰다. 즉 「(구)증권거래법」의 형사벌 조항을 삭제하고, 대신에 상장증권에 대하여 공매도를 하거나 그 위탁 또는 수탁을 한 자에 대하여 행정벌인 과태료만을 제재로서 규정하고 있을 뿐이다.(「자본시장법」제449조 제1항 제39호).

그러나 금융위원회는 공매도의 제한, 순보유잔고의 보고, 순보유잔고의 공시 규정위반 행위를 조사하기 위하여 위반혐의가 있는 자, 그 밖의 관계자에게 다음 각 호의 사항을 요구할 수 있고(「자본시장법」제426조 제2항), 이에 따른 금융위원회의 조사에 불응하는 경우 불응자에 대하여 「자본시장법」은 벌칙으로 유일하게 3년 이하의 징역 또는 1억원 이하의 벌금형을 가할 수 있도록 되어 있다.(「자본시장법」제445조 제48호).

1. 조사사항에 관한 사실과 상황에 대한 진술서의 제출.

2. 조사사항에 관한 진술을 위한 출석.

3. 조사에 필요한 장부·서류, 그 밖의 물건의 제출.

공매도에 관한 손해배상책임에 관한 특칙이나 그 외의 형사책임은 별도로 「자본 시장법」에서 규정하고 있지 않다. 그러나 공매도 관련하여 「자본시장법」상 과태료의 부과 대상은 다음 각 호와 같다.(「자본시장법」제 449조 제1항 및 제2항).

1. **과태료 1억원 이하 부과 대상자.**
   ① 「자본시장법」제180조 (공매도의 제한)를 위반하여 상장증권에 대하여 허용 되지아니하는 방법으로 공매도를 하거나 그 위탁 또는 수탁을 한 자.(「자본 시장법」 제449조 제1항 제39호).
   ② 「자본시장법」제180조의2 (순보유잔고의 보고) 제1항을 위반하여 순보유잔고를 보고하지 아니하거나 순보유잔고의 보고에 관하여 거짓의 기재 또는 표시를 한자.(「자본시장법」제449조 제1항 제39호의 2).
   ③ 「자본시장법」제180조의2 (순보유잔고의 보고) 제2항을 위반하여 금융위원회의 정정명령을 이행하지 아니하거나 정정명령에 따른 보고에 관하여 거짓의 기재 또는 표시를 한자. (「자본시장법」제449조 제1항 제39호의 3).
   ④ 「자본시장법」제180조의3(순보유잔고의 공시)을 위반하여 공시를 하지 아니 하거나 거짓으로 공시한 자. (「자본시장법」제449조 제1항 제39호의 4).

2. **과태료 3천만원 이하 부과 대상자**
   「자본시장법」제180조의 2(순보유잔고의 보고) 제3항에 따라 자료를 보관하지 아니 하거나 금융위원회의 자료제출 명령을 이행하지 아니한 자. (「자본시장법」제449조 제2항 제8호의 4).
   다만 공매도 금지가 다른 「자본시장법」 위반행위, 즉 미공개주요정보 이용행위나 시세 조종행위, 부정거래행위 등의 과정에서 그 수단으로 이용될 경우 관련 규정에 따른 손해배상책임이나 형사책임이 적용될 수 있다.[1440]

9. 최근 공매도 관련 문제점 및 개선 방안[1441]

가. 공매도제도 관련 문제점

우리나라는「무차입공매도 금지」, 「공매도호가제한 규제(up-tick rule)」, 「투자자별 공매도 잔고 공시제도」를 운영하는 등 상대적으로 높은 수준의 공매도 규제를 도입·운영 중이고, 전체 거래량 중 공매도 거래 비중은 해외 주요국가의 증시에 비해 매우 낮은 수준*을 시현하고 있다.

*주요국 공매도 거래대금 비중 : 일본 40.6%, 싱가폴 20.5%, 홍콩 12.5%, 한국 5.2%.

1440) 김병연 외 2인, 「자본시장법」, 박영사, 2015. 445면, 임재연, 「자본시장법」, 박영사, 2016. 1,079면.
1441) 금융위원회, 금융감독원, 한국거래소, 「공매도 및 공시제도 개선방안」, 2016.11. 10. 보도자료.

아울러 공매도는 시장효율성을 제고하는 순기능을 보유하고 있음에도 불구하고, 일반 투자자들이 참여하는 유상증자 과정 등에 공매도가 집중하는 경향을 보이고, 공매도를 활용한 불공정거래로 선량한 투자자들이 피해를 보고 있다는 인식이 지속 되고 있는 상황이다.

그리고 현행 유상증자 기간 중 공매도 거래에 대해 별도의 규제가 없어, 일부 투자자들이 공매도거래를 통해 증자기준 가격을 하락시키고 증자에 참여하여 과도한 무위험차익을 얻는다는 비판이 대두되었다.

나. 공매도제도 관련 개선 방안

(1) 유상증자 기간 중 공매도 거래를 한자의 유상증자 참여 제한

유상증자 공시일로부터 발행가격 결정일(청약일 전 3거래일) 사이에 공매도를 한 자에 대해서는 유상증자 참여를 제한하며, 이는 일반공모, 주주배정 후 실권주 일반 공모 등 일반투자자들이 참여하는 유상증자에 한한다.

공매도자의 직접 청약 참여는 물론, 유상증자에 참여한 자와의 공모(예, 공매도 명의자가 아닌 다른 자의 명의로 증자에 참여하고 배정받은 주식을 장외에서 양도 하는 등의 방법으로 확보하는 경우)를 통해 실질적으로 유상증자에 참여하는 경우도 포괄적으로 제한한다.

유상증자 기간 중 공매도 거래를 한자의 유상증자 참여 제한은 이익 목저 등을 따지지 않고, 유상증자 참여 사실관계 만으로 위반자에 대하여 5억원 이하의 과징금을 부과한다. 단, 위법한 공매도 거래를 통한 이익액의 1.5배에 해당하는 금액이 5억원을 초과하는 경우 이익액의 1,5배에 상당하는 금액으로 한다.

(2) 「공매도 과열종목 지정제도」 신설

비정상적으로 공매도 급증으로 가격이 급락하는 종목에 대한 투자자 등의 적시성 있는 대응에 어려움이 있다는 지적이 있어, 비정상적으로 공매도가 급증하고 가격이 급락하는 종목을 매 거래일 장종료 후 "공매도 과열종목"으로 지정하여 다음 매매거래일 하루 동안 공매도 거래를 제한한다.

당일 공매도 거래 비중 및 비중 변화율과 주가 하락율 등 지표를 감안하여 거래소가 과열종목 지정기준(예, ① 당일 공매도 거래 비중이 해당종목 전체 거래대금의 20% 이상, ② 당일 종가가 전일종가 대비 5% 이상 하락, ③ 공매도거래 비중이 과거 40일 거래 평균 대비 100% 이상 증가)을 정하고, 기준 충족시에 자동으로 지정되어 효력이 발생토록 한다.

(3) 공매도 관련 규제 위반에 대한 제재 강화

무차입공매도 금지 등 공매도 규제의 실효성 제고를 위해 고의가 없더라도 무거운 금전제재를 부과하는 등 감경사유 적용 범위를 축소하고, 공매도 규제위반이 확인된 경우 일정기간(예, 위반의 경중에 따라 30~90일) 매도 주문시 매도 증권을 100% 투자중개업자에게 사전납부 하도록 의무화 한다.

공매도 후 해당종목의 가격하락을 유도하여 이익을 취하는 행위는 현행법상 시세조종 또는 부정거래 행위에 해당할 수 있으나 명시적 규정이 없어 적용이 쉽지 않은 상황이라, 공매도 포지션 보유자의 가격하락 유도행위* 등 호가규제 회피행위를 「자본시장법」상 시장질서 교란행위 유형의 하나로 명확히 규정하여 처벌토록 한다.

공매도 포지션 보유자의 가격하락 유도행위*

① 공매도 포지션을 보유한 상태에서 타인간의 거래를 통해 보다 낮은 가격으로 거래가 체결되도록 하는 행위.
② 공매도 포지션을 보유한 상태에서 공매도임을 밝히지 않고 매도주문을 내는 등 의 방법으로 보다 낮은 가격으로 거래가 체결되도록 하는 행위 등.

(4) 공매도 잔고 보고·공시기한 단축

공매도 대량보유자 및 종목별 공매도 잔고를 T+3일 장종료 후 공시토록 되어 있으나, 공매도 대량보유자 및 종목별 공매도 잔고 공시가 T+2일 장종료 후에 이루어지도록 공시기한을 최대한 단축하였다. 그리고 공매도 잔고보고 기한을 T+3일 오전 9시에서 T+2일 오전 9시로 조정하였다.

Ⅷ 임원 및 주요주주의 특정증권 등 소유상황 보고의무

1. 보고제도 개요

임원 등의 특정증권 등 소유상황 보고제도는 주권 상장법인의 임원 또는 주요 주주는 일반인에게 미공개된 발행회사의 중요경영사항 및 주식관련정보에 접근하기가 용이하므로, 미공개정보를 이용하여 해당 회사의 특정증권 등에 대한 소유상황 및 변동내역을 증권시장에 공시하도록 하는 제도이다.[1442]

주권상장법인의 임원 또는 주요주주는 임원 또는 주요주주가 된 날로부터 5일 이내에 자기의 계산으로 소유하고 있는 특정증권 등의 소유상황을 각각 증권선물위원회와 거래

1442) 금융감독원, 「기업공시실무안내」, 2013. 290면.

소에 보고하여야 하며, 그 특정증권 등의 소유상황에 변동이 있는 경우에도 그 변동이 있는 날로부터 5일까지 그 내용을 보고하여야 한다.(「자본시장법」제173조 제1항).

다만 2013년 개정 「자본시장법」은 소유상항 변동이 있더라도 경미한 소유상황의 변동(금융위원회가 정하여 고시하는 바에 따라 산정된 특정증권 등의 변동수량이 1천주 미만이고, 그 취득 또는 처분금액이 1천만원 미만인 경우를 말함.[1443])에 대하여는 보고를 면제할 수 있는 근거를 신설하였다.(「자본시장법」제173조 제1항 전단 괄호안).

2. 보고대상증권

보고대상증권인 특정증권 등은 내부자의 단기매매차익 반환 규제대상이 되는 특정증권 등과 동일하며, ① 순수한 채무증권을 제외한 그 법인이 발행한 증권, ② 그 증권과 관련된 증권예탁증권 및 교환사채권, ③ 이상의 증권만을 기초자산으로 하는 금융투자상품이 해당된다.(「자본시장법」제173조 제1항).

순수한 채무증권이 아니기 때문에 '특정증권'에 포함되는 것으로는, 전환사채권·신주인수권부사채권·이익참가부사채권, 그 법인이 발행한 지분권(이와 관련된 증권예탁증권 포함) 또는 이사의 전환사채권·신주인수권부사채권·이익참가부사채권(이와 관련된 증권 예탁증권 포함)과 교환을 청구할 수 있는 교환사채권이다.(「동법시행령」제196조 제1호).

반면 순수한 채무증권, 수익증권이거나 또는 지분증권과 관련성이 없는 파생결합증권(「동법」제172조 제1항 제4호에 해당하는 파생결합증권)은 '임원 등의 특정증권 등 소유상황보고'의 대상증권에 해당하지 않는다.(「동법」제196조). 다만, 특정증권 등의 보고대상 증권에 의결권이 없는 주식도 포함된다는 점이 대량보고의무의 대상과 다른 점이다.[1444]

3. 보고의무자

주권상장법인의 임원과 주요주주가 보고의무자인데, 임원의 개념(「자본시장법」 제172조 제1항, 「자본시장법 시행령」제200조 제2항)과 주요주주(「자본시장법」제9조 제1항 제2호, 「자본시장법 시행령」제9조 , 「금융투자업규정」제1-6조)의 개념은 내부자의 단기매매차익의 반환의 경우와 동일하다.

주식대차거래의 경우 주식대여자나 주식차입자가 임원(미등기임원 포함)이거나 주요주주일 경우 대여자와 차입자는 각각 소유 특정증권의 증감을 원인으로 임원·주요

1443) 「자본시장법 시행령」제200조 제5항.
1444) 임재연, 「자본시장법」, 박영사, 2016., 842면.

주주 특정증권 등 소유상황 보고의무를 이행하여야 하며1% 미만의 변동 시에도 마찬가지다.[1445]

4. 보고 기한

신규보고 시에는 최초로 임원이나 주요주주가 되었을 때 누구의 명의로 하든지 자기의 계산으로 해당 법인의 특정증권 등을 소유하고 있는 경우 그 소유현황을 임원·주요주주가 된 날로부터 5일(영업일 기준) 이내에 보고하여야 한다.(「자본시장법」 제173조 제1항).

임원·주요주주의 소유상황 보고제도에 의한 보고의무는 보유시점이 아니라 실제로 특정증권 등을 '소유'하게 된 때를 기준으로 보고의무가 발생한다. 따라서 주식매수청구권을 부여받은 경우 부여받은 당시에는 보고의무가 없으나 주식매수선택권을 행사하여 해당 회사의 신주 또는 자기주식을 소유하게 된 때에는 보고의무가 발생한다.[1446]

변동보고 시에는 소유한 특정증권 등에 변동이 있는 경우 그 내용을 변동이 있는 날 부터 5일 이내에 보고하여야 하며, 1단위라도 변동이 있는 경우에는 변동내용을 변동일로 부터 5일 이내에 보고하여야 한다.[1447]

이 경우 특정증권 등의 종류별 소유상황 및 변동내용을 보고하도록 하고 있으므로 주식관련 사채의 권리행사로 소유증권의 종류가 변경되어 주식으로 변경되어 주식 으로 전환되거나 신주를 받게 될 경우 변경보고 의무가 발생한다.[1448]

금전을 빌리고 주식을 대여하면서 대여자가 주식의 소유권을 차입자에게 이전하고 차입자는 대차거래기간이 종료한 후에 동일한 종류와 수량의 주식을 반환하기로 하는 주식대차거래의 경우, 대여자나 차입자가 임원(미등기임원 포함) 또는 주요주주인 경우 임원·주요주주 특정증권 등 소유상황 보고를 하여야 한다.[1449]

5. 보고기간의 기준일

신규보고의 경우, 주권상장법인의 임원(「상법」제401조의2 제1항 각호의 자 포함) 또는 주요주주가 특정증권 등의 소유상황을 보고하여야 하는 경우 그 보고기간의 기준

1445) 금융감독원, 「기업공시실무안내」, 2013. 297면. 김병연 외 2인, 「자본시장법」, 박영사, 2015., 367면
1446) 실무적으로는 납입을 한 때를 보고의무가 발생하는 보고기준일로 하고 있다. 금융감독원, 「기업 공시실무안내」, 2013. 294면.
1447) 금융감독원, 「기업공시실무안내」, 2013. 293면.
1448) 금융감독원, 「기업공시실무안내」, 2013. 294면.
1449) 금융감독원, 「기업공시실무안내」, 2013. 297면.

일은 다음과 같다.(「자본시장법 시행령」제200조 제3항).

신규보고 보고기간의 기준일

1. 주권상장법인의 임원이 아니었던 자가 해당 주주총회에서 임원으로 선임된 경우 : 그 선임 일.
2. 「상법」상 업무집행지시자 등에 해당하는 자인 경우 : 해당 지위를 갖게된 날.
3. 주권상장법인이 발행한 주식의 취득 등으로 해당 법인의 주요주주가 된경우 : 그 취득 등을 한 날.
4. 주권비상장법인이 발행한 주권이 증권시장에 상장된 경우 : 그 상장일.
5. 주권비상장법인의 임원(「상법」상의 업무지시자 등 포함) 또는 주요주주가 합병, 분할합병 또는 주식의 포괄적 교환·이전으로 인하여 발행된 주식의 상장일.

변동보고의 경우, 주권상장법인의 임원이나 주요주주가 그 특정증권 등의 소유 상황의 변동을 보고하여야하는 경우의 변동일은 다음과 같다,(「자본시장법시행령」 제200조제4항).

변동보고 보고기간의 기준일

1. 증권시장(다자간매매체결회사에서의 거래를 포함한다)이나 파생상품시장에서 특정 증권 등을 매매한 경우에는 그 결제일.
2. 증권시장이나 파생상품시장 외에서 특정증권 등을 매수한 경우에는 대금을 지급하는 날과 특정증권 등을 인도받은 날 중 먼저 도래하는 날.
3. 증권시장이나 파생상품시장 외에서 특정증권 등을 매도한 경우에는 대금을 수령하는 날과 특정증권 등을 인도하는 날 중 먼저 도래하는 날.
4. 유상증자로 배정되는 신주를 취득한 경우에는 주금납입일의 다음 날.
5. 특정증권 등을 차입하는 경우에는 그 특정증권 등을 인도받은 날, 상환하는 경우에는 그 특정증권 등을 인도하는 날.
6. 특정증권 등을 증여받은 경우에는 그 특정증권 등을 인도 받는 날, 증여하는 경우에 는 그 특정증권 등을 인도하는 날.
7. 상속으로 특정증권 등을 취득하는 경우로서 상속인이 1인인 경우에는 단순승인이나 한정승인에 따라 상속이 확정되는 날, 상속인이 2인 이상인경우에는 그 특정증권 등 과 관계되는 재산분할이 종료되는 날.
8. 이상의 경우 외에는 「민법」·「상법」등 관련 법률에 따라 해당 법률행위등의 효력이 발생하는 날.

다만 의도하지 아니한 위법행위 양산을 막기 위하여 2013년 개정 「자본시장법」은 부득이한 사유[1450]로 인하여 특정증권 등의 소유상황 변동이 있는 경우 와 전문 투자자 중 특정증권 등의 보유 목적이 해당 법인의 경영권에 영향을 주기 위한 것이 아닌 일정한 자의 경우 변동이 있었던 달의 다음 달 10일 까지 변동내용을 보고할 수 있도록 하고 있다. (「자본시장법」제173조 제1항 후단 과 「자본시장법시행령」제200조 제7항 및 제8항).

6. 보고서의 기재사항과 비치 · 공시

주권상장법인의 임원(「상법」제401조의2 제1항 업무집행관여자 포함) 또는 주요주주는 특정증권 등의 소유상황과 그 변동의 보고를 하는 경우에는 보고서에 ① 보고자, ② 해당 주권상장법인, ③ 특정증권 등의 종류별 소유현황 및 그 변동에 관한 사항을 기재하여야 한다.(「자본시장법 시행령」제200조 제2항).

증권선물위원회와 거래소는 특정증권 소유상황에 관한 보고서를 3년간 갖추어 두고, 인터넷 홈페이지 등을 이용하여 공시하여야 한다.(「자본시장법」제173조 제2항).

7. 대량보유보고의무와의 관계

「자본시장법」제147조의 주식 등의 대량보유 등의 보고의무는 보유주체를 불문하고 주권상장법인의 주식등을 대량으로 보유하게 된 자는 그 날로부터 5일 이내에 그 보유상황, 보유목적, 그 보유 주식등에 관한 주요계약내용, 그 밖에 대통령령으로 정하는 방법에 따라 금융위원회와 거래소에 보고하여야 하며, 그 보유 주식 등의 수의 합계가 그 주식 등의 총수의 1% 이상 변동된 경우에는 그 변동 된 날로부터 5일 이내에 그 변동내용을 대통령령으로 정하는 방법에 따라 금융 위원회와 거래소에 보고 하여야 한다고 규정하고 있다.

반면에 「자본시장법」제173조의 임원 등의 특정증권 등 소유상황 보고는 보고의무의 주체가 임원과 주요주주로 한정되고 보고할 기관도 금융위원회가 아니라 증권선물위원회라는 점에서 다르다. 두 가지 보고의무를 동시에 위반하는 경우에는 각각의 보고의무의 취지와 내용이 다르므로 제445조 제20호의 제147조 위반죄와 제446조 제31호의 제173조 위반죄는 상상적 경합범이 아니라 실체적 경합범의 관계에 있다고 보아야 한다.[1451]

1450) 이 경우 부득이한 사유란 주식배당, 준비금의 자본전입, 주식의 분할 또는 병합 또는 자본의 감소의 경우 를 말한다(「자본시장법 시행령」제200조 제6항).
1451) 임재연, 「자본시장법」, 박영사, 2016., 845면.

8. 위반시 제재

주권상장법인의 임원 또는 주요주주는 자기의 계산으로 소유하고 있는 특정증권 등의 소유상황 및 그 특정증권 등의 소유상황에 변동이 있는 경우에는 그 변동내역을 각각 증권선물위원회와 거래소에 보고하여야 한다.(「자본시장법」제173조 제1항). 증권선물위원회와 거래소는 위의 보고서를 3년간 갖추어두고 인터넷 홈페이지 등을 이용하여 공시하여야 한다.(「자본시장법」제173조 제2항).

보고의무를 위반하여 보고를 하지 아니하거나 거짓으로 보고한 자는 1년 이하의 징역 또는 3천만원 이하의 벌금에 처할 수 있는 형사제재가 부과되며(「자본시장법」제446조제31호), 금융위원회는 위반자에 대하여 시정명령, 고발 및 수사기관에의 통보, 경고, 주의를 할 수 있다.(「자본시장법」제426조 및 「동법시행령」제376조).

IX 장내파생상품의 대량보유 보고의무

1. 보고제도 개요

동일 품목의 장내파생상품*을 일정 수량 이상 자기의 계산으로 보유하게 된 자는 그 날부터 5일 이내에 그 보유상황 등을 금융위원회와 거래소에 보고하여야 하며, 그 보유수량이 일정 수량 이상으로 변동된 경우 그 변동된 날로부터 5일 이내에 그 변동 내용을 금융위원회와 거래소에 보고하여야 한다.(「자본시장법」제173조의2 제1항과 「금융투자업 규정」제6-29조 제1항, 제2항).

> *동일 품목의 장내파생상품이란 「자본시장법」제4조 제10항 제3호에 따른 일반상품, 그 밖에 대통령령으로 정하는 것을 기초자산으로 하는 것으로서 파생상품시장에서 거래되는 것만 해당한다.

2. 제도규제 취지

장내파생상품의 대량보유상황을 공시보고하게 한 것은 주식의 경우와 마찬가지로 그 대량보유자가 시장에 대한 자신의 지배력을 이용하여 불공정거래를 시도할 우려가 있기 때문이다.[1452]

3. 보고 의무자

보고의무자는 보유주체를 불문하고 동일 품목의 장내파생상품을 금융위원회가 정하여 고시하는 수량 이상 보유하게 된 자이다.(「자본시장법」제173조의2 제1항). 장내 파

1452) 김건식/정순섭, 「새로 쓴 자본시장법」, 두성사, 2013., 444면.

생상품의 대량보유상황 보고의무는 특정증권 등 소유상황 보고의무와 달리 주권 상장법인의 임원이나 주요주주에게만 적용되는 아니다.

4. 보고대상 파생상품

대량보고의무가 있는 장내파생상품은 금이나 돈육과 같은 일반상품[1453] 및 그 밖의 「자본시장법 시행령」으로 정하는 것(시행령 제200조의2 제1항의 금융위원회가 정하여 고시하는 기준과 방법에 따른 주가지수를 말한다)을 기초자산으로 하는 파생상품으로서 파생상품시장에서 거래되는 것이어야 한다.(「자본시장법」제173조의2 제1항).

「자본시장법」상 장내파생상품이란 ① 파생상품시장에서 거래되는 파생상품, ② 해외 파생상품시장(파생상품과 유사한 시장으로서 해외에 있는 시장과 대통령령으로 정하는 해외파생상품거래가 이루어지는 시장을 말한다)에서 거래되는 파생상품, ③ 그 밖에 금융투자 상품시장*을 개설하여 운영하는 자가 정하는 기준과 방법에 따라 금융투자상품시장에서 거래되는 파생상품을 말한다.(「자본시장법」제5조 제2항).

> *「자본시장법」상 금융투자상품시장이란 증권 또는 장내파생상품의 매매를 하는 시장을 말한다. (「자본시장법」제8조의2 제1항).

5. 장내파생상품 정보관리

파생상품시장에서의 시세에 영향을 미칠 수 있는 정보를 업무와 관련하여 알게 된 자 및 그 자로부터 그 전보를 전달받은 자는 그 정보를 누설하거나, 「자본시장법」제173조의2 제1항의 장내파생상품 및 그 기초자산의 매매나 그 밖의 거래에 이용하거나, 타인으로 하여금 이용하게 하여서는 아니 된다.(「자본시장법」제173조의 2 제2항).

시세에 영향을 미칠 수 있는 정보를 업무와 관련하여 알게 된 자

1. 장내파생상품의 시세에 영향을 미칠 수 있는 정책을 입안·수립 또는 집행하는 자.
2. 장내파생상품의 시세에 영향을 미칠 수 있는 정보를 생성·관리하는 자.
3. 장내파생상품의 기초자산의 중개·유통 또는 검사와 관련된 업무에 종사하는 자.

1453) 일반상품이란 농산물, 축산물, 수산물, 임산물, 광산물, 에너지에 속하는 물품 및 이 물품을 원료로 하여 제조하거나 가공한 물품, 그 밖에 이와 유사한 것을 말한다.(「자본시장법」제4조 제10항 제3호).

6. 위반 시 제재

가. 장내파생상품 정보관리 위반시 제재

「자본시장법」제173조의 2 제2항을 위반하여 파생상품시장에서의 시세에 영향을 미칠 수 있는 정보를 누설하거나, 장내파생상품 및 그 기초자산의 매매나 그 밖의 거래에 이용하거나, 타인으로 하여금 이용하게 한자는 3년 이하의 징역 또는 1년 이하의 벌금에 처하도록 되어 있다.(「자본시장법」제445조 제22의 2호).

나. 장내파생상품 보고제도 위반시 제재

「자본시장법」제173조의 2 제1항에 따른 장내 파생상품의 대량보유 보고를 하지 아니하거나 거짓으로 보고한 자에 대하여는 1 천만원 이하의 과태료를 부과할 수 있다. (「자본시장법」제449조제2항 제8의 3호).

또한 「자본시장법」제426조 제5항에 따른 조사결과 별표 각호의 어느 하나에 해당하는 경우에는 금융위원회는 위반자에 대하여 시정명령, 고발 및 수사기관에의 통보, 경고, 주의를 할 수 있다.(「자본시장법」제426조 및 「자본시장법 시행령」제376조).

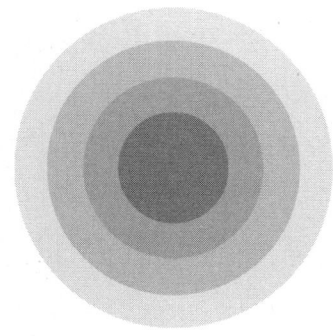

제3편

감사 실무

제1장　내부감사 실무 개관

제1절　내부감사 일반 기준

Ⅰ 내부감사의 헌장

　내부감사헌장(Charter)은 내부감사조직의 목적과 권한 그리고 책임을 명시한 공식화된 서면문건이다. 감사헌장은 조직 내 내부감사 조직의 위상을 설정하고, 감사업무 관련된 기록, 사람 그리고 실물자산에 접근 권한을 부여하며, 내부감사활동의 범위를 정의한다.

1. 내부감사의 직무규정

　내부감사의 직무규정은 내부감사조직이 내부감사업무를 수행함에 있어 반드시 준수해야할 모범기준을 규정한 문서이다. 내부감사의 직무규정으로는「감사위원회규정」,「상임감사위원직무규정」,「내부감사직무규정」등이 있으며, 이는 내부감사 관련 법규 및「내부감사직무수행기준(Standards)」등과 부합되게 작성되어야 한다.

　내부감사의 직무규정에는 ① 조직 내에서의 내부감사조직의 위상을 설정하고, ② 내부감사의 목적, 권한과 책임이 규정되어 있어야 하며, 그리고 ③ 내부감사의 활동범위를 정의 하여야 한다. 또한 내부감사의 직무규정은 규정의 법적 정당성을 확보하기 위하여 **이사회 또는 감사위원회의 승인**을 받아야 한다.

　내부감사의 직무규정은 문서로 작성되어야 하며, 최고감사책임자(CAE)는 내부감사의 직무규정에 정의되어 있는 내부감사조직의 목적, 권한 그리고 책임이 그 목적을 달성하도록 적절히 지속적으로 유지되는지 주기적으로 평가해 보아야 한다. 이러한 주기적인 평가결과는 이사회 또는 감사위원회에 보고되어야 한다.

2. 내부감사의 윤리강령

내부감사의 윤리강령은 내부감사업무 수행과 전문직업에 관련된 원칙이며, 내부 감사인에게 기대되는 행동을 명시한 행동규범이다. 윤리강령은 **내부감사서비스를 제공하는 개인이나 기관 모두에게 적용**된다. 윤리강령의 목적은 내부감사활동의 광범위한 직무에 윤리 문화를 조성하는데 있다.

윤리강령은 리스크관리, 내부통제 그리고 지배구조 운영에 관한 객관적 검증을 함에 있어 신뢰의 기반위에 있어야 하는 내부감사활동 직무에 필요하고도 적절한 것이다. 「내부감사 윤리강령」은 내부감사직무의 정의를 비롯하여 다음의 두 가지 중요한 요소를 포함하는 데까지 확장된다.

① 내부감사 직무 및 감사수행과 관련되는 원칙(Principles).

② 내부감사인에게 요구되는 행동규범(Rules of Conduct).

이런 규범은 원칙을 해석하여 실제로 적용하는데 도움을 주며, 내부감사인의 윤리적 행동을 유도하기 위한 의도를 갖는다. "**내부감사인**"은 **IIA 회원(한국감사협회회원, 상장회사감사회회원 포함), IIA로부터 전문자격증을 받았거나 받기위해 준비 하는 수험생 그리고 내부감사직무의 개념 정의 아래에서 내부감사서비스를 제공하는 사람들**이다.

가. 내부감사의 운영원칙

「내부감사의 운영원칙」은 「바젤감독위원회」에서 은행을 대상으로 마련한 것이나 실제 내용면에서 모든 금융회사에 적용 가능하며, 한 걸음 더 나아가서 일반회사에서도 적용 가능한 일반원칙이라고 생각된다.

「내부감사의 운영원칙」에는 ① 지속성의 원칙, ② 독립성의 원칙, ③ 명료성의 원칙, ④ 공정성의 원칙, ⑤ 전문성의 원칙이 있다. 이에 대한 자세한 설명은 제1편 - 제2장 - 제4절 - I. "내부감사의 운영원칙"의 항목을 참조하시기 바랍니다.

나. 내부감사의 행동원칙

「내부감사의 행동원칙」은 「국제내부감사인협회(IIA)」에서 제정한「내부감사인 윤리강령(Code of Ethics)」상의 「행동규범(Rules of Conduct)」으로서 내부감사서비스를 제공하는 개인 및 기관 모두에게 적용된다.

「내부감사의 행동원칙」에는 ① 완전성의 원칙, ② 객관성의 원칙, ③ 보안성의 원칙, ④ 적격성의 원칙이 있다. 이에 대한 자세한 설명은 제1편 - 제2장 - 제4절 - II. "내부감사의 행동원칙"의 항목을 참조하기 바랍니다.

3. 내부감사의 복무수칙

「내부감사의 복무수칙」은 내부감사인이 감사업무를 수행함에 있어 명심해야 하는 감사인의 사명과 철저히 지켜야 하는 감사 자세 및 감사 예절 그리고 절대 위반해서는 아니 되는 금지사항을 포함하고 있다.

「내부감사의 복무수칙」에는 ① 내부감사인의 사명, ② 내부감사인의 자세, ③ 내부감사인의 예절, ④ 내부감사인의 금지사항이 있다. 이에 대한 자세한 설명은 제1편 – 제2장 – 제4절 – Ⅲ. "내부감사의 복무수칙"의 항목을 참조하시기 바랍니다.

Ⅱ 내부감사의 독립성과 객관성

1. 내부감사 조직의 독립성[1]

내부감사인은 그들의 임무를 자유롭고 개관적으로 수행할 수 있을 때 독립적이라 한다. **독립성**이란 편향되지 않게 내부감사 책임을 수행할 수 있는 내부감사 활동능력을 위협하는 환경으로부터의 자유를 말한다. 독립성은 내부감사인이 본연의 감사임무 수행에 있어 필수적인 공정하고 편향되지 않는 판단을 내리게 해준다. 독립성은 조직 내에서의 위상과 객관성에 의해 성취된다.

내부감사 담당조직의 책임을 효과적으로 달성하기 위한 수준의 독립성을 갖기 위해서, 감사 또는 감사위원회(이하 "감사"라 함)는 직접적이고 제한 없이 최고경영자 및 이사회와 의사소통할 수 있어야 한다. 이것은 복수의 보고라인을 통해 달성할 수 있다. 왜냐하면 최고경영자와 이사회는 내부감사 조직의 독립성 증진과 동 조직이 감사 고객의 협조를 얻고, 방해받지 않으면서 그들의 업무를 수행하도록 돕기 때문 이다.

조직상의 독립은 최고 감사책임자가 감사업무 수행과정에서 주요사항에 대하여 기능상으로는 이사회에, 행정상으로는 최고 경영자에게 보고할 때 효과적으로 달성할 수 있다. 최고 감사책임자는 이사회에 직접 보고하여야 한다. 이사회와 정기적인 의견교환은 독립성에 대한 확신을 심어줄 뿐만 아니라 최고 감사책임자와 이사회의 상호 관심사항에 대해 이해를 증진시키는 하나의 수단이다.

최고감사책임자[2]가 이사에 관한 감독책임, 재무보고, 지배구조 및 내부통제와 관련되는 이사회에 정기적으로 참석할 때 직접적인 의견교환이 가능 해 진다. 최고감사책임자는 이러한 미팅에 참석함으로써 전략적인 사업과 업무적 변화에 대한 정보를 얻

---

[1] 국제내부감사인협회(IIA), 「International Professional Practices Framework(IPPF)」(국제직무수행방안. 한글번역판), 2011., 70~71면. 「국제내부감사기준」1110.

[2] 최고감사책임자란 내부감사업무를 최종적으로 책임지고 있는 감사, 감사위원회 위원, 감사담당 본부장 등을 의미한다.

게 되어 초기에 고도의 위험, 내부통제시스템, 내부통제절차 및 내부통제 형태 등의 쟁점사항에 대하여 사전에 의견을 제기할 수 있는 기회를 가질 수가 있다.

내부감사인은 고위경영진 및 이사회의 지원을 받아 업무 수행 시 감사대상자의 협조를 유도하고 감사방해로부터 자유로워야 한다. 내부감사조직의 독립성에 대한 위협은 각 감사인, 감사업무, 감사기능 및 감사조직 차원에서 관리되어야만 한다. 그리고 내부감사 조직은 감사범위의 결정, 감사업무의 수행, 감사결과의 보고에 있어 내부감사조직이 아닌 외부로부터 어떠한 간섭도 받지 않아야 한다.

가. 기능적 보고

내부감사기능을 위한 기능적 보고 라인은 궁극적으로 그 독립성과 권한을 부여하는 원천이다. 그러한 것으로서 「국제내부감사인 협회」는 최고감사책임자가 기능적으로 감사위원회, 이사회 또는 기타 적절한 지배기구에 보고 또는 승인을 받을 것을 권고하고 있다. 이러한 맥락에서 기능적으로 보고하는 것은 지배기구가 다음과 같이 한다는 것을 의미한다.

기능적 보고 또는 승인 사항

① 내부감사 헌장/규정 또는 감사(상근감사위원 포함) 직무규정.
② 내부감사 리스크 평가 및 리스크에 기반을 둔 감사계획.
③ 내부감사 활동결과 및 업무성과 보고 수령 과 성과평가.
④ 최고감사책임자의 연간 보수 및 급여 조정의 附議 안건.
⑤ 최고감사책임자의 선임/임명 및 해임 등.

나. 행정적 보고

행정적인 보고는 내부감사기능의 일상적인 업무를 촉진하는 조직의 관리구조 측면에서의 보고관계를 의미한다. 행정적인 보고는 일반적으로 다음의 것들을 포함 한다.

행정적 보고 또는 승인 사항

① 예산 및 관리 회계.
② 인사평가 및 보상을 포함한 인사행정.
③ 내부 의사소통 및 정보의 흐름.
④ 조직의 내부 정책 및 절차 행정 등.

적절한 보고라인은 내부감사기능이 그 책임을 효과적으로 완수하기 위해 필요한 독립성, 객관성 그리고 조직 내의 위상을 확보하는 데 매우 중요하다. 「직무수행기준」은 독립성을 높이고 광범위한 감사영역을 보장하기 위해 충분한 권한이 있는 개인에게 보고해야하는 점의 중요성을 강조한다.

따라서 최고감사책임자는 행정적 보고라인이 적절한지 정기적으로 평가하여야 하며, 행정적 보고라인의 적절성을 평가할 때에는 다음의 속성들을 고려하여야 한다.

행정적 보고라인의 적절성 평가 시 고려사항

① 보고 받는 사람은 그 기능의 효과성을 보증할 수 있는 충분한 권한을 갖고 있는가?

② 보고 받는 사람은 적절한 통제권한을 갖고, 최고감사책임자를 지원한다는 지배구조상 의 마음자세가 되어 있는가?

③ 보고받은 사람은 감사사안에 대하여 최고감사책임자를 적극적으로 지원할 시간 및 관심은 있는가?

④ 보고 받는 사람은 기능적 보고관계를 이해하고 지원하는 가?

만약, 행정적 보고라인의 책임을 맡고 있는 사람이 조직 내에서 내부감사 대상이 되는 다른 업무활동도 책임지고 있다면 최고감사책임자는 적절한 독립성이 유지되기가 어려울 것이다. 따라서 이상적인 보고구조는 기능적으로는 감사위원회 또는 감사에게 보고하고, 행정적으로는 최고경영진(CEO)에게 보고하는 것이라고 본다.

2. 개별 감사인의 객관성[3]

객관성이란 내부감사인이 감사결과에 믿음을 갖고 있으며 어떠한 감사내용의 타협도 없었다는 그런 식의 감사업무를 수행하기 위하여 요구되는 편향되지 않은 정신적 태도이다. **객관성**은 내부감사인이 감사문제에 있어서 다른 사람의 판단에 종속되지 않기를 요구한다. 내부감사인은 공정하고, 편향되지 않은 태도를 가져야 하며 어떠한 이해상충도 피해야 한다. 내부감사인은 전문가로서 객관적인 판단을 내릴 수 없는 상황에 놓이지 않아야 한다.

이해상충이란 신뢰관계에 있어야 할 내부감사인이 전문가로서 또는 개인적으로 경쟁적인 관심을 갖고 있는 상태를 일컫는다. 그러한 경쟁적 관심은 그의 임무를 공정하게 완수하기 힘들게 할 수 있다. 이해상충은 비윤리적 또는 부적절한 행동결과가 없을 경우에도 존재하고, 내부감사인, 내부감사부서 및 전문가로서의 신뢰를 해칠 수 있는 부적절한 모습을 보일 수도 있으며, 한 개인의 객관적인 임무와 책임의 수행 능력을 손상할 수 있다.

내부감사 **직원의 배정**은 잠재적으로든 실제적으로든 이해상충 이나 편향됨이 없도록 이루어져야 한다. 최고감사책임자는 주기적으로 내부감사 직원들로부터 정보를 입수하여 그들이 잠재적 이해의 상충 상황이나 편향되어 있는지 점검해야 한다. 내부감

---

3) 국제내부감사인협회(IIA), 전게서, 2011., 73면. 「국제내부감사기준」1120.

사인의 인원 배정은 현실적으로 가능하다면, 감사인의 객관성 확보를 위해 내부 감사 직원을 주기적으로 순환보직 시키는 것이 바람직하다고 본다.

감사업무 수행결과는 해당 감사가 객관적으로 수행되었다는 합리적인 검증을 하기 위해 관련된 감사보고서가 배포되기 전에 반드시 검토되어야 한다. 내부감사인이 어떤 시스템을 통제하는 기준을 권고하거나 절차가 실행되기 전에 검토하는 것은 내부감사인의 객관성을 손상하지 않는다. 다만 내부감사인이 직접 그러한 시스템을 설계하고 작동시키는 것과 절차의 초안을 작성 또는 운영하는 것은 일반적으로 객관성을 손상시킨다고 본다.

내부감사인의 객관성에 부정적인 영향을 미치는 것을 피하기 위해 최고경영진과 최고감사책임자는 감사업무 수행에 있어서 이해상충이 발생하지 않도록 신중한 주의가 요구 된다. 그리고 최고감사책임자 또는 내부감사 조직은 감사업무 수행에 있어서 이해상충을 회피하도록 행동을 할 것을 약속하고, 이해상충 할 가능성이 있는 어떠한 활동도 공개할 것을 약속하는 정책을 채택하여야 한다.

3. 독립성과 객관성의 손상[4]

내부감사인은 독립성이나 객관성의 손상이 실제적으로나 잠재적으로 그리고 합리적으로 추측되는 상황이나, 혹은 객관성 또는 독립성에 대한 손상을 나타내는 상황에 대한 의문이 있는 경우에 최고감사책임자에게 보고하여야 한다. 만약 최고 감사 책임자가 독립성 또는 객관성의 손상이 존재한다거나 추측된다고 판단할 경우 그 내부감사인 들의 업무를 변경 또는 조정하여야 한다.

조직의 독립과 개인적인 객관성의 손상은 개인적인 이해상충, 감사범위의 제약, 기록·사람·자산에의 접근 제한, 그리고 자산 및 자원의 제한 등이 포함될 수 있다. **감사범위의 제약**이란 내부감사 활동의 목적과 계획이 완수되는 것에 방해가 되도록 내부감사 조직 앞에 가로놓인 어떠한 제한을 말한다. 감사범위를 제약하거나 제한하는 것으로는 다음과 같은 것을 들 수가 있다.

감사범위의 제약 및 제한 사항

① 내부감사헌장/규정에 명시된 범위.
② 감사업무 수행에 필요한 기록, 사람, 기타 실물자산에 대한 내부감사조직의 접근.
③ 승인된 감사업무 스케줄.
④ 필요한 감사업무 절차.
⑤ 승인된 감사인력 계획 및 재무적 감사 예산 등.

---

4) 국제내부감사인협회(IIA), 전게서, 2011., 74~75면, 「국제내부감사기준」1130.

감사범위의 제약은 그 잠재적인 영향과 함께 이사회에 가능하면 서면으로 보고 할 필요가 있다. 최고감사책임자는 이전에 이사회에 보고되고 이사회에 의해 수용된 범위의 제약에 대하여 이사회에 알리는 것이 적절한지 고려할 필요가 있다. 이것은 조직, 이사회, 최고경영진 등에 변화가 있을 때 특별히 필요하게 될 것이다.

내부감사인은 종업원, 의뢰인, 고객, 공급자, 또는 사업상의 제휴관계에 있는 사람으로부터 감사인의 객관성이 손상된다는 外樣을 보일 수도 있는 수수료, 선물, 또는 접대를 받아서는 안 된다. 이런 객관성이 손상되었다는 모습은 그 감사인에 의해 수행된 과거 또는 미래의 감사업무에 모두 적용될 수 있다.

감사업무를 하는 신분이 수수료나 선물 또는 접대를 받는 것을 정당한 것으로 만들어 주지는 않는다. 종업원이나 일반 대중이 쉽게 얻을 수 있는 값이 저렴한 펜이나 달력, 샘플 등 판촉 물건을 받는 것이 내부감사인의 전문가적 판단을 방해하지는 않을 것이다. 그러나 내부감사인이 상당한 수수료나 선물의 제시를 받을 경우에는 전문가적 판단을 방해받을 수 있으므로 언제나 즉시 상급 감독자에게 보고 하여야 한다.

또한 내부감사인은 최소 1년 정도의 기간이 경과하기 전까지는 자신이 이전에 책임을 맡았던 특정업무에 대해서 감사업무를 수행하지 않아야 한다. 어떤 내부감사인이 전년도에 자신이 책임을 맡았던 특정업무에 대해서 검증서비스 즉, 감사업무를 수행하였다면 이는 객관성이 손상되었다고 할 수 있을 것이다.

4. 非監査業務의 遂行 制限5)

비감사업무란 내부감사인이 감사와 관련 없는 업무를 수행할 때 그 수행하는 업무를 말한다. 조직의 경영진이 보기에는 타당하다고 판단되는 여러 가지 업무상 이유들로 내부감사인들은 독립성과 객관성을 손상할 수 있는 역할과 책임을 수행할 것을 자주 요청받고 있다. 그리고 효율적, 효과적 업무개발 및 최소한의 자원 사용에 대한 조직의 점증하는 요구에 직면하여 몇몇 내부감사부서는 주기적으로 내부감사 검증을 받아야 할 업무에 대해 책임을 맡도록 또한 요청을 받기도 한다.

내부감사부서 또는 개별 내부감사인은 경영진으로부터 감사대상이 되는 업무를 책임 맡도록 요청 받았을 경우 그런 책임의 수용은 독립성과 객관성을 손상할 수 있기 때문에 회사의 업무운영에 대한 책임을 가능하면 맡지 않아야 한다. 그러나 여러 가지 업무상 이유를 들어 몇몇 개별내부감사인 또는 내부감사부서는 경영진으로부터 監事의 監査對象이 되는 業務 즉, 非監査業務를 책임 맡거나 할당받는 것을 수용해 왔다.

내부감사부서 또는 개별 내부감사인이 감사대상이 되는 업무를 책임 맡고 있거나,

---

5) 국제내부감사인협회(IIA), 전게서, 2011., 74~75면과 2007., 101~104면 「국제내부감사기준」 1130. A1.

경영진이 업무할당을 고려하고 있을 경우 내부감사인의 독립성과 객관성은 손상된다고 이해되어야 한다. 더구나 내부감사인이 지난해 본인이 업무권한 이나 책임을 맡았던 어떤 활동분야에 대하여 검증·검토를 수행한다면 객관성은 저해 받는 것으로 간주된다.

내부감사인이 불가피하게 비감사적인 업무기능 또는 운영에 대한 책임을 수용해야 하는 상황에 직면하였을 때는 최고감사책임자는 독립성과 객관성에 미치는 영향을 평가함에 있어 최소한 다음과 같은 사항을 고려해야 한다.

독립성과 객관성에 미치는 영향 평가 시 고려 사항

① 「국제내부감사인협회(IIA)」또는 개별 회사의 「윤리강령」 및 「국제내부감사 기준(Standards)」상의 요건.
② 주주, 이사회 임원, 경영진, 법정기구, 공공단체, 규제당국 그리고 여타 공공 이해집단 을 포함하는 이해관계인의 기대치.
③ 내부 감사헌장 및 내부 감사규정 등에 명시된 허용과 제한.
④ 「국제내부감사기준(Standards)」 및 「자본시장법」등에서 요구하는 공시.
⑤ 내부감사인이 수행한 활동 또는 책임에 대한 감사 수행.
⑥ 조직에 대한 업무적 기능의 중요성(수익, 비용, 평판, 및 영향력 측면으로).
⑦ 업무 할당의 기간 및 책임의 범위.
⑧ 업무분장의 적정성.
⑨ 내부감사인의 객관성이 위험에 처할 어떤 과거 이력이나 기타 증거가 있는지 여부 등.

그 밖에 업무운영 책임이 내부감사 조직에 할당될 경우 관련된 업무 영역에서 일련의 검증감사 기능이 수행될 때에는 객관성을 확신할 수 있는 특별한 주의가 필요하다. 내부 감사인이 지난해에 본인의 업무권한이나 책임을 맡았던 어떤 활동을 감사한다면 객관성은 저해 받은 것으로 간주되므로, 이러한 사실들은 감사인이 책임을 맡았던 업무영역에 대한 감사결과 보고를 할 때 분명하게 기술되어야 한다.

내부감사 조직으로 전근되었거나 일시적으로 고용된 직원은 최소 1년 정도의 기간이 경과하기 전까지는 그들이 전임지에서 맡았던 업무 활동 분야에 대해 감사업무를 할당받지 않아야 한다. 만약 기간 경과 전 전임지의 업무감사를 한다면 앞에서 한번 언급하였다시피 객관성이 저해되었다고 할 수 있으며, 이 경우 해당 감사 수행 및 결과 보고에 대한 감독을 수행할 때 추가적인 고려가 있어야 한다.

내부감사인이 시스템 통계기준을 권고한 경우 또는 시스템이 가동되기 전에 절차를 검토하는 경우 등은 내부감사인의 객관성이 손상 받았다고 볼 수 없다. 그러나 시스템을 설계하고, 설치하고, 작동시키는 것은 감사기능이 아니며, 시스템 절차에 대해 초안을 작성하거나 운영하는 것도 감사기능이 아니다. 그러므로 그런 활동을 수행하는 것은 감사업무의 객관성을 손상한 것으로 간주할 수 있다.

그러나 내부감사인에 의해 일시적으로 수행된 비감사업무에 대해 감사보고 과정에서 충분히 공개된다면 굳이 객관성을 손상했다고 할 필요는 없다. 그러나 이 경우에도 내부 감사인의 객관성에 좋지 않은 방향으로 영향을 끼치는 것을 피하기 위해서는 비감사업무에 대한 감사업무를 수행함에 있어 관리자 및 내부감사인의 신중한 주의가 요구된다.

그리고 내부감사인은 비감사업무에 대한 책임을 맡게 될 기회에 직면하게 될 경우에 내부감사인은 비감사업무의 수행에 대한 적정한 행동절차 인지 여부에 대하여 판단할 때 다음과 같은 사항을 고려하여야 한다.

가. 윤리강령 및 내부감사의 직무수행 기준

일반적으로 내부감사인의 「윤리강령」 및 「내부감사직무 수행기준」은 내부감사 활동부서가 독립적이고, 내부감사인이 그 업무수행에 있어 객관적일 것을 요구한다.

① 내부감사인은 가능하면 내부감사의 주기적 검증대상이 되는 非監査機能과 임무에 책임을 맡는 것을 피해야 한다.

② 이것이 불가능하면 독립성과 객관성의 저해내용이 저해된 정도에 따라 필요한 당사자 에게 그 내용이 공개되도록 요구한다.

③ 감사인이 1년 이내에 전 임지에서 책임 맡았던 업무에 대해 검증감사를 실시한다면 객관성은 저해된 것으로 보아야 한다.

④ 만약 경영진이 내부감사인에게 비감사업무를 수행할 것을 요청하였다면 이것은 그들 이 내부감사인으로서의 역할을 수행하지 않은 것으로 간주되어야 한다.

나. 이해관계인의 기대치에 대한 평가 및 측정

제도적, 법적 요구사항을 포함하여 이해관계인의 기대치는 잠재적 객관성 저해와 연관 지어 평가되고 측정되어야 한다.

다. 명시된 제한사항은 적절한 지배기구와 相議

내부감사헌장/규정에 내부감사인의 비감사업무 할당에 관한 구체적인 제한 사항이 있거나 한정 문구가 있을 경우 그런 제한 사항을 알리고 경영진과 상의하여야 한다. 만약 경영진이 그런 임무를 강요한다면 이 사실을 이사회나 감사위원회 또는 적절한 기업 지배기구에 알리고 의논해야 한다.

만약 감사 헌장/규정에 이 문제의 언급이 없다면 아래에 언급한 점들을 고려하여야 한다. 아래에 언급되는 모든 내용들 보다는 내부감사헌장/규정의 조항이 더 우선 한다.

라. 비감사업무 수용의 경우 최고감사책임자의 자세

내부감사부서가 비감사업무에 대하여 업무적인 책임을 수용하고 그 업무가 내부감사계획의 대상이 되는 경우, 최고감사책임자는 다음과 같은 자세를 유지하여야 한다.

비감사업무 수용의 경우 최고감사책임자의 자세

① 최고감사책임자는 업무적 책임을 맡고 있는 비감사업무에 대한 감사를 완수하기 위하여 그 업무의 담당하고 있는 내부감사인이 아닌 제3자 또는 외부감사인을 이용 하여 객관성에 대한 손상을 최소화해야 한다.

② 비감사업무운영에 책임을 맡고 있는 내부감사인은 그 업무에 대한 감사에 참여하지 않아야 한다.

③ 만약 비감사업무에 대한 책임을 맡고 있는 내부감사인이 감사에 참여할 경우 감사기능 을 수행하는 감사인은 독립성과 객관성이 저해되지 않는 사람에게 감독을 받고 감사 결과를 보고하여야 한다.

④ 내부감사인이 맡은 업무운영 책임은 관련 감사보고서와 감사위원회 또는 기타 기업 지배구조에 제출하는 표준보고서에 公開되어야 한다.

이를 종합하면 내부감사인의 업무적인 책임은 최고감사책임자에게 보고되는 영역에 관련된 감사보고서와 이사회에 제출하는 내부감사인의 표준보고서에 公開되어야 한다. 내부감사의 결과는 경영진 또는 기타 적절한 이해관계인과 논의될 수 있다. 독립성이나 객관성을 공개하더라도 최고감사책임자가 책임을 맡고 있는 기능에 대한 검증 감사가 내부감사부서 외에 위 제①항의 제3자에 의한 감독을 받아야 하는 요건은 준수되어야 한다.

Ⅲ 숙달과 상당한 전문가적 주의

내부감사인은 내부감사업무를 수행함에 있어 숙달과 상당한 전문가적 주의를 다하여 수행하여야 한다. 숙달과 상당한 전문가적 주의는 최고감사책임자와 개별감사인 모두에게 책임이 있다.

1. 숙달[6]

내부감사인은 그들 각자의 책무를 수행하기 위해 필요한 지식, 기술 그리고 여타 능력을 지녀야 한다. 내부감사부서는 부서의 책임완수를 위해 필요한 지식, 기술 그리고 여타 능력을 총체적으로 소유 또는 취득해야 한다.

가. 내부감사인의 감사업무 숙달

본 항목에서 지식, 기술, 그리고 기타의 능력은 총체적인 의미를 가지며 내부감사인이 전문가적인 책임을 효과적으로 수행하기 위해 요구되는 전문가적인 숙달을 의미한다. 최고감사책임자를 포함한 내부감사인들은 적절한 전문자격증[7] 등을 취득하여 그들의 전문성을 확인 시킬 수 있도록 권유한다.

숙달은 최고감사책임자와 개별 감사인 모두에게 책임이 있다. 최고감사책임자는 각 감사임무를 맡은 내부감사인들이 총체적으로 해당 감사업무를 적절히 수행하는데 필요한 지식과 기술 그리고 기타 역량을 갖추도록 해야 한다. 내부 감사인 들의 숙달을 평가할 때에는 다음의 사항을 고려해야 한다.

(1) 내부감사인은 전문성 보유

각 내부감사인은 특정한 지식, 기술 그리고 여타 능력을 갖추고 있어야 한다.

① 감사임무 수행에 있어서 내부감사 기준, 절차 그리고 기술을 적용하는데 있어 숙달이 요구된다. **숙달**이란 닥칠 수 있는 상황에 지식을 적용할 수 있는 능력이며, 기술적 연구나 도움에 크게 의지함 없이 문제를 다룰 수 있는 능력을 말한다.

② 재무기록과 재무보고서에 대한 폭 넓은 임무를 수행하는 감사인에게 회계 기준과 기법에 대한 숙달이 요구된다.

③ 부정위험의 징후를 식별하는 지식이 요구된다.

④ 핵심 정보기술, 위험관리 및 내부통제에 대한 지식 및 이용 가능한 기술기반 감사기법에 대한 지식이 요구된다.

⑤ 바람직한 업무추진을 벗어난 경우 그 중요성과 심각성을 인식하고 평가하기 위해서는 경영원칙에 대한 이해력이 요구된다. **이해력**이라 함은 직면 할 것으로 예상되는 상황 에 폭 넓은 지식을 적용하는 능력, 중요한 일탈을 인식

6) 국제내부감사인협회(IIA), 전게서, 2011., 80~85면 과 2007., 106~112면 ,「국제내부감사기준」1210., 1210.A1.

7) 전문자격증으로는 「국제내부감사인협회(IIA)」에서 주관하는 공인내부감사사(CIA), 한국상장협회가 주관하는 기업내부감사사, 금융감독원이 주관하는 공인회계사(CPA)와 기타 그 이외의 관련 전문기관들이 제공 하는 자격증을 말한다.

하는 능력, 그리고 합리적인 해결책을 마련하기 위해 필요한 조사를 수행할 수 있는 능력을 말한다.

⑥ 회계, 경제, 법률, 세무, 재무, 계량적 방법 그리고 정보기술 등에 대한 올바른 인식 즉, **기본지식**이 요구된다. **올바른 인식**의 의미는 현존하는 문제, 잠재적 문제 등을 인식할 수 있고, 더 행해져야 할 추가적인 연구 조사나 필요한 지원을 결정할 수 있는 능력을 말한다.

⑦ 내부감사인은 사람들을 다루고 효과적인 의견교환을 할 수 있는 능력 즉, **의사소통 능력**이 요구된다. 내부감사인은 인간관계를 잘 이해하고 감사고객 과 만족스런 관계를 유지하여야 한다.

⑧ 내부감사인은 업무목표, 평가, 결론 그리고 권고사항을 분명하고 효과적으로 전달하기 위한 구두 또는 서면보고 기술이 요구된다.

(2) 내부감사인의 선발기준 설정

최고감사책임자는 업무범위와 책임수준을 세심하게 고려하여 내부감사직원을 선발하는데 필요한 교육이나 업무경력의 적절한 기준을 설정하여야 한다. 장차 감사업무를 맡을 각각의 내부감사인이 지닌 자격과 숙달정도에 대한 합리적인 검증을 하여야 한다.

내부감사인을 선발할 경우에는 제1편 제2장 제4절 - Ⅰ - 5. 전문성 원칙의 항목에서 언급한 내부감사에 필요한 특정한 지식, 기술 그리고 여타 능력을 갖춘 자 중에서 선발될 수 있도록 「내부감사인의 선발기준」을 설정하여 운영하는 것이 바람직하다.

(3) 감사부서의 기술 및 지식 분석

내부감사인은 조직 내에서 전문 감사직무수행에 필수적인 지식과 기술 그리고 여타 능력을 총체적으로 지녀야 한다. 따라서 감사부서의 기술 및 지식 그리고 여타 능력에 대한 분석을 매년 수행하여 지속적 직무능력 개발, 채용 또는 코소싱(Co- sourcing)을 통해 처리될 수 있는 분야를 파악하는 데 도움이 되게 해야 한다.

(4) 내부감사직원들의 직무능력 개발

지속적인 직무능력 개발은 내부감사직원들을 숙달된 상태로 유지한다는 확신을 갖게 해주는 필수적인 조건이다. 내부감사인은 그들의 지식과 기술 그리고 그 밖의 능력을 지속적인 직무교육을 통해 향상시켜야 한다.

자세한 내용은 제3편 - 제1장 - Ⅲ- 3. '직무능력 개발 항목'을 참조하시기 바랍니다.

나. 내부감사부서의 지원이나 보완

최고감사책임자는 내부감사부서가 완전히 숙달되지 않은 분야에 대한 지원 또는 보완을 하기 위해 외부 전문가의 지원 및 조력을 받을 수 있다. 최고감사책임자는 감사직원들이 감사의 전부 또는 일부를 수행함에 있어 필요한 지식, 기술 그리고 여타 능력이 결여 되어 있을 경우 마땅한 조언이나 지원을 구해야 한다.

내부감사인은 내부감사부서를 지원하는 추가서비스의 획득을 모색 할 때에는 다음 사항을 고려해야 한다.

(1) 외부 서비스 제공자 이용 분야

내부감사부서는 회계, 감사, 경제학, 재무, 통계학, 정보기술, 공학, 세무, 법률, 환경 문제 그리고 기타 내부감사 책임을 완수하는 데 필요한 기타 영역에 대해 훈련되어 자격을 갖춘 감사직원을 채용하거나 외부 서비스 제공자를 이용해야 한다. 그렇다고 내부감사부서의 개별 내부감사인이 모든 분야에 자격을 갖출 것을 요하지는 않는다.

(2) 외부 서비스 제공자 임무 지정

외부 서비스 제공자란 어떤 특정분야에 특별한 지식과 기술과 경험을 소유한, 그 조직으로부터 개인이나 회사를 말한다. 외부 서비스 제공자로는 보험계리인, 회계사, 변호사, 감정평가사, 환경전문가, 범죄수사관, 엔지니어, 지질학자, 보안전문가, 정보기술전문가, 외부감사인, 기타 감사조직을 말한다.

외부서비스 제공자는 내부감사부서 또는 내부감사기관이 완전히 숙달되지 않은 분야에 대한 지원 또는 보완을 하기 위해 외부 전문가의 지원 및 조력이 필요한 경우 감사위원회, 감사, 또는 최고감사책임자 등에 의해 외부서비스 제공 임무를 맡게 된다.

(3) 외부 서비스 이용 직무 종류

내부감사부서 또는 내부감사기관이 완전히 숙달되지 않은 분야에 대한 지원 또는 보완을 하기 위해 외부 전문가의 지원 및 조력이 필요한 경우 내부감사부서 또는 내부감사기관에 의해 이용될 수 있는 외부 서비스 이용 직무의 종류는 제1편 제8장 제2절 Ⅰ. "내부감사 아웃소싱 대상" 항목을 참고하시기 바랍니다.

(4) 외부 서비스 제공자의 수행능력 판단

최고감사책임자는 외부 서비스 제공자가 필요한 지식, 기술 그리고 여타 감사 업무 수행 능력을 갖췄는지 확인해야 한다. 외부서비스 제공자의 수행능력 판단에 있어서 감사위원회, 감사 또는 최고 감사책임자는 제1편 제8장 제4절 Ⅰ. "서비스 제공자의 능력" 항목을 참고하시기 바랍니다.

(5) 외부 서비스 제공자의 독립성과 객관성 평가

최고감사책임자는 외부서비스제공자에게 감사업무를 맡길 생각이 있을 경우, 해당 내부감사업무 수행과 관련하여 외부서비스제공자의 능력과 독립성, 객관성을 평가해 보아야 한다. 이러한 평가는 외부서비스제공자를 이사회 또는 최고경영진이 선정하고 외부서비스 제공자의 감사내용을 최고감사책임자가 의존하고자 하는 경우에도 이루어져야 한다.

최고감사책임자는 외부서비스제공자의 독립성과 객관성이 그들의 감사업무 수행 중에 지속적으로 유지되도록 외부서비스제공자와 전체조직 사이 그리고 내부감사부서와의 관계를 평가하여야 한다. 그런 평가를 함에 있어 최고감사 책임자는 외부서비스제공자가 내부감사 업무를 수행하고 보고할 때 공정하고 편향되지 않는 그들의 판단과 의견을 가로 막을 어떤 재무적, 조직적 또는 개인적 관계가 없는지 확인해 봐야 한다.

최고감사책임자는 외부 서비스 제공자의 독립성과 객관성을 평가할 때에 고려해야 할 사항으로는 제1편 제8장 제4절 Ⅱ. "서비스제공자의 독립성과 객관성" 항목 참고 하시기 바랍니다.

(6) 외부감사인의 독립성 손상 여부 확인

외부 서비스 제공자가 그 조직의 외부감사인 이며 업무의 성격이 확장된 감사 서비스 일 경우 최고감사책임자는 수행된 업무가 외부감사인의 독립성을 손상하지 않는지 확인해야 한다. **확장된 감사서비스란 외부감사인에게 일반적으로 수용되는 감사기준의 요건을 넘어서는 그런 서비스를** 말한다.

만약 조직의 외부감사인이 그 조직의 최고 경영진, 관리자 또는 종업원으로 활동하거나 활동하는 것으로 비춰질 때 그들의 독립성은 손상된다. 부가적으로 외부감사인은 세무나 컨설팅 등 다른 서비스를 조직에 제공할 수 있다. 그렇지만 독립성은 조직에 제공된 전체 서비스와 관련하여 평가되어야 한다.

(7) 외부서비스 제공자의 업무범위에 관한 정보 취득

최고감사책임자는 외부 서비스 제공자의 업무 범위에 관한 충분한 정보를 가지고 있어야 한다. 이는 그 들의 업무 범위가 내부감사부서의 목표와 잘 어울리는지 확인하기 위해 필요하다. 이러한 또는 여타 문제를 감사계약 관련 서신이나 계약서에 문서로 남겨 놓는 것이 신중한 태도이다.

최고감사책임자는 외부 서비스 제공자와 다음 사항을 검토 하여야 한다.

외부서비스 제공자와 검토해야 할 업무 범위

① 업무의 목표와 범위.
② 감사보고서에서 다루어질 것으로 기대되는 구체적인 사항들.
③ 관련 기록, 사람, 실물자산에의 접근.
④ 사용될 가정과 절차에 관한 정보.
⑤ 필요한 경우, 감사 수행조서에 대한 소유권 및 보관.
⑥ 감사 수행 중에 취득한 정보의 기밀 유지 및 제한.
⑦ 필요한 경우에는 「국제내부감사인협회(IIA)」의 「국제내부감사직무수행 기준 (Standards)」과 감사부서의「업무수행기준」의 준수에 대하여 업무 계약서에 포함.

(8) 「내부감사 직무수행기준」의 준수 여부 확인

외부 서비스 제공자가 내부감사 업무를 제공할 경우 최고감사책임자는 그 작업이 「국제 내부감사기준(Standards)」과 해당 기업의「감사위원회규정」,「상근감사직무규정」또는「감사직무규정」등 내부감사 관련 규정 및 기준을 준수하여 서비스가 진행되는지 명확하게 확인 하여야 한다.

외부 서비스 제공자의 작업을 검토할 때 최고감사책임자는 수행된 작업의 적절성을 평가하여야 한다. 이러한 평가는 도달된 결론 그리고 중대한 예외 사항이나 다른 특이한 문제 해결의 합리적인 기초를 제공하기 위해 취득한 정보의 충분성도 포함한다.

2. 상당한 전문가적 주의[8]

모든 내부감사인은 합리적인 신중함과 감사능력을 지니고 있는 내부감사인에게 요구되는 주의와 기술 즉, '상당한 전문가적 주의'를 적용하여야 한다. 상당한 전문가적 주의가 결함이 전혀 없음을 의미하지는 않는다. '상당한 전문가적 주의' 는 신중하고

---

8) 국제내부감사인협회(IIA), 전게서, 2011., 44면 및 86면 과 2007., 132~142면. 「국제내부감사기준」, 1220., 1220.A2.

능력 있는 내부감사인이 같은 또는 유사한 상황에서 적절히 사용할 것으로 기대되는 주의와 기술을 적용함을 요구한다. 따라서 수행되는 감사업무의 복잡성에 맞게 적절하게 적용해야 한다.

'상당한 전문가적 주의'를 기울임에 있어 내부감사인은 다음과 같은 것의 발생 가능성에 주의해야 한다. 부정, 고의적 불법행위, 오류 및 누락, 비효율, 낭비, 비효과, 이해의 상충 등이 그것이다. 또 부정행위가 일어날 가능성이 큰 상황과 활동에 대해서도 항상 주의를 기울어야 한다. 더불어 부적절한 통제를 확인하고, 수용 가능한 절차나 관행의 준수를 촉진시키는 개선방안을 권고해야 한다.

아울러 '상당한 전문가적 주의'란 합리적인 주의 및 능력발휘를 의미하며, 완전무결 또는 비범한 업무수행을 의미하지 않는다. 즉 내부감사인이 합리적인 수준의 조사 및 사실 확인을 할 경우 '상당한 전문가적 주의'를 다했다고 할 수 있다. 따라서 기업 내부감사인이 '상당한 전문가적 주의'를 다했다고 하기위해서는 다음의 사항을 고려하여야 한다.

(1) '상당한 전문가적 주의'를 다한 임무 수행

내부감사인은 다음과 같은 사항 들을 고려하면서 '상당한 전문가적 주의'를 다하여 임무를 수행해야 한다.

상당한 전문가적 주의를 다하기 위한 고려 사항

① 감사업무 목표를 완수하는 데 필요한 업무 범위.
② 검증절차가 요구되는 문제의 상대적 복잡성, 중요성 또는 심각성.
③ 지배구조, 리스크 관리 및 내부통제의 적절성 및 효과성.
④ 중요한 오류, 부정행위 또는 규정 위반의 가능성.
⑤ 잠재적 효익에 대비한 검증 비용 등.

(2) 기술기반 감사 및 데이터분석 기법의 사용

'상당한 전문가적 주의'를 다하여 감사업무를 수행할 때 내부감사인은 컴퓨터 활용 감사와 같은 기술기반 감사 및 기타 데이터분석 기법을 사용할 것을 고려해야 한다.

(3) 부정행위 등 중요한 위험에 대한 경계 철저

내부감사의 검증절차가 비록 '상당한 전문가적 주의'를 다했다 하더라도 모든 리스크가 밝혀질 것이라는 보장을 해 주지는 못한다.

그러나 내부감사인은 회사의 목표, 업무 또는 자원에 영향을 줄 수 있는 부정행위, 비정상적인 행위 등 중요한 위험에 대하여 경계를 철저히 하여야 한다.

(4) 컨설팅 업무 수행 시 '상당한 전문가적 주의'

내부감사인은 컨설팅 업무를 수행하는 동안 다음과 같은 사항을 고려하여 '상당한 전문가적 주의'를 다해야 한다.

컨설팅 업무 수행 시 상당한 전문가적 주의 사항

① 업무성격, 시기 그리고 업무결과의 보고를 포함하는 컨설팅업무 고객의 요구와 기대치
② 업무 목표를 달성하기에 필요한 임무수행의 상대적 복잡성과 범위.
③ 잠재적 효익에 대비한 컨설팅 서비스 비용 등.

3. 지속적인 직무능력 개발[9]

내부감사인은 그들의 지식과 기술 그리고 여타 능력을 지속적인 직무교육을 통해 향상시켜야 한다. 내부감사인은 지속적인 직무능력 개발과 관련하여 다음의 사항을 고려해야 한다. 다음의 사항들이 필요한 모든 사항을 나타내려 한 것은 아니며, 관심 있게 다루어져야 할 항목 중에 일련의 몇 가지 항목을 제시한 것이다.

(1) 내부감사인의 지속적인 학습 책임

내부감사인은 업무 숙련도를 유지하기 위하여 지속적으로 학습해야 하는 책임이 있다. 그들은 「국제내부감사인협회(IIA)」의 「국제내부감사직무수행방안」의 지침을 포함하여 내부감사 기준, 절차 그리고 기법의 발전과 최신의 변화 내용을 잘 알고 있어야 한다.

내부감사인은 지속적인 학습은 IIA 같은 전문 조직의 구성원이 되어 참여 및 자원 봉사를 함으로서 이루어진다. 내부감사협회의 참석, 컨퍼런스, 세미나 및 사내연수에 참여, 대학과정 및 자체학습 코스의 완성, 그리고 연구프로젝트 참여 등을 통해서 이루어진다.

(2) 내부감사인은 적절한 전문자격증 취득

내부감사인은 「국제내부감사인협회(IIA)」에서 제공하는 「공인내부감사사(CIA)」, 한국상장회사협의회가 제공하는 「기업내부감사사」, 국가공인자격시험인 「공인회계사(CPA)」나 기타 인증서 등 적절한 직무관련 전문자격증 취득을 통해 그들의 직무상숙련도를 입증하기를 권장 한다.

---

9) 국제내부감사인협회(IIA), 전게서, 2011., 87면 과 2007., 143~144면 , 「국제내부감사기준」, 1230.,

(3) 조직 활동 및 산업 관련 전문교육 권장

내부감사인은 그들이 속한 조직의 지배구조, 리스크 관리 및 내부통제 프로세스와 관련된 숙련도를 유지하기 위해 그들의 조직 활동 및 그들이 속한 산업과 관련된 지속적인 전문교육도 받도록 권장한다.

(4) 특정한 감사 및 컨설팅업무 관련 특별교육 수강

특정한 감사 및 컨설팅업무를 수행하는 내부감사인은 정보기술, 세무, 보험계리, 시스템 디자인, 경영 컨설팅 등 그들의 내부감사업무를 능숙하게 수행하기 위해 특수한 직무교육을 받을 수 있다.

(5) 전문자격증 소유자는 지속적인 보수교육 이수

직무관련 전문자격증을 지닌 내부감사인은 전문자격증 소유에 따른 요구 조건에 부응하기 위하여 지속적으로 충분한 직무 보수교육을 이수해야 한다.

(6) 전문자격증 미소유자는 교육프로그램 참여 또는 독학 권장

현재 적절한 자격증을 지니지 못한 내부감사인은 전문자격증을 취득하기 위해 교육 프로그램에 참여하거나 개인적인 공부를 하도록 권장 받는다.

Ⅳ 내부감사 관련 법령 및 규정

감사의 기본자세는 회사의 건전한 경영과 주주의 권익 보호 및 회사의 사회적 신뢰의 유지향상에 노력하는 한편 감사업무 수행에 필요한 지식의 습득 및 이론의 연구와 감사기술의 향상에 노력하여야 한다.((「상장회사감사의 표준직무규정」제4조제1항제1호 및 제2항제2호, 「상장회사감사위원회의 직무규정」제4조 제1항제1호 및 제2항제2호).

여기서 말하는 효율적인 감사를 위해서 감사가 습득해야 할 감사업무 수행에 필요한 지식 중 법규에 대한 지식으로는 ① 감사제도에 관한「상법」및 외부감사인에 관한「외감법」에 대한 지식, ② 회사의 내부규정을 통해 마련한 일련의 감사관련 규정에 관한 지식, ③「상법」이외에 감사관련 법령에 관한 지식 등이 있다.

내부감사 관련 법규로는 내부감사 핵심 법률로「상법」,「외감법」,「자본시장법」등이 있고, 내부감사 지원 법률로는「신용정보보호법」,「공정거래법」등이 있다. 그리고 내부감사 핵심 규정으로는「정관」,「감사위원회직무규정」,「상근감사위원직무규정」,「監事職務規程」,「監査規程」등이 있고, 내부감사지원규정으로는「내부통제규정」,「내부회계관리규정」등이 있다.

1. 내부감사 관련 법령

가. 내부감사 핵심 법률

(1) 「상법」

(2) 「주식회사의 외부감사에 관한 법률」(약칭 '외감법')

(3) 「자본시장과 금융투자업에 관한 법률」(약칭 '자본시장법')

(4) 「공공감사에 관한 법률」(약칭 '공감법')

(5) 「금융회사의 지배구조에 관한 법률」(약칭 '금융지배구조법') 등.

나. 내부감사 지원 법률

(1) 「신용정보 이용 및 보호에 관한 법률」(약칭 '신용정보보호법')

(2) 「금융실명 거래 및 비밀보장에 관한 법률」(약칭 '금융실명법')

(3) 「독점규제 및 공정거래에 관한 법률」(약칭 '공정거래법') 등.

2. 내부감사 관련 규정

가. 내부감사 핵심 규정

(1) 「정관」

(2) 「이사회 규정」

(3) 감사위원회 관련 규정

ㅇ 「감사위원회 직무규정」

ㅇ 「상근감사위원 직무규정」

(4) 「監事 職務規定」

(5) 「監査 規定」 또는 「檢査 規定」 등.

나. 내부감사 지원 규정

(1) 「지배구조 규정」

(2) 「내부통제 규정」

(3) 「리스크관리 규정」

(4) 「준법지원 규정」 또는 「준법감시 규정」

(5) 「내부회계관리 규정」

(6) 「인사위원회규정」 또는 「상벌규정」 등.

V 내부감사의 구분 및 방법

1. 내부감사의 구분

내부감사는 기능별로 경영감사, 운영감사, 재무감사, 준법감사, IT감사 등으로 구분할 수 있다. 자세한 내용은 제1편 – 제2장 – 제2절 –Ⅱ-1. '내부감사 수행기능에 따른 분류' 항목'을 참조하시기 바랍니다.

2. 내부감사의 분류

내부감사는 형태별로 분류된 감사를 실시함에 있어서 일상감사, 일반감사, 특별감사로 구분하여 실시한다. 자세한 내용은 제1편 – 제2장 – 제2절 –Ⅱ-2. '내부감사 수행형태에 따른 분류' 항목'을 참조하시기 바랍니다.

3. 내부감사의 방법

내부감사는 수행방법별로 분류된 감사를 실시함에 있어서 검증감사, 진단감사로 구분하여 실시한다. 자세한 내용은 제1편 – 제2장 – 제2절 –Ⅱ- 3. '내부감사 수행방법에 따른 분류' 항목'을 참조하시기 바랍니다.

4. 내부감사의 시기

내부감사는 수행시기별로 분류된 감사를 실시함에 있어서 기중감사, 분기감사, 기말감사로 구분하여 실시한다.

가. 기중 감사

내부감사를 어떤 특정한 시점에 실시하지 않고 회기 중에는 어느 때든지 가리지 않고 아무 때나 실시하는 일상감사, 일반감사, 특별감사는 기중감사에 해당된다.

나. 분기 감사

내부감사를 「자본시장법」등에 의해서 분기 또는 반기에 실시하는 내부감사를 말하며, 이에는 분기・반기 결산감사, 분기・반기 보고서감사 등이 있다.

다. 기말 감사

내부감사를 「상법」, 「외감법」등에 의해서 회기 말에 실시하는 내부감사를 말하며, 이에는 기말결산감사, 주주총회감사, 내부회계관리제도의 운영실태 평가, 내부통제 제도에 관한 적정성 평가 등이 있다.

제2절 〉〉〉 내부감사 조직 체계

I 내부감사 조직체계 개요

감사는 이사의 직무집행 전반에 대해 감사하므로 그 직무범위는 매우 넓다. 특히 영업활동이 복잡하고 다양한 대규모회사의 경우 한정된 인원과 시간으로는 감사를 효과적으로 실시하기란 현실적으로 매우 어렵다. 따라서 효율적인 감사를 위해서는 내부감사체제를 효과적으로 구축·활용하는 것이 무엇보다 중요하다.

감사체제란 매우 추상적인 개념이지만, 일반적으로 감사가 감사업무를 적정하게 효과적으로 수행할 수 있도록 회사 내부의 규정 등을 통해 마련한 「직무분담체계」나 「감사지원조직」 혹은 「업무연계체계」를 말한다. 따라서 감사체제의 개념 속에는 ① 감사 간의 직무분담은 물론이고, ② 감사직속의 이른바 감사부설기구의 설치, ③ 감사와 내부통제부서 및 외부감사인과의 업무연계도 당연히 포함된다.

감사체제의 구축에 관해서는 상장회사협의회가 제정한 「상장회사감사의 표준직무규정」 또는 「상장회사감사위원회의 표준직무규정」에서 표준적인 기준을 제시하고 있는데, 감사체제가 제대로 정비되어 있지 않은 회사의 경우에는 이를 참고로 회사의 실정에 맞게 내부규정을 마련해 두는 것이 바람직 할 것이다.

II 내부감사 조직체계 내용

1. 監事/監査委員會[10]

우리나라의 경우 감사는 원칙적으로 1인 이상이면 족하므로 감사를 반드시 복수로 선임할 필요는 없다. 그러나 대규모 기업의 경우에는 감사업무의 복잡성 등을 고려하면 감사를 복수로 선임하는 것도 고려해볼 수 있다. 이때에는 감사 간에 어떠한 형태로든 업무를 분담하고 상호협력 하에 감사업무를 수행하는 것이 일반적이다.

감사의 업무분담은 조직적으로 효율적인 감사를 가능하게 한다는 점에서 그 필요성은 충분히 인정되지만, 감사는 자기의 책임 하에 독립적으로 감사업무를 수행하는 것(이른바 "독임제")을 직무로 하는 자이므로 감사가 복수로 존재하는 경우에도 감사는 각자 독립해서 회사의 업무 전반에 관하여 조사하고 적법성 유무를 판단하여야 하는 것이 원칙이다.

---

10) 권종호, 「감사와 감사위원회 제도」, 한국상장회사협의회, 2004., 196~197면.

그러므로 이 원칙에 반하는 형태의 직무분담은 허용되지 않는다. 예를 들면 영업부문을 담당하는 A감사와 영업이외의 부문을 담당하는 B감사가 있는 경우 A감사가 관리부문의 업무에 관해서는 일절 관여하지 않고 조사도 적법성여부에 관해 판단도 하지 않으면 그것은 독임제에 반하게 된다.

따라서 감사 간의 내부결정에 의해 각 감사가 담당할 중점조사 범위에 관해 역할을 분담하는 것은 상관이 없지만, 역할을 분담하여 조사한 내용이나 수집된 정보는 원칙적으로 각 감사가 공유하여야 하며, 이를 근거로 감사는 각자 적법성을 판단하고 최종 감사의견을 제시하여야 한다.

또 이 과정에서 수집된 정보에 의심되는 사항이 있으면 담당 외의 부분 일지라도 스스로 조사하는 등 적절한 조치를 취하는 것이 필요하다. 특히 비상근 감사의 경우에는 회사의 일반적인 업무집행에 관해 정보는 부족할 수밖에 없으므로 상근감사 등으로부터 정보를 제공받는 것이 일반적일 것이다. 감사위원회의 감사위원의 경우도 이와 마찬가지다.

2. 감사부설기구[11]

감사부설기구란 실무상의 용어로서 감사실, 윤리경영실, 감사팀, 검사부, 감사부속실 등의 명칭으로 회사에 따라 다양하게 불리는 감사직속의 조직을 통칭한 것이다. 이 기구의 운영은 회사 사용인 중에서 감사요원을 선임하여 감사의 지휘·감독하에 감사업무를 보조 하게 하는 형태로 운영되는 것이 일반적이나, 경우에 따라서는 감사가 외부로부터 직접 감사요원을 고용하여 그 비용을 회사에 청구하는 방법도 생각할 수 있다.

그런데 감사요원을 회사의 사용인 중에서 선임할 경우 문제는, 사용인은 원래 대표이사의 지휘·감독을 받는 자이므로 대표이사로부터 어떻게 독립성은 확보하느냐 이다. 이 문제의 해결은 기본적으로 감사요원에 대한 경영진의 영향력을 차단하는 것에서 그 답을 찾을 수밖에 없는데, 이를 위해서는 감사요원의 직무, 지위, 선임방법 등에 관해 회사 내부의 규정으로 미리 정해두는 것이 바람직하다.

감사부설기구의 설치 및 운영에 관해서는 감사 또는 감사위원회 직속으로 두는 방법, 또는 대표이사 등 경영진의 직속으로 두는 방법, 그리고 아웃소싱하는 방법 등 여러 가지가 있으나, 가장 효율적이고 독립적인 내부감사업무를 수행하기 위해서는 회사의 규모, 회사의 사정 등을 고려하여 경영진으로부터 독립적이면서 해당회사에 적합한 감사부설기구를 선택하는 것이 가장 중요하다.

---

11) 권종호, 「감사와 감사위원회 제도」, 한국상장회사협의회, 2004., 197~198면.

실무적으로는 위에서 언급한바 있는 상장회사협의회에서 제정한 「상장회사 감사 직무규정」 또는 「상장회사 감사위원회직무규정」에서 기준을 제시하고 있으므로, 이를 참고하면 많은 도움이 될 것으로 본다.

3. 내부통제부서[12]

일반 회사의 경우 감사와 별도로 경영조직의 일부로서 준법감시실이나 조사부와 같은 내부통제부서를 두는 것이 일반적이다. 이 내부통제부서는 대표이사의 지휘하에 사용인의 업무집행이 적절하게 이루어지고 있는지를 통제내지는 점검하는 것인데, 감사는 대표이사를 비롯한 이사의 직무집행 자체를 감사하는 것이므로 양자는 근본적으로 그 성격을 달리한다.

그러나 내부통제부서에 의한 점검과 그 결과는 감사가 직무를 수행함에 있어 중요한 정보가 될 수 있으므로 감사는 회사 내부의 내부통제부서와 긴밀한 협조 관계를 유지할 필요가 있다. 회사에 따라 다소 다르지만 일반적으로 내부통제부서로서는 감찰실, 준법감시실, 준법지원실, 리스크관리실, 조사부 등이 있다.

내부통제부서는 대표이사의 지휘·감독 하에 회사의 관리조직, 내부통제조직 등 회사내부의 관리·통제·운영시스템이 유효하게 기능하고 있는지를 체크하고, 이를 통해 회사의 경영과 운영에 필요한 정보를 대표이사에 제공하는 것을 주된 목적으로 한다는 점에서 전술한 바와 같이 내부통제부서를 지휘·감독권을 갖는 이사의 직무 집행 그 자체를 감사하는 감사와는 근본적으로 차이가 있다.

그러나 내부통제부서의 점검결과는 감사로서는 중요한 정보이고, 관리조직 어디에 문제가 있으며 내부통제조직 어디에 약점이 있는 지는 감사로서 반드시 알고 있어야 할 사항이다. 따라서 감사는 내부통제부서와 정기적으로 모임을 갖거나 점검계획이나 절차, 결과에 관해 정보를 교환하고 경우에 따라서는 내부통제부서에 대해 보고를 요구하거나 조사나 점검을 의뢰할 필요가 있다.

4. 외부감사인[13]

외부감사인은 「외감법」과 「자본시장법」에 의해 일정 규모 이상의 회사에 그 선임이 의무화되고 있다. 이 외부감사인은 회계감사를 주된 직무로 하는 자이므로 감사로서는 외부감사인과의 긴밀한 협조관계를 유지하는 것이 감사의 실효성을 확보하는데 절대적으로 필요하다.

---

12) 권종호, 「감사와 감사위원회 제도」, 한국상장회사협의회, 2004., 198~199면.
13) 권종호, 「감사와 감사위원회 제도」, 한국상장회사협의회, 2004., 199~200면.

현행법에 의하면 외부감사인은 감사과정에서 이사의 위법·부정행위나 회계원칙에 위반한 사실을 발견한 때에는 이를 감사에게 통보하여야하고(「외감법」제10조 제1항. 제2항), 감사 역시 이사의 위법·부정행위를 발견한 때에는 외부감사인에게 그 사실을 통보하여야 한다.(「외감법」제10조 제3항).

감사는 외부감사인과 이러한 법정사항에 관해서는 물론이고, 감사계획이나 방법 및 결과에 관해서도 상시적으로 정보를 교환하며 정기적으로 모임을 갖고 수시로 의논함으로써 감사의 실효성을 확보하는데 최선을 다하여야 함은 말할 필요가 없다.

특히 감사와 외부감사인간의 업무연계가 필요한 이유는 감사가 행하는 업무감사 및 회계감사와 외부감사인이 주된 직무로 하는 회계감사는 서로 표리관계 또는 보완관계에 있을 뿐만 아니라 회사 감사과정에서 알 수 있었던 정보와 그에 관한 의견을 수시로 상호 교환 하는 것은 감사의 질과 실효성을 제고하는데 절대로 필요하기 때문이다.

Ⅲ 감사조직 간 협력체제 구축[14]

회사에 따라 다를 수 있지만 적어도 「외감법」의 적용대상이 되는 "직전사업연도말 자산총액이 120억원 이상인 주식회사" 정도라면 대부분의 경우 監査는 ① 監事, ② 내부통제부서, ③ 외부감사인의 3자에 의해 행해지게 된다. 이러한 3자에 의한 감사는 근거법이 다르고 감사의 수준도 다르지만, 감사대상이 동일한 경우에는 중복된다.

따라서 이 3자에 의한 감사가 효율적으로 이루어지기 위해서는 각자가 유기적으로 협조해서 감사를 수행할 수 있어야하며, 이를 위해서는 3자간의 협력체제의 구축이 선행 되어야 함은 말할 필요가 없다. 특히 「외감법」에 의해 연결재무제표나 결합재무제표의 작성이 의무화되고 있는 회사의 경우에는 자회사·계열기업의 감사와의 업무연계까지도 염두에 둔 시스템 구축이 필요한 것이다.

감사의 역할은 이상적으로는 위법사항의 적발 또는 그 시정에 그치지 않고 회사의 건전한 운영을 담보하고 발전을 도모하여 궁극적으로 주주나 채권자를 보호하는데 있다. 이상적인 감사기능은 예방기능이며, 이사와 협의, 내부적인 권고·조정 등을 통해 회사 내부의 자정기능을 효율적으로 작동시키는 등의 방법으로 위법행위의 발생을 미연에 방지 하는 것이 감사의 궁극적인 목표이다.

감사, 내부통제부서, 외부감사인으로 대표되는 3자간의 효율적인 업무체제의 구축은 이러한 예방감사의 실현이라는 측면에서도 중요한 과제이다. 3자간의 협력체제는 3자간에 정기적으로 모임을 갖는 것에서 출발하게 되지만, 이 정례모임은 감사와 외

---

14) 권종호, 「감사와 감사위원회 제도」, 한국상장회사협의회, 2004., 200~202면.

부감사인 간의 정례모임에 내부통제부서 책임자와 그 스텝이 참석하는 형태로도 이루어질 수 있을 것이다.

정례모임을 통해 외부감사인은 자신의 감사계획이나 감사결과, 혹은 감사보고서 등에 관해 설명할 수도 있으며, 이에 감사가 보다 상세한 사실을 파악하고 싶을 때에는 자신의 감사계획에 새로운 항목을 추가할 수도 있고, 내부통제부서 역시 마찬 가지 일 것이다. 또 감사나 내부통제부서로부터의 설명에 의해 이번에는 외부감사인이 문제의 본질을 명확히 파악하고, 그 결과로서 회계감사의 충실을 도모할 수 있을 것이다.

감사의 실효성 제고를 위해 감사에 필요한 정보를 적시에 정확하게 입수할 수 있는 합리적인 정보수집체제의 확립을 위해서는 다음과 같은 체제의 구축이 필요하다.

합리적인 정보체제의 구축(예시)

① 중요한 결재·보고 서류나 법령에 근거하여 작성되는 서류 중 중요한 서류의 경우는 회람이나 수시 열람이 가능한 체제.

② 중요한 회의의 경우에는 감사의 출석을 보장하거나 기록을 열람할 수 있는 체제.

③ 공장·지점의 상황이나 자회사의 업무보고 등에 관한 서류의 경우 담당 부서를 통해 정기적으로 입수할 수 있고 필요한 때에는 실지조사도 할 수 있는 체제.

④ 이상사태 등이 발생한 경우 연락을 받을 수 있는 체제 등이다.

제3절 >> 내부감사 조직 관리

I 내부감사 조직 형태

1. 감사보조기구

감사의 효율적이고 원활한 업무수행을 위해 감사에 전속되는 감사보조기구[15] 를 두어야 한다. 감사보조기구의 설치가 어려운 경우에는 내부통제부서 등의 인력을 활용하여 감사활동을 할 수 있다. 감사보조기구에는 조직의 운영에 필요한 일정한 수의 감사요원 ('감사담당 부서장'과 '감사담당 직원')을 두어야 한다.

감사보조기구의 감사요원('감사담당 부서장과 감사담당직원)은 감사의 업무를 보조

---

15) 감사보조기구는 회사에 다라 감사실, 감사팀, 감사부속실, 윤리경영실 들 다양한 명칭으로 사용함.

하며, 감사의 지휘·명령을 받아 직무를 수행한다. 다만, 내부통제부서 등의 직원을 활용하여 감사활동을 수행하는 경우에는 그 인력을 감사요원으로 간주한다.

감사요원의 임면은 감사의 동의를 얻어야 한다. 대표이사 등 경영진은 감사보조기구를 설치 및 운영하는 데 필요한 지원과 협조를 하여야 한다. 자세한 내용은 제1편 –제6장 – 제3절 –Ⅳ. '감사보조조직의 일반적 형태' 항목을 참조하시기 바랍니다.

2. 감사요원의 자격

감사요원은 감사업무를 수행하는데 필요한 지식, 기능과 전문적 자격을 갖춘 다음 각 호에 해당하는 자 중에서 선발함을 원칙으로 한다.

① 감사업무를 수행함에 있어 필요한 자격증 소지자.
② 전문적 지식이나 기술을 가진 자.
③ 근무성적이 양호한 자.
④ 근무기간이 일정기관 경과 한 자.
⑤ 기타 감사가 감사 업무 수행에 적합하다고 인정하는 자.

그러나 감사요원 대상자 중에 징계 경력이 있거나 독립성이 확보되지 않은 다음 각 호에 해당하는 자는 부적격자로서 감사요원이 될 수 없다. 단 감사가 필요하다고 인정할 때에는 대표이사 등과 협의해 다른 직원으로 감사업무를 수행하게 할수 있다.

① 견책 이상의 징계를 받은 날로부터 일정기간 경과하지 않은 자.
② 이사 및 집행입원으로부터의 독립성이 확보되지 아니하는 자.
③ 임시직 또는 조건부 임용자.
④ 기타 감사가 부적격자로 인정하는 자 등.

3. 감사요원의 인사 및 대우

감사는 감사업무의 원활한 수행을 위하여 적절한 감사요원을 확보하여야 한다. 감사는 필요한 경우 대표이사에게 외부 전문 인력을 감사요원으로 채용할 것을 요청할 수 있다. 감사요원의 보직 및 전보는 감사의 서면요청에 의하여 대표이사가 지체 없이 행하여야 한다. 다만, 지체 없이 조치할 수 없는 경우 대표이사는 사유를 서면 으로 통보하여야 한다.

감사요원의 확보 기준

① 감사요원 중 2명 이상 또는 10% 이상은 전문인력*으로 구성되어야 한다.

* 전문인력이란 변호사, 공인회계사, 공인내부감사사(CIA), 기업내부감사사, IT관련 기술사 및 기타 전문 자격증 소지자와 3~5년 이상 주권상장법인에서 감사업무를 수행한 경력이 있는 자를 의미함.

② 감사는 필요한 경우 대표이사에게 외부전문인력을 감사요원으로 채용할 것을 요청할 수 있다.

③ 감사요원의 보직 및 전보는 감사의 서면요청에 의하여 대표이사가 지체 없이 행 한다. 다만 지체 없이 조치할 수 없는 경우 대표이사는 사유를 서면으로 통보한다.

④ 감사요원은 3년 이내 이동을 제한함을 원칙으로 하며, 승진 시에만 예외로 한다.

감사는 내부감사의 독립성과 전문성을 확보하기 위하여 감사요원에 대해서 별도의 인사평가 우대기준을 마련, 운영할 수 있으며, 감사요원에 대하여는 별도의 예산을 배정 하여 감사수당을 지급할 수 있다. 자세한 내용은 제1편 – 제9장 – 제1절 –Ⅳ – 4. '감사보조조직에 대한 인사관리의 적정화' 항목을 참조하시기 바랍니다.

4. 감사요원의 신분 보장

감사요원에 대하여는 감사업무 수행의 독립성과 객관성을 확보하기 위하여 법령 위반 또는 그 직무를 성실하게 수행하지 아니한 경우를 제외하고는 신분상 도는 인사상 불리한 처분을 받지 아니한다.

5. 감사요원의 행동규범

감사요원은 감사를 행함에 있어 일반적으로 다음 각 호의 행동 규범을 준수해야 한다.

① 공정하게 감사를 실시해야 한다.

② 직무상 취득한 비밀을 임의로 누설하거나 직무목적 이외에 사용할 수 없다.

③ 관계 법규 및 지시사항을 준수하고 사실과 증거에 의거하여 직무를 수행하여야 한다.

④ 감사를 실시함에 있어 피감사인의 업무상 창의와 활동기능이 위축되지 않도록 유의 하여야 한다.

자세한 내용은 제1편 – 제2장 – 제4절 –Ⅲ–'내부감사의 복무수칙' 항목을 참조하시기 바랍니다.

Ⅱ 내부감사 자원 관리[16)

최고감사책임자는 내부감사 자원이 승인된 감사계획을 완수할 수 있도록 적절한지, 충분한지 또한 효과적으로 사용되는지 확인하여야 한다. '**적절한**'은 계획을 수행하는 데 필요한 지식, 기술 및 기타 능력의 혼합을 의미한다. '**충분한**'은 계획을 수행하기 위해 필요한 자원의 양을 의미한다. 자원은 효과적으로 승인된 계획의 달성을 최적화 하도록 사용될 때 효과적으로 배분된다.

① 최고감사책임자는 내부감사헌장 또는 내부감사규정에 명시된 대로 내부감사 책임을 완수 하도록 내부감사 자원을 충분하게 유지하고 관리하는 최우선 책임을 진다. 이는 감사자원의 필요성과 상황에 대한 보고를 최고경영진과 감사 위원회 및 이사회에 효과적으로 보고할 책임을 포함 한다.

  내부감사자원은 내부감사 요원 이외에 종업원, 외부서비스 제공자, 재무적 지원, 그리고 기술기반 감사기법 등도 포함한다. 내부감사자원의 적절성에 대한 확신을 하는 것은 궁극적으로 조직의 최고경영진과 감사 또는 감사위원회 및 이사회의 책임 이다. 최고 감사책임자는 그들이 이러한 책임을 잘 수행 하도록 지원해야 한다.

② 내부감사요원의 기술, 수행능력, 전문지식은 계획된 감사업무에 적절해야 한다. 최고 감사책임자는 내부감사활동을 수행하기 위해 필요한 특정한 기술을 결정 하기 위해주기적으로 기술에 대한 평가 및 재고조사를 한다. 기술평가는 리스크 평가 및 감사 계획에서 식별된 다양한 요구조건 들에 기초하여 고려된다.

  이것은 전문지식, 언어 능력, 사업감각, 부정탐지와 예방능력, 회계와 감사 전문지식에 대한 평가를 포함한다.

③ 내부감사자원은 내부감사 헌장 또는 내부감사규정에서 명시하는 대로, 감사 활동을 최고경영진과 이사회가 기대되는 만큼 폭 넓고, 깊이 있게 그리고 적시적으로 수행 하기에 충분해야 한다. 감사자원 계획에 필요한 고려사항으로 감사 대상 영역, 관련된 리스크 수준, 내부감사계획, 예상되는 감사범위, 그리고 예상치 못한 활동의 추정 등이 포함 된다.

④ 최고감사책임자는 내부 감사자원을 효과적으로 배분하여야 한다. 이는 특정한 감사 업무에 능력있고 자격을 갖춘 감사요원을 배정하는 것을 포함 한다. 또한 최고감사 책임자는 사업구조, 리스크 프로파일, 조직의 지역적 분산 정도에 따른 적절한 자원 조달 접근법 및 조직구조를 개발하여야 한다.

---

16) 국제내부감사인협회(IIA), 전게서, 2011., 112~113면 과 2007., 183~184면 , 「국제내부감사기준」, 2030..

⑤ 전반적인 감사자원을 관리하는 입장에서, 최고감사책임자는 인수인계 계획, 요원 평가 및 개발프로그램, 그리고 기타 인적자원 훈련을 고려한다. 최고감사책임자는 내부감사부서에 필요한 자원이 무엇이고, 그러한 기술이 내부감사 부서 내에 존재하는지에 주의를 기울여야한다. 또한 외부서비스 제공자, 조직 내의 다른 부서의 종업원 또는 전문 컨설턴트도 감사자원으로 활용할 수 있다.

⑥ 감사자원의 중요성으로 인해, 최고감사책임자는 내부감사부서 감사자원의 적절성에 대해 최고경영진 및 이사회에 상시적인 보고 및 대화를 유지하여야 한다. 최고감사 책임자는 최고경영진 및 이사회에 주기적으로 감사자원의 상태 및 적절성에 대한 요약 보고를 하여야 한다.

이러한 목적으로 최고감사책임자는 전반적인 감사자원의 적절성을 감시하는 적절한 평가기준, 목적, 그리고 목표를 개발한다. 이것은 또한 감사자원을 내부감사계획, 임시적인 부족 또는 결원이 생겼을 경우 발생될 영향, 교육 및 훈련 활동과 비교하고, 조직의 사업, 운영, 프로그램, 시스템 그리고 통제의 변경으로 필요하게 되는 특정기술 등과 비교하는 것을 포함한다.

Ⅲ 내부감사 정책 및 절차[17]

최고감사책임자는 내부감사부서의 지침이 되는 정책 및 절차(예, 감사규정 또는 검사규정, 윤리강령 등)를 제정하여야 한다. 정책 및 절차의 형식과 내용은 내부감사부서의 규모 및 구조에 따라 또한 그 업무의 복잡성의 정도에 따라 적절하게 결정 하여야 한다.

공식적인 관리업무나 기술적인 감사매뉴얼이 모든 감사활동 주체에 필요한 것은 아니다. 소규모 내부감사부서는 비공식적으로 관리될 수 있다. 그곳의 감사요원은 매일 밀접한 감독과 작성된 서면 안내서에 따라 지시받고 통제될 수도 있다.

대규모 내부감사부서의 경우에는 내부감사 계획을 수행하는 내부감사요원의 지침이 되게 하기 위해 또는 내부감사요원을 내부감사활동의 수행기준에 맞게 감사요원을 일관 되게 관리하기 위해 좀 더 공식적이고 포괄적인 정책과 절차가 필수적이다.

---

17) 국제내부감사인협회(IIA), 전게서, 2011., 114 과 2007., 185면 , 「국제내부감사기준」, 2040.,

Ⅳ 외부기관과의 감사업무 조정[18]

최고감사책임자는 감사영역의 적절한 배분을 통한 업무중복을 최소화하기 위하여 다른 내·외부의 검증 및 컨설팅 서비스 제공자와 정보의 공유 및 업무조정을 하여야 한다.내부 및 외부감사활동은 적절한 감사영역 배분과 업무노력의 중복을 피하기 위하여 업무 조정이 되어야 한다. 내부감사 활동범위는 체계적이고 훈련된 접근방법으로 리스크관리, 내부통제, 지배구조프로세스의 효과성을 평가·개선하는 과정이다.

한편 외부감사인의 통상적인 감사는 수행된 절차의 적정성과 연차 재무보고서의 전반적인 적정성에 관한 의견을 뒷받침하는 충분한 증거들을 확보하는 방향으로 이루어진다. 그리고 외부감사인의 업무범위는 그들의 전문분야 업무기준에 따른다. 내부감사활동의 업무조정을 포함해서 외부감사인의 업무에 대한 평가 및 감독은 일반적으로 감사 및 감사위원회의 책임이다. 그러나 실제업무 조정은 최고감사책임자의 책임이 될 것이다.

외부감사업무와 내부감사업무를 조정하기 위하여 최고감사책임자는 「직무수행기준」 제2100조(감사업무의 성격)의 이행을 위하여 내부감사인이 수행한 감사업무가 내부감사활동 영역을 커버하기 위해 의존하는 외부감사인의 감사업무와 가능한 한 중복되지 않도록 노력하여야 한다.

전문가 단체와 조직 내의 보고책임이 허용되는 범위 내에서 내부감사인은 감사업무 조정 및 효율성을 최대한 증진하는 방식으로 업무를 수행하여야 한다. 최고감사책임자는 내부감사와 외부감사의 업무조정에 관하여 정기적인 평가를 하여야 한다. 그런 평가 에는 전반적인 내부감사와 외부감사의 효율성과 효과성의 측정을 포함한다.

내부감사와의 업무조정 차원을 벗어난 문제까지 확장하여 외부감사인의 수행성과를 평가할 때에는 다음과 같은 추가적인 요소를 다루게 될 것이다.

외부감사인의 수행성과 평가 요소(예시)

1. 전문가적 지식과 경험.
2. 그 조직이 속한 업종에 대한 지식.
3. 독립성.
4. 특수한 서비스 수행능력.
5. 조직의 요구사항 예상과 부응정도.
6. 핵심 임무수행자의 합리적인 기간 동안 업무수행 지속.
7. 적절한 업무관계의 유지.

---

18) 국제내부감사인협회(IIA), 전게서, 2011., 115~116면 과 2007., 186~190면 , 「국제내부감사기준」, 2050.,

8. 계약된 준수요구사항의 달성.

9. 총체적 가치를 조직에 전달 등.

최고감사책임자는 어떤 쟁점들에 대해 이해를 구하기 위해 외부감사인과 그런 문제들에 관하여 의견을 교환하여야 한다. 그런 문제로 다루어 져야 할 것 같은 내용들은 다음과 같은 것들이다.

외부감사인과 의견교환이 필요한 사항(예시)

1. 외부감사인의 독립성에 영향을 줄 수 있는 쟁점 들.
2. 중요한 내부통제 취약점.
3. 오류와 부당행위.
4. 불법행위.
5. 경영자의 판단과 회계 상의 추정.
6. 중요한 감사 수정사항.
7. 관리자의 의견 불일치사항.
8. 감사수행 시 직면한 어려움 들.

내부 및 외부감사인의 감사활동계획은 커버할 감사업무를 조정하고 중복된 감사를 최소화 한다는 확신을 갖기 위해 토의될 필요가 있다. 감사업무의 조정과 효율적이고 적시적인 감사활동의 완성을 위해 감사기간 중에 충분한 미팅을 계획하여야 한다.

또한 현재 까지 수행된 감사업무에서 나타난 발견사항 및 권고사항이 계획된 업무범위를 조정해야 하는지 판단하기 위해서도 위의 미팅이 필요하다. 또한 내부 및 외부 감사인이 그들의 업무를 효과적으로 조정하고 서로 업무에 대한 신뢰를 갖기 위해서는 유사한 감사기법, 방법론, 용어를 사용하는 것이 효율적이다.

Ⅴ 외부감사 서비스 이용

자세한 내용은 제3편 – 제1장 – Ⅲ-1-나. '내부감사부서의 지원이나 보완' 항목을 참조하시기 바랍니다.

Ⅵ 최고경영진 또는 이사회에 보고

최고감사책임자는 내부감사의 목적, 권한, 책임 그리고 감사계획 대비 수행실적을 최고경영진 또는 이사회에 필요할 경우 보고하여야 한다. 보고서에는 부정위험, 중요한 리스크 노출, 내부통제, 지배구조 관련 쟁점들 그리고 최고경영진 및 이사회가 요청하거나 필요로 하는 문제나 사안을 포함하여야 한다.

보고의 빈도 및 내용은 감사 또는 감사위원회와 논의하여 결정되며, 보고되어야 하는 정보의 중요성 정도에 따라 결정되어야 한다. 다만 최고감사책임자는 중요성의 정도가 매우 높거나 긴급을 요하는 경우 최고 경영진 또는 이사회에 즉시 보고 한다.

제2장   내부감사 기초 업무

제1절   감사정보의 수집

Ⅰ 정보의 식별[19]

내부감사인은 감사 목표를 달성하기 위해 충분하고 신뢰할만하며, 연관되고 유용한 정보를 식별해야 한다. 내부감사인은 정보를 식별할 때 다음의 사항들을 고려해야 한다.

1. 정보를 식별하고 조사할 때 분석적 감사절차 이용

내부감사인은 감사 목표와 감사 수행범위에 관련된 모든 문제에 대해 정보를 수집하여야 한다. 내부감사인은 수집된 정보를 식별하고 조사할 때 분석적 감사 절차를 이용한다. 분석적 감사절차는 재무적 정보와 비재무적 정보 사이의 관계를 연구하고 비교하는 방식 으로 수행된다.

조사될 정보를 식별하기 위해 분석적 감사절차를 적용하는 것은 그와 상반되는 것으로 알려진 조건이 없는 경우라면 정보들 사이의 관계가 합리적으로 존재하여 유지될 것이라는 전제에 바탕을 두고 있다.

그와 상반되는 상황의 사례로 특이하고 반복적이지 않는 거래 또는 사건(회계적, 조직적, 업무적, 환경적) 그리고 기술적 변화, 비효율성, 비효과성, 실수, 부당행위 또는 불법행위 등이다.

2. 정보는 충분성, 신뢰성, 연관성 그리고 유용성 확보

정보는 감사 관찰사항과 권고사항을 위한 건전한 기초가 되기 위해 충분하고, 신뢰할 만하며, 연관되고, 유용해야 한다.

---

19) 국제감사인협회(IIA), 전게서, 2008., 331~332면 과 2012., 56~57면.

가. 충분한 정보

충분한 정보란 사실적이며, 설득력이 있어, 사려 깊고 유용한 감사인 이라면 동일한 결론을 내릴 것이라는 확신을 주게 하는 그런 정보다.

나. 신뢰할 만한 정보

신뢰할 만한 정보란 신뢰할 만하고 적절한 감사기법을 이용하여 가장 잘 얻을 수 있는 정보를 말한다.

다. 연관된 정보

연관된 정보란 검사 수행 중 발견사항과 권고사항을 지원하고 감사 수행목표와 일치하는 정보이다.

라. 유용한 정보

유용한 정보란 조직이 그 목적을 달성하는 데에 있어 도움이 되는 정보이다.

Ⅱ 정보의 분석 및 평가[20]

내부감사인은 적절한 분석 및 평가를 근간으로 감사수행 결론 및 결과를 도출하여야 한다. 내부감사인은 결론을 내리기 위해 정보를 분석하고 평가할 때 다음의 사항들을 고려해야 한다.

1. 분석적 감사절차의 유용성

분석적 감사절차는 내부감사인에게 감사임무 수행 중에 수집한 정보를 평가 하고 검증하는 가장 효율적이고 효과적인 수단을 제공한다. 평가는 정보를 내부감사인이 파악 하거나 개발한 기대치와 상호 비교함에 의해 이루어진다.

분석적 감사 절차는 무엇보다도 다음과 같은 사실을 식별함에 있어 유용하다.

분석적 감사절차의 유용성

① 예상치 못한 차이.
② 예상했던 차이의 부존재.
③ 잠재적 오류.
④ 잠재적 부정행위 또는 불법행동.
⑤ 기타 특이하거나 자주 발생하지 않는 거래 또는 사건 등.

---

20) 국제감사인협회(IIA), 전게서, 2008., 333~335면 과 2012., 57면.

2. 분석적 감사절차의 주요 내용

분석적 감사절차는 다음과 같은 주요 내용이 포함되어야 한다.

분석적 감사절차의 주요 내용

① 당기의 정보와 전기의 유사 정보 비교.
② 당기의 정보와 예상 또는 예측과 비교.
③ 재무정보와 적절한 비재무정보의 관련성 검토(예를 들면, 평균 종업원수 변경과 계상된 급여비용 비교).
④ 정보의 구성요소 사이의 관련성 검토(예를 들면, 관련 부채 잔액의 변경과 계상된 이자비용의 변동 비교).
⑤ 다른 부서의 유사정보와 비교.
⑥ 조직이 운영되는 산업의 유사정보와 비교 등.

3. 분석적 감사절차의 주요 수단

분석적 감사절차는 화폐금액, 실물수량, 비율, 또는 퍼센트를 써서 수행될 수 있다. 특별한 분석적 감사절차로 비율분석법, 추세분석법 그리고 회귀분석법, 합리성 검증, 기간별 비교, 예산과 비교, 예측 그리고 외부 경제적 정보 등을 포함할 수 있다.

분석적 감사절차를 통해 내부감사자는 추가적인 감사절차 수행이 요구되는 사항을 식별할 수 있다. 내부감사인은 「내부감사직무수행기준(Standards)」 제2200조(수행권고 2210-1)에 명시된 지침 또는 자체「내부감사규정」에 따라 감사수행을 계획할 경우는 분석적 감사절차를 이용해야 한다.

4. 분석적 감사절차의 활용 시기 및 정도

분석적 감사절차는 감사 수행결과를 뒷받침하거나 정보를 조사 및 평가하기 위해 감사수행 중에 이용되어야 한다. 내부감사인은 분석적 감사절차를 어느 정도 이용해야 하는지 판단하기 위해 아래에 나열한 요소들을 고려해야 한다. 이러한 요소들을 검토한 후에, 내부감사인은 감사목적을 완수하기 위해 필요한 경우 추가적인 감사 절차 수행을 고려하고 추진해야 한다.

분석적 감사절차의 활용을 위한 고려 사항

① 조사되는 감사영역의 중요성.
② 조사대상이 되는 영역에서의 리스크 및 리스크관리의 효과성 평가.
③ 내부통제 시스템의 적정성. ④ 재무 및 비재무정보의 가용성과 신뢰성.
⑤ 분석 감사절차를 통해 예견할 수 있는 결과의 정밀성.

⑥ 조직이 속한 동종 산업에 관한 정보의 가용성과 비교 가능성.

⑦ 여타 감사절차가 감사결과를 지원하는 정도 등.

5. 예상치 못한 감사결과에 대한 조사 및 평가

분석적 감사절차를 통해 예상하지 못한 결과나 관련사항을 찾아냈을 때, 내부감사인은 그런 결과나 관련사항을 조사하고 평가해야 한다. 분석적 감사절차를 통해 나타난 예상치 못한 결과나 관련사항에 대한 조사 및 평가는 관리자에게 질의하거나 다른 감사절차를 사용하는 방법으로 내부감사인이 그런 결과와 관련이 충분히 설명되었다고 확신할 때까지 한다.

분석적 감사절차를 통해 나타난 예상치 못한 결과나 관련사항은 잠재적 오류, 부정행위 또는 불법행동과 같은 심각한 상황의 징후가 될 수 있다. 분석적 감사 절차를 통해 나타난 결과 또는 관련사항이 충분히 설명되지 못할 때에는 적절한 직급의 관리자에게 보고되어야 한다. 내부감사인은 상황에 따라 필요한 행동방향을 권고할 수 있다.

Ⅲ 정보의 기록 및 보존[21]

내부감사인은 감사수행 결론 및 결과 도출의 근거가 되는 관련 정보를 문서화해야 한다.(「직무수행방안」2330). 그 주요 내용은 다음과 같다.

1. 내부감사 정보의 기록

감사 수행 내용을 기록하는 감사업무 수행조서는 내부감사인에 의해 준비되고, 내부 감사부서의 관리책임자가 검토하여야 한다. 감사업무 수행조서는 파악된 정보와 그것의 분석 내용을 기록하여 보고하게 될 관찰사항과 권고사항의 근거로 뒷받침 되어야 한다.

가. 감사업무 수행조서의 용도

감사업무 수행조서는 대체로 다음과 같은 용도로 쓰인다.

감사업무 수행조서 용도

① 감사가 적정하게 이루어졌는지를 평가하는 근거를 제공한다.

② 감사범위 및 감사방법을 구체적으로 기술함으로써 감사인을 보호하고 감

---

21) 국제감사인협회(IIA), 전게서, 2008., 336~345면 과 2012., 57면.

사 실시상의 문제점을 검토하여 이를 개선자료로 활용할 수 있다.

③ 향후 감사 계획 수립 및 실행 시 도움을 준다.

④ 감사결과 보고서의 주요한 근거자료가 된다.

⑤ 감사 목표를 달성했는지 여부에 대해 문서화 한다.

⑥ 수행된 감사업무의 정확성 및 완전성을 지원한다.

⑦ 제3자가 감사목적 달성여부 및 감사 적정성을 검토하는데 도움을 준다.

⑧ 내부감사부서의 품질관리 프로그램의 평가에 있어 기초자료가 된다.

⑨ 보험금 청구, 부정 관련 소송, 법률 소송에서의 근거자료가 된다.

⑩ 내부감사 직원의 전문능력 개발 등 교육에 도움을 준다 등.

나. 감사업무 수행조서의 구성

감사업무 수행조서의 구성, 설계 그리고 내용은 감사업무의 성격에 따라 차이가 있다. 감사업무 수행조서는 감사계획부터 감사결과에 이르는 업무 프로세스의 모든 면을 문서화 한다. 내부감사부서는 문서화에 사용된 매체를 결정하여 감사 업무 수행조서를 보관한다.

감사업무 수행조서는 감사업무의 성격 및 내용에 따라 다소 차이가 있지만, 일반적으로 다음과 같은 사항으로 구성 및 설계 되어야 한다.

감사업무 수행조서 구성

① 계획 수립.

② 리스크 평가.

③ 내부통제 시스템의 적절성과 효과성에 관한 조사 및 평가.

④ 수행된 감사절차, 취득한 정보 그리고 도달한 결론.

⑤ 검토.

⑥ 보고.

⑦ 사후관리 등.

다. 감사업무 수행조서의 내용

감사업무 수행조서는 완전해야 하며, 도달한 감사결론을 뒷받침해야 한다. 감사업무 수행조서에는 다음과 같은 내용들이 들어 있어야 한다.

감사업무 수행조서 내용

① 계획 수립 관련 서류와 감사 수행 프로그램.

② 통제 질문서, 흐름도, 점검표 그리고 설명서.

③ 면담 중에 기록한 비망록과 메모.

④ 조직 도표와 직무기술서 같은 조직 관련 자료.

⑤ 중요한 계약서와 약정서 사본.

⑥ 업무 및 회계정책 관련 정보.

⑦ 통제 평가의 결과.

⑧ 확인서와 진술서.

⑨ 거래, 프로세스 그리고 계정잔액의 분석 및 검증.

⑩ 분석적 감사절차의 결과.

⑪ 감사업무의 최종 보고서와 수감부서 관리자의 의견서.

⑫ 만약 도달한 감사결론을 작성하는데 필요한 것이라면 감사 관련 서신 등.

라. 감사업무 수행조서의 매체

감사업무 수행조서는 서류, 테이프, 디스크, 필름, 또는 여타 다른 매체의 형식을 가질 것이다. 만약 감사업무 수행조서가 서류가 아닌 다른 매체를 이용한다면 백업 사본을 만드는 것을 고려해야 한다.

마. 감사업무 수행조서의 표준화

최고감사책임자는 수행되는 다양한 감사형태에 필요한 감사조서 정책을 만들어야 한다. 질의서나 감사프로그램 등 표준화된 감사업무 수행조서는 감사의 효율성을 높여줄 수 있고, 감사수행의 위임을 용이하게 할 것이다. 감사업무 수행조서는 영구 또는 이월 감사업무 파일로 분류될 수 있다. 이러한 파일은 대체로 지속적으로 중요한 정보를 담고 있다.

바. 감사업무 수행조서의 작성 기법

감사업무 수행조서의 전형적인 작성기법으로 다음과 같은 것이 있다.

감사업무 수행조서 작성 기법

① 각각의 감사업무 수행조서는 해당 임무, 감사실시 요령, 감사수행 내용 또는 감사목적을 기술하여야 한다.

② 각각의 감사업무 수행조서는 감사를 실시한 감사 또는 내부감사인이 기명 날인 또는서명(또는 약식서명)하여야 하며, 감사를 수행한 일자를 나타내야 한다.

③ 각각의 감사업무 수행조서에는 색인 또는 참조번호를 담고 있어야 한다.

④ 감사인 검증표시(마크)는 적절히 설명되어야 한다.

⑤ 자료의 출처를 명기하여야 한다.

사. 「상법」상 감사록 작성 방법[22)

현행 우리의 「상법」제 413조의2 제1항은 감사는 감사록을 작성하도록 의무화 하고 있으며, 동조 제2항에서는 감사록에는 감사의 실시 요령과 그 결과를 기재하고 감사를 실시한 감사가 기명날인 또는 서명하도록 되어 있다.

그러나 감사록 작성방법에 대하여는 구체적으로 '감사록'을 어떻게 작성해야 하는지에 대한 특별한 규정을 두고 있지 않다. 그리고 통상 감사록은 감사가 감사보고서를 도출하기 위하여 적용하였던 감사절차의 내용과 그 과정에서 입수한 정보 및 정보 분석 결과 등을 문서화한 서류를 의미 한다.

따라서 감사록은 감사가 수행한 감사에 관한 기록인 동시에 감사보고서를 작성하기 위한 기초자료로서도 활용되므로 감사한 사항별로 완전성, 질서성, 명료성, 경제성 등의 원칙에 입각하여 합리적으로 작성되어야 한다.

감사록 작성에 주요 포함할 사항

① 작성연월일, 감사의 성명.
② 감사기간, 감사보조자의 성명.
③ 감사항목, 피 감사부문.
④ 감사 절차, 입수한 정보가 있을 경우에는 그 정보 및 정보의 분석 결과,
   질문한 경우에는 질문자.
⑤ 감사 결과, 특기사항, 문제점.
⑥ 감사결과의 개요 등.

그러나 현실적으로 '감사결과보고서'와 '감사록'의 구별이 모호하고 또 실제 감사록을 별도로 작성하는 경우도 거의 없는 현실이다. 그리고 회사의 감사부서가 일반적으로 작성하는 '감사결과 보고서'에는 감사 실시요령이 명시되지 않으므로, '감사결과 보고서'를 '감사록'으로 보기는 다소 어려운 점이 있다.

따라서 법규에 부합하면서도 회사의 업무현실에 적합하도록 하기 위하여 현행 '감사결과보고서'에 감사실시요령을 세부적으로 기술하고 감사과정에서 작성 또는 징구한 문서 및 자료 등을 첨부문서로 하여 감사의 결재를 받음으로써, 이를 '감사록'에 갈음하는 것이 바람직할 것으로 보인다.[23)

---

22) 이범찬•오욱환, 「주식회사의 감사제도」, 한국상장회사협의회, 1997., 64면, 권종호, 「감사와 감사위원회제도」, 한국상장회사협회, 2004., 135면, 김용범, 전게서, 도서출판 어울림, 2012., 409~410면
23) 금융감독원, 전게서, 2003., 206면

2. 내부감사 기록의 통제[24]

가. 내부감사 수행기록은 승인받은 자에게만 접근 허용

내부감사 수행기록은 보관매체에 불문하고 보고서, 증거서류, 검토기록 그리고 주고 받은 서신 등을 포함한다. '감사록' 또는 '감사조서'는 조직의 자산이다. 내부 감사부서는 감사조서를 통제하여 승인 받은 사람에게만 접근을 허용해야 한다.

나. 내부감사 수행기록 접근에 대한 이사회와 경영진 교육

내부감사인은 외부인의 감사록 접근에 대해 이사회와 경영진을 교육할 수 있다. 누가 감사록에 접근권한을 부여받고 있는지, 접근요청 절차는 어떻게 되는지, 그리고 감사활동에 따른 특별조사가 필요한 경우 따라야 하는 절차에 관한 정책이 이사회 또는 감사위원회에 의해 검토되어야 한다.

다. 내부감사 수행기록의 통제 및 보안에 대한 조직 정책

감사부서의 정책에는 감사록의 통제 및 보안에 대해 조직 내 누가 책임을 맡고, 내부 및 외부 당사자 누가 그 기록에 대한 접근을 허용 받고, 그런 기록에 대한 접근요청은 어떻게 처리해야 할 것인지에 관한 설명이 되어 있어야 한다.

그런 정책은 조직의 성격에 따라, 조직이 속한 업종이나 법에서 허용하는 접근 특권에 따라 달라질 수 있다.

라. 내부감사 수행기록의 접근에 대한 승인 요청 및 권한

조직의 경영진 및 다른 구성원은 감사록의 전부 또는 일부에 대한 접근을 요청할 수 있다. 그런 접근은 감사 중의 관찰 및 권고사항을 확인 또는 설명하거나, 다른 업무상 목적으로 감사서류를 이용하고자 할 경우 필요할 것이다. 최고감사책임자는 이런 요청에 대한 승인을 한다.

마. 외부감사인에 대한 내부감사 수행기록의 접근 승인 권한

각각 외부 및 내부감사인 사이에서 서로의 감사결과에 대한 의견 교환 및 주요 내용 통보는 법적인 의무인 동시에 일반적인 관행이다. 다만 외부감사인에 의한 감사록의 접근 은 최고감사책임자의 승인을 받아야 한다.

바. 외부 제3자에 대한 내부감사 수행기록의 접근 승인 권한

외부감사인 이외에 조직 외 제3자가 감사록 및 보고서에 접근을 요청하는 경우가

---

24) 국제내부감사인협회, 전게서, 2007., 339~310면, 2011., 167~168면

있을 수 있다. 최고감사책임자는 이런 요청을 승인하여 그런 서류를 외부에 제공할 경우 제출 전에, 그 적절성에 대하여 최고경영진 또는 필요한 경우 법률고문(이하 '준법지원인 또는 준법감시인'을 포함 한다)과 협의하여야 한다.

사. 법률 소송과 관련 하여 내부감사 수행기록의 접근 허용

잠재적으로, 내부감사록은 특별히 보호되는 경우가 아니라면, 법률 소송의 경우 접근이 허용된다. 법률적 요건은 각 법률 관할 구역에 따라 많이 다를 수 있다. 법률 소송과 관련하여 감사록에 대한 특별한 요청이 있는 경우 최고감사책임자는 법률고문과 긴밀히 상의 하여야 한다.

3. 내부감사 수행기록의 접근허용에 대한 법률적 고려사항[25)]

가. 외부 당사자들의 내부감사 수행기록에 대한 접근 요청

내부감사활동의 수행기록은 보관 매체에 불문하고 보고서, 증거서류, 검토기록 그리고 주고받은 서신 등을 포함한다. 내부감사 수행기록은 일반적으로 그 내용의 보안이 유지 되고 사실과 의견 양자의 배합이 되어 있다는 가정 하에 만들어 진다. 그러나 조직 또는 내부감사 프로세스에 익숙하지 못한 사람은 이런 사실과 의견을 잘못 이해할 수 있다.

외부 당사자들은 형사소송, 민사소송, 세무감사, 규제당국의 검토, 정부계약의 검토, 자체 규제조직에 의한 검토 등을 포함하는 다양한 유형으로 내부감사 수행 기록에 대한 접근을 요청할 수 있다. 실제로 소송 의뢰인 정보 비공개의 원칙에 의해 보호받지 못하는 모든 조직의 내부감사 수행기록은 형사소송의 경우에는 접근이 가능하다. 다만 형사소송이 아닌 경우 접근문제가 덜 명확하고 조직이 속하는 재판관할 구역에 따라 변할 수 있다.

나. 내부감사 수행기록에 대한 접근 및 통제 강화

내부감사부서의 내부감사활동에 있어서 다음과 같은 문서를 명확히 작성하고, 그에 따른 철저한 실행은 감사록에 대한 접근 및 통제를 강화할 수 있다.
① 감사헌장 또는 감사규정.
② 직무기술.
③ 내부감사부서 정책.
④ 법률고문의 조사에 대응하는 절차 등.

---

25) 국제내부감사인협회, 전게서, 2007., 341~344면, 2011., 169~171면

내부감사 헌장 또는 내부감사 규정은 그 기록을 보관하는 데 사용한 매체에 상관없이 조직 내의 기록이나 정보에 대한 접근 과 통제를 다루어야 한다.

다. 내부감사활동을 위한 직무기술서 작성 및 운용

내부감사활동을 위해 직무기술서가 작성되어야 하며, 내부감사인이 수행해야 하는 다양하고 복잡한 임무가 그곳에 명시되어야 한다. 그런 명시는 내부감사인이 감사록의 요청을 다룸에 있어 도움이 될 것이다.

그것들은 또한 내부감사인이 그들의 감사범위를 이해하고, 외부감사인이 내부감사인의 임무를 파악하는데 도움을 준다.

라. 내부감사부서의 내부감사 수행기록 관련 정책

내부감사부서의 정책은 내부감사 업무처리와 관련하여 만들어 져야 한다. 이 문서화된 정책은 무엇보다도 감사록에 무엇이 포함되며, 얼마나 오랫동안 감사부서의 기록이 보관되며, 어떻게 외부 제3자의 감사록에 대한 접근을 다루어야 하고, 그리고 법률고문과 함께 조사를 수행할 때 어떤 특별한 실무절차를 따라야 하는지를 다루어야 한다.

감사업무의 여러 유형과 관련한 정책은 각각 감사록의 내용과 형식에 관하여 명시해야 하며, 내부감사인이 어떻게 그들의 검토기록을 다루어야 하는지 명시해야 한다. 즉, 문제가 제기되고, 그에 따라 해결된 대로 보관하거나 또는 제3자가 그것에 접근할 수 없도록 파기하거나 하는 것이 그것이다.

또한 내부감사부서의 내부감사 수행기록 관련 정책은 감사록의 보존기간을 명시해야 한다. 이런 기한 설정은 법적요구 뿐만 아니라 조직의 필요에 따라 정해진다. 이 문제에 관해 법률자문을 받아 처리하는 것이 중요하다.

마. 내부감사부서의 기록 관련 통제 및 보안책임

내부감사부서의 정책에는 내부감사부서의 기록 관련 통제 및 보안에 대해 조직 내 누가 책임을 맡고 있고, 누가 그 기록에 대한 접근을 허용 받고, 그런 기록에 접근요청을 어떻게 처리할 것인지에 대해 설명 및 문서화 되어 있어야 한다.

그런 정책은 조직이 속한 업종이나 법률 관할 구역의 관행에 따라 만들어 질 수 있다. 최고감사책임자는 같은 업종 내의 변화된 실무관행이나 법의 판례에 있어서 변경을 주시 하고 있어야 한다. 정책을 수립할 때 최고감사책임자는 언젠가 누군가가 그들의 감사기록에 접근을 원하게 될 것이라는 사실을 예상해야 한다.

바. 내부감사 수행기록 관련 정책에서 다룰 문제

내부감사 수행기록에 접근을 허용하는 정책 또는 규정은 다음과 같은 문제를 또한 다루어야 한다.

내부감사 수행기록 관련 정책에서 다룰 주요 문제

① 접근문제를 해결하는 처리과정.

② 감사결과물의 형태별 보존기간.

③ 감사결과물에 대한 접근과 관련된 리스크와 문제점들에 대한 내부감사 직원 교육 및 재교육 과정.

④ 장차 감사결과물에 접근을 원할 수 있는 사람을 판단하기 위한 프로세스 등.

정책 또는 규정은 감사에 있어 특별조사 착수가 필요한 시기 즉, 감사활동이 변호사와 함께 하는 특별조사 활동이 되는 시기와 법률고문과 의견교환을 할 때 어떤 특별한 절차를 따라야 하는지에 관하여 판단을 내림에 있어 내부감사인에게 지침을 제공한다. 이 정책 또는 규정은 또한 특권을 가진 변호인에게 제공되는 어떤 정보에 대해 적절한 보존요청서를 다루는 문제도 포함하고 있어야 한다.

사. 내부감사 수행기록 접근 관련 리스크에 대한 교육

내부감사인은 또한 감사록 접근으로 인한 리스크에 관하여 이사회와 경영진을 교육해야 한다. 누가 감사록에 접근권한을 부여 받을 수 있는지, 어떻게 그런 요구가 다루어지고 그리고 감사활동에 따른 특별조사가 필요한 경우 따라야하는 절차에 관한 정책이 감사 위원회(또는 동등한 기업지배기구) 또는 감사에 의해 검토되어야 한다. 이런 특별 정책은 조직의 종류와 법에 의해 부여된 접근 특권에 따라 달라질 수 있다.

아. 내부감사 수행기록의 외부 제공에 대한 유의 사항

내부감사 수행기록을 외부에 공개 내지는 제공을 요청받은 경우, 그것을 제공할 때에는 최고감사책임자는 항상 신중을 기하고 다음과 같이 해야 한다.

내부감사 수행기록의 외부제공에 대한 세부 유의사항

① 법률고문이나 정책 또는 규정에 의해 지시된 특정서류 만 제공한다. 이 경우 보통의뢰인 정보 비공개원칙에 해당되는 문서는 제외될 것이다. 변호사의 사고 전개 과정 이나 전략을 노출하는 문서는 보통 그들의 특권이 될 것이며, 공개를 강요받지 않을 것이다.

② 문서는 변경될 수 없는 형태로 제공되어야 한다.(예, 워드프로세싱 형식이 아닌 이미지 형식을 통해) 종이로 된 문서인 경우, 최고감사책임자는 단지 사본 만 공개하고, 원본 은 보존한다. 특히, 원본을 연필로 작성된

경우에 더욱 그러하다. 만약 법원에서 원본 을 요구할 경우, 내부감사 부서는 사본 1 부를 보존해야 한다.

③ 매 서류마다 보안문서라고 표시하고 그 서류를 허가 없이 제3자에게 재 차 배포할 수 없다는 경구문구를 삽입해야 한다.

4. 내부감사 수행기록의 보존[26]

최고감사책임자는 각각의 기록이 보관되는 기록매체의 종류를 불문하고 내부감사 수행기록의 보존지침을 개발해야 한다. 이런 보존지침은 조직 전체의 지침, 관련 규정 또는 다른 요건들과 일관성을 가져야 한다.

최고감사책임자는 내부감사 수행기록 보존지침을 개발할 때 다음 사항들을 고려해 야 한다.

내부감사 수행기록 보존지침 개발 시 고려사항

① 기록 보존 요구는 그 기록이 보관되는 형식과 무관하게 모든 감사기록에 적용되도록 고안되어야 한다.

② 감사기록의 보존 요건은 법률 관할 구역 및 법적 환경에 따라 달라진다.

③ 최고감사책임자는 조직의 필요와 조직이 속하는 법률 관할 구역의 법적 요건을 충족 하는 문서화된 감사기록 보존 정책을 개발한다.

④ 기록 보존 정책은 적절한 외부서비스 제공자에 의해 수행된 업무와 관련 된 기록의 보존에 대한 적절한 정리도 포함할 필요가 있다.

| 제2절 | 내부감사 수행중 개인정보의 이용[27] |

내부감사인은 감사 목표를 완수하기 위해서 충분한 정보를 식별, 분석, 평가 하고 문서화해야 한다. 정보기술과 의사소통의 발전이 사생활에 지속적으로 새로운 리스크 와 위협을 가져오고 있으므로 개인 사생활 및 개인정보 보호에 대한 관심은 점점 명 확하게 되고 주의를 끌고 세계적인 문제가 되고 있다.

개인정보 보호·통제는 세계 어느 곳에서나 사업을 하기 위한 법적 요건이 되고 있다.

따라서 내부감사인은 감사활동. 즉, 검증활동 및 컨설팅활동 중에 개인정보를 사용 하려고 할 때 다음의 사항을 고려해야 한다.

---

26) 국제내부감사인협회, 전게서, 2007., 345면 및 2011., 172면
27) 국제내부감사인협회, 전게서, 2007., 329~330면 및 2011., 161~162면

Ⅰ 개인정보의 일반

1. 감사업무 수행 중에 취득한 개인정보 보호

정보기술 및 의사소통의 발전으로 개인정보 보호 리스크 및 위협이 드러나고 있으므로, 내부감사인은 감사업무 수행 중에 취득한 개인적으로 식별 가능한 정보에 대한 보호를 고려할 필요가 있다. 개인정보 보호·통제는 많은 관할구역에서 법적인 요건이 되고 있다.

2. 감사업무 수행 중에 취득한 개인정보 종류

개인적인 정보는 일반적으로 특정 개인과 관련된 정보 또는 식별하고자 하는 다른 정보와 합쳐져 특정인을 식별할 수 있게 하는 정보를 말한다. 그것은 사실적인 또는 주관적인 정보일 수 있고, 기록되거나 아닐 수도 있고, 어떤 형태나 매체에도 관계없다. 개인적인 정보는 다음과 같은 것들을 포함한다.

개인 정보의 종류

① 이름, 주소, ID번호, 소득, 혈액형.
② 평가, 견해, 사회적 신분.
③ 종업원 파일, 신용기록, 대출기록.
④ 종업원 건강 및 의료 데이터 등.

Ⅱ 개인정보의 사용 제한

1. 감사 중 취득한 개인정보의 목적 외 사용 금지

대부분의 경우 법은 조직에게 정보가 수집되는 시점 또는 그 전에 개인정보를 수집하는 목적을 확인하도록 요구하고 있다. 이러한 법은 또한 개인의 동의 없이 또는 법이 요구하는 경우 외에는 그것이 수집된 목적 외에 다른 용도로 사용하거나 공개 하는 것을 금지하고 있다.

2. 개인정보 사용에 관한 모든 법률 이해 및 준수

내부감사인은 그가 속한 관할구역 및 그의 조직이 사업을 영위하는 관할 구역의 개인정보 사용에 관한 모든 법률을 이해하고 준수하는 것은 중요한 일이다.

내부감사인은 어떤 감사업무를 수행하는 중에 개인정보에 접속, 검색, 검토, 조작하거나 사용하는 것은 부적절하고 어떤 경우에는 불법이 될 수 있다는 것을 이해해야 한다.

3. 개인정보 접근에 대해 사전 법률고문과 협의

내부감사인은 개인정보 접근에 대한 어떤 의문이나 관심이 있다면, 감사업무를 시작하기 전에 내부 법률고문과 협의 또는 조언을 구해야 한다.

제3절 〉〉 내부감사 업무에 대한 감독[28]

감사의 목표가 달성되고, 감사의 질적 수준이 믿을 만하고, 감사직원의 개발이 이루어지고 있다는 확신을 주기 위해 감사업무는 적절히 감독되어야 한다. 요구 되는 감독의 정도는 내부감사인의 능력과 경험 그리고 감사업무의 복잡성에 따른다.

최고감사책임자는 내부감사에 의해 수행되건 내부감사부서를 위해 수행되건 감사업무에 대한 전반적인 감독책임이 있다. 하지만 내부감사부서의 적절한 경험이 있는 직원을 임명하여 감독하게 할 수 있다. 그리고 적절한 감독의 증거는 문서화 되어 보관·유지 되어야 한다.

Ⅰ 내부감사업무의 감독 개관

1. 감사업무 수행에 대한 적절한 감독

최고감사책임자 또는 위임받은 자는 감사업무 수행에 대한 감독이 적절하게 이루어지도록 노력해야 할 책임이 있다.

감독은 감사계획 수립단계부터 시작하여 조사, 평가, 보고 그리고 사후관리 등 감사전체 프로세스에 지속된다. 감독은 다음의 내용이 포함 된다.

감사업무 수행에 대한 적절한 감독 내용
① 선정된 감사요원이 총체적으로 그 업무를 수행하기 위한 지식, 기술 그리고 여타 필요한 능력을 지녔는지 확인한다.
② 감사계획을 수립하거나 감사 수행 프로그램을 승인하는 중에 적절한 지

---

28) 국제내부감사인협회, 전게서, 2007., 346~348면 및 2011., 173~174면

시를 내린다.

③ 어떤 정당하고 인정될 만한 상황 변화가 있는 경우를 제외하고는 승인된 감사프로그램이 완수되는지 확인한다.

④ 감사조서가 관찰사항, 감사결론 그리고 권고사항을 적절하게 뒷받침 하는 지 판단한다.

⑤ 감사업무 보고는 정확하고, 객관적이며, 명료하고, 간결하며, 건설적 이고, 시의적절한지 확인한다.

⑥ 감사업무의 목표가 달성되는지 확인한다.

⑦ 내부감사인의 지식, 기술 그리고 여타 능력개발을 위한 기회를 제공한다.

2. 감독의 적절한 증거에 대한 문서화

감독의 적절한 증거는 문서화되어 보관되어야 한다. 요구되는 감독의 범위는 내부감사인의 전문가적 능력과 경험 그리고 감사업무의 복잡성 정도에 달려 있다. 최고 감사 책임자는 감사업무에 대한 검토를 수행할 전반적인 책임을 지지만 내부 감사 부서의 적절한 경험이 있는 내부감사인을 문서화를 통해 경험이 덜한 내부감사인이 수행한 감사업무를 검토하는데 활용할 수 있다.

Ⅱ 내부감사업무 감독의 내용

1. 최고 감사책임자의 책임완수와 수단

모든 할당된 내부감사업무는 그것이 내부감사부서에 의해 수행되든 내부감사를 위해 수행되든 최고감사책임자의 책임이 된다. 최고감사책임자는 감사수행계획수립, 조사, 평가, 보고 그리고 사후관리 단계에서 내린 모든 중요한 판단에 대한 책임을 진다.

최고감사책임자는 그의 책임이 완수되고 있다는 확신을 갖기 위한 적절한 수단을 사용해야 한다. 적절한 수단으로는 다음과 같은 목적으로 작성된 정책과 절차를 포함한다.

최고 감사책임자의 책임완수를 위한 수단

① 내부감사인이 내릴 수 있는 전문가적 판단 또는 내부감사부서를 위한 다른 사람의수행작업이 최고감사책임자의 전문가적 판단과 불일치하여 감사 업무에 심각한 부작용 을 초래할 수 있는 리스크를 최소화 한다.

② 감사임무 수행 관련 중대한 문제에 대해 최고감사책임자와 내부감사부서 일반감사직원 사이의 전문가적 판단에 차이를 해결한다.

그런 해결 수단으로 ⓐ 관련 사실 논의, ⓑ 추가 문의 및 연구 조사, 그리고 ⓒ 감사조서에 견해의 차이를 문서화하고 공개하는 것을 들 수 있다.

그리고 윤리문제와 관련하여 전문가적 판단의 차이가 있을 경우에는 적당한 해결수단으로서 윤리문제에 책임을 맡고 있는 조직의 윤리전문가에게 그 문제를 질의하는 방법도 선택할 수 있다.

2. 감사수행 절차 및 결과에 대한 검토

모든 감사업무 수행조서는 감사 수행 결과보고를 적절히 지원하고 있으며, 모든 필요한 감사절차가 수행되었다는 확신을 갖기 위해 검토되어야 한다. 감독자의 검토가 있었다는 증거로 감독자가 검토한 후, 각각의 감사조서에 약식서명하고 일자를 적어 넣는 것이다.

감독자의 검토가 있었다는 다른 증거를 제공하는 여타 검토기법으로 감사조서 검토 점검표를 완성해 가거나, 검토의 종류와 범위 그리고 결과를 보여주는 메모를 작성하는 방법을 들 수 있다. 또한 감사조서 소프트웨어 안에 평가했는지 수용했는지에 대한 칸을 설치하는 것을 포함 시킬 수 있다.

3. 검토과정에서 제기된 의문점의 기록

검토자는 리뷰과정에서 제기된 의문사항에 대한 서면기록 즉, 검토메모(리뷰 노트)를 남길 것이다. 검토메모를 지울 때는 감사조서가 검토 중 발견된 의문점이 해소 되었다는 적절한 증거를 제시하고 있다는 확신을 갖도록 주의해야만 한다.

검토 메모 및 리뷰 노트의 보관 및 폐기 처분에 관한 수용 가능한 대안으로 다음과 같은 것이 있다.

① 검토자가 제시한 의문점 및 그것들의 해결에 취해진 조치에 대한 기록으로서 그 결과를 포함하여 검토 메모를 보관한다.
② 제기된 의문점이 해소되고, 요구하고 있는 추가정보를 제공하도록 감사업무 수행조서 를 적절히 수정한 후에 검토 메모를 폐기한다.

Ⅲ 내부감사업무 감독범위의 확장

감사업무 감독은 직원들의 훈련 및 개발을 도우며, 또한 수행평가를 가능하게 한다. 그러므로 감사업무의 감독은 직원의 교육 및 개발, 수행능력 평가, 시간과 비용 통제 그리고 유사한 관리 분야까지 확장된다.

<table>
<tr><td>제4절</td><td>내부감사의 성공 요소[29]</td></tr>
</table>

I 개요

국제내부감사인협회(IIA : Institute of Internal Auditors)의 내부감사에 대한 지식 체계를 확립하는 CBOK(Global Internal Auditor Common of Knowledge)에서는 전 세계를 상대로 4~5년 마다 내부감사 관련 설문조사를 실시하고 있다.

본 절에서 기술하고 있는 내용은 최근 2015년에 실시된 설문조사를 토대로 내부 감사 관련 Global 환경 변화와 그에 따른 내부감사의 핵심적 성공 요소가 무엇이지 살펴보고 향후 내부감사 관련 계획 및 정책 수립에 참고하도록 하고자 한다.

II 내부감사의 핵심 성공 요소

1. 업무수행 가치의 증대 및 개선에 초점

내부감사는 조직의 목표달성에 기여하며 체계적이고 훈련된 접근방법을 이용해 리스크관리, 내부통제 및 지배구조 프로세스의 유효성을 평가 및 개선을 통해 한 조직의 업무수행가치를 증대하고 개선시키기 위해 설계된, 독립적이고 객관적인 검증과 컨설팅 활동이다.

검증은 회사의 리스크관리, 내부통제 또는 지배구조 프로세스에 관한 독립적인 평가를 제공할 목적으로 수행하는 증거의 객관적인 조사(예, 회계감사, 성과감사, 규정준수감사, 시스템보안감사 등)을 말한다. **컨설팅**은 회사의 지배구조, 리스크관리, 그리고 통제프로세스의 가치를 증대시키고 개선할 의도를 갖고 자문 및 관련 서비스 활동을 말한다. 예를 들면 상담, 조언, 촉진, 훈련 등이 이에 해당 된다.

가치제안은 고객들의 요구를 만족시키기 위해 고객에게 전달하기로 약속한 이익과 혜택의 집합이다. 즉 내부감사의 가치제안은 '체계적이고 전문적으로 리스크관리, 내부통제 및 지배구조 프로세스의 효과성을 평가하고 개선함으로써, 회사 목표를 달성하는데 도움을 준다.'라고 할 수 있다. 즉, 그렇게 할 때 회사의 가치가 증대되는 것이다.

---

29) CBOK가 2015. 2. 2. ~2015. 4. 01. 동안 총 100개 문항을 가지고 전 세계 응답자 14,518명을 대상으로 조사한 결과임. 본 내용은 이점금 공인회계사가 「Auditor Journal 2016.」 5. 6. 7.호에 게재한 「변화 하는 Global 환경에서의 내부감사 핵심 성공 요소」의 내용을 참고 및 인용하였음.

전 세계적으로 내부감사는 다양한 방법으로 회사가치를 증대시키기 위하여 노력하고 있다. CBOK의 설문조사에 의하면, 회사의 가치증대에 가장도움이 되는 내부감사활동으로는 '내부 통제 시스템의 적정성과 효과성에 대한 검증'이라고 하였다. 다음으로는 '경영개선사항 권고'라고 하여, 검증이 아닌 영역 중에서 가장 많은 도움이 된다고 하였다.

회사 가치 증대에 도움이 되는 내부감사활동으로서 내부통제시스템 적정성 및 효과성 검증, 리스크관리 및 지배구조 프로세스 검증, 법규준수 검증은 검증활동에 해당하고, 경영 개선사항 권고, 경영진 및 감사위원회에 정보제공 및 조언, 신생 리스크 파악, 부정 예방 및 조사는 경영진 등에게 통찰력과 개관적인 조언을 주는 활동들이라고 볼 수 있다.

표1 회사 가치 증대에 도움이 되는 내부감사 활동	
○ 내부통제시스템 적정성 및 효과성 검증	86%
○ 경영 개선사항 권고	55%
○ 리스크관리 프로세스 검증	53%
○ 법규준수 검증	50%
○ 경영진에게 정보제공 및 조언	40%
○ 신생 리스크 파악	37%
○ 지배구조 프로세스 검증	37%
○ 부정 예방 및 조사	29%
○ 감사위원회에 정보제공 및 조언	28% 등.

위 설문조사 순위가 응답자가 속한 기관의 성격, 지리적 위치 등에 따라서 다소 차이가 난다. 예를 들어, 금융기관에서는 권고, 조언 등 보다는 검증을, 글로벌 평균에 비해 리스크관리 프로세스 검증을 보다 중요하게 생각하는 것으로 나타났다. 상장회사의 경우에는 부정 예방 및 조사가 높은 반면 법규 준수 검증은 낮은 결과로 각각 나타났다.

2. 이해관계자 관심사항 파악 및 고려

내부감사의 이해관계자는 최고경영진, 이사회, 최고재무책임자, 법률기관, 규제기관 등 이다. 이해관계자 중 내부감사 최종 결과물인 내부감사보고서의 주된 이용자는 최고 경영진과 이사회가 될 것이다. 따라서 내부감사보고서의 의견(결론)은 내부감사의 독립성과 객관성을 해치지 않는 범위에서 최고경영진 및 이사회의 기대치를 파악하고 고려해야 한다.

2015년 KPMG Survey[30])에 따르면, 전 세계적으로 이사회 및 감사위원회의 주요 관심 사항은 그 중요도에 다소 차이가 존재한다. 이사회는 '비즈니스모델 붕괴' 및 '영업 리스크'에, 감사위원회는 '법규 준수' 및 '재무리스크'에 보다 관심의 우선수위를 두고 있다.

표2	이사회의 주요 관심사항
○ 비즈니스모델 붕괴	64%
○ 영업리스크	43%
○ 뇌물 및 부패 방지	32%
○ 법규 준수	29% 등.

표3	감사위원회의 주요 관심사항
○ 법규 준수	35%
○ 뇌물 및 부패 방지	33%
○ 재무리스크	33%
○ 리스관리 프로세스	29% 등.

내부감사의 중점사항이 최고경영진 및 이사회의 관심사항과 차이가 남에 따라 그 기대 차이(Expectation gap)가 존재할 수밖에 없다고 판단된다. 그러한 결과, 동 설문조사에 따르면, 회사의 내부감사기능이 회사 가치 증대에 도움이 되는지에 대한 물음에 불과 40%만이 만족(약간 만족은 38%)한다고 하였다.[31]

따라서 내부감사인은 경영진 등 핵심 이해관계자의 관심사항(요구 및 기대)을 반영하기 위해서는 사전에 서로 의사소통을 하고, 관심사항에 차이가 있다면 그 차이를 분석 하며, 차이를 줄이기 위한 설계 및 실행을 하고, 최종적으로 관심사항의 변화 (진화)에 따른 피드백(Feedback)을 하여야 한다.

---

30) KPMG, 2015 Global Audit Committee Survey, 36개국,1,500명의 감사위원회 위원 대상 설문조사.
31) 이정금,「변화하는 Global 환경에서의 내부감사 핵심 성공 요소」, Auditor Journal 2016. 5., 13면.

표4 ▶▶▶ **이해관계자의 요구 및 기대 반영 방안**

1. 의사 소통
○ 공식 및 비공식 의사소통 채널 활성화
○ 최근 추세 및 실무, 내부감사 역량, 핵심리스크에 대하여 인식.
○ 감사결과 도출된 리스크 및 통제, 신규 리스크 등을 종합해 결론도출.
○ 이해관계자 기대의 변화 가능성 인식, 그러한 기대치를 최소화
2. 기대차이 파악
○ 내부감사의 전략적 계획 구축.
○ 이해관계자의 기대 고려한 내부감사의 능력 및 역량 평가.
○ 상호간 차이를 해소할 수 있는 핵심 목표 및 목적 파악.
3. 설계 및 실행
○ 이해관계자 중심의 해결책 설계.
○ 달성 가능한 세부계획 작성.
○ 감사계획을 이해관계자와 의사소통하고 평가.
○ 이해관계자의 기대를 지속적 관리 등.
4. 평 가
○ 지속적으로 이해관계자와 소통.
○ 리스크 변화에 따라 이해관계자의 기대는 계속 변화 가능성 인식.
○ 이해관계자 기대 반영, 주기적, 지속적으로 내부감사계획 자동수정.

---

3. 리스크 등을 고려한 감사계획 수립

2015 CBOK 설문조사 결과, 내부감사 대부분(85%)은 「리스크 기반 방법론(Risk-based methodology)의 사용을 통해서, 리스를 기반으로 한 내부감사계획을 수립하고 있다. 그 밖에 경영진의 요구사항, 회사의 전략 및 경영 목표 분석, 법규준수 요구 사항 등을 반영하여 내부감사 계획을 수립한다고 하였다.

이해관계자인 경영진, 사업부문 책임자, 감사위원회, 외부감사인 등과의 논의 및 각각의 요구사항을 반영하여 계획을 수립하고 있다. 우리나라와 일본의 경우는 전년도 감사 계획을 근거로 당해 연도 감사계획을 수립한다는 비율이 83%(전 세계 평균 61%)으로써 가장 높고, 그 외의 항목은 대부분 글로벌 평균 보다 낮다.

표5 ▶▶▶ **내부감사 계획 수립 시 고려 사항**

○ 리스크 기반 방법론 사용	전 세계 평균	85%	한국 및 일본	64%
○ 경영진의 요구사항	"	72%	"	66%
○ 회사의 전략 및 경영 목표 분석	"	64%	"	47%
○ 법규준수 요구사항	"	62%	"	43%
○ 사업부문 책임자의 논의	"	62%	"	26%
○ 전년 감사계획	"	61%	"	83%
○ 감사위원회의 요구사항	"	56%	"	19%
○ 외부감사인의 논의	"	26%	"	17%
○ 외부감사인의 요구사항	"	19%	"	8%

내부감사는 리스크 기반 방법론 사용 및 경영진의 요구사항 반영 등을 통해서 내부감사계획에 영업리스크를 가장 많이, 법규 준수 리스크, 리스크 검증과 효과성, 전략적 사업 리스크, 정보기술, 재무리스크, 기업지배구조, 부정 등의 수준으로 포함하고 있다. 지역별 설문조사 결과 가 파악되지 아니하지만, 일부 아시아의 경우에는 여전히 주로 회계감사 및 규정준수에 초점을 맞추고 있는 것으로 추정된다.

표6 ▷▷ 내부감사계획의 주요 초점	
○ 영업 리스크	25%
○ 법규 준수	15%
○ 리스크관리 검증 및 효과성	12%
○ 전략적 사업리스크	11%
○ 정보기술	8%
○ 재무 리스크	7%
○ 기업 지배구조	6%
○ 부정	4%

4. 감사계획과 경영계획과의 연계성

내부감사계획은 회사의 경영계획에 맞춰 조정되어야 하고, 사업 변화 및 리스크 변화에 따라 내부감사계획을 재평가하여야 하며, 필요시는 갱신하여야 한다. 경영계획은 회사의 미션, 상위 목표, 하위 목표를 지원하는 활동을 정리하고 결정하는 방법을 위한 계획을 말한다. 일반적으로 상위 및 하위 목표를 달성하는데 필요한 명확하고 구체적인 활동이다.

2015 CBOK 설문조사 결과에 따르면 리스크 변화에 따라 연간 내부감사계획을 1년에 3회 이상 탄력적으로 갱신한 비율이 34%에 불과하였으며, 44%는 1~2회 갱신하고 있다고 대답하였다. 응답자 중 22%는 환경변화가 있더라도, 한번 수립된 내부감사 계획을 전혀 변경하지 않는다고 하였다.

특히 한국을 포함하는 동아시아의 경우에는 연간감사계획을 전혀 갱신하지 않는 비율이 무려 41%에 달한다. 내부감사계획은 「리스크 변화 속도에 맞추어 내부감사(Audit at the speed of risk)」를 수행하여야 함에도 불구하고, 그렇지 못하고 있다는 반증이 아닌가 하는 의구심이 들 수밖에 없다.

표7	내부감사계획의 갱신도				
○ 갱신 없음	전 세계 평균	22%	동아시아(한국, 일본)	41%
○ 1~2회 갱신	"	44%	"	43%
○ 2회 이상 갱신	"	34%	"	16%

또한 내부감사계획과 회사의 경영계획을 완전히 또는 거의 연계하고 있다는 비율은 57%이고, 나머지는 거의 연계하지 않거나 조금 연계한다고 하였다. 우리나라를 포함한 동아시아의 경우, 경영계획과의 연계를 하지 아니한다는 비율이 25%로 글로벌 평균 대비 상당히 높은 편에 속한다.

표8	내부감사계획과 경영계획의 연계 정도				
○ 거의 연동하지 않음	전 세계 평균	8%	동아시아(한국, 일본)	25%
○ 조금 연동	"	35%	"	45%
○ 완전히 연동	"	57%	"	30%

5. 리스크에 기반을 둔 내부감사 수행

내부감사계획은 리스크 사정에 근거해야하고, 리스크 사정은 적어도 매년 이루어져야 한다. 리스크 사정은 「리스크 기반 감사」를 하기위해 필수적인 요소이다. 내부통제시스템 적정성 및 효과성 검증이 회사 가치 증대에 도움이 되는 내부감사활동이라고 여기는데, 내부감사가 회사의 지배구조, 업무운영, 정보시스템 등에 대한 통제의 적정성과 효과성을 평가 하기 위해서는 리스크 사정 결과에 근거해야 한다.

2015년 CBOK 설문조사결과, 응답자의 23%는 리스크 사정을 지속적으로 하고 있고, 다른 36%는 매년 공식적으로 리스크를 갱신하면서 리스크 사정을 수행하는 것으로 파악 된다. 나머지 41%는 1년간 리스크 변화 여부에 관계없이 리스크를 사정하지 않는다(또는 비공식적으로 사정). 세계가 아주 빠르게 변화하고 있고, 그 결과 회사가 직면하는 리스크 특성이 변화하고 있음에도 리스크 사정을 수행하지 않는 것은 내부감사기능의 효과성에 의문이 제기된다.

표9	내부감사의 리스크 사정 빈도	
○ 리스크 사정을 수행하지 않거나 비공식적 사정		41%
○ 매년 공식적 리스크 갱신 및 사정		36%
○ 지속적으로 사정		23%

제2장 내부감사 기초 업무

변화하는 세계 속에서 회사의 리스크 사정을 수행할 때, 방대한 양의 데이터를 다루는데 상당한 어려움이 수반된다. 2015 CBOK 설문조사 결과, 다행이도 응답자의 62%는 리스크 정보를 다루기 위해 설계된 소프트웨어(감사프로그램, 통합패키지, 독립된 리스크 패키지)를 사용하는 것으로 나타났다. 그 외 38%는 스프레드시트 또는 데이터베이스패키지를 사용하고 있는데, 리스크 사정에 좀 더 효과적인 프로그램 사용을 고민하여야 할 것으로 보인다.

표10 >>> 리스크 사정 시 사용 프로그램	
○ 스프레드시트 또는 데이터베이스 패키지	38%
○ 감사 프로그램	26%
○ 통합(지배구조, 리스크, 법규준수) 패키지	23%
○ 독립된 리스크 패키지	13%

내부감사는 리스크 사정과 「리스크 기반 감사(Risk-based Auditing)」를 통해, 감사 보고서는 이해관계자가 알고 싶어 하는 것, 기업 목표에 영향을 미치는 것에 대한 내용이 전달되도록 변화되어야 한다. 리스크 기반 감사는 리스크 중심의 설계, 리스크 변화에 따라 능동적이고 적극적인 감사를 의미한다.

표11 >>> 리스크 기반 감사
○ 중요한 리스크를 포함하도록 설계.
○ 감사계획은 지리적 위치나 프로세스가 아닌, 회사의 리스크를 기반으로 도출. (프로세스·지역·사업부서 등의 순위화 → 리스크의 순위화).
○ 회사가 리스크를 다루는 방법과 연계.
○ 사업 또는 리스크가 변화하면 그에 따라 지속적으로, 즉시 갱신.

6. 효과성 측면의 내부감사 성과 평가

내부감사는 각 감사인에게 연간 성과 목표를 수립하여야 하고, 성과평가 프로세스를 마련하여야 하며, 감사위원회 또는 감사 등은 매년 성과 평가를 실시하여야 한다. 그 평가 결과에 따라 급여, 승진, 전보 등의 보상이 결정되어질 것이다.

2015 CBOK에서는 내부감사의 성과를 평가하기 위하여 사용되는 구체적이 척도가 무엇인가라는 설문조사를 실시하였다. 응답자 중 66%는 성과평가 척도로써 감사계획의 달성정도를 선택하였다. 주요 쟁점사항의 해결 및 필수 감사범위 완결여부는 40% 가넘었다. 가장 많은 선택을 한 세 가지는 내부감사 자체적인 척도라 할 수 있으며,

내부적으로 어떻게 일을 잘하는지 여부에 대하여 초점을 맞춘 것으로 내부감사 관리의 효율성을 판단하는 척도이다.

　반면, 감사고객의 만족도 및 이해관계자의 기대치 달성도는 4~5번째를 차지하였다. 이는 내부감사보고서 등의 이용자로써, 내부감사가 제공하는 혜택의 수령자에 해당하고, 내부감사 내부가 아닌 고객 관점의 척도이다. 외부 고객을 얼마나 만족시켰는지 여부에 대하여 초점을 맞추며, 내부감사기능의 효과성을 판단하는 척도이다. 최고 경영진 등의 감사고객과 이해관계자 중심의, 효율성 척도보다는 효과성 척도가 우선시되는 방향으로의 변화가 바람직할 것이다.

표12 　　　　내부감사 성과평가 척도	
○ 감사계획의 달성도	66%
○ 주요 감사 쟁점사항의 해결	42%
○ 필수 감사 범위 완결	41%
○ 감사고객(피감대상) 만족도	38%
○ 핵심 이해관계자의 기대치 달성도	32%
○ 내부감사 예상 대비 실제 소요시간	29%
○ 내부감사 재무예산 대비 성과	23%
○ 성과 평가 척도 없음	15% 등.

　추가적으로 내부감사 성과를 향상시키기 위한 방법으로 내부감사는 감사고객 및 이해 관계자에 대한 설문조사, 내부감사의 자체 품질평가, 외부 품질평가 등의 방법을 주로 사용 하는 것으로 나타났다. 감사고객 등으로부터 의견을 청취함으로써, 이해관계자 중심의, 고객 만족의 관점에서 접근하는 것은 내부감사 효과성 측면에서 바람직한 접근이라고 볼 수 있다.

표13 　　　　내부감사 성과 향상을 위한 방법	
○ 감사고객(피감사대상) 설문조사	50%
○ 내부감사 자체 품질평가	47%
○ 이해관계자 설문조사	28%
○ 외부 품질평가	27%
○ 균형성과표	26%
○ 동료평가	20%
○ 외부규제기관의 검토	18% 등.

7. IT리스크에 대한 적극적 감사 활동

IT리스크는 계속적으로 진화하기 때문에 관리하기가 매우 어렵다. 내부감사는 신흥 IT리스크를 인식하고, 모니터링하며 다루는데 적극적으로 도움을 주어야 하며, 이사회가 최선을 다하도록 조언해야 한다. IT리스크는 내부감사가 가장 초점을 맞추는 주요 5가지 리스크 중의 하나이다.

내부감사의 내부감사계획의 주요 초점인, 5가지 주요리스크로는 영업리스크, 리스크관리 검증 및 효과성, 전략적 사업리스크, 정보기술(IT)리스크 이다. IT리스크에는 정보 보호 및 사이버 보안, 모바일 환경, IT 거버넌스(Governance), 회사 내부의 IT 시스템 개발, IT서비스 아웃소싱, 소셜미디어 사용, 빅데이터 등을 들 수 있을 것이다.

CBOK 설문조사에 의하면, 응답자 중 대부분에 해당하는 74%와 54%는 향후 2~3 내에 사이버보안과 소셜미디어(SNS 등)에 대한 내부감사활동이 각각 가장 크게 증가할 것이라고 조사되었다. 그러나 전 세계적으로 17%는 회사의 사이버보안 시스템에 대하여, 27%는 소셜미디어에 대하여 각각 내부감사활동을 전혀 실시하지 아니한다고 하였다.

표14 ▷▷ 사이버 보안 및 소셜미디어에 대한 내부감사활동의 수행 정도
○ 전자정보에 대한 사이버보안 검증 : 수행 없음 17%, 보통 또는 미미하게 수행63%, 적극적으로 수행 20%.
○ 임직원의 소셜미디어 사용 검증　 : 수행 없음 27%, 보통 또는 미미하게 수행61%, 적극적으로 수행 12%.

사이버보안과 관련하여 가장 큰 리스크는 회사의 민감하거나 기밀정보를 외부 침입자 (해커 등)가 탈취하는 것이다. 대부분의 회사는 그러한 데이터 유출이 회사의 브랜드와 명성에 심각한 손실을 초래한다는 것을 알고 있다. 그러므로 내부감사는 사이버보안 리스크가 회사에서 적절히 다루어지는 지를 확인하여야 한다.

회사 규모에 따라 내부감사가 수행하는 역할이 다를 수 있다. 소규모회사(종업원 1,500명 미만)의 내부감사 50%는 사이버 보안 관련 내부감사활동을 거의 수행하지 않고 있으며, 큰 규모 회사의 약 40% 정도는 내부감사가 사이버 보안에 대하여 적극적으로 내부감사 활동을 수행하고 있다.

최근에는 소셜미디어의 사용이 급속히 증대되고, 그 파급효과가 아주 빠르게 영향을 미치므로 각 회사는 저 마다 소셜미디어 정책 및 절차를 마련하고 있다. 이러한 정책은 임직원이 어떠한 소셜미디어를 사용하여야 하며, 소셜미디어를 통해 어떠한 내용이 금지되는지를 주요 초점으로 한다.

만약 임직원이 유해한 메시지를 회사의 의사와는 상관없이 소셜미디어를 통해 공개하는 경우 회사에 미치는 리스크로는 명예훼손 및 사생활 침해 등의 법적 책임 부담, 독점적 정보 또는 거래비밀의 누출 등으로 인한 회사의 경쟁력 상실 초래, 거짓 또는 폄하에 따른 회사의 명예에 심각한 타격을 들 수 있다.

회사는 소셜미디어 리스크를 다루기 위해서 적절한 소셜미디어 정책을 확립하여야 하고, 보안 및 훈련 프로그램을 통해 그러한 정책을 알려야 한다. 또한 불건전하거나 유해한 내용이 들어있는 사이트 등에 대한 접근이나 사용을 차단(또는 배제)하는 정보 필터링 소프트웨어를 구축하여야 하고, 실제 정책이 지켜지는지에 대한 모니터링을 하여야 하며, 그러한 정책을 위반하는 경우에는 상응한 책임을 물어야 한다.

내부감사는 소셜미디어 관련 리스크를 관리하는 데 핵심적인 역할(컨설팅 역할 등)을 할 수 있으므로, 소셜미디어 영역에 대한 내부감사를 연간감사계획의 일부분으로 포함할지 여부를 판단하여야 한다.

표15 ▶▶▶ 사이버 보안 및 소셜미디어에 대한 내부감사활동의 수행 내용
1. 사이버보안 ○ 매년 외부 네트워크에 연결된 부분에 대한 취약성 검토 및 침입 테스트 수행. ○ 외부 침입(데이터 유출) 대비 실제 수행되는 가상훈련이 위기관리계획에 따라 실시 되는 지 여부 확인. ○ 네트워크 정책 및 절차의 준수 여부 검증. ○ 최근 사이버보안 사고 관련, 사전계획 대로 정책과 절차가 적용되었는지 여부와 포렌식[32] 전문가 투입여부 검토 등. 2. 소셜미디어 ○ 소셜미디어 정책 및 절차에 대한 감사 수행. ○ 소셜미디어 관련 수행되어지는 의식교육의 적정성 검토. ○ 정보 필더링 소프트웨어 사용법을 숙지하고 효과적으로 수행되어지는지 여부를 모니터링. ○ 회사 관련 정보 유무를 파악하기 위해, 실제 소셜미디어 사이트 검토 등.

8. 외부의 압박으로 부터 공정성 유지

내부감사자는 이해관계자가 진실을 듣고 싶어하는지 여부와 관계없이, 그 진실(사실)을 말할 수 있는 용기(담대함)를 가져야 한다. 내부감사책임자(임원) 및 감사부서장 등 내부감사인 10명 중 약 3명은 적정한 감사발견 사항 및 감사보고서를 은폐하거나, 수정하라는 과도한 압박을 받는다고 하였다.

---

32) 포렌식(Forensic)이란 컴퓨터 관련 조사·수사를 지원하며 디지털 데이터가 법적 효력을 갖도록 하는 과학적 논리적 절차 및 방법을 연구하는 학문.

표16	내부감사책임자(임원)등의 감사발견사항 등에 대한 압박 경험

- 내부감사 책임자(임원) : 없음 66%, 1번 이상 29%, 답변거부 5%.
- 내부감사 부서장   : 없음 64%, 1번 이상 25%, 답변거부 11%.
- 내부감사 직원   : 없음 66%, 1번 이상 20%, 답변거부 14%.

압박은 응답자의 직위에 따라, 다양한 경로로부터 받는다고 하였다. 내부감사 책임자 (임원)는 최고경영자(CEO), 운영 경영자, 최고재무책임자(CFO)로부터 가장 많은 압박을 느낀다고 하였다. 감사부서장 및 직원은 내부감사부서로부터 압박을 가장 많이 받는다고 하였다. 즉, 이는 내부감사책임자가 최고경영자 등으로부터 받은 압박을 내부적으로 전이시킨다는 것으로 추정된다.

표17	감사발견사항의 은폐, 수정 등 압박 원천

- 내부감사책임자(임원) : 최고경영자 38%, 운영경영자 26%, 최고재무책임자 24%, 이사회 12%, 기타 10%, 합계 100%
- 내부감사부서장 : 내부감사부서 38%, 운영경영자 26%, 최고경영자 24%, 최고재무책임자 18%, 기타 16%, 합계 100%
- 내부감사직원 : 내부감사부서 44%, 운영경영자 21%, 최고경영자 15%, 답변거부 15%, 기타 14%, 합계 100%

발견사항은 모범사항과 지적사항으로 구성된다. 모범사항은 회사 업무처리에 있어 프로세스 개선 등 효율성과 효과성이 증대된 내용을 의미하고, 지적사항은 위법·부당 하거나 개선이 필요한 업무처리 관련 지적된 내용을 의미한다. 부정적 지적사항을 포함한 감사보고서는 피감사대상의 보상(승진 및 급여 등)에 영향을 미칠 수 있기 때문에 CEO 등 경영진으로부터 감사보고서 변경 등에 대한 압박을 받을 수 있다.

그러한 압박을 피하기 위해서는, 감사발견사항에 모범적인 임직원에게 용기를 북돋우고, 보상하는 내용도 포함하여야 한다. 또한 내부감사는 이러한 압박을 회피 하기 위해서는 내부에서 좋은 협력체(이사회 및 감사위원회 등)를 찾아야 한다. 제기하고자 하는 주요 쟁점사항은 협력 네트워크의 동의를 구한 후에 최고경영진에게 전달되도록 하는 것 또한 좋은 방법이다.

9. 「국제내부감사직무수행기준」의 활용

우리나라의 경우, 외부감사인(회계법인 및 감사반)은 「외감법」에 따라 일정 규모 (전년도 자산 120억원 이상 등)의 주식회사에 대해 회계감사를 수행한다. 그 외부감사인의 행위기준은 (국제)회계감사기준 이다. 그에 반해 국내 내부감사 관련 행위기준은 없고, 국제적으로 가장 공신력 있게 통용되는 기준으로는 국제내부감사인협회(IIA)의 「국제내부감사직무수행 기준」(이하 "IIA Standards 또는 국제내부감사수행기준"이라고 한다) 있다.

국제내부감사수행기준은 내부감사활동(업무)을 성공적으로 수행하기 위한 길잡이 역할을 하고, 내부감사의 위상(위치와 권한)과 내부감사 품질을 제고시킬 뿐만 아니라 국제적인 기준의 계속적인 업데이트 등을 통해 내부감사 실무를 향상시킬 수 있다. 아울러 다른 나라의 감사인들 과의 정보제공 및 의사소통으로 공통지식을 제공한다.

표18	▶ 국제내부감사직무수행기준 활용 시의 장점

○ 내부감사 관련 국제적인 추세에 부합하고, 내부감사의 품질을 제고할 수 있다.
○ 국제적인 기준이 계속적으로 개정되고 업데이트 되므로, 내부감사 실무를 향상시킬수 있다.
○ 내부감사의 위상(위치 및 권한)을 제고하고 증대시킬 수 있다.
○ 다른 나라의 감사인, 기타 검증 서비스 제공자 등과 소통을 촉진시킬 수 있는, 공통의 지식을 제공한다.

전 세계적으로 「국제내부감사수행기준」의 활용은 증가하고 있다. 2015년 CBOK의 설문조사에 의하면, 「국제내부감사수행기준」의 모두를 활용(전부 활용)하는 비율은 54%로써 2010년 동 설문조사에 비해 8% 만큼 증가하였다. 그에 반해 그러한 기준을 활용하지 않는 비율은 2010년 14%에서 2015년 11%로 감소하였다.

표19	▶ 국제내부감사수행기준 활용 정도

○ 2015년 : 전부 활용 54%, 일부 활용 35%, 활용하지 아니함 11%, 합계 100%
○ 2010년 : 전부 활용 46%, 일부 활용 40%, 활용하지 아니함 14%, 합계 100%

「국제내부감사수행기준」 활용 정도는 지역에 따라 큰 차이를 보인다. 「국제내부 감사 수행기준」의 전부 활용 비율 관련, 북미는 68%로써 전 세계에서 가장 높고, 아시아 및 태평양지역은 39%로써 가장 낮다. 특히, 아시아 태평양지역에 속하는 동아시아, 즉 한국과 일본의 비율은 23%로써 가장 낮다

표20	▶ 국제내부감사수행기준의 지역별 활용 정도

○ 북미   : 전부활용 65%, 일부활용 24%, 미활용 및 기타 11%, 합계 100%
○ 아시아 및 태평양 : 전부활용 39%, 일부활용 41%, 미활용 및 기타 20%, 합계 100%
○ 한국 및 일본   : 전부활용 23%, 일부활용 51%, 미활용 및 기타 26%, 합계 100%

「국제내부감사수행기준」은 필수적인 지침으로 「일반기준」, 「수행기준」, 「이행기준」, 「윤리강령」 등을 갖추고 있다. 또한 필수적이지는 아니하지만 강력히 권고되는 지침으로 「수행권고」 등이 있다. 동 기준은 검증하기 위한 전문적이고 체계적인 접근방법을 제시하기 때문에 동 기준을 준수하였다는 것은 이사회로 하여금 내부감사인의 활동과 업무를 신뢰하게 만든다.

내부감사활동의 품질을 향상시키기 위하여, 즉 내부감사활동의 효율성 및 효과성을 평가하고 개선사항이 있는지 여부를 확인하기 위하여 「국제내부감사수행기준」에서는 「품질보증 및 개선프로그램(QAIP)」을 만들고 유지하도록 하고있다.(IIA Standards 1300). 「품질보증 및 개선 프로그램」은 내부적으로(자체평가), 외부적으로 내부감사활동을 평가하라는 것이다.

표21 >> 품질보증 및 개선프로그램(QAIP)
1. 내부평가 　○ 내부감사활동 수행 및 성과에 대한 상시모니터링 　○ 상시모니터링은 평소의 내부감사활동에 대한 감독, 검토, 측정. 2. 외부평가 　○ 자격을 갖추고, 독립적인 제3자로부터 최소 5년에 1번 수행.

내부감사자는 자신이 이해관계자의 기대를 충족하는지 여부를 측정하기 위한 품질보증 척도를 만들어야 한다. 예전부터 「IIA Standards 1300」은 전체 「IIA Standards」중에서 준수도가 낮으며, 동 기준을 완전히 준수하는 정도는 2010년 39%에서 2015년 42%로 아주 조금 증가하였다. 즉, 내부감사활동에 대해 내부평가(자체평가) 및 외부평가가 잘 이루어지지 아니하고 있고, 평가 또한 난해하기 때문일 것이다.

표22 >> IIA Standards 1300의 준수도
○ 2015년 : 모두 준수 42%, 일부 준수 41%, 미준수 및 기타 17%, 합계 100% ○ 2010년 : 모두 준수 39%, 일부 준수 44%, 미준수 및 기타 17%, 합계 100%

내부감사의 부가가치 증대 및 품질평가를 위한 체계로 「IIA Standards」를 적극활용 해야 한다. 구체적으로 먼저 감사위원회의 내부감사 전문성 및 노력에 대한 품질평가의 중요성을 보고하여야 하고,「IIA Standards」에서 요구하는 「품질검증 및 개선프로그램」을 수립·운영하여야 한다.

그리고 「IIA Standards」를 준수하는지 여부를 확인하기 위해 매년 자체사정(Self-assessment) 및 최소 5년 마다 외부 품질평가를 각각 수행하여야 한다. 최종적으로 감사위원회에 내부감사활동에 대한 평가 결과(개선사항 포함)를 보고하고, 취약점이 있을 경우에는 개선토록 하여야 한다.

10. 내부감사 직원의 교육 및 훈련 확대

CBOK 설문조사의 응답자는 일반적으로 대학에서 회계, 감사, 재무, 경영, 경제 등을 학습(전공)한 것으로 조사되었다. 이러한 대학 전공만으로는 내부감사 업무 수행에 있어 기술적 한계가 있을 수밖에 없고, 추가적인 기술 배양(노력)이 없다면, 감사 실패로 귀결될 수밖에 없을 것이다.

표23 ▶▶ 내부감사자의 대학 전공	
○ 회계학	57%
○ 감사학(내부)	42%
○ 재무학	32%
○ 경영학	27%
○ 감사학(외부)	23%
○ 경제학	22%

CBOK 설문조사에 의거, 오늘날 내부감사책임자(임원)는 내부감사직원이 분석적/비판적 사고(64%), 의사소통 기술(52%)을 가장 많이 배양 하여야 한다고(필요하다고) 생각하고 있다. 구체적 지식으로는 회계(43%)가 가장 높았으며, 자신이 속한 회사 및 산업에 요구하는 특정 산업 지식(35%) 및 재무(22%)가 뒤를 이었다.

특정 지식이나 기술보다는, 특정 사안을 처리 및 판단할 때의 비판적이면서 분석적으로 사고하는 것이 가장 중요하다고 본 것이며, 내부감사 구성원 간의 의사소통 및 감사 고객(피감대상)과의 의사소통 기술 또한 필수적이다. 아울러 자신이 속한 회사의 산업 및 영업 전망을 감지할 수 있는 비즈니스 통찰력(27%)이 매우 중요하다.

주변 환경이 급속하게 변화하고 있음을 감안하여 리스크관리 검증 기술(42%) 및 IT 기술(38%)이 중요한 기술임에는 당연하고, 대용량화된 감사대상 데이터 및 부정감사의 중요성 등에 따라 데이터 마이닝 및 데이터 분석(31%)과 부정 감사(23%)가 각각 유의적 으로 포함 되어 있음을 주목하여야 한다고 판단된다.

표24		내부감사자 직원에게 요구되는 지식 및 기술(전 세계)	
o 분석적/비판적 사고		64%	
o 의사소통 기술		52%	
o 회계		43%	
o 리스크관리 검증		42%	
o 정보기술(IT)		38%	
o 특정 산업 지식		35%	
o 데이터마이닝 및 분석		31%	
o 비즈니스 통찰력(감각)		27%	
o 부정감사		23%	
o 재무		22% 등.	

참고로 전 세계는 분석적/비판적 사고(64%), 의사소통 기술(51%), 회계(43%), 리스크 관리 검증(42%) 순으로 높게 나타났으나, 반면에 동아시아(한국 및 일본)의 경우는 의사 소통 기술(53%), 리스크관리 검증(49%), 분석적/비판적 사고(45%), 회계(45%) 순으로 높게 나타나 지역적으로 다소 요구되는 지식 및 기술 중요도가 다르다는 것을 알 수 있다.

표25		내부감사자 직원에게 요구되는 지식 및 기술(전 세계 vs 동아시아)			
o 분석적/비판적 사고	전 세계 평균	64%	동아시아	45%	
o 의사소통 기술	"	51%	"	53%	
o 회계	"	43%	"	45%	
o 리스크관리 검증	"	42%	"	49%.	

데이터 마이닝(Data mining)은 데이터 분석과정을 통하여 많은 데이터 가운데 숨겨져 있는 유용한 상관관계를 발견하여, 미래에 실행 가능한 정보를 추출해 내고 의사결정에 이용하는 과정이다. 데이터에 숨겨진 패턴과 관계를 찾아내어 광맥(Min)을 찾아내듯이 유용한 정보를 발견해 내는 것이다.

여기서 **정보의 발견**이란 데이터에 고급 통계 분석과 모델링 기법을 적용하여 유용한 패턴과 관계를 찾아내는 과정을 말한다. **데이터 분석**은 데이터 마이닝(Data mining)을 통해 어떤 기존 시스템 또는 계획 중인 시스템에서 데이터와 데이터의 흐름을 체계적으로 조사 하는 것을 말한다.

내부감사는 최근 회사 및 주변 경제 환경이 대형화, 겸업화, 복잡화, 데이터 홍수 속에 있음을 감안할 때, 내부감사업무를 효율적이고 효과적으로 수행하기 위해서는 내부감사 담당부서 및 내부감사 담당 감사요원들에 대한 데이터 분석 및 데이터 마이닝 능력과 기술을 지속적으로 증대시켜야 한다.

CBOK 설문조사 결과 데이터 마이닝과 분석을 부정 파악에 가장 많이 사용하고 있다고 하였다. 다음으로 리스크 또는 통제 모니터링을 통해 제기된 쟁점사항 발굴, 표본이 아닌 전체 「모집단 데이터 시사(Test)」에 사용하는 것으로 파악되었다. 데이터마이닝 및 분석은 내부감사 업무 품질제고 등에 필수적인 기술임에는 분명하므로 보다 확대되어야 할 것이다.

표26	데이터 마이닝 및 분석 사용 분야
○ 부정 파악	49%
○ 표본이 아닌 모집단 전체 데이터 시사	47%
○ 리스크/통제 모니터일 통한 쟁점사항 발굴	47%
○ 법규준수 여부 시사	39%
○ 비즈니스 개선기회 파악	32% 등.

내부감사 업무 수행에 있어 위와 같은 기술이 필요함에도 내부감사의 직원이 적을수록 교육 및 훈련프로그램이 제대로 갖추어져 있지 아니하다. 즉, 내부감사 직원 3명 이하인 내부감사조직에서는 대부분인 67%가 교육 및 훈련프로그램이 없거나 임시적이고, 33%만이 체계적으로 운영하고 있다는 것이다.

표27	내부감사부서 직원 수에 따른 교육 및 훈련프로그램 운영			
○ 1~3명	체계적으로 운영	33%	없거나 임시 운영	67%
○ 4~9명	"	45%	"	55%
○ 10~24명	"	63%	"	37%
○ 25~49명	"	68%	"	32%
○ 50명 이상	"	74%	"	26%.

내부감사 교육 및 훈련프로그램을 갖추고 있는 경우 그 프로그램에 내부감사 기법(기술)(68%)을 가장 많이 포함하고 있다. 그 다음으로는 신입(전입) 직원에 대한 오리엔 테이션(54%), 비즈니스 지식(53%), 비판적 사고 기술(30%), 리더십 기술(27%) 등으로 구성되어 있다. 분석적/비판적 사고가 내부감사요원에게 가장 필요함에도 실제로는 30%에 불과하다.

내부감사 교육 및 훈련프로그램의 내용 중 내부감사가 속한 회사 및 산업의 비즈니스 지식(53%)을 충분하게 내부감사 책임자(임원) 및 내부감사 요원이 습득하여야 하는 것은 매우 중요하다. 그렇게 해야 회사가치를 제고하는 방향으로의, 중요한 감사 발견사항(Audit Finding) 등을 도출해 낼 수 있기 때문이다.

물론 그러한 지식을 가지기 위한 가장 좋은 방법은 감사고객(피감대상) 영역인 회사의 운영조직에서 다양하고 심도 있는 경험을 쌓는 것임을 부인할 수 없을 것이다. 그러므로 내부감사직원의 현업 실무경험 증대를 위해 다른 조직으로의 순환 근무 프로그램을 도입 하면 개인 및 내부감사부서의 발전, 더 나아가 회사의 발전에 도움이 될 것이다.

표28 　　내부감사 교육 및 훈련 프로그램의 구성	
○ 내부감사 기법(기술)(감사보고서 작성 등)	68%
○ 신입(전입) 지원에 대한 오리엔테이션	54%
○ 사업 및 회사의 비즈니스 지식	53%
○ 비판적 사고 기술	30%
○ 리더십 기술	27%.

체계적이고 지속적인 교육 및 훈련을 아무리 강조하여도 지나치지 아니함에도, 내부 감사부서의 직원이 연간 이수해야되는 교육 및 훈련시간 관련, 응답자 중 가장 많은 비율인 39%가 40시간 미만인 것으로 나타났다. 연간 이수하는 시간이 40시간 초과하는 비율 및 40시간 비율은 각각 33%와 28%로 조사되었다.

연간 40시간은 국제내부감사인협회(IIA)의 최저 요구수준이고, 전 세계적으로 IIA Standards(40시간) 이상을 이수하는 비율은 61% 이다. 참고로 아시아 태평양 지역에서는 그 비율이 글로벌(61%) 대비 낮은 약 50%에 불과하다. 교육 및 훈련에 많은 시간을 투입 하고, 내부감사 관련 자격취득을 독려하며, 그러한 바탕위에서 회사 및 내부감사부서의 가치제고를 위해 노력하면 더 많은 보상이 이루어 질 수 있는 환경을 만들어야 할 것이다.

표29 　　내부감사 직원 연간 교육 및 훈련 이수 시간	
○ 40시간 미만	39%
○ 40시간	28%
○ 40시간 이상	33%

설문조사의 응답자 중 내부감사 자격증을 보유한 비율은 43% 이다. 인도, 등남 아시아는 세계에서 내부감사 자격증을 가장 적게 보유(23%)하고 있고, 동아시아(한국 및 일본)의 보유비율은 66%로써, 전 세계 평균(43%)를 크게 상회하고 있다.

내부감사인은 회사에 효과적으로 기여하고, 자신의 경력관리에 도움이 될 수 있는 자격증을 취득하는데 투자할 필요가 있다. 무엇보다 내부감사인의 자격취득, 교육 및 훈련에 적극 참여하도록 장려하여야 하고, 내부감사인 각 개인은 그러한 교육과 훈련 등이 각자의 장기적인 경력과 실무에 아주 유익할 수 있음을 깨달아야 할 것이다.

표30	내부감사 자격증 보유(응답자)
o 동아시아(한국 및 일본)	66%
o 남아시아(인도 등)	23%
o 전 세계 평균	43%

11. 내부감사 직원의 동기부여 및 경력관리

내부감사부서가 급격하게 변화하는 세계에서 성공적으로 임무를 수행하기 위해서는 다양한 능력과 광범위한 경험 및 실무를 갖춘 사람들을 유인 하고 유지하여야 하며, 동기 부여하기 위해 노력하여야 한다. 내부감사 직원에 대한 동기부여 및 계속 근무(유지)를 장려하기 위해서 많은 상여금을 제공하고 있다. 응답자 67%는 그러한 상여금을 받고 있으며, 개인의 성과(78%) 및 회사의 성과(74%)와 연계되어 있다고 하였다.

내부감사 관련 경력계획 관련하여 내부감사 책임자(임원)는 72%, 내부감사 부서장 등은 75%가 각각 향후 5년간 내부감사업무를 계속 수행할 것이라고 하였다. 즉 장기간의 내부감사업무를 통해서 자신의 경력관리를 하겠다는 것이다. 이는 내부감사업무가 전문적인 직업군임을 간접적으로 나타내는 것으로 볼 수 있으며, 회사 내부에서 모든 역량과 기술을 가진 직원을 영입하기 또한 어렵다는 것을 의미한다.

표31	향후 5년간 내부감사 관련 경력 계획
o 내부감사책임자(임원)	: 내부감사업무 계속 수행 72%, 퇴직 9%, 내부감사업무에서 이동·미정 19%, 합계 100%
o 내부감사 부서장 및 직원	: 내부감사업무 계속 수행 75%, 퇴직 4%, 내부감사업무에서 이동·미정 21%, 합계 100%

내부감사 부서장 및 직원이 내부감사업무를 계속 수행하고자 하는 것은, 장래에 경력 목표로써, 내부감사책임자(임원)가 되고 싶어 하기 때문인 것으로 판단된다. 금번 설문조사에 참여한 내부감사책임자(임원)의 연령은 40대가, 회계학 전공이 가장 많다. 평균적으로 13.4년 동안 내부감사업무를 수행 중에 있고, 3명 중 2명은 CIA 자격증을 보유하고 있다.

표32	품질보증 및 개선 프로그램(QAIP)

1. 연령 : ㅇ 40대가 37%로써 다수, 50대 및 30대는 각각 32% 와 22%
2. 학력 : ㅇ 94%가 최소 학사 학위
       ㅇ 회계학 전공 64%로 다수, 내부감사 및 경영학 전공이 44% 동일(중복응답)
3. 경력 : ㅇ 평균 내부감사업무 13.4년 담당
       ㅇ 내부감사책임자(임원) 6.8년, 내부감사이사 2.1년, 내부감사 관리자 1.6년, 내부감사 직원 2.9년
4. 자격 : ㅇ 내부감사 관련 자격을 보유 53%
       ㅇ 국제공인내부감사사(CIA) 자격 68%
       ㅇ 리스크관리감사사(CRMA) 자격 29%
       ㅇ 국가별 내부감사자격 23% 등.
5. 교육 : ㅇ 평균 46시간 이수(동아시아 및 태평양 : 38시간으로 최저)
6. 자질 : ㅇ 내부감사책임자(임원)에게 요구되는 기술 : 비즈니스 및 리스크 이해, 리더십 및 윤리, 전략적 사고, 비판적 사고, 폭넓은 자식, 의사소통 기술 등.

회사 내부에서 비판적 사고, 회계 및 재무, IT등 내부감사업무 수행에 있어 필요한 모든 역량과 기술을 가진 직원을 영입(유인)하기 어렵기 때문에, 앞으로는 코소싱(Co-sourcing) 형태의 업무 수행이 계속적으로 활성화될 것으로 판단된다. 즉, 내부감사 부서가 필요로 하는 부분을 충족시키기 위해서, 내부감사부서와 특정 운영조직 쌍방이 핵심역량을 제공하며, 전략적으로 제휴하여 각자의 목표(또는 공동 목표)를 달성하는 형태가 될 것이다.

또한 현행 내부감사 인력의 확보(유지)를 위해서, 내부감사 직원이 다른 부서와 비교하여 적절한 직무를 가지고 적정한 보수를 받을 수 있도록 내부 인력개발 전문가와 보다 긴밀하게 협조하여야 할 것이다. 훌륭한 내부감사 직원 등은 내부감사책임자의 업무를 수행한 후에는, 그 직책에 머물지 말고, 회사의 최고 경영진도 될 수 있다는 동기부여 또한 필요할 것이다.

핵심 인재관리는 회사에서 필요로 하는 고급인재들을 확보하고 개발하며 유지함으로써 회사의 목표를 달성하고자 하는 사람관리기법을 말한다. 내부감사 직원 또한 인재관리프로 그램 대상에 포함해, 내부감사부서와 다른 부서 간 인력교류(순환근무)를 하면 내부감사 부서가 핵심인재 훈련과정이 되고, 그 인력은 경영진이 될 수 있다는 동기부여가 되는 것이다. 그렇게 되면, 내부감사부서의 위상은 제고될 것이고, 내부감사 직원의 자긍심은 높아질 것이다.

설문조사에 의하면 그렇게 공식적 및 비공식적으로 사용하고 있는 비율은 34%에 머물러 있고, 그러하지 아니한 비율(66%)이 훨씬 높다. 특이하게 남아시아(인도 등)의

비율은 80%로써, 글로벌 대비 월등하게 높다. 인도의 내부감사인협회장에 따르면 인도의 경우 내부감사기능이 회계부서에 포함되어 있어서 부서 간 이동이 빈번하게 발생하였고, 내부감사 인력의 대다수는 전문적인 기술(지식)을 보유하고 있어 내부 감사 업무 외적으로 경력관리를 할 수 있으며, 경영진이 핵심 인재로 관리하기 위해 순환 근무를 시키고 있다는 것이다.

표33	핵심인재관리 훈련 코스로의 사용 정도(내부감사부서)

○ 전 세계평균　　　 : 공식적 사용 12%, 비공식적 사용 22%, 미사용 66%, 합계 100%
○ 남아시아(인도등) : 공식적 사용 25%, 비공식적 사용 45%, 미사용 30%, 합계 100%

12. 감사 관련 임무해태자에 대한 제재의 엄격화[33]

내부감사의 효과를 증진시키기 위해서는 아래 감사 관련자의 임무해태에 대한 제재를 엄격하게 운영함으로서 성공적인 감사업무를 수행할 수 있다고 본다.

1. 감사요원의 의무를 위배한 자.
2. 감사(감사위원 포함) 및 감사요원의 요구를 정당한 사유 없이 불응한 자.
3. 사고발생 보고를 지연하거나 은폐한 자.
4. 감사 및 감사요원의 감사를 방해하거나 고의로 지연시키는 자.
5. 감사결과 조치요구사항에 대한 필요한 조치를 정당한 사유없이 태만히 한자 등.

13. 내부감사수행과 내부감사처리에 대한 융합화

내부감사를 수행하는 사람의 자세는 "냉철한 두뇌와 따뜻한 가슴을 가져야"한다고 생각한다. 다시 말씀드리면 내부감사는 공정하고 철두철미하게 감사업무를 수행 하여 불법·변칙적인 위법행위를 적출하되, 적출결과에 대한 처리는 제반사정, 불가피성, 주변 환경 등 정상(情狀)을 참작(參酌)하여 처리하라는 것이 있다.

옛날부터 "죄는 미워하되 사람은 미워하지 말라"는 말이 있다. 이 말은 공자의 9대 손인 공부(孔駙)가 편찬했다는 '공총자(孔叢子)에 나오는 말로써 원문대로 해석하면 "옛날 재판을 하는 사람은 죄를 범한 그 마음은 미워해도 그 사람을 미워하지는 않았다"말 이다.

이는 고의적으로 나쁜 죄를 저지를 사람에게도 적용하라는 뜻은 아니다. 우리는 위법한 행위를 한 사람에 대하여 선입견을 가지고 접근하지 말고, 냉철하게 감사업무를 수행하며, 그 처리는 누구나 수긍할 수 있는 수준으로 처리하라는 의미이다.

---

33) (주) 000000, 「감사직무규정」, 제 ○○ 조.

Ⅲ 맺는말

이상 CBOK 설문조사 결과를 바탕으로, 내부감사 관련 Global 환경 변화와 그에 따른 내부감사의 핵심 성공 요소를 살펴보았다. 우리나라와 같이 내부감사제도 및 운영 체계가 선진화되지 못한 나라에서는 이를 벤치마킹하여 내부감사제도 및 운영 체제를 보완 및 개선함으로써 내부감사가 한 단계 발전하는 계기로 삼기를 바란다.

표34 내부감사 핵심 성공 요소 요약
1. 내부감사는 기본적으로 회사 가치 제고에 초점을 맞추고 업무(내부통제시스템·적정성 및 효과성 검증 등)을 수행하여야 한다.
2. 최고 경영진 및 이사회 등 이해관계자의 관심사항(영업리스크 등)을 파악하고, 지속적으로 소통하여 이해관계자 중심의 해결책을 설계하여야 한다.
3. 리스크 기반 방법론 사용 및 경영진 요구사항 등을 반영하여 내부감사계획을 수립하여야 한다.
4. 내부감사계획은 경영(전략)계획과 연계하여 사업 변화 및 리스크 변화에 따라 내부 감사 계획을 재사정하고, 필요시에는 수정 내지는 갱신하여야 한다.
5. 지속적인 리스크 사정을 통하여 중요한 리스크를 포함하고 리스크 중심의 내부감사를 하여야 한다.
6. 내부감사 성과평가를 할 때, 효율성(투입시간 등) 보다 핵심 이해관계자의 기대치 달성 여부 등의 효과성을 보다 고려하여야 한다.
7. 사이버 보안 및 소셜미디어 등의 신흥 IT 리스크에 대한 내부감사활동을 적극적으로 광범위하게 수행하여야 한다.
8. 감사보고서에 지적사항 뿐만 아니라 모범사항도 포함하고, 내부협력 네트워크를 구축하여 감사 발견사항 변경 등에 대한 압박을 담대하게 대처해야 한다.
9. 「국제내부감사수행기준」을 모두 활용하고, 자체평가(매년) 및 외부품질평가(5년 마다)를 수행하여 내부감사 품질을 제고하여야 한다.
10. 내부감사 직원에 대하여 분석 및 비판적 사고, 의사소통 기술 등에 대한 교육 및 훈련 프로그램을 적극적으로 실시하고, 데이터 마이닝 및 분석 기술을 증대시켜야한다.
11. 훌륭한 경험과 실무를 갖춘 인력을 유인하고 유지하기 위해 동기부여(보너스 및 장래 전망 제시 등)를 하여야 하고, 내부감사 관련 경력관리를 실시하여야 한다.
12. 내부감사의 효과를 증진시키기 위해서는 내부 감사 관련자의 임무해태에 대한 제재를 엄격하게 운영하여야 한다.
13. 내부감사인은 감사업무를 수행함에 있어 감사실시는 냉철하게하고, 감사결과 처리는 누구나 수긍할 수 있는 수준으로 처리하여야 한다.

제3장 내부감사 업무 계획

제1절 내부감사 업무계획의 개요

I 내부감사계획의 의의[34]

내부감사인은 감사목표, 감사범위, 시간설정, 자원배분을 포함하여 각 업무별로 감사계획을 수립하고 그것을 기록·유지하여야 한다.

1. 내부감사계획의 정의

내부감사계획이란 감사목적을 효과적으로 달성하기 위하여 감사대상 및 감사사항을 선정하고 감사하는데 필요한 최선의 방법을 미리 선정하여 가장 효율적인 감사업무를 수행할 수 있도록 하는 것이다.

효율적이고 시의적절한 감사수행을 위해서는 합리적 감사기술을 선택하여 적시성, 질서성이 확보되도록 실시할 절차, 적용범위, 감사요점, 배치할 감사담당자들의 업무에 관한 감사사무를 배치하는 것이다.

일반적으로 감사계획은 대내외 경제상황, 회사의 경영목표와 감사 또는 감사위원회의 감사방향과 감독당국의 감독 방향을 감안하며, 그리고 기업의 리스크와 그 통제정도를 고려하여 감사계획을 수립한다.

가. 연간감사계획

매년 기업의 경영목표와 연계하여 연간감사계획을 수립하게 되는데, 이는 회계연도 개시에 앞서 결정된 감사방침을 기초로 하여 한정된 자원 및 시간 내에 감사를 효율적으로 감사를 시행하기 위해 구체적으로 감사계획을 수립하는 것이다.

연간 감사계획은 감사의 종류, 대상 부서 및 사업장, 감사실시 시기 등이 포함 되어

---

34) 금융감독원, 전게서, 2003., 164면

야 하며, 최고 감사책임자는 회계연도 종료 전 다음 회계연도의 감사계획을 수립하여
야 한다. 이 연간감사계획은 감사 또는 감사위원회의 승인과 이사회의 보고가 있어야
한다.

나. 개별감사계획

연간감사계획에 책정되어 있는 정기 감사와 그 외 수시로 발생 가능한 특별감사에
대하여 당해 감사의 실시에 필요한 일정과 절차를 세부적으로 수립하는 감사실행계획
이며, 이는 실제 감사활동의 기본이 되는 것으로 계획적이고 능동적인 감사실시가 가
능하게 된다.

개별감사계획은 감사의 실시에 있어 월별로 또는 감사대상별로 감사실시의 구체적
인 계획 내용을 즉, 감사의 범위, 감사의 방법, 감사의 절차, 감사의 일정, 감사의 장
소, 감사의 담당자 등에 대하여 정하는 것이다.

2. 내부감사방침의 결정[35]

대규모회사의 경우에는 영업활동이 복잡하고 다양하기 때문에 한정된 인원과 시간
으로 효율적인 감사를 하기 위해서는 먼저 명확한 「감사방침」을 정하는 것이 중요 하
다. 그리고 이를 바탕으로 구체적인 「감사계획」을 수립하고, 동시에 감사계획의 실행
에 소요되는 비용에 관해 예산을 편성하게 된다.

감사방침이란 당해 사업연도의 감사를 실시함에 있어서 감사는 사전에 중요성, 적
시성, 실행가능성 등을 종합적으로 고려하여 당해 사업연도에 어떠한 목적 하에 어떤
방법으로 감사를 실시할 것인가를 정하게 되는데 이를 통상 「감사방침」이라 한다. 이
는 통상 경상감사항목과 중점감사항목으로 구분하여 운영한다.

경상감사항목은 매년 계속적으로 감사를 행하는 항목으로 각 사업연도에 공통하고
감사가 항상 실태를 파악해 두어야할 항목이다. 이 항목은 감사가 이사회 기타 중요
한 회의에 출석, 문서의 열람, 실지조사, 자회사 조사 등 통상의 감사방법에 의해 감
사가 항시 체크해야할 사항이다. 일반적으로 경상감사항목으로 두어야할 항목은 다음
과 같다.

경상감사항목(예시)

1. 회사 내 부정행위, 법령·정관위반에 대한 감사.
2. 재산상태에 대한 감사.
3. 내부통제체제의 정비 및 운영실태에 대한 감사 등.

---

35) 권종호, 「감사와 감사위원회제도」, 한국상장회사협의회, 2004., 208~210면.

중점감사항목은 당해 사업연도에 중점을 두고 감사해야할 항목으로 회사가 직면 하고 있는 중요과제 중에서 감사 혹은 감사위원회가 판단하여 선택하게 된다. 중점 감사항목으로 어떤 것을 선택하느냐에 따라 감사의 범위와 방법이 달라지므로 중점 감사항목의 선정에 있어서는 충분한 협의와 신중함이 필요하다.

중점감시항목(예시)

1. 본사 각부서의 관계법령 준수사항에 대한 감사.
2. 여유자금의 운영상황에 대한 감사(금융파생상품 등 리스크가 매우 높은 금융상품).
3. 정보공시에 대한 감사.
4. 설비의 가동상태와 수지요과에 대한 감사.
5. 재고관리 등 물류상황에 대한 감사.
6. 고정자산의 관리상황에 대한 감사.
7. 산업폐기물의 관리상황에 대한 감사.
8. 자회사·관계회사의 금융·보증상황에 대한감사 등.

다만 회사의 사정에 따라서는 여기서 말하는 중점감사 항목 중에는 경상감사항목으로 분류하고 있는 것도 있을 수 있으며, 반대도 있을 수 있다. 그런데 중점감사항목의 경우는 지나치게 많아서는 곤란하며 목표를 제한하여 감사를 하는 것이 중요하고 필요한 때에는 내부통제부서의 협력을 구하는 것도 한 방법일 것이다.

감사방침 등의 결정은 감사위원회 설치회사의 경우에는 감사위원회에서 결정하게 되지만, 그러하지 않은 회사의 경우에는 감사 또는 감사 간의 협의로 결정하게 된다. 감사 또는 감사위원회는 감사전략, 감사목표, 감사인원, 감사조직, 감사절차, 감사 기준, 감사평가 등을 고려하여 당기의 감사방침을 정하게 된다.

Ⅱ 내부감사 업무의 목표[36)

1. 내부감사 업무목표의 의의

내부감사 업무목표는 내부감사인이 개발한 광범위한 기술이며, 감사를 통해 완수하고자 하는 것으로 정의한다. 감사업무 수행절차는 감사목표를 완수하는 수단 이다. 감사 목표와 절차는 내부감사인의 업무범위를 함께 정의 한다.

---

36)국제내부감사인협회(IIA), 전게서, 2011., 156면 과 2003., 322면 , 「국제내부감사기준」, 2210.,

2. 내부감사 업무목표의 수립

내부감사 업무목표는 각 감사업무에 맞게 수립되어야 한다. 그리고 내부감사 업무목표를 수립할 때에는 다음의 사항을 반영하여야 한다.

내부감사 업무목표의 수립 시 반영할 사항

① 감사업무를 계획할 때에는 내부감사인은 감사대상 활동과 연관되는 리스크를 사전평가 해야 한다. 감사업무의 목표는 이러한 평가의 결과를 반영하여야 한다.

② 내부감사인은 감사목표 수립단계에서 중대한 오류, 부정행위, 규정 미준수 그리고 노출된 여타 문제점의 발생 가능성을 고려해야 한다.

③ 컨설팅 수행목표는 컨설팅 고객과 합의된 범위 내에서의 위험관리, 내부통제 그리고 지배구조 프로세스에 초점을 맞춰야 한다.

Ⅲ 내부감사 업무의 범위[37)]

1. 내부감사 업무범위의 충분성

내부감사 업무범위는 감사업무의 목표를 만족시키도록 충분하게 설정하여야 한다. 그리고 내부감사 업무범위를 설정할 때에는 다음사항을 반영하여야 한다.

내부감사 업무범위 설정 시 반영할 사항

① 내부감사 업무범위를 설정할 때에는 제3자 관리 분을 포함하여 관련 시스템, 기록, 인적자원, 실물자산을 고려대상에 포함해야 한다.

② 만약 검증감사 도중에 중요한 컨설팅의 기회가 생긴다면, 컨설팅의 목적, 범위, 각각의 책임 그리고 기타 기대사항들에 관한 특정의 문서화된 약정이 작성 되어야 하고, 컨설팅 업무의 결과는 컨설팅 기준에 따라 보고되어야 한다.

③ 컨설팅 업무를 수행함에 있어, 내부감사인은 업무범위가 합의된 목표를 달성하기에 충분한지를 확인해야 한다. 만약 내부감사인이 임무 수행 중에 감사 범위가 유보된 것을 알게 된다면, 해당 임무를 지속할 것인지 판단하기 위해 이런 유보는 고객과 논의되어야 한다.

---

37)국제내부감사인협회(IIA), 전게서, 2011., 55~56면 과 2003., 47~48면, 「국제내부감사기준」, 2220.,

2. 내부감사 대상 업무 및 부서

내부감사는 조직 내 모든 업무 및 모든 부서(지점 및 자회사, outsourcing 된 업무 등 포함)를 대상으로 하여야 한다. 내부감사 주요 대상 업무 및 부서는 다음과 같다. 또한, 내부감사부서는 업무 수행에 필요한 경우 경영정보 및 의사결정 기구의 의사록 등 회사의 모든 기록, 문서 또는 자료에 접근할 수 있어야 한다.

가. 내부통제시스템과 직무수행방법에 대한 감사

일반적으로 내부감사에서는 내부통제시스템과 직무수행방법의 적정성 및 효율성에 대한 감사 및 평가를 하며, 이는 주로 회사의 내부통제시스템 운영측면 에서의 리스크 요인 분석을 의미한다. 내부감사를 실시할 때 특히 다음의 사항을 중점 검토·평가하여야 한다.

내부통제시스템과 직무수행방법에 대한 감사 사항

① 경영정책의 이행상황.
② 계량·비계량 리스크의 통제 상황.
③ 재무정보 및 경영정보의 신뢰성과 적시성.
④ 전산정보시스템의 연속성과 신뢰성.
⑤ 지원부서 기능의 원활한 작동여부 등.

나. 관련 법규 및 감독정책 준수여부에 대한 감사

내부감사부서는 감사업무 수행 시에 관련 법규 및 감독정책(감독당국의 감독정책, 규정, 기준 등 포함)의 준수여부에 대하여 관심을 기울여야 한다. 다만 이런 경우에도 내부 감사부서가 준법기능에 대하여 책임을 지는 것은 아니다.

다. 내부통제 담당부서의 통제업무에 대한 감사

회사가 별도의 통제담당 부서를 두어 업무활동이나 자회사 등을 통제하고 모니터링하는 경우에도 내부감사부서는 통제부서의 통제대상 업무나 자회사 등에 대하여 감사를 실시하지 않아도 되거나 또는 동 감사 관련 책임이 면제 또는 완화 되는 것은 아니다.

내부감사부서는 효율적인 업무 수행을 위해 통제담당 부서의 통제활동 결과 보고서 내용을 활용할 수는 있으나 관련 업무 및 자회사 등의 내부통제시스템 구축·운영의 적정성을 감사하고 평가할 책임은 내부감사부서가 부담해야 한다.

라. 해외지점 및 자회사의 업무활동에 대한 감사

회사가 경영상 중요한 해외지점을 운영하고 있는 경우 효율적이고 지속적인 감사 업무 수행을 위해 현지에 감사조직을 운영하는 것이 바람직하다. 해외 현지 감사조직은 내부 감사조직의 일부로서 내부감사부서와 동일한 기준에 의해 조직되고 운영 되어야 한다.

회사가 지주회사 또는 모회사의 자회사인 경우에는 법적으로 독립된 실체로서 독자적인 내부통제시스템과 내부감사기능을 구축하여야 한다. 다만 지주회사 또는 모회사의 내부감사부서가 자회사의 내부감사를 수행할 수 있다.

자회사의 내부감사부서는 내부감사 결과를 지주회사 또는 모회사의 내부감사부서에 보고하여야하며, 지주회사 또는 모회사는 자회사의 모든 업무 및 부서에 대해 필요할 경우 법이 허용하는 범위 내에서 감사를 수행할 수 있도록 필요한 모든 조치를 취해야 한다.

모회사는 해외에 있는 지점 및 자회사에 대하여 통일된 내부감사기준을 제시하여야 한다. 모회사가 그룹 전체의 감사지침을 마련하고 모회사 내부감사부서는 현지 내부감사인의 임명 및 평가를 실시해야 한다.

제2절 ▷ 내부감사 대상 업무에 대한 상시감시 수행[38]

I 내부감사 대상 업무에 대한 상시감시 개요

'상시감시'란 소속 또는 관련 회사에 대하여 임직원 면담, 조사 출장, 영업실태분석, 재무상태 관련 보고서 심사, 경영실태 계량평가, 기타 각종 자료의 수집 및 분석을 통하여 문제의 소지가 있는 회사 및 취약부문을 조기에 식별하여 현장 감사 실시와 연계하는 등 적기에 필요한 조치를 취함으로써 회사의 건전경영을 유도하는 감독 내지는 감사 수단을 말한다.

---

38) 금융감독원, 「금융감독실무개론」, 2006., 427 ~428 면

Ⅱ 내부감사 대상 업무에 대한 상시감시 수단

감사대상 회사 및 부서의 업무보고서, 사고보고서, 정보사항 등을 분석하여 해당 회사 및 부서에 대한 경영상태 및 업무현황을 파악하고, 감사대상 회사 임원 및 주요부서 담당자, 인터넷, 일간지 등을 통하여 관련 자료를 수집하여 분석하거나 각종 전산시스템을 활용하여 상시감시업무를 수행한다.

<u>주요 상시감시 수행업무 (예시)</u>

① 일반현황 파악.
② 업무보고서 심사분석.
③ 경영취약부문 면담 및 조사 출장.
④ 비정상적인 거래의 모니터링.
⑤ 사고 보고의 접수 및 처리.
⑥ 민원 접수 및 처리에 관한 사항.
⑦ 자체감사 보고 및 조치에 관한 사항.
⑧ 정보 · 건의 · 첩보에 관한 사항.
⑨ 언론 · 기사 내용 및 대응.
⑩ 외부기관 및 감독기관 제출 자료.
⑪ 업무기능별 현안사항 검토 및 대응.
⑫ 대 · 내외 유관 기관 및 부서 협조 요청사항 대응.
⑬ 감사결과 사후관리.
⑭ 임직원 동향, 노조 동향, 주요소송 진행상황, 주요정책 이행상황 등 특이사항에 대한 종합분석 및 대응방안 등.

Ⅲ 내부감사 대상 업무에 대한 상시감시업무 수행절차

상시감시업무는 정보 수집, 정보 분석 단계에서 시장의 생생한 정보에 대한 사실관계를 인식한 후 감독 · 감사조치 계획 및 실행에 의하여 활용되고 사후관리의 과정을 거쳐 공유 및 향후에 참고토록 축적된다.

1. 감사대상 업무에 대한 정보 수집

감사대상 회사 및 부서의 업무보고서, 정보사항, 상시감시자료, 경영계획 실적 보고서, 내 · 외 유관 기관 및 부서에서 생산된 자료와 자체감사활동 및 회사 임직원과의 상시감시업무협의회 활동 등을 통하여 정보를 수집한다.

2. 감사대상 업무에 대한 정보 분석

감사대상 회사 및 부서의 업무보고서 심사 및 분석, 경영실태 계량평가 실시 등 재무정보 점검과 정보사항 수집 등 다양한 채널을 통하여 입수된 비재무정보를 분석하여 회사별 또는 부서별 리스크관리 및 내부통제 수준을 평가 한다.

이러한 정보 분석 과정에서 주요 판단지표를 면밀히 검토·분석하여 감사대상 회사 및 부서의 리스크의 규모, 잠재된 사고 등 부정위험, 경영상 취약점 및 문제 징후 등을 조기에 포착할 수 있다.

3. 상시감시 결과 조치계획 및 실행

문제 징후가 포착된 경우 해당 회사 및 부서에 대한 자세한 정보를 수집하고, 필요시 조사 또는 점검을 실시하여 사실관계를 확인한 후 감사계획 수립 등 필요한 조치계획을 마련하며, 조치계획에 따라 감사실시, 시정지시, MOU체결 등 상시감시 결과에 따른 조치를 실행한다.

4. 상시감시 결과에 대한 사후 관리

상시감시 결과에 따른 각종 조치에 대하여 전산 인프라 (감사사후관리시스템, 감사지식마당, RM 정보마당, 면담보고서, 정보보고서 등)를 통하여 입력하고 전담 감사인이 사후관리 한다.

제3절 ▷▷ 내부감사 계획의 반영을 위한 리스크 평가

감사업무를 계획할 때 내부감사인은 감사대상 활동과 연관되는 리스크를 사전에 평가해야 한다. 감사업무의 목표는 이러한 평가의 결과를 반영하여야 한다.

Ⅰ 감사활동 관련 경영진 평가 및 주변 정보 수집

1. 내부감사인은 감사대상 활동과 관련된 경영진 평가

내부감사인은 감사대상 활동과 관련된 경영진 평가를 고려해야 한다. 내부 감사인은 다음 사항을 고려해야 한다.

감사대상 활동과 관련된 경영평가 사항

① 경영진의 리스크 평가에 대한 신뢰성.

② 리스크관리 및 내부통제 쟁점에 대한 경영진의 모니터링과 보고 그리고 해결하는 프로세스.

③ 조직의 리스크 수용한계를 초과하는 사건에 대한 관리자의 보고 및 이러한 보고서에 대한 경영진의 반응.

④ 감사대상 활동과 관련되는 조직 내 다른 분야에 경영진이 식별한 리스크가 존재하고 있는지 여부.

⑤ 리스크 관련 내부통제에 대한 경영진의 자체평가 등.

2. 내부감사인은 감사대상 활동에 관한 주변 정보 취득

내부감사인은 감사대상 활동에 관한 주변 정보를 취득해야 한다. 주변 정보의 검토는 감사업무에 미치는 영향을 알아보기 위해 수행되어야 한다. 그런 정보로 다음과 같은 것이 있다.

감사대상 활동에 관한 주변 정보

① 목표.

② 업무나 보고서에 중대한 영향을 줄 수 있는 정책, 계획, 절차, 법, 규정 및 계약.

③ 조직 관련 정보, 예를 들면 직원 수와 명단, 핵심직원, 직무기술서 그리고 주요 시스템의 변경을 포함해서 조직에서 최근 변화된 세부내용.

④ 예산정보, 업무성과 그리고 감사대상 활동부서의 재무정보.

⑤ 지난번 감사의 조서.

⑥ 완성되었거나 진행 중인 외부감사인의 작업을 포함해서 다른 감사업무의 결과.

⑦ 잠재적인 중요한 감사업무상 문제를 알아보기 위한 수발 문서철.

⑧ 해당 감사활동 분야에 적절한 업무상 권위가 있는 전문적인 문헌 등.

Ⅱ 감사활동 관련 설문조사 및 발견사항 검토

1. 내부감사인은 감사대상 활동에 대한 설문조사 수행

내부감사인은 필요한 경우 감사활동, 리스크관리 그리고 내부통제에 익숙해지고, 감사임무 수행에 있어 중점적으로 점검해야 할 부분을 파악하고, 수감자의 의견과 제안을 끌어내기 위해 설문조사를 수행할 수도 있다. 설문조사는 세세한 검증을 함이 없이 조사활동에 관한 정보를 수집하는 과정이다. 그것의 주요 목적은 다음과 같다.

감사대상 활동에 대한 설문조사 목적
① 감사대상 활동의 이해.
② 특별히 중점을 두어야 하는 감사영역의 확인.
③ 감사업무 수행에 사용하기 위한 정보의 취득.
④ 추가적인 감사가 필요한지 결정 등.

설문조사는 감사업무를 계획하고 수행하는 데에 있어 많은 정보를 가지고 접근하는 것을 가능하게 하며, 가장 효과적으로 표현되어야 할 곳에 내부감사부서의 자원을 배분하게 하는 효과적인 수단이다. 설문조사의 초점은 감사업무의 성격에 따라 다양할 것이다. 설문조사의 범위와 요구되는 시간도 다양할 것이다.

설문조사에 영향을 주는 요소로는 내부감사인의 훈련과 경험, 조사되는 활동에 대한 지식, 수행되는 감사업무의 형태 그리고 그 설문조사가 일상 반복적인 것 혹은 사후관리 업무의 일부분인지 여부 등이 포함된다. 필요시간도 조사되는 활동의 크기와 복잡성그리고 그 조사할 활동이 지리적으로 얼마나 흩어졌는지에 따라 영향을 받을 것이다. 설문조사에는 다음과 같은 절차의 이용이 포함된다.

감사대상 활동에 대한 설문조사 절차
① 감사고객과의 토의.
② 감사활동 부서 업무결과 이용자등 감사활동에 영향을 받는 개인들과 면담.
③ 현장 관찰.
④ 관리자의 보고서와 연구에 대한 검토.
⑤ 분석적인 감사절차.
⑥ 흐름도 작성.
⑦ 기능별 추적조사(특정 업무활동에 대해 시작부터 끝까지 검증하는 곳).
⑧ 주요한 내부통제 활동 문서 작성 등.

2. 내부감사인은 주요 발견사항에 대한 검토 및 요약

내부감사인은 경영진의 리스크 평가, 주변 정보, 설문조사에서 얻은 주요 발견사항 등을 검토하고 그 결과를 요약하여야 한다. 그런 요약에는 다음의 사항이 포함되어야 한다.

주요 발견사항에 대한 검토 및 요약
① 중대한 감사대상 사안과 그것들을 세세히 조사해야 하는 사유.
② 모든 자료로부터 획득한 관련 정보.

③ 감사의 목표와 절차.

④ 컴퓨터 지원 감사기법과 같은 기술기반 감사 및 샘플링 기법 등과 같은이용된 방법론.

⑤ 잠재적 중요 통제점, 통제 취약점 그리고/또한 과도한 통제.

⑥ 감사시간 및 필요자원의 예비적 추정.

⑦ 보고단계와 업무완수에 있어서 변경일자.

⑧ 필요하다면 감사업무를 중단한 사유 등.

Ⅲ 내부감사인은 감사대상 활동과 관련된 리스크 평가[39]

내부감사인은 회사의 리스크가 가장 높은 분야에 감사활동을 집중시키기 위해 리스크 평가를 수행한다. 리스크 평가는 회사의 모든 리스크를 대상으로 각각의 리스크에 대한 회사의 강점과 취약점의 파악에 중점을 둔다.

일반회사는 업무성격과 활동범위에 따라 다양한 리스크의 결합과 집중현상이 나타나므로, 내부감사인은 리스크 평가 시에 회사의 전체 리스크 환경, 내부 리스크관리시스템의 신뢰성, IT 시스템의 적정성, 중요활동의 연관된 리스크 종류 등을 고려 해야 한다.

리스크 평가는 회사의 리스크 감내 수준과 개별 리스크에 대한 회사의 강점 및 취약점을 경영진이 인식하고 있는지를 평가하는 것에서 출발하며, 경영진 면담을 실시하거나 전략계획, 경영방침 등의 관련 문서의 검토를 통해 평가한다.

특히 회사의 기능이나 활동에 대한 리스크관리시스템의 적정성 평가 시에는 다음과 같은 핵심요소에 중점을 둔다.

리스관리시스템의 적정성 평가 시 핵심요소

① 이사회 및 경영진의 감사수준의 적정성.

② 방침, 절차 및 한도의 적정성.

③ 리스크의 측정, 모니터링 및 경영정보시스템의 적정성.

④ 내부통제의 적정성 등.

내부감사인은 전체 리스크 환경 평가를 위해 회사의 내부통제기능, 리스크 관리 기능, 준법감시기능 등 자체 리스크관리 수준을 우선 평가하고, 외부감사결과도 리스크 평가의 정보로 활용한다.

또한 회사의 중요활동에 대한 리스크관리부서의 자체리스크 평가를 참고하고 동 결

---

39) 금융감독원, 「주요국의 금융감독 프로세스와 우리나라 금융감독 선진화 방안」, 2005., 16 ~23면

과를 감사목적의 리스크 평가와 비교한다. 내부리스크 관리 수준 평가는 회사의 자체 리스크관리에 대한 감사인의 신뢰 정도에 대한 정보를 제공하며 감사범위 결정에 활용한다.

리스크평가서는 감사부서 내부의 감사계획 수립에 이용되며 다른 감사기관과의 의견교환에도 활용한다. 그리고 리스크평가서의 목적은 회사에 대한 리스크 중심의 종합 평가를 통해 감사가 필요한 부분을 파악하여 감사계획 수립에 활용 하는 것이다.

리스크평가서의 형식과 내용은 다음의 사항을 고려하여 회사의 특성에 따라 결정한다.

리스크 평가서의 형식과 내용

① 회사의 경영전략 및 중요 리스크 변화 시에 동 평가서를 보완하여 회사의 동태적인 움직임을 반영한다.
② 리스크평가서는 단순한 사실의 나열이 아닌 회사의 리스크 현황에 관한 포괄적인 분석서가 되어야 한다.
③ 타 회사 또는 외부 전문가의 분석정보도 리스크평가서에 포함한다.

일반적으로 내부감사부서 감사인이 작성하는 리스크평가서의 주요 기재사항은 다음과 같다.

리스크 평가서의 주요 기재 사항

① 회사 전체종합리스크 평가.
② 중요활동 및 경영전략의 개요.
③ 리스크의 형태(신용, 시장, 유동성, 운영, 법규, 평판) 및 수준(높음, 보통, 낮음) 그리고 방향(증가, 안정, 감소)을 기술.
④ 리스크를 크게 유발하는 주요 기능, 사업라인, 상품 등.
⑤ 회사 리스크 현황에 영향을 미칠 수 있는 주요 문제점.
⑥ 회사에 부정적인 영향을 미치는 사건의 발생가능성과 그로 인한 잠재적 손실 규모.
⑦ 내·외부 감사의 리스크평가 등 회사의 리스크관리시스템 등.

제4절 ▶ 내부감사 업무계획의 수립 및 보고

Ⅰ 내부감사 업무계획의 수립

1. 내부감사 업무계획의 일반

감사방침이 결정되면 다음에 감사계획을 수립하게 된다. 감사계획은 효율적인 감사 업무를 위한 지침으로서 뿐만 아니라 감사업무의 진척사항에 대한 점검기준으로도 중요한 의미가 있다.

감사계획은 중점감사항목과 경상감사항목을 시기별로 배분하여 수립하며, 감사계획서에는 감사대상에 관해 실시시기, 감사방법, 감사시의 유의점 등에 관해 구체적으로 기록 하여야 한다. 이때에는 내부통제부서나 외부감사인과 긴밀히 협력하는 것이 중요하다.

감사 또는 감사위원회는 내부통제조직 및 외부감사인과 긴밀히 협력하여 사안의 중요성, 시기의 적정성 여부를 고려하여 감사범위를 정하고 감사계획서를 작성하여야 한다. 감사계획의 대상기간은 매 회계연도로 한다.

2. 내부감사 업무계획의 수립 원칙[40]

가. 중요성의 원칙

감사계획을 수립함에 있어서 유의하여야 할 사항은 첫째 "중요성의 원칙"이다. 현재 회사로서 무엇이 중요하며, 최우선적으로 감사를 하여야할 대상이 무엇인지를 파악하는 것이 바로 그것인데, 이를 그르치면 감사의 실효성은 기대할 수 없다.

예를 들면 의결권 행사와 관련한 이익공여에 관해 여전히 이사의 이해·인식이 부족한 경우에는 이를 이사에게 철저히 주지시키는 것이 필요하며, 따라서 그 방법, 빈도 내지는 감사 일정 등에 관해 구체적으로 계획을 세워야하며, 이를 위해서는 사내의 네트워크를 총동원하여 회사의 문제점을 사전에 파악해 두는 것이 필요하다.

나. 적시성의 원칙

감사는 요구되는 시기에 맞추어 이루어져야 한다는 원칙이다. 즉, 내부감사는 그것을 필요로 할 때 수행되어야지 그 때를 놓쳐서는 안 된다는 것이다. 예를 들면 현재 지사에서 사고가 진행 중인데 감사 착수를 하루만이라도 늦추게 되면 사고의 확대를

---

40) 권종호, 「감사와 감사위원회제도」, 한국상장회사협의회, 2004., 210~211면.

막지 못함으로써 회사는 큰 피해를 입게 되므로 즉시 감사에 착수하여야 하는 것과 같다.

내부감사가 적시에 이루어지기 위해서는 감사는 실효성 있는 상시 감시체제의 구축·운영, 내부고발제도의 활성화 및 사내 네트워크 등을 적극적으로 활용함으로써 회사의 사고발생 또는 위험징후를 사전 또는 조기에 포착하여 대응할 수 있도록 노력하여야 한다.

다. 실행가능성의 원칙

아무리 훌륭한 감사계획이라 하더라도 실행할 수 없으면 그것은 아무런 의미가 없다. 따라서 감사계획을 수립함에 있어서는 과거의 감사계획을 참고하거나 선배감사의 자문을 구하는 등의 방법으로 실행 가능한 범위에서 감사계획을 수립해야 한다.

실무적으로는 감사가능 자원(감사가능 감사요원), 감사가능 일수(휴일, 휴가기간 등 제외), 감사지원 예산 과 감사필요 부서 및 영업점 수, 감사대상 부서 및 영업점의 규모 등을 고려하여 시뮬레이션 한 후에 감사계획을 수립하여야 한다.

3. 내부감사 업무계획의 대상 기간

감사의 교체 등을 고려하여 감사계획의 대상기간은 정기총회일 익일부터 차기 정기주주총회일까지로 하는 경우도 있다.[41] 그러나 현실적으로는 영업연도 기준으로 작성하는 것이 오히려 편리하고 합리적이다. 왜냐하면 주주총회의 보고는 영업연도 기준으로 보고 하고 있고, 감사교체기도 "결산기 후에 발생한 사건"으로 처리하면 된다.

그리고 감사계획을 실행함에 있어서는 당연히 여비나 교통비 등 감사비용이 필요하게 되는데, 이에 대한 예산을 확보하는 것도 중요하다. 감사로서 직무를 게을리 한 것에 대한 감사의 책임은 불충분한 감사비용을 이유로 면책되는 것은 아니다.

감사와 영업연도와의 관계에서 문제인 것은 신임감사의 취임시기와 감사대상기간인 영업연도의 개시기간에 차이가 있다는 점이다. 예를 들면 12월 말일을 결산일하는 회사의 경우 신임감사가 선임되는 것은 통상 3월 말의 정기주주총회이므로 신임감사가 감사를 개시하는 것은 그 때부터 이지만, 감사대상이 되는 영업연도는 이미 3개월 전인 1월 1일 부터 개시된 상태이다.

따라서 이 1월부터 3월간의 기간 동안에 대해서는 舊 감사가 감사를 하게 되나, 신임감사도 다음과 같은 방법으로 감사를 하여야 한다.[42]

---

41) 「상장회사감사표준직무규정」제17조제3항.
42) 권종호, 「감사와 감사위원회제도」, 한국상장회사협의회, 2004., 212면.

1. 舊 감사로부터 감사업무를 인수하거나 혹은 다른 재임감사로부터 설명을 청취한다.

2. 舊 감사 또는 다른 재임감사의 감사관계 서류나 그 기간의 감사록, 이사회 의사록, 기타 중요서류를 열람한다.

3. 이사나 사용인으로부터 그 기간 중의 사정을 청취한다.

4. 필요에 따라 현장조사 등을 행한다.

감사는 이러한 방법으로 "결산기후에 발생한 사건"에 관해 감사를 실시하고 그 감사 결과를 근거로 영업보고서에 기재된 "결산기 후에 발생한 중요한 사실"(「상법의 일부규정의 시행에 관한 규정」제5조 제10호)의 진실성을 확인하여야 한다.

4. 내부감사 업무계획의 효과

내부감사최고책임자는 사전에 구체적으로 내부감사계획 즉, 연간 감사계획 및 개별 감사계획을 수립·운영함으로써 다음과 같은 효과를 거양한다.

내부감사계획의 효과
① 감사인의 권한 강화 및 경영진의 간섭 배제.
② 한정된 감사자원의 효율적인 사용 가능.
③ 계획적이고 능률적인 감사 실시 가능.
④ 동일절차의 중복 또는 필요절차의 누락 방지.
⑤ 업무분담의 명확화와 책임의 확인 가능.
⑥ 감사계획 대비 감사업무에 대한 통제 가능.
⑦ 감사사항에 대한 기록 유지 및 증거 제공.
⑧ 향후 감사계획 수립 시 참고 등.

감사계획이 수립되면 그 다음에는 중요감사항목에 대해 점검표(체크리스트)를 작성하는 것도 좋은 방법인데, 이 때에는 상장회사협의회의 감사체크리스트를 참고하여 회사의 실정에 맞게 작성하면 될 것이다. 점검표 작성에 의해 기대되는 효과로서는 ① 감사사항의 누락방지, ② 문제점 발견의 용이, ③ 감사의 통일성 유지 등이다.

5. 내부감사 업무계획의 고려사항

내부감사계획을 수립함에 있어 최고내부감사책임자는 다음과 같은 사항을 반드시 고려해야 한다.

내부감사계획 수립 시 고려사항

① 대내외 경제상황.
② 회사의 경영목표.
③ 감사 또는 감사위원회의 감사방향 및 감독당국의 감독방향.
④ 수감부서의 활동 목표 와 그 목표달성에 사용하는 통제수단.
⑤ 회사의 리스크 규모와 이에 대한 리스크 관리 및 통제 정도 등.

Ⅱ 내부감사 대상의 선정

1. 감사대상 일반적인 선정방법

감사대상 선정방법으로는 다음과 같은 방법이 있다. 다만 여기서 제시한 방법이 절대적인 것은 아니며, 이 방법들은 혼합하는 등 각 회사의 사정에 따라 선정할 수 있다.

감사대상 선정방법

① Risk Based Approach 에 의한 방법.
② 감사 순기에 의한 방법(연간 순서대로 실시).
③ 경영현황, 재무제표, 민원 등의 자료 분석에 의한 방법.
④ 정보에 의한 방법 등.

2. Risk Based Approach에 의한 감사대상 선정방법

이제까지 우리나라 회사들은 내부감사시 리스크를 고려하지 않고 경영현황, 정보사항, 감사주기 등을 기준으로 내부감사를 수행하여 왔다. 그러나 새로운 업무가 확대되고 영업점이 증가함에 따라 수익/비용 개념에서 감사인력을 무한정 확보할 수 없는 상황이 전개되고 있는 현실이다.

따라서 한정된 감사자원을 효율적으로 활용하기 위해서는 이제까지의 감사 대상 선정방법을 개선할 필요가 있다. 그 개선 방안의 한 가지 방법이 Risk Based Approach에 의한 감사 대상 선정방법이며, 이는 리스크 및 리스크 관리 상태 등을 수치화하여 리스크 보유 수준에 따라 우선적인 감사대상을 선정하는 방법이다.

Risk Based Approach에 의한 감사 대상 선정 방법은 아래와 같이 리스크 평가 단계부터 피드백 단계까지 6개 단계로 구분할 수 있으며, 일반적인 내부감사 프로 세스와 유사 하나, 리스크를 평가하여 감사대상을 선정하고, 감사 실행 시 리스크를 확인하고 리스크를 관리하기 위한 통제장치를 평가하는 것에 큰 차이가 있다.

〈 Risk Based Approach 방법에 의한 감사절차 〉

ⅰ. 리스크 평가 : ① Risk Factor 선정 → ② Risk Factor별 자료 수집 및 분석 → ③ 리스크 평가 실시.

ⅱ. 감사 계획 : ① 감사대상 선정→ ② 감사자원 배분→ ③ 감사계획 보고/승인.

ⅲ. 감사 실행 : ① 부문별 Risk 확인→ ② 통제장치 작동여부 확인 → ③ Walk Through를 통한 확인/점검→ ④ 문제점 및 권고사항 제안.

ⅳ. 감사 보고 : ① 감사보고서 작성→ ② 감사보고서 심의→ ③ 감사보고서 결재.

ⅴ. 사후 관리 : ① 감사결과 통보 및 조치 요구→ ② 이의 신청 및 조치 요구 사항 확정→ ③ 조치요구사항 이행 여부 확인.

ⅵ. 감사 반영 : ① 감사결과 분석→ ② 분석내용에 대한 원인 규명→ ③ 분석 피드백 결과를 감사계획에 반영.

3. 감사대상 선정 시 고려할 사항

내부감사인이 감사대상을 선정 시 주요 고려할 사항은 다음과 같다.

① 대내외 경제상황 및 경영목표를 반영

예를 들어 리스크 평가 결과와 상관없이 대내외 경제상황의 악화가 예상되어회사가 개인여신에 대한 사후관리 강화를 목표로 설정하였을 경우 해당 업무프로세스 를 점검하는 감사를 우선 선정할 수 있다.

② 감사(위원회), 경영진의 요구사항 또는 감독당국의 감독방향을 반영

예를 들어 리스크 평가 결과에 상관없이 감사 또는 감사위원회의 요구사항, 대표이사 등 경영진의 감사요구사항 그리고 감독당국의 감독방향을 반영한다.

③ 리스크 평가 결과를 반영

예를 들어 리스크의 익스포저가 크고, 그 리스크를 관리하기 위한 내부통제장치가 미흡하다고 평가되는 업무에 대해서는 감사주기를 단축하여 우선적으로 감사를 실시하며, 이와 반대되는 경우에는 해당연도 감사를 생략할 수 있다.

④ 별도 감사목적을 반영

예를 들어 준법감시인 관련 업무는 자산이나 부채를 관리하지 않는 업무 이므로 익스포저가 없어 리스크 평가를 수행하기 곤란하지만, 내부통제시스템 평가를 위해 "준법감시인제도" 또는 "준법지원인제도"를 감사대상으로 선정할 수 있다.

⑤ 영업점에 대해서는 본부부서와는 별도로 선정

영업점에 대하여는 영업점 유형, 전번 감사결과, 전번 감사기간, 상시감시결과, 민원 발생, 매출/매입 증가율, 컨피던스 등을 감안하여 본부부서와 별도로 선정한다.

Ⅲ 내부감사 업무의 수행을 위한 감사자원 할당

내부감사인은 주어진 감사목표를 완수하기 위해 적절한 자원을 결정해야 한다. 인원배정은 해당 감사업무의 성격과 복잡성, 시간 제약 그리고 가용자원에 대한 평가에 기초를 두고 이루어져야 한다. 내부감사인은 감사 수행에 필요한 감사자원을 결정함에 있어 감사자원의 적절성과 충분성을 판단하기 위해 다음 사항을 고려해야 한다.

감사자원의 적절성과 충분성 판단을 위한 고려사항

① 필요한 내부감사부서 직원의 인원수와 경험수준은 할당된 감사업무의 성격 과 복잡성, 시간제약 그리고 가용자원에 대한 평가에 기초를 두어야 한다.

② 내부감사부서 직원의 지식, 기술 그리고 여타 능력이 해당 감사업무를 위한 내부 감사인 선발에 있어서 고려되어야 한다.

③ 각각 할당된 감사업무는 내부감사부서의 개발요구에 부응하기 위한 기초가 되기 때문에 내부감사인의 훈련 필요성이 고려되어야 한다.

④ 추가적인 지식, 기술 그리고 여타 능력이 필요한 경우 외부자원의 활용을 고려해야 한다.

또한 내부감사인은 리스크 평가를 통하거나 기타 다른 방법으로 감사대상을 선정한 후에는 감사주기, 감사실시 기간, 인력 등 다음 사항을 고려해서 감사자원을 적정하게 배분하여야 한다.

감사자원의 적정 배분

① 리스크 평가 결과 및 기타 사항을 고려하여 감사인 및 감사실시 기간 등의 감사자원을 배분한다.

② 리스크가 크고, 리스크에 대한 관리가 미흡한 업무(부서)에 대하여는 감사 인력도 많이 투입하고, 감사실시 기간도 길게 하며, 횟수도 연간 2회 이상 실시할 수 있다.

③ 특히 본부부서에 대해서는 해당 분야 전문 감사인을 우선적으로 고려 내지 배분해야 한다.

④ 감사 관련 예산은 관련 부서에 제출하여야 하므로 별도 예산계획서에 작

성하는 것이 원칙이다. 예산 외의 감사 관련 정보가 타 부서에 제공 되어서는 곤란하기 때문이다.

Ⅳ 내부감사계획의 승인 및 보고

최고감사책임자는 감사 목표, 감사 범위, 시간 설정, 자원 배분 등을 포함한 연간 감사계획을 매 회계연도 개시 전에 수립하여, 감사 또는 감사위원회의 승인을 득한 후 이를 이사회에 보고하여야 한다.

회계연도라 함은 결산을 기준으로 연도를 결정하는 것으로, 예를 들어 A 회사의 경우에는 결산 기준일이 12월말이므로 12월말 이전에 연간 감사계획을 수립하여, 감사 또는 감사위원회의 승인을 득하여야 한다.

회계연도 개시 이전에 연간 감사계획의 세부내용을 수립하기 어려운 경우 감사 방향 및 총괄적인 감사계획을 감사 또는 감사위원회에 보고하고, 매 분기 개시 전에 구체적인 분기별 감사계획을 수립하여 승인 받을 수도 있다.

1. 내부감사 요원

감사요원이라 함은 감사업무를 보조하며, 감사의 명을 받아 직무를 수행하는 자를 말한다. 감사요원은 감사의 명에 의하여 부서 및 사업장 업무의 전부 또는 일부에 대하여 감사한다.

감사가 필요하다고 인정할 때에는 대표이사에게 요청하여 감사요원 이외의 직원을 지명하여 감사를 명할 수 있다. 이 경우 감사의 명을 받은 자는 이 규정에 의한 감사요원의 직무를 수행한다.

내부 감사요원은 감사업무를 수행함에 있어서 다음 각 호에 해당하는 권한을 갖는다.

① 감사에 필요한 장부 및 관계서류의 제출 요구.

② 관계자의 출석, 답변 및 확인서 작성 요구.

③ 필요시 거래처에 대한 확인 및 조사 자료의 징구 요구.

④ 업무개선을 위한 제안, 건의 및 보고.

⑤ 기타 직무수행에 필요한 사항.

2. 감사반 운영

감사반은 감사업무 분장 내용에 따라 편성하고 감사반장을 둔다. 감사반장의 임무는 다음과 같다.

① 감사요원 및 감사업무의 통할과 보고.

② 감사요원의 업무 분장.

③ 감사요원의 정보수집 독려 및 보고.

④ 수감 부서 및 사업장의 감사결과 강평. 다만, 언급할 주요사항이 없다고 판단 하는 경우에는 생략 가능.

3. 감사요원 준수사항

감사요원은 다음 사항을 준수하여야 한다.

① 감사요원은 감사와 관련된 제 규정을 성실히 준수하여 감사요원으로서의 품위와 신망을 지켜야 한다.

② 감사요원은 성실 , 책임, 창의로써 맡은 바 감사업무를 공정하게 처리하여야 한다.

③ 감사요원은 감사업무 수행과정에서 알게 된 업무상 기밀이나 타인의 비밀을 누설 하거나 다른 목적에 이용하여서는 아니 된다.

④ 감사요원은 감사를 실시함에 있어 피감사인의 업무상 창의와 활동기능이 위축되거나 지연되지 않도록 노력하여야 하며, 부드러운 자세로 감사에 임하고 지도적 입장에서 피감사인의 사무미숙 또는 오류를 계도 시정함은 물론 비위 사실 적발에 노력하여야 한다.

⑤ 감사요원은 감사업무와 관련하여 어떠한 경우에도 청탁이나 향응, 금품수수 행위에 응하여서는 안 된다.

⑥ 감사요원은 고의적으로 사실과 다른 감사보고서를 작성하여서는 아니 된다.

감사는 감사요원이 위의 준수사항을 현저하게 위반하여 부실하고 형식적인 감사를 하였거나 물의를 야기한 경우에는 대표이사에게 징계 등의 제재를 요구할 수 있다. 자세한 내용은 제1편 제2장 제4절 Ⅲ. '내부감사의 복무수칙' 항목을 참조하시기 바랍니다.

4. 사고적발 책임

감사는 감사요원이 부실 및 형식적 감사로 감사대상 부서 및 사업장에 잠재하고 있는 사고, 부정 또는 부당한 사실을 보통의 주의로써 적발이 가능하였음에도 불구 하고 적발하지 못하였거나 고의로 은폐한 사실이 판명되었을 때에는 전항에 준하여 책임을 물을 수 있다.

5. 내부감사 대상

감사요원은 법령, 규정 및 감사가 정하는 바에 따라 자산의 건전성, 경영의 합리성, 리스크관리의 적정성 및 업무처리의 타당성을 분석·검토하되 다음 사항을 감사한다.

① 법령, 규정 지시에 위배하여 회사질서를 문란케 한 사실의 유무.

② 현금, 유가증권, 제증서 및 서류 등의 점검 및 내용 검토.

③ 업무취급상의 위법·위규 유무 검토와 사고의 적발.

④ 제계정 잔액 및 계산의 정확 여부와 기장의 적부.

⑤ 경비지출의 적부.

⑥ 인사관리 및 경영관리에 관한 검토.

⑦ 문서관리 및 환경정비 상황.

⑧ 본부 지시사항에 대한 이행 여부.

⑨ 감사가 필요하다고 인정하는 사항 등.

감사요원은 감사목적에 따라 전 항의 감사범위와 그 주요 감사사항을 감사의 승인을 얻어 조정할 수 있다.

6. 내부감사 방법

감사는 현장감사 또는 서면감사의 방법으로 실시한다.

① 현장감사는 감사요원을 부서 및 사업장에 파견하여 실시한다.

② 서면감사는 감사대상 부서 및 사업장으로부터 관련 자료를 징구하여 검토·확인하는 방법으로 실시한다.

제2절 〉〉 일상 감사[43]

Ⅰ 일상감사의 정의

일상감사란 경영진의 일상 업무집행에 대해 감사 또는 감사위원회가 정한 일정 범위의 업무와 중요서류에 대하여 최종 결재자의 결재 전·후에 그 내용을 검토하고 필요시 의견을 제시하는 방법으로 실시하는 감사를 말한다.

Ⅱ 일상감사의 종류

1. 사전감사

사전감사는 최종결재권자의 결재에 앞서 실시하는 감사를 말한다.

---

43) 금융감독원, 전게서, 2003., 174~177면

2. 사후감사

사후감사는 사전감사 대상 이외의 업무로서 최종결재권자의 결재 후에 실시하는 감사를 말한다.

3. 사후공람

사후공람은 사전감사 및 사후감사 대상 이외의 서류 중 대표이사의 결재 후에 실시하는 공람을 말한다.

Ⅲ 일상감사의 대상

1. 사전감사

사전감사는 이사회, 이사회 내 위원회, 집행임원회 와 상무회의, 경영전략회의, 임원회의 등과 같이 일부 핵심이사 또는 회사업무를 상근으로 하는 업무담당 임원 으로 구성되는 회의에 부의되는 안건(결의사항 및 보고사항)을 대상으로 한다.

참고 ▶▶▶ 사전감사 대상 업무(예시)

(1) 결의 사항
(가) 주주총회에 관한 사항
① 주주총회의 소집
② 영업보고서 승인
③ 재무제표의 승인
④ 정관의 변경   ⑤ 자본의 감소
⑥ 회사의 해산, 합병, 분할합병
⑦ 회사의 영업 전부 또는 중요한 일부의 양도 및 회사의 영업에 중대한 영향을 미치는 다른 회사의 영업전부 또는 일부의 양수.
⑧ 영업 전부의 임대 또는 경영위임, 타인과 영업 손익 전부를 같이하는 계약, 그 밖에 이에 준하는 계약의 체결이나 변경 도는 해약.
⑨ 이사 · 감사의 선임 및 해임.
⑩ 주식의 액면미달발행.
⑪ 이사의 회사에 대한 책임의 감면.
⑫ 현금 · 주식 · 현물의 배당 결정.
⑬ 주식매수선택권의 부여.
⑭ 이사 · 감사의 보수.
⑮ 회사의 최대주주(그의 특수관계인을 포함) 및 특수관계인과의 거래의 승인 및 주주 총회에의 보고.

⑯ 법정준비금의 감액.
⑰ 그 밖에 주주총회에 부의할 의안.

(나) 경영에 관한 사항
① 회사 경영의 기본방침의 결정 및 변경.
② 신규 사업 개발.
③ 자금계획 및 예산운영.
④ 대표이사의 선임 및 해임.
⑤ 회장, 사장, 부사장, 전무, 상무의 선임 및 해임.
⑥ 공동대표의 결정.
⑦ 이사회 내 위원회의 설치·운영 및 폐지.
⑧ 이사회 내 위원회의 결의사항(감사위원회 결의사항은 제외)에 대한 재결의.
⑨ 지배인의 선임 및 해임.
⑩ 급여체계, 상여 및 후생제도.
⑪ 노사정책에 관한 주요 사항.
⑫ 기본조직의 제정 및 개폐.
⑬ 지점, 사무소, 사업장의 설치, 이전, 통합 또는 폐지.
⑭ 간이합병, 간이분할 합병, 소규모합병 및 소규모분할합병의 결정.
⑮ 흡수합병 또는 신설합병의 보고.
⑯ 중요한 사규, 사칙의 제정 및 개폐 등.

(다) 재무에 관한 사항
① 투자에 관한 사항.
② 중요한 계약의 체결.
③ 중요한 재산의 취득 및 처분.
④ 결손의 처분.
⑤ 중요시설의 신설 및 개폐.
⑥ 신주의 발행.
⑦ 사채의 발행 또는 대표이사에게 사채발행의 위임.
⑧ 준비금의 자본전입.
⑨ 전환사채의 발행.
⑩ 신주인수권부사채의 발행.
⑪ 거액의 자금 차입 및 보증행위.
⑫ 중요한 재산에 대한 저당권, 질권의 설정.
⑬ 자기주식의 취득 및 처분.
⑭ 자기주식의 소각 등.

(라) 이사 등에 관한 사항
① 이사 등과 회사 간 거래의 승인.
② 이사의 회사기회 이용에 대한 승인 등.

(마) 기타 사항

① 중요한 소송의 제기.

② 주식매수선택권 부여의 취소.

③ 그 밖에 정관에 정하여진 사항, 주주총회에서 위임받은 사항 및 대표이사가 필요 하다고 인정하는 사항.

(2) 보고 사항

① 경영상 중요한 업무집행에 관한 사항.

② 이사회 내 위원회에 위임한 사항의 처리 결과.

③ 이사가 법령 또는 정관에 위반한 행위를 하거나 그 행위를 할 염려가 있다고 감사가 인정한 사항.

④ 외부감독기관 감사의결과.

⑤ 그 밖에 이사가 보고할 필요가 있다고 인정한 사항.

2. 사후감사

사후감사는 일반적으로 사전감사 대상을 제외한 본부장 또는 준법감시인(준법지원인 포함) 전결 이상 업무로서 감사 또는 감사위원회(상근감사위원 포함)가 정한 업무를 대상 으로 한다.

> **참고** ▶▶▶ **사후감사 대상 업무(예시)**

1. 운영감사

① 규정(지침, 기준, 요령 포함), 약관, 업무방법서 등의 제정 및 개정.

② 사업계획의 수립, 본부 및 영업점 목표배정, 성과평가에 관한 사항.

③ 신상품(자체개발 상품에 한함), 신서비스, 신제도에 관한 사항.

④ 유가증권거래(인수, 취득, 매입, 매출, 처분 등)에 관한 사항(ㅇ천만원/ㅇ억원 이상).

⑤ 원화, 외화예치금 운용에 관한 사항(ㅇ천만원/ㅇ억원 이상).

⑥ 장기연수(3개월 이상) 실시에 관한 사항.

⑦ 인력수급계획 및 직원의 채용에 관한 사항.

⑧ 직원의 상벌, 승격, 이동, 퇴직에 관한 사항.

⑨ 주주총회의 소집, 이사회의 소집에 관한 사항.

⑩ 수수료의 책정 및 변경에 관한 사항 등.

2. 재무감사

① 예산의 편성, 예산의 전용, 이월 및 예비비 사용.

② 회계단위의 설정 및 폐쇄.

③ 내부회계관리제도의 운영에 관한 중요사항.

④ 부동산, 동산, 무형고정자산 등의 취득, 처분, 임대차, 재평가에 관한 사항 (○천만원/○억원 이상).

⑤ 결산, 가결산 및 잉여금 처분에 관한 사항.

⑥ 자금의 조달과 대출 및 지급보증에 관한 사항.

　○증자 및 사채 발행 사항.

　○(○천만원/○억원)을 초과하는 차입.

　○(○천만원/○억원 이상)을 초과하는 대출이나 지급보증 등.

⑦ 가지급금 지급 및 정리(○천만원/○억원 이상) 등.

3. 준법감사

① 소송과 중재 및 사고처리에 관한 사항(○천만원/○억원 이상).

② 재계약의 체결 및 계약 내용의 주요 변경(○천만원/○억원 이상).

③ 유입물건의 처분(○천만원/○억원 이상).

④ 채권의 감면, 포기 및 채권의 대손처리에 관한 사항(○천만원/○억원 이상).

⑤ 보증채무, 이자(연체이자, 연체료 포함), 지연배상금 감면(○천만원/○억원 이상) 등.

4. 경영감사

① 전략적 제휴 업무에 관한 중요사항.

② 경영공시에 관한 중요사항.

③ 지배구조에 관한 중요사항.

④ 내부통제에 관한 중요사항.

⑤ 리스크관리에 관한 중요사항.

⑥ 준법감시에 관한 중요사항.

⑦ 윤리경영에 관한 중요사항.

⑧ 개인정보의 보호에 관한 중요사항.

⑨ 신용정보의 관리·보호에 관한 중요사항 등.

5. IT 감사

① 전산업무의 중장기 계획에 관한 사항.

② 전산업무의 연간 업무계획에 관한 사항.

　○전산·정보 개발 및 운영.

　○주요 전산기기 운영 및 전산 관련 예산·인원.

③ H/W, S/W의 기종 및 도입에 관한 사항(○천만원/○억원 이상).

④ 개발기간이 3개월 이상 소요되는 신규 업무 개발에 관한 사항(○천만원/○억원 이상).

⑤ 전산시스템의 안전보호에 관한 중요사항 등.

6. 기타사항

○ 기타 감사가 필요하다고 인정하는 사항.

3. 사후공람

사후공람은 사전감사 및 사후감사 대상 이외의 서류 중 대표이사가 결재한 서류를 대상으로 한다. 사후공람은 최종 결재권자 결재 후 7영업일 이내에 이를 감사에게 공람 하도록 한다.

Ⅳ 일상감사의 절차

1. 일상감사 문서접수

회사에서 기안 내지 품의 문서가 일상감사 대상에 해당되면, 그 문서를 기안한 부서에서 일상감사를 관리하는 감사보조 조직(이하 '내부감사부서 또는 내부감사부서장'이라 한다)을 경유하여 감사 또는 상근감사 위원에게 제출하여야 한다.

이 경우 사전감사 대상서류는 회의 3영업일 ~ 1주일 이전에 감사 또는 상근감사 위원에게 제출하여야 하고, 사후감사 대상서류는 전결권자 결재 후 3영업일 ~ 1주일 이내에 감사 또는 상근감사위원에게 제출하여야 한다.

2. 일상감사 문서검토

일상감사 문서검토 시에는 해당 문서가 일상감사 대상 인지, 사전 감사대상인 경우는 최종 결재 직전인지, 사후 감사대상인 경우는 최종 결재 이후인지, 필요한 경우 관련부서의 합의를 득한 것인지 등을 먼저 검토·확인한다.

3. 일상감사의 내용

그리고 난후 해당 문서에 대하여 아래와 같이 부문별로 적정성과 타당성 등을 검토·확인한다.

① 재무부문 : 회계기준 및 회계시스템의 적정성, 회계정보, 재무보고서의 정확성 및 신뢰성과 유용성, 각종 회계 관련 법규나 규정에의 적합성 및 타당성을 검토·확인.

② 준법부문 : 관계 법령 및 규정 등의 준수 여부, 준법감시시스템의 적절한 작동 여부 등을 검토·확인.

③ 운영부문 : 업무계획, 조직구성 및 업무평가의 적정성 및 타당성, 조직 내 업무 절차 및 시스템의 적정성 및 타당성 등을 검토·확인.

④ 경영부문 : 경영전략과 경영계획의 적정성 및 유용성, 위험관리와 내부통제의 적정성 및 유용성 등을 검토·확인.

⑤ IT 부문 : 전산부문의 적정성과 유용성, 정보부문의 안전성 및 건전성 등을 검토·확인.

4. 일상감사 문서결재

감사보조 조직에서는 일상감사 내용의 검토·확인이 끝난 후에 일상감사 일련번호, 의견 등을 기재하여 감사 또는 상근감사위원의 결재를 받는다. 만약 감사의견이 있을 경우에는 별도 문서로 작성하거나, 또는 원 문서에 별도 기재하여 결재를 받는다.

5. 일상감사 결과통보

감사보조 조직은 일상감사 문서를 감사나 상근감사위원의 결재 받은 후 감사의견이 없는 경우는 일상감사 문서를 기안부서 또는 품의부서에 통보한다. 다만 감사의 의견이 있는 경우는 감사의견을 별도문서로 작성하거나 또는 원 문서에 별도 기재하여 기안부서 또는 품의부서에 통보한다.

특히 조건부의견 이나 반대의견 또는 개선방안 제시 등으로 인해 감사의견이 길어지는 경우에는 별도문서로 작성하는 것이 바람직하며, 원 문서에 감사의견을 기재할 경우에는 원 문서를 복사하여 관리하여야 한다.

6. 일상감사 일지작성

감사보조 조직은 일상감사 관리를 위해 '일상감사록' 또는 '일상감사일지'를 작성하여 감사 또는 상근감사위원의 결재를 받아 유지·관리 하여야 한다. 일상 감사일지 또는 일상감사록에는 사전감사 또는 사후감사 구분, 기안부서, 일련번호 및 접수일자, 주요내용, 감사의견 등이 포함 되어야 한다.

〈 일상감사록 또는 일상감사일지 양식 예시 〉

감사인	부서장	감사

일상감사일지

안건	사전		사후	기안부서	
				일련번호	
				접수일자	
주요내용					
감사의견					
붙임					

7. 일상감사 사후관리

감사 또는 상근감사위원이 조건부 의견이나, 반대 의견, 또는 개선방안을 제시한 경우 내부감사부서는 감사의견에 대한 사후관리 하여야 한다.

그리고 해당 경영진 또는 부서장은 동 의견에 따라 적절한 조치를 취하고 그 처리 결과를 감사의견서 접수일로부터 15일~1개월 이내에 내부감사부서장을 경유 감사 또는 상근 감사위원에게 보고하여야 한다.

감사, 상근감사위원 또는 감사부서장은 그 결과를 확인하여 적정하다고 판단하는 경우 해당업무에 대한 일상감사 절차를 종결한다.

I 일반감사의 정의

일반감사란 정기적인 감사계획에 의거하여 재무, 준법, 업무, 경영, IT 등 기능별로 감사를 실시하고, 기능별 과정의 적정성 및 유효성 평가, 문제점 적시, 개선방안 제시 등을 포함한 감사보고서를 작성·제출하는 방식으로 실시하는 감사를 말한다.

II 일반감사의 대상

일반감사는 위험관리, 내부통제, 지배구조, 업무처리, 회계처리, 경영정책, 주총 처리 등 회사 업무 전반을 대상으로 한다.

III 일반감사의 사전준비

1. 일반감사 실시 품의

감사부서장은 감사실시에 앞서 다음사항에 대한 품의문 또는 기안문를 작성하여 감사 또는 상근감사위원의 승인을 받아 실시한다.

일반감사 품의서 주요 내용(예시)

① 감사 구분 : 종합감사, 부문감사 등으로 구분.
② 수감 부서 : 수감대상이 되는 특정부서를 명시하되, 업무분야에 따라서는
　　　1개 이상의 부서를 명시하는 것도 가능.
③ 감사 방법 : 임점감사 또는 서면감사 등으로 구분.
④ 감사 범위 : 감사분야를 명시, 종합감사의 경우 업무전반으로 기재 가능.
⑤ 감사기준일:
　ㅇ 본부부서 종합감사의 경우 주로 감사 착수 전 월말일.
　ㅇ 영업점의 경우에는 감사 착수일 또는 착수일 전 영업일.
　ㅇ 다만 특별감사의 경우는 감사 목적에 따라 조정이 가능.
⑥ 감사대상기간:

---

44) 금융감독원, 전게서, 2003., 178~184면

ο 종합감사의 경우 원칙적으로 전번 종합감사 기준일 이후.

ο 특별감사의 경우에는 감사목적에 따라 조정.

⑦ 감사실시기간 : 감사 목적 및 감사반 편성 내용을 감안하여 조정.

⑧ 감사팀 편성 : 감사팀은 원칙적으로 2명 이상을 편성하여 그 중 1명을 팀장으로 임명. 다만 감사목적에 따라 1명으로 편성 가능.

⑨ 주요 감사사항 : 중점감사 사항 기재.

> **참고** ▶▶▶ **감사팀 편성 시 고려사항**
>
> ⓐ 감사 목적에 맞는 인원 및 전문 감사인 배정.
> ⓑ 감사인과 수감부서장을 포함한 직원과의 학연, 지연 등 특수 관계 여부.
> ⓒ 감사목적에 따라서는 감사대상부서에 근무했던 감사인은 일정기간(제척기간 : 예, 1년 이상 또는 2년 이상) 이상 해당부서 감사에서 제외.

2. 일반감사 자료 징구

감사부서 또는 감사팀은 사전검토를 위해 감사에 필요한 자료를 감사 실시 전에 징구 할 수 있다. 감사부서 또는 감사팀은 감사에 필요한 최소 자료만을 징구하여 감사자료로 인한 업무 불편을 방지하여야 한다.

감사부서 또는 감사팀은 수감부서가 아니더라도 관련부서에 감사에 필요한 자료 제출을 요구할 수 있다. 감사부서 또는 감사팀으로부터 자료제출을 요구받은 경영진 및 부서장은 자료를 지체없이 제출하고, 원활한 감사수행을 위해 적극 협력해야 한다.

3. 일반감사 사전 검토

감사명령을 받은 감사인은 다음 각 호의 사항을 감사실시 전에 검토하여 현장 감사 수행에 만전을 기하여야 한다.

감사실시 사전 검토자료

① 감사 사전 징구 자료.

② 상시감시 결과 축적 자료.

③ 전번 대내외 감사 결과 (지적사항, 조치내용 및 내부통제평가 결과 등).

④ 과거 사고 및 주요 민원.

⑤ 관련부서의 확인 요청 사항.

⑥ 기타 감사실시에 필요한 사항 등.

또한 감사명령을 받은 감사인은 다음 각 호의 사항에 대하여 사전에 준비하여 효율적인 감사업무가 수행될 수 있도록 철저를 기하여야 한다.

감사실시 사전 준비사항

① 감사목적 및 업무종류에 따른 관련 법규 습득.
② 감사대상부서에 대한 자료수집과 업무현황의 파악.
③ 회사의 주요 경영정책 및 주요 지시사항 숙지.
④ 감사대상부서에 대한 효율적인 감사방법 및 착안 사항 숙지 등.

Ⅳ 일반감사의 현장실행

1. 감사명령서 제시

감사팀장은 검사착수 시 검사대상 부서장에게 감사 또는 상근감사위원 명의의 '검사명령서' 또는 '검사착수통지서'를 제시하여야 한다. 다만, 서면감사 착수 시 또는 현장 조사 시에는 이를 생략할 수 있다.

위의 '감사명령서' 또는 '감사착수통지서'는 감사 또는 상근감사위원의 명에 의거 감사부서장이 발행한다.

2. 감사 착수

가. 감사착수 시간 및 방법

감사는 원칙적으로 영업시간 중에 예고 없이 착수하여야 한다. 그러나 현물감사의 경우 영업시간 종료 후 또는 개시 전에 착수할 수 있으며, 감사목적에 따라 감사예고를 하는 것이 합리적인 경우에는 감사를 사전에 통보할 수 있다.

나. 현금 및 현물감사 실시

현금과 현물감사는 감사 착수 당일 중에 완료하여야 하나, 불가능한 경우에는 봉인 또는 기타의 방법으로 감사인의 관리 하에 두도록 조치하여야 한다.

현금과 현물 감사 시에는 반드시 수감부서 책임자 또는 업무담당자를 입회시켜 감사인이 현금 및 현물에 대한 관리책임을 부담하는 사례를 사전에 예방하여야 한다.

다. 감사 착수 곤란 및 대응

감사반장은 감사 착수 당일에 중대한 사유 등으로 감사 착수 또는 감사의 계속 진행에 곤란한 상황이 발생한 경우에는 필요한 조치를 취하고, 지체 없이 감사 부서장을 경유 하여 감사 또는 상근감사위원에게 보고하고 그 지시를 받아야 한다.

라. 감사착수 보고

감사반장은 현장 감사 착수 결과를 지체 없이 감사담당부서장에게 보고하여야 한다.

3. 감사 실행

가. 감사실시 방법

감사요원은 집행기구와 타부서로부터 독립된 위치에서 감사를 실시한다. 감사요원은 감사/상근감사위원이 승인한 주요 감사사항과 징구자료를 기초로 하여 감사를 실시한다.

監査는 장부 및 증거서류 등을 기초로 하여 관계법령 및 규정과 업무처리지침 등에 따라 사실과 증거에 의하여 행하여야 한다.

감사요원은 감사를 진행함에 있어 감사대상부서 및 사업장의 일상 업무 수행에 지장이 없도록 항시 유의하여야 한다.

나. 감사실시 시간

監査는 원칙적으로 영업시간 중에 행한다. 그러나 필요한 때에는 영업시간 개시 전 또는 종료 후에도 실시할 수 있다.

다. 감사실시 협력

감사대상부서 직원은 감사업무 수행 상 필요한 제반의 편의를 도모하고 질의사항에 대하여는 허위 없이 답변하여야 함은 물론 감사요원이 요구하는 장부 · 서류 · 규정 · 시달 · 기타 감사에 필요한 자료 및 사항을 지체 없이, 제출 · 열람 및 설명함으로써 감사가 원활 · 신속히 진행되도록 협력하여야 한다.

감사요원은 감사업무 수행에 필요한 경우 감사대상부서 직원 이외의 직원에 대하여도 업무와 관련한 질의 및 관련자료 제출을 요구할 수 있으며, 이를 요구받은 직원은 이에 적극 응해야 한다.

라. 현장 조사

감사요원은 필요한 경우 실물 소재지 또는 현장에 출장하여 점검 · 확인할 수 있다. 그리고 자산 · 부채 계정의 잔액 및 예산집행에 대하여 증명을 필요로 할 때에는 감사요원이 직접 그 진위를 점검 · 확인할 수 있다.

마. 타부서 감사

감사반장은 감사업무 수행과정에서 당해 감사업무와 관련하여 다음 각 호에 해당하는 경우에는 감사부서장을 경유하여 감사 또는 상근감사위원의 지시를 받아 타부서의 개별사항에 대한 감사 또는 확인을 할 수 있다.

타부서 감사 수행 사유

① 위법 · 부당행위에 대한 증거인멸의 우려가 있는 경우.

② 사고의 규모가 급속히 확대될 우려가 있는 경우.

③ 기타 감사대상 부서의 위법 · 부당행위의 내용을 종합적으로 파악하기 위하여 필요한 경우.

바. 감사실시 변경

감사반장은 감사실시 중에 감사범위 또는 일정 등의 변경을 필요로 할 경우에는 그 사실을 감사부서장을 경유하여 감사 또는 상근감사위원에게 보고하고, 그 지시를 받아야 한다.

사. 중대 비위 적출

감사반장은 감사업무 수행 시에 중대한 비위사실 또는 문제점을 발견하였을 경우와 불가피한 사유로 감사의 계속 진행이 곤란하다고 인정되는 경우에는 '긴급조치'의 규정에 의한 조치를 취하여야 한다.

감사반장은 감사종료 전이라도 적출사항이 중대사고 또는 그 우려가 있는 경우에는 전화 또는 서면으로 감사부서장을 경유하여 감사 또는 상근감사위원에게 보고하고, 그 지시를 받아야 한다.

감사요원은 위의 경우 그 관련 직원으로부터 경위서, 확인서 등 관련 입증자료를 받을 수 있으며, 필요한 경우 감사팀장은 감사부서장을 경유하여 감사 또는 상근감사위원에게 보고하여 관련 직원의 직무를 정지하도록 요청할 수 있다.

아. 긴급 조치 방법

감사팀장은 감사기간 중에 중대한 비위사실 또는 문제점이 발견되어 이에 대한 긴급조치가 필요하다고 인정하는 경우에는 필요한 조치를 취하고, 신속히 감사부서장을 경유 하여 감사 또는 상근감사위원에게 보고한 후 그 지시를 받아 처리하여야 하며, 감사 또는 상근감사위원은 이를 대표이사에게 통보하여야 한다.

긴급조치 요구를 받은 부서장은 특별한 사유가 없는 한 이에 응하여야 하며, 불가피한 사유가 있어 불응할 경우 정당한 사유를 감사에게 서면으로 제출하여야 한다.

감사부서장은 긴급히 감사를 하여야할 필요가 있거나 감사대상으로 지정된 부서를 긴급히 변경할 필요가 있다고 인정할 때에는 이에 대한 사전조치를 취하고, 감사 또는 상근감사위원의 사후승인을 얻어야 한다.

제4절 >> 기타 감사

I 서면 감사

1. 서면감사의 정의

서면감사란 감사원이 수감대상 부서로부터 감사에 필요한 자료를 제출받아 검토·확인하는 방법으로 실시하는 감사를 말한다.

2. 서면감사의 방법

서면감사는 현장에 임점하지 아니하고 감사에 필요한 자료를 제출받아 검토·확인하는 방법으로 감사를 실시하는 것을 제외하고는 일반감사의 절차와 동일하다.

서면감사는 징구자료의 검토·확인을 통하여 문제소지가 있는 회사 및 취약 부문을 조기에 식별하여 현장 감사와 연계하는 등 적기에 필요한 조치를 취함으로써 회사의 건전 경영을 유도하는 유효한 감독수단의 하나이다.

서면감사는 임점감사의 장점인 현장 확인이 곤란하다는 단점이 있지만, 임점감사에 따르는 과다한 비용과 업무 부담 감소, 감사 주기의 장기화 해소, 회사 및 취약부문의 조기 발견 가능 등으로 임점 감사와 상호 보완적으로 활용하고 있다.

II 특별 감사

1. 특별감사의 정의

특별감사는 민원·사고·정보제보 등 개별사항에 대한 조사와 이사회, 대표이사 또는 감독기관의 의뢰가 있을 때 그리고 감사위원회, 상근감사위원 또는 감사의 특별지시가 있을 때 특정사항에 대하여 실시하는 감사를 말한다.

2. 특별감사의 방법

특별감사는 사고, 민원 등 특정사안이나 재무감사, IT감사, 경영감사 등 특정분야에 대하여 감사 또는 상근감사위원의 재량에 따라서 비정기적으로 실시한다.

특별감사는 사고감사, 민원감사, 정보수집에 의한 감사, 감독기관의 지시에 의한 감사, 대표이사의 요청에 의한 감사 및 감사 또는 상근감사위원의 필요에 의한 감사 등으로 구별된다.

특별감사는 감사 대상 및 범위가 특정되는 것을 제외하고는 일반감사의 절차 및 방법을 준용한다.

Ⅲ 컨설팅 감사

1. 컨설팅감사 개관45)

가. 컨설팅감사 성격

「국제내부감사인 협회(IIA)」의 내부감사직무에 대한 정의에 의하면 "내부감사 직무란 한 조직의 업무수행의 가치를 증대시키고 개선시키기 위해 독립적이고 객관적인 검증과 컨설팅 활동이다. 이것은 체계적이고 훈련된 접근방법을 이용하여 리스크관리, 내부통제 그리고 지배구조 프로세스의 효과성을 평가하고 개선시켜 조직이 그 목표를 완수하도록 하는데 도움을 준다"라고 명시하고 있다.

따라서 내부감사인의 직무는 조직의 업무수행 가치를 증대시키고 개선시키기 위해 제공할 수 있는 두 가지 유형의 서비스 즉 검증활동과 컨설팅활동이므로 내부감사 기관의 컨설팅 활동은 회사의 건전경영을 위해 필요한 요소이다.

나. 컨설팅감사 정의46)

「국제내부감사직무수행기준(Standards)」에 의하면 "컨설팅감사란 내부 감사기관이 경영진과 같은 책임은 없이 조직의 지배구조, 리스크관리, 내부통제 프로세스의 가치를 증대시키고 개선할 의도를 갖고 하는 조언 및 관련 서비스 활동. 즉, 예를 들면 카운슬링, 조언, 지도 그리고 훈련"이라고 명시하고 있다.

따라서 내부감사기관의 컨설팅감사 활동은 경영진의 요청에 의하여 하는 경우도 있고, 내부감사기관의 평상시 일상 업무의 일부분으로 수행할 수도 있다. 각 조직은 제공될 컨설팅감사 활동의 형태를 검토하고 각 활동의 형태별로 특별한 규정이나 절차를 마련해야 하는지 결정해야 한다.

---

45) 국제내부감사인협회, 전게서, 2007., 53~65면. 수행권고 1000. C1.
46) 국제내부감사인협회, 전게서, 2007., 54~55면.

다. 컨설팅감사 종류

(1) 자문 컨설팅 업무(Advisory Consulting Engagements)

① 내부통제 설계 자문.

② 정책과 시행절차의 개발에 대한 자문.

③ 정보시스템 개발과 같이 고위험 프로젝트에 대한 자문역할로 참여.

④ 리스크관리에 대한 자문 등.

(2) 교육 컨설팅 업무(Training Consulting Engagements)

① 리스크관리 및 내부통제에 대한 교육.

② Best practices 를 습득하기 위해 다른 또는 비슷한 기관의 영역과 기업 내부 영역을 비교하여 벤치마킹.

③ 사후 분석(프로젝트 수행 후 그 프로젝트로부터 학습) 등.

(3) 지도 컨설팅 업무(Facilitative Consulting Engagements)

① 조직의 리스크 관리에 대한 평가 · 지도.

② 경영진의 내부통제에 대한 평가 · 지도.

③ 조직의 지배구조 구축 · 운영에 대한 평가 · 지도.

④ 회사의 회계처리, 업무처리, 경영정책에 대한 평가 · 지도 등.

(4) 혼합 컨설팅 업무(Blended Consulting Engagements)

2. 컨설팅감사 수행원칙[47]

가. 조직가치 증진제안

조직가치 증진제안이란 "회사가 타깃고객에게 제공할 수 있는 가치의 내용을 구체적으로 명시화 하는 것으로 브랜드, 가격, 상품과 서비스의 편익 등을 말한다." 조직가치 증진제안은 타깃 고객이 명확해야하고, 제공하는 혜택을 명확히 기술해야 하며, 경쟁사의 조직가치 증진제안 보다 우월해야하고, 현재의 회사 자원과 능력으로도 실현 가능해야 한다. 그리고 충분한 수요와 이익의 가능성이 있어야 한다.

내부감사부서의 조직가치 증진제안은 해당 조직의 문화와 자원에 맞는 적절한 방식으로 내부감사인을 고용한 모든 조직 내에서 실현된다. 조직가치 증진제안의 정의는 내부감사 직무의 정의에 들어 있으며, 지배구조, 리스크 그리고 내부통제 영역에 체계적이고 훈련된 접근 방법을 도입하여 조직의 가치를 증대시키도록 설계된 검증과 컨설팅 역할을 포함한다.

---

47) 국제내부감사인협회, 전게서, 2007., 64~66면. 수행권고 1000. C1.

나. 내부감사 정의와 일관성

각 내부감사부서는 훈련되고 체계적인 평가방법을 가지고 있다. 다양한 서비스들은 검증과 컨설팅의 광범위한 범주로 일반적으로 구성될 수 있다. 그러나 그런 서비스들은 넓은 의미의 내부감사직무 정의와 일관되는 발전된 형태의 가치증대 서비스를 포함할 수도 있다.

다. 검증과 컨설팅 역할 외의 감사활동

내부감사가 수행하는 다양한 내부감사 활동들이 있다. 검증과 컨설팅은 서로 배타적 이지 않고 조사, 비감사적 역할 등 여타 감사 서비스를 제한하지 않는다. 많은 다른 감사 서비스도 검증이나 컨설팅(조언) 역할을 한다.

라. 검증과 컨설팅의 상관성

내부감사의 컨설팅은 내부감사의 부가가치를 더해 준다. 컨설팅은 종종 검증 서비스의 직접적인 결과인 반면, 검증도 컨설팅 임무의 수행으로부터 생성될 수 있다고 인식되어져야 한다.

마. 감사헌장을 통한 컨설팅 역할 강화

내부감사인은 전통적으로 다양한 형태의 컨설팅 서비스를 수행해 왔다. 시스템개발을 위해 만들어진 통제장치의 분석, 보안장치의 분석, 업무처리의 분석을 통해 개선안을 제시하기 위한 태스크 포스팀에 지원 등이 컨설팅 서비스의 형태이다.

이사회 또는 감사위원회는 이해상충이 발생하지 않고, 감사위원회에 대한 감사부서의 의무를 손상시키지 않는 경우라면 내부감사활동부서가 추가적인 서비스를 수행할 수 있도록 힘을 실어 주어야 한다. 또한 내부감사부서에 힘을 실어 주기 위해서는 이를 감사헌장에 반영되어야 한다.

바. 객관성

컨설팅 서비스는 어떤 검증감사와 관련된 업무처리 과정 또는 제기된 쟁점에 대한 내부감사인의 이해를 증진시킬 수도 있으며, 내부감사인 또는 내부감사부서의 객관성을 반드시 저해하는 것은 아니다. 내부감사 업무는 경영진의 의사결정 기능은 아니다.

내부감사 자문서비스의결과로 제기된 권고안에 대하여 채택 또는 적용 여부 결정은 경영진에 의해서 이루어져야 한다. 즉, 이와 같이 경영진에 의해 이루어진 결정에 의해 내부감사의 객관성이 저해되어서는 안 된다.

사. 컨설팅 서비스를 위한 내부감사 기반

내부감사부서의 많은 컨설팅이 검증이나 감사서비스의 자연스럽게 확장된 역할 이 며, 공식 또는 비공식 자문, 분석 또는 평가를 나타낼 수 있다.

내부감사부서는 다음과 같은 기초 하에 이러한 컨설팅 역할을 수행하도록 독특하게 자리 잡고 있다. 이에는 ① 최고의 객관성 기준 준수, ② 조직의 업무처리 프로세스, 리스크 그리고 전략에 대한 광범위한 지식이 그것이다.

아. 중요한 정보의 전달

내부감사부서의 주요한 내부감사 활동의 가치는 최고경영진 또는 감사(이하 '감사 위원회' 포함)에게 「검증(assurance)」을 제공하는데 있다.

최고감사책임자의 판단으로는 최고 경영진 또는 이사회 위원들에게 제공되어야 할 정보를 감추는 방식으로 컨설팅 업무가 수행될 수는 없다. 모든 컨설팅은 이와 같은 맥락으로 이해되어야 한다.

자. 조직 내에서 이해되는 컨설팅 원칙

조직은 그 조직 내의 모든 구성원이 이해하는 컨설팅 서비스의 수행을 위한 기반이 되는 지침을 가져야만 하며, 이러한 지침들은 감사위원회 또는 감사의 승인을 받아 조직 내에 제정된 감사헌장 또는 감사직무규정 등에 명문화 되어야 한다.

차. 공식적인 컨설팅 업무

경영진은 종종 외부컨설팅 전문기관에 상당히 오랫동안 지속되는 컨설팅 업무를 맡긴다. 그러나 조직 내 몇몇 공식적인 컨설팅 업무는 내부감사 활동부서가 유일한 자격을 갖추고 있음을 알 수 있다.

내부감사부서가 공식적인 컨설팅임무를 수행한다면 내부감사 집단은 임무수행을 위한 체계적이며 훈련된 접근방법을 도입해야 한다.

타. 최고감사책임자의 책임

컨설팅 서비스는 특별한 관리적인 쟁점들을 다루기 위해 최고감사책임자가 경영진과 대화할 수 있는 기회를 제공한다. 이런 대화를 통해 임무의 범위와 시간계획이 경영진의 요구에 부응하여 설정된다.

그러나 최고감사책임자는 컨설팅 결과의 내용과 중요도가 조직에 중대한 리스크를 야기할 때 감사기법을 정하는 특권과 최고 경영진과 감사위원회에 보고할 권리는 여전히 보유한다.

카. 분쟁해결 또는 쟁점에 대한 결론 도출의 기준

내부감사인은 무엇보다 우선하는 감사업무 수행자이다. 그래서 모든 서비스 수행에 있어서 내부감사인은 회사 내부규정과「윤리강령(Code of Ethics)」및「국제내부감사 직무수행기준(Standards)」등의 일반기준 및 실행기준을 따라야 한다.

그리고 어떤 예기치 못한 분쟁과 활동 들은 회사 내부규정과「윤리강령」및「국제 내부감사 직무수행기준」등에 따라서 해결되어야 한다.

3. 컨설팅감사 고려사항

가. 컨설팅 업무수행에 있어서 독립성과 객관성[48]

내부감사인은 이따금 그들이 전에 책임 맡고 있었던 업무나 검증서비스를 수행했던 업무와 관련하여 컨설팅을 부탁받는 경우가 있다.

최고감사책임자는 컨설팅 서비스를 제공하기 전에 이사회가 컨설팅 서비스 제공의 의미를 이해하고 승인하는지 확인해야 한다. 만약 승인한다면 컨설팅 활동의 책임과 권한이 포함되도록 내부 감사헌장 및 감사규정 등을 수정해야하며, 내부감사부서는 그런 컨설팅 역할을 수행하기에 적절한 정책과 절차를 만들어야 한다.

내부감사인은 경영진에게 어떤 결론을 내려 권고할 때에는 객관성을 유지해야 한다. 컨설팅 역할을 수행하기 전이나 수행 중에 독립성이나 객관성을 저해하는 요소가 있다면 즉시 경영진에게 그 내용을 알려줘야 한다.

또한 공식적인 컨설팅 과업을 수행한 후 1년 이내에 검증 서비스를 수행한다면 독 립성과 객관성이 저해될 수 있다. 그런 저해를 최소화 하기위하여 다음과 같은 조치 를 취해 질 수 있다.

① 각각의 서비스에 서로 다른 감사의 임명.

② 독립된 관리와 감독기능 마련.

③ 해당 프로젝트 결과에 대한 별도의 책무 정의.

④ 예상되는 저해 내용의 공개 등.

그리고 경영진은 권고사항을 접수하고 이행하는 데 책임을 겨야 한다.

특히 내부감사인은 컨설팅 업무 수행 시, 당초의 업무 목표와 범위에 포함 되지 않 은 경영진이 하여야 할 일상적인 업무로 간주되는 것에 부적절하게 또는 무의식적으 로 개입 하는 일이 없도록 주의를 기울여야 한다.

내부감사부서는 컨설팅 프로젝트를 수행하는데 필요한 감사인 개인의 객관성 또는 총체적 감사기능의 독립성을 저해할 가능성을 축소하도록 지원하는 통제를 설치해야

---

48) 국제내부감사인협회, 전게서, 2007., 69~70면. 수행권고 11130. C1.

한다. 감사인의 독립성과 객관성을 지원하는 통제기법은 다음과 같다.

① 컨설팅 서비스의 범주를 정의하는 감사헌장 또는 감사규정에의 표현.

② 컨설팅 프로젝트의 형태, 성격 그리고/또는 참여수준을 제한하는 정책 및 절차.

③ 객관성을 위협할 수 있는 업무 수용에 대한 제한을 통해 컨설팅 프로젝트를 심사 하는 프로세스 사용.

④ 같은 감사부서 내에서 컨설팅을 수행하는 팀과 감사(검증)를 수행하는 팀을 분리.

⑤ 업무별로 감사요원의 순환 근무.

⑥ 컨설팅 업무를 수행하기 위해 외부 전문가 고용 또는 감사부서가 지난 컨설팅 업무에 참여한 것이 객관성/독립성을 저해하는 것으로 결정된 경우에 검증활동을 수행하기 위해 외부전문가 고용.

⑦ 지난 컨설팅 업무에 참여하여 객관성이 저해된 경우, 보고서에 그 사실을 공개 등.

나. 컨설팅 업무수행에 있어서 상당한 전문가적 주의[49]

내부감사인은 다음과 같은 사항을 이해하여 공식적인 컨설팅 업무수행에 있어서 상당한 전문가적 주의를 다하여야 한다.

컨설팅업무에 필요한 전문가적 주의사항

① 업무의 성격, 타이밍, 컨설팅 결과 보고를 포함한 경영진들의 요구사항.

② 서비스를 요구하는 사람들의 적절한 동기와 이유.

③ 컨설팅 목표를 완수하기 위해 필요한 업무량.

④ 컨설팅 수행에 필요한 기술과 자원.

⑤ 감사위원회또는 감사로부터 기승인 받은 감사계획에 미치는 영향.

⑥ 미래의 감사 할당이나 컨설팅업무에 미치는 잠재적 영향.

⑦ 컨설팅 수행에서 오는 조직에의 잠재적 기여 내용 등.

위의 언급된 독립성과 객관성 평가와 상당한 직무상 주의에 대한 배려 외에 내부감사인은 다음과 같이 수행하여야 한다.

컨설팅업무에 필요한 내부감사인의 업무수행 자세

① 내부감사인은 제공할 서비스의 성격과 범위를 평가하기 위하여 적절한 모임을 갖고 필요한 정보를 수집해야 한다.

② 내부감사인은 컨설팅 서비스를 제공받을 부서가 내부감사 헌장 또는 규정의 관련 지침, 내부감사 활동 정책 및 절차, 기타 다른 컨설팅 임무 관련 지도지침을 이해하고 동의하는 지 확인하여야 한다.

③ 내부감사인은 내부감사헌장 또는 규정에서 금하고 있거나, 내부감사부서

---

49) 국제내부감사인협회, 전게서, 2007., 70~71면. 수행권고 1120.C1., 1220.C1., 2130. C1., 2201.C1.,

정책 및 절차와 배치되고, 조직의 가치증대 또는 최선의 이익을 촉진 하지 못하는 컨설팅 업무수행은 거절하여야 한다.

④ 내부감사인은 컨설팅 업무수행이 내부감사부서의 전체 업무수행 계획과 배치됨이 없는지 점검해야 한다. 리스크에 초점을 둔 내부감사부서의 업무수행은 조직 전체에 필요한 커버리지를 제공하기 위하여 적절히 필요한 정도로 컨설팅 기능을 포함시키고 의존할 수 있다.

⑤ 내부감사인은 공식적인 컨설팅 업무의 일반조건, 상호이해, 산출물 그리고 기타 주요 사안들을 서면계약서나 계획서에 문서화해야 한다. 보고와 의견전달 요구사항에 대해 내부감사인과 컨설팅을 받을 대상 부서 모두 이해하고 동의하는 것이 중요하다.

다. 컨설팅 업무에 있어 수행의 범위[50]

내부감사인은 컨설팅을 받는 부서와 컨설팅 목적과 범위에 대해 상호이해를 가져야 한다. 컨설팅 수행에 대한 가치와 이점에 대한 유보 그리고 어떤 부정적인 측면에 대해서 서비스를 받는 부서와 의견교환을 해야 한다. 내부감사인은 내부 감사부서의 전문성, 무결성, 신뢰성과 명성이 유지될 수 있도록 감사범위를 설정 해야 한다.

내부감사인은 설정된 감사범위가 컨설팅 업무의 목적을 달성하는데 적절해야 하며, 업무 목표와 범위 그리고 조건들은 주기적으로 업무수행 중에 재평가되어 조정 되어야 한다.

내부감사인은 공식적으로 컨설팅 업무 수행 중에 리스크관리 및 내부통제 프로세스의 효과성에 대하여 주의 깊게 관찰해야 한다. 상당한 리스크에 대한 노출 또는 중요한 내부통제 취약점은 관리자에게 알려서 주의를 갖도록 해야 하며, 내부감사인은 도출된 사항의 규모 및 중요도에 따라 어떤 경우에는 최고내부감사 책임자, 최고 경영진, 감사위원회 또는 이사회에 보고되어야 한다.

내부감사인은 컨설팅 업무 수행 중에 다음과 같은 사항을 결정함에 있어 전문가적 판단을 하여야 한다.

① 위험 노출 및 내부통제 취약성의 심각성 그리고 그런 약점들을 수정하거나 완화시키기 위해 취했거나 고려중인 행동.

② 그러한 사항 들을 보고함에 있어서 최고내부감사책임자, 최고경영진, 감사 위원회, 이사회의 기대사항 확인 등.

---

50) 국제내부감사인협회, 전게서, 2007., 71~73면. 수행권고 2010.C1., 2110.C1~C2, 2120.C1~C2., 2201.C1., 2210.C1., 2240.C1., 2440.C2.

라. 내부감사인 역할의 핵심 요소[51]

내부감사인은 검증(감사)업무를 통하여 경영진이 조직의 목표를 완수하고, 업무 및 활동을 수행함에 있어 내부적 및 외부적인 요건을 준수하는 책임을 보증하는데 도움을 준다. 이러한 업무는 개선을 위한 권고라는 차원까지 포함할 수 있지만, 내부감사인은 개선을 실행하거나 승인하는 궁극적인 책임은 없다.

만약 내부감사인이 업무적 개선을 실행하거나 승인하는 책임을 진다면, 검증(감사) 과정에서 권고한 경우든지 또는 컨설팅 업무로서 권고한 것이든지, 감사인은 감사 업무의 기본이 되는 독립성과 객관성을 저해하게 된다.

내부감사인은 컨설팅 활동을 통하여 조직을 지원할 때에는 그들의 활동을 감사기능의 핵심요소를 정의하는 범주내로 유지하여야 한다. 이러한 핵심요소들은 다음과 같은 내용들을 포함한다.

① 내부감사인은 독립적이어야 하며 감사인의 객관성을 저해하는 관계나 상황을 피해야 한다.
② 내부감사인은 그들이 수행하는 업무를 감사할 수 없다.
③ 내부감사인은 경영기능을 수행하거나 경영의사 결정을 해서는 안 된다.

이런 요소들은 내부감사의 근본적인 조직가치 증진제안, 즉 객관적인 제3자가 경영진 주장의 신뢰성을 검증(보증) 한다는 원칙을 뒷받침하므로 핵심요소라 할 수 있다. 따라서 내부감사인은 검증을 제공하는 내부감사인의 능력을 보호하기 위해 컨설팅 서비스를 제공할 때에도 발생할 수 있는 내부감사인의 독립성에 대한 잠재적 위협을 최소화해야 한다.

마. 지배 규칙[52]

내부감사인이 감사(검증) 역할 외의 업무를 제한하는 특정 관할 영역의 규칙들은 외부감사를 수행하는 감사에게 만 적용될 수 있고 또는 모든 형태의 내부감사를 수행하는 내부 감사인에게도 적용될 수 있다.

더욱이 그런 규칙들은 감독 또는 규제기관이 부여한 감사기능에 대한 수권 법령에 들어 있거나 또는 특정조직이나 관할 영역의 감사에 필요한 윤리강령이나 감사기준에 포함될 수 있다.

최고감사책임자는 감사부서의 규정과 그 들의 정책 및 절차가 관련 지배규칙을 준수할 것을 보증할 책임이 있다. 그리고 컨설팅 서비스를 제한하는 지배규칙의 적용을 받지 않는 곳에서도 감사인의 독립성이나 객관성에 대한 위협을 관리 하거나 최소화 하도록 설계된 품질보증시스템을 보장할 책임이 있다.

---

51) 국제내부감사인협회, 전게서, 2007., 76~77면. 수행권고 1000.C1-3.
52) 국제내부감사인협회, 전게서, 2007., 77~78면. 수행권고 1000.C1-3.

바. 컨설팅 업무 수행결과의 보고[53]

컨설팅 업무 진행 과정 및 결과에 대한보고는 업무의 성격과 고객의 요구에 따라 다양한 형태와 내용을 보일 것이다. 그리고 컨설팅 업무 수행결과에 대한 보고의 틀에는 업무의 성격, 사용자가 알고 있어야 하는 어떤 한계, 제약과 컨설팅 수행결과 도출된 문제점 및 개선사항, 지도사항 등을 명백히 기술하여야 한다.

어떤 경우에는 내부감사인은 결과보고가 서비스를 받거나 요청한 수감자들 이상의 고위층에게 보고되어야 한다고 결론을 내릴 수 있다. 그런 경우에 내부 감사인은 결과가 적절한 당사자에게 전달되도록 보고 범위를 확장해야 한다.

보고 범위를 다른 당사자에게 까지 확장할 때, 내부감사인은 문제해결에 만족을 얻기 위해서는 관련 법규, 강령, 지침 등을 확인하고, 당사자들에 대해서는 보고사항을 이해하고 동의하도록 설득절차를 수행하는 것이 바람직하다.

내부감사인은 공식적인 컨설팅업무의 성격, 범위 그리고 컨설팅 수행 결과를 다른 감사활동 보고서와 같이 경영진, 감사위원회, 이사회 또는 여타 회사의 지배 기구에 보고 하여야 한다.

사. 컨설팅 업무에 대한 문서화 요구[54]

내부감사인은 공식적인 컨설팅 서비스의 목적을 완수하고 그 결과를 지원하기 위해 수행된 감사내용을 문서화해야 한다. 그러나 검증감사에 요구되는 문서작성 요구가 반드시 컨설팅 임무수행에 적용되는 것은 아니다.

내부감사인은 적절한 문서보존규정을 채택하여 컨설팅 수행 관련 기록에 대한 소유권 문제 등 관련 문제를 다루는 것이 필요하다. 그렇게 함으로써 조직을 적절히 보호하고, 그런 기록들에 대한 요구에 대해 잠재적 오해를 피할 수 있다.

특히 법적절차, 규제당국의 요구, 세무, 회계문제 등이 개입된 상황에서는 컨설팅 관련 기록 들을 다룸에 있어 특별한 관심이 요구된다.

자. 컨설팅 업무에 대한 사후관리[55]

내부감사부서는 컨설팅 수행결과에 대해 사후 점검을 해야 한다. 서로 다른 컨설팅 업무의 형태에 따라 다양한 점검이 필요할 것이다.

---

53) 국제내부감사인협회, 전게서, 2007., 73~74면. 수행권고 2410.C1., 2440.C1.
54) 국제내부감사인협회, 전게서, 2007., 74면. 수행권고 2330.C1.
55) 국제내부감사인협회, 전게서, 2007., 74면., 수행권고 2500.C1..

제5절	중요회의 출석

I 중요회의의 개요

중요회의란 회사의 경영전략이나 중요한 사항을 결의하거나 의견교환, 의견조율 등을 행하는 회의를 말한다. 통상 기업실무에서는 중요한 결의사항에 관해 이사회 이외에 상무 회의나 경영전략회의, 임원회의 등을 등과 같이 일부의 핵심이사, 또는 회사업무를 상근으로 하는 업무담당 임원으로 구성하는 회의체에서 결정되는 경우가 적지 않다.

II 중요회의 출석 목적

1. 의사결정의 적법성 검증[56]

이사가 행하는 의사결정 중 가장 중요한 것은 이사회 결의에 의해 이루어지는 의사결정이다. 감사는 이사회의 결의내용에 관해서는 항시 법령·정관 및 선관주의의무의 위반여부에 대하여 감사하아여야 한다.

상무회, 리스크관리위원회, 경영위원회, 임원회의 등 법령에서 정하고 있지 않은 회의이더라도 회사 내 규정에 의해 중요사항이 심의 또는 결정되는 것에 대해서는 이사회에 준하여 취급할 필요가 있다.

그리고 사내의 직무전결규정 또는 결재규정에 의해 중요한 의사결정을 행하는 이사(경우에 따라서는 이사로부터 수권된 업무집행임원 또는 기타 사용인)에 대해서도 그 의사결정에 관해 감사하여야 한다.

2. 경영판단의 합리성 검증[57]

이사회의의사결정에 관해 적법성을 검증하기 위해서는 의사결정이 법령·정관의 구체적인 규정에 반한 것인지 그 여부에 대한 확인은 물론이고, 의사결정과정에 있어서 이사의 선관주의의무 위반이 있었는지에 관해서도 확인할 필요가 있다.

이사의 의사결정, 즉 경영판단에 관해서는 이른바 "경영판단의 원칙"의 적용가능성을 둘러싸고 많은 논란이 있지만, 경영판단의 실패에 대해 이사가 책임을 지지 않기 위해서는 적어도 다음의 요건이 충족되어야 한다는 것이 일반적인 견해이다.

---

56) 권종호, 「감사와 감사위원회제도」, 한국상장회사협의회, 2004., 214면.
57) 권종호, 「감사와 감사위원회제도」, 한국상장회사협의회, 2004., 214~215면.

참고 ▶▶▶ **경영판단을 적용하는 요건58)**

① 이사나 감사가 회사의 업무를 집행함에 있어 회사의 권능 및 자신의 권한의 범위 내에서 합리적인 근거를 가지고 있어야 한다.

② 일정한 경영상의 결정을 함에 있어서 필요한 자료를 충분히 검토한 후에 판단을 하여야 한다.

③ 자신이 회사의 최선의 이익에 합치한다고 성실하게 믿었던 사항 이외에는 아무런 영향도 받지 않고 그 독자적인 재량과 판단에 기초한 결과에 따라 성실하게 행동 하여야 한다.

감사가 이사의 경영판단의 합리성에 관해 평가하는 경우도 기본적으로는 이 기준에 따라 다음의 점에 관해 검증하여야 할 것이다.59)

① 의사결정의 전제가 된 계약관계, 사실관계, 다른 당사자의 의향 등을 조사하고, 판단시점에서의 회사를 둘러싼 권리의무관계 기타 상황 등을 정확하게 파악 하고 있는가?

② 다양한 선택지를 검토하고, 각각의 선택지에 대해 손익관계를 정량적으로 비교하고, 최종적으로 선택한 안이 최선의 선택인지에 관해 검토가 있었는가?

③ 경영판단에 중요한 영향이 있는 사실관계의 평가 등에 있어서 필요한 전문가의 의견 등을 구하였는가?

④ 실행 안에 내재하는 리스크를 분석하고 그 대책은 충분히 강구되고 있는가?

Ⅲ 중요회의 출석과 의견진술

1. 이사회 출석 과 의견 진술60)

현행 「상법」은 감사에 대해 이사회 출석 및 의견진술권을 인정하고 있다.(「상법」 제391조의2 제1항). 물론 감사에게 이사회 출석 「의무」가 있는지에 관해서는 학설의 다툼이 있으나, 어느 설에 의하든 정당한 사유가 없이 이사회에 출석하지 않으면 그것은 감사의 선관주의의무 위반이 된다는데 에는 이설이 없다.

따라서 감사는 정당한 사유가 없는 한 반드시 이사회에 출석하여야 하며, 또한 감사의 권한은 그것을 행사하는 것이 감사의 직무(의무)라는 점에서 필요한 경우에는 이사회에서 의견진술도 하여야 한다. 이사회에 대한 감사 또는 감사위원회의 監査는 크게 다음의 3단계로 나누어 이루어지게 된다.

---

58) 이철송, 전게서, 박영사, 2014., 755면.

59) 권종호, 「감사와 감사위원회제도」, 한국상장회사협의회, 2004., 214~215면.

60) 권종호, 「감사와 감사위원회제도」, 한국상장회사협의회, 2004., 215~217면.

첫째, 사전감사로 감사는 「이사회규정」의 정비 상태를 확인하는 한편 「상법」, 「정관」, 「이사회규정」 등을 참고로 이사회 소집절차가 적법하게 이루어진 것인지 확인하고, 이사회에 제출되는 의안 및 서류에 대해서는 다음사항을 중심으로 조사한다.

① 의안의 내용이 법령·정관 및 규정 등에 위반하거나 또는 위반할 염려가 없는가?

② 의안의 내용이 회사에 현저하게 부당하거나 또는 그러할 염려는 없는가?

③ 의안의 내용이 회사에 현저한 손해 또는 중대한 사고를 초래할 염려는 없는가?

④ 의안의 내용이 충분한 정보와 자료에 기초하여 검토된 것인가?

이러한 조사의 결과 문제점을 발견하거나 의견을 갖고 있는 경우에는 이사회에서의 결의 이전에 대표이사 등에 대해 의견제시·조언·권고 등을 행한다.

둘째, 이사회 당일의 감사인데, 감사는 이사회에 출석하여 ① 정족수의 충족, ② 「정관」, 「이사회규정」에 근거한 의사의 운영, ③ 의안제출의 방법, ④ 결의사항의 내용, ⑤ 결의방법, ⑥ 보고사항의 내용에 관해 적법성을 확인하여야 한다.

그 결과 의안의 내용이 현저하게 부당하거나 그 염려가 있는 등 문제의 소지가 있을 때에는 결의 전에 조언, 권고 등의 방법으로 이를 시정하도록 하는 한편, 의안에 대해 감사가 유용한 의견을 가지고 있을 때에는 적당한 시기에 이를 진술하여야 한다.

특히 이사가 법령 또는 정관에 위반하는 행위를 하거나 그 행위를 할 염려가 있을 때에는 감사는 이사회에서 그 사실을 보고하고(「상법」제391조의2 제2항), 그로 인하여 회사에 손해의 발생이 우려되는 경우에는 유지청구권(「상법」제402조)을 행사하는 등의 방법으로 이사의 법령·정고나 위반행위를 미연에 방지하는데 노력하여야 한다.

셋째, 이사회가 종료한 후에는 감사는 이사회 의사록에 의사의 안건, 경과요령 및 그 결과, 반대하는 자와 그 반대 이유가 정확하게 기재되어 있는 지를 확인하고 이에 기명날인 또는 서명하여야 한다.(「상법」제391조의3 제2항).

2. 임원회의 등에의 출석 과 의견 진술

이상은 이사회에 관한 것이지만, 이사회 이외의 중요회의의 경우에도 기본적으로 이사회에 준하는 절차와 요령으로 감사를 실시하여야 한다. 회사에 따라 차이가 있지만, 이사회 이외에 임원회의, 경영회의, 리스크관리회의 등으로 불리는 일부 핵심이사로 구성 되는 중요회의가 있다.

이러한 회의는 대표이사의 업무집행에 관해 자문·보좌기관, 이사회의 예비심의 기관으로서 기능을 수행하는 등 회사에 따라 그 지위나 운영방식은 다르지만 어느 경우이든 현행 「상법」에서는 이러한 회의에 대해 감사의 출석권과 의견진술권을 규정하고 있지 않다. 그러나 법정기관이 아니라도 업무집행에 관해 중요한 의사결정이 이루어지는 회의라면 그 회의에서의 심의 내용은 감사의 대상이므로 감사는 정당한 사유가 없는 한 출석해야 한다.

그 이외에도 회사에는 예산위원회, 연구개발위원회 등 각종 위원회나 조찬회의, 국내·해외지점장회의, 부장회의 관련회사회의 등 여러 가지 회의가 있다. 이러한 각종 회의에 감사가 모두 출석해야 하는 것은 아니지만 그 중요한 회의경우에는 반드시 출석하여야하며, 이를 위해서는 사전에 경영진과 협의를 해서 출석할 회의를 정해두는 것이 바람직하다.

Ⅳ 중요한 서류의 열람[61)]

회사의 중요서류에 대한 열람은 이사의 직무집행상황을 파악하는데 매우 유용하다. 중요결재서류로서는 ① 품의서, ② 중요계약서, ③ 중·장기 사업계획서, ④ 결산서류 등이 있으며, 의사록으로서 중요한 것에는 ① 주주총회의사록, ② 이사회의사록, ③ 기타 각종 회의의 의사록이 있다. 그 이외에도 중요한 것으로 판단되는 서류가 있으면 이를 당해부서나 당해 지점·사업소 등으로부터 제출받아 열람하는 것도 간과해서는 아니 된다.

기업실무에서는 이사회결의사항(「상법」제383조 제1항)이 아닌 경우에는 중요도에 있어서 이사회결의사항에 못지않은 사항이더라도 대표이사나 담당이사의 단독결재로 처리하는 예가 적지 않다. 감사로서는 이러한 결재서류에 대해서도 중요한 것은 반드시 열람· 조사·확인 하여야 한다.

또한 중요한 계약서나 중장기사업계획서, 연도예산 등은 회사의 대외활동이나 회사의 경영상황 및 방침을 파악하는데 있어서 중요한 자료이므로 이러한 서류 역시 열람하여야 하고, 필요한 때에는 이사 또는 사용인에 대해 그 설명을 요구하여야 한다. 그리고 중요한 서류에 대한 열람과 관련해서는 그 범위, 대상, 방법 등에 관해 사전에 이사와 협의하여 정해 두는 것이 감사업무의 효율화라는 측면에서 바람직할 것이다.

---

61) 권종호, 「감사와 감사위원회제도」, 한국상장회사협의회, 2004., 217~218면.

제6절 >> 입증자료의 확보 및 강평

I 감사결과 입증자료의 확보

감사원은 감사결과 위법·부당한 취급사항이나 개선이 필요한 사항 또는 권고가 필요한 사항(이하 '지적사항'이라 한다)에 대하여는 그 사실을 증명하기 위한 입증자료를 받아야 한다.

다만, 지적사항 중에 개선사항이나 권고사항, 현지조치사항에 대하여는 감사인의 판단에 따라 그러하지 아니할 수 있다. 그리고 서면 감사결과 지적사항에 대하여는 입증 자료를 받지 아니할 수 있다.

감사결과 적출된 지적사항에 대한 입증자료의 종류·요구사유 및 구비요건은 다음 각 호와 같다.

1. 확인서

감사요원은 감사결과 나타난 위법·부당행위에 대한 증거를 보강하기 위하여 6하 원칙에 따라 구체적 사실을 기재한 확인서를 받아야 한다. 그 확인서는 명확한 사실 확인에 대한 기술과 취급 관련자가 명시되어 있어야 하고, 반드시 확인서에는 확인자의 기명·날인이 있어야 한다.

감사요원은 취급 관련자 등이 의견진술을 희망하는 경우 의견서를 첨부하도록 할 수 있다. 그리고 감사요원은 관련 문서 및 장표의 사본으로서 그 사실을 증명할 수 있다고 인정되는 경우에는 확인서의 징구를 생략할 수 있다.

2. 문답서 또는 질문서

감사요원은 위법·부당의 정도가 크거나 취급경위가 복잡하고 책임소재가 불분명한 사항에 대하여는 관련자의 책임 소재를 명확히 하고 행위의 동기·배경 등을 파악하기 위하여 감사 현장에서 관련자의 질의·응답을 통하여 문답서를 작성하거나 당해 부서 또는 관련자에게 질문서를 발부할 수 있다.

문답서 또는 질문서는 6하 원칙에 따라 문답식으로 작성하고 취급관련자가 명시 되어 있어야 하며, 반드시 문답서 또는 질문서에는 질문자와 답변자의 기명·날인이 있어야 한다.

3. 경위서

감사요원은 취급 관련자 또는 취급 관련 부서의 정황 파악이나 설명이 필요한 경우에 보충자료로 경위서를 받을 수 있다.

경위서는 6하 원칙에 따라 작성하고, 취급관련자가 명시되어 있어야 하며, 반드시 경위서에는 작성자의 기명날인이 있어야 한다.

4. 문서 및 장표의 사본

감사결과의 입증을 위하여 필요한 경우에 받으며, 원본과 상위 없음을 관계인이 증명하도록 한다. 증명하는 방법으로는 취급 관련 부서 책임자의 '원본대조필' 도장의 날인을 받는다.

다만, 원본의 수량이 과다한 경우 필요한 부분을 발췌하거나 일정한 서식으로 정리할 수 있으며 이 경우 그 출처를 명시하고 작성자가 날인하도록 한다.

Ⅱ 감사결과 강평

감사팀장은 내부통제를 포함한 감사결과를 종합하여 향후 업무취급에 참고 하도록 감사대상 부서의 직원에게 강평을 실시하여야 한다. 다만, 감사팀장은 감사목적에 따라 강평을 생략할 수 있다.

제5장 　　　　　　　　　　 내부감사 결과 보고

제1절 　　 내부감사 결과 보고의 개요

Ⅰ 내부감사 결과 보고의 방법

1. 감사결과 보고서의 개요

감사보고서는 감사인이 실시한 감사의 개요, 발견사항, 감사요령, 감사결과 문제점 및 그에 대한 개선방안 등을 기재하는 감사 결론서이다.

감사결과 보고가 정당한 사유 없이 지연되면 감사결과 내용이 달라지는 등 부작용 이 생길 수 있으므로 가급적 조기에 보고토록 하여야 한다. 일반적으로 회사에 따라 10일 또는 15일 등으로 지정하여 운영하고 있다.

감사반장은 감사 종료 후에도 감사결과에 중요한 영향을 미치는 사항에 대한 확인 이 이루어지지 않는 등의 사유로 감사결과를 기한 내 보고하지 못할 경우에는 그 사 유를 감사담당부서장을 경유하여 감사 또는 상근감사위원에게 보고 후 지시를 받아 처리하여야 한다.

2. 감사결과 보고서의 주요 내용

감사보고서에 기재할 주요 내용은 감사대상부서(업무), 감사종류, 감사기준일, 감사 대상기간, 감사실시기간, 감사목적, 감사실시요령, 감사결과 평가의견, 내부통제 시스 템 구축 및 운영에 대한 평가, 조치요구사항 등이 있다.

감사실시 요령에는 해당부서(업무)를 감사대상으로 선정한 기준 및 주요 이유, 임점 감사 혹은 서면감사 여부, 감사의 범위와 주요 점검사항, 표본추출 방법 등을 구체적 으로 기재하며, 특히 전수감사를 하지 못한 경우 세부감사대상을 기재함으로써 향후 발생할 수 있는 감사책임에 대한 근거자료로 활용할 수 있다.

감사결과 평가의견란에는 감사결과를 바탕으로 기능별 문제점과 개선사항을 세부적으로 기술하고, 각 부분별 의견을 고려하여 총체적 시각에서 종합의견을 제시한다.

3. 감사결과 보고서의 작성 원칙[62]

감사결과 보고서는 정확하고 객관적이며 명쾌하고 간결해야 하며, 또한 건설적이고 완벽하며 시의적절 해야 한다.

가. 정확성

정확한 보고서란 실수나 왜곡이 없고, 해당되는 사실에 충실한 것이다. 제출할 자료와 증거의 수집, 평가 그리고 요약하는 방식은 신중하고 사려 깊게 해야 한다.

나. 객관성

객관적인 보고서란 타당하고, 공평하며 그리고 편향됨이 없으며, 모든 관련된 사실과 상황을 공정하고 균형 있게 평가한 결과이다.

관찰, 결론 그리고 권고사항은 편견과 당파심, 개인적인 이해관계 그리고 타인의 부당한 영향을 받음이 없이 추출되고 표현되어야 한다.

다. 명확성

명확한 보고서란 쉽게 이해되고 논리적이다. 명확성은 불필요한 전문기술용어를 피하고 모든 중요하고 연관된 정보를 제공함에 의해 향상될 수 있다.

라. 간결성

간결한 보고서란 핵심을 다루고 불필요한 미사여구를 피하며, 쓸데없는 세세함, 중복 그리고 군더더기를 피한 것이다.

간결성은 보고서를 지속적으로 고치고 편집함으로써 이루어진다. 궁극적으로 각 각의 사고가 의미가 있으면서도 간결하게 만드는데 그 목표가 있을 것이다.

마. 건설성

건설적인 보고서란 감사 고객과 조직에 도움이 되고, 필요한 곳의 개선을 이끌어내는 그런 것이다.

제시한 내용과 말투가 유용하고, 긍정적이며 그리고 많은 의미를 가지고 있으며 조직의 목표에 기여하는 것이 되어야 한다.

---

62) 국제내부감사인협회, 전게서, 2007., 358~359면 및 2012., 182면

바. 완벽성

완벽한 보고서란 그것을 받아보는 사람들에게 중요한 내용을 하나도 빠트리지 않으며, 감사 권고사항 및 결론을 뒷받침해주는 모든 중요하고 연관된 정보와 관찰 내용을 포함하는 것이다.

사. 적시성

시의적절한 보고서란 시간을 잘 맞추고, 시기에 맞게 해야 하며 그리고 권고 사항에 대해서 행동을 취할 사람들에 의해 신중한 검토를 하기에 시간적으로 적당한 그런 보고서이다.

감사수행 결과의 제출 시기는 고의적인 지체가 없도록 하고 어느 정도 긴급하게 하여 신속하고 효과적인 행동을 가능하게 해야 한다.

참고 ▶▶▶ **금융감독당국의 감사보고서 작성 원칙**[63]

① 정확성 : 보고서 내용을 가감하거나, 추측 혹은 허위 사실을 기재하면 안 되며, 오해를 가져올 수 있는 표현을 사용해서도 안 된다.
② 간결성 : 필요한 사항을 순서대로 논리적으로 정리하여 누가 보아도 알기 쉽게 작성하여야 한다.
③ 명료성 : 문제점이나 중요사항이 명확하게 파악되도록 구성하여야 한다.
④ 적시성 : 감사 목적을 달성할 수 있도록 적정한 시기에 보고하여야 한다.

---

4. 감사결과 보고 대상

감사의 독립성을 확보하기 위하여 감사결과는 전결규정에 따라 감사라인을 통해 감사 또는 상근감사위원 및 감사위원회에 보고하거나 결재를 받아야 한다.

일부회사에서는 매 감사결과를 감사위원회에 보고하는 것으로 규정하고 있는 곳도 있으나, 감사결과 즉시 보고할 만한 중요한 적출사항도 없는 데, 3분의 2가 사외이사들로 구성되어 있는 감사위원회에 매 감사 종료 시마다 감사결과를 보고토록 하는 것은 현실적으로 실행하기 매우 곤란하다.

따라서 내부감사에 관한 사항을 상근감사위원 또는 감사부서장에게 위임하여, 중요 보고사항이 있는 경우를 제외하고는 매 감사종료 시마다 상근감사위원 또는 감사부서장에게 우선 보고토록 하고, 감사위원회에는 정기회 및 임시회의 개최 시에 그 동안 감사결과를 일괄 사후 보고 하도록 운영하는 것이 일반적이다.

---

63) 금융감독원, 전게서, 2003., 188면

5. 감사결과 보고서 작성 요령[64)

감사실무에서는 보다 다양한 감사결과보고서 작성방법이 있을 수 있으나, 이러한 항목들을 포함하는 것이 바람직하며, 특히 객관적 자료를 바탕으로 감사 의견을 명확하게 제시하는 것이 필요하다.

여기서는 지면 관계상 자세히 설명할 수 없어 다음과 같이 간략하게 감사결과 보고서 항목별 작성 요령을 제시하고자 한다.

감사결과보고서 항목별 작성 요령(예시)

1. 감사대상부서(업무) : 감사대상 부서 또는 업무명을 기록.
2. 감사대상 부사장 및 임원 : 감사 대상기간중 인사이동이 있었을 경우 기간별로 부서장 및 임원을 명시.
3. 감사 종류 : 종합감사, 특별감사 등을 기록.
4. 감사기준일 : 평가 등의 기준일로서 원칙적으로 감사 착수일 기준으로 전월 말일을 기준일로 함.
5. 감사대상기간 : 지난번 감사대상기간 이후 이번 감사 종료일까지를 대상으로 하는 것을 원칙으로 함.
6. 감사실시기간 : 감사착수일 후 종료일까지의 날짜를 기록함.
7. 감사목적 : 해당 감사를 실시한 목적을 세부적으로 명시함.
8. 실시요령 :
   가. 해당 부서(업무)를 감사대상으로 선정한 기준 및 선정 이유, 임점감사 인지, 서면 감사인지, 감사범위는 어디까지인지, 감사방법이 전수감사 인지, 표준감사인지 등을기술하고 표본감사의 경우 감사 대상 표본을 추출하는 방법을 명시함.
   나. 필요시 감사인별 세부 감사범위와 감사실시 방법(요령) 등도 기술하되 개인별 감사일지 등을 별지로 첨부하는 형식으로 갈음할 수 있을 것임.
9. 감사결과 평가의견
   가. 종합의견 : 각 부문별 의견을 종합하고 부서 또는 관련 업무에 대하여 총체적인 시각 에서 나타난 문제점 및 개선방향, 우수사례 등을 총괄적으로 기술함.
   나. 부문별 평가의견 : 각 부문별로 감사결과를 세부적으로 기술하되 문제점 및 개선방향, 권고사항 등을 기술하고 우수사례가 있는 경우 이를 명시하는 등의 내용을 기술함.
      ㅇ 경영부문   ㅇ 재무부문
      ㅇ 운영부문   ㅇ 준법부문
      ㅇ IT 부문
   다. 지난번 감사결과 조치요구사항에 대한 조치 결과 : 조치내용 및 그

---

64) 금융감독원, 전게서, 2003., 190~191면.

적정성을 평가하여 기술

10. 내부통제시스템 구축 및 운영에 대한 평가 :
    종합감사를 실시하거나 부문별 감사 내용에 내부통제에 대한 감사가 포함된 경우 감사대상 부서 또는 업무와 관련된 내부통제제도의 적정성에 대한 평가 결과를 기술함.

11. 조치요구사항 : 위규사항 등의 구체적 내용과 조치요구내용을 간결•명료하게 기술하고 관련 법령이나 규정 등을 명시함.
    가. 문책사항
    나. 개선사항
    다. 시정사항
    라. 주의사항 등

참고	▶▶ 미국 CIA 교재의 감사보고서 작성 요령 (예시) [65]

1. 감사보고서는 내부감사활동의 결과임.
2. 중간 및 최종 감사보고서는 피감사대상에게 유용한 관찰사항, 결론, 권고사항을 제공하며, 또한 감사활동에 대한 평가기준이 됨.
3. 감사자는 감사결과를 신속하게 보고하여야 함.
4. 보고서에는 감사 목적과 범위 그리고 결론, 권고사항, 실행계획이 있음.
5. 또한 감사자의 전반적인 의견이 있어야 함.
6. 보고서 작성기준 :
   가. 보고서의 형식과 내용은 조직이나 감사종류에 따라 다양하겠지만, 적어도 목적, 범위 결과는 필히 포함하여야함.
   나. 감사목적에는 감사를 행한 이유와 감사로부터 얻고자 하는 기대를 설명함.
   다. 범위에는 기간 및 감사방법을 기재하고, 관련은 있지만 감사를 하지 않은 경우도 그 사유를 기재함.
   라. 결과에는 발견사항, 결론(의견), 권고사항, 그리고 시정계획을 포함함.
   마. 발견사항에는 현상에 대한 설명으로 감사인의 결론을 뒷받침하는 것으로 덜 중요한 발견사항은 비공식적으로 보고할 수 있음.
   바. 발견사항과 권고사항은 타당한 프로세스와 비교로 나타남.
   사. 결과는 발견사항과 권고사항의 영향에 대한 감사인의 평가임.
   아. 권고사항은 발견사항과 결과에 근거하며, 시정하거나 강화시키는 것으로 어떤 경우에는 연구나 조사를 제안할 수도 있음.
   자. 피감사부서의 의견도 포함될 수 있음.
   차. 감사결과에 대해 피감사부서와 의견이 일치하지 않을 경우 양쪽의 입장과 이유를 포함할 수 있음.
   카. 불법이거나 개인의 명예에 관련된 정보는 별도 보고서로 작성함.
   타. 감사기간이 긴 경우에는 중간 보고서를 제출함.
7. 감사결과 시정행위를 담당할 사람 및 그것을 확인할 사람에게 통보되어야 하며 고위 경영진에게는 별도 요약보고서를 제출할 수 있음.

---

65) 금융감독원, 전게서, 2003., 192~193면, 미국 CIA 교재 번역분 참조 및 재인용

<u>미국CIA 교재의 감사보고서 목차(사례)</u>

1. Summary(감사 요약)
2. Introduction(감사 개요)
3. Statement of purpose(감사 목적)
4. Statement of scope(감사 범위)
5. Statement of opinion(감사 의견)
6. Engagement observation(감사 결과)
   가. Criteria(기준)
   나. Condition(현상)
   다. Cause(원인)
   라. Effect(발생 효과)
7. Recommendation(권고 사항)
8. Corrective action taken(조치 결과) 등.

Ⅱ 내부감사 결과 지적의 구분[66]

내부감사결과 지적사항은 그 성질과 내용의 경중에 따라 다음 각 호와 같이 구분한다.

1. 문책사항

관련법규, 내규를 위반하거나 회사의 건전한 영업 또는 업무를 저해하는 행위를 함으로써 사회질서를 문란하게 하거나 회사의 경영을 위태롭게 하는 행위로서 재재대상에 해당하는 경우.

2. 주의 촉구사항

위법·부당행위 등 비위 사실의 정도가 경미하여 문책조치하기에는 부적절 하거나 정상을 참작하여 문책요구 대상에는 해당하지 아니하나 상당한 주의 촉구가 필요한 겨우.

3. 변상사항

고의 또는 중대한 과실로 관련 법규 등을 위반하는 행위 등으로 회사의 재산에 대하여 손실을 끼쳐 변상책임이 있는 경우.

---

66) 금융감독원, 전게서, 2003., 197면, ㅇㅇㅇㅇ(주), 「감사규정」, 2014., 제25조 및 제26조 참조 및 인용.

4. 개선사항

규정, 제도 또는 업무운용 내용 등이 불합리하여 그 개선이 필요한 경우.

5. 시정사항

위법 또는 부당하다고 인정되는 사항 중 추징, 회수, 보전, 기타의 방법 등 으로 시정 또는 원상태로 환원시킬 필요가 있는 경우.

6. 주의사항

위법 또는 부당하다고 인정되나 정상참작 사유가 크거나 비위 정도가 상당히 경미하여 문책 또는 주의 촉구대상에는 해당하지 아니하나 주의환기가 필요한 경우.

7. 현지조치사항

가. 현지시정사항

위법·부당행위 또는 불합리한 사항 중 그 정도가 경미하여 감사요원이 감사현장 에서 시정 조치하는 사항.

나. 현지주의사항

위법·부당행위 또는 불합리한 사항 중 그 정도가 경미하여 감사요원이 감사현장 에서 주의 또는 개선 조치하는 사항.

8. 권고사항

건전 경영관리 및 사고 예방 차원에서 지도, 점검, 검토 등이 필요한 경우.

9. 현지지도

지적사항에는 해당되지 아니하나 건전경영을 유도하기 위하여 지도의 필요성이 있는 사항에 대하여는 현지지도를 운용.

제2절 ▶▶ 내부감사 결과 처리의 방법

Ⅰ 내부 감사 결과 보고

감사반장은 감사결과 적출된 지적사항을 감사담당부서장을 경유하여 감사 또는 상임감사위원에게 보고하여야 한다. 다만, 중요한 적출사항은 필요한 경우 감사위원회 또는 이사회에 보고하여야 한다.

Ⅱ 위법·부당 행위 처리

감사 또는 감사위원회는 감사결과 적출된 사항을 처리함에 있어 위법·부당행위가 등기이사에 의해 이루어진 경우와 비등기 임원 및 직원에 의하여 이루어진 경우로 구분하여 처리하여야 한다.

1. 위법·부당 행위자가 등기이사의 경우

감사결과 등기 이사가 법령 또는 정관에 위반하는 위법·부당행위를 한 경우 감사 또는 감사위원회는 사안의 경중에 따라 다음과 같이 처리한다.

가. 이사회 소집 및 보고

감사는 감사결과 이사가 법령 또는 정관에 위반한 행위를 하거나 그 행위를 할 염려가 있다고 인정한 때에는 다음과 같은 조치를 하여야한다.

(1) 이사회 소집 청구

감사(이하 '감사위원 포함)는 필요하면 회의 목적사항과 소집이유를 서면에 적어 이사회 소집권자에게 이사회 소집을 청구할 수 있다(「상법」 제412조의4 제1항).

(2) 이사회 직접 소집

감사의 이사회 소집 청구에도 불구하고 이사회 소집권자가 지체 없이 이사회를 소집하지 아니할 때에는 그 청구한 감사가 직접 이사회를 소집할 수 있다. (「상법」 제412조의 제2항).

(3) 이사회 보고 의무

감사는 이사가 법령 또는 정관에 위반한 행위를 하거나 그 행위를 할 염려가 있다고 인정한 때에는 이사회에 이를 보고하여야 한다(「상법」제391조의2 제2항).

나. 주주총회 소집 및 보고

감사는 감사결과 주주총회에서 감사업무와 관련하여 긴급한 의견진술이 필요한 경우에 다음과 같은 조치를 취하여야 한다.[67]

(1) 주주총회 소집 청구

감사는 회의 목적사항과 소집의 이유를 기재한 서면을 이사회에 제출하여 임시총회의 소집을 청구할 수 있다(「상법」제412조의3 제1항).

(2) 주주총회 직접 소집

감사가 주주총회소집을 이사회에 대해 청구했음에도 불구하고 이사회가 지체 없이 총회소집절차를 밟지 않은 경우에는 감사는 법원의 허가를 얻어 직접 총회를 소집할 수 있다(「상법」제412조의3 제2항, 제366조 제2항).

(3) 주주총회 의견 진술

감사는 소집된 주주총회에 참석하여 감사업무와 관련된 긴급한 사항에 대하여 의견을 진술 하여야 한다.

다. 유지청구권
(1) 유지청구의 의의

이사가 법령 또는 정관에 위반하는 행위를 하여 회사에 회복할 수 없는 손해가 생길 염려가 있는 경우에는 감사는 회사를 위하여 이사에 대하여 그 행위를 유지할 것을 청구할 수 있다(「상법」제402조).

이 위법행위 유지청구권은 이사의 위법행위를 사전에 방지하고 위법행위로 인하여 회사의 손해가 확대되는 것을 미연에 차단하기 위한 것이다.

(2) 유지청구의 대상

유지청구의 대상이 되는 행위는 법령 또는 정관에 위반된 행위로서 그 행위의 결과 회복할 수 없는 손해가 생길 염려가 있는 경우를 말한다.

법령 또는 정관 위반행위란 구체적인 법령이나 정관의 규정에 위반한 행위 (예

---

67) 이철송,「회사법강의」, 박영사, 2014, 830면, 김용범, 전게서, 도서출판 어울림, 2012, 386~387면

컨대, 이사회 결의 없이 신주를 발행한 경우, 「정관」상의 회사 목적에 벗어나는 행위) 뿐만 아니라 이사의 선관주의의무를 정하는 일반규정(「상법」제382조 제2항, 「민법」제681조, 「상법」제382조의3)에 위반하는 행위도 포함된다.

(3) 유지청구의 방법 및 절차

위법행위유지청구권은 위법행위가 완결되기 전에 행사되어야 한다. 다만, 반복의 염려가 있는 경우에는 장래의 행위를 대상으로 유지청구권을 행사하는 것도 가능하다.

유지청구권의 행사는 반드시 소에 의할 필요는 없으며, 위법행위를 하는 이사에 대하여 위법 행위를 중지하도록 설득하는 방법으로 위법행위의 유지를 청구하는 것도 가능 하다.

그러나 의사표시 등 재판외의 청구에도 불구하고 이사가 그 행위를 중지하지 않거나 긴급하여 이사를 설득할 시간적 여유가 없을 때에는 이사를 피고로 하는 위법행위유지청구의 소를 제기할 수 있다.

라. 직무집행정지 가처분[68]
(1) 직무집행정지 가처분의 의의

특정 이사의 지위에 다툼이 있어 장차 당해 이사의 지위가 박탈될 가능성이 있음에도 불구하고 당해 이사로 하여금 직무를 계속 수행하게 한다면 회사의 업무집행이 적정을 잃을 위험이 있다. 이러한 경우 일시적으로 이사의 직무수행 권한을 정지시키는 것이 **직무집행정지 가처분제도**라는 것이다.

(2) 직무집행정지 가처분의 요건
1) 본안 소송의 제기

이사의 직무집행정지 가처분을 신청하기 위해서는 이사의 지위를 다투는 본안소송 이 제기되어 있어야 한다.

2) 본안 전의 가처분

예외적으로 「급박한 사정이 있는 때」에는 본안 소송 제기 전에도 가처분을 할 수 있다(「상법」제407조 제1항 단서). 「급박한 사정」이란 본안 전임에도 가처분을 해야 할 사정을 뜻한다. 즉, 이사의 직무수행의 현황에 비추어 본안소송까지 기다릴 여유가 없는 경우이다.

---

68) 이철송, 전게서, 2014., 802~805면

3) 이사의 지위 유지

가처분신청의 대상인 이사가 가처분 시까지 그 지위를 유지하여야 한다. 만일 가처분 전에 이사가 사임하거나 기타 사유로 퇴임한다면 피보전권리가 없게 되므로 가처분신청을 각하하여야 한다.

4) 보전의 필요

일반적으로 가처분은 권리보전의 필요가 있어야 한다.「민사집행법」상 임시의 지위를 정하는 가처분의 경우「보전의 필요」란「특히 계속하는 권리 관계에 현저한 손해를 피하거나 급박한 위험을 막기 위하여 또는 그 밖의 필요한 이유」를 말한다(「민사집행법」 제300조 제2항 단서).

따라서 이사의 직무수행으로 인해 회사에 특히 큰 손해가 초래된다든지(현저한 손해), 직무수행의 내용으로 보아 그대로 방치하면 본안 판결을 받더라도 이를 무익하게 한다든지(급박한 위험), 기타 이에 준하는 사유가 있을 때(그 밖의 필요가 있을 때)에 가처분 할 수 있다.

(3) 직무집행정지 가처분의 효력

직무집행이 정지된 이사는 일체의 직무집행을 할 수 없다. 이에 반한 직무집행은 (절대)무효이며, 후에 가처분이 취소되더라도 소급하여 유효해 질 수 없다.[69]

마. 會社와 理事 간의 訴代表權 [70]

(1) 회사대표권의 의의

회사가 이사에 대하여 또는 이사가 회사에 대하여 소를 제기하는 경우에 감사는 그 소에 관하여 회사를 대표한다.(「상법」 제394조 제1항). 또한 소수주주의 청구에 의하여 회사가 이사의 책임을 추궁하는 소를 제기하는 경우에도 감사가 회사를 대표한다(「상법」 제394조 제1항, 제403조 제1항).

본 제도는 원래 대표이사가 회사를 대표할 일이나, 대표이사가 피고일 경우에는 바로 이해상충이 생기고, 다른 이사가 피고라 하더라도 이사들 간의 이해의 동질성으로 인해 회사의 권리 실현이 어려워 질 수 있으므로, 감사라는 지위의 중립성과 객관성을 신뢰하여 소송수행을 맡긴 것이다.

---

69) 이철송, 전게서, 2014., 805면, 대법원 2008. 5. 29. 판결. 2008다4537
70) 이철송, 전게서, 2014., 751~764면, 794면, 831~833면.

(2) 회사 대표권의 종류

1) 회사와 이사간의 소에 있어서 회사대표권

회사와 이사간의 소에 있어서는 감사가 회사를 대표한다. 여기서 말하는 「회사와 이사 간의 소」는 이사가 이사의 자격으로 소송당사가 되는 경우(예컨대 회사가 이사의 책임을 추궁하는 소를 제기하는 경우, 혹은 이사의 자격에서 제기한 주주총회 결의 취소의 소)뿐만 아니라 개인자격으로 소송 당사자가 되는 경우 (이사가 회사를 상대로 혹은 회사가 이사를 상대로 제기한 대여금 반환 청구소송)도 포함된다.

2) 소수주주의 청구에 의한 회사 대표소송권

회사와 이사간의 소에 있어서는 감사에게 회사를 대표할 권한이 있으므로 소수주주가 회사에 대해 이사의 책임을 추궁하는 소송을 제기할 것을 청구하는 경우에도 소수 주주는 대표이사가 아니라 감사에게 청구하여야 하고, 감사가 소를 제기하여야 한다.

(3) 회사 대표 소제기 요건[71]

감사의 회사대표 소제기권은 이사의 회사에 대한 책임을 추궁하기 위한 소송이므로, 책임추궁의범위에 관해, 「상법」제399조에 의한 법령 및 정관 위반 또는 임무해태에 의한 책임과 제428조에 의한 신주 발행 시 이사의 인수담보 책임 등 이사의 지위에 기한 책임을 추궁하기 위해서만 대표소송을 제기할 수 있다는 설도 일부 있다.

그러나 감사의 회사대표 소제기권은 원래 이사의 행위로 인한 회사의 손실이 동료 임원의 비호 아래 방치되는 것을 막기 위한 제도로서 책임의 종류에 따라 그 필요성이 달라지는 것이 아니므로 이사의 거래상의 책임도 대표소송으로 추궁할 수 있다고 본다.

(4) 회사에 대한 손해배상책임[72]

이사의 회사에 대한 책임의 발생원인을 「법령 또는 정관 위반」과 「임무 해태」로 나누어 규정하고 있다.

「법령 또는 정관 위반」은 이사가 개별적•구체적인 법령 또는 정관의 규정에 위반한 행위를 하였을 경우이며, 「임무해태」는 이사가 직무수행과 관련하여 선량한 관리자로서의 주의를 게을리 함으로써 회사에 손해를 가하거나 손해를 방지 하지

---

71) 이철송, 전게서, 2014., 794면
72) 이철송, 전게서, 2014., 751~764면

못한 경우를 뜻한다.

이사의 회사에 대한 책임범위는 회사는 계속기업이므로 이사의 임무해태의 원인으로 다단계의 손해가 연속될 수 있으나 법률적 책임을 무한정 연장할 수 없으므로, 손해배상의 일반원칙에 따라 법령 및 정관 위반 또는 임무해태와 상당 인과관계가 있는 손해에 한하여 책임을 진다고 해야 할 것이다.[73]

(5) 회사 대표권의 범위

이사가 회사를 상대로 제소한 경우 감사는 회사를 대표하여 소송을 수행하면 되지만, 회사가 이사를 상대로 소송을 제기하는 경우에는 감사는 소송수행 뿐만 아니라 제소 여부에 관한 결정도 감사가 단독으로 할 수 있다.[74]

회사와 이사 간의 소에 있어서 감사의 소 대표권은 소송수행의 공정성을 담보하기위한 효력규정으로서, 이에 위반하여 대표이사가 원고나 피고로서 회사를 대표하여 한 소송행위는 무효이다. (대법원 1990. 5. 11. 선고. 89다카15199.판결).

감사가 회사를 대표하여 이사를 상대로 소송을 제기하는 것은 감사의 권한인 동시에 의무이므로 소를 제기할 정당한 이유가 있음에도 불구하고 소를 제기하지 않으면 임무해태가 된다.

2. 위법·부당 행위자가 비등기 임원[75] 및 직원인 경우

감사는 감사결과 위법·부당한 사항 또는 개선이 요구되는 사항이 있을 때에는 대표 이사에게 다음 각 호의 조치를 요구하여야 한다.[76]

① 규정 또는 제도의 개선.

② 위법 또는 부당한 사항에 대한 시정 및 주의.

③ 관련 직원에 대한 주의 촉구, 징계 또는 변상.

④ 관련 직원에 대한 교육 등 기타 조치 등.

위법·부당 행위자가 비등기 임원 및 직원(이하 '직원'이라 함)인 경우 감사 또는 감사담당부서장은 감사결과 적출된 지적사항 중 문책성 주의 촉구, 변상 및 문책 사항[77]에 대하여는 다음과 같이 처리한다.

---

73) 이철송, 전게서, 2014., 764면, 대법원 2007. 7. 26. 판결. 2006다33609.
74) 이철송, 전게서, 2014., 831~832면
75) 금융감독원은 등기이사가 아닌 임원은 직원으로 간주하여 제재제도를 운영하고 있는바, 등기이사가 아닌 임원에 대한 징계내용 및 징계업무 처리절차도 이에 준하여 관련내규에 명시하는것이 바람직함.
76) 금융감독원, 전게서, 2003., 199면.
77) 일반적으로 문책사항은 면직, 정직, 감봉, 견책 등이 있음.

① 그 내용을 대표이사 또는 인사담당부서장 앞으로 통보하여 인사위원회 부의 및 필요한 조치를 취하고 그 결과를 즉시 보고해 줄 것을 요청 하여야 한다.

② 대표이사 또는 인사담당부서장은 인사위원회 의결 내용 및 그에 따른 필요한 조치결과 를 감사 또는 감사담당부서장에게 즉시 보고하여야 한다.

감사팀장은 감사결과 적출된 지적사항 중 문책성 주의 촉구, 변상 및 문책사항과 인사위원회의 의결 및 그에 따른 조치 결과 그리고 다른 지적사항을 종합•정리하여 감사결과 통지서를 작성한다.

감사팀장은 감사결과통지서를 작성한 후 감사담당부서장을 경유하여 감사의 결재를 받아 최종적으로 대표이사 또는 피감부서 및 사업장에 보낼 감사결과 통지서를 확정한다.

제3절   내부감사 결과 조치의 방법

Ⅰ 내부감사결과 조치 기준 및 방법[78]

1. 제재대상자의 분류

회사의 비등기임원 및 직원(이하 '직원'이라 함)에 대한 제재 시 제재대상자의 분류는 여러 가지 분류 방법이 있을 수 있으나, 일반적인 분류기준은 다음과 같다.

제재대상자 분류 기준

- 행위자 : 위법•부당한 업무처리를 실질적으로 주도 한자.
- 보조자 : 행위자의 의사결정을 보조하거나 지시에 따른 자 또는 추종자.
- 지시자 : 위법•부당행위를 지시 또는 종용한 자.(사실상의 영향력을 행사하는 상위 직급자를 포함).
- 감독자 : 위법•부당행위가 발생한 업무를 지도•감독할 지위에 있는 자.

2. 행위자의 판단기준

감사결과 회사의 직원에 대한 위법•부당사항에 대한 제재 시 행위자의 판단 기준은 다음과 같다.

---

78) 금융감독원 인력개발원, 「제재규정 및 제재심의기준」, 2013년 검사아카데미 기초과정. 64~82면. 참조및 인용

- 업무의 성질과 의사결정 관여 정도 등을 고려하여 '실질적인 최종 의사 결정권 자'를 행위자로 판단한다.
- 정책 결정사항은 최종 결재권자에게 주된 책임을 부과하고 일상적•반복적 업무 는 실무 담당자에게 주된 책임을 부과한다.

참고1 ▶▶ 행위자 판단 (예시)

- 정책 결정 사항 : 최종 결재권자.
- 일상 · 반복 업무 : 실무담당자(또는 책임자).
- 중대한 위반행위 : 대표이사 또는 담당 임원.
- 직무권한이 불명확한 경우 : 조직통할 책임자 등.

참고2 ▶▶ 공무원 징계 기준*

업무의 관련도 / 업무의 성질	비위행위자 (담 당 자)	직상감독자	2단계위의 감독자	최고감독자 (결재권자)
정책결정사항				
· 중요사항	4	3	2	1
· 일반적사항	3	1	2	4
단순·반복 업무				
· 중요사항	1	2	3	4
· 경미사항	1	2	3	-
단독행위	1	2	-	-

* 「공무원 징계령 시행규칙」참고, 내용의 1, 2, 3, 4는 문책 정도의 강도를 표시함.

3. 감독자의 감면기준

일반적으로 감독자에 대한 제재를 함에 있어 위법 · 부당행위의 정도, 고의 · 중과실 여부, 사후 수습노력, 그 밖의 정상을 참작하여 제재를 감경하거나 면제할 수 있다.

감독자 감면 기준(예시)

- 감경 미적용 : 묵인, 방조, 위법행위가 다수, 장기간 반복되는 등 중대한 감독 소홀, 적극적 행위 개입 등.
- 1단계 감경 : 기본적인 감독자 제재 수준.
- 2단계 감경 : 위법 · 부당행위를 발견 · 보고한 경우, 사전 인지하기 어려운 객관적 사정이 있는 경우, 실질적 감독권한이 없는 경우 등.
- 3단계 감경 : 충실히 감독하였음이 입증된 경우 등.

4. 임직원의 조치기준

가. 제재 조치

제재라 함은 감사결과 등에 따라 관련 부서 및 사업장 또는 임직원에 대하여 감사가 감사관련 법·규정 등에 의하여 취하는 조치를 말하며, 그 종류에는 면직, 정직, 감봉, 견책, 주의 촉구, 주의 등이 있다.

(1) 면직

① 고의 또는 중대한 과실로 위법·부당행위를 행하여 회사 또는 거래처에게 중대한 손실을 초래하거나 질서를 크게 문란 시킨 경우.

② 횡령, 배임, 절도, 업무와 관련한 금품수수 등 범죄행위를 한 경우.

③ 변칙적·비정상적인 업무처리로 회사 질서를 크게 문란 시킨 경우.

④ 고의 또는 중과실로 감독당국이 관련 법규에 의하여 요구하는 보고서 또는 자료를 허위로 제출함으로써 회사에 손실을 크게 야기 시킨 경우.

⑤ 고의 또는 중과실로 직무상의 감독업무를 태만히 하여 회사의 건전한 운영을 크게 저해하거나 질서를 크게 문란 시킨 경우 등.

(2) 정직

면직사유에 해당되나 정상 참작 사유가 있거나 위법·부당행위의 정도가 비교적 가벼운 경우.

(3) 감봉

① 위법·부당행위를 한 자로서 회사 또는 거래처에게 상당한 손실을 초래 하거나 질서를 문란 시킨 경우.

② 업무와 관련하여 범죄행위를 한 자로서 사안이 가벼운 경우 또는 손실을 전액 보전한 경우.

③ 변칙적·비정상적인 업무처리를 한자로서 사안이 가벼운 경우.

④ 감독당국이 관련 법규에 의하여 요구하는 보고서 또는 자료를 허위로 제출하거나 제출을 태만히 한 경우.

⑤ 직무상의 감독업무를 태만히 하여 회사의 건전한 운영을 크게 저해하거나 질서를 크게 문란 시킨 경우 등.

(4) 견책

감봉에 해당되나 정상참작의 사유가 있거나 위법·부당행위의 정도가 비교적 가벼운 경우.

(5) 주의 촉구 및 주의

앞서 Ⅱ. '내부감사 결과 지적의 구분' 항목에서 기 설명하였으므로 이곳에서는 설명을 생략한다.

나. 제재 외 조치

제재 외 조치사항으로는 변상, 개선, 시정, 현지조치, 권고 등이 있으나, 앞서 Ⅱ. '내부감사 결과 지적의 구분' 항목에서 기 설명하였으므로 이곳에서는 설명을 생략한다.

5. 제재의 양정 기준

위법·부당행위 관련 임직원등을 제재함에 있어 제재양정의 일반적인 기준은 다음과 같다.

일반적인 제재양정기준(예시)

위법·부당정도 유 형	비위의 도가 극심 (고의 · 중과실)	비위의 도가 심각 (중과실)	비위의 도가 경미 (경미 · 경과실)
• 법령, 관계규정등 위반	면 직	면직 ～ 감봉	견 책
• 횡령, 배임, 절도, 금품 수수 등 범죄행위	"	면직 ～ 정직	감봉 ～ 견책
• 회사에 금전적 손해 초래, 사회적 물의 야기	"	면직 ～ 감봉	견 책
• 회사의 정관 또는 내규 위반하거나 충실의무위반	"	"	"
• 직무 태만	"	정직 ～ 감봉	"
• 기타 위법	"	"	"

6. 제재의 가중 및 감면

위법·부당행위 관련 임직원등을 제재함에 있어 다음 각 호의 사유를 참작하여 제재를 가중하거나 감경할 수 있다.

① 제재대상자의 평소의 근무태도, 근무성적, 공적, 개전의 정 및 동일·유사한 위반 행위에 대한 제재 등 과거 제재 사실 여부.

② 위법·부당행위의 동기, 정도, 손실액 규모 및 회사질서 문란·사회적 물의 야기 등 주위에 미치는 영향.

③ 제재대상자의 고의, 중과실, 경과실 여부.

④ 사고금액의 규모 및 손실에 대한 시정·변상 여부.

⑤ 자진신고, 감사업무의 협조정도 등 사후수습 및 손실 경감을 위한 노력 여부.

⑥ 경영방침, 경영시스템의 오류, 금융·경제여건 등 내·외적인 요인과 귀책 판정과의 관계.

7. 형사적 고발 기준

사고 관련 임직원의 위법·부당행위가 관련 법규상의 벌칙 적용대상 행위로서 사법적 제재다 필요하다고 인정되는 경우 또는 「특정경제범죄 가중처벌 등에 관한 법률」에 열거된 죄를 범하였거나 범한 혐의가 있다고 인정된 경우에는 수사당국에 그 내용을 고발 또는 고지(이하 "고발"이라 한다)하여야 한다.

범죄행위에 대한 고발대상, 고발주체, 고발절차 및 처리상황 보고 등은 감사 또는 감사위원회가 별도로 정하여 운용할 수 있다. 다만 「특정경제범죄 가중처벌 등에 관한 법률」에 열거된 죄를 범하였을 경우에는 동법의 처리기준에 따른다.

고소·고발 처리기준(예시)

1. 대상범죄 : 임직원이 직무와 관련하여 「형법」, 「상법」, 「자본시장법」, 「외감법」, 「특경법」 등에서 정한 죄.

2. 사고보고 : 임직원은 직무와 관련하여 범죄혐의 사실을 발견한 경우에는 감사담당 부서장 및 감사에게 즉시 보고.

3. 고발대상 :
① 「특경법」에 열거 된 범죄
② 임직원의 위법·부당행위가 관련 법규상의 벌칙 적용대상 행위로서 사법적 제재가 필요하다고 인정되는 경우.

4. 고발주체 :
① 범죄혐의자에 대한 고발은 소속 부서장이 담당함을 원칙.
② 감사는 사안의 경중을 고려하여 법무담당부서장에게 담당토록 지시 가능.
③ 소속 부서장이 특별한 사유 없이 고발 등을 지연하는 경우에는 감사가 주체와 시기 등을 별도로 정하여 지시 가능.

5. 고발절차 : 고발·고소 등의 절차는 「형사소송법」의 절차를 준수.

6. 처리상황 보고 :
① 소속 부서장은 고발·고소 후 고발장 사본 등의 관련 서류를 감사담당 부서장을 경유하여 감사에게 보고.
② 소속 부서장은 수사기관의 처리 내용 등 사후 진행사항을 감사담당 부서장을 경유하여 감사에게 보고.
③ 감사담당 부서장은 고발·고소 관련 자료 일체를 관리.

8. 제재 조치의 효과

임직원들의 위법·부당행위에 대한 징계 등 제재조치의 효과(예시)는 다음과 같다.

가. 직접적 효과.
- 면직 : 파면
- 정직 : 정직기간 + 18월간 승격·승급 불허
- 감봉 : 감봉기간 + 12월간 승격·승급 불허
- 견책 : 6개월간 승격·승급 불허

  * 승격·승급 불허기간은 근로·고용계약 종료 후 계약연장 또는 재계약의 경우(계약직으로서 사실상 임원신분으로 재고용하는 경우 포함)에도 적용. 근속기간은 승격·승급 불허기간에도 유지.

나. 간접적 효과
- 감봉이상의 제재를 받은 경우 법령 및 규정이 정하는 바에 따라 일정기간 임원 선임 자격 제한.
- 제재 가중 사유로 작용 등.

Ⅱ 내부감사 결과 통보 및 조치 요구

감사는 감사담당부서장으로 하여금 감사결과를 감사결과통지서에 의해 피감부서 또는 사업장에 통보하여 필요한 조치를 취하게 하거나, 조치요구 사항의 중요도 및 조치요구의 경중에 따라 감사가 직접 대표이사에게 통보하여 필요한 조치를 요구할 수 있다.

감사는 피감부서 또는 사업장은 아니나 감사과정에서 위법·부당사항이 적출된 관련 부서 및 사업장에 대해서도 위와 같은 동일한 방법으로 내부감사결과의 통보 및 필요한 조치를 요구를 하여야 한다.

자회사에 대한 감사결과 지적사항은 소관부서를 경유하여 해당 자회사 대표 이사에게 통보하여 필요한 조치를 요구하여야 한다.

제4절 　　내부감사결과 의사소통

I 내부감사결과 민감 정보의 보고

1. 민감 정보의 개요

내부감사인은 자주 매우 민감하고 조직에 실질적이며 중요한 잠재적 결과를 야기하는 정보를 획득하게 된다. 그 정보는 리스크 노출, 위협, 불확실, 부정, 낭비, 부주의, 불법행위, 권력 남용, 공공의 건강과 안전을 위태롭게 하는 비리 또는 기타 범죄행위에 관련 될 수 있다. 더욱이 이러한 정보는 조직 명성, 이미지, 경쟁력, 성공, 생존 능력, 시장 가치, 투자 및 무형 자산 또는 소득에 부정적인 영향을 미칠 수 있다.

2. 민감 정보의 보고 체계

최고감사책임자는 새로운 민감 정보가 실질적이고 신뢰할만하다고 판단한 경우라면, 최고경영진과 중대한 사항인 경우는 이사회에 시의 적절하게 그 정보를 보고하여야 한다. 이런 보고는 보통 내부감사부서의 일반적인 명령체계에 따르면 될 것이다.

3. 경영진 해태에 대한 처리

만약 최고감사책임자는 민감 정보 보고 후에도 최고경영진이 수용할 수 없는 리스크에 노출시키고 있고, 적절한 행동이 취해지지 않는다고 판단되면, 최고 감사 책임자는 그런 정보와 의견 차이를 이사회에 보고하여야 한다.

4. 불법 행위에 대한 처리

최고감사책임자는 민감 정보에 대한 감사결과 불법행위로 판명된 경우 사안의 중요도에 따라 감독당국 및 유관기관 등에 대한 보고와 필요할 경우 시의 적절하게 사법당국에 고발 또는 고지하여야 한다.

5. 민감 정보에 대한 내부감사인의 책임

내부감사인은 모든 증거와 그가 내린 결론의 합리성을 주의를 기울여 평가하고 조직의 이익, 이해관계인, 외부사회 또는 사회단체들을 보호하기 위한 추가적인 행동이 필요한지 결정할 전문가적 의무와 윤리적 책임이 있다.

　　내부감사인은 정보의 소유권 및 가치를 존중하고 법적인 또는 전문가적인 의무가 없는 한 적절한 허가 없이는 공개를 회피하여야 하는「윤리강령」에 의해 부과되는 보안의식 의무를 준수하여야 한다.

　　이러한 평가과정에서 감사인은 법률고문의 조언을 구하여야 하고, 만약 필요하다면, 다른 전문가들의 조언도 구하여야 한다. 그러한 조언은 상황에 대한 다른 관점을 제공할 뿐만 아니라 여러 가지 가능한 행동의 잠재적 영향력과 결과에 대한 의견을 제공하는데 도움을 준다.

Ⅱ 내부감사 결과의 조직 내·외부에 전달

1. 내부감사 결과의 조직 내부 전달

가. 감사결과보고서 검토

　　감사 결론 및 권고 사항에 대한 논의는 최종보고서를 제출하기 이전, 즉 보통 감사업무 수행 중이나 감사 종료 후 갖는 회의(감사종료회의) 시간에 적절한 지위의 경영진과 이루어진다. 다른 기법으로는 감사 중 제기된 문제, 관찰 그리고 권고사항의 초안을 수감부서의 관리책임자가 검토하는 방법이다.

　　이런 논의와 검토는 감사고객으로 하여금 특정항목에 대해 명확히 설명하게 하고, 감사인의 관찰, 결론 그리고 권고사항에 대한 피감부서의 자기견해를 피력하게 하는 기회를 제공함으로써 사실에 대한 오해나 잘못된 해석이 없었다는 확신과 검사결과보고서의 정확성을 확인해 주는 역할을 한다.

나. 감사결과보고서 논의

　　논의와 검토에 참여하는 정도는 비록 조직과 감사의 성격에 따라 차이가 있을 수 있지만, 일반적으로 업무에 대한 자세한 지식을 가지고 있고, 개인이나 시정행동 또는 개선행동(이하 "시정행동"이라 한다)의 실행을 승인할 수 있는 사람, 즉 적절한 지위의 경영진이 논의와 검토에 참여하여야 할 것이다.

　　감사고객과 내부감사인의 의견교환의 일부로, 내부감사인은 감사수행결과 및 업무개선을 위해 필요한 행동계획 또는 개선계획에 합의를 얻어야 한다. 내부감사인과 감사고객이 감사결과에 합의를 이루지 못할 경우, 감사결과보고서에 둘 모두의 의견을 기록하고 그 의견 불일치 사유를 밝혀야 한다.

다. 감사결과보고서 승인

최고 감사책임자 또는 감사총괄자로 지명된 책임자는 최종 감사수행 결과 보고서가 발급되기 전에 검토하여 승인해야 하며, 그 보고서를 누구에게 배포할 것인지를 결정한다.

최고 감사책임자 또는 감사총괄자로 지명된 책임자는 모든 최종 보고서를 승인하고 서명하여야 한다. 만약 특별한 사정이 있다면, 담당감사인, 감사감독자 또는 선임 감사인이 최고감사책임자를 대리하여 서명하게 한다.

라. 감사결과보고서 배포

최종 감사결과보고서는 감사결과에 적절한 주의가 주어진다는 것을 확인해줄 수 있는 조직의 구성원에게 배포되어야 한다. 이 말은 감사보고서가 시정행동을 취할 수 있거나 시정행동이 취해졌음을 확신할 수 있는 지위에 있는 책임자에게 배부되어야 함을 의미한다.

최종 감사결과보고서는 검토한 업무활동의 관리책임자에게 배부되어야 한다. 조직 내 상위직급에 있는 구성원은 단지 요약보고서 만 받을 수 있다. 이 보고서는 외부 감사인과 이사회와 같은 관심 있고 영향을 받는 다른 당사자에게 배부될 수 있다.

2. 내부감사 결과의 조직 외부 전달

최고감사책임자는 조직 외부의 당사자에게 그 결과 보고서를 공개하기 전에 다음과 같은 조치를 하여야 한다.

감사결과 보고서의 공개 전 조치 사항

① 조직에 미칠 잠재적 위험 측정.
② 최고 경영진 및/또는 법률고문과 적절한 상담.
③ 결과보고서의 사용에 대한 제한조치를 하여 배포 등.

가. 내부감사 결과의 외부 전달 지침

내부감사인은 조직 외부에 정보를 전파하는 것과 관련된 감사업무 약정 또는 조직 내 정책 및 절차에 들어 있는 지침을 검토해야 한다. 감사부서 규정 및 감사위원회 규정은 조직 외부에 정보를 전파하는 것과 관련된 지침을 담고 있다.

그런 지침이 없을 경우, 내부감사인은 그 조직이 채택하고 있는 적절한 정책을 활용해야 한다. 정책에 포함되어져야하는 적절한 정책은 다음과 같다.

<u>정책에 포함되어야 하는 적절한 정책</u>

① 조직 외부에 정보를 전파하는 데 요구되는 권한.

② 조직 외부에 정보를 전파하기 위해 승인받는 절차.

③ 전파될 수 있는 정보형태로 허용 가능한 것과 허용 불가능한 것에 대한 기준.

④ 정보를 수취할 수 있는 권한을 가진 외부인 그리고 그들이 수취할 수 있는 정보의 형태.

⑤ 관련 개인정보보호 규정, 제도적 요구사항 그리고 조직 외부에 정보를 전파하는데 있어 법적 고려 사항.

⑥ 조직 외부에 정보를 전파함에 의해 생기는 보고서에 포함되어 질 수 있는 검증의 성격, 조언, 권고, 의견, 지침 그리고 기타 정보.

나. 외부에 전파를 위한 정보의 검토

정보의 요구가 기존에 존재하는 정보, 예를 들면 과거에 발급된 내부감사보고서에 대한 정보와 관련 될 수 있다. 새로 생성되거나 확인되어야 할 정보를 요청할 수도 있고, 그 결과로 새로운 내부감사업무를 필요로 하게 할 수도 있다.

만약 그러한 요청이 기존 정보 또는 과거에 발급된 내부감사보고서와 관련 된 정보의 경우, 내부감사인은 조직 외부에 정보를 전파하는 것이 적절한지 또는 위법사항은 없는지 그리고 회사에 미치는 영향은 어떠한지 판단하기 위해 사전에 정보를 검토 하여야 한다.

다. 외부에 전파를 위한 보고서의 생성

어떤 특별한 사항에서는 조직 외부에 전파하기에 적당하게 정보를 만들기 위해 기존 보고서 또는 전에 수행된 작업에 기초를 둔 정보에 근거하여 특별한 목적의 보고서를 새로 만드는 것도 가능하다.

기존 보고서를 수정하거나 맞춤형으로 만들거나 또는 전에 수행된 작업에 기초하여 특별한 목적의 새로운 보고서를 만들 때에는 위법사항은 없는지 또는 정보가 왜곡 되지는 않는지 적절하고 상당한 전문가적 주의가 요구된다.

라. 조직외부 정보전파시 고려 사항

조직 외부에 정보를 전파할 때 다음과 같은 문제가 고려되어야 한다.

<u>조직외부에 정보전파시 고려사항</u>

① 전파되는 정보에 관해 수취인과 작성하는 서면계약의 유용성과 내부 감사인의 책임.

② 정보제공자, 출처, 보고서 서명자, 정보 수취인 그리고 전파되는 보고서 또는 정보와 관련된 사람들 확인.

③ 목표, 범위 그리고 해당되는 정보의 산출을 위해 수행된 절차의 확인.

④ 의견, 권고사항, 의견거절, 한정 그리고 제공되는 확신이나 주장의 형태의 포함 또는 배제여부를 포함하여 보고서 또는 다른 전달수단의 성격.

⑤ 추가적인 배포 또는 정보공유에 대한 저작권 문제 및 제한 등.

마. 조직외부 정보전파 중 중요사항 발견시 처리

내부감사인이 조직 외부에 정보를 전파하는 중에 그 정보가 경영진이나 감사위원회에 보고할 만한 중요사항으로 판단될 경우, 최고감사책임자는 그런 해당되는 정보를 중요도에 따라 감사, 감사위원회, 대표이사, 이사회 등 적절한 당사자에게 보고하여야 한다.

Ⅲ 내부감사 결과 보고에 있어서 법률적 고려사항79)

내부감사인은 감사결과 보고에 있어서 필요한 법률적 고려사항은 다음과 같다.

① 내부감사인은 감사결과보고서나 감사조서에 법과 규정 위반 그리고 여타 법률문제에 관한 의견을 제시할 때에는 신중해야 한다. 이런 문제를 다루는 정책과 절차를 만들고 적절한 업무지원팀(법률고문, 준법감시팀 등)과 밀접한 업무관계의 유지가 매우 권장된다.

② 내부감사인은 증거를 수집하고, 분석적 판단을 내리며, 그 결과를 보고하고 그리고 경영진이 적절한 수정조치를 취했는지 판단한다. 감사수행기록을 문서로 작성하라는 내부감사인에 대한 요구는 피고에게 해가 될 수 있는, 밝혀질 수 있는 증거를 남겨 두지 않으려는 법률고문의 입장과 충돌할 수 있다.

예를 들면, 비록 내부감사인이 정보를 적절히 수집하고 평가했더라도 그 밝혀진 사실과 분석 내용이 법적인 입장에서 볼 때 조직에게 불리하게 작용될 수도 있다. 갑작스런 폭로로 인해 법률고문과 내부감사인 사이가 서로 곤란한 상황에 놓이지 않도록 적절한 계획과 규정의 제정이 필수적이다.

이런 정책에는 각각의 역할 정의와 보고의 방법을 포함해야 한다. 내부 감사인과 법률 고문은 수립된 정책에 대해 경영진을 긴장시키고 교육시켜 윤리적 예방적 시각이 조직 전체를 통해 조성되도록 해야 한다.

---

79) 국제내부감사인협회, 전게서, 2007., 362~364면 및 2012., 175~177면.

③ "특권을 부여받은 사람들, 즉 신뢰가 기반이 되어 법적인 지원을 구하고, 획득하고, 고객에 대한 법적 지원을 제공하는 것이 목적인 사람", 사이에서 만들어지는 의사소통 은 의뢰인정보 비공개원칙을 지킬 필요가 있다. 원래 변호인과의 대화내용을 보호 하기 위해 사용되는 이 특권은 변호인과 일하는 제3자와의 의견교환 시에도 적용될 수 있다.

④ 미국에서는 오랫동안 의료 등 다양한 분야에서 안전기준을 개선하고 유지하기 위하여 필요한 정확하고 완전한 정보의 확보를 통하여 사고의 발생을 사전에 예방하기 위하여 이른바 '자기비판적 분석(self-critical analysis)" 데이터에 대한 비공개특권(privilege : 이하 "특권"이라 한다)과 제재 면제(immunity : 이하 "면제"라 한다)를 인정 하여 왔다.[80]

　미국의 판례에서는 감사활동에서 생선된 자료와 같은 자기비판적 분석자료가 노출되는 것을 보호하기 위해 「자기비판적 분석특권(the self-critical analysis privilege」을 인정하였다. 일반적으로 이런 특권의 인정은 관련된 건에 있어서 검토내용의 비밀보호가 일반대중에 공개한 경우의 가치 있는 이익보다 더 중요하다는 믿음의 전제가 깔려있다.

　미국 제9순회법원은 Dowling v. American Hawaii Cruises, Inc. 사건에서 다음과 같은 「자기비판적 분석특권」의 인정기준을 제시하였으며, 일반적으로 이 기준이 「자기 비판적 분석특권」에 적용되고 있다.

자기비판적 분석특권의 기준

① 문제의 정보가 자체평가적 분석 또는 주관적 분석에 대해서만 특권을 적용받을 수있으며, 사실관계 또는 객관적 데이터는 이에 포함하지 않는다. 즉, 특권대상이 되는 정보는 특권을 주장하는 당사자에 의해 행해진 자기비판적 분석의 결과로부터 나온 것 이어야 한다.

② 정보의 자유로운 흐름의 보장에 강한 공공이익이 있어야 한다. 즉, 일반 대중이 자체 평가분석에 담겨진 정보의 자유로운 흐름을 보존하는데 큰 관심을 가져야 한다.

③ 만약 특권이 인정되지 아니한다면 자유로운 흐름이 중지될 우려가 있는 유형의 정보 이어야 한다. 즉, 그것의 공개가 허용될 경우 흐름이 끊길 수 있는 그런 정보의 형태 이어야 한다.

④ 자기비판적 분석의 결과로 생성된 모든 문서는 비밀유지성을 염두에 두고 생성되어야 하고 반드시 실제로 비밀유지가 되어야 한다. 예컨대, 보호받고자 하는 평가 또는 보고서가 외부컨설팅회사에 의하여 작성된 것

---

80) 문준조, 「미국 항공안전데이터 프로그램의 비공개 특권과 제재 면제에 관한 연구」, 한국우주법학회지 제23권, 2008. 12. 30. 138면

이라면 이미 비밀유지가 되지 아니한 것으로 보아야 할 것이다. 따라서 또다른 형태로 입수할 수 있는 정보를 포함하는 문서는 보호되지 않는다.

우리의 경우는 현재 「상법」등에서 이를 도입하고 있지 아니하다. 그 결과 현실적으로 감사결과 민감한 부문에 대하여는 검사보고서에 반영하지 아니함으로써 조기에 발견 하여 시정하였더라면 사전 예방이 가능하였을 사안이 장기간 은폐됨에 따라 사고가 확대 되어 결국회사가 파산하는 사례가 발생한다.

따라서 이러한 특권 및 면제는 자기비판적 성격으로 제공 및 발견된 정보가 차후 주무기관의 집행조치 또는 민사소송에서 회사의 임직원이나 회사에게 불리하게 사용하지 않토록 보호하는 기능을 할 것이다. 향후 우리나라도 회사의 안정과 건전화를 위하여 미국에서와 같이 집행조치와 징계조치의 면제 규정 및 비공개특권에 관하여 보다 구체적인 기준을 정 하여 입법화하는 것에 대한 심도 있는 검토가 필요하다고 본다.

Ⅰ 내부감사 사후관리 의의

내부감사 사후관리란 감사결과 통보한 지적사항에 대하여 경영진이 기간 내에 적절한 조치를 취하는지를 확인하는 절차를 말한다.[81]

지적사항에 대한 문책, 개선, 시정 등의 조치를 취하는 것은 경영라인의 의무지만, 조치결과를 확인하는 것은 감사인의 책임이다. 조치결과를 사후관리 하지 않는다면 감사인도 감사를 소홀히 한 것으로 간주될 수 있다. 조치결과를 확인 할 때에는 그것이 지적한 의도에 부합하는지, 객관적 자료로 확인해야 한다.

따라서 최고감사책임자는 경영진에게 전달된 감사결과가 어떻게 그리고 적정하게 다루어지고 있는지 점검할 수 있는 사후관리시스템을 설정하고 유지하여야 한다.

Ⅱ 내부감사 사후관리 일반

1. 내부감사 사후관리 진행

감사결과에 대한 조치를 효과적으로 감시하기 위하여, 최고감사책임자는 다음을 포함하는 절차를 수립하여야 한다.

효과적인 내부감사 사후관리 절차

① 감사 지적사항 및 권고사항에 대하여 관리자의 답변이 요구되는 시한.
② 관리자의 답변에 대한 평가.
③ 답변의 진위 확인(필요한 경우).

---

81) 금융감독원, 전계지침서, 2003., 200면.

④ 사후관리 수행(필요한 경우).

⑤ 리스크의 수용을 포함해서 불만족스런 답변/행동에 대해 적절한 지위의 최고경영진 및 이사회에게 알려주는 보고 절차.

어떤 보고된 지적사항이나 권고사항은 너무 심각하여 최고 경영진 또는 이사회의 즉각적인 행동이 요구될 수 있다. 이런 상황은 조직에 영향을 미칠 수 있기 때문에, 내부감사부서는 그러한 사항이 시정이 이루어질 때까지 내부감사부서에서 사후관리를 해야 한다.

효과적인 사후관리 진행을 위해 사용되는 기법으로 다음과 같은 것들이 있다.

효과적인 내부감사 사후관리 기법

① 감사에서 확인된 지적사항 및 권고사항을 시정조치 할 책임이 있는 적절한 직급의관리자에게 전달 또는 통지.

② 감사에서 확인된 지적사항 및 권고사항에 대한 관리자의 답변을 감사 수행 중 또는 감사결과를 전달한 후 일정기간 내에 접수하고 평가.

③ 답변서는 그것이 최고감사책임자가 시정행위가 적절하고 시간에 맞게 했다는 평가를 내릴 수 있도록 충분한 정보를 담고 있을 경우 더 유용.

④ 지난번 지적사항을 시정하기 위한 관리자의 노력 정도를 평가해 보기 위해 관리자로 부터 주기적으로 최근 사항을 접수.

⑤ 사후관리나 시정조치 성격의 업무책임이 부과된 조직 내 다른 부서에서 정보의 수집 및 평가.

⑥ 감사에서 확인된 지적사항 및 권고사항에 대한 조치상태를 감사/감사 위원회 또는 최고 경영진/이사회에 보고.

2. 내부감사 사후관리 절차

최고감사책임자는 경영진이 효과적으로 감사지적사항에 대해 조치를 취하였는지 또는 최고경영진이 위험을 수용하였는지 감시하고 확인하기 위하여 사후관리 프로 세스를 마련하여야 한다.

첫째, 내부감사인은 경영진의 시정조치가 있었는지, 권고사항은 실행되었는지 판단하여야 한다. 내부감사인은 바람직한 결과가 달성되었는지 또는 최고경영진이나 이사회가 보고 된 시정사항에 대한 시정조치를 이행하지 않음에 따른 리스크를 수용했는지 또는 권고사항을 실행했는지 확인해야 한다.

둘째, 내부감사인에 의한 사후관리는, 외부감사인과 다른 사람이 만든 보고서를 포함해서, 보고된 감사에서 확인된 시정사항 및 권고사항에 대해 경영진 및 관리자에 의해 취해진 시정조치가 적절하고, 효과적이며, 그리고 시의적절 했는지를 판단 내지는 평가하는 하나의 과정이다. 이러한 과정은 또한 최고경영진 그리고/또는 이사회가 보고된 시정사항에 대한 수정조치를 하지 않음으로써 발생하는 리스크를 수용했는지를 판단하는 것을 포함한다.

셋째, 사후관리에 대한 책임은 내부감사부서 헌장/규정에 명시되어야 한다. 사후 관리의 성격, 시기 그리고 범위는 최고감사책임자가 결정한다. 적절한 사후관리 절차를 결정함에 있어 고려해야할 요소로 다음과 같은 것이 있다.

적절한 사후관리 절차 결정시 고려사항
① 보고된 시정 및 권고사항의 중요성.
② 보고된 현상을 수정하기 위해 필요한 노력과 비용의 정도.
③ 시정조치를 못했을 경우 초래할 수 있는 영향.
④ 시정조치의 복잡성
⑤ 관여된 시간 등.

넷째, 최고감사책임자는 감사업무 수행일정의 일부로서 사후관리 일정도 수립할 책임을 갖는다. 사후관리 일정은 관련된 리스크와 리스크 노출에 기초를 두어야 하며, 또한 시정조치를 취하는데 있어 난이도와 처리시기의 중요성에 기초를 두고 작성 되어야 한다.

다섯째, 관리자의 서면 또는 구두 답변을 검토한 결과, 감사에서 확인된 시정 및 권고 사항의 상대적 중요성 측면에서 비추어 보았을 때 이미 취한 조치가 충분하다고 최고감사 책임자가 판단한 경우 이 건에 대한 사후관리는 다음번 감사업무의 일부로 수행할 수 있다.

여섯째, 내부감사인은 감사에서 확인 된 시정사항 및 권고사항에 대하여 취한 조치가 해당되는 현상을 치유했는지 확인하여야 한다. 또한 사후관리 활동은 적절히 문서화되어야 한다.

Ⅲ 지적사항 정리 및 보고

1. 개 요

감사 및 감사담당부서장은 감사결과 지적사항에 대하여 대표이사 및 소관 부서장의 이행사항을 사후 관리하여야 한다. 소관부서장은 지적사항에 대하여 의규 조치 및 사후 관리하여야 하며, 감사담당 부서장은 이를 통할하여 관련 직원으로 하여금 정리기일 내에 정리될 수 있도록 하여야 한다.

2. 지적사항 정리 및 보고

첫째, 대표이사 및 소관부서장은 감사결과 지적사항에 대하여 특별한 사유가 없는 한 감사결과통지서 접수일로부터 다음 기한 내에 정리하고, 그 결과를 지체 없이 감사담당 부서장을 경유하여 감사에게 보고하여야 한다.

  1. 문책, 주의촉구사항 : 1개월 이내
  2. 변상, 개선, 시정사항 : 2개월 이내
  3. 주의사항 : 즉시
  4. 현지조치사항
   가. 현지시정사항 : 15일 이내
   나. 현지주의사항 : 즉시
  5. 권고사항
   가. 당해연도 1월~ 6월 접수분 : 당해연도 9월 15일 까지
   나. 당해연도 7월~ 12월 접수분 : 익년도 1월 15일 까지

둘째, 지적사항 정리보고서 제출시 정상화로 정리된 사항에 대하여는 그 증거자료를 첨부하고 미정리사항에 대하여는 정리할 책임이 잇는 임직원의 개별사유서를 첨부하여 제출하여야 하며, 사유서 작성시에는 육하원칙에 의거 미 정리사유와 정리대책을 구체적으로 기술 하여야 한다. 다만, 주의사항, 현지조치사항 중 주의사항에 대하여는 동 보고서 작성을 생략한다.

셋째, 1차 보고 후 미결사항이 있을 경우 정리될 때까지 계속 보고하되, 매분기말을 기준으로 익월 3일 까지 감사담당부서에 제출하여야 한다.

3. 지적사항 정리보고서 처리

첫째, 감사 및 감사담당부서장은 제출한 감사지적사항 정리보고서를 심사하여 다음 각 호의 정리기준에 따라 처리한다.

  1. 완 결 : 지시문언에 부합하게 처리한 사항.
  2. 정상화 : 지시문언에 엄밀히 부합하지 않더라도 그 취지에 맞는 조치를 취함
              으로써 동일한 효과가 있는 사항.
  3. 미 결 : 미 정리된 사항.

둘째, 감사 및 감사담당부서장은 정리 내용이 부적정 또는 미흡하거나 미 정리된 사항에 대하여는 그 사유 및 정리 예정일자의 타당성을 심사하고 정리에 필요한 적절한 기한을 정하여 재정리 요구한다.

셋째, 감사 및 감사담당부서장으로부터 미 정리사항에 대한 정리기한을 통보 받거나 완결 또는 정상화로 보고한 사항의 정리내용이 미흡하여 재정리 지시를 받았을 때에는 대표이사 또는 소관 부서장은 앞의 지적사항 사후관리 절차에 따른다.

IV 장기 미정리사항 처리

감사담당부서장은 감사결과통보서 송부일로부터 2년 이상 경과한 장기 미정리 조치요구사항에 대하여는 정리부진사유를 재검토하여 다음 각 호에 해당하는 경우에는 감사의 승인을 얻어 종결처리 할 수 있다.

1. 정리절차가 진행 중에 있으나 조치요구사항의 취지에 일치되는 조치를 취한 경우로서 완결되기까지 장기간을 요하고 계속적인 사후관리의 실익이 없는경우.
2. 정리 가능한 사항이었으나 추후 불가능한 상태로 된 경우.
3. 정리의 선행조건으로서 법령의 개정 등 정책적 조치가 필요한 경우.
4. 제반여건에 비추어 정리가 불가능하거나 정리의 실익이 없다고 인정하는 경우 등.

V 재심청구사항 처리

첫째, 감사의 조치 등의 요구에 이의가 있을 때에는 대표이사가 그 이유를 명백히 하여 1개월 이내에 감사에게 이의를 신청하여야 한다.

둘째, 경영진 및 관련 부서장은 감사결과에 대해 이의가 있을 경우 그 사유를 명시하여 서면으로 재심을 청구할 수 있다.

셋째, 감사는 이의 신청이나 재심청구를 받은 경우 다른 감사요원으로 하여금 조사하게 하거나 관련자와의 면담 등의 방법으로 재심사하고 필요한 조치를 취하여야 한다.

VI 임무 해태자에 대한 제재

내부감사업무를 수행함에 있어 내부감사 업무의 효율성 및 적정성을 기하기 위하여 감사는 다음 각 호에 해당하는 임무해태자에 대하여 징계 등의 제재조치를 요구할 수 있다.

1. 감사요원의 의무를 위배한자.
2. 감사 또는 감사요원의 요구에 정당한 사유 없이 불응한 자.
3. 사고 발생 보고를 지연하거나 은폐한 자.
4. 감사 및 감사요원의 감사를 방해하거나 고의로 지연시키는 자.
5. 감사결과 조치요구사항에 대한 필요한 조치를 정당한 사유 없이 태만히 한 자 등.

제2절 >>> 주요 사고 및 사항의 관리

① 주요 사고의 보고 및 처리

1. 사고의 의의

사고란 임직원이 스스로 회사업무처리와 관련하여 위법·부당한 행위를 하거나 업무와 관련하여 타인으로부터 기망, 권유, 청탁 등을 받아 위법·부당한 행위를 함으로써 회사 또는 고객에게 손실을 초래하거나 사회질서를 문란하게 한 경우를 말한다.

2. 사고보고의 대상

사고보고의 대상은 다음 각 호에 해당하는 경우로써 해당 임원 및 부서장은 감사 담당 부서장을 경유하여 감사에게 보고하여야 한다.

① 범죄혐의 행위(횡령, 배임, 공갈, 절도, 금품수수 등).

② 과실에 의하여 회사에 1천만원 이상 손실을 초래한 행위. 다만, 고의로 인한 사고는 금액의 다과에 불구하고 보고.

③ 위법·부당한 업무처리로 회사의 공신력을 저해하거나 사회에 물의를 야기하는 등 사회질서를 문란케 한 행위.

④ 위 각 경우에는 해당하지 아니하나, 사고가 새로운 수법에 의한 것이나 고질적인 유형에 속하는 행위.

⑤ 회사가 민사소송에서 패소가 확정되었을 때 등.

3. 사고보고의 시기 및 방법

사고보고의 시기는 사고사실의 인지 또는 발견 즉시 해당 임원 및 부서장은 감사 담당 부서장을 경유하여 감사에게 보고하여야 한다. 다만, 부득이한 경우에는 구두 보고 후 지체 없이 서면보고하여야 한다.

사고보고의 방법은 사고보고 서식을 사용하여 사고발생 부점장 또는 해당 임원 명의로 서면보고 하여야 한다. 사고보고에는 즉시보고, 중간보고, 종결보고로 구분 하며, 사고보고의 서식에는 다음 각 호의 내용이 포함되어야 한다.

1. 사고 발생 부점.

2. 사고발생일(기간).

3. 사고발견(인지)일.

4. 사고자 및 관련 임직원.

5. 사고내용 : ① 사고관련 금액, ② 사고금액, ③ 손실예상금액, ④ 실제회수금액 등.

6. 사고발견경위.

7. 사고조치 내용 : ① 사고자 및 관련 임직원에 대한 조치, ② 사고금 보전조치

8. 사고발생원인, 내부통제제도의 문제점 및 재발방지대책.

9. 사고발생 부점에 대한 최근 자체 감사 내역.

10. 기타 참고사항 : 고지·고발 여부 등.

감독당국의 규제를 받는 금융회사 등은 대표이사 또는 감사는 감독당국의 감독규정 등에서 정한 바에 따라 사고내용을 보고하여야 한다. 사고보고는 즉시보고, 중간보고, 종결보고로 구분하며, 감독당국이 정한 사고보고의 서식에 따라 보고하여야 한다.

4. 사고관련자의 징계

사고 관련자의 범위는 원칙적으로 행위자, 보조자, 지시자 및 그의 감독자를 말한다. 그리고 사고를 은폐, 방조, 묵인하는 등 직·간접적으로 사고와 관련된 자도 사고관련자의 범위에 포함 한다.

사고관련자에 대하여는 감사 등을 통하여 책임 소재를 규명하고 감사결과 징계사유 등에 해당될 때에는 제3편 제5장 제3절 I. '내부감사결과 조치 기준 및 방법'의 항목에서 정하는 방법에 따라 징계 처리하여야 한다.

인사담당부서장은 「상벌규정」 또는 「인사위원회규정」 등에서 정하는 절차에 따라 사고관련자에 대해 징계를 하였을 때는 지체 없이 감사담당부서장에게 인사 조치 내용을 보고하여야 하며, 보고서에는 징계의결서를 첨부하여야 한다.

5. 사고금의 정리

사고금 중 미보전액은 가지급금으로 처리하고 사고자, 사고관련자 및 신원보증인 등으로 하여금 자진 변상하게 하여 가지급금을 조속히 정리한다.

사고관련자의 자진변상 또는 신원보증보험, 임직원배상보험 등의 청구가 불가능 하거나 충족되지 못할 경우 지체 없이 민사소송에 의하여 구상토록 한다.

사고금 중 사고관련자의 임의변제 및 소송 등에 의한 강제회수 등에 의하여도 정리가 불가능한 분은 의규 손실처리 한다.

6. 사고금의 변상기준

사고로 인한 회사의 피해액은 사고관련자 전원이 연대하여 책임을 지며 그 피해액은 전액을 변상함을 원칙으로 한다.

사고로 인한 회사의 피해액에 대한 변상처리가 순조롭지 못할 때에는 그 책임소재를 명확히 구분하고 개인별 변상액을 책정할 수 있다.

사고로 인한 회사의 피해액에 대한 개인별 변상요구 금액은 사고금액, 책임정도, 회수 노력 정도, 회사에 대한 기여도 등을 고려하여 감사가 정한 변상기준에 따른다.

7. 변상 불이행시 조치

사고금의 변상의무자가 기한 내에 변상의무를 이행하지 아니하였을 때에는 그 직원은 회사의 직원으로서의 자격을 잃는 것을 원칙으로 한다. 다만, 정도에 따라 대표 이사가 승인한 경우에 한하여 그러하지 아니할 수 있다.

8. 퇴직직원에 대한 사고피해 처리

재직 중 업무상 과실 등으로 변상에 상당하는 책임이 있으나 관련 피해금액 미확정 등으로 변상금액을 확정할 수 없어 변상 전에 퇴직한 직원에 대한 사고피해 처리는 다음 각 호의 방법에 의한다.

1. 관련 부서는 변상의무자가 퇴직하기 전에 변상예상금액을 변상의무자로부터 받아 별단예금에 예치하는 등 변상예정금액에 대한 보전조치를 하여야 한다.
2. 제1호에 의해 변상의무자에 대한 조치가 이행된 경우 퇴직직원에 대한 변상 금액 및 변상 시기는 감사가 정하는 바에 따른다.

9. 사고자 고발조치

사고관련 임직원의 위법·부당행위가 관련 법규상의 벌칙 적용대상 행위로서 사법적 제재가 필요하다고 인정되는 경우*이거나, 「특경법」에 열거된 죄를 범하였거나 범한 혐의가 있다고 인정되는 경우에는 사법당국에 그 내용을 고발 또는 고지하여야 한다.

참고 ▷▷	사법적 제재가 필요하다고 인정되는 경우(예시)

1. 위법·부당행위로 인한 회사사고가 사회적 물의를 야기한 경우.
2. 위법·부당행위가 당해 회사에 중대한 손실을 초래함으로써 회사 부실화의 주요 요인이 된 경우.
3. 고의로 위법·부당행위를 행함으로써 법질서에 배치되는 경우.
4. 동일한 위법·부당행위를 반복적으로 행하여 사회질서를 저해할 위험이 있다고 인정되는 경우 등.

범죄행위에 대한 고발대상, 고발주체, 고발절차 및 처리상황 보고 등은 제3편 제6장 –Ⅳ–7. "형사적 고발기준" 항목을 참조하시기 바랍니다. 다만, 사법당국에 그 내용의 고발 또는 고지 기준은 다음 각 호의 기준에 따른다.

참고 ▷▷	범죄행위에 대한 고발 또는 고지 기준(예시)

1. 사회·경제적 물의가 크거나 위법성의 정도가 심하다고 인정되고, 위법성·고의성 등 범죄사실에 관하여 증거자료·관련자의 진술 등 객관적인 증거를 확보한 경우에는 수사당국에 고발한다.
2. 사회·경제적 물의가 상대적으로 경미하거나 위법성·고의성의 혐의는 충분하나 감사권의 한계 등으로 객관적인 증거의 확보가 어렵다고 인정되는 경우에는 수사 당국에 고지(통보)한다.

10. 사고 사후처리 상황보고

사고 부서 및 사업장의 해당 부서장은 사고 사후처리 상황을 매분기 익월 10일 까지 감사담당 부서장에게 보고하여야 한다.

Ⅱ 주요 사항의 보고 및 처리

대표이사 및 소관 부서장은 제3편 제8장 Ⅰ. "주요 사고의 보고 및 처리" 항목의 사고에는 해당하지 아니하나 회사에 중대한 영향을 미칠 수 있는 다음 각 호에 해당하는 주요 사항은 사고보고에 준하여 보고하여야 한다.

1. 회사의 경영방침 및 업무관련 주요 정보사항.
2. 금융질서 문란, 사회적 물의 야기 또는 회사의 공신력 저하를 초래할 가능성이 있는 사항.

3. 거액의 민사소송에 피소된 경우.

4. 사고보고 및 주요정보 보고대상으로서 언론기관에 보도된 경우(사실여부 불문).

5. 대표이사 또는 감사가 대외감독기관 및 감사기관에 보고할 필요가 있다고 판단되는 사항 또는 사건 등.

위의 주요사항 보고 시에 대표이사 및 소관부서장은 요약 보고하되 사안에 따라 필요하다고 판단되는 경우에는 보고자 의견을 붙일 수 있다. 감독당국의 규제를 받는 회사는 대표이사 또는 감사는 감독규정 등에 따라 감독당국에 주요사항을 보고하여야 한다.

Ⅲ 사고예방대책

감사담당 부서장은 사고의 미연 방지를 위하여 감사 또는 감사위원회의 승인을 얻어 「사고예방대책」을 수립·시달하고 이에 대한 각 부점장의 이행실태 점검 및 사고예방 교육 자료를 수시로 제공하여야 하며, 각 부서장은 이의 이행에 만전을 기하여야 한다.

감사담당 부서장은 매일 이루어지는 제반 업무에 대하여 규정 및 각종 지시사항의 준수 여부를 점검하기 위하여 감사의 승인을 얻어 「자점감사지침」을 수립·시달하고, 이에 대한 각 부점장의 이행실태를 점검하여야 한다.

제7장   법규에 의한 내부감사

제1절   내부감사의 평가·보고 업무

Ⅰ 내부통제제도의 평가 및 보고

1. 내부통제제도의 평가 개요[82]

가. 내부통제제도 평가의 의의

내부통제제도 평가란 감사 또는 감사위원회가 정기적으로 해당 경영진이 자체적으로 수립·운영하는 회사의 내부통제시스템이 효과적으로 작동하고 있는지를 평가하는 동시에 문제점이 발견 되는 경우 이를 시정하여 회사가 노출되어 있는 각종 위험을 최소화 할 수 있는 개선방안의 제시 까지를 포함하는 일련의 프로세스이다.

나. 내부통제제도 평가의 효과

경영진이 자체적으로 수립·운영하는 내부통제제도의 적정성을 감사/감사위원회가 제3자 입장에서 객관적으로 모니터링하고 평가하여 개선방안을 제시하는 등 평가결과를 이사회에 보고하는 역할을 수행함으로써 회사의 건전한 경영을 유도한다.

오늘날 일반 회사의 영업환경은 어느 때보다 변화가 빠르고 업무범위가 광역화되면서 위험 요인도 매우 다양해 졌다. 이런 시기에는 내부통제 평가활동을 활성화시킴으로써 예측하지 못한 미래흐름의 변화를 확인하여 위험을 사전에 대응이 가능하다.

내부통제제도의 평가는 감독당국의 회사 건전성을 제고하기 위한 감독업무를 보완하는 역할을 수행하기도 한다. 따라서 해당 회사 스스로 내부통제기능을 한층 개선시키고 제도나 운영상으로 결함이 없도록 자기성찰과 피드백 효과를 도모한다.

---

82) 금융감독원, 전계실무지침서, 금융감독원 검사총괄국, 2003. 225면.

2. 내부통제제도의 평가 방법

가. 내부통제시스템 평가 시 주요 착안사항[83]

(1) 핵심 직원의 파악

감사인은 특정사업부문 또는 단위업무에 대한 내부통제기능의 적정성을 점검할 때 내부통제의 핵심이 되는 주요 직원과 직위를 우선적으로 면밀히 파악하는 것이 중요하다.

다음으로 감사인은 정보처리 업무를 담당하는 컴퓨터프로그래머, 투자 및 거래 활동을 담당하는 트레이더 등 재무기록에 영향을 미치거나 해당 회사 자산에 물리적으로 쉽게 접근할 수 있는 직원에 관심을 가져야 한다.

마지막으로 핵심직위를 파악하고 난 후에는 감사인은 내부통제기준이 핵심직위의 직원에 의한 오류나 일탈행위를 예방하거나 발생 시 이를 시스템적으로 신속히 탐지할 수 있도록 설계되어 있는지 여부 등을 점검·평가하여야 한다.

(2) 직무분리제도의 운영 및 이해상충 소지 여부

감사인은 오류 및 일탈행위의 가능성을 최소화하기 위해 직원들의 책임과 의무가 적절 하게 분리되었는지를 확인해야 한다.

감사인은 특정직원이 해당 회사 자산에 대한 관리의무와 기록 유지의무를 동시에 수행 하고 있는 분야가 있는지, 있다면 이에 따른 리스크를 완화할 수 있는 다른 통제수단이 존재하는지를 확인하여야 한다. (예, 자산운용과 결제업무의 분리 등 내부견제시스템 등).

감사인은 임직원이 부당한 리스크를 취하고자하는 환경 즉, 이해상충 문제에 노출되어 있는지 여부에 관심을 가져야 한다.

(3) 정책 및 절차에의 일탈행위 여부

감사인은 해당 회사 임직원이 제반정책, 업무처리 관행 및 절차로부터 벗어난 일탈행위에 주의를 기울여야 하는데, 통상 임직원의 일탈행위는 다음과 같은 상황에서 많이 발생 하므로 정책 및 절차의 일탈행위 여부를 주의 깊게 점검 하여야 한다.

---

83) 금융감독원, 전계실무지침서, 금융감독원 검사총괄국, 2003. 225~227면, 정창모, 「금융사고」 매일경제신문사, 2006., 131~133면, 상장회사협의회,「상장회사감사위원회의 표준직무규정」제31조, 「상장회사 감사의 표준직무규정」제24조.

> **참고** ▶▶▶ **정책 및 절차의 일탈행위 빈발 발생 사례 (예시)**
>
> 1. 업무지침이나 지시가 현재의 업무처리 관행을 반영할 수 있도록 정기적으로 검토되어 개선되지 않을 경우.
> 2. 직원들이 업무수행 과정에서 다소 번거로운 내부통제절차를 회피하기 위해 편법을 사용하는 경우.
> 3. 정책 절차가 조직 또는 업무활동의 변화를 반영하지 못하는 경우.
> 4. 직원의 직무내용이 내부통제정책에 영향을 주는 방향으로 중요하게 변화하는 경우 등

(4) 컴퓨터 운영에 관한 내부통제시스템 구축 여부

일반 회사는 주로 컴퓨터에 의존하여 업무를 수행하기 때문에 효과적인 내부통제시스템이 존재하지 않으면 컴퓨터를 통한 자금의 횡령 및 유용과 같은 범죄행위와 컴퓨터 조작의 부주의로 인한 사고가 발생할 수 있다.

직원의 PC가 해당 회사의 자산이나 거래기록에 접근할 수 있는 컴퓨터 운영자, 프로그래머, 이들의 감독책임자 등이 이러한 범죄행위를 저지를 가능성이 높으므로 내부통제시스템이 효율적으로 구축되어 있어야 한다.

따라서 해당 회사는 주 전산기 운영뿐만 아니라 개인 PC에 저장된 기록, 네트워크에 관해서도 물리적 접근을 통제하는 등 정교한 내부통제 수단 내지는 장치를 운영하여야 하는 바, 감사인은 이러한 내부통제 수단 내지는 장치가 마련되어 있는지 여부를 점검하여야 한다.

(5) 정보처리에 관한 내부통제시스템 구축 여부

해당 회사는 경영정보시스템(MIS), 장부 및 각종 기록의 정확성을 확보하기 위해 정보 처리 과정에 대해 내부통제시스템을 적절하게 구축·운영하여야 한다. 직원은 적절한 정보를 시의 적절하게 정보처리시스템에 입력해야 하고, 회사 내 다른 직원이 독립적으로 입력된 정보의 정확성을 테스트하도록 하여야 한다.

회계담당자는 시산표와 보조원장을 유지하면서 정기적으로 총계정원장과 대사하고 차이가 발생한 경우 이를 조정하도록 하여야 한다. 따라서 감사인은 컴퓨터 운영에 관한 내부통제시스템이 위와 같이 적절하게 구축·운영되고 있는지 여부를 점검하여야 한다.

나. 내부통제시스템 평가의 범위[84]

개별 해당회사에 적합한 내부통제제도의 형식은 주로 해당 회사의 영업규모, 영업활동의 다양성 및 리스크 특성 등에 의해 결정되어서 내부통제제도는 다양한 형태를 가질 수 있다. 따라서 해당 회사의 내부감사조직 등 감사업무 수행능력에 의하여 내부통제의 평가 절차와 방법도 개별 회사의 업종별, 규모별로 각기 다를 수 있다.

(1) 내부통제 구성 5요소에 의한 평가 항목

COSO가 제시한 ① 통제 환경, ② 리스크 사정, ③ 통제 활동, ④ 정보와 의사소통, ⑤ 감시 활동 등 내부통제 구성 5요소를 기준으로 평가하는 경우를 말 한다. 내부통제시스템 평가에 있어서 내부통제 평가 부문 및 평가 항목은 제1편 제4장 제4절 Ⅱ. '내부통제의 구성 요소' 의 항목을 참고하시기 바랍니다.

(2) 내부통제 평가 8요소에 의한 평가 항목

한국상장회사협의회가 제시하고 「상장회사 감사의 표준직무규정」과 「상장회사 감사위원회의 표준직무규정」 규정한 위험요소의 적정한 인식 및 관련 위험통제시스템 작동 여부 등 8요소 기준을 대상으로 평가한다.

내부통제 평가8요소에 의한 평가 항목

1. 위험요소의 적정한 인식 및 관련 위험통제시스템 작동여부.
 ① 전반적인 리스크 평가과정의 적정성.
 ② 각 회사 업종별 리스크 관리체제 및 운영실태 평가 등.
2. 영업계획, 전략수립 프로세스 상의 준법성 및 경영목표와의 합치여부.
 ○ 경영의사 결정시 승인절차 비준여부 등.
3. 회계정책 또는 추정변경의 타당성, 회계처리방법 등의 적정성 및 경영목표와의 합치여부.
 ① 회계시스템 과 점검의 적정성.
 ② 외부감사인 선정의 적정성 등.
4. 정보 보고, 공유, 관리체계의 적정성 여부.
 ① 정보시스템의 적정성.
 ② 의사소통시스템의 적정성 등.
5. 부서별 업무성과 분석체계의 효율성 및 효과성 여부.
 ① 월, 분기, 반기, 연간 실적 보고의 적정성.
 ② 연간 업무평가의 적정성 등.

---

84) 금융감독원, 전게실무지침서, 금융감독원 검사총괄국, 2003. 228~230면, 정창모, 「금융사고」 매일경제신문사, 2006., 133~135면.

6. 내부통제 관련 임직원 교육 프로그램의 적정성 여부.
  ○ 내부통제 관련 임직원에 대한 교육·연수.
7. 준법감시인 또는 준법지원인제도 운영의 적정성 여부.
  ① 준법감시인 및 준법지원인 임면의 적정성.
  ② 준법감시인제도 및 준법지원인제도 운영의 적정성 등.
8. 조직 구조상 내부통제제도의 적정성 여부.
  ○ 각 부문 역할 수행의 적정성 등.

상기 2가지 안 가운데 COSO에서 제시하는 내부통제 구성 5요소가 바람직한 모범기준이지만 현실상 이를 수행 못하는 회사가 많을 것으로 예상됨에 따라 최소한 내부통제 평가 8요소기준에 의한 내부통제제도 평가를 이행하는 것이 바람직할 것이다.

다. 내부통제시스템 평가의 방법[85]

내부통제시스템에 대한 평가는 일정기간 업무활동 전반을 대상으로 특별감사를 실시하는 방법과 일반적인 업무감사 즉, 종합감사 시 해당 사업부문 또는 부서별로 평가를 실시하여 기말에 종합하는 방법이 있다.

내부통제시스템 평가절차는 감사계획을 수립하고 내부통제평가 평가방법(내부통제 구성 5요소, 내부통제 평가 8요소 기준)을 결정한 후 회사 전체, 감사대상 업무·부서별 특성에 적합한 내부통제 목표를 확인하는 데서부터 시작하여 대체로 다음과 같은 순서로 평가가 이루어져야 한다.

1. 사업부문별, 부서별 특성에 적합한 내부통제 목표 확인.
2. 이사회와 경영진, 부서장과의 면담을 통하여 내부통제에 대한 인식, 내부통제 환경 및 문화, 감독활동, 직원들의 내부통제 준수의식 등을 관찰하여 통제환경의 적정성을 평가.
3. 업무 처리하는 과정에서 발생하는 리스크의 종류 및 크기에 대한 확인.
4. 리스크를 통제하기 위한 적정한 내부통제활동에 대한 검토 및 이에 부합하는 내부 통제기준 등 마련 여부.
5. 내부통제기준을 업무수행과정에서 제대로 준수하는지 여부를 표본적으로 점검하고 미비사항에 대한 개선 방안을 검토.
6. 감사과정에서 수시로 임직원과 내부통제 문제에 대하여 특히 주요 발견사항, 관심 사항 및 권고사항에 대하여는 충분하게 이견을 조정.

---

85) 금융감독원, 전계실무지침서, 금융감독원 검사총괄국, 2003. 231~233면, 정창모, 「금융사고」 매일경제신문사, 2006., 135~137면.

7. 발견된 문제점에 대해서는 적저란 조치 방향을 검토 등.

한편 평가주기에 관련해서는 조직 전체를 대상으로 내부통제 평가를 위한 감사를 매 회계연도 중 1~2회 실시하는 것이 바람직하다. 효율적인 평가를 실시하기 위해서는 사전에 마련된 체크리스트를 활용하는 것이 바람직하다.

| 참고 | 내부통제시스템 평가 Flow Chart(예시) |

전략 분석 : 회사의 목표, 전략과 외부 환경 분석
⇓
업무 분석 : 업무프로세스 분석(리스크 및 통제 확인)
⇓
리스크 평가 : 리스크 평가, 감사계획(내부통제 평가절차 작성)
⇓
통제 평가(감사) : 통제 효과 평가(통제 Testing)
⇓
통제 평가(감사) : 개선안 도출 및 통제 등급화
⇓
사후 조치 : 보고서 작성 및 사후 조치

3. 내부통제제도의 평가 보고

감사실시 후 발견사항(문책, 개선, 시정, 주의사항 등)을 평가요소별로 분류하고 내부 통제 평가 내용, 개선의견을 종합하여 내부통제제도 평가보고서에 반영하여야 하며, 사후관리를 통하여 해당 관련 부서의 조치 여부를 확인하여야 한다.

회계기간 중 실시한 업무별, 부서별 감사에서 나타난 내부통제 평가 결과와 회계연도 말에 회사 전체에 대한 관점에서 실시한 내부통제 평가를 종합하여 평가항목별(해당 경영진별, 부서별, 또는 업무별)로 평가등급을 부여하고 평가의견을 작성한다.

위의 결과를 토대로 해당회사의 내부통제 평가요소 항목별로 현황, 문제점. 개선책을 제시하는 내부통제평가보고서를 작성하여 검토를 거친 후 근거자료를 첨부하여 감사위원회의 심의를 거쳐(감사위원회가 없는 경우 감사의 결재를 득한 후) 이사회에 제출한다.

내부통제 평가와 감사결과는 익년 리스크 평가에 반영하여 감사계획 수립 시 기초자료로 활용 할 뿐만 아니라 시계열로 관리하여 다음 평가에 참고자료로 활용될 수 있도록 한다.

참고 ▶▶▶ **내부통제평가보고서(예시)**

Ⅰ. 개 요
1. 대상기간 : 내부통제평가 횟수에 따라 연간 또는 반기별, 분기별로 대상기간 명시.
2. 평가방법 : 내부통제평가를 위한 감사길시 내용을 일정별, 도는 부문별(부서별 또는 업무별)로 기술. 전체조직을 대상으로 한 특별감사 실시 여부, 연간감사 계획에 의한 종합감사결과 반영 여부 등을 명시

Ⅱ. 내부통제시스템 구축 및 운영현황
내부통제 관련 규정의 주요 내용, 조직구조 및 조직운영 현황, 내부통제시스템 구축절차, 동 시스템 구축 및 운영에 대한 각 운영 주체별 역할 및 책임, 감사대상기간 중 주요 제도 변경 내용, 내부통제 관련 교육활동 등을 기술.

Ⅲ. 내부통제시스템 평가결과
1. 종합평가 : 부문별 평가결과를 종합하여 조직 전체의 내부통제시스템 구축·운영의 적정성에 대한 종합평점과 종합의견을 기술.
2. 부문별 평가 : 부서별(또는 업무별)로 각 내부통제 평가요소에 대한 평가결과(평점포함)를 기술 하되 세부평가 내용에 대하여는 별도자료를 첨부 가능. 해당부서 또는 업무와 관련한 내부통제 운영주체별(이사회, 경영진, 일반직원) 내부통제 활동에 대한 평가결과도 제시하는 것이 바람직.

Ⅳ. 조치요구사항
내부통제시스템 적정성 평가결과 나타난 문제점을 개선하기 위해 이사회 또는 경영진의 조치가 필요한 사항을 중심으로 기술하되 필요한 경우 부서 관련 사항도 포함.

Ⅲ 내부회계관리제도의 평가 및 보고

1. 내부회계관리제도의 평가 개요

가. 내부회계관리제도 평가의 의의

제1편 제4장 제4절 – Ⅶ – 2 – 마 – (1) '내부회계관리제도의 평가 개요' 항목을 참조하시기 바랍니다.

나. 내부회계관리제도 평가의 시기

제1편 제4장 제4절 – Ⅶ – 2 – 마 – (4) '내부회계관리제도의 평가 시기' 항목을 참조하시기 바랍니다.

다. 내부회계관리제도 평가의 평가자

제1편 제4장 제4절 – Ⅶ – 2 – 마 – (5) '내부회계관리제도의 평가자' 항목을 참조하시기 바랍니다.

2. 내부회계관리제도의 평가 방법

가. 내부회계관리제도 평가의 대상

제1편 제4장 제4절 – Ⅶ – 2 – 마 – (3) '내부회계관리제도의 평가 대상' 항목을 참조하시기 바랍니다.

나. 내부회계관리제도 평가의 방법

제1편 제4장 제4절 – Ⅶ – 2 – 마 – (2) '내부회계관리제도의 평가 방법' 항목을 참조하시기 바랍니다.

다. 내부회계관리제도 평가의 절차

제1편 제4장 제4절 – Ⅶ – 2 – 마 – (6) '내부회계관리제도의 평가 절차' 항목을 참조하시기 바랍니다.

3. 내부회계관리제도의 평가 보고

제1편 제4장 제4절 – Ⅶ – 2 – 마 – (7) '내부회계관리제도의 평가결과 보고' 항목을 참조하시기 바랍니다.

Ⅲ 내부감시장치 가동현황의 평가 및 보고

1. 내부감시장치 가동현황의 평가 개요

제2편 제4장 제6절 – Ⅴ- 1. '내부감시장치의 가동현황에 대한 평가 개요' 항목을 참조하시기 바랍니다.

2. 내·외부감시장치의 구분 및 종류

제2편 제4장 제6절 – Ⅴ- 2. '내부감시장치와 외부감시장치의 구분 및 종류' 항목을 참조하시기 바랍니다.

3. 내부감시장치 가동현황의 평가 보고

제2편 제4장 제6절 – Ⅴ- 3. '내부감시장치의 가동현황에 대한 평가보고서 작성' 항목을 참조하시기 바랍니다.

| 제2절 | 감사보고서 작성·제출 및 보고 |

I 감사보고서의 개요

1. 감사보고서의 의의

감사보고서는 감사가 일정 영업연도의 이사의 직무집행에 관해 업무 및 회계의 양면에서 행한 감사결과를 종합·정리한 것으로서 주주 및 회사채권자의 열람에 제공되는 일종의 공시서류이다.[86]

감사 또는 감사위원회(이하 "감사"라고 함)는 이사(대표이사)로부터 재무제표와 그 부속명세서 및 영업보고서를 정기총회일의 6주 전에 제출받아(「상법」 제447조의 3) 정기총회일의 2주전까지 감사보고서를 작성하여 이사에게 제출하여야 한다.(「상법」 제447조의 4 제1항).

이에 대해 상장회사의 경우 감사는 주주총회일 1주 전까지 감사보고서를 이사에게 제출하면 된다.(「상법」 제542조의 12 제6항). 이는 이해관계자가 많은 상장회사의 경우 監事로 하여금 監査의 충실화를 도모하기 위한 것이다.

재무제표는 ① 대차대조표(재무상태표), ② 손익계산서, ③ 그 밖에 회사의 재무 상태와 경영성과를 표시하는 것으로서 자본변동표 또는 이익잉여금처분계산서(또는 결손금처리계산서)로 구성되며(「상령」 제16조 제1항), 이 재무제표와 그 부속명세서는 영업연도의 경영성과를 집약한 것이다.

영업보고서는 당해 영업연도 내에 있어서의 영업상태 등 회사의 영업현황을 나타내는 보고서이다. 감사는 이러한 회계서류가 적법하게 작성된 것인지 감사하여 그 결과를 감사 보고서에 기재하여 이사회에 제출하는 것이 그 의무이다.

2 감사보고서의 기능[87]

감사는 기중 및 기말감사의 결과를 집계·정리하여 이를 바탕으로 감사보고서를 작성하게 되며, 이렇게 하여 작성된 감사보고서는 정기총회일 1주전부터 열람이 가능하므로 주주는 감사보고서의 평가를 참고로 하여 재무제표의 승인 여부나 이사에 대한 신임여부를 결정 하게 된다.

그런 의미에서 감사보고서는 주주의 의사결정에 중요한 판단자료 일뿐만 아니라 회사 채권자나 일반투자자에게 있어서도 채권의 회수여부나 투자여부를 결정하는데 매

---

86) 권종호, 「감사와 감사위원회제도」, 한국상장회사협의회, 2004., 263면.
87) 권종호, 「감사와 감사위원회제도」, 한국상장회사협의회, 2004., 264면.

우 중요한 참고자료라 할 수 있다.

감사, 특히 회계감사의 경우는 법령이나 정관, 혹은 공정·타당한 회계기준에 준거하여 감사가 이루어지게 되는데, 이 때 감사의 準據性이 갖는 의미는 다음과 같은 것을 의미하는 것으로서 감사대상에 관해 진실성이나 적정성을 보증하는 것은 아니다.

감사의 준거성이 갖는 의미

1. 감사가 실시한 감사의 질은 감사기준이 요구하는 감사의 질을 충족하고 있다는 것.
2. 감사는 당해 감사에 관해 감사기준의 범위 내에서 책임을 진다는 것을 의미하는 것.

외부감사인이 감사보고서를 통해 표명하는 감사의견(예컨대 적정·한정·부적정 및 의견거절 등) 역시 이사가 작성한 재무제표가 해당 영업연도의 회사 재산 및 손익 상태, 현금흐름을 적정하게 표시하고 있는지에 관해 의견을 진술한 것이고 감사대상 그 자체의 진실성과 적정성을 보증하는 것은 아니다.

이 때문에 감사보고서에 표명된 감사의견은 법적으로 구속력을 갖는 것은 아니며, 단지 회사의 경영상황을 파악하고 그에 따라 이사에 대한 신임을 계속하거나 책임을 추궁할 수 있는 근거자료를 주주나 회사채권자에게 제공하는 의미를 가질 뿐이다.[88]

Ⅱ 감사보고서의 기재사항

감사보고서의 기재사항에 관하여는 총 10개 항목에 걸쳐 법정하고 있는데(「상법」 제447조의 4 제2항), 그 이유는 감사대상을 구체화하여 감사의 형식화를 막고 감사의 실효성을 제고하는 한편, 주주나 회사채권자에게는 구체적인 판단을 위한 자료를 제공하며 감사에게는 책임의 한계를 명확히 하기 위해서다.[89]

감사보고서의 작성 시 주의해야할 사항으로는 여러 가지가 지적될 수 있으나, 그 중요한 것은 다음과 같다.

1. 결산기 이후에 발생한 사건이나 중요한 거래, 즉 후속사건의 경우 결산기 현재의 시점 (대차대조표일)을 기준으로 작성되는 재무제표나 영업보고서에는 기재되지 않지만 감사 는 이 후속사건에 관해서도 이사로부터 보고가 있으면 감사보고서에 그 사실을 기재.

---

88) 권종호, 「감사와 감사위원회제도」, 한국상장회사협의회, 2004., 264면. 이범찬·오욱환, 「주식회사 감사제도」, 한국상장회사협의회, 1997., 227면.
89) 권종호, 「감사와 감사위원회제도」, 한국상장회사협의회, 2004., 265면. 최기원, 「신회사법론」, 2001., 680면.

2. 감사 간에 의견이 일치하지 않을 때에는 각자의 의견을 감사보고서에 기재.

3. 감사보고서는 그 이용자가 알기 쉽도록 간단·명료하게 작성.

감사보고서는 다음과 같은 10개 사항을 기재하여야 하는데(「상법」제447조의 4 제2항 제1호~제10호), 이는 동시에 각 해당사항을 감사해야 함을 의미한다.[90]

1. 감사방법의 개요(동 제1호).

감사보고서는 감사의 결과(감사의견) 뿐만 아니라 감사가 실시한 감사방법 및 감사절차에 관해서도 기재하여야 한다. 감사의 경우 일정한 감사방법 및 절차에 의해 얻어진 사실을 분석·평가하여 비로소 감사의견이 형성되므로 감사결과에 대한 신뢰성을 확보하기 위해서는 현실적으로 행한 감사방법에 관해 그 개요를 간단·명료하게 기재할 필요가 있다.

다만 감사방법의 개요에 관해 기재하면 족하다고하나 감사방법의 여하가 감사 보고서에 대한 신뢰성여부를 결정하므로 감사보고서에 대한 신뢰성을 확보할 수준의 내용이어야 함은 말할 필요가 없다.

2. 회계장부에 기재될 사항이 기재되지 아니하거나 부실 기재된 경우 또는 대차대조표나 손익계산서의 기재내용이 회계장부와 맞지 아니하는 경우에는 그 뜻.(동 제2호).

재무제표는 이른바 유도법에 의하여 회계장부를 근거로 작성되므로(「상법」 제30조 제2항), 회계장부의 정확성과 완전성이 확보되지 않은 상태에서는 재무제표의 진실성은 담보될 수 없다.

따라서 「상법」은 우선 회계장부의 완전성과 정확성을 감사대상으로 한 후 회계장부와 재무제표의 일치성에 관해서도 감사대상으로 한 것이다. 다만 회계장부에 부실 기재가 있거나 회계장부와 재무제표가 불일치하는 경우에는 그 내용에 관해 구체적 으로 기술하여야 한다.

그리고 제2호의 기재사항에 잘못이 있으면 당연히 제3호 및 제4호의 이익잉여금 처분 계산서(결손금처리계산서)에 관한 사항에도 영향을 미치게 되므로 그 내용에 관해서도 기재 하여야 한다.

3. 대차대조표 및 손익계산서가 법령 또는 정관에 위반하여 회사의 재무상태와 경영성과를 적정하게 표시하고 있는 경우에는 그 뜻.(동 제3호).

---

90) 권종호, 「감사와 감사위원회제도」, 한국상장회사협의회, 2004., 265~269면.

4. 대차대조표 및 손익계산서가 법령 또는 정관에 위반하여 회사의 재무상태와 경영성과를 적정하게 표시되지 아니하는 경우에는 그 뜻과 사유.(동 제4호).

회계감사의 결론을 구성하는 중요한 기재사항이다. 재무제표가 법령이나 일반적 으로 공정·타당한 회계 관행에 따라 자산을 조사·평가하였는지 여부를 감사하여 정확하게 표시한 경우에는 제3호에 따라 적정의견을, 그렇지 않은 경우에는 제4호에 의해 부적법하다는 의견을 표시하여야 한다.

특히 제4호에 의해 부적법의견을 낼 때에는 위반사실과 그것이 회사의 재산 및 손익 상태에 미치는 영향에 관해 구체적으로 표시하여야 한다. 다만 제3호와 제4호는 선택적인 관계에 있으므로 재무제표가 어느 한쪽에 해당하면 다른 쪽은 기재할 필요가 없다.

5. 대차대조표 또는 손익계산서의 작성에 관한 회계방침의 변경이 타당한지의 여부와 그 이유.(동 5호).

재무제표의 진실성을 담보하고 결산기별 비교가 가능하도록 하기 위해서는 회계의 계속성이 유지되어야 한다. 그러나 정당한 사유가 있는 경우에는 회계방침을 변경할 수 있는데, 이 때에는 이사의 자의적인 회계처리의 가능성이 있으므로 회계방침의 변경에 관해서는 그 타당성을 감사하도록 한 것이다.

여기서 말하는 회계방침이란 회사가 재무제표를 작성함에 있어서 채택한 회계처리의 기준·절차 및 표기방법을 말한다. 따라서 재무제표가 종전과 다른 회계방침에 의해 작성된 경우(예컨대 재고자산 평가를 선입선출법에서 후입선출법으로 바꾸었다든지, 감가상각법을 정액법에서 정율법으로 바꾸는 것과 같다), 감사는 그 타당성을 조사·판단하여야 한다.

6. 영업보고서가 법령 및 정관에 따라 회사의 상황을 적정하게 표시하고 있는지 여부. (동 6호).

영업보고서는 주주총회에의 보고사항에 불과하지만 경영성과를 수치로 표현한 재무제표와는 달리 회사의 경영상황에 관해 재무제표로는 알 수 없는 정보까지 문장적 표현으로 다루고있기 때문에 주주나 회사채권자에게 있어서는 매우 중요한 서류이다.

이 점을 고려하여 영업보고서의 적법성과 정확성을 보장하기 위하여 영업보고서의 법정기재사항의 충족여부와 그 기재사항의 정확성을 조사·확인하고 그 여부를 감사보고서에 표시하도록 한 것이다.

7. 이익잉여금의 처분 또는 결손금의 처리가 법령과 정관에 맞는지 여부.(동 7호).

준비금의 적립, 이익배당, 결손의 전보 등 이익의 처분이나 결손금의 처리에 관해 법령이나 정관에서 정한 기준에 따라 적법하게 이루어 졌는지 여부를 감사하는 것이다.

8. 이익잉여금의 처분 또는 결손금의 처리가 회사의 재무상태나 그 밖의 사정에 비추어 현저하게 부당한 경우는 그 뜻.(동 제8호).

위의 제7호가 이익잉여금처분계산서나 결손금처리계산서의 적법성에 관한 감사라면 이 제8호는 타당성에 관한 감사를 정한 것이다. 이익잉여금의 처분이나 결손금의 처리에 있어서 그것이 법령이나 정관에 따라 적법하게 이루어진 경우라도 회사의 제반 사정에 비추어 타당한 것인가는 별개의문제이다.

예컨대 현금흐름의 악화나 회사 사정의 급변으로 이익배당을 하는 것이 부당함에도 장부상 배당가능이익이 있다는 이유로 배당을 강행하는 것이 바로 이익잉여금의 처리가 현저하게 부당한 경우에 해당하는데, 이 때에는 감사보고서에 그 사실과 내용에 관해 구체적으로 기재하여야 한다.

9. 제447조의 부속명세서에 기재할 사항이 기재되지 않았거나 부실 기재된 경우 또는 회계장부·대차대조표·손익계산서나 영업보고서의 기재내용과 맞지 아니하게 기재된 경우에는 그 뜻.(동 제9호).

부속명세서의 진실성과 정확성을 담보하기 위하여 부속명세서의 기재사항의 누락과 부실기재의 여부를 감사의 대상으로 한 것이다.

부속명세서는 재무제표의 기재사항만으로 불충분한 경우에 이를 보완하기 위하여 작성되는 회계서류이고, 회계서류 간에는 일관성과 통일성이 유지되어야 하므로 부속명세서와 다른 회계서류 간에 내용이 일치하는지 여부를 감사대상으로 한 것이다.

따라서 부속명세서와 다른 회계서류가 일치하지 않을 경우에는 그 사실과 내용에 관해 구체적으로 기재하여야 한다.

10. 이사의 직무수행에 관하여 부정한 행위 또는 법령이나 정관의 규정에 위반하는 중대한 사실이 있는 경우에는 그 사실.(동 제10호).

이상의 제1호 내지 제9호가 회계감사를 대상으로 한 것인데 반해, 본 호는 업무 감사를 염두에 둔 것이다. 여기서 말하는 「직무수행」은 넓은 개념으로서 직무집행 으로 행해진 행위뿐만 아니라 직무의 집행과는 직접적으로 관련이 없더라도 선관주의의무에 위반된 행위도 포함된다.

다만 법령·정관에 위반된 행위이더라도 그것이 중대한 사실이 아닐 때에는 제외된다. 중요성의 여부에 대해서는 회사의 규모, 위반의 정도, 회사 및 이해관계자에 끼치는 영향 등 제반사정을 종합하여 판단하여야 한다. 따라서 재무제표에 반영된 것에 국한하지 아니하고 감사의 일반적인 업무감사권을 발동하여 이사의 직무수행의 적법성 여부를 감사하고 부적법한 사실을 보고하게 한 것이다.

이상의 사항에 더하여 감사가 감사를 하기 위하여 필요한 조사를 할 수 없었던 경우에는 감사보고서에 그 뜻과 이유를 적어야 한다.(「상법」 제447조의 제3항). 감사의 유효한 감사는 이사의 협력 없이는 불가능하다. 따라서 이사의 비협조·수감불응·사고·재난·감사의 질병과 같이 조사를 불가능하게 하였던 사유는 모두 기재하여야 한다.

본 호는 이사나 피감부서에 대해서는 감사에 적극적으로 협력할 것을 간접적으로 강제 하는 효과가 있으며, 감사에 대해서는 조사 의무를 충실히 이행할 것을 촉구 하는 효과와 함께 감사의 책임범위를 명확히 하는 효과가 있고, 그리고 감사보고서 이용자에게는 감사보고서에 대한 신뢰성을 제고하는 효과가 있다.

「상법」 제447조의 4 제2항은 예시규정으로 보아야 할 것이므로 감사는 필요한 경우 법정기재사항 이외에 관해서도 감사보고서에 기재할 수 있다. 그리고 법정기재사항이라도 해당사항이 없으면 감사보고서에 기재할 필요가 없으며, 다만 제1호, 제3호, 제4호, 제6호 및 제7호의 경우에는 그 성질상 반드시 감사보고서에 기재하여야 할 것이다.

Ⅲ 감사보고서의 작성 및 제출[91]

1. 감사보고서 작성 및 제출의 개요

감사 또는 감사위원회는 「상법」 제447조의 4 제1항의 규정에 의하여 대표이사로부터 재무제표 등 서류를 제출받은 날로부터 4주간 이내에 감사보고서를 작성하여 이사에게 제출하여야 한다.

다만, 「상법」 제542조의 12 제6항에 의거 상장회사의 감사 또는 감사위원회는 「상법」 제447조의 4 제1항의 규정에도 불구하고 이사에게 감사보고서를 주주총회일의 1주전까지 제출할 수 있다.

---

91) 한국상장회사협의회, 「상장회사 감사보고서 표준예시」, 2012.4.30. 개정., 참조 및 재인용.

2. 지적사항이 없는 경우 감사보고서

가. 회계방침의 변경이 없는 경우(예시)

감 사 보 고 서

본 감사(감사위원회)는 제××기 사업연도(20××년 ×월 ×일부터 20××년 ×× 월 ××일까지)의 회계 및 업무에 대한 감사를 실시하고 그 결과를 다음과 같이 보고 합니다.

※ 복수의 감사를 설치한 경우에는 "본 감사는" 대신 "본 감사들은"을 사용함.

1. 감사방법의 개요

회계감사를 위하여 회계에 관한 장부와 관계서류를 열람하고 재무제표 및 동 부속 명세서를 검토하였으며 필요하다고 인정되는 경우 대조 · 실사 · 입회 · 조회, 그 밖에 적절한 감사절차를 적용하였습니다.

　※ 연결재무제표를 작성하여야 하는 회사는 '재무제표'를 '재무제표·연결재무제표'로 하여야 함.

업무감사를 위하여 이사회 및 그 밖의 중요한 회의에 출석하고 필요하다고 인정 되는 경우 이사로부터영업에 관한 보고를 받았으며 중요한 업무에 관한 서류를 열람하고 그 내용을 검토하는 등 적절한 방법을 사용하였습니다.

2. 재무상태표 및 포괄손익계산서에 관한 사항

※ 연결재무제표를 작성하여야 하는 회사는 '재무상태표'를 '재무상태표·연결재무 상 태표'로, '포괄손익계산서'를 '포괄손익계산서·연결포괄손익계산서'로하여야 함.

재무상태표와 포괄손익계산서는 법령 및 정관에 따라 회사의 재무상태와 경영성과 를 적정하게 표시하고 있습니다. (개정 2012.4.30.)

※ 연결재무제표를 작성하여야 하는 회사는 '재무상태표'를 '재무상태표·연결재무 상 태표'로, '포괄손익계산서'를 '포괄손익계산서·연결포괄손익계산서'로하여야 함.

3. 이익잉여금처분계산서(결손금처리계산서)에 관한 사항

이익잉여금처분계산서(결손금처리계산서)는 법령 및 정관에 적합하게 작성되어 있습 니다.

4. 영업보고서에 관한 사항

영업보고서는 법령 및 정관에 따라 회사의 상황을 적정하게 표시하고 있습니다.

20××년 ×월 ×일

○○○○ 주식회사

〈감사설치회사〉

감사 · ○○○ (인)

(감사 ○○○ (인))

〈감사위원회설치회사〉

감사위원회 위원장 ○○○ (인)

나. 정당성이 인정되는 회계방침의 변경이 있는 경우(예시)

감 사 보 고 서

본 감사(감사위원회)는 제××기 사업연도(20××년 ×월 ×일부터 20××년 ××월 ××일까지)의 회계 및 업무에 대한 감사를 실시하고 그 결과를 다음과 같이 보고합니다.

※ 복수의 감사를 설치한 경우에는 "본 감사는" 대신 "본 감사들은"을 사용함.

1. **감사방법의 개요**

회계감사를 위하여 회계에 관한 장부와 관계서류를 열람하고 재무제표 및 동 부속명세서를 검토하였으며 필요하다고 인정되는 경우 대조·실사·입회·조회, 그 밖에 적절한 감사절차를 적용하였습니다.

※ 연결재무제표를 작성하여야 하는 회사는 '재무제표'를 '재무제표·연결재무제표'로 함.

업무감사를 위하여 이사회 및 그 밖의 중요한 회의에 출석하고 필요하다고 인정·되는 경우 이사로부터 영업에 관한 보고를 받았으며 중요한 업무에 관한 서류를 열람하고 그 내용을 검토하는 등 적절한 방법을 사용하였습니다.

2. **재무상태표 및 포괄손익계산서에 관한 사항**

※ 연결재무제표를 작성하여야 하는 회사는 '재무상태표'를 '재무상태표·연결재무 상태표'로, '포괄손익계산서'를 '포괄손익계산서·연결포괄손익계산서'로 하여야 함.

재무상태표와 포괄손익계산서는 법령 및 정관에 따라 회사의 재무상태와 경영성과를 적정하게 표시하고 있습니다.

※ 연결재무제표를 작성하여야 하는 회사는 '재무상태표'를 '재무상태표·연결재무 상태표'로, '포괄손익계산서'를 '포괄손익계산서·연결포괄손익계산서'로 하여야 함.

3. **회계방침의 변경에 관한 사항**

재무제표(연결재무제표) 주석××에 기재된 바와 같이 이 사업연도중 ○○○에 관한 회계방침은 ×××로부터 △△△으로 변경하였는데 이 변경은 ……… 등의 이유로 타당한 것으로 인정됩니다.

4. **이익잉여금처분계산서(결손금처리계산서)에 관한 사항**

이익잉여금처분계산서(결손금처리계산서)는 법령 및 정관에 적합하게 작성되어 있습니다.

5. **영업보고서에 관한 사항**

영업보고서는 법령 및 정관에 따라 회사의 상황을 적정하게 표시하고 있습니다.

20××년 ×월 ×일

○○○○ 주식회사

〈감사설치회사〉

감사 ○○○ (인)

(감사 ○○○ (인)

〈감사위원회설치회사〉

감사위원회 위원장 ○○○ (인)

3. 지적사항이 있는 경우 감사보고서

가. 부당한 회계처리가 있는 경우(예시)

감 사 보 고 서

본 감사(감사위원회)는 제××기 사업연도(20××년 ×월 ×일부터 20××년 ××월 ××일까지)의 회계 및 업무에 대한 감사를 실시하고 그 결과를 다음과 같이 보고합니다.

※ 복수의 감사를 설치한 경우에는 '본 감사'는 대신 '본 감사들은'을 사용함.

1. 감사방법의 개요

회계감사를 위하여 회계에 관한 장부와 관계서류를 열람하고 재무제표 및 동 부속명세서를 검토하였으며 필요하다고 인정되는 경우 대조·실사·입회·조회, 그 밖에 적절한 감사절차를 적용하였습니다.

※ 연결재무제표를 작성하여야 하는 회사는 '재무제표'를 '재무제표·연결재무제표'로 함.

업무감사를 위하여 이사회 및 그 밖의 중요한 회의에 출석하고 필요하다고 인정되는 경우 이사로부터 영업에 관한 보고를 받았으며 중요한 업무에 관한 서류를 열람하고 그 내용을 검토하는 등 적절한 방법을 사용하였습니다.

2. 회계장부 및 재무상태표와 포괄손익계산서 및 부속명세서에 관한 사항

※ 연결재무제표를 작성하여야 하는 회사는 '재무상태표'를 '재무상태표·연결재무상태표'로, '포괄손익계산서'를 '포괄손익계산서·연결포괄손익계산서'로 하여야 함.

회계장부에는 다음과 같은 사항이 부실기재되어 있습니다. 따라서 재무상태표와 포괄손익계산서 및 그 부속명세서는 회사의 재무상태와 경영성과를 적정하게 표시하지 못하고 있습니다.

※ 연결재무제표를 작성하여야 하는 회사는 '재무상태표'를 '재무상태표·연결재무상태표'로, '포괄손익계산서'를 '포괄손익계산서·연결포괄손익계산서'로 하여야 함.

- ○ ···
- ○ ···

> ※ ① 본 2호의 기재사항에 잘못이 있으면 당연히 3호 항목의 이익잉여금처분계산서(결손금처리계산서)에 관한 사항에도 영향을 미치게 되므로 그 내용을 다음 3호에서와 같이 표시하여야 함.
> ② 회계장부 이외(예 : 재무상태표, 포괄손익계산서, 부속명세서)에 부실기재 등 잘못된 사항이 있는 경우에는그 내용을 기재하여야 함.
> ※ 연결재무제표를 작성하여야 하는 회사는 '재무상태표'를 '재무상태표·연결재무상태표'로, '포괄 손익계산서'를 '포괄손익계산서·연결포괄손익계산서'로 하여야 함.

3. 이익잉여금처분계산서(결손금처리계산서)에 관한 사항

위와 같은 사유로 인하여 당기순이익은 ×××원, 전기이월이익잉여금은 ×××원 과대(과소)계상 되어 있습니다.

따라서 당기말미처분이익잉여금이 ×××원만큼 과대(과소) 계상되어 있는 바 이를 기초로 한 이익처분계획은 법령 및 정관에 적합하지 아니합니다.

4. 영업보고서에 관한 사항

영업보고서는 법령 및 정관에 따라 회사의 상황을 적정하게 표시하고 있습니다.

20××년 ×월 ×일

○○○○ 주식회사

〈감사설치회사〉

감사 ○○○ (인)

(감사 ○○○ (인)

〈감사위원회설치회사〉

감사위원회 위원장 ○○○ (인)

> 1. ※ 상법 제447조의4 제2항 제10호 및 제3항에 관한 사항에는 잘못이 없는 것을 전제로 하여 이 예시에서는 생략되었으나 동조 제2항 제10호 및 제3항의 사항이 잘못이 있다면 반드시 그 내용을 기재하여야 함.

나. 부당한 회계방침의 변경이 있는 경우(예시)

감 사 보 고 서

본 감사(감사위원회)는 제××기 사업연도(20××년 ×월 ×일부터 20××년 ××월 ××일까지)의 회계 및 업무에 대한 감사를 실시하고 그 결과를 다음과 같이 보고합니다.

※ 복수의 감사를 설치한 경우에는 "본 감사는" 대신 "본 감사들은"을 사용함.

1. 감사방법의 개요

회계감사를 위하여 회계에 관한 장부와 관계서류를 열람하고 재무제표 및 동 부속명세서를 검토하였으며 필요하다고 인정되는 경우 대조·실사·입회·조회, 그 밖에 적절한 감사절차를 적용하였습니다.

※ 연결재무제표를 작성하여야 하는 회사는 '재무제표'를 '재무제표·연결재무제표'로 함.

업무감사를 위하여 이사회 및 그 밖의 중요한 회의에 출석하고 필요하다고 인정되는 경우 이사로부터 영업에 관한 보고를 받았으며 중요한 업무에 관한 서류를 열람하고 그 내용을 검토하는 등 적절한 방법을 사용하였습니다.

2. 회계장부 및 재무상태표와 포괄손익계산서 및 부속명세서에 관한 사항

※ 연결재무제표를 작성하여야 하는 회사는 '재무상태표'를 '재무상태표·연결재무상태표'로, '포괄손익계산서'를 '포괄손익계산서·연결포괄손익계산서'로 하여야 함.

재무제표(연결재무제표) 주석××에 기재된 바와 같이 이 사업연도중 ○○○에 관한 회계 방침은 ×××으로부터 △△△으로 변경하였는데, 이 변경은 ········· 등의 이유로 타당하다고 인정할 수 없습니다.

그러므로 재무상태표와 포괄손익계산서 및 부속명세서는 위와 같은 부당한 회계방침의 변경으로 인하여 당기순이익이 ×××원만큼 과대(과소)표시되고 있습니다.

※ 연결재무제표를 작성하여야 하는 회사는 '재무상태표'를 '재무상태표·연결재무상태표'로, '포괄손익계산서'를 '포괄손익계산서·연결포괄손익계산서'로 하여야 함.

※ 연결재무제표를 작성하여야 하는 회사는 "당기순이익이 ×××원만큼 과대(과소)표시되고 있습니다"를 "당기순이익이 ×××원만큼 과대(과소), 연결당기순이익이 ×××원만큼 과대(과소)표시되고 있습니다."로 하여야 함.

3. 이익잉여금처분계산서(결손금처리계산서)에 관한 사항

위와 같은 사유로 인하여 당기말미처분이익잉여금은 ×××원 과대(과소) 계상되어 있습니다. 따라서 이를 기초로 한 이익처분계획은 법령 및 정관에 적합하지 아니합니다.

4. 영업보고서에 관한 사항

영업보고서는 법령 및 정관에 따라 회사의 상황을 적정하게 표시하고 있습니다.

20××년 ×월 ×일

○○○○ 주식회사

〈감사설치회사〉

감사 ○○○ (인)

(감사 ○○○ (인))

〈감사위원회설치회사〉

감사위원회 위원장 ○○○ (인)

다. 영업보고서에 표시가 정확하지 않은 경우(예시)

감 사 보 고 서

본 감사(감사위원회)는 제××기 사업연도(20××년 ×월 ×일부터 20××년 ××월 ××일까지)의 회계 및 업무에 대한 감사를 실시하고 그 결과를 다음과 같이 보고합니다.

※ 복수의 감사를 설치한 경우에는 "본 감사는" 대신 "본 감사들은"을 사용함.

1. 감사방법의 개요

회계감사를 위하여 회계에 관한 장부와 관계서류를 열람하고 재무제표 및 동 부속명세서를 검토하였으며 필요하다고 인정되는 경우 대조 · 실사 · 입회 · 조회, 그 밖에 적절한 감사절차를 적용하였습니다.

※ 연결재무제표를 작성하여야 하는 회사는 '재무제표'를 '재무제표·연결재무제표'로 함.

업무감사를 위하여 이사회 및 그 밖의 중요한 회의에 출석하고 필요하다고 인정되는 경우 이사로부터 영업에 관한 보고를 받았으며 중요한 업무에 관한 서류를 열람하고 그 내용을 검토하는 등 적절한 방법을 사용하였습니다.

2. 재무상태표 및 포괄손익계산서에 관한 사항

※ 연결재무제표를 작성하여야 하는 회사는 '재무상태표'를 '재무상태표·연결재무상태표'로, '포괄손익계산서'를 '포괄손익계산서·연결포괄손익계산서'로 하여야 함.

재무상태표와 포괄손익계산서는 법령 및 정관에 따라 회사의 재무상태와 경영성과를 적정하게 표시하고 있습니다.

※ 연결재무제표를 작성하여야 하는 회사는 '재무상태표'를 '재무상태표·연결재무상태표'로, '포괄손익계산서'를 '포괄손익계산서·연결포괄손익계산서'로 하여야 함.

3. 이익잉여금처분계산서(결손금처리계산서)에 관한 사항

이익잉여금처분계산서(결손금처리계산서)는 법령 및 정관에 적합하게 작성되어 있습니다.

4. 영업보고서에 관한 사항

영업보고서의 기재내용 중 다음 사항은 법령 및 정관의 규정에 비추어 회사의 상황을 적정하게 표시하지 못하고 있습니다.

○ ....

○ ....

20××년 ×월 ×일

○○○○ 주식회사

〈감사설치회사〉

감사 ○○○ (인)

(감사 ○○○ (인))

〈감사위원회설치회사〉

감사위원회 위원장 ○○○ (인)

라. 위법한 이사의 직무수행이 있는 경우(예시)

감 사 보 고 서

본 감사(감사위원회)는 제××기 사업연도(20××년 ×월 ×일부터 20××년 ××월 ××일까지)의 회계 및 업무에 대한 감사를 실시하고 그 결과를 다음과 같이 보고합니다.

※ 복수의 감사를 설치한 경우에는 "본 감사는" 대신 "본 감사들은"을 사용함.

1. 감사방법의 개요

회계감사를 위하여 회계에 관한 장부와 관계서류를 열람하고 재무제표 및 동 부속명세서를 검토하였으며 필요하다고 인정되는 경우 대조·실사·입회·조회, 그 밖에 적절한 감사절차를 적용하였습니다.

※ 연결재무제표를 작성하여야 하는 회사는 '재무제표'를 '재무제표·연결재무제표'로 함.

업무감사를 위하여 이사회 및 그 밖의 중요한 회의에 출석하고 필요하다고 인정되는 경우 이사로부터 영업에 관한 보고를 받았으며 중요한 업무에 관한 서류를 열람하고 그 내용을 검토하는 등 적절한 방법을 사용하였습니다.

2. 재무상태표 및 포괄손익계산서에 관한 사항

※ 연결재무제표를 작성하여야 하는 회사는 '재무상태표'를 '재무상태표·연결재무상태표'로, '포괄손익계산서'를 '포괄손익계산서·연결포괄손익계산서'로 하여야 함.

재무상태표와 포괄손익계산서는 법령 및 정관에 따라 회사의 재무상태와 경영성과를 적정하게 표시하고 있습니다.

※ 연결재무제표를 작성하여야 하는 회사는 '재무상태표'를 '재무상태표·연결재무상태표'로, '포괄손익계산서'를 '포괄손익계산서·연결포괄손익계산서'로 하여야 함.

3. 이익잉여금처분계산서(결손금처리계산서)에 관한 사항

이익잉여금처분계산서(결손금처리계산서)는 법령 및 정관에 적합하게 작성되어 있습니다.

4. 영업보고서에 관한 사항

영업보고서는 법령 및 정관에 따라 회사의 상황을 적정하게 표시하고 있습니다.

5. 이사의 직무수행에 관한 사항

이사의 직무수행에 있어서 다음과 같은 부정한 행위 또는 법령이나 정관의 규정에 위반 하는 중대한 사실이 있었습니다.

○ ....
○ ....

20××년 ×월 ×일

○○○○ 주식회사

〈감사설치회사〉

감사 ○○○ (인)

(감사 ○○○ (인))

〈감사위원회설치회사〉

감사위원회 위원장 ○○○ (인)

4. 감사를 위하여 필요한 조사를 할 수 없었던 경우 감사보고서

감 사 보 고 서

본 감사(감사위원회)는 .... 의 사유로 인하여 필요한 조사를 실시할 수가 없었습니다.

※ 복수의 감사를 설치한 경우에는 "본 감사는" 대신 "본 감사들은"을 사용함.

※ 조사를 할 수 없었던 사유를 구체적으로 기재

따라서 본 감사(감사위원회)는 감사의견을 표명할 수 없습니다.

20××년 ×월 ×일

○○○○ 주식회사

〈감사설치회사〉

감사 ○○○ (인)

(감사 ○○○ (인)

〈감사위원회설치회사〉

감사위원회 위원장 ○○○ (인)

Ⅳ 감사보고서의 비치 및 공시

본 항목에 대한 자세한 내용은 제2편 제4장 제5절 Ⅳ. '감사보고서의 비치·공시' 항목을 참조하시기 바랍니다.

| 제3절 ›› | 주주총회의 감사 · 보고 업무 |

I 개 요[92]

회사의 정기 주주총회는 주주명부폐쇄기간 내지 기준일 설정의 제한(「상법」제354조 제2항, 제3항)과 사업보고서의 제출시한(「자본시장법」제159조 제1항) 등으로 인하여 결산기 후 3월내에 개최되어야 한다. 이에 따라 12월 결산회사의 정기총회는 주로 3월중에 개최된다.

그러나 일반주주들은 주주총회에 대해서는 대체로 무관심한 편이고, 소극적인 행동이 오히려 시간적 · 경제적으로는 합리적이라는 생각을 한다. 이러한 일반주주들의 주주총회에 대한 무관심을 반영하듯이 '2013 상장회사 주주총회백서'에 의하면 주주 총회의 주주참석률이 10%이하인 회사가 약 63%가 될 정도로 주주들의 총회참석률이 저조하다.

소수주주들만이 참석하는 주주총회는 하나의 通過儀禮에 그칠 수도 있으나, 이 경우에도 최고 의사결정기관으로서의 주주총회의 경영자에 대한 견제력은 폄하(貶下) 될 수 없을 것이다. 따라서 많은 회사에서는 주주총회의 원활한 진행을 위하여 총회 시나리오를 준비하거나 총회 리허설을 실시하는 것으로 알려지고 있다.

정기총회는 경영자뿐만 아니라 감사기관인 감사 · 감사위원회에 대해서도 중요한 의미가 부여된다. 감사 · 감사위원회는 감사활동을 통하여 회사의 건전하고 지속적인 발전에 기여하는 바, 그 직무는 막중하다. 따라서 주주와 이해관계인을 위하여 이사의 직무집행을 감사하는 감사기관은 경영진과는 독립적인 시각에서 주주총회를 준비해야 할 것이다.

II 주주총회 前의 감사업무

1. 총회 소집절차 前에 확인할 사항

가. 이사의 임무

(1) 재무제표의 작성

이사는 결산기 마다 다음 각 호의 서류와 그 부속명세서를 작성하여 이사회의 승인을 받아야 한다.(「상법」제447조 제1항).

---

92) 임중호, 「정기주주총회와 감사 · 감사위원회의 역할」, 상장회사감사회 회보, 2014. 2. (제170호), 1~4면.

1. 대차대조표.
2. 손익계산서.
3. 그 밖에 회사의 재무상태와 경영성과를 표시하는 것으로서 대통령령으로 정하는 서류

대통령령으로 정하는 회사의 이사는 연결재무제표를 작성하여 이사회의 승인을 받아야 한다.(「상법」제447조 제2항).

(2) 영업보고서의 작성

이사는 매 결산기에 영업보고서를 작성하여 이사회의 승인을 얻어야 한다. (「상법」 제447조의2 제1항). 영업보고서에는 대통령령이 정하는 바에 의하여 영업에 관한 중요한 사항을 기재하여야 한다.(「상법」제447조의2 제2항).

(3) 재무제표 등의 제출

이사는 정기총회일의 6주간 전에 「상법」제447조(재무제표의 작성) 및 제447조의2(영업보고서의 작성)의 서류를 감사에게 제출하여야 한다.(「상법」제447조의 3).

회사는 해당 사업연도의 재무제표를 작성하여 대통령령이 정하는 기간 내에 외부감사인에게 제출하여야 한다.(「외감법」제7조 제2항 및 「외감법시행령」제6조 제1항).

1. 재무제표 : 정기총회 6주일 전.(회생절차가 진행 중인 회사의 경우 사업연도 종료 후 45일 이내).
2. 연결재무제표
   ① K-IFRS 적용회사 : 정기총회 4주일 전(회생절차가 진행 중인 회사의 경우 사업연도 종료 후 60일 이내).
   ② 일반기업회계기준 적용회사 : 사업연도 종료 후 90일 이내.(「자본시장법」제159조 제1항에 다른 사업보고서 제출대상회사 중 직전 사업연도 말 현재 자산총액이 2조원 이상인 회사의 경우 사업연도 종료 후 70일 이내).

주권상장법인인 회사 및 대통령령이 정하는 회사는 「외감법」제7조 제2항에 따라 외부감사인에게 제출할 재무제표 중 대통령령이 정하는 사항을 때통령령이 정하는 바에 따라 증권선물위원회에 동시에 제출하여야 한다.(「외감법」제7조 제3항, 「외감법시행령」제6조 제2항부터 제4항).

1. 제출대상회사
   ① 상장회사
   ② 직전 사업연도 말의 자산총액이 1천억원 이상의 비상장회사.

2. 세부 내용

① 제출대상 재무제표 : 별도재무제표+별도주석 / 연결재무제표+연결주석.

② 제출처

ㅇ상장회사 : 한국거래소 상장공시시스템(KIND).

ㅇ비상장회사 : 금감원 전자공시시스템(DART).

③ 제출시점 : 외부감사인에게 재무제표를 제출하는 시점.

(4) 감사보고서 등의 비치·공시

회사는 대통령령으로 정하는 바에 따라 재무제표(연결재무제표를 작성하는 회사의 경우에는 연결재무제표를 포함한다)를 비치·공시하여야하며, 이 때 감사인의 감사보고서를 함께 비치 공시하여야 한다.(「외감법」제14조 제1항).

■ 재무제표와 그에 대한 감사보고서 : 「상법」제448조 제1항에 따라 비치·공시.

① 이사는 정기총회일의 1주간 전부터 「상법」제447조(재무제표) 및 제447조의2(영업 보고서)의 서류와 감사보고서를 본점에는 5년간, 그 등본을 지점에 3년간 비치.

② 주주와 회사채권자는 영업시간 내에 언제든지 제1항의 비치서류의 열람 및 회사가 정한 비용을 지급하고 그 서류의 등본이나 초본의 교부를 청구 가능.

회사가 「상법」제449조 제3항에 따라 대차대조표를 공고하는 경우에는 외부 감사인의 명칭과 감사의견을 병기하여야 한다.(「외감법」제14조 제2항).

나. 내부회계관리자의 임무

내부회계관리자는 사업연도 마다 이사회 및 감사(감사위원회 포함)에게 해당 회사의 내부회계관리제도의 운영실태를 보고하여야 한다.(「외감법」제2조의 2 제4항).

다. 외부감사인의 임무

(1) 감사보고서의 작성

외부감사인은 감사결과를 기술한 감사보고서를 작성하여야 한다.(「외감법」 제7조의2 제1항). 감사보고서에는 감사범위, 감사의견과 이해관계인의 합리적인 의사결정에 유용한 정보를 포함하여야 한다.(「외감법」제7조의2 제2항).

외부감사인은 감사보고서에 대통령령이 정하는 바에 따라 외부감사 참여인원 수, 감사 내용 및 소요시간 등 외부감사 실시내용을 기재한 서류를 첨부하여야 한다.(「외감법」 제7조의2 제3항).

(2) 감사보고서의 제출 등

외부감사인은 감사보고서를 대통령령으로 정하는 기간 내에 회사(감사 또는 감사 위원회를 포함)·증권선물위원회 및 한국공인회계사회에 제출하여야 한다. (「외감법」제8조 제1항, 「외감법시행령」제7조 제1항).

1. 개별(별도) 감사보고서
   ① 회사 : 정기총회 1주일 전(회생절차 진행 중인 경우 사업연도 종료 후 3개월 이내).
   ② 증선위 및 한공회 : 정기총회종료 후 3개월 이내(회생절차 진행 중인 경우 회사 관리인에게 보고한 후 2주일 이내).
2. 연결감사보고서(회사, 증선위 및 한공회)
   ① K-IFRS 적용 : 개별(별도) 감사보고서 제출기한과 동일.
   ② K-IFRS 미적용 : 사업연도 종료 후 120일 이내(사업보고서 제출대상 회사 중 직전 사업연도 말 현재 자산총액이 2조원 이상인 경우 사업연도 종료 후 90일 이내).

(3) 내부회계관리제도에 대한 검토

외부감사인이 감사업무를 수행하는 경우 「외감법」제2조의2에서 정한 사항의 준수 여부 및 내부회계관리제도의 운영실태에 관한 보고내용을 검토하여야 하며, 외부감사인은 동 검토결과에 대한 종합의견을 감사보고서에 표명하여야 한다. (「외감법」제2조의3 제1항 및 제2항).

라. 감사(감사위원회 포함)의 임무

(1) 감사보고서의 작성

감사는 결산기가 도래하면 감사보고서를 작성하고 이를 이사에게 제출하여야 한다. 즉 감사는 정기총회일의 6주 전에 재무제표와 그 부속명세서 및 영업보고서를 이사로부터 제출받아(「상법」제447조의3) 그로부터 4주간 이내(즉, 주주 총회일 2주전)에 감사보고서를 작성하여 이사에게 제출하여야 한다.(「상법」 제447조의 4 제1항).

이에 대해 상장회사의 경우 감사는 주주총회일 1주 전에 감사보고서를 제출 하면 된다.(「상법」제542조의 12 제6항). 감사보고서의 기재사항 등에 세부적인 내용에 대하 여는 제3편 제7장 제2절 '감사보고서 작성·제출 및 보고'의 항목을 참조하시기 바랍니다.

(2) 내부회계관리제도의 운영실태 평가

회사의 감사는 내부회계관리제도의 운영실태를 평가하여 이사회에 사업연도 마다 보고하고 평가보고서를 비치하여야 한다. 이 경우 내부회계관리제도의 관리·운영에 대하여 시정의견이 있으면 이를 포함하여 보고하여야 한다.(「외감법」제2조의2 제5항).

내부회계관리제도의 운영실태 평가의 세부적인 내용에 대하여는 제2편 제4장 제6절 Ⅳ. '내부회계관리제도의 평가 및 보고 의무' 항목을 참조하시기 바랍니다.

(3) 감사보고서 등의 비치·공시

이사에게 제출된 감사보고서는 주주총회일 1주 전부터 본점에서는 5년간, 지점에서는 그 사본을 3년간 비치하여야 하며, 주주나 회사채권자는 영업시간 내에는 언제든지 열람할 수 있으며, 회사가 정한 비용을 지급하고 그 등본이나 초본의 교부를 청구할 수 있다. (「상법」제448조 제1항 및 제2항).

회사는 내부회계관리제도의 평가보고서를 회사의 본점에 5년간 비치하여야 한다. (「외감법」제2조의 2 제5항).

2. 총회 소집절차에 관한 사항의 확인[93]

주주총회 일시, 장소, 주주총회의 목적사항 등은 원칙적으로 이사회의 결의에 의하여 결정되므로, 감사는 이에 관한 이사회의 결의사항이 법령이나 정관에 적합한지의 여부를 확인하여야 한다.

주요 확인 사항

1. 주주총회를 위한 이사회 결의(기준일, 명부폐쇄 등 : 정관에 규정이 없는 경우).
2. 기준일 설정 또는 명부폐쇄 신고(거래소 : 지체 없이, 정관규정이 없는 경우 폐쇄일로 부터 2주전까지).
3. 주주명부폐쇄 또는 기준일 공고(주주 : 폐쇄일로부터 2주전).
4. 주식배당 신고(거래소 : 이사회 결의일 당일 공시, 사업연도말 10일전 까지).
5. 재무제표 및 영업보고서 작성
6. 결산실적 공시 사전예고(거래소 : 결산실적 공시 3일 전).
7. 결산이사회(재무제표 및 영업보고서 승인).
8. 결산실적 공시(거래소, 사유발생 당일까지).
9. 손익구조 변경과 관리종목 또는 상장폐지사유 발생신고(거래소 : 사유 발

---

93) 한국상장회사협의회, 「주요 주식업무 처리절차」, 2013. 11. 22. 3~4면.

생일 당일까지)

① 직전 사업연도 대비 30%(대규모 법인 15%) 이상 증가 또는 감소한 사실이나 결정 이 있는 때.

② 관리종목 지정사유에 해당하는 경우 또는 상장폐지 사유에 해당하는 경우.

10. 현금·현물배당 결정신고(거래소, 배당결의일 당일까지).

11. 감사 의뢰(감사 및 감사인 : 정기총회일 6주전).

12. 주주총회 소집을 위한 이사회(일시, 장소, 안건 등).

13. 이사회 결의 공시(거래소, 이사회 결의일 당일까지).

14. 주주총회 소집통지 및 공고(주주·금융감독원·거래소, 정기총회일의 2주전).

15. 감사보고서 수령(이사회, 정기총회일의 1주전).

16. 감사보고서 공시(거래소, 감사인으로 부터 감사보고서를 수령 받은 당일까지).

① 회계감사인으로부터 감사보고서를 제출받은 때.

② 감사보고서상 다음의 어느 하나에 해당하는 사실이 확인된 때에는 이를 함께 공시.

ⓐ 감사의견이 부적정, 의견거절 또는 감사범위의 제한으로 인한 한정.

ⓑ 최근 사업연도말의 자본잠식율이 100분의 50이상 또는 자기자본 10억원 미만.

ⓒ 최근 사업연도의 매출액이 30억원 미만 이거나 법인세비용차감전 계속사업손실인 사실이 확인된 때.

ⓓ 내부회계관리제도의 운영·검토와 관련하여 중요한 취약점이 존재 하거나 중요한 범위제한 또는 검토의견이 표명되지 아니한 때.

3. 법정 비치서류의 비치 상항의 확인[94]

감사는 회사가 정기주주총회를 앞두고 반드시 비치하여야 할 서류 즉 법정비치서류의 비치여부를 확인하여야 한다. 이러한 서류는 주주의 현명한 의결권 행사에 필요하고 중요한 서류이므로 감사는 이러한 서류가 누락된 것이 없이 법정절차에 따라 제대로 비치되어 있는지 확인하여야 한다.

법정비치서류의 종류

1. 재무제표, 부속명세서 및 영업보고서(「상법」제448조 제1항).

1-① 연결재무제표(「외감법」제14조 제1항)

---

94) 권종호, 「감사와 감사위원회제도」, 한국상장회사협의회, 2004. 9. 238면, 한국상장회사협의회, 「상장회사 감사의 감사실시요령」, 2009.6. 18. 53면.

2. 감사의 감사보고서(「상법」제448조 제1항).

3. 외부감사인 감사보고서(「외감법」제14조 제1항 및 「외감법시행령」제7조 4항).

4. 정관(「상법」제396조 제1항).

5. 전년도 주주총회 의사록, 주주명부, 사채원부(「상법」제396조 제1항) 등.

그리고 감사는 「상법」제448조 제2항에 의하여 주주와 회사채권자가 비치서류의 열람이나 등본·초본의 교부를 청구하는 경우 이에 대응할 수 있는 준비가 되어 있는지를 확인하여야 한다.

4. 총회 제출 의안·서류의 조사[95]

감사는 이사가 주주총회에 제출한 의안·서류가 법령 또는 정관에 위반하거나 현저하게 부당한 사항이 있는 지의 여부를 조사하여야 한다.(「상법」제413조). 현저하게 부당한 사항이란 형식적으로는 법령이나 정관의 구체적인 규정에 위반한 것은 아니지만, 그러한 의안이나 서류를 총회에 제출하는 것이 이사의 선관주의의무 내지 충실의무에 위반하는 경우를 말한다.

감사가 조사하는 대상은 이사가 총회에 제출하는 모든 의안이나 서류이다. 의안은 「상법」또는 「정관」에 의하여 주주총회가 결의하여야 할 「정관」변경, 이사·감사의 선임·해임, 이사·감사의 보수 결정 등 사항을 말하고, 서류란 재무제표(연결재무 제표)와 그 부속명세서, 영업보고서 등 주주총회에 제출되는 모든 서류를 말한다.

주주총회 제출 의안 및 서류는 주주총회 결의사항 및 보고사항과 표리의 관계에 있으므로 감사는 주주총회 결의사항 및 보고사항에 관하여 철저히 감사하는 것이 필요하다. 이러한 보고사항 및 결의사항에 관해 감사는 그 내용, 보고·결의의 절차나 방법이 법령이나 정관에 적합한 것인지 확인하여야 한다.

주주총회 주요 보고사항

1. 주주총회 제출 의안 및 서류에 대한 조사 결과(「상법」제413조).

2. 영업보고서(「상법」제449조 제2항).

3. 주요주주 등 이해관계자와의 거래(「상법」제542조의 9).

4. 이사회결의로 재무제표 등의 승인(「상법」제449조의2 제1항).

5. 외부감사인의 선임 내용(「외감법」제4조).

6. 이사회결의로 이익배당(「자본시장법」제165조의 12 제9항) 등.

---

95) 임중호, 전게칼럼, 상장회사감사회 회보, 2014. 2. (제170호), 2면, 권종호, 「감사와 감사위원회 제도」, 한국상장회사협의회, 2004. 9. 237면, 한국상장회사협의회, 「상장회사 감사의 감사실시요령」, 2009. 6. 18. 52~53면.

주주총회 주요 결의사항

1. 재무제표 등의 승인(「상법」제449조 제1항).
   O 재무상태표, 손익계산서(또는 포괄손익계산서), 자본변동표, 이익잉여금 처분계산서 또는 결손금 처리계산서, 현금흐름표 및 주석.
2. 이익의 배당(「상법」제462조 제2항).
3. 이사의 선임 및 해임(「상법」제382조, 제385조, 제393조의2, 제542조의 5,제542조의 8).
4. 감사의 선임 및 해임(「상법」제409조, 제415조, 제409조의2, 제415조의2, 제542조 의5, 제542조의 11, 제542조의 12).
5. 이사의 보수(「상법」388조).
6. 감사의 보수(「상법」415조).
7. 정관의 변경(「상법」433조, 제434조)
8. 이사 등의 회사에 대한 책임 면제.
9. 주식회사의 유한회사로의 조직 변경 등.

주주총회제출의안의 경우에는 주주가 제안한 의안에 관해서도 각별히 유의할 필요가 있다. 의제·의안 제안권은 종래 이사회에 전속하였으나, 1998년 「상법」개정에 의해 주주제안권이 도입됨으로써 주주도 의제·의안 제안을 할 수 있다. 주주제안제도에 대해서는 제2편 제8장 제3절 -Ⅴ. '주주총회의 주주제안제도' 항목을 참조하시기 바랍니다.

다만, 주주제안에 대해서는 그 남용을 방지하기 위하여 제안주주의 자격요건이나 제안 내용, 제안기간 등에 관해 엄격한 제한을 하고 있는데, 감사는 이런 점을 고려하여 특히 주주제안의 내용 및 주주제안의 절차에 관한 적법성과 회사측에 의한 부당한 거절 가능성에 대해 유의하여 감사를 실시하여야 한다.

주주제안 내용의 거부사항

1. 법령 또는 정관에 위반하는 경우(「상법」제제363조의 2 제3항).
2. 주주총회에서 의결권의 100분에 10미만의 찬성밖에 얻지 못하여 부결된 내용과 같은 내용의 의안을 부결된 날로부터 3년 내에 다시 제안하는 경우(「상령」제12조 제1호).
3. 주주 개인의 고충에 관한 사항인 경우(「상령」제12조 제2호).
4. 소수주주권에 관한 사항인 경우(「상령」제12조 제3호).
5. 임기 중에 있는 임원의 해임에 관한 사항(법 제542조의 2 제1항에 따른 상장회사만 해당)인 경우(「상령」제12조 제4호).
6. 회사가 실현할 수 없는 사항 또는 제안 이유가 명백히 거짓이거나 특정인의 명예를 훼손하는 사항인 경우(「상령」제12조 제5호) 등.

감사는 의안이나 서류의 감사결과, 그 내용이 법령이나 정관에 위반한 사항이 있거나 또는 현저하게 부당한 사항이 있는 경우에는 감사는 시정을 권고하여야 한다. 감사의 시정권고에도 불구하고 문제가 된 의안이나 서류가 총회에 제출된 경우에는 감사는 주주총회에서 그에 관한 의견을 진술하여야 한다.

5. 감사보고서의 작성·제출

제2편 제4장 제5절 "감사보고서 작성 및 제출의무" 항목 과 제3편 제7장 제2절 '감사보고서 작성·제출 및 보고' 항목을 참조하시기 바랍니다.

6. 주주의 질문에 대한 설명준비

상장회사협의회의 주주총회백서에 의하면 종래 감사에 대한 주주총회장에서의 질문은 적은 편이었다. 그러나 최근에는 기업의 지배구조에 대한 주주들의 관심이 많아지면서 감사활동에 대한 요구와 기대도 고조되고 있으므로, 주주총회장에서 주주들의 감사에 대한 질문도 점차 증가하고 있다.

따라서 감사는 주주총회 회의장에서 주주총회에 참가한 주주들의 질문이 있을 것으로 상정(想定)[96]하고, 성실하게 감사활동을 수행하였다는 것을 주주총회에 참석한 주주들이 감사 또는 감사위원에게 질문하였을 경우 주주들에게 적절하게 설명할 수 있도록 감사는 사전에 철저한 준비와 점검이 필요하다.[97]

Ⅲ 주주총회 當日 감사업무

1. 주주총회 출석의무

주주총회가 열리는 것은 주식회사에 있어서 매우 중요한 행사이다. 그러나 감사의 주주총회 출석에 관해서는 「상법」상 명문의 규정이 없으나, 감사의 회사에 대한 선관주의의무로부터 주주총회의 출석의무가 인정될 수 있다.[98] 이사·감사는 비록 주주총회 구성원은 아니지만 주식회사의 기관으로서 당연히 총회에 출석하여야 한다.[99]

이사 중에서 대표이사는 대체로 소집권자로서 그리고 총회의 의장으로서, 다른 이사들은 보고나 의안의 설명 등을 위하여, 나아가 이들은 총회를 마친 후 의사록에 기

---

96) 想定이란 어떤 상황이나 조건을 가정적으로 생각하여 판정하는 것을 의미한다.
97) 임중호, 전게칼럼, 상장회사감사회 회보, 2014. 2. (제170호), 2면,
98) 임중호, 전게칼럼, 상장회사감사회 회보, 2014. 2. (제170호), 3면,
99) 김교창, 「주주총회의 운영」, 한국상장회사협의회, 2010. 227면.

명날인 또는 서명하여야 하므로 당연히 출석하여야 하는 것이다. 감사는 감사대로 총회에 나아가 보고하여야 하므로 감사도 주주총회에 당연히 출석하여야 한다.[100]

따라서 주주총회 출석에 관해서는 「상법」상 명문의 규정은 없으나, 감사가 정당한 이유 없이 주주총회에 출석하지 아니하는 것은 감사의 선관주의의무 위반으로서 임무해태가 될 수 있을 것이다. 이런 취지에서 「상장회사 표준 주주총회 운영규정」제9조도 감사의 주주총회의 출석에 관한 규정을 두고 있다.[101]

이사·감사가 주주총회에 참석하지 않는 것은 선관주의의무 위반으로서 임무해태에 해당되지만, 위에서 설명한 바와 같이 이사·감사는 주주총회의 구성원이 아니므로 이들이 출석하고 안하고는 총회의 성립에 전혀 영향이 없다. 이들이 출석하지 않았더라도 주주들이 모여 얼마든지 필요한 결의를 할 수 있다.[102]

2. 주주총회 운영의 적법성 확인

감사는 주주총회의 의사진행이나 결의방법 등이 법령이나 정관에 적법하게 이루어지고 있는지의 여부를 확인하여야 한다. 주요 확인사항으로는 ① 결의 요건, ② 의사의 운영, ③ 법령·정관에 적합한지를 확인하는 것이다.(「상장회사감사의 감사실시 요령」 참조).

총회의 의사진행이나 결의방법 등에 문제가 있는 것으로 판단되는 경우에는 의장 등 에게 이를 지적하여 적절한 조치를 취하도록 한다.[103] 주주총회의 결의방법은 보통결의, 특별결의, 특수결의로 구분되며, 이를 내용별로 분류하면 다음과 같다.

가. 보통결의사항

주주총회결의는 「상법」 또는 「정관」에 다른 정함이 있는 경우를 제외하고는 출석한 주주의 의결권의 과반수와 발행주식 총수의 4분의1 이상의 수로서 하여야 한다. (「상법」제368조 제1항). 과반수 찬성에 의한 결의는 원래 모든 단체의 일반적인 의사결정 방법이기도 하지만, 특히 사원의 개성이 무시되는 순수 자본단체인 주식회사에서는 원칙적인 의사결정 방법이다.

따라서 「상법」이나 「정관에서 특별결의나 총주주의 동의를 요하도록 정한 것 이외에는 모두 보통결의이다.(「상법」제368조 제1항). 「상법」상 주주총회의 결의사항 중 보통결의사항은 다음과 같다.

---

100) 김교창, 전게서」, 한국상장회사협의회, 2010. 227면.
101) 임중호, 전게칼럼, 상장회사감사회 회보, 2014. 2. (제170호), 3면,
102) 김교창, 전게서, 한국상장회사협의회, 2010. 227면.
103) 김교창, 전게서, 한국상장회사협의회, 2010. 227면.

주주총회의 보통결의사항

1. 이사의 선임 「상법」제382조 제1항(이사의 선임).
2. 감사의 선임 「상법」제409조 제1항(감사의 선임), 제409조 제2항 (감사선임시의 의결권 제한), 제542조의12 제1항 내지 제4항(감사위원회 위원의 선임 등).
3. 이사의 보수 「상법」제388조(이사의 보수).
4. 감사의 보수 「상법」제382조 제1항(이사의 선임).
5. 이사 . 감사의 책임 해제 「상법」제450조(이사·감사의 책임 해제).
6. 검사인의 선임 「상법」제366조 제3항(소수주주에 의한 소집청구), 제367조(검사인의 선임),제542조 제2항(준용규정).
7. 재무제표의 승인 「상법」제449조 제1항(재무제표의 승인), 제533조제1항 (청산인의 회사재산조사 보고의무), 제534조 제5항(청산인의 재무제표 제출 및 승인요구).
8. 이익 배당(「상법」제462조 제2항).
9. 총회의 연기, 속행의 결전 「상법」제372조 제1항(총회의 연기, 속행의 결의).
10. 청산인의 선임, 해임과 그 보수 「상법」제531조 제1항(청산인의 결정), 제539조 제1항 (청산인의 해임), 제542조 제2항(청산인의 보수).
11. 청산종료의 승인 「상법」제540조 제1항(청산의 종결).

나. 특별결의사항

특별결의란 주주총회에 출석한 주주의 의결권의 3분의 2 이상의 수와 발행주식 총수의 3분의 1 이상의 수로써 하는 결의이다.(「상법」제434조).「상법」에서 회사의 법적 기초에 구조적 변화를 가져오는 사항으로써 대주주의 전횡과 그로 인한 소수주주들의 불이익이 우려되는 사항들에 관해 예외적으로 특별결의를 요구하고 있다.

주주총회의 특별결의 사항

1. 정관의 변경「상법」 제434조(정관변경의 특별결의).
2. 영업의 전부 또는 일부의 양도 등 「상법」 제374조(영업의 양도, 양수, 임대 등), 「자본시장법」제165조의4 (합병 등의 특례).
3. 사후설립 「상법」제375조(사후설립).
4. 이사의 해임「상법」제385조 제1항(이사의 해임).
5. 감사의 해임 「상법」제415조(감사의 해임, 제385조 준용), 제542조의 12 제3항(감사해임시의 의결권행사 제한).
6. 자본의 감소 「상법」 제438조 제1항(자본감소의 결의).
7. 주식의 액면미달「상법」제417조 제1항(액면미달의 발행), 「자본시장법」제165조의8(액면미달발행의 특례).

8. 주주 이외의 자에게 전환사채, 「상법」 제513조 제3항(주주 이외의자에 대한 전환 신주인수권부사채 발행사채의 발행), 제516조의2 제4항(주주 이외의자에 대한 신주인수권부사채의 발행).

9. 주식매수선택원의 부여 「상법」제340조의 2 제1항(주식매수선택권), 제542조의 3 제3항(주식매수선택권).

10. 회사의 해산 「상법」제518조(해산의 결의).

11. 회사의 계속 「상법」제519조(회사의 계속), 제520조의 2제3항(휴면회사의 계속).

12. 설립위원의 선임 「상법」 제175조(설립위원의 선임).

13. 합병「상법」 제522조(합병계약서의 승인결의).

14. 분할·분할합병「상법」 제530조의 2(분할·분할합병)

15. 주식교환, 주식이전 「상법」제360조의 3(주식교환계약서의 작성과 주주 총회의 승인), 제360조의 16(주주초회에 의한 주식이전의 승인) 등.

다. 특수결의사항

특수결의란 의결권 없는 주식을 포함하여 총주주의 동의를 요하는 결의이다. 상장회사에서는 현실성이 없는 결의요건이다. 이사 등의 손해배상책임을 면제하는 데에 이같이 이례적인 결의요건을 요구하는 까닭은 손해배상 책임면제는 모든 주주들에게 손실을 가져 오는 처분행위이므로 다수결로 강요할 사항은 아니기 때문이다.

주주총회의 특수결의사항

1. 이사 등의 회사에 대한 책임면제 「상법」제400조(회사에 대한 책임의 면제), 제324조(발기인의 책임면제), 제415조(감사의 책임면제 : 제400조 준용), 제542조 제2항 (청산인의 책임면제 : 제400조 준용).

2. 주식회사의 유한회사로의 조직변경 「상법」제604조(주식회사의 유한회사 로의 조직변경) 등.

3. 주주총회 보고사항

가. 제출한 의안 및 서류에 대한 조사 및 보고

감사는 「상법」상 이사가 주주총회에 제출한 도든 의안 및 서류를 조사하여 거기에 법령 또는 정관에 위반하거나 현저하게 부당한 사항이 있는지에 관하여 총회에 그 의견을 진술하여야 한다.(「상법」제413조). 감사는 정기주주총회에서 만이 아니라 임시주주총회에서도 그 의견을 진술하여야 한다.

이는 監事로 하여금 총회에 제출한 의안이나 서류에 대한 監事의 조사결과를 총회에 보고 하도록 함으로써 주주총회가 위법 또는 부당한 결의를 하는 것을 방지하기 위한 취지이다. 따라서 감사의 조사결과 의견보고는 주주총회에 대한 감사의 일반 적인 의무로써 중요한 의미가 있다.

(1) 조사 및 보고 의무 개요

제2편 제4장 제4절 – Ⅰ. '조사 및 보고의무 개요' 항목을 참조하시기 바랍니다.

(2) 주주총회 의안 및 서류 조사 의무

제2편 제4장 제4절 – Ⅱ. '주주총회 의안 조사 의무' 항목을 참조하시기 바랍니다.

(3) 주주총회 의안 및 서류 보고 의무

제2편 제4장 제4절 – Ⅲ. '주주총회 의안 보고의무' 항목을 참조하시기 바랍니다.

나. 영업보고서 보고

제1편 제7장 제2절 – Ⅱ. '영업보고서' 항목을 참조하시기 바랍니다.

다. 주요 주주 등 이해관계자와의 거래 보고

(1) 규제대상 거래

최근 사업연도 말 현재의 자산총액이 2조원 이상인 상장회사(「상법시행령」 제35조 제4항)는 최대주주, 그의 특수관계인 및 그 상장회사의 특수관계인(「상법시행령」제34조 제4항)을 상대방으로 하거나 그를 위하여 다음과 같은 거래(「상법시행령」제35조 제1항에 따라 금지하는 거래는 제외)를 하려는 경우에는 이사회의 승인을 받아야 한다.(「상법」 제542조의9 제3항).

1. 단일 거래규모가 대통령령으로 정하는 규모 이상인 거래.
   ① 제4항의 회사가 금융위원회의 설치 등에 관한 법률 제38조에 따른 검사대상기관인 경우 : 해당회사의 최근 사업연도 말 현재의 자산총액의 100분의 1.
   ② 제4항의 회사가 금융위원회의 설치 등에 관한 법률 제38조에 따른 검사대상기관이 아닌 경우:해당회사의 최근 사업연도 말 현재의 자산총액 또는 매출액의 100분의 1.
2. 해당 사업연도 중에 특정인과의 해당 거래를 포함한 거래총액이 대통령령으로 정하는 규모 이상이 되는 경우의 해당 거래.
   ① 제4항의 회사가 금융위원회의 설치 등에 관한 법률 제38조에 따른 검사대상기관인 경우 : 해당회사의 최근 사업연도 말 현재의 자산총액의 100분의 5.
   ② 제4항의 회사가 금융위원회의 설치 등에 관한 법률 제38조에 따른 검사대상기관이 아닌 경우:해당회사의 최근 사업연도 말 현재의 자산총액 또는 매출액의 100분의 5.

(2) 규제대상 거래 상대방

「상법」제542조의 9 제3항에 따른 규제대상 거래 상대방은 일정규모 이상 상장회사의 최대주주, 그의 특수관계인 및 그 상장회사의 특수관계인으로써 대통령령이 정하는 자.(「상법시행령」제35조 제5항 → 제제34조 제4항).

특수한 관계에 있는 자

1. 본인이 개인인 경우에는 다음 각 목의 어느 하나에 해당하는 사람.
  가. 배우자(사실상 혼인관계에 있는 자 포함).
  나. 6촌 이내 혈족.
  다. 4촌 이내 인척.
  라. 본인이 단독으로 또는 본인과 가목부터 다목까지의 관계에 있는 사람과 합하여 100분의 30 이상을 출자하거나 그 밖에 이사·집행임원·감사의 임면 등 법인 또는 단체의 주요 경영사항에 대하여 사실상 영향력을 행사하고 있는경우에는 해당 법인 또는 단체와 그 이사·집행임원·감사.
  마. 본인이 단독으로 또는 본인과 가목부터 라목까지의 관계에 있는 사람과 합하여 100분의 30 이상을 출자하거나 그 밖에 이사·집행임원·감사의 임면 등 법인 또는 단체의 주요 경영사항에 대하여 사실상 영향력을 행사하고 있는경우에는 해당 법인 또는 단체와 그 이사·집행임원·감사.
2. 본인이 법인 또는 단체인 경우에는 다음 각 목의 어느 하나에 해당하는 자.
  가. 이사·집행임원·감사.
  나. 계열회사 및 그 이사·집행임원·감사.
  다. 단독으로 또는 제1호 각 목의 관계에 있는 자와 합하여 본인에게 100분의 30 이상을 출자하거나 그 밖에 이사·집행임원·감사의 임면 등 본인의 주요 경영 사항에 대하여 사실상 영향력을 행사하고 있는 개인 및 그와 제1호 각 목의 관계 에 있는 자 또는 단체(계열회사 제외)와 그 이사·집행임원·감사.
  라. 본인이 단독으로 또는 본인과 각 목부터 다목까지의 관계에 있는 자와 합하여 100분의 30 이상을 출자하거나 그 밖에 이사·집행임원·감사의 임면 등 단체의 주요 경영사항에 대하여 사실상 영향력을 행사하고 있는 해당 단체와 그 이사·집행임원·감사.

(3) 이사회의 승인

이러한 대규모거래에 대해서는 이사회의 승인을 받아야 한다. '거래를 하려는 경우'라는 표현에 비추어 이사회의 '사전' 승인을 요한다고 보아야 할 것이다. 거래의 중요사실에 대한 개시에 관해서는 아무런 규정이 없지만 2011년 개정 전 제398조 해석에서와 마찬 가지로 그러한 개시가 당연히 요구되는 것으로 볼 것이

다.[104)

「상법」제542조의9 제3항을 위반하여 이사회 승인을 받지 않은 대규모거래의 효력에 관해서는 「상법」제398조의 이사의 자기거래의 효력과 같이 상대적 무효설에 의하여 회사와 거래상대방 사이에서는 무효이고, 제3자에 대하여서는 회사가 제3자의 이익을 증명하지 못하면 유효하다고 본다.[105)

(4) 주주총회 보고

이러한 대규모 거래에 대하여는 이사회 승인 결의 후 처음으로 소집되는 정기 주주총회에서 ①해당거래의 목적, ② 상대방, ③ 그 밖에 대통령령으로 정하는 사항을 보고하여야 한다.(「상법」제542조의 9 제5항, 「상법시행령」제35조 제8항).

대규모거래의 보고 사항

1. 해당 거래의 목적과 상대방.
2. 거래의 내용, 일자, 기간 및 조건.
3. 해당 사업연도 중 거래상대방과의 거래유형별 총 거래금액 및 거래 잔액.

(5) 예외

「상법」은 계열회사 사이에 이른바 내부거래가 빈번하게 일어나고 있는 우리 경제계의 현실을 고려하여 이들 회사의 편의를 위한 예외규정을 하고 있다. 상장회사가 경영하는 업종에 따른 일상적인 거래로서 다음 거래는 이사회 승인을 받지 않아도 무방하고 특히 제2호의 경우에는 주주총회에 대한 보고도 면제된다.(「상법」제592조의 9 제5항).

대규모거래의 보고 면제사항

1. 약관(「약관규제에 관한 법률」제2조 제1호의 약관)에 따라 정형화된 거래.
2. 이사회에서 승인한 거래총액의 범위 안에서 이행하는 거래 등.

라. 외부감사인 선임 내용 보고
(1) 외부감사인의 의의

「외감법」에 의하여 외부감사를 실시할 수 있는 감사인은 「공인회계사법」제23조의 규정에 의한 회계법인(「외감법」제3조 제1항 제1호) 또는 「공인회계사법」제41조의 규정에 의하여 설립된 산국공인회계사회에 총리령이 정하는 바에 의하여 등록을 한 감사반이다.(「외감법」제3조 제1항 제2호).

---

104) 김건식, 전게서, 박영사, 2014., 422면
105) 임재연, 전게서 Ⅱ, 박영사, 2014., 452면. 이철송, 전게서, 박영사, 2014., 754면.

(2) 외부감사의 대상법인

「외감법」제2조에 따라 외부의 감사인에 의한 회계감사를 받아야하는 주식회사는 다음 각 호의 어느 하나에 해당하는 주식회사이다.(「외감법시행령」제제2조 제1항).

외부감사 대상 법인

1. 직전 사업연도 말의 자산총액이 120억원 이상인 주식회사.
2. 주권상장법인과 해당 사업연도 또는 다음 사업연도 중에 주권상장법인이 되려는 주식회사.
3. 직전 사업연도 말의 부채총액이 70억원 이상이고 자산총액이 70억원 이상 인주식회사.
4. 직전 사업연도 말의 종업원 수가 300명 이상이고 자산총액이 70억원 이상인 주식회사 등.

(3) 외부감사인의 선임
(가) 외부감사인 선임위원회 구성

「외감법」제4조 제2항에 따른 감사인선임위원회는 다음 각호의 자로 구성한다. 이 경우 제3호 및 제5호의 자는 직전 사업연도 말 현재 주주(감사인선임위원회 개최 통보일의 전날까지 주식을 모두 처분한 주주는 제외)가 보유하고 있는 주식을 기준으로 판단하고, 제4호의 자는 감사인선임위원회 개최 통보일 전날에 채권자가 보유하고 있는 채권을 기준으로 판단한다.(「외감법시행령」제3조의 2 제1항).

외부감사인선임위원회 구성

1. 감사 1명.
2. 다른 법령에 따라 선임 된 사외이사(이사로서 그 회사의 상무에 종사하지 아니하는 이사를 말함.)가 있는 회사의 경우에는 그 사외이사 중 2명 이내.
3. 다음 각 목의 어느 하나에 해당하는 주주를 제외한 주주 중에서 의결권 있는 주식을 가장 많이 소유한 주주 2인.
   ①「법인세법 시행령」제43조 제7항 및 제8항에 따른 지배주주 및 그와 특수관계인 에 있는 주주.
   ② 해당회사의 임원인 주주.
4. 「법인세법 시행령」제43조 제7항 및 제8항에 따른 지배주주 및 그와 특수관계인 에 있는 주주를 제외한 채권자 중 채권금액이 가장 많은 금융기관 2인.
5. 「법인세법 시행령」제43조 제7항 및 제8항에 따른 지배주주 및 그와 특수관계인 에 있는 주주를 제외한 기관투자자(「법인세법 시행령」제161조 제1항 제4호에 따른 기관투자자) 중에서 의결권있는 주식(기관투자자인 증권

금융회사가 대여 업무와 관련하여 담보목적으로 취득한 주식은 제외)을 가장 많이 소유하고 있는 기관투자자 1인.

「외감법 시행령」제3조의 2 제1항의 외부감사인선임위원회 구성요건에도 불구하고 감사인을 선임하기 위한 경우로서 제1항 각 호의 자가 모두 동의할 때에는 감사인선임 위원회를 제1항 제1호에 따른 감사 1명과 같은 항 제2호에 따른 사외이사 2명 이상으로 구성할 수 있다. (「외감법시행령」제3조의 2 제2항).

(나) 외부감사인 선임 시기 및 절차

외부감사대상 주식회사는 매 사업연도 개시일부터 4개월 이내에 감사인을 선임하여야 한다. 이 경우 재무제표 및 연결재무제표의 감사인은 동일인이어야 한다. (「외감법」제4조)

회사는 감사인을 선임할 때에는 감사 또는 전문성과 독립성이 확보된 감사인선임위원회(「상법」제415조의2 또는 「금융회사지배구조법」제16조에 따른 감사위원회를 설치한 경우에는 이를 감사인선임위원회로 본다.)의 승인을 받아야 한다. 주권상장법인은 감사인선임위원회의 승인을 받아야 한다. (「외감법」제4조 제2항).

주권상장법인은 연속하는 3개 사업연도의 감사인을 동일감사인으로 하여 최초 사업 연도 개시일부터 4개월 이내에 선임하여야 한다. 이 경우 주권상장회사가 「외감법」제4조 제4항 각 호의 사유로 감사인을 다시 선임하는 경우에는 해당 사업연도의 다음 사업연도 부터 연속하는 3개 사업연도의 감사인을 동일감사인 으로 선임하여야 한다. (「외감법」제4조의 2 제1항).

(4) 선임의 주주총회 보고

회사는 「외감법」제4조 제2항에 따라 감사인을 선임하면 그 사실을 감사인을 선임한 사업연도 중에 소집되는 「상법」제365조에 따른 정기총회에 보고하거나 대통령령이 정하는 바에 따라 아래와 같이 주주에게 통지 또는 공고하여야 한다. (「외감법」제4조 제3항, 「외감법 시행령」제3조의 2 제6항).

주주에게 선임 통지 또는 공고하는 방법

1. 서면 또는 전자문서로 통지(통지대상 주주는 최근 주주명부 폐쇄일의 주주).
2. 주식회사의 인터넷 홈페이지에 공고(공고기간은 감사대상 사업연도 종료일까지).

(5) 외부감사인의 지명

증권선물위원회는 회사가 감사 또는 감사인선임위원회의 승인을 받아 요청한 경우에 해당 회사의 감사인을 지명하거나 다음 각 호의 어느 하나에 해당하는 회사에 대하여 3개 사업연도의 범위에서 증권선물위원회가 지명하는 자를 감사인으로 변경선임하거나 선정할 것을 요구한다. 이 경우 증권선물위원회가 지명하는 자는 회계법인으로 한정한다. (「외감법」제4조의 3 제1항).

증권선물위원회의 감사인 지정대상 회사

1. 「외감법」제4조 제1항, 제5항 또는 제4조의 2 제1항에 따른 기간 내에 감사인을 선임하지 아니한 회사.
2. 회사가 감사인을 교체한 사유가 부당하다고 인정되거나 「외감법」제4조 제2항 또는 제4조의 2 제1항을 위반하여 감사인을 선임한 경우의 해당 회사.
3. 증권선물위원회의 감리결과 「외감법」제13조에 따른 회계기준을 위반하여 재무제표 또는 연결재무제표를 작성·공시한 사실이 지적된 회사. 다만, 증권선물위원회가 정하는 경미한 위반으로 지적된 회사는 제외.
4. 자산총액이 대통령령으로 금액 이상인 회사 중 대주주 및 그 대주주와 대통령령으로 정하는 특수관계에 있는 자가 합하여 발행주식총수(의결권 없는 주식은 제외)의 100 분의 50 이상을 소유하고 있는 회사로서 대주주 또는 그 대주주와 특수관계에 있는 자가 해당회사의 대표이사인 회사.
5. 「외감법」제3조 제1항 각 호 외의 부분 단서에 따른 대통령령으로 정하는 주권상장 법인 중 대통령령으로 정하는 바에 따라 증권선물위원회가 공정한 감사가 필요하다고 인정하여 지정하는 회사.
6. 대통령령으로 정하는 거래은행이 대통령령으로 정하는 사유로 증권선물위원회에 감사인 지정을 요청하는 경우 해당회사.
7. 주권상장법인 중 대통령령으로 정하는 재무기준에 해당하는 회사.
8. 「외감법」제4조 제9항을 위반하여 감사계약을 해지하지 아니하거나 새로운 감사인 을 선임하지 아니한 회사.
9. 그 밖에 공정한 감사가 특히 필요하다고 인정되어 대통령령으로 정하는 회사 등.

마. 이사회결의로 재무제표 등의 승인 보고

회사는 다음과 같은 요건을 갖춘 경우에는 정관에서 정하는 바에 따라 주주총회에 갈음하여 이사회 결의로 재무제표를 승인할 수 있다.(「상법」제449조의 2 제1항). 수정결의도 가능하다.

<u>이사회의 승인 요건</u>

① 재무제표의 각 서류가 법령 및 정관에 따라 회사의 재무상태 및 경영성
과를 적절하게 표시하고 있다는 외부감사인의 의견이 있을 것.
② 감사(감사위원회 설치회사의 경우에는 감사위원) 전원의 동의가 있을 것.

재무제표를 이사회가 승인한 경우에는 이사는 재무제표의 각 서류의 내용을 주주
총회에 보고하여야 한다(「상법」제449조의 2 제2항).

바. 이사회결의로 이익배당 보고

(1) 이익배당의 의의

제1편 제7장 제4절 − I −1. '이익배당의 의의' 항목을 참조하시기 바랍니다.

(2) 이익배당의 요건

제1편 제7장 제4절 − I −2. '이익배당의 요건' 항목을 참조하시기 바랍니다.

(3) 배당가능이익의 산정

제1편 제7장 제4절 − I −3. '배강가능이익 산정' 항목을 참조하시기 바랍니다.

(4) 이익배당의 결정기관

(가) 원칙(주주총회의 결의)

이익배당은 주주총회의 결의(보통결의)로 정한다.(「상법」제462조 제2항). 배당
의 여부, 배당의 크기에 관한 의사결정은 회사의 전반적인 재산 및 영업상태를
파악한 후에 내리는 정책적 결정이므로 재무제표의 승인권을 가진 주주총회로 하
여금 이익배당을 결정하도록 하였다.[106)

(나) 이사회의 결의

2011년 개정 「상법」은 소정의 요건을 구비할 경우 이사회로 하여금 주주총회에
갈음하여 재무제표를 승인하도록 하였는데,(「상법」제449조의 2 제1항), 재무제표
와 이익배당의 연계성으로 인해 재무제표를 이사회가 승인한 경우에는 이사회가
이익배당을 결정 하도록 하였다.(「상법」제462조 제2항 단서).

다만, 재무제표를 이사회가 승인할 경우 이익배당도 이사회가 승인한다는 규정
(「상법」제462조 제2항 단서)은 주식배당에까지 적용되지 않으므로 이사회가 결정
한 이익배당을 주식배당으로 하고자 할 경우에는 다시 주주총회의 결의를 요한
다.(「상법」제462조 의2 제1항).[107).

---

106) 이철송, 전게서, 박영사, 2014., 960면.

(5) 주주총회에 보고

주권상장법인이「상법」제462조 제2항 단서에 따라 이사회 결의로 이익배당을 정한 경우 이사는 배당액의 산정근거 등 대통령령이 정하는 아래 사항을 주주총회에 보고하여야 한다.(「자본시장법」제165조의12 제9항,「자본시장법시행령」제176조의12 제1항).

이익배당 관련 주주총회 보고사항

1. 배당액의 산정근거.
2. 직전 회계연도와 비교하여 당기순이익 대비 배당액의 비율이 현저히 변동한 경우 변동 내역 및 사유.
3. 그 밖에 이익배당에 관한 주주의 권익을 보호하기 위한 것으로서 금융위원회가 정하여 고시하는 사항 등.

바. 회계 및 업무에 대한 감사결과 감사보고

감사보고서는 감사가 일정 영업연도의 이사의 직무집행에 관해 업무 및 회계의 양면에서 행한 감사결과를 종합·정리한 것으로서 주주 및 회사채권자의 열람에 제공되는 일종의 공시서류이다.[108]

감사 또는 감사위원회(이하 "감사"라고 함)는 이사(대표이사)로부터 재무제표와 그 부속명세서 및 영업보고서를 정기종회일의 6주 전에 제출받아(「상법」 제447조의 3) 정기총회일의 2주전까지 감사보고서를 작성하여 이사에게 제출하여야 한다.(「상법」 제447조의 4 제1항).

이에 대해 상장회사의 경우 감사는 주주총회일 1주 전까지 감사보고서를 이사에게 제출하면 된다.(「상법」 제542조의 12 제6항). 이는 이해관계자가 많은 상장회사의 경우 監事로 하여금 監査의 충실화를 도모하기 위한 것이다.

감사보고서의 기재사항 중에 제1호 내지 제9호가 회계감사를 대상으로 한 것인데 반해, 제10호는 업무감사를 염두에 둔 것이다. 여기서 말하는 「직무수행」은 넓은 개념으로서 직무집행으로 행해진 행위 뿐만 아니라 직무의 집행과는 직접적으로 관련이 없더라도 선관주의의무에 위반된 행위도 포함된다.[109]

따라서 감사보고서는 재무제표에 반영된 것에 국한하지 아니하고 감사의 일반적인 업무감사권을 발동하여 이사의 직무수행의 적법성 여부를 감사하고 부적법한 사실을 보고 하게 한 것이다. 그러나 감사가 작성한 감사보서는 주주총회 전에 대표이사에게 제출하여 본점 또는 지점에 비치되지만, 별도로 주주총회에서의 보고에 관한 규정이

---

107) 이철송, 전게서, 박영사, 2014., 960면.
108) 권종호,「감사와 감사위원회제도」, 한국상장회사협의회, 2004., 263면.
109) 권종호,「감사와 감사위원회제도」, 한국상장회사협의회, 2004., 268면.

없다.

감사보고서의 법정기재사항 중 제3호, 제4호, 제6호, 제7호의 기재사항은 법령 또는 정관의 위반여부를 기재하도록 하고 있고, 제10호의 기재사항은 이사의 직무 수행에 관하여 부정한 행위 또는 법령이나 정관의 규정에 위반한 중대한 사실을 기재하도록 요구하고 있으므로 감사는 선량한 관리자주의의무로서 이를 주주총회에 보고하는 것이 타당할 것이다.

실무상으로는 주주총회에 제출한 의안 및 서류에 대한 조사결과가 법령 또는 정관에 위반하거나 현저하게 부당한 사항이 있는지 여부와 일정한 영업연도의 이사의 직무집행에 관해 업무 및 회계의 양면에서 행한 감사결과 부정행위 또는 법령이나 정관을 위반한 중대한 사실이 있는지 여부를 주주총회에 보고하고 있는 실정이다.

감사의 의견을 주주총회에 보고하는 방법에는 특별한 제한이 없으므로 서면에 의하든 구두에 의하든 상관이 없다고 본다. 따라서 회사는 주주총회에 제출한 의안 및 서류에 대한 조사결과인 '주주총회 의안 및 서류에 대한 조사보고서'와 이사의 직무집행에 관한 업무 및 회계에 관한 조사결과인 '감사보고서'를 주주총회에서 별도로 보고하고 있다.[110]

4. 위법·부당사항에 대한 주주총회 진술의무

「상법」에서 '법령 또는 정관에 위반하거나 현저하게 부당한 사항이 있는지에 관하여 주주 총회에 감사 또는 감사위원회 대표가 의견을 진술하여야 한다.'(「상법」제413조)라고 규정한 것은 반드시 주주총회에 출석하여 구두로 진술하라는 말이다. 서면으로 보고하는데 그쳐도 되는 것이라면 그저 "보고하여야 한다."라고 규정하였을 것이다.

그리고 이렇게 감사 또는 감사위원회 대표가 반드시 주주총회에 출석하여 구두로 진술할 의무는 조사결과 법령 또는 정관에 위반하거나 현저하게 부당한 사항이 있는 경우에 한하는 것이 아니라 그러한 사항이 없는 경우에도 마찬가지다. 이때에는 그러한 사항이 없다는 보고를 하여야 한다.

위법·부당한 사실이 감사보고서에 기재되어 있는 경우에도 감사는 주주총회에서 이에 관한 보고를 하여야 한다(「상법」제413조). 감사가 의안의 위법·부당한 사실을 지적하였으나, 이에 관한 감사의 의견보고 없이 총회 결의가 이루어진 경우에는 총회의 결의방법이 법령에 위반한 것으로서 결의취소의 원인이 될 수 있을 것이다.(「상법」제376조 제1항).

---

110) 한국상장회사협의회, 「상장회사 감사의 감사실시요령」, 2009. 6.18. 71면, 김용범, 「내부감사의 의무와 임무해태」, 내부감사저널 , April 2016, 47면.

5. 주주총회의 출석 및 설명 의무

현행 「상법」에서는 감사의 주주총회 출석의무나 설명의무에 관해 아무런 규정을 두고 있지 않다. 그러나 주주는 주주총회에서 질문권을 당연히 가지는 것으로 해석되므로 그것과 표리관계에 있는 감사의 설명의무도 당연히 감사에게 있는 것으로 보아야 할 것 이다. 그리고 감사가 주주총회에서 설명의무를 이행하기 위해서는 주주총회에 출석하는 것이 전제가 되어야 할 것이므로 주주총회출석 역시 감사의 의무라고 보아야 할 것이다.[111]

설령 그렇게 보지 않더라도 감사는 그 직무와 관련하여 회사에 대하여 선관주의 의무를 지므로 이 선관주의의무에 의해서도 감사는 주주총회에 출석하여 주주의 질문에 성실하게 답변할 의무가 있다고 본다. 따라서 정당한 이유 없이 주주총회에 출석하지 않거나 출석하였더라도 불성실하게 설명하는 것은 임무해태가 된다.[112]

다만 감사의 주주총회 불출석과 이로 인하여 주주가 질문을 하지 못한 경우 이것이 결의방법의 하자를 구성하여 결의취소의 소의 대상이 될 수 있는지에 관해서는 검토를 요한다. 의안의 내용이 감사의 설명을 필요로 하는 경우라면 감사의 결석은 결의취소의 사유가 될 수 있지만, 그렇지 않은 경우라면 결의취소의 사유에 해당하지 않는다고 본다.[113]

주주가 의결권을 합리적으로 행사하기 위해서는 회사의 업무에 대한 구체적인 정보를 필요로 하므로 총회에서 임원에 대해 일정상에 관해 설명을 요구할 필요가 있다. 독일의 「주식법」에서는 주주의 說明請求權을 明文으로 인정하고 이를 주주의 固有權으로 보고 있으며(Auskunftsrecht. § 131. AktG), 일본의 「회사법」에서도 같은 취지의 규정을 두고 있다.(「(일본)회사법」제314조).[114]

우리의 「상법」에는 주주의 설명청구권이나 이에 대응하는 이사(또는 집행임원)·감사의 설명의무에 관한 규정이 없다. 그러나 주주권에 內在하는 권리로서 주주는 당연히 회사의 업무와 재산상태를 질문할 수 있고, 이사·감사 등 임원은 이에 대해 설명할 의무를 진다는 점에 이견이 없다.[115]

주주의 설명청구권은 주주총회에서 행사할 수 있는 권리이다. 따라서 총회 이외의 시기나 장소에서 임원에게 설명을 청구하는 경우에는 임원은 설명할 의무를 지지 않는다. 또한 의안과 무관한 사항, 설명하면 회사 또는 주주 공동의 이익을 해칠 사항

---

111) 권종호, 전게서, 132면
112) 권종호, 전게서, 133면
113) 권종호, 전게서, 133면, 상사법무연구회편, 전게서, 83면
114) 김재범, 「주주의 질문권과 회사의 설명의무」, 상연 21권 4호(2003), 151면, 이철송, 전게서, 박영사, 2014., 538면.
115) 이철송, 전게서, 박영사, 2014., 539면.

등에 대한 설명을 요구함은 주주의 권리남용으로 볼 수 있다.[116]

최근 주주의 질문권 및 임원의 설명의무 범위에 관해, 「주주의 질문권은 무한정 행사할 수 있는 것이 아니라 회의 목적사항을 적절하게 판단하는데 필요한 범위라는 內在的인 限界를 가지고 있고, 회사는 이러한 범위를 넘는 질문에 대하여는 답변을 거절할 수 있으며, 의안을 판단하는데 필요한 정도인지의 여부는 합리적인 평균적 주주를 기준으로 한다.」라고 판시한 사례가 있다.[117]

그러나 정당하게 행사된 주주의 설명청구를 무시한 경우 당해 주주가 관련 임원 및 회사에 대해 손해배상청구권을 가지며,[118] 의안과의 관련성에 따라서는 결의의 효력에 영향을 줄 수 있다. 설명청구를 무시한 채 이루어진 결의는 현저하게 불공정한 결의 (「상법」제376조 제1항)로 보는 것이 일반적이다.[119]

Ⅳ 주주총회 終了 後의 감사업무

1. 주주총회 의사록의 확인

가. 작성 의무

주주총회의 의사에는 의사록을 작성하여야 한다.(「상법」제373조 제1항). 의사록에는 의사의 경과 요령과 그 결과를 기재하고, 의장과 출석한 이사가 기명날인 또는 서명하여야 한다.(「상법」제373조 제2항). 의사록은 본점과 지점에 비치하여야 하며(「상법」제396조 제1항), 주주와 채권자는 영업시간 내에 언제든지 의록의 열람 또는 등사를 청구할 수 있다.(「상법」제396조 제2항).

나. 인증

주주총회에서 결의한 내용이 등기할 사항인 때(예컨대 이사·감사의 선임, 합병, 자본금 감소 등)에는 등기신청서에 의사록을 제공하여야 하는데(「상등규」제128조 제2항) 이때 의사록은 공증인의 인증을 받아야 한다.(「공증인법」제66조의 2 제1항). 이는 의사록의 진실성을 확보하기 위한 제도이다.

다. 효력

의사록은 주주총회의 성립과 결의에 관한 중요한 증거자료가 되지만 그것이 유일한

---

116) 이철송, 전게서, 박영사, 2014., 539면.
117) 서울고법. 2005. 12. 16. 선고. 2005나6534 판결.
118) 이철송, 전게서, 박영사, 2014., 539면., 서울중앙지법, 2006. 8. 16. 선고. 2004가단65211 판결.
119) 이철송, 전게서, 박영사, 2014., 539~540면.

증거이거나 창설적 효력이 있는 것은 아니므로, 부실하게 기재되었다면 달리 증명 하여 진실을 주장할 수 있고, 심지어 의사록을 작성하지 않았더라도 주주총회의 결의의 효력에 영향이 있는 것은 아니다.(통설)[120]

그러나 의사록은 진실성을 부인할 만한 사정이 없는 한, 총회의 절차적 요건에 관해서는 증명력이 인정되어야하고, 따라서 반대의 사실을 주장하는 자가 증명책임을 진다고 보아야 한다.[121] 의사록의 보존기간에 대하여는 명문규정이 없으나, 상업장부의 보존기간 (「상법」제33조 제1항)을 유추 적용하여 10년간 보존해야 한다고 본다.[122]

라. 감사의 확인 사항

주주총회의 의사록에는 의사의 경과 요령 및 그 결과가 적법하게 기재되어 있는지, 의장 및 출석이사의 서명 또는 기명날인이 있는지를 확인 확인한다.(「상법」제373조).

2. 주주총회 결의사항의 실시상황 확인

감사는 주주총회결의사항에 대해 그 실시상황을 확인한다.[123]

1. 주주총회결과 공시 : 거래소, 주주총회 당일 까지.
2. 이익준비금 및 적립금의 적립.
3. 결산공고(대차대조표 공고) : 신문사·회사 홈페이지, 지체 없이, 회사의 공고 방법에 따라.
4. 주주총회 결과 등기(상업등기) : 법원, 총회일로부터 본점 2주 이내, 지점은 3주 이내.
5. 배당금 지급통지 및 지급 : 주주, 주총(또는 이사회) 결의 후 1월 이내(배당 결의 시 지급시기를 달리정한 경우는 그 시기).
6. 사업보고서 신고 : 금융위 및 거래소, 사업년도 종료 후 90일 이내. (「자본 시장법」 제159조 제1항, 제2항).

3. 비치서류의 확인

감사는 정기 주주총회 종료 후에는 법정비치서류에 관하여 그 비치여부를 확인하여야 한다.[124]

---

120) 이철송, 전게서, 박영사, 2014., 561면.
121) 대법원 2011. 10. 27. 선고. 2010다8862 판결.
122) 이철송, 전게서, 박영사, 2014., 561면.
123) 한국상장회사협의회, 「상장회사 감사의 감사실시요령」, 2009.6.18. 54면, 한국상장회사협의회, 「주식·공시 실무 안내」, 2013. 11.22. 4면.
124) 한국상장회사협의회, 「상장회사 감사의 감사실시요령」, 2009.6.18. 55면.

1. 재무제표 및 부속명세서와 영업보고서.

2. 외부감사인 및 감사의 감사보고서.

3. 정관.

4. 주주 명부(실질주주명부를 포함한다), 사채원부.

5. 주주총회 의사록, 이사회 의사록 등.

4. 사업보고서에 대한 감사

가. 사업보고서의 개요

사업보고서 제출대상법인은 그 사업보고서를 각 사업연도 경과 후 90일 이내에 금융위원회와 거래소에 제출하여야 한다. 다만 파산, 그 밖의 사유로 인하여 사업보고서의 제출이 불가능하거나 실효성이 없는 경우로서 대통령령이 정하는 경우는 사업보고서를 제출하지 아니할 수 있다.(「자본시장법」제159조 제1항).

나. 사업보고서 제출대상 법인

사업보고서 제출대상법인은 다음 각 목의 어느 하나에 해당하는 법인을 말한다.(「자본시장법 시행령」제167조 제1항).

1. 다음 각 목의 어느 하나에 해당하는 증권을 증권시장에 상장한 발행인.

　가. 주권 외의 지분증권[집합투자증권과 자산유동화계획에 따른 유동화전문회사 등 (「자산유동화에 관한 법률」제3조에 따른 유동화전문회사 등)이 발행한 출자지분 은 제외].

　나. 무보증사채권(담보부사채권과 보증사채권을 제외한 사채권).

　다. 전환사채권·신주인수권부사채권·이익참가부사채권 또는 교환사채권.

　라. 신주인수권이 표시된 것.

　마. 증권예탁증권(주권 또는 가목부터 라목까지의 증권과 관련된 증권예탁증권 만 해당).

　바. 파생결합증권.

2. 제1호 외에 다음 각 목의 어느 하나에 해당하는 증권을 모집 또는 매출(법 제117조 의10 제1항에 따른 모집 또는 법 제130조 본문에 따른 모집 또는 매출은 제외)한발행인(주권상장법인 또는 제1호에 따른 발행인으로서 해당 증권의 상장이 폐지된 발행인 포함).

　가. 주권.

　나. 제1호 각 목의 어느 하나에 해당하는 증권.

3. 제1호 및 제2호 외에 「외감법」제2조에 따른 외부감사대상 법인으로서 제2호 각

목의 어느 하나에 해당하는 증권별로 그 증권의 소유자 수가 500인 이상인 발
행인 (증권의 소유자 수가 500인 이상이었다가 400인 미만으로 된 경우로서 제
2항 제5호에 해당하지 아니하는 발행인을 포함).

다. 사업보고서의 기재사항 및 첨부서류

사업보고서 제출대상 법인은 사업보고서에 다음 각 호의 사항을 기재하고, 대통령
령이 정하는 서류를 첨부하여야 한다.(「자본시장법」제159조 제2항).

(1) 사업보고서의 기재사항

사업보고서 제출대상법인이 사업보고서에 기재할 사항은 다음과 같다.(「자본 시
장법」제159조 제1항 전단).

1. 회사의 목적, 상호, 사업 내용.
2. 임원보수(「상법」, 그 밖의 법률에 다른 주식매수선택권을 포함하되, 대통령
   령으로 정하는 것에 한정).
3. 임원 개인별 보수와 그 구체적인 산정기준 및 방법(임원 개인에게 지급된
   보수가 5억원 이내의 범위 내에서 대통령령으로 정하는 금액(5억원) 이상인
   경우에 한정).
3의2. 보수총액 기준 상위 5명의 개인별보수와 그 구체적인 산정기준 및 방법
   [개인에게 지급된 보수가 5억원 이내 범위에서 대통령령으로 정하는 금액(5
   억원) 이상인 경우에 한정].
4. 재무에 관한 사항.
5. 그 밖에 대통령령으로 정하는 사항.

사업보고서에 기재할 사항으로서 대통령령이 정하는 사항은 다음과 같다.(「자본
시장법 시행령」제168조 제3항).

1. 「자본시장법」제159조 제7항에 따른 대표이사와 제출업무를 담당하는 이사
   의 제169조 각 호의 사항에 대한 서명.
2. 회사의 개요.
3. 이사회 등 회사 기관 및 계열회사에 관한 사항.
4. 주주에 관한 사항.
5. 임원 및 직원에 관한 사항.
6. 회사의 대주주 (그 특수관계인 포함) 또는 임직원과의 거래 내용.
7. 재무에 관한 사항과 그 부속명세서.

8. 회계감사인의 감사의견.

9. 그 밖에 투자자에게 알릴 필요가 있는 사항으로서 금융위원회가 정하여 고시하는 사항.

사업보고서를 제출하여야 하는 법인 중 연결재무제표 작성대상법인의 경우에는 제7호에 따른 재무에 관한 사항과 그 부속명세서, 그 밖에 금융위원회가 정하여 고시하는 사항은 연결재무제표 기준으로 기재하되, 그 법인의 재무제표를 포함하여야 하며, 제8호에 따른 회계감사인의 감사의견은 연결재무제표와 그 법인 재무제표에 대한 감사의견을 기재 하여야 한다.(「자본시장법 시행령」 제168조 제4항).

(2) 사업보고서의 첨부서류

사업보고서 제출대상법인이 사업보고서에 첨부할 서류는 다음과 같다. (「자본시장법 시행령」 제168조 제6항).

1. 회계감사인의 감사보고서.

2. 감사의 감사보고서(「상법」 제447조의4에 따른 감사보고서).

3. 법인의 내부감사장치[이사회의 이사직무집행의 감독권과 감사(감사위원회가 설치 되어 있는 경우 감사위원회)의 권한, 그 밖에 법인의 내부감시장치를 의미]의 가동현황에 대한 감사의 평가 의견서.

4. 그 밖에 금융위원회가 정하여 고시하는 서류 등.

라. 사업보고서에 대한 대표이사 등의 확인 · 검토

사업보고서 제출대상 법인이 사업보고서를 제출하는 경우 제출 당시 그 법인의 대표이사(집행임원 설치회사의 경우 대표집행임원) 및 제출업무를 담당하는 이사는 그 사업보고서의 기재사항 중 중요사항에 관하여 거짓의 기재 또는 표시가 있거나 중요사항의 기재 또는 표시가 누락되지 아니하였다는 사실 등 대통령령으로 정하는 사항을 확인 · 검토하고 이에 각각 서명하여야 한다.(「자본시장법」 제159조 제7항).

사업보고서에 대한 대표이사 등의 확인 · 검토사항은 다음과 같다.(「자본시장법 시행령」 제169조).

1. 사업보고서의 기재사항 중 중요사항에 관하여 거짓의 기재 또는 표시가 없고, 중요사항의 기재 또는 표시를 빠뜨리고 있지 아니하다는 사실.

2. 사업보고서의 기재 또는 표시 사항을 이용하는 자로 하여금 중대한 오해를 일으키는 내용이 기재 또는 표시되어 있지 아니하다는 사실.

3. 사업보고서의 기재사항에 대하여 상당한 주의를 다하여 직접 확인 · 검토하였 다

는 사실.

4. 「외감법」제2조에 다른 외부감사대상법인인 경우에는 같은 법 제2조의 2 및 제2조의 3에 따라 내부회계관리제도가 운영되고 있다는 사실 등.

마. 감사의 확인사항

사업보고서의 기재사항의 적정성 여부와 누락된 사항이 없는지를 확인하여야 한다.

제4절 >> 부정 · 위험의 감사 · 조치 업무

I 이사의 중대 손해발생 위험보고에 대한 감사 및 조치

1. 보고 개요

제2편 제3장 제5절 – I. '보고 개요' 항목을 참조하시기 바랍니다.

2. 보고 의무자

제2편 제3장 제5절 – II. '보고 의무자' 항목을 참조하시기 바랍니다.

3. 보고 사항 및 시기

제2편 제3장 제5절 – III. '보고 사항 및 시기' 항목을 참조하시기 바랍니다.

4. 보고 위반의 효과

제2편 제3장 제5절 – IV. '보고 의무 위반의 효과' 항목을 참조하시기 바랍니다.

5. 보고에 대한 감사의 조치

제2편 제3장 제5절 – V. '보고에 대한 감사의 조치' 항목을 참조하시기 바랍니다.

Ⅱ 외부감사인의 부정 및 위법행위 통보에 대한 감사 및 조치

제2편 제3장 제12절 – Ⅴ. '외부감사인의 부정 및 위법행위 통보에 대한 수령 및 조치권' 항목을 참조하시기 바랍니다.

Ⅲ 내부고발자의 회계부정행위 고지에 대한 감사 및 조치

제2편 제3장 제12절 – Ⅵ. '회계부정행위 고지자로부터 고지 수령 및 징계조치 감면권' 항목을 참조하시기 바랍니다.

I 품질 보증 및 개선 프로그램의 개관

1. 품질보증 및 개선 프로그램의 개요[125]

최고감사책임자는 감사부서의 업무능력을 평가하기 위해 내부감사부서의 모든 면을 다루는 '품질보증 및 개선 프로그램(Quality Assurance and Improvement Program : QA&IP)을 설정 유지하여야 하며, 지속적으로 그 효과성을 점검하여야 한다. 이런 프로그램은 내외부적인 주기적 품질평가와 내부적으로 지속적인 모니터링이 있어야 함을 의미한다.

이런 프로그램은 내부감사 부서가 조직의 업무활동 가치를 증대하고 개선하도록 하는 데 도움을 주고, 내부감사부서가 직무수행기준과 윤리강령을 준수한다는 확신을 주는 방향으로 설계되어야 한다.

2. 품질보증 및 개선 프로그램의 설치

최고감사책임자는 내부감사부서의 다양한 이해관계인들에게 다음과 같이 활동한다는 합리적인 보증을 할 수 있도록 설계된 프로세스를 설치할 책임이 있다.

① 직무수행기준 및 윤리강령과 일관성을 갖춘 감사 헌장 또는 감사규정에 따라 업무를 수행한다.
② 효과적이고 효율적으로 운영한다.
③ 조직의 가치를 증대시키고 업무를 개선하는 활동으로 이해관계자들에게 인식시킨다.

이런 프로세스에는 적절한 감독, 주기적인 내부평가, 품질관리의 상시모니터링 그리고 주기적인 외부평가를 포함하여야 한다.

---

125) 국제내부감사인협회, 전게서, 2007., 145면 및 2012., 88면. 수행권고 1300.

3. 품질보증 및 개선 프로그램의 성격 및 범위

품질보증 및 개선프로그램은 직무수행기준 및 전문적 모범실무관행에서 발견 되듯이, 내부감사부서의 운영이나 관리에 관한 모든 면을 포함하여 충분히 포괄적 이어야 한다. 품질보증 및 개선프로그램 프로세스는 최고감사책임자에 의하여 또는 최고감사책임자의 직접 적인 감독하에 수행되어야 한다.

소규모의 내부감사부서를 제외하고, 최고감사책임자는 품질보증 및 개선프로그램에 관한 대부분의 책임을 일반적으로 부하에게 위임하곤 한다. 대형 또는 복잡한 환경 (예: 다수의 사업체 및 사업장소의 경우)에서는 최고감사책임자는 내부감사부서의 감사 및 컨설팅 기능과는 별개로 공식적인 품질보증 및 개선프로그램 기능을 설치 해야 한다.

이러한 독립적인 기능은 감사책임자가 맡아야 한다. 이 감사책임자는(그리고 제한된 감사직원) 일반적으로 모든 품질보증 및 개선프로그램에 관한 책임을 수행하지 않고, 이러한 활동을 관리하고 모니터링하곤 한다.

4. 품질보증 및 개선 프로그램의 핵심 요소

품질보증 및 개선프로그램은 실무적으로 가능한 한 피검토대상 기능이나 활동과는 별개로, 최적 수준의 전문가적 숙달 및 검토수준을 달성하도록 구성해야 한다. 최고 감사 책임자가 수행하거나 또는 최고감사책임자의 지시를 받는 기능 또는 사람에 의해 수행되는 다음과 같은 내부감사 부서의 핵심요소 들은 품질보증 및 개선프로 그램 의 기능으로 고려되어야 한다.

품질보증 및 개선프로그램의 핵심요소

1. 내부감사정책/절차 개발 및 실행을 감독 : 내부감사부서의 정책/절차 매뉴얼을 운용/ 유지한다.
2. 내부감사부서를 위한 예산 및 재무적 운용 측면에서 최고감사책임자와 감사관리자를 지원한다.
3. 포괄적인 감사리스크 영역을 유지하고 갱신한다. 이에는 다음의 항목이 포함된다. 감사 리스크 영역에 영향을 미치는 새로운 정보를 수집하고 통합시킨다. 내부감사, 외부 감사 그리고 기타 평가 및 조사 기능 들 가운데 책임부서를 감독한다.
4. 감사리스크 및 장기계획을 평가하기 위한 시스템의 일반적 업무를 진행한다. 이 부분 에 대해 최고감사책임자 및 감사관리자를 지원한다.
5. 감사 및 컨설팅업무를 위한전반적인 시간표 작성 프로세스 및 관련된 일정 추적을 지원한다.

6. 내부감사 관리 면에서 감사도구들을 구입, 유지 그리고 적응하고 여타의 기술을 사용 하는 것을 지원한다.

7. 외부에서 인력을 충원하고 내부감사부서가 조직의 내부직원 순환 및 관리자 개발 프로그램에 참여할 수 있도록 운영한다.

8. 직원들의 훈련 및 개발을 감독한다. 예, 훈련코스의 선택 및 개발 그리고 개별 감사 직원들의 전문가적 개발을 위한 추적시스템을 포함하여 관련된 경력계획 및 성과평가 프로세스를 운영한다.

9. 내부감사 통계/측정기준, 감사 후 및 기타 설문조사(예: 내부감사부서의 고객 및 이해관계인에 대한)시스템을 감독한다.

10. 공식적인 내부 및 외부 품질평가를 포함하여 품질보증 및 프로세스 개선 활동을 운영 하고 모니터링 한다.

11. 내부감사부서가 최고경영진 및 감사위원회에 주기적인 요약보고서(내부 및 외부 품질 평가 결과 보고서를 포함하여)를 준비하고 정보를 수집 하는 활동을 감독/운영한다.

12. 내부감사업무, 외부감사 및 기타 내부평가와 조사기능 업무의 결과로 야기되는 권고 사항 및 수정조치 활동에 대한 포괄적인 데이터베이스 사후관리를 운영하고 유지한다.

13. 최고감사책임자, 내부감사 관리자 및 직원들의 직무수행기준, 새로운 내부감사 전문가 모범실무관행 출현 및 변화, 규제관련 사항 그리고 여타 새로운 사안들 및 기회에대해 내부감사관리자의 지시 하에 최신 자료로 업데이트 될 수 있도록 지원한다.

14. '지원한다, 운영한다, 감독한다, 모니터링한다 그리고 유지한다'는 단어들은 품질보증 및 개선프로그램 기능을 담당하는 사람 (들)이 이러한 여러 가지 일을 꼭해야하는 것 은 아니라는 것을 의도한다.

이러한 임무는 −특정한 임무를 위한 임시적인 임무 부여 일수도 또는 장기적인 임무 부여 일수도 있으며−그 외의 내부감사 관리자 및 직원에게 임무를 부여될 수도 있으나, 품질보증 및 개선프로그램을 통해 감독되고 운영되어야 한다는 것이다.

Ⅱ 품질 관리 프로그램 평가[126)]

1. 품질관리 프로그램 모니터링의 개요

품질관리 프로그램의 모니터링은 내부감사부서가 수행한 검증 및 컨설팅업무 전반에 대한 상시적이고 주기적인 평가를 의미하며 품질보증 및 개선프로그램만을 평가한

---

126) 국제내부감사인협회, 전게서, 2007., 149~151면, 수행권고 1310-1.

다는 의미는 아니다.

이러한 상시적이고 주기적인 평가는 일관되게 엄격하고 포괄적인 프로세스, 감사 및 컨설팅업무에 대한 상시적인 감독 및 성과 테스트, 국제내부감사직무수행기준, 해당 회사의 내부감사규정 등의 준수여부를 주기적으로 확인하는 것들로 구성되어야 한다.

모니터링은 또한 성과평가기준(예 : 감사계획 달성, 사이클 타임, 수용된 권고사항 그리고 고객 만족)에 대한 상기적인 측정 및 분석을 하는 것을 포함하여야 한다. 만약 이러한 평가결과 내부감사부서가 개선해야 할 분야를 식별하게 되면, 최고감사책임자는 품질 보증 및 개선 프로그램을 통하려 이를 개선하여야 한다.

2. 품질관리 프로그램 평가의 정의

품질관리 프로그램 평가의 상시적인 내부평가(내부평가라는 용어는 수행권고 여러 곳에서 사용되는 '내부검토' 및 '자가평가'와 동의어임)는 「수행권고」1311-1의 2절, 3절에서 설명되는 것처럼 내부감사활동을 일상적으로 감독 및 검토 그리고 측정하는데 꼭 필요한 요소이다.

품질관리 프로그램 평가는 뒷장에서「수행권고」1311-1의 제4절 및 제5절에서 설명되는 것처럼 주기적 내부평가를 완수해야 한다. 내부감사직무에 대해 높은 수준의 숙달 및 경험을 갖춘 개인이나 팀에 의해, 「수행권고」1312-1 및 1312-2와 일치하게 내부감사 부서에 대한 주기적 외부평가가 이루어져야 한다.

3. 품질관리 프로그램 평가의 내용

품질관리 프로그램의 평가는 내부감사활동의 품질을 평가하여 결론을 내리고 적절한 개선을 위해 권고사항을 이끌어 내야 한다. 품질관리 프로그램의 평가는 다음과 같은 사항의 평가를 포함 한다.

품질관리 프로그램의 주요 평가 내용
1. 어떤 중요한 미 준수사항에 대한 시정을 위해 시의 적절한 수정행동을 하는 지를 포함 하여 「직무수행기준」, 「내부감사규정」과 「윤리강령」의 준수여부.
2. 내부감사부서의 헌장, 규정, 방향, 목표, 정책 그리고 절차의 적정성.
3. 조직의 지배구조, 리스크 관리, 그리고 내부통제의 적절성에 대한기여도.
4. 적용되는 법, 규정 그리고 통제의 적절성에 대한 기여도.
5. 상시적인 업무개선의 효과성 및 모범실무관행의 채택여부.
6. 감사활동이 조직의 가치를 증대시키고 업무를 개선시켜주는지 여부 등.

4. 상시적 개선

모든 품질관리 프로그램의 평가 및 개선 노력은 모니터링 및 평가활동을 통해 나타난 대로 자원, 기술, 프로세스 그리고 절차를 적합하고, 시의 적절하게, 상시적으로 개선 및 변경하는 것을 포함한다.

5. 결과의 보고

책임을 다하고 투명하게 하기 위해 최고감사책임자는 외부적 그리고 적절한 경우 내부적 품질관리 프로그램 평가의 결과를 최고경영진, 이사회 그리고 외부감사인 등 활동의 다양한 이해관계인들과 공유해야 한다.

제2절 》》 품질 보증 및 개선 프로그램의 평가

Ⅰ 품질 보증 및 개선 프로그램에 대한 내부평가[127]

1. 품질보증 및 개선 프로그램 내부평가의 개요

최고감사책임자는 「국제내부감사직무수행기준」 및 국제내부감사협회가 정한 내부감사기준의 정의에 나오는 모든 행동을 감사범위로 하는 내부감사부서를 설립할 책임이 있다. 이를 실천하기 위해 「직무수행기준」1300에는 최고감사책임자가 품질보증 및 개선 프로그램을 개발할 것을 요구하고 있다.

품질 보증 및 개선 프로그램은 상시적이고 주기적인 내부평가(내부평가란 용어는 수행권고에 쓰이는 '내부검토' 및 '자기평가'와 동의어 이다)를 할 것을 포함해야 한다. 이러한 상시적이고 주기적인 평가는 내부감사부서가 수행한 검증 및 컨설팅 업무 전반에 대한 평가이어야 하며, 내부감사부서의 품질 보증 및 개선 프로그램만을 평가하는 것에 그쳐서는 안 된다.(「수행권고」1300-1 참조할 것).

내부평가는 다음과 같은 사항을 반드시 포함하여야 한다.

내부평가에 반드시 포함되어야 할 사항

1. 내부감사부서의 수행성과에 대한 상시적인 감시 및 검토.
2. 자기평가를 통해 수행되는 또는 내부감사 수행실무 및 「직무수행기준」에 관한 충분한 지식을 가진 조직 내 다른 사람에 의해 수행되는 주기적 검토.

---

127) 국제내부감사인협회, 전게서, 2007., 152~154면 및 2012., 92~93면. 수행권고 1311.

2. 품질보증 및 개선 프로그램 상시적인 내부평가

상시적인 내부평가는 일반적으로 내부감사부서를 관리하기 위해 이용되는 관례적인 정책과 실무에 포함되어 있고, 다음과 같은 프로세스 및 수단을 통해 수행되어야 한다.

상시적인 내부평가 프로세스 및 수단

1. 감사업무 감독.
2. 감사부서에서 채택한 프로세스(즉, 감사매뉴얼이나 절차매뉴얼 포함)가 준수되고 있다는 확신을 제공하는 점검표나 여타 수단.
3. 감사고객 및 기타 이해관계인으로부터 얻은 피드백.
4. 개별감사에 개입하지 않은 직원의 감사조서에 대한 선택적인 동료 검토.
5. 프로젝트 예산, 시간준수 시스템. 감사계획 완수, 그리고 비용 회수.
6. 성과지표(사이클 타임, 수용된 권고사항 등)의 분석 등.

상시적인 수행성과의 품질에 관한 결론을 내릴 수 있어야 하며, 필요한 개선이 진행되도록 하기 위해 사후관리 행동이 취해져야 한다.

3. 품질보증 및 개선 프로그램 주기적인 내부평가

일반적으로 주기적 내부평가는 관례적이지 않은 특정 목적의 검토 및 준수여부 테스트를 의미한다. 그것은 ① 내부감사부서 헌장/규정, 직무수행기준 및 윤리강령을 준수하는지 평가하고, ② 다양한 이해관계인의 요구에 부응하는 내부감사부서의 효율성과 효과성을 평가할 수 있도록 설계되어야 한다.

국제내부감사인협회의 품질평가 매뉴얼 또는 이에 비견할 만한 지침이나 도구들은 주기적인 내부평가를 위한 기초 역할을 해야 한다. 주기적인 내부평가는 다음과 같다.

품질 보증 및 개선 프로그램의 주기적인 내부평가 사항

1. 이해관계 집단에 대한 더 깊이 있는 면담 및 설문조사를 포함할 수 있다.
2. 내부감사부서의 구성원에 의해 수행될 수도 있다.(자가평가).
3. 공인내부감사사(CIA) 또는 현재 조직 내의 어떤 부서에 있든, 다른 신뢰할 만한 감사 전문가에 의해 수행될 수 있다.
4. 자기평가 및 자료작성 후 공인내부감사사 또는 기타 능력 있는 감사 전문가에 의해 검토되는 경우도 포함할 수 있다.
5. 관련된 내부감사 전문직의 모범실무관행에 대비하여 내부감사활동실무 및 성과측정 기준을 벤치마킹 하는 것을 포함할 수 있다.

외부평가가 있기 전에 가까운 시간 내에 수행된 주기적인 내부평가는 외부평가를 촉진하는데 도움이 되고 외부평가 비용도 줄일 수 있다. 만약 외부평가가 '독립적인 검증을 수반하는 자가평가'의 형태를 취한다면(수행권고 1312-2) 주기적인 내부평가는 이러한 프로세스의 자가평가로 간주될 수 있다.

최고감사책임자는 적절한 신뢰성과 객관성을 유지하는 주기적인 검토의 결과를 보고 하는 체계를 구축해야 한다. 일반적으로 상시적이고 주기적인 검토수행에 책임을 맡은 담당자는 검토수행 중에 최고감사책임자에게 보고하고 검토 결과를 직접 최고감사책임자 에게 전달해야 한다.

최고감사책임자는 적어도 일년에 한번, 내부평가결과 필요한 행동계획 그리고 성공적으로 실행한 것들을 최고경영진, 이사회 또는 외부감사인 등 감사부서 밖의 필요한 사람들에게 보고 또는 공유해야 한다.

Ⅲ 내부감사부서의 성과검토를 지원하기 위한 수단[128]

1. 서 론

「직무수행기준」1310조(품질관리 프로그램 평가)는 내부감사부서가 그의 품질프로그램의 전반적인 효과성을 측정하고 모니터하기 위한 프로세스를 채택해야 한다고 정한다. 프로세스는 내부적·외부적 평가 모두 포함하여야 한다. 「수행권고」1311-1 (내부평가)은 이런 내부검토를 수행하는 요소로서 성과측정의 분석을 이용할 것을 제안한다.

「직무수행기준」의 준수 외에, 감사활동의 성과측정은 다음을 포함할 수 있다. 리스크관리, 내부통제 그리고 지배구조의 개선에 기여한 수준, 부여된 핵심 목표달성 수준, 감사계획 대비 진행정도 평가, 감사 프로세스에서 증가된 비용효익 정도, 프로세스 개선을 위한 조치계획이 증가된 수, 적절한 업무계획 및 감독, 이해관계인의 니즈를 완수한 효과성, 품질보증 검토의 충분성이다.

2. 성과측정 프로세스 수립

효과적인 성과측정을 위하여 최고감사책임자는 다음의 프로세스를 수립해야 한다.
① 중요한 성과범주를 확인한다.
본 수행권고는 다음의 범주를 이용할 것을 제안한다.
ⓐ 이해관계인 만족.
ⓑ 내부감사 프로세스.
ⓒ 혁신 및 능력.

---

128) 국제내부감사인협회, 전게서, 2007., 156~162면 수행권고 1311-2.

② 성과평가 범주전략 및 측정지표를 확인한다.

전략은「직무수행기준」, 기타 적절한 전문가 기준 그리고 관련된 법 규정을 준수하고 이해관계인을 만족시키는 방향으로 추구하여야 한다. 성과측정을 이용하는가는 「직무수행기준」을 준수하기 위한 내부감사부서의 내부 평가프로세스의 요소가 될 수 있다.

③ 지속적으로 감시되고, 분석되고 그리고 보고될 수 있는 성과측정을 위한 프로세스를 마련한다.

최고감사책임자는 사용된 수단이 부서규모에 적절하고, 산업, 국가, 법규정 그리고 업무환경에 적절한지 확인하여야 한다. 성과측정은 그 조직에 맞게 구체적이어야 하고 최고감사책임자는 특정 내부감사부서에게는 의미가 없는 일반적인 수단에 의존하지 않도록 주의를 기울여야 한다.

3. 중요한 성과평가 범주 확인

위에서 언급한바와 같이 최고감사책임자는 이해관계인 만족, 감사 프로세스, 내부감사의 혁신 및 능력과 같은 핵심성과측정 범주를 식별해야 한다.

이해관계인은 감사위원회, 감사, 경영진, 정부기관 및 규제기관 그리고 외부감사인을 포함한다. 감사 프로세스는 리스크평가, 계획 그리고 감사기법을 포함할 수 있다. 혁신 및 능력은 효과적인 기법의 이용, 훈련, 산업관련 지식을 포함할 수 있다.

4. 성과평가 범주 전략과 측정 확인

「직무수행기준」, 기타 적절한 전문가 기준, 회사 및 내부감사부서 전략계획, 법규정 그리고 내부감사부서 헌장/내부감사부서 규정 및 업무는 각 성과 범주에 대한 적절한 전략을 결정하기 위한 효과적인 토대를 제공할 것이다. 성과 범주 전략 및 측정은 이런 토대 및 이해관계인 만족의 분석에 근거한다.

참고 ▶▶ **성과평가 범주 윤곽**

1. 내부고객 : ① 이사회/감사위원회, ② 최고경영진, ③ 업무관리자.
2. 외부고객 : ① 규제기관, ② 외부감사, ③ 지역사회, ④ 기업의 고객.
3. 내부감사프로세스 : ① 리스크 평가/감사 계획, ② 감사업무 계획 및 수행, ③ 보고.
4. 혁신 및 능력 : ① 훈련, ② 기법, ③ 산업 지식 등.

5. 내부 및 외부 이해관계인

전형적으로 내부감사부서에 대한 핵심 이해관계인(고객)은 내부 및 외부 이해관계인으로 구분된다.

1. 내부이해관계인 : 이사회/감사위원회, 최고 및 업무 경영진 등.
2. 외부이해관계인 : 규제기관 및 외부감사 등.

최고감사책임자는 모든 관련 이해관계인 및 중요한 또는 각 이해관계인에게 중요해야 만 하는 제품 및 서비스를 식별해야 한다. 최고감사책임자는 그들의 현제의 만족수준(및 그에 필적할 만한 우선사항)과 식별된 어떠한 차이도 평가해야 한다.

평가는 인터뷰, 촉진된 회의 그리고/또는 질의서를 통해 수행될 수 있다. 차이가 식별되면, 최고감사책임자는 적절한 조치계획을 개발하도록 장려한다. 이해관계인들 간의 만족을 맞추고 검증할 필요가 있을 것이다.

관련된 이해관계인 및 그들의 만족을 식별하는데 고려할 사항은 다음과 같은 사항을 포함한다.

이해관계인의 만족을 식별하는데 고려할 사항

1. 조직과/또는 감사활동에 관한 규정의 범위.
2. 핵심적인 내부 및 외부이해관계인들과의 관계.
3. 조직의 성격(예: 상장된 또는 개인소유의 기관) 등.

6. 내부감사 프로세스

내부감사프로세스에서 성과측정 범주를 식별할 때 「IIA의 실행기준」또는 「내부감사규정」등을 고려하여야 한다. 추가적으로, 「내부감사 헌장」 또는 「내부감사규정」에서 요구되는 핵심 달성 목표도 고려되어야 한다.

피이드백 및 측정기법은 경영진에 대한 컨설팅업무(감사업무에서의 프로세스를 똑같이 따라야 할 필요는 없을 것이다) 및 만약 「내부감사 헌장」 및 「내부감사규정」등에서 부정조사 서비스를 포함하고 있는 경우에는 부정조사서비스와 관련된 정보를 수집하기에 알맞게 조정될 수 있다.

내부감사 프로세스 범주와 각 범주에서 측정할 잠재적 영역은 다음과 같다.

내부감사 프로세스 범주 측정의 잠재적 영역

1. 리스크 평가/ 감사 계획
   ① 감사부서가 리스크 관련된 사안을 효과적으로 처리했는가에 대해 핵심 이해관계인(감사위원회, 최고경영진, 외부감사인)으로부터 피드백을 획

득하는가?

② 내부감사부서는 핵심 리스크 영역이 다루어진 정도를 평가하는가?

2. 감사 계획 및 업무 수행

① 범위, 목표, 시점 그리고 자원배분을 포함하는 각 업무를 위해 적절한 감사계획이 수립되는 가?

② 감사는 수립된 감사절차와 실무관행을 따라 수행되는 가?

3. 전달 및 보고

① 자세한 품질수준 및 감사보고의 빈도에 대해 핵심 이해관계인으로부터 피드백이 획득 되는가?

② 내부감사부서는 핵심 권고사항이 실행되는 정도를 측정하는 가?

7. 혁신 및 능력

IIA의「일반기준」및「실행기준」과「내부감사규정」등은 내부감사부서의 혁신 및 능력에 관련된 성과측정 범주를 식별하는데 고려되어야 한다. 혁신 및 능력 범주 및 각 범주에서 측정할 잠재적 영역은 다음과 같다.

1. 훈련

① 감사직원이 충분한 훈련을 받는지 확인하기 위한 측정을 하는가?(직원별 훈련 시간, 직원에 의한 중요한 훈련과목 완수).

② 훈련에 대한 감사직원의 만족도는 측정되는가?

③ 직원 자격증의 수는 측정되는가?

2. 기술 이용

① 기술의 이용에 관해 직원 훈련을 위한 목표가 수립되었는가? 목표가 완수되었다는 것을 확인하기 위한 측정을 하는가?

② 감사 검증 및 분석을 효과적으로 지원하기 위해 기술을 사용하는데 대한 목표가 수립되었는가? 목표의 완수여부를 측정하는가?

3. 산업 지식

• 직원이 산업, 비즈니스, 업무 그리고 핵심기능에 관한 충분한 지식을 갖추고 있는지 측정 하는가?(예 : 오리엔테이션 회의 수료에 대한 측정, 핵심영역에 대한 감사프로젝트, 실무 작업 참여).

8. 효과적인 성과측정 실행 및 보고 프로세스

최고감사책임자는 수립된 감사부서 목표를 지원하는 행동을 촉진하고, 그런 목표의 달성에 대한 적절한 평가를 하는 측정프로세스를 수립해야 한다. 효과적인 상시적 프로세스는 다음과 같은 것들을 포함한다.

1. 직무수행기준, 핵심 전략 목표, 그리고 적절한 법 규정과 일관성을 갖는 성과 측정. 이런 측정 포인트는 명확하고, 측정가능하고, 달성 가능하고, 현실적인 목표 및 /또는 기준이어야 한다.
2. 측정 데이터를 수집, 요약, 분석하기 위한 일관된 프로세스 및 적절한 피드백 제공.
3. 기대치, 조건, 우선순위 그리고 목표의 변화에 맞추어 측정이 현실적으로 변경 되는 것 을 보증하는 프로세스.
4. 부서 관리자 및 핵심 이해관계자에게 측정 프로세스 결과의 보고.
5. 감사위원회에게 내부감사부서의 효과성에 대한 연간 보고 등.

아래 그림은 성과측정 프로세스가 어떻게 적용될 수 있는지 보여주는 예다. 이 예 는 회사전략과 감사전략 사이의 연결을 포함하여 혁신 및 능력 범주에 대한 성과 측 정을 보여준다.

회사 전략

(핵심 재무 및 관리보고와 내부통제 자동화를 위한 핵심 시스템의 능력 향상)

내부감사 전략

(감사대상 핵심 프로세스를 지원하는 응용프로그램 감사에 대한 보고능력 증진)

성과 범주 : 혁신 및 능력

(범주 전략 : 직원 채용 및 시스템 보고와 감사능력에 대한 훈련)

(측정 : ·관련 시스템에 대한 개별 간감사인의 훈련 시간

·시스템 감사 경험이 있는 직원의 수)

Ⅲ 품질 보증 및 개선 프로그램에 대한 외부평가129)

외부평가는 자격을 갖춘 독립적인 외부검토자 또는 검토기관으로부터 최소한 5년에 1회는 받아야 한다. 보다 빈번한 외부평가의 잠재적 필요성과 잠재적 이해의 상충을 포함한 외부검토자 또는 검토팀의 자격 및 독립성은 최고감사책임자에 의해 감사위원 회/이사회와 논의되어야 한다. 그런 논의는 검토자나 검토팀의 경험에 관해 조직의 규모, 복잡성 그리고 동종 산업을 고려해야 한다.

---

129) 국제내부감사인협회, 전게서, 2007., 170 및 2011., 88~98면. 수행권고 1300~ 1312.

1. 품질보증 및 개선 프로그램 외부평가의 개요

최고감사책임자는 「국제내부감사직무수행기준」 및 IIA가 정한 「내부감사기준」 또는 회사의 「내부감사규정」 등의 정의에 나오는 모든 행동을 감사범위로 하는 내부감사 부서를 설치하여야 한다.

이를 실천하기 위하여 「직무수행기준」1300에는 최고감사책임자가 품질보증 및 개선 프로그램을 개발할 것을 요구하고 있다. 품질보증 및 개선프로그램은 자격을 갖춘 독립적인 외부 검토자 또는 검토팀으로 부터 적어도 5년 마다 한번은 수행되는 주기적인 외부평가를 받아야 하는 것을 포함한다.

이러한 상시적이고 주기적인 평가는 내부감사부서가 수행하는 검증 및 컨설팅업무 전반에 대한 평가여야 하며, 내부감사부서의 품질보증 및 개선프로그램 만을 평가 하는 것에 그쳐서는 안 된다. (「수행권고」1300-1 참조할 것).

2. 품질보증 및 개선 프로그램 외부평가의 일반적 고려사항

내부감사부서에 대한 외부평가는 감사활동부서가 직무수행기준을 준수하는 지에 대해 평가를 내리고 의견을 제시하여야 하며, 적절한 경우 개선을 위한 권고 또는 지도 사항을 포함하여야 한다.

이러한 검토는 최고감사책임자와 내부감사부서 다른 구성원에게 상당히 값진 것일 수 있다. 아래 제3항에 명시된 바와 같이 자격을 갖춘 사람만이 그러한 검토를 수행 할 수 있다. 외부평가는 5년 내에 받도록 요청된다.

외부평가를 이미 받은 조직은 지난번 검토 이후 5년 내에 다음 검토를 받을 것을 것이 요구된다. 검토 완료 후에 「직무수행기준」의 용어설명에 명시된 대로 이사회 및 최고 경영진에게 공식 보고하여야 한다.

3. 품질보증 및 개선 프로그램 외부평가 검토자의 자격

자가평가에 정당성을 부여하는 사람을 포함하여 외부검토자는(새로운 「수행권고」 1312-2) 조직 및 내부감사부서로부터 독립적이어야 한다. 검토팀은 내부감사활동 또는 외부평가 프로세스에 전문가적인 실행 능력이 있는 사람들로 구성되어 있어야 한다.

외부평가 후보업체를 평가할 때, 자격 있는 개인으로는 국제내부감사인협회의 품질 보증 검토자, 규제감독 당국의 검사인, 컨설턴트, 외부감사인, 기타 전문 서비스 제공자 그리고 조직 외부의 내부감사인으로서 그가 속한 내부감사부서가 외부평가 대상이 되는 경우를 포함한다.

4. 품질보증 및 개선 프로그램 외부평가의 독립성

외부평가를 수행하는 개인이나 조직, 검토팀의 팀원 그리고 평가에 참여하는 여타의 개인은 그들의 내부감사활동이 외부평가의 대상이 되는 조직 또는 그 구성원에 대해 부담 이나 이해관계로부터 자유로워야 한다. 외부평가자의 독립성과 관련하여 다음과 같은 특별한 고려가 필요하다.

① 평가를 수행하는 개인은 내부감사활동이 평가의 대상이 되는 조직으로부터 독립되어야 하며, 실제로 또는 명백하게 이해상충이 없어야 한다. '조직으로 부터의 독립'은 내부 감사부서가 속한 조직의 일부가 아니고 통제도 받지 않아야 함을 의미한다. 외부평가 자를 선택하는데 검토자가 그 조직 또는 내부감사부서와 현재 또는 과거 관계 때문에 주고받을 것이 있는 등 가능성 있는 그리고 명백한 이해상충을 고려해야 한다.

② 내부감사부서와는 조직적으로 구분되지만, 그 조직 또는 관련 조직의 다른 부서에서 근무하는 사람은 외부평가 수행목적에서 볼 때 독립적이 아니다. '관련 조직'은 한 그룹사의 모기업 또는 자회사 일수 있고, 그 내부감사활동이 외부평가의 대상이 되는 해당 조직에 대한 정기적인 감시, 감독 또는 품질보증 책임이 있는 기관일 수도 있다.

③ 셋 이상의 기관들(동종 업계 또는 기타 유사 그룹, 지역 협회, 또는 기업집단) 간의 동업자 상호평가협정이 독립성에 대한 우려를 완화하는 방식으로 짜여 질 수 있지만 독립성에 대한 문제가 발생하지 않도록 주의가 필요하다. 두 조직 간의 동업자 상호 평가는 독립성 테스트를 통과할 수 없다.

④ 이 절에서 논의되고 있는 사례에서처럼 독립성이 저해되거나 저해된 것처럼 보일 수 있다는 우려를 극복하기 위해 한명 이상의 독립성이 있는 개인이 외부평가팀의 일원이 되거나 또는 외부평가팀의 업무를 독립적으로 검증하는데 참여하도록 정해질 수 있다.

5. 품질보증 및 개선 프로그램 외부평가의 신의성실성과 객관성

품질보증 및 개선 프로그램 외부평가의 신의성실성은 검토팀에게 정직성과 비밀 유지 제약조건 범위 내에서 솔직성을 요구한다. 서비스와 공공신뢰가 개인적 이득 이나 혜택에 종속되어서는 곤란하다.

품질보증 및 개선 프로그램 외부평가의 객관성이란 정신적 상태이며 검토팀의 서비스에 가치를 부여하는 특성이다. 객관성의 원칙은 공정하고, 정직하고, 이해상충으로부터 자유로워야 하는 의무를 부과한다.

6. 품질보증 및 개선 프로그램 외부평가의 역량

외부평가를 수행하고 그 결과를 보고함에 있어 전무가적 판단력의 발휘가 요구 된다. 따라서 외부평가자로서 검토임무를 수행하는 개인은 다음과 같은 역량을 갖추어야 한다.

품질보증 및 개선 프로그램 외부평가의 역량

1. 능력있고 「직무수행기준」또는 「내부감사규정」에 대한 상세한 지식을 갖추고 있는 CIA, CPA, CA 또는 CISA, 기업내부감사사 등 공인된 감사전문가 이어야 한다.
2. 해당 전문 업무분야에 대해 「모범실무관행」또는 감사업무를 숙지하고 있어야 한다.
3. 관리자 급으로 내부감사활동부서에서 최소한 3년 이상의 경험을 가져야 한다.
4. 외부평가팀의 리더와 독립적인 평가자들은 아래와 같은 추가적인 능력과 경험을 필요로 한다. 그것은 ① 전에 외부품질평가 팀의 일원으로 일 하여 얻은 경험, ② IIA의 품질평가 코스 또는 유사한 훈련을 성공적 으로 완수하여 얻은 경험, ③ CAE 또는 이에 비견될만한 내부감사 관리경험 등으로부터 얻은 것 들을 말한다.

검토팀은 정보기술 전문가와 검토대상 업종 경험자를 포함해야 한다. 다른 전문 분야 수행능력을 가진 개인이 외부 검토팀을 지원할 수 있다. 예를 들면 전사적 리스크 관리, 통계적 샘플링, 업무모니터링 시스템 또는 통제자가 평가 등에 관한 전문가 등이 검토의 어떤 분야에 참여할 수 있다.

7. 품질보증 및 개선 프로그램 외부평가의 범위

품질보증 및 개선 프로그램 외부평가의 범위는 다음과 같은 내용을 포함한 내부 감사 부서의 광범위한 업무영역을 포함한다.

품질보증 및 개선 프로그램 외부평가의 범위

1. 「직무수행기준」, IIA의 「윤리강령」그리고 내부감사부서의 헌장 또는 규정, 계획, 정책, 절차, 방법, 기타 적용 가능한 법적, 제도적 요구사항의 준수.
2. 이사회, 집행 경영진 그리고 일선 관리자가 표명하는 내부감사 활동부서에 대한 기대.
3. 지배구조 프로세스에 개입되는 핵심 그룹들 사이에서의 부수적인 관계를

포함하여, 내부감사부서의 기업지배 프로세스에의 통합정도.

4. 내부감사부서에서 사용한 방법과 기술.

5. 프로세스 개선 등에 초점을 맞추는 감사직원을 포함해서 지식, 경험 그리고 훈련을 받은 감사인의 구성.

6. 감사활동이 조직의 가치를 증대하고 업무를 개선하는지 여부 결정 등.

8. 품질보증 및 개선 프로그램 외부평가 결과의 보고

책임을 다하고 투명하게 하기 위하여 최고감사책임자는 외부적 그리고 적절한 경우 내부적 품질관리 프로그램 평가의 결과를 최고경영진, 이사회 그리고 외부감사인 등 활동의 다양한 이해관계인 등과 공유해야 한다.

제3절 >>> 품질관리 프로그램 자가 평가 및 보고

Ⅰ 독립적인 검증을 수반하는 자가 평가130)

외부평가는 자격을 갖춘 독립적인 외부검토자 또는 검토기관으로부터 최소한 5년에 1회는 받아야 한다. 보다 빈번한 외부평가의 잠재적 필요성과 잠재적 이해의 상충을 포함한 외부 검토자 또는 검토팀의 자격 및 독립성은 최고감사책임자에 의해 이사회와 논의 되어야 한다. 그런 논의는 검토자나 검토팀의 경험에 관해 조직의 규모, 복잡성 그리고 동종 산업을 고려해야 한다.

1. 품질보증 및 개선 프로그램 자가평가의 개요

최고감사책임자는 「국제내부감사직무수행기준」 및 IIA가 전한 내부감사 기준의 정의 에 나오는 모든 활동을 감사범위로 하는 내부감사부서를 설립할 책임이 있다. 이를 실천 하기 위해서는 「직무수행기준」1300에는 최고감사책임자가 품질보증 및 개선 프로그램을 개발할 것을 요구하고 있다.

품질보증 및 개선프로그램은 자격을 갖춘 독립적인 외부 검토자 또는 검토팀으로 부터 적어도 5년 마다 한번은 수행되는 주기적인 외부평가를 받아야하는 것을 포함 한다. 이러한 상시적이고 주기적인 평가는 내부감사부서가 수행하는 검증 및 컨설팅

---

130) 국제내부감사인협회, 전게서, 2007., 171~173면 및 2011., 99~101면., 수행권고 1312.

업무 전반에 대한 평가여야 하며, 내부감사부서의 품질보증 및 개선프로그램만을 평가하는 것에 그쳐서는 안 된다.(「수행권고」1300-1).

2. 독립적인 검증을 수반하는 자가평가의 방법

독립적인 개인이나 팀에 의한 외부평가는 비교적 소규모 내부감사부서에게는 부담스럽다는 우려에 대하여, IIA는 대안으로서 다음과 같은 특징을 갖춘 "독립적인 (외부적) 검증을 수반하는 자가평가"라는 프로세스를 만들었다.

독립적인 검증을 수반하는 자가평가

1. 포괄적이고 완전히 문서화된 자가평가 프로세스로서, 적어도 직무수행 기준의 준수평가 에서 외부평가 프로세스에 필적해야 한다.
2. 자격있는 검토자에 의한 독립적인 현장 검증.
3. 경제적인 시간 및 자원 요건
    예) 최우선적 초점은 「직무수행기준」의 준수에 둘 것이다. 모범실무관행의 채택에 관한 벤치마킹, 검토 및 자문, 최고경영진 및 업무관리자들 (CAE와 내부감사부서원 들이 이미 그들의 관심과 우려를 알고 있는)과의 인터뷰 등과 같은 기타 영역에 대한 관심은 줄이거나 생략될 수도 있다.
4. 다른 점에서는, 「수행권고」1312-1(외부평가)에서 설명된 것과 같은 요건 및 기준이 적용될 것이다.
5. 일반적 고려사항.
6. 독립적 검증(외부평가)하는 사람의 자격.
7. 독립성, 신의성실 및 객관성, 능력, 경영진 및 이사회의 승인, 범위 (수단, 기술, 기타 모범실무관행, 경력개발, 부가가치 있는 행동 같은 분야는 제외).
8. 결과보고서(수정 행동 및 달성결과를 포함).

CAE의 지시를 받고 있는 팀은 자가평가 프로세스를 수행하고 모두 문서화해야 한다. IIA의 품질평가 매뉴얼은 자가평가에 대한 지침 및 수단을 포함하여 그 프로세스의 윤곽을 담고 있다. 외부평가에서 요구되는 것과 같은 보고서 초안이 작성되어야만 한다.

자격있고 독립적인 검증자는 평가결과를 검증하고, 감사활동이 직무수행기준을 준수한 정도를 식별한 수준에 대한 의견을 표명하기 위해 자가평가에 제한된 테스트를 수행하여야 한다. 이러한 독립적인 검증은 IIA의 품질평가 매뉴얼 또는 유사한 포괄적 프로세스에 설명된 프로세스를 따라야 한다.

3. 독립적인 검증을 수반하는 자가평가팀의 평가

「직무수행기준」 및 「윤리강령」의 준수에 대한 자가평가팀의 평가를 엄격히 검토 하는 것을 포함하여, 독립적인 검증을 완료한 경우 다음과 같은 자가평가팀의 평가가 있어야 한다.

① 독립적인 검증자는 위에서 언급된 보고서 초안을 검토해야 하며, 해결되지 않은 사안 들이 만약 있다면 그것들에 대한 조정을 시도해야 한다.

② 만약 직무수행기준 및 윤리강령 준수에 대한 평가에 동의한다면, 독립적인 검증자는 평가에 동의한다는 문구를(필요하면) 보고서에 추가해야 하고, 필요 하다면 발견사항, 결론 그리고 권고사항에 동의한다는 문구를 추가해야 한다.

③ 만약 그 평가에 동의하지 않는다면 독립적인 검증자는 보고서에 동의하지 않는다는 문구를 추가해야 한다.

④ 대안으로 독립적인 검증자는 위에 언급한 동의 또는 동의하지 않는다는 내용을 표명 하는 독립적인 검증보고서를 자기평가보고서에 추가하여 따로 작성할 수도 있다.

⑤ 독립적인 평가가 수반된 자가평가의 최종보고서는 자가 평가 팀과 독립적인 검증자에 의해 사인되어야 하고 CAE에 의해 발행되어 최고경영자와 이사회에 보고하여야 한다.

4. 독립적인 검증을 수반하는 자가평가 보고서의 보고

완전한 외부검토는 내부감사활동에 최대의 혜택을 가져오고, 내부감사부서의 품질 관리 프로그램에 꼭 포함되어야하는 한편, 독립적인 검증을 수반하는 자가평가는 본 「직무수행기준」 제1312조를 완전하게 만족시키는 대안적인 수단을 제공한다.

하지만, 가능한 한 최적의 품질보증과 프로세스 개선혜택을 획득하려면, 내부감사 부서는 독립적인 검증이 수반되는 자가평가를 임시적인 수단으로보고 다음 기간 중에는 완전한 외부평가를 받도록 노력하여야 한다.

Ⅲ 품질 관리 프로그램의 보고[131]

외부평가의 완료시점에 검토팀은 내부감사부서의 「직무수행기준」준수에 관한 의견을 담고 있는 공식보고서를 작성해야 한다.(수행권고 1312-1 참조). 이 보고서에는 내

---

131) 국제내부감사인협회, 전게서, 2007., 174면 및 2011., 47면., 수행권고 1320.

부감사부서의 헌장 및 여타 적용 가능한 기준의 준수여부도 역시 언급하고, 개선을 위한 필요한 권고사항을 포함한다.

이 보고서는 그런 평가를 요구하는 조직과 개인에게 전달되어야 한다. CAE는 외부 평가보고서에 제시된 주요한 코멘트와 권고사항을 반영한 시정계획을 문서로 작성 하여야 한다. 그것에 대한 필요한 사후관리 또한 CAE의 책임이다.

「직무수행기준」준수여부에 대한 심사는 주요한 요소이다. 검토팀은 내부감사활동을 심사하고 의견을 제시하기 위해서 「수행기준」을 잘 알고 있어야 한다. 그러나 수행 권고 1310-1조 명시된 바와 같이, 내부감사부서의 수행성과를 심사하기 위해서는 고 려해야 할 추가적인 판단기준이 있다.

Ⅰ 개 요

1. 작성 대상

위법·부당 행위의 정도가 크거나 취급경위가 복잡하고 책임소재가 불분명한 사항으로 '개인주의 및 문책'이 예상되는 건에 대하여 작성한다.

감사원이 피감사자(이하 '진술인'이라 함)와 질의·응답하는 방법으로 작성 한다.

2. 작성 목적

진술인의 위법·부당행위에 대하여 ① 행위의 동기·배경, ② 위법•부당행위의 정도, ③ 관련자의 책임소재 등을 파악하여 증거자료로 활용하며, 진술인에게 ④ 의견진술의 기회를 부여할 목적으로 작성한다.

Ⅱ 문답 필수항목

1. 행위의 동기 및 배경

(1) 진술인의 관련기간

문 : 본 건~와 관련하여 귀하의 직위, 담당 업무 및 기간, 현 소속 및 직위는 어떠합니까?

• 진술인의 본건과 관련된 기간이 인사기록카드상의 내용과 일치하는 지 여부 확인.

– 감사원은 미리 인사기록카드 사본을 확보

(2) 사실 확인

문 : 본 건의 사실관계는 어떠합니까?

- 진술인이 기 작성한 확인서의 내용이 사실인지 여부를 재확인
  - 가급적 확인서의 문구와 일치하도록 작성

(3) 경위 확인

문 : 본 건이 발생된 경위는 어떠합니까?

- 진술인이 기 작성한 경위서의 내용이 사실인지 여부를 재확인.
  - 가급적 경위서의 문구와 일치하도록 작성

(4) 행위의 동기 및 배경

문 : 본 건~를 한 동기 및 배경은 어떠합니까?

- 회사의「감사규정」등에 의거 행위의 동기 및 배경 파악
- 확인서와 경위서 등에 언급된 내용 중 구체적 설명 및 규명이 필요한 모든 사항에 대하여 추가적 질문

(5) 진술인의 주장 및 근거

문 : ~라는 귀하의 주장에 대한 근거는 어떠합니까?

- 규명이 필요한 진술인의 주장에 대한 근거를 질문
  - 지금까지 진술한 내용 중 규명이 필요한 부분은 모두 질문

(6) 주장 및 근거에 대한 반박

문 : ~임에도, ~라는 귀하의 말씀에 대하여 제3자는 어떻게 생각할 것 같습니까?

- 진술인의 주장 및 근거가 객관적으로 타당한지 여부를 진술인이 생각해 보도록 질문
  - "Ⅳ. 문답실시–상황별 대처 요령"을 참조

2. 위법·부당행위의 정도

(7) 고의성 여부

문 :「○○○법」제○조에 의하면 ~를 금지하고 있는데, 이를 알고 있었습니까?

- 진술인이 행위 당시에 법규위반 사실을 알고 있었음에도 고의로 위규를 하였는지 여부를 확인
  - 진술인은 대부분 "몰랐다"라고 답변하므로, 납득할 만한 수준의 규명 필요.

(8) 피해자 규명

문 : 본 건과 관련하여 피해자는 누구이며, 그 내용은 무엇 입니까?

- 예상되는 피해자 및 피해 정도를 규명함으로써, 과실의 정도를 확인하고, 민원 방지 등의 대책을 마련
  - 감사원은 사전에 구체적인 피해자 및 금액을 파악

(9) 피해자 구제

문 : 본 건과 관련된 피해자에 대하여는 어떻게 하실 생각입니까?

- 피해자 구제를 위한 대책을 마련토록 촉구
  - 감사 후 진술인이 번복하지 못하도록 구체적인 일정을 명시

(10) 정당처리 내용

문 : 본 건이 제대로 처리되었다면 어떻게 되었어야 한다고 생각하십니까?

- 과실에 대한 사실을 인정하고 향후 처리 방안의 방향을 제시
  - 저촉된 법규의 취지에 부합되도록 작성

(11) 향후 처리 방안

문 : 향후 ~는 어떻게 하실 생각입니까?

- 감사 후에 조치이전에 즉시 시정할 수 있는 사항에 대하여 개선방안을 마련토록 촉구
  - 위규 행위 중 진술인이 지금 당장 조치가 가능한 부분을 위주로 작성

(12) 회사의 과실

문 : 본 건과 관련하여 귀사가 잘못한 점은 무엇입니까?

- 회사의 과실에 대한 부분을 확인
  - 진술인이 회사의 위규행위를 인정토록 유도

3. 관련자의 책임소재

(13) 최종 의사결정자

문 : 이러한 결정은 누가 한 것 입니까?

- 최종 의사결정을 한자를 확인
  - 「위임전결규정」상의 최종 결재자를 참고하여 작성

(14) 책임 소재

문 : 본 건과 관련하여 귀하가 지시받은 상대방, 일자 및 내용은 무엇입니까?

• 지시한 감독자의 지시 받은 추종자를 확인

– 「직제규정」 및 「위임전결규정」을 참고하여 작성

(15) 진술인의 책임

문 : 본 건과 관련하여 귀하의 책임은 무엇 입니까?

•「감사직무규정」또는 「감사규정」제 0 조에 의거 관련자 책임 소재를 명확히 규명

– 감사반장은 진술인으로부터 문답서 또는 질문서를 징구.

4. 의견진술의 기회부여 등

(16) 제3의 관련자

문 : 본 건 취급과 관련하여 압력•청탁•지시 또는 권유 등을 받은 사실이 있습니까?

• 외압 등 제3의 관련자가 있는지 여부 확인

(17) 감경 사항

문 : 감독기관, 행정부처, 대표이사 등으로부터 훈장, 포상, 표창 등을 받은 적이 있습니까?

•「감사직무규정」또는 「감사규정」등의 제0조에 의한 감경대상에 해당 하는지 여부

> **참고 ▶▶▶ 감경대상 공적사항(예시)**
>
> ① 「상훈법」에 의하여 훈장 또는 포상을 받은 공적
> ② 「정부표창규정」에 의하여 장관 이상의 표창을 받은 공적
> ③ 감독당국, 대표이사 등의 표창을 받은 공적 등.

(18) 의견 진술

문 : 본 건과 관련하여 참고로 더 하실 말씀이나 증거가 있습니까?

•「감사직무규정」또는 「감사규정」제0조에 의거 의견진술의 기회를 부여

– 감사반장은 감사결과 나타난 위법•부당행위의 관련자 또는 당해 조직에 대하여 의견진술의 기회를 부여

Ⅲ 문답 준비

1. 자료 준비

(1) 경위서 작성 : 담당자와 해당 부서장

- 진술인에게 일자별 진행사항 등이 포함된 경위서(별도의 양식 없음)를 작성 하도록 요구.
- 감사원은 동 경위서 초안을 확인서와 문답서에 들어갈 내용들을 모두 포함 (사실 및 배경)시켜 수정한 후, 진술인에게 서명하도록 요구.
- 경위서를 자세히 작성할수록 문답이 수월하며, 진술인이 경위서에 서명할 경우 확인서 및 문답서에 서명하는데 거부감 감소.

(2) 입증자료 수집

- 경위서 내용 중 입증이 필요한 모든 사항에 대하여 입증자료(인사기록카드, 법규 자료, 결재문서, 장표 등의 사본)를 수집 및 작성.
- 문서 및 장표의 사본은 감사결과의 입증이 필요한 경우에 받으며, 원본과 상위 없음을 관계인이 증명하도록 요구.(원본 대조필 및 서명 날인 요구 등)
- 다만, 원본의 수량이 과다한 경우 필요한 부분을 발췌하거나 일정한 서식으로 정리 할 수 있으며 이 경우 그 출처를 명시와 작성자의 서명날인 요구.

(3) 확인서 작성

- 확인서는 감사결과 나타난 위법•부당행위에 대한 증거를 보강하기 위하여 6하원칙 에 따라 구체적 사실을 기재한 확인서를 받을 수 있으며, 관련자 등이 의견진술을 희망하는 경우 의견서의 첨부 가능.
- 진술인이 확인서에 서명을 거부하는 경우
- "잘못된 부분이 있으면 언제든지 수정이 가능하니까, 지금까지 확인된 사실에 대해우선 서명하시고, 의견이 있으면 제출하라"라고 안내.
- 추후 진술인이 확인서의 수정을 요구할 경우 잘못된 부분을 입증할 수 있는 증거자료의 제출을 요구.

(4) 문답서 초안 작성 : 주로 해당 부서장 및 임원

- 문답서의 시간을 단축하고 문답의 일관된 진행을 위하여 경위서와 확인서를 참고 하여 질문사항과 답변사항을 미리 작성.
- 경위서나 확인서에 언급된 내용은 "~한 경위는 어떠합니까?"라고 질문을 포괄적으로 하고, 답변은 가급적 경위서나 확인서의 문구를 그대로 사용.
  - 기 진술한 표현으로 진술인의 거부감을 완화.

2. 환경 조성

(1) 진술인 선정
- 실무자 또는 제재양정이 낮은 자를 먼저 진술인으로 선정함으로써, 최종 의사 결정자의 저항의지 약화.

(2) 입회인 선정
- 입회인의 자격에 대한 규정은 없으나, 객관성을 유지하기 위하여 피감사 부서의 직원으로 하며, 다른 직원도 가능.
- 입회인이 계속 입회할 것인지, 작성 완료된 문답서에 대하여 확인만 할 것인지 여부를 입회인과 진술인이 선택하도록 제안.
  - 계속 입회할 경우 조금 떨어진 장소에서 입회.
  - 통역 등 제3자의 참석이 불가피한 경우 의견을 제시하지 못하도록 사전 경고.

(3) 문답 장소 선정
- 주로 감사장으로 하고, 여자 진술인의 경우 반드시 입회인이 있는 장소에서 실시.
- 감사요원이 한명인 경우 입회인이 있어도 출입문을 개방하는 등 성희롱 논란의 소지를 원천제거.

(4) 문답서 작성의 목적과 방법을 안내
- 안내 문구(의견진술 거부권에 대한 설명 포함)
- "문답서 작성의 목적은 행위의 동기와 배경을 파악하고, 의견 진술의 기회를 부여 하기 위한 것으로서, 진술을 거부할 수는 있으나 이 경우 법규의 위반사항에 대해의견이 없는 것으로 보도록 되어 있습니다."
- "문답서 작성의 방법은 제가 질문을 하면 이에 대하여 솔직하게 임의 답변하는 방식으로 진행됩니다."
- 진술인의 산발적인 답변을 방지하기 위하여 사전에 "마지막에 충분한 의견 진술의의 기회가 있으니, 질문에 부합되는 답변만 하시라"라고 안내.

(5) 진술인의 방어 의지 완화
- 진술인에게 위로와 칭찬을 하면서, 본 감사가 회사의 발전에 도움이 될 것이라고 설명함으로써 방어 의지를 완화.

(6) 법규위반 사실을 부인하려는 태도 차단

- 회사 직원 또는 00종사자로서 소비자 보호 및 선량한 재산관리에 대한 도덕적 의무를 인식하고 업무에 임하여야 한다고 강조.
- 도덕적 해이는 법규 위반 보다 더 큰 처벌을 받아야 한다고 말함으로써, 법규 위반 사실을 부인코자 하는 태도를 차단.

(7) 문답서 초안에 대한 거부감 해소

- 관련 직무기간과 관련한 첫 질문을 하면 진술인은 기억 재생 노력 경주.
- 이때 "기억하기 힘들까봐 증빙을 토대로 미리 작성하였습니다." 라고 말하며 문답서 초안의 해당 답변을 낭독.
- 문답서 초안은 유도심문을 위해서가 아니라 진술인의 편의를 위한 것임을 안내하여 거부감을 해소.

(8) 변경소지가 있는 통계수치는 확인서를 인용

- 문답서의 정정은 입회인 및 간인 등이 필요하므로 복잡.
- 위규 건수 등 추후 변경소지가 있는 통계수치는 FAX 등으로 정정이 가능한 확인서 의 내용을 인용.

Ⅳ 문답 실시

1. 문답에 임하는 자세

(1) 진술인의 임의성을 유지하려는 자세

- 부당한 장시간 심문, 진술거부권 불고지, 기망 등의 방법에 의한 진술은 임의성이 훼손되어 증거능력이 부인 될 수 있으므로 주의.

(2) 예의를 갖춘 친절한 자세

- 항상 존댓말을 사용하며, 고압적 자세로 인해 진술인으로 하여금 불필요한 적대감을 형성하지 않도록 주의.

(3) 침착한 자세

- 쟁점사항에 대하여 진술인과 논쟁을 하지 않도록 하며, 화를 내거나 흥분하여 목소리를 높이지 않도록 주의.
- 진술인이 자백 혹은 시인을 하는 경우 성급하게 다그치거나 윽박지르지 말고 침착한 자새를 견지.

2. 상황별 대처요령

(1) 문답서 작성을 거부할 경우
• 건강 악화 등 그 이유가 타당한 경우 추후에 진행하거나 질문서로 대체.
– 부당할 경우 "진술을 거부할 경우 미리 작성한 모든 질문에 무응답이라고 기재하여 입회인이 서명하게 됩니다."라고 안내하여 문답을 유도.

(2) 진술인이 우는 경우
• 진술인이 여자인 경우 대부분 우는데, 분위를 부드럽게 한 후 문답 진행.
– 심하게 울면 진정하고 오도록 안내하고, 눈물만 흘리면 "담당 ㅇㅇ장은 누구시죠?"등 일상적인 대화로 분위를 부드럽게 유도 한 후 문답을 속행.

(3) 감사원과 진술인이 감정이 격화된 경우
• 감사원과 진술인의 감정이 격화되어 문답진행이 곤란하면 휴식 후 진행.
– "힘드실 텐데, 잠시 차 한잔하신 후 진행하겠습니다."라고 말하며 감정이 누그러 질 때 까지 휴식 후 진행.

(4) 진술인에게 불리한 중요 사실이 드러난 경우
• 의외의 질문을 하여 화제를 돌린 후, 다른 질문 항목을 먼저 질문 후 확인.
– 감사요원이 이 사실을 중요하게 생각하지 않는다는 느낌을 진술인에게 갖도록 함으로써 방어적 태도를 완화 시킨 후 우회적으로 재확인.

(5) 진술인이 기억이 안 난다고 하는 경우
• 실제로 기억하지 못한다고 판단될 경우
  – 기억이 되 살리는데 도움이 되도록 관련 증빙을 제시
• 거짓으로 기억이 안 난다고 말하는 것으로 판단되는 경우
  – 이는 선택적 진술거부에 해당될 수 있다고 진술인에게 안내.
– 감사원이 증거를 제시하여도 기억이 안 난다고 답변하면, 대화내용을 그대로 기재하고 낭독.

예시 ▶▶

문 : '00.0.0.자 결제서류상에 귀하가 담당임원으로서 서명하면서 결재를 받으러 온 직원에게 지시한 내용은 무엇입니까?

답 : 기억이 나지 않습니다.

문 : 직원들은 당시 귀하가 ~를 지시하였다고 말하는데 어떠합니까?

답 : 기억이 나지 않습니다.

문 : 만약 귀하가 직원들에게 ~를 지시한 것이 사실이라면 귀하에게 유리 하겠습니까? 불리하겠습니까?

답 : 불리할 것입니다.

문 : 지금까지 귀하는 귀하에게 유리한 것은 기억이 나고 불리한 것은 기억이 나지 않는다고 말씀하셨는데 맞습니까?

답 : (무응답)

(6) 진술인이 사실을 부인하는 경우

- 진술인에게 "예, 아니오"로만 답변하도록 요구한 후, 단계별로 세밀하게 나누어 여러번 질문함으로써 원하는 답변을 도출.

- 원하는 답변이 나오면 "지금까지 문답한 내용을 다 기재할 까요? 아니면 결론만 기재 할 까요?"라고 물어본 후 원래 의도했던 문답내용만을 기재*.

  *문답서는 제3자가 보는 것이므로 가급적 간략히 작성하는 것이 좋음.

(7) 진술인이 억지 주장을 하는 경우

- "문답서는 제3자가 사실을 판단하도록 작성하는 것인데, 그렇게 말하면 제3자는 어떻게 생각할까요?"라고 질문하여,

- 억지 주장이 제3자에게는 거짓말하는 사람으로 인식될 수 있어 오히려 불리할 수 있다고 안내.

- 설득하려고 하지 말고 입장을 바꾸어 생각하도록 유도.

(8) 진술인이 사실 인정을 지연하는 경우

- "이 사실을 인정하지 않거나 대답하지 않는 것은 거짓 진술이 되며, 이는 더 큰 문제가 되는데, 대답하지 않았다고 써드릴까요? 라고 질문.

- 진술인의 진술을 충분히 들어주되, 지연하면, "대답하지 않음"이라고 기재할 수 있음을 안내.

(9) 진술인의 변명 논리에 말려 든 경우

- 진술인의 변명 논리에 의하여 위규사실이 부인됨으로써 문답이 오히려 진술인의 변명을 위한 증거자료가 될 수 있다고 판단되면,
- "잠깐 화장실에 다녀오겠습니다." 라며 일단 자리를 피하여 생각을 정리하고, 정리가 안 될 경우 익일 면담할 것을 요청하여 추가 조사 후 재개.

V 문답 마무리

(1) 의견 진술기회 부여

- 마지막으로 진술인에게 의견 진술의 기회를 부여하면, 진술인은 문답과정에서 의견을 충분히 진술한 상태이므로 주저하게 되는데,
  - 감사인은 성심껏 진술인을 위한 변명과 "선처를 부탁합니다."라는 문구를 대신 써줌으로써,
  - 향후 조치 과정에서 감사인이 진술인을 보호하기 위하여 노력할 것이라는 믿음 형성.

(2) 문답서 유출 방지

- 진술인이 문답서를 복사하거나 검사장 이외의 장소에서 수정하려는 경우는 "개인의 사생활 및 비밀 보호"를 이유로 제지.
  - 첫 번째 진술인의 문답이 끝나면 검사장 내에서 수정토록 하고, 두 번째 진술인과의 문답을 바로 진행함으로써 첫 번째 문답내용의 유출을 방지.*

  *유출될 경우 경위 문답서에 기재된 개인정보 등이 공개될 소지가 있으며, 진술내용을 번복 하는 등 불필요한 마찰의 소지.

(3) 문답서 수정

- 작성 완료된 문답서를 인쇄하여 " 잘못된 것이 있으면 수정할 수 있습니다."라고 말 하며 진술인에게 주되, 진술인이 위규사실을 부인하는 핵심적 내용에 수정을 요구할 경우 적극적으로 제지.
- 전산화일의 내용을 수정하여 재인쇄하지만, 재인쇄가 곤란한 경우 문답서에 직접 가필 하여 정정.

> **참고** >>> **문답서 가필 정정방법**

1. 글자 정정 : 해당 부분에 두 줄을 긋고 그 위에 정정 내용을 기재.
   ○ 진술인은 정정 내용 위에 서명하고, 감사인은 수정한 행의 좌 또는 우 여백에 정정한 글자 수를 "정○자"라고 기재한 후 그 위에 서명.

2. 글자 추가 : 해당 부분에 "V" 표시하고 그 위에 추가 글자를 기재.
   ○ 진술인은 추가한 글자의 위에 서명하고, 검사원은 정정한 행의 좌 또는 우의 여백에 추가한 글자 수를 "가 ○자"라고 기재 한 후 그 위에 서명.

3. 글자 삭제 : 해당 글자의 원형을 알아 볼 수 있도록 두 줄을 그음.
   ○ 진술인은 삭제한 글자의 위에 서명하고, 감사원은 삭제한 행의 좌 또는 우 여백에 삭제한 글자 수를 "삭 ○자"라고 기재한 후 그 위에 서명.

4. 행 삭제 : 해당 행의 원형을 알아 볼 수 있도록 두 줄을 그음.
   ○ 진술인은 삭제한 행의 위에 서명하고, 검사원은 삭제한 행의 좌 또는 우 여백에 삭제 한 행수를 "삭 ○행"라고 기재한 후 그 후에 서명.

(4) 문답서 작성 종료

- 입회인으로 하여금 문답서를 읽어보고 최종 수정 후 서명 또는 무인하도록 하되, 오탈자 이외의 의견은 제시하지 못하도록 제지.
  - 진술인과 입회인은 문답서 각 장을 접어 간인.
  - 진술인에게 "잘 못된 부분이 있으면 언제든지 수정이 가능*합니다." 라고 안내하여 서명에 대한 부담을 완화.

  * 문답서의 수정을 요구할 경우 잘못된 부분을 입증할 수 있는 증거자료 제출을 요구.
- 작성 완료 후 감사인은 진술인에게 정중히 "수고하셨습니다." 라며 악수를 요청하고 위로함으로써, 작성 과정에서 발생했던 불편한 감정 등을 해소.

(5) 조치방향 안내 및 보완자료 작성담당자 지정

- 진술인이 향후 조치방안을 문의하면
  - "문답은 지금까지의 사실을 확인한데 불과하며, 구체적인 조사가 계속 진행될 것이다." 라고 답변하고, 조치방향을 거론할 단계가 아니라고 안내.
  - 조치방향에 대한 구체적인 언급은 진술인의 불안감을 가중시켜 진술인이 조치 진행 과정에 개입하는 등의 불필요한 행동 초래.
- 향후 각종 보완 자료를 작성하여 제출할 당사자를 지정하여 줄 것을 요구.
  - 가급적 검사현장에서 자료의 작성 및 수집을 완료하되, 감사 종료 후에 자료의 보완이 필요한 경우를 대비.

참고 ▶▶▶ 문 답 서(견본)

소속 :
직위 :
성명 : 홍길동(주민등록번호 : XXXXXX-XXXXXXX
주소 : 서울특별시 ○○구 ○○동 ○○번지

위 사람은 "-------------"와 관련하여 ---- (주) 검사장에서 감사인 ○○○ 과 자유로이 임의 문답하다.

1. 진술인의 관련 기간

문 : 본건 " --------------------"와 관련하여 귀하의 직위, 담당 업무 및 기간, 현 소속 및 직위는 어떠합니까?

답 :

2. 사실 확인

문 : 본 건의 사실관계는 어떠합니까?

답 :

3. 경위 확인

문 : 본 건이 발생된 경위는 어떠합니까?

답 :

4. 행위의 동기 및 배경

문 : 본 건 "----------------"를 작성한 동기 및 배경은 어떠하십니까?

답 :

5. 진술인의 주장 및 근거

문 : "------------을 몰랐다."라는 귀하의 주장에 대한 근거는 어떠하십니까?

답 :

6. 주장 및 근거에 대한 반박

문 : "------ 업무 담당자(대표이사)로서 --------하는 것은 당연하고도 매우 중요한 일임에도, -------하는 것을 몰랐다."라는 귀하의 말씀에 대하여 제 3자는 어떻게 생각할 것 같습니까?

답 :

7. 고의성 여부

문 : 「○○법」제○○조에 의하면 "---------행위"를 금지하고 있는데, 이를 알고 있었습니까?

답 :

8. 피해자 규명

문 : 본 건과 관련하여 피해자는 누구이며, 그 내용은 무엇입니까?

답 :

9. 피해자 규제

문 : 본 건과 관련된 피해자에 대하여는 어떻게 하실 생각입니까?

답 :

10. 정당처리 내용

문 : 본 건이 제대로 처리되었다면 어떻게 되었어야 한다고 생각하십니까?

답 :

11. 향후 처리방안

문 : 향후 " -----"은 어떻게 하실 생각입니까?

답 :

12. 회사의 과실

문 : 본 건과 관련하여 회사가 잘못한 점은 무엇입니까?

답 :

13. 최종 의사 결정자

문 : 이러한 결정은 누가 한 것입니까?

답 :

14. 책임 소재

문 : 본 건과 관련하여 귀하가 지시받은 상대방, 일자 및 내용은 무엇입니까?

답 :

15. 진술인의 책임

문 : 본 건과 관련하여 귀하의 책임은 무엇입니까?

답 :

16. 제3의 관련자

문 : 본 건 취급과 관련하여 압력·청탁·지시 또는 권유 등을 받은 사실이 있습니까?

답 :

17. 감경 사항

문 : 감독기관 또는 정부로부터 훈장, 포상, 표창 등을 받은 적은 있습니까?

답 :

18. 추가 의견 진술
문 : 본 건과 관련하여 참고로 더 하실 말씀이나 증거가 있습니까?
답 :

위와 같이 문답한 후 진술인에게 열람케 한 바, 진술내용과 상위 없으며 오기나 증감할 것이 없음을 확인하므로 간인 한 후 서명케 하다.

년 월 일

진술인직위 ○○○○ 성명 ○ ○ ○ (인)
감사인직위 ○○○ 성명 ○ ○ ○ (인)
입회인직위 ○○○ 성명 ○ ○ ○ (인)

제2절	확인서 작성 요령

I 확인서의 개요

1. 확인서의 의의

확인서란 감사인이 감사하다가 관련 법규를 위반한 것으로 보이는 사항이나 업무처리방법이 불합리한 것으로 보이는 사항을 발견한 경우, 이를 6하 원칙에 따라 구체적으로 기재한 위법·부당행위의 입증자료이다.

또는 감사인이 감사결과 나타난 위법·부당한 취급사항이나 개선이 필요한 사항 또는 권고가 필요한 사항(이하 "지적사항"이라 한다)에 대하여 그 사실을 증명하기 위하여 6하 원칙에 따라 구체적으로 기재한 입증자료이다.[132]

아울러 확인서에는 관련자 등이 의견진술을 희망하는 경우 의견서를 첨부할 수 있다. 다만, 관련 문서 및 장표의 사본 등에 의하여 위법·부당행위가 입증되는 경우에는 이를 받지 아니할 수 있다.

2. 확인서의 용도

가. 위법·부당행위의 관계자 입장

위법·부당행위의 관련자에게 확인서는 감사요원이 제시한 증거자료를 확인하고, 기재 내용이 사실과 맞으면 "맞다", 틀리면 "틀리다"는 관련자의 의견을 듣기 위한 자료이다.

나. 감사요원 입장

감사요원에게 확인서는

① 감사반의 제재여부 및 조치수준 결정 기초 자료.

② 감사결과 조치 안건, 감사서 초안 작성 근거 자료.

③ 감사결과 조치예정 내용 사전통지서 작성 근거자료.

④ 감사실 자체심의반의 감사의 적정성 여부 심사자료.

⑤ 인사위원회에서 제재의 적정성 여부 심사자료 등의 입증자료이다.

---

132) 금융감독원, 「금융기관 검사 및 제재에 관한 규정 시행 세칙」 제24조 제1항 제1호 참조.

Ⅱ 확인서 작성 과정 및 형식

1. 확인서 작성 과정

① 감사 중 임직원의 위법·부당 혐의사실 발견.

② 감사반장에게 발견사항을 보고하고 감사 진행방향 협의.

③ 문서 등 입증자료를 확보하여 구체적인 사실관계 확인.

⇓

④ 관련 법규, 회사 내규 등에 따라 확인서 초안 작성.

⇓

⑤ 감사반장과 협의를 거쳐 확인서 문안을 결정

2. 확인서 작성 형식

가. 확인서 작성 절차

① 확인서 제출을 요구할 경우 '조력을 받을 수 있는 권리 및 이의신청 절차에 대한 유의 사항'을 설명 및 서명 징구.

② 증거자료 1 제시·설명, 증거자료 2 제시·설명…. 방법으로 관련 임직원에게 충분히 소명할 수 있는 기회 부여.

③ 확인서에 의견이 있는 경우 의견서를 제출하도록 안내.

④ 확인서 제출을 거부·지연할 우려가 있는 등 필요한 경우 감사반장 명의로 기한을 정해 문서(확인서 제출 요구)로 요구.

⑤ 서명을 받은 경우 확인서 접수대장에 기록·유지.

나. 확인서 작성 양식

확 인 서

감사반장 : ○ ○ ○ 귀하

1. 제목 :
2. 확인 내용 : 붙임 1
3. 관련 법규 : 붙임 2
4. 관련 임직원 :

직 위	성 명	관련자	구분	담당 업무	담당 기간	현 소속

□ 상기 내용이 사실과 다름없음을 확인합니다.(의견 첨부 가능)
□ 상기 내용 중 사실과 다른 내용이 있거나 이견이 있으므로 별도의견서를 제출합니다.
□ 기타.

년 월 일

확인자 : ○○회사 ○○부장 ○○○ (인)

Ⅲ 확인서 작성 관련 의문점

1. 확인서 작성 의무자

확인서는 감사요원이 감사과정에서 확보한 위법·부당행위에 대한 증거를 제시하는 것이므로 감사요원이 작성한다.

2. 확인서 제목 표기

확인서 제목은 제목만 봐도 지적 내용을 쉽게 이해할 수 있도록 구체적으로 집약하여 표기하여야 한다.

3. 확인서 사실 관계

확인서에는 사실관계를 6하 원칙에 따라 구체적으로 적는다.

① 사실관계를
- ㅇ 사실관계(증거자료 1, 2, 3,…)는 아무리 많아도 있는 그대로 다 적는다.

⇓

② 6하 원칙에 따라
- ㅇ (언제, 어디서, 누가, 무엇을, 어떻게, 왜)확인서 작성하면서 조치 (안)을 생각 한다.

⇓

③ 구체적으로 적는다.
- ㅇ 2013.8.8.~2013.9.5. 기간 중, 금액 :   23,456,789-(조치안 : 23백만원)

4. 확인서 징구 대상자

(1) 회사 임원

위법·부당행위로서 그 동기·결과가 ① 회사의 경영방침이나 경영자세에 기인한 경우, ② 관련 부서 또는 점포가 다수인 경우, ③ 임원이 주된 관련자이거나 다수의 임원이 관련된 경우는 대표이사나 관련 임원으로부터 확인서를 징구한다.

(2) 부서의 장

위법·부당행위로서 그 동기·결과가 ① 부서 또는 점포 내에 관련자가 다수인 경우, ② 부서장 또는 점포장이 주된 관련자인 경우는 관련 부서장 또는 점포장으로부터 확인서를 징구한다.

(3) 관련 직원

위법·부당행위로서 그 동기·결과가 직원이 주된 관련자인 경우는 직접 직원으로 부터 확인서를 징구한다.

마. 의견서를 첨부한 확인서의 효력

확인서의 효력은 사실관계에 의하여 결정되며, 행정처분의 효력은 처분의 근거가 되는 사실관계 및 그에 따른 법률적 평가에 의하여 결정된다.

따라서 행정처분의 효력은 확인서를 부인하거나 의견서를 첨부하였다고 부인되는 것은 아니다.

> ## 제3절 ▷▷ 경영진의 금지 행위

I 이사의 경업금지

1. 의 의

이사는 이사회의 승인이 없으면 자기 또는 제3자의 계산으로 회사의 영업부류에 속하는 거래를 하거나 동종영업을 목적으로 하는 다른 회사의 무한책임사원이나 이사가되지 못한다.(「상법」 제397조 제1항). 경업금지는 금지 내용에 따라 거래금지와 겸직금지로 분류된다.

이 규정은 이사가 그 지위를 이용하여 회사의 비용으로 얻어진 영업기회를 유용하는 것을 제한하고, 이사는 회사업무에 전념해야 된다는 당위성을 규범화하기 위하여이사에게 특별한 법적 책임을 과한 것이다.[133]

2. 적용 대상

경업금지의무의 적용대상은 이사(「상법」 제397조 제1항)와 집행임원(「상법」 제408조의 9)이다. 업무집행관여자를 이사로 간주하는 「상법」 제401조의2 제1항은 "제399조, 제401조 및 제403조의 적용에 있어서"라고 규정하고 "제397조"는 포함하지 아니하므로 업무집행 관여자의 경업은 금지 되지 않는다.[134]

3. 금지 내용

가. 거래금지의무

금지되는 거래는 "자기 또는 제3자의 계산으로 하는 회사의 영업부류에 속하는 거래"이다.

(1) 거 래

규제 대상 이사의 "거래"에는 반드시 반복되거나 계속되지 않고 1회성인 경우와, 영업으로 하지 않는 경우도 포함된다.

---

133) 이철송, 전게서, 박영사, 2014., 731면.
134) 임재연, 전게서 Ⅱ, 박영사, 2014, 400~401면.

(2) 자기 또는 제3자의 계산으로 하는 거래

반드시 이사 자신의 계산으로 하는 거래뿐 아니라 제3자의 계산으로 하는 거래도 금지된다. 제3자의 계산으로 하는 거래에는 이사가 제3자의 위탁을 받아 하는 거래와 제3자 대리인으로 하는 거래가 모두 포함된다. 이사가 별도의 회사를 설립하여 경업거래를 하는 경우나 이사가 이미 경업하고 있는 회사의 주식을 취득하여 지배주주가 된 경우에도 본조의 적용 대상이다.[135]

(3) 회사의 영업부류에 속한 거래

회사의 영업부류에 속하는 거래란 정관에 기재된 사업 목적에 국한되는 것이 아니고, 회사가 사실상 영위하는 모든 거래를 포함한다. 또한 사실상 회사의 영리활동의 대상이 되는 것을 포함하고, 1회성 거래도 포함 한다. 다만, 보조적 상행위는 회사의 영리활동 자체가 아니므로 규제 대상이 아니다.[136]

회사의 영업부류에 속한 거래여부는 이익충돌 가능성을 기준으로 판단한다. 따라서 동종의 영업이라도 회사와 이사의 영업지역이 원격하여 회사의 영업에 영향을 주는 바가 없다면 경업이라 할 수 없으며, 이사의 영업이 회사의 영업에 종속하여 지점이나 영업부문으로 영위됨으로써 양자의 영업이 공동의 이익을 추구하는 관계에 있다면 이 역시 경업이 아니다.[137]

나. 겸직금지의무

이사는 동종영업을 목적으로 하는 다른 회사의 무한책임 사원이나 이사가 되지 못한다. 이사는 경업 대상 회사의 이사, 대표이사가 되는 경우뿐만 아니라 그 회사의 지배주주가 되어 그 회사의 의사 결정과 업무 집행에 관여할 수 있게 되는 경우에도 자신이 속한 회사 이사회의 승인을 얻어야 한다.[138]

동종영업이란 경업에서의 회사의 영업부류와 같은 의미이고, 반드시 현재 영업을 수행 하는 회사가 아니라도 동종영업을 목적으로 하는 회사에 해당한다. 따라서 경업의 대상이 되는 회사가 영업을 개시하지 못한 채 영업의 준비작업을 추진하고 있는 단계에 있더라도 "동종영업을 목적으로 하는 다른 회사"에 해당한다.[139]

---

135) 이철송, 전게서, 박영사, 2014. 732면. 임재연, 전게서Ⅱ, 박영사, 2014. 401면.
136) 이철송, 전게서, 박영사, 2014. 732면. 임재연, 전게서Ⅱ, 박영사, 2014. 401면.
137) 이철송, 전게서, 박영사, 2014., 732면. 대법원, 2013.9.12.선고 2011다57869 판결.
138) 임재연, 전게서 Ⅱ, 박영사, 2014., 402면. 대법원, 2013.9.12. 선고. 2011다57869 판결.
139) 임재연, 전게서 Ⅱ, 박영사, 2014., 402면. 대법원, 1993.4.9. 선고. 92다53583 판결.

다. 퇴직 후의 경업

이사가 퇴직 후에 경업에 종사하는 것은 허용된다. 다만, 회사와 이사 간의 경업 금지 계약을 체결한 경우에는 퇴직 후 일정기간 경업이 금지될 수 있다.

4. 이사회 승인

이사회의 승인이 있으면 경업·겸직이 가능하다.(「상법」 제397조 제2항). 이사의 승인은 사전 승인을 의미한다.[140) 사후의 승인은 책임면제(「상법」제400조)와 같은 효과를 가져오는데, 이사회 결의로 책임을 면제한다는 것은 「상법」 제400조에서 이사의 책임면제에 총주주의 동의를 요하는 것과 대비해 균형이 맞지 않기 때문이다.

경업을 하고자 하는 이사는 특별한 이해관계가 있는 자(「상법」제391조 제3항→ 제368조 제3항) 로서 의결권을 행사하지 못한다. 이 제도는 경업으로 인해 야기될 수 있는 추상적인 이해충돌의 위험성에 기초하여 둔 일반예방규정이다. 따라서 이사회는 장차 경업·겸직으로 야기될 회사의 손실을 예측하여 승인여부를 판단하여야 한다.

5. 경업금지의무 위반의 효과

이사가 이사회의 승인 없이 경업 또는 겸직을 하는 것으로 금지위반의 요건은 충족되며, 이로 인해 회사에 손해가 회사에 발생하였음을 요하지 않는다. 본 제도는 회사의 손해를 회복시켜주는 것만을 목적으로 하는 것이 아니라 경쟁적 이익추구를 단념시킴으로써 이사로 하여금 회사의 업무에 전념케하는 뜻도 있기 때문이다. 따라서 회사에 손해가 발생하지 않더라도 회사는 손해배상 청구만 할 수 없을 뿐 다른 효과는 주장할 수 있다.

가. 손해배상책임

금지위반으로 회사에 손해가 발생한 경우에 이사는 회사에 대해 손해를 배상하여야 한다.(「상법」 제399조 제1항). 상업사용인의 경업금지위반에 관해서는 손해배상책임을 명문화하면서 (「상법」 제17조 제3항) 이사의 경업금지위반에 관해서 같은 규정을 두지 않은 이유는 이사의 손해 배상책임에 관해서는 「상법」 제399조에서 일반규정을 두었기 때문이다.

---

140) 이철송, 전게서, 박영사, 2014., 731면. 임재연, 전게서 Ⅱ, 박영사, 2014., 403면.

나. 해 임

이사회의 승인 없이 한 경업 또는 겸직은 「상법」제385조 제2항에서 말하는 부정 행위 이므로 손해배상 없이 이사를 해임할 수 있는 정당한 이유가 되며(「상법」 제385조 제1항),[141] 소수주주가 법원에 해임을 청구할 수 있는 사유가 된다.(「상법」 제385조 제2항). 이사가 겸직을 사임했다 하더라도 같다.(동 판례).

다. 거래의 효과

이사가 경업금지의무에 위반한 경우에도 그 거래 자체는 유효하다.

라. 개입권[142]

(1) 의 의

이사가 경업금지의무를 위반하여 거래를 한 경우에 회사는 이사회 결의로 그 이사의 거래가 자기의 계산으로 한 것인 때에는 그 이사에 대하여 이로 인한 이득의 양도를 청구할 수 있다.(「상법」 제397조 제2항). 이를 개입권 또는 탈취권이라 한다.

(2) 내 용

이사의 계산으로 한 경우 「회사의 계산으로 한 것으로 볼 수 있다」고 함은 이사가 회사에 대해 거래의 경제적 효과를 귀속시켜야 함을 뜻하고, 회사가 직접 계산의 주체가 되는 것을 뜻하는 것은 아니다.

즉, 거래로 인한 비용을 회사의 부담으로 하고, 얻은 이익을 회사에 귀속시키는 것을 말한다. 따라서 회사의 개입권 행사는 이사의 경업거래 상대방에 대해서는 아무런 영향이 없다. 상대방에 대한 계산의 주체는 여전히 이사인 것이다.

제3자의 계산으로 한 경우 이사가 양도할 「이득」이란 이사가 계산의 주체인 제3자로 부터 받은 보수만을 뜻하고 거래 자체로부터 발생한 이득을 뜻하는 것은 아니다. 거래 자체로 인한 이득을 청구할 수 있다고 한다면 제3자의 권리에 영향을 미치게 되는 까닭이다.

(3) 행 사

개입권은 형성권이다(이설 없음). 따라서 이사에 대한 의사표시만으로 효력이 발생한다. 개입권의 행사는 이사회 결의가 있어야 하나(「상법」 제397조 제2항), 행사 자체는 대표이사가 해야한다. 대표이사가 이를 게을리 하면 주주가 대표 소

---

141) 대법원. 1990.11.2. 결정. 90마745 판결.
142) 이철송, 전게서, 박영사, 2014., 734~736면.

송을 제기할 수 있다.(「상법」제403조).

(4) 기 간

개입권은 거래가 있는 날로부터 1년을 경과하면 소멸한다.(「상법」제397조 제3항). 이것은 제척기간이다. 상업사용인의 경우처럼 「거래가 있음을 안 날」을 기산점으로 하여 2주일 내로 하지 않는 이유는 이와 같은 주관적 기준이 회사에는 적합하지 않고, 또 개입권의 행사에 이사회의 결의라는 절차를 요하는 까닭에 단기의 제척기간을 둘 수 없기 때문이다.

(5) 손해배상청구권과의 관계

「상법」상 명문의 규정은 없지만, 개입권과 손해배상청구권은 양자를 동시에 행사할 수 있다고 해석된다.((「상법」제17조 제3항의 유추 적용). 개입권은 영업상의 손실을, 손해배상은 그 밖의 손실을 회복시키는데 적절한 수단이 될 것이다.

마. 벌칙

경업금지의무 위반은 경우에 따라 「상법」상 특별배임죄(「상법」제622조 제1항)를 구성할 수 있다.(서울고법 1982. 1. 13. 선고. 82노2105 판결).

Ⅱ 회사 기회의 유용금지

1. 의 의

이사는 이사회의 승인 없이 현재 또는 장래에 회사의 이익이 될 수 있는 다음과 같은 회사의 사업기회를 자기 또는 제3자의 이익을 위하여 이용하여서는 아니 된다. (「상법」제397조의 2 제1항).

1. 직무를 수행하는 과정에서 알게 되거나 회사의 정보를 이용한 사업기회.
2. 회사가 수행하고 있거나 수행할 사업과 밀접한 관계가 있는 사업기회.

「상법」은 경업금지와 회사기회의 유용금지의 차이를 고려하여 사업기회의 개념을 구체화하여 규정한 것이다.

2. 이사회 승인

이사회의 승인이 있으면 회사기회의 이용이 가능하다(「상법」제397조 제1항). 소규모 회사에서는 주주총회의 결의로 승인한다.(「상법」제383조 제4항). 이사회의 승인은 사전승인을 뜻한다고 보아야 한다. 그 이유는 경업금지의 승인에 관해 설명한 바와 같이 기회를 이용 하려는 이사가 의결권을 행사하지 못하는 것도 같다.(「상법」 제391 조 제3항 → 「상법」제368조 제3항).

이사회의 승인은 이사 전원의 3분의 2 이상의 찬성으로 한다.(「상법」제397조 제1 항). 통상의 이사회 결의가 이사의 과반수의 출석에 과반수의 찬성을 요구함에 비해 (「상법」제391조 제1항), 크게 강화된 요건임에 주의하여야 한다. 이는 「상법」에서 이 사의 기회 이용이 회사재산에 미치는 위험성을 크게 평가했음을 의미한다.

3. 금지 내용

이사회의 승인 없이 현재 또는 장래에 회사의 이익이 될 수 있는 소정의 회사의 사 업 기회를 자기 또는 제3자의 이익을 위하여 이용하는 것을 금한다.(「상법」제397조의 2 제1항).

가. 자기 또는 제3자의 이익

경업금지에서의 「자기 또는 제3자의 계산」과 같은 의미이다.

나. 기회의 유형[143]

「상법」은 이용금지의 대상이 되는 회사의 사업기회를 다음과 같이 두 가지로 특정 하고 이중 어느 것을 이용하든 규율대상으로 한다.

(1) 직무를 수행하는 과정에서 알게 되거나 회사의 정보를 이용한 사업기회

회사의 직무를 수행하는 과정에서 얻게 된 사업기회 이거나 회사의 정보를 이 용하여 얻게 된 사업기회란 회사의 비용으로 얻은 사업기회임을 뜻한다. 회사의 영업부류에 속하느냐는 묻지 않는다.

(2) 회사가 수행하고 있거나 수행할 사업과 밀접한 관계가 있는 사업기회

회사가 수행하고 있거나 수행할 사업이란 정관상의 사업목적에 국한하지 않고 사실상 회사의 영리활동의 대상이 되어 있는 것은 모두 포함한다. 회사의 「영업 이익」이라고 볼 수 있는 한 이사의 기회유용이 금지된다.

---

143) 이철송, 전게서, 박영사, 2014., 739면.

다. 회사의 이득 가능성[144)]

「상법」은 이용금지 대상을 현재 또는 장래에 회사의 이익이 될 수 있는 기회로 한 정 하고 있다. 그리하여 위 1), 2)에 속하는 사업기회라 하더라도 회사의 이익 될 수 없는 것은 회사의 사업기회라 할 수 없고, 이사의 이용이 금지되지 않는다.(「상법」제 397조의2 제1항).

회사의 이익이 된다는 것은 회계학적으로 회사에 수익을 가져올 수 있다거나 사업 성이 있다는 뜻으로는 새겨서는 안 된다. 회사의 영리추구의 대상으로 삼을 수 있다 는 풀이하면 족하다.

라. 기회의 이용방법

본조는 단지 기회유용을 금할 뿐 기회를 이용한 영업을 금하는 것이 아니므로 1회의 비영업적 거래라 하더라도 회사의 사업기회를 유용하면 본조에 위반하는 행위이다.

4. 위반거래의 효과[145)]

이사가 이사회의 승인 없이 한 회사기회의 유용은 이사가 경업금지의무에 위반한 경우에도 그 거래 자체는 유효한 것과 같이 유효하다.

5. 개입제도의 부적용

「상법」상 기회유용금지제도는 위반행위에 대하여 손해배상책임만을 과할 뿐, 개입 권이나 이익반환제도는 두고 있지 않다.[146)]

6. 손해배상책임

이사가 이사회의 승인 없이 기회를 이용하여 회사에 손해를 가했을 때에는 손해 배 상책임을 져야 함은 법리적으로 의문의 여지가 없다. 문제는 이사가 이사회의 승인을 얻어 기회를 이용하였지만 회사에 손해가 발생한 경우의 책임관계이다.

이사회의 승인은 기회이용의 절차적 위법성을 조각하는 효과가 있을 뿐, 기회이용 으로 인해 생긴 회사의 逸失利益에 관해 이사의 책임을 면제해주는 제도는 아니다. 그러므로 이사회의 승인을 얻었더라도 기회이용이 회사의 영리실현을 현저히 차단 하 는 것이라면 당초 이사회에서 승인되어서도 안 되겠지만, 승인을 얻었더라도 이사는

---

144) 이철송, 전게서, 박영사, 2014., 739~740면
145) 이철송, 전게서, 박영사, 2014., 741면
146) 이철송, 전게서, 박영사, 2014., 741면

책임을 면하지 못한다고 풀이해야 한다.[147]

승인을 얻은 경우이든, 얻지 않은 경우이든 이사의 기회유용과 회사의 손해는 이사의 책임을 추궁하는 자(회사 또는 대표소송 수행자)가 증명해야 한다.

Ⅲ 주주권행사와 관련 이익 공여 금지

1. 입법 취지

회사는 누구든지 주주의 권리행사와 관련하여 재산상의 이익을 공여할 수 없다.(「상법」 제467조의2 제1항). 회사가 주주의 권리행사와 관련하여 재산상의 이익을 공여한 때에는 그 이익을 공여 받은 자는 그 이익을 회사에 반환하여야 한다.(「상법」 제467조의2 제3항).[148]

이익공여금지제도는 소위 총회꾼과 회사 간의 불공정한 거래를 방지하기 위하여 도입되었으나, 근래에는 회사가 총회꾼 외의 자에게 이익을 공여한 경우에도 적용 된다. 이와 같이 적용범위가 확대되는 것은 회사경영의 건전성을 확보하기 위해 더욱 필요하기 때문이다.[149]

2. 금지 내용

가. 이익공여의 주체

직접 이익을 공여하는 행위자는 대표이사, 이사, 집행임원 등이겠지만, 이익공여의 주체인 회사이다. 회사가 자기명의로 이익을 공여하는 경우는 물론, 제3자가 자기의 명의를 가지고 회사의 계산으로 이익을 제공한 경우에도 회사가 이익을 제공한 것 으로 된다.

회사를 위하여 제3자가 자신의 계산으로 이익을 제공한 경우에는 이익공여금지의 대상이 아니다. 예컨대 주주 또는 이사가 특정 의안의 결의와 관련하여 개인적으로 이익을 공여한 경우는 본조의 적용대상이 아니다.[150]

나. 이익공여의 상대방

「상법」의 조문상 이익공여의 상대방이 "누구에게든지"로 규정되어 있으므로 이익을 얻은제3자는 제한이 없다. 따라서 주주권 행사와 관련성이 있는 한 주주 아닌 자에게

147) 이철송, 전게서, 박영사, 2014., 742면
148) 이철송, 전게서, 박영사, 2014., 991면.
149) 임재연, 전게서 Ⅰ, 박영사, 2014., 791면.
150) 임재연, 전게서 Ⅰ, 박영사, 2014., 791면.

이익을 공여하는 것도 금지된다.[151]

통상 주주가 자신의 주주권 행사와 관련하여 이익을 제공받겠지만 주주권을 대리행사하는 자가 제공받을 수도 있으며, 또는 주주가 아닌 자가 장차 회사의 주식을 취득하지 않을 것을 조건으로 이익을 제공받을 수도 있다.[152]

다. 재산상의 이익공여

재산상의 이익공여란 널리 금전•물품•신용•용역의 제공이나, 채무의 면제, 채권의 포기, 신주인수권의 부여, 재산상의 이익이 따르는 지위의 부여를 의미한다. 무상 이거나 회사가 받는 반대급부가 공여된 이익에 비해 저렴한 경우에는 물론이고, 대가가 상당하더라도 그 거래자체가 이권이 될 경우(예, 융자, 제품의 납품)애는 역시 금지된다.[153]

이익공여는 공여된 해당이익이 ① 주주권 행사에 영향을 미칠 우려가 없는 정당한 목적에 근거하여 공여되고, ② 개개의 주주에게 공여되는 금액이 사회통념상 허용 되는 범위이고, ③ 공여된 이익 총액이 회사의 재산적 기초에 영향을 미치는 것이 아니라는 세 가지 요건이 구비되면 허용된다 할 것이다.[154]

라. 주주권행사와의 관련성

주주권행사는 반드시 주주총회에서의 의결권만이 아니고 소수주주권인 회계장부 열람 · 등사 청구권 등 일체의 주주권 행사를 말한다. 주주권 행사와의 관련성은 주주권의 행사 · 불행사 · 행사방법 등을 합의하고 이와 관련하여 이익이 공여됨을 의미한다.[155]

본조는 주주권행사와 결부된 경제거래를 위법한 거래로 보고 규율하려는 것이므로 주주권행사자체의 적법성 여부는 무관하다.[156] 그리고 "주주의 권리행사와 관련하여"는 반드시 자신의 주주권 행사뿐만 아니라 다른 주주의 주주권행사와 관련한 경우도 포함된다.[157]

---

151) 임재연, 전게서 Ⅰ, 박영사, 2014., 791면.
152) 이철송, 전게서, 박영사, 2014., 992면.
153) 이철송, 전게서, 박영사, 2014., 992~993면.
154) 임재연, 전게서 Ⅰ, 박영사, 2014., 792면.
155) 임재연, 전게서 Ⅰ, 박영사, 2014., 792~793면.
156) 이철송, 전게서, 박영사, 2014., 992면
157) 임재연, 전게서 Ⅰ, 박영사, 2014., 793면.

3. 위반의 효과

가. 이익반환의무

회사가 자기명의로 이익을 공여하는 경우 물론, 회사의 계산으로 제3자의 명의로 이익을 제공한 경우 이익공여가 무효가 되므로 그 이익을 공여받은 자는 이를 회사에 반환하여야 한다. (「상법」 제467조의2 제3항). 이는 「민법」의 부당이득에 대한 특칙으로 반환청구권을 명문화 한 것이다.[158]

이익반환의 청구는 회사가 하여야 할 것이나, 회사가 스스로 이익을 공여한 것이니 만큼 청구를 게을리 할 가능성이 크다. 그래서 「상법」은 이익반환청구에 관해 주주의 대표소송을 허용하고 있다.(「상법」 제467조의2 제4항).[159]

나. 회사의 대가 반환

회사가 주주의 권리행사 관련하여 재산상의 이익을 공여하면서 대가를 받았다면 그 대가를 반환하여야 한다.(「상법」 제467조의 2 제3항). 다만 대가의 반환과 이익의 반환은 동시 이행의 관계에 있다고 할 것이다.[160]

따라서 이익반환의무자는 자신이 지급한 대가가 있더라도 공여받은 이익(금전• 현물·신용·노무제곤·채무면제·채권포기·경제적 이익있는 지위의 부여 등) 전부를 반환하여야 한다. 다만, 공여받은 현물을 소비한 경우에는 공여당시의 시가 상당액을 반환하여야 한다.[161]

다. 주주권행사의 효력

본조의 목적은 주주권 행사와 관련된 불공정한 거래를 방지하려는 것이고, 또 주주권 행사 자체는 위법•불공정을 요하지 않기 때문에 이익공여와 관련하여 주주권행사 되더라도 주주권행사 자체의 효력에는 영향이 없다.[162]

「상법」상 재산상의 이익공여에 해당하여 반환의무가 인정되더라도 주주총회에서의 의결권 행사 등과 관련된 주주권행사의 효력에는 아무런 영향이 없다. 주주권 행사와 관련하여 이익을 공여하거나 공여 받은 행위 자체가 위법한 것이지 이익공여의 동기인 주주권행사가 이익공여에 의하여 위법하게 되는 것은 아니다.[163]

---

158) 임재연, 전게서 Ⅰ, 박영사, 2014., 794면.
159) 이철송, 전게서, 박영사, 2014., 994면
160) 임재연, 전게서 Ⅰ, 박영사, 2014., 794면. 이철송, 전게서, 박영사, 2014., 994면
161) 임재연, 전게서 Ⅰ, 박영사, 2014., 794면.
162) 이철송, 전게서, 박영사, 2014., 994면
163) 임재연, 전게서 Ⅰ, 박영사, 2014., 795면.

라. 벌칙

주주의 권리행사와 관련하여 회사의 계산으로 재산상의 이익을 공여한 때에는 벌칙이 적용된다.(「상법」634조의 2).

(1) 행위주체

행위의 주체는 (1) 주식회사의 이사·집행임원·감사 또는 「상법」제386조 제2항, 제407조 제1항 또는 제415조의 직무대행자, 지배인, 기타 사용인, (2) 이들로부터 이익을 수수하거나 제3자에게 이를 공여하게 한자이다.

(2) 위법행위

위법행위는 (1)의 자가 주주의 권리행사와 관련하여 회사의 계산으로 재산상의 이익을 공여하는 것, 및 (2)의 자가 수수하거나 공여하게 하는 것이다.

(3) 처벌내용

1년 이하의 징역 또는 300만원 이하의 벌금에 처한다.

제4절 》》 경영진의 제한 행위

Ⅰ 이사 등의 자기거래 제한 개요

1. 의 의

「상법」상 "이사 등의 자기거래"란 "이사 등이 자기 또는 제3자의 계산으로 회사와 하는 거래"를 의미하고, 여기서 "거래"는 모든 재산상의 행위를 가리킨다고 설명하는 것이 통설이나, "회사와 이사의 이익이 충돌할 수 있는 거래"와 같이 이익충돌을 자기거래 개념요소로 정의하는 견해도 있다.[164]

「상법」은 "규제대상 해당하는 자가 자기 또는 제3자의 계산으로 회사와 거래를 하기 위해서는 미리 이사회에서 해당 거래에 관한 중요사실을 밝히고 이사회의 승인을 받아야 한다. 이경우 이사회의 승인은 이사 3분의 2 이상의 수로 하여야하고, 그 거래의 내용과 절차는 공정하여야 한다."라고 규정하고 있다.(「상법」 제398조).

---

164) 이기수·최병규, 「회사법 제9판」, 박영사, 2011., 397면.

2. 규제의 근거

이사의 자기거래를 규제하는 이유에 대하여, 대법원은 "이사가 그 지위를 이용하여 회사와 거래를 함으로써 자기 또는 제3자의 이익을 도모하고 회사 나아가 주주에게 불측의 손해를 입히는 것을 방지하고자 함에 있다."라고 판시[165]함으로써 회사의 이익을 보호하기 위한 제도임을 분명히 하였다.

이사는 회사의 재산을 관리하며, 그 처분에 직·간접으로 관여하는 지위에 있다. 한편 어떤 거래에서든 쌍방당사자는 필히 반대의 이해를 가지므로 이사가 회사와 거래한다면 본인의 이익을 위하여 회사의 손실을 개의치 않는 불공정한 거래를 할 소지가 있기 때문에 어느 입법례에서나 당양한 내용과 방법으로 엄격히 다룬다.[166]

3. 규제의 주체

「상법」 제398조의 규율대상은 「이사, 주요 주주 및 그 소정의 특수관계인이 자기 또는 제3자의 계산으로 회사와 거래」 하는 것이다.

가. 이사

상근, 비상근을 가리지 않고 모든 이사가 이에 해당된다. 청산인도 같은 제한을 받는다. (「상법」 제542조 제2항 → 제398조). 이사와 같은 권한을 갖는 「상법」 제386조 제1항의 퇴임이사, 제386조 제2항의 일시이사, 그리고 법원의 가처분에 의하여 선임된 직무대행자(제407조 제1항)도 「상법」 제398조의 이사에 해당된다.

나. 주요주주

주요주주란 자연인 주주 및 법인주주로서 「발행주식의 100분의 10 이상을 소유한 자 또는 이사·집행임원·감사의 선임·해임 등 상장회사의 주요 경영상황에 대하여 사실상 영향력을 행사하는 주주」를 뜻한다.(「상법」 제542조의 8 제2항 제6호). 사실상 영향력을 행사하는 주주는 단 1주 만 소유하여도 주요주주가 될 수 있다.

다. 특수관계인

특수관계인이라 함은 다음에서 열거한 사람 및 회사를 의미한다.(「상법」 제398조). 이하에서 말하는 배우자는 법률상 배우자를 뜻하고, 사실상의 배우자는 포함되지 않는다고 보아야 한다.

---

165) 대법원 2007.5.10. 선고 2005다4284 판결.
166) 이철송, 전게서, 박영사, 2014., 743면.

① 이사 또는 주요주주의 배우자 및 직계 존•비속.

② 이사 또는 주요주주의 배우자의 직계 존•비속.

③ 이사 또는 주요주주와 이상의 자들이 단독 또는 공동으로 의결권 있는 발행주식 총수의 100분의 50 이상을 가진 회사 및 그 자회사.

④ 이사, 주요주주, 위 ①, ②의 자 중 누구와 ③의 자가 회사와 합하여 의결권 있는 발행주식 총수의 100분의 50 이상을 가진 회사 등.

Ⅱ 이사 등의 자기거래 제한 내용

1. 자기 또는 제3자의 계산

「상법」은 '자기 또는 제3자의 계산으로'라고 규정하고 있으므로 누구의 이름으로 회사의 상대방이 되어 거래했느냐는 묻지 않는다. 「상법」 제398조 각호에서 열거한 자가 제3자에게 위탁하여 회사와 거래한다면 자기의 계산으로 거래한 것이고, 이사 등이 제3자 대리인으로 또는 제3자의 위탁을 받아 회사와 거래하는 것, 이사 등이 제3자와 회사의 거래를 중개하는 것은 제3자의 계산 으로 거래한 예가 될 것이다.[167]

2. 「회사」와의 거래

자기거래의 제한은 이사의 지위 남용으로 인해 회사가 손실을 입는 것을 예방하기 위한 제도로서 이사의 선관주의의무에 기초한 제도이므로 이사 등의 거래상대방은 이사 등과 「상법」 제398조의 관계로 연결되는 회사이어야 하고, 간접거래라 하더라도 일반당사자는 문제된 이사 등과 제398조의 관계있는 회사이어야 한다. 그러므로 예컨대 이사가 자신이 소속한 회사의 모회사나 자회사와 거래하는 것은 자기거래에 속하지 않는다.[168]

3. 자기거래의 제한 범위

가. 거래의 성격에 따른 범위[169]

회사와 이사 등의 이익이 충돌할 우려가 있는 거래는 이사회의 승인을 받아야하나, 거래의 성질상 이익충돌의 염려가 없는 거래는 이사회의 승인을 요구할 필요가 없다. (통설) 통설•판례가 이사회의 승인을 요하지 않는 거래라고 하여 드는 예를 보면, 회

---

167) 이철송, 전게서, 박영사, 2014., 745면.
168) 이철송, 전게서, 박영사, 2014.,747면, 대법원 2013. 9.12.선고. 2011다57869 판결.
169) 이철송, 전게서, 박영사, 2014., 747~748면. 대법원 2010. 3. 11. 선고, 2007다 71271 판결.

사에 부담 없는 증여, 상계, 채무의 이행, 약관에 의하여 정형적으로 체결하는 거래
(예, 운수, 예금, 보험계약 등) 등 이다.

약관에 의하지 않더라도 일상생활용품의 구입과 같이 통상적인 거래조건에 따라 이
루어지는 거래는 마찬가지로 해석해야 할 것이다. 또 자기거래가 법령이나 주주 총회
의 결의를 집행하기 위한 것으로서 이사 등의 재량의 여지가 없는 거래는 이사 등에
게 새로운 이득을 가져올 수 없으므로 이사회의 승인을 요하지 않는다.

나. 회사에 불이익이 없는 거래

회사에 대한 무이자·무담보의 자금대여, 회사채무의 보증, 회사의 명의로 해두었던
명의신탁의 해지 등과 같이 행위의 객관적 성질로 보아 회사에 불이익이 없는 거래는
제한받는 자기거래에 포함되지 아니한다.[170) 그러나 실질적·결과적으로 회사의 불이
익이 없다거나 불이익이 예상되지 않는다 하여 제한을 벗어나는 것은 아니다.

다. 1인 주주인 이사의 거래

1인 주주와 회사는 이해관계가 일치하여 양자의 거래는 이익충돌의 염려가 없으 므
로 이사회의 승인을 요하지 않는다는 견해가 있다.[171) 그러나 회사의 재산은 모든 회
사채권자에 대한 책임 재산이 되므로 1인 주주라 하더라도 회사와 이해가 일치된다고
할 수 없으며, 따라서 1인 주주인 이사라 하더라도 제398조의 예외가 될 수 없다.[172)

라. 어음행위

어음행위는 거래의 결제수단에 불과하여 성질상 이해의 충돌을 초래하는 행위가 아
니 므로 이사회의 승인을 요하지 않고, 회사와 이사 등간에 인적항변의 문제가 생길
뿐이라는 견해가 있다.[173) 그러나 어음행위는 원인관계와는 다른 새로운 채무를 발생
시키고, 항변의 절단, 채무의 독립성 등 으로 어음행위자에게 더욱 엄격한 책임이 따
르는 거래이므로 이사회의 승인을 요한다고 본다.[174)

---

170) 이철송, 전게서, 박영사, 2014., 748면.
171) 송옥렬, 「상법강의 제4판」, 홍문사, 2014., 1025면, 정동윤, 「상법(상) 제6판」, 법문사, 2012., 634
면, 최준선, 「회사법 제9판」, 삼영사, 2014., 528면.
172) 이철송, 전게서, 박영사, 2014., 749면.
173) 서정갑, 「주석실무 개정상법총람」, 홍문관, 1984., 446면
174) 이철송, 전게서, 박영사, 2014., 749면, 대법원 2004. 3. 25. 선고, 2003다 64688판결.

Ⅲ 이사 등 자기거래의 유효요건

1. 이사회의 승인

가. 승인기관

이사등의 자기거래는 이익충돌의 염려가 없는 거래를 제외하고 모두 이사회의 승인을 요한다. 다만 소규모회사의 경우는 주주총회의 결의로 갈음한다.(「상법」 제383조 제4항). 거래당사자인 이사는 특별한 이해관계가 있는 자이므로 의결권을 행사하지 못한다.(「상법」제391조 제3항 → 제368조 제3항)(통설). 자기거래에 대한 승인은 성질상 대표이사에게 위임할 수 없다.175)

정관에서 이사회가 아닌 주주총회에서 자기거래에 대한 승인을 받아야 한다고 정할 수 있는지에 관하여, 주주총회의 최고기관성을 중시한 긍정설과 권한 분배에 관한 「상법」 규정은 강행규정이라는 부정성이 있는데, 판례는 주주 전원의 동의로 자기 거래를 승인할 수 있고, 또한 정관에서 주주총회의 권한으로 정하는 것도 허용한다는 긍정설의 입장을 취하고 있다.176)

나. 결의 요건

자기거래의 승인은 이사 전원의 3분의 2의 찬성을 요한다.177)

다. 승인 시기

이사회의 승인은 거래가 잇기 전에 이루어져야 한다. 즉 자기거래의 추인은 허용되지 않는다.178)

라 승인 방법

「상법」 제398조는 1회적인 거래를 예상한 것이므로 이사회의 승인은 개개의 거래에 대하여 이루어져야 하고, 포괄적인 승인(예컨대 일정 금액, 일정 종류의 거래를 승인하는 것)은 허용되지 않는다.(통설). 다만 반복하여 이루어지는 동종의 거래에 관해서는 기간·한도 등을 합리적인 범위로 정하여 포괄적으로 승인하는 것도 무방 하다고 본다.(통설).179)

---

175) 이철송, 전게서, 박영사, 2014., 749면.
176) 대법원 2007. 5. 10. 선고. 2005다4291 판결, 임재연, 전게서 Ⅱ, 박영사, 2014., 436면.
177) 이철송, 전게서, 박영사, 2014., 750면.
178) 이철송, 전게서, 박영사, 2014., 750면.
179) 이철송, 전게서, 박영사, 2014., 750면.

2. 거래의 공정성

이사 등과 회사 간의 거래는 그 내용과 절차가 공정하여야 한다.(「상법」제398조). 즉, 2011년 개정 「상법」은 자기거래의 요건으로 거래의 내용과 절차가 공정할 것을 이사회의 승인과 함께 필수적 요건으로 규정하였다.

입법정책상 자기거래의 요건으로서 공정성을 요구하는 경우, 이사회의 승인(절차적 공정성) 외에 거래의 공정성(실질적 공정성)을 선택적으로 요구하는 방식과 추가적 으로 요구하는 방식이 있는데, 2011년 개정 「상법」에서는 실질적 공정성을 추가적인 요건으로 규정하는 방식을 택하였다.[180]

Ⅳ 이사 등의 자기거래 제한 위반의 효과

1. 위반거래의 효력

가. 이사의 자기거래의 효력

거래의 안전에 중점을 두어 「상법」 제398조는 효력규정이 아니고 업무집행의 결정 방법을 정한 명령적 규정이라고 해석하여 이에 위반한 거래도 유효하고, 다만 이사의 대내적 책임문제만 생긴 다고 하는 유효설[181], 회사의 이익보호에 중점을 두어 이사 회의 승인 없는 자기거래는 무효라고 하는 무효설[182], 자기거래는 회사와 이사 간에 서는 무효이나, 자기거래에 관련되는 선의의 제3자와의 사이에서는 유효라고 하는 상 대적 무효설이 있다.

통설과 판례[183]가 일관되게 상대적 무효설을 취해온 결과 현재는 상대적 무효설이 정설화 되어 있다. 동설은 회사가 자기거래임을 이유로 무효를 주장할 경우, 이사회의 승인이 없었다는 점과 이점에 대한 상대방의 악의를 증명하도록 한다.[184] 주의할 것 은 거래의 무효는 회사가 주장할 수 있으며, 이사나 제3자(예 :전득자 등)는 무효를 주장할 수 없다는 점이다.[185]

제3자가 선의이긴 하나 이사회 결의가 필요한 사실과 이사회 결의가 없었다는 사실 을 알지 못한 데에 중대한 과실이 있는 경우에는 악의인 경우와 같이 자기거래는 제3 자에 대하여도 무효라는 것이 최근 판례의 입장이다.[186]

---

180) 임재연, 전게서 Ⅱ, 박영사, 2014., 442~443면.
181) 서정갑, 「주석실무 개정상법총람」, 홍문관, 1984., 548면
182) 최기원, 「신회사법론 제14대 정판」, 박영사, 2012., 681면.
183) 대법원, 1973. 10. 31. 선고. 73다954 판결.
184) 대법원, 1973. 10. 31. 선고. 73다954 판결.
185) 광주고법. 1984. 5. 18. 선고. 83나292 판결.
186) 대법원. 2004. 3. 25. 선고. 2003다64688 판결.

나. 주요주주 및 기타 관계자의 자기거래의 효력

주요 주주 또는 「상법」 제398조 제2호 내지 제5호에 열거된자(주요 주주 등)가 이사회의 승인 없이 회사와 한 거래의 효과는 주요 주주 등과 회사와의 거래가 불공정하다고 해서 주요 주주 등에게 손해배상책임을 물릴 근거는 없다.

그렇다면 주요 주주 등이 제398조에 위반한 거래를 하는 것을 통제할 수단은 거래의 효력을 부인하는 것 이외에는 없으므로 이들과 회사와의 거래는 무효로 보아야 한다. 다만 이들의 거래가 이사의 자기거래 보다 더욱 반규범적일 수는 없으므로 그 무효라 함은 이사의 자기거래와 마찬가지로 상대적 무효임을 의미한다.[187]

2. 위반행위자의 책임

가. 자기거래를 한 이사의 책임

이사회 승인 없이 회사와 거래를 하거나 불공정한 거래를 한 이사는 법량위반의 행위를 한 것이므로 회사에 대하여 손해배상책임을 지고(「상법」제399조), 형사책임도 부담한다.[188] 자기거래를 한 이사는 법령 위반한 것이므로 경영판단의 원칙이 적용되지 않는다.[189]

나. 자기거래를 한 주요주주 및 기타 관계자의 책임

이사회의 승인 없이 회사와 거래를 하거나 불공정한 거래를 한 주요주주 또는 기타 관계자는 회사에 대하여 「상법」상의 손해배상책임을 지지 않는다. 다만 거래로 인하여 회사에 손해가 발생한 경우 「민법」상 불법행위로 인한 손해배상책임을 질 수 있다.[190]

다. 이사회 승인결의에서 찬성한 이사의 책임

이사회가 승인한 자기거래로 인하여 회사가 손해를 입은 경우, 이사회에서 자기 거래 승인결의에서 찬성한 이사는 그 임무를 게을리(임무해태)한 것이므로 회사에 대하여 연대하여 손해배상책임을 진다. 그러나 이사회의 승인결의에 있어서도 경영판단의 원칙이 적용된다.[191]

---

187) 이철송, 전게서, 박영사, 2014., 753면.
188) 임재연, 전게서 Ⅱ, 박영사, 2014., 447면. 대법원. 1989. 1. 31. 선고. 87누760 판결.
189) 임재연, 전게서 Ⅱ, 박영사, 2014., 447면.
190) 임재연, 전게서 Ⅱ, 박영사, 2014., 448면.
191) 임재연, 전게서 Ⅱ, 박영사, 2014., 448~449면.

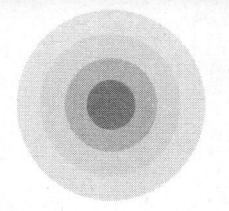

참고문헌

1. 국내문헌

감사원, 「공공감사용어집」.

감사임원센터, 「역동적인 환경에서의 기회포착」(번역본), 2015. July.

강경국, 「감사선임시의 의결권 제한 관련 사례 분석」, 상장회사 감사회회보 제90호, 2007.

강대섭, 「대표소송의 제소가격과 담보제공–대표소송 활성화를 위한 제언–」, 안암법학 제4집, 1996.

강위두, 「전정 회사법」, 형설출판사, 2003.

강위두. 임재호, 「상법강의(상)」, 형설출판사, 2006.

강희갑, 「한국 주식회사법상 지배구조의 문제점과 개선 방향」, 한국상장회사 협의회, 1990.

　　　「지배주주의 충실의무」, 상사법연구 제12집, 한국상사법학회, 1993.

　　　「상법상 주주의 대표소송」, 기업과 법, 사법행정학회, 1997.

　　　「집행임원제도의 도입과 기업환경」, 상사법연구 제25권 제4호, 2007.

강희주, 「감사와 감사위원회의 각종 소제기권의 법리적 차이」, 상장회사감사회회보 제106호, 2008.

　　　「대표소송에 관한 일고」, 인권과 정의 제28호, 대한변호사협회, 1999.

강희철, 「상법상 감사책임 관련 주요판례 해설」, 상장회사감사회회보, 2009.

고창현. 박권의, 「상법개정안 중 주주총회 관련 특례규정에 관한 소고」, 서울대학교금융 센터 BFL 제27호, 2008.

고창현, 김지평, 「감사위원 선임 관련 법적 문제」, 상장사 감사회 조찬자료, 2017.

곽관훈, 「기업규제의 패러다임 전환과 내부통제시스템」, 한국경제학회 경제법연구 제8권 제1호, 2009.

　　　「한국적 내부통제시스템의 구축방안」, 상장회사감사회회보 제109호, 2009.

　　　「기업내부통제제도의 바람직한 입법방향」, 상장회사감사회회보 제145호, 2012.

곽흥규, 「주주대표소송의 개선방안에 관한 연구」, 전북대학교대학원, 2007.

권기범, 「현대 회사법론」, 삼영사, 2010. 및 2014.

권순옥, 「주주대표소송에서의 회사의 절차법상의 지위」, 사회과학연구 제7집, 광주대학교 사회과학연구소, 1997.

권영상, 「2016. SOPAC 참가보고서」, 내부감사저널 April 2016.

권용우, 「사용자 책임과 구상권의 제한」, 법학의 현대적제문제, 1998.

권우철, 「부정위험관리 및 진단사례」, 2010.5.20.

권재열, 「이중대표소송의 허부에 대한 비교법적 검토」, 비교사법 제11권 제2호, 한국비교 사법학회, 2004.

　　　「이중대표소송의 법리적 검토」, 기업소송연구회 기업소송연구, 2005.

　　　「개정 상법 제44조의2의 의의」, 상사법연구 제30권 제3호, 한국상사법학회, 2011.

권재열·노혁준·양기진·이재호, 「국제회계기준에 부합하는 상법,회계제도 정비를 위한 개선 연구」, 법무부연구용역보고서, 2011.

권제열, 「경영판단의 원칙의 도입에 관련된 문제점」, 연세법학연구 제3집, 연세법학연구원, 1995.

권종호, 「감사제도에 관한 소고」, 일감법학 제3권, 1998.

　　　　「일본의 기업지배구조 동향과 우리나라 감사제도의 개선」, 상장협 제39호, 1999.

　　　　「감사제도의 개선과 감사위원회제도의 과제」, 상사법연구 제19권 제3호, 2001.

　　　　「감사와 감사위원회제도」, 한국상장회사협의회, 2004.

　　　　「미국 과 일본의 내부통제제도 운영 현황 과 시사점」, 상장회사감사회회보 제98호, 2008.

　　　　「법제의 변화와 감사의 대응」, 상장회사감사회회보 제111호, 2009.

　　　　「감사관련 법제의 변화와 과제」, 상장회사감사회회보 제109호, 2009.

　　　　「감사·감사위원 선임시 의결권 제한 법리의 문제점과 개선 방안」, 상장회사 감사회 회보 제125호, 2010.

　　　　「기업내부통제제도의 바람직한 입법방향」,상장회사감사회회보 제142호, 2011.

　　　　「우리나라 감사법제의 특징」, 상장회사 감사회 회보 제160호, 2013.

　　　　「감사법제 해설」, 한국상장회사협의회. 2014.

권종호 외, 「주요국 회사법」, 전국경제인 연합회, 2008.

금융감독원, 「금융회사의 감사업무를 위한 실무지침서」, 2003.

　　　　「금융감독실무개론」, 2006.

　　　　「주요국의 금융감독 프로세스와 우리나라 금융감독 선진화 방안」, 2005.

　　　　「자본시장 불공정거래 판례 분석」, 자본시장본부, 2009.

　　　　「알기쉬운 국제회계기준」, 금융감독원 회계제도실, 2010.

　　　　「금융감독용어사전」, 2011.

　　　　「기업공시실무안내」, 2013.

　　　　「자본시장 불공정거래 및 기업공시 판례분석」, 2015. 12.

금융위원회, 「안전한 자본시장 이용법」, 2015.

금융위원회·금융감독원·한국거래소, 「공매도 및 공시제도 개선방안」, 보도자료. 2016.11.

김광윤·김영태, 「분식회계에 대응한 기업윤리와 감사인의 책임」, 세무학연구 제2권 제1호, 한국세무학회, 2003.

김건식, 「주주대표소송의 활성화 관련된 몇 가지 문제점」, 서울대법학, 1996.

　　　　「상법개정 요강안에 대한 발표의견(Ⅱ」, 상법개정공청회자료, 1999.

　　　　「기업지배구조에 관한 최근 논의에서 무엇을 배울 것인가?」, 기업지배구조연구 제1호, 2001.

　　　　「우리기업 지배구조의 전환」, 강원대 강원법학 제16권, 2003.

　　　　「은행이사의 선관주의 의무화와 경영판단원칙」, 민사판례연구 제26권, 박영사, 2004.

　　　　「법적 시각에서 본 감사위원회」, 서울대학교 금융법센타, 2005.

　　　　「회사법」, 박영사, 2014.

김건식·안수현, 「준법감시인 조기정착을 위한 시론」, 증권법연구 제3권 제1호, 2002.

김건식·정순섭, 「자본시장법 제3판」, 두성사, 2013.

「새로 쓴 자본시장법」, 두성사, 2013.

김건식·최문희, 「증권거래법상 상장법인 특례규정의 문제점과 개선 방안」, BFI 제23호, 2007.

김경수, 「회계학 영한·한영 사전」, 한국사전연구사, 1995.

김교창, 「집중투표제의 채택 의제, 강행법규화의 위헌성」, 상장협 제44호, 2001.

「주주총회의 운영」, 한국상장회사협의회, 2010.

「주주총회와 관련된 감사의 업무」, 상장회사감사회회보 제146호, 2012.

김교태, 「전사적 리스크 관리」, 상장회사감사회회보(제109호), 2009.

김기범, 「현대회사법론(제5판)」, 삼영사, 2014.

김남재, 「기업 부정의 사례와 시사점」, 상장회사 감사회회보 제148호, 2012.4.

김동석, 「주주의 대표소송」, 사회고학논집 제9집, 수원대학교사회과학연구소, 1997.

김동훈, 「주주대표소송의 이용범위 확대」, 한국외국어대학교 법학연구소 외법논집 제13권, 2002.

김득갑, 「세계는 지금 아웃소싱 중」, 삼성경제연구소, 2006.

김대연, 「주주대표소송의 화해」, 한국상사판례학회지 상사판례연구, 1997.

「지배·종속회사에서의 대표소송」, 상사법연구 제19권 제2호, 2000.

「이사의 책임 제한 및 면제」, 비교사법 제10권제2호, 2003.

김명수, 문태곤, 문호승 등 14명, 「세계의 감사원」, 조명문화사, 2009.

김병연, 「미국판례법상 시장사기이론과 증권거래법상 손해배상책임에 있어서 인과관계의 문제」, 비교사법 제11권 제1호, 한국비교사법학회, 2004.

「감사(위원) 선임시 의결권 제한의 타당성 검토」, 상장회사감사회회보, 2006.

「상근감사위원과 준법감시인 간의 업무효율화 방안」, 상장회사감사회회보 제102호, 2008.

「현행 상법상 주식회사의 감사선임의 문제점」, 경영법률, 2014.

김병연·권재열·양기진, 「자본시장법(2판)」, 박영사, 2015.

김상규, 「감사위원회제도에 관한 연구」, 상사법연구 제20권 제4호, 2002.

「주주대표소송에 관한 소고 - 당사자를 중심으로-」, 법학논집 제25권 제3호, 한양 대학교 법학연구소, 2008.

김상균, 「공동소송 보조참가에 관한 고찰」, 법조 제53권 제3호(통권 570호), 법조협회, 2004.

김석균, 「M&A 시장의 최근 동향과 특징」, 월간 기술과 경영, 한국산업기술진흥회, 2010.

김석연, 「경영판단의 원칙 입법화의 전제조건과 입법방향」, 기업지배구조연구 제23권, 좋은기업지배구조연구소, 2007.

김선정, 「D&O보험에 관한 검토」, 상사법연구 제17권 제3호, 1999.

김성기, 「중요성 결정에 대한 고찰」, 서울대학교 경영대학연구소 경영논집 제25권 제4호, 2001.

김성범, 「내부회계관리제도 모범규준 해설」, BPL 제13호, 2005.

김성수, 「부정위험관리체계」, 상장회사 감사회, Auditor Journal 2016 April.

「부정발생 경향과 Trend」, 상장회사 감사회, Auditor Journal 2016 March.

김성현, 「외부감사 관련 실무」, 한국상장회사협의회, 2004.

김소연, 「임원배상책임에 관한 고찰」, 경희대학교 국제법무대학원, 2001.

김순석, 「미국의 기업개혁법의 주요내용과 우리나라에 대한 시사점」, 상장협 제47호, 2003.

　　　「미국 감사위원회제도의 최근 동향과 시사점」, 상법학의 전망, 2003.

　　　「금융산업규제 개선 건의」, 한국상장회사협의회 상장, 2007.

　　　「상장회사에 있어 지배구조 관련 제도의 입법적 과제」, 상사법연구 제26권　제2호, 2008.

　　　「우리나라 감사제도의 운영실태 조사와 비교 평가」, 한국상장회사협의회, 2009.

　　　「규제개혁과 기업경쟁력」, 상장. 2014.

김영곤, 「주주의 대표소송 관한 소고」, 한국기업법학회 기업법연구, 2002.

김영삼, 「내부회계관리제도 운영평가에서 나타난 주요 이슈와 시사점」, 상장회사 감사회회보 제101호, 2008.

　　　「리스크와 내부통제」, 한국상장회사협의회(감사. 감사위원을 위한 연수 교재), 2010.

김영선, 「전문직업인 배상책임보험」, 상사법연구 제18권 제2호, 1999.

　　　「분식회계는 왜 일어나며 그 결과는 어떻게 되는가?」, 사업경영 Q&A, 2015.

김영성, 「전문직업인 배상책임보험」, 상사법연구 제18권 제2호, 1999.

김영희, 「주주대표소송제도 활성화를 위한 개선방안」, 경제개혁연구소 경제개혁리포트, 2013.

김용범, 「현대 내부감사 -이론과 실제-」, 도서출판 어울림, 2012.

　　　「내부감사 조직의 전문성」, 감사저널 제14권 제12호, 2013 신년호.

　　　「내부감사 조직의 독립성」, 감사저널 제16권 제14호, 2013. 5~7.

　　　「내부감사 상근의 필요성」, 감사저널. 2013. 9.

　　　「내부감사의 범위와 한계」, 감사저널 제8권 제16호, 2013.12.

　　　「감사보조조직 설치의 필요성」, 감사저널 2014 신년호, 2014.

　　　「바람직한 내부감사기관 형태」, 감사저널 2014. 3~4월호, 2014..

　　　「내부감사의 역할과 행동원칙」, 내부감사저널 2014. 7월호, 2014.

　　　「바람직한 경영감시기관」, 내부감사저널 2014 9월호 및 11월호, 2014.

　　　「내부통제제도와 감사기법」, 금융연수원, 2014.

　　　「내부감사의 권한과 취약점」, 내부감사저널, 한국감사협회, 2016. 1.

　　　「내부감사의 의무와 임무해태」, 내부감사저널, 2016. 4.

　　　「내부감사의 민사책임 및 손해배상」, 감사저널, 2016 가을호 및 2017 신년호.

김원기, 「임원배상책임보험에서 보험자 면책의 행위기준」, 보험학회 54집, 1999.

김원기・박수영, 「회사이사배상책임보험의 현황과 문제점」, 기업법연구 제3집, 한국기업 법학회, 1998.

김유니스, 「미국기업의 법규준수 체제와 내부감사 사례를 통한 우리 기업의 시사점」, 상장회사감사회회보 제113호, 2009.

김인환, 「주주대표소송에 관한 연구」, 경북대학교대학원, 2007.

김장래, 「부정위험관리」, 2002-6호, 2005.,

김재범, 「회사지배구조 관련 회사법제의 나아갈 방향-2008년 상법개정안 검토」, 경영 법률, 2008.
「주주의 질문권과 회사의 설명의무」, 상연 21권 4호, 2003.

김재형, 「주주대표소송에 관한 개선 방안」, 법학논총 제5권, 조선대학교 법학연구소, 1999.

김재호, 「감사위원회제도에 관한 실무적 이해」, 상장 2011. 8월호, 2011.

김정수, 「자본시장법원론」, 서울파이낸스그룹, 2014.
「미공개정보이용 관련 시장질서 교란행위」, 자본시장법 세미나교재, 2015. 5. 28.

김정호, 「상법강의(상)」, 법문사, 2000.
「집행임원제에 대한 연구」, 경영법률 제18집 제4권, 2008.
「회사법 제2판」, 법문사, 2012.

김태진, 「이사의 감시의무에 대한 판례의 고찰」, 한국상사법학회 상사법연구 제29권 제1호, 2010.
「감사위원회에 준용하는 상법규정 정비를 위한 제안」, 선진상사법률연구, 제62호, 2013.

김학원, 「주식회사 감사제도의 효율성 제고를 위한 개선방안 연구」, 건국대학교, 2010.

김화진, 「이사회 운영원리와 법률적 책임」, 박영사, 2005.
「분식회계 범위설정 관련 법령의 정비」, 전경련 증권집단소송 ISSUE 시리즈 5., 2005.

김흥기, 「주주대표소송 판례의 동향과 그 연구」, 법학연구 제48권 제1호, 부산대학교법학 연구소, 2007.

김흥률, 「내부통제와 자체감사의 역할」, 상장회사감사회회보 제120호, 2009.

김홍엽, 「민사소송법(제3판)」, 박영사, 2012.

나승성, 「기업지배구조론」, 자유, 2000. 118면.

남광우, 「주주대표소송에 의한 경영책임 추궁에 관한 연구」, 법조 제506호, 1998.

남상구, 「기업가치 제고를 위한 감사(감사위원호)의 역할」, 한국상장회사협의회, 2008.
「글로벌경쟁과 기업지배구조」, 상장협연구 제53호, 2006.

남영호, 「기업내부의 감사진단 실무」, 세명서관, 2009.

내부회계관리제도위원회, 「COSO Framework 개정내용과 시사점」, 2013.

다니엘오, 「미국 지배구조 최근 동향과 시사점」, 상장회사감사회회보 제143호, 2011.

딜로이트 안진회계법인, 「부정 및 부패 대응 전략-성공기업의 위험관리-」(번역서), FKI 미디어, 2010.

문재우, 「감사의 역할과 비젼」, 한국감사인대회 발표자료, 2008.

민형기, 「주주의 대표소송-회사법의 제문제(하)-」, 재판자료 제38집, 법원행정처, 1987.

박광덕, 「분식회계 사례와 대책에 관한 연구」, 2011.

박길준. 홍복기, 「이사 및 이사회 제도」, 상장회사협의회, 2000.

박상조, 「신회사법」, 형설출판사, 2000.

박세화, 「효과적인 내부통제체제 구축을 위한 입법적 과제」, 재산법연구 제23권 제2호, 2006.
「내부통제시스템의 설계와 지배구조에 관한 회사법적 고찰」, 상사법연구 제26권 제2호, 2007.
「내부통제시스템에 관한 국내외 법제화 동향」, 상장회사감사회회보 제121호, 2010.

박소영, 「IT를 화용한 감사 기법 사례와 활용」, 한국상장회사협의회, 2008.

박연화·박철원·배수일, 「환혜지 통화옵션, 상품의 손실 현황 및 대응 방안 : KIKO를 중심 으로」, 회계저널 제18권 제3호, 2009.9월호.

박영길, 「주주의 대표소송」, 손주찬교수 기념논문집, 삼성출판사, 1993.

박영숙, 「주주대표소송에 관한 연구」, 서울시립대학교 대학원, 2004.

박영진, 「IFRS 전면 도입과 효율적 내부감사업무 수행을 위한 제언」, 상장회사감사회 회보 제133호, 2011.

박은영, 「신임 감사의 업무와 역할에 대한 기대」, 상장회사감사회회보 제136호, 2011.

박정우·정래용, 「증권집단소송제에 따른 감리제도 개선방안에 관한 연구」, 한국상사법학회 상사법연구 제25권 제3호, 2006.

백승재, 「부정위험 적발과 내부통제 유효성 확보방안」, 상장회사감사회회보 제142호, 2011.

백원기, 「경영리스크 다양화에 따른 감사의 대응」, 상장회사감사회회보 제135호, 2011.

방순원, 「민사소송법(상)」, 한국사법행정학회, 1989.

법무부, 「상법일부개정법률안」, 2008.

법원행정처, 「전정 증보판 법원실무제요 민사(상)」, 1996.

상장회사감사협의회, 「기업환경개선을 위한 규제완화 의견서」, 상장회사 감사회보 제99호, 2008.

상장회사협의회, 「내부통제의 통합체계」, 상장 2002. 1월호, 2002.

「우리나라 감사제도의 운영실태 조사와 비교·평가」, 상장회사감사회회보 제118호, 2009.

서돈각, 정완용, 「제4전정 상법강의(상)」, 1999.

서완석, 「업무감사의 범위와 감사의 책임」, 상장회사감사회회보 제97호, 2008.

「회사법상 의결권 규제의 합리화 방안」, 기업법연구 제28권 제2호, 2014.

서울대학교 금융센터, 「주주총회 운영의 실무와 문제점」, BFL 제6호, 2004.,

서의할, 「사기적 부정거래에서 위계의 적용문제」, 증권연구 제8권 제1호, 한국증권법학회, 2007.

서정갑, 「주석 실무 개정상법총람」, 홍문관, 1984.

서정우, 「국제회계기준의 도입과 감사(위원회)의 역할」, 상장회사감사회회보, 2009.

서진석, 「감사·감사위원의 기능과 위상을 제고해야」, 상장회사감사회회보 제139호, 2011.

서헌재, 「사례 중심 회사법」, 법문사, 2000.

「사례중심체계상 상법강의(상)」, 법문사, 2007.

성범규, 「준법지원인 도입으로 본 내부통제 체제」, 상장회사감사회회보 제148호, 2012.

성의활, 「시장질서교란행위 규제도입의 함의와 전망」, 상장회사감사회 Auditor Journal 제182권, 2015. 2.

소륜·안동섭, 「개정상법해설」, 홍문관, 2010.

손성, 「미국회사법제에서의 준법감시인제도에 관한 법리적 고찰」, 상장협 제43호, 2001.

손주찬, 「개정상법 축조해설」, 한국사법행정학회, 1984.

「상법(상)」, 박영사, 2002.

손주찬. 정동윤, 「주석 상법(회사 Ⅳ)」, 한국사법행정학회, 2003.

송옥렬, 「상법강의(제4판)」, 홍문사, 2014.

송종준, 「2010년도 기업지배구조법제의 동향」, 상장회사감사회 회보 제121호, 2010.

송호신, 「시세조종행위에 대한 자본시장통합법의 규제」, 한양법학 제20권 제3집, 한양법학회, 2009.

신지원, 「회계부정에 대한 법적 분석」, 이화여자대학교, 2015.

신현국, 「회계부정 기업의 재무구조와 지배구조 특성에 관한 연구」, 신라대학교대학원, 2015.

심재한, 「상법개정안에서의 회사지배구조와 집행임원제도」, 한림법학포럼제19권, 2008.

안성포, 「이사의 면책에 관한 입법론적 고찰」, 상사법연구 제22권 제2호, 2003.

　　　　「주주의 대표소송과 원고적격성」, 비교사법 제12권 제1호, 2005.

　　　　「시세조종행위와 손해배상책임」, 법학논총 제29권, 단국대학교법학연구소, 2005.

안수현, 「준법감시인 조기정착을 위한 시론」, 증권법연구 제3권 제1호, 2002.

　　　　「내부통제의 회사법제 정비를 위한 검토」, 상사판례연구 제20집 제2권, 2007.

　　　　「내부통제와 위험 관리 : 미국과 일본의 도입과정과 활용실태」, 상장회사 감사회회보, 2009.

　　　　「내부통제제도를 통한 감사업무의 효율화 방안」, 상장회사감사회회보 제112호, 2009.

　　　　「우리나라 현실에 맞는 내부통제제도 도입과 활용방안」, 상장회사감사회회보 제114호, 2009.

　　　　「기업책임의 신기원 : 기업투명성과 CSR」, 상장회사감사회회보 제133호, 2011.

　　　　「시장규율 강화를 통한 지배구조 개선」, 2016.4.

안영균, 「IFRS 시행 1년, 변화와 과제」, 상장회사감사회회보 제148호, 2012.

안진, 「분식회계에 대한 감사대책 및 제도적 보완」, 공인회계사, 2001. 9.

양경남, 「Tone at the Top- 2013년 주시해야할 8가지 우선순위-」(번역문), 감사저널 2013년 신년호, 2013.

양동석, 「이사의 책임 제한」, 상법학의 전망, 법문사, 2003.

　　　　「기업의 지배구조개선을 위한 주주대표소송」, 상사법연구 제19권 제2호, 2000.

　　　　「주주대표소송」, 고시연구사 고시연구, 2001.

양동석/박진호, 「경영판단의 원칙과 주주대표소송」, 조선대학교통일문제연구소, 2001.

양석완, 「주주대표소송에 관한 연구」, 제주대학교논문집 제33권, 1991.

양수지, 「주주대표소송에 관한 연구」, 연세대학교대학원, 1997.

엄익수, 「회사이사배상책임보험」, 연세법학연구 제3집, 연세대학교법학연구소, 1995.

엄창희, 「전문직 위험과 배상책임(Ⅲ)-임원배상책임보험」, 보험개발원 보험연구소, 1999.

오세빈, 「주주대표소송에 관한 몇 가지 문제점」, 민사재판의 제 문제12권, 한국사법행정 학회, 2003.

오성근, 「주주대표소송에 관한 소고-상법과 영국회사법제와의 비교를 중심으로-」, 상사법 연구 제29권 제2호, 상사법학회, 2010.

오수근, 「회계감사의 법적 책임」, 한국상사판례학회 상사판례 연구 제31권, 2002.

　　　　「IFRS 시행에 따른 감사환경의 변화와 내부감사의 법적책임」, 한국상장회사 협의회, 2010.

「회계에 대한 법적 규율체계」, 상사법연구 제18권 제3호, 2000.

왕순모, 「분식결산의 법적 의의 및 책임 문제」, 경성대학교, 경성법학 제10호, 2001.

「기업회계법의 구축과 전망」, 경성대출판부, 2004.

우홍구, 「주주의 대표소송」, 월간고시, 1993.

유건, 「주주대표소송에 관한 연구」, 창원대학교 대학원, 2014.

유성재, 「사용자 책임에 있어서 구상권의 제한」, 한국비교사법학회, 1997.

유영일, 「상근감사와 사외감사제도의 도입 의의 와 경영 효율화 방안」, 상장협 제37호

유인상, 「내부통제 취약점 해소방안과 감사기능의 확충」, 상장회사감사회회보 제130호, 2010.

유종기, 「리질리언스와 기업리스크」, 2016년 상반기 상장회사감사회 세미나, 2016. 4. 22.

유훈, 「전사적 리스크관리의 중요성과 성공사례」, 상장회사감사회회보 제113호, 2009.

윤민섭, 「지배주주의 충실의무 도입에 관한 연구」, 성균관대학교, 2011.

윤민원·주기종, 「기업회계기준 위반(분식회계)에 대한 법적 고찰」, 한국법학회 법학연구 제 18집, 2005.

윤승영·정재규, 「G20/OECD 기업지배구조원칙 개정의 특징」, ESG Focus 2016-01.

윤영신, 「주주총회 소집철회·변경의 법률관계」, 상사판례연구 제23집 제4권 한국상사판례 학회, 2010.

이경훈, 「미국 감사위원회의 현황과 시사점」, 상장회사감사회회보 제95호, 2007.

「미국 내부감사제도의 최근 동향과 시사점」, 상장회사감사회회보 제142호, 2011.

이기수, 「제4판 회사법학」, 박영사, 1997.

이기수·최병규, 「회사법 제9판」, 박영사, 2011.

이동률, 「채권자 대위소송과 법정소송 담당」, 민사소송 제2호, 1992.

이범찬. 오욱환, 「주식회사의 감사제도」, 한국상장회사협의회, 1997.

이범찬 외 6인, 「상법개정안 해설」, 법문사, 1995.

이병규·최준선, 「주주의결권 제한의 위헌성」, 성균관 법학 제21권 제3호, 2009.

이병윤. 이시연, 「은행권 사외이사제도 개선방안」, 한국금융연구원, 2009.

이병태, 「전정 상법(상)」, 법원사, 1988.

「법률용어사전」, 법문북스, 2011.

이봉의·이의영·김재구·양덕순, 「지배구조개편을 위한 주주대표소송제도의 국제비교-한·독·미·일을 중심으로-」, 한국상사판례학회 상사판례연구 제19권 제1호, 2006.

이상규 외 「IFRS-회계국경이 사라진다」, 교보문고, 2008.

이상돈, 「부실감사법」, 법문사, 2004.

이상은, 「주주대표소송과 이사의 책임에 관한 연구」, 조선대학교대학원, 2006.

이성봉·이형근, 「OECD 기업지배구조 원칙의 제정과 한국경제에 대한 시사점」, 대외 경제정책연구원 보도자료, 1999.

이시윤, 「신민사소송법(제8판)」, 박영사, 2014.

이영기, 「한국 기업소유지배구조」, 한국개발연구원, 1996.

이완석, 「신상법(상)」, 법지사, 1984.

이재혁, 「주식회사 감사위원회제도의 개선방안에 관한 연구」, 성균관대학교 대학원, 2007.
「내부통제제도를 통한 감사기능의 충실화」, 상장회사감사회회보 제105호, 2008.

이장우·송현준 외, 「회계감사」, 경문사, 2011.

이점금, 「변화하는 Global 환경에서의 내부감사 핵심 성공 요소」, Auditor Journal 2016. 5.6.7호. 2016.

이준섭, 「상법상 감사 및 감사위원회의 내부감사기능의 효율적 정립방안」, 상장회사협 의회, 2006.

이진효, 「상법상 회사의 회계처리기준에 관한 연구」, 고려대학교 대학원, 2014.

이철송, 「이사의 경영책임과 주주의 소송-문제점과 대책을 중심으로-」, 상장 제287호, 1998.
「우리나라 감사관련 법제의 개정 방향」, 한국상장회사협의회, 2005.
「바람직한 감사(감사위원)의 역할과 책임 범위」, 상장회사감사회회보 제101호, 2008.
「상법총칙·상행위(제12판)」, 박영사, 2013.,
「회사법 강의」, 박영사, 2014 및 2015.

이창기, 「이중대표소송제도의 도입장안에 대한 소고」, 기업법연구 제27권 제2호, 2013.

이창우, 「내부회계관리제도」, 2010.

이태로·이철송, 「회사법강의」, 박영사, 1996.

이태로·한민수, 「조세법강의(신정9판)」, 박영사, 2013.

이태엽, 「경영 판단의 원칙과 업무상 배임」, 상장회사감사회회보 제128호, 2010.

이태종, 「주주대표소송에 관한 연구- 사문화와 남소방지를 위한 절차를 중심으로-」, 서울대 학교 대학원, 1997.

이태형, 「미국 엔론사의 회계부정 사건에서 나타난 문제점및 그 대책(1,2)」, 상장회사 감사회회보 제122호 및 제123호, 2010.

이해동·이병언, 「재무제표 구축과 해설」, 일조각, 1959.

이효경, 「일본의 감사제도에 대한 최근 동향-내부통제제도를 중심으로」, 상장회사 감사 회보, 2008.

이형규, 「기업지배구조개혁의 미해결과제」, 한국상사법학회 상사법연구 제20권 제2호, 2001

임재연, 「미국회사법」, 박영사, 2004.
「회사법 I 개정2판」, 박영사, 2014.
「회사법 II 개정2판」, 박영사, 2014.
「자본시장법」, 박영사, 2016.

임중호, 「주식회사 감사제도의 변천 과정」, 한국상사법학회, 2001.
「감사, 감사위원회의 업무감사권 범위」, 중앙법학 제6집 제4호, 2004.
「감사.감사위원회제도의 효율적 운용과 기능제고 방안」, 상장회사협의회, 2007.
「감사위원회. 감사의 현상과 과제」, 중앙법학 제10집 제3호, 2008.

임홍근, 「회사법」, 2001.

전경련, 「국회계류 상법개정안에 대한 검토」, 2007.

「상법상 특수관계인 규정의 쟁점과 개선 방안」, 2010.

「증권집단소송법안과 분식회계」, CEO MEMBER, 2013.

전삼현, 「지배구조 관련 상법개정의 쟁점과 개선방안」, 기업소송연구, 2005.

「국내 분식회계 관련 사례 및 시사점」, 증권집단소송 ISSUE 시리즈, 2005.

「주요국의 최근 감사제도 변화와 우리나라 감사제도의 개선」, 2006.12. 6.

정경영, 「(개정판) 상법강의」, 박영사, 2009.

정광선. 김영호. 문형구, 「한국형 사외이사제도에 관한 연구」, 한국상장회사협의회, 1999.

정금회, 「기업의 부정적발 유형과 예방」, 상장회사감사회회보 제173호, 2014.5.

정대, 「내부통제제도의 변화와 감사위원회의 역할」, 상장회사감사회회보 제100호, 2008.

정동윤, 「주주의 대표소송-실무상 문제점을 중심으로-」, 사법논집 제2집, 법원행정처, 1972

「(제7판)회사법」, 법문사, 2001.

「상법(상)」, 법문사, 2009. 및 2012.

「기업지배구조의 바람직한 개선방향」, 상장협 제42호, 2000.

「주석상법(총칙·상행위 I)」, 한국사법행정학회, 2013.

정동윤, 도명국, 윤세리, 이정치, 최문희, 「감사기능의 효율화를 위한 현안과 과제」, 상장 제412호, 2009.

정동윤·유병현, 「민사소송법(제3판)」, 법문사, 2009.

정무동, 「(제2전정판)상법강의(상)」, 박영사, 1996.

정순현, 「주식회사의 감사 및 감사위원회제도의 연구」, 성균관대학교, 2008.

정운오, 「감사의 전문성. 윤리성 제고방안」, 상장회사감사회회보 제111호, 2009.

「윤리경영 이란?」, 서울대학교 Advanced Auditor Program, 2010.

정운오·나인철·이명곤·조성표, 「IFRS 중급회계」, 경문사, 2014.

정웅석, 「주요선진국의 수사초기단계에서의 효율적 증거 취득 방법 및 도입방안 연구」, 2007년도 대검찰청 용역과제, 2007.

정재규, 「OECD 기업지배구조 원칙의 개정」, BPL 제5호, 2004.

「기업지배구조 모범규준 개정안 주요 내용」, 2016. 4.

정재영, 「기업지배구조의 이론적 배경과 중요성」, Corporate Governance Service CG Review, 2007.

정준우, 「감사와 외부감사인의 법적책임」, 상장협연구보고서 제2005-5호, 2005.

「주주대표소송의 원고적격에 관한 쟁점사항 검토」, 기업법연구 제19권 제2호, 2005.

「감사. 감사위원의 역할 및 위상 제고 방안」, 상장회사감사회회보 제145호, 2012.

정준우 외, 「준법지원인제도와 준법경영의 활성화 방안」, 사단법인 한국법정학회, 2014.

정찬형, 「상법강의(상)」, 박영사, 2010.,2012., 및 2014.

「한국 주식회사에서의 집행임원에 관한 연구」, 고려법학 제43호, 2004.

「주식회사의 바람직한 업무감독기관 및 업무감사기관」, 상장회사감사회회보 제122호, 2010.

「상법강의 요론 제12판」, 2013.

정창모, 「금융사고 사례와 대책」, 매일경제신문사, 2006.

정희철, 「상법학(상)」, 박영사, 1989.

조민연, 「IT환경 변화와 감사의 대응」, 상장회사감사회회보 제145호, 2012.

조창훈/이근택/김종천/민병조, 「영업점 컴플라이언스(상)」, 한국금융연수원, 2009.

조희준, 「IFRS와 내부통제」, 상장회사감사회회보 제125호, 2010.

　　　　「규정준수 프로그램과 내부통제」, 상장회사감사회회보 제128호, 2010.

주재형, 「IFRS하에서의 효율적 내부감사를 위한 제언」, 상장회사감사회회보 제145호, 2012.

증권법학회, 「자본시작법 주석서 Ⅰ」, 박영사, 2015.

차종선, 「주주대표소송제도의 개선방안에 관한 연구」, 전북대학교대학원, 2000.

채동헌, 「감사의 회사에 대한 책임제한」, 상장, 2003.1.

채이식, 「상법강의(상)」, 박영사, 1996.

최기권, 「신회사법론 제14개정판」, 박영사, 2012.

최기원, 「신회사법」, 박영사, 2009. 및 2012.

　　　　「독일법에서의 주주의 충실의무」(마르쿠스 루터 저, 최기권 외 옮김), 서울대학교 법학 제38권 제1호, 1997.

최동렬, 「시세조종 관련 시장질서 교란행위」, 자본시장법 세미나 교재, 2015. 5. 28.

최명수, 「뒤집어 보는 경제 회계부정 이야기」, 굿인포메이션, 2003.

최문희, 「감사보조기구로서 내부감사부서의 활용을 위한 시론」, 상장회사감사회회보 제110호, 2009.

　　　　「임원배상책임보험의 면책사유에 관한 고찰」, 실무연구회 논문집. 춘천지방검찰청, 2007.

최성근, 「지주회사의 해금과 상법관련 제도에 관한 연구」, 한국법제연구원, 1998.

　　　　「이사의 의무와 이사회의 책무에 관한 OECD 기업지배구조원칙과 상법관련규정 비교연구」, 한국증권법학회 증권법연구 제8권 제2호, 2007.

최승재, 「회사 내부통제기관의 재구성과 대안적 설계」, 상사판례연구 제22집 제3권, 한국 상사판례학회, 2009.

　　　　「집행임원제도의 도입과 감사(감사위원회)의 감사기능 활성화」상장회사감사회 회보 제121호, 2010.

최승환, 「내부통제제도(내부회계관리제도 포함)의 평가 절차와 방법」, 상장회사감사회 회보, 2009.

최영덕, 「주주대표소송의 화해와 강제집행에 대한 소고」, 충남대학교 법학연구소,법학연구, 2008.

최완진, 「감사위원회 위원의 자격 적격성과 업무수행의 효율성에 관한 고찰」, 상장회사 감사회회보 제199호, 2008.

　　　　「이중대표소송제도에 관한 법적 고찰」, 경영법률 제18집 제2호, 2008.

　　　　「상법개정에 관한 비판적 고찰」, 경영법률 제17집 제2호, 2007.

　　　　「기업지배구조법 강의」, 한국외국어대학교 출판부, 2011.

최원락, 「감사인의 과제와 변화관리 사고」, 한국감사협회 조찬회자료, 2009.

최인선, 「주주대표소송에 관한 연구」, 인천대학교, 2013.

최준선, 「2006년 회사법 개정안의 논점」, 2006.

「이중대표소송제도의 입법론에 대한 검토」, 성균관 법학 제18권 제3호, 2006.

「감사(감사위원회) 와 외부감사인의 관계」, 상장회사감사회회보 97호, 2008.

「효율적인 감사제도 운영을 위한 입법과제」, 상장회사감사회회보 제106호, 2008.

「감사. 감사위원 선임 시 의결권 제한 법리의 문제점과 개선 방안」, 상장회사 감사회회보 제125호, 2010.

「상법총칙·상행위법(제7판)」, 삼영사, 2011.

「회사법」, 삼영사, 2011. 및 2014.

「회사법제의 개선과 감사의 역할」, 상장회사감사회회보 제133호, 2011.

「내부통제의 바람직한 개선방향」, 상장회사감사회회보 제137호, 2011.

최진규, 「주식회사 경영감독법제의 개선에 관한 연구」, 성균관대학교, 2008.

최진이, 「지배회사 주주의 종속회사 이사 등에 대한 이중대표소송 허용에 관한 연구」, 기업법연구 제23권 제3호, 2006.

피정현, 「주주대표소송에서의 회사의 소송 참가」, 원광법학 제25권 제1호, 원광대학교 법학연구소, 2009.

하문춘, 「경영자 부정의 대처와 내부통제 프레임워크의 설정」, 상장회사감사회회보 제141호, 2011.

한국감사인협회, 「The Professional Practices Framework(직무수행방안)」(번역서), 2007. 및 2012. 「전문자료 용어집」

한국상장회사협의회, 「우리나라와 주요국의 감사제도」, 2007.

「우리나라 감사제도의 운영실태 조사와 비교 평가」, 상장회사감사회회보 제118호, 2009.

「상장회사 감사의 감사실시 요령」, 2009.6.18.

한국기업지배구조원, 「기업지배구조 모범규준」, 2003. 및 2016. 7. 26.

「한국지배구조 모범규준 개정」, 보도자료, 2016. 8. 9.

한종철, 「효율적 내부통제를 위한 과제」, 상장회사감사회회보 제133호, 2011.

회계기준위원회, 「기업회계기준」, 2011. 1. 1.

홍복기, 「이사의 책임에 관한 보상 」; 동아법학 창간호, 1985.

「이사회의 위원회에 관한 연구」, 경제법·상사법논총, 1989.

「감사. 감사위원회의 독립성과 직무범위 및 법적책임의 재인식」, 한국상장회사 협의회, 2006.

「회사법강의(제2판)」, 법문사, 2010.

「주식회사법(판례와 이론)」, 박영사, 2010.

「회사법사례와 이론」, 박영사, 2012.

홍복기 외 7인, 「회사법(사례와 이론) 제3판」, 박영사, 2014.

황남석, 「기업회계기준의 법규성 제고」, 한국상사법학회 상사법연구 제31권, 2012.

황이석, 「회계수정과 집단소송」, 전국경제인연합회 증권집단소송 ISSUE 시리즈 5, 2005.

2. 외국문헌

가. 영미

AAA, 「A Statement of Basic Auditing Concepts : ASOBAC」, 1973.

ALI, 「Principles of Corporate Governance : Analysis of Recommendation」, 1992.

Athur R Pinto & Gustavo Visentini, The Legal Basis of Corporate Governance in Publicly Held Corporations, Kluwer Law, 1998.

Basel Committee on Banking Supervision, 「Internal audit in banks and the supervisor's relationship with auditors」, 2001.

COSO, 「Internal Control-Integrated Framework」, 1992.

C. W. Wulford. E. E. Comiskey. 「Financial Warnings」, John Wiley & Sons, Inc., New york., 1996.

E. Fama & M. Jensen, 「Separation of Ownership and Control」, 26 Journal of Law and Economics, 1983.

Florence Shu-Acquaye, 「Corporate Governance Issues : United States and the European Union」, 29 Hous. J. Int'l L, 1998.

Floyd Norris, 「Board Proposes Lighter Auditing of Internal Controls」, N. Y. Times, Dec. 20, 2006.

Gus De Franco et atl., 「The Weath Change and Redistribution Effects of Sarbanes-Oxley Internal Control Disclosures 6」, Apr. 2005

Henn, Harry G./Alexander, John R., 「Laws of Corporations」,3rd ed., West Publishing Co., 1979.

Laura Lin, 「The Effectiveness of Outside Directors as a Corporate Governance Mechanism : Theory and Evidence」, Northwestern Univ. Law Review Vol. 90 No. 3. 1996.

Lawrence J. Harrington, 「Internal audit leadership-delivering tangible value」, 2016 SOPAC

Mckinsey & Co. 「Sustaining New York's and the US' Global Financial Services Leadership」, 2007.

Melvin A. Eisenberg, 「Corporations and Other Organizations and Materials」, 2005.

　　　　「The Board of Director and Internal Control」, 19 Cardozo L., Rev, 1997.

Michael S. Emen, 「Corporate Governance, The View from Nasdaq」, 2002.

Michael Oxley, 「Sarbanes - Oxley at four : Protecting Investors and Strengthening Markets」, 2006.

OECD, 「OECD Principles of Corporate Governance」, 2004.

Pankaj k. Jain, Jang-Chul Kim, & Zabihollah Rezaee, 「The Effect of The Sarbanes-Oxley Act of 2002」, 2006, 14th Annual Conference on Financial Economics and Accounting

Robert Prentice, 「Sarbanes-Oxley : The Evidence Regarding the Impact of SOX 404」, 2007.

The Committe of Sponsoring Organizations of the Treadway Commission, 「Internal Control-Integrated Framework」, 1992.

The Institute of Internal Auditors Research Foundation, 「Internal Auditing : Assurance & Consulting Services」, 2009.

The Treadway Commission, 「Report of National Commission on Fraudulent Reporting」, 1987.

Thomas Healey & Robert Steel, 「Sarbanes-Oxley Has Let Fresh into Boardooms」, Fin, Times(London), July 20, 2005, at 17

W. Scott, 「Financial Accounting Theory」, Englewood Cliffs, N. J. Prentice-Hall, 1997.

나. 일본

田中誠仁, 「監査役制度 改正の現在の問題點」, 商事法研究 第2卷,
　　　　「三全訂 會社法詳論(上)(下)」, 經草書房, 1982.

神田秀樹, 「會社法入門」, 岩波新書, 2006.

渡辺智子, 「コーポレート·ガバナンスと企業倫理」, 慶應義熟大學出版會, 2006.

平田光弘, 「ユーポレート·ガバナンスとCSR」, 中央經濟社, 2006.

倉澤康一郎, 「監査役制度强化の方向」, 月刊 監査役 制312号, 2007.

江頭憲治郎, 「株式會社法」, 有斐閣, 2006.
　　　　「(第3版)株式會社·有限會社法」, 有斐閣, 2004.

山田降夫, "企業の內部統制 シスムの構築とリスクマネシメント", 「最新倒産法, 會社法 をぬぐろ實務
　　　　上の諸問題」, 民事法研究會, 2005.

長谷川俊明, 「新會社法がぬろ內部統制とそ開示」, 中央經濟社, 2005.

鈴木克昌, 「會社法 金商法下の內部統制と開示」, 商事法務, 2007.

相澤哲 外 , 「株主總會以外の機關」, 商事法務 第1761号, 2005.

山本一範, 「社外監査役の省察」, 中央經濟社, 2009.

商事法研究會編, 「監査役 ハンドブッグ」, 2000.

會社法問題研究會編, 「監査役ガィドシク」(新訂2版), 經營法友會, 2003.

濟藤俊, 「監査役の實務」, 商事法務, 2003.

上柳克郎 외, 「新版 註釋會社法(1)~(14)」, 有斐閣, 1985~1990.

飯野利夫, 「財務會計論(3訂版)」, 同文館, 1993.

近藤光男, 「經營判斷 と 取締役 の 責任」, 中央經濟社, 1994.
　　　　「取締役責任保險 の 保險料 の 支拂」, 商事法務 1329호, 1993.
　　　　「取締役 の 責任 と 救濟(2)」, 法學協會雜誌 99卷 7號, 1982.

新谷 勝, 「株主代表訴訟 と 取締役 の 責任」, 中央經濟社, 1994.

渡部喬一, 「株主代表訴訟」, 中央經濟社, 1995.

北澤正啓, 「會社法(新版)」, 青林書原新社, 2001.

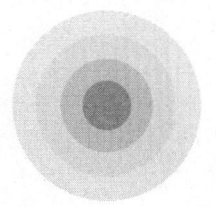

저자약력

김 용 범

[학력 및 경력]

- 국제대학교 법과대학 졸업 (법학사)
- 고려대학교 경영대학원 MBA과정 졸업 (경영학석사)
- KAIST 경영대학원 지식최고경영자과정 수료
- 연세대학교 법무대학원 경영정책법무고위과정 수료
- 국방대학교 안보과정 졸업
- 서울대학교 경영대학 최고감사인과정 수료
- 한국은행 과장
- 은행감독원 선임검사역
- 금융감독원 수석검사역, 팀장
- 　　〃　　 IT업무실 실장
- 　　〃　　 검사국 국장
- 대구은행(코스피 상장회사) 상근감사위원
- DGB 캐피탈(비상장회사) 비상근감사
- (현) 건양사이버대학교 겸임교수
- (현) 금융연수원 강사
- (현) 고려신용정보(코스닥 상장회사) 감사위원장 등.

[수 상]

- 한국은행 총재표창 2회
- 은행감독원 원장표창 3회
- 재정경제부 장관표창
- 감사 대상(기관, 금융감독원장 표창) 수상
- 자랑스러운 감사인상(감사원장 표창) 수상

[저 서]

- 현대 내부감사-이론과 실제-, 도서출판 어울림 2012.8.

[자 격 증]

- Audit Master (최고감사인) 취득

내부감사학 강의 - 이론, 법무와 실무

발 행 일　：2017년 7월 13일
저　　　자　：김 용 범
발 행 인　：허 병 관
발 행 처　：도서출판 어울림
표지/편집　：유 리 진 / 최 선 숙
주　　　소　：서울시 영등포구 양평동3가 14번지 이노플렉스 707호
전　　　화　：02) 2232 - 8607, 8602
팩　　　스　：02) 2232 - 8608
등　　　록　：제2 - 4071호
홈 페 이 지　：www.aubook.co.kr
I S B N　：978 - 89 - 6239 - 578 - 5 - 13320
정　　　가　：70,000원

> 저자와
> 협의하여
> 인지는
> 생략합니다